Die Zukunft des Wissens

Allgemeine Gesellschaft für Philosophie in Deutschland e.V.
in Verbindung mit der Universität Konstanz

Die Zukunft des Wissens

XVIII. Deutscher Kongreß für Philosophie
Konstanz 1999

Workshop-Beiträge

Hrsg. von Jürgen Mittelstraß

UVK Universitätsverlag Konstanz

Die Deutsche Bibliothek – CIP-Einheitsaufnahme

Die Zukunft des Wissens : Workshop-Beiträge / 18. Deutscher Kongreß für Philosophie, Konstanz 1999. Allgemeine Gesellschaft für Philosophie in Deutschland e.V. in Verbindung mit der Universität Konstanz. Hrsg. von Jürgen Mittelstraß. - Konstanz : UVK, Univ.-Verl. Konstanz, 1999
   ISBN 3-87940-697-9

ISBN 3-87940-697-9

© UVK Universitätsverlag Konstanz GmbH, Konstanz 1999

Satz: Reproduktionsfähige Vorlagen von den Autoren
Druck: Legoprint, Lavis
Einbandgestaltung: Silvia Grupe, Konstanz

UVK Universitätsverlag Konstanz GmbH
Schützenstr. 24 · D-78462 Konstanz
Tel. 07531-9053-0 · Fax 07531-9053-98
www.uvk.de

Vorwort

Der XVIII. Deutsche Kongreß für Philosophie steht unter dem Thema "Die Zukunft des Wissens". Mit ihm soll sowohl dem zentralen Anliegen der Philosophie, nämlich einem kritischen Umgang mit den Begriffen des Wissens und der Erkenntnis, als auch dem Umstand Rechnung getragen werden, daß dem Wissen als Ressource, als Problemlösungsinstanz und als Orientierungsfaktor eine immer noch wachsende Bedeutung zukommt. Davon zeugen heute sowohl innerwissenschaftliche Entwicklungen, z.B. in Biologie und Informatik, als auch Begriffe wie Informationsgesellschaft oder Wissensgesellschaft, mit denen in einer außerwissenschaftlichen Perspektive neue Schnittflächen zwischen Wissen und Gesellschaft beschrieben werden. Es geht, auf der Wende zu einem neuen Jahrhundert und einem neuen Jahrtausend, um eine neue Dynamik zwischen Wissen, Wissenschaft und Gesellschaft.

In dieser Entwicklung sollte die Philosophie nicht am Rande stehen. Als ein auf kritische Reflexivität, Transdisziplinarität und methodische Konstruktivität angelegtes Wissen ist sie ihrer Systematik und ihrer Geschichte nach der Ort, an dem sich die epistemischen und die gesellschaftlichen Linien kreuzen. Darum ist es aber auch erforderlich, dies erneut ins Bewußtsein der Philosophie zu bringen. Eben diesem Ziel dient der diesjährige Kongreß.

Der vorliegende Band, ein Kongreßreader, enthält die Kurzfassungen der Beiträge in den Sektionen und Workshops. Sie spiegeln die Vielfalt der mit dem Begriff des Wissens verbundenen systematischen und historischen Aspekte und den Reichtum der Philosophie in der Bearbeitung dieser Aspekte. Die Vorträge in den Kolloquien sowie die Eröffnungs- und Abendvorträge werden wie üblich in einem gesonderten Kongreßband publiziert.

Die Redaktion dieses Bandes lag in den Händen von Sabine Diehr und Dr. Sybille Reichert, unterstützt durch Tobias Jentsch und Alexander Schmitz. Ihnen sei an dieser Stelle für ihre Mühe und ihr Geschick im Umgang mit den Autoren und mancherlei Unbill, die mit einem solchen Unternehmen immer verbunden sind, gedankt.

Konstanz, im Juli 1999

Jürgen Mittelstraß
Präsident der Allgemeinen Gesellschaft
für Philosophie in Deutschland e.V.

Inhaltsverzeichnis

Vorwort des Herausgebers V

Workshop 1: Wissen und Information 1

    PETER BAUMANN (GÖTTINGEN):
    Wissen vom Hörensagen? Zur sozialen Natur des Wissens 1

    CHRISTIAN BEYER (HAMBURG):
    Eine neo-Husserlianische Theorie der referentiellen und demonstrativen Bezugnahme 9

    PAUL BURGER (BASEL):
    Information, Intervention und Kausalität: Argumente zugunsten einer realistischen Konzeption 21

    FREDERICK ESSER (BERLIN):
    Die Zuschreibung von sekundären Qualitäten 29

    GERNOT GRUBE (BERLIN):
    Zum Begriff der Repräsentation 37

    GORDIAN HAAS (MÜNCHEN):
    Überzeugungen, Revision und Rechtfertigung 45

    REINER HEDRICH (GIEßEN):
    Strukturen der Wissenspräsentation – Enzyklopädien im Wandel der Zeiten 51

    HOLGER LYRE (BOCHUM):
    Zur apriorischen Begründbarkeit von Information 59

    CATRIN MISSELHORN (TÜBINGEN):
    Internalismus und a priori Metarechtfertigung 67

    MIKE SANDBOTHE (JENA):
    Medienphilosophie zwischen Theoretizismus und Pragmatismus. Überlegungen zur
    Standortbestimmung einer philosophischen Disziplin 76

    MARC-DENIS WEITZE (MÜNCHEN):
    „Artificial Life" und die Erklärung kognitiver Leistungen 84

Sektion 2: Grenzen des Wissens bzw. Grenzen der Wissenschaft 87

    VOLKER GADENNE (LINZ):
    Haben wir Erkenntnis von einer unabhängigen Welt? 89

    ROLF W. PUSTER (MANNHEIM):
    Die Endlichkeit des Wissens. Epistemologie zwischen Genese und Geltung 96

    GREGOR SCHIEMANN (BERLIN):
    Plurale Wissensgrenzen: Das Beispiel des Naturbegriffes 104

    MICHAEL SCHMITZ (BERLIN):
    Können wir wissen, daß es Dinge gibt, die wir Menschen nicht wissen können? 112

    ACHIM STEPHAN (KARLSRUHE):
    Von der Erklärungs- zur Begründungslücke 120

BERTHOLD SUCHAN (GIEßEN):
Tragbare Zäune. Formen der Begrenzung in Naturwissenschaft und Philosophie – illustriert am Beispiel der Kosmologie 128

Workshop 3: Rationalitätstheorien 137

MARCO IORIO (BIELEFELD):
Handlung, Einstellung, Grund 139

CAROLA MEIER-SEETHALER (BERN):
Gefühle als moralische und ästhetische Urteilskraft 147

ALBERT NEWEN (BONN):
Die Rationalitätsannahme und die unterschiedlichen Formen der Repräsentation von propositionalen Einstellungen 153

CHRISTIAN PILLER YORK):
Normative and Motivating Reasons 161

OLIVER ROBERT SCHOLZ (BERLIN):
Rationalitätshintergrund, Interpretation und Verstehen 169

Sektion 4: Wissensformen der Geisteswissenschaften 177

THOMAS GÖLLER (KARLSRUHE):
(Post)analytischer Kontextualismus, universalpragmatische Kritik und die Möglichkeit des Kulturverstehens 179

ELISABETH LIST (GRAZ):
Von den Geistes- zu den Kulturwissenschaften. Indizien eines Paradigmawechsels 187

MACIEJ POTEPA (WARSCHAU):
Die Frage nach dem Subjekt in der philosophischen Hermeneutik 193

GEORG RÖMPP (BONN):
Interpretationistische Subjekphilosophie und hermeneutisches Subjekt 201

MICHAEL STEINMANN (TÜBINGEN):
Hermeneutik und die Korrespondenztheorie der Wahrheit. Systematische Überlegungen im Anschluß an Walter Benjamins Aufgabe des Übersetzers 209

PETER WELSEN (ULM):
Ereignis und Selbstbezug. Ricœurs phänomenologische Kritik an Parfit 217

Workshop 5: Von der Arbeits- zur Wissensgesellschaft 225

HORST BAIER (KONSTANZ):
Epikur in den Gärten des Wissens. Der neue Hedonismus in Staat, Wirtschaft und Gesellschaft 227

GERHARD ENGEL (MAINZ):
Evolutionärer Humanismus. Skizzen zu einem integrativen Forschungsprogramm 231

HANS LENK (KARLSRUHE):
Verdrängt die systemtechnologische Informationsgesellschaft die Leistungs- und Arbeitsgesellschaft? 239

IVAN SOLL (MADISON/WISCONSIN):
Die Abschaffung der Arbeit: ein irreführender Traum von einem Scheinparadies 247

Workshop 6: Technik und Langzeitverantwortung 253

GERHARD BANSE (POTSDAM, BAD NEUENAHR-AHRWEILER):
Technik – Nachhaltigkeit – Folgenabschätzung. Kognitive und normative Aspekte. 255

REINHARD FALTER (MÜNCHEN):
Anthropologische Begründung von Naturschutz – eine Herausforderung an die
Naturentfremdung der Philosophie 263

ARMIN GRUNWALD (BAD NEUENAHR-AHRWEILER):
Langzeitverantwortung als Thema der Philosophie – eine Einführung 270

ANDRZEJ KIEPAS (KATOWICE):
Verantwortung als ein Faktor der nachhaltigen Entwicklung und der Risikominderung in der
Technik 278

KARL MERTENS (KIEL):
Sinn und Unsinn einer Verantwortung für Künftiges 285

EDITH PUSTER (MANNHEIM):
Langzeitverantwortung als Motivation 293

Sektion 7: Orientierungswissen 301

MONIKA BETZLER (GÖTTINGEN):
Praktische Überlegung und Wertinkommensurabilität 303

ULRICH KOHLMANN (PISA):
Was heißt, sich moralisch orientieren? 311

HARALD KÖHL (DARMSTADT):
Die beschränkte Leistungsfähigkeit unbedingter Moralprinzipien 320

ANDREAS LUCKNER (LEIPZIG):
Kant und die Ratschläge der Klugheit. Zur Orientierungsfunktion pragmatischer Imperative 328

NEIL ROUGHLEY (KONSTANZ):
Mögen und Wünschen. Zur volitiven Theorie des Hedonischen 336

HOLMER STEINFATH (KONSTANZ):
Werte, Wertkonflikte und praktische Überlegungen 344

Workshop 8: Wirtschaftsethik 351

KARL HOMANN (EICHSTÄDT):
Moralität und Vorteil 353

MATTHIAS KETTNER (ESSEN):
Diskursethische Varianten der Wirtschaftsethik 361

STEFAN KYORA (KONSTANZ):
Unternehmen als Träger gesellschaftlicher Verantwortung 362

BIRGER PRIDDAT (WITTEN/HERDECKE):
Präferenz und Semantik. Institutionen, 'ideology', Kommunikation und Kultur 370

RALPH SICHLER (BREMEN):
Wirtschaftsethik als fallorientierte Reflexion moralischer Probleme ökonomischen Handelns 375

Sektion 9: Bio- und Medizinethik 383

BERND GRÄFRATH (ESSEN):
Zur Reichweite kategorischer und pragmatischer Argumente gegen das Klonieren von Menschen 385

ELIF ÖZMEN (GÖTTINGEN):
Der Begriff des Interesses als Grundbegriff der zeitgenössischen Ethik 393

JAN SZAIF (BONN):
Artifizielles Werden. Zur ethischen Problematik der künstlichen Herstellung des menschlichen Genoms 399

DIETER TEICHERT (BONN):
Sind alle Menschen Personen? 407

CHRISTIAN THIES (ROSTOCK):
Die Hilflosigkeit der Moralphilosophie angesichts des Klonierens 408

THOMAS ZOGLAUER (COTTBUS):
Gibt es ein Recht auf Nichtwissen? Normenkonflikte bei der Gendiagnostik 416

Workshop 10: Logik in der Philosophie 425

VOLKER HALBACH (KONSTANZ):
Der Preis der Wahrheit 427

HANS KAMP (STUTTGART):
Vagheit und Ontologie 435

WOLFGANG SPOHN (KONSTANZ):
Die Logik und das Induktionsproblem 437

Workshop 11: Wissenschafts- und Technikdynamik – Science, Economics and Pragmatism 445

MICHAEL HAMPE (KASSEL):
A Pragmatic View of Laws of Nature. Remarks on John Dewey's Philosophy of Scientific Inquiry 447

CHRISTOPH LÜTGE (BRAUNSCHWEIG):
The Contribution of Economics to Philosophy of Science 454

REINER MANSTETTEN (HEIDELBERG):
Problem-Oriented and Assumption-Guided Thinking. Some Remarks on the Foundations, Areas and Aims of Economic Research 456

ROLAND WAGNER-DÖBLER (AUGSBURG):
Rescher's Principle of Diminishing Marginal Returns of Scientific Research 464

JUTTA WEBER (BREMEN):
Contested Meanings: Nature in the Age of Technoscience 466

Workshop 12: Heuristik 475

ANDREAS BARTELS (PADERBORN):
Modelle, Mechanismen, Repräsentation 477

KRISTINA FATKE (BERLIN):
Zur Phänomenologie des Neuen im Anschluß an William James.. 485

ANTJE GIMMLER (MARBURG):
Pragmatische Heuristik oder: Don't block the road of inquiry! 493

STEPHAN HARTMANN (KONSTANZ):
Über die heuristische Funktion des Korrespondenzprinzips.. 500

NIKOS PSARROS (GIEẞEN/LEIPZIG):
Die Gegenstandskonstitution einer Wissenschaft am Beispiel der Chemie............................. 507

BERT SCHWEITZER (BRAUNSCHWEIG):
Der Erkenntniswert von Fehlleistungen 516

Sektion 13: Nicht-propositionale Formen des Wissens 523

KARL ALBERT (WUPPERTAL):
Zum Intuitionsbegriff in der Lebensphilosophie.. 525

DANIELA M. BAILER-JONES (PADERBORN):
Sind naturwissenschaftliche Modelle Metaphern?... 533

KAI BUCHHOLZ, INGRID WEBER (SAARBRÜCKEN):
Was ist dichte Beschreibung?... 541

CARSTEN KLEIN (BONN):
Zum Status kategorialer Erläuterungen... 549

ROLF LACHMANN (BERLIN):
Präsentative Symbole.. 555

SIMONE MAHRENHOLZ (BERLIN):
Logik-A-Logik-Analogik. Welcher Organisationsform folgt nicht-digitale bzw. nicht-diskursive
Symbolisation? 563

PETER POELLNER (WARWICK):
Nicht-begriffliche Intentionalität 571

RICHARD SCHANTZ (BERLIN):
Wahrnehmung und Wissen 579

CHRISTIANE SCHILDKNECHT (KONSTANZ):
Was heißt 'nichtpropositional'?... 587

JAKOB STEINBRENNER (MÜNCHEN):
Beschreibung und Darstellung: Ein Vergleich von sprachlicher und bildlicher Bezugnahme... 589

BERNHARD THÖLE (BERLIN):
Kritik des reinen Repräsentationalismus 597

Workshop 14: Nicht-klassische Formen der Logik... 605

VOLKER HALBACH (KONSTANZ):
Kohärenz und Paradox 607

SHAHID RAHMAN (SAARBRÜCKEN):
Fictions and Contradictions in the Symbolic Universe of Hugh MacColl............................. 614

STEPHEN READ (ST. ANDREWS):
Truthmakers, Disjunction and Necessity 621

MAARTEN DE RIJKE (AMSTERDAM), HOLGER STURM (MÜNCHEN):
Global vs. Local in Basic Modal Logic 629

KLAUS ROBERING (BERLIN):
Ackermanns Implikation für eine typenfreie Logik 636

HELGE RÜCKERT (SAARBRÜCKEN):
Wodurch sich der dialogische Ansatz in der Logik auszeichnet 644

KÄTHE TRETTIN (FRANKFURT A. M.):
Tropen, Teile und Komplexe: Ein Argument für eine intensionale Mereologie 649

Sektion 15: Wissen und Sprache 653

GEORG W. BERTRAM (GIEßEN):
Übergangsholismus. Zur Konvergenz der Sprachphilosophien von Davidson und Derrida 655

MARKUS BRAIG (BERLIN):
Bestimmtheit und Gehalt visueller Wahrnehmungen 663

MANUEL BREMER (KÖLN):
Bedeuten und impliziertes Wissen 669

EVELYN GRÖBL-STEINBACH (LINZ):
Rekonstruktion der formalen Pragmatik 677

THOMAS GRUNDMANN, FRANK HOFMANN (TÜBINGEN):
Ist der radikale Empirismus epistemisch selbstwidersprüchlich? 684

JOHANN KREUZER (WUPPERTAL):
Sprache und Erinnerung: Platons Schriftkritik 692

PETER PLÖGER (BIELEFELD):
Ko-Konstruktion und Präsuppositionen: Über diskursive Prozesse in den Wissenschaften 700

LOUISE RÖSKA-HARDY (FRANKFURT A. M.):
Selbstwissen und der Begriff der Überzeugung 704

EVA WANIEK (WIEN):
Zur Unterscheidung einer referentiellen und differentiellen Bedeutungsauffassung am Beispiel Gottlob Freges und Ferdinand de Saussures 710

Workshop 16: Risiko (Umgang mit Ungewißheit und Nicht-Wissen) 717

VOLKER CAYSA (LEIPZIG):
Risiko und Doping im Hochleistungssport 719

ANDREAS KAHLER (BERLIN):
Vertrauen durch Nicht-Wissen? 726

CHRISTIAN LOTZ (MARBURG):
Von Brüchen und Zusammenbrüchen. Husserls Bestimmung der Ungewißheit als konstitutives Moment der Erfahrung 732

BEATE REGINA SUCHLA (BAD HERSFELD):
Asphalismus, Grundlagen, Merkmale, Evaluation 740

Workshop 17: Wissen und Macht 749

THORSTEN DECKER (BIELEFELD):
Internationale Beziehungen und internationale Rechtssetzung 751

ERIC HILGENDORF (KONSTANZ):
Die mißbrauchte Menschenwürde 759

HANS-MARTIN SCHÖNHERR-MANN (MÜNCHEN):
Abschied von der Politik als hermeneutischer Macht? 767

BETTINA STANGNETH (HAMBURG):
Kant und das Problem der Wissensanwendung? Die subjektive Bedingung der Wirkmächtigkeit von Theorie 775

Sektion 18: Wissenschaftsdynamik 783

ELKE BRENDEL (BERLIN):
Gedankenexperimente als Motor der Wissenschaftsdynamik 785

MICHAEL HOFFMANN (BIELEFELD):
Zur Rolle von Modellen und Metaphern bei der Entwicklung neuer Theorien 793

ANDREAS HÜTTEMANN (BIELEFELD):
Mikroerklärung und Mikrokausalität 802

WINFRIED LÖFFLER (INNSBRUCK):
„Old Evidence" und Kontrafaktische Annahmen 809

DIETER THOMÄ (NEW YORK/ROSTOCK):
Der Mensch als Maschine: Überlegungen zu einer nicht veraltenden These 817

KAI VOGELEY (BONN):
Die zerebrale Implementierung des Selbstkonstrukts 825

RITA WIDMAIER (ESSEN):
Leibniz und Eva? Leibniz' Naturphilosophie unter wissenschaftstheoretischem Aspekt ... 833

Sektion 19: Wissenschaftsethik 845

ULRICH CHARPA (BOCHUM):
Selbsttäuschung und Forschertugend 843

MARCUS DÜWELL (TÜBINGEN):
Methodische Probleme der Wissenschafts- und Technikethik 851

NIELS GOTTSCHALK (STUTTGART):
Abduktionen als Grund theoretischer und praktischer Dissense 858

MIKHAIL KHORKOV (MOSKAU):
Theorie der Wissenschaftsethik und Öko-Ethik 864

WOLFGANG MALZKORN (BONN):
Die ethische Relevanz von Dispositionen 871

WERNER THEOBALD, WOLFGANG DEPPERT, JOCHEN SCHAEFER (ALLE KIEL):
Ethische Probleme durch unsichere Wissenschaft 879

Workshop 20: Philosophie und Ethik in der Schule 887

RICHARD BREUN (ERFURT):
Nachahmung und Haltung. Zu zwei moralpsychologisch und moralpädagogisch bedeutsamen Begriffen 889

AXEL BÜHLER (DÜSSELDORF):
Ziele des Lehrens von Argumentationstheorie und Logik... 897

JULIA DIETRICH (TÜBINGEN):
Wissenschaftsethik in der Schule: Ergebnisse des Projekts „Schule Ethik Technologie" (SET)............ 904

THOMAS GIL (BERLIN):
Pragmatische Logik und Gesellschaft 912

FRIEDRICH KÜMMEL (LUDWIGSBURG):
„Denken lernen". Zum Problem einer logischen Grundbildung 919

MICHAEL LÖNZ (ESSEN):
Welches Schulbuch für welchen Philosophieunterricht? – Keine Sammelrezension 927

REINHARD PASTILLE (BERLIN):
Prinzip Leben/Lebensprinzipien. Ein Bericht über fächerverbindende Themenwochen in den 8. und 11. Klassen einer Berliner Gesamtschule 935

ALDONA POBOJEWSKA (LODZ):
Workshop in philosophischen Untersuchungen... 942

ROLAND REICHENBACH (FRIBOURG):
Bildung und das hilflose Argument: Zur ethischen und pädagogischen Bedeutung des Argumentationspatts 948

HERBERT ROMMEL (WEINGARTEN):
„Einheit der Bildung" oder „Bildung in Einheiten"? Zur integrativen Funktion der Philosophie im fächerverbindenden Unterricht 958

BEGONYA SÁEZ TAJAFUERCE (KOPENHAGEN):
„We want to see action!" On Kierkegaard´s ethical instruction 966

THOMAS ZOGLAUER (COTTBUS):
Die Methode des Überlegungsgleichgewichts in der moralischen Urteilsbildung............... 977

Workshop 22: Gender Studies 985

CHARLOTTE ANNERL (WIEN):
Die Intellektuelle und der Diskurs der Moderne... 987

SIDONIA BLÄTTLER (BERLIN):
„Nation" und „Geschlecht" im Diskurs der Moderne. Die politischen Schriften Jean-Jacques Rousseaus 995

BIRGIT CHRISTENSEN (ZÜRICH):
„Unfreiwillige Marginalität". Überlegungen zum Verhältnis von Wissen, Macht und Geschlecht 1003

WALTRAUD ERNST (WIEN):
Zur sozialen Konstruktion feministischen Wissens 1011

REGINE KOLLEK (HAMBURG):
Das Verschwinden des Körpers. Genetik als Strategie der Kontingenzbewältigung 1018

MARIA OSIETZKY (BOCHUM):
Das Subjekt im exakten Wissen zwischen Erhaltung und Endlichkeit. Das Beispiel der
Thermodynamik 1023

ULRIKE RAMMING (STUTTGART):
Wissende Subjekte versus nicht-personales Wissen 1031

DOROTHY E. SMITH (TORONTO):
Women's standpoint and a social theory of knowledge 1036

CHRISTINA SCHÜES (HAMBURG):
Ein generatives Modell der Vernunft im Anschluß an Hannah Arendt 1043

SIGRIDUR THORGEIRSDOTTIR (REYKJAVIK):
Simone de Beauvoirs ‚Das zweite Geschlecht': Jenseits von Essentialismus und
Konstruktivismus 1051

SASKIA WENDEL (MÜNSTER):
Nicht-diskursive epistemische Formen: Das Beispiel Mystik 1057

Workshop 23: Nachhaltigkeit des Wissens 1065

STEFAN BERNDES (COTTBUS):
Zukunft des Wissens: Ethische Normen der Wissensauswahl und -weitergabe 1067

ARNOLD GROH (BERLIN):
Globalisierung und kulturelle Information 1076

HARIOLF GRUPP (KARLSRUHE):
Was wir über das Wissen wissen - Indikatoren der Wissenswirtschaft 1085

ANDREIJ KIEPAS (KATOVICE):
Das Wissen über Technikfolgen als Faktor der nachhaltigen Enwicklung in der Technik 1091

GERHARD LUHN (DRESDEN):
Technisches Handeln, Wissen, Vernunft... 1094

GIRIDHARI LAL PANDIT (NEW DEHLI):
Environmental Realism: An Argument for Planetary Ethics 1104

OTTO ULRICH (BONN):
Welches Wissen braucht die Zukunft? 1105

Workshop 24: Wissen und Symbole 1113

REINHARD MARGREITER (BERLIN):
Zur Konvergenz von Symboltheorie und Medientheorie 1115

HELMUT PAPE (HANNOVER):
Begriffliche Symbolisierung und die Ordnung unserer Überzeugungen. Peirces Pragmatismus
als methodisch-praktische Ethik des Erkennens 1123

Workshop 25: Geschichtsphilosophie **1131**

    EMIL ANGEHRN (BASEL):
    Philosophiegeschichte und Geschichtsphilosophie 1133

    ANDREAS ARNDT (BERLIN):
    Naturgesetze der menschlichen Bildung. Zum geschichtsphilosophischen Programm der
    Frühromantik bei F. Schlegel 1141

    HEINZ DIETER KITTSTEINER (FRANKFURT O.):
    Geschichtsphilosophie nach der Geschichtsphilosophie 1149

    HERTA NAGL-DOCEKAL (WIEN):
    Unabgegoltene Motive der Geschichtsphilosophie Kants 1157

    JOHANNES ROHBECK (DRESDEN):
    Rehabilitierung der Geschichtsphilosophie 1165

    HERBERT SCHNÄDELBACH (BERLIN):
    ‚Sinn' der Geschichte? 1173

    ELKE UHL (STUTTGART):
    Ungleichzeitigkeit als geschichtsphilosophisches Problem 1181

Workshop 26: Kulturtheorie **1189**

    FRANZ-PETER BURKARD (WÜRZBURG):
    ‚Aus der Perspektive des Eingeborenen'. Probleme der ethnologischen Hermeneutik bei
    Clifford Geertz 1191

    EVA-MARIA ENGELEN (KONSTANZ):
    Überlieferungskultur und Methoden der Wahrheitsfindung. Die Rolle des Dialogs 1199

    JOSEF FRÜCHTL (MÜNSTER):
    Demokratische und ästhetische Kultur. Folgen der Post/Moderne 1207

    TILL KINZEL (BERLIN):
    Die Kritik der Kultur und die Möglichkeit der Philosophie: Zu Allan Blooms Kulturtheorie 1215

    MARIA-SIBYLLA LOTTER (HEIDELBERG):
    Erkenntnisperspektiven, Gesetze, Normen und Vorstellungen in der Ethnologie 1223

    LUDWIG NAGL (WIEN):
    Ansätze zu einer (noch ausstehenden) Philosophie des Films: Benjamin, Cavell, Deleuze 1231

    RONNIE M. PEPLOW (HAMBURG):
    Das Motiv der Krise in Cassirers Kulturphilosophie 1239

    B. NARAHARI RAO (SAARBRÜCKEN):
    Culture as Learnables 1247

    GERHARD SCHWEPPENHÄUSER (WEIMAR):
    Paradoxe Beobachter, eingebildete Zeugen. Überlegungen zu einer Theorie der gegenwärtigen
    Massenkultur 1255

    ERNEST WOLF-GAZO (KAIRO):
    Intellektuelle Anschauung als Wissensproblem. Zu einem erkenntnistheoretischen Problem
    zwischen dem Abendland und Islam 1263

Workshop 27: Wissensmanagement 1269

THOMAS CHRISTALLER (ST. AUGUSTIN):
Wissensmanagement für nachhaltiges Planen 1271

MARTIN J. EPPLER (ST. GALLEN):
Michael Polanyis post-kritische Philosophie und deren Konsequenzen für das Management von
Wissen im universitären, betrieblichen und persönlichen Kontext 1272

CHRISTOPH HUBIG (STUTTGART):
Kompetenzverluste in der Informationsgesellschaft? 1280

ANGELIKA KARGER (STUTTGART):
Wissensmanagement und "swarm intelligence" – Wissenschaftheoretische, semiotische und
kognitionsphilosophische Analysen und Perspektiven 1288

KLAUS KORNWACHS (COTTBUS):
Wissen und Dienen 1296

KLAUS MAINZER (AUGSBURG):
Computernetze und Wissensmanagement: Grundlagen und Perspektiven der
Wissensgesellschaft 1304

Workshop 28: Theoretisches und ästhetisches Wissen 1313

KONRAD PAUL LIESSMANN (WIEN):
Kunst als verbotenes Wissen. Anmerkungen zu einer Denkfigur Friedrich Nietzsches 1315

DIETER MERSCH (DARMSTADT):
Die Macht der Bildlichkeit. Zur Revision des Aura-Begriffs 1322

EBERHARD ORTLAND (BERLIN):
Dichte und Fülle. Baumgartens ungelöstes Projekt der ästhetischen Erkenntnis in der
symboltheoretischen Perspektive Nelson Goodmans 1330

CONSTANZE PERES (DRESDEN):
Zukunftswissen – Prognose und Fiktion 1338

KLAUS REHKEMPER (OLDENBURG):
Euklid vs. Leonardo? Sehen vs. Darstellen? 1346

KLAUS SACHS-HOMBACH (MAGDEBURG):
Bilder als wahrnehmungsnahe Zeichen 1351

Personenregister 1361

Workshop 1
Wissen und Information

Wissen vom Hörensagen?
Zur sozialen Natur des Wissens

Peter Baumann

Ein sehr großer Teil unseres Wissens geht auf die Berichte anderer Personen zurück. Daß 1969 drei Astronauten auf dem Mond gelandet sind oder daß ich an einem 18. August geboren worden bin, dies und vieles Ähnliche mehr habe ich von anderen Personen erfahren und hätte ich ohne die Auskünfte anderer Personen nie wissen können. Wie sollte ich denn z.B. etwas über die erwähnte Mondlandung oder mein Geburtsdatum herausfinden können, ohne mich auf Berichte anderer Personen verlassen zu können? Näheres Nachdenken ergibt, daß wir gar nicht so viel wissen können, ohne uns auf die Berichte anderer Personen zu stützen. Soviel scheint relativ unumstritten zu sein.

Sehr viel weniger unumstritten ist die Antwort auf eine andere Frage: Kann man Wissensansprüche schon durch Verweis auf die Berichte anderer Personen untermauern? Nehmen wir an, ich beanspruche zu wissen, daß die Erde keine Scheibe ist. Jemand stellt meinen Wissensanspruch in Frage und fragt mich, woher ich das denn wisse. Reicht es, wenn ich darauf antworte, Eltern und Lehrer hätten mir dies versichert?

Die sogenannten "Reduktionisten" antworten mit "Nein". Ihnen zufolge ist Hörensagen keine Wissensquelle für sich, sondern beruht auf nicht-sozialen Wissensquellen, vor allem auf Beobachtung und Schlußfolgerung. Daß die Erde keine Scheibe ist, kann ich nur dann aus den Berichten meiner Eltern wissen, wenn ich zudem die nicht aus Hörensagen stammende Annahme machen kann, daß meine Eltern verläßliche Auskünfte geben. Der klassische Reduktionist ist David Hume.[1] Generell kann man sagen, daß die neuzeitliche Philosophie dazu tendiert, Wissen nicht für grundlegend sozialer Natur zu halten.

Im Folgenden möchte ich - ausgehend von einer Auseinandersetzung mit Hume - zeigen, daß die reduktionistische Haltung gegenüber dem Wissen aus Hörensagen nicht haltbar ist (I). Also muß der Anti-Reduktionismus wahr sein, d.h. die These, daß das

---

[1] cf. Hume, Enquiry, 109ff.; Treatise, 143ff.

"Zeugnis" anderer Personen eine eigene Wissensquelle darstellt, die nicht auf andere, nicht-soziale Wissensquellen reduziert werden kann. Eine solche Auffassung läßt sich auf Thomas Reid zurückführen[2] und hat heute wieder viele Anhänger.

Aber auch diese Konzeption von Wissen ist nicht ohne Probleme: Wie kann sie zwischen Fällen von Leichtgläubigkeit und Fällen wirklichen Wissens unterscheiden? Legitimiert sie nicht das blinde Vertrauen auf das, was Andere sagen, und wird sie somit überhaupt den Ansprüchen, die wir an Wissen stellen, gerecht? In einem weiteren Schritt möchte ich zeigen, daß bzw. wie diesen Bedenken Rechnung getragen werden kann (II). All dies hat, wie leicht zu sehen ist, wichtige Implikationen für unsere Sicht von Natur und Struktur unseres Wissens. Beginnen möchte ich, wie gesagt, mit den Problemen des Reduktionismus.[3]

I. Gegen den Reduktionismus

Hume drückt die reduktionistische Position auf prägnante Weise aus, wenn er sagt, daß die Verläßlichkeit von "testimony" "is derived from no other principle than our observation of the veracity of human testimony, and of the usual conformity of facts to the reports of witnesses."[4] Nehmen wir an, Maria will die Uhrzeit erfahren und sieht keine andere Möglichkeit, dies herauszubekommen, als Anna zu fragen. Anna schaut auf die Uhr und antwortet korrekt "halb vier". Maria weiß, daß Anna in solchen Dingen verläßlich (und aufrichtig) ist. Also kann Maria folgenden Schluß ziehen:

(1) Anna sagt, daß es halb vier ist;
(2) Was Anna jetzt sagt, ist wahr;
(3) (Es ist wahr, daß:) Es ist halb vier.

Zu (1) gelangt Maria aufgrund unmittelbarer Beobachtung, zu (2) aufgrund eines induktiven Schlusses aus bisheriger Erfahrung mit Annas Auskünften, zu (3) schließlich gelangt Maria aufgrund deduktiven Schließens aus (1) und (2). Die reduktionistische These besagt allgemein, daß Wissen vom Hörensagen in solcher Weise auf andere Wissensquellen zurückgeführt werden kann, insbesondere auf Beobachtung und

---

2   cf. Reid, Inquiry, 194ff.; Essays, 329, 440, 482f.
3   Für einen Überblick der jüngere Diskussion zum Thema cf. Matilal/ Chakrabarti (Hg.), Knowing from Words.
4   Hume, Enquiry, 111. Cf. auch 113.

Schlußfolgerung.

Die Frage ist nun, was einen Hörer zu der Annahme der Verläßlichkeit des Sprechers berechtigt. Der Reduktionismus steht und fällt nämlich mit der These, daß ein Hörer bei dieser Annahme nicht auf weitere *testimonies* angewiesen ist. Ist diese These haltbar? Wäre die Evidenz des Hörers über die Verläßlichkeit des Sprechers auf die vorliegende Kommunikationssituation beschränkt, so müsste der Reduktionismus klarerweise scheitern. Im obigen Beispiel erfährt Maria von Anna die Uhrzeit und es ist dabei vorausgesetzt, daß Maria die Uhrzeit nicht schon aus einer anderen Quelle kennt. Damit aber kann Maria in den Grenzen der vorliegenden Situation auch nicht die Übereinstimmung der Sprecheräußerung mit den Fakten überprüfen. Wie sollte sie das denn tun können? Würde Maria dies aber können, dann müsste sie die Wahrheit schon unabhängig von Annas Auskunft kennen. Damit aber wäre ihre Nachfrage an Anna überflüssig und die *testimony* ihrer Funktion beraubt. Die Verhältnisse stünden auf dem Kopf: Nicht die *testimony* des Sprechers ermöglichte das Wissen des Hörers über die fragliche Angelegenheit, sondern umgekehrt das Wissen des Hörers über die Sache würde die Beurteilung der Sprecheräußerung als korrekter oder inkorrekter *testimony* ermöglichen.

Aber kann man die Korrektheit einer *testimony* nicht *ex post* und unabhängig von anderen *testimonies* überprüfen? Kann Maria nicht im Nachhinein ihre eigene Uhr konsultieren und so Annas Äußerung überprüfen? Nun, auch der Blick auf die eigene Uhr setzt, will man so die Uhrzeit erfahren, voraus, daß der Uhrmacher korrekt gearbeitet hat und ist insofern nicht unabhängig von anderen *testimonies*. Aber selbst wenn Maria dabei nicht auf andere *testimonies* angewiesen wäre, würde dies hier nichts beweisen. Entweder nämlich kannte Maria schon vor ihrer Heimkehr die korrekte Uhrzeit, und zwar aufgrund von Annas Äußerung; dann aber kann ihre Überprüfung im Nachhinein nichts mehr zur Erklärung ihres Wissens beitragen. Oder aber Maria kannte vor ihrer Heimkehr die Uhrzeit doch noch nicht, sondern erfuhr sie allererst durch den Blick auf ihre eigene Uhr (wie immer dies zu erklären wäre); dann aber wird bestritten, was gerade erklärt werden soll, nämlich, daß man etwas aus *testimony* wissen kann.

Es ergibt sich also, daß man in den Grenzen einer einzelnen Situation die Sprecheräußerung nicht an den Tatsachen überprüfen kann und damit auch nicht das Wissen vom Hörensagen auf Beobachtung und Schlußfolgerung zurückführen kann. Hume spricht denn auch an der zitierten Stelle nicht von der "conformity" von "fact" und "report" in einem einzelnen Falle, sondern von der "usual conformity" von "fact" und "report". Der Hörer hat bisher die Erfahrung gemacht, daß Äußerungen des vorliegenden Typs verläßlich sind; dies berechtigt ihn zu dem induktiven Schluß, daß der Sprecher wohl auch in dem vorliegenden Falle die Wahrheit sagt. Also wird der eben angeführte Einwand gegen den Reduktionismus hinfällig - beruhte er doch wesentlich darauf, daß dem Hörer nur Evidenzen aus der vorliegenden Situation zugänglich sind.

Dennoch ergeben sich auch unter diesen veränderten Bedingungen unüberwindliche Schwierigkeiten für den Reduktionismus. Wie soll man denn aus Erfahrung wissen können, daß Äußerungen des vorliegenden Typs in der Regel verläßlich sind? Da ein solches Wissen den Reduktionisten zufolge nicht wiederum auf *testimonies* beruhen kann, muß es auf der eigenen Beobachtung vieler einzelner Fälle beruhen. Maria kann unter diesen Bedingungen nur dann wissen, daß die Leute auf der Straße die Uhrzeit meist korrekt mitteilen, wenn sie in vielen einzelnen Fällen selbst festgestellt hat, daß die jeweiligen Sprecher die Uhrzeit korrekt mitgeteilt haben. Kann ein Hörer so etwas nicht tun? Kann Maria nicht in einigen Fällen die *testimonies* von Sprechern im Nachhinein nachprüfen und, bei Bestätigung, induktiv zu der allgemeinen Annahme gelangen, daß Äußerungen des entsprechenden Typs verläßlich sind? Ist auf diese Weise *testimony* nicht reduzierbar auf andere Wissensquellen?

Dagegen spricht zunächst, daß wir - aufgrund kontingenter Beschränkungen unserer Fähigkeiten - wohl kaum die Möglichkeit haben, die Äußerungen von Sprechern in dem Ausmaße zu überprüfen, das für den entsprechenden induktiven Schluß notwendig ist.[5] Wichtiger noch ist ein weiterer Einwand. Selbst wenn jene kontingenten Beschränkungen nicht gegeben wären, würde das Projekt einer *testimony*-freien Nachprüfung von Sprecheräußerungen auf fundamentale Schwierigkeiten stoßen. Wir müssen nämlich bei dieser Überprüfung von Annahmen Gebrauch machen, die wiederum auf *testimonies* beruhen. Nehmen wir an, Maria hat in der Tat die Kapazitäten, die Äußerungen von Leuten auf der Straße (z.B. über die Uhrzeit) im Nachhinein nachzuprüfen. Wie kann sie dies tun? Etwa dadurch, daß sie auf die Standuhr in ihrem Wohnzimmer blickt. Dies taugt aber nur dann zur Überprüfung der Auskunft von der Straße, wenn sie davon ausgehen kann, daß ihre eigene Uhr die Zeit korrekt anzeigt. Und dies wiederum kann sie nicht ohne auf die Äußerungen z.B. ihres Uhrmachers zu vertrauen. Wenn überhaupt, so gibt es wohl nur wenige Meinungen, die zu ihrer Rechtfertigung nicht andere Meinungen voraussetzen (etwa gewisse elementare Wahr-

---

5   cf. etwa auch Coady, Testimony, 82ff.

nehmungsmeinungen). Damit wird auch plausibel, daß zumindest viele Meinungen durch andere Meinungen gestützt werden, die wir von anderen übernommen haben. Dies reicht aber schon, um den Reduktionismus scheitern zu lassen. Unser Wissen hat eine holistische Struktur und ist sozialer Natur.

II. Die Alternative

Der Anti-Reduktionismus - also die Auffassung, daß *testimony* eine Wissensquelle für sich darstellt, die nicht auf Beobachtung und Schlußfolgerung zurückgeführt werden kann - scheint der Sache wesentlich besser gerecht zu werden. Aber auch diese Position ist nicht ohne Probleme. Es ist nämlich notwendig, zweierlei unterscheiden zu können: blinde und unkritische Leichtgläubigkeit einerseits und Wissenserwerb andererseits. Ein Hörer, der einfach alles glaubt, was man ihm sagt, erwirbt so offenbar kein Wissen.[6] Was unterscheidet ihn aber von einem Hörer, der aufgrund der Berichte anderer Personen Wissen erwirbt? Die reduktionistische Antwort, daß der Hörer sich auf eine fundierte Annahme zur Verläßlichkeit des Sprechers stützen kann, steht uns hier nicht zur Verfügung. Können Anti-Reduktionisten hier überhaupt eine Antwort geben?

Ja! Die Antwort besagt, daß der Hörer berechtigt sein muß, den Worten des Sprechers zu vertrauen. Das heißt nicht, daß der Hörer Gründe für das Vertrauen in den Sprecher anführen können muß (was wieder zurück zum Reduktionismus führen würde). Der Hörer ist vielmehr dann berechtigt, dem Sprecher zu vertrauen, wenn es keinen Grund für Mißtrauen gibt. Es gibt eine generelle Präsumtion zugunsten des Vertrauens in das, was der Sprecher sagt; dieses Vertrauen wird nur außer Kraft gesetzt, wenn es spezifische Gründe dagegen gibt.[7] In dieser Hinsicht gleicht *testimony* den anderen Wissensquellen, z.B. der Wahrnehmung. Man ist berechtigt, den eigenen Sinnen zu trauen, solange kein Grund für ein Mißtrauen vorliegt. Es gibt eine generelle Präsumtion zugunsten der Verläßlichkeit der Wahrnehmung.[8]

Um noch deutlicher zu machen, daß *testimony* als Wissensquelle einen ähnlichen Status hat wie etwa die sinnliche Wahrnehmung, sollen im Folgenden eine Reihe von

---

6   cf. aber Welbourne, The Community of Knowledge, 5ff., 32.
7   Auf die Frage, wann etwas eine "defeating condition" darstellt, kann und muß hier nicht näher eingegangen werden.
8   Vorausgesetzt ist hier überall, daß die grundsätzliche Skepsis gegenüber der Verläßlichkeit unserer Erkenntnisfähigkeiten unberechtigt ist. Unter skeptischen Voraussetzungen läßt sich die Ausgangsfrage nicht mehr stellen (weshalb sie hier außer Acht gelassen werden können).

Fällen betrachtet werden. Nehmen wir an, Ernie wisse, daß es draußen heiß ist. Er kann dies aus verschiedenen Quellen wissen:

(1) Bert teilt Ernie mit, daß es draußen heiß ist;
(2) Bert kommt schwitzend und sich Luft zufächernd herein (ohne Ernie zu bemerken);
(3) Ernie schaut auf sein Thermometer.[9]

Der Unterschied zwischen (1) und (2) liegt darin, daß Ernie im ersten Fall aufgrund von Berts kommunikativem Verhalten ihm gegenüber und im zweiten Fall aufgrund von Berts nicht-kommunikativem (nicht-sozialem) Verhalten von der Hitze erfährt. Im Fall (1) benutzt Ernie Bert als Informanten, im Fall (2) als Informationsquelle.[10] Dieser Unterschied hat aber keine Implikationen hinsichtlich des epistemischen Status' der jeweiligen Wissensquelle: Weder ist eine von beiden verläßlicher noch grundlegender als die andere.

Auch zwischen den Fällen (2) und (3) ist kein Unterschied hinsichtlich des epistemischen Status' der jeweiligen Wissensquelle erkennbar. Der Unterschied liegt hier darin, daß Ernie im einen Fall aufgrund eines Verhaltens eines Organismus sein Wissen erhält, im anderen Fall aufgrund des "Verhaltens" eines Artefaktes. Auch hier wieder ist nicht zu sehen, wieso eine der beiden Wissensquelle verläßlicher oder von fundamentalerem Status sein soll als die andere.

Wenn es aber zwischen (1) und (2) ebenso wenig wie zwischen (2) und (3) für unsere Diskussion relevante epistemische Unterschiede gibt, dann gibt es auch keine solchen relevanten Differenzen zwischen (1) und (3). Insbesondere ist nicht zu sehen, weshalb man *testimony*, anders als Wahrnehmung, nicht generell vertrauen können sollte. Bei *testimony* gibt es - ähnlich wie bei Wahrnehmung - eine generelle Präsumtion zugunsten ihrer Verläßlichkeit. *Testimony* und sinnliche Wahrnehmung sind gleichermaßen Quellen unseres Wissens. Es gibt keinen Grund für die Annahme, daß eine gegenüber der anderen "privilegiert" wäre oder grundlegender wäre. Beide Quellen sind fehler- und täuschungsanfällig und beide verlangen das Vorliegen gewisser normaler Bedingungen.[11]

---

9 Um den möglichen Einwand zu vermeiden, daß dies wiederum *testimonies* voraussetzt, könnte man als Beispiel hier auch wählen, daß Ernie selbst ins Freie geht und selbst die Temperatur wahrnimmt.
10 cf. zu diesem Unterschied: Craig, Knowledge and the State of Nature, 40f.
11 Zu *testimony* und Wahrnehmung cf. Reid, Inquiry, 184f. 194, 197ff. sowie Evans, The Varieties of Reference, 123. Zu *testimony* und Erinnerung cf. Dummett, Testimony and Memory, 252.

Es hilft auch nichts, darauf zu verweisen, daß Wahrnehmung "direkt" auf den jeweiligen Sachverhalt bezogen sei, während *testimony* "indirekt" darauf bezogen sei. In welchem Sinne von "direkt" soll Wahrnehmung denn direkter sein als *testimony*? Eine Explikation ist hier nicht zu sehen. Schließlich ist auch Wahrnehmung ein komplexer Prozeß mit vielen Zwischenstadien. Und schließlich ist auch *testimony* etwas, dem wir unmittelbar vertrauen, wenn wir ihr denn vertrauen.

III. Schluß

Wissen vom Hörensagen, Wissen aus *testimony*, ist eine Wissensquelle für sich, die nicht auf andere Wissensquellen, wie etwa Beobachtung oder Schlußfolgern, reduziert werden kann. *Testimony* ist im Prinzip genauso verläßlich bzw. irrtumsanfällig wie alle anderen Wissensquellen. Da ein großer Teil unseres Wissens auf Hörensagen beruht, kann man sagen, daß unser Wissen eine wesentlich soziale Dimension aufweist. Nur als Mitglieder epistemischer Gemeinschaften haben Einzelne Wissen.

Literatur

Coady, C.A.J., Testimony. A Philosophical Study, Oxford: Clarendon 1992

Craig, Edward, Knowledge and the State of Nature. An Essay in Conceptual Synthesis, Oxford: Clarendon 1990

Dummett, Michael, Testimony and Memory, in: Bimal Krishna Matilal/ Arindam Chakrabarti (Hg.), Knowing from Words, Dordrecht: Kluwer Academics (Synthese library 230) 1994, 251-272

Evans, Gareth, The Varieties of Reference (Hg.: John McDowell), Oxford: Clarendon 1982

Hume, David, A Treatise of Human Nature (Hg.: Peter H. Nidditch), Oxford: Clarendon 1978

Hume, David, An Enquiry Concerning Human Understanding (Hg.: Peter H. Nidditch), Oxford: Clarendon 1975

Matilal, Bimal Krishna/ Chakrabarti, Arindam (Hg.), Knowing from Words, Dordrecht: Kluwer Academics (Synthese library 230) 1994

Reid, Thomas, An Inquiry into the Human Mind, on the Principles of Common Sense, in: Thomas Reid, The Works of Thomas Reid (Hg.: William Hamilton; 8. ed.), Edinburgh: MacLachlan and Stewart 1863, vol. I, 93-211

Reid, Thomas, Essays on the Intellectual Powers of Man, in: Thomas Reid, The Works of Thomas Reid (Hg.: William Hamilton; 8. ed.), Edinburgh: MacLachlan and Stewart 1863, vol. I, 213-508

Welbourne, Michael, The Community of Knowledge, Aberdeen: Aberdeen University Press 1986

Eine neo-Husserlianische Theorie der referentiellen und demonstrativen Bezugnahme[*]

Christian Beyer

Zusammenfassung: Es ist wenig bekannt, daß Edmund Husserl - der Begründer der Phänomenologie - eine „Theorie der direkten Referenz" (TdR) vertrat (der zufolge die Wahrheitsbedingungen mancher Aussagen *echt singulär* sind) und dabei u.a. Keith Donnellans Unterscheidung zwischen der „attributiven" und der „referentiellen" Verwendung einer Kennzeichnung vorweggenommen hat. In *Teil 1* dieses Aufsatzes gehe ich auf diesen Sachverhalt näher ein, wobei ich Husserl mit Donnellan und Saul Kripke ins Gespräch bringe. Für den Umstand, daß Husserls sprachphilosophischen Pioniertaten bislang wenig Beachtung geschenkt wurde, ist die Tatsache mitverantwortlich, daß kaum ein sprachanalytischer Philosoph etwas mit Husserls Methode der „universalen phänomenologischen Epoché" anzufangen wußte. In *Teil 2* diskutiere ich Husserls Argument für die These, daß nach Vollzug der universalen Epoché das „reine Bewußtsein" als „transzendentales Residuum" verbleibt. Ich widerlege dieses Argument - und verwerfe die Methode der universalen Epoché. Stattdessen plädiere ich für das methodische Konzept einer *lokalen* Epoché, das ich (kombiniert mit Husserls „dynamischer Methode") sogleich auf das Phänomen der demonstrativen Bezugnahme anwende. In diesem Zusammenhang mache ich mich für eine gemäßigte Variante des Externalismus bezüglich propositionaler Urteilsgehalte stark: die *neo-Husserlianische Propositionalkonzeption*. In *Teil 3* des Aufsatzes arbeite ich diese Konzeption näher aus und zeige schließlich, daß (und warum) sie geeignet ist, den Unterschied zwischen „attributiv" und „referentiell" erkenntnistheoretisch zu erhellen.

1.

In einem vermutlich 1908 entstandenen Forschungsmanuskript arbeitet Husserl anhand der „attributiv/ referentiell"-Unterscheidung eine fundamentale semantische Distinktion heraus: die Distinktion zwischen *ausgesagtem Sachverhalt* und *propositionalem Aussagegehalt*. Hier ist eine zentrale Passage aus diesem Manuskript; wie aus dem Zusammenhang hervorgeht, versteht Husserl darin unter „nominalen Vorstellungen" speziell geistige Bezugnahmen, die sich mit singulären Termen kundgeben lassen:

„**[a]** „Der Kaiser von Deutschland ist nach Paris gereist." - „Wilhelm der II. ist nach Paris gereist."". [Hier] könnte man sagen, der „Sachverhalt" sei derselbe. Es kommt uns hier nur darauf an, daß die Person (das identische Subjekt) das und das getan hat, daß das betreffende identische Subjekt das und das identische Prädikat hat ... Im Wechsel der Subjektvorstellungen wird nichts Neues gesagt ... Es ist nur abgesehen auf die Prädikate ... Auch ist zu bemerken, daß Ausdrücke wie „der Kaiser" u.dgl. so ziemlich wie Eigennamen fungieren, nicht anders als Wilhelm II. ... Eine Aussage wird gemacht, und es kommt nur darauf an, daß das Subjekt das und die Beschaffenheit hat, nur das will ausgesagt sein, während die nominale Vorstellung des Subjekts bloß dazu dient, auf den Gegenstand hinzulenken, ihn, gleichgültig wie, zu nennen ... **[b]** Wo immer die nominale Vorstellung im Subjekt nicht bloß nennende, sondern auch „besagende" Funktion hat, wo immer es auf das, was sie besagt, mit ankommt, da werden wir nicht sagen, daß der Sachverhalt unverändert bleibe bei der Ersetzung der Subjektvorstellung durch eine ihr äquivalente ... Darin ist gewiß Richtiges. Aber kann ich denn nicht doch allgemein sagen: Der Sachverhalt S ist P, das ist das durch S bezeichnete Subjekt hat das durch P bezeichnete Prädikat ... **[c]** Dann müßten wir doch unterscheiden den ... Sachverhalt, so wie er ausgesagt ist, als das Propositionale ... und den ... Sachverhalt, der identisch in der Äquivalenzgruppe von möglichen Aussagen." (Hua XXVI[1], Beil. XII, 170ff.)

In Abschnitt [a] dieses Zitats beobachtet Husserl, daß eine definite Kennzeichnung wie (K) „**der Kaiser von Deutschland**" in manchen Aussagekontexten der Sorte (S) „**Der Kaiser von Deutschland ist ein *F*"** so verwendet wird, daß in der jeweiligen Aussage gar nicht „ausgesagt sein will", daß der Gegenstand der mit (K) vollzogenen sprachlichen Bezugnahme die mit (K) ausgedrückte Eigenschaft *G*-heit (Kaiser von Deutschland zu sein) tatsächlich besitzt: Die Kennzeichnung von etwas als der *G* dient in solchen Aussagekontexten, so Husserl, nur dazu, die Aufmerksamkeit des Hörers auf den Gegenstand *x* „hinzulenken", an den der Sprecher bei seiner Aussage (unter welcher Beschreibung auch immer) denkt. Mit Hilfe der Unterscheidung zwischen *Äußerungswelt* und *Auswertungswelt* läßt sich diese Beobachtung präzisieren: Entscheidend für die *semantische Bewertung* der von Husserl beschriebenen Aussage relativ zu einer Auswertungswelt *w* - i.e. für die Beantwortung der Frage, ob sie in *w wahr* ist - ist allein, ob *x* (in *w*) ein *F* ist; dabei spielt es keine Rolle, ob eine Person und, wenn ja, welche in der Äußerungswelt w_k[2] der *G* ist (vgl. auch Hua XXVI, §30, 100); und es tut ebensowenig zur Sache, ob eine Person und, wenn ja, welche in *w* der *G* ist. Mit anderen Worten: Die *Wahrheitsbedingung* einer solchen Aussage relativ zu *w* besteht darin, daß in Bezug auf *x* gilt: *x* ist in *w* ein *F*.

Der Sache nach arbeitet Husserl an dieser Stelle den Unterschied zwischen der referentiellen und der attributiven Verwendung einer Kennzeichnung heraus.[3] Als Entdecker dieses Unterschieds gilt gemeinhin der amerikanische Philosoph Keith

---

[*] Eine kürzere Fassung dieses Aufsatzes werde ich auf dem *XVIII. Deutschen Kongreß für Philosophie* in Konstanz im Rahmen der (von Hans Rott geleiteten) Sektion „Wissen und Information" vortragen. Für hilfreiche Anmerkungen danke ich Michael Esfeld, Gunnar Gall, Stephan Krause, Ulrich Krohs, Wolfgang Künne, Stefanie Richter und Mark Textor.

[1] Die Schriften Husserls werden zitiert nach *Husserliana* - Edmund Husserl, Gesammelte Werke, Den Haag bzw. Dordrecht 1950 u.f., und zwar als „Hua (Band-Nr.) (Paragraph) (Seite)". Ggf. führe ich hinter der Band-Nr. zusätzlich die Beilagen-Nr. an. Texte aus dem 1. Teil des 2. Bandes der *Logischen Untersuchungen* zitiere ich als „Hua XIX/1/ (Nr. der Untersuchung) (Paragraph) (Seite)".

[2] "w_k" fungiert hier und im Folgenden jeweils als Platzhalter für die Äußerungswelt.

[3] Vgl. a.a.O., 175: "Attributive Vorstellungen können doppelt fungieren ..., einmal eigentlich nennend, das andere Mal besagend."

Donnellan. Ähnlich, wie Husserl in Abschnitt [a] eine Klasse von Aussagen beschreibt, die hinsichtlich ihrer jeweiligen Wahrheitsbedingung schlicht darauf hinauslaufen, „daß das Subjekt die und die Beschaffenheit hat, ... während die nominale Vorstellung des Subjekts bloß dazu dient, auf den Gegenstand hinzulenken", von dem in der Aussage die Rede ist, schreibt Donnellan:

> „... in the referential use the definite description is merely one tool for doing a certain job - calling attention to a person or thing - and in general any other device for doing the same job, another description or a name, would do as well." (Donnellan 1991, 147)

> „... when a speaker uses a definite description referentially he may have stated something true or false even if nothing fits the description." (Donnellan 1991, 159)

Die in den Gehalt der im vorliegenden Beispiel mit der Kennzeichnung (K) vollzogenen Bezugnahme involvierte Eigenschaft G-heit geht hiernach nicht in die Wahrheitsbedingung der betr. Aussage ein. Die fragliche Bezugnahme ist nämlich *referentiell*: Da der Sprecher bei seiner Äußerung von (K) an x denkt und mit (K) über x sprechen will, betrifft diese Bezugnahme nach Donnellan und Kripke niemand anderen als x - gleichgültig, ob x tatsächlich der G ist oder nicht. Dagegen geht die Eigenschaft G-heit sehr wohl in die Wahrheitsbedingung einer Aussage der Sorte (S) ein, in deren Rahmen (K) *attributiv* verwendet wird. Nun hängt die Wahrheitsbedingung einer Aussage *prima facie* vom sprachlichen Sinn des verwendeten Aussagevehikels ab (vgl. Kripke 1991, 176). Nach dem zuvor Gesagten *scheint* der sprachliche Sinn des in (S) enthaltenen Kundgabevehikels im Falle der referentiellen Verwendung von (K) somit ein anderer zu sein als im Falle der attributiven Verwendung von (K).[4] Die einzige vernünftige Erklärung hierfür bietet die These, daß die Kennzeichnung (K) im referentiellen Falle einen *anderen sprachlichen Sinn* ausdrückt als im Falle einer attributiven Verwendung von (K) - nämlich eher so etwas wie den Sinn eines nicht-deskriptiven *Eigennamens* (vgl. Kripke 1991, 176ff.). Donnellan möchte sich nicht auf diese Ambiguitätsthese festlegen (vgl. Donnellan 1991, 155). Kripke sieht ihn aufgrund des gerade vorgetragenen Arguments dennoch auf diese These festgelegt (vgl. Kripke 1991, 176f.). Husserl macht sich die Ambiguitätsthese in Abschnitt [a] unseres Zitats ausdrücklich zu eigen: Er versichert, daß definite Kennzeichnungen wie (K) „so ziemlich wie Eigennamen" fungieren, sofern sie „bloß" dazu verwendet werden, „auf den Gegenstand hinzulenken, ihn, gleichgültig wie, zu nennen" (vgl. Hua XXVI, §30, 100). Aber ist diese These korrekt? Gibt es z.B. wirklich zwei verschiedene sprachliche Sinne von (K), die jeweils der referentiellen bzw. der attributiven Verwendung von (K) entsprechen? Der nachfolgende kleine Dialog, der durch ein Beispiel angeregt ist, das Saul Kripke gegen Donnellan mobilisiert hat, scheint *gegen* Husserls Ambiguitätsthese zu sprechen.

> (a) Während einer kaiserlichen Militärparade im Jahre 1908 zeigt A auf einen eleganten Reiter und sagt dabei zu B: (X) „Der Kaiser von Deutschland ist ein guter Reiter". B erwidert: (Y) „Nein, er ist kein guter Reiter" und fährt fort: (Z) „Der Mann, auf den du gerade Bezug genommen hast, ist nicht der deutsche Kaiser".[5]

A verwendet (K) im Rahmen von (X) referentiell. A will hier nicht über diejenige Person sprechen - *welche auch immer das ist* -, die zum Äußerungszeitpunkt Deutschlands Kaiser ist, sondern vielmehr über den Reiter, auf den er bei seiner Äußerung von (X) zeigt - und den er für den gegenwärtigen deutschen Kaiser *hält*. Würde diesem Gebrauch von (K) nun ein besonderer sprachlicher Sinn entsprechen, den A bei seiner Äußerung von (K) ausdrückt, so wäre unverständlich, wie B diesen Sinn im vorliegenden Beispiel (als von A intendiert) erfassen kann. Denn offenbar bezieht sich das Pronomen „er" in (Y) anaphorisch auf (K) zurück, um den von (K) in der von A in Anspruch genommenen konventionellen Verwendungsweise bezeichneten Gegenstand zu designieren. Würde (K) im Rahmen von A's Äußerung einen besonderen „referentiellen Sinn" ausdrücken, so würde es sich bei dem fraglichen Gegenstand um den Reiter handeln, auf den A bei seiner Äußerung zeigt. Offensichtlich will B aber in seiner Äußerung von (Y) keineswegs über diesen Reiter sprechen, sondern vielmehr über den tatsächlichen Kaiser von Deutschland - wer auch immer das ist. Mißversteht B A's Äußerung von (K) demnach als Ausdruck eines „attributiven Sinns" von (K)? Offenbar nicht; schließlich stellt B mit seiner Äußerung von (Z) unter Beweis, daß er sehr wohl weiß, daß A mit seiner Äußerung von (K) auf den eleganten Reiter Bezug genommen hat.

Kripke präsentiert noch ein weiteres Argument gegen die These von der Ambiguität einer definiten Kennzeichnung, die sowohl attributiv als auch referentiell verwendet werden kann. Wer diese These unterschreibt, der muß Kripke zufolge konsequenterweise auch eine entsprechende Ambiguitätsthese für nicht-deskriptive *Eigennamen* vertreten. Kripke präsentiert das folgende Beispiel:

> (b) A und B sehen beide Schmidt und verwechseln ihn mit Müller. A fragt B: „Was macht Müller da?". B antwortet: „Er harkt Laub." Im Munde von A und B bezeichnet der Name „Müller" normalerweise einen gewissen Müller, den sie beide kennen. Dennoch scheinen sie in ihrem kleinen Dialog auf *Schmidt* Bezug genommen zu haben. Und B hat mit seiner Antwort offenbar nur dann etwas Wahres gesagt, wenn *Schmidt* zum Äußerungszeitpunkt gerade (in der Auswertungswelt) Laub harkt. Müller ist in die Wahrheitsbedingung dieser Aussage gar nicht involviert. (Vgl. Kripke 1991, 173.)

In diesem Beispiel meinen A und B mit „Müller" offenbar den Mann, den sie beide harken sehen, - also Schmidt - und nicht den Müller, den sie beide kennen. Kripke möchte nun keineswegs behaupten, „Müller" werde *attributiv* verwendet, wenn A und B mit Hilfe dieses Namens *in absentia* über Müller sprechen. Gleichwohl läßt sich eine weitgehende Analogie des

---

[4] Wie wir gleich sehen werden, trügt der Schein.
[5] Vgl. Kripke 1991, 181.

Schmidt-Müller-Beispiels zu dem Beispiel mit der Militärparade schwerlich leugnen. Kripke beschreibt die hier vorliegende Gemeinsamkeit wie folgt. In beiden Beipielen divergieren:

(i) der *semantische Bezugsgegenstand* ("*semantic referent*"), i.e. derjenige Gegenstand, den der jeweils verwendete singuläre Term in der von den Dialogpartnern in Anspruch genommenen konventionellen Verwendungsweise bezeichnet (im ersten Beispiel ist dieser Gegenstand Wilhelm II., im Schmidt-Müller-Beispiel handelt es sich um Müller);

(ii) der *intendierte Bezugsgegenstand* ("*speaker's referent*"), i.e. derjenige Gegenstand, den der Sprecher (sc. *A*) bei seiner Äußerung des betr. singulären Terms im Sinn hat und über den er sprechen möchte (im ersten Beispiel ist dieser Gegenstand der elegante Reiter, im Schmidt-Müller-Beispiel handelt es sich um Schmidt).[6]

Angesichts dieser elementaren Gemeinsamkeit zwischen dem Beispiel mit der Militärparade und dem Schmidt-Müller-Beispiel ist es wünschenswert, die beiden Fälle theoretisch weitgehend analog zu behandeln. Der Verfechter der Ambiguitätsthese sollte daher in *beiden* Beispielen je zwei verschiedene sprachliche Sinne des jeweils in Rede stehenden singulären Terms postulieren - im Schmidt-Müller-Beispiel also zwei verschiedene Sinne von „Müller". Dieses Postulat erscheint jedoch absurd. Wenn *A* und *B* den Eigennamen „Müller" kraft einer seiner konventionellen Verwendungsweisen zur Bezugnahme auf Müller verwenden und nun jemand anderen (sc. Schmidt) mit Müller verwechseln, so „kreieren" sie gewiß nicht ungewollt einen neuen sprachlichen Sinn von „Müller".[7]

Ich halte beide Argumente Kripkes gegen die Ambiguitätsthese für überzeugend. Husserl unterschreibt diese These in Abschnitt [a] unseres Zitats. Aber ist er wirklich auf sie festgelegt? Ich glaube nicht. In präzisierter Form lautet die obige Überlegung, die auf die Ambiguitätsthese zu führen schien:

(P1) Die in den Gehalt der mit der referentiell verwendeten Kennzeichnung (K) vollzogenen Bezugnahme involvierte Eigenschaft *G*-heit geht nicht in die Wahrheitsbedingung einer entsprechenden Aussage der Sorte (S) ein. **(P2)** Im Falle der attributiven Verwendung von (K) trifft das kontradiktorische Gegenteil zu. **(P3)** Die Wahrheitsbedingung einer Aussage hängt vom sprachlichen Sinn des verwendeten Aussagevehikels ab. **(C1)** Also muß der sprachliche Sinn des verwendeten Aussagevehikels im referentiellen Fall ein anderer sein als im attributiven Fall. **(C2)** Die einzige vernünftige Erklärung hierfür bietet die These, daß (K) im referentiellen Fall einen anderen sprachlichen Sinn ausdrückt als im attributiven Fall.

Der Schluß von (P1) bis (P3) auf (C1) und (C2) ist in meinen Augen ein *non sequitur*.[8] Dieser Schluß wäre nur dann gültig, wenn in (P3) von der *alleinigen* Abhängigkeit der Wahrheitsbedingung einer Aussage vom sprachlichen Sinn des verwendeten Aussagevehikels die Rede wäre. So sollte man die Prämisse (P3) aber nicht interpretieren, denn dann wäre sie falsch: Schließlich gibt es (Sorten von) Aussagen, deren Wahrheitsbedingungen systematisch mit dem Äußerungskontext variieren. Husserl nennt die sprachlichen Vehikel derartiger Aussagen „wesentlich okkasionell", und er rechnet Aussagen mit unvollständigen definiten Kennzeichnungen wie „der Kaiser" zu dieser Sorte von Aussagen. Die Wahrheitsbedingung einer solchen Aussage ist nach Husserl eine Funktion nicht nur des sprachlichen Sinns, sondern auch des *Äußerungskontextes*.[9] Die Prämissen (P1) bis (P3) legen ihn also nicht wirklich auf die in (C2) formulierte Ambiguitätsthese fest. Wenn er diese These vertreten möchte, muß er von diesen Prämissen unabhängige Gründe mobilisieren, die stärker wiegen als die beiden Argumente von Kripke. Ich sehe nicht, welche Gründe das sein könnten.

Unabhängig von der Ambiguitätsthese wird in den Abschnitten [a] und [b] unseres Zitats deutlich, daß Husserl eine TdR vetritt. In [a] bestimmt er die Wahrheitsbedingung einer Aussage der Sorte (S) für den referentiellen Fall der Sache nach als *echt singulär*. Der Begriff einer echt singulären Wahrheitsbedingung läßt sich für *einfache singuläre Aussagen*, i.e. für Aussagen, die sich mittels Sätzen der Form „*Fm*" (wobei „*m*" für einen singulären Term steht) vollziehen lassen, wie folgt definieren:

(*Df. Echt singuläre Wahrheitsbedingung*) Die Wahrheitsbedingung einer in einem Äußerungskontext *k* vollzogenen einfachen singulären Aussage *X* ist genau dann echt singulär, wenn es in w_k genau einen Gegenstand *x* gibt, für den gilt: (i) *x* ist in *k* der Gegenstand der in *X* eingehenden Bezugnahme, und (ii) *X* ist relativ zu einer gegebenen Auswertungswelt *w* nur dann wahr, wenn *x* in *w* die Eigenschaft besitzt, welche das in *X* verwendete Prädikat (im Rahmen von *X*) ausdrückt.

Mit Hilfe dieser Definition kann man die eingangs erwähnte Theoriengruppe TdR eindeutig abgrenzen: Eine Theorie der Bezugnahme gehört genau dann zu den TdR, wenn dieser Theorie zufolge die Wahrheitsbedingungen mancher Aussagen gemäß (*Df. Echt singuläre Wahrheitsbedingung*) echt singulär sind.[10]

---

[6] Vgl. Kripke 1991, 177f. sowie a.a.O., 172f..

[7] Vgl. Kripke 1991, 177f. - In *manchen* Fällen wird durch die Verwechslung eines Gegenstandes mit dem bisherigen Träger eines bestimmten Eigennamens tatsächlich eine neue konventionelle Verwendungsweise und damit ein neuer sprachlicher Sinn dieses Namens "kreiert". Darauf hat Gareth Evans hingewiesen. Vgl. Evans 1985.

[8] Das ist *contra* Kripke 1991, 176ff.

[9] Vgl. etwa Hua XIX/1/I, §26. Dazu Beyer, demnächst, §3.

[10] Vgl. Newen 1996, 138f..

Nach dem in [a] über die „bloß nennende" (i.e. referentielle) Verwendung von (K) in einem Aussagekontext der Sorte (S) Gesagten vertritt Husserl eine Version der TdR. Die Wahrheitsbedingung einer entsprechenden Aussage besteht ja (relativ zu einer gegebenen Auswertungswelt w) schlicht darin, daß in Bezug auf x gilt: x ist (in w) ein F.

In Abschnitt [b] stellt Husserl fest, daß eine Kennzeichnung wie (K) in *manchen* Aussagekontexten der Sorte (S) *so* verwendet wird, daß es für die semantische Bewertung der jeweiligen Aussage *sehr wohl* darauf ankommt, ob der Gegenstand, von dem die Rede ist, (nicht nur ein F, sondern auch) der G ist. Es gibt hier drei verschiedene Möglichkeiten:

> 1.) (K) wird *attributiv* und zum Zwecke der *nicht-singulären Bezugnahme* verwendet, i.e. (K) fungiert - in Husserls Worten - bloß „besagend" und nicht „nennend". In diesem Falle besteht die Wahrheitsbedingung der mit (S) gemachten Aussage relativ zu einer Auswertungswelt w darin, daß der Gegenstand, der in w der G ist, in w ein F ist. Hier handelt es sich, wie wir sagen können, um eine *generelle Wahrheitsbedingung*.

> 2.) (K) wird *attributiv* und zum Zwecke der *singulären Bezugnahme* verwendet, i.e. (K) fungiert „besagend" und „nennend" zugleich (vgl. Kripke 1991, 168). Mit anderen Worten: (K) fungiert als *rigidifizierte Kennzeichnung* (vgl. Searle 1983, 258). In diesem Falle ist die Wahrheitsbedingungung der mit (S) im Äußerungskontext k gemachten Aussage *echt singulär*, so zwar, daß sie relativ zu einer gegebenen Auswertungswelt w darin besteht: daß für diejenige Person x, die in w_k der G ist, gilt: x ist in w ein F.

> 3.) (K) wird zwecks singulärer Bezugnahme verwendet, die Wahrheitsbedingung der mit (S) in k gemachten Aussage ist also *echt singulär*, jedoch so, daß diese Bedingung gewissermaßen einen *generellen Einschlag* besitzt, und zwar im folgenden Sinne. Die Wahrheitsbedingung der betr. Aussage besteht relativ zu einer gegebenen Auswertungswelt w darin, daß für diejenige Person x, die in w_k der G ist, gilt: (1) x ist in w der G und (2) x ist in w ein F.[11]

Husserl scheint mir in Abschnitt [b] speziell die Möglichkeit 2.) der *singulären attributiven Bezugnahme* im Auge zu haben (vgl. auch Hua XXVI, §30, 100). In einem Beispiel der Sorte 2.) wird (K) *nicht bloß* zwecks singulärer Bezugnahme verwendet - (K) besitzt „nicht bloß nennende ... Funktion" -, sondern so, daß (K) *zugleich* „auch „besagende" Funktion hat": Für die semantische Bewertung der mit der betr. Äußerung von (S) in k gemachten Aussage „kommt es mit darauf an", ob eine Person und, wenn ja, welche in w_k der G ist. Diese Bedingung trägt der Intuition Rechnung, die Husserl in [b] beschreibt: Man ist geneigt zu sagen, daß der *ausgesagte Sachverhalt* in einem solchen Fall unverändert bleibe „bei Ersetzung der Subjektvorstellung durch eine ihr äquivalente" bzw. - auf der sprachlichen Ebene - bei Ersetzung von (K) durch eine andere Kennzeichnung, die im Äußerungskontext k denselben Gegenstand bezeichnet wie (= *ko-referentiell* ist mit) (K) in k. Wer den Ausdruck „ausgesagter Sachverhalt" so verwendet, der versteht unter dem in einem Beispiel der Sorte 2.) „ausgesagten Sachverhalt" die *Wahrheitsbedingung* dieser Aussage. In Abschnitt [c] betont Husserl jedoch, daß es einen bedeutsamen Sinn von „Sachverhalt" gibt, in dem der ausgesagte Sachverhalt ungeachtet der Ersetzung einer Kennzeichnung wie (K) durch eine beliebige ko-referentielle Kennzeichnung bei einer solchen Aussage *unverändert* bleibt: „Der Sachverhalt S ist P, das ist das durch S bezeichnete Subjekt hat das durch P bezeichnete Prädikat". Diese Bestimmung darf man natürlich nicht meta-sprachlich verstehen, denn andernfalls würde die Existenz eines beliebigen Sachverhalts der Form „S ist P" von der Existenz gewisser (interpretierter) singulärer und genereller Terme abhängen. Gemeint ist vielmehr dies:

> (*Singulärer Sachverhalt*) Die Existenz und Identität eines singulären Sachverhalts steht und fällt mit der Existenz und Identität eines bestimmten Gegenstandes und einer bestimmten Eigenschaft, derart, daß dieser Sachverhalt genau dann besteht (= existiert), wenn der fragliche Gegenstand die betr. Eigenschaft hat (vgl. Hua XXVI, §7, 29).

Legt man dieses *Existenz- und Identitätskriterium für singuläre Sachverhalte* (kurz: *S-Sachverhalte*) zugrunde, so bleibt der ausgesagte Sachverhalt in einem Beispiel der Sorte 2.) beim Austausch ko-referentieller Kennzeichnungen konstant. Sei z.B. der gegenwärtige Kaiser von Deutschland in der Äußerungswelt der berühmteste europäische Schnurrbartträger. Dann bleibt der ausgesagte S-Sachverhalt unverändert, wenn man die Kennzeichnung (K) in dem Satz „Der Kaiser von Deutschland trägt einen Schnurrbart" durch die Kennzeichnung (K') „der berühmteste europäische Schnurrbartträger" ersetzt. (Dabei ist, wie gesagt, vorausgesetzt, daß wir es mit einem Fall der Sorte 2.) zu tun haben.) Was sich in einem solchen Falle ändert, so Husserl in [c], ist der *propositionale Gehalt* der jeweiligen Aussage ("der Sachverhalt, wie er ausgesagt ist, als das Propositionale"). Diese Differenz ist für die unterschiedlichen Wahrheitsbedingungen beider Aussagen verantwortlich: Da es in einem Beispiel der Sorte 2.) semantisch auf das, was die jeweils verwendete Kennzeichnung „besagt, mit ankommt", besteht die Wahrheitsbedingung der ersten Aussage, vollzogen in einem Äußerungskontext k, relativ zu einer gegebenen Auswertungswelt w darin, daß *diejenige Person x, die in w_k (zu t_k) der Kaiser von Deutschland ist*, gilt: x ist in w (zu t_k) Schnurrbartträger; hingegen besteht die Wahrheitsbedingung der zweiten Aussage relativ zu w darin, daß für diejenige Person x, die in w_k (zu t_k) der berühmteste Schnurrbartträger Europas ist, gilt: x ist in w (zu t_k) Schnurrbartträger. Wenn derjenige, der zu t_k Deutschlands Kaiser ist, und derjenige, der zu t_k Europas berühmtester Schnurrbartträger ist, in w_k (zwar existieren, aber) voneinander verschieden sind, dann kann es sein, daß die letztere Wahrheitsbedingung erfüllt ist, die erstere aber nicht.

---

[11] Beispiel: Man stelle sich einen (kontrafaktischen) Äußerungskontext k vor, in dem es nur einen Dalai Lama gab, gibt, geben wird *und geben kann* - nämlich den tatsächlichen, gegenwärtigen Dalai Lama in k. A hält diejenige Person, die in der Äußerungswelt w_k zur Äußerungszeit t_k der Dalai Lama ist, kraft ihres gottgleichen Status' für das geistige Oberhaupt der Tibeter *in allen möglichen Welten, in denen ein Dalai Lama existiert*; und A hält dies zu Recht für eine in w_k allgemein anerkannte Tatsache. A behauptet nun: „Das geistige Oberhaupt der Tibeter ist gottgleich". So, wie A die Kennzeichnung (K') „das geistige Oberhaupt der Tibeter" verwendet, ist seine Behauptung in einer beliebigen Auswertungswelt w genau dann wahr, wenn für die Person x, die in w_k das geistige Oberhaupt der Tibeter ist, gilt: (1) x ist in w das geistige Oberhaupt der Tibeter und (2) x ist in w gottgleich. - Ein ähnlich gelagertes (jedoch nicht unkontroverses) Beispiel präsentiert Kripke in Kripke 1981, 130 ("Die Person, die aus der Eizelle XY und der Samenzelle YZ hervorgegangen ist").

Relativ zu einer derartigen Auswertungswelt wäre der *Wahrheitswert des propositionalen Gehalts* der beiden Aussagen verschieden.

Nach dem Gesagten stellen Husserls propositionale Aussagegehalte *Wahrheitswertträger* entsprechender Aussagen dar[12] und determinieren eindeutig deren jeweilige *Wahrheitsbedingung* - und somit *a fortiori* ggf. den *ausgesagten S-Sachverhalt*. Entsprechend determiniert der sub-propositionale Gehalt einer singulären Bezugnahme eindeutig deren *Bezugsgegenstand*. Ich nenne dieses letztere Prinzip der Husserlschen Semantik das *Identitätsabhängigkeits-Prinzip*. Ihm zufolge bezieht sich z.B. die Bezugnahme, die der Sprecher *A* in dem Beispiel mit der Militärparade vermittels der Kennzeichnung (K) „der Kaiser von Deutschland" vollzieht, auf eine ganz bestimmte Person.

Prima facie läßt sich das Identitätsabhängigkeits-Prinzip im Rahmen einer Bedeutungstheorie, welche auf Husserls Methode der „phänomenologischen Epoché" zurückgreift, nicht aufrechterhalten. Unter dem Titel „phänomenologische Epoché" laufen bei Husserl nun aber zwei verschiedene Methoden, die er nicht klar auseinanderhält: ein radikales und ein gemäßigtes Verfahren der „Einklammerung" dem Denken „transzendenter" Dinge.

2.

Husserl *radikale* Epoché - die *„universale"* oder (wie ich sagen werde:) *globale* Epoché - betrifft die von uns in der „natürlichen Einstellung" beständig vorausgesetzte *Existenz der dinglichen Welt insgesamt* (vgl. Hua III/1, §32, 65ff.).

> (*Globale Epoché*) Die globale Epoché ist eine Form von Gedankenexperiment, in dem (a) die Möglichkeit angenommen wird, daß die dingliche Welt nicht existiert, und (b) bezüglich einer gegebenen intentional-psychologischen - i.e. auf intentionale Erlebnisse bezüglichen - Bedingung untersucht wird, ob sie unter der Voraussetzung, daß die in (a) erwähnte Möglichkeit realisiert ist, gleichwohl erfüllt sein könnte.[13]

Die methodische Relevanz der globalen Epoché liegt für Husserl darin, daß sie den Nachweis ermöglicht, „... daß es so etwas wie das Feld reinen Bewußtseins überhaupt gibt" (Hua III/1, §51, 107). Husserl will zeigen, daß nach Vollzug der „... Ausschaltung der natürlichen Einstellung, bzw. ihrer generalen Thesis ... das ... reine Bewußtsein als Residuum verbleibt" (Hua III/1, §55, 121). In der „natürlichen Einstellung" setzen wir beständig die Existenz der dinglichen Welt voraus (vgl. Hua III/1, §30, 60f.). Husserls Beweisziel ist die These, daß es auch dann „Bewußtsein" geben kann, wenn diese Voraussetzung nicht erfüllt ist. Ich nenne diese These die *Residuumsthese*.[14] Aus dem Zusammenhang geht hervor, daß Husserl bei dem „Bewußtsein", das in seinen Augen nach Vollzug der globalen Epoché als „Residuum" verbleibt und daher den Titel „*reines* Bewußtsein" verdient, an den Bereich der intentional auf einzelne *Dinge* bezogenen Erlebnisse denkt. (Ich werde diese Erlebnisse im Folgenden als *dingbezogene* Erlebnisse bezeichnen.) Husserls Argument für die Residuumsthese findet sich in den beiden nachfolgenden Passagen.

> „... *mein* Bewußtsein ... ist originär und absolut gegeben, nicht nur nach Essenz, sondern nach Existenz ... [Demgegenüber kann es immer] sein, daß der weitere Verlauf der Erfahrung das schon *mit erfahrungsmäßigem Recht* Gesetzte preiszugeben nötigt. Es war, heißt es nachher, bloße Illusion, Halluzination, bloßer zusammenhängender Traum u.dgl." (Hua III/1, §46, 97)

> „[E]s ist denkbar, daß ... die Erfahrung mit einem Male sich gegen die Zumutung, ihre Dingsetzungen einstimmig durchzuhalten, widerspenstig zeigt, ... - daß es keine Welt mehr gibt ... Nehmen wir nun die Ergebnisse hinzu, die wir am Schlusse des letzten Kapitels gewonnen haben [Anmerkung: die vorstehende Passage stammt aus dem Schlußparagraphen des fraglichen Kapitels; C.B.], denken wir uns also die im Wesen jeder dinglichen Transzendenz liegende Möglichkeit des Nichtseins: dann leuchtet es ein, *daß das Sein des Bewußtseins ... durch eine Vernichtung der Dingwelt ... in seiner eigenen Existenz nicht berührt würde.*" (Hua III/1, §49, 103f.)

Aus diesen Passagen läßt sich das folgende Argument herausschälen.

> (**P1**) Es ist möglich, daß es keine Dinge gibt. (**P2**) Für jedes dingbezogene Erlebnis gilt: Es ist möglich, daß es faktisch keinen Gegenstand gibt, auf den es sich bezieht. (**P3**) Es gibt (evidentermaßen) dingbezogene Erlebnisse. (**C***) Also: Es ist möglich, daß es dingbezogene Erlebnisse gibt, aber gleichwohl keine Dinge. Mit anderen Worten: Der Bereich der dingbezogenen Erlebnisse ist ein „Feld reinen Bewußtseins".

---

[12] Vgl. Hua XIX/1/I, §31, 105f. im Lichte von a.a.O., §26. Von der Relativierung des Wahrheitswertes (i.e. Wahrheit bzw. Falschheit) auf eine Auswertungswelt ist hier allerdings nicht die Rede. Bei der Rekonstruktion von Husserls Theorie der singulären Referenz möchte ich jedoch auf den Begriff einer Auswertungswelt zurückgreifen. Daß dieser Begriff zumindest Husserl-konform ist, wird u.a. in §47 der *Ideen* I (Hua III/1) deutlich.

[13] Wegen der Beschränkung auf die *dingliche* Welt handelt es sich bei dieser Bestimmung lediglich um die Angabe einer *notwendigen* Bedingung dafür, daß ein Gedankenexperiment die Form der Husserlschen globalen Epoché hat. (Die Bestimmung reicht jedoch für meine kritischen Zwecke aus.) In Kapitel 4 der *Ideen* I weitet Husserl den Bereich der Entitäten, die der phänomenologischen Epoché verfallen sollen, u.a. auf *Gott* aus (vgl. Hua III/1, §§56-60, S. 122-130).

[14] Die beiden vorstehenden Zitate verdeutlichen, daß David Bell einer Fehlinterpretation unterliegt, wenn er behauptet: "Husserl explicitly introduces and defends the doctrine [of the absolute being of consciousness] [= die Residuumsthese; C.B.] ... without as yet effecting the phenomenological judgement-exclusions", that is, "without troubling ... with any phenomenological *epoché* ..."" (Bell 1988, 57). Richtig (und wichtig) ist dagegen Bells Hinweis, daß die Residuumsthese sich mit Hilfe der phänomenologischen Epoché nicht rechtfertigen läßt (Bell 1988, 57f.).

Die Konklusion (C*) ist nichts anderes als die Residuumsthese. Husserls Argument macht von der Methode der globalen Epoché Gebrauch: Mit der Prämisse (P1) wird die Möglichkeit der Nichtexistenz der dinglichen Welt vorausgesetzt; das Argument soll zeigen, daß es unter der Voraussetzung, daß diese Möglichkeit realisiert ist, gleichwohl möglich ist, daß es dingbezogene Erlebnisse gibt. Die theoretische „Leistung" der globalen Epoché erblickt Husserl darin, daß sie diesen Nachweis ermöglicht (vgl. erneut Hua III/1, §§ 51, 55 sowie Hua III/1, §33, 66-69).

Es läßt sich nun aber zeigen, daß Husserls Argument für die Residuumsthese nicht schlüssig ist. Damit verliert die globale Epoché ihre methodische Relevanz.

Die Konklusion (C*) folgt nicht aus den Prämissen (P1) bis (P3). Es folgt lediglich:

(C) Es ist möglich, daß es dingbezogene Erlebnisse gibt, für die es faktisch keine Dinge gibt, auf die sie sich beziehen.

Dies wird deutlich, wenn man Husserls Argument etwas formaler betrachtet:

(P1') $M\neg(Ex)$ (x ist ein Ding). (P2') (x) (x ist ein dingbezogenes Erlebnis $\longrightarrow M\neg(Ey)$ (y ist ein Ding & x bezieht sich auf y)). (P3') (Ex) (x ist ein dingbezogenes Erlebnis). (C*') Also (?): $M((Ex)$ (x ist ein dingbezogenes Erlebnis & $\neg(Ey)$ (y ist ein Ding)).

Der Schluß von (P1') bis (P3') auf (C*') ist ein *non sequitur*, wie das folgende *modallogisch gleichförmige Gegenbeispiel* beweist:

(P1'') $M\neg(Ex)$ (x ist ein Lebewesen). (P2'') (x) (x ist ein Geschwister $\longrightarrow M\neg(Ey)$ (y ist ein Lebewesen & x ist Geschwister von y). (P3'') (Ex) (x ist ein Lebewesen). (C*''') Also (?): $M((Ex)$ (x ist ein Geschwister & $\neg(Ey)$ (y ist ein Lebewesen)).

Dieses Argument besteht aus lauter wahren Prämissen und einer falschen Konklusion. Folglich ist das logisch gleichförmige Argument (P1') bis (C*') nicht schlüssig. Um es in ein schlüssiges Argument zu verwandeln, muß man (C*') durch (C') ersetzen:

(C') Also: $M((Ex)$ (x ist ein dingbezogenes Erlebnis & $\neg(Ey)$ (y ist ein Ding & x bezieht sich auf y)).

Entsprechend muß (C*) durch (C) ersetzt werden. Das Argument (P1) bis (C) ist schlüssig. Allerdings kann die Prämisse (P1) ersatzlos gestrichen werden, sie ist redundant. Das verbleibende Argument (P2) bis (C) ist in sich bereits schlüssig. Seine Prämissen (P2) und (P3) erscheinen mir zudem vollkommen unkontrovers. Die Methode der globalen Epoché (deren Anwendung die Annahme (P1) erfordert) ist daher nicht erforderlich, um die Wahrheit der (wenig spektakulären) These (C) nachzuweisen. Der einzige Rahmen, in dem diese Methode m.E. theoretische Arbeit leisten könnte, ist der universale erkenntnistheoretische Skeptizismus, den Descartes zu widerlegen versucht hat. An diesem Projekt ist Husserl jedoch nicht interessiert (vgl. etwa Hua III/1, §31, 62). Ich schlage deshalb vor, die Methode der globalen Epoché zu ignorieren.

Husserl macht oftmals von einer *gemäßigten* Variante der phänomenologischen Epoché Gebrauch, die ich als *lokale Epoché* bezeichnen möchte. Sie kommt z.B. in den „Noema-Kapiteln" der *Ideen* I (Hua III/1) sowie in Husserls Texten zur Bedeutungslehre (vgl. insbes. Hua XXVI) zum Tragen (vgl. Beyer, demnächst, §§ 6f.):

(*Lokale Epoché*) Die lokale Epoché ist eine Form der Beschreibung des (etwaigen) Gegenstandes x eines gegebenen dingbezogenen Erlebnisses, in welcher der Sprecher/Denker keinen Gebrauch von seinen Überzeugungen bezüglich der tatsächlichen Existenz von x macht.

Husserl wendet die lokale Epoché regelmäßig in Kombination mit seiner *dynamischen Methode* an. Diese letztere Methode ist auf die in Husserls Augen phänomenologisch „zentralen" „funktionellen Probleme" zugeschnitten, i.e. die Probleme der zeitübergreifenden Konstanz des Gegenstandsbezugs einer Reihe von (dingbezogenen) geistigen Bezugnahmen (vgl. Hua III/1, §86, 196f.):

(*Dynamische Methode*) Geistige Bezugnahmen werden im Rahmen zeitübergreifender kognitiver Strukturen - *dynamischer intentionaler Strukturen* - betrachtet, denen sie sich einfügen und in denen über eine Reihe von Zeit-, Orts- und Perspektivenwechseln hinweg durchgängig ein und derselbe Bezugsgegenstand bzw. S-Sachverhalt intendiert ist (vgl. Beyer, demnächst, §§ 4-7).

Ein Beispiel für eine solche kombinierte Anwendung von lokaler Epoché und dynamischer Methode findet sich in einem Forschungsmanuskript aus dem Jahre 1911, in dem es um *demonstrative geistige Bezugnahmen* geht, also um dingbezogene Erlebnisse, die sich mit demonstrativen singulären Termen wie z.B. „dies", „dieser Tisch" kundgeben lassen. Hier ist ein kurzer Passus aus diesem Manuskript:

„Würde ich von einer Umgebung in die andere, völlig gleiche gebracht, ... und glaube ich, verwirrt durch den Weg, ... zum selben Ausgangspunkt zurückgekehrt zu sein, so gelten mir die gleichen Gegenstände als dieselben, und dann werde ich auch sagen, die Bedeutungen seien dieselben. Die Meinung von „dies Haus", „dieser Tisch" etc. ist dann beiderseits dieselbe." (Hua XXVI, Beilage XIX, 212f.)

Lassen Sie mich das von Husserl skizzierte Szenario etwas ausmalen:

> Nehmen wir an, zur Zeit t zeigt Ed auf einen bestimmten Tisch in dem Seminarraum, in dem er sich gerade zusammen mit einigen Studenten befindet, und ruft empört aus:
>
> (S) Dieser Tisch wackelt.
>
> Einer der Studenten ist bereit, mit Ed gemeinsam zum Hausmeister zu gehen, damit dieser die Sache sogleich in Ordnung bringt. Der Weg vom Seminarraum zum Büro des Hausmeisters ist ziemlich verwinkelt. Schließlich finden die beiden das Büro. Der Hausmeister bittet Ed, ihn in den Seminarraum mit dem wackligen Tisch zu führen. Der Student hat dringend etwas Anderes zu tun. Ed muß den Hausmeister daher allein in den fraglichen Seminarraum führen. Schließlich gelangen beide zu einem Seminarraum, den Ed *fälschlicherweise* für den Raum mit dem wackligen Tisch hält. Sie treten ein, der Raum ist menschenleer. Ed glaubt aber nach wie vor, den richtigen Seminarraum gefunden zu haben. Zum Zeitpunkt t' zeigt Ed schließlich auf einen Tisch, den er für den Tisch von vorhin hält, und erklärt dem Hausmeister: (S). Der Hausmeister untersucht den Tisch und widerspricht. Ed reagiert verärgert.

Husserls Diagnose dieses Beispiels läßt sich m.E. so rekonstruieren, daß sie nicht gegen das Identitätsabhängigkeits-Prinzip verstößt. Nach der Rekonstruktion, die mir vorschwebt, drücken die beiden Bezugnahmen, die Ed mit seinen Äußerungen von „dieser Tisch" im Rahmen von (S) zu t (den Studenten gegenüber) bzw. zu t' (dem Hausmeister gegenüber) vollzieht, in der Tat dieselbe „Bedeutung" - denselben sub-propositionalen Gehalt - aus. Wenn man die entsprechenden geistigen Bezugnahmen nämlich aus Eds Perspektive phänomenologisch analysiert, so kann man nicht umhin, die sub-propositionalen Gehalte dieser Bezugnahmen miteinander zu identifizieren: „... und dann werde ich auch sagen, die Bedeutungen seien dieselben". Denn *erstens* sind *die Aspekte, unter denen sich Ed zu t und t' jeweils auf einen bestimmten Tisch bezieht*, identisch: Ed bezieht sich (a) beiderseits kraft des sprachlichen Sinns - Husserl würde sagen: kraft der „(usuellen) *allgemeinen Bedeutungsfunktion*"[15] - des Demonstrativums „dieser Tisch" auf einen Tisch und er ist (b) zu t' disponiert, das Objekt der ersteren Bezugnahme mit dem Objekt der zu t' vollzogenen Bezugnahme zu *identifizieren*, also ein entsprechendes *Identitätsurteil* zu fällen. Husserl zufolge gibt es daher einen weiteren Aspekt, unter dem sich Ed in den beiden in Rede stehenden Bezugnahmen gleichermaßen auf den jeweiligen Bezugsgegenstand bezieht. In einer Randnotiz beschreibt Husserl diesen gemeinsamen Aspekt als den im „Gegenstand im Wie" enthaltenen „... vermeinten Gegenstand schlechthin" (Hua XXVI, Beilage XIX, 212, Fn.) Diese Kennzeichnung klingt wie eine wörtliche Übernahme aus §131 der *Ideen* I, wo Husserl das „bestimmbare X" als zentrale Komponente des „Gegenstandes im Wie seiner Bestimmtheiten" einführt, den er auch (weniger mißverständlich) als „noematischen Sinn" bezeichnet (Hua III/1, §131, 302). Nach dem Gesagten können wir diese Konzeption so rekonstruieren:

> (*Bestimmbares X*) Zwei singuläre geistige Bezugnahmen i, j eines Sprechers/Denkers A (wobei j nicht vor i stattfindet) gehören genau dann zum selben bestimmbaren X, wenn A zum Zeitpunkt von j entweder (i) aufgrund von i und j dazu disponiert ist, den (etwaigen) Bezugsgegenstand von i bewußt mit dem (etwaigen) Bezugsgegenstand von j zu identifizieren, oder (ii) so disponiert *wäre*, wie in (i) beschrieben, wenn er sich an i erinnern würde.[16]

Man beachte, daß die beiden von Ed zu t bzw. t' vollzogenen Bezugnahmen nach Husserl zum selben bestimmbaren X gehören, obwohl das Identitätsurteil hinsichtlich ihrer Bezugsgegenstände, zu dem Ed zu t' disponiert ist, *de facto falsch* ist.[17] Die Frage, ob zwei Bezugnahmen zum selben bestimmbaren X gehören, ist eine *phänomenologische*. Ihre korrekte Beantwortung darf daher im vorliegenden Beispiel nicht von der faktischen Wahrheit des nachfolgend repräsentierten Glaubenszustandes (bezüglich t und t') abhängen, in dem sich Ed zu t' befindet:

> $(Ex)(Ey)$ (x = der Tisch, den ich zu t sah, [usw.] & y = der Tisch den ich zu t' sah [usw.] & $x=y$).

Dieser Glaubenszustand verfällt der lokalen Epoché, da Ed darin die tatsächliche Existenz des Dinges voraussetzt, auf das sich die beiden in Rede stehenden Bezugnahmen (seiner Meinung nach) beziehen. Ebenso muß man sich als Phänomenologe im gegenwärtigen Zusammenhang der Überzeugung enthalten, daß dieser Glaubenszustand *de facto* falsch ist. Stattdessen muß man sich diesen Glaubenszustand „ansehen"; man muß ihn „als Bestandteil des Phänomens [nehmen]" (Hua III/1, §90, 209). Die Tatsache, *daß* sich Ed zu t' in diesem Glaubenszustand befindet, ist nämlich phänomenologisch sehr wohl relevant. Sie impliziert, daß die beiden in Rede stehenden Bezugnahmen zum selben bestimmbaren X gehören.

Diese letztere Feststellung kann man nur treffen, wenn man neben der Methode der lokalen Epoché auch die *dynamische Methode* auf die fraglichen Bezugnahmen anwendet. Die dynamische Methode lehrt nun außerdem, daß Eds Bezugnahmen, *zweitens, ggf. in ein und denselben relevanten Äußerungskontext eingebettet* sind.[18]

---

[15] Vgl. Hua XIX/1/I, §26. Dazu Beyer, demnächst, §3.
[16] Für die Frage nach den Bedingungen der *intersubjektiven* Identität des bestimmbaren X vgl. Beyer, demnächst, §7.
[17] Vgl. Føllesdal, im Erscheinen: "The determinable X is hence what makes sense of what goes wrong in cases of mistaken identity."
[18] Der Zusatz „ggf." stellt sicher, daß diese Feststellung nicht gegen die Bedingungen der lokalen Epoché verstößt: Zwei Bezugnahmen sind genau dann *ggf.* in denselben relevanten Äußerungskontext eingebettet, wenn sie es *unter der Voraussetzung* sind, *daß sie nicht ins Leere schießen*; woraus weder folgt, daß diese Voraussetzung tatsächlich erfüllt ist, noch daß sie es nicht ist.

Mit „relevant" meine ich: *für die phänomenologische Individuation der betr. sub-propositionalen Gehalte relevant*. Betrachten wir die einschlägige zeitübergreifende kognitive Struktur. Sie enthält ein zu t gefälltes Urteil, in das die Bezugnahme eingeht, die Ed zu t mit „dieser Tisch" kundgibt. Ferner enthält sie eine kontinuierliche Reihe von (bewußten oder unbewußten) momentanen Glaubenszuständen, in denen sich Ed zwischen t und t' befindet und in denen sich jeweils die durch das erwähnte Urteil initiierte Überzeugung von dem wackligen Tisch manifestiert:

Zu t fällt Ed aufgrund der identifizierenden Wahrnehmung des wackligen Tisches aus dem ersten Seminarraum - nennen wir ihn „Tisch 1" - ein Urteil, das er mit (S14) kundgibt. Dieses Urteil initiiert bei ihm eine entsprechende Überzeugung über Tisch 1 (und Ed legt zugleich ein mentales Dossier über diesen Tisch an). Aufgrund dieser Überzeugung - sowie aufgrund eines oder mehrerer seiner Wünsche[19] - geht Ed auf das Angebot des Studenten ein, mit ihm zum Hausmeister zu gehen. Sodann versucht Ed aufgrund eben dieser Überzeugung, den Hausmeister in den Seminarraum mit dem wackligen Tisch zu führen. Schließlich zeigt Ed zu t', wiederum aufgrund dieser Überzeugung sowie aufgrund einer zu t' (bzw. kurz davor) erworbenen *Identitätsüberzeugung* bezüglich des Worüber dieser Überzeugung, auf einen bestimmten Tisch - Tisch 2 - und behauptet: (S14). Das Urteil, das Ed in dieser letzteren Behauptung kundgibt, aktualisiert keine andere Überzeugung als die, welche sich in den verschiedenen momentanen Glaubenszuständen manifestiert, die Eds Verhalten zwischen t und t' in der beschriebenen Weise bestimmen; es ist Teil derselben zeitübergreifenden kognitiven Struktur wie diese Glaubenszustände. Darin liegt: Das fragliche Urteil und die genannten Glaubenszustände *betreffen allesamt denselben Gegenstand*, nämlich Tisch 1.[20] Andernfalls hätten wir es ja nicht mit Aktualisierungen bzw. Manifestationen ein und derselben Überzeugung zu tun; was aber zweifellos der Fall ist. Es gilt das folgende *Axiom der Kognitiven Dynamik*:

(1. Determinationsprinzip) Das Worüber einer einfachen echt singulären empirischen Überzeugung, deren Erwerb mit dem Anlegen eines mentalen Dossiers über ihr Worüber einhergeht,[21] ist ggf. identisch mit dem Worüber des Urteils, das diese Überzeugung *initiiert* hat.

Das Urteil, das Ed zu t mit (S14) (den Studenten gegenüber) kundgibt, betrifft, wenn überhaupt einen Gegenstand, dann Tisch 1; denn schließlich haben wir es hier mit einem *Wahrnehmungsurteil* zu tun, das Ed ggf. aufgrund einer Wahrnehmung von *Tisch 1* fällt. Wir können das 1. Determinationsprinzip an dieser Stelle sogleich durch ein weiteres Axiom der Kognitiven Dynamik ergänzen:

(2. Determinationsprinzip) Das Worüber eines einfachen echt singulären Wahrnehmungsurteils, das aufgrund der identifizierenden Objekt-Wahrnehmung i gefällt wird, ist ggf. identisch mit dem Gegenstand von i. M.a.W.: Der Gegenstand der Subjektvorstellung dieses Urteils ist ggf. identisch mit dem Gegenstand von i.

Da das im vorigen Absatz erwähnte Urteil bei Ed die Überzeugung von dem wackligen Tisch initiiert, die sich während der Zeitspanne t bis t' in den im vorletzten Absatz genannten momentanen Glaubenszuständen manifestiert, und da der Erwerb dieser Überzeugung bei Ed mit dem Anlegen eines mentalen Dossiers über das Worüber dieser Überzeugung einhergeht, betreffen alle diese Glaubenszustände gemäß dem 1. sowie dem 2. Determinationsprinzip Tisch 1 - sofern sie überhaupt einen Gegenstand betreffen. Da ferner das Urteil, das Ed zu t' (dem Hausmeister gegenüber) kundgibt, einem dieser Glaubenszustände entspricht, betrifft die Subjektvorstellung dieses Urteils - die demonstrative Bezugnahme, die Ed zu t' mit „dieser Tisch" kundgibt - ggf. Tisch 1; und dies, obwohl Ed bei dieser Äußerung auf Tisch 2 zeigt! Wenn es um die Beantwortung der Frage geht, welchen Tisch diese Bezugnahme ggf. betrifft, muß der Phänomenologe sich der Überzeugung enthalten, daß gilt:

(Ex,y) (x = der Tisch, auf den Ed zu t bei seiner Äußerung von „dieser Tisch" zeigt, & y = der Tisch, auf den Ed zu t' bei seiner Äußerung von „dieser Tisch" zeigt, & $\neg(x=y)$).

Stattdessen muß sich der Phänomenologe Eds einschlägige dynamische intentionale Struktur(en) „ansehen". Tut er das, so wird er allemal feststellen, daß Ed zu t' bezüglich t glaubt:

(Ex,y) (x = der Tisch, auf den ich zu t mit „dieser Tisch" Bezug nahm, & y = der Tisch, auf den ich jetzt mit „dieser Tisch" Bezug nehme, & $x=y$).

Hieraus darf der Phänomenologe zunächst einmal schließen, daß die beiden demonstrativen Bezugnahmen, die Ed zu t bzw. t' mit „dieser Tisch" kundgibt, zum selben bestimmbaren X gehören. Nun aktualisieren die Urteile, in die diese geistigen Bezugnahmen als Subjektvorstellungen eingehen, auch dieselbe einfache singuläre Überzeugung. Zufolge dem 1. sowie dem 2. Determinationsprinzip betreffen diese Bezugnahmen (ggf.) denselben Gegenstand, nämlich Tisch 1. Ed hat die fragliche Überzeugung ja nach Voraussetzung zu t (ggf.) aufgrund einer identifizierenden Wahrnehmung von Tisch 1 erworben; und er

---

[19] Ich lasse diesen Zusatz im Folgenden weg.

[20] Vgl. Hua XXVI, Beilage XIX, 214.

[21] Weshalb diese Einschränkung? Betrachten wir das folgende Beispiel. Ed behauptet aufrichtig: "Dieser Stuhl wackelt". Erst kurz vor dieser Äußerung, zu einer Zeit z, hat Ed bezüglich des Stuhls, auf den er bei seiner Äußerung zeigt, (= Stuhl A) festgestellt, daß dieser wackelt. Nun hat Ed aber Stuhl A zu t mit seinem eigenen Schreibtischstuhl (= Stuhl B) verwechselt, *über den er zu t bereits diverse Überzeugungen besaß*. Zu t kommt die Überzeugung hinzu, daß dieser Stuhl wackelt. Das Worüber dieser Überzeugung ist Stuhl B, *obwohl das Worüber des zu t gefällten Urteils*, das diese Überzeugung *initiiert*, *offenbar Stuhl A ist*. (Vgl. dazu das nachstehende 2. Determinationsprinzip.) Da jedoch Eds Erwerb dieser Überzeugung *nicht mit dem Anlegen eines mentalen Dossiers über ihren sekundären Gegenstand einhergeht* - sondern vielmehr mit einem Eintrag in das bereits vorhandene Stuhl B-Dossier -, konfligiert der Umstand, daß Eds zu t gefälltes Urteil den "falschen" Stuhl (Stuhl A) betrifft, nicht mit dem 1. Determinationsprinzip. (Für den Begriff eines mentalen Dossiers vgl. Perry 1980.)

hat zu *t* ein mentales Dossier über diesen Tisch angelegt. Nun enthält der *Äußerungskontext* einer geistigen Bezugnahme oder einer Urteils *i alle und nur die Entitäten, die identifiziert werden müssen, um eine Äußerung, mit der i kundgegeben wird, semantisch bewerten zu können.* Im Falle einer demonstrativen Bezugnahme besteht der Äußerungskontext allein aus dem Gegenstand, auf den der Sprecher/Denker *A* einen Hörer, der nicht weiß, worauf sich *A*'s Bezugnahme bezieht, hinweisen muß: dem *Demonstratum*. Nach dem Gesagten ist somit der *phänomenologisch relevante Äußerungskontext* der beiden Bezugnahmen, die Ed zu *t* o bzw. *t'* mit „dieser Tisch" kundgibt, (ggf.) ein und derselbe: er besteht (wenn überhaupt aus irgend etwas, dann) allein aus Tisch 1. Eds Bezugnahmen beziehen sich also nicht nur unter denselben Aspekten - unter derselben allgemeinen Bedeutungsfunktion *plus* demselben bestimmbaren X - auf ihren Bezugsgegenstand, sie sind darüber hinaus auch (ggf.) in denselben phänomenologisch relevanten Äußerungskontext eingebettet. Und hieraus dürfen wir schließen, daß die beiden in Rede stehenden Bezugnahmen phänomenologisch *denselben sub-propositionalen Gehalt* haben.

Fazit: Obwohl sich Eds respektive Tisch-Bezugnahmen zu *t* und *t'* im *tatsächlichen* Kontext der beiden Äußerungen von „dieser Tisch", mit denen Ed diese Bezugnahmen kundgibt, auf verschiedene Gegenstände beziehen, betreffen sie im *phänomenologisch relevanten* Äußerungskontext *denselben Gegenstand*, nämlich Tisch 1. Husserls These, daß diese beiden Bezugnahmen dieselbe „Bedeutung" haben, ist also sehr wohl mit dem Identitätsabhängigkeits-Prinzip kompatibel. Ich werde den Begriff des phänomenologisch relevanten Äußerungskontextes, mit dem ich in den vorstehenden Erwägungen operiert habe, fortan kürzer als den Begriff des *internen Kontextes* bezeichnen.

Das 1. und das 2. Determinationsprinzip geben uns für viele demonstrative und referentielle Bezugnahmen ein Entscheidungsverfahren an die Hand, das es uns erlaubt, die Frage zu beantworten, welcher mögliche Äußerungskontext den internen Kontext der jeweiligen Bezugnahme bildet. Es ist allerdings eine Konstellation denkbar, in der diese beiden Prinzipien miteinander konfligieren.

Ich meine die folgende Konstellation. Ein Sprecher/Denker vollzieht im Zuge eines einfachen singulären Urteils über einen Gegenstand *x* eine singuläre geistige Bezugnahme auf *x* - die Subjektvorstellung des betr. Urteils. Das Urteil initiiert eine entsprechende Überzeugung; was zu einem Eintrag in ein bereits vorhandenes mentales Dossier über einen Gegenstand *y* führt, der *de facto* von *x verschieden* ist. Man stelle sich z.B. vor, Ed würde zu *t'* (im zweiten Seminarraum) aufgrund einer identifizierenden Wahrnehmung von Tisch 2, *diesen Tisch mit Tisch 1 verwechselnd*, die falsche Überzeugung erwerben, daß Tisch 1 ein Mahagoni-Tisch ist. Tisch 2 ist jedoch (wie wir annehmen können) wirklich ein Mahagoni-Tisch. Ed könnte das Urteil, das seine falsche Überzeugung über Tisch 1 initiiert, zu *t'* mit einer behauptenden Äußerung von (S16) kundgeben:

(S16) Dieser Tisch [Ed zeigt auf Tisch 2] ist ein Mahagoni-Tisch.

Dieses Urteil betrifft gemäß dem 2. Determinationsprinzip *Tisch 2*; denn schließlich handelt es sich hier um ein Wahrnehmungsurteil, das Ed aufgrund einer identifizierenden Wahrnehmung von Tisch 2 fällt. (Ed nimmt Tisch 2 zu *t'* - oder kurz davor - *als einen Mahagoni-Tisch* wahr und fällt ein entsprechendes Urteil.) Entsprechend besteht der interne Kontext der demonstrativen Bezugnahme, die Ed mit „dieser Tisch" im Rahmen seiner Äußerung von (S16) zu *t'* kundgibt, aus Tisch 2: Ed glaubt in der hier beschriebenen Situation zu *t' bezüglich Tisch 2*, daß seine „dieser Tisch"-Äußerung ihn betrifft. Zwar verwechselt Ed diesen Tisch mit Tisch 1. Doch nach dem 2. Determinationsprinzip betrifft seine Äußerung gleichwohl Tisch 2. Also muß Ed zu *t'* auch bezüglich Tisch 2 glauben, daß seine Äußerung diesem Tisch gilt. Andererseits glaubt Ed zu *t'*, mit Tisch 1 konfrontiert zu sein: Er verwechselt Tisch 2 ja mit diesem Tisch. Ed glaubt also, was die demonstrative Bezugnahme *i* anlangt, die er zu *t'* mit „dieser Tisch" kundgeben kann, von zwei verschiedenen möglichen Äußerungskontexten *k* und *k**, bestehend aus Tisch 1 (*k*) bzw. Tisch 2 (*k**), daß *i* in *k* bzw. in *k** eingebettet ist.

Das 2. Determinationsprinzip ermöglicht uns eine Entscheidung darüber, welcher der beiden Tische, mit denen Ed zu *t'* konfrontiert zu sein glaubt, und die er für identisch hält, den internen Kontext seiner zu *t'* vollzogenen demonstrativen Tisch-Bezugnahme bildet:

(*Spezielles Entscheidungsprinzip*) Glaubt ein Sprecher/Denker, der eine singuläre geistige Bezugnahme *i* im Zuge eines aufgrund einer identifizierenden Objekt-Wahrnehmung gefällten einfachen empirischen Urteils mit echt singulärer Wahrheitsbedingung (= eines *einfachen echt singulären Wahrnehmungsurteils*) *j* vollzieht, ggf. aufgrund einer Verwechslung von zwei verschiedenen Gegenständen, daß *i* sie betrifft, so enthält der interne Kontext von *i* ggf. allein denjenigen Gegenstand, der nach dem 2. Determinationsprinzip das Worüber von *j* darstellt.

In der beschriebenen Situation besteht der interne Kontext von Eds zu *t'* vollzogener demonstrativer Tisch-Bezugnahme also aus Tisch 2, obwohl das (wahre) Urteil, in das diese Bezugnahme als Subjektvorstellung eingeht, zu einer (unzutreffenden) Eintragung ("*x* ist ein Mahagoni-Tisch") in das mentale Dossier über *Tisch 1* führt, das Ed zu *t* angelegt hat. Das mag paradox klingen, trägt aber dem Umstand Rechnung, daß Ed zu *t'* einerseits einen *Fehler* begeht, der auf der Verwechslung zweier Tische beruht, (Tisch 1 ist kein Mahagoni-Tisch), andererseits aber soeben ein *korrektes* Wahrnehmungsurteil über den Tisch fällt, mit dem er zu *t' de facto* konfrontiert ist (Ed nimmt Tisch 2 korrekt als einen Mahagoni-Tisch wahr).

Das Spezielle Determinationsprinzip ist ein *Ausnahmeprinzip*. In der Regel enthält der interne Kontext einer singulären Bezugnahme als „internen Referenten" dasjenige Objekt, von dem das mentale Dossier handelt, mit welchem der Sprecher/Denker die betr. Bezugnahme assoziiert (bzw. auf welches er bei dieser Bezugnahme zurückgreift). Seine ausnehmende Rolle verdankt das Spezielle Determinationsprinzip dem Begriff des *Wahrnehmungsurteils*, der in das 2. Determinationsprinzip einfließt. Es leuchtet axiomatisch ein, daß das Worüber eines einfachen singulären Wahrnehmungsurteils mit dem Gegenstand der identifizierenden Objekt-Wahrnehmung, auf der das Urteil basiert, identisch ist. (Das impliziert freilich nicht, daß der Begriff eines Wahrnehmungsurteils kristallklare Anwendungsbedingungen besitzt.) Nehmen wir z.B. einmal an, daß Emil im Radio einen Sänger etwas perfekt in Dur singen hört und dabei diesen Sänger mit Caruso verwechselt.[22] Emils akustisches Erlebnis führt zu einer Eintragung in sein (irgendwann einmal angelegtes) Caruso-Dossier: „Caruso konnte perfekt in Dur singen". Aber das Wahrnehmungsurteil, das Emil in der beschriebenen Situation mit den Worten „Er singt perfekt in Dur" kundgeben könnte, betrifft ganz offenbar den unbekannten Sänger im Radio: Emil erwirbt in dieser Situation keinerlei Wissen *über Caruso*.

3.

Wir können das Spezielle Entscheidungsprinzip nun auf die beiden Exempel (a) und (b) anwenden, mit denen ich oben Kripkes Distinktion zwischen semantischem und intendiertem Bezugsgegenstand motiviert habe: das Beispiel mit der Militärparade und das Schmidt-Müller-Beispiel. In beiden Beispielen treten semantischer und intendierter Bezugsgegenstand auseinander. In Beispiel (a) vollzieht A mit seiner Äußerung der Kennzeichnung „der Kaiser von Deutschland" im Rahmen seiner Aussage (X) („Der Kaiser von Deutschland ist ein guter Reiter") eine referentielle Bezugnahme. Diese Bezugnahme gilt dem eleganten Reiter, auf den A bei seiner Äußerung von (X) zeigt. *Semantisch* betrifft diese Bezugnahme jedoch den tatsächlichen Kaiser von Deutschland im Jahre 1908, also Wilhelm II.. Das Spezielle Entscheidungsprinzip liefert uns als *internen Referenten* dieser Bezugnahme den *intendierten* Bezugsgegenstand. Kripke charakterisiert den intendierten Bezugsgegenstand der Äußerung eines echten singulären Terms als den Gegenstand, über den der Sprecher reden möchte (vgl. Kripke 1994, 172f., 177f.). Nun gibt es aber in Beispiel (a) zwei verschiedene Gegenstände, von denen man zu Recht sagen kann: A möchte mit „der Kaiser von Deutschland" über diesen Gegenstand sprechen; nämlich (i) den tatsächlichen Kaiser von Deutschland, also Wilhelm II., und (ii) den eleganten Reiter, auf den A bei seiner Äußerung von (X) zeigt - und *der de facto* von Wilhelm II. verschieden ist. Es gibt also nicht wirklich *den* Gegenstand, über den A sprechen möchte. Das Spezielle Entscheidungsprinzip erlaubt es uns, den intendierten Bezugsgegenstand zu identifizieren, ohne - wie Kripke - auf den Begriff des Gegenstandes, über den der Sprecher reden möchte, zu rekurrieren. Zufolge dem Speziellen Determinationsprinzip enthält der interne Kontext der Bezugnahme, die A mit „der Kaiser von Deutschland" kundgibt, den eleganten Reiter, auf den A bei seiner Äußerung von (X) zeigt: A gibt ja mit dieser Äußerung ein Wahrnehmungsurteil kund, das er aufgrund einer identifizierenden Wahrnehmung jenes Reiters gefällt hat. Folglich bildet der fragliche Reiter - und nicht Wilhelm II. - den intendierten Referenten von A's Bezugnahme. - Der Grundsatz, von dem wir uns in diesem Räsonnement implizit haben leiten lassen, lautet: *Der intendierte Referent einer singulären Bezugnahme ist eine Funktion ihres internen Kontextes*. Mit seinen Aussagen (Y) und (Z) stellt B unter Beweis, daß er sowohl den semantischen als auch den intendierten (= internen) Referenten der referentiellen Bezugnahme kennt, die A mit der Kennzeichnung „der Kaiser von Deutschland" kundgibt. B erweist sich hier als umsichtiger Gesprächspartner.

Nach einem ähnlichen Schema läßt sich das Spezielle Entscheidungsprinzip auf Beispiel (b) anwenden. Mit Hilfe des soeben formulierten Grundsatzes erhalten wir auch hier das erwünschte Resultat: Der intendierte (= interne) Referent der beiden Bezugnahmen, die A bzw. B mit „Müller" bzw. „er" kundgeben, ist niemand anders als Schmidt.

Nicht immer hilft uns das Spezielle Entscheidungsprinzip bei der Anwendung dieses Grundsatzes. Denn glücklicherweise werden nicht alle singulären Bezugnahmen auf der Basis von *Verwechslungen* vollzogen ... Auch das 1. Determinationsprinzip vermag die resultierende explanatorische Lücke nicht vollständig zu schließen. Wir benötigen also weitere Axiome und Entscheidungsprinzipien. Ich vermute, daß in dem meisten dieser Prinzipien der Begriff des mentalen Dossiers eine entscheidende Rolle spielt. Bei dieser Vermutung muß ich es hier allerdings bewenden lassen.

Mit Hilfe des Begriffs des internen Kontextes können wir das in den obigen Erwägungen zu dem Beispiel mit Ed und dem Hausmeister verwendete *phänomenologische Identitätskriterium für sub-propositionale Gehalte* so formulieren:

(*Sub-propositionaler Gehalt einer singulären Bezugnahme*) Zwei singuläre Bezugnahmen haben phänomenologisch genau dann denselben sub-propositionalen Gehalt, wenn gilt: (i) sie beziehen sich unter denselben Aspekten (bestehend aus allgemeiner Bedeutungsfunktion und bestimmbarem X) auf ihren Bezugsgegenstand; (ii) ihr interner Kontext ist entweder derselbe oder wäre derselbe, wenn es für die beiden Bezugnahmen einen internen Kontext gäbe.

Analog für entsprechende propositionale Urteilsgehalte:

(*Propositionaler Gehalt eines einfachen echt singulären Urteils*) Zwei einfache echt singuläre Urteile haben phänomenologisch genau dann denselben propositionalen Gehalt, wenn gilt: (i) sie beziehen sich unter denselben Aspekten auf den in ihnen geurteilten S-Sachverhalt, i.e. sie haben dieselbe allgemeine Bedeutungsfunktion und ihre Subjektvorstellungen gehören kraft des geurteilten propositionalen Gehalts[23] zum selben bestimmbaren X; (ii) ihr interner Kontext ist entweder derselbe oder wäre derselbe, wenn es für die beiden Urteile einen internen Kontext gäbe.

---

[22] Das Beispiel stammt von Mark Textor.

[23] Der Zusatz „kraft des geurteilten propositionalen Gehalts" ist erforderlich, um mit Hilfe der neo-Husserlianischen Propositionskonzeption den unterschiedlichen Informationswert mancher gleichlautender Aussagen der Form „*m=m*" erklären zu können. Siehe dazu Beyer, demnächst, §7 (Stichwort: „Künnes Telephonzellen-Beispiel").

Ich behaupte nicht, daß Husserl dieses Identitätskriterium explizit formuliert hätte. Vielmehr schlage ich vor, Husserls Konzeption des propositionalen Urteilsgehalts mit Hilfe dieses Kriteriums zu rekonstruieren. Das Kriterium genügt den Bedingungen der lokalen Epoché und der dynamischen Methode. Gleichzeitig erlaubt es uns, das für Husserls Semantik aus den *Logischen Untersuchungen* zentrale Identitätsabhängigkeits-Prinzip beizubehalten. - Dieses Prinzip bildet zugleich einen integralen Bestandteil der „neo-Russellianischen" (Kaplan, Perry) und der „neo-Fregeanischen" (Evans) Versionen der TdR. Man könnte die phänomenologische Konzeption des propositionalen Urteils- bzw. Aussagegehalts, die sich in dem Kriterium (*Propositionaler Gehalt* ...) manifestiert, daher entsprechend als *neo-Husserlianische Propositionalkonzeption* titulieren.

Gemäß (*Propositionaler Gehalt* ...) drückt Ed mit seiner Aussage (S14) zu t' (dem Hausmeister gegenüber) phänomenologisch denselben propositionalen Gehalt aus wie mit seiner gleichlautenden Aussage zu t (den Studenten gegenüber). Entsprechend ist die Wahrheitsbedingung beider Aussagen phänomenologisch dieselbe. Diese Bedingung ist in einer Auswertungswelt w *nur* dann erfüllt, wenn Tisch 1 - der Tisch, aus dem *interne* Kontext der jeweils involvierten Äußerung von „dieser Tisch" besteht - in w wackelt.[24] Ich nenne diese Bedingung auch die *interne Wahrheitsbedingung* der beiden Aussagen und unterscheide sie terminologisch von der jeweiligen *externen Wahrheitsbedingung*. Die Begriffe der internen und der externen Wahrheitsbedingung eines echt singulären empirischen Urteils bzw. einer entsprechenden Aussage lassen sich im Rekurs auf die Begriffe des internen und des tatsächlichen (= *externen*) Äußerungskontextes definieren:

(*Df. Interne Wahrheitsbedingung*) Die interne Wahrheitsbedingung eines echt singulären empirischen Urteils i (/ einer entsprechenden Aussage X) ist nichts anderes als die Wahrheitsbedingung von i (/ X) relativ zum internen Kontext von i (/ X).

(*Df. Externe Wahrheitsbedingung*) Die externe Wahrheitsbedingung eines echt singulären empirischen Urteils i (/ einer entsprechenden Aussage X) ist nichts anderes als die Wahrheitsbedingung von i (/ X) relativ zum externen Kontext von i (/ X).

Während die interne und die externe Wahrheitsbedingung von Eds Aussage (S14) zu t zusammenfallen, *divergieren* die entsprechenden Wahrheitsbedingungen von Eds gleichlautender Aussage zu t'. Da weder Ed noch der Hausmeister zu t' diesem Umstande Rechnung trägt, reden die beiden aneinander vorbei. Der Hausmeister verbindet mit Eds Aussage (S14) zu t' ihre externe Wahrheitsbedingung - Ed dagegen ihre interne Wahrheitsbedingung. Indem der Hausmeister Eds Aussage widerspricht, bestreitet er einen Sachverhalt, den Ed phänomenologisch gar nicht behauptet hat.[25] Jeder der beiden Gesprächspartner hat aus seiner eigenen Perspektive heraus recht. Aber selbstverständlich ist *Ed* für den beschriebenen kommunikativen Fehlschlag verantwortlich, - *er* ist derjenige, bei dessen Aussage (zu t') interner und externer Kontext auseinandertreten. Als umsichtiger Gesprächspartner sollte der Hausmeister freilich auf die Idee kommen, daß Eds Aussage möglicherweise auf der Verwechslung zweier Tische basiert. ("Sind Sie sicher, daß dies der Tisch ist, den Sie meinen?")

Die vorstehenden Überlegungen zeigen, daß die neo-Husserlianische Propositionalkonzeption auch eine kommunikationstheoretische Pointe besitzt. Sie erlaubt es uns beispielsweise, die „interne Struktur" (Perry 1988, 242) des mißlungenen Diskurses zwischen Ed und dem Hausmeister zu analysieren und die Verantwortlichkeiten als umsichtiger Sprecher respektive Hörer zu klären.[26] Analog läßt sich der im obigen Beispiel (a) beschriebene Diskurs, in dem die Kennzeichnung (K) „der Kaiser von Deutschland" referentiell verwendet wird, auf seine interne Struktur hin analysieren. Und entsprechend für viele andere empirische Diskurse.

Damit haben wir einen wichtigen theoretischen Vorzug der neo-Husserlianischen Konzeption kennengelernt. Worin gründet dieser Vorzug? Er läßt sich m.E. darauf zurückführen: Die interne Struktur eines empirischen Diskurses hängt ganz wesentlich von Struktur und Beschaffenheit der darin tatsächlich (vom Sprecher) oder vermeintlich (nach Meinung des Hörers) kundgegebenen empirischen Denk- und Urteilsepisoden ab; und *die neo-Husserlianische Propositionalkonzeption reflektiert die Art und Weise, in der wir zunächst und zumeist (in natürlicher Einstellung) über empirische Gegenstände denken und urteilen*: (I) Wir fällen unsere echt singulären empirischen Urteile immer schon unter gewissen Aspekten. Diese Aspekte entstammen teilweise den Ressourcen unserer *Sprache(n)* (Stichwort: „allgemeine Bedeutungsfunktion"). (II) Wir denken in mentalen *Dossiers*, die wir aufgrund von *Erfahrung* (u.a. identifizierender Objekt-Wahrnehmung) über einzelne Gegenstände anlegen und in die wir nach und nach *prädikative Eintragungen* vornehmen. Diese Dossiers werden durch unsere Dispositionen zusammengehalten, transtemporale *Identitätsurteile* über ihren jeweiligen Gegenstand zu fällen (Stichwort: bestimmbares X). Auf diese Weise „konstituieren sich" einzelne Gegenstände in unserem Verstande als identische Gegenstände unseres zeitübergreifenden empirischen Bewußtseins. (III) Der propositionale Gehalt und damit der gegenständliche Bezug unserer echt singulären empirischen Urteile ist darüber hinaus jeweils eine Funktion ihres *internen Kontextes*.

---

[24] Der Einfachheit halber ignoriere ich die Kontext-Sensitivität des Prädikats "wackelt".

[25] Eine umfassende Analyse der vorliegenden Diskursstruktur hätte zusätzlich Folgendes zu berücksichtigen. Der Hausmeister hat bereits zu dem (irgendwo zwischen t und t' liegenden) Zeitpunkt t^*, zu dem Ed ihm zuerst von dem wackligen Tisch erzählte, ein (auf Eds *Zeugnis* basierendes) mentales Dossier über den Tisch angelegt, von dem Ed ihm zu t^* erzählte. Während der Zeitspanne zwischen t^* und dem Zeitpunkt kurz nach t', da der Hausmeister in Bezug auf den Tisch, von dem er glaubt, daß Ed ihn bei seiner Äußerung von (S14) zu t' im Sinn hat, (sc. Tisch 2) die Überzeugung erwirbt, daß dieser Tisch nicht wackelt, unterhalten sich der Hausmeister und Ed daher über *denselben* Tisch, nämlich über Tisch 1. Kurz nach t' spricht der Hausmeister dann plötzlich über Tisch 2. Trotzdem ist dem Hausmeister kurz nach t' zunächst einmal kein Vorwurf zu machen: Woher soll er wissen, daß Ed ihn in den falschen Seminarraum geführt hat? Als umsichtiger - und damit auch kritischer - Gesprächspartner sollte der Hausmeister allerdings in der Lage sein, eine entsprechende "Interpretationshypothese" über Eds Äußerung zu t' zu bilden.

[26] Mit Hilfe eines *Kriteriums der intersubjektiven Identität des bestimmbaren X* läßt sich die vorgeschlagene Analyse noch verfeinern. Mehr dazu in §7 von Beyer, demnächst.

Die Begriffe des internen Kontextes, des bestimmbaren X und des mentalen Dossiers tragen unserer notorischen *Fehlbarkeit in Sachen Existenz und Identität* Rechnung.

Vor diesem Hintergrund läßt sich der Unterschied zwischen referentieller und attributiver Bezugnahme folgendermaßen erklären. Die Wahrheitsbedingung einer einfachen echt singulären Aussage X ist in einer gegebenen Auswertungswelt w genau dann erfüllt, wenn der propositionale Gehalt von X - m.a.W.: der propositionale Gehalt des in X kundgegebenen Urteils - relativ zu w wahr ist. Dieser Gehalt hängt dem Neo-Husserlianer zufolge von zwei Faktoren ab: von den *Aspekten*, unter denen in dem kundgegebenen Urteil, i, ein bestimmter Sachverhalt geurteilt wird, und vom *internen Kontext* von i. Beide Faktoren hängen nun wiederum mit davon ab, zu welchem *bestimmbaren X* die Subjektvorstellung von i gehört: Dieses bestimmbare X ist ja (1) eine Komponente der fraglichen Aspekte; gleichzeitig hält es (2) die dynamische kognitive Struktur zusammen, zu der auch das Urteil gehört, welches die sich in i manifestierende Überzeugung initiiert hat; und (3) falls es sich bei i um ein Wahrnehmungsurteil handelt, verbindet dieses bestimmbare X die Subjektvorstellung von i mit der identifizierenden Objekt-Wahrnehmung, auf der i basiert. Zufolge dem 1. bzw. dem 2. Determinationsprinzip *führt der Pfad zum internen Kontext von i daher über das bestimmbare X, zu dem die Subjektvorstellung von i gehört.* (Ich setze voraus, daß dieses bestimmbare X auch in Fällen, in denen die beiden Determinationsprinzipien keine Anwendung finden, für die Bestimmung des internen Kontextes von i relevant ist.) Die Aspekte, unter denen sich i auf einen bestimmten Sachverhalt bezieht, enthalten neben dem bestimmbaren X, zu dem die Subjektvorstellung von i gehört, die *allgemeine Bedeutungsfunktion* (den potentiellen sprachlichen Sinn) von i. Für den Fall, daß die Subjektvorstellung von i eine *attributive* Bezugnahme ist, gilt: Die *interne Wahrheitsbedingung* der Aussage X ist in einer gegebenen Auswertungswelt w genau dann erfüllt, wenn in w ein Sachverhalt besteht, der *durch die allgemeine Bedeutungsfunktion sowie den internen Kontext des kundgegebenen Urteils i eindeutig determiniert* wird; und dank der allgemeinen Bedeutungsfunktion der Subjektvorstellung von i *fällt diese Wahrheitsbedingung mit der externen Wahrheitsbedingung zusammen*. Denn schließlich haben wir es beim Referenten einer attributiven Bezugnahme stets mit deren *semantischem Bezugsobjekt* zu tun. Falls es sich bei der Subjektvorstellung von i um eine *referentielle* Bezugnahme handelt, spielt die allgemeine Bedeutungsfunktion der Subjektvorstellung von i für die Determination der internen Wahrheitsbedingung von X hingegen keine Rolle - weder positiv noch negativ; entscheidend sind dann lediglich das bestimmbare X, zu dem die Subjektvorstellung von i gehört, und der *interne Kontext* von i: Die interne Wahrheitsbedingung fällt im referentiellen Falle mit dem ausgesagten S-Sachverhalt zusammen, und dieser Sachverhalt enthält den intendierten (= internen) Bezugsgegenstand der Subjektvorstellung von i. Die interne Wahrheitsbedingung des Urteils, das A in Beispiel (a) mit (X) kundgibt, ist deshalb in w genau dann erfüllt, wenn in Bezug auf den Reiter x, den A und B beide sehen, gilt: x ist in w ein guter Reiter.

Literatur

Bell, David (1988): Phenomenology, Solipsism and Egocentric Thought, in: *Proceedings of the Aristotelian Society* **62** (1988).

Beyer, Christian (demnächst): *Intentionalität und Referenz.*

Donnellan, Keith (1991): Reference and Definite Descriptions, wiederabgedruckt in: J. Garfield und M. Kiteley (Hrsg.): *Meaning and Truth*, New York 1991.

Evans, Gareth (1985): The Causal Theory of Names, wiederabgedruckt in: G. Evans, *Collected Papers*, Oxford 1985.

Føllesdal, Dagfinn (im Erscheinen): Bolzano, Frege and Husserl on Reference and Object, in: J. Floyd und S. Shieh (Hrsg.), *Future Pasts*, Harvard.

Kripke, Saul (1981): *Name und Notwendigkeit*, übers. v. U. Wolf, Frankfurt/M. 1981.

Kripke, Saul (1991): Speaker's Reference and Semantic Reference, wiederabgedruckt in: J. Garfield und M. Kiteley (Hrsg.): *Meaning and Truth*, New York 1991.

Newen, Albert (1996): *Kontext, Referenz und Bedeutung*, Paderborn 1996.

Perry, John (1980): A Problem About Continued Belief, in: *Pacific Philosophical Quarterly* **61** (1980).

Perry, John (1988): Cognitive Significance and New Theories of Reference, in: *Nous* **22** (1988).

Searle, John (1983): *Intentionality*, Cambridge 1983.

Information, Intervention und Kausalität: Argumente zugunsten einer realistischen Konzeption

Paul Burger, Basel/St. Gallen

In der modernen Semantik, Erkenntnis- und Wissenschaftstheorie nehmen kausale Theorien einen prominenten Platz ein. Kernpunkt der kausalen Ansätze ist die Zurückweisung der seit Kant von den Hauptströmungen der Philosophie in immer neuen Varianten vertetenen Auffassung, daß von einer Kluft, einer Lücke zwischen dem über die Sinnesorgane aufgenommenen Input und der weiteren Datenverarbeitung *auszugehen* ist und die Determinationsrichtung nicht vom Input, vielmehr von der sprachlich-begrifflichen Verfassung der Datenverarbeitung ausgeht. Der Input, den das kognitive System über Reize erhält, gilt bei den nichtkausalen Ansätzen als unstrukturiert, eine wahrheitsrelevante Struktur liegt bei ihnen erst mit der Tätigkeit des kognitiven Systems vor.[1] Zentral für kausale Theorien („non-gap-theories") ist dagegen der Begriff der Information, genauer der semantischen Information, wie er durch Fred Dretske maßgeblich mitgeprägt wurde[2]. Ihnen zufolge hat der Input die Struktur a ist F. Die Beziehung zwischen Input und Verarbeitung wird realistisch vom Kopf auf die Füsse gestellt und als eine nomologische konzipiert. Zwei gewichtige Probleme stellen sich allerdings den auf einem derartigen Informationsbegriff aufbauenden Theorien. Zum einen wird wie bei Dretske die (propositionale) *Struktur* der Information behauptet, nicht aber ausgewiesen. Zum anderen operieren diese Theorien, wie von Jerry Fodor ausdrücklich zugestanden,[3] mit einem ungedeckten Cheque, demjenigen einer realistischen Kausalitätstheorie. Es ist dieser ungedeckte Cheque, der potentiell fatal für eine auf dem Konzept kausaler Information beruhende Erkenntnistheorie sein könnte. Folgt man nämlich den Humeianischen Argumenten, müßte zugestanden werden, daß über die Grundkomponente der semantischen Informationsauffassung, der der kausal-nomologischen Verfassung selbst, gar keine Informationsgrundlage besteht. Wenn aber, wie Humeianer und Kantianer behaupten, Kausalität bloß ein projektives Konzept zur Organisation unserer Erfahrung ist, dann wäre „Information" dem Kern nach auch ein projektives Konzept. Es droht der kausalen Erkenntnistheorie, daß sie an ihrem eigentlichen Grundbegriff scheitert. Mehr noch. Wie Uwe Meixner wieder mit Nachdruck betont hat, liegt der primäre *epistemologische* Zugang nicht bei der Kausalität von Ereignisssen, sondern bei der Kausalität von Personen im Kontext ihres Handlungsraums.[4] Gerade dieser Zugang wird aber von vielen realistisch gesinnten PhilosophInnen der subjektiven Orientierung wegen abgelehnt.[5] Ich möchte hier im folgenden in realistischer Orientierung für so etwas wie eine schwache Lesart des Interventionismus plädieren. Damit meine ich, erstens daß zwar die Interaktion der Menschen mit ihrer Umwelt tatsächlich die maßgebliche epistemologische Quelle für Kausalität ist, daß es aber zweitens gerade diese Quelle ist, die einen informationsgestützten Input indiziert und deswegen erlaubt, den ungedeckten Cheque der kausalen Informationstheorien wenigstens partiell einzulösen — wenn in der Analyse der Intervention nur auf die Struktur, nicht auf Motive, Gründe und dergleichen geachtet wird.

I

Fred Dretskes Informationsbegriff ist nicht derjenige der mathematischen Kommunikationstheorie. Es geht ihm nicht um die statistischen Eigenschaften eines Kanaltyps, der ein spezifisches Signal s zu einem spezifischen Empfänger e transportiert. Im Vordergrund steht die Struktur des Signals. Soll eine kluftfreie Erkenntnistheorie (oder Semantik) möglich sein, muß dreierlei gezeigt werden können, (i) daß der Input, den das Datenverarbeitungssystem „Gehirn" erhält, bereits strukturiert ist, (ii) daß eine nomologische Beziehung zwischen Input und dem Datenverarbeitungsprozeß besteht, wobei die nomologische Beziehung nicht bloß eine

Korrelations-, sondern eine Determinationsbeziehung sein muß, und (iii) daß diese Beziehung so konzipiert werden kann, daß in der Analyse nicht auf unanalysierte semantische Begriffe rekurriert zu werden braucht. Lassen wir für unsere Diskussion offen, ob bezüglich (iii), Kernpunkt eines naturalistischen Programms, der Forschungsstand die Anforderungen des Programms erfüllt. Für uns ist hier nur (i) und (ii) wichtig. Dretskes Vorschlag lautet bekanntlich:

(1) A signal r carries the information that s is F = The conditional probability of s's being F, given r (and k), is 1 (but given k alone, less than 1). [wobei k dasjenige Wissen umfaßt, daß der Empfänger schon hat; Dretske 1981, 65; 1983, 57]

Informationsübertragung geschieht zwar grundsätzlich zwischen Individuen, die Übertragung ist aber gesetzmäßig verfaßt. Die subjunktive Aussage, daß wenn das System des Empfängers nicht im Zustand r sich befinden würde, dann würde die Wahrscheinlichkeit für 's ist F' weniger als 1 sein, setzt eine nomologische Beziehung zwischen Input und Zustand des Empfängers voraus. Dretske glaubte, daß es zwingende Gründe dafür gebe, daß nur ein deterministisches Gesetz in Frage komme, wofür er auch stark gescholten wurde. Die fragliche Abhängigkeit könnte auch eine probabilistische sein. Bevor man sich allerdings diesem Streitpunkt zuwendet, sollte der Charakter dieser nomologischen Beziehung geklärt sein.

Eine nomologische Beziehung ist in ihrer einfachsten Form eine Beziehung zwischen zwei Typen F und G, so daß die Regularität $(x)(y)(Fx \supset Gy)$ besteht. Gy_1 wäre der Zustand eines Empfänger-Systems, so, daß dieser Zustand die Information überträgt, daß ein x_1 F ist. Vorauszusetzen ist, daß die Regularität zwischen F und G weder akzidentell noch funktional ist. Die Abhängigkeitsbeziehung zwischen F und G muß auch stärker sein als diejenige, die im Rahmen einer konditionalen Analyse von Kausalität gewonnen werden kann. Der Fall, daß wir eine wahre Aussage erhalten, obwohl das Antezedens nicht gegeben ist, muß ausgeschlossen sein. Die in Anspruch genommene Abhängigkeit ist diejenige der kausalen Produktion: Gegeben x_1 ist F, dann bringt 'x_1 ist F' (ceteris paribus) das System y_1 in den Zustand G, wobei dieser Zustand der Übertragung der Information x_1 ist F entspricht. Der zugrundeliegende Begriff von nomologischer Abhängigkeit ist somit derjenige der kausalen Hervorbringung, der kausalen Produktion. Gerade mit „kausaler Produktion" handeln wir uns aber den eingangs angesprochenen ungedeckten Cheque ein. Denn verstanden wird dieser Typ von Abhängigkeit nur, wenn die Besonderheit dieser *necessitation relation* und damit der Typ der involvierten Notwendigkeit verstanden ist.

Wie steht es mit der von Dretske behaupteten deterministischen Beziehung? Hier kommt es darauf an, ob wir die strukturelle Komplexität des Systems und seine Systemumwelt mit berücksichtigen. Vergleichen wir den Sachverhalt bei 'Rauchen verursacht Lungenkrebs'. Die *feststellbare* Regularität ist probabilistischer Natur, die Rate liegt sogar unter 50%. Sehr viele Medizinerinnen sind aber der Meinung, daß Rauchen wirklich Lungenkrebs verursacht — kausal produziert: Gegeben alle Raucher würden genügend alt werden, würden sie alle an Lungenkrebs erkranken. Berücksichtigt man Komplexität und Systemumwelt, erhält man eine objektive, probabilistische Regularität, klammert man beide ein, kann die Beziehung als eine deterministische verstanden werden. Die komplexe Struktur des Empfängers qua Mensch legt es nahe, die starke Forderung von Dretske abzuschwächen — ein Weg, den auch Fodor mit seiner Kritik an der „Crude Causal Theory" eingeschlagen hat.[6] Das ändert allerdings nichts daran, daß auch der probabilistischen Version das Konzept von produktiver Kausalität zugrundeliegt.

Schließlich stellt sich die Frage nach den ontologischen Verpflichtungen, die wir bei einem Ansatz wie demjenigen von Dretske eingehen müssen. Ein System, das steht hier im Zentrum, soll durch einen Input von einem Zustand H in einen Zustand G gebracht werden. Wir haben somit $(x)(y)(Fx \wedge Hy. \supset Gy)$. Ein y muß dafür folgende Voraussetzungen erfüllen: Erstens muß y in der Zustandsänderung von H zu G seine Identität partiell über die Zeit transportieren können — es ist dasselbe System vor und nach dem Input. Zweitens muß der Zustand G über eine Zeit größer als 0 (aber womöglich beliebig klein) erhalten werden — ansonsten ja gar kein Zustand G bestehen würde. Ein y muß also zweierlei transportieren können, seine partielle Identität und seinen neuen Zustand G. Das ist drittens nur möglich, wenn y intern strukturiert ist: ›Hy‹ und ›Gy‹ sind Abkürzungen für über Eigenschaften und Relationen zu konzipierende Strukturen. Einige Aspekte von y bleiben beim Wechsel von H zu G gleich, andere verändern sich. Derselbe Typ von Argument gilt auch für die x's. Die nomologische Beziehung besteht ja zwischen den Typen F und G. Die Information betrifft dergestalt eigentlich nie die Gesamtheit dessen, was ein x ist, vielmehr eine Eigenschaft resp. eine komplexe Eigenschaft F. Wer einen nomologischen Ansatz verfolgt, kann nicht darauf verzichten, die Srukturiertheit des Inputs anzunehmen — ich würde aber nicht wie Dretske von propositionaler Struktur sprechen, da sich dies zu stark an eine klassische Prädikatenlogik erster Ordnung anlehnt.

Die skizzierte Strategie setzt Argumente dafür voraus, daß Entitäten nicht im Sinne des reduktiven Nominalismus unstrukturierte Einheiten *holus bolus* sind, daß Eigenschaften und Relationen als ontologische Kategorien zuzulassen sind. Solche Argumente stehen mittlerweile ausreichend zur Verfügung. Welchen substantiellen Einwänden z. B. die perspektivisch-interpretatorische Orientierung an „Fallen unter einen Begriff" oder „Verwendung eines Prädikats auf" ausgesetzt ist, habe ich an anderem Ort ausgeführt.[7] Allerdings läßt sich mit einer Eigenschaftsontologie allein der Cheque bezüglich Kausalität nicht wie selbstverständlich einlösen.

II

Kausalität ist *der* Schlüßelbegriff für realistische Positionen, seien sie empiristisch, rationalistisch oder wie auch immer ausgerichtet. Daß nun für die Kausalrelation selbst keine genuine Informationsbasis herausgestellt werden kann, gilt seit Hume als *die* Herausforderung an realistische Positionen. Hier liegt einer der Schlüssel für die gap-Theorien, für Theorien von zwei Erkenntnisstämmen. In Abhängigkeit zur Konzeption der Relata der Relation hat die analytische Tradition vor dem Hintergrund von 'keine Information' zwei Lesarten für die fragliche Relation gesehen. Die erste Lesart der Relation ist diejenige der konditionalen Verknüpfung 'p ⊃ q' resp., der unvermeidlichen Orientierung an Gesetzen wegen, '(x) (Fx ⊃ Gx)' (in der Minimalform). An den Relata-Stellen stehen Sachverhalte resp. Typen von Sachverhalten. Die andere Variante besteht darin, die Verknüpfung formal als Relation zu verstehen und entsprechend von der Struktur 'aRb' oder einer zweistelligen Funktion 'C(a,b)' auszugehen. An den Relata-Stellen stehen hier entsprechend Individuen — in der Regel Ereignisse. Ereignisse haben eine Struktur, z. B. die von Kim vorgeschlagene [(x, t), P]. Nun bedarf auch die Variante „Relation" einer gesetzesartigen Verknüpfung von Typen von Ereignissen, wobei die Typen über die exemplifizierten Prädikate (P, Q) bestimmt sind. Die verbreitetste Variante besteht entsprechend in einer Mischung der beiden Ansätze. Auf Gesetzesebene benötigen wir eine konditionale Form (Typen), für die Einzelereignisse bedarf es zusätzlich einer Relation. Diese wird als temporale Sukzession (plus räumliche Kontiguität) identifiziert. Kausalität ist, so lautet die Analyse in humeianischer Tradition, (gesetzesgemäße) Konditionalität plus temporale Sukzession (plus Kontiguität). Diese Analyse geht der Meinung ihrer Vertreter nach komform damit, daß keine Informationsgrundlage über so etwas wie eine kausale Relation besteht.

Davidsons Mahnung, daß viele Philosophen zwei Dinge miteinander verwechseln, nämlich die Analyse der logisch-semantischen Form von kausalen Aussagen einerseits und die Analyse von Kausalität andererseits, hat nach wie vor seine Berechtigung.[8] Wie es auch immer mit kausalen Aussagen insgesamt bewandt sein mag, als Analyse sieht sich der Humeianische Vorschlag mit dem substantiellen Problem konfrontiert, daß er kein eigentliches Kriterium für kausale Partitionen bereitzustellen imstande ist.

Gegeben wir seien armselige platonische Gesellen. Angekettet in unserer Höhle würden wir jeden Tag verfolgen können, wie sich ein von rechts kommender *Schatten* der Form A und ein von links kommender Schatten der Form B in einem Punkt S kreuzen. Bei der Kreuzung nehmen die beiden Schatten kurzzeitig die (gemeinsame) Form C an, um danach wiederum zu A und B zu werden. Alle Ingredienzien einer kausalen Folge des Humeianischen Typs sind vorhanden — Verknüpfung von Generas (A + B → C), zeitliche Abfolge (A und B treten immer vor C auf), räumliche Intersektion (S) —, außer daß wir das Beispiel gerade nicht als Kausalbeziehung gelten lassen wollen. Es ließe sich etwa einwenden, daß wir das Beispiel deswegen nicht als kausales akzeptieren werden, weil wir nicht nur A + B → C, sondern auch C → A + B haben. Allerdings würde ein derartiger Einwand voraussetzen, was alle Varianten der humeianischen Analysen gerade nicht liefern, ein Kriterium für kausale Partitionen nämlich.

Von Nancy Cartwright stammt ein anderes Beispiel für diesen Mangel. Ich gestalte es für meine Zwecke hier um.[9] Nehmen wir an, es bestünden Eignungstests für die Zulassung zum Medizinstudium. Nehmen wir weiter an, es gelte zu untersuchen, welche Jugendlichen mit welchen Fähigkeiten diese Tests am besten bestehen, d.h. die höchsten Erfolgschancen haben. Nehmen wir weiter an, daß es sich so verhält, daß die statistischen Erhebungen ergeben, daß diejenigen Jugendlichen, die gerne und viel Skaten, die weitaus größte Gruppe von erfolgreichen Kandidaten stellen. Würden wir deswegen unseren Kindern raten, primär ihre Energie ins Skating zu stecken? Selbstverständlich nicht. Wir wissen, daß es sich hier um eine zufällige Korrelation handelt, die einer anderen Erklärung bedarf. Das kann man aber auch umkehren: Um statistische Korrelation verstehen zu können, müssen wir vorweg ein Kriterium für kausale Partitionen haben. Es sind nicht die statistischen Korrelationen, die uns ein derartiges Kriterium zur Hand geben. Es verhält sich umgekehrt: wenn wir über ein kausales Kriterium verfügen, dann sagen uns statistische Korrelationen, *welche* kausalen Relationen bestehen.

David Lewis[10] hat vor diesem Hintergrund die Hoffnungen geschürt, daß der Humeianismus nicht über Bord geworfen zu werden braucht, da sich in der Analyse von Kontrafakta das fragliche Kriterium gewinnen läßt. Unglücklicherweise sind die Schwierigkeiten einer derartigen Analyse erneut dieselben: Der logischen Form nach bestehen keine relevanten Unterschiede zwischen kausalen und nicht-kausalen Determinationen, was etwa das Beispiel

(2) „Wenn Hans nicht umgebracht worden wäre, wäre seine Frau Hannelore nicht Witwe geworden"

klarmacht. Kontrafaktische Abhängigkeit impliziert nicht kausale Abhängigkeit (außer, man investiert in die Ähnlichkeitskriterien für Welten kausale Gesetze, womit aber bestenfalls ein *question begging* erzielt werden kann). Das gesuchte Kriterium zur Unterscheidung zwischen kausalen und nicht-kausalen Prozessen findet sich nicht über die Analyse von Kausalaussagen.

Einen Ausweg scheint das Kriterium der Produktivität zu versprechen, wie es von Dretske auch in Anspruch genommen wurde. Dabei gilt es allerdings zweierlei zu unterscheiden. Es wäre erstens zu prüfen, ob das Kriterium notwendig und hinreichend ist, was die ontologische Analyse von Kausalität betrifft. Ich habe diesbezüglich starke Zweifel.[11] Entscheidend ist zweitens, daß wir es nicht einfach postulieren können. Um epistemisch eine gap-Situation vermeiden zu können, müßte eine Informationsbasis für das Kriterium gefunden werden können.

Nun wurde gerade unter epistemologischen Gesichtspunkten vorgeschlagen, die Produktivität in Termen von Intervention zu verstehen. Die Pointe bei von Wright[12] besteht darin, daß der kontrafaktische Apparat zusammen mit Intervention das gesuchte Kriterium bereitstellt: Dort wo wir kontrolliert Bedingung U herbeiführen können, so daß, wäre nicht U, wäre auch nicht E, dort verfügen wir über hinreichende Gründe für die Behauptung, daß zwischen U und E eine kausale Beziehung besteht, ceteris paribus. Über Interventionen läßt sich der Erfolg oder Mißerfolg im Sinne des Herbeiführens oder Nichtherbeiführens von Korrelationen von Typen kontrollieren. Kontrollierter Erfolg fungiert als Wahrheitskriterium und erlaubt im normalen, umgangssprachlichen Sinn des Worts „Informationsgewinn". Mit der Orientierung an Intervention wird auch deutlich, daß unsere epistemische Situation nicht diejenige der armseligen Platonischen Höhlengesellen ist. Produktivität qua Intervention als Differenzkriterium zwischen kausalen und nicht-kausalen Prozessen scheint das Gesuchte zu sein.

Betrachten wir vor diesem Hintergrund erneut unser Beispiel (2), so läßt sich mit diesem Kriterium im Rahmen des kontrafaktischen Apparats tatsächlich zwischen kausalen und nicht-kausalen Determinationen unterscheiden: Die Handlung betrifft nur die Ermordung von Hans, nicht auch das Witwewerden von Hannelore. Das weist darauf hin, daß 'Intervention' ein beträchtliches Potential für die Analyse von Kausalität hat. Zwei gewichtige Einschränkungen gilt es allerdings dabei zu machen. Erstens füllt das mit 'Intervention' gefundene epistemologische Kriterium nicht die Kluft des Humeianischen Ansatzes. Intervention ergibt hier kein Datum für eine genuine Kausalrelation. Der interventionistische Ansatz verbleibt im Humeianischen Rahmen. Zweitens ist bekannt, daß sich dieser Ansatz einem Zirkularitätsvorwurf ausgesetzt sieht. Er setzt voraus, daß die damit verbundenen Handlungsaspekte wohlverstanden sind. Nun verhält es sich aber so, daß wenigstens einige Philosophieschulen behaupten, daß die Sprachverwendung unter Einschluß des logischen Apparats in Termen von Handlungen zu verstehen sind. Kommunikation ist hier selbst ein Typ von Intervention, Sprachhandlungen sind aber deren Selbstverständnis zufolge gerade nicht kausal. Also haben wir kausale und nicht-kausale Handlungen resp. Interventionen. „Handlung" oder „Intervention" kann gar nicht das gesuchte Kriterium bereitstellen, weil sich zuvor bereits die Frage nach dem Unterschied zwischen nicht-kausalen und kausalen Typen von Handlungen stellt. Für kausal orientierte Kognitivisten wäre das kein Problem, da sie die Prämisse des Bestehens eines Unterschieds nicht mitmachen — wenn sie nur ihrerseits nicht mit dem gap-Problem konfrontiert wären.

III

Die Hauptkritik realistisch gesinnter PhilosophInnen richtet sich dagegen, daß Kausalität adäquat durch die reduktionistische Struktur „Humeianische konstante Verknüpfung plus ein Zusatzkriterium" analysiert werden kann. Eine Humeianische Position muß sowohl die Gesetzesbeziehung zwischen den Typen als auch die singuläre Relation reduktiv analysieren. Michael Tooley dagegen hat dafür argumentiert,[13] daß eine realistische Position sowohl die Regularitätsauffassung korrigieren als auch für die singuläre Beziehung eine überzeugende Lösung bieten können muß. Das Problem mit den Gesetzen kann vor dem Hintergrund des uns hier interessierenden Themas eines Links zwischen einer kausalen Informationstheorie einerseits und einer Informationsbasis für das Kausalitätskonzept andererseits nicht Thema sein, zumal es ohne Diskussion der Optionen zwischen Universalien, Tropen und möglichen Welten nicht sinnvoll angegangen werden kann. Uns interessiert die singuläre Relation, insbesondere, ob es sich wirklich so verhält, daß wir keinerlei Input über die Kausalbeziehungen bekommen. Zu untersuchen ist im folgenden, ob eine Anwendung von Dretskes Formel (1) nicht für Kausalbeziehungen selbst möglich ist, so daß diesbezügliche Informationen als Ausgangslage (nicht: hinreichende Grundlage!!) für eine realistische Kausalitätskonzeption dienen könnten.

Eine erfolgreiche Lösung dieser Aufgabe könnte so aussehen, daß singuläre Fälle zumindest im idealen Gedankenexperiment konstruiert werden können, die so verfaßt sind, daß wir auch ohne den Besitz eines fundierten Begriffs von Kausalität gar nicht anders können als — gegeben gleiche Umstände — sie als Datum aufzufassen entweder für die Kausalrelation selbst oder aber für etwas, in dessen Termen wir die Beziehung zwischen Ursache und Wirkung analysieren könnten. Beim Schema von Dretske würde dies voraussetzen, daß das Gedankenexperiment so verfaßt ist, daß unter k kein Vorverständnis von Kausalität enthalten sein darf, daß somit der Input so strukturiert ist, daß im Rahmen der weiteren Datenverarbeitung die kausale Verfassung in nuce für den Datenverarbeitungsapparat kenntlich wird.

Insbesondere Evan Fales[14] hat sich um einen derartigen Vorschlag bemüht. Er schlägt folgendes Gedankenexperiment vor: Gegeben sei ein kognitiv normal ausgestatteter Mensch, einzig daß er bisher keinen Begriff von Kausalität hat entwickeln können (und dieser auch nicht „angeboren" ist). Diesem Menschen begegnet nun das Ungewöhnliche. Jemand drückt mit den Händen auf seine Stirn und ruft dadurch taktile, kinästhetische und visuelle Eindrücke hervor. Fales Argument geht nun folgendermaßen: (i) Bei diesen Eindrücken lassen sich einzelne Komponenten unterscheiden, der Eindruck vom räumlichen Ort (Stirn), wo das Gefühl auftritt, das Gefühl eines Druckes, das Gefühl einer Grösse und einer Richtung dieses Druckes. Die beiden letzteren könnten Anlaß zur Vermutung geben, daß „drücken mit einer Hand auf die Stirne" einer Vektoralgebra gehorcht. (ii) Die in der skizzierten Situation gemachten Erfahrungen genügen noch nicht, um von Kausalität sprechen zu können. Insbesondere fehle die für Kausalität wesentliche Asymmetrie der Beziehung zwischen Ursache und Wirkung. Das liege daran, daß die Situation noch nicht vollständig beschrieben ist. Was die Person weiter erfährt, ist der Unterschied zwischen dem, daß sie es ist, die etwas erleidet und demjenigen, was dies Erleiden herbeiführt. Der erfahrbare Unterschied zwischen „active agency" und „passive reception" (Fales, 17) steuert das gesuchte asymmetrische Kriterium bei. Fales findet hier das Datum für Produktivität. (iii) Gegeben diese Situation des Gegenexperiments verhält es sich Fales zufolge so, daß unsere Versuchsperson nur eine einzige Erfahrung einer drückenden Hand braucht, um Vorhersagen über künftige derartige Fälle machen zu können, die folgendes enthalten: (a) Der Kopf ist derjenige Teil, der am meisten betroffen sein wird (Ort); (b) es ist der Kopf, der sich anfänglich bewegen wird (Richtung); (c) je stärker der Druck, je stärker die Bewegung.

Im Zentrum steht also bei Fales die Behauptung, daß das Gedankenexperiment eine epistemische Basis freilegt für das Produktivitätskriterium resp. die darin involvierte Notwendigkeit. Fales hat hier meiner Ansicht nach etwas Wichtiges gesehen, wenn auch womöglich nicht das von ihm Behauptete. Was wahrgenommen wird, ist Grösse, Richtung und Ort eines Drucks — er legt mit anderen Worten einen Input für „Kraft" frei. Er sagt auch ausdrücklich:

> „The sensation of force is primarily identified, insofar as we are patients, with the feeling of pressure; and insofar as we are agents, with muscular tension." (Fales, 16).

Ich habe aber schon anklingen lassen, daß ich die wechselseitige Identifikation von Kraft, Kausalität und Produktivität für zweifelhaft halte. Folgendes Beispiel spricht dagegen: In einem Universum mit genau drei elementaren Partikeln und den ihnen eigenen Kräften kann eine vollständige Gleichgewichtssituation bestehen. Wir haben im Gleichgewicht stehende Kräfte mit der Konsequenz, daß nie etwas geschieht — Produktivität ist wohl ein hinreichendes, aber kein notwendiges Kriterium für Kausalität.

Zu fragen ist weiter, ob wie gefordert eine strukturierte Information vorliegt. Hier werden wir in der Tat fündig, da die drei Aspekte Ort, Grösse und Richtung unterschieden werden können. Das singuläre Ereignis wird mit seinen strukturellen Merkmalen erfahren. Wir können Dretskes Schema anwenden und sagen, daß ein System nicht die Information, daß x F, G und H ist transportieren kann, wenn x nicht F, G und H ist. Ein großes Fragezeichen gilt es dagegen bezüglich der Möglichkeit einer zwingenden Vorhersage zu machen. Eine Vorhersage dürfte allenfalls dann möglich sein, wenn der Druck stark ist und entsprechend instinktmäßig eine Abwehrhaltung produziert wird. Aber sind Instinktreaktionen Vorhersagen? Weshalb soll überhaupt die Notwendigkeit an die Möglichkeit einer singulären Vorhersage zu knüpfen sein? Fales sieht keine andere Möglichkeit, als den potentiellen Skeptiker aufzufordern „to re-examine the character of his sensations of force." (25), und zuzugeben, daß der Streit zwischen Humeianer und Anti-Humeianer bezüglich Notwendigkeit unentschieden ausgeht (27).

IV

Was haben wir gewonnen? Fales weist uns einen Weg hin zur Aufhebung der epistemischen Kluft zwischen dem Begriff von Kausalität und einem zugehörigen Informationsinput, auch wenn sein Experiment eher eine Quelle für Kraft, weniger für die Kausalrelation freilegt. Das ist aber womöglich sogar besser, wenn sich die Kausalrelation als in Termen von Kraft analysierbar erweisen würde. Wichtig ist weiter, daß das Experiment demonstriert, daß ein singuläres Ereignis als komplex und strukturiert erfahren wird. Zwei gewichtige Bedenken sind allerdings anzubringen. Erstens ließ sich kein Datum für Notwendigkeit ausmachen und zweitens ist die für das Experiment zugrundegelegte Situation sehr gesucht und hat wenig mit unserer tatsächlichen erkenntnistheoretischen Situation zu tun.

Versuchen wir es dagegen nun mit menschlicher Interaktion. Interaktion, Intervention als erkenntnistheoretische Quelle wurde seit Hume notorisch unterschätzt. Intervention hat den epistemisch bedeutsamen Vorteil der öffentlichen Kontrolle des Verhaltens. Ich will im folgenden Intervention in Verbindung mit dem von Wesley Salmon ausgebauten Kriterium der *marktransmission* zur Unterscheidung zwischen kausalen und nicht-kausalen Prozessen bringen. Wichtig ist aber nicht, ob damit eine befriedigende Kausalitätstheorie aufgegleist werden kann,[15] sondern welche strukturellen Erfahrungen resp. Verpflichtungen damit einhergehen.

Betrachten wir einfache, lebensweltliche Interventionen. Nehmen wir an, ich weiß nichts von Kausalität, ich will mich aber auf meinem Weg orientieren. Ich bringe Zeichen an, handle also im Sinne eines Verhaltens. Natürlich muß ich gegebenfalls auch kommunizieren, die Bedeutung der Zeichen weitergeben können. Als Berggänger weiß ich, wie nützlich und wichtig Zeichen resp. deren Interpretation sein können. Die für mich hier wichtige Pointe ist aber die, daß das Anbringen von Zeichen selbst voraussetzungsvoll ist. Interventionisten versteifen sich allzu schnell auf die Diskussion über Normen der Zeichensetzung und übersehen die mit Zeichensetzungen verbundenen Interaktionen mit der Welt. Nehmen wir an, es ist windig und ich lege Zweige als Markierungen hin. Ich werde *erfahren*, daß das zu nichts nutze ist. Wenn ich aber Steine bemale oder Kreuze in die Baumrinden schneide, dann wird die bemalte Fläche resp. das Kreuz von den entsprechenden Entitäten über die Zeit hinweg beibehalten, transportiert werden. Ernst Tugendhat konnte nur deswegen von unzusammenhängenden X's sprechen, weil er nie untersucht hat, welche strukturellen Elemente konkrete alltägliche Handlungen auf der Seite des „Behandelten" zur Voraussetzung haben. Ein Zeichen können wir dort anbringen, wo eine komplexe Entität in der Weise besteht, daß die Entität sich trotz des angebrachten Zeichens über eine gewisse Zeit hält, daß die veränderte Struktur transportiert wird. Einfache Handlungen führen deswegen zu Erfahrungen von Strukturen. Salmon hatte seinerseits sein Kriterium der *marktransmission* ausdrücklich unter Rekurs auf Russells Konzept von strukturierten Substanzen (Kausallinien) entwickelt. Intervention verpflichtet ontologisch auf Strukturen — wie diese auch immer weiter analysiert werden.

Allerdings ist dieses Argument wegen den vielfachen Bedeutungen von „Erfahrung" noch zu unscharf und erst noch potentiell zirkulär. Es wird, und gerade bei Salmon ist das zentral, der epistemische Begriff von Kontrolle oder von Gelingen vorausgesetzt. Zwar bringt die Analyse von „erfolgreiche Intervention" auf Eigenschaften ausgerichtete ontologische Verpflichtungen zutage, ontologisch gesehen würde man aber den Begriff von Kontrolle und Intervention seinerseits auf Kausalität zurückführen wollen. Die Erfahrung bei „Intervention" muß deswegen, soll die epistemische Kluft überwunden werden können, ohne Rekurs auf Kontrolle und Gelingen eine strukturell gehaltvolle Informationsgrundlage für Kraft oder Kausalität bieten. Beispiele dafür sind nun aber unschwer zu finden. Interventionen sind oft mit erfahrbarem Widerstand gekoppelt. Ein Kreuz mit einem Stein an einem anderen Stein einzuritzen ist mühsamer, als es an einem Baum einzuritzen. Und dieser Widerstand zeichnet sich durch die von Fales aufgezeigten Strukturmerkmale aus: der bei Interventionen erfahrbare Widerstand hat einen Ort, eine Richtung und eine Größe. Eine Interaktion vermittelt uns strukturierte Daten, eine Informationsbasis für „Kraft". Bei Handlungen ist das von Fales reklamierte „Gefühl von Kraft" stärker evident, ohne daß wir auf muskuläre Spannungen oder dergleichen rekurrieren müßten. Insbesondere aber besteht ein feststellbarer Zusammenhang zwischen der Größe des erfahrenen Widerstands und dem Zustand, im dem sich das Lebewesen befindet. Die phänomenologische Analyse von Intervention führt tatsächlich zum Gesuchten. Wir haben erstens einen strukturierten Input. Zweitens läßt sich Dretskes rekursive Formel dem Kern nach für unseren Fall anwenden: Die konditionale Abhängigkeit (Chance), daß das System s im Zustand r = Information über kausale Interaktion ist, ist, gegeben den Informationsinput 'Ort-Richtung-Größe von Widerstand' größer, als wenn das System bloß im Zustand k = z. B. Kausalität als Begriff der Verknüpfung von Sachverhalten ist.

Was leistet das Argument und was nicht? In Weiterführung von Davidsons Warnung ließe sich sagen, daß nicht nur zwischen unserer Sprachverwendung und einer Analyse von Kausalität, sondern auch zwischen einer Informationsgrundlage und der Analyse von Kausalität zu unterscheiden wäre. Der maßgebliche Punkt, was die Analyse von Kausalität betrifft, besteht darin zu klären, wie es sich mit der Notwendigkeit verhält und welcher ontologische Apparat die beste Erklärung bietet. Daß wir nun für die Notwendigkeit keine eigentliche Informationsgrundlage gefunden haben, ist weiter nicht erstaunlich, ist doch Information resp. auch Interaktion für die Realistin dem Kern nach kontingenter Natur. Was wir gefunden haben, ist eine Informationsgrundlage für Kraft. Betrachten wir unsere Interaktionen mit der Umwelt phänomenologisch, so zeigt sich, daß Dretskes informationstheoretische Grundformel darauf anwendbar ist. Genau darum war es mir zu tun. Inwiefern kann ich aber damit nun behaupten, daß wir in der Lage sind, eine strukturierte Erfahrungsgrundlage für *Kausalität* zu benennen, so daß sich die proklamierte Kluft zwischen Information und Kausalität aufhebt? Indem ich zusätzlich behaupte, daß Kausalität ontologisch gesehen in Termen von Kraft und Austausch zu analysieren ist. Gegeben dies sei erfolgreich durchzuführen — ein Programm, dessen Einlösung ich hier schuldig bleiben muß —, leistet der hier vertretene schwache Interventionismus zweierlei. Erstens wird durch die Zurückweisung des Bestehens eines gaps der uneingelöste Cheque im Rahmen einer informationstheoretisch operierenden Erkenntnistheorie partiell eingelöst. Zweitens wird damit für die ontologische Analyse von Kausalität selbst ein epistemologisch gehaltvoller Boden bereitet, jedenfalls für diejenigen, die sich an einem „aposteriori Realismus" orientieren.

[1] Kants Ding an sich, Wittgensteins Kleidtheorie der Sprache; Ernst Tugendhat, *Vorlesungen zur Einführung in die sprachanalytische Philosophie*, Frankfurt a.M 1976, sprach von den zerstreuten, unzusammenhängenden X's, die Gegenstand der identifikatorischen und klassifikatorischen Sprachpraxis sind.

[2] Fred Dretske, *Knowledge and the Flow of Information*, MIT-Press 1981; vgl. auch *Précis of 'Knowledge and the Flow of Information'*, in: The Behavioral and Brain Sciences, vol 6 (1983).

[3] Jerry A. Fodor, *Psychosemantics. The Problem of Meaning in the Philosophy of Mind*, MIT Press, 1987, S. 126f.

[4] Uwe Meixner, *Kausalität der Ereignisse oder Kausalität der Personen*, in: Metaphysica, vol 0 (1999).

[5] Vgl. § 7 der Einleitung von Ernest Sosa und Michael Tooley in ihrem Reader *Causation*, Oxford UP 1993.

[6] Andere Probleme bei Dretske, wie die Orientierung an der Lehrerin-Schülerin-Situation und das Verhältnis von Information und „justified belief" sind für die folgende Diskussion nicht von Belang.

[7] Paul Burger, *Ist die Charakterisierungsfunktion nicht-hintergehbar? Wider die Reduktion von Eigenschaften auf den Gebrauch von Prädikaten*, in: Allgemeine Zeitschrift für Philosophie, 23.2 (1998).

[8] Vgl. Donald Davidson, *Causal Relations*, in: ders. Essays on Actions and Events, Oxford UP 1980.

[9] Nancy Cartwright, *Why the Laws of Physics lie*, Oxford 1983, Essay 1.

[10] David Lewis, *Causation*, in: Journal of Philosophy, vol. 70 (1973).

[11] Vgl. auch die Unterschiede in der Bedeutung bei Martin Carrier, *Aspekte und Probleme kausaler Beschreibungen in der gegenwärtigen Physik*, in: Neue Hefte für Philosophie, 32/33 (1992) und Ian Hacking, *Representing and intervening*, Cambridge UP 1983.

[12] G. H. von Wright, *On the Logic and Epistemology of the Causal Relation*, in: Logic, Methodology and Philosophy of Science IV, ed. by P. Suppes et. al., Amsterdam 1973.

[13] Michael Tooley, *Causation: Reductionism versus Realism*, in: Philosophy and Phenomenological Research, vol. 50 Supplement (1990).

[14] Evan Fales, *Causation and Universals*, Routledge 1990; vgl. auch David Armstrong, *A world of states of affairs*, Cambridge UP, 1997.

[15] Wesley Salmon, *Scientific explanation and the causal structure of the world*, Princeton 1984; zur neueren Diskussion Max Kistler, *Reducing Causality to Transmission*, in: Erkenntnis, vol. 48 (1998) 1-24.

PD Dr. Paul Burger
Universität Basel, Koordinationsstelle „Mensch-Gesellschaft-Umwelt", Socinstr. 59, Postfach, CH–4002 Basel oder: Universität St. Gallen, KWA, Gatterstrasse 1, CH-9000 St. Gallen. E-mail: burger@ubaclu.unibas.ch

Die Zuschreibung von sekundären Qualitäten

Frederick Esser

Wie so viele klassische philosophische Begriffe wird auch die Unterscheidung zwischen primären und sekundären Qualitäten verschieden aufgefaßt. Eine häufige Variante ist, sie anhand der Bedingungen und des kognitiven oder informativen Gehalts einer korrekten Zuschreibung zu explizieren. Demnach sind primäre Qualitäten solche Eigenschaften eines materiellen Gegenstandes, deren korrekte Zuschreibung allein von dessen Beschaffenheit determiniert ist, während sekundäre Qualitäten Eigenschaften sind, deren Attributation auch von der Beschaffenheit des epistemischen Apparates des Erkenntnissubjekts abhängt. Eine Beschreibung in Begriffen von primären Qualitäten handelt also allein von der Beschaffenheit eines Gegenstandes, eine Beschreibung bezüglich sekundärer Qualitäten jedoch nicht. Vertreter der Unterscheidung von primären und sekundären Qualitäten erläutern sie üblicherweise anhand von physikalischen einerseits und wahrnehmbaren Eigenschaften andererseits. Insbesondere argumentieren sie, daß wahrnehmbare Eigenschaften entgegen unserer Alltagsauffassung tatsächlich sekundäre Qualitäten sind. Lockes Position dient dabei in der modernen Diskussion oftmals als die klassische. So wird ihm u.a. die These zugeschrieben, daß eine Welt ohne Wahrnehmung eine Welt wäre ohne Farben, ohne Töne usw., aber mit Gestalt, mit Ausdehnung etc.

Im Folgenden werde ich zunächst auf Locke zurückgehen und argumentieren, daß der korpuskulartheoretische Hintergrund seiner Zeit eine andere als die übliche Lesart seines Begriffs von sekundären Qualitäten nahelegt. Eine Zuschreibung von sekundären Qualitäten bezieht sich bei ihm allein auf die Beschaffenheit eines materiellen Objektes. Ich werde dann Lockes Charakterisierung als Ausgangspunkt verwenden, um zu diskutieren, ob die Bedingungen und der Informationsgehalt einer Attribution von sekundären Qualitäten nicht doch Bedingungen des Erkenntnissubjekts unterliegt. Anstatt auf die weit verzweigte gegenwärtige Diskussion einzugehen, wird vor allem ein Aspekt thematisiert, der üblicherweise unberücksichtigt bleibt.

Locke führt seinen Begriff von sekundären Qualitäten als Teil seiner Qualitäten-Distinktion ein und damit in Opposition zu primären Qualitäten.[1] Es ist daher sinnvoll, auf dem Hintergrund von Lockes Verständnis von primären Qualitäten seine Auffassung von sekundären zu rekonstruieren. Locke veranschaulicht seine abstrakten Charakterisierungen von primären Qualitäten durch mathematische und physikalische Prädikate. Seine Liste von diesen ist zwar einer separaten Diskussion würdig, sie beinhaltet aber beispielsweise: die Form, die Größe bzw. Ausdehnung und den Bewegungszustand eines materiellen Körpers. Ohne nun darauf eingehen zu wollen, in welcher Weise Locke seinen Begriff von primären Qualitäten im Einzelnen definiert, so beinhalten seine Ausführungen inbesondere zwei Charakterisierungen. Erstens, primäre Qualitäten sind diejenigen Eigenschaften, anhand derer man materielle Körper und ihre Merkmale in wissenschaftlichen Erklärungen beschreibt. Sie sind daher in dem Sinne intrinsisch, daß sie diejenigen Eigenschaften sind, mit denen andere, dispositionale, Eigenschaften reduktiv erklärt werden. So wird beispielsweise die Eigenschaft von Gold, in Goldwasser löslich zu sein, mit der spezifischen mikrophysikalischen Struktur von Gold identifiziert: die Löslichkeit von Gold in Goldwasser wird reduziert auf dessen mikrophysikalische Struktur. Und da Locke die mikrophysikalische Struktur von Gold in Begriffen von primären Qualitäten charakterisiert, sind es primäre Qualitäten, die als intrinsische bzw. explanatorisch basale Eigenschaften fungieren. Ein zweites Merkmal von primären Qualitäten ist, daß eine primäre Qualität alle diejenigen Eigenschaften umfaßt, die begrifflich vom gleichen Typ sind wie jene intrinsischen Eigenschaften. So umfaßt die primäre Qualität der Form eines Körpers sowohl seine makrophysikalische wie seine mikrophysikalische Form. Das heißt, obwohl die makrophysikalische Form, wie die Löslichkeit eines chemischen Stoffs, mit einer mikrophysikalischen Struktur identifiziert werden kann, repräsentiert die makrophysikalische Form die selbe primäre Qualität wie die ihr korrespondierende mikrophysikalische Form, weil beide als Form unter den Begriff ‚Form eines materiellen Körpers' fällt. Eine primäre Qualität ist also nicht identisch mit den intrinsischen Eigenschaften eines Körpers, sondern umfaßt alle diejenigen Eigenschaften, die im erläuterten Sinne vom gleichen begrifflichen Typ einer intrinsischen Eigenschaft sind. Die Pointe dieses Verständnisses von primären Qualitäten wird im weiteren Verlauf sichtbar.

Sekundäre Qualitäten werden demgegenüber als Dispositionen gekennzeichnet, die mit primären Qualitäten, nämlich mit mikrophyiskalischen primären Qualitäten, zu identifizieren sind. In diesem Zusammenhang werden sekundäre Qualitäten daher als Merkmale von Körpern porträtiert. Dies wird auch dort deutlich, wenn Locke sie als *powers* bzw. „Kräfte" bezeichnet. *Powers* sind Dispositionen von materiellen Körpern; sie sind diejenigen dispositionalen Eigenschaften eines Körpers, die dadurch charakterisiert sind, daß sie *ideas* bzw. Vorstellungen verursachen.

Betrachtet man diese Teile von Lockes Ausführungen, so wäre also die korrekte Zuschreibung einer sekundären Qualität allein von der Beschaffenheit des materiellen Gegenstandes abhängig. Entweder hat dieser jene Eigenschaft oder nicht. Für die Mehrzahl der Interpreten implizieren andere Passagen jedoch eine entgegengesetzte Charakterisierung von sekundären Qualitäten. Insbesondere wird Lockes Redeweise, daß primäre Qualitäten real sind,

---

[1] Locke, John: *An Essay Concerning Human Understanding*. Nidditch (Hg.). Oxford 1975. Zitiert: Seite; Buch.Kapitel.Paragraph. Zur Lockes Diskussion von Qualitäten vgl. insb.: 134-43; II.viiii.7-26.

während sekundäre dies nicht sind, als die These verstanden, daß sekundäre Qualitäten Wahrnehmungszustände eines Erkenntnissubjekts sind, die von den Eigenschaften eines Körpers verursacht werden, während primäre Qualitäten Eigenschaften materieller Körper sind, nämlich genau diejenigen, die unter anderem jene Wahrnehmungszustände bewirken. Gemäß dieser Interpretation sind sekundäre Qualitäten somit Eigenschaften eines Erkenntnissubjekts, und es gibt sie ausschließlich, wenn Wahrnehmungen vorliegen, während primäre Qualitäten Eigenschaften eines materiellen Objektes sind, die unabhängig von Wahrnehmungen existieren. Die korrekte Zuschreibung einer sekundären Qualität wäre damit abhängig von dem Vorhandensein eines mentalen Zustandes, die Attributation einer primären Qualität aber allein von der Beschaffenheit eines Körpers.

Es gibt nun unterschiedliche Auffassungen, wie Lockes Ausführungen genau zu verstehen sind. Mal wird ihm ein zweideutiger oder mehrdeutiger Begriff von sekundärer Qualität zugeschrieben, mal schlichtweg tiefe Konfusion. Da hier nicht der Ort für eine Locke-Diskussion ist, werde ich nicht die einzelnen Belege für jene Interpretationen diskutieren, sondern mich darauf beschränken, die eigene Lesart vorzustellen. Insbesondere legt Lockes korpuskulartheoretischer Hintergrund nahe, seine Doktrin von der Realität von Qualitäten anders als allgemein üblich zu verstehen. Bevor ich mich jedoch Boyle und seinem Argument über obskure Qualitäten zuwende, möchte ich zunächst diesem Ansatz den Weg ebnen.

Es wird in der Regel übersehen, daß Locke sekundäre Qualitäten auch in jenen Kontexten als *powers* kennzeichnet, in denen er von ihrem Realitätsstatus spricht bzw. in denen er die Zuschreibung von sekundären Qualitäten an das Vorliegen von Wahrnehmungen knüpfen soll. Beispielsweise wird Lockes zentrale Porträtierung von sekundären Qualitäten als „nothing in the Objects themselves, but powers", also als dispositionale Eigenschaften, verknüpft damit, daß sie nicht im gleichen Maße real seien wie primäre Qualitäten.[2] Wenn daher Lockes These vom Realitätsstatus sekundärer Qualitäten gemäß der orthodoxen Lesart zu verstehen ist, dann würde seine Position extrem, wenn nicht zu offensichtlich, wiedersprüchlich: er würde im selben Atemzug sekundäre Qualitäten als dispositionale Eigenschaften von Körpern klassifizieren sowie als Eigenschaften eines Erkenntnissubjekts.

Liest man Lockes Doktrin über den Realitätsstatus von Qualitäten dagegen in der Perspektive von Robert Boyle, so ergibt sich keine grundsätzliche Inkohärenz von Lockes Äußerungen. Boyle verwendet die Qualitäten-Unterscheidung als Teil seiner Korpuskulartheorie, die er in *The Origin of Forms and Qualities* (1666) entwickelt. Sie ist eine mechanistische Hypothese, die die Eigenschaften materieller Körper, eine Veränderung ihrer Eigenschaften als auch unsere Wahrnehmung dieser Merkmale prinzipiell erklärt. Insbesondere argumentiert Boyle, daß makrophysikalische Körper einen Verbund aus kleineren, unteilbaren, mikrophysikalischen

Objekten darstellen, den Korpuskeln, welche die sogenannten korpuskularen Eigenschaften bzw. primären Qualitäten besitzen. Von dieser explanatorischen Perspektive werden materielle Gegenstände ausschließlich in Begriffen von mikrophysikalischen, korpuskularen Eigenschaften verstanden. Die Multiplizität der Merkmale, die Körper auf dem makrophysikalischen Level haben, wird so reduziert auf jene mikrophysikalischen, korpuskularen Eigenschaften. Jede Eigenschaften der makrophysikalischen Ebene wird erklärt durch korpuskulare Merkmale der mikrophysikalischen Ebene. Makrophysikalische Körper besitzen korpuskulare Eigenschaften aber nicht nur auf dem mikrophysikalischen, sondern auch auf dem makrophysikalischen Level. Korpuskulare Merkmale bzw. Boyles primäre Qualitäten gibt es auf beiden Ebenen. Eine korpuskulare Eigenschaft wird daher wiederum als einen begrifflichen Typ von Merkmalen verstanden, der alle diejenigen Eigenschaften umfaßt, die unter dem gleichen Begriff fallen wie diejenigen Merkmale, die gemäß der Korpuskulartheorie explanatorisch basal sind. Demgegenüber werden alle anderen Eigenschaften als sekundäre Qualitäten bezeichnet und als dispositionale Eigenschaften reduktiv durch die mikrophysikalischen, korpuskularen Merkmale erklärt. Boyles sekundäre Qualitäten haben daher auf der mikrophysikalischen Ebene kein Äquivalent. Dies bedeutet zweierlei. Erstens, eine einzelne Korpuskel hat keine sekundären Qualitäten, beispielsweise keine Farbe. Zweitens, makrophysikalische Körper haben keine sekundäre Qualitäten *zusätzlich* zu ihren korpuskularen Merkmalen. Sekundäre Qualitäten sind numerisch oder ontologisch identisch mit den korpuskularen Eigenschaften, die ihnen korrespondieren auf dem mikrophysikalischen Level.

Boyles zentrales Argument, die Existenz von obskuren Qualitäten zu bestreiten, steht in einem direkten Zusammenhang mit seiner Auffassung von Qualitäten. Eine Qualität ist obskur, wenn sie wortwörtlich Körpern auf der mikrophysikalischen Ebene zugeschrieben werden, obwohl sie Eigenschaften dieser Art auf dieser Ebene nicht haben. Das heißt, obskure Qualitäten sind sekundäre Qualitäten, die aufgefaßt werden wie primäre. Denn nur letztere haben mikrophysikalische Äquivalenzen. Wenn beispielsweise Farben Körpern auf der mikrophysikalische Ebene als numerisch verschieden von ihren korpuskularen Eigenschaften zugeschrieben werden, dann attributiert man Körpern eine obskure Qualität. Die Obskurität ist offensichtlicher mit Bezug auf einzelne Korpuskeln. Eine einzelne Korpuskel hat keine Farbe - und ebenso nicht ein makrophysikalischer Verbund aus Korpuskeln, wenn dieser betrachtet wird vom explanatorischen Standpunkt. Nach der Korpuskulartheorie haben daher makrophysikalische Körper durchaus sekundäre Qualitäten, aber nur auf der makrophysikalischen, nicht jedoch auf der mikrophysikalischen Ebene. Boyles Bestreiten der Existenz von obskuren Qualitäten ist in diesem Sinne eine ontologische These, daß es keine mikrophysikalischen sekundäre Qualitäten gibt.

---

[2] Vgl. 135; II.viiii.10 und 137; II.viiii.14.

Locke's Skizze einer korpuskulartheoretischen Erklärung unserer Wahrnehmung von den Eigenschaften materieller Körper geht Hand in Hand mit Boyles Theorie. Lockes sekundäre Qualitäten werden ebenso, wie wir gesehen haben, reduktiv durch mikrophysikalische primäre Qualitäten erklärt. Wenn man nun Locke im Lichte von Boyles Diskussion von obskuren Qualitäten liest, dann besagen Lockes Äußerungen über den Realitätsstatus von Qualitäten, daß keine sekundären Qualitäten auf der mikrophysikalischen Ebene existieren. In diesem Sinne kann man kohärent behaupten einerseits, daß sekundäre Qualitäten nicht real sind, als auch zugleich, daß sekundäre Qualitäten dispositionale Eigenschaften sind. In einer explanatorischen Beschreibung von Körpern existieren keine sekundären Qualitäten Seite an Seite neben primären. Vielmehr werden erstere mit letzteren identifiziert. Sekundäre Qualitäten sind nicht numerisch oder ontologisch verschieden von primären. Demgegenüber sind primäre Qualitäten für Locke in dem Sinne real oder realer als sekundäre, daß materielle Körper primäre Qualitäten vom wissenschaftlichen Standpunkt aus betrachtet besitzen.

Wenn Locke also dafür argumentiert, daß wahrnehmbare Eigenschaften wie andere dispositionale Eigenschaften nicht real sind, dann bestreitet er lediglich die unter Aristotelikern, Alchemisten und Laien verbreitete Ansicht, daß wahrnehmbare Eigenschaften in der gleichen Weise irreduzibel sind, wie es korpuskulare Eigenschaften sind. Und berücksichtigt man dies nicht, gelangt man eben zu einer falschen, irreführenden Auffassung von Körpern und ihren Eigenschaften. In dieser Perspektive, d.h. auf dem Diskussionshintergrund seiner Zeit, können Lockes Ausführungen als kohärent gelesen werden. Auf der einen Seite kann er sekundäre Qualitäten als dispositionale, auf der anderen Seite als nicht-reale Eigenschaften charakterisieren. Dies erklärt auch, warum er beide Charakterisierungen miteinander verschränkt. Sie sind die beiden Seiten der gleichen Medaille. Denn eine sekundäre Qualität ist deshalb nicht-real, weil sie eine Disposition ist. Wäre sie keine Disposition, wäre sie vom gleichen begrifflichen Typ wie eine intrinsische Eigenschaft und somit eine primäre Qualität. Und wäre eine sekundäre Qualität real, dann wäre sie ebenfalls vom gleichen begrifflichen Typ wie eine intrinsische Eigenschaft und somit wiederum in Wirklichkeit eine primäre Qualität. Hier wird auch deutlich, warum es wichtig ist, daß Locke eine Qualität als einen begrifflichen Typ im erläuterten Sinne versteht. Würde eine primäre Qualität ausschließlich eine intrinsische, mikrophysikalische Eigenschaft umfassen, würde es keine makrophysikalischen primären Qualitäten geben, von denen man sagen könnte, sie seien real, weil es sie auf der explanatorischen Ebene gibt.

Gegeben dieses Verständnis des Realitätsstatus von Qualitäten, dann kann man in der gleichen Weise auch Lockes Argument verstehen, daß wahrnehmbare Eigenschaften ebenso wenig in Körpern existieren wie andere sekundäre Qualitäten, betrachtet man sie aus einer explanatorischen Perspektive. Wenn Locke insistiert, daß Wärme genauso wenig in Feuer ist wie Schmerz, dann beharrt er darauf, daß in einer wissenschaftlichen Beschreibung Feuer weder in

Begriffen von Wärme noch von Schmerz charakterisiert wird, sondern ausschließlich in Begriffen von primären Qualitäten.

Diese Lesart, so weit sie bislang entwickelt wurde, scheint allerdings solchen zwei, drei Passagen nicht gerecht zu werden, die üblicherweise so interpretiert werden, daß dort sekundäre Qualitäten mit Wahrnehmungszuständen identifiziert werden, so daß sekundäre Qualitäten nur dann existieren, wenn es Wahrnehmungen gibt.[3] Auf dem Hintergrund von Lockes epistemologischer Pointe seiner Ausführungen über Qualitäten können diese Äußerungen allerdings als kohärent mit seinen anderen Ausführungen verstanden werden. Wir haben gesehen, daß der Realitätsstatus von Qualitäten unmittelbar verknüpft ist mit der explanatorischen Rolle, die ihre jeweiligen Begriffe in einer explanatorischen Beschreibung von Körpern haben. Entscheident ist nun allerdings, daß Locke nicht irgendeine wissenschaftliche Erklärung von Körpern diskutiert, sondern eine korpuskulartheoretische Hypothese über unsere Wahrnehmung. Primäre Qualitäten sind daher als diejenigen Typen von Eigenschaften charakterisiert, die dazu dienen, Körper zu beschreiben, unter Absehung der Art und Weise wie sie in unserer Wahrnehmung repräsentiert werden. Eine Charakterisierung materieller Gegenstände in Begriffen von primären Qualitäten ist eine Porträtierung aus einer wahrnehmunsneutralen Perspektive. Demgegenüber werden sekundäre Qualitäten als *powers* oder Dispositionen gerade als solche Merkmale verstanden, die wir mit Bezug auf unsere Wahrnehmung begreifen. Eine sekundäre Qualität ist eine solche Eigenschaft von materiellen Körpern, die eine bestimmt Wahrnehmung verursacht.

Präziser gesagt, Locke thematisiert nicht nur den speziellen Fall der Sinneswahrnehmung, sondern den allgemeineren der mentalen Repräsentation. Dies wird in solchen Kontexten ersichtlich, in denen Qualitäten ohne Bezug auf den Fall der Sinneswahrnehmung durch ihren Realitätsstatus gekennzeichnet werden. Anders formuliert, der Begriff der *idea* ist hier nicht exklusiv im Sinne von Sinneswahrnehmung, sondern - wie in den meisten Kontexten - allgemein als mentale Repräsentation zu verstehen.

Lockes Unterscheidung zwischen primären und sekundären Qualitäten ist somit die Distinktion zwischen zweier sich gegenüberstehenden Vokabularien. Auf der einen Seite porträtieren sekundäre Qualitäten Körper mit Bezug auf die Art und Weise, wie ihre Eigenschaften mental repräsentiert werden. Auf der anderen Seite charakterisieren primäre Qualitäten Körper unabhängig von der Art und Weise, wie sie mental repräsentiert werden. Da sekundäre Qualitäten als Dispositionen aufgefaßt werden, die bestimmte mentale Repräsentationen verursachen, dienen ihre Begriffe gerade dazu, Körper mit Bezug auf die Art und Weise zu kennzeichnen, wie sie sich uns mental repräsentieren. Demgegenüber fungieren primäre Qualitäten gerade dazu, Körper unabhängig von unseren mentalen Repräsentationen zu charakterisieren, da sie diejenigen Eigenschaften sind, mit denen Körper beschrieben werden, als die Ursache unserer mentalen Repräsentationen bzw. Wahrnehmungen. Anders formuliert: als nicht-relationale Merkmale kennzeichnen primäre Qualitäten materielle Objekte unabhängig vom spezifischen epistemischen Zugang eines Erkenntnissubjekts, während sekundäre Qualitäten als relationale Eigenschaften materielle Gegenstände mit Bezug auf unseren Wahrnehmungsapparat charakterisieren.

Wenn Locke daher davon spricht, daß es in einer Welt ohne Sinneswahrnehmungen keine sekundären Qualitäten mehr existieren, dann will er seinen Punkt über den Realitätsstatus sekundärer Qualitäten verdeutlichen. Denn stellt man sich vor, daß es keine mentalen Repräsentationen von sekundären Qualitäten gibt, dann wird ersichtlich, daß Körper nur noch in Begriffen von primären Qualitäten aufzufassen sind und daß es daher sekundäre Qualitäten aus dieser wahrnehmungsneutralen Perspektive nicht real sind. Die Bedingungen und der kognitive Gehalt einer korrekten Zuschreibung von sekundären Qualitäten betrifft nach Locke also allein die Beschaffenheit eines Körpers: entweder er ist rot und warm - oder nicht.

Ich möchte dieses Verständnis von sekundären Qualitäten nun als Grundlage verwenden, um zu diskutieren, ob die Bedingungen und der Inhalt einer Zuschreibung von sekundären Qualitäten nicht doch von unserem epistemischen Apparat teildeterminiert wird. Eine Möglichkeit wäre, auf andere Verwendungsweisen der Begriffe zu verweisen, die sekundäre Qualitäten bezeichnen, z. B. ‚weiß' und ‚kalt'. Weiß-sein und Kalt-sein könnten in anderen Kontexten Eigenschaften sein, die sich auf unsere mentalen Zustände beziehen. Diese Form der Kritik wird allerdings Locke nicht gerecht, da er nun mal diese Prädikate hinsichtlich derjenigen Verwendungsweise bespricht, in der sie sich auf die Beschaffenheit von Körpern beziehen. In anderen Teilen seiner Theorie werden diese Prädikate, zumindest einige von ihnen, in der Tat so verstanden, daß sie mentale Zustände bezeichnen, aber eben nicht innerhalb seiner Qualitätentheorie.[4]

Gegeben diesen Ansatz, dann ist Lockes Position allerdings durch eine bekannte Unterscheidung zu ergänzen, nämlich derjenigen, wenn ein Körper eine sekundäre Qualität hat, und wenn er nur eine zu haben scheint. Gemeint ist die Differenz, die besteht, wenn ein materieller Gegenstand einerseits gemäß Standard-Wahrnehmungsbedingungen weiß ist, andererseits aber unter rotem Licht rot erscheint. Die Unterteilung in „sein" und „scheinen" präzisiert somit, in welchen Kontexten sekundäre Qualitäten Körpern attribuiert werden können. Lockes Analyse wird also auf diejenigen Fälle eingeschränkt, in denen unter Standard-Bedingungen eine wahrnehmbare Eigenschaft einem Körper zugeschrieben wird. Andererseits unterminiert diese Unterscheidung für den Standardfall nicht Lockes generelle Charakterisierung, daß der Inhalt und die Bedingung einer korrekten Zuschreibung einer wahrnehmbaren

---

[3] 137-8; II.viiii.16-18 und 375-6; II.xxxi.2.
[4] Vgl. insb. ‚Schmerz' bzw. der Vorstellung von Schmerz in 229-33; II.xx.

Eigenschaften oder anderer sekundärer Qualitäten allein von der Beschaffenheit eines Körpers abhängt. Darüber hinaus bietet seine Redeweise, daß Vorstellungen von sekundären Qualitäten vermittels Erfahrungen unter regelmäßigen bzw. uniformen Bedingungen erworben werden, einen Ansatzpunkt, die Unterscheidung zwischen „sein" und „scheinen" mit Lockes Qualitätentheorie zu vereinbaren. Da Locke aber Fälle von Sinnestäuschungen praktisch nicht bespricht, bleibt unklar, ob seine Auffassung von Vorstellungen in dieser Richtung verstanden werden kann. In jedem Fall ist jedoch die Einführung einer solchen Unterscheidung prinzipiell mit Lockes Verständnis von Qualitäten vereinbar.

Lockes Position bedarf aber dennoch einer grundsätzlichen Korrektur. Ich möchte dies durch folgendes Gedankenexperiment verdeutlichen. Angenommen eine Gruppe deutsch-sprachiger Schweizer haben einen Planeten unter einer grün leuchtenden Sonne besiedelt. Unter diesen Bedingungen würde sich das Verständnis von Standardbedingungen für Farbzuschreibungen ändern. Man würde nicht sagen: Gieb mir bitte das weiße Blatt Papier, das grün erscheint. Vielmehr würde für diese Sprecher ein gebleichtes Stück Papier grün sein.

Entscheidend ist, daß man diese Redeweise nicht als eine Veränderung des Sprachgebrauchs bzw. der Bedeutung von Farbprädikaten mißversteht. Dies wird deutlicher durch folgendes Beispiel. Angenommen jemand arbeitet im Bergwerk unter einer roten Beleuchtung. In diesem Fall würde er seine Arbeitskollegin bitten ihm den roten Schraubzieher zu reichen. Er würde nicht nach dem weißen fragen, der bloß rot erscheint. Ist er allerdings abends zu Hause, bittet er seinen Sohn, ihm den weißen Schraubenzieher zu geben. Der selbe Gegenstand wird farblich unterschiedlich benannt, weil Standardbedingungen vom Kontext abhängig sind. Diese Kontextabhängigkeit der Standardbedingungen ist Teil der Bedeutung unserer Prädikate.

Es zeigt sich somit, daß korrekte Zuschreibungen von wahrnehmbaren Eigenschaften nicht allein von der Beschaffenheit des materiellen Gegenstandes determiniert werden, sondern auch von den Standardbedingungen der jeweiligen Situation. Infolgedessen ist auch der kognitive Gehalt einer Zuschreibung dieser sekundären Qualitäten stets relativ zu den jeweils geltenden Standardbedingungen.

Gernot Grube
Grunewaldstr. 9A
10823 Berlin

Zum Begriff der Repräsentation

Wir sprechen von unserem Wissen *über* die Welt oder einem Wissen *von* einem Gegenstand. Dies drückt eine relationale Struktur zwischen Wissen und Welt oder zwischen Wissen und Wissensgegenstand aus. Der Repräsentationsbegriff könnte eine Theorie tragen, die diese Struktur erfaßt, da er für die Beziehung zwischen Repräsentant und Repräsentandum steht. Aber eine Erklärung dieser Beziehung ist ein notorisches Problem jeder Repräsentationstheorie. Ich möchte die These verteidigen, daß es keine Beziehung zwischen Repräsentant und Repräsentandum gibt. Die These stützt sich auf die Konzeption eines *relationalen Repräsentationsbegriffes*. Dieser ist nach dem Vorbild der mathematischen Relation entworfen und behandelt den Zusammenhang zwischen Repräsentant und Repräsentandum wie den Zusammenhang zwischen Relatum und Relation.
Ich schlage den relationalen Repräsentationsbegriff als Baustein für eine repräsentationalistische Theorie des Geistes vor, die nicht am Problem der Repräsentationsbeziehung scheitert.

I Die Repräsentationstheorie von Dretske
Eine Repräsentationstheorie muß erklären können, was es heißt, daß ein X ein Y repräsentiert. Dretske´s Theorie (Fred Dretske 1995, *Naturalizing the Mind*) gibt folgende Erklärung: Ein künstliches oder natürliches System repräsentiert ein Objekt, wenn es Informationen über das Objekt liefert. Daß ein System Informationen über ein Objekt liefert, liegt am Design des Systems. Bei einem künstlichen System, wie einem Tachometer, stammt das entsprechende Design vom Ingenieur, und bei natürlichen Systemen sorgt die Evolution für das Design. Ein Systemzustand repräsentiert nur dann, wenn er die Funktion hat, die entsprechende Information über das Objekt zu liefern. Falls wir einem bestimmten Systemzustand eine Information entnehmen können, ohne daß es dessen Funktion ist, diese Information zu liefern, so handelt es sich nicht um einen repräsentationalen Systemzustand.
Es ist ein Vorteil der Theorie, daß sie nicht prinzipiell zwischen künstlichen oder konventionellen einerseits und natürlichen Repräsentationssystemen andererseits unterscheidet. Ein Tacho ist ein Repräsentationssystem, da er dafür konstruiert wurde, die Geschwindigkeit anzuzeigen. Man kann nach Dretske an diesem Instrument alles Wesentliche einer Repräsentation studieren. Der einzige Unterschied zwischen einem Tacho und einem kognitiven System ist, daß es sich um verschiedene Designer und verschiedene Arten von Funktionalitäten handelt. Die Parallele zwischen konventionellen und natürlichen Systemen ist für Dretske ein Argument dafür, daß die Vorgänge in einem System mit mentalen Zuständen grundsätzlich harmlos sind und einer objektiven Untersuchung zugänglich. Dretske betrachtet seine Repräsentationstheorie als Baustein einer naturalistischen Theorie des Geistes.
Für Dretske handelt es sich bei Tacho und Mensch um Repräsentationssysteme, bei denen zwei Repräsentationsformen unterschieden werden können: die *systemische* einerseits und die *erworbene* andererseits. Ein Tacho ist so konstruiert, daß eine bestimmte Zeigerposition eine bestimmte Geschwindigkeit repräsentiert. Dies nennt Dretske eine systemische Repräsentation. Dabei repräsentiert eine bestimmte Zeigerposition eine bestimmte Geschwindigkeit ganz unabhängig davon, ob uns das Gerät erlaubt, zum Beispiel 50 km/h abzulesen. Dies betrachtet

Dretske als Typisierung der Systemzustände. Ist einer systemischen Repräsentation noch ein Typ zugeordnet, so ist dieser Systemzustand auch eine erworbene Repräsentation. Diese Unterscheidung zwischen systemischer und erworbener Repräsentation ist für die Erklärung natürlicher Repräsentationssysteme wichtig. Denn was beim Tacho die Beschriftung ist, also die Typisierung der Systemzustände, das ist beim Menschen das Konzept oder ein Gedanke. Und was die systemische Repräsentation beim Tacho ist, das ist bei uns die Erfahrung, etwa die sinnliche Wahrnehmung, unabhängig von ihrer Konzeptualisierung.

Mit dieser Unterscheidung zwischen Konzeptebene und Erfahrungs- oder auch Empfindungsebene als Unterscheidung zwischen erworbener und systemischer Repräsentation, sollte die Repräsentationstheorie in der Lage sein, schwierige Fragen einer Theorie des Geistes zu beantworten, etwa die Fragen nach den Qualia oder der Intentionalität.

II Repräsentation und das Leib/Seele-Problem bei Dretske

Sowohl das Qualia- als auch das Intentionalitätsproblem sind Varianten des Leib/Seele-Problems. Daher liefert eine Theorie des Geistes, die diese Probleme zu lösen versucht, auch einen Lösungsvorschlag für das Leib/Seele-Problem. Da Dretske's Theorie des Geistes auf einer Repräsentationstheorie basiert, stützt sich auch sein Lösungsvorschlag auf diese Repräsentationstheorie.

Dretske schlägt vor, den Zusammenhang zwischen Leib und Seele als Zusammenhang zwischen zwei Beschreibungsebenen zu sehen: als Zusammenhang zwischen der neurophysiologischen Beschreibung des Gehirns einerseits und seiner repräsentationalistischen Beschreibung andererseits. Der Geist läßt sich so als repräsentationalistische Beschreibung des Gehirns auffassen.

Nehmen wir das Brentano-Argument, daß jeder psychische Zustand im Unterschied zu den physischen Zuständen einen Inhalt hat. Ein intentionaler Zustand ist nach Dretske ein Systemzustand, der einen Inhalt repräsentiert, wenn es ein Zustand ist, der das System mit Information versorgen soll. Hat demnach jedes repräsentationale System intentionale Zustände, auch ein Tacho? Diese Position ist ja gerade eine Stärke der Repräsentationstheorie von Dretske. Allerdings, und das ist der Unterschied, ist es beim Tacho eine abgeleitete und beim Menschen eine ursprüngliche Intentionalität. Beim Tacho ist der Ingenieur dafür verantwortlich, daß eine bestimmte Zeigerposition 50 km/h auf der konzeptuellen Ebene repräsentiert. Beim Menschen hat es die Evolution so eingerichtet, daß ein bestimmter Systemzustand einerseits systemisch einen grünen Ball repräsentiert und andererseits konzeptuell repräsentiert, daß es ein grüner Ball ist.

Der Geist wird nicht mit neuronalen Zuständen, sondern mit repräsentationalen Zuständen identifiziert. Da Dretske die mentalen Zustände nicht auf neuronale Zustände reduziert und trotzdem eine naturalistische Theorie des Mentalen beansprucht, hängt also alles vom naturalistischen Status seiner Repräsentationstheorie ab. Grundsätzlich muß sorgfältig zwischen einer Repräsentation (*representational vehicle*) und ihrem Inhalt (*representational content*) unterschieden werden. Eine Untersuchung neuronaler Zustände erfaßt nur die Repräsentationen, nicht aber die Inhalte, d.h. die informationellen Funktionen solcher Zustände. Die Frage nach dem naturalistischen Status der Repräsentationstheorie spaltet sich also auf in die Fragen nach dem naturalistischen Status der Repräsentationen und dem naturalistischen Status der Inhalte. Gehen wir davon aus, daß der naturalistische Status der Repräsentationen unproblematisch ist, da ja jeder Zustand eines materiellen Systems grundsätzlich einer naturalistischen Beschreibung zugänglich ist, dann bleibt noch der naturalistische Status der Inhalte zu klären. Wenn die materielle Welt keine offenen Stellen haben soll, dann müßten sich ja die informationellen Eigenschaften eines Systemzustands mit materiellen Eigenschaften dieses Zustands identifizieren lassen. Wenn man dagegen eine Identifikation zwischen Repräsentationen (Repräsentanten) und Inhalten (Repräsentanda) ausschließt, dann muß man die Beziehung zwischen Repräsentanten und Repräsentanda erklären.

Dretskes Repräsentationstheorie würde also nur dann eine Erklärung der Intentionalität und damit zugleich eine Lösung des Leib/Seele-Problems liefern, wenn sie ein erfolgreiches Konzept für die Repräsentationsbeziehung anzubieten hat. Am Problem der Repräsentationsbeziehung kann eine Repräsentationstheorie als Basisbaustein einer Theorie des Geistes scheitern.

III Das Problem der Repräsentationsbeziehung

Ich will versuchen, eine pointierte und schematisierte Darstellung des Problems zu geben. Mit Blick auf das sogenannte Brentano-Problem kann man sagen, daß eine Theorie gefordert ist, die diejenigen Systemzustände, die wir mentale oder psychische nennen, von den physischen Zuständen unterscheidet. Geht man davon aus, daß der Unterschied darin besteht, daß die psychischen Zustände Systemzustände mit Inhalt sind, dann scheint eine Repräsentationstheorie geeignet, die psychischen Zustände zu erklären, da sie die Systemzustände unabhängig von ihren Inhalten als Repräsentanten und die Inhalte unabhängig von den Systemzuständen als Repräsentanda behandeln kann. Mit dem Begriff der Repräsentation wird also der Differenz zwischen Systemzustand und Inhalt Rechnung getragen.

Das sogenannte Brentano-Problem kann auch als die These formuliert werden, daß es keine naturalistische Erklärung dieser Differenz geben könne. Vor dem Hintergrund dieser These möchte ich sie eine *extreme Differenz* nennen. Die Systemzustände sind natürliche Entitäten, die kausale Eigenschaften haben. Die Inhalte demgegenüber sind Entitäten, die keine kausalen Eigenschaften, sondern semantische Eigenschaften haben.

Nun ist völlig unklar, wie eine Beziehung zwischen diesen beiden extrem differierenden Entitäten aussehen könnte, zumal eine Beziehung, die eine naturalistische Erklärung der psychischen Zustände erlaubt. Jede Art von Beziehung, die den Rahmen einer naturalistischen Erklärung nicht sprengte, würde die Inhalte unter kausale Bedingungen bringen, wie sie für Systemzustände gelten, und würde die semantischen Eigenschaften der Inhalte zurücklassen.

Das Problem kann also schematisch folgendermaßen dargestellt werden. Repräsentant und Repräsentandum bilden eine extreme Differenz, da für den Repräsentanten Bedingungen gelten, die für das Repräsentandum nicht gelten und umgekehrt. Nun soll es eine Art von Beziehung geben, die Repräsentant und Repräsentandum, ohne die extreme Differenz zu verletzen, unter eine gemeinsame Bedingung bringt.

Das Problem ist jetzt so formuliert, daß man Brentano darin zustimmen möchte, daß es keine naturalistische Lösung des Leib/Seele-Problems geben könne. Denn eine naturalistische Lösung würde die extreme Differenz verletzen, indem sie die Inhalte kausalen Bedingungen unterwirft.

IV Das Leib/Seele-Problem und das Problem der Repräsentationsbeziehung

Das Problem der Repräsentationsbeziehung ist hier in enger Anlehnung an das Leib/Seele-Problem schematisiert worden. Dieser Schritt ist gerechtfertigt, wenn es um eine Repräsentationstheorie geht, die als Basis einer Theorie des Geistes auch die Basis für eine Erklärung des Leib/Seele-Zusammenhangs sein muß.

Ob also Dretskes Repräsentationstheorie eine gute Erklärung der Intentionalität erlaubt, also auch eine zufriedenstellende Lösung des Leib/Seele-Problems liefert, hängt in aller erster Linie davon ab, wie er das Problem der Repräsentationsbeziehung gelöst hat.

Nach Dretske stellt der Konstrukteur des Systems die Beziehung her, also im Falle unserer Intentionalität ist es die Evolution, die die Repräsentationsbeziehung garantiert. Wie aber sieht diese Beziehung aus, die die Evolution geknüpft hat?

In der Repräsentationstheorie von Dretske ist die Frage nach der Repräsentationsbeziehung die Frage nach dem Zusammenhang zwischen den Systemzuständen und ihren informationellen Funktionen. Wenn man die informationelle Funktion mit einer kausalen Rolle identifiziert, damit von einer naturalistischen Theorie gesprochen werden kann, dann mündet die Theorie von Dretske in eine Version des Funktionalismus. Das Problem einer funktionalistischen Lösung ist, (wenn sie außerdem mit einem rigiden Naturalismusanspruch einhergeht) daß sie die Repräsentanda zum Verschwinden bringt und damit die Idee der Repräsentation überflüssig macht.

Das funktionalistische Argument verläuft folgendermaßen: Der Inhalt wird mit einer funktionalen Rolle identifiziert. Dann repräsentiert ein bestimmter Systemzustand einen bestimmten Inhalt, wenn er eine bestimmte funktionale Rolle hat. Die Inhalte werden zu funktionalen Eigenschaften des Systemzustands. Wenn man, um eine naturalistische Erklärung zu ermöglichen, die funktionale Rolle mit einer kausalen Rolle identifiziert, dann fokussiert der Funktionalismus auf die kausalen Eigenschaften eines Systemzustands und braucht keine Inhalte, keine Repräsentanda, also gar keine Repräsentationen ins Auge zu fassen.

Dretske's Theorie führt in ein Dilemma. Entweder er akzeptiert das funktionalistische Argument und erledigt das Problem der Repräsentationsbeziehung, indem er die Repräsentanda überflüssig macht, dann macht der Aufbau seiner Repräsentationstheorie dieselbe Theorie obsolet. Oder er weist es zurück und hält an der extremen Differenz zwischen Repräsentanten und Repräsentanda fest, dann müßte seine Theorie ein Konzept der Repräsentationsbeziehung enthalten.

Dretskes Dilemma überträgt sich auf funktionalistisch-naturalistische Strategien zur Bewältigung des Leib/Seele-Problems. Mit ihnen würde das Problem gelöst, indem sie den Geist zum Verschwinden brächten. Sie ersetzen den Inhalt, der einen psychischen Zustand von anderen körperlichen Zuständen unterscheiden kann, durch die kausale Rolle des Zustands. Kausale Rollen sind Abstrakta über konkreten Systemzuständen. Diese abstrakte Beschreibungsebene ist sinnvoll, weil es verschiedene konkrete Systemzustände geben kann, die dieselbe kausale Rolle haben. Aber jeder Systemzustand hat seine Rolle aufgrund seiner kausalen Eigenschaften, jedoch nicht aufgrund seines Inhalts, den er repräsentiert. Wenn man die psychischen Zustände über ihre kausalen Eigenschaften identifizieren kann, dann sind Inhalte verzichtbar.

V Repräsentation und die mathematische Relation bei Cassirer

Wie müßte eine Repräsentationstheorie aussehen, die nicht am Problem der Repräsentationsbeziehung scheitert? Meine These ist, daß es keine Beziehung zwischen Repräsentant und Repräsentandum gibt. Zur Verteidigung dieser These wäre eine Repräsentationstheorie zu entwickeln, die auf einem Repräsentationsbegriff beruht, der ohne eine spezifische Beziehung zwischen Repräsentant und Repräsentandum auskommt. Eine solche ist in Ernst Cassirer's *Philosophie der symbolischen Formen* (Bde. I-III, 1923, 1925, 1929) angelegt, die eine interessante Strategie zur Bewältigung des Problems der Repräsentationsbeziehung enthalten dürfte.

Der entscheidende Punkt ist Cassirer's These, daß die Repräsentationsbeziehung nicht durch irgendein vertrautes Beziehungskonzept erklärt werden kann, sondern als Beziehungstyp sui generis verstanden werden muß. Bei dem gesuchten Beziehungstyp handelt es sich außerdem nicht um einen Beziehungstyp neben anderen, sondern um die *reine* Beziehung oder die Beziehung *überhaupt*, also den Beziehungstyp, der allen übrigen Beziehungsformen zugrunde liegt.

Die größte Schwierigkeit besteht darin, eine angemessene Darstellung, einen Ausdruck für diesen Beziehungstyp zu finden. Denn die Beziehungen, die wir gewöhnlich zum Ausdruck bringen, sind immer bestimmte Beziehungsformen, die den Blick auf die Beziehung *schlechthin* verstellen. Cassirer's Versuch, mit dieser Schwierigkeit fertig zu werden, führt ihn auf die mathematische Relation. Die Annahme von Cassirer ist, daß man der *reinen* Beziehung über die mathematischen Relationen sehr nahe kommen kann. Dabei konzentriert er sich auf die Relation des *unmittelbaren Folgens* als Grundrelation des Systems der natürlichen Zahlen. Seine Überlegungen zur mathematischen Grundrelation sind sehr eng an die Grundlagendiskussion in der Mathematik geknüpft, wie sie Anfang des 20. Jahrhunderts unter anderem zwischen Formalisten und Intuitionisten geführt wurde. Während Cassirer auf der einen Seite die Leistung der Formalisten heraushebt, daß sie die Axiomatisierung voll entfaltet haben, betont er auf der anderen Seite die Leistung der Intuitionisten, daß sie den „*Primat der Beziehung*" wiederhergestellt haben. Man kann der Aussage vom Primat der Beziehung im Hinblick auf den Intuitionismus folgende Interpretation geben. Die Reihe der natürlichen Zahlen geht auf eine *Urintuition der Zahl* zurück, welche keine anschaulichen Gegenstände, etwa Zahlen, liefert, sondern ein Verfahren, das die anschaulichen Gegenstände, etwa die Zahlen, erst erzeugt. Diesem Verfahren liegt ein Prinzip zugrunde. Durch dies Prinzip, nach dem die Zahlen erzeugt werden, ist das Ganze vor seinen Teilen, erhält der Teil vom Ganzen seinen Sinn.

Der Grundgedanke zu seinem Begriff der Repräsentation ist folgender: Cassirer geht nicht von einem Repräsentationssystem aus, in dem ein Teil (Repräsentant) einen anderen Teil (Repräsentandum) repräsentiert, sondern von den Teilen, die das System repräsentieren. Jeder Teil, etwa eine Zahl, repräsentiert das System, etwa die Reihe der natürlichen Zahlen, also die Grundrelation, in der sich die Zahlen befinden. Jede Zahl ist Repräsentant dieser Grundrelation. Es sieht so aus, daß die Grundrelation den Status des Repräsentandums erhält, während ihre Relata den Status des Repräsentanten haben. Jeder Repräsentant ist ein Zeichen für das System. Seine Bedeutung erhält ein Zeichen durch die Relation, die dem System zugrunde liegt.

Wir können jetzt drei Komponenten unterscheiden, auf denen Cassirer's Repräsentationsbegriff basiert: (1) die Relation, (2) die Repräsentanten und (3) das Verfahren. Die Beschreibung einer Relation ist der Ausdruck für ein Prinzip, das einem System zugrunde liegt. Die Repräsentanten sind die konkreten Zeichen, die ein System anschaulich machen. Und ein bestimmtes Verfahren erzeugt die Repräsentanten eines bestimmten Systems.

Die Strategie zur Bewältigung des Problems der Repräsentationsbeziehung, die bei Cassirer vorgezeichnet ist, besteht darin, die Relata einer Relation als Repräsentanten der Relation aufzufassen.

VI Relata als Repräsentanten der Relation

Wenn man den Begriff der Repräsentation auf das Konzept der mathematischen Relation stützt, dann erledigt sich das Problem der Beziehung zwischen Repräsentant und Repräsentandum. Die Idee ist, daß man den Zusammenhang zwischen Repräsentant und Repräsentandum wie das Verhältnis zwischen Relata und Relation begreift. *Die Relation, also die Beziehung unter den Relata, erhält den Status des Repräsentandums, und die Relata erhalten den Status der Repräsentanten.*

Mathematische Relationen sind ein sehr allgemeines und präzises Mittel, um ganz verschiedene Beziehungstypen zu beschreiben. Und ein vielleicht unauffälliger aber entscheidender Zug *des Konzepts der mathematischen Relation* ist, daß von allen Eigenschaften der Elemente, die sich in einer bestimmten Relation befinden, abstrahiert wird. Eine Relation kann nicht wie eine Eigenschaft von einem Element abgelesen werden. Das Konzept der mathematischen Relation liefert Beschreibungsmittel für eine systematische Untersuchung von Beziehungen, ohne daß die philosophische Schwierigkeit entsteht, ob die Beziehungen den Dingen angehören, oder wie die Beziehung zwischen Relation und Relata zu deuten wäre. Im Kontrast zu den philosophischen, insbesondere den scholastischen, Diskussionen um den Begriff der Relation ist das mathematische Konzept der Relation nüchtern.

Allerdings werden Relata in der Mathematik nicht als Repräsentanten einer Relation betrachtet. Der Begriff des Repräsentanten taucht gewöhnlich in Verbindung mit der Äquivalenzklasse auf. Eine Äquivalenzrelation zerlegt eine Menge in Äquivalenzklassen und jedes Element einer solchen Klasse ist dann Repräsentant seiner Klasse. An dieser Terminologie ist nichts auszusetzen, es soll ihr lediglich im Hinblick auf eine Theorie der Repräsentation eine andere zur Seite gestellt werden.

Um zu erläutern, inwiefern Relata als Repräsentanten einer Relation betrachtet werden können, sollen folgende drei Fälle unterschieden werden. Erstens können wir eine Relation *beschreiben* („ist kleiner als"), zweitens können wir eine Relation *darstellen* ([3, 7]), und drittens können wir eine Relation *bezeichnen* (<). Die drei Fälle treten üblicherweise kombiniert auf, so schreiben wir etwa „3 < 7" und lesen „3 ist kleiner als 7". Auf den zweiten Fall kommt es jetzt an. Während die Relation im ersten Fall beschrieben und im dritten Fall bezeichnet wird, wird sie im zweiten Fall *gezeigt*. Das < -Zeichen repräsentiert (im Sinne von „bezeichnet") die „kleiner als"-Relation. „3" und „7" bezeichnen sie demgegenüber nicht, sie *befinden* sich in der „kleiner als"-Relation und zeigen sie hierdurch. Diese Art von Zeigen möchte ich als *repräsentieren* bezeichnen.

Wenn wir sagen, daß zwei Elemente, die sich in einer bestimmten Beziehung befinden, diese Beziehung zeigen, und wir diese Art von Zeigen als den grundlegenden Fall von Repräsentieren begreifen, dann können die Relata als Repräsentanten ihrer Relation betrachtet werden. Und das Verhältnis zwischen Relata und Relation, das auf einer mathematisch-technischen Ebene keine Schwierigkeiten aufwirft, kann das Vorbild für das Verhältnis zwischen Repräsentanten und Repräsentanda sein, wobei die Relationen den Status der Repräsentanda haben.

VII Der relationale Repräsentationsbegriff und das Problem der Repräsentationsbeziehung

Ich nenne den Repräsentationsbegriff, der durch das Konzept der mathematischen Relation inspiriert ist, den *relationalen Repräsentationsbegriff*. Die Frage ist, ob dieser Begriff eine *relationale Repräsentationstheorie* stützen kann, die nicht am Problem der Repräsentationsbeziehung scheitert. D. h. die relationale Repräsentationstheorie dürfte nicht in das Dretske-Dilemma hineinführen.

Da der relationale Repräsentationsbegriff keine Beziehung zwischen Repräsentant und Repräsentandum vorsieht, kann man der relationalen Repräsentationstheorie nicht vorwerfen, sie hätte keine befriedigende Erklärung der Repräsentationsbeziehung. Dann bleibt die Frage zu klären, ob die relationale Repräsentationstheorie dem funktionalistischen Argument widersteht. Vergleichen wir ein funktionales Modell mit einem relationalen Modell in Bezug auf einen Wahrnehmungszustand. (a) *Funktional*: Wenn ein System ein Objekt wahrnimmt, dann befindet es sich in einem funktionalen Zustand mit einem bestimmten Inhalt. Es gibt einen Systemzustand, der über seinen Inhalt das Objekt außerhalb des Systems repräsentiert. (b) *Relational*: Wenn ein System ein Objekt wahrnimmt, dann befindet es sich in dem relationalen Zustand $R(o_1, o_2, ..., o_n)$, wobei o_i für einen Repräsentanten steht. In dem System hat ein Prozeß stattgefunden, der die Repräsentanten $o_1, o_2, ..., o_n$ der Relation R erzeugt hat. Die Repräsentanten können mit Fragmenten eines Objekts identifiziert werden. Das Objekt existiert nicht außerhalb des Systems, sondern als Relation unter den Fragmenten. Man könnte auch sagen, daß der Input fragmentarisch ist. Das System macht aus den Fragmenten Repräsentanten, indem es die Fragmente in Beziehung setzt. Wir können das Objekt dann als Relation unter den Fragmenten beschreiben. Ein Beispiel sind etwa Töne, die eine Melodie repräsentieren.

Soweit findet sich sowohl im funktionalen als auch im relationalen Modell eine Inhaltsebene. Allerdings weichen die Voraussetzungen beider Modelle erheblich voneinander ab. So existieren beim funktionalen Modell außerhalb des Systems Objekte, die innerhalb des Systems repräsentiert werden. Beim relationalen Modell existieren außerhalb des Systems Objektfragmente, die als Repräsentanten einer Relation ein Objekt repräsentieren. Abgesehen von den Unterschieden in den Voraussetzungen ergibt sich ein wichtiger Unterschied hinsichtlich der Inhaltsebene, sobald das funktionale Modell Naturalisierungsansprüchen angepaßt wird. Der Inhalt des funktionalen Zustands wird mit einer kausalen Rolle des Zustands identifiziert. Dadurch gewinnt er eine kausale und verliert die semantische Dimension. Die extreme Differenz zwischen dem Systemzustand mit kausalen Eigenschaften und seinem Inhalt mit semantischen Eigenschaften ist aufgehoben. Im relationalen Modell wird der Inhalt mit einer Relation identifiziert. Die Relation ist eine semantische Größe und ist nicht kausal wirksam. Kausal wirksam sind lediglich die Objektfragmente als physische Entitäten, und die Prozesse, die solche Entitäten in Beziehung setzen. Die extreme Differenz zwischen einer materiellen und einer semantischen Ebene bleibt hier als Differenz zwischen Repräsentanten und Relationen erhalten. D.h., daß die relationale Repräsentationstheorie gegen das funktionalistischen Argument unempfindlich ist.

VIII Relationale Repräsentationstheorie und das Leib/Seele-Problem
Die Frage ist, ob die relationale Repräsentationstheorie dem funktionalistischen Argument nur deshalb entgeht, weil sie den Naturalisierungsanspruch einer Theorie des Geistes nicht teilt. Angenommen, die relationale Theorie bietet einen Ausweg aus dem Leib/Seele-Problem an, dann ist dieser Ausweg mit dem Naturalisierungsanspruch zu konfrontieren. Muß dieser Anspruch verletzt werden, wenn man an einer semantischen Dimension, wenn man an der Relevanz der Inhalte festhalten will?
Gehen wir davon aus, daß die Repräsentanten materielle Entitäten sind, dann ist dadurch noch nicht festgelegt, welche Relationen sie repräsentieren. Wir erwarten, wenn wir von materiellen Relata ausgehen, daß sie kausale Relationen repräsentieren. In bestimmten Fällen ist es sinnvoll, die kausalen Beziehungen unter den materiellen Repräsentanten zu beschreiben. Aber ein Relatum, das zusammen mit einem anderen Relatum eine kausale Relation repräsentiert, kann zugleich zusammen mit anderen Relata semantische Relationen repräsentieren. In vielen Fällen ist es sinnvoll, die semantischen Beziehungen unter den Repräsentanten zu beschreiben. Die Annahme ist also, daß sich derselbe materielle Repräsentant in verschiedenen Relationen befinden kann.
Beispielsweise können wir jede Schachfigur auf dem Brett als einen materiellen Repräsentanten betrachten. Dann ist ein Zug mit einer Figur einerseits ein kausaler Vorgang. Die Hand des Spielers und die Figur befinden sich in einer kausalen Beziehung. Andererseits befindet sich die Figur nach dem Zug zusammen mit den übrigen Figuren in einer komplexen semantischen Relation. Und neben den kausalen Bedingungen sind es semantische Bedingungen, die die möglichen Züge festlegen.
Der rigide Naturalismus fordert, daß die semantischen Beziehungen auf kausale reduziert werden, da lediglich kausale Beziehungen den wissenschaftlichen Existenzbedingungen genügen. Die wirkliche Welt ist eine kausale - ohne Lücken. Wenn man mit der relationalen Repräsentationstheorie akzeptiert, daß psychische Zustände als nicht-kausale Relationen unter materiellen Repräsentanten rekonstruierbar sind, dann ist der rigide Naturalismus verletzt. Und zwar ist die Grundannahme verletzt, daß nur die kausale Relevanz einer Entität zählt. Danach können Inhalte nur dann Bestandteil einer naturalistischen Theorie sein, wenn sie kausale Relevanz ha-

ben. Was motiviert diesen Kausalitätsanspruch? Angenommen, die Bedeutung der kausalen Relevanz läge in dem hohen Erklärungsgehalt einer kausalen Erklärung, dann käme den psychischen Zuständen ein hoher Erklärungsgehalt zu, wenn sich die kausale Relevanz der Inhalte solcher Zustände rekonstruieren ließe. Dann ist es der erwartete Erklärungsgehalt, der den Kausalitätsanspruch motiviert. Daher ist in erster Linie gar nicht nach der *kausalen Relevanz*, sondern nach der *explanatorischen Relevanz* der Inhalte zu fragen.

Stellen wir uns vor, jemand setzt aus ein paar Einzelteilen einen Würfel zusammen, dann können wir einen physischen Vorgang beobachten. Es gibt eine kausale Geschichte, die mit dem zusammengesetzten Würfel endet. Jedes der Einzelteile hat seine Stelle in der kausalen Geschichte. Es ist in einer Kette kausaler Relationen verankert. Aber ist das Objekt am Ende der *kausalen Geschichte* ein Würfel? Kommt es nicht auf ganz bestimmte Relationen unter den Einzelteilen an, die typisch für einen Würfel, aber keine kausalen Relationen sind?

Das Verhältnis zwischen der *kausalen Geschichte* und der *Würfel-Relation (dem Würfel)* ist ein repräsentationales. Wenn man die Einzelteile als materielle Repräsentanten betrachtet, dann sind sie als materielle Entitäten fest eingefügt in einen kausalen Zusammenhang und es läßt sich ein physisches Phänomen beschreiben. Zugleich repräsentieren sie einen Würfel, weil sie sich in einer bestimmten semantischen Relation befinden, und es läßt sich ein psychisches Phänomen beschreiben.

Das repräsentationale Verhältnis zwischen den materiellen Relata und ihren Relationen stellt den Zusammenhang zwischen einer physischen und einer psychischen Ebene her. Damit weicht die relationale Repräsentationstheorie dem rigiden Naturalismusanspruch aus, und beschränkt die Naturalisierung des Geistes darauf, daß die Relata materielle Entitäten sind, die sich einerseits in kausalen Relationen befinden, aber andererseits auch in semantischen Relationen.

Nach der relationalen Repräsentationstheorie gilt also, daß ein X ein Y repräsentiert, wenn X ein Relatum der Relation Y ist. Es kann daher kein Systemzustand X als Repräsentant betrachtet werden, der eine informationelle Funktion hat und damit den Inhalt Y repräsentiert. Statt dessen sind Relata als Repräsentanten zu betrachten, die *innerhalb* eines Systems lokalisiert werden können. Allerdings müssen sie nicht innerhalb des Systems, etwa auf einer neuronalen Ebene angesiedelt werden, damit Repräsentationen beschrieben werden können. Die Bedingung für die Repräsentanten ist lediglich, daß es materielle Relata sind. Materielle Relata können auf unterschiedlichen Ebenen lokalisiert werden, zum Beispiel auf der Ebene konkreter Zeichen oder auf der Ebene neuronaler Entitäten.

Die relationale Grundfigur legt gegenüber den Versionen der funktionalen Grundfigur eine andere Untersuchungsstrategie nahe. Statt auf Systemzustände und deren Funktionen fokussiert sie auf materielle Relata, Relationen und Prozesse, die Relata erzeugen. Das heißt beispielsweise, daß ein Repräsentationssystem sich grundsätzlich nicht von anderen Systemen dadurch unterscheidet, daß es Zustände mit informationellen Funktionen hat, sondern dadurch, daß es Prozesse realisiert, die Repräsentanten erzeugen, also Relata, die semantische Relationen repräsentieren.

Die Parallele zwischen konventionellen und natürlichen Systemen, die als Vorteil der Repräsentationstheorie von Dretske verbucht werden könnte, kann im Rahmen einer relationalen Repräsentationstheorie ohne weiteres beibehalten werden.

Aber, indem das funktionalistische Grundkonzept gegen ein relationales eingetauscht wird, geht die Möglichkeit für ein rigides Naturalismusunternehmen verloren, das heißt, der Versuch wird aufgegeben, die kausale Relevanz der Inhalte zu rekonstruieren. Statt dessen wird die explanatorische Relevanz der Inhalte neben der Relevanz von Kausalerklärungen berücksichtigt.

Überzeugungen, Revision und Rechtfertigung

Gordian Haas

Die erkenntnistheoretische Diskussion der letzten Jahrzehnte wird vor allem von zwei Fragestellungen dominiert. Zum einen gehen statische Theorien im Rahmen einer Explikation des Wissensbegriffs der Frage nach, wie ein epistemisches Subjekt seine Überzeugungen zu einem gegebenen Zeitpunkt rechtfertigt, zum anderen untersuchen dynamische Theorien, wie ein epistemisches Subjekt seine Überzeugungen im Laufe der Zeit ändert beziehungsweise ändern sollte. Auffällig ist dabei, daß das statische und das dynamische Projekt jeweils unabhängig voneinander betrieben wurden. Wir verfügen somit heute einerseits über Theorien, die den Rechtfertigungsbegriff explizieren, aber nicht in der Lage sind, die dynamischen Aspekte doxastischer Systeme zu beschreiben, und wir verfügen andererseits über Theorien, die die Dynamik doxastischer Zustände beschreiben, jedoch nichts über die statischen Rechtfertigungsmechanismen aussagen.[1]

Ich möchte dagegen die These vertreten, daß das statische und das dynamische Projekt der Erkenntnistheorie nicht unabhängig voneinander sind und daß es folglich wünschenswert ist, über eine umfassende Epistemologie zu verfügen, die statische *und* dynamische Aspekte unseres Wissens beschreibt. Genauer gesagt möchte ich dafür argumentieren, daß eine adäquate Beschreibung der Dynamik doxastischer Zustände nur dann möglich ist, wenn man dabei auch auf statische Rechtfertigungsstrukturen rekurriert – mithin also zumindest das dynamische Projekt auf das statische Projekt angewiesen ist.[2] In einer schwachen Lesart ist diese These sicherlich ein Gemeinplatz unter Überzeugungsänderungstheoretikern. Selbst exponierte Vertreter von Theorien der Theorieänderung, die Rechtfertigungsstrukturen unberücksichtigt lassen, konstatieren gelegentlich, daß derartige Strukturen grundsätzlich eine gewisse Rolle bei der Dynamik doxastischer Systeme spielen, und daß es wünschenswert wäre, in einer idealen Theorie der Überzeugungsänderung diese zu berücksichtigen. So schreibt etwa Gärdenfors (1988) mit Blick auf seine Modellierung von Überzeugungsänderungen mit Hilfe von sogenannten Überzeugungsmengen:[3]

> However, belief sets cannot be used to express that some beliefs may be *reasons* for other beliefs. [...] And intuitively [...] we want the structure of reason or justification to count as well. [...] the structure of belief sets is not rich enough to describe our intuitions [...] I admit that the postulates for contractions and revisons that have been introduced here are quite simpleminded [...] because our intuitions are based on a richer structure on beliefs than what can be represented in the models investigated in this book, these intuitions, as we have seen, sometimes conflict with the consequences of the postulates that can be formulated for the models.

Es wird aber meines Erachtens oft übersehen, daß Rechtfertigungsstrukturen bei der Dynamik epistemischer Zustände sogar eine *Schlüsselrolle* zukommt, und daß eine Ignoranz gegenüber diesen statischen Zusammenhängen zwangsläufig zu dynamischen Theorien mit hochgradig kontraintuitiven Konsequenzen führen muß. Mein Ziel ist es deshalb, meine These in einer starken Lesart zu etablieren, nach der jede Theorie der Dynamik epistemischer Zustände, die überhaupt nur ein Mindestmaß an Plausibilität genießen will, sensibel gegenüber statischen Rechtfertigungsstrukturen sein muß.

Einerseits kann für diese These *direkt* argumentiert werden, indem man an konkreten commonsense Beispielen demonstriert, daß Zustände, die sich hinsichtlich ihrer statischen Rechtfertigungsstruktur unterscheiden, zu verschiedenen dynamischen Verhaltensweisen führen. Andererseits kann für diese These *indirekt* argumentiert werden, indem man zeigt, daß Versuche, die Dynamik epistemischer Zustände ohne Rekurs auf Rechtfertigungsstrukturen zu beschreiben, zu wünschen übrig lassen. Hier werde ich lediglich von der indirekten Methode Gebrauch machen und versuchen, von der Überzeugungsänderungstheorie von

---

[1] Eine gewisse Ausnahme hiervon bilden die sogenannten *truth maintenance systems* von J. Doyle, die die Dynamik doxastischer Zustände unter Berücksichtigung von rechtfertigenden Zusammenhängen zu beschreiben suchen. Allerdings liegt Doyles Theorie ein unzureichender Rechtfertigungsbegriff zugrunde, so daß dieser Ansatz nicht befriedigen kann. Vgl. z.B. Doyle (1979).
[2] Daß das statische und das dynamische Projekt der Erkenntnistheorie bisher isoliert voneinander betrieben wurden, ist besonders unverständlich, wenn man sich vor Augen hält, daß das gesteigerte Interesse an beiden Fragestellungen in der jüngeren Zeit zum großen Teil durchaus einer gemeinsamen Wurzel entsprungen sein dürfte. Nachdem sich in unserem Jahrhundert der Fallibilismus als methodologischer Ausgangspunkt in der Epistemologie durchgesetzt hat, stellt sich nämlich sowohl die Frage der Rechtfertigung von Meinungen eindringlicher als zuvor - weil man den dabei drohenden Begründungsregreß nun nicht mehr mit Rekurs auf unfehlbare basale Meinungen stoppen kann - als auch die Frage, wie man seine stets als fehlbar angenommenen Überzeugungen im Laufe der Zeit ändert und korrigiert.
[3] Vgl. Gärdenfors (1988), S.67f.

Alchourrón, Gärdenfors und Makinson (1985) (kurz: AGM), die trotz mancher Modifikationen und konkurrierender Modelle als Standard in diesem Bereich angesehen werden kann, nachzuweisen, daß sie in bestimmten Situationen zu kontraintuitiven Beschreibungen der Dynamik von Überzeugungen führt und daß sich diese Probleme jeweils deshalb ergeben, weil in den fraglichen Situationen rechtfertigende Zusammenhänge zum Tragen kommen, ohne daß diese von AGM berücksichtigt werden würden. Da eine große Zahl von Schwächen des AGM-Ansatzes der Literatur seit Jahren wohl vertraut ist, genügt es, sich darauf zu beschränken, einige der bereits bekannten Defizite in entsprechender Weise zu analysieren.

AGM modellieren den epistemischen Zustand eines Subjektes durch eine Satzmenge A, wobei die intendierte Interpretation die ist, daß die Satzmenge A aus genau denjenigen Sätzen besteht, die vom Subjekt in dem fraglichen Zustand akzeptiert werden. Die Expansion einer Satzmenge A bezüglich des Satzes x wird mit A+x bezeichnet und soll diejenigen Fälle modellieren, in denen neue Informationen verarbeitet werden, die konsistent mit den bisherigen Überzeugungen sind. Die Revision einer Satzmenge A bezüglich des Satzes x wird mit A∗x bezeichnet und soll diejenigen Fälle modellieren, in denen neue Informationen verarbeitet werden, die inkonsistent mit den bisherigen Überzeugungen sind. Die Kontraktion einer Satzmenge A bezüglich des Satzes x wird mit A-x bezeichnet und soll diejenigen Fälle modellieren, in denen eine bisherige Überzeugung aufgegeben wird. AGM charakterisieren diese drei Überzeugungsänderungstypen zunächst axiomatisch und geben dann konstruktive Prozeduren an, die diese Axiome repräsentieren. Aus Platzgründen werde ich mich darauf beschränken, lediglich AGM´s Erfolgs- und Monotoniepostulat einer eingehenden Analyse zu unterziehen.

Kritik an AGM´s Erfolgspostulaten

Am offenkundigsten widersprechen unseren Erwartungen wohl AGM´s Erfolgspostulate der Expansion und Revision, die fordern, daß man eine neue Information x bei einer Expansion (Revision) von A bezüglich x im geänderten Zustand A+x (A∗x) in jedem Fall akzeptiert: $x \in A+x$ ($x \in A*x$). Nun ist es aber eine alltägliche Erfahrung, daß man eine neue Information erhält und diese – eventuell nach einem Moment des Abwägens – *nicht* akzeptiert. Dies mag folgendes Beispiel verdeutlichen:

> **Beispiel**: Angenommen ein Freund erzählt mir, daß unser gemeinsamer Bekannter Tom sich gestern beim Skifahren ein Bein gebrochen habe und seitdem einen Gips trage und an Krücken gehe (x). In den meisten Fällen werde ich daraufhin eine Expansion bezüglich x durchführen, bei der x zu meinen Überzeugungen hinzugefügt wird. Angenommen ich habe heute Morgen aber Tom gesehen, wie er mir ohne Gipsbein und Krücken auf der Treppe entgegenkam. In diesem Fall werde ich mich auf meine eigenen Augen verlassen und werde die neue Information x nicht akzeptieren, sondern werde weiterhin vom Gegenteil überzeugt sein.

In einigen Fällen akzeptiert man also neue Informationen, die einem angeboten werden, in anderen Fällen akzeptiert man sie nicht. Im ersten Fall werde ich von einer *Inkorporation* der neuen Informationen sprechen, im zweiten Fall von einer *Zurückweisung* derselben. Zu einer Zurückweisung einer neuen Information kommt es sicher am häufigsten, wenn diese *inkonsistent* mit unseren bisherigen Überzeugungen ist, und unsere Meinung ¬x sehr gut verbürgt ist, wie dies bei dem Gipsbein-Beispiel der Fall war. Man könnte deshalb annehmen, daß zumindest neue Informationen, die *konsistent* mit unseren bisherigen Überzeugungen sind, in jedem Fall inkorporiert werden, und das AGM-Erfolgspostulat demnach wenigstens für Expansionen zu fordern ist. Betrachten wir dazu aber folgendes Beispiel:

> **Beispiel**: Mein Bekannter Peter erzählt mir, daß es nach neuesten Erkenntnissen mit sehr großer Wahrscheinlichkeit vor einer Milliarde Jahren intelligente Lebewesen auf dem Mars gegeben habe. Sei x der Satz „Sehr wahrscheinlich hat es vor einer Milliarde Jahren auf dem Mars intelligente Lebewesen gegeben". Nehmen wir weiter an, daß x mit meinen bisherigen Überzeugungen konsistent sei. Sollte ich die neue Information x unter diesen Umständen akzeptieren oder nicht? Betrachten wir dazu zwei Varianten des Beispiels. Variante 1: Peter ist ein international anerkannter Experte der NASA, der zusammen mit einigen Kollegen auf einer

wissenschaftlichen Tagung von den neuesten Resultaten einer Marsexpedition berichtet. Variante 2: Peter ist ein zwielichtiger Phantast, mit einer ausgeprägten Neigung für UFO-Schwärmereien, der mir über neueste „Erkenntnisse" berichtet, über die er sich aus einem Revolverblatt informiert hat.

Es scheint durchaus vernünftig zu sein, bei Variante 1 die neue Information zu inkorporieren, wohingegen es bei Variante 2 vernünftig erscheint, die neue Information zurückzuweisen. Auch wenn neue Informationen konsistent mit den bisherigen Überzeugungen sind, sollte man sie also nicht unbedingt inkorporieren. Unter bestimmten Umständen kann es angezeigt sein, auch konsistente neue Informationen zurückzuweisen und somit gegen das Erfolgspostulat für Expansionen zu verstoßen.[4] Da die Erfolgspostulate von AGM in vielen Fällen von Überzeugungsänderungen verletzt zu sein scheinen, die man intuitiv durchaus als rational klassifiziert, wurden diese Axiome verschiedentlich kritisiert, darunter sind zu nennen Brewka (1991), Dalal (1988), Gallier (1992), Hansson (199+), Levi (1991) und nicht zuletzt Cross/Thomason (1992):[5]

> It follows from the postulates for revision that the system is totally trusting at each stage about the input information; it is willing to give up whatever elements of the background theory must be abandoned to render it consistent with the new information. Once this information has been incorporated, however, it at once is as susceptible to revision as anything else in the current theory.
>
> Such a rule of revision seems to place an inordinate value on novelty, and its behavior towards what it learns seems capricious.

Man kann die AGM-Theorie auf zwei Weisen interpretieren. (1) Man deutet AGM so, daß der intendierte Anwendungsbereich ihrer Expansionen und Revisionen *alle* Fälle umfassen soll, in denen einem epistemischen Subjekt neue Informationen angeboten werden; (2) Man deutet AGM so, daß der intendierte Anwendungsbereich ihrer Expansionen und Revisionen nur die Fälle umfaßt, in denen einem epistemischen Subjekt neue Informationen angeboten werden *und diese tatsächlich inkorporiert werden*. Die bisherigen Überlegungen und Beispiele zeigen eindeutig, daß bei der Lesart (1) das Erfolgspostulat unhaltbar ist. Cross/Thomason interpretieren AGM offensichtlich gemäß (1) und gelangen deshalb – zu Recht – zu ihrem vernichtenden Urteil. Gemäß der Maxime der wohlwollendsten Interpretation erachte ich es allerdings angesichts der offenkundigen Schwierigkeiten bei Lesart (1) als angebracht, AGM gemäß (2) zu interpretieren. Bei Lesart (2) ergibt sich die Gültigkeit des Erfolgspostulats trivialerweise. AGM gibt uns aber kein Kriterium an die Hand, nach dem man entscheiden kann, unter welchen Umständen man eine neue Information inkorporieren sollte und unter welchen Umständen man sie zurückweisen sollte. Somit bleibt bei Lesart (2) der intendierte Anwendungsbereich der AGM-Theorie diffus. Diesen Punkt betont auch Levi (1991):[6]

> Although Gärdenfors claims that observation and testimony are sources of input propositions for minimal revision, he does not, to my knowledge, discuss the conditions under which such inputs are legitimately added.

Zusammenfassend ist festzustellen, daß ein rationales epistemisches Subjekt in einigen Fällen neue Informationen, die ihm angeboten werden, inkorporiert und in anderen Fällen zurückweist. Jede Theorie der Dynamik epistemischer Zustände, die umfassend ist in dem Sinn, daß sie alle Fälle behandelt, in denen einem epistemischen Subjekt neue Informationen angeboten werden, muß deshalb (i) ein Kriterium formulieren, das angibt, in welchen Fällen eine Inkorporation und in welchen eine Zurückweisung stattfinden sollte und muß (ii)

---

[4] Hansson (199+) konstruiert eine Revisionsprozedur, die aus zwei Schritten besteht: (1) nicht-schließende Expansion bezüglich der neuen Information; (2) Konsolidierung zur Wiederherstellung der Konsistenz. Diese Prozedur verhindert zwar, daß inkonsistente neue Informationen in jedem Fall inkorporiert werden, im Fall von *konsistenten* neuen Informationen erfüllt aber auch Hanssons Prozedur das Erfolgspostulat und ist deshalb ebenfalls nicht völlig befriedigend: „Nevertheless it [Hanssons Revisionsprozedur] has serious limitations. One of these is that every piece of new information that is logically consistent with the original belief set has to be accepted. [...] In actual life, we often reject new information even if it is *logically* compatible with our previous beliefs." (Hansson (199+), S.250).
[5] Vgl. Cross/Thomason (1992), S.251.
[6] Vgl. Levi (1991), S.108.

angeben, wie in beiden Fällen eine Überzeugungsänderung durchzuführen ist.[7] Da AGM bestenfalls eine befriedigende Antwort bezüglich (ii) geben, ist es als eklatantes Defizit zu erachten, daß überhaupt kein Versuch unternommen wird, auch bezüglich (i) zu einer Antwort zu finden.

Daß AGM keinen Versuch unternehmen, ein Kriterium für die Dichotomie Inkorporation/Zurückweisung zu formulieren, ist allerdings kaum überraschend, da es meines Erachtens unmöglich ist, im Rahmen ihrer Theorie ein derartiges Kriterium anzugeben. Betrachten wir dazu noch einmal das Marsmenschen-Beispiel. Weshalb wird man in der Experten-Variante die neue Information inkorporieren und in der Phantasten-Variante zurückweisen? Die Antwort ist einfach: Im ersten Fall ist die Informationsquelle zuverlässig, im zweiten Fall ist sie es nicht. Um eine neue Information x zu inkorporieren, genügt es nicht, daß x lediglich konsistent mit den bisherigen Überzeugungen ist; man benötigt darüber hinaus positive Gründe, um x zu akzeptieren. Das epistemische Subjekt muß in der Lage sein, x *rechtfertigen* zu können. Diese Voraussetzungen sind bei der Phantasten-Variante nicht gegeben. Erhält man dieselbe Information x dagegen von einem Experten, über dessen Kompetenz man genügend Hintergrundwissen hat, um ihn als eine zuverlässige Informationsquelle zu qualifizieren, so ist x nicht nur konsistent mit den bisherigen Überzeugungen, sondern man verfügt auch über positive Gründe für x, die einen in die Lage versetzen, die Akzeptanz von x zu *rechtfertigen*.[8] Es wäre wünschenswert, für Expansionen und Revisionen ein eingeschränktes Erfolgspostulat zu fordern, das sich an dieser Stelle vage wie folgt angeben läßt:

> **Bedingter Erfolg**: Wenn einem epistemischen Subjekt neue Informationen angeboten werden, sollte es diese genau dann inkorporieren, wenn es in der Lage ist, diese zu rechtfertigen.

Weil diese Formulierung auf den Rechtfertigungsbegriff rekurriert, der seinerseits notorisch explikationsbedürftig ist, muß sie selbstverständlich unpräzise verbleiben, solange man sie nicht durch eine Theorie der Rechtfertigung ergänzt. Halten wir an dieser Stelle aber fest, daß es für die Frage, ob man neue Informationen inkorporieren oder zurückweisen sollte, von entscheidender Bedeutung ist, ob man die neuen Informationen *rechtfertigen* kann oder nicht. Da der Rechtfertigungsbegriff in der AGM-Theorie keinen Platz hat, ist es kaum verwunderlich, daß in diesem Rahmen kein Kriterium für die Unterscheidung zwischen Inkorporations- und Zurückweisungsfällen verfügbar ist.

Kritik an AGM's Monotoniepostulat

Wenn man erst einmal die Illusion aufgegeben hat, daß das Erfolgspostulat universell erfüllt ist, muß auch das Monotoniepostulat der AGM-Expansion einer kritischen Analyse unterzogen werden. Dieses Postulat besagt, daß wenn in einem epistemischen Zustand B mindestens genauso viel gewußt wird, wie in dem Zustand A, das heißt A ⊆ B, dann sollte A+x keine Überzeugungen enthalten, die nicht auch in B+x enthalten sind, das heißt A+x ⊆ B+x. Wenn man aber annimmt, daß neue Informationen nicht in jedem Fall inkorporiert werden, ist es fragwürdig, ob *Monotonie* im allgemeinen erfüllt ist. Es wäre denkbar, daß die neue Information x zwar in A+x nicht jedoch in B+x akzeptiert wird. In einem solchen Fall wäre *Monotonie* klarerweise verletzt. Eine solche Situation ist vorstellbar, wenn das zusätzliche Wissen, über das man in B verfügt, die Informationsquelle von x als unzuverlässig qualifiziert. Folgendes Beispiel mag eine derartige Situation illustrieren:[9]

> **Beispiel**: Angenommen es scheint mir so, als ob direkt vor mir auf der anderen Seite des Raumes ein Mann steht, das heißt mir wird die Information x angeboten, wobei x der Satz sei „Direkt vor mir steht ein Mann". In der Regel werde ich diese Information inkorporieren.

---

[7] Überzeugungsänderungsprozeduren, die ohne ein Erfolgspostulat auskommen und dem epistemischen Subjekt erlauben, sich zu entscheiden, ob es neue Informationen inkorporiert oder zurückweist, werden in der Literatur als *non-prioritized / autonomous belief change* bezeichnet.

[8] Die Überlegungen zur Relevanz von Rechtfertigungszusammenhängen für die Frage, ob eine neue Information inkorporiert oder zurückgewiesen werden soll, lassen sich sinngemäß auch auf den Fall übertragen, in dem die neuen Informationen mit den bisherigen Überzeugungen *inkonsistent* sind. Im Gipsbein-Beispiel etwa wird die neue Information x nicht aufgenommen, weil im ursprünglichen Überzeugungszustand ¬x sehr gut verbürgt ist. Die neue Information x läßt sich also aus der Perspektive des epistemischen Subjekts nicht rechtfertigen und wird deshalb zurückgewiesen. Es stellt sich die Frage, ob es überhaupt möglich ist, neue Informationen zu rechtfertigen, die *inkonsistent* mit den bisherigen Überzeugungen sind. Selbstverständlich werden inkonsistente Informationen schwerer inkorporiert als konsistente, meines Erachtens lassen sich unter bestimmten Umständen aber auch inkonsistente Informationen rechtfertigen und sollten folglich inkorporiert werden. Stellen wir uns etwa vor, daß ich im Gipsbein-Beispiel zunächst von einem Freund erfahre, daß sich Tom ein Bein gebrochen habe, und ich erst *anschließend* Tom (ohne Gipsbein) treffe. In diesem Fall werde ich zunächst bezüglich x expandieren und erhalte dann die inkonsistente Information ¬x. Da ich meinen eigenen Augen mehr vertraue als dem Wort meines Freundes, bin ich in diesem Fall durchaus in der Lage, die inkonsistente Information ¬x zu rechtfertigen und werde sie inkorporieren.

Nehmen wir aber an, ich wüßte, daß ich mich gerade in einem „Spiegelkabinett" befinde, in dem es oft so scheint, als ob einem Personen direkt gegenüber stehen, auch wenn dies gar nicht der Fall ist. In einem solchen Fall wird ein rationales epistemisches Subjekt die angebotene Information nicht inkorporieren.

Nehmen wir an, daß ich im epistemischen Zustand A nicht weiß, daß ich mich in einem Spiegelkabinett befinde, und nehmen wir weiter an, daß sich der Zustand B von A nur dadurch unterscheidet, daß ich in B weiß, daß ich mich in einem Spiegelkabinett befinde. In diesem Fall gilt $A \subseteq B$. Im Zustand A werde ich x inkorporieren, im Zustand B werde ich x dagegen zurückweisen. In diesem Fall gilt also *nicht*: $A+x \subseteq B+x$. *Monotonie* ist unter diesen Umständen verletzt und kann folglich als allgemeingültiges Prinzip nicht mehr in Betracht kommen, wenn man sich vom Erfolgspostulat verabschiedet hat.

Wenn einem epistemischen Subjekt im Zustand A beziehungsweise B eine neue Information x angeboten wird, können sich vier verschiedene Fälle ergeben: (i) $x \notin A+x$ und $x \notin B+x$; (ii) $x \in A+x$ und $x \in B+x$; (iii) $x \notin A+x$ und $x \in B+x$; (iv) $x \in A+x$ und $x \notin B+x$. In den Fällen (i) und (iii) ist *Monotonie* trivialerweise erfüllt. Im Fall (ii) ist es ebenfalls plausibel, Monotonie zu fordern. Dies ist der Fall für den die AGM-Theorie maßgeschneidert ist, weil hier das Erfolgspostulat erfüllt ist. Der einzige Fall, in dem *Monotonie* nicht universell erfüllt werden kann, ist also der Fall (iv). Das Spiegelkabinett-Beispiel ist vom Typ (iv). *Monotonie* sollte also außer in Typ-(iv)-Fällen stets erfüllt sein. Es sollte also ein abgeschwächtes Monotoniepostulat gelten, das sich folgendermaßen formulieren läßt:

Bedingte Monotonie: Wenn x in A+x zurückgewiesen wird, oder x in B+x inkorporiert wird, dann sollte gelten: Falls $A \subseteq B$, dann $A+x \subseteq B+x$.

Ein adäquates Monotoniepostulat rekurriert also auf die Unterscheidung Inkorporation/Zurückweisung. Ich habe versucht, dafür zu argumentieren, daß diese Unterscheidung sich ihrerseits nur mit Rückgriff auf den Rechtfertigungsbegriff explizieren läßt. Also ist auch eine geeignete Einschränkung des Monotoniepostulats nur dann möglich, wenn man bei der Beschreibung der Dynamik epistemischer Zustände auch statische Rechtfertigungsstrukturen berücksichtigt.

Außerdem bin ich davon überzeugt, daß man durch eine ähnliche Analyse wie in den beiden hier demonstrierten Fällen zeigen kann, daß sich auch die beträchtlichen Schwierigkeiten des AGM-Ansatzes im Zusammenhang mit dem sogenannten Wiederherstellungsaxiom (*Recovery*) nur durch eine Einbeziehung von Rechtfertigungsstrukturen überwinden lassen. Auch läßt sich meines Erachtens dafür argumentieren, daß zur Vermeidung der unerwünschten sogenannten Erhaltungs-Eigenschaft (*Preservation*) der AGM-Theorie, die unter anderem bei Rabinowicz (1996) diskutiert wird, der vielversprechendste Lösungsansatz in einer geeigneten Einbeziehung des Rechtfertigungsbegriffs besteht.

Falls ich mit meiner Behauptung recht habe, daß eine adäquate Modellierung der Dynamik epistemischer Zustände nur mit Rekurs auf statische Rechtfertigungsstrukturen möglich ist, dann besteht der Ariadnefaden zur Überwindung einer ganzen Reihe von Schwierigkeiten existierender Theorien der Theorieänderung darin, die Überzeugungsänderungsproblematik nicht mehr länger isoliert von der zweiten prominenten Fragestellung der Erkenntnistheorie der letzten Jahrzehnte zu erforschen, sondern zu versuchen, eine Epistemologie zu entwerfen, die umfassend ist in dem Sinn, daß sie sowohl statische als auch dynamische Aspekte unseres Wissens berücksichtigt. Der naheliegendste methodologische Zugang zur Konstruktion einer derartigen umfassenden Epistemologie besteht meines Erachtens in dem faulsten Weg: Anstatt zu versuchen, das Rad neu zu erfinden, sollte man soweit wie möglich auf bestehenden Forschungsresultaten aufbauen und sollte deshalb nach einer `geeigneten´ Synthese von *bestehenden* statischen Rechtfertigungstheorien mit *bestehenden* dynamischen Theorien der Theorieänderung trachten.

Bibliographie:

Alchourrón, C.E., P. Gärdenfors, D. Makinson: On the Logic of Theory Change: Partial Meet Contraction and Revision Functions. In: Journal of Symbolic Logic 50 (1985).
BonJour, L.: The Structure of Empirical Knowledge. Cambridge 1985.
Brewka, G.: Belief Revision in a Framework for Default Reasoning. In: A. Fuhrmann, M. Morreau (Hrsg.): The Logic of Theory Change. Berlin 1991.

---

[9] Dieses Beispiel habe ich für den gegenwärtigen Kontext adaptiert von BonJour (1985).

Cross, C.B., R.H. Thomason: Conditionals and Knowledge-Base Update. In: P. Gärdenfors (Hrsg.): Belief Revision. Cambridge 1992.
Dalal, M.: Investigations Into a Theory of Knowledge Base Revision: Preliminary Report. Seventh National Conference on Artificial Intelligence (AAAI-88) 1988.
Doyle, J.: A truth maintenance system. In: Artificial Intelligence 12 (1979).
Gallier, J.R.: Autonomous Belief Revision and Communication. In: P. Gärdenfors (Hrsg.): Belief Revision. Cambridge 1992.
Gärdenfors, P.: Knowledge in Flux. Modeling the Dynamics of Epistemic States. Cambridge, Mass. 1988.
Hansson, S.O.: A Textbook of Belief Dynamics. Theory Change and Database Updating. Erscheint demnächst (=199+).
Levi, I.: The Fixation of Belief and Its Undoing. Cambridge 1991.
Rabinowicz, W.: Stable Revision, or Is Preservation Worth Preserving? In: A. Fuhrmann, H. Rott (Hrsg.): Logic, Action, and Information. Essays on Logic in Philosophy and Artificial Intelligence. Berlin 1996.

STRUKTUREN DER WISSENSPRÄSENTATION
ENZYKLOPÄDIEN IM WANDEL DER ZEITEN

Reiner Hedrich
Zentrum für Philosophie und Grundlagen der Wissenschaft
Justus-Liebig-Universität Giessen
Otto-Behaghel-Strasse 10 C II
D 35394 Giessen
Reiner.Hedrich@phil.uni-giessen.de

Im Gegensatz zu dem was man aus der Perspektive der heute noch bestehenden Tradition der Wissensbündelung in Enzyklopädien, in enzyklopädischen Lexika und in spezifischen Fachenzyklopädien annehmen könnte beginnt der Gedanke einer enzyklopädischen Erfassung und Aufbereitung unseres Wissens keineswegs erst mit der von Denis Diderot und Jean Le Rond D'Alembert in der zweiten Hälfte des 18. Jahrhunderts herausgegebenen 'Encyclopédie'. Der **Begriff 'Enzyklopädie'** bürgerte sich schon rund drei Jahrhunderte vor der 'Encyclopédie' als humanistische Rückübersetzung des mittelalterlichen 'Orbis doctrinae' ins Griechische ein. Er verkörperte in allgemeinster, noch zu näher zu differenzierender Weise die Metapher vom **'Kreis des Wissens'**. Die Geschichte des enzyklopädischen Konzeptes ist jedoch – wie im folgenden deutlich werden sollte – wesentlich älter als der Begriff der 'Enzyklopädie'.

Dennoch lässt sich – als Resultat der **europäischen Aufklärung** – an Diderots und D'Alemberts 'Encyclopédie', ihren unmittelbaren Vorgängern und ihren Nachfolgern ein **Wandel in zweifacher Hinsicht** festmachen: Zum einen vollzieht sich die Vollendung eines Übergangs von einem älteren zu einem **neueren Verständnis des Begriffes 'Enzyklopädie'**. Beide Begriffsfassungen haben nur wenig gemeinsam. Zum anderen löst – verbunden mit und initiiert durch diesen konzeptionellen Wandel – die **lexikalische Ordnung moderner Enzyklopädien** und enzyklopädischer Lexika weitgehend die **ältere themenorientiert-systematische Ordnung** von Enzyklopädien ab. Auf die beiden Aspekte dieses Wandels will ich im Folgenden näher eingehen.

1. DIE ZIELE ENZYKLOPÄDISCHER PROJEKTE: SYSTEMATISIERUNG VS. UMFASSENDE WISSENSAUFBEREITUNG

1.1. Enzyklopädien als propädeutische Zusammenfassungen des Wissens

Die im Begriff 'Enzyklopädie' zum Ausdruck kommende Metapher von 'Kreis des Wissens' wurde in der Antike, dem gesamtem Mittelalter und z.T. noch in der frühen Neuzeit als **methodische Aufbereitung relevanten Wissens** – vorrangig zum Zwecke der Wissensvermittlung – verstanden. Im Rahmen dieses über zwei Jahrtausende gültigen Verständnisses des Enzyklopädiekonzeptes, das vor allem **pädagogische Ambitionen** implizierte, hatte die **systematische Zusammenfassung von Wissen**, also die **organisierte Wissenskompression**, einen wesentlich höheren Stellenwert als die Vollständigkeit in der Erfassung und Aufarbeitung menschlichen Wissens. Nicht die pure Ansammlung von möglichst viel Wissen, das Nebeneinander von Wissensstoff, war das Ziel, sondern ein vorrangig für pädagogische Zwecke organisiertes Wissenssystem. Das berücksichtigte Wissensspektrum bestimmte sich aus der Absicht, den Lehrstoff im Überblick und in verständlicher Weise darzustellen. Hauptmerkmal dabei ist die **Komplexitätsreduktion**: Diese manifestiert sich in einer dem jeweiligen Stand der Zeit entsprechenden Auswahl des 'Wichtigsten'. Dabei kann sich die Komplexitätsreduktion entweder auf die **Gesamtheit des Wissens** beziehen, oder sie bezieht sich auf das **Wissen einer spezifischen wissenschaftlichen Disziplin** oder Subdisziplin. Im zweiten Fall resultieren aus der methodischen bzw. systematischen Wissensaufbereitung propädeutische Lehrbücher einer Einzelwissenschaft.

1.2. Das Ideal einer umfassenden Aufbereitung menschlichen Wissens

Spätestens zu Beginn des 18. Jahrhunderts, andeutungsweise jedoch schon im 17. Jahrhundert, wurden erste Bestrebungen deutlich, die zu einer **Ausweitung der Motive und Absichten** führen sollten, die mit dem Erstellen einer Enzyklopädie verbunden sind. Dieser Wandel mündete schliesslich in einer vollständigen **Neudefinition der Ziele enzyklopädischer Projekte** - und wirkte sich mit einer gewissen Verzögerung auf die Resultate dieser Projekte aus. Die Neukonzeption des Enzyklopädiegedankens sollte schliesslich dazu führen. dass unsere modernen Enzyklopädien im allgemeinen nicht mehr als propädeutische Lehrbücher einer Einzelwissenschaft oder gar des gesamten Wissenskanons verstanden werden können. Moderne Enzyklopädien dienen vielmehr vorrangig als **möglichst umfassende, nahezu universell einsetzbare Nachschlagewerke** einer spezifischen Disziplin oder gar des gesamten menschlichen Wissens. Sie lassen sich im allgemeinen nicht mehr wie ihre pädagogisch orientierten Vorläufer sequentiell durchlesen, sondern sie ermöglichen es vielmehr dem Leser. nahezu umfassende Informationen bezüglich sich ihm stellender Fragen durch eine gezielte Suche zu erhalten. Diese Suche wird in den meisten Fällen durch die **Vernetzung** der Einzelsegmente (sprich 'Artikel') einer Enyzklopädie durch Querverweise unterstützt und gewährleistet.

Die für das 18. Jahrhundert und seine enzyklopädischen Ambitionen charakteristische, neuartige Intention der Aufbereitung und Bereitstellung möglichst umfassender Sachinformationen kommt auf deutlichste Weise in **Diderot**s Artikel 'Enzyklopädie' zum Ausdruck:

> 'Eine Enzyklopädie hat das Ziel. die auf der Erde verstreuten Kenntnisse zu sammeln, das allgemeine System dieser Kenntnisse den Menschen, mit denen wir leben, darzustellen und es den nach uns kommenden Menschen zu überliefern, damit die Arbeit der vergangenen Jahrhunderte nicht nutzlos für die kommenden Jahrhunderte gewesen sei.'

Wie ist es jedoch um die Realisierung der Ziele des modernen Enzyklopädiekonzeptes bestellt? Wie weit kann sich ein enzyklopädisches Projekt dem Ideal einer möglichst umfassenden Wissensaufbereitung annähern?

Die von **Diderot** und **D'Alembert** in den Jahren 1751 bis 1780 herausgegebene '**Encyclopédie**' war ursprünglich, wie der 1745 vom Verleger Le Breton veröffentliche 'Prospectus' deutlich werden lässt. als französische Adaption von Ephraim Chambers 1728 in England erschienener, zweibändiger 'Cyclopaedia or an universal dictionary of arts and sciences' vorgesehen. Le Breton witterte aufgrund des riesigen Erfolges von Chambers 'Cyclopaedia', die in den ersten 25 Jahren schon 7 Auflagen erfahren hatte, grosse Gewinnchancen für eine französische Fassung. Dieser Plan zerschlug sich jedoch kurz nachdem 1747 Diderot und D'Alembert als Herausgeber ernannt worden waren und auf die Unzulänglichkeiten einer direkten Umsetzung von Chambers 'Cyclopaedia' im Hinsicht auf das französische Zielpublikum aufmerksam machten. Dennoch verdankt die französische 'Encyclopédie'.

obwohl sie schliesslich gänzlich andere Ausmasse annehmen sollte, Chambers 'Cyclopaedia' ob ihres Vorbildes viel. Trotz massiver staatlicher und kirchlicher Repressalien, die das Projekt mehrmals vollständig gefährdeten, erschienen in den Jahren 1751 bis 1765 17 lexikalisch geordnete, umfängliche Folio-Bände. In den Jahren 1762 bis 1772 wurden dann 11 wegweisende Tafelbände mit detaillierten Illustrationen aus allen Bereichen der Wissenschaft, der Technik und des praktischen Lebens veröffentlicht. 1776 und 1777 kamen vier Supplement-Textbände und ein Supplement-Tafelband heraus. Das Gesamtwerk erreichte mit den 1780 erschienen zwei Indexbänden letztendlich den Umfang von 35 Bänden. In diesen 35 Bänden finden sich ca. 60.200 alphabetisch geordnete Stichworte. Jeder einzelne Artikel verweist durch eine entsprechende Angabe auf ein der Enzyklopädie vorausgehendes Systematisierungsschema. Diese synchrone, systematisierte Überschau über das in der Enzyklopädie gesammelte, aber lexikalisch angeordnete Wissen wird von D'Alembert als **mappemonde**, als 'Weltkarte des Wissens und der Wissenschaften', bezeichnet.

Die heute immer noch nicht verblasste Leuchtkraft der 'Encyclopedie' mag leicht darüber hinwegtäuschen, dass dieses Werk einige nennenswerte **Vorläufer** hatte. Die direkte Beeinflussung durch Chambers 'Cyclopaedia' habe ich bereits angedeutet. Diese hatte jedoch wiederum selbst einen bedeutsamen Vorgänger: John Harris 'Lexicon Technicum', welches bereits 1704 erschienen war. Schon das 'Lexicon Technicum' verfügte über zahlreiche illustrative Tafeln und über umfangreiche Bibliographien, die erst wesentlich später zum enzyklopädischen Standard wurden. Ein anderer prominenter Vorläufer der 'Encyclopédie' - **Johann Heinrich Zedlers 'Grosses vollständiges Universal-Lexikon aller Wissenschaften und Künste'** - folgte einem vergleichbaren Ideal. Es erschien zwischen 1732 und 1754 in 64 dicken Folio-Bänden und 4 Supplement-Bänden. Die vom Buchhandel befürchtete Bedrohung des Absatzes anderer wissenschaftlicher Veröffentlichungen durch das umfassende Wissensspektrum des Zedlerschen 'Universal-Lexikons' war immerhin so gross, dass die geplante Drucklegung aufgrund eines Boykotts kurzfristig von Leipzig nach Halle verlegt werden musste. Ebenso wie bei der französischen 'Encyclopédie' war die Erstellung der Artikel fachspezifisch ausgewiesenen Mitarbeitern übertragen worden. Zedlers Universal-Lexikon hatte jedoch nicht einen der 'Encyclopedie' vergleichbaren Erfolg.

Erst die 'Encyclopédie' Diderots und D'Alemberts inspirierte durch ihre breite Akzeptanz und die vielfältige Resonanz verschiedentliche **Nachfolgeprojekte**. Inspiriert durch den Erfolg und z.T. durch die Methodik der französischen 'Encyclopédie' waren nicht zuletzt die **'Encyclopaedia Britannica'** und die **deutschen Konversationslexika** der ersten Hälfte des 19. Jahrhunderts, die mit den Namen Brockhaus, Meyer, Herder und Pierer verbunden sind. Im Gegensatz zur französischen 'Encyclopédie' hatte die 1770 erschienene, dreibändige Erstausgabe der **'Encyclopaedia Britannica'** eine etwas andere Struktur: Die Artikel waren zwar lexikalisch angeordnet, jedoch gab es ca. 45 längere, d.h. bis zu mehr als hundert Seiten umfassende, systematische Hauptartikeln, von denen ausgehend auf die anderen Artikel als Ergänzungen verwiesen wurde. Auch auf die politischweltanschaulich motivierte, unleugbare Polemik der 'Encyclopédie' wurde von Anfang an durchgängig verzichtet.

Die für die enzyklopädischen Ambitionen deutscher Verleger im 19. Jahrhundert typische Form des **'Konversationslexikons'** - die nicht zuletzt die Interessen und Wünsche ihrer Kunden widerspiegelte - wies gegenüber Diderots und D'Alemberts 'Encyclopédie' vor allem Unterschiede in den zugrundeliegenden **Intentionen** auf. Nicht die Vermittlung wissenschaftlichen Wissens und die Förderung der Wissenschaften waren die wesentlichsten oder gar einzigen Motivationselemente. Zugrunde lag vielmehr die durch das Bildungsideal des 19. Jahrhundert bedingte Absicht wissenschaftliche und ausserwissenschaftliche, pragmatisch relevante Information für alle die zur Verfügung zu stellen, die von den Erfindern des 'Konversationslexikons' als Angehörige der 'gebildeten Stände' bezeichnet wurden. Konversationslexika zeichnen sich durch ein bis auf's äusserste getriebenes Splitting der erfassten Sachinformationen aus. Diese finden sich in sehr vielen, im allgemeinen sehr kurzen, sehr dichten, aber grundsätzlich allgemeinverständlich gehaltenen Artikeln wieder, die miteinander durch sehr viele Querverweise eng vernetzt sind.

Die Konversationslexika konnten dem ursprünglichen, neuzeitlichen **Vollständigkeitsideal** bezüglich der möglichst umfassenden, enzyklopädischen Aufbereitung menschlichen Wissens ganz sicher nicht hinreichend Genüge tun - was auch gar nicht ihre primäre Absicht war. Aussicht auf eine weitergehende Annäherung an dieses Ideal bot jedoch ein Projekt, welches sich diesem Ziel eindeutig verschrieben hatte: Die von **Johann Samuel Ersch** und von **Johann Gottfried Gruber** initiierte und anfänglich herausgegebene **'Allgemeine Enzyklopädie der Wissenschaften und Künste'** sollte als das ambitionierteste (abendländische) enzyklopädische Unternehmen aller Zeiten in die Geschichte eingehen. Explizit formuliertes **Ziel** dieses Werkes war die umfassende Behandlung aller wissenschaftlichen Problemstellungen. Dafür standen schon zu Beginn ca. 400 ausgewiesene Fachspezialisten als Mitarbeiter zur Verfügung. Zwischen 1818 und 1889 erschienen in Leipzig 167 Bände dieser Enzyklopädie. Die einzelnen Artikel gingen zum Teil vom Umfang her über das Format einzelner Bände hinaus. Allein der Artikel über 'Griechenland' umfasste 3668 Seiten. Das Projekt wurde allerdings nie vollendet. Die bis zum Abbruch im Jahre 1889 erschienen 167 Bände umfassten aufgrund der lexikalischen Einteilung in drei Sektionen die Abschnitte A bis G (99 Bände), H bis Ligature (43 Bände) und O bis Phyxios (25 Bände). Aufgrund eines Erscheinungszeitraumes von über 7 Jahrzehnten und den Veränderungen in Welt und Wissenschaft während dieser Zeit erschien es nahezu aussichtslos, ein Unternehmen dieses Umfanges sinnvoll zu Ende zu bringen und gleichzeitig den Ansprüchen der Aktualität und der umfassenden Darstellung unseres Wissens Genüge zu tun.

Eine etwas grössere Aussicht auf Erfolg hat die Annäherung an das Vollständigkeitsideal, wenn man dieses auf einzelne Bereiche des Wissens bzw. der Wissenschaften einschränkt. Dies ist die Domäne der **Fachenzyklopädien** und der enzyklopädischen Lexika einer spezifischen Disziplin. Die Fachenzyklopädie ist im 20. Jahrhundert, nach dem Scheitern umfassender, allgemein ausgerichteter Enzyklopädien und dem Siegeszug einiger weniger enzyklopädischer Lexika, die ihre Wissensinhalte allerdings auf einem mehr oder weniger allgemeinverständlichen, im wesentlichen populärwissenschaftlichen Niveau abhandeln, die für den Bereich der Wissenschaft bestimmende enzyklopädische Gattung. Es gibt inzwischen unzählige Fachenzyklopädien für die verschiedensten Bereiche der Wissenschaft. Interessanterweise gibt es jedoch nicht für jedes wissenschaftliche Fach eine entsprechende Enzyklopädie.

Das Ideal einer möglichst vollständigen Erfassung und Aufbereitung menschlichen Wissens wird, wenn überhaupt, nicht durch Universal-Enzyklopädien adäquat angenähert. Es hat bestenfalls im **Zusammenspiel** zwischen diesen **allgemein ausgerichteten Enzyklopädien** und den verschiedensten **fachspezifischen Enzyklopädien** partielle Erfolgsaussichten. Jedoch sind auch die umfassendsten, fach- bzw. themenspezifisch ausgerichteten Enzyklopädien immer noch Ergebnisse einer **massiven Wissenskompression**. Sie dienen eher als **Landkarte** für den jeweiligen Bereich der Wissenschaft, als dass sie dessen Inhalte in umfassender Weise widerzuspiegeln in der Lage sein könnten.

2. DIE TEXTUR VON ENZYKLOPÄDIEN: SYSTEMATIK VS. LEXIKALISCHE ORDNUNG

Ausser in den Motiven und Absichten, die enzyklopädischen Projekten zugrundeliegen, unterscheiden sich Enzyklopädien vor allen durch ihre **Textur**. Es finden sich im wesentlichen **zwei quasi-antagonistische Texturschemata**: Enzyklopädien können zum einen eine **lineare**, systematisch nach Themenbereichen organisierte **Strukturierung** aufweisen. Zum anderen gibt es die Möglichkeit, das von einer Enzyklopädie erfasste Wissen in **lexikalisch geordneten Artikeln** aufzubereiten. Eine ausgeprägte **Vernetzung** zwischen diesen Artikeln durch vielfältige und sorgfältig ausgewogene Querverweise macht aus einer lexikalisch geordneten Enzyklopädie ein **multirelationales Wissenspräsentationssystem**, das nur noch wenig mit einem linearen Text gemein hat. Zudem besteht die Möglichkeit die beiden quasi-antagonistischen Texturschemata zu kombinieren, z.B. indem - wie im Falle der 'Encyclopédie' - von den einzelnen Artikeln auf eine Wissenstafel, d.h. ein nach inhaltlichen Kriterien strukturiertes Wissensschema, verwiesen wird.

2.1. Systematische Ordnung

Die **systematische Ordnung** von Enzyklopädien ist historisch eng verknüpft mit dem älteren Konzept einer Enzyklopädie, die sich als **systematisches, propädeutisches Lehrbuch** einer Disziplin oder auch des gesamten Wissens versteht. Enzyklopädien mit systematischer Anordnung des Wissensstoffes sind Sach- und Fachbüchern bzw. Monographien vergleichbare, **lineare Texte**. Ihr Inhalt findet sich in einer unirelationalen Ordnung, die sich an einer spezifischen Unterteilung und Strukturierung des erfassten Wissensspektrums orientiert. Diese Ordnung legt einen **linearen Lesemodus** nahe, der sich entweder auf längere Abschnitte des Gesamtwerkes, oder - den Intentionen eines propädeutischen Lehrbuchs gemäss - auf das Werk als Ganzes bezieht. Die primäre Motivation ist die lineare, **sukzessive Vermittlung** von ausgewähltem Wissen.

Die einer Enzyklopädie zugrundegelegten **Wissenssysteme** bzw. **Wissenstafeln** können jedoch ganz verschiedene Formen annehmen: Von der Antike ausgehend waren es vor allem **3 Grundkonzepte**, die mit ihren Erweiterungen und Nachwirkungen z.T. bis ins 16. Jahrhundert hinein für enzyklopädische Projekte Bedeutung behalten sollten:
1. Das System der **'artes liberales'** (der 'freien Künste'), welches im Verlauf des Mittelalters meist um die Theologie und die 'artes mechanicae' (die 'mechanischen Künste') erweitert wurde
2. Die traditionelle **aristotelische Einteilung** einer im weitesten Sinne verstandenen 'Philosophie', welche die Naturforschung und z.T. die Dinge des praktischen Lebens einschloss
3. Die etwas neuere **stoisch-neuplatonische Dreiteilung** der Wissenschaften
Während das **stoisch-neuplatonische System** in seiner Grundstruktur von einer Differenzierung in Logik, Ethik und Physik ausging, unterteilte die **aristotelische Systematik** die zu vermittelnden Wissensgebiete in theoretische, praktische und poietische Philosophie. Der theoretischen Philosophie waren die Disziplinen Metaphysik, Mathematik und Physik zugeordnet, der praktischen Philosophie die Ethik, die Politik und die Ökonomie. Am einflussreichsten im gesamten Mittelalter war jedoch das in seinen Vorstufen letztlich auf die Sophisten und auf Platon zurückweisende und erstmals im 1. Jahrhundert vor unserer Zeitrechnung von Marcus Terentius Varro ausformulierte System der **'artes liberales'**. Die 'artes li-

berales' lieferten die Grundlage der mittelalterlichen studentischen Ausbildung. Das **Trivium** mit den Teilen Grammatik, Rhetorik und Dialektik stellte den Grundkurs dar, das **Quadrivium** mit den Teilen Arithmetik, Geometrie, Astronomie und Musik den Erweiterungskurs. Für Enzyklopädien mit pädagogischem Anspruch bot das System der 'artes liberales' im mittelalterlichen Verständnis die naheliegendste Strukturierung.

Die beginnende **Neuzeit** löste schliesslich die älteren Wissensschemata sukzessive durch Konzepte ab, welche die aufkommenden Strömungen des **Rationalismus** und des **Empirismus** widerspiegelten: Die Begründung einer empiristisch motivierten Einteilung und Strukturierung enzyklopädischen Wissens fand erstmals ihren Ausdruck bei **Francis Bacon**. Anstatt sich an der antiken und mittelalterlichen Einteilung nach Gegenständen des Wissens zu orientieren, wählte Bacon als **Unterscheidungskriterium** unsere **Erkenntnis**: Er teilte unser Wissen entsprechend den Erkenntniskomponenten Memoria, Ratio und Phantasia in die Bereiche Historia, Philosophia und Poesia ein. Bacons empiristisch geprägter 'Stammbaum der Wissenschaften' beeinflusste nicht zuletzt das der 'Encyclopédie' Diderots und D'Alemberts zugrundegelegte Wissenssystem - die 'mappemonde', der die einzelnen lexikalisch geordneten Artikel zugeordnet wurden.

Das rationalistische Gegenstück zu Bacons Unterteilung findet sich ein knappes Jahrhundert nach dieser in den punktuellen Ausarbeitungen **Leibniz'**, die allerdings für die Umsetzung von Enzyklopädie-Projekten erst einmal ohne unmittelbare Auswirkung bleiben sollten: Leibniz unterschied zwei antagonistische Pole, zwischen denen sich unsere Wissensinhalte - und damit auch die Inhalte einer Enzyklopädie - bewegen:
1. Philosophie und Theorie kommen durch Vernunftschlüsse und im Bezug auf Universelles zustande.
2. Historie und Empirie konstituieren sich durch Beobachtungen und beziehen sich auf Singuläres.
Die sich im Feld zwischen diesen beiden polaren Erkenntnisarten ergebende Einteilung nach den Hauptgruppen menschlichen Wissen umfasst nach Leibniz drei Bereiche: Physik bzw. Naturphilosophie, praktische Philosophie und Logik. Auf der Grundlage des rationalistischen Wissensverständnisses erfolgte auf diese Weise bei Leibniz in gewisser Hinsicht eine Neubegründung der alten stoisch-neuplatonischen Einteilung.

Trotz der Anlehnung der 'Encyclopédie' mit ihrer 'mappemonde' an das Baconsche Unterteilungsschema und der Erwähnung des Leibnizschen Schemas durch D'Alembert, verloren systematisch strukturierte Enzyklopädien nach und nach an Bedeutung. Wenngleich die Geschichte dieser Texturform im enzyklopädischen Kontext zwar bis in die heutige Zeit hineinreicht, so war die Entwicklung seit der 'Encyclopédie' doch stärker durch die Reflektion über mögliche Systeme der Wissensorganisation geprägt, als ihre jeweilige Realisierung.

Dennoch lässt sich auch für das **20. Jahrhundert** ein expliziter Plan zu einer systematisch geordneten Enzyklopädie und zumindest seine partielle Realisierung verzeichnen: Otto Neurath sah - angeregt durch das Ideal einer (physikalistisch ausgerichteten) logisch-empiristischen Einheitswissenschaft - die Enzyklopädie als mögliche Organisationsform für die Verwirklichung dieses Ideals. Dabei verstand er unter 'Enzyklopädie' allerdings etwas gänzlich anderes als die moderne Form des enzyklopädischen Lexikons. Neuraths, als Buchreihe konzipierte, '**International Encyclopaedia of Unified Science**' sollte eine mosaikartige, provisorische, unvollkommene, fragmentarische Sammlung des jeweils bestehenden Wissens sein. Sie sollte ein sich ständig wandelndes Modell des Wissens sein, in dem sich keine hierarchische Ordnung der Wissenschaften widerspiegeln sollte. Neuraths Programm sah vor, mit einem wissenschaftstheoretischen Enzyklopädie-Kern zu beginnen, um den sich zwiebelartig einzelwissenschaftliche Studien legen sollten. Dieses als wissenschaftstheoretisch ausgerichtete, undogmatische Ergänzung schon bestehender Enzyklopädien verstandene Projekt wurde allerdings nur zu einem geringen Teil realisiert und nach Neuraths Tod aufgegeben.

2.2. Lexikalische Ordnung mit Vernetzung

Die Praxis, die Wissensinhalte von Enzyklopädien lexikalisch in Form von **Artikeln** zu ordnen, kam - von wenigen Ausnahmen einmal abgesehen - mit dem Versuch der Umsetzung des modernen enzyklopädischen **Vollständigkeitsideals** auf. Sie ging mit der Entwicklung des Konzeptes '**Nachschlagewerk**' einher. Die alte Metapher vom '**Kreis des Wissens**' modifiziert ihre Struktur mit der modernen, lexikalisch geordneten Enzyklopädie bzw. dem enzyklopädischen Lexikon hin auf ein '**Netz des Wissens**'. Die **multirelationale Struktur** innerhalb dieser Textur, die sich in der Verbindung von lexikalischer Anordnung und der internen Vernetzung durch Querverweise realisiert, lässt kein durchgängig lineares Durchlesen einer Enzyklopädie dieser Ausprägung zu. Die längste linear zu lesende Sequenz stellt der Artikel dar. Der globale **Lesemodus** ist immer **selektiv**, an der Problemstellung dessen, der den Informationsspeicher konsultiert, ausgerichtet. Eine Enzyklopädie mit vernetzter lexikalischer Ordnung kann kein propädeutisches Lehrbuch sein. Sie ist immer ein **Nachschlagewerk**, welches die gezielte Suche - und das ungezielte Umherschweifen - ermöglicht. Die Intention hinter der Verfertigung einer Enzyklopädie dieser Ausprägung ist nicht die lineare Vermittlung von Wissen, sondern die **Abdeckung eines nahezu beliebig variierbaren Informationsbedürfnisses**. Oder es ist schlicht und einfach die Befriedigung einer kanalisierten oder auch unkanalisierbaren **Neugier** des Enzyklopädie-Benutzers.

Lexikalisch geordneten Enzyklopädien gegenüber wurde verschiedentlich der **Vorwurf** gemacht, es handele sich um reine, **additive Wissenssammlungen**. Dieser Vorwurf übersieht die Bedeutung der **internen Vernetzungsstruktur** und der **externen Anbindung durch Bibliographien**, wie sie für moderne Enzyklopädien charakteristisch sind - sowie die **operationalen Vorteile** dieser Textur: Lexikalisch strukturierte Enzyklopädien ermöglichen einen **schnellen und nahezu beliebigen Zugriff**. Sie gewährleisten die schnelle Verfügbarkeit des jeweils gesuchten Wissens. Darüberhinaus fördern lexikalisch geordnete Enzyklopädien die Erschliessbarkeit des dem Benutzer noch nicht unbedingt präsenten Umfeldes eines konsultierten Stichwortes. Die Vernetzungsstruktur kanalisiert das Umfeld enzyklopädie-intern durch Querverweise zwischen den Artikeln - sowie idealerweise durch einen Index. Sie bindet enzyklopädie-externe Quellen durch ausführliche weiterführende Bibliographien an. Moderne, lexikalisch strukturierte, hochgradig intern und nach aussen vernetzte Enzyklopädien bieten dem gezielt oder ungezielt neugierigen Benutzer fernerhin ein fast unbegrenztes Betätigungsfeld. Im Gegensatz zum Fernsehen sind sie schon aufgrund ihrer Struktur interaktiv. Dem Internet haben sie eine geplante und im Idealfall ausgewogenere Vernetzungsstruktur voraus.

Im Hinblick auf die **lexikalische Anordnung** der Artikel einer Enzyklopädie ist jedoch zwischen **zwei verschiedenen Texturausprägungen** zu unterscheiden: Zum einen ist dies eine lexikalische Anordung mit sehr vielen kleinen **Detailartikeln**, wie sie z.B. dem Konzept des 'Konversationslexikons' zugrundeliegen. Zum anderen ist es eine lexikalische Anordung mit Schwerpunkt auf grossen **Übersichtsartikeln**. Es sind vor allem die Unterschiede (1.) in der mittleren Artikellänge und (2.) in der Varianz dieser Länge, die - bei vergleichbarem Wissensspektrum -

den **Typ** der jeweils vorliegenden Enzyklopädie charakterisieren. Hierbei sind jedoch nicht nur die beiden Extremfälle sehr vieler, sehr kurzer Artikel oder einer geringeren Anzahl wesentlich längerer Artikel denkbar. Auch die **Kombination** in Bezug auf die verwendete Textur verschiedener, enzyklopädischer Typen ist realisierbar, wie sich am folgenden **Beispiel** verdeutlichen lässt: Die aktuelle, seit 1986 neu strukturierte 15. Auflage der '**Encyclopaedia Britannica**' arbeitet gleichzeitig mit den beiden, für lexikalisch geordnete Enzyklopädien, polaren Texturschemata. Sie besteht aus einer 17-bändigen, lexikalisch geordneten, im eigentlichen, modernen Sinne enzyklopädischen '**Macropaedia**' mit sehr langen Artikeln - eigentlich schon Monographien - und ausführlichen Bibliographien und einer 12-bändigen, lexikonartigen '**Micropaedia**', die aus einer Vielzahl kurzer und kürzester Artikel besteht und nicht zuletzt eine sehr grosse Zahl interner Verweise als auch solche auf die Macropaedia enthält. Die Micropaedia und die Macropaedia ergänzen sich aufgrund ihrer Vernetzung in idealer Weise. Hinzu kommen eine einbändige, einführende, das System der 'Britannica' darlegende '**Propaedia**', die der alphabetischen Anordnung der weiteren Bände vorangestellt ist und diese systematisch zuordnet und zwei **Index**-Bände, die den schnellen und gezielten Zugriff auf die Micro- wie auf die Macropaedia ermöglichen.

2.3. Lexikalische Anordnung mit systematischer Zuordnung

Wie das Beispiel der 'Encyclopaedia Britannica' mit dem Zusammenspiel von Macropaedia, Micropaedia, Propaedia und Index andeutet, sind die verschiedensten Varianten und Kombinationen des lexikalischen und des themenorientiert systematisierten Texturschemas denkbar und wurden zum Teil auch realisiert. Schon die französische '**Encyclopédie**' ergänzte in differenzierter Weise die lexikalische Ordnung durch die vorangestellte Systematik. Jeder einzelne Artikel trug einen Verweis auf die Positionierung innerhalb dieser Systematik. So wie die **Systematik** der 'Encyclopédie' nach D'Alemberts Worten als 'mappemonde', als **Weltkarte des Wissens**, anzusehen ist, so sind die einzelnen **Artikel** die **Spezialkarten**, die ihre Bedeutung erst mit der Zuordnung zur Weltkarte erhalten. Durch die **bibliographischen Verweise** moderner Enzyklopädien gelangt man - über die jeweilige Enzyklopädie hinausgehend - zu noch **detaillierteren Spezialkarten**, aber auch zu **Überblickskarten aus andersartiger Perspektive**.

3. RESÜMEE: VOM 'KREIS DES WISSENS' ZUM NETZ DES WISSENS

Moderne Enzyklopädien und Fachenzyklopädien gewährleisten aufgrund ihrer Textur als Wissensnetze einen gänzlich anderen Zugriff auf das in ihnen enthaltene Wissen als lineare Texte. Sie sind aufgrund ihrer Textur weniger mit diesen linearen Texten verwand, als mit **Bibliotheken**. Allgemein orientierte Enzyklopädien stellen im Zusammenspiel mit spezifischen Fachenzyklopädien geradezu einen **Minimal-Ersatz für Bibliotheken** dar.

Das ihnen eigene **Potential** entwickeln Enzyklopädien jedoch nicht so sehr als Ersatz, sondern vielmehr **im Zusammenhang mit Bibliotheken**: Die in Enzyklopädien enthaltenen Bibliographien erweitern das in ihnen enthaltene Wissen in virtueller, aber jederzeit realisierbarer Weise um ein vielfaches. **Enzyklopädien** lassen sich mit den über sie hinausweisenden Verbindungen geradezu **als** idealer **Index einer umfassenden virtuellen Bibliothek** verstehen. Erst in dieser Hinsicht verwirklicht sich am ehesten das einigen neuzeitlichen und modernen Enzyklopädien als Motiv zugrundeliegende Ideal einer möglichst vollständigen Erfassung menschlichen Wissens.

Zur apriorischen Begründbarkeit von Information

HOLGER LYRE

Institut für Philosophie, Ruhr-Universität Bochum, D-44780 Bochum,
e-mail: holger.lyre@ruhr-uni-bochum.de

März 1999

Einleitende Zusammenfassung. Der Begriff der Information ist zu einem Schlüsselbegriff der Wissenschaften, aber auch, leider, zu einem inflationär verwendeten Schlagwort unserer Tage geworden. In diesem bloßen Schlagwortsinne ist der begriffliche Kern von Information zum rein syntaktischen Zeichen- oder Symbolgehalt reduziert – was verständlicherweise mit Blick auf die gesellschaftsrelevanten Belange des modernen "Informationszeitalters" zu einem gehaltvollen Gegenbegriff – etwa demjenigen des Wissens – herausfordert. Demgegenüber möchte ich versuchen aufzuzeigen, daß, was nach diesen Einleitungssätzen ja zunächst ganz unvermutet scheint, ein elaborierter Informationsbegriff nicht nur sehr wohl möglich ist, sondern bei genauerer definitorischer Analyse herausgefordert wird, und es sich dabei mehr noch zeigt, daß interessante philosophische Grundlagenaspekte sich an einem vollständigen Konzept von Information geradezu natürlich ergeben und gehaltvoll diskutieren lassen.

Der Kerngedanke meiner Überlegungen ist, daß sich das *vollständige Konzept von Information* – nämlich die Inrücksichtstellung der vier charakteristischen informationstheoretischen Aspekte Syntax, Semantik, Pragmatik und Zeit – auf die Begriffe *Unterscheidbarkeit* und *Zeitlichkeit* als genuine Bedingungen der Möglichkeit von Erfahrung zurückführen läßt. Syntaktische Information wird dabei abstrakt, d.h. ohne Rückgriff auf einen gewöhnlich materiell gedachten Träger, in die begrifflich notwendigen Dimensionen der Semantik und Pragmatik erweitert. Beide Dimensionen sind eng miteinander verschränkt und koppeln über die Pragmatik an den zeitlichen Aspekt von Information. Zum Abschluß werde ich kurz die mögliche Anwendung des Ansatzes in den empirischen Wissenschaften skizzieren, speziell in bezug auf die Quantentheorie. Ganz allgemein würde seine apriorische Begründbarkeit dem vollständigen Informationsbegriff den Status eines Fundamentalbegriffs begrifflich und empirisch operierender Wissenschaft verleihen – ein möglicherweise tiefliegendes Indiz für die heutige weitverbreitete Anwendung des Informationsbegriffes in den verschiedensten Fachrichtungen.

1 Unterscheidbarkeit und Zeitlichkeit als Vorbedingungen empirischer Wissenschaft

Was soll nun die These der apriorischen Begründbarkeit von Information genau bedeuten? Es wird ja offensichtlich auf die KANTische Terminologie Bezug genommen (KANT 1781). Ich werde KANT hier sicher nicht im Detail folgen, mich interessiert aber die Argumentfigur der transzendentalen Begründung – und zwar, wie bei KANT, im Hinblick auf die Begründung empirischer Wissenschaften, als deren Fundamentalbegriff sich der Informationsbegriff dann erweisen könnte. Mit KANT möchte ich den Terminus *a priori* im strengen Sinne als "aller Erfahrung methodisch vorgängig" verstehen – und nicht in den heute verbreiteten Abschwächungen als bloß "normativ gegeben" oder gar nur "angeboren".[1] KANT unterscheidet Erkenntnisse als ihrem Wesen nach a priori oder a posteriori. Letztere, also Erfahrungskenntnisse, stellen den Fundus empirischer Wissenschaften dar. Die Möglichkeit empirischer Urteile, speziell die Möglichkeit allgemeiner Gesetze in den empirischen Wissenschaften, läßt sich aber aus der Erfahrung selber nicht rechtfertigen – dies ist das von DAVID HUME klar gesehene und formulierte Induktionsproblem, dessen einzigartige Lösung KANT in Form der Behauptung apriorischer Anteile an unseren Erkenntnissen im Rahmen einer transzendentalen Argumentation, d.h. unter Rekurs auf die methodischen Vorbedingungen von Erfahrung, vorgelegt hat. Erkenntnisse a priori sind daher nach KANT notwendig und allgemein, d.h., sie sind vor jeder einzelnen Erfahrung bereits in dem Sinne gewiß, daß ohne sie Erfahrung gar nicht möglich wäre. In den empirischen Wissenschaften ist aber die Möglichkeit von Erfahrung selber natürlich vorauszusetzen – Erfahrung ist offensichtlich möglich. Die empirischen Wissenschaften versuchen sich dann, dies voraussetzend, an einer Systematisierung und Strukturierung des in der Erfahrung Gegebenen im Rahmen empirisch überprüfbarer Gesetze, deren fundamentale Strukturen sich – so das transzendentale Argument – in letzter Konsequenz als apriorische Vorbedingungen von Erfahrung erweisen. Ich werde weiter unten auf die inhärenten Grenzen des Apriorismus gerade unter Maßgabe des vollständigen Informationsbegriffes eingehen, übernehme aber als Ausgangspunkt die von KANT vorgeschlagene Begründungsfigur, welche nicht nur jedem Naturwissenschaftler tiefen Eindruck hinterlassen muß; denn schließlich erleben wir alle ja tagtäglich die (z.T. tödliche!) Wirkungsmächtigkeit der Naturgesetze – ein zutiefst staunenswertes Faktum, handelte es sich dabei um ein bloßes Regelwerk von Hypothesen.

KANT nicht im Detail zu folgen, soll nun vor allem heißen, nicht die von ihm speziell postulierten reinen Anschauungsformen und Verstandesbegriffe wiederaufzunehmen, wie auch überhaupt keinen allzu raschen Schluß von den Bedingungen der Möglichkeit von Erfahrung auf die konkreten Naturgesetze im Auge zu haben, sondern viel eher zu erwarten, daß es sich bei beiden – den Bedingungen der Möglichkeit von Erfahrung wie auch den fundamentalen Naturgesetzen – um höchst abstrakte Strukturen handeln wird, bei deren Ableitung und logischer Aufeinanderfolge tiefliegende Grundlagenfragen heutiger Naturwissenschaft berührt werden müssen. Da es uns hier zunächst also nur um die abstrakten Bedingungen der Möglichkeit von Erfahrung, und nicht um den direkten Schluß auf mögliche Naturgesetze geht (wenngleich ich im letzten Abschnitt einige Bemerkungen hierzu machen werde), will ich versuchen, zu deren Begründung durch sehr

---

[1] Für eine aufschlußreiche Diskusssion dieser Begriffe im Gegensatz zum strengeren KANTischen Begriff von "a priori" siehe (DRIESCHNER 1987).

allgemeingültige und in diesem Sinne auch evidente Betrachtungen zu gelangen. Ich beginne versuchsweise mit zwei rudimentären Charakteristika empirischer Wissenschaft, nämlich, so mein Vorschlag, *Unterscheidbarkeit* und *Zeitlichkeit*.

Offensichtlich handelt es sich hierbei in der Tat um sehr elementare Charakteristika, und so macht sich auch jeder Versuch ihrer weiteren Begründung als nahezu lächerlich evident aus. Denn zweifellos ist die Möglichkeit, Unterscheidungen vorzunehmen, eine genuine Voraussetzung jeder Art artikulierten begrifflichen Denkens und Argumentierens – in Form der Wertigkeit von Logiken ja auch deren Voraussetzung, und mithin ganz allgemein schlichtweg eine Voraussetzung begrifflicher Erkenntnis, zu deren argumentativ geordneter Systematik Wissenschaft allgemein dann dienen soll.[2] Empirische Wissenschaft im speziellen setzt dann zweifellos auch ein methodisches Vorverständnis von Erfahrungserkenntnis voraus. Ich möchte hier einen Grundgedanken von C. F. VON WEIZSÄCKER übernehmen, der darauf hinweist, daß Erfahrung ganz allgemein charakterisierbar ist als *Lernen aus den Fakten der Vergangenheit für die Möglichkeiten der Zukunft* (WEIZSÄCKER 1985, S. 25, 49, Kap. 4); und ich werde den dabei methodisch bereits vorausgesetzten Unterschied von Vergangenheit und Zukunft in Form des Gegensatzpaares Faktizität und Möglichkeit als Zeitlichkeit bezeichnen. Man kann auch sagen: Zeitlichkeit ist gekennzeichnet durch einen Übergang von Möglichkeit zu Wirklichkeit bzw. von potentiell zu aktuell. Wir können zusammenfassen: Sofern begriffliche Erkenntnis möglich ist, ist Unterscheidbarkeit ihre Voraussetzung – sofern empirische Erkenntnis möglich ist, ist Zeitlichkeit ihre Voraussetzung. Wir sehen unmittelbar, daß Unterscheidbarkeit und Zeitlichkeit miteinander verwoben sind: Zeitliche Übergange sind immer ein Wandel von Unterscheidbarkeiten, und bereits Unterschiedenes führt zu neuer Unterscheidbarkeit.

Wie läßt sich auf dieses elementare apriorische Instrumentarium nun der Begriff der Information aufsetzen? Man kann dabei wie folgt vorgehen: Eine einfachste überhaupt mögliche Unterscheidung könnte Binarität genannt werden. Wir suchen nun nach einem Maßbegriff für Binaritäten. Also läßt sich ein vorläufiger abstrakter Begriff von Information versuchsweise definieren als:

> *Information ist ein Maß für den Grad an Unterscheidbarkeit. Ihre Einheit ist das bit. Das bit ist die Informationsmenge einer Binarität.*

Und weiter läßt sich terminologisch einführen:

> *Unterscheidbarkeiten der Zukunft werden potentielle Information, Unterscheidungen der Vergangenheit aktuelle Information genannt.*

Der Übergang von potentieller zu aktueller Information repräsentiert dann, ganz abstrakt, den zeitlichen Fluß von Information, welcher eben aufgrund der Verwobenheit von Zeitlichkeit und Unterscheidbarkeit auch einen Übergang im quantitativen Maß von Unterscheidbarkeit bedeutet.

Ich will einige Bemerkungen anfügen. Mehrfach habe ich die Vokabel "abstrakt" verwendet, dabei in bezug auf den zu entwickelnden Informationsbegriff in zweierlei Sinne: erstens mit

---

[2] Wer dies umgekehrt bestreiten möchte, sieht sich fast augenblicklich in den elementarsten platonisch-parmenideisch geprägten Fragenkreis um Einheit und Vielheit verstrickt – eine zwar legitime Verstrickung, die aber nach meinem Verständnis ihrem Wesen und ihrer Intention nach gerade den Rahmen argumentativ-begrifflicher Erkenntnis zu überschreiten sucht.

Blick auf den weitherzigen Allgemeinheitsgrad der Betrachtungen, der, je weiter steigend, wohl auch dest weitreichender, aber eben leider auch weniger präzise sein wird. Natürlich kann in einem kurzen Aufsatz wie diesem auch keine Hoffnung auf eine detailliertere Ableitung bestehen. Gleichwohl ist dies eine notwendige Aufgabe. Ich habe versucht, erste Schritte in diese Richtung an anderen Stellen vorzulegen – (LYRE 1997), insbesondere (LYRE 1998). Dennoch bleiben auch diese Ausarbeitungen unvollkommen. Es ist also klar, daß eine entscheidende Aufgabe noch zu erledigen ist. Zweitens die Verwendung von abstrakt im ursprünglichen Sinne des Wortes: ein Abstraktum als ein von einem Konkretum begrifflich "Abgezogenes". Information ist hier darum ausdrücklich ohne jedes Trägermedium eingeführt – also nicht, dem klassischen Gegensatzpaar Form-Materie folgend, als ein Gegenbegriff zur Materie.[3] Schließlich möchte ich hervorheben, daß ich nicht behaupten will, die von mir benannten apriorischen Voraussetzungen seien die einzig möglichen, stattdessen wird eine umfassendere Analyse vermutlich wenigstens auch den Satz vom Widerspruch – oder eine entsprechende Annahme zum Identitätsbegriff – als weitere apriorische Erkenntnisbedingung aufweisen. Für unsere Zwecke ist hier nur entscheidend, daß es sich bei Unterscheidbarkeit und Zeitlichkeit um die wesentlichen Vorbedingungen zur Begründung des Informationsbegriffes handelt.

Soweit also zur These der apriorischen Begründbarkeit von Information – ich gehe nun über zu den sich daraus ergebenden begrifflichen Konsequenzen.

2 Die Vollständigkeit des apriorisch begründeten Informationsbegriffes

Ein begrifflich vollständiges Konzept von Information, welches eben aufgrund der Vollständigkeit auch seine Reichhaltigkeit widerspiegelt, muß sich nun aus der bisherigen versuchsweisen apriorischen Begründung von Information bei genäherter konsequenter Betrachtung ergeben. Ich möchte einige Bemerkungen zum Geltungsstatus der jetzigen Überlegungen machen. Die bisher angestellten und insgesamt noch anzustellenden Betrachtungen kommen sämtlich über den Status einer versuchsweisen Begründung nicht hinaus. Inwieweit dies verträglich ist mit der Redeweise eines – noch dazu strengen – Apriori, werde ich weiter unten darzulegen versuchen. Keinesfalls soll aber die hier skizzierte systematische Begründung des Informationsbegriffes als strenge axiomatische Vorgehensweise mißverstanden werden – und dies nicht nur deshalb, weil ich auf jegliche Formalisierung verzichte. Stattdessen läßt sich der Erfolg des Unternehmens erst nachträglich, also nach Durchführung der Systematik und deren Abgleich mit dem empirisch Gegebenen, einschätzen. Die anfangs eingeführten apriorischen Vorannahmen können sich daher erst nachträglich als konsistent und haltbar erweisen – ich gehe unten auf die solcherart eingeschränkte Sichtweise eines Apriorismus ein.

Ich möchte im folgenden dahingehend argumentieren, daß der Informationsbegriff sich gerade in der Durchführung der obigen These seiner apriorischen Begründung auf Unterscheidbarkeit und Zeitlichkeit als im konzeptionellen Sinne vollständig erweisen wird. Hierzu ist es notwendig, den Informationsbegriff in seine drei Dimensionen der Syntax, Semantik und Pragmatik einbetten. Ich spreche vorzugsweise von den "Aspekten" oder "Dimensionen" des Informationsbegriffs, und nicht, wie verbreitet üblich, von beispielsweise "syntaktischer Information" für

---

[3] Ich verdanke v.a. WEIZSÄCKERs Aufsatz *Materie, Energie, Information* (WEIZSÄCKER 1971), der die aristotelische Form-Materie-Fragestellung mitbehandelt, den entscheidenden Anstoß zu meinen eigenen Überlegungen.

sich genommen, da zum Ausdruck kommen soll, daß erst die drei Aspekte gemeinsam die volle Dimensionalität des Informationsbegriffes aufspannen. Folgende terminologische Festlegungen seien getroffen:

Der syntaktische Aspekt von Information betrifft das Auftreten von Unterscheidbarkeiten. Der semantische Aspekt betrifft Unterscheidbarkeiten, unter deren Voraussetzung der syntaktische Aspekt erst möglich wird. Der pragmatische Aspekt von Information betrifft neu bewirkte Unterscheidbarkeiten als Folge des semantischen Aspekts früherer Unterscheidbarkeiten.

Man sieht unmittelbar, daß insbesondere der pragmatische Aspekt auf den schon in der apriorischen Verankerung des Informationsbegriffes vorausgesetzten Begriff der Zeitlichkeit rekurriert. Ebenso unmittelbar erinnert auch der syntaktische Aspekt von Information an Unterscheidbarkeit. Wir können dann den semantischen Aspekt als notwendiges Bindeglied zwischen den Aspekten der Syntax und Pragmatik verstehen. Zwar hatte ich die Möglichkeit, Unterscheidungen zu treffen, a priori vorausgesetzt – um welche Unterscheidbarkeiten es sich aber in concreto handelt, ist erst eine sinnvolle Frage unter der Voraussetzung einer Semantik. In der Tat gilt also: Syntax ohne Semantik ist blind, Semantik ohne Syntax ist leer. In einem konkreten Beispiel gesprochen: Ob der auf ein Blatt Papier geschriebene Buchstabe "A" syntaktisch als diejenige Information aufzufassen ist, als die er im Rahmen des deutschen Alphabets beschreibbar ist, oder aber als ein Muster aus Strichen, eine Ansammlung von Druckerschwärze, ein Molekülverband o.ä., ist im absoluten Sinne nicht zu entscheiden. Dieser, in der Voraussetzung von Semantik zum Ausdruck kommende, relative Charakter von Information läßt sich bequem mit Hilfe des wiederum rein abstrakt eingeführten Begriffes der semantischen Ebene fassen: als semantische Ebene läßt sich prinzipiell jedwede genähert fixierbare Menge an Unterscheidbarkeit bezeichnen. Information existiert dann nur in bezug auf die Differenz zweier semantischer Ebenen. Erst durch die vorherige Festlegung semantischer Ebenen wird beispielsweise klar, welche Informationsmenge mit dem oben genannten Beispiel des "A" verbunden ist. Dies ist wiederum Ausdruck der einzig denkbaren Manifestation des syntaktischen Aspekts unter der Voraussetzung des semantischen Aspekts von Information.

Ferner sind nun der semantische und der pragmatische Aspekt von Information keineswegs in Strenge voneinander trennbar, sondern umgekehrt gilt, daß Semantik als Voraussetzung der Syntax gerade über die Pragmatik bestimmbar ist. Es ist dieser entscheidende Zug von Information, nämlich die Verschränkung von Semantik und Pragmatik, der eine Art "Objektivierung der Semantik" via Pragmatik erlaubt (WEIZSÄCKER 1971). Ich weiß eben erst nachträglich, unter welcher Semantik mein Beispiel-"A" für einen Informationsempfänger gestanden hat, wenn ich sehe, wie dieser sich im Informationsfluß verhält. Handelt es sich um ein Kind, welches ein langgestrecktes "Aaahh" bei Anblick des Papiers vernehmen läßt, so ist die Semantik eine andere als im Falle eines Röntgenstrukturanalysegeräts, welches etwa eingesetzt wurde, um die Moleküle der Druckerschwärze zu analysieren. Wir können daher sagen, daß wir unter der Bedeutung des syntaktischen Aspekts von Information genau diejenige neu auftretende Information aufzufassen haben, die im Zusammenhang mit oder als Folge der erstgenannten Information auftritt; denn abstrakt müssen wir eben auch die Wirkung von Information als wieder neue Information beschreiben.

Die terminologische Systematik des vollständigen Informationsbegriffes wurde nun weitgehend entfaltet (LYRE 1998, Kapitel 3.1, insbesondere 3.1.2), im folgenden Abschnitt werden ich diese Systematik mit Bezug auf die Begriffe Subjekt und Objekt abschließen und einige erkenntnistheoretische Konsequenzen diskutieren.

3 Subjekte und Objekte empirischer Wissenschaft

Die Ausführungen im vorherigen Abschnitt waren nicht nur ohne jede Bezugnahme auf einen materiellen Träger von Information, eben abstrakt, möglich, auch der Rückgriff auf ein irgendwiegeartetes individuelles Bewußtsein ist in der bisherigen Begrifflichkeit nicht erforderlich – und er wird dies auch weiterhin nicht sein. Ich muß aber auf die Unterscheidung von Subjekt und Objekt zu sprechen kommen und will dabei sogar behaupten, daß erst unter Zuhilfenahme dieser Unterscheidung der Begriff der Information *vollständig* dargestellt werden kann. Wir werden sagen:

Information existiert für Subjekte – Objekte werden durch Information konstituiert.

Man betrachte zuerst den zweiten Halbsatz: Information dient der Objektkonstitution. In ontologischer Sprechweise ist hier also die Behauptung enthalten, Information selber wäre als eine Art "Substanz" aufzufassen. Information als Grundstoff der Welt – dies war ja der Hintergrund der bisherigen abstrakten Redeweise von Information. Die Frage schließt sich freilich an, wie dann Materie aus Information hergeleitet werden kann. Diese Frage verweist auf die konkrete Physik, und man muß bekennen, daß hier der Horizont des bisherigen Standes des physikalischen Weltbildes erreicht ist – das Wesen der Energie-Materie, wie auch die konkrete Begründung des Massenspektrums der Elementarteilchen ist bis heute hin ungeklärt. Ich gehe im letzten Abschnitt nochmals darauf ein.

Philosophisch spannender ist m.E. der erste Halbsatz, in dem die Behauptung enthalten ist, daß, wann immer überhaupt von Information die Rede sein wird, dies in letzter Konsequenz Information für Subjekte sein muß. Wer oder was ist hier mit "Subjekt" gemeint? Wir können einen Informationsfluß in klassischer Weise als Transfer von einem Sender zu einem Empfänger beschreiben, wobei beide nicht notwendigerweise als menschliche Sender oder Empfänger bzw. mit einem Bewußtsein ausgestattet aufzufassen sind. Nichts hindert uns prinzipiell, einen kreischenden Papagei als Sender, oder ein Transistorradio als Empfänger im obigen Sinne aufzufassen. Im Rahmen der abstrakten Systematik werden wir lediglich hinzufügen, daß wir Sender und Empfänger ihrerseits ebenfalls als via Information konstituiert ansehen. In diesem Sinne sind beide verobjektivierbar. Wo also ist das Subjekt? Da es mir um Information als apriorisch begründbaren Grundbegriff empirischer Wissenschaft geht, müssen Subjekte hier als Subjekte empirischer Wissenschaft eingeführt werden – und müssen dann mit Blick auf unsere apriorischen Vorannahmen wenigstens empiriebegabt sein. Hierunter fällt dann a fortiori auch die Fähigkeit begrifflichen Denkens, denn wie sonst könnte sinnvoll von empirischer Wissenschaft die Rede sein?

Ich möchte nochmals hervorheben, daß wir durchaus nicht genötigt sind, im Subjekt empirischer Wissenschaft ein spezielles individuelles Bewußtsein vorauszusetzen in dem Sinne, daß es sich um eine von seinen objektivierbaren Eigenschaften unabhängige Eigenschaft oder gar eine weitere Substanz – neben Information – handelte. Es ist jederzeit möglich, das Subjekt selber qua Information objektiv zu beschreiben. Seine spezifische Eigenschaft als Subjekt im obigen Sinne, für das Information überhaupt erst existiert, geht dabei aber verloren, und es muß notwendig, falls von Information sinnvoll die Rede sein soll, ein anderes, nicht als Objekt beschriebenes Subjekt an dessen Stelle treten. In diesem Sinne ist das Subjekt im Rahmen der informationstheoretischen Systematik irreduzibel – nicht individuell, aber methodisch prinzipiell. In KANTischer Terminologie freilich ist dies präzise eingefangen im Unterschied zwischen dem empirischen und dem transzendentalen Subjekt. Der erste obige Halbsatz enthält also genaugenommen die Behauptung: Information existiert nur für Subjekte in deren Eigenschaft, transzendentale Subjekte zu sein.

4 Möglichkeiten und Grenzen empirischer Wissenschaft

Die vorgelegte Skizze einer Theorie der Information zeigt bemerkenswerter Weise eine Art inhärente Zirkularität: jegliche Semantik setzt immer schon andere Semantik voraus. Im Sinne der Objektivierbarkeit von Semantik ist es – im Prinzip wenigstens – denkbar, auch die jeweils vorausgesetzte Semantik via Pragmatik wiederum als Information zu beschreiben, was freilich abermals neue Semantik als Voraussetzung erfordert. Denken wir uns dies in einem endlichen, wenn auch über alle Vorstellung großen Zustandsraum von Information beschrieben, so ergibt sich ein, wenngleich ebenfalls über alle Vorstellung groß-skaliger Zirkel, den wir als unvermeidliches Charakteristikum empirischer Wissenschaft und ihrer Reflexion ansehen müssen. Es handelt sich dabei aber nicht aber um einen Begründungszirkel, da ja schließlich die "ontisch-realen Informations-Verhältnisse in der Welt" wiedergegeben sind. Strukturell ist dies vielmehr WEIZSÄCKERs Figur des *Kreisganges*, den er gelegentlich auf folgenden kurzen Nenner bringt: *"Die Natur ist älter als der Mensch, aber der Mensch ist älter als die Naturwissenschaft"* (WEIZSÄCKER 1992, S. 29-30). In unserer informationstheoretischen Systematik stellt sich dies als Verschränkung ontologischer und epistemologischer Aspekte von Information dar. Zunächst konstituieren wir qua Information Objekte, und mithin am Ende auch den Menschen als legitimes Objekt empirischer Wissenschaft. Die Semantik, die dabei jeweils vorausgesetzt ist, kann ebensogut verobjektiviert werden. Dies ist der Halbkreis ontologisch aufgefaßter Information. Der reflexive Halbkreis rekurriert demgegenüber auf die apriorischen Voraussetzungen des Begriffs von Information, und mithin darauf, daß erst das transzendentale Subjekt Information als Information zu beschreiben vermag.

Nun können sich aber auch die ursprünglich a priori eingeführten Voraussetzungen durch zukünftige Kenntnisse als beispielsweise zu eng oder falsch erweisen. Man muß daher, vorsichtiger, eher von Unterscheidbarkeit und Zeitlichkeit als geeigneten Kandidaten der Vorbedingungen empirischer Wissenschaft reden. Wie aber verhält sich dies zum Anspruch eines strengen KANTischen Apriori? Hier ergibt sich durchaus kein Widerspruch, denn zweifellos werden "wahre" Bedingungen der Möglichkeit von Erfahrung sich, sui generis, in aller Erfahrung niemals widerlegen lassen – "falsche" hingegen schon. Im Kreisgang zeigt sich hier die unvermeidliche Grenze des Apriorismus, daß wir niemals sicher sein können, die "wahren" Bedingungen der Möglichkeit von Erfahrung – vielleicht Unterscheidbarkeit und Zeitlichkeit? – schon gefunden zu haben. Ihren strengen Anspruch als mögliche "wahre" Bedingungen a priori im methodischen Aufbau empirischer Wissenschaft müssen sie dabei dennoch nicht verlieren.

Ich möchte zum Abschluß noch kurz auf die mögliche Anwendung eines solcherart apriorisch begründeten Informationsbegriffes eingehen. Tatsächlich zeigt nämlich die heutige Kerntheorie empirischer Wissenschaft, die Quantentheorie, in ihrem abstrakten Aufbau als Theorie empirisch überprüfbarer Alternativen, daß die Zustandsräume jeglicher Objekte als Produkte kleinster logischer Bausteine, nämlich Quantenbits, beschrieben werden können. Die aufregende Spezialität dieses informationstheoretischen Atomismus ist, daß seine Symmetrie mit der Symmetrie unserer Welt in Raum und Zeit enge Verwandtschaft, bei geeigneter Darstellung sogar Isomorphie zeigt. C. F. von Weizsäcker hat auf diesen Gedanken aufbauend ein Programm zur Vereinheitlichung der Physik auf dem Fundamentalbegriff der Ur-Alternative, also einem Quantenbit, vorgelegt (Weizsäcker 1985). Ganz allgemein enthält der abstrakte Aufbau der Quantentheorie lediglich Begriffe wie Zustand, Objekt, Wahrscheinlichkeit und Dynamik, aber noch keine "konkreten" physikalischen Konzepte wie Raumzeit, Energiematerie oder Teilchen. Da möglicherweise der Raum und die relativistische Raumzeit quanteninformationstheoretisch begründbar sind, mag dies auch für die Begründung von Energie-Materie auf Quanteninformation gelten (Lyre 1998). Dies sind heute noch offene Fragen.

Resümierend sehen wir also, daß die apriorische Begründbarkeit dem vollständigen Informationsbegriff den Status eines tatsächlichen Fundamentalbegriffs begrifflich und empirisch operierender Wissenschaft zu verleihen vermag. Und dies wäre dann zweifellos ein tiefliegendes Indiz für die heutige weitverbreitete Anwendung des Informationsbegriffes in den verschiedensten Fachrichtungen – eine, wie mir scheint, interessante alternative Sichtweise auf den Ursprung eines allgegenwärtigen Konzepts.

Literatur

Drieschner, M. (1987). *Das Apriori von Kausalität und Raum*. In: Pasternack, G., Hrsg. *Philosophie und Wissenschaften: Das Problem des Apriorismus*. Peter Lang, Frankfurt a.M.

Kant, I. (1781). *Kritik der reinen Vernunft*. Riga. (B 1787).

Lyre, H. (1997). *Time and Information*. In: Atmanspacher, H. und E. Ruhnau, Hrsg.: *Time, Temporality, Now: Experiencing Time and Concepts of Time in an Interdisciplinary Perspective*. Springer, Berlin.

Lyre, H. (1998). *Quantentheorie der Information*. Springer, Wien, New York.

Weizsäcker, C. F. von (1971). *Materie, Energie, Information*. In: *Die Einheit der Natur*, Kap. III.5. Hanser, München.

Weizsäcker, C. F. von (1985). *Aufbau der Physik*. Hanser, München.

Weizsäcker, C. F. von (1992). *Zeit und Wissen*. Hanser, München.

INTERNALISMUS UND A PRIORI METARECHTFERTIGUNG
Catrin Misselhorn (Tübingen)

I

Wie ist das Verhältnis von Wissen und Information zu bestimmen? Diese Frage erlaubt viele Lesarten. Eine davon ist, ob die Informationen, die uns über die Welt zugänglich sind, auch Wissen darstellen. Seit der Antike wird Wissen als wahre und gerechtfertigte Meinung aufgefaßt.[1] Im Lichte dieser Definition läßt sich die Eingangsfrage reformulieren: Sind unsere Informationen über die Welt wahr und sind sie gerechtfertigt? Vor allem über die Frage der Rechtfertigung tobt in der neueren Erkenntnistheorie eine heftige Debatte. Ein zentraler Schauplatz der Diskussion ist die Auseinandersetzung zwischen epistemischen Internalisten und Externalisten. Was verbirgt sich hinter dieser Unterscheidung? Die Bandbreite der Positionen, die unter dem einen oder anderen Label vertreten werden, ist ziemlich groß. Aus diesem Grund ist es nicht einfach zu sagen, worin denn nun der kleinste gemeinsame Nenner besteht, der Internalisten von Externalisten trennt. Intuitiv läßt sich der Unterschied zwischen den beiden Auffassungen aber recht leicht deutlich machen: Für den Internalismus ist die Rationalität der Rechtfertigung aus der Sicht des epistemischen Subjekts ein wesentliches Merkmal des Rechtfertigungsbegriffs. Für die Rechtfertigung einer Überzeugung genügt es daher nicht, daß eine Person faktisch adäquate Evidenzen für ihre Wahrheit besitzt. Es muß auch aus ihrer Perspektive rational sein, diese Überzeugung für wahr zu halten. Gemäß der externalistischen Auffassung hingegen besteht Rechtfertigung in einer faktischen Beziehung zwischen dem epistemischen Subjekt und der Welt, die dem Subjekt nicht bekannt sein muß.[2]

Ohne mich in die Details der Definitionsfrage zu verlieren, möchte ich diese intuitive Charakterisierung des Internalismus wie folgt präzisieren: Ein Subjekt S ist in seiner Überzeugung p genau dann gerechtfertigt, wenn (i) S seine Meinung auf adäquate Evidenzen stützt und (ii) die Adäquatheit der Evidenzen für p S kognitiv zugänglich ist. Insbesondere die zweite Bedingung ist kennzeichnend für den Internalismus. Sie erlaubt aber verschiedene Interpretationen. Im Folgenden soll die Bedingung so aufgefaßt werden: (iia) S kann aufgrund von Reflexion unabhängige Gründe dafür angeben, daß seine Evidenzen für p adäquat sind, soweit ihre Adäquatheit in Frage gestellt werden kann. Im Fall epistemischer Rechtfertigung sind Evidenzen genau dann adäquat, wenn sie die Wahrheit von p wahrscheinlich machen. S

---
[1] Vgl. Platon: Theaitetos 201cff.
[2] Vgl. beispielsweise Goldmann 1985.

muß also im Zweifelsfall begründen können, daß seine Evidenzen die Wahrheit von p wahrscheinlich machen.

Unter den Vertretern des Internalismus hat Laurence BonJour die umfassendste systematische Ausarbeitung einer Rechtfertigungstheorie geleistet. Daher möchte ich an BonJours Überlegungen anknüpfen, und zwar weniger mit dem Ziel einer adäquaten Exegese seiner Texte, sondern mit systematischem Anspruch.[3] Nicht zuletzt ist BonJours Werk ein Bollwerk traditioneller Erkenntnistheorie, das sich den zunehmenden Naturalisierungstendenzen in dieser Disziplin entgegenstellt.[4] Das Scheitern dieses Projekts aufzuweisen, ist deswegen eine Herausforderung für die Vertreter einer naturalisierten Epistemologie. Eine Möglichkeit, BonJour anzugreifen, ist zu zeigen, daß der epistemische Internalismus nicht erfüllbare Anforderungen an Rechtfertigungen stellt. Das ist die Argumentationslinie, um die es im Folgenden gehen soll.

Ein wichtiges Argument gegen den Internalismus ist, daß er in einen Rechtfertigungsregreß führt. Der Grund dieses Regresses ist die internalistische Forderung nach einer Metarechtfertigung. Um eine *Meta*rechtfertigung handelt es sich, wenn ein Rechtfertigungsstandard selbst zum Gegenstand der Rechtfertigung wird. Wie der Regreß entsteht, werde ich im nächsten Abschnitt skizzieren. Der Schlüssel zu dem Problem besteht darin, einen Rechtfertigungsstandard zu finden, der keiner Metarechtfertigung mehr bedarf. Eine Rechtfertigungsform, die diese Bedingung erfüllt, meint BonJour in der Rechtfertigung a priori gefunden zu haben. Diese These wird im Mittelpunkt der Diskussion stehen. Wie ich zeigen möchte, begründet BonJour seine Behauptung jedoch nur unzureichend. Anschließend will ich deshalb selbst versuchen, ein - man könnte fast sagen transzendentales - Argument für diese These zu entwickeln.

II

Das internalistische Problem der Metarechtfertigung ist eigentlich nichts anderes als eine Verlängerung des seit der Antike bekannten epistemischen Regreßproblems:[5] Angenommen Rechtfertigung besteht in einem korrekten Schluß von Prämissen auf eine Konklusion. Damit ein solcher Schluß gerechtfertigt ist, müssen seine Prämissen gerechtfertigt sein. Besteht ihre

---

[3] Ich beziehe mich vor allem auf BonJour 1985 und BonJour 1998.
[4] Kennzeichnend für die traditionelle Erkenntnistheorie ist z.B. der epistemische Internalismus, das Festhalten an a priori Rechtfertigung und der Fundamentalismus. Zu einer umfassenden Merkmalsliste vgl. Grundmann 1999a. Zur Ablehnung des Naturalismus vgl. BonJour 1994.
[5] Vgl. Sextus Empiricus: Grundriß der pyrrhonischen Skepsis, I, 164ff. Dort findet sich auch das Problem der Metarechtfertigung als Regreß des Wahrheitskriteriums, wobei es allerdings - im Unterschied zu der hier vertretenen Rechtfertigungsauffassung - um ein infallibles Wahrheitskriterium geht (ebda, II, 20).

Rechtfertigung in einem weiteren Schluß, so müssen die Prämissen dieses Schlusses wiederum gerechtfertigt sein etc.; ein unendlicher Regreß droht.

Um dem Internalismus Genüge zu leisten, braucht das epistemische Subjekt nun Gründe, die die Wahrheit seiner Überzeugungen wahrscheinlich machen. Diese Gründe müssen ihm kognitiv zugänglich sein. Die Rechtfertigungsforderung des Internalismus kann aber auf diese Gründe selbst wiederum angewandt werden. Eine Person muß also auch rechtfertigen können, daß Evidenzen der vorliegenden Art die Wahrheit von Überzeugungen eines bestimmten Typs wahrscheinlich machen. Betrachten wir ein Beispiel: Angenommen man vertritt eine Kohärenztheorie empirischer Rechtfertigung. Eine Person wäre dann gerechtfertigt zu glauben, daß eine Überzeugung p wahr ist, wenn p Teil ihres kohärenten Meinungssystems ist. Gemäß der in (i) und (ii) formulierten Auffassung des Internalismus muß dieser Person die Adäquatheit ihrer Gründe kognitiv zugänglich sein. Ein Grund ist genau dann adäquat, wenn er die Wahrheit von p wahrscheinlich macht. Die Kohärenz einer Überzeugung mit dem Meinungssystem der betreffenden Person ist also nur dann ein adäquater Grund für p, wenn kohärente Überzeugungssysteme wahrscheinlich wahr sind. Gefordert ist somit eine Metarechtfertigung der Wahrheitszuträglichkeit von Kohärenz.[6] Einzig die Aufgabe der internalistischen Forderung nach kognitiv zugänglichen Gründen - also der Externalismus - könnte diese Folgerung umgehen.

Doch anhand welcher Verfahren können Rechtfertigungsstandards selbst gerechtfertigt werden? Ein Regreß oder Zirkel erscheint unvermeidlich: Entweder bedarf der für die Metarechtfertigung verwendete Rechtfertigungsstandard seinerseits einer unabhängigen Rechtfertigung oder es wird dasselbe Rechtfertigungsverfahren verwendet, das allererst gerechtfertigt werden soll. Aus dieser Situation gibt es anscheinend nur einen Ausweg. Es muß ein selbstgenügsamer Standard der Rechtfertigung gefunden werden, der keiner Metarechtfertigung bedarf. Ein aussichtsreicher Kandidat für eine Rechtfertigungsform, die diese Bedingung erfüllt, ist die Rechtfertigung a priori.[7] Ob apriorische Rechtfertigung diese Funktion übernehmen kann, soll nun geprüft werden. Insbesondere müssen wir sehen, ob sie einer Metarechtfertigung bedarf und wie eine solche aussehen könnte. Doch zunächst einmal ist es notwendig, genau zu bestimmen, was a priori Rechtfertigung überhaupt ist.

---

[6] Das Problem der Metarechtfertigung entsteht jedoch unabhängig davon, ob eine Kohärenztheorie der empirischen Rechtfertigung oder ein Fundamentalismus vertreten wird (vgl. Misselhorn 1999a).
[7] Deshalb rechtfertigte auch BonJour die Wahrheitszuträglichkeit der Kohärenztheorie durch einen a priori Schluß auf die beste Erklärung (vgl. BonJour 1985).

III

Kennzeichnend für apriorische Rechtfertigung ist ihre Unabhängigkeit von der Erfahrung. Erfahrung umfaßt in BonJours Verständnis jede Art von perzeptuellem Vorgang, für den gilt:

(a) er ist eine kausal bedingte Antwort auf partikuläre, kontingente Verhältnisse der Welt.

(b) er verursacht doxastische Zustände, deren Gehalt (vermeintliche) Informationen über partikuläre, kontingente Verhältnisse der aktuellen Welt trägt.[8]

Erfahrungsunabhängig ist ein Rechtfertigungsverfahren demnach, wenn die Negation dieser beiden Bedingungen zutrifft. Es darf sich also nicht um eine kausal bedingte Antwort auf partikuläre, kontingente Verhältnisse in der aktuellen Welt handeln. Außerdem darf sich a priori Rechtfertigung keinem Prozeß verdanken, der doxastische Zustände verursacht, deren Gehalt Informationen über partikuläre, kontingente Verhältnisse der aktuellen Welt trägt. Beide Bedingungen schließen aber nicht von vornherein aus, daß es sich bei der Rechtfertigung a priori um einen kausalen Prozeß handelt. Die Bedingungen für die Erfahrungsunabhängigkeit lassen aber zwei Lesarten zu. In der ersten Lesart muß es sich bei der a priori Rechtfertigung um eine Reaktion auf notwendige Sachverhalte handeln, also Sachverhalte, die in allen möglichen Welten gelten. Der Gehalt der mentalen Zustände, die a priori gerechtfertigt sind, trägt dann ebenfalls Informationen über notwendigerweise geltende Sachverhalte. A priori Rechtfertigung könnte sich demnach nur auf notwendige Wahrheiten erstrecken. Das ist wohl BonJours Lesart der Bedingungen.

Es gibt jedoch m.E. einen weiteren Fall, den die Bedingungen einschließen. A priori Rechtfertigung könnte nämlich auch Propositionen umfassen, die sich auf alle möglichen Welten beziehen, aber nicht in allen möglichen Welten wahr sind, also Propositionen des Typs „Es ist möglich, daß p", d.h. p ist in (mindestens) einer möglichen Welt wahr. Solche Propositionen können zwar empirisch gerechtfertigt werden, indem von der Wirklichkeit auf die Möglichkeit geschlossen wird. Sie können aber auch unabhängig von der Erfahrung gerechtfertigt werden, wenn nur gezeigt werden soll, daß sie in irgendeiner möglichen Welt wahr sind, unabhängig davon, ob es die aktuelle Welt ist. Solche Überlegungen sind aber besonders für die philosophische Argumentation von großer Bedeutung. So hängen beispielsweise skeptische Argumente davon ab, daß skeptische Hypothesen möglicherweise wahr sind und wir nicht wissen, ob sie in der aktuellen Welt zutreffen. Der Skeptiker muß aber nicht rechtfertigen, daß sie tatsächlich in der aktuellen Welt wahr sind. A priori Rechtfertigung umfaßt deshalb nicht nur Notwendigkeitsaussagen, sondern auch Möglichkeitsaussagen,

---

[8] Vgl. BonJour 1999, 8.

solange ihre Rechtfertigung nicht von einem Prozeß abhängt, der die Bedingungen (a) und (b) erfüllt.⁹ Positiv gesprochen bezeichnet BonJour ein solches erfahrungsunabhängiges Rechtfertigungsverfahren auch als rationale Intuition.

IV

Vorhin wurde gezeigt, wie sich der Regreß der Metarechtfertigungen aus dem Internalismus ergab. Eine Frage drängt sich nun sofort auf: Warum soll dasselbe nicht auch für apriorische Rechtfertigung gelten? Muß nicht gezeigt werden, daß rationale Einsicht zu wahrscheinlich wahren Überzeugungen führt? Dann aber tut sich der Regreß aufs Neue auf.

BonJour weist diese Forderung jedoch zurück. Im Unterschied zur empirischen Rechtfertigung ist die rechtfertigende Eigenschaft im Fall der a priori Rechtfertigung keine unabhängige Eigenschaft, die eine Proposition nur kontingenterweise besitzt. Nehmen wir als Beispiel unsere Überzeugungen über die Außenwelt. Wir könnten (wenigstens prima facie) genau dieselben Überzeugungen über die Außenwelt haben, unabhängig davon, ob sie wahr oder falsch sind. Auch was die rechtfertigenden Eigenschaften angeht, würden sich diese Überzeugungen - egal ob wahr oder falsch - nicht unterscheiden. Sie könnten beispielsweise gleichermaßen kohärent sein. Deshalb bedarf es eines unabhängigen Grundes, daß Überzeugungen, die die rechtfertigende Eigenschaft besitzen, auch wahrscheinlich wahr sind. Das trifft im Fall der a priori Rechtfertigung nicht zu. In diesem Fall halten wir eine Proposition nicht für wahr, weil sie eine unabhängige Eigenschaft besitzt. Ihr Gehalt allein ist verantwortlich dafür, daß wir sie für wahr halten - soweit BonJours Auskunft zum Problem der Metarechtfertigung.

Man könnte jedoch die Adäquatheit dieser Antwort auf zwei Weisen bezweifeln. (1) Müßte nicht gezeigt werden, daß wir den Gehalt der fraglichen Proposition auch richtig erfassen? Obwohl diese Frage berechtigt ist, möchte ich diesen Einwand hier nicht weiter verfolgen. (2) Es gibt jedoch noch ein zweites, weitaus interessanteres Argument für die Forderung nach einer Metarechtfertigung apriorischer Rechtfertigung. Nehmen wir an, wir halten wirklich bestimmte Propositionen allein aufgrund ihres propositionalen Gehalts für wahr. Könnte es nicht sein, daß es sich dabei lediglich um Denknotwendigkeiten handelt, die Wirklichkeit aber ganz anders verfaßt ist.¹⁰ Man könnte nun versucht sein, BonJours

---

⁹ Diese Erweiterung ist auch deshalb unbedenklich, weil BonJour die Beziehung zwischen Notwendigkeit und a priori Rechtfertigung ebenfalls nicht strikt auffaßt. Er akzeptiert im Anschluß an Kripke auch notwendige Wahrheiten, die a posteriori gerechtfertigt sind.
¹⁰ Ähnliche Überlegungen sind von Barry Stroud gegen die Möglichkeit transzendentaler Argumente hervorgebracht worden (vgl. Stroud 1968). BonJour erwägt ein vergleichbares Problem in dem Abschnitt *Concepts and Reality* (BonJour 1999, 149-152), ohne allerdings dessen Relevanz wirklich zu erfassen.

semantische Überlegungen zur Lösung dieses Problems anzuführen. Gemäß seiner - m.E. im Feld semantischer Theorien einzigartigen - Konzeption mentalen Gehalts, enthalten mentale Zustände genau dieselben Universalien als Konstituenten, die auch in der Welt instantiiert sind. Unter dieser Bedingung ist es nicht weiter erstaunlich, daß wir die notwendigen Beziehungen zwischen Eigenschaften allein aufgrund unseres Denkens erfassen können. Doch BonJour kann nicht legitimerweise von diesem Argument Gebrauch machen, um die Forderung nach einer Metarechtfertigung zurückzuweisen. Wie nämlich soll seine Theorie des Gehalts selbst gerechtfertigt sein? Entweder sie ist a priori gerechtfertigt, dann hätten wir es mit einem Zirkel zu tun. Oder sie wird anhand eines anderen Verfahrens gerechtfertigt, dessen Wahrheitszuträglichkeit dann wiederum erst erwiesen werden müßte. Diese Option würde also erneut in den Regreß führen.[11] BonJours semantische Theorie kann daher nur den Status einer Erklärung der Möglichkeit apriorischer Rechtfertigung besitzen, aber nicht ihrer Rechtfertigung dienen.

V

Gibt es also keine Möglichkeit, dem Regreß der Metarechtfertigung zu entgehen? Ich möchte nun versuchen, ein Argument dafür zu entwickeln, daß eine Metarechtfertigung rationaler Anschauung nicht sinnvollerweise gefordert werden kann. Man könte dieses Argument als transzendental bezeichnen, da es zeigen soll, daß die Forderung nach einer Metarechtfertigung rationaler Intuition die Wahrheitszuträglichkeit dieses Verfahrens selbst schon voraussetzen muß. Der Vorteil einer solchen indirekten Argumentationsweise liegt auf der Hand. Da es sich nicht um eine positive Form der Metarechtfertigung handelt, ist der Regreß gestoppt. Andererseits wird einer vernünftigen Form des Internalismus Genüge geleistet, dergemäß jemand gerechtfertigt ist, eine Proposition p zu glauben, wenn er in der Lage ist, jede sinnvolle Infragestellung der Rechtfertigung von p zu beantworten.

Wie gesehen, ergab sich die Forderung, die Wahrheitszuträglichkeit apriorischer Rechtfertigung zu zeigen, aus folgender Überlegung: Ist es nicht möglich, daß wir zwar bestimmte Propositionen allein aufgrund ihres Gehalts (den wir richtig erfassen) für wahr halten, die Wirklichkeit aber unserem Denken gar nicht entspricht? Wir würden dann eine Proposition für notwendigerweise oder möglicherweise wahr halten, aber warum sollte diese Proposition auch wirklich notwendigerweise oder auch nur möglicherweise wahr sein? Die Annahme apriorischer Rechtfertigung erfordert demnach einen unzulässigen Schluß vom Denken auf das Sein.

---

[11] Zu diesem Argument vgl. auch Grundmann 1999b.

Welchen Status beansprucht dieses Argument? Es kann offenbar kein empirisches Argument sein, denn in diesem Fall wären Evidenzen nötig, die zeigen, daß unser Denken tatsächlich der Wirklichkeit nicht entspricht. Solche Evidenzen kann es aber aus prinzipiellen Gründen nicht geben, da sie einen unabhängigen Zugang zur Wirklichkeit voraussetzen. Also ist es nur *möglich*, daß unser Denken der Wirklichkeit nicht entspricht, d.h. es gibt mindestens eine mögliche Welt, in der es so ist. Da die Möglichkeit dieser Proposition nicht durch ihre Wirklichkeit gezeigt werden konnte, kann diese Möglichkeitsaussage selbst nur durch rationale Intuition gerechtfertigt sein. Damit ist aber schon vorausgesetzt, daß etwas, das wir für möglich halten, auch tatsächlich möglich ist. Die Formulierung des Einwands setzt also bereits das Vertrauen auf die Wahrheitszuträglichkeit rationaler Intuition voraus.

Gegen dieses Argument sehe ich verschiedene Einwände. Zunächst könnte man meinen, allein der Realismus impliziere bereits logisch die Möglichkeit, daß unser Denken der Wirklichkeit nicht entspricht. Betrachtet man die Sachlage jedoch genauer, so ist dieser Schluß ein *non sequitur*. Aus der Annahme einer geistunabhängigen Welt folgt nur die Möglichkeit der Falschheit jeder einzelnen unserer Überzeugungen. Es folgt nicht, daß alle unsere Überzeugungen auf einmal falsch sein können. In der Sprache möglicher Welten ausgedrückt, gibt es zwar für jede a priori gerechtfertigte Überzeugung mindestens eine mögliche Welt, in der sie falsch ist. Es folgt aber nicht, daß es auch eine mögliche Welt gibt, in der sie alle falsch sind. Aus dem Realismus läßt sich also lediglich ein Argument für die Fallibilität apriorischer Rechtfertigung gewinnen, nicht jedoch ein genereller Skeptizismus gegenüber a priori gerechtfertigten Propositionen.

Weiterhin stellt sich die Frage, ob es andere Möglichkeiten gibt, ein empirisches Argument gegen a priori Rechtfertigung zu konstruieren. Vielleicht können die fraglichen modalen Intuitionen auf eine andere Weise empirisch gerechtfertigt werden als durch einen Schluß von der Wirklichkeit auf die Möglichkeit. Folgende Überlegungen zeigen jedoch, warum ein Einwand gegen apriorische Rechtfertigung prinzipiell nicht auf der Basis empirischer Evidenzen erhoben werden kann. Unter den Bedingungen des Internalismus darf nämlich die Rechtfertigung empirischer Überzeugungen nicht einfach vorausgesetzt werden. Die Wahrheitszuträglichkeit empirischer Rechtfertigungsverfahren bedurfte vielmehr selbst einer Rechtfertigung. Um einen Zirkel zu vermeiden, mußte diese Metarechtfertigung a priori erbracht werden. Deshalb kann bei der Kritik apriorischer Rechtfertigung nicht auf empirische Überzeugungen zurückgegriffen werden.[12]

---

[12] Wenn dieses Argument stimmt, spricht es auch gegen die Reduktion apriorischer Rechtfertigung auf analytische Urteile. Denn die Wahrheitszuträglichkeit empirischer Rechtfertigungsverfahren kann nicht auf der Grundlage einer Bedeutungsanalyse allein gerechtfertigt werden.

Am schwierigsten erscheint es mir, mit folgendem Einwand umzugehen. Muß denn ein Skeptiker seinen Zweifel überhaupt begründen? Kann er sein Argument nicht als *reductio ad absurdum* allein auf der Grundlage derjenigen Annahmen machen, die sein Gegner akzeptiert. Er könnte dann problemlos von der a priori Rechtfertigung der empirischen Rechtfertigungsverfahren ausgehen. Unter der Voraussetzung einer apriorischen Metarechtfertigung empirischer Rechtfertigungsverfahren würde sich dann die Unzuverlässigkeit rationaler Intuition erweisen. Dieses Verfahren parasitärer Argumentation, die lediglich die inneren Konsequenzen unseres Rechtfertigungsbegriffs expliziert, wäre analog zu den erfolgversprechendsten Argumenten für den empirischen Skeptizismus.[13]

Es gibt jedoch m.E. einen bedeutenden Unterschied in der Argumentation für einen apriorischen und einen empirischen Skeptizismus. Während der empirische Skeptizismus problemlos das Instrumentarium der Logik voraussetzen kann, gilt das gleiche nicht für den Skeptizismus bezüglich a priori Rechtfertigung. Wie nämlich sollen die Prinzipien der Logik und das Schlußfolgern selbst gerechtfertigt sein? Nehmen wir mit BonJour an, sie können nicht analytisch sein, d.h. ihre Rechtfertigung ist entweder empirisch oder a priori. Aufgrund des Internalismus kommt eine empirische Rechtfertigung nicht in Frage (s.o.). A priori können sie aber ebensowenig gerechtfertigt sein, denn die Wahrheitszuträglichkeit apriorischer Rechtfertigung wird ja gerade bezweifelt. Der Skeptizismus scheint sich somit seine eigene Argumentationsbasis zu entziehen.

Kann aber die Logik nicht ebenso wie die apriorische Rechtfertigung der Wahrheitszuträglichkeit empirischer Rechtfertigungsverfahren im Rahmen einer *reductio* vorausgesetzt werden, ohne begründet werden zu müssen? Das halte ich für wenig plausibel. Jeder Skeptiker muß immerhin in Anspruch nehmen, daß sein Argument die absurden Konsequenzen des in Frage stehenden Begriffs zeigt. Anders als die *reductio ad absurdum* des empirischen Skeptizismus stellt daher das Argument gegen a priori Rechtfertigung die Grundlagen rationaler Argumentation überhaupt in Frage. Das gilt jedenfalls, solange wir an der Voraussetzung des epistemischen Internalismus festhalten wollen. Diese Konsequenz ist eigentlich nicht erstaunlich. Wenn meine Vermutung stimmt, so ist a priori Rechtfertigung der Endpunkt aller Rechtfertigungsbemühungen. Während jedes andere Rechtfertigungsverfahren mit Hilfe anderer Formen der Rechtfertigung in Frage gestellt werden kann, gilt das für diesen Endpunkt nicht. Anders formuliert, ist das Vertrauen darauf, daß die Vernunft etwas darüber aussagt, wie die Dinge sich verhalten, eine Voraussetzung der kritischen Bewertung von Rechtfertigungsansprüchen.

---

[13] Zur Rekonstruktion der Argumentation des empirischen Skeptizismus vgl. Grundmann/Stüber 1996.

Literatur:

BonJour, L.:
- (1985): The Structure of Empirical Knowledge, Cambridge/MA.
- (1986): Can Empirical Knowledge have a Foundation?, in: Empirical Knowledge. Readings in Contemporary Epistemology, ed. by K.Moser.
- (1994): Against Naturalized Epistemology, in: Midwest Studies in Philosophy Vol. XIX: Philosophical Naturalism, ed. by P.A. French/ T.E. Uehling, jr./H.K.Wettstein, Notre Dame.
- (1998): In Defense of Pure Reason, Cambridge.
- (1999): The Dialectic of Foundationalism and Coherentism, in: The Blackwell Guide to Philosophy, ed. by J. Greco/E. Sosa, Malden/MA; Oxford.

Burge, T. (1996): Our Entitlement to Self-Knowledge, in: Proceedings of the Aristotelian Society XCVI.

Grundmann, Th.:
- (1999a): Einleitungsvortrag der Konferenz *Challenges to Traditional Epistemology* 14.-16.1.99 in Tübingen (deutsche Übersetzung im Erscheinen).
- (1999b): The Problem of Normative Epistemology, Ms.

- /Stüber, K. (1996): Philosophie der Skepsis, Paderborn.

Misselhorn, C. (1999): Internalism and the Dialectic of Foundationalism and Coherentism, Vortrag bei der Konferenz *Challenges to Traditional Epistemology* 14.-16.1.99 in Tübingen (deutsche Übersetzung im Erscheinen).

Platon: Theaitetos, in: Werke in 8 Bänden. Griechisch und Deutsch, hg. von G. Eigler, bearbeitet von P. Staudacher, übersetzt von F. Schleiermacher, Darmstadt 1990^2, Bd. VI.

Sextus Empiricus: Grundriß der pyrrhonischen Skepsis, Frankfurt a.M. 1993^2.

Stroud, B. (1968): Transzendental Arguments, in: The Journal of Philosophy Vol. LXV, No.9.

Mike Sandbothe
MEDIENPHILOSOPHIE ZWISCHEN THEORETIZISMUS UND PRAGMATISMUS
Überlegungen zur Standortbestimmung einer philosophischen Disziplin

Im Kontext zeitgenössischer medienphilosophischer Reflexionen lassen sich zwei unterschiedliche Vorschläge für das Selbstverständnis der in Entwicklung befindlichen Disziplin der Medienphilosophie voneinander abgrenzen. Einerseits wird Medienphilosophie im Anschluß an die Fundierungsvorhaben, die im 19. und 20. Jahrhundert von Erkenntnis-, Wissenschafts- und Sprachphilosophie formuliert worden sind, als eine mögliche neue Fundamentaldisziplin innerhalb des Kanons der Fachphilosophie aufgefaßt. Andererseits wird das Projekt der Medienphilosophie mit einer Neuorientierung des philosophischen Selbstverständnisses in Verbindung gebracht, die Richard Rorty als „pragmatische Wende"[1] bezeichnet hat. Damit ist der Übergang zu einem Philosophieren gemeint, in dessen Zentrum nicht mehr die theoretizistische Frage nach dem abbildenden oder konstruierenden Wirklichkeitsbezug unserer sprachlichen Erkenntnisleistungen, sondern statt dessen die anti-theoretizistische Frage nach der Nützlichkeit unseres Denkens im Rahmen moralisch, politisch und sozial zu bestimmender Handlungskontexte steht. Sowohl die theoretizistische als auch die pragmatische Konzeption von Medienphilosophie lassen sich durch ihr Verhältnis zum „linguistic turn"[2] näher bestimmen, den die moderne Philosophie im zwanzigsten Jahrhundert vollzogen hat.

1) DIE THEORETIZISTISCHE AUFGABENBESTIMMUNG DER MEDIENPHILOSOPHIE

Der zentrale Anspruch der theoretizistischen Konzeption von Medienphilosophie besteht darin, den linguistic turn medientheoretisch zu unterlaufen und ihn auf tieferliegende Fundamente zu stellen. Dabei lassen sich zwei Fundierungsbewegungen unterscheiden, die in engem Zusammenhang miteinander stehen. Die erste Bewegung unterläuft den linguistic turn, indem sie der gesprochenen Sprache, die im Zentrum linguistischen Philosophierens steht, eine Pluralität piktorialer, graphischer, taktiler, motorischer, akustischer und anderer Zeichensysteme als gleichberechtigte Dimensionen medialer Sinnkonstitution zur Seite stellt. Die zweite Fundierungsbewegung rekurriert auf die *materiale* Verfaßtheit der mediengestützten Zeichensysteme, in denen menschliche Wesen Sinn erzeugen und Wirklichkeit interpretieren. Die Akzentuierung der „Materialität der Kommunikation"[3] kann zunächst bei der gesprochenen Sprache ansetzen. Sie muß nicht notwendig die für die erste Fundierungsbewegung charakteristische *horizontale* Dezentrierung der gesprochenen Sprache mitvollziehen. Denn im Unterschied zur ersten unterläuft die zweite Fundierungsbewegung den linguistic turn *vertikal*, d.h. durch vertiefende Analyse der seinem Gegenstand von seiner materiellen Seite her zugrundeliegenden Gesetzmäßigkeiten.

---

[1] Richard Rorty, *Der Spiegel der Natur. Eine Kritik der Philosophie*, Frankfurt a.M., Suhrkamp, 1987, S. 168 (im Original zuerst: *Philosophy and the Mirror of Nature*, Princeton/New Jersey, Princeton University Press, 1979).

[2] Gustav Bergmann, *Two Types of Linguistic Philosophy*, in: ders., The Metaphysics of Logical Positivism, New York und London, Longmans & Green, 1954, S. 106-131, hier: S. 106 u.ö. (zuerst in: *The Review of Metaphysics*, Bd. 5, März 1952, S. 417-438, hier: S. 417 u.ö.). Siehe auch *The Linguistic Turn. Essays in Philosophical Method*, hrsg. von Richard Rorty, Chicago, The University of Chicago Press, 1967.

[3] *Materialität der Kommunikation*, hrsg. von Hans Ulrich Gumbrecht und K. Ludwig Pfeiffer, Frankfurt a.M., Suhrkamp, 1988.

Beide Strategien der medienphilosophischen Vertiefung des linguistic turn lassen sich paradigmatisch am Beispiel von Jacques Derridas *De la grammatologie* (1967) vor Augen führen. Derridas frühes Hauptwerk darf im Anschluß an die medienhistorischen Arbeiten von Harold A. Innis[4] aus den fünfziger Jahren sowie die medienphilologischen Forschungen von Eric A. Havelock[5] und die kultur- und medientheoretischen Reflexionen von Jack Goody, Ian Watt[6] und Marshall McLuhan[7] aus der ersten Hälfte der sechziger Jahre als Initialzündung der philosophischen Medientheorie in der zweiten Hälfte unseres Jahrhunderts gelten. Am Beispiel Derridas läßt sich zugleich verdeutlichen, wie eng die beiden Fundierungsbewegungen, die für die theoretizistische Konzeption der Medienphilosophie charakteristisch sind, miteinander zusammenhängen.

Um dies in den Blick zu bringen, setze ich zunächst bei der vertikalen Fundierungsbewegung an. Die kritische Grundthese der *Grammatologie* bezieht sich auf die spezifische Auszeichnung, welche die gesprochene Sprache im Denken des Abendlandes seit jeher implizit und im Vollzug des linguistic turn schließlich explizit erfahren hat. Derridas Ansicht zufolge ergibt sich die medientheoretisch zu problematisierende These vom philosophischen Vorrang der gesprochenen Sprache durch die spezifische Materialität oder besser: vermeintliche Immaterialität desjenigen Mediums, in dem sich Sprechen vollzieht. Bei der Analyse dieses Mediums geht Derrida in zwei Schritten vor. Jeder dieser beiden Schritte thematisiert einen unterschiedlichen Aspekt der medialen Materialität der gesprochenen Sprache. Im ersten Schritt geht es um deren offensichtlichen Lautcharakter, im zweiten um ihre verborgene Schriftsignatur. Beide Schritte zusammen machen die vertikale Fundierungsbewegung aus, durch die Derrida den linguistic turn medienphilosophisch zu unterlaufen versucht.

Um die spezifische Eigenart des Lautcharakters gesprochener Sprache in den Blick zu bringen, legt Derrida einen besonderen Akzent auf den Sachverhalt, daß wir, wenn wir einen Satz artikulieren, das Gesagte nicht nur als Mitteilung auf einen Kommunikationspartner hin veräußerlichen, sondern den artikulierten Satz zugleich immer auch in uns selbst vernehmen. Dieses für die menschliche Stimme charakteristische Phänomen bezeichnet Derrida als „System des ‚Sich-im-Sprechen-Vernehmens'".[8] Die einseitige Ausrichtung der abendländischen Philosophie an der Phänomenologie dieses Systems führt Derrida zufolge dazu, daß das Medium der „Lautsubstanz"[9], in dem sich Sprechen vollzieht, „als nicht-äußerlicher, nicht-weltlicher, also nicht-empirischer oder nicht-kontingenter Signifikant"[10] erscheint. Damit aber, so Derridas Kritik, wird die faktische Veräußerlichung, die sich nicht erst im Akt der an einen Gesprächspartner gerichteten Kommunikation, sondern

---

[4] Harold A. Innis, *Empire and Communications*, Oxford, Oxford University Press, 1950; *The Bias of Communication*, London und Toronto, Toronto University Press, 1951.
[5] Eric A. Havelock, *Preface to Plato*, Cambridge (Mass.) und London, Harvard University Press 1963.
[6] Jack Goody und Ian Watt, *Konsequenzen der Literalität*, in: dies. und Kathleen Gough, *Entstehung und Folgen der Schriftkultur*, Frankfurt a.M., Suhrkamp, 1986, S. 63-122 (im Original zuerst in: *Comparative Studies in Society and History*, Bd. 5, 1963, S. 304-345).
[7] Marshall McLuhan, *Die Gutenberg-Galaxis. Das Ende des Buchzeitalters*, Düsseldorf und Wien, Econ, 1968 (im Original zuerst.: *The Gutenberg Galaxy. The Making of Typographic Man*, London und Toronto, Toronty University Press, 1962); ders., *Die magischen Kanäle. Understanding Media*, Düsseldorf und Wien, Econ, 1968 (im Original zuerst: *Understanding Media. The Extensions of Man*, London und New York, McGraw-Hill, 1964).
[8] Jacques Derrida, *Grammatologie*, Frankfurt a.M., Suhrkamp, 1983, S. 19 (im Original zuerst: *De la grammatologie*, Paris, Les Éditions Minuit, 1967)
[9] Derrida, *Grammatologie*, a.a.O., S. 19.
[10] Derrida, *Grammatologie*, a.a.O., S. 19.

bereits im Sich-im-Sprechen-Vernehmen selbst vollzieht, zugunsten der Hypostasierung einer innerlichen und unmittelbaren Präsenz des Sinns ausgeblendet.

Diese von Derrida als „phonozentrisch"[11] kritisierte Hypostasierung führt zu einer systematischen Unterbelichtung der medialen Komplexität, die der Gesamtverfassung menschlicher Rede eigen ist. Diesen Sachverhalt arbeitet Derrida heraus, indem er die verborgene Schriftsignatur der gesprochenen Sprache freilegt. Damit komme ich zum zweiten Schritt der von Derrida vollzogenen vertikalen Fundierungsbewegung. Nimmt man die vom Phonozentrismus als Degradierung gemeinte Bestimmung der Schrift als supplementärer „Signifikant des Signifikanten"[12] oder als tertiäres „Zeichen der Zeichen"[13] beim Wort und verwendet sie als Modell für das Funktionieren der gesprochenen Sprache selbst, erhält man „einen modifizierten Schriftbegriff"[14], von dem Derrida auch als der „generalisierte[n] Schrift"[15] oder der „Ur-Schrift"[16] spricht. Die Ur-Schrift bezeichnet eine semiotische Verweisungsstruktur, derzufolge sich der Sinn eines jeden Zeichens – und d.h. auch der Sinn des gesprochenen Wortes, also die Bedeutung des Logos - aus der Relation zu anderen Zeichen ergibt. Diese zeichenrelationale Verweisungsstruktur bezeichnet Derrida als „différance".[17] Die Grammatologie ist als Wissenschaft von der Ur-Schrift und als philosophische Analyse des für diese kennzeichnenden Sinnerzeugungsmechanismus der différance zugleich eine allgemeine Semiotik in dem Sinn, daß sie das auf die gesprochene Sprache hin rückgebundene Konzept der phonetischen Schrift auf ein breites Spektrum grammatologisch zu beschreibender Zeichensysteme hin öffnet.

Die „erweiterte und radikalisierte"[18] Verwendungsweise des Schriftbegriffs hat sich Derrida zufolge im zeitgenössischen Denken längst festgesetzt. Das Denken der Gegenwart verwendet das Wort Schrift „nicht allein um die physischen Gesten der piktographischen, der ideographischen oder der Buchstabenschrift zu bezeichnen, sondern auch die Totalität dessen, was sie ermöglicht; dann über den Signifikanten hinaus das Signifikat selbst, sowie all das, was Anlaß sein kann für Ein-Schreibung überhaupt, sei sie nun alphabetisch oder nicht, selbst wenn das von ihr in den Raum Ausgestrahlte nicht im Reich der Stimme liegt: Kinematographie, Choreographie, aber auch ‚Schrift' des Bildes, der Musik, der Skulptur usw."[19] Das Eigenrecht und die Eigenständigkeit, aber auch die Gleich-Ursprünglichkeit und transversale Verflochtenheit der beschriebenen Pluralität von piktorialen, graphischen, taktilen, motorischen, akustischen und anderen Zeichensystemen stehen im Zentrum der horizontalen Fundierungsbewegung, die Derrida auf der Grundlage der ihr vorgeschalteten vertikalen Fundierungsbewegung vollzieht. Beide Fundierungsbewegungen unterlaufen den Phonozentrismus, indem sie die Bedingungen der Möglichkeit von Sinnkonstitution als Spiel von Differenzen dechiffrieren. Ein Spiel, das sich der formalen Figur der différance verdankt, die in sich selbst keinen Sinn hat, da sie sich aus der materialen Kontingenz derjenigen Medien ergibt, in denen und als die sie sich ereignet.

---

[11] Vgl. Derrida, *Grammatologie*, a.a.O., S. 25f.
[12] Derrida, *Grammatologie*, a.a.O., S. 17.
[13] Derrida, *Grammatologie*, a.a.O., S. 75.
[14] Derrida, *Grammatologie*, a.a.O., S. 97.
[15] Derrida, *Grammatologie*, a.a.O., S. 97.
[16] Derrida, *Grammatologie*, a.a.O., S. 99.
[17] Vgl. hierzu ausführlich Jacques Derrida, *Die différance*, in: ders. *Randgänge der Philosophie*, Wien, Passagen, 1988, S. 29-52 (im Original zuerst in: *Bulletin de la Société française de philosophie*, Juli-September 1968).
[18] Derrida, *Grammatologie*, a.a.O., S. 23.

Derridas dekonstruktive Medienphilosophie darf als Paradigma für eine Vielzahl von unterschiedlichen medientheoretischen Konzepten gelten, die gegenwärtig diskutiert werden. Das Spektrum reicht von Friedrich Kittlers Medienmaterialismus über Niklas Luhmanns autopoietische und Paul Virilios dromologische Medientheorie bis hin zu einem breiten Feld von Autorinnen und Autoren, die Peter Koch und Sybille Krämer unter dem Stichwort einer „medienkritische(n) Wende in den Geisteswissenschaften"[20] vereint sehen. Im Zentrum dieser medientheoretischen Entwürfe steht die theoretizistische Frage nach den Möglichkeitsbedingungen der Erzeugung von Sinn und der Konstitution von Wirklichkeit. Im Unterschied zu ihren erkenntnis-, wissenschafts- und sprachphilosophischen Vorläuferdisziplinen rekurriert die Medienphilosophie zur Beantwortung dieser Frage nicht allein auf transzendentalphilosophische, wissensmethodische, formallogische oder grammatische Regelsysteme, sondern darüber hinaus auf die diesen zugrundeliegenden medialen Rahmenbedingungen. Als ‚theoretizistisch' bezeichne ich den gesamten Problemzusammenhang, weil darin von allen *konkreten* Interessenzusammenhängen und allen *bestimmten* Zielsetzungen menschlicher Gemeinschaften abstrahiert wird. Die theoretizistische Aufgabenbestimmung der Medienphilosophie zielt auf die Verfassung unseres Selbst- und Weltverständnisses insgesamt und damit auf einen Bereich, der hinter dem Rücken aller praktischen Nützlichkeitshorizonte liegen und diese selbst erst hervorbringen, begründen oder legitimieren soll.

2) DIE PRAGMATISCHE AUFGABENBESTIMMUNG DER MEDIENPHILOSOPHIE

Im Unterschied zur theoretizistischen setzt die pragmatische Aufgabenbestimmung der Medienphilosophie inmitten von kulturell und historisch vorgegebenen praktischen Interessenzusammenhängen und soziopolitischen Zielsetzungen an. Das läßt sich paradigmatisch am Beispiel ausgewählter Überlegungen vor Augen führen, die der amerikanische Vordenker des Neo-Pragmatismus Richard Rorty vorgelegt hat.[21] Im Unterschied zu Derrida hat sich Rorty mit medienphilosophischen Fragestellungen bisher nur beiherspielend auseinandergesetzt. Gleichwohl lassen sich seinen verstreuten Bemerkungen zu diesem Themenfeld die Grundlinien einer pragmatischen Medienphilosophie entnehmen. Zuvor aber ist die pragmatische Grundposition kurz zu umreißen, die Rortys Medienbemerkungen zugrunde liegt.

Donald Davidsons Kritik am „Dualismus von Schema und Inhalt"[22] bildet den Ausgangspunkt für Rortys Vorschläge zur Entwicklung eines pragmatischen Vokabulars der Philosophie. Davidsons Überlegungen lassen sich als Kritik an einem Verständnis von Philosophie lesen, in dessen Zentrum die von Davidson als ‚empiristisch' charakterisierte Frage nach dem schematisierenden Wirklichkeitsbezug menschlicher Sprache steht. Die Urszene dieser Fragestellung ergibt sich Davidson zufolge aus der einfachen Vorstellung „von [einem] ordnenden System und etwas, was darauf wartet, geordnet zu werden".[23] Diese Urszene, so weiter Davidson, liege als „das dritte Dogma (...)

---

[19] Derrida, *Grammatologie*, a.a.O., S. 21.
[20] Peter Koch und Sybille Krämer, *Einleitung*, in: dies., *Schrift, Medien, Kognition. Über die Exteriorität des Geistes*, Tübingen, Stauffenburg Verlag, 1997, S. 12.
[21] Zur Vorgeschichte der pragmatischen Medienphilosophie bei Peirce, James, Nietzsche und Wittgenstein vgl. Mike Sandbothe, *Pragmatismus und philosophische Medientheorie*, in: *Repräsentation und Interpretation*, hrsg. von Evelyn Dölling, Reihe: Arbeitspapiere zur Linguistik, TU Berlin, 1998, S. 99-124.
[22] Donald Davidson, *Was ist eigentlich ein Begriffsschema?*, in: ders., *Wahrheit und Interpretation*, Frankfurt a.M., Suhrkamp, 1986, S. 261-282, hier: S. 270 (zuerst engl. in: *Proceedings and Addresses of the American Philosophical Association*, Bd. 47, 1974).
[23] Davidson, *Was ist eigentlich ein Begriffsschema?*, in: ders., *Wahrheit und Intepretation*, a.a.O., S. 270.

des Empirismus"[24] weiten Teilen der Gegenwartsphilosophie zugrunde. Diesem Dogma stellt Davidson den von ihm selbst vertretenen kohärenztheoretischen Holismus gegenüber.

Der Grundgedanke von Davidsons Kohärenztheorie kommt Derridas Überlegungen zur différance sehr nahe.[25] Derrida zufolge konstituiert sich der Sinn eines Zeichens nicht durch Bezug auf ein nicht-zeichenhaftes Gegebenes. Statt dessen besteht er in der Relation dieses Zeichens zu anderen Zeichen. Entsprechend formuliert Davidson: „Was eine Kohärenztheorie (...) auszeichnet, ist einfach die These, daß nichts als Grund für eine Meinung in Frage kommt, was nicht selbst eine Meinung ist. Ihre Anhänger bestreiten, daß das Bedürfnis oder die Frage nach einer andersartigen Quelle der Rechtfertigung überhaupt nachvollziehbar oder verständlich ist."[26] Im Unterschied zu Derrida zieht Davidson aus diesem Sachverhalt jedoch die Konsequenz, sich auf die behaviouristische Perspektive des bereits von Quine ins Spiel gebrachten linguistischen Feldforschers zu beschränken.[27] An die Stelle der theoretizistischen Frage nach dem Mechanismus der Konstitution von Sinn tritt bei Davidson ein Forschungsprogramm, dem es – wie Rorty zusammenfassend formuliert – darum geht, „eine ‚naturalistische' Erklärung sprachlichen Verhaltens"[28] zu geben.

Das Davidson-Programm zielt aus der Außenperspektive auf die externen Ursachen, die dazu führen, daß ein bestimmtes Zeichen in einer bestimmten Situation auf eine bestimmte Weise verwendet wird. Dabei ist sich Davidsons sprachwissenschaftlicher Ethnologe darüber im klaren, daß ihm bei der Beschreibung dieser Ursachen kein neutrales Verfahren zur Verfügung steht. Er kann nur versuchen, die Überzeugungen, die er den von ihm im Feld untersuchten Sprechern unterstellt, soweit wie möglich an diejenigen Überzeugungen anzupassen, die er selbst an die Situation heranträgt. Der linguistische Feldforscher ist sich zugleich dessen bewußt, daß die radikale Interpretation daheim beginnt. Er weiß, daß es über die Beziehung, die zwischen seinen eigenen Überzeugungen und der Welt besteht, „nicht mehr zu wissen gibt als das, was wir durch die empirische Untersuchung der kausalen Transaktionen zwischen Organismen und ihrer Umwelt in Erfahrung bringen können."[29]

Damit kommt ein pragmatischer Akzent in die Perspektive der Sprachphilosophie des linguistischen Feldforschers. Dieser Akzent läuft auf den Vorschlag hinaus, daß wir „die Grenze (...) zwischen dem Können einer Sprache und dem Sichauskennen in der Welt insgesamt"[30] beseitigen sollten. Folgt man diesem Vorschlag ergibt sich laut Davidson eine Konsequenz, die den Grundgedanken des linguistic turn auf andere Weise unterläuft als dies bei

---

[24] Davidson, *Was ist eigentlich ein Begriffsschema?*, in: ders., *Wahrheit und Intepretation*, a.a.O., S. 270.
[25] Vgl. Samuel C. Wheeler III, *Indeterminacy of French Interpretation: Derrida and Davidson*, in: *Truth and Interpretation. Perspectives on the Philosophy of Donald Davidson*, hrsg. von Ernest LePore, Oxford und Cambridge/Mass., Blackwell, 1986, S. 477-494.
[26] Donald Davidson, *Eine Kohärenztheorie der Wahrheit und der Erkenntnis*, in: *Analytische Erkenntnistheorie*, hrsg. von Peter Bieri, Frankfurt a.M, Beltz/Athenäum, 1987, S. 271-290, hier: S. 275 (im Original zuerst in: *Kant oder Hegel?*, hrsg. von Dieter Henrich, Stuttgart, Klett-Cotta, 1983, S. 423-438).
[27] Vgl. Willard Van Orman Quine, *Wort und Gegenstand (Word and Object)*, Stuttgart, Reclam, 1980, Kapitel II (zuerst: Cambridge/Mass., Technology Press of the MIT, 1960)
[28] Richard Rorty, *Pragmatismus, Davidson und der Wahrheitsbegriff*, in: *Die Wahrheit der Interpretation*, hrsg. von Eva Picardi und Joachim Schulte, a.a.O., S. 55-96, hier: S. 59.
[29] Rorty, *Pragmatismus, Davidson und der Wahrheitsbegriff*, in: *Die Wahrheit der Interpretation*, hrsg. von Eva Picardi und Joachim Schulte, a.a.O., S. 70.
[30] Donald Davidson, *Eine hübsche Unordnung von Epitaphen*, in: *Die Wahrheit der Interpretation*, hrsg. von Eva Picardi und Joachim Schulte, a.a.O., S. 203-227, hier: S. 226 (im Original zuerst in: *Truth and Interpretation. Perspectives on the Philosophy of Donald Davidson*, hrsg. von Ernest LePore, Oxford und Cambridge/Mass., Blackwell, 1986, S. 433-446).

Derrida der Fall ist. Diese Konsequenz besagt, „daß es so etwas wie eine Sprache gar nicht gibt".[31] Mit Derrida stellen wir uns sprachliche Kompetenz im weiten Sinn als Fähigkeit vor, innerhalb eines differentiell strukturierten und medial organisierten Zeichenschemas Inhalte zu formen und dadurch etwas als etwas unterscheidbar und identifizierbar zu machen. Davidsons Option läuft demgegenüber darauf hinaus, „sprachliche Kompetenz als eine Art Know-how [zu] denken"[32], d.h. als ein pragmatisches Instrumentarium, das es uns erlaubt, mit anderen Menschen und mit der nicht-menschlichen Umwelt zu interagieren.

Davidson folgend plädiert Rorty für einen Werkzeugbegriff des Mediums. Dabei werden Medien jedoch nicht – wie in der von Derrida kritisierten phonozentrischen Tradition – auf Werkzeuge zur sinnerhaltenden Übertragung von präexistenten Informationen reduziert. Vielmehr wird die Funktionsbestimmung des Mediums über den engen und für den Theoretizismus spezifischen Bereich der Bedingungen der Möglichkeit von Wirklichkeitserkenntnis hinaus auf den weiten Bereich menschlichen Handelns ausgedehnt. Menschliches Handeln wird von Rorty praktisch-politisch von den Gütern und Hoffnungen her verstanden, nach denen die Menschen in den westlichen Demokratien in den letzten zwei Jahrhunderten ihr öffentliches Verhalten – trotz aller Rückfälle – zunehmend auszurichten gelernt haben. Bei diesen Gütern und Hoffnungen handelt es sich um die für das politische Projekt der Aufklärung charakteristischen soziopolitischen Ideale der Vermehrung von Solidarität und der Verminderung von Grausamkeit und Demütigung im Zusammenleben der Menschen.[33]

Vor dem kontingenten, aber für uns heute zunehmend verbindlichen Hintergrund des euro-amerikanischen Liberalismus ergibt sich die pragmatische Aufgabenbestimmung der Medien aus dem Bestreben demokratischer Gesellschaften, „immer mehr Menschen in die eigene Gemeinschaft einzubeziehen."[34] Um Solidarität zu vermehren und Grausamkeit sowie Demütigung zu vermindern, bedarf es nach Rorty keiner tiefgreifenden philosophischen Moralbegründung. Denn „die moralische Entwicklung des einzelnen und der moralische Fortschritt der menschlichen Spezies insgesamt beruhen darauf, daß menschliche Ichs so umgestaltet werden, daß die Vielfalt der für diese Ichs konstitutiven Beziehungen immer umfassender wird."[35] Bei der pragmatischen Umsetzung dieses demokratischen Universalisierungsprojekts spielen aus Rortys Sicht die Medien eine wichtige Rolle. Im Zentrum steht dabei die praktische Wirksamkeit, die von erzählerischen Medien wie "Roman, Kino und Fernsehen"[36] ausgehen kann. Dabei geht es Rorty in erster Linie um die Inhalte, also die konkreten Erzählungen, die von den Medien angeboten werden. Sie sollen dazu beitragen, den Prozeß voranzubringen, „in dessen Verlauf wir allmählich andere Menschen als 'einen von uns' sehen statt als 'jene'."[37]

---

[31] Davidson, *Eine hübsche Unordnung von Epitaphen*, in: *Die Wahrheit der Interpretation*, hrsg. von Eva Picardi und Joachim Schulte, a.a.O., S. 227.
[32] Richard Rorty, *Sind Aussagen universelle Geltungsansprüche?*, in: *Deutsche Zeitschrift für Philosophie*, Bd. 42, 1994, S. 975-988, hier: S. 976.
[33] Vgl. hierzu und zum folgenden Richard Rorty, *Der Vorrang der Demokratie vor der Philosophie*, in: ders., *Solidarität oder Objektivität? Drei philosophische Essays*, Stuttgart, Reclam, 1988, S. 82-125; ders., *Hoffnung statt Erkenntnis. Eine Einführung in die pragmatische Philosophie*, Wien, Passagen, 1994, insbes. Kapitel III, S. 67-89; ders., *Menschenrechte, Vernunft und Empfindsamkeit*, in: ‚Kultur' und ‚Gemeinsinn', hrsg. von Jörg Huber und Alois Martin Müller, Basel und Frankfurt a.M., Stoemfeld/Roter Stern, 1994, S. 99-126.
[34] Rorty, *Hoffnung statt Erkenntnis*, a.a.O., S. 80.
[35] Rorty, *Hoffnung statt Erkenntnis*, a.a.O., S. 76.
[36] Richard Rorty, *Kontingenz, Ironie und Solidarität*, Frankfurt a.M., Suhrkamp, 1989, S. 16.
[37] Rorty, *Kontingenz, Ironie und Solidarität*, a.a.O., S. 16.

Versucht man Rortys Medienbemerkungen für eine Konzeption pragmatischer Medienphilosophie nutzbar zu machen, ergibt sich ein veränderter Blick auf das Gesamtgefüge der unterschiedlichen Mediensorten. Das System der Medien im weiten Sinn setzt sich zusammen aus sinnlichen Wahrnehmungsmedien (z. B. Raum und Zeit), semiotischen Darstellungsmedien (z.B. Bild, Sprache, Schrift und Musik) sowie technischen Verbreitungsmedien (z.B. Buchdruck, Radio, Fernsehen und Internet).[38] Während theoretizistische Medientheorien den Schwerpunkt ihrer linguistischen, grammatologischen oder bildtheoretischen Forschungen zumeist im Bereich der semiotischen Darstellungsmedien haben, akzentuiert die pragmatische Medienphilosophie den Peripheriebereich der technischen Verbreitungsmedien. Aus pragmatischer Perspektive erweist sich die medienpolitische Ausgestaltung gerade dieses äußeren Bereichs als zentraler Ansatzpunkt für die Ermöglichung langfristiger Veränderungen im Bereich der Wahrnehmungs- und Darstellungsmedien.

Ein anspruchsvolles Konzept pragmatischer Medienphilosophie geht dabei, was die Verhältnisbestimmung von Philosophie und Politik angeht, einen entscheidenden Schritt über Rorty hinaus. Aus Rortys Sicht ist die öffentlich-politische Sphäre der technischen Verbreitungsmedien scharf von den esoterischen Vokabularen der Philosophie abzugrenzen. Philosophische Vokabulare sind Rortys Ansicht nach als private Selbsterschaffungsprojekte ihrer Autorinnen und Autoren zu verstehen, über deren Relevanz für den Common Sense sich nur wenig sagen läßt. Und wenn philosophische Vokabulare doch einmal den Weg zum Common Man finden, was im Ausnahmefall auch nach Rorty durchaus passieren kann, dann geschieht dies „in the long run"[39], d.h. im Horizont von historischen Entwicklungen, die im Zeitmaßstab von Jahrhunderten zu messen sind. An dieser konservativen Einschätzung der Bedeutung der Philosophie sind meines Erachtens im Zeitalter der neuen Medientechnologien Korrekturen anzubringen. Führt doch der von Rorty selbst im ersten Kapitel seines Buches *Kontingenz, Ironie und Solidarität* beschriebene „Prozeß der wachsenden Geschwindigkeit von Veränderungen des europäischen Sprachverhaltens"[40] dazu, daß sich die philosophischen Grundlagen des Common Sense schneller und radikaler wandeln als Rorty zuzugeben bereit ist.[41]

Interpretiert man die technischen Medien der Moderne als Maschinen, mit deren Hilfe sich ganze Gesellschaften in relativ kurzer Zeit neue Weisen der sinnlichen und semiotischen Welterzeugung aneignen können, dann wird klar, daß Fragen der Medienpolitik genuin philosophische Dimensionen und philosophische Medientheorien eminent politische Aspekte haben. Pragmatische Medienphilosophie in diesem anspruchsvollen Sinn nimmt zwar Abstand von dem theoretizistischen Programm einer philosophischen Begründung unserer soziopolitischen Handlungshorizonte. Das bedeutet jedoch nicht, daß sie auf philosophische Tiefenschärfe insgesamt Verzicht leistet. Dieser Folgerung, die von Rortys Plädoyer für eine „post-Philosophical culture"[42] nahegelegt wird, setzt sie vielmehr den Versuch entgegen, ein philosophisches Analyse-Instrumentarium zu entwickeln, das die

---

[38] Zur Binnendifferenzierung des Medienbegriffs vgl. Mike Sandbothe, *Interaktivität-Hypertextualität-Transversalität. Eine medienphilosophische Analyse des Internet*, in: *Mythos Internet*, hrsg. von Stefan Münker und Alexander Rösler, Frankfurt a.M., Suhrkamp, 1997, S. 56-82, insbes. S. 56f.
[39] Richard Rorty, *Putnam and the Relativist Menace*, in: *The Journal of Philosophy*, Bd. XC, Nr. 9, September 1993, S. 443-461, hier: S. 445.
[40] Rorty, *Kontingenz, Ironie und Solidarität*, a.a.O., S. 28.
[41] Vgl. Mike Sandbothe, *Mediale Temporalitäten im Internet. Zeit- und Medienphilosophie nach Derrida und Rorty*, in: *Anthropologische Markierungen. Herausforderungen pädagogischen Denkens*, hrsg. von Alfred Schäfer, Winfried Marotzki und Jan Masschelein, Weinheim, Beltz/Deutscher Studienverlag, 1998, S. 257-276.
[42] Richard Rorty, *Introduction: Pragmatism and Philosophy*, in, ders., *Consequences of Pragmatism (Essays: 1972-1980)*, Minneapolis, University of Minnesota Press, 1982, S. XXXVII ff, hier: S. XL.

medieninduzierten Veränderungen im Common Sense zu den politisch-praktischen Zwecken einer aufklärerisch-demokratischen Gestaltung menschlichen Zusammenlebens in Beziehung zu setzen erlaubt.

Anhand des sich gegenwärtig vollziehenden Übergangs vom unilinear strukturierten System der traditionellen Massenmedien zum multilinear strukturierten Mediennetzwerk des Internet läßt sich das philosophische Analyse-Instrumentarium der pragmatischen Medientheorie exemplarisch entfalten. An anderer Stelle habe ich gezeigt, wie sich unter den Bedingungen der hypertextuellen und interaktiven Netzwerke unsere Verwendung und unser Verständnis von Bild, Sprache und Schrift verändern.[43] Die sich dabei abzeichnenden komplementären Entwicklungen, die ich als „Verschriftlichung der Sprache und Versprachlichung der Schrift"[44] sowie als „Verbildlichung der Schrift und Verschriftlichung des Bildes"[45] beschrieben habe, eröffnen einen semiotischen Raum, innerhalb dessen sich unser Umgang mit piktorialen, akustischen und graphischen Zeichensequenzen als eine aus der Davidsonschen Außenperspektive analysierbare Interaktion beschreiben läßt, deren Ziel nicht in erster Linie die Darstellung von Wirklichkeit oder der Ausdruck von Gedanken, sondern die pragmatische Meisterung der digitalen und (häufig indirekt auch der realen) Welt ist.[46]

Die mediale Pragmatisierung unseres Zeichengebrauchs im Internet läßt sich darüber hinaus mit Veränderungen in Verbindung bringen, die für den von Rorty beschriebenen Prozeß demokratischer Universalisierung eine wichtige Rolle spielen. Der französische Hypermediaphilosoph Pierre Lévy hat in seinem Buch *Die kollektive Intelligenz. Eine Anthropologie des Cyberspace* das Internet als „Herausbildung eines neuen Kommunikations-, Denk- und Arbeitsumfeldes"[47] beschrieben, das es uns erlauben kann, in transgeographischen, transdisziplinären und translingualen Gemeinschaften „gemeinsam zu denken (...) [und] in Echtzeit auf den verschiedensten Ebenen praktische Lösungen auszuhandeln".[48] Tatsächlich wird es im Internet Menschen, die räumlich und geographisch voneinander getrennt sind und sich häufig auch in rechtlicher und moralischer Hinsicht in verschiedenen Welten bewegen, möglich, virtuell in einer gemeinsamen Welt zu leben, in der sich unterschiedliche Gewohnheiten und heterogene Handlungsregeln miteinander vernetzen lassen. Die pragmatische Signatur digitaler Zeichenpraxis erweist sich dabei als medienphilosophisch rekonstruierbare Möglichkeitsbedingung politisch relevanter Veränderungen der globalen Kommunikationskultur.[49]

---

[43] Mike Sandbothe, *Transversale Medienwelten. Philosophische Überlegungen zum Internet*, in: *Medien-Welten-Wirklichkeiten*, hrsg. von Gianni Vattimo und Wolfgang Welsch, München, Fink, 1998, 59-84.
[44] Sandbothe, *Transversale Medienwelten. Philosophische Überlegungen zum Internet*, a.a.O., S. 70f.
[45] Sandbothe, *Transversale Medienwelten. Philosophische Überlegungen zum Internet*, a.a.O., S. 71ff.
[46] Vgl. Mike Sandbothe, *Pragmatische Medienphilosophie und das Internet*, in: *Digitale Subjektivität. Philosophische Grundlagenprobleme virtueller Welten*, hrsg. von Winfried Marotzki und Mike Sandbothe, Beltz/Deutscher Studienverlag, Weinheim, 1999 [im Druck] (Online-Version in: *Über Medien. Geistes- und kulturwissenschaftliche Perspektiven*, hrsg. von Sybille Krämer, http://userpage.fu-berlin.de/~sybkram/medium/inhalt.html sowie http://www.uni-jena.de/ms/pme.html).
[47] Pierre Lévy, *Die kollektive Intelligenz. Eine Anthropologie des Cyberspace*, Mannheim, Bollmann 1997, S. 7.
[48] Lévy, *Die kollektive Intelligenz*, a.a.O., S. 14.
[49] Vgl. Mike Sandbothe, *Globalität als Lebensform. Überlegungen zur Ausbildung einer internetspezifischen Urteilskraft*, in: *Zum Bildungswert des Internet*, hrsg. von Winfried Marotzki, Dorothee M. Meister und Uwe Sander, Würzburg, Ergon-Verlag, 1999 [im Druck].

"Artificial Life"
und die Erklärung kognitiver Leistungen

Marc-Denis Weitze, München

Viele Phänomene, mit denen sich Biologie und Kognitionswissenschaft befassen, entstehen innerhalb komplexer Systeme. Welche Konsequenzen hat das für Erklärungen solcher Phänomene? Anhand von Beispielen soll gezeigt werden, daß kausale Erklärungen bei komplexen Systemen nicht fassen. Alternative Erklärungsansätze werden mit Blick auf komplexe Systeme diskutiert.

Probleme kausaler Erklärungen
Dasjenige Erklärungskonzept, das auch dem common sense sehr nahe kommt, ist das kausale. Die Probleme, die dieses Konzept mit sich bringt sind vielfältig (Woodward 1989, Bartelborth 1996). So gibt es auch wissenschaftliche Erklärungen, die nicht kausal sind, etwa in der Quantenmechanik und bei komplexen Systemen, einige Merkmale wissenschaftlicher Erklärungen, wie etwa Abstraktion und Vereinheitlichung, werden vom kausalen Konzept nicht berücksichtigt. Zudem werden Koexistenz-Erklärungen - Erklärungen von Eigenschaften anhand einer zugrundeliegenden Struktur - von dem kausalen Konzept nicht erfaßt.

Der "Artificial Life"-Ansatz innerhalb der Kognitionswissenschaft
Kognition ergibt sich auf der Grundlage von Funktionen des Lebendigen und muß im Gesamtzusammenhang des lebendigen Organismus und dessen Umwelt untersucht werden (Edelman 1992, Searle 1992). Eine evolutions- und entwicklungsgeschichtliche Perspektive bei der Untersuchung von Kognition trägt der Tatsache Rechnung, daß die biologischen
kognitiven Systeme in Evolution und Entwicklung entstanden

sind. Der "Artificial Life"-Ansatz innerhalb der Kognitionswissenschaft (Boden 1996) ist charakterisiert durch biologisch orientierte Modelle, in denen lokale Wechselwirkungen zu globalen Mustern führen. Die sich so ergebenden Modelle, Simulationen und Roboter besitzen funktionale Kennzeichen, die aus der Biologie bekannt sind (etwa Autonomie, Fehlertoleranz, selbstorganisierende Adaptation).

Erklärungen komplexer Systeme
Die Erklärungen kognitiver Leistungen sollten der biologischen Verfaßtheit von Kognition Rechnung tragen. In Systemen, deren Komponenten wie bei einer Fließband-Produktion zusammenwirken, sind kausale Erklärungen angebracht: aus den Teilfunktionen ergibt sich additiv die Gesamtfunktion. Solche Erklärungen können gut auf die Modelle der Kognitionspsychologie und der symbolischen "Artificial Intelligence" angewandt werden. Dagegen kommt in komplexen Systemen - etwa in biologischen Nervensystemen, die durch eine große Zahl gleichartiger Komponenten charakterisiert sind, die untereinander in Wechselwirkung stehen - der Organisation der Komponenten eine große explanative Bedeutung zu. Systemeigenschaften können hier eher erklärt werden unter Bezugnahme auf kollektive Variablen und deren zeitliche Entwicklung (Clark 1997).

Kollektive Variablen charakterisieren Systemeigenschaften auf höheren Ebenen, die nicht auf der Ebene der einzelnen Komponenten vorkommen (also auch in einem neuen Vokabular zu beschreiben sind), und die nicht zentral kontrolliert werden. Beispiele für solche Systemeigenschaften sind Konvektionsrollen in erwärmten Flüssigkeiten, die Temperatur eines Gases oder die Form eines Vogelschwarms - diese Variablen sind nicht für einzelne Komponenten definiert und können nicht zentral eingestellt werden. Sie ergeben sich aus dem Zusammenwirken der Komponenten.

Literatur

Bartelborth, T.: "Begründungsstrategien", Berlin 1996.

Boden, M.A. (Ed.): "The Philosophy of Artificial Life", Oxford 1996.

Clark, A.: "Being There", Cambridge MA 1997.

Edelman, G.M.: "Bright Air, Brillant Fire", New York 1992.

Searle, J.R.: "The Rediscovery of the Mind", Cambridge MA 1992.

Woodward, J.: The Causal Mechanical Model of Explanation, in: Kitcher, P., Salmon, W.C., (Eds.) "Scientific Explanation", Minneapolis 1989.

Sektion 2
Grenzen des Wissens
Grenzen der Wissenschaft

Haben wir Erkenntnis von einer unabhängigen Welt?

Volker Gadenne, Linz

Die meisten philosophischen Positionen, die den sogenannten metaphysischen Realismus ablehnen, teilen eine Überzeugung, die man etwa so formulieren kann: Wir haben keinen Zugang zu einer Realität, die unabhängig von unserer Sprache und unserem Weltbild existiert. Alle diese Positionen sind natürlich beeinflußt durch Kant, nach dessen Lehre der Mensch kein Wissen über eine Welt an sich haben kann. Im folgenden sollen einige Argumente untersucht werden, die in der heutigen Philosophie für diese "Unerkennbarkeitsthese" vorgebracht werden.

Bevor wir zu den Argumenten kommen, sei der (metaphysische) Realismus und die Gegenposition kurz skizziert. Ersterer kann durch die beiden folgenden Annahmen definiert werden:

1) Es gibt eine Welt, die unabhängig von den kognitiven Zuständen des Menschen (und unabhängig von Sprache, Theorien, Werten usw.) existiert

2) Wir können diese unabhängig existierende Welt zumindest in Ausschnitten erkennen

Annahme 1 ist so zu verstehen, daß die unabhängige Welt eine "fertige Welt" ist: Es steht, unabhängig von Sprache/Theorien/Werten fest, welche Dinge es in der Welt gibt, welche Eigenschaften diese haben, welche Relationen zwischen ihnen bestehen. Es steht somit fest, welche Tatsachen es in der Welt gibt. Die Tatsachen sind nicht abhängig von Sprache/Theorien/Werten. Im folgenden nenne ich diese Welt die *unabhängige Welt*. Wenn von Tatsachen die Rede ist, sind stets die Tatsachen in der unabhängigen Welt gemeint.

Annahme 2 bedarf ebenfalls eines Kommentars. Der Begriff des Erkennens oder des Wissens über die Welt kann unterschiedliches bedeuten, je nachdem, welche Auffassung von Begründung man hat. Wenn Erkenntnis oder Wissen sichere Begründung erfordert, kann die realistische Position von ihren Gegnern leicht widerlegt werden: Es gibt keine sichere Begründung von Aussagen über die Welt, also ist Annahme 2 nicht haltbar.

In Debatten über Realismus und Antirealismus wird diese Problematik des Begründungsanspruchs oft übergangen. Aber ohne eine Klärung dieses Punktes kann nicht beurteilt werden, ob der Realismus haltbar ist. Im folgenden verstehe ich Annahme 2 so, daß es in vielen Fällen möglich ist, gute Gründe (wenn auch nicht sichere) dafür zu finden, daß eine bestimmte Aussage über die (unabhängige) Welt wahr ist bzw. daß eine bestimmte Aussage eher wahr ist als eine konkurrierende Aussage. Wenn ich z. B. deutlich wahrnehme, daß mein Haus abgebrannt ist, und wenn weitere Beobachter diese Wahrnehmung teilen und noch weitere diesen Sachverhalt überprüfen könnten, dann habe ich einen guten Grund, den wahrgenommenen Sachverhalt für eine Tatsache zu halten, und dies solange, als keine gravierenden Gegengründe vorgebracht werden (kollektive Halluzination usw.). Und wenn die Wissenschaft heute übereinstimmend zu dem Ergebnis kommt, daß die Hypothese "Die Erde bewegt sich um die Sonne" weit besser bestätigt ist als die Hypothese "Die Sonne bewegt sich um die Erde", so ist dies eine guter Grund dafür, die erste Hypothese (über die unabhängige Welt) eher für wahr zu halten als die zweite.

Heutige Realismus-Gegner bestreiten in der Regel nicht Annahme 1. Sie sagen nicht, daß es keine Welt gäbe, daß die Welt nur in unserer Vorstellung existieren würde oder ähnliches. Sie grenzen sich im allgemeinen gegenüber jeder Art von Idealismus ab, den sie für ebenso metaphysisch halten wie den metaphysischen Realismus. Sie betonen vielmehr, daß wir keine vernünftigen Gründe zu die Annahme hätten, über eine unabhängige Welt etwas zu wissen. Es gibt zwar Erkenntnis, aber nur von einer empirischen Welt, die nicht unabhängig von Sprache/Theorien/Werten ist (diese drei Begriffe stehen stellvertretend für alles, was für die Abhängigkeit der empirischen Welt verantwortlich sein könnte).

Bestritten wird also Annahme 2 des Realismus. Ich nenne dies die *Unerkennbarkeitsthese:* Wir haben keinen Erkenntnis-Zugang zu einer Welt, die unabhängig von Sprache/Theorien/Werten existiert.

Es muß aber betont werden, daß auch Realismus-Gegner Erkenntnis oder Wissen für möglich halten, nur eben nicht über eine unabhängige Welt, sondern über eine empirische Welt, die abhängig von Sprache/Theorien/Werten existiert. Oft werden Metaphern verwendet, um dies auszudrücken: "Der Geist und die Welt erschaffen zusammen den Geist und die Welt." "Das Universum erschafft das Universum..." "Wir können Worte haben ohne eine Welt, aber keine Welt ohne Worte oder andere Symbole". "Die 'wirkliche Welt' hängt von unseren Werten ab". "Die Welt ist eine soziale Konstruktion." "Die Welt ist eine Konstruktion des Gehirns."

Aus realistischer Sicht erscheinen solche Aussagen ziemlich absurd, selbst wenn man ihren metaphorischen Charakter in Rechnung stellt (oder ist manches davon doch nicht metaphorisch gemeint?) Sie scheinen nahezulegen, daß Antirealisten tatsächlich annehmen würden, die Menschen würden die Welt erschaffen, indem sie über sie reden. Zuvor wäre die Welt eine Art homogener Brei, und erst durch Begriffe würde sie in Dinge, Eigenschaften und Tatsachen aufgeteilt. Diese Auffassung ist zu lächerlich, als daß man sie den betreffenden Gegnern des metaphysischen Realismus zuschreiben sollte. Was diese vertreten, läßt sich, wenn man es in der Ausdrucksweise eines Realisten formuliert, am ehesten so wiedergeben: Unsere Erkenntnisversuche sehen vor, daß wir am Ende bestimmte Aussagen über die Welt akzeptieren und andere verwerfen. Die akzeptierten Aussagen drücken die Tatsachen der Welt aus. Was wir aber als Tatsachen akzeptieren oder nicht, dies ist mitbedingt durch die Sprache, in der Tatsachen ausgedrückt werden, durch grundlegende Theorien und auch durch bestimmte erkenntnisleitende Werte. Da es keine Möglichkeit gibt, diesen "Anteil" von Sprache/Theorien/Werten am Endprodukt der Erkenntnis zu ermitteln, können wir prinzipiell nicht herausfinden, wie die Welt ohne diesen Anteil beschaffen ist.

Man findet diese Unerkennbarkeitsthese bei verschiedenen philosophischen Richtungen. Sie wird vertreten von Philosophen des Neopragmatismus, der philosophischen Hermeneutik, von Anhängern des späten Wittgenstein und von Konstruktivisten.

Nun zu den angekündigten Argumenten, die in der zeitgenössischen Philosophie für die Unerkennbarkeitsthese vorgebracht werden. Das erste und meines Erachtens schwächste nenne ich das *Argument aus der Neurowissenschaft.* (Der Ausdruck besagt nur, daß das Argument Resultate der Neurowissenschaft in Anspruch nimmt, nicht etwa, daß Neurowissenschaftler es im allgemeinen vertreten.) Vertreten wird es vor allem vom radikalen Konstruktivismus, während andere Anhänger der Unerkennbarkeitsthese es großenteils nicht akzeptieren. Das Argument besagt: Erkenntnistätigkeit beruht erwiesenermaßen auf der Aktivität des Gehirns. Das Gehirn empfängt nun ausschließlich Information in Form von elektrochemischen Impulsen. Es besteht aus vielen Milliarden von Neuronen, und alle diese kennen nur eine einzige Sprache und erhalten eine einzige Art von Information: Sie werden elektrochemisch aktiviert durch andere Zellen. Das System Gehirn hat zu nichts anderem Zugang. Es kann daher kein Wissen darüber haben, wie seine Außenwelt wirklich beschaffen ist. Die Welt ist eine Konstruktion des Gehirns.

Die Probleme dieser Argumentation sind schon des öfteren aufgezeigt worden (zuerst von H. J. Wendel). Zum einen stellt das Endresultat die Ausgangsannahmen in Frage: Wenn man nicht beanspruchen kann, ein Wissen über die wirkliche Welt zu besitzen, dann kann man auch nicht wissen, daß es Gehirne gibt und was diese tun. Zum anderen wird hier mit Annahmen begonnen, die bei genauer Betrachtung absurd anmuten. Es wird suggeriert, daß das erkennende Subjekt einen Platz irgendwo im Gehirn einnehmen würde, von wo es nun zwar Zugang zu den Neuronen, aber nicht zu der Außenwelt hat. Auch wenn man akzeptiert, daß Gehirntätigkeit die Grundlage mentaler Vorgänge, somit auch jeder Erkenntnistätigkeit ist, kann die Analyse des Gehirns allenfalls zu folgender Frage etwas beitragen: Welche Gehirnvorgänge gehen mit solchen mentalen Zuständen einher, die sich auf Erkenntnisobjekte richten? Die Analyse des Gehirns kann aber nicht die Frage beantworten, auf welche Gegenstände sich mentale Zustände richten (können). Sie setzt eine Antwort auf diese Frage schon voraus.

Zwei weitere Argumente seien als *Argumente aus der Wissenschaftsphilosophie* bezeichnet. Das eine davon nimmt Bezug auf die sogenannte *Theorieabhängigkeit der Erfahrung*. Als einflußreichster Vertreter ist Thomas Kuhn zu nennen. Nach Kuhn bestimmt das jeweils vorherrschende Paradigma, was die Tatsachen in der Welt sind. Vor Kopernikus enthielt die Welt andere Tatsachen als danach. Kuhn sagte sogar, daß die Anhänger des jeweils älteren Paradigmas in einer anderen Welt lebten als die Anhänger des neueren. (Dies war jedenfalls seine Auffassung in "Die Struktur wissenschaftlicher Revolutionen". Später hat er viele seiner Thesen abgeschwächt, so daß sie großenteils mit einem Realismus vereinbar sind.) Der entscheidende Punkt hierbei ist, daß mit Hilfe von Beobachtungen und darauf aufbauenden rationalen Argumenten angeblich nicht zwischen rivalisierenden Theorien entschieden werden kann, wenn es um fundamentale Theorien (bei Kuhn: um Paradigmen) geht. Es gibt keine Beobachtungen, auf deren Grundlage die fundamentalen Theorien verglichen werden könnten. Die Beobachtungen sind von der Theorie abhängig. Nach einem vielzitierten Ausspruch sehen die Anhänger des einen Paradigmas Enten, wo die anderen Kaninchen sehen. Sofern ein Paradigma akzeptiert ist, sind Entscheidungen über Tatsachen möglich. Z. B. konnte im Rahmen ds Newtonschen Paradigmas geklärt werden, daß es zusätzlich zu den bisher bekannten Planeten (Uranus war der letzte) noch den Planeten Neptun gibt. Nur läßt sich nicht mit rationalen Mitteln entscheiden, ob ein Paradigma selbst die Welt zutreffend darstellt bzw. zutreffender als ein konkurrierendes. Die fundamentalen Theorien markieren die Grenzen der Erkenntnis, sie bestimmen, zu welchen Tatsachenwahrnehmungen und Tatsachenentscheidungen die Forschung gelangen kann, und in diesem Sinne bestimmen sie die Tatsachen. Zu theorieunabhängigen Tatsachen gibt es keinen Zugang.

Die Schwäche dieses Arguments liegt darin, daß in den Wissenschaften auch fundamentale Theorien tatsächlich gegeneinander getestet worden sind. Nach Kuhns (früherer) Auffassung hätten sich die Wissenschaftler gerade im Falle bedeutender Theorien gar nicht auf die relevanten Beobachtungsergebnisse einigen dürfen, etwa in einem Fall wie Einstein (allgemeine Relativitätstheorie) gegen Newton. Sie haben sich aber darauf einigen können, was die Meßinstrumente anzeigen und daß dies mehr für die eine Theorie spricht als für die andere (Andersson hat dies in "Kritik und Wissenschaftsgeschichte" ausführlich dargelegt). An Kuhns (früherer) Auffassung ist soviel richtig, daß die Prüfung großer Theorien schwierig ist und langwierig sein kann. Dies hat bereits Pierre Duhem gesehen. Daß aber große Theorien einer empirischen Prüfung ganz entzogen wären, dies läßt sich nicht aufrechterhalten.

Das zweite Argument aus der Wissenschaftsphilosophie behauptet, daß Tatsachen von Werten abhängig seien. Vor allem Hilary Putnam hat es bekannt gemacht, wobei er sich auf William James beruft. Was wir für Tatsachen halten, hängt davon ab, welche Theorien wir akzeptieren, und dies wiederum beruht auf gewissen Wertungen. Warum glauben wir z. B. nicht, daß wir Gehirne in einer Nährlösung sind? Widerlegbar ist diese verrückte Auffassung nicht, aber es mangelt ihr an instrumenteller Nützlichkeit, an Kohärenz und an Einfachheit. Letztere sind aber Werte, und von ihnen hängt es ab, zu welchen Tatsachen die Erkenntnis gelangt.

Das Argument setzt offenbar voraus, daß die Werte oder Kriterien, von denen Entscheidungen über Theorien abhängen, nichts dazu beitragen können, Theorien so zu entwickeln, zu korrigieren und durch bessere zu ersetzen, daß nach und nach eine bessere Übereinstimmung mit den Tatsachen (der unabhängigen Welt) erzielt wird. Es wird suggeriert, daß es sich um Werte handelt, die mit Wahrheit bzw. Wahrheitsfindung nichts zu tun haben und die daher den Prozeß der Entdeckung von "Tatsachen" teilweise unabhängig von der realen Welt gestalten.

Dies ist allerdings nicht zutreffend. Zu den Bewertungsmaßstäben erfahrungswissenschaftlicher Theorien, die am meisten vertreten werden, gehören logische Konsistenz, Informationsgehalt, Einfachheit und vor allem Übereinstimmung mit den Beobachtungsergebnissen. Der letztgenannte Maßstab war Gegenstand des vorherhenden Arguments, und ich gehe davon aus, daß dieses zurückgewiesen werden konnte. Konsistenz ist eine notwendige Bedingung für Wahrheit, ist also der Wahrheitssuche dienlich. Informationsgehalt und Einfachheit scheinen auf den ersten Blick nicht unmittelbar der Wahrheitsfindung zu dienen. Hier kommt es jedoch darauf an, wie man diese regulativen Ideen interpretiert. In bezug auf den Gehalt läßt sich begründen, daß man bessere Fortschritte macht, wenn man falsifizierbare Theorien aufstellt, und die gehaltvolleren sind zugleich die besser falsifizierbaren (eine der Grundideen von Poppers Methodologie). Was die Einfachheit angeht, erscheint es der Wahrheitssuche dienlich, zunächst einfache Theorien zu erproben und, falls diese mit den Beobachtungen nicht übereinstimmen, nach Bedarf komplexere zu entwickeln. In diesem Punkt läßt sich klar erkennen, was ein Vertreter der Unerkennbarkeitsthese behaupten muß: daß Einfachheit die Entscheidung für oder gegen eine Theorie wesentlich bestimmen würde, und zwar gegen oder jedenfalls unabhängig von dem Kriterium der Übereinstimmung mit den Beobachtungen. In diesem Fall wäre einzusehen, daß der Prozeß der "Tatsachenerkenntnis" bis zu einem gewissen Grad von der Korrektur durch die reale Welt losgelöst wäre. Zeitweise wurde der Einfachheit in der Wissenschaftsphilosophie in der Tat eine bedeutende Rolle zugeschrieben. Seit Mario Bunges Kritik an dieser Auffassung hat sich diese

Einschätzung aber stark geändert. Ihre Rolle in der Wissenschaft ist sehr umstritten, und es gibt auch wenig Übereinstimmung darüber, wie dieses Kriterium genau zu explizieren ist.

Ein letztes *Argument* stammt aus der *Sprachphilosophie*. Es ist in Gestalt der Sapir-Whorf-Hypothese (in der extremen Interpretation) vorgebracht worden, und verwandte Gedanken finden sich in der Sprachphilosophie auf der Grundlage des späten Wittgenstein. Es wird behauptet, daß wir bestimmte Tatsachen deshalb für Tatsachen halten, weil unsere jeweilige Sprache es zuläßt, sie auszudrücken. Es könnte sein, daß manche Philosophen nur deshalb meinen, daß die Welt aus Dingen und Eigenschaften besteht, weil jede menschliche Sprache das Zu- oder Absprechen von Prädikaten zu Gegenständen vorsieht. Und vielleicht wird von einigen Philosophen nur deshalb noch ein Leib-Seele-Dualismus vertreten, weil sie sich durch die Verfügbarkeit verschiedener Ausdrücke für Körper ung Geist irreführen lassen (Ryles bekannte Kritik am Dualismus nach Descartes). Auch darauf läßt sich eine Argument für die Unerkennbarkeitsthese aufbauen: Wir können als Tatsachen nur erkennen, was wir in unserer Sprache auch ausdrücken können. Daher setzt die Sprache der Erkenntnis Grenzen. Einen Zugang zu sprachunabhängigen Tatsachen kann es nicht geben.

Eine Weise, dies zu untersuchen, besteht darin, den Einfluß der Sprache auf die Erfahrung und das Denken zu studieren, in der Form psychologischer Experimente und/oder kulturvergleichender Forschung. Natürlich gibt es einen erheblichen Einfluß der Sprache auf die Kognition. Die Verfügung über Wörter und Verbindungen zwischen ihnen beeinflußt die Aufmerksamkeit und die Fähigkeit, etwas im Gedächtnis zu behalten. Und daß Denken und Argumentieren auf eine entwickelte Sprache angewiesen sind, ist eine Selbstverständlichkeit. Zeigen sich grundlegende, sprachlich bedingte Unterschiede in Wahrnehmung und Denkfähigkeit verschiedener Völker? Während man vor einigen Jahrzehnten noch gewisse Belege für solche Unterschiede sah, legen die Untersuchungen aus neuerer Zeit eher nahe, diese Frage zu verneinen.

Die andere Möglichkeit, sich mit dem sprachphilosophischen Argument auseinanderzusetzen, besteht darin, nach Begründungen für ontologische Annahmen zu suchen. Wenn etwa argumentiert wird, daß Unversalien eine Art "Projektion" sprachlicher Prädikate auf die Welt seien, kann von realistischer Seite entgegnet werden, daß es gute Gründe dafür gibt, daß Eigenschaften und Relationen ebenso zu den realen Bestandteilen der Welt gehören wie Dinge. Die Annahme, daß es so ist, trägt, den Beobachtungen Rechnung und beantwortet die Frage, warum dasselbe Prädikat verschiedenen Dingen mit Recht zugesprochen werden kann. Eine nominalistische Position hat bis heute Probleme mit der Frage, woran es liegt, daß eine Prädikation zutreffend oder unzutreffend sein kann. Natürlich ist der Realismus nicht auf eine ganz bestimmte Ontologie festgelegt, das Universalienproblem sollte nur als Beispiel dienen. Im großen und ganzen kann man feststellen, daß in der Philosophie der letzten Jahre ein gewisses, durch den Einfluß der Sprachphilosophie bedingtes Vorurteil gegen ontologische Forschung stetig schwächer wird und daß zunehmend anerkannt wird, daß es auch für ontologische Aussagen rationale Begründungen geben kann.

Wir haben mehrere Argumente für die Unerkennbarkeitsthese betrachtet. Keines dieser Argumente ist wirklich schlüssig. Auf eine bestimmte weitere Schwierigkeit aller dieser Argumente und der Unerkennbarkeitsthese selbst wurde nur anhand des

Arguments aus der Neurowissenschaft hingewiesen. Sie geraten alle in eine gewisse Inkohärenz. Einerseits wird die Unerkennbarkeit einer unabhängigen Welt behauptet, andererseits beginnen alle Argumentationen mit bestimmten Annahmen über Menschen, ihr Handeln, ihre Sprache und ihre Gehirne. Von welchen Menschen und welcher Sprache handeln diese Argumente? Die realen können es nicht sein, denn von denen haben wir kein Wissen. (Es wird doch wohl nicht ernsthaft behauptet werden, daß wir zwar von uns selbst und unserer Sprache, nicht aber von den realen Gegenständen etwas wissen können.) Folgerichtig können auch wir selbst uns nur als "abhängig existierend" gegeben sein. Aber abhängig von wem und von was? "Der Geist und die Welt erschaffen zusammen den Geist und die Welt" — aber was heißt das genau, wie sollen wir die Welt und die angebliche Abhängigkeit der erkennbaren Tatsachen verstehen? Meines Erachtens hat die antirealistischen Position in diesem Punkt eine entscheidende Schwäche: Sobald man versucht, sie auf die sprechenden Personen selbst anzuwenden, wird das Gesamtbild unklar.

Ich kann in diesem Vortrag nicht alles ansprechen, was für eine Gesamtbwertung des Realismus bzw. Antirealismus relevant ist. Aber ein letzter Punkt ist besonders wichtig. Welche von beiden Richtungen muß eigentlich für ihre Auffassung argumentieren? Realisten ziehen sich manchmal auf den Standpunkt zurück, daß der Realismus die ursprüngliche Auffassung sei und daß die Gegenseite die Argumentationslast habe. Ich finde diesen Standpunkt nicht sehr befriedigend. Antirealisten wiederum stellen ihre Position als die bescheidenere, zurückhaltendere dar, gegenüber der die realistische Position "metaphysisch" erscheint: Sie erhebt einen Anspruch, den sie nicht einlösen kann. Die Tatsachen der unabhängigen Welt sollen erkannt werden, aber dies ist nicht möglich. Es ist genaugenommen nicht einmal möglich, von ihnen zu sprechen. Wer dies dennoch tut, handelt nicht rational, er mißbraucht seine eigene Sprache und täuscht Erkenntnis vor, wo es keine geben kann.

Dieser Metaphysik-Vorwurf ist besonders irreführend. Wie aus dem folgenden hervorgeht, verzerrt er die eigentliche Problemlage. Die Realismus-Gegner sind gezwungen, gewisse Zugeständnissen zu machen, die aber gewöhnlich bei der Darstellung der eigenen Position nicht aufscheinen. Wie schon erwähnt wurde, gestehen Antirealisten im allgemeinen zu, daß man eine unabhängig existierende Welt nicht leugnen kann. Sie gestehen weiterhin zu, und diese Annahme wurde bisher noch nicht erwähnt, daß diese unabhängige Welt irgendwie beim Zustandekommen unserer Erfahrung mitwirkt. Auch bietet die Welt unseren Beschreibungsversuchen manchmal Widerstand. Manche Hypothesen funktionieren zu Vorhersagezwecken sehr gut, andere funktionieren weniger gut oder überhaupt nicht. Irgendwie muß dies mit der unabhängigen Welt zu tun haben, nur, so betont der Antirealismus, reicht diese Erfahrung von Widerstand nicht aus, um Erkenntnisse über die unabhängige Welt zu beanspruchen.

Fügen wir einmal diese Annahmen der Unerkennbarkeitsthese hinzu:

1) Zugeständnis: Es gibt eine Welt, die unabhängig von den kognitiven Zuständen des Menschen (und unabhängig von Sprache, Theorien, Werten usw.) existiert

2) Zugeständnis: Diese unabhängige Welt ist irgendwie beteiligt am Zustandekommen unserer Erfahrungen und am Erfolg unserer Hypothesen

3) Wir können dennoch kein Wissen über die unabhängige Welt haben, sondern nur über die abhängige Welt

Wenn die Annahmen des Realismus metaphysisch sind, ist dann diese Menge von Annahmen in irgendeinem Sinne weniger metaphysisch? In Wirklichkeit handelt es sich um nichts anderes als eine andere Metaphysik, die bei näherer Betrachtung eine Reihe von Ungereimtheiten aufweist. Das Problem einer gewissen Inkohärenz wurde oben angesprochen. Ein weiteres Problem besteht darin: Auf antirealistischer Grundlage läßt sich in keiner Weise verständlich machen, wie es sein kann, daß die unabhägige Welt etwas mit unseren Erfahrungen zu tun hat. Die Schlußfolgerung scheint unausweichlich, daß die unabhängige Welt doch eine gewisse Beschaffenheit hat, die es möglich macht, Erfahrungen hervorzurufen und dem hypothesengeleiteten Handeln Widerstand zu bieten. Wenn man aber dies zugesteht, dann ist nicht mehr einzusehen, warum es prinzipiell unmöglich sein soll, von bestimmten Aussagen rational (und revidierbar) anzunehmen, daß sie die Beschaffenheit der unabhängigen Welt zutreffender darstellen als andere.

Die Endlichkeit des Wissens: Epistemologie zwischen Genese und Geltung
ROLF W. PUSTER (Mannheim)

Die Unterscheidung von Genese und Geltung wird nicht selten zum elementaren wissenschaftstheoretischen Rüstzeug des Geisteswissenschaftlers gerechnet. Dies vor allem deshalb, weil sich mit ihrer Hilfe der simplifizierenden Verfälschung von kulturellen Phänomenen vorbeugen läßt.

Wer etwa das Wesen der Religion im Anschluß an Feuerbach, das Wesen des Rechts im Anschluß an Marx oder das Wesen der Kunst im Anschluß an Freud meint fassen zu können, dem wird man entgegenhalten, daß jene Trias sich nicht darin erschöpfe, menschliche Projektion, Instrument der Klassenherrschaft und Sublimierung verdrängter libidinöser Inhalte zu sein. Im günstigsten Fall enthielten – so argumentiert man weiter – die Thesen jener Autoren diskutable Hinweise zur Entstehung dieser Kulturleistungen; ihre Hinweise beträfen jedoch nicht im geringsten die Fragen nach der Wahrheit der Religion, nach der Geltung des Rechts und nach der ästhetischen Dimension der Kunst.

In solchen oder ähnlichen Kontexten pflegt sich die Unterscheidung von Genese und Geltung in der skizzierten Weise zu bewähren. Ihre mühelose Handhabbarkeit verleiht dieser Distinktion das Aussehen eines soliden und einfach gebauten Stützpfeilers im Begriffsgebäude der Wissenschaft, eines Pfeilers, dessen Zuverlässigkeit man für selbstverständlich hält.

Für die Philosophie stellen Selbstverständlichkeiten traditionell eine Herausforderung dar. Es gehört zu ihren Aufgaben, die verborgenen Fundamente derjenigen Gebäude auf ihre Tragfähigkeit hin zu untersuchen, welche die anderen Wissenschaften errichten, und nicht immer sind ihre Untersuchungsberichte beruhigend. Auch die Unterscheidung von Genese und Geltung ist, so die These meines Vortrags, keineswegs unproblematisch – und schon gar nicht trivial; sie ist vielmehr in subtiler Weise mit der erkenntnistheoretisch zentralen Frage nach dem Wesen des Wissens verwoben, und ihre Funktionstüchtigkeit unterliegt Beschränkungen, die sich nur durch die Einsicht in jene Verwobenheit verstehen lassen.

Meine weiteren Ausführungen gliedern sich in die folgenden fünf Abschnitte: In Abschnitt (1) situiere ich die Unterscheidung von Genese und Geltung vor dem Hintergrund der Definition des Wissens als wahrer Meinung; hier nimmt sie sich noch so trivial aus, wie es gängiger Einschätzung entspricht. Es zeigt sich jedoch, daß die Wissensdefinition um den Aspekt der Rechtfertigung zu erweitern ist; vor diesem Hintergrund erweist sich in Abschnitt (2) die thematische Unterscheidung schon als etwas problematischer. Diese Problematik spitzt sich in Abschnitt (3) sogar zu einem Dilemma zu. In Abschnitt (4) stelle ich einen unbefriedigenden, in Abschnitt (5) einen befriedigenden Lösungsvorschlag für dieses Dilemma vor. Letzterer liefert eine differenzierte Bestimmung des Verhältnisses von Genese und Geltung.

(1) Wissen als wahre Meinung

Die Begriffe *Genese* und *Geltung* gehören von Hause aus in einen erkenntnistheoretischen Problemkreis. Die Grundfrage der Erkenntnistheorie lautet: ›Was ist Wissen?‹ Zwei Antworten, welche bereits im Platonischen *Theaitetos* erörtert werden, geben mir für die folgenden Überlegungen den Leitfaden an die Hand.

Eine erste naheliegende und plausibel anmutende Antwort auf die obige Frage ist die, daß Wissen wahre Meinung ist.[1] Dieser Definitionsvorschlag bringt eine elementare Intuition zum Ausdruck, die bis zum heutigen Tage Bestand hat: Wer etwas im emphatischen Sinne *weiß*, der weiß etwas Wahres. Hierin unterscheidet sich Wissen radikal von allen anderen propositionalen Einstellungen wie Glauben oder Vermuten: Diese sind nämlich indifferent gegenüber der Möglichkeit, daß die geglaubte oder vermutete Proposition *p* sich als falsch erweist. Anders gewendet: Man kann zwar etwas Falsches geglaubt, nicht aber etwas Falsches gewußt haben; denn wo immer sich die Falschheit von etwas herausstellt, das jemand zu wissen meinte, da spricht man ihm noch im Nachhinein ab, diesbezüglich tatsächlich über Wissen verfügt zu haben.

Für unsere Zwecke ist es hilfreich, im Wissen, sofern es wahre Meinung ist, zwei Momente auseinanderzuhalten und terminologisch zu fixieren: Das eine Moment ist das Gewußte bzw. der Gegenstand des Wissens, also der wahre Satz *p*; das andere Moment ist der epistemische Bezug des Wissenden auf diesen Satz *p*. Das erste Moment können wir als das *objektiv-apophantische Moment* ansprechen; in dieser Bezeichnung kommt zum Ausdruck, daß das Gewußte eine Behauptung enthält, deren Wahrheitswert ausschließlich davon abhängt, ob es sich in der Welt so verhält, wie in jener Behauptung behauptet wird. Das zweite Moment können wir als das *subjektiv-doxastische Moment* ansprechen; in dieser Bezeichnung kommt zum Ausdruck, daß ein Wissender in einer bestimmten propositionalen Einstellung auf einen satzartigen Inhalt bezogen ist.

Wäre Wissen wirklich nichts anderes als wahre Meinung und enthielte es nur die beiden eben exponierten Momente, dann wäre die Unterscheidung von Genese und Geltung relativ trivial. Wann immer ein Fall von Wissen vorläge, ließe er sich folgendermaßen charakterisieren: Wer etwas weiß, der hegt eine wahre Überzeugung. Die Art und Weise, wie eine solche Überzeugung entsteht, und die mannigfachen empirischen Determinanten, die auf die Überzeugungsbildung einer Person Einfluß nehmen, fallen samt und sonders auf die Seite des subjektiv-doxastischen Moments des Wissens. Sie stehen in keinerlei relevantem Zusammenhang mit der Wahrheit der besagten Überzeugung, weil diese an nichts anderes als an das objektiv-apophantische Moment des Wissens geknüpft ist, also an den Behauptungsgehalt des Satzes *p*. Und weil das Behauptete keinerlei Spuren der Behauptungsentstehung aufweist, gibt es zwischen ihr und der Wahrheit der

Behauptung – und mithin zwischen Genese und Geltung – weder einen realen noch einen inferentiellen Brückenschlag.

Indes, so einfach scheinen die Dinge nicht zu liegen. Der wichtigste Einwand gegen die Definition des Wissens als wahrer Meinung findet sich ebenfalls schon im Platonischen *Theaitetos*[2]. Ich verwende statt des dort gewählten juridischen Beispiels ein anderes, um das Sokratische Argument besonders scharf hervortreten zu lassen.

Wir stellen einer mathematisch notorisch unbedarften und zu esoterischen Praktiken neigenden Person die Aufgabe anzugeben, wie viele Primzahlen es zwischen 1 und 12 gibt; die besagte Person greift daraufhin zu einem Würfel, und sie präsentiert uns die gewürfelte Augenzahl als Ergebnis: ›Es gibt fünf Primzahlen zwischen 1 und 12‹, lautet ihre Lösung. Repräsentiert die gegebene Antwort nun ein Wissen unserer Versuchsperson? Einerseits ist sie der Meinung, daß 5 die gesuchte Zahl ist, und überdies trifft diese Meinung zu; andererseits spricht alles dafür, daß die Versuchsperson uns auch jede andere Zahl genannt hätte, wenn der Würfel entsprechend gefallen wäre, und jede andere Zahl als 5 wäre falsch gewesen. Unser Zögern, jener Person Wissen zuzubilligen, rührt offenbar von der Überzeugung her, daß die Erlangung von Wissen sich nicht derart äußerlich und zusammenhanglos zum Inhalt des Gewußten verhalten darf wie in dem Würfelfalle, und wir können diese Überzeugung nicht einfach suspendieren. Damit fordern wir also, daß das fragliche Wissen *in einschlägiger Weise* vom Wissenden zu erwerben sei; auch wenn es nicht auf der Hand liegt, was ›in einschlägiger Weise‹ hier genau besagen soll, so können wir diese Wendung doch zur vorläufigen Fixierung der Intuition verwenden, daß Wissen mittels sachgerechter und nicht mittels aleatorischer Verfahren gewonnen werden müsse.

(2) Wissen als gerechtfertigte wahre Meinung

Das Resultat des zuletzt durchlaufenen Gedankengangs drängt uns somit in genau jene Richtung, die auch im Platonischen *Theaitetos* eingeschlagen wird: Die Definition des Wissens muß erweitert werden zu: ›Wissen ist *gerechtfertigte wahre Meinung*‹.[3] Diese Bestimmung gilt auch noch heute als die Standarddefinition des Wissens.

Mit der Erweiterung der Wissensdefinition um die Rechtfertigung stellt sich allerdings die folgende Frage: Wie verhält sich dieses neu hinzutretende Moment zu den beiden bereits eingeführten, dem objektiv-apophantischen und dem subjektiv-doxastischen Moment? Hierüber soll uns eine nähere Beleuchtung beider Wissensmomente Aufschluß geben.

Das hervorstechende Charakteristikum des objektiv-apophantischen Moments liegt im Wahr-Sein der gewußten Proposition. Dieses Wahr-Sein hat seinen Grund darin, daß genau der Sachverhalt realiter besteht, der propositionaliter ausgedrückt wird. Ob es sich nun in der Welt so

---

[1]. Siehe PLATON, *Theaitetos* 187b5-6.
[2]. Vgl. PLATON, *Theaitetos* 201a4-c7.

verhält, wie in einem Satz behauptet wird – darauf haben Rechtfertigungen von Meinungen offensichtlich nicht den geringsten Einfluß. Auch ein optimales Erfüllt-Sein subjektiver Wahrheitskriterien vermag das Bestehen entsprechender objektiver Wahrheitsgründe nicht sicherzustellen. Daher erfährt das objektiv-apophantische Moment durch das Auftauchen der Rechtfertigung keinerlei Stärkung.

Das hervorstechende Charakteristikum des subjektiv-doxastischen Moments liegt darin, daß ein Wissender eine Proposition für wahr hält. Rechtfertigungen sind Gründe für das Für-wahr-Halten und damit Kriterien des Wahr-Seins. Je nachdem, über welche Rechtfertigungen jemand verfügt, können seine Überzeugungen gestärkt oder geschwächt werden. Daher haben Rechtfertigungen Einfluß auf das subjektiv-doxastische Moment des Wissens.

Es wäre jedoch verfehlt, die bisherigen Befunde so zu deuten, als sei die Rechtfertigung, weil sie zum Wahr-Sein des Gewußten keinen, zu dessen Für-wahr-gehalten-Werden aber sehr wohl einen Beitrag leistet, ohne Wenn und Aber der subjektiven Seite zuzuschlagen. Eine solche Deutung liefe jedenfalls den sachlichen Intuitionen zuwider, um derentwillen wir die Rechtfertigung als Zusatzmoment zur wahren Meinung in die Wissensdefinition aufgenommen haben: Es war dies die Forderung nach einschlägigen und sachgerechten Verfahren des Wissenserwerbs. Besagte Forderung läuft nämlich darauf hinaus, daß die *subjektiven Kriterien* der Wahrheit sich nicht beliebig weit von deren *objektiven Gründen* entfernen dürfen. Und um eine solche Nähe von subjektiven Kriterien und objektiven Gründen der Wahrheit gewährleisten zu können, muß die subjektive Rechtfertigung in einem gewissen Sinne auf das objektiv-apophantische Moment bezogen sein.

Es ist nun von entscheidender Wichtigkeit zu sehen, daß für uns Menschen als endliche Intelligenzen die objektiv vorliegenden Wahrheitsgründe und die subjektiv erfüllten Wahrheitskriterien niemals zusammenfallen. Ja, es ist gerade ein Indiz unserer *conditio humana*, daß wir überhaupt auf rechtfertigende Wahrheitskriterien angewiesen sind: Wären wir göttliche Wesen mit einem ebenso unmittelbaren wie unfehlbaren kognitiven Zugriff auf die Welt, so hätten wir Einsicht in die Wahrheitsgründe wahrer Sätze; das objektiv-apophantische Moment des Wissens würde dann in seiner objektiven Wahrheit für uns gleichsam durchsichtig, und eine darüber hinausgehende Rechtfertigung wäre überflüssig. Da uns aber ein solch umfassender und irrtumsfreier kognitiver Zugriff nicht zu Gebote steht, würde der Begriff des Wissens für uns leer werden, könnten wir uns nicht – *faute de mieux* – auf Wahrheitskriterien stützen: Zwar hätten wir Meinungen, und einige von ihnen wären wohl auch wahr; doch ohne den behelfsmäßigen Rekurs auf Wahrheitskriterien bliebe es uns prinzipiell verwehrt herauszufinden, welche unserer Meinungen denn tatsächlich wahr sind.

---

[3] Vgl. PLATON, *Theaitetos* 201c9-d1 und 202c7-8.

(3) Das Dilemma der Rechtfertigung

Spätestens jetzt tut sich für den Begriff des Wissens als gerechtfertigter wahrer Meinung ein Dilemma auf, welches ich das *Dilemma der Rechtfertigung* nennen möchte. Es besteht darin, daß zwei Intuitionen, von denen wir keine glauben fallen lassen zu können, offenbar miteinander in Widerstreit geraten:

Intuition 1: Für endliche Erkenntnissubjekte sind nur subjektiv erfüllte Wahrheitskriterien und nicht objektiv vorliegende Wahrheitsgründe verfügbar. Wenn ich beispielsweise darüber urteile, daß das Papier vor mir weiß ist, dann ist das Aussehen des Papiers in meiner Wahrnehmung das subjektive Wahrheitskriterium, auf dessen Erfüllt-Sein ich mich bei meinem Urteil über die Farbe des Papiers stütze. Erst in den Fällen, in denen wir uns mit derartigen Urteilen geirrt haben, werden wir auf das Auseinanderfallen von subjektiven Wahrheitskriterien und objektiven Wahrheitsgründen aufmerksam: Die ersteren waren erfüllt, aber die letzteren bestanden nicht.[4] Wie auch immer also unsere Überzeugungen entstehen, auf welche Rechtfertigung wir uns auch immer stützen – wir gelangen nicht zu einer definitiven Absicherung der Wahrheitsgeltung jener Überzeugungen. Es besteht also, mit anderen Worten, eine unüberbrückbare Kluft zwischen der Genese des Wissens und seiner Geltung. – Soweit die erste, die *deskriptive* Intuition.

Intuition 2: An die Attestierung von Wissen ist die unabdingbare Forderung gekoppelt, daß die subjektive Rechtfertigung dafür, einen Satz *p* für wahr zu halten, in einem sachlich nicht allzu lockeren Konnex zu den objektiven Gründen stehen sollen, die *p* wahr machen. Das heißt, daß die für die Entstehung des Wissens konstitutive Rechtfertigung inhaltlich verknüpft mit dem sein soll, worin die Wahrheit des Gewußten gründet. Dies läuft auf die Forderung hinaus, nur dort von Wissen zu sprechen, wo dessen Genese und dessen Geltung nicht durch eine unüberbrückbare Kluft getrennt, sondern nach gewissen Prinzipien miteinander verbunden sind. – Soweit die zweite, die *normative* Intuition.

Trifft nun die deskriptive erste Intuition von der Unüberbrückbarkeit der Genese-Geltungs-Kluft zu, so ist die normative zweite Intuition nicht erfüllbar, die die Überbrückung jener Kluft verlangt. Läßt sich hingegen umgekehrt die Forderung der normativen Intuition nach Überbrückung erfüllen, so kann die deskriptive Intuition der Unüberbrückbarkeit nicht zutreffen. – Im folgenden sollen zwei Strategien, dem so umrissenen Dilemma der Rechtfertigung zu entrinnen, vorgestellt und diskutiert werden.

(4) Die Evidenz-Strategie

Die erste Strategie, dem Dilemma der Rechtfertigung die Spitze zu nehmen, ist die in der philosophischen Tradition vorherrschende. Ich möchte sie als die *Evidenz-Strategie* bezeichnen.

---

[4] Daß auch die Aufdeckung des Irrtums kriteriell vermittelt ist, ändert nichts daran, daß die Erfüllung subjektiver Wahrheitskriterien das Bestehen des entsprechenden objektiven Sachverhalts nicht garantiert.

Ihre Vertreter glauben, zumindest für einige Fälle zeigen zu können, daß die deskriptive Intuition der Unüberbrückbarkeit der Genese-Geltungs-Kluft fehlgeht und daß insofern das Dilemma der Rechtfertigung hinfällig wird. Sie machen sich des näheren erbötig zu erweisen, daß das Erfüllt-Sein subjektiver Wahrheitskriterien manchmal hinreiche, um des Vorliegens der objektiven Wahrheitsgründe sicher sein zu können; sie behaupten also von einigen Überzeugungen, deren Rechtfertigung sei so stark, daß sie die Wahrheit der betreffenden Überzeugungen garantiere. Wenngleich die Philosophiegeschichte reich an Vertretern der Evidenz-Strategie ist, sei hier nur ein Autor paradigmatisch angeführt.

In seinen späten *Cartesianischen Meditationen* charakterisiert Edmund Husserl die hier einschlägige Art der Evidenz als eine, die „nicht bloß [□] Seinsgewißheit der in ihr evidenten Sachen oder Sachverhalte ist, sondern [die] [□] im voraus jeden vorstellbaren Zweifel als gegenstandslos ausschließt.",[5] An späterer Stelle desselben Werks äußert sich Husserl noch deutlicher und radikaler: „Es ist klar, daß Wahrheit [□] nur aus der Evidenz zu schöpfen ist [□].",[6]

Das Husserlsche Beispiel wirft ein bedenkliches Licht auf die Evidenz-Strategie. Für die Frage, ob eine bestimmte Meinung wahr ist, verliert – jedenfalls in manchen Fällen – das objektiv-apophantische Moment auf eigentümliche Weise an Gewicht. Dem korrespondiert auf der Seite der Rechtfertigung ein auffälliger Zuwachs an epistemischer Dignität: Sie liefert in Gestalt der Evidenz dem Wissenden nicht mehr bloß gute Gründe für die Annahme, seine Überzeugung sei wahr; sie mutiert vielmehr zum infalliblen und irreversiblen Wahrheitsgaranten. Systematisch gesehen, ist mit einer solchen Aufwertung des Rechtfertigungsmoments zu einer wahrheitsverbürgenden Instanz ein entscheidender Schritt hin zum Idealismus getan, weil darin die gänzliche Abkehr vom objektiv-apophantischen Moment und damit von dem darin verankerten Realismus vollzogen wird.

Die Idealismusträchtigkeit der Evidenz-Strategie scheint mir ein enorm hoher Preis für den von ihr gewiesenen Weg aus dem Dilemma der Rechtfertigung zu sein. Zudem mag man es nicht überzeugend finden, daß sich die Besonderheiten der Evidenz wiederum nur in evidenter Weise erschließen sollen. Am stärksten jedoch spricht gegen die Evidenz-Strategie, daß sie, bei Lichte besehen, die erste Intuition preisgibt, ohne die zweite wirklich zu retten: Weder bleibt die tiefe Kluft zwischen subjektiv erfüllten Wahrheitskriterien und objektiv vorliegenden Wahrheitsgründen bestehen noch werden sie beide in den geforderten sachlichen Zusammenhang gebracht. Denn die faktische Eliminierung der Wahrheitsgründe reduziert das Inventar der Wissensmomente so einschneidend, daß weder für jene Kluft noch für diesen Zusammenhang eine Grundlage bleibt. – Wenden wir uns daher abschließend der zweiten Strategie zu, dem Dilemma der Rechtfertigung zu entkommen.

---

[5] HUSSERL, *Cartesianische Meditationen* (hrsg. von E. Ströker [PhB 291]), § 6, S. 17.
[6] HUSSERL, *Cartesianische Meditationen*, § 26, S. 61.

(5) Die Zwei-Ebenen-Strategie

Die zweite Strategie greift Gedanken auf, denen man vor allem im Kritischen Rationalismus einiges Gewicht beimißt. Es ist diese nunmehr vorzustellende *Zwei-Ebenen-Strategie*, die nach meiner Sicht in annehmbarer Weise aus dem Dilemma der Rechtfertigung herausführt und die es erlaubt, das Verhältnis von Genese und Geltung so zu bestimmen, daß die scheinbar konfligierenden Intuitionen beide gewahrt bleiben. Ihr Grundgedanke ist folgender: Das Dilemma der Rechtfertigung entsteht aus der unvermittelten Konfrontation jener beiden Intuitionen ohne Berücksichtigung des Umstandes, daß sie auf zwei verschiedenen Ebenen der Betrachtung anzusiedeln sind. Bestimmt man den systematischen Ort dieser Intuitionen genauer, so behält jede von ihnen – auf ihrer angestammten Ebene – ihr Eigenrecht und kann so einen spezifischen Beitrag zu einer differenzierten Bestimmung des Verhältnisses von Genese und Geltung leisten.

Die erste der fraglichen Ebenen ist die theoretisch-metaphysische. Auf ihr bewegen wir uns, wenn wir in ganz grundsätzlicher Weise darüber reflektieren, was die Wahrheit des Wissens ausmacht. Daß wir im objektiven Bestehen bestimmter Sachverhalte das konkurrenzlose Geltungsfundament unseres Wissens erblicken, ist Ausdruck eines metaphysischen Credos, in welchem wir uns zur Konfession des Realismus bekennen. In dieser Perspektive ist dem objektiv-apophantischen Moment des Wissens die alleinige und unverlierbare Zuständigkeit für das Wahr-Sein eines Satzes sowie einer darauf bezogenen Meinung zuzubilligen: Wissensinhalte bzw. Sätze sind dann und nur dann wahr, wenn sie die Wirklichkeit zutreffend darstellen. Die Entstehung des Wissens bzw. die Rechtfertigung des Wissenden für seine Überzeugung mögen jede beliebige Gestalt annehmen – sie bleiben in der metaphysischen Betrachtungsweise für die Wahrheit des Wissens in jeder Hinsicht irrelevant, und die Kluft zwischen Genese und Geltung ist in dieser Betrachtungsweise absolut und unüberbrückbar.

Nun steht aber das menschliche Erkennen unter der *conditio humana*, und deswegen ist ihm mit dieser theoretisch-metaphysischen Perspektive, so richtig sie sein mag, in der Praxis wenig gedient. Zu Recht stellt sich daher der Wissenschaftler weniger die Frage, ob eine von mehreren Hypothesen *sub specie aeternitatis* die zutreffende ist, als die Frage, welche Hypothese *hic et nunc* vernünftigerweise zu akzeptieren ist. Es ist daher rational, sich nicht nur für ein metaphysisches Credo begrifflich zu rüsten, sondern auch für das weniger hehre Erkenntnisgeschäft in Alltag und Wissenschaft. Dies ist umso dringlicher, als nunmehr der dunkle Schatten des Skeptizismus jedes Erkenntnisstreben zu lähmen droht. Denn wenn definitiv gesichertes und wahres Wissen unerreichbar wird, dann scheint es auch keine guten Gründe mehr zu geben, sich die eine Überzeugung zu eigen zu machen und die andere zu verwerfen.

Einer solchen Lähmung beugt die Zwei-Ebenen-Strategie vor. Um die drohende epistemische Nivellierung aller Hypothesen abzuwenden, die aus der gedanklichen Fixierung auf die theoretisch-metaphysische Ebene resultiert, propagiert sie die Hinwendung zu einer praktisch-wissenschaftlichen Ebene. Auf ihr wird der Ausweg beschritten, bestimmte Verfahren der Akquisition von Überzeugungen versuchsweise vor anderen auszuzeichnen und sie vorläufig als Wissen anzusehen. Der Maßstab einer solch hypothetischen Privilegierung mancher Arten der Wissensgenese ist hauptsächlich ihr Erfolg: Auch wenn wir nie untrügliches Wissen davon haben sollten, ob bestimmte medizinische oder physikalische Theorien nun wahr sind oder nicht, so können wir doch feststellen, daß durch Akzeptierung der einen weniger Kranke sterben und weniger Häuser einstürzen als durch Akzeptierung der anderen.

Es ist somit die praktische Bewährung, aufgrund deren jede wissenschaftliche Disziplin sich ein Corpus von empirischen, mathematisch-statistischen oder philologisch-hermeneutischen Standardverfahren zur Gewinnung und Rechtfertigung von Hypothesen erarbeitet. Solche Corpora sind durch die Erfahrung gestützt, daß ihre Ignorierung oder unzureichende Umsetzung häufiger zu mißliebigen Ergebnissen führt als ihre möglichst umfassende Beherzigung.

Die Zwei-Ebenen-Strategie hat aber nicht nur die Pointe, die theoretisch-metaphysische von der praktisch-wissenschaftlichen so zu trennen, daß das Dilemma der Rechtfertigung gelöst wird; sie weist vielmehr noch eine zweite Pointe auf, durch welche die augenscheinliche Disparatheit jener Ebenen wieder ein wenig gemildert wird: Das sich tentativ vollziehende Erkenntnisstreben wissenschaftlicher Praxis wird von der metaphysischen Zuversicht geleitet und getragen, daß seine Resultate sich der Wahrheit annähern und immer mehr in den Rang echten Wissens aufrücken. Das Credo des Realismus ist sozusagen das metaphysische Komplement unserer kognitiven Endlichkeit.

Auf diese Weise ist, wie mir scheint, die Forderung nach Überbrückung der Genese-Geltungs-Kluft einzulösen, ohne die Intuition ihrer Unüberbrückbarkeit außer Kraft zu setzen: In der theoretisch-metaphysischen Perspektive stellt sich der Unterschied zwischen Genese und Geltung gleichsam in grellen, scharf kontrastierenden Farben dar, in der praktisch-wissenschaftlichen hingegen in gedeckten Tönen mit weichen Übergängen.

Plurale Wissensgrenzen: Das Beispiel des Naturbegriffes

Gregor Schiemann
Institut für Philosophie der Humboldt-Universität zu Berlin

Vom Wissen kann ebenso im Plural gesprochen werden wie von seinen Grenzen. Es präsentiert sich in vielfältigen, teils deutlich voneinander unterschiedenen, teils sich überschneidenden Formen, die keinesfalls nur auf mehr oder weniger differente, sondern sogar auch auf identische Anwendungsbereiche bezogen sein mögen. Daß dieses komplexe Beziehungsgeflecht Elemente einer pluralen Struktur aufweist, die Grenzen setzt und Grenzüberschreitungen erfordert, soll am Beispiel des Naturbegriffes in einer modellhaften Betrachtung gezeigt werden. *Plural nenne ich die Verwendung eines Wortes, wenn seinen unterschiedlichen Bedeutungen jeweils Kontexte zugeordnet werden können, in denen sie ihre Leistungsfähigkeit am besten entfalten, ohne in ihnen notwendig ausschließlich vorzukommen.* Pluralität meint also sowohl die kontextbezogene Ausdifferenzierung von Bedeutungen als auch das kontextimmanente Vorkommen verschiedener Bedeutungen.

Das Nebeneinander unterschiedlicher Begriffe läßt sich rechtfertigen, indem man deren spezifische Leistungsfähigkeit herausarbeitet. Leistungsfähig ist ein Begriff in dem Maß, wie er auf mögliche Erfahrungen angewendet werden kann. In diesem Vortrag möchte ich die plurale Anwendbarkeit von Naturbegriffen exemplarisch nur an einem Ausschnitt des naturphilosophischen Diskurses, an der *speziellen Klasse der antithetischen Bestimmungen* erörtern. Ihnen kam traditionell eine beherrschende und kommt, wie ich meine, gegenwärtig noch erhebliche Bedeutung zu. Sie definieren Natur auf sehr unterschiedliche Weise durch die Entgegensetzung zu einem Nichtnatürlichen, wie dem Übernatürlichen, der Technik, dem Geist, der Freiheit, der Kultur etc. Die heutige Bedeutung dieser Dichotomien ist keinesfalls unumstritten. Gegen ihre Geltung wird vor allem eingewandt, daß die vorgenommenen Grenzziehungen fraglich geworden sind. Teils seien die ehemals als Natur vorgegebenen Bereiche zunehmend unter die Verfügungsgewalt des Menschen geraten, teils könnten die vermeintlichen Bestimmungen des Nichtnatürlichen auch der Natur zugeschrieben werden und umgekehrt. Gegenüber einer verbreitet pauschalen Ablehnung steht die Befürwortung in der Situation begrifflicher Vielfalt. Ihr Interesse an der Auszeichnung natürlicher Wirklichkeitsbereiche reicht von ökologischen und politischen Absichten des Naturschutzes über technikskeptische Orientierungen in der Alltagspraxis und wahrnehmungstheoretische Fragen des ästhetischen Diskurses bis zu erkenntnistheoretischen Interessen im Zusammenhang der wissenschaftlichen Arbeit.

Im Unterschied zu ihrem traditionellen Anspruch auf Ausschließlichkeit sind die Antithesen im gegenwärtigen Sprachgebrauch einer Geltungsrelativierung unterworfen. Einerseits haben sich die Erfahrungsbereiche verengt, in denen die durch sie bezeichneten natürlichen Gegenstände noch vorkommen. In diesen "bevorzugten Verwendungskontexten" entfalten die extensionalen Bestimmungen der Begriffe ihre Leistungsfähigkeit am besten. Andererseits läßt sich eine gegenläufige Tendenz zur Anwendungsausweitung nachweisen. Sie hängt vermutlich damit zusammen, daß die Abgeschlossenheit von Verwendungskontexten abnimmt. Außerdem haben sich ehemals exklusiv der Natur zugeschriebene Eigenschaften auf Gegenstände übertragen, die ursprünglich nicht unter den jeweiligen Naturbegriff fielen. Hauptsächlich dadurch sind Verwendungen in neuen Kontexten zustande gekommen. Sie berücksichtigen (intensionale) Bestimmungen der jeweiligen Begriffe und sehen teilweise von ihrer Extension ab.

Zur Erläuterung der durch diese Verschiebungen möglichen Wechselbeziehungen zwischen Begriffen und Verwendungskontexten werde ich mit drei Antithesen ein Modell entwerfen. Zur Betonung der Gleichzeitigkeit des Ungleichzeitigen wähle ich Definitionen, die in unterschiedlichen Epochen entstanden und bis heute diskursbestimmend geblieben sind: Die aristotelische Entgegensetzung von Natur und Technik, die cartesische von Natur und Denken und die rousseausche von Natur und Gesellschaft. Bei ihrer Rekonstruktion suche ich, Erfahrungen herauszuarbeiten, auf die sich die extensionalen Festlegungen jeweils stützen, um in erster Näherung drei "bevorzugte Verwendungskontexte" abzugrenzen. Die Definition dieser Kontexte nehme ich anschließend unabhängig von den Naturbegriffen vor. Im Resultat findet vorzugsweise die aristotelische Naturdefinition in einem lebensweltlichen Kontext, die cartesische in einem subjektiven und die rousseausche in einem öffentlichen Kontext Verwendung. Bei diesen Kontexten handelt es sich um Erfahrungsbereiche, die für das Verhältnis des Menschen zur Natur von grundlegender Bedeutung sind. Die Möglichkeit, traditionelle Naturbegriffe in ihnen anwenden zu können, läßt umgekehrt darauf schließen, daß in diesen Begriffen heute noch elementare Erfahrungen zum Ausdruck kommen.

Die Verwendung der Antithesen in bevorzugten Kontexten nenne ich *Pluralität ersten Grades* (in Anlehnung an W. Welsch). Würde man die Verwendung der Begriffe auf diese Bereiche beschränken, dann hieße Pluralität kontextgebundene Bedeutungsdifferenz und Vielfalt der Thematisierungsmöglichkeiten von Natur für Personen, die sich in unterschiedlichen Lebenszusammenhängen bewegen. Pluralität der Natur meint aber auch, daß ein Begriff in verschiedenen Kontexten und verschiedene Begriffe in einem Kontext vorkommen. Um diese Dimension zu erfassen, prüfe ich die Anwendbarkeit der drei Begriffe in den Bereichen, die den jeweils anderen Begriffen zum besonders geeigneten Gebrauch zugeordnet sind. Da die Struktur der Kontexte durch die Begriffe vorgegeben bleibt, verstärkt sich der modellhafte Charakter der Untersuchung. Er gewinnt Plausibilität allein durch den grundlegenden Status der drei Kontexte.

Die kontextinterne Pluralität der Naturbegriffe bezeichne ich als *Pluralität zweiten Grades*. Ihre Analyse erfordert eine Beschränkung der Anzahl von Begriffen schon aus pragmatischen Gründen: Bei drei Begriffen liegt die Menge der möglichen neun Verwendungen bereits am Rand des vortragsvernünftigen Rahmens. Werden innerhalb eines Kontextes mehrere Begriffe verwendet, ist eine bei der ersten Stufe noch nicht vorhandene Möglichkeit konkurrierender Naturauffassungen gegeben. Im bevorzugten Verwendungskontext eines Begriffes muß den dort vorkommenden anderen Bedeutungen dabei nicht eine schlechtere Leistungsfähigkeit eigen sein. Die angenommene plurale Struktur schließt nicht einmal die faktische Dominanz eines Begriffes in allen Kontexten aus. Doch dies ist schon eine Frage, deren Beantwortung nicht eigentlich Gegenstand meiner Untersuchung ist. Sie kann über die Anwendungspotentiale der Naturbegriffe Auskunft geben, vermag aber nicht einmal zu beurteilen, welche Perspektive in einem Kontext sinnvollerweise einzunehmen ist. Entscheidungen für die Verwendung eines Begriffes sind von lebenspraktischen Erfordernissen und normativen Vorgaben abhängig, die über die drei Naturdefinitionen, soweit ich sie hier einführe, hinausgehen. Historisch waren die Definitionen nie frei von Wertsetzungen mit handlungsleitender Kraft und hätten ohne diese vermutlich auch gar nicht geschaffen werden können. Sie wurden aber auf unterschiedliche, mitunter auch gegensätzliche Weise normativ verstanden, ohne daß sich dabei die betreffende Grenzziehung zwischen Natur und Nichtnatur verändert hätte. Dieser Umstand spricht nicht für die Irrelevanz von Naturbegriffen, sondern für die Möglichkeit, ihre deskriptiven Elemente analytisch zu isolieren.

1. Der Chronologie der Entstehung meiner drei Modellbegriffe folgend beginne ich mit dem aristotelischen. Dieser steht dem modernen Common sense so nahe, daß seine grundlegenden Bestimmungselemente unter dem Lemma "Natur" heute noch Eingang in den gebräuchlichen Konversationslexika finden. So heißt es zu Beginn des Artikels "Natur" in der "Brockhaus Enzyklopädie": Natur ist der "zentrale[...] Begriff der europäischen Geistesgeschichte, im Sinne von dem, was wesensmäßig von selbst da ist und sich selbst reproduziert" (Bd. 15. Mannheim 1991).

Eine entsprechende Stelle findet sich bei Aristoteles im zweiten Buch seiner Physik, wo er zur Natur nur diejenigen Dinge zählt, die "in sich selbst einen Anfang bzw. ein Prinzip von Veränderung und Bestand" haben (Phys. 192b13 f.). Demgegenüber gehörten künstliche bzw. technische Dinge zu denen, die "auf Grund anderer Ursachen da" seien (Phys. 192b8 f.). Die Unbestimmtheit der Verursachung nichtnatürlicher Dinge kontrastiert mit der Festlegung der natürlichen, ein Bewegungs- bzw. Beharrungsprinzip in sich zu haben. Im Anschluß an Wolfgang Wieland (Die aristotelische Physik. Göttingen 1962) möchte ich den Singular als Minimalbedingung interpretieren: Was auch nur einen Anfang dauerhaft in sich hat, muß zum Bereich des Natürlichen gerechnet werden. Die Selbstbewegung bzw. -beharrung natürlicher Dinge kann von außen angestoßen sein oder zu ihrem Unterhalt einer beständigen äußeren Ursache bedürfen, wie beispielsweise des organische Leben auf Sonnenlicht angewiesen ist. Während die äußeren Bedingungen bzw. Ursachen als solche bestimmbar sind, bleibt ihre Wirkungsweise auf die Naturkörper genauso dunkel wie das in diesen Körpern jeweils wirkende immanente Prinzip. Bei den Organismen legt Aristoteles den Ursprung und die Organisation der Selbstbewegung in die körperlose Seele, die er im wesentlichen zur Natur rechnet.

Wenn Aristoteles die Kunst durch das Fehlen eines inneren Bewegungs- bzw. Beharrungsprinzips charakterisiert, orientiert er sich an der Produktion handwerklicher Gegenstände, die man vergleichbar heute noch in lebensweltlichen Kontexten vorfindet. Diesen technischen Konstrukten eignet ein inneres Prinzip nur insofern, als sie aus selbstbewegten Elementen bestehen. Aristoteles setzt ihrer stofflichen Natürlichkeit die der künstlichen Form entgegen und erhebt letztere zum Unterscheidungskriterium von Natur und Technik. Die Differenz von partieller Eigen- und gänzlicher Fremdbewegtheit wird damit zur Frage der Wahrnehmung differenter Gestalten und Bewegungsformen. Das technische, vor allem handwerkliche Produkt wird nicht nur einem Bereich der ungeformten, sondern auch einem der anders geformten, gewachsenen und lebendig bewegten, Gegenstände gegenübergestellt.

Die soweit skizzierte Unterscheidung ist noch sehr rudimentär. Wichtige Fragen, wie die vermeintlich poietische und teleologische Struktur der Naturgegenstände, sind noch nicht einmal erwähnt. Doch für eine erste Durchführung meines Pluralitätsmodells reicht das Angesprochene aus. Zwei Merkmale, die mir für seine Aktualität besonders relevant zu sein scheinen, möchte ich hervorheben. Zum einen gestattet die Minimalbedingung, auch kulturell überformte Wirklichkeiten der Natur zuzurechnen, zum anderen wird zur Unterscheidung von Natur und Technik auf die in unmittelbarer Anschauung gegenwärtige Präsenz eines Gegenstandes rekurriert. Es muß also nicht auf die Entstehungsbedingungen reflektiert werden, um eine Zuordnung vorzunehmen. Der Mangel an kontextübergreifendem Bezug beschränkt freilich den Anwendungshorizont, der aber eben deshalb hauptsächlich in den Bereich des uns Bekannten und Vertrauen fällt: der gezüchtete, vielleicht genetisch manipulierte Hamster im Gegensatz zum Spielzeugauto, das Unkraut im Gegensatz zur Plastikrose usw.

Die hiermit schon angedeutete Zuordnung eines lebensweltlichen Kontextes als bevorzugten Anwendungsbereich stützt sich auf ein kultur- bzw. wissenschaftshistorisches Argument, das den Einfluß der aristotelischen Unterscheidung auf die vorneuzeitliche Naturwissenschaft betrifft. Dem nichtnatürlichen Charakter des Hergestellten entsprach die Ansicht, daß es sich bei der technischen Mechanik nicht um eine Naturwissenschaft handele. Mechanische Bewegungen waren als geschwindigkeitskonstante nur unter beständigem Kraftaufwand denkbar. Die aristotelische Mechanik lehnte Idealisierungen ab und kannte vermutlich auch deshalb nicht den Satz von der gleichförmig kräftefreien Bewegung. Wissenschaftshistoriker sprechen in diesem Zusammenhang vom Alltagsverständnis der aristotelischen Wissenschaft. Den ihr zugrundeliegenden Horizont "wirklicher Erfahrungsbekanntheit" (Husserliana VI, 360) hat Husserl als Lebenswelt der idealisierenden und experimentellen neuzeitlichen Wissenschaft entgegengesetzt. Der Ausdruck "Lebenswelt" bezeichnet in diesem Sinn keine transzendentale Erkenntnisbedingung, sondern eine - wie es bei Husserl heißt - "anschauliche Umwelt", die als "Welt der Sinnlichkeit" in "natürlicher Einstellung" erfahren wird (Ebenda, 22, 360 und 151).

Aber ein Bereich des unmittelbar Gegebenen ist selbst nur eine idealtypisch angenommene Konstante. Um die historisch-kulturellen Wandlungen oder gar Auflösungen der Alltagswelt zu berücksichtigen, bedarf es weiterer Kriterien. Ich möchte hierfür die auf Alfred Schütz zurückgehenden sozialwissenschaftlichen Bestimmungen heranziehen, mit denen die Lebenswelt im Rahmen eines Schichtenmodells unterschiedlich strukturierter Sozialerfahrungen charakterisiert wird. Es gibt Bedingungen an, unter denen die von Husserl behauptete sinnliche Präsenz von Gegenständen in der Moderne alltagspraktisch vorkommt. Zu ihnen gehört die unmittelbare Erfahrung vertrauter Wir-Beziehungen und eine durch die Reichweite direkter Handlungen ungefähr abgesteckte Wirkzone. Lebenswelt benennt damit eine *Schicht des Privaten, die sich von anderen gesellschaftlichen Beziehungen graduell, nämlich durch Minimierung der Anonymität und des Umkreises handlungsrelevanter Situationen abhebt und in der gegenständliche Phänomenalität erfahrbar ist*. Sie findet gegensätzliche Bestimmungen nicht nur im experimentellen Verfahren der Wissenschaften, sondern auch im räumlich weitestgehend entgrenzten gesellschaftlichen Gesamtzusammenhang, wie er beispielsweise in den öffentlichen Diskurs eingeht. Im so definierten lebensweltlichen Erfahrungskontext greifen die aristotelischen Naturbestimmungen am ehesten. Wir können alltagspraktisch in aller Regel angeben, wo technische Konstrukte und Umwelten in sinnlicher Anschaulichkeit mit aristotelischer Natur kontrastieren und wo die Differenz nicht mehr feststellbar ist.

2. Gegenüber dem argumentativen Aufwand zur Auszeichnung eines bevorzugten Verwendungskontextes des aristotelischen Begriffes hat der cartesische den Vorteil, daß er seine ersten Anwendungsvarianten schon impliziert. Descartes' dualistische Naturbestimmung findet sich im Kontext seiner Frage nach Wahrheitssicherung. Weil die Schaffung eines über alle Zweifel erhabenen Erkenntnissystems sein oberstes Ziel und nichts in der Welt so gewiß sei wie die Tätigkeit des eigenen Denkens, setzt er das Denken als Antithese zum Inbegriff aller körperlichen, bloß ausgedehnten Dinge. Dem Ausgedehnten fehlt nicht nur jedes Bewußtsein, es müssen ihm - bei den organischen Wesen - zudem keine Empfindungen und Gefühle zugeschrieben werden. Bekanntermaßen resultiert daraus nicht notwendig eine negative Schätzung des außermenschlichen Lebendigen. Denn auch unter der Bedingung, daß diese Organismen empfindungslose Mechanismen sind, hätte der Mensch um seiner eigenen Moralität willen Pflichten gegen sie einzuhalten.

Die Grenze von Natur und Nichtnatur verläuft nunmehr ausschließlich mitten im Menschen, der zweigeteilt in Bewußtsein und Körper zerfällt. Während die Körpermaschine so lückenlos berechenbar gedacht ist wie der ganze seelenlose Naturmechanismus, erschließt sich die Struktur der denkenden Substanz durch Introspektion. Das sich seiner Existenz gewisse Subjekt wird mit dem denkenden Ich identifiziert, dem Gedanken verschiedener Art präsent sind. Die ihm allein zugängliche rationale Sphäre konstituiert eine Innenwelt, der gegenüber die Natur als Äußeres ontologisch geschieden ist. Von dieser hat das Subjekt nur Zeichen als Ergebnis von Empfindungen oder Gefühlen in Verbindung mit bestimmten Körperzuständen.

Man muß hierbei Descartes nicht darin folgen, daß es mentale Ereignisse, wie die Einsicht in allgemeine Prinzipien, gibt, denen keine physischen Vorgänge entsprechen. Für Schmerz-, Hunger- und Durstempfindungen und die Gefühle des Zorns, der Freude oder Traurigkeit leugnet Descartes keinesfalls durchgängig eine Beziehung mit dem Körperlichen. Bei solchen Empfindungen und Gefühlen handle es sich um Zustände, in denen das Ich "aufs innigste mit dem Körper verbunden und gleichsam vermischt" sei (Med. VI, 13). Der cartesische Dualismus ist insofern durchaus mit der Vorstellung kompatibel, daß geistige Zustände mit physischen korreliert sind, was zu seiner jüngsten Renaissance im Feld der Geist-Gehirn-Debatten beigetragen haben dürfte. Ungeachtet des leib-seelischen Ganzheitsmomentes bleiben die dem denkenden Ich allein zugänglichen Erlebnisse bei Descartes jedoch in der Sphäre naturloser Bewußtheit. Das Bewußtsein hat von den angenommenen physischen Korrelaten keine Wahrnehmung, die einer Außenperspektive auf sie vergleichbar wäre. Seine Leibgebundenheit reduziert sich auf die von der räumlichen Positionierung des Subjektes abhängige Perspektivität der Wahrnehmung. Solange Zeichen der Außenwelt allerdings unter Zweifelsvorbehalt stehen, ist nicht einmal dieser letzte Rest der Körperabhängigkeit gesichert. In der drohenden Gefahr zum Einschluß im eigenen Gehäuse der Geistigkeit scheint die Problematik der cartesischen Antithese auf.

Durch diese anwendungsbegrenzende Schwierigkeit wird die Auffassung der Außenwelt als spezieller Fall der Naturbeziehung in einem subjektiven Kontext jedoch nicht ausgeschlossen. Den subjektiven Kontext möchte ich als *Bereich der Gesamtheit von Erlebnissen, zu denen jeweils nur ein Individuum privilegierten Zugang hat und sich mit dem Anspruch auf Wahrhaftigkeit äußern kann*, einführen. Subjektivität bleibt damit auf die Sphäre des empirischen Subjektes und die Gegenstände seines inneren Sinnes beschränkt. In seinem Kontrast zur Außenwelt, die das Individuum mit anderen teilt, muß dieser Bereich nicht - wie bei Descartes - als eine dem Natürlichen entgegengesetzte Sphäre begriffen werden. Ferner muß er dem Individuum nicht ständig präsent sein. Seine Bestimmung impliziert lediglich, daß andere Personen nicht zu recht behaupten können, von ihm unmittelbare Kenntnis zu haben.

Diese Festlegung gestattet die Verwendung weiterer Naturbegriffe im subjektiven Kontext und die Verwendung des cartesischen Begriffes außerhalb des subjektiven Kontextes, also Pluralität zweiten Grades, wofür bisher der aristotelische Begriff und der lebensweltliche Erfahrungsbereich zur Verfügung stehen. Zur Betrachtung der außersubjektiven Leistungsfähigkeit des cartesischen Begriffes ist ein historisches Argument von Nutzen. Er war nämlich für die neuzeitliche

Wissenschaftsauffassung typisch, die sich gegen das aristotelische Alltagsverständnis von Bewegungen durchsetzte. Das anschaulich Gegebene wurde cartesisch nicht nach seinen Formen qualitativ differenziert, sondern objektiviert und nach seinen quantifizierbaren Merkmalen erfaßt. Die dadurch bewirkte Aufhebung der aristotelischen Entgegensetzung von Natur und Technik vollzog sich aber weniger als unterschiedslose Behandlung der beiden Sphären, sondern vielmehr als Technisierung der Natur. Lebensweltlich bleibt dieser Prozeß nachvollziehbar, wenn elementare Abstraktionsleistungen bzw. Idealisierungen an den phänomenal gegebenen Naturgegenständen vollzogen werden. Beispiel für die Wirkung einer formalisierenden Betrachtungsweise sind die in verwissenschaftlichten Lebenswelten vorgenommenen Meßoperationen, die das nach Aristoteles Geschiedene (z.B. Salat und Vitamintabletten) auf Vielfache gemeinsamer Einheiten reduzieren.

Nicht ganz so selbstverständlich, wie sich die Lebenswelt heute cartesisch betrachten läßt, kann der subjektive Kontext aristotelisch aufgefaßt werden. Bei Aristoteles findet sich keine auf die menschliche Existenz zugeschnittene Scheidung von Außen- und Innenwelt. Sein Seelenbegriff umgreift die gesamte belebte Natur, und die im Zusammenhang der seelischen Vermögen behandelten Sinneswahrnehmungen, Empfindungen und Gefühle erfahren bei ihm eine zum cartesischen Dualismus vollständig entgegengesetzte Interpretation. Aus nichtnatürlichen mentalen Zuständen werden Bestandteile eines die jeweiligen körperlichen Organe umfassenden Ganzen. Bei den auf äußere Veranlassung zurückgehenden Seelenzuständen kommen die spezifischen Merkmale der wirkenden Gegenstände sowie die zwischen ihnen und den Lebewesen liegenden Medien hinzu. Wahrnehmung ist die gemeinsame Wirklichkeit des Wahrgenommenen und des Wahrnehmenden. Angewandt auf den subjektiven Kontext entfällt damit die Distanz, aus der heraus das Individuum seine Wahrnehmungen, Empfindungen und Gefühle auf Richtigkeit hin überprüft. Sie werden als unmittelbare Teilhabe an einem die Seele einbegreifenden Naturgeschehen gedeutet, ohne daß dabei die Trennung zwischen Körperlichem und Geistigem je aufgehoben wäre. Descartes' partielle Relativierung seines Dualismus ließe sich vermutlich ein Stück weit mit einer aristotelischen Terminologie rekonstruieren. Der Wegfall der bewußten und beurteilenden Ich-Instanz entspricht der lebensweltlichen Vertrautheit und endet entsprechend mit ihr.

Beide Beispiele für eine Pluralität zweiter Stufe zeigen, wie extensionale Bestimmungen in nicht bevorzugten Verwendungskontexten ausgeblendet werden. Bei seiner quantitativen Erfassung der Welt braucht sich das cartesische Subjekt, wenn es einmal die Gewißheit der mathematischen Erkenntnis festgestellt hat, um die Innen-Außenwelt-Scheidung nicht mehr zu kümmern. Gegenüber der bereichskonstitutiven Differenz zwischen Natur und Technik ist die aristotelische Seelenlehre nicht minder indifferent. Die eigene Extensionsblindheit trägt zur Aufhebung der durch den jeweils anderen Begriff gesetzten Antithese bei.

3. Der Rousseausche Begriff, den ich als letzten Begriff vorstelle, führt auf eine sowohl zu Descartes als auch zu Aristoteles alternative Naturbeziehung im subjektiven Kontext. Rousseau geht in seiner Naturphilosophie aber weder von lebensweltlich vertrauten Phänomenen noch von subjektiven Erlebnissen, sondern vom Gegensatz von Natur und Gesellschaft aus, der diese beiden Kontexte transzendiert. In seiner Darstellung der menschlichen Naturbeziehungen von ihren Ursprüngen bis zu ihren hochzivilisierten Erscheinungsformen entwickelt er vielgestaltige und teilweise auch widersprüchliche Naturvorstellungen. Was ich als seinen Naturbegriff bezeichne, soll ausschließlich durch das antithetische Verhältnis zur Gesellschaft gekennzeichnet sein.

Als Nichtgesellschaftliche umfaßt Natur die vom menschlichen Handeln unabhängig bestehenden Prinzipien der äußeren Wirklichkeit und die von gesellschaftlichen Einflüssen freie, innere Gefühlswelt eines autonomen Subjektes. Die Naturprinzipien wirken uneingeschränkt nur in einem hypothetisch angenommenen stabilen Urzustand, wo die menschlichen Individuen in maximaler Weise voneinander isoliert sind. Das gesellschaftliche Gegenstück ist durch den soziablen Menschen charakterisiert. Erst er hat Vernunft und eine ausgebildete innere Natur des Gefühls, die seine Identität gegenüber der Gesellschaft begründet. Die innere Natur enthält dann neben ursprünglichen Naturbestimmungen auch die kontingenten Merkmale der je individuellen Existenz. Bewertungsmaßstab der gesellschaftlichen Entwicklung ist der Grad der Realisation der dem Wesen des soziablen Menschen einzig angemessenen freiheitlichen Verfassung.

Unter gesellschaftlichen Bedingungen ist die äußere Wirklichkeit durch Bereiche unterschiedlich starker Wirksamkeit von Naturprinzipien charakterisierbar. Das Spektrum reicht von Orten ihrer dem hypothetischen Naturzustand nahen Dominanz bis zu den Zentren der Zivilisation, die Rousseau mit Großstädten identifiziert. Natur erfährt durch gesellschaftliche Tätigkeit keine Veränderung, sondern Verstärkung oder Minderung ihrer Wirksamkeit. Wirklichkeiten können in unterschiedlichem Maß naturgemäß gestaltet bzw. kultiviert werden.

Der Kultivierung von Mensch und Natur steht Rousseau bekanntermaßen ambivalent gegenüber. Einerseits bewertet er jeden Schritt, der über die erste Stufe nach dem Urzustand hinausgeht, negativ, obwohl er keinen Zweifel an der Unumkehrbarkeit des Gesamtprozesses läßt. Am gesellschaftlichen Ideal orientiert begrüßt er andererseits jede Entfernung vom Ursprung. Aus dieser Perspektive entwickelt der Mensch seine wahren Bestimmungen erst im Zuge seiner Zivilisation durch Denaturierung.

Ursprung und zukünftiges Ideal sind von der bürgerlichen Gesellschaft gleichermaßen weit entfernt. Die damit vorgenommene doppelt negative Bewertung der Gegenwart rechtfertigt die innere Emigration des Einzelnen und führt zur Aufwertung von dessen innerer Natur. Der sich durch freien Entschluß von der Gemeinschaft zeitweise absondernde "Mensch der Natur" findet die Naturbestimmungen weniger in der äußeren Wirklichkeit als vielmehr durch Introspektion. Die innere Natur zu erkennen, heißt, sich selbst zu erkennen.

Die zentrale Rolle, die Rousseau im Rückzug von der Gesellschaft der inneren Natur zuweist, könnte es nahelegen, seinen Begriff ebenfalls vorzugsweise mit dem subjektiven Kontext zu verbinden. Jedoch wird die Konzeption der inneren Natur nur aus ihrer Herkunft aus der Antithese von Natur und Gesellschaft verständlich. Der mit ihr gesetzte fiktive Ausgangspunkt menschlicher Geschichte entzieht sich sowohl subjektiven (nur die Stellung der eigenen Person normalerweise reflektierenden) als auch lebensweltlichen (nicht historisch reflexiven) Erkenntnishorizonten. Er gestattet eine Darstellung des historischen Prozesses sukzessiver Zurückdrängung der zivilisationsfreien Wirklichkeit. Die zukünftige Form und Geschwindigkeit dieses Prozesses werden zum Gegenstand von politischen Entscheidungsfindungen. Natur wird nicht nur faktisch als ein von menschlicher Zivilisation noch nicht oder nur bedingt beeinflußter Bereich erfaßt, sondern möglicherweise als solcher auch erst frei- und festgelegt. Von menschlichen Einflüssen relativ unabhängige Bereiche sind heute nun vor allem in Debatten Thema, die ökologische Fragestellungen zum Gegenstand haben. Die weltweite Nutzung, Belastung und Veränderung von ehemals rousseauscher Natur hat solche Ausmaße angenommen, daß die materiellen Grundlagen der Zivilisation zu wertvollen Gütern geworden sind, denen gegenüber sehr differente Haltungen eingenommen werden. Man kann sie schützen, wirtschaftlich nutzen oder auch technisch ersetzen wollen. Zur sachgemäßen Formulierung der verschiedenen Handlungsziele bilden fachwissenschaftliche Erkenntnisse zwar eine unerläßliche Basis. Rein spezialwissenschaftlich verfaßte Lösungsstrategien haben sich aber gegenüber der disziplinenübergreifenden Struktur der Umweltproblematik als unzureichend erwiesen. Ihre globalen und politischen Dimensionen haben die Umweltproblematik statt dessen zunehmend zum öffentlichen Gegenstand werden lassen. Deshalb möchte ich den bevorzugten Verwendungskontext des Rousseauschen Begriffes im öffentlichen Diskurs über die naturalen Bedingungen der menschlichen Zivilisation sehen. Der Begriff der Öffentlichkeit bezeichnet in diesem Zusammenhang die *allgemein zugängliche Sphäre der gesellschaftlichen Kommunikation*. Ihre Gegenstände betreffen, mit Kant zu sprechen, "was jedermann notwendig interessiert" (KdrV, B 868). Für den öffentlichen Diskurs sind nicht Naturverhältnisse aus subjektiver oder lebensweltlicher Perspektive, sondern die des menschlichen Gattungswesens typisch. Letztere brauchen als öffentliche weder lebensweltlich noch subjektiv relevant zu sein. Rousseaus Naturbegriff dem öffentlichen Kontext als besonders geeignetem zuzuordnen, kann sich auf die mit seiner Sozialphilosophie im Einklang befindliche Überzeugung stützen, daß im Zustand fortgeschrittener Zivilisation ein vernünftiges Verhältnis des Menschen zur Natur eigentlich nur unter den Bedingungen der Volkssouveränität denkbar ist.

4. Erst eine genauere Untersuchung würde zeigen, in welchem Maß die drei Verwendungskontexte differieren und wechselwirken. Subjektive Innenwelterlebnisse, lebensweltliche Alltagserfahrungen und öffentliche Diskurspraxis sind selbst mehrdeutige Ausdrücke, die auf komplexe Realitäten Bezug nehmen. Die hier intendierten Bestimmungen ließen sich alternativ aus einer egologischen Konzeption gewinnen. Diese würde um die Innenwelt eines Einzelnen einen angrenzenden bekannt-vertrauten Kreis vornehmlich privater Sozialbeziehungen legen und als deren gemeinsame Umgebung die lokal entgrenzte gesellschaftliche Kommunikation annehmen.

Mit der Zuordnung bevorzugter Verwendungskontexte ergibt sich ein erstes Bild der *Pluralität ersten Grades*. Ein Naturgegenstand (Pflanze) kann von einer Person in nichtnatürlich verstandener Subjektivität wahrgenommen, lebensweltlich der Natur zugerechnet und im öffentlichen Diskurs als Teil einer kulturellen Wirklichkeit vorgestellt werden. Pluralität ersten Grades entwickelt das Spektrum der Thematisierungsmöglichkeiten von Natur in unterschiedlichen Lebenszusammenhängen. Im *zweiten Grad* treten die Thematisierungen kontextimmanent zugleich auf, wie die bereits erörterten lebensweltlichen und subjektiven Alternativen. Kombinatorisch betrachtet, ergeben sich durch die Hinzunahme des rousseauschen Begriffes und des öffentlichen Kontextes vier weitere Anwendungsfälle.

Ich beginne mit der Frage nach der Leistungsfähigkeit des aristotelischen und des cartesischen Begriffes im öffentlichen Kontext. Im Hinblick auf die Extension fällt für beide Begriffe die Antwort, wenn sie denn knapp sein soll, negativ aus. Sowohl der Bereich der ausgedehnten Körper als auch die im Gegensatz zu technischen Konstrukten bestimmte Natur enthält keine hinreichende Differenzierung, um ökologische Probleme öffentlich angemessen zu erfassen. Beide Begriffe unterscheiden noch nicht einmal zwischen kulturell überformter und einer von der menschlichen Zivilisation noch nicht oder nur bedingt beeinflußten Natur. In intensionaler Hinsicht scheinen hingegen begrenzte Verwendungen möglich, die teilweise komplementär ausfallen. Auf den cartesischen Begriff geht der Objektcharakter, mit dem die formalisierende Rede über Natur im öffentlichen ebenso wie im lebensweltlichen Kontext versehen werden kann, zurück. Komplementär läßt sich mit Bezug auf Aristoteles der für Orientierungsleistungen in modernen Zivilisationen dienliche Subjektcharakter von Natur hervorheben (J. Mittelstraß). Zu den weiteren Eigenschaften des aristotelischen Begriffes, die für den Kontext der öffentlich thematisierten Problematik des Stoffwechsels der menschlichen Gattung mit Natur dienlich sind, gehören Endlichkeit, Bewertungsqualität und Erfahrungsunmittelbarkeit (L. Schäfer).

Diese Aspekte verweisen auf Beziehungen zwischen der globalen ökologischen Problematik und der lebensweltlichen Erfahrungsweise von Natur. Vor dem Hintergrund der gesellschaftlich induzierten Umweltproblematik wird unmittelbare Naturwahrnehmung wieder in kleinräumigen Bereichen relevant. Mit dieser Bemerkung möchte ich zur Anwendungswirkung von Rousseaus Begriff im lebensweltlichen Kontext übergehen, wo dessen Beziehung zum aristotelischen Begriff besonders augenfällig hervortritt. Was aristotelisch gesehen unproblematisch zur Natur zählt (die Zimmerblume), mag aus rousseauscher Perspektive in seiner Naturzugehörigkeit bereits fragwürdig erscheinen. In sich ein Prinzip der Bewegung zu haben, ist für Rousseau nur notwendiges, aber nicht hinreichendes Kriterium für Naturgegenstände. Als Teil von kulturellen Wirklichkeiten verlieren sie den Status des Natürlichen. Der Rousseausche Begriff nimmt Ausschnitten lebensweltlicher Naturwahrnehmung ihre Selbstverständlichkeit und rückt, was noch als Natur anerkannt wird, allermeist in entferntere Regionen.

Über die Anwendung des rousseauschen Begriffes im subjektiven Kontext ist das Wichtigste schon im Zusammenhang mit der inneren Natur gesagt worden. Daß sich der Einzelne qua innerer Natur von der Gesellschaft abgrenzt, hat als Gegenentwurf vor allem zur cartesisch verstandenen Subjektivität Relevanz behalten. Descartes begründet das menschliche Selbstverständnis als Nichtnatürliches durch die innere Selbsterfahrung des Denkens. Rousseau bezweifelt demgegenüber, daß elementare Denkoperationen dem Menschen im Verhältnis zu den Tieren exklusiv zukommen, weist skeptisch auf Schranken der Geltung jeder rationalen Erkenntnis hin und betont die unersetzbare Rolle des Gefühls in der individuellen Handlungsorientierung.

In meinem Pluralitätsmodell, dessen Darstellung ich hiermit abschließe, ergeben sich somit mehrfach *konkurrierende Möglichkeiten zur Thematisierung von Natur*. Im subjektiven Kontext scheinen sich die antithetischen Thematisierungen wechselseitig auszuschließen: Die Innenwelt wird entweder ausnahmslos als nichtnatürliche oder partiell als gemeinsame Wirklichkeit von Individuum und äußerer Natur oder als letztes Residuum einer in der äußeren Wirklichkeit längst nicht mehr vorfindlichen ursprünglichen Naturbestimmung erlebt. In der alltäglichen Lebenswelt besteht zwischen der quantitativ nivellierenden cartesischen und der qualitativ differenzierenden aristotelischen Auffassung ebenfalls dort ein Ausschließungsverhältnis, wo die Natur-Technik-Differenz nicht völlig cartesisch vergleichgültigt ist. Die aristotelische und rousseausche Bestimmung ergänzen sich hingegen, indem sie lebensweltlich gemeinsam wie ein begrifflicher Zoom wirken, der Natur in unterschiedliche Distanz zur aristotelischen Technik bringt.

Die größte Distanz zur Lebenswelt bezeichnet dabei zugleich den *kleinsten gemeinsamen extensionalen Nenner der drei vorgestellten Begriffe*. Es sind die von menschlicher Kultur mittlerweile entferntesten Wirklichkeitsstücke, die letzten Reste oder Fiktionen einer von Menschen unberührten, wilden Natur. Diese mit der rousseauschen Vorstellung partiell identische Natur wird von allen Begriffen zum Natürlichen gerechnet.

Erst in der Moderne hat sich das Verhältnis des Menschen zur Natur zum drängenden Problem zugespitzt. Im Rahmen des Modells reflektiert sich dieser Vorgang darin, daß sich normative Elemente im öffentlichen Kontext am deutlichsten zeigen. Wie bei ihrer historischen Entstehung so sind auch heute die antithetischen Wahrnehmungen von Natur generell in praktische Kontexte eingebunden. Aber keinem Begriff lassen sich bestimmte Handlungsanweisungen entnehmen. Als Umgrenzung von Wirklichkeitsbereichen gehören die Antithesen nur zu den Voraussetzungen rationaler Erörterung naturtheoretischer und -praktischer Fragestellungen.

Meine Behauptung war, daß in den vorgestellten Kontexten sich nicht nur noch bestehende Leistungsfähigkeiten der ausgewählten Naturbegriffe erweisen, sondern auch deren Grenzen bereits erkennbar sind. Das Verhältnis des Menschen zur Natur scheint sich so weitgehend gewandelt zu haben, daß die Unanwendbarkeit der Antithesen zwar noch nicht generell, aber doch schon partiell gegeben ist. Daß die Unterscheidungen in anderen Erfahrungsbereichen bereits gänzlich aufgehoben sind, wäre Thema eines anderen Vortrags.

Nachbemerkung

Die plurale Verwendung **ersten** und *zweiten* Grades stellt sich für die drei ausgewählten Begriffe und Kontexte schematisch folgendermaßen dar:

Kontext: Begriff:	lebensweltlich	subjektiv	öffentlich
aristotelisch	**Natur vs. Technik**	*Einheit von Seele, Körper und äußerer Natur*	*Div. Eigenschaften (Subjektcharakter, Endlichkeit, etc.)*
cartesisch	*Objektcharakter und elementare quantitative Betrachtungen*	**Natur vs. Denken**	*Objektcharakter*
rousseausch	*Entfernung der aristotelischen und cartesischen Natur*	*Innere Natur als ursprüngliche*	**Natur vs. Gesellschaft**

Können wir wissen, daß es Dinge gibt, die wir Menschen nicht wissen können?
Michael Schmitz

Die Idee, daß es eine Grenze menschlichen Wissens gibt, Dinge, die Menschen nicht einmal wissen können, kann leicht seltsam nutzlos erscheinen. „Was ich nicht weiß, macht mich nicht heiß!" Wieviel weniger das, was ich noch nicht einmal wissen kann!

Eine Idee kann uns aber nicht nur deshalb wichtig sein, weil sie von unmittelbarem Nutzen ist, sondern z.B. auch deshalb, weil sie integraler Bestandteil oder Konsequenz einer für uns sehr wesentlichen Haltung ist. In unserem Fall handelt es sich dabei um den Realismus. Der Realismus wird oft definiert als die Auffassung, daß die Realität unabhängig ist von dem, was wir denken. Was aber bedeutet hier „Unabhängigkeit"? Sicherlich ist folgendes gemeint: die Existenz und die Eigenschaften der Objekte der Erkenntnis werden nicht durch diese konstituiert. Sie wären auch so gewesen, wie sie sind, wenn sie niemals erkannt worden wären. Wir machen die Realität nicht, wir entdecken sie. Die Unabhängigkeit von Denken und Realität kann auch bedeuten: das Denken kann über die Realität hinaus- oder an ihr vorbeigehen. Wir können denken, was nicht der Fall ist. Wir imaginieren Dinge, mitunter täuschen wir uns auch. Und umgekehrt: die Realität geht über das hinaus, was wir von ihr wissen. Niemand wird wohl bestreiten, daß es Dinge gibt, die wir jetzt nicht wissen, aber später einmal wissen werden. Und auch die Vorstellung, daß es Dinge gibt, die wir nicht einmal wissen können, ist den meisten Menschen vertraut und eingängig.

Wenn wir aber versuchen, diese Vorstellung auf der Ebene der philosophischen Reflexion nachzuvollziehen, geraten wir wie stets in Schwierigkeiten. Diese Schwierigkeiten sind wesentlich mit einer stärkeren Konzeption der Unabhängigkeit von Denken und Realität verbunden. Dieser Konzeption nach läßt der Begriff des Denkens offen, ob wir denn tatsächlich über Wissen verfügen und umgekehrt der Begriff der Realität, ob wir denn die Realität überhaupt erkennen können. Diese extreme Konzeption der Unabhängigkeit des Denkens von seinen Objekten, die die Differenz zwischen den beiden zu einem unüberbrückbaren Abgrund macht, ergibt sich für viele aus skeptischen Überlegungen. Wenn wir anerkennen, daß wir uns mitunter täuschen, die Realität verfehlen, so wird argumentiert, öffnen wir damit eine Tür, die sich nicht wieder schließen läßt, und wir müssen zugestehen, daß vielleicht auch sehr viele oder gar alle unserer Meinungen über die ‚Außenwelt' falsch sein können, ohne daß wir dies – oder das Gegenteil – je wissen könnten. Denn dafür, daß es einer Person z.B. scheint, daß es regnet, gibt es sehr viele denkbare Ursachen, unter denen die, daß es tatsächlich regnet, nur eine unter vielen ist, ohne daß wir die Wahl dieser oder einer anderen Möglichkeit rechtfertigen könnten. Dies nämlich würde erfordern, aus unserer Erkenntnis herauszutreten, um sie mit der Realität an sich zu vergleichen, da alles, was wir ansonsten zur Rechtfertigung einer bestimmten Interpretation unserer Erfahrung vorbringen könnten, nur Ausdruck weiterer Meinungen und Erfahrungen wäre, deren Wahrhaftigkeit doch gleichermaßen fraglich ist. Es scheint aber klar, daß die Vorstellung eines solchen Heraustretens aus der Erkenntnis keinen Sinn macht.

Die skeptische Überlegung führt zu dem Schluß, daß die Realität noumenal ist, unerkennbar hinter den Erscheinungen liegt. Die Relevanz des Skeptizismus für unser Thema liegt nun darin, daß man leicht glauben kann, die These der Begrenztheit menschlichen Wissens erfordere einen ähnlich noumenalen Begriff der Realität, so daß, wenn wir darauf insistieren, daß die Realität über das hinausgeht, was wir von ihr wissen können, wir damit die Realität zu etwas gänzlich Unerkennbarem machen. So hat Donald Davidson in einflußreichen Aufsätzen sowohl gegen den Skeptizismus als auch gegen die These, daß es Sprachen geben könne, die wir nicht oder nur teilweise verstehen können, Überlegungen vorgebracht, die auf dem gleichen Argumentkern beruhen.[1] Daß es Sprachen geben kann, die wir gar nicht oder nur teilweise verstehen können, wird aber nach einer natürlichen Interpretation von der These der Begrenztheit menschlichen Wissens impliziert, denn wenn es andere Wesen gibt, deren Wissen weniger begrenzt ist, würden wir sie zumindestens dann nicht verstehen können, wenn sie versuchen, uns dieses Wissen nahezubringen. Auf der anderen Seite hat Thomas Nagel sowohl die Idee der Begrenztheit menschlichen Wissens als auch den Skeptizismus verteidigt und damit gleichfalls den Eindruck erweckt, daß diese Haltungen zusammengehören.[2]

Die Hauptthese dieses Papiers ist, daß zwar der Skeptizismus, aber nicht die These der Begrenztheit menschlichen Wissens, mit einem noumenalen Realitätsbegriff operiert. Um dies zu zeigen, werde ich nun zuerst kurz eine Diagnose der Fehler des skeptischen Arguments geben, die vor allem von Strawson und Wittgenstein inspiriert ist. Anschließend werde ich eine Konzeption der Begrenztheit menschlichen Wissens entwickeln, die die Fehler des Skeptizismus vermeidet.

Betrachten wir eingehender die skeptische Auffassung des Verhältnisses von Denken und Realität:

---

[1] „A Coherence Theory of Truth and Knowledge" und „On The Very Idea of a Conceptual Scheme" in Ernest LePore (Hrsg.), *Truth and Interpretation*, 1986.
[2] Siehe *The View From Nowhere*, Oxford 1986, Kapitel 5 und 6.

1) Das Phänomen der Täuschung zeigt, daß wir keinem Inhalt der Erfahrung trauen können. Wir können alle insgesamt in Frage zu stellen und eine Rechtfertigung verlangen, die die Wahrheit keines dieser Inhalte voraussetzt.

2) Dagegen werden die Inhalte unserer Erfahrung mit großer, vielleicht gar absoluter Sicherheit gewußt. Insofern sie aber auf die ‚Außenwelt' gerichtet sind, sind diese Inhalte angemessen nur rein problematisch zu nehmen. Wir können nicht wissen, wie die ‚Außenwelt' beschaffen ist, und es ist auch nicht vernünftig, etwas über sie zu glauben, wenn es uns auch wohl *de facto* nicht gelingen wird, dem Glauben gänzlich abzuschwören. Vernünftig ist allein der Zweifel.

3) Der Vielzahl tatsächlicher und möglicher Inhalte des Geistes steht eine rein abstrakte Konzeption der Realität gegenüber. Zwar macht diese Realität unser Meinungen wahr oder falsch, aber wir können darüber nichts wissen. Wissen können wir nur, daß es die Realität überhaupt gibt.

Viele Reaktionen auf den Skeptizismus von Descartes bis Davidson akzeptieren 1) und versuchen, einen Grund dafür zu finden, uns Wissen zuzuschreiben, der keine spezifischen Wissensinhalte voraussetzt. Dagegen werde ich gegen diese grundlegende Voraussetzung des Skeptikers argumentieren.

Ich will zuerst festhalten, daß die skeptische Konzeption der Rechtfertigung diesen Begriff sinnlos macht. Rechtfertigen, argumentieren hat nur Sinn gegeben eine gemeinsame Basis. Durch eine solche Bemerkung kann der Skeptiker sich aber leicht bestätigt fühlen. Ist das nicht gerade seine These, daß Rechtfertigung sinnlos ist? Aber daß die skeptische Konzeption der Rechtfertigung sinnlos ist, zeigt natürlich nicht, daß das gewöhnliche Verständnis es auch ist. Kann aber das Phänomen der Täuschung uns in die skeptische Ausgangsposition zwingen? Es ist nicht zu sehen, wie dies funktionieren soll, denn indem wir uns eine Täuschung zuschreiben, glauben wir uns ja nicht nur berechtigt, nunmehr die Negation eines gewissen Inhalts für wahr zu halten, sondern wir begründen dies im allgemeinen auch mit dem Verweis auf positive Erfahrungen, die eine zu der Täuschung alternative Sicht der Realität enthalten, zu der wir mehr Grund haben als zu der irrtümlichen. Demnach kann also das Phänomen des Irrtums die Konzeption des Wissens nicht unterminieren, sondern gibt uns vielmehr Grund zu der Annahme, daß der Irrtum nur als eine Abweichung vom Normalfall des Wissens überhaupt denkbar ist. Weiterhin brauchen wir in unser tatsächlichen Praxis nicht nur Gründe, um uns Irrtümer zuzuschreiben, sondern wir brauchen selbst besondere Gründe um überhaupt nur daran zu zweifeln, daß die Welt so ist, wie sie uns im allgemeinen in unser Erfahrung erscheint. Einfach ins Blaue hineinzuzweifeln, macht für uns keinen Sinn. Der

Skeptizismus möchte dieses Verhältnis zwischen Normalfall und Abweichung auf den Kopf stellen, indem er uns auffordert, Gründe dafür zu nennen, daß wir uns nicht täuschen und nicht zweifeln müssen, daß wir überhaupt Wissen haben. Wenn wir uns darauf einlassen, sind wir ihm schon auf den Leim gegangen, denn wenn wir auch nur probehalber als offene Frage behandeln, ob wir Wissen haben, läuft die gewöhnliche Konzeption von Begründung leer, und wir wissen nicht mehr, was wir sagen sollen. Aber der Skeptiker hat kein Mittel, uns in diese Position zu zwingen. Vielmehr kann er selbst nur den Anschein einer sinnvollen Position aufrechterhalten, indem er beständig zwischen dem gewöhnlichen und seinem übersteigerten Verständnis der von ihm verwendeten Begriffe hin und her springt. Wenn er dagegen seine eigenen Voraussetzungen konsequent durchdenkt, muß er, glaube ich, zu dem Schluß kommen, daß für ihn auch die Begriffe des repräsentationalen Inhalts und der Realität, die ja für seine Position wesentlich sind, keinen Sinn machen können. Denn der Begriff des repräsentationalen Inhalts verweist ja wesentlich auf die Möglichkeit des Irrtums, dieser aber, wie schon gezeigt, auf das Wissen. Wenn wir sagen, daß es uns so und so scheint, bewegen wir uns wesentlich in diesem Spannungsfeld zwischen Irrtum und Wissen. Wie aber soll dieser Kontrast einen Sinn machen, wenn wir doch dem Skeptizismus zufolge nie eine motivierte Wahl zwischen diesen Alternativen treffen können? Wenn die Aussage, daß es so ist, und nicht nur so scheint, niemals begründbar ist, was soll dieser Kontrast dann bedeuten? Und wenn er nichts mehr bedeutet, fällt damit auch der Begriff der Realität, denn dieser umgreift ja, was der Fall ist. So kann der Skeptiker weder mehr der Vorstellung Sinn abgewinnen, daß ihm in bezug auf die (äußere) Realität etwas scheint, noch daß dort überhaupt etwas ist.

Zu einem ähnlichen Resultat kommt man, wenn man von den spezifischen Begriffen ausgeht, die der Skeptiker gebrauchen muß, um eines seiner skeptischen Szenarios aufzubauen. Wenn er ausführt, daß er nicht wissen kann, ob es tatsächlich regnet, kann man ihn fragen, was denn z.B. Regen überhaupt ist. Schon diese simple Frage ist für den Skeptiker kaum befriedigend zu beantworten, denn er kann ja nicht einfach auf den Regen deuten, ohne sich in eine Art pragmatischen Selbstwiderspruch zu verwickeln dadurch, daß er sich als jemanden darstellt, der weiß, daß es hier oder dort regnet. Er wird versuchen, sich mit einigen allgemeinen Begriffen zu behelfen, aber dann können wir ihn fragen, was er denn mit diesen meint. Sollen diese etwa nicht vom Skeptizismus betroffen sein? Wenn eine solche Selektivität im Skeptizismus nicht zu begründen ist, und ich wüßte nicht wie, fällt aber jetzt wiederum der Begriff der Realität. Denn wenn der Skeptiker der Realitätsbezogenheit seiner spezifischen Begriffe, sie mögen mehr oder minder generell sein, keinen Sinn abgewinnen kann, dann auch nicht dem maximal generellen Begriff der Realität, der ja alle spezifischen Realitätskonzeptionen umgreift.

Vorerst möchte ich festhalten, daß die skeptische Position aus mehreren Gründen sinnlos zu sein scheint. Erstens versucht sie, das gewöhnliche Verhältnis zwischen dem Normalfall, der keiner besonderen Begründung bedarf, und der begründungsbedürftigen Abweichung so zu verkehren, oder, besser gesagt: zu neutralisieren, daß der Begriff der Rechtfertigung sinnlos wird. Zweitens kann sie dem Begriff des repräsentationalen Inhalts mit dem für ihn wesentlichen Kontrast zwischen dem, was der Fall ist, und dem, was bloß so scheint, ihren eigenen Voraussetzungen nach keinen Sinn mehr abgewinnen. Drittens schließlich ist das vom Skeptizismus als möglich vorausgesetzte Verhältnis zwischen spezifischen Realitätskonzeptionen und dem allgemeinen Realitätsbegriff ein sinnloses, weil letzterer nicht unabhängig von ersteren Sinn haben kann.

Es bleibt die Frage, ob der Realitätsbegriff, den die These der Begrenztheit menschlichen Wissens verwendet, nicht in ähnlicher Weise sinnlos wird, weil dieser Realitätsbegriff auch über die spezifischen Konzeptionen von der Realität, über die wir Menschen verfügen, *per definitionem* hinausgeht. Oben hatte ich gesagt, der Realitätsbegriff umgreife alle spezifischen Realitätskonzeptionen, über die wir verfügen. Die Realität, können wir sagen, ist ein logisches Subjekt, dem wir alles zuschreiben können, was wir für wahr halten. Wir können stets sagen: „Die Realität ist derart, daß das und das der Fall ist." oder die Realität besteht aus diesem und jenem und hat die und die Eigenschaften. Hier können wir alles einsetzen, was wir für richtig halten. Die Frage ist, erschöpft sich der Realitätsbegriff auch darin? Beinhaltet der Begriff der Realität nurmehr so etwas wie eine Konjunktion unserer spezifischeren Realitätskonzeptionen? Um mich dieser Frage zu nähern, möchte ich sie einer anderen analogisieren, die vielleicht leichter faßlich ist. Vergleichen wir das Wort „Realität" mit dem Namen einer Person, die spezifischeren Realitätskonzeption mit den besonderen Eigenschaften, die ein Benutzer dieses Namens der Person zuschreibt, und betrachten wir einige elementare Merkmale einer solchen Praxis der Namensverwendung. Ist es wahr, daß sich der Begriff der Person in den Eigenschaften erschöpft, die ihr zugeschrieben werden? Es ist, glaube ich, ziemlich klar, daß dies nicht der Fall ist.

Schon im bloßen Wiedererkennen der Person etwa, auf der die grundlegendste Verwendung eines Namens basiert, liegt schon die Anerkenntnis, daß ihr Sein über das hinausgeht, was ich von ihr weiß. Sie hat auch existiert, als ich sie nicht wahrgenommen und vielleicht auch sonst nichts von ihr gewußt habe. Zwar kann ich mir allgemeine Vorstellungen darüber machen, was in dieser Zeit gewesen sein mag, aber ich habe kein spezifisches Wissen darüber, ja überhaupt kein Wissen. Und doch bin ich felsenfest überzeugt, daß es hier Spezifischeres zu wissen gibt.

Sicherlich sind wir damit noch weit von dem Begriff von Dingen entfernt, die wir nicht einmal wissen können. Aber wir haben in unser gewöhnlichen Praxis auch mitunter Grund, Sätze der Art „Ich weiß nicht, ob p, und ich kann auch nicht wissen, ob p" zu äußern. Beispiele wären etwa „Ich kann nicht wissen, was im ganzen Haus vor sich geht, denn es ist viel zu groß und ich kann nicht überall sein." oder „Ich kann nicht wissen, wie das Leben auf der Erde in zweitausend Jahren aussehen wird." Es ist wesentlich, daß wir in all diesen Fällen Gründe zu der Aussage haben, daß wir etwas nicht wissen können. Diese Gründe bestehen im allgemeinen sowohl aus bestimmten Aussagen über die Realität als auch aus bestimmten Vorstellungen darüber, wie man etwas über diese Realität herausfinden kann, z.B. durch Wahrnehmung, womit der Bereich des auf dieser Grundlage erreichbaren Wissens bereits durch die lokale Begrenztheit der Wahrnehmung eingeschränkt ist.

Nun endlich zur These, daß unser Wissen qua Menschsein begrenzt ist oder zumindest begrenzt sein könnte. Diese These hat zwei Komponenten. Auf der einen Seite eine gewisse Unbegrenztheit der Realität, auf der anderen die Begrenztheit des Menschen. Die Realität haben wir als in gewisser Hinsicht unerschöpflich kennengelernt. Wir haben, wenn wir Glück hatten, durch unser Leben hindurch unsere Konzeption der Realität erweitert. Dabei hatten wir wohl aber kaum jemals das Gefühl, an die Grenzen der Realität gestoßen zu sein, sie vollständig erfaßt zu haben. Wenn wir das Gefühl in jugendlichem Überschwang doch hatten, mußten wir schnell bemerken, daß wir uns getäuscht hatten. Dagegen haben wir oft unsere eigenen Grenzen erlebt.

Im Verlaufe unserer Erforschung der Realität haben wir aufgrund unserer Erfahrung verschiedene generelle Konzeptionen über die Realität entwickelt. Wir wissen, daß Dinge bestimmter Art geschehen. Mitunter hatten wir Gelegenheit, diese Vorstellungen sowohl zu überprüfen als auch zu konkretisieren, oft, wenn nicht meistens, aber auch nicht, und in gewissen Fällen haben wir auch Anlaß zu sagen, daß wir bestimmte Dinge aus bestimmten Gründen gar nicht erfahren können. Dennoch können wir von diesen Dingen auf abstrakte Art sprechen, wir wissen zumindestens, daß es dort etwas zu wissen gibt oder gäbe. Der Begriff der Realität selbst ist nun der abstrakteste Begriff, mit dem wir über die Realität sprechen können, und wenn man sagt, daß die Realität über das hinausgeht, was man auch nur wissen können, sagt man etwas, das man nur mit diesem oder einem gleichbedeutenden Wort sagen kann. Man meint damit: dort gibt es etwas, aber die Konkretisierung muß, wenn sie denn überhaupt erfolgt, anderen überlassen bleiben. Aber das, wovon diese etwas Konkreteres wüßten, ist durchaus das, von dem sehr vage gesprochen wurde.

Daß es nun solche Wesen gibt, die mehr von der Realität wissen können als wir, ist nicht erforderlich, damit diese Rede Sinn hat. Das würde ja mit dem Realismus konfligieren, in dem es zumindestens die über das uns mögliche Wissen hinausreichenden Aspekte der Realität von erkennenden Wesen abhängig macht. Daß es aber solche Wesen geben könnte, ist meiner Ansicht nach schwer von der Hand zu weisen. Wir erfahren in vielerlei Hinsicht unserer Begrenztheit als Individuen. Wir haben bestimmte Fähigkeiten, aber andere nicht. Wie können wir ausschließen, daß dies auch für unsere Species gilt, daß wir auch qua Mensch eingeschränkt sind? Wir können uns auch leicht ein Szenario ausmalen, in dem wir dies bestätigt bekämen. Stellen wir uns vor, die sprichwörtlichen Außerirdischen kämen auf die Erde und brächten eine Technologie mit, deren Wirkungen wir zwar staunend beobachten würden, deren Funktionsweise aber selbst unsere besten Ingenieure trotz der Erläuterungsversuche der Außerirdischen, die sich als sehr freundliche Wesen erweisen, ratlos ließe, und Wissenschaftler, deren Theorien selbst unsere besten Wissenschaftler nicht richtig nachvollziehen können, und die uns schließlich nach einer eingehenden Untersuchung unseres Erbmaterials, unser Gehirnstruktur usw. in aller Höflichkeit zu verstehen geben, daß wir diese Theorien auch nicht verstehen können, weil uns dazu bestimmte Voraussetzungen fehlen, von denen sie bei der Untersuchung ihrer eigenen Spezies festgestellt haben, daß sie für ihre höchsten kognitiven Leistungen unbedingt erforderlich sind.

Ich glaube, daß jeder, der behaupten wollte, ein solches Szenario sei nicht denkbar, eine sehr schwere Beweislast schultert. Betrachten wir daher das bereits erwähnte Argument von Davidson, das diesen Fall ausschließen soll. Der Kern von Davidsons Argument ist die These, daß wir den Begriff einer fremden Sprache nicht unabhängig von einer Übersetzung dieser Sprache verstehen.[3] In einer schwächeren Interpretation, wonach dies nur bedeutet, daß wir Teile der Sprache verstehen können müssen, scheint mir diese These durchaus richtig zu sein. Auch ich glaube, daß wir keine klare Vorstellung davon haben, was es heißen könnte, etwas als Sprache anzusehen, wenn wir keine Äußerungen in dieser Sprache verstehen können. Aber ich sehe keinen Grund für die anscheinend von Davidson intendierte stärkere These, daß wir alle Äußerungen verstehen können müßten, und nur diese Lesart schließt das Außerirdischen-Szenario aus, bei dem ich ja unterstellt habe, daß wir die Außerirdischen teilweise verstehen. Diese These ist sehr unplausibel, denn es gibt eine Vielzahl tatsächlicher, nicht nur imaginierter Fälle, in denen wir sehr gute Gründe haben zu glauben, daß jemand etwas meint,

---

[3] Vgl. „On The Very Idea of a Conceptual Scheme" in *Truth and Interpretation*

ohne ihn zu verstehen und mitunter auch Gründe zu denken, das wir ihn gar nicht verstehen können. Ich schließe somit, daß dieses Argument die These nicht widerlegt.

Abschließend bleibt mir zu sagen, warum die These nicht die gleichen Fehler macht wie die skeptische Überlegung. Drei Punkte sind wesentlich. Erstens habe ich versucht zu erklären, daß dies eine These ist, für die wir gewisse Gründe haben, und bei der wir uns leicht vorstellen könnten, noch stärkere zu bekommen. Damit unterscheidet sich die Argumentation wesentlich von der des Skeptikers, die nur versucht, dem Vertreter der Gegenthese eine unerfüllbare Begründungsanforderung unterzuschieben, die die Idee der Begründung selbst ad absurdum führt. Zweitens wird in dem vorgestellten Szenario die Begrenztheit unseres Wissens auf eine Weise erkannt, die an dieses Wissen selbst anknüpft, und damit nur unter der Voraussetzung denkbar ist, daß wir tatsächlich über Wissen verfügen. Denn so wie ich die Sache beschrieben habe, konnte wir die Außerirdischen nur deshalb als uns überlegene Denker erkennen, weil wir sie teilweise verstehen konnten, aber eben nicht ganz, und weil wir wußten, daß sie bestimmte Dinge taten, aber uns nicht erklären konnten, wie usw.. Damit führt dies nicht zu dem Resultat, daß wir kein Wissen haben. Unser Verhältnis zu dem überlegenen Wissen ist dabei in gewisser Hinsicht dem Verhältnis zwischen unserem Wissen und unseren Irrtümern, so wie ich es kontra den Skeptiker erläutert habe, vergleichbar. In beiden Fällen handelt es sich um ein Abweichen vom Normalfall, das aber auf diesen wesentlich zurückweist, und deshalb nicht gebraucht werden kann, um unsere Konzeption des Normalfalls auszuhebeln. Nur geht in dem einen Fall die Abweichung sozusagen auf gleicher Höhe am Normalfall vorbei und ist deshalb ein Irrtum, im anderen Fall aber über den Normalfall – unseren Normalfall – hinaus. Damit führt dies, drittens, auch weder zu einer Auflösung des Zusammenhangs der Begriffe des Denkens und der Realität, noch zu einer völligen Ablösung des allgemeinen Begriffs der Realität von den spezifischen Realitätskonzeptionen.

Geben diese Überlegungen dem Begriff der menschlichen kognitiven Begrenztheit damit auch einen konkreten Nutzen für unsere Praxis? In rein kognitiver Hinsicht scheint mir die Antwort hier ein „Nein" zu sein. Der Hinweis, daß etwa ein bestimmtes Problem für uns unlösbar sein könnte, leistet nichts, da wir weiterhin Probleme und Fragen so formulieren müssen, daß wir innerhalb unseres Horizonts Lösungen und Antworten finden können. Vielleicht kann uns aber die Einsicht, daß wir nur ein begrenztes Verständnis der Realität haben und andere vielleicht klüger sind, moralisch fördern.

Von der Erklärungs- zur Begründungslücke

Achim Stephan, Universität Karlsruhe

Aufgefordert, über die vermeintlichen Grenzen menschlichen Wissens und der Wissenschaft nachzudenken, könnten einem vielleicht *Baryonen*, *Bathygenys reevesi* oder der *Big Bang* in den Sinn kommen. Diese Entitäten, deren raum-zeitliche Lokalisation unsere Vorstellungskraft mühelos zu überfordern scheint, sind jedoch gerade keine geeigneten Beispiele für unsere *wissenschaftliche* Begrenztheit. Wir haben Theorien über kleinste atomare Teilchen, obwohl deren Lebensdauer unter 10^{-10} Sekunden liegt, über schafähnliche, aber nur katzengroße Tiere, obwohl sie vor etwa 35 Millionen Jahren lebten, und über die ersten Sekunden des Kosmos. Niemand vermag anzugeben, was unserem Forschungsdrang in diesen Gebieten prinzipiellen Einhalt gebieten sollte. Nicht schließbare Lücken in unserem Naturverständnis scheint es hingegen ausgerechnet in dem Bereich zu geben, der uns so vertraut und bekannt wie kein anderer ist.

Wir fühlen Schmerzen und Lust, schmecken Süßes, riechen Rosenduft, hören den typischen Sound von Pink Floyd, doch zugleich scheint es vielen von uns nach wie vor 'für immer unbegreiflich' zu sein, wie es eine gewisse Anzahl von Molekülen oder Neuronen und Synapsen anstellt, unser bewußtes Erleben jener Inhalte entstehen zu lassen. Dieses von Du Bois-Reymond in ganz ähnlichen Worten schon vor über 120 Jahren diagnostizierte Rätsel des Bewußtseins wird seit einiger Zeit unter dem eher unscheinbaren Namen der 'Erklärungslücke' (engl. 'explanatory gap') in der Philosophie des Geistes diskutiert.[1] Unlängst sind nun einige Arbeiten erschienen, die beanspruchen, dem Postulat der explanatorischen Lücke den argumentativen Boden zu entziehen. Bevor ich mich kritisch mit diesen befasse, skizziere ich den theoretischen Kontext, der die Erklärungslücke zu generieren scheint, sowie die Situation, die sich daraus für die Philosophie des Geistes ergibt.

I. Die Erklärungslücke

Die Erklärungslücke entsteht oder klafft in einer spezifischen theoretischen Landschaft. Diese ist geprägt durch das Vorhaben, allgemein für das Mentale und damit insbesondere auch für das Erleben qualitativer Phänomene einen Platz in der 'Natur' oder 'physischen Welt' zu finden.[2] Zu den Grundannahmen dieses Naturalisierungsprojektes, das seit fast einem halben Jahrhundert die Erforschung von Geist und Gehirn bestimmt, gehört die These, daß die Träger aller mentalen Eigenschaften komplexe physische Systeme sind, die allein aus physischen Komponenten bestehen, die auf vielfältige Weise miteinander wechselwirken. Ferner wird angenommen, daß ein nomologischer Zusammenhang

---

[1] Vgl. Du Bois-Reymond (1872; 1974, 71).

[2] Buchtitel wie *The Mind and its Place in Nature* (Broad, 1925) oder *Mind in a Physical World* (Kim, 1998) geben Zeugnis für dieses Projekt.

zwischen dem Verhalten der Systembestandteile und dem Vorliegen eines bestimmten mentalen Zustandes besteht: Exakt gleiche (neuro-)physiologische Zustände und Prozesse ziehen exakt gleiche mentale Zustände und Prozesse nach sich.[3]

Eine einfache Strategie, das Vorhaben erfolgreich umzusetzen, schien zu sein, phänomenales Erleben mit bestimmten Vorgängen oder Zuständen des Gehirns zu identifizieren. Dieser auf Place, Smart und Armstrong zurückgehende Vorschlag ist als Identitätstheorie bekannt geworden. Neben empirischen Argumenten, die vor allem die mehrfache physische Realisierbarkeit mentaler Phänomene betonen, richten sich auch metaphysische und epistemische Argumente gegen diesen Ansatz. Kripke vertrat die metaphysische These, daß psychophysische Identitätsbehauptungen des Typs 'Schmerzen sind mit dem Feuern von C-Fasern identisch' falsch seien, weil es vorstellbar oder denkbar sei, daß jeweils die eine Sache ohne die andere vorliegen könne, und weil darüber hinaus diese Imaginationen nicht wegerklärt werden könnten.[4] Levine modifizierte Kripkes These zu einer epistemologischen These, die besagt, daß psychophysische Identitätsbehauptungen im Unterschied zu intraphysischen Identifizierungen eine nicht schließbare explanatorische Lücke lassen. Daraus folge jedoch nicht, daß der Materialismus falsch sei (1983, 354). Zur Erläuterung seiner These betrachtet er die beiden Identitätsaussagen

(1) 'Schmerzen sind mit dem Feuern von C-Fasern identisch', und

(2) 'Wärme ist mit der Bewegung von Molekülen identisch'.

Während die zweite Aussage eine Identität behaupte, die vollständig explanatorisch sei, gelte dies nicht für die erste. Diese und die verwandte Aussage

(3) 'Schmerzen zu haben ist identisch damit, in Zustand F zu sein'

lassen eine explanatorische Lücke. Levine zufolge gilt für Aussage (2):

„It is explanatory in the sense that our knowledge of chemistry and physics makes intelligible how it is that something like the motion of molecules could play the causal role we associate with heat. Furthermore, antecedent to our discovery of the essential nature of heat, its causal role [...] exhausts our notion of it. Once we understand how this causal role is carried out there is nothing more we need to understand." (1983, 357)

---

[3] Eine Ausnahme scheinen propositionale Einstellungen zu bilden. Es spricht viel dafür, daß ihr Gehalt auch von den Konventionen der jeweiligen Sprachgemeinschaft und der tatsächlichen Beschaffenheit der Außenwelt abhängt (vgl. Putnam (1975) und Burge (1979 und 1986)). Analoge 'externalistische' Argumente spielen im Hinblick auf den qualitativen Charakter eines mentalen Zustandes allerdings keine Rolle.

[4] Vgl. Kripke (1972). Das 'Feuern von C-Fasern' ist nur als ein Platzhalter für das empirisch adäquate neurophysiologische Korrelat von Schmerzen zu verstehen.

In analoger Weise erhielten wir vor dem Hintergrund unseres neurophysiologischen Wissens im Falle der Reizung von C-Fasern eine plausible Erklärung dafür, wie die Vorgänge in den C-Fasern die kausale Rolle ausfüllen, die wir gewöhnlich Schmerzen zuschreiben. Und natürlich sei auch für den Begriff des Schmerzes die ihm zugeschriebene kausale Rolle von großer Bedeutung. Aber, im Unterschied zum Begriff der (physikalischen, nicht: der empfundenen) Wärme erschöpfe seine kausale Rolle den Begriff nicht vollständig. Etwas ebenso Wesentliches fehle noch:

> „[T]here is more to our concept of pain than its causal role, there is its qualitative character, how it feels; and what is left unexplained by the discovery of C-fiber firing is *why pain should feel the way it does*! [...] Unlike its functional role, the identification of the qualitative side of pain with C-fiber firing [...] leaves the connection between it and what we identify it with completely mysterious." (1983, 357)

Es ist diese Überlegung Levines, die das argumentative Zentrum der explanatorischen Lücke für psychophysische Identitätsbehauptungen ausmacht. Während in den intraphysischen Identitätsbehauptungen (Wärme = Molekularbewegung) keine Lücke bleibe, weil unsere physikalischen Theorien zeigen, daß Molekülbewegungen exakt die kausale Rolle einnehmen, die wir bisher der Wärme zugesprochen haben, gelte das Entsprechende nicht für qualitative Zustände. Ein Grund dafür könnte sein, daß unsere gegenwärtigen Theorien nicht zeigen können, daß neurophysiologische Vorgänge genau die kausale Rolle einnehmen, die wir Schmerzen oder dem Hören eines Orgeltons zuschreiben. Das ist aber gerade nicht Levines These. Sie hätte im übrigen auch etwas höchst Kontingentes. Nein, seine These ist, daß sich unsere Begriffe qualitativer Zustände nicht auf die kausale Rolle reduzieren lassen, die diese haben.

Genau dieser Punkt ist es, der auch für die Erklärungslücke bei reduktiven Erklärungen verantwortlich ist. Reduktive Erklärungen werden für Eigenschaften benötigt, die nicht mit einem bestimmten Typ neuronaler Vorgänge identifiziert werden können, weil sie auf mehrfache Weise realisierbar sind. Um sie erfolgreich durchführen zu können, sind in der Regel zwei Schritte erforderlich, ein begrifflicher und ein empirischer: Zunächst sind die zu erklärenden Eigenschaften zu 'präparieren', d. h., sie müssen über ihre kausalen Rollen begrifflich adäquat erfaßt werden. Empirische Untersuchungen haben dann zu zeigen, welche basalen Mechanismen diese kausalen Rollen erfüllen. Gelingen beide Schritte, so gelten die entsprechenden Eigenschaften als reduktiv erklärt. So sagt Kim:

> „To reduce a property M to a domain of base properties we must first 'prime' M for reduction by construing, or reconstruing, it relationally or extrinsically. This turns M into a relational/extrinsic property. For functional reduction we construe M as a second-order property defined by its causal role – that is, by a causal specification H describing its (typical) causes and effects." (Kim 1998, 98)

Die zentrale Frage ist daher, ob mentale Eigenschaften für diese Art von Funktionalisierung, die für reduktive Erklärungen unverzichtbar ist, zugänglich sind, oder nicht. Ich teile Kims Skepsis, wenn er sagt: „it seems to me that the felt, phenomenal qualities of our experiences, or qualia, are intrinsic properties if anything is" (1998, 101 f.).

Phänomenale Qualitäten scheinen sich der erforderlichen begrifflichen Präparierung nämlich aus genau den Gründen zu entziehen, die Levine bereits für die explanatorische Lücke bei psychophysischen Identitätsbehauptungen verantwortlich gemacht hat. Ihre qualitativen Merkmale scheinen sich einfach nicht in kausalen Rollen erfassen zu lassen. Auch Levine hatte seine Argumentation auf den Bereich mehrfach realisierbarer phänomenaler Qualitäten erweitert: „What seems to be responsible for the explanatory gap, then, is the fact that our concepts of qualitative character do not represent, at least in terms of their psychological contents, causal roles. [...] Thus, to the extent that there is an element in our concept of qualitative character that is not captured by features of its causal role, to that extent it will escape the explanatory net of a physicalistic reduction" (1993, p. 134). Das aber würde bedeuten, daß ungeachtet aller Fortschritte in den empirischen Wissenschaften sowohl das Projekt einer Identifizierung der phänomenalen Qualitäten mit neurophysiologischen Zuständen als auch ihre reduktive Erklärung bereits aus begrifflichen Gründen zum Scheitern verurteilt ist.[5] Wir wären damit aus prinzipiellen Gründen an einer Grenze angelangt, an der weder unser Wissen noch unsere Wissenschaften eine Antwort über die 'wirkliche Natur' phänomenalen Erlebens geben könnten.

II. Die Situation

Wo stehen wir damit? Der theoretische Rahmen, in dem es zur Erklärungslücke kommt, ist durch die Annahme ausgezeichnet, daß die Träger qualitativer Phänomene komplexe materielle Systeme sind. Damit scheint es zwei Möglichkeiten ihrer Realisierung zu geben: (i) Sie sind mit spezifischen physischen Eigenschaften des Systems typ-identisch, oder (ii) sie sind durch verschiedene physische Zustände auf mehrfache Weise instantiierbar. Gegen Variante (i) spricht neben dem vermeintlichen empirischen Befund der mehrfachen Realisierbarkeit die ursprüngliche Erklärungslücke für psychophysische Identitätsbehauptungen, gegen Variante (ii) spricht die behauptete Erklärungslücke für reduktive Erklärungen mehrfach realisierbarer Eigenschaften. Welche Optionen bleiben dann aber?

Nun, man könnte den vorgegebenen theoretischen Rahmen in Zweifel ziehen. Vor etwas längerer Zeit hatte Leibniz ähnliche Überlegungen unter der zusätzlichen Annahme, daß ein materielles komplexes System nur die Eigenschaften wirklich haben kann, die sich aus dem Zusammenwirken seiner Bestandteile mechanisch erklären lassen, als 'reductio' eingesetzt. Da nämlich „die Perzeption und das, was von ihr abhängt, aus mechanischen Gründen, d. h. aus Gestalt und Bewegung, nicht erklärbar" sei, könne der Träger der mentalen Eigenschaften kein zusammengesetzter materieller sein; in Frage komme nur etwas Einfaches, Nicht-Zusammengesetztes – eine Monade (Monadologie, § 17).

---

[5] Das sah übrigens bereits Broad so; man vgl. seine Bemerkungen zu den Reduktionsmöglichkeiten von vitalen im Vergleich zu mentalen Eigenschaften (1925, 612-614 und 622).

Leibniz verläßt damit den hier vorausgesetzten theoretischen Rahmen; er favorisiert stattdessen eine dualistische Position. Ebenso verließe man den theoretischen Rahmen, wenn man die Existenz qualitativer Phänomene bezweifelte und eine eliminativ materialistische Theorie bezüglich phänomenaler Eigenschaften vertreten würde.

Will man den theoretischen Rahmens beibehalten, so bleiben nur zwei Strategien übrig. Entweder man akzeptiert die oben skizzierte Situation und räumt ein, daß die beiden explanatorischen Lücken nicht zu schließen sind. Dann vertritt man eine *emergentistische* Position bezüglich der qualitativen Phänomene. In diesem Fall wird es jedoch schwierig, für die qualitativen Phänomene einen angemessenen Platz im Kausalgefüge der Natur zu finden.[6] Oder man versucht doch aufzuzeigen, wie phänomenale Qualitäten als Eigenschaften materieller Systeme konzipiert werden können, ohne daß sich dabei eine explanatorische Lücke auftut. Für beide Strategien gibt es derzeit Befürworter. Beide Lager stimmen interessanterweise insoweit überein, daß qualitative Phänomene nicht funktional oder über kausale Rollen erfaßt werden können. Daher sei die Erklärungslücke unvermeidlich, wenn man versuche, qualitative Eigenschaften reduktiv zu erklären. Während einige Autoren, zu denen ich mich auch selbst zähle, daraus den Schluß ziehen, daß qualitative Phänomene vermutlich emergente Eigenschaften sind, favorisieren andere Autoren einen identitätstheoretischen Ansatz. Sind wir damit aber nicht wieder an den Ausgangspunkt der Debatte zurückgekehrt? Und, klafft dort nicht – wie wir oben erfahren haben – die explanatorische Lücke für psychophysische Identitätsaussagen?

III. Identitätstheorie, zweiter Versuch

Nun, in letzter Zeit ist es zu einer umfassenden Neubewertung der alten Argumente von Kripke und Levine gekommen. Während sich Hill (1997) insbesondere mit Kripkes metaphysischem Argument auseinandersetzt und zu zeigen versucht, daß sich die scheinbare Kontingenz psychophysischer Identitätsaussagen doch wegerklären läßt, versuchen Block und Stalnaker (forthcoming) sowie Papineau auch dem 'explanatory gap'-Argument den Wind aus den Segeln zu nehmen. Im folgenden konzentriere ich mich auf Papineaus Überlegungen, der in „Mind the Gap" eine ganz schlicht erscheinende Antwort anbietet: „I think that physicalism has no problem at all in explaining why conscious states go with brain states. This is because I think physicalism is best conceived as a thesis of identity between conscious properties and material properties, and identities need no explanation" (1999, 1).

Wenden wir uns zunächst den beiden Hauptthesen Papineaus zu: Was spricht für die Identitätsthese, und was spricht dafür, daß Identitätsaussagen keine Erklärungslücken entstehen lassen? Zunächst sollte man sich klar machen, daß Papineau unter der Identitätsthese nicht die Typen-Identität alter Prägung versteht, sondern unter den 'materiellen Eigenschaften' sowohl physische Eigenschaften im herkömmlichen Sinne (z. B. neurophysiologische Eigenschaften) als auch physisch realisierte funktionale-Rollen-Eigenschaften subsumiert.

---

[6] Vgl. dazu Kim (1993, 1998) und Stephan (1997).

Papineaus Argument für die Identitätsthese basiert auf drei Prämissen: (1) Bewußte mentale Vorkommnisse haben physische Wirkungen; (2) alle physischen Wirkungen haben hinreichende physische Ursachen; und (3) die physischen Wirkungen bewußter Ursachen sind nicht immer überdeterminiert. Der eleganteste und einfachste Weg, alle drei Prämissen gleichzeitig behaupten zu können, sei es, bewußte Vorkommnisse mit physischen Vorkommnissen zu identifizieren. Sollten bewußte mentale Eigenschaften mit physischen Eigenschaften jedoch nicht streng identisch sein, dann müßten sie zumindest mit physisch realisierten Rollen-Eigenschaften identifiziert werden. Andernfalls sei nicht zu sehen, wie bewußte Vorkommnisse überhaupt physische Wirkungen hervorbringen könnten.

Die weiteren Schritte gehen dann ganz schnell: Wenn bewußte mentale Eigenschaften mit materiellen Eigenschaften identisch sind, dann gebe es nichts weiter zu erklären: „there is no mystery of why material properties 'give rise' to conscious properties. This is because identities need no explaining. If the 'two' properties are one, then the material property doesn't 'give rise' to the conscious property – it is the conscious property. And if it is, then there is no mystery of why it is" (5). Ebenso unsinnig sei es, wenn man frage, weshalb Tony Curtis mit Bernie Schwartz identisch sei, wenn sie de facto ein und dieselbe Person sind. Man mag vielleicht wissen wollen, was *zeige*, daß sie miteinander identisch sind, und die Antwort wäre vermutlich, daß sie stets dieselbe Stelle im Kausalschema des Weltlaufs einnehmen. Aber es wäre unsinnig zu fragen, *warum* sie identisch seien. Wenn sie es sind, dann sind sie es. Sie können nicht zwei sein.

Da Papineau allerdings selbst – und wohl zu recht – glaubt, daß seine Antwort nicht alle Leser überzeugt haben dürfte – „I suspect that many readers will feel quite unsatisfied by the argument of the last section" (1999, 6) –, geht er abschließend der Frage nach, weshalb viele Philosophen trotz allem zu dem Eindruck gelangten, daß eine Erklärungslücke bestehe.

Vielleicht meinten sie erklären zu müssen, daß bestimmte physische Zustände diejenigen Beschreibungen erfüllen, die wir a priori mit unseren bewußten Zuständen verbänden. Über entsprechende Erklärungen verfügten wir im Falle bewußter Vorkommnisse allerdings nicht. Der Grund sei schlicht, daß es gar keine Beschreibungen gebe, die wir a priori mit unseren alltagssprachlichen Begriffen bewußter Zustände verbänden (1999, 7). Papineau zufolge referieren Begriffe von bewußten Zuständen nicht über Beschreibungen, vielmehr lösen sie solche Zustände simulationsartig aus. „Phenomenal concepts refer via a species of simulation, without invoking any descriptions" (1999, 8).

Der eigentliche Grund, weshalb wir die Lücke fühlten, sei jedoch der folgende: „most people are simply not prepared to accept that phenomenal concepts refer to material properties in the first place" (1999, 9). So komme es zum sogenannten antipathetischen Fehlschluß: „We focus on the left-hand side, deploy our phenomenal concept of pain (that feeling), and feel a tiny bit twingy. Then we focus on the right-hand side, deploy our concept of C-fibres firing, and feel nothing. And so we conclude that the right hand side leaves out the feeling of pain itself ..." (1999, 9).

IV. Zweifel bleiben

Hat Papineau die Lücken schließen können? Hat er wirklich die Lücke erfaßt, auf die Levine zu zeigen glaubte? Hat er die richtigen Gründe genannt, die viele von uns eine explanatorische Lücke 'sehen lassen'? Kann er die von ihm vorgeschlagene Identifizierung hinreichend begründen? Ist nun das 'Rätsel der phänomenalen Qualitäten' gelöst? Mir scheint, daß auf keine der aufgeworfenen Fragen mit einem klaren 'Ja' geantwortet werden kann.

Natürlich wäre es unsinnig, nach den Gründen für eine *Identität* fragen zu wollen. Handelt es sich bei einer Entität, die uns als zweierlei 'Ding' erscheint, de facto nur um eins, so gibt es in der Tat für ihr 'Eins-Sein' keinen Grund zu nennen. Levine hat aber gerade nicht gefragt, *warum* Schmerzen mit dem Feuern von C-Fasern identisch sind, *wenn* sie miteinander identisch sind, sondern *warum* sich das Feuern der C-Fasern so anfühlt, wie es sich anfühlt, *während* sich das Feuern anderer Neuronenverbände ganz anders anfühlt, bzw. *warum* es sich überhaupt irgendwie anfühlt, *während* sich das Feuern anderer Neuronenverbände nicht irgendwie anfühlt. D. h., es geht ihm vor allem um den *systematischen* Zusammenhang zwischen bestimmten neuronalen und bestimmten phänomenalen Zuständen. Betrachten wir zum Vergleich die chemischen Stoffen zukommende Eigenschaft, flüssig zu sein. Diese ist mit einer bestimmten Kräftekonstellation unter den Molekülen identisch, aus denen die Stoffe bestehen. Im Unterschied zum Qualia-Problem ist hier der systematische Kontext jedoch völlig transparent. Es läßt sich genau zeigen, *wie* mit spezifischen Veränderungen der Bindungskräfte spezifische Modifikationen des Charakters der Flüssigkeiten einhergehen, *weshalb* sie dünn- oder dickflüssig sind und *warum* dies so ist. Dagegen scheint eine entsprechende Transparenz bezüglich des systematischen Zusammenhangs zwischen neuronalen und phänomenalen Zuständen aufgrund des intrinsischen Charakters der phänomenalen Qualitäten gerade nicht erreichbar zu sein. Und diese explanatorische Lücke scheint prinzipiell nicht schließbar zu sein.

Darüber hinaus zeigen sich fundamentale Unterschiede zwischen der angestrebten Identifizierung von phänomenalen und materiellen Eigenschaften auf der einen Seite und den Identifizierungen, die Papineau als Beispiele anführt, auf der anderen. Papineau verweist nämlich hauptsächlich auf Entitäten, die ohnehin zur selben Kategorie gehören wie z. B. Berge, Himmelskörper oder Personen; d. h., es geht dann nur noch um die Frage, ob zwei Namen oder Beschreibungen, die auf verschiedene Exemplare eines bestimmten Typs zu referieren scheinen, de facto auf ein und dasselbe Exemplar referieren. So ist es aber im Falle qualitativer Phänomene und neuronaler Vorgänge gerade nicht. Hier ist noch nicht einmal in Ansätzen klar, was die genauen Individuierungsbedingungen für die 'Exemplare' der neuronalen Zustände oder Vorgänge sind, die mit bestimmten Exemplaren eines qualitativen Zustandes identifiziert werden sollen: Von welchem physischen Zustand läßt sich denn begründet sagen, daß er genau den Platz innerhalb des 'Kausalschemas der Welt' einnehme, den Papineau dem entsprechenden qualitativen Zustand zuzuschreiben gewillt ist? Auch hier bleiben Verständnis- und Begründungslücken.

Könnte Papineau somit vor allem Lücken geschlossen haben, von denen niemand annahm, daß sie offen seien?

Literatur

Block, Ned & Robert Stalnaker (forthcoming) Conceptual Analysis, Dualism and the Explanatory Gap. *The Philosophical Review*.

Broad, Charles Dunbar (1925) *The Mind and its Place in Nature*. London.

Burge, Tyler (1979) Individualism and the Mental. *Midwest Studies in Philosophy* 4, 73-121.

Burge, Tyler (1986) Individualism and Psychology. *The Philosophical Review* 95, 3-45.

Du Bois-Reymond, Emil (1872) Über die Grenzen des Naturerkennens. In ders.: *Vorträge über Philosophie und Gesellschaft*. Hamburg 1974.

Hill, Christopher (1997) Imaginability, Conceivability, Possibility, and the Mind-Body Problem. *Philosophical Studies* 87, 61-85.

Kim, Jaegwon (1993) The Nonreductivist's Troubles with Mental Causation. In ders.: *Supervenience and Mind*. Cambridge, 336-357.

Kim, Jaegwon (1998) *Mind in a Physical World*. Cambridge.

Kripke, Saul (1972) *Naming and Necessity*. Revised and enlarged. Oxford 1980.

Leibniz, Gottfried Wilhelm (1714) *Monadologie*. Hamburg 1969.

Levine, Joseph (1983) Materialism and qualia: The explanatory gap. *Pacific Philosophical Quarterly* 64, 354-361.

Levine, Joseph (1993) On Leaving Out What It's Like. In Martin Davies & Glyn Humphreys (eds.) *Consciousness*. Oxford, 121-136.

Papineau, David (1999) Mind the Gap. *Philosophical Perspectives* 12. (Zitiert nach http://www.kcl.ac.uk/kis/schools/hums/philosophy/MindtheGap.html, 1-13).

Putnam, Hilary (1975) The Meaning of 'Meaning'; in: ders. *Mind, Language, and Reality. Philosophical Papers:* Vol. 2. Cambridge, 215-271.

Stephan, Achim (1997) Armchair Arguments Against Emergentism. *Erkenntnis* 46, 305-314.

Achim Stephan
Institut für Philosophie der Universität (TH)
D 76128 Karlsruhe
e-mail: astephan@uni-bremen.de

Berthold Suchan, Gießen

Tragbare Zäune

Formen der Begrenzung in Naturwissenschaft und Philosophie -
illustriert am Beispiel der Kosmologie

Per definitionem zeichnen sich die jeweils aktuellen Grenzen des Wissens bzw. der Wissenschaft dadurch aus, daß sie nur von einer Seite zugänglich sind. Für Gebiete jenseits dieser Grenze gilt, daß sie entweder nicht existieren, daß ihre Existenz zwar bekannt, aber keinerlei Kenntnis über deren Eigenschaften und Strukturen vorhanden ist, oder daß das Wissen über die Phänomene, die diese Bereiche charakterisieren, verglichen mit anderen „Wissenserfahrungen" qualitativ unvollkommen erscheint. Zur Veranschaulichung dieser Unterscheidung denke man beispielsweise an die Erforschung des nordamerikanischen Kontinents in der Geographie oder an das Tier-Mensch-Übergangsfeld in der Evolutionsbiologie. Der historische Rückblick auf die Entwicklung dieser beiden wissenschaftlichen Gebiete zeigt zweierlei: Zum einen illustriert er die drei soeben unterschiedenen Arten von Grenzen des Wissens in Abhängigkeit der Antwort auf die Frage, was sich dahinter befinde; zum anderen wird dabei deutlich, daß sich die Grenzen sowohl verschieben als auch in ihrer inhaltlichen Bedeutung innerhalb der jeweiligen Wissenschaft wandeln können.

Die beiden genannten Beispiele weisen auf *empirische* Grenzen im Rahmen einer Wissenschaft hin, die gerade deshalb in relativ hohem Maße anschaulich sind, weil in der historischen Perspektive wesentlich deutlicher als in der zeitgenössischen Sicht erscheint, welche Bereiche der Wissenschaft durch diese Grenzen ehedem demarkiert wurden. Grundsätzlich gilt, daß Funktion und Bedeutung der Grenzen des Wissens bzw. der Wissenschaft erst dann besser verstanden werden, wenn sie nicht mehr Gebiete der eingangs skizzierten Art voneinander abgrenzen, sondern auf einem zusammenhängenden Gebiet, dessen Phänomene wissenschaftlich gleichermaßen gut erklärt sind, „von beiden Seiten" aus betrachtet werden können.

Weil die Kosmologie sowohl im philosophisch-klassischen (als Teil der Metaphysik) als auch im modernen Sinne (als naturwissenschaftliche Disziplin) das Ganze in den Blick zu nehmen versucht, eignet sie sich im besonderen Maße, verschiedene Grenzfragen zu diskutieren. Deshalb dient sie im folgenden als Hintergrund, um neben der empirischen zwei weitere Formen der Begrenzung vorzustellen, die für eine wissenschaftsphilosophische Diskussion relevant sind: die *wissenschaftstheoretische* und die *methodologische* Grenze.

Empirische Grenze

Unter der Kosmologie versteht man die Lehre vom Universum als ganzem oder genauer: die Lehre der Struktur des Kosmos und dessen Entwicklung. Wenn man nun die kosmische Materieverteilung mit astronomischen Methoden untersucht, kommt man zu dem Ergebnis, daß die Materie im Universum großräumig betrachtet homogen verteilt ist. In Bereichen, die an kosmischen Maßstäben gemessen relativ klein sind (in der Größenordnung von einigen Millionen Lichtjahren), findet man jedoch Klumpungen der Materie in Form von Galaxienhaufen bzw. Clustern von Galaxienhaufen. Wenn die Kosmologie eine vollständige Beschreibung der kosmischen Struktur erreichen möchte, muß demnach auch eine Erklärung für diese qualitativ unterschiedliche Struktur in einem kosmologischen Rahmen angegeben werden. Dieses Unternehmen wird allerdings dadurch erschwert, daß ein kausaler Mechanismus für die Entstehung dieser unterschiedlichen Strukturen wegen der Existenz von Horizonten nicht angegeben werden kann.

Worum handelt es sich bei Horizonten in der Kosmologie? In einem expandierenden Universum kann man sich stets zwei voneinander entfernte Bereiche vorstellen, die wegen der Endlichkeit der Lichtgeschwindigkeit als höchster Signalgeschwindigkeit niemals in kausaler Wechselwirkung miteinander standen und auch in Zukunft keine Informationen untereinander werden austauschen können. Wenn man nun zusätzlich einen kosmischen Beobachter betrachtet, der mit diesen derart charakterisierten Bereichen in kausalem Zusammenhang steht, und wenn dieser in beiden Bereichen eine homogene Materieverteilung konstatiert, dann stellt sich die Frage, warum sich Dichteschwankungen der kosmischen Materie in sehr frühen Zeiten des Universums nicht zu einem extrem inhomogenen Kosmos verstärkt haben. Denn Inhomogenitäten können sich nur in einem kausal zusammenhängenen Gebiet ausgleichen.

Zur Lösung dieses sogenannten „Horizontproblems" wurde Anfang der achtziger Jahre das „Modell des inflationären Universums" vorgeschlagen. Im Rahmen dieses Modells existierte in der Frühzeit des Universums eine Phase, in der das Universum relativ zu seinem Ereignishorizont wesentlich kleiner war. Dieser kurzen Phase, in der inhomogene Strukturen in der Materieverteilung ausgeglichen werden konnten, schloß sich (etwa 10^{-35} Sekunden nach dem „Urknall") ein als „Inflation" bezeichneter Expansionsvorgang an, während dessen sich das Universum innerhalb von 10^{-33} Sekunden etwa um den Faktor 10^{50} ausdehnte und damit alle Inhomogenitäten beseitigt wurden. Zwar existieren auch in den Modellen des inflationären Szenariums weiterhin grundsätzlich Horizonte; jedoch können die Entstehung und die Existenz der heute beobachteten Horizonte in diesem theoretischen Kontext erklärt werden.

Für die Betrachtung von Horizonten bzw. empirischen Erkenntnisgrenzen ist *ein* Aspekt der inflationären Modelle besonders wichtig: Alle Varianten des inflationären Szenariums stellen eine Weiterentwicklung der Anwendung sogenannter „vereinheitlichter Theorien" auf die physikalische Entwicklung des Universums in dessen Frühzustand dar. Bei den vereinheitlichten Theorien handelt es sich um die gemeinsame theoretische Beschreibung dreier physikalischer Wechselwirkungen: der elektromagnetischen, der schwachen und der starken Wechselwirkung. Wenn es nun im Rahmen einer vereinheitlichten Beschreibung der physikalischen Phänomene möglich ist, erstens die Existenz bestehender Grenzen zu erklären und zweitens Aussagen über die physikalischen Phänomene in Bereichen - zugegebenermaßen in vergangenen Zeiten - zu machen, die einer empirischen Untersuchung heutzutage prinzipiell unzugänglich sind, dann deutet dies auf folgendes hin: Die Entwicklung vereinheitlichter Theorien bzw. die Versuche einer einheitlichen Naturbeschreibung sind vielversprechende Kandidaten, als Grundlage einer Erklärung und eines Verständnisses vorhandener Erkenntnisgrenzen in der Physik zu dienen. In günstigen Fällen kann diese Entwicklung auch dazu führen, heute für prizipiell unhintergehbar gehaltene Grenzen zu überschreiten und die Eigenschaften dieser Grenzen in Zukunft von zwei Seiten aus sichtbar und verstehbar zu machen.

Wissenschaftstheoretische Grenze

Neuzeitliche Naturwissenschaft zeichnet sich neben der Verwendung mathematischer Sprache vor allem durch die experimentelle Methode aus. Dabei werden komplexe Strukturen der Wirklichkeit extrem reduziert, Versuchsanordnungen stark idealisiert konzipiert, Experimente unter idealen Bedingungen durchgeführt und Ergebnisse erst nach vielfacher Bestätigung als verläßlich akzeptiert. Das letztgenannte Charakteristikum deutet darauf hin, daß Gegenstand der Naturwissenschaften nur wiederholbare Vorgänge entweder in der Natur selber oder artifiziell arrangiert in einem Laboratorium sein können. Die Naturwissenschaften als nomologische Wissenschaften versuchen gerade, gesetzesartige Strukturen der Realität zu erfassen, und die Voraussetzung der Entdeckung eines gesetzmäßigen Zusammenhanges ist das Auftreten identischer Vorgänge, deren spezifizierende Randbedingungen im Experiment genauer bestimmt werden können. Dieser Umstand legt die Überzeugung nahe, daß es von einmaligen, nicht-gesetzmäßigen oder nicht-reproduzierbaren Ereignissen keine empirische Wissenschaft geben kann. Der Kosmos oder die Entstehung der Arten wären demnach Beispiele für Vorkommnisse in der Realität, die sich einer wissenschaftlichen Beschreibung entzögen und hinsichtlich deren über den bloßen Augenschein hinaus kein Wissen erlangt werden könnte.

An dieser Überlegung ist sicherlich richtig, daß Erkenntnis sich weder hätte entwickeln können noch möglich wäre, wenn die Wirklichkeit keinerlei Regelmäßigkeiten zeigte. Offensichtlich ist dies nicht der Fall, und wohl alle philosophischen Strömungen stimmen darin überein, daß Gesetzmäßigkeiten existieren, die eine (erfolgreiche) Beschreibung natürlicher Vorgänge grundsätzlich ermöglichen. Wenn aber diejenigen Phänomene, die Gegenstand der Naturwissenschaften sind, in gesetzesartiger Form (im Kontext einer Theorie) prinzipiell erfaßt werden können, dann ist auch eine erfahrungswissenschaftliche Behandlung der Kosmologie möglich - und dies gilt ebenso für alle anderen naturwissenschaftlichen Bereiche, in denen einmalige Ereignisse untersucht werden. Für diese Behauptung kann man unter anderen drei Argumente anführen:

1. Einzelne, mit der Kosmologie untrennbar verwobene Disziplinen gelten unzweifelbar als empirische Wissenschaften. So analysiert beispielsweise die Astrophysik in terrestrischen Experimenten elektromagnetische Strahlung, die von angeregten Atomzuständen abgegeben wird. Diese grundsätzlich prüfbaren Ergebnisse erlauben es, aufgrund der Analyse des von Sternen abgestrahlten Lichtes in den unterschiedlichen Wellenlängenbereichen Rückschlüsse auf die stellare chemische Zusammensetzung zu ziehen. Ein zweites Beispiel für die erfahrungswissenschaftliche Behandlung kosmischer Phänomene: Obwohl eine Kernfusion in irdischen Laboratorien bislang noch nicht gelungen ist, liegen bewährte kernphysikalische Modelle vor, die eine astrophysikalische Beschreibung der Sternentwicklung ermöglichen.

2. Die Gravitation ist die einzige der vier bekannten physikalischen Wechselwirkungen, die eine unendlich große Reichweite besitzt und nicht abgeschirmt werden kann. Deswegen bestimmt allein die gravitative Wechselwirkung trotz ihrer relativen Schwäche die großräumige Struktur und Entwicklung im Universum. Erst durch eine ausgearbeitete Gravitationstheorie (zuerst von Newton, dann von Einstein entwickelt) konnte eine zuvor spekulativ betriebene Kosmologie zu einer empirischen Wissenschaft werden, weil deren Objekte nun als Gegenstände einer erfahrungswissenschaftlichen Theorie betrachtet wurden.

3. Wegen der langen Zeitskalen, in denen sich die kosmische Evolution vollzieht, sind Prognosen über die zukünftige kosmische Entwicklung für die lebende Forschergemeinschaft zugegebenermaßen nicht überprüfbar. Allerdings liefern die Allgemeine Relativitätstheorie als Gravitationstheorie und die theoretische Teilchenphysik (zusammen mit den jeweiligen kosmischen Randbedingungen, die ihrerseits hypothetischen Charakter haben) für die kosmische Entwicklung vor allem des frühen Universums entsprechende Modelle, deren Hypothesen grundsätzlich testbar sind. Denn beispielsweise können nur diejenigen Modelle der Galaxienentstehung als adäquate Beschreibung der kosmischen Vorgänge gelten, die nicht eine grundlegend andere als die heute beobachtete kosmische Struktur zur Folge haben. Aussagen der Kosmologie erfüllen also insofern das Kriterium der Testbarkeit, als ihr Inhalt in Übereinstimmung mit dem gesamten Wissen über die kosmische Struktur und Entwicklung stehen muß.

Diese Überlegungen zeigen, daß in wissenschaftstheoretischer Sicht die Behandlung einmaliger Ereignisse im Rahmen einer Erfahrungswissenschaft durchaus möglich und eine Abgrenzung des mit dieser Ereignissen verbundenen Phänomenbereichs aus dem empirischen Kontext nicht gerechtfertigt ist.

Methodologische Grenze

Kosmologie als Wissenschaft ist dadurch charakterisiert, daß einerseits mit empirischen Methoden Daten von extraterrestrischen Phänomenen gewonnen werden und andererseits die Beschreibung kosmischer Vorgänge von theoretischen Annahmen bestimmt wird, die oftmals stark spekulative Züge aufweisen. Zusammen mit der Unmöglichkeit kosmischen Experimentierens könnte man daraus die Vermutung ableiten, daß viele theoretische Aussagen der modernen Kosmologie letztlich empirisch nicht prüfbar seien und ihr Inhalt stärker als in anderen

Disziplinen der Physik von subjektiven Vorstellungen einzelner Theoretiker abhänge. Diese Vermutung wird aber insofern entkräftet, als die Kosmologen die Gültigkeit des sogenannten „kosmologischen Prinzips" voraussetzen. In seiner ursprünglichen Version besagt das kosmologische Prinzip, daß alle Raumpunkte im Universum gleichgerechtigt sind, i.e. das Universum uniform ist. Heute wird dieses Prinzip hinsichtlich seines Inhaltes etwas variiert und als die grundlegende Annahme formuliert, daß alle Naturgesetze und alle Naturkonstanten an jedem beliebigen Punkt der Raumzeit des Universums dieselben sind. Unter dieser Voraussetzung erhält man allgemeingültige Aussagen über das Ganze der Welt durch Extrapolation von Erfahrungen in begrenzten Teilbereichen; natürlicherweise bestehen diese Erfahrungen im Falle der modernen Kosmologie aus den Ergebnissen der terrestrischen Physik.

Es stellt sich nun die Frage nach der Rechtfertigung dieser Annahme, d.h. die Frage, inwieweit die Voraussetzungen der Uniformität des Raumes und der Gleichheit der Naturgesetze vom terrestrischen Standpunkt aus gerechtfertigterweise auf den Kosmos ausgedehnt werden können. Teilweise wird die Überzeugung von der Uniformität des Universums als ein Glaube bezeichnet, bei dem die Auffassung, daß es im Universum keine ausgezeichnete Position gibt, als eine beruhigende und philosophisch befriedigende Position empfunden wird.

In der kinematischen Kosmologie von Edward Milne nimmt das kosmologische Prinzip sogar eine fundamentale Rolle in der Physik ein. Ihm wird der Status eines apriorischen Prinzips zugeschrieben, vom dem aus (neben basalen Eigenschaften von Raum, Zeit und Lichtausbreitung) die Naturgesetze deduziert werden. Hier tritt die Traditionslinie der sogenannten „reinen Naturwissenschaft" (Descartes, Spinoza) wieder hervor, die im Gegensatz zur empirischen Naturwissenschaft ihren Ausgangspunkt nicht in (terrestrisch) bewährten Theorien oder Naturgesetzen nimmt. Letztgenannte wählt im allgemeinen den bescheideneren Ansatz, von denjenigen physikalischen Gesetzen auszugehen, die experimentell in irdischen Laboratorien bestätigt worden sind, um dann die Konsequenzen ihrer Anwendung auf kosmologische Probleme zu studieren. Gegenüber der Position von Milne ist demnach vor allem zu betonen, daß heutzutage mit der Voraussetzung des kosmologischen Prinzips immer ein charakteristischer Zug moderner Kosmologie (und naturwissenschaftlichen Wissens allgemein) verbunden wird: es ist fallibel.

Daß die Verwendung dieses Prinzips durchaus gerechtfertigt ist und die Anwendung der terrestrischen Physik auf kosmische Phänomene methodisch keine unzulässige

Grenzüberschreitung bedeutet, zeigen beispielsweise Untersuchungen der Rotverschiebungen von Resonanzübergängen in weit entfernten Gaswolken, die vor verschiedenen Quasaren liegen. Mit diesem Experiment erhält man einen Test, ob die bekannten Naturgesetze auch in anderen Gebieten der Raumzeit erfüllt sind. Als Ergebnis ergeben sich sehr enge Grenzen, innerhalb deren eine bestimmte physikalische Größe in Raum und Zeit variiert. Diese Beobachtung läßt darauf schließen, daß die starke und die elektromagnetische Wechselwirkung dieselben Eigenschaften in kausal entkoppelten Bereichen der Raumzeit aufweisen. In die genannte physikalische Größe gehen viele Faktoren ein, die als zentrale Terme in ganz unterschiedlichen physikalischen Theorien gelten. Weil diese komplexe Größe sowohl in räumlich als auch in zeitlich ganz disparaten Bereichen des Kosmos nur ganz geringfügig schwankt, liefert ihre Konstanz ein Argument für die Annahme, daß alle physikalischen Gesetze raumzeitlich invariant sind.

Untersuchungen wie die kurz skizzierte ermöglichen also, die Universalität der Naturgesetze empirisch zu prüfen und damit die Verwendung des kosmologischen Prinzips zu rechtfertigen. Kenntnisse über Bereiche der Realität, die vormals hauptsächlich durch spekulative Überlegungen geprägt waren, können nun durch empirisch überprüfbare wissenschaftliche Aussagen fundiert werden. Hinsichtlich der Frage nach der methodischen Begrenzung zeigen diese Überlegungen, daß auch die Extrapolation von empirisch gewonnenen Ergebnissen in begrenzten Bereichen der Realität auf andere Gebiete grundsätzlich wiederum einer empirischen Prüfung zugänglich ist und gegebenenfalls durch diese gerechtfertigt werden kann.

***

Die vorstehenden Ausführungen verdeutlichen, daß im naturwissenschaftlichen Kontext Grenzen des Wissens und Grenzen der Wissenschaft zwar existieren, sich aber einer erfahrungswissenschaftlichen Beschreibung nicht grundsätzlich entziehen. Vielmehr illustriert das Beispiel der Kosmologie, welch unterschiedliche Formen der Begrenzung im Rahmen einer Wissenschaft, die an die genannten Grenzen stößt, selbst wiederum Gegenstand ebendieser Wissenschaft werden können. Neben dieser Selbstanwendbarkeit der Methoden auf ihre eigenen Grenzen zeigt die historische Entwicklung des naturwissenschaftlichen Forschens, daß Geltungs- und Anwendungsbereiche von Theorien - und damit Grenzen einer theoretischen Erfassung eines begrenzten Wirklichkeitsbereiches - in einem neuen theoretischen Kontext erweitert werden können. Mehr noch: Die Entwicklung umfassenderer Theorien ermöglicht - zumindest prinzipiell - die Beschreibung und die Erklärung von Grenzen, deren Existenz zuvor lediglich konstatiert wurde. Damit relativiert sich das Diktum des „ignorabimus", weil die Ergebnisse zukünftiger Entwicklungen in den empirischen Wissenschaften offenkundig nicht einschätzbar sind. Hier dürfte tatsächlich eine absolute Grenze menschlicher Erkenntnisfähigkeit vorliegen. Hinsichtlich der Gegenstände der Erfahrungswissenschaften jedoch scheinen Begrenzungen im Grundsatz überwindbar und in einen theoretischen Kontext integrierbar. Wenn ein Ziel der Naturwissenschaften in diesen Grenzüberschreitungen liegen sollte, dann besteht der Weg dorthin in der Ausarbeitung neuer theoretischer Konzepte und experimenteller Methoden. Neben einer kritischen Prüfung der Vorgehensweisen in anderen wissenschaftlichen Disziplinen für die eigene Forschung ist dazu eine optimale Nutzung des kreativen Potentials menschlicher Erkenntnisfähigkeit nötig. Vielleicht können dann bei Grenzgängen im Bereich der Erfahrungswissenschaften auch (zuvor unentdeckte) Blockaden des eigenen Denkens überschritten werden.

Workshop 3
Rationalitätstheorien

Handlung, Einstellung, Grund

Marco Iorio

1) In der handlungs- und rationalitätstheoretischen Literatur spielen neben den Handlungen selbst intentionale bzw. propositionale Einstellungen - also vor allem Meinungen, Wünsche und zuweilen Absichten - die herausragenden Rollen. Des weiteren kreist die Diskussion um zwei Relationen, die zwischen den Handlungen und den Einstellungen mutmaßlich bestehen. Die Meinungen und Wünsche einer Person gelten zum einen als Pool, aus dem die Gründe zu schöpfen sind, aus denen diese Person tut, was sie tut. Wenn ein Mensch etwas absichtlich tut, dann tut er es aus dem Grund, daß er diesen oder jenen Wunsch hegt und dieser oder jener Meinung darüber ist, wie er seinen Wunsch realisieren kann. Und zum anderen dienen die betreffenden Einstellungen der Erklärung der Handlung, insofern sie ihre Ursachen sind. Die relevanten Einstellungen einer Person werden also einerseits in einer rationalitätstheoretischen Relation zu ihrem Handeln gesehen, insofern sie die Gründe dieses Handelns sind. Und diese Einstellungen stehen andererseits in einem kausalitätstheoretischen Verhältnis zu den betreffenden Handlungen, insofern sie die Ursachen dieser Ereignisse sind.

Vor allem über das zweite, also das kausalitätstheoretische Verhältnis zwischen Handlungen und Einstellungen wurde in der Vergangenheit und wird in der Gegenwart viel debattiert. In den älteren Debatten ging es primär um die Frage, ob es wahr ist, daß unsere Einstellungen deshalb der Erklärung unseres Handelns dienen, weil sie die Ursachen dieses Handelns sind. Unter der weithin geteilten Annahme, daß diese Frage positiv zu beantworten ist, steht heute das Problem im Mittelpunkt, wie es angeht, daß die nicht-physikalischen Eigenschaften unserer Wünsche und Meinungen eine kausale Rolle in der Hervorbringung von physikalischen Geschehnissen spielen, die Handlungen sind - begriffen als Ereignisse in Raum und Zeit. Inwiefern ist der Umstand kausalitätstheoretisch gesehen relevant, daß meine Meinung, die den Grund für mein gegenwärtiges Handeln liefert, eine Meinung mit dem und dem konkreten Inhalt ist? Das ist das Problem, das unter der Überschrift *Mentale Verursachung* diskutiert wird.

Das ist jedoch nicht das Problem, mit dem ich mich beschäftigen möchte. Denn ich denke, es ist nach all den Jahrzehnten der Diskussion um das Für und Wider kausalistischer Handlungstheorien an der Zeit, einmal den anderen Baum anzukläffen, d.h. die Behauptung unter die Lupe zu nehmen, daß die Gründe, aus denen die Leute tun, was sie tun, in ihren Meinungen, Wünschen oder ihren Absichten zu finden sind. Was ist hier behauptet? Und ist es zu Recht behauptet? Diese beiden Fragen umklammern das Problemfeld, in dem ich mich tummeln möchte.

2) Es ist ein Samstag im Juli. Die Sonne lacht. Sarah möchte einen schönen Tag unter Menschen verbringen und zugleich etwas für ihre Gesundheit tun. Sie glaubt, den Nachmittag mit der Clique im Freibad zu verbringen, sei genau das Richtige. Sarah hängt sich ans Telefon, nimmt den nächsten Bus der Linie 1 und ist kurz darauf im Freibad.

Vermutlich würden die meisten Handlungstheoretiker der Behauptung zustimmen, daß diese kleine Geschichte auf einige kausal relevante Umstände - nennen wir solche Umstände Ursachen - verweist, die der Erklärung verschiedener Ereignisse dienen, von denen hier die Rede ist. Daß Sarah den Tag unter Menschen verbringen möchte, ist eine Ursache dafür, daß sie versucht, einige Freunde und Freundinnen ans Telefon zu bekommen. Daß Sarah meint, Busse der Linie 1 seien ein probates Mittel, um zum Freibad zu gelangen, ist eine Ursache dafür, daß sie in einen Bus dieser Linie steigt. Seien wir großzügig: Die Tatsache, daß an diesem Samstag die Sonne so einladend lacht, ist eine Ursache dafür, daß sich in Sarah der Wunsch regt, mal wieder etwas für die Gesundheit zu tun. Und die Tatsache, daß die Sonne an einem Samstag lacht, ist eine Ursache dafür, daß Sarahs Gedanke an ihre Gesundheit nicht durch ihren Wunsch, beruflich Karriere zu machen, übertrumpft wird.

Sicherlich ließen sich mit einiger Phantasie noch mehr kausale Zusammenhänge zwischen den Teilen dieser Geschichte finden. Wichtig ist im Moment aber nur, daß wir über die Möglichkeit solcher Zusammenhänge nicht zerstritten sind. Freilich, man könnte hier in mancherlei Hinsicht Streit entfachen. Metaphysiker könnten mir vorwerfen, Ursachen und Wirkungen nicht in den richtigen ontologischen Kategorien beschrieben zu haben. Skeptiker könnten einwenden, daß meine Sicht vom Zusammenhang zwischen den Umständen der äußeren Welt und den mentalen Einstellungen von Menschen viel zu naiv sei. Und Kausalitätstheoretiker können mir vorhalten, nicht hinlänglich zwischen notwendigen und hinreichenden, zwischen strukturierenden und auslösenden Ursachen oder zwischen kausal relevanten und kausal effizienten Faktoren unterschieden zu haben. Diese Liste verweist auf Probleme, die der Diskussion wert sind und auch diskutiert werden. Und über diese Probleme haben wir so oft diskutiert, daß uns mittlerweile klar ist, worüber wir streiten - welche Argumente für und wider welche Standpunkte anzuführen sind. Doch das ist von dem Problem, um das es mir geht, nicht zu behaupten. Und um diesen Kontrast vor Augen zu führen, bin ich noch einmal auf kausalitätstheoretische Problemstellungen zurückgekommen.

Was war die Frage? Was behauptet ist, wenn gesagt wird, daß die Gründe für Sarahs Handeln, nicht im Wochentag, nicht in der Tatsache, daß die Sonne scheint, oder in dem

Umstand, daß die Endstation der Linie 1 vor dem Haupteingang des Freibads liegt, sondern in den Gefilden ihrer Wünsche und Meinungen zu finden sind. Was zeichnet Einstellungen in ihrer Funktion als Gründe fürs Handeln aus?

3) Die erste Antwort lautet, daß sich die Frage so gar nicht vernünftig stellen läßt. Diese Antwort geht von der Beobachtung aus, daß das Wort „Grund" in den meisten Sprachen, die historisch von philosophischer Bedeutung waren (vor allem Latein, Französisch, Englisch - vom Arabischen habe ich nicht die geringste Ahnung), gewissermaßen ein Ableger des Begriffs der Vernunft bzw. der Rationalität ist. Daß propositionale Einstellungen wie Meinungen, Wünsche oder Absichten Gründe sind, besage nicht mehr, als daß sie die Dinge sind, in denen sich das „mentale Ding" namens Vernunft raisonierend manifestiert. Die handlungstheoretisch relevante Aussage laute demzufolge nur, daß Menschen die Dinge, die sie absichtlich tun, deshalb tun, weil sie bestimmte Einstellungen hegen. Daß wir diese Einstellungen Gründe nennen, sei nur ein etymologisches, kein philosophisches Phänomen. Etymologie allein erkläre also, was es heißt, daß Einstellungen Gründe fürs Handeln sind.

Diese Antwort ist erhellend, insofern sie klarmacht, daß es in der alten Kontroverse unter dem Schlagwort *Gründe und Ursachen* in der Regel gar nicht um die Frage ging, ob die Gründe, aus denen wir handeln, zugleich auch die Ursachen unserer Handlungen sind. Im Mittelpunkt stand vielmehr die Frage, ob diejenigen Einstellungen, die der Erklärung unseres Handelns dienen, deshalb der Erklärung dienen, weil sie Kausalerklärungen liefern. Wer diese Frage verneinte, versuchte zu zeigen, daß es neben dem Begriff der Kausalerklärung auch eine andere Art der Beantwortung der Frage gibt, weshalb es zu einem konkreten Ereignis gekommen ist. Und dieses Problem läßt sich bezeichnenderweise diskutieren, ohne die Vokabel „Grund" auch nur einmal zu gebrauchen.

Unzufriedenstellend ist diese Antwort jedoch in Anbetracht der Annahme, daß neben der Kausalrelation eine weitere Beziehung zwischen Handlungen und Einstellungen besteht - eben die rationalitätstheoretische Beziehung. Denn diese Annahme hat nur dann Substanz, wenn den Einstellungen nicht nur die Eigenschaft zukommt, Ursachen von Handlungen zu sein, sondern auch die Eigenschaft, Gründe der entsprechenden Handlung zu sein. Deshalb also noch einmal die Frage: Was macht Einstellungen zu Gründen von Handlungen?

4) Eine andere Antwort lautet, daß die Frage insofern uninteressant ist, als sie unter dem Strich auf einen Streit um Worte hinausläuft. Sicher sei, daß die Gründe eines Handelnden dazu dienen müssen, dessen Handeln zu erklären, d.h. die Frage zu beantworten, warum er tat, was er tat. Und diese Frage lasse sich zwar nicht nur unter Verweis auf die Einstellungen des Handelnden erklären, aber Einstellungen dienten diesem Zweck allemal. Und was hängt in

Anbetracht dessen schon davon ab, ob wir sagen, Sarahs Grund dafür, ins Freibad zu fahren, bestehe darin, daß sie den Wunsch hegt, den Nachmittag unter blauem Himmel zu verbringen, oder aber sagen, der Grund sei in dem Umstand zu finden, daß die Sonne an jenem Samstag so einladend lacht? Gründe sind Dinge, die Handlungen erklären. Und weil Einstellungen Handlungen erklären, seien sie Gründe fürs Handeln.

Rückenwind findet diese Stellungnahme in der Art und Weise, wie wir tagein tagaus über die Gründe von Handlungen reden. Denn wir machen nur selten einen Unterschied in der Frage, ob es die Einstellungen der Handelnden sind, die ihnen die Gründe für ihr Tun liefern, oder ob die Gründe jenseits ihrer Einstellungen zu finden sind. Aber ich glaube, diese Indifferenz zeigt nicht, daß uns unter alltäglichen Umständen die Frage gleichgültig ist, was es mit den Gründen unseres Handelns auf sich hat. Diese Indifferenz spiegelt vielmehr eine allgemeine Indifferenz in unserem Umgang mit den Vokabeln „Grund" und „Ursache" wider. In der Zeitung steht, der Grund für das Lawinenunglück sei der ungewöhnlich starke Niederschlag der vergangenen Tage. Und wir Philosophen wissen, daß hier nicht wirklich von einem Grund, sondern von einer Ursache die Rede ist. Eine Studentin erzählt mir, die Ursache für die Verzögerung der Hausarbeit bestehe in der Absicht, ihre Gedanken erst einmal auf sich beruhen zu lassen, bevor sie zu Papier gebracht werden. Und ich weiß, diese Studentin will mich auf einen Grund und weniger auf eine Ursache aufmerksam machen.

Wir kennen also den Unterschied zwischen Gründen und Ursachen, auch wenn wir ihn im Reden nicht immer hinlänglich kenntlich machen. Und wenn wir einen Begriff von Gründen haben, dann ist es kein Streit um Worte, wenn man nach einer Erklärung dafür fragt, was gesagt ist, wenn Einstellungen Gründe genannt werden. Einstellungen erklären Handlungen, insofern sie deren Ursachen sind. Diesen Punkt habe ich von Anfang an vorausgesetzt. Die Frage war jedoch, warum es richtig ist, die erklärenden Einstellungen unter den Begriff des Grundes zu subsumieren. Und auf diese Frage liefert die erklärende Kraft von Einstellungen keine Antwort.

5) Ein erster Versuch, die Frage zu beantworten, statt zu verwerfen, erfreute sich zumindest vor einigen Jahrzehnten in weiten Kreisen großer Beliebtheit. Über die rein kausalen und erklärungstheoretischen Zusammenhänge zwischen Einstellungen und Handlungen hinaus erbringen die Einstellungen einer Person dieser Position zufolge in ihrer Funktion als Gründe die Leistung, das Handeln dieser Person verständlich bzw. verstehbar zu machen. Viele glauben, hier gerade liege der entscheidende Unterschied zwischen Gründen und Ursachen. Dienten Ursachen der Erklärung und nur der Erklärung, seien Gründe die Dinge, die das durch sie Erklärte darüber hinaus auch dem Verstehen näher bringen.

Es hat jedoch gute Gründe, daß diese Position mittlerweile an Anhängern eingebüßt hat. Die von dieser Position vorausgesetzte Unterscheidung zwischen dem schieren Erklären eines Phänomens einerseits und dem über das Erklären hinausgehenden Verstehen eines Phänomens andererseits ist nämlich in der jüngeren Diskussion neu interpretiert worden. Waren einige Autoren vor geraumer Zeit noch darum bemüht, das Verstehen von Handlungen gewissermaßen als einen eigenständigen bzw. alternativen kognitiven Zugriff auf die Welt neben dem Erklären von Ereignissen zu etablieren, hat sich die Lage mittlerweile dahingehend normalisiert, daß unserer umgangssprachlichen Verwendung der Begriffe des Erklärens und Verstehens Rechnung getragen wird. Man erklärt ein Phänomen mit dem Ziel, es verständlich zu machen.[1] Gewendet auf den handlungstheoretischen Kontext heißt dies, daß man versteht, warum eine Person tut, was sie tut, wenn man eine Erklärung dafür zur Hand hat, daß sie tut, was sie tut. Erklären und Verstehen sind also keine voneinander unabhängigen Leistungen. Das Verstehen ist vielmehr der Zweck des Erklärens.

Ursachen dienen also nicht nur der Erklärung, sondern tragen in vielen, wenn nicht gar in allen Fällen dazu bei, das Explanandum dem Verständnis näher zu bringen. Folglich gibt der Begriff des Verstehens keine Auskunft über die Frage, was gemeint ist, wenn man Einstellungen Gründe für Handlungen nennt.

6) Ein anderer Versuch, die Frage zu beantworten, kreist um das Stichwort *Motivation*. Gründe, darin sind sich beispielsweise Bernard Williams und Michael Smith einig, müßten nicht nur solche Dinge sein, die in der Lage sind, die entsprechenden Handlungen zu erklären. Darüber hinaus müßten Gründe solche Dinge sein, die den Handelnden, der sie hat, zum entsprechenden Tun motivieren.[2] Williams und Smith scheinen davon auszugehen, daß diese beiden Bedingungen nur durch die Einstellungen der Handelnden zu erfüllen sind. Doch diese Ansicht ist unbegründet. Jeder Hochschuldozent sollte wissen, daß er seine Studenten und Studentinnen zum Beispiel dadurch zur Mitarbeit in der Veranstaltung motiviert, daß er sich darum bemüht, eine anregende Seminaratmosphäre zu erzeugen. Zu diesem Zweck muß er nicht notwendigerweise in den psychischen Haushalt der Studierenden eingreifen. Er kann versuchen, die Situation so zu manipulieren, daß es den Leuten leichtfällt, miteinander unverkrampft zu kommunizieren. Das aber heißt Fakten schaffen.

Wichtig ist aber vor allem, daß es keine gute Idee zu sein scheint, den motivationalen Aspekt dem Begriff des Grundes zuzuschlagen. Der Gedanke scheint hier doch zu sein, daß Menschen Gründe nicht einfach nur haben, sondern daß Gründe gewissermaßen den Schubs

---

[1] Vgl. etwa Gerhard Schurz (Hg.), *Erklären und Verstehen in der Wissenschaft*, München 1988.
[2] Bernard Williams, *External and Internal Reasons*, in: Williams, *Moral Luck*, Cambridge 1980; Michael Smith, *The Moral Problem*, Cambridge 1994.

geben, der die betreffende Person handeln macht. Ob diese Metapher brauchbar ist oder nicht, sei dahingestellt. Entscheidend ist vielmehr die Beobachtung, daß wir uns hier schon wieder auf rein kausalitätstheoretischem Terrain befinden. Daß Gründe motivieren, heißt vor diesem Hintergrund nichts anderes, als daß Gründe zuweilen zu Ursachen von Handlungen werden. Über den Begriff des Grundes erfährt man auf diesem Weg jedoch nichts.

7) Davidson sagt von den erklärenden Einstellungen einer Person, die er die primären Gründe ihres Handelns nennt, daß diese Einstellungen das entsprechende Tun rationalisieren.[3] Nun ist diese Rede von der Rationalisierung einer Handlung ziemlich irreführend. Meiner Vermutung nach hat sich Davidson dieser Rede nur deshalb bedient, weil es im Englischen kein Wort gibt, daß unserer Vokabel „Begründung" entspricht. Und so gewendet, führt uns sein Vorschlag im Kreis herum. Daß Einstellungen die Gründe von Handlungen sind, insofern sie die Handlung begründen, wiederholt nur die Behauptung, die es zu erhellen gilt.

Davidson sagt jedoch mehr. Zum einen weist er darauf hin, daß sich Einstellungen insofern auszeichnen, als sie durch ihre propositionalen Inhalte in eine konzeptuelle Verbindung zu den entsprechenden Handlungen treten. Oder einfacher, die Kombination aus dem erklärenden Wunsch und der dazugehörigen Meinung liefert das Material für einen praktischen Syllogismus, dessen Konklusion der Handlung entspricht. Sarah will ins Freibad. Sarah glaubt, daß dieser Bus zum Freibad fährt. Und deshalb steigt sie ein. Liefert dieser Zusammenhang eine Antwort auf die Frage, inwiefern Einstellungen Gründe fürs Handeln liefern?

Nein, keine Antwort. Einmal abgesehen von all den Problemen, die das Konzept des praktischen Syllogismus ohnehin belasten, macht auch Davidson nicht deutlich, worin der Zusammenhang zwischen der Syllogistik einerseits und dem Begriff des Grundes andererseits bestehen könnte. Wenn es eine Tatsache ist, daß Einstellungen insofern Gründe fürs Handeln konstituieren, als sie die Konstruktion von praktischen Syllogismen erlauben, dann ist diese Tatsache also nicht weniger klärungsbedürftig als meine Ausgangsfrage. Auch die Syllogistik liefert daher kein Kriterium, das in der Frage weiterhilft, was es heißt, daß Einstellungen Gründe sind.

8) Zum anderen greift Davidson in diesem Zusammenhang eine Metapher auf, die sich bei vielen Autoren in der einen oder anderen Form einer gewissen Beliebtheit erfreut. Im Licht der Einstellungen, heißt es etwa, sei zu erkennen, inwiefern die durch sie erklärte Handlung gerechtfertigt sei. In dieser Behauptung bündeln sich zwei verschiedene Überlegungen, die es zu unterscheiden gilt. Da ist zum einen der Punkt, daß die Einstellungen der Menschen ein

---

[3] *Essays on Actions and Events*, Oxford 1980, S. 3-9.

Licht auf ihr Tun werfen. Und ich glaube, hier begegnet uns in einer anderen Formulierung der bereits verworfene Gedanke wieder, Einstellungen könnten deshalb als Gründe ausgezeichnet werden, weil sie die durch sie begründete Handlung verständlich machen. Zum anderen zeugt diese Metapher von der Ansicht, die Einstellungen, die der Erklärung dienen, seien zugleich auch normativer Natur und in dieser Eigenschaft dazu in der Lage, das durch sie erklärte Tun zu rechtfertigen. Und dies ist eine heiße Spur. Ist es nicht genau dieser normative Aspekt, der den Begriff des Grundes ausmacht? Sind Einstellungen nicht genau deshalb Gründe, weil sie diesen normativen Aspekt aufweisen?

Von der Normativität der Begriffe des Grundes und der Rationalität ist zwar oft die Rede. Aber nur selten wird hinlänglich klar, was genau gemeint ist. Ich glaube, man muß mindestens zwei Thesen voneinander unterscheiden. Die eine These besagt, daß eine Person, die einen hinlänglich guten Grund dafür hat, etwas bestimmtes zu tun, dem Gebot untersteht, zu tun, wofür sie Grund hat. Der Sache nach erscheint mir diese Aussage jedoch vollkommen unbegründet. Ich habe einen guten Grund dafür, diesen Text zu schreiben. Aber zu sagen, darüber hinaus unterstehe ich durch diesen Grund einem Gebot, dem Grund entsprechend zu handeln, klingt wie die Versicherung, daß mein Grund auch wirklich ein Grund ist.

Zuweilen wird der normative Aspekt in Sachen Gründen aber auch in einem anderen Zusammenhang gesehen. Dann nämlich, wenn es sinngemäß heißt, daß wir als vernünftig Handelnde der rationalitätstheoretischen Norm unterstellt sind, unsere Präferenzen anständig zu ordnen und in Übereinstimmung mit dieser Ordnung einerseits und unseren Erfolgseinschätzungen andererseits zu handeln. Doch auch das erscheint bei genauerer Betrachtung als eine irreführende Rede. Wer entsprechend handelt, den nennen wir rational. Wer anders handelt, dessen Tun fällt eben nicht unter den Begriff der Rationalität. Niemand zwingt oder befiehlt uns, rational zu sein. Rationalität ist vielmehr der Name einer bestimmten Form des Handelns, der Name eines Verhaltensmusters. Vielleicht liegt es in unserer Natur, diesem Muster entsprechend zu handeln. Vielleicht ist es ein Bestandteil unserer Kultur, Übereinstimmung mit diesem Muster zu erstreben und zu fordern. In dem Fall sollten wir aber so ehrlich sein, uns zuzugestehen, daß wir es sind, die diese Forderungen erheben; die fordernde Natur jedoch nicht unseren unschuldigen Begriffen in die Schuhe schieben. Begriffe fordern nichts, es gibt keine normativen Konzepte. Normativität zeichnet Einstellungen jedenfalls auch nicht als Gründe aus.

9) Die Frage war, was Einstellungen in ihrer Funktion als Gründe fürs Handeln auszeichnet. Auf diese Frage habe ich keine Antwort gefunden. Welcher Schluß liegt nahe? Unsere Einstellungen sind zwar Ursachen unseres Tuns, aber nicht die Gründe, aus denen wir

handeln. Der Grund meines Tuns ist das, in Anbetracht dessen ich tue, was ich tue. Und ich handle unter normalen Umständen nicht in Anbetracht meiner Wünsche und Meinungen. Morgen beginnt das Wochenende, und ich habe noch etwas mit der Bank zu klären. Und aus diesem Grund verlasse ich meinen Arbeitsplatz und gehe in die Bankfiliale. Meine Wünsche und Meinungen sind hierbei nur kausale Vermittler zwischen dem Grund und der Handlung.

Die Gründe unserer Handlungen liegen also in den Tatsachen, Fakten, in den Umständen unseres Handelns. Daß die Sonne an jenem Samstag so einladend lacht, macht Sarahs Tun zu einem begründeten Tun. Ihre Wünsche und Meinungen vermögen dies nicht. Und was macht eine Tatsache zum Grund fürs Handeln? Hier erst kommen unsere Einstellungen, genauer unsere Wünsche ins Spiel. Weil ich meine Angelegenheiten mit der Bank klären will, ist das nahende Wochenende für mich ein Grund, dies jetzt zu tun. Und weil ich kein Interesse daran habe, den morgigen Samstag unter Freunden zu verbringen, ist Sarahs Grund, ins Freibad zu fahren, für mich kein Grund, dasselbe zu tun. Unsere Wünsche, unsere subjektiven Interessen entscheiden also die Frage, welche Tatsachen Gründe zum Handeln liefern. Die Gründe selbst sind jedoch ganz objektiv.

An dieser Stelle liegt der Einwand nahe, ich würde objektive und subjektive bzw. externe und interne Gründe miteinander verwechseln. Nein, das tue ich nicht. Meine Behauptung ist vielmehr, daß der Begriff des subjektiven bzw. internen Grundes sinnlos, daß die Unterscheidung zwischen subjektiver und objektiver Vernunft haltlos ist. Wer dies bestreitet, steht unter Zugzwang. Denn es ist an ihm, eine positive Antwort auf die Frage zu geben, was Einstellungen zu subjektiven Gründen fürs Handeln macht. Es ist an ihm, eine Begründung für die Unterscheidung zweier Arten der Rationalität zu liefern. Ich jedenfalls sehe für diese Unterscheidung keinen Grund.[4]

---

[4] Für diesen Standpunkt habe ich ausführlicher in *Echte Gründe, echte Vernunft*, München und Dresden 1998 argumentiert.

Gefühle als moralische und ästhetische Urteilskraft

These 1: Gefühle sind Qualitätsurteile und als solche immer auch Werturteile.

Dies gilt jedenfalls, wenn wir „urteilen" nicht nur im Sinn der formalen Einordnung des Besonderen unter das Allgemeine verstehen, sondern im weiteren Sinn von „einschätzen, beurteilen". Schon unsere Sinnesempfindungen sind Qualitätsurteile, die sich auf einer nuancierten Skala von positiven bis negativen Bewertungen bewegen. Die für unser Überleben unverzichtbaren Sinnes- und Schmerzempfindungen mit ihren Qualitäten des Angenehmen und Lustvollen bzw. des Unangenehmen, Gefahrvollen oder Schmerzlichen stellen eine Gabe der Unterscheidung dar, die in ihrer biologischen Zweckmässigkeit durchaus rational zu nennen ist. Im kulturellen Kontext verbinden sich unsere Sinnesempfindungen mit ästhetischen Urteilen, wobei spontane Gefühlsurteile von erlernten Wertschätzungen überlagert werden.

Gefühle sind intentional, das heisst sie bewerten ein Stück Welt und unser Befinden in ihr. Das breiteste Spektrum bilden mitmenschliche und selbstreferentielle Gefühle, mit denen wir unsere Beziehungen zur Mitwelt und unsere Selbstwahrnehmung einschätzen: Sympathie und Antipathie, Angst und Wut, Freude und Trauer, Hoffnung und Enttäuschung, Stolz und Ohnmachtsgefühle, das sind nur wenige von ein paar hundert Bezeichnungen, die unsere Sprache bereithält.

Gefühle als Wertempfindungen sind sowohl für die theoretische Begründung der Ethik als auch für das praktisch-moralische Handeln unverzichtbar. Ein Begriff wie Menschenwürde ist rein rational gar nicht definierbar. A. Margalit (Politik der Würde 1997) nähert sich ihm über die Erfahrung der Entwürdigung und räumt ein, dass die daraus gewonnenen Begriffe allesamt solche mit Empfindungsgehalt seien.

Ebenso sind unsere konkreten moralischen Urteile an Gefühle wie Achtung und Verachtung, moralische Zustimmung und Empörung, Scham, Schuld und Reue gebunden. Im Blick auf das Verantwortungsgefühl nennt Hans Jonas das Fühlen geradezu „das kardinale Datum der Moral, und als solches schon im 'Soll' impliziert." (Das Prinzip Verantwortung, 1979, S.164)

These 2: Emotionen sind zugleich auch Motivationen.

Emotionen sind nicht nur passive Impressionen, sondern lösen auch Handlungsimpulse aus, zumindest mimisches oder pantomimisches Ausdrucksverhalten: Wir weichen zurück beim Erschrecken oder wenden uns dem Gegenstand unserer Freude zu. Das heisst, Emotionen sind etwas, das uns nicht nur innerlich bewegt, sondern auch zum Handeln bewegt. Diesen Zusammenhang bestätigt die moderne Hirnforschung (A. Damasio, Descartes' Irrtum 1994): Bei traumatisch bedingtem Ausfall der Gefühlsfähigkeit sind weder zielgerichtetes Handeln noch Entscheidungen zwischen verschiedenen Zielen möglich.

Auch für das moralische Handeln ist die Motivationskraft des Gefühls unerlässlich. Mit den Worten von Hans Jonas: „Die Kluft zwischen abstrakter Sanktion und konkreter Motivation muss vom Bogen des Gefühls überspannt werden, der allein den Willen bewegen kann". (Das Prinzip Verantwortung, S.164)

These 3: Moralische Urteile schliessen Selbstreflexion ein.

Der englische Moralphilosoph Shaftesbury definiert den „moral sense" als eine Fähigkeit, über die eigenen Gefühlsreaktionen zu reflektieren, um damit zu einer neuen, moralischen Art des Billigens oder Missbilligens zu kommen. Und dies gilt sowohl für die moralische Einschätzung unserer eigenen Gefühle und Motivationen als auch derjenigen unserer Mitmenschen. Damit schreibt Shaftesbury dem Gefühl ein Vermögen zu, das üblicherweise dem Denken vorbehalten bleibt.

Susanne Langer geht in ihrem Werk „An Essay on Human Feeling" (1982) noch einen Schritt weiter. Darin begreift sie „Fühlen" in einem umfassenden Sinn als die Subjektseite des Lebendigen, das mit fortschreitender Evolution zu immer intensiveren Bewusstseinszuständen kommt. Weder Bewusstsein noch Reflexionsvermögen sind exklusive Qualitäten des Denkens, sondern kommen potentiell allen psychischen Funktionen des Menschen zu: dem bewussten Vorstellen und Erinnern, dem bewussten Fühlen und Werten, dem rückbezüglichen moralischen Urteil und dem bewussten kritischen Denken.

These 4: Emotion und Kognition schliessen sich nicht nur nicht aus, sondern bedingen einander gegenseitig.

Dies ist das Fazit der phänomenologisch-soziologischen Untersuchung von Agnes Heller (Theorie der Gefühle 1981). Weder kann sich die intellektuelle Neugierde entwickeln, wenn das Kleinkind nicht primär emotionale Zuwendung erhält, noch können sich unsere Gefühle in alle ihre Nuancen verästeln, wenn uns nicht die Sprache die Namen an die Hand geben würde, in denen wir unsere geheimsten Regungen wiedererkennen und sie damit erst artikulieren können.

Dass die souveräne Vernunft auf das Zusammenwirken von Verstand und Gefühl angewiesen ist, zeigt Heller am Beispiel der Demagogie. Entgegen der herkömmlichen Meinung, dass Verstandesmenschen gegen deren Wirkung am besten gefeit seien, macht sie klar, dass diejenigen, die ihre Gefühle verdrängen, über das Unbewusste sehr wohl manipulierbar sind. Je bewusster und nuancierter unsere Gefühlserfahrungen sind, desto besser können wir unterscheiden, auf welcher Klaviatur der Demagoge spielt, und je kritischer wir denken, desto eher werden wir die Täuschung durchschauen, wenn im Namen hoher Ideale an Partikularinteressen oder an ideologische Vorurteile appelliert wird.

These 5: Der Ausschluss der Gefühle aus dem Reich der Vernunft ist an die sexistisch eingefärbte Geist-Leben-Spaltung gebunden.

Seit der antiken Philosophie wurden Gegensatz-Prinzipien konstruiert, die kreative Formkraft und ordnenden Geist, Kultur und wissenschaftliches Denken als männlich definieren, dagegen die Natur in ihrer Vielfalt, das Leben in seiner Zufälligkeit und die Gefühle in ihrer Unberechenbarkeit als weiblich. Dass diese Polarisierung der (kompensatorischen) Selbsterhöhung des Männlichen bzw. der Diskriminierung des Weiblichen diente, ist Gegenstand der feministischen Kulturkritik. Die Entzweiung von Vernunft und Gefühl führte aber auch zu einseitigen Auffassungen in der Ethik sowie zu einem eingeengten Wissenschaftsbegriff. Zunächst zur Ethik:

In Kants apriorischer Begründung der Moral und in seinem Antagonismus zwischen Pflicht und Neigung spiegelt sich diese Entzweiung, und in seiner Unterscheidung zwischen dem Erhabenen und dem Schönen spricht er die sexistische Zuweisung direkt aus: Der Sinn für das Erhabene korrespondiert mit der männlich-heroischen Haltung, die lebensbejahende Liebe zum Schönen mit der weiblichen; wobei sich das Schöne, weil nicht frei von Bedürfnissen und Reizen, dem Moralisch-Erhabenen unterordnen muss. – In der Gegenwart wandte sich Carol Gilligan (Die andere Stimme 1984) gegen die einseitige Tugendlehre, wie sie Lawrence Kohlberg und andere vertreten, wenn sie die rational begründbare Gerechtigkeit zur Tugend schlechthin erklären, während persönliche Zuwendung, Mitgefühl und Fürsorge nur als private Zusatztugenden gelten. Die feministische care-justice-Debatte wird aber grundsätzlich missverstanden, wenn aus ihr eine weibliche Fürsorgemoral und eine männliche Gerechtigkeitsmoral herausgelesen wird. Gilligan ging es gerade darum, Mitgefühl und konkrete Verantwortung gleichberechtigt neben die Gerechtigkeit zu stellen, und zwar als konstituierenden Faktor sowohl der öffentlichen als auch der privaten Moral und auf beiden Ebenen für beide Geschlechter. Ich selbst spreche deshalb nicht von feministischer, sondern von „nicht androzentrischer" Ethik.

In der Wissenschaft spiegelt sich die Spaltung zwischen Verstand und Gefühl in der Unterscheidung zwischen „harten" und „weichen" Disziplinen; wobei nur die von harten, d.h. quantifizierbaren, Daten ausgehenden Naturwissenschaften den Ehrentitel „science" tragen. Evelyn Fox Keller (Liebe, Macht und Erkenntnis 1986) deckt in ihrer Wissenschaftskritik die „emotionale Substruktur" unter der harten Schale der Naturwissenschaft auf, und dies im Blick auf ihre Methoden ebenso wie im Blick auf ihre Zielsetzungen.

Bacons Maxime „Wissen ist Macht" beinhaltet die Strategie einer strikten Subjekt-Objekt-Trennung, die das zu Erforschende letztlich zum toten Gegenstand macht und sich zum Ziel setzt, die Natur wie eine Sklavin zu unterwerfen, um sie dann mit eigenen, künstlichen Werken zu übertrumpfen. Bei der Ausblendung des Subjekts aus dem Prozess des Experiments sieht Fox Keller neben dem Bemühen um Vorurteilslosigkeit auch ein unbewusstes Bedürfnis am Werk, das mit der männlichen Sozialisation in unserer „mutterlastigen" Kleinfamilie in Zusammenhang steht. Sie zwingt dem Knaben für seine Identitätsfindung einen Autonomiekomplex auf, der ihn emotionale Nähe vermeiden lässt, und von da her bedeutet es eine Entlastung, sich auf das Gegenüber nicht einlassen zu müssen. Offensichtlicher wird die emotionale Substruktur der Wissenschaft in ihren androzentrischen Sprachbildern, wenn das männliche „Alpha-Tier" oder das „Mastermolekül" im Brennpunkt der Aufmerksamkeit stehen und ständig von Kampf, Prägung und Information in einseitiger Richtung die Rede ist, während Kooperation und Wechselwirkungen vernachlässigt werden. Am meisten verraten sich allerdings die Kybernetiker, wenn sie bei ihrer Vision, den künstlichen Menschen zu schaffen, von „mind children" (H.Moravec 1990) sprechen, die sich von der Last des sterblichen Lebens befreit haben werden. Hier erreicht die Geist-Leben-Spaltung ihren Höhepunkt, und man muss nicht Psychoanalytikerin sein, um darin die Überkompensation des tief verdrängten männlichen Gebärneids zu erkennen.

These 6: Qualitative Gefühlsurteile sind kommunizierbar.

Ein Grund, dass Gefühle als Erkenntnisquelle in Misskredit gerieten, liegt darin, dass qualitative Bestimmungen ihrem Wesen nach weniger eindeutig zu deklarieren sind als quantitative. Dennoch gelingt ihre annähernd präzise Beschreibung mit Hilfe der Metapher: wenn wir von einem schreienden Rot, einem faden oder kalten Blau, von weichen oder harten Tönen sprechen, so pendeln wir zwischen verschiedenen Sinnesbereichen hin und her, um uns über bestimmte Qualitäten zu verständigen. Susanne Langer (Feeling and Form 1953) nennt die Metapher eine „abstrahierende Sinneserfahrung" und hält es für eine der grossen Aufgaben der Kunst, unsere emotionalen Lebenserfahrungen in immer neuen Gestaltungen zum Ausdruck zu bringen. Diesen Vorgang nennt sie „symbolische Transformation", durch die es gelingt, Qualität und Morphologie der Gefühle mitteilbar zu machen.

Dabei unterscheidet sie die Strukturen der Kunst vom diskursiven Gebrauch der Sprache und nennt sie „präsentativ", weil sie nur als Gesamtkomposition dargebracht und verstanden werden können. Dennoch folgen auch sie bestimmten Gesetzen von Raum,-Klang- und Farbsymbolik, Spannung und Lösung, metaphorischer Vernetzung und Verdichtung und besitzen von da her ihre eigene Rationalität. Zudem verfügt bereits unsere Umgangssprache über einen riesigen Schatz metaphorischer Wortbilder und Redensarten, wenn wir uns deren Gehalt auch selten bewusst machen.

These 7: Die Grenzen zwischen Rationalität und Irrationalität sind neu zu ziehen.

Sie verlaufen nicht, wie uns immer gesagt wurde, zwischen Verstand und Gefühl, sondern zwischen bewusstem Denken, Fühlen und Handeln auf der einen Seite und unreflektiert übernommenen Meinungen und ins Unbewusste verdrängten Motiven auf der anderen. Die eigentliche Selbstentzweiung der Vernunft besteht darin, dass zum Schweigen gebrachte Triebe, Wünsche, Gefühle und Gedanken unerkannt in unsere theoretischen Ueberlegungen und in unsere praktischen Handlungen einfliessen.

Diese neue Grenzziehung hat Konsequenzen sowohl für das Selbstverständnis der Wissenschaft als auch für die Letztbegründung der Moral und das Verständnis von Sachlichkeit in der Politik. Vor allem revidiert sie den Begriff der Wertfreiheit in der Wissenschaft. Abgesehen davon, dass dieser von Max Weber geprägte Begriff vielfach missverstanden wurde, kann es schon deshalb keine wertfreie Wissenschaft geben, weil sie, wie jedes menschliche Projekt, von emotionalen Motiven geleitet wird. Wenn die Wissenschaft von inhärenten Sachzwängen spricht, die von aussen her gar nicht steuerbar seien, so verschleiert sie die faktische Verflochtenheit von wissenschaftlich-technischem Fortschritt und wirtschaftlichen Interessen.

These 8: Es gibt keine apriorische Letztbegründung der Ethik.

Mit Ernst Tugendhat (Vorlesungen über Ethik 1994) bin ich der Überzeugung, dass Kants apriorische Ethikbegründung einen Zirkelschluss darstellt. Sein kategorischer Imperativ setzt den „guten Willen" und das emotionale Wissen um Würde immer schon voraus. Aber auch das emotionale Apriori Max Schelers hält der Kritik nicht stand, wenn phänomenologische Evidenzen nicht mit ontologischen Wertfixierungen verwechselt werden sollen. Ich selbst spreche von „gestifteten" Werten bzw. von einer Moralbegründung „a conciliatione", abgeleitet vom lateinischen „conciliare" für „Frieden stiften, geneigt machen". Das heisst, Werte werden in der Primärgemeinschaft erworben, aber nicht im Sinn der modernen Lerntheorie als Konditionierung, sondern im emotionalen Austausch zwischen kooperierenden Subjekten. Gerade deshalb ist Gewissensbildung nicht mit Freuds Über-Ich gleichzusetzen, wobei wir als Jugendliche imstande sind, die übernommenen Werte zu reflektieren und über deren Grenzen hinaus eigene, aber auch allgemeinere Maßstäbe zu gewinnen. Von da aus sollte es auch möglich sein, die moralische Gemeinschaft immer mehr zu erweitern bis hin zu universellen Übereinstimmungen.

These 9: Die empirische Grundlegung der Ethik führt nicht notwendig zum Wertrelativismus.

Ich spreche von einer künstlichen Relativierung der Werte durch Herrschaft. Politische Herrschaft und Unterwerfung fremder Kulturen zerstört die ursprünglichen Solidargemeinschaften und errichtet eine doppelte Moral für Sieger und Besiegte. Die patriarchal-sexistische Herrschaft spaltet das Menschenbild und die menschlichen Tugenden für die Geschlechter. Und schließlich relativiert die Tyrannei des Geldes sämtliche Werte, indem sie alles auf materielle Nützlichkeit reduziert. Dem stelle ich die Rückbesinnung auf die existentiellen Grundbedürfnisse des Menschen entgegen. Ich fasse sie in vier Bedürfnisgruppen zusammen, denen ebenso grundlegende moralische Haltungen entsprechen: Mitgefühl und liebende Zuwendung sind die adäquate Antwort auf die lange kindliche Hilflosigkeit sowie auf Krankheit und Leiden, mitmenschliche Achtung gewährt Selbstbestimmung und Integrität, Anerkennung persönliche und soziale Identität, und Gerechtigkeit garantiert die faire Verteilung von Rechten und Pflichten. Um diesen Zusammenhängen nachzugehen, schwebt mir ein transkulturelles Forschungsprojekt vor, das mit Hilfe von Tiefeninterviews und Sprachanalysen die Grundlagen für ein „Weltethos von unten" erarbeiten könnte.

These 10: Die um die emotionale Dimension erweiterte Vernunft revidiert den Begriff der Sachlichkeit in Wissenschaft und Politik.

Ein annähernd adäquates Erfassen der Wirklichkeit gelingt nicht durch das – utopische – Ausschalten des Subjekts. Die Erforschung von Lebewesen, die per definitionem keine Sachen sind, schließt Empathie ein und gewinnt damit die ethische Fragestellung schon für den Prozess der Wissensaneignung zurück. Dies lenkt die Aufmerksamkeit verstärkt auf die Bedürfnisse der Natur in ihren ökologischen Zusammenhängen und auf die eigentlichen Bedürfnisse der Menschen in aller Welt.

Unter dem Paradigma der emotionalen Vernunft verändert sich auch das Verhältnis zwischen Kunst und Wissenschaft. Bisher wird die Kunst als Quelle der Erkenntnis weitgehend ignoriert, doch könnte sie als Sachwalterin der conditio humana eine Fundgrube nicht nur für Psychologie und Philosophie sein, sondern als Seismograph für das Zeitgefühl auch eine ernst zu nehmende Grösse für die Politik.

Aus der Perspektive der emotionalen Vernunft besteht Sachlichkeit nicht in einer kühlen, von den eigenen und den Gefühlen anderer abgespaltenen Denkart, sondern lässt sich eher mit dem Begriff der Besonnenheit umschreiben. Besonnenheit nimmt zwar Abstand zur eigenen Betroffenheit in der Reflexion, aber im Spiegel ihres Bewusstseins erscheinen Ich und Mitwelt als lebendige Wirklichkeiten, denen wir nur gerecht werden, wenn die Erkenntniskräfte des Denkens und Fühlens zusammenwirken.

Literaturhinweis:
Carola Meier-Seethaler, Gefühl und Urteilskraft. Ein Plädoyer für die emotionale Vernunft. Verlag C.H. Beck. München 1997.

Die Rationalitätsannahme und die unterschiedlichen Formen der Repräsentation von propositionalen Einstellungen

Dr. Albert Newen, Universität Bonn, newen@uni-bonn.de
Seminar für Logik und Grundlagenforschung, Lennéstr. 39, D-53113 Bonn

Die Rationalitätsannahme in der Handlungstheorie besagt gemäß Davidson, daß vernünftig sein konstitutiv dafür ist, Gegenstand einer intentionalen psychologischen Beschreibung zu sein. Ein vernünftiges Subjekt zu sein, ist konstitutiv für das Haben von intentionalen Einstellungen wie zum Beispiel Wünschen und Überzeugungen. Die Rationalitätsannahme ist gemäß Davidson eine begriffliche Wahrheit, d. h. so wie der Begriff der Transitivität für die Längenmessung, so ist auch der Begriff der Rationalität für intentionale Einstellungen konstitutiv. Gegner der Rationalitätsannahme bestreiten, daß es sich dabei um eine begriffliche Wahrheit handelt. Sie vertreten damit die These, daß vernünftig zu sein keine notwendige Voraussetzung ist, um ein System mit intentionalen psychologischen Begriffen beschreiben zu können.[1] Ich möchte darlegen, daß sich dieser Streit als Nebenkriegsschauplatz erweist, wenn man die unterschiedlichen Formen, in den denen propositionale Einstellungen repräsentiert sein können, berücksichtigt. In Abhängigkeit von den Repräsentationsweisen läßt sich zeigen, unter welchen Bedingungen die jeweilige Position berechtigt ist.

Von der Vielzahl mentaler Phänomene (z. B. phänomenale Zustände wie einfache Wahrnehmungen, Emotionen, mentale Dispositionen) möchte ich im folgenden nur die propositionalen Einstellungen betrachten. Dies sind Wünsche, Überzeugungen, Hoffnungen, Befürchtungen, etc. Sie lassen sich gewöhnlich durch Sätze der folgenden Form zuschreiben: "A wünscht/glaubt/hofft/befürchtet, daß p", wobei "A" ein Subjekt einer Einstellung bezeichnet und "p" einen Gedanken ausdrückt. Die Rationalitätsannahme bezieht sich nur auf diese propositionalen Einstellungen und verbindet das normative Konzept der Rationalität mit dem Begriff der intentionalen Einstellungen, wie z. B. Wünsche und Überzeugungen. Um den Status der Rationalitätsannahme zu klären, werde ich zunächst den Begriff des rationalen Verhaltens erläutern und die Relativität des Konzepts Rationalität herausarbeiten: Ob eine Handlung angemessen und damit ein Verhalten rational ist, läßt sich nur relativ bestimmen und zwar erstens relativ zu einem Hintergrundwissen über Zusammenhänge von Handlungen und Handlungsfolgen, zweitens in bezug auf einen Aufgabenbereich und drittens in bezug auf einen Handlungsspielraum. Im Anschluß daran erläutere ich mit Hilfe von verschiedenen Formen, eine Handlung zu verstehen, unterschiedliche Formen der Rationalität und greife insbesondere die Form des minimalen intentionalen Verstehens heraus. Diese Form des Verstehens einer Handlung ist mit der Rationalitätsannahme nicht verträglich. Es läßt sich jedoch durch Einführen von unterschiedlichen Repräsentationsformen klären, daß diese Form des Verstehens nur dann vorliegt, wenn eine Einstellung in einer einfachen Form repräsentiert ist, z. B. bei einer vorbegrifflichen Repräsentationsform. Dagegen ist die Rationalitätsannahme uneingeschränkt gültig, wenn eine komplexe sprachliche Metarepräsentation einer Einstellung vorliegt.

2   Arten von Erklärungen und die Relativität der Rationalität

Ausgangspunkt der Argumentation ist eine Klärung des Begriffs des rationalen Verhaltens. Wann nennen wir ein Verhalten rational? Ein Verhalten gilt unstrittigerweise als rational, wenn wir es

---

[1] Zu den Befürwortern der Rationalitätsannahme gehören z. B. Davidson, Dennett, Lanz. Zu den Gegner gehören z. B. Bittner und Stich, siehe Literaturverzeichnis.

als eine Handlung beschreiben können, die sich mit Hilfe eines alltagspsychologischen Schemas von Wünschen, Überzeugungen und Handlungen erklären läßt. Diese hinreichende Bedingung für Rationalität setzt voraus, daß wir den Begriff des alltagspycholoIgischen Erklärungsschemas erläutern. Eine alltagspsychologische Erklärung (AP-Erklärung) ist eine intentionale Erklärung der folgenden Art:

Prämise 1: Immer wenn etwas/jemand den Wunsch W1 und die Überzeugung Ü1 hat, daß die Handlung H1 den Wunsch W1 erfüllt, dann vollzieht es/er/sie *ceteris paribus* die Handlung H1.
Prämisse 2: Die Person P hat W1 und Ü1
Konklusion: Die Person P vollzieht *ceteris paribus* die Handlung H1.

Am besten können wir AP-Erklärungen als intentionale Erklärungen in Absetzung von funktionalen und physikalischen Erklärungen charakterisieren. Dabei übernehmen wir Dennetts Unterscheidungen der drei Erklärungsarten. In einer physikalischen Erklärung werden nur physikalische Aussagen verwendet, in einer funktionalen Erklärung nur funktionale Aussagen und schließlich in einer intentionalen Erklärung nur intentionale Aussagen, das sind Aussagen mit intentionalen Prädikaten, die z. B. Wünsche oder Überzeugungen zuschreiben. Die drei Arten von Aussagen resultieren gemäß Dennett aus drei unterschiedlichen Einstellungen für die Erklärungen und die Voraussage von Verhalten. Er unterscheidet die intentionale, die funktionale und die physikalische Einstellung. Diese Einstellungen werden am Beispiel eines Schachcomputers erläutert, wobei ein Gegner des Schachcomputers dessen Züge zu beschreiben versucht. Wenn die Züge des Schachcomputers gemäß einer physikalischen Einstellung zugeschrieben werden, dann beschreibt der Gegner eine Folge von tatsächlichen physikalischen Zuständen: Ist der Computer aus Röhren aufgebaut, so sind die physikalischen Zustände andere als wenn er aus Chips, d. h. Halbleitern, bestehen würde. Gemäß einer physikalischen Einstellung wird ein System mittels seiner spezifischen physikalischen Zustände beschrieben, wobei unser gesamtes Wissen über die Naturgesetze vorausgesetzt wird. Bei einer funktionalen Einstellung abstrahiert man von den spezifischen physikalischen Zuständen zugunsten von bestimmten Funktionseinheiten, die durch unterschiedliche physikalische Zustände realisiert sein können. Die Funktionseinheiten werden auch funktionale Zustände genannt. Bei einem Schachcomputer können die funktionalen Zustände als diejenigen Zustände betrachtet werden, die gewöhnlich ein Programmierer mittels der Programmiersprache beschreibt, d. h. es handelt sich dabei um logische Charakterisierungen des Programms[2]: Eine funktionale Beschreibung könnte, in die natürliche Sprache übertragen, wie folgt aussehen: 'Wenn die Figuren auf folgenden Feldern stehen (schwarzer Turm auf a8, schwarzer König auf d8..., weißer Turm auf f1,...), dann ziehe den weißen Turm von f1 auf f5'. Dabei wird noch nicht von Wünschen, Überzeugungen oder anderen intentionalen Phänomenen geredet. Schließlich definiert es die intentionale Einstellung, daß die Züge des Schachcomputers auf der Basis von Wünschen, Überzeugungen etc. beschrieben werden, z. B. 'Der Schachcomputer möchte die Dame des Gegners schlagen und er glaubt, daß er dies nur erreicht, wenn er zuvor seinen Läufer auf schwarzem Feld opfert; deshalb stellt er den Läufer in eine scheinbar ungünstige Position.' Während die physikalische Einstellung keine besonderen Voraussetzungen für die Erklärung und Prognose von Verhalten macht, wird bei der funktionalen Einstellung vorausgesetzt, daß ein System störungsfrei funktioniert. Die Beschreibung eines Systems mittels funktionaler Zustände macht nur dann Sinn, wenn die

---

[2] Diese Charakterisierungen können ihrerseits sehr unterschiedlich ausfallen. Wesentlich ist dabei, daß einerseits von den spezifischen physikalischen Zuständen abgesehen wird und andererseits keine Beschreibungen von Wünschen, Überzeugungen oder anderen intentionalen Phänomenen einfließen.

funktionalen Zustände (zumindest weitgehend) störungsfrei realisierbar sind. Bei der intentionalen Einstellung nehmen wir an, daß das zu beschreibende System sich rational verhält.

Art der Einstellung	Voraussetzungen der Anwendung einer Einstellung	Erklärung/Prognose von Verhalten mittels
physikalisch	keine	physikalischen Zuständen
funktional	störungsfreies Funktionieren	funktionalen Zuständen
intentional	rationales Verhalten	intentionalen Zuständen (Wünsche, Überzeugungen etc.)

Eine Erklärung oder Prognose des Verhalten mittels intentionaler Zuschreibungen ist - so Dennetts Form der Rationalitätsannahme - nur dann sinnvoll, wenn es sich bei dem System um ein System handelt, das sich (zumindest weitgehend) an vernünftigen Verhaltensregeln orientiert, d. h. daß es ausgehend von bestimmten Zielen und Informationen die angemessenste Handlung realisiert. Der Begriff des rationalen Verhaltens wird damit mittels des Begriffs der angemessenen Handlungen erläutert, wobei diese in einen Kontext von Zielen und Informationen eingebettet sind.

Die Angemessenheit von Handlungen hat drei Merkmale, die damit auch Merkmale rationalen Verhaltens sind: Erstens ist die Angemessenheit einer Handlung relativ zu Wünschen und Überzeugungen nicht absolut, sondern nur relativ zu einem Hintergrundwissen bestimmbar; bei dem Hintergrundwissen handelt es sich um eine Menge von zentralen Überzeugungen, die die Zusammenhänge von Handlungen und Handlungsfolgen herstellen. Die Annahme, daß eine bestimmte Handlung H1 zur Erfüllung des Wunsches W1 führt, ist abhängig von individuell oder gesellschaftlich festgelegtem Hintergrundwissen über solche Zusammenhänge. Ein zweites Merkmal ist die Tatsache, daß sich die Angemessenheit einer Handlung auf einen bestimmten Aufgabenbereich bezieht. Ob ein System die Voraussetzung der Rationalität erfüllt oder nicht, läßt sich nur relativ zu einem Aufgabenbereich angeben. Der Schachcomputer ist ein rationales System nur relativ zu dem Aufgabenbereich des Schachspielens und in diesem Sinne partiell rational.[3] Schließlich kann eine Handlung nur relativ zu einem Handlungsspielraum eines intentionalen Systems als rational bewertet werden. Welche Handlung eine Person vollzieht, hängt nicht nur davon ab, was es für Wünsche und Überzeugungen hat, sondern auch davon, welche Handlungen sie vollziehen kann: Physische oder psychische Einschränkungen können zu nichtbeabsichtigen Handlungen führen. Jemand der nur sehr unkontrollierte Armbewegungen ausführen kann, kann bei dem Wunsch, jemanden zu streicheln tatsächlich jemanden schlagen. Auf diesem Hintergrund erscheinen ganz andere Handlungen als im gewöhnlichen Fall als angemessen. Für einen extremen Geizhals gibt es bestimmte Handlungsmöglichkeiten im Umgang mit Geld schlicht und ergreifend nicht, z.B. wenn jemand seiner Freundin finanziell helfen möchte und ihr dabei Leihbedingungen aufzwingt, die ihre Notlage noch verschlimmert. Ob eine Handlung angemessen und damit ein Verhalten rational ist, läßt sich nur relativ bestimmen und zwar erstens relativ zu einem Hintergrundwissen über Zusammenhänge von Handlungen und Handlungsfolgen, zweitens in bezug auf einen Aufgabenbereich und drittens in bezug auf einen Handlungsspielraum.

---

[3] Dennett spricht dabei davon, daß ein System für einen Aufgabenbereich optimal konstruiert ist. Alle sogenannten künstlichen, intelligenten Systeme sind - zumindest bislang - stets nur für einen sehr begrenzten Aufgabenbereich kompetent und in diesem Sinne partiell rational. Menschen zeigen im Vergleich dazu auf sehr vielen Gebieten angemessene Handlungen, ohne jedoch auf allen Gebieten, also universal rational zu sein.

3 Formen des Verstehens und Formen der Rationalität

Ob ein Verhalten rational ist, hängt somit davon ab, ob wir es auf dem Hintergrund von bestimmten Wunsch- und Überzeugungszuschreibungen als angemessen einordnen können. Selbst wenn die genannten Rahmenbedingungen (Hintergrundannahmen, Aufgabenbereich und Handlungsspielraum) klar bestimmt sind, so können wir unterschiedliche Formen der Angemessenheit und damit des Verstehens einer Handlung unterscheiden. Als Angemessen einordnen bzw. Verstehen einer Handlung ist eine Sache des Grades und hier lassen sich zumindest drei Formen unterscheiden: Wenn wir das Verhalten einer Person erklären, mit der wir die Wünsche und Überzeugungen teilen, so können wir dieses Verhalten in besonderem Maße verstehen bzw. als angemessen einordnen, denn wir teilen in den relevanten Punkten die Lebenssituation. Hier könnte man von *erlebendem Verstehen* sprechen. Wenn wir dagegen das Verhalten einer Person erklären möchten, deren Wünsche von unseren Wünschen abweichen, auch wenn die Überzeugungen übereinstimmen, so ist der Grad des als Angemessen Einordnens schon geringer. Dies ist ebenfalls so, wenn wir das Verhalten einer Person zu erklären versuchen, mit der wir weder die relevanten Wünsche noch die relevanten Überzeugungen (insbesondere die Hintergrundüberzeugungen über die Zusammenhänge von Handlungen und Handlungsfolgen) teilen. Hier suchen wir ein AP-Erklärungsschema, das uns selbst in dem Maße nicht nachvollziehbar erscheint, in dem wir die Hintergrundannahmen nicht nachvollziehen können. In beiden Fällen versuchen wir uns in die Situation der anderen Person hineinzuversetzen, wobei man spielerisch deren Wünsche bzw. Wünsche und Überzeugungen simuliert. Wir können von dem *Verstehen durch Simulation* sprechen. Schließlich haben wir noch den dritten Fall, in dem uns eine intentionale Erklärung als prinzipiell unvollständig erscheint. Das Verhalten einer Person wird in diesem Fall durch intentionale Zuschreibungen in einem AP-Erklärungsschema von Wünschen, Überzeugungen und Handlungen erklärt, auch wenn dieses Erklärungsschema uns nicht plausibel erscheint. Hier möchte ich von *funktional-intentionalem Verstehen* sprechen, weil die intentionale Erklärung erst zusammen mit funktionalen Elementen zu einer akzeptablen Erklärung wird. Damit sind wir an der Grenze der intentionalen Erklärung von Verhaltensweisen angelangt.

4 Funktional-intentionales Verstehen und die Rationalitätsannahme

Die Rationalitätsannahme besteht darin zu sagen, daß vernünftig sein aus begrifflichen Gründen hinreichend und notwendig ist, um propositionale Einstellungen haben zu können. Insofern ist die Rationalitätsannahme als begriffliche These nicht mit der Möglichkeit von funktional-intentionalem Verstehen vereinbar; denn für letzteres ist es charakteristisch, daß wir einer Person Wünsche und Überzeugungen zuschreiben, ohne daß wir das Verhalten als vernünftig bzw. die Handlung als angemessen bewerten, weil das Wunsch-Überzeugungs-Handlungsschema (AP-Erklärungsschema) nicht plausibel ist, z. B. wenn es die folgende Form hat:
Prämisse 1: Immer wenn Paul den Wunsch W1 hat, Essen zu gehen, und die Überzeugung Ü1 hat, daß die Handlung H1, zur Pizzeria zu gehen, den Wunsch W1 erfüllt, dann vollzieht er *ceteris paribus* die Handlung H2, im Wald zu joggen.
Prämisse 2: Paul hat W1 und Ü1
Konklusion: Paul vollzieht *ceteris paribus* die Handlung H2, im Wald zu joggen.

Nicht plausibel ist das Erklärungsmuster aufgrund der Prämisse 1, weil die Überzeugung sich auf die Handlung H1 und die Konklusion auf die Handlung H2 bezieht. Wenn wir mit einer solchen Erklärung konfrontiert werden, so versuchen wir diese durch eine Erklärung mit einem plausiblen AP-Erklärungsschema zu ersetzen, bei der in der Prämisse 1 und in der Konklusion von derselben

Handlung die Rede ist. Dies können wir hier z. B. erreichen, indem wir annehmen, daß Paul den stärkeren Wunsch W2 hat, auf keinen Fall zuzunehmen und die Überzeugung, daß H2 diesen Wunsch erfüllt, oder indem wir ihm die unbewußte Überzeugung zuschreiben, daß die Handlung H2 seinen Wunsch W1 erfüllt. Wenn alle diese Versuche, das Verhalten mittels eines plausiblen AP-Erklärungsschemas zu erklären, fehl schlagen, so geben wir damit noch nicht zwangsläufig den Versuch auf, dieses Verhalten als eine Handlung zu erklären, die sich intentional, also mit Hilfe von Wünschen und Überzeugungen, erklären läßt. Vielmehr kann auch ein auf den ersten Blick unplausibles AP-Erklärungsschema - wie das obige - als Erklärung dienen, wenn auch als eine unvollständige. Was fehlt, ist eine Erläuterung der besonderen Umstände, die bei dem handelnden Individuum zu der vordergründig unplausiblen Verknüpfung von Wunsch, Überzeugung und Handlung führt. Wenn sich unter Einbeziehung von besonderen funktionalen Gegebenheiten erklären läßt, daß sich bei einem Individuum diese auf den ersten Blick unplausible Wunsch-Überzeugung-Handlungs-Verknüpfung ausgebildet hat, so können wir das Verhalten mit Hilfe von Einstellungen erklären, wenn dies auch nicht alleine mit Hilfe von Einstellungen möglich ist. Eine funktional-intentionale Erklärung liegt erst dann nicht mehr vor, wenn wir ohne jede intentionale Einstellung in der Verhaltenserklärung auskommen. Dies ist dann gegeben, wenn eine Erklärung rein physikalisch oder funktional ist oder wenn wir gute Gründe dafür haben, daß wesentliche Voraussetzungen für intentionale Einstellungen nicht gegeben sind. Dazu zählen zum Beispiel Lernfähigkeit, Orientierungsvermögen und eine bestimmte Fähigkeit, Repräsentationen auszubilden, wobei diese Kompetenzen einander überlappen. Eine Erläuterung der verschiedenen Repräsentationsformen soll im folgenden zwei Aufgaben erfüllen: Erstens soll sie dazu dienen, die notwendige Fähigkeit, Repräsentationen zu bilden, näher zu bestimmen, und zweitens erlaubt sie es darzulegen, daß die Rationalitätsannahme nur im dem Falle volle Gültigkeit besitzt, in dem eine komplexe, nämlich eine sprachliche Metarepräsentation der propositionale Einstellungen, vorliegt.

5 Unterschiedliche Repräsentationen von propositionalen Einstellungen

Repräsentationen können zumindest in den folgenden Hinsichten entwickelt sein, klassifikatorisch, kompositional, rekursiv und metarepräsentational. Die einfachsten Repräsentationen sind nur klassifikatorisch: Sie erlauben eine Einordnung von Dingen in Eigenschaftsgruppen und eine entsprechende Reaktion des Systems in bezug auf die Eigenschaftsgruppen. In bezug auf Sprachkompetenz neigen wir in diesen Fällen zu einer Zuschreibung von Prädikaten bzw. Allgemeinbegriffen (z. B. haben Hunde eine Repräsentation von Katzen, von "Herrchen" oder "Frauchen", von anderen Hunden, die rein klassifikatorisch ist). Aus entwicklungspsychologischer Sicht haben Babies bis zum 8. Lebensmonat auch eine rein klassifikatorische Repräsentation. Erst zwischen dem 8. und 12. Lebensmonat lernen Kleinkinder gewöhnlich Objekte als stabil und beständig in Raum und Zeit zuzuordnen. Dieses Erkennen von Objekten und Sachverhalten setzt eine nicht bloß klassifikatorische, sondern auch kompositionale Repräsentation voraus. Etwas als dasselbe trotz wechselnder Eigenschaften zu erkennen, setzt voraus, daß die Repräsentation so gebaut ist, daß man einer Entität genauso die Eigenschaft F wie die Eigenschaft G zuordnen kann. Man bildet nicht nur Eigenschaftsgruppen, sondern auch eine Vorstellung von einem stabilen Objekt. Im Falle von Sprachkompetenz drückt sich dies in der Fähigkeit aus, die Evans im Generalisierungsprinzip formuliert. Diese Repräsentationsformen sind so gebaut, daß, wenn man repräsentiert, daß ein Objekt a die Eigenschaft F hat, man auch repräsentieren kann, daß a G hat sowie daß ein Objekt b die Eigenschaft F bzw. b die Eigenschaft G hat. Dies bedeutet, daß man den Sachverhalt, daß a F ist, mit Hilfe der Bestandteile F und a kompositional repräsentiert. Schließlich ist eine Repräsentation auf der Basis voll entwickelter Beschreibungskompetenz nicht nur klassifikatorisch und kompositional, sondern darüber hinaus auch noch rekursiv, d. h. daß die Repräsentation eines Sachverhaltes, daß a F ist, auch in größeren Zusammenhängen, z. B. daß a G oder F ist, adäquat erfolgt. Darüber hinaus ist eine Repräsentation metarepräsentational, wenn zu den Repräsentationsmöglichkeiten die Fähigkeit gehört, zwischen einer Repräsentation von Sachverhalten und einer Repräsentation von Einstellungen zu unterscheiden. Von einer Metarepräsentation möchte ich in bezug auf den Unterschied von Sachverhalten und Einstellungen sprechen. Repräsentationen von Einstellungen sind Metarepräsentationen von Sachverhalten, weil z. B. Bei der Überzeugung "Peter glaubt, daß das Fahrrad im Keller steht" der Sachverhalt, daß das Fahrrad im Keller steht, als eine Überzeugung der Person Peter zugeordnet werden muß. Erst eine Metarepräsentation, die den Sachverhalt und die entsprechende Einstellung des Glaubens in bezug auf diesen Sachverhalt sowie die zugeordnete Person trennt, erlaubt es zugleich eine abweichende Überzeugung zu repräsentieren, daß man selbst glaubt, daß das Fahrrad auf der Straße steht.

Repräsentationsformen

	Merkmale	Kompetenzen	Verhaltensweisen
1.) Vorbegriffliche Repräsentationen: Zustandsrepräsentationen	klassifikatorisch	Unterscheidung von Eigenschaftsgruppen	Reaktion in bezug auf die Eigenschaftsgruppen
2.) Begriffliche Repräsentationen: Objekt- und Sachverhaltsrepräsentation	klassifikatorisch und kompositional	Unterscheidung von Dingen und Einordnung in Sachverhalte	Anpassung an neue Sachverhalte (Antizipation)
3.) Sprachliche Repräsentationen: Repräsentation von komplexen Sachverhalten	klassifikatorisch, kompositional und rekursiv	Einordnung von Sachverhalten in komplexe Sachverhalte	Anpassung an neue komplexe Sachverhalte, mögliche Welten
4.) Sprachliche Metarepräsentationen: Repräsentation von Sachverhalten und Einstellungen	klassifikatorisch, kompositional, rekursiv und metarepräsentational	Unterscheidung von Sachverhalten und propositionalen Einstellungen: Beschreibungs und Zuschreibungskompetenz	Berücksichtigung von abweichenden Einstellungen anderer Personen

Die Rationalitätsannahme wird gewöhnlich nur in bezug auf propositionale Einstellungen vertreten, die in der komplexen Form repräsentiert sind (also mit Hilfe von Metarepräsentationen). Wenn Einstellungen in dieser Weise repräsentiert sind, dann besagt die Rationalitätsannahme, daß über mit Hilfe von Metarepräsentationen repräsentierte Einstellungen nur derjenige verfügt, der im großen und ganzen vernünftig ist, d. h. angemessen handelt. Dies ist deshalb korrekt, weil ein nichtangemessenes Handeln in fast allen Bereichen ein klares Indiz dafür ist, daß das System nicht über eine Metarepräsentation der Einstellungen verfügt. Denn die Struktur der Metarepräsentationen von Einstellungen sind zum einen wesentlich dafür verantwortlich, daß uns diese Wünsche transparent sind, daß wir ein Bewußtsein von unseren Wünschen haben können (Newen, im Erscheinen). Zum anderen sind sie wie alle komplexen sprachlichen Repräsentationen "inferentiell promiskuös"(van Gulick), d. h. sie stehen in einer Vielzahl von formalen und materialen inferentiellen Beziehungen zu anderen Sätzen. Wir erwarten von einer Person, die eine Einstellung mit Hilfe von Metarepräsentationen repräsentiert, daß sie viele zentrale inferentielle Beziehungen zu anderen Sätzen anerkennt: Es gehört zur sprachlichen Metarepräsentation eines Wunsches, daß man in dem Fall, daß man diesen Wunsch als primären Wunsch anerkennt (und zuläßt), geneigt ist, diejenige Handlung zu tun, von der man glaubt, daß sie zur Erfüllung des Wunsches führt. Andernfalls liegt zumindest keine sprachliche Metarepräsentation des Wunsches vor. Anders als in der bisherigen Diskussion der Rationalitätsannahme vorgesehen, folgt daraus jedoch nicht, daß im abweichenden Falle keine propositionale Einstellung vorliegen kann, sondern nur daß sie nicht mit Hilfe von Metarepräsentationen repräsentiert ist.

Auch ohne die Fähigkeit zu sprachlicher Metarepräsentation kann ein System propositionale Einstellungen haben und kann desssen Verhalten intentional erklärt werden. Eine intentionale Verhaltenserklärung soll das Verhalten im Lichte von Wünschen und Überzeugungen als angemessene Handlung beschreiben. Angemessenes Handeln in diesem Sinne setzt aber keineswegs eine Fähigkeit zu Metarepräsentationen voraus. Von angemessenem Handeln in diesem Sinne sprechen wir bei Tieren oder auch bei Kleinkindern, obwohl sie weder eine sprachliche Repräsentation noch eine Metarepräsentation zur Verfügung haben. Dies kann man am Beispiel der Entwicklung des Menschen in unterschiedlichen Stadien verdeutlichen, denn die Entwicklungspsychologie ermöglicht uns, hier klare Stadien zu unterscheiden. Vor dem achten Lebensmonat verfügt ein Baby gewöhnlich nur über Zustandsrepräsentationen, z. B. daß es hungrig ist, daß es ihm kalt ist, daß es etwas buntes sieht. Schon in diesem Stadium können wir einem Baby den Wunsch zuschreiben, die rote Puppe, die wir ihm vor die Augen halten, haben zu wollen, wobei es - nachdem es Greifen gelernt hat, die Handlung des gezielten Greifens vollzieht, um den Wunsch zu erfüllen. Obwohl die Grundlage für die Repräsentation dieses Wunsches lediglich die Kompetenz der Klassifikation von Eigenschaftsgruppen ist, haben wir in diesem Fall keine Schwierigkeit damit, eine intentionale Verhaltenserklärung zu verwenden. Wenn ein Kleinkind dann zwischen dem achten und zwölften Lebensmonat lernt, Objekt- und einfache Sachverhaltsrepräsentationen auszubilden, wird die intentionale Verhaltenserklärung noch viel üblicher. Wenn ein Kleinkind im besagten Alter zum Beispiel den Wunsch hat, ein bestimmtes Objekt zu erreichen und dabei geschickt Hindernisse überwindet oder ihnen ausweicht, erklären wir sein Verhalten als wunsch- und überzeugungsgesteuertes Handeln. Spätestens mit zwei Jahren verfügen Kleinkinder zudem über die Fähigkeit, komplexe Sachverhalte zu repräsentieren, z. B. daß der Ball in die grüne Schachtel, aber nicht in die blaue Schachtel paßt, ohne jedoch schon Sachverhalte und Einstellungen unterscheiden zu können. Diese Fähigkeit zur Repräsentation von komplexen Sachverhalten erlaubt zum Beispiel gezieltes Bauen eines Turmes aus einer Menge unterschiedlich großer Würfel. Ein solches Verhalten würden wir intentional erklären, und zwar als die Handlung, einen Turm zu bauen, auf der Basis des Wunsches, daß man einen Turm bauen möchte und der Überzeugung, daß man dazu die Würfel der Größe nach von unten nach oben stapeln muß, wobei man mit dem Größten beginnen sollte. Alle diese Kompetenzen und die damit verbundenen intentionalen Verhaltenserklärungen wenden wir unproblematisch an, obwohl wir wissen, daß Kinder gewöhnlich erst im vierten Lebensjahr gelernt haben, ihr Wissen von dem Wissen anderer Personen zu unterscheiden. Erst in dieser Lebensphase steht eine Metarepräsentation zur Verfügung, die es erlaubt, Sachverhaltsrepräsentationen, die ein Kind zum Beispiel aufgrund von Wahrnehmungen bildet, von Einstellungsrepräsentationen zu unterscheiden, z. B. die Repräsentation des Sachverhaltes, daß das Fahrrad auf der Straße steht, im Unterschied zu der Repräsentationen davon, daß Peter nicht glaubt, daß das Fahrrad auf der Straße steht. Die Beispiele illustrieren, daß wir schon bei den einfacheren Repräsentationsformen intentionale Verhaltenserklärungen anwenden und nicht erst beim Vorliegen von sprachlichen Metarepräsentationen.

6 Die Rationalitätsannahme und die Metarepräsentation von Einstellungen

Abschließend möchte ich klären, was dies für die Rationalitätsannahme bedeutet: Propositionale Einstellungen sind offensichtlich auch dann gegeben, wenn nur eine klassifikatorische bzw. vorbegriffliche Repräsentation einer Einstellung realisiert ist. Dies bedeutet, daß die Einstellung zwar vorliegt, jedoch nicht in einer Weise, die die Eigenschaft der Transparenz und der inferentiellen Promiskuität mit sich bringen würde. Die Einstellung ist dem System, das die Einstellung hat nicht bewußt und ist nur sehr begrenzt mit anderen Einstellungsrepräsentationen verbunden. Je komplexer die Repräsentationsform der Einstellung, desto umfassender die inferentielle Promiskuität. Im Falle von sprachlichen Metarepräsentationen haben wir bereits festgestellt, daß zur Repräsentation eines Wunsches auch gehört, daß man in dem Fall, daß man diesen Wunsch als primären Wunsch anerkennt (und zuläßt), geneigt ist, diejenige Handlung zu tun, von der man glaubt, daß sie zur Erfüllung des Wunsches führt. Bei einfacheren Repräsentationsformen ist eine solche Verknüpfung mit der Repräsentation eines Wunsches nicht gegeben. Daher können in größerem Maße funktionale Rahmenbedingungen die intentionalen Elemente einer Verhaltenserklärung ergänzen, so daß wir es in immer stärkerem Maße mit gemischt funktional-intentionalen Verhaltenserklärungen zu tun haben. In diesem Rahmen wird auch verständlich, daß vordergründig unplausible rein intentionale Verhaltenserklärungen doch aufrecht erhalten werden. Dies geschieht, weil sie als unvollständig betrachtet und nach einer Ergänzung durch funktionale Elemente die beste verfügbare Erklärung betrachtet werden.

Zusammenfassend können wir festhalten, daß bei sprachlichen Metarepräsentationen von Einstellungen die Rationalitätsannahme berechtigt ist, da sie die mit der Repräsentationsform verbundenen Anforderungen für das Haben von Einstellungen explizit macht. Bei einfacheren Repräsentationsformen (insbesondere bei den vorbegrifflichen und begrifflichen Repräsentationen) dagegen ist die Rationalitätsannahme unberechtigt. Wir haben gute Gründe, intentionale Einstellungen zuzuschreiben, auch wenn ein AP-Erklärungsschema auf den ersten Blick unplausibel ist. Wenn es durch Ergänzung von funktionalen Erklärungselementen zu einer gemischt funktional-intentionalen Erklärungen ergänzt wird, so kann eine ganz zufriedenstellende Erklärung vorliegen, bei der Einstellungen eine wichtige Rolle spielen, ohne daß das AP-Erklärungsschema als rein intentionale Erklärung plausibel wäre. Dieser Spielraum für Verhaltenserklärungen wird durch die unterschiedlichen Repräsentationsweisen ermöglicht. Damit kann der Streit zwischen zwischen Vertretern und Gegnern der Rationalitätsannahme zugunsten einer weiteren Erforschung der unterschiedlichen Repräsentationsformen von Einstellungen in den Hintergrund treten.

Literatur

Bittner, R.,1989, Verständnis für Unvernünftige, Zeitschrift für phil. Forschung, 43, S. 577-592.
Davidson, D., 1990, Psychologie als Philosophie, in: ders.: Handlung und Ereignis, Frankfurt.
Evans, G., 1982, The Varieties of Reference, hg. v. J. McDowell, Oxford.
Kim, J., 1984, Self-Understanding and Rationalizing Explanations, Philosophia Naturalis, 21.
Lanz, P., 1987, Menschliches Handeln zwischen Kausalität und Rationalität, Frankfurt.
Newen, A., 1992, Skizze einer normativ-sozialen Theorie zur Begründung der Rationalitätsannahme in der Handlungstheorie, Kontroversen 3, S. 3-24.
Newen, A., im Erscheinen, Selbst und Selbstbewußtsein aus philosophischer und kognitionswissenschaftlicher Perspektive,, in: Newen, A. & Vogeley, K.: Selbst und Gehirn. Menschliches Selbstbewußtsein und seine neurobiologischen Grundlagen, Paderborn.
Rescher, N, 1993,: Rationalität. Eine philosophische Untersuchung über das Wesen und die Begründung der Vernunft, Würzburg (deutschsprachige Übersetzung).
Stich, S., 1990, The Fragmentation of Reason, MIT Cambridge (insbesondere Kap. 2).

Normative and Motivating Reasons

Christian Piller

1. Some Background

Theories of practical reason answer the question what one should do. Such an answer comes in two steps. First, a theory of practical reason needs to tell us which considerations are relevant for deciding what to do. It needs to tells us what things are practical reasons. Secondly, a theory of practical reason needs to step from claims about what there is reason to do to claims about what is rational to do. The notion of rationality is conceptually linked to the notion of reason. Roughly put, an action is rational if it has the weight of reasons on its side. In order to come to judgements of rationality, we need an account of how reasons for and against various options can be weighed against each other. Once we know what is rational to do, we know what we should do.

In respect to what is a practical reason, we can divide theories roughly into three groups: Humean theories, Kantian theories and value theories of practical reason. The Humean claims that what you should do depends ultimately on what you want. Practical reasons are pairs of beliefs and desires that typically spell out an agent's aim and how the agent thinks he or she might go about in achieving it. If I think that by doing something I can increase the likelihood of the occurrence of some desired state, I thereby have a reason for doing it. According to Humeanism, this principle captures all practical reasons. All practical reasons are desire-dependent. Both value theories and Kantian theories disagree with this claim. A Kantian will introduce further principles, as Kant added the Categorical Imperative to the Hypothetical Imperative. Whereas a Kantian introduces principles of practical reasons, so to speak, directly, a value-theorist sees them as responses of rational agents to features of the world. The awareness of something's being good is, for the value-theorist, the paradigmatic case of a practical reason.

These distinctions between Humean, Kantian and value theories have to be taken as rough distinctions. As long as a value theorist hasn't told us what it is to be good, his theory has not yet sufficiently be distinguished from Humeanism and Kantianism. Suppose value is agent-relative and a simple version of subjectivism is its correct account. Then the fact that some agent wants something constitutes its being good for him. If goodness is explained by what an agent wants, such a value theory will be indistinguishable from Humeanism. On the other hand, take Thomas Nagel's account of what it is to be bad. He says: 'The objective badness of pain, for example, is not some mysterious property that all pains have, but just the fact that there is reason for anyone capable of viewing the world objectively to want it to stop' (Nagel 1986, p. 144). If value statements are reducible to statements about what anyone has reason to do, then what looked like a value-theory of practical reason turns out to be a version of Kantianism: a principle of practical reason - everyone has a reason to minimize the occurrence of pain - is introduced, so to say, directly.

One prominent account of how reasons are to be weighed against each other is decision theory. Decision theory does not presuppose Humeanism, it rather is an option for any consequentialist theory of rationality, be it Humean or value-oriented. Its correctness does not depend on a particular account of what reasons are, it rather depends on whether it can adequately capture the different relations that can hold between reasons, like outweighing, undermining or silencing.

2. The Issue

Above I talked about reasons and different accounts of them and about how the concepts of reason and rationality are related. In all this I intended to use the concept of a practical reason unambiguously. But I agree with Jonathan Dancy when he says: 'One of the very many distinctions influential in moral theory is that between motivating and justifying reasons' (Dancy 1995, p.1). Whereas motivating reasons move us, normative reasons guide us. Moving and guiding are two different things. We are not always moved by what is supposed to guide us.

I want to challenge this distinction between motivating and normative reasons. What I will argue for falls short of the claim that it is a distinction without any difference, but I want to show that the difference that this distinction actually captures is philosophically insignificant. It can be explained without any reference to two different types of reasons. The thesis of this paper - the concept of a practical reason is not fundamentally ambiguous - is of course not new. Peter Hempel (1962), Donald Davidson (1963) and others (e.g. Woods 1972) will all be on my side.

What I want to argue for strikes me as quite plausible. Let me fill out my intuition a bit. There is no substantial difference between motivating and normative reasons, because one and the same thing can fulfill both functions. And such a thing we call a 'reason'. Reasons guide us and, insofar as we are rational, we are moved by them. To be moved by one's reasons is a basic condition of being rational. Reasons are (in some way) like a map. If I am lost in some unknown territory, having a map will influence what I do. The map will exert its influence because it guides me and tells him how to get where I want to get to. Misreading a map doesn't create two maps: one that would makes me move in the wrong direction and the other that would contain the normative force that, unfortunately, failed to affect me. There is always just one map. And, if my analogy works, there always is just one type of reasons.

3. Psychological and Non-psychological Accounts of Reasons

I will start with what initially seems to be a different issue about reasons. Some people think of practical reasons as psychological states. The Humean, for example, thinks that practical reasons are belief-desire pairs. Others think that reasons are facts or, to be more precise, reasons are non-psychological facts. The reason for his running, for example, would on such an account be the fact that the train is about to depart.

Joseph Raz distinguishes three functions of reason-statements. We refer to reasons in explaining, in evaluating and in guiding behaviour. Raz argues that in so far as reasons guide us, we have to see them as non-psychological facts: 'People are to be guided by what is the case, not by what they believe to be the case... If p is the case, then the fact that I do not believe that p does not establish that p is not a reason for me to perform some action. The fact that I am not aware of any reason does not show that there is none' (Raz 1990, p. 17).

Something sounds right about saying that ultimately we should be guided by the world and not only by our picture of it. But someone who defends a psychological account of reasons need not resist this intuition. In acting, he could say, we are, strictly speaking, guided by beliefs and desires, but in believing something, we are guided by the world. Our beliefs aim at capturing the world as it really is. Because of the role beliefs play in acting, even in acting we are indirectly guided by the world. Beside this intuition Raz has also given us an argument: The fact that one does not believe that p does not show that p is not a reason. I agree. Being a reason is not constituted by our taking something to be a reason. We certainly can be wrong about what reasons we have. But, again, this argument doesn't damage a psychological account. Even if reasons are psychological states it might well be that we are unaware of them. We could be unaware of some of our desires and beliefs, and we could also fail to realize that some of our desires or beliefs are relevant for a decision. In both cases, even if reasons are psychological states, one can have reasons one is not aware of. Both of Raz's points - we ought to be guided by the world, and we can be unaware of a reason - can be easily accommodated by a psychological account of reasons.

How does a non-psychological account of reasons deal with the evaluation of actions, i.e. with their characterization as being either rational or irrational? Suppose that for some reason you are inclined to do something that in fact would turn out to be very harmful to you. But you have no idea of this harmful consequence. What should you do? Of course, I would advise you not to do what you are inclined to do. But does this fact show that it would be rational for you not to do what you are inclined to do? I don't think so. Not all advise appeals to your capacity as a rational deliberator. Sometimes I might be able to say 'Think carefully about it', but at other times your thinking won't help. I just know more than you, and my thought 'Don't do it' need not entail that it would be irrational for you to do it, it could just be understood as 'If I were you, I would not do it', or 'If you knew what I know, you wouldn't do it'. If reasons are non-psychological facts, however, and if the rational action is the one that has the force of reasons on its side, then it would be irrational for you to do what in our example you are inclined to do, simply because it has, completely unknown to you, a harmful consequence. (At one point Raz does indeed say that 'only reasons understood as facts are normatively significant; only they determine what ought to be done' 1990, p. 18.) This strikes me as implausible. For example, why was it irrational to take this road, if there was no way of knowing that it would be closed off after some miles? Why was it irrational to order this dish (let's say, bread), if I always eat here, always order the same dish and never have fallen sick from it? Why was it irrational to go to the dentist, if there was no reason to expect that the dentist turns out to be a vampire feeding on his patients. Irrationality is not the same as bad luck.

We encounter a similar problem on the level of explanation. If you act on a wrong belief, for example on the belief that the train was about to depart, there is no non-psychological fact that could explain your running to the platform. The train was not about to depart, so why did you run? Raz finds the obvious answer to this question but, he says, this does not alter his account of reasons as non-psychological facts: 'It may seem that reasons which are neither the beliefs nor the desires of an agent cannot be used in explaining his behaviour, but this is a mistake. The explanation depends on his belief that the reasons obtain, but again this does not establish that his belief is the reason. All it shows is that this type of explanation of a person's behaviour turns on his beliefs that certain reasons apply rather than on the fact that they do apply' (1990, p. 17). If this is the correct answer - facts are reasons but only belief in those facts can explain action - then it should also affect our view of rationality. In explaining a rational action we have to appeal to the agent's reasons. But if action explanations in general have to refer to an agent's beliefs about what he had reason to do, then whether an action is rational will also depend on the agent's beliefs about reasons, and not necessarily only on the reasons themselves.

Raz wants to make room for a form of evaluation of actions that rests solely on the existence of reasons. But in regard to evaluations of an action as being rational or irrational, Raz in the end accepts the point above. He says: 'A person's action can be judged as being well grounded in reasons or not according to whether there actually are reasons for performing the action. It can also be assessed as reasonable or rational according to whether the person had reason to believe that there were reasons for his action' (1990, p. 22). I will come back to Raz's notion of an action being well-grounded in reason later on, let me first emphasize the important point. I am interested in the notion of rational action. Once we know what is rational we know what we should do, and that is what a theory of practical reason set out to tell us. Even if we start with a non-psychological account of reasons, what is rational will still be determined by beliefs. Rational action depends on an agent's reasonable beliefs about what reasons for acting there are. Only in making rationality in this way dependent on the perspective of the agent can we create the conceptual space for the required distinction between irrationality and bad luck.

It turns out that there is not much to choose between a psychological and a non-psychological account of reasons. Either we say that psychological states are reasons and as such determine what we rationally should do, or we say that non-psychological facts are reasons and our beliefs about these facts determine what we rationally should do. As far as what is rational, these two frameworks give equivalent results.

There is a more general lesson to be learnt here. George Edward Moore was a consequentialist in moral theory. An action is right, he thought, if the value of its consequences is higher than those of any available alternative. Moore held that the most serious objection to such a view is the following: 'Suppose, then, that a man has taken all possible care to assure himself that a given course will be the best, and has adopted it for that reason, but that owing to some subsequent event, which he could not possibly have foreseen, it turns out not to be the best: are we for that reason to say that his action is wrong? It may seem outrageous to say so' (Moore 1912, p. 81). Moore, in the end, takes a somewhat intermediate position. Although rightness and wrongness are determined by the value of an action's actual consequences, reasonable attributions of blame and praise go by the expected value of an action's consequences. In its most general terms the question is whether we should do what is best or what we believe to be best. I want to suggest that once we recognize the relation between these two accounts, the view that we have to choose between them will appear less plausible.

Suppose I want to get a red sweater. Should I choose a red sweater or what I believe to be a red sweater. In normal circumstances both strategies will lead to the same result. In circumstances in which I can't be certain which of the sweaters available is really red, suppose the lightening conditions are very bad, the strategy of simply choosing the red sweater is in an important sense not really available to me. If the colour of the sweater is not directly accessible to me, all I can do is choose the one which I believe is red. And that is what I should do. If my aim is to get a red sweater, the only rational way of pursuing this aim is to choose what one believes to be a red sweater. Sure, in conditions of uncertainty I could achieve my aim by choosing a sweater of which I don't believe that it is red. But even if I had achieved it in this way, this would be an instance of pure luck and not a result of rational choice. Doing something of which I believe it will not achieve my aim is acting irrationally by my own lights. If I always do what is best, I always act successfully. Of course, I always aim at success. Sometimes, though, circumstances are less favourable. Then I choose what I believe will be best. In doing so I act rationally, although, if my belief was wrong, I have not acted successfully. The aim of doing what is best and the aim of doing what one believes to be best can co-exist, the latter is an intermediate aim in the achievement of the former. These general considerations confirm the result of above. Rationality has to do with the agent's perspective. Raz, the defender of a non-psychological account of reasons, agrees in regard to the concept of rationality. But he also maintained that there is a different concept, the concept of being well-grounded in reason, with which we evaluate actions solely on the basis of a non-psychological account of reasons. An action is well-grounded in reason, Raz would have to say, if and only if it is successful. I suggest that if we have the concept of success, we don't need Raz's concept of being well-grounded in reason.

Where do we stand now? I have argued that psychological and non-psychological accounts of reasons are part of equivalent conceptual frameworks. A Humean would describe the situation as follows: Take some belief that I regard as a practical reason. If it is a true belief, call not the belief itself but only its content a reason, but add that in order to determine what one should do one has to look at those reasons that are believed. Nothing has changed. Now take a false belief. Deny that there is a reason, but add that for determining rationality the belief that there is a reason counts. Again, nothing has changed. Characterizing what is rational to do, we either use a psychological concept of reason or we use a non-psychological concept of reason and bring in beliefs about reasons in the determination of rationality. No distinction of philosophical significance between different sorts of reasons will come from focusing on the psychological/non-psychological distinction. Furthermore, none of these two accounts of reasons is more basic than the other. On the non-psychological account we explain the reasons that a psychological accounts accepts as beliefs in reasons that we accept. On the psychological account we explain the reasons that a non-psychological account accepts as facts that would have been reasons had the agent believed that they obtain. I have dwelled on this point of the interchangeability of these two frameworks because only on its basis can I argue against the defenders of a philosophically significant distinction between normative and motivating reasons.

4. Normative and Motivating Reasons

The distinction between normative and motivating reason is nowadays a commonplace in moral philosophy. David Brink says that there are two different senses of 'reason for action'. 'We often speak of an agent's reasons for action in explaining her behaviour; here we use 'reason for action' to refer to the considerations that motivate the agent and so explain her actions. But we often think that an agent can have explanatory reasons for action without having good or justifying reasons' (Brink 1989, p. 39). Michael Smith says that the claim that some person A has a reason to do something is ambiguous. 'It may be the claim about a motivating reason A has, when we emphasize the explanatory dimension and downplay the justificatory, or a claim about a normative reason A has, when we emphasize the justificatory dimension and downplay the explanatory' (Smith 1994, p. 95). Derek Parfit says: 'The question [what do we have most reason to want and do] is about normative reasons. When we have such a reason, and we act for that reason, it becomes our motivating reason. But we can have either kind of reason without having the other' (Parfit 1997, p. 99). Bernard Williams claims that false beliefs cannot justify actions, they play no role in the determination of what is rational to do (Williams 1981, p.103). Because he would not deny false beliefs an explanatory role, he is seen as endorsing the distinction between motivating and normative reasons (see Parfit 1997, p.103).

The philosophical motivation behind the distinction is usually a divide-and-conquer strategy. William Frankena, for example, uses the distinction to reject an argument for the motivational force of moral beliefs. Morality, Frankena says, only has to do with justifying reasons, but not with what he calls 'exciting reasons' (Frankena 1958, p.44). Similarly, Brink's distinction between two kinds of reasons carries over to his arguments for and against various claims about the reason-entailing force of morality (Brink 1989, pp. 37-80). After dividing the field in theories of motivational reasons and theories of normative reasons, Smith restricts Humeanism to the motivational side, in order to make room for an anti-Humean theory of normative reasons (Smith 1994, pp. 94-98).

There are considerable differences in the views of these philosophers about reasons. Here I have to leave these differences aside. I want to capture the general features of normative and motivating reasons that anyone has to endorse who subscribes to the philosophical significance of the distinction between them.

(1.1) Motivating reasons explain actions.
(1.2) Normative reasons justify actions.
(2.1) We can have normative reasons without motivating reasons.
(2.2) We can have motivating reasons without normative reasons.
(3) Motivating reasons are different kind of things from normative reasons.

The first two claims say that motivating and normative reasons are distinguished by their different functions. The next two claims tells us that normative and motivating reasons can come apart. Even if all these claims are true, it might still be the case that one and the same thing can fulfill two functions, although sometimes it might only fulfill one or the other or none. Claim (3) - motivating and normative reasons are fundamentally different - excludes this possibility. How could one explain this fundamental difference? To my opponents it seems easy. They say that we can just appeal to the difference between non-psychological facts and psychological states. Motivating reasons are psychological, normative reasons are not. Parfit says: 'For [the fact that I need some medicine to protect my health] to have given me my motivating reason, I must have believed [that it obtains]. But even if I had not had this belief, the truth of [the claim that I need some medicine to protect my health] would have given me a normative reason to take this medicine' (Parfit 1998, 113). Smith says: 'By contrast with normative reasons, then, which seem to be truths ..., motivating reasons would seem to be psychological states' (Smith 1994, 96).

Above I have argued that the question whether we should understand reasons as psychological or non-psychological is philosophically insignificant. When it comes to rationality and what we should do, these accounts give us interchangeable conceptual frameworks. The difference in their account of reasons is cancelled out by the difference in their determination of rationality. But now the claim that the distinction between normative and motivating reasons is philosophically significant seems to be based on a distinction whose significance I have put into doubt. The mistake that seems to be committed by the defenders of the motivating/normative-reason distinction is to use separate aspects of two equally acceptable but different conceptual frameworks. Let me explain.

On both account of reasons, be they psychological or not, we can introduce a difference between motivating and normative reasons. But on both accounts this difference will turn out to be philosophically insignificant. The psychological/non-psychological distinction cannot ground a significant motivating/normative reasons distinction, i.e a distinction for which (1)-(3) hold. My opponents want to have it both ways. Some reasons are psychologcial and some are not. But this means to adopt aspects of two conceptual frameworks that, although interchangeable as a whole, differ in their parts. As I tried to show above, because of their difference in regard to what reasons are, they need to be complemented by different concepts of rationality. Both frameworks lead to equivalent accounts of what is rational to do. Because both frameworks are frameworks for how to determine the rational course of action, we have to choose one of these two frameworks, no matter which, but it does not make sense to accept both of them. The two claims crucial to this argument are the following:

(A) If reasons are non-psychological, then motivating and normative reasons can diverge and they will be fundamentally different, but they cannot be separated by their functional role.

(B) If, on the other hand, reasons are psychological, then motivating and normative reasons can diverge, they can be characterized by their different functional role, but they won't be fundamentally different.

I start with (A). How can we introduce the distinction between motivating and normative reasons in a non-psychological account of reasons? Reasons can be called 'normative reasons' and beliefs in reasons can be called 'motivating reasons'. Reasons and beliefs in reasons are fundamentally different (3 holds). Reasons and beliefs in reasons can come apart (2 holds). But reasons and belief in reasons, and thus normative and motivating reasons, do not have different functional roles. Beliefs in reasons both explain and justify actions. Rationality and explanation both depend on what an agent believes to have reason to do (1 does not hold). (Whereas Parfit now clearly accepts this claim - rationality, he says, depends on what we believe (Parfit 1997, p. 99) - both Williams and Smith would disagree. They would say that false beliefs cannot make an action rational. I have already argued against this idea above.)

Let us suppose that reasons are psychological. How can we introduce a distinction between normative and motivating reasons in such a framework? Some psychological states are reasons for doing something. For example, my belief that it is overall better for me to get up than to stay in bed is a (sufficient) reason for me to get up. (Note that this claim leaves the question concerning the right philosophical theory of reasons open. What makes something better could be that it maximizes a purely desire-based expected utility function, that it brings more objective value into existence than the alternative, that it doesn't violate any deontological restrictions, and so on.) If something stands in the being-a-(sufficient) -reason-for relation to something else, we call it a 'normative reason'. The fact that an agent has a sufficient reason to do something does not entail that the agent acts accordingly. Only if he is rational, will an agent be moved by what he has reason to do. What is a motivating reason on this account? We call a psychological state that moves the agent a 'motivating reason'. Maybe we should be a bit more restrictive. Not any psychological state - think for example of anger, depression or rage - can plausibly be called a motivating reason. A motivating reason should be of the same form as a normative reason. For example, to the belief that it is overall better to get up we now add the belief that I would enjoy staying in bed a bit longer. If I actually do stay in bed, then the latter belief was my motivating reason, and the former was my normative reason. Being irrational and weak-willed, my normative reason did not move me. Let me add that on this account motivating reasons seem to be only reasons by name. When Brink calls justifying reasons 'good reasons', we may infer that motivating reasons can be 'bad' reasons. A 'bad' reason, however, may look like a real reason but isn't really one. A motivating reason, if not identical with a normative reason, is a reason by name only, because it has no role in justifying an action. We have distinguished motivational and normative reasons by their different functional role (1 holds). A case of irrationality has shown that they can come apart (3 holds). But it also has become obvious that one and the same thing, namely some psychological state, can play both roles. For the rational person, what guides her and what moves her is one and the same thing.

In a non-psychological account of reasons what we there call 'motivating reasons' do all the work. In a psychological account of reasons, what we there call 'normative reasons' do all the work. This result confirms the interchangeability of the two conceptual frameworks. This is not surprising: normative reasons on the psychological account are the very same thing as motivating reasons on the non-psychological account. Practical reason is not an ambiguous concept. We can explain what the distinction between normative and motivating reasons captures with an unambiguous notion of reason. The claim that there is a substantial philosophical difference between normative and motivating reasons is often motivated by anti-Humean sentiments in regard to theories of practical reasons, but, as I have tried to show, it is a claim that is not justified.

References

Brink, David (1989), *Moral Realism and the Foundations of Ethics*. Cambridge: Cambridge University Press.

Dancy, Jonathan (1995), 'Why There Is Really No Such Thing as the Theory of Motivation', in *Proceedings of the Aristotelian Society* 95, 1-18.

Davidson, Donald (1963), 'Actions, Reasons, and Causes', in *Journal of Philosophy* 60, 685-700.

Frankena, William (1958), 'Obligation and Motivation in Recent Moral Philosophy', in A.I. Melden ed., *Essays in Moral Philosophy*, Seattle: University of Washington Press, 40-81.

Hempel, Carl G. (1962), Rational Action, in *Proceedings and Addresses of the American Philosophical Association* 35, 3-23.

Moore, George E. (1912), *Ethics*, London: Williams & Norgate.

Nagel, Thomas (1986), *The View from Nowhere*, Oxford: Oxford University Press.

Parfit, Derek (1997), 'Reasons and Motivation', *Proceedings of the Aristotelian Society*, Suppl. Vol., 99-130.

Raz, Joseph (1990), *Practical Reason and Norms*, Princeton: Princeton University Press.

Smith, Michael (1994), *The Moral Problem*, Oxford: Blackwell.

Williams, Bernard (1980), 'Internal and External Reasons', repr. in his *Moral Luck*, Cambridge: Cambridge University Press, 101-113.

Woods, Michael (1972), 'Reasons for Actions and Desires', *Proceedings of the Aristotelian Society*, Suppl. Vol., 189-201.

Oliver Robert Scholz

Rationalitätshintergrund, Interpretation und Verstehen

1. Wir verstehen Artefakte, Zeichen, Handlungen und Personen. Die Arbeitshypothese einer allgemeinen Theorie des Verstehens und Interpretierens ist: Zwischen den vielfältigen Verwendungen der Begriffe "Verstehen" und "Interpretation" bestehen systematische Beziehungen. (i) Bei allen Verstehensformen existiert ein intersubjektiver Unterschied zwischen Richtig- und Falschverstehen. (ii) Es gibt übergreifende Interpretationsprinzipien. Da für diese die vorläufige Unterstellung von gewissen Vollkommenheiten kennzeichnend sind, spricht man von Prinzipien der wohlwollenden Interpretation oder der Nachsicht. Zentral sind Präsumtionen von Wahrheit, Kohärenz und Rationalität.[1] Uns interessieren hier die Rationalitätsunterstellungen.

2. Solche Prinzipien sind Präsumtionsregeln mit widerleglichen Präsumtionen.

Der Präsumtionsbegriff ist aus der juristischen Beweislehre vertraut; alle entwickelten Rechtssysteme enthalten zahllose Präsumtionsregeln, von denen die Unschuldsvermutung nur die vertrauteste ist. Präsumtionen spielen aber auch in anderen Bereichen eine Rolle, so in Moral und Politik und in den Wissenschaften (man denke nur an die "Annahme" der Gleichförmigkeit der Natur). Insgesamt bildet der richtige Umgang mit Präsumtionen ein wichtiges Ingrediens praktischer und theoretischer Rationalität.

Ihre Form läßt sich folgendermaßen darstellen: (Pr-F) Aufgrund von P wird Q präsumiert. Solchen Präsumtionsformeln entsprechen Regelformulierungen:

(Pr-R) Gegeben p ist der Fall, verfahre so, als sei q der Fall, bis Du zureichende Gründe hast, zu glauben, daß q nicht der Fall ist. - Das "verfahre so" unterstreicht den handlungsorientierten Charakter. Präsumtionen kommen in Situationen zum Tragen, bei denen die entscheidungsrelevante Überlegung an der Frage hängt, ob ein bestimmter Sachverhalt q (oder ob nicht-q) vorliegt, bei denen keine zureichenden Gründe für die eine oder die andere Annahme vorliegen, der Überlegungsprozeß aber weiterlaufen muß. In einer solchen Lage instruiert eine Präsumtionsregel die Person, sie solle, gegeben p, q zu einer Prämisse in dem weiteren Raisonnement machen.

Man unterscheidet zwischen absoluten und widerleglichen Präsumtionen. Bei der Präsumtion, daß Kinder unter einem gewissen Alter keine kriminellen Beweggründe haben, handelt es sich um eine absolute Präsumtion. Häufiger und interessanter sind die widerleglichen Präsumtionen. Dieses Charakteristikum wird durch entsprechende Klauseln (trad.: "donec probetur contrarium") zum Ausdruck gebracht. Wenn das Regelsubjekt zureichende Gründe zu der Annahme hat, daß q nicht der Fall ist, ist die Präsumtion aufgehoben.

Wenden wir uns nun den Rechtfertigungsfragen zu. Zwei müssen auseinandergehalten werden: (1) Warum sollte es in einem bestimmten Bereich überhaupt irgendwelche Präsumtionsregeln

---

[1] Dazu Scholz 1999, Teil I.

geben? (2) Wodurch sind gerade diese spezifischen Präsumtionen (im Unterschied etwa zu den gegenteiligen) gerechtfertigt?[2]

(1) Angesichts der ersten Rechtfertigungsaufgabe ist es erforderlich, sich die Struktur der Situationen in Erinnerung zu rufen, in denen sie eine Funktion erfüllen: Die beteiligten Personen müssen sich in einem begrenzten zeitlichen Rahmen entscheiden. Die optimale Wahl hinge davon ab, ob ein Sachverhalt q besteht. Die Personen, die sich entscheiden müssen, befinden sich diesbezüglich in Unkenntnis oder im Zweifel. Die Rahmenbedingungen sind so, daß die Personen nicht beliebig lange warten können, insbesondere nicht beliebig viel Zeit haben, Informationen zu beschaffen, ob q der Fall ist; im Extremfall besteht nicht einmal die Aussicht, dies herauszubekommen. Die Personen können aber auch nicht einfach ihr Urteil suspendieren, sondern müssen in der einen oder anderen Weise entscheiden. Es handelt sich also um Raisonnements, die noch nicht "gelöst" sind, aber irgendwie umgesetzt werden müssen. Die Akteure benötigen ein Mittel, sich aus der Lage herauszuwinden. Sie brauchen Strategien oder höherstufige Gründe, gerade, wenn es sich um Situationen handelt, die häufig wiederkehren. Das bloße Bedürfnis nach einer Methode zur Auflösung von Entscheidungsproblemen genügt für sich noch nicht, um die Institution einer Präsumtionsregel zu rechtfertigen. Eine Präsumtionsregel bietet eine Lösung an, indem eine der verfügbaren Alternativen systematisch im voraus bevorzugt wird, bis zureichende Gründe dagegen vorliegen. Damit ist zunächst nur das strukturelle Problem der Alternativenreduzierung gelöst. Ob die Einrichtung einer Im-Voraus-Lösungsstrategie gerechtfertigt ist, hängt entscheidend davon ab, ob und wie gut diese Art Lösung unabhängig zu rechtfertigen ist. Präsumtionsregeln setzen an die Stelle von willkürlichen Ad-hoc-Strategien Vorgriffe, deren Vernünftigkeit sich an mehrererlei bemißt: In jedem Einzelfall muß die zu der Präsumtionsregel gehörige Präsumtion widerlegbar sein; der Vorgriff, den die Regel empfiehlt, muß unabhängig rechtfertigbar sein.

(2) Was die speziellere Rechtfertigungsaufgabe betrifft (warum diese Präsumtion und nicht eine andere?), so kommen eine Reihe von Erwägungen in Betracht, die sich keineswegs auszuschließen brauchen. (i) *Induktiv-probabilistische Erwägungen*: Es liegt in vielen Fällen nahe, Präsumtionsregeln mithilfe von Erwägungen zu rechtfertigen, die mit der Wahrscheinlichkeit von Q, gegeben P, zu tun haben. (ii) *Normative Erwägungen*: Induktiv-probabilistische Erwägungen vermögen alleine genommen nicht in jedem Falle die betreffende Präsumtion zu begründen. Vor allem können normative oder wertorientierte Erwägungen größeres Gewicht haben als die induktiv-probabilistischen; normative Rücksichten können zur Übernahme oder Aufrechterhaltung der Präsumtion, daß q, führen, obgleich non-q die Wahrscheinlichkeit für sich hat.[3] (iii) *Bestimmtheitserwägungen*: In einigen Konstellationen bleibt, sobald klar ist, daß überhaupt eine Präsumtionsregel vonnöten ist, wenig Auswahl, welche Präsumtion die geeignetste ist. Häufig ist eine ausgezeichnet insofern, als nur sie die

---

[2] Ullmann-Margalit 1983, 154.
[3] Vgl. Ullmann-Margalit 1983, 161.

Entscheidungsmöglichkeiten in der gewünschten Weise einschränkt. (iv) *Prozedurale Erwägungen*: Prozedurale Erwägungen, die im gerichtlichen Bereich, aber auch anderswo an der Tagesordnung sind, können das Ingangbringen, den zügigen Ablauf oder den gelungenen Abschluß betreffen.[4] (v) *Konstitutivitätserwägungen*: Man kann versuchen, die Präsumtionsregeln zu begründen, indem man zeigt, daß sie konstitutiv für eine bestimmte Praxis oder sogar für die Anwendbarkeit der diese Praxis kennzeichnenden Begriffe sind.

Die allgemeinen Interpretationsprinzipien sind Präsumtionsregeln mit widerleglichen Präsumtionen. Was dies beinhaltet, können wir jetzt besser verstehen. Aber wie läßt sich diese These zum Status solcher Prinzipien selbst begründen? Zunächst können wir uns fragen, inwiefern die Lage, in der sich jemand befindet, der eine Äußerung etc. verstehen will, zu dem Typ von Situationen gehört, in denen Präsumtionen unvermeidlich sind. Versuchen wir "die hermeneutische Situation" zu kennzeichnen: Wir müssen unsere Handlungen laufend mit denen anderer Leute abstimmen, d.h., wir machen unsere eigenen (nichtsprachlichen und sprachlichen) Handlungen notgedrungen auch davon abhängig, wie wir das Verhalten der anderen interpretieren. Darüber, was die Äußerungen anderer Personen bedeuten, und welche Absichten diese haben, besteht oft erhebliche Unsicherheit. Dennoch muß bei vielen solchen Gelegenheiten entschieden werden - häufig unter Zeitdruck. In jedem Falle soll nicht willkürlich, sondern im Rahmen des Möglichen rational entschieden werden; und die Lösungen sollten ein gewisses Maß von Allgemeinheit aufweisen. Es besteht daher ein Bedürfnis nach Methoden, solche Entscheidungsprobleme in systematischer Weise lösbar zu machen. Wir erkennen so in der hermeneutischen Situation einen allgemeineren Situationstyp wieder, bei dem der Gebrauch von Präsumtionen vonnöten ist. Die philosophisch interessante Frage ist dabei natürlich, in welchem Sinne die Präsumtionen jeweils unverzichtbar sind.

3. Grundsätzlich finden sich alle Begründungsmuster für Präsumtionen bei dem Spezialfall der interpretatorischen Prinzipien: von induktiv-probabilistischen über normative, Bestimmtheits- und prozedurale Erwägungen bis hin zu Unverzichtbarkeitsthesen. Besonders umstritten war und ist, ob wir gewisse allgemeine Interpretationsprinzipien anwenden *müssen*, wenn wir überhaupt etwas verstehen wollen. Die Debatte über solche Thesen ist verworren; um so wichtiger ist es, mehr Übersichtlichkeit in die Landschaft zu bringen. Vor allem ist zu beachten, daß sich die fraglichen Unverzichtbarkeitsthesen auf unterschiedliche Weisen lesen lassen, je nachdem, wie Modalausdrücke wie "müssen" und "unverzichtbar" in den einschlägigen Formulierungen verstanden werden. Hier sollten die folgenden Lesarten auseinandergehalten werden: (IN) Die erste Form kann man *instrumentelle Notwendigkeit* nennen; ihr zufolge sind die Präsumtionsregeln unentbehrliche Mittel,[5] um zum adäquaten Verstehen zu gelangen.[6] - (KN) Andere Thesen deuten die Unverzichtbarkeit als *Konstitutivität*.

---

[4] Vgl. Ullmann-Margalit 1983, 161f.

[5] Vgl. Bittner 1989, 578, mit dessen Schlußfolgerungen ich nicht übereinstimme.

[6] Wie in Scholz 1999, 165-181 gezeigt wird, sind die allgemeinen Interpretationsprinzipien instrumentell notwendig, um zu einem adäquaten Verständnis nicht-wörtlicher und sogar wörtlicher Äußerungen zu gelangen. In der rationalen Rekonstruktion schlägt sich das in der Weise nieder, daß die hermeneutischen Präsumtionsregeln dort als unverzichtbare Prämissen in den Raisonnements erscheinen, die zur rationalen Nachzeichnung des Verstehens dienen.

Einige Philosophen haben dafür argumentiert, daß die Präsumtionsregeln konstitutive Bedingungen für das Verstehen sind. Es dient der Klärung, wenn man hier weiter differenziert: zwischen "praxiskonstitutiven" und "begriffskonstitutiven" Bedingungen. (PK) *Praxis-Konstitutivität*: Wer eine These dieses Typs verficht, macht geltend, daß hermeneutische Präsumtionsregeln Regeln sind, die konstitutiv für (a) unsere Verständigungs- und Interpretationspraxis oder auch (b) unsere Praxis des alltagspsychologischen Erklärens, Prognostizierens und Verstehens von Handlungen sind. Eine (zumindest prima facie) weiterreichende These besteht in der Annahme einer begrifflichen Konstitutivität. (BK) *Begriffs-Konstitutivität*: In diesem Sinne kann man behaupten, daß die hermeneutischen Präsumtionsregeln konstitutive Bedingungen für die gerechtfertigte Anwendbarkeit von Begriffen sind, die bei Interpretationen wesentlich ins Spiel kommen ("Bedeutung", "propositionale Einstellung", "Handlung", "Person"). Die aussichtsreichsten Argumentationen in diesem Bereich sind: (i) Begründungen aus der methodologischen Notwendigkeit, (ii) Begründungen aus dem Holismus der Interpretation, (iii) Begründungen unter Berufung auf einen holistischen Wahrheits- bzw. Rationalitätshintergrund.

4. Betrachten wir nun die wichtigsten Argumentationen, die sich auf die Rolle eines Hintergrundes von Rationalität berufen.[7] Ein erstes Raisonnement versucht zu zeigen, daß nur Wesen, die im großen und ganzen rational sind, überhaupt eine propositionale Einstellung haben können: Propositionale Einstellungen sind durch einen Einstellungstyp und durch einen (propositionalen) Inhalt gekennzeichnet. Etwas ist nur dann eine propositionale Einstellung, wenn es einen bestimmten Inhalt hat. Der Inhalt einer solchen Einstellung ist durch seinen Platz in einem weitläufigen Muster von anderen Einstellungen und deren Inhalten festgelegt. Propositionale Einstellungen einschließlich ihrer Inhalte bilden derlei Muster aufgrund von logischen und anderen Begründungsbeziehungen, die zwischen ihnen bestehen. Nur ein Wesen, das im großen und ganzen rational ist, bildet die erforderlichen Begründungsbeziehungen aus. Folglich kann nur ein Wesen, das im großen und ganzen rational ist, überhaupt propositionale Einstellungen haben. - Der Überzeugungskraft dieser Argumentation kann man sich nicht verschließen. Sie beruht auf Einsichten in holistische Verhältnisse, die nur noch selten bestritten werden.[8]

4.1. Die Diskussion konzentriert sich auf einen anderen Punkt. Offen bleibt dabei ja noch, *wieviel* Rationalität vorausgesetzt bzw. unterstellt werden muß. Tatsächlich ist über die *Stärke* der sog. Rationalitätsannahme ein heftiger Streit entflammt. In der Debatte haben sich drei Positionen herauskristallisiert.

(i) Ein Extrem bildet die Präsumtion perfekter oder idealer Rationalität. Als notwendige Bedingungen werden allgemein die Bedingungen der Konsistenz und der deduktiven Abgeschlossenheit betrachtet. Das Meinungssystem eines perfekt rationalen kognitiven

---

[7] Den Grundgedanken hat Davidson konzise ausgedrückt: "[...] the satisfaction of conditions of consistency and rational coherence may be viewed as constitutive of the range of applications of such concepts as those of belief, desire, intention and action." (Davidson 1980, 237.) Eine detaillierte Analyse der einschlägigen Argumentationen liefert Scholz 1999, 227-238.

[8] Vgl. insbesondere Fodor/ Lepore 1992, eine Kritik, der aber kaum jemand gefolgt ist.

Subjektes sollte keinerlei einzelne kontradiktorische Meinungen (der Form "G(p & -p)"), aber auch keine inkonsistenten Mengen von Meinungen (der Form: "G(p) & G(-p)") enthalten.[9] Ein ideales rationales Wesen sollte keine expliziten logischen Kontradiktionen ("p&-p") glauben. Und es sollte auch keine impliziten oder stillschweigenden Inkonsistenzen glauben; d.h., es sollte kein System von Meinungen haben, die zusammen eine Kontradiktion implizieren.[10] Die Forderung der Abgeschlossenheit besagt, daß das Subjekt alle (und nur die) logischen Konsequenzen aus dem, was sie glaubt, ebenfalls glauben sollte. Nimmt man die beiden notwendigen Bedingungen zusammen, dann ergibt sich das folgende Bild von idealer Rationalität: Eine Person ist nur dann perfekt rational, wenn ihre Meinungen eine konsistente und deduktiv abgeschlossene Menge bilden.

Klar ist, daß niemand von uns perfekt rational im Sinne dieser beiden Bedingungen sein kann. Es gibt prinzipielle Erwägungen, die dies zeigen. Was das erste Merkmal idealer Rationalität angeht, so ist allenfalls plausibel, daß wir keine offensichtlichen expliziten Inkonsistenzen glauben. Und wenn wir einen Widerspruch zwischen Propositionen, denen wir zuzustimmen geneigt sind, klar erkennen, dann versuchen wir ihn in der Regel zu vermeiden. Dagegen dürften angesichts der Größe und Verzweigtheit unserer Meinungssysteme die impliziten Fälle kaum zu vermeiden sein. Und es wäre nicht einmal praktikabel, unsere Meinungssysteme ständig nach verborgenen Inkonsistenzen zu durchforsten, bevor wir handeln. Würden wir das Vermeiden von Widersprüchen zu unserem höchsten kognitiven Ziel erheben, dann würden die Such- und Überprüfungsoperationen bei den weitläufigen Meinungssystemen, mit denen wir es bei Menschen zu tun haben, so aufwendig, daß sie viel zu viel "Energie" absorbieren würden und das Subjekt kognitiv tendenziell lähmen müßten.

Um die Forderung der Abgeschlossenheit zu erfüllen, müßten wir unendliche Mengen von Sätzen glauben. Darunter wären insbesondere unbegrenzt viele einzelne Sätze, die zu lang und zu komplex wären, als daß sie ein Wesen mit begrenzten Zeitressourcen und Gedächtniskapazitäten glauben könnte.[11] Wären unsere Meinungssysteme deduktiv abgeschlossen, so könnte ferner nicht erklärt werden, wie durch Deduktion neues Wissen erworben werden kann. Manche Dinge lernen wir dadurch, daß wir aus Prämissen, an die wir schon lange geglaubt haben, Propositionen ableiten, an die wir zuvor nicht gedacht haben. Dies geschieht im Alltag ebenso wie in den deduktiven Wissenschaften Logik und Mathematik.

Niemand von uns ist demnach, gemessen am Maßstab der beiden Bedingungen, perfekt rational, noch könnte er es sein. Das bedeutet, daß eine Annahme - im Sinne einer empirischen Meinung - des Inhalts, wir wären perfekt rational, falsch ist. Was heißt dies für unsere Fragestellung? Mehrererlei ist dazu anzumerken. Was die exegetischen Fragen betrifft, so ist es zweifelhaft, ob in der gegenwärtigen Debatte jemals irgend jemand die Annahme perfekter

---

[9] "G" steht dabei für den Glaubensoperator; "p" für eine beliebige Proposition; "&" für die Konjunktion und "-" für die Negation.
[10] Ein einfaches Beispiel wäre die Menge {p; wenn p, dann q; -q}.
[11] Vgl. Cherniak 1986, passim; Stich 1990, 39-43.

Rationalität vertreten hat.[12] Zweitens folgt nicht einmal aus dem Ergebnis, niemand sei faktisch perfekt rational, daß eine Präsumtion perfekter Rationalität nicht methodisch sinnvoll sein kann. Es ist nämlich der Unterschied zwischen normalen empirischen Annahmen und methodologischen Präsumtionen zu beachten. Ausschlaggebend sind hier wiederum Bestimmtheitserwägungen. Mit der Unterstellung idealer Rationalität hat man gleichsam einen stabilen, wohldefinierten Ausgangspunkt, von dem aus man dann aufgrund hinzukommender Erfahrungswerte herunterkürzen kann. Je mehr wir davon abrücken müssen, desto unbestimmter wird die Situation. Zu viele Hypothesen kommen in Frage, zwischen denen wir nicht mehr entscheiden können. Wer sich an der idealen Rationalität orientiert, braucht dies also nicht deshalb zu tun, weil er im Ernst glaubt, Menschen seien ideal rational, sondern allein wegen der methodischen Vorzüge dieser Strategie.

(ii) Auch wenn man diese methodische Motivation erkannt hat, kann man weiter diskutieren, ob nicht unterhalb der perfekten Rationalität stabile Orientierungspunkte zu finden sind, so daß man gegebenenfalls schon in den Anfangsphasen der Interpretation ohne excessive Idealisierungen auskommen könnte. Welche Möglichkeiten gibt es, die Forderung perfekter Rationalität in einer plausiblen Weise abzuschwächen? Ein einflußreicher Vorschlag stammt von Martin Hollis: "The identification of beliefs requires a 'bridgehead' of true and rational beliefs."[13] Hollis zufolge ist für die intentionale Charakterisierung anderer Personen ein fester Brückenkopf vonnöten, d.h., es muß einen spezifischen Kern von geteilten Meinungen und Schlußprinzipien geben, wenn Interpretation möglich sein soll. (Eine naheliegende Abschwächung dieser Idee ist es, statt eines starren einen nicht eindeutig festgelegten, beweglichen, Brückenkopf anzunehmen.)

(iii) Einige Autoren drängen darauf, die Rationalitätsforderungen weiter abzuschwächen. Ihnen zufolge genügt die Präsumtion irgendeiner nicht spezifisch festgelegten Teilmenge aus der Gesamtheit derjenigen Schlußprinzipien, die ein perfekt rationales Subjekt auszeichnen würden. Mit einem von Cherniak prominent gemachten Terminus kann man hier von einer Konzeption minimaler Rationalität sprechen.[14] Zu diesem Streit um die Stärke der zu präsumierenden Rationalität möchte ich nur wenige Anmerkungen machen. Es ist fraglich, ob der Disput definitiv zu entscheiden ist, da die konkurrierenden Positionen - fester Brückenkopf, beweglicher Brückenkopf, minimale Rationalität - nur vage gegeneinander abgegrenzt sind. Für unseren Zusammenhang ist ein zweiter, häufig nicht deutlich gesehener Punkt wichtiger: daß ein Festhalten an der Konstitutivitätsthese und die Tendenz zu einer minimalistischen Rationalitätspräsumtion einander keineswegs ausschließen. Denn natürlich kann man der Ansicht sein, daß eine als minimal verstandene Rationalität konstitutiv für die Zuschreibung intentionaler Zustände ist! Für unser Hauptanliegen brauchen wir uns also grundsätzlich nicht

---

[12] Als Hauptverdächtige gelten Dennett und Davidson. Auch wenn man einräumt, daß die Formulierungen in ihren Arbeiten zwischen stärkeren und schwächeren Behauptungen changieren, so ist doch bei gerechter Berücksichtigung aller Äußerungen klar, daß keiner der beiden Philosophen sich auf die Annahme perfekter Rationalität festlegt. Siehe Dennett 1978, 11 und 1987, 94f. und Davidson 1980, 237.

[13] Hollis 1982, 73.

[14] Vgl. Cherniak 1986. Der entschiedenste Verfechter einer Konzeption minimaler Rationalität ist Stich 1990, Kap. 2.2.

zwischen der Brückenkopfkonzeption und der Auffassung minimaler Rationalität zu entscheiden. Um es nochmals zu betonen: Die Frage der Zentralität und Konstitutivität der hermeneutischen Präsumtionsregeln ist unabhängig von der Frage der Stärke der dabei jeweils zu präsumierenden Vollkommenheiten. Und uns ging es primär um den Nachweis der Unentbehrlichkeit der allgemeinen Interpretationsprinzipien, insbesondere der Rationalitätspräsumtionen. Freilich sprechen viele Erwägungen entschieden für eine Form der Brückenkopfauffassung.[15] (Nur ist das, wie gesagt, ein anderes Thema.)

4.2. Die weiteren Konstitutivitätsthesen, in denen es um die gerechtfertigte Anwendung von Begriffen wie "Handlung" und "Person" geht, können als Korrolarien der bisher ausgeführten Argumentationen betrachtet werden, und zwar aus folgendem Grund: Die erörterten Begründungen hatten mit dem Charakter der inhaltsbestimmten propositionalen Einstellungen zu tun. Was für solche Einstellungen gilt, überträgt sich auf alle Begriffe, in die der Begriff der propositionalen Einstellung eingeht. Dazu gehören insbesondere die Begriffe der Handlung, der bedeutungsvollen Äußerung und der Person. - Beginnen wir mit dem Zusammenhang zwischen den Begriffen der Handlung und der Rationalität. Die zu begründende These lautet: Nur das Verhalten eines Wesens, welches im großen und ganzen rational ist, kann eine Handlung sein. - Damit ein Verhalten eine Handlung ist, muß es möglich sein, einen Grund anzugeben, der das Verhalten veranlaßt hat. Anders gesagt: Es muß möglich sein, für das Verhalten eine Erklärung unter Berufung auf Gründe zu geben. Ein Grund besteht nun im einfachsten Fall aus einem Wunsch, allgemeiner: einer Pro-Einstellung, und einer dazu passenden Meinung. Solche Pro-Einstellungen und Meinungen sind propositionale Einstellungen. Wie oben gezeigt wurde, kann nur ein Wesen, das im großen und ganzen rational ist, propositionale Einstellungen besitzen. Damit ist man bereits bei der Konklusion angelangt: Nur ein Verhalten eines Wesens, welches im großen und ganzen rational ist, kann eine Handlung sein.

Die Begründung kann in verschiedenen Hinsichten ergänzt werden. Wir sagten oben im Einklang mit einer Standardlehre der Handlungstheorie, ein Grund bestünde aus einem Wunsch und einer Überzeugung. Diese Lehre beinhaltet eine beträchtliche Vereinfachung. Ein Wunsch und eine Meinung erklären nur vor dem Hintergrund vieler weiterer propositionaler Einstellungen die betreffende Handlung. Es sind stets weitläufige Muster von zueinander passenden Wünschen, Meinungen und anderen Einstellungen, die ein Wesen und sein Verhalten als rational und verstehbar erscheinen lassen. Man kann hier von dem holistischen Charakter der Handlungsgründe und der Handlungsinterpretation sprechen. Die konstitutive Rolle der Rationalitätspräsumtionen wird erst durch die Einsicht in diesen umfassenderen Holismus vollständig gewürdigt.

4.3. Bei der letzten hier zu prüfenden These geht es darum, ob die Präsumtion von Rationalität konstitutiv für die Anwendung des Personbegriffs ist.[16] Eine gradlinige Begründung sieht folgendermaßen aus: Ein bestimmtes Ausmaß an Rationalität zu haben, ist eine notwendige

---

[15] Siehe Scholz 1999, 214-233.

[16] In Davidsons Worten: "To the extent that we fail to discover a coherent and plausible pattern in the attitudes and actions of others we simply forego the chance of treating them as persons." (Davidson 1980, 221f.)

Bedingung dafür, ein Kandidat für die Zuschreibung propositionaler Einstellungen zu sein. Ein solcher Kandidat zu sein, ist eine notwendige Bedingung dafür, eine Person zu sein. Folglich ist ein bestimmtes Ausmaß an Rationalität eine notwendige Bedingung dafür, eine Person zu sein.[17] Die Argumentation kann durch Bemerkungen zum Begriff der Person näher beleuchtet werden.[18] Eine sinnvolle Aufgabe für philosophische Theorien der Personalität besteht darin, zunächst Eigenschaften zu sammeln, die gemeinhin als Symptome des Personseins gelten, und im Anschluß daran die begrifflichen und empirischen Beziehungen zwischen diesen Eigenschaften zu beschreiben und zu klären. Personen sind Wesen, die sinnvoll mit Hilfe des intentionalen Vokabulars beschrieben werden können. Rationalitätspräsumtionen sind konstitutiv für solche intentionale Charakterisierbarkeit. Für Personen ist ferner kennzeichnend, daß sie sich wechselseitig intentional charakterisieren und in einer bestimmten Weise behandeln können, wodurch auch soziale Beziehungen möglich werden. Derlei Reziprozität geht mit höherstufigen Einstellungen einher. Diese wiederum hängen eng mit der Sprach- und Kommunikationsfähigkeit zusammen. Gerade vom Personbegriff aus wird so deutlich, wie stark die Erwägungen zugunsten der Konstitutivität der Rationalitätspräsumtionen miteinander verflochten sind.

Bittner, Rüdiger, 1989, Verständnis für Unvernünftige. Zeitschrift für philosophische Forschung 43, 577-592
Cherniak, Christopher, 1986, Minimal Rationality, Cambridge, Mass.
Davidson, Donald, 1980, Essays on Actions and Events, Oxford 1980
Davidson, Donald, 1984, Inquiries into Truth and Interpretation, Oxford
Dennett, Daniel C., 1978, Brainstorms, Cambridge, Mass.
Dennett, Daniel C., 1987, Intentional Stance, Cambridge, Mass.
Fodor, Jerry/ Lepore, Ernest: Holism: A Shopper's Guide, Oxford 1992
Hollis, Martin, 1982, The Social Destruction of Reality. In: ders./ Lukes, Steven (eds.), 1982, Rationality and Relativism, Oxford, 67-86
Levin, Janet, 1988, Must Reasons be Rational?, in: Philosophy of Science 55, 199-217
Scholz, Oliver R., 1999, Verstehen und Rationalität. Untersuchungen zu den Grundlagen von Hermeneutik und Sprachphilosophie, Frankfurt am Main
Ullmann-Margalit, Edna, 1983, On Presumption. The Journal of Philosophy 80, 143-163
PD Dr. Oliver Robert Scholz
Hortensienstraße 66
12203 Berlin

---

[17] Vgl. Davidson 1980, 221f. sowie die Rekonstruktionsversuche Levin 1988, 214 und Bittner 1989, 586f.
[18] Vgl. Dennett 1978, Kap. 14.

Sektion 4
Wissensformen der Geisteswissenschaften

(Post)analytischer Kontextualismus, universalpragmatische Kritik und die Möglichkeit des Kulturverstehens

THOMAS GÖLLER (Karlsruhe)

Besonders in den letzten fünfzehn Jahren ist eine verstärkte Auseinandersetzung in einzelnen Kulturwissenschaften, aber auch in der Philosophie mit Fragestellungen zu verzeichnen, die das Verstehen *unterschiedlicher* Kulturen explizit thematisieren. So ist es üblich geworden, beispielsweise von „Interkultureller Philosophie", „Interkulturellem Management", „Interkultureller Germanistik" usw. zu sprechen. Zumeist wird jedoch kaum versucht, die mit diesen Konzeptionen implizierten Probleme *philosophisch* zu klären. Dazu gehört auch das zentrale Problem, welche Rolle der sogenannte „eigenkulturelle" Kontext spielt. Da Verstehen immer an eine bestimmte Kultur gebunden ist, muß – so ein häufig geäußerter Einwand – solches Verstehen immer *kontextabhängig* sein, weshalb eine andere Kultur in ihrer „Eigenheit" gar nicht erfaßt werden kann. Diese Form des *kulturellen Kontextualismus* tritt in verschiedenen Varianten auf: so z.B. in der fundamentalontologischen Heideggers und der philosophisch-hermeneutischen Gadamers, die Verstehen als zirkuläres ontologisches bzw. traditionsgebundenes Sinngeschehen auffassen; in den postmodernistischen Varianten beispielsweise Derridas und Lyotards, die die Möglichkeit eines kulturübergreifenden Metadiskurses bestreiten. Besonders einflußreich sind gegenwärtig nicht zuletzt analytische, sprachanalytische und postanalytische Varianten, so wie sie ausgehend von Wittgensteins These der Sprachspielgebundenheit aller Lebensformen und Kulturen formuliert wurden.

Doch läßt sich das *Dilemma des Kulturverstehens* überhaupt lösen, wenn solches Verstehen einerseits immer in den Kontext der jeweils „eigenen" Kultur eingebunden ist und andererseits zugleich diesen „eigenkulturellen" Kontext überschreiten muß, wenn es tatsächlich das Verstehen einer *anderen* Kultur sein soll? Oder anders gefragt: Kann, und wenn ja, wie kann die Gültigkeit *kontexttranszendenter* Aussagen begründet werden?

Aus diesem umfangreichen und komplizierten Problemkomplex werde ich lediglich eine speziellere Frage herausgreifen und diskutieren:[1] Ist die im Anschluß an Wittgenstein geäußerte *kontextualistische* bzw. sprachanalytische These *Peter Winchs* und vor allem die postanalytische These *Richard Rortys* richtig, Verstehen bleibe immer an die eigene Kultur, Tradition bzw. Lebenswelt gebunden, so daß letztlich *kein* adäquates Verstehen einer anderen Kultur möglich ist?

Damit ich diese Frage beantworten kann, werde ich zunächst ganz kurz die wesentlichsten Punkte der Positionen Peter Winchs und besonders Richard Rortys skizzieren (vgl. I.). Da bekanntlich *Jürgen Habermas* den kulturellen Kontextualismus vor-

---

[1] Auf diese komplexe Thematik bin ich bereits an anderer Stelle ausführlicher eingegangen. Vgl. Göller, Th. 1999: *Kulturverstehen. Grundprobleme einer epistemologischen Theorie der Kulturalität und kulturellen Erkenntnis*. Würzburg

nehmlich Rortys kritisiert hat, diskutiere ich nachfolgend den Hauptpunkt seiner universalpragmatischen Kritik (vgl. I.). Schließlich versuche ich anzudeuten, in welcher Weise meiner Ansicht nach sowohl über diese kontextualistischen Positionen als auch über ihre universalpragmatische Kritik hinausgedacht werden muß, wenn man tatsächlich eine *epistemologische* Theorie des Kulturverstehens entwerfen bzw. grundlegen möchte, die die *Geltung* des Kulturverstehens zum Thema hat (vgl. II.).

I.

Peter Winch vor allem war es, der in der Mitte der Sechziger Jahre die kulturalistische Komponente der Sprachspieltheorie Wittgensteins wirkungsmächtig exponierte.[2] Er behauptete nämlich, durchaus in Einklang mit der Lehre Wittgensteins, daß jede Sprache und jede Kultur eine bestimmte Realitätsauffassung artikuliere. Das, was als „Realität" bezeichnet werden kann, ist immer sprachspiel- und kulturbezogen, d.h. nur innerhalb eines bestimmten sprachlichen (und damit auch: kulturellen) Kontextes möglich. Nach dieser These ist es nicht die „Wirklichkeit", die einer Sprache „Sinn" gibt, sondern das wahre Verhältnis ist ein umgekehrtes. Das, was als wirklich beurteilt werden kann, ist letztlich an die Funktion einer bestimmten Sprache (und damit Kultur) gebunden. Kurz, Realitätsauffassungen sind immer *kontextbezogen* und *kontextabhängig*. Winch behauptet darüber hinaus, daß solche Formen der Realitätsauffassung *inkommensurabel* seien.

Allerdings geht seine Inkommensurabilitätsthese nicht so weit, daß mit ihr behauptet werden würde, andere Kulturen und Lebensformen seien schlechthin inkommensurabel und damit auch schlechthin unverstehbar. Winch sagt nur, daß sich kein *Kriterium* angeben ließe, mit dessen Hilfe über die *Objektivität* der einen oder anderen Realitätsauffassung – sei sie magisch-mystisch oder wissenschaftlich-theoretisch – entschieden werden könnte. Aus diesem Grund sind für ihn die Realitätsauffassungen aller Lebensformen und aller Kulturen gleich „objektiv" bzw. *gleich gültig*. Winch begründet seine Ansicht mit der bedenklichen These, es gäbe *kein allgemeinverbindliches Kriterium* zur *Überprüfung* empirischer Aussagen.[3] Läßt man diesen problematischen Punkt einmal beiseite, was ergibt sich für dann für die *Möglichkeit des Kulturverstehen* bzw. für die Möglichkeit kontexttranszendenter Aussagen?

Winch räumt ohne Umschweife ein, daß Kulturverstehen möglich ist, da menschliche Sprachspiele nicht wechselseitig sich ausschließende Regelsysteme sind. Aus diesem Grund gibt es ähnliche bzw. sich überschneidende Vorstellungsbereiche auch für die scheinbar disparatesten Kulturen.[4] Seine Inkommensurabilitätsthese

---

[2] Winch, Peter 1987: *Was heißt „eine primitive Gesellschaft verstehen"*? In: Kippenberg, Hans G./ Brigitte Luchesi (Hg.): Magie. Die sozialwissenschaftliche Kontroverse über das Verstehen fremden Denkens, Frankfurt a.M. 1987, 73-119 [engl. Orig. 1964]
[3] Vgl. zu diesem Punkt wie zur Kritik: Göller a.a.O. 1999, II, Kap. 3.1
[4] Zumindest ist das Winchs spätere Position, vgl. Winch. 1991: *Versuchen zu verstehen*. Frankfurt a.M., S. 273ff. u. 276f.

klingt also radikaler als sie in Wahrheit ist. Die Frage jedoch, *wie* die Geltung kontexttranszendenter Aussagen aufgrund der kulturellen Überschneidungssituation begründet werden kann, läßt Winch offen.

Richard Rorty versucht(e) in jüngerer Zeit, diese Kontextualismusthese weiter zu radikalisieren. Er leugnet, daß es möglich sei, „Aussagen" mit kontexttranszendenter Gültigkeit zu formulieren, da es bestenfalls eine *kulturinterne Akzeptanz* von Sätzen geben kann. Eine eingeschränkte *pragmatische* „Rechtfertigung" von Äußerungen, die innerhalb einer bestimmten sozialen und/oder kulturellen Gruppe *akzeptiert* werden, ist möglich, da wir fähig sind, „unsere Überzeugungen vor bestimmten Zuhörerschaften zu rechtfertigen, und nicht fähig, dies vor anderen zu leisten"[5]. Rorty kommt es demzufolge nicht auf die Frage an, ob eine Aussage – wie er sich ausdrückt – ein „universeller Geltungsanspruch ist", sondern nur darauf, sich mit einem bestimmten, möglichst „westlichen" Publikum auf ein Vorgehen *zu einigen,*[6] d.h. einen *pragmatischen* Konsens von begrenzter bzw. kulturspezifischer Reichweite herbeizuführen. Darin besteht für ihn „das *einzige* Ideal",[7] das ein Diskurs haben kann: „Wenn es einem gelingt, sich mit den anderen Mitgliedern eines kompetenten Publikums auf ein Vorgehen zu einigen, dann ist es überflüssig, sich Gedanken über seine Beziehung zur Realität oder zu irgendetwas namens ‚Wahrheit' zu machen".[8] Das Prädikat „wahr" ist für Rorty dementsprechend nicht mehr als ein „Empfehlungsausdruck" oder ein „Lob",[9] welches dann gespendet wird, wenn sich weitere „Rechtfertigungen" innerhalb eines bestimmten Kontextes erübrigen. Rortys Ausführungen laufen also auf die Propagierung einer eigenkulturellen Wir-Gruppe hinaus, in welcher es „nur *uns*" gibt,[10] wobei mit den in dieser Gruppe erzielten Überzeugungen keinerlei Anspruch auf „Wahrheit" oder Übereinstimmung mit „der Wirklichkeit" verbunden ist.

Jürgen Habermas z.B. hat bekanntlich der Auffassung Rortys widersprochen. Bei der „Habermas-Rorty-Kontroverse"[11] geht es letztlich darum, ob es lediglich *kontextimmanente,* relativ gültige oder ob es *kontexttranszendente,* universal gültige Äußerungen bzw. – wie es nicht ganz präzise heißt – „Geltungsansprüche" gibt oder geben kann. Für Habermas ist, anders als für Rorty, zumindest die *Wahrheit* ein universaler Geltungsanspruch. Eine Äußerung oder eine Aussage verdient Habermas zufolge, wenn sie wahr ist, *universale Zustimmung,* gleichviel in welcher Sprache, Lebenswelt oder Kultur sie formuliert ist. Denn – so Habermas' Hauptargument – mit dem Geltungsanspruch der Wahrheit sind zugleich die (universalen) *Kommunikationsvoraussetzungen des argumen-*

---

[5] Rorty, R. 1994: *Sind Aussagen universelle Geltungsansprüche?* In: Deutsche Zeitschrift für Philosophie 42 (1994), 6, 975-988, hier: S. 979

[6] Vgl. Rorty, R. 1995b: *Solidarität oder Objektivität?* Drei philosophische Essays. Stuttgart, S. 11-37; hier: S. 26. Dort ist davon die Rede, daß „wir Pragmatisten" bzw. wir „abendländischen liberalen Intellektuellen" „in der Praxis die eigene Gruppe bevorzugen müssen".

[7] Rorty a.a.O. 1994, S. 982

[8] ebd., S. 982f.

[9] Rorty, R. a.a.O. 1995b, S. 16f.

[10] ebd., S. 30

[11] Wie ich sie genannte habe, vgl. Göller a.a.O. 1999, II. bes. Kap. 3.3

tativen Diskurses selbst thematisiert. Das heißt, *alle* an einem argumentativen Diskurs Beteiligten müssen *faktisch* zumindest *diese* Voraussetzung immer dann machen, wenn sie die Wahrheit einer Aussage behaupten oder bestreiten wollen.[12] Das gilt, wie ich ergänzen möchte, für jeden – wer er auch immer sei und zu welcher Kultur er auch immer gehören mag.

Faktisch oder *kontextimmanent* sind Geltungsansprüche demgegenüber dann, wenn sie auf konkrete Sprachspiele bezogen bzw. in einen konkreten kulturellen Kontext geäußert werden: Als „Ansprüche transzendieren sie jeden lokalen Kontext; zugleich müssen sie hier und jetzt erhoben sowie faktisch anerkannt werden, wenn sie das koordinationswirksame Einverständnis von Interaktionsteilnehmern tragen sollen. Das transzendierende Moment *allgemeiner* Geltung sprengt alle Provinzialität [...] damit ist ein Moment der *Unbedingtheit* in die *faktischen Verständigungsprozesse* eingebaut".[13]

II.

Wie ist der (post)analytische Kontextualismus Rortys und seine universalpragmatische Kritik durch Habermas zu beurteilen, und welche Konsequenzen ergeben sich daraus gegebenenfalls für die Möglichkeit des Kulturverstehens?

Was *Rorty* betrifft, so ist zunächst sicherlich die Konfusion zu kritisieren, die er anrichtet und der er auch selbst erliegt, wenn er bezeichnenderweise fragt, ob „Aussagen universelle Geltungsansprüche" sind. Es ist keine falsche Spitzfindigkeit, wenn man ihm (und gewissermaßen Habermas auch) entgegnet, mit einer „Aussage" ist ein *wahrheitsbeanspruchendes sprachliches* Gebilde bzw. eine Struktur gemeint, mit dem bzw. mit der gegebenenfalls ein universeller, oder besser: universaler, Geltungsanspruch erhoben werden kann. Eine Aussage selbst „ist" aber kein solcher Anspruch und kann auch gar kein solcher Anspruch sein. Zum einen lassen sich ohne weiteres Aussagen formulieren, die, inhaltlich gesehen, gerade keinen universalen, sondern einen partikularen oder sogar einen bloß singulären Geltungsanspruch erheben. So wird z.B. mit der Aussage „Der Daisen-in-Tempel wurde 1509 in Kyoto erbaut" lediglich ein singulärer Geltungsanspruch erhoben, der nur etwas über ein ganz bestimmtes, bloß einmal in der Welt existierendes Objekt aussagt.

Zum anderen aber – und das ist der entscheidende Punkt – wird mit dieser Aussage unabdingbar ein Anspruch auf Wahrheit oder Geltung erhoben, und zwar bzw. unabhängig davon, ob diese Aussage tatsächlich für diesen konkreten oder speziellen Fall zutrifft oder nicht zutrifft. Dieser Anspruch wird auch dann erhoben, wenn sich zeigen sollte, daß die jeweilige konkrete Aussage in Wirklichkeit falsch ist oder wenn sich (noch) nicht (oder niemals) entscheiden ließe, ob sie tatsächlich wahr oder falsch ist. Es kommt in diesem Zusammenhang also nicht darauf, ob der erho-

---

[12] Vgl. Habermas, J. 1993: *Faktizität und Geltung*. Frankfurt a.M., S. 31
[13] Vgl. Habermas, J. 1991: *Der philosophische Diskurs der Moderne*. Frankfurt a.M., S. 375; Herv. von mir, [T.G.]

bene Geltungsanspruch universal, partikular oder singulär ist; sekundär ist auch die Frage, ob ein solcher Anspruch (überhaupt) einlösbar ist. Unabweisbar ist allerdings, *daß* in jedem Fall, so oder so, ein Geltungsanspruch erhoben wird. Mit der Konsequenz: eine Aussage ist hinsichtlich ihrer Anspruchsbestimmtheit – und nur hinsichtlich dieser – *unbedingt*. Ganz anders verhält es sich mit ihrer konkreten Erfüllung. In dieser Hinsicht ist eine Aussage *bedingt* bzw. kontingent. Eine Aussage fällt logisch notwendig unter die Alternative gültig/ungültig; sie ist *geltungsdifferent*. So gesehen zielt der Begriff der Aussage letztlich auf diejenige *logische* Struktur, die bedingt, daß etwas Sprachliches – eine Behauptung bzw. ein Behauptungssatz, eine Meinung, Ansicht, Äußerung, Überzeugung – geltungsdifferent ist, d.h. unter die Alternative von wahr/falsch fallen kann und dadurch eine geltungsdifferente Sachaussage (von irgendetwas) sein kann: diese Struktur ist das *logische Urteil*. Das Urteil ist also, geltungstheoretisch gesehen, die relevante Struktur, die durch zwei Komponente charakterisiert ist. Das Urteil ist die grundlegende, bedingt-unbedingte logische Struktur einer *jeden* Sachverhaltsbehauptung.

Wenn diese Überlegungen richtig sind, dann ist eine Aussage als *sprachlich-semantische* Form des logischen Urteils aufgrund ihrer Anspruchsbestimmtheit – und nur aufgrund dieser – tatsächlich *indifferent* gegenüber einem bestimmten konkreten (kulturellen, sozialen, historischen usw.) Kontext. Denn selbst eine Aussage, die die Geltung von (kontexttranszendenten) Aussagen bestreitet, muß für sich selbst das in Anspruch nehmen, was sie eigentlich bestreiten will: ihre eigene Gültigkeit. Insofern sind ‚Geltung' bzw. ‚Wahrheit' tatsächlich keine relativen, sondern *universale* Werte, die sich kulturbezogen *nicht* relativieren lassen.

Da *Rorty* das – anders als Habermas – nicht sieht, kommt er zu der paradoxen Konsequenz, überhaupt keine „Wahrheit" mehr – weder für kontextimmanente noch für kontexttranszendente – Aussagen einzufordern.[14] Wobei Rorty offensichtlich selbst *nicht* zu bemerken scheint (oder nicht bemerken will), daß er einerseits die Möglichkeit von Aussagen mit universalem Geltungsanspruch bestreitet, andererseits selbst Aussagen formuliert, die gerade einen solchen universalen Geltungsanspruch erheben.[15] Aufgrund der bei ihm vorherrschenden Konfusion bzw. aufgrund der Verkennung dieser Sachlage ist es auch nicht verwunderlich, daß Rorty erst gar nicht zu erklären versucht, wie die von ihm propagierte „Rechtfertigung" qua Forderung nach *faktischer Akzeptanz* in einer *bestimmten Gruppe* oder einer *konkreten kulturellen Gemeinschaft* vor sich gehen soll bzw. wie sie eingelöst werden kann. Da er offensichtlich auf jede *argumentative* Rechtfertigung verzichten will, kann er sich lediglich auf eine Empfehlung bzw. auf den „Wunsch" nach der möglichst umfassenden Erweiterung „des Anwendungsbereiches des Wortes ‚wir'" berufen.[16] Damit verwischt er zum einen

---

[14] Vgl. zur Kritik: Göller a.a.O. 1999, II, 3.2.3
[15] So wenn Rorty zu zeigen versucht, die „Forderungen nach Selbsterschaffung und nach Solidarität als gleichwertig, aber *für alle Zeiten* inkommensurabel zu betrachten". Rorty, R. 1995a: *Kontingenz, Ironie und Solidarität*. Frankfurt a.M., S 14; Herv. von mir, [T.G.])
[16] Rorty a.a.O. 1995b, S. 15

nicht nur die Unterschiede zwischen „Überreden" und „Begründen", sondern auch zwischen „Überreden" und „Überzeugen".[17]

Darüber hinaus erklärt Rorty in keiner Weise, was man unter einem ‚kompetenten' Publikum zu verstehen hat bzw. durch was dessen Kompetenz charakterisiert sein soll. Schließlich redet Rorty, wenn er in seiner zumindest mißverständlichen Formulierung „uns" schlichtweg mit den „westlichen Intellektuellen" identifiziert, einem politisch nicht ungefährlichen Kulturchauvinismus das Wort.[18]

Rorty negiert also, *zusammenfassend* gesagt, mit der gruppen- und kulturspezifischen Unterminierung eines auf „Überzeugung" abgestellten Rechtfertigungsbegriffes jede Möglichkeit einer kriteriologischen Bemessung von Äußerungen (um nicht den Begriff „Aussage" zu verwenden) – mit der Folge, daß er das Wahrheitsproblem aus seiner Philosophie eskamotiert. Er substituiert die Frage, aufgrund welcher Bedingungen eine auch nur *kontextimmanente* Aussage richtig oder gültig sein kann und wie sie tatsächlich *begründet* werden kann durch einen Rekurs auf die diffuse Akzeptanz einer nicht näher definierten Wir-Gruppe. Da Rortys Position ihre eigenen argumentativen Voraussetzungen zu verleugnen versucht, wird sie letztlich unhaltbar und infolge dessen auch für die Möglichkeiten des Kulturverstehens *indiskutabel*.

Obwohl *Habermas* in diesen Punkten ein wesentlich fortgeschritteneres Problembewußtsein hat, ist ihm gegenüber einzuwenden, daß er seine gegen diese Variante des Kontextualismus vorgebrachte Kritik in seiner geltungssystematischen Relevanz *nicht* wirklich auszuwerten weiß. Auch hier ist es wieder keine falsche Spitzfindigkeit, wenn man zunächst daran erinnert, daß eine „Aussage" genau genommen ein *sprachliches* Gebilde ist, das durch eine bestimmte *logische* Struktur, durch das *Urteil*, induziert ist. Eine Aussage ist die sprachliche bzw. semantische Form des logischen Urteils, wobei diese logische Grundstruktur in verschiedenen Sprachen verschiedene Ausformungen erhält. Nur aufgrund dieser mit einer jeden Aussage implizierten logischen Struktur ist es möglich, daß ein sprachliches Gebilde einen bestimmten Geltungsanspruch erheben und überhaupt geltungsdifferent sein kann. Sprachliche und logische Strukturen sind also genau auseinanderzuhalten; sie decken sich nicht. Und nur aufgrund der geltungslogischen *Anspruchsbestimmtheit* ist eine Aussage bzw. ein Urteil *unbedingt*.

Nicht zuletzt deshalb, weil Habermas diese Aspekte nicht mit der gebotenen Trennschärfe auseinanderhält, kann er das mit dem Geltungsanspruch einer Aussage (bzw. eines Urteiles) implizierte Moment der Unbedingtheit bloß mit kommunikativer Rationalität bzw. mit dem, was er als kommunikative „Vernunft" bezeichnet, in Verbindung bringen. Diese ist Habermas zufolge kommunikativen Prozessen *immanent*, d.h. sie ist im kommunikativen Handeln und in Strukturen der Lebenswelt

---

[17] Wie das schon Tugendhat kritisiert hat. Vgl. das *Symposium zu Richard Rorty*, in: Deutsche Zeitschrift für Philosophie 46 (1996), 2, 245-270, hier: 245ff. (vgl. im übrigen auch die Beiträge von F. Kambartel, A. Leist, U. Marti).

[18] Möglicherweise entgegen seinen eigenen Absichten; vgl. Göller a.a.O. 1999, II, 3.2.3

„inkarnierte Vernunft".[19] Habermas setzt schlicht einen der Sprache „innewohnenden Bezug zur Gültigkeit"[20] bzw. die „Rede" als „Geltungsbasis"[21] voraus, ohne zu fragen, welche Bedingungen die Gültigkeit *sprachlicher* Behauptungen erst ermöglichen. Habermas deckt also gerade *nicht* auf, aufgrund welcher „universaler", d.h. letztlich *geltungslogischer*, Bedingungen bei sprachlichen bzw. bei kommunikativen Äußerungen überhaupt ein Geltungsanspruch formuliert und eingelöst werden kann. Damit verschiebt er das Problem der möglichen Geltung von Aussagen auf das ihrer möglichen Akzeptanz; wobei Habermas im Unterschied allerdings zu Rorty nicht nur auf eine begrenzte kulturelle Gruppe, sondern auf den möglichen universalen Konsens einer faktisch unbegrenzten idealen Kommunikationsgemeinschaft rekurriert.

An dieser Stelle meiner Überlegungen ist, wie ich meine, der Punkt markiert, an dem sich die *Konsequenzen* meiner Diskussion des (post)analytischen Kontextualismus und seiner universalpragmatischen Kritik für die *Möglichkeit des Kulturverstehen* abzeichnen. Zuvor möchte ich jedoch zweierlei betonen:

Zum einen scheint mir unabweisbar zu sein, daß Kulturverstehen immer auf den jeweils eigenkulturellen Kontext zurückbezogen ist und auch in ihn eingebunden sein muß. Ein kontextfreies oder kontext*un*abhängiges Verstehen kann es *nicht* geben. Insofern haben – das möchte ich ausdrücklich hervorheben – analytischen und postanalytischen, aber auch hermeneutischen Positionen durchaus recht.

Zum anderen impliziert Kulturverstehen zweifellos auch Verständigungs-, Konsens- und Akzeptanzbedingungen, schon allein deshalb, da mit der Gültigkeit solchen Verstehens unabweisbar immer auch die Forderung nach dessen *Intersubjektivität* gestellt ist.

Bestreiten möchte ich allerdings, daß diese Aspekte die Hauptaspekte sind. Denn wenn die Geltung kontexttranszendenter Aussagen bzw. die Geltung des Kulturverstehens thematisch ist, reichen *Verständigungsbedingungen* bzw. Konsens- oder Akzeptanzbedingungen gerade nicht hin. Ein solcher Lösungsvorschlag läuft auf eine Konfundierung von Geltungs- mit Akzeptanzbedingungen hinaus. Denn es ist sicherlich ein Unterschied, ob man fragt, aufgrund welcher Bedingungen eine Aussage *akzeptiert* wird oder ob man fragt, aufgrund welcher sie *gültig* ist. Beides kann, es muß aber nicht zusammenfallen. Die entscheidende Frage ist demgegenüber die, aufgrund welcher *geltungstheoretischer* Bedingungen eine Aussage überhaupt als allgemeingültig bzw. als notwendig intersubjektiv gültige Aussage *akzeptiert* werden kann! Dieses Verhältnis darf, wie es bei (sprach)pragmatischen Ansätzen der Fall ist, nicht umgekehrt werden. Die Verschränkung von realer und idealer Kommunikationsgemeinschaft, die Habermas wie auch Apel zu diesem Zweck als Lösung anbieten, reicht allerdings nicht hin, um diesen konzeptionellen Mangel zu beheben, da auch in diesem Falle wieder-

---

[19] Habermas a.a.O. 1991, 374. Ähnliches gilt für Apel, auf den Habermas in diesem Zusammenhang deshalb auch nicht zufällig verweist. Dies betrifft die Apelsche These von der Antizipation einer, in der realen Kommunikationsgemeinschaft erst herzustellenden idealen Kommunikationsgemeinschaft.
[20] Habermas, J. 1982: *Theorie des kommunikativen Handelns*, Bd. I, Frankfurt a.M., S. 374
[21] ebd. S. 188

um bloß *Konsens*- bzw. *Verständigungs*bedingungen, wenn auch prätendiert universale, thematisch sind.

Wenn meine Überlegungen richtig sind, dann würde sich aus ihnen für die *Möglichkeit der Geltung des Kulturverstehens* folgendes ergeben:

1. Eine sprachliche Aussage bzw., genauer, das logische Urteil als bedingt-unbedingte Struktur *jeder* Sachverhaltsbehauptung bildet den Dreh- und Angelpunkt auch für das Kulturverstehen, da es bei solchem Verstehen letztlich darum geht, richtige bzw. angemessen Aussagen über eine andere Kultur zu formulieren. Das hat u.a. zur Folge, daß verstehenstheoretische Konzepte, die mit den Begriffen der Einfühlung oder der Transposition operieren und den Aussagencharakter des Verstehens nicht berücksichtigen, bloß metaphorischen oder bestenfalls heuristischen Wert haben können.[22]

2. Es muß in der Hauptsache um die Fragen gehen, a) durch welche grundlegenden Momente diese geltungslogische Struktur der Sachverhaltsbehauptung (= Aussage bzw. Urteil) konstituiert wird und b) welches Moment den Zusammenschluß solcher Sachverhaltsbehauptungen zu einem stringenten Sachzusammenhang – das zu Verstehende – reguliert. Dieses zuletzt genannte regulative Moment ist bzw. wäre das der (kulturellen bzw. kulturwissenschaftlichen) *Methode*.[23]

Verfolgt man diese Problempunkte konsequent, dann ergibt sich daraus für die *Möglichkeit der Geltung des Kulturverstehens:* Aussagen mit kontexttranszendenten Geltungsansprüche sind nur dann einlösbar, d.h. sie lassen sich hinsichtlich ihrer *Geltung* nur dann begründen, wenn berücksichtigt wird, daß a) die Logik unerläßlich für das Verstehen wie auch für das kulturelle und interkulturelle Verstehen ist und daß b) solche Geltungsbedingungen thematisiert werden, die komplementär zu den logischen sind. Das sind bzw. wären die erst in einem genaueren Sinne zu explizierenden *methodischen* Geltungsbedingungen. Erst durch beide *komplementären* Bedingungsgefüge würde die Gültigkeit bzw. intersubjektive Verbindlichkeit des Kulturverstehens möglich.

Aufgrund dieser Sachlage wäre es – jedenfalls ist das meine These – sekundär, welchem kulturellen Kontext Aussagen zuzurechnen sind. Primär ist meiner These zufolge, daß kontexttranszendente Aussagen *methodologisch* – im angedeuteten geltungstheoretischen Sinne – legitimiert werden müssen. Nur so könnte dem Anspruch, eine andere Kultur in ihrer „Eigenart"– trotz des unhintergehbaren Eingebundenseins in einen eigenkulturellen Kontext – verstehen zu können, Genüge getan werden. Daß dies bisher nicht oder nicht hinreichend klar gesehen bzw. thematisiert wurde – darin besteht, wie ich meine, nicht nur ein Mangel der kontexutalistischen (post)analytischen und/oder universalpragmatischen Positionen, sondern auch der gegenwärtigen *interkulturellen* Diskussion.

---

[22] Vgl. Göller a.a.O. 1999, II, 1.1; III, 2.1f.
[23] Vgl. ebd. III, 3

Von den Geistes- zu den Kulturwissenschaften
Indizien eines Paradigmenwandels

Elisabeth List

Ist die Rede von einem Paradigmenwandel von den Geistes- zu den Kulturwissenschaften gerechtfertigt? Gibt es Indizien für einen Paradigmenwandel?

Ich werde drei Beispiele eines Wechsels von Sichtweisen vorführen, die im Sinne von Thomas Kuhns Ausführungen zum Begriff des Paradigmas als solche Indizien gelten können, und sie, um die Richtung des Wandels anzudeuten, in eine „von - zu" Struktur fassen:

1) vom Text zum Kontext

2) vom Subjekt der reinen Vernunft zum konkret situierten, leibhaftigen Akteur

3) von der Theorie zu den Geschichten - die Rehabilitierung des Partikularen des Narrativen.

Die zeitgenössischen Diskussionen um den Status der Kulturwissenschaften stehen im Zeichen der Verabschiedung der Vision von der einen, „Humanitas" begründenden Vernunft, die das epistemologische Fundament der Geisteswissenschaftenn bildete, wie sie etwa von Dilthey vertreten wurde. Diese Verabschiedung erfolgt angesichts massiver Befunde kulturellen Wandels. Daß die Gegebenheiten kulturellen Wandels in den theoretischen und und thematischen Neuorientierungen ihren Niederschlag finden, soll anhand der drei im folgenden diskutierten „Indizien eines Paradigmenwandels" indirekt deutlich werden.

1) Vom Text zum Kontext

Es sind vor allem die traditionellen Textwissenschaften, in denen sich theoretische Neuerungen unter dem Schlagwort „Vom Text zum Kontext vollziehen. Etwa das theoretische Programm der Rezeptionsästhetik (H.R. Jauß), das das Feld Autor-Leserschaft, d.h. die Prozesse der Produktion und Reproduktion von Texten zum konstituiven Bestandteil ihrer Deutung macht, die Einbeziehung psychoanalytischer Deutungsmodelle in der Literaturinterpretation, oder die Literatursoziologie. Deutliches Indiz der kontextuellen Orientierung der neueren Kulturwissenschaften ist, allgemein gesagt, ihre interdisziplinäre Orientierung.

Ich möchte das Thema „vom Text zum Kontext" an einem Beispiel aus dem Bereich der Geschichtswissenschaften illustrieren und beziehe mich auf die Äußerungen eines jüngeren Vertreters aus jener Tradition französischer Mentalitäten- und Geistesgeschichte, die unter dem Namen Annales bekanntgeworden ist: Roger Chartier, zu den international anerkannten Vertretern der historischen Anthropologie zählt.[1] Chartiers Aufmerksamkeit richtet sich auf das, was in der französischen Philosophie „Repräsentation" genannt wird, auf das also, was von historischen

Prozessen in Schrift und Druck, Wort und Bild, Predigt und Lehre faßbar wird, und dem, in welchem Bezug zum gelebten Alltag, den Praktiken der Akteure, des Volks wie der Eliten es steht².

Chartier verweist darauf, daß die damit aktualisierten Fragestellungen der Geschichtswissenschaften nicht vom Himmel gefallen sind, sondern auf dem Hintergrund der Entwicklung der Geschichtswissenschaft als intellektuelles Feld innerhalb der akademischen Institutionen seit dem zweiten Weltkrieg zu sehen sind. Bis etwa 1960, so Chartier, hatten die Historiker eine unangefochtene Führungsrolle innerhalb der geisteswissen-schaftlichen Fächer inne. 1963 -67 kam es zu einem explosiven Anwachsen der StudentInnenzahlen in der Linguistik, der Soziologie und der Psychologie auf das Zwei- bis Dreifache, und ein neuer, verjüngter Lehrkörper in diesen Fächern trat in den wissenschaftlichen Diskurs ein, der die Hegemonie der Historiker herausforderte - wobei die theoretische Option des Strukturalismus eine gewisse Rolle spielte, aber auch wissenschaftliche Modelle und Arbeitsweisen, die aus den Naturwissenschaften entlehnt wurden - Formalisierung, Quantifizierung, Modellbildung, Hypothesenprüfung etc³.

Die Historiker reagierten auf diese Herausforderung einerseits durch einen Rückgriff auf die serielle Geschichte der Annales, andererseits durch die Einbeziehung eines neuen Fragenkatalogs und neuer Themen - Einstellungen zu Leben und Tod, zur Religion und Familie, Rituale, Schulsysteme etc. Die Strategie zielte darauf ab, sich eine neue wissenschaftliche Legitimität zu verschaffen, „ohne die intellektuellen Trümpfe, denen sie ihre institutionelle Herrschaft verdankte, aus der Hand zu geben."⁴ Mit Bourdieu geht Chartier davon aus, daß man die Entwicklung akademischer Fächer und die in ihnen auftretenden Spannungen nicht verstehen kann, ohne sie in den jeweiligen gesellschaftlichen Rahmen zu versetzen, und daß also der theoretische Perspektivenwechel - der vom Text zum Kontext - in den Geschichtswissenschaften aus der sich wandelnden Konstellation dominierender Fächer innerhalb der Universität zu verstehen ist.

Die Frage, um der Geschichtswissenschaft als akademische Disziplin zunächst geht, ist Chartier zufolge die, wie zu verschiedenen Zeiten und Orten gesellschaftliche Realität faßbar, denkbar, lesbar geworden ist.⁵ Es geht also, um es anders zu formulieren, um die sich historische wandelnden Weisen der gesellschaftlichen Konstruktion von Wirklichkeit.

Eine Kulturgeschichte des Sozialen, die versucht, die Repräsentationen des Sozialen zu verstehen, ist deshalb immer zugleich eine Geschichte der Produktion von Sinn. Entscheidend ist dabei, daß es sich dabei um Prozesse der Symbolisierung handelt, wie etwa der Kunsthistoriker Erwin Panofsky und in neuerer Zeit die „Symbolische Anthroplogie" von Cifford Geertz im Rückgriff auf Erst Cassirer konstatieren - und zwar auf Cassirers Verständnis des Symbols von seiner Funktion her -, seiner Mittlerfunktion zwischen verschiedenen „Modalitäten der Wahrnehmung des Realen".

Zur Konkretisierung des Gesagten dient Chartier u.a. eine historische Studie des amerikanischen Historikers Robert Darnton, Das große Katzenmassaker. Streifzüge durch die Französische Kultur vor der Revolution.[6]

Darnton hat mehrere Jahre mit dem Anthropologen Clifford Geertz Seminare veranstaltet und Geertz' Konzept der Symbolischen Anthroplogie in die Kulturgeschichte eingeführt. Im Anschluß an Cassirer definiert Geertz Kultur als „historisch überliefertes Muster an Bedeutungen, die in Symbolen verkörpert sind, ein System überkommener, in symbolischen Formen ausgedrückter Auffassungen, mittels derer die Menschen kommunizieren und ihre Wissen über das Leben und ihre Einstellung zu ihm weitergeben und erweitern"[7]. Was diese Bestimmung von Kultur für die Kulturgeschichte impliziert, faßt Chartier in die Formel: „vom Text zum Kontext gehen und umgekehrt"[8].

Der Text, den sich Darnton vornimmt, ist der Bericht von einem Katzenmassaker durch Druckerlehrlinge in der rue San Severin zu Paris den 30er Jahren des 18. Jahrhunderts. Darntons Interpretation dieses Berichtes durch die Sichtbarmachung seines Kontexts ist, so Chartier, ein Musterbeispiel für das, was Geertz „thick description" nennt - „dichte Beschreibung".

„Die Episode wird von einem der Beteiligten, der Faktor und später Graveur geworden ist, überliefert, und zwar in einem Manuskript mit dem Titel Anecdotes typographiqhes, das auf 1762 datiert ist. Von ihrem Meister schlecht verköstigt und von den Katzen in der Nachbarschaft im Schlaf gestört, beschließen die Lehrlinge und Gesellen, sich zu rächen: anfangs, indem sie den Meister und seine Frau durch nächtliches Miauen unter ihrem Fenster quälen, und dann, indem sie - auf Verlangen des entnervten Meisters - eine regelrechte Katzenhatz veranstalten. Die Geschichte liefert ein ebenso amüsantes wie aufschlußreiches Anschauungsmaterial für die Weise, wie in einem historischen Text sein Kontext lebendig wird.

Welche Fragen eröffnet ein solcher Text im Hinblick auf den Kontext? Die kulturtheoretische Wende, die sich ind Darntons Studie unter dem Segel einer symbolischen Anthropologie vollzieht und bei anderen Autoren unter dem einer historischen Anthropologie, bringt genau jene Form der Verknüpfung verschiedener Theoriestränge, Begriffsrahmen und Forschungsmethoden mit sich, die die neuen Kulturwissenschaften insgesamt charakterisieren, mögen sie nun eher dem disziplinären Feld der Soziologie, der Kunstgeschichte, der Literaturwissenschaften oder der Philosophie zugeordnet werden. Die Mischung vormals disziplinär getrennter Betrachtungsweisen allein scheint der Polikontextualität und der Heterogenität der untersuchten Phänomene angemessen zu sein.

Die Devise „vom Text zum Kontext" moniert in den verschiedenen Untersuchungsfeldern die Verortung der kulturellen Produkte, Praktiken und Artefakte - Texte, Bilder, Gebrauchsgegenstände etc. - in der konkreten Situation und im vielschichtigen Kontext ihrer Produktion.

2) Vom Phantasma des „reinen Vernunftsubjekts" zur situierten Akteurin, zum situierten Akteur

Das zweite Beispiel eines die neuen Kulturwissenschaften charakterisierenden Perspektivenwechsel ist das der Verabschiedung des Bilds und Begriffs des abstrakten Vernunftsubjekts der idealistischen und rationalistischen Tradition in der Philosophie, die für das Verständnis dessen, was „Geist" in den Geisteswissenschaften heißt, grundlegend war. Die Kritik an dieser Tradition beginnt mit Nietzsche und findet sich auch in Diltheys Kantkritik. Erst mit der Phänomenologie nach Husserl, bei Merleau-Ponty führt sie zu einer Phänologie der Leiblichkeit[9], der die radikale Geste der Dekonstruktion metaphysischer Konzepte durch den Poststrukuralismus folgt.

Als entscheidender Impuls zur Kritik an dieser Subjektkonzeption ist in jüngerer Zeit die feministische Kritik zu nennen. Es sollte jedoch nicht unbemerkt bleiben, die von Dietmar Kamper und Christoph Wulff 1984 diagnostizierte Wiederkehr des Körpers sich innerhalb der Soziologie schon in den Dreißiger Jahren in den Arbeiten von Norbert Elias ankündigt und 1960 in den Schriften der Anthropologin Mary Douglas[10], und dann in den historischen Studien zur Disziplinierung bei Foucault präsent ist. Erst in den Achtzigerjahren kam es zu einem regelrechten Boom des Körperthemas auch in der historischen Forschung[11], zu dem u.a. Derrida und Lacan wesentlich beigetragen haben.

Diese neue Präsenz des Körpers, des Leiblichen als des „Anderen der Vernunft" trifft das überlieferte Selbstverständis der Geisteswissenschaften im Kern. Denn der für sie namensgebende Begriff des Geistes entstammt genau jener Tradition der Metaphysik als Geistmetaphysik, für die die Trennung von Geist und Körper, von Abstraktem und Konkretem von ewigem Sein und leiblicher Kontingenz ihre raison d'etre war. Sie begründete eine Kultur des Geistes, in der die Ausgrenzung und Ablehnung des Leiblichen zugleich manifest misogyne Züge hatte.

Die dualistische Metaphysik und mit ihr die ontologische Hierarchisierung von Schichten des Seins, die bis in die Philosophische Anthroplogie des 20. Jahrhunderts, jedenfalls bei Max Scheler, nachwirkte, lieferte zugleich den unhinterfragten Rahmen für den erkenntnisphilosphischen Diskurs um Vernunft und Wahrheit in der Neuzeit, die in der dualistischen Fassung der Begriffe von Objektivität und Subjektivität mündete, die in der Wissenschaftstheorie dieses Jahrhunderts ihre Legitimität aus den Erfolgen der Technik- und Naturwissenschaften herleitet.

In dem Maße, als die Konstruktion des reinen Vernunftsubjekts als Macht- und Größenhantasie durchschaut war, sind auch die an objektivistischen Prämissen orientierten Vorstellungen von Theorie und Wissenschaft ins Wanken geraten.

3) Von der Theorie als reine Repräsentation zur Rehabilitierung des Partikularen, des Narrativen

Bezieht man Texte als kulturelle Produktionen - und als solche sind auch wissenschaftliche Texte zu sehen - auf die konkreten Situationen und Bedingungen ihrer Produktion, und nicht auf ein imaginäres „reines Subjekt", sondern auf konkrete, leibhaftige Akteurinnen und Akteure, dann lassen sich Wahrnehmung, Erfahrung und Diskurs nicht - auch nicht im Falle wissenschaftlicher Wahrnehmung und Erfahrung - gleichsam als magische Akte verstehen, die durch eine besondere epistemische Weihe zu Instrumenten der reinen Repräsentation werden, kraft derer die durch sie hervorgebrachten Theorien ein wahres Bild der Realität zu geben vermögen.

Um den irrealen und politischen Charakter solcher Erkenntnisansprüche zu bemerken, genügt es, einen Blick auf die realen und situierten Prozesse wissenschaftlichen Tuns zu werfen. Das Reflexivwerden des Prozeßcharakters wissenschaftlicher Produktion auch in den Geisteswissenschaften zieht die nachhaltige Relativierung des Anspruchs auf Objektivität nach sich. Wissenschaftliche Texte erscheinen als Produkte diskursiver Praktiken, deren Grundformen sie mit anderen Diskurstypen teilen.

Die Ethnographie etwa ist, so lassen sich die Äußerungen des Ethnologen James Clifford resumieren, kein „Spiegel der Kultur", so wenig wie die Naturwissenschaften kein „Spiegel der Natur sind", wie Richard Rorty in seiner Kritik an der philosophischen Erkenntnistheorie sagt. Daß dies auch für die klassischen Geisteswissenschaften, insbesondere die Geschichte geht, belegt der amerikanische Historiker Haiden White[12] auf eine ähnliche Weise, wie es James Clifford[13] für die Ethnologie tut: Wie Ethnographen verfassen HistorikerInnen Geschichten, Berichte, deren textuelle Eigenschaften sich von denen (anderer) literarischer Texte nicht grundsätzlich unterscheidet. Sie transportieren unweigerlich den Standpunkt des Autors, der Autorin, und was man einmal unverfänglich den „unverwechselbaren Stil" eines Autors nannte, erscheint nun als jene performative Geste, durch die der Text zur Handlung wird.[14]

Folgen: Die Verabschiedung der Metatheorien

Vermutlich spätestens an diesem Punkt scheiden sich die Geister in der Kontroverse um den theoretischen und epistemologischen Status jener Disziplinen, von denen in den vorangegangenen sberlegungen gesagt wurde, sie befänden sich auf dem Weg von den „Geisteswissenschaften" zu den „Kulturwissenschaften. An diesem Punkt machen sich auch die Vorbehalte gegen die „kulturalistische Wende" vermutlich fest, oder besser: am Verdikt des Relativismus.

Wieder einmal, so könnte man sagen, geht ein Gespenst um in Europa, jedenfalls seiner intellektuellen Welt - diesmal das Gespenst des Relativismus. Diejenigen Theoretiker des Wissens, die die neue Einsicht in die Relativität und Standortgebundenheit insbesondere der Kulturwissenschaften als Rationalitätsgewinn zu verbuchen vermögen, sind noch deutlich in der Minderheit.[15] Die Weigerung, solche Relativität und Perspektivität auch humanwissenschaftlichen Wissens anzuerkennen, geht Hand in Hand mit der Weigerung, sich wandelnde Produktionsbedingungen wissenschaftlicher Institutionen in einem sich wandelnden kulturellen Umfeld zur Kenntnis zu nehmen.

Die drei genannten Indizien eines Paradigmenwandels von den Geistes- zu den Kulturwissenschaften - die Wende vom Text zum Kontext, vom „reinen Vernunftsubjekt" zum inkarnierten Akteur und von der Theorie als reine Repräsentation zur sprachlich vermittelten narrativen Konstruktion - sind ebenso Anzeichen eines Wandels theoretisch- metatheoretischer Orientierungen wie der Neusituierung wissenschaftlicher Diskurse als kulturelle Praktiken. Hier ging es lediglich darum, Indizien für einen solchen Paradigmenwandel zu benennen. Die Probleme, die sie aufwerfen, sind damit nicht gelöst.

Anmerkungen

[1] Roger Chartier, Die unvollendete Vergangenheit. Geschichte und die Macht der Weltauslegung. dt. Berlin 1989, hier zitiert nach der Neuausgabe des Fischer Taschenbuch Verlags, Frankfurt 1992.
[2] Chartier, a.a.O., 12
[3] Chartier, a.a.O., 8
[4] Chartier, a.a. O., 10
[5] Chartier, a.a.O., 11
[6] München 1989
[7] Clifford Geertz, The Interpretation of Culture, New York 1973
[8] Chartier, a.a. O., 72
[9] Vgl. Maurice Merleau-Ponty, Phänomenologie der Wahrnehmung, Berlin 1965
[10] Vgl. Mary Douglas, Ritual, Tabu und Körpersymbolik. Sozialanthroplogische Studien in Industriegesellschaft und Stammeskultur, dt. Frankfurt/Main 1981
[11] Vgl.Michel Feher, Ramona Naddaff and Nadia Tazi(eds.), Fragments of a History of the Human Body, 3 Vol. New York 1989
[12] Vgl. Haiden White, Auch Clio dichtet oder die Fiktion des Faktischen. Studien zur Tropologie des historischen Diskurses, Stuttgart 1986
[13] James Clifford, šber ethnographische Autorität, in: Eberhard Berg und Martin Fuchs(Hg.), Kultur, soziale Praxis, Text. Die Krise der ethnographischen Repräsentation, Frankfurt/Main 1993, S. 109 - 157
[14] Karl Heinz Stierle, Text als Handlung. Perspektiven einer systematischen Literaturwissenschaft. München 1975
[15] Etwa Wolfgang Welsch, Strukturwandel der Geisteswissenschaften, in Helmut Reinalter, Roland Benedikter (Hg.), Geisteswissenschaften im Spannungsfeld zwischen Moderne und Postmoderne, Wien 1998, 85 - 106

Die Frage nach dem Subjekt in der philosophischen Hermeneutik

Maciej Potepa , Warschau

1. Die moderne Auflösung des Subjekts

Es ist einer der großen Konsensus des 20.Jahrhunderts, daß Subjektivität kein Kandidat der Philosophie mehr ist. Dieser Konsensus besteht zwischen Habermas, Gadamer, Derrida, Lyotard, Foucault und Rorty. Subjektivität spielt auch nicht die Agentenrolle der universellen Vernunft. Das Subjekt , das universell konzipiert ist, wie das der Fall bei Descartes oder als Schlußpunkt des Systems bei Hegel ist, wird abgelehnt.

Die Erfahrung des Ausgeliefertseins des einzelnen an unkontrollierbare anonyme Prozeße in Gesellschaft, Politik und Geschichte, gehört zur allgemein verbreiteteten Erfahrung. Eine stetig wachsende Zivlisations- und Kulturkritik ebenso wie die Kritik an der Technik und den ihr entsprechenden Herrschaftsformen bilden das wesentliche Element solcher Weltsicht. Die dadurch motivierte Kritik an (falsch verstandener) Subjektivität, ist vor allem die Kritik an der vermeintlichen Macht des Subjekts. In den Strategien, die charakteristisch sind für die Suche nach der Subjektivität, das Subjekt wird in Abgrenzung gegen andere und anderes begriffen: ich bin Subjekt indem ich mein substantielles Selbstsein in meiner autonomen Selbstsetzung gründe und die Welt als Feld meiner freien Tat begreife und wahrnehme. In dieser Perspektive auf der einen Seite befindet sich die sich selbst frei setzende Subjektivität und auf der anderen die Welt, begriffen neuzeitlich im Prozeß der Verdinglichung. Kurz gesagt: in dieser Perspektive treten sich Ich und Welt als Subjekt und Objekt der sozialen Problemem gegenüber. Dieser Prozeß der Verdinglichung der Welt, die die Subjekt-Objekt Spaltung enthält, führt zur verheerenden ökologischen und sozialen Problemen. Horkheimer und Adorno sprechen in diesem Zusammenhang in der „ Dialektik der Aufklärung" vom Rückfall der Aufklärung in den Mythos. Der Prozeß der Verdinglichung der Welt und der ihr korrelierenden Subjektivität des Ich degradiert das Subjekt, das sich autonom der Welt entgegensetzt, zu einem Welt- und substanzlosen Selbst. Je autonomer sich das Subjekt gebärdet, desto mehr gerät es in den Sog unbeherrschbarer Abhängigkeiten. Und andererseits nur als Objekt subjektiver Betätigungen wahrgenommene Welt erweist uns gegenüber um so mehr ihre Souveränität, der wir uns in keiner Weise entziehen können. Auch Horkheimer und Adorno als die Kritiker der Subjektivität, lösen sich am Ende nicht vom Ideal des Humanismus, weil sie die Idee eines Aktes absoluter Versöhnung, d.h. die Idee der Wiederaneignung des Wesen des entfremdeten Menschen als Ende der Geschichte annehmen. Dieses „nostalgisch- restaurative- dialektische" Verständnis von Geschichte[1], die mit den Namen Marx, Lucas, Adorno und Bloch verbunden ist, stellt den traditionellen Begriff des Subjekts und damit die Idee des Humanismus im wesentlichen nicht in Frage, etwa in dem Sinne, daß hier die Kritik nicht die Inhalte des humanistischen Ideals beträfe, sondern ihre Chancen des historischen Überlebens innerhalb der neuen Lebensbedingungen der Moderne. Alle die Erscheinungen der Philosophie, die einen großen Teil der europäischen Kultur bilden sind durch das Pathos der Eigentlichkeit charakterisiert. Von Nietzsche aus gesehen, sind sie alle gegen die Vollendung des Nihilismus und für die Vollendung des Humanismus. Für den „nostalgisch-restaurativen" Versuch der Überwindung der Krise des Humanismus ist der Glaube charakteristisch an die höchsten Werte oder an die Möglichkeit der Herstellung oder Wiederherstellung einer Situation des Wertes in starken Sinne. In der Welt der Humanismus behält der Mensch als Subjekt die Position des „Zentrums" der Realität und das Bild des Menschen wird als etwas Irreduzibles und Besonderes angesehen, in dessen Mittelpunkt Freiheit, Entscheidung und die menschliche Geschichtlichkeit stehen. Die „restaurative" Auffassung der Krise des Humanismus glaubt daran, daß die praktische „Wiederaneignung" der Inhalte des Humanismus, innerhalb des utopischen Bildes des Menschen möglich ist, das mit der Revolution verwirklicht werden soll. Es wird heute vor allem in der sogenannten postmodernen Philosophie, der als „nostalgisch-restarative" Lektüre der Krise des Humanismus bezeichnete Vorgang, als einen breiten Prozeß angesehen. Es wird dazu gerechnet die Phänomenologie und früher Existenialismus (also auch Heideggers „Sein und Zeit", aber auch humanistischen Marxismus).[2] Wir sehen also, daß der Problemkomplex, der sich in der Spannung zwischen Objektivitätssucht und Subjektvitätskritik zeigt, nicht einfach zu lösen ist. Die Sache ist sehr verwickelt.

Im Licht dieser Arguementation wird Subjektivität somit gerade deshalb zu einer philosophisch zentralen Kategorie, weil sich aus dem Scheitern subjektivitätstheoretischer Begründungsversuche philosophisch Kapital schlagen läßt. Vielen Philosophen von den Frühromantikern über Schleiermacher und Kierkegaard bis zur Gegenwart haben gerade diese „Krise des Subjekts" immer wieder Anlaß gegeben, den Zusammenbruch subjektivitätstheoretischer Begründungsversuche und die an der Struktur des Selbstbewußtseins selbstaufweisbare „Erfahrung eines grundlegenden Mängels" als Anknüpfungspunkt für Fundierungsversuche der Philosophie aufzugreifen. Dabei wird in der Philosophie nach einem Muster argumentiert, die entweder Schleiermacherschen oder Hegelschen Provienienz ist. Ist die Struktur „Subjektivität" aber durch ein anderes gesetzt und nicht aus sich selbst begründbar, dann ist das Selbst ein Verhältnis, das indem es sich zu selbst verhält, sich zu einem anderen verhält , dem Absoluten (spekulativ gesprochen), oder Gott (religiös gesprochen). Das Subjekt erschließt im Selbstbewußtsein, dank der Reflexion seine Subjektvität als das Verhältnis, das sich zu sich selbst verhält. Weil nicht möglich ist, daß ein solches Verhältnis, das sich zu sich selbst verhält, durch sich selbst gesetzt wird (Fichte hat dabei gescheitert), muß ein Selbstverhältnis durch anderes gesetzt sein. Ein Selbstverhältnis, das sich selbst setzt, muß absolut sein und damit eine reichere Struktur aufweisen als die der Subjektivität. Subjektivität kann daher nicht aus sich selbst, sondern mit Hegel gesprochen nur als Realisierungsmoment des Absoluten begründet werden, das die Momente des Gesetzseins und des Setzens des Selbst in einer höheren Einheit vermittelt. Die spekulative Kritik sieht die fundamentalen Schwierigkeiten, in die jeder Begründungsversuch im Rahmen des bewußtseinstheoretischen Subjektivitätsmodells geraten muß. Ein guter Beispiel liefert Kants Theorie des Selbstbewusstseins. Kant denkt das Ich als jenen Akt, in dem das Subjekt des Wissens von allen besonderen Gegenständen absieht, sich in sich selbst zurückwendet und so die stetige Einheit seiner mit sich bewahrt. Diese Theorie vom Wesen des Ich nimmt zunächst ein Subjekt des Denkens an und betont, daß dieses Subjekt in einer stetigen Beziehung zu sich selbst steht. Diese Beziehung kommt dadurch zustande, daß sich das Subjekt dank der Reflexion zu seinem eigenen Gegenstand macht. Er nennt das Selbstbewußtsein die „transzendentale Apperzeption", die in der Vorstellung „Ich denke" zum Vorschein kommt. Kant ist sich im klaren darüber, daß das indivuduelle Selbst, das zum empirischen Ich gehört und das zu einer bestimmten Zeit in der Welt lebt, nicht das transzendentale Ich ist. Das transzendentale Selbstbewußtsein als das höchste Prinzip des Kantischen Systems und der Deduktion der Kategorien kann nicht unabhängig von seiner objektkonstituierenden Funktion rein für sich analysiert werden. Wir können daher das Ich-Subjekt nicht für sich allein, wie irgendeinen Sachverhalt fassen. Wo wir es denken, da haben wir es in unserem eigenen Gedanken vorausgesetzt und somit das gedachte Ich-Subjekt bereits zum Ojekt gemacht. Wir können uns also nur in einem beständigen Zirkel um es herumdrehen. Dieser Umstand hat zur Folge, daß im Selbstbewußtsein für sich keine Erweiterung unserer Erkenntnis von der Wirklichkeit geschieht. Das Wissende enthält selbst schon das, was es in der Rückwendung auf sich hat. Schon bei Kant haben wir zu tun mit der zirkelhaften Struktur bei der Erklärung des Selbstbewußtseins, und Kant ist sich dessen voll bewußt. Die Theorie vom Ich als Reflexion bewegt sich stets im Zirkel. Solche Versuche zur Erklärung von Selbstbewußtsein können wir die Interpretation des Selbstbewußtseins nach dem Reflexionsmodell nennen.[3] Das Reflexionsmodell des Selbstbewußtseins verwickelt sich jedoch in ausweglose Schwierigkeiten, die als Identifikationsschwierigkeiten bekannt sind. Die Kantische Vorstellung faßt das Wesen des Ich als Reflexion. Wenn wir annehmen, daß das Ich erst aus der Rückwendung des Subjekts auf sich als Objekt die Kenntnis seiner Subjekt-Objekt-Einheit gewinnt, dann ist seine Identifikation ausgeschlossen, denn das Subjekt weiß nicht, wonach es suchen soll. Durch bloße Rückwendung auf sich kann das Subjekt seine Identität nicht zustande bringen. Wenn man hingegen annimmt, daß das Subjekt bereits eine Kenntnis von seiner Subjekt-Objekt-Einheit mitbringt, dann bereitet die Identifikation der Subjekt-Objekt-Einheit keine Schwierigkeiten, doch bewegt sich die Theorie im Zirkel, weil sie die Identifikationsleistung schon am Anfang des Vorgehens voraussetzen muß. Das reflektierte Selbstbewußtsein verdankt sich einer Reflektion auf das denkende Ich. Dadurch aber entsteht der Zirkel, daß nämlich Reflxion, die das Selbstbewußtsein erklären will, ein Wissen um das Selbstbewußtsein bereits voraussetzt. Selbstbewußtsein kann man demzufolge nicht als Reflexion beschreiben.[4] Die dem Subjekt eingeschriebene Reflexion gibt kein Kriterium, auf Grund dessen ich feststellen könnte, daß tatsächlich ich es bin, den ich betrachte. Diese Einsicht muß ich schon gehabt haben, bevor sie ins Spiel gebracht wird.

Fichte ist der erste gewesen, der den Zirkel der Reflexionstheorie des Subjekts klar erkannt und Konsequenzen aus ihm für eigene Theorie des Subjekts gezogen hat. Die Lehre von Sich-Setzen des Ich vermeidet zwar den Zirkel der Reflexionstheorie: sie setzt nicht das Ich voraus, doch sie hintergeht das Wissen des Ich von sich, ohne zu ihm zurückzuführen. Im Fichteschen Modell des Ich ist die reflexionstheoretisch zu denkende Rückbezüglichkeit keineswegs eliminiert. Sie wird begründet durch ein selbstbezügliches Handeln, „ein Handeln auf ein Handeln", wie Fichte in der „Zweiten Einleitung in die Wissenschaftslehre"[5] sagt. Man könnte gegen Fichte einwenden, daß der Akt des Setzens, der in sich selbst zurück gehen soll, sich bereits voraussetzen und zwecks Identifikation ein Wissen von sich mitbringen muß, da andernfalls weder Selbstsetzung noch Selbstidentifikation zustande kommen. Fichte erbringt nicht den Nachweis einer notwendigen Zusammengehörigkeit und Einheit von Selbstproduktion und Sich-Wissen. Auch die Fichtes Rede vom Ich, das sich selbst setzt, die das Produktionsmodell des Subjekts zum Ausdruck bringt, kann die Rätsel des Selbstbewußtseins nicht lösen. Der Grundgedanke Fichtes ist der, daß kein Ich-Subjekt dem Selbstbewußtsein vorausliegt, sondern daß auch das Subjekt zugleich mit dem ganzen Bewußtsein Ich = Ich hervortritt. Die Rede von Ich, das sich selbst setzt, ist also das negative Bild des Reflexionsmodells des Subjekts, dessen Mängel Fichte erkannt hat.

Auf andere Weise versucht Hegel die Schwierigkeiten des reflexions- produktiven Modells des Selbstbewußtseins umzugehen, indem er die Momente des Gesetzseins und des Setzens des Selbst in einer höheren Einheit vermittelt. Er versucht die fundamentalen Schwierigkeiten, in die jeder Begründungsversuch im

Rahmen des bewußtseinstheoretischen Subjektivitätsmodells geraten muß, durch eine Theorie des Absoluten zu begegnen, die das Werden des Ich als Moment der Selbstwerdung des Absoluten expliziert. Bei Hegel ist nicht das Ich, sondern das Absolute der Fels auf dem alles aufgebaut wird. Die Begründungsfigur ist damit komplexer als in dem reflexions-produktiven Modell der Subjektivität, insofern die Subjektvitätsstruktur des Ich selbst als Moment eines umfassenderen Begründungszusammenhangs expliziert wird, indem die Identität des Ich zusammen mit der Vielfalt der Welt begründet wird; aber es ist immer noch eine Begründungstruktur, die dort Begründungen zu holen sucht, was gar nicht zu begründen ist. Hegels Modell der Subjektivität operiert auch mit der Begründungsschema.

Der späte Fichte, Schleiermacher und Novalis sind sich völlig dessen bewußt, daß das Selbstbewußtsein nur aus sich heraus nicht verständlich gemacht werden kann. Die „absolute" Macht des Selbstbewußtseins zerbricht an Faktizität, der ihm unzugänglichen Selbstvermittlung. Das Selbstbewußtseins ist also kein Raum, in dem das für sich transparente Subjekt dank der Reflexion sich selbst und die Welt begründet. Um das Selbstbewußtsein zu erklären, müssen wir den als notwendig zu postulierende Einheitsgrund des Selbstbewußtseins in die Transzendenz (Fichte sagt: Das Absolute[6], oder absolute Wissen) verlagert- in ein jenseitiges Absolutes verlagern.

Die Kritik am Begriff des Subjekts wird noch im Laufe der Zeit radikalisiert: Nietzsche, Heidegger, Gadamer haben dazu beigetragen, daß das Subjekt als der wesentliche Grund- und Prinzipienbegriff der Philosophie der Neuzeit und der Moderne in Frage gestellt wird. Heidegger und Gadamer haben daran festgehalten, daß Sujektvität und Selbstbewußtsein eine Ableitung aus einer ursprünglichen Realität - sei es das Verstehen, sei es die Sorgestruktur - sein muß. Bei Gadamer übernimmt die Tradition die Funktion des Subjekts. Das Verstehen von Überlieferung ist bei ihm niemals ein subjektvies Verhalten zu einem gegebenen „Gegenstand", sondern zur Wirkungsgeschichte. Aber darin sind wir immer schon durch Wirkungsgeschichte bestimmt in dem Sinne, daß Wirkungsgeschichte „zum Sein dessen gehört, was verstanden wird". Auf diese Weise dominiert bei Gadamer über den Interpreten und Verfasser eines Werkes das sogenannte „Sinngeschehen". Bei Heidegger nimmt es die Form des „Seinsgeschicks", bei Gadamer die Gestalt der „Horizontverschmelzung."Dieser hier auschließlich zulässige Typ der Rationalität dominiert jedes individuelle Verstehen und jede Verständigung. Der hermeneutische Einspruch Gadamers gegen die Subjektivität bewährt Grundrisse des Modells der Reflexivität, weil der von Gadamer sogenannte spekulative Charakter des Verstehens - der darin besteht, daß Eines (zum Beispiel eine Tradition) sich im Anderen (aktuelles Verstehen) als in sich spiegelt - die Struktur der Reflexion - in sich hat. Gadamer ersetzt das idealistische „Subjekt" durch die Tradition und die Sprache; hält aber dennoch die idealistische Reflexionsstruktur aufrecht. Gadamer bezieht die Heideggersche Seinsproblematik auf das Phänomen der Überlieferung. Die Übermacht des Seinsgeschicks ist demnach mit der der Tradition bei Gadamer gleichzusetzen. Die Rolle des Seins, das nie zum ausdrücklichen Bewußtsein gelangen kann, übernimmt bei Gadamer die Wirkungsgeschichte. Das Seinsgeschick ist konkret die Tradition. Gadamer sagt sogar, daß das wirkungsgeschichtliche Bewußtsein auf eine unaufhebbare Weise mehr Sein als Bewußtsein ist.[7] Im Verstehen ist nicht das Subjekt selbst tätig, sondern ist immer noch die Geschichte am Werk. Es ergibt sich letztlich bei ihm, daß das Verstehen und die Sprache in der Form des Gesprächs das Geschehen der Geschichte selbst ist. Das Geschehen ist nicht mehr relativierbar, weil es alles in sich einschließt. Als das Spiel, das sich selbst spielt, ist es das absolute Subjekt.

Wenn man diesen Ansatz zur geschichtlichen Entwicklung in Bezug setzt, so zeigt sich, daß die Bewegung von Hegel über Heidegger zur Hermeneutik und später zur Postmoderne, durchaus konsequent ist. Sie ist bestimmt durch eine immer radikalere Historisierung, immer radikalere Geschichtsauffassung, der eine paradoxe Selbstauflösung der Philosophie der Subjektivität zu Gang zu ihrer Vollendung hin entspricht. Das Subjekt verflüssigt sich, es wird nicht mehr für sich gesetzt. In Hegels Philosophie umgreift das Geschichtssubjekt die Geschichte als ein anderes, das als anderes zu negieren ist. Heideggers Geschichtssubjekt, das Sein, ist weit weniger als der Geist vom Geschehen abzutrennen, das Sein soll nichts für sich sein, dann wäre es ja ein Seiendes. Bei Heidegger können wir überhaupt nicht vom Sein als Subjekt der Geschichte reden, weil nach Heidegger der Bestimmung „Subjekt" keine positive Bedeutung zukommt. So erscheint es unangebracht die Philosophie noch in irgendeiner Weise von der Philosophie der Subjektvität her zu begreifen. Aber diese Unangemessenheit gründet gerade darin, daß der Vorgang der Subjektivierung nun absolut geworden ist. Es gibt kein Seiendes, das außerhalb der Geschichte steht. Geschichte ist nun das Subjekt geworden. Geschichte - Sprache - Spiel das sich die entscheidende vertauschbaren Größen. Jetzt sind alle metaphysischen außergeschichtlichen Reste abgestoßen (wie Geist bei Hegel), weil Geschichte nur an ihr selbst das absolute Subjekt geworden ist.

2. Die postmoderne Auflösung des Subjekts

In den letzten Jahren ging und geht es vor allem im Umkreis von Postmoderne um eine radikale Infragestellung des Subjekts, einem der wesentlichen Grund- und Prinzipienbegriffe der Philosophie der Neuzeit und der

Moderne. Das Subjekt wird überflüssig. Es wird für eine Illusion gehalten. Es liegt auf der Hand, daß die Kritik am Begriff des Subjekts gleichbedeutend mit der Kritik am Ideal des Humanismus ist. Bei Vattimo kann man zum Beispiel eine Aversion gegen das „Ideal des Subjekts" feststellen, das „als versöhntes Selbstbewußtsein" zu verstehen wäre. Das Subjekt humanistisch als Selbstbewußtsein gedacht ist „überholt", insofern es ein Aspekt des Denkens ist, das das Sein zugunsten der Objektivität sowie der bloßen Anwesenheit vergißt.[8] Das Subjekt als Selbstbewußtsein gedacht, ist „überholt", weil es als das Korrelat des metaphysischen Seins, charakterisiert als Objektivität, d.h. als Evidenz, Stabilität, unerschütterliche Sicherheit, gedacht wird. Vattimo solidarisiert sich damit mit dem wahren Sinn Heideggers Antihumanismus und betont dabei, daß in diesem Antihumanismus sich nicht mehr die Forderung nach einem „anderen Prinzip" ausdrückt, das, über den Menschen und seine Herrschaftsansspräche hinausgehend, einen neuen Bezugspunkt liefern könnte. Für die postmodernen Denkern hat der Humanismus einen repressiven und asketischen Charakter, der sich im modernen Denken in dem Maße verstärkt, wie die Subjektivität sich nach der wissenschaftlichen Objektivität ausformt und zu ihrer bloßen Funktion wird.[9] In der Kritik des Subjekts schließt Vattimo eigenlich an Heideggers philosophischen Ansatz an, der in seiner Perspektive sich als eine Kritik erweist, die in eine Kritik an der Metaphysik eingebettet ist. Der Humanismus ist nach Heidegger Doktrin, die dem Menschen die Rolle des Subjekts, d.h. des Selbstbewußtseins als Sitz der Evidenz im Rahmen des als Grund bzw. volle Anwesenheit gedachten Seins zuweist. Heidegger hat in der Analyse des Bezuges zwischen Metaphysik, Humanismus und Technik überzeugend gezeigt, daß das Subjekt, das wir gegen den technischen Enthumanismus ständig verteidigen sollten, eigentlich selbst die Wurzel dieser Enthumanisierung ist, weil als reine Funktion der Welt der Objektvität dazu neigt, selbst Objekt der Manipulation zu werden.[10]

Vattimo bezieht sich in seiner Kritik des Subjekts in höchst origineller Weise auf den Heideggers Begriff des Gestells und greift das auf, was Heidegger als das „Andenken des Seins" nennt. Heidegger hat eine Theorie der Seinsgeschichte entworfen, die er als Wandel des „Wesens" der Wahrheit verstanden wissen wollte. Diese Geschichte der Wahrheit geht vom Verständnis des Seins als Unverborgenheit (aletheia) aus und verläuft über die verschiedenen Phasen. Unter dem Stichwort „Vorstellung" und dem „Satz vom Grund" verfolgt Heidegger die Seinsgeschichte im neuzeitlichen Denken. In ihm ist das Zugrundeliegende der Wirklichkeit das „vorstellende Subjekt", dasjenige, was die Dinge vor-stellt und als Zu-bestimmende in seine Macht zu nehmen sucht. Die Vorstellung und der Satz vom Grund, sind wesentliche Bestimmungen, die ein Subjektdenken auf den Weg bringen. Dieses Subjektdenken leitet sich nicht mehr vom Sein her, sondern nur vom endlichen Menschen her verstehen läßt, der diese Welt bis in ihre Gründe hinein, vor sich stellt und unter seine Botmäßigkeit zu bringen sucht. Die Welt des Subjekts manifestiert sich in der gegenwärtigen Welt im „Wesen der Technik" und der Bestimmung des Wesens der Technik selber als „ Gestell". Heidegger spricht im ersten Teil von „Identität und Differenz" (1957) vom Gestell, d.h. von der Welt der modernen Technologie als Vereinigung von Stellen, Anordnen, Auferlegen usw. Im weiteren Verlauf des Textes wird deutlich, daß das Gestell die Welt der Technik, nicht nur dasjenige ist, worin die Metaphysik ihren Gipfel und ihre höchste Entfaltung erlangt. Damit ist totale Herrschafts- und Manipulationszusammenhang des Wirklichen bezeichnet, der so stark sei, daß dem herrschenden Subjekt gerade in seiner unbedingten Selbstbehauptung die Herrschaft entgleitet und zwar so, daß sie gar nicht einmal mehr wahrgenommen werden kann. Genau an dieser Stelle - so Heidegger - eröffnet sich aber die Möglichkeit, daß das Ereignis des Seins erneut aufblitzt und ein Geschehen von Sein in Gang kommt, das den „Schwingungsbereich des Seins" öffnet, von dem aus vielleicht das, was bislang im Denken nur zu erahnen ist, real werden könnte, als „Grund" fungieren und zwar weder als Sach - noch als Denkgrund. Das Denken, das in der Situation des Gestells in Gang kommt, ist dann ein solches, das das Sein als Vorstellung und das Sein als Grund „fahren läßt". Heidegger drückt das wörtlich in dem Vortrag „Zeit und Sein" von 1927, daß es darauf ankommt, das Sein als den Grund des Seienden fahren zu lassen.[11] Wenn man die Seinsgeschichte bis zur Theorie der Technik als „Gestell" verfolgt, dann scheint es plausibel zu sein, daß in der Technik als ihrer Vollendungsgestalt und ihrem Vollendungssinn, auch die Geschichte der Metaphysik zu Ende gekommen ist. Das Gestell beinhaltet „die Möglichkeit, daß in ihm, überwältigt in gegenseitiger Erschütterung, Mensch und Sein ihre metaphysisischen Eigenschaften verlieren und vor allem diejenige, die sie als Subjekt" und Objekt einander entgegensetzt."[12] Gerade dadurch, daß im Gestell das Subjekt seine Herrschaft bis ins letzte ausgedehnt hat, ereignet sich auch das Ende der Metaphysik und das Ende des Subjekts. Der Ausgang aus dem Humanismus, aus der Metaphysik und aus dem Subjekt ist keine Überwindung, sondern eine Verwindung. In dieser Hinsicht stellt der traditionelle Humanismus des animal rationale ein (selbst) Mißverständnis und doch auch zugleich ein in gewisser Weise korrektes, weil unumgängliches Verständnis dar, das Selbstverständnis des Menschen unter und gemäß dem Geschick der Wahrheit als Vorstellung und als Grund. Der europäische Humanismus ist eine metaphysische Vorstellung vom Menschen. Doch das bedeutet, neben den anderen Konsequenzen, daß der traditionelle Humanismus des animal rationale eine metaphysische Vorstellung vom Menschen darstellt und gehört zur Seinsvergessenheit, die die Metaphysik konstituiert. Der Mensch als Subjekt ist aber in diesem Geschehen des Geschicks der Wahrheit als Vorstellung und als Grund, nur ein Moment, und eben deswegen kann Heidegger gegen den Anspruch des Humanismus polemisieren. Der Humanismus, der ein Teil und Aspekt der Metaphysik ist, besteht in der Definition des Menschen als subiectum. Aber dieser Humanismus kann nicht als ein Irrtum des Menschen gedacht werden, von dem man sich durch einen Willensakt befreien könnte. Und daher kann Vattimo mit Heidegger sagen, daß die Metaphysik nicht nur ein Schicksal in dem Sinn ist, daß sie uns zugehört und uns konstituiert und wir sie nur verwinden können; sondern auch die Seinsvergessenheit ist, wenigstens in gewissem Sinn, dem Sein selbst eingeschrieben (nicht einmal das Vergessen hängt von uns). Das Sein läßt sich niemals vollständig vergegenwärtigen (darsi tutto presenza). Der Humanismus, wie Heidegger dies ausführlich im „Brief über den Humanismus" ausführt, ist nicht imstande, das wahre Wesen des Menschen selbst zu retten. Das Andenken des Seins, von dem Heidegger spricht, ist nicht imstande, das Sein wie einen von uns liegenden Gegenstand zu ergreifen. Wenn wir uns andenkend zum Sein verhalten, denken wir das Sein als nur gewesen, als nicht (mehr) gegegenwärtig. Der Rückgang in die Geschichte der Metaphysik, den Heidegger mit dem Begriff der Verwindung der Metaphysik (oder des Humanismus) verbindet, führt uns zu keiner Position, „außer zur Erinnerung an das Sein als etwas, von dem wir immer schon Abschied genommen haben."[13] Aber was heißt eigentlich vom Blickwinkel des Geschicks des Seins die Geschichte der Metaphysik zu denken? Heidegger sagt im „Satz vom Grund", daß vom Blickwinkel des Geschicks des Seins aus zu denken bedeutet, „uns (...) der lösenden Bindung in die Überlieferung (...) anzuvertrauen."[14] Aus Vattimos Darlegungen ergibt sich, daß das Geschick des Seins uns in der Form der Überlieferung zugänglich ist. Es gibt in diesem Sinn keine ewigen Strukturen des Seins und „keine ewigen Sturkturen der Vernunft", sondern „Akte des Wortes", „Überlieferung von Botschaften", die uns aus der Vergangenheit, aus der „Kultur" erreichen und nur indem wir auf sie antworten, können wir der im Augenblick gelebten Erfahrung Sinn geben.[15]

Vattimo verzichtet damit nicht auf die Vernunft überhaupt, sondern er nimmt den Abschied von einem bestimmten Verständnis von Vernunft. In diesem Sinne sind in der Überlieferung von Botschaften, die uns aus der Vergangenheit erreichen, auch Kriterien der Vernünftigkeit enthalten.

Vattimo entwickelt in seiner Konzeption die Philosophie als hermeneutische Ontologie, die im Ausgang von einer Interpretation von Nietzsches Übermenschen, das Sein als ein „Spiel von Auslegungen", das unsere Welt ist, begreift. Damit plädiert er für eine „Schwächung des Seins".[16] In dem postmetaphysischen Denken verliert Mensch und Sein ihre metaphysischen Eigenschaften - vor allem diejenigen, die sie als Subjekt und Objekt einander entgegensetzen.

Aber was wird also genau in der Infragestellung des Subjekts bei Vattimo kritisiert? Zurückgewiesen wird zunächst das Subjekt als überzeitliche Seele oder Substanz. Es wird weiter jenes Subjekt zurückgewiesen, das als Erkenntnis- und Ordnungsfaktor mit zeitunabhängigen Indikatoren ausgestattet ist. Vor allem wird das Subjekt als absolutes Ich zurückgewiesen, das systematisch und methodisch als Erklärungsgrund oder Modell des Begreifens von Sein, Natur und Geschichte fungiert. Vattimo wendet sich gegen das Subjekt und sucht jenseits vom Subjekt. Er wendet sich gegen das substantiale, gegen das transzendentale sowie gegen das spekulativ bzw. dialektisch konzipierte Ich.

Zusammengefaßt: Vattimo, der ein „Jenseits vom Subjekt" sucht, wendet sich also gegen das „starke" Subjekt, Und deshalb auf die Frage, die M. Baumgartner,[17] unter Vattimos Adresse gestellt hat (diese Frage könnte sich auch beziehen auf die andere postmoderne Denker), nämlich ob mit dieser Konzeption auch das Subjekt als endliches Selbstbewußtsein, als Selbstzüglichkeit und selbstgewisses Subjekt, als reflektierendes und sich bestimmendes und damit auch Geschichte entwerfendes Individuum, ebenso verworfen ist – könnte man eine Antwort geben, daß die Rede in der Philosophie von einem Subjekt überhaupt nicht absolut geworden ist. Nur das „ starke" Subjekt ist „ überholt". Die postmoderne Denkern plädieren mit Nietzsche, Heidegger und Lacan für die „Abmagerungskur des Subjekts", die es dazu beigetragen sollte, „den Appel des Seins zu vernehmen", der sich nicht mehr in endgültigen Ton des „Grundes" oder des Denkens oder des absoluten Geistes manifestiert, sondern seine Anwesenheit - Abwesenheit auflöst in den Netzen einer Gesellschaft, die sich immer mehr in einen höchst sensiblen Kommunikationsorganismus verwandelt.[18]

Mit Recht hat Baumgartner, wie mir scheint, vom Standpunkt der transzendentalen Philosophie, darauf hingewiesen, daß eine solchermaßen radikale Ablehnung des kleingeschriebenen „Ich" wäre mit der Gefahr verbunden und würde dann beitragen, daß der Menschg grundsätzlich dem Prozeß der Geschichte hilflos ausgeliefert wäre. Wie kann dann - bemerkt Baumgartner - die Kritik am Totalitären in Geschichte und Politik legitimiert werden.[19] Macht nicht eine radikale Kritik des Subjekts, die auch noch das kleingeschribnee „Ich" verwerfen würde, ihrerseits anfällig für's Totalitäre?

3. Die Frage nach dem Subjekt in der Hermeneutik.

In der philosophischen Hermeneutik als Lehre vom Verstehen und Auslegen von Texten oder allgemeinen von Sinngebilden aufgefaßt, müssen wir auf die Kategorie des Subjekts rekurrieren. Intervention des Sprechenden kommt in jeder Rede zur Erscheinung; sie kann minimal, aber niemals gleich Null sein. Die Sprache ist nie Herr ihrer eigenen Anwendung ohne Intervention handlungsfähiger sinnstiftender Subjekte. Die Sprache als System (Schleiermacher spricht von Totalität der Sprache, Gadamer von der Ganzheit der Sprache - man könnte auch, wie Derrida sagen: Differenzialität der Sprache), ist gewiß eine notwendige Voraussetzung der Sinnerzeugung (ohne difference gäbe es keine Bedeutungen und keine Bedeutungsveränderung), was nicht heißt, wie Derrida behauptet, daß Bedeutungen allein durch sprachliche Differenzialität enstehen.[20] Die sogennanten Post- oder Neostrukturalisten behauptet sogar, daß die Sprache kein geschlossenes, kontrollierbares System bildet, sondern ein offenes, unkontrollierbares Spiel von Differenzen. Dabei ist festzuhalten, daß die Gesetze der Opposition und Kombination, welche die Unterscheidung und Verknüpfung der Zeichen bestimmen, dem Subjekt uneinholbar vorausliegen. Eines der eindrucksvollsten Beispiel für die subjektfeindlichen Grundeinstellung des Poststruktualismus befindet sich in Derridas Lehre von der differance. In Anlehnung an die Ambiguität von differer (sich unterscheiden, aufschieben) meint differance sowohl die siinstiftende Unterschiedenheit der Signifikanten als auch den Aufschub der Präsenz des Signifikats. Mehr noch, wie das dem Gehör entschwindende a ist die differance in ihrer irreduziblen Alterität - obgleich Grund aller Signifikanz- selbst insignifikant. Die Bedeutung gründet , mit anderen Worten, in einem selbst nicht Bedeutenden. Die unmittelbare Durchsichtigkeit des Sinnhaften ist in ihrem Ursprung getrübt; und wenn man sie als das Sagbare definieren möchte, so ist ihr Ursprung das Schweigen. Liegt der Ursprung des Sinnes im stummen Anderen der differance, so lockt die Versuchung, das Subjekt gänzlich zu verabschieden. In der Tat scheint Derrida diese Konsequenz zu ziehen. Gegen Derrida kann man behaupten, daß die Bedeutungen nicht allein durch sprachliche Differenzialität entstehen. Ohne Sprache als System kann nicht gesprochen und verstanden werden; ohne die Leistung des Subjekts hätten wir jedoch überhaupt keinen Sinn und keine Verständnis-Möglichkeit. Die Individualität (das selbstbewußte Subjekt) scheint mir ein Wert zu sein, weil sie intim auch mit der Interesse der Vernunft verknüpft ist. Auch vom Standpunkt der philosophischen Hermeneutik aus ist die Rede vom Subjekt unverzichtbar.

Heideggers und Gadamers Hermeneutik setzt voraus, daß die Wahrheit nicht mehr in positiver Abbildung des Absoluten gesichert werden kann. Deshalb müssen wir uns darüber unterhalten, was Wahrheit ist. Die Vernunft muß sich um Konsens bemühen und deshalb können wir die Vernunft nicht in die ihre alte idealistische Autonomie einsetzen. Der Philosoph reflektiert nicht nur über die Möglichkeiten, die dem Subjekt zur Erkenntnis der Gegenstände gegeben sind, sondern zieht auch den Kommunikationsbezug zwischen dem einen und dem anderen Subjekt und deren gemeinsamen apriorischen Erkenntnisbewegungen in Betracht. Das andere Subjekt mit dem ich spreche, ist ein sprechendes Subjekt, das für mich organisch-leiblich gegenwärtig ist, und die Kommunikation zwischen Subjekten ist die Geschichte der sprechenden Subjekte, an deren Anfang der Streit und an deren Ende die Übereinstimmung steht.

Das Scheitern der sich selbst begrundenden Vernunft und das Scheitern des Reflexionsmodells des Subjekts haben die hermeneutische Konsequenzen ,weil die Subjekte die Wahrheit ihrer Erkenntnisse auf dem Feld zwischenmenschlicher Verständigung suchen müssen, und damit auf den Prozeß des gemeinsamen Denkens angewiesen sind. Weil die absolute Wahrheit unerreichbar ist, müssen die Subjekte die Intersubjektivität ihrer Übereinkünfte in dem Gespräch zu erreichen suchen.

Ich bin der Meinung, daß der hypothetisch bezogene Interpretationsprozeß sich nicht verstehen läßt, wenn man die Dimension von Bewußtsein, von Praxis einfach ausschaltet oder für einen Effekt der differenziellen Beziehung zwischen den Wortmarken erklärt. Derrida hat nicht recht, wie mir scheint, wenn er behauptet, daß Zeichen stets richtungslos aufeinander verweisen, ohne je etwas Nachvollziehbares zu meinen gleichsam ohne jegliches vouloir dire. Die Versteifung auf ein Anderes, Unerreichtes, ist purster Positivismus. Es heißt die Metaphysik der schlechthinnigen Vorhandenheit fortzusetzen, Sprache als reinen Laut hinzunehmen, der ohne auf das Subjekt zu rekurrieren, nichts anderes als sich selbst auszusagen hätte.[21] Nur in der Dimension eines vorgängigen Bewußtseins lassen sich hypothetische Urteile fällen und Motivierungen vollziehen, wie es Interpretationen sind.

Das Geschäft der Hermeneutik macht die Tatsache aus, daß wir einander nie ganz verstehen. Alles Verstehen impliziert wesentlich ein Nicht-Verstehen. Die hermeneutische Praxis liefert kein letztgültiges Kriterium der Wahrheit. Das Moment des Nicht-Verstehens läßt sich nie gänzlich in der Hermeneutik auflösen. Trozdem spielt die Hermeneutik dabei eine fundamentale Rolle, weil die Einlösbarkeit des Sinns des Textes (oder der Zeichen) nur in einer Hermeneutik fundiert sein kann. Die im Text selbst verwobenen Zeichen erwerben den Status von Zeichen nur kraft einer Interpretation. Äußerung (Text) und Interpretation sind nicht zwei Seiten einer teilbaren Arbeit - der Produktion und der Rezeption: Nicht die Auslegung verfehlt gegebenfalls den ursprünglichen Sinn der Äußerung, die Äußerung selbst bezitzt Sinn nur »dia hypothesin« nur vermutungsweise.

Aus strukturellen Gründen kommt es noch stärker zum Vorschein die Tatsache, daß die hermeneutische Praxis kein letztgültiges Kriterium der Wahrheit liefert. Das liegt in der Beziehung zwischen der Sprache als System (langue) zu ihrer konkreten Sprachverwendung (parole) Jede Zeichenidentifikation schließt eine Interpretation ein, nämlich eine vom System der Sprache aus nicht deduzierbare Interpretation, die das Wort von Kommunikation zu Kommunikation als immer wieder anderes Zeichen besteht. Die individuelle Anwendung der Sprache kann niemals aus der Semantik und der Grammatik deduziert werden. Die Sprache ist nicht Vollzugsorgan der Vorschriften des universellen Code. Es gibt keinen Code, der jedesmal individuelle Anwendung der Sprache völlig zu entschlüsseln imstande wäre. Die individuelle Anordnung die z.B. einen Stil ausmacht, ist niemals aus einem vorgängingen Code abzuleiten.[22] In der hermeneutischen Praxis können wir uns also niemals auf blinde Anwendung der erlernten Regeln verlassen, weil die Anwendung der Regeln des Verstehens nicht auf Regeln gebracht werden kann.[23] Selbst Kontextregeln, wenn es sie gäbe, könnten die Einmaligkeit und Aktualität der kontextuellen Situation nicht bis letzte antizipieren und determinieren.

Über die Wahrheit einer Interpretation kann nicht endgültig »entschieden« werden. In diesem Sinne gibt es nicht die letzte, beste Interpretation von Reden oder Texten, weil ja nach Lebenserfahrung, Standort, Weltansicht und Sprachbeherrschung von verschiedenen Interpreten verschiedene Differenzierungen von Worten in einem Text vorgenommen werden, deren Sinn nur von einem außerhalb der Kommunikation liegenden Standort zu kontrollieren wäre. Diesen Standort gibt es nicht, denn nur in einer Kommunikation (und nicht außerhalb ihrer) können Wörter einen Sinn haben. Der Sinn eines Satzes ist nicht objektiv, d.h. ist nicht außerhalb der Kommunikation entscheidbar. Nur in sozialer Praxis hat sich der Sinn stets auf neue und ohne letzte Garantie seiner Objektivität zu bewähren. Die Interpretation wird damit unendlich. Diese Unendlichkeit der Interpretation läßt sich durch die Intervention eines sinnschaffenden und sinndeutenden Subjekts erklären.

Aus dem, was schon über die Hermeneutik gesagt wurde, ist der Schluß zu ziehen, daß der Rekurs auf die Individualität (auf das Subjekt) für die Hermeneutik unvermeidbar ist. Das Subjekt stellt die letzte Instanz dar, durch die Sinn geschaffen und verstanden werden kann. Damit plädiere ich für eine Hermeneutik, die am Begriff eines sinnstiftenden Subjekts festhalten kann und will.

Eine generelle Schlußfolgerung aus den bisherigen Überlungen ist folgende: die Sprache ist ein geschichtlich bestimmtes System, das im konkreten Gebrauch seinen Sinn konstituiert und verändert. Für die Konstitution und Transformation der Bedeutung der sprachlichen Äußerungen ist das Individuum verantwortlich.

Ich teile mit Gadamer die Überzeugung, daß man die Hermeneutik heute nicht mehr, wie das bei Schleiermacher der Fall war, als Kunst des Verstehens, oder wie bei Dilthey und bei Betti [24] als Methode der Geisteswissenschaften begreifen kann und sollte. Es macht nicht viel Sinn noch heute, eine Kunstlehre des Verstehens, wie es die ältere Hermeneutik beabsichtige, zu entwickeln. Auch die Beschreibung und die Begründung des methodischen Verfahren der Geisteswissenschaften gehört nicht, meiner Meinung nach, zur Aufgabe der philosophischen Hermeneutik. Es ist mir nahe, in der Auffassung der Augabe der Hermeneutik das, was Gadamer in der Vorrede zur »Wahrheit und Methode« schreibt: „ Mein eigentlicher Anspruch war und ist ein philosophischer. Nicht, was wir tun, nicht, was wir tun sollten, sondern was über unser Wollen und Tun hinaus mit uns geschieht, steht in Frage."[25]

Im Falle der Hermeneutik befinden wir uns heute eher in einer platonischen als in einer aristotelischen Situation. Das heißt, daß man nicht mehr daran glaubt, in der Philosophie eine letzte Begründung liefern zu können. Die Überzeugung, daß die Philosophie zu letzten Evidenzen führen kann, ist eigentlich mit der transzendentalen Philosophie verabschiedet worden. Gerade dort, wo sich Philosophie nicht mit Hilfe von Reflexion begründen kann, braucht sie notwendig Hermeneutik und Rhetorik. Sie ist auf Rhetorik und Hermeneutik angewiesen, auf Disziplinen, die den Kontingenzanteil der Philosophie zum Vorschein bringen.

Schon bei Plato ist die Philosophie auf etwas anderes angewiesen, nämlich auf Frömmigkeit, die zu begründen sie selbst nicht imstande ist. Plato zufolge lehrt Philosophie etwas, was sie nicht als evident und wahr nachweisen kann. Deshalb braucht sie Rhetorik und Hermeneutik. Beide, sowohl Rhetorik als auch Hermeneutik, resultieren aus dem Kontingenzanteil der Philosphie. Wo, wann, wie Philosophie jemanden zum Wahren führen kann, das bestimmt bei Plato die Rhetorik. Gerade deshalb ist ihm die Rhetorik als Überzeugungs-Kunst auf das Wissen um das Wahre (Philosophie) angewiesen. Nachdem Plato im »Georgias« die gesamte Rhetorik als bloße Schmeichelkunst mit der Kochkunst gleichsetzt und allem wirklichen Wissen entgegengesetzt hat, versucht er im Dialog »Phaidros«, der Rhetorik einen tieferen Sinn zu verleihen und eine philosophische Rechtfertigung zuteil werden zu lassen. Dieser Dialog will zeigen, daß die Rhetorik mehr eine Philosophie des menschlichen Lebens, das durch Reden bestimmt ist, darstellt als eine Technik der Redekunst. Plato zeigt im Dialog »Phaidros«, daß Rhetorik stets auf die Dialektik als das höchste Wissen angewiesen ist. Denn die eigentliche Kunst der Rhetorik sei weder vom Wissen um das Wahre ablösbar noch vom Wissen um die Seele des Zuhörers, an dessen Affekte und Leidenschaften die retorischen Mittel zwecks Überredung appelieren. Das, was im »Phaidros« über die Erhebung der Rhetorik von einer bloßen Technik zu einem wahren Wissen (das Plato freilich »techne« nannte) gesagt wird, muß sich letztlich auf die Hermeneutik als die Kunst des Verstehens anwenden lassen. Das Verstehen muß ebenso vom Wissen her gedacht werden. Nun geht es wahrer dialektischer Philosophie um das »Gute«, und das stellt sich nicht als ein »ergon« dar, das durch das Machen hergestellt wird, sondern als Praxis, das heißt als »energeia«.

Anmerkungen

[1] G.Vattimo, Die Krise des Humanismus, in: Das Ende der Moderne, Stuttgart 1990, S.47.

[2] G. Vattimo, Apologie des Nihilismus, in: Das Ende der Moderne, op.cit.,S.27.

[3] Das traditionelle Modell des Selbstbewußtseins hat zuerst D. Henrich in seinem Aufsatz „ Fichtes ursprüngliche Einsicht", in: Subjectivität und Metaphysik, Festschrift für W. Cramer, Frankfurt a. M. 1966 behandelt.

[4] D. Henrich, Selbstbewußtsein, in: Hermenutik und Dialektik, Bd. I, hrsg. R. Bubner, K. Cramer, R. Wiehl, Tübingen 1970, S. 271.

[5] J.G. Fichte, S W I, 459 (GA I/4, 213).

[6] J.G. Fichte, Wissenschaftslehre von 1801/02, SW II, 13 (GA II/6),143 f.).

[7] H. G. Gadamer, Kleine Schriften I , Tübingen 1976, S.127.

[8] G. Vattimo, Die Krise des Humanismus, op. cit., S.49.

[9] Ebenda, S.50.

[10] Ebenda, S.53.

[11] M. Heidegger, Zeit und Sein, in: Zur Sache des Denkens, Tübingen 1969, S.6.

[12] G. Vattimo, Die Krise des Humanismus, op. cit., S.47.

[13] G. Vattimo, Nihilismus und Postmoderne in der Philosophie, in: Das Ende der Moderne, op. cit., S.190.

[14] M. Heiedegger, Der Satz vom Grund, Pfullingen 1957, S. 187.

[15] G. Vattimo, Jenseits vom Subjekt, op. cit., S.12.

[16] R. Capuro , Gianni Vattimo: Denker der Moderne , in: Das Ende der Moderne, op. cit., S.104.

[17] H. M. Baumgartner, Jenseits des Subjekts? Philosophieren nach dem Ende des Idealismus, in: Philosophie der Subjektivität, Stuttgart 1993, S.25.

[18] G. Vattimo, Die Krise des Humanismus, op. cit., S. 54.

[19] H. M. Baumgartner, op. cit., S.21.

[20] J.Derrida, Vgl. La voix et le phénomene, Paris 1967 (dt.: Die Stimme und das Phänomen, Frankfurt/Main 1979).

[21] Vgl. J. Grondin, Einführung in die philosophische Hermeneutik, Darmstadt 1991, S. 179-103.

[22] O. Marquard, Frage nach der Frage, auf die die Hermeneutik die Antwort ist, in: Abschied vom Prinzipiellen, Stuttgart 1981, 134-138.

[23] E.D. Hirsch, Validity in Interpretation, New Haven/London 1967, S.201.

[24] Vgl.E. Betti, Die Hermeneutik als allgemeine Methodik der Geisteswissenschaften, Tübingen 1962, 1972.

[25] H.G. Gadamer, Wahrheit und Methode, op. cit., S. XVI.

Interpretationistische Subjektphilosophie und hermeneutisches Subjekt

Georg Römpp

Der Gedanke, die Bestimmtheit der Welt stelle das Ergebnis eines Interpretationsgeschehens in Analogie zum Verstehen von Texten dar, kann als Fortsetzung und Transformation der subjektphilosophischen Aufklärung über das Wissen verstanden werden. Wenn Interpretation aber ein Auffassen von etwas als etwas für jemanden darstellt, so eröffnen sich für die Subjektivität des Subjekts in einer konsequent durchgeführten Interpretationsphilosophie zwei Perspektiven.

Zum einen kann der Interpret als eine bestimmte Entität in der Welt angesehen werden, die durch ihre interne Bestimmtheit ihre Tätigkeit des Interpretierens und damit auch die Interpretamente bestimmt, in denen die Welt sich in ihrer Bestimmtheit darstellen kann. Damit muß die Interpretationsphilosophie der Aufklärung über die begriffliche Spezifikation der Welt ein weiteres Element hinzufügen, das nicht interpretationistisch verstanden werden kann. Insofern dieser Faktor jedoch die Interpretationsleistung des Interpreten von der Relation des »für« her bestimmt, wird die Interpretation selbst als eine bloße Form aufgefaßt, in der ein dem Gehalt nach interpretationsexternes Determinationsgeschehen stattfindet. Dies ist etwa der Fall in der pragmatistischen Variante des Interpretationismus, in dem die Problemlösungsintention als bestimmender Faktor der subjektiven begrifflichen Einteilung der Welt angesehen wird, so daß der Bezug zum Subjekt als Problemlösungsbezug selbst nicht durch Interpretation, sondern durch die Problemsituation des Subjekts besteht.

Damit eröffnen sich für diese Auffassung des interpretierenden Subjekts zwei Optionen. Die Bestimmtheit der erfahrbaren Welt kann erstens als präfiguriert durch die Problemlage des Subjekts als Mensch, Person, leibliches Wesen o.ä. aufgefaßt werden. Der Interpretationismus dementiert sich damit als Subjektphilosophie, indem er die begriffliche Bestimmtheit der erfahrbaren Welt nicht auf eine Interpretationsleistung, sondern auf die objektive Seite des Subjekts zurückführt, so daß letztlich die objektive Welt sich selbst bestimmt und Subjektivität als überflüssiger Gedanke eliminiert werden kann. Zum zweiten kann die determinierende Problemlage selbst als Resultat einer Selbstinterpretation aufgefaßt werden, so daß die Interpretation auf die Herkunft ihres Gehalts angewandt wird, der sich deshalb selbst als bestimmt durch Interpretation zeigt. Hier eröffnen sich jedoch wiederum zwei Optionen: wird die Selbstinterpretation des Interpreten nach seiner Bestimmungsleistung pragmatistisch aufgefaßt, so ist die Situation der ersten Option reproduziert; soll die Selbstinterpretation jedoch nur auf die Interpretationsleistung als solche zurückgehen, ohne ihre Gehalte aus einer objektiven Welt gleich welcher Herkunft beziehen zu können, so ist die erste Perspektive auf die Subjektivität des Subjekts in einer konsequent durchgeführten Interpretationsphilosophie verlassen und es wird die zweite der prinzipiell möglichen Perspektiven eingenommen.

Nach dieser Perspektive muß die Interpretation als ein sich auf sich beziehendes Geschehen aufgefaßt werden können. Alle Bestimmungen des Interpreten, die er über die Relation des »für« auf die interpretierte Welt überträgt, müssen dann als Ergebnis von Interpretationsleistungen begriffen werden. Die bloße Struktur des Interpretierens, also des Etwas-als-etwas-auffassens, muß für alle in der Interpretation geleistete Bestimmtheit nicht nur der Form, sondern auch dem Gehalt nach aufkommen können. Dies gilt auch für die Selbstauffassung des Interpreten als Entität in der Welt und ebenso für sein Selbstverständnis als Interpretationssubjekt. Dann aber muß die Interpretation der Bestimmtheit der Welt als Tätigkeit eines Interpreten entweder iterierenden Rekurs auf immer neue Interpreten der Interpreten nehmen, oder sie muß als ein subjektlos ablaufendes Geschehen aufgefaßt werden, das als Interpretation an sich mit der Welt an sich zusammenfällt, weil damit die Differenz des »für« exkludiert ist, die in der Interpretationsphilosophie den Interpreten als Subjekt auftreten läßt.

Daraus ergibt sich die Vorstellung einer sich selbst interpretierenden Welt ohne Subjekt, die als rein durch Interpretation bestimmt angesehen werden muß. Wenn die Bestimmtheit des interpretierenden Subjekts, die es auf seine erfahrbare Welt überträgt, dagegen selbst der erfahrbaren Welt in Gestalt einer weltlichen Subjektivität entnommen ist, so finden wir die Konzeption einer sich selbst bestimmenden und begrifflich einteilenden Welt, also einen »Realismus«, dem nur die Form der Interpretation integriert wurde.

Die einzige Möglichkeit für die konsequente Durchführung eines Interpretationismus als Subjektphilosophie besteht nun offenbar darin, das Subjekt selbst nach seiner Struktur des Interpretierens als eine Leistung der Interpretation aufzufassen. Diese subjektivistische Fundierung des Interpretationismus aber führt in einige Schwierigkeiten. Die Behauptung, daß »wir« die Welt durch Interpretation nach dem Muster der Texthermeneutik bestimmen, verlangt die Darstellung eines Subjekts, das »hermeneutisch« insofern ist, als seine eigene Bestimmtheit als Subjekt rein interpretativ generiert ist, ohne daß jedoch stets erneut ein Interpret hinter dem Interpreten für dessen Bestimmtheit durch Interpretation sorgen müßte. Eine solche Darstellung kann nur dann gelingen, wenn sie sich als Artikulation des Subjektiven als des Hermeneutischen selbst erzeugt. Sie darf das Subjekt also nicht nur als eine Interpretationsleistung *beschreiben*, sondern muß ihm auch die Fähigkeit zuschreiben, sich selbst hermeneutisch *darstellen* zu können.

Für die Reflexion auf den philosophischen Status des Interpretationismus ist also die Bestimmtheit des Subjekts als eines solchen, durch die es zu dem Subjekt der Bestimmung seiner Erfahrungen wird, so anzugeben, daß diese Bestimmung (also seine Transzendentalität) nicht nur in interpretatorischer *Form* vor sich geht, sondern auch ihre *Gehalte* aus dem Geschehen der Interpretation entnehmen kann. Ein »hermeneutisches Subjekt«, das in sich »interpretativ« strukturiert ist, enthält aber zunächst keine Bestimmtheit über die Differenz hinaus, in der es der bloßen Form nach ein Selbstverständnis entwickeln kann. Das Subjekt, das als Bestimmtheit leistende Grundlage des Interpretierens der Welt gedacht werden muß, scheint im Status des reinen Interpreten also nicht diejenige Bestimmtheit enthalten zu können, die für den Gedanken der Subjektivität erforderlich ist.

Um das Subjekt als solches hermeneutisch denken zu können, so daß das Hermeneutische ausreicht, um durch es die Subjektivität des Subjekts angeben zu können, muß die Differenz des Subjekts zwischen sich als Bestimmendem seiner Erfahrung der Welt und der von ihm unterschiedenen, aber in der Bestimmtheit mit ihm identischen Welt jedoch auch dem Gehalt nach rein hermeneutisch gedacht werden. Das hermeneutische Subjekt muß also durch seine Hermeneutik auch die Struktur dieser Differenz konstituieren, und diese Struktur muß als eine sich auf sich beziehende Interpretation geschehen, ohne daß damit die Interpretation als ein subjektlos und »an sich« ablaufendes Geschehen dargestellt werden dürfte, weil anders der Gedanke der Subjektivität dementiert und das Interpretationsgeschehen mit der Welt an sich zusammenfallen würde. Die Konzeption eines hermeneutischen Subjekts muß also mit dem Gedanken einer sich auf sich beziehenden Interpretation so eingelöst werden können, daß sie eine interpretative und hermeneutische Differenz des Subjekts in sich aufnehmen kann.

Nun bietet Heidegger uns eine Hermeneutik des Daseins, die das »Subjekt« selbst als Hermeneutik denkt. Stellt er damit aber eine Lösung für das Grundproblem des interpretationistischen Subjektivismus vor?

Bereits in Heideggers frühestem Denken gehörte das Verstehen in die "Faktizität" als der »Außenansicht« der Existenz (59:87). Faktizität nennt Heidegger die Bestimmtheit, in der das Dasein artikulierbar wird, so daß es als solches zum Ausdruck kommen kann. Der Ausdruck »Faktizität« weist deshalb nicht auf das beschreib- und erzählbare »wie es nun einmal ist«, sondern auf die Differenz des Gelebten zum Erzählbaren. In dieser Differenz wird das Leben »faktisch« gelebt. Heidegger formuliert sein Unternehmen in einer der ersten Vorlesungen deshalb so: "Aus dem faktischen Leben wollen wir die Form des Erfassens des Lebens seiner selbst verstehen" (58:250) - als "Leben-an-und-für-sich" (58:262). In diesem faktischen Leben nun "leben wir immer in Bedeutsamkeitszusammenhängen, die ein selbstgenügsames Ausmaß haben, d.h. die zu sich selbst in ihrer eigenen Sprache sprechen." (58:250) Die Weise des Ansatzes und der Explikation der Faktizität bezeichnet Heidegger dementsprechend als Hermeneutik (63:9). Die Hermeneutik der Faktizität ist deshalb die Aufweisung der Artikulierbarkeit *des* Seienden, für das und aus dem Philosophie ist, *so*, daß diese Artikulation philosophisch erörtert werden kann.

Wenn Heidegger in seinen frühen Vorlesungen die Grundfrage "nach Weise und Sinn des Habens von Erleben" stellt (59:96), so wird nach dem Sein des Lebens im "Gehabtwerden" gefragt (60:208,241,243). Alles Philosophieren soll sich demnach in der Ursprünglichkeit eines Vollzugs ausweisen können, der seine aktuelle Erneuerung in einem selbstweltlichen Dasein fordert (59:75). Das so Vollzogene hat nun zwar Bedeutsamkeitscharakter (59:182), ebenso aber gehört zum Dasein das "Verblassen" der Bedeutsamkeit (59:37), was bereits auf das »Verfallen« vordeutet, das in SuZ dann den Status des Verstehens bestimmt. In SuZ zieht Heidegger daraus die Konsequenz, alles Verstehen-als, also alle Interpretation müsse als "abkünftig" aus der ursprünglichen Erschlossenheit des Daseins aufgefaßt werden, und als abkünftig ist sie auch »verfallend«, also nicht eine dem Dasein als solchem angemessene Weise seines Selbst-Ausdrucks. Schon zuvor ist die Rede von einer "abfallenden Tendenz der faktischen Lebenserfahrung, ständig in die Bedeutungszusammenhänge der faktisch erfahrenen Welt hinein zu tendieren" (60:17). Andererseits aber kommt das Dasein nur in den Gestalten seines Selbstverständnisses überhaupt zur Darstellung.

Die Hermeneutik der Faktizität ist also der Versuch, das *Selbst*verständnis des Daseins in seiner Darstellung für sich zu verstehen, also seine Artikulation zu verstehen, in der es für sich selbst so *bestimmt* wird, daß es sich verstehen kann. Diese Hermeneutik versteht das Dasein also gerade in seiner *Differenz* zu allen Bestimmtheiten, in denen es sich versteht. Es versteht sich in weltlichen Begriffen, in denen es sein »Leben« in seiner »Ursprünglichkeit« nicht hat. Weil die faktische Lebenserfahrung ständig "in die Bedeutsamkeit" abfällt (60:15), deshalb kann das Dasein nur aus seiner »Verfallenheit« auf sich zurückkommen, indem es sich »negativ« zu diesen Bestimmtheiten verhält, also in einer Umwendung der Bewegung von seiner »Eigentlichkeit« zum »Verfallen«. Der Begriff einer »Ursprungswissenschaft vom Leben«, den Heidegger in seinen frühen Vorlesungen verwendet (58:36ff,81ff), meint demnach das Verstehen eines Ursprungs, der nur verstanden werden kann, weil er nicht bei sich bleibt, sondern sich »verliert«, also Ursprung nur ist in der *Bewegung* von Eigentlichkeit und Verfallen.

Wenn das interpretationistische Denken nun zu seiner Fundierung als Subjektphilosophie den Gedanken eines hermeneutischen Subjekts benötigt, das ein solches ist, indem es interpretiert, d.h. dessen Eigenbestimmtheit nur in seiner Hermeneutik bzw. seiner Fähigkeit des Interpretierens besteht, so bietet Heidegger zwar den Gedanken eines solchen hermeneutischen Subjekts an, aber seine Hermeneutik von dessen Faktizität ist nicht die *Beschreibung* eines solchen Subjekts, sondern die *Rekonstruktion* seiner *eigenen Bestimmungsform*, in der allein es als solches aufgefaßt werden kann. In seiner Ursprünglichkeit besitzt das Dasein also keine Eigenbestimmtheit aus interpretativer Tätigkeit, die es per Interpretation auf seine erfahrbare Welt übertragen könnte.

Eine rein hermeneutische »Bestimmtheit« des Subjekts kann nur als »Selbstbestimmtheit« unter Einschluß einer Differenz des Selbst zu allen Bestimmtheiten verstanden werden, die es sich selbst gibt. Der »Gegenstand« der Philosophie hat insofern den Charakter der *absoluten* Bedeutsamkeit (59:197). Die Faktizität dagegen ist die »Außenansicht« des Daseins, seine »Ausdrucksschicht«, die es sich selbst gibt, und in der es sich verliert, wenn es die *Differenz* »vergißt«: "von außen objektiv gesprochen" wird die "konkrete ursprüngliche Existenz" gesehen als "das ursprünglich Faktische, die ursprüngliche Faktizität" (59:87). Damit besitzt das hermeneutische Subjekt nur dann eine Bestimmtheit, die es auf seine erfahrbare Welt übertragen kann und durch die es seine Subjektivität gewinnt, wenn es *sich* »verfallend« aus den Bestimmtheiten versteht, mit denen es die Welt bestimmt und dadurch gerade von sich unterscheidet. Ein *Subjekt* kann das hermeneutische Subjekt nur sein, wenn es seinen *hermeneutischen* Charakter dementiert und sich nicht mehr in der *Differenz* zu den Bestimmtheiten seines Selbstverständnisses auffaßt.

Die Differenz der Philosophie zu den interpretierenden Geisteswissenschaften bestimmt sich demnach so: das Dasein versteht sich, aber in den Gehalten dieses Selbstverständnisses objektiviert es sich, und diese Objektivierungen erscheinen als Gegenstand der Geisteswissenschaften. Grundsätzlich gibt Heidegger damit eine »Wissenschaftstheorie« der Geisteswissenschaften in dem Sinn, daß ihr Ort im »Abfallen« von der Ursprünglichkeit des »Habens« des Lebens in einer »Diiudication« bestimmt werden soll (59:74). Diese »Wissenschaftstheorie« grenzt Philosophie und Geisteswissenschaften scharf voneinander ab: Philosophie wird als "immanente Erhellung der Lebenserfahrung selbst" (59:171) und als "historisches (d.h. vollzugsgeschichtlich verstehendes) Erkennen des faktischen Lebens" (61:2) verstanden; den Geisteswissenschaften dagegen wird der Status einer »Einstellung« (59:75; 60:48)) und "Kenntnisnahme" (58:115) zugeschrieben, und mit diesem Status stellen sie als solche schon ein »Abfallen« dar.

Von der Philosophie soll die Differenz zwischen dem »verstandenen« Dasein und dem Dasein im »Haben« seines Lebens und dessen Bedeutsamkeit gedacht werden. Die Aufgabe der Philosophie ist also die "radikale Innenbetrachtung" (58:182) des "Er-eignisses" (56/57:75) - das faktische Dasein aber drängt ebenso aus sich heraus (58:174). Das Ergebnis dieses Aus-sich-heraus-drängens schlägt sich als »Gegenstand« der Geisteswissenschaften nieder, also in der "Ausdrucksschicht" des Lebens (58:155). Das Leben, das sich nach der Leitlinie dessen versteht, was die Geisteswissenschaften zum Gegenstand machen, faßt sich also unter der Führung seiner »Ausdrucksschicht« auf und damit nicht aus seinem eigenen Vollzug; es ist "Ent-lebnis" und "Entdeutung" (56/57:90; 58:77). Es lebt in einem »Fest-stellen« und damit in einem Rudiment von Erleben: als "Ent-leben" (56/57:74). Weil das Leben also "immer wieder seiner Ausdrucksschicht selbst zum Opfer fällt" (58:155) und "in all seinen Gestalten irgendwie sich ausdrückt und damit einer Deformation unterliegt", ist der Grundsinn der philosophischen Methode überhaupt "das Neinsagen, die Produktivität des Nicht" (58:148). Nur darin soll die Weise gefunden werden können, "wie Leben erfahren wird" und wie sich in den faktischen Lebenserfahrungen "eine ursprüngliche Artikulation des Lebens anzeigt" (58:157).

Für die Geisteswissenschaften ergibt sich daraus ein merkwürdiger Ort: es wird für sie das Bewußtsein entwickelt, daß das Leben, das sie zu verstehen suchen, immer insofern »anders« ist, als sie nur eine »Abstraktion« zu ihrem Thema machen können. Insbesondere können sie in ihrem Verstehen das ursprüngliche Sich-selbst-Verstehen des Daseins nicht verstehen, weil sie den »Vollzug« und die »ursprüngliche Lebenserfahrung« übergehen müssen, obwohl doch das Selbst "im aktuellen Vollzug der Lebenserfahrung, das Selbst im Erfahren seiner selbst [...] die Urwirklichkeit" ist (59:173). Die Geisteswissenschaften befinden sich demnach in einer Differenz zu ihrem Gegenstand, weil sie ihn als Gegenstand auffassen müssen, bzw. weil ihr Verstehen sich von jenem Verstehen unterscheidet, in dem sich das eigentlich zu Verstehende versteht - indem der Geist in wissenschaftlicher Einstellung zum Thema wird, wird er zum unsichtbaren Hintergrund und zum »Ur-sprung«, aus dem das Entspringende »ent-sprungen« ist und damit nur um den Preis des verlorenen Ursprungs zur Sprache kommt. Das Leben dagegen "spricht zu sich selbst in seiner eigenen Sprache" (58:231).

Die Pointe von Heideggers Hermeneutik des Daseins lautet also: das Dasein versteht sich dann nicht *richtig*, wenn und indem es sich *versteht*. Daraus ergibt sich: indem es in seinem Selbstverständnis die Bestimmungen entwickelt, mit denen es im interpretationistischen Sinn die Welt begrifflich einteilt, hat es bereits die Bestimmtheiten der eingeteilten und begrifflich fixierten Welt auf sich angewandt und sich damit von seiner internen Hermeneutik entfernt. Die Lehre von Heideggers Hermeneutik der Faktizität für den Gedanken eines Interpretationismus lautet also: eine konsequent und radikal durchgeführte Hermeneutik bzw. Interpretationsphilosophie muß den Gedanken einer Subjektphilosophie über sich selbst hinausdrängen, d.h. der Interpretationismus dementiert sich selbst als subjektivistische Philosophie, indem er keinen Begriff einer ausreichenden Bestimmtheit des Subjekts denken kann.

Die Lehre ist über das negative Ergebnis bezüglich des subjektphilosophischen Status eines Interpretationismus hinaus eine Aufforderung, *vor* dem Gedanken einer Bestimmtheit der Welt durch »uns« und *vor* dem Gedanken einer Bestimmtheit der Welt durch sie selbst die *Differenz* zu denken, in der sich erst die Möglichkeit einer Bestimmtheit-»für« eröffnet, und das Zustandekommen von Bestimmtheit dann aus dieser Differenz zu denken. Den Gedanken einer solchen Differenz skizziert Heidegger am Anfang seiner Denkwege mit Hilfe der Differenz zwischen dem sich verstehenden Dasein und den Bestimmtheiten seines Selbstverständnisses. Das Dasein erreicht sich mit seinem Selbstverständnis nicht und kann deshalb nicht als Subjekt fungieren. Dieses »sich« wird in Heideggers frühestem Denken unter dem Titel »Leben« zum Thema, das sich nur im Vollzug, »selbstweltlich« und in seiner eigenen Sprache auslegt, und das sich insofern als solches gerade nicht im Verstehen seiner Welt selbst versteht.

Die Frage war, ob in einer konsequent durchgeführten Interpretationsphilosophie der Interpret als Subjekt gedacht werden könne - ob also das Hermeneutische für die Angabe der Subjektivität des Subjekts ausreichen könne. Als Subjekt kann der Interpret nur auftreten, wenn ein »hermeneutisches Subjekt« gedacht wird, dessen Gedanke eine sich auf sich beziehende Interpretation und eine interpretative und hermeneutische Differenz des Subjekts impliziert. Voraussetzung für diesen Gedanken ist die Verständlichkeit eines Subjekts als sich selbst hermeneutisch darstellend. Als Subjekt kann der Interpret also nur auftreten, wenn ein Subjekt gedacht wird, das sich selbst hermeneutisch darstellen kann.

Heidegger denkt das Verstehen als die Darstellung des Lebens, das darin seine Differenz in sich eröffnet, in der es sein Erleben nicht »hat«, sondern versteht (d.h. erzählt). In dieser Differenz ist es Subjekt, indem es sich verstehend darstellt und sich damit »verfallend« von seinem Leben entfernt. Das sich verstehende Leben wird also Subjekt, indem es die Differenz stets bestimmt verstehend eröffnet und sie eo ipso bestimmt zur Darstellung bringt. Eine interpretationistische Subjektphilosophie kann den Gedanken eines hermeneutischen Subjekts demnach nur um den Preis ihrer Depotenzierung zu einer objektivierenden Geisteswissenschaft durchführen, die sich von dem, was sich in der Reflexion auf die Grundlagen einer solchen Subjektphilosophie als Status des genuin philosophischen Denkens bestimmt, durch eine Differenz unterscheidet, die philosophisch nur dann ist, wenn sie als Differenz des Lebens zu sich in seiner artikulierenden Selbstdarstellung begriffen wird.

[Nachweise: Band der Gesamtausgabe und Seite]

Hermeneutik und die Korrespondenztheorie der Wahrheit
Systematische Überlegungen im Anschluß an Walter Benjamins Aufgabe des Übersetzers

Mit dem Begriff der Korrespondenz-, bzw. Übereinstimmungstheorie wird für gewöhnlich eine Wahrheitskonzeption bezeichnet, die sich zahlreichen Einwänden gegenübersieht. Folgt man den dabei vorgebrachten Argumenten, so erweist sie sich in dreifacher Hinsicht als inkonsistent. Als erstes wird davon ausgegangen, daß der Begriff der Übereinstimmung ein Verhältnis zu einem gegenüber dem Erkennen transzendenten Gegenstand bedeute. Eingewendet wird dann, daß das Erkennen (oder auch die Sprache) nicht die Wirklichkeit, so wie sie an sich ist, abbilden kann[1]. Als zweites wird darauf verwiesen, daß es fraglich sei, ob überhaupt von einer Übereinstimmung gesprochen werden kann. Ist die Aussage wahr, so ist der Sachverhalt, auf den sie sich bezieht, ja kein anderer als der in ihr gemeinte. Es besteht also kein Verhältnis mehr, sondern Äquivalenz. Dieser Einwand entspricht der Sache nach der sogenannten Redundanztheorie der Wahrheit, die bestreitet, daß „wahr" eine echte Eigenschaft von Aussagen bildet. Sie stützt sich dabei auf die semantische Äquivalenz zwischen einer Aussage x und der Aussage „daß x, ist wahr"[2].

Als drittes wird bezweifelt, daß die Struktur der Übereinstimmung geeignet ist, ein Kriterium für wahre Aussagen zu begründen. Wenn die Wahrheit in der Übereinstimmung mit einer Sache liegt, läßt sich dann, so wird gefragt, wahren Aussagen entnehmen, inwiefern sie mit ihrer Sache übereinstimmen? Die Antwort ist negativ: Zum einen wird eingewandt, daß einer Sache unendlich viel wahre Aussagen entsprechen. Die Idee der Übereinstimmung trägt daher nichts zur Klärung der einzelnen Aussage bei, nach deren Wahrheit man fragt. Möglich wäre dies nur, wenn die Aussage die gemeinte Sache eindeutig identifizierte, d.h. wenn sie die Bedingungen ihres Wahrseins in sich trüge[3]. Zum anderen wird eingewandt, daß die Übereinstimmung mit einer Sache nur dann festgestellt werden kann, wenn man die Sache kennt. Dann aber ergibt sich ein Regreßproblem, da man die Wahrheit der Aussage schon bestimmen können muß, bevor man sie prüft[4]. Aus der Sicht dieser Einwände zeigt die Theorie nicht, wie Verifikation geschieht und entspricht deshalb nicht dem Anspruch an eine Wahrheitskonzeption.

---

[1] Vgl. J. Habermas: Wahrheitstheorien, in: Wirklichkeit und Reflexion. FS f. W. Schulz, hg. v. H. Fahrenbach, Pfullingen 1973, 215f. und G. Abel: Interpretationswelten, Frankfurt 1995, 458f.
[2] Vgl. E. Tugendhat/U. Wolf: Logisch-semantische Propädeutik, Stuttgart 1983, 222ff.; zur Redundanztheorie F. P. Ramsey: Tatsachen und Propositionen, in: Wahrheitstheorien, hg. v. G. Skirbekk, Frankfurt 1977, 224f.
[3] Vgl. H. Keuth: Wahrheit und Realität, Tübingen 1978, 35f.
[4] Vgl. G. Frege: Der Gedanke, in: Logische Untersuchungen, hg. v. G. Patzig, Göttingen [4]1993, 32.

Die Einwände gegen die Korrespondenztheorie der Wahrheit sind also verschiedenartiger Natur und ergeben als Resultat das Bild mehrfacher Inkonsistenz. Doch ist dieses Resultat notwendig? Versucht man zu bestimmen, auf welche Ausarbeitung der Theorie sich die Einwände beziehen, so zeigt sich, daß von einer eindeutigen und verbindlichen Gestalt keineswegs gesprochen werden kann[5] Nicht nur, daß es keine Theorie im eigentlichen Sinne gibt, auch die Formeln, auf die sich die Rede von der Korrespondenztheorie hauptsächlich stützt - die Formeln bei Aristoteles und Thomas -, sind letztlich nicht äquivalent. Während Thomas ausdrücklich von einer „adaequatio rei et intellectus" spricht (De Ver., qu. 1, art. 1), heißt es bei Aristoteles nur: „Das Seiende nicht seiend zu nennen oder das Nicht-Seiende seiend, ist falsch; dagegen das Seiende seiend zu nennen und das Nicht-Seiende nicht seiend, ist wahr" (Met. 1011 b 26f.). Es findet sich also weder eindeutig bestimmt, um welche Art von Relation es sich handelt - Thomas selbst verwendet wechselnde Begriffe, neben „adaequatio" auch „convenientia", „assimilatio" oder „concordia" (a.a.O.) -, noch, welche die beiden Pole sind, die in Relation zueinander treten. Vielmehr sind zusätzliche epistemische Voraussetzungen nötig, in denen die Idee des Korrespondierens allererst konkrete Form gewinnt.

Von dem aus wird deutlich, daß die skizzierten Einwände allein schon deshalb keine Notwendigkeit beanspruchen können, weil in ihnen solche Voraussetzungen gemacht worden sind. So unterstellt der erste Einwand ein Abbildungsverhältnis, das sich in reiner oder besser: naiver Form bei keinem Denker nachweisen läßt, sondern eher als ein Gegenbild zur Profilierung eigener Thesen dient. Der zweite Einwand unterstellt, daß Sachverhalte eindeutig bestimmbar sind und daher strikte Äquivalenz zwischen verschiedenen, auf sie bezogenen Aussagen herrscht. Schließlich unterstellt der dritte Einwand, daß die Verifikation von Aussagen empiristisch geschieht und im Nachweis der Existenz von Tatsachen besteht. Geht man dagegen von anderen Voraussetzungen aus, so ist durchaus nicht ausgeschlossen, daß sich die Korrespondenztheorie in konsistenter Weise formulieren läßt.

Diese These gilt es freilich dadurch zu belegen, daß man zeigt, welche diese anderen Voraussetzungen sind und inwiefern sich aus ihnen eine revidierte Konzeption des hier betrachteten Wahrheitsverständnisses ergibt. Im folgenden soll dies geschehen, wobei als Ergebnis schon vorweggenommen werden kann, daß die gemeinten Voraussetzungen auf den

---

[5] Darauf ist immer wieder hingewiesen worden. Vgl. W. Franzen: Die Bedeutung von 'wahr' und 'Wahrheit', Freiburg/München 1977, 35ff. und L. B. Puntel: Wahrheitstheorien in der neueren Philosophie, Darmstadt 1978, 26f.

Prämissen hermeneutischer Philosophie beruhen. Dies mag auf den ersten Blick befremden, gilt doch die Hermeneutik mit ihrer Betonung der Bedingtheit des Erkennens - ganz gleich, ob diese durch geschichtliche Kontinuität, durch pragmatische Kontextgebundenheit oder durch den Systemcharakter der Sprache erläutert wird - als ein Ansatz, der dem Erkenntnisanspruch einer Theorie wie der Korrespondenztheorie entgegensteht. Es dürfte jedoch klar geworden sein, daß es nach dem Dargelegten gar nicht möglich ist, eine vorgegebene Konzeption der Wahrheit auf die Hermeneutik zu applizieren. Die Pointe der eben geschilderten Unbestimmtheit der Korrespondenztheorie liegt ja gerade darin, daß ihr Erkenntnisanspruch klärungsbedürftig ist. Zu sagen, daß die Theorie hermeneutisch aufzufassen ist, heißt deshalb, daß hermeneutisch allererst erkenntlich wird, wie man sie sinnvoll vertreten kann.

Die These lautet, daß die Intuition, die man mit ihr verfolgt - oder auch die Idee des Korrespondierens, wie oben gesagt - letztlich nur plausibel ist, wenn man ein Interpretationsverhältnis in ihr sieht.

Um den Gedanken aber nicht nur abstrakt zu entwickeln, sondern an der Praxis des Verstehens auch gleichsam phänomenal zu belegen, stützt sich die Darstellung auf Walter Benjamins Text zur *Die Aufgabe des Übersetzers*, der seiner Übersetzung Baudelairescher Gedichte als Vorwort beigegeben ist[6]. Im Zentrum dieses Textes stehen allgemeine Überlegungen zur Sprache, die in ihrer Relevanz über den speziellen Fall der Übersetzung fremdsprachlicher Poesie hinausgehen. Demnach müssen in jeder sprachlichen „Intention" ein „Gemeintes" und die „Art des Meinens" unterschieden werden (12). Das Ziel einer Übersetzung besteht so keineswegs darin, nur den Inhalt einer Aussage zu erfassen (9), vielmehr muß sie „bis ins Einzelne hinein dessen [des Originals - M.S.] Art des Meinens in der eigenen Sprache sich anbilden" (18).

Doch wie geschieht dieses „Anbilden"? Offensichtlich, so Benjamin, nicht dadurch, daß die Übersetzung dem Original ähnlich zu werden sucht. Eine solche Angleichung wäre „oberflächlich" und „undefinierbar" (12): Oberflächlich, weil sie sich nur an der äußeren, grammatischen Artikulation orientieren würde; undefinierbar, weil man gar nicht sagen könnte, wann tatsächlich Ähnlichkeit erreicht ist (da die Übersetzung notwendig in einer anderen Sprache erfolgt, läßt sich nur willkürlich definieren, wann sie einen angemessenen Grad der Ähnlichkeit erreicht). Die Anbildung ist daher semantischer Natur; es kommt darauf an, dasselbe in derselben „Art des Meinens" auszusagen. Ermöglicht wird dies durch eine gemeinsame Ebene des „Meinens", die von der der beiden Einzelsprachen unterschieden werden kann: „So ist die Übersetzung [...] zweckmäßig für den Ausdruck des innersten Verhältnisses der Sprachen zueinander. [...] Jenes gedachte, innerste Verhältnis der Sprachen ist aber das einer eigentümlichen Konvergenz. Es besteht darin, daß die Sprachen einander nicht fremd, sondern a priori und von allen historischen Beziehungen abgesehen einander in dem verwandt sind, was sie sagen wollen" (ebd.).

Entscheidend für das Verständnis dieser „eigentümlichen Konvergenz" ist der Umstand, daß sie weder in der Ausgangs- noch in der Zielsprache an sich zutage tritt. Die Verwandtschaft der Sprachen in der Selbigkeit ihres Meinens tritt auch in der Übersetzung nicht an sich hervor, denn auch sie artikuliert sich, wie das Original, in partikulärer Form. Zwar ist es möglich, daß sie ihr Ziel erreicht und dasselbe auf dieselbe Weise sagt, doch liegt diese Selbigkeit eben nicht in ihrer Artikulation, sondern in dem Meinen, das diese nur zum Ausdruck bringt. Das von Benjamin angesprochene „innerste Verhältnis" der Sprachen bleibt damit, wie es heißt, „gedacht". Eine tatsächliche „Sprachergänzung" (18) im Sinn der Möglichkeit, ohne die Beschränkung auf ein partikuläres Medium in *einer* Sprache dasselbe zu sagen, kann sich erst am „messianischen Ende der Geschichte" (14) ergeben, wenn die Menschheit von der Beschränkung subjektiver Bedingungen befreit worden ist. Auf die Deutung dieses Messianismus im Zusammenhang der Sprachphilosophie müssen wir jedoch verzichten, da uns im Rahmen der Hermeneutik zunächst nur die Situation des Übersetzens interessiert.

Benjamins Analyse läßt sich unschwer auf die systematische Frage nach der Korrespondenztheorie übertragen. Dabei empfiehlt es sich aus Gründen der Übersichtlichkeit, daß wir uns an den eingangs geschilderten Einwänden orientieren, um die von ihnen aufgeworfenen Fragen der Reihe nach durchzugehen. Der erste Einwand, der von der Transzendenz der zu erkennenden Sache ausging und die Korrespondenz- als Abbildtheorie verstand, ist offenbar haltlos, wenn man wie Benjamin diese Sache als Sinn sprachlicher Artikulationen versteht. Selbst wenn man (fälschlicherweise) annehmen wollte, daß es einen „wahren Sinn" von Aussagen oder Text gibt, könnte man nicht sagen, daß er etwas wirklich Existierendes sei, daß man abbildet, sondern allenfalls, daß man ihn wiedergibt. (Verallgemeinernd ließe sich hier zeigen, daß von Sinn auch angesichts von nicht-

---

[6] W. Benjamin: Gesammelte Schriften, Bd. 4.1, Frankfurt 1972. 9-21.

sprachlichen Gegenständen wie Kunstwerken und von Handlungen gesprochen werden kann, so daß Benjamins Einsicht nicht nur rein Sprachliches betrifft.)

Die Entkräftung des ersten Einwandes ist freilich nur eine notwendige und noch keine hinreichende Bedingung für die konsistente Formulierung einer Korrespondenztheorie. Hinreichend ist erst der Nachweis, daß zwischen Sache und Verstehen, d.h. zwischen Interpretation und Interpretandum eine Relation besteht, die als Übereinstimmung beschreibbar ist und die nicht die strikte Äquivalenz enthält, die zur Annahme einer Redundanztheorie der Wahrheit führt. Dies zu zeigen, entspricht der Entkräftung des zweiten Einwandes. Verdeutlichen wir hierzu die Struktur, auf der die Redundanztheorie basiert. Sie verweist auf die semantische Äquivalenz zwischen einer Aussage wie: „Es regnet" und der Aussage: „Es ist wahr, daß es regnet". Die Aussage wird dabei strikt extensional definiert, als Aussage über etwas, das der Fall ist. Wie verhält es sich nun, wenn man die Aussage nicht nur extensional, sondern auch intensional bestimmt? Das heißt, wenn man sie nicht nur isoliert auf die in ihnen bezeichneten Dinge bezieht, sondern als Teil eines Gesprächszusammenhangs versteht? Offensichtlich läßt sich dann Verschiedenes mit ihr meinen: Daß es überhaupt regnet und nicht mehr die Sonne scheint; daß es regnet und nicht nieselt; daß man nun nicht mehr spazierengehen kann, wie man es beabsichtigt hatte usw. Der Hinweis auf diese Vieldeutigkeit ist zwar trivial; sie beeinflußt jedoch die Aussage, mit der man sich auf den Ausgangssatz „Es regnet" bezieht. Je nach dem verstandenen Sinn könnte man anstatt „Es ist wahr, daß es regnet" auch sagen: „Es ist wahr, daß nicht mehr die Sonne scheint", bzw. könnte fragen: „Ist es wahr, daß du nicht mehr spazierengehen willst?" Für eine solche Aussage könnte in der Sprache der Logik nicht mehr dieselbe Variable wie für die erste verwendet werden, denn ihrer Artikulation ist es nicht mehr dieselbe. Zwar könnte ein Vertreter der Redundanztheorie einwerfen, daß es sich auch in den geschilderten Fällen um semantische Äquivalenzen handelt, daß also kein Unterschied besteht zwischen der Tatsache, daß es regnet, und der Tatsache, daß die Sonne nicht mehr scheint. Dazu muß er aber *verstanden* haben, daß die erste Aussage eben dies meinte, d.h. daß sie sich auf den Gegensatz zwischen Regen und Sonnenschein bezog. Wollte er dagegen sagen, daß dieser Gegensatz einfach im Begriff des Regens liegt, und man immer meint, daß nicht die Sonne scheint, wenn man sagt, daß es regnet, dann hätte er sich einfach auf die meteorologischen Tatsachen bezogen, die allgemein mit dem Vorkommen von Regen zusammenhängen, und nicht auf die eine, bestimmte Aussage, die es zu verstehen gilt.

Gegenüber einem Vertreter dieser Theorie läßt sich also zeigen, daß zwischen zwei Aussagen, die man nicht aus dem Gesprächszusammenhang isoliert, zwar Äquivalenz gegeben sein kann, aber keine Redundanz. Man kann auch einer einfachen Aussage wie: „Es regnet" als solcher nicht entnehmen, wie der jeweilige Sprecher sie meint[7]. Das Verstehen wird nicht durch die Artikulation bedingt. Die interpretierende Aussage muß daher notwendig auf eine andere Artikulation zurückgreifen, um zu zeigen, was man verstanden hat. Jede sich ergebende Äquivalenz schließt das Differenzmoment ein, daß man in Hinsicht auf die Artikulation gerade nicht dasselbe sagt. (Selbstverständlich kann man sich vorstellen, daß jemand sein Verstehen einer Aussage dadurch ausdrückt, daß er dieselbe Aussage wiederholt, also etwa aus dem Fenster sieht und seinerseits „ Es regnet" sagt. Streng genommen ist dies aber nicht dieselbe Aussage, denn sie wird durch den Bezug zur ersten Aussage gleichsam angereichert und hat den zusätzlichen Sinn, diese zu bestätigen. Wollte man sich dennoch zwei identische Aussagen in einer Gesprächssituation vorstellen, so bedeuteten sie entweder eine sinnlose Tautologie oder zwei eigenständige Aussagen, für die es kontigent ist, daß sie dieselbe Form besitzen, und die man deshalb auch nicht als äquivalent bezeichnen kann, weil sie gar nicht in Beziehung zueinander stehen.)

Damit kann nun die Frage nach dem Übereinstimmungsverhältnis beantwortet werden: Angesichts der Differenz zwischen zwei Artikulationen ist es niemals redundant zu sagen, daß die interpretierte und die interpretierende Aussage übereinstimmen - in Benjamins Worten: konvergieren - und denselben Sinn besitzen. Mit der Übereinstimmung bezeichnet man dann allerdings ein rein semantisches Verhältnis und keineswegs eine Relation zwischen Denkvorgängen und Dingen, wie die Korrespondenztheorie in ihrer kritisierten Form suggerierte.

Kommen wir damit zum Problem des dritten Einwands. Wie gezeigt, beruht es darauf, daß die Theorie nicht zu klären vermag, inwiefern eine Aussage mit der gemeinten Sache übereinstimmt, und deshalb nicht zeigt, wann die Aussage wahr ist, bzw. wodurch sie verifiziert werden kann. Tatsächlich trifft dieser Umstand auch auf die hier dargestellte Situation des Verstehens zu: Das, was verstanden werden soll, die Aussage (bzw. den Text oder eine Handlung) gibt es ja für den Verstehenden nur, insofern er sie versteht. Um eine Aussage zu wissen heißt, ein Verständnis ihres Sinns zu haben. Ein Kriterium für das

---

[7] In anderer Terminologie zeigt dies auch H.-G. Gadamer in: Was ist Wahrheit?, in: Gesammelte Werke Bd. 1. Hermeneutik 2: Wahrheit und Methode. Ergänzungen, Register, Tübingen 1986, 52f.

Verstehen kann es also, ohne daß man einem Zirkel unterläge, gar nicht geben. Man könnte nun versucht sein, sich der Schwierigkeit dadurch zu entziehen, daß man sagt, eine solche Konstellation sei für hermeneutische Erkenntnisformen charakteristisch, so daß man in diesem Fall auf die Idee der Verifikation verzichten muß. Freilich müßte man dann auch auf das Attribut „wahr" verzichten, denn wenn es man Aussagen zuschreibt, so geschieht dies eben im Sinn der Verifikation.

Wie jedoch ebenfalls schon angedeutet wurde, macht der Einwand die Voraussetzung, daß Verifikation nur durch den Bezug auf eine Tatsachenwahrheit geschieht. Es gibt jedoch auch unter den Bedingungen der Hermeneutik die Möglichkeit, Aussagen zu überprüfen, und wenn man zugesteht, daß es sinnvoll ist, von der Wahrheit interpretierender Aussagen zu sprechen - was direkt im Anschluß angesprochen werden muß -, dann ist man auch berechtigt, in dieser Prüfung das Analogon zur Verifikation im Bezug auf Tatsachenwahrheiten zu sehen. Die Prüfung läßt sich dann als eine Perspektivenverschiebung beschreiben: Man geht von der Ausarbeitung der eigenen Deutung auf den Artikulationszusammenhang des zu Deutenden zurück - d.h. man geht den Text noch einmal durch, liest das Gedicht noch einmal laut, erinnert die Handlung usw. -, um zu sehen, ob er sich tatsächlich in der ausgearbeiteten Weise verstehen läßt. Als Artikulation läßt sich das zu Deutende immer wieder neu zum Sprechen bringen und enthält die Möglichkeit, durch ein neues Verstehen neue Bezüge zu enthüllen[8].

Wie angekündigt, gilt es nun zum Abschluß allerdings zu fragen, inwieweit es sinnvoll ist, das Verstehen, bzw. Interpretieren von Sinn mit dem Attribut der Wahrheit zu belegen. Die Rede von einer „wahren Interpretation" hat in der Tat den Anschein eines hölzernen Eisens, denn Wahrheit impliziert traditionsgemäß eine Bivalenz und wird so vergeben, daß die Sache, der sie zukommt, entweder als wahr oder als falsch betrachtet werden muß. Diese Bivalenz läßt sich bei Interpretationen naturgemäß nicht aufrechterhalten: Auf der einen Seite gibt es unendlich viel wahre, d.h. übereinstimmende Interpretationen, auf der anderen Seite kann nie in eigentlichem Sinn über eine falsche Interpretation entschieden werden (insofern eine

---

[8] Hierin liegt auch ein Argument gegen eine Kohärenztheorie der Wahrheit, auf das nicht näher eingegangen werden kann (vgl. W. V. O. Quine: Two Dogmas of Empirism, in: From a Logical Point of View, Cambridge/Mass. 1953, 42ff.). Daß man, wie gesagt, „auf einen Artikulationszusammenhang zurückgehen" kann, bedeutet, daß Interpretationen von etwas veranlaßt sind (wenn auch nicht determiniert) und das Kriterium ihrer Wahrheit nicht nur in ihrer immanenten Ausarbeitung haben. Ein Artikulationszusammenhang läßt zwar unendlich viele, aber nicht unendlich viele verschiedene Interpretationen zu. Überdies kann im Anschluß an Benjamin darauf verwiesen werden, daß der Sinn von Aussagen im Verstehen liegt und in den Artikulationen selbst nicht verfügbar wird. Die von einer Kohärenztheorie vorausgesetzte Geschlossenheit der Bedingungen des Verstehen ließe sich also gar nicht belegen, sondern setzte einen neuerlichen Verstehensprozeß voraus.

Interpretation Interpretation des betreffenden Textes bleibt und nicht gänzlich den von ihm vorgegebenen Rahmen verläßt).

Doch wie schon angesichts der Einwände gegen die Korrespondenztheorie läßt sich auch hier nach der Notwendigkeit des Verständnisses fragen. Sicherlich gibt es einen angestammten Bereich der Bivalenz, nämlich den Bereich, in dem man eindeutig entscheiden kann, ob etwas der Fall ist oder nicht. Das Verstehen ist dort nur ein nebengeordnetes Moment, ebenso wie die Korrespondenztheorie nicht zur Anwendung kommen kann (wenn etwas der Fall ist, ist es sinnlos zu sagen, daß man mit ihm übereinstimmt, denn man kann darauf verweisen). Aber ist dies der einzige Bereich, in dem von Wahrheit gesprochen werden kann? Dem Sprachgebrauch nach verhält man sich nicht so, sondern bezieht Wahrheit auch auf Fälle, in denen das Verstehen ausschlaggebend ist (etwa wenn man sagt: „Es ist wahr, was du gesagt hast, der Film war schlecht" u.ä.). Demgegenüber könnte man vielleicht behaupten, daß es sich um uneigentliche Verwendungsweisen handelt und man im Grunde mit dem (unberechtigten) Anspruch bivalenter Geltung auftritt. Doch auch wenn es solche Fälle gibt, in denen man eine Interpretation dogmatisch durchzusetzen sucht, erscheint es nicht zwingend zu unterstellen, daß dies in jedem Fall, in dem man von Wahrheit spricht, geschieht.

Zwingender ist vielmehr anzunehmen, daß in diesen Fällen der Eindruck wiedergegeben wird, man habe durch die Aussage eine andere Aussage oder einen anderen Artikulationszusammenhang in angemessener Weise verständlich gemacht. „Wahr" escheint dann als Verhältniswort, das anzeigt, daß sich eine bestimmte vorgegebene Artikulation tatsächlich so verstehen läßt, wie man sagt; es erscheint, mit anderen Worten, als Kennzeichnung einer Korrespondenz zwischen zwei Artikulationen[9]. In diesem Fall impliziert es nicht notwendig eine Bivalenz. Der Begriff der Wahrheit hat also ebenfalls keine Bedeutung, die in dem Sinn festgeschrieben wäre, daß sie nicht auf die Situation des Verstehens angewendet werden könnte. So wie die Korrespondenztheorie keine Theorie, sondern eine klärungsbedürftige Formel ist, ist auch er im eigentlichen Sinne kein Begriff, sondern ein Wort, das seine Bedeutung durch seine Verwendung erlangt. Daß es allerdings nicht nur ein Interpretationsverhältnis meinen *kann*, sondern dies tatsächlich auch geschieht, hat das Vorhergehende gezeigt.

Michael Steinmann

---

[9] Es erscheint deshalb nicht einleuchtend, dem normalen Sprachgebrauch durchgehend empiristische Intuitionen zu unterstellen, wie W. Stegmüller dies tut (in: Das Wahrheitsproblem und die Idee der Semantik. Wien 1957, 20).

Peter Welsen
Universität Trier
Fachbereich I
Pädagogik – Philosophie – Psychologie
Postfach 3825
54286 Trier

Ereignis und Selbstbezug: Ricœurs phänomenologische Kritik an Parfit

In seinem Spätwerk *Das Selbst als ein Anderer* setzt sich Paul Ricœur, dessen Ansatz als hermeneutische Phänomenologie einzustufen ist, mit der Herausforderung auseinander, die ihm in Gestalt der analytischen Philosophie begegnet. Dabei versucht er, die Konzeption eines selbstbezüglichen Subjekts gegen das Ideal einer unpersönlichen Beschreibung menschlicher Vollzüge zu verteidigen, der letztlich eine Ontologie des Ereignisses zugrunde liegt. Die systematischen Fragen, denen Ricœur in diesem Zusammenhang nachgeht, betreffen das Subjekt als sprechendes, handelndes und verantwortliches.

Angesichts dieser Konstellation überrascht es nicht, daß der französische Philosoph dem Problem der personalen Identität ein hohes Maß an Aufmerksamkeit widmet. Nun ist der Begriff der Person in mehrfacher Hinsicht strittig. Zwar scheint festzustehen, daß Personen denkende, mit Selbstbewußtsein ausgestattete Wesen sind, die mit ihrer Identität vertraut sind, doch es gibt eine Reihe zentraler Fragen, über die keine Einigkeit herrscht. So begegnet man der These, die Person habe einen unveränderlichen Kern, der ihre Identität ausmache, aber auch die entgegengesetzte These wird immer wieder vertreten. Als Kriterien personaler Identität werden im wesentlichen der Körper, der Charakter sowie die psychischen Zustände des fraglichen Individuums genannt. Eine zusätzliche Schwierigkeit besteht darin, daß manche Philosophen glauben, der Begriff der Person sei für eine Beschreibung dieser Merkmale unverzichtbar, während ihn andere für entbehrlich halten. Damit sind die interessantesten Probleme genannt, die Gegenstand der zeitgenössischen Debatte über die personale Identität sind. Zu den originellsten und scharfsinnigsten Beiträgen zu dieser Debatte zählen die Überlegungen, die Derek Parfit in *Reasons and Persons* anstellt. Sie laufen darauf hinaus, daß die Frage nach der personalen Identität in gewissen Fällen leer ist, um darin zu kulminieren, daß es auf personale Identität gar nicht ankommt. Auf welche Weise Ricœur diese Herausforderung annimmt, soll in vier Abschnitten diskutiert werden: 1) Selbigkeit und Selbstheit; 2) Parfits Theorie der personalen Identität; 3) Ricœurs Kritik an Parftit; 4) Personale und narrative Identität.

1. Selbigkeit und Selbstheit – Ricœur unterscheidet zwischen zwei Aspekten personaler Identität, der Selbigkeit (*mêmeté*) und der Selbstheit (*ipséité*). Erstere besteht darin, daß sich die Person angesichts des Wechsels ihrer Zustände als dieselbe durchhält, letztere hingegen darin, daß sie ein Verhältnis zu sich selbst einnimmt. Ricœur geht in drei Schritten vor, um den Gegensatz zu verdeutlichen. Im ersten legt er den Begriff der Selbigkeit dar, im zweiten schildert er den Charakter, in dem Selbigkeit und Selbstheit mehr oder weniger zur Deckung kommen, und im dritten wendet er sich der Selbstheit zu, für welche nach seiner Auffassung das gehaltene Versprechens kennzeichnend ist.

Zur Selbigkeit stellt Ricœur fest, daß sie auf numerische Identität hinausläuft. Demnach liegt Selbigkeit genau dann vor, wenn mehrere Vorkommnisse von etwas Vorkommnisse eines und desselben sind. Das Gegenteil der Selbigkeit ist demnach die Vielheit. Damit ist noch nicht geklärt, wann man im einzelnen von Selbigkeit sprechen kann. Ricœur schlägt zwei Möglichkeiten vor: die qualitative Identität sowie die ununterbrochene Kontinuität. Erstere ist gegeben, wenn in verschiedenen Vorkommnissen von etwas eine oder mehrere Eigenschaften geteilt werden. Allerdings führt dieses Kriterium zu der Schwierigkeit, daß es zwar notwendig, nicht jedoch hinreichend ist. Zwei Personen können z. B. zum Verwechseln ähnlich aussehen, ohne daß sie identisch wären. Aber auch die ununterbrochene Kontinuität erweist sich als problematisch. Wenn etwas mit etwas numerisch identisch ist, wird es sich in der Regel von einem Vorkommnis zum anderen durchhalten, doch damit bleibt offen, was kontinuierlich sein muß, damit von numerischer Identität vorliegt. Ist es irgendeine Substanz, oder sind es die Teile einer Entität oder ihre Struktur?

Anders als bei der numerischen Identität fallen im Charakter die Selbigkeit und die Selbstheit nahezu ineins. Der Charakter zeichnet sich einerseits durch Merkmale wie numerische Identität, qualitative Identität, ununterbrochene Kontinuität sowie Beständigkeit in der Zeit aus, anderseits gehört er seinem Träger dergestalt zu, daß sich dieser daran als sich selbst erkennt.[1] Freilich bringt auch der Charakter als Kriterium personaler Identität eine Reihe von Schwierigkeiten mit sich. Zum einen kann sich der Charakter so tiefgreifend ändern, daß die Frage, ob die betroffene Person noch dieselbe sei, nicht mehr eindeutig entscheidbar ist, und zum andern scheint Ricœurs Definition des Charakters in gewisser Hinsicht zirkulär. Danach ist der Charakter „die Gesamtheit der Unterscheidungsmerkmale, die es ermöglichen, ein menschli-

---

[1] Dies dürfte gemeint sein, wenn Ricœur andeutet, der Charakter lasse sich – ebenso wie das gehaltene Wort – nicht auf ein Substrat reduzieren. Vgl. P. Ricœur, *Das Selbst als ein Anderer*, München 1996, 147. Im folgenden wird die Abkürzung SA verwendet.

ches Individuum als dasselbe zu identifizieren" (SA 148). Allerdings verfolgt Ricœur den Weg, die personale Identität durch den Charakter zu bestimmen, nicht ernsthaft weiter. Er begnügt sich vielmehr damit, daß er den Charakter als die „Gesamtheit der dauerhaften Habitualitäten eines Menschen" (SA 150) betrachtet, die sich ihrerseits in angenommene Gewohnheiten sowie in erworbene Identifikationen aufgliedern.

Im gehaltenen Versprechen entfernen sich Selbigkeit und Selbstheit voneinander. Ricœur stellt sogar fest, daß sie sich „vollständig voneinander trennen" (SA 153). Dies bedeutet, daß im gehaltenen Versprechen die Selbstheit besonders deutlich zum Vorschein kommt. Indem man seinem Wort treu bleibt, erweist sich das Verhältnis zu sich selbst als dauerhaft. Da jedoch die Person ihren Charakter ebenfalls nicht nur hat, sondern sich dazu verhält, fragt sich, ob beide Arten der Identität tatsächlich – wie Ricœur suggeriert – einen „polaren Gegensatz" (SA 154) bilden. In diesem Zusammenhang ist folgendes zu beachten: das Verhältnis, um das es beim gehaltenen Versprechen geht, ist nicht substantiell, und deshalb kann es nicht den „unwandelbaren Kern der Persönlichkeit" (SA 11) ausmachen. Zwar kommt ihm „Beständigkeit in der Zeit" (SA 203, 323 u. 383) zu, aber diese liegt im Verhältnis einer Person zu sich selbst, nicht aber in einem Substrat, und ihre zeitliche Erstreckung ist zu gering, als daß sie die personale Identität von der Kindheit bis zum Lebensende ausmachen könnte. Ferner ist geltend zu machen, daß sich der Charakter ohne weiteres von außen beobachten läßt, während sich die Einstellung oder Haltung, die einem gehaltenen Versprechen zugrunde liegt, zwar im Handeln äußern kann, aber nicht muß, so daß lediglich ihr Träger ein unmittelbares Wissen davon besitzt. Mag der Befund eines „polaren Gegensatzes" zwischen Charakter und gehaltenem Versprechen übertrieben scheinen, so sind dennoch eine Reihe gradueller Unterschiede zu registrieren.

2. Parfits Theorie der personalen Identität – Parfit stellt drei Thesen auf, mit denen sich Ricœur auseinandersetzt: 1) die Frage nach der personalen Identität ist im Ausgang von einer unpersönlichen Beschreibung zu klären; 2) sie läßt sich nicht – im Sinne eines notwendigen oder hinreichenden Kriteriums – beantworten; 3) personale Identität ist nicht entscheidend. Letzteres schlägt sich in folgendem Diktum nieder: „[P]ersonal identity is *not* what matters."[2] Für die erste These ist entscheidend, daß Parfit einen reduktionistischen Ansatz vertritt. Diesem zufolge impliziert personale Identität lediglich eine Reihe physischer und/oder psychischer Tatsachen, die sich beschreiben lassen, ohne auf Personen zurückzugreifen. Solch eine

---

[2] D. Parfit, *Reasons and Persons*, Oxford 1984, 241. Im folgenden wird die Abkürzung RP verwendet.

Beschreibung läge zum Beispiel vor, wenn man „Ich denke" durch „Es wird gedacht" oder „Es findet Denken statt" ersetzen würde. Was normalerweise einer Person zugeschrieben würde, nämlich ein Gedanke, nähme die Gestalt eines Ereignisses an, das ohne Person auskäme. Im Gegensatz zu diesem Vorschlag betrachtet der nicht-reduktionistische Ansatz eine Person als etwas, was zu den erwähnten Tatsachen hinzukommt. Parfit spricht in diesem Zusammenhang von einer „separately existing entity" (RP 210). Allerdings stellt er fest: „I do not believe that *I* am directly aware that I am such an entity. And I assume that I am not unusual. I believe that no one is directly aware of such a fact" (RP 223).

Was die zweite These anbelangt, so sind zunächst die beiden Kriterien zu nennen, auf welche zurückgegriffen wird, um die Frage nach der personalen Identität zu beantworten. Es sind das physische und das psychologische Kriterium:

> *The Physical Criterion*: what is necessary is not the continued existence of the whole body, but the continued existence of *enough* of the brain to be the brain of a living person. X today is one and the same person as Y at some past time if and only if (2) enough of Y's brain continued to exist and is now X's brain, and (3) there does not exist a different person who has enough of Y's brain. (4) Personal identity over time consists in the holding of facts like (2) and (3).[3]

> *The Psychological Criterion*: (1) There is *psychological continuity* if and only if there are overlapping chains of strong connectedness. X today is one and the same person as Y at some past time if and only if (2) X is psychologically continuous with Y, (3) the continuity has the right kind of cause, and (4) there does not exist a different person who is also psychologically continuous with Y. (5) Personal identity over time just consists in the holding of facts like (2) to (4).[4]

Da es gleichgültig ist, wodurch diese psychischen Zustände verursacht werden, kann vernachlässigt werden, was mit „right kind of cause" gemeint ist. Um die beiden Kriterien zurückzuweisen, nimmt Parfit an, sie ließen sich jeweils in ein Spektrum aufgliedern, und zwar dergestalt, daß an einem Ende alle physischen bzw. psychischen Zustände eines Individuums

---

[3] RP 204.
[4] RP 207. – Unter „strong connectedness" versteht Parfit, daß mindestens die Hälfte der psychischen Zustände eines Individuums unmittelbar mit denen des Vortags verbunden sind. Anders als die Kontinuität, die in der Überschneidung verbundener Zustände besteht, ist die Verbundenheit nicht transitiv, so daß sie sich nicht als Kriterium der Identität eignet. So kann eine starke Verbindung zwischen t_1 und t_2 sowie zwischen t_2 und t_3 vorliegen, ohne daß sie auch zwischen t_1 und t_3 gegeben wäre. Kontinuität bedeutet demnach nicht, daß man sich an alle vergangenen Zustände erinnert, sondern lediglich, daß sich Erinnerungen überschneiden.

und am anderen keine mit denen des ursprünglichen übereinstimmten und dazwischen die Zahl der gemeinsamen Zustände jeweils um einen zu- oder abnehme. Während man an den extremen Punkten des Spektrums oder in ihrer Nähe ohne weiteres sagen könne, das Individuum sei dasselbe oder nicht, sei das im mittleren Bereich nicht möglich. Zwar könne man feststellen, wieviel Prozent der Zustände sich deckten, aber daraus lasse sich kein Befund über die Identität ableiten. Damit aber sei die Frage nach der Identität leer. Wolle man dennoch angeben, wo Identität vorliege, so müsse man eine willkürliche Grenze ziehen oder auf eine „getrennt existierende Entität" zurückgreifen. Beides sei jedoch wenig überzeugend.

Das gilt auch für das folgende Beispiel: Ein Mensch, dessen Gehirn sich in zwei vollkommen gleiche Hälften teilen läßt, hat zwei Brüder, deren Körper mit seinem eigenem übereinstimmen. Nachdem dieser Mensch gestorben ist, wird jedem der Brüder eine Gehirnhälfte eingepflanzt, so daß zwei Individuen entstehen, die dieselben physischen und psychischen Eigenschaften wie das Original besitzen. Auf die Frage, was mit letzterem geschieht, gibt es folgende Antworten: 1) es überlebt nicht; 2) es überlebt in einer der beiden Kopien; 3) es überlebt in der anderen; 4) es überlebt in beiden. Nun legt Parfit dar, daß ihn keiner dieser Vorschläge überzeugt. Zur ersten Antwort sagt er, daß ein Mensch mit einer Gehirnhälfte überleben kann und demnach auch weiterbesteht, wenn beide Hälften erfolgreich transplantiert werden. Gegen die zweite und dritte Möglichkeit wendet Parfit hingegen ein, daß nicht nachzuvollziehen ist, daß das Original nur in einer Kopie überleben soll, wenn sich diese nicht von der anderen unterscheidet. Zur vierten Antwort stellt Parfit fest, man könne nicht angeben, wie viele Personen mit den beiden Kopien vorlägen. Handle es sich um eine Person, so leuchte nicht ein, wie sie in zwei getrennten Bewußtseinsströmen und Körpern existieren solle; seien die beiden Kopien zwei Personen, so sei nicht nachvollziehbar, daß sich das Original in beiden fortsetze. Aber auch der Vorschlag, die Kopien seien zwei Personen, die zusammengenommen eine dritte ausmachten, führe nicht weiter, denn damit werde der Begriff der Person entstellt. Läßt sich aber nicht angeben, ob das Original mit beiden Kopien oder mit einer oder gar keiner identisch ist, so erweist sich die Frage nach der personalen Identität wiederum als leer.

Die dritte These, die personale Identität sei nicht entscheidend, wird von Parfit mit dem Argument verteidigt, daß für das Original, das geteilt wird, etwas anderes – nämlich die Relation R – wichtiger ist. Diese bietet sich als die Verbindung bzw. Kontinuität psychischer Zustände dar. Parfit stellt fest, daß man die Frage nach dem Überleben des Originals bejahen würde, wenn das ganze oder das halbe, mit den entsprechenden Funktionen ausgestattete Gehirn in den Körper eines Zwillingsbruders transplantiert würde. Angesichts der Tatsache, daß bei einer Verpflanzung der beiden Gehirnhälften in die Körper zweier Brüder dieselbe Relation der psychischen Zustände vorläge, müsse man zugeben, daß – im Vergleich zum gewöhnlichen Überleben – nichts fehle. Allenfalls irritiere der Umstand, daß es nun zwei Kopien gebe. Käme es auf die Identität an, so gäbe nicht die Relation R den Ausschlag, sondern die zusätzliche Tatsache U, daß diese Relation nur zu einem Individuum bestünde. Genau diese Annahme hält jedoch Parfit für verfehlt, denn entscheidend für das Überleben einer Person könnten nur die intrinsischen Merkmale der Relation sein, nicht aber die Anzahl der Individuen, zu denen die Relation bestehe.

Die personale Identität stellt für Parfit auch ein ethisches Problem dar. Nach seiner Auffassung hängt eine Ethik, welche das Eigeninteresse der Person legitimiert, nicht zuletzt davon ab, daß ihre Identität etwas Wichtiges ist. Angesichts der Tatsache, daß Parfit gerade das Gegenteil lehrt, ist es keineswegs überraschend, daß er einer Ethik des Eigeninteresses – wie z.B. der utilitaristischen – eine Absage erteilt. Er legt dar, daß sich der Mensch, wenn er zur entsprechenden Einsicht gelangt sei, weniger um sich selbst sorge, so daß sich die Distanz des Menschen zum Anderen verringere, aber auch die Haltung gegenüber der eigenen Zukunft sowie dem Tod gelassener werde.

3. Ricœurs Kritik an Parfit – Es fällt sogleich auf, daß sich Ricœur nicht auf eine ausführlichere Diskussion der Kriterien personaler Identität einläßt. Das mag zum einen daran liegen, daß er sich Parfit insofern anschließt, als auch er die Frage nach der personalen Identität in Fällen wie den geschilderten für offen hält; zum anderen aber geht es ihm weniger um ein Kriterium, das eine Antwort darauf ermögliche, als um das Verhältnis von Selbigkeit und Selbstheit. Dabei argumentiert er, Parfit klammere mit der Selbstheit etwas aus, was er anderseits voraussetze. Gerade mit seiner Methode einer unpersönlichen Beschreibung verfehle Parfit die Tatsache, daß Personen seelische Erlebnisse sowie den Leib als ihre eigenen erlebten. Mehr noch, Ricœur erklärt, der Gegensatz zwischen einem reduktionistischen und einem nicht-reduktionistischen Ansatz entspreche dem Gegensatz zwischen einer unpersönlichen Beschreibung und einer Anerkennung dessen, was er mit Heidegger als Jemeinigkeit bezeichnet. Damit vertritt er die Auffassung, die Dichotomie zwischen einem reduktionistischen und einem nicht-reduktionistischen Ansatz entspreche der Dichotomie zwischen einer unpersönlichen Beschreibung und der Anerkennung der Zugehörigkeit physischer und psychischer Zustände zu einer Person, die fähig sei, sich diese selbst zuzuschreiben.

Nun fragt sich allerdings, ob Ricœur damit Recht hat. Um dies zu klären, ist zwischen zwei Versionen der reduktionistischen These zu unterscheiden:

A person *just is* a particular brain and body, and such a series of interrelated events.

A person is an entity that is *distinct* from a brain and body, and such a series of events.⁵

Die zweite Version mag der nicht-reduktionistischen These ähneln, aber sie läuft nicht auf eine „getrennt existierende Entität" hinaus. Vielmehr liegt ihre Pointe darin, daß die Identität einer Person wie jene einer Nation oder eines Vereins ist. Einerseits existiert sie nicht unabhängig von körperlichen und geistigen Zuständen, anderseits geht sie nicht in solchen Zuständen auf. Zunächst scheint es, als ziehe Parfit die zweite Version der ersten vor, so daß er in der Lage wäre, die fraglichen Zustände einem Träger zuzuschreiben, und auch dem Umstand gerecht werden könnte, daß sich eine Person ihre Vorstellungen oder ihren Leib selbst zuschreibt. Jedenfalls gibt Parfit ausdrücklich zu: „[P]eople are not thoughts and acts. They are thinkers and agents. I am not a series of experiences, but the person who *has* these experiences, or the *subject of experiences*" (RP 223). Damit würde Ricœurs Kritik ins Leere laufen. Nun wäre es merkwürdig, wenn Ricœur die zweite Version der reduktionistischen These – einschließlich ihrer Konsequenzen – entgangen wäre.⁶ Was in Hinblick auf seinen Einwand den Ausschlag gibt, ist vielmehr eine Ambiguität, in die sich Parfit verstrickt. Einerseits räumt er ein, daß es Personen gibt, anderseits aber insistiert er darauf, daß sich die Relation R beschreiben läßt, ohne auf Personen zurückzugreifen. Bliebe es dabei, so läge Ricœur mit seiner Kritik zwar nicht geradezu falsch, ginge aber zu weit. Freilich spricht einiges dafür, daß Parfit – entgegen dem ersten Anschein – die unpersönliche Beschreibung höher als die zweite Version der reduktionistischen These gewichtet. Er führt nämlich den Umstand, daß Erfahrungen einem Subjekt zugeschrieben werden, letzten Endes bloß auf sprachliche Konvention zurück. Es handle sich um nichts anderes als „the way in which we talk" (RP 223).⁷ Dies aber bedeutet, daß Ricœur tatsächlich ein entscheidendes Defizit aufdeckt.

Trotz dieses Einwandes stimmt Ricœur in folgenden Punkten mit Parfit überein: 1) es ist nicht erforderlich, Personen als „getrennt existierende Entitäten" einzustufen; 2) es gibt kein notwendiges oder hinreichendes Kriterium, mit dessen Hilfe es möglich wäre, in allen Fällen

---

⁵ RP 211.
⁶ In der Tat geht Ricœur auf beide Versionen ein. Vgl. SA 162 Anm.
⁷ Zwar nimmt Parfit die Frage zur Kenntnis, ob nicht – wie Kant, Strawson und Shoemaker annehmen – die Beschreibung von Erfahrung grundsätzlich ein Subjekt voraussetzt, doch leider diskutiert er sie nicht ausführlicher. Vgl. RP 225. – Die entscheidenden Voraussetzungen der Überlegungen, die Ricœur gegen Parfit richtet, liegen hingegen in den reflexionsphilosophischen Argumenten, mit denen er die Ontologie des Ereignisses sowie sprachphilosophische Ansätze kritisiert, in denen die Perspektive der ersten Person in derjenigen der dritten aufgeht. Vgl. SA 49 ff. u. 69 ff.

über die personale Identität zu entscheiden; 3) dies schlägt sich dergestalt in der Ethik nieder, daß die eigenen Interessen im Vergleich zu denen anderer Personen ein geringeres Gewicht erhalten.

4. Personale und narrative Identität – Ricœur ist der Auffassung, die geschilderten Schwierigkeiten ließen sich im Ausgang von einer erzähltheoretischen Betrachtung des Problems korrigieren. Vergegenwärtigt man sich, daß seine Kritik an Parfit darin kulminiert, daß dieser auf der Suche nach der Selbigkeit die Selbstheit vernachlässigt, so erstaunt es nicht weiter, daß sich Ricœur zutraut, genau dieses Defizit zu beheben. Um dieses Ziel zu erreichen, macht er sich die zahlreichen Variationen zunutze, in denen narrative Texte das Verhältnis von Selbigkeit und Selbstheit gestalten. So stellt er fest, daß in modernen Romanen wie Musils *Der Mann ohne Eigenschaften* ebenfalls eine Auflösung der Selbigkeit vorliegt, doch entscheidend sei, daß der Verlust der Selbigkeit damit einhergehe, daß die Selbstheit umso deutlicher hervortrete. Diese äußert sich vor allem darin, daß die Figur mit einem Leib ausgestattet ist, den sie als ihren eigenen erlebt und der als solcher ihr In-der-Welt-Sein ermöglicht. Demnach erweisen sich die fingierten Beispiele, die Parfit anführt, und die narrativen Texte insofern als komplementär, als „die imaginativen Variationen der Science-fiction sich auf die Selbigkeit beziehen, während die Variationen der literarischen Fiktion auf die Selbstheit, oder genauer: auf die Selbstheit in ihrem dialektischen Verhältnis zur Selbigkeit bezogen sind" (SA 185).

Aber die narrative Auflösung der Selbigkeit ist auch in ethischer Hinsicht bedeutsam. Ricœur legt dar, daß sich der Mensch, wenn er seine Selbigkeit verliert, als ein Selbst erlebt, das gewissermaßen nichts ist. Damit meint er natürlich nicht, es sei gar nichts, sondern zielt lediglich darauf ab, daß es nichts sei, was als dasselbe fortdauere. Wie bereits erläutert wurde, deutet Ricœur die Selbigkeit nicht zuletzt als „Selbst-Ständigkeit", das heißt, er erblickt sie darin, daß jemand, indem er z. B. ein Versprechen hält, ein konstantes Verhältnis zu sich selbst einnimmt. Auf diese Weise komme es zu einem Konflikt zwischen der Auflösung der Selbigkeit und der „Selbst-Ständigkeit", der den Philosophen zu folgender Frage veranlaßt: „Wie kann man dann auf der ethischen Seite ein Selbst aufrechterhalten, das sich auf der narrativen Ebene aufzulösen droht?" (SA 205). In seiner Antwort nähert sich Ricœur wiederum Parfit an. Er verzichtet darauf, starr an der Selbigkeit der Person festzuhalten, und begnügt sich damit, von einer „Bescheidenheit der Selbst-Ständigkeit" (SA 206) zu sprechen. Obgleich er Parfit nicht darin zu folgen vermag, daß die Selbstheit in einer unpersönlichen Beschreibung aufgeht, räumt er – dessen Devise abwandelnd – ein: „Besitz ist nicht das, worauf es ankommt" (Ebd.).

Workshop 5
Von der Arbeits- zur Wissensgesellschaft

"Epikur in den Gärten des Wissens.
Der 'neue Hedonismus' in Staat, Wirtschaft und Gesellschaft"

Unter den Moral- und Mentalitätsschüben des Wertewandels sowie den Strukturverschiebungen der Erlebnisgesellschaft wenden sich auch die Moralen und Realitäten des Staates, der Wirtschaft und der Menschen um. Ich beziehe mich auf die Forschungen von Helmut Klages/Speyer, Gerhard Schulze/Bamberg und Elisabeth Noelle-Neumann mit Renate Köcher/Allensbach am Bodensee. Es ist die Revolution des Hedonismus. Immer mit Blick auf den Sozialstaat zeige ich sie an der Moral des Staates, dessen Räson die Wohlbefindlichkeit seiner Bürger wird; an der Moral des Marktes, dessen Motor Selbstinteresse und Nutzensteigerung ist; schließlich an der Moral der Person mit den Lebensmaximen der Selbstentfaltung und des Selbstgenusses. Dieser wahrhaft globale Werte- und Strukturwandel profiliert bereits den Sozialraum Europas und formuliert das Leitwort der Zukunft: Selbstgenuß und Lebensqualität.

☐ **Die Räson des Staates: Wohlbefindlichkeit**

Der demokratische Staat westlichen Typs kennt keine Ethik, die für alle, immer und überall gilt. Er hat eine Verfassung, erläßt Gesetze und führt diese mittels seiner Verwaltung aus. Zwar beruft er sich auf ein 'ethisches Minimum' (Georg Jellinek) zur Anerkenntnis und Anwendung seiner Normen in Privat-, Straf- und öffentlichem Recht; jedoch schöpft er weder eine Moral noch sanktioniert er Abweichungen von einem Moralkanon. Der Verfassungsstaat schützt die Grund- und Bürgerrechte und zieht damit den Rahmen, innerhalb dessen seine Bürger ihr Leben führen und ihren Tätigkeiten nachgehen.

Der Staat hat sich - mitsamt den Kirchen - dem Wächteramt einer verbindlichen Moral für alle entzogen und dafür die Gesellschaft mit ihren Gestaltungen freigesetzt. Gruppen können ihren Mitgliedern und ihren Einrichtungen Weltanschauungen auferlegen und auf deren Befolgung im Alltag achten. Jedoch haben die Geltung und Verbindlichkeit von solchen normativen Interessen ihre Grenze in den verfassungsgeschützten Lebens- und Entfaltungsrechten der Einzelnen und ihrer Familien, der sozialen Gruppen und Vereinigungen. Die pluralistische Gesellschaft kennt also nur partikulare Programm- und Alltagsmoralen, - seien es Interessenverbände der Wirtschaft und Politik, Weltanschauungsverbände wie die Kirchen und ideellen Gemeinschaften, Berufsverbände und -einrichtungen zum Beispiel im Sozial- und Gesundheitswesen.

Durch die Sozialversicherungs- und Arbeitsverwaltungsgesetze seit dem Kaiserreich über die Weimarer Republik sind dem modernen Staat zu den klassischen Staatsaufgaben der inneren und äußeren Sicherheit die Funktionen der sozialen und wirtschaftlichen Wohlfahrt zugewachsen. Die Bundes- und Berliner Republik haben nicht nur die Sozialabgaben und Sozialleistungen ausgeweitet, sondern zunehmend den Sozialstaat arbeits- und sozialrechtlich, also normativ und exekutiv verdichtet. Das System der sozialen Sicherung ist der Begriff einer solchen gemischten, nämlich öffentlichen und privaten Vorkehrung zur Daseinsvorsorge und

-fürsorge. Es folgt keiner 'Ethik des Sozialstaats', sondern Rechtsnormen, Finanzvorschriften und Wirtschaftsnutzen. Zwar gibt es in der Massendemokratie - gemäß Max Weber - den demagogischen Zug, formale Rechts-, Finanz- und Wirtschaftsrationalitäten zu ersetzen durch Vorstellungen von 'materialer Gerechtigkeit'. Insoweit es sich dabei um ethische oder moralische Prinzipien handelt, sind sie - zum Beispiel Solidarität oder Subsidiarität oder Selbstverwirklichung - Themen von sozialen Gruppen in ihrem Wettbewerb um Macht und Mitglieder, jedoch nicht Prinzipien der Staatsräson.

Der Verzicht auf eine öffentliche Moral seitens des Staates hat ihm - wie politikwissenschaftliche Studien von Manfred G. Schmidt und Jens Alber zeigen - eine Rechts- und Institutionenstabilität gegeben, die sich trotz aller Vertrauensverluste in Qualität und Kontinuität der Politiker und ihrer Parteien, von Polizei und Justiz durchgehalten und sich sogar im Zuge der 'inneren Wiedervereinigung' bewährt hat. Die Transformation des Sozialstaates in einen europäischen Sozialraum, getragen von welchem überstaatlichen, transnationalen Gebilde der Europäischen Union auch immer, hat gerade dieses Maß von innerer Sicherheit und das Tempo ihrer verläßlichen Gewährung.

Seitens der Bürger - mit einer Umwendung der Perspektive - entsprechen der Gewähr von sozialer Sicherheit deren Erwartungen und Ansprüche auf soziale Sicherung bei den Risiken ihres Lebens, soweit sie diese nicht selbst bewältigen können. Und in der Tat zeigen die demoskopischen, sozialpsychologischen und wertesoziologischen Befunde eine bis heute nicht recht interpretierbare, aber widerspruchsfrei erklärliche Kombination von Pflicht- und Akzeptanzwerten bzw. von Selbstentfaltungs- und Geselligkeitswerten mit staatszugewandten Sekuritätsorientierungen, freilich mit unterschiedlichen Ausprägungen und Musterungen der Werteprofile. Die Moral des Staates ruht auf keinem Gewährleistungsmandat mehr, sondern ist medialer und meinungsbewegter Ausdruck der Intentionen und Aspirationen auf Fremdhilfe in der Risikogesellschaft, zumindest unterstützter Selbsthilfe in den individualisierten und pluralisierten Risikolagen. Nicht soziale Sicherheit aus öffentlicher Autorität, sondern soziale Sicherung nach privater Wahl wird die Räson eines europäischen Wohlfahrtsstaates sein.

☐ Der Motor des Marktes: Selbstinteresse

Noch schärfer wird sich die Subjektivierung der Erwartungen und Differenzierung der Ansprüche zeigen in der Europäisierung der Wirtschaft. Gewiß werden die Gesetze des Einsatzes von Ressourcen und Produktionsfaktoren, der Preisbewegungen auf den Märkten und der Gewinnzyklen der Konjunkturen nicht außer Kraft gesetzt. Nach wie vor läuft der globale Wettbewerb der Europäer mit den Nordamerikanern und Ostasiaten, vorneweg noch mit den Japanern, entlang der ökonomischen Parameter von Kapitalinvestitionen und Ideen-Innovationen, von Rohstoff- und Energiereserven, von Arbeitsproduktivität und Lohnstückkosten, von Infrastruktur und Transportkapazitäten. Aber sein Motor ist nicht mehr nationalstaatliche Machtsteigerung oder sozialstaatliche Bedarfsdeckung, wohlfahrtsökonomische Verteilungsgerechtigkeit oder privatunternehmerischer Kapitalprofit, auch nicht manageriales Organisations- und Kompetenzeninteresse, sondern die persönliche Bedürfnisbefriedigung, die subjektive Kundenzufriedenheit, die individuelle Chance zur Selbstverwirklichung in Arbeit und Freizeit

Hatte schon die Theorie des freien Marktes bei Adam Smith einen persönlich normativen Kern des Selbstinteresses; war schon im Lust-Unlust-Kalkül der Utilitaristen seit Jeremy Bentham und John Stuart Mill ein individualpsychisches Movens angelegt; zeigte sich schon beim Homo oeconomicus des Wiener, Lausanner und englischen Marginalismus mit seinen Nutzen-Kosten-Berechnungen des Wirtschaftsbedarfs die subjektive Bedürfniskomponente, so durchgreift heute der Kundenwunsch und die Konsumentenzufriedenheit den ganzen Produktionsprozeß. Die Wirtschaft transformiert sich von der betriebsorganisatorischen und marktdynamischen Produktionsorientierung zur Produktorientierung, seien es Güter oder Dienstleistungen, Informationen oder Kommunikationen. Der Zusammenbruch des östlichen Marxismus mit seiner an den Produktionsmitteln ausgerichteten Arbeitswertlehre wie der Niedergang der westlichen Wohlfahrtsökonomie, die Produktionsabschwünge durch Staatsinterventionen, sprich: Staatsverschuldung ausgleichen wollte, demonstrieren die Perversionen solcher Angebotsökonomien. Beider Staatsversagen ist die Folge von gescheiterten Ökonomien, die auf gesellschaftliche Produktion bzw. soziale Verteilung gesetzt hatte.

Für eine zukunftsfähige, d.h. weltwirtschaftlich wettbewerbsfähige Ökonomie der Europäer sollte das erste Ziel nicht Organisierung und Rationalisierung der Produktion nach Produktivitätskriterien sein, sondern diese sind nur Mittel zur Qualifizierung und Individualisierung ihrer Produkte. Es kommt nicht mehr darauf an, billiger und massenhafter zu produzieren, sondern besser, schneller und beweglicher. Der Kampf gegen die Verschwendung von Rohstoffen und Energien, von Personal und Zeit, von Technik und Organisationsleistungen führt zur Verschlankung der Organisation und Vereinfachung des Managements. Aber die Enthierarchisierung der Betriebe, die Autonomisierung der Arbeitsgruppen, die Leistungsorientierung der Mitarbeiterlöhne sind nicht die Ziele einer 'lean production' und eines 'lean management', wie es eine konventionelle Betriebswirtschaftslehre noch vorgibt, sondern alleine Mittel für qualitätsvollere und kundengerechtere Produkte. Eine solche Qualitätsproduktion und ein solches Qualitätsmanagement mit ständiger produktionsorientierter Einsparung und produktorientierter Verbesserung richtet sich nach dem Maßstab aus, der letztlich über die Wettbewerbsfähigkeit der Wirtschaft entscheidet: es ist der Kunde selbst.

Die Moral des Marktes bleibt der Nutzen, aber seine 'unsichtbare Hand' lenkt nicht mehr die Schaffung und Verteilung des Reichtums, - wie noch die ökonomische Klassik gesehen; verheißt nicht mehr die soziale Wohlfahrt und die Emanzipation der Arbeiterklasse, - wie sie der Utilitarismus erwartet; leistet nicht mehr die ausgeglichene Gewinn- und Einkommensverteilung, - wie sie der Marginalismus berechnet hatte, sondern seine Moral wird formiert durch die sichtbaren Erwartungen und beobachtbaren Anstrengungen der Wirtschaftsbürger. Sein Motor ist das Selbstinteresse und sein Medium die Selbstentfaltung der Bedürfnisse der Personen, die in der Arbeitsorganisation individuelle Leistungsverträge eingehen und erfüllen, Dienstleistungen je nach eigenen Fähigkeiten und Fertigkeiten erbringen und nachfragen, Informationen und Kommunikationen leisten und abrufen. Es ist nicht mehr der abstrakte Nutzen der Kapitalprofiteure und der Betriebsorganisatoren, schon gar nicht der politischen Klasse und der Verwaltungseliten; es ist der konkrete Nutzen der individuellen Produzenten und Konsumenten des europäischen Marktes.

☐ Die Moral der Person: Selbstgenuß

Ist die Moral des Staates unter der Erwartung seiner Bürger soziale Sicherung in den Risiken des Lebens, die der Wirtschaft der individuelle Nutzen ihrer Produzenten und Konsumenten, so ist die Moral der Person der subjektive Selbstgenuß im Streben nach gelingender Selbstverwirklichung: nach Glück. Die Ethik des Hedonismus in einer radikal säkularisierten Welt - ohne moralgebietende Transzendenz, ohne gattungsgeschichtlichen Auftrag, ohne handlungsimperative Werte -, eine solche Ethik hat als anthropologischen Boden alleine die Person mit ihren psycho-physischen, soziopolitischen und sozialkulturellen 'In'texten und Kontexten. Die Individualisierung und Pluralisierung der Mentalitäten und Moralen, wie sie sich im Zuge der Wertewandels in den Sozialmilieus der Erlebnisgesellschaft ausbreiten und vervielfältigen, verdichten sich existentiell in den Personen mit ihren selbstgesteuerten Lust-

Unlust-Bilanzen, ihren selbstgewollten Gefühls- und Gedankengleichgewichten, die der Hedonismus seit der Antike Autarkie der Persönlichkeit und Ataraxie der Psyche nennt. Wenn die Moderne durch die Demokratisierung der politischen Institutionen bestimmt ist, so die Postmoderne durch die Emanzipation des Menschen zu sich selbst, zu seinem je selbstgewählten Streben nach Glück.

In der Dimension des Staates nehmen wir mit solchem Blick wahr die Verwandlung des Wohlfahrtsstaates zu einer politischen Gemeinschaft der Wohlbefindlichkeit seiner Bürger. In der Dimension der Wirtschaft beobachten wir die Umkehrung der Produktionsorientierung, die unter dem Diktat von Kapital, Arbeit und Standort steht, zur Ausrichtung an den Produkten, die als Güter und Dienstleistungen, Informationen und Kommunikationen lustvoll erzeugt und genußvoll verbraucht werden. Und in der Dimension der Person zieht sich dieser universale Prozeß existentiell zur Maxime und zum Muster: Selbstgenuß und Lebensqualität.

Der neue Hedonismus der Wertewandels- und Erlebnisgesellschaft ist nicht mehr geprägt durch Leidensabwehr, Schmerzfreiheit, Todesverdrängung, wie es von Aristipp und Epikur bis zu Bentham und Schopenhauer die Philosophen gelehrt haben. Wenn uns Gott kein Heil mehr gibt, so auch kein Unheil; wenn Leiden und Sterben nicht mehr Strafen für geschicktes Dasein und selbstbeschädigtes Leben ist; wenn Gesundheit und Tüchtigkeit nicht mehr Pflicht für die Gemeinschaft heißt, Krankheit und Gebrechen nicht mehr fremdbestimmte Entpflichtung; dann öffnet sich der Weg zur Selbstbewältigung des Leidens, zur Selbstgestaltung des Alters, zur Hinnahme des Sterbens - als Ausdruck meiner Freiheit zum Selbstsein und Selbstgenuß, auch an den Grenzen des Daseins unter den Schatten der Endlichkeit.

Literatur

Horst Baier: Der Werte- und Strukturwandel im Gesundheitswesen - mit medizinsoziologischem Blick auf die Sozialmedizin inmitten der Erlebnisgesellschaft. In: Medizin im Wandel. Hg. von V. Becker und H. Schipperges. Berlin, Heidelberg, New York: Springer Verlag 1997, S. 41-57.

Horst Baier: Gesundheit als Lebensqualität. Folgen für Staat, Markt und Medizin. Osnabrück: Edition Interfromm 1997.

Horst Baier: Deutschlands Zukunft in Europa - Abschied vom Nationalstaat. In: Burschenschaftliche Blätter 112 (1997), Heft 3, S. 109-111.

Horst Baier: Die Arbeits- und Umweltmedizin im Wertewandel der postmodernen Gesellschaft. In: E.W. Baader. Gedächtnisvorlesungen für Arbeitsmedizin. Hg. von H. Valentin und G. Zerlett. Stuttgart: Gentner 1998, S. 177-192.

Horst Baier: Freiheit oder Sachzwang? Von der Vernunftethik zu Systemrationalität. In: Die Freiheit des Menschen. Zur Frage von Verantwortung und Schuld. Hg. von J. Eisenburg. Regensburg: Pustet 1998, S. 60-81.

Evolutionärer Humanismus

Skizzen zu einem integrativen Forschungsprogramm

Gerhard Engel, Mainz

> „Der Humanismus behauptet, daß sich Wissen und Einsicht mehren lassen, daß Verhalten und Organisation der Gesellschaft verbesserungsfähig sind, und daß man erstrebenswerte Richtlinien für die Entwicklung des Einzelnen wie der Gesellschaft gewinnen kann."
>
> Julian Huxley (1964), S. 16

> „Mein eigentlicher Anspruch [...] war und ist ein philosophischer: Nicht, was wir tun, nicht, was wir tun sollten, sondern was über unser Wollen und Tun hinaus mit uns geschieht, steht in Frage."
>
> Hans Georg Gadamer (1960), S. XVI

(1) Was bedeutet „Humanismus"? Einem verbreiteten Brauch entsprechend könnte man hier mit einer möglichst präzisen (Nominal-)Definition dieses Begriffes beginnen. Aber warum sollte es dem Begriff des Humanismus besser ergehen als anderen Konzepten, die innerhalb der evolutionären Entwicklung des Denkens *schrittweise* präzisiert und verschärft wurden? Begriffliche Präzision ist ein *Ziel* und nicht unbedingt immer ein sinnvoller Ausgangspunkt des Denkens.
Auch ein Blick in die (Begriffs-)Geschichte hilft hier nur bedingt weiter. Der Evolutionäre Humanismus sympathisiert zwar wie viele seiner Vorgänger mit der antiken Kultur; und er kann sich hier ohne weiteres Karl Popper anschließen, der die Vorsokratiker wegen ihrer intellektuellen Experimentierlust und wegen ihres an der Erfassung der (Gesamt-)Wirklichkeit orientierten Diskurses schätzte. Auch wegen der Tradition des rationalen Denkens und der intellektuellen Neugier, die Sokrates erstmals in die abendländische Geistesgeschichte einführte, können Evolutionäre Humanisten ebenso wie ihre humanistischen Vorgänger bestimmte Teile der antiken klassischen Kultur als nachahmenswert empfinden. (Und sie können damit sogar auf eine *noch* ältere Tradition zurückblicken als die Institution der katholischen Kirche.)
Aber wir können zukunftsfähige Konzepte nicht restlos aus vergangenen (und vorhandenen) ableiten. Gerade der Evolutionäre Humanist ist sich bewußt, daß Denken *Veränderung* bedeutet – und nicht nur Interpretation oder Aneignung des Vorhandenen. Schon definitionsgemäß ist eine (jede) evolutionäre Entwicklung mit der Entstehung des Neuen verbunden: Es sind *neue* Varianten (von Organismen oder Ideen), die die ihnen gestellten Probleme lösen müssen – oder an ihnen scheitern. Der Evolutionäre Humanist ist daher neu-gierig: Er baut auf neue Ideen und neuartige Synthesen; aber er erwartet sie nicht von der 5.000. Arbeit über Platon, sondern von der Ausbildung des 5.000. Nachwuchswissenschaftlers – und zwar unabhängig davon, welcher Disziplin (oder besser: welchen Disziplinen) dieser angehören mag.
Der Evolutionäre Humanist bricht also erstens mit der Vergangenheitsorientierung des traditionellen Humanismus: Probleme lösen wir nicht durch Rückschau, sondern durch neue Ideen.

(2) Nun sind neue Ideen zwar meist nicht so neu, wie sie es zu sein scheinen (oder vorgeben): Sie sind ebenso wie auch neue Organismen in vielfältiger Weise auf ältere Entwicklungsstadien bezogen. Aber sie sind eben nicht mit ihnen identisch: Neue Ideen können ältere allenfalls *simulieren*. Ein Beispiel ist der Versuch, Kants Erkenntnistheorie (insbesondere seinen Apriorismus) mit

Begriffen der Evolutionären Erkenntnistheorie zu rekonstruieren. Wir haben hier etwa gelernt, zwischen ontogenetischem Apriori und phylogenetischem Aposteriori zu unterscheiden.

Der hier geglückte Versuch, erkenntnistheoretische und realwissenschaftliche Forschungsergebnisse im Interesse *neuer* Fragestellungen (und besserer Heuristiken) aufeinander zu beziehen, macht gleichzeitig auch eine Schwäche des traditionellen Humanismus deutlich: seinen Anti-Naturalismus. Der Humanismus vor Marx ging zwar mit Recht von der überragenden Bedeutung des Geistes und seiner Produkte für das Verständnis (der Handlungsweisen) des Menschen aus. Aber die traditionellen Versionen des Humanismus übersahen, daß dieser Geist nicht vom Himmel fiel: Er ist nach allem, was wir inzwischen wissen, ein Produkt der Evolution, also der naturgesetzlich beschreibbaren (Höher-)Entwicklung der Natur. Der Evolutionäre Humanismus bricht demnach zweitens mit der idealistischen und anti-naturalistischen Tradition des traditionellen Humanismus. Marx erkannte diese idealistische Schwäche des traditionellen Humanismus – und beseitigte sie durch eine zweifelhafte positive Theorie (seinen Historischen Materialismus) und durch eine Remoralisierung des Humanismusbegriffs: Humanismus war für ihn ein ideologisches Komplement „inhumaner" politischer und wirtschaftlicher Zustände. Seitdem geht vom Begriff des Humanismus eine Aura des Veralteten aus.

(3) Zu Unrecht. Die marxistische Geringschätzung des Überbaus für das Verständnis des Menschen und seines Verhaltens wurde schon von Max Weber in entscheidender Weise korrigiert. Die Frage, welche Arbeitsethik, welche Weltanschauung, welche Theorien, welche Gewohnheiten die Menschen angenommen haben, sind für die sozialwissenschaftlichen Erklärungen auf der Mikro-Ebene und (damit auch) auf der Makro-Ebene gleichermaßen entscheidend: Wir können nicht denken, was wir wollen, ohne daß dies sehr reale Folgen hat. Wohlstand, wirtschaftliche und kulturelle Entwicklung, Rechtssicherheit und Frieden haben notwendige intellektuelle Voraussetzungen, die nicht ungestraft mißachtet werden können. Aber auch jede systemimmanente politische Maßnahme ist theoriegesteuert und geht von der Existenz bestimmter Kausalbeziehungen aus. Es gehört daher zu den Aufgaben einer Wissensgesellschaft, den Erwerb eines kausaladäquaten Wissens effizient zu organisieren und das Denken in sachlich unangemessenen Kausalbeziehungen (Beispiel: „Treibhauseffekt") zu überwinden. Wenn Wissensgesellschaften ihre Bezeichnung verdienen wollen, müssen sie Widerlegungen von Irrtümern ernstnehmen und sowohl das individuelle Denken als auch die Institutionen einem Veränderungs- und Anpassungsprozeß aussetzen: *Wissensgesellschaften sind lernende Gesellschaften.* (Schon dies begrenzt übrigens die Ansprüche des kulturellen Relativismus.)

Der einzelne Mensch, das Individuum, erhält in der Sichtweise des Evolutionären Humanisten hierbei eine entscheidende Bedeutung: Das *Individuum* ist, wie Nietzsche klar sah, die notwendige Voraussetzung für intellektuellen Fortschritt (und, nebenbei, auch für die Erhaltung und Weitergabe von Kultur und ihren Institutionen). Der Evolutionäre Humanist ist daher am Wissen und Können von Individuen, also an (der) Bildung (von Humankapital) interessiert – und dies vor allem deshalb, weil er in der Tradition John Stuart Mills, Ludwig von Mises' und Friedrich August von Hayeks der Meinung ist, daß (nur) so auch ein Fortschritt für alle möglich wird. Freies Denken und freie Märkte stehen nicht im Dienste von Sonderinteressen, sondern im Dienste *aller* Menschen. Damit erfüllen sie – wenn wir uns hier der marxschen Moralisierung des Humanismusbegriffs anschließen – eine wichtige Funktion bei der Beseitigung „inhumaner" Zustände.

(4) Evolutionäre Humanisten wie Julian Huxley haben darüber hinaus mit Recht betont, daß die kognitiven Fähigkeiten des Menschen sich zwar am spektakulärsten in Wissenschaft und Technologie ausdrücken; aber sie erschöpfen sich nicht in ihnen. Auch Musik, Kunst und Literatur sind geistige Schöpfungen des Menschen, in denen sich seine Intelligenz manifestiert. Sie sind also nicht, wie die Vulgär-Ästhetik es will, der Ausdruck von Gefühlen, sondern Ausdruck seiner kognitiven Intelligenz, nur eben von deren musikalischer, künstlerischer oder literarischer Variante. Wie anders als Ausdruck höchster musikalischer Intelligenz soll man etwa die Arie mit Chor (Nr. 33) aus Johann Sebastian Bachs Matthäus-Passion (BWV 244) bezeichnen? Bach verbindet

hier auf musikalisch hochintelligente Weise theologische Interpretation, fiktionale Realitätsbeschreibung und ein Psychogramm des aufgewühlten Christenmenschen mit den Mitteln musikalischer Komposition: Zum einen wird plastisch geschildert, wie die Soldaten den gefesselten Jesus (zwei ineinander ver"strickte" Instrumentalstimmen) vor sich herstoßen (taumelnder Rhythmus), unterbrochen von einer aufgeregt rufenden Menge („Laßt ihn, haltet, bindet nicht!"); zum anderen macht das Fehlen des Generalbaß-Fundaments diese Szene in doppeltem Sinne grund–los: Dem Gläubigen ist es, als ob ihm der Boden unter den Füßen weggezogen worden ist; und er sieht keinen „Grund", warum die Verhaftung berechtigt sein könnte. Kants Geringschätzung der Musik („Mehr Genuß als Kultur") wird eine moderne Anthropologie also kaum übernehmen können.
Evolutionäre Humanisten mißtrauen daher einer Modellierung des Menschen, die einseitig seine theoretischen und deskriptiven Fähigkeiten in den Vordergrund stellt. (Sie mißtrauen allerdings erst recht einer umgekehrten Einseitigkeit.) Ebenso wie kognitive Bestandteile in der Kunst und Musik eine Rolle spielen und auch für deren ästhetische Bewertung relevant sind, beeinflussen ästhetische Gesichtspunkte mathematische und wissenschaftliche Überlegungen. Und das gilt auch für die Philosophie: Was es heißt, einer Regel zu folgen, ist nicht nur für die Philosophie der Mathematik, sondern, wie schon Wittgenstein sah, auch für die Philosophie der Musiktheorie eine fruchtbare und legitime (und analoge) Fragestellung. Die sich allmählich konstituierende Evolutionäre Ästhetik zeigt, wie solche Fragen durch interdisziplinäre Kooperation geklärt und beantwortet werden können. Auch hier sieht der Evolutionäre Humanist die Notwendigkeit, sein Denken nicht übermäßig mit Vergangenem zu befrachten, sondern lieber neu–gierig zu sein und die Kooperationschancen zwischen den *heutigen* Disziplinen im Interesse eines angemesseneren Welt- und Menschenbildes auszuloten.

(5) Dem Humanisten ist eben nichts Menschliches fremd. Dies gilt in besonderem Maße für die Ethik. Evolutionäre Humanisten sind nicht daran interessiert, zu verurteilen oder zu fordern, sondern sie behandeln moralische Einstellungen, Empfehlungen und Theorien wie wissenschaftliche Theorien: Wir können sie nach ihrer Auffassung kritisieren, wir können Alternativen vorschlagen, aber wir können sie nicht (letzt-)begründen. Normativen Spielarten der Ethik stehen sie deshalb kritisch gegenüber: Evolutionäre Humanisten bauen auf Wettbewerb und Innovation als Grundlage für die Entscheidung, was wir als gut ansehen wollen. Moralische Forderungen, sollen sie nicht nur den Verbrauch von Papier und Steuergeldern in die Höhe treiben, sind für sie nur *ein* Schachzug im Spiel der Gesellschaftsmitglieder: Die Akzeptanz moralischer Forderungen kann in einer modernen pluralistischen Gesellschaft nur in dem Maße zunehmen, wie wir gerade diejenigen Menschen von ihnen überzeugen können, die *nicht* unsere (moralischen) Bewertungen teilen. Und dies tun sie nur (wie bereits Thomas Hobbes erkannte), wenn sie sich davon Vorteile versprechen; nur dann spielen sie das gesellschaftliche Spiel freiwillig mit.
Selbst wenn moralische Forderungen unumstritten wären (was wohl nur für eine Basismoral der Vermeidung rechtlich ungeregelter Gewalt gilt), wäre übrigens kaum etwas gewonnen. Denn die Implementation moralischer Forderungen muß sich dem Widerstand der *Realität* stellen. Und erst dann stellt sich heraus, ob moralisch gut begründet erscheinende Forderungen die Funktionslogik realer Systeme genügend berücksichtigt haben: Die *Realität*, nicht der moralische „Diskurs", stellt die entscheidende Selektionsbedingung für moralische Theorien dar. Ob moralische Forderungen den Realitätstest bestehen, entscheidet sich nicht an der Intensität des „guten Willens", sondern an der Intensität der Kenntnisse über die entsprechenden Systeme: Nicht unser „guter Wille", sondern eine adäquate Aerodynamik entscheidet darüber, ob wir fliegen *können*.

(6) Bereits Julian Huxley erwartete eine Lösung der Probleme, die ihn angesichts des Kalten Krieges beschäftigten, nicht von neuen Werten, sondern von neuen Erkenntnissen: Eine evolutionär begründete Weltanschauung sollte in erster Linie *intellektuelle* und erst in zweiter Linie moralische Orientierung geben. Diese philosophische Superiorität des Wissens über den Willen hat nicht-triviale Konsequenzen für die Moralphilosophie, wie man am Beispiel Peter Singers zeigen kann. Singer fordert die Länder der „Ersten Welt" beispielsweise dazu auf, 10% ihres Bruttosozi-

alprodukts bedingungslos als Entwicklungshilfe zu „geben". Anders sei die moralische „Schuld", die wir angesichts der gewaltigen Einkommensdifferenzen zwischen den „entwickelten" und den „unterentwickelten" Ländern akzeptieren sollen, nicht zu tilgen.

Nun sind diese gewaltigen Differenzen in der Tat nicht zu leugnen; und Singer sieht mit Recht dieses Problem der Ungleichheit als ein brennendes philosophisches Problem an. Auch der Evolutionäre Humanist gewinnt, wie wir noch sehen werden, die integrative Perspektive seines Forschungsprogramms aus eben diesem Problem. Aber nach Ansicht des Evolutionären Humanisten ist diese Differenz in erster Linie *philosophisch* und nicht *moral*philosophisch bedeutsam.

Es bedarf nur eines kurzen Blicks auf die sozialwissenschaftlich relevanten Bezugswissenschaften, um den von Singer mit moralischen Argumenten geforderten Weg als Irrweg zu erkennen. Armut wird nach allem, was wir inzwischen wissen, nicht durch Zwangsabgaben und internationale Umverteilung, sondern (vor allem) durch rechtsstaatliche Reformen beseitigt, die den Menschen Erwartungssicherheit geben und es rational machen, in ein besseres Leben zu investieren. Schlimmer noch: Bedingungslose Entwicklungshilfe alimentiert oft nur korrupte Eliten, die überfällige Strukturreformen wegen der „gespendeten" Gelder nicht einleiten müssen; sie verringert den Druck in Richtung auf notwendige politische und mentale (!) Strukturanpassungen (wer Geld hat, muß nicht unbedingt lernen) und erhält Korruption und ineffizientes Wirtschaften am Leben. Ich kann nicht sehen, warum eine solche Politik aus „moralischen" Gründen geboten sein sollte. Aber gerade ein evolutionär denkender Humanist, der mit dem evolutionären Paradigma vertraut ist, kann nicht überrascht sein, wenn er die Dysfunktionalität der Singerschen „Moral" erkennt: Bewährtes und Selbstverständliches (nämlich die mesokosmische Moral der Gleichverteilung) kann nicht nur bei Organismen, sondern, wie Hayek erkannte, auch in (Großen) Gesellschaften unter veränderten Bedingungen zum Problem werden. Evolution bedeutet schließlich Anpassung auch des Denkens an *sich verändernde* Bedingungen.

Wenn wir also bestimmte Ziele erreichen wollen, dann können wir das nicht unter Mißachtung der Funktionslogik realer Systeme tun – unabhängig davon, ob es sich um physikalische, biologische oder soziale Systeme handelt. Moralische Forderungen lassen sich insbesondere nicht gegen die Funktionslogik von *Institutionen* zur Geltung bringen: Wer systematisch Anreize falsch setzt, sollte sich über ein unerwünschtes Ergebnis nicht wundern – und das erwünschte Ergebnis nicht mit noch mehr Moral (oder gar wieder mit Religion) erzwingen wollen.

Aber welche Ziele *sollten* wir erreichen? Dies festzulegen ist in einer demokratischen Gesellschaft nicht Aufgabe der Philosophen: Der demokratische Weg zum Sollen führt über das demokratische Wollen. Gerade der Evolutionäre Humanist setzt hier nicht auf einen moralischen Zentralismus, sondern auf (zentral ermöglichte) dezentrale institutionelle Neuerungen und Experimente, die auch dazu dienen können, bewährte Lebensformen weiterzuentwickeln.

Natürlich sollten wir zugeben, daß der Weg vom Wollen zum Sollen *technisch* oft sehr kompliziert ist. Vor allem in modernen Gesellschaften steigen die Anforderungen an die Konzeptualisierung von Politik immer stärker an (das erklärt den unbefriedigenden Zustand vieler Institutionen); und manche Ziele sind auf den ersten Blick auch miteinander unvereinbar und können entweder gar nicht oder nur durch intelligentes kollektives Handeln miteinander in Einklang gebracht werden. Philosophen haben in diesem Bereich der kollektiven Entscheidungsfindung nach Einschätzung des Evolutionären Humanisten allerdings weder einen privilegierten Zugang zum Wollen noch zu den Mitteln, mit denen sich unsere Wünsche erfolgreich in die Tat umsetzen lassen. Auch und gerade eine „evolutionäre" Ethik kann hier keine Antworten bieten: Sie kann in manchen Fällen vielleicht erklären, warum Menschen bestimmte Präferenzen *haben*; aber sie kann ihnen nicht erklären, warum sie sie haben *sollten*. Kurz: Ethik ohne Realwissenschaft ist blind – und das zwingt nach Ansicht des Evolutionären Humanisten zur interdisziplinären Kooperation.

(7) Dies ist nicht zufällig so. Als Julian Huxley vor nun beinahe 40 Jahren den Evolutionären Humanismus zu begründen versuchte, war die Welt vom Wettbewerb der Systeme in einer bipolaren Welt geprägt. Angesichts einer potentiell tödlichen Konfrontation der beiden damaligen Supermächte suchte Huxley mit seinem Evolutionären Humanismus eine Weltanschauung zu formu-

lieren, auf die sich die Konfliktparteien *jenseits* ihrer Differenzen zu einigen vermochten. Da der Evolutionäre Humanist weiß, daß es immer noch leichter ist, sich darüber zu einigen, was der Fall *ist*, als darüber, was der Fall sein *sollte*, war dies, wie ich meine, eine vernünftige Strategie. Sie ist es sogar noch immer – trotz der veränderten Situation und trotz der gewachsenen und veränderten Erkenntnisse, die heutzutage in Rechnung zu stellen sind. Denn *wenn* die Philosophie, deren intellektuelle (und daher finanzielle) Existenzberechtigung gegenwärtig nicht unumstritten scheint, noch unverwechselbare Funktionen hat, dann scheinen mir die folgenden dazuzugehören:

- Sie kann Wege aufzeigen, wie sich intellektuelle Kooperationsgewinne realisieren lassen, die durch die Zusammenarbeit zwischen verschiedenen Disziplinen erzielt werden könnten, und
- sie kann Weltbilder entwerfen, die für die Heuristik der Einzelwissenschaften sowie für die Kooperation zwischen ihnen relevant sind.

Der Evolutionäre Humanismus ist also an der Schaffung des Neuen sowie an der Prüfung und notfalls rück-sichtslosen Kritik des Überkommenen interessiert. Er ist dies auch und vor allem deshalb, weil er darauf angelegt ist, intellektuelle Bemühungen explizit und schon von der Konzeption her an der Verbesserung des menschlichen Lebens zu orientieren. Was dieser Verbesserung dient und was „Verbesserung" bedeutet, wird in einer demokratischen Gesellschaft ebenfalls von den betroffenen Individuen entschieden. Denn obwohl nicht alle Menschen einen intellektuellen Fortschritt bewerkstelligen können, so können ihn doch alle in einer bestimmten Hinsicht beurteilen: hinsichtlich seiner Auswirkungen auf die jeweilige Lebenswelt. Kein geringerer als Thomas Hobbes hat diese humanistische (!) Zielsetzung eindrucksvoll formuliert: „Die *Vernunft* ist der *Schritt*, die Mehrung der *Wissenschaft* der *Weg* und die Wohlfahrt der Menschheit das *Ziel*." (Hobbes, 1651, 1992; S. 37)

(8) Nun kann der Evolutionäre Humanist bereits auf einen gewissen Bestand an evolutionären bzw. integrativen Forschungsperspektiven zurückblicken. Es gibt ja inzwischen nicht nur eine Evolutionäre Erkenntnistheorie, eine Evolutionäre Ethik und Ästhetik, sondern auch auch eine Evolutionäre Psychologie, eine Evolutionäre Medizin und eine Evolutorische Ökonomik – um nur die wichtigsten dieser Forschungsrichtungen zu nennen.

Dennoch fühlen wir, daß mit einer solchen evolutionären Perspektive unsere Lebensprobleme möglicherweise noch gar nicht berührt sind. Oder doch? Und wenn ja, in welchem Sinne? Aus dieser Situation gewinnt der Evolutionäre Humanismus seine **erste Leitfrage**: *Welche Bedeutung hat der Evolutionsbegriff für moderne Gesellschaften*? Wenn der Prozeß der Evolution universell ist, und wenn man anerkennt, „... daß die gesamte reale Welt ein einziger Evolutionsprozeß ist" (Huxley, 1964, S. 16), dann *muß* ein adäquat gedeuteter Begriff der Evolution für das Selbstverständnis und die Politik moderner Gesellschaften von zentraler Bedeutung sein. Es gilt, „... die Folgerungen, die sich aus der Evolution ergeben, zu begreifen ..." (ebd., S. 20), vor allem, insoweit sie gesellschaftliche Prozesse betreffen.

(9) Die Evolutorische Ökonomik hat sich dieser Frage bereits in besonderer Weise angenommen. Sie läßt sich als Versuch ansehen, den Darwinismus und die Ökonomik zu einer fruchtbaren Synthese zu bringen. Als Wissenschaftsprogramm betrachtet, hatte der Darwinismus die Wirkung, ein fest etabliertes Paradigma, nämlich die Newtonsche Physik, abzulösen. Nach diesem Paradigma war die Welt in allen ihren Eigenschaften *gegeben*, und man hatte nur die Aufgabe, die entsprechenden Verlaufsgesetze zu identifizieren. Die Welt wurde damit als einmalige Schöpfung gedacht, und die Naturwissenschaft glich dem Lesen im Buch einer als unveränderlich gedachten Natur. (Paradigmatisch waren dafür das Planetensystem und die Planetengesetze.) Von diesem Paradigma leitete sich eine fruchtbare Heuristik ab, die in den verschiedensten Wissensgebieten zu einer prognosefähigen Konzeption führte. Darwin stellte nun diese Sicht erfolgreich in Frage und initiierte damit einen erfolgreichen Paradigmenwechsel. Ganz analog untersucht die Evolutorische Ökonomik, wie sich neoklassische Gleichgewichte unter dem Einfluß neuer Ideen und *veränderter* Umweltbedingungen ändern. Denn nicht nur Organismen, sondern auch Gesellschaften haben eine

Geschichte; und wir wissen, daß diese Geschichte im Ländervergleich zu drastisch verschiedenen Ergebnissen geführt hat. Sie hat in Europa und, von ihm ausgehend, auch ein einigen anderen Teilen der Welt Gesellschaften mit nie gekannter Prosperität und Freiheit hervorgebracht – aber andere Gesellschaften auch in eine nie gekannte ökonomische und politische Katastrophe gestürzt. Für den Humanisten liegt damit seine **zweite Leitfrage** eigentlich schon auf der Hand: *Wie war diese Sonderentwicklung Europas möglich, und welche philosophischen Folgeprobleme ergeben sich aus dieser Sonderentwicklung?*

Für den Evolutionären Humanismus ist die Frage nach den Ursachen für diese Sonderentwicklung Europas aus drei Gründen von besonderem Interesse:

1. Zum ersten ist eine Antwort für die Ortsbestimmung der Gegenwart unerläßlich. Wie ist es möglich, daß die Welt in wenigen Jahrhunderten, ausgehend von einer geographisch zerfaserten Region am Rande der asiatischen Landmasse, auf der fast alle Menschen in Armut, Unwissenheit und politischer Unterdrückung lebten, plötzlich in der bekannten Weise die wirtschaftliche, technologische und politisch Moderne ins Werk setzten konnten? Oder eher erlebten, wenn dies eine Entwicklung ist, die (im Sinne Gadamers) über unser (bewußtes) Wollen und Tun hinaus abläuft? Natürlich gibt es schon von mehreren Disziplinen interessante Antworten auf diese Frage. Aber mir scheint sie in Bezug auf die philosophischen Implikationen und Konsequenzen noch völlig unzureichend analysiert zu sein. Auf jeden Fall ist dies keine monodisziplinäre Aufgabe, wie man leicht sieht.

2. Zum zweiten ist es für die Gestaltung der Zukunft wichtig, die Ursachen dieser Sonderentwicklung zu kennen. Denn wenn sich die europäische Entwicklungsperspektive allen Menschen eröffnet und als attraktiv erweist, dann ist es von entscheidender Bedeutung, welche Hindernisse wir in diesem Prozeß zu erwarten haben. Welche kulturellen Lernprozesse sind für die Übernahme eines demokratischen und marktwirtschaftlichen Rechts- und Verfassungsstaates notwendig? Kann man ihn einfach kopieren? Welche wissenssoziologischen Hinweise können wir namhaft machen, daß Denken Realvoraussetzungen hat, die, wenn sie nicht erfüllt sind, eine „Entwicklung" unmöglich machen? Nützt die von vielen Philosophen unkritisch unterstützte Empfehlung, Geld zu spenden? Müssen wir womöglich dauerhaft mit drastischer globaler und lokaler Ungleichheit leben, unabhängig davon, was wir tun? Dafür spricht, daß die westlichen Errungenschaften ein Ergebnis außerordentlich komplexer Prozesse sind, die die Arbeitsethik, die Implementierung von Wissen, den Rechtsrahmen, die Geographie und das kulturelle Klima von Kritik und Neuerung betreffen, ohne deren Berücksichtigung man Armut, Unterdrückung und Unterentwicklung vermutlich nicht wird überwinden können. Ist Ungleichheit also Schicksal und Notwendigkeit?

3. Zum dritten ist der europäische Sonderweg von besonderem Interesse, weil er in besonderem Maße interdisziplinäre Kooperationschancen eröffnet. Spätestens seit Max Weber wissen wir, daß der europäische Sonderweg nicht nur in der beschriebenen Weise das Gesicht unserer Welt dramatisch verändert hat, sondern auch tiefgreifend in die *innere* Struktur von Wirtschaft, Recht, Wissenschaft, Moral und Ethik sowie Musik und Kunst eingegriffen hat. Gibt es zwischen diesen Veränderungsprozessen Parallelen? Ist hier Kritik und Innovation in besonderem Maße für die Weiterentwicklung verantwortlich? Lassen sich Geltungsprobleme (etwa in Wissenschaftstheorie und Ästhetik) analog formulieren und lösen?

(10) Wenn wir in der beschriebenen Wiese den europäischen Sonderweg als jüngsten und zweifellos interessantesten Weg der Humanevolution deuten, dann stellen sich für Erklärung und Gestaltung des menschlichen Lebens zahlreiche, auch und gerade für die Philosophie bedeutsame Fragen.

- Welche Konsequenzen müssen wir aus biologischen Erkenntnissen für die Selbstinterpretation menschlicher Gesellschaften ziehen? Sind ökonomische und soziale Ungleichheiten, aber auch Kriege Phänomene, die letztlich biologische Eigenschaften und Mechanismen widerspiegeln und wie diese durch kulturelle Lernprozesse letztlich nicht geändert werden können? Oder

können sich im Gegenteil solche biologischen Mechanismen womöglich sogar unter dem Einfluß kultureller Lernprozesse (Institutionen, Gentechnologie und Reproduktionsmedizin) verändern – und wie müßten diese aussehen?
- Gibt es Hinweise aus der Anthropologie, daß der europäische Sonderweg *auch* ein biologisches Phänomen ist, so daß wir nicht nur politische und psychologische, sondern auch biologische Widerstände überwinden müßten, wenn wir ihn weltweit nachahmen wollten? Wenn nein: Was spricht dann eigentlich dagegen, ihn nachzuahmen?
- Wenn die voluntaristischen Lösungen des Leib-Seele-Problems wahr wären – warum ist dann die weltweite Etablierung der westlichen Politik- und Wirtschaftsmodelle nicht ein Kinderspiel, wo doch die meisten Menschen so leben *wollen* wie wir? Wie frei ist der Wille wirklich?
- Ist die Armut der „Dritten Welt" ein Ergebnis des Reichtums des Westens? Oder eher ein Ergebnis des Politikversagens in den Entwicklungsländern? Welche moralphilosophischen und praktischen Folgerungen ergeben sich aus einer sachangemessenen Antwort?
- In modernen Gesellschaften sind es nicht die Gene, sondern die Ideen, die das moderne Leben von Grund auf bestimmen. In der modernen Welt entscheiden *Meme* über Zugriffschancen auf Wasser und Rohstoffe, Energie und Kapital, ja sogar über deren Produzierbarkeit. Die Investition in die Meme, also die *Qualität* von Kindern, ist nach der Humankapitaltheorie ebenso wie nach Auffassung des Evolutionären Humanisten eine wesentliche *Voraussetzung* für das künftige Überleben der Gene. Es gilt daher, die zunehmende Rolle von Ideen für die Verhaltenssteuerung und für die Ressourcenproduktion – kurz: für die *exosomatische* Evolution in der modernen Gesellschaft zu erkennen und angemessen zu konzeptualisieren.
- Erleben wir einen tendenziell sinkenden Stellenwert genetischer Informationsspeicherung – verglichen mit dem der Bibliotheken und der Festplatten? Und ist stammesgeschichtlich erworbene Erfahrung in modernen Gesellschaften nicht eher hinderlich? (Man denke nur an den Nepotismus oder an die Furcht vor Veränderung, die die meisten Ökologen befallen hat.)
- Wenn die Welt grundsätzlich und unaufhebbar in Veränderung begriffen ist: Was folgt daraus für die (politische) Ökologie, in der es eine starke, auf Bewahrung des Vorhandenen gerichteten Theorietradition gibt, obwohl es Evolution doch gar nicht ohne Veränderung geben kann?
- Wenn wir an die Ergebnisse der Astronomie, der Robotik und Künstlichen Intelligenz denken – läuft ein Humanismus dann nicht Gefahr, zu einem Anthropozentrismus zu werden? Ist die „Permanenz echten menschlichen Lebens auf der Erde", wie es Hans Jonas formulierte, überhaupt ein sinnvolles und realistisches Ziel?

Antworten auf diese Fragen sind, wie ich glaube, für das Verständnis der modernen Welt und für eine rationale Diskussion von Zielperspektiven kollektiven Handelns nicht völlig uninteressant. Aber sie werden von keiner Disziplin allein behandelt. Daraus folgt: Philosophie muß zu diesem Zweck die Aufgabe eines theoriegeleiteten Wissensmanagements zur Beantwortung von Fragen übernehmen, die das Selbstverständnis und die Weiterentwicklung moderner Gesellschaften zentral betreffen. Seit Platon war sie nichts anderes.

(11) Ich fasse zusammen:
1. Evolutionärer Humanismus bedeutet die Anerkennung der *naturalistischen* Weltauffassung: „In einem Denken, dessen Leitbild die Evolution ist, besteht ... [keine] Notwendigkeit, das Übernatürliche einzubeziehen ..." (Huxley, 1964, S. 22).
2. Er bedeutet (gegen voreilige reduktionistische Versuche der Verhaltenserklärung) die ebenso rückhaltlose Anerkennung der Bedeutung von *Ideen* für die Verhaltenssteuerung. Damit wird eine kritische Reinterpretation der „Welt-3"-Lehre Karl Poppers im Sinne einer Auffassung möglich, für die „... das Reich des Geistes und seiner Produkte ... eine Schöpfung und zugleich das Lebenselement des Menschen ist" (Huxley, 1964, S. 14).
3. Er bedeutet die Auffassung, daß im Mittelpunkt neuer Formen des Denkens die Evolution stehen wird und stehen muß. Deshalb sind Evolutionäre Humanisten an der Entwicklung von theoretischen Neuerungen und an der Möglichkeit ihrer praktischen Erprobung interessiert.

4. Für den Evolutionären Humanismus sind Probleme der Praxis zuallererst Probleme von Theorien. Er zielt daher vor allem auf die Identifizierung und Elimination falscher Theorien – ein Unternehmen, das sowohl durch die Wissenschaftstheorie als auch durch ein verbessertes institutionelles Design der Wissensproduktion und -verteilung gefördert werden kann und muß.
5. Evolutionäre Humanisten bauen auf die Entfaltung des einzelnen Menschen, auf die Verbesserung seines Könnens und Wissens, seiner Erlebnisfähigkeit und Gesundheit; sie sind also Individualisten im klassischen und Humankapitaltheoretiker im ökonomischen Sinne.
6. Und schließlich steht für den Evolutionären Humanisten der *Mensch* im Mittelpunkt aller intellektuellen Anstrengungen; „die Natur", die „Umwelt" oder „das Leben als solches" haben für einen Humanisten nur abgeleiteten Wert. Wenigstens eine *humanistische* Ethik ist unaufhebbar anthropozentrisch.

Auch für den Evolutionären Humanismus ist der Begriff der Evolution also ein Mittel der Synthese (Vollmer, 1986). Julian Huxley hat dies ebenfalls in bewundernswerter Klarheit gesehen:

„... was am wichtigsten von allem ist, der Humanismus sammelt die verstreuten und weitgehend ungenützten Hilfsquellen unseres Wissens und ordnet sie, so daß er uns ein neues visionäres Bild von der Bestimmung des Menschen schenkt und es in allen seinen Aspekten beleuchtet ... Diese neue Schau ist unausweichlich evolutionär." (Huxley, 1964, S. 16)

Literatur

Engel, Gerhard: Zur Logik der Musiksoziologie. Ein Beitrag zur Philosophie der Musikwissenschaft. Tübingen: Mohr (Siebeck) 1990.
––: Zukunftsfähig? Kritische Anmerkungen zur politischen Ökologie. In: Andreas Renner und Friedrich Hinterberger (Hrsg.): Zukunftsfähigkeit und Neoliberalismus. Zur Vereinbarkeit von Umweltschutz und Wettbewerbswirtschaft. Baden-Baden: Nomos 1998, S. 131-155.
––: Pragmatische Moralskepsis. Zum Verhältnis von Moral, Moralphilosophie und Realität. In: Klaus Peter Rippe (Hrsg.): Angewandte Ethik in der pluralistischen Gesellschaft. Fribourg: Fribourger Universitätsverlag 1999, S. 161-200.
––: Kritischer Rationalismus und offene Gesellschaft. Zur Theorie einer demokratischen Wissensgesellschaft. In: Ingo Pies und Martin Leschke, Hrsg.: Karl Poppers kritischer Rationalismus. Tübingen: Mohr (Siebeck) 1999. [im Druck]
Gadamer, Hans-Georg: Wahrheit und Methode. Grundzüge einer philosophischen Hermeneutik. Tübingen: Mohr (Siebeck) 1960.
Heschl, Adolf: Das intelligente Genom. Über die Entstehung des menschlichen Geistes durch Mutation und Selektion. Berlin; Heidelberg: Springer 1998.
Hobbes, Thomas: Leviathan. Oder: Stoff, Form und Gewalt eines kirchlichen und bürgerlichen Staates (1651). Hrsg. und eingeleitet von Iring Fetscher. Frankfurt am Main: Suhrkamp. 5. Aufl. 1992.
Huxley, Julian: Der evolutionäre Humanismus. Zehn Essays über Leitgedanken und Probleme. München: Beck 1964.
Popper, Karl R.: Vermutungen und Widerlegungen. Das Wachstum der wissenschaftlichen Erkenntnis. Teilband I: Vermutungen. Tübingen: Mohr (Siebeck).
Singer, Peter: Practical Ethics. Cambridge: Cambridge University Press. Second Edition 1993. Dt.: Praktische Ethik. Neuausgabe. Stuttgart: Reclam 1994.
Sölter, Arpad (1993): Der europäische Sonderweg zur offenen Gesellschaft. In: Hans Albert und Kurt Salamun, Hrsg. (1993): Mensch und Gesellschaft aus der Sicht des Kritischen Rationalismus. Amsterdam – Atlanta, GA: Rodopi, S. 143-179.
Vollmer, Gerhard: Die Einheit der Wissenschaft in evolutionärer Perspektive. In: Ders.: Was können wir wissen? Band 2: Die Erkenntnis der Natur. Stuttgart: Hirzel 1986, S. 163-199.

Verdrängt die systemtechnologische Informationsgesellschaft die Leistungs- und Arbeitsgesellschaft?

Hans Lenk

Die Welt, in der wir leben und uns orientieren müssen, wird anscheinend immer komplexer, weil sie in immer höherem Maße in sich verflochten ist: sie ist systemhaft, d.h., Veränderungen auf entfernten Kontinenten und in andersartigen Gebieten zeigen Rückwirkungen anderswo, ja, manchmal überall. Man denke nur an die Börsenkurse in Tokio und New York. Globalisierung, internationale Verflechtung der "global players" oder Multis bzw. internationaler Weltorganisationen, und eine aufgrund der Informations- und Nachrichtentechnik vermittelte planetarische Allgegenwärtigkeit zeigen diese systemhaften Verflechtungen. Einzelne Akteure und Agenturen sind kaum noch in der Lage, die systemhaften Wechselwirkungen zu steuern, die ihrerseits sehr empfindlich auf manche Ereignisse und Nachrichten reagieren können. Orientierung wird in dieser vielfältig von menschlichen Eingriffen mitgeprägten, aber nicht im einzelnen gesteuerten oder gar steuerbaren technisch-ökonomischen Komplexwelt immer schwieriger, aber immer wichtiger und zugleich weniger wirksam, da die Nachrichten- und Orientierungsdaten immer schneller veralten, höchst unübersichtlich - geradezu chaotisch - sind und eben einzelne Institutionen kaum noch steuernd handeln können, sondern allenfalls im Konzert der strategisch zugleich miteinander und oft konkurrierend gegeneinander handelnden meist kollektiven Akteure allenfalls nur noch Akzente setzen können bzw. unter den Bedingungen vorausgeschätzter Rückwirkungen und Reaktionen der Konkurrenten und übernationalen Trends planen können. Dabei werden Wissen und Orientierung sowie eine komplexe generalistische, über Einzelbereiche hinausgreifende Entscheidungsfähigkeit immer wichtiger, obwohl, wie gesagt, die Halbwertzeit und Orientierungsverläßlichkeit des jeweils aktuellen Wissens im Verhältnis zur wachsenden Dynamik tendenziell eher abnehmen.

Merkmale der Systeminformationsgesellschaft

Seit über zwei Jahrzehnten erleben wir zunehmend einen Umbruch der Informationsverarbeitung und -verbreitung sowie eine Explosion des Wissens in allen Bereichen, die wie eine Lawine alle Lebens- und Gesellschaftsbereiche erfaßt haben. Kann man gar von einer "Informations*revolution*" oder einer "digitalen Revolution" sprechen? Der Wandel verläuft zwar exponentiell - geradezu lawinenartig -, ist aber eher kontinuierlich, nichtsdestoweniger sind die absehbaren Folgen tiefgreifend: Der Wandel verändert die Speicherung, Verarbeitung und vor allem weltweite Verfügbarkeit von Wissensstrukturen und Informationsmöglichkeiten; er wird auch - wie sich seit längerem abzeichnet - strukturell die Arbeitswelt und alle anderen Lebensbereiche grundlegend beeinflussen, ja, völlig verändern. Gekennzeichnet ist dieser Wandel von der lawinenartigen Zunahme der Information, der Menge weltweit elektronisch vermittelter und verfügbarer Daten. Charakteristisch ist die nahezu unbegrenzte Speicherung von Wissensbeständen und deren ebenso grenzenlose Verbindbarkeit wie auch allgemein die immer weiter um sich greifenden Verfahren der Informationstechnik, der Ausbildung von Nachrichten- und Informationsnetzen und der entsprechenden Technologien der Systemorganisation. Die Informations- und Kommunikationstechnologien erlauben im telemedialen Zeitalter ein unmittelbares, wenn auch virtuelles, globales Dabeisein bei nahezu allen aufgenommenen Ereignissen, aber auch eine weltweite Verfügbarkeit aller Informations- und Wissensreserven, die in Wort- und Bildmedien irgendwo eingespeichert sind. Wie kann man nun die hoch technologische Informationsgesellschaft charakterisieren? Die traditionelle ökonomische Sektoreneinteilung, derzufolge man dem tertiären Bereich der Dienstleistungen die daraus speziell ausgegliederten Informationsaktivitäten als *quartären Sektor*, den Informationssektor, zurechnet, ergibt ebensowenig wie der berufsbezogene Ansatz (nach dem Prozentsatz der Beschäftigten, z. B. in den Informationsberufen) das Spezifische und strukturell Neue der Informationsgesellschaft und kann auch den Umbruch nicht erklären - zumal nicht die globale Vernetzung und Ausdehnung im Verein mit der Explosion der Informationsmenge und -vielfalt, der Kombination aller Arten und Qualitäten von Informationen sowie der Dezentralisierung der Informationsverarbeitung und der Wissensbestände. Modelle der "postindustriellen Wissensgesellschaft" (Bell) wie auch das Modell einer "Weltkommunikationsgesellschaft" (Münch) und Ansätze zu den negativen Sozialfolgen der Informationstechnologien ("Überwachungsstaat", "Informationsenteignung", "Medienterror" usw.) sind recht einseitig und gehen dennoch nicht weit genug in der Feststellung des grundsätzlichen Wandels: Erst die umfassend zunehmende Anwendung und das tiefere Eindringen ("Informatisierung") der Informations- und Kommunikationstechnologien in alle außerwissenschaftlichen Anwendungsfelder wie die Verwaltungen, Wirtschaftsfelder, Informations- und Dienstleistungen jeglichen Zuschnitts, zumal in die Massenmedien und Multimedia, zeigt in Vereinigung der globalen horizontalen Vernetzung mit unmittelbarer Zugreifbarkeit und Allpräsenz von Informationen eine entscheidende Veränderung auf, die es rechtfertigt, von einer *"(System-)Informationsgesellschaft"* im *grundsätzlichen* Sinne zu sprechen: Die Verlagerung der Wissenshandhabung von klassischen Auffassungen im Sinne von systematisch strukturierenden Theorien für Inhalte und Verfahren wird durch die weltweite weitgehend *dezentralisierte Informationshandhabung auf ein supermodernes Daten- und Operations-(Verfahrens-)Wissen* verlagert. Die netzwerkartige Globalisierung und Dezentralisierung sowie die überall vorhandene unmittelbare *Zugreifbarkeit (Überall-und-Jederzeit-Präsenz) der Informationen* ist das Kennzeichen, das die neuartige hoch technologische (System-)Informationsgesellschaft charakterisiert - und zwar zunehmend in allen Bereichen.

Über die traditionelle Arbeits- und (Erwerbs-)Leistungsgesellschaft hinaus

Der "Wert eines Menschen" in der Gesellschaft sollte zukünftig nicht mehr vorwiegend daran gemessen werden, wieviel Geld er verdient. Es gibt andere bemerkenswerte Leistungen, die nicht bezahlt oder monetär bewertet werden. Dies gilt auch für Freizeitaktivitäten und für - selbst lebenslange - Ausbildungstätigkeiten. Mit der Tendenz einer dramatisch wachsenden Verknappung von Arbeitsplätzen und Arbeit in einer Überfluß-Industriegesellschaft, mit der Notwendigkeit, die traditionelle westliche Ethik der Arbeit zu verändern - etwa das Kernwort "Wer nicht arbeitet, soll auch nicht essen" (2. Thess., 3:10), mit solch drastischen Änderungen traditioneller Einstellungen werden zum Beispiel die ehrenamtliche soziale Arbeit und schöpferische Handlungen jeder Art einen neuen Stellenwert bekommen (müssen). Besonders wichtig für die künftige Erwerbsgesellschaft, in der Arbeitsplätze immer knapp bleiben werden - schon aufgrund struktureller technologischer Entwicklungsgründe (Automatisierung, Robotermechanisierung, Systemrationalisierung und -computerisierung, etwa gerade auch im personalintensiven Dienstleistungsbereich) - erscheint es, eine Idee der sozial umfassenden, d. h. möglichst alle Arbeitswilligen, berücksichtigenden, gerechten Teilung und Verteilung der Arbeit als verbindliche Leitlinie im Auge zu behalten. Der Abbau von Überstunden, die Arbeitszeitverkürzung als individuelles oder gruppenorientiertes Angebot, vor allem eine intensive Förderung von Teilzeitarbeit und Arbeitsplatzteilung (job sharing) werden viel stärker als bislang in den Vordergrund treten (müssen). Freiwilligkeit im Sinne von sogenannten Cafeteria-Angeboten (gestaffelt nach Wünschen und Interessen der Betroffenen) sind einer freiheitlichen Gesellschaft angemessen. - In der Tat scheint es nicht genug zu sein, wie Adam Schaff bloß eine lebenslange Erziehung zu empfehlen. In sozialphilosophischer Sicht gilt es, die traditionelle, brutale Alternative zwischen den zwei erwähnten Optionen, entweder zu arbeiten oder zu verhungern, abzuschaffen. Dies trifft zumal für jene Arbeitslosen zu, die nicht aufgrund eigenen Verschuldens von der Arbeitslosigkeit betroffen sind. In einer industriellen Wohlstandsgesellschaft können und sollten wir einen garantierten Minimallebensstandard (Grundrente) jedem gewähren, ganz gleich, ob er arbeitet oder nicht, wie ich schon vor anderthalb Jahrzehnten (z. B. 1983) vorschlug. Dieses Minimum braucht sich nicht einmal an dem physiologischen Existenzminimum auszurichten, sondern sollte je nach "Gesamtproduktivität und Leistung" der Volkswirtschaft beträchtlich darüberliegen. Eine soziale Strategie der Sockelbefriedigung ("satisficing" n. H. Simon) scheint klug und durchführbar zugleich zu sein, wenigstens in hochproduktiven Gesellschaften. Dies alles bedeutet nicht, daß das sogenannte "gesellschaftliche Leistungsprinzip" völlig außer Kraft gesetzt werden sollte. Über den garantierten Sockelbetrag des Unterhalts hinaus könnte Leistung immer noch eine sozial differenzierende und relativ "gerechte" Maßnahme und Institution zur Verteilung von Zusatzeinkommen und anderen sozialen Gratifikationen sein. Jedoch existentiell - in Bezug auf das Grundniveau des Lebensunterhalts - sollte eine Wohlfahrtsgesellschaft tendenziell zunehmend auf die traditionelle individualistische wechselseitige Koppelung von geleisteter Arbeit und Überleben verzichten. In der Tat hat die Idee der sozialen Wohlfahrtsgesellschaft dies zum Ziel. Und angesichts der wachsenden Probleme der Arbeitslosigkeit und der Explosion der automatisierten Produktivität wird eine industrielle Wohlstandsgesellschaft in Zukunft mehr und mehr gezwungen sein, diese wechselseitige Verkoppelung aufzugeben.

Ein solcher Wandel wird auch neue Möglichkeiten dafür bieten, ehrenamtliche und freiwillige Arbeit oder Tätigkeit, zum Beispiel Sozialarbeit ohne Lohn, anders zu bewerten, sozial höher einzuschätzen. Wie gesagt, Menschen müssen und sollten in Zukunft ihren sozialen Wert und den anderer Personen nicht ausschließlich in Kategorien des Arbeits- und Geldeinkommens abschätzen. Es gibt in der Tat andere produktive, sozial wertvolle und kreative Tätigkeiten, die nicht der üblichen Geldbewertung als Maßstab für das Sozialprestige unterliegen. Zukünftige soziale Bewertungen haben dies vermehrt zu beachten. In der superindustriellen Explosion der Produktion in der Überflußgesellschaft werden wir in diese Richtung gehen müssen. Im Zeitalter der Superindustrialisierung und "technotronics" werden die Bereiche der freien und sozialen Tätigkeiten - nicht nur, aber auch für Ausbildungs-, Erholungs- und kreative Zwecke - immer mehr an Bedeutung gewinnen. Jede künftige soziale Einschätzung von Leistung, Arbeit und besonders freiwilliger Tätigkeit hat dies verstärkt zu berücksichtigen. Nicht nur Arbeit und Aktivitäten für Geld, sowie Einkommen für Berufsarbeit sind sinnvoll, schaffen und vermitteln Sinn. Es gibt viele andere sozial sinnvolle und sinnstiftende Tätigkeiten (vgl. Verf. 1983). Gerade z. T. auch die Mikroelektronik und Informationstechnologie könnten mithelfen, uns von der Diktatur des Arbeitszwanges und dessen zu befreien, was besonders die neomarxistischen Gesellschaftskritiker "Entfremdung" der monotonen Routine-Arbeit genannt haben. Falls wir die erwähnte wechselseitige Koppelung von Arbeit und Lebensunterhaltsgewährleistung aufgeben können - und die sog. mikroelektronische "Revolution" könnte uns zusammen mit anderen Trends der heraufkommenden automatisierten Über- oder Postindustrialisierung mit dahin führen -, wird der Bereich für freie persönliche Tätigkeit und für soziales Engagement viel größer werden. Das gilt nicht nur für, aber wesentlich auch für erzieherische und kreative sowie rekreative Aktivitäten. Alle diese Tätigkeiten müßten im Maße ihrer Kreativität dann auch mehr gesellschaftliche Geltung erlangen! Zweifellos ist beim derzeitigen Entwicklungsstand der Verlust der Arbeit noch zu oft mit einem Verlust an erlebtem Lebenssinn verbunden. Die Einstellung, nur bezahlte Arbeit schaffe Lebenssinn, muß sich ändern. In der Tat entsteht und vermittelt sich Lebenssinn auch durch andere Formen sozial anerkannter Tätigkeiten, durch freiwillige Arbeiten, besonders z. B. durch soziale und sog. "ehrenamtliche" Aktivitäten. Aber sie müssen *anerkannt* werden. Wir werden den zwangsmäßigen Zuschreibungscharakter der abendländischen Arbeitsethik ändern, vielleicht sogar aufgeben müssen. Wir werden weiterhin und sollten aktiv Handelnde bleiben. Manche werden sich - auch in Zukunft - so weit mit ihrer Tätigkeit identifizieren, daß sie geradezu zu Arbeitssüchtigen werden mögen. All das mag sein und bleiben, doch das übergreifende Gesamtmuster der sozialen Entlohnung und Prestigeordnung muß entdramatisiert werden. Was die äußere Versorgung angeht, geht der soziale Wohlfahrtstaat ja in diese Richtung, vielleicht sogar schon ein wenig zu weit. Leistungsanreize, Eigenaktivitäten, Eigenverantwortlichkeit von Freiwilligen mit weitgehender Flexibilität der Angebote und Arbeitsformen sowie seiner entsprechenden Engagementbreite zu verbinden, das wird eine nötige, schwierige künftige Herausforderung für eine freie und sozial gerechte Gesellschaft sein. Was die Anerkennung nicht-bezahlter Eigentätigkeiten angeht, stehen wir noch weit zurück. Freiwillige und frei gewählte Tätigkeiten, die um ihrer selbst und um ihres Eigenwertes willen, selbst für Erholungszwecke oder für soziale Zwecke, gewählt werden, sollten an sich einen neuen sozialen Status und Wert gewinnen. Eigene persönlich engagierte Aktivität, (freiwillige) Eigenhandlung und Eigenleistung müßten unabhängig von möglicher Bezahlung einen besseren Ruf und besondere Anerkennung erlangen. Der vollständige Gegensatz zwischen den Bereichen bezahlter Arbeit und der Freizeit wird und sollte statusmäßig überbrückt, gemildert, in manchen Bereichen vielleicht ganz geschlossen werden. Eine neue, positive Kultur der frei gewählten, persönlich engagierenden, nicht entfremdenden Tätigkeit, der Eigenleistung i. w. S., und Selbsttätigkeit muß entwickelt, gesellschaftlich lanciert und mit mehr Nachdruck und Eindruckskraft versehen werden (Verf. 1983). Selbst ein Menschenrecht auf Eigenleistung und auf eigene persönliche kreative und rekreative Tätigkeit könnte begründet werden (vgl. ebd.) - durchaus in Weiterführung von oder Übereinstimmung mit einigen der UN-Erklärungen der Menschenrechte von 1948 und 1966. Das vieldiskutierte "Recht auf Arbeit" kann vielleicht auch in diesem weiteren Sinne fortgeführt und weiterentwickelt werden - also als menschliches Recht auf persönliche Entwicklung, Erziehung, kulturelle Aktivität (die in der Tat nicht nur passive Aufnahme von kulturellen Produkten bedeutet). (Man könnte es als Menschenrecht ansehen - *ein Menschenrecht auf schöpferische Handlungen, auf Eigenleistung und -tätigkeit*

Wir werden einige obligatorische Elemente der traditionellen westlichen Arbeitsethik und ökonomielastigen Bewertungen ändern oder aufgeben (müssen). Wir können und sollten das Recht der wirklich Aktiven - und mitunter gar auch der Workaholics - erhalten, soviel an Spitzenleistung zu erbringen, wie sie mögen. Das umfassende Muster sozialer Gratifikation und Bezahlung sollte jedoch "entdramatisiert" werden. Freiwillige und freigewählte Handlungen, persönliche Eigenleistung müssen unabhängig vom Kriterium der Bezahlung ein besseres Prestige erhalten. Der frontale Zusammenstoß zwischen den Arbeits- und Freizeitbereichen wird und sollte gemildert bzw. in einigen Bereichen außer Kraft gesetzt werden. Diese Tendenzen würden Konkurrenz, d. h. Konkurrenz um persönliche Extra-Gratifikation und um das Vorwärtskommen, tendenziell weniger ernsthaft machen, ohne völlig die Idee einer - gemilderten - Konkurrenz als Fortschritts- und Entwicklungsvehikel aufzugeben. Konkurrenz würde - nicht länger todernst - zum Symbol, sozusagen zu einer Art von "Sport" und Mittel des Aufstiegs und der Selbstvervollkommnung.

Freizeit-Tätigkeiten würden sicherlich eine entscheidende Rolle im umfassenden Muster dieser zukünftigen Freizeit-Gesellschaft spielen, um grundsätzliche Befriedigungsmöglichkeiten für eigene Handlungen und persönliches Engagement anzubieten. Tatsächlich brachte eine neuere Untersuchung der deutschen Jugend folgendes Ergebnis: Noch nie führten so viele junge Leute Tagebuch, spielten so viele ein Instrument, nahmen so viele aktiv an sportlichen Ereignissen teil oder widmeten sich so viele künstlerischen Tätigkeiten. - Das Gesagte gilt generell für jede Form kreativer Eigenleistung. Man kann nur durch persönliche

Eigentätigkeit und -leistung aktiv leben, sich selbst formen, entwickeln, kennen. Man ist versucht, den grundlegenden Cartesianischen Slogan der modernen Philosophie "Cogito, ergo sum" zu "Ago, ergo sum" zu erweitern: "Ich handle selber, also bin ich". Nur durch Eigenhandlung und -leistung und nur insoweit, wie ich persönlich handle und leiste, bin ich eine individuelle Persönlichkeit. Denken ist nur eine Variante davon.

Das oberste Ziel eines jeden Erziehungsprogramms sollte die Ausbildung dieser Fähigkeit zur aktiven persönlichen Mitwirkung, zur persönlichen Eigenleistung und zum individuellen als auch originellen Denken sein. Man denke etwa an den Slogan eines Stanford-Professors: "Weniger studieren, mehr denken!" Selbsterzeugte, intern produktive, kreative und rekreative Handlungen, mit denen sich der Lernende wirklich identifiziert, sollten das Hauptziel der Ausbildung sein. Primäre Eigenmotivation muß höher bewertet werden als sekundäre Fremdmotivation. Nur eine Handlung, die auf persönlicher Mitwirkung und Eigenleistung beruht, kann wirklich schöpferisch und produktiv sein. Heutige übliche Erziehungsprogramme, -praxis und -institutionen berücksichtigen den Hauptunterschied zwischen Eigen- und Fremdmotivation, zwischen schöpferischer "Eigen"-Handlung und der Erfüllung von Routinestandards, zwischen echter Erziehung und Drill oder manipulativer Einflußnahme, zwischen aktiver Produktivität und Imitation noch nicht ausreichend. Drill und Dressur können, sollten aber nicht die Richtlinien einer idealen Erziehung sein. Sie wären nur eine freiheitsfeindliche Fortführung der technokratischen Tendenzen einer verwalteten, von Daten und Codes bestimmten Welt formeller Institutionen und Organisationen. Die Förderung von Eigentätigkeit und Eigenleistung ist im Gegenteil eine Art von Anti-Dressur, ein anti-technokratisches, anti-formalistisches und anti-diktatorisches Programm. Demokratie basiert tatsächlich auf teilnehmender Handlung, auf Engagement und persönlicher Eigenleistung. Und Eigenhandeln, Eigenleisten ist eine Schule der Demokratie.

Elf Thesen zum Eigenhandeln und Eigenleisten

1. Persönliche Aktivität und Eigenleistung ist wichtig für das menschliche Leben. Nur der Mensch hat die Fähigkeit zum Eigenhandeln. Er ist das Wesen, das zielgerichtet unter Beachtung selbstgewählter Zwecke handeln kann. Der Mensch ist relativ frei und kann sich als Person durch seine freie Handlung in bestimmten Grenzen frei entwickeln. Handlung und Leistung sind insoweit Zeichen der Individualität, unentbehrlicher Teil persönlichen Lebens, ein charakteristischer Kern persönlichen Lebens. Der Mensch ist nicht nur das eigentätige, sondern auch das leistende Wesen, das die Fähigkeit zur Eigenleistung besitzt. Es gibt einen Grundsatz - sogar ein *Recht* - *auf Eigenhandlung und Eigenleistung*, das in produktiven persönlichen kreativen Handlungen eine entscheidende Vorbedingung der Selbstdarstellung und Selbstverwirklichung sieht.
2. Es gibt ein *kreatives Leistungsprinzip*. Eigenhandeln und Eigenleistung sind für die Selbstbewertung entscheidend. Sie bringen Sinn und echte innere Befriedigung. Sie vermitteln Selbstbestätigung und "Leistungsfreude". (Dies trifft besonders auf *soziale* Eigenleistungen zu.) Eine tiefe Befriedigung liegt in kreativer und rekreativer Leistung und in ebensolchen Handlungen. Alle Bereiche schöpferischer Leistung sind Felder echter Eigenleistung. Das Prinzip Eigenleistung und das Recht auf Eigenleistung sind eine Wurzel kreativen Menschseins. Dieses Prinzip wird zunehmend aktueller, gewinnt geradezu dramatische Bedeutung in einer Welt, die dazu neigt, zunehmend durch die Übermacht von Institutionen und Medien organisiert und institutionalisiert zu werden, in der das individuelle Eigenhandeln verdrängt zu werden droht. Als einen Versuch, die Situation zu verbessern, müssen wir jede sinnvolle freiwillige Handlung und jede personenbezogene schöpferische Leistung fördern und unterstützen, sei es in den Bereichen der Wissenschaft, der Künste, der Musik, des Sports, des Do-it-yourself etc. Jede schöpferische Freizeittätigkeit sollte einen

höheren Status erhalten - um so mehr, als wir ohnehin die westliche monetärlastige Arbeitsethik zukünftig drastisch verändern müssen, wenigstens in hochindustrialisierten Überflußgesellschaften. Die Möglichkeiten und Chancen des echten persönlichen Handelns und eigenerbrachter Leistungen sind in allen gesellschaftlichen Bereichen zu unterstützen und zu fördern. Dies hat weitreichende Konsequenzen für jede Art von Erziehung - besonders für die Erziehung zum Eigenleistungshandeln.

3. Das sogenannte formale (oder selbst das ökonomische) Leistungsprinzip ist natürlich weder veraltet, noch sinn-, noch fruchtlos, wie manche Sozialkritiker dachten. In der genannten Form des kreativen Leistungsprinzips hat es eine wichtige erzieherische Funktion, wenn es sich auf Leistungen bezieht, mit denen man sich identifiziert. Dieses Prinzip sollte jedoch nicht lediglich ökonomistisch mißverstanden werden. Obwohl rein wirtschaftlicher Erfolg ein Indikator für Erfolg sein kann, ist er - wie auch Lohn oder Gehalt - kein zuverlässiger oder durchgängig gerechter Indikator der Eigenleistung. Nicht-monetär bewertete Leistungen müssen einen besseren Status und eine bessere Bewertung bekommen - z. B. besonders die Anerkennung ehrenamtlicher Arbeit.

4. Es ist unerläßlich, zwischen selbstmotiviertem und fremdmotiviertem Leistungshandeln zu unterscheiden. Nur ersteres ist wirklich freigewähltes Eigen(leistungs)handeln im erwähnten Sinne. Nur selbstmotiviertes Handeln ist kreativ, produktiv oder rekreativ. Die Diskussion der letzten Jahrzehnte über das Leistungsprinzip hat nicht genug zwischen erzwungener und eigenständiger Leistung unterschieden; dadurch wurde die ganze Diskussion verzerrt und einseitig.

5. Formen kreativer Leistung und aktiver Beteiligung, die den Jugendlichen leicht fallen, sollten entwickelt und als erzieherische und gesellschaftliche Aktivitäten und Motivationsfaktoren von großer Bedeutung anerkannt werden. Dies gilt für alle Formen schöpferischen Handelns, z. B. künstlerische und sportliche Tätigkeiten. Jugendliche müssen zunehmend kreative Eigenleistungsarten und Eigenhandlungen erst lernen. Die Vielfalt "natürlicher" Erfahrungen und Aktionsformen kann und sollte ihren Ausdruck in Freizeitprogrammen für Kinder und Jugendliche finden, in Ferienlagern, bei Natursportarten, in Bastel-, Bau- und Malgruppen, bei Forschungsgruppen in Technik und Wissenschaft, bei der Mitarbeit in Musikgruppen, bei den Pfadfindern und anderen Jugendgruppen, in kleinen Forschungsprojekten, Laborversuchen, in Sozialhilfegruppen, beim Sporttraining usw. Verschiedene Arten der Leistungsorientierung können und sollen kombiniert werden.

6. Diese Möglichkeiten aktiven Eigenhandelns und aktiver Eigenleistung sollten besonders an unseren Schulen mehr als bisher unterstützt und gefördert werden. Dies gilt ebenfalls für eine evtl. offizielle Anerkennung bestimmter Leistungen außerhalb der Schule. Die Schulen müssen das übertriebene Festhalten an der offiziellen Routine, der organisierten Gleichmacherei, der formalen Anpassung und Standardisierung, der Fremdmotivation, der formalen Kontrolle aufgeben. Stattdessen sollten Vielseitigkeit und Eigenmotivation in den Vordergrund rücken. Kreatives Handeln der einen Art sollte dabei im Idealfall mit anderen Formen in einer Art Personalunion verbunden sein. Das altgriechische humanistische Ideal einer vielseitigen Persönlichkeit entspricht dieser These. Das Ziel der Erziehung sollte trotz der notwendigen Fachspezialisierung kein Fachidiotentum sein! Da eine Bildungsinstitution kein völliges ideologisches oder persönliches Engagement verlangen oder erzeugen kann, sollte die Vielfalt von Angeboten kultiviert werden und sich auf unterschiedliche Grade an Engagement beziehen. Vielleicht möchte einer einen Kurs besuchen, ein anderer sucht nach sozialen Aufgaben wie bei den Pfadfindern usw. Wechsel und Kombination sollten erleichtert werden. Relative Wahlfreiheit (Cafeteria-Angebote) sollte(n) soweit als möglich die Angebote der Firmen an ihre Angestellten bestimmen wie Zeit- und Gruppenarbeitsteilung usw.

7. Neben dem Wettbewerb und den daraus resultierenden Motivationseffekten müssen primäre Objektmotivationen ("Sachbegeisterung") und zielorientierte ebenso wie grup-

penorientierte Motivationen genauso gefördert werden. Wettbewerb ist nur *ein* Vehikel, *ein* Medium unter anderen. Individueller Wettbewerb ist notwendig und wichtig, aber er ist nicht alles. Gruppenorientierte Leistungsformen müssen ihn ergänzen, insofern als Leistungen in der industriellen Produktion und in industriellen Organisationen zunehmend durch Gruppenkontrolle, -disposition, -verantwortung wie auch durch Gruppen-Management geprägt sind. Besonderer Schwerpunkt zukünftiger Ausbildung muß eine verantwortliche Mischung dieser unterschiedlichen Leistungsorientierungen sein. Konkurrenzleistung *und* Kooperation, Eigenhandeln *und* gesellschaftliche Leistungsorganisation - jeweils beides ist wichtig und unentbehrlich. Einseitige Extreme müssen vermieden werden. Wir brauchen Individuen, die zu Leistung *und* Zusammenarbeit fähig sind. Eine proportionierte Mischung von Zusammenarbeit und Konkurrenzorientierung ist notwendig und sollte nicht vom rigiden Wettbewerbsverhalten begraben werden. Wettbewerb und Gewinnen sind nur ein Mittel. Leistung ist - idealerweise - wichtiger als Wettbewerb; auch in unserer Kultur gibt es beeindruckende und außergewöhnliche Leistungen, die nicht auf Wettbewerb oder Gelderwerb begründet sind. Wettbewerb ist zwar ein wichtiges Vehikel, aber nicht das höchste Ziel.
8. Die Attraktivität, ja, Faszination hervorragender Leistung in jedem schöpferischen Bereich sollte nicht übersehen werden. Sie kann in erzieherischem Rahmen und darüber hinaus zur Aktivierung persönlicher Motivation und Leistung verwendet werden. Außergewöhnliche Leistungen sind niemals das Ergebnis von Druck und Zwang. Ohne persönliche Herausforderung, ohne frei gewählte oder akzeptierte Identifikation scheint keine echte Hochleistung, keine autonome persönliche Entwicklung möglich.
9. Kreative Leistung ist, weit über die biologische Basis hinaus, eine Art Selbstspiegel kultureller Normen und Traditionen. Leistung ist daher kein reines Naturphänomen, sondern gleichzeitig eine psychophysische, soziokulturelle und intellektuelle Kultivierung im wörtlichen oder gar etymologischen Sinne des Wortes. Diese Kombination macht viel von ihrer tiefen sozialen und erzieherischen Bedeutung aus - besonders wenn dies auf eine symbolische Leistung bezogen wird, die nicht direkt zu einem ökonomisch verwertbaren Produkt führt. - Wir benötigen also eine neue positive Kultivierung von Eigenaktivität und Eigenleistung, und eine Eigenhandlungs- und Leistungs-'Kultur' sowie ein menschliches Prinzip kreativer Leistung, das ein Prinzip von persönlicher Eigenleistung und Eigenhandlung genannt werden kann. Dies gilt besonders für alle erzieherischen Bereiche und Institutionen - die fortdauernde Ausbildung eingeschlossen.
10. Eine positive Leistungskultur benötigt mehr Gerechtigkeit in der Leistungsbeurteilung. Diese soll natürlich nicht die humanitäre Idee oder die Vorstellung freier persönlicher Entwicklung und Selbstentwicklung mißachten. Daher brauchen wir ein *humanisiertes* Leistungsprinzip: frei gewählte Eigenleistung und Eigenhandeln können als ein *menschliches* Recht, ja, sogar als ein Menschenrecht angesehen werden. Der Mensch lebt nicht vom Brot allein. Er lebt ebenso von echtem Eigenhandeln und von der Eigenleistung. Nur dadurch kann der Mensch produktiv und kreativ sein. Das schöpferische Wesen ist das eigenhandelnde und eigenleistende Wesen.
11. Insgesamt: Eigenhandeln und Eigenleistung sind und bleiben - zumindest idealerweise - ein wichtiger Ausdruck individueller Handlungsfreiheit der handelnden Person, wenn auch mitunter Fremdfaktoren auf Zielsetzung, Entwicklung von Einstellungen und Bewertungen übergreifen. Echte Erziehung zur Selbstwahl, Selbstmotivation und Eigenhandeln ist keine bloße Manipulation. Dies könnte das entscheidende Gegenargument gegen jeden totalen Manipulationsvorwurf in der Ausbildung sein. - Eigenleistung und selbstmotiviertes Handeln scheinen ein Fundamentalwert menschlichen Lebens zu sein, ein Ausdruck von Freiheit, Selbsthingabe, Selbstbestätigung. Eigenmotivation sollte Vorrang vor zwangsorientierter Leistung haben. Alle Zwangs- und Fremdmotivationen sollten Schritt für Schritt abgebaut werden und tendenziell einer möglichst freien Leistungsorientierung Platz machen. Die

Persönlichkeit differenziert und entwickelt sich durch selbstmotivierte Handlungen und Leistungen. Persönlichkeit und Freiheit müssen aktiv entwickelt werden. Eine Persönlichkeit kann sich nur durch aktives Wirken entwickeln, d. h., insoweit sie über sich selbst hinausreicht. Sie ist auf Außendarstellung und aktive Projektion und Welt(mit)gestaltung angewiesen - besonders in der relativ extravertierten westlichen Kultur. Kreative Eigenentwicklung kann nur auf Werken, Eigenhandeln oder Leistungen basieren. In einer idealen positiven Leistungskultur formt das leistende Wesen sein Selbst in und durch eigenständiges Handeln, Eigenleistung und persönliche Motivation.

Literatur

Lenk, H., Philosophie im technologischen Zeitalter. Stuttgart 1971. - Ders., Eigenleistung. Osnabrück - Zürich 1983. - Ders., Sozialphilosophische Notizen zu den Folgen der "mikroelektronischen Revolution", in: Huning, A. - Mitcham, C. (Hg.), Technikphilosophie im Zeitalter der Informationstechnik. Braunschweig - Wiesbaden 1986, 155-166. - Ders., Zwischen Sozialphilosophie und Sozialpsychologie. Frankfurt a. M. 1987 (S. 277ff., 290ff.). - Ders., Zwischen Wissenschaft und Ethik. Frankfurt a. M. 1992. - Ders., Value Changes and the Achieving Society: A Social-philosophical Perspective. (Beitrag zum OECD-Forum for the Future, 1994.) In: OECD (Hg.), OECD Societies in Transition: The Future of Work and Leisure. Paris 1994, 81-94. - Ders., Konkrete Humanität. Frankfurt a. M. 1998. - Ders., Praxisnahe Philosophie. Stuttgart 1999 (i. Dr.).

Die Abschaffung der Arbeit:
Ein irreführender Traum von einem Scheinparadies

Ivan Soll

Was steckt im Begriff eines Fortschreitens "von der Arbeits- zu Wissensgesellschaft" (wie unser vorgeschlagenes Thema lautet)? Im Begriff der Ersetzung einer sogenannten "Arbeitsgesellschaft" durch irgendeine andere steckt schon die Idee, daß die Arbeit nicht eine unausweichliche Bedingung des menschlichen Daseins sei, sondern etwas, das abgeschafft werden könnte. Dazu steckt meistens, wenn auch oft nur implizit, die Idee darin, daß die Arbeit etwas sei, das soweit wie möglich abgeschafft werden soll. Man hofft auf eine Zukunft, in der der technologische und soziale Fortschritt eine Lebensform ermöglicht, in der die Arbeit ganz abgeschafft oder wenigstens auf ein Minimum reduziert werden kann.

Bei diesem Wunschbild einer Gesellschaft, bzw. eines Lebens, in dem man kaum oder überhaupt nicht arbeitet, sollte man aber einige grundlegende Fragen stellen, die bei allen sekularen Utopienentwürfen, wie auch bei allen religiösen Paradiesauffassungen, zu stellen sind. Erstens, wie durchführbar ist die Verwirklichung des Idealbilds? Zweitens, ist das Wunschbild überhaupt kohärent? Drittens, ist der ersehnte Zustand, wenn kohärent und realisierbar, eigentlich erstrebenswert?

Obwohl es sinn- und wertvoll sein kann, auch nach Zielen zu streben, die nicht ganz erreichbar sind, scheint es doch anders zu sein bei Zielen, die nicht nur wegen praktischer Schwierigkeiten unerreichbar sind, sondern auch wegen ihrer Inkohärenz nie zustandekommen könnten - die nicht nur praktisch, sondern auch logisch unmöglich sind. Beim Schreiben wäre es z.B. unsinnig, wenn man sich vornähme, ein Thema gleichzeitig ausführlich und knapp zu behandeln.

So wie es mit der kohärenten Denkbarkeit eines Ziels steht, so steht es auch mit seiner Wünschbarkeit. Eine Form des menschlichen Daseins, die von vielen als höchst wünschenswert betrachtet wird, kann sich trotzdem, wenn man sie durchdenkt, als unattraktiv oder sogar als abscheulich enthüllen.

Das immer wieder auftauchende Ideal eines Menschendaseins, das von der Arbeit befreit ist, sollte, wie alle solche Idealbilder, sorgfältig überprüft und durchdacht werden, nicht nur in bezug auf die praktischen Schwierigkeiten, das Ideal zu erreichen, sondern auch auf die unerkannten Ungereimtheiten und Unerwünschtheiten, die möglicherweise darin versteckt sind. Die Art, in der man nach allen drei Grundfragen, der Frage nach der praktischen Schwierigkeit, das Ideal zu verwirklichen, der Frage nach der Kohärenz des Ideals und der Frage nach der eigentlichen Wünschbarkeit des ersehnten Zustands nachgeht und wie man sie beantwortet, hängt natürlich davon ab, wie man die Arbeit selbst auffaßt. Um einzusehen, ob eine Leben ohne Arbeit erreichbar, kohärent oder wünschenswert ist, müssen wie fragen: was ist Arbeit?

Zwar ist "die Arbeit" ein Bestandteil des allgemeinen Grundwortschatzes. Das Wort scheint von allen, die eine Grundsprachkompetenz besitzen, zumeist wie selbstverständlich benutzt zu werden. Wie die Geschichte der Philosophie uns lehrt, gibt es aber viele solcher Alltagsbegriffe wie die Freiheit, die Kunst, die Schönheit, die Erkenntnis u.s.w., die sich, bei genauer Untersuchung, als vieldeutiger und problematischer herausstellen, als man je gedacht hätte.

Auch der Begriff der Arbeit stellt sich bei genauer Untersuchung als vieldeutiger und problematischer heraus, als man normalerweise denkt. Er enthält verschiedene Bedeutungen oder Bedeutungskomponenten, deren Beziehungen zueinander nicht immer einfach oder leicht begreiflich sind. Es ist besonders wichtig, auf zwei davon hinzuweisen. Ich werde sie vorläufig als **die rein deskriptive** und **die pejorative** Bedeutung der Arbeit bezeichnen. Mit dem **Begriff einer rein deskriptiven Auffassung** meine ich eine, die die Arbeit definiert, ohne sie dabei direkt oder implizit zu bewerten. Mit dem **Begriff einer pejorativen Auffassung** meine ich eine, die die Arbeit als etwas Negatives faßt, oder wenigstens als etwas, das einen wesentlichen Bestandteil enthält, der negativ an sich ist. Etwas wird als negativ aufgefaßt, wenn es als etwas, das an sich unerwünscht und möglichst zu vermeiden ist, zu verstehen ist. Obwohl etwas, das in dem Sinne negativ ist, dennoch unter Umständen als ein Mittel zu einem wünschenswerten Zweck selber wünschenswert sein könnte, könnte es jedoch nie an sich wünschenswert, bzw. nie ein Endzweck sein.

Man könnte die Arbeit rein deskriptiv auffassen, indem man sie provisorisch als eine Tätigkeit bezeichnet, die Anstrengung oder Mühe mit sich bringt. Die Auffassung der Arbeit bleibt rein deskriptiv, solange wir die Anstrengung, womit alle Arbeit behaftet sein muß, nicht als etwas unbedingt Negatives betrachten. Sobald wir jegliche Anstrengung, gleich wie gering sie sein mag, als etwas, das negativ an sich und also möglichst zu vermeiden ist, betrachten, hegen wir jedoch eine pejorative Auffassung von der Anstrengung und infolgedessen auch von der Arbeit. Ob wir die Arbeit wertneutral oder negativ betrachten, hängt letzten Endes davon ab, wie wir die dafür erforderliche Anstrengung bewerten.

Warum sollten wir also die Anstrengung oder die Mühe möglichst vermeiden oder vermindern? Man könnte diese Fragen leicht für albern halten. Ist es nicht selbstverständlich, daß wir die Anstrengung oder die Mühe vermeiden, so wie wir auch Schmerz oder Leiden vermeiden?

Es ist aber nicht ganz eindeutig, was genau damit gemeint wird, wenn man behauptet, das wir versuche, die Anstrengung möglichst abzuschaffen, und daß wir dies zu Recht tun. Unbestreitbar ist, daß wir die Anstrengung zu vermindern versuchen, wenn sie uns als **zu lästig** erscheint. Aber auch wenn wir die exzessive Anstrengung abzuschaffen, zu vermeiden oder zu vermindern versuchen, heißt das noch lange nicht, daß wir jeden Grad von Anstrengung vermeiden.

Unbestreitbar ist auch, daß wir bestimmte Arten der Anstrengung oder die Anstrengung unter bestimmten Umständen zu vermeiden versuchen, etwas dann, wenn wir z.B. nichts oder zu wenig durch die Anstrengung gewinnen, oder keinen Sinn in ihr sehen. Das zeigt aber nur, daß wir die sinnlose Tätigkeit ablehnen, nicht aber daß wir die Anstrengung generell ablehnen.

Um zu beweisen, daß wir generell auf die Anstrengung als solche (und also auch auf die Arbeit) negativ reagieren, müßte man zeigen, daß wir jeden Grad und jede Art von Anstrengung oder Mühe scheuen. Es ist aber zweifelhaft, ob das der Fall ist. Wir entscheiden uns oft, unsere Zeit, sogar Hauptteile davon, bei Tätigkeiten zu verbringen, die erhebliche Anstrengungen mit sich bringen. Es gibt reichliche empirische Beweise dafür, daß wir auch oft die anstrengende Tätigkeit selbst schätzen, und nicht nur deren vorteilhafte Folgen.

Mit einer Fülle von solchen empirischen Gegenbeweisen konfrontiert, wird der Verfechter der negativen Auffassung der Arbeit gezwungen, Arbeit von anstrengender Tätigkeit im allgemeinen zu unterscheiden. Es bleibt dem Verfechter der negativen Auffassung der Arbeit keine andere Möglichkeit, als zu behaupten, daß die diesbezügliche Tätigkeit, trotz der damit verbundenen Anstrengung nicht als Arbeit gelten soll. Obwohl es etliche Varianten dieser Auffassung gibt, haben sie die Idee miteinander gemeinsam, daß eine Tätigkeit dann als "Arbeit gilt, wenn sie nicht nur einigermaßen anstrengend, sondern auch irgendwie unangenehm ist und nur widerwillig ausgeführt wird. Obwohl diese Art, die Arbeit aufzufassen, weitverbreitet ist, entspricht sie dennoch nicht dem allgemeinen Sprachgebrauch. Bei näherem Zusehen geht diese Auffassung sogar an der eigentlichen Frage völlig vorbei. Wenn nämlich die Arbeit nicht bloß als anstrengende Tätigkeit aufgefaßt wird, sondern als anstrengende Tätigkeit, die auf irgendeine Weise auch als negativ empfunden wird, etwa weil sie nur widerwillig ausgeübt wird oder zu mühsam ist, dann folgt daraus in der Tat, wenn auch nur tautologisch und trivial, daß die Arbeit möglichst zu vermeiden und abzuschaffen sei.

Obwohl wir die Frage nach dem Wert der Arbeit im Leben nur in bezug nur auf die Arbeit in der rein deskriptiven Auffassung sinnvoll formulieren können, bedeutet das nun nicht, daß diese Auffassung in allen Kontexten und in bezug auf alle Fragen die einzig richtige ist. Wir brauchen uns nämlich überhaupt nicht um die Frage zu kümmern, welche von den beiden Auffassungen der Arbeit, die im allgemeinen Sprachgebrauch enthalten sind: die rein deskriptive oder die pejorative, im allgemeinen die richtige ist.

Die Einstellung, daß wir alle Anstrengung lästig finden und abzuschaffen versuchen, wird von vielen vertreten, wenn auch oft nur implizit und indirekt, vor allem von denen, die einen Hedonismus, besonders einen negativen Hedonismus, vertreten. Sie behaupten nicht nur, daß das Grundmotiv aller menschlichen Tätigkeit auf Lust und Unlust bezogen ist, sondern, daß es eigentlich um das Vermeiden von Schmerz und Unlust geht, und nicht um das positive Streben nach Lust. Insofern als jede Anstrengung einen Anteil von Streß, Mühsal und also Unlust an sich haben muß, und die Unlust in allen ihren Formen gerade das, was wir verabscheuen und vermeiden, sein soll, müssen wir der hedonistischen Argumentation nach alle Anstrengung (und daher alle Arbeit) vermeiden. Unter den vielen, die diese Einstellung indirekt angedeutet oder direkt befürwortet haben, sind die Epikuräer und Stoiker der Antike, Buddha, die britischen Utilitaristen des 19. Jahrhundert, Schopenhauer und Sigmund Freud.

Dieser weitverbreiteten Einstellung sind einige Denker entgegengetreten. Schon bei Aristoteles gibt es die grundlegende Idee, daß das gute und glückliche Leben nicht in einem mühe- und anstrengungslosen Stillstand, in dem man nach nichts strebt, sondern in der Tätigkeit zu finden ist. Diese aristotelische Grundauffassung wurde später von Nietzsche viel ausführlicher entwickelt. Ein wesentlicher Aspekt seiner Theorie, nach der das Grundmotiv des menschlichen Handelns nicht das Vermeiden der Unlust, sondern das Erringen des Gefühls der Macht ist, besteht darin, daß das ersehnte Machtgefühl prinzipiell im erfolgreichen Erstreben, im Überwinden von Hindernissen und Schwierigkeiten, also in der permanenten Anstrengung zu spüren ist - und daher nicht in einer spannungslosen, schmerz- und sorgenfreien Ruhe.

Vor kurzem wurde die dynamische Auffassung vom wahren Endzweck des Menschen, von dem Daseinszustand, der eigentlich begehrt und auch begehrenswert ist, die Aristoteles und Nietzsche vertreten hatten, durch die psychologische Forschung bestätigt. Mihaly Csikszentmihaly untersuchte jahrzehntelang die Umstände, in denen die Menschen sich am wohlsten fühlen, um zu bestimmen, woraus "die optimale Erfahrung" oder die Glückseligkeit besteht.[1] Csikszentmihaly schließt aus seiner Untersuchung: "Die besten Erfahrungen

---

[1] Flow: the Psychology of Optimal Experience, Harper and Row, 1990. Meine Übersetzung.

kommen gewöhnlich vor, wenn der Körper oder der Geist des Menschen bis zum Äußersten gefordert wird, indem der Mensch freiwillig versucht etwas Schwieriges und Wertvolles zu erreichen."[2]

Wenn Nietzsche und Csikszentmihaly recht haben, ist die Anstrengung, bzw. ein erheblicher Grad von Anstrengung nicht etwas, was wir möglichst zu vermeiden, abzuschaffen oder zu vermindern suchen sollen oder am besten nur als etwas betrachten, das wir nur gelegentlich als ein lästiges aber notwendiges Mittel zu einem erwünschten Zweck tolerieren. Sie ist überdies ein wesentlicher Bestandteil von dem, was uns am meisten glücklich macht und daher an sich selbst positiv zu bewerten ist. Wunschbilder von utopischen Gesellschaften, von paradiesischen Zuständen vor dem Sündenfall und jenseits des irdischen Daseins, die den vermutlich wünschenswertesten Zustand des Menschen als anstrengungsfrei, forderungsfrei und arbeitsfrei vorstellen, stellen ideale Endzwecke auf, die nicht nur aus praktischen und logischen Gründen unerreichbar sein dürfen, sondern die sich bei genauerer Prüfung als nicht eigentlich wünschenswert herausstellen.

Auch wenn wir die Arbeit abschaffen könnten, würden wir letzten Endes nur arbeitslos sein.

---

[2] Ebenda. S.3.

Workshop 6
Technik und Langzeitverantwortung

Technik - Nachhaltigkeit - Folgenabschätzung. Kognitive und normative Aspekte

Gerhard Banse

1. Die Erörterung des Zusammenhangs von Langzeitverantwortung und Technik macht deutlich, daß darin mehrere aktuelle "Diskussionsstränge" einfließen (- bzw. einfließen sollten, wenn man vorhandene Defizite zur Kenntnis nimmt). Verwiesen sei auf folgende "Debatten":[1]

- "Prinzip" Verantwortung (das mehr umfaßt, als Verantwortung bezogen auf Technik und auf Zukunft);
- Technikethik (die mehr umfaßt, als Technik in Beziehung zu Verantwortung zu setzen);
- Nachhaltige (dauerhaft-zukunftsfähige) Entwicklung (die neben technischen vor allem ethische, soziale, politische, ökonomische, ökologische und institutionelle Implikationen besitzt);
- Technikgenese (die auf "interne" und "externe" Determinanten und Mechanismen des technischen Wandels verweist);
- Technikfolgenforschung und -beurteilung (womit einerseits Möglichkeiten der Erfassung zukünftiger Ergebnisse technischen Handelns, andererseits "Kriterien" zur Bewertung technischer Lösungen und ihrer "Folgen" thematisiert werden).

Diese kurze Übersicht macht einerseits deutlich, daß die für diesen Workshop gewählte Thematik eine Vielfalt an Facetten aufweist, die sich allein aus systematischen Gründen einer "vollständigen" Behandlung entzieht. Andererseits ist jedoch auch sichtbar, daß Lösungen bzw. Lösungsansätze hinsichtlich des Zusammenhangs von Langzeitverantwortung und Technik nur auf der Grundlage einer Berücksichtigung all dieser unterschiedlichen "Zugänge" möglich sind.[2] Nachfolgend sollen einige kognitive und normative Überlegungen im Sinne von "Vorverständnissen" in den Mittelpunkt gerückt werden.

2. Mit "Langzeitverantwortung" wird zunächst eine bestimmte Sicht auf gegenwärtiges technisches bzw. technisch instrumentiertes Handeln präsentiert, und zwar einerseits auf *zukünftige mögliche* Resultate (Ergebnisse, Folgen, Wirkungen, Effekte) dieses Handelns ("Langzeit-"), andererseits auf das *"Einstehen"* für diese möglichen Resultate durch bzw. deren *"Zurechnung"* oder *"Zuschreibung"* auf gegenwärtig Handelnde ("-verantwortung") bezogen.[3] Technisches und technisch instrumentiertes Handeln hatten stets Ergebnisse, die (weit) in die Zukunft reichten, und damit "Langzeitwirkungen" unterschiedlichster Art (man denke nur an die Waldrodungen für das Bauwesen und für metallurgische Prozesse in der Antike und im Mittelalter oder an den Einsatz von Pestiziden in der Landwirtschaft in der zweiten Hälfte

---

[1] Diese Aufzählung ist sicherlich weder vollständig noch abschließend; einzubeziehen wären wohl auf alle Fälle auch Themen, die sich auf die Wirtschaftsordnung und die institutionellen Rahmenbedingungen beziehen. Auf die Angabe relevanter Literatur wird, da zu umfangreich, bewußt verzichtet.

[2] Damit soll angedeutet werden, daß das Thema "Langzeitverantwortung und Technik" zunächst ein Thema für Philosophie (und andere Disziplinen) ist, dann jedoch die Philosophie (und die anderen Wissenschaften) in Richtung auf eine echte interdisziplinäre Behandlung "transzendieren" muß.

[3] Dabei werden häufig vorrangig nur solche Ergebnisse thematisiert, die als "negativ" bzw. "inakzeptabel" (bezogen auf aktuelle Wertskalen) oder als "nicht-intendiert" (bezogen auf die vorgängige Zwecksetzung) bewertet werden.

dieses Jahrhunderts[4]). Für die Gegenwart wird als Differenz zur Vergangenheit auf Folgendes verwiesen: *Erstens* hat sich die Dynamik des technischen Wandels gravierend erhöht und damit das - räumliche wie zeitliche, quantitative wie qualitative - "Ausmaß" der - beabsichtigten wie unbeabsichtigten - "Einflüsse" auf Individuum, Natur und Gesellschaft. *Zweitens* haben der technische Wandel und seine Ergebnisse eine weltweite, globale Dimension angenommen (sowohl hinsichtlich der ideellen Generierung und der materiellen Produktion als auch der zweckbezogenen Nutzung und der resultierenden "Wirkungen"). *Drittens* ist der Umstand hervorzuheben, daß hinsichtlich zukünftiger Resultate und Auswirkungen gegenwärtigen technisch instrumentierten Handelns unterschiedlich begründete Erkenntnisse, Einsichten oder Annahmen vorhanden sind, so daß mögliche "Zukünfte" absehbar sind. *Viertens* schließlich versteht sich die gegenwärtige Generation zunehmend im Rawlsschen Sinne als "Zeitgenosse", der nicht nur "Vorgänger" hatte und "Nachfahren" haben wird, sondern auch als Vertreter von Nachkommenslinien, "denen jedenfalls ihre näheren Nachkommen nicht gleichgültig sind" (Rawls 1998, S. 323). Insofern ist nicht nur die Notwendigkeit von Langzeitverantwortung angezeigt, sondern auch die Möglichkeit ihrer Wahrnehmung gegeben. (Ohne die Möglichkeit, realiter Langzeitverantwortung übernehmen, auf Zukünftiges bereits heute planend und gestaltend Einfluß nehmen zu können - was noch nicht bedeutet, diese Verantwortung auch tatsächlich zu übernehmen!! -, bleibt das Insistieren auf eben eine derartige Langzeitverantwortung vor allem ein akademisches Unterfangen.[5])

3. Mit dem Leitbild "Sustainability" ist seit mehreren Jahren ein Konzept in der internationalen Debatte, das sich unter den Anspruch "Langzeitverantwortung" subsumieren läßt. Mit "Nachhaltigkeit" wird eine Entwicklung bezeichnet, in der die Bedürfnisse heutiger Generationen befriedigt werden, ohne die Befriedigung der Bedürfnisse kommender Generationen zu gefährden, d.h. zu riskieren, daß diese ihre eigenen Bedürfnisse nicht (ausreichend) befriedigen können (vgl. Hauff 1987, S. 46). Dieses Leitbild hält mit seinen sozialen, ökonomischen, technischen, ökologischen und institutionell-politischen Komponenten die fundamentalen Überlebens- und Entwicklungsbedingungen sowohl dieser als auch der zukünftigen Gesellschaft durchgängig präsent (vgl. RSU 1996, S. 51), thematisiert damit sowohl Gegenwarts- als auch bzw. vor allem Zukunftsverantwortung. Sustainability kann als regulatorische Idee für die Gestaltung der natürlichen Existenz- und Entwicklungsbedingungen heutiger wie kommender Generationen verstanden werden. Dabei ist es in diesem Zusammenhang zunächst noch nicht entscheidend, ob mit Nachhaltigkeit im Sinne von Birnbacher und Schicha eine *Erhaltung* (1.) des physischen Naturbestands oder (2.) der Funktionen des gegenwärtigen Naturbestands, (3.) eine *Sicherung* der Befriedigung der Grundbedürfnisse zukünftiger Generationen oder (4.) eine aktive *Vorsorge* für die Bedürfnisse zukünftiger Generationen gemeint ist (vgl. Birnbacher, Schicha 1996, S. 150f.). Dabei kommt der Gestaltung "gerechter" Bedingungen und Beziehungen eine konstituierende Bedeutung zu: Gerechtigkeit ist untrennbarer Bestandteil von Nachhaltigkeit. Für die Autoren des sogenannten "Brundlandt-Berichts" beispielsweise verbindet sich nachhaltige Entwicklung mit den Imperativen Bewahrung der Umwelt, Ermöglichung politischer Partizipation und Herstellung sozialer Gerechtigkeit.[6] Ge-

---

[4] Zu den "technischen Langzeitwirkungen" gehören aber auch die Erhöhung der durchschnittlichen Lebenserwartung, die Zurückdrängung bestimmter Krankheiten oder die Hebung des allgemeinen Wohlstandsniveaus (zumindest in bestimmten Teilen der Welt), die jedoch infolge ihrer "Positivität" (vgl. die vorangegangene Fußnote) selten unter dem Stichwort "Langzeitverantwortung" behandelt werden.

[5] Damit wird nicht in Abrede gestellt, daß ein derartiges Insistieren nicht "praktische", "außerakademische" Effekte zeitigen kann, von einer Sensibilisierung in der Gesellschaft bis zur Festschreibung von wissenschaftlichen Förderprogrammen.

[6] Zu diesem Ansatz bemerken Birnbacher und Schicha: "Die Interpretation 3 läßt sich rekonstruieren als eine intergenerationelle Version des sogenannten *negativen Utilitarismus* ..., der eine Verpflichtung zur Befriedi-

rechtigkeit wird dabei zum einen auf die intergenerativen Zusammenhänge - als "Gleichheit zwischen den Generationen" - bezogen. Zugleich werden damit zum anderen jedoch auch - als intragenerative Gerechtigkeit - die Beziehungen innerhalb jeder Generation angesprochen. Damit ist "Gerechtigkeit" als Bewertungskriterium und Anforderungsstrategie ein untrennbares normatives Element des Konzepts der Nachhaltigkeit. Wenn man sich entschließt, im Sinne von Langzeitverantwortung Verantwortung für kommende Generationen zu übernehmen, dann rückt - neben zahlreichen anderen Problembereichen[7] - auch die Thematik der Bestimmung von "Gerechtigkeit" in das Blickfeld, ein Unterfangen, das mindestens so alt wie das Nachdenken über "Grundsätze" oder "Regeln" menschlichen Zusammenlebens ist, bislang aber kein befriedigendes *substantielles* Ergebnis erbracht hat, wahrscheinlich auch nicht erbringen konnte, denn: "Gerechtigkeit ist kein absoluter, sondern ein relativer Begriff, dessen je konkreter Inhalt in Relation steht zu bestimmten sozialen Zielen und Sinngehalten." (Walzer 1992, S. 440)[8] Dieser Schwierigkeit waren sich die Autoren des "Brundtland-Berichts" möglicherweise bewußt, den sie haben vermieden, eine für ihr Anliegen (Sicherung einer zukunftsfähigen Entwicklung) wichtige theoretisch-konzeptionelle Grundlage (Gerechtigkeit) weiter zu explizieren. Wenn mit einer "Theorie der (inter- wie intragenerativen) Gerechtigkeit" Grundsätze, Prinzipien, Regularien und Verfahren für die Zuweisung von Rechten und Pflichten sowie für die angemessene (richtige? gleiche?) Verteilung gesellschaftlicher Ressourcen, Güter und "Exkremente" erstellt werden sollen, dann gilt es, vor allem für die Wahrnehmung einer Zukunfts- und Langzeitverantwortung[9] (also im intergenerativen Sinne) folgende Fragen zu beantworten: "... erstens die Frage nach der *zeitlichen Reichweite* der Zukunftsverantwortung, zweitens die Frage nach der *ontologischen Reichweite*, den *Objekten* der Zukunftsverantwortung, drittens die Frage nach den *Inhalten* der Zukunftsverantwortung, viertens die Frage nach dem *Gewicht* der Zukunftsverantwortung im Verhältnis zur Gegenwartsverantwortung und fünftens das Problem der *Motivation* zur Akzeptierung und praktischen Übernahme von Zukunftsverantwortung." (Birnbacher, Schicha 1996, S. 143f.)

gung der Bedürfnisse anderer lediglich bis zur Schwelle der Vermeidung und Linderung ausgesprochener *Notlagen* fordert. Diese Interpretation dürfte dem Begriff der Nachhaltigen Entwicklung, wie sie sich im Brundtlandt-Bericht findet, am nächsten kommen." (Birnbacher, Schicha 1996, S. 153).

[7] Vgl. dazu den in diesen Workshop einführenden Beitrag von Armin Grunwald "Langzeitverantwortung und Technik - eine Einführung", vor allem Abschnitt 2 "Philosophische Probleme".

[8] Analog auch: "... es gibt nicht die *eine* soziale Gerechtigkeit. Es kann immer nur nach *mehr* sozialer Gerechtigkeit gestrebt werden. Insofern ist sie allein nur in unterschiedlichen Stufen denkbar." (Kramer 1992, S. 106); und: "Die angebliche Ewigkeit, die Zeit- und Raumlosigkeit des Gerechtigkeitsprinzips ist ... erkauft durch eine Vieldeutigkeit, die den entgegengesetzten Inhalt spielend in sich zu integrieren in der Lage ist." (Klenner 1982, S. 150) Infolgedessen geht es nach Forst "um die Möglichkeit eines Begriffs moralisch begründeter politischer und sozialer Gerechtigkeit, der den Vorwurf der Kontextblindheit ebenso vermeidet wie einen Kontextualismus, der den universalistischen Kern der Forderung nach 'Gerechtigkeit' verkennt. ... Gerechte Prinzipien sind ... solche, die *allgemein* und unparteiisch gerechtfertigt sind, indem sie den *konkreten* Interessen, Bedürfnissen und Werten der von ihnen Betroffenen auf angemessene Weise entsprechen." (Forst 1994, S. 10, 348).

[9] Bezogen auf technisches und technisch instrumentiertes Handeln wird m.E. mit der Formulierung "Langzeitverantwortung" im Vergleich zu "Zukunftsverantwortung" sprachlich dem Umstand besser Rechnung getragen, daß mit *heutigen* Handlungen über zeitlich möglicherweise sehr lange Handlungs"ketten" in die Zukunft "hineingewirkt" wird, damit Zukunft in gewisser Weise prädeterminert wird, zukünftige Handlungsmöglichkeiten "festgelegt" (eröffnet, ausgeschlossen, vorgeschrieben, verhindert usw.) werden. In diesem Sinne beginnt Zukunft tatsächlich bereits in der Gegenwart.

4.1. Es fällt auf, daß Technik im Zusammenhang mit Nachhaltigkeit kaum Erwähnung findet,[10] daß ökonomische, ökologische und soziale Zusammenhänge als relevant angesehen werden, nicht jedoch technische (vgl. zum Folgenden ausführlicher Banse 1997a). Ist das ein Zufall oder eine bewußte konzeptionelle Prämisse? Ist Technik für das "Leitbild Nachhaltigkeit" eine vernachlässigbare oder gegenüber dem Sozialen, dem Ökologischen, dem Ökonomischen und dem Institutionellen nur eine abgeleitete bzw. abhängige Größe? Zur letzten Frage meine ich nein, denn das wäre eine ungerechtfertigte Simplifizierung, wäre die gedankliche "Ausblendung" eines wirkmächtigen Bereichs, wenn es darum geht, Nachhaltigkeit zu verwirklichen. Für eine Einbeziehung des Technischen in Überlegungen zu Langzeitverantwortung und Sustainability spricht auch folgende Erkenntnis: Die Geschichte der Technik belegt, daß Rückstände ("Exkremente") der Produktion und Konsumtion - ganz sicherlich ein nicht unbedeutender Beitrag zur Umweltbelastung - in nennenswertem Umfang erst mit Beginn der Industrialisierung auftreten; vorher gab es eine möglichst vollständige Verwertung sowohl der Roh- und Ausgangsmaterialien als auch der aus dem Verwendungszusammenhang ausscheidenden Artefakte. Industrialisierung hieß (und heißt noch heute) vor allem vermehrter ("exzessiver") Technikeinsatz. Dieser erst ermöglichte mit das heute bekannte Ausmaß des Eingriffes in die Natur mit seinen Langzeitwirkungen (egal, ob in Form von massiver Umweltveränderung oder als gentechnisch realisierte Modifikationen von Bestehendem).

Angesichts der Bedeutung des Technischen im Stoffwechsel mit der Natur sollte/müßte Sustainability auch im Zusammenhang mit der Technik und ihrer Entwicklung (Technikgenese) eingefordert werden. Dazu muß Nachhaltigkeit zuerst im Prozeß des Entwurfs, der Konzipierung und der Gestaltung technischer Lösungen ("engineering design") und sodann auch im Verwendungshandeln einen angemessenen Platz haben. Damit wird unmittelbar auf drei Sachverhalte verwiesen:

- es kann nicht allein um "end-of-pipe"-Technologien gehen, bei denen erst im Nachhinein und additiv Belange der negativ bewerteten Umweltbeeinflussung berücksichtigt werden;
- es geht nicht allein um die "Nutzerverantwortung" bei der Nachfrage- oder Nicht-Nachfrage, beim Einsatz oder Nicht-Einsatz von "sustainability-gerechter" Technik;
- es stellen sich die Fragen nach dem "Was?" und dem "Wie?" hinsichtlich der technikbezogenen Forderung und Förderung von Nachhaltigkeit.

4.2. Den letzteren Gedanken fortführend ist festzuhalten, daß Sustainability den Bezug auf Komplexität und Zeit (Zeitlichkeit, Zukunft, Endlichkeit) erfordert.

Komplexität in der Technik bezieht sich auf die technischen Sachsysteme ("Artefakte") einschließlich ihrer Umwelt, auf die Entscheidungs- und Selektionsprozesse und -bedingungen bezüglich Technik und technischem Handeln sowie auf die daran beteiligten Akteure im Herstellungs- wie Nutzungszusammenhang einschließlich ihrer "handlungsleitenden Gründe". Dabei erfaßt Komplexität nicht vorrangig die Situation lebensweltlicher Gegebenheiten oder Zusammenhänge (diese sind allemal "unendlich komplex"). Vielmehr geht es um die Frage, wieviel Komplexität für die Lösung eines Problems möglich wie notwendig in die Betrachtungs- und Behandlungsperspektive einzubeziehen ist, welches problembezogene Maß an "Komplexitätsberücksichtigung", an Beachtung von Vermittlungen, Rückkopplungen, Inter-

---

[10] Ausnahmen sind vor allem das Verweisen einerseits auf negative ökologische Effekte der Technisierung insgesamt oder einzelner Bereiche, andererseits auf "Langzeit"konsequenzen singulärer technischer Lösungen (etwa die mit der Endlagerung radioaktiven "Abfalls" verbundenen Probleme oder die Auswirkungen von "Großprojekten" vor der Art des Assuan-Staudamms).

dependenzen, "Vernetzungen" usw. unumgänglich ist, letztlich also darum, welche Problemlösungskapazität mit einer je zweck- und zielgebundenen "Modellierung" eines ausgewählten Bereichs der Wirklichkeit erhofft, wahrgenommen oder erreicht wird. Komplexität wird im technischen Wissen und Handeln einerseits vorrangig unter dem Stichwort "Komplexitätsreduktion" behandelt (z.B. in Form von Vereinfachung, Idealisierung, Isolation und Modellierung), andererseits durch die Betonung der Notwendigkeit "ganzheitlicher" Betrachtungen und "fachübergreifender" Sichtweisen. Dabei wird schnell deutlich, daß vor allem die Reduktion über ein ausgefeiltes - wenn auch nicht einfach zu handhabendes - "Werkzeug" verfügt, währenddessen "Ganzheitlichkeit" ("Holismus") oftmals nur als "Feigenblatt" mangels entsprechender theoretischer Konzepte und methodischer Mittel fungiert.[11]

Bezogen auf technikwissenschaftliches Wissen findet *Zeit* nur in wenigen Wissensbeständen explizit Beachtung. Genannt seien stellvertretend: Dynamik, Zuverlässigkeits- und Stabilitätstheorie, Alterungsprozesse, Transport- bzw. Übertragungsvorgänge (Stoffe, Energien, Informationen). Dabei handelt es sich dann vorrangig um die Einbeziehung der Zeitdauer oder die Berücksichtigung von Zeitspannen. Für technisches Handeln tritt Zeit vor allem als "äußere" Bedingung auf: Zeitdruck für ein Projekt ("Zeit ist Geld!"), Lebensdauer (-zyklus) für ein Produkt, Zeitregime (-takte) für eine Produktion.

Das gegenwärtig vorherrschende Paradigma der mit technischem Wissen und Handeln Befaßten ("Technikbild") ist vor allem durch das Vorherrschen folgender Denkmuster charakterisiert (siehe *Abb. 1*), Denkmuster, die die Phänomene "Komplexität" und "Zeit" weitgehend auszublenden in der Lage sind. (Denen seien bereits an dieser Stelle Merkmale gegenübergestellt, die ein zeitgemäßes, weil problemadäquateres Technikbild charakterisieren könnten oder sollten.)

Gegenwärtiges Denkmuster	*Erforderliches Denkmuster*
deterministisches System	stochastisches System
statisches System	dynamisches System
Kontinuum	Diskontinuum
Einzelheit	Vielheit/Komplexität
technikzentriert, -orientiert	anthropo-, humanorientiert
disziplinär	multi-, transdisziplinär

Abb. 1: Merkmale unterschiedlicher Technikbilder

4.3. Daraus läßt sich nun als Konsequenz ableiten, daß für das technische "Hervorbringungs"handeln ("engineering design") ein Paradigmenwechsel erforderlich ist, da nur auf diese Weise im Prozeß der Generierung, Produktion und Nutzung von Technik Sustainability gebührend berücksichtigt und nachhaltige technische Entwicklungen befördert werden können. Damit wird zum Ausdruck gebracht, daß unsere tradierten Denkmuster bezüglich unserer eigenen "Schöpfungen", den technischen Sachsystemen, Denkmuster, die den Umgang mit bzw. die Entscheidungen über die Herstellung wie Verwendung dieser "Arte-Fakte" betreffen, hinter den strukturellen Entwicklungen dieses Teils der Lebenswelt zurückgeblieben sind. Der

---

[11] Wie u.a. Dörner nachgewiesen hat, ist der Umgang mit Komplexität alles andere als einfach, so daß "Komplexitätsreduktion" möglicherweise eine eingeübte und tradierte mentale Anpassungsleistung oder Überlebensstrategie darstellt, die allerdings auch gravierende Probleme aufwerfen kann (vgl. Dörner 1989).

geforderte Paradigmen-Wechsel ist sicherlich leichter als konzeptioneller Anspruch formuliert denn in - möglichst praktikable - Aussagen gebracht. Deshalb nur einige vorsichtige "Annäherungen". Was könnten Facetten sein, die einerseits das veränderte Paradigma ("Technikbild") betreffen, andererseits Hinweise sowohl auf allgemeine Handlungsbedingungen wie auch auf unmittelbare Gestaltungsmöglichkeiten vor dem Hintergrund des Leitbildes "Nachhaltigkeit" geben? Es ist bisher deutlich geworden, daß vorrangig nicht der Entwurf eines Maschinenelements, die Gestaltung einer Wirkpaarung oder die Struktur eines Computerprogramm-Befehls das "Objekt der Begierde" sind (obwohl sie ausdrücklich *nicht* ausgeschlossen seien!). Nachhaltigkeit wird sich technisch vermittelt - wenn überhaupt - vorrangig auf der Ebene größerer technischer Einheiten, umfassenderer Mensch-Technik-Systeme oder gar ganzer technischer Entwicklungsrichtungen durchsetzen lassen, da vor allem dort der Bezug zu Nachhaltigkeit deutlich wird bzw. da sich dort am ehesten ein ("technikbasierter") Beitrag zur Umsetzung von Sustainability leisten läßt. Mit gebotener Vorsicht sei dazu einiges ausgeführt.

(a) Eine der Problemsituation angemessene *komplexe* Sicht- und Handlungsweise darf nicht nur die naturale, sondern muß gleichermaßen auch die humane und soziale Dimension der Technik erfassen (vgl. Ropohl 1979, S. 30ff.) und dabei deren globales Ausmaß in Rechnung stellen. Damit wird deutlich, daß Technisches nur dann problemadäquat behandelt wird, wenn es als "Sozio-Technisches" behandelt, mithin Technik als gesellschaftliches "Phänomen" unterstellt wird.[12] Durch die vielfältigen Interdependenzen ihrer Voraussetzungen und Wirkungen mit Individuum, Gesellschaft, Politik, Kultur, Recht, Arbeits- und Lebensweise sowie Weltsicht weist das Technische weit über das rein Artifizielle hinaus, verweist darauf, das es ein menschliches Konstrukt ist, das in und mit dem Konstruktcharakter (dem *"Entworfensein"* und dem *"Gemachtsein"*) seine anthropologische, seine soziale und vor allem seine kulturelle Dimension offenbart, die in ihren vielfältigen Ausformungen in Überlegungen zur Technikentwicklung und -gestaltung unter dem Gesichtspunkt der Nachhaltigkeit von Anfang an einzubeziehen sind.[13]

(b) Die Berücksichtigung der *Zeit*dimension darf sich sicherlich nicht nur auf das Einfordern der Beachtung zukünftiger Generationen und ihrer Lebensgrundlagen bei heutigen Planungen und Entscheidungen beschränken. M.E. geht es um (nicht mehr, aber auch nicht weniger als um) Konsequenzen aus der Einsicht, das die Zukunft "prinzipiell offen" ist. Das hat z.B. einen wissensmäßigen Aspekt, nämlich den, daß wir hinsichtlich Zukünftigem nicht über "kein

---

[12] Vgl. dazu Banse, Striebing 1991; Ropohl 1993. Technik ist nicht anders denn als Soziotechnisches, d.h. als Ergebnis zielorientierter menschlicher Aktivitäten (vor allem Erkennen, Zwecksetzen, Bewerten, Entscheiden und praktisch-gegenständlich Handeln) in einem konkreten sozialen Umfeld, das "Inhalt" wie "Form" sowohl von spezifischen technischen Lösungen als auch den gesamten Bereich der Technik in hohem Maße beeinflußt ("strukturiert"), lebensweltliche Wirklichkeit. Im Zuge von selektiven Wahrnehmungsprozessen ist es allerdings möglich, Technik gedanklich so weit aus dieser "gesellschaftlichen Verklammerung" herauszulösen, daß als *Resultat* unter "Technik" allein die mit der unmittelbaren Funktionserfüllung verbundenen Beziehungen und Zusammenhänge erfaßt sind. Wird dann ein solchermaßen reduziertes Verständnis als *Ausgangspunkt* für umfassendere Fragestellungen der vorliegenden Art genommen - was im Bereich der Technikentwickler nicht unüblich ist -, dann muß zum "Technischen" notwendigerweise nachträglich das "Nichttechnische" hinzugefügt werden, um das "Soziotechnische" *re*konstruieren bzw. *re*formulieren zu können; vgl. auf einen konkreten technischen Bereich bezogen näher dazu Banse 1997b.

[13] Dessen erst nachträgliche Berücksichtigung oder gar weitgehende Ausblendung wird immer zu Defiziten in der Zielerreichung führen (z.B. in Form von ökonomischen oder Zeitverlusten, Akzeptanzschwierigkeiten, Nichtbewährung am Markt, Verkürzung des Lebensdauerzyklus u.ä.), die - bestenfalls! - mit der erstaunten Frage verbunden sind, warum denn das "so gut" oder "so exakt" Geplante nicht oder nicht in vollem Umfang eingetreten sei.

Wissen", sondern vielmehr über "Nicht-Wissen" verfügen.[14] Zu unterscheiden sind vor allem folgende Formen: "Nicht-wissen-können" bzw. "Nicht-genau-wissen-können"; "Noch-nicht-wissen" bzw. "Noch-nicht-genau-wissen"; "Nicht-genau-wissen".[15] Die Aufgabe besteht m.E. mit Blick auf Nachhaltigkeit darin, erstens unsere Wissensbestände auch auf diese Weise zu "ordnen" (denn dann werden möglicherweise Forschungsfragen besser formulierbar), und zweitens die Frage zu beantworten, wie wir (bewußt und kompetent) mit diesem "Nicht-Wissen" umgehen, wie es gegenwärtig "prozessiert" und "kommuniziert" wird sowie unser (aktuelles wie strategische) Denken und Handeln beeinflußt.

(c) Es ist jene "Umgebung" zu beachten, in die hinein dem Prinzip der Nachhaltigkeit verpflichtete technische Lösungen implementiert werden bzw. zu implementieren sind, und innerhalb derer diese Löungen akzeptabel sind bzw. akzeptiert werden usw. Diese "Umwelt" bzw. "Umgebung" kann man als *Kultur* bezeichnen, wenn man darunter das Ergebnis menschlicher Lebens- und Daseinsbewältigung in einer Handlungs- und Kommunikationsgemeinschaft versteht. Repräsentiert wird Kultur dann vorrangig durch das (Handlungs-)Wissen, durch technische Sachsysteme und deren Einbeziehung in Handlungsabläufe, durch verfestigte Wertekonstellationen sowie durch tradierte Praxen, die sowohl Sitten[16] als auch Institutionen einschließen (vgl. Hartmann, Janich 1996, S. 31ff.) Damit ist zugleich das kulturelle (und auf diese Weise auch das technikbezogene) Selbstverständnis einer Gesellschaft zu thematisieren, welches (technikbezogen!) einerseits "technogenen" Erwartungen und Erfordernissen Rechnung tragen bzw. Ausdruck verleihen sowie andererseits einen vorausschaubaren Einsatz von bzw. Umgang mit technischen Lösungen zulassen und garantieren muß. Dazu sind deren mögliche Vor- und Nachteile, deren "Gewinne" und "Verluste" vor allem in individueller, sozialer, ökologischer und ökonomischer Art zu kommunizieren. Auf diese Weise wird auch die Grenze des - je zeit- und kontextabhängigen - akzeptablen bzw. akzeptierten technischen "Verhaltens" festgelegt, deren Überschreitung zu (individuellen wie institutionellen) "Abwehrreaktionen" (Ablehnung, uneffektive Nutzung, Rückgriff auf konventionelle und bewährte Routinen oder Schemata u.ä.) führen kann. Eine Lösung der mit dem Bedürfnis der Gestaltung "nachhaltiger Technik" verbundenen Probleme wird nur dann erfolgen können, wenn die Entwicklung einer angemessenen "technischen Kultur" (im Rahmen von Lebens- und Gesellschaftsentwürfen) dem Spannungsfeld von individuellen und gesellschaftlichen Erfordernissen vor dem Hintergrund von Gegenwart und (wünschenswerter) Zukunft Rechnung trägt.

(d) Forderungen sind schneller aufgestellt als in operationalisierbare Vorgaben oder Anweisungen umgesetzt, und diese sind gewiß leichter formuliert denn realisiert. Die von mir gemachten Anregungen ("Forderungen", "Erfordernisse") bedürfen unbedingt einer Untersetzung und Erweiterung ("Konkretisierung") im Hinblick auf anwendbare Handlungs- und Verhaltensoptionen, einer "Transformation" in Gestaltungsprinzipien und in technische Strategien, in Bewertungskriterien und in ein zweckbezogenes methodisches Instrumentarium. Dazu ist auch die Einbeziehung aller Akteure erforderlich, denn ohne die Berücksichtigung

---

[14] "Nicht-Wissen" ist jedoch nicht nur durch die Zeitdimension des Zukünftigen begründet, sondern hat auch eine strukturelle Seite, die sich beispielsweise darin äußert, daß zum Zeitpunkt der Gegenwart infolge der Vielzahl von interessierenden Komponenten und deren möglichen aktuellen Beziehungen untereinander nicht alle relevanten Informationen vorliegen (können). Man denke etwa an Schadstoffe und deren Kombinationseffekte.

[15] Zur Gesamtproblematik des Nicht-Wissens bzw. des "unvollkommenen", "unvollständigen" oder "unsicheren" Wissens vgl. Banse 1996.

[16] Hierzu zählen in meinem Verständnis auch die in ihrer Bedeutung nicht zu vernachlässigenden ritualisierten und symbolischen Handlungen.

ihrer sicherlich differierenden Sichten ist eine Konkretisierung und Operationalisierung des Leitbildes Nachhaltigkeit nur schwerlich möglich, wenn nicht überhaupt gänzlich unmöglich. Es gilt herauszufinden, wo - bezogen auf Komplexität und Zeit (und damit auch auf Nachhaltigkeit)- die "goldenen Schnitte" liegen bzw. welche Randbedingungen nichttechnischer, aber auch technischer Art bewirken, daß der "goldene Schnitt" gerade hier und nicht dort liegen sollte oder müßte.

Literatur

Banse, G. (Hrsg.) (1996): Risikoforschung zwischen Disziplinarität und Interdisziplinarität. Von der Illusion der Sicherheit zum Umgang mit Unsicherheit. Berlin 1996.

Banse, G. (1997a): Nachhaltigkeit ohne Technik? Drei Thesen zu einem aktuellen Thema. In: technica didactica, Band 1 (1997), S. 5-29

Banse, G. (1997b): Nichttechnisches in der IT-Sicherheit - Positionen und Probleme -. In: BSI (Hrsg.): Mit Sicherheit in die Informationsgesellschaft. 5. Deutscher IT-Sicherheitskongreß des BSI 1997. Ingelheim 1997, S. 185-203

Banse, G.; Striebing, L. (1991): Technik. In: Hörz, H., Liebscher, H., Löther, R., Schmutzer, E., Wollgast, S. (Hrsg.): Philosophie und Naturwissenschaften. Wörterbuch zu den philosophischen Fragen der Naturwissenschaften. Bd. 2. Berlin 1991, S. 871-876

Birnbacher, D.; Schicha, Chr. (1996): Vorsorge statt Nachhaltigkeit - Ethische Grundlagen der Zukunftsverantwortung. In: Kastenholz, H. G.; Erdmann, K.-H.; Wolff, M. (Hrsg.): Nachhaltige Entwicklung. Zukunftschancen für Mensch und Umwelt. Berlin, Heidelberg u.a. 1996, S. 141-154

Dörner, D. (1989): Die Logik des Mißlingens. Strategisches Denken in komplexen Situationen. Reinbek b. Hamburg 1989.

Forst, R. (1994): Kontexte der Gerechtigkeit. Politische Philosophie jenseits von Liberalismus und Kommunitarismus. Frankfurt a.M. 1994

Hartmann, D.; Janich, P. (1996): Methodischer Kulturalismus. In: Hartmann, D., Janich, P. (Hrsg.): Methodischer Kulturalismus. Zwischen Naturalismus und Postmoderne. Frankfurt a.M. 1996, S. 9-69

Hauff, V. (Hrsg.) (1987): Unsere gemeinsame Zukunft. Bericht der Weltkommission für Umwelt und Entwicklung. Greven 1987

Klenner, H. (1982): Marxismus und Menschenrechte. Studien zur Rechtsphilosophie. Berlin 1982

Kramer, R. (1992): Soziale Gerechtigkeit - Inhalt und Grenzen. Berlin 1992

Rawls, J. (1998): Eine Theorie der Gerechtigkeit. 10. Aufl. Frankfurt a.M. 1998

Ropohl, G. (1979): Eine Systemtheorie der Technik. Zur Grundlegung der Allgemeinen Technologie. München, Wien 1979

Ropohl, G. (1993): Technik. In: Brockhaus Enzyklopädie. 19. Aufl. Bd. 21. Mannheim 1993, S. 672-674

RSU (1996) Der Rat von Sachverständigen für Umweltfragen: Umweltgutachten 1996. Stuttgart, Mainz 1996

Walzer, M. (1992): Sphären der Gerechtigkeit. Ein Plädoyer für Pluralität und Gleichheit. Frankfurt a.M., New York 1992

Anthropologische Begründung von Naturschutz -eine Herausforderung an die Naturentfremdung der Philosophie

Reinhard Falter

GLIEDERUNG
1. SITUATION DES NATURSCHUTZ
2. DIE SPALTUNG
3. DAS PARADIGMA DER VERBUNDENHEIT
4. ANSÄTZE ZU EINER RÜCKKEHR

1. SITUATION DES NATURSCHUTZ

Der folgende Beitrag ist eine Anfrage und eine Provokation an die akademische Philosophie aus der Sicht eines Naturschützers. Naturschutz verstehe ich als Teil des Schutzes der Lebensbedingungen des Homo sapiens gegenüber dem wild gewordenen Homo faber[1], Philosophie als Selbstreflexion des Homo sapiens.

Die geisteswissenschaftlichen Handlanger der Selbstzerstörung des Menschen, die von Reproduzierbarkeit und Verschwinden der Natur oder gar von Siegkrise der Ökologiebewegung (Beck) faseln, beherrschen freilich heute die Mehrzahl der "kulturwissenschaftlichen"Lehrstühle. Dahinter steht mehr oder weniger verhohlen das Triumphgeschrei über die angebliche Emanzipation des Menschen von allem, was nicht in seiner Verfügung steht. So behauptet Gerhard Hard, daß die Rede von Natur immer verdächtig sei, zu einer "Grossideologie der Neuzeit" zu gehören, nämlich der "altkonservativen Kritik an der unbegrenzten Autonomie des Menschen"[2]. Und so muß es nicht wunder nehmen, daß die meisten Naturschützer sich von den Kulturwissenschaften angewidert abwenden, was aber heißt, daß sie im Denken in biologischen Kategorien bleiben, womit sich die Mensch-Natur-Beziehung auch nicht adäquat fassen läßt, ja sich nicht einmal die "idealistischen" Motive der heute tätigen Naturschützer fassen lassen.

Was Naturschutz braucht, sind nicht Begründungen gegenüber akademischen Einwänden, wie dem daß es heute keine Natur mehr gebe, oder daß die Selbstbestimmung des Menschen wichtiger sei, sondern Erweiterungen seines Horizonts auf den Menschen.

Aufgabe der Philosophie wäre es, den Begriff des Menschen und den der Natur aufeinander zu beziehen. Denkmöglichkeiten auszuloten, die eine Alternative zu den Scheidungen bieten, die sich zumindest als Äquivalente, wenn nicht als Triebfedern einer Selbst- und Umweltzerstörerischen Praxis erwiesen haben. Das bedeutet Natur nicht mehr als Gegenbegriff, sondern wieder als umfassenden Begriff zu denken. Es geht darum, denkerisch der Wirklichkeit gerecht zu werden, daß wir nicht außerhalb der Natur stehen, sondern von ihr ausgemacht werden, daß aber andererseits Natur, wenn wir zu ihr gehören, kein blinder Wirkungszusammenhang sein kann.

---

[1] Da diese sich gerade nicht auf Natur richten und insofern ihren Namen zu unrecht tragen spreche ich von Baconismus oder Funktionalisierungswissenschaften
[2] G.H. Schwabe: Naturschutz, in: Scheidewege Jg I (1971/72) S. 78-96 hier S. 91; dagegen ist Umweltschutz der Schutz der Überlebensbedingungen auch des Homo faber.

Nun bin ich mit meinem Beitrag in der Sektion "Technik und Langzeitverantwortung" gelandet. Schon der Titel ist für den echten Naturschützer problematisch. Er entspricht eher dem Typus von Macher, der ein Biosphärenmanagement in menschlicher Obhut installieren will, was gleichbedeutend ist mit der Austreibung von Natur.
Naturschutz hat mit solchem Biosphärenmanagement nichts zu tun. Naturschutz bedeutet vielmehr, daß der Mensch seinen Gestaltungsbereich begrenzt. Ein Beispiel. Flußrenaturierungen, die diesen Namen verdienen, also nicht Begrünungsprojekte verbauter Bachläufe, wollen dem Fluß seine Selbstgestaltungskraft zurückgeben, das bedeutet, daß nicht ein bestimmter Zielzustand festgelegt wird, sondern lediglich die Grenzen (Leitdämme im Hinterland) innerhalb derer der Fluß machen kann was er will[3]. Prozeßschutz ist zu einem der Zentralbegriffe der Naturschutzdebatten der letzten Jahre geworden. Prozeßschutz bedeutet zu lernen, von Zielen Abschied zu nehmen, denn die Natur oberhalb der Ebenen der Organismen ist weniger teleologisch (im Sinn von zweckbestimmt) als spielerisch-prozessual verfaßt. Es ist angemessener zu sagen, der Fluß spielt mit als er arbeitet an seinem Ufer.

Es geht beim Naturschutz -im Unterschied zum Umweltschutz- überhaupt nicht darum, daß wir für kommende auch noch etwas zur Ausbeutung übrig lassen, sondern es geht darum, daß wir ihnen nicht eine wesentliche Bedingung von Menschsein nehmen, die Erfahrbarkeit von Natur als eines nicht vom Menschen Gemachten, nicht Zweckrationalen, an dem überhaupt so zentrale Kategorien wie Sinn im Unterschied zu Zweck gebildet werden können.
Wer das Urbild der Selbstgestaltung etwa an einem freien Fluß nicht mehr in lebendiger Anschauung erlebt, der wird sich auch schwerer tun, einen Begriff von Freiheit zu bilden, der jenseits der Freiheit des Konsums als Wählen zwischen vorgefertigten Bahnen ist. Wer in der Natur nicht mehr erleben kann, daß Formen als Verräumlichung der Zeitgestalt des Flüssigen entstehen, der wird auch so unanschauliche "Dinge" wie "Persönlichkeit" oder "Genie" nur als eine Art Substrat begreifen können, oder er wird solche "Undinge" eben als "nicht wirklich vorhanden" ansehen.
Es geht um Bedingungen des Menschseins nicht primär im physischen sondern im psychischen Sinn.

Dem korrespondiert, daß das Grundanliegen des Naturschutz gar nicht in den Kategorien von Interessen zu erfassen ist. Werte sind gerade das, was sich nicht als Interessen formulieren läßt. Zunächst scheinen spirituelle Bedürfnisse, die Anliegen Ungeborener und die von Tieren oder Flüssen aus sehr unterschiedlichen Gründen nicht als Interessen formulierbar zu sein. Die ersten deshalb nicht, weil die Form des Bedürfnisses dem Inhalt widerspricht, die zweiten, weil die gemeinten Subjekte keine tatsächliche Existenz haben, die dritte weil sie nicht refexions- und sprachbegabt sind. In Wirklichkeit fallen aber alle drei Bedingungen zusammen. Das Subjekt religiöser "Interessen" ist immer ein noch nicht geborenes, es ist in der Form der Aufgabe, des Genius oder des Engels da. Ebenso sind die Interessen Ungeborener rein spirituelle, z.B., nicht automatisch das Interesse geboren zu werden. Auch Ungeborene sind nicht refexions- und sprachbegabt und in gewisser Weise gilt das auch für den real existierenden spirituellen Menschen. Sinn ist nicht aussprechbar. Umgekehrt: auch biologische Arten oder Flüsse sind in der Weise eines Genius da. Anwälte von Tierarten sind nur scheinbar solche von etwas, was unter uns ist. Um aber mit dem Genius der Art in Kontakt zu kommen genügt biologisches Wissen allein nicht.

---

[3] G. Hard: Was heißt schon Natur, München 1993 S. 172. Zumindest ex negativo wird hiermit freilich anerkannt, daß Natur eine normative Kategorie ist. Gegen den Hardschen Wahn als generationsspezifische Erkrankung der ehemaligen 68iger: R. Falter: Rettet die Natur vor den Umweltschützern, in Garten und Landschaft 7/94.

Das alles paßt schlecht in die Kategorien heutiger Ethik, ethische Fragen beim Prozeßschutz scheinen höchstens zu sein, ob wir die Sicherheit der Grenzen innerhalb derer wir Natur Natur sein lassen auch für das tausendjährige Hochwasser garantieren müssen.
Aber Ethik ist ja auch ein Spaltprodukt der Moderne[4], sie ist Lehre von einem Sollen, das nicht in einem Sein wurzeln darf. Deshalb hat der Naturschutz, dem es um Natur als werthaltig geht, von Ethik nichts zu erwarten.

Naturschutz kann gar nicht anders, als Natur als einen werthaltigen Begriff einzuführen. Dem steht entgegen die moderne Trennung von Factum und Wert. Sie ist letzten Endes eine Ausprägung der cartesischen Spaltung. Ohne ihre Überwindung ist kein Naturschutz möglich, sondern höchstens "Leitbildschutz", also Schutz menschlicher Vorstellungen[5].

2. DIE SPALTUNG

Das Dogma von der Unzulässigkeit jeglichen Schlusses vom Sein auf das Sollen (sog. "naturalistischer Fehlschluß") ist nur aus der cartesischen Spaltung einer Sphäre der meßbaren Extensionen von einer Sphäre der Werte zu verstehen. Konrad Ott hat natürlich vollkommen recht, wenn er als Selbstverständlichkeit hinstellt, "Daß jeder Versuch einer Ableitung von ethischen Normen aus biologischen Tatsachen ein naturalistischer Fehlschluß ist"[6]. Doch nur solange es um Tatsachen im Sinn der Biologie oder anderer Disziplinen der Reduktionismus geht. Diese sind ja auch schon Spaltprodukte. Die Wirklichkeit der Verbundenheit alles Seienden durch Naturbeziehungen[7] wird auseinandergerissen in einen Kosmos von Druck und Stoß (einschließlich der sog. Gene) und einen von Zeichen und Worten. Dadurch wird Ethik zu einer logischen Spielerei, die selber zugeben muß, daß sie das Motivationsproblem nicht lösen kann[8].

Die universitäre Ethik, die so stolz ist auf ihre Abnabelung von der Metaphysik, verkennt zudem meist, wie sehr sie auf Prämissen aufruht, die dem Wissenschaftsverständnis der Moderne zu folge eigentlich nur Hypothesen sein können, nämlich den Ergebnissen der reduktionistischen "Naturwissenschaften"[9], aber auch auf kontrafaktischen Setzungen, etwa der Betrachtung menschlichen Einzellebens als unhinterfragbarem Letztwert.

---

[4] Das ist ganz wörtlich gemeint, der Fluß wird als Subjekt anerkannt.
[5] Die Wurzeln reichen freilich schon bis zur sokratischen Abgrenzung von der Natur, die nichts lehren wolle zurück, dazu r. Falter: Entstehung Sinn und Grund der ökologischen Krise, Manuskript zur Veröffentlichung in Ökologie 4/99 vorgesehen.
[6] Weil der Zusammenhang zwischen Fakt und Wert logisch nicht herzustellen ist, müsse er, so meinen heute manche Autoren, empirisch sein. Werte sollen sozialwissenschaftliche Fakten sein als Meinungen empirischer Personen. Damit wird die Sozialwissenschaft an die Stelle gesetzt, an die die geisteswissenschaftliche Erfassung von Wesenszusammenhängen gehört, und so das Projekt Moderne zur Vollendung geführt: War der Sinn des Reduktionismus von vorneherein die Verfügbarkeit, so wird dies jetzt explizit.
[7] Konrad Ott: Umweltethik in schwieriger Zeit, Hamburg 1997 S. 67.
[8] Die Tugenden z.B., sofern sie nicht zu Normen herabgekommen sind, sind nicht einfach Postulate oder Ideen, sondern sie beschreiben das seiner Stellung angemessene Verhalten des Menschen. Die Tugend der Bescheidenheit ist ein Reflex der Kleinheit des Menschen gegenüber den Unsterblichen, die Tugend der Mäßigung ein Reflex seiner geringen Fähigkeit Einseitigkeit, wie sie ein Gott (z.B. Dionysos oder Artemis) leben kann, auszuhalten.
[9] Ebd. S. 78; Ott schließt sich der bekannten These an, daß wir weniger ein Wissensdefizit als ein Umsetzungsdefizit haben, das setzt wieder die Trennung voraus. Ich würde sagen wir haben ein falsches Wissen. Wenn es nicht zugleich als Motiv zu wirken vermag, ist es Wissen von einer Art, die dem Menschen unangemessen ist. Es ist jedenfalls auch ein Produkt der abendländischen Spaltung, daß Ethik zu einem sonntäglichen und kompensatorischen Begründungsgerede verkommen ist. Sokratische Naivität ist, zu glauben, theoretisches Wissen könnte Handluinng motivieren, die Frage muß umgekehrt werden, von welcher Art muß Wissen sein, damit es Praxis und nicht Poiesis hervorbringt.

Viel problematischer als alle angeblich naturalistischen Fehlschlüsse ist die Baconismusgläubigkeit der meisten heutigen Geisteswissenschaftler. Als Beispiel erwähne ich Dietmar von der Pfordten[10]. Er geht ganz selbstverständlich von "naturwissenschaftlichen" Theoriebildungen aus und identifiziert z.B. Arten mit ihrer DNS und beschreibt sie als Produkt von Zufallsgeneration und Umweltdruck. Noch gravierender ist die reduktionistische Verwechslung von Fluß und Wasser. Diese führt ihn dazu, ihm "Selbstentstehung, Selbstentfaltung, Selbsterhaltung" und damit "Interessen" abzusprechen. Der Lebensbegriff der Biologie, die nur das Einzellebewesen (oder allenfalls noch die Art, den Gensatz) kennt, nicht aber das Alleben, ignoriert systematisch alle nicht-biologischen Lebewesen, gerade weil sie nicht Träger von Interessen zu sein scheinen[11].

Die vom Baconismus geprägte Umweltethik beschäftigt sich außer mit Ressourcen bezeichnenderweise fast ausschließlich mit Einzelleben (sentimentaler Tierschutz) allenfalls noch biologischen Arten und sog. globalen Problemen, d.h. in der Hauptsache hypothetischen computergenerierten Szenarien, wie der sogenannten Klimakatastrophe. Die Wirklichkeit wird zerrieben zwischen Konstruktion und Sentimentalität. Das Ergebnis ist: Für Klimaprognosen opfern wir unsere letzten unverbauten Bäche. Ihre Leidensfähigkeit läßt sich ja nicht, wie die von Tieren, testen.

Es gibt keine wertneutrale Erkenntnis. Jedes Verstehen ist angewiesen auf ein Miterleben des Äußeren über inneres Mitschwingen, symbiotisches Erleben und Übersetzen, und darin wird immer schon etwas Werthaftes miterlebt. Und umgekehrt: Jede Beschreibung legt bereits bestimmte Umgangsweisen als angemessen nahe und verwirft andere. Wenn z.B. die Erde als Mutter alles Lebens angesehen wird, dann beinhaltet dies, daß Bergbau als Wühlen in ihren Eingeweiden verstanden wird, wie bei Ovid, Seneca und noch bei spätmittelalterlichen Autoren.

Jedes Verstehen ist schon ein Werten, ja man kann anders gewendet durchaus sagen, man erkennt nur, was man liebt. Insofern ist Gorg Picht zuzustimmen wenn er den Anspruch der sog. "Naturwissenschaft" Erkenntnis zu sein mit dem Argument zurückweist, sie sei eine Praxis, die zerstöre, was sie zu erkennen vorgebe.

3. DAS PARADIGMA DER VERBUNDENHEIT

Das Paradigma der Nichttrennung von Subjekt und Objekt ist die Liebesbeziehung. Daher rührt die Doppeldeutigkeit des Wortes Erkennen in manchen Sprachen, so auch in der Ausdruckswelt des alten Testaments. Wir kommen nicht darum herum, so altmodische Begriffe wie Liebe, Wirklichkeit und Natur zu verwenden, die die vom Virus des funktionalistischen Denkens der Moderne Angesteckten gar nicht mehr verstehen können. Was Liebe oder Wirkichkeit (im Unterschied zu Akzeptanz und Realität) ist, ist tatsächlich nicht reduktionistisch zu beschreiben. Liebe ist die Haltung, die aufgehen läßt, ohne zu wissen, was aufgeht[12]. Der Haß weiß immer, was er vernichten will. Für wirkliche Liebe ist

---

[10] Ökologische Ethik, Reinbek 1996, S. 240 ff.
[11] Etwas leichter als die deutschen Logikliebhaber tun sich da unter den Umweltethikern die sprachgewandten Leichtfüße angelsächsischer Provenienz. So nennt Timothy L.S. Springe zwar einerseits die These, "Daß es mit einem Fluß an sich mehr auf sich hat als Physik und Chemie sagen können (...) eine starke metaphysische These", andererseits beruft er sich dann pragmatisch auf das eigene Gefühl: "Ich selbst bin jedoch überzeugt, daß Wert und Nichtwert reale Eigenschaften bestimmter Dinge sind (...) Ich kann zwar die Vorstellung nicht ernst nehmen, der ganze Reichtum der Natur existiere nur als Gegenstand menschlichen Bewußtseins (...) andererseits hat die Vorstellung eines Nicht-für-die- Erfahrung-Existierens für mich keinen Sinn. (Birnbacher (Hg): Ökophilosophie, Stuttgart 1997 S. 66 ff.).
[12] Dieses Aufgehen ist die Grundgeste von natura oder physis, dazu Falter: Was heißt Natur? Zur notwendigen Wiedergewinnung eines Begriffs, in Novalis 4/97.

dagegen die Unangebbarkeit ihres "Gegenstandes" konstitutiv. Eine Liebe die Gründe braucht, ist keine. Jemanden um bestimmter Eigenschaften willen zu lieben ist bereits nah daran ihn nicht zu lieben. Insofern läßt Liebe frei, legt nicht fest, eröffnet einen Raum. Freilich gibt es keine im absoluten Sinn unbedingte Liebe. Dennoch hat Liebe nicht die Struktur eines Ideals, beruht nicht auf kontrafaktischen Zuschreibungen wie die modernen Postulate von Gleichheit etc.. Liebe und Gerechtigkeit im Sinn der Gleichheit schließen sich aus. Der Wahn universeller Begründbarkeit ist mit Liebe unvereinbar, und wirkt in der Neuzeit dahin, daß Liebe als subjektiv und irrational erscheint, wie auch ihr Korrespondendum, die Schönheit. Liebe gehört dem Reich des vorgeschöpflichen Urwassers an, daher die Wassergeburt der Venus.

Das Urphänomen der Liebe ist, wenn kausal zu erfassen versucht, immer schon negiert - ebenso das was das Wort Sinn meint. Sinn entzieht sich auf merkwürdige Weise der Thematisierung. Sinn wird erlebbar in Momenten der Zweckfreiheit. Das Wesen der Zweckfreiheit aber ist Bejahung. Was der Argumente bedarf, ist nie wirklich bejaht. Die Sinnfrage ist immer schon Symptom der Sinnlosigkeit. Nicht Antwort ist eigentlich gewünscht, sondern Verstummen der Fragen. Wie vor dem Anblick der Geliebten die Frage nach nennbaren Vorzügen nicht aufkommt und ihre Unbeantwortbarkeit, wenn sie von außen gestellt wird, nicht stört. Sinn kann weder thematisiert noch gesucht werden.

Jeder thematisierende Zugriff schwebt in der Gefahr, die Frage nach dem Sinn (Einzahl) in die nach einem Zweck (Mehrzahl der Beliebigkeit) umzufälschen. Die Forderung nach Thematisierbarkeit bedeutet ein Verfehlen dessen, worum es in der Kategorie Sinn geht. Wenn auf Thematisierung bestanden wird, dann wird auf Sinnverlust als Normalzustand bestanden. Es kann also nicht Aufgabe der Philosophie sein, Sinnfragen theoretisch beantworten zu wollen, sonst würde sie sich unweigerlich in die Reihe jener heute wissenschaftlich genannten Thematisierungsweisen einreihen, die vernichten, was sie vorgeben zu erkennen. Sehr wohl ist aber ihre Aufgabe, zu explizieren, warum Sinn nicht thematisch werden kann.

Gegenseitigkeit denken heißt der Logik der Liebe und nicht der Logik der Macht folgen[13]. Es hat enorme Konsequenzen, ob ich Liebe als ein Gefühl (subjektiv und monozentrisch) oder als eine Wirklichkeit (bizentrisch) beschreibe. Im einen Fall ist ihre Gegenseitigkeit bestenfalls noch als wechselseitiger Egoismus "rekonstruierbar" im anderen Fall ist die Wirklichkeit als Polarität ihren Trägern vorgängig.

Liebe ist auch etwas völlig anderes als Mitleid. Natur wird für die Mitleidsethiker[14] überhaupt erst dadurch wieder Objekt der Ethik, daß sie als hilfsbedürftig interpretiert wird. Der engl. Ausdruck ist "moral patient"[15]. Statt dessen muß m.E. wieder von Wesen geredet werden, deren grundlegende Kategorie ist weder Interesse noch Bedürfnisse, sondern Wesensausdruck, Selbst-Sein.

---

[13] Einen für die Natur-Ethik ausbaubaren Ansatz der Ethik im Bezogensein hat Watsuji Tetsuro vorgelegt. Watsuji versucht die Ethik von der Diskursivität und Intellektualität zu lösen und im konkreten Verhalten ("Zwischensein" interessanterweise ist dies eine wörtliche Übersetzung von "Inter-esse") zu gründen. Mit der Beziehung statt der Diskursivität als Grundlage fällt ein entscheidendes Hindernis für eine Einbeziehung der Natur weg.
[14] Z.B. Konrad Ott: Umweltethik in schwieriger Zeit, Hamburg 1997 S. 60 ff..
[15] Das kommt davon, daß Leidensfähigkeit einerseits zum Kriterium moralischer Berücksichtigbarkeit gemacht wird, andererseits Leidvermeidung als Ziel gilt. Dabei bedeutet Interesse oder Bedürfnis ein Leiden an der Nichterfüllung. Interessen haben bedeutet ein Nicht-identisch sein mit sich selbst ein Zwischensein, daß Ausdruck meines in-Beziehung-stehens zu anderen Wesen und damit letztlich zum Ganzen ist. Peter Singer etwa definiert Interessen zu haben als die einzige Gemeinsamkeit von Menschen (und darüber hinaus anderen Bewußtseinsträgern). Es ist aber Unsinn, von Interessen an sich zu sprechen, unabhängig davon wer sie hat. Denn Interesse ist eben immer selbstbezüglich.

Daß wir Naturwesen gegenüber nicht argumentieren können, ist kein Grund sie aus der Ethik auszuschließen, sondern zu begreifen, daß Argumentieren nur ein Sonderfall von Verhalten ist, ebenso wie bewußte Individualität ein Sonderfall von Selbst-Sein (Qualitas) ist. Wir verhalten uns immer schon zu Natur, und Naturwesen verhalten sich immer schon zu uns. Weder die Logozentrik noch die Pathozentrik wird dem gerecht, denn Arten - die doch das Paradigma von Selbst-Sein darstellen- empfinden keinen Schmerz, nur ihre Inkarnationen.

Das Einzelleben ist eingelassen in seine Umwelt. Der Mensch übersteigt diese Umweltbindung, denn der Mensch ist in einer Begegnung zu der Überlegung fähig, daß nicht nur er das Gegenüber sieht, sondern auch von ihm gesehen wird, und daß dessen Perspektive nicht weniger wirklich ist als die eigene. In diesem Sinn hat der Mensch Welt (das Tier dagegen in ihm selbst zentrierte Umwelt)[16].

Der menschlichen Wahrnehmung des Begegnenden als selbst blickend, als selbst Mittelpunkt einer Umwelt entspricht der Aufforderungscharakter, den alles in seinem Wesen Wahrgenommene hat. Ihn nicht zu sehen bedeutet nicht "Objektivität" sondern sich zum seelischen Krüppel zu machen. Als Beispiel für den Aufforderungscharakter des Begegnenden nennt Hans Jonas mit provozierender Absicht gegen das Dogma der Trennung von Sein und Sollen, das am offene Fenster sitzende Baby, das in der Gewahr schwebt hinauszufallen. Aber auch die Wesen der Natur haben Aufforderungscharakter für uns, wenn auch nicht bis ins Instinkthafte verwurzelt, wie beim Kindchenschema. Ich nenne den auf dem Rücken liegenden Käfer, eine Quelle, deren Ausfluß verstopft ist, aber auch den Versuch eines Säureattentats auf Michelangelos Pieta. Wer diesen Aufforderungscharakter nicht erlebt, der zeigt dadurch, daß er kein Verhältnis zu dem betreffenden Wesen hat.

4. ANSÄTZE ZU EINER RÜCKKEHR

Wert eines Wesens ist weder eine sekundäre noch eine primäre Qualität eines Einzeldings, sondern Ausdruck der Eingebundenheit jedes Einzelwesens in den Zusammenhang aller Wesen. Vom Wert des Schafes für den Wolf zu reden ist freilich eine abgeleitete Weise. Der Wert des Schafes an sich ist aber auch nicht der Wert den sein Leben für es selbst hätte, wenn es Bewußtsein hätte, sondern die Rolle, die es im Gesamtzusammenhang der Gaia spielt, d. h. Wert ist zunächst einmal gleichbedeutend mit ökologischer Nische.

Dann aber entsteht die Frage: Wie verhält sich die Ebene der Werte zur Zweckfreiheit? Zweckfreiheit meint zunächst, daß kein Wesen in einer Funktion aufgeht, ja daß es nicht einmal in allen Funktionen aufgeht. Es ist immer noch mehr als seine ökologische Nische, so wie es andererseits auch nie ganz es selbst ist.

Die meisten heutigen Positionen vermeiden es wegen des Subjektivitätsverdachtes, Ethik in einem Sein zu begründen[17]. dennoch ist heute angesichts des Scheiterns der Pflichtethik,

---

[16] Diese Auszeichnung des Menschen unter den biologischen Einzelwesen besteht aber nur darin, daß er sein Teilsein realisiert, das er der Sache nach mit allen Einzellebewesen teilt. Wenn es auch der Hase nicht weiß, so ist sein Gefressenwerden vom Fuchs doch ein Stück "Naturtranszendenz" zwischen den Arten, ebenso wie das Lebensraum schaffen der "viehernährenden Flüsse" ein Stück Naturtranszendenz ist. In Lebensgemeinschaften verschiedener Arten ist der Spielraum von Verbindungen (vom Fressen und Gefressenwerden bis zur "gegenseitigen Hilfe") sehr groß.

[17] Der Leugnung von intrinsischen Werten und Anmutungsqualitäten entspricht die Minderbewertung der Evidenz im Bereich der Erkenntnistheorie: Moralische und noetische Evidenz unterscheiden sich ja nicht grundsätzlich. Es geht immer darum, daß ein Wirkliches sich geltend macht und das widerstrebt der Bemächtigungsattitüde des Baconismus.

deren Motivationskraft immer nur von religiösen Restbeständen lebte, eine Rückwendung zu den erlebbaren Aufforderungscharakteren beobachtbar.

Vielleicht ist das Biographische der heute am leichtesten mögliche Anknüpfungspunkt an eine Erfahrung von Natur im antiken Sinn. Das Wesentliche ist nicht, daß die Aufgabe selbst gesetzt ist, wie in Weiterführung des Freiheitsrausches gern gesagt wird, sondern daß etwas erfahren wird, was aufgegeben und nicht gegeben ist. D.h. man kann anknüpfen an die postmoderne Wendung zur Autentizität, muß darin aber das nicht-konstruktivistische Element betonen.

Es ist dabei wichtig, zu verstehen, daß der ursprüngliche Naturbegriff gar nicht naturalistisch im Sinn von ohne Freiheitsspielräume ist, sondern gerade die Struktur der Aufgegebenheit mitenthält.

Natur in der Ursprungsbedeutung des Begriffs (vgl. Anm 12) ist in dem Augenblick nicht mehr zu verstehen, wo sie dem Menschlichen gegenübergestellt wird, anders gesagt, wo der Mensch sich als außerhalb ihrer definiert sich nicht mehr selbst als Natur sieht.

Insofern es im Naturschutz um Werte geht, deren Wahrnehmungsorgan -aber nicht Schöpfer- der Mensch ist, stehen nicht menschliche gegen außermenschliche Interessen, sondern Menschlichkeit gegen die sich selbst verfehlende realexistierende Menschheit.

Die akademische Philosophie wird sich entscheiden, ob sie dazu etwas beitragen will oder ob sie weiter das Geschäft von Begleitgerede betreiben will. Wie sie sich auch entscheidet, mir geht es darum, daß sie dies bewußt tut.

Reinhard Falter
Institut für naturphilosophische Praxis
Steinerweg 12
81241 München

Langzeitverantwortung und Technik – eine Einführung

Armin Grunwald

1. Langzeitverantwortung und Technik als Thema der Ethik

Seit Ende der siebziger Jahre hat die Zahl der Publikationen zur philosophischen Ethik der Technik erheblich zugenommen (als Überblick vgl. Ott 1996, Grunwald 1998a). Gegenwärtig werden oftmals Ethik und Technik in einem Atemzug genannt; die Zeiten, als mühsam die Relevanz der Ethik für die Technikentwicklung deutlich gemacht werden mußte, scheinen vorbei zu sein. Vielfach wird nach „ethischen Grenzen der Technik" gerufen (Grunwald 1999). Begriffe wie das „Prinzip Verantwortung" oder „Nachhaltige Entwicklung" haben ihren festen Platz bis hinein in Vorstandsetagen und Politikerreden gefunden. Es besteht weitgehend Konsens darüber, daß in Fragen wie

- dem Verhältnis von technischer Entwicklung und Umweltproblemen, insbesondere im Hinblick auf globale Umweltveränderungen und *zukünftige Generationen*,
- der Herstellung von Gerechtigkeit in Bezug auf die Verteilung von Chancen und Risiken neuer Techniken (inter- und intragenerationell),
- den Problemen des Handelns unter Risiko, insbesondere in Fällen mit extrem hohem Schadenspotential, aber sehr geringer Eintrittswahrscheinlichkeit (z.B. in der GAU-Problematik) oder
- einer Grenzsetzung der ungezügelten technisch-ökonomischen Dynamik und einer Verhinderung der „Diktatur der Produktivkräfte"

ein erheblicher gesellschaftlicher Orientierungsbedarf besteht, zu dessen Behebung von der Ethik wesentliche Beiträge erwartet werden (vgl. hierzu die Beiträge in Lenk/Maring 1991, Lenk/Ropohl 1993).

Diese Einschätzung hat keineswegs immer bestanden. Zwar sind technikskeptische Strömungen in der Geschichte seit der Industriellen Revolution immer wieder aufgetreten: so z.B. die deutsche Romantik im 19. Jahrhundert, die konservative Kulturkritik in der ersten Hälfte dieses Jahrhunderts (z.B. Heidegger) und die Frankfurter Schule (hier vor allem Marcuse). Alle diese Strömungen haben jedoch keine Ethik der Technik etabliert, sondern *grundsätzliche* Vorbehalte gegen Technik und Technisierung formuliert, oft in Sorge vor einer Instrumentalisierung des Menschen durch Technik. Erst das Manhattan-Projekt der Entwicklung der Atombombe hat die Frage nach der individuellen Verantwortung der Wissenschaftler und der *Rechtfertigbarkeit einzelner Projekte* in Wissenschaft und Technik als wichtiges Thema der Ethik aufgeworfen, welches mittlerweile – insbesondere nach dem Zusammenbruch des Fortschrittsoptimismus - als institutionell etabliert gelten kann. In der Tat braucht man eine Ethik der Technik weder, wenn man fortschrittsoptimistisch das Neue mit dem Guten identifiziert noch wenn kulturpessimistisch das Neue mit dem Schlechteren gleichgesetzt wird. Erst die Anerkennung einer *grundsätzlichen Ambivalenz* technischer Entwicklungen mit der Folge, daß kontextuell *jedes einzelne Projekt* einer Beurteilung bedarf, führt auf die Nachfrage nach institutionalisierter ethischer Reflexion dieser Projekte. Der häufig verwendete Zusatz "Neue Ethik" (Jonas 1979) macht diese Erwartungen angesichts von vielen mehr oder weniger gravierenden Technik- und Technisierungsfolgen deutlich.

Einige gegenwärtig diskutierte Ansätze zur Ethik der Technik haben in Teilen mit dem Weberschen Begriff der Verantwortungsethik die Befassung mit der *Folgenverantwortung* gemeinsam und stellen den Begriff der *Verantwortung* für die Folgen technischen Handelns in die Mitte ihrer Reflexionen (dazu Grunwald 1998b). Ist dieser Begriff in die Technikdiskussion m.W. zuerst von Sachsse (1972) an herausragender Stelle in die Diskussion eingeführt worden, so ist die Verantwortungsethik vor allem durch das „Prinzip Verantwortung" (Jonas 1979) außerordentlich wirkungsvoll in die politische und öffentliche Diskussion eingebracht worden. Diese hat eine durchaus bemerkenswerte Verbreitung erfahren, bis in Leitartikel von Tageszeitungen, in Wahlkampfreden von Politikern, in die Äußerungen von Vorständen von Unternehmen und in Ethikkodizes von Verbänden hinein.

Jonas hat – und dies führt zum Thema des gegenwärtigen Workshops – die *Langzeitfolgen* der Technikentwicklung in die Mitte seines Ansatzes gestellt und genau hierfür beansprucht, die traditionelle Ethik zu erweitern: sei diese (z.B. Kant) universalistisch nur in Bezug auf die jeweils Lebenden gewesen, gelte es nun, angesichts der denkbar gewordenen *Gefährdung des Fortbestandes der Menschheit* aufgrund von durch den Fortschritt von Wissenschaft und Technik ermöglichten apokalyptischen Szenarien (Treibhauseffekt, nuklearer Winter, Super-GAU, unkontrollierbare Folgen gentechnischer Manipulationen, Schwund der Ozonschicht, globale Erwärmung etc.) den Bereich der Verantwortungsübernahme auf alle zukünftig Lebenden auszudehnen.[1] Seit den „Grenzen des Wachstums" des Club of Rome (1972) hat in der Tat eine Vielzahl derartiger globaler Schreckensszenarien mit der Möglichkeit eines „Endes der Menschheitsgeschichte" die öffentliche Meinung stark beschäftigt. Im Falle des „Waldsterbens" ist die Verknüpfung von Folgen wissenschaftlich-technischer Entwicklungen mit dem Überleben der Menschheit sogar metaphorisch in das in den siebziger Jahren gängige Wort „Erst stirbt der Wald, dann der Mensch" gefaßt worden. Die Jonassche „Apokalypsenverhinderungsethik" bringt Lenk auf den Punkt:

Die Menschheit muß zu einem minimalen Überlebenskonsens kommen, wenn sie weiterexistieren will/soll. Dies muß eine Ethik fordern, postulieren: Nur so kann eine Weltkatastrophe vermieden werden. Sie muß vermieden werden (Lenk 1992a, S. 8f.)

Die „*unbedingte Pflicht* der Menschheit zum Dasein" (Jonas 1979, S. 80), die „Pflicht zur Zukunft" (S. 84ff.) bilden die normative Mitte dieser Langzeitethik: „Niemals darf Existenz oder Wesen des Menschen im Ganzen zum Einsatz ... gemacht werden" (S. 81). Eine „Heuristik der Furcht" (Jonas 1979, S. 63ff.) in Kombination mit dem Prinzip des „Vorrangs der schlechten Prognose" soll Orientierungen ermöglichen, wie mit technischen Innovationen umzugehen sei. Insbesondere lautet der neue „kategorische Imperativ", so zu handeln, daß „die Wirkungen deiner Handlungen verträglich sind mit der Permanenz echten menschlichen Lebens auf der Erde" (S. 36). Auf die Frage, warum eine denn Menschheit sein solle, antwortet Jonas mit dem metaphysischen Verweis auf eine der Natur innewohnende Teleologie (Kap. 2, Abschn. IV).

Die Verhinderung einer globalen Katastrophe ist auch in neueren Ansätzen der Technikethik als Ziel enthalten. Diese erweitern jedoch in der Regel in zweierlei Richtung die Perspektive: die bloße Verhinderung des Untergangs der Menschheit weicht der weitergehenden Forderung nach *intergenerationeller Gerechtigkeit* (z.B. Birnbacher 1988), die Fokussierung auf Umweltgefahren wird zugunsten der Gleichberechtigung der ökologischen, der politischen, der sozialen und der ökonomischen Dimension der Nachhaltigen Entwicklung aufgegeben (Deutscher Bundestag 1998). Die Herausforderung der Langzeitverantwortung wird dadurch nicht leichter zu bewältigen, sondern erheblich komplexer.[2]

2. Philosophische Probleme

Speziell philosophische Herausforderungen der Diskussion über Langzeitverantwortung und Nachhaltigkeit liegen einerseits in der begrifflichen Klärung des Verantwortungsbegriffs, andererseits und vor allem jedoch in der Untersuchung des normativen Fundamentes der Forderung nach Langzeitverantwortung und in der Analyse der damit zusammenhängenden Gerechtigkeitsproblematik.

Die Probleme beginnen bereits mit der Art der Fragestellung. Die Formulierung „Gibt es eine intergenerationelle Verantwortung?" (Lenk 1992b) könnte den Eindruck erwecken, daß die Frage sei, ob eine solche in irgendeiner Form *tatsächlich existiere*, etwa als Idee im platonischen Sinne, und nur aufgefunden werden müsse. Die Frage nach der Langzeitverantwortung kann jedoch – wie die nach anderen Formen von Verantwortung - nur *präskriptiv* gemeint sein, nämlich als Frage, ob und mit welchen Gründen wir eine solche Verantwortung konstituieren, übernehmen oder zuschreiben *sollen*. Verantwortung ist kein „Naturgegenstand", sondern Resultat einer Zuschreibungs*handlung* (Grunwald 1998b). Die passivische Rede *Wer trägt welche Verantwortung?* ist deskriptivistisch verkürzt: die Zuschreibung von Verantwortung stellt selbst, so die These, eine Handlung dar, welche unter Zwecken und relativ zu *Zuschreibungsregeln* erfolgt (vgl. dazu auch Jonas 1979, S. 173). Die Beachtung dieser Relation ist erforderlich, um eine Abkopplung der Langzeit-Verantwortungsdiskussion von gesellschaftlichen Prozessen zu verhindern, welche dann nur noch leere Appelle produzieren könnnte.

Über Verantwortung wird mittels der *Reflexion* über bestimmte Aspekte von Handlungen geredet, nämlich über ihre „Verantwortbarkeit". Diese Reflexion kann *ex ante* erfolgen, um die Übernahme von Verantwortung für noch auszuführende Handlungen (Zwecke, erwartbare Nebenfolgen) zu klären,

---

[1] Als Gegenposition hierzu, daß nämlich die Kantische Ethik auch die Zukunftsverantwortung umfasse, vgl. Gethmann 1993.

[2] Hinzu kommen unter dieser erweiterten Perspektive Probleme wie Staatsverschuldung, Bildungspolitik, Gestaltung von Institutionen etc. Demgegenüber wird im folgenden nur die ökologische Problematik weiterbetrachtet.

oder *ex post*, wenn Verantwortungsfragen für durchgeführte Handlungen und ihre Resultate thematisiert werden. In der Variante ex post kann dies unter den Kriterien der Zurechnung von „Schuld" oder „Verdienst" erfolgen, während dieser Aspekt in der Variante ex ante indefinit ist. Der Verantwortungsbegriff ist daher ein *Reflexionsbegriff* oder *Beurteilungsprädiaktor* (dazu auch Bayertz 1990); er dient dazu, über bestimmte Aspekte von Handlungen ex ante und ex post unter dem Zweck der Beseitigung von diesbezüglichen Irritationen in gesellschaftlichen Praxen zu reflektieren (Grunwald 1998b). Verantwortung ist als Reflexionsbegriff dahingehend näher zu bestimmen, daß mit der Übernahme oder Zuschreibung von Verantwortung in der reflektierenden Rede über die Verantwortungsobjekte (Handlungsresultate) eine Verpflichtung delegiert wird, nämlich für die Handlungsresultate in irgendeiner Weise „einzustehen" oder „geradezustehen", Rede und Antwort dafür im Reflexionszusammenhang zu gewähren und gegebenenfalls die Folgen in geeigneter Weise zu tragen oder Rechtfertigungen vorzulegen (Gethmann 1989, S. 112ff.).

Im Zuge der weiteren begrifflichen Klärung kann der Verantwortungsbegriff zunächst als ein dreistelliger Begriff rekonstruiert werden (z.B. Schwemmer 1996): *jemand* (ein Verantwortungssubjekt) verantwortet *etwas* (Handungsresultate als Objekt der Verantwortung) vor einer *Instanz* (einer Person, einer Institution, einer Organisation etc.). Unterhalb der Dreistelligkeit ergibt der Verantwortungsbegriff pragmatisch keinen Sinn: weder Subjekt noch Objekt noch Instanz sind sprachpragmatisch verzichtbar. Die dreistellige Rekonstruktion sei als *finale Verantwortung* bezeichnet (*Kausalhandlungsverantwortung,* Lenk 1992a, S. 27f., 82). Finale Verantwortung reflektiert auf nichts weiter als das Bewirktwordensein von Handlungsresultaten durch einen Akteur und hat für sich genommen noch keine moralische oder ethische Dimension. Die moralische Dimension erschließt sich erst in der Rekonstruktion des Verantwortungsbegriffs als vierstellig: „jemand verantwortet etwas vor einer Instanz relativ zu einem Regelwerk", wenn nämlich gefragt wird, *relativ zu welchen Regelsystemen* Verantwortung übernommen werden *soll*. Unter *moralischer Verantwortung* wird daher die Verantwortungszuschreibung relativ zu moralischen Regeln verstanden. Bezogen auf die Langzeitverantwortung wäre also in der Perspektive der philosophischen Ethik vor allem zu fragen:

- Sollen wir Verantwortung für zukünftige Generationen übernehmen?
- Relativ zu welchen moralischen Überzeugungen sollen wir dies?
- In welchem Umfang sollen wir uns verpflichten, zukünftige Generationen vor Schaden zu bewahren oder ihre Lebensqualität gar zu verbessern?
- Wie sind unter Gerechtigkeitsaspekten antizipierte Interessen und Bedürfnisse zukünftiger Generationen in der Abwägung mit den Interessen und Bedürfnissen der gegenwärtig Lebenden zu berücksichtigen?
- Wie sind hierbei gegenwärtig Lebende zu motivieren, eigene Nachteile zugunsten von hypothetischen zukünftig Lebenden in Kauf zu nehmen?
- Sind in derartigen „Rechnungen" alle zukünftigen Generationen gleich zu gewichten?

Im folgenden werden drei der betroffenen Argumentationsfelder kurz ausgeführt, (1) die „No-Obligation"-Argumente, (2) die Frage nach dem normativen Fundament von Langzeitverantwortung und (3) die Frage der Diskontierbarkeit von Technikfolgen.[3]

(1) „No-Obligation"-Argumente versuchen, die Verpflichtung der Übernahme von Langzeitverantwortung zu negieren. Die Rede über „future ethics" enthält einige (vorwiegend begriffliche) Paradoxien, die zeigen, daß naive moralische Emphase im Reden über Zukunftsverantwortung nicht angebracht ist. Notwendige Bedingung, über Langzeitverantwortung konstruktiv zu reden, besteht dann darin, sämtliche bekannten No-Obligation-Argumente zu widerlegen. Diese Widerlegungen erlauben es, den Begriff der Langzeitverantwortung ganz erheblich zu präzisieren. Solche No-Obligation-Argumente sind z.B.:

- unsere Unkenntnis der Bedürfnisse und Interessen zukünftiger Generationen verhindere, daß wir uns berechtigterweise zu ihrem Sachwalter aufschwingen können;

- selbst wenn Verpflichtungen gegenüber zukünftigen Generationen bestünden, könnten wir uns in der Art und Weise der Wahrnehmung dieser Pflichten irren, und so trotz „bestem Wissen und Gewissen" ihnen gerade die falsche Hinterlassenschaft überantworten;

- wir wissen nicht, welche technischen Möglichkeiten zukünftigen Generationen zur Verfügung stehen werden, um mit unseren Hinterlassenschaften umzugehen. Die Fortschreibung des technischen Fortschritts erlaube es, die Beseitigung von Folgelasten zukünftigen Generationen zu überlassen, denn die können vermutlich besser damit umgehen als wir heute;

- wir stehen in keiner reziproken kontraktuellen Beziehung zu künftigen Generationen: weil diese keine Pflichten uns gegenüber übernehmen können, sind wir davon befreit, dies umgekehrt zu tun;

- Paradoxien wie das „repopulation paradox" (Schwartz, Parfit) führen auf feine Nuancen und Hinweise, wie man in begriffliche Konfusionen geraten kann angesichts der verschiedenen Bedeutungen von „individuals", „people", „persons", „no one", „that person", „anyone" etc. Auf diese Weise dienen diese Paradoxien und die sich daran anschließenden Diskussionen wesentlich der begrifflichen Klärung des Problems.

Eine Besonderheit dieser begrifflichen Probleme stellt die Frage dar, wem gegenüber wir eigentlich verantwortlich sein sollen: zukünftigen Individuen, Personen, zukünftigen Generationen, der „Menschheit" – oder stellen die Pflichten gegenüber solchen hypothetischen Entitäten der Zukunft „in Wirklichkeit" nur Pflichten gegenüber uns selbst dar? Diese Unklarheiten und No-Obligation-Argumente können hier nur unvollständig und kurz wiedergegeben werden, schon gar nicht können sie in ihrer Struktur analysiert und beantwortet werden; es soll nur deutlich gemacht werden, daß sich hier viele Fragen an die philosophische Reflexion stellen, die sich weitgehend im Stadium kontroverser Diskussion befinden.

---

[3] Hier bin ich Konrad Ott zu Dank verpflichtet, dessen Beiträge im Rahmen des Projektes „Klimavorhersage und –vorsorge" der Europäischen Akademie Bad Neuenahr-Ahrweiler mir wichtige Einsichten erschlossen haben.

(2) Als normatives Fundament von Langzeitverantwortung werden i.d.R. universalistische Ethiktheorien herangezogen werden. Die weiteste Verbreitung dürften utilitaristische Ansätze verschiedener Ausprägung haben (z.B. Birnbacher 1988), die den antizipierten „Nutzen" oder „Schaden", den heutiges Handeln für zukünftige Generationen mutmaßlich mit sich bringt, in die Kalkulation des heute Gebotenen einbeziehen. Diese sind charakterisiert durch Konsequentialismus, Präferenzbezug, Gleichheitsgrundsatz (auch über die Zeit hinweg) und Nutzenmaximierung. Kantisch geprägte Diskursethiken haben Probleme, zukünftige Teilnehmer an Diskursen zu beteiligen, sondern müssen diese advokatorisch berücksichtigen (z.B. Gethmann 1993). Soziobiologische oder kommunitaristische Überlegungen beziehen jeweils ihre Ansätze auf die Ziele der Theorie, d.h. das Überleben des Genpools zu sichern bzw. den Zusammenhalt in partikularen Verbänden zu stärken. Auf diese Weise transportieren sie die konzeptionellen Probleme auch auf das Feld der Langzeitverantwortung.[4]

Ein Teilproblem stellt die Frage nach der Fundierung des normativen Anspruchs von Langzeitverpflichtungen im faktischen Vollzug von Kultur und Lebensform dar. Ethik hat auch als normative Bemühung einen Akzeptanzanteil, anderenfalls sie zu normativistischen Fehlschlüssen kommen würde (Grunwald 1999). Ihre kontrafaktischen Anteile müssen Teil des Faktischen der Gesellschaft sein; darin besteht die Gratwanderung zwischen einer bloßen Akzeptanzorientierung mit der Folge eines naturalistischen Fehlschlusses und einer elfenbeinturmernen Ethik ohne Verankerung in der gesellschaftlichen Praxis - realitätsfern und praktisch irrelevant. Ein abstrakter ethischer Universalismus kann nicht gerechtfertigt werden, sondern Basis ethischer Reflexion und ethischer Empfehlung für Grenzen der Technik ist die Wahl einer Lebensform: „Geltungskriterien verweisen letztlich auf die Faktizität einer Lebensform" (Hanekamp 1996, S. 418). Diesbezüglich kann darauf verwiesen werden, daß Zukunftsverantwortung sich auf gesellschaftlich akzeptierte und faktisch ausgeübte Praktiken berufen kann. Die Sorge um Kinder und Enkel, das Erbrecht, die Verpflichtung des Staates zur „Daseinsvorsorge" sind Elemente einer derartigen Langzeitverantwortung, die sich, praktisch etabliert, auf etwa 3-4 Generationen erstreckt. Gelingt es dann, diese Elemente an die nachfolgenden Generationen weiterzugeben, wird damit die praktizierte Zukunftsverantwortung selbst in die Zukunft transferiert. Es erscheint dann als verzichtbar, die technischen Handlungen heute abstrakt universalistisch auf unabsehbare Generationenfolgen hin abzustellen, sondern es öffnet sich ein pragmatischer Weg, die etablierten Formen der Langzeitverantwortung aufzugreifen, sie auf technisch induzierte Probleme zu beziehen und daran weiterzuentwickeln.

(3) Die Frage der Diskontierbarkeit von Technikfolgen besteht darin, ob wir für jede der nachfolgenden Generationen *in gleicher Weise* verpflichtet seien, oder ob das Ausmaß der Verpflichtung mit dem zeitlichen Abstand abnimmt. Dahinter steht die aus der Ökonomie bekannte Methode der Abdiskontierung negativ analog zur Verzinsung von Kapital. Antworten auf die Frage

---

[4] Auch zwischen diesen Ansätzen gibt es eine offene und vielfältige Diskussion. Vgl. als Einstieg Birnbacher 1988, Lenk 1992b, Gethmann 1993 und die dort aufgeführte Literatur.

nach der Diskontierbarkeit liegen zwischen einem eindeutigen „ja" (Gethmann 1993) und einem ebenso eindeutigen „nein" (Birnbacher 1988). Es kann auch die Frage gestellt werden, ob dies überhaupt pauschal entscheidbar ist (die Brisanz eines Diskontierungsverbotes zeigt sich bei einer Anwendung auf nicht-erneuerbare Ressourcen, die strenggenommen dann gar nicht verbraucht werden dürften). Auch hier gibt es eine engagierte internationale Diskussion.[5]

3. Zum Workshop „Langzeitverantwortung und Technik"

Im Workshop „Langzeitverantwortung und Technik" soll einigen der vorgängig erwähnten Fragen aus verschiedenen Perspektiven nachgegangen werden. Den Beginn bildet ein Referat um Langzeitverantwortung anhand ökologischer Probleme, insbesondere im Naturschutz (Reinhard Falter). Hier wird die Verbindung von Langzeitverantwortung und Naturphilosophie deutlich gemacht. Dieser Herausforderung aus der (ökologischen) Praxis heraus folgen zwei Beiträge zur Struktur des Verantwortungsbegriffs unter besonderer Beachtung der Langzeitproblematik (Andrzej Kiepas, Karl Mertens). Beide zeigen, daß das normative Fundament für die Übernahme von Langzeitverantwortung nicht einfach theoretisch postuliert werden darf – dann würde die Aufforderung, Langzeitverantwortung zu übernehmen, zu einem bloßen Appell -, sondern eines „Sitzes im Leben" als einer kulturellen Basis bedarf. Aber auch durch den Nachweis einer derartigen Basis ist das Problem der Motivation noch nicht gelöst – dieses ist ein Sonderfall des allgemeinen Problems der Divergenz von Eigennutz und Gemeinwohl (wenn man unter Gemeinwohl auch zukünftige Generationen berücksichtigt). Hierzu folgt ein Beitrag zur Lösung mittels der Motivationstheorie von Hume, um die Frage nach dem *moralischen Motiv* für diese Verantwortungsübernahme zu klären (Edith Puster). Die Rückwendung zur Praxis schließt der Beitrag von Gerhard Banse ab, der sich philosophischen Problemen der Nachhaltigkeitsdiskussion und – damit den Bezug zum Technikaspekt im Titel des Workshops herstellend - der Technikentwicklung zuwendet, die gefordert wäre, um der einmal eingegangenen Langzeitverantwortung gerecht zu werden.

Literatur

Bayertz K (1990) Verantwortung als Reflexion. In: Hubig Ch (Hrsg) Verantwortung in Wissenschaft und Technik. Berlin, S 89-102

Birnbacher D (1988) Verantwortung für zukünftige Generationen. Stuttgart

Gethmann CF (1989) Kontemplation und Profession. Die Verantwortung des Philosophen. In: Oelmüller W (Hrsg) Philosophie und Weisheit. Schöningh, Paderborn München Wien Zürich, S 109-121

---

[5] Für die Einarbeitung in das Thema kommt erschwerend hinzu, daß es sich hierbei um ein Querschnittsthema der Angewandten Ethik handelt, das sich in der Regel nicht als eigenständiger Eintrag in Lexika oder Handbüchern findet.

Gethmann CF (1993) Langzeitverantwortung als ethisches Problem im Umweltstaat. In: Gethmann CF, Kloepfer M, Nutzinger HG (Hrsg) Langzeitverantwortung im Umweltstaat. Economica Verlag, Bonn, S 1-21

Grunwald A (1998a) Technikethik. In: Korff W, Beck L, Mikat P (Hrsg im Auftrag der Görres-Gesellschaft) Lexikon der Bioethik. Gütersloh, S 508-516

Grunwald A (1998b) Verantwortungsbegriff und Verantwortungsethik. In: Grunwald A (Hg.): Rationale Technikfolgenbeurteilung. Springer Heidelberg, S. 172-195

Jonas H (1979) Das Prinzip Verantwortung. Versuch einer Ethik für die technologische Zivilisation. Suhrkamp, Frankfurt

Lenk H (1992a) Zwischen Wissenschaft und Ethik. Suhrkamp, Frankfurt

Lenk H (1992b) Gibt es eine intergenerationelle Verantwortung? In: Lenk H (Hg.) Zwischen Wissenschaft und Ethik. Suhrkamp, Frankfurt, S. 154-178

Lenk H, Maring M (Hrsg) (1991) Technikverantwortung. Campus, Frankfurt New York

Lenk H, Ropohl G (Hrsg) (1993) Technik und Ethik. 2. Aufl. Reclam, Stuttgart

Ott K (1996) Technik und Ethik. In: Nida-Rümelin J (Hrsg) Angewandte Ethik. Die Bereichsethiken und ihre theoretische Fundierung. Kröner, Stuttgart, S 652-717

Ropohl G (1996) Ethik und Technikbewertung. Suhrkamp, Frankfurt

Sachsse H (1972) Die Verantwortung des Ingenieurs. VDI-Verlag, Düsseldorf

Schwemmer O (1996) Verantwortung. In: Mittelstraß J (Hrsg) Enzyklopädie Philosophie und Wissenschaftstheorie. Stuttgart, S 499-501

Deutscher Bundestag (1998, Hg.): Konzept Nachhaltigkeit. Vom Leitbild zur Umsetzung. Anschlußbericht der Enquete-Kommission „Schutz des Menschen und der Umwelt des 13. Deutschen Bundestages. Bonn

Hanekamp G (1998) Vorüberlegungen zu den Grundlagen einer kulturalistischen Unternehmensethik. In: D. Hartmann, P. Janich (Hg.): Die kulturalistische Wende. Frankfurt: Suhrkamp, S. 415-432

Grunwald A (1999) Ethische Grenzen der Technik? In: Grunwald A, Saupe S (Hrsg) Ethik in der Technikgestaltung. Praktische Relevanz und Legitimation. Springer, Heidelberg Berlin New York (im Druck)

Verantwortung als ein Faktor der nachhaltigen Entwicklung und der Risikominderung in der Technik

Andrzej Kiepas

Es vergrößert sich heute die Rolle der moralen Faktoren als die Regler unterschiedlicher praktischer menschlichen Handlungen. Es ist mit der Tatsache verbunden, daß der Mensch dankbar der Entwicklung von Wissenschaft und Technik riesige Macht über die Wirklichkeit erreicht hat. Diese Macht und mit ihr verbundene Verfügbarkeit hat heute einen grenzbaren Charakter erreicht. Die Logik der zivilisationnellen Entwicklung bestand sich auf die Verbreitung menschlicher Beherrschung der Welt. Diese Beherrschung hat sich inzwischen so entwickelt, daß sie jetzt die Existenz des Menschen und der Welt bedroht hat. Es handelt sich deshalb heute nicht nur um die weitere Verbreitung vom Umfang dieser Beherrschung, weil man sie kontrollieren und auf bestimmte Weise beherrschen soll. Die Beherrschung menschlicher Weltbeherrschung hängt deshalb mit der Vergrößung der Rolle von Verantwortung zusammen, weil die Verbreitung menschlicher Macht nicht zur zur Verbreitung bestimmter Bedrohungen führen soll. Bisherige zivilisationelle Entwicklung hat sich damit charakterisiert, daß die Verbreitung menschlicher Macht und seiner Möglichkeiten zur Vergrößerung der Bedrohungen geführt hat, die heute globalen Charakter erreicht haben. Das bedeutet die Bedrohung der weiteren Existenz menschlicher Gattung, was für den Menschen die Erreichung bestimmter Grenzen bedeutet. Wesentliche Bedutung in den heutigen Veränderungen und Herausforderungen spielt die Technik und ihre Entwicklung . Der Bereich von Technik , der nicht immer auf hinreichende Weise eingeschätzt wird, bildet einen besonderen Bereich der Äußerung von Verantwortung, was besonders mit dem riesigen Zivilisationspotential zusammenhängt. Das Verständnis der Verantwortungsansprüche ist in diesem Bereich mit dem Verständnis der Technik verbunden, was ein Objekt der Betrachtung in der Technikphilosophie war. Philosophisches Nachdenken über die Technik geht auf den Anfang der Philosophie zurück, aber die Technikphilosophie hat am Ende des XIX Jahrhunderts entstanden[1]. Man konnte jedoch am Ende der sechzigen Jahre des XX Jahrhunderts eine „normative Wende" in der Technikphilosophie bemerken, die mit dem Bewußtsein der globalen Bedrohungen zusammenhängt. Man kann deshalb über die traditionelle und über die neuste Technikphilosophie sagen, die sich miteinander im Verständnis der Technik unterscheiden. Die Veränderung vom Verständnis der Technik hat in diesem Fall ihren Platz in der kulturellen und gesellschaftlichen Wirklichkeit und endlich auch die Beziehungen zwischen der Technik und der Ethik betroffen. Traditionelle Technikphilosophie hat sich unter anderen mit folgenden Merkmalen charaktrisiert:

- das größte Interesse lag hier in der Berstimmung des Technikwesens , das begriffich verstanden war;

- die Technikeinflüsse wurden sehr einseitig ,nur positiv oder nur negativ eingeschätzt;

- die Technik wurde als eine wertneutrale Sache betrachtet;

- die Betrachtung der Technik als einen unabhängigen Faktor hat schließlich zum Technokratismus und zum technischen Determinismus geführt [2, S.12].

Die Möglichkeiten der Technik wurden sehr einseitig eingeschätzt, was auch im Fall des technischen Determinismus zu gesehen war.Die neuste Technikphilosophie konzentriert sich mehr auf den ethischen Problemen der Technik, und sie betrachtet nicht die Technik als denvon den gesellschaftlichen Prozessen unabhängigen Faktor.Die Verantwortung spielt die wesentliche Rolle in den ethischen Diskussionen über die Technik [3, S.61ff]

In der traditionellen Technikphilosophie die Ethik wurde mit der Methodologie des technischen Handelns zu vergleichen. Die Ethik wurde nämlich zur Übereinstimmung mit den für die technischen Handeln charakteristischen Regeln reduziert. Die Ethik bedeutete die Übereinstimmung mit der inneren Rationalität von der Technik. Die bestimmte technische Werte haben die für die Enschätzung der konkreten Resultaten von Handeln und Entscheidungen genügende Kriterien gebildet. Die Verantwortung wurde deshalb sehr eng und durch die Begrenzung zu den Rahmen der inneren Rationalität von Technik gesehen. Man konnte eventuell praktisch über die Verantwortung nur i solchem Fall sagen , wann jemand hat durch bestimmtes Handeln die technischen Regeln und die Kriterien technischer Funktionalität überschritten. Die Technik wurde deshalb als an sich selbst neutral betrachtet , und man konnte erst ihre Anwendung mit den ethischen Kategorien einschätzen. Die Verantwortung fur die Folgen mußten deshlab die anderen, d.h. die Anwender und nicht die Ingenieure als die Schöpfer von Technik übernehmen. Die Resultaten des technsichen Handelns haben sich deshalb auch nur mit den Kriterien der inneren Rationalität legitimisiert. Die Verantwortung wurde auch sehr oft zum individuellen Subjekt begrenzt, was auch mit dem traditionellen Verständnis der Verantwortung zusammenhing, einstimmig mit welchem die notwendige Bedingung für die Verantwortung die Verursachung gebildet hat. Die Verursachung war eine notwendige obwohl nicht genügende Bedingung für die

Verantwortung[1], weil Subjekt nicht nur als Verursacher sondern auch als solcher , der die Folgen der Handlung bewußt ist, verstanden war[5].

Die Technik ist kein unabhängigen Faktor, sonder sie ist ein Teil von der Ganzheit, die Natur, Kultur, Gesellschaft und den Menschen umfaßt. Die Notwendigkeit der nachhaltigen Entwicklung bildet in dieser Hinsicht die Pflicht, um die existierten hier Relationen so zu gestalten, daß die Entwicklung von Technik und im allgemeinen zivilisationelle Entwicklung nicht zur Bedrohung vom Existieren und Funktionieren von dieser Ganzheit führen soll. Wesentliche Rolle spielt hier die Technik, die nicht völlig unabhängigen Faktor der Veränderungen ist. Nachhaltige Entwicklung muß in bezug auf die Technik unter anderen bedeuten:

a) die Anerkennung der begrenzten Rolle vom technischen Determinismus, d.h. daß die Technik nur eine relativ autonome Bedeutung für die Entwicklung hat;

b) die Notwendigkeit der Kontrolle von mit der Technikentwicklung verbundenen Folgen und Einflüssen, was mit der Technikbewertung (technology assessment) zusammenhängt;

c) die Notwendigkeit der Mitverantwortung , die sich in bezug auf die Technik auf unterschiedliche Subjekte (die Schöpfer, die Anwender u.a.) verteilt.

Die ethischen Faktoren und besonders die Verantwortung bilden heute die Regulatoren für technisches Handeln, aber man muß sie mit der Technikbewertung und mit der Einschätzung von ihren Folgen verbinden. Die Verantwortung bezieht sich heute sehr nicht nur auf die einfache Handlungen und Verhalten , die direkte Bziehungen zwischen Ursachen und Folgen umfaßen. Sie erscheint sich jedoch im Feld der Handlungen, wo die Netzbeziehungen existieren, und wo man die Folgen nicht eindeutig mit den bestimmten Ursachen verbinden kann. Es erscheint auch hier viele Folgen, die nicht intentionellen Charakter haben. Man kann hier nicnrt auch die bewußt handelnde Subjekte hinweisen, die diese Folgen verursachen und auch dafür die Verantwortung im traditionellen Sinne tragen können. Es gibt viele Folgen die in diesem Sinne nicht die bewußte Verursacher haben, und dazu gehören z.B. diese, die dieUmwelverschmutzung betreffen. Das Problem der Verantwortung und der Verursachung ist deshalb komplizierter, um so mehr, daß in der Praxis viele von technischen Handlungen kollektiven Charakter haben, was die traditionell verstandene Bedeutung der individuellen Verantwortung ändert und begrenzt. Man muß deshalb schließlich die bestimmte

---

[1] Diese Einstellung war z.B. für den polnischen Philosoph R.Ingarden [4] charakteristisch, was auch in Verbindung mit dem Verständnis der Verantwortungsethik von M.Weber geblieben war.

Veränderungen der Erforderungen von Verantwortung im Bereich der Technik bemerken, die im allgemeinen betreffen:

a) man muß außerdem der inneren Verantwortung, die die Übereinstimmung mit den Kriterien der inneren Rationalität bedeutet, auch die äußere Verantwortung für die Verbreitungsfolgen und für die Verwirklichung bestimmter technischer Unternehmen hinweisen; es gibt unterschiedliche Subjekte, die diese äußere Verantwortung tragen, und dazu gehören auch die Schöpfer von Technik, die natürlich nicht für alle Folgen die Verantwortung tragen sollen, aber diese bleiben auch nicht völlig außer von ihren Verantwortung;

b) die Rolle von Instanz im Bereich der Technik spielt nicht nur technische Intelligenz sondern auch die Gesellschaft und seine Gruppen, und besonders diese, die unter dem Einfluß von bestimmten Technikfolgen bleiben können; es ist notwendig die gesellschaftliche Kontrolle der Technikprozesse zu entwickeln, was mit der Verbreitung der Demokratie und besonders der partizipativen Demokratie verbunden ist; Prozesse der Technikbewertung sollen den gesellschaftlichen Charakter haben, an welchen auch unterschiedliche Gesellschaftsgruppen teilnehmen sollen;

c) das Objekt der Verantwortung bleibt nicht nur die mit den inneren Kriterien eingeschätzteTechnik, sondern auch ihre unterschiedliche Folgen;es handelt hier nicht nur um direkte und jetzige, sondern auch um die nicht intentionelle und zukünftige Folgen; die Verantwortung muß auch unterschiedliche Nebenfolgen umfaßen, und deshalb sie auch eine Langzeitverantwortung bedeutet.Verantwortung hängt mit der Notwendigkeit zusammen, und nämlich mit:

a) der Verpflichtung unterschiedlicher Subjekte zum Vorgesehen und zur Einschätzung der Technikfolgen und -einflüssen;

b) solcher Handlung, um die Prozesse der Technikentwicklung möglicherweise transparent zu machen; das hängt mit der Notwendigkeit zusammen, um unterschiedliche Interessensubjekte über die bestimmten Handlungen und ihren Folgen zu informiermieren

c) der Verpflichtung zur Übernahme der Mitverantwortung auch für die Neben- und nicht intentionellen Folgen;

d) der Verpflichtung unterschiedlicher Institutionen und Individuen,um die eventuellen Schaden von Ihren Handlungen genugzutun.

Technikbewertung als ein gesellschaftliches Prozeß ist gleichzeitig auch ein Prozeß der Rechtfertigung (im breitem Sinne d.h. moralisch, rechtlich, technisch usw.) technischer Handlungen und ihrer Resultaten. Die mit der Technikbewertung verbundene Verantwortung bildet in diesem Prozeß ihre Inhalte und Erfordernisse, und sie kann ein Faktor einerseits der nachhaltigen Entwicklung und andererseits der Risikominderung in der Technik sein. Man kann dieses Risiko nicht völlig beseitigen in bezug u.a. auf die begrenzte Möglichkeiten des Vorheresehens unterschiedlicher Technikfolgen. In bezug auf die Natur der mit der Technik verbundene Werte kann man auch völlig und eindeutig das Risiko und die Folgen von Technik einschätzen. Das ist eine Begrenzung der Technikbewertung, die als ein analytisches Prozeß nur eine begrenzte Rolle bei der technischen Entscheidungen spielen kann. Es könnte nur zur Unterstützung bestimmter Entscheidungen helfen, aber es kann nicht die Notwendigkeit von diesen Entscheidungen ersetzen.Die Technikbewertung kann nicht die Verantwortung beseitigen und sie völlig ersetzen.Es gibt keine durch die Technikbewertung gegebene eindeutige Entscheidungen, und deshalb braucht man in dieser Hinsicht die Teilnahme unterschiedlicher gesellschaftlichen Gruppen, um die Kontrolle über die Technikfolgen zu verwirklichen. Ein wichtiger und entscheidender Faktor der Berechtigung von einzelnen Subjekten bildet die Tatsache, daß sie unter dem Einfluß von bestimmten Technikwirkungen bleiben könnten. Das ist eine notwendige obwohl natürlich nicht genügende Bedingung für die Berechtigung der Teilnahme unterschiedlicher Gruppen am gesellschaftlichen Prozeß der Technikbewertung. Man kann das auf dem Beispiel vom Risiko sehen wo niemand außer der Betroffenen das Recht hat, um jemanden mit dem bestimmten Niveau des Risikos und der Bedrohungen zu belästigen [6]. Das Risiko erfordert die Akzeptabilität und deshalb die entscheidende Bedeutung hat nicht die Tatsache , daß es ein Risiko existiert, sondern ob es für die potentiell und real Betroffenen zu akzeptieren wäre.

Die Rolle der Verantwortung als ein Faktor der nachhaltigen Entwicklung und der Risikominderung in der Technik bildet die Rahmen, in welchen man die Verantwortung zwieierlei verstehen kann. Einerseits, sie hat den relationellen Charakter d.h. sie entsteht im Bereich der Relationen zwischen den Subjekten, Objekten und Instanzen. Die Verantwortung ist hier keine Eigenschaft einzelner Elementen von diesen Relationen, sondern sie existiert im Bereich zwischen ihnen. Dieses Verständnis der Verantwortung hängt direkt mit der Verursachung zusammen. Man kann jedoch auf die Notwendigkeit der Gestaltung von solcher Verantwortung hinweisen, die eine Art der Leistungsfähigkeit (Disposition, Tugend) bestimmter Subjekte bedeuten könnte. Solche Verantwortung ist ein Teil der moralen Kultur, die im Bereich der Technik auch mit der technischen Kultur zu verbinden wäre.Die Teilnahme am gesellschaftlichen Prozeß der Technikbewertung bedeutet auch die Notwendigkeit der Veränderungen im Bereich der technischen Kultur. Traditionell verstandene technische Kultur hat nur die Fähigkeit vom Schöpfen oder Benutzen der

Technik einstimmig mit den bestimmten technischen Regel bedeutet. Diese Bedeutung von technischer Kultur ist heute schon zu eng, und die notwendigen in dieser Hinsicht Veränderungen auch den Bereich der technischen Ausbildung betreffen. Die Gestaltung vom bestimmten Niveau der technischen Kultur ist die Hauptaufgabe der Ausbildung, und sie bedeutet in diesem Fall:

a) die Überweisung vom Wissen- es handelt hier nicht nur um technisches Wissen, sondern auch z.B. um die Methoden der Technikbewertung, Technikverwaltung, um die Problemen der Technikphilosophie, Technikethik und aus dem Bereich sog. STS (science, technology and society)

b) die Gestaltung der Fähigkeiten- nicht nur solchen, die den direkt technischen Charakter haben, sondern auch diesen, die für die richtige Technikbewertung und Technikverwaltung notwendig sind;

c) die Gestaltung der Einstellungen- es handelt hier besonders um die rationale Einstellungen in bezug auf die Technik und ihre Folgen, die keinen einseitigen, positiven oder negativen, Charakter haben sollen.

In der technischen Ausbildung muß man in die Richtung nach der Einheit von diesen allen Faktoren streben. Es ist notwendig hier auch die Verbindung technischer Kultur mit der politischen und moralen Kultur. Es handelt hier auch um die Gestaltung der Mitverantwortung, was auch ein Niveau der emotionellen Empfindlichkeit bedeuten soll. Es gibt in dieser Hinsicht keinen direkten und mechanistischen Zusammenhang zwischen der Gestaltung des Verantwortungsbewußtseins in der Ausbildung und der Verwirklichung ihrer Erfordernissen in der Praxis. Praktisches Handeln verläuft in bestimmten Bedingungen, die unterschiedliche Bedeutung für wirkliche Übernahme der Verantwortung haben können. Man kann auch ähnliche Faktoren hinweisen, die für die anderen Subjekte der gesellschaftlichen Prozeß der Technikbewertung und nicht nur für die Schöpfer von Technik wichtig sind. Es gibt in diesem Bereich viele Konflikte, wo man auch viele Schwierigkeiten und Dilemmas bemerken kann. Ein von diesen Dilemmas ist z.B. Dilemmas der Werten und Tatsachen. Hohes Niveau vom Professionalismus bedeutet nicht für Ingenieur, daß er gleichzeitig efektiv in der Verwirklichung der gesellschaftlichen und humanen Werte sein muß. Das hängt auch damit zusammen, daß man die Technik und ihre Folgen nicht völlig eindeutig einschätzen kann. Es ist unmöglich im Bereich der mit der Technik verbundenen Werten die Optimalisierung eindeutig und völlig durchzuführen. Die Gestaltung des Bewußtseins von solchen Tatsachen ist wichtig für die Gestaltung der Verantwortung und der Akzeptabilität des Risikos bestimmter Subjekte, wo nicht nur um technisches Wissen sondern auch um

Werteinstellungen handelt. Die Akzeptabilität vom Risiko hängt nicht nur vom Wissen sondern auch von den Wertvorstellungen ab. Die mit der Verantwortung verbundene Rationalität muß deshalb eine Einheit und eine Unterschiedlichkeit der Tatsachen und Werten bedeuten. Die Gestaltung der technischen Ausbildung in diese Richtung, wo die Verantwortung große Rolle spielt, muß gleichzeitig die Bildung der moralisch schwieriger Bedingungen für die technische Tätigkeit bedeuten. Gewisse Rolle spielen hier auch die ethischen Kodexe, obwohl sie auch nicht alle Konflikte beseitigen können [7].Richtige Entscheidungen berufen sich nämlich nicht auf allgemeine Regeln und Prinzipien, sondern auf die Werte, die die Rolle und die Bedeutung in konkreten Bedingungen und für konkrete Subjekte erreichen. Diese Werte betreffen im allgemeinen nicht nur dieses, was jetzt und hier wertvoll und wichtig ist, sondern auch die Zukunft, was mit dem bestimmten Niveau der Empfindlichkeit und des Bewußtseins verbunden ist. Die zukünftige Zustände sind jedoch schwieriger zu bestimmen, und es ist schwer in diesem Bereich eine Zustimmung zu erreichen. Es handelt im Bereich der Technik jedoch nicht um absolute Zustimmung, und deshalb hier die Verantwortung gewisse Rolle spielen kann , weil sie die Notwendigkeit der Auswahl zwischen Guten und Bösen bedeutet.

Literatur:

[1] E.Kapp: Grundlinien einer Philosophie der Technik. Braunschweig 1877.

[2] G.Ropohl: Technologische Aufklärung. Frankfurt am Main 1991.

[3] G.Ropohl: Ethik und Technikbewertung. Frankfurt am Main 1996

[4] R.Ingarden: O odpowiedzialnosci i jej podstawach ontycznych, in: Ksiazeczka o czlowieku. Krakow 19 ; R.Ingarden: Über die Verantwortung . Ihre ontischen Fundamente. Stuttgart 1970.

[5] W.Ch.Zimmerli: Wandelt sich die Verantwortung mit dem technischen Wandel?, in: H.Lenk, G.Ropohl (Hrsg.): Technik und Ethik . Stuttgart 1987.

[6] G.Ropohl: Das Risiko im Prinzip der Verantwortung. Kritik und Replik, in: Ethik und Sozialwissenschaften, 1994, Heft 1.

[7] H.Lenk: Ethikkodizes für Ingenieure. Beispiele der US-Ingenieurvereinigungen, in: H.Lenk, G.Ropohl (Hrsg.): Technik und Ethik. Stuttgart 1989.

Sinn und Unsinn einer Verantwortung für die Zukunft

Karl Mertens (Kiel)

Seit den siebziger Jahren, insbesondere seit dem Erscheinen von Hans Jonas' Buch "Das Prinzip Verantwortung" ist die Rede von einer ‚neuen Dimension der Verantwortung', um die sich die Ethik angesichts der heutigen Möglichkeiten technischen Handelns zu bemühen habe, die Eintrittskarte für eine zeitgemäße Auseinandersetzung mit Fragen der Ethik geworden. Die in diesem Zusammenhang entwickelten ethischen Überlegungen und Konzeptionen werden zusammengehalten von einem Katalog von Gefährdungen, die mit den Möglichkeiten der modernen Technik in der menschlichen Geschichte erstmalig verbunden sind. Es sind vor allem drei Merkmale des technischen Handelns, aufgrund derer sich das Problem einer neuen Dimension ethischer Verantwortung stellt: Die Wirkungen des technischen Handelns und des sich mit ihm verflechtenden Unterlassens reichen in eine immer fernere Zukunft, eine Zukunft, die die Lebenszeit der Handelnden weit übersteigt. Damit verknüpft zeichnet sich dieses Handeln durch eine neue Qualität des Risikos aus, insofern es in der Lage ist, irreversible Prozesse einer unserem früheren Handeln unbekannten Größenordnung in Gang zu setzen. Nicht zuletzt aber steht in unserem technischen Handeln die Existenz der menschlichen Gattung selbst auf dem Spiel.[1] Gemäß dieser Kennzeichnung kann die Zukunftsrichtung des technischen Handelns, insbesondere seine möglichen Auswirkungen für die Zukunft menschlichen Lebens, als eine seiner wesentlichen Bestimmtheiten angesehen werden. Die ethische Reflexion steht daher vor der Aufgabe, eine spezifische Zukunftsverantwortung, eine sog. Langzeitverantwortung, zu begründen und ethische Orientierungen für die neuartigen technischen Möglichkeiten zu bieten.

Das Angebot an Überlegungen und Vorschlägen zu einer entsprechenden Zukunftsethik[2] reicht von Versuchen der Etablierung einer dezidiert von den Typen traditioneller Ethik sich abgrenzenden neuen Ethik bis hin zu Arbeiten, die sich der neuen Aufgabenstellung mit Hilfe klassischer Ethikkonzeptionen nähern.[3] Neben Jonas' metaphysisch-naturalistischem Begründungsversuch[4] sind ebenso utilitaristische wie deontologische Begründungen vorgelegt worden.[5] Nicht weniger unterschiedlich fällt die inhaltliche Diskussion der Langzeitverantwortung aus. Die Divergenzen betreffen hier zum einen die Frage, wie umfassend die Verantwortung für die Zukunft ist. Während Jonas von einer "*unbedingte(n) Pflicht* der Menschheit zum Dasein" spricht,[6] lehnt Gethmann eine entsprechende Verpflichtung strikt ab und bezieht Langzeitverantwortung nur auf die künftig Lebenden.[7] Umstritten ist zum anderen auch die Bestimmung konkreter Normen einer Zukunfsverantwortung. Die von Jonas vorgeschlagene "Heuristik der Furcht" und die mit ihr verknüpfte Forderung des 'Vorrangs der schlechten vor der guten Prognose'[8] sind hinsichtlich ihrer theoretischen und praktischen Implikationen häufig kritisiert worden.[9] Gegenüber Jonas' pauschalem und vagem 'Prinzip Verantwortung'[10]

---

[1] Zu dieser Auflistung vgl. z.B. Jonas 1979, 26 ff.; Birnbacher 1988, 12 f.
[2] Im folgenden beschränke ich mich auf die Auseinandersetzung um eine Langzeitverantwortung in bezug auf die Zukunft menschlichen Lebens. Die weitergehende Frage, ob auch eine Langzeitverantwortung hinsichtlich der Erhaltung der Natur besteht, die unabhängig von der Verantwortung für zukünftiges menschliches Leben ist, bleibt hier unthematisch.
[3] Vgl. etwa Jonas (1979, bes. 35 ff.) gegenüber Birnbacher (1988, 269) und Gethmann (1993, 4, insges. 1 ff.).
[4] Vgl. zur Kritik z.B. Hastedt (1991, 167 ff.) oder Kodalle (1994, 182), der auf die unterschwellige Inanspruchnahme religiöser Argumente in Jonas' Verzichtsethik hinweist.
[5] Vgl. beispielsweise das ‚teleologische Verständnis moralischer Normen', das Birnbacher (1988, 28) entfaltet, mit dem an Kant anknüpfenden praktischen Universalismus bei Gethmann (1993, 6).
[6] Jonas 1979, 80; vgl. 34, 86 ff. Weniger radikal, aber doch in eine ähnliche Richtung weisend, konstatiert Birnbacher (1988, 131 ff.) die Erfolglosigkeit metaethischer und normativethischer utilitaristischer Argumente gegen eine "Hervorbringungspflicht".
[7] Gethmann 1993, 10.
[8] Jonas 1979, 63 ff.; 70 ff.
[9] So bestreitet z.B. Ropohl (1996, 147) die Allgemeingültigkeit der in Jonas' Forderung enthaltenen Unterstellung, die Unterlassungsfolgen seien annehmbarer als die Folgen des technischen Handelns. Die fehlende Differenziertheit einer 'Heuristik der Furcht', die "wie eine apokalyptische Umkehrung der Fortschrittseuphorie (wirkt)" und letztlich auf die "Aufgabe einer rationalen Technikbewertung" hinausläuft, kritisiert Hastedt (1991, 172 f.). Ihre fortschrittsverhindernde, "grundsätzlich auf gegenüber Innovationen restriktive Empfehlungen und zu einem 'Ethos der Selbstbescheidung'" führende Konsequenz, stellt Grunwald (1998, 176) heraus.
[10] Zur mangelnden Bestimmtheit des 'Prinzips Verantwortung' in bezug "auf konkrete Probleme der Umwelt-

dürfte ein Fortschritt der neueren Diskussion des Problemfeldes zumindest in dem Versuch einer differenzierteren und konkreteren Bestimmung einer Langzeitverantwortung zu sehen sein.[11] Nicht zuletzt divergieren die Antworten auf die grundlegende Frage, wer verantortlich für die Folgen des technischen Handelns ist. Neben individualethischen Konzeptionen werden hier Ansätze diskutiert, in denen als mögliche Adressaten Techniker und Wissenschaftler,[12] Politiker,[13] Institutionen bzw. Organisationen[14] oder die Gesellschaft[15] genannt werden.[16]

Der Aufschwung, den der Verantwortungsbegriff in den letzten Jahrzehnten in der philosophischen und außerphilosophischen Diskussion erlebt hat, hängt mit seiner strategischen und polemischen Eignung zusammen. Deren Kehrseite ist die fehlende begriffliche Prägnanz, aufgrund derer der Begriff offensichtlich zur Bestimmung völlig verschiedener Konzeptionen tauglich ist. Angesichts dieser Lage ist es sinnvoll, zunächst eine gewisse Epoché hinsichtlich der brennenden Fragen einer Technikethik zu üben, und den Versuch einer Explikation des zentralen Begriffs der Verantwortung zu unternehmen (Teil I).[17] Vor dem Hintergrund dieser Skizze des Verantwortungsbegriffes soll dann für die These argumentiert werden, daß die Rede von einer Langzeitverantwortung nur dann als sinnvolle Bestimmung einer spezifischen Verantwortung angesehen werden kann, wenn sie auf Kontexte entsprechender Verantwortungszuschreibungen bezogen wird. Das heißt aber, daß die vieldiskutierte Verantwortung für die Zukunft weder als Verantwortung vor bzw. gegenüber künftigen Generationen noch als Verpflichtung durch universale Normen zu verstehen ist. Die normative Bedeutung des Begriffs einer Langzeitverantwortung verdankt sich vielmehr einer aktuellen gesellschaftlichen Rechtfertigungssituation, in der gegenüber den Mitlebenden mit diesem Begriff eine der gegenwärtigen Situation angemessene Handlungsorientierung gefordert wird (Teil II).

I

Zum Zweck der beabsichtigten Begriffsklärung sollen die folgenden - aufeinander aufbauenden - Weisen einer sinnvollen Begriffsverwendung von Verantwortung unterschieden werden. Selbstverständlich verflechten sich die skizzierten Verantwortungsbegriffe in den meisten Fällen konkreter Verantwortungsprobleme. Der Versuch, sie getrennt darzustellen, ist abstraktiv und geschieht mit heuristischer Absicht.

(1) Der Verantwortungsbegriff findet Verwendung in Kontexten, in denen wir anderen oder uns selbst Verantwortung für Handlungen und Handlungsfolgen zuschreiben. Für unser Verständnis von Verantwortung ist jedoch nicht nur der Bezug auf Handlungen und deren Folgen, sondern auch auf handelnde Personen unverzichtbar. Verantwortlich für eine Handlung kann nur der genannt werden, der ein Geschehen oder einen Zustand, das Handlungsresultat, sowohl kausal als auch willentlich hervorbringt, wobei es ihm prinzipiell freisteht, etwas anderes zu bewirken, indem er anders oder gar nicht handelt. Kausalität, Willentlichkeit und Freiheit des Handelns sind die Bedingungen personaler Verantwortlichkeit. Hinsichtlich der Handlungsfolgen modifiziert sich die zweite Verantwortlichkeitsbedingung, da jemandem auch nicht ge-

---

ethik" und hinsichtlich der „konkreten Handlungsanweisungen oder Entscheidungen" vgl. Vossenkuhl (1998, 674).
[11] So ergänzt Birnbacher, die Faktizität nicht idealer Handlungsbedingungen und nicht ideal Handelnder bedenkend, seine Bestimmung idealer Normen um einen Katalog mehrerer Praxisnormen, die ein konkretes Handeln unter der Perspektive einer Verantwortung für zukünftige Generationen anleiten sollen (ders. 1988, bes. 202 ff.). Auch scheint es sinnvoll, die Verantwortung des Technikers und Wissenschaftlers für die Folgen seines Tuns nicht mehr durch einen einzigen Verantwortungstyp zu bestimmen. Bayertz nennt z.B. neben der moralischen und professionellen Verantwortung der Präventionsverantwortung (Bayertz 1991, 187 ff; 191 ff.). Zur Unterscheidung verschiedener Verantwortungstypen vgl. auch Lenk 1994, 116 ff.; ders. 1997, 83 ff.
[12] Vgl. beispielsweise zur Verantwortung des Technikers und Wissenschaftlers Bayertz (1991, 188 ff.), zur Verantwortung des Technikers bzw. Ingenieurs auch Ropohl (1996, 61 ff.) und Ott (1996, 685 ff.).
[13] Vgl. Jonas 1979, bes. 214 ff
[14] Z.B. Ropohl 1996, 144 u.ö.
[15] Vgl. z.B. Bayertz (1991, 202 ff.), der die Vergesellschaftung von Verantwortung sowohl in Ergänzung zur Erörterung von Typen individualethischer und standesethischer Verantwortung (vgl. Anm. 11 u. 12) diskutiert als auch mit institutioneller und politischer Verantwortung verbindet (ebd., 206 f.). Vgl. auch Gethmann 1993, 17 f.
[16] Vgl. zum Adressatenproblem insges. Grunwald (1998, 177 f.), der seinerseits vorschlägt, als Verantwortungssubjekt die Betroffenen selbst anzusprechen (ebd., 187 f.). Inwiefern eine Einbeziehung der Betroffenen auch im Rahmen einer Zukunftsverantwortung möglich ist, soll in Abschnitt II verdeutlicht werden.
[17] Zu einem solchen - philosophisch naheliegenden - Vorgehen vgl. beispielsweise Lenk 1994, 117 ff.; Grunwald 1998, 179 ff

wollte Folgen seines Handelns zugeschrieben werden können. In diesem Fall ist für eine sinvolle Verantwortungszuschreibung allerdings vorausgesetzt, daß er die Handlungsfolgen voraussehen kann und als kausale Folgen seines willentlichen und freien Handelns zuläßt.[18]

(2) Der Begriff einer personalen Verantwortung erfährt aufgrund der Rolle und Stellung, die eine Person einnimmt, eine entscheidende Erweiterung.[19] Die rollenspezifische Verantwortung umfaßt nicht nur die Verantwortung für eigene Handlungen und deren Folgen, sondern auch für andere Personen und deren Handlungen einschließlich ihrer Folgen. Jemandem kann gemäß diesem Verständnis Verantwortung für Handlungen und Geschehnisse zugesprochen werden, die er weder aufgrund seiner freien Willensentscheidung bewirkt noch als nicht beabsichtigte Handlungsfolgen voraussieht und zuläßt.[20]

Doch setzt die rollenspezifische Verantwortung die zuvor skizzierte personale Verantwortlichkeit nicht einfach außer Kraft. Denn auch die Verantwortung, die jemandem aufgrund seiner Rolle zukommt, muß letztlich auf einen Zusammenhang von Handlungen oder Unterlassungen zurückführbar sein, in dem zumindest mittelbar seine kausale, willentliche und freie Wirksamkeit als handelnde Person ausgewiesen werden kann. Andernfalls würde die Rollenverantwortung die Verantwortung handelnder Personen nicht erweitern, sondern auflösen.[21] Aus dem gleichen Grunde ist es sinnvoll, umgekehrt einer Person ihre Verantwortlichkeit nicht gänzlich abzusprechen, wenn sie ein Geschehen kausal, willentlich und frei hervorgebracht hat, eine andere Person aber aufgrund ihrer Rolle und Stellung die Handlung und deren Folgen zu verantworten hat. In den komplexen und komplizierten Zusammenhängen eines arbeitsteiligen Handelns lassen sich vielmehr geteilte personale und rollenspezifische Verantwortlichkeiten herausstellen, die im jeweiligen Fall die Klärung schwieriger Verhältnisse der Mitverantwortung erforderlich machen.[22]

Die Rollenverantwortung wird dort relevant, wo Handlungssphären aufgrund ihrer Komplexität Handelnde mit nicht antizipierbaren Handlungssituationen konfrontieren. Allgemeine, zumeist lediglich auf die Handlungsziele bezogene Regeln und Normen bieten hier keine hinreichende Orientierung für das konkrete Handeln. Eine Praxis, die den jeweiligen Kontexten angemessen sein soll, bedarf jedoch der konkreten Anleitung und Verbindlichkeit. In diesem Fall müssen die aufgrund ihrer Rolle und Stellung Verantwortlichen die erforderlichen situationsangemessenen Entscheidungen treffen. Auf ihrer Eignung für diese Aufgabe beruht ihre der jeweiligen Rolle angemessene situative Kompetenz. Auch das Problem der Mitverantwortung ist in den Erfordernissen komplexer situationsabhängiger Handlungen begründet. Denn die Komplexität der Handlungszusammenhänge würde den, der aufgrund der ihm zugewiesenen Rolle verantwortlich ist, überfordern, müßte er in jedem Einzelfall die für das Handeln erforderlichen Entscheidungen treffen. So kommt es zur Delegation von Entscheidungskompetenz, zur Einführung subordinierter Rollenverantwortlichkeiten. Durch diese werden die aufgrund ihrer Stellung Hauptverantwortlichen zwar entlastet, nicht jedoch uneingeschränkt in jeder Situation, in der ihnen unterstellte Verantwortungssubjekte handeln, aus ihrer rollenspezifischen Verantwortung entlassen.

---

[18] Ein ähnliches Verständnis skizziert Bayertz 1991, 167 f.
[19] Die professionelle Verantwortung ist dabei als eine Sonderform der rollenspezifischen Verantwortung zu verstehen (Bayertz 1991, 190; Lenk 1997, 84 f.; Grunwald 1998, 185).
[20] Vgl. Ströker 1984, 29.
[21] Vgl. Grunwald 1998, 183, Anm. 11. Dieser Gedanke sollte zumindest als Leitidee bei der Bestimmung geteilter Verantwortlichkeiten fungieren (vgl. Lenk 1994, 122 f.).
[22] Zum Problem geteilter Verantwortung bzw. Mitverantwortung siehe Ströker 1984; Bayertz 1991, 188 ff.; Kodalle 1994, 187 ff. - Die Möglichkeit der Rückbindung des Verantwortungsbegriffes an personale Verantwortlichkeiten scheint allerdings dadurch außer Kraft gesetzt zu werden, daß Verantwortung nicht nur zugeschrieben oder abgewiesen, sondern auch ausdrücklich übernommen werden kann. Denn wer Verantwortung übernimmt, springt in einer Situation ein, in der Verantwortungsbedarf besteht, die akzeptierten Möglichkeiten der auf personaler Verantwortung beruhenden rollenspezifischen Verantwortungszuschreibung jedoch versagen. (In einem ähnlichen Sinne scheint mir Ott (1996, 674) von einer „übergebührliche(n) Verantwortung", die „übernommen wird", zu sprechen.) Dieser Begriff von Verantwortungsübernahme ist auf Krisensituationen beschränkt und von einer durch personale und Rollenverantwortung abgesicherten Selbstzuschreibung von Verantwortung, die im weiteren Sinne auch als Verantwortungsübernahme bezeichnet werden kann, zu unterscheiden. Doch auch wenn man diesen Begriff der Verantwortungsübernahme als sinnvoll akzeptiert, verliert die Dimension personaler Verantwortlichkeit hier nicht ihre Geltung. Die Verantwortungsübernahme schafft nämlich ihrerseits eine Situation, durch die das weitere verantwortliche Handeln im Sinne personaler (und darauf beruhender rollenspezifischer) Verantwortung zurechenbar und rechenschaftspflichtig wird. Erst vor diesem Hintergrund läßt sich die „ethische Fragwürdigkeit" (Ströker 1984, 38 f.) und Problematik einer Verantwortungsübernahme in Extremsituationen und des mit ihr verknüpften „Ethos der Ausnahme" (Kodalle 1994, 191 f.) thematisieren.

(3) Ausdrücklich zum Thema wird die Zuschreibung von Verantwortung in der Regel erst dort, wo die Bewertung von Handlungen und deren Folgen zur Disposition steht. Selbst dann, wenn es um die Klärung nicht ohne weiteres ersichtlicher Täterschaft, Handlungen, Handlungsfolgen oder auch rollenabhängiger Aufgaben geht, zielt die explizite Rede von Verantwortung zumeist nur vordergründig auf die Zuschreibung personaler oder rollenspezifischer Verantwortlichkeit. Um diese geht es vielmehr, weil ein Handeln und dessen Folgen fragwürdig ist, insofern tatsächlich oder möglicherweise Standards der Zumutbarkeit verletzt werden bzw. das gewöhnlich zu Erwartende überboten wird. Verantwortungsfragen können daher auch dann sinnvoll noch gestellt werden, wenn Täter und ihre Rollen, Handlungen und ihre Folgen bekannt sind. Denn nach dem Wer oder Was, sondern nach dem Warum ist hier gefragt. Verantwortungsfragen dienen nämlich der Zurechnung von Handlungen und Handlungsfolgen, die Personen als schuldhaft oder verdienstvoll, falsch oder richtig zu verantworten haben. Ein solches Verständnis von Verantwortbarkeit setzt Rechtfertigungssituationen voraus, in denen Verbindlichkeiten in bezug auf das, was man zu tun und zu unterlassen hat, gelten. Solche Verbindlichkeiten bestehen nicht nur aufgrund bestimmter Normen oder Regeln, sondern auch, weil Handelnde ein Verständnis davon haben, was sich gehört oder auch nur üblich ist.[23] Die Zuordnung einer geplanten oder geschehenen Handlung zu einer geltenden Verbindlichkeit ist dabei ein Sonderfall der Klärung von Verantwortlichkeiten in Rechtfertigungssituationen. - An diesem Verständnis von Verantwortung orientiert sich die immer wieder herausgestellte Bestimmung der Grundstruktur der Verantwortungsrelation, wie sie insbesondere im juristischen Verantwortungsbegriff ihre paradigmatische Ausprägung findet:[24] *jemand* ist *für etwas* (seine Handlungen sowie deren Folgen) *vor bzw. gegenüber jemandem* (einem anderen,[25] einer Instanz) *unter Bezug auf bestimmte Verbindlichkeiten* (z.B. Regeln oder Normen) verantwortlich.[26]

Es gehört ganz entscheidend zum typischen Problemfeld der in Rechtfertigungssituationen gestellten Verantwortungsfrage, daß ihre Beantwortung grundsätzlich nur im jeweiligen Einzelfall möglich ist. Denn bei der Beurteilung der Verantwortbarkeit von Handlungen sind eine Fülle situativer Momente zu berücksichtigen. Wer vor wem wofür und aufgrund welcher Verbindlichkeit verantwortlich ist, das ist je nach Kontext ganz verschieden. Solche Kontexte sind jedoch in der Rechtfertigungssituation nicht bereits vorgegeben, sondern Thema der konkreten Verantwortungszuschreibung. Die Zuschreibungspraxis ist wiederum nicht starr, sondern hängt ihrerseits von situativen Umständen ab. So verdankt sich die Zuschreibung von Verantwortung einer doppelten Situativität. Auf der einen Seite stehen die Kontexte des zu beurteilenden Handlungszusammenhangs, auf der anderen Seite diejenigen der konkreten Rechtfertigungssituation. Denn die Analyse des zu beurteilenden Handlungszusammenhangs, die Klärung der Beteiligung der zur Verantwortung gezogenen Personen und der eingeführte Hintergrund beurteilungsrelevanter Verbindlichkeiten sind allererst das Resultat gemeinschaftlicher

---

[23] Es liegt nahe, daß innerhalb dieses Kontextes die explizite Diskussion von Verantwortungsfragen zumeist negativ um Probleme der Verantwortungslosigkeit bzw. Unverantwortlichkeit kreist (vgl. auch Lenk 1994, 117 u. 119). Damit zusammenhängend spielen Versäumnisse bei der Verantwortungszuschreibung nicht selten eine wichtige Rolle (vgl. Picht 1967, 325).

[24] Zum Zusammenhang zwischen Verantwortungsbegriff und Rechtsvorstellungen vgl. z.B. Ströker 1984, 12, Anm. 2; Kodalle 1994, 186 f.; Burkhardt 1998.

[25] Im besonderen Falle kann der Handelnde hinsichtlich einer von ihm zu verantwortenden Handlung gegenüber sich selbst die Funktion eines internalisierten anderen (in Gestalt seines Gewissens) einnehmen.

[26] Die Bestimmung der Relata dieser Struktur erlaubt voneinander abweichende Zählungen. Sie kann einerseits durch die Mindestzahl von drei Gliedern bestimmt werden. Danach ist ein Verantwortungssubjekt für einen Tatbestand vor einer Instanz verantwortlich (vgl. z.B. Ströker 1984, 10). In diesem Fall enthält der Begriff der Verantwortungsinstanz einen Bezug auf eine gültige Regelung für die Verantwortungszuschreibung. Dies ist gerade dort offensichtlich, wo man sich am Modell der gerichtlichen Verantwortung orientiert und die Instanz in Analogie zur Gerichtsinstanz versteht. Gleichwohl orientiert sich die hier skizzierte Analyse des Begriffs der Verantwortung an der vierstelligen Relation, weil sich im Rahmen der Problematik einer Verantwortung für die Zukunft in ausgezeichneter Weise das Problem einer Klärung der für die Verantwortungszuschreibung verbindlichen Normen stellt. Andererseits lassen sich auch fünf Glieder der Verantwortungsrelation herausstellen, wenn man zwischen demjenigen, gegenüber dem, und der Instanz, vor der die Zuschreibung von Verantwortung geschieht, unterscheidet (vgl. Lenk 1994, 117). Nicht alle Rechtfertigungssituationen, in denen es um Verantwortungszuschreibungen geht, werden jedoch durch eine institutionell autorisierte Instanz abgesichert. Da die Differenz zwischen 'Verantwortung gegenüber' und 'Verantwortung vor' hinsichtlich der Langzeitverantwortung nicht vorausgesetzt werden kann, werden hier beide Aspekte zusammengezogen. Zu weiteren Differenzierungen, die allerdings ab einer gewissen Zahl nicht nur an Übersichtlichkeit verlieren, sondern auch den Eindruck der Beliebigkeit hervorrufen, vgl. Grunwald (1998, 184), der seiner eigenen Analyse die viergliedrige Struktur der Verantwortung zugrunde legt (ebd., 183 f.).

Zuschreibungshandlungen. Aufgrund dieser zweifachen Kontextabhängigkeit der Verantwortungszuschreibung in Rechtfertigungssituationen öffnet sich ein bedeutsamer Spielraum für die Zuschreibungspraxis von Verantwortung.[27]

(4) Der Begriff einer ethischen oder moralischen Verantwortung schließlich zeichnet sich durch Bezugnahme auf entsprechende Verbindlichkeiten oder Normen aus. Dabei ist es zum einen der Blick auf die ethische Relevanz der Handlungsfolgen, wie er in der Weberschen Bestimmung der Verantwortungsethik ins Zentrum gerückt wird, der die Aufnahme des Verantwortungsbegriffes in die ethische Diskussion begünstigt. Zum anderen besteht die Attraktivität des Verantwortungsbegriffes für eine Ethik darin, daß mit Verantwortung im Gegensatz zur Pflicht bzw. Verpflichtung eine Handlungsorientierung angesprochen wird, die wesentlich die situativen Aspekte des konkreten Handelns berücksichtigt. Normen einer ethischen Verantwortungszuschreibung sind daher grundsätzlich offen für situative Anpassungen und Modifikationen. Somit ergeben sich auch für die Verbindlichkeiten, die sich auf ein ethisch verantwortliches Handeln beziehen, charakteristische situative Unbestimmtheiten und Schwierigkeiten bei der Klärung von Verantwortungsfragen.

II

Geht es nun um die Verantwortung für ein technisches Handeln, dessen Folgen in eine ferne Zukunft hineinwirken, dann unterscheidet sich diese von einer Verantwortung für Handlungen mit zeitlich unmittelbaren Folgen dadurch, daß hier eine Rechtfertigungssituation vorausgesetzt werden muß, in der die Verantwortungsfrage ausschließlich ex ante gestellt wird.[28] Ein qualitativ neuartiges Handeln mit neuartigen Folgen bedarf der Klärung hinsichtlich der für es geltenden Verantwortlichkeiten. Deshalb können die in der bisherigen Praxis ausgebildeten und bewährten Verantwortungsstandards nicht problemlos auf die Beurteilung eines technischen Handelns mit Langzeitfolgen angewandt werden. Und werden die in der zeitlichen Nahsphäre geltenden Beurteilungsmaßstäbe für die Klärung einer Langzeitverantwortung herangezogen, dann steht die Bewährung ihrer Angemessenheit grundsätzlich bis in eine ferne Zukunft hinein aus. Verbindlichkeiten und Normen, auf die sich eine zukunftsorientierte Verantwortungsethik berufen kann, gilt es daher allererst zu schaffen. Nicht hingegen geht es darum, bereits durch gültige Normen festgelegte Verantwortlichkeiten zu entdecken und unserem Verstehen zugänglich zu machen. Die Rede von Verantwortung für die zukünftigen Folgen des technischen Handelns ist daher als Titel für ein offenes Problem zu verstehen. Dieses stellt sich aufgrund einer in vielfacher Hinsicht unklaren Situation, in der offenbar Orientierungsbedarf besteht, keine der gängigen Orientierungen sich jedoch für die Bestimmung der Verantwortlichkeiten in technischen Handlungsprozessen als konsensfähig erweist. Die Rede von Verantwortung zielt dabei auf die Etablierung neuer Verbindlichkeiten. In Hinblick auf die Probleme technischen Handelns kann Verantwortung daher nicht deskriptiv festgestellt werden. Vielmehr werden erst durch die Praxis der Zuschreibung differenzierte Verantwortlichkeiten für verschiedene mit der Technik verknüpfte Handlungsbereiche eingefordert. In diesem Sinne ‚haben' bzw. ‚tragen' wir keine Verantwortung, die uns quasi natürlich zukommt.[29] Lediglich die alltägliche, immer wieder bestätigte Vertrautheit bewährter und etablierter Zu-

---

[27] Vgl. Picht 1967, 323; Ströker 1984, 9; Burkhardt 1998, 673.
[28] Demgegenüber können sowohl Verantwortlichkeiten im Sinne der personalen als auch der rollenspezifischen Verantwortung prinzipiell sowohl vor als auch nach der Tat geklärt werden. Die Verantwortung in Rechtfertigungssituationen wird in der Regel ex post thematisch. Dies trifft jedenfalls auf die rechtliche Verantwortungszuschreibung - insbesondere die Schuldzuschreibung - zu (vgl. dazu Kodalle 1994, 187; Grundwald 1998, 180 f.). Da jedoch der Begriff der Rechtfertigungssituation weiter ist als der der juristischen Rechtfertigungssituation, gibt es durchaus auch Situationen, in denen vor dem Handeln Verantwortlichkeiten und Verantwortbarkeiten gerechtfertigt werden.
[29] Diese - ebenfalls dem alltagssprachlichen Gebrauch folgende - Redeweise findet sich z.B. bei Picht (1967, 323) und bei Ingarden (1970, 7 ff., bes. 7). Bei Picht (1967, 340 f.) wird bereits das Problem einer entsprechenden Zukunftsverantwortung thematisch: „Wir haben nicht nur die Verantwortung dafür, daß wir die Aufgaben erfüllen, für die wir zuständig sind; wir haben auch eine Verantwortung dafür, daß wir die neuen Aufgaben erkennen, für die noch niemand zuständig ist, von deren Lösung aber das Schicksal der Menschen, mit denen wir verbunden sind, der Gesellschaft, des Staates und vielleicht sogar das Schicksal der Menschheit abhängen wird." Die Begründung des Sollens aus dem Sein, die Jonas in seiner Verantwortungsethik dem Prinzip Verantwortung zu geben versucht (vgl. Jonas 1979, 92 ff., bes. 96 ff.), impliziert sogar aus systematischen Gründen, daß wir Verantwortung *tragen* bzw. *haben*.

schreibungshandlungen vermag den Eindruck zu erwecken, es gebe außerhalb unserer kommunikativen Praxis bereits bestimmte Verantwortlichkeiten, auf die wir uns beziehen können.[30] Die mit dem Verantwortungbegriff verbundene situationsabhängige intersubjektive Zuschreibungspraxis widersetzt sich folglich der unter zukunftsethischen Ansätzen verbreiteten Begründungsstrategie, Langzeitverantwortung an universal geltende Normen zu binden. Ein solches Vorgehen führt dazu, daß der Verantwortungsbegriff in einigen vieldiskutierten Konzeptionen einer Verantwortungsethik zwischen zwei gegenläufigen Akzentuierungen oszilliert. Einerseits übernimmt der Verantwortungsbegriff aus den Kontexten der alltäglichen Verwendung seine Offenheit und Eignung für die Orientierung einer konkreten situativen Praxis; andererseits soll hier gleichwohl die transsituative Strenge einer moralischen Verpflichtung nicht aus der Hand gegeben werden.[31] Doch beides ist zumindest mit einem der Alltagssprache folgenden Verständnis von Verantwortung nicht zu vereinbaren. Wer von Zukunfts- oder Langzeitverantwortung spricht, muß angesichts der Kontextverwiesenheit des Verantwortungsbegriffes auch dessen begrenzte argumentative Valenz übernehmen: Die Rede von einer Verantwortung für die Zukunft bezieht sich demnach auf normative Orientierungen, die nicht zu lösen sind von den Kontexten der entsprechenden Verantwortungszuschreibung. Das aber bedeutet, daß dem Begriff keine geschichts- und gesellschaftsunabhängige Bestimmtheit zukommen kann. Die Rede von einer Langzeitverantwortung ist vielmehr abhängig von ihrer Akzeptanz. Diese wiederum ist je nach dem Grad der gesellschaftlichen Sensibilisierung für ein Verantwortungsfeld wandelbar.[32]

Ähnliches gilt auch hinsichtlich des Adressaten einer Langzeitverantwortung, an den sich die ethische Reflexion richtet. Dieser steht nicht von vornherein fest, sondern ob und inwiefern Wissenschaftler, Techniker, Politiker, bestimmte Institutionen, die Gesellschaft oder sogar jeder einzelne für die Folgen des technischen Handelns verantwortlich sind bzw. ob - wofür trotz der Problematik der Verantwortungsverdünnung[33] einiges sprechen dürfte - eine komplexe und in sich differenzierte Verantwortlichkeit den Problemen des technischen Handelns angemessen ist, das zu ermitteln ist seinerseits eine Aufgabe, die in der Auseinandersetzung mit den Problemen der Langzeitverantwortung Thema der erwähnten Zuschreibungspraxis ist. Das Wofür der Verantwortung, die Handlungstypen und -felder, die einer Langzeitverantwortung zugewiesen werden, sind schließlich nur scheinbar von der skizzierten Unklarheit ausgeschlossen. Sobald man das Gebiet verantwortlichen Handelns über die allgemeine Struktur des neuartigen Gefährdungspotentials technischen Handelns hinaus konkretisiert und danach fragt, welche besonderen Handlungen aufgrund welcher Folgen für die Zukunft Thema einer Langzeitverantwortung sein sollen, ergeben sich vielfältige, miteinander streitende Bestimmungsmöglichkeiten. Es kann angesichts der unüberschaubaren Handlungskomplexität, die in diesem Zusammenhang zum Thema wird, nicht als bereits ausgemacht gelten, welche Technik das zukunftsverantwortliche Handeln herausfordert. Eine Klärung ist auch hier erst durch Zuschreibung und Zuordnung neuer Verantwortungsfelder zu gewinnen. - Die Herkunft des Verantwortungsbegriffes aus dem Kontext einer gängigen und alltäglich geübten Zuschreibungspraxis verhindert zugleich, daß normativer Gehalt, Subjekt und Gegenstand der Verantwortung beliebig variierbar sind. Die Rede von situationsabhängigen Spielräumen für die Zuschreibung von Verantwortung impliziert eins mit den Offenheiten der begrifflichen Verwendungsmöglichkeiten deren Begrenzung. Denn sinnvolle Verantwortungszuschreibungen sind letztlich bezogen auf die intersubjektiv kontrollierbaren Kriterien einer personalen Verantwortung. Andernfalls wird Verantwortung zur leeren Vokabel und verliert den Sinn, der ihr alltagssprachlich zukommt.

In der Rechtfertigungssituation, in der eine Langzeitverantwortung für die Folgen des technischen Handelns zur Disposition steht, scheint der Gedanke naheliegend, die zur Verantwor-

---

[30] Siehe zu dieser Kritik insgesamt Grunwalds Einleitung im vorliegenden Band „Langzeitverantwortung und Technik - eine Einführung" sowie Grunwald 1998, 181 ff.
[31] Kritisch zu Jonas, der „unter dem Namen der Verantwortung tatsächlich in eine Art von Pflichtethik verfällt und sich damit eines Etikettenschwindels schuldig macht ...", äußert sich Ropohl 1996, 67 f.
[32] Kodalle (1994, 185) verweist darauf, daß „ethisch universale Zielbestimmungen" ihrerseits begrenzte Verantwortungsverhältnisse (verstanden als „Anerkennungsverhältnisse") voraussetzen, ohne die sie „überhaupt gar keinen Sitz im Leben" hätten.
[33] Grunwald sieht gegenüber dem Problem, daß eine Verantwortungsethik Verantwortungsverdünnung lediglich feststellt, ohne etwas gegen sie ausrichten zu können, einen Ausweg im Zuschreibungsaspekt, d.h. „einer präskriptiven Theorie von Organisationen, in denen ... es gerade nicht zu einem Verschwinden der Verantwortung kommt" (vgl. Grunwald 1998, 186 f.).

tung Gezogenen hätten diese Verantwortung gegenüber bzw. vor zukünftig Lebenden (nicht mehr mit uns lebenden Generationen), deren Ansprüche sie zu berücksichtigen bzw. stellvertretend vorzubringen haben.[34] Doch ist *erstens* auf die konstitutive Bedeutung der situativen Zuschreibungspraxis für den Sinn unserer Rede von Verantwortung hinzuweisen. Die Instanz, vor der die Fragen langzeitverantwortlichen Handelns zu klären sind, ist dabei nicht wie in der Gerichtssituation vorgegeben, sondern eigens einzuführen. Demgegenüber beruht der Versuch, die ihre Rechte einfordernden zukünftig Lebenden - und sei es in Gestalt lebender Stellvertreter - zur Verantwortungsinstanz zu erheben, auf der Verwechslung einer Zuschreibungs- und Rechtfertigungssituation, in der Verantwortlichkeit hergestellt wird, mit einem gegebenen und in allen Hinsichten bereits ausformulierten Verantwortungsfeld. *Zweitens* zeichnen sich auch uns vertraute Verantwortungsbereiche dadurch aus, daß die Beachtung asymmetrischer Verbindlichkeiten vor Instanzen zu verantworten sind, die nicht mit den Betroffenen koinzidieren. Die Verantwortung von Eltern für Handlungen, die sich auf das Wohl ihrer Kinder beziehen, wird ihnen im problematischen Fall vor Gericht zugeschrieben. Dieses aber ist Repräsentant der Gesellschaft, nicht der betroffenen Kinder.[35] Überträgt man diese Eigentümlichkeit nicht symmetrischer Verantwortungsbeziehungen auf das Problem der Langzeitverantwortung, dann zeigt sich, daß mit einer Verantwortung für die möglichen langfristigen Auswirkungen unseres Handelns nicht notwendig eine Verantwortung vor den möglichen Betroffenen verknüpft ist. Nicht einmal ist verantwortliches Handeln in ihrem Namen einzufordern. Solche Überlegungen verweisen *drittens* darauf, daß es bei der Klärung von ethischen Verantwortungsfragen im Kern um das von einer Gemeinschaft geteilte Selbstverständnis geht. Die Verantwortungszuschreibung ist ebenso wie ihre Abweisung keine Angelegenheit der Entscheidung einzelner, sondern bedarf einer im intersubjektiven Handeln und Reden begründeten sozialen Akzeptanz. Die soziale Verankerung der Verantwortungszuschreibung verhindert, daß Beliebige für Beliebiges verantwortlich gemacht werden können, aber auch, daß Verantwortung mit individualistischen Argumenten erfolgreich abgewiesen werden kann.[36] Wo Verantwortlichkeiten thematisiert werden, da bedarf es zwar nicht notwendig einer bereits formierten Verantwortungsinstanz, vor der Personen erfolgreich zur Verantwortung gezogen werden können. Unverzichtbar aber ist eine Rechtfertigungssituation, in der gegenüber jemandem, der in der konkreten Situation das Rechtfertigungsproblem aufwirft, die Verantwortbarkeit eines Handelns zu vertreten ist. So ist eine Verantwortung für die Folgen des technischen Handelns Resultat einer Zuschreibungs- und Rechtfertigungspraxis der gegenwärtig Lebenden selbst. Handelnde werden von ihren Zeitgenossen zur Verantwortung für die künftigen Folgen ihres Handelns gezogen und müssen vor diesen ihr Handeln rechtfertigen. Die Einführung der Zukünftigen als diejenigen, vor bzw. gegenüber denen heute Handelnde verantwortlich sind, verkennt nicht zuletzt die Eigentümlichkeit des ethischen Selbstverständnisses gegenwärtig Lebender. Denn für *diese selbst* stellt sich das ethische Problem eines verantwortlichen Umgangs mit der Technik und ihrer möglichen Auswirkung auf die Lebensbedingungen künftiger Menschen. In diesem Sinne sind die gegenwärtig Lebenden selbst in einem moralischen Sinne Betroffene ihrer technischen Handlungsmöglichkeiten. Die Begründung entsprechender Verantwortlichkeiten bedarf also nicht erst eines – den Horizont des gegenwärtigen, sozial verankerten Rechtfertigungssituation übersteigenden - Rekurses auf die Ansprüche der in Zukunft Lebenden.

Verdankt der Begriff der Langzeitverantwortung in jeder der genannten vier Hinsichten seine Klärung einer präskriptiven, situationsabhängigen und sozial vermittelten Zuschrei-

---

[34] Vgl. z.B. Birnbacher (1988, 98 ff.), für den „... keine ernsthaften logisch-metaethischen Gründe dagegen (sprechen), auch Zukünftigen moralische Rechte gegen die Gegenwärtigen zuzuschreiben." Sofern „... jemand ein Recht aus logischen oder kontingenten Gründen nicht selbst geltend machen ..." kann, sind andere zum stellvertretenden Einsatz für ihn aufgefordert (ebd., 101). Bei Jonas (1979, 87 ff.) führt die Vorrangigkeit der Daseinsverpflichtung der Menschheit zu einer Modifikation der Bestimmung der Verantwortungsinstanz. Sofern es künftig Lebende gibt, besteht „... eine Pflicht, die eben auf der Gegenseite 'bestehenden', das heißt als bestehend vorweggenommenen, Recht antwortet: dem Recht auf ein bejahbares Sosein." (Ebd., 89) Voraussetzung dafür ist jedoch die Pflicht zum Dasein der Späteren. Das besagt, „... daß wir im letzten nicht das antizipierte *Wünschen* der Späteren konsultieren ..., sondern ihr *Sollen* ... Ihnen ihr Sollen unmöglich machen ist das eigentliche Verbrechen, dem alle Vereitelungen ihres Wollens, schuldhaft genug wie sie mögen, erst an zweiter Stelle folgen. Das bedeutet aber, daß wir nicht so sehr über das *Recht* künftiger Menschen zu wachen haben ... wie über ihre *Pflicht*, nämlich ihre Pflicht zu wirklichem Menschentum" (ebd.).
[35] Urteile werden im Namen des Volkes, nicht der Betroffenen gesprochen.
[36] Selbst da, wo Verantwortung aus individueller Entscheidung übernommen wird, rekurriert die Verantwortungsübernahme auf die Instanz des Gewissens, die zwar nicht mit der faktischen Gemeinschaft zusammenfällt, gleichwohl aber sozial verankert ist.

bungspraxis, in der Verantwortlichkeiten für die Folgen des technischen Handelns in einer fernen Zukunft überhaupt erst thematisch werden, dann dürfte die Leistung dieses Begriffes weniger in der Formulierung eines den neuartigen Problemen menschlicher Praxis angemessenen Maßstabes liegen als in seiner Eignung als heuristisches Instrument in einer offenen Debatte. Noch in ihrer Diffusität trägt die Rede von einer Langzeitverantwortung mit dazu bei, ein Klima vorzubereiten, das die ethische Diskussion befruchtet und auf neue Bereiche menschlichen Handelns ausdehnt. Der Gebrauch dieses Begriffes reagiert nicht nur auf die Probleme des technischen Handelns, sondern ist seinerseits an der Sensibilisierung für diese beteiligt. Der Versuch, Langzeitverantwortung im Sinne einer universalen (und insofern geschichts- und gesellschaftsunabhängigen) moralischen Norm zu etablieren, auf die das technische Handeln zu verpflichten ist, läuft jedoch der situationsabhängigen Flexibilität entgegen, mit der in alltäglichen Kontexten der Verantwortungsbegriff verwendet wird und von der auch noch seine technikethische Verwendung – gewollt oder ungewollt - zehrt. In diesem Sinne vermag eine Verantwortungsethik den gelegentlich mit Emphase vertretenen menschheitlichen Erlösungsanspruch nicht einzulösen. Wohl aber läßt sich die Forderung nach einem verantwortlichen Umgang mit den Möglichkeiten moderner Technik als eine Aufforderung zur ethischen Reflexion verstehen, die der ständigen situativen Anpassung und Überprüfung bedarf. Konkrete Arbeit statt Erlösung ist hier gefordert.

Literatur:

Bayertz, Kurt (1991): Wissenschaft, Technik und Verantwortung. Grundlagen der Wissenschafts- und Technikethik, in: Ders. (Hg.): Praktische Philosophie. Grundorientierungen angewandter Ethik, Reinbek bei Hamburg 1991, 173-209.
Birnbacher, Dieter (1988): Verantwortung für zukünftige Generationen, Stuttgart 1988.
Burkhardt, Björn: Verantwortung. 1. Rechtlich, in: W. Korff/L. Beck/P. Mikat (Hgg.): Lexikon der Bioethik, Bd. 3, Gütersloh 1998, 671-673.
Gethmann, Carl Friedrich (1993): Langzeitverantwortung als ethisches Problem im Umweltstaat, in: Ders./M. Klopfer/H. G. Nutzinger (Hgg.): Langzeitverantwortung im Umweltstaat, Bonn 1993, 1-21.
Grunwald, Armin (1998): Verantwortungsbegriff und Verantwortungsethik, in: ders. (Hg.): Rationale Technikfolgenbeurteilung, Berlin/Heidelberg/New York 1998, 175-195.
Hastedt, Heiner (1991): Aufklärung und Technik. Grundprobleme einer Ethik der Technik, Frankfurt a. M. 1991.
Ingarden, Roman (1970): Über die Verantwortung. Ihre ontischen Fundamente, Stuttgart 1970.
Jonas, Hans (1979): Das Prinzip Verantwortung. Versuch einer Ethik für die technologische Zivilisation, Frankfurt a. M. ³1982 (zuerst: 1979).
Kodalle, Klaus-M. (1994): Verantwortung, in: H. Hastedt/E. Martens (Hgg.): Ethik. Ein Grundkurs, Reinbek bei Hamburg 1994, 180-197.
Lenk, Hans (1994): Zum Stand und zu künftigen Aufgaben der Verantwortungsanalyse in Wissenschaft und Technik, in: H. M. Baumgartner/W. Becker (Hgg.): Grenzen der Ethik (Ethik der Wissenschaften 9), München/Paderborn/Wien/Zürich 1994, 115-127.
- (1997): Einführung in die angewandte Ethik. Verantwortlichkeit und Gewissen, Stuttgart/Berlin/Köln 1997.
Ott, Konrad (1996): Technik und Ethik, in: J. Nida-Rümelin (Hg.): Angewandte Ethik. Die Bereichsethiken und ihre theoretische Fundierung. Ein Handbuch, Stuttgart 1996, 650-717.
Picht, Georg (1967): Der Begriff der Verantwortung (zuerst: 1967), in: Ders.: Wahrheit, Vernunft, Verantwortung. Philosophische Studien, Stuttgart ²1996, 318-342.
Ropohl, Günter (1996): Ethik und Technikbewertung, Frankfurt a. M. 1996.
Ströker, Elisabeth (1984): Ich und die anderen. Die Frage der Mitverantwortung, Frankfurt a. M. 1984.
Vossenkuhl, Wilhelm (1998): Verantwortung. 2. Philosophisch, in: W. Korff/L. Beck/ P. Mikat (Hgg.): Lexikon der Bioethik, Bd. 3, Gütersloh 1998, 673-676.

Langzeitverantwortung und Motivation

Edith Puster (Mannheim)

§ 1. Einleitung: Aufgabenstellung und Vorgehen
Wie ist unsere Motivation zum moralischen Handeln, insonderheit zum Handeln aus Langzeitverantwortung, philosophisch zu rekonstruieren? —In dieser Frage, der Leitfrage meines Beitrags, konkurrieren drei Ansätze miteinander: der Humesche Internalismus, der Kantische Internalismus und der Externalismus. Den beiden letztgenannten Theorien stehen ihre Schwächen gewissermaßen auf die Stirn geschrieben. Der erste Teil meines Beitrags macht diese namhaft. Übrig bleibt der Humesche Internalismus. Er scheint eine einleuchtende Erklärung unserer Motivation zum moralischen Handeln zu geben. Daß auch diese Erklärung zu kurz greift, dies zeigt sich im zweiten Teil, und zwar am Beispiel moralischen Handelns aus Langzeitverantwortung bzw. aus Verantwortung gegenüber zukünftigen Generationen. Damit sind die beiden destruktiven Teile meines Beitrags markiert. An ihrem Ende ist also auch der letzte der drei konkurrierenden Ansätze diskreditiert; das Handeln aus Langzeitverantwortung hat sich als Prototyp moralischen Handelns herausgestellt — und damit als Prüfstein für jede Theorie der moralischen Motivation.

Nun ist jedoch durch jene drei Antworten das Feld der möglichen Antworten auf die Frage nach der Natur der moralischen Motivation bereits vollständig abgesteckt. Die gesuchte Antwort muß also innerhalb dieses Bereichs zu finden sein. Daher wird im dritten, dem konstruktiven Teil meines Beitrags das Terrain noch einmal genauer sondiert. Es zeigt sich, daß der zunächst als gänzlich abwegig erschienene Externalismus einer Ausgestaltung fähig ist, welcher der Kritik entgeht, an denen die meisten seiner Spielarten scheitern. Diese Version des Externalismus, der von mir so genannte motivationale Sanktionismus, liefert eine motivationale Erklärung moralischen Handelns, welche auch den Härtetest der Anwendung auf Handlungen aus Langzeitverantwortung besteht.

ERSTER TEIL: ZWEI INTUITIONEN ZUR MORALISCHEN MOTIVATION

§ 2: Internalismus versus Externalismus
Beginnen wir damit, den Vorzug herauszustellen, welcher die Humesche Theorie der moralischen Motivation, den Humeschen Internalismus, gegenüber den beiden Konkurrenzansätzen auszeichnet. Er besteht darin, daß es der Humeschen Position gelingt, jede von zwei prima facie plausiblen Intuitionen zur moralischen Motivation zu integrieren, wohingegen die Konkurrenten jeweils eine von ihnen preisgeben. Die erste der beiden fraglichen Intuitionen ist im vorliegenden § 2 thematisch, die zweite im nächsten § 3.

Die erste Intuition definiert den Internalismus. Ich nenne sie daher die *Internalismus-These*. Sie besagt: Die ehrliche Zustimmung einer Person P zu einem moralischen Urteil über die Handlung H motiviert P dazu, im Sinne dieses Urteils zu handeln. Mit anderen Worten: Das moralische Urteil einer Person über eine Handlung trägt für die Handlungstendenz dieser Person etwas aus. Damit ist nicht gesagt, daß die mit dem moralischen Urteil einhergehende Handlungstendenz beliebig stark ist und durch keinerlei gegenläufige Motive überwogen werden könnte. Gesagt ist lediglich so viel: Wenn für P die Handlungsalternativen H_1 und H_2 ansonsten gleichermaßen attraktiv sind, P aber H_1 für moralisch besser hält als H_2, dann gibt dieses moralische Urteil den Ausschlag zugunsten von H_1.

Wann immer wir uns mit konkreten moralischen Fragen beschäftigen — etwa in diesem Workshop *Technik und Langzeitverantwortung*—, wann immer wir herauszufinden suchen, welche von mehreren Handlungsalternativen die moralisch beste ist, ist es uns um Handlungsorientierung zu tun, d.h. um Gründe, diese oder jene Alternative zu wählen. Ebenso beim Lehren von Moral. Auch hier lassen wir uns von der Vorstellung leiten, daß eine Person ineins mit der Überzeugung von der moralischen Qualität einer Handlungsalternative auch Grund und Motiv gewinnt, diese Handlungsalternative zu ergreifen. Diese ganze Praxis wäre sinnlos, wenn die Internalismus-These falsch wäre. Dies ist in meinen Augen ein starkes Argument gegen die externalistische Gegenthese, der zufolge man von der Richtigkeit eines moralischen Urteils überzeugt sein kann, ohne dadurch im mindesten zu einem entsprechenden Handeln motiviert zu sein, der zufolge also das moralische Urteilen und das moralische Handeln zwei disparaten Sphären angehören.

Wenden wir uns daher sogleich vom Externalismus ab und fassen im folgenden Paragraphen die Alternative zum Humeschen Internalismus — den Kantischen Internalismus — ins Auge. Diese Theorie der moralischen Motivation — so wird sich zeigen — vermag es nicht, einer zweiten, höchst plausiblen Intuition Rechnung zu tragen.

§ 3: Wunschgeleitetheit versus Vernunftgeleitetheit moralischen Handelns
Die zweite prima facie plausible Intuition zur moralischen Motivation, die es zu berücksichtigen gilt, geht auf Hume selbst zurück, genauer auf seine allgemeine Theorie der Motivation (welche von der Humeschen Theorie der *moralischen* Motivation, dem Humeschen Internalismus, zu unterscheiden ist, wenngleich freilich erstere für letztere den Grund legt). Diese Motivationstheorie besagt im Kern, daß Handlungsmotivation stets aus der Kombination eines Wunsches mit einer Meinung erwächst. Trifft beispielsweise der Wunsch, schnellstmöglich zum Bahnhof zu gelangen, mit der Meinung zusammen, daß dies mittels eines Taxis zu bewerkstelligen sei, so wird die betreffende Person dadurch motiviert, sich ein Taxi zu rufen. Insonderheit schließt Humes Motivationstheorie die Möglichkeit aus, daß Wahrheitserkenntnis allein bzw. das Für-wahr-Halten irgendwelcher Aussagen allein — ohne Hinzutreten eines Wunsches — je zu einer Handlungsmotivation führt. Angewandt auf moralisches Handeln ergibt sich so die folgende *These von der Wunschgeleitetheit moralischen Handelns*: Das Für-wahr-Halten moralischer Urteile allein genügt niemals, um zu einer Handlung zu motivieren; hinzutreten muß stets ein entsprechender Wunsch.

Die Gegenthese hierzu wird von Kant vertreten. Seiner Auffassung nach arbeitet die Vernunft im Falle moralischen Handelns nicht rein zweckrational: Sie liefert uns nicht lediglich dadurch Handlungsmotivation, daß sie uns Handlungsweisen als Mittel zur Erfüllung vorgängig existierender Wünsche aufzeigt; insofern knüpft sie nicht an vorgängig zur Wahrheitserkenntnis bestehende Motive von uns an. Vielmehr vermag uns die Erkenntnis moralischer Wahrheiten Kant zufolge direkt zum moralischen Handeln zu motivieren, ohne dabei auf sonstige Motive angewiesen zu sein.

Ich schließe mich der großen Zahl der Kritiker Kants an, die keine triftigen Gründe für diese These sehen. Ja, es scheint mir nicht nur eine Überschätzung der Vernunft, sondern geradezu eine Verbiegung des Vernunftbegriffs in der Annahme zu liegen, die Vernunft alleine vermöchte es, ein Handlungsmotiv aus dem Boden zu stampfen. Im folgenden wird daher davon ausgegangen, daß die Erkenntnis der Wahrheit moralischer Urteile — wie alle Erkenntnis — zum Handeln nur drängt aufgrund eines beim Handelnden anzutreffenden Wunsches (eines Bedürfnisses, eines Triebes, einer Neigung, etc.).

ZWEITER TEIL: DER HUMESCHE INTERNALISMUS

§ 4: Skizze des Humeschen Internalismus

In Teil 1 haben wir den Externalismus zurückgewiesen, weil er der internalistischen Intuition nicht gerecht wurde. Dies war die Intuition, daß eine Person, die ein moralisches Urteil akzeptiert, auch zu einem entsprechenden Handeln motiviert ist. Ferner haben wir den Kantischen Internalismus zurückgewiesen, weil er der These von der Wunschgeleitetheit moralischen Handelns nicht gerecht wurde. Wenden wir uns nun derjenigen Motivationstheorie zu, die beide Intuitionen integriert. Diese Theorie behauptet demnach sowohl, daß das Akzeptieren eines moralischen Urteils zu entsprechendem Handeln motiviert, als auch, daß das Für-wahr-Halten eines moralischen Urteils nicht zu entsprechendem Handeln motiviert. Diese These, daß das Akzeptieren des Moralurteils motiviert, das Für-wahr-Halten jedoch nicht, ist nur dann ohne Widerspruch vertretbar, wenn das Akzeptieren nicht in einem Für-wahr-Halten besteht, sondern in etwas anderem. Dieses andere muß — im Gegensatz zum motivierungsunfähigen bloßen Für-wahr-Halten — über motivierende Kraft verfügen.

Hume zieht die aufgezeigte Konsequenz in Gestalt seines Nonkognitivismus. Moralische Urteile der Art ›Die Handlung H ist moralisch richtig‹ sind ihm zufolge nicht wahr oder falsch; sie zu akzeptieren, heißt daher auch nicht, sie für wahr zu halten. — Die positive Ausgestaltung dieses Nonkognitivismus bildet der Humesche Internalismus, der folgendes besagt: Wer ein moralisches Urteil akzeptiert, bringt damit eine positive Einstellung zu H zum Ausdruck, ein angenehmes Gefühl der Billigung, welches aus dem der menschlichen Natur eigenen Gefühl der Menschenliebe, aus dem Wunsch nach dem Wohlergehen der Mitmenschen entspringt; diese positive Einstellung schließt die Motivation, H zu tun, bereits ein.

Für denjenigen, der sich dem skizzierten Humeschen Internalismus anschließt, erwächst erst gar nicht das Problem zu erklären, wieso wir motiviert sind, das zu tun, was wir für moralisch richtig halten. Denn das, was wir ›die Handlung H für moralisch richtig halten‹ nennen, ist dieser Position zufolge in Wahrheit kein Meinen oder Für-wahr-Halten, sondern es ist zutiefst bereits der Wunsch, H zu tun. Betrachten wir etwa die Reaktion zahlreicher Menschen auf das Oder-Hochwasser des vergangenen Jahres. Sie sahen die Not ihrer Mitmenschen in jenem Gebiet, wurden von Mitgefühl erfaßt und spendeten Geld, um zu helfen. Ihr Urteil, daß Geld zu spenden, in dieser Situation moralisch richtig sei, wäre Hume zufolge Ausdruck ihres Wunsches, die Not der Mitmenschen zu lindern, und insofern selbstredend von motivierender Kraft.

Daß nicht alle Mitmenschen in derartigen Situationen Hilfe leisten, dies stellt für die thematische Motivationstheorie kein Problem dar. Denn es ist ja ein bekanntes und von niemandem bestrittenes Faktum, daß das Motiv der Menschenliebe des öfteren durch egoistische Motive ausgestochen wird.

§ 5: Handeln aus Langzeitverantwortung: ein konstruiertes Beispiel

Um die Schwächen des Humeschen Internalismus zutage zu fördern, bedarf es einer Erweiterung des Beispielsrepertoires. Das in unserem Workshop thematische Handeln aus Langzeitverantwortung vermag diese Aufgabe paradigmatisch zu erfüllen. Es wird sich daher im folgenden als Prüfstein für jede Theorie der moralischen Motivation bewähren. Konstruieren wir daher zunächst ein Beispiel des Handelns aus Langzeitverantwortung und werfen danach die Frage der zugehörigen motivationalen Erklärung auf. Um letztgenannte Frage wird es in den restlichen Paragraphen dieses Beitrags gehen: An ihr wird im vorliegenden zweiten Teil der Humesche Internalismus scheitern; im dritten und letzten Teil wird sie uns zur Lösung des Problems der moralischen Motivation führen.

Zunächst also ein konstruiertes Beispiel (konstruiert — und nicht aus dem Leben gegriffen — ist es zu dem Zweck, die Abgründe empirischer Fälle zu umschiffen). Gegeben sei folgendes Wissen: Die langfristigen ökologischen Folgen unserer heutigen Formen des Wirtschaftens und der Lebensgestaltung sind von der Art, daß in zehn Generationen ohne einschneidende Reformen eine leidlich intakte Umwelt — und körperliche Gesundheit für die dann lebenden Menschen — nicht zu gewährleisten ist. Die einzige Möglichkeit, diesen Folgen zu entgehen, besteht in Maßnahmen, die nur durchführbar sind, wenn eine Person P (sowie viele andere Menschen) ab heute monatlich einen bestimmten — für sie schmerzlich hohen — Betrag für einen Umwelt-Fonds spendet, kurz: wenn P die Handlung H tut. Weder P noch ihren Kindern, Enkeln oder Urenkeln erwächst durch die fragliche Spende irgendein Nutzen; erst die zehnte Generation nach P wird von diesen Investitionen profitieren.

Gesetzt nun, in der geschilderten Beispielssituation tut P freiwillig H. (Es scheint mir realistisch, daß eine solche Handlungsweise im Bereich des Menschenmöglichen liegt, ja, daß vergleichbare Handlungen sogar de facto vorkommen.) Die uns interessierende Frage lautet dann: Wie ist Ps Handlungsmotivation zu rekonstruieren?

§ 6: Handeln aus Langzeitverantwortung — Fußangel des Humeschen Internalismus

Ersichtlich ist unser Beispiel so gelagert, daß egoistische Motive zur Erklärung von Ps Motivation, H zu tun, nicht herangezogen werden können. Da es andererseits zu freiwilligen Handlungen nur aufgrund von Motiven bzw. Wünschen des Handelnden kommt, gilt es nach anderen Motiven Ausschau zu halten. Wenden wir uns daher nun erneut der Humeschen Antwort zu: P tut H aus Gefühlen des Wohlwollens (der Menschenliebe, der Sympathie, des Mitleids) für die zehnte Generation nach P.

Daß sich das natürliche Wohlwollen und Mitleid einer Person nicht nur auf deren Freunde und Verwandte erstreckt, sondern auch auf weitere Mitmenschen, deren Not P nahegebracht wird (wie im Falle des Oder-Hochwassers) — diese Annahme läßt sich plausibel machen. Daß P jedoch unvermittelt von Mitleid für die zehnte Generation nach ihr erfüllt wird — das scheint denn doch allzu weit hergeholt; eine solche Motivationserklärung muß daher als unbefriedigend zurückgewiesen werden.

Akzeptiert ein Humescher Internalist diese Zurückweisung, gibt er also zu, daß unser natürliches Wohlwollen sich so weit nicht erstreckt, so bestünde die konsequente Fortführung seines Ansatzes darin, H dann auch gar nicht zur Klasse der moralisch richtigen Handlungen zu rechnen. Denn da er eine moralische Richtigkeit jenseits der durch Wohlwollen zustandegekommenen positiven Einstellung zu der fraglichen Handlung leugnet — ebenso wie deren Erkennbarkeit —, wäre es konsequent, Handlungen nur jeweils relativ auf Personen moralische Richtigkeit zuzusprechen, und zwar genau dann, wenn P das zu H motivierende Wohlwollen empfindet.

Ein solcher Relativismus könnte freilich von unseren kognitivistischen Intuitionen nichts mehr retten: Moralische Urteile verlören damit auch den letzten Rest der ihnen gewöhnlich zuerkannten Eigenschaften der Objektivität, der rationalen Begründbarkeit sowie der Universalisierbarkeit. In der Folge käme es zu einer großen Diskrepanz zwischen der Klasse von Handlungen, die dieser Position zufolge moralisch richtig sind, und derjenigen, die wir gewöhnlich für moralisch richtig halten. Einen solchen Bruch mit unseren moralischen Intuitionen kann sich kein Moralphilosoph leisten. Denn ein wichtiger Maßstab zur Beurteilung einer normativen Ethik besteht gerade darin, ob — wenigstens im großen und ganzen — diesen Intuitionen Rechnung getragen wird.

Daher wird sich ein Humescher Internalist an diesem Punkt zu einer Konzession an den Kognitivismus gezwungen sehen. Das heißt, er wird unserer Alltagsauffassung entgegenkommen, nach der es nicht von der kontingenten Gefühls- und Motiviertheitslage des Handelnden abhängt, ob ihm eine Handlungsweise — wie beispielsweise die Vorsorge für zukünftige Generationen durch die Handlung H — moralisch geboten ist oder nicht.

§ 7: Der kognitivistisch gefärbte Humesche Internalismus
Mit der am Ende des letzten Paragraphen gemachten Konzession an den Kognitivismus entfernt sich der Humesche Internalist ein gutes Stück weit von der Grundidee seines Ansatzes — der Ineinssetzung von moralischer Beurteilung einer Handlung einerseits und durch Menschenliebe bedingter Motiviertheit zu der Handlung andererseits. Nunmehr tut sich eine Kluft zwischen moralischer Einsicht und Motivation auf. Wer dem Humeschen Ansatz dennoch treu bleiben will, sieht sich vor ein zweifaches Problem gestellt. Erstens: Wie läßt sich der Gedanke retten, daß es letztlich doch ihrer Natur nach motivierende Gefühle des Wohlwollens und der Billigung sind, die die moralische Richtigkeit von H ausmachen? Zweitens: Wie kommt es von der Erkenntnis der moralischen Richtigkeit von H zur Motivation, H zu tun, wenn beides nicht mehr als zusammenfallend betrachtet wird?

Ein Lösungsversuch für das erste Problem sieht so aus: Zwar mag das Wohlwollen, das eine bestimmte Person mit der ihr eigenen Biographie in einer konkreten Situation aufbringt, nicht hinreichen, um zu H zu motivieren; und insofern taugt dieses kontingente Maß an Wohlwollen auch in der Tat nicht zum Fundament der moralischen Richtigkeit von H. Doch wird die moralische Richtigkeit von H gleichwohl durch ein der menschlichen Natur eigenes Wohlwollen bestimmt — nämlich durch ein gewissermaßen bereinigtes, von kontingenten, personenspezifischen Beschränkungen befreites Wohlwollen. Moralisch richtig ist eine Handlung H — so lautet die modifizierte Humesche Position — genau dann, wenn Personen durch ihr natürliches Wohlwollen zu H motiviert wären, falls sie sich statt ihres eigenen einen unparteilichen Standpunkt zu eigen machten.

Unsere Fähigkeit, Wohlwollen zu empfinden, wird bei diesem Lösungsversuch in eine Art Gedankenexperiment eingebracht: Die moralische Richtigkeit wird ermittelt, indem wir uns fragen, welche Empfindungen wir in einer hypothetischen Situation hätten, in welcher uns die Interessen und Bedürfnisse der anderen genauso wichtig wären wie unsere eigenen. Daß ein solcher Test uns die einschlägige, durch unsere Intuitionen gedeckte Klasse der moralisch richtigen Handlungen liefert, scheint mir offensichtlich. Nicht weniger offensichtlich dürfte jedoch sein, daß die Moral, die so wiederum als Ausdruck menschlichen Wohlwollens präsentiert wird, weniger von diesem Wohlwollen herrührt als von jener hypothetischen Annahme der Unparteilichkeit. — Doch lassen wir diesen Punkt auf sich beruhen und wenden uns der für unser Thema brisanteren Frage zu, wie diesem modifizierten Humeschen Internalismus zufolge die Handlungsmotivation zu erklären ist.

§ 8: Das endgültige Scheitern des Humeschen Internalismus

Daß wir die moralische Richtigkeit von H erkennen, wenn wir von unserem eigenen Standpunkt absehen, mag einleuchten. Ebenso, daß wir durch Wohlwollen zum Handeln aus Langzeitverantwortung motiviert wären, wenn uns die zehnte Generation nach uns genauso wichtig wäre wie wir selbst. Sobald wir aber das Gedankenexperiment hinter uns lassen und unseren eigenen Standpunkt wieder einnehmen, bleibt von jener bloß hypothetischen Motivation nichts mehr übrig.

Der Theoretiker sieht sich somit erneut mit dem Faktum konfrontiert, daß sich unser defacto-Wohlwollen nicht weit genug erstreckt, um zu H zu motivieren. Da nun aber H gleichwohl als moralisch richtig gilt und vom Handelnden als moralisch richtig erkannt wird, stellt sich die Frage, wie es von dieser Erkenntnis zur Handlungsmotivation kommen kann. (Ein solcher Übergang muß möglich sein, denn sonst wäre die moralische Forderung, H zu tun, eine, die Menschenunmögliches verlangt — eine wenig plausible Annahme.) Der Kantische Weg, moralische Erkenntnis selbst als motivierend aufzufassen, ist einem Vertreter des Humeschen Internalismus ja versperrt.

Die letzte Chance, das Wohlwollen doch noch zur motivationalen Grundlage für H zu machen, liegt in folgender These: Dadurch, daß sich der Handelnde das zu erwartende Leid der Menschen der zehnten Generation nach ihm ausmalt, dehnt sich sein Wohlwollen auch auf diese ihm fernstehenden Menschen aus, so daß er motiviert ist, ihnen zu helfen und H zu tun.

Die Möglichkeit, die individuellen Grenzen der Menschenliebe in der skizzierten Weise zu verschieben, ist zuzugestehen. Doch erhebt sich nun die Frage: Warum sollte eine Person dies tun? Was motiviert sie dazu, sich das Leiden anderer so anschaulich auszumalen, daß ihr Mitleid wächst und sogar ihren Egoismus überwältigt? Es ist ja keineswegs unumgänglich, in solcher Weise an der eigenen Motivation zu arbeiten. — Diese kritischen Fragen zeigen, daß menschliches Wohlwollen sich zwar ausbauen läßt, daß es dazu aber wiederum eines Motivs bedarf und daß zumindest dieses Motiv — das Motiv, sich selbst zum moralischen Handeln zu motivieren — nicht seinerseits im natürlichen Wohlwollen bestehen kann. Damit ist auch die modifizierte Fassung des Humeschen Internalismus gescheitert.

DRITTER TEIL: LANGZEITVERANTWORTUNG UND MOTIVATION: DIE LÖSUNG

§ 9: Zwischenbilanz

Im zweiten Teil meines Beitrags sah sich der Humesche Internalist zunächst gezwungen, von einem konsequenten Nonkognitivismus abzurücken und einzuräumen, daß die Erkenntnis, daß H moralisch richtig ist, ihrer Natur nach kein Wunsch ist, H zu tun, sondern eine echte Wahrheitserkenntnis. Damit stellte sich das Problem, wie es zu erklären ist, daß Personen von der bloßen Erkenntnis des moralisch Richtigen zum Befolgen derselben gelangen. Mit besonderer Schärfe stellte sich dieses Problem beim Handeln aus Langzeitverantwortung, da hier die erkenntnisunabhängig bereits vorhandenen egoistischen und altruistischen Motive nicht greifen. Es stellte sich nämlich heraus, daß zumindest *ein* Motiv postuliert werden muß, das nicht seinerseits im altruistischen Motiv des Wohlwollens gründen kann — das Motiv, mehr Mitleid und Wohlwollen in sich zu erzeugen. Das Vorhandensein dieses Motivs sprengte den Rahmen des Humeschen Internalismus.

Es muß also angenommen werden, daß Menschen mitunter freiwillig etwas tun, wozu sie weder aus egoistischen noch aus altruistischen Motiven motiviert sind. Für die grundsätzliche Frage, durch welche anderen Motive dies verständlich zu machen ist, spielt es keine Rolle, ob die fragliche motivational erklärungsbedürftige Handlung darin gesehen wird, sich zu mehr Menschenliebe zu erziehen (welche dann quasi selbstverständlich zu H führt), oder ob sie direkt in der Handlung H gesehen wird. Da der letztgenannte Fall begrifflich schlichter gelagert ist, soll er nun wieder in den Mittelpunkt des Interesses gerückt werden.

§ 10: Moralische Motivation im Kognitivismus
Wenden wir uns daher nun einem unverfälschten Kognitivismus zu und nehmen eine Wahrheitserkenntnis bezüglich moralischer Urteile an. Es ist mehr als offensichtlich, daß die Motivation, H zu tun, in engem Zusammenhang mit dieser Wahrheitserkenntnis stehen muß. Denn zu Handlungen, die allen egoistischen und altruistischen Bedürfnissen des Handelnden zuwiderlaufen, kommt es ja nur in denjenigen Fällen, in denen der Handelnde die fragliche Handlung für moralisch geboten hält. (Besonders in solchen Fällen sprechen wir auch von einem Handeln aus moralischen Gründen.) Wie kommt es also von der Erkenntnis der moralischen Richtigkeit von H zu der entsprechenden Handlungsmotivation?

An dieser Stelle stehen nun wiederum nur die beiden eingangs abgelehnten Alternativen offen — der Kantische Internalismus und der Externalismus. Kognitivistisch sind beide Ansätze. Sie scheiden sich an der Frage, ob unser Erkenntnisvermögen allein es vermag, uns zu H zu motivieren, ob es mithin entbehrlich ist, bei der motivationalen Erklärung auf irgendwelche natürlichen Neigungen, Bedürfnisse, Triebe oder dergleichen zurückzugreifen.

An der Einschätzung, daß Kant unser Erkenntnisvermögen überschätzt, wenn er ihm motivierende Kraft zutraut, halte ich fest. Bleibt also nur der Externalismus. Diesem hatten wir eingangs zum Vorwurf gemacht, daß er zwischen Moralerkenntnis und moralischem Handeln eine so tiefe Kluft auftut, daß es ihm unmöglich wird, der doch zweifellos vorhandenen systematischen Verbindung zwischen beiden theoretisch Rechnung zu tragen. Ganz so unausweichlich, wie es auf den ersten Blick scheint, ist dieser Vorwurf jedoch nicht. Dies soll abschließend gezeigt werden.

§ 11: Der motivationale Sanktionismus
Vergegenwärtigen wir uns noch einmal die Kernthese des Externalismus. Sie lautet: Handlungsmotivation entsteht erst dann, wenn ein vom Akzeptieren des moralischen Urteils unabhängiges Motiv vorliegt (daher ist es möglich, daß eine Person ein moralisches Urteil als wahr erkennt, ohne im geringsten dazu motiviert zu sein, entsprechend zu handeln).

Diese These der Unabhängigkeit des Handlungsmotivs von der moralischen Einsicht scheint die letztere zu gänzlicher Wirkungslosigkeit zu verdammen. Ist eine Person beispielsweise so erzogen, daß sie in hohem Maße zu Mitleid neigt, so wird sie dem Externalismus zufolge motiviert sein, für Menschen in Not Opfer zu bringen — ob sie nun zudem über moralische Erkenntnis verfügt oder nicht. Oder ist sie beispielsweise dazu erzogen, ein schlechtes Gewissen zu haben, wenn sie Menschen in Not nicht hilft, so wird sie nach externalistischer Auffassung gleichfalls zu Hilfeleistungen motiviert sein — ob sie nun zudem über moralische Erkenntnis verfügt oder nicht. Im Externalismus scheint die moralische Erkenntnis somit für die Handlungsmotivation gänzlich irrelevant zu sein — eine ganz und gar unplausible Position.

Die vorstehende Analyse läßt eine Möglichkeit außer Acht — die Möglichkeit nämlich, daß es ein Motiv der folgenden Art geben könnte: ein Motiv, das zwar — wie der Externalismus fordert — unabhängig von moralischer Erkenntnis im Menschen verankert ist, das gleichwohl inhaltlich so beschaffen ist, daß es zu all denjenigen und nur zu denjenigen Handlungen motiviert, die der Handelnde selbst für moralisch richtig hält — und zwar unabhängig davon, ob es noch irgendwelche weiteren Motive gibt, die in dieselbe Richtung wirken.

Um einen natürlichen Trieb in dem Sinne, in dem etwa der Selbsterhaltungstrieb oder auch das Mitleidsmotiv als natürliche Triebe angesehen werden können, kann es sich bei dem gesuchten, so eigentümlich beschaffenen Motiv selbstredend nicht handeln. Dennoch muß angenommen werden, daß es in der Bedürfnis- und Triebstruktur des Menschen verankert ist;

denn sonst verfiele man in den Kantischen Fehler, die Trieb- bzw. Wunschgebundenheit menschlichen Handelns zu vernachlässigen.

Die Leistung, die einem solchen Motiv abverlangt werden muß, grenzt somit an die Fähigkeit, Wunder zu vollbringen: Es soll in unstrittigen natürlichen Bedürfnissen des Menschen wurzeln, und es soll trotzdem sogar noch zu solchen moralisch richtigen Handlungen geneigt machen, die allen natürlichen Bedürfnissen des Menschen — egoistischen wie altruistischen — entgegenarbeiten.

Meine abschließende These lautet, daß sich genau ein Motiv findet, das alle genannten Forderungen erfüllt: Es ist das Motiv der Angst vor denjenigen Gewissenssanktionen, mit denen Handlungen belegt sind, die der Handelnde selbst für moralisch falsch hält. Dieses Motiv wurzelt — wie gefordert — in einem unstrittigen natürlichen Bedürfnis des Menschen, nämlich in dem Bedürfnis nach Selbstachtung; gleichzeitig motiviert es zu den vom Handelnden als moralisch richtig eingeschätzten Handlungen, und zwar auch dann, wenn diese sämtlichen egoistischen und altruistischen Bedürfnissen des Individuums zuwiderlaufen. Seine Wirksamkeit verdankt das Motiv seiner egoistischen Natur. Den Titel *moralisches Motiv* darf es dennoch für sich beanspruchen, weil es das einzige Motiv ist, das in allen vom Handelnden erkannten Fällen moralischer Richtigkeit greift und nur in diesen.

Der damit skizzierte motivationale Sanktionismus gibt meiner Einschätzung nach die plausibelste motivationale Erklärung — im emphatischen Sinn —: moralischen Handelns, wie es prototypisch beim Handeln aus Langzeitverantwortung vorliegt.

**Sektion 7
Orientierungswissen**

Praktische Überlegung und Wertinkommensurabilität[1]

Monika Betzler

1. Die Herausforderung intrapersoneller Konflikte

Wir leben in einer Welt, die uns immer mehr Wahlmöglichkeiten bietet. In zunehmendem Maße sind wir daher gezwungen, uns zwischen Handlungsalternativen zu entscheiden, die wir nicht gleichzeitig ausführen können. Wir erachten schließlich verschiedene Ziele, Projekte oder Wünsche als wertvoll, die wir nicht alle zu verfolgen bzw. zu befriedigen vermögen. Eine Entscheidungssituation erscheint dergestalt als konfliktträchtig, weil sie uns aus unterschiedlichen Gründen für wertvoll befundene Handlungsalternativen präsentiert, von denen eine gewählt werden *muß* (da keine zu wählen in einem schlechteren Gesamtresultat enden würde) und keine Gründe zu überwiegen scheinen, die für die Wahl einer Handlungsalternative ausschlaggebend sind. Selbst wenn sich ausschlaggebende Gründe finden lassen, so kann diese Entscheidung von einem nicht unerheblichen Verlust einer ebenfalls als wertvoll erachteten anderen Handlungsalternative und ihren Folgen begleitet sein, der auch als solcher empfunden wird.

In praktischer Überlegung sind wir gefordert, konfligierende Handlungsoptionen so zu beurteilen, daß wir eine begründete und damit rational rechtfertigbare Entscheidung zu treffen imstande sind. Andernfalls laufen wir Gefahr, nur noch arbiträr zu entscheiden. Es stellt sich hierbei die Frage, ob wir die konfligierenden Handlungsoptionen in rationaler Überlegung vergleichen müssen und ob ein solcher Vergleich überhaupt möglich ist, um angesichts der Umstände die für uns beste Alternative auswählen und rechtfertigen zu können. Kurz: basiert eine rationale Entscheidung auf einem Vergleich der Handlungsalternativen? Setzt Begründung Wertvergleichbarkeit voraus? Ich werde hierbei Werte als Ziele, Projekte, aber auch Weisen des Engagements auffassen, zwischen denen wir uns aufgrund ihrer Inkompatibilität entscheiden müssen. Sie sind inkompatibel, weil wir sie nicht gleichzeitig verfolgen oder ausführen können.

Im folgenden möchte ich mich auf die intrapersonelle Bedeutung praktischer Konflikte konzentrieren, die die Konzeption eines sogenannten guten Lebens betrifft. Diese zeichnet sich dadurch aus, daß die handelnde Person zwischen zwei Alternativen entscheiden muß, die für ihr Leben besondere Relevanz bzw. weitreichende Konsequenzen besitzen. Die rationale Entscheidung angesichts intrapersoneller Konflikte ist zum einen zusätzlich erschwert, weil wir oft nicht über genügend Information, Wissen oder Erfahrung verfügen, um verschiedene Ziele in ihrem tatsächlichen Beitrag für einen als wertvoll erachteten Lebensentwurf abzuschätzen. Zum andern kann die Person aufgrund der Inkompatibilität der Handlungsoptionen, d.h. aufgrund kontingenter Umstände, nur ein für ihre Lebensgestaltung

---

[1] Für hilfreiche Kommentare zu einer früheren Version dieses Beitrags danke ich herzlich Peter Baumann und Anne Marie Rainer.

bedeutsames Ziel wählen und ist auf diese Weise gezwungen, auf die Verwirklichung eines anderen Ziels, das sie aus völlig anderen Gründen ebenso für wertvoll erachtet, zu verzichten. Sie kann folglich die für eine Entscheidung ausschlaggebenden und damit gewichtigeren Gründe wegen epistemischer Beschränkungen oft nicht wahrnehmen bzw. wegen kontingenter Beschränkungen nur eine Handlung ausführen, obwohl unterschiedliche, gute Gründe für verschiedene Alternativen sprechen. Hierbei handelt es sich jedoch um formale Beschränkungen unserer Entscheidung, deren Rechtfertigung auf diese Weise unter- oder überbestimmt sein kann. Schließlich können wir entweder auf gar keine Gründe oder gewissermaßen auf zu viele Gründe bzgl. ihrer Rechtfertigung verweisen. Weder die epistemischen Probleme noch die Inkompatibilität schließen jedoch – entgegen der Behauptung mancher Kritiker - aus, daß wir Handlungsalternativen zur Begründung unserer Entscheidung vergleichen: eine Handlungsalternative A wäre dann besser, schlechter oder gleich gut im Vergleich zu einer Handlungsalternative B hinsichtlich eines bestimmten Werts. Ist aber ein solcher Vergleich überhaupt möglich und kann er unsere Entscheidung trotz der genannten formalen Beschränkungen substantiell begründen?

In letzter Zeit ist diese Frage verstärkt verneint worden. In Anbetracht konfligierender Handlungsalternativen wird vielfach die These vertreten, daß die Ziele selbst, zwischen denen wir uns entscheiden müssen, *inkommensurabel* sind. Sie können, so die Behauptung, nicht mithilfe eines gemeinsamen Maßstabes oder eines beide Ziele umfassenden Werts verglichen werden.[2]

Es drängt sich dann die Frage auf, ob wir in praktischer Überlegung, in der wir Gründe für die Entscheidung zwischen verschiedenen Optionen und somit einen solchen gemeinsamen Maßstab erwägen, angesichts inkommensurabler Optionen überhaupt noch unsere Entscheidungen rechtfertigen können. Die Beantwortung dieser Frage hängt davon ab, ob rationale Entscheidung notwendigerweise die Vergleichbarkeit von Handlungsoptionen verlangt. Die These der Vergleichbarkeit von Werten ist hierbei nicht unabhängig von einer Theorie praktischer Rationalität, die bestimmt, wann wir Grund zur Beförderung bestimmter Werte haben.[3] Doch was ist mit Inkommensurabilität genau gemeint?

Zwei als wertvoll erachtete Optionen gelten zunächst als inkommensurabel, wenn es keinen gemeinsamen Vergleichsmaßstab gibt. Die These inkommensurabler Werte (TiW) besagt, daß (i) keine Option besser als die andere ist; (ii) es eine dritte Option geben könnte, die besser als die erste,

---

[2] Ich fasse Inkommensurabilität als Unvergleichbarkeit. Dies bedeutet, daß verschiedene Optionen nicht im Hinblick auf einen gemeinsamen Maßstab genau gemessen werden können. Es sind hierbei jedoch verschiedene Maßstäbe denkbar; es bedarf nicht der Annahme eines einzigen Maßstabs.

[3] Auf den genaueren Zusammenhang zwischen der These inkommensurabler Werte und verschiedenen Rationalitätstheorien kann ich im Rahmen dieses Beitrags nicht eingehen. So steht z.B. eine kantische Auffassung, derzufolge wir in unserer Entscheidung erst Wert konstituieren (vgl. E. Millgram (1997), S. 151f.; B. Herman (1993), S. 167; C. Korsgaard (1986), S. 241), einem instrumentellen Rationalitätsmodell gegenüber. In einer aristotelischen Konzeption schließlich stellen Werte Ziele dar, die es in praktischer Überlegung je nach Situation im Lichte unserer Ideale zu spezifizieren und auszuwählen gilt. Vgl. D. Wiggins (1997), S. 56; J. Raz (1997), S. 111f. Viele Inkommensurabilisten sind der Ansicht, daß eine Entscheidung auch ohne Vergleichbarkeit der Optionen rational sein kann. Siehe z.B. M. Stocker (1990), Kap. 4, und D. Wiggins (1997), S. 52-66.

aber nicht besser als die zweite ist.[4] Inkommensurable Werte können zudem "grob gleich" sein. Grobe Gleichheit ("rough equality") impliziert, daß wir zwischen zwei Optionen indifferent sein können, da für beide gewichtige und völlig verschiedene Gründe sprechen.[5] Die Gleichheit bezieht sich folglich nur auf die jeweilige Signifikanz der beiden Optionen. Sie sind jedoch aus ganz unterschiedlichen Gründen signifikant oder bedeutsam.

Im folgenden werde ich die zentralen Argumente, die zwei gebräuchlichen Beispielen zugrundeliegen und die für TiW beansprucht werden, diskutieren. Es wird sich hierbei zeigen, daß die inkommensurabilistischen Argumente scheitern. Dies legt nahe, daß ein Vergleich der Optionen zu Rechtfertigung einer rationalen Entscheidung nötig ist. Dieser muß jedoch nicht auf einem einzigen Wertmaßstab beruhen, wie dies von Inkommensurabilisten bisweilen unterstellt wird. Daß wir unter restringierenden Umständen zu wählen gezwungen sind, impliziert nicht, daß die zur Wahl stehenden Optionen selbst inkommensurabel sein müssen. Im Gegenteil, wir wären gar nicht fähig, sinnvoll zwischen inkommensurablen Optionen zu wählen. Ich werde dafür argumentieren, daß wir Entscheidungen innerhalb eines vernünftigen Rahmens treffen, den genauer zu bestimmen gerade die Aufgabe praktischer Überlegung ist. Vor manche Alternativen sind wir nie gestellt, da sie in keinen Entscheidungsrahmen passen. Ein Entscheidungsrahmen ist durch die Charakterisierung der Entscheidungssituation bestimmt, die wir vor jeder Entscheidung in praktischer Überlegung vornehmen und in der wir alle relevanten Gründe für verschiedene Optionen im Hinblick auf eine Entscheidung aufzeigen.[6]

2. "Grobe Gleichheit" und Entscheidung

Kommen wir nun zu einem Standardbeispiel der TiW und betrachten die Entscheidung zwischen Zielen wie die Wahl eines Berufs, die weitreichende Konsequenzen für unser Leben haben. Verfechter der Wertinkommensurabilität führen an, daß der Wert, den z.B. ein Leben als Pianistin verspricht, nicht mit demjenigen verglichen werden kann, den ein Leben als Rechtsanwältin darstellt. Wenn wir uns zwischen diesen beiden Berufszielen entscheiden müssen, können wir uns, so die Behauptung, kaum auf vernünftige Gründe stützen, da die Gründe, die für die eine Berufswahl sprechen, unvergleichbar sind mit den Gründen, die für die andere Berufswahl sprechen. Beide Berufe sind aber in ihrer Bedeutung für uns grob gleich. Sie repräsentieren verschiedene Werte, die uns aus verschiedenen Gründen wichtig sind. So könnte man anführen, daß wir ein Leben, in dem wir unsere

---

[4] Dies soll zeigen, daß die ersten beiden Optionen nicht gleichwertig sind. Zur Bestimmung von Inkommensurabilität siehe J. Raz (1986), S. 324. Vgl. E. Millgram (1997), S. 151; D. Wiggins (1997), S. 58ff; R. Chang (1997), S. 4: "If items are incomparable, nothing affirmative can be said about what value relation holds between them." Hierbei wird unterstellt, daß Vergleichbarkeit darauf beruht, daß eine Option gegenüber einer anderen besser, schlechter oder gleich gut ist. Ich muß hier offenlassen, ob es noch eine weitere Vergleichsrelation geben könnte.

[5] Indifferenz bedeutet aufgrund der Gewichtigkeit der Gründe, die für jeweils eine Option sprechen, nicht Gleichgültigkeit. Siehe J. Raz (1986), S. 331ff.; vgl. J. Griffin (1986), S. 96ff.

kreativen Fähigkeiten entwickeln, ebenso hoch bewerten wie ein Leben, das uns ökonomische Sicherheit garantiert. Die Verfechter der TiW berufen sich angesichts dieses Beispiels auf verschiedene Argumente. Neben den bereits erwähnten epistemischen Beschränkungen können ihnen zufolge die beiden Berufsziele nicht verglichen werden, weil sie (i) plurale Werte wie Kreativität und ökonomische Sicherheit repräsentieren, denen die gemeinsame Vergleichsbasis fehlt; sie können auch nicht mithilfe einer Werteinheit gewichtet werden. (ii) Der Vergleich zwischen den beiden Berufsoptionen erscheint als unbestimmt und vage, da er verschiedene Vergleichsrelationen erlaubt.[7]

Doch liegt es wirklich an der behaupteten Unvergleichbarkeit der verschiedenen Berufsziele, daß wir uns nur schwer zwischen ihnen entscheiden können? Wenn wir die Entscheidungssituation sowie die Umstände der betreffenden Person näher betrachten, erweist sich die TiW trotz der angeführten Argumente als unhaltbar. Wir können uns beispielsweise folgende Situation vorstellen: Elisabeth spielt seit ihrem sechsten Lebensjahr begeistert Klavier. Ihre Begabung konnte sie schon auf einigen Schülerkonzerten mit Erfolg demonstrieren. Auch ihr Klavierlehrer ist der Ansicht, daß sie aufgrund ihres Talents Musik studieren sollte. Sie selbst kann sich zwar ein Leben als Pianistin nicht recht vorstellen und ist sich zudem bewußt, daß der Unterschied zwischen einem reinen Hobby und den Zwängen einer professionellen Musikerwelt, die von Konkurrenz beherrscht ist, enorm sind. Gleichzeitig stellt Klavierspielen ihre Passion dar und sie würde nichts lieber tun, als dieser Neigung auf professionelle Weise nachzugehen. Ihre Eltern jedoch, insbesondere ihr Vater, der ein angesehener und erfolgreicher Rechtsanwalt ist, warnt sie vor den Schattenseiten eines Musikerlebens, das seiner Meinung nach von finanzieller Unsicherheit und genereller Instabilität gekennzeichnet ist. Er rät ihr zum Jurastudium, weil er nicht zuletzt aus eigener Erfahrung weiß, daß dies ein vielseitiger und interessanter Beruf ist, der zudem soziale Anerkennung und finanzielle Sicherheit garantiert. Überdies glaubt er, daß seine Tochter das Zeug zu einer engagierten Anwältin hat.

Wir können uns die betreffende Entscheidungssituation auch anders vorstellen: Margarete spielt seit Kindesbeinen Klavier. Vor allem ihre Mutter hat sie immer wieder ermuntert, intensiv zu üben, so daß die Tochter ihre Leistungen auch in öffentlichen Auftritten demonstrieren konnte. Margarete ist nicht untalentiert, empfindet das Üben jedoch als schrecklich mühsam. Das Leben als gefeierte Virtuosin, das ihre Mutter nicht müde wird zu schildern, stellt sie sich allerdings verlockend vor. Aufgrund eines Ferienpraktikums in einer Anwaltskanzlei hat sie jedoch großes Interesse an der Juristerei gefunden. Die vielfältigen Tätigkeiten vor Gericht, mit den Mandanten und Kollegen findet sie ebenso reizvoll wie die juristische Materie selbst. Wenngleich sie auch gehört hat, daß das Jurastudium recht trocken sein kann und sich nur mit einem exzellenten Examen die Möglichkeit eröffnet, in einer renommierten Kanzlei Anstellung zu finden, erscheint ihr der Beruf sinnvoll. Sie kann sich gut vorstellen, sich für

---

[6] Zur These der Beschreibungsabhängigkeit einer Entscheidungssituation siehe auch E. Ullmann-Margalit und S. Morgenbesser (1977), S. 775ff. Vgl. E. Anderson (1993), S. 23f.

[7] Zur Vagheitsthese vgl. J. Broome (1997), S. 67-89; vgl. I. Levi (1992), S. 827f.

die gerechte Sache mit großem Engagement einzusetzen. Überdies verspricht dies ein sicheres Einkommen und finanzielle Unabhängigkeit.

Die genauere Charakterisierung der spezifischen Entscheidungssituation, ggf. unter zusätzlicher Berücksichtigung der Dispositionen der betreffenden Personen, erlaubt es uns, die Gründe zu erkennen, die für oder gegen eine bestimmte Handlungsalternative sprechen und so eine Vergleichbarkeit der als wertvoll erachteten Optionen im Hinblick auf deren Berücksichtigung der gegebenen Gründe zu erzielen. So scheinen im ersten Fall mehr Gründe, wie z.B. großes Talent und Interesse, dafür zu sprechen, daß Elisabeth Musik studieren sollte, während im zweiten Fall Margarete wohl besser beraten ist, das Jurastudium aufzunehmen. Nun mag gegen diese Beispiele eingewendet werden, daß aufgrund der skizzierten Lage der Gründe die Optionen bereits unterschiedliches Gewicht erhalten. Schließlich lassen sich auch Fälle denken, in denen trotz genauerer Beschreibung der Entscheidungssituation kein ausschlaggebender Grund für eine Option gegen eine andere angegeben werden kann. Sind die beiden Optionen also doch inkommensurabel? Selbst wenn wir uns einen Fall vorstellen, in dem sich keine gewichtigeren Gründe für den einen oder anderen Beruf angeben lassen, scheint doch offenkundig zu sein, daß wir die Berufe vergleichen. Unsere Entscheidung erfolgt im Rahmen der Frage, inwiefern der jeweilige Beruf zu unserer Konzeption eines gelungenen Lebens beitragen kann. Daß hierbei u.U. große Unsicherheitsfaktoren im Spiel sind, spricht ebensowenig für die substantielle Inkommensurabilität der Ziele wie die Tatsache, daß die Wahl einer Option die andere ausschließt.

Ich denke aber, daß wir in der Regel sehr wohl in der Lage sind, den Rahmen unserer Entscheidung soweit inhaltlich zu füllen, daß wir Gründe für eine Alternative gegen eine andere eruieren können. In diesem Sinne ist es gerade die Aufgabe praktischer Überlegung, angesichts der Optionen, die gewisse Vorstellungen dessen, was wertvoll ist, repräsentieren, einen Entscheidungsrahmen zu finden, der es erlaubt, deren Beitrag zu einer individuellen Konzeption des guten Lebens ausfindig zu machen. Es handelt sich nicht um eine Wahl zwischen zwei unvergleichbaren generischen Gütern oder Werten, sondern um die Wahl zwischen zwei Instanzen des Werts, ein gelungenes Leben zu führen, das durch verschiedene Berufe repräsentiert wird. Daß sie zunächst nicht gewichtet werden können, zeigt lediglich, daß ein solcher Vergleich nicht quantitativ bestimmt sein muß. Es gibt in der Tat keine quantitative Werteinheit, die z.B. dem Vergleich zwischen Kreativität und ökonomischer Sicherheit zugrundeliegt. Dieser erfolgt vielmehr mit Hinblick auf deren Beitrag zu einem gelungenen Leben bestimmter Personen und ist somit qualitativ. Deshalb sind auch unterschiedliche Vergleichsrelationen denkbar. Den Vergleich gilt es in praktischer Überlegung vor dem Hintergrund der Lage individueller Gründe so anzureichern, daß eine rationale Entscheidung im jeweiligen Fall getroffen werden kann.

3. Das Problem "konstitutiver" Inkommensurabilität

Kommen wir zu einem zweiten Beispiel, das meiner Meinung nach TiW nicht stützen kann. Der TiW zufolge gibt es Werte, denen geradezu inhärent ist, inkommensurabel zu sein: so seien enge zwischenmenschliche Beziehungen durch "konstitutive" Inkommensurabilität charakterisiert. Wir könnten z.B. nur in einem authentischen Sinne Eltern oder Freunde sein, wenn wir unsere Kinder oder Freunde nicht gegen Geld tauschen oder mit anderen Dingen vergleichen. Kinder und Freunde, so die These, sind nicht besser als Geld oder andere Dinge, sondern schlichtweg unvergleichbar. Und die Weigerung, sie mit etwas anderem zu vergleichen, ist gleichzeitig die Bedingung dafür, überhaupt eine Freundin oder Mutter sein zu können. Signifikante soziale Formen des Miteinanderseins, die unser menschliches Wohlergehen konstituieren, so Joseph Raz, "depend on a combination of incommensurability with a total refusal even to consider exchanging one incommensurate option for another"[8]. Der Wert dieser Eigenschaften besitzt gerade dadurch symbolische Signifikanz, daß er nicht mit anderen Werten verglichen werden kann. Raz geht sogar so weit zu sagen, daß derartige konstitutive Wertinkommensurabilität unsere Loyalitätspflichten begründet.

Der Wert zwischenmenschlicher Beziehungen, der in unserer Fähigkeit zu Freundschaft oder Elternschaft bestehen soll, kann m.E. nicht durch deren generelle Unvergleichbarkeit ausgezeichnet werden. So scheinen wir Freunde und Kinder durchaus zu vergleichen. Ich werde zudem zeigen, daß TiW selbst auf einem hypothetischen Vergleich beruht.

So könnte zum einen argumentiert werden, daß wir nämlich gute Gründe haben, Freunde und Kinder nicht mit Geld zu vergleichen.[9] Schließlich können zwischenmenschliche Beziehungen als intrinsische Werte, Geld jedoch nur als instrumenteller Wert gelten. Gerade die Ablehnung, Menschen zu verkaufen, setzt aber die Vergleichbarkeit der beiden Güter voraus, während das obige Beispiel impliziert, daß mit der konstatierten Unvergleichbarkeit der Güter auch keines besser als das andere ist.

Zum andern scheint die behauptete Inkommensurabilität immer schon einen hypothetischen Vergleich vorauszusetzen, der dann negativ beschieden wird. Dieses Ergebnis ist jedoch darauf zurückzuführen, daß der hypothetische Vergleich ohne sinnvolle Vergleichsbasis konstruiert wird. So werden eben keine Gründe angeführt, deren Berücksichtigung einen Vergleich zwischen Freundschaft oder Geld notwendig machen. Diese Gründe könnten nur innerhalb eines Entscheidungsrahmens aktualisiert werden, der es uns erlaubt, diese zu vergleichen. Und dazu gehört genausowenig die generelle Wahl zwischen Freunden und Geld wie die Entscheidung, ob wir den morgigen Tag beispielsweise mit Heiraten oder Skifahren verbringen. Wenn sich jedoch keine Vergleichsbasis finden läßt, scheitert ein Vergleich aus formalen Gründen: die zu vergleichenden Optionen lassen sich überhaupt keinem gemeinsamen Wert zuordnen bzw. dieser findet keine Anwendung auf die Optionen.[10] Zudem suggeriert der konstruierte Vergleich mit Geld eine quantifizierbare Vergleichsbasis, die im Hinblick auf zwischenmenschliche Beziehungen in der Regel zu eng zu sein scheint.

---

[8] J. Raz (1986), S. 348.

[9] Vgl. E. Anderson (1993), S. 59ff.

[10] R. Chang (1997), S. 28, spricht daher in diesem Zusammenhang von "noncomparability" im Gegensatz zu "incomparability".

Es ist jedoch durchaus möglich, den für TiW beanspruchten hypothetischen Vergleich mit zwischenmenschlichen Beziehungen innerhalb eines sinnvollen Entscheidungsrahmens zu situieren. Wenn ich z.B. wähle, ob ich mit meinem Mann oder mit einer Freundin ins Theater gehe und somit eine Entscheidung hinsichtlich des Guts, den Abend zu verbringen, treffe, scheint es weniger absonderlich von Vergleichbarkeit auch im Zusammenhang enger zwischenmenschlicher Bindungen zu sprechen. Auch innerhalb des Entscheidungsrahmens indischer Eltern z.B., die mit ihren zehn Kindern unterhalb der Armutsgrenze leben, mag die Wahl, ein Kind gegen Geld in die Obhut eines Hotelbesitzers zu geben, der zwölf- bis sechzehnjährige Jugendliche in seinem Hotelbetrieb beschäftigt, durchaus begründet erscheinen.[11] Sie kann nicht von vornherein als Argument dafür gelten, daß diese Eltern nicht wissen, was es heißt, Kinder zu haben. Die TiW überzeugt daher auch nicht im Hinblick auf zwischenmenschliche Beziehungen.

4. Praktische Überlegung und Vergleich

Was können wir aus der Diskussion der für TiW beanspruchten Beispiele schließen? Angesichts epistemischer ebenso wie kontingenter Beschränkungen, die sich v.a. auf die Resourcen unseres Handelns wie Zeit und Mittel beziehen, sind wir oft gezwungen, zwischen verschiedenen Handlungsoptionen zu wählen, die wir ansonsten ggf. beide mit unterschiedlichen, aber gewichtigen Gründen verfolgen würden. In praktischer Überlegung schaffen wir uns in der Regel durch eine genauere Charakterisierung der Entscheidungssituation die Basis für eine begründete Entscheidung. Wir konstruieren uns einen der jeweiligen Situation angepaßten Rahmen, innerhalb dessen es uns möglich wird, diejenigen Handlungsgründe wahrzunehmen, die uns mehr bedeuten. Dies geschieht im Vergleich mit einer anderen Option, der im Hinblick auf verschiedene, für eine Entscheidung relevanten Aspekte innerhalb dieses Entscheidungsrahmens erfolgen kann. Wir vergleichen verschiedene Optionen aber nicht notwendigerweise nach einer quantifizierbaren Maßeinheit. Daß nicht alle denkbaren Aspekte verschiedener Optionen berücksichtigt werden, betrifft die Frage der Vergleichbarkeit und damit die Frage nach rationaler Entscheidung ebensowenig wie die Tatsache, daß wir je nach Umständen und individuellen Bedingungen unterschiedliche Vergleichsrelationen aufzeigen können. In praktischer Überlegung konstituieren wir nicht den Wert, aber den Rahmen, innerhalb dessen es sinnvoll ist, über Handlungsalternativen und den von ihne repräsentierten Werten zu entscheiden. Die TiW, derzufolge rationale Überlegung entweder an ihr Ende kommt oder ggf. ohne Vergleich der Optionen erfolgt, ist jedoch nicht haltbar.

---

[11] Damit ist kein moralisches Urteil über die Umstände gefällt, die zu einer solchen Entscheidung zwingen.

Literatur:

Anderson, Elizabeth (1993): *Value in Ethics and Economics*. Cambridge/Mass. und London: Harvard University Press.

Broome, John (1997): Is Incommensurability Vagueness? In: R. Chang (Hg.), S. 67-89.

Chang, Ruth (Hg.)(1997): *Incommensurability, Incomparability, and Practical Reason.* Cambridge/Mass. und London: Harvard University Press.

Chang, Ruth (1997): Introduction, in: dies. (Hg.), S. 1-34.

Griffin, James (1986): *Well-Being: Its Meaning and Measurement.* Oxford: Oxford University Press.

Herman, Barbara (1993): *The Practice of Moral Judgment.* Cambridge/Mass. und London: Harvard University Press.

Korsgaard, Christine (1986): Aristotle and Kant on the Source of Value, in: dies. (1996): *Creating the Kingdom of Ends.* Cambridge et al.: Cambridge University Press, S. 225-248.

Levi, Isaac (1992): Conflict and Inquiry, in: *Ethics* 102, S. 814-834.

Millgram Elijah (1997): Incommensurability and Practical Reasoning, in: R. Chang (Hg.), S. 151-169.

Raz, Joseph (1986): *The Morality of Freedom.* Oxford: Clarendon.

Raz, Joseph (1997): Incommensurability and Agency, in: R. Chang (Hg.), S. 110-128.

Stocker, Michael (1990): *Plural and Conflicting Values.* Oxford: Clarendon.

Ullmann-Margalit, Edna und Sidney Morgenbesser (1977): Picking and Choosing, in: *Social Research* 44, S. 757-785.

Wiggins, David (1997): Incommensurability: Four Proposals, in: R. Chang (Hg.), S. 52-66.

XVIII. Deutscher Kongreß für Philosophie

Was heißt, sich moralisch orientieren?

Ulrich Kohlmann (Pisa)

Mein Vortrag gliedert sich in vier Teile: I Das moderne Verständnis moralischer Orientierung. II Konsequenzen dieses Verständnisses. III Ein alternatives Verständnis moralischer Orientierung. IV Was daraus folgt.

Das moderne Verständnis moralischer Orientierung

Ohne Zweifel ist es eine Hauptaufgabe praktischer Philosophie, dem Bedürfnis nach moralischer Orientierung entgegenzukommen. Was es jedoch konkret heißt, sich moralisch zu orientieren, ist nicht von vornherein klar und entschieden. Denn grundsätzlich scheinen hier zumindest zwei unterschiedliche Verständnisweisen möglich, denen zwei einander entgegengesetzte methodische Vorgehensweisen entsprechen: Entweder geht man vom konkreten moralischen Problemfall aus und versucht, ihn schrittweise durch Begriffs- und Kontextanalyse, durch Vergleich mit unproblematischen Normalfällen und generell durch Einbeziehung möglichst vieler relevanter Gesichtspunkte in seiner ganzen Komplexität zu erfassen. Oder man subsumiert den fraglichen Fall unter ein bereits vorhandenes und als gültig anerkanntes ethisches System, beziehungsweise man leitet das normativ Gesollte deduktiv aus diesem System ab. In Anlehnung an eine Unterscheidung Nicolai Hartmanns[1] bezeichne ich die erstgenannte Vorgehensweise als *problemorientiertes Denken* und ihre Alternative als *systemorientiertes Denken*.[2] Meine These ist nun, daß für die moderne Ethik seit Kant[3] vor allem das systemorientierte Denken typisch ist. Moralische Orientierung hofft die moderne Philosophie in der

---

[1] Wörtlich heißt es bei Hartmann (1924, 163ff.): "systematische" und "aporetische Denkweise"; zur Vermeidung von Mißverständnissen habe ich jedoch die obige Formulierung gewählt, da problemorientiertes Denken durchaus nicht unsystematisch verfährt und es auch nicht notwendig mit Aporien zu tun hat.

[2] Die hier vorgelegte Skizze stellt zwei idealtypisch formulierte moralphilosophische Denkweisen und Forschungsstrategien einander gegenüber. Die Wirklichkeit selbst ist freilich insofern komplexer als beide kaum je in Reinfassung auftreten.

[3] Hartmann (1924, 165) sieht Kant vor allem als Problemdenker – eine Auffassung, der ich, was seine theoretische Philosophie betrifft, zustimme. Kants praktische Philosophie scheint mir hingegen eine starke Tendenz zum System aufzuweisen.

Hauptsache, wenn auch freilich nicht ausschließlich, durch kohärente ethische Regelsysteme zu erlangen, in denen Ge- und Verbote in einen durch ein oberstes Moralprinzip gestifteten systematischen Zusammenhang gebracht werden. Trotz ihrer Unterschiede hinsichtlich des richtigen moralischen Grundprinzips stimmen deontologische und konsequentionalistische Ethiken dabei in dem Anspruch und Ziel überein, universal, zeitlos und absolut gültige, sowie eindeutige Moralprinzipien bereitzustellen. Mit ihrer Hilfe soll es möglich werden, konkrete Handlungsanweisungen für alle nur denkbaren Fälle zu erlangen. Moralische Orientierung erfolgt diesem Verständnis nach durch ein zweifelsfrei zu erlangendes und universal gültiges moralisches Orientierungs*wissen*.

Konsequenzen dieses Verständnis

Um die Konsequenzen dieses mit certistischen Ansprüchen auftretenden Verständnisses moralischer Orientierung aufzuzeigen, greife ich noch einmal auf Nicolai Hartmanns Differenzierungen zurück: Systemorientiertes Denken "geht vom Ganzen aus. Die Konzeption ist hier das Erste und bleibt das Beherrschende. Nach dem Standpunkt wird hier nicht gesucht, er wird zu allererst eingenommen. Und von ihm aus werden die Probleme ausgelesen. Problemgehalte, die sich mit dem Standpunkt nicht vertragen, werden abgewiesen. Sie gelten als falsch gestellte Fragen. Vorentschieden ist hier nicht etwa über die Lösung der Probleme selbst, wohl aber über die Grenzen, in denen sich die Lösung bewegen darf. (...) Die Folge ist die Selektion der Probleme unter dem Gesichtspunkt des Systems, die Vergewaltigung ihrer Eigengesetzlichkeit. Die Konsequenz des Systems hat die Konsequenz der Probleme verschlungen, sie beschnitten, gestutzt."[4] *Systemorientiertes Denken wirkt also problemselektiv.* Es führt zu einer Ausgrenzung oder zumindest Vernachlässigung all dessen, was im Regelbeziehungsweise Prinzipiengefüge des Systems nicht untergebracht werden kann, wozu generell alles Ambivalente, Aporetische und Singuläre zu rechnen ist. Folgende Bereiche, in denen die Verengung und Vereinfachung moralischer Problemkomplexität besonders virulent wird, lassen sich beispielhaft anführen:

- Pflichtenkollisionen
- Ausnahmen
- Moralische Urteilskraft (Phronesis)

Was die *Pflichtenkollisionen* anbelangt, so kann man feststellen, daß weder die deontologische Ethik Kants noch die konsequentionalistische J. St. Mills die Annahme genuiner Pflichtenkollisionen zulassen.[5] Darüber hinaus stimmen sie in dem Anspruch überein, ein durchgängig funktionsfähiges, universales ethisches Entscheidungskriterium bereitzustellen. Mill ist zwar

---

[4] Hartmann, 163f.
[5] Fraglich ist, ob es sich hier um einen historisch zufälligen Sachverhalt oder um ein dem ethischen Systemdenken notwendig anhängendes Charakteristikum handelt. Ich nehme letzteres an, da die grundsätzliche Zulassung von Pflichtenkollisionen dessen certistischen Ansprüchen zuwiderläuft.

der Auffassung, daß "in jedem System der Moral" Fälle auftreten, "in denen Pflichten eindeutig einander widerstreiten", meint aber, daß unter Berufung auf die "Nützlichkeit" als letztes Moralkriterium eine unanfechtbare, richtige Entscheidung letztlich doch zu erreichen sei.[6] Kant verneint das Bestehen von Pflichtenkollisionen in zweierlei Hinsicht: *Vollkommene* Pflichten - die eine konkrete Handlung vorschreiben - könnten nicht kollidieren, da sie die "praktische *Notwendigkeit* gewisser Handlungen ausdrücken und zwei einander entgegengesetzte Regeln nicht zugleich notwendig sein können."[7] Und bei *unvollkommenen* Pflichten, die einen gewissen "Spielraum (latitudo) für die freie Willkür" des Handelnden lassen, seien moralische Dilemmas nicht möglich, da diese Pflichten in dem *Ausmaß* ihrer Befolgung nach persönlichem Belieben einschränkbar sind.[8] Da alle Arten von Pflichten aus dem kategorischen Imperativ ableitbar seien,[9] behauptet Kant also, mit diesem ein Moralprinzip gefunden zu haben, das alle normativen Konflikte zur Auflösung bringt. Ein Kompaß für *alle* Fälle.[10] - Es braucht hier nicht auf die internen Schwierigkeiten der beiden Ansätze eingegangen zu werden.[11] Wesentlich ist es jedoch, die frappierende Übereinstimmung dieser zwei so unterschiedlichen Ethiken zu sehen, die vor allem in ihrer monistischen[12] Konzeption besteht. Kant wie Mill versuchen, Pflichtenkollisionen dadurch zu meistern, daß sie moralische Überlegungen in komplexen Entscheidungssituationen auf *eine* zentrale homogene Dimension reduzieren: Verallgemeinerbarkeit beziehungsweise größtmögliche Nützlichkeit. Doch diese Reduktion von Komplexität ist problematisch. Denn ihre Legitimität hängt entscheidend von der Annahme ab, daß konfligierende normative Ansprüche in dilemmatischen Situationen nichts mit einer mehrdimensional-widersprüchlichen Verfassung unserer Handlungsbezüge zu tun haben, sondern nur auf unserer unklaren moralischen Reflexion über diese beruhen. Nur dann wäre es ja legitim eine solche Reduktion vorzunehmen.

Hinsichtlich des zweiten von mir erwähnten Problemfeldes, der *Ausnahme*, kann ich mich kurz fassen, da es mir in der logischen Konsequenz eines am System orientierten moralphilosophischen Denkens zu liegen scheint, Ausnahmen, also die Legitimität eines Gesollten im Widerspruch zum eigenen System prinzipiell nicht zulassen zu können.[13] Hinweisen möchte ich hier nur darauf, daß sich der darin liegende Universalanspruch auch und vor allem gegen konkurrierende ethische Systeme richtet. Wenn *deontologische Prinzipien* gutes Tun bestim-

---

[6] Mill 1976, 44, siehe auch 101ff.
[7] Kant 1983, 330.
[8] Kant 1983, 520.
[9] Kant 1965, 42.
[10] ivi, 22.
[11] Näher hierzu Gowans 1987, 6ff.
[12] Mill 1967, 620f.; Kant 1965, 42.
[13] Ausnahmen müßten im Rahmen des Systems konsequenterweise durch eine Metaregel abgesichert werden, was aber aufgrund der Vielgestaltigkeit und Unvorhersehbarkeit des Wirklichen zu einer unabsehbaren Regelproliferation führen muß. Eine Alternative läge in der Konstruktion von Moralprinzipien als *prima facie*-Regeln. In beiden Fällen ist es um die Sicherheit, Eindeutigkeit und Praktikabilität schlecht bestellt, also gerade das aufgehoben, was das ethische System leisten soll.

men sollen können, so müssen sie immer und ausnahmslos dazu in der Lage sein; und wenn die *Folgen* meines Handelns oder Unterlassens für dessen moralische Qualifikation ausschlaggebend sind, so sind sie es immer. Aber stimmt das eigentlich? Daß es Ausnahmefälle, in denen ein Moralprinzip einem anderen weichen muß, tatsächlich nicht gebe oder geben dürfe, ist jedenfalls von Charles Larmore in dessen Studie *Patterns Of Moral Complexity* begründet in Zweifel gezogen worden. Und mir scheint, daß seine Annahme einer "*heterogenity of morality*," derzufolge die letzten Quellen unserer Werte nicht eine einzige sondern viele seien,[14] der Komplexität der individuellen Umstände und sozialen Bezüge unseres Handelns weitaus angemessener ist, als der dem ethischen Systemdenken idealiter und meist auch realiter entsprechende Monismus.

Was schließlich die *moralische Urteilskraft* (phronesis, prudentia) anbelangt, so ist hier auf die Kantsche Auffassung zu verweisen, derzufolge es bei der Entscheidung moralischer Fragen auf persönliche Urteilskraft prinzipiell nicht ankomme.[15] In dieser Auffassung scheint mir jedoch nicht nur ein wesentliches Element der Kantschen Ethik, sondern ein notwendiges Implikat allen systemorientierten ethischen Denkens zum Ausdruck zu kommen. Denn Zweck der ethischen Systemkonstruktion ist es doch auch, ein mühelos von jedermann anwendbares Kriterium für die Entscheidung moralischer Fragen anzubieten. Ja man kann geradezu die Auffassung vertreten, daß der moderne *Wille zum ethischen System*, die Bevorzugung normativer Regelsysteme zur Entscheidung moralischer Fragen, wesentlich auf einer Abneigung gegenüber der Unsicherheit und Unbestimmtheit, generell dem subjektiven Anteil in einer auf Urteilskraft ausgerichteten Moralphilosophie beruhe. – Ich bezweifle jedoch, daß es möglich ist, das Moment der Urteilskraft zugunsten einer reinen (was immer das heißen mag) Regelanwendung vollständig auszuschalten. Wir haben es hier wahrscheinlich eher mit folgender Situation zu tun: Es gibt zweifellos Fälle – ich nenne sie die *Normalfälle* – in denen das Gesollte allein durch Regelanwendung, meist aber schon aufgrund fundamentaler sozialer oder kultureller Verhaltensstandards ohne weiteres festzustellen ist. Etwa die Frage, ob man lügen solle, um eine zu Recht angesehene Person aus Neid oder Mißgunst in ein schlechtes Licht zu stellen. Daneben gibt es aber leider auch jene atypischen *Problemfälle*, in denen es gerade fraglich ist, was das konkret Gesollte sei. Bei ihnen – etwa dem Kantschen Beispiel des Lügens zugunsten der Lebensrettung eines Freundes – wissen wir nicht allein aufgrund der Regel, welche Handlungsalternative wirklich moralisch geboten ist. Denn die einfache Anwen-

---

[14] Larmore 1987, 138.

[15] Kant verwendet diesbezüglich den Begriff der Klugheit und definiert diese als "Geschicklichkeit in der Wahl der Mittel" zur Erreichung eigener Glückseligkeit. Da die der Glückseligkeit dienenden Imperative jedoch nur hypothetischer und nicht kategorischer Art sind, haben sie nur pragmatischen, nicht aber sittlichen Wert (Kant 1965, 36f.). Die Anerkennung der Rolle der Urteilskraft bei unvollkommenen Pflichten (Kant 1983, 542ff.) wird dadurch eingeschränkt, daß Kant hier nur einen infiniten *Regel*regreß annimmt, der zu einer Kasuistik führt. – Ohne Zweifel ging es dem demokratischen Kant freilich auch darum, die in einem Abstellen auf Urteilskraft liegende Gefahr des Aristokratismus und Elitarismus zu bannen.

dung der ethischen Grundregel ist hier entweder nicht möglich oder sie erscheint uns problematisch, da sie zu einem untragbaren, unseren moralischen Grundintuitionen widerstreitenden[16] Ergebnis führt. Drastisch ließe sich also formulieren: *In den Normalfällen brauchen wir das ethische System nicht und in Problemfällen hilft es uns nicht weiter.* Wenn es damit sein Bewenden hätte, wäre alles nur halb so schlimm. Gerade hier aber läßt sich das Fatale an der problemselektiven Wirkung des systemorientierten ethischen Denkens studieren. Indem deontologische und konsequentionalistische Ethiken unserem Handeln die trügerische Sicherheit einer vollen moralischen Rechtfertigung in allen möglichen Fällen anbieten, verringern sie die Wachsamkeit gegenüber den Problemfällen, da sie tendenziell dazu neigen Problemfälle als – allenfalls komplizierte - Normalfälle zu interpretieren. Sie bremsen damit jedoch die moralische Reflexion gerade dort ab, wo sie einzusetzen hätte, beim Fraglichen und Ungewöhnlichen, das sich weder mit unserer Alltagsmoral noch mit einer ethischen Regelvernunft, sondern nur – wenn überhaupt – mit Hilfe einer geschärften moralischen Urteilskraft angemessen bewältigen läßt.

Ein alternatives Verständnis moralischer Orientierung

Aufgrund der aufgezeigten nachteiligen Wirkungen eines systemorientierten Denkens bin ich der Auffassung, daß sich die moralphilosophische Forschung heute stärker als problemorientierte etablieren sollte. Dies bedeutet vor allem, daß sie die Suche nach einer allumfassenden Ethik zurückzustellen hätte zugunsten eines präzisen Ausleuchtens moralischer Einzelprobleme, im Sinne eines Bewußtmachens ihrer internen Komplexität und ihrer Vernetzung mit von ihnen unablösbaren Problemkontexten. Eine Reduktion von Komplexität ist zwar die unvermeidliche Konsequenz jedes unter vielfältigen Knappheitsbedingungen stehenden Handelns. Wenn aber auch die praktische Philosophie dem Druck zu schnellen und komplexitätsreduktiven Lösungen nachgäbe, könnte man sich ihren Reflexionsaufwand dann nicht sparen? Ein solcher Begriff moralischer Orientierung rührt freilich an das fachliche Selbstverständnis und dürfte in Zeiten eines auf aller Forschung lastenden wachsenden Verwertungsdruckes in legitimatorische Engpässe geraten.

Gleichwohl scheint sich ein Teil der jüngeren moralphilosophischen Diskussion tendenziell auf ein problemorientiertes Denken hinzubewegen. Denn läßt sich die zu beobachtende Ablösung des für die moderne Ethik typischen Begriffs der *Pflicht* durch den Begriff der *Verantwortung*[17] nicht dahingehend interpretieren, daß hier zumindest die Suche nach einem erweiterten Begriff der moralischen Gemeinschaft[18] in Gang gekommen ist? Konzentrierte sich die

---

[16] Damit setze ich freilich – ohne dies hier weiter begründen zu können - voraus, daß diesen Grundintentionen bei moralischen Entscheidungsprozessen eine legitime Aufgabe zukommt.
[17] Schwartländer 1974, 1577f.
[18] Die moralische Gemeinschaft umfaßt den Kreis der Wesen oder Dinge, denen ein moralischer Status zukommt. Moralischen Status wiederum hat, wessen Da- und Sosein eine *direkte* moralische Relevanz besitzt.

moderne Ethik typischerweise auf die Bestimmung von Pflichten unter gegenwärtigen Akteuren einer Vernunft- oder Sprachgemeinschaft, so zeichnet sich in der philosophischen Verantwortungsdiskussion ein temporal mehrdimensionaler,[19] nicht-anthropozentrischer[20] Begriff der moralischen Gemeinschaft ab. Damit möchte ich freilich nicht behaupten, daß systemorientiertes ethisches Denken einen solchen Begriff prinzipiell ausschließt.[21] Ich bin allerdings der Auffassung, daß eine Öffnung prinzipienorientierter, deontologischer oder konsequentionalistischer Ethiken gegenüber moralischen Ansprüchen zukünftig oder ehemals Lebender, sowie gegenüber Tier und Natur ihre Entscheidungskapazität drastisch abschwächen müßte und damit ihrem Sinn und Zweck grundlegend widerspricht. Eine solche Schwächung könnten diese Ethiken nur dadurch abwehren, daß sie eine erhöhte Binnendifferenzierung innerhalb des erweiterten Bereichs des moralisch Relevanten durchführten. Damit wäre aber das Problem der Ausgrenzung moralischer Ansprüche nur von den Außengrenzen des Systems in dessen Innenbereich verschoben, nicht aber gelöst.[22] Daher scheint mir die bezeichnete Einengung des Bereiches der moralischen Gemeinschaft nicht nur historische, sondern auch und vor allem systematische Gründe zu haben. Ja es spricht einiges dafür, daß man hier zu wählen hat: entweder ein relativ hohes Potential für die Lösung normativer Konflikte unter Inkaufnahme einer drastischen Begrenzung der moralischen Gemeinschaft und der daraus resultierenden Problemreduktion, oder ein deutlicher Zuwachs an moralischem Problembewußtsein innerhalb einer erweiterten moralischen Gemeinschaft, bei verringerter Operationalisierbarkeit und Problemlösungskompetenz.

Trifft das zu, so befindet man sich damit freilich in einer recht unangenehmen Situation. Denn gerne hätte man doch beides: ein ungeschmälertes Problembewußtsein *und* ein hohes Konfliktlösungspotential. In der gegenwärtigen Verantwortungsdiskussion wird daher die mangelnde Operationalisierbarkeit und Begriffsunschärfe des Verantwortungsbegriffs kritisiert.[23] Dieser Kritik kann in zweierlei Weise begegnet werden: Entweder durch systemorientierte Ausgestaltung des Verantwortungsbegriffs im Sinne einer normativen Konzeptualisierung. Damit würde sich das problemorientierte Verantwortungsdenken in einen Produzenten von Orientierungswissen rückverwandeln. In Alternative dazu ließe sich überlegen, ob die Nichtoperationalisierbarkeit des Begriffs der Verantwortung nicht mehr Vor- als Nachteile hat und ob der durchaus bestehenden Gefahr einer bloßen Verantwortungsrhetorik nicht auf andere Weise begegnet werden könnte. Meine Überlegung geht dahin, den juristischen und den moralphilosophischen Verantwortungsbegriff unterschiedlichen terminologischen Präzi-

---

[19] So beispielsweise in dem Entwurf einer Zukunftsethik durch Jonas (1984) und dem ersten Ansatz einer vergangenheitsethischen Reflexion bei Liebsch (1997).
[20] Jonas 1987.
[21] Bekanntlich hat gerade der Utilitarist Jeremy Bentham (1948, 311) erste Anstöße für eine Reflexion auf den moralischen Status der Tiere gegeben.
[22] Näher hierzu Kohlmann 1995a; 1995b.
[23] Lenk 1991, 65.

sionsanforderungen zu unterwerfen. Während für den *straf- und zivilrechtlichen* Begriff der Verantwortung aus rechtsstaatlichen Gründen eine hohe Begriffsschärfe und Umfangsbegrenzung unerläßlich ist, könnte der *moralphilosophische* m. E. wesentlich weiter gefaßt und damit offengehalten werden für eine maximale Ermöglichung problemorientierter Erforschung moralischer Fragen. Entlastet man den nicht-juristischen Verantwortungsbegriff in dieser Weise, so könnten insbesondere die von der moralphilosophischen Diskussion bisher vernachlässigten sozial-psychologischen[24] und ökonomischen[25] Dimensionen der Verantwortung stärker ins Blickfeld treten: Zum einen würde deutlich, warum moralische Verantwortung auch dort bestehen könne, wo sie rechtlich nicht begründet werden kann, beziehungsweise sollte. Andererseits ließe sich das Augenmerk auf strukturell bedingte Unverantwortlichkeit richten und damit die moralphilosophische Reflexion in Bereiche tragen, die bei der Erörterung juristischer Zurechenbarkeit beziehungsweise Verantwortung weitgehend außer Acht bleiben müssen. – Ich bin mir freilich bewußt, daß sich allein mit der Wahl des Begriffs »Verantwortung« noch nicht die Sache selbst, ein komplexitätssensibles Problemdenken, einstellt. Der Verantwortungsbegriff ist dafür wohl nicht einmal eine notwendige, sondern nur eine mögliche und sicher nicht hinreichende Bedingung. Was zudem fehlt, ist ein methodisches Instrumentarium für eine problemorientierte Forschung. Wie dieses konkret auszusehen hätte, ist eine Frage, die noch nicht bedacht ist und zur ihrer Beantwortung umfassender Erwägungen bedarf. Ich möchte aber hier doch zumindest einen Diskussionsvorschlag machen, in welcher Richtung eine Lösung gesucht werden könnte: In Kritik am systemorientierten Denken der Jurisprudenz hat Theodor Viehweg[26] seit den späten fünfziger Jahren einen Ansatz entwickelt, der über Vicos *De nostris temporis studiorum ratione* auf Aristoteles und so auf topische Verfahren der Problemerörterung zurückgreift. Aufgrund einer der juristischen Problemlage hier vergleichbaren Ausgangssituation – der Kritik des Systemdenkens – vermute ich, daß die Topik einem veränderten moralphilosophischen Denken fruchtbare Impulse vermitteln könnte.

Was daraus folgt

In den bisherigen Ausführungen dürften einige theoretische Auswirkungen eines problemorientierten Ansatzes moralphilosophischer Forschung bereits deutlich geworden sein. Als wichtigste Konsequenz möchte ich hier nur dessen *systemselektive Wirkung* hervorheben. Problemorientierte Forschung führt früher oder später notwendigerweise dazu, jedes System zu durchbrechen. Immer dort, wo ein Problem innerhalb eines bestimmten, vorläufig eingenommenen Systemstandpunktes nicht lösbar erscheint, wird dieser zugunsten anderer Kriterien und Prinzipien verlassen. Der forschungsstrategische Don Juanismus problemorientierten

---

[24] Bierhoff 1994; Kelman/Hamilton 1989; Milgram 1997; Schmitt/Montada/Dalbert 1991.
[25] Künzli 1986.
[26] Viehweg 1974. Seiner Arbeit verdanke ich grundlegende Anregungen für die vorliegende Skizze.

Denkens treibt weiter und weiter. Vom Problemdruck gespeist, kommt diese Forschung in keinem System zur Ruhe. Theoretisch möglich, wird das letzte, das allumfassende System für sie nie real. Sind alle bestehenden Systeme ausgeschöpft, ohne daß das Problem zum Verschwinden gebracht wurde, dann fordert das Problemdenken neue. *Der damit erzeugte Pluralismus möglicher Systemstandpunkte ist intradisziplinär und transdisziplinär prinzipiell unendlich.* Die systemselektive Wirkung eines problemorientierten Denkens hat nämlich nicht nur zur Folge, daß ein moralphilosophischer Monismus unmöglich wird. Auch die strikte Einengung moralischer Fragen auf den Binnenraum normativ-ethischer Reflexionen wird durch die sozialphilosophische Einbeziehung etwa des Bereiches der gesellschaftlichen Bedingungen der Möglichkeit moralischen Handelns verhindert. Aufgrund seiner Unendlichkeit wäre dieser Pluralismus nur durch ein unendliches Bewußtsein – etwa die monas monadum – vollkommen einholbar. Endliche Wesen hingegen müssen sich mit dem stetigen Komplexitätszuwachs eines moralischen Pluriperspektivismus zufrieden geben, ohne auf dessen Abschluß in einem letzten, umfassenden System moralisch-praktischen Wissens hoffen zu können. An Stelle des Traums einer moralphilosophischen *Episteme* tritt die Ernüchterung moralphilosophisch reflektierter *Prudentia*. Moralwissenschaft wird zur Morisprudenz. Wollte man diesen Übergang in ein Bild fassen, so ließe sich sagen, daß mit ihm die kodifikatorisch-normative Arbeit an einer moralischen Verkehrsregelung jener einer stetigen Verfeinerung der moralischen Topographie unserer Handlungsräume Platz macht. Der Moralphilosoph wandelt sich vom ethischen Gesetzgeber zum Moralkartographen.[27]

Obgleich es mir hier um eine forschungsstrategische Skizze und nicht um die Reflexion über nicht-normatives moralisches Handeln geht, möchte ich abschließend eine praktische Konsequenz eines problemorientierten Ansatzes moralischer Orientierung doch zumindest andeuten. So eröffnete der Abschied von der vermeintlichen Sicherheit des systembestimmten Orientierungswissens vor allem ein Aktionsfeld alternativer Tugenden. Wer weiß, daß er prinzipiell unter Bedingungen von Unsicherheit, Ambivalenz, Komplexität und der prinzipiellen Vorläufigkeit moralischer Problemlösungen handelt, ist gehalten, dies durch erhöhte situative Wachsamkeit, größere Behutsamkeit in Entscheidungen und die Einübung einer gesteigerten moralischen Reflexionskapazität wett zu machen. Das geschärfte Bewußtsein für den in keiner auch noch so sorgfältig getroffenen Entscheidung jemals völlig verschwindenden Problemdruck bleibt als latente Unzufriedenheit zurück. Insofern als diese Unzufriedenheit mit der Unvollkommenheit unserer Entscheidungen deren Revisionsmöglichkeit zumindest prinzipiell offenhält, käme einem moralphilosophischen Problemdenken ein manifester moralischer Eigenwert zu.

---

[27] Die absolut richtige kartographische Projektion aber gibt es nicht. Jede hat bekanntlich spezifische Blindstellen, systembedingte Verzerrungen. Im Prozeß der Arbeit an besseren Karten wird man jedoch umsichtig und geländekundig. Genau darauf kommt es im Moralischen an: auf ein größtmögliches Bewußtsein der Komplexität moralischer Handlungssituationen.

Literatur:

Bentham, J.,*The Principles of Morals and Legislation*, New York 1948.

Bierhoff, H.W., *Verantwortung und altruistische Persönlichkeit*, in: Zeitschrift für Sozialpsychologie, 25 (1994), 217-226.

Gowans, Chr. W., *The Debate on Moral Dilemmas*, in: ders. (Hg.), *Moral Dilemmas*, New York/Oxford 1987, 4-33.

Hartmann, N., *Jenseits von Idealismus und Realismus*, in: Kant Studien 29 (1924), 160-206.

Jonas, H., *Das Prinzip Verantwortung: Versuch einer Ethik für die technologische Zivilisation*, Frankfurt a.M. 1984.

Kant, *Grundlegung zur Metaphysik der Sitten*, hrsg. von Karl Vorländer, Hamburg 1965.

Kant, *Metaphysik der Sitten*, in ders., *Werke in sechs Bänden*, hrsg. von W. Weischedel, Darmstadt 1983, Bd. IV, 303-634.

Kelman, H.C./V. Lee Hamilton, *Crimes of obedience: Toward a social psychology of authority and responsibility*, New Haven/London 1989.

Kohlmann, U., *Überwindung des Anthropozentrismus durch Gleichheit alles Lebendigen? - Zur Kritik der »Animal-Liberation-Ethik«*, Zeitschrift für philosophische Forschung 49(1995a), 15-35.

Ökodizee: J. Baird Callicotts funktionalistische Ethik, Wiener Jahrbuch für Philosophie, (1995b)191-202.

Künzli, A., *Strukturelle Verantwortungslosigkeit*, in: Th. Meyer/S. Miller (Hg.), *Zukunftsethik und Industriegesellschaft*, München 1986, 139-148;

Larmore, Ch., *Patterns Of Moral Complexity*, Cambridge 1987.

Lenk, H., *Zu einer praxisnahen Ethik der Verantwortung in den Wissenschaften*, in: ders. (Hg.), *Wissenschaft und Ethik*, Stuttgart 1991, 54-75.

Liebsch, B., *Vom Anderen her: Erinnern und Überleben*, Freiburg 1997.

Milgram, St., *Das Milgram-Experiment: Zur Gehorsamsbereitschaft gegenüber Autorität* Reinbeg bei Hamburg, 1997.

Mill, J.St., *Der Utilitarismus*, Stuttgart 1976.

Mill, *A System of Logic Ratiocinative and Inductive*, London 1967.

Schmitt, M./L. Montada/C. Dalbert, *Struktur und Funktion der Verantwortlichkeitsabwehr*, in: Z. f. differentielle u. diagnostische Psychologie, 12 (1991), 203-214.

Schwartländer, J., *Verantwortung*, in: H. Krings (Hg.), *Handbuch philosophischer Grundbegriffe*, München 1974, Bd. 3, 1577-1588.

Viehweg, Th., *Topik und Jurisprudenz: Ein Beitrag zur rechtswissenschaftlichen Grundlagenforschung*, München 1974[5].

Die beschränkte Leistungsfähigkeit unbedingter Moralprinzipien

HARALD KÖHL

Philosophen haben eine Schwäche für Grenzziehungen. So ist es nicht überraschend, wenn im Titel unseres Colloquiums nach den „Grenzen" für die „moralische Orientierung" gefragt ist. Die Grenz*ziehung* erhofft man sich dabei von besonders qualifizierten „Prinzipien". Ich fasse diese 'Grenzfrage' als die offenere Frage nach der *Orientierungsleistung* auf, welche 'unbedingte' Moralprinzipien zu erbringen vermögen. „Keine besondere", lautet meine Antwort darauf. Allemal scheinen solche Prinzipien weniger zu leisten, als man sich von ihnen versprochen hat.

Mit der Idee „unbedingter" moralischer Prinzipien kann zweierlei gemeint sein. Man mag dabei *erstens* an allgemeinste praktische Grundsätze mit den folgenden Eigenschaften denken: Sie rufen zu ihnen gemäßem Handeln auf. Sie formulieren zugleich Bedingungen für die moralische Akzeptabilität weniger allgemeiner Grundsätze, menschlicher Handlungen, Personen, usw. Sie sind dabei selber von keinen anderen moralischen Prinzipien, von keiner weiteren moralischen Beurteilungs- oder Befehlsinstanz abhängig. In dieser Lesart wären solche unbedingten Grundsätze, je nach Standort, *erste* oder *letzte* Prinzipien, praktische *Grund-* oder *Grenz*steine. An einer Grenze geht etwas zu Ende, an den Grenzpflöcken moralischer Orientierungssuche soll, bitte schön, Schluß sein mit der ärgerlichen Bedingtheit und Relativität aufgrund bloß optionaler Zwecksetzungen. Man möchte nicht nur Orientierung*en*, sondern *Orientierung*. Gesucht ist ein verbindlicher Rahmen für das Chaos individueller Glückssuche und technischer Beliebigkeit. Bedürftig spähend nach dem festen Punkt in der bewegten See kontingenter Wünsche und Interessen, setzt man seinen Notgroschen auf die Idee eines ersten Bewegers, einer unbedingten Bedingung: in Gestalt über-individueller, kontext-transzendenter, gruppen- und kulturübergreifender Prinzipien.

Nach einer *zweiten* Lesart der Idee unbedingter Moralprinzipien ist die beanspruchte Unbedingtheit genaugenommen keine Eigenschaft dieser Prinzipien selber. Gemeint sind vielmehr praktische Grundsätze, welche Handlungen vorschreiben, die 'unbedingt' *getan werden müssen*. Im *ersten Teil* meines Beitrags möchte ich *diese* Lesart im Anschluß an Kants Verständnis unbedingter Moralgebote erläutern und ihr Orientierungspotential kritisch beleuchten. Im *zweiten Teil* säe ich, mit J. B. Schneewind im Rücken, Zweifel an der Idee „erster" moralischer Grundsätze.

Die Konzentration auf die prätendierte *Unbedingtheit* von Moralgeboten hat die stiefmütterliche Behandlung ihrer angeblichen *Universalität* zur Folge, welche der kantianische Workshop-Titel ihnen zusätzlich angeheftet hat. Erwähnt sei immerhin das Implikationsverhältnis, das *Kant* zwischen dem angeblich *unbedingten* Charakter moralischer Vorschriften und deren *universellem Adressatenkreis* gesehen hat: „Denn Pflicht soll praktisch-*unbedingte* Notwendigkeit der Handlung sein; sie muß *also* [sic!] für *alle vernünftige Wesen (auf die nur überall ein Imperativ zutreffen kann)* gelten".[1] Den behaupteten Zusammenhang kann man sich folgendermaßen klarmachen: Wenn eine Vor-schrift von einer vorausgesetzten (Zweck-) Bedingung abhängt, dann schränkt dies ihren Adressatenkreis auf diejenigen ein, welche die Bedingung erfüllen. Das Fallenlassen der (Zweck-) Bedingung, in einer *unbedingten* Vorschrift, kann man deshalb als die *Ent*schränkung ihres Adressatenkreises auffassen. In diesem Sinne scheinen auch moralische Prinzipien eine unbeschränkte, universelle Geltung beanspruchen zu können.

1. Unbedingt und prinzipiell geboten

Wer sich bei der Idee prinzipieller, unbedingter Gebote unbedingt an Kant erinnern will, den sollte man nicht davon abhalten. Hatte jener doch *kategorische* Imperative durch ihre *Unbedingtheit* expliziert und sie so von anderen, hypothetisch-bedingten Forderungen unterschieden. Ihre Unbedingtheit galt ihm als ein Charakter(*vor*)zug moralischer Forderungen, der ihren *Vorrang* gegenüber nicht-moralischen Forderungen verständlich machen sollte. Unsere angelsächsischen Kollegen nennen diesen 'Mehrgeltungsanspruch' einer moralischen Forderung ihre *Overridingness* und meinen damit ihren 'Trumpfcharakter' gegenüber Gebrauchanweisungen, Schönheits- oder Glücksrezepten.

Kant selber erläutert den angeblichen 'Geltungsvorsprung' kategorischer Imperative gegenüber den minderen „*Ratschläge*(n) der Klugheit" als eine „*Ungleichheit* der Nötigung des Willens" durch diese Forderungen. Die ihm notwendig erschienene „Ordnung" unter derlei Vorschriften beruht folglich darauf, daß die „*Ratgebung*" zwar auch eine „Notwendigkeit" ausdrückt, „die aber *bloß unter subjektiver zufälliger Bedingung*, ob dieser oder jener Mensch dieses oder jenes zu seiner Glückseligkeit zähle, gelten kann".[2] Auch „*technisch*(e)" Imperative (416), welche den „Gebrauch der Mittel zu ... *beliebigen* Zwecken" (415) vor-

---
[1] Vgl. Kant, *Grundlegung zur Metaphysik der Sitten* (GMS), AA IV: 425. - Hervorh. und eckige Klammer: HK.

schreiben, besitzen nur unter *der Bedingung* nötigende Kraft, daß ihr Adressat sich den Bezugszweck der geforderten Handlung zu eigen macht. Ganz anders bei moralischen Vorschriften. Diese sind „*Gebote* (*Gesetze*)". (416) Und ein Gebot „führt den Begriff einer *unbedingten* und zwar objektiven und mithin allgemein gültigen *Notwendigkeit* bei sich, und Gebote sind Gesetze, denen gehorcht ... werden *muß*." (416 - letzte Hervorh. HK.)

Die erste Hälfte des letzten Zitats könnte als Blaupause für unseren Workshop-Titel gedient haben. Es läßt sich daraus aber auch entnehmen, daß, Kant zufolge, nicht die moralischen Gebote *selber* 'unbedingt' zu nennen sind. Vielmehr wird die *Notwendigkeit* als 'unbedingt' qualifiziert, welche diese Gebote zum Ausdruck bringen. Es handelt sich dabei um eine „praktische Notwendigkeit", um die „Notwendigkeit einer ... Handlung". (414) Ins Deutsche übersetzt besagt diese 'praktische Notwendigkeit', daß jemand etwas *tun muß*: 'praktisch' steht fürs Tun, 'Notwendigkeit' steht fürs Müssen. Kants Unterscheidung einer „*unbedingten* ... Notwendigkeit" von einer „Notwendigkeit ... unter ... zufälliger *Bedingung*" (416 - Hervorh. HK.) hat man demnach als die Unterscheidung von Forderungen aufzufassen, denen zufolge etwas nur bedingt oder aber *unbedingt getan werden muß*. Der Sitz des 'Unbedingten' in der Sprache wird somit am besten in der Redewendung deutlich, daß jemand etwas 'unbedingt tun muß'. Das sogenannte 'Unbedingte' ist in unserem Kontext ein Modus, in dem man eine Handlung ausführen muß.

Genaugenommen ist also weder eine moralisch geforderte *Handlung* noch deren *Forderung* unbedingt (oder bedingt).[3] Vielmehr ist dies, *daß jemand etwas tun muß*, von einer Bedingung abhängig - oder „ohne vorausgesetzte Bedingung". (420, Anm.) Wenn aber *spezielle* moralische Gebote nicht eigentlich 'unbedingt' oder 'bedingt' genannt werden können, dann auch nicht die *allgemeinen* moralischen Gebote unter dem Namen von 'Prinzipien'. Nach diesem, Kant abgelauschten Verständnis der Unbedingtheit moralischer Präskriptionen führt also die wörtlich genommene Frage nach der moralischen Orientierungsfunktion 'unbedingter *Prinzipien*' auf eine falsche Fährte.

Was heißt es nun aber, daß eine Handlung „unbedingt" (oder nur „bedingt") getan werden muß? Die beste Explikation dessen erhält man „in terms of reasons". Sie erfaßt den Unterschied zwischen bedingten und unbedingten Forderungen durch die *Verschiedenartigkeit der Gründe*, aus denen die derart gebotenen Handlungen getan werden müssen. Technische Anleitungen und Forderungen der Klugheit erkennt man an den *funktionalen*

---

[2] Vgl. ders. a.a.O.: 416. Hervorh. im letzten Zitat: HK. Die in der Folge in den Haupttext eingefügten Seitenzahlen beziehen sich auf Kants *Grundlegung*.

[3] Gleichwohl werde ich mich weiterhin, wo dies nicht irreführend ist, der abkürzenden Rede von „unbedingten Forderungen" bedienen.

Handlungsgründen, denen gemäß eine Handlung *deshalb* auszuführen ist, *weil* der Forderungsadressat einen bestimmten Zweck verfolgt und *weil* die Ausführung der geforderten Handlung als das probate Mittel zum Zweck erscheint.[4] *Unbedingte* Forderungen müßten demnach solche sein, die *nicht* wegen ihrer Zweckdienlichkeit geboten werden. Sie sind in dem Sinne 'un-bedingt', daß sie die geforderten Handlungen unabhängig von (und aus anderen als) funktionalen Gründen vorschreiben. Auch solche Handlungen *können* natürlich zu vielen Zwecken dienlich sein. Nur der *Grund* - genaugenommen der *letzte* Grund - für das Geforderte darf bei einer unbedingten Forderung *kein funktionaler* Grund sein. Von funktionalen Gründen ist bei unbedingten Geboten zu „abstrahieren"![5]

Die Auskunft, daß der letzte Handlungsgrund für eine unbedingt gebotene Handlung *kein funktionaler* Grund sein darf, ist bloß *negativ*. Die spannende Frage lautet, ob es *positiv charakterisierbare* nicht-funktionale Gründe für eine (geforderte) Handlung gibt?

Katzen würden ihre Freiheit wählen. Sie mögen es nicht, in Säcken gefangen zu sein. Deshalb steuere ich umstandslos auf eine (erweiterungsoffene) 'Positiv'-Liste nicht-funktionaler Handlungsgründe zu. Von dieser Liste müssen die Gründe für ein Gebot stammen: *wenn* es sich dabei um ein *unbedingt- moralisches* Gebot handeln soll.

Es gibt verschiedene *Beschreibungen* nicht-funktionaler moralischer Handlungsgründe, und es gibt verschiedene *Arten* solcher Gründe. Ein moralischer Grund für eine geforderte Handlung kann darin bestehen, ihr eine *moralische Eigenschaft* zuzusprechen. Solche Eigenschaften mag man z. B. in der *Verallgemeinerbarkeit* der Handlung(smaxime) oder darin sehen, *daß eine Handlung das Selbstbestimmungsrecht der Betroffenen achtet*. Die genannten moralischen Eigenschaften kann man der Grundformel bzw. der Zweck-an-sich-Formel von Kants oberstem Moralprinzip entnehmen. Deshalb kann man nicht-funktionale moralische Handlungsgründe auch so beschreiben, daß sie die *Überein-stimmung* einer (geforderten) Handlung mit einem moralischen (Ober-) Prinzip behaupten.

Wer den Rekurs auf moralische Superprädikate, wie das der 'Verallgemeinerbarkeit' (oder der 'Nutzenmaximierung') vermeiden möchte, mag an deren Stelle andere, am besten konkretere moralische Handlungsprädikate setzen. Wer überdies von der kantia-nischen Prinzipienfixiertheit wegkommen möchte, mag an Stelle der Übereinstimmung geforderter Handlungen mit einem moralischen *Grundsatz* an deren Übereinstimmung mit anderen Standards, also mit moralischen *Wertvorstellungen, Idealen* oder *Tugenden* denken. Alle

---

[4] Kant erläutert folgendermaßen einen hypothetischen Imperativ durch das Vorliegen bestimmter Gründe: Ein solcher „Imperativ ist bedingt, nämlich: *wenn* oder *weil* man dieses Objekt will, soll man so oder so handeln". Vgl. GMS: 444.
[5] *Kants* Ausdruck. Vgl. ders., GMS: 441, sowie ders., *Kritik der praktischen Vernunft* (KprV), § 1, Anmerkung, den Schlußsatz.

Feststellungen solcher Übereinstimmungen liefern nicht-funktionale moralische Gründe, auf die man die Auffassung stützen kann, daß etwas *unbedingt* getan werden muß.

Nun liegt es freilich auf der Hand, daß es auch *nicht-moralische* nicht-funktionale Handlungseigenschaften geben wird, die als nicht-funktionale Gründe für (geforderte) Handlungen fungieren können. Außerdem gibt es *nicht-moralische* Prinzipien, Ideale usw. Die Übereinstimmung einer Handlung mit diesen kann ein *nicht-moralischer* nicht-funktionaler Grund für eine (geforderte) Handlung sein. Die entsprechenden Vorschriften wären also ebenfalls im explizierten Sinne 'unbedingt'. Wenn dem so ist, dann ist die *Unbedingtheit* einer Forderungen kein Kriterium für ihren *moralischen* Charakter. Dasselbe gilt auf der Ebene *allgemeiner* Vorschriften, genannt '*Prinzipien*'. Dann aber bilden 'unbedingte' Prinzipien allein schon deshalb keinen verläßlichen Rahmen für die moralische Orientierung, weil sie nicht allemal *moralische* Prinzipien sind.

Mit dem Verlust des Unbedingtheitsmopols moralischer Prinzipien ist deren *Vorrangsanspruch* gegenüber Geboten der Klugheit usw. dementiert: *insoweit* er sich auf den Unbedingtheits-Charakter moralischer Grundsätze stützt. Gleichzeitig läßt die gegebene Explikation des 'Unbedingten' auch nicht erkennen, worauf sich ein 'prinzipieller' Vorrang unbedingter Gebote - moralischer *oder nicht-moralischer* - gegenüber bloß bedingten stützen ließe. Wenn 'unbedingt' und 'prinzipiell' geforderte Handlungen durch Gründe expliziert werden, welche deren nicht-funktionale Eigenschaften ins Feld führen, oder deren Übereinstimmung mit Prinzipien usf.: dann ist dieser Beschreibung nicht abzulesen, was solche Gründe und die dadurch gestützten Prinzipien gegenüber *zweck-rationalen* Gründen für Prinzipien der Klugheit oder der Kochkunst privilegieren soll.

Nicht nur gegenüber *nicht-moralischen* Prinzipien ist mit der Unbedingtheit moralischer Prinzipien kein Staat zu machen. Auch innerhalb des Moralbezirks haben sie mächtige Konkurrenz. Scheint es doch einigen Philosophen gelungen zu sein, die Existenz *bedingter, hypothetischer Moral*gebote und Prinzipien glaubhaft zu machen. Philippa Foot, Ernst Tugendhat und Richard Rorty haben verschiedene Arten moralisch-hypothetischer Imperative beschrieben. Für die jüngere *Foot* handelte es sich dabei um Handlungsvorschriften zu moralischen Zielen, die sich aus moralischen Tugenden ergeben. *Tugendhat* beschreibt solche Imperative als hypothetisch-moralische Forderungen zur Vermeidung der moralischen Kosten, welche moralischen Regelverletzern in Form moralspezifischer Sanktionen entstehen. *Rorty* faßt moralische Gebote als Forderungen nach gemeinschaftsdienlichem Handeln für gemeinsame Gruppenziele auf. Warum solche hypothetischen Moralgebote gegenüber ihren 'unbedingten' Geschwistern ein geringeres

Gewicht haben sollen, ist nicht ohne weiteres zu erkennen. - Dieses 'Weitere' könnte man sich freilich von dem anderen, eingangs vorgestellten Verständnis der *Unbedingtheit* von Prinzipien versprechen. Wir werden sehen.

2. *Erste* Moralprinzipien?

Kantianer, die für die Explikation der 'Unbedingtheit' moralischer Vorschriften nur die Übereinstimmung einer geforderten Handlung mit einem moralischen *Prinzip* als moralischen Handlungsgrund gelten lassen, haben ein Problem. Zwar kann man die Unbedingtheit von *niederrangigen* Moralprinzipien problemlos durch ihre Übereinstimmung mit einem *höherstufigen* Prinzip explizieren. Die Explikation der Unbedingtheit eines *obersten* Prinzips kann aber nach diesem Modell nicht gelingen.

An dieser Stelle könnte man das Rettende wachsen sehen in Form des anderen, anfangs eingeführten Unbedingtheits-Verständnisses. Demgemäß versteht man oberste moralische Vorschriften als „erste klassische Prinzipien". Diese sprachliche Prägung stammt aus einem Aufsatz J. B. Schneewinds. Solche 'unbedingten' Prinzipien müssen, Schneewind zufolge, „fundamental oder basal" sein. „Andere Prinzipien ... dürfen ihre Gültigkeit von einem solchen ersten Prinzip herleiten, es selber aber muß ein Ursprungsquell für die Autorität niedriger angesiedelter Teile der Moralität sein. Es darf hinsichtlich seiner bindenden Kraft nicht umgekehrt von anderen ... Prinzipien abhängen. Es muß eine vorgängige oder basale Gültigkeit oder Autorität ... besitzen, eine weder abgeleitete noch sonstwie abhängige Kraft."[6]

Das Kantische Sittengesetz ist, dem Anspruch nach, von solchem Kaliber. Es hat aber den beschriebenen privilegierten Status nur durch einen 'Hinter-Grund' der *Vernunft*. Bekanntlich wollte Kant uns glauben machen, „daß alle sittlichen Begriffe völlig *a priori* in der Vernunft ihren Sitz und Ursprung haben ...; daß in dieser Reinigkeit ihres Ursprungs eben ihre Würde liege, uns zu *obersten praktischen Prinzipien* zu dienen".[7] Für Kant formuliert der Kategorische Imperativ das „Grundgesetz der reinen praktischen Vernunft".[8] Hier also stieße der Spaten auf moralischen Fels in der Brandung schaukelnder Orientierungsbojen.

Die Idee einer Vernunftverankerung moralischer Oberprinzipien hat in den seither verstrichenen 200 Jahren nicht an Überzeugungskraft gewonnen. Auch das diskursethische face-

---

[6] Vgl. J.B. Schneewind, „Moral Knowledge and Moral Principles", in: G. A. Vesey (Hrsg.), *Knowledge and Necessity*, London / New York 1970: 250. - Übersetzungen aus Schneewinds Aufsatz: HK.

[7] Vgl. Kant, GMS: 411 - zweite Hervorh. HK.

[8] Vgl. Kant, KprV, § 7, Überschrift, AA V: 30.

lifting des moralischen Aufklärungsrationalismus hat den Verdacht nicht zerstreut: daß nicht Vernunfterkenntnis, sondern verzweifeltes Wunschdenken diese moralphilosophische Ankerschmiede befeuert. Sobald man die Idee einer Verankerung moralischer Spitzenprinzipien - sei es nun in der 'reinen praktischer Vernunft', in der 'Ordnung der Welt' oder dem 'Wesen des Menschen', fallenläßt, verlieren diese Prinzipien ihren privilegierten Status. Ohne ihre transzendentalphilosophische oder ontologische Erhebung in den metaphysischen Adelsstand sind oberste Moralprinzipien nichts *prinzipiell* Besseres als niedriger stehende Prinzipien oder als einzelne Moralgebote. Sie sind dann, nicht anders als 'Naturgesetze', lediglich Verallgemeinerungen oder Extrapolationen von weniger 'prinzipiellen' Prinzipien, konkreten moralischen Bewertungen oder moralischen Wahrnehmungen. Sie sind in derselben Weise wie empirische Verallgemeinerungen *fallibel* und *austauschbar*. Sie fassen unsere Vorstellungen von einer wünschenswerten moralischen Praxis zusammen, sie geben aber unserer moralischen Praxis *kein Fundament*.

Wer diesen Überlegungen etwas abgewinnen kann, der sollte auch Schneewinds pragmatistische Gegenkonzeption zum ethischen Kantianismus ernstnehmen, das ich im vorigen Absatz bereits angedeutet habe. Schneewind stellt der Vorstellung einer hierarchisch wohlgeordneten moralischen Prinzipienwelt ein holistisches Modell entgegen. Dieses erinnert an Quines Theorienholismus und an Rawls' Begründungsidee der Herstellung eines „Überlegungsgleichgewichts" zwischen moralischen 'Intuitionen', Urteilen, Einzelvorschriften und Prinzipien Schneewind wendet sich gegen die implizite kantianische Annahme, es gebe eine „kontextfrei bestehende Ordnung von Abhängigkeiten zwischen moralischen Propositionen", inklusive Prinzipien.[9] Er versucht zu zeigen, daß es keine unabhängigen moralischen Oberprinzipien *gibt*[10] und auch nicht geben *muß*[11], um die Ethik als rationale Disziplin betrachten zu können. Gemäß seiner Alternativkonzeption sind auch die obersten ethischen Prinzipien *revidierbar* und *verbesserbar*.[12]

Im 1. Teil dieses Beitrags habe ich die kantische Vorstellung der 'Unbedingtheit' eines moralischen Gebots durch die Angabe nicht-funktionaler Gründe für das dadurch Gebotene expliziert. Solche Gründe erblicken Kantianer in der Übereinstimmung eines moralischen Gebots mit moralischen Prinzipien. Diese Unbedingtheits-Erklärung ließ sich auch auf Prinzipien selber übertragen, wobei der Grund für das jeweils prinzipiell Gebotene in seiner Übereinstimmung mit einem ranghöheren Prinzip bestand. Eine Erklärung, die aber auf

---

[9] Vgl. Schneewind, a.a.O.: 253.
[10] Vgl. ders., a.a.O.: 255.
[11] Vgl. ders., a.a.O.: 254.
[12] Vgl. ders., a.a.O.: 261.

oberste unbedingte Prinzipien nicht anwendbar ist. Für dieses Problem hatte Kant eine metaphysische Hilfskonstruktion in Form einer reinen Vernunftstütze *in petto*. Wir brauchen diese Stütze nicht. Denn das Problem, das damit gelöst werden sollte, stellt sich gar nicht, wenn wir Schneewinds Theorievorschlag beherzigen:

Das beschriebene Problem für die Explikation der Unbedingtheit eines obersten Moralprinzips stellt sich *nur* unter der Annahme einer hierarchisch wohlgeordneten Prinzipienwelt, in der ein Grund für die „prinzipiell" geforderten Handlungen nur durch das nächsthöhere Prinzip angegeben werden kann, und für das zweithöchste Prinzip nur durch das oberste. Dem können holistisch gesonnene Philosophen entgegenzuhalten, daß Gründe für moralische Prinzipien nicht allemal *höhere* Prinzipien sein müssen, und daß solche Gründe gar nicht immer *Prinzipien* zu sein brauchen. Ein akzeptabler, in vielen Gestalten auftretender *nichtfunktionaler* Grund für ein 'unbedingtes' moralisches Gebot, wie 'prinzipiell' es auch gemeint sein mag, besteht darin, daß es mit anderen Bestandteilen unserer moralischen Ausrüstung zusammenpaßt, die wir 'derzeit' nicht missen möchten.

Bickenbach, im März 1999

Andreas Luckner

Kant und die Ratschläge der Klugheit. Zur Orientierungsfunktion pragmatischer Imperative

1. Orientierungslosigkeiten

Mit der berühmten Grundfrage der Ethik: „Was soll ich tun?" – nehmen wir sie als Ausdruck der (zeitweiligen) Orientierungslosigkeit einer Person – kann, je nach Kontext, Verschiedenes gemeint sein: Einerseits kann damit nach einer Verpflichtung gefragt werden, also im Sinne von: „Was bin ich (überhaupt bzw. in diesem besonderen Fall) *verpflichtet* zu tun?"; andererseits, und das dürfte der weitaus häufiger vorkommende Fall sein, kann hiermit eine Frage nach Orientierung im engeren Sinne *individueller Lebensorientierung* gestellt sein: „Welchen Weg soll mein Leben nehmen?" oder auch: „Was will ich denn eigentlich?"[1]. Die Verwechslung dieser beiden Bedeutungen dürfte nun des öfteren dazu führen, daß sich Personen in Orientierungskrisen an die Moralphilosophie wenden und dort bemerken müssen, daß ihnen wohl nur wenig geholfen werden kann. Kurz: sie wollen einen Ratschlag und bekommen ein Gebot.

Zwischen diesen beiden Bedeutungspolen der Frage „Was soll ich tun?" stünde nun wohl die klassisch-sokratische *allgemeine* Frage danach, „wie man leben soll"[2]. Die moderne Moralphilosophie ist mit einigem Recht skeptisch gegenüber der Möglichkeit einer generellen Antwort auf diese Frage nach dem *guten Leben* und überläßt daher die Beantwortung mit guten Gründen den Individuen selbst. Dies dürfte, ganz einfach gesprochen, der Grund dafür sein, daß die beiden obengenannten Bedeutungen so weit auseinanderliegen, so daß fraglich ist, was das eine mit dem anderen überhaupt zu tun haben könnte.

Weiterhin dies auch der Grund für den Mangel an Orientierungskraft, der universalistisch-prinzipienbasierter Ethiken für Fragen der Lebensführung nachgesagt wird. Man oft versucht – wie etwa im Falle der Wertethik Schelers und Hartmanns, der Neoaristoteliker aller Couleurs sowie mancher Vertreter der v. a. im angelsächsischen Sprachraum verstärkt betriebenen *Virtue Ethics*[3] – materiale Gegenkonzepte in der Ethik wiederaufleben zu lassen. Dies ist aus vielen Gründen problematisch, zunächst und vor allem wegen der notwendigen kulturspezifischen Partikularität der Vorschläge, die hier gemacht werden können, dann aber auch deswegen, weil dadurch tendenziell auch die Fähigkeit der Indiviuen, *sich selbst zu orientieren*, mißachtet wird. Es kann sein, daß inhaltlich spezifizierte Vorgaben in der Ethik gar nicht das erreichen, was von ihnen in orientierender Absicht erwartet wird. Denn diese erfordern eine Art Bekenntnis, welches der oder die nach Orientierung Suchende gerade nicht ablegen können – könnten sie es, würde sich ihnen die Frage z. B. danach, was für ein Mensch sie sind oder sein wollen, gar nicht erheben.

Es liegt nun aber gar nicht so sehr an vielgescholtenen Formalität moderner Ethik, daß die Individuen mit ihrer Hilfe sich selbst nicht in ihrer Lebenswirklichkeit zu orientieren vermögen, sondern am weitgehenden Fehlen einer der Moralphilosophie *korrespondierenden* (und eben vielleicht gar nicht: *konkurrierenden*) Lehre, wie und aufgrund welcher Voraussetzungen eine Person zur Bestimmung dessen, was sie will, überhaupt kommen kann. In der Tat haben mit diesen Fragen traditionellerweise die Tugendlehren zu tun, die daher auch keine Konkurrenzunternehmen zur Moralphilosophie darstellen, noch lediglich empirisch-moralpsychologische Fragestellungen behandeln würden, da es sich bei dem Zusammenhang von Person und Lebensorientierung durchaus um begrifflich-philosophische Zusammenhänge handelt.

---

[1] Der Unterschied entsteht aus der Mehrdeutigkeit des „Sollens": Es gibt eben ein moralisches und ein nicht-moralisches Sollen, welches aber eben deswegen noch nicht ein ‚unmoralisches', d. h. der Moral opponierendes und noch nicht einmal ein moralirrelevantes Sollen ist (s. u.). Vgl. hierzu etwa auch Williams 1985, 1 ff.; Tugendhat 1993, 38 ff.; Wolf 1984.

[2] Vgl. Platon, *Politeia*, 352 d.

[3] Einen guten Überblick hierfür geben Crisp/Slote 1997 sowie Rippe/Schaber 1998.

Worum geht es in der obengenannten ‚Orientierungsfrage' im Unterschied zur ‚Verpflichtungsfrage'? Offenbar nicht um den Freiraum des Handelns, der einem Individuum offensteht („Was ist mir erlaubt zu tun?"), sondern darum, wie dieser genutzt werden kann und *soll*. *Dieses* Sollen ist aber nicht das der Moral, sondern dasjenige der *Klugheit,* eher ein konjunktivisches – oder wie Kant sagt: „hypothetisches" (s. u.) – Sollen[4]. Folglich dürfte man wohl mit solchen Orientierungsfragen bei der Moralphilosophie an der falschen Adresse sein und man sollte sich eher an die Klugheitslehre wenden. Um diese sieht es allerdings im Rahmen moderner Praktischen Philosophie einigermaßen schlecht bestellt aus. Das „Orientierungswissen" der vormodernen Ethiken und Tugendlehren, etwa hinsichtlich Lebensführung, Umgang mit Menschen usw., oft erkauft mit der Festschreibung inhaltlicher Bestimmungen bestimmter Lebensformen, scheint in der modernen Ethik, beginnend mit Bentham und Kant, keinen Platz mehr zu haben.

Oder doch? Eine Erneuerung der Klugheitslehre unter den Bedingungen der Moderne im Interesse der Selbstorientierungsmöglichkeit der Individuen scheint mir eine lohnende Aufgabe zu sein. Aber kann es so etwas überhaupt geben? Dem scheinen die modernen Moralphilosophen mit ihrer fast durchgängigen Opposition von Klugheit und Moral entgegenzustehen, wie sie am schärfsten sicherlich von Kant formuliert ist. Eine Diskussion der harschen Entgegensetzung von Moral und Klugheit in der kantischen Ethik ist daher geeignet dafür, das Orientierungsproblem und zumindest die Suchrichtung einer möglichen Antwort darzustellen. Im folgenden wird daher, nach einer kurzen Darstellung des Niedergangs der Tugend Klugheit (2.), die kantische Darstellung der pragmatischen Imperative bzw. „Ratschläge der Klugheit" im Vordergrund stehen (3.). Dabei soll nicht bestritten werden, daß es einen prinzipiellen Unterschied von Klugheit und Moral gibt, aber deswegen müssen wir doch die Opposition von Klugheit und Moral, wie Kant sie in seinen Schriften allenthalben konstruiert, nicht anerkennen. Auch wenn die Klugheit keine Rolle im moralischen Begründungsdiskurs spielen kann und darf, ist sie deswegen, gegen Kant, noch nicht moralisch irrelevant. Denn gerade die von Kant unterschätzte Orientierungsfunktion der pragmatischen Imperative auf das je eigene Glück hin ist eine wichtige Voraussetzung auch für die moralische Lebensorientierung einer Person (4.).

2. Die Tugend Klugheit

Sowohl die pragmatische Orientierung, also diejenige *in den konkreten* Situationen des Lebens einer Person, als auch deren generelle Lebensorientierung – welche nicht allein die moralische Orientierung betrifft, wie sie sich eztwa in einer Gesinnung ausdrückt – fällt traditionellerweise unter den Aufgabenbereich der *Tugend* Klugheit. Ihre Sache ist die von Kant nur schwach beleuchtete individuelle ‚Umsetzung' dessen, was als gut und richtig beurteilt wird, in eine adäquate Handlungsweise. Insofern bewirkt die Klugheit die *Realisierung* des Guten, was immer dieses auch „an sich", d.h. unter moralphilosophischen Gesichtspunkt sei.

Wer sich die Geschichte des Klugheitsbegriffs im Rahmen der Ethik auch nur ganz grob vor Augen führt, der kann leicht sehen, daß die Klugheit als Tugend – deren Leitspruch mit dem kästnerschen „Es gibt nichts Gutes, außer man tut es" gut getroffen wäre – einen enormen Statusverlust erlitten hat: Während sie als phrónêsis bzw. prudentia *die* zentrale intellektuelle Tugend in Bezug auf das Praktische etwa bei Aristoteles und Thomas von Aquin darstellte, ist sie bei Kant nurmehr die „Geschicklichkeit in der Wahl der Mittel zum eigenen größen Wohlsein"[5] und, da sie nur auf die individuelle Glückseligkeit ausgerichtet ist, Prinzip des Egoismus. Es ist bezeichnend, daß Kant einen Begriff von Klugheit *als Tugend,* d. h. als einer in irgendeinem Sinne schätzenswerten intellektuellen Haltung bezüglich des Tunlichen gar nicht kennt. Vielmehr wettert er in vielen seiner Schriften gegen die "Schlangenwindungen der Glückseligkeitslehre"[6], für die die erfahrungsabhängige Klugheit verantwortlich zeichnet.

---

[4] Das Konjunktivische des Sollens der Klugheit drückt sich in Ratschlägen z. B. in Wendungen der Form: „Hier *solltest* Du dies tun" (i. S: v.: „Hier ist für Dich am besten, dies zu tun").

[5] Kant, *Grundlegung* BA 42.

[6] Kant, *Metaphysik der Sitten,* AA VI, 331.

Zum Teil läßt sich dies auf einen generellen Funktionsverlust der Klugheit im Aufbau der Praktischen Philosophie im autonomistischen Paradigma neuzeitlicher Moralphilosophie zurückführen. Vorneuzeitliche Klugheits- und Tugendethiken rechnen einigermaßen selbstverständlich mit (gott- oder natur-) gegebenen Wertehorizonten, innerhalb derer die Klugheit als individuelle Haltung der selbstbestimmten Realisierung dessen fungiert, was das (auch in einem moralischen Sinne) gute Leben innerhalb dieses Horizontes ausmacht. Sie hat in der jeweils konkreten Bestimmung des zu Tuenden also zugleich eine wichtige handlungsorientierende Funktion, denn erst im Lichte der individuellen Klugheit bekommen die Tugendideale eine handlungsmotivierende Attraktivität. Schon Aristoteles hatte deutlich gesehen, daß die in den Tugenden vorgezeichneten Ideale nur umrißhaft bestimmbar sind, und daher eine konkrete Bestimmung erst in der situativ verfahrenden Praxis selbst erfahren können. Die Formen der Tugendideale werden erst durch die individuelle Klugheit mit Inhalt gefüllt, indem sie bestimmt, was es hier und jetzt für eine Person heißt, gerecht couragiert, besonnen oder großzügig zu sein. Die phrónêsis – nach der Definition in der *Nikomachischen Ethik* die mit wahrer Vernunft verbundene Haltung bezüglich des für den Menschen Guten, d. h. der eudaimonia[7] – ist demnach das, *wodurch* wir uns orientieren; eine Art „Orientierungskraft" also, welche die ethischen Ideale oder Werte vom Himmel auf die Erde bringt. Zwar ist diese Orientierungsfunktion auch bei Aristoteles angewiesen auf Orientierungspunkte, *an denen* wir uns orientieren. Allein diesen mit lauterer Gesinnung nachzustreben, reicht auch und gerade für eine moralische Selbstorientierung bei weitem nicht aus. Denn um hier und jetzt – und nicht nur im Prinzip – gerecht, tapfer oder respektvoll zu sein, muß ich auch wissen, was es hier und jetzt konkret bedeutet, gerecht, tapfer und respektvoll zu sein. Zusammenfassend hieße dies, in Anlehnung an eine kantischen Wendung: *Klugheit ohne Moral ist blind, Moral ohne Klugheit aber ist leer.*

Durch den Wegfall der Selbstverständlichkeit eines gegebenen sittlichen Rahmens bzw. eines gemeinsam geteilten Wertehorizontes verliert die Klugheit als Tugend im autonomistischen Rahmen der neuzeitlichen Moralphilosophie[8] zunächst ihre Orientierungsfunktion. Denn wo die Orientierungspunkte als Handlungsziele nicht einfachhin gegeben sind, sondern allererst vom autonom erachteten Individuum als Zwecke gesetzt werden müssen, d. h. wo nicht ein Streben klug gelenkt, sondern allererst ein Wille vernünftig bestimmt werden muß, scheint die Klugheit für die „moralische" Orientierung ausgespielt zu haben. Erst Kant aber thematisiert in aller Deutlichkeit, daß in einem autonomistischen Rahmenkonzept der Ethik, in dem es primär nicht um optimale Realisierung schon gegebener Ziele, sondern allererst um die *Rechtfertigung* von Zwecksetzungen geht, die individuelle Klugheit als vernünftige Mittelwahl und praktische Urteilskraft keine *moralische* Funktion haben kann. Denn was jeweils klug, d. h. zu tun angeraten ist, kann sich nicht mehr an allgemein beschreibbaren Eigenschaften eines guten Lebens bemessen, sondern gerät in diesem Rahmen in Abhängigkeit von den jeweiligen Lebensentwürfen der Individuen. Die Klugheit wird generell zur Privatsache.[9]

Damit ist der tiefe Graben zwischen Klugheit und Moral aufgerissen, zwischen individuell und kooperativ orientierten vernünftigen Handeln, aber damit auch die ständig drohende Orientierungskrise der Individuen, die für die Moderne so kennzeichnend zu sein scheint. Denn die Individuen überfordernde Voraussetzung der Moralitätsforderung ist, daß sie immer schon einen Willen haben, ja, daß sie schon wüßten, was sie wollen. Orientierungslosigkeit im engeren Sinne ist nun aber, wie gesagt, der Zustand, in dem ein Individuum gerade nicht weiß, was es will.

Wir gelangen daher an eine Grenze der moralischen Orientierung allein durch die universalen Prinzipien der Moral daher genau dort, wo es um das je eigene Leben eines Individuums geht: „Was soll *ich* (als ich selbst) tun?". Diese Frage kann nicht mit dem Verweis darauf, was *man* (ich wie jeder andere auch) tun soll. Damit eine *Selbstorientierung* der Akteure – auch unter moralischen Gesichtspunkten – überhaupt möglich ist, benötigen sie nicht nur Moral, sondern auch Klugheit, *durch die sie*

---

[7] Vgl. Aristoteles, *Nikomachische Ethik*, VI, 5; 1140 b 20.

[8] Spürbar etwa bei Hobbes, in Descartes' „morale par provision", aber auch schon bei Montaigne.

[9] Das kann man auch an der von Kant vorgenommenen ausdrücklichen Reduktion der barocken „Weltklugheit", wie sie etwa noch von Thomasius unter dem Titel der „politischen Klugheit" als eigenständig neben dem Moralischen bestehender Bereich des respektvoll-gesitteten Umgangs der Menschen miteinander thematisiert wurde (vgl. Thomasius 1705), auf die bürgerliche „Privatklugheit", der es nur noch um die Instrumentalisierung des anderen zu den eigenen Zwecken geht. Vgl. *Grundlegung* BA 43 Anm.

sich *an* moralischen, d. h. den Standpunkt des Egoismus übersteigenden Prinzipien orientieren können.

3. Kants Ratschläge

Mit und ohne Kant ist es in der Tat leicht zu sehen, daß moralische und kluge Überlegungen verschiedene Eigenschaften haben. Das oft herausgestellte Charakteristikum moralischen Denkens, nämlich hier ginge es, im Unterschied zum ‚prudentiellen' Denken, um die Beachtung der Interessen anderer Personen, ist nur sekundär. Der maßgebliche Unterschied liegt vielmehr in ihrer unerschiedlichen Art, vorzuschreiben; kurz und kantisch gesagt, darum: Die Klugheit rät an, die Moral gebietet.[10]

Damit verbunden sind verschiedenartige Geltungsansprüche. Um nun diejenige von pragmatischen Imperativen bzw. Ratschlägen zu klären, ist eine Betrachtung der bekannten Klassifikation der Imperative in der *Grundlegung*[11] Kants hilfreich. Imperative bzw. Vorschriften oder Präskriptionen können danach hinsichtlich ihres Geltungsanspruches zunächst in *hypothetische* (oder: bedingte) und *kategorische* (oder: unbedingte) unterschieden werden. Die hypothetischen Imperative, die im Unterschied zu den kategorischen in ihrer Geltung abhängig davon sind, daß *überhaupt* bestimmte Zwecksetzungen vorliegen, lassen sich weiterhin unterscheiden in solche, die nur aufgrund einer eigens vorgenommenen Zwecksetzung vom Handlungssubjekt gelten können – das sind die *technischen* Imperative bzw. „Regeln der Geschicklichkeit" – und solche, bei denen die Zwecksetzung immer schon vorausgesetzt ist, also quasi von Natur aus bestehen, wie im Falle der „Glückseligkeit" – dies sind die *pragmatischen* Imperative oder „Ratschläge der Klugheit"[12]. Auch wenn faktisch alle Menschen nach Glück streben, sind diese Ratschläge in ihrem Geltungsanspruch bedingt dadurch, *daß* dieses Streben vorliegt, im Unterschied zu einem kategorischen Imperativ, der unabhängig vom Bestehen oder Nichtbestehen von Präferenzen Geltung beansprucht.

Wir sind nun weder durch kluge Ratschläge noch durch Gebrauchsanweisungen (technische Imperative) im strengen Sinne dazu *verpflichtet*, irgendetwas zu tun. Nur *wenn* und *insofern*, als wir A sagen, „müssen" wir auch B sagen. Umgekehrt sind moralische Prinzipien keine Gebrauchsanweisungen zur Herstellung eines bestimmten gewünschten Zustandes und sei es derjenige allgemeiner Glückseligkeit. Denn der Geltungsanspruch *moralischer* Gebote, wie etwa diejenigen, daß man keine Lebewesen quälen oder daß man nicht lügen soll, ist logisch unabhängig davon (und daher irreduzibel auf hypothetische Imperative), was ich persönlich mir für Zwecke in meinem Handeln gesetzt habe. Der Geltungsanspruch moralischer Normen bzw. kategorischer Imperative kann mir nämlich gerade dann entgegengehalten werden, wenn ich nicht selber wünsche, daß diese Gebote erfüllt werden. Darin liegt eben ihre Unbedingtheit, d. h. ihr kategorischer Charakter.[13]

Der präskriptive Unterschied zwischen hypothetischen und kategorischen Imperativen – die Existenz letzterer vorausgesetzt – ist damit klar. Wie verhalten sich nun aber die pragmatischen zu den technischen Imperativen? Hier ist Kant durchaus nicht eindeutig: Während in der *Grundlegung* Klugheit und Geschicklichkeit noch artmäßig unterschieden werden, faßt er später die Ratschläge der Klugheit als besondere technische Regeln und diese selbst als „technisch-praktische Vernunft"[14] auf. Dies ist der in unserem Zusammenhang entscheidende Unterschied von technisch-schematischem und klug-situationsadäquatem („findigem") Vorgehen, der von Kant in der Grundlegung noch aufrechterhalten wird. Mit dessen zunehmender Einebnung werden die Weichen gestellt für einen wesentlichen Zug der modernen Ethik: der Reduktion der Klugheit einer Person auf deren instrumentelle Rationalität.

---

[10] Vgl. Kant, KpV 148: „Die Maxime der Selbstliebe (Klugheit) rät bloß an; das Gesetz der Sittlichkeit gebietet. Es ist aber doch ein großer Unterschied zwischen dem, wozu man uns *anrätig* ist, und dem, wozu wir *verbindlich* sind."
[11] Vgl. Kant, *Grundlegung* 39 ff.
[12] Kant, *Grundlegung* BA 43.
[13] Ob und wie ein solcher Geltungsanspruch selber begründet werden kann, ist dabei eine ganz andere und uns hier nicht weiter interessierende Frage.
[14] Kant, *Anthropologie*, A 235, B 234.

Schauen wir uns also zur Verdeutlichung beide Varianten der Unterscheidung von technischen und pragmatischen Imperativen genauer an: Die Ratschläge der Klugheit werden in der *Grundlegung* als assertorisch-praktische Sätze, d. h. als solche, *die in jedem Falle* einen „Bestimmungsgrund der Willkür"[15], d. h. eine handlungsinitiierende Eigenschaft mit sich führen, bestimmt; einfach deswegen, weil das Ziel der Handlung, das Glück, etwas ist, wovon wir naturgemäß ausgehen können, daß es jeder will. Dies ist für die Behandlung von Orientierungsfragen innerhalb der Ethik von großem Interesse, denn es dürfte das wesentliche Merkmal eines guten Ratschlags sein, daß er dazu beiträgt, dem Individuum dazu zu verhelfen, *sein* Glück zu finden – worin immer dieses bestehen mag.

Die Regeln der Geschicklichkeit sind dagegen praktische Sätze, die nur dann – wie etwa in Gebrauchsanweisungen – praktischen Nötigungscharakter haben, wenn der Handelnde das mit einer dieser Regeln verbundene Ziel auch als Zweck gesetzt hat. Der Unterschied manifestiert sich u. a. darin, daß es unvernünftig ist, einen als gut erkannten Ratschlag nicht zu befolgen, während es nicht gegen die Vernunft ist, eine gute Gebrauchsanweisung nicht zu befolgen, wenn man das, wofür sie Anleitung ist, nicht will. Insofern drücken die Ratschläge ein allgemeines, wenn auch nicht unbedingtes (= moralisches) Sollen aus, d. h. sie haben per se willensbestimmende, auffordernde und damit orientierende Funktion. Dies bringt sie in eine gewisse Konkurrenz zu den moralischen Imperativen, und es dürfte genau diese Konkurrenz gewesen sein, die Kant im Interesse der Reinheit und Klarheit der Moral dazu führte, die pragmatischen Imperative aus der Ethik zu verbannen.

Dies gelang ihm mit der späteren Subsumierung der Ratschläge der Klugheit unter die technischen Imperativen aber nur, indem er das Kind mit dem Bade ausschüttete. In einer Anmerkung, mit der Kant explizit „einen Fehler zu verbessern"[16] sucht, den er in der *Grundlegung* begangen hätte, heißt es in der ca. fünf Jahre später geschriebenen ersten *Einleitung zur Kritik der Urteilskraft*: „Die pragmatischen, oder *Regeln* der Klugheit, welche unter der Bedingung eines wirklichen und so gar subjektiv-notwendigen Zweckes [nämlich der Glückseligkeit, A. L.] gebieten, *stehen nun zwar auch unter den technischen* (denn was ist Klugheit anders, als Geschicklichkeit, freie Menschen und unter diesen so gar die Naturanlagen und Neigungen in sich selbst, zu seinen Absichten brauchen zu können). Allein daß der Zweck, den wir uns und andern unterlegen, nämlich eigene Glückseligkeit, nicht unter die bloß beliebigen Zwecke gehöret, berechtigt zu einer besondern Benennung dieser technischen Imperativen: weil die Aufgabe nicht bloß, wie bei technischen, die Art der Ausführung eines Zwecks, sondern auch die Bestimmung dessen, was diesen Zweck selbst (die Glückseligkeit) ausmacht, fodert, welches bei allgemeinen technischen Imperativen als bekannt vorausgesetzt werden muß [Hervorhebung von mir, A. L.]".[17]

Hier werden die pragmatischen Imperative bzw. Ratschläge der Klugheit eindeutig als besondere technische Regeln aufgefaßt, wobei es die Klugheit als Geschicklichkeit im Umgang mit den Menschen mit nichts anderem als mit deren Instrumentalisierung zu tun hat; auch eine „Selbsttechnik" im Sinne der Asketik würde wohl hierunter fallen. Ratschläge der Klugheit sind hier also nichts anderes als Regeln der Geschicklichkeit, mit dem einzigen Unterschied, daß das Ziel der Klugheit, die Glückseligkeit, notwendig unterbestimmt ist. Kant erklärte dies schon in der *Grundlegung* damit, daß das Glück als „Maximum des Wohlbefindens"[18] selbst „nicht ein Ideal der Vernunft, sondern eines der Einbildungskraft"[19] sei, das eben nur empirisch, d. h. je verschieden, nicht aber allgemeingültig näher bestimmt werden kann. Im Grunde läuft es darauf hinaus: Jeder will das Glück, aber worin es besteht, kann niemand sicher wissen. Das von den Ratschlägen der Klugheit als Regeln zur Erlangung der Glückseligkeit ausgehende Orientierungsangebot ist also ein Trugbild, denn jeder kann kluge Ratschläge geben, aber jeder gibt andere, so daß es hier gar keine Allgemeingültigkeit geben kann; es sei denn, die Ratschläge sind trivial, d. h. passen als sog. Binsenweisheiten auf beliebige Situationen. Diese Tendenz zuspitzend könnte man sagen: Wenn manche Leute ihre klugen Ratschläge in Bücher schreiben, wie etwa Seneca und Epiktet, Montaigne oder die französischen Moralisten kann hier ent-

---

[15] Kant, *Kritik der praktischen Vernunft*, A 40 f. Im folgenden verdanke ich einige Gedanken Gesprächen mit Peter Fischer und seinem Skript *Glückseligkeit, Geschicklichkeit und Klugheit. Eine Textinterpretation*

[16] Kant, *Einleitung in die Kritik der Urteilskraft*, 14 Anm.

[17] Ebd.

[18] Kant, *Grundlegung* BA 46

[19] Ebd. BA 47

weder nur Vages und Subjektives oder aber Triviales herauskommen. Der popularphilosophischen Maximenliteratur würde dann auch nur deswegen so große Wichtigkeit beigemessen, weil das Glücksstreben allgemein ist und in diesen Büchern den Leuten vorgegaukelt wird, es gäbe Gebrauchsanweisungen für das glückliche Leben. Diese kann es aber aufgrund der Unbestimmbarkeit des Glückseligkeitsbegriffs nicht geben.

In der Tat kann es keine Gebrauchsanweisungen für das glückliche Leben geben, weil das Glück als Ziel nicht von der je individuellen Präferenzstruktur gelöst werden kann, eine Erkenntnis, die ein Jahrhundert später auch am Ende des hedonistisch orientierten klassischen Utilitarismus stand. Die Hiebe Kants gegen die Klugheitslehren beziehen allerdings ihre Kraft allein aus der Gleichsetzung von Ratschlägen mit Regeln, von Hilfen zur Selbstorientierung mit schematischen Gebrauchsanweisungen fürs glückliche Leben. Aber diese Auffassung vertreten die meisten der von Kant gescholtenen Glückseligkeitslehren überhaupt nicht; daher geht sie sowohl an Kants ursprünglicher Einsicht eines wesentlichen Unterschiedes der pragmatischen von den technischen Imperativen vorbei, als auch am Selbstverständnis der sog. Maximenliteratur[20], als auch am Phänomen der Beratung im Unterschied zur technischen Auskunftserteilung.

Nur zum letzteren Punkt noch eine kurze Bemerkung. Es dürfte, gemäß der früheren kantischen Einsicht, einen systematisch relevanten Unterschied zwischen einer Beratung in technischen und einer solchen in lebenspraktischen („pragmatischen") Fragen sein. Der Unterschied etwa zwischen einer Steuer- und einer Lebensberatung besteht, grob gesagt darin, daß im ersteren Falle der Berater, wenn er ein guter ist, als Experte Regeln auf den besonderen ihm als Problem geschilderten Fall so anwenden können muß, daß ein vom Ratsuchenden gewünschtes Endresultat erzielt wird. Als Regeln sind sie vom individuellen Fall lösbar und deshalb kann man Regelwerke erstellen, die man sogar auch „Ratgeber" (etwa ‚1000 Steuertricks' usw.) nennen kann. Wichtiges Merkmal einer solchen technischen Ratgebung ist, daß durch sie keine handlungsorientierende Wirkung erfolgt, denn den Willen zur bestimmten Tat bringen die Ratsuchenden schon mit.

Davon unterscheidet sich derjenige, der nach Orientierung sucht. Denn ein solcher Ratsuchender möchte nicht wissen, wie das, was er ohnehin schon will, optimal realisiert werden kann, sondern überhaupt allererst klären, was er ‚eigentlich' will. Für dieses ‚eigentliche Wollen' bzw. dessen Erfüllung kann man in vielen Kontexten auch den Ausdruck „Glück" einsetzen[21]. Für das, was ein Individuum ‚eigentlich' will gibt es aber – abgesehen von gewissen Grundbedürfnissen – keine Regeln und keine Experten.

Umgekehrt heißt dies aber, daß „Glück", auf das die individuelle Klugheit gerichtet ist, ganz im Sinne Kants eben auch nur individuell bestimmt werden kann. Hierfür, wie ein Individuum dazu kommen kann, zu erfassen, worin sein Glück liegt, kann es allerdings – sicherlich begrenzt – Regeln des Vorgehens geben. Meine Vermutung ist, daß es genau das ist, was von einer Klugheitslehre in orientierender Absicht zu fordern wäre: Sie muß angeben können, wie ein Ratsuchender den Zugang zu seinem eigenen Willen finden kann. Es kann allerdings, und hier ist Kant recht zu geben, keine Meister des fremden Glücks, keine Eudamonieexperten geben, denen man nur folgen müßte, um zum Glück zu gelangen. Einen guten, d. h. klugen Ratschlag geben heißt daher auch nicht, eine Regel der Entscheidung zwischen Handlungsoptionen zu instantiieren, sondern dem Beratenen die ihm eigenen, zu ihm und seiner Situation passenden Handlungsmöglichkeiten zu eröffnen. Eine gute Beratung kann dann sogar *motivierende* Kraft haben, weil ein Person bestimmte Handlungsmöglichkeiten als von ihr zu ergreifende, realisierbare begreift – was in der Situation der Orientierungslosigkeit nicht der Fall ist, weil dort alle Optionen sozusagen „qualitätslos" sind.

---

[20] Dies kann hier nur angedeutet werden: Schon der einfache Umstand, daß sich Klugheitsmaximen ein und desselben Werkes, z. B. Gracians *Oraculo manual y arte de prudencia*, offenkundig widersprächen, wenn sie alle zugleich als Regeln zur Erlangung der Glückseligkeit aufgefaßt würden, muß einen aufmerksam darauf machen, daß diese „Regeln" anders als Gebrauchsanweisungen gelesen werden müssen. Die Regelsammlungen des 16. - 18. Jh. stellen vielmehr *Topiken* dar, d. h. Mustersammlungen bzw. Kataloge allgemeiner Gesichtspunkte, unter deren Blickwinkel Handlungssituationen auf die ihr inneliegenden Handlungsmöglichkeiten transparent gemacht werden können. *Welchen* Klugheits- und Lebensregeln jeweils zu folgen ist, erfordert ein Wissen – eben die Lebens-Klugheit –, das nicht wiederum in den Büchern steht. Die Klugheit geht nicht in Regeln auf.

[21] Wenn man sagt: er oder sie habe ihr ‚Glück gemacht', ist genau das gemeint: daß der oder diejenige das gefunden hat, was sie eigentlich in ihrem Leben will.

Was dies genau heißen mag, kann hier nur angedeutet werden; man kommt hier sicherlich auf begriffliches Glatteis. Uns genügt es hier festzustellen, daß die Ratschläge der Klugheit in der Tat keine Regeln, die Schemata des Vorgehens zur Erreichung eines Zieles angeben würden. Es ist diese kantische Reduktion der Klugheit auf Technik – aristotelisch gesprochen: von Praxis auf Poiesis – von der die Opposition von Klugheit und Moral abhängt.

4. Das Glück

Die Möglichkeit dieser Reduktion von Klugheit auf Technik wiederum, d. h. der Grund dafür, daß Kant *überhaupt* die Ratschläge der Klugheit den Regeln der Geschicklichkeit angleichen und diesen letztlich sogar subsumieren kann, liegt nun offenbar in seinem Glücksbegriff. Er unterstellt, Glückseligkeit sei ein *Zustand* maximalen Wohlbefindens, also ein – wenn auch nur vorgestelltes, aber eben dadurch immerhin denkbares – Ziel, das durch geeignete Wahl der Mittel (also bestimmter Handlungen) zu erreichen sei. Die Strategie, diesen Zustand zu erreichen, entwickelt nach Kant die Klugheit als Geschicklichkeit in der Wahl der Mittel zur zur Maximierung eigenes Wohlbefindens.

Unstrittig zwischen allen Glückssuchern und -forschern, seien sie Utilitaristen, Kantianer oder Aristoteliker, ist nun, daß „Glück" der Name eines intrinsisch Guten ist, das rein um seiner selbst willen gewollt wird und was zu nichts anderem zu gebrauchen ist. Es liegt im Begriff des (eigenen) Glücks, daß es (für mich) niemals Mittel zu einem anderen Zweck sein kann. Strittig dagegen ist aber einerseits bekanntlich, worin das Glück besteht (Lust, Tugendhaftigkeit, moralische Integrität, Präferenzerfüllung sind hier einige Kandidaten), andererseits aber, und das ist der oft übersehene und hier nun wichtige Punkt, in welchem Verhältnis Ziel („Glückseligkeit") und Mittel zueinander stehen. Wenn wir also einmal die übliche und aporetische Frage danach, worin das Glück (allgemein) besteht, beiseitelassen, dann können wir zwei grundverschiedene Glückskonzepte hinsichtlich des ihnen zugrundeliegenden Ziel-Mittel-Verhältnisses ausmachen: Nach einer terminologischen Unterscheidung innerhalb der *Virtue Ethics* kann man diese zwei Konzepte als „dominant-end-theory" und „inclusive-end-theory"[22], zu deutsch also: *Dominanz-* und *Inklusiv*theorie des Glücks nennen. Typisch für Kant, aber auch für den Utilitarismus ist die Dominanztheorie des Glücks, die deswegen so heißt, weil sich dem Glück als höchstem Ziel menschlicher Bestrebungen *alle anderen möglichen Ziele unterordnen* lassen. Handlungen können demnach als *Mittel zur Erreichung* des höchsten und idealen Zieles Glücks angesehen werden.[23] Und es ist klar, daß dies die Voraussetzung für die Subsumtion der pragmatischen Imperative unter die technischen ist, denn Handlungen werden instrumentell zur Erreichung des Superziels Glück eingesetzt.

Die *Inklusivtheorie* kennt dagegen kein Superziel „Glück", vielmehr *gehören* die Handlungen schon, sofern sie den Standards ihres Gelingens genügen, zum Glück dazu. Sie sind also nicht *Mittel zur Erreichung eines realen*, sondern selbst *Teile eines realen* Glücks (deswegen „Inklusivtheorie"). Nach der Inklusivtheorie arbeiten wir demnach mit allem, was wir tun, immer schon *an* unserem Glück bzw. Unglück, nicht erst *daraufhin*. *Indem* ich intendiere, die einer Handlung bzw. einer ganzen Praxis innewohnenden Standards zu erfüllen, intendiere und – falls es mir gelingt, diese Standards zu erfüllen – realisiere ich schon mein Glück: Das Glücksstreben ist daher auch nicht wie bei Kant eine zusätzliche Motivationsquelle *neben* z. B. den moralisch-praktischen Vernunfterwägungen: Das Glück ist nach den Inklusivisten ein *Begleit*phänomen des (auch moralischen) Lebens. Während der Dominanzler das Glück als einen Zustand denkt, ist es beim Inklusivisten selbst ein Prozeß: Es wächst und schwindet mit dem Leben des Individuums.[24] Das Glück des Inklusivisten ist – wie der Spatz in der

---

[22] Vgl. Hardie (1968), hierzu auch Den Uyl 1991), 79 f.

[23] Ich sage nicht, daß Kant eine solche Sichtweise propagiert, das tut er offensichtlich nicht, weil er sie ja gerade bekämpft, sondern ich sage, daß er einen solchen Begriff von Glückseligkeit hat, unter dessen Blickwinkel allein Handlungen, die in Hinblick auf die Erreichung des Glücks vollzogen werden, moralisch fragwürdig erscheinen.

[24] Das ist auch der Grund dafür, daß die Dominanztheoretiker des Glücks wie Kant, aber z. B. auch Platon sowie die gesamte christliche Philosophie eine deutliche Affinität zur Idee der *Unsterblichkeit* haben, denn diese ist schließlich eine Voraussetzung dafür, daß die Erfüllung des Glücksstrebens als das Erreichen eines Zustands zumindest *denkbar* bleibt. Inklusivtheoretiker wie Aristoteles oder auch Heidegger dagegen lehnen die Investition der Vorstellung eines Weiterleben der Seele nach dem Tode wohl nicht nur aus theoretischen, sondern auch aus pragmatischen Gründen ab.

Hand – ein reales, aber nicht unbedingt bescheidenes Glück, das des Dominanzlers – wie die Taube auf dem Dach – ein ideales, aber leider dadurch auch niemals anwesendes Glück.

Wenn Klugheit, das ist in beiden das Glück betreffenden Ansätzen unbestritten, die Ermittlung des Weges zum Glück betrifft, dann *kann* nach der Dominanztheorie des Glücks Klugheit nur eine Geschicklichkeit in der Wahl der Mittel, d. h. geeigneter Handlungen sein, um dieses Ziel zu erreichen. Aus der Perspektive der Inklusivtheorie ist dagegen das Glück überhaupt nicht auf direktem Wege angehbar, erreichbar oder verlierbar. Auch ist die Klugheit nicht dafür zuständig, die *Mittel zur Erlangung des Glücks* zu finden (für den Inklusivisten ist es gerade verfehlt, so vorzugehen), sondern vielmehr die Mittel zur Realisierung der einer gewählten Praxis inhärenten Ziele[25]. Das Glück *stellt sich ein* und dies ist selbst nicht etwas, was im Sinne eines Superziels selbst intendiert werden könnte und wozu man *nur* geeignete Mittel finden müßte. Umgekehrt gilt: Klug ist der, welcher sich nicht ans Glück, sondern ans Tunliche hält. Wenn eine Person erkennen kann, was zu tun anliegt, was sie in diesem Sinne tun „muß", weil sie will, daß es von ihr getan werde, verschwindet ihr Orientierungsproblem. Wenn die Klugheit auf die Erlangung des Glücks in diesem Sinne *intentione obliqua* ausgerichtet ist, kann sie nicht weiter auf eine technisch verfahrende Rationalität der Mittel reduziert werden.[26] Die Ratschläge der Klugheit stellen – gegen Kant – das Glück der einzelnen Person nicht als ein durch bestimmte Praktiken zu erreichendes Ziel vor, sondern als schon in ihrer jeweiligen Praxis liegendes Integral ihres eigentlichen Lebens. Daraus resultiert ihre orientierende Funktion.

Literatur

Crisp, R./Slote, M. (eds.), *Virtue Ethics*, Oxford 1997.

Den Uyl, D., *The Virtue of Prudence*, New York 1991.

Fischer, P., Glückseligkeit, Geschicklichkeit und Klugheit. Eine Textinterpretation, Vortragsskript von 1998.

Gracian, B., *Oraculo manual y arte de prudencia*, dt. *Handorakel und Kunst der Weltklugheit*, übers. v. A. Schopenhauer, Stuttgart 1954.

Hardie, W. F. R., *The Final Good in Aristotle's Ethics*, in: J. M. E. Morovesik (ed.), *Aristotle: A Collection of Critical Essays*, Notre Dame 1968, S. 297–322.

Kant, I.,
Anthropologie in pragmatischer Hinsicht, in: Werkausgabe Bd. XI, W. Weischedel (Hg.), Frankfurt a. M., 1968.
Erste Einleitung zur Kritik der Urteilskraft, in: Werkausgabe Bd. X, W. Weischedel (Hg.), Frankfurt a. M. 1968.
Grundlegung zur Metaphysik der Sitten, in: Werkausgabe Bd. VII, W. Weischedel (Hg.), Frankfurt a. M. 1968.
Kritik der praktischen Vernunft, in: Werkausgabe Bd. VII, W. Weischedel (Hg.), Frankfurt a. M. 1968.
Metaphysik der Sitten, Kants Werke Bd. VI, hrsg. V. P. Natorp (Akademie-Ausgabe), Berlin ²1914.

MacIntyre, A., *After Virtue. A Study in Moral Theory*, Notre Dame 1981, dt. *Der Verlust der Tugend. Zur moralischen Krise der Gegenwart*, Frankfurt a. M. 1995.

Rippe, K. P./Schaber, P. (Hgg.), *Tugendethik*, Stuttgart 1998.

Thomasius, Chr., *Kurzer Entwurf der politischen Klugheit*, Leipzig 1705, ²1710 (Reprint Frankfurt a. M. 1971).

Tugendhat, E., *Vorlesungen über Ethik*, Frankfurt a. M. 1993.

Williams, B., *Ethics and the Limits of Philosophy*, Cambridge/Mass. 1985.

Wolf, U., *Das Problem des moralisches Sollen*, Berlin New York 1984.

---

[25] Vgl. MacIntyre (1995), 243 ff. macht hier einen wichtigen Punkt in den Tugendlehren aus. Die kommunitaristischen Konsequenzen, die er daraus zieht, sind allerdings alles andere als zwingend.

[26] Dies ist kein *Trick*, denn ein Trick würde ja auf einer direkten Intention beruhen, die lediglich nicht aufgedeckt wird. Hiervon muß eine oblique Intention auf das Glück unterschieden werden. Glück stellt sich daher zumeist nur dort ein, wo man nicht auf seine Erlangung fixiert ist, wie schon im Märchen von Frau Holle erzählt wird: Goldmarie wird nicht deswegen so reich beschenkt, weil sie wie Pechmarie das Glück anstrebt, sondern weil sie sich, ohne Zwang, an das Tunliche hält.

Mögen und Wünschen. Zur volitiven Theorie des Hedonischen
Neil Roughley (Konstanz)

1. Ob es inkommensurable Werte "gibt", hängt unter anderem davon ab, wie sich Werte konstituieren. Mir scheint eine Konzeption plausibel, gemäß der sich die substantivische Rede von den "Werten" einer Person auf gewisse ihrer mentalen Zustände bezieht, die durch drei Merkmale ausgezeichnet sind: Erstens haben sie eine *Welt-zur-Einstellung Passensrichtung*; zweitens sind sie *Ergebnisse höherstufiger Stellungnahmen* gegenüber tieferstufigen Einstellungen im Horizont der Frage, was für eine Person man sein will; und drittens sind vermutlich gewisse minimale *Rationalitätsbedingungen* zu nennen. Die auf eine solche Weise zustandekommenden Einstellungen dienen uns wiederum als längerfristige Maßstäbe zur Orientierung des Handelns und zur Bewertung von Erfahrungen und Sachverhalten. Dabei ist es auf jeden Fall unverzichtbar, daß die tieferstufigen Einstellungen, die Ausgangspunkt der Wertbildung sind, selber in irgendeinem Sinne *"Pro-Einstellungen"* sind. Bevor man die Ebene der substantivisch beschriebenen Werte erreicht, gibt es also eine Ebene wertender Einstellungen, ohne die Höherstufigkeit, Rationalität und Bezogenheit auf das eigene Selbstverständnis keine handlungs- oder beurteilungsleitenden Orientierungsgesichtspunkte hervorbrächten.

Wenn eine Konzeption dieser Art zutrifft, so ist der *Charakter des tieferstufigen Wertens* für die Frage nach der Kommensurabilität von Werten von zentraler Bedeutung: Haben auf dieser ersten Stufe alle Wertungen die gleiche Quelle, so erhöht sich die Wahrscheinlichkeit, daß die Standards ihrer höherstufigen Beurteilung gleichförmig sind. Sind hingegen diese Wertungen unterschiedlicher Art, so ist es naheliegend, daß es schwieriger wird, Maßstäbe zu finden, anhand derer sie miteinander verglichen werden können.[1] Im folgenden will ich eine in verschiedenen Varianten weitverbreitete Konzeption diskutieren, die zu zeigen verspricht, daß das tieferstufige Werten tatsächlich eine Homogeneität besitzt. Laut dieser Konzeption bestehen Pro-Einstellungen ausschließlich darin, gewisse Sachverhalte auf die Wünsche des Einstellungsträgers zu beziehen. Von besonderem Interesse ist hier der Vorschlag, auch hedonische Wertungen so zu analysieren. Wenn die Konzeption richtig wäre, dann wären Redeweisen wie "Johann genießt x", "Es gefällt Johanna, daß p" und "Ich mag es, wenn Du v" so zu explizieren, daß das jeweilige Objekt des "Gefallens" auf irgendeine Weise Gegenstand eines Wunsches der betreffenden Person ist.[2] Ich möchte zeigen, daß dies nicht der Fall ist.

---

[1] Eine Inkommensurabilität von Werten könnte auf andere Weisen zustandekommen. Zu denken ist vor allem an eine Unvergleichbarkeit der *Objekte* des Wertens.
[2] Die klassische Formulierung dieser Position findet man bei Kant, für den "Lust ... die Vorstellung der Übereinstimmung des Gegenstands oder der Handlung ... mit dem Vermögen der Kausalität einer Vorstellung in Ansehung der Wirklichkeit des Objekts [ist]". Letzteres Vermögen ist für ihn "das Begehrungsvermögen". I. Kant, *Kritik der praktischen Vernunft*, Werke V, Berlin 1908, 9. Vgl. C. Korsgaard, *The Sources of Normativity*, Cambridge 1996, 153ff.

2. Für die volitive Theorie hedonischer Erfahrung sprechen drei Punkte. Erstens haben das Wünschen und das Gefallen-Finden gewisse *phänomenale* Gemeinsamkeiten: Beide Einstellungen sind nach Stärke graduierbar, und in beiden Fällen hat der Einstellungsträger einen privilegierten Zugang zu Gegebensein wie Inhalt der Einstellung.

Der zweite Vorteil der volitiven Theorie ist *methodischer* Art: Falls sich hedonische Erfahrung auf das Wünschen zurückführen ließe, so hätte man vielleicht bessere Chancen, den epistemischen Zugang zum schwer faßbaren Phänomen des Angenehmen sicherzustellen. Damit auf diese Weise wirklich etwas gewonnen würde, müßte natürlich die volitive Einstellung selber schon auf methodisch gesicherte Weise zugänglich sein. Dies mag beim Wünschen deswegen eher der Fall zu sein scheinen, da das Wünschen eine besondere Beziehung zum Handeln hat.[3] Vertritt man aber keine dispositionelle Wunschtheorie, so muß man anerkennen, daß diese besondere Beziehung selber von einer Komplexität ist, die jeden offensichtlichen epistemischen Vorteil ausschließt. Ferner ist es ein prinzipieller Fehler, epistemische Argumente mit ontologischen gleichzusetzen. Die Geltung einer Definition von x hängt nicht davon ab, daß die dabei verwendeten Kriterien leicht handhabbar sind (obwohl "Kriterien", von denen überhaupt nicht zu sehen wäre, wie sie anzuwenden sind, kaum als Kriterien gelten könnten).

Der dritte Vorteil der volitiven Theorie ist der systematisch zentrale. Gerade im Hinblick auf die Konstitutition von Werten ist zu fragen, was es am Gefallen-Finden ist, das es als *Form des Dafür-Seins*, als "Pro-Einstellung", gelten läßt. Die volitive Theorie gibt eine klare Antwort: Die Pro-Komponente ist ein Wunsch und zwar deswegen, weil das Gefallen nichts anderes als ein auf spezifische Weise qualifiziertes Wünschen ist.

3. Sollte eine Reduktion des Angenehmen auf das Volitive gelingen, so müßte spezifiziert werden, *wie* gewünscht wird, damit der Gegenstand des Wünschens das Angenehme ist. Offensichtlich gilt nicht: Gefällt mir zu t_1 eine Bootsfahrt, dann wünsche ich, zu irgendeinem späteren Zeitpunkt t_{1+n} noch einmal eine solche Bootsfahrt zu erleben. Zum einen kann alles mögliche dagegen sprechen, nicht zuletzt die Tatsache, daß es für einmal schön war, daß das aber gereicht hat. Zum anderen ist mein Genießen der Fahrt auf dem See eine präsentisch gerichtete Einstellung: Im sinnlichen Genießen kann es sogar passieren, daß man in der betreffenden Erfahrung "aufgeht", d.h. daß die Bezüge zu anderen Zeitdimensionen im Erleben verschwinden. Eine Bestimmung dieser Art wäre somit nicht nur empirisch falsch: Aus dem Genießen von x zu t_1 läßt sich kein Wunsch nach irgendeiner Erfahrung zu t_2 ableiten. Indem die Explikation als Objekt der Pro-Einstellung ein anderes Vorkommnis des gleichen Typs spezifizierte, gelänge es ihr nicht, die intentionale Gerichtetheit der Erfahrung korrekt wiederzugeben.

---

[3] Vgl. G. Ryle: "that someone has an inclination to do something that he is doing and no inclination not to do it can be signified indifferently by 'he enjoys doing it' and by 'he is doing what he wants to do' and by 'he does no want to stop'. It is a fulfilled propensity to act or react ...", *The Concept of Mind*, Harmondsworth 1963, 104.

Für die volitive Theorie kommen also nur Wünsche in Frage, die sich auf den gleichen Gegenstand wie das Gefallen beziehen. Aus diesem Grunde erscheint es naheliegend, diejenige Erfahrung als hedonisch zu definieren, deren *Fortsetzung* vom Subjekt der Erfahrung gewünscht wird.[4] Ohne gewisse ceteris-paribus-Qualifikationen scheint diese Bestimmung unplausibel: Hat die Person andere Wünsche, deren Realisierung mit der Fortsetzung der betreffenden Erfahrung unverträglich sind, oder wird ihre Aufmerksamkeit durch andere Faktoren abgelenkt, so ist es vorstellbar, daß kein Fortsetzungswunsch entsteht.[5] Argumentiert man aber so, so stellt man schon die Strategie begrifflicher Reduktion in Frage, da diese Qualifikationen unterstellen, daß bestimmte Bedingungen dazu führen, daß die hedonische Erfahrung keinen Fortsetzungswunsch *verursacht*. Eine genuine begrifflich Reduktion muß aber behaupten, daß es ohne den Fortsetzungswunsch *gar keine* hedonische Erfahrung *gibt*. Daher muß die volitive Theorie davon ausgehen, daß der zur hedonischen Erfahrung gehörende Wunsch von dessen Träger nicht bewußt registriert werden muß. Hat die Person stärkere, gegen die Erfahrungsfortsetzung sprechende Wünsche, so daß sie gar keinen Gedanken daran verschwendet, so muß der Volitivist einen unbewußten Wunsch postulieren. Ein solcher Schritt muß nicht unbedingt problematisch sein; klar ist aber, daß mit ihm der scheinbare epistemische Vorteil der volitiven Theorie eingebüßt wird.

Nun gibt es gegen den Fortsetzungsvolitivisten überzeugende Gegenargumente. Betrachten wir zuerst Beispiele aus dem Bereich der *ästhetischen Erfahrung*: Jemand kann an der Aufführung eines musikalischen Werks oder eines Theaterstücks gerade die kompositionelle oder dramaturgische Geschlossenheit genießen. Dabei kann der Genuß bis zum Ende der Aufführung anhalten, ohne daß der Rezipient den geringsten Wunsch nach einer Verlängerung der Erfahrung hat. Im Gegenteil, eine solche Verlängerung wäre dem Genuß abträglich.

Ein zweiter Einwand verweist auf den *explanativen Stellenwert* der hedonischen Erfahrung in unserem Leben. Der Bezug auf das Mögen in erklärender Absicht ist zentral für das Reden über menschliches Handeln. Was wir damit erklären zu können meinen, ist aber nicht in erster Linie, warum jemand eine bestimmte Erfahrung fortzusetzen, sondern warum er sie *überhaupt zu machen* wünscht. Vor allem ist die Tatsache, daß, wenn ich Erfahrung *e* mache, ich sie dann fortsetzen wollen werde, überhaupt kein Grund, Erfahrung *e* machen zu wollen.[6] Hätte ich nichts davon, außer der Entstehung eines Wunsches nach Fortsetzung, so wäre das eher ein Grund, sie zu vermeiden, als sie zu suchen (es sei denn, ich leide an Apathie und suche *irgendeine* Form von Motivation).

4. Ein drittes Argument gegen die These, daß wir hinreichende Bedingungen für hedonische Erfahrung dann haben, wenn der Erfahrende die Fortsetzung der Erfahrung wünscht, weist in

---

[4] C. D. Broad, *Ethics*, Dordrecht 1985, 47; Richard B. Brandt, *A Theory of the Right and the Good*, Oxford 1979, 40f.
[5] A. MacIntyre, Pleasure as a Reason for Action, *The Monist* 49 (1965), 224.
[6] Vgl. J. C. B. Gosling, *Pleasure and Desire*, Oxford 1969, 64f.

die Richtung einer zweiten Variante der volitiven Theorie. Wünscht eine Person, daß ihre gegenwärtige Erfahrung *e* fortgesetzt wird, so muß dies gar nicht deswegen sein, weil sie *e* angenehm findet. Es könnte sein, daß sie ihre Gedanken von etwas anderem ablenken oder das, was nachher kommen wird, hinauszögern will. In solchen Fällen ist der Fortsetzungswunsch *bloß extrinsisch*, d.h. die Fortsetzung wird um etwas anderem willen gewünscht. Die Tatsache, daß der extrinsische Charakter des Wünschens es als Kriterium des Gefallens disqualifiziert, legt nahe, daß das Angenehme als das *intrinsisch Gewünschte*, d.h. als das um seiner selbst willen Gewünschte, definiert werden könnte.[7]

Aber auch diese Bestimmung weist Probleme auf. Zunächst mag sie für das sinnliche Genießen plausibel erscheinen. Sie scheitert aber klarerweise beim *propositionalen Gefallen*, d.h. beim Gefallen an der Vorstellung oder an der Tatsache, daß *p*. Die Vorstellung, daß seine Kinder es nach seinem Tod gut haben werden, gefällt Paul gut. Er spürt warme, angenehme Gefühle, wenn er sich vorstellt, daß es so sein könnte. Was sich Paul hier um seiner selbst willen wünscht, ist sicherlich nicht die *Vorstellung*, daß es seinen Kindern gut geht, sondern, *daß* es ihnen gut geht. Und Paula freut sich sehr darüber, daß es nicht regnet. Dabei wünscht sie regenloses Wetter nicht bloß so, sondern weil es eine notwendige Bedingung dafür ist, daß sie erkältungsungefährdet wandern gehen kann. Paula liefert uns einen Fall von *instrumentellem Gefallen*. Einen solchen Fall hat man auch bei Henrietta, die das Scheitern von Henry genießt, der ihr in einer früheren Situation Unrecht getan hat. Henrietta ist aber nicht so verfaßt, daß sie wünscht, dabei zu sein, wenn Henrys Vortrag schiefgeht. Die *Erfahrung* wünscht sie sich nicht, nur *daß* das Scheitern eintritt. Und sie wünscht es nicht einfach so, sondern, *um* sich gerächt *zu* fühlen. Somit scheint das intrinsische Wünschen von *x* keine notwendige Bedingung des Gefallen-Findens an *x* zu sein.

Nun könnte der intrinsische Volitivist all dieses zugeben, wenn er die folgende Entgegnung plausibel machen könnte: Die *Gefühle*, die Paul, Paula und Henrietta beim Eintritt bestimmter propositionaler Einstellungen empfinden, sind solche, auf die sie zwar nicht abgezielt haben; sie sind aber *von einer Art*, die sie um ihrer selbst willen wünschen. Aber diese Entgegnung kann kaum überzeugen. Das Gefühl, das Henrietta angesichts von Henrys Schmach empfindet, ist sicherlich keines, das sie bloß um des Gefühls willen wünscht. Dafür ist das Gefühl zu sehr mit den spezifischen intentionalen Bezügen verwoben, in denen es steht. Die Beschreibung als "Genießen" ist eigentlich eine radikale Unterbestimmung; die genauen Konturen der Emotion hat man nur dann angegeben, wenn man die Details der Geschichte angibt.[8] Auf jeden Fall ist das Gefühl nicht zu spezifizieren, ohne Henriettas Überzeugung zu nennen, daß sie durch dieses Ereignis gerächt wird. Ihre Erfahrung ist somit keine, die sie um ihrer selbst willen machen möchte: Zum einen sind von der Erfahrung unangenehme Momente nicht wegzudenken; vor allem aber gehört es zum sich-gerächt-Fühlen, daß für die Person das

---

[7] MacIntyre ebd., 225. Broad. ebd., 47.
[8] Vgl. R. de Sousa, *The Rationality of Emotion*, Cambridge, Mass. 1987, 183.

betreffende Ereignis als Realisierung eines anderen Zwecks erfahren wird. So kann der intrinsische Volitivist nur noch behaupten, daß es die aus dieser Erfahrung abstrahierbare positive Komponente ist, die um ihrer selbst willen gewünscht wird. Aber so ausgedrückt scheint nicht mehr faßbar, was mit der These gemeint ist. Die Behauptung ist nachvollziehbar (wenngleich, wie ich in §6 argumentieren werde, irreführend), daß wir die Art von Gefühlen "um ihrer selbst willen" wünschen, die wir beim Liegen in der Sonne, beim Trinken eines guten Weins oder beim Hören eines gelungenen Konzerts haben. Aber zu sagen, daß das Positive am Gefühl des sich-gerächt-Fühlens etwas ist, was man um seiner selbst willen wünscht, ist nur zu sagen, daß an einem solchen Gefühl etwas Positives ist, und um das Postulat zu ergänzen, daß alle Formen des Dafür-Seins intrinsisch volitiv sind. Nichts an der Phänomenologie solcher Fälle legt eine solche Analyse nahe; und unser Alltagsverständnis wird durch sie keineswegs erhellt.

5. Zeigen solche Fälle propositionalen und instrumentellen Gefallens, daß das intrinsische Wünschen von *x* keine *notwendige* Bedingung für das Gefallen an *x* ist, so gibt es andere Fälle, die es plausibel erscheinen lassen, daß es auch keine *hinreichende* Bedingung ist. Falls Menschen wirklich bestimmte Sachverhalte wünschen, ohne sie als Mittel zu anderen Zwecken zu wünschen, dann ist ein guter Kandidat für einen solchen Sachverhalt die eigene Autonomie. Daß die Autonomie nicht intrinsisch gewünscht werden *kann* -- und dies müßte der intrinsische Volitivist behaupten -- könnte auf zwei Weisen gezeigt werden. Es könnte sein, daß niemand die eigene Autonomie wünschen kann, ohne dabei durch die Erwartung von Zufriedenheitsgefühlen bei deren Realisierung motiviert zu sein. Oder ein Wunsch nach Autonomie wäre immer eine Folge der Überzeugung, daß ein solches Vermögen den Zugang zu anderen gewünschten Gütern ermöglicht. Dann wäre der Wunsch entweder *hedonisch gestützt* oder *rein instrumentell*, auf jeden Fall nicht "intrinsisch". Wie die Entwicklung eines Autonomie-Wunsches zu erklären ist, ist etwas, worüber man sich von der Entwicklungspsychologie Aufklärung erwarten könnte. Auf jeden Fall ist die Tatsache, daß wir in der Regel bei der Realisierung unserer Wünsche tatsächlich Befriedigungsgefühle empfinden, keine Erklärung für die Ausbildung von spezifischen Wünschen. Ferner spricht vieles dafür, daß Kinder oft Wünsche nach Formen der Selbständigkeit entwickeln, bevor sie in der Lage sind, ihren instrumentellen Wert auszurechnen. Auch wenn sich zeigen ließe, daß kindliche oder adoleszente Wünsche nach Selbständigkeit immer motiviert werden durch einen ursprünglicheren Wunsch, den Eltern zu gefallen (oder zu trotzen), wäre damit nichts darüber ausgesagt, inwiefern der so erworbene Wunsch im Erwachsenenleben von solchen ursprünglichen Wünschen abgekoppelt wird. Ich vermute, daß der Wunsch nach Autonomie nicht immer an diesen beiden Formen von vorgängigen volitiven Zuständen hängt. Meine persönliche Vermutung ist natürlich kein philosophisches Argument. Wesentlich ist, daß diese Frage empirisch zu beantworten wäre. Und es wäre sehr eigenartig, wenn die Definition des

Gefallens erst infolge der Beantwortung dieser Frage durch die empirische Psychologie gegeben werden könnte.

6. Gegen den intrinsischen Volitivisten ist schließlich einzuwenden, daß die Idee des "Wünschens um seiner selbst willen" in den zentralen Fällen des sinnlichen Genießens den Charakter des Phänomens eher verdunkelt als erhellt. Gewisse Menschen mögen tatsächlich wünschen, autonom zu sein, ohne eine weiterführende Begründung für den Wert angeben zu können.[9] Aber jemand, der Ziele verfolgt wie in die Sauna gehen, Eis essen und Skifahren, wird keine Mühe haben zu erklären, warum er die entsprechenden Wünsche hat: Die betreffenden Erfahrungen "sind schön" oder sie "machen Spaß". Nun sind solche Auskünfte in einem gewissen Sinne wenig informativ. Gleichwohl sagen sie mehr als bloß, daß die Erfahrung für das gewünscht wird, was sie ist. Sie sagen, daß die positive, wünschenswerte Qualität der Erfahrung eine bestimme Form des *Affiziertseins* der Person ist. Auch beim propositionalen Gefallen, bei dem das positiv Bewertete keine Erfahrung der Person, sondern ein Sachverhalt ist, ist der Modus des Dafür-Seins eine Form des Affekts.

Wollen wir mehr darüber sagen, warum bestimmte Erfahrungen diese Form von Wertung mit sich bringen, dann geben wir deskriptive Äußerungen, oft metaphorisch ausgeschmückt, um beim Zuhörer die Erinnerung an ähnliche Erfahrungen zu wecken. Wie beim Übergang von der Beschreibung zum Wünschen bleibt eine logische Kluft bestehen: Keine Beschreibung eines Sachverhalts oder eines erfahrenen Ereignisses impliziert, daß er oder es gefallen muß. Aber gewisse Arten von Erfahrung affizieren viele Menschen auf ähnliche, positive oder negative Weise. Und diese Formen von Affiziertsein, die in bestimmten Fällen einer physiologischen Beschreibung zugänglich sind, werden vielfach als *Gründe* angegeben, die betreffenden Erfahrungen zu wünschen. Daß wir auf diese Weise gewisse unserer Wünsche begründen, impliziert eine alltagspsychologische Unterscheidung, deren Einebnung durch starke Argumente begründet werden müßte. Solche starken Argumente sind, wie mir scheint, nicht verfügbar.

7. Der Versuch einer begrifflichen Reduktion hedonischer Erfahrung auf volitive Zustände -- ob auf den Wunsch, daß die Erfahrung fortgesetzt werde, oder auf ihre intrinsische Gewünschtheit -- scheitert. Damit erhöht sich die Plausibilität der These, daß es mehr als einen Typ von Wertungen gibt, die in die Konstitution von substantivisch beschriebenen Werten eingehen. Diese These läßt sich aber erst dann verteidigen, wenn man über eine konstruktive Analyse des *Pro*-Charakters der zwei Einstellungen verfügt. Im Sinne eines Ausblicks will ich kurz umreißen, worin dieser Pro-Charakter des Wünschens besteht, bevor ich abschließend einige Momente benenne, die eine entsprechende Analyse des Gefallen-Findens erklären können müßte.

---

[9] Ob sie dies rational tun können, ist eine andere Frage.

Es gibt eine Verwendung des Wortes "Wunsch" (und des englischen "desire"), bei der der damit beschriebene mentale Zustand eine hedonische Komponente -- die Erwartung eines Gefallens bei der Wunscherfüllung -- enthält. Dies ist noch deutlicher bei Ausdrücken wie "Begehren", "Sehnen", "Verlangen" der Fall. Nun gibt es auch Redeweisen, die eine solche Komponente nicht implizieren. Läßt die Chefin einen ihrer Untergebenen wissen, daß sie ihn zu sehen wünscht, oder sagt jemand zur Zahnarztgehilfin, daß er einen Termin beim Zahnarzt möchte, so kann es gut sein, daß im zweiten Fall eher die Erwartung einer negativen hedonischen Erfahrung, im ersten gar keine hedonische Komponente beim Einstellungsträger vorhanden ist. Infolgedessen ist vorgeschlagen worden, von zwei Wunschbegriffen zu reden.[10] Dies ist vielleicht unproblematisch, solange festgehalten wird, daß die zwei Begriffe nicht einfach nebeneinanderstehen, sondern daß derjenige Begriff, zu dem eine hedonische Komponente gehört, eine besondere Form des anderen ist. Der *generische Begriff des Wünschens* läßt sich als eine mentale Einstellung beschreiben, dessen Modus sich mit dem Satz ausdrücken läßt, *daß x sein möge*. Die hedonischen Qualifikationen, die viele unserer alltäglichen Wünsche charakterisieren, kommen zu diesem Kern des Wünschens hinzu.

Analysiert man das Volitive auf diese Weise, so ist ein erster Schritt in Richtung einer Unterscheidung der zwei Typen von Pro-Einstellung getan. Das "Pro" an der Einstellung des Wünschens besteht demnach in der Welt-zur-Einstellung Passensrichtung: Aus der Perspektive des Wünschenden soll es der Fall sein, daß der Angestellter zu ihm kommt, daß er einen Termin beim Zahnarzt bekommt, daß es seinen Kindern nach seinem Tode gut geht, daß es Frieden im Nahen Osten gibt, oder daß er seinen brennenden Durst löscht. Er ist dafür, *daß* der jeweils spezifizierte Inhalt *Realität sei*. Nach dieser Konzeption ist das Wünschen nicht kriteriell an das Handeln gebunden, da es sein kann, daß die Welt von selbst zur Einstellung paßt oder daß der Wünschende angesichts der Schwierigkeiten, die die Welt ihm in den Weg legt, seinen Wunsch aufgibt oder ihn nicht selbst zu realisieren trachtet. Andererseits wird das Potential zur Handlungsverursachung, die Wünsche auszeichnet, durch diese Bestimmung verständlich. Obwohl die Handlungsverursachung nicht selbst die Pro-Komponente an der Pro-Einstellung ist, ist sie eine ihrer wichtigsten Manifestationen.

8. Eine Konsequenz dieser Analyse ist, daß das Phänomen der *Wunschstärke* nicht zum Kern des Wunsches selbst gehört. Auf weite Strecken scheint sie durch seine affektiven Modifikationen bestimmt: Ob jemand bloß geneigt ist, sich sehnt oder verrückt nach etwas ist, hängt davon ab, was die aktuellen oder erwarteten hedonischen Konsequenzen der Nichterfüllung oder Erfüllung des Wunsches für sie sind. Auch dies zeigt, daß eine unabhängige Analyse des Hedonischen notwendig ist. Vor allem müßte gezeigt werden, *warum* eine Veränderung im hedonischen Charakter eines Wunsches eine Veränderung in dessen

---

[10] Gosling, ebd., 97ff.; S. Schiffer, A Paradox of Desire, *American Philosophical Quarterly*, 13 (1976), 197ff.; W. A. Davis, The Two Senses of Desire, in: J. Marks (hg.), *The Ways of Desire*, Chicago 1986, 63ff.; G. F. Shueler, *Desire. Its Role in Practical Reason and the Explanation of Action*, Cambridge, Mass. 1995, 29ff.

Potential zur Handlungsverursachung mit sich bringt. Hier, wie in der Frage, was es ausmacht, daß das Gefallen oder Mißfallen einen Grund für die Entwicklung von Wünschen ist, stellt sich die Frage, worin die spezifische Form des hedonischen Dafür-Seins besteht.

In der Tradition ist auf diese Warum-Frage öfters die Antwort gegeben worden, das Hedonische sei einfach nicht definierbar, obwohl es eine Dimension des Lebens ist, mit der wir alle vertraut sind.[11] Eine solche Auskunft trägt zwar den Argumenten für die Nichtreduzierbarkeit auf das Volitive Rechnung. Sie sagt aber effektiv, daß die Frage nach dem Charakter des Dafür-Seins hier gar nicht zu beantworten ist. Das kann nicht befriedigen.

Eine konstruktive Analyse des Pro-Charakters der hedonischen Einstellung scheint mir ein Desideratum der Philosophie des Geistes wie der Handlungstheorie zu sein. Dabei wäre folgenden Merkmalen des Hedonischen Rechnung zu tragen: Erstens beinhaltet das hedonische Dafür-Sein eine Verortung der Erfahrung auf einer *graduierten Skala*. Wir scheinen hier, wie beim generischen Wunschbegriff, mit einer Art "Stellungnahme"[12] zu tun zu haben, aber mit keiner, die in einem bloßen "ja" oder "nein" besteht. Eine zweite Differenz gegenüber dem Volitiven betrifft den Gegenstand der Einstellung. Während Wünsche ein propositionales Objekt haben,[13] scheint das Gefallen *Eigenschaften* zum Objekt haben zu können. Möglicherweise läßt sich die Unterscheidung zwischen sinnlichem und nichtsinnlichem Gefallen als die Unterscheidung zwischen nichtpropositionalem und propositionalem Gefallen rekonstruieren.[14] Es scheint sogar, drittens, daß das sinnliche Gefallen eine Art Vorrang vor dem Propositionalen hat. Wie ich oben (§4) argumentiert habe, wäre es zwar unangemessen, das propositionale wie das sinnliche Gefallen als Gefallen an einer Erfahrung des Einstellungsträgers zu analysieren. Gleichwohl scheint das Hedonische in erster Linie hedonische *Erfahrung* zu sein. Schließlich besteht zwischen Wünschen und Gefallen-Finden eine Differenz hinsichtlich der *Dimension der Aktivität und Passivität*. Die Stellungnahme, die den Kern des Wünschens ausmacht, muß sicherlich nicht aus begrifflichen Gründen aktiv sein. Aber die Tatsache, daß man Gründe für das Wünschen abwägen kann -- etwa, ob eine bestimmte Handlung genußvoll wäre (§6) -- weist darauf hin, daß die volitive Stellungnahme der Person nicht bloß widerfährt. Demgegenüber scheint die Frage danach, warum einem ein bestimmter Film gefällt, eher eine Bitte um Erklärung als um Begründung zu sein.

Diese Hinweise sind noch keine Argumente für die Selbständigkeit der hedonischen Einstellung. Sie machen aber auf Phänomene aufmerksam, für die eine Analyse des Hedonischen Erklärungen zu liefern hätte.

---

[11] M. Schlick, *Fragen der Ethik*, Frankfurt 1984, 79; G. E. Moore, *Principia Ethica*, Cambridge 1991, 13.
[12] Vgl. R. Chisholm, *Brentano and Intrinsic Value*, Cambridge 1986, 18; G. Seebaß, *Wollen*, Frankfurt 1993, 71ff.
[13] A. Kenny, *Action, Emotion and Will*, Bristol 1994, 230ff.
[14] Diese Unterscheidung soll aber nicht mit Mills -- ohnehin nicht gerade klarer -- Unterscheidung im zweiten Kapitel von *Utilitarianism* zwischen "lower" und "higher pleasures" verwechselt werden. Vgl. ders., *On Liberty and other Essays*, Oxford 1991, 138ff.

Holmer Steinfath (Konstanz)

Werte, Wertkonflikte und praktische Überlegungen

Was ist unter den *Werten* einer Person zu verstehen? Welche Formen können *Konflikte* zwischen ihnen annehmen? Wie kann eine Person mit diesen Konflikten *praktisch überlegend umgehen*? Dies sind die drei Fragen, zu denen ich einige, notgedrungen skizzenhafte Überlegungen anstellen möchte.

1. Die Werte einer Person

Die meisten philosophischen Analysen von Wertfragen konzentrieren sich auf die Erörterung des *attributiven* und *prädikativen* Gebrauchs von Wertbegriffen, insbesondere von "gut". Die *substantivische* Rede von "Werten" spielt dagegen vorzugsweise in den Sozialwisssenschaften eine wichtige Rolle.[1] Vermutlich ist sie von dorther in außerakademische Diskussionen eingesickert, wie sie etwa unter dem Schlagwort vom "Werteverfall" geführt werden.

Selbst wenn nicht generell von Werten, sondern spezieller von den Werten einer Person gesprochen wird - und allein um diese Art von Werten soll es hier gehen -, ist nicht besonders klar, was damit gemeint ist. Entsprechende umgangssprachliche Wendungen sind unscharf. Aus philosophischer Perspektive sollte deswegen weniger gefragt werden, wie die Rede von den Werten einer Person genau verwendet wird, als vielmehr, welches relevante Phänomen mit ihr eingefangen werden könnte.

Ich meine, daß von den Werten einer Person zu sprechen vor allem den Sinn hat, auf praktische Orientierungen von Personen aufmerksam zu machen, die zumindest prima facie etwas anderes sind als ihre Gefühle, Wünsche oder Absichten, also ihre affektiven oder volitiven Einstellungen. Eher handelt es sich bei ihnen um Konzeptionen, die eine Person davon hat, was gut ist. In einer ersten Annäherung könnte man sagen, daß die Werte einer Person die *Bewertungsstandards* sind, die sie hat.

Allerdings haben Personen für alles Mögliche Bewertungsstandards, und es wirkt künstlich, alle ihre Bewertungsstandards zu ihren Werten zu rechnen. Jemand mag bestimmte

---

[1] Dieselbe Beobachtung findet sich bei B. Österman, *Value and Requirements. An inquiry concerning the origin of value*. Aldershot: Avebury 1995, S. 116. Auf die Philosophie trifft sie zumindest für die Zeit nach dem Zweiten Weltkrieg zu. Ausnahmen wie Reschers *Introduction to Value Theory* (Englewood Cliffs: Prentice-Hall 1969) bestätigen die Regel.

Standards für die Bewertung von Autos haben, doch nichts, das mit Autos zu tun hat, muß zu seinen Werten gehören. Die Werte einer Person sind Bewertungsstandards einer *speziellen Art*.

Manche setzen sie mir ihren *moralischen* Standards gleich. Aber das ist zu eng. Personen haben nicht nur Werte wie Gerechtigkeit und Wohltätigkeit, sondern auch Werte wie Freundschaft und Wohlstand. In ihren Werten drückt sich aus, was eine Person *im Leben* für erstrebenswert hält. Sie stellen insofern Anforderungen dar, die eine Person an das Gutsein eines Lebens (oder wesentlicher Teile davon) stellt.[2] Darüber vermittelt können sie dann auch Standards für die Beurteilung einzelner Handlungen und Tätigkeiten bereitstellen, denn das Leben einer Person ist im wesentlichen das Gesamt ihrer Handlungen und Tätigkeiten.

Dieses Verständnis von Werten läßt sich weiter präzisieren. Denkt man an paradigmatische Werte wie Gerechtigkeit und Freundschaft, so sind es relativ *abstrakte* Anforderungen an das Gutsein eines Lebens (oder wesentlicher Teile davon), die sich in Werten manifestieren. Zugleich sind es Anforderungen, die aus der Sicht der jeweiligen Person besonders *zentral* oder *wichtig* sind. Darüber hinaus betrachtet sie sie normalerweise als *objektive* Anforderungen, die nicht nur für das Gutsein ihres eigenen Lebens gelten, sondern grundsätzlich für das Gutsein des Lebens aller Personen. Ich möchte mithin vorschlagen, unter den Werten einer Person die abstrakten, zentralen und für objektiv gültig gehaltenen Anforderungen zu verstehen, die sie an das Gutsein eines Lebens (oder wesentlicher Teile davon) stellt. Man mag noch hinzufügen, daß diese Anforderungen in der Regel recht *stabil* sind; eine Person kann ihre Werte ändern, aber oft nicht leicht und gewiß nicht ohne weiteres.

Diese umrißhafte Bestimmung erklärt, warum es plausibel erscheint, Werte von Gefühlen, Wünschen oder ähnlichen affektiven und volitiven Einstellungen abzuheben. Als Bewertungsstandards für Lebensweisen (oder wesentlicher Teile davon) fungieren sie gerade auch als Maßstäbe für die Überprüfung und, falls nötig, Revision der eigenen affektiven und volitiven Einstellungen. Sie haben insofern einen *höherstufigen* Charakter.

Doch wenn es unpassend anmutet, die Werte einer Person mit ihren Gefühlen, Wünschen oder Absichten zu identifizieren, was sind sie dann positiv? Ihre tentative Umschreibung als "Konzeptionen" davon, was gut ist, legt nahe, in ihnen *Meinungen* oder *Überzeugungen* zu sehen.[3] Aber auch das ist wenig hilfreich, denn anders als Meinungen sind Werte keine

---

[2] Dazu paßt, daß die Rede von den Werten einer Person häufig mit der von ihren Tugenden verbunden wird, denn Tugenden sind gute Charakterzüge, d.h. Eigenschaften, die Personen und ihr Leben als solche charakterisieren.

[3] So z.B. Österman a.a.O.; vgl. auch M. Smith, *The Moral Problem*. Oxford: Basil Blackwell 1994, S. 147ff.

wahren oder falschen Behauptungen darüber, was der Fall ist. Man kann feststellen, ob etwas einem Standard genügt oder nicht; der Standard selbst ist jedoch keine Feststellung. Aus meiner Sicht sind Standards und so auch Werte *Normen*, die in der Regel intersubjektive Setzungen sind und als solche von einzelnen Personen internalisiert werden. Letzteres kann entweder in Form einer blinden Übernahme oder eines überlegten Akzeptierens geschehen; in beiden Fällen liegt eine *Zustimmung* vor, die als eine eigene Weise des nichtepistemischen Stellungnehmens begriffen werden kann. In ihren Werten erkennt eine Person Verhaltensrichtlinien für ihr eigenes Leben und das anderer als bindend an. Diese Anerkennung kann stark affektiv oder volitiv geprägt sein, muß es aber nicht.

Gleichwohl können die Werte einer Person mit Gefühlen, Wünschen oder Absichten der üblichen Form zusammenhängen. Zum einen kann versucht werden, sie über diese zu *rechtfertigen*. Tatsächlich sehe ich nicht, wie sich Bewertungsstandards letztlich rechtfertigen lassen sollten, wenn nicht im Rekurs auf (reflektierte) affektive oder volitive Einstellungen. Zum anderen wird mit der Rede von den Werten einer Person meist ein besonderes affektives und volitives Verhältnis zu ihnen unterstellt. Werte werden so als Bewertungsstandards gedacht, mit denen sich Personen stark *identifizieren*. Ist das der Fall, wird eine Person bemüht sein, ihre Werte zu realisieren oder zu ihrer Realisierung beizutragen. Sie wird sich dazu sogar mit Nachdruck verpflichtet fühlen. Außerdem sind Werte Gegenstand von affektiv getönten Haltungen des Wertschätzens wie z.B. Bewunderung. Wie eine Person zu ihren Werten steht, ob sie sich stark oder schwach mit ihnen identifiziert, ob sie sie in besonderer Weise affektiv schätzt oder nicht, sollte jedoch nicht als Teil des *Begriffs* des Werts einer Person betrachtet werden.

2. Konflikte von Werten

Auch wenn Werte als relativ abstrakte, zentrale und mit Objektivitätsanspruch auftretende Anforderungen an das Gutsein eines Lebens (oder wesentlicher Teile davon) gefaßt werden, ist die Annahme realistisch, daß Personen stets mehrere Werte haben. Zwischen diesen Werten kann es zu Konflikten kommen. Was heißt das genauer?

Ausgehend von der Bestimmung von Werten als Bewertungsstandards, kann von einem Wertkonflikt dann gesprochen werden, wenn ein und dieselbe Lebensweise oder Handlungsfolge im Licht des einen Werts gut und im Licht des anderen schlecht erscheint. Ein instruktives Beispiel dafür ist der Konflikt zwischen Patriotismus und Pazifismus, den Dewey und Tufts konstruiert haben. Sie illustrieren ihn am Bürger einer Nation, die einem anderen Land gerade den Krieg erklärt hat:

"He is deeply attached to his own State. He has formed habits of loyality and of abiding by its laws, and now one of its decrees is that he shall support war. He feels in addition gratitude and affection for the country which has sheltered and nurtured him. But he believes that this war is unjust, or perhaps he has a conviction that all war is a form of murder and, hence, wrong. One side of his nature, one set of convictions and habits, leads him to acquiesce in war; another deep part of his being protests. He is torn between two duties; he experiences a conflict between the incompatible values presented to him by his habits of citizenship and by his religious beliefs respectively. Up to this time, he has never experienced a struggle between the two; they have coincided and reenforced one another. Now he has to make a choice between competing moral loyalties and convictions. The struggle is not between a good which is clear to him and something else which attracts him but which he knows to be wrong. It is between values each of which is an undoubted good in its place but which now get in each other's way. He is forced to reflect in order to come to a decision."[4]

Die strukturellen Merkmale dieses Falls sind für die meisten intrapersonalen Wertkonflikte kennzeichnend. Ich möchte fünf Punkte hervorheben.

Erstens sind die Werte, die für die von Dewey und Tufts geschilderte Person konfligieren, Verhaltensstandards, mit denen sie sich nachdrücklich identifiziert. Sie sind Quelle und Gegenstand starker Empfindungen und des Gefühls des Verpflichtetseins. Die Person konstatiert nicht einfach, daß, was sie auch tut, im Licht eines ihrer Werte als schlecht erscheinen muß. Erst dadurch gewinnt ein Konflikt von Werten praktische Relevanz.

Zweitens sind die Werte des Patriotismus und des Pazifismus nicht grundsätzlich unvereinbar. Der Konflikt zwischen ihnen ist weder ein logisch noch empirisch notwendiger. Unausweichlich ist er nur angesichts einer bestimmten, an sich kontingenten Situation. M.E. ist dies der Regelfall. Da Personen mit ihren Werten normalerweise einen Anspruch auf Objektivität verbinden, geht von ihnen ein Konsistenzdruck aus, der z.B. für die meisten Gefühle und Wünsche untypisch ist. Daß es zu intrapersonalen Wertkonflikten kommt, liegt, verkürzt gesagt, meist nicht an den Werten, sondern an der Welt.

Drittens erzeugt der ausgemalte Konflikt einen starken Entscheidungs- und Handlungsdruck, was ebenfalls für die meisten Wertkonflikte gelten dürfte. Der Bürger, der sich zwischen Militärdienst und Verweigerung hin- und hergerissen fühlt, weiß, daß er in seiner Situation nicht gleichzeitig, uneingeschränkt und in gleichem Maße seinem Patriotismus und seinem Pazifismus gerecht werden kann. Gleichwohl muß er sich im Licht dieser Werte für eine Handlung entscheiden.

Trotzdem weiß er *viertens* nicht, wie er sich entscheiden soll. Im Augenblick der Konfrontation mit den beiden, sich ausschließenden Handlungsalternativen des Militärdienstes und der Verweigerung erscheint der von Dewey und Tufts angeführten Person keine der Alternativen besser oder schlechter. Sie erscheinen ihr jedoch auch nicht gleich gut.

---

[4] J. Dewey/ J.H. Tufts, *Ethics*. New York: Holt 1932, S. 174f. (zit. nach I. Levi, *Hard Choices. Decision making under unresolved conflict.* Cambridge: Cambridge University Press 1986, S. 2.)

Um auch nur dies sagen zu können, bräuchte sie einen Metastandard oder Hyperwert, der ihr zumindest nicht unmittelbar zur Verfügung steht. Insofern sind für sie die anvisierten Handlungsalternativen und mit ihnen die hinter ihnen stehenden Werte wertinkommensurabel.[5] Auch das scheint mir auf die meisten Wertkonflikte zuzutreffen.

Die Erfahrung der praktischen Relevanz des Wertkonflikts und der Wertinkommensurabilität zwingt Deweys und Tufts' Bürger schließlich *fünftens* dazu, praktische, entscheidungs- und handlungsbezogene Überlegungen anzustellen. Wertkonflikte sind ein typischer Anlaß für praktische Reflexionen.

3. Der Umgang mit Wertkonflikten in praktischen Überlegungen

Praktische Überlegungen haben u.a. die Funktion, Wertkonflikte so zu entschärfen, daß sie nicht zur Handlungslähmung führen. Zugleich scheint ihre Möglichkeit jedoch durch Wertkonflikte gefährdet, zumal bei Behauptung einer Wertinkommensurabilität zwischen den konfligierenden Werten (bzw. den Handlungsalternativen, auf die sie verweisen). Bleibt im Fall von Wertkonflikten, wie sie das Beispiel von Dewey und Tufts veranschaulicht, nicht nur ein blindes und insofern unüberlegtes Entscheiden zwischen den sich ausschließenden Optionen? Manchmal wird dies unumgänglich sein. Aber vielfach lassen sich andere Wege beschreiten.

Sicherlich am einfachsten wäre es, könnten konfligierende Werte bzw. Bewertungsstandards doch im Rückgriff auf einen Hyperwert oder Metastandard in ihrem Wert verglichen werden. John Stuart Mill hat bekanntlich behauptet, es *müsse* einen - und könne auch nur *einen einzigen* - obersten Standard zur Bestimmung des Gut- oder Schlechtseins von Handlungsoptionen geben.[6] Dieser Standard soll in der Beförderung des Glücks aller empfindungsfähigen Wesen bestehen. Ähnlich meinte Kant im Kategorischen Imperativ eine oberste Regel formuliert zu haben, die eine Kollision von Pflichten ausschließen hilft. In beiden Fällen gäbe es keine echte Wertinkommensurabilität von

---

[5] Ich folge hier Raz' Bestimmung von Inkommensurabilität. Danach gilt: "A and B are incommensurate if it is neither true that one is better than the other nor true that they are of equal value." (J. Raz, *The Morality of Freedom*. Oxford: Clarendon Press 1986, S. 322.)

[6] "There are not only first principles of Knowledge, but first principles of Conduct. There must be some standard by which to determine the goodness or badness, absolute and comparative, of ends, or objects of desire. And whatever that standard is, there can be but one: for if there were several ultimate principles of conduct, the same conduct might be approved by one of those principles and condemned by another; and there would be needed some more general principle, as umpire between them." (J. St. Mill, *A System of Logic*. Collected Works, Vol. VIII. London: Routledge 1974, S. 951.)

Werten, die gegeben ist, wenn weder eine unterschiedliche Wertgröße noch Wertgleichheit bestehen.[7]

Doch die von Mill und Kant vorgeschlagenen Prozeduren werden der üblichen Erfahrung von Wertkonflikten nicht gerecht. Abgesehen davon, daß es für Deweys und Tufts Bürger prinzipiell unentscheidbar sein kann, ob der Militärdienst oder die Verweigerung mehr zum Glück aller empfindungsfähigen Wesen (oder auch nur zu seinem eigenen Glück) beiträgt, hat er einfach nicht Mills Metastandard, und es ist nicht zu sehen, warum er ihn haben müßte. Ebenso bleibt unerfindlich, wie ihm Kants Verallgemeinerungsprinzip zu einer Entscheidung verhelfen sollte. Zuweilen mag es nützen, das eigene Tun aus einer neutraleren und unparteiischeren Perspektive zu betrachten; aber für einen Wertvergleich bedarf es inhaltlicher Metastandards, von denen wieder nicht zu sehen ist, daß es sie für eine Person geben muß.

Ich glaube, Konflikte wie der zwischen Patriotismus und Pazifismus im Kriegsfall lassen sich so begreifen, daß die in ihnen involvierten Werte und Handlungsalternativen tatsächlich (und nicht nur prima facie) wertinkommensurabel sind. Wertinkommensurabilität bedeutet jedoch nicht Unvergleichbarkeit schlechthin, sondern lediglich Unvergleichbarkeit unter Wertgesichtspunkten. Nur so wird verständlich, wie sich andere Auswege aus dilemmatischen Situationen eröffnen können als die blinde Entscheidung oder der Rekurs auf ein oberstes Prinzip. Welche alternativen Möglichkeiten könnte es für Deweys und Tufts' Bürger geben?

Ein Ausweg könnte darin liegen, daß er bei genauerer Selbstprüfung merkt, daß er sich zu einer der Handlungsalternativen *stärker hingezogen fühlt*. Seine Gefühle und Wünsche könnten deutlicher für die Verweigerung als für den Militärdienst sprechen. Viele würden dies als Beweis dafür interpretieren, daß für die besagte Person entgegen dem ersten Anschein keine Wertinkommensurabilität zwischen Patriotismus und Pazifismus herrscht; der Pazifismus erweist sich, so würden sie sagen, als besser oder wertvoller. Aber das ist ungenau. Zum einen muß die Person nach ihrer Entscheidung nicht meinen, zu verweigern sei besser oder auch nur genauso gut wie Militärdienst zu leisten. Ihre Entscheidung muß nicht Ausdruck eines Werturteils sein. Es ist, wie gezeigt, wenig sinnvoll, die Werte einer Person mit ihren Gefühlen oder Wünschen zu identifizieren. Zum anderen muß sie den Militärdienst nicht ablehnen, weil sie die pazifistische Verweigerung *als pazifistische* vorzieht. Daß sie sich zu dieser stärker hingezogen fühlt, kann vielmehr ein *zusätzlicher* Entscheidungsgesichtspunkt sein, der mit der Werthaftigkeit von Patriotismus resp. Pazifismus nichts zu tun hat und ohne Wertkonflikt auch keine Rolle zu spielen bräuchte. (Analog mag jemand meinen, die Gemälde von Raffael und Rothko seien in ihrem

---

[7] S.o. Anm. 3.

ästhetischen Wert nicht vergleichbar, und dennoch eine Vorliebe für einen von beiden Malern haben.)

Statt ihre Gefühle und Wünsche zu befragen, kann sich Deweys und Tufts Person *sodann* fragen, welche der dilemmatischen Handlungsoptionen *besser zu ihrem Leben paßt*. Sie kann überlegen, was zu tun vor dem Hintergrund ihrer Vergangenheit oder mit Blick auf ihre Zukunftsentwürfe für sie mehr "Sinn" macht. Vielleicht ist ihr Leben stark von ihrem Engagement in der Friedensarbeit einer Kirche geprägt gewesen. Es kann sogar sein, daß sie bisher genau darin auch einen Ausdruck ihres Patriotismus gesehen hat. Aber zu einer Entscheidung genötigt, kann sie zu dem Schluß kommen, daß der Militärdienst, obwohl vom Patriotismus gefordert, ihr vergangenes Engagement stärker entwerten würde. Das jedoch ist der Kontingenz ihres Lebens geschuldet; sie kann zugestehen, daß sich vor dem Hintergrund eines anderen Lebens eine andere Entscheidung nahelegen würde, und sie kann auch weiterhin finden, daß ihr Tun im Licht eines ihrer Werte schlecht ist.

Am befriedigendsten ist vielleicht ein *dritter* Ausweg. Bleibt der Person genügend Zeit, kann sie sich zunächst des Urteils über das Wertverhältnis zwischen Patriotismus und Pazifismus enthalten.[8] Sie kann ihre Situation einer erneuten Einschätzung unterziehen und sich fragen, ob es nicht Möglichkeiten geben könnte, ihren *beiden* - auf den ersten Blick konfligierenden - *Werten zumindest partiell gerecht zu werden*. Statt Soldat zu werden oder den Militärdienst zu verweigern, könnte sie sich z.B. für den Lazarettdienst melden. Solche Zwischenlösungen können faule Kompromisse sein, müssen es aber nicht. Grundsätzlich ist es im Gegenteil ein Zeichen des produktiven Umgangs mit Wertkonflikten, wenn das von ihnen angestoßene praktische Überlegen zum Erschließen neuer Handlungsfelder führt. Da Werte relativ abstrakte Anforderungen an das Gutsein eines Lebens (oder wesentlicher Teile davon) sind, sind sie nicht nur offen für Aus- und Neudeutungen, sondern darauf geradezu angewiesen. Praktisches Überlegen besteht zu einem guten Teil in einem ständigen Hin- und Hergehen zwischen Situationseinschätzung und den eigenen Werten, in dessen Folge das eigene Wertverständnis präzisiert und korrigiert werden kann.

Ich glaube, daß diese Möglichkeiten deutlich machen, daß weder Wertkonflikte noch Wertinkommensurabilitäten praktischen Überlegungen die Grundlage entziehen, wie oft behauptet wird. Der Raum für praktische Überlegungen öffnet sich gerade dort, wo weder blinde Entscheidungen noch oberste Prinzipien weiterhelfen.

---

[8] S. dazu Levi a.a.O.

**Workshop 8
Wirtschaftsethik**

Moralität und Vorteil

von Karl Homann, Ingolstadt

Einleitung

Nach der verbreiteten Vorstellung von Wirtschaftsethik kommt der Moral die Aufgabe zu, das egoistische Vorteilsstreben der wirtschaftlichen Akteure zu domestizieren, um den legitimen Interessen, Ansprüchen der Mitmenschen, besonders der „Schwachen", Rechnung zu tragen. Es wird eine „Durchbrechung" der ökonomischen Logik im Namen der Moral gefordert (Ulrich 1996: 156), eine Überwindung der strategischen durch eine auf Verständigung zielende Handlungsorientierung, und wie analoge Formulierungen lauten. Ich bezeichne dieses Paradigma als „Dualismus", weil hier zwei eigenständige, nicht aufeinander zurückführbare Forderungen an Handeln, nämlich ökonomische und moralische, angesetzt werden; für den Konfliktfall wird in der Regel den moralischen ein systematischer Vorrang vor den ökonomischen zugesprochen.

Dieser Dualismus in der Wirtschaftsethik – und in der nicht-utilitaristischen Ethik allgemein – ist m. E. an dem Problem der Implementierung der Normen und Ideale gescheitert: Dualistische Ethik-Konzepte können nicht plausibel machen, daß und warum die Adressaten den moralischen Normen auch tatsächlich folgen, sie können dies immer nur postulieren und bei Nichtbefolgung Schuldzuweisungen vornehmen. Wenn J. Habermas (1962/1991: 34) vorschlägt, die Begründung der Normen „tiefer zu legen", bringt dieses Programm das Implementierungsproblem keinen Schritt voran: Habermas weiß das, er schreibt seinem Begründungsprogramm „nur die schwach motivierende Kraft guter Gründe" (Habermas 1991: 135) zu. Angesichts der Tatsache, daß neben der Begründung auch die Implementierung moralischer Normen immer zentraler Bestandteil des abendländischen Ethikdiskurses gewesen ist, wird das Paradigma der Tradition hier gewissermaßen halbiert. Die Folge ist, daß sich die nicht-utilitaristische Ethik und Sozialphilosophie – auf utilitaristische Konzeptionen kann hier aus Platzgründen nicht eingegangen werden – gegenüber der modernen Marktwirtschaft durchweg polemisch, Hegel würde sagen: abstrakt, verhält; sie verständigt sich infolgedessen nur noch intern und fällt daher aus den Prozessen der normativen Selbstverständigung der modernen Gesellschaft immer mehr heraus.

Im Zentrum dieser ganzen Problematik steht das Verhältnis von Moralität und individuellem Vorteilsstreben sowie die normative Beurteilung des letzteren, das durchaus mit gewissem Recht als Kennzeichen des ökonomischen Denkens eingestuft wird. Ich handle diese Problematik in vier Abschnitten ab. Im ersten Abschnitt wird das Konzept einer nichtintentionalen Ethik entwickelt. Der zweite Abschnitt stellt zwei Theorieentwicklungen der modernen Ökonomik vor, die für die Ethik von besonderer Bedeutung sind. Der dritte Abschnitt stellt das individuelle Vorteilsstreben, das „Wollen", als Kern allen Sollens heraus, und der vierte Abschnitt expliziert das „Eigeninteresse" als Instrument der sozialen Kontrolle.

1. Das Konzept einer nichtintentionalen Ethik

Unter Bedingungen der modernen Gesellschaft, in der das „ganze Haus" seine Rolle als dominierender Sozialverband verloren hat, treten Begründungsdiskurs und Implementierungsdiskurs im 18. Jahrhundert auseinander. I. Kant und die von ihm initiierte Tradition ethischen Denkens antwortet auf die gesellschaftlichen Modernisierungsprozesse mit einer Verstärkung des Begründungsdiskurses, bis hin zu neuerlichen Versuchen einer sog. „Letztbegründung". Demgegenüber konzentriert sich A. Smith auf die Problematik der Implementierung moralischer Intentionen und entwickelt die – theoretisch bis heute vor allem in der Ethik theoretisch nicht eingeholte – These, daß sich moralische Normen und Ideale gesellschaftlich nur im Schlepptau, im Windschatten des „Eigeninteresses" realisieren lassen: „Nicht vom Wohlwollen des Metzgers, Brauers und Bäckers erwarten wir das, was wir zum Essen brauchen, sondern davon, daß sie ihre eigenen Interessen wahrnehmen. Wir wenden uns nicht an ihre Menschen- sondern an ihre Eigenliebe, und wir erwähnen nicht die eigenen Bedürfnisse, sondern sprechen von ihrem Vorteil." (Smith 1776/1978: 17) Programmatisch wird die Moralität eines Handlungssystems von der unmittelbar handlungsleitenden moralischen Motivation abgekoppelt: Der normativ erwünschte „Wohlstand aller" hängt unter den Bedingungen der modernen Gesellschaft, die die Interaktionen über tiefe Arbeitsteilung und anonyme Austauschprozesse (Märkte) koordiniert, nicht von den Handlungsmotiven, -zielen, -interessen ab, sondern von den Handlungsbedingungen, den Restriktionen, die das eigeninteressierte und eigeninteressiert bleibende Handeln der Akteure in Richtung auf das Gemeinwohl, auf die Interessen aller, lenkt bzw. lenken. Normativ erwünschte Resultate entstehen als nichtintendierte Folgen intentionaler Handlungen, als „Nebenprodukte" eigeninteressierten Verhaltens.

An diesem Konzept sind zwei systematische Implikationen hervorzuheben. Zum einen übernehmen A. Smith und die an ihn anschließende Ökonomik die Bearbeitung eines genuin philosophischen Problems, des Problems der Implementation moralischer Normen nämlich, auch wenn Ethiker und Ökonomen das heute nicht mehr wissen; das Verhältnis zum Begründungsdiskurs ist also grundsätzlich als komplementär einzustufen. Zum zweiten machen A. Smith und die moderne Ökonomik die These geltend, daß das Paradigma einer auf moderne Handlungsbedingungen zugeschnittenen Ethik im Grundzug nichtintentional sein muß, so daß sich diese Ethik als Bedingungsethik, Ordnungs-, Institutionen-, Strukturenethik bzw. als Anreizethik präsentiert.

Da die moderne Ökonomik unter „Anreizen" handlungsbestimmende individuelle Vorteilserwartungen versteht, steht in einem solchen Konzept das Vorteilsstreben nicht im Gegensatz zur Moralität, wie man das in einer bestimmten Kant-Interpretation gewöhnlich annimmt, sondern in deren Zentrum: Genau da liegt das Problem einer modernen Wirtschaftsethik: Sie muß den ganzen begrifflichen Apparat der Ethik neu ordnen mit dem theoriestrategischen Ziel, daß der Dualismus von Moral und Eigeninteresse, von Ethik und Ökonomik, der systematisch am Implementationsproblem scheitert, ab ovo vermieden werden kann. Anders: Der Versuch, das Implementierungsproblem in die Ethik zurückzuholen, verlangt eine grundlegende Revision des Dualismus und eine Neubewertung des Vorteilsstrebens. Dabei liegt die Ursache dafür nicht in einer ominösen „Umwertung" des „Egoismus" in der Neuzeit, die nichts erklären würde, sondern in den grundlegend veränderten Bedingungen, unter denen die Menschen in modernen Gesellschaften leben.

2. Zwei relevante Theorieentwicklungen in der Ökonomik

Bei dieser Aufgabe kommen der Wirtschaftsethik zwei theoretische Weiterentwicklungen in der modernen Ökonomik aus den letzten 40 Jahren entgegen.

Zum einen hat die moderne Ökonomik die Beschränkung ihres Untersuchungsgegenstandes auf die „Wirtschaft" – wie immer man diese trennscharf von anderen „Bereichen der Wirklichkeit" auch abzugrenzen versucht – aufgegeben und bedeutende Theoriefortschritte in ehemals als „nichtökonomisch" geltenden Problemkontexten erzielt: Diskriminierung, Heiraten, generatives Verhalten und Scheidung, Drogenkonsum und Kriminalität, Verhalten von Politikern und Bürokraten und dgl. mehr. Diese Entwicklung, als deren Exponent der Nobelpreisträger für Wirtschaftswissenschaft von 1992, G. S. Becker, gilt, wird als „ökonomischer Imperialismus" bezeichnet: Die Methode der Ökonomik wird auf „Bereiche der Wirklichkeit" angewendet, für die früher andere Wissenschaften die exklusive Zuständigkeit beanspruchten (vgl. Becker 1976/1982; Pies, Leschke (Hrsg.) 1998). „Imperialistisch" ist diese Ökonomik aber nur in bezug auf die möglichen Gegenstandsbereiche ihrer Analysen, nicht jedoch in bezug auf die Methoden: Kein Ökonom hat jemals die Legitimität anderer Methoden – für andere Fragestellungen sc. – bestritten. Insofern ist die Methodologie in Ansatz nicht reduktionistisch, sondern konstruktivistisch.

Für die Ethik ist daran von besonderer Bedeutung die Tatsache, daß die Grundbegriffe „Vorteil" und „Nachteil" sowie ihre Derivate jetzt von jeder Beschränkung auf „materielle" oder gar „monetäre" Vorteile und Nachteile befreit werden: Als „Vorteil" wird alles angesetzt, was die Menschen selbst als Vorteil ansehen, also Einkommen und Vermögen ebenso wie Gesundheit, ein „gutes Leben" und die Realisierung eines vernünftigen Lebensplanes und dgl. mehr; Analoges gilt für die „Nachteile". Ökonomik wird allein durch die Methode der allgemeinen Vorteils-/Nachteils-Kalkulation mit offenem, formalem Vorteilsbegriff bestimmt. Darin ist die grundlegende Bedingung dafür zu sehen, Probleme der Ethik in terms of economics zu rekonstruieren, was inzwischen für Begriffe wie Würde, Solidarität, Regeln/Normen/Pflichten, Vertrauen, Moral usw. erfolgt ist. Selbstverständlich sagt die Möglichkeit einer solchen Rekonstruktion noch nichts über ihren Sinn und ihre Grenzen aus (Homann 1997).

Zum zweiten lassen sich viele Neuentwicklungen der Ökonomik auf den theoretischen Fluchtpunkt einer Interaktionsökonomik bündeln. Im Mittelpunkt steht nicht mehr die Entscheidung oder Handlung einsamer Robinsone, sondern die Interaktion: Alles individuelle Vorteilsstreben erfolgt in einem Zusammenhang von Interaktion, daher muß jeder Akteur ab ovo den anderen Akteur, also seine Mitmenschen und ihre Interessen, im Blick haben. Alle „Handlungen" sind daher als Interaktionen aufzufassen, und Interaktionen kommen in „effizienter" Weise nur dann zustande, wenn beide, d. h. alle, Interaktionspartner daraus Kooperationsgewinne erzielen (Buchanan 1995).

Theoretisch wird dieser Ansatz als Dilemmastruktur modelliert, illustriert am Gefangenendilemma: Ausgangspunkt ist das gleichzeitige Vorliegen gemeinsamer und konfligierender Interessen in allen Interaktionen, und zwar in einer Weise, daß das gewünschte Resultat grundsätzlich nicht von einem einzelnen Akteur, auch nicht von einem „Starken", allein kontrolliert wird, daß er vielmehr zur Erzielung des gewünschten Resultates immer der Mitwirkung des/der anderen bedarf (Buchanan 1975/1984 und 1995; Homann 1994).

Für die Ethik ist daran von größter Bedeutung, daß die Rücksicht auf die anderen und ihre Interessen in das Paradigma der Interaktionsökonomik eingearbeitet ist: Die „Solidarität" aller

Menschen wird nicht mehr dualistisch, als „Pflicht" oder als externer „Wert" etwa, der Ökonomik vorgehalten, was zu den o.a. unlösbaren Implementationsproblemen führt, sie ist vielmehr in die Methode der positiven Ökonomik qua Interaktionsökonomik endogenisiert. Der Ausgang von den gemeinsamen und konfligierenden Interessen der Menschen, modelliert als Dilemmastrukturen, stellt eine bedeutende Präzisierung von Kants „ungeselliger Geselligkeit" dar, die ihrerseits schon eine Präzisierung des Zoon politikon der antiken Ethik war. Mit diesem theoretischen Ansatz sind alle grundlegenden ethischen Fragestellungen ökonomisch rekonstruierbar, geht es doch der Ethik zentral um die wechselseitigen Rechte und Verbindlichkeiten der Menschen in der sozialen Ordnung.

Diese beiden Theorieentwicklungen der modernen Ökonomik, die Erweiterung der Begriffe „Vorteil" und „Nachteil" und die paradigmatische Umstellung vom einseitigen auf das wechselseitige Vorteilsstreben, ermöglichen die generelle Rekonstruktion der Ethik in terms of economics. Welche neuen Einsichten lassen sich daraus gewinnen?

3. Wollen als Kern alles Sollens

Das Interaktionsergebnis, das alle Partner besserstellt, kann von niemandem allein kontrolliert werden. Die Gesellschaft wird aufgefaßt als „ein Unternehmen zur Förderung des gegenseitigen Vorteils" (Rawls 1971/1979: 20), und jeder einzelne ist für seine individuelle Besserstellung auf die „bereitwillige Mitarbeit aller" angewiesen (ebd. 124). Die wird in der modernen Großgesellschaft über Institutionen gewährleistet, über verbindliche Regelsysteme. Auf diese Weise müssen alle Handlungen zweistufig rekonstruiert werden: aus Handlungen i.e.S. und Handlungsbedingungen, aus Entscheidungen und Restriktionen, aus Spielzügen und Spielregeln.

Dabei werden Handlungsoptionen und -restriktionen, also die Anreize, auf der Ebene der Spielregeln festgelegt, während die Akteure in den Spielzügen unter diesen Bedingungen ihre eigenen Interessen verfolgen dürfen und sollen. Die moralisch geforderten Handlungen müssen von den Handlungsbedingungen ermöglicht werden: Dies ist ein Konsistenzpostulat in bezug auf die Unterscheidung von Handlungen und Regeln. Es entspricht dem alten Satz: Ultra posse nemo obligatur. Neu ist lediglich, daß das „posse" jetzt ökonomisch, als Anreizkompatibilität der Regeln – nicht der einzelnen Handlungen – interpretiert wird. Eine Befolgung der moralischen Regeln kann nur zugemutet, angesonnen und erwartet werden, wenn die allgemeine Regelbefolgung jedem einzelnen auf Dauer größere Vorteile bringt als Interaktionen ohne diese Regeln. So gilt für alle Moral, was Kant in bezug auf den kategorischen Imperativ sagt: „…; denn dieses Sollen ist eigentlich ein Wollen, …" (BA 102).

Kern, Prinzip und treibende Kraft aller Moral ist das Streben nach individueller Besserstellung, das Wollen, und die moderne Ökonomik zeigt heute in rein positiver Analyse, daß das individuelle Vorteilsstreben nur dann von nachhaltigem Erfolg gekrönt ist, wenn es im Wege des institutionalisierten Strebens nach wechselseitiger, allseitiger Besserstellung erfolgt. Kant formuliert dies noch normativ, nämlich als moralische Bedingung: Dieses Streben nach individueller Besserstellung muß einer Maxime, einer Regel, gehorchen, die – lassen wir einmal alle Zwischenschritte über die „Vernunft" dieser Regel weg und gehen gleich auf den Grund – von allen anderen konsentiert ist, als Regel sc. Die Demarkationslinie zwischen moralischem und nicht-moralischem Handeln verläuft also keineswegs zwischen Verzicht zugunsten anderer und individuellem Vorteilsstreben, zwischen „Altruismus" und „Egoismus", wie die meisten dualistischen Konzepte zumindest unterstellen, sondern zwischen einseitigem und wechselseitigem individuellen Vorteilsstreben. Das Gefangenendilemma macht sinnfällig, daß es – im Ausgang von der sozialen Falle – zwei Weisen der individuellen Besserstellung gibt, die einseitige Besserstellung auf Kosten anderer und die wechselseitige Besserstellung; letztere bezeichnet der Ökonom als paretosuperiore Lösung, sie ist moralisch, während erstere nicht-moralisch ist. Mit dem formalen Vorteilsbegriff der modernen Ökonomik läßt sich jedes normativ erwünschte Resultat als Paretosuperiorität interpretieren.

Diese Interpretation bezieht die Besserstellung des einzelnen grundsätzlich nur auf Regeln und ihre Resultate, nicht auf einzelne Handlungen und deren Resultate. Sie ähnelt daher dem Regelutilitarismus, unterscheidet sich von ihm jedoch dadurch, daß sie mit Kant jede interpersonelle Nutzenaggregation (Pro-Kopf-Nutzen) strikt vermeidet und die individuelle Zustimmung zur Regel zum paradigmatischen Ausgangspunkt für die Gültigkeit dieser Regel nimmt.

Diese Interpretation zeigt auch die Fragwürdigkeit der in der Ethik verbreiteten Rede von der Notwendigkeit eines „Verzichts" zugunsten anderer: Auf der Regelebene ist der „Verzicht" kein Verzicht, da die Ausbeutungslösung instabil, also als Regel gar nicht möglich, und eine dauerhafte individuelle Besserstellung aufgrund von Defektion bei dieser Problemstruktur daher unmöglich ist. Auf der Handlungsebene ist der „Verzicht", das Zurückstellen eigener Interessen, letztlich ebenfalls kein echter Verzicht, sondern eine Investition in die soziale Ordnung, also eine Investition zum Zweck einer höheren individuellen Rendite in der Zukunft. Die Rede vom „Verzicht" ist also höchst mißverständlich, da handlungstheoretisch und moralisierend im Sinn einer dualistischen Moralauffassung und Ethikkonzeption.

Die Gestalt der Ethik, die sich aus vorstehenden Überlegungen ergibt, sieht wie folgt aus: Handlungen haben Regeln zu folgen – „unbedingt", ohne Kalkulation bzw. Nach-Kalkulation des individuellen Vorteils aus der Einzelhandlung, also gewissermaßen „aus Pflicht". Die Regeln jedoch sind in individuellen Vorteilen, Vorteilserwartungen, also in Vorteilen für jeden einzelnen über die Sequenz von Handlungen nach dieser Regel, begründet. Da die Vorteile von Regeln bzw. ihr Ausmaß von kontingenten Bedingungen historischer, sozialer, technischer etc. Art abhängen, sind die Regeln selbst kontingent. Diese Konzeption denkt also den Gedanken der „kontingenten Verbindlichkeit" und erreicht damit ein Differenzierungsniveau, das in universalistischen Ethik-Konzepten eher unüblich ist (Homann 1998).

Dieses Zusammenspiel individuellen Vorteilsstrebens auf der Regelebene und Befolgung von Normen ohne Kalkulation auf der Handlungsebene ist voll mit I. Kant kompatibel: „Der *Gegenstand* der Achtung ist also lediglich das *Gesetz* und zwar dasjenige, das wir *uns selbst* und doch als an sich nothwendig auferlegen. Als Gesetz sind wir ihm unterworfen, ohne die Selbstliebe zu befragen; als von uns selbst auferlegt, ist es doch eine Folge unsers Willens und hat in der ersten Rücksicht Analogie mit Furcht, in der zweiten mit Neigung." (Kant BA 17 Anm.)

4. Eigeninteresse als Instrument der sozialen Kontrolle

Kern aller Moral ist das Streben nach individueller Besserstellung. Keines der drei abendländischen Moralprinzipien verbietet dieses Streben, die Goldene Regel ebensowenig wie das christliche Liebesgebot oder der kategorische Imperativ. Der darin enthaltene Gedanke von Reziprozität verbietet lediglich, daß über diesem Streben nach der eigenen Besserstellung die Besserstellung der Interaktionspartner vergessen wird: Ökonomisch wird das als Paretosuperiorität der Regeln ausgedrückt. Abschließend sollen diese Überlegungen in einen gesellschaftstheoretischen Kontext eingebettet werden, um sie gegen dualistische Hintergrundvorstellungen mit der typisch manichäistischen Einstufung des „Egoismus" zu profilieren.

In der Weltgeschichte hat noch kein Moralsystem ohne soziales Kontrollsystem längerfristig Bestand gehabt. Hier, beim Kontrollsystem, haben sich in den Modernisierungsprozessen der Neuzeit gravierende Änderungen gegenüber der traditionalen Gesellschaft ergeben, und auf diese Änderungen muß die Ethik theoretisch reagieren: Das ist bislang nur äußerst unzureichend erfolgt (Luhmann 1997; Gerecke 1998).

In der vormodernen Gesellschaft bewegte sich der Mensch durchgängig im überschaubaren Raum des „ganzen Hauses", des Dorfes, des Stammes. Von der Geburt bis zum Tod war seine Rolle festgelegt, er blieb in diese soziale Umwelt eingebunden, er begegnete immer denselben Interaktionspartnern, es gab für den einzelnen praktisch keine Möglichkeit, sich dieser unmittelbaren, im täglichen Umgang sich vollziehenden sozialen Kontrolle zu entziehen. Diese Kontrolle war kostengünstig und lückenlos, und bei Verfehlungen bekam jeder die – großenteils informellen – Sanktionen unmittelbar zu spüren. Soziale Kontrolle fand in Form der Fremdkontrolle in Face-to-face-Interaktionen statt, sie lief gewissermaßen immer mit. Dieses System der Kontrolle blieb über Jahrtausende intakt – es greift auch heute noch in der modernen Gesellschaft in Inseln wie der Familie oder der Arbeitsgruppe. Es war höchst effizient.

In der modernen Gesellschaft mit ausdifferenzierten Funktionssystemen, die nach eigenen, höchst unterschiedlichen Gesetzmäßigkeiten funktionieren, bewegt sich der einzelne permanent in verschiedenen Systemen und übernimmt verschiedene Rollen. Aufgrund vielfältiger Art von Mobilität – räumlich, zeitlich, beruflich, sozial, geistig usw. – bewegt er sich in verschiedenen sozialen Umwelten, er trifft dort immer wieder auf andere Menschen und kann sich der unmittelbaren sozialen Kontrolle praktisch ohne große Kosten entziehen. In einem früher nicht vorstellbaren Maß gestaltet, wählt er seine Rollen selbst. Daraus resultiert das, was man als „Individualisierung" in der modernen Gesellschaft bezeichnet: Sie ist integraler Bestandteil aller Modernisierungsprozesse.

Damit wird das alte System sozialer Kontrolle insuffizient, wenn man von den erwähnten Inseln einmal absieht, auf denen es partiell fortbesteht. Da aber keine Moral ohne soziale Kontrolle Bestand haben kann, muß jetzt ein neues soziales Kontrollsystem als Äquivalent entwickelt werden. Da sich die Menschen also unter den Bedingungen der modernen Gesellschaft der Fremdkontrolle in weiten Feldern leicht entziehen können, muß jetzt auf eine Kontrollinstanz umgestellt werden, der der einzelne grundsätzlich nicht entgehen kann: Das ist er selbst. Unter den Bedingungen der modernen Welt kann einzig die Selbstkontrolle effizient sein.

Dabei setzt die traditionelle Ethik auf die eine Form der Selbstkontrolle, nämlich die Selbstkontrolle durch Moralität, durch das Gewissen, durch die Internalisierung moralischer Normen. Das ist zwar theoretisch stimmig, scheitert aber empirisch daran, daß sich das Handeln der einzelnen permanent im Wettbewerb mit anderen – und auf Märkten: im artifiziell erzwungenen Wettbewerb – vollzieht: Wer unter Bedingungen des Wettbewerbs kostenträchtige moralische Vor- und Mehrleistungen erbringt, wird gerade in diesem moralischen Wohlverhalten ausbeutbar. Wie die Logik der Dilemmastrukturen zeigt, kann er sich dagegen nur durch präventive Gegenausbeutung wehren. Selbstkontrolle entlang moralisch internalisierter informeller Normen muß daher scheitern (Homann, Blome-Drees 1992).

Es verbleibt nur noch die zweite Form der Selbstkontrolle, die Selbstkontrolle entlang den eigenen Interessen, entlang den Anreizen: Unter der konstitutiven Voraussetzung einer formellen und sanktionsbewehrten Rahmenordnung, die die Aufgabe hat, die sozial schädlichsten Handlungsparameter zu verbieten, sie also im Wettbewerb stillzustellen, bildet die Selbstkontrolle entlang den Anreizen – in Verbindung mit dem gesellschaftlich erwünschten Wettbewerb – die einzige Form von sozialer Kontrolle, die unter den Bedingungen der modernen Gesellschaft lückenlos greift. Die Verfolgung des Eigeninteresses ist damit nicht als böser Urtrieb des Menschen zu verstehen, den es zu domestizieren gilt, wie uns manichäistische Konzepte von Pädagogen seit Platons Zeiten einzureden versuchen, sie ist – unter der Voraussetzung einer geeigneten Rahmenordnung mit Wettbewerb sc. – die der modernen Gesellschaft und ihrer vielfältigen Mobilität einzig angemessene Form der sozialen (!) Kontrolle. Es gilt, die Rahmenordnung so einzurichten, daß nur der dauerhaft und systematisch individuelle Vorteile zu erzielen vermag, der seinen Mitmenschen etwas bietet und ihre legitimen Interessen beachtet. In der Sprache der Ökonomik heißt das: Die Regeln müssen anreizkompatibel sein, damit moralisch erwünschte Verhaltensweisen im Schlepptau, im Windschatten des individuellen Vorteilsstrebens zum Zuge kommen, weil sie gegen das individuelle Vorteilsstreben ohne Chance sind.

Schlußbemerkung

Eine moderne Ethik, die sich die doppelte Aufgabenstellung der traditionellen Ethik mit Begründung und Implementation wieder zu eigen macht, muß die soziale Kontrolle, die immer unverzichtbar war und auch heute unverzichtbar ist, völlig neu, nämlich auf die Bedingungen der modernen Gesellschaft zuschneiden. Mit einer Intensivierung des Begründungsdiskurses ist für diese Problematik nichts gewonnen. Eine normative Neubewertung des „Eigeninteresses" – sc. unter Bedingung einer geeigneten Rahmenordnung – steht im Zentrum dieses Programms (Homann 1997 a; Apel 1997). Eine solche Ethik bleibt mit der Ethik-Tradition im Einklang, wie die Kompatibilität dieser Anreizethik mit der Goldenen Regel, mit dem christlichen Liebesgebot und mit dem kategorischen Imperativ zeigt. Demgegenüber bleiben dualistische Konzepte von Wirtschaftsethik – so auch noch Habermas (1992) – manichäistischen Denkmustern verhaftet, weil sie zwischen der Handlungsebene und der Regelebene nicht (hinreichend) differenzieren.

Literatur

Apel, Karl-Otto (1997): Institutionsethik oder Diskursethik als Verantwortungsethik? Das Problem der institutionalen Implementation moralischer Normen im Falle des Systems der Marktwirtschaft, in: Jean-Paul Harpes, Wolfgang Kuhlmann (Hrsg.): Zur Relevanz der Diskursethik. Anwendungsprobleme der Diskursethik in Wirtschaft und Politik. Dokumentation des Kolloquiums in Luxemburg (10.-12. Dez. 1993), Münster, S. 167-209.
Becker, Gary S. (1976/1982): Der ökonomische Ansatz zur Erklärung menschlichen Verhaltens, übersetzt von Monika und Viktor Vanberg, Tübingen.
Buchanan, James M.(1975/1984): Die Grenzen der Freiheit. Zwischen Anarchie und Leviathan, dt. Tübingen.
Buchanan, James M. (1995): Individual Rights, Emergent Social States, and Behavioral Feasibility, in: Rationality and Society 7, S. 141-150.
Gerecke, Uwe (1998): Soziale Ordnung in der modernen Gesellschaft. Ökonomik – Systemtheorie – Ethik, Tübingen.

Habermas, Jürgen (1962/1991): Strukturwandel der Öffentlichkeit. Untersuchungen zu einer Kategorie der bürgerlichen Gesellschaft. Mit einem Vorwort zur Neuauflage 1990, 2. Aufl., Frankfurt am Main.
Habermas, Jürgen (1991): Erläuterungen zur Diskursethik, Frankfurt am Main.
Habermas, Jürgen (1992): Faktizität und Geltung. Beiträge zur Diskurstheorie des Rechts und des demokratischen Rechtsstaats, Frankfurt am Main.
Homann, Karl (1994): Homo oeconomicus und Dilemmastrukturen, in: Hermann Sautter (Hrsg.): Wirtschaftspolitik in offenen Volkswirtschaften. Festschrift für Helmut Hesse zum 60. Geburtstag, Göttingen, S. 387-411.
Homann, Karl (1997): Sinn und Grenze der ökonomischen Methode in der Wirtschaftsethik, in: Detlef Aufderheide, Martin Dabrowski (Hrsg.): Wirtschaftsethik und Moralökonomik. Normen, soziale Ordnung und der Beitrag der Ökonomik, Berlin, S. 11-42.
Homann, Karl (1997 a): Die Bedeutung von Anreizen in der Ethik, in: Jean-Paul Harpes, Wolfgang Kuhlmann (Hrsg.): Zur Relevanz der Diskursethik. Anwendungsprobleme der Diskursethik in Wirtschaft und Politik. Dokumentation des Kolloquiums in Luxemburg (10.-12. Dez. 1993), Münster, S. 139-166.
Homann, Karl (1998): Normativität angesichts systemischer Sozial- und Denkstrukturen, in: Wulf Gaertner (Hrsg.): Wirtschaftsethische Perspektiven IV: Methodische Grundsatzfragen, Unternehmensethik, Kooperations- und Verteilungsprobleme. Schriften des Vereins für Socialpolitik N. F. Bd. 228/IV, Berlin, S. 17-50.
Homann, Karl, **Blome-Drees**, Franz (1992): Wirtschafts- und Unternehmensethik, Göttingen.
Kant, Immanuel (1785/1786): Grundlegung zur Metaphysik der Sitten, 1. Aufl. (A) Riga 1785, 2. Aufl. (B) Riga 1786.
Luhmann, Niklas (1997): Die Gesellschaft der Gesellschaft, 2 Teilbde., Frankfurt am Main.
Pies, Ingo, **Leschke**, Martin (Hrsg., 1998): Gary Beckers ökonomischer Imperialismus, Tübingen.
Rawls, John (1971/1979): Eine Theorie der Gerechtigkeit, übersetzt von Hermann Vetter, Frankfurt am Main.
Smith, Adam (1776/1978): Der Wohlstand der Nationen. Eine Untersuchung seiner Natur und seiner Ursachen, aus dem Engl. übertragen und mit einer umfassenden Würdigung des Gesamtwerkes von Horst Claus Recktenwald, rev. Fassung, München.
Ulrich, Peter (1996): Unternehmensethik und „Gewinnprinzip". Versuch der Klärung eines unerledigten wirtschaftsethischen Grundproblems, in: Hans G. Nutzinger (Hrsg.): Wirtschaftsethische Perspektiven III: Unternehmensethik, Verteilungsprobleme, methodische Ansätze. Schriften des Vereins für Socialpolitik N. F. Bd. 228/III, Berlin, S. 137-171.

Matthias Kettner (Dr.phil, Dipl-Psych)
Kulturwissenschaftliches Institut des
Wissenschaftszentrums Nordrhein-Westfalen
Goethestr. 31
45128 Essen

"Varianten diskursethischer Wirtschaftsethik"

Abstract:
Erstaunlicherweise hat gerade die oft als praxisfern gescholtene Diskursethik im Bereich der Wirtschafts- und Unternehmensethik eine verhältnismäßig starke Resonanz. Der Wirtschaftsethiker Peter Ulrich ("Integrative Wirtschaftsethik") hat 1997 einen Theorieansatz ausgearbeitet, der explizit diskursethische Motive und Begründungsfiguren aufnimmt. Ein Kernpunkt ist die Einbindung der Produktion in Strukturen demokratischer Verantwortung vor einem (im Prinzip unbegrenzten) Publikum von Konsumenten, die - als Wirtschaftsbürger - zugleich Repräsentanten eines republikanischen demokratischen Ethos sind. Apel hat gegen diesen Ansatz einige Einwände erhoben, die ich diskutieren werde. Apels wichtigster Einwand ist, daß Ulrichs Ansatz die Systemrationalität ökonomischer Systeme und deren Sachzwangcharakter nicht genug berücksichtige - ein auf den ersten Blick merkwürdiger Einwand aus dem Munde eines Philosophen, der in der Systemtheorie ansonsten eine Pseudo-Objektivierung von Interaktionsverhältnissen, die es zu verändern gälte, erblickt. - In einer anderen Variante, die von Dietrich Böhler ausgearbeitet wird, wird der diskursethische Gedanke der Mit-Verantwortung für kollektive Handlungsfolgen ins Zentrum gestellt. Die Vor- und Nachteile dieses Ansatzes (im Vergleich zu dem von Peter Ulrich) werde ich diskutieren. Drittens werde ich die diskursethischen Stellungnahmen von Wolfgang Kuhlmann zu dem zweiten, in der deutschen Diskussion prominenten Ansatz wirtschaftsethischer Theorie, dem neoinstitutionenökonomischen Ansatz von Karl Homann, sowie Apels Einschätzung des heuristischen Werts dieses Ansatzes für Implementierungsprobleme moralischer Reflexion diskutieren.

Stefan Kyora, Konstanz

Unternehmen als Träger gesellschaftlicher Verantwortung

In der Debatte um den moralischen Status von Unternehmen wird die Möglichkeit, Unternehmen moralische Verantwortung zuzuschreiben, zwar meistens befürwortet, jedoch hinzugefügt, daß Unternehmen nicht im selben Sinne moralisch verantwortlich sein können wie natürliche Personen.[1] Im folgenden möchte ich diese Position unterstützen, indem ich eine Möglichkeit aufzeige, Unternehmen Verantwortung zuzuschreiben, die nicht voraussetzt, daß Unternehmen Personen im moralischen Sinne sind.

Meine Grundidee besteht darin, Unternehmen gesellschaftliche Verantwortung zuzuschreiben, weil sie mit ihren Handlungen die Gesellschaft gestalten. Diese Begründung gesellschaftlicher Verantwortung setzt bei Unternehmen zweierlei voraus. Zum einen muß die Möglichkeit bestehen, Unternehmen Handlungen zuzurechnen. Zum anderen müssen diese Handlungen als gesellschaftlich relevante Akte gelten können. Im folgenden soll in einem ersten Schritt nachgewiesen werden, daß Unternehmen im deutschen Zivilrecht die Handlungen ihrer Leitungspersonen zugerechnet werden. Anschließend soll das Verhältnis zwischen Leitungspersonen und Unternehmen mit Hilfe des Repräsentationsbegriffs erläutert werden. Im dritten Abschnitt werde ich kurz die Fragen behandeln, inwiefern Unternehmen mit ihren Handlungen die Gesellschaft gestalten und welche Anforderungen an Unternehmen als gesellschaftliche Akteure gestellt werden können.

I

Die Handlungsfähigkeit von Unternehmen scheint auf den ersten Blick kaum bestreitbar zu sein. Interaktionen mit Unternehmen finden alltäglich statt und Unternehmen können in der Alltagssprache problemlos als Akteure behandelt werden. Aufgrund solcher Evidenzen vertritt DeGeorge die These, daß bezüglich der Handlungsfähigkeit von Unternehmen das Onus Probandi bei denen liege, die diese Handlungsfähigkeit bezweifeln.[2] Zunächst ist also der Nachweis erforderlich, daß die Erklärung, Unternehmen seien nicht handlungsfähig, mit den alltäglichen Erfahrungen und dem Sprachgebrauch in Einklang gebracht werden kann. Dies scheint auf zwei Wegen möglich zu sein. Erstens kann argumentiert werden, daß durch das Unternehmen bestimmte Individuen handeln. Zweitens kann mit der von einigen deutschen Zivilrechtlern vertretenen sogenannten Fiktionstheorie behauptet werden, daß Unternehmen keine Handlungen, sondern nur Handlungsfolgen zugerechnet werden können. Ich werde mich zunächst mit dieser zweiten Argumentation auseinandersetzen.

Nach Ansicht der Fiktionstheoretiker sind juristische Personen rechtsfähig – ihnen können Rechte und Pflichten zugeordnet werden – nicht aber handlungsfähig. Um ihre Pflichten zu

---

[1] Enderle 1992, 146; Maring 1989, 37 Fn. 17; Werhane 1985, 58 f., 62. Vgl. auch Donaldson 1982, 30
[2] DeGeorge 1986, 65

erfüllen und ihre Rechte in Anspruch zu nehmen, sind sie daher auf Vertretung angewiesen.[3] Die Handlungen der Vertreter führen gemäß der Fiktionstheorie zwar zu Rechtsfolgen für die juristische Person, z.B. zu Verpflichtungen, trotzdem kann man sie nicht als Handlungen der juristischen Person selbst bezeichnen.[4] Fiktionstheoretiker vertreten also die These, daß Unternehmen nicht die Handlungen ihrer Vertreter zugerechnet werden können, sondern nur Handlungsfolgen. Diese Auffassung ist nicht nur unter Juristen verbreitet, sie wird z.B. auch von Joel Feinberg geteilt.[5] Fiktionstheoretiker würden Ausdrücke wie „die X AG gibt bekannt" oder „die X AG schließt einen Vertrag ab" für erklärungsbedürftig halten. Präziser wären nach dieser Theorie die Wendungen „für die X AG erklärte Herr Y" oder „Frau Z schloß im Namen der X AG einen Vertrag ab, der diese zur Lieferung von fünfzig Computern verpflichtet". In der Fiktionstheorie wird damit das Verhältnis von juristischer Person und ihren Vertretern ähnlich konzipiert wie das Verhältnis zwischen einer unmündigen natürlichen Person und ihrem gesetzlichen Vertreter.[6] Da sie rechtsfähig ist, können auch einer unmündigen natürlichen Person Rechte und Pflichten zugeordnet werden. So können etwa einem Säugling, der ein Unternehmen erbt, Eigentümerrechte und -pflichten übertragen werden. Wahrnehmen kann er diese Rechte und Pflichten jedoch nur durch Vertreter.

Von einer zweiten Gruppe von Autoren wird die These vertreten, daß durch das Unternehmen Individuen handeln. In diesem Sinne werden die Unternehmensvertreter als Beauftragte oder Angestellte der Anteilseigner betrachtet.[7] Das Verhältnis zwischen Anteilseignern und Managern unterscheidet sich nach dieser Auffassung nicht von dem Verhältnis zwischen einem Einzelunternehmer und seinen Mitarbeitern. Hinter allen Aktionen des Unternehmens stehen dieser Auffassung nach in letzter Instanz die Anteilseigner, die durch Manager und Angestellte handeln.

Im Gegensatz zu diesen beiden Gruppen behaupten Befürworter der von der Mehrheit der deutschen Zivilrechtler vertretenen Organtheorie, daß Unternehmen die Handlungen ihrer Leitungspersonen zugerechnet werden können. Zunächst wird von Organtheoretikern angeführt, daß das Verhältnis zwischen Leitungspersonen und Unternehmen rechtlich anders geregelt ist, als diejenigen zwischen Arbeitnehmer und Arbeitgeber bzw. zwischen Mündel und gesetzlichem Vertreter. Nach § 31 BGB haftet eine juristische Person ohne Exculpationsmöglichkeit für die Delikte ihrer Leitungspersonen. Begeht eine Leitungsperson bei ihrer Tätigkeit für das Unternehmen ein Delikt, haftet dieses in jedem Fall. Diese Haftungsregelung unterscheidet sich sowohl von der Haftung einer unmündigen natürlichen Person für ihren Vertreter als auch von der Haftung des Arbeitgebers für seinen Arbeitnehmer. Ein unmündiges Kind haftet etwa in keinem Fall mit seinem Vermögen, wenn seine Eltern bei der Verwaltung dieser Gelder ein Delikt begehen.[8] Hier haftet nicht der Vertretene, sondern nur sein Vertreter, also nur derjenige, der selbst falsch handelt. Dasselbe gilt im Verhältnis zwischen Arbeitnehmer und Arbeitgeber. Begeht ein Arbeitnehmer ein Delikt, haftet der Arbeitgeber nicht, wenn er

---

[3] Wieacker 1973, 346; Wiedemann 1980, 196, 212
[4] Flume 1983, 357, 359
[5] Vgl. Feinberg 1970, 227, 233
[6] Flume 1983, 357, 359
[7] Barry 1998, 51; Friedman 1988, 218; vgl. Millon 1990, 224 f.
[8] Gernhuber/Coester-Waltjen 1994, 866

nachweisen kann, daß der Betreffende ordentlich ausgewählt und beaufsichtigt wurde. Der Arbeitgeber haftet nur, wenn er sich selbst falsch verhalten hat, insofern er das Delikt des Angestellten nicht durch ordentliche Auswahl und Beaufsichtigung verhindert hat.[9]

Damit ist die Haftung der juristischen Person für ihre Vertreter anders geregelt als in den Fällen, die von der Fiktionstheorie und der Theorie, die Unternehmensvertreter als Beauftrage der Anteilseigner sieht, herangezogen werden, um das Verhältnis der Leitungspersonen zum Unternehmen zu erläutern. Während in diesen Theorien eine klare Trennung zwischen Führungskräften und Unternehmen postuliert wird, scheint die geltende Haftungsregelung nach § 31 BGB die juristische Person und ihre Leitungspersonen bezüglich der Haftung bei Delikten miteinander zu identifizieren. Die deliktischen Handlungen der Leitungspersonen werden damit zum Zweck der Auferlegung der Haftung als Handlungen der juristischen Person betrachtet. Vertreter und Vertreterinnen der Organtheorie sind deswegen der Auffassung, „daß § 31 BGB die schädigende Handlung der vertretungsberechtigten Organe als solche der juristischen Person behandelt, die mithin als durch jene selbst handelnd angesehen wird".[10] In solchen Wendungen wird deutlich, daß die Handlungszurechnung als wertender Akt betrachtet wird.[11] Es wird nicht behauptet, daß juristische Personen handlungsfähig sind, sondern daß ihnen durch das Recht Handlungsfähigkeit verliehen werden kann, indem Handlungen von Leitungspersonen als Handlungen der juristischen Person gewertet werden. Die Handlung einer juristischen Person setzt also stets die Handlung einer natürlichen Person voraus.[12] Der Grund für eine derartige Verleihung von Handlungsfähigkeit ist normativer Natur.

Juristische Personen können nur dann ihren Zweck erfüllen, wenn die Möglichkeit der Handlungszurechnung existiert. Der Zweck juristischer Personen wird in der erleichterten Schaffung von Großunternehmen gesehen. Er wird dadurch erreicht, daß juristische Personen, die über wesentlich mehr Ressourcen verfügen können als Individuen, als Eigentümerinnen eines Unternehmens an die Stelle natürlicher Personen treten können. Damit juristische Personen in der Rolle als Eigentümerin Individuen ersetzen können, ist es notwendig, die Rechtsform juristische Person so zu gestalten, daß sie am Rechtsleben in ähnlicher Weise teilnehmen können wie natürliche Personen.[13] Dies bedeutet insbesondere, daß eine juristische Person in den Fällen zivilrechtlich haften muß, in denen auch ein Einzeleigentümer haften würde. Begeht daher eine Leitungsperson, die im Unternehmen Aufgaben wahrnimmt, die sonst ein Einzeleigentümer wahrnehmen würde, ein Delikt, dann haftet nicht nur die Leitungsperson selbst, sondern auch die juristische Person in ihrer Eigenschaft als Eigentümerin des Unternehmens. Der Sinn dieser Regelung ist offensichtlich. Die größeren Ressourcen des Unternehmens sollen auch denen zugute kommen, die durch solche Delikte geschädigt wurden. Auch hinsichtlich der Haftung für deliktische Schädigungen soll die juristische Person den Einzeleigentümer ersetzen.

---

[9] Belling/Eberl-Borges 1997, 40
[10] Ackermann 1984, 211 f. Ähnliche Wendungen finden sich in zivilrechtlichen Lehrbüchern. Vgl. Schmidt 1991, 217 f.
[11] Ackermann 1984, 213 f.
[12] Diese These wird auch von einer Reihe von Unternehmensethikern und Unternehmensethikerinnen vertreten. Vgl. Lenk/Maring 1995, 276; May 1987, 87; Werhane 1985, 53; vgl. auch Kleinfeld 1998, 129; Summer 1998, 33, 42
[13] John 1977, 73, 116 f.

Nur wenn juristischen Personen Handlungen ihrer Leitungspersonen zugerechnet werden können, sind sie in der Lage, die Rolle der Eigentümerin im gewünschten Umfang zu übernehmen. Die Organtheorie scheint mir daher der Fiktionstheorie und der Theorie, in der die Manager des Unternehmens als Angestellte der Eigentümer gesehen werden, überlegen zu sein. Durch die Organtheorie wird zum einen ein zutreffendes Bild der Rechtswirklichkeit gezeichnet; zum anderen kann in dieser Theorie diese Rechtswirklichkeit auch gerechtfertigt werden.

II

Das Verhältnis zwischen Unternehmen und Leitungspersonen kann als Repräsentationsverhältnis[14] bezeichnet werden. Der Gedanke, daß Handlungen natürlicher Personen einer juristischen Person zugerechnet werden können, weil und insofern die natürlichen Personen die juristische Person repräsentieren, wird von verschiedenen Vertretern der Organtheorie angesprochen.[15] Die Analogie, die mit dem Begriff Repräsentation gezogen wird, ist offenbar politischer Art. Das Leitungsgremium einer juristischen Person wird mit der Regierung eines Staates verglichen.[16] Mit dieser Analogie kann sowohl die Identifikation von Repräsentant und Körperschaft als auch das Verhältnis zwischen Managern und Anteilseignern erläutert werden. Darüber hinaus wird durch diese Analogie klar, daß die Handlungszurechnung an Verbände nicht ungewöhnlich ist.

In Deutschland sind die Vorstandsmitgliedern einer Aktiengesellschaft den Anteilseignern zwar rechenschaftspflichtig; sie sind jedoch auch gehalten, sich bei ihren Entscheidungen am Unternehmensinteresse zu orientieren, das mit den Interessen der Anteilseigner nicht übereinstimmen muß.[17] Als Elemente des Unternehmensinteresses werden die Selbsterhaltung, die Erhaltung der inneren Stabilität und der Erfolg des Unternehmens am Markt genannt.[18] Auch in England müssen die Vorstandsmitglieder einer Aktiengesellschaft nicht ausschließlich den Interessen der Anteilseigner dienen.[19] Selbst US-amerikanische Gerichte, die lange auf der Forderung beharrten, daß die Leitungspersonen von Aktiengesellschaften ihren Handlungsspielraum ausschließlich zur Förderung der Interessen der Anteilseigner nutzen sollten,[20] haben in jüngster Zeit Urteile gefällt, die die Bedeutung eines eigenständigen Unternehmensinteresses anerkennen.[21] Die Leitungspersonen juristischer Personen können daher nicht als einfache Beauftragte der Mitglieder der juristischen Person betrachtet werden, genauso wenig wie Regierungsmitglieder in einer repräsentativen Demokratie die Beauftragten ihrer Wähler, aller Staatsbürger oder des Parlaments sind, selbst wenn sie diesen Rechenschaft schulden. Beide Gruppen von Repräsentanten verfügen gegenüber den Wünschen der Mitglieder ihrer

---

[14] Die im folgenden verwendeten Aussagen zum Repräsentationsbegriff entstammen vor allem einer Arbeit H. F. Pitkins, in der sich auch Überlegungen zum Verhältnis von Leitungspersonen und Unternehmen finden (Pitkin 1967).
[15] Ackermann 1984, 212; Schmidt 1991, 237; vgl. auch Martinek 1979, 209 f.
[16] May 1987, 46. Dieser Vergleich wird auch in einigen englischen Urteilen explizit gezogen (Leigh 1969, 92 f.).
[17] Raiser 1992, 22 f.
[18] Raiser 1992, 153
[19] Leigh 1969, 93
[20] Millon 1990, 223 f.
[21] Millon 1990, 251-258. Vgl. auch Lutz 1997, 113

Korporation über einen gewissen Freiraum.[22] Sie können nicht als Werkzeug in der Hand der Mitglieder der Körperschaft betrachtet werden.[23] Daher sind sie nicht einfach Beauftragte oder wie Weber es nennt, Beamte dieser Mitglieder,[24] sondern Personen, die die Körperschaft, zu der sich die Mitglieder zusammengeschlossen haben, repräsentieren.

Die Identifikation zwischen einem Vertreter und der von ihm vertretenen Körperschaft stellt ein wichtiges Unterscheidungsmerkmal zwischen der Repräsentation und anderen Vertretungsverhältnissen dar.[25] Während im Falle eines für eine Körperschaft handelnden Repräsentanten auch die Körperschaft als handelnd bezeichnet werden kann, ist dies bei der Vertretung Unmündiger oder einzelner Erwachsener nicht möglich.[26] So kann zwar gesagt werden, daß mit der X AG über einen Grundstückskauf verhandelt wird, wenn ein Repräsentant der X AG verhandelt. Verhandelt jedoch ein Elternteil für sein unmündiges Kind über einen Grundstückskauf oder ein Makler für einen Erwachsenen, ist dies nicht möglich. In diesen Fällen kann nicht davon gesprochen werden, daß mit dem Kind oder dem vom Makler vertretenen Erwachsenen verhandelt wird. Leitungspersonen des Unternehmens können also bei ihren Handlungen als Leitungspersonen mit dem Unternehmen identifiziert werden. Aufgrund dieser Möglichkeit lassen sie sich als Repräsentanten betrachten.

Damit ist das Verhältnis zwischen Leitungspersonen und Unternehmen als Repräsentationsverhältnis bestimmt. Die Leitungspersonen vertreten das Unternehmen nicht, wie Unmündige vertreten werden. Sie können auch nicht als Beauftragte der Anteilseigner erachtet werden. Durch die Bestimmung der Leitungspersonen als Repräsentanten des Unternehmens wird deutlich, daß die Handlungszurechnung, wie sie bei Unternehmen möglich erscheint, nicht ungewöhnlich ist. Sie ist gegenüber allen Verbänden durchführbar, die durch Repräsentanten handeln. Ferner wird durch den Vergleich zwischen politischen Verbänden und Unternehmen auch ersichtlich, daß die Zurechnung nicht nur im Hinblick auf zivilrechtliche Haftung möglich ist, sondern auch hinsichtlich einer gesellschaftlichen Beurteilung der Handlung.

Daß die Handlungen politischer Verbände und Körperschaften politisch beurteilt werden, ist offensichtlich. Kritik an den Handlungen von Staaten oder den Entscheidungen von Interessenverbänden ist eine alltägliche Angelegenheit. Dabei werden ganz selbstverständlich die Handlungen als Handlungen der Verbände betrachtet. Wenn nun Unternehmen auf dieselbe Weise Handlungsfähigkeit gewinnen wie diese politischen Verbände, nämlich durch Repräsentation, dann ist plausibel, daß auch ihre Handlungen gesellschaftlich beurteilt werden können. Überdies ist gesellschaftliche Kritik an Unternehmen nicht nur alltäglich,[27] sondern auch üblicher als Kritik an einzelnen Führungskräften. Schließlich spricht für die These vom Unternehmen als gesellschaftlichem Akteur auch, daß Unternehmen zu politischen Fragen wie der Steuerreform Stellung nehmen oder in die politische Entscheidungsfindung etwa bei den Energiekonsensgesprächen eingebunden sind.[28]

---

[22] Pitkin 1967, 209
[23] Pitkin 1967, 125 f.
[24] Weber 1976, 172
[25] Martinek 1979, 209; Pitkin 1967, 124 f., 153
[26] Pitkin 1967, 130
[27] Pies/Blome-Drees 1995, 175
[28] Ulrich bezeichnet diese Möglichkeit als institutionalisierte Macht (Ulrich 1977, 61 f.).

Darüber hinaus werden die Handlungen von Unternehmen nicht nur dann als gesellschaftlich relevant beurteilt, wenn diese explizite politische Meinungsäußerungen darstellen oder mit ihnen ein Beitrag zur Gestaltung der rechtlichen Rahmenordnung geleistet wird. Auch andere Unternehmenshandlungen werden als gesellschaftlich relevante Meinungsäußerungen, als Vorschläge zur Gestaltung der sozialen Welt verstanden. So werden etwa bezüglich des Shell-Engagements in Nigeria nicht nur die offiziellen Verlautbarungen politisch beurteilt und kritisiert; auch die Handlungsweise von Shell im Nigerdelta wird als Vorschlag des Unternehmens interpretiert, wie multinationale Konzerne in Staaten wie Nigeria handeln sollten. Die Handlungsweise des Unternehmens wird also auch dann als Stellungnahme in der Debatte um gesellschaftliche Normen betrachtet, wenn mit ihr die rechtliche Rahmenordnung nicht verändert wird. Hält man diese – praktische – Stellungnahme für problematisch, kann sie kritisiert werden. Unternehmen werden also als Teilnehmer an der Auseinandersetzung um die Gestaltung der Gesellschaft behandelt, ihre Handlungsweisen als diesbezügliche Stellungnahmen verstanden.

III

Die gesellschaftliche Beurteilung und Kritik von Unternehmenshandlungen scheint mir insoweit gerechtfertigt, als diese mit ihren Handlungen in der Lage sind, die Gestaltung der Gesellschaft zu beeinflussen. Unternehmen können auch unterhalb der staatlichen Rahmenordnung mit ihren Handlungen die Handlungsmöglichkeiten anderer erweitern oder beschränken und so einen informellen Rahmen für deren Handlungen schaffen.[29] In diesem Sinne haben Unternehmen Macht.[30] Ihre Handlungen werden zurecht als Vorschläge zur Gestaltung der Gesellschaft verstanden, weil Unternehmen mit ihnen die Gesellschaft in dem Sinne gestalten, daß sie die Handlungsmöglichkeiten anderer gesellschaftlicher Akteure beeinflussen. Neben der Möglichkeit, Unternehmen Handlungen zuzurechnen, ist damit die Macht der Firmen die zweite Voraussetzung für die Zuschreibung gesellschaftlicher Verantwortung. Das Machtpotential von Unternehmen wird häufig konstatiert[31] und nur selten geleugnet.[32]

Die Macht von Unternehmen wird durch den Staat und durch andere gesellschaftliche Akteure begrenzt. Unternehmen können diese anderen gesellschaftlichen Akteure nicht wie der Staat zwingen. Sie üben keine Herrschaft über diese aus, sondern befinden sich ihnen gegenüber in einem Zustand offener Machtkonkurrenz.[33] Während Herrschaft immer der institutionellen Legitimation bedarf, können in einer Demokratie Zentren gesellschaftlicher Macht

---

[29] Bühl 1998, 66
[30] Die Definition von Macht als Möglichkeit, die Handlungsmöglichkeiten anderer Akteure einzuschränken, stammt von Wartenberg (Wartenberg 1990, 85).
[31] Vgl. neben dem bereits genannten Bühl nur Donaldson 1982, 7, 42; Göbel 1992, 340-346; Parkinson 1993, 10-23. Im deutschen Sprachraum betont vor allem Peter Ulrich die Bedeutung unternehmerischer Macht für die Unternehmensethik (Ulrich 1977, insbes. 20 f., 62, 165, 213; Ulrich 1998, 438 f.).
[32] Vgl. etwa eine Rede Alfred Herrhausens, in der er betont, daß Banken selbstverständlich Macht hätten (Herrhausen 1987, 8, 10, 28 f.).
[33] Die Unterscheidung zwischen der Macht gesellschaftlicher Akteure und der Herrschaft des Staates stammt von Hättich (Hättich 1987, 979 f.). Ich denke, daß Ulrichs Forderung nach einer institutionellen Legitimation von Unternehmenshandlungen durch alle Beteiligten und Betroffenen unter anderem deswegen nicht haltbar ist, weil Ulrich den Unterschied zwischen Macht und Herrschaft nicht beachtet (vgl. Ulrich 1998, 438 f.).

zugelassen werden, solange diese sich gegenseitig in einem System von „checks" und „balances" in ihrer Machtfülle begrenzen.[34] Gesellschaftliche Macht ist also solange akzeptabel, wie sie nicht in Zwang übergehen kann, der faktisch der Herrschaft gleichkäme.[35] Unternehmerische Macht muß daher nicht in einer Form legitimiert werden, wie es für staatliche Herrschaft notwendig ist. Auch im Fall von Machtungleichgewichten zwischen Unternehmen und anderen gesellschaftlichen Gruppierungen scheint es mir für die Fruchtbarkeit der politischen Auseinandersetzung um die Gestaltung der Gesellschaft förderlicher, dieses Ungleichgewicht nicht durch staatliche Institutionalisierung zu entschärfen, sondern durch eine Stärkung der Einflußmöglichkeiten der schwächeren Gruppe.[36]

Ich denke, daß auf dieser Basis drei verschiedene Anforderungen bestimmt werden können, die Unternehmen erfüllen müssen, wenn sie ihrer gesellschaftlichen Verantwortung gerecht werden wollen. Erstens sollten sich Unternehmen der gesellschaftlichen Auseinandersetzung um die Beurteilung ihrer Handlungen stellen. Ein Unternehmen, das jeden Kritiker an die zuständigen Politiker verweist, wird seiner gesellschaftlichen Verantwortung nicht gerecht. Zweitens sollten Unternehmen keine Herrschaft anstreben und die offene Machtkonkurrenz nicht z.B. durch Unterstützung undemokratischer Parteien untergraben. Drittens schließlich sollten Unternehmen nicht auf eine Weise handeln, die in der Auseinandersetzung um die Gestaltung der Gesellschaft als völlig inakzeptabel gilt.

Literatur

Ackermann, B. (1984): Die Strafbarkeit juristischer Personen im deutschen Recht und in ausländischen Rechtsordnungen, Frankfurt/Bern/New York

Barry, N. (1998): Business Ethics, Basingstoke/London

Belling, D. W./Eberl-Borges, C. (1997): Kommentar zu § 831 BGB, in: Horn, N. (ed.): J. V. Staudingers Kommentar zum Bürgerlichen Gesetzbuch mit Einführungsgesetz und Nebengesetzen, 13. Aufl. Berlin, 32-127

Bühl, W. L. (1998): Verantwortung für Soziale Systeme. Grundzüge einer globalen Gesellschaftsethik, Stuttgart

DeGeorge, R. T. (1986): Corporations and Morality, in: Curtler, H. (ed.): Shame, Responsibility and the Corporation, New York, 57-75

Donaldson, T. (1982): Corporations and Morality, Englewood Cliffs N.J.

Feinberg, J. (1970): Collective Responsibility, in: ders.: Doing and Deserving. Essays in the Theory of Responsibility, Princeton N.J., 222-251

Flume, W. (1983): Allgemeiner Teil des Bürgerlichen Rechts, Bd. I, Teil 2: Die juristische Person, Berlin etc.

Friedman, M. (1988): The Social Responsibility of Business Is To Increase Its Profits, in: Donaldson, T. /Werhane, P. (eds.): Ethical Issues in Business. A Philosophical Approach, 3. Aufl. Englewood Cliffs N.J., 217-223

Gernhuber, J./Coester-Waltjen, D. (1994): Lehrbuch des Familienrechts, 4. Aufl. München

Göbel, E. (1992): Das Management der sozialen Verantwortung, Berlin

Hättich, M. (1987): Macht, in: Görres-Gesellschaft (ed.): Staatslexikon. Recht, Wirtschaft, Gesellschaft Bd. III, 7. Aufl. Freiburg/Basel/Wien, 978-981

---

[34] Vgl. Saladin 1984, 166-168; sowie Hättich 1987, 979 f.
[35] Hättich 1987, 980
[36] Vgl. Parkinson 1993, 345 f.

Herrhausen, A. (1987): Macht der Banken, Saarbrücken (Saarbrücker Universitätsreden 24)

Kleinfeld, A. (1998): Persona Oeconomica. Personalität als Ansatz der Unternehmensethik, Heidelberg

Leigh, L. H. (1969): The Criminal Liability of Corporations in English Law, London

Lenk, H./Maring, M. (1995): Wer soll Verantwortung tragen? Probleme der Verantwortungsverteilung in komplexen (soziotechnischen - sozioökonomischen) Systemen, in: Bayertz, K. (ed.): Verantwortung. Prinzip oder Problem? Darmstadt, 241-286

Lutz, D. W. (1997): Die Hypothese von der Maximierung des Wertes der Unternehmensanteile als Kontrollfunktion des Unternehmens, in: Jahrbuch für Philosophie des Forschungsinstituts für Philosophie Hannover 8, 109-126

Maring, M. (1989): Modelle korporativer Verantwortung, in: Conceptus 23, 25-41

Martinek, M. (1979): Repräsentantenhaftung. Die Organhaftung nach § 31 BGB als allgemeines Prinzip der Haftung von Personenverbänden für ihre Repräsentanten. Ein Beitrag zum System der Verschuldenszurechnung, Berlin

May, L. (1987): The Morality of Groups. Collective Responsibility, Group-Based Harm, and Corporate Rights, Notre Dame Ind.

Millon, D. (1990): Theories of the Corporation, in: Duke Law Journal 39, 201-262

Parkinson, J. E. (1993): Corporate Power and Responsibility. Issues in the Theory of Company Law, Oxford

Pies, I./Blome-Drees, F. (1995): Zur Theorienkonkurrenz unternehmensethischer Konzepte, in: Zeitschrift für betriebswirtschaftliche Forschung 47, 175-179

Pitkin, H. F. (1967): The Concept of Representation, Berkeley Calif./Los Angeles

Raiser, T. (1992): Recht der Kapitalgesellschaften. Ein Handbuch für Praxis und Wissenschaft, 2. Aufl. München

Saladin, P. (1984): Verantwortung als Staatsprinzip. Ein neuer Schlüssel zur Lehre vom modernen Rechtsstaat, Bern/Stuttgart

Schmidt, K. (1991): Gesellschaftsrecht, 2. Aufl. Köln etc.

Summer, L. (1998): Der unternehmensethische Begriff der "Verantwortung". Eine Grundlegung im Anschluß an Jonas, Kant und Habermas, Wiesbaden

Ulrich, P. (1977): Die Großunternehmung als quasi-öffentliche Institution. Eine politische Theorie der Unternehmung, Stuttgart

Ulrich, P. (1998): Integrative Wirtschaftsethik. Grundlagen einer lebensdienlichen Ökonomie, 2. Aufl. Bern/Stuttgart/Wien

Wartenberg, T. E. (1990): The Forms of Power. From Domination to Transformation, Philadelphia Pa.

Weber, M. (1976): Wirtschaft und Gesellschaft. Grundriß der verstehenden Soziologie, ed. J. Winckelmann, 5. Aufl. Tübingen

Werhane, P. H. (1985): Persons, Rights, and Corporations, Englewood Cliffs N.J.

Wieacker, F. (1973): Zur Theorie der Juristischen Person des Privatrechts, in: Forsthoff, E./Weber, W. /Wieacker, F. (eds.): Festschrift für Ernst Rudolf Huber. Zum 70. Geburtstag am 8. Juni 1973, Göttingen, 339-383

Wiedemann, H. (1980): Gesellschaftsrecht. Ein Lehrbuch des Unternehmens- und Verbandsrechts, Bd. I: Grundlagen, München

Präferenz und Semantik
Institutionen, 'ideology', Kommunikation und Kultur

Birger P. Priddat

Institutionen sind kulturelle Engramme der Gesellschaft. D.C. North entwickelt eine Theorie, in der wirtschaftliche Entwicklung als Wechselspiel von formalen und informalen Institutionen bzw. Regeln erklärt wird. Informale Institutionen sind für North "kulturspezifische Verhaltensnormen". Eine der Hauptthesen North`s lautet, "daß Institutionen durch Senkung des Preises, den wir für unsere Überzeugungen zahlen, Ideen, Dogmen, Moden und Ideologien zu wichtigen Ursachen institutionellen Wandels werden lassen" (North).

In einer anderen Formulierung, die den Kern Kern institutionenökonomischen Denkens präsentiert, lesen wir: "Wenn die Mitglieder einer Gesellschaft einem einheitlichen Verhaltensstandard zustimmen, sinken die Transaktionskosten und die Kosten zur Einhaltung der Nutzungsrechte".

Der Preis, den North hier anspricht, bemißt sich durch die Höhe der Beschränkungen, die die Institutionen den Akteuren auferlegen. "Institutionen sind Beschränkungen, die menschliche Wesen der menschlichen Interaktion auferlegen. Die beschränkungen gliedern sich in formale Regeln (Verfassungen, Recht und Regulationen) und in informale Regeln (Konventionen, Normen und einer geltenden Sittlichkeit) und ihren Wirkfaktoren. Diese Beschränkungen definieren, zusammen mit den Standardrestriktionen der Ökonomik, den Handlungsmöglichkeitsraum (opportunity set) innerhalb der Wirtschaft" (North).

North bewegt sich im Standarderklärungsansatz der Ökonomie, nur daß die Institutionen als Restriktionen die individuellen Wahlverhalten in einem modus collectivus betreffen, da viele Akteure gleichzeitig durch dieselbe Restriktion koordiniert werden: "Der Schlüssel zu den Wahlhandlungen, die die Menschen ausführen, sind ihre Wahrnehmungen, die eine Funktion der Art und Weise sind, wie das Bewußtsein (mind) die Informationen interpretiert, die es erhält. Die mentalen Konstruktionen, die Individuen ausbilden, um die sie umgebende Welt zu erklären und zu interpretieren, sind teilweise ein Ergebnis ihres kulturellen Erbes, teilweise ein Ergebnis ihrer gewöhnlichen konkreten Alltagsprobleme, denen sie gegenüberstehen und die sie bewältigen müssen, und teilweise eine Ergebnis allgemeinen Lernens. ... Wenn wir die Aussage akzeptieren, daß Institutionen dafür taugen, Unsicherheit in menschlichen Interaktionen zu reduzieren, dann sind Institutionen eindeutig eine Extension der mentalen

Konstruktionen, die das menschliche Bewußtsein (human mind) entwickelt, um die Umwelt der Individuen zu interpretieren" (North).

North führt einen kognitiv aufgeladenen, mit einem mentalen Modell der Welt ausgestatteten Akteur ein, dessen hervorragendstes Merkmal seine hermeneutische Kompetenz ist: " ... Individuen, mit verschiedenen Hintergrundschemen ausgestattet, (interpretieren; B.P.) die gleiche Tatsache verschieden (...). In Konsequenz dessen treffen sie unterschiedliche Entscheidungen (choices)" (North).

Die hermeneutische Kompetenz, die North einführt, ohne sie explizite so zu nennen, steht methodisch in Differenz zur gewöhnlichen rational choice-Erklärung ökonomischen Handelns, auch in Differenz zur 'bounded rationality', die North ansonsten verwendet. Epistemologisch betrachtet, gibt es jetzt keine theorie- oder genauer: weltmodellunabhängigen Tatsachen mehr. Das Handlungssubjekt muß für jede ökonomische Entscheidung angeben können, auf welche Interpretation welcher Welt, d.h. welchen Alternativenraumes sie sich bezieht.

Wenn man, wie North, Kultur als prägendes Wertesystem einführt, kann die Ökonomie mit der Einführung kognitiv geladener Akteure an die Kulturwelten anschließen, allerdings mit dem ernüchternden Ergebnis möglicher divergenter Weltmodelle und damit divergenter Entscheidungen. In diesem Punkt schließt die Ökonomik an die Konzeption der Kultur als Dissipation an, um aber genau das Gegenteil zu bewerkstelligen: Die Institutionenökonomie wird für Ökonomen deshalb interessant, weil sie die Divergenz der Weltmodell der Akteure aufheben kann. Die Möglichkeit divergenter Interpretation von Situationen soll durch die Institution aufgehoben werden, indem sie als 'shared mental model' angegeben wird.

Das systematische Konzept der Extension des mentalen Modells wird um einen einfachen Prozeß erweitert: Durch Lernen, d.h. durch Anpassung der Weltmodelle an den Konsequenzenraum von Institutionen.

`Unification of perceptions` ist die institutionenökonomische Antwort auf die `cultural diversity`. Kultur, verstanden im älteren Sinne des 'shared symbolic system', wird als Traditionswährung eingeführt, die den in der Diversifität der individuellen mentalen Modelle unwahrscheinlicher gewordenen Prozeß ihrer Kohärenz, den die Institutionen bilden, durch kulturelle Prägung, d.h. durch ein Traditionsmodell der Weitergabe mentaler Muster zwischen den Generationen, wahrscheinlicher machen soll. Kultur ist, wenn wir recht verstehen, ein Basisprozeß der Institutionengenese, der ihre unsicherheitsreduzierende Funktion erklären soll.

Damit hat die Institutionenökonomie ihren methodischen Auftrag erfüllt, die - empirisch vorkommende - Diversität der Weltbilder in einen kohärenten institutionellen Rahmen zu retransformieren, was es der Ökonomie erlaubt, ihre rational choice-Topik weiterhin ungestört zur Anwendung zu bringen. Dieser Zustand ist für die Ökonomik methodisch zufriedenstellend, methodologisch aber ungenügend.

Doch ist diese Aussage nur möglich, weil eine zweite Aussage in ihr steckt: Das avisierte gemeinsam geteilte Erwartungsgleichgewicht, das die Institution ausmacht, ist kein Aggregat von individuellen Präferenzen, sondern eine gemeinsam geteilte Bedeutung, die den Interpretationsrahmen für die nun institutionell sortierten Präferenzen darstellt. Die rational-chocie-Erklärung bzw. die präferenztheoretische Erklärung wird um eine semantische Dimension ergänzt. Diese Konnotation von Präferenz und Semantik ist neu für die ökonomische Analytik.

North führt die semantische Dimenison explizite als 'ideology' ein, die er als `shared mental models` interpretiert. Die 'shared mental models' sind zum einen als dieselben kulturellen Basismuster identifizierbar, die dem 'kulturellen Erbe' entspringen, aber zum anderen haben sie eine eigene Dignität. Indem er Institutionen mit `shared mental models` analogisiert, macht North die Institutionen zu konsensartigen Akteuersgebilden, die ein gemeinschaftliches Sprachspiel betreiben - oder, in der Sprache Foucaults, einen 'Diskurs'. Sprachspielgemeinschaften haben gemeinsam geteilte semantische Räume und, über die kognitiven Akteure, gemeinsam geteilte Welt- und damit Handlungsperspektiven.

Doch was North gleichsam als eine kulturelle Bestandgröße in Institutionen festgeschrieben sehen will - eine Art von trägem Attraktor in hochturbulenten Marktumgebungen -, ist selber ein hoch kommunikatives, fluides Gebilde, das den semantischen Raum ändern kann und Differenzierungen einführt, die der Anschauung, Institutionen seien so etwas wie Kulturstabilisatoren, entgegenläuft. Wenn wir Kommunikation zulassen, lassen wir auch 'not-unifying'-Prozesse zu, die die `cultural diversity` verstärken, anstatt sie zu reduzieren. North merkt das selber zur Hälfte an: "Mentale Modelle sind gemeinsam geteilte Modelle durch Kommunikationen (shared by communications); Kommunikation erlaubt die Herausbildung von Ideologien und Institutionen in einem ko-evolutinären Prozeß" (North).

Die Ökonomie - North's Institutionenökonomie ist weiterhin eine Ökonomik - bleibt in der Institutionen/Präferenzen-Relation anschließbar, während die Interpretation von Welt, die die mentalen Modell leisten, die semantologische Ebene der Kommunikation aufschließt. So unklar North's Analytik an dieser Stelle wird, so klar ist immerhin die Einführung der Differenz von Entscheidung nach Präferenzen auf der einen Seite und von Entscheidungen aufgrund von Interpretationen, was systematisch einschließt, daß die Interpretationen (der Kommunikation) auch die Interpretationen von Präferenzen einschließen.

Ich nenne diese Differenz die von **Präferenz und Semantik**, die

1. für die Ökonomik neu ist; die Ökonomik war bisher bemüht, alle Intentionen, Motive, Bedeutungen, Gründe, Einstellungen etc. aus ihrer rational choice-Basistheorie auszuschließen. Präferenzen waren axiomatisch eingeführt, d.h. als nicht begründbare Ausgangslagen eines jeden wirtschaftlichen Handelns.

2. ist die Differenz von Präferenzen und Semantik der Schlüssel für eine Wiederanknüpfung der Ökonomie an die Kulturthematik, weil wir eine angemessene Beziehung von Ökonomie und Kultur erst herstellen können, wenn wir an die Minimaltheorie anschließen, dernach "Kultur jenes System stabiler Sinnmuster (ist), das Handlungen ihre Orientierungen verleiht" (Baecker) bzw. an das 'shared symbolic system' Parsons. Indem wir ökonomische Entscheidungen nicht nur über Präferenzen und nicht nur über den ökonomischen Code mit seiner restringierten Semantik von 'Mengen', Preisen, etc. dessen Semantik erklären, sondern eine kommunikative Dimension einführen, die andere Semantika als die ökonomischen ins Spiel der Bedeutungen bringen kann und folglich Entscheidungen aus anderen Interpretationsressourcen bestimmt, schließen wir die Ökonomie in ihrem Basisprozeß, dem individuellen Wahlverhalten, an die Kultur an, indem wir 'Sinn' einführen, der sich nicht in ökonomischer Funktionalität auflöst.

Denn indem wir, mit North, annehmen, daß ökonomische Entscheidungen neben der präferentiellen eine semantische Dimenison haben, müssen wir neben den Wünschen, Bedürfnisse etc. jetzt auch Gründe, Meinungen, Einstellungen etc. notieren ('propositional attitudes'), d.h. potentiell den ganzen kulturellen Diskurs, um Entscheidungen erklären zu können.

Wenn wir aber den ganzen kulturellen Diskurs mobilisieren, verfehlen wir die Absicht der Institutionenökonomie, Institutionen als orientierende, Erwartungsgleichgewichte bildende 'shared mental models' zu verwenden: Der - oben so genannten - Minimalkonsens, Kultur als stabile Sinnmuster zu betrachten, zerlegt sich in den Diskurs der differenten Kulturdiskurse - mit der Implikation, die institutional economics stärker auf den 'institutional change' auszulegen und die Ökonomien an dieser Stelle in ein Allokationssystem und in eine Kommunikationssystem zu unterscheiden, dessen Interprenetation zu klären ist.

Der tradierte rational choice wird bestehen bleiben, aber durch einen Kommunikations- und Bewertungsprozeß parallelisiert, der seine Bedeutungen aus den kulturellen Diversitäten der Gesellschaft bezieht. So entsteht ein **Nexus von Präferenzengenese und -wandel, rationaler**

Konsequenzenbewertung und kommunikativer Bedeutungsgenerierung bzw. -änderung, der die Ökonomie den sozialen Kommunikationen und ihren Bedeutungsmaschinen offenhält, die sie, alleine auf die Nutzenkonsequenzen gepolt, sonst ausschließen muß.

"Die Schwierigkeiten kultureller Transformation und Formation von vielfältigen Arten von Untergruppen kreieren wiederum vielfältige Variationen innerhalb der Kultur. ... Als Ergebnis stellen wir fest, daß das kulturelle Erbe dazu tendiert, in zwei Teile aufzuspalten - ein Teil als hoher Konsensus, von dem erwartet wird, daß ihn jedermann teilt; der andere Teil als sich vergrößernde Zahl differenzierter Wissenssysteme. Es geht dann nicht mehr darum, inwieweit die Kultur gemeinsam geteilt wird ('how shared is culture'), sondern vielmehr darum, wie wir beide Aspekte - den hoch konsensuellen und den hoch differenzierten des kulturellen Wissens ('cultural knowlegde') - verstehen" (D'Andrade).

Wirtschaftsethik als fallorientierte Reflexion moralischer Probleme ökonomischen Handelns

Ralph Sichler

Wie jede Angewandte Ethik sieht sich auch die Wirtschaftsethik mit dem Problem der Anwendung allgemeiner und formaler Prinzipien aus der Grundlagenethik auf die konkreten Fragen und Problemstellungen im ökonomischen Subsystem unserer Gesellschaft konfrontiert. Die angesprochene Schwierigkeit läßt sich unterschiedlich charakterisieren, des weiteren existieren dafür auch mehrere Lösungsansätze. Aus Sicht der konkreten Fragen im Problembereich der Ökonomie kann zunächst festgehalten werden, daß sich die Wirtschaftsethik als Angewandte Ethik „der bloßen fachphilosophischen Prinzipienreflexion entziehen muß, will sie Aussagen für eine dynamisch sich entwickelnde Lebenswirklichkeit treffen. Das bedeutet, daß die durch den Begriff ‚angewandte Ethik' nahegelegte Vorstellung, es werde eine – woher auch immer stammende – reine Ethik auf irgendeinen Bereich nur appliziert, preisgegeben werden muß" (Zimmerli & Aßländer 1996, 291). Aus Sicht der Prinzipienethik ist demgegenüber festzuhalten, daß jede allgemeine Ethik immer auch ihre Anwendung im Blick hatte (vgl. Kersting 1996, 184). Dies gilt in jedem Fall für die Tugend- und Strebensethiken der Antike, aber auch für die modernen Pflichten- oder Normenethiken. Es würde dem Grundgedanken der Ethik als praktischer Philosophie widersprechen, wenn die ethische Reflexion, wie formal sie auch ausfallen mag, nicht direkt auf das Handeln von Personen und Institutionen gerichtet wäre. Insofern hat der Ausdruck ‚angewandte Ethik' etwas Unglückliches und Mißverständliches an sich.

Gleichwohl markiert der ja relativ junge Begriff einen gesteigerten Bedarf an neuen Formen der Reflexion von moralischen Schwierigkeiten. Das Erscheinen der Neuprägung ‚angewandte Ethik' ist vor dem Hintergrund zu verstehen, daß die formalen Analyse- und Legitimationsmethoden der allgemeinen Ethiken dem Komplexitäts- und Konkretheitsgrad der Problemlagen unserer modernen Gesellschaft nicht mehr gerecht werden. Die Wirtschaftsethik ist in gewisser Weise „die Prothese, mit der die seit ihrem Überlastungsbruch unbeweglich gewordene unsichtbare Hand auf sichtbare Weise ihr Koordinationsdefizit kompensiert" (Kersting 1996, 189). Mehr denn je ist heute das unternehmerische, aber auch das wirtschaftspolitische Handeln durch die Zwänge des globalen ökonomischen Systems festgelegt. Wirtschaftlich-rationale Entscheidungen sind durch stabilitäts- und wachstumsorientierte Analysen sowie durch Gewinnstreben und Sicherung der Marktposition bestimmt. Diese rasch ansteigende Abkoppelung des Weltfinanz- und Weltwirtschaftsmarktes von der Politik und der gesellschaftlichen Öffentlichkeit wird mehr und mehr kritisch betrachtet, nicht zuletzt liegt hier der Anknüpfungspunkt für die moralisch-ethische Reflexion wirtschaftlichen Handelns.

Allerdings ist dabei zu berücksichtigen, ob und in welcher Weise das ökonomische System überhaupt von außen reguliert werden kann. Viel eher ist davon auszugehen, daß es sich selbst reguliert. Bekanntlich hatte Luhmann darauf hingewiesen, „daß die Wirtschaft als Funktionssystem *in der Gesellschaft* operiert und gerade diesem Umstand ihre eigene Autonomie, operative Geschlossenheit, Eigendynamik verdankt" (Luhmann 1993, 145). Insofern ist zu hinterfragen, ob und in welcher Weise ethische und moralische Reflexionen im Sozialsystem Wirtschaft überhaupt Resonanz erzeugen können. In den Augen Luhmanns steht damit jede Wirtschaftsethik vor einem Kardinalproblem, nämlich, wie läßt sich der Code der Moral in das durch Zahlungen codierte Kommunikationssystem der Wirtschaft überführen. Offenbar nur dann, wenn sich moralisches Verhalten auch rechnet, also Nutzen maximiert bzw. Schaden minimiert wird. Ethik in der Wirtschaft muß sich auszahlen, sie bedarf des *pay offs*.

Natürlich würde diese Analyse in letzter Konsequenz das Ende jeder Wirtschaftsethik bedeuten. Doch wie immer man den Standpunkt Luhmanns bewerten mag, sieht sich die Ethik gegenwärtig einem starken Veränderungsdruck ausgesetzt, der auf drei Ebenen zum Ausdruck kommt (nach Zimmerli & Aßländer 1996, 298):
(1) Die Prinzipienorientierung der Ethik ist durch eine *Problemorientierung* zu ersetzen.
(2) Aufgrund des Wertepluralismus in der modernen Gesellschaft müssen vor allem für den *Umgang mit Dissensen* oder Interessenkonflikten Verfahrensmodelle zu deren lokalen und zeitgebundenen Bewältigung entwickelt werden.
(3) Die *Folgenorientierung* des technologischen und ökonomischen Handelns erhält Priorität. Damit wird es zur Gesinnungsfrage, verantwortungsethisch zu denken.

In Anlehnung an die bekannte Unterscheidung Kants zwischen der bestimmenden und der reflektierenden Urteilskraft kann daraus gefolgert werden, daß in Zukunft die moralische Urteilsfähigkeit als Vermögen der situationsbezogenen Reflexion konkreter ethischer Problemfälle im Kontext der Wirtschaft immer größere Bedeutung erlangen wird. Angewandte Wirtschaftsethik im Sinne der bestimmenden Urteilskraft zu verstehen, hieße demnach, sie falsch zu verstehen. Es geht nicht um die Subsumption unvereinbarer materialer Normen und Werte, die in einer moralisch-kritischen Situation im Wirtschaftsleben in Frage stehen, unter die Prinzipien und formalen Verfahren der allgemeinen Ethik. Es geht auch nicht – oder zumindest nicht ausschließlich – um die Etablierung von sogenannten Anwendungsdiskursen, welche das in den Begründungsdiskursen fehlende Moment der Angemessenheit legitimationsfähiger Normen aufnehmen (vgl. Habermas 1991, 132ff). Es geht vielmehr darum, das in jedem ökonomischen Handeln mit vollzogene moralische Moment in kritischen oder konflikthaften Fällen zu identifizieren und in seinem Bezug zur konkreten Situation zu reflektieren.

Wie weitreichend diese Umorientierung einer vornehmlich prinzipiengeleiteten Moralphilosophie zu einer problemorientierten und praxisreflektierenden Ethik ausfällt, wird deutlich, wenn man mit Toulmin (1991) die Wiederherstellung einer praktischen Philosophie im Geiste des Humanismus der Renaissance vornimmt. Der Rationalismus der neuzeitlichen Philosophie hatte es sich zur Aufgabe gemacht, die methodologischen Grundlagen für verallgemeinerbare, damit kontextunabhängige Verfahren zur Lösung jedes nur vorstellbaren Problems, mit dem sich die Menschheit konfrontiert sehen könnte, zu entwickeln. Mit dieser Verabschiedung einer vorwiegend essayistischen und konkretistischen Bearbeitung von menschlichen Lebensfragen im Renaissance-Humanismus gingen nach Toulmin vier Arten von praktischem Wissen verloren: das Mündliche, das Besondere, das Lokale und das Zeitgebundene. Fortan sollten Schriftlichkeit, Allgemeinheit, Globalität und Zeitlosigkeit die verbindlichen Maßstäbe zur Sicherung und Geltungsbegründung menschlicher Erkenntnis sein. Angesichts der modernen Krisenlagen gerät auch die dekontextualisierte, emotionslose Vernunft des Rationalismus in Schwierigkeiten. Toulmin setzt sich deshalb für eine Wiederbelebung der humanistischen Renaissancetugenden auf modernem Niveau ein. So plädiert er für eine Rückkehr zum Mündlichen, zum Besonderen, zum Lokalen und zum Zeitgebundenen. Bezieht man diese vier Aspekte auf eine praxis- und problemorientierte Wirtschaftsethik, so ergeben sich daraus ganz bestimmte Konsequenzen.

Eine *Rückkehr zum Mündlichen* würde heißen, die Bedeutung der gesprochenen Sprache in moralischen und ethischen Dialogen stärker als bislang hervorzuheben. Eine der wichtigsten modernen formalen Ethiken, die Diskursethik, geht zwar davon aus, daß die Begründung von Normen im praktischen Diskurs erfolgt. Damit ist aber in erster Linie eine regulative Leitidee gemeint, nicht das reale Gespräch von leibhaftigen Personen, die einen Interessenkonflikt, den sie miteinander haben, klären wollen. Mit der Rückkehr zum Mündlichen wird ferner eine stärkere Beachtung dessen, *wie* etwas gesagt wird, möglich. In der prinzipiengeleiteten Reflexion von Moral herrscht der Sachbezug vor, und die Begründung von Normen ist ausschließlich an deren Gehalt orientiert. In konkreten Situationen, bei denen es um die Beilegung eines Interessenkonflikts geht, ist es aber durchaus vorstellbar, daß auch durch die Art und Weise, wie die betroffenen Personen miteinander sprechen, wie sie in Austausch treten und sich gegenseitig informieren, Transparenz über eigene Motive herstellen und Verständnis für die Beweggründe des anderen zeigen, moralische Problemstellungen einer Lösung zumindest näher gebracht werden. Bislang wurden diese Elemente der normen- und wertebezogenen Metakommunikation der Rhetorik und Psychologie zugeordnet, mit Ethik hatte dies kaum etwas zu tun. Doch die Erfahrung zeigt, daß gerade bei moralischen Konflikten in Institutionen, für die häufig keine für alle Betroffenen optimale Lösung gefunden werden kann, die Art und Weise, wie Situations- und Personeneinschätzungen sowie Absichten und Entscheidungen kommuniziert werden, eine maßgebliche Rolle für die allgemeine Akzeptanz des gefundenen Kompromisses bei den beteiligten Personen spielt.

Die *Rückkehr zum Besonderen* in der Ethik meint, daß der Ausgangspunkt für die moralische Reflexion die jeweils besondere Situation mit ihrer ganz spezifischen moralischen Problemlage darstellt. Toulmin (1991) spricht in diesem Zusammenhang von einer Wiederbelebung der *Fallethiken*, welche zeigt, „daß die heutigen Philosophen die Notwendigkeit anerkennen, sich nicht ausschließlich auf abstrakte und universale Fragen zu konzentrieren, sondern auch wieder besondere, konkrete Probleme zu behandeln, die nicht allgemein, sondern in bestimmten Arten von Situationen entstehen. (...) Die Partikularität solcher Fälle macht das Interesse an ihnen nicht mehr zu einem ‚unphilosophischen'; im Gegenteil, gerade die davon ausgehende Versuchung, voreilig und zu stark zu verallgemeinern, macht solche Fälle philosophisch besonders relevant" (301). Moralische Fragen stellen sich Personen in ganz speziellen Lebenslagen, die im Hinblick auf die eigene Lebensführung und auf das Leben mit anderen Menschen als schwierig erlebt werden. Einem Vorschlag Gernot Böhmes gemäß ist eine moralische Frage eine solche Frage, „mit der es ernst ist" (Böhme 1997, 155). Der Ernst der Lage, in der sich ein moralisches Problem stellt, zeichnet sich dadurch aus, daß in der subjektiven Situation des Handelnden das Wie seiner Existenz in Frage steht. Ethik ist deshalb stets als *Ethik im Kontext* zu verstehen. Das heißt, es geht bei moralischen Problemstellungen nicht allein darum, allgemeingültige Regeln, Normen oder Werte des individuellen und gesellschaftlichen Lebens festzulegen und zu legitimieren. Die moralische Frage ist auch keine Frage, die der Einzelne in seinem Bezug zu seiner Lebensführung und zu der Gesellschaft, in der er lebt, nur erwägt und zu einem moralisch legitimierten Urteil weiterzuführen intendiert. Vielmehr ist eine moralische Frage jemandes Frage in einem radikalen Sinn. Durch ihren Ernst steht der Fragende mit der konkreten Situation, in der er sich befindet, selbst in Frage. Und für diese Frage ist eine moralisch befriedigende Antwort *hic et nunc* zu finden.

Die *Rückkehr zum Lokalen* in der problemorientierten Ethik kann zunächst so verstanden werden, daß eine für ein bestimmtes moralisches Problem gefundene Lösung nicht voreilig auf ähnliche Fragestellungen übertragen oder gar generalisiert werden darf. Vielmehr ist zu berücksichtigen, daß jede moralische Problemstellung in einen bestimmten soziokulturellen Kontext eingebettet ist, der sowohl für mögliche Lösungsansätze als auch für die Umsetzung einer gefundenen Lösungsstrategie mit ausschlaggebend ist. Das lokale Moment in der angewandten Ethik kann aber auch auf einen neueren soziologischen und sozialphilosophischen Forschungsansatz in der Gerechtigkeitsanalyse bezogen werden: nämlich dem vom norwegischen Philosophen und Politikwissenschaftler Jon Elster initiierten internationalen Projektverbund „local justice" (vgl. Elster 1992, Schmidt 1992). Der Ansatz wurde für die Analyse von Allokationsregeln intermediärer Institutionen, die bei der Verteilung begehrter Güter oder notwendiger Lasten angewendet werden, entwickelt. Typische Fragestellungen des Konzepts der lokalen Gerechtigkeit mit Bezug zur Wirtschaftsethik sind etwa: Wer soll für welche Leistungen in einem Unternehmen welchen Lohn erhalten? Wer soll entlassen werden, wenn die Wirtschaftslage eines Unternehmens eine Verringerung des Personalstands erforderlich macht? Wieland (1993) hat den Gedanken ins Gespräch gebracht, den Problemansatz der Unternehmens- und Wirtschaftsethik prinzipiell im Zusammenhang der Fragestellungen zur lokalen Gerechtigkeit zu sehen. Denn lokal meint hier: „Man hat es immer mit i) sachlich, zeitlich und sozial begrenzten Problemen von ii) intermediären Entscheidungsträgern zu tun, die iii) multiple Kriterien und Prinzipien (z. B. Wirtschaftlichkeit, Technik, Recht, Gerechtigkeit) in jeder ihrer Entscheidungen zu berücksichtigen habe. Gefundene Lösungen sind iv) lokale Lösungen, das heißt für ein spezifisches Problem unter spezifischen Entscheidungsbedingungen" (Wieland 1993; 18).

Nun kann man aufgrund der Globalisierung des Weltmarktes einwenden, daß die Wirtschaftsethik es zumindest nicht ausschließlich mit Problemstellungen lokaler Gerechtigkeit zu tun hat. Wenn es etwa darum geht, einen institutions- und ordnungsethischen Rahmen für das ökonomische Handeln zu begründen (vgl. Homann & Pies 1994) oder aber das Wirtschaften in einem weiten Sinn von Wertschöpfung auf die Fragen des guten Lebens und des gerechten Zusammenlebens der Menschen zu stützen (vgl. Ulrich 1998), dann erweist sich die Wirtschaftsethik auch als ein möglicher Typ der formalen Grundlagenethik. Diese Art der philosophischen Auseinandersetzung mit der ökonomischen Rationalität benötigen wir wie dereinst Kants philosophischen Entwurf „Zum ewigen Frieden". Kant fragte sich selbst zu Beginn seiner Abhandlung, ob die satirische Überschrift auf dem Schild eines holländischen Gastwirts nur ein süßer Traum der Philosophen sei. Wie auch immer: Die institutionellen Rahmenbedingungen auf unserem Planeten und damit auch Chancen für einen solchen ewigen Weltfrieden sind heute sicher besser als zu Zeiten Kants. Und vielleicht wird sich in den nächsten Jahrzehnten auch das eigenen Gesetzen folgende Weltfinanz- und -wirtschaftssystem mit einer durch den politischen Willen der Weltwirtschaftsbürger konstituierten Weltwirtschaftsordnung arrangieren müssen. In jedem Fall sollte die philosophische Wirtschaftsethik in dem Bemühen um die Legitimation einer solchen Weltwirtschaftsordnung eine zentrale Rolle einnehmen. Doch in diesem universellen Selbstverständnis darf sich die moralische Reflexion des ökonomischen Handelns nicht erschöpfen. Denn ökonomische Akteure werden unabhängig von der jeweiligen Rahmenordnung des Wirtschaftssystems immer mit Fragen der Verteilung von Gütern und Lasten befaßt sein. Und hier gilt es - heute wie morgen - lokale, aber für alle Betroffenen akzeptable Lösungen zu finden.

Die *Rückkehr zum Zeitgebundenen* in der problemorientierten Wirtschaftsethik hängt eng mit dem eben Gesagten zusammen. Um noch einmal an Kants Schrift „Zum ewigen Frieden" anzuknüpfen: Auch in Zeiten eines ewigen Friedens wird es globale und lokale Interessenskonflikte geben, die im jeweils gegebenen zeitlichen Rahmen in eine friedliche und für alle Beteiligten annehmbare Lösung zu überführen sind. Das jeweils gefundene Einverständnis gilt so lange, wie die beteiligten Akteure damit leben können. Ansonsten bedarf es der Veränderung oder Neubestimmung. Dieser prinzipielle Vorbehalt zur Modifikation bestehender Abmachungen betrifft auch die Rahmenordnungen selbst. Wir können heute in keinem Bereich des Lebens mehr davon ausgehen, bei anstehenden Problemen Lösungen für alle Zeiten zu finden.

Betrachtet man die vier Renaissancetugenden im Zusammenhang, so fällt auf, daß die Wiederbelebung des Mündlichen, Besonderen, Lokalen und Zeitgebundenen mit einer

Stärkung der *Bedeutung des Individuums in der Wirtschaftsethik* einher gehen muß. Ich hatte vorhin darauf hingewiesen, daß die moralphilosophische Reflexion der ökonomischen Handlungsrationalität die institutionelle Seite nicht ausblenden darf. Wirtschaftsethik wird deshalb immer auch Institutionenethik sein, doch darf sie dabei nicht bleiben. Denn wenn das moralische Denken, Urteilen und Handeln im Kontext der Wirtschaft die direkte Kommunikation und die Einzigartigkeit der jeweils vorliegenden Situation einschließlich der lokalen und zeitgebundenen Besonderheiten zu berücksichtigen haben, so bedarf es hier eines ganz bestimmten moralischen Subjekts. Dieses Subjekt muß in viel höherem Maße, als es die philosophische Ethik bislang eingefordert hat, neben dem ethischen Denk- und Argumentationsvermögen auch über moralische Sensitivität, reflektierende (und nicht allein bestimmende) Urteilskraft und Handlungskompetenz verfügen.

Die Fall- und Personenorientierung steht auch in der gegenwärtigen *Managementethik* im Zentrum konzeptioneller Weiterentwicklung. So werden etwa für das moralisch verantwortbare Managementhandeln bestimmte Kompetenzen benannt. Nach Maclagan (1998, 177) sind hier vier Dimensionen zu berücksichtigen, die Kognition, Emotion, Interaktion oder Kommunikation und Selbsterkenntnis. Für den Bereich der Interaktion etwa steht die Kompetenz der Perspektivenübernahme (Selman 1984) in einem engen Verhältnis zur moralischen Urteilsfähigkeit. Denn wer in der Lage ist, sich die Interessenposition der Gegenpartei oder gar deren mögliche Übernahme der eigenen Perspektive zu vergegenwärtigen, wird im moralischen Konfliktfall differenzierter und auch feinfühliger agieren als jemand, der dies unterläßt oder dem diese Fähigkeit sogar fehlt.

Zur Einschätzung der wirtschaftsethischen Urteils- und Handlungskompetenz kann des weiteren die Theorie der kognitiven *Moralentwicklung* nach Kohlberg herangezogen werden. Hier ist in den letzten Jahren vor allem im Rahmen der beruflichen Sozialisationsforschung eine rege Forschungstätigkeit zu verzeichnen (vgl. etwa Lempert 1993). Eines der zentralen Ergebnisse ist, daß die wichtigsten sozialen Entwicklungsbedingungen zur Förderung des Übergangs vom präkonventionellen zum konventionellen und postkonventionellen Stadium moralischen Denkens in der offenen Konfrontation mit sozialen Problemen und Konflikten im Unternehmen, in der zuverlässigen Wertschätzung durch Arbeitskollegen, in zwanglosen Formen der Kommunikation und Mitbestimmung sowie in der Übertragung tätigkeitsangemessener Verantwortung liegt. Damit sind allgemeine, aber essentielle Voraussetzungen zur Stärkung des moralischen Subjekts in seinem konkreten ökonomischen Handlungsfeld benannt. Auch sie beziehen sich in erster Linie auf den individuellen und sozialen Kontext der Ethik und betreffen Vorstandsmitglieder und Verwaltungsleiter in gleicher Weise wie Teamsprecher, Bandarbeiter oder das Reinigungspersonal.

Eine weitere Möglichkeit der Annäherung an das autonome und gleichzeitig responsive Subjekt ökonomischer Moralität sehe ich in der *Philosophie der Lebenskunst* (Schmid 1998). Schmid unterscheidet zwischen drei verschiedenen Formen der Ethik (vgl. 62ff). Die *Ethik I* entspricht der Prinzipienethik, ihr Ziel ist die Entwicklung von allgemeinen und formalen Prinzipien, die zur Begründung von Handlungsmaximen herangezogen werden können. *Ethik II* deckt sich mit der Angewandten Ethik und ihren verschiedenen modernen Bereichsethiken. Die *Ethik III* befaßt sich mit der Gestaltung des individuellen Lebens. Die Indiviualethik zielt auf eine reflektierte Lebenskunst. Anstatt das eigene Selbst und das Lebenkönnen vorauszusetzen, geht es um die Ausbildung eines individuellen Selbst und um das Erlernen der aktiven Lebensgestaltung. Für unseren Zusammenhang ist von besonderem Interesse, daß die Philosophie der Lebenskunst als Individualethik zwar beim Individuum ansetzt, aber keine individualistische Ethik darstellt. Vielmehr ist die Frage der sozialen und institutionellen Verhältnisse, in denen der Einzelne lebt und an denen er auch mitwirkt, von zentraler

Bedeutung für die Praxis der Lebenskunst. „Ein grundlegender Aspekt der Lebenskunst ist es, die eigene Existenz im Horizont übergreifender Strukturen zu sehen; insbesondere soziale und gesellschaftliche Zusammenhänge kommen hier in den Blick, die durchweg von Machtstrukturen durchzogen sind. Die Aufmerksamkeit gilt der Macht, die über das Subjekt ausgeübt wird, jedoch auch derjenigen, zu deren Ausübung es selbst in der Lage ist, um nicht zum bloßen Untertan einer herrschenden Macht zu werden, vielmehr die Umkehrbarkeit von Machtbeziehungen geltend zu machen, schließlich aber auch sorgsam mit eigener Macht umzugehen und nicht selbst unbedacht an Herrschaftsverhältnissen mitzuwirken" (90). Schmid nennt diesen Teil seines die Selbständigkeit und Eigenverantwortlichkeit des Subjekts ins Zentrum stellenden Ansatzes *Politik der Lebenskunst*. In der dazu erfolgten Auseinandersetzung mit dem ökonomischen System behandelt Schmid die in der Wirtschaftsethik bislang nur wenig bedachte Möglichkeit der Einflußnahme auf die Wirtschaft durch die Konsumenten. Das heißt: Die moralische Reflexion des wirtschaftlichen Handelns darf nicht allein die Produzenten- und Shareholder-Seite im Auge haben, auch das konsumtive Handeln ist einer ethischen Beurteilung zugänglich.

Abschließend möchte ich am Beispiel der *sozialpsychologischen Organisationsberatung* meinen zentralen Gedanken, wirtschaftsethisches Denken, Urteilen und Intervenieren im Kontext einer fallorientierten Reflexion moralischer Probleme im ökonomischen Handeln zu verstehen, noch einmal verdeutlichen. Die Organisationsberatung kann man als eine Form von Dienstleistung verstehen, die Beraterinnen und Berater als im Idealfall ausgewiesene Experten für bestimmte Fragen der Organisationsentwicklung anbieten. Da dies mit dem Austausch von Leistungen und Zahlungen verbunden ist, handelt es sich mit Luhmann gesprochen um Kommunikation im ökonomischen System. Gleichzeitig ist eine erfolgreiche Beratung auch an Standards und Qualitätsmerkmale gebunden, die nicht allein auf den Wettbewerb um rare Kunden zwischen den Anbietern zurückzuführen sind. Vielmehr beruht jedes Beratungshandeln auf einem bestimmten Verständnis von Professionalität – wie unterschiedlich dies auch von Beratungsinstitut zu Beratungsinstitut ausfallen mag. Damit verbunden sind aber bestimmte Regeln, Normen und Werte, die gerade im Fall der sozialpsychologischen Organisationsberatung auch zu einem großen Anteil moralischer Natur sind. Parallel dazu weist jede Anfrage, die ein potentieller Kunde an ein Beratungsunternehmen richtet, ebenfalls moralische Implikationen auf. Wenn es etwa darum geht, die Arbeitsverteilung in einer bestimmten Abteilung eines Unternehmens neu zu regeln, so betrifft dies die in diesem Bereich Tätigen in hohem Maße. Es entstehen in der Regel ganz bestimmte Sorgen und Ängste, etwa die Sorge um den Verlust der gewohnten Arbeitsstätte einschließlich des Büros oder dem Maschinenplatz und der damit verknüpften unmittelbaren sozialen Kontakte oder aber die Angst vor Kündigung. Auch die Beratenden selbst begeben sich mit ganz bestimmten, explizierten, aber auch impliziten Vorstellungen in die Beratungssituation. Diese mal mehr, mal weniger begründeten Annahmen, die das zu beratende Klientel, den Beratungsprozeß und das Beratungsziel betreffen, enthalten ebenfalls Normen und Werte, die für das Beratungshandeln selbst, aber auch für die zu Beratenden von entscheidender Bedeutung sind.

Besondere Aufmerksamkeit verdient nun die Art der Beziehung zwischen den zu Beratenden und den Beratern. Die Gestaltung dieses Verhältnisses erweist sich immer wieder als äußerst diffiziles Unterfangen, was unter anderem auch mit nicht leicht zu vereinbarenden Werten und Normen auf beiden Seiten zusammenhängt. Allgemein gesprochen sind zwei Paradigmen der zwischenmenschlichen Beziehungsgestaltung für den Beratungsprozeß relevant: das Paradigma der fürsorglichen Beziehung, welches sein Vorbild in der Eltern-Kind-Beziehung hat, und das Paradigma der partnerschaftlichen Beziehung, welches auf das Prinzip der Rechtsgleichheit aller Bürger in einer demokratisch verfaßten Gesellschaft zurückgeht.

Beratungssituationen sind immer von beiden Paradigmen geprägt. Daß die darin beschlossene Ambivalenz auch zu vielschichtigen Konflikten nicht nur zwischen den Beratungsparteien, sondern auch innerhalb des ratsuchenden Systems und des beratenden Systems führen kann, ist nicht weiter überraschend. Um die Schwierigkeit, die sich hier ergibt, vielleicht auf den Punkt zu bringen: Fürsorge und gleichberechtigte Interaktion lassen sich zeitgleich kaum miteinander vereinbaren. Nicht selten verhält es sich allerdings so, daß man sich dieser Paradigmen und ihres Einflusses auf den Beratungsprozeß gar nicht bewußt ist. Im Konfliktfall werden dann häufig andere Aspekte als ursächlich angesehen oder es kommt zu sogenannten Stellvertreterkonflikten mit Personen und Institutionen, die zumindest nicht unmittelbar Teil der Beratungssituation sind.

Für den Umgang mit dieser prinzipiell ambivalenten Beziehungsgrundlage im Beratungsgeschehen ist nun entscheidend, daß formale und kontextfreie Verfahren der Normenbeurteilung und Normenbegründung sich nur als sehr wenig hilfreich erweisen. Im Grunde würde auf diese Weise im Beratungssystem dieselbe Situation entstehen, wie sie angesichts der Kontroverse zwischen einer „männlichen" und „weiblichen" Moral momentan in der allgemeinen Ethik herrscht (vgl. Nunner-Winkler 1991). Auch hier geht es im Grunde um zwei verschiedene Paradigmen der philosophischen Ethik: um eine *Ethik der allgemeinen Gerechtigkeit* und um eine *Ethik der Fürsorge*. Vor dem Hintergrund der konkreten Beratungssituation ist aber zwischen diesen beiden Grundeinstellungen keine Entscheidung zu treffen, sondern eher ein Ausgleich zu finden. Dies schließt ein, daß in einem Fall eher die Fürsorge, in einem anderen Fall eher das partnerschaftliche Verhältnis zwischen den Beratungsparteien im Vordergrund steht. Verzichtbar aber scheint mir keine von beiden Grundhaltungen zu sein. Betrachtet man des weiteren die Beratungssituation als Prozeß, so ist der Ausgleich zwischen beiden Grundformen der Beziehungsgestaltung auch im Lauf der Zeit immer wieder zu überprüfen und dem jeweiligen Beratungsstand anzupassen.

Das Beispiel sollte noch einmal deutlich machen, daß erst die Reflexion der lokalen und zeitgebundenen sowie auch personenbezogenen Besonderheiten von als moralisch schwierig empfundenen Situationen im Bereich der Wirtschaft den Individuen vor Ort eine Orientierung für ihr weiteres Handeln ermöglicht. Ein verallgemeinerbares Ergebnis dieses Reflexionsprozesses darf allerdings nicht erwartet werden. In Abhängigkeit von den lokalen und zeitgebundenen Besonderheiten des jeweils vorliegenden Problemfalls sind mehrere befriedigende Lösungen vorstellbar. Es versteht sich von selbst, daß damit die bekannten formalen Prinzipien der Grundlagenethik nicht obsolet geworden sind. Als Denkstile und Urteilsformen können sie sogar den ethischen Dialog vor Ort befördern und bereichern. Im Zentrum der praktisch-philosophischen Auseinandersetzung bleibt allerdings die konkrete Problemstellung. Von ihrer Betrachtung nimmt die moralische Reflexion ihren Ausgang, nicht von den Prinzipien und Verfahren der formalen Ethik.

Literatur

Böhme, Gernot (1997). Ethik im Kontext. Über den Umgang mit ernsten Fragen. Frankfurt/Main: Suhrkamp.

Elster, Jon (1992). Local Justice. How Institutions Allocate Scarce Goods and Necessary Burdens. New York: Sage.

Habermas, Jürgen (1991). Erläuterungen zur Diskursethik. Frankfurt/Main: Suhrkamp.

Homann, Karl & Ingo Pies (1994). Wirtschaftsethik in der Moderne: Zur ökonomischen Theorie der Moral. Ethik und Sozialwissenschaften, 5 (1), 3-12.

Kersting, Wolfgang (1996). Moralphilosophie, angewandte Ethik und Ökonomismus. Bemerkungen zur wirtschaftsethischen Topologie. Zeitschrift für Politik, 43, 183-194.

Lempert, Wolfgang (1993). Moralische Sozialisation im Beruf. Bedingungsvarianten und – konfigurationen, Prozeßstrukturen, Untersuchungsstrategien. Zeitschrift für Sozialisationsforschung und Erziehungssoziologie, 13 (1), 2-35.

Luhmann, Niklas (1993). Wirtschaftsethik – als Ethik? In Josef Wieland (Hg.), Wirtschaftsethik und Theorie der Gesellschaft, 134-147. Frankfurt/Main: Suhrkamp.

Maclagan, Patrick (1998). Management and Morality. A Developmental Perspective. London: Sage.

Nunner-Winkler, Gertrud (Hg.) (1991). Weibliche Moral. Die Kontroverse um eine geschlechtsspezifische Ethik. Frankfurt/Main: Campus.

Schmid, Wilhelm (1998). Philosophie der Lebenskunst. Eine Grundlegung. Frankfurt/Main: Suhrkamp.

Schmidt, Volker H. (1992). Lokale Gerechtigkeit. Perspektiven soziologischer Gerechtigkeitsanalyse. Zeitschrift für Soziologie, 21, 3-15.

Selman, Robert L. (1984). Die Entwicklung des sozialen Verstehens. Entwicklungspsychologische und klinische Untersuchungen. Frankfurt/Main: Suhrkamp.

Toulmin, Stephen (1991). Kosmopolis. Die unerkannten Aufgaben der Moderne. Frankfurt/Main: Suhrkamp.

Ulrich, Peter (1998). Integrative Wirtschaftsethik. Grundlagen einer lebensdienlichen Ökonomie. Bern: Haupt.

Wieland, Josef (1993). Die Ethik der Wirtschaft als Problem lokaler und konstitutioneller Gerechtigkeit. In ders. (Hg.), Wirtschaftsethik und Theorie der Gesellschaft, 7-31. Frankfurt/Main: Suhrkamp.

Zimmerli, Walter Ch. & Michael Aßländer (1996). Wirtschaftsethik. In Julian Nida-Rümelin (Hg.), Angewandte Ethik. Die Bereichsethiken und ihre theoretische Fundierung, 290-344. Stuttgart: Kröner.

**Sektion 9
Bio- und Medizinethik**

Zur Reichweite kategorischer und pragmatischer Argumente gegen das Klonieren von Menschen

Bernd Gräfrath

1. Einleitung

Die praktische Philosophie sollte sich schon heute mit moralischen Folgeproblemen möglicher zukünftiger technischer Entwicklungen beschäftigen, auch wenn ihre tatsächliche Realisierbarkeit noch nicht abzusehen ist. Dies gilt auch für die Debatte um das Klonieren von Menschen. Wie in anderen Bereichen stehen bei einer neuen Technik zunächst oft die damit verbundenen Risiken mit eventuellen grauenhaften Exzessen am Beginn der öffentlichen Diskussion. Die Philosophie kann zur rationalen Prüfung der vorgebrachten Argumente (soweit es sich überhaupt um solche handelt) beitragen, indem sie etwa Unterscheidungen durchführt, unhinterfragte Prämissen herausarbeitet und auf bislang nicht bedachte Konsequenzen hinweist.

Bei den Einwänden gegen das Klonieren von Menschen ist generell zwischen kategorischen und pragmatischen Argumenten zu unterscheiden. Vertreter kategorischer Argumente halten diese Technik für prinzipiell moralisch fragwürdig, weil sie etwa die Würde einer betroffenen Person oder eine vorgegebene Naturordnung verletze. Pragmatische Kritiker betonen eher unerwünschte soziale Folgen dieser Technik, die gegen ihre Erlaubnis sprechen, auch wenn sie "an sich" nicht fragwürdig ist.

Es ist zu zeigen, daß die bislang vorgebrachten kategorischen Argumente gegen das Klonieren von Menschen entweder auf inakzeptablen Prämissen beruhen oder aber kein unbedingtes Verbot implizieren. Einige Einwände pragmatischen Typs sind jedoch ernstzunehmen und haben durchaus ein bestimmtes Gewicht. Demgegenüber ist jedoch auch auf bestimmte pragmatische Argumente hinzuweisen, die für die Zulassung dieser Technik sprechen. Hier sind komplexe Abwägungsprobleme zu lösen, die auch eine weitreichende öffentliche Diskussion über das, was uns wirklich wichtig ist, wünschenswert erscheinen lassen.

2. Metaphysische Bedenken

Bestimmte kategorische Argumente setzen unserer Entscheidungsfindung prinzipielle Grenzen. Diese nehmen insbesondere Bezug auf die individuellen Rechte von Personen, die zu respektieren sind, ganz gleich, wie ökonomisch ineffizient das auch immer sein mag. Diese ernstzunehmenden Argumente sind allerdings zunächst von einigen Einwänden zu unterscheiden, die generell gegen das Klonieren von Menschen gerichtet sind und sich dabei auf inakzeptable metaphysische Prämissen stützen, die keinen begründeten Anspruch auf allgemeine Zustimmungsfähigkeit erheben können. Solche Einwände lassen sich exemplarisch illustrieren anhand eines schon fast klassischen Aufsatzes von Hans Jonas, "Laßt uns einen Menschen klonieren: Von der Eugenik zur Gentechnologie".[1] Dieser Aufsatz macht zudem deutlich, wie wichtig es ist, verschiedene Typen von Einwänden zu unterscheiden; denn auch wenn Jonas' metaphysische Bedenken beiseite geschoben werden müssen (soweit es sich dabei nicht um bloß private Meinungsäußerungen, sondern um ethische Behauptungen handelt), ist bei ihm doch auch eine Vielfalt von Argumenten zu finden, die teilweise von erheblicher Reichweite sind.

Jonas geht davon aus, daß es (zumindest beim Menschen) ein "Eigeninteresse der Spezies"[2] gibt, das befragt werden müsse. Diesbezüglich befürchtet er etwa bei einer weitreichenden Gentechnik einen "metaphysische[n] Bruch mit dem normativen 'Wesen' des Menschen".[3] Es geht Jonas aber nicht nur darum, daß wir "kein selbstevidentes Mandat" zum "Aussieben und Umstrukturieren des Genvorrates in der Bevölkerung" haben.[4] Vielmehr scheint er jeden Eingriff in die *Natürlichkeit* des Fortpflanzungsgeschehens abzulehnen. So wird der Technik des Klonierens vorgeworfen, sie praktiziere eine "willkürliche *Fixierung* im Widerspruch zur herrschenden Strategie der Natur";[5] und eine negative Eugenik" hält er nur für akzeptabel, insofern dafür angeblich die "Rechtfertigung bloßen Ausgleichs für die Hemmung natürlicher Auslese"[6] zur Verfügung steht. All dies sind aber eben nur dann schwerwiegende Argumente, wenn man die Natürlichkeit eines Geschehens *a priori* als eine positive Auszeichnung versteht. Gerade dies ist jedoch in Frage zu stellen, denn eine solche Herangehensweise scheint nur begründbar zu sein vor dem Hintergrund einer Schöpfungsmythologie, die

---

[1] Hans Jonas, "Laßt uns einen Menschen klonieren: Von der Eugenik zur Gentechnologie" (urspr. englisch 1974), in: ders., *Technik, Medizin und Ethik: Zur Praxis des Prinzips Verantwortung* (Frankfurt a.M.: Suhrkamp, 1987), S. 162-203.
[2] Ebd., S. 184.
[3] Ebd., S. 197.
[4] Ebd., S. 174.
[5] Ebd., S. 179.
[6] Ebd., S. 174.

entweder noch an die moralische Akzeptabilität von "Gottesurteilen" glaubt oder einem allzu romantischen Bild des Naturgeschehens nachhängt. In einem aufgeklärten Weltbild wird man dagegen eher das Urteil John Stuart Mills teilen müssen: "Um es ohne Umschweife zu sagen: Fast alles, wofür die Menschen, wenn sie es sich gegenseitig antun, gehängt oder ins Gefängnis gewor[f]en werden, tut die Natur so gut wie alle Tage."[7] T.H. Huxley fordert entsprechend für eine säkulare Gesellschaft: "Der ethische Fortschritt kommt nicht dadurch zustande, daß man den kosmischen Prozeß imitiert oder sich von ihm zurückzieht, sondern dadurch, daß man ihn bekämpft."[8] Aus denselben Überlegungen heraus ist es auch nicht akzeptabel, wenn Jonas glaubt, sich durch das Unterlassen aktiver Eingriffe in das Naturgeschehen der eigenen Verantwortung entziehen zu können: Auch ein Unterlassen ist ein Handeln, und deshalb sind pragmatisch die Chancen ebenso wie die Risiken des Klonierens gleichermaßen zu bedenken. Es ist zum Beispiel nicht so, daß für die "natürliche" Zwillingsbildung ein "Alibi der Naturlaune"[9] zur Verfügung stünde, das uns dann bei deren künstlicher Induzierung entzogen wäre. Entweder das Leben als Zwilling ist mit den Rechten aller beteiligten Personen vereinbar, oder es ist es nicht. Im ersten Fall spricht prinzipiell nichts dagegen, im zweiten Fall wäre zu überlegen, ob auch die "natürliche" Zwillingsbildung unterdrückt werden müßte. Es hängt nicht von der Herkunft einer Person ab, welche Rechte sie hat.

3. Kategorische Grenzen

Die Respektierung der Rechte betroffener Personen muß gesichert werden, bevor anderweitige Erwägungen (etwa utilitaristischer Art) zum Tragen kommen dürfen. Beim Klonieren von Menschen kommen dabei in Betracht:
1. die Rechte des Klons (der "Kopie");
2. die Rechte des Klonierten (des "Originals");
3. die Rechte der die Entscheidung zur Fortpflanzung fällenden Eltern.

---

[7] John Stuart Mill, "Natur" (verfaßt 1853/54), in: ders., *Drei Essays Über Religion: Natur Ñ Die Nützlichkeit der Religion - Theismus,* hrsg. v. Dieter Birnbacher [urspr. hrsg. v. Helen Taylor] (Stuttgart: Reclam, 1984; urspr. englisch 1874), S. 9-62, hier: S. 30.
[8] T.H. Huxley, "Evolution and Ethics" (1893), in: ders. u. Julian Huxley, *Evolution and Ethics 1893-1943* (London: Pilot, 1947; repr. New York: Kraus, 1969), S. 60-84, hier: S. 82 (meine Übersetzung).
[9] Hans Jonas, "Laßt uns einen Menschen klonieren", S. 188.

Jonas bespricht praktisch nur den ersten Fall, und er hält ihn für weitreichend genug, um die moralische Inakzeptabilität des Klonierens von Menschen nachweisen zu können. Alle drei Fälle müssen separat geprüft werden.

Verdiene ich keinen Respekt mehr als eigenständige Person, falls gleichzeitig mit mir oder irgendwann vor mir ein Mensch mit demselben Genotyp wie ich lebt oder gelebt hat? Nüchtern betrachtet, ist schwer zu sehen, wie man auf diese Idee kommen könnte. Völlig absurd ist etwa die Vorstellung, jemand könnte sich klonieren lassen, um auf diese Weise ein Leben lang eine komplette Organbank für Transplantationszwecke zur Verfügung zu haben; denn der "andere" ist ja keine bloße automobile Organbank, sondern eine eigenständige Person mit eigenständigen Rechten und Interessen. Auch eineiige Zwillinge, die im Englischen "identical twins" genannt werden, bilden ja separate Identitäten aus, und es wäre lächerlich, wenn ein Zwilling den jeweils anderen zu seiner Organbank erklären würde, über die er frei verfügen dürfe. Deshalb ist auch Jonas' Argument "Man kann Personen nicht zurück ins Werk liefern oder Bevölkerungen verschrotten"[10] an dieser Stelle nicht stichhaltig. Dieses Argument könnte allerdings mit einer anderen Stoßrichtung schlagkräftig sein: Die erfolgreiche Beherrschung der Technik des Klonierens würde Experimente mit menschlichen Embryonen erfordern, wobei mit Fehlschlägen zu rechnen wäre.[11] Allerdings ist nicht als evident vorauszusetzen, daß Embryonen schon als Personen mit den umfassenden Rechten eines erwachsenen Menschen zu behandeln sind. Sicherlich ist es geboten, die Zufügung von Leid zu vermeiden; aber damit ist noch nicht gezeigt, daß "verbrauchende" Embryonenforschung *per se* moralisch verwerflich wäre.[12] Das Unbehagen, das einen leicht befällt, wenn im Umgang mit menschlichen Wesen die Sprache der industriellen Forschung, Entwicklung und Produktion verwendet wird, hat aber vielleicht dennoch einen ernstzunehmenden Kern: Wie noch zu prüfen sein wird, könnte *indirekt* einiges gegen die immer weiter reichende Technisierung der menschlichen Fortpflanzung sprechen.

Auch wenn allgemein akzeptiert wird, daß der Klon eine eigenständige Person ist und nicht beliebig mit ihm umgegangen werden darf, könnte trotzdem prinzipiell etwas gegen das Klonieren von Menschen sprechen; nämlich für den Fall, daß ein Klon überhaupt kein menschenwürdiges Leben führen kann. Jonas suggeriert dies im Zusammenhang der für ihn zentralen ethischen Frage, "was ein Klon zu *sein* für das betreffende Subjekt selbst

---
[10] Ebd., S. 167.
[11] Vgl. ebd., S. 163 u. S. 193.
[12] Vgl. Dieter Birnbacher, "Aussichten eines Klons", in: Johannes S. Ach, Gerd Brudermüller u. Christa Runtenberg (Hrsg.), *Hello Dolly?: Über das Klonen* (Frankfurt a.M.: Suhrkamp, 1998), S. 46-71, hier: S. 49 f u. S. 69 f.

bedeutet."[13] Für ihn ist "*Unwissenheit* [...] eine Vorbedingung der Freiheit",[14] und diese Unwissenheit über die eigene Zukunft sieht er in Gefahr in dem spezifischen Fall von Quasi-Zwillingen, die mit einer *Zeitdifferenz* leben. Wir brauchen uns aber gar nicht auf eine Diskussion des von Jonas beschworenen *Rechts auf Nichtwissen*[15] einzulassen; denn es ist faktisch so, daß ein solches Wissen über die eigene Zukunft überhaupt nicht verfügbar ist. Dies würde hier etwa voraussetzen, daß der biologische Determinismus recht hätte und allein der eigene Genotyp die ganze Zukunft eines Menschen festlegen würde. Damit werden aber all die Einflüsse vernachlässigt, die die Entwicklung eines Menschen mitbestimmen; und gerade in dem Fall, daß der Klon das Leben eines Menschen kennt, der denselben Genotyp wie er hat bzw. hatte, verfügt er über ein Wissen, das diesem anderen Menschen nicht zur Verfügung stand. Zudem kann es aus dieser Perspektive sogar ein Vorteil sein, einen genotypischen Vorläufer gehabt zu haben; denn aus dessen Krankheitsanfälligkeiten läßt sich etwas für die eigene kluge Krankheitsvorsorge lernen.[16]

Jonas scheint selbst zu sehen, daß er für seine Argumentation nicht einfach einen biologischen Determinismus voraussetzen kann; denn er schränkt (zumindest in Klammern) ein: "Die schlichte und vorgangslose Tatsache ist die, daß der - hypothetische - Klonsproß allzuviel von sich weiß (oder zu wissen glaubt) und andere allzuviel von ihm wissen (oder zu wissen glauben). [...] Es ist dies alles mehr eine Sache vermeinten als wirklichen Wissens."[17] Wenn dem aber so ist, muß doch die vernünftige Forderung darin bestehen, die Betroffenen und Beteiligten aufzuklären und das vermeintliche Wissen als Irrtum zu entlarven. Man sollte jedenfalls nicht vorschnell akzeptieren, daß eine erfolgreiche Aufklärung der Bevölkerung ohnehin nicht möglich sei.

Zum zweiten Fall: Werden durch das Klonieren die Rechte des "Originals" verletzt? Jonas ist wohl dieser Meinung, denn er möchte "in das Naturrecht den Begriff vom transzendenten Recht eines jeden Individuums auf einen ihm eigenen, mit niemand geteilten, einmaligen Genotyp einführen."[18] Ein solches Recht würden dann aber nicht nur "Original" und "Kopie" des Klonierens, sondern etwa auch zufällig entstandene eineiige Zwillinge besitzen Ñ und gleichzeitig verletzen! Es bleibt jedoch ohnehin unklar, was überhaupt für die Annahme des von Jonas postulierten Rechts spricht. Die Sachlage wäre vielleicht anders zu beurteilen,

---

[13] Hans Jonas, "Laßt uns einen Menschen klonieren", S. 187.
[14] Ebd., S. 188.
[15] Ebd., S. 189.
[16] Vgl. Dieter Birnbacher, "Aussichten eines Klons", S. 57 f.
[17] Hans Jonas, "Laßt uns einen Menschen klonieren", S. 190 f.
[18] Ebd., S. 189.

wenn ohne Einwilligung des "Originals" eine "Kopie" erzeugt würde; aber das ist nicht der Fall, der uns hier interessiert.

Zum dritten Fall: Durch das Klonieren werden die Rechte der Eltern nicht verletzt. Im Gegenteil ist es eher die Frage, ob die Rechte der Eltern nicht gerade dafür sprechen, daß Klonieren moralisch akzeptabel ist. Sogar Jonas erwähnt kurz "das Recht der verhinderten Erzeuger auf Nachkommenschaft".[19] Dagegen führt er ins Feld, wir hätten kein Recht, künftige Menschen "vorherzubestimmen", und wir dürften keine "Macht Jetziger über Kommende" ausüben, welche als "wehrlose Objekte" die "spätere Knechtschaft Lebender gegenüber Toten" zu erleiden hätten.[20] Dieses Argument ist jedoch viel zu stark, denn es Würde ja nicht nur künstliche Fortpflanzungstechniken moralisch verurteilen, sondern müßte *alle* Handlungen, die künftige Generationen betreffen - wie etwa schon ihre traditionelle Zeugung - verbieten. Zugestanden werden kann allenfalls, daß durch das Klonieren nicht der Lebensweg eines Menschen allzu sehr eingeschränkt werden darf. Mehr oder minder große Erwartungen[21] wird man im übrigen sowohl bei Klonen als auch bei "normal" gezeugten Kindern finden. Und wäre es wirklich schlimm, wenn ein Rubinstein-Klon zum Klavierspielen ermutigt würde?[22] Entscheidend ist doch eher, dafür Sorge zu tragen, daß sich ein Kind letztlich immer *gegen* den Lebensweg entscheiden kann, den die Eltern sich eventuell gewünscht haben.

4. Pragmatisches Abwägen

Jonas wirft den "Gen-Ingenieuren" vor, sie vergrößerten ohne Not die Risiken, die mit jedem Eingriff in den Naturverlauf verbunden wären.[23] Demgegenüber vernachlässigt er aber die Chancen, die etwa mit dem Klonieren verbunden sein könnten. An welche Chancen dabei gedacht werden soll, muß allerdings explizit ausgeführt werden. Es reicht nicht, einfach mit der "International Academy of Humanists" (zur der u.a. Francis Crick, Richard Dawkins, W.V.O. Quine und Edward O. Wilson gehören) zu erklären: "Der potentielle Nutzen des Klonens könnte so segensreich sein, daß es eine Tragödie wäre, wenn verstaubte theologische Skrupel zu einem fortschrittsfeindlichen Verbot des Klonens führen würden."[24]

---

[19] Ebd., S. 173.
[20] Ebd., S. 168.
[21] Vgl. ebd., S. 193.
[22] Vgl. ebd., S. 203.
[23] Ebd., S. 177 f.
[24] Zitiert nach: Gina Kolata, *Das geklonte Leben: Ein Jahrhundert-Experiment verändert die Zukunft des Menschen* (München/Zürich: Diana, 1997; urspr. englisch 1997), S. 287 u. S. 290.

Vergleichsweise gering wird dabei eine von Richard Dawkins erwähnte Chance zu gewichten sein: „Für mich wäre es ein faszinierender Gedanke, eine kleine Kopie meiner selbst, fünfzig Jahre jünger, beobachten zu können."[25] Selbst hier wäre aber zu fragen, ob dies nicht ein legitimer Wunsch ist, falls keine anderweitigen Gründe dagegen sprechen. Schwerwiegender ist ein Argument des Molekularbiologen Lee Silvers, der die Ansicht vertritt, Klonieren sei genetisch viel sicherer als die normale sexuelle Vermehrung, weil es die häufigste Form des Geburtsschadens ausschließe Ñ die falsche Chromosomenzahl.[26] Ob dies tatsächlich der Fall ist, kann aus dem philosophischen Lehnstuhl heraus nicht entschieden werden; die Vermeidung von Geburtsschäden wäre jedenfalls ein moralisch relevanter Gesichtspunkt. Ein anderes empirisches Argument, das eventuell *gegen* das Klonieren spricht, weist auf die Gefahr hin, daß Klone zwar jung aussähen, in Wirklichkeit aber alt wären und entsprechend eine niedrige Lebenserwartung hätten.[27] Auch hier wäre gesichertes Wissen als eine Voraussetzung moralisch gerechtfertigten Urteilens vonnöten.

Philip Kitcher beschreibt drei Fallbeispiele, in denen das Klonieren eventuell einem wünschenswerten Zweck dienen würde, der nicht auf anderem Wege zu erreichen wäre:[28]

a) den Fall des langsam sterbenden Kindes, das ein Klon durch Organspende retten könnte;

b) den Fall der trauernden Witwe, die sich ein Kind ähnlich dem wünscht, das sie gerade verloren hat;

c) den Fall eines lesbischen Paares, das sich ein Kind wünscht.

In allen drei Fällen soll der Klon zumindest teilweise bestimmten Interessen dienen, die nicht seine eigenen sind. Ein Kantianer wird dagegen vielleicht einwenden, daß hier eine Person als Mittel behandelt würde. Entscheidend ist dabei aber (auch für Kant), daß Personen nicht *bloß* als Mittel, sondern immer *auch* als Zweck an sich behandelt werden sollen. Ein Paar, das aufgrund eines Kinderwunsches ein Kind zeugt, behandelt in diesem Sinne das Kind nicht notwendigerweise als *bloßes* Mittel Ñ und dies gilt ganz unabhängig davon, welche Fortpflanzungstechnik gewählt wird.[29] Die Frage ist dann eher, ob die Interessen des Klons inakzeptabel vernachlässigt werden. Im Fall des lesbischen Paares besteht jedenfalls nicht notwendigerweise die Gefahr, daß das Leben des Klons in die Bahnen eines Vorgängers

---

[25] Zitiert nach: ebd., S. 289 f.
[26] Ebd., S. 297.
[27] Ebd., S. 298.
[28] Philip Kitcher, *The Lives to Come: The Genetic Revolution and Human Possibilities* (New York: Simon & Schuster, 1997), S. 336.
[29] Eine solche Gefahr besteht allerdings vielleicht bei den von Carl Friedrich Gethmann angesprochenen Thron- und Erbfolgekontexten, in denen die Interessen bestimmter Dynastien vorrherrschen; vgl. Carl Friedrich Gethmann, "Ethische Argumente gegen das Klonieren von Menschen", *Akademie-Brief* der Europäischen Akademie zur Erforschung von Folgen wissenschaftlich-technischer Entwicklungen Bad Neuenahr-Ahrweiler, Nr. 9 (4/98).

gezwungen würde. Und wenn wir voraussetzen, daß nach unserer Erfahrung die biologische Verwandtschaft einer guten sozialen Eltern-Kind-Beziehung zuträglich ist, dann dürfte zumindest in diesem Fall wenig dagegen sprechen, das Klonieren zuzulassen.

Allerdings ist bezüglich aller drei aufgeführten Fälle zu fragen, ob die damit erreichbaren Zwecke nicht auch mit bereits erprobten modernen Fortpflanzungstechniken erreicht werden können; und für die verbleibenden Fälle (wie den von Dawkins angesprochenen) muß gefragt werden, ob eine diesbezügliche Problemlösung durch Klonierung tatsächlich die eventuell damit verbundenen sozialen Kosten aufwiegt. In diesen Diskussionszusammenhang gehört wohl das Argument von Hans Jonas, durch das Klonieren verlöre das männliche Geschlecht seine bislang unabdingbare Rolle im Fortpflanzungsprozeß.[30] Aber muß das ein Nachteil sein? Schließlich sollten wir unser Selbstbild nicht in erster Linie oder sogar nur allein über unsere biologischen Funktionen bestimmen. Zu überlegen wäre aber tatsächlich, ob durch das Klonieren ein weiterer Schritt auf dem Weg beschritten wird, der dazu führt, daß etwa eine Ehe immer weniger als eine Liebesbeziehung und immer mehr als eine Produktionsgenossenschaft betrachtet wird. Zwar würde das nicht notwendigerweise bedeuten, daß Hans Jonas mit seinem Schreckensbild recht hätte, das Klonieren würde zunächst zum "utilitaristischen Anschaffen" und dann zum "utilitaristischen Abschaffen" von Personen führen.[31] Aber eine Verarmung der sozialen Beziehungen durch fortschreitende Technisierung ist zweifellos eine reale Gefahr und wäre ein Verlust, der schwer ins Gewicht fallen würde. Diesbezüglich wäre eine größere öffentliche Debatte darüber wünschenswert, in welchem Ausmaß wir bereit sind, zugunsten einer größeren Wahlfreiheit bestimmte Verluste an gewohnten Traditionen hinzunehmen.[32]

---

[30] Hans Jonas, "Laßt uns einen Menschen klonieren", S. 181.
[31] Ebd., S. 199.
[32] Vgl. dazu Bernd Gräfrath, *Es fällt nicht leicht, ein Gott zu sein: Ethik für Weltenschöpfer von Leibniz bis Lem*

Der Begriff des Interesses als Grundbegriff der zeitgenössischen Ethik

Elif Özem

An der zeitgenössischen Moralphilosophie ist auffällig, daß zahlreiche AutorInnen als Grundlage der Theoriebildung den Interessebegriff wählen, d.h. die Interessen von Individuen - z.B. der unheilbar Kranken, des schwerstbehinderten Säuglings, der durch Umweltverschmutzung bedrohten Natur, der Tiere - moralisch auszeichnen, aber zugleich keine oder nur eine unzureichende Bestimmung dessen, was da 'Interesse' heißen soll, vornehmen. Es werden zwar Hinweise gegeben dadurch, daß 'Interesse' gleichgesetzt wird mit solchen Begriffen wie 'Wunsch', 'Bedürfnis' oder 'Präferenz', aber es sind die Bedeutungen dieser Begriffe weder evident noch einander entsprechend. Interessanterweise gibt es nur wenige kritische Stellungnahmen zu dem definitorischen Defizit des Begriffs Interesse, so daß dieser Vortrag einen weitgehend selbständigen Versuch darstellt, diesen Grundbegriff der Ethik zu analysieren.

(i) In jedem philosophiehistorischen Bedeutungsfall von Interesse wie „Streben", „Neigung", „Gefühl" und „Lust" bis hin zu „Aufmerksamkeit", „Wille" und „Wohlgefallen" ist folgendes gegeben: stets wird ein „Dabeisein" des Individuums, das da Interessen hat, behauptet, und zwar an einem als lustvoll oder erstrebenswert oder zweckvoll Gewertetem. So kann man vorläufig sagen, daß das Fundament des Begriffs 'Interesse' in einer nicht oder nicht primär von rationaler Einsicht bestimmten Verhaltensweise des Auswählens, Vorziehens, Bedeutungverleihens oder Wertens besteht: Es geht stets um eine Anteilnahme, eine positive Betroffenheit des Interessenträgers in Hinsicht auf einen Gegenstand. Interessen sind also einerseits unter dem Aspekt der Betroffenheit oder 'Passion' zu betrachten, aber zusätzlich sind sie mit einem Minimum an intellektueller, d.h. bewußter, strukturierender Orientierung des Individuums verbunden. Als dritten Aspekt muß man noch hervorheben, daß Interessen immer gerichtet sind auf einen Gegenstand, der in irgendeiner Weise als wertvoll für das Individuum bewertet wird, und zwar derart, daß das Gerichtetsein handlungsmotivierend sein kann oder auch: sein soll.

Offenbar kann der Aspekt der Bewertung auf zweierlei Weise erklärt werden: zum einen durch das Individuum selbst, in Bezug auf seine subjektiven Einstellungen, Erwartungen, Zielen. Zum anderen kann das Interesse des Individuums unter allgemeinen, konstanten und fundamentalen Kriterien als wertvoll ausgezeichnet werden. Im ersten Fall werden Interessen vorzugsweise mit Wünschen und Neigungen gleichgesetzt: sie sind relativ zu den Einstellungen des Individuums, das da Interessen hat, zu verstehen. Sie sind Ergebnis einer positiven Einstellung dieses Individuums zu einem bestimmten Gegenstand. Für den zweiten Falle stehen Theorien des richtigen Handelns, die solche Interessen in den Mittelpunkt stellen, die als moralisches Gut verstanden werden, d.h. denen verallgemeinerbarer Wert zugesprochen werden kann. Jede dieser Theorien ist auf die Wahrung der Interessen der Interessenträger hin orientiert.

ii) Wenn der Begriff 'Interesse' stets zum Ausdruck bringt, daß nach etwas gestrebt wird, gibt es einen unkündbaren Zusammenhang von Interessen und Strebungen. Dinge weisen keine Strebungen auf: Sie haben weder Wünsche noch Regungen noch Triebe. Ebensowenig kennen sie Befriedigungen oder Ziele, so daß es eine leere Redeweise ist, von den Interessen irgendwelcher Dinge - und da ist die Natur, wie z.B. Landschaften, Flüsse oder Bäume mit begriffen - zu sprechen. Ich schlage vor, von Strebungen nur bezüglich solcher Entitäten zu sprechen, denen man ein eigenes Wohlergehen zusprechen kann, wobei Wohlergehen Empfindungsfähigkeit voraussetzt. Es gilt somit: Ein Lebewesen, das nicht empfindungs- und zu einem individuellen Wohlergehen fähig ist, hat keine Interessen. 'Interesse' ist hier also im Sinne eines Wertlegens auf Erhaltung oder Verbesserung eines Zustandes zu verstehen.

(iii) Es gibt eine Weise von den Interessen eines Lebewesens zu sprechen, in der diese Interessen biologischen Bedürfnissen entsprechen. Diese *biologischen Interessen* haben stets ein bestimmtes Objekt zum Gegenstand, wie z.B. Flüssigkeit (im Falle des Interesses, seinen Durst zu stillen) oder Nahrung (im Falle des Interesses, seinen Hunger zu befriedigen). Sie sind durch einen unmißverständlichen phänomenologischen Charakter ausgezeichnet. Die Befriedigung dieser biologischen Interessen wird normalerweise als angenehm empfunden. Sie können allen empfindungsfähigen Lebewesen zugeschrieben werden.
Es wird hier die Fremdzuschreibung der Interessen deshalb hervorgehoben, weil diese biologischen Interessen nicht voraussetzen, daß das Lebewesen selbst von ihnen weiß, also z.B. sein Streben nach Befriedigung seines Hungergefühls kennt und benennt. Es kann sich bei diesen Interessen ausschließlich um nicht-bewußte, 'dumpfe' Strebungen handeln. Wenn man die Unterscheidung zwischen 'having an interest' und 'taking an interest' bedenkt, wobei letzteres solchen Lebewesen vorenthalten ist, die die mentalen Fähigkeiten zur Selbstreflexion aufweisen, dann bedeutet biologische Interessen zu haben lediglich 'to *have* an interest in something'.

iv) Wenn Interessen dem entsprechen, was in einem Satz der Form '*P* wünscht *x*' zum Ausdruck gebracht wird, dann hat man es mit einer Verwendungsweise von 'Interesse' zu tun, die Interessen mit empirischen, psychologischen Dispositionen von Individuen gleichsetzt. 'Interessen' stehen hier für 'Wünsche' und sind verbunden mit einem Bewußtsein über ihr Vorliegen: Dem Individuum ist bewußt, daß es diesen Wunsch hat und keinen anderen. Interessen in dieser Weise zu haben bedeutet 'to *take* an interest in something'. Solche Interessen können als Dispositionen Einfluß auf Handlungen haben, und spielen daher eine große Rolle in der Theorie intentionaler Handlungen und der gesamten *Practical-Reason*-Debatte.

v) Es kann sinnvoll sein, die Interessen im Sinne von iv) zu hinterfragen, wohingegen es sinnlos ist, auf die Frage „Warum hast Du Hunger?" (oder „Warum hast Du keinen Hunger?"), eine weitergehendere Antwort einzufordern, als daß sich das Indiviuum in einem bestimmten physiologischen Zustand befindet. Interessen in der ersten Bedeutung können gerechtfertigt werden, oder man kann von ihrer Falschheit überzeugt werden, denn x zu wollen und zu wissen, daß man x will, setzt voraus, daß man eine Meinung darüber hat, welche Wünsche man hat, und inwiefern man die Wunscherfüllung für erstrebenswert hält. Da Meinungen und Erwartungswerte falsch sein können, kann man sich mit seinen Interessen bzw. Wünschen irren. Andererseits kann man normalerweise jemanden nicht davon überzeugen, daß er Hunger hat, oder daß es falsch ist, daß er keinen solchen verspürt.

vi) Der Begriff des Interesses in der zeitgenössischen Moralphilosophie stellt eine Mischung der Verwendungsweisen aus iii) und iv) dar. Zum einen hat er deskriptiven Charakter und kann im Sinne eines natürlichen Strebens einer Vielzahl von Entitäten als biologisches Interesse zugesprochen werden. Zum anderen bezeichnet er Präferenzen von Lebewesen mit propositionalen Einstellungen im Sinne eines handlungsrelevanten Wünschens. Bislang wurde der Begriff 'Interesse' normativ betrachtet, d.h. immer dann, wenn von den

Interessen von Lebewesen gesprochen wurde, wurde ein Anspruch auf Befriedigung unterstellt. In der Verwendungsweise, wo Interessen biologischen, lebenserhaltenden Bedürfnissen entsprechen, mag das sinnvoll sein. In der Verwendungsweise allerdings, wo Interessen mit irgendwelchen Präferenzen und Wünschen von Individuen identifiziert werden, ist der unterstellte normative Anspruch nicht ohne weiteres akzeptierbar. Offensichtlich falsche oder unmoralische oder irrationale Interessen können vernünftigerweise keinen Anspruch auf Befriedigung erheben.

vii) Personen - d.h. erwachsene, normal-entwickelte Menschen - haben Interessen in beiderlei Sinn: biologische Interessen, z.B. nicht verletzt zu werden, nicht zu hungern, nicht zu frieren. Diese Interessen sind Ausdruck der Grundbedürfnisse des 'natürlichen' Menschen und haben den Status einer anthropologischen Konstanten. Darüberhinaus haben Personen als autonome, selbstbewußte Lebewesen Wünsche im Sinne *subjektiver Interessen*, z.B. dreimal im Jahr in den Urlaub zu fahren, das Rauchen aufzugeben oder den Hund des Nachbarn zu ertränken. Das Vorliegen subjektiver Interessen kann nicht ausreichend über die Empfindungsfähigkeit des Interessenträgers verstanden werden. Es macht offenbar nur dann Sinn, das Vorliegen von subjektiven Interessen zu behaupten, wenn auch Subjektivität konstatiert werden kann. Das ist nur dann möglich, wenn ein Lebewesen fähig ist, einem Interesse der Form 'Ich habe das Interesse x' Ausdruck zu verleihen. Bezeichnenderweise können subjektive Interessen nicht ohne weiteres von Dritten zugeschrieben werden; sie müssen einen von ihrem Träger reflektierbaren Bezug zu ihrem Träger aufweisen. Dieser Bezug findet seine Entsprechung in einem Wissen über die subjektive Verfaßtheit des Interesses, das sich derart als *meine* Verfaßtheit bzw. *meine* Wahrnehmungen und Bewertungen präsentieren kann; erst dadurch sind es Interessen *für mich*. Somit sind es ausschließlich selbstbewußte, personale Lebewesen, die subjektive Interessen haben und verfolgen können, da nur sie über Selbstbewußtsein verfügen.

Diese subjektiven Interessen können mit Kritik konfrontiert werden, z.B. kann gefordert werden, daß eine Person nur die Realisierung derjenigen Interessen erstreben soll, die rational sind. Rationalität (oder Moralität) stellt hier einen externen Maßstab dar, eine Art Test oder Reduktionsmethode der faktischen subjektiven Interessen, als deren Ergebnis rationale (oder moralische) Interessen - im folgenden *objektive Interessen* - übrigbleiben.

viii) Bislang ist 'Interesse' synonym mit 'Wunsch' verwendet worden, wobei davon ausgegangen wurde, daß nur Lebewesen, die Wünsche haben können, Interessen (im Sinne von vii) haben können. Es gibt aber wichtige Unterschiede zwischen Interessen und Wünschen, die sich besonders eindringlich in einer Untersuchung der logischen Struktur der genannten Begriffe aufzeigen lassen.

(1) Der Vergleich objektiver Interessen mit Wünschen und Präferenzen zeigt auf, daß Wünsche Bezug zu allen möglichen Gegenständen, Absichten, Verhaltensweisen, aber auch Konsequenzen, haben können, objektive Interessen aber nicht. So haben Aussagen der Art 'Ich wünsche x' und 'Ich ziehe x y vor' einen breiteren Einsetzungsrahmen für x als die Aussage 'x ist in meinem Interesse'. Weiterhin gilt, daß wenn 'x ist im Interesse von P', und 'y ist notwendige Bedingung für x', auch 'y ist im Interesse von P' gilt. Hingegen gilt nicht, daß wenn 'P wünscht x', und 'y ist notwendige Bedingung für x', impliziert ist 'P wünscht y'.

Ein Beispiel soll das verdeutlichen: die Äußerung 'Körperliche Gesundheit ist in meinem Interesse' ist kompatibel mit der Äußerung 'Ich wünsche jetzt zu rauchen' oder gar 'Ich ziehe das Rauchen einer Zigarette dem Verspeisen eines kohlenhydratereichen Müsliriegels vor'. Hingegen ist es, wenn man über die gesundheitsschädliche Wirkung des Rauchens informiert ist, nur schwer möglich zu sagen 'Es ist in meinem Interesse zu rauchen'.

(2) Wünsche, Präferenzen und objektive Interessen unterscheiden sich dahingehend, daß Präferenzen komparative, zweistellige Stellungnahmen sind, die bestimmten Kohärenzbedingungen genügen müssen, aber ebenso wie Wünsche noch keine Wertaussagen machen. Erst dann, wenn nach einer Rechtfertigung von Präferenzen verlangt wird, müssen Wertaussagen gemacht werden, die interessanterweise die Form von Interessen haben. Man betrachte noch einmal das Beispiel: Die Aussage 'Ich ziehe Müsli Zigaretten vor' wird mit kritischen Fragen konfrontiert. Ich begründe meine Präferenz zunächst mit 'Müsli schmeckt mir besser'. Wenn es sich bei meinem Gegenüber um einen dieser enervierenden philosophischen Fragesteller handelt, wird er sich mit dieser Antwort nicht zufriedengeben und weiterbohren. Erst eine Begründung der Form 'Es ist in meinem Interesse, mich gesund zu ernähren, deshalb ziehe ich Müsliriegel Zigaretten vor' wird ihn befriedigen, da nur eine solche Antwort von individuellen Befindlichkeiten, Launen, Geschmäckern usw. abstrahiert und den verallgemeinerbaren Wert 'Gesundheit' als Rechtfertigung eines bestimmten Interesses benennt. Präferenzen bzw. Wünsche, die sich rechtfertigen lassen, rekurieren demnach auf objektive Interessen, hingegen gilt die Umkehrung nicht. Interessen verweisen nicht auf Präferenzen, sondern rechtfertigen sich durch Interessen höherer Stufe.

(3) Bislang wurde nur über objektive Interessen gesprochen. Wenn man nun die subjektiven Interessen betrachtet, stellt man fest, daß sie zwar nicht synonym sind mit Präferenzen und Wünschen, aber einen engen Zusammenhang mit diesen aufweisen. Beispielsweise verlangen Aussagen eines objektiven Interesses der Form 'x ist im Interesse von P' keinen Rekurs auf Wünsche: die Person kann etwas ganz anderes wünschen. Die These von der Synonymität von Interessen, Wünschen und Präferenzen ist somit nicht akzeptabel. Insbesondere ist das von Utilitaristen konstatierte Verhältnis von Interessenbefriedigung und Befriedigungszuständen nicht selbstverständlich. Offenbar brauchen sich objektive Interessen überhaupt nicht auf subjektive Lust- und Glückszustände zu beziehen.

Anders verhält es sich bei subjektiven Interessen. Aussagen der Form 'P hat ein Interesse an x' implizieren, daß P auch den Wunsch nach x hat und x vor y präferieren würde. So ist es nicht in Christians (objektivem) Interesse zu rauchen. Er wünscht dessen ungeachtet, regelmäßig zu rauchen und präferiert das Rauchen einer Zigarette eindeutig vor dem Verspeisen eines Müsliriegels.

(4) Menschen können also wünschen und präferieren, was ihren objektiven Interessen zuwiderläuft, so daß es nicht immer im 'wirklichen' Interesse einer Person liegt, ihre jeweils faktischen Präferenzen zu befriedigen. Ebendieses gilt dann auch für subjektive Interessen.

Der Unterschied zwischen subjektiven Interessen und Wünschen besteht darin, daß die Äußerung eines Wunsches nicht stets die Forderung nach Rechtfertigung und Aufgabe desselben nach sich ziehen kann, die Äußerung eines subjektiven Interesses aber sehr wohl. Wenn ich z.B. sage 'Ich wünsche jemand anderes zu sein', beispielsweise Heinrich Schaumann alias 'Stopfkuchen' aus dem gleichnamigen Roman Wilhelm Raabes, dann kann ich Gründe für diesen Wunsch haben, z.B. daß Heinrich so unerschütterlich die Realisierung seiner Ziele anstrebt und die Widrigkeiten des Lebens mit einem herzhaften Lachen erwidert. Jedoch kann niemand von mir derartige Begründungen verlangen oder gar, daß ich den Wusch, weil seine Realisierung vollständig hoffnungslos ist, aufgeben soll: Wünsche sind oft und dürfen irrational sein, machmal sogar unmoralisch.

Anders verhält es sich bei subjektiven Interessen. Wenn man etwas als sein Interesse vorbringt, macht man deutlich, daß man dieses etwas als positiv für seine Absichten, Bedürfnisse aber auch Wünsche bewertet hat. Die Äußerung eines subjektiven Interesses gestattet, weil es handlungsrelevant ist, die Forderung nach Rechtfertigung. Derart ist die Möglichkeit eröffnet, jemanden von der Falschheit des verfolgten Interesses zu überzeugen bzw. ihn hinsichtlich seiner wahren Interessen aufzuklären. Im Unterschied zu Wünschen sind inkonsistente, mangelhaft-informierte subjektive Interessen einer Korrektur zugänglich.

ix) Kommen wir auf die beiden Interessenbegriffe zurück. Eine ethische Theorie, die nur solche Interessen zu verhandeln sucht, denen ein verallgemeinerbarer oder objektiver Wert zukommt, kann sich nicht an der empirischen Stärke faktischer Interessen orientieren. Sie muß den Wert des Gegenstandes des Interesses verhandeln, also dasjenige, nach dem gestrebt wird.

Es scheint, daß die biologischen Interessen, aufgrund ihrer theoretischen und praktischen Bedeutung für die biologischen Bedürfnisse von Lebewesen, solche verallgemeinerbaren Interessen darstellen. Sie entsprechen den fundamentalsten Eigeninteressen von Lebewesen und dienen dem Eigenwohl, das zur Selbsterhaltung notwendig ist. Die Standardisierung der Kriterien dieses Eigenwohls ist unproblematisch, da die Grundbedürfnisse von Lebewesen einsehbar sind. Man könnte also statt wie bislang von 'biologischen' auch von 'natürlichen' oder 'Lebensinteressen' sprechen.

Hingegen können subjektive Interessen innerhalb einer Interessentherapie[1] hinsichtlich ihrer Rationalität überprüft werden und gelten nach bestandener Therapie als objektive Interessen.

Es wurden somit zwei Bedeutungen des Begriffs 'Interesse' erarbeitet, die Unterschiedliches zum Gegenstand haben, unterschiedliche Voraussetzungen an die Interessenträger machen und somit auch unterschiedlichen Lebewesen auf unterschiedliche Weise - von Dritten oder als Selbstzuschreibung - zugeschrieben werden können.

(x) Es wurde ausgeführt, daß objektive Interessen, verstanden als rationale Interessen, nur solche Lebewesen haben können, die überhaupt irrational oder rational sind. Ebenso verhält es sich mit objektiven Interessen, die als moralische Interessen aufgefaßt werden: Die Zuschreibung dieser Interessen kann nur an solche Lebewesen erfolgen, die überhaupt moralische Akteure sind. Tiere, *marginal cases* und Kleinstkinder können nicht als moralische Akteure betrachtet werden, so daß sie auch keine Träger objektiver Interessen sein können. Es macht lediglich Sinn, davon zu sprechen, daß sie Interessen im Sinne biologischer Bedürfnisse haben. Träger objektiver Interessen sind somit ausschließlich Personen. Kann man aber biologische Interessen mit objektiven Interessen in ein und demselben Kalkül moralisch gegeneinander abwägen?

M.E muß die Antwort negativ ausfallen. Die beiden Verwendungsweisen des Begriffs Interesse verweisen auf prinzipiell Verschiedenes, so daß das Gleichheitspostulat 'Interesse ist gleich Interesse' nicht zur Anwendung gebracht werden kann. Wenn man auch weiterhin sowohl im Falle der biologischen Interessen als auch der Interessen von Personen von 'Interessen' sprechen kann, so hat man dadurch nicht auch schon ein einfaches Interessenabwägungsverfahren der moralischen Entscheidungsfindung etabliert, in welchem diese beiden Fälle von Interesse gegeneinander abgewogen werden könnten. Entweder - und das scheint die naheliegende

---

[1] Eine Form der Therapie von Interessen ist konzipiert durch Richard Brandt (*A Theory of the Good and the Right*, Oxford 1979). Daneben kann man das Konzept subjektiver und objektiver Interessen von Günther Patzig anführen (*Der Unterschied zwischen subjektiven und objektiven Interessen und seine Bedeutung für die Ethik*, Göttingen 1978) oder die Interessenreduktion von Leonard Nelson (*Die Theorie des wahren Interesses und ihre rechtliche und politische Bedeutung*, in: Gesammelte Schriften Bd. 8, Hamburg 1964-). Auch John Rawls' Konzept des vernünftigerweise Gewünschten, das unter Rekurs auf einen „vernünftigen Lebensplan" eruiert wird, stellt ein Modell der Interessenkorrektur dar (*A Theory of Justice*, Cambridge 1971).

Interpretation zu sein - sind Interessen von Personen prinzipiell den biologischen Interessen, z.B. von Tieren, überlegen: d.h. sie sind komplexer, reflektierter, sie können verbalisiert und gerechtfertigt werden. Oder biologische Interessen werden vorneweg mit dem Prädikat 'besonders wertvoll' versehen, wobei nicht einzusehen ist, daß eine solche Auszeichnung für Interessen von Personen nicht ebensogut, vielleicht sogar mit besseren Gründen, erfolgen könnte.

Wenn es richtig ist, daß der Begriff des Interesses eigentlich zweierlei, voneinander Verschiedenes meint, dann könnte man dafür plädieren, daß zumindest in einem der Bedeutungsfälle nicht länger von Interessen gesprochen werden soll. Z.B. bietet es sich an, statt von biologischen oder natürlichen Interessen schlichtweg von Bedürfnissen zu sprechen. Oder - und das ist das Vorgehen, zu dessen Fürsprecherin ich mich machen möchte - man behält die Begriffsverwendung bei, aber beansprucht nicht länger, daß das Abwägen von Interessen das einzige ethische Entscheidungsverfahren dargestellt. Die starke Variante einer Interessen-Ethik erklärt Interessen zur Bedingung der Möglichkeit von moralischen Rechten oder eines *moral standing* überhaupt. Jedoch legt einen die Überzeugung, daß Interessen moralische Bedeutung zukommt, nicht schon auf die Überzeugung fest, daß es *einzig* die Interessen von Individuen sind, die sie moralisch qualifizieren, oder daß Individuen ohne Interessen ohne moralische Rechte dastehen müssen. Die allermeisten ethischen Theorien der Gegenwart sind schließlich durch ein komplexes Moralverständnis ausgezeichnet, in denen die Kooperation, die individuellen und gesellschaftlichen Rechte und Pflichten von Menschen dem Staat und Einzelnen, den zukünftigen Generationen, der Natur und nicht-menschlichen Entitäten gegenüber eine Rolle spielen. Diese wichtigen Aspekte der Moralphilosophie können nicht bloß unter Rekurs auf die Interessen der Betroffenen erfaßt und moralische Konflikte mittels eines Vergleichs- und Abwägungsverfahrens von Interessen gelöst werden.

Artifizielles Werden
Zur ethischen Problematik der künstlichen Herstellung des menschlichen Genoms
von Jan Szaif, Bonn

Mit der rasanten Entwicklung der Gentechnik verbinden sich vielfältige ethische Fragen, die auch in der Öffentlichkeit starke Beachtung finden. Von besonderer Brisanz sind die Möglichkeiten gentechnischer Manipulation, wenn es um die Anwendung auf den Menschen geht. Da dieses „*genetic tailoring*" im Bereich nicht-menschlichen Lebens bereits praktiziert wird, erscheint die Übertragung solcher Verfahren auf das menschliche Genom als eine reale Möglichkeit und fordert eine ethische Bewertung heraus.

Der Aspekt, auf den ich mich hier konzentrieren möchte, wird durch die Frage markiert, wie die Möglichkeiten der gentechnischen Manipulation am menschlichen Genom unser je individuelles Selbstverhältnis und Selbstverständnis verändern und welche ethischen Konsequenzen sich daraus ergeben. Dies sei noch etwas genauer abgegrenzt: Es wird mir dabei nicht spezifisch um die Bewertung von denkbaren therapeutischen Eingriffen in die menschliche Keimbahn gehen. Auch eugenische Zielsetzungen einer vermeintlichen, gentechnisch bewirkten „Verbesserung" und „Steigerung" der menschlichen Anlagen werde ich hier nicht eigens erörtern – über die Verwerflichkeit einer positiven Eugenik herrscht ja auch weitgehend Konsens, jedenfalls im deutschsprachigen Raum. Ebenso werde ich hier nicht die Frage aufwerfen, wie die Mittel und Nebenfolgen der Entwicklung oder Umsetzung gentechnischer Verfahren ethisch zu bewerten sind. Vielmehr zielt meine Erörterung eben auf die dem vorgeordnete Frage, ob es so etwas wie ein Recht auf genetische Kontingenz gibt, wobei ich mich an zwei Denkmöglichkeiten orientieren werde, zum einen der einer vollständigen künstlichen Synthetisierung des menschlichen Genoms, zum anderen der einer durch Kerntransplantation erzielten Klonierung, bei der ein auf natürliche Weise entstandenes Genom künstlich redupliziert wird.[1]

In der Vorstellung der Synthetisierung artikuliert sich gewissermaßen die Vision eines gentechnisch hergestellten „Menschen nach Maß". Die bloße Klonierung hingegen reproduziert zwar ein naturwüchsig entstandenes Genom, beseitigt aber das die natürliche Befruchtung kennzeichnende Moment des Zufalls, indem sie ein genetisch identisches Individuum erzeugt. Die Synthetisierung ist vorläufig nur ein Gedankenspiel, und es mag sogar sein, daß der umfassenden Planung menschlicher Anlagen grundsätzliche Komplexitätsprobleme entgegenstehen, die aus dem höchst komplexen Charakter der Interaktion der einzelnen Gene resultieren. Dagegen ist Klonierung, die schon bei Säugetieren praktiziert wird, auch bei Menschen eine sehr greifbare Möglichkeit. In beiden Fällen, auch schon bei der Klonierung, wäre gegenüber der Praxis der *In vitro*-Befruchtung eine ganz neue Qualität der „Herstellung" von Menschen erreicht. Denn diese Vorgänge würden ja nicht nur eine künstliche Nachahmung des natürlichen Befruchtungsvorganges darstellen, sondern sich auf die Erbinformation selbst beziehen und damit dem biologischen Programm, das der natürlichen Autopoiese des menschlichen Individuums zugrundeliegt, einen künstlichen Charakter verleihen. Eben diese Perspektive der „Herstellbarkeit" und damit der Artifizialität des Menschen stellt die Herausforderung an unser Selbstverständnis dar, die ich thematisieren möchte.

---

1   Zur ethischen Diskussion über die Möglichkeiten eines *human genetic engineering* vgl. u. a. Bayertz 1987, Birnbacher 1989, von der Daele 1985, Dyson/ Harris 1994, Flöhl 1985, Harris 1992, Häyry/ Häyry 1998, Honnefelder 1994, Irrgang 1995, Jonas 1985, Sass 1991, Wachbroit 1995.

Wenn hier von Artifizialität oder Künstlichkeit die Rede ist, so ist damit indirekt auch der Gegenbegriff der *Natürlichkeit* angesprochen.² Der „natürliche" Zeugungsakt, aus dem ein menschliches Wesen mit einem bestimmten Genom hervorgeht, stellt, wie wir wissen, eine Art Lotteriespiel dar, dank dessen das Genom des neu entstehenden Wesens sich zwar von den elterlichen Genomen herleitet, aber nicht durch sie determiniert ist. Das Kind bekommt, sehr vereinfacht gesagt, nur je eine Auswahl der Gene seiner Eltern, eine Auswahl, deren Zustandekommen durch den Zufall bestimmt ist. – Den natürlichen Zeugungsvorgang kennzeichnet also dieses Moment der Kontingenz. Nun ist es aber, so abstrakt betrachtet, nicht ohne weiteres einsichtig, weshalb bei unserem individuellen Ursprung Natürlichkeit versus Artifizialität, Zufall versus Planung ein schützenswertes Gut sein sollen. In der Tat kommen ja bereits heute Formen menschlicher Technik in anerkanntermaßen hilfreicher Weise beim Werden eines Menschen zum Einsatz. Es sei nur auf die medizinische Tätigkeit im Bereich pränataler Diagnostik und Therapie verwiesen. Und schon die landläufige Rede von „geplanten Kindern" deutet an, daß es immer üblich gewesen ist, auf ganz legitime Weise die Zeugung von Kindern mit bestimmten Planungen und Zielsetzungen zu verbinden. Gewiß schloß dies bislang nicht die Gestaltung des Erbguts des künftigen menschlichen Wesens ein. Aber warum würde es, so muß man in der philosophischen Überlegung vorläufig ganz naiv fragen, nicht einen begrüßenswerten Fortschritt darstellen, wenn auch in diesem Bereich an die Stelle ungesteuerten Zufalls zielgerichtete Planung träte?

Um hier zu größerer Klarheit zu gelangen, müssen wir etwas genauer auf die Begriffe Natürlichkeit und Künstlichkeit und ihre Rolle für das menschliche Selbstverständnis eingehen, wobei die Rede vom Künstlichen nicht nur technische Mittel im engeren Sinne, sondern ganz allgemein menschliche Kulturformen und -erzeugnisse einschließen soll. Eine strikte Entgegensetzung von Natur und Kultur läßt sich beim Menschen nicht durchhalten, wie sich insbesondere am Paradigma der menschlichen Sprachen zeigt. Diese sind in ihrer historisch gewachsenen Vielfalt eindeutig Kulturgebilde, so wie andererseits die genetisch verankerte Sprachfähigkeit Teil unserer natürlichen Ausstattung ist. Da eine Privatsprache nicht möglich ist, kann sich diese natürliche Fähigkeit immer nur durch das Hineinwachsen in eine historisch gewachsene, sozial vermittelte Sprache realisieren. Natürliche Anlage und künstliche Kulturformen sind hier also in der Weise miteinander verschränkt, daß die Anlage auf die Kulturformen verweist, durch die allein sie sich verwirklichen kann, so wie umgekehrt die Kulturformen nicht ohne diese biologische Basis möglich sind. Da nun die Entfaltung des individuellen Selbstverhältnisses als eines rationalen Wesens, die Personwerdung also, offensichtlich nur im Medium der Sprache möglich ist, bestätigt sich schon auf dieser ganz fundamentalen Ebene das Stichwort von der „natürlichen Künstlichkeit" des Menschen (Plessner 1928).

Im Bereich des Artifiziellen ist allerdings zu differenzieren zwischen einerseits grundlegenden kulturellen und sozialen Institutionen, in und mit denen sich unsere Personalität allererst herausbildet und zu denen wir nicht ein bloß instrumentelles Verhältnis einnehmen können, allen voran die Sprache, und andererseits den technischen Gebilden im engeren Sinne, die sich prinzipiell immer auf ihr bloßes Mittelsein reduzieren lassen. Mit Blick auf diese techni-

---

2 Zur möglichen Rolle der Begriffe Natürlichkeit und Natur in der Ethik vgl. Szaif 1998; s. a. Birnbacher 1991, Honnefelder 1992 und 1993, Kluxen 1994, Siep 1996, Spaemann 1987.

schen Mittel ist zu sagen, daß der Mensch zwar von Natur aus (durch seine zerebrale Ausstattung in Verbindung mit dem Hand-Gesichts-Feld) daraufhin angelegt ist, sich technische Mittel zu verschaffen, mit denen er die Natur um und in sich zu seinen Gunsten bearbeiten und manipulieren kann, daß diese technischen Mittel aber, anders als die Sprache, in der er denkt, oder die Normen und Maßstäbe, an denen er sein Verhalten orientiert, doch etwas unserem Selbst Äußerliches sind.[3] Durch die Synthetisierung oder Klonierung des Genoms würde nun jedoch eine neuartige Dimension der Artifizialität ins Spiel kommen: Es wäre nicht mehr nur so, daß der Mensch ein in seiner Personalität auch durch *gemeinsame* kulturelle Institutionen konstituiertes Wesen ist, das zugleich *instrumentell* von technischen Artefakten Gebrauch macht, die ihm äußerlich sind. Sondern der so erzeugte Mensch wäre hinsichtlich seines eigenen biologischen Substrats jetzt auch *selbst* ein zu bestimmten Zwecken von anderen hergestelltes biotechnisches Artefakt.

Mit dieser letzteren Bemerkung deutet sich schon die grundsätzliche Problematik dieser Verfahren für unser Selbstverhältnis an. Doch setzen wir zunächst noch unsere Erwägungen zum Verhältnis von Natur und Kultur fort. „Menschliche Natur" ist, wie gesehen, auf Kultur hin angelegt und wird gleichsam in Kultur aufgehoben. Kulturwerdung bezieht sich aber auch auf jene Natur um uns und in uns, der wir auf bedrohliche Weise ausgesetzt sein können und die wir durch Kultur und Technik wenigstens partiell bemeistern. Naturausgesetztheit, das meint die Weise, in der natürliche Vorgänge, um uns herum oder in unserem Körper, eine destruktive Kraft entfalten können, die unsere langfristigen Entwürfe und Zielsetzungen erschwert oder vereitelt und die im schlimmsten Fall unsere biologische Existenz vernichtet. Das Bedrohliche an den Einwirkungen der Natur liegt dabei häufig gerade in ihrer Unkalkulierbarkeit. Krankheit und Tod können durchaus produktiv als Aspekte des natürlichen Lebenszyklus in eine Biographie integriert werden. Aber die Beliebigkeit eines unzeitigen Eintretens von Krankheit und Tod ist ein Aspekt naturwüchsiger Kontingenz, der in geradem Widerspruch steht zur Planbarkeit unserer Anliegen und darum in menschlichen Lebenssinn zerstörend eingreifen kann. Daran vermag auch der kulturelle und technische Entwicklungsprozeß im Prinzip nichts zu ändern, aber er ermöglicht doch partielle Bewältigung und Entlastung.

Wenn es also so ist, daß gerade die Kontingenz natürlicher Vorgänge von uns als Bedrohung unserer Entfaltung erlebt wird, dann spricht das anscheinend dafür, daß auch die Überwindung genetischer Kontingenz einen segensreichen Fortschritt bedeuten müßte. Nun kann man zwar daraus, daß bestimmte Formen naturwüchsigen Zufalls von uns als Bedrohung und deren partielle Eindämmung durch Technik als ein Segen erlebt werden, nicht schon zwingend schließen, daß alle Formen von naturwüchsigem Zufall abträglich sind. Da aber die Überwindung von Zufall durch gezielte Gestaltung generell ein Zug der menschlichen Kulturentwicklung ist, muß für den genetischen Bereich eigens ausgewiesen werden, warum gerade hier Kontingenz vorzuziehen ist.

---

3   Es ist allerdings durchaus normal, ja gehört zu unserem Wohlbefinden, daß wir auch zu artifiziellen Gegenständen, zumal wenn sie ästhetisch gestaltet und länger in Gebrauch sind, gleichsam eine persönliche Beziehung, eine Anhänglichkeit, entwickeln können, so wie das in der Regel beim eigenen Haus oder der eigenen Wohnung, bei bestimmten Arbeitsinstrumenten oder, sehr viel fragwürdiger, beim eigenen Auto der Fall ist. Gleichwohl sollten wir uns von diesen Gegenständen doch immer in einer Weise distanzieren können, wie dies bei der Sprache, in der wir denken, oder den grundlegenden Vorstellungen von Gut und Schlecht, die uns Orientierung geben, nicht möglich ist.

Soll man hierzu etwa bei dem verbreiteten Unbehagen an der zunehmenden Artifizialität und Funktionalität unserer Lebenswelt ansetzen? Während in früherer Zeit unbeherrschte Natur von ihrer bedrohlichen Seite gesehen wurde, etwa der Wald als ein möglichst zu meidender, gefahrenvoller Ort, werden in unserer heutigen Situation eher das ausschließlich funktional gestaltete Weichbild der Städte und der durch eine industrialisierte Agronomie verarmte landschaftliche Kulturraum als einschränkend erfahren. Wir brauchen gewissermaßen die nicht völlig verplante Natur als einen produktiven Widerpart unseres Selbstbezuges. Aber das heißt nun keineswegs, daß darum Naturbeherrschung generell ihren Wert für uns verloren hätte. Vielmehr ist Naturbeherrschung erstens ohnehin eine anthropologische Konstante und zweitens in vielen Dingen so selbstverständlich geworden, das wir sie als solche kaum noch ausdrücklich wahrnehmen. Es ist allein die Einseitigkeit und das Übermaß bestimmter Formen von Naturbeherrschung, die wir als Verarmung und Einengung erfahren. Zur ethischen Bewertung der Klonierung oder künstlichen Synthetisierung des Genoms brauchen wir spezifischere Argumente.

Ergibt sich vielleicht ein direktes, sozusagen hartes ethisches Argument aus dem Begriff der sittlichen Autonomie und den sich daran anschließenden Begriff der Menschenwürde? Argumente, die unmittelbar aus dem Begriff der Würde des Menschen konkrete Normierungen gewinnen wollen, artikulieren häufig genug bloß zeitgebundene Intuitionen des menschlichen Selbstbildes. Für eine philosophische Argumentation scheint es darum besser, den Begriff der Menschenwürde auf das zurückzuführen, was in philosophischer Perspektive seinen Kern ausmacht, nämlich die Achtung vor dem Menschen aufgrund seiner Anlage und Befähigung zu freiem, verantwortlichem Handeln, wobei diese Autonomie als eine Eigenschaft zu fassen ist, die sich nicht naturwissenschaftlich beweisen oder widerlegen läßt, sondern die wir in praktischer Perspektive uns selbst und anderen, die wir ansprechen, zuschreiben müssen. Aber was heißt es überhaupt, einen anderen Menschen in Hinblick auf seine Befähigung zu sittlicher Autonomie zu achten? Hier hat sich wiederum zur Explikation eine kantische Wendung als hilfreich erwiesen, nämlich daß man einen Menschen niemals „*bloß* als Mittel" gebrauchen darf (Kant, GMS, 2. Abs. [IV 428 ff.]). Allerdings bedarf auch dies einer weiteren Explikation. Es kann selbstverständlich nicht bedeuten, daß es ethisch illegitim sei, in nutzenorientierte Beziehungen zu anderen einzutreten. Aber worauf zielt dann jenes „niemals *bloß* als Mittel"? Um dies auszubuchstabieren, ist eine andere Begrifflichkeit von fundamentaler Bedeutung, nämlich die Rede von subjektiven Rechten. Nehmen wir ein Beispiel: Wenn jemand einen Gärtner beschäftigt, dann ist dieser zwar für ihn ein Mittel, um seinen Garten in Ordnung zu halten. Gleichwohl ist er für ihn nicht *bloß* ein Mittel (nicht zu einer Sache verdinglicht), insofern er ihn als einen Träger von Rechten respektiert, was sich etwa darin manifestiert, daß er es für ethisch geboten hält, eine faire Vereinbarung mit ihm zu treffen, statt Gewalt anzuwenden. Die Frage, ob jemand zu einem bloßen Mittel herabgewürdigt und verdinglicht wird, verbindet sich also mit der Frage, ob durch die betreffende Handlungsweise intentional gegen ein grundlegendes Recht dieser Person verstoßen wird. Und für die hier zu erörternde Fragestellung bedeutet dies dann, daß wir klären müssen, ob es so etwas wie ein Recht auf den genetischen Zufall oder die genetische Kontingenz gibt.

Nun ist die Rede von Rechten zwar im wesentlichen erst ein neuzeitliches Phänomen. Aber der Gedanke, daß die für das Zusammenleben gedeihliche Haltung zu anderen die Achtung vor dem jeweils anderen einschließt, ist sehr viel älter. So zielen etwa schon die im Mythos des Protagoras (Platon, Prot. 320C ff.) genannten Tugenden der *aidos* und *dike* darauf, daß man sich nicht gegenseitig Gewalt antut, sich nicht gegenseitig übervorteilt, sondern eben sich achtet und fair zueinander verhält. Allerdings hat sich die Situation des modernen Menschen dadurch grundlegend gewandelt, daß er sich nicht mehr auf eine überschaubare Gemeinschaft hin entwerfen kann, sondern sich anonymen staatlichen und wirtschaftlichen Gebilden gegenüber gestellt sieht, durch die er auf sich in seinem Einzelsein zurückgeworfen wird. Gegen die Inanspruchnahme durch solche anonymen, nicht mehr allein kommunitär einholbaren Gewalten formulieren die subjektiven Rechte jenen unerläßlichen Freiheitsraum des modernen Individuums, ohne den es auch seinen Gemeinschaftssinn nicht mehr eigenverantwortlich entfalten könnte. Eine der modernen Situation des Menschen gemäße Ethik kann folglich auf die Erörterung der subjektiven Rechte nicht verzichten.

Was nun den gentechnisch erzeugten Menschen betrifft, so wäre er zweifellos noch als sittlich autonom und Träger von Rechten anzusprechen. D.h. die Tatsache der Artifizialisierung seines genetischen Ursprungs würde sein Selbstsein nicht auslöschen. Es ist ja nicht einmal so, daß ein klonierter Mensch schlicht die Kopie eines anderen Menschen darstellte, oder ein genetisch synthetisierter Mensch die genaue Realisierung eines Menschenmodells wäre. Denn das Genom determiniert nicht die Persönlichkeit, sondern ist lediglich ein *Substrat* der Persönlichkeitsentwicklung. Auch wenn wir davon ausgehen, daß bestimmte Charakterdispositionen und kognitive Fähigkeiten durch die genetische Veranlagung gefördert werden, bleibt hier doch immer noch ein großer Spielraum. Gleichwohl müssen wir fragen, ob die Artifizialisierung des genetischen Ursprungs das Selbstsein nicht in solcher Weise beeinträchtigte, daß dieses Selbstsein und die dadurch spezifizierte Würde zwar nicht ausgelöscht, wohl aber verletzt wären. Sollte das Fall sein, dann wäre in der Tat ein Recht auf genetische Kontingenz anzunehmen.

Wie ich bereits herausgestellt habe, ist ein Genom, das durch *genetic engineering* hergestellt oder geklont worden ist, ein biotechnisches Artfakt, mit dem, wie bei jedem Artefakt, Zwecke verbunden werden. Diese Zwecke setzt der Betroffene nicht selbst, da er ja in diesem Vorgang erst entsteht. Es sind nicht seine Zwecke, sondern die Zwecke derjenigen, die die Herstellung seines Genoms entscheiden. Zwar bedeutet die Herstellung des Genoms nur in eingeschränkter Weise die Herstellung eines Menschen, da das Genom, wie eben schon bemerkt, nicht identisch ist mit der Person. Es ist der Person aber auch nicht äußerlich, sondern stellt ihr biologisches Programm dar, das vom Ursprung her und bis an das Ende der biologischen Existenz, im Zusammenwirken mit äußeren Faktoren, die biologische Entwicklung des personalen Wesens steuert und dabei auch, gleichsam als ein Rohmaterial, charakterliche und intellektuelle Anlagen vorgibt. Um nun begrifflich zu fassen, was es für die Person bedeutet, wenn ihr biologisches Substrat ein von anderen erstelltes Artefakt ist, möchte ich den stoischen Begriff der *oikeiosis* aufgreifen, der bei den Stoikern in den Kontext der Theorie personaler Entwicklung gehört und dessen lateinischer Gegenbegriff der der *alienatio* (Entfremdung) ist.[4] Allerdings werde ich diesen Begriff hier gleichsam nur zur Anregung für eine kurze systematische Überlegung benutzen, ohne historisch-exegetische Intention.

Zum Selbstsein gehören bekanntlich die Wahrnehmung des anderen als anderen und die Abgrenzung vom anderen. Ein Selbst benötigt Grenzen. Elementar sind dies die Grenzen, die ich in meiner Leiblichkeit erfahre, also etwa die räumlichen Grenzen meines Körpers, die sich

---

4 Zur stoischen *oikeiosis*-Lehre vgl. u.a. Forschner 1992, 142 ff., und 1993, Annas 1993, 262 ff., Kerferd 1972, Pembroke 1971.

mir durch leibliche Empfindungen, in Verbindung mit Sehen und Tasten, erschließen. Wesentlich gehört dazu auch die Erfahrung der eigenen Motorik, in Abgrenzung zu dem, was mir Widerstand bietet oder als äußerer Zwang auf mich einwirkt. Diese Grenzen, die für die Erfahrung der Leiblichkeit und des Agieren-Könnens und die dadurch vermittelte empirische Selbstwerdung so wesentlich sind, resultieren nun nicht aus reiner *Setzung*, sondern werden *entdeckt* im Bewußtwerden jener leiblichen und kinästhetischen Wahrnehmungen. Darum kennzeichnet den Prozeß der Selbstwerdung gleichsam eine Dialektik, die darin liegt, daß das mir Eigene, und dies sind zuerst meine leibliche Konstitution und Motorik und deren natürliche Objekte (etwa die greifbare Nahrung), einerseits schon als das meine vorgeben ist, andererseits erst im Entdecken und Bewußtwerden dieses Eigenen ein Selbst entsteht, dem etwas zu eigen sein kann. Eben darauf zielt auch die *oikeiosis*-Konzeption, die den Prozeß der Selbstwerdung als einen Prozeß von Aneignung deutet.

Nun wird diese Form der Selbstaneignung durch die Tatsache eines fremdbestimmten artifiziellen Ursprungs des Genoms nicht schlichtweg unmöglich. Solange es überhaupt noch ein *menschliches* Genom ist, haben wir es mit einem Wesen zu tun, das sich mit seinem Körper identifizieren, sich als Subjekt seiner Motorik, letztlich seiner verantwortlichen Handlungswahl begreifen und in entsprechende Interaktion mit anderen Menschen treten kann. D.h. auch dieser Mensch ist ein in seinem Leib substantiviertes praktisches Subjekt. Gleichwohl ist in unserer heutigen Situation, in der wir ein präzises Bild vom biochemischen Mechanismus unserer Vererbung gewonnen haben, auch die Frage des genetischen Ursprungs für unser Selbstverhältnis bedeutsam geworden. Aufgrund der Kenntnis des biochemischen Mechanismus müssen wir uns nämlich als Wesen begreifen, die hinsichtlich ihres biologischen Substrates *potentiell* Produkte biotechnischer Herstellung sind. Unser Selbstverständnis hat sich dadurch allemal schon verändert. Gleichzeitig erweist sich in dieser Perspektive gerade der Zufall bei der Bildung des Genoms, der an sich ja nur ein negatives Moment mangelnder kausaler Bestimmtheit ist, als wichtig für mein Selbstsein, nämlich indem er eine jener *Grenzen* ist, die wir nicht einfach setzen, sondern für uns entdecken, und von denen her wir uns unseres Selbstseins vergewissern können. Denn es ist gerade der Zufall bei der Kombination meiner Erbanlagen, durch den mein Genom von der planenden Gestaltung eines fremden Willens abgegrenzt ist.

In diesem Sinne gewährleistet also die Naturwüchsigkeit meines Ursprungs, daß ist mich schon von meinem genetischen Ursprung her als mir selbst zu eigen entdecken kann. Dieser neuartige Aspekt der Selbstaneignung schließt im übrigen nicht aus, daß ich mich zugleich als von meinen Eltern herkommend begreife, aber eben nicht als ein Artefakt des elterlichen Willens. Derjenige Mensch hingegen, der erfahren müßte, daß sein Genom ein von anderen Menschen zu eigenen Zwecken erstelltes Artefakt ist, würde dadurch von seinem biologischen Substrat entfremdet werden. Und dies würde zwar nicht die Auslöschung, aber doch eine erhebliche Verletzung seines Selbstseins bedeuten.

Damit ist auch die ethische Konsequenz klar. Wie ich oben herausgestellt habe, ist für den moralischen Standpunkt kennzeichnend die Achtung vor dem anderen, die es verbietet, diesen wie eine Sache zu instrumentalisieren. Was es aber heißt, den anderen in seinem Für-Sich-Sein zu respektieren, wird durch den Diskurs der Rechte ausbuchstabiert. Insofern es, unter den modernen Bedingungen, ein wesentlicher Aspekt des Selbst- oder Für-Sich-Seins ist. daß man auch jenen fortwirkenden biologischen Ursprung der eigenen Existenz, das genetische Programm, als sich zu eigen entdecken kann, und dies gerade durch die genetische Kontingenz gewährleistet wird, ergibt sich auch ein Recht auf genetische Kontingenz. Selbstverständlich macht es erst im Zusammenhang unseres heutigen biologischen Wissensstandes und angesichts der daraus erwachsenden technischen Möglichkeiten Sinn, von diesem Recht zu sprechen. Aber generell gilt, daß das Verständnis unserer Rechte nicht schlechterdings unabhängig von der Entwicklung unserer Möglichkeiten und unseres Wissens ist.

Literatur:

Annas, J. (1993): The Morality of Happiness, New York/ Oxford.

Bayertz, K. (1987): GenEthik, Hamburg.

Birnbacher, D. (1989): Genomanalyse und Gentherapie, in: H.-M. Sass (Hg.): Medizin und Ethik, Stuttgart, 212-231.

— (1991): „Natur" als Maßstab menschlichen Handelns, in: Zeitschrift für philosophische Forschung 45, 60-76.

von der Daele, W. (1985): Mensch nach Maß?, München.

Dyson. A. / J. Harris (Hgg.) (1994): Ethics and Biotechnology, London, New York.

Flöhl, R. (1985): Genforschung – Fluch oder Segen? (= Gentechnologie. Chancen und Risiken, Bd. 3), München.

Forschner, M (1992): Die stoische Ethik, 2. Aufl., Darmstadt.

— (1993): Glück als personale Identität. Die stoische Theorie des Endziels, in: *ders.*: Über das Glück des Menschen, Damrstadt, 45-79.

Harris, J. (1992): Wonderwoman and Superman: The Ethics of Biotechnology, Oxford/ New York.

Häyry, M./ H. Häyry (1998): Genetic Engineering, in: Encyclopedia of Applied Ethics, Bd. 2, 407-417.

Honnefelder, L. (1992): Natur als Handlungsprinzip, in: *ders.* (Hg.): Natur als Gegenstand der Wissenschaften, Freiburg-München, 151-190.

— (1993): Welche Natur sollen wir schützen?, in: Gaia 2, 253-264.

— (1994): Humangenetik und Menschenwürde, in: *ders./* G. Rager (Hgg.): Ärztliches Urteilen und Handeln. Zur Grundlegung einer medizinischen Ethik, Frankfurt a.M., 214-236.

Irrgang, B. (1995): Genethik, in: J. Nida-Rümelin (Hg.) Angewandte Ethik, Stuttgart, 510-551.

Jonas, H. (1985): Technik, Medizin und Ethik, Frankfurt a. M.

Kerferd, G.B. (1972): The Search for Personal Identity in Stoic Thought, in: Bulletin of the John Rylands University Library of Manchester 55, 177-196.

Kluxen, W. (1994): Natürlichkeit und Künstlichkeit, in: Die politische Meinung 39, 88-95.

Pembroke. S. G. (1971): Oikeiosis, in: A. A. Long (Hg.): Problems in Stoicism, London, 114-149.

Plessner, H. (1928): Die Stufen des Organischen und der Mensch, Berlin.

Sass, H.-M. (Hg.) (1991): Genomanalyse und Gentherapie, Berlin.

Siep, L. (1996): Eine Skizze zur Grundlegung der Bioethik, in: Zeitschrift für philosophische Forschung 50, 236-253.

Spaemann. R. (1987): Das Natürliche und das Vernünftige, München.

Szaif, J. (1998): „Natürlichkeit", in: Lexikon der Bioethik, Bd. 2, Gütersloh, 736-738.

Wachbroit, R. (1995): Genetic Engineering. II. Human Genetic Engineering, in: Encyopedia of Bioethics, 936-940.

Dieter Teichert (Bonn)

Sind alle Menschen Personen?

In den Diskursen der Praktischen Ethik und der Medizinethik spielen die Konzepte der Person und des Menschen eine zentrale Rolle. Das Verhältnis beider Begriffe ist oft nicht hinreichend geklärt. Der Vortrag behandelt die Frage, ob alle Menschen als Personen gelten können.[1]

Häufig wird angenommen, daß alle Menschen Personen sind. Gleichzeitig wird aber nicht ausgeschlossen, daß auch andere, nicht-menschliche Wesen (Körperschaften/juristische Personen, Tiere, reine Geistwesen, Gott) Personen sind. Entsprechend wäre das Menschsein keine *notwendige*, aber eine *hinreichende* Bedingung von Personalität.

Ich werde die These der Nicht-Notwendigkeit des Menschseins für Personalität hier nicht diskutieren und dafür argumentieren, daß *Menschsein keine hinreichende Bedingung für Personalität* ist.

Zunächst wird eine Begriffserläuterung vorgenommen, in der wichtige Aspekte des Personbegriffs (Rationalität, Selbstbewußtheit, Handlungsfähigkeit, Empfindungsfähigkeit) unterschieden werden. Mein Vorschlag zur Fassung des Personbegriffs stellt die Handlungs- und Kommunikationsfähigkeit ins Zentrum und expliziert die Person als ein Wesen, das sich selbst als Person versteht und andere als Personen behandelt. Damit wird die Fähigkeit zu Verständigung und rationalem Verhalten hervorgehoben. Der Personbegriff ist in klarer Weise als ein *normativer* Begriff aufzufassen. Der Begriff des Menschen ist demgegenüber zunächst ein *deskriptiver* Begriff.

Da bestimmten Menschen die personkonstitutiven Eigenschaften nicht zugeschrieben werden können, weil diese Menschen die fraglichen Fähigkeiten *nie* entwickeln werden oder weil sie diese Fähigkeiten *unwiderruflich* verloren haben, ist die These der Personalität aller Menschen in strenger Lesart nicht plausibel. Antizipierte oder retrospektive Personalität ist nicht Personalität im eigentlichen Sinn. Angesichts dieser Sachlage empfiehlt es sich, die Zuschreibung von Personalität eng zu fassen und personalitätsbezogene Handlungsverpflichtungen gegenüber solchen Wesen zu verneinen, die als *potentielle* Personen bezeichnet werden können.

Die negative Beantwortung der Frage des Titels stellt fraglos für viele eine Provokation dar. Deshalb ist zu betonen, daß die Nicht-Zuschreibung von Personalität nicht die Aufgabe von Handlungsverpflichtungen — insbesondere gegenüber nicht-personalen *Menschen* als empfindungsfähigen Lebewesen — impliziert. Einwände, die insbesondere die angeborene Menschenwürde oder einen empirisch nicht fixierbaren metaphysischen Personenstatus als Argumente gegen die vorgeschlagene Entkoppelung der Begriffe des Menschen und der Person anführen, sind in der Regel begrifflich opak oder inkonsistent.

Schutzwürdige Interessen gründen unabhängig vom Personenstatus in der Empfindungs-, insbesondere der Schmerzfähigkeit eines Lebewesens. Einem Wesen Personalität abzusprechen heißt nicht, seine Schmerzen zu ignorieren oder eine Pflicht zur Schmerzlinderung und -vermeidung zu negieren.

Die skizzierte Sichtweise hat vielfältige Konsequenzen für die Bio- und Medizinethik. Einen Punkt werde ich erörtern. Die virulente Frage nach den angemessenen Handlungsweisen bei sterbenden Kranken kann sich im Fall eines personalen Patienten an der autonomen Willensbildung der Person orientieren. Dabei können je nach Überzeugungen und Selbstverständnis der Patienten bei gleichen objektiven Krankheitsbildern unterschiedliche Verhaltensweisen angezeigt sein. Im Fall des nicht-personalen Menschen werden die vernünftigerweise annehmbaren Interessen an Leidensvermeidung und -verminderung sowie, falls vorhanden, die im Vorfeld der Erkrankung niedergelegten Verfügungen des Patienten als ausschlaggebend anzuerkennen sein.

---

[1] Der Vortrag basiert auf Überlegungen, die formuliert sind in: D. Teichert: Personen und Identitäten. Berlin, de Gruyter, 1999.

Die Hilflosigkeit der Moralphilosophie angesichts des Klonierens

Christian Thies

In unregelmäßigen Abständen wird die Welt-Öffentlichkeit aufgeschreckt durch Meldungen über erfolgreiche Versuche im Bereich des Klonierens: Im Oktober 1993 empörte man sich über die Vervielfältigung von menschlichen Embryonen; im Februar 1997 wurden die Schlagzeilen bestimmt durch „Dolly", das aus einer Körperzelle geklonte Schaf; im Januar 1998 kündigte ein Wissenschaftler an, in absehbarer Zeit Menschen auf diese Weise erzeugen zu wollen.

Solche technischen Möglichkeiten scheinen Urängste auszulösen, etwa die vor der Begegnung mit einem „Doppelgänger", wie sie E.T.A.Hoffmann in „Die Elixiere des Teufels" geschildert hat. Auf jeden Fall wird das Menschen-Klonieren fast einhellig abgelehnt. 90% der US-Amerikaner sind dagegen, nur 2% der Deutschen würden sich klonieren lassen.

Die Philosophie tut sich mit diesem Phänomen erheblich schwerer. Meine These lautet sogar, dass die moderne (prinzipiengestützte, universalistische) Moralphilosophie gegenüber dem Klonieren hilflos ist, auf der argumentativen Ebene wie auf der praktischen. Allerdings dürfen politische und ethische Argumente nicht vergessen werden. Zunächst ist aber zu klären, worum es überhaupt geht.[*]

I. Varianten und Zwecke des Klonierens

Das Wort „Klon" wird erst Anfang des 20. Jahrhunderts geprägt. Natürliche Klone sind Organismen, die mit ihren Vorfahren genetisch identisch sind; viele Lebewesen reproduzieren sich auf diese Weise. Mit *Klonen* bezeichne ich diesen in der Natur stattfindenden ungeschlechtlichen Fortpflanzungsprozess (durch Zell-Teilung, Knospung oder auch Parthenogenese), mit *Klonieren* den entsprechenden technischen Vorgang, der also im Gegensatz zum natürlichen Prozess intentional gesteuert wird und damit verantwortet werden kann. Als einer der ersten hat Hans Driesch bereits vor der Jahrhundertwende entsprechende Experimente angestellt.

Allerdings unterscheidet man zwischen nicht-reproduktivem und reproduktivem Klonieren. Beim *nicht-reproduktiven Klonieren* entsteht kein neues Lebewesen; es werden Zellen, Gewebe und Organe oder sogar nur DNA-Moleküle erzeugt, die zu medizinischen Zwecken benutzt werden können. Am reproduktiven Klonieren von *Pflanzen und Tieren* sind Landwirtschaft, Pharmazie und biologische Forschung interessiert. Auch in diesen Bereichen ergeben sich heikle moralische Fragen, etwa zum Umgang mit menschlichen Embryonen oder zu den Grenzen der Instrumentalisierung von Nutztieren.

Ich möchte mich aber gleich dem Klonieren von *Menschen* zuwenden, das auf zwei Wegen geschehen kann:

(a) Beim *Embryo-Splitting* teilt oder isoliert man embryonale Stammzellen, die noch „totipotent" sind. Auf diese Weise können technisch Zwillinge oder Mehrlinge erzeugt werden. Vorangegangen sein muss jedoch die Vereinigung von Ei- und Samenzelle.

(b) Beim *Kerntransfer* (bzw. der Kerntransplantation) wird die Körperzelle eines Erwachsenen mit einer entkernten Eizelle verschmolzen. So entstehen menschliche Klone, die nur einen genetischen Vorfahren haben. Der Beitrag der Männer ist nicht mehr notwendig, dafür können Klone bis zu drei Mütter haben, nämlich die Spenderinnen des Gen-Materials, der Eizelle und der Gebärmutter. Eine Frau könnte aber auch alles übernehmen; sie wäre dann der einzige „Elter" bzw. genetische Vorfahre.

---

[*] Für hilfreiche Hinweise danke ich Heiner Hastedt, Bernd Kleimann und Joachim Trucks.

Wenn im Folgenden vom Klonieren gesprochen wird, ist immer diese spektakulärste Variante der menschlichen Fortpflanzung gemeint. Ihre technische Entwicklung ist wohl nicht möglich ohne „verbrauchende Embryonenforschung" (gegen die es in Deutschland strikte Vorschriften gibt) und große Gefahren für die ersten Klone (etwa eine verkürzte Lebenszeit). Was wäre aber, wenn das Klonieren durch Kerntransfer ohne technische Risiken ablaufen könnte?

Bevor ich mich diesem philosophischem *Gedankenexperiment* zuwende, sind zwei populäre *Missverständnisse* auszuräumen. Das erste liegt auf der anthropologischen Ebene, das zweite betrifft die möglichen Interessenten der Menschen-Klonierung durch Kerntransfer. Mit der Beseitigung dieser Missverständnisse werden einige bekannte Horror-Szenarien entschärft.

Es wird oft behauptet, beim Kerntransfer entstehe die identische Kopie eines Menschen, es handele sich um Zwillinge, die im Abstand von mehreren Jahrzehnten geboren werden. Diese Auffassung ist nicht korrekt.

Zunächst einmal enthält die entkernte Zelle in den Mitochondrien noch Erbanlagen, obwohl diese beim Menschen wohl nur 1% der DNA ausmachen. Sodann werden die genetischen Informationen der erwachsenen Körperzelle nach mehreren Jahrzehnten durch zahlreiche Kopierungen und vielerlei Einwirkungen beschädigt sein.

Vor allem aber ist der *Genotyp* eines Lebewesens nicht mit seinem *Phänotyp* identisch, schon gar nicht beim Menschen, der starken soziokulturellen Einflüssen unterliegt. Beim Klonieren wird also nicht ein identisches Lebewesen produziert, sondern bloß ein Lebewesen mit weitgehend identischen Erbanlagen. Alle genetischen Informationen müssen 'dechiffriert' werden; dabei spielen Umweltfaktoren eine Rolle. Allein durch die raumzeitliche Individuierung jedes Lebewesens sind die Umwelten unterschiedlich. Die erste Umwelt ist bereits die entkernte Eizelle, die zweite die Gebärmutter, dann folgen die verschiedenen sozialen Welten, in denen „Original" und „Kopie" aufwachsen.

Vielleicht kommt es sogar zu einem Paradox des biowissenschaftlichen Fortschritts: Je mehr wir über unsere Gene wissen, um so deutlicher wird, wie wenig man damit menschliches Handeln erklären kann. Aber merkwürdigerweise (so mein Eindruck) lehnen diejenigen, die eine extrem kulturalistische Anthropologie propagieren, das Klonieren am heftigsten ab.

Klarstellungen sind ebenfalls nötig in Bezug auf die möglichen Interessenten des Klonierens. Viele denken gleich an die „Schöne neue Welt" von Aldous Huxley und befürchten, dass ein totalitärer Staat auf diese Weise seine Bevölkerung reproduziert; andere meinen, dass sich hauptsächlich Verrückte und Größenwahnsinnige verdoppeln wollen. Sicher bestehen vielfältige Missbrauchsmöglichkeiten, etwa die der heimlichen Entnahme einer Körperzelle - dennoch habe ich Bedenken gegen die übliche Methode, „worst-case"-Szenarien als Argument gelten zu lassen. Sonst müssten, wie Stanislaw Lem einmal geschrieben hat, Rasiermesser verboten werden, weil man mit ihnen zweifelsohne einen Mord begehen kann.[1]

Tatsächlich gehört das Klonieren in den Bereich der *Reproduktionsmedizin*. Es ergänzt bereits vorhandene Möglichkeiten wie In-vitro-Fertilisation (IVF) und intra-zytoplasmatische Spermien-Injektion (ICSI). Die künftigen *Klonierungs-Kandidaten* sind deshalb in erster Linie: Unfruchtbare Ehepaare, bei denen die anderen reproduktionsmedizinischen Methoden erfolglos geblieben sind, lesbische Paare sowie alleinstehende Frauen, die sich ein Kind wünschen. Hinzu kommen problematische Fälle wie Eltern, die einen Organspender für ein erkranktes oder sogar „Ersatz" für ein gestorbenes Kind suchen. Darauf komme ich zurück. Wichtig ist an dieser Stelle nur, dass das Klonieren in einigen Jahrzehnten vielleicht einfach eine weitere Methode der reproduktionsmedizinisch gestützten Fortpflanzung ist.[2]

---

[1] Vgl. Gräfrath, Bernd: Es fällt nicht leicht, ein Gott zu sein. München 1998, 202.

[2] Vgl. Singer, Peter/Wells, Deanne: The Reproduction Revolution. New Ways of Making Babies. Oxford u.a. 1984, 18ff.

II. Das Scheitern der Moralphilosophie

Was spricht gegen das Klonieren, wenn alle Risiken spezieller und genereller Art beseitigt wären? Welche Gründe werden für ein striktes, weltweites Verbot dieser reproduktionsmedizinischen Methode angeführt? Im Folgenden überprüfe ich skizzenhaft einige typische Argumentationen. Mein Ausgangspunkt sind die fünf Prinzipien, aus denen sich moralische Normen ableiten lassen:
(1) Gott (oder eine andere transzendente Quelle),
(2) die Natur,
(3) die Kultur (im Sinne der eingelebten Sittlichkeit),
(4) die Vernunft an sich (in Form intrinsischer Werte oder Rechte) und
(5) Zweckrationalität (in Form der Ausrichtung auf das allgemeine Wohl).
Selbstverständlich handelt es sich hier nur um analytische Unterscheidungen zu didaktischen Zwecken; die Ansätze treten oft kombiniert auf. Es geht mir ums Prinzip. Deshalb habe ich auf genauere Zuordnungen der Argumente verzichtet.[3]
Die ersten drei Ansätze finden kaum noch fachphilosophische Befürworter; dennoch möchte ich kurz auf sie eingehen, weil sie bisweilen in politischen und lebensweltlichen Debatten, auch in Universitätsseminaren, am lautesten zu hören sind.

(1)
Dass wir mit dem Klonieren Gott ins Handwerk pfuschen, kann kein stichhaltiger Einwand sein, denn das tun wir mindestens seit der neolithischen Revolution, seit der Erfindung von Ackerbau und Viehzucht. Wenn wir nicht in die Schöpfung eingreifen würden, könnten wir im wahrsten Sinne des Wortes keinen Schritt mehr tun.
Auch das biblische Wort von der Gottesebenbildlichkeit des Menschen impliziert nicht die Ablehnung des Klonierens. Denn dieses Prinzip lässt sich auf zweifache Weise interpretieren, konservativ oder konstruktiv: einerseits in dem Sinne, dass der Mensch so bleiben solle, wie ihn Gott geschaffen habe; andererseits als Forderung, sich dem Göttlichen anzunähern, selbst schöpferisch zu werden und unsere körperliche Konstitution zu optimieren. Genau in diesem zweiten Sinne berufen sich auch Klonierungs-Ingenieure auf das Prinzip der Gottesebenbildlichkeit.

(2)
Wenn man sich moralisch nicht auf Gott, sondern auf die Natur beruft, werden vergleichbare Einwände gegen das Klonieren erhoben. So wird z.B. gesagt, selbstverständlich seien Landschaftsgestaltung, Tierzucht und Humanmedizin zulässig; aber mit dem Klonieren wird (wie mit Gen- und Nukleartechnik) der Kernbereich der Natur berührt, der uns Menschen verschlossen bleiben sollte. Abgesehen von dem Problem der Grenzziehung ist dazu zu sagen: „Ein solches ontisches Zwiebelschalenmodell mit heiligem Kernbereich existiert nicht."[4] Medikamente etwa wirken immer schon auf den vermeintlichen Kernbereich.
Aussichtsreicher ist der Hinweis, dass die geschlechtliche Fortpflanzung in der Naturgeschichte einen Fortschritt darstellt, weil dadurch die Variabilität in einer Population erhöht wird. Das Klonieren würde nun zwar einige Risiken dieser Reproduktionsmethode ausschließen (rezessive Gene blieben rezessiv, Genome ohne Defekte verbinden sich nicht mit anderen), aber die genetische Einzigartigkeit jedes Individuums ginge verloren. Dass bestenfalls 0,4% der Geburten eineiige Zwillinge sind, ist ein evolutionärer Vorteil. Die Zahl der potentiellen Klonierungs-Kandidaten ist jedoch so gering, dass die Evolution der Menschheit kaum gefährdet wird.

---

[3] Vgl. Jonas, Hans: Laßt uns einen Menschen klonieren: Von der Eugenik zur Gentechnologie. In: ders.: Technik, Medizin und Ethik. Frankfurt/M. 1987, 162-203; Altner, Günter: Leben in der Hand des Menschen. Darmstadt 1998, 148-164; Ach, J. S. u.a. (Hg.): Hello Dolly? Über das Klonen. Frankfurt/M. 1998; Habermas, Jürgen: Die postnationale Konstellation. Frankfurt/M. 1998, 241-256; Zimmer, Dieter E.: Eineiige Zwillinge sollen Zufall bleiben. In: „Die Zeit" 12.2.1998; Merkel, Reinhard: Die Fürsorge maskiert den Egoismus. In: „Die Zeit" 5.3.1998; Kauther, Ralf/Müller, Michael: Lieber geklont als gar nicht? In: Ethik in der Medizin 10.Jg./1998, 189-194.

[4] Reich, Jens: Kassandra will recht behalten. In: „Zeit"-Punkte 2/1995: „Was darf der Mensch?", 58.

Alle Begründungen dieses Typs (ebenso mögliche Pro-Argumente wie „Wenn die Natur klont, dürfen wir es auch") sind naturalistische Fehlschlüsse. Aus deskriptiven Aussagen über ein Sein, auch das der Natur, lässt sich kein Sollen ableiten. Das Argument wird nicht verbessert, wenn man den Evolutionsprozess normativ auflädt - konsequenterweise müsste man sich dann einsetzen für sozialdarwinistische Maßnahmen wie die Sterilisation von Erbkranken oder das Sterbenlassen schwer behinderter Kinder. Schließlich sei daran erinnert, dass wir Menschen nicht nur Naturwesen sind.

(3)
Als Kulturwesen haben wir Menschen im Laufe der Geschichte Regeln und Institutionen entwickelt, die unser Überleben und Zusammenleben ermöglichen. Diese eingelebte Sittlichkeit, so die dritte Argumentationsstrategie, dürfe nicht ohne Not aufgegeben werden; vor allem die bewährten Traditionen für die Bereiche der zwischenmenschlichen Intimität und Fortpflanzung verdienen besonderen Schutz. Durch Technisierung würden sie unwiderruflich zerstört.
Dieses Argument lebt von der Illusion, es gebe den einen optimalen (Ur-)Zustand. Aber in jeder Gesellschaft werden verschiedene Traditionen gelebt; deshalb eignet sich dieser Ansatz nicht für eine universalistische Moral. Zudem gab es immer schon Maßnahmen der Empfängnisverhütung und Geburtenregelung. Zwischen der kaum noch strittigen In-vitro-Fertilisation und dem heiß umkämpften Klonieren existieren nur graduelle Unterschiede. Bestenfalls könnte man darauf beharren, dass die 'Reformer' die Beweislast zu tragen hätten.

An die Stelle dieser drei 'substantialistischen' Ansätze sind in der Moderne universale 'rationalistische' Konzeptionen getreten. Auf der Meta-Ebene sind sie anthropozentrisch, weil der menschliche Ursprung der Prinzipien nicht geleugnet wird. Zwei Ansätze haben sich herauskristallisiert: Der eine geht vom intrinsischen Wert unbedingter Rechte aus (Menschenwürde, Freiheit, Gleichheit), der zweite orientiert sich am allgemeinen Wohl oder an den individuellen Interessen, die dieses fördern bzw. ihm nicht zuwiderlaufen. Für den ersten, den 'wertrationalistischen' Ansatz stehen deontologische Moralphilosophien; die prominenteste Version des zweiten, des 'zweckrationalistischen' Ansatzes ist der Utilitarismus.

(4)
Werden durch das Klonieren intrinsische Werte verletzt? Das wäre der Fall, wenn (a) irgendeine Form der Instrumentalisierung vorliegt, (b) die Autonomie des Klons nicht gewährleistet ist oder (c) die Gleichheit der Rechte verletzt wird.
(a) Selbstverständlich dürfen weder das „Original" noch die „Kopie" instrumentalisiert werden. Auf einige problematische Fälle wurde oben schon hingewiesen: man darf niemanden gegen seinen Willen klonieren; die Klone dürfen nicht als „Ersatzteil-Lager" instrumentalisiert werden.
Allerdings ist auch der nicht-technisierte menschliche Fortpflanzungsprozess keineswegs immun gegen jegliche Instrumentalisierung: Eltern wünschen sich Kinder zur ökonomischen Altersvorsorge, um ihre zerrissene Beziehung zu kitten, als Spielkameraden für ihr erstes Kind usw. In den meisten Fällen wird darüber gar nicht groß nachgedacht. Gibt es denn überhaupt triftige (moralische) Gründe, Kinder in die Welt zu setzen? Auf den besonderen Status privater Entscheidungen dieser Art komme ich später noch einmal zurück.
(b) Gegen das Autonomie-Prinzip verstößt sicher nicht, dass Klone fast dieselben Erbinformationen in sich tragen wie ihr Vorfahr. Auch eineiige Zwillinge sind nicht genetisch einzigartig, daran hängt nicht die menschliche Individualität, erst recht nicht unsere Autonomie.
Wird durch das Klonieren die wünschenswerte Offenheit einer Biographie eingeschränkt, weil der Klon im Spiegel des genetischen Vorfahren sein eigenes künftiges Leben sieht? Nach diesem Argument dürfte keiner wissen, wer seine leiblichen Eltern sind.[5] Wir müssen uns immer schon zu unserer „Geworfenheit" verhalten. Was gegenüber den unverfügbaren biologischen Anlagen möglich ist, sollte auch gegenüber den intendierten zu erreichen sein, zumal den Klonierungs-Kandidaten oft egal sein mag, welche genetischen Informationen verdoppelt werden. Dieser Einwand wäre erheblich stärker, wenn die Klonierung sich auf Genome bezieht, die man genau kennt, evtl. sogar noch revidieren und verbessern könnte.

---

[5] Wie beim Wächterstand in Platons „Politeia" (457d).

Zudem dürfen wir nicht der Ideologie des genetischen Determinismus erliegen; soziokulturelle Einflüsse und eigene Gestaltungsmöglichkeiten gibt es auch für den Klon. Nach dem berühmten Satz von Sartre kommt es darauf an, was man aus dem macht, was aus einem gemacht worden ist.[6] Ein Verdienst der Klonierungs-Debatte ist, dass sie das Augenmerk auf die 'vorgeburtlichen' Grenzen unserer Autonomie lenkt.

(c) Deontologische Ansätze fordern die gleiche Freiheit für alle und die Symmetrie zwischen Rechtspersonen. Ist diese durch das Klonieren gefährdet?

Sicherlich hat der genetische Vorfahr für den Klon Entscheidungen getroffen, die nicht nur dessen Dasein, sondern auch sein Sosein prägen. Aber das ist in jeder Biographie der Fall: Meine Eltern haben entschieden, in welchem sozialen Umfeld ich aufwuchs, welche Schule ich besuchte, womit ich mich als Kind beschäftigte usw. Wenn man für strikte Gleichheit ist, müsste man die Abschaffung der Familie erwägen.[7]

Die Art und Weise, wie man gezeugt und geboren wird und wie sich das eigene Gen-Material zu dem anderer Menschen verhält, impliziert keine negativen Konsequenzen für die Gleichheit unserer Rechte. Die Symmetriebedingungen sind ja auch nicht verletzt gegenüber un-ehelich geborenen Kindern und gegenüber Kindern, die durch einen Vergewaltigungsakt entstanden sind. Im Gegenteil: es muss sichergestellt werden, dass diese Menschen nicht diskriminiert werden und sich nicht benachteiligt fühlen.

(5)
Aus den interessenfundierten moralphilosophischen Ansätzen entspringen kritische Einwände, die auf irgendeine Form der Schädigung des Klons verweisen, körperlich oder seelisch. Leibliche Schäden, beim jetzigen Stand der Technik wahrscheinlich, möchte ich durch die Anlage des Gedankenexperiments ausschließen.

Anders sieht es aus mit den psycho-sozialen Schäden, die notwendigerweise mit der Existenzweise eines Klons verbunden wären und die uns im Vorhinein moralisch verpflichten würden, auf Klonierungen zu verzichten. Der Klon könnte seine Existenz im Vergleich zu anderen als minderwertig empfinden, wahrscheinlich fällt die Ablösung von den genetischen Vorfahren schwerer, vielleicht sieht er sich massivem Erwartungsdruck ausgesetzt. Insgesamt jedoch spricht alles dafür, dass er ein normales Leben führen wird. Klone wären für Außenstehende ja nicht einmal als solche erkennbar. Eine Stigmatisierung ist so wenig zu befürchten wie bei den „Retortenbabys". Von 1978 bis 1994 sind schon 150.000 Kinder durch IVF zur Welt gekommen; es ist nicht bekannt, dass sie seelische Schäden davongetragen hätten. Warum sollte es bei Klonen anders sein?

Als klassischer Utilitarist könnte man sogar argumentieren, dass sich durch die Erzeugung von Kindern, die sonst nicht geboren werden, die Gesamtsumme des Glücks erhöht bzw. konkretes Leiden (in Form unbefriedigter Kinderwünsche) verringert wird. Wie dem auch sei, ein generelles Verbot der Klonierung scheint mir moralphilosophisch nicht begründbar zu sein.

III. Gesellschaftstheoretische, politische und ethische Überlegungen

Betrachtet wurde bisher nur der Typ von Moralphilosophie, bei dem aus fundamentalen Prinzipien universale moralische Normen abgeleitet werden sollen. Es fragt sich aber, ob dieses 'cartesianische' Modell der modernen Welt angemessen ist. Mit einer Analogie aus der theoretischen Philosophie gesprochen: Um auf neue Problemlagen moralisch reagieren zu können, sollte man sich weniger am rationalistischen Paradigma deduktiver Ableitungen noch am empiristischen Paradigma induktiver Verallgemeinerungen orientieren, sondern eher am pragmatistischen Paradigma abduktiver Hypothesenbildung. Suggerieren prinzipiengestützte Moralauffassungen nicht sogar eine Sicherheit, die in der Moderne nicht mehr zu haben ist? Wir sollten uns mit einer Situation abfinden, in der Letztbegründungen, überhistorische Normen und völlige Einigkeit nicht mehr möglich sind.

Im übrigen kann es nicht nur darum gehen, ob es allgemein gültige Argumente gegen das Klonieren gibt. Wenn sich ein striktes Verbot dieser reproduktionsmedizinischen Methode nicht begründen lässt, ist sie damit nicht geboten oder gerechtfertigt, sondern bestenfalls erlaubt. Individuen und

---

[6] Sartre, Jean-Paul: Fragen der Methode. Reinbek 1999 (frz. 1960), 101.

[7] Rawls, John: Eine Theorie der Gerechtigkeit. Frankfurt/M. 1975, 94 u. 555.

Gesellschaften stehen in der Regel mehrere moralisch zulässige Handlungsmöglichkeiten offen, von denen einige nicht ergriffen, hingegen andere vorangetrieben werden. In diesem fortlaufenden Prozess entstehen ständig neue Problemsituationen, sind oft konfligierende Interessen auszugleichen und verschiedene Werte abzuwägen. Eine integrative praktische Philosophie fragt letztlich, in welcher Welt wir eigentlich leben wollen.

Deshalb möchte ich das Klonieren auch betrachten aus der Sicht der Sozialphilosophie (oder Gesellschaftstheorie), der politischen Philosophie und der Ethik (im Sinne einer Lehre vom glücklichen Leben).

Die *Sozialphilosophie* nimmt gegenüber der Moralphilosophie einen Perspektivenwechsel vor. Der gesellschaftstheoretische Blick soll den normativen nicht ersetzen, aber er kann zum Verständnis einer Problemsituation beitragen. In diesem Fall zeigt er uns, dass selbst stärkere Einwände nicht die Entwicklung des Klonierens (oder ähnlicher reproduktionsmedizinischer Methoden) aufhalten werden. Dafür sind einige tiefgreifende Tendenzen moderner Gesellschaften verantwortlich. Die Moralphilosophie ist nicht nur argumentativ hilflos, sondern auch faktisch machtlos.

Dass Gott, Natur und Sittlichkeit keine moralischen Orientierungspunkte mehr liefern, hat mit einem zentralen Merkmal der modernen Welt zu tun, das ich *Entsubstantialisierung* nenne. Die genannten Prinzipien werden durch Tendenzen wie Säkularisierung, Entzauberung und Enttraditionalisierung zwar nicht argumentativ entwertet, aber real entkräftet. Andere Gesellschaften haben sich anders entwickelt; bei einer Renaissance des Religiösen (Stichwort „Fundamentalismus") würden substantielle moralische Werte dem Klonieren entgegen stehen.

In der modernen Welt haben wir uns jedoch daran gewöhnt, das Wahre nicht mehr als Substanz, sondern als Funktion aufzufassen und auszudrücken. Alles kann effektiver gestaltet werden; nichts ist notwendig so, wie es ist; für jedes Problem wird eine technische Lösung erstrebt. Die entsprechenden gesellschaftlichen Werte sind Wirtschaftswachstum und Leistungssteigerung; selbst körperliche Schönheit ist inzwischen technisch herstellbar. Warum sollte dieses Denken vor dem Bereich der Fortpflanzung Halt machen?

Das Vorherrschen substantialistischer Werte im Alltagsbewusstsein spricht nicht dagegen.[8] Vielmehr zeigt die Entwicklung der letzten Jahrzehnte, dass bei neuen medizinischen Technologien die moralische Empörung zunächst groß ist, sich aber schnell legt, sobald Sicherheit und Effizienz gewährleistet sind - insbesondere dann, wenn durch die neuen Techniken Leiden verringert und Leistungen gesteigert werden können.

Auch in anderer Hinsicht ist das Klonieren ein typisches Beispiel für eine moderne Technologie. Eine solche kann nicht mehr betrachtet werden wie ein Werkzeug, das man beiseite legt, oder eine Maschine, die man ausschaltet. Sowohl die Subjekt- als auch die Objekt-Seite haben sich gewandelt.

Auf der Subjekt-Seite findet sich keine allein verantwortliche Person mehr, sondern ein komplexes arbeitsteiliges System. Kein Mensch tut etwas markant Unrechtes, aber die Kumulation unzähliger Handlungen führt auf lange Sicht zu bedenklichen Konsequenzen. Die Klonierungs-Kandidaten berufen sich auf ihr Selbstbestimmungsrecht, die Wissenschaftler auf die Forschungsfreiheit; Rechte werden nicht verletzt und andere Personen nicht geschädigt. Dadurch verliert eine am Individuum ansetzende Moralphilosophie ihren Bezugspunkt.

Moderne Techniken bilden fast immer umfassende *Sachsysteme*, mitsamt deren gesellschaftlichen, wirtschaftlichen und politischen Verflechtungen. Wahrscheinlich werden Reproduktionsmedizin und Gentechnik irgendwann zu einem System der „Reprogenetik" zusammengeführt. Ich hatte schon zu Beginn auf die verschiedenen Varianten des Klonierens hingewiesen, hinter denen z.T. starke ökonomische Interessen stehen. Dass es schwer, aber nicht unmöglich ist, aus solchen Sachsystemen „auszusteigen", zeigen die gegenwärtigen Diskussionen über die Atomenergie.

Jedoch im Unterschied zur Atomtechnik lässt sich das Klonieren dezentral entwickeln; vor allem kommt die Nachfrage nicht von einer zentralen Instanz, sondern von Privatpersonen mit ihren jeweiligen privaten Absichten. Während rassistische Systeme (wie das „Dritte Reich") und Entwicklungsdiktaturen die geschlechtlichen Beziehungen und das Fortpflanzungsverhalten ihrer

---

[8] van den Daele, Wolfgang: Kontingenzerhöhung. Zur Dynamik von Naturbeherrschung in modernen Gesellschaften. In: Zapf, W. (Hg.): Die Modernisierung moderner Gesellschaften. Verhandlungen des 25. Deutschen Soziologentages. Frankfurt/M. 1991, 584-603.

Mitglieder massiv beeinflussen, sind diese Bereiche in demokratischen Wohlstandsgesellschaften besonders geschützt. Keine Instanz darf sich ohne starke Gründe in intime Entscheidungen dieser Art einmischen. Die Klonierungs-Kandidaten können deshalb das Autonomie-Prinzip im Sinne einer privaten Selbstbestimmung interpretieren und als Argument für das Klonieren mobilisieren. Aber selbstverständlich ist auch im privaten Bereich nicht alles erlaubt; zum Schwangerschaftsabbruch und elterlichen Sorgerecht existieren komplizierte rechtliche Regelungen.

Sowohl die Steuerung der Entwicklung sachtechnischer Systeme als auch die rechtliche Normierung der Privatsphäre verweisen uns auf den Bereich des *Politischen*. Politische Fragen sind nicht nur moralische, sondern auch pragmatische und ethische.[9] Auch die Wertkonflikte, die sich nicht schlichten lassen, müssen durch politische Regelungen neutralisiert werden. Ein entscheidender Gesichtspunkt ist dabei soziale Gerechtigkeit bzw. die faire Verteilung knapper Güter.

Die Klonierungstechnik wird mittelfristig nur wohlhabenderen Schichten zur Verfügung stehen und damit die sozialen Unterschiede vergrößern. Ein Horror-Szenario ist sogar, dass die „Reprogenetik" zu neuen biologischen Unterschieden führt, zur Aufspaltung der Menschheit in verschiedene Arten.[10] Auf jeden Fall scheint mir eine Welt nicht gerecht zu sein, in der auf der einen Seite in vielen Entwicklungsländern täglich Tausende von Kindern an Unterernährung sterben müssen und selbst in den reichen Staaten ein großer Prozentsatz an Kindern psycho-sozial verwahrlost, während auf der anderen Seite Technologien entwickelt werden, um die Kinderwünsche einer vergleichsweise geringen Zahl unfruchtbarer Paare oder alleinstehender Frauen zu befriedigen. Es ist eine politische Frage, welches Gewicht die Interessen der Klonierungs-Kandidaten haben sollen, auch wenn sich diese konkret verwirklichen lassen könnten. Zu bedenken ist allerdings: „Wer reichen Eltern das Recht zugesteht, ihren Kindern eine teure Privatschulbildung angedeihen zu lassen, kann nicht gleichzeitig 'Ungerechtigkeit' als Grund anführen, wenn er sich gegen die Anwendung reprogenetischer Technologien ausspricht."[11]

Viele politische Entscheidungen betreffen heute die Allokation und Verteilung begrenzter ökonomischer Mittel. Unter diesem Aspekt wäre dann zu fragen, ob es nicht wichtigere Ziele gibt, für die öffentliche Ressourcen eingesetzt werden sollten. Dementsprechend halte ich es für richtig, dass die schottischen 'Väter' von „Dolly" wie US-Klonierungsforscher keine staatlichen Gelder mehr erhalten.

Eine ausgereifte Klonierungstechnik sollte unter Kontrolle des staatlichen Gesundheitssystems verbleiben. Es wäre denkbar, sie nur den Personen zur Verfügung zu stellen, die in einem *Beratungsgespräch* (ähnlich wie jetzt beim Schwangerschaftsabbruch oder in Adoptionsverfahren) ihre Einstellungen und ihre Lebensumstände offengelegt haben. Dadurch könnte man den erwähnten Missbrauchsgefahren begegnen. Handlungsalternativen wie die Adoption von Waisen und die pädagogische bzw. karitative Zuwendung zu fremden Kindern sind den Interessenten nahe zu legen und politisch wirksam zu fördern.

Schließlich komme ich zur *Ethik*. Inwiefern kann das Klonieren zu einem glücklichen Leben beitragen? Diese Frage stellt sich für uns als (Welt-)Gemeinschaft und für die jeweiligen Klonierungs-Kandidaten.

Auf der gesellschaftlichen Ebene ist zu überlegen, ob die weitere Technisierung unserer Welt wünschenswert ist. Um die Bedingungen eines glücklichen Lebens zu verbessern oder zu sichern, sind technische Hilfsmittel wie materieller Wohlstand unentbehrlich. Aber Glück selbst, so lehrten schon die antiken Ethiker, lässt sich nicht technisch herstellen; wir finden es eher in selbstzweckhaften Tätigkeiten und in Augenblicken nicht-intendierter Erfüllung. Das Klonieren und weiter reichende „reprogenetische" Möglichkeiten leisten auf lange Sicht einer technischen Weltsicht Vorschub. Technisches Handeln bietet immer weitere Steigerungsmöglichkeiten und man ist nie am Ziel. Deshalb ist es wenig wahrscheinlich, dass derjenige, der sich seinen Lebenspartner und seine Kinder

---

[9] Habermas, Jürgen: Faktizität und Geltung. Frankfurt/M. 1992, 139 u. 197-208; ders.: Die Einbeziehung des Anderen. Frankfurt/M. 1996, 321f. u. 331f.

[10] Silver, Lee M.: Das geklonte Paradies. Künstliche Zeugung und Lebensdesign im neuen Jahrtausend. München 1998, 14-24 u. 317-330.

[11] Silver a.a.O. 21; vgl. Kitcher, Philip: Genetik und Ethik. München 1998, 345-365 u. 383f.

aus einem Katalog aussuchen oder sogar selbst konstruieren kann, glücklich werden wird. Wenn man alles optimieren kann, dann auch die eigene Familie - und so wird immer ein Gefühl der Unzufriedenheit bestehen bleiben. In einer technischen Welt kommt es deshalb zu einer ethischen Paradoxie: Die Bedingungen des Glücks sind besser denn je, das Glück selbst rückt in immer weitere Ferne.

Russell hat einmal festgestellt, „daß die Elternschaft die größten und nachhaltigsten Glücksmöglichkeiten umschließt, die das Leben zu bieten hat".[12] Wer sich diese durch das Klonieren verschaffen möchte, sollte sich folgende Frage vorlegen: Muss man, um glücklich zu werden, nicht die richtige Distanz zu sich selbst besitzen? Die Klonierungs-Kandidaten erliegen der Versuchung, sich selbst zu verdoppeln und sich im Klon wie in einem Spiegel anzuschauen. Aber jeder Narzissmus ist eine Gefahr für ein richtiges Leben. Vieles spricht für den alten Gedanken, dass man sich durch indirekte Selbstvermittlung seiner selbst bewusst wird und der Weg zu einem glücklichen Leben der Umweg über das Andere ist. Vielleicht sind Kinder mit kombiniertem Erbgut gerade die richtige Mischung von Eigenem und Fremdem.

Ein Leben in einer technischen Welt und mit klonierten Kindern mag effektiv sein; ob man auf diese Weise glücklich wird, ist eine andere Frage.

---

[12] Russell, Bertrand: Eroberung des Glücks. Frankfurt/M. 1977 (GB 1930), 135.

Thomas Zoglauer

Gibt es ein Recht auf Nichtwissen?
Normenkonflikte bei der Gendiagnostik

Die Gendiagnostik stellt ein nützliches Mittel zur Erkennung von Erbkrankheiten dar. Durch verbesserte DNA-Analysemethoden sind inzwischen annähernd 1000 verschiedene Krankheiten diagnostizierbar.[1] Sollte das Projekt zur Totalsequenzierung des menschlichen Genoms (HUGO) in nicht allzu ferner Zukunft zum Abschluß kommen, dürften sich die Möglichkeiten zur Genomanalyse vervielfältigen. Künftig werden auch Gesundheitsrisiken (z.B. angeborene Dispositionen für bestimmte Krankheiten oder Anfälligkeiten für Umweltgifte) und genetisch bedingte Eigenschaften, die keinen Krankheitswert haben, pränatal diagnostizierbar sein. Manche Testverfahren konnten inzwischen so stark vereinfacht werden, daß sie mit Hilfe von 'Testkits' auch mühelos ohne ärztliche Anleitung zu Hause durchgeführt werden können. Eine amerikanische Firma bietet solche DNA-Test-kits für Brust-, Haut-, Darm und Schilddrüsenkrebs an.[2] Durch die freie Zugänglichkeit und Kommerzialisierung solcher Gentests und die damit verbundene Entkopplung von Diagnose und Beratung werden die Betroffenen mit ihrer Unsicherheit, ihren Ängsten, aber auch den vielfach verbreiteten Vorurteilen über bestimmte Krankheitsbilder allein gelassen.

Der amerikanische Philosoph Philip Kitcher entwirft die Vision eines großen Supermarkts, in dem genetische Tests für jedermann angeboten werden. Jeder Bürger könnte auf diese Weise etwas über seine gesundheitliche Zukunft in Erfahrung bringen. Kitcher sieht in diesem Gentech-Kapitalismus keine Gefahren, solange der Supermarkt gut gemanagt wird:

„Wenn der Supermarkt gut geführt ist, werden die Artikel von ausführlichen Benutzerhandbüchern (statistischen Hintergrunddaten) und informativem Werbematerial (unabhängige Beurteilungen des medizinischen Nutzens) begleitet; das Personal (gut ausgebildete Berater) empfiehlt den Kunden jene Produkte, die am besten auf ihre Bedürfnisse zugeschnitten sind; niemand wird zum Kauf genötigt."[3]

Die sozialen und psychologischen Auswirkungen einer solchen Kommerzialisierung von Gentests kann kaum abgeschätzt werden. Das Wissen um die eigenen Gene birgt Chancen, aber auch Risiken. Schwere Erbkrankheiten könnten schon im Vorfeld, etwa durch pränatale Diagnostik, erkannt und bekämpft werden. Mahnend wird auf die Möglichkeit von Kosteneinsparungen in der Gesundheitspflege hingewiesen, wenn präventiv dafür gesorgt wird, daß Erbkrankheiten gar nicht erst zum Ausbruch kommen. Manche Ethiker fordern sogar eine *Pflicht zum Wissen* um die eigenen Gene und die seiner Kinder.[4] In manchen Ländern ist die Untersuchung von Neugeborenen auf bestimmte Erbkrankheiten bereits vorgeschrieben:

„Tatsächlich dekretierten zu Beginn der 70er Jahre viele amerikanische Staaten Testpflichten für ein Neugeborenenscreening nach behandelbaren Stoffwechseldefekten; in einigen Staaten auch für das Screening von schwarzen Schulkindern nach Sichelzellenmerkmal, um sie vor dem Risiko der Erkran-

---
[1] Hennen / Petermann / Schmitt (1996), S. 57
[2] Hennen / Petermann / Schmitt (1996), S. 21
[3] Kitcher (1998), S. 85
[4] So glaubt z.B. Hans-Martin Sass, daß es in solchen Fällen eine Pflicht zum Wissen gibt, „wo ich durch verantwortungsvollen Umgang mit diesem Wissen etwas ändern kann". (Sass 1994, S. 344 f.)

kung bei zukünftigen eigenen Kindern zu warnen. Dieses obligatorische Screening stieß auf zunehmende öffentliche Kritik und wurde schließlich aufgegeben. In einigen anderen Ländern gibt es nach wie vor gesetzlich erzwungene Tests. Nord-Zypern etwa hat den Heterozygotentest nach Thalassämiemerkmalen zur Heiratsvoraussetzung gemacht."[5]

Dieser Pflicht zum Wissen hält Hans Jonas ein *Recht auf Nichtwissen* entgegen. Dieses Recht erlaubt dem Patienten oder den Eltern eines Kindes, eine Gendiagnose und damit die Enthüllung genetischer Informationen zu verweigern. Damit wären nicht nur Screening-Programme ausgeschlossen, sondern auch, wie Jonas nahelegt, die Erschaffung ungleichzeitiger Klone, da in diesem Fall der jüngere Klon beim Anblick seines älteren Alter Egos etwas über sein eigenes künftiges Schicksal erführe. Dieser Widerstreit zwischen einer Pflicht zum Wissen einerseits und dem Recht auf Nichtwissen andererseits stellt einen typischen *Normenkonflikt* dar. Es stellt sich daher die Frage, welche Rechte und Pflichten wir beim Umgang mit genetischem Wissen haben und welche Normen im Konfliktfall Vorrang haben.

Die Normenkonflikte, die bei der Gendiagnostik auftreten, werden durch ein logisches Quadrat aufgespannt, das durch folgende vier Normen definiert ist:

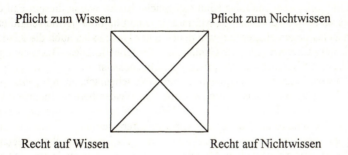

Dabei können drei Arten von Normenkonflikten unterschieden werden:
- Zwischen der Pflicht zum Wissen und der Pflicht zum Nichtwissen besteht ein *konträrer Gegensatz*.[6]
- Die Pflicht zum Wissen und das Recht auf Nichtwissen stehen in einem *kontradiktorischen Gegensatz*, der in der deontischen Logik als normativer Widerspruch bezeichnet wird.[7] Ebenso kollidiert das Recht auf Wissen mit der Pflicht zum Nichtwissen.
- Das Recht auf Wissen und das Recht auf Nichtwissen scheinen auf den ersten Blick miteinander verträglich zu sein.[8] Bei einer liberalen Handhabung der Diagnosepraxis bleibt es jedem Patienten selbst überlassen, ob er einen Gentest durchführen lassen will oder nicht. Niemand wird zu einem Test gezwungen und niemandem wird der Test verweigert. Dennoch kann es zwischen diesen Rechten zu einem *interpersonalen Normenkonflikt* kommen, wenn beispielsweise die Eltern eines noch ungeborenen Kindes ihr Recht auf Wissen in Anspruch nehmen wollen, das mit dem Recht des (später erwachsenen) Kindes auf Nichtwissen kollidiert, weil das Kind vielleicht gar nicht wissen will, ob es ein Chorea-Huntington-Gen in

---

[5] Daele (1989), S. 215
[6] Daraus resultiert ein deontischer Widerspruch, der durch die Formel $O(a) \land O(\neg a)$ ausgedrückt wird. Zur Logik und Typologie von Normenkonflikten und deren Lösungsmethoden siehe: Zoglauer (1998).
[7] Zum Begriff des normativen Widerspruchs siehe: Zoglauer (1998), S. 101 ff.
[8] Logisch betrachtet stehen beide Rechte in einem *subkonträren Gegensatz*.

sich trägt und bis zum Ausbruch der Krankheit ein unbeschwertes Leben führen will.[9] Dieser Konflikt tritt auch im umgekehrten Fall auf, wenn die Eltern von ihrem Recht auf Nichtwissen Gebrauch machen, das volljährige Kind dagegen auf einem Gentest besteht.[10] Ist das Kind Träger des Huntington-Gens, dann wissen auch die Eltern, daß einer von ihnen die Krankheit in sich trägt.

Oftmals, und hierin liegt eine besondere Problematik von Gentests, liefert die Untersuchung Informationen über Dritte (z.B. Kinder, Eltern oder Verwandte), die nicht um eine Diagnose gebeten haben. Angelika Rieß berichtet über einen Konflikt, der sich auf drei Personen erstreckt:

„In einer anderen Situation wollte die schwangere Partnerin einer männlichen Risikoperson sich nur dann für das Austragen der Schwangerschaft entscheiden, wenn sie wüßte, daß das Kind nicht Anlageträger ist. Der Partner wollte über sein eigenes Risiko aber nicht Bescheid wissen."[11]

Als Lösung des Konflikts bietet sich eine sog. Ausschlußdiagnostik an, die besagt, „daß das Kind die genetische Veränderung des erkrankten Großvaters (bzw. der erkrankten Großmutter) nicht geerbt hat, oder aber, daß das Kind das gleiche Risiko wie in diesem Fall der Vater hat, ohne aber dessen Risiko zu kennen".[12] Mitunter ist eine Ehe oder partnerschaftliche Beziehung erheblichen Belastungen ausgesetzt, von denen unter Umständen auch die Kinder betroffen sind, wenn sich ein Elternteil zu einer Gendiagnose entschließt. Diese Beispiele zeigen, wie wichtig eine fachkundige Beratung als Begleitung zur Diagnose ist.

In der Regel liefern prädiktive Gendiagnosen nur Wahrscheinlichkeiten für eine zukünftige Erkrankung. Der Umgang mit solchem probabilistischem Wissen bereitet manchen Menschen große Probleme. Hierzu ein Beispiel: 1994 und 1995 wurden zwei Tumorsuppressionsgene identifiziert, die im Normalfall die Entstehung von Brustkrebs verhindern. Frauen, die ein defektes Brustkrebsgen besitzen, tragen ein Risiko von ca. 85%, im Laufe ihres Lebens irgendwann einmal an Brustkrebs zu erkranken. Manche der betroffenen Frauen lassen sich aus Angst vor einer Erkrankung vorsorglich beide Brüste amputieren. Sie glauben damit den Krebs verhindern zu können. Aber selbst die präventive Totaloperation bietet keinen hundertprozentigen Schutz: „Es wurden Fälle berichtet, in denen nach einem solchen Eingriff in den zurückbleibenden Resten des umkleidenden Epithels (eine Art Organhaut) oder im Bauchfell 'Brustkrebs' ausgebrochen ist, zumindest ein Krebs, der durch das mutierte BRCA-1-Gen verursacht wurde."[13]

Noch problematischer sind Gentests, bei denen keine Krankheiten, sondern lediglich phänotypische 'Abweichungen von der Normalität' festgestellt werden. Befürchtet wird, daß sich durch die pränatale Genanalyse die Zahl der Abtreibungen erhöhen wird: „18 Prozent, so ergab eine Umfrage unter deutschen Schwangeren, würden ihr Kind abtreiben lassen, wenn sie erführen, daß es ein hohes Risiko hätte, fettsüchtig zu werden."[14] Überraschenderweise sind von der Gefahr selektiver Abtreibungen, nicht nur kranke, sondern auch gesunde Föten betroffen: Eine Umfrage unter Gehörlosen ergab, daß eine kleine Gruppe unter ihnen ein normalhörendes Kind abtreiben lassen würden. „Diese Einstellung gegenüber nichtbehinderten Kindern beschränkt sich nicht auf Gehörlose. Die Genetikerin Clair Francomano von den National Health Institutes in Washington berichtet, daß sie seit der Entdeckung des Gens für Zwergenwuchs im

---

[9] Chorea Huntington ist das sog. 'Veitstanz-Syndrom', eine nicht-therapierbare degenerative Hirnschädigung, die zwischen dem 30. und 50. Lebensjahr ausbricht und tödlich verläuft. Ist ein Elternteil Träger des Huntington-Gens, trägt das Kind ein Risiko von 50%, ebenfalls daran zu erkranken.
[10] Rieß (1995), S. 21
[11] Rieß (1995), S. 23
[12] Rieß, ebd.
[13] Gen-ethischer Informationsdienst, Heft 111 (1996), S. 31
[14] Der Spiegel 44/1993, S. 231

Jahr 1994 von einigen kleinwüchsigen Paaren aufgesucht worden wäre, die wissen wollten, ob und wie zu gewährleisten sei, daß im Falle einer Schwangerschaft das Kind den Kleinwuchs der Eltern erbt."[15]

Diese Beispiele zeigen, welches enorme Konfliktpotential sich in scheinbar harmlosen Gentests verbirgt. Dabei geht es nicht nur um Wissen versus Nichtwissen, sondern auch um das Recht auf Autonomie versus Paternalismus, das Recht auf informationelle Selbstbestimmung versus der ärztlichen und sozialen Pflicht zur Prävention vermeidbarer Krankheiten usw. Diese Normenkonflikte sollen im folgenden näher beleuchtet werden und Wege zu ihrer Lösung bzw. Entschärfung aufgezeigt werden.

Sowohl das Recht auf Wissen als auch das Recht auf Nichtwissen leitet sich aus dem Recht des Individuums auf Autonomie ab. Das Konzept der personalen Autonomie ist ein grundlegendes Konzept der abendländischen Philosophie. Es beinhaltet das Recht auf Selbstbestimmung, das Verbot einer Instrumentalisierung des Menschen, das Recht auf Privatsphäre und vor allem die Forderung nach Freiheit der Person. Im Staatsrecht bezeichnet Autonomie das Recht eines Staates, seine inneren Rechtsverhältnisse in eigener Verantwortung zu gestalten. Auf das Individuum übertragen bedeutet dies, daß eine Person ihr Privatleben ohne Vorgaben von außen in freier Selbstbestimmung gestalten kann. Niemand kann irgendjemand anderem vorschreiben, wie er zu leben hat. Kantisch gesprochen gestaltet der Mensch sein Leben nach eigenen Gesetzen, die ihm die Vernunft gebieten. Er braucht sich die Gesetze seines Handelns nicht von anderen diktieren lassen. Das Subjekt ist somit Herr seiner selbst. Freilich dürfen die Handlungsgrundsätze nicht das Resultat egoistischer Willkür sein, sondern müssen sich an den Maßstäben der Vernunft ausrichten.

Das Recht auf Autonomie ist allerdings nur ein Prima-Facie-Recht. Es findet dort seine Grenzen, wo es die Rechte anderer Menschen verletzt: „If our choices endanger the public health, potentially harm innocent others, or require a scarce resource for which no funds are available, others can justifiably restrict our exercises of autonomy."[16] Ein oft diskutierter Fall aus der medizinischen Ethik ist die Frage, ob ein Arzt seinem Patienten die Wahrheit über eine schwere unheilbare Krankheit vorenthalten oder ihn sogar absichtlich belügen darf. Eine Lüge verletzt die Autonomie des Patienten – sein Recht, die Wahrheit zu erfahren, um so sein noch verbleibendes Leben planen zu können. Der Respekt vor der Autonomie des Patienten gebietet es dem Arzt, dem Patienten alle wichtigen Informationen offenzulegen und seine Zustimmung für alle Untersuchungen, Behandlungen und Operationen einzuholen (informed consent).

Dem Konzept der Autonomie steht das Modell des *Paternalismus* gegenüber, nach dem der Arzt in erster Linie das Wohl des Patienten vor Augen haben sollte. Der Begriff des Paternalismus stammt ebenso wie der Begriff der Autonomie aus der Staatsphilosophie. Nach paternalistischer Auffassung hat sich der Staat um seine Bürger wie ein Vater um seine Kinder zu kümmern. Dies hört sich nach Gängelung und Bevormundung an und nichts wäre schlimmer, als kranke Patienten wie unmündige Kinder zu behandeln. Der Paternalismus orientiert sich an utilitaristischen Prinzipien: Es geht einzig und allein darum, das Wohl des Patienten zu verbessern. Wenn ein schwer herzkranker Patient nach medizinischer Einschätzung die Wahrheit über eine diagnostizierte unheilbare Krankheit nicht verkraften würde, dann muß ihm nach paternalistischer Auffassung diese Wahrheit vorenthalten werden. Nur der Arzt weiß aufgrund seiner Ausbildung und Fachkenntnisse, was für den Patienten gut ist. Manchmal – bei Kleinkindern, alten Menschen, Drogenabhängigen oder Geisteskranken – kann es sogar notwendig sein, über deren Köpfe hinweg wichtige Entscheidungen zu ihrem eigenen Wohl zu treffen.

---

[15] Gen-ethischer Informationsdienst, Heft 130 (1998), S. 32; New Scientist 24.10.1998, S. 18
[16] Beauchamp / Childress (1994), S. 126

„Paternalism always involves some form of interference with or refusal to conform to another person's preferences regarding their own good. Paternalistic acts typically involve force or coercion, on the one hand, or deception, lying, manipulation of information, or nondisclosure of information on the other."[17]

Während das Autonomieprinzip eine Handlung aus der subjektiven Perspektive des Handelnden beurteilt, bemüht sich der Paternalismus um eine objektive Perspektive. In der Regel wird eine sorgfältige Abwägung zwischen Autonomie und Paternalismus erforderlich sein. Gerade Gendiagnosen stellen den Arzt vor das Dilemma, zwischen der Respektierung der Patienteninteressen und medizinischen Nutzenerwägungen entscheiden zu müssen. Dieser Konflikt ist zugleich ein Konflikt zwischen dem Recht auf Wissen auf der einen Seite und dem Recht auf Nichtwissen auf der anderen Seite.

Beauchamp und Childress diskutieren diesen Konflikt an einem Beispiel:

„Eine 41jährige Frau wurde unerwartet schwanger und wurde von ihrem Hausarzt an eine humangenetische Beratungszentrale verwiesen, um festzustellen, ob ihr Fötus möglicherweise das Down-Syndrom (Mongoloismus) hat. Eine Amniozentese zeigte, daß der Fötus nicht unter dem Down-Syndrom leidet, jedoch wiesen seine Geschlechts-Chromosomen eine Anomalie auf: Er hatte ein X- und zwei Y-Chromosomen anstatt der normalen XX-Kombination bei Männern oder XY-Kombination bei Frauen. Die Bedeutung des überzähligen Y-Chromosoms ist umstritten. Obwohl einige Untersuchungen darauf hindeuten, daß Männer mit XYY-Chromosomen mehr Gewaltverbrechen begehen, weisen andere Studien diese Hypothese zurück. Sollte der Arzt die Schwangere über diese Chromosomen-Anomalie informieren?"[18]

In diesem Fall wäre es angeraten, der Schwangeren das Ergebnis des Tests nicht mitzuteilen. Zunächst einmal ist es höchst umstritten, ob aggressives Verhalten oder die Neigung zur Kriminalität überhaupt genetisch bedingt ist. Die Frau könnte das Testergebnis für eine Abtreibung zum Anlaß nehmen, obwohl das ungeborene Kind nicht im medizinischen Sinne krank ist. Aber selbst wenn sie sich entschließen sollte, das Kind zur Welt zu bringen, könnte es als potentieller Gewaltverbrecher betrachtet und sozial stigmatisiert werden. Die Eltern würden dem Kind nicht unbefangen gegenübertreten, ständig in dem Gedanken, daß sie einen potentiellen Verbrecher in ihrer Familie haben. Vielleicht könnte gerade dieser reservierte Umgang mit dem Kind, der Mangel an tiefempfundener Zuneigung, aus ihm einen Verbrecher machen und die Prophezeiung würde sich auf tragische Weise erfüllen, ohne daß die Gene eine Schuld träfe. Die Diagnose wird zu einer schweren Belastung für das Kind – unabhängig davon, ob es von seiner genetischen Abnormität in Kenntnis gesetzt wird oder nicht.

Dieses Beispiel macht auf zwei Gefahren aufmerksam: Erstens die Gefahr der pränatalen Selektion nach sozialen Kriterien und zweitens die Gefahr der schiefen Ebene: das unmerkliche Abgleiten in ein eugenisches Volksempfinden. Aus der Forderung nach Gendiagnose wird leicht eine Forderung nach Sozialhygiene. Auch genauere Genanalysen können allenfalls Wahrscheinlichkeiten, aber keine Sicherheiten liefern. Eine vorbeugende Ausmerzung von Leben allein aufgrund einer statistischen Risikoabschätzung ist ethisch höchst bedenklich.

Hans Jonas sieht in der Offenlegung genetischen Wissens die Freiheit des Individuums bedroht. Für ihn ist die Unwissenheit eine „Vorbedingung der Freiheit".[19] Das Wissen um die eigene genetische Disposition kann diese Freiheit einschränken. Die Prädestination künftigen Leids, allein das vermeintliche Wissen um die eigene Zukunft, würde die freie und unbefangene Entfaltung der Persönlichkeit hemmen.

Nach der christlichen Prädestinationslehre kennt nur Gott das zukünftige Schicksal des Menschen und es ist eine Gnade, daß dem Menschen seine Bestimmung verborgen bleibt.

---

[17] Beauchamp / Childress (1994), S. 274
[18] Beauchamp / Childress (1994), S. 403. Philip Kitcher weist darauf hin, daß 96% aller Männer mit einem zusätzlichen Y-Chromosom ein normales, friedliches Leben führen und nicht durch aggressives oder kriminelles Verhalten auffallen. (Kitcher 1998, S. 73)
[19] Jonas (1990), S. 188

Kennte er es, würde er in Lethargie oder in Panik verfallen. Der Glückliche, weil er glaubt, daß ihm aufgrund seiner Begabungen sowieso alles in den Schoß fallen wird, der Unglückliche aber, weil er an seinem Los verzweifelt und er genau weiß, daß er nichts daran ändern kann. Mit der Gendiagnostik wird der naturgegebene „Schleier des Nichtwissens" ein Stück weit gelüftet und mit der Gentherapie kann der Mensch das ihm zugewiesene Schicksal verändern. Egal, wie er es verändert: neue Gene liefern lediglich ein neues Schicksal, mit dem man sich abfinden muß.

Man beachte: Jonas erhebt das Nichtwissen keineswegs zur Pflicht, er spricht lediglich von einem *Recht* zum Nichtwissen. Als Recht ist die von Jonas erhobene Forderung durchaus vernünftig, geht sie doch auf die gleiche Legitimationsquelle zurück, wie das komplementäre Recht auf Wissen, nämlich die Autonomie und das Selbstbestimmungsrecht des Individuums. Mit anderen Worten: Wer für sich ein Recht auf Wissen einfordert, muß aus denselben Gründen für andere auch ein Recht auf Nichtwissen gelten lassen.

Das *Recht auf Nichtwissen* steht nicht im Widerspruch zum *Recht auf Wissen*. Beide Rechte zusammen geben dem Betroffenen die Freiheit, Gendiagnosen zu fordern oder sie abzulehnen. Ein Zwang zur Gendiagnose oder ein staatlich verordnetes Screening von Föten, Neugeborenen oder Arbeitnehmern kann daraus nicht abgeleitet werden, weil dies mit dem Recht auf Nichtwissen kollidieren würde. Beide Rechte – sowohl das Recht auf Wissen als auch das Recht auf Nichtwissen – sind allerdings umstritten. Das Recht auf Wissen wird damit begründet, daß ein möglicher gesundheitlicher Schaden abgewendet werden soll. Das Gebot der Schadensabwehr rechtfertigt bei der pränatalen Diagnostik allerdings nicht die Offenlegung jeder genetischen Information: Haarfarbe, Augenfarbe oder das Geschlecht des Embryos indizieren keinen gesundheitlichen Schaden. Das Recht auf Wissen dient allein dem Ziel, Krankheiten oder Krankheitsrisiken zu diagnostizieren, auch solche Krankheiten (wie z.B. Chorea Huntington), die erst nach vielen Jahren ausbrechen. Umstritten ist, ob das Genom nur auf behandelbare Krankheiten hin untersucht werden darf oder ob auch unbehandelbare oder spät ausbrechende Krankheiten in das Untersuchungsprogramm aufgenommen werden sollen.

Gibt es keine Heilungsmöglichkeit, kann der drohende Schaden nicht abgewendet werden. Das Recht auf Wissen kann in solchen Fällen daher nicht mit der Möglichkeit der Schadensabwehr begründet werden. Der einzige Vorteil, der das Wissen bietet, ist die Möglichkeit einer vorausschauenden Lebensplanung: Der Betroffene kann sich auf das Leben mit der Krankheit, schlimmstenfalls auf den bevorstehenden Tod, einstellen. Dieser Vorteil muß jedoch gegen einen möglichen psychischen Schaden abgewogen werden, der aus dem Wissen resultiert. Die Lösung dieses Normenkonflikts hängt entscheidend davon ab, ob und wie der Betroffene mit der tödlichen Diagnose fertig wird, ob er sich damit abfindet oder in tiefe Depression fällt. Leider kann dies nicht vorausgesehen werden. Nach dem Autonomieprinzip müßte dem Betroffenen (bzw. im Falle von unmündigen Kindern den Eltern) jede gewünschte genetische Information offenbart werden. Wenn er wollte, dürfte er alles über seine Gene erfahren. Der Paternalismus dagegen verhindert die Preisgabe von Wissen, wenn sich der Betroffene dadurch selbst schadet.

Es spricht vieles dafür, daß die Gnade des Nichtwissens unendlich viel leichter ist als die Last des Wissens. Folgt man den Vorschlägen der Enquete-Kommission, könnte der Konflikt zwischen dem Recht auf Wissen und dem Recht auf Nichtwissen wie folgt gelöst werden: Vor Ablauf der 12.Schwangerschaftswoche, also der Frist, innerhalb derer eine Abtreibung straffrei ist, dürfen nur solche genetischen Daten an die betroffenen Eltern weitergegeben werden, die eine schwere, nicht behandelbare Krankheit anzeigen.[20] Ansonsten dürfen nur solche Diagnoseergebnisse offengelegt werden, die eine heilbare Erbkrankheit anzeigen. Auf ein Neugeborenen-Screening nach unbehandelbaren Krankheiten, die erst später ausbrechen, sollte verzichtet werden, da das untersuchte Kind sonst die Chance verliert, „bis zum Ausbruch der Krankheit

---

[20] Enquete-Kommission (1990), S. 153

wenigstens einige Jahre in einer unbefangenen Umwelt ohne das Stigma des drohenden genetischen Verhängnisses aufwachsen zu können".[21]

Kritischer ist dagegen eine *Pflicht zum Wissen* zu beurteilen, die sich in der Forderung nach obligatorischen Screening-Programmen artikuliert. Häufig verbirgt sich hinter dieser Forderung ein Wunsch nach 'Volksgesundheit', denn selten bleibt es bei der Absicht der Diagnose, häufig wird die Forderung nach Prävention (und Ausmerzung der Krankheit) nachgeschoben. Diese Forderung muß nicht unbedingt auf eine Gentherapie oder Abtreibung hinauslaufen, sondern kann auch durch eine konsequente Vermeidung gesundheitlicher Risiken erfüllt werden. Dieser präventive Zwang kann durch einen sozialen Druck, z.B. durch erhöhte Risikozuschläge bei Krankenversicherungen, durchgesetzt werden.

Das Programm obligatorischer Reihenuntersuchungen kollidiert mit dem Recht des Individuums auf Nichtwissen. Durch das Screening wird den Betroffenen ein Wissen aufgedrängt, das sie vielleicht gar nicht haben wollen.

„Den Kindern wird dagegen die Aufklärung über ihre genetischen Merkmale, Zukunftsaussichten und Krankheitsrisiken vorgegeben. Damit werden nicht nur sensible Daten geschaffen, die ein Leben lang gegen sozialen Mißbrauch verteidigt werden müssen. Es wird auch die künftige Lebensführung des Kindes vorstrukturiert. (...) Aber es fragt sich, ob Ärzte und Eltern ein Mandat haben, diesen Stil durch die Perfektionierung genetischer Diagnostik Kindern aufzuzwingen, ohne ihnen selbst eine Wahl zu lassen."[22]

Durch ein Screening kann eine ganze Bevölkerungsgruppe lückenlos erfaßt werden. Die Aufnahme, Speicherung, Auswertung und Weitergabe genetischer Daten, die die intimsten Geheimnisse von Menschen enthalten, sollte stets an die informierte Zustimmung der Betroffenen gekoppelt sein. Eine bloße Widerspruchslösung, wie sie jüngst bei dem isländischen Genomprojekt gewählt wurde, reicht nicht aus, dem Recht auf informationelle Selbstbestimmung Genüge zu leisten. So sind z.B. Kinder, geistig behinderte, schwer kranke oder verstorbene Menschen nicht in der Lage, gegen die Sammlung ihrer genetischen Daten Widerspruch einzulegen. Insbesondere die Weitergabe und Auswertung der Daten zu kommerziellen Zwecken ist bedenklich. Erst kürzlich verkaufte die isländische Regierung die medizinischen Daten der gesamten Bevölkerung der Inselrepublik an ein Pharmaunternehmen, der das alleinige Verwertungsrecht des Datenmaterials übertragen wurde.[23] Sollte dieses Beispiel Schule machen, ist damit zu rechnen, daß in Zukunft auch andere Länder zur Aufbesserung ihrer Staatsfinanzen einen solchen mephistophelischen Pakt eingehen.

Zum Schluß will ich die Titelfrage „Gibt es ein Recht auf Nichtwissen?", die ich mit einem uneingeschränkten Ja beantwortet habe, verschärfen und die Frage stellen, ob es eine *Pflicht zum Nichtwissen* gibt. Zweifellos kann es eine Pflicht zum Nichtwissen nur in solchen Fällen geben, wo der Schaden, den das Wissen anrichten kann, den erhofften Nutzen eindeutig übersteigt. Dies dürfte bei solchen Genen der Fall sein, die keine Krankheit anzeigen, sondern lediglich 'normabweichende' phänotypische Eigenschaften betreffen, wie z.B. Fettleibigkeit, Kleinwuchs oder Homosexualität (falls sie überhaupt genetisch bedingt ist). Sollte z.B. eine Schwangere von ihrem Arzt einen Test auf genetisch veranlagte Fettsucht verlangen – eine Indikation, die als Grund für eine Abtreibung nicht ausreicht –, so könnte der Arzt diesen Test verweigern.[24] Auch eine einfache Geschlechtsbestimmung des Embryos, wenn sie als Entscheidungsgrundlage zu einer geschlechtsspezifischen Abtreibung dient, ist abzulehnen. Eine Aus-

---

[21] Enquete-Kommission (1990), S. 157
[22] Daele (1989), S. 216
[23] Für weitere Informationen zum isländischen Genomprojekt siehe im Internet unter: http://www.simnet.is/mannvernd/english/index.html und http://www.database.is
[24] Baumann (1997), S. 21

weitung genetischer Tests auf beliebige phänotypische Merkmale würde Gefahr laufen, eine eugenische Praxis zu etablieren:

„Es ist zudem möglich, daß schon die Existenz einer Testmöglichkeit – unreflektiert – das getestete genetische Merkmal vielfach als 'krank' etikettiert. Langfristig würde sich damit ein Muster etablieren, nach dem genetische Dispositionen generell als 'krank' definiert sind. Fragen nach der Therapierbarkeit, der Schwere der Behinderung oder der Wahrscheinlichkeit eines Krankheitsausbruchs würden gar nicht mehr individuell erwogen, sondern gleichsam habituell eine Vermeidung 'behinderten' Lebens angestrebt. Eine solche 'Eugenik von unten' würde befördert durch (auch freiwillige) Screeningprogramme, da solche Programme das zu diagnostizierende Merkmal quasi allgemeinverbindlich als unerwünscht markieren. Die Konsequenz wäre ein sich schleichend durchsetzender gesellschaftlicher Konsens über die Vermeidbarkeit behinderten Lebens, der langfristig zu einer Diskriminierung von Behinderten und Eltern behinderter Kinder führen könnte." [25]

Eine unkontrollierte Ausweitung genetischer Tests oder ihre freie Verfügbarkeit in gentechnischen Supermärkten, wie dies Kitcher vorschwebt, würde diejenigen, die weiterhin unter dem nostalgischen Schleier des Nichtwissens leben wollen, sozial diskriminieren und unter einen erheblichen Rechtfertigungsdruck setzen. Sie würden als ignorant, borniert und fortschrittsfeindlich gelten. Wer würde noch behinderte Kinder zur Welt bringen wollen, wenn alle anderen Kinder intelligent, schön und gesund sind? Die Grenze zwischen Wissen und Nichtwissen würde gleichzeitig ein soziales Gefälle markieren, das in eine Zweiklassengesellschaft führen könnte.

Literatur:

Baumann, Eva (1997): Gesellschaftliche Konsensfindung und Humangenetik, Medizinethische Materialien, Heft 116, Zentrum für Medizinische Ethik, Bochum

Beauchamp, Tom L. / Childress, James F. (1994): Principles of Biomedical Ethics, 4th Ed., New York - Oxford: Oxford University Press

Daele, Wolfgang van den (1989): Das zähe Leben des präventiven Zwanges, in: A. Schuller / N. Heim (Hrsg.): Der codierte Leib, Zürich - München: Artemis, S. 205-227

Enquete-Kommission des Deutschen Bundestages (Hrsg.) (1990): Chancen und Risiken der Gentechnologie, Frankfurt a.M. - New York: Campus

Hennen, Leonhard / Petermann, Thomas / Schmitt, Joachim J. (1996): Genetische Diagnostik - Chancen und Risiken, Berlin: Edition Sigma

Jonas, Hans (1990): Technik, Medizin und Ethik, Frankfurt a.M.: Insel Verlag, 3.Aufl.

Kitcher, Philip (1998): Genetik und Ethik, München: Luchterhand

Rieß, Angelika (1995): Präsymptomatische und pränatale Diagnostik am Beispiel einer schweren neurodegenerativen Erkrankung, in: DNA-Diagnostik in der Humangenetik, Medizinethische Materialien, Heft 97, Zentrum für Medizinische Ethik, Bochum

Sass, Hans-Martin (1994): Der Mensch im Zeitalter von genetischer Diagnostik und Manipulation, in: E.P. Fischer / E. Geißler (Hrsg.): Wieviel Genetik braucht der Mensch?, Konstanz: Universitätsverlag, S. 339-353

Zoglauer, Thomas (1998): Normenkonflikte: zur Logik und Rationalität ethischen Argumentierens, Stuttgart - Bad Cannstatt: Frommann-Holzboog-Verlag

---

[25] Hennen / Petermann / Schmitt (1996), S. 103

**Workshop 10
Logik in der Philosophie**

Der Preis der Wahrheit

Volker Halbach
Konstanz

1 Einführung

Wahrheit ist ein klassisches Thema der Philosophie. Aber abgesehen von seiner Ehrwürdigkeit, welchen Grund gibt es noch, sich damit zu beschäftigen? Gehört das Wahre nicht längst in das Museum der hoffnungslos verworrenen philosophischen Begriffe? Wäre es nach den Neopositivisten aus dem Wiener Kreis der zwanziger Jahre und anderswo gegangen, wäre der Wahrheitsbegriff vermutlich dort gelandet.

Alfred Tarski[1] hat Anfang der dreißiger Jahre die Wahrheit nicht nur vor dem Schicksal bewahrt, in das Museum der obsoleten philosophischen Begriffe abgeschoben zu werden und jede Daseinsberechtigung im wissenschaftlichen Diskurs zu verlieren, sondern zu einem Schlüsselbegriff gleich in mehreren Disziplinen gemacht. Ohne Tarskis Arbeit zum Wahrheitsbegriff sind viele Bereiche der modernen Linguistik, der Informatik, Logik und Mathematik kaum vorstellbar.

Welche Rolle aber spielt die Wahrheit in der modernen analytischen Philosophie, also derjenigen Richtung, die das Erbe des Neopositivismus angetreten hat? Daß der Wahrheitsbegriff innerhalb der von Tarski mitgeprägten Sprachphilosophie eine wichtige Stellung hat, wird kaum verwundern. Wo aber wird sonst noch Wahrheit gebraucht?

Da gibt es zum einen die Bereiche, wo Wahrheit schon immer verwendet wurde. Als Beispiel nenne ich die Erkenntnistheorie und deren zentrales Thema, nämlich den Wissensbegriffs. Die Analyse von Wissen als *wahrer* gerechtfertigter Meinung geht mindestens auf Platon zurück und wird mit Einschränkungen bis heute von den meisten Erkenntnistheoretikern akzeptiert. Konsequenterweise enthalten viele moderne Bücher über Erkenntnistheorie ein Kapitel über Wahrheit und ihre Autoren weisen dem Wahrheitsbegriff eine wichtige Rolle in ihren Argumenten zu.

Dann gibt es noch andere Bereiche der Philosophie, bei denen es gar nicht so leicht einzusehen ist, warum man dort den Wahrheitsbegriff brauchen sollte. Durch die Hintertüre der Sprachanalyse hat er sich dort aber eingeschlichen und wird inzwischen ohne größere Bedenken verwendet, zum Beispiel in der Metaphysik, genauer gesagt in der Analyse von Modalitäten. Dort heißt es etwa, daß sterblich zu sein eine notwendige Eigenschaft von Sokrates ist, das heißt, daß Sokrates notwendig sterblich ist, was wiederum so erklärt wird, daß es in allen mögliche Welten oder Situationen *wahr* ist, daß er sterblich ist. Natürlich könnte man notwendige Eigenschaften und Modalitäten auch auf andere Weise analysieren, nur bei der heute vorherrschenden wird das (oder ein) Wahrheitsprädikat verwendet. Daher ist auch in der Ontologie und der Metaphysik Wahrheit ein heute unentbehrlicher Grundbegriff.

Ist die Verwendung des Warheitsbegriffs in diesen Zusammenhängen nun harmlos oder bringt sie bedenkliche Verpflichtungen mit sich?

Ein nicht unbeträchtlicher Teil der Veröffentlichungen zum Thema „Wahrheit" in der analytischen Philosophie wird von dem Streit zwischen den sogenannten Deflationisten und ihren Gegnern geprägt. Die Erstgenannten schätzen die philosophischen Kosten für das Prädikat „ist wahr" gering ein; ihrer Meinung nach ist es nur ein Hilfsprädikat ohne jeden „echten Inhalt".

---

[1]Siehe [8].

Die Opponenten dieser Auffassung dagegen bestehen darauf, daß eine so billige Wahrheitstheorie inadäquat ist und die Kosten der Wahrheit höher anzusetzen sind. Das Wahrheitsprädikat hat ihrer Meinung nach einen echten Inhalt: Es bringt nach der wichtigsten inflationistischen Position, der Korrespondenztheorie, die Übereinstimmung zwischen dem Inhalt eines Satzes und der Realität zum Ausdruck. Diese Übereinstimmung wird aber, so die Korrespondenztheoretiker, von einer deflationistischen Wahrheitstheorie nicht erfaßt.

In diesem Aufsatz werde ich einige Möglichkeiten darstellen, die unklare Unterscheidung zwischen deflationistischen und anderen Wahrheitstheorien durch halbwegs präzise Kriterien zu ersetzen. Ferner werde ich untersuchen, ob die Wahrheitstheorien, die üblicherweise als deflationistisch klassifiziert werden, auch tatsächlich nach diesen Kriterien deflationistisch sind.

2 Disquotationalismus

Weil nicht klar ist, was eine deflationistische Theorie auszeichnet, ist es auch nicht leicht zu sagen, welche Philosophen Deflationisten (bezüglich Wahrheit) sind. Willard Quine, Hartry Field und Paul Horwich gelten jedenfalls als wichtige Vertreter

Zunächst werde ich die populärste Variante des Deflationismus darstellen, nach der das Wahrheitsprädikat nur ein Mittel zur „Disquotation" ist, das heißt, ein Hilfsprädikat, das die Anführungszeichen (engl. „quotation marks") neutralisiert. Wenn man die Anführung (engl. „quotation") eines Satzes bildet, erhält man den *Namen* eines Satzes. Mit Hilfe dieses Namens kann man sagen, daß der Satz wahr ist. Die so erhaltene Aussage über den Satz steht nun in enger Beziehung zu dem Satz selbst: beide sind äquivalent.

Die Disquotationalisten behaupten also, daß der Begriff der Wahrheit durch die Tarski-Sätze[2]

„Schnee ist weiß" ist genau dann wahr, wenn Schnee weiß ist.
„Gras ist rot" ist genau dann wahr, wenn Gras rot ist.
„Alle Menschen sind sterblich oder der Mond ist rund" ist genau dann wahr, wenn alle Menschen sterblich sind oder der Mond rund ist.
u.s.w.

vollständig erfaßt wird[3]. Euphemistisch und etwas irreführend[4] heißt es dann auch in einer Terminologie, die sich an diejenige des Mathematikers David Hilbert anlehnt, daß die Tarski-Sätze Wahrheit *implizit definieren*. Einige Autoren weisen aber auch ganz korrekt daraufhin, daß die Tarski-Sätze Wahrheit im selben Sinne implizit definieren, in dem beispielsweise auch die Axiome der Gruppentheorie definieren, was eine Gruppe sind, oder die Axiome der Arithmetik definieren, was eine natürliche Zahl ist. Mit anderen Worten: die Tarski-Sätze *axiomatisieren* Wahrheit. Sie legen aber, wie man leicht zeigen kann[5], den Begriffsumfang des Wahrheitsprädikates nicht in eindeutiger Weise fest. Um den Eindruck zu vermeiden, daß die Tarski-Sätze wie bei anderen (z.B. expliziten oder induktiven Definitionen) dem Definiendum einen festen Begriffsumfang zuweisen, ziehe ich den Terminus *Axiomatisierung* gegenüber der Bezeichnung *Definition* vor.

So betrachtet, erscheinen viele angeblich deflationistische Wahrheitstheorien gar nicht mehr so deflationär: Das durch die Tarski-Sätze axiomatisierte Wahrheitsprädikat ist ein Grundbegriff,

---
[2] Die Bezeichnung „Tarski-Satz" ist historisch nicht ganz korrekt. Allerdings spielen die Unterschiede zu Tarskis originaler Formulierung in [8] im folgenden keine Rolle.
[3] Sätze mit Ausdrücken wie „dort", „ich" etc. und überhaupt alle „kontextsensitiven" Sätze sind in den Tarski-Sätzen nicht zugelassen, Sätze die das Wahrheitsprädikat enthalten zunächst schon. Darauf, wie die Lügnerparadoxie vermieden werden kann, werde ich weiter unter zurückkommen.
[4] In der formalen Logik versteht man unter impliziten Definitionen noch etwas ganz anderes. Nach Beths Theorem können in der Prädikatenlogik erster Stufe implizite Definitionen im diesem Sinn immer in explizite Definitionen umgewandelt werden. Dieser Doppelsinn des Terminus hat nicht unwesentlich zur Verwirrung in Literatur beigetragen. siehe auch [4].
[5] Siehe [4].

der — wegen Tarskis Theorem von der Undefinierbarkeit von Wahrheit — nicht *explizit* definiert werden kann.

Daß der Wahrheitsbegriff *implizit* definiert, das heißt, axiomatisiert werden kann, macht ihn durchaus nicht unbedenklich. Solange man keinen Überblick darüber hat, was Axiome alles implizieren, sollte man sie auch nicht deflationär nennen. Axiome können auf den ersten Blick harmlos und eben *deflationär* wirken — und sich auf den zweiten Blick als extrem stark herausstellen; sie können auch seltsame und unerwünschte Konsequenzen implizieren und im schlimmsten Fall miteinander unverträglich, d.h. widersprüchlich sein. Gerade bei einer axiomatischen Wahrheitstheorie ist höchste Vorsicht geboten: Die semantischen Paradoxien, auf die ich noch zurückkommen werde, erweisen sich für viele Prinzipien, die auf den ersten Blick recht plausibel aussehen, als fatal. Eine Axiomatisierung — oder wenn man will: eine implizite Definition — ist nur eine explizite Auflistung von Annahmen und zeigt in keiner Weise, daß diese Annahmen harmlos sind.

3 Die semantischen Paradoxien

Es wäre eine sinnvolle Arbeitsteilung, wenn sich die Paradoxienproblematik in „philosophischen" Wahrheitstheorien sinnvoll ausklammern lassen würde. Die Aufgabe, etwas Erhellendes zu den Paradoxien zu sagen, könnte dann den Logikern überlassen werden, und ihre Ansätze könnten dann wieder als fertige Module in die „philosophischen" Theorien eingefügt werden. Den Logikern würden bestimmte Vorgaben gemacht, welche Kriterien eine akzeptable Lösung der Paradoxien haben müßte, damit sie dann wieder in einem „philosophischen" Rahmen eingesetzt werden kann. Leider funktioniert dieser Vorschlag nicht so einfach, wie er sich anhört. Als Beispiel dafür, wie er scheitern kann, werde ich an Hand eines Vorschlages von Paul Horwich zeigen. die klassische Lügnerparadoxie setze ich dabei als bekannt voraus.

Daß sich das Ignorieren der Lügnerparadoxie verhängnisvoll für eine Theorie der Wahrheit auswirken kann, soll an einer bekannten deflationistischen Wahrheitstheorie erläutert werden, nämlich Horwichs [5] Minimalismus, bei dem auch Varianten der Tarski-Sätze als Axiome für Wahrheit Verwendung finden.

> [...] we must conclude that permissible instantiations of the equivalence schema [eine Variante des Tarski-Schemas] are restricted in some way so as to avoid paradoxical results. [...] Given our purposes it suffices for us to concede that certain instances of the equivalence schema are not to be included as axioms of the minimal theory[6], and to note that the principles governing our selection of excluded instances are, in order of priority: (a) that the minimal theory not engender 'liar-type' contradictions; (b) that the set of excluded instances be as small as possible; and—perhaps just as important as (b)—(c) that there be a constructive specification of the excluded instances that is as simple as possible. [5, S. 41f.]

Die drei Bedingungen (a)-(c) klingen sehr vernünftig. (a) ist völlig klar: Eine Wahrheitstheorie muß widerspruchsfrei sein. Auf die Frage, inwieweit sich die beiden Bedingungen (b) und (c) miteinander kombinieren lassen, kann man mit den Mitteln der formalen Logik zumindest partielle Antworten geben.

Vann McGee[7] hat in einem formalen Rahmen untersucht, inwieweit Horwichs Vorschlag tragfähig ist. Wenn man auf Punkt (b) höchsten Wert legt und möglichst wenige Einsetzungsfälle

---

[6]Horwichs minimale Theorie besteht aus allen Sätzen der Form „Die Proposition, daß A ist genau dann wahr, wenn A". Bis auf den Unterschied, daß Propositionen und nicht Sätze Wahrheit zugeschrieben wird, sind die Tarski-Sätze die Axiome von Horwichs minimaler Theorie.

[7]Siehe [6].

des Tarski-Schemas wegläßt, das heißt, wenn man möglichst umfassende widerspruchsfreie Mengen von Tarski-Sätzen betrachtet, erhält man sehr komplizierte Theorien (Mengen von Sätzen oder Formeln), die nicht entscheidbar oder rekursiv aufzählbar sind.

Kurzgesagt, maximal widerspruchsfreie Mengen von Tarski-Sätzen lassen sich ganz und gar nicht konstruktiv angeben. Folglich kann man die Bedingungen (a)-(c) nicht alle gleichzeitig erfüllen. Bei einer der Bedingungen muß man Abstriche machen. (a), also die Forderung nach der Widerspruchsfreiheit, steht auf keinen Fall zur Disposition. Eine Theorie, die bezüglich des Konstruktivitätskriteriums (c) völlig versagt, ist ebenfalls kaum akzeptabel. Denn was nützt eine Wahrheitstheorie, bei der wir nicht einmal eine theoretische Chance haben, ihre Axiome zu erkennen?

Also wird man zu Gunsten der „Konstruktivität" auf viele Tarski-Sätze als Axiome verzichten, die zwar widerspruchsfrei sind, die aber alle zusammen ein effektives Verfahren zur Bestimmung der Axiome der minimalistischen Wahrheitstheorie unmöglich machen.

Leider kann dieser Rückzug Horwichs Vorschlag auch noch nicht retten. Zu jedem widerspruchsfreien Satz A gibt es einen widerspruchsfreien Tarski-Satz, der ihn impliziert, selbst wenn A ein Satz ist, der gar nichts mit Wahrheit zu tun hat[8]. A könnte beispielsweise ein Satz aus der Mathematik oder der Chemie sein, der mit unserer bisherigen Theorie widerspruchsfrei, aber in ihr nicht beweisbar ist. Mit einem entsprechenden Tarski-Satz kann man ihn einfach beweisen — oder auch, wenn man will, mit einem anderen Tarski-Satz seine Verneinung, ohne daß man in einen Widerspruch gerät. Eine solche Wahrheitstheorie wird man wohl weder deflationär noch minimalistisch nennen wollen, weil man für sie einen Preis zahlen muß, der jedem, nicht nur dem Deflationisten, zu hoch sein sollte. Wenn man eine solche Theorie akzeptiert, muß man sich sogar zu mathematischen oder chemischen Behauptungen verpflichten, ohne daß man dafür mathematische oder chemische Gründe hat.

Diese Ergebnisse sind ein ernsthaftes Problem für einen Deflationisten wie Horwich. Sie zeigen nicht etwa, daß die Axiome der von ihm vorgeschlagenen Wahrheitstheorie irgendwelche Schwächen haben. Vielmehr zeigen sie, daß er gar keine Wahrheitstheorie hat: Horwich gelingt es erst gar nicht, die Axiome einer Theorie zu spezifizieren.

Die Probleme mit Horwichs Ansatz sind ein deutlicher hinweis darauf, in welche Schwierigkeiten man sich manövrieren kann, wenn man die Paradoxien einfach ignoriert.

4 Definitionen und Konservativität

Das Wahrheitsprädikat des Disquotationalismus, das heißt, ein Prädikat das die Tarski-Sätze erfüllt, kann nach Tarskis Theorem von der Undefinierbarkeit der Wahrheit[9], wie schon oben gesagt wurde, nicht explizit definiert werden. Daher muß man entweder — wie der Disquotationalist — auf eine Definition von Wahrheit verzichten oder bei den Tarski-Sätzen Abstriche machen

Es folgt, daß eine definitorische Wahrheitstheorie wie die meisten Korrespondenztheorien die Tarski-Sätze nicht beweisen kann, nicht einmal diejenigen Tarski-Sätze, in denen das Wahrheitsprädikat in Anführungszeichen nicht vorkommt. Folglich muß der Korrespondenztheoretiker irgendwie erklären, warum die Tarski-Sätze nicht korrekt sind; er muß irgendeinen Grund für ihre Zurückweisung haben. In der Literatur haben die Korrespondenztheoretiker aber meist nur darauf hingewiesen, warum die Tarski-Sätze zu *schwach* sind, nicht aber darauf, warum einige von ihnen zurückgewiesen werden müssen, selbst wenn sie in Hinsicht auf McGee's Resultate völlig unproblematisch sind wie diejenigen, bei denen das Wahrheitsprädikat innerhalb der Anführungszeichen gar nicht vorkommt.

---

[8] Das folgt aus [6, Theorem 1].
[9] Siehe [8, S: 522, §5, Satz I].

In einem bestimmten Sinn sind aber sowohl Theorien mit einer expliziten Definition von Wahrheit als auch der disquotationalistische Ansatz deflationär — und inadäquat, wie alle in diesem Sinn deflationären Theorien. Bevor ich zeige, weswegen alle deflationären Vorschläge zum Scheitern verurteilt sind, muß ich erst einmal etwas weiter ausholen, um erklären zu können, was ich unter Deflationismus verstehe.

Unter einer *realen*[10] Aussage verstehe ich im folgenden einen Satz, der nichts mit Wahrheit oder Semantik zu tun hat, der also weder das Wahrheitsprädikat noch andere semantische Termini enthält.

Wenn eine Wahrheitstheorie reale Aussagen impliziert, die nicht schon ohne diese Theorie folgen, dann ist sie sicher nicht mehr als philosophisch unbedenklich einzustufen und schon gar nicht als deflationär.

Das legt folgende Definition[11] nahe: Eine Wahrheitstheorie ist genau dann *konservativ*, wenn sie nicht mehr reale Aussagen beweist als die Hintergrundtheorie.

Eine konservative Wahrheitstheorie entscheidet also nicht irgendwelche „Tatsachen". Das hört sich vernünftig für denjenigen an, der glaubt, daß es der Physik überlassen bleiben sollte, physikalische Aussagen zu entscheiden, genauso wie es der Mathematik überlassen bleiben sollte, mathematische zu entscheiden. Aus den Axiomen der Wahrheitstheorie sollten also keine neuen realen Aussagen folgen, also keine physikalischen oder mathematischen Aussagen oder was sonst in der Sprache der Hintergrundtheorie enthalten ist. Insbesondere folgt aus der Konservativität einer Wahrheitstheorie und der Widerspruchsfreiheit der Hintergrundtheorie ihre eigene Widerspruchsfreiheit.

Wenn sich Wahrheit *explizit* definieren läßt, dann ist die Wahrheitstheorie offensichtlich konservativ[12]. Folglich ist auch eine Korrespondenztheorie, wenn sie auf einer expliziten Definition von Wahrheit beruht, konservativ, auch wenn sie in dem Ruf steht, inflationär zu sein.

Konservativität spielt natürlich nicht nur bei Wahrheitstheorien eine fundamentale Rolle, sondern allgemein in der Philosophie der Mathematik. In Hilberts Programm und in der von Hilbert initiierten Beweistheorie ist Konservativität ein Schlüsselbegriff.

Sind deflationistische Wahrheitstheorien in diesem Sinn reduzierbar? Das heißt: Sind diese Theorien konservativ? Wahrheit wird bei den skizzierten und vielen anderen deflationistischen Ansätzen *axiomatisiert* und nicht definiert. Ein wichtiges Beispiel für Theorien, die nicht konservativ sind, wurde schon in dem oben erwähnten Resultat von McGee vorgestellt. Nach diesem Resultat kann man zu jedem Satz, der mit der Hintergrundtheorie verträglich ist, einen Tarski-Satz finden, der ihn impliziert. Bei diesem Tarski-Satz kommt allerdings das Wahrheitsprädikat innerhalb der Anführungszeichen vor. Dieses Ergebnis könnte man nun als technische Spielerei betrachten, als eine Variante der semantischen Paradoxien abtun und sich Wahrheitstheorien zuwenden, in denen die Anwendung des Wahrheitsprädikates auf Sätze, die selbst das Wahrheitsprädikat enthalten, nicht zu solchen seltsamen Konsequenzen führt.

Daher werde ich mich von jetzt an auf diejenigen Tarski-Sätze beschränken, in denen das Wahrheitsprädikat innerhalb der Anführungszeichen nicht vorkommt. Damit sind Horwichs Bedingungen (a) und (c) erfüllt, allerdings sind viele unproblematische Einsetzungsfälle ausgeschlossen und damit Bedingung (b) klar verletzt. Doch ist diese Einschränkung zumindest eine Möglichkeit, in eindeutiger Weise Axiome für eine disquotationelle Theorie anzugeben. Solange man nur über die Wahrheit von Sätzen redet, die ihrerseits das Wahrheitsprädikat nicht enthalten, sollten diese Axiome vom disquotationellen Standpunkt aus gesehen auch ausreichen.

---

[10]Diese Terminologie erinnert an die von David Hilbert. Allerdings verwende ich „real" in einem etwas anderen Sinn als Hilbert.

[11]In der Beweistheorie ist die Konservativität einer eines der wichtigsten Kriterien für den Vergleich von Theorien.

[12]Indem man nämlich das Wahrheitsprädikat überall in einem Argument durch sein Definiens ersetzt, erhält man ein Argument in der Hintergrundtheorie.

Die so eingeschränkte Menge der Tarski-Sätze ergibt eine konservative Theorie[13]. Dieses Ergebnis läßt die durch die Beschränkung der Tarski-Sätze verbesserte disquotationelle Theorie der Wahrheit in einem guten Licht erscheinen: Zwar erhält man keine explizite Definition von Wahrheit, sondern man muß mit einer Axiomatisierung vorliebnehmen, aber die Axiome sind harmlos und eben deflationär, weil sie keine Konsequenzen außerhalb der Wahrheitstheorie selbst hat. Mit Hilfe der eingeschränkten Tarski-Sätze kann man eben keine realen Aussagen entscheiden.

5 Unendliche Konjunktionen

Bei der eben skizzierten disquotationellen Wahrheitstheorie kann man aber nicht stehenbleiben. Sie ist zwar deflationär in dem Sinne, daß sie konservativ sind, und insofern attraktiv; trotzdem ist sie nicht befriedigend: Ihre Axiome sind, wie schon Tarski[14] selbst beobachtet hat, einfach zu schwach und daher nicht adäquat. Dabei liegt das nicht daran, daß sie keinerlei Aussagen über die Wahrheit oder Falschheit von Sätzen macht, die das Wahrheitsprädikat enthalten. Vielmehr zeigt diese disquotationelle Theorie schon ihre Schwächen, wenn man den Blick auf Sätze richtet, die das Wahrheitsprädikat nicht enthalten.

Ironischerweise haben gerade die Deflationisten immer wieder auf einen Schwachpunkt der Axiomatisierung von Wahrheit durch die Tarski-Sätze implizit hingewiesen, indem sie einen angeblichen Zweck des Wahrheitsprädikates angegeben haben.

Wahrheit hat nach der deflationistischen Auffassung kein tieferes Wesen, und die Suche danach kann nur zu philosophischen Verwirrungen führen. Das heißt natürlich nicht, daß Wahrheit keine Funktion hat. Ebenso wie die wahrheitsfunktionalen Satzverknüpfungen („und", „oder" u.s.w.) eine Funktion besitzen, ohne ein tieferes Wesen zu haben, so hat auch das Wahrheitsprädikat einen Zweck. Während die Funktion der Satzverknüpfungen gerade darin besteht, die entsprechenden Axiome zu erfüllen, haben deflationistisch gesinnte Philosophen eine Funktion des Wahrheitsprädikates ausgemacht, die nicht so offensichtlich ist.

Seine Funktion besteht nach Philosophen wie Horwich und Quine darin, unendliche Konjunktionen (Verknüpfungen mit „und") und Disjunktionen (Verknüpfungen mit „oder") auszudrücken. Eine davon unabhängige Aufgabe hat das Wahrheitsprädikat nicht zu erfüllen.

Das Prinzip

(*) Alle Sätze der Form „Wenn p, dann p" sind wahr

steht also irgendwie für die „unendliche Konjunktion"

> Wenn es regnet, dann regnet es, und wenn Brutus Cäsar ermordet hat, dann hat Brutus Cäsar ermordet, und wenn Schnee weiß und heiß ist, dann ist Schnee weiß und heiß, und...

Mit Quine wird man dann erwarten, daß eine vernünftige Wahrheitstheorie die Generalisierung „Alle Sätze der Form ‚Wenn p, dann p' sind wahr" zuläßt. Dazu reichen nach der disquotationellen Wahrheitstheorie die Tarski-Sätze aus.

Wie soll man die Wendung verstehen, daß „eine Wahrheitstheorie die Generalisierung zuläßt"? Bei einer axiomatischen Wahrheitstheorie, wie der disquotationellen, wird man vermuten, daß das Prinzip (*) aus den Axiomen der Theorie folgt, das heißt, daß sich (*) mit den Tarski-Sätzen beweisen läßt.

Hier gibt es wieder ein formales Argument, welches zeigt, daß die Tarski-Sätze nicht für einen Beweis des Prinzips (*) ausreichen. Man kann sogar zeigen[15], daß die Tarski-Sätze gar

---

[13]Dieses Ergebnis geht auf Tarski [8] zurück. Siehe auch [4].

[14]Tarski beweist zuerst in [8, S: 529, §5, Satz III], daß die Tarski-Sätze eine widerspruchsfrei Theorie ergeben, wenn sie zur „Metawissenschaft" hinzugefügt werden. Der Metawissenschaft entspricht in etwa das, was ich hier Hintergrundtheorie genannt habe. Anschließend verwirft Tarski aber diese Theorie wegen ihrer geringen deduktiven Kraft.

[15]Siehe [4].

kein Prinzip der Form (*) und damit keine (Übersetzung einer) unendliche Konjunktion (in die Sprache mit dem Wahrheitsprädikat) beweisen können.

Für die Lösung dieses Problems bieten sich dem Deflationisten zwei Auswege:

Zum einen kann er leugnen, daß Prinzipien wie (*) in einer deflationistischen Theorie beweisbar sein sollen. Er kann dann immer noch behaupten, daß das Wahrheitsprädikat dazu dienen kann, unendliche Konjunktionen auszudrücken, allerdings nicht weil die Axiome für Wahrheit Prinzipien wie (*) implizieren und dadurch wahrheitstheoretische Analoga unendlicher Konjunktionen beweisen, sondern weil (*) auf eine andere Weise eine unendliche Konjunktion ausdrückt. Allerdings halte ich eine Wahrheitstheorie, in der (*) nicht als beweisbar herauskommt für inadäquat: Wenn (*) nicht beweisbar ist, sind die Axiome einfach zu schwach.

Die zweite Alternative für den Deflationisten besteht in der Aufgabe des Disquotationalismus: Die Tarski-Sätze sind zu schwach. Wahrheit ist mehr als nur ein Mittel, die Anführungszeichen zu neutralisieren, wofür die Tarski-Sätze ausreichen. Da ich keine Möglichkeit sehe sinnvoll zu bestreiten, daß Prinzipien wie (*) aus einer vernünftigen Wahrheitstheorie folgen sollen, halte ich eine disquotationalistische Position für unhaltbar, wenn in ihr nur die Tarski-Sätze als Axiome verwendet werden. Sie müssen daher durch stärkere Axiome ersetzt werden. Entgegen der üblichen Meinung sind substantielle Wahrheitstheorien wie die Korrespondenztheorie nicht unbedingt inflationär. Wie ich gezeigt habe, ist nach solchen Ansätzen Wahrheit sogar (durch eine explizite Definition) eliminierbar. Was für eine Wahrheitstheorie könnte deflationärer sein?

Die Theorie der reinen Tarski-Bikonditionale ist verglichen damit schon weniger „preiswert": Disquotationelle Wahrheit kann nicht durch eine Definition eliminiert werden. Allerdings ist diese Theorie immer noch konservativ. Das Wahrheitsprädikat ist also in Beweisen für nichtsemantische, also reale Behauptungen immer verzichtbar, jedenfalls im Prinzip.

Doch weil die Tarski-Bikonditionale es nicht ermöglichen, Prinzipien wie (*) zu beweisen, bilden sie keine adäquate Axiomatisierung von Wahrheit, weil sie zu schwach sind. Daher wurde vorgeschlagen, anstatt der Tarski-Bikonditionale Axiome (Tarski-Klauseln) zu verwenden, welche zu Tarskis induktiver Erfüllungsdefinition analog sind. Auch diese Theorie wird oft als deflationär[16] bezeichnet. Diese Theorie beweist dann Prinzipien wie (*).

6 Deflationismus

Ich werde hier nicht auf die genauen formalen Resultate und ihre Beweise eingehen, die ich anderswo[17] dargestellt habe. Ein Ergebnis sollte aber denjenigen zu Denken geben, die die Tarski-Klauseln für harmlos und eben „deflationär" halten: Sie können nämlich durch die Annahme ersetzt werden, daß alle in der Sprache der Ausgangstheorie definierbaren Mengen existieren[18]. Solche ontologischen Annahmen sind in vielen Zusammenhängen nützlich, beispielsweise wenn man die Widerspruchsfreiheit der Ausgangstheorie beweisen will. Weder diese ontologische Annahmen noch die Tarski-Klauseln sind in einem mir bekannten Sinn auf die Ausgangstheorie reduzierbar. Wenn man unter einer deflationistischen Wahrheitstheorie eine Erklärung, Axiomatisierung oder Explikation von Wahrheit versteht, bei der bestimmte Prinzipien als Axiome, Bedeutungspostulate, oder Definitionen für Wahrheit verwendet werden, dann gibt es keine Alternative zu einem solchen Ansatz außer Obskurantismus, nach dem Wahrheit ein unerklärbares Mysterium ist.

---

[16] Siehe Marian David [1]. Diese Theorie wurde von Donald Davidson wegen ihrer endlichen Axiomatisierbarkeit propagiert.

[17] Siehe [3] und [2].

[18] Genauer gesagt, beweisen die Tarski-Klauseln und das Schema der elementaren Komprehension dieselben Sätze der Ausgangstheorie, sofern man das Induktionsprinzip für alle Formeln und bestimmte Eigenschaften der Ausgangstheorie voraussetzt. Siehe [3]. Elementschaft in diesen Mengen kann mit dem durch die Tarski-Klauseln axiomatisierten Wahrheitsprädikat sogar definiert werden.

Wenn man allerdings nur solche Wahrheitstheorien als deflationistisch bezeichnet, die sehr geringen oder sogar keinerlei Konsequenzen außerhalb der Semantik nach sich ziehen, so wird das deflationistische Programm aussichtslos: Einfache logische Überlegungen zeigen, daß Wahrheit kein völlig harmloser Begriff ist. Axiome wie Tarski-Klauseln schließen die Konservativität einer adäquaten Wahrheitstheorie aus.

Aus den oben genannten formalen Resultaten ziehe ich daher folgendes Resümee: Wer nicht bereit ist einen angemessenen Preis zu bezahlen, nämlich die Forderung nach Konservativität aufzugeben, muß mit einer Wahrheitstheorie vorlieb nehmen, die gemessen an unseren Erwartungen einfach zu schwach ist.

Das disquotationelle Wahrheitsprädikat, das nur auf den Tarski-Sätzen als Axiomen basiert, ist billig, aber man kann damit bei weitem nicht soviel damit anfangen wie mit einem durch die Tarski-Klauseln axiomatisierten.

Diese Überlegung macht die Hoffnungen und Überzeugungen der Deflationisten, aber auch der Korrespondenztheoretiker zunichte: Vernünftige Wahrheitsprädikate sind nicht umsonst, das heißt, im Rahmen einer konservativen Theorie zu bekommen und haben ihren Preis. Und sie sind schon gar nicht zum Nulltarif durch eine explizite Definition zu bekommen, wie wie nicht wenige Korrespondenztheoretiker uns glauben machen wollen.

Literatur

[1] M. David. *Correspondence and Disquotation: an Essay on the Nature of Truth.* Oxford University Press, 1994.

[2] V. Halbach. Conservative theories of classical truth. *Studia Logica.* to appear.

[3] V. Halbach. *Axiomatische Wahrheitstheorien.* Akademie Verlag, Berlin, 1996.

[4] V. Halbach. Disquotationalism and infinite conjunctions. *Mind*, 108:1–22, 1999.

[5] P. Horwich. *Truth.* Basil Blackwell, Oxford, 1990.

[6] V. McGee. Maximal consistent sets of instances of Tarski's schema (T). *Journal of Philosophical Logic*, 21:235–241, 1992.

[7] S. Shapiro. Proof and truth: Through thick and thin. *Journal of Philosophy*, 95:493–521, 1998.

[8] A. Tarski. Der Wahrheitsbegriff in den formalisierten Sprachen. *Studia Philosophica Commentarii Societatis philosophicae Polonorum*, 1, 1935. zitiert nach Berka und Kreiser (Hrsg.), *Logik Texte*, Berlin 1971, S. 105–112.

Volker Halbach
Universität Konstanz
Fachgruppe Philosophie
Postfach 5560
D-78434 Konstanz
e-mail: Volker.Halbach@uni-konstanz.de

Beitrag zum Workshop „Logik in der Philosophie"
des XVIII. Deutschen Kongresses für Philosophie
an der Universität Konstanz, 4.-8.10.1999

Lehrstuhl für Logik und Sprachphilosophie
Universität Stuttgart
Azenbergstr. 12
D - 70174 Stuttgart

Vagheit und Ontologie

Hans Kamp

Quine verdankt die angelsächsische Philosophie der zweiten Hälfte dieses Jahrhunderts zwei Prinzipien, deren Einfluss sich kaum überbewerten lässt. Das erste: Es gibt keine Entitäten ohne scharf bestimmte Identitätskriterien ("No entity without identity"); und das zweite: Nichts existiert, was nicht als Wert einer gebundenen Variable auftreten kann ("to be is to be the value of a bound variable"). Das erste Prinzip beschränkt die Ontologie. Lassen sich die Identitätskriterien für Entitäten einer gewissen (mutmaßlichen) Kategorie nicht eindeutig bestimmen, so gibt es diese Kategorie von Entitäten wohl überhaupt nicht, und man sollte die Finger davon lassen, solange die sie betreffende Identitätsfrage nicht positiv geklärt ist. Das zweite Prinzip kann man als logische Motivierung für das erste verstehen: Gäbe es die ontologische Kategorie C, dann müsste es auch möglich sein, über die Entitäten dieser Kategorie zu quantifizieren. Aber Quantifikation ist nur dann wohldefiniert, wenn es für den gegebenen Quantifikationsbereich eindeutige Zählkriterien – d.h. Identitätskriterien – gibt. Für Quine waren diese Prinzipien wohl der zentrale Grund eines tiefverwurzelten und rigorosen Nominalismus und für das von ihm systematisch verfolgte Programm ontologischer Reduktion.

Nun ist aber zu befürchten, dass, wenn man die Prinzipien in dem Sinne, in dem von Quine sie intendiert hat, wirklich ernst nimmt, es kaum Kategorien gibt, die ihren Anforderungen gerecht werden. Dies gilt insbesondere für empirische Kategorien, wie die eines physikalischen Gegenstands oder einer Person. Das radikale Schwinden der Ontologie, die die Prinzipien zu bewirken scheinen, ist der Effekt von zwei Faktoren. Einerseits gibt es das Problem der Vagheit. Nicht nur sind empirische Begriffe – sicher in der übergroßen Mehrheit und vielleicht sogar ohne Ausnahme – vage in dem Sinne, dass es immer Entitäten gibt oder geben könnte, für die die Frage, ob sie unter den Begriff fallen, grundsätzlich unentscheidbar ist; auch der Identitätsbegriff für empirische Kategorien ist offenbar von Vagheit affiziert: es kann immer wieder Fälle von zwei unabhängigen Manifestationen von Entitäten einer solchen Kategorie geben, für die unentscheidbar ist, ob sie Manifestationen derselben oder zweier verschiedener Kategorien sind. Andererseits wurde oft angenommen, dass Quantifikation Vagheit dieser Art ausschließt, weil sie der Anforderung eines eindeutigen Zählkriteriums widerspricht.

Je unausweichlicher der Schluss erscheint, dass auch die uns vertrautesten Kategorien von Vagheit affiziert sind und demnach den genannten Prinzipien zum Opfer fallen müssten, um so stärker wird auch der Eindruck, dass es zumindest keine logischen Einwände gegen die Annahme ihrer Existenz geben sollte. Wir sind, so scheint es, ohne weiteres in der Lage, Informationen, die solche Kategorien betreffen, logisch zu verarbeiten, und die ihnen anhaftende Vagheit erweist sich dabei nur selten, wenn überhaupt, als Hindernis. Wenn dieser Eindruck stimmt, dann sollte es eine wohlbegründete Logik geben, die diesen Verarbeitungsmechanismen gerecht wird, indem sie Quantifikation auch über solche Bereiche zulässt, deren Elemente einer vagen Identität unterliegen.

Die Untersuchung solcher Logiken ist schon seit einigen Jahrzehnten ein wichtiges Forschungsthema innerhalb der Philosophischen Logik, und es ist mein persönlicher Eindruck, dass die Ergebnisse dieser Forschung den logisch motivierten Vorbehalt gegen Quantifikationsbereiche mit vagen Identitiätskriterien weitgehend ausgeräumt haben. Damit ist aber die Frage, ob solche Kategorien aus metaphysischer Sicht akzeptabel sind, immer noch nicht entschieden.

Während der Veranstaltung möchte ich, nach kurzer Skizzierung des allgemeinen Problems, mit einem Minimum an technischem Aufwand über die Ergebnisse der logischen Vagheitsforschung berichten, um damit den Weg für eine Diskussion der verbleibenden metaphysischen Fragen zu eröffnen.

Beitrag zum Workshop "Logik in der Philosophie"
des XVIII. Deutschen Kongresses für Philosophie
an der Universität Konstanz, 4.-8.10.1999

Fachgruppe Philosophie
Universität Konstanz
D - 78457 Konstanz
e-mail: wolfgang.spohn@uni-konstanz.de
URL: http://www.uni-konstanz.de/FuF/
Philo/Philosophie/HPs/Spohn

Die Logik und das Induktionsproblem

Wolfgang Spohn

Das mit der Philosophie David Humes ins Zentrum der Erkenntnistheorie gerückte Induktionsproblem halte ich für eines der klarsten und eindrücklichsten Beispiele dafür, wie die formalen Mittel aus den philosophischen Logiken philosophischen Nutzen zu entfalten vermögen. Hält man Rückschau auf die immens reichhaltige Entwicklung der Literatur zum Induktionsproblem in den letzten zwanzig oder dreißig Jahren, so zeigt sich meines Erachtens deutlich, daß die in gewissem Sinne grundsätzlichsten und allgemeinsten Beiträge dazu von formaler Seite gekommen sind. Diesen Punkt will ich hier in der gebotenen Kürze erläutern.

Hier ist nicht der Platz, um den Reichtum der jüngsten, in der einen oder anderen Weise mit dem Induktionsproblem befaßten Literatur auch nur andeutungsweise darzustellen. Wer sich aber in diese Literatur vertieft, steht in Gefahr, vor lauter Bäumen den Wald nicht mehr zu sehen. Dieser Gefahr entgeht man meiner Erfahrung nach am besten, wenn man sich einen ebenso einfachen wie grundlegenden Sachverhalt vor Augen führt, der, wie mir scheint, oft nicht mit hinreichender Schärfe gesehen wird: der Sachverhalt nämlich, daß *induktive Schemata fast dasselbe sind wie Revisionsschemata*. Damit meine ich folgendes:

Klar ist zunächst, daß ein erkennendes Subjekt im Laufe seines kognitiven Lebens eine Unmenge an, neutral ausgedrückt, Daten erhält. Worin diese Daten genau bestehen, ob sie externe Sachverhalte über die Außenwelt oder interne Sachverhalte über das Subjekt selbst zum Inhalt haben, ob sie gewiß und infallibel sein müssen oder nicht, all das gehört zum Problem der Basis der Erkenntnis, welches hier nicht das Thema ist. Klar ist ferner, daß die Daten eines Subjekts nach jedem vernünftigen Verständnis so arm sind, daß es zum schnellen Untergang verurteilt wäre, wollte es seine Überzeugungen auf seine Daten und ihre deduktiven Folgerungen beschränken; z.B. hätte es dann keine Überzeugungen über die Zukunft. Das Subjekt ist also vital darauf angewiesen, in seinen Überzeugungen weit über seine Daten hinauszugehen.

Wie tut es das? Dadurch, daß es, wie ich es ausdrücke, ein bestimmtes induktives Schema realisiert. Ein *induktives Schema* ist dabei eine Funktion, die jeder beliebigen Folge von Daten eine reichere Menge von Überzeugungen oder, allgemeiner, einen doxastischen Zustand zuordnet. Ersichtlich gibt es unzählige mögliche induktive Schemata. Das Induktionsproblem besteht mithin – so stellt es sich seit Hume – in der Frage, ob sich die Verwendung eines bestimmten induktiven Schemas rechtfertigen läßt, und wenn ja, wie.

Doch stellt sich die Frage der Überzeugungsbildung eigentlich nicht so global. Die natürlichere Problemstellung ist folgende: Da hat das Subjekt, irgendwoher, einen mehr oder weniger reichen Schatz an Überzeugungen. Nun bekommt es ein neues Datum – und verändert dadurch im Regelfall seine Überzeugungen. Wie tut es das? Dadurch, daß es, wie ich es ausdrücke, ein bestimmtes Revisionsschema, realisiert. Ein *Revisionsschema* ist dabei eine Funktion, die jeder beliebigen Menge von Überzeugungen und jedem Datum eine neue Überzeugungsmenge zuordnet, oder allgemeiner: jedem doxastischen Anfangszustand und jedem Datum einen doxastischen Endzustand. Ein Revisionsschema ist also, mit anderen Worten, ein mögliches dynamisches Gesetz für doxastische Zustände – so ähnlich wie Newtons Gravitationsgesetz ein dynamisches Gesetz für die Bewegungszustände schwerer Körper ist. Wieder gibt es unzählige Revisionsschemata, und wieder stellt sich die Frage, welches der vielen man verwenden soll.

Diese Frage kommt dem Induktionsproblem gleich, einfach weil es eine fast exakte Entsprechung zwischen Revisionsschemata und induktiven Schemata gibt. Denn in der einen Richtung gilt, daß jedes induktive Schema ein Revisionsschema erzeugt, indem es jeder Folge von Daten einen ersten doxastischen Zustand und der um ein neues Datum erweiterten Datenfolge einen zweiten doxastischen Zustand zuordnet und damit die Funktion definiert, die dem ersten Zustand und dem neuen Datum den zweiten Zustand zuordnet. Diese Funktion liefert kein volles Revisionsschema, da ihr Definitionsbereich nicht alle doxastischen Zustände, sondern nur solche enthält, die das induktive Schema aus Datenmengen erzeugt; doch sieht man daran, daß der Definitionsbereich immerhin alle doxastischen Zustände enthält, auf die es vom Standpunkt des induktiven Schemas aus ankommt – so daß man das, was zu einem vollen Revisionsschema fehlt, vernachlässigen darf. Umgekehrt gilt, daß jedes Revisionsschema ein induktives Schema erzeugt, sofern man ihm einen apriorischen doxastischen Zustand als Startpunkt beigesellt. Denn damit kann das Revisionsschema dann jede beliebige Folge von Daten aufrollen und so eine Funktion festlegen, die jeder Folge von Daten einen doxastischen Zustand zuordnet.

Die Rechtfertigung von Revisionsschemata gleicht also der Rechtfertigung induktiver Schemata. Trotzdem ist es in doppelter Hinsicht ungemein förderlich, Revisionsschemata an Stelle induktiver Schemata zu betrachten:

Erstens schrumpft die globale Frage, was allen gewonnenen Daten insgesamt zu entnehmen sei, zur lokalen Frage, wie auf ein einzelnes neues Datum zu reagieren sei. Die globale Frage war der von Hume aufgeworfenen und seitdem mehrfach verschärften Induktionsskepsis ausgesetzt und erschien so keiner begründeten positiven Antwort zuzuführen. Lokal wird daraus in Bezug auf Revisionsschemata die vernünftige und nicht von überzogenen Erwartungen belastete Frage, was an dynamischen Regeln der Überzeugungsänderung begründbar ist. Wieviel das am Ende ist, ist dabei weder in positiver noch in negativer Hinsicht vorentschieden – so daß der Skeptizist nicht mehr mit pauschalen Fragen und Argumenten landen kann, sondern sich mit den spezifischen Begründungen, die gegeben werden, auseinandersetzen muß.

Zweitens stellt sich das Problem hinsichtlich induktiver Schemata als statische Frage nach dem induktiven Schließen, danach, was sich aus den Daten erschließen läßt; durch die scheinbare Verwandtschaft mit dem deduktiven Schließen klingt diese Frage dann so, als müßten die Antworten darauf richtig oder falsch sein. Hingegen fehlt diese fatale Konnotation bei der Frage hinsichtlich der Revisionsschemata; da geht es unzweideutig um die Dynamik doxastischer Zustände und nicht um das unzeitlich wirkende Entfalten des Gehalts von Prämissen.

Wegen dieser Unterschiede scheint mir die angemessene Formulierung des Induktionsproblem in der folgenden Frage zu liegen: *Welche Regeln gelten für die Dynamik doxastischer Zustände, und wovon nimmt diese Dynamik ihren Anfang?* Die Schriften von David Hume, dem wir all das zu verdanken haben, decken sich m.E. gut mit dieser Formulierung – wenn man ihn nicht allzu platt als empirischen Assoziationspsychologen liest, sondern wohlwollender rationalitätstheoretisch interpretiert; und in Bezug auf die aktuelle einschlägige Diskussionslage ist diese Formulierung vollkommen angemessen.

Über die Dynamik doxastischer Zustände läßt sich nun auf vielen verschiedenen Ebenen sehr viel sagen; deswegen ist das so bündig wirkende Induktionsproblem letztlich so unerschöpflich. Doch sagte ich zu Beginn, daß die grundsätzlichsten und allgemeinsten Beiträge dazu von formaler Seite gekommen sind. Verfolgen wir daher ein Stück weit, unter Absehung vieler Probleme, einige formalen Überlegungen.

Die Behandlung der Dynamik doxastischer Zustände setzt zweierlei voraus. Als erstes müssen wir eine Menge **P** von möglichen Denk- oder Glaubensinhalten oder – das ist der philosophische Terminus, der sich eingebürgert hat – von Propositionen annehmen, zu denen die betrachteten doxastischen Zustände Stellung beziehen. Die weiteren Überlegungen werden erheblich vereinfacht, wenn wir annehmen, daß **P** endlich ist. Eine selbstverständliche Annahme ist ferner, daß die Menge **P** der Propositionen unter Negation, Konjunktion und Adjunktion abgeschlossen ist. Mit $\top$ sei im folgenden die logisch wahre Proposition bezeichnet, mit $\bot$ die logische falsche Proposition. Was man sich unter diesen Propositionen genau vorzustellen hat, ist eine der schwierigsten und in diesem Jahrhundert meistdiskutierten philosophischen Fragen, die hier aber auszuklammern ist. Zweitens ist klar, daß die Beschreibung der Dynamik doxastischer Zustände von einer Beschreibung ihrer Statik ausgehen muß, also davon, wie sie zu einem gegebenen Zeitpunkt beschaffen sind. Eigentlich geht aber beides Hand in Hand, denn die Beschreibung der Statik muß sich natürlich an den Bedürfnissen der Dynamik orientieren.

Die nach wie vor insgesamt beste sowohl statische wie dynamische Beschreibung ist die probabilistische, derzufolge ein Subjekt für jede Proposition eine subjektive Wahrscheinlichkeit hat. Darauf will ich nun nicht weiter eingehen. Doch kann ich diese Beschreibungsweise dringend zum Studium empfehlen; was sich dort in den letzten Jahrzehnten entwickelt hat, ist ungeheuer spannend. In der Tat denke ich, daß die Wahrscheinlichkeitstheorie für die Philosophie ebenso wichtig ist wie die Logik.

Daß das Ansehen der Wahrscheinlichkeitstheorie in der philosophischen Erkenntnistheorie nicht besonders hoch ist, liegt freilich nicht nur an der abschreckenden Mathematik. Es gibt dafür auch einen wichtigen sachlichen Grund, nämlich die Tatsache, daß ein als Wahrscheinlichkeitsmaß beschriebener doxastischer Zustand keine Meinungen im normalen Sinne enthält, die das Subjekt jedenfalls für wahr hält und die sich dann als wahr oder als falsch herausstellen können. Wenn ich es etwa für unwahrscheinlich halte, daß es morgen regnet, so hat es einfach keinen Sinn, von dieser doxastischen Einstellung zu sagen, sie sei wahr oder falsch; sie kann bestenfalls wohlinformiert, vernünftig und ähnliches sein. Ohne den Wahrheitsbegriff kann eine probabilistische Erkenntnistheorie aber auch nicht vom Wissen reden; und so scheint sie zentrale erkenntnistheoretische Anliegen enttäuschen zu müssen. Dieser Anschein ist sicherlich verheerend. Eine Reaktion darauf ist, diesem Anschein im Rahmen probabilistischer Erkenntnistheorie zu begegnen. Eine andere Reaktion ist, doxastische Zustände von vornherein so zu beschreiben, daß sie wahre oder falsche Meinungen enthalten. Das ist im Prinzip nicht schwierig; bahnbrechend hierfür war die Entwicklung der doxastischen Logik. Doch wurde erst in den letzten zwanzig Jahren die Frage nach der Dynamik so beschriebener doxastischer Zustände überhaupt erörtert – mit Erfolg, wie ich im weiteren deutlich machen will.

Beginnen wir mit der statischen Beschreibung. Es geht nun, wie gesagt, nur ums Für-wahr- und ums Für-falsch-Halten; davon, daß Meinungen mehr oder weniger fest sind, ist zunächst nicht die Rede. Wie läßt sich also die Menge aller Meinungen, die ein Subjekt zu einem gegebenen Zeitpunkt hat, beschreiben? Hier werden zumeist drei einfache Prinzipien angenommen:

(1) wenn das Subjekt A für wahr hält und B für wahr hält, so hält es auch A-und-B für wahr;
(2) wenn das Subjekt A für wahr hält, so hält es auch A-oder-B für wahr;
(3) das Subjekt hält $\bot$ (die logisch falsche Proposition) für falsch und nicht für wahr.

Die Prinzipien (1), (2) und (3) beinhalten, daß die Meinungen eines Subjekts konsistent und unter logischer Folgerung abgeschlossen ist – was viele angesichts der Unentscheidbarkeit dieser Begriffe (ab der Prädikatenlogik erster Stufe) für eine unzulässig starke Unterstellung halten – ein weiteres Problem, welches hier nicht thematisiert sei, zumal niemand eine gute Lösung dafür vorweisen kann. Eine positive Folge ist, daß sich die Menge aller Meinungen eines Subjekts durch eine einzige Proposition $G \neq \bot$, seine *Gesamtmeinung*, die Konjunktion aller seiner Meinungen charakterisieren läßt; das Subjekt glaubt eine Proposition genau dann, wenn sie eine logische Folgerung von G ist.

Wie können wir diese statische Betrachtung zu einer dynamischen erweitern? Nehmen wir an, der doxastische Zustand eines Subjekts zum Zeitpunkt t sei durch die Gesamtmeinung G_t charakterisiert und es erhalte zwischen t und t' die Information A. Was läßt sich dann über die neue Gesamtmeinung $G_{t'}$ des Subjekts zu t' sagen? Zwei Fälle sind hier zu unterscheiden:

Im ersten – normalen – Fall ist die Information mit den bisherigen Überzeugungen des Subjekts verträglich, d.h. G_t-und-$A \neq \bot$. Hier scheint es einerseits vernünftig anzunehmen, daß

(4) $G_{t'} \Rightarrow G_t$-und-A

(worin $\Rightarrow$ für logische Folgerung steht), daß sich also in der neuen Gesamtmeinung alle alten Überzeugungen wie auch die aufgenommene Information versammeln; es gibt keinen Grund zu größerer Zurückhaltung. Andererseits liegt es nahe anzunehmen, daß

(5) G_t-und-$A \Rightarrow G_{t'}$,

daß also die neue Gesamtmeinung nicht mehr als die alten Überzeugungen, die neue Information und ihre gemeisame Folgerungen enthält; jede Meinung, die darüber hinausginge, entbehrte der Rechtfertigung. Beide Annahmen zusammen bestimmen in diesem Fall aber schon die neue Gesamtmeinung; danach muß $G_{t'} = G_t$-und-A sein.

Im zweiten Fall ist die Information mit den bisherigen Überzeugungen des Subjekts unverträglich, d.h. G_t-und-$A = \bot$. Dieser Fall ist gar nicht ungewöhnlich. Die Realität enttäuscht laufend unsere Erwartungen, und wir leugnen dann die Realität nicht, sondern passen unsere Erwartungen an. Wie tun wir das, was ist in diesem Fall die neue Gesamtmeinung? Es ist schwer, über diesen Fall Allgemeinverbindliches zu sagen; die Literatur ist voll von Fehlschlägen. Eigentlich läßt sich nur feststellen, daß jedenfalls

(6) $\quad \bot \neq G_{t'} \Rightarrow A$,

daß also die neue Gesamtmeinung wieder konsistent ist und die Information A enthält – was daran liegt, daß wir die Information so weit immer als akzeptierte Information betrachten.

So weit, so schlecht; mit der Aussage (6) bleibt unsere Dynamik doxastischer Zustände (als Gesamtmeinungen) unvollständig. Genau an dieser Stelle setzt freilich der entscheidende Gedanke ein, der die ältere Literatur zum Thema von der neueren der letzten zwanzig Jahre trennt. Die ältere Literatur versuchte, die Aussage (6) substantiell zu verstärken. Die neuere verzichtet einsichtsvoll darauf, und hat eine Methode entdeckt, mit der sich schon auf der Grundlage der bisherigen Annahmen eine vollständige Dynamik formulieren läßt. Wie das? Der Gedanke ist eigentlich ganz einfach und typisch für eine formale Vorgehensweise:

Auch wenn wir über den zweiten der obigen Fälle allgemein nicht mehr als (6) sagen können, so dürfen wir doch annehmen, daß die Gesamtmeinung des Subjekts irgendeine der Bedingung (6) genügende Änderung erfährt. Wir dürfen weiter annehmen, daß diese Reaktion auf die empfangene Information schon im alten doxastischen Zustand angelegt ist. Schließlich dürfen wir annehmen, daß im alten Zustand schon für jede mögliche Information eine entsprechende Reaktion angelegt ist. Mit anderen Worten, der alte Zustand besteht nicht nur aus einer Gesamtmeinung, sondern schließt eine bestimmte Disposition zur Reaktion auf die möglichen Informationen ein. Diese Disposition läßt sich als eine Funktion beschreiben, die jeder möglichen Information diejenige Gesamtmeinung zuordnet, die das Subjekt hätte, wenn es diese Information bekäme. Welche Bedingungen diese Disposition erfüllen sollte, haben wir dabei in den Aussagen (4), (5) und (6) schon festgeschrieben. Diese Überlegung führt zu der folgenden

Definition: g ist genau dann ein *Meinungsänderungsschema* für **P**, wenn g eine Funktion ist, die jeder Proposition in **P** mit Ausnahme von $\bot$ eine Proposition in **P** zuordnet derart, daß für alle Propositionen A und B gilt:

(a) $\bot \neq g(A) \Rightarrow A$,
(b) wenn $g(A)$-*und*-$B \neq \bot$, so $g(A$-*und*-$B) = g(A)$-*und*-B.

Das ist, wie gesagt, so zu lesen, daß man im Zustand g nach der Information A die Gesamtmeinung $g(A)$ hat. Das impliziert, daß man im Zustand g selbst die Gesamtmeinung $g(\top)$ hat, da die sichere Proposition T garantiert keinen Informationsgehalt hat und so die Gesamtmeinung nicht ändert. Daß g für $\bot$ nicht definiert ist, liegt daran, daß $\bot$ keine mögliche Information darstellt. In der Bedingung (a) schlägt sich die Aussage (6) nieder, die ja a fortiori auch für den ersten, oben besprochenen Fall gilt. Und die Bedingung (b) sagt, was passiert, wenn nach der ersten Information A eine zweite Information B hinzutritt, die mit der nach der ersten Information erzielten Gesamtmeinung konsistent ist: nämlich, daß dann die aufgrund der Information A-und-B gebildete Gesamtmeinung gerade aus der nach A gebildeten Gesamtmeinung und der weiteren Information B besteht. Insofern sagt die Bedingung (b) dasselbe wie die Aussagen (4) und (5), nur allgemeiner für jede nach einer ersten Information erreichten Gesamtmeinung.

Mit dieser einfachen, aber höchst effektiven Begriffsbildung können wir schließlich ganz leicht ein vollkommen bestimmtes dynamisches Gesetz für Gesamtmeinungen formulieren:

Regel zur Änderung von Gesamtmeinungen: Wenn ein Subjekt zum Zeitpunkt t das Meinungsänderungsschema g_t hat und die Information, die es zwischen t und t' erhält, in der Proposition $A \neq \bot$ besteht, so ist $G_{t'} = g_t(A)$ seine Gesamtmeinung zu t'.

Im Kern beruht die gesamte seit etwa 20 Jahren immer reicher ausgebaute sogenannte "belief revision theory" auf dieser Begriffsbildung – eine unzulässig knappe Bemerkung freilich, da sie nicht zu ahnen gibt, wieviel an äquivalenten Formulierungen und subtilen Varianten, an Vergleichen und Verallgemeinerungen dort in höchst eindrucksvoller Weise untersucht worden ist.

Gleichwohl springt ein Ungenügen dieser dynamischen Regel sofort ins Auge. Sie macht keinen Hehl daraus, daß der anfängliche doxastische Zustand zu t nun nicht mehr durch eine Gesamtmeinung, sondern durch ein ganzes Meinungsänderungsschema charakterisiert ist. Dann müssen aber alle doxastischen Zustände so charakterisiert sein. Die dynamische Regel muß sagen, wie die Informationen oder Daten das alte Meinungsänderungsschema in ein neues wenden; andernfalls bleibt die dynamische Theorie unvollständig. Das Problem wird besonders plastisch, wenn wir uns fragen, wie sich der doxastische Zustand nach t' weiter verändert. Unsere Regel kann dazu offenbar nichts mehr sagen, da der Anfangszustand der weiteren Änderung nun gar nicht als Meinungsänderungsschema beschrieben ist. Darum heißt das Problem auch das Problem der iterierten Meinungsänderung.

Es existieren verschiedene Ideen zur Lösung dieses Problems. Die beste allgemeine Lösung scheint mir aber nach wie vor in der Theorie der sogenannten Rangfunktionen zu liegen, die ich 1983 in meiner Habilitationsschrift (damals noch unter der gräßlichen Bezeichnung "ordinale Konditionalfunktionen") vorgeschlagen habe. Diese bestehen in einer geringfügigen, aber doch entscheidenden Verallgemeinerung der oben definierten Meinungsänderungsschemata, die nicht kompliziert ist, aber den gegebenen Rahmen sprengt. Diese Lösung erlaubt es vor allem, all die Errungenschaften der probabilistischen Erkenntnistheorie in die am Für-wahr-Halten und an der Wahrheit orientierten philosophischen Erkenntnistheorie zu übertragen; dies gilt insbesondere für die Theorie der sogenannten Bayes'schen Netze, die sich zur bevorzugten Methode der KI zu entwickeln scheinen, induktives Räsonieren im Computer zu implementieren. In unserem Zusammenhang liegt der springende Punkt ersichtlich darin, daß mit dieser Theorie der Rangfunktionen in der Tat eine völlig allgemeine Antwort auf die Fassung des Induktionsproblems vorliegt, die wir ihm oben gegeben haben.

Ganz am Anfang habe ich behauptet, daß in solchen Theorieentwicklungen, wie ich sie hier angedeutet habe, die allgemeinsten und grundsätzlichsten aktuellen Beiträge zum Induktionsproblem liegen. Diese Behauptung sollte noch ein wenig verteidigt werden. Erinnern wir uns dazu an die Formulierung, die wir dem Induktionsproblem gegeben haben: *Welche Regeln gelten für die Dynamik doxastischer Zustände, und wovon nimmt diese Dynamik ihren Anfang?* Die Unerschöpflichkeit dieses Problems liegt, so sagte ich, daran, daß man die Dynamik doxastischer Zustände auf so vielen verschiedenen Ebenen behandeln kann. Was hierbei als erstes festzuhalten ist, ist, daß man diese Dynamik sowohl unter normativer wie unter empirischer Perspektive betrachten kann; diese wichtige Unterscheidung verbarg sich hinter der doppeldeutigen Rede vom Gelten dynamischer Regeln.

Die empirische Perspektive hat einen enormen Aufschwung genommen. Da spannt sich ein weiter Themenbogen: von der neurologischen Erforschung kognitiver Mechanismen über die kognitionspsychologische Untersuchung von Wahrnehmen, Lernen, Denken, Sprechen und Handeln, theoretische Modelle aus Psychologie, Linguistik und KI, die Entwicklungs- und Sozialpsychologie kognitiver Funktionen, Überlegungen zur evolutionären Selektion kognitiver Mechanismen und so weiter bis hin zu wissenschaftssoziologischen und wissenschaftshistorischen Studien und allgemeinen Betrachtungen zur Ideen- und Geistesgeschichte. Diese vielfältigen Entwicklungen fügen sich bestens in das Bild einer naturalisierten Erkenntnistheorie.

Trotzdem kommt in dem so entstandenen Reichtum der Kern des Induktionsproblems nicht richtig in den Blick. Denn zum einen stößt man durch die große empirische Vielfalt kaum zu den allgemeinsten dynamischen Regeln und Gesetzen vor. Zum andern wird dabei die meines Erachtens entscheidende normative Dimension vernachlässigt. Beides hängt zusammen, und beides wird durch die vorangegangenen Ausführungen belegt.

Was die Allgemeinheit angeht, so habe ich angedeutet, auf welche Weise man zu denkbar allgemeinen Regeln vorstoßen kann; und daß man auch auf so allgemeiner Ebene genau, detailliert und fruchtbar arbeiten kann, sollte halbwegs glaubhaft geworden sein. Ferner ist, denke ich, klar, daß man auf rein empirischem Wege niemals zu so allgemeinen Regeln hätte gelangen können. Der Empiriker wird demgegenüber einwenden, daß diese Allgemeinheit völlig der empirischen Grundlage entbehrt; sie wird ihm wie ein nichtiges Glasperlenspiel anmuten.

Darum gilt es schließlich, die normative Betrachtungsweise zu betonen. Der Ausdruck "normativ" ist dabei noch zu unspezifisch; er ist hier enger rationalitätstheoretisch zu verstehen. Denn es geht hier nicht um Normen der Moral, des Rechts oder was es da sonst an normativen Quellen geben mag, sondern ausschließlich um Normen der theoretischen Vernunft, die sagen sollen, wie wir unsere Überzeugungen *rationalerweise* bilden und ändern sollen.

Diese rational-normative Betrachtungsweise hat in der philosophischen Behandlung des Induktionsproblems eine lange Tradition. Sie scheint mir auch die primäre zu sein. Angesichts der enormen Reichheit der normativen Diskussion scheint mir jedenfalls das naturalistische Bestreben, diese normative Dimension zu eliminieren oder zu reduzieren, ganz undurchführbar zu sein. In der Tat bin ich davon überzeugt, daß die normative Diskussion für die empirische Diskussion insofern regulativ ist, als wir uns bei all unseren schwerwiegenden Unvollkommenheiten dennoch auch empirisch als einigermaßen rational im Sinne der normativen Diskussion verstehen wollen; es ist schlecht vorstellbar, daß die empirische Erkenntnistheorie den Rationalitätsbegriff einfach umgehen oder ignorieren kann.

Jedoch wurde in der älteren Literatur die normative Frage nach der Induktion seltsamerweise nicht in der oben als äquivalent erwiesenen Form gestellt, d.h. als die Frage, wie doxastische Zustände rationalerweise zu ändern seien. In dieser Form wurde die Frage in der Tat erst in den vergangenen 20 Jahren gründlich untersucht, und zwar gerade in dem Bereich der Literatur, auf den ich mich durchweg bezogen habe. Davon habe ich oben einen Eindruck zu geben versucht. Daß es sich dabei um eine normative Diskussion handelt, ist in meiner Schilderung wenig zum Vorschein gekommen. Doch wenn wir ausführlicher in das Für und Wider der diversen Annahmen, Bedingungen, Definitionen und Regeln eingestiegen wären, so hätte sich gezeigt, daß hier durchweg normativ oder rationalitätstheoretisch argumentiert wird, das also die grundlegende normative Betrachtungsweise hier am nachdrücklichsten vorangetrieben wurde.

Literatur zum Thema:

Earman, J. (1992), *Bayes or Bust? A Critical Examination of Bayesian Confirmation Theory*, Cambridge, Mass. [vielleicht die umsichtigste aktuelle Monographie zur probabilistischen Erkenntnistheorie]

Gabbay, D.M., C.J. Hogger, J.A. Robinson (Hg.) (1994), *Handbook of Logic in Artificial Intelligence and Logic Programming. Vol. 3, Nonmonotonic Reasoning and Uncertainty Reasoning. Vol. 4, Epistemic and Temporal Reasoning*, Oxford [verschafft derzeit wohl den besten Überblick über die vorfindlichen formalen Zugänge zum induktiven Räsonnieren, freilich nicht von einem philosophischen Standpunkt aus]

Gärdenfors, P. (1988), *Knowledge in Flux. Modeling the Dynamics of Epistemic States*, Cambridge, Mass. [die erste, immer noch vorbildliche Monographie, die die "belief revision theory" vorstellt]

Hintikka, J. (1962), *Knowledge and Belief*, Ithaca [damit fing die epistemische und die doxastische Logik an]

Jensen, F.V. (1996), *An Introduction to Bayesian Networks*, London [eine schöne aktuelle Einführung in die Theorie der Bayes'schen Netze]

Rott, H. (1999), *Change, Choice, and Inference*, Oxford [eine sehr gute und ganz aktuelle Monographie zur "belief revision theory"]

Spohn, W. (1988), "Ordinal Conditional Functions. A Dynamic Theory of Epistemic States", in: W.L. Harper, B. Skyrms (Hg.), *Causation in Decision, Belief Change, and Statistics*, vol. II, Dordrecht, S. 105-134 [die erste Publikation der Rangfunktionen, wie sie später genannt wurden]

Spohn, W. (1991), "A Reason for Explanation: Explanations Provide Stable Reasons", in: W. Spohn, B.C. van Fraassen, B. Skyrms (Hg.), *Existence and Explanation*, Dordrecht, S.165-196 [eine Anwendung der Rangfunktionen auf die Theorie der wissenschaftlichen (Kausal-)Erklärung]

Spohn, W. (1993), "Wie kann die Theorie der Rationalität normativ und empirisch zugleich sein?", in: L. Eckensberger, U. Gähde (Hg.), *Ethik und Empirie*, Frankfurt a.M., S. 151-196 [erklärt meinen Standpunkt zum Zusammenspiel normativer und empirischer Theoriebildung]

Spohn, W. (1999), "Two Coherence Principles", *Erkenntnis* 50 (im Erscheinen) [eine Anwendung der Rangfunktionen auf die philosophische Diskussion um Kohärentismus und Fundamentalismus]

Stegmüller, W. (1971), "Das Problem der Induktion: Humes Herausforderung und moderne Antworten", in H. Lenk (Hg.), *Neue Aspekte der Wissenschaftstheorie*, Braunschweig, S. 13-74; nachgedruckt als Buch: Darmstadt 1975 [eine ausgezeichnete Schilderung des damaligen Standes der Induktionsproblematik, auf der meine Schilderung unmittelbar aufbaut]

Workshop 11
Wissenschafts- und Technikdynamik
Science, Economics and Pragmatism

A Pragmatic View of Laws of Nature[1]
Remarks on John Dewey's Philosophy of Scientific Inquiry

Michael Hampe / Bamberg

I

Certain inquiries in the philosophy of science appear rather essentialist because of their presuppositions. Thus questions about *the nature of* confirmation as well as Armstrong's „What is a law of nature ?" seem to presuppose that it is possible to say something about confirmation or laws which does not only refer to specific theories which are to be confirmed or which claim certain general statements to be lawlike. Case studies about specific procedures of confirmation, as well as examples for laws from the sciences, are supposed to test or justify a *general* theory in the philosophy of science about confirmation or laws. In this respect the meta-scientific theories in the philosophy of science are not very different from the specialised scientific theories that seek for far reaching explanations by means of simple and general principles, hoping to meet the nature of the objects. But it is quite possible that there does not exist any general structure of lawlikeness capable of reconstructing all possible cases of laws in the sciences. In contrast to the experimental sciences, the philosophy of science cannot produce its own data by means of its own empirical strategies. It rather has to take as empirical data what the sciences themselve consider as conformation or law. Only by becoming *normative* a philosophy of science could assert, against the specalised sciences, that they are *wrong* in maintaining that x is a confirmation of T or that L is a law, whereas in fact x is *no* confirmation and L *no* law as long as one excepts the following standards S of the meta-scientific theory about confirmation and lawlikeness. And not to accept these standards would mean, for a normative philosophy of science, to be irrational, and therefore uncapable of meeting the standards of science.

If you do not accept such a normative role for the philosophy of science you are faced, in the case of laws of nature, with a very heterogenious collection of general propositions, as soon as you consider not only certain very general theories of physics, but also chemistry, biology and psychology. There does not seem to exist any common use of the term „law" in all these sciences, which could serve as a matrix to derive a

---

[1] The studies for this paper were done in the DFG- funded research project „Prinzipien der Gesetzmäßigkeit in Natur-, Rechts- und Sozialwissenschaften" (Ha 1685/2). I thank Dr. Maria-Sibylla Lotter und PD Dr. Peter König in Heidelberg from this project for their discussion of earlier drafts of this paper.

common meaning of the term,² and philosophical categorizations of laws do not lead to any „essence" either.³ I believe that this is a situation one can live with, and that it is the situation the pragmatist philosophy of science accepted - I mean those investigations of Peirce and Dewey, which deal with concepts that are prominent nowadays in analytical philosophy of science as well. The rationality of the sciences is, from a non-essentialist and non-normative point of view, found in the *methodologies* of the sciences; it is not prescribed by any philosophical theory. If philosophy wants to start more general enterprises of conceptual analysis than the specilized sciences, it may do so and develop its own conception of law.⁴ This concept might be applicable to some sciences or not. It makes sense as long as it has any function at all in the conceptual investigation of pure philosophy, without serving as a norm for the sciences. Although I believe that in contemporary metaphysics the concept of law is - especialy because of the insights of pragmatism - more importatnt then the concept of substance, I will not look at the possible justifications for this claim, but only consider Dewey´s interpretation of scientific laws.

II

Thus, without making any normative or essentialist claims about the concept of law in the sciences, I want to draw the attention to a consideration of laws of nature made by the late John Dewey quite some time ago, namley in his Logic of 1938.⁵ I am interested in Dewey´s considerations, both with regard to the light they throw on the concept of law, and with regard to his view of scientific practice in general for which he needed his concept of law. Nevertheless, as far as I know, Dewey´s views on science, law and experiments are not much discussed any more in the contemporary philosophy of science. They are embedded in a discussion of the rationality and motivation of scientific inquiry that has its own philosophical interest. Thus Dewey´s investigation is, similar to those of Peirce or Whitehead related to the sciences without really being philosophy of

---

[2] Cf. M. Hampe, Gesetz und Distanz, Heidelberg 1996, Kap. VII.

[3] For a recent categorization of laws see F. Weinert, „Laws of Nature – Laws of Science", in: F. Weinert (ed.), Laws of Nature. Essays on the Philosophical, Scientific and Historial Dimensions, Berlin / New York 1996, pp. 3 – 66.

[4] This was done e.g. by Charles Sanders Peirce in his category of thirdness. Cf. William Paul Haas, The Conception of Law and the Unity of Peirce´s Philosophy, Fribourg / Notre Dame 1964.

[5] J. Dewey, Logic. The Theory of Inquiry, New York 1939, Ch. XXII: „Scientific Laws-Causation and Sequences".

science in our modern sense.⁶ These texts contain debates about the structure and function of the scientific enterprise as well as some reflections about how certain philosophical key terms, like „reason", „perception", „conclusion", „experience" etc., are to be interpreted quite independently from the sciences.

Scientific inquiries are, according to Dewey, not so much governed by the urge to explain something but by the wish to transform „an indeterminate situation into a determinately unified one."⁷ This urge is a rather general one: the sciences are distinguished from the non-scientific every-day situation in that they reach out for determination not only by the formation of *habits*, but by the development of *methods*. Habits are more or less private patterns of thinking and acting. They are transmitted from one generation to the next mainly by imitation. Methods are *explicitly stated* in written texts, they are criticized and developed much more rapidly than habits. Laws belong to scientific methods, they are, in a sense, the advanced and noble successors of habits. But their *necessity* is, like the necessity of the habit, a *practical* one; they are *instructions* for experiments and observations. This idea about scientific laws could easliy lead to the opinion that Dewey as an instrumentalist is in one boat here with the positivism of Ernst Mach.⁸ But this is too shortsighted a view of Dewey´s project. That he sees a continuity from habits to laws of science has ist roots in Dewey´s conviction, that scientific inquiry is an activity of problem solving that leads to adaptions on the side of the problem solving creature.⁹ These adaptation cannot be interpreted as representations of the situations they are adaptations to. Therefore scientific enterprises like explaining or the forming of hypotheses and postulation of laws are, in the framework of Dewey´s conception of inquiry, not so much to be related to true representations but to the production of knowledge as an *uninterrupted activity* of perception and action according to ceratin methods. Laws are not eternal truths about rational patterns that are applicable to infinite empircal situations. They are *universal* in the sense of universal *strategies* of experimentation and observation.¹⁰

---

⁶ Cf. Ch. S. Peirce, „The Fixation of Belief," „How to Make Our Ideas Clear" und „The Scientific Attitude and Fallibilism", in: Ch. S. Peirce, Philosophical Writings, ed. J. Buchler, New York 1955. A. N. Whitehead, The Function of Reason, Princeton 1929.

⁷ J. Dewey, op. cit., p. 117.

⁸ This is suggested by Hans Reichenbach in his „Dewey´s Theory od Science", in: P. A. Schilpp (ed.), The Philosophy of John Dewey, La Salle 1951, p. 161.

⁹ Cf. Tom Burke, Dewey´s New Logic, Chicago and London 1994, Ch. 4: „Inquiry as Concrete Problem Solving."

¹⁰ Cf. F. Kaufmann, „Dewey´s Theory of Inquiry", in: S. Hook (ed.), John Dewey: Philosophy of Science and Freedom. A Sympoium, New York 1950, p. 223.

The undetermined situation, the situation we have to look at if we want to understand Dewey's concept of law, is a situation in which *we do not know what to do next*. In the context of the sciences, an undetermined situation is present as soon as your methods for thinking or acting do not tell you what to think or do next; the situation, then, has become problematic, because your methods have been put out of function. A determined or unified situation, on the other hand, is one, where your thinking and acting is *not* blocked but runs smoothly from situation A to situation B. *Proper logical inference* and *successfull experimentation and observation* are examples for unified situations. If you know what line of symbols *has to follow* the lines of symbols you have written so far, and if you know what state of your experimental system has to follow the states you have observed so far, you think and act in a unified situation. In unified situations, earlier states of the situation determine later states, and all states have a meaning because they are part of this successive determination.

Now, one might think, that Dewey draws an analogy between the logical laws of inference and the laws of nature by saying that both are *rules of inference*, governing the transition from one state of a unified situation to the next one. And this would not even be a wrong, although in my view, too simple an interpretation of Dewey. It is true, that Dewey considers laws as tools for predicting observations. However, laws for Dewey are more than just that. Consider, for example, the following passage, in which he determines the function of laws:

„The functional nature of laws is recognized in a partial way when it is said they are means of prediction. But they are means of *pre*diction only as far as they operate as means of *pro*duction of a given situation, through transformation of antecedent problematic material..."[11]

The problematic situation in which your inference or observation is blocked is transformed into a unified situation when you know how you have to alter the setup of your symbols or your experimental and observational tools in order to be able to go on with your methods. This is done, partly, according to Dewey, by laws. For they *produce* unified situations insofar as they are commands for the construction of inferential and observational sequences of situations. The logical laws (tautologies) of the propositional calculus e.g. follow from the syntactical rules that define the inferential situations within this calculus. Analogously one can say that at least *some* laws in empirical science *define* situations of observation and the „syntax" of experimental practice and not only make it

---

[11] J. Dewey, op. cit., p. 456.

possible, in a given situation, to make a prediction for the next situation. Dewey refers, in this context, to a remark by Hogben: „Prediction in science involves a specification of *what steps to take* if we wish to observe a regularity in nature. ... Predicting where a planet will be at a certain date is equivalent to prescribing where to put a telescope at a particular time if we wish to see it. It is, therefore, a recipe for correct conduct."[12]

III

Mendel´s rules may serve as an example for laws as recipes in this sense. They are usually described as the three fundamental laws of genetics: „The law of uniformity, which states that after crossing of two homozygotes of different allels the progeny of the first filial generation (F1) are all identical and heterozygous; the law of segregation, which postulates 1:2:1 segregation in intercrosses of heterozygotes and 1:1 segregation in backcrosses of heterozygotes with homozygotes; and the law of independence, which states that different segregating traits are transmitted independently."[13] Although breeding was done in a more or less controlled way since the beginning of agriculture, Mendel discovered these laws in the 19th century by a simplification of „the experimental approach": he selected phenotypic characters „with clear alternative distributions", and examined them one by one. „Evaluating his results, he did not satisfy himself with qualitative statements but counted different types. This enabled him to recognize the statistical law governing these phenomena. He found the correct biologic interpretation for this statistical law: The germ cells represent the constant forms that can be deduced from these experiments."[14]

In what sense can these laws be interpreted as recipes for acting on your observations in such a way that they form a unified situation in the Deweyan sense ? The terms „homozygotes" and „heterozygotes" only make sense in a Mendelian setting. If you do not produce organisms by breeding back again and again until you reach genetically „pure" individuals in a certain allel, you cannot even start Mendel´s experiment. On the other hand, you have to believe in allels as well as the distinction between genotype and phenotype in order to produce such organisms. The wole talk about „identical"

---

[12] Hogben, Retreat from Reason, p. 49, quoted in J. Dewey, op. cit, p. 456.

[13] F. Vogel / A. G. Motulsky, Human Genetics. Problems and Approaches, Berlin / Heidelberg / New York ²1982, p.11.

[14] F. Vogel / A. G. Motulsky, op. cit., p. 11.

organisms in the F1-generation which is homogenous in phenotype and heterozygous in genotype presupposes Mendelian genetics as well.

Thus the Dewey's sense, it is true as to say that Mendel's experiments with green and yellow, wrinkles and smooth peas, confirm the laws of inheritance as it is true to say that the laws of inheritance are the condition for obtaining the elements with which you perform these experiments. Without homozygotes and without independently transmitted traits, you will never reach Mendel's experiments. Without a breeding-practice that follows Mendel's laws, you will not come to homozygotes and to independently controllable transmitting traits. Thus the concepts of Mendel's theory of genetics make a certain practice of breeding possible. And this practice of breeding is the presupposition for genetic experiments that confirm Mendel's theory. (This view, in a certain sense, corresponds to the constructivist view of the relation between law and experiment you can find in Hugo Dingler's book on the experiment.[15] There is also a constructivist element to be found in Gaston Bachelard's philosophy of physics, where he considers physical phenomena to be realizations of rational constructions.[16])

Co-dominance and crossing over are genetic phenomena that happen throughout nature much more frequently than inheritance in the mode of the above mentioned experiment. They do not fit the idealized picture of Mendel's laws. But they could only be studied on the foundation of Mendel's hypotheses that the germ cells contain the genes that are responsible for the developments on the phenotypic level you observe in the successing generations of you breeding experiment. Thus the natural standard situation could only be understood by refering to a terminology that produces an artifical situation, that is, in Dewey's sense, a situation which is much more „unified" than the situation of non-experimental observation. (I believe that corresponds to Professor Cartwright's views about truth and explanation in physical laws.[17]) The idealization of the experiment that confirms the Mendelian laws – or „performs" and „executes" these laws, if one wants to describe the situation in a pragmatist mode – is the presupposition for the explanation of events in situations, which are not idealized. In Dewey's terminology one has to say that the unified situation, which is determined by laws, is the foundation for explanations of less uniform and determined situations. By considering every-day-situations and experimental settings, which are not as much designed

---

[15] Cf. H. Dingler, Das Experiment. Sein Wesen und seine Geschichte, München 1928. H. Tetens, Experimentelle Erfahrung, Hamburg 1987.

[16] G. Bachelard, La philosophie du non, Paris 1940, préface, II.

[17] N. Cartwright, How the Laws of Physics Lie, Oxford 1983.

according to certain laws, to be *deviations* from the unified situation, they become understandable in the terminology of the idealized or unified situation.

IV

Taking the pragmatist idea into account that a real difference in meaning can only be found where a difference in practice results from the usage of differnt terms, one can say the following about Dewey's idea of a scientific law as a „recipe":

The subtlety of experimental practice makes it possible to justify some very fine semantical differentiations between terms you need for the theory in which your law appears, and the subtlety of the semantic differentiation of your terms makes a very subtle and differentiated practice and observation in your experiments possible. The ideally unified situation that is entirely „styled" by the laws of a theory is a „semantically dense" situation: all the terms you use in your theory which provides the context of the considered law have a precise function in relation to each other *and* in relation to the successive states of the experiments you perform.

(That does not mean that all experiments are performances of laws in ideally unified situations. What has been said about the concepts „confirmation" and „law" in the beginning applies to „experiment" as well. It might well be that experiments are also – as Hans-Jörg Rheinberger suggests[18] - systems designed to produce semantic *differences* and new, unforeseen, epistemic situations, i. e. that they have a fundamentally heuristic function. I believe that this insight fits with Dewey's account of experiments as well, but that is another problem: the problem of the epistemology of experiments.[19])

---

[18] Hans-Hörg Rheinberger, Experiment, Differenz, Schrift: Zur Geschichte epistemischer Dinge, Marburg 1992.

[19] Cf. J. Dewey, op. cit., p. 464: „Experimentation endeavors to eliminate from antecedently given subject-matter any and all material that is irrelevant to determination of the definite problem which is involved in the situation, ... *In addition to elimination, experiment also provides new existential materials* with a view to satisfying these conditions. Negation-affirmation, exclusion-inclusion, demarcation-identification are thus inherently necessary functions in scientific method." (my italics.)

The contribution of economics to philosophy of science
by Christoph Lütge

A glance at the development of philosophy of science during the last two decades shows that a growing number of its leading protagonists such as Philip Kitcher, Larry Laudan, Nicholas Rescher, or Alvin Goldman employ methods from other disciplines. Some authors, Larry Laudan, for example, explicitly aim at naturalizing philosophy of science, i.e., turning it into an empirical discipline.

I want to draw attention to a certain movement within naturalized philosophy of science: More and more authors refer to economics rather than to psychology or cognitive science. Nicholas Rescher (1996), Philip Kitcher (1993), Karl Homann (1988), and Gerard Radnitzky (1988) - all in different ways - make use of methods and results from economics. While I cannot discuss their work in detail here, I want to focus on the *invisible hand argument* as a central question that shows in which way economics can contribute to philosophy of science in a systematic way and maybe even prepare the ground for a genuine "economic philosophy of science":

Kitcher's main task in "The Advancement of Science" is to defend traditional philosophy of science against relativist sociologies of science. For this purpose, he employs the classic economic argument of the invisible hand. Basically, Kitcher's strategy consists in accepting the influence of social factors on scientific knowledge whilst at the same time maintaining that social aspects do not necessarily obstruct scientific progress but might - under certain conditions - rather promote it. Kitcher employs formal models from economics to show that communities of "epistemically sullied" scientists perform better than communities of "epistemically pure" ones. But it is these models that have been the target of a lot of critics (cf. Hands 1995, Mirowski 1996).

In my view, these criticisms are not lethal and can be answered. The *invisible hand argument* has to be embedded in a methodologically sound conception of economics based on recent developments within this discipline. Such a conception has to counter several standard objections against economics. The *Buchanan Homann research programme* - an improved version of James M. Buchanan's constitutional economics - is well designed for this task. This programme consists in the following main tenets:

1) Economics is not the science of market processes, but rather the science of costs and benefits which provides us with a universal theory of human behaviour.

2) Economics deals primarily with interactions, especially with the analysis of dilemma situations (such as the prisoners' dilemma), and not with individual decision-making. Most of the approaches mentioned before focus on the "lone decision maker".

3) The purpose of economics according to this view is not just a theoretical, but a practical one, i.e., the design of institutions. It is only for this goal that individuals - including scientists - should be modelled as self-interested actors.

Judging on the basis of this research programme, the invisible hand argument is generally sound, with the following caveats:

1) Just like economics in general, an economic philosophy of science has to focus on interactions.

2) The invisible hand only works under certain institutional settings. Therefore, the consequences of different institutional frameworks have to be looked at in detail. The analysis of dilemma situations and the search for institutional solutions to these situations has to be central. Herein lies the main contribution of economics to philosophy of science (cf. Lütge 1998).

Bibliography

Hands, D. Wade (1995): Social Epistemology Meets the Invisible Hand: Kitcher on the Advancement of Science, in: Dialogue 34, 605-621.

Homann, Karl (1988): Rationalität und Demokratie, Tübingen: Mohr.

Kitcher, Philip (1993): The Advancement of Science: Science without Legend, Objectivity without Illusions, New York: Oxford University Press.

Laudan, Larry (1996): Beyond Positivism and Relativism: Theory, Method, and Evidence, Boulder: Westview Press.

Lütge, Christoph (1998): Ökonomische Wissenschaftstheorie: Der Beitrag der Ökonomik zu einer naturalistischen Wissenschaftstheorie, Dissertation Braunschweig.

Mirowski, Philip (1996): The Economic Consequences of Philip Kitcher, in: Social Epistemology 10, 153-169.

Radnitzky, Gerard (1988): Wozu Wissenschaftstheorie? Die falsifikationistische Methodologie im Lichte des Ökonomischen Ansatzes, in: Paul Hoyningen-Huene; Gertrude Hirsch (Hrsg.), Wozu Wissenschaftsphilosophie?, Berlin et al.: de Gruyter, S. 85-132.

Rescher, Nicholas (1996): Priceless Knowledge?: Natural Science in Economic Perspective, Lanham: Rowman & Littlefield.

Problem-oriented and assumption-guided thinking. Some remarks on the foundations, areas and aims of economic research

Reiner Manstetten

Motto:

Stiglitz (1991: 136):„The economists of the twentieth century, by pushing the neoclassical model to its logical conclusions, and thereby illuminating the absurdities of the world which they have created, have made a valuable contribution to the economics of the coming century: they have set the agenda, work on which has already begun."

First, I want to distinguish two approaches in economics: the problem-oriented approach and the assumption guided approach. After characterising these approaches I shall argue that the main stream of modern economics follows the line of an assumption guided approach, whereas the problem-oriented approach of the nineteenth century was criticised as being non-scientific. The assumption guided approach, however, has led to a predominance of research in hypothetical worlds with relatively little relevance for economic policy. Thus important economic questions especially in the fields of politics and ecology are treated in a comparatively narrow way or are even neglected. I shall argue further that a new understanding of the problem-oriented approach could overcome some if these difficulties.

1. Problem-oriented and assumption-guided approaches: What is the difference?

In the following I use the terms *problem-oriented approach* and *assumption-guided approach* in a somewhat provisional manner in order to clarify two different ways of thinking about the economy and to show some aspects of the dynamics of present economic research. Let me first explain the two notions.

The starting point for the problem-oriented-approach in economic theory is a matter of a non scientific nature within the social world which is interpreted by politicians and other social groups as a problem to be described and to be solved (partially or totally) by economists. Such problems are to be found in areas like taxation, public goods, employment, en, industrial organisation, foreign trade, subsidies, information, resource extraction, environmental pollution. In the ideal case, economists give advice to politicians and/or other influential groups, and if the measures recommended by economists are carried through it follows that the situation concerning the respective problem has improved (at least in the interpretation of politicians and other social groups).

The starting point of the assumption-guided approach in economics is some general assumptions on human behaviour and the world. In combination with special assumptions concerning the context of an economy - preferences, institutions, technologies, endowment with resources and capital goods- and filled up with data on quantities or prices of goods, in the ideal case the assumption-guided approach leads to exact statements on the development of prices or quantities of goods which are derived in mathematical manner.

The distinction between these two approaches does neither imply that the assumption-guided approach in economics does not deal with problems nor that problem-oriented approach in economics works without assumptions. Further, it does not exclude that features of the assumption-guided approach are combined with features of the problem-oriented approach. The aim of this distinction is to clarify different, in a certain sense, opposing starting points and destinations of research in economy: The assumption-guided-approach starts with its assumptions and a respective methodology *prior* to the formulation of a problem.: Some question is acknowledged as an economic problem only if it can be analysed in the respective framework of the assumption-guided approach. In contrast, the problem-oriented approach starts with a question or a problem the origin of which lies in the social world. The stating of this question is *prior* to the selection of certain assumptions. The apt assumptions and the apt methodology for the analysis are determined by the properties of the respective (non-scientific) formulation of the problem.

The distinction offered in this paper may help to understand that there is an important difference between the expectations of modern western societies concerning the results of their economists and the aims of many economists within their scientific community. A combination of the two approaches may help, on the other hand, to overcome the gap between economic theory and the challenges of economic practice.

2. From problem-oriented art to the science of the statesman or legislator

What I call the problem-oriented approach started with the beginning of the seventeenth century. At that time princes and kings asked their advisers for well-founded answers on the question how the wealth of their country and in particular the treasure of their state as well as their own income could be augmented. Thus modern economic thought started with the question how certain problems concerning material wealth could be solved. Political economy, at that times, was conceived as an *art* in the hands of the sovereigns. Questions like the augmentation of wealth, however, were incentives for philosophers, scientists and practitioners to seek to discover *general rules* by which problems of agricultural and industrial production or of the development of market prices could be described. It was, after the pioneering works of physiocrats like Quesnay, Adam Smith (1723 –1790) who succeeded in the conception of what he called the *system of natural liberty* and what now is known as the *economic system*. According to Smith, processes that produced wealth could be reduced to certain law-like structures, the dynamics of which were driven by the rational self interest of economic agents. Smith considered Political Economy no longer to be an art, but to be a science. Political economy as a science in the sense of Smith, however, should carefully be distinguished from sciences as classical physics as well as economics since the end of the nineteenth century. For Smith conceived Political economy as "*the science of the statesman or legislator*". His definition had two implications:

(1) Economic research aims at the solution of practical questions. Unlike Classical Physics, Political Economy cannot be restrained to insights how the social world *is* but has always to be concerned with the *practical consequences of its statements*. Although economic research may be value-free, the final result of it is always practical advice which has more or less normative implications. Smith thought most important of the latter to be the promotion of private initiative and the granting of the possibility for individuals to acquire wealth. In this way, Political Economy is part of a project the final aim of which is to further economic *and* political *liberty*.

(2) Questions in the field of political economy cannot be completely isolated from other questions in other social fields such as politics, law, customs, education and religion. For the economic actions of statesmen and legislators always influence parts of these other fields. Although the economic system could be separated to a certain degree from other areas of society, Smith conceived Political Economy as *a science within a social context*: any advice of the political economist will have consequences in all these areas, and a successful political economist should anticipate such consequences and eventually modify his purely economic perspective, respectively.

3. From Classical Theory to Pure Economics

Normative advice as well as the consideration of the social context lie outside the area of a purely assumption guided approach. For Smith, these two aspect were important parts of his project. This shows that Smith´s treatment of economic questions remains, in my terminology, problem-oriented. The aim of the economist is to contribute to the development of a *good society*. A very important tool to achieve this aim, however, is to employ general assumptions about the economic system, its elements and its forces, and to deduce from them in a logical way certain consequences for economic policy. Thus, Smith became one of the founders of an assumption-guided approach. Important features of this approach may be found in the works of other classical economists, in particular of Say, Ricardo and J. St. Mill. It is, among others, the work of these four that laid the scientific foundations of the belief in free markets and competition as the best solution for most economic problems.[1] Hence, classical economics did not give up the problem oriented aspect of its scientific approach.

The *Historische Schule* (historical school) in Germany was critical of classical economics. Economists such as Roscher, Hildebrandt and Schmoller believed that in reality there existed actually no economic system. Even the conceptual attempt to isolate such a system from its natural, social and political contexts was an error. For example Schmoller recommended that economists should examine special questions such as exchange, markets, production within their social and cultural context. To achieve more general results, it was in particular Schmoller who considered it to be necessary to use Kants concept of the *reflektierende Urteilskraft* as developed in the *Kritik der Urteilskraft*. Concerning the historical school, Carl Menger objected, that it got lost in accumulation of details and was lacking general form of analysis. According to him the contributors of the Historical School offered a detailed description of problems with economic features in their moral, political and natural context, but were not able to explain what was *the economic character of the respective problems*. Consequently they were not able to offer general means for the solutions of economic problems.

In contrast to the Historical School, in the early seventies of the 19th century authors like Stanley Jevons, Leon Walras and, though with different means, Carl Menger developed the concept of "Pure Economics". They did not content themselves with general rules for special economic cases, they rather intended to determine the elements and forces of the economic system and to establish the eternal laws by which it is governed. Their contributions founded modern economics, which is mainly an assumption-guided approach. Although there exists no consent about the status of the assumptions and methods within the scientific community (cf. Robbins 1932, Friedman 1953, Albert 1996), this does not affect the character of the approach itself.

Within the assumption-guided approach, what has to be considered as an economic problem is determined by the properties of the approach, by its assumptions and its methodology. Problems in the sense of the non-scientific world have to be reduced to their

---

[1] It should be mentioned, however, that Mill went partly the opposite way by giving up some of the assumptions and results of his economic theory when being faced with problems of reality. In particular, the Irish Famine of 1847 led him to give up

pure economic traits, i.e. *they have to be described in such a way that they fit into the framework of the assumption-guided approach.*

The object of the assumption-guided approach is the analysis of exchanges in (idealised) markets and the determination of the corresponding prices. It is mainly assumed that the elements of the economic system, the economic agents are completely *rational* and *selfish individuals, driven by the tendency to maximise their utilities.* They are fully informed about their preferences, the available known production possibilities and resources. In addition, it is generally assumed that the *context of the economy is known* and *does not change* during the period of consideration. This context, the exogeneously given framework of the economic system under consideration, contains the preferences of all economic agents, the production possibilities, the given amounts of capital goods and resources as well as the political and social institutions. An approach of this kind is well suited for a mathematical analysis. One may even may ask if the assumptions are not just formulated in such a way that mathematically tractable solutions to the corresponding economic problems can be easily found. Briefly summarised, this kind of theory boils down to a *maximisation problem under given restraints.*

4. The need of judgement in the application of economic science - new ways towards problem orientation in economics

Most statements of the assumption-guided approach in economics are of the form „if... then: "*if* certain conditions are given, *then* certain results follow logically". Obviously, this procedure does not answer the question whether these "certain conditions" are given in reality or not. It is further obvious that in general these certain conditions of the hypothetical world of economics are not given within the world outside the economic discourse, at least not in its strict form. In contrast to physics, it is not possible on a large scale to establish these conditions in the artificial world of the experiment. Again, in contrast to physics, economists are asked to give economicly political diagnosis, forecasts and recommendations for the social world. In my opinion this claim is not just an add on, but remains the central task of economists. Politicians as well as the public have little understanding for any kind of assumption guided economics, if economist are not able to offer means which in the long-run prove to be useful for the clarifications treatment of matters which the public considers to be economic problems or at least problems with economic traits. It should be mentioned, however, that not only assumption-guided economists, but also people of the public in

---

parts of his former Credo in free markets and to demand strong interventions by the state.

Western countries show certain tendencies to interpret social problems with manifold traits, as the development of the educational system or the advantages or disadvantages of religions, in a narrow economic terminology.

Economists who accept this task have to overcome the dangers of the narrowness and the one-sidedness of the purely assumption-guided-approach and to develop a new kind of orientation towards problems of the social world. This does not mean that they should give up their procedure and go back to problem-oriented approach in the sense of the Historical School. For the assumption-guided approach offers a certain structure for the explanation of problems which often proves to be very helpful. However, in addition, economists have to evaluate in how far the assumptions of their models correspond to the situation which they want to examine. By doing this they have to take into account that the (psychological, cultural, political, ecological) contexts of any economic problem may change according to their own regularities or may even change as a consequence of economic policy - with all possible feed-backs between the economy and their contexts.

Hence, the application of the assumption-guided-approach for problems of the social world requires the ability of *judgement* in the Kantian sense (Urteilskraft) or, in the Aristotelian sense, the virtue of *phronesis*. As phronesis is a pre-scientific or non-scientific virtue, the training of phronesis is not part of the scientific training of an economist. Hence the mastery of the assumption-guide approach does not show if an economist has phronesis at his disposal or not.

Economists recommend certain measures with the argument that society will be better off if the respective measures are carried through. Hence, in addition to phronesis, economists needs a certain understanding of ethical questions, in particular of the problems which arise from the question what a *good society* is. For economic advice has always normative implications.

The consequences of these requirements could be easily demonstrated by examples (i) from the area of politics, especially concerning economic advice for developing countries, and (ii) from the area of environmental and ecological economics.

Summarising my result so far: The strength of the assumption-guided approach of economics is to supply a box of formal notions and concepts to cast a problem in a particular economic perspective as well as to supply formal methods to analyse and solve it within the assumed framework. However, this approach does not allow to judge whether the assumed framework corresponds to any kind of reality outside this framework. For this kind of judgement requires the ability to decide which of the manifold characteristics of the corresponding situation have to be taken into consideration for the analysis and to what degree and which not. To this end it is necessary to examine carefully the political, cultural, social, technological or ecological contexts of the respective economic problem.

From these considerations I like to formulate three requirements for an economist beyond the mastery of the assumption-guided approach in its present form:

1. Economists giving economicly political advice not only need knowledge within economics, but also intimate knowledge about the corresponding context of the area in which they work.

2. Economists should be trained in the reflection of normative questions concerning the problem of a good society.

These two requirements go beyond the limits of economic science and in some cases beyond the limits of science in general. Not seldom economists will not be able to fulfil them. This does not matter, if economists fulfil the third, perhaps even more important requirement:

3. Economists should be aware of the limits of their knowledge, they should know what they know and they do not know. This in turn enables them either to seek experts and to ask them on what they do not know by themselves or to formulate their advice in a rather careful manner, including the possibility of error.

As a consequence, economic research which is meaningful within the social world, contributing to the solutions of political, social and environmental problems with economic traits, should be organised in an interdisciplinary way. In addition, openness for the questions and arguments of laymen would help to make the proposals of economists more understandable. A type of economics which is open for such problems could become something like a turntable between humanities and natural sciences.

Selected Literature

Albert, M. (1996) "Unrealistische Annahmen und empirische Prüfung", Zeitschrift für Wirtschafts- und Sozialwissenschaften 116: 451-486.

Bell, D. (1981/1984) "Modelle und Realität im wirtschaftlichen Denken", in: Bell/Kristol (1981/1984), S. 58-102.

Bürgin, A. (1993) Zur Soziogenese der Politischen Ökonomie. Wirtschaftsgeschichtliche und dogmenhistorische Betrachtungen. Marburg.

Cairncross, A. (1985) "Economics in Theory and Practice", American Economic Review, AEA Papers and Proceedings of 1984: 1-14.

Faber, M./Manstetten, R. (1988) "Der Ursprung der Volkswirtschaftslehre als Bestimmung und Begrenzung ihrer Erkenntnisperspektive", Schweizerische Zeitschrift für Volkswirtschaft und Statistik, 2: 97-121.

Faber, M. and Proops, J. (1985) "Interdisciplinary Research between Economists and Physical Scientists", in: Kyklos 38: 599-616), repr. in: Faber, M., Manstetten, R./Proops, J. (1996) Ecological Economics. Concepts and Methods. Cheltenham, UK/Brookfield, US, chapter 10.

Friedman, M. (1953) "The Methodology of Positive Economics", in: Essays in Positive Economics, S. 1-43. Chicago.

Gordon, R. A. (1976) "Rigor and Relevance in a Changing Institutional Setting", American Economic Review, 66: 1-14.

Helm, D. (1984) "Predictions and Causes: a Comparison of Friedman and Hicks on Method", Oxford Economic Papers, New Series, Vol. 36 (Supplement): 118-134.

Leininger, W. (1996) "Mikroökonomik", in: Springers Handbuch der Volkswirtschaftslehre, S. 1-42.

Leonard, R. J. (1995) "From Parlor Games to Social Science: von Neumann, Morgenstern, and the Creation of Game Theory 1928-1944", Journal of Economic Literature, 33: 730-761.

Menger, C. (1884/1970) "Die Irrtümer des Historismus in der deutschen Nationalökonomie", in: Menger, C., Gesammelte Werke, hrsg. und eingel. von F.A, Hayek, 2. Auflage, Bd. II, S. 1-99. Tübingen.

Mill, J. S. (1844/1967) "On the Definition of Political Economy and the Method of Investigation Proper to it", in: Collected Works, Vol. IV., eingel. von L. Robbins, hrsg. von J.M. Robin, S. 309-341. London.

Persky, J. (1995) „Retrospectives: The Ethology of *Homo Economicus*", Journal of Economic Perspectives, 9: 221-231.

Robbins, L. (1935) On the Nature and Significance of Economic Science, 2. ed., London.

Schmoller, G. (1883) "Zur Methodologie der Staats- und Socialwissenschaften", in: Jahrbuch für Gesetzgebung, Verwaltung und Volkswirthschaft im deutschen Reiche, S. 239-258. Leipzig.

Stiglitz, J. E. (1991) "Another Century of Economic Science", The Economic Journal, 101: 134-141.

Rescher's Principle of Diminishing Marginal Returns of Scientific Research

Paper for Discussion, Workshop Science and Technology Dynamics
Congress for Philosophy, Konstanz 1999

**Roland Wagner-Döbler, Institut für Philosophie
Universität Augsburg**
e-mail: rfw-d@t-online.de

Nicholas Rescher in his book "Scientific Progress, A Philosophical Essay on the Economics of Research in Natural Science" (Pittsburgh, Pa. 1978; German ed.: "Wissenschaftlicher Fortschritt", Berlin 1982) put forward a principle of diminishing marginal returns of research in natural science, drawing upon a first formulation of that principle by C. S. Peirce. Despite the importance of the subject and despite Rescher's diligent and original elaboration, not too much attention was paid to the work. This, and because quantitative studies of science of the last twenty years or so might shed new light on the issue, motivated me to study Rescher's theory anew.

Rescher's approach does not aim at an economisation of science. It does not mean that scientific results, scientific successes should be evaluated in terms of money, evaluated from an economic point of view. The principle does even not imply that economists have something to say to philosophers of science. It says, however, in an economic analogy that science can be viewed as a productive enterprise. And it contends that the additional number of important and fruitful outcomes from an additional investment in research in natural science diminish. Whether a scientific outcome is important and fruitful has to be evaluated in scientific, not in economic terms here. The principle does not imply that science is coming to a halt or to an end, but it contends that scientific progress will decelerate.

One should bear in mind the fundamental nature of such a principle. Rescher's principle can be compared with two other prominent principles or laws: First, with the Malthusian law concerning population growth. Malthus thought that returns from agriculture grew only in a linear manner, whereas mankind grew in an exponential manner. Thus, according to Malthus, progress in medicine would always render self-destroying. The discussion of the pessimistic Malthus perspective played a prominent role from the end of the 18th century on for some decades - obviously a period where the agrarian sector determined the welfare of societies.

Secondly, in the century of industrialization, Karl Marx postulated his "law of falling profit rates" forecasting the breakdown of capitalism because of the increasing share of (technological) capital in the production process and a decreasing share of human capital - at first sight a matter of fact which cannot be denied. Marx, in the tradition of the "Arbeitswertlehre" of Ricardo and others, thought of human work to be the only source of profit - profit without which capitalists would die out. But the doctrine of Marx was not empirically grounded; technology oriented companies proved to be more profitable than Marx would ever have dreamt of.

According to many voices, at least at the end of the 20th century, we live in science and knowledge oriented societies, and Rescher's principle postulates decreasing returns from a central institution of those societies. It is accompanied by similar suggestions with regard to technology; economists cite "Wolf's law" from 1912 of diminishing marginal returns of technology.

In my paper, an outline of Rescher's approach is given, including a possible extension of his principle to the output of a purely formal science like mathematics.

Rescher focused on the theoretical development of the principle, whereas I shall stress the empirical side of the coin. Which kind of observations or which kind of statistics could confirm the principle, and do such observations or statistics exist? Some results of own empirical studies will be sketched out, especially concerning mathematical research.

My presentation implies that certain traits of philosophy of science can and will become a domain of empirical research.

Jutta Weber
Twistringer Str. 17
28217 Bremen
e-mail: youddl@uni-bremen.de

Paper for the XVIII. Kongreß für Philosophie, Konstanz 4.-8.10.1999
(>Talk< in der Sektion >Wissenschafts- und Technologiedynamik)

Contested Meanings: Nature in the Age of Technoscience

„To do away with the last remnants of nature and with the natural as such is surely the secret dream and longing of all contemporary or postcontemporary, postmodern, thought - even though it is a dream the latter dreams with the secret proviso that >nature< never really existed in the first place anyhow."
Frederick Jameson

„... the collapse of metanarratives that is supposed to be diagnostic of postmodernism is nowhere in evidence in either technoscience or transnational capitalism." Donna Haraway

May be that it was a traditional philosophical attitude which led me to research in the field of technoscience. Long before I started reasoning about the sociocultural effects and discursive power of technoscience in contemporary western societies I wondered about a certain shift in contemporary theory.

Most of the theory I read in the last two decades - I'm thinking of poststructuralism, deconstructivism, constructivism or system theory in its feminist or >traditional< versions – shows a tendency towards the theoretical strategy of >denaturalization< - despite of all the diversity of these different theoretical approaches.

What I call >denaturalization< is a negative strategy which critizises the reifying and naturalizing use of categories and insists on their social and cultural construction and linguistic mediation. >Entities< such as >subject<, >history<, >presence< - and especially >nature< are not seen as pre-existing, but as constituted in historical, sociocultural and discursive processes. Consequent >denaturalization< insists that there is no positive, unmediated access to reality defined as an independent ontological realm. This strategy follows the insight of Katherine Hayles: that "... we are always already within the theater of representation< (Hayles 1998:1).

With this strategy postmodern critical discourse has been trying to get rid of an ideologically contaminated use of categories, which were adressed to Humanist thought constructing categories as self-evident, natural, prediscursive and everlasting. Critizising this dubious politics of representation masqueraded as objectivity and universality and insisting on the sociocultural construction and linguistic mediation of categories was supposed to overcome the dangerous and seductive strategies of scientific and other naive realisms, of naturalism as well as of biologism, with their rigid hierachical and dichotomic way of thinking[1].

In my opinion, the success of or even enthusiasm for this strategy in contemporary philosophical discourse is on one hand grounded in its enlightening and differentiated critique of the >logic(s) of identity< (Adorno) of western philosophy and - at least in the Anglo-American postmodern debate[2] - in the reduction of modern philosophy to an exhausting attempt to mirror nature (see Rorty 1979) on the other. The ignorance of already well-known versions of >denaturalization< - as they were developed for example in Kants >Critique of pure reason< - made the glorious >invention< of this strategy much easier.

And still I wonder why the strategy of denaturalization - and especially >dematerialization< as its dogmatic form – did develop *such* a power of persuasion and definition in contemporary discourse. As I have shown elsewhere (Weber 1998a/b), dematerialization - in contrast to denaturalization - is the radical negation not only of the prediscursive, but of everything beyond cultural discourse. Insisting on the more or less literal *production* of nature by culture, discourse or / and language, dematerialization makes itself wide-ranging ontological statements and leads to problematic effects. And why is it, that in the age of inquisitive critique of the >metaphysics of presence< (Derrida) as well as prima philosophia (Adorno) dematerialization could become may be even more popular than its modest and subtle version called denaturalization? And why has denaturalization been naturalized itself so easily? And how could these strategies more or less gain the status of a >grand narrative< (Lyotard) or even >leviathan narrative< (Traweek) in postmodern theoretical discourse?

Confronted with these problems I started to reason about the relation between the popularity of >denaturalization< and especially >dematerialization< in postmodern philosophy and our every day experiences with and in the culture of technoscience. Reading the following lines of Alice Jardine gave me a kick:

>They (the postmodern writers; JW) have denaturalized the world that humanism naturalized, a world whose anthro-pology and anthro-centrism no longer makes sense. It is a strange new world they have invented, a world that is *unheimlich*." (Jardine 1985:24)
But what makes our contemporaries, who write "self-consciously, from within the ... *epistemological* crisis specific to the postwar period and who do not pretend that the first half of the twentieth century did not happen" (Jardine 23), present their (and our) world so strange and

---

[1] see Alcoff 1988

[2] Perhaps this is an effect of the >globalisation< of theoretical discourse and its discourses crisscrossing the atlantic?; for the communication problems between Anglo-American and Continenal philosophy see Knapp 1998, Weber 1999a

uncanny? Much of the new developments of our century which cause this feeling of strangeness and fear seems to be connected to the development of science and technology. John Barth characterizes our century with the following words:

>It *did* happen: Freud and Einstein and two world wars and the Russian and the sexual revolutions and automobiles and airplanes and telephones and radios and movies and urbanization, and now nuclear weaponry and television and microchip technology and the new feminism and the rest, and there's no going back...< (Barth 1980, 70)

Even though I am not quite convinced of his specific collection of attributes for our century, what becomes clear here is the wide-ranging meaning of these multiple kinds of technologies and their omnipresence in our age. This came into being not at last through the fusion of technology, science and industrial practices. In the last two or three decades many sociologists, philosophers as well as science studies scholars[3] have stressed the meaning of this fusion called technoscience, which started at the end of the 19th century, for knowledge production as well as every day life in contemporary western societies.

In accordance with Donna Haraway and Bruno Latour I will use the term >technoscience< not only to signify our contemporary form of science in which knowledge is systematically produced inside of and intimately interwoven with industrial and technological practices (see Haraway 1995; Weber 1999b), but to signify our contemporary age as an age in which technoscience "designates a condensation in space and time, a speeding up and concentrating of effects in the webs of knowledge and power" (Haraway 1997, 50) and causes a restructuring of contemporary western societies.

By using the term >technoscience< as the signum of our time instead of any >prefix-modernity< one can avoid the implication of an unbridgeable gap between our presence and the past and open a more differentiated view on the ongoing processes of change. This consciousness of continuity is also important for the understanding of technoscientific knowledge production in our century. In my opinion technoscience belongs to and is part of the tradition of (mainstream) modern science with its epistemological and ontological concepts, but gained a new dimension and thereby power and effectiveness by altering and radicalizing certain aspects and tendencies of modern science.

The modification and rewriting of the modern concept of nature with the help of cybernetics, system theory and molecular biology is one of the central radicalizations of modern science. It led to a new quality in the use and production of nature. One radical step towards this new concept of nature was the diachronic interpretation of nature not as a static, unchangeable and perfect >entity<[4], but as a historical, dynamic and open system, which was developed in evolution theory

---

[3] see Barad 1996; Haraway 1991, 1997; Krohn 1989; Latour 1995; Mittelstraß 1993; Saupe 1997

[4] „Eine diachrone Betrachtungsweise hat die synchrone, strukturanalytische abgelöst; in ihrer Folge tritt die Natur als

as well as in thermodynamics in the 19th century.

The consequences of this new concept of nature was not only an open and historical concept of nature, but the softening of the borders between human beings and things, between man and animal, between the living and the non-living, which became much more instabile or flexible than before[5] ().

For example: the first law of thermodynamics states that matter or energy can never be destroyed, but only converted or transformed. This is the beginning of the idea of being as something that is made of similar or identical and contingent components, which can change their form in endless repetition – in organic as well as non-organic forms:

„The concepts of thermodynamics completely upset the notion of a rigid seperation between beings and things, between the chemistry of the living and laboratory chemistry. With the concept of energy and that of conservation, which united the different forms of work, all the activities of an organism could be derived from its metabolism... the same elements compose living beings and inanimate matter; the conservation of energy applies equally to events in the living and in the inanimate world.< (Jacob 1983)

In order to understand and to bring nature under control, modern science achieved to produce nature by creating and generating nature a second time. Listen to Kant in one of his scientific writings: „... gebet mir Materie, ich will euch zeigen, wie eine Welt daraus entstehen soll.< (Kant 1961, p.46)[6]

This new idea of matter induced by thermodynamics and evolution theory does not correspond to the idea of production as generation and creation but to the idea of production as conversion and processing - which can even be performed between human beings and machines (see Seltzer 1992:172)

This new idea of nature still is very distant from the paralellization of physical-mechanistic and organic processes. This parallelization is the basis for the biological-technical construction and production of *living* organisms by technoscience in the last decades of our century. I can mention only some of the developments central to this new concept and use of nature in the age of technoscience: I am thinking of the mechanistic imitation of organism by cybernetics, the development of system theory, the enforcement of molecular biology with its miniaturization and concentration on innercellular processes which allowed the physicalization and mathematization of biological objects and the invention of autopoiesis theory which defined life as an autopoietic system or a machine in terms of informatics. In late twentieth century the biological body is

---

Naturgeschichte auf, als gewordene und sich wandelnde. Nicht mehr wird sie als perfektes, absolutes System angesehen, sondern als offener, relativer Prozeß; denn was garantiert, daß das angeblich konstante, ... Sonnensystem – Paradigma des geschlossenen invarianten Systemtyps – nicht in Wahrheit das Endprodukt einer Entwicklung oder auch nur die Durchgangsphase eines permanenten Veränderungsprozesses des Universums ist." (Gloy 1996, 223f)

[5] see Haraway 1991, Latour 1995, Seltzer 1992, Singer 1996, Scheich 1989

„symbolized and operated upon, ... as a coded text, organized as an engineered communications system, ordered by a fluid and dispersed command-control-intelligence network ..." (Haraway 1991, 211).

And this application of communication as well as system theory especially on the level of innercellular processes of the biological body makes the production of living organisms possible. This leads to a new quality in science and its technological and industrial practices.

In the age of technoscience the grand narrative of science is changing from the story of the modern scienctist as a demiurge, who created artifacts by using the >laws of nature<, to the story of the continuation of nature by its >own< means. The claim of technoscience not to create but to continue the work of nature by rebuilding, converting and perfecting it, gives the border between nature and culture its chimerical character. The capacity of technoscience to design living organisms, to overcome the border between the material and the immaterial, between bodies and machines and to produce cyborgs or chimeras in an unknown extent (Latour) is the result of this new concept of nature, but is effectively and powerfully translated into action by this intimate and dependent relationship of the scientific, technological and industrial practices[7].

This diffusion of the border between nature and culture is the key figure in the diverse and multiple confusion of categories in the age of technoscience, in which these new and >unheimlich< hybrids are going to be materialized, disseminated and popularized.

Being aware of the diffusion of the border between nature and culture by technoscience, I become even more sceptical of the contemporary enthusiasm for the theoretical strategy of >dematerialization<. While postmodern theory is occupied with deconstructing Humanist categories to get rid of naturalist and biologist ideologies, technoscience itself is already through with nature in its Humanist sense - undermining what was once regarded as natural or organic architectures. The understanding of nature as static, unchangeable and prediscursive, which contemporary theory attributed to Humanist thought, obviously is out of date.

This does not mean that the so-called givenness of nature would not still be used for the legitimation of the ventriloquist practices of science. For example: if you examine today's school text books as well as many discussions in the media concerning genetic engineering, you will find the claim that contemporary biotechnology only does what nature always has done. Suddenly nature has always been a genetic engineer itself. This naturalizing strategy of technoscience Donna Haraway characterizes very well:

---

[6] >Give me matter and I will show you how to create a world out of it< (Kant 1961, p.46; my translation, JW)
[7] on the technologization of science and the scientification of technology and the omnipresence of technoscience see Gamm 1997, Haraway 1991, 1997, Krohn, Mittelstraß

„Nature in technoscience still functions as a foundational resource but in an inverted way, that is, through its artifice. In a gesture of materialized deconstruction that literary Derrideans might envy, the technoscience foundational narrative inverts the inherited terms of nature and culture and then displays them decisively. ... How does the story work? Precisely as fully artifactual, the nature of no nature gives back the certainty and legitimacy of the engineered, of design, strategy, and intervention. The nature of no nature is the resource for *naturalizing* technoscience with its vast apparatuses for representing and intervening, or better, representing *as* intervening (Hacking 1983)." (Haraway 1997, 102f)

On one hand technoscience is through with nature in the Humanist sense but uses the theoretical strategy of naturalization to legitimate its claims on the other. This strategy of naturalization became popular already in modernity, when discourses like philosophy and theology lost its binding power and the discourse of science was seen as the decisive one for the production of truth (Foucault). This >truth< gained its powerful status by pretending that science only witnesses the processes of nature while being itself objective, universal and free of interest.

So what to think of all these confusing strategies of re- / naturalization, denaturalization and dematerialization circulated by the different discourses of technoscience?

I think, that the postmodern strategy of denaturalization insisting on the sociocultural construction and linguistic *mediation* of categories and entities is quite helpful to analyze the ongoing processes of the transformation of nature in contemporary western societies and to deconstruct these dubious politics of representation performed by modern science as well as technoscience.

In contrast to denaturalization I see the strategy of dematerialization as a perpetuation if not legitimation of the politics of representation practised by technoscience. There is no difference between the claim that nature is an ideological artifact which is produced by culture and technoscience's constructivist concept of being as made of interchangeable and contingent parts – which includes everything in the realm of nature and of culture. In both cases the difference between nature and culture is eliminated. This dubious politics of representation pursued by dogmatic forms of contemporary theory as well as legitimating practices of technoscience produces an effect which is very well described by Michel Callon: >To speak for others is to first silence those in whose name we speak.< (Callon 1986, 216, cited by Star 1991, 40). While technoscience integrates its new constructivist concept of nature – its >nature of no nature< - in the well-proofed modern politics of representation, contemporary theory overhauls technoscience by declaring nature to be the product of culture and thereby ignoring its beloved insight that we are always acting in the theater of representation.

It is obvious that this politics of representation perpetuates technoscience's claim that there is no decisive difference between nature and culture. The obliteration of nature produces an effect which is well-known from the history of Enlightenment called >hyperproductionism< (Haraway) and which is typical for cultural monism: hat there is nothing beyond the order of reason, of >man<, of society or discourse. As the possibilities for the production of living organisms by technoscience improves, more and more theorists are convinced that everything is the result of human production and nature is nothing more than an ideological artifact. This is a quite interesting stance at a historical moment when:

>Our developed powers over nature have brought about a situation in which we are today far more at the mercy of what culture enforces than we are subject to biological dictate." (Soper 1995, 326)

Bearing this in mind, I think we should not deny nature, but strenghten our attempts to understand the ongoing uncanny changes concerning this enigmatic category and problematic entity in our theater or representation.

* I am heavily in debt to Sebastian Trapp for his critical and inspiring remarks on this paper and his helpful suggestions and careful reading of my German attempt to write English.

Bibliography:

Alcoff, Linda (1988): Cultural Feminism versus Poststructuralism: The Identity Crisis In Feminist Theory. IN: Signs, vol.13, no.3, p.405-438

Barad, Karen (1996): Meeting the Universe Halfway: Realism and Social Constructivism without Contradiction. IN: Nelson, H. L./ Nelson, J.: Feminism, Science, and the Philosophy of Science. Dordrecht u.a., pp.161-194

Barth, John: The Literature of Replenishment, *Atlantic Monthly*, January 1980

Derrida, Jacques (1974): Of Grammatology. The Johns Hopkins University Press

Gamm, Gerhard: Technik als Medium. Grundlinien einer Philosophie der Technik. In: M. Hauskeller u.a. (Hg.): Naturerkenntnis und Natursein. Festschrift für Gernot Böhme. Frankfurt a.M. 1997

Gloy, Karen (1996): Das Verständnis der Natur. Bd. 1. München 1996

Hacking, Ian (1983: Representing and Intervening: Introductory Topics in the Philosophy of Natural Science. Cambridge: Cambridge Univ.Pr.

Haraway, Donna (1991): Simians, Cyborgs and Women. The Reinvention of Nature. New York

Haraway, Donna (1995): >Wir sind immer mittendrin<. Ein Interview mit Donna Haraway. In: dies.: Die Neuerfindung der Natur. Primaten, Cyborgs und Frauen. Hg. von Carmen Hammer und Immanuel Stieß. Frankfurt a.M. / New York 1995, S.98-122

Haraway, Donna J. (1997): Modest_Witness@Second_Millenium. FemaleMan°_Meets_OncoMouse^{TM}. Feminism and Technoscience. New York / London, Routledge

Hayles, N. Katherine (1998): Constrained Constructivism: Locating Scientific Inquiry in the Theater of Representation. In: http://englishwww.humnet.ucla.edu/Individuals / Hayles/Cusp.html, p.1-10

Jacob, Francois (1983): The Logic of Life. New York: Pantheon

Jameson, Frederic (1994: The Seeds of Time. New York (Columbia Univ.Pr.)

Jardine, Alice (1985): Gynesis. Configurations of Woman and Modernity. Ithaca / London

Kant, Immanuel (1961): Allgemeine Naturgeschichte des Himmels oder Versuch von der Verfassung und dem mechanischen Ursprunge des ganzen Weltgebäudes nach Newtonschen Grundsätzen abgehandelt (1755). In: Frühschriften, Bd.1, Berlin

Krohn, Wolfgang (1989): Die Verschiedenheit der Technik und die Einheit der Techniksoziologie. In: Weingart, Peter (Hg.): Technik als sozialer Prozeß. Frankfurt a.M., S.15-43

Latour, Bruno (1995): Wir sind nie modern gewesen. Versuch einer symmetrischen Anthropologie. Berlin

Mittelstraß, Jürgen (1993): Leonardo-Welt - Aspekte einer Epochenschwelle. IN: Gert Kaiser / Dirk Matjovksi / Jutta Fedrowitz (Hg.): Kultur und Technik im 21.Jahrhundert. Frankfurt / New York, S.16-32

Rorty, Richard (1979): Philosophy and the Mirror of Nature. Princeton, NJ; Princeton University Press

Saupe, Angelika (1997): >Leben< im Zeitalter der Technoscience. Skizzen über künstliche Natur und technologische Rationalität. In: *Das Argument 221*, S.523-532

Seltzer, Mark (1992): Writing Technologies. In: *New German Critique, Nr.57, Fall 1992*, p.170-181

Scheich, Elvira (1989): Naturbeherrschung und Weiblichkeit. Frankfurt a.M.

Singer, Mona (1996): Konstruktion, Wissenschaft und Geschlecht. IN: Materialität, Körper, Geschlecht. Facetten feministischer Theoriebildung, hg. vom Verein Sozialwissenschaftliche Forschung und Bildung für Frauen - SFBF - e.V., Frankfurt a.M., S.69-104

Weber, Jutta (1998a): Feminismus & Konstruktivimus. Oder: Die Verlockungen unendlicher Rekombination. Zur Netzwerktheorie bei Donna Haraway. Das Argument. Zeitschrift für Philosophie und Sozialwissenschaften 227, Heft 5, S.699-712

Weber, Jutta (1998b): Angepaßte Monologe? Über die Konsequenzen >radikaler< De-Ontologisierung und konventioneller Performanz. IN: Ethik und Sozialwissenschaft. Dezember 1998, S.577-579

Weber, Jutta (1999a): "Who's Afraid of Nature? The Rise and Fall of >Denaturalization< in Contemporary Feminist Thought." Paper held at the 8.th Conference of the International Association of Women Philosophers IAPH, August 1998, Boston, Mass., USA (Publikation geplant)

Weber, Jutta (1999b): "Was sich nicht nicht begehren läßt": Natur in der Postmoderne. Beitrag zum 4. Erlanger Symposium zur Frauenforschung. Reproduktion in der Postmoderne. An der Friedrich-Alexander-Universität Erlangen-Nürnberg (Publikation in Planung)

**Workshop 12
Heuristik**

Modelle, Mechanismen, Repräsentation

Andreas Bartels

(1) Modelle Vorüberlegungen zum Begriff der Repräsentation

Ein Ding X ist eine Repräsentation für ein Ding Y, wenn „X für Y steht", bzw. X anstelle von Y verwendet werden kann, um bestimmte geistige oder technische Operationen an Y auszuführen. Ist X ein wissenschaftliches Modell und Y ein reales System, sind geistige Operationen, die ein System Y zum Gegenstand haben: das Verhalten von System Y als Realisierung einer mathematischen Struktur (z.B. eines Regelsystems) *interpretieren*, das Zustandekommen des Verhaltens des (noch nicht als Anwendungsfall einer Theorie interpretierbaren) Systems Y *kausal erklären*, das System Y *explorieren*, d.h. untersuchen, wie sich Y in bestimmten Situationen verhalten wird, technische Eingiffe an System Y zu *simulieren*, die auf eine Optimierung der Eigenschaften von Y abzielen (besonders sinnfällig am Beispiel von Skalenmodellen).[1] Die Modellierung eines natürlichen Systems kann auch die Absicht verfolgen, ein technisches Pendant zu erzeugen, das vergleichbare Leistungen erbringt wie Y. Ob ein Ding X „stellvertretende" Funktion gegenüber einem Ding Y besitzt, hängt von den Operationen ab, die an Y ausgeführt werden sollen[2]. Ein Begriff der Repräsentation für wissenschaftliche Modelle muß Bedingungen angeben, unter denen ein Modell M anstelle eines realen Systems S verwendet werden kann, um die Zwecke zu erreichen, die typischerweise mit der Verwendung wissenschaftlicher Modelle verfolgt werden.

Um den Repräsentationsbegriff für wissenschaftliche Modelle näher zu klären, müssen also zunächst die Zwecke spezifiziert werden, die typischerweise mit der Verwendung wissenschaftlicher Modelle verfolgt werden. Die Erwartung ist dabei, daß die Art des Modellierens eines Systems von jeweils unterschiedlichen Zwecken abhängt, die mit dem Modellieren verfolgt werden und verschiedene Arten des Modellierens mit verschiedenen Formen der Repräsentation korrespondieren. Da unterschiedliche Zwecke des Modellierens durch dieselbe Art der Repräsentation erfüllbar sind, bleiben jedoch letztlich nur zwei verschiedene Arten der Modellierung übrig, die unterschiedlichen Formen der Repräsentation korrespondieren:

- Einbettung eines Systems (mathematische Struktur, empirisches Datenmodell) in eine reichhaltigere mathematische Struktur (z.B. ein Modell einer fundamentalen empirischen Theorie) mit Hilfe *strukturerhaltender Abbildungen*. Diese Form der Repräsentationen kann dem Zweck dienen, ein System zu interpretieren (eine theoretische Erklärung zu liefern), zu explorieren oder auch technische Modellierungen zu ermöglichen.

---

[1] Was hier von Modellen ausgesagt wird, hat Chris Swoyer als Charakteristikum strukturaler Repräsentationen festgehalten: „Structural representation enables us to reason directly about a representation in order to draw conclusions about the things that it represents...In such cases we use one sort of thing as a surrogate in our thinking about another, and so I shall call this *surrogative reasoning*" (Swoyer 1991, S.449).

[2] In vielen Fällen hängt die optimale Ebene, auf der ein System durch ein Modell repräsentiert wird, davon ab, welche Eigenschaften des Systems unter Rückgriff auf das Modell kontrolliert werden sollen. So genügt z.B. für den Zweck der Verbesserung von Linsen ein Modell der geometrischen Strahlenoptik, während zum Bau von Lasern Modelle der Quantenoptik verwendet werden müssen (vgl. Morrison 1998).

- Angabe eines kausalen Mechanismus, der am System beobachtete Phänomene erklärt, ohne daß dabei auf eine Theorie des Systems zurückgegriffen werden kann. Auch diese Art der Repräsentation dient neben dem Zweck der Erklärung auch der Exploration von Systemen. Typische Zwecke sind jedoch *kausale* Erklärungen, die ohne eine spezifische „Hintergrundstheorie" auskommen, sowie die Herstellung technischer Systeme, die Leistungen natürlicher Systeme nachbilden, wenn keine geschlossene Theorie dieser natürlichen Systeme verfügbar ist. Die entsprechende Form des Modellierens kann man (aufgrund des wesentlichen Fehlens einer leitenden Theorie) als *heuristisches Modellieren* bezeichnen.

Meine These lautet: Der mathematische Repräsentationsbegriff, der sich auf strukturerhaltende Abbildungen stützt, umfaßt nicht alle Fälle der Repräsentation durch wissenschaftliche Modelle. In Fällen heuristischen Modellierens, die durch das Fehlen einer leitenden Theorie charakterisiert sind, wird ein System mit Hilfe kausaler Mechanismen repräsentiert (siehe Abschnitt 5). Um eine Datenmenge, die das Verhalten des Systems charakterisiert, strukturerhaltend einbetten zu können, fehlt hier als notwendiger Hintergrund eine Theorie des Systems.[3]

(2) Repräsentation als strukturerhaltende Abbildung

Der mathematische Begriff der Repräsentation als strukturerhaltende Abbildung (vgl. Ibarra/Mormann 1997, Mundy 1986, Swoyer 1991) behandelt das zu repräsentierende System A als eine relationale Struktur im Sinne der mathematischen Modelltheorie. Das System A wird durch System B repräsentiert, wenn eine Funktion f von A in B existiert, die für alle Elemente und alle Relationen von A und B verläßlich ist, d.h., stehen Bildelemente $f(a_1)$ bis $f(a_n)$ in B in der Relation R_j^B, so stehen die entsprechenden Urbildelemente a_1 bis a_n von A in der entsprechenden Relation R_j^A. Ist dies der Fall, können Tatsachen über das System A, daß nämlich Elemente von A in einer bestimmten Relation stehen, aus Tatsachen über die Elemente von B erschlossen werden. Die Funktion f ist i.a. nur auf einer Untermenge von A definiert, nicht alle Elemente von A müssen durch Elemente von B repräsentiert werden. Liefert die Funktion f nicht nur verläßliche, sondern sogar vollständige Information über Tatsachen in A, d.h., folgt aus der Erfüllung einer Relation durch Elemente von A die Erfüllung der entsprechenden Relation durch Bildelemente von B, so ist die Funktion f ein Homomorphismus, eine in beide Richtungen strukturerhaltende Abbildung zwischen A und B[4].

Aus Sicht des mathematischen Repräsentationsbegriffs, paradigmatisch verwendet in der Repräsentationstheorie der Messung (z.B. Repräsentation der Längen einer Menge von Körpern durch die reellen Zahlen[5]), spiegelt sich die Zweckgebundenheit der Verwendung von Modellen in der Auswahl der auf dem zu repräsentierenden System definierten Relationen wider, die durch eine strukturerhaltende Abbildung erfaßt werden. Wir können auf Information über das zu repräsentierende System verzichten, indem wir bestimmte Relationen vergröbern oder aus der Menge der repräsentierten Relationen ausschließen, in jedem Fall aber bleibt die Repräsentationsbeziehung jene der strukturerhaltenden Abbildung. Die vielen

---

[3] Die kinematischen Daten eines Pendels können strukturerhaltend in ein Modell des Pendels eingebettet werden nur auf dem Hintergrund der Newtonschen Mechanik.

[4] Vgl. Mundy 1986, S.393f.

[5] vgl. Swoyer 1991, S.460f.

Anwendungsbeispiele für Repräsentationen durch strukturerhaltende Abbildungen gehören jedoch stets zu einer der zwei folgenden Kategorien:

- Einbettungen einer <u>mathematischen Struktur</u> in eine reichere mathematische Struktur. Ziel ist die Übertragung von Aussagen, die innerhalb der reicheren Struktur für die Bildelemente getroffen werden können, auf die Elemente der Ausgangsmenge[6]. Beispiele dafür sind die Repräsentation geometrischer Aussagen im Rahmen der Analytischen Geometrie und topologischer Aussagen im Rahmen der algebraischen Topologie.
- Einbettungen <u>empirischer Datenmengen</u> in mathematisch reichere Theorien-Strukturen. Beispiele sind die Repräsentation kinematischer Größen (Zeiten, Wege, Geschwindigkeiten) durch Linien und Flächen bei Galilei[7], Repräsentation von Meßdaten empirischer Trajektorien durch Trajektorien in einem Zustandsraum, auf dem ein affiner Zusammenhang definiert ist[8], Repräsentation mentaler Leistungen durch strukturerhaltende Abbildungen, z.B. der Rotation mentaler Bilder[9] mit Hilfe von Abbildungen, die der räumlichen Rotation physischer Figuren struktural ähnlich sind[10].

Einbettungen *mathematischer Strukturen* bilden den paradigmatischen Anwendungsfall des mathematischen Repräsentationsbegriffs. Der Repräsentationszweck ist hier nicht die Erklärung des *Zustandekommens* einer Datenstruktur, sondern deren Darstellung innerhalb eines reicheren Kontextes, in dem neue Aussagen über die Datenstruktur getroffen, neue Beziehungen entdeckt und neue Fragen gestellt werden können.

Der mathematische Repräsentationsbegriff läßt sich ohne Schwierigkeiten auf den Fall der Repräsentation *empirischer Datenmengen* übertragen. Empirische Datenmengen sind Mengen mit definierten Eigenschaften und Relationen (also relationale Strukturen), die durch strukturerhaltende Abbildungen in mathematische oder empirische Theorien eingebettet werden können. Solche Abbildungen können eine wichtige explanative Rolle spielen. Die Modellierung eines Pendels als Anwendungsfall der Newtonschen Bewegungsgleichungen ist explanativ, weil die Datenmenge des Pendels in eine reichere mathematische Struktur eingebettet wird, die Eigenschaften der Pendeltrajektorie erklären (und vorhersagen) läßt.

Wissenschaftler, die mentale Leistungen modellieren, verwenden in vielen Fällen, paradigmatisch bei Phänomenen der Wahrnehmung, strukturerhaltende Abbildungen zur Repräsentation von Datenmengen[11]. Ob die repräsentierenden relationalen Strukturen (die „mentalen Modelle") tatsächlich im biologischen System implementiert sind, ist aber eine empirische Frage. Das Zustandekommen der repräsentierten mentalen Leistungen ist jeweils

---

[6] Bei Ibarra/Mormann geht dieses Ziel in die Explikation einer „representational theory" ein. Repräsentierende Theorien sind danach nicht nur durch die Existenz eines Homomorphismus von einer Datenmenge in eine Menge symbolischer Konstrukte ausgezeichnet; eine weitere Abbildung führt von der Menge symbolischer Konstrukte in die Datenmenge zurück und überträgt Strukturen, die zunächst nur für diesen Bereich definiert sind, auf die Elemente der Datenmenge (vgl. Ibarra/Mormann 1997, S.64).

[7] vgl. Ibarra/Mormann, S.70

[8] vgl. Ibarra/Mormann 1997, S.74f.

[9] vgl, Metzler/Shepard 1982

[10] vgl. Swoyer 1991, S.490f.

[11] So können zweidimensionale Objekte im visuellen Feld durch feature vectors repräsentiert werden, wobei jeder Komponente des Vektors (1 oder 0) ein Punkt des visuellen Feldes (zur Figur gehörig oder nicht) entspricht. Da die Anordnung der Neuronen im Cortex die Nachbarschaftsrelation der Punkte des visuellen Feldes respektiert, kann die Verwendung von feature vectors durch das biologische System als strukturerhaltende Abbildung von Nachbarschafts-Relationen auf dem visuellen Feld angesehen werden (vgl. z.B. Hartmann/Büker/Drüe 1998, Manuskript).

auch ganz anders denkbar als mithilfe solcher Strukturen, die homomorph zur den entsprechenden Datenmengen sind (z.B. distribuierte Repräsentationen in konnektionistisch beschriebenen Systemen).

Im Fall der Repräsentation noch nicht theoretisch verstandener empirischer Systeme hilft uns jedoch die Vorschrift „Repräsentiere wenn möglich mit Hilfe von Abbildungen, die die Struktur der vorhandenen Datenmenge erhalten" nicht weiter. Was wir suchen sind Mechanismen, die die Daten kausal erzeugen, und die Erfindung solcher Mechanismen hängt von früheren Erfahrungen mit ähnlichen Mechanismen ab. Ob ein Mechanismus sich schließlich als gute Repräsentation des Systems herausstellt, hängt davon ab, ob er die Datenmenge reproduziert, ob er kontrafaktisch empfindlich[12] ist, d.h. ob eine Änderung der Struktur des repräsentierten Systems notwendig auch eine Änderung des repräsentierenden Systems nach sich ziehen würde, ob er mit relevanten Theorien verträglich und mit anderen beteiligten Mechanismen kompatibel ist, nicht aber von der Existenz einer strukturerhaltenden Abbildung zwischen Datenmenge und theoretischer Beschreibung.

(3) Hughes und Cartwright über Repräsentation bei Modellen

In der gegenwärtigen Diskussion über wissenschaftliche Modelle wird zwar die zentrale Rolle des Repräsentationsbegriffs immer wieder betont, R.I.G. Hughes ist aber einer der wenigen Autoren, die eine einigermaßen ausgeführte Repräsentations-Theorie im Rahmen dieser Diskussion vorgeschlagen hat. Die Theorie läuft, wie wir sehen werden, letztlich allerdings auf den Begriff der Repräsentation durch strukturerhaltende Abbildungen hinaus. Hughes bezeichnet es als die „vielleicht einzige Gemeinsamkeit" der verschiedenen Konstrukte, die als „Modelle" bezeichnet werden, daß sie Teile der Welt repräsentieren. Am Beispiel geometrischer Repräsentation kinematischer Größen bei Galilei versucht er nachzuweisen, daß Repräsentation stets aus drei Elementen besteht: der „Denotation", in seinem Beispiel: der Zuordnung einer geometrischen Entität als Symbol für irgendein Merkmal oder Bestandteil des zu repräsentierenden Systems, der „Demonstration", bei der eine geometrische Beziehung zwischen den Symbolen abgeleitet wird, und der „Interpretation", bei der die auf der Modell-Ebene gefundene Beziehung auf die System-Ebene übertragen und dort zur Lösung des Ausgangsproblems verwendet wird.

Ein Modell M repräsentiert danach ein System S zunächst einfach dadurch, daß Elementen des Systems beliebige Entitäten, die zu einer strukturierten Menge M gehören, als ihre jeweiligen Stellvertreter zugeordnet werden (denotation) - so wie man den Mitgliedern einer Fußballmannschaft auf der Tafel Figuren, z.B. mit Buchstaben versehene Kreise zuordnen kann; im zweiten Schritt werden Relationen zwischen den Entitäten von M verwendet (z.B. Figur X deckt den Raum hinter Figur Y ab), um Aussagen über bestimmte Entitäten von M abzuleiten. Die Rückübersetzung solcher Aussagen für die Elemente von S wird nur dann brauchbare Informationen über S liefern, wenn die verwendeten Modell-Relationen homomorph zu System-Relationen sind, d.h. wenn die einzelnen Spieler in Beziehungen zueinander stehen, die den Beziehungen der Tafel-Figuren „entsprechen". Dies ist die Art, in der z.B. Landkarten repräsentieren, wobei die Homomorphien sich auf topologische, und u.U.

---

[12] vgl. Swoyer 1991, S.475: damit ein Thermometer als gutes repräsentierendes System angesehen werden kann, ist es nicht genug, daß es exakt eine bestimmte zufällig im Außenraum gegebene Temperatur anzeigt; die Anzeige muß bei geänderter Termperatur „empfindlich" reagieren.

metrische Beziehungen erstrecken. Hughes hat betont[13], daß seine Theorie keinesfalls als „representation-as-similarity" zu verstehen sei. Seine einzigen Erwähnungen von „similarity" seien negativer Natur: Theoretische Modelle sind den von ihnen dargestellten Systemen nicht ähnlich (so wie etwa das Modell des idealen Pendels ein abstraktes, mit materialen Pendeln keineswegs ähnliches Objekt ist).

Diese Bemerkungen scheinen jedoch nur das Vorliegen wörtlicher Ähnlichkeit, nicht das Vorliegen strukturaler Ähnlichkeit auszuschließen; denn natürlich ist das ideale Pendel empirischen Pendeln struktural ähnlich, und Hughes´ eigenes Galilei-Beispiel (Galileis Repräsentation kinematischer Größen durch Linien und Flächen) ist nur deshalb ein Beispiel gelungener Repräsentation, weil eine Homomorphie zwischen physikalischen und geometrischen Größen besteht.

Wird ein Systems mit unbekannter interner Dynamik modelliert, ist aber gerade noch nicht bekannt, welche Eigenschaften und Relationen des Systems für die zu erklärenden Leistungen (Daten) des Systems verantwortlich sind. Die Einschätzung des Modell-Konstrukteurs, daß sein Modell ein System repräsentiert, kann daher in der Regel nicht auf Tatsachen der Strukturähnlichkeit gestützt werden. Solche Tatsachen liegen dem Modell-Konstrukteur nicht vor. Strukturähnlichkeit ist als Begriff der Repräsentation durch Modelle u.a. deswegen ungeeignet, weil dieser Begriff im Fall des heuristischen Modellierens nicht zu einem Kriterium gelungener Repräsentation führt.

Nancy Cartwright hält die Fähigkeit von Modellen, reale Systeme zu repräsentieren, für das entscheidende Charakteristikum, das Modelle gegenüber Theorien auszeichnet: „Physics does aim to represent the world, but it represents it not in its theories but in its models...fundamental theory represents nothing and there is nothing for it to represent. There are only real things and the real ways they behave. And these are represented by models, models constructed with the aid of all the knowledge and technique and tricks and devices we have"[14].

Heuristisches Modellieren findet sich bei Cartwright unter dem Ausdruck „phänomenologische Modelle". Solche Modelle enthalten zumindest einige Elemente, die nicht durch theoretisches Wissen gedeckt sind, sondern „ad hoc" und in Hinblick auf ihre Eignung gewählt werden, den zu erklärenden Effekt qualitativ und quantitativ richtig wiederzugeben (vgl. das Beispiel des Meissner-Effekts in Cartwright et. al. 1995). Dieser Umstand erweckt Zweifel, ob die Erklärungsleistung phänomenologischer Modelle Rückschlüsse darauf zuläßt, ob und in welchem Sinne diese Modelle reale Systeme *repräsentieren*. Die akkurate (numerische) Beschreibung der Effekte, die in dem System auftreten, genügt nach Cartwright nicht, um das Modell als korrekte Repräsentation für die Ursachen dieser Effekte aufzufassen (Cartwright 1999). Die Modelle sollten allerdings den durch sie repräsentierten Situationen „ähnlich" sein. Cartwright räumt ein, daß dies eher ein Hinweis auf ein Problem ist als seine Lösung.

Für Modelle in der Wissenschaft, die ihre Erklärungsleistung unabhängig von schon etablierten Theorien erbringen (und in diesem Sinne „phänomenologisch" sind), die aber gleichwohl dem Wissenschaftler Einsicht in den Mechanismus eines Naturprozesses vermitteln, stellt sich also die Frage: wodurch werden diese erklärenden Modelle zugleich zu repräsentierenden Modellen? Gedacht ist hier v.a. an solche Fälle, in denen

---

[13] In privater Kommunikation.
[14] Cartwright et.al. 1995, S.139/140

- das zu erklärende System noch zu schlecht verstanden, d.h. seine für das zu erklärende Verhalten wesentlichen Faktoren noch unbekannt sind, so daß unklar ist, welche Theorie zur Erklärung verwendet werden soll
- das Ziel der Modell-Konstruktion nicht nur in der Erklärung des Verhaltens eines spezifischen Systems S, sondern auch in der Herstellung von technischen Systemen liegt, die jene Probleme lösen, die von S gelöst werden, ohne daß theoretisch verstanden ist, wie S diese Probleme löst (z.B. künstliche visuelle Systeme).

(4) Mechanismen und Repräsentation

In solchen Fällen der Verwendung von Modellen kommen nur Erklärungen in Frage, in denen ein hypothetischer Mechanismus für einen Prozeß angegeben wird. Mechanismen, so Machamer (1998), sind Aktivitäten von Entitäten und ihren Eigenschaften, die entscheidend dafür sind, daß Veränderungen eines Systems in Gang kommen, oder Bedingungen für die Beendigung eines Prozesses setzen. Mechanismen beschreiben, wie ein Phänomen zustande kommt, oder wie ein Prozeß abläuft. Mechanismen erklären das Verhalten eines Systems dadurch, daß sie aufgrund der spezifischen Aktivität ihrer Bestandteile (z.B. der Bildung von Wasserstoff-Bindungen, die für den Prozeß der DNA-Replikation wichtig sind) zeigen, weshalb ein Prozeß einen bestimmten Endzustand eines Systems hervorbringen kann. Von der Erklärung durch theoretische Modelle unterscheidet sich die Erklärung durch Angabe eines Mechanismus dadurch, daß viele Gesetze aus unterschiedlichen Theorien an der Erklärungsleistung beteiligt sind. Da i.a. weder die Natur der Bestandteile des realen Systems noch die Aktivitäten der Bestandteile bekannt sind, die zu dem zu erklärenden Verhalten führen, setzt die Erklärung durch Angabe eines Mechanismus bei den Leistungen eines Systems an:

- Isolierung einzelner Leistungen aus dem Gesamtverhalten eines Systems
- Angabe von Teil-Mechanismen, die geeignet sind, einzelne Leistungen des Systems zu reproduzieren und dadurch zu erklären.
- Zusammensetzen der Teil-Mechanismen zu einem Gesamt-Mechanismus[15]

Theorien spielen ihre Rolle in diesem Bild, indem die Mechanismen (oder Teil-Mechanismen) auf theoretische Beschreibungen ihrer jeweiligen Entitäten rekurrieren. Die Erklärungsleistung des Modells kann aber nicht auf die Gesetze einer einzelnen Theorie zurückgeführt werden, weil einerseits verschiedene Leistungen durch verschiedene Teil-Mechanismen (und damit verschiedene Hintergrundstheorien) erklärt werden, andererseits in manchen Teil-Mechanismen fiktive Entitäten verwendet werden, die den Gegenstandsbereich nicht in theoretisch adäquater Weise wiedergeben, sondern lediglich die entsprechende Leistung des Systems reproduzieren. Theorien sagen, welche Entitäten mit welchen charakteristischen Aktivitäten es gibt, Modelle sagen, wie solche Entitäten in der Herstellung einer bestimmten Leistung eines realen Systems zusammenwirken.

---

[15] Dieses Vorgehen läßt sich sehr schön an dem Beispiel der Modellierung ausgedehnter extragalaktischer Radioquellen studieren, vgl. Bailer-Jones 1997

(5) Zusammenfassung

Der Repräsentationsbegriff für wissenschaftliche Modelle, so wurde anfangs festgestellt, soll Bedingungen angeben, unter denen ein Modell „für ein System stehen", d.h. stellvertretend für ein reales System verwendet werden kann, und zwar hinsichtlich typischer Zwecke der Modell-Verwendung. Geht es um den Verwendungszweck der Erklärung für Verhaltensmerkmale eines Systems, für das noch keine Theorie „zuständig" ist, steht ein Modell dann für ein System, wenn es Mechanismen anbieten kann, die die beobachtbaren Phänomene an diesem System erzeugen können.

In manchen Fällen führt der Fortschritt des theoretischen Wissens über ein System dazu, daß früher zur Erklärung verwendete Modell-Entitäten durch kausal plausiblere Entitäten, die mit dem neuen theoretischen Wissen verträglich sind, ersetzt werden. Die Beschreibung des Systems durch einen (Teil-)Mechanismus geht dann in die Beschreibung durch ein „theoretisches Modell" über. Auch in diesem Fall wird die Beschreibung in der Regel „gestückelt" bleiben, d.h. verschiedene Phasen eines Mechanismus werden dann durch Teil-Mechanismen wiedergegeben, die einzeln die Gestalt theoretischer Modelle besitzen. Fordert man von Modellen die kausal plausible Reproduktion von Leistungen eines Systems, so wird man von Repräsentation durch ein Modell erst dann sprechen, wenn das Modell empirisch adäquat (hinsichtlich ausgewählter Leistungen des Systems) und kausal plausibel ist.

Zum Modellieren realer Systeme gehört auch die Aufgabe des Zusammensetzens von Teil-Mechanismen, die zunächst zur Erklärung verschiedener Leistungen des Systems eingeführt wurden. Die Kohärenz des dabei entstehenden Gesamt-Mechanismus ist daher ein weiteres Gütemerkmal der Repräsentation eines Systems durch ein Modell.

Literatur

Bailer-Jones, D.M. (1997): Scientific Models: A Cognitive Approach with an Application in Astrophysics, Ph.D. Thesis, University of Cambridge (unpublished)

Cartwright, N. (1983): How the Laws of Physics Lie, Clarendon Press: Oxford

Cartwright, N./T. Shomar/M. Suarez (1995): The Tool Box of Science, in: *Poznan Studies in the Philosophy of the Sciences and the Humanities*, Vol. 44, pp. 137-149

Cartwright, N. (1999): Models, to appear in: M. Morgan/M. Morison (eds.), Models as Mediators, Cambridge University Press, 1999

Giere, R. (1994): The Cognitive Structure of Scientific Theories, *Philosophy of Science* 61, pp. 276-296

Hughes, R.I.G. (1997): Models and Representation, in: PSA 1996 (ed.: L. Darden), S325-S336

Ibarra, A./Mormann, T. (1997): Theories as Representations, *Poznan Studies in the Philosophy of the Sciences and the Humanities*, Vol. 61, pp. 59-87

Machamer, P./Darden, L./Craver, C. (1998): Thinking about Mechanisms, Manuscript

Morrison, M. (1998): Modelling Nature: Between Physics and the Physical World, *Philosophia Naturalis* 35, pp. 65-85

Mundy, B. (1986): On the General Theory of Meaningful Representation, *Synthese* 67, pp. 391-437

Swoyer, C. (1991): Structural Representation and Surrogative Reasoning, *Synthese* 87, pp. 449-508

Kristina Fatke
Katzbachstr. 10; 10965 Berlin
kristina.fatke@rz.hu-berlin.de

Zur Phänomenologie des Neuen im Anschluß an William James

*Denn nicht wir wissen, es ist allererst ein
gewisser Zustand unsrer, welcher weiß.*
Heinrich v. Kleist

Wenn man einmal von den betont antitotalitären Bemühungen einiger postmoderner Philosophenkünstler absieht, kann das allgemeine Ziel erkenntnistheoretischer Unternehmungen nach wie vor als eine Suche nach gültigen und konstanten Prinzipien angesehen werden, auf die man Aussagen über die Welt zurückführen können soll. Ein solcher Ansatz erweist sich jedoch als unzureichend, da er die Tatsache, daß wir zwischen *alten* und *neuen* Erkenntnissen unterscheiden, vernachlässigt und das Entstehen neuer Wahrnehmungen eliminiert. Das Erkennen von etwas *als neu* kann gar nicht in Betracht gezogen werden, wenn das Interesse lediglich den Regeln zur Bewertung von Erkenntnisgehalten gilt. Um ein solches Desiderat zu beheben, möchte ich nun eine Konzeption des Erkennens vorschlagen, welche das Erkennen von Neuheit zu integrieren vermag. Dabei kann es nicht darum gehen, Kriterien für die Anwendung des Begriffs des Neuen zu erstellen; es soll vielmehr eine *Struktur* des Erkennens von Neuem herausgearbeitet werden.

Für dieses Vorhaben bietet es sich an, auf William James Bezug zu nehmen, der erstmalig den Begriff *Novelty* in Ansätzen systematisch untersucht und das Erkennen von Neuheit in der Erfahrung fundiert hat. Von James ausgehend möchte ich die folgenden drei Thesen ausführen:

1) Für das Verständnis von Neuheit erweist sich eine phänomenologische Perspektive auf Erfahrung als sinnvoll.

2) Das Erkennen von Neuheit geht mit einer Veränderung in unserem Verhalten einher.

3) Neuheit ist nur bedingt generierbar.

1) Die phänomenologische Perspektive

Um ein Verständnis des Neuen zu eröffnen, ist es sinnvoll, danach zu fragen, als was Neuheit erfahren wird.[1] Mit einem solchen Ansatz wird die Frage nach einem ontologi-

---

[1] Das leitet sich aus der allgemeinen Prämisse ab: "[T]hings are what they are experienced to be". Vgl. zur Begründung John Dewey, *The Postulate of Immediate Empiricism*, in: *Journal of Philosophy, Psychology and Scientific Methods*, vol. 2, 1905, p. 393-399. Anders formuliert kann behauptet werden, "that everything that *seems* to be present in experience is, in some sense, *there* [...]". H. Putnam, *Pragmatism and Realism*, in: M. Dickstein (Hrsg.), *The Revival of Pragmatism*, Durham/London 1998, p. 50. Der

schen Status des Neuen umgangen, da sich die Unterscheidung, ob etwas *wirklich* oder nur *vermeintlich* neu ist, als gegenstandslos erweist. Die Auffassung, eine als neu wahrgenommene Eigenschaft könne *entweder* der Wahrnehmungserfahrung *oder* dem wahrgenommenen Gegenstand zugeschrieben werden, wird damit hinfällig. Ich möchte daher nahelegen, das Neue phänomenologisch als einen *Erfahrungs*gehalt zu untersuchen, wobei sich die Erfahrung der Neuheit nicht auf das Entstehungsmoment des Neuen selbst, sondern auf die Erfahrung, *daß* etwas als neu wahrgenommen wurde, bezieht.

Wird das Neue als Erfahrungsgehalt bestimmt, muß angegeben werden, was darunter zu verstehen ist. Um die vorgeschlagene phänomenologische Perspektive zu präzisieren, kann sie einem traditionellen empiristischen Verständnis von Erfahrung gegenübergestellt werden. Nach diesem werden unter Erfahrungsgehalten singuläre Sinneseindrücke gefaßt, die durch transzendentale Gesetzmäßigkeiten (wie bspw. die der Kausalität) in Relationen gesetzt werden. Aus einer solchen Annahme würde folgen, daß sich Neues nur auf abgegrenzte Sinnesdaten beziehen und nach deren gesetzmäßiger relationaler Verortung nicht mehr als eine Rekombination durch feststehende Regeln darstellen könnte.

Gegen diese Auffassung können aus der phänomenologischen Perspektive mindestens drei Einwände vorgebracht werden: 1. (Kausal-)Relationen können weder als eine Art Assoziationsgesetze noch als apriorische rationale Prinzipien verstanden werden, sondern sie leiten sich nur aus der alltäglichen Erfahrung der gewollten oder ungewollten Wirkungen unseres Handelns ab. 2. In der Erfahrung kann keine Trennung zwischen einzelnen Elementen und Relationen vorgenommen werden, Relationen werden vielmehr selbst und Wahrnehmungsentitäten nur in relationalen Zusammenhängen erfahren. 3. Die Differenzierung der Erfahrung in einzelne Entitäten muß als eine nachträgliche, additive Bewußtseinsleistung angesehen werden und nicht als anfängliche Mannigfaltigkeit, die einer Synthesis der Apprehension bedarf. Somit kann auch keine *einzelne* Entität als Ursache für eine neue Wahrnehmung erfahren werden, da die Erfahrung von zusammengesetzten Objekten, Empfindungen oder Gedanken nicht auf die Zusammensetzung der Erfahrung der einzelnen Bestandteile zurückgeführt werden kann.[2] Zusammenhänge werden zugleich mit und durch deren Wirkung erfahren.[3] Zur Verdeutlichung der Komplexität von Erfahrungsgehalten läßt sich hier das einschlägige Beispiel der Wahrnehmung eines Donnerschlages anführen: "[W]hat we hear when the thunder crashes is not thunder pure, but

---

Gehalt einer Erfahrung läßt somit den Schluß auf dessen "Existenz" zu. Offensichtlich wird diese These, wenn man Beispiele der Erfahrung von Empfindungen heranzieht. Vgl. hierzu W. James: "[W]hat sense is there in saying that a feeling, which has no other nature than to be felt, is not as it *is* felt?" In: *Some Problems of Philosophy*, New York 1911 (Reprint Lincoln/London 1996) p. 151.

[2] James argumentiert ähnlich und führt folgende (holistische) Beispiele an: Die Idee von a + die Idee von b ist nicht identisch mit der Idee von (a+b) oder der Geschmack von Zitronenlimonade kann nicht auf den Geschmack von Zitrone + den Geschmack von Zucker reduziert werden. In: *The Principles of Psychology*, New York 1890 (Reprint New York 1950), vol. I, p. 161 und 158 (note).

thunder-breaking-upon-silence-and-contrasting-with-it."[4] Daraus ergibt sich, daß auch die Erfahrung von Neuheit nicht in einem singulären Wahrnehmungsgegenstand, sondern in einer komplexen Wahrnehmungssituation gründet.

2) Das Erkennen neuer Bedeutungen
Dennoch muß ein Erfahrungsgehalt in irgendeiner Weise als phänomenale Entität differenzierbar sein, um als *neuer* wahrgenommen zu werden. In der Erfahrung werden Veränderungen als solche nur dann wahrgenommen, wenn sie sich durch *merkliche* Gehalte[5] unterscheiden. Im folgenden möchte ich für eine solche phänomenale Entität auch den Begriff der (kognitiven) 'Bedeutung' verwenden. Diese bezieht sich somit auf einen unterscheidbaren Erfahrungsgehalt. Bevor das Erkennen einer *neuen* Bedeutung dargestellt werden kann, muß kurz erläutert werden, was eine phänomenale Entität konstituiert. Dazu kann man im Anschluß an James drei elementare Funktionen unterscheiden[6]: (i)*sensation*, (ii)*perception* und (iii)*conception*.

(i) Die Funktion der *sensation* verweist auf die undifferenzierte, einheitliche Erfahrung der Wahrnehmungssituation. Um nicht in den Verdacht zu kommen, *sensations* mit elementaren Komponenten der Wahrnehmung zu identifizieren, kann hierfür auch der Jamessche Terminus der *pure experience* herangezogen werden, welchen er als "plain, unqualified actuality, or existence, a simple *that*"[7] beschreibt. Diese Wahrnehmungsfunktion differenziert nicht zwischen Subjekt und Objekt und unterläuft somit diesen traditionellen Dualismus, ohne einem Reduktionismus zu verfallen. Die postulierte phänomenale Unmittelbarkeit bezieht sich auf das *Ereignis* der Erfahrung, ohne daß hier die Wirkungen *bestimmter* Dinge ausgemacht werden könnten.[8] Daß hiermit allerdings kein *Mythos des Gegebenen* beschworen wird, wird daran deutlich, daß die *pure experience* nie in reiner Form erfahrbar ist.[9] Nach James bezeichnet sie lediglich den "proportional amount of unverbalized sensation which it [the experience; K.F.] still embodies"[10] und bezieht sich auf das Vertrautsein (die *acquaintance*) mit einer Erfahrungssituation. Die Annahme der *sensation* legitimiert sich durch ihre Funktion als relationale Bezugsgröße, welche sich, wie noch

---

[3] James führt dies v.a. am Beispiel kausaler Relationen aus und stellt fest: "Somewhere the *that* of efficacious causing and the *what* of it must be experienced in one [...]." In: *Essays in Radical Empiricism*, New York 1912 (Reprint Lincoln/London 1996), p. 182.
[4] James zitiert hier aus Brentanos Psychologie, in: *The Principles of Psychology*, op. cit., vol. I, p. 240.
[5] James spricht in ähnlichem Zusammenhang von "sensible amounts". Vgl. *Some Problems of Philosophy*, op. cit., p. 185.
[6] Diese Unterscheidung führt James nicht systematisch durch, ich verwende dennoch seine englischen Termini, da sie mir zur Bezeichnung angemessener als ihre deutschen Äquivalente erscheinen.
[7] *Essays in Radical Empiricism*, op. cit., p. 23.
[8] Vgl. hierzu auch O. Schwemmer, *Die kulturelle Existenz des Menschen*, Berlin 1997, p. 104.
[9] Es sei hier auf folgende vielzitierte Passage bei James verwiesen: "Only new-born babes, or men in semi-coma from sleep, drugs, illnesses, or blows, may be assumed to have an experience pure in the literal sense." *Essays in Radical Empiricism*, op. cit., p. 93. Vgl. auch *The Principles of Psychology*, op. cit. vol. II, p. 76: "A pure sensation [...] is an abstraction never realized in adult life."
[10] *Essays in Radical Empiricism*, op. cit., p. 94.

deutlich werden wird, für die Konstitution neuer kognitiver Bedeutung als relevant erweist.

(ii) Die *perception* unterscheidet sich von der Funktion der *sensation*, da sie Kontraste aufweist, ohne daß diese jedoch konkreten Dingen zuzuordnen wären. *Perceptions* beziehen sich auf die mit der Erfahrungssituation verbundenen phänomenalen Assoziationsmuster, die dem Husserlschen "Erfahrungshorizont" vergleichbar sind: Wenn ich das Geräusch eines Autos wahrnehme, werden zugleich auch andere Qualitäten, wie etwa die äußere Form und die Bewegungsrichtung desselben, mit-erfahren; auch vertraute Wörter wie 'Politik' oder 'Familie' gehen mit phänomenal unmittelbaren Relata einher; die Wahrnehmung meines Schreibtisches besteht nicht aus der eines verzerrten Trapezes, da die rechteckige Tischplatte, die Rückseite, die Größe etc. in jener enthalten sind.[11] Die einzelnen "direkten Sinneseindrücke", wie etwa das bloße Hören eines (bekannten) Geräusches oder der Anblick des sichtbaren Teils eines Gegenstandes müssen als abstrahierte Konstruktionen verstanden werden, die phänomenal so nicht erfahren werden. In diesem Sinne sind *perceptions* Aneignungen, die in habitualisierte Wahrnehmungszusammenhänge eingegangen sind. Dennoch dürfen sie nicht als Fixierungen verstanden werden, da *perceptions* eine nicht abgrenzbare Möglichkeit für Assoziationsstrukturen in einer sich verändernden komplexen Erfahrungssituation darstellen.

(iii) Die *conception* stellt diejenige Funktion dar, mit der bestimmte Objekte bzw. Situationen als gleiche identifiziert werden. Dabei wird nicht gefordert, daß die Objekte oder Eigenschaften selbst als identische in einer anderen Wahrnehmungssituation wiederkehren, da allein die "idealisierende" Funktion der *conceptions* deren Identität konstituiert.[12] Durch die *conceptions* werden Entitäten aus der phänomenalen Erfahrungskontinuität als *bestimmte* extrahiert. Damit geht einerseits eine Reduktion der Wirklichkeitserfahrung einher, da *conceptions* deren Komplexität und Aktualität nicht einlösen können (die *conception* der 'Veränderung' verändert sich nicht, die des 'Hundes' bellt nicht etc.) Andererseits weisen *conceptions* über sich hinaus, indem sie *perceptions* aktualisieren und individuieren und somit die phänomenale Erfahrung insgesamt modifizieren.

Unter Zuhilfenahme dieser funktionalen Aspekte kann nun gefolgert werden: 1. Einer phänomenalen Erfahrungsentität kann keine *fixierte* Abgeschlossenheit zukommen. 2. Sie wird dennoch als von anderen unterschieden erfahren, da sie zum einen durch die *sensation* als vertraut erfahren wird, da weiterhin ihre durch die *perception* hervorgerufenen Assoziationsmuster nicht beliebig sind und da schließlich durch eine *conception* auf sie ver-

---

[11] Mit Husserl: "Die gesehene Seite [ist] nur Seite, sofern sie ungesehene Seiten hat, die als solche sinnbestimmend antizipiert sind." E. Husserl, *Erfahrung und Urteil*, hrsg. v. L. Landgrebe, Hamburg 1964, p. 31.

[12] Zur Erläuterung der "idealisierenden Funktion" der *conceptions* kann folgende Passage bei James herangezogen werden: "The impossibility of isolating and fixing this quality physically is irrelevant, so long as we can isolate and fix it mentally, and decide that whenever we say 'white', that identical quality,

wiesen werden kann. 3. Für die Erfahrung der Neuheit einer phänomenalen Entität ergibt sich, daß die drei funktionalen Aspekte in einer Wahrnehmungssituation noch nicht aufeinander bezogen sind, sondern sich in ihrem *Zusammenspiel* erst neu konstituieren.

Conceptions deuten potentiell immer auf etwas hin, das durch die *perceptions* und *sensations* als bekannt erfahren wird. Daraus folgt, daß das, worauf hingedeutet wird, nicht einzelnen, durch die *conceptions* repräsentierten Designaten entspricht, sondern sich vielmehr auf situative und kontextuelle Erfahrungsgehalte bezieht. Dabei wird die Verweisungsrelation zumeist nicht vollendet, was mit James folgendermaßen beschrieben werden kann: "I am only aware as of a terminal more existing in a certain direction, to which the words might lead but do not lead yet. [...] The *upshot*, or *conclusion*, of the words is something [...] endued with the feeling of familiarity and reality, [which] makes me feel that the whole to which it belongs is rational and real, and fit to be let pass."[13] Entspricht der durch die *conceptions* motivierten Verweisungstendenz eine solche phänomenale Vertrautheit (*acquaintance*), kommt der Erfahrung kognitive Bedeutung zu. Ist dies nicht der Fall, muß die Verweisungsrelation soweit ausgeführt werden, bis eine entsprechende *acquaintance* zu der *conception* phänomenal direkt erschlossen wird, womit eine *neue* kognitive Bedeutung konstituiert wäre.

Die Erfahrung der kognitiven Bedeutungsrelation durch das Zusammenspiel der drei Wahrnehmungsfunktionen kann am Beispiel von vergessenen Namen deutlich gemacht werden. Dabei wird nurmehr die entsprechende *acquaintance* etwa in Form eines vage bestimmten Rhythmus oder eines vermeintlichen Anfangsbuchstabens erfahren, nicht jedoch die *conception*. Tritt die Erinnerung an den gesuchten Namen, und somit das übereinstimmende Zusammenspiel zwischen *sensation/perception* und *conception*, auf, wird deutlich, was unter der *Erfahrung* kognitiver Bedeutung zu verstehen ist. Ein weiteres Beispiel wäre die *conception* eines Verkehrsschildes, welcher erst dann Bedeutung zukommt, wenn mit ihr eine unmittelbare Kenntnis des in diesem Falle vorgeschriebenen Verhaltens in der Erfahrung direkt korreliert ist.

Auch der *conception* der 'Neuheit' muß ein Phänomengehalt (eine *acquaintance*) entsprechen. In diesem Fall deutet die *conception* allerdings gerade auf eine andere, erst noch zu erfüllende Verweisungsrelation hin. D.h. *perception* und *sensation* der Neuheit bestehen darin, daß sich irgendeine kognitive Bedeutung gerade erst konstituiert und nicht bereits habitualisiert ist. Dieses neue übereinstimmende Zusammenspiel wird unmittelbar erfahren und entspricht genau dem, worauf mit der *conception* des 'Neuen' verwiesen wird.

Es ist nun weiterhin zu fragen, wie sich uns diese Erfahrung von Neuheit konkret zeigt, d.h. woran wir in der Praxis eine neue Bedeutung als neue erkennen können. Ich möchte behaupten, daß das Erkennen von Neuheit mit einer Veränderung in unserem Verhalten

---

whether applied rightly or wrongly, is what we shall be held to mean." In: *Some Problems of Philosophy*, op. cit., p. 105.
[13] W. James, *The Meaning of Truth*, New York 1911 (Reprint 1997), p. 31f.

einhergeht und daran auch erfahren werden kann. Das besagt, daß neue Bedeutungen insofern *Konsequenzen* für unser Verhalten haben, als wir mit ihnen in unserem Handeln und Denken "neuerdings etwas anfangen können". Neue Bedeutungen *veranlassen* uns gewissermaßen, uns auf etwas zu beziehen, was vorher unbemerkt bzw. bedeutungslos erschien.[14] Dabei muß die Veränderung in unserem Verhalten allerdings sehr weit verstanden werden: Sie kann sich uns in der Erfahrung z.B. dadurch zeigen, daß wir auf etwas neu aufmerksam werden, daß wir ein neues Wort oder eine neue Geste verwenden, daß sich unsere Gefühle in bezug auf eine *conception* verändern etc.

Diese Veränderungen im Verhalten müssen uns jedoch noch nicht als *bestimmte* bewußt sein, sondern können auch vorwiegend durch *sensation* und *perception* erfahren werden. In diesem Fall geht die Veränderung des Verhaltens mit der Erfahrung einher, *daß* ich etwas als neu wahrgenommen habe, ohne daß das *Was* der Neuheit schon bestimmt wäre. Das konkrete *Was* des Neuen wird erst dann durch *conceptions* bestimmbar, wenn auch die Wahrnehmung der Veränderung des eigenen Verhaltens retrospektiv reflektiert wird.

Dieser Vorschlag, Neuheit *pragmatisch* zu erkennen, setzt zugleich eine allgemeine pragmatische Bestimmung von Bedeutung voraus, die der üblichen Interpretation einer solchen entgegensteht. Dieser gängigen Lesart zufolge konstituiert sich Bedeutung pragmatisch lediglich durch die antizipierbaren konkreten Konsequenzen in der zukünftigen Erfahrung, die aus einer *conception* folgen[15] (was dann oft den Vorwurf nach sich gezogen hat, hier würde Bedeutung mit der Verifikation von Bedeutung verwechselt). Solange man Bedeutung allein im Hinblick auf die Antizipation zukünftiger Folgen in der Lebenspraxis bestimmt, vernachlässigt man jedoch zum einen den kognitiven Bedeutungsbegriff, der eine Voraussetzung darstellt, um überhaupt mit einer *conception* konkrete Folgen verbinden zu können. Zum anderen würde daraus folgen, daß Bedeutungsrelationen stabil sein müssen, da sonst nicht sinnvoll von einer Antizipation der Konsequenzen gesprochen werden kann. Daß sich allerdings auch habitualisierte Bedeutungsrelationen verändern können, indem sich das Zusammenspiel der Wahrnehmungsfunktionen ändert, sollte aus dem Vorhergehenden ersichtlich sein. Inwiefern nun eine neue Bedeutung absichtlich generiert werden kann, soll als letzter Punkt erörtert werden.

3) Die bedingte Generierbarkeit neuer Bedeutung

Die bisherige Argumentation lief darauf hinaus, daß das Erkennen neuer Bedeutung in einer Erfahrung begründet liegt, welche als neuer Verweisungszusammenhang der drei

---

[14] James deutet an, daß auch er dieser These zustimmt, wenn er in bezug auf Bedeutung behauptet: "[I]t first foretells some particular turn to our experience which shall call for just that conduct from us." In: *Philosophical Conceptions and Practical Results* (1898), abgedruckt in: J. McDermott, *The Writings of William James*, Chicago/London 1977, p. 348.

[15] Vgl. bspw. A.O. Lovejoy, *The Thirteen Pragmatisms and Other Essays*, Baltimore 1963, p. 3 oder K. Oehler, *Einleitung* zur deutschen Ausgabe von W. James, *Der Pragmatismus*, übers. v. W. Jerusalem,

Wahrnehmungsfunktionen beschrieben werden kann und mit der Erfahrung der Veränderung in unserem Verhalten zusammenfällt. Diese Erfahrung neuer Bedeutungen hängt nun hauptsächlich von folgenden Faktoren ab: 1. von den habitualisierten Bedeutungsmustern (und damit vom Grad der Sensibilisierung auf eine Störung derselben); 2. von dem unmittelbar vorhergehenden und dem aktuellen Kontext der Wahrnehmungssituation; 3. von der Aufmerksamkeit des Wahrnehmenden.

Bezüglich der habitualisierten Bedeutungsmuster (1.) kann kaum von einer intendierbaren Einflußnahme gesprochen werden, da habitualisierte Bedeutungen auf Aneignungen beruhen und die Erfahrung unserer Wahrnehmung durch sie geprägt ist. Diese Erfahrung kann intentional nicht hintergangen werden. Der Kontext einer Wahrnehmungssituation (2.) kann zwar intendiert verändert werden (man kann sich absichtlich in einen unbekannten Kontext begeben oder Dinge in neue Zusammenhänge bringen), was jedoch nicht *unbedingt* die Generierung neuer Bedeutungen nach sich zieht, da u.U. neue Kontexte durch bestehende Bedeutungsrelationen abgedeckt werden können und keine relevante Veränderung des eigenen Verhaltens in bezug auf eine Situation eintritt. Kurz: Nicht jede Veränderung eines Kontextes impliziert die Konstitution von neuen Bedeutungen. Die Aufmerksamkeit (3.) bietet hingegen die größte Möglichkeit der beabsichtigten Generierbarkeit neuer Bedeutungen. Dabei ist mit der Aufmerksamkeit nicht eine durch Sinnesreize aktivierte, sondern eine willentlich gerichtete (*derived voluntary attention*) gemeint. In dieser bildet die Veränderung des Erfahrungsobjektes die Voraussetzung für ihre Aufrechterhaltung. Mit James läßt sich diese Form der Aufmerksamkeit folgendermaßen beschreiben: "What is called voluntary attention is a repetition of successive efforts which brings back the topic to the mind. [...] No one can possibly attend continuously to an object that does not change."[16] Die Möglichkeit, absichtlich neue Bedeutungen zu generieren, könnte dann darin bestehen, die Aufmerksamkeit auf einen Erfahrungsgehalt gerichtet zu halten, obgleich dieser entweder (noch) keiner Bedeutungsrelation entspricht oder bereits durch bekannte Assoziationsmuster abgedeckt wäre. Durch die gerichtete Aufmerksamkeit unterscheidet James auch den Typus des *common man*, dessen Aufmerksamkeit als "wandering and unfixed" beschrieben wird, vom *genius*, dem die Fähigkeit der "sustained attention" zukommt.[17] Die Generierung neuer Bedeutung kann dann verstanden werden als die Konstitution neuer Differenzierungen oder Relationsgefüge in einer Wahrnehmungssituation, die nicht durch die Veränderung der Wahrnehmungssituation selbst entstehen, sondern durch die in der gerichteten Aufmerksamkeit entstehenden Veränderungen der phänomenalen Gehalte. Direkt generierbar ist allerdings auch dann nur

---

Hamburg ²1994, p. xx. Wenn *James* eine solche Bestimmung unterstellt wird, werden zumeist Passagen herangezogen, in denen James seine Lesart von Peirces Bedeutungsbegriff darstellt.
[16] W. James, *The Principles of Psychology*, op. cit., vol. I, p. 420f.
[17] Vgl. hierzu ebda. p. 423f.

das *Daß*, nicht das *Was* neuer Bedeutung. Daraus folgt: Das Erkennen neuer Bedeutungen wird erfahren und nicht intentional erzeugt.

Die hier vorgetragene Konzeption der Bestimmung von Neuheit in der Wahrnehmung verbleibt natürlich, wie jeder erkenntnistheoretisch motivierte Ansatz, im Rahmen abstrakter Schematisierungen. Indem das Erkennen von Bedeutungen als ein Zusammenspiel zwischen phänomenaler *acquaintance* und Differenzierungsleistung beschrieben wird, ist noch nichts über eine inhaltliche Bestimmung von Bedeutungen ausgesagt. Es ging mir ja auch lediglich um die generelle Struktur der Erfahrung von Neuheit und nicht schon um die Frage, ob bspw. das, was einer als neu erfährt, auch von einem anderen als neu erfahren werden kann oder gar muß. Die allgemeine Feststellung, daß wir überhaupt zwischen Neuem und Altem unterscheiden, noch unabhängig davon, was das Neue inhaltlich als Neues ausmacht, sollte im Kontext der Frage diskutiert werden, wie der Prozeß des Erkennens phänomenologisch zu verstehen ist. Deshalb wäre diese Konzeption auch grundsätzlich mißverstanden, würde man sie als subjektivistisch auffassen.

Daß eine inhaltliche Bestimmung von neuen Bedeutungskonstitutionen vielleicht sogar noch interessanter ist, soll damit nicht ausgeschlossen werden. Es sollte jedoch plausibel geworden sein, daß die hier vorgestellte theoretische Konzeption des Erkennens von Neuem dafür eine Verstehensgrundlage bieten kann.

Pragmatische Heuristik oder: Don't block the road of inquiry!

Antje Gimmler

Wie entstehen neue wissenschaftliche Wahrheiten? Gibt es eine Wissenschaft oder Methode, die Regeln und Kriterien angeben kann, wie das Neue entdeckt wird? Traditionell werden diese Fragen als zum Bereich der Heuristik zugehörig angesehen. Ein erster Blick in die Begriffsgeschichte von 'Heuristik' legt nahe, von den beiden älteren Bedeutungsfelder von 'Heuristik' zunächst einmal dasjenige semantische Feld zu unterscheiden, in dem ausgehend von der Wissenschaftstheorie des Logischen Positivismus 'Heuristik' heute seine Bedeutung erhält. Denn während das Thema 'Heuristik' im 20. Jhdt. im Rahmen einer ausgedehnten Debatte über Forschungslogik und Forschungsprogramme, Theorienentwicklungen und Theorienablösungen sowie über den 'context of discovery' und den 'context of justification' auf einer eher metatheoretischen Ebene verhandelt wird, ist das frühere Verständnis von Heuristik einerseits stark von technischen Aspekten und andererseits von der Suche nach *einer* Methode der Wissenschaften gekennzeichnet. So ist Descartes Lob der Methode als Regelwerk, mit dem wahre Erkenntnis aller Gegenstandsbereiche erreicht werden soll, bekanntlich dem Ideal der mathesis universalis verpflichtet und ist - wie auch die Leibnizsche Fassung der Heuristik als einer ars inveniendi - kennzeichnend für das Verständnis einer rationalistischen und systematischen Heuristik. Als Kunst der Verfertigung neuer Instrumente oder neuer Berechnungsverfahren und auch als Teil der Rhetorik ist dagegen die poietisch orientierte Heuristik bis ins 18. Jhdt. hinein direkt der regelgeleiteten Herstellung von Neuem verpflichtet.[1]

Mit Ausnahme der Heuristik der Forschungsprogramme bei Imre Lakatos wird in der neueren Wissenschaftsphilosophie der 'Heuristik' explizit keine prominente Rolle zugewiesen.[2] Vielmehr gewinnen Überlegungen zur Theorientransformation, zur Dynamik des Erkenntnisprozesses und zu Fortschritts- und Objektivitätsanspruch der Wissenschaften an Relevanz gegenüber der neuzeitlichen Vorstellung einer regelgeleiteten methodischen Heuristik zur Entdeckung sog. 'neuer Wahrheiten'. In sachlicher Hinsicht ist die Entwicklung einer möglichen Heuristik der Wissenschaften allerdings in der Unterscheidung von 'context of discovery' und 'context of justification' mindestens mitthematisch. Die Unterscheidung

---

[1] Vgl. zur Begriffsgeschichte von 'Heuristik: M.E.v. Matuschka, Heuristik - Wortgeschichte und historische Entwicklung, in: Philosophia Naturalis, Bd. 22, 1985, S. 416-424.

[2] Vgl. Imre Lakatos, Falsifikation und die Methodologie wissenschaftlicher Forschungsprogramme, in: Imre Lakatos/Alan Musgrave (Hg.), Kritik und Erkenntnisfortschritt, Braunschweig 1974, S. 89-189.

selbst und ihre Diskussion stehen - wie die meisten Konzepte und Ansätze der modernen Wissenschaftsphilosophie überhaupt - in der philosophischen Tradition des Logischen Positivismus, des Kritischen Rationalismus oder deren historistisch-anarchistischen Kritikern. Während aber noch Bertrand Russell und Hans Reichenbach die Auseinandersetzung mit dem Pragmatismus suchten, wurden der klassische amerikanische Pragmatismus und die wissenschaftsphilosophischen Beiträge seiner Hauptvertreter Charles S. Peirce, William James und John Dewey in den letzten 50 Jahren wenig berücksichtigt.[3] Einzig der abduktive Schluß, den Peirce als Schlußverfahren der Bildung erklärender Hypothesen dem deduktiven und induktiven Schluß zur Seite stellt, wird im Zusammenhang der Frage nach der Entdeckung des Neuen immer wieder herangezogen.[4] Im Rahmen einer neopragmatischen Bewegung, vertreten u.a. von theoretisch so unterschiedlich ausgerichteten Protagonisten wie Nicholas Rescher, Hilary Putnam und Richard Rorty, gewinnt auch der klassische amerikanische Pragmatismus seit ca. Ende der 80er Jahre wieder an Relevanz. Wie sich aus pragmatischer Sicht - und hier insbesondere aus der Sicht von John Dewey - eine mögliche Heuristik der Wissenschaften darstellt, soll im folgenden skizziert werden.

Der heuristische Raum: problemorientiert statt theorieorientiert

Mit der von Hans Reichenbach[5] stammenden und von Karl Popper[6] gleichsam kanonisch festgeschriebenen Unterscheidung zwischen dem Kontext der Entdeckung und dem Kontext der Rechtfertigung ist eine Zweiteilung des Forschungsprozesse verbunden, die - explizit bei Popper - den eigentlich philosophisch und methodologisch interessanten und relevanten Teil allein in der logischen Rechtfertigung von Hypothesen und Erklärungen identifiziert. Diesem Ausschluß des Entdeckungszusammenhanges liegt, wie von den „friends of discovery"[7] verdeutlicht wurde, auf seiten des Logischen Empirismus und des Kritischen Rationalismus u.a. ein auf das 'Aha-Erlebnis' reduziertes Verständnis der wissenschaftlichen Hypothesen-

---

[3] Larry Laudan bezieht sich in seinen Arbeiten zum 'context of discovery' und seinem 'problem solving' Ansatz indirekt auf pragmatische Theorien. Vgl: Larry Laudan, Progress and its Problems, Berkeley 1977, sowie: Larry Laudan, Science and Relativism, Chicago 1990.

[4] Vgl. zur Abduktion bei Peirce seine frühe Schrift „Deduktion, Induktion und Hypothese" (1878) sowie seine Pragmatismusvorlesungen von 1903, in: Charles S. Peirce, Schriften zum Pragmatismus und Pragmatizismus, hg. Karl-Otto Apel, Frankfurt 1991. Norwood Russell Hanson hat sich in seinem für die Diskussion um den Entdeckungszusammenhang wissenschaftlicher Theorien einflußreichen Buch „Patterns of Discovery" (Cambridge 1958) auf Peirce bezogen.

[5] Hans Reichenbach, Experience and Prediction, Chicago 1938. dt.: Erfahrung und Prognose, Bd. 4 Gesammelte Werke, Braunschweig/Wiesbaden 1983. Vg. Kap. I, §1.

[6] Karl Popper, Logik der Forschung, Tübingen 1989. Vgl. Kap. I, S. 6f.

[7] Thomas Nickles, Scientific Discovery and the Future of Philosophy of Science, in: ders (ed.). Scientific Discovery, Logic, and Rationality, Dordrecht 1980, S. 1.

und Ideenbildung zugrunde. Den Entdeckungszusammenhang verstehen der Logische Positivismus und der Kritische Rationalismus rein deskriptiv; er scheint allenfalls Sache der für diese philosophische Richtung methodologisch irrelevanten Wissenschaftsgeschichte oder Wissenschaftssoziologie, wenn nicht 'bloß' der Psychologie zu sein. Was aus dieser Sicht bleibt vom 'context of discovery' sind Anekdoten über Träume vor dem Kaminfeuer, über Strassenbahnfahrten oder Äpfel, die von Bäumen fallen, usw. [8]

Andererseits mußten die Befürworter einer ernsthaften wissenschaftstheoretischen Beschäftigung mit dem Entdeckungszusammenhang selber zugeben: „we do not have, and probably never will have, anything like algorithmic rules for generating deep, conceptually novel theories - aside from the highly indirect procedure of producing more babies or of developing n^{th} generation computers capable of innovative thinking."[9] Weder das Konzept einer spezifischen Logik des Entdeckungszusammenhangs noch das scheinbar weniger anspruchsvolle Konzept einer spezifischen Rationalität des Entdeckungszusammenhanges läßt sich, wie Nickles in seiner zusammenfassenden Darstellung der Debatte ausführt, tatsächlich halten. Daraus ergäbe sich die Konsequenz, daß über Hypothesenbildung wenig, über Hypothesenüberprüfung viel zu sagen ist. Wird allerdings Hypothesenbildung als relevanter Teil einer wissenschaftlichen Untersuchung selber angesehen, geht man also hinter die Unterscheidung zwischen Entdeckung und Rechtfertigung zurück, dann kommt der heuristische Charakter von Theorien, Erklärungen und Methoden, dann kommt die Entdeckung des Neuen als Teil des ganzen Forschungsprozesses in den Blick.

Dieser Ansatz eines Forschungsprozesses, in dem Entdeckung und Rechtfertigung aufeinander bezogenen sind und nicht zwei unterschiedlichen Bereichen der Forschung zugewiesen werden, wird vom amerikanischen Klassiker des Pragmatismus, John Dewey explizit vertreten. Dabei wird der Entdeckung und ihrer Zukunftsorientiertheit eine gewichtige Rolle zuerkannt: die „logic of discovery"[10] sorgt unter Nutzung der „logic of argumentation, proof and persuasion"[11] dafür, daß überhaupt neue Theorien entwickelt werden. Denn, so Dewey, „Inventio is more important than judicium, discovery than 'proof'."[12] Bei Dewey findet sich allerdings weder dem Namen noch der Sache nach das ausgeführte Programm einer Heuristik im engen Sinne, die als fixiertes Rezept zur

---

[8] Wie unschwer zu erkennen, handelt es sich um die Anekdoten, mit denen Kekulé, Poincaré und Newton ihre Entdeckungen beschrieben haben.

[9] Thomas Nickles, Scientific Discovery and the Future of Philosophy of Science, in: a.a.O., S. 26/27.

[10] John Dewey, Reconstruction in Philosophy, Middle Works Vol. 12, Carbondale/Edwardsville 1988, S. 96.

[11] John Dewey, Reconstruction ... a.a.O., S. 96.

[12] John Dewey, Some Stages of Logical Thought, Middle Works Vol. 1, Carbondale/Edwardsville 1988, S. 168.

Entdeckung des Neuen dienen könnte. Dewey schlägt einen anderen Weg ein. Alle Theorien und Methodologien, wollen sie fruchtbar zur Problemlösung sein, sind heuristisch in einem weiten Sinne, d.h. sie formulieren Leitfäden und Hypothesen zur Erstellung neuer Theorien und Erklärungen, welche wiederum nur als Hypothesen begriffen werden. Der berühmten heuristischen Leitmaxime von Peirce 'Do not block the road of inquiry'[13] kann sich Dewey mit seinem Wissenschaftsverständnis uneingeschränkt anschließen.

In seinem Buch „Logic: The Theory of Inquiry" (1938), in dem er das logische Denken als Instrument der Wissenschaften rekonstruiert, entwickelt er sein Konzept von 'inquiry', das die Grundlage einer möglichen pragmatischen Heuristik liefern kann. Das Paradigma für jede Art von 'inquiry' - im natur- wie sozial- oder geisteswissenschaftlichen Bereich - sieht Dewey in der experimentellen Methode der naturwissenschaftlichen Forschung. Dabei ist als pragmatische Pointe nicht nur zu berücksichtigen, daß naturwissenschaftliche, technologische oder sozialwissenschaftliche Forschung an lebensweltliche Anforderungen rückgebunden bleiben sollte, sondern daß der Typus der methodisch geleiteten und kontrollierenden Forschung selbst das mehr oder weniger verfeinerte Verfahren eines im Alltag situierten Experimentierens und Fragens darstellt. Jede Untersuchung hat für Dewey zum Ziel, eine unkontrollierte Situation in eine kontrollierte zu überführen: „Inquiry is the controlled or directed transformation of an indeterminate situation into one that is so determinate in its constituent distinctions and relations as to convert the elements of the original situation into a unified whole."[14] Zielorientierung und Problemorientierung sind die beiden Eckpfeiler des pragmatischen Forschungsverständnisses: der Forschungsprozeß ist für Dewey „the progessive determination of a problem and its possible solution."[15]

Der Forschungsprozeß beginnt für Dewey mit einem Problem oder einer Schwierigkeit: die Situation ist „uncertain, unsettled, disturbed"[16]. Die problematische Situation weist zwei entscheidende Merkmale auf: Sie ist erstens verwirrend und unklar; sie stört entweder direkt das Handeln oder verursacht indirekt Handlungsstörungen über eine Unsicherheit in Bezug auf bisher sichere Theoriebestände. Und zweitens fordert die Situation geradezu eine Klärung, da sie direkt oder indirekt eingebettet ist in Handlungsbezüge: „If we call it (the situation, A.G.) confused, then it is meant that its outcome cannot be anticipated"[17]

---

[13] Vgl. z.B. Charles S. Peirce, Collected Papers (ed.) Ch. Hartshorne/P. Weiss, Bd. 1, Principles of Philosophy, Cambridge, MA, 1931, S. 170.
[14] John Dewey, Logic: The Theory of Inquiry, Later Works Vol. 12, Carbondale/Edwardsville 1991, S. 108.
[15] John Dewey, Logic: ...a.a.O., S. 113.
[16] John Dewey, Logic:...a.a.O. , S. 109.
[17] John Dewey, Logic ...a.a.O. S. 110.

Zukunftsunsicherheit und Prognosedefizite sind so die forschungsmotivierenden Elemente. Der Problembestimmung kommt im pragmatischen Denken eine weit wichtigere Rolle zu, als dies traditionell geschieht. Am Anfang der Forschung steht dementsprechend keine geniale Eingebung sondern die mühsame Bestimmung des Problems mit dem Ziel seiner Lösung. Die Festlegung der Antezedenzbedingungen geschieht auf operative Weise. Deweys experimentalistische Forschungslogik versteht die Festlegung der Randbedingungen des Problems als Abbreviationen schon durchgeführter, bewährter und daher als - vorläufig - sicher angenommener Operationen. Das Wissen um die Situation und die Bestimmung des Problems wird gewonnen durch die Auswahl derjenigen Bestandteile der Situation, die eine Manipulation - und das bedeutet letztlich Kontrolle - erlauben. Anhand dieser, im naturwissenschaftlichen Bereich zumeist über Messungen und Instrumente erreichten Feststellung von Fakten wird ein erster Vorschlag (suggestion) zur Lösung gemacht, auf den dann die Idee als 'possible solution' folgt. Hier ist wiederum wichtig, die pragmatisch-konstruktive Pointe deutlich hervorzuheben. Dewey begreift den gelungenen Forschungsprozeß weder im Ganzen noch in seinen Teilschritten als Abbildung von Wirklichkeit oder Natur. Dem entspricht auch, daß Dewey - anders als seine pragmatischen Vordenker Peirce und James - keinen Fortschrittsbegriff vertritt, der an die sukzessive Aufdeckung der Wirklichkeit der Welt durch die Wissenschaften gebunden ist. Fortschritt läßt sich für Dewey allenfalls in Bezug auf die Problemlösungskapazität, also relational bestimmen.

Auf die beiden ersten Stufen der Forschungsprozesses, die 'indeterminate situation' und die 'institution of a problem' folgt die 'determination of a problem-solution'. Hier nun kommt es nach Dewey zum Zusammenspiel von Beobachtungen und Ideen: „Observation of facts and suggested meanings or ideas arise and develop in correspondence with each other."[18] Beide, die empiristisch-positivistische Auffassung und die rationalistisch-konstruktivistische Auffassung des Verhältnisses von Ideen und Fakten versucht Dewey mit seinem Konzept einer Interdependenz und gegenseitigen Korrektur von Daten und Ideen zu unterlaufen.[19]

Dem entspricht, daß für Dewey Induktion und Deduktion gleichermaßen für das Ergebnis des Forschungsprozesses relevant sind; allein der Induktion als dem synthetischen Schließen kommt die Fähigkeit zu, wirklich Neues zu behaupten. Der deduktive Prozeß (reasoning) ist

---

[18] John Dewey, Logic ...a.a.O. S. 113.
[19] Dazu Dewey Kritik an beiden Positionen:„Entweder werden logische Charaktere, die zu den Operationen wirksamer Forschung gehören, in eine vorgängige Wirklichkeit hineingelesen; oder die Welt als erkannte wird auf eine pulverisierte Vielfalt von atomaren, isolierten Elementen reduziert..." (John Dewey, Die Suche nach Gewißheit, Frankfurt a. M. 1998, S. 181.)

dagegen konservativ, in ihm wird mit bewährten Theoriebeständen, z.B. der formalen Logik gearbeitet. Im Forschungsprozeß dienen Ideen oder Hypothesen als Gebrauchsanweisungen, sie sind heuristisch in dem Sinne, daß sie Konsequenzen prognostizieren und daher das Handeln leiten. Die Lösung eines Problems wird am vorläufigen Endpunkt der 'inquiry' in einer Theorie erfaßt, der im Rahmen neuer Problemsituationen wiederum heuristische Funktion zukommt.

Der heuristische Raum eröffnet sich im Rahmen des Forschungsprozesses, wie Dewey ihn konzipiert, erstens durch die Problemsituation; sie ist es eigentlich, die als fremdartige und neue Situation den Anstoß und das spezifische Material (subject-matter) für den zur Lösung des Problems führenden operativen Einsatz von bewährten Theorien gibt. Zweitens faßt Dewey alle Theorien und Erklärungen als Hypothesen auf, über deren Bewährung ihr Gebrauch entscheidet. Deweys Theorieauffassung ist strikt instrumentalistisch. „Hier mag es genügen festzuhalten, daß Begriffe, Theorien, Systeme, gleichgültig wie sorgfältig durchdacht und konsistent sie sein mögen, als Hypothesen betrachtet werden müssen. Sie müssen als Grundlagen für Handlungen akzeptiert werden, durch welche sie überprüft werden, nicht als endgültige Ergebnisse. Diese Tatsache zur Kenntnis zu nehmen bedeutet, starre Dogmen aus der Welt zu schaffen. Es bedeutet anzuerkennen, daß Konzeptionen, Theorien und Systeme des Denkens immer dadurch, daß sie benutzt werden, einer Entwicklung offenstehen. Es unterstreicht die Lektion, daß wir ebenso nach Hinweisen, sie zu ändern, Ausschau halten müssen, wie nach Gelegenheiten, sie zu bestätigen."[20] Eine weitere, dritte Spezifität des Forschungsprozesses, wie Dewey ihn auffaßt, liegt in der nur funktional zu treffenden Unterscheidung zwischen Forschung zur Entwicklung neuer Theorien und der Anwendung von Theorien. Das heuristische Verständnis von Theorien bewirkt, daß die Praxis der Theorie die Theorie selber verändern und Neues hervorbringen kann, wenn dies das zugrundeliegende Problem erfordert. Theorienanwendung erhält bei Dewey experimentellen Charakter.[21]
Insbesondere für die angewandte Philosophie und die angewandte Ethik könnte dieser problemorientierte Ansatz einen Ausweg aus dem Dilemma zwischen Fall- und Prinzipienbezogenheit aufzeigen.

Deweys Forschungslogik ist also einerseits radikal innovations- und entdeckungsorientiert, andererseits bleibt die wissenschaftliche Entdeckung durch das Problem geleitet. Das konservative, d.h. die Kontinuität wissenschaftlicher Forschung bewahrende Element der Wissenschaftsphilosophie Deweys gelingt daher nicht mithilfe einer negativ-heuristischen

---

[20] John Dewey, Die Erneuerung der Philosophie, Hamburg 1989, S. 189/190.

Absicherung durch einen unantastbaren 'harten Kern' eines Forschungsprogramms, wie Imre Lakatos dies vorgeschlagen hat.[22] Ihre innere Kontinuität und ihre Relevanz erhalten Theorien allein durch ihre Problembezogenheit und ihre Problemlösungskapazitäten. Die problemorientierte Heuristik des Pragmatismus bringt den Forschungsprozeß zurück in den Kontext einer Wissen und Wissenschaft produzierenden Gemeinschaft. Und das bedeutet, daß soziale, politische und kulturelle Erwägungen nicht als externe, von außen den Wissenschaftlern aufgepfropfte Hemmnisse des Wissenschaftsprozesses angesehen werden, sondern als eine der zentralen Ermöglichungsbedingungen wissenschaftlichen Handelns begriffen werden.

---

[21] Vgl. dazu Hilary Putnam/Ruth A. Putnam, Dewey's Logic: Epistemology as Hypothesis, in: Hilary Putnam, Words and Life, Cambridge MA 1994, S. 205f.

[22] Imre Lakatos, Falsifikation ...a.a.O.

Über die heuristische Funktion des Korrespondenzprinzips
Von Stephan Hartmann, Konstanz

Die Frage nach dem Verhältnis aufeinanderfolgender Theorien rückte spätestens mit der Publikation von T. S. Kuhns einflußreicher Schrift *Die Struktur wissenschaftlicher Revolutionen* im Jahre 1961 in den Brennpunkt wissenschaftsphilosophischer Untersuchungen. Dabei gibt es im wesentlichen zwei große Lager. Auf der einen Seite stehen Philosophen wie P. Feyerabend und T. S. Kuhn selbst, die den Aspekt der Diskontinuität in der Theoriengeschichte betonen. In diesem Zusammenhang ist dann die Rede von Paradigmen, dem Phänomen der Inkommensurabilität und eben wissenschaftlichen Revolutionen. Der Begriff 'Revolution' spielt hier gerade auf den radikalen Bruch der Nachfolgertheorie mit der Vorgängertheorie an.

Auf der anderen Seite stehen diejenigen Philosophen, die die traditionelle Auffassung eines mehr oder weniger kumulativen Fortschritts der Wissenschaft gegen die Einwände von Kuhn und Feyerabend und deren Anhängern zu verteidigen suchen. Dieser konservativen Auffassung zufolge wächst unser wissenschaftliches Wissen gleichsam wie ein Balon, der immer weiter aufgeblasen wird. Die Debatte zwischen den beiden Lagern wird z. T. recht heftig geführt; offenbar steht viel auf dem Spiel - für manche sogar die Rationalität der Wissenschaft.

Hier gilt es zwischen zwei extremen Positionen zu vermitteln. Tatsächlich ist es in der wissenschaftlichen Praxis oftmals so, daß eine Nachfolgertheorie gewisse Elemente der Vorgängertheorie übernimmt. Das spricht für die kumulative Auffassung. Andererseits gibt es auch zahlreiche überzeugende Beispiele aus der Wissenschaftsgeschichte, die auf radikale Brüche in der Theorieentwicklung hinweisen. Es ist jedoch schwer, genau zu begründen, warum bestimmte Elemente der Vorgängertheorie von ihrer Nachfolgerin übernommen wurden, während andere aufgegeben werden mußten. Von einer Heuristik der wissenschaftlicher Theoriebildung würde man erwarten, daß sie Kriterien bereitstellt, welche es uns gestatten, genau diejenigen Elemente der Vorgängertheorie herauszufinden, die es zu übernehmen gilt, und diejenigen, die aufgegeben und durch andere ersetzt werden müssen. Ist dies möglich?

Während es schwierig zu sein scheint, genaue Kriterien der genannten Art anzugeben, so sind doch eine Reihe von Rahmenbedingungen formuliert worden, die sich auf das Verhältnis von Vorgänger- und Nachfolgertheorie beziehen. In diesem Zusammenhang spielen insbesondere Korrespondenzüberlegungen eine herausgehobene Rolle. Das zeigt etwa die Geschichte der Physik, wie man am Beispiel des *Bohrschen Korrespondenzprinzips* sieht. Dieses heuristische Prinzip förderte die Entwicklung der Quantenmechanik, indem es den Raum möglicher Theorien stark einschränkte. Von der zu entwickelnden Theorie wurde gefordert, daß sie in einem bestimmten Grenzfall in die Physik Newtons und Maxwells übergeht. Später wurde das Bohrsche Korrespondenzprinzip von dem englischen Wissenschaftsphilosophen Heinz Post zum *Allgemeinen Korrespondenzprinzip* erweitert, welches von einer jeden Nachfolgertheorie verlangt, den empirischen Erfolg ihrer Vorgängerin zu reproduzieren und zu erklären.

Im folgenden soll der Frage nachgegangen werden, welche Rolle das Allgemeine Korrespondenzprinzip bei der Konstruktion von modernen physikalischen Theorien tatsächlich spielt. Dies geschieht in den folgenden drei Abschnitten. Abschnitt 1 stellt zunächst das Allgemeinen Korrespondenzprinzip vor und versucht zu präzisieren, wie und auf was genau es überhaupt anwendbar ist. Im Zentrum von Abschnitt 2 steht dann eine Fallstudie, die skizziert, welche Rolle Korrespondenzüberlegungen bei der Lösung eines noch offenen physikalischen Problems spielen. Abschnitt 3 zieht schließlich einige Folgerungen aus der Fallstudie und faßt die wesentlichen Ergebnisse der Arbeit zusammen.

1 Das Allgemeine Korrespondenzprinzip

Wenn soeben von der Quantenmecahnik und dem Bohrschen Korrespondenzprinzip die Rede war, so soll damit nicht gesagt sein, daß die Quantenmechanik dieses Prinzip (und damit auch das nun zu besprechende Allgemeine Korrespondenzprinzip) tatsächlich erfüllt. Tatsächlich hat sich gezeigt, daß das Verhältnis von Klassischer Physik und Quantenphysik weitaus komplizierter ist, als man es dem Bohrschen Korrespondenzprinzip zufolge erwarten würde.

Insofern stellt die Quantenmechanik also gerade eine Ausnahme für das Allgemeine Korrespondenzprinzip dar. Dies ist insofern bedenklich, als die Quantenmechanik als eine der besten vorliegenden wissenschaftlichen Theorien gilt. Man mag daher geneigt sein, das Allgemeine Korrespondenzprinzip zu verwerfen. Heinz Post (1971), dem wir das Allgemeine Korrespondenzprinzip verdanken, beschritt jedoch einen anderen Weg. Seiner Meinung nach spricht es gerade gegen die Quantenmechanik, daß sie das Prinzip nicht erfüllt. Das Scheitern des Korrespondenzprinzips verweist also auf die Unvollständigkeit und Vorläufigkeit der Theorie.

Wie dem auch sei, eine eingehende Beschäftigung mit dem Prinzip und seinem Wert bei der Theorieentwicklung setzt jedenfalls eine genaue Bestimmung der Aussage des Prinzips voraus. Post definiert das Allgemeine Korrespondenzprinzip wie folgt:

> [A]ny acceptable new theory L should account for the success of ist predecessor S by degenerating into that theory under those conditions under which S has been well confirmed by tests.[1]

Dabei ist zu beachten, daß das Prinzip sowohl deskriptiv als auch normativ zu verstehen ist. Post begründet sein Prinzip mit einer Fülle von Beispielen, die selbst Paul Feyerabend beeindruckt zu haben scheint. Das Prinzip reflektiert eine gewisse konservative Grundhaltung, die Post zufolge allen guten Wissenschaftlern zueigen ist (zumindest dann, wenn es um Theoriebildung geht). Neben dem Allgemeinen Korrespondenzprinzip

---
[1] Post (1971), S. 228.

formuliert Post eine Reihe weiterer heuristischer Regeln, die bei der Theorieentwicklung verwendet werden können. Einer dieser Regeln zufolge sind es weniger experimentelle Anomalien, die den Theoriebildungsprozeß in Gang setzen, als vielmehr formale Fehler in einer bebestehenden Theorie. Es gilt nun, die fehlerhaften Elemente zu eliminieren und unter Beachtung des Allgemeinen Korrespondenzprinzips durch andere zu ersetzen.

Es bleibt allerdings bei diesen Betrachtungen offen, welche Elemente der Vorgängertheorie unter welchen Bedingungen in der Nachfolgertheorie weiterhin vorhanden sein sollen. Sind dies einzelne Terme, Gesetze, Modelle oder gar allgemeine Strukturen? Eine Antwort auf diese Frage kann zunächst nur unter Rückgriff auf Fallstudien erhalten werden. Zahlreiche detaillierte Fallstudien dieser Art finden sich u. a. in der Publikation von Post sowie in einem von S. French u. H. Kamminga (1993) herausgegebenen Band versammelt.[2] Das Spektrum reicht von abstrakten mathematischen Strukturen bis hin zu sehr konkreten Modellannahmen, einzelnen Gesetzen oder bloß bestimmten Termen oder operationalen Vorschriften. Mal scheint ein strikter Reduktionismus mit dem Allgemeinen Korrespondenzprinzip verknüpft zu sein, in anderen Fällen sind aufeinanderfolgende Theorien nur sehr lose verknüpft.

Dies scheint darauf hinzudeuten, daß das Allgemeine Korrespondenzprinzip mit einem weiten Spektrum von Fallbeispielen vereinbar ist. Und doch stellt sich gerade daher die Frage nach dem wirklich interessanten Kern des Prinzips. Darüber hinaus ist zu klären, welche Rolle das Prinzip tatsächlich spielt, wenn es um die Konstruktion neuer Theorien geht.

2 Fallstudie: Hochtemperatur-Supraleitung

Diesen Fragen soll nun anhand einer Fallstudie aus der zeitgenössischen Physik ein wenig nachgegangen werden.[3] Das Thema der Fallstudie ist mit Absicht so gewählt, daß zur Zeit noch alles offen ist. Es gibt noch keinen Konsens über die gesuchte Theorie, sondern allein eine Vielzahl rivalisierender Forschungsstrategien. Damit wird vermieden, durch *post hoc* Rekonstruktion eine bestimmte wissenschaftstheoretische Position oder Methodologie zu verteidigen. Mir geht es im folgenden vielmehr darum, die diversen von Wissenschaftlern verwendeten Strategien aufzuzeigen, wenn sie ein hartnäckiges Problem lösen möchten. Besondere Beachtung wird dabei natürlich der Frage geschenkt, welche Rolle das Allgemeine Korrespondenzprinzip in diesem Prozeß spielt.

In der Fallstudie geht es um das theoretische Verständnis des Phänomens der Hochtemperatur-Supraleitung. Gewöhnliche Supraleitung ist ein seit langem bekanntes Phänomen, das sich jedoch nur bei extrem niedrigen Temperaturen nahe dem absoluten Nullpunkt zeigt. Es galt für lange Zeit als unmöglich, Substanzen zu finden, die noch bei Temperaturen über 30 K supraleitend sind. Erst 1986 gelang K. Bednorz und A. Müller

---

[2] Eine ausführliche Besprechung des Allgemeinen Korrespondenzprinzips vor dem Hintergrund der Studien dieses Bandes wird in (Hartmann 1999a) gegeben.

[3] Eine ausführliche Version dieser Arbeit ist (Hartmann 1999b).

ein Durchbruch und inzwischen gibt es Materialien, die sogar bis Temperaturen von 160 K elektrischen Strom ohne Widerstand leiten und zugleich Magnetfelder aus ihrem Inneren verdrängen. Diese Materialien zeichnen sich durch einen schichtenartigen räumlichen Aufbau aus, wobei die für die Supraleitung bedeutsamen Schichten insbesondere aus Kupfer-Ionen aufgebaut sind. Ein theoretisches Verständnis dieses Phänomens ist jedoch noch nicht gelungen.[4]

Es gibt jedoch eine gut bestätigte Theorie gewöhnlicher Supraleiter. Diese 1958 von J. Bardeen, L. Cooper und R. Schrieffer (nach wichtigen Vorarbeiten von F. London und H. London, V. Ginzburg und L. Landau sowie O. Fröhlich) vorgeschlagene sog. BCS-Theorie ist eine mikroskopische Theorie, die alle bis 1986 bekannten Supraleitungs-Phänomen gut beschreibt und darüber hinaus eine Erklärung für das Auftreten von Supraleitung liefert. Dieser Theorie zufolge existieren unterhalb der kritischen Temperatur im Supraleiter schwach gebundene Paare aus Elektronen mit entgegengesetztem Spin und Impuls. Obwohl die ein Paar bildenden fermionischen Elektronen einen großen räumlichen Abstand voneinander haben können, verhalten sie sich effektiv wie Bosonen. Dadurch wird es möglich, daß eine große Zahl dieser Paare den niedrigsten möglichen Energiezustand einnimmt, was wiederum das Verschwinden des Widerstandes zur Folge hat.[5]

Heute ist es unumstritten, daß die BCS-Theorie in der ursprünglichen Form nicht in der Lage ist, das Phänomen der Hochtemperatur-Supraleitung zu erklären. Es gilt also, eine neue und adäquate Theorie zu entwickeln. Dabei werden im wesentlichen zwei konträre Strategien verfolgt. Die eine ('konservative') Gruppe von Physikern versucht soviel wie möglich von der mathematischen Struktur und den konkreten Modellannahmen der BCS-Theorie gewöhnlicher Supraleiter zu übernehmen. Die andere ('revolutionäre') Gruppe verfolgt hingegen das Ziel, zu einer Theorie der Hochtemperatur-Supraleitung zu gelangen, die strikt mit der BCS-Theorie bricht. Die Debatte zwischen diesen beiden Lagern wurde öffentlich und mit einer Reihe von wissenschaftstheoretischen Argumenten angereichert geführt und soll im folgenden nachgezeichnet werden.

Dazu soll zunächst ein kurzer Abriß der beiden gegenläufigen Strategien gegeben werden. Tatsächlich gibt es mehr als zwei Strategien. Im weiteren sollen jedoch nur die extremen Gegenpole vorgestellt werden.

1. Die konservative Strategie

    Diejenigen Wissenschaftler (wie D. Pines und D. Scalapino), die eine konservative Lösung des Problems der Hochtemperatur-Supraleitung favorisieren, versuchen, durch möglichst minimale Veränderung oder Ergänzung der BCS-Theorie zu einem Verständnis des Phänomens zu gelangen. Im Einzelnen wird die Fermiflüssigkeitstheorie als theoretischer Rahmen beibehalten. Auch die zentrale Idee der BCS-Theorie, daß Supraleitung durch Paarung von Elektronen bewirkt wird,

---

[4]Für einen Überblick vgl. Tinkham 1996 und Waldram 1996.
[5]Vgl. Tinkham 1996, Kap. 3.

wird übernommen. Verändert wird lediglich der betreffende Paarungsmechanismus. Anstatt diesen auf eine *s*-Wellen Wechselwirkung zurückzuführen, wird nun mit einer *d*-Wellen Wechselwirkung (+ Spin-Fluktuationen) gearbeitet. Dies wird insbesondere durch die räumliche Struktur der in Frage stehenden Materialien nahegelegt. Die Vertreter dieser Strategie verweisen auf die Erfolge bei der Beschreibung von Experimenten und die Minimalität der vorgenommenen Abänderungen der BCS-Theorie.

Kritiker dieses Ansatzes, insbesondere P. Anderson, werfen der Spin-Fluktuationstheorie hingegen vor, keine richtige Theorie zu sein. Es handle sich allein um ein heuristisches Hilfsmittel mit einer Vielzahl unreflektierter Annahmen. Auserdem zählt es nach Anderson gegen diese Theorie, daß sie nur mit Hilfe aufwendiger und nicht unabhängig kontrollierbarer Computersimulationen angewendet werden kann. Darauf erwidern die Vertreter des kritisierten Ansatzes natürlich, daß dies gerade durch die Komplexität des Problems nahegelegt werde.[6]

2. Die revolutionäre Strategie

P. Anderson vertritt hingegen eine wahrhaft revolutionäre Strategie. Seiner Ansicht nach läßt sich das Problem der Hochtemperatur-Supraleitung nicht durch eine möglichst minimale Modifikation der BCS-Theorie lösen. Er schlägt deshalb vor, mit einer grundlegenden Annahme der dieser Theorie (und im übrigen nahezu der gesamten Festkörperphysik) zu brechen: der Annahme, daß es sich bei dem betrachteten System um eine Fermiflüssigkeit handelt. Stattdessen entwickelt er die Theorie sog. Luttinger-Flüssigkeiten, die auch auf die normale Phase der betrachteten Materialien anzuwenden ist. Diese Theorie ist höchst spekulativ und wird nicht zuletzt aus diesem Grund von vielen Physikern abgelehnt.[7]

Eine abschließende Bewertung der verschiedenen Strategien ist derzeit noch nicht möglich. Es gibt keinen generellen Konsens, welches Vorgehen das Richtige ist. Eine gewisse Mehrheit der beteiligten Physiker scheint jedoch einen konservativen Ansatz zu bevorzugen und damit das Postsche Diktum zu bestätigen. Darauf antwortet P. Anderson mit der Phrase 'if it is time for a revolution, enjoy it and relax!'[8] Alles ist zur Zeit offen.

3 Einige wissenschaftsphilosophische Folgerungen

Was folgt nun aus dieser Fallstudie für das Allgemeine Korrespondenzprinzip? Zunächst muß festgestellt werden, daß der Ausgangspunkt für die Entwicklung von Theorien zur Hochtemperatur-Supraleitung nicht in einer internen Anomalie der Vorgängertheorie, also der BCS-Theorie gewöhnlicher Supraleiter, lag. Im Gegenteil, die BCS-Theorie hat sich

---

[6] Vgl. Anderson 1995, 1996, 1997 sowie Ford and Saunders 1997.
[7] Vgl. Anderson 1997 und Leggett 1997.
[8] Anderson 1995, S. 38.

über die Jahre hinweg als ein ausgezeichnetes Werkzeug zum Verständnis gewöhnlicher Supraleiter erwiesen. Ihre Konsistenz stand außer Frage. Und dennoch trat irgendwann ein neues und unerwartetes Phänomen im Experiment auf, das sich nicht mit Hilfe des BCS-Schemas erklären ließ. Beachtenswert ist weiterhin, daß keine der vorgeschlagenen Theorien zur Hochtemperatur-Supraleitung die BCS-Theorie als Grenzfall enthällt und es somit ebenfalls vermag, das Verhalten gewöhnlicher Supraleiter zu beschreiben und damit den empirischen Erfolg der BCS-Theorie zu reproduzieren und zu erklären. Das Allgemeine Korrespondenzprinzip scheint also verletzt zu sein. Aber ist es überhaupt auf den Fall der Hochtemperatur-Supraleitung anwendbar?

Dazu muß die Frage geklärt werden, ob es sich bei der Hochtemperatur-Supraleitung und der gewöhnlichen Supraleitung überhaupt um ein und dasselbe Phänomen handelt, oder ob es nicht vielmehr zwei vollkommen verschiedene Phänomen sind, mit dem es die Wissenschaftler hier zu tun haben. Diese Frage kann sicher nicht a priori beantwortet werden, sondern muß durch die Wissenschaft selbst entschieden werden. Dennoch ist es aufgrund der Phänomenologie (verschwindender Widerstand unterhalb der Sprungtemperatur etc.) plausibel anzunehmen, daß es sich zumindest um sehr ähnliche Phänome handelt. In gewisser Weise wurde durch die Entdeckung der Hochtemperatur-Supraleiter also nur der Phänomenbereich erweitert. Und daher sollte das Allgemeine Korrespondenzprinzip auch im Theoriebildungsprozeß von Bedeutung sein.

Nun kann man feststellen, daß alle vorgeschlagenen Theorien gewisse Aspekte der BCS-Theorie übernehmen. Manche beschränken sich auf die Idee der Elektronenpaarung und verwerfen bedeutende Teile des theoretischen Rahmens, andere hingegen begnügen sich mit einer leichten Modifkation des Paarungsmechanismus innerhalb der Theorie der Fermiflüssigkeiten. Dadurch wird in jedem Fall eine gewisse Kontinuität auf der theoretischen Ebene gewährleistet. Wie weit diese Kontinuität jedoch reichen soll ist eine Frage, die sehr umstritten ist. Vermeindlich universelle und allgemeine (methodologische und wissenschaftliche) Prinzipien werden auch hier in Frage gestellt und haben deshalb allein den Status eines *Werkzeuges*, das man probeweise für bestimmte Zwecke verwendet. Ob es sich letztendlich als gutes Werkzeug erweisen wird, läßt sich wiederum nicht a priori entscheiden.

Das Allgemeine Korrespondenzprinzip ist also ein Werkzeug unter vielen, welches die Wissenschaftler bei der Theorienkonstruktion probeweise verwenden. In vielen Fällen ist es sehr umstritten, inwieweit sich die Nachfolgertheorie an der Vorgängertheorie orientieren soll. Die in diesem Zusammenhang vorgebrachten Überlegungen sind zum Teil recht subtil und überaus verschränkt mit der konkreten Problemsituation, so daß allgemeine Aussagen sehr schwierig zu machen sind. Methodologische Prinzipien - wie das Allgemeine Korrespondenzprinzip - entfalten ihre Wirksamkeit erst, wenn sie an die konkrete Situation adaptiert werden.

Dies macht das Geschäft des Wissenschaftsphilosophen schwer, insbesondere dann, wenn er daran interessiert ist, allgemeine methodologische Prinzipien zu entwickeln und herauszuarbeiten. Vielleicht ist es sinnvoll, sich stattdessen darauf zu beschränken, eine

Art Werkzeugkasten zusammenzustellen, auf den die Wissenschaftler je nach Bedarf zurückgreifen können. In einem solchen Werkzeugkasten gibt es etwa Hämmer von vielen verschiedenen Größen, die für diverse Zwecke eingesetzt werden können. Auch dies erscheint mir eine herausfordernde Aufgabe für Wissenschaftsphilosophen zu sein. Und im Gegensatz zum Programm der rationalen Heuristik erscheint es durchführbar.

Referenzen

P. Anderson and R. Schrieffer, A Dialog on the Theory of High-T_c. *Physics Today*, June, 55-61 (1991).

P. Anderson, Condensed Matter: The Continuous Revolution. *Physics World* 8, December 37-40 (1995).

P. Anderson and N. Mott, High-Temperature Superconductivity Debate Heats Up. *Physics World* 9, January 16 (1996).

P. Anderson, *The Theory of Superconductivity in the High-T_c Cuprates*. Princeton University Press, Princeton 1997.

P. Ford and G. Saunders, High Temperature Superconductivity – Ten Years On. *Contemporary Physics* 38, 63-81 (1997).

S. French and H. Kamminga (eds.), *Correspondence, Invariance and Heuristics. Essays in Honour of Heinz Post*. Kluwer, Dordrecht 1993.

S. Hartmann, On Correspondence. To appear in *Studies in History and Philosophy of Modern Physics* (1999a).

S. Hartmann, Modelling High-Temperature Superconductors: Correspondence at Bay? (Preprint 1999b)

T. Leggett, Superconducting Thoughts Meet Sceptical Resistance. Physics World 10, October 51-52 (1997).

N. Mott, High-Temperature Superconductivity: The Spin Polaron Theory. *Contemporary Physics* 31, 373-385 (1990).

H. Post, Correspondence, Invariance and Heuristics. *Studies in History and Philosphy of Science* 2, 213 (1971). Reprinted in (French and Kamminga 1993), 1-44.

M. Tinkham, *Introduction to Superconductivity*. McGraw-Hill, New York 1996.

J. Waldram, *Superconductivity of Metals and Cuprates*. Institut of Physics Publishing, Bristol 1996.

Die Gegenstandskonstitution einer Wissenschaft am Beispiel der Chemie

Nikos Psarros

Alltagswelt und Wissenschaft
Die Wissenschaften sind konstituierende Bestandteile unserer Alltagswelt. Dies ist keine triviale Erkenntnis, allerdings ist dieser Umstand eine kontingente Tatsache: Es hätte auch anders sein können, und aus der Geschichte bzw. aus unseren Kenntnissen über andere Lebensformen in anderen Teilen der Welt wissen wir, daß zu anderen Zeiten und anderswo auch dies der Fall war bzw. ist. Doch hier, in unserem Kulturkreis, können wir uns kein Leben ohne Wissenschaft vorstellen, nicht nur in dem Sinne, daß wir uns nicht vorstellen können, ohne die Segnungen der Wissenschaft leben zu können – das mag noch möglich und in gewissen Kreisen sogar angestrebt sein –, sondern in dem Sinne, daß wir auf die als wissenschaftlich bekannte Betrachtungs- und Redeweise verzichten wollen. Und zwar deswegen, weil wissenschaftliches Wissen sich von anderen Wissensformen durch bestimmte Geltungskriterien auszeichnet. Auch wenn manche von uns auf gewisse Erzeugnisse und Folgen der Wissenschaften getrost verzichten können oder wollen, auf die wissenschaftliche Erkenntnis und die wissenschaftliche Erkenntnis„beschaffungs"methode selbst wollen wir spätestens seit Platon nicht verzichten. Denn auch die Propagierung des Verzichts auf wissenschaftliche Erzeugnisse beruht gerade auf wissenschaftlich erworbenem Wissen, z.B. über ökologische Sachverhalte. Doch was zeichnet wissenschaftliches Wissen aus, und ist diese Auszeichnung die Mühe wert, sich mit Wissenschaft zu befassen? Ist das eine nicht ohne das andere zu haben? Und was leistet Wissenschaft über die Befriedigung eines Geschmacksbedürfnisses (nach einer bestimmten Sorte von Wissen) hinaus, das die Ressourcen rechtfertigt, die Jahr für Jahr in sie investiert werden?
Diese Fragen können nicht unabhängig voneinander beantwortet werden und die Antwort, die gegeben wird, definiert eine bestimmte Einstellung gegenüber der Wissenschaft bzw. den Wissenschaften. Es ist somit keine wissenschaftliche Antwort, sondern eine „meta"wissenschaftliche, ein Urteil „über" Wissenschaft. In unserem Kulturkreis fällt das Fällen derartiger Urteile mitsamt der Aufstellung der dazugehörigen Fragen traditionell in den Bereich der Philosophie. Ist die Philosophie auch eine Wissenschaft? Genügen ihre Fragen und ihre Antworten denselben Geltungskriterien wie die Fragen und die Antworten der übrigen Wissenschaften? Wir wollen diese Frage offenlassen und uns mit der Feststellung begnügen, daß die Philosophie eine wohletablierte *Praxis* unserer Welt ist. Wie der Name schon sagt, hat eine Praxis etwas mit Handlungen zu tun, jedoch nicht mit irgendwelchen Handlungen, sondern mit Handlungen, die in ein System von allgemein anerkannten Zwecksetzungen eingebettet sind und die teilweise nur gemeinschaftlich ausgeübt werden können. Eine Praxis ist ein derartiges Konglomerat tradierter Zwecksetzungen und Handlungen, das in einer Gemeinschaft oder Gesellschaft in Form einer Institution und/oder einer jederzeit aktualisierbaren Situation zutage tritt. Je nach Art der Zwecksetzungen und Handlungen kann zwischen „poietischen", d.h. herstellenden, gesellschaftlichen und ubiquitären Praxen unterschieden werden. Beispiele für poietische Praxen sind die verschiedenen Handwerke und die sogenannten Naturwissenschaften, für gesellschaftliche Praxen das Theater und die Rechtssprechung und für ubiquitäre Praxen das Schreiben und das Rechnen. Die Philosophie stellt nichts Handfestes her, abgesehen vielleicht von Büchern und Zeitschriftenartikeln. Ubiquitär ist sie trotz der Wunschvorstellung mancher Philosophen auch nicht, denn sie findet keine Anwendung in anderen Praxen, wie das Schreiben, das Rechnen oder das Argumentieren. Vielmehr bedient sich mancher ubiquitärer Praxen, die in einem bestimmten Modus ausgeübt werden. Somit bleibt für sie nur die Charakterisierung als gesellschaftliche Praxis übrig.
Praxen sind auf *Gegenstände* oder *Themen* ausgerichtet. Unter Gegenstand soll hier nicht „Ding" verstanden werden, obwohl manche Gegenstände Dinge sind. Unter Gegenstand oder Thema einer Praxis soll vielmehr der Bereich der Welt verstanden werden, den eine Praxis „bearbeitet". Die Praxis der Schmiedekunst bearbeitet Dinge aus Eisen, manchmal aus anderen Metallen. Gegenstand der Rechtssprechungspraxis ist das gerechte Schlichten von Streitfällen und die gerechte Bestrafung von Verstößen gegen geltendes Recht anhand festgelegter Normen und Verfahrensvorschriften. Die Argumentationspraxis liefert einen Rahmen, in dem Interessen oder Meinungen durch den Austausch von Begründungsvorschlägen gegeneinander abgewogen werden, um einen Konsens bezüglich eines Problems herzustellen.
Viele Praxen sind in ihrem Gegenstands- oder Wirkbereich oder in ihrer Ausdehnung beschränkt oder eingeschränkt: Schmiede bearbeiten ihre Eisendinge und keine aus Holz, Gerber stellen aus Häuten Leder her, Automechaniker machen Autos wieder flott (für wie lange sei dahingestellt), Opern werden nur in bestimmten Ländern und Gesellschaftskreisen aufgeführt und nur dort verstanden bzw. goutiert, Wasserverkäufer sind in den Märkten Europas unbekannt, Verwaltungsrichter haben in manchen Ländern Schwierigkeiten zu erklären, was sie überhaupt machen.
Manche Praxen sind allerdings mit anderen Praxen in einem „hierarchischen" Sinn verknüpft: Sie wirken auf die ihnen „zugrundeliegenden" Praxen in gewisser Weise beratend, indem sie diese mit Wissen über einen gemeinsamen Aspekt ihrer Gegenstände versorgen. Damit dieses Wissen seinen Zweck erfüllt, muß es so beschaffen sein, daß es für den gemeinsamen Aspekt der zugrundeliegenden Praxen relevant oder gültig ist. Da

die „zugrundeliegenden„ Praxen „nur„ aspektverwandt sind, müssen sie weder thematisch, noch kulturell, noch geographisch, ja nicht einmal zeitlich etwas miteinander zu tun haben. Ihre Gemeinsamkeit beschränkt sich auf die Aspektverwandtschaft. Die Gültigkeit des Wissens, das die übergeordnete, beratende Praxis liefert, muß jedoch alle diese geographischen, individuellen, kulturellen und zeitlichen Grenzen überwinden können. Praxen, die anderen Praxen beratend helfen, indem sie ihnen ein derartiges aspektbezogenes, *universell*, *transsubjektiv* und *transkulturell* gültiges Wissen zur Verfügung stellen, nennen wir Wissenschaften. Handelt es sich bei den „zugrundeliegenden„ aspektverwandten Praxen um poietische Praxen, so heißen die sie beratenden Wissenschaften aus historischen Gründen *Naturwissenschaften*. Die einer Wissenschaft zugrundeliegenden Praxen wollen wir die *lebensweltliche Basis* der betreffenden Wissenschaft nennen.

Die Wissenschaften teilen mit ihrer lebensweltlichen Basis die gemeinsame Aspektbezogenheit, sie bestimmt ihre Gegenstände. Eine der schwierigsten Aufgaben, die die Wissenschaften während ihrer Etablierungsphase lösen müssen, ist die Konstitution dieser Gegenstände. Sie müssen hinreichend in der lebensweltlichen Basis verankert sein, um die Anwendbarkeit wissenschaftlichen Wissens sicherstellen zu können, andererseits müssen sie eindeutig definiert sein, damit sie der wissenschaftlichen Untersuchung zugänglich gemacht werden können. Ein weiteres Problem, das gelöst werden muß, ist die Auswahl derjenigen Methoden aus dem Fundus der lebensweltlichen Basis, die Eingang in die Wissenschaft finden werden, um die Gegenstände zu „behandeln„. Wie letztere müssen die Methoden auch hinreichend „standardisiert„ werden, um zur Gewinnung wissenschaftlichen Wissens verwendbar zu sein, ohne jedoch ihre Bedeutung für die lebensweltliche Basis zu verlieren.

Wissenschaft und Philosophie

Das Geschäft der Gegenstandskonstitution, inklusive der Aufstellung von „Standardisierungsnormen„ für die entliehenen Methoden, war lange Zeit Aufgabe der Wissenschaften selbst. In der heutigen Zeit jedoch ist diese Problematik dem Blickfeld der aktiven Wissenschaftler entrückt. Sie sind allzusehr mit der Akquisition neuen Wissens beschäftigt, um einen Gedanken auf den Aufbau der Fundamente ihrer Wissenschaft zu verschwenden. Diese, angesichts der Ausdehnung des Wissenschaftsprojekts pragmatisch gerechtfertigte, Einstellung hat jedoch ihren Preis, wenn es um die Lösung von Problemen geht, die aufgrund eines fehlerhaften oder unvollständigen oder mißbräuchlichen Verständnisses der Gegenstände einer Wissenschaft, oder aufgrund einer mangelhaften Konstitution bzw. Formulierung derselben entstehen. Doch man steht nicht hilflos da: Im Zuge der Spezialisierung der wissenschaftlichen Praxen ist die Aufgabe der „Beratung„ der einzelnen Wissenschaften in Sachen Gegenstandskonstitution und Methodenreflexion einer anderen längst etablierten beratenden Praxis zugefallen, der Philosophie, genauer gesagt, der Wissenschaftsphilosophie.

Inwiefern kann die Philosophie hier mit Rat helfen? Was weiß sie, daß die Wissenschaften nicht wissen? Erfüllt das philosophische Wissen die Qualitätskriterien wissenschaftlichen Wissens? Ist die Philosophie denselben Maximen verpflichtet wie die Wissenschaften? Was die letzte Frage betrifft: Um beraten zu können, muß man die Ziele und Methode des Beratenen nachvollziehen können und bis zu einem gewissen Grad auch teilen – warum sollte man sich sonst die Mühe eines Ratschlags machen? In diesem Sinne nimmt die Wissenschaftsphilosophie am Programm der Wissenschaften teil. Ihre Ratschläge sollen die letzteren in die Lage versetzen helfen, ihre Ziele leichter zu erreichen. Aus der Definition des Beraters als jemand, der „über„ oder „hinter„ dem Beratenen steht und sein Handeln anleitet, wird es ersichtlich, daß das Wissen, das die Philosophie beisteuert, von einer anderen Beschaffenheit ist als das Wissen der Wissenschaften. Das Wissen der Philosophie läßt sich eher mit dem Wissen des Schiedsrichters eines Fußballspieles vergleichen. Es ist nicht ein Wissen über erfolgversprechende oder erfolgreiche Spieltaktiken, sondern ein Wissen über Spielregeln. Die Tauglichkeit des Wissens über Spieltaktiken bemißt sich an seiner Fähigkeit, erfolgreiche Spielsituationen hervorrufen zu können. Bezüglich dieses Zieles kann es als „wahr„ oder „falsch„ bezeichnet werden. Die Tauglichkeit des Wissens über Spielregeln bemißt sich an seiner Fähigkeit, die Spielsituation angemessen zu beurteilen und „zulässige„ von „unzulässigen„ Spieltaktiken (die ihrerseits „wahr„ oder „falsch„ sein können) unterscheiden zu können. Es ist bezüglich seiner Aufgabe weder „wahr„ noch „falsch„, sondern eher „angemessen„ oder „unangemessen„, bzw. „gerechtfertigt„ oder „ungerechtfertigt„. Rückübertragen auf das Verhältnis von wissenschaftlichem zu philosophischem Wissen bedeutet dies, daß während die Wahrheit von wissenschaftlichem Wissen von seinem unmittelbaren universellen, transsubjektiven und transkulturellen Handlungserfolg abhängig ist, die Gültigkeit philosophischen Wissens sich innerhalb eines Diskurses etabliert. Wissenschaftliches Wissen überzeugt durch Taten, philosophisches durch Argumente.

Ein weiterer Unterschied zwischen wissenschaftlichem und philosophischem Wissen besteht in der Beschaffenheit ihrer Gegenstände. Wissenschaftliches Wissen findet seinen Niederschlag in Handlungsanweisungen, die zu Handlungen anleiten, die die Veränderung der Welt als Folge haben (auch wenn diese Veränderung in den meisten Fällen undramatisch ist). Handlungsanweisungen gehören dem Bereich der Sprache an, Handlungen nicht, jedenfalls sofern es um poietische Handlungen geht. Bei der Umsetzung wissenschaftlichen Wissens wird somit eine Grenze überschritten. Philosophisches Wissen findet hingegen seine Anwendung in Anweisungen zur Erstellung von Handlungsanweisungen. Sein unmittelbarer Wirkungsbereich ist die Sprache, in der das wissenschaftliche Wissen „verfaßt„ ist. Plakativ ausgedrückt: Philosophisches Wissen ist Wissen über den Aufbau von Sprachen, wissenschaftsphilosohisches Wissen ist Wissen über den Aufbau von Wissenschaftssprachen. Die Gegenstände der Wissenschaften sind Bestandteile ihrer Sprachen, da sie in ihren

Handlungsanweisungen und in ihren Wissensschätzen auftreten, keine Bestandteile der Welt. In der Welt werden Dinge und Situationen verändert oder geschaffen, keine Gegenstände der Wissenschaften. Daraus folgt, daß die Beratungstätigkeit der Philosophie für die Wissenschaften sich auf Hilfestellung bei der Konstitution der Gegenstände der jeweiligen Wissenschaftssprachen und bei der Erstellung von „Spielregeln„ für „korrektes„ Handeln beschränkt. Erfolgversprechendes Handlungswissen kann die Philosophie nicht vermitteln, das ist die Aufgabe der Wissenschaften selbst.

Die beratende Funktion der Philosophie ist jedoch von der Tätigkeit der Wissenschaften nicht vollkommen losgelöst, denn wie könnte man die Tauglichkeit der Beratung evaluieren ohne, den praktischen – man sagt auch empirischen – Erfolg der Wissenschaften in ihrer Beratungstätigkeit für ihre lebensweltliche Basis zu berücksichtigen? Es reicht nicht aus, Gegenstände und Normen für die Wissenschaften zu erfinden, diese müssen sich vielmehr über geeignete Handlungsanweisungen im Rahmen der einer Wissenschaft eigentümlichen Methoden realisieren lassen. *Realisieren* bedeutet, hier Situationen in der Alltagswelt herstellen zu können, die mit Hilfe der Gegenstände und der Normen der jeweiligen Wissenschaft adäquat beschrieben werden können. Nur die Realisate sind Quellen des aspektbezogenen, universell, transsubjektiv und transkulturell gültigen Wissens, das die Wissenschaften zur Erfüllung *ihrer* Beratertätigkeit benötigen. Diese Forderung, daß die Konstitution der Gegenstände der Wissenschaften ihre handlungsvermittelte Realisierbarkeit sicherstellen muß, nennen wir die Forderung nach ihrer *operationalen Definition*.

So gestellt, erschient die Aufgabe unlösbar: Denn woher weiß die Philosophie, was die adäquate, praktischen Erfolg verheißende Beschreibung von wissenschaftsbezogenen Alltagssituationen ist, die die Gegenstandskonstitution bestimmt? Zum Glück braucht der Berater nicht beim Nullpunkt anzufangen, er ist ja Berater, d.h. er kann darauf bauen, daß es etwas gibt, das zunächst ohne seine Beratertätigkeit auch funktioniert, wenn auch nicht so gut. Er kann somit seine Aufmerksamkeit auf die problematischen Stellen richten und die Dysfunktionalitäten dadurch beseitigen, daß er sie von unnötigem „Ballast„ befreit oder hier und da Verbesserungsvorschläge unterbreitet. Diese Vorgehensweise nennt sich im philosophischen Jargon *Rekonstruktion*; da sie systematisch und auf die Vorgehensweise der Wissenschaften selbst abgerichtet ist, ist sie eine *methodische* Rekonstruktion.

Die Konstitution chemischer Gegenstände

Die Chemie wird gemeinhin als die Wissenschaft von den Stoffen definiert. Sie befaßt sich mit ihrem Studium und entwickelt Methoden zu ihrer Veränderung. Sie verfügt über eine komplexe Theorie, die es ermöglicht, eine „Genealogie„ der bekannten Stoffe aufzustellen und neue Stoffe mit bisher unbekannten Eigenschaften zu erzeugen. Ihre Verfahrensweisen finden Anwendung auch außerhalb der Forschungslaboratorien, in Fabriken, Werkstätten und Ämtern, die irgendwie mit Stoffherstellung, -verarbeitung und –kontrolle zu tun haben. Chemische Stoffe und chemische Methoden sind darüber hinaus Gegenstand der öffentlichen Kritik, wenn es zu Katastrophen, Skandale, oder anderen störenden Erscheinungen im täglichen Leben kommt.

Am Anfang der methodischen Rekonstruktion der chemischen Gegenstände soll, dem vorgestellten Programm folgend, die lebensweltliche Basis dieser Wissenschaft kurz umrissen werden. In unserem Alltagsleben begegnen wir gewissen Gegenständen, die wir Stoffe nennen, in dreierlei Hinsicht. Manche Stoffe sind zur Erhaltung unseres Lebens oder zur Wiederherstellung unserer Gesundheit notwendig, manche dienen zur Herstellung von Gebrauchsgegenständen, Werkzeugen, Kleidern usw. und manche zur Heizung, zum Kochen oder heute zur Gewinnung elektrischen Stromes. Wir wollen diese drei großen Stoffgruppen jeweils als *Wirk- Werk-* und *Brenn*stoffe bezeichnen. Mit der Herstellung bzw. der Verarbeitung von Stoffen der ersten Gruppe sind Handwerke und Praxen wie die Nahrungsmittelkonservierung, die Pharmakopöe, die Herstellung von (legalen und illegalen) Drogen, die Brennerei, aber auch die Kochkunst verbunden. Ihren Gegenstand in der zweiten Gruppe haben Praxen wie die Erzprospektion und -verhüttung, die Architektur, die Gerberei, die Färberei, die Herstellung von Schellack und Latex oder in unseren Tagen die Kunststoffindustrie. Mit der Herstellung und Verarbeitung von Brennstoffen befassen sich schließlich Handwerke wie die Meilerei, der Kohlenbergbau und heute die Erdöl- und die Stromerzeugungsindustrie. Diese Listen sind selbstverständlich nicht vollständig, da sich in verschiedenen Kulturen andere aspektverwandte Praxen etabliert haben können. Die in diesen Praxen entwickelten Verfahren stellen nur den Fundus dar, aus dem die Chemie zur Erfüllung ihrer Aufgabe Begriffe, Verfahren und vorwissenschaftliches Wirkungswissen schöpft und den sie mit neuentwickelten Verfahren und Theorien stützt und bereichert.

Die ersten Fachwörter

Jedesmal, wenn man ein neues Betätigungsfeld betritt, muß man neben der praktischen Aneignung von relevanten Handlungen und Verfahren gleichzeitig die Wörter für die darin vorkommenden Dinge und die durchzuführenden Handlungen erlernen. Dies erfolgt durch Vormachen der Handlungen, begleitet von der Aufforderung, sie nachzumachen, und durch Vorzeigen der Dinge bzw. durch Aufzählen von Beispielen und Gegenbeispielen. Jeder Mensch findet sich im Laufe seines Lebens in solchen Situationen, so daß es nicht nötig ist, sie hier ausführlicher zu beschreiben. Wörter, die auf diese Weise eingeführt werden, heißen in der rationalen Grammatik *Prädikatoren*. Es wird zwischen *Handlungs-*, *Ding-* und *Eigenschaftsprädikatoren* unterschieden, je nachdem, ob damit Handlungen, Dinge oder „Eigenschaften" benannt werden.

Der angehende Chemiker – ob Laborant oder späterer Forschungsleiter – lernt so im Laufe seines ersten Praktikums z.B., mit *Meßzylindern Volumenteile abzumessen*, mit *Waagen Gewichtsteile abzuwiegen*, *Flüssigkeiten* und *Festkörper* miteinander zu *verrühren* und zu *erhitzen* und viele andere Handlungen. 'Meßzylinder', 'Waage', 'Volumen-' und 'Gewichtsteil' sind Beispiele für Dingprädikatoren, 'Abmessen', 'Abwiegen', 'Verrühren' und 'Erhitzen' Beispiele für Handlungsprädikatoren. Manche dieser Handlungsschemata und Dinge kennt der chemische Aspirant schon aus seinem Alltagsleben, da ja *Stoff*umwandlungen bereits zum Gegenstand lebensweltlicher Praxen wie der Kochkunst gehören. Den Dingen, besonders denjenigen, die nicht als Geräte gebraucht werden, werden bestimmte Prädikatoren zugesprochen, die wir hier als *substantielle Eigenschaften* bezeichnen. Wir reden z.B. über die *Farbe*, die *Dichte*, die *Härte*, die leichte „Brennbarkeit" oder die „Flüchtigkeit" usw. von *festen*, *flüssigen* oder *gasförmigen* Dingen.
Neben den bereits erwähnten Handlungsschemata Verrühren, Wiegen, Abmessen und Erhitzen, lernt man in der ersten Phase z.B. auch *Schmelzen, Destillieren, Filtrieren, Sublimieren, Trocknen, Temperatur*messen und manchen Handgriff aus der Praxis des Glasbläsers. Die bearbeiteten Dinge werden gemeinhin als *Festkörper, Flüssigkeiten* und *Gase* bezeichnet. Obwohl wir viele dieser Prädikatoren in einem alltagsweltlichen Sinne verwenden, bedarf es trotzdem ihrer methodischen Rekonstruktion, da die alltagsweltliche Verwendung ihrerseits von naturwissenschaftlich-metatheoretischen Vorstellungen „durchsetzt" ist, so daß eine unkritische Übernahme der alltagsweltlichen Bedeutung die Verletzung des Prinzips der methodischen Ordnung zur Folge hätte. Dazu ist allerdings die methodische Einführung des bereits erwähnten Begriffs *substantielle Eigenschaft* nötig.

Materielle und substantielle Eigenschaften

Diese werden zunächst exemplarisch eingeführt, indem man sie an Dingen demonstriert: *Farbe, Dichte, Geruch, Geschmack, elektrische Leitfähigkeit, Festigkeit, Härte*, „Flammpunkt" und „Schmelzpunkt" sind manche der Dingeigenschaften, die wir im folgenden als *substantiell* bezeichnen wollen. Zur näheren begrifflichen Bestimmung der substantiellen Eigenschaften verlangen wir, daß ein Ding bezüglich einer oder mehrerer dieser Eigenschaften durch ein Verfahren homogenisiert oder als homogen betrachtet werden kann. Gegenbeispiele von nicht substantiellen Dingeigenschaften sind *materielle* Eigenschaften wie *Masse*, Geschwindigkeit und *Temperatur* oder Eigenschaften wie die Form und das Volumen eines Dinges.
Die Liste der substantiellen Eigenschaften ist offen, da diese stets bezüglich der Zwecke der jeweiligen Praxen eingeführt werden. Ein Schreiner z.B., der aus Bäumen gewonnenes Holz bearbeitet, kann das Phänomen der „Wasserlinien" (Maserung) als substantielle Eigenschaft des *Stoffes* Holz betrachten und diese Eigenschaft namens „Holzmaserung" zur Klassifikation der Hölzer benutzen und bei seiner Arbeit berücksichtigen (es sollte z.B. nicht senkrecht zur Maserung gesägt werden usw.). Für den Papierhersteller hingegen stellen dieselben „Wasserlinien" eine seinen Zwecken hinderliche Inhomogenität des Werkstoffes dar, die während der Papierherstellung mechanisch und chemisch eliminiert wird.
Nach Einführung der Aggregatzustandsprädikatoren *fest, flüssig* und *gasförmig* können nun substantiell einheitliche Dinge je nach ihrem Aggregatzustand folgendermaßen bezeichnet werden:
– Substantiell einheitliche feste Dinge heißen *Festkörper*.
– Substantiell einheitliche flüssige Dinge heißen *Flüssigkeiten*.
– Substantiell einheitliche gasförmige Dinge heißen *Gase*.
Zur Erleichterung der Kommunikation sollen alle substantiellen Eigenschaften unter dem „Oberbegriff" *Substanz*, alle materiellen Eigenschaften unter dem Begriff *Materie* zusammengefaßt werden. Mit 'Substanz' und 'Materie' haben wir zwei Wörter eingeführt, die nicht als Prädikatoren rekonstruiert werden können. Ihre Funktion kann eher mit der von Aufschriften auf Archivordnern oder Ablagefächern verglichen werden. So wie beispielsweise in einer Akte mit der Aufschrift „Dreyfus" in der Justizbehörde einer europäischen Großstadt alle mit dieser Person zusammenhängenden Dokumente strafrechtlichen Inhalts abgelegt und aufbewahrt sind, werden in ähnlicher Weise unter 'Substanz' alle Prädikatoren zusammengefaßt, die zur Beschreibung substantieller Eigenschaften dienen. Diese Wörter wollen wir als *Reflexionsbegriffe* oder *Titelwörter* bezeichnen. In beiden Fällen ist die Anzahl der abgelegten Artikel grundsätzlich unbegrenzt, allerdings kann eine Behördenakte irgendwann geschlossen werden, während ein Reflexionsterminus für einen Katalog von Wörtern steht, der jederzeit erweitert werden kann. Neben 'Substanz' sind 'Raum' und 'Zeit' weitere in Alltag und Naturwissenschaft wichtige Reflexionstermini.

Protochemische Operationen

Handlungsschemata, die dem gleichen Zweck dienen, können zu *Handlungsarten* zusammengefaßt werden. *Verrühren, Zusammenschmelzen, Zerstäuben* und *Zerstoßen* sind z.B. Handlungsschemata, die das Zusammenbringen zweier oder mehrerer Dinge bezwecken, und gehören daher zur selben Handlungsart, nämlich *Mischen*. Die für chemische Praxen relevanten Handlungsarten wollen wir als *protochemische Operationen* bezeichnen. Neben Mischen fassen wir die üblichen chemisch relevanten Handlungsschemata zu folgenden protochemischen Operationen zusammen: *Prospektieren, Lösen, Trennen, Umsetzen, Probieren, Brennen, Bleichen* und *Gären*.

Da die protochemischen Operationen Verfahren umfassen, die in einer oder mehreren lebensweltlichen Praxen zum Einsatz kommen, ist es möglich, daß bei einer Erweiterung der lebensweltlichen Basis der Chemie durch uns heute unbekannte Praxen neue, unübliche oder ebenfalls unbekannte Verfahren zur Stoffherstellung und -verarbeitung eingeführt werden, die eine neue protochemische Operation konstituieren können. Der Katalog der protochemischen Operationen ist daher, wie der Katalog der substantiellen Eigenschaften, offen.

Definitionen der üblichen protochemischen Operationen

Prospektieren umfaßt alle Verfahren, die der Bestimmung von substantiellen Eigenschaften ohne technische Hilfsmittel dienen. Beispiele hierfür sind Betrachten, Abschmecken, Riechen und die Bestimmung von Härte und Festigkeit mittels menschlicher Kraftaufwendung. Das Ergebnis der Prospektiertätigkeit heißt *Fund*.
Das mechanische Zusammenbringen zweier oder mehrerer (fester, flüssiger oder gasförmiger) Dinge heißt, wie bereits erwähnt, *Mischen*, das Produkt *Mischung* oder *Gemisch*.
In manchen Fällen wird beim Mischen zweier oder mehrerer Dinge ein Vorgang eingeleitet, der ein Gemisch mit einheitlichen substantiellen Eigenschaften zur Folge hat. In diesen Fällen sagen wir, daß eine *Lösung* entstanden ist. Da wir lebensweltlich und in poietischen Praxen über ein vorwissenschaftliches Wissen über diejenigen Dinge verfügen, mit denen sich Lösungen herstellen lassen, und diese gezielt zu diesem Zweck einsetzen, können wir das *Lösen* als eine eigenständige protochemische Operation einführen.
Die Wiedergewinnung der Ausgangsbestandteile eines Gemisches oder einer Lösung heißt *Trennen*, das Ergebnis der Tätigkeit *Trennung*.
Lassen sich die Ausgangsbestandteile einer Lösung oder eines Gemisches nicht mehr in ihren substantiellen Eigenschaften wiederherstellen, d.h. führt eine Trennung zu Dingen mit neuen substantiellen Eigenschaften oder verwandelt sich eine Lösung in ein Gemisch, so heißt dieser Vorgang *Umsetzung*. Die eigens zur Einleitung von Umsetzungen entwickelten Verfahren wollen wir unter der Operation *Umsetzen* zusammenfassen.
Die Identifizierung und quantitative Bestimmung der substantiellen Eigenschaften eines Dinges mittels Verwendung von Löse-, Trenn- oder Umsetzungsverfahren und anschließender Prospektion heißt *Probieren*. Da das Probieren die Prospektion einschließt, ist sein Ergebnis ebenfalls ein Fund.
Werden die substantiellen Eigenschaften eines festen Dinges durch Erhitzen verändert, so heißt diese Operation *Brennen*.
Werden die substantiellen Eigenschaften eines festen Dinges durch Exposition ans Sonnenlicht verändert, so heißt diese Operation *Bleichen*.
Verändern sich die substantiellen Eigenschaften eines Dinges tierischen (auch menschlichen) oder pflanzlichen Ursprungs oder einer Lösung oder Mischung derartiger Dinge ohne äußere Einwirkung, so heißt diese Operation *Gären*, der eingeleitete Vorgang *Gärung*. Beispiele für Gärungen sind das Verfaulen von Obst oder die Weinherstellung.

Stoffe und Stoffklassen

Zu Beginn unserer methodischen Rekonstruktion haben wir die lebensweltliche Basis der Chemie im Kreis der wirk-, werk- und brennstoffherstellenden- und -verarbeitenden Praxen angesiedelt. Im Zuge dieser Rekonstruktion haben wir aber gesehen, daß die protochemischen Verfahren an substantiell einheitlichen Dingen – Festkörpern, Flüssigkeiten, Gasvolumina – durchgeführt werden. *Stoffe* sind uns dabei bisher nicht begegnet. Trotzdem reden wir darüber, daß dabei Stoffe – z.B. Eisen, Alkohol, Chlorwasserstoff – entstehen oder verbraucht werden. Welche Funktion kommt also dem Wort 'Stoff' und den *Stoffnamen* zu, die z.B. den Satz „in den chemischen Praxen werden Stoffe, z.B. Eisen, Alkohol und Chlorwasserstoff, hergestellt und verarbeitet„ zu einer wahren Aussage macht? Wie sind das Wort 'Stoff' und die Wörter für die *Stoffnamen* in die chemische Fachsprache einzuführen?
Die Antwort ist, daß wir beim Hantieren mit substantiell einheitlichen Dingen im Rahmen chemischer Praxen von allen übrigen Eigenschaften dieser Dinge „absehen" und unsere „Aufmerksamkeit" lediglich ihren substantiellen „Eigenschaften" widmen. Wir „abstrahieren" von Form, *Masse, Temperatur*, Geschwindigkeit oder auch von der „Schönheit" dieser Dinge und wenden uns ihrer *Härte, Löslichkeit* usw. zu. So können wir zwischen substantiell einheitlichen Dingen, die untereinander in ihren substantiellen Eigenschaften übereinstimmen, eine sogenannte *Äquivalenzrelation* einführen: Zuerst wird ein *Äquivalenzrelator* eingeführt, ein Begriff, der eine *reflexive, symmetrische* und *transitive* Beziehung zwischen allen Gegenständen beschreibt, für die die Aussage „x ε P„ wahr ist (in unserem Fall „x ist ein bezüglich der substantiellen Eigenschaften A,B,C, ... substantiell einheitliches Ding„). Die hier eingeführte Äquivalenzrelation ist die *Stoffgleichheit*, und der entsprechende Äquivalenzrelator heißt *stoffgleich*: Substantiell einheitliche Dinge, die untereinander in ihren substantiellen Eigenschaften übereinstimmen, sind stoffgleich. Der Begriff *Stoff* wird nun dadurch eingeführt, daß wir über stoffgleiche Dinge so reden, als ob sie aus *demselben Stoff* bestehen würden. Das Wort 'Stoff' ist also kein Prädikator, sondern ein *Abstraktor*. Aus der Beschreibung dieses Verfahrens wird es auch deutlich, zu welchem Zweck überhaupt Abstraktoren eingeführt werden: Sie erlauben nämlich die bezüglich bestimmter Aspekte invariante Rede über Gegenstände, ohne die Gegenstände selbst erwähnen zu müssen. So können wir z.B. über die substantiellen Eigenschaften des Stoffes Tannenholz reden, ohne uns ständig auf einen bestimmten Balken, Ast, Baumstamm usw. zu beziehen.

Wir unterscheiden sowohl lebensweltlich als auch in der Chemie zwischen verschiedenen Stoffen, die mit eigenen Stoffnamen belegt werden. Diese Stoffnamen sind ebenfalls Abstraktoren, die über stoffspezifische Äquivalenzrelationen eingeführt werden. Die Definition eines derartigen Äquivalenzrelators, z.B. 'glasig', kann operational über das Herstellungsverfahren des Stoffes und/oder durch Aufzählung einiger relevanter substantieller Eigenschaften dieses Stoffes erfolgen. So sind substantiell einheitliche feste Dinge als *glasig* zu bezeichnen, wenn sie durch das Zusammenschmelzen eines Gemisches hergestellt werden, das hauptsächlich aus Pottasche und Sand besteht, und die substantiellen Eigenschaften durchsichtig und spröde aufweisen. Da in der Rede über Stoffe nur die substantiellen Eigenschaften der Dinge berücksichtigt werden und durch protochemische Operationen gerade diese Eigenschaften verändert werden, können wir über protochemische Operationen auch reden, als ob in diesen Stoffe und nicht Dinge eingesetzt würden. In unserem Beispiel der operationalen Definition des Stoffnamens Glas haben wir von dieser Möglichkeit Gebrauch gemacht. Stoffe können unter Berücksichtigung gemeinsamer substantieller Eigenschaften zu *Stoffklassen* zusammengefaßt werden. Solche Klassen sind Metalle, Nichtmetalle, Säuren, Laugen (Basen), Erze, Kiese, Seifen, Fette, Öle u.a.

Chemische und chemisch reine Stoffe

Bereits unsere vorwissenschaftliche Erfahrung beim Umgang mit Stoffen zeigt uns, daß manche von ihnen sich durch bloße Temperaturveränderungen ineinander verwandeln lassen, wie z.B. Eis, Wasser und Dampf, andere aber, wie z.B. Wein oder Meerwasser nicht. Letztere werden dadurch in andere Stoffe *zerlegt*. Die Anwendung der Destillation oder der Kristallisation als Trennverfahren erlaubt uns, im Zuge der Verfolgung der Ziele der Chemie, einen schärferen Stoffbegriff einzuführen: Stoffe, die sich mittels Temperaturveränderungen ineinander umwandeln lassen, heißen *chemisch äquivalent*. Chemisch äquivalente Stoffe wollen wir auch als chemische Stoffe bezeichnen, alle anderen Stoffe hingegen als physikalische Phasen oder als Materialien. Aber auch chemische Stoffe sind bezüglich ihrer substantiellen Eigenschaften nicht ganz einheitlich. Dies macht sich in Umsetzungen bemerkbar, wo neben dem erwünschten Produkt, je nach „Charge" der verwendeten chemischen Stoffe, verschiedene *Nebenprodukte* entstehen: Bereits den alten Praktikern war bekannt, daß man chemische Stoffe mittels verschiedener Verfahren bezüglich einiger substantieller Eigenschaften „reinigen" kann. Für die Belange der Chemie ist also auch der Begriff des chemischen Stoffes nicht brauchbar. Will sie ihre Ziele konsequent verfolgen, muß sie über Stoffe verfügen, die situations- und personeninvariant identifiziert und eingesetzt werden können. Diese Sorte von „universell und generell einsetzbaren" Stoffen wollen wir im folgenden als *chemisch reine Stoffe* bezeichnen.

Zur Aufstellung eines Kriteriums für die Unterscheidung von chemisch reinen Stoffen wollen wir auf den vorwissenschaftlich bekannten Umstand zurückgreifen, daß der Temperaturanstieg bei konstantem Druck während des Schmelzens und des Siedens einer Lösung sich verlangsamt, und zwar um so mehr, je höher die Konzentration eines der Lösungsbestandteile wird. Wir leiten daraus die Forderung ab, daß im Idealfall der maximal möglichen Konzentration von 100 % für ein bestimmtes Lösungsbestandteil der Temperaturanstieg beim Schmelzen und Sieden zum Stillstand kommen muß. Ein *chemisch reiner Stoff* ist also ein Stoff, dessen Schmelz- und Siedetemperatur bei konstantem Druck konstant bleibt. Aus dieser operationalen Definition des chemisch reinen Stoffes wird ersichtlich, daß durch Verfeinerung des Kontrollverfahrens (Temperaturmessung) ein bisher als „chemisch rein" geltender Stoff sich als der weiteren Reinigung bedürftig erweisen und erneut einem Reinigungsverfahren unterzogen werden kann. Der Grad der „chemischen Reinheit" ist also vom Stand der Technik abhängig. Trotzdem vergeben wir das Prädikat 'chemisch rein' und reden über hinreichend gereinigte Stoffe so, als ob sie der Reinheitsforderung vollkommen entsprechen würden. Der in diesem Zusammenhang der idealisierenden Redeweise verwendete Ausdruck 'chemisch reiner Stoff' wird auch als *Ideationsbegriff* bezeichnet.

Chemische Reaktionen

Bei den im Rahmen der vorwissenschaftlichen Chemie behandelten Umsetzungen geht es lediglich darum, eine traditionell überlieferte Anzahl von Stoffen zu gewinnen. Dies kann sowohl zum Zwecke der Prospektion (z.B. das Probieren eines Erzes auf seinen Metallgehalt, um festzustellen, ob sich ein Abbau lohnt) als auch der Produktion erfolgen. Die gewonnenen Stoffe sollen lediglich möglichst rein sein und durch bestimmte Verfahren so weit gereinigt werden, daß ihnen das Prädikat des chemisch reinen Stoffes zugesprochen werden kann. Die Umsetzungsverfahren selbst unterliegen aber keinen Regeln, mit deren Hilfe man etwa lernen kann, was für die gelungene Umsetzung notwendig ist, ob die Ausbeuten erhöht und wie Umsetzungsverfahren zur Prospektion oder Herstellung eines neuen, bisher unbekannten Stoffes eingesetzt werden könnten. Wir wollen nun diesem Problem abhelfen, indem wir für Umsetzungen folgende „Spielregeln" (Normen) aufstellen:

1. Findet eine Umsetzung in einem abgeschlossenen Gefäß statt, dann muß die Summe der Gewichte der daran teilnehmenden chemisch reinen Stoffe der Summe der Gewichte der als Produkte dieser Umsetzung entstehenden chemisch reinen Stoffe gleich sein (*Norm der Erhaltung der Masse*).
2. Mindestens ein Umsetzungsprodukt muß als chemisch reiner Stoff darstellbar sein.
3. Eine Umsetzung muß *reproduzierbar* sein, d.h. die Produkte müssen bei Wiederholung des Umsetzungsverfahrens sowohl in ihren substantiellen Eigenschaften als auch in ihren Ausbeuteverhältnissen unverändert bleiben.

Der Grund zur Einführung der ersten Norm liegt im Bestreben, ein universell und generell gültiges Kriterium für die Reproduzierbarkeit einer Umsetzung zu erhalten. Außerdem ermöglicht sie den Effektivitätsvergleich zwischen verschiedenen Umsetzungsverfahren zur Herstellung des gleichen Stoffes. Diese Norm läßt sich durch Konstruktion eines abgeschlossenen Umsetzungsapparates realisieren. Norm Nr. 2 resultiert aus dem Verlangen, wertvolle Stoffe möglichst ohne Beimengungen anderer, den Wert oder die Einsatzfähigkeit des Zielstoffes mindernder Stoffe herzustellen. Die Aufstellung der dritten Norm schließlich wird durch das Interesse an universell einsetzbaren Verfahren gerechtfertigt: Nur solche Umsetzungen sollen in die wissenschaftliche Chemie Eingang finden, die soweit technisch beherrschbar sind, so daß sie bei jeder Durchführung die erwünschten Produkte in der erwarteten Ausbeute liefern. Diese Norm kann auch als Aufforderung verstanden werden, die Reproduzierbarkeit eines gegebenen Umsetzungsverfahrens durch technische Verbesserungen zu erhöhen. Eine Umsetzung, die diesen drei Forderungen genügt, ist eine *chemische Reaktion*. Den Umstand, daß zwei oder mehrere chemisch reine Stoffe an einer Reaktion teilnehmen, nennen wir *Reagieren* der Stoffe, und die an einer Reaktion teilnehmenden chemisch reinen Stoffe *Ausgangsstoffe (der Reaktion)*. Die nach einer Reaktion entstandenen chemisch reinen Stoffe werden (*Reaktions-*)*Produkte* genannt.

Im Laufe der historischen Entwicklung der Chemie ist es gelungen, auch Brenn-, Bleich- und Gärverfahren unter Einhaltung der Normen durchzuführen und die dabei auftretenden Veränderungen als Folge von Reaktionen zu interpretieren. Man spricht in diesem Fall von *thermochemischen*, *photochemischen*, und *enzymatischen Reaktionen*. Darüber hinaus ist es im Rahmen der Entwicklung der Chemie gelungen, die Norm der Massenerhaltung gehorchende Umsetzungen mit Hilfe von elektrischem Strom und Ultraschall einzuleiten. In diesem Fall spricht man von *elektrochemischen* und *sonochemischen* Reaktionen.

Analyse und Synthese

Die am Anfang des vorigen Abschnittes erwähnten Schwierigkeiten beim Einsatz von normativ nicht fest umrissenen Umsetzungsverfahren zu Prospektions- und Produktionszwecken wurden durch die Einführung des Reaktionsbegriffes überwunden. Aus den bisher besprochenen Reaktionsnormen folgt, daß die Durchführung einer vollständigen Reaktion, bei der alle Produkte und alle bis auf einen Ausgangsstoffe bekannt sind, als Probierverfahren eingesetzt werden und daß bei bekannten Ausgangsstoffen die Variation von Reaktionsverfahren und -bedingungen zu neuen Produkten führen kann. Wir sind somit in der Lage, zwischen chemischen Reaktionen bezüglich ihrer Zwecksetzung folgendermaßen zu unterscheiden: Der Einsatz von Reaktionen zu Probierzwecken heiße *Analyse*, der entsprechende Einsatz zu Produktionszwecken *Synthese*. *Analysieren* eines Stoffes bedeutet demgemäß, aus ihm mittels Reaktionen mit (oder ohne) anderen bekannten Ausgangsstoffen bekannte Produkte erhalten, einen Stoff *synthetisieren* hingegen, ihn aus bekannten Ausgangsstoffen herstellen.

Wird ein Ausgangsstoff durch eine oder mehrere vollständige Reaktionen in eine Anzahl von Produkten analysiert und kann er aus diesen Produkten mittels anderer vollständiger Reaktionen synthetisiert werden, so heißen die durch *Analysenreaktionen* entstandenen Produkte *chemische Bestandteile* des Ausgangsstoffes und diese besondere Form der Analyse *chemische Zerlegung*.

Thermo-, photo-, elektro- und sonochemische Reaktionen können sowohl zu synthetischen als auch zu analytischen Zwecken, besonders zur Durchführung von chemischen Zerlegungen, eingesetzt werden. Für die methodische Rekonstruktion ist es hier wichtig festzuhalten, daß Wärme, Licht, elektrischer Strom, Ultraschall oder „ionisierende" Strahlung in Zerlegungsverfahren verwendet werden können, die dem Brennen entsprechen, d.h., dabei wird *ein* Ausgangsstoff mittels Wärme, Lichtes, elektrischen Stromes, Ultraschalls oder „ionisierender" Strahlung in seine Bestandteile zerlegt. Solche Zerlegungsreaktionen wollen wir als *Lysen* bezeichnen (aus gr. λØσις = Zerstörung) und zwar je nach Verfahren als *Pyrolysen*, *Photolysen*, *Elektrolysen* oder *Sonolysen*.

Chemische Verbindungen und chemische Phasen

Nach der Einführung der Begriffe 'chemischer Stoff' und 'chemisch reiner Stoff' erfordert die Umsetzung des chemischen Programms, das die Aufstellung einer „Genealogie" der Stoffe anstrebt, die Bewältigung zweier Teilaufgaben. Als erstes muß eine Verfahrensnorm aufgestellt werden, die es erlaubt, zwischen denjenigen Bestandteilen eines gegebenen chemisch reinen Stoffes zu unterscheiden, die für ihn *konstituierend*, d.h. zur Aufstellung einer Genealogie im obigen Sinne hinreichend, sind, und denjenigen, die zwar aus einem chemisch reinen Stoff unter Umständen durch Zerlegung isoliert werden können und eventuell für die Restitution einiger seiner substantiellen Eigenschaften von großer Bedeutung sind, bezüglich ihrer „genealogischen Relevanz" aber nur *zusätzlich* in ihm enthalten sind. Anlaß zur Einführung dieser Norm ist das technische Wissen, daß manche substantiellen Eigenschaften eines chemisch reinen Stoffes durch Zugabe sehr geringer Mengen anderer Stoffe stark verändert werden können, ohne die übrigen substantiellen Eigenschaften dieses Stoffes und sein „Verhalten" in chemischen Reaktionen zu beeinflussen, und das ebenfalls bereits in technischen Zusammenhängen erworbene Wissen, daß Reaktionen mit chemisch reinen Stoffen manchmal aufgrund von noch enthaltenen Fremdstoffen einen unerwarteten Ausgang haben (unerwartete, störende *Nebenprodukte* liefern). Die Norm, deren Befolgung die Unterscheidung zwischen den konstituierenden Bestandteilen eines chemisch reinen Stoffes und seinen Zusätzen ermöglicht, kann folgendermaßen formuliert werden:

Norm der konstanten Proportionen: Die chemische Zerlegung eines chemisch reinen Stoffes ist so durchzuführen, daß die dabei entstehenden Bestandteile untereinander konstante Massen- oder Volumenverhältnisse aufweisen.

Diejenigen Bestandteile eines chemisch reinen Stoffes, die diese Norm erfüllen, heißen *konstituierend* für den betreffenden Stoff. Die nichtkonstituierenden Bestandteile eines chemisch reinen Stoffes werden als *Zusätze* bezeichnet. Sind sie für die Restitution der substantiellen Eigenschaften eines gegebenen chemisch reinen Stoffes irrelevant, so sind sie lediglich seine *Verunreinigungen*. Sind sie trotzdem von Bedeutung, so werden sie *Dotierungen* genannt. Ein chemisch reiner Stoff, der nur konstituierende Bestandteile und Verunreinigungen enthält, wird auch als *chemisch definierter* Stoff bezeichnet (Synonym: *stöchiometrischer Stoff, Daltonid, Proustid*). Enthält er jedoch neben seinen konstituierenden Bestandteilen auch Dotierungen, dann heißt er *chemische Phase* (synonym: *nichtstöchiometrischer Stoff, Berthold*). Chemisch definierte Stoffe, die die gleichen konstituierenden Bestandteile haben, werden als *verbindungsisomer* bezeichnet. Die Verbindungsisomerie ist eine Äquivalenzrelation, die die Einführung des Abstraktors *chemische Verbindung* erlaubt. Verbindungsisomere Stoffe bestehen aus derselben *chemischen Verbindung*. Chemische Verbindungen sind also nicht mit chemisch definierten Stoffen identisch, sondern die Rede von chemisch reinen Verbindungen ist die Rede über bestimmte Bestandteile eines chemisch definierten Stoffes, nämlich über die, die die Norm der konstanten Proportionen erfüllen. Im normalen chemischen Sprachgebrauch wird dieser Umstand leider häufig nicht beachtet, was zu großen theoretischen Problemen und zu fruchtlosen Auseinandersetzungen geführt hat.

Chemische Elemente

Der zweite Schritt zur Umsetzung des Vorhabens, eine „Genealogie" der Stoffe zu erstellen, besteht in der Formulierung eines Kriteriums, das die Feststellung der „Unzerlegbarkeit" eines chemisch reinen Stoffes ermöglicht. Dieses Kriterium ist die Unveränderlichkeit des Stoffes in einer lytischen Reaktion, d.h., nach Abschluß des lytischen Verfahrens dürfen aus dem vorgelegten Stoff keine weiteren Stoffe entstanden sein. Ein chemisch definierter Stoff, der diese Bedingung erfüllt, heißt *elementar*. Es ist allerdings so, daß jeder chemisch reine Stoff unter bestimmten Bedingungen einer Zerlegung widersteht, ohne deswegen gleich als elementar zu gelten. Damit also ein gegebener chemisch reiner Stoff als elementar betrachtet werden kann, muß er mehreren lytischen Verfahren bei unterschiedlichen Bedingungen unterworfen werden, wobei man sich stets vor Augen halten muß, daß diese Klassifizierung vom jeweiligen Stand der lytischen Technik abhängig und somit jederzeit revidierbar ist. Hat die Durchführung einer lytischen Reaktion an einem gegebenen chemisch reinen Stoff zur Folge, daß er zwar nicht zerlegt, sondern quantitativ in einen anderen chemisch reinen Stoff umgewandelt wird, der sich dann als elementar erweist, sind folgende zwei Fälle zu unterscheiden:

1. Ergibt die Reaktion des Ausgangsstoffes und des Produktes mit einem beliebigen chemisch reinen Stoff dieselben Produkte, so heißen Ausgangsstoff und Produkt *elementgleich*. 'Elementgleich' wird somit als Äquivalenzrelation eingeführt. Sie ermöglicht die Einführung des Abstraktors *Element* dadurch, daß über elementgleiche elementare Stoffe so geredet wird, als ob sie aus demselben Element bestehen würden. Graphit und Diamant sind z.B. elementgleiche Stoffe, weil jeder dieser beiden Stoffe mit Wasser zu Kohlenmonoxid und Wasserstoff reagiert. Graphit und Diamant bestehen aus dem Element *Kohlenstoff*. Elementgleiche Stoffe, wie Graphit und Diamant, heißen auch *Modifikationen* (oder *Allotrope*) des Elements, hier des Kohlenstoffs. Da die Äquivalenzrelation 'elementgleich' reflexiv ist, gilt für jeden auf chemischem Wege unterscheidbaren elementaren Stoff, daß er auch als aus einem Element bestehend betrachtet werden kann. In diesem Falle hat das betreffende Element nur eine allotrope Modifikation.
2. Ergeben Ausgangsstoff und Produkt bei der Reaktion mit einem chemisch reinen Stoff verschiedene Produkte, dann hat der Ausgangsstoff eine *Elementtransmutation* erlitten. Manche elementaren Stoffe transmutieren *spontan*, d.h. ohne anthropogene Einwirkung. In diesen Fällen reden wir vom *radioaktiven Zerfall* dieser *radioaktiven* Stoffe.

In vorigen Abschnitt wurde der Begriff 'chemische Verbindung' als Abstraktor zur Beschreibung der Äquivalenzrelation chemisch reiner Stoffe bezüglich ihrer konstituierenden Bestandteile eingeführt. Diese Bestandteile bestehen häufig ihrerseits aus chemische Verbindungen und können so lange zerlegt werden, bis elementare Stoffe entstehen. In Analogie zur Redeweise, daß ein chemisch reiner Stoff aus einigen elementaren Stoffen gemäß der Norm der konstanten Proportionen besteht, können wir nun sagen, daß eine chemische Verbindung aus einigen Elementen – ebenfalls gemäß der Norm der konstanten Proportionen – zusammengesetzt ist.

Von chemischen Gegenständen zum chemischen Wissen

Wir haben den Anfang der methodischen Rekonstruktion der chemischen Fachsprache bei den Dingen bzw. Körpern unserer Alltagswelt angesetzt, denen wir substantielle, materielle und andere Eigenschaften zusprechen. In ihrem bisherigen Verlauf haben wir die Begriffe Stoff, chemisch reiner Stoff, chemisch definierter Stoff und elementarer Stoff eingeführt, indem wir alle anderen Eigenschaftsaspekte der Körper bis auf ihre substantiellen Eigenschaften ausgeblendet haben. Über Stoffe reden wir also, wenn wir nur über die substantiellen Körpereigenschaften reden. Mit der Einführung der Begriffe chemische Verbindung und Element haben wir allerdings den Kreis der zu betrachtenden substantiellen Eigenschaften der Körper erneut eingeschränkt. Wenn wir über chemische Verbindungen und Elemente im Rahmen einer chemischen Theorie reden, interessieren uns nicht mehr substantielle Eigenschaften wie Siedepunkt, Dichte oder Dielektrizitätskonstante, sondern lediglich diejenigen Eigenschaften, die die Fähigkeit der Stoffe bestimmen, mit anderen Stoffen zu reagieren. Diese Untergruppe der substantiellen Eigenschaften nennen wir die *chemischen Eigenschaften* der chemischen Verbindungen und der Elemente. Aus der Definition der chemischen Eigenschaften wird ersichtlich, daß sie nicht im Rahmen der Gegenstandskonstitutionsbemühungen methodisch rekonstruiert werden können. Um sie den chemischen Verbindungen und Elementen zusprechen zu können, müssen wir herausgefunden haben, wie chemisch definierte und elementare Stoffe miteinander reagieren, d.h. wir müssen empirisches chemisches Wissen akkumulieren. Nur so wird es verständlich, weshalb die Chemiker über die *Valenz* oder die *Elektronegativität* der Elemente oder über die „Polarität" und den „nukleophilen" oder „elektrophilen Charakter" chemischer Verbindungen und *Radikale* reden, was eine leichte „Oxidierbarkeit" oder die „Inertheit" ist und wieso das Ergebnis chemischer Reaktionen mit Hilfe von Reaktions*gleichungen* qualitativ und quantitativ vorausgesagt werden kann. Wir dürfen natürlich nicht aus den Augen verlieren, daß die Einführung dieser Begriffe in erster Linie der Beratung stoffherstellender und -verarbeitender Praxen dienen soll und daher immer in bezug auf realisierbare technische Verfahren stattzufinden hat.

Der Erwerb empirischen chemischen Wissens ist jedoch auch für die Verfolgung eines weiteren Zieles notwendig: der Aufstellung einer systematischen oder „genetischen" Nomenklatur der chemischen Verbindungen. Das bisher erarbeitete Vokabular ist zwar eine wichtige Voraussetzung dafür, es kann jedoch eine derartige Nomenklatur noch nicht begründen. Denn der systematische Name einer chemischen Verbindung muß so aufgebaut sein, daß er nur einem chemisch reinen Stoff entspricht (auch wenn für diesen auf der Ebene der Stoffnamen keine eigene Bezeichnung vorgesehen ist). Im Verbindungsnamen müssen also nicht nur Angaben über die in ihr vorkommenden Elemente, sondern auch über ihr *Molverhältnis* und über die *räumliche Struktur* der *Moleküle* dieser Elemente enthalten sein. Auch dieses Wissen ist nicht mehr Resultat der Überlegungen zur Gegenstandskonstitution, sondern muß empirisch erworben werden. Der methodische Rekonstruktion der Gegenstände der Chemie hat dazu die Methoden, ihre Erfolgskriterien und die Grundbegriffe bereitgestellt.

Der Erkenntniswert von Fehlleistungen

Bert Schweitzer

Wie kann man vorgehen und welchen Heuristiken kann man folgen, wenn man etwas über einen noch unbekannten Gegenstand erfahren möchte? Es gibt viele allgemeine Vorschläge, etwa «Sammle erst einmal alle verfügbaren Daten und verallgemeinere dann» oder «Entwerfe kühne Hypothesen und versuche, sie anhand der Erfahrung zu widerlegen». Hier soll ein weiterer, spezieller, auf den ersten Blick sogar merkwürdig anmutender Vorschlag vorgestellt werden: «Untersuche vor allem die *Fehler*, die dem Gegenstand unterlaufen, denn gerade aus den Fehlleistungen eines Systems kann man besonders viel über das System lernen.» Paradox formuliert: Wie etwas funktioniert, merkt man am ehesten, wenn es *nicht* funktioniert.

Das geht natürlich nicht bei allen Systemen, sondern nur bei solchen, bei denen eine Funktion, eine Leistung, irgendein Erfolg normalerweise oder gelegentlich vorliegt oder – im Extremfall – wenigstens denkbar ist. Mit dem Begriff Funktion sind vielfältige begriffliche Probleme verknüpft; hier soll es genügen festzustellen, daß man zumindest bei Lebewesen und menschlichen Artefakten in der Regel sinnvoll von Funktionen – und dann eben auch von deren Ausfall – sprechen kann.

Ein besonders anschauliches Beispiel ist das Farbensehen beim Menschen: Studiert man die *Leistungen* der Farbwahrnehmung, so staunt man zunächst über die ungeheure Zahl der Farbnuancen, die sich unterscheiden lassen. Zur *Erklärung* dieser Leistungen sind beliebig viele Modelle denkbar, und aus der Kenntnis allein der Leistungen kann man unter diesen Modellen nur schwer auswählen. Da kommen uns die *Fehlleistungen* zu Hilfe: Es gibt verschiedene Arten der Farb*fehl*sichtigkeit (landläufig: Farbenblindheit), zum Beispiel Rot-Grün-Schwäche oder Blau-Gelb-Schwäche. Gäbe es nur deren drei, so ließe sich das erklären durch die Annahme, daß es *zwei* Arten von Farbrezeptoren gibt, die einzeln oder beide zusammen ausfallen könnten. Nun sind aber wesentlich mehr Störungen des Farbensehens bekannt. Es liegt deshalb nahe, mindestens *drei* Arten von Farbrezeptoren anzunehmen; ein Befund, der mit den Ergebnissen biochemischer Studien der Sehpigmente und anderer Untersuchungen übereinstimmt. Auch für die Art und Weise, wie diese Farbrezeptoren *zusammenarbeiten* – ihre Meldungen könnten ja addiert, subtrahiert, multipliziert oder noch komplizierter miteinander verknüpft werden –, erstellt man Modelle, die ebenfalls an den beobachteten *Farbfehlsichtigkeiten* geprüft werden können.[1] Es sind also gerade die *Ausfall*erscheinungen, aus denen wir am meisten über Aufbau und Funktion des farb*tüchtigen* Auges lernen.

Ein anderes Beispiel ist die Erforschung der Sprachproduktion. Auf welche Weise ein gesprochener Satz hervorgebracht wird, läßt sich allein aus der Kenntnis fehlerfreien Sprechens nur schwer feststellen; auch hier sind zunächst viele verschiedene Modelle denkbar. Hier hilft eine andere Art von Fehlleistungen weiter, nämlich die Versprecher. Mit der Analyse solcher «sprachlicher Fehlleistungen» beschäftigt sich seit einigen Jahrzehnten erfolgreich eine eigene sprachwissenschaftliche Disziplin – die Versprecherforschung. Sie sieht Versprecher als wertvolle sprachliche Daten an, die auf keinem anderen Weg zu erhalten sind und versucht nicht nur, Versprecher zu dokumentieren, zu klassifizieren und Ursachen für Versprecher zu finden, sondern vor allem, aufgrund der Versprecherdaten existierende Theorien der normalen Sprachproduktion zu prüfen, zu verfeinern oder sogar eigenständige neue Modelle zu entwerfen.[2]

Auch Genetik und Molekularbiologie stützen sich ganz wesentlich auf die Analyse verschiedenster Fehlleistungen bei der Weitergabe und Umsetzung genetischer Information, die man als Mutanten bezeichnet. Schon am Beginn genetischer Forschung waren Mutanten ein wichtiges Hilfsmittel, und auch heute noch gilt: «One of the fundamental genetic strategies for identifying the components of a process, whether it be biosynthesis of histidine or mating ability of yeast, is to isolate mutants defective in the process and then figure out what the wild-type genes do.»[3] – Ähnliche Beispiele lassen sich noch in vielen anderen Disziplinen finden.

Die allgemeine These dieses Beitrags lautet also: *Aus den Fehlfunktionen eines Systems kann man etwas über Struktur und Funktion dieses Systems lernen – oft sogar besonders viel.* Man mag auf diese Weise sogar *mehr* lernen können als aus der Untersuchung *normalen* Verhaltens.

Die Untersuchung und Auswertung von Fehlleistungen läßt sich als eigenständige Familie von Methoden auffassen, die kurz als «Fehlleistungs-Methodik» bezeichnet werden soll. Da sie sich auf das Lernen aus den Fehlern *der untersuchten Gegenstände* stützt, sollte man sie auf keinen Fall mit dem Popperschen Rat «Lerne aus deinen (*eigenen*) Fehlern» verwechseln.

Methoden, Vorgehensweisen und Argumente, die sich auf Fehlleistungen der untersuchten Systeme stützen, finden sich in vielen Einzelwissenschaften. Einige Wissenschaftler sind sich dessen auch bewußt; das zeigen die immer wieder anzutreffenden Randbemerkungen der Art «Auch hier lernen wir wieder etwas aus den Fehlern des Systems ...» Eine kritische und systematische Betrachtung der Methode des Erkenntnisgewinns aus Fehllei-

---

[1] Vgl. Hassenstein 1966.

[2] Vgl. Fromkin 1973.

[3] Brenner u. a. 1990.

stungen existiert in den Einzelwissenschaften allenfalls in Ansätzen, und metatheoretisch ist der Ansatz noch weniger reflektiert worden. Daher soll der vorliegende Beitrag Ansätze zu einer allgemeinen und kritischen Betrachtung in Wissenschaftstheorie und Methodologie bieten.

Systeme und Disziplinen

Für welche Systeme und für welche Disziplinen ist die Analyse von Fehlleistungen überhaupt möglich, wo ist sie von besonderer Bedeutung, und welche Systeme und Diszipline sind geradezu darauf angewiesen? Eine Voraussetzung für den Gewinn von Erkenntnissen aus den Fehlleistungen eines untersuchten Systems ist, daß das System überhaupt irgendeine Funktion, eine Leistung, ein Ziel, einen Zweck aufweist. Außerdem muß man Leistung und Fehlleistung, Funktion und Versagen miteinander vergleichen können, also in der Lage sein, sowohl den intakten Zustand des Systems als auch Zustände der Beeinträchtigung oder des Ausfalls – möglichst sogar mehrere verschiedene Arten von Fehlleistungen – zu untersuchen und miteinander zu konfrontieren. Welche Disziplinen bedienen sich nun der Fehlleistungs-Methoden? Häufig anzutreffen sind sich auf Fehlleistungen stützende Methoden und Argumente in Biologie, Medizin, Psychologie, Linguistik und in der Technik. Dort ist die Auswertung von Fehlleistungen besonders in jenen Bereichen gängig, wo es um die Untersuchung komplexer Systeme geht, deren Strukturen auf andere Weise nur schwer zugänglich sind. Manche Disziplinen oder Fragestellungen sind sogar fast vollständig auf die Analyse von Fehlleistungen angewiesen. Dies trifft unter anderen auf die Versprecherforschung und die kognitive Neuropsychologie zu.[4]

Auch in den Sozialwissenschaften erscheint es möglich, Methoden anzuwenden, die sich auf Fehlleistungen stützen, denn auch bei sozialen Systemen finden sich Funktionen und Versagen, Leistungen und Fehlleistungen. Allerdings scheinen Beispiele für solches Vorgehen äußerst rar zu sein. Mögliche Gründe könnten darin liegen, daß hier andere Fragestellungen überwiegen, und daß der Aufbau sozialer Systeme in aller Regel bekannt oder jedenfalls nicht in der Weise undurchschaubar ist, wie das bei vielen komplexen Systemen aus den Biowissenschaften der Fall ist. (Daß soziale Systeme einer Analyse leichter zugänglich seien als etwa physiologische ist eine Vermutung, die schon John Stuart Mill äußerte![5])

Probleme und Fragestellungen

Welche Probleme können mit Fehlleistungs-Methoden gelöst oder jedenfalls mit einiger Aussicht auf Erfolg bearbeitet werden? Den genannten (und vielen weiteren) Wissenschaften geht es darum, unbekannte Systeme zu finden, zu analysieren, zu durchschauen, ihren Aufbau und ihre Arbeitsweise zu erfassen. Den meisten wissenschaftlichen Disziplinen schwebt als Ziel nach wie vor eine mechanistische Erklärung vor: Welche Komponenten hat das System? Welche Arten gibt es und wie häufig sind sie? Zwischen welchen Elementen bestehen Beziehungen, und welche Merkmale haben diese? Wie arbeiten diese Komponenten zusammen, um das Verhalten des Systems hervorzubringen?[6]

Es geht also zunächst um das Inventar an Elementen, sodann um die Topologie der Beziehungen zwischen den Elementen – um die «Architektur», und schließlich um eine zunächst qualitative, dann aber auch quantitative Charakterisierung dieser Beziehungen. In der Systemtheorie sind diese Stadien der Analyse als strukturelle, stationäre und dynamische Systemanalyse bekannt.[7] Die uns bekannten Ansätze in den Einzelwissenschaften scheinen Fehlleistungen vorwiegend zur Klärung von Fragen der strukturellen Systemanalyse einzusetzen – also zur Klärung grundlegender Fragen über zuvor ganz unbekannte, undurchschaute Systeme, als ‹Weg in unbekanntes Gelände›.

Wir wüßten nun gerne: *Kann* man und *wie* kann man dieses Erkenntnisinteresse durch die Analyse von Fehlleistungen befriedigen? Stellt die Analyse von Fehlleistungen tatsächlich einen Vorteil gegenüber anderen wissenschaftlichen Verfahren dar? Wir können etwa fragen: Wie durchschaue ich ein System am schnellsten oder am besten – aufgrund von Fehlleistungen oder auf anderen Wegen? Aus welchen Fehlleistungen lernen wir am meisten? Aber auch: Welche Kritik wird gegenüber dem Verfahren vorgebracht, und inwieweit ist sie berechtigt?

Zur ersten Frage läßt sich schon vermuten, daß Fehlleistungen tatsächlich Symptome nicht nur für zugrundeliegende Defekte, sondern auch für Struktur und Funktion des beobachteten Systems sein können: Eine Fehlleistung ist ja in der Regel ein bestimmtes beobachtbares Verhalten. Eine Fehlleistung kann nun auf verschiedene Arten zustande kommen: Bei manchen Systemen ist es bekannt oder wahrscheinlich, daß sie physisch beschädigt sind (Beispiele: Hirn- und andere Verletzungen, Ausfall von Farbrezeptoren, Organismen

---

[4] Vgl. Fromkin 1973, Ellis/Young 1988.

[5] Mill 1885 [1843], 170.

[6] Bechtel/Richardson (1993) explizieren nicht nur dieses Programm einer mechanistischen Erklärung, sondern argumentieren auch dafür, daß es in aller Regel das Mittel der Wahl für die Analyse eines unbekannten Systems sein sollte, nicht nur, weil es in der Vergangenheit häufig erfolgreich war und dies weiterhin sein könnte, sondern auch, weil selbst sein Scheitern wertvolle Hinweise über das untersuchte System geben kann (!).

[7] Vgl. Bischof 1995, 92–105.

nach Mutagenese). Hier kann man vermuten – besonders, wenn nur gewisse Leistungen ausfallen bzw. nur einzelne Fehlleistungen auftreten –, daß die Schädigung bestimmte Komponenten betrifft, die im normalen System am Hervorbringen der entsprechenden Leistung beteiligt sind. Bei anderen Systemen ist es bekannt oder wahrscheinlich, daß sie physisch (und funktional) intakt sind. Wenn hier Fehlleistungen in bestimmten Mustern auftreten (Beispiel: Versprecher), dann wird man vermuten, daß im intakten System Tendenzen zu fehlerhaftem Verhalten angelegt sind und daß diese Tendenzen Hinweise auf Beziehungen zwischen den Elementen des Systems, also auf seine Architektur, liefern.

Der Erkenntniswert von Fehlleistungen

Welche Beiträge kann die Berücksichtigung und Analyse von Fehlleistungen nun für den Erkenntnisgewinn in der wissenschaftlichen Forschung liefern? Folgende Felder lassen sich identifizieren: (a) Fehlleistungen machen auf Probleme aufmerksam. (b) Fehlleistungen geben einzelne gezielte Hinweise auf Merkmale des untersuchten Systems. (c) Durch Fehlleistungen lassen sich Daten gewinnen, die sonst nur schwerer oder überhaupt nicht zugänglich sind. (d) In bestimmten Konstellationen läßt sich aus der Kenntnis aller möglichen Fehlleistungen die Struktur eines Systems bereits weitgehend erschließen. (e) Fehlleistungen bieten die Möglichkeit zur (schärferen) Prüfung von Modellen und Theorien. Diese Beiträge sollen im folgenden diskutiert werden.

(a) *Aufmerksamkeitswert*: Die meisten Fehlleistungen sind viel überraschender und auffälliger als andere Erscheinungen, etwa graduelle Veränderungen, und regen so in besonderem Maße zur näheren Erforschung des Phänomens an. – Beispiel: Die Beobachtung von Taufliegen, die statt Antennen Beine am Kopf tragen, trug wesentlich zur Entdeckung einer Familie von Regulationsgenen bei, die in der Individualentwicklung aller Organismen äußerst wichtig sind.

(b) *Konkrete Hinweise:* Fehlleistungen können viele Arten konkreter Hinweise auf die Beschaffenheit des betroffenen Systems liefern, etwa auf Fraktionierung oder modularen Aufbau, auf die Existenz einzelner Subsysteme und auf deren Beschaffenheit, auf die Abgrenzung von Subsystemen, auf Ober- wie Untergrenzen der Komplexität, zur Verteilung von Aufgaben und der Bestimmung von Funktionen, auf die funktionelle Architektur (also Reihenfolgen und Abhängigkeit von Funktionen voneinander) sowie auf die physische Lokalisierung von Funktionen.

Um Struktur- und Funktionszusammenhänge aufzuklären, ist man in der Regel weniger an *einzelnen* Fehlleistungen interessiert, sondern an Daten über die verschiedenen möglichen Fehlleistungen eines Systems und deren mögliche Kombinationen, also an *Profilen* gestörter und ungestörter Leistungen.[8] Das Rohmaterial für solche Profile stammt aus Beobachtungen gemeinsamen oder getrennten Auftretens von Fehlleistungen, also von *Assoziationen* und *Dissoziationen* zwischen Fehlleistungen.[9] Eine *Assoziation* liegt vor, wenn mehrere normalerweise vorhandene Leistungen regelmäßig *gemeinsam* ausfallen, wenn also beispielsweise in der Neuropsychologie ein Patient Wortfindungs- *und* Objekterkennungsstörungen hat und sich weitere Patienten auffinden lassen, die exakt gleiche Probleme zeigen. Eine *Dissoziation* liegt vor, wenn (bei einem oder mehreren Systemen) eine Leistung (A) ausfällt, eine andere Leistung (B) dagegen erhalten bleibt. Eine *doppelte Dissoziation* ist schließlich gegeben, wenn bei einem System Leistung A ausfällt und Leistung B intakt bleibt, während bei einem anderen gleichartigen System Leistung A intakt bleibt und Leistung B ausfällt.[10] Eine verbreitete Auffassung besagt, daß doppelte Dissoziationen sehr sichere Daten darstellen, daß einfache Dissoziationen mit Problemen behaftet sind, weil ihr Auftreten nicht nur durch die Existenz getrennter Verarbeitungskomponenten bedingt sein kann, sondern auch dadurch, daß die Aufgaben unterschiedlich schwierig sind und die schwierigere zuerst ausfällt, und daß Assoziationen sehr unsichere Daten sind, da sie auch Artefakte sein können, die etwa durch bloße räumliche Nähe im Gehirn oder gemeinsame Blutgefäßversorgung zustande kommen.

(c) *Anderweitig nicht zu erhaltende Daten:* Die Fehlleistungs-Methode ist anscheinend das einzige Verfahren, mit dem man Zugang zu ‹transparenten› Systemen gewinnen kann, also zu solchen, die (etwa aus Effizienzgründen) ihre Arbeitsweise oder gar ihre Existenz vor dem übrigen System und der Außenwelt verbergen, die also so ‹durchsichtig› sind, daß man ohne Hilfsmittel gar nichts von ihrer Struktur und Arbeitsweise erkennt. – Beispiel: Die Konstanzleistungen unserer Wahrnehmungsmechanismen nimmt man überhaupt erst dann zur Kenntnis, wenn sie durch Verletzung oder ausgeklügelte Reizkombinationen zu Fehlfunktionen gebracht werden.

Wenn sich gezieltes Experimentieren verbietet, etwa aus *moralischen* Gründen (beeinträchtigende Eingriffe am Menschen, Vivisektion, Auswirkungen von Reaktorunfällen oder Öltankerunglücken), ist die Auswertung spontan auftretender Fehlleistungen durchaus noch möglich.

---

[8] Vgl. Kelter 1990, 21 ff.; Glymour 1994, 824 ff.; Bub 1994, 843 ff.

[9] Vgl. Kelter 1990, 22. – Die Begriffe Assoziation und Dissoziation stammen aus der Neuropsychologie, (s. a. Shallice 1988); man spricht auch von Assoziation und Dissoziation zwischen Leistungen (statt zwischen Fehlleistungen), beide Sicht- und Redeweisen sind möglich.

[10] Vgl. Ellis/Young 1988; Kelter 1990, 22 ff.

Und bei *komplexen, integrierten Systemen* ist es meist so, daß deren Komponenten zwar nicht abgetrennt vom übrigen System funktionieren, wohl aber getrennt vom Restsystem versagen können. Wo dies zutrifft, stellen Fehlleistungs-Methoden wiederum den einzig gangbaren Weg zum Erkenntnisgewinn dar. – Beispiel: Das Sprechen mit mehreren hintereinandergeschalteten Instanzen, bei denen es unmöglich scheint, einzelne dieser Instanzen getrennt von den anderen in funktionstüchtiger Form zu isolieren.

(d) Vollständige Aufklärung aufgrund von Fehlleistungen: Für einfache Modellsysteme konnte gezeigt werden, daß sich die Struktur eines Systems schon aus der Kenntnis der vollständigen Profile aller möglichen Leistungen und Fehlleistungen ableiten läßt.[11] Allerdings werden dabei recht weitgehende Voraussetzungen nötig, deren Zutreffen bei vielen realen Systemen zweifelhaft ist und jedenfalls gesondert geprüft werden müßte.

(e) Fehlleistungen als Testinstanzen: Auch bei den *Bewertung von Theorien und Modellen* wird Fehlleistungen eine wichtige Rolle zugeschrieben. Ein Modell, das nur die Leistungen des Originals nachbildet, erklärt weniger als eines, das auch dessen Fehlleistungen simuliert. – Beispiel: Eine Rechenmaschine, deren Aufbau wir nicht kennen, kann auf viele unterschiedliche Arten konstruiert sein – mechanisch, mit Relais, mit Röhren, elektronisch, auch hydraulisch oder pneumatisch, selbst ein Mensch mit Papier und Stift könnte in der Maschine sitzen. Solange sie richtige Ergebnisse liefert, können wir zwischen solchen Alternativen nicht entscheiden, wohl aber, wenn sie charakteristische Fehlfunktionen begeht.

In der Systemtheorie wird dies gelegentlich auch angesprochen: «Systemanalyse zielt nie darauf ab, ein Modell zu konstruieren, das nur äußerlich dasselbe leistet wie das gegebene System. Die Nachkonstruktion soll vielmehr auch etwas zu dessen Verständnis beitragen. Das kann sie aber nur dann, wenn sie nicht nur per saldo dasselbe leistet, sondern wenn sie die Leistung auch mit *denselben Mitteln* erzielt. Sie darf dann also auch nicht qualitativ besser sein als die Vorlage, sondern muß genau dieselben *Fehler* machen wie diese.»[12]

In manchen Disziplinen wird sogar die Ansicht vertreten, die Suche nach einzelnen, einen Sachverhalt zweifelsfrei klärenden Fehlleistungen sei das primäre Ziel der Forschung. So wird etwa für die Versprecher-erforschung behauptet, Ziel sei das Auffinden des «perfekten Versprechers»[13], der bezüglich linguistischer oder psycholinguistischer Hypothesen in der Art eines *experimentum crucis* entscheidet.

Kritik

Zum Einsatz von Fehlleistungs-Methoden finden sich auch kritische Äußerungen. Sie konzentrieren sich auf folgende Probleme: (a) Bestimmte Forschungsprogramme, die auf Fehlleistungs-Methoden basierten, seien unfruchtbar oder hätten gar falsche Ergebnisse geliefert (so etwa die Hirnforschung des 19. Jahrhunderts[14]). (b) Fehlleistungs-Methoden versagten grundsätzlich bereits bei mäßig komplexen Systemen und verleiteten zu vorschnellen und simplistischen Funktionszuschreibungen (als Beispiele werden Objekte wie Radios oder Segelschiffe genannt[15]). (c) Fehlleistungs-Methoden seien nicht in der Lage, bestimmte Zweifelsfälle bezüglich der Unterscheidung von Systemstrukturen aufzulösen.[16] (d) Fehlleistungs-Methoden bedürften notwendig der *Ergänzung durch andere Verfahren*.[17] (e) Fehlleistungs-Methoden seien für ihren Erfolg zwingend auf das Zutreffen bestimmter *Annahmen* über die zu untersuchenden Systeme angewiesen, insbesondere Modularität, Zerlegbarkeit oder Subtraktivität, die in der Realität nicht oder nur begrenzt erfüllt seien.[18]

Viele Aspekte dieser Kritik sind ernstzunehmen: So gilt die Hirnforschung des 19. Jahrhunderts heute mit Recht als weitgehend abwegig. Erst seit einigen Jahrzehnten wird auf diesem Gebiet (wieder) der Versuch gemacht, aufgrund von Fehlleistungen Erkenntnisse über das intakte Gehirn zu gewinnen; dabei verfährt man allerdings wesentlich vorsichtiger und reflektierter als früher.

Die oft vorgebrachte und meist anhand von alltäglichen technischen Geräten (Auto, Radio) erläuterte Kritik, die Beobachtung von Fehlleistungen verleitete zu vorschnellen und falschen Schlüssen, scheint jedoch übertrieben, zumal für die wissenschaftliche Forschung, bei der deutlich mehr Sorgfalt bei der Interpretation der Ergebnisse möglich und üblich ist. Wenn man das zu einem Radio führende Stromkabel durchschneidet und daraufhin der Ton ausfällt, so wird man zwar registrieren, daß dieses Kabel offensichtlich für die Tonerzeugung notwendig ist, wird aber nicht – wie viele der Kritiker es suggerieren – unmittelbar dazu übergehen, das Kabel als Sitz der Tonerzeugung bzw. die Tonerzeugung als Funktion des Kabels ansehen – nicht im Alltag und umso weniger in der Wissenschaft.

---

[11] Bischof 1995, Glymour 1994, Bub 1994.

[12] Vgl. Bischof 1995, 366.

[13] So Cutler 1988.

[14] Vgl. Fodor u. a. 1974, xiv; Ellis/Young 1988, 13.

[15] So Gregory 1981, 85.

[16] Vgl. Glymour 1994, Bub 1994.

[17] Vgl. u.a. Von Eckardt Klein 1978.

[18] Vgl. Ellis/Young 1988 u.v.a.

Besser begründet ist die Kritik, Fehlleistungs-Methoden seien nicht in der Lage, bestimmte Zweifelsfälle bezüglich der Unterscheidung von Systemstrukturen aufzulösen. Zwar wurde gezeigt, daß in Modellsystemen unter restriktiven Ausgangsannahmen (strenge Modularität, alle möglichen Kombinationen von Fehlleistungen sind bekannt und dokumentiert) eine Fehlleistungs-Methodik eindeutige Ergebnisse liefert. Wenn man jedoch die ganz einfachen Modellsysteme verläßt und sich etwas mehr an den Forschungsrealitäten orientiert, trifft dies schon nicht mehr zu: So erwiesen sich in manchen Konstellationen modulare und massiv vernetzte Systeme allein aufgrund typischer Fehlleistungen als ununterscheidbar. Auch bei den oben erwähnten Assoziationen und einfachen Dissoziationen droht stets die Möglichkeit, daß statt des naheliegenden Schlusses auf gemeinsame bzw. unterschiedliche materielle Basis andere Möglichkeiten (z. B. irrelevante Gemeinsamkeiten bzw. unterschiedlicher Bedarf an Rechenleistung) zutreffen. In vielen derartigen Fällen scheint eine Entscheidung nur durch zusätzliche, auf andere Weise gewonnene Informationen möglich. Da dies schon bei mäßig komplizierten Modellsystemen gilt, ist anzunehmen, daß sich das Problem bei realen, weniger klar vorstrukturierten Systemen mit noch größerer Schärfe stellt.

Deswegen scheint auch die Auffassung, Fehlleistungs-Methoden bedürften notwendig der Ergänzung durch andere Verfahren, durchaus berechtigt. Aber Fehlleistungs-Methoden werden ohnehin nur selten als einziges einzusetzendes Werkzeug angesehen; auch hier soll ja (nur) darauf hingewiesen werden, daß Fehlleistungen ein weithin unterschätztes Mittel sind, das *zusätzlich* zu anderen Methoden beachtet und eingesetzt werden sollte.

Der letzte Kritikpunkt, Fehlleistungs-Methoden seien zwingend auf das Zutreffen bestimmter nicht unumstrittener Annahmen über die zu untersuchenden Systeme angewiesen, verdient nähere Betrachtung:

Voraussetzungen und Annahmen

Bestimmte Voraussetzungen und Annahmen werden für die Fehlleistungs-Methode als notwendig erachtet. Genannt und diskutiert werden sie vor allem in der kognitiven Neuropsychologie; sie sind aber auch darüber hinaus von großer Bedeutung. Die drei wichtigsten sind die Transparenzannahme, die Modularitätsannahme und die Subtraktivitätsannahme.

Die *Transparenzannahme* ist mehr oder weniger Grundlage *jeder* Form des Erkenntnisgewinns aus Fehlleistungen. Die Bezeichnung stammt aus der kognitiven Neuropsychologie und existiert in einer starken und einer schwachen Form: Die schwache Form besagt, daß die Beobachtungen der Fehlleistungen und Ausfälle hinreichen sollten, um festzustellen, welche Subsysteme *gestört* sind[19]; die starke Form, daß eine Reihe solcher Beobachtungen es auch ermöglichen sollte, den Aufbau und die Funktion des *intakten* Systems zu erkennen.[20]

Die *Modularitätsannahme* ist eine weit verbreitete, aber auch heftig umstrittene Annahme. Sie besagt, daß viele oder alle realen Systeme aus weitgehend unabhängigen Teilsystemen aufgebaut sind. Zuweilen wird dabei noch zwischen Modularitätsannahme[21] und Fraktionierungsannahme[22] unterschieden: Beide sind eng verwandt, und beide besagen, daß ein System aus autonomen Subsystemen zusammengesetzt ist. Die Fraktionierungsannahme betont darüber hinaus, daß jedes Subsystem getrennt von den übrigen ausfallen kann. (Manchmal wird noch angefügt, daß dabei Struktur und Funktion der verbliebenen Teile nicht oder jedenfalls nicht nennenswert beeinflußt werden; dazu siehe nächste Annahme.) ‹Fraktionierung› betont also eher das Phänomen des getrennten *Versagens*, ‹Modularität› mehr den grundsätzlichen *Aufbau* des Systems, der dem Funktionieren und dem Versagen zugrunde liegt.

Für die Modularitätsannahme sprechen verschiedene Argumente: (a) Das Evolutionsargument, daß modular aufgebaute Systeme leichter, schneller und erfolgreicher evoluieren;[23] (b) ein erkenntnistheoretisches Argument, daß wir in einer Welt, die nicht wenigstens teilweise modular aufgebaut ist, nichts erkennen könnten (und darüber hinaus womöglich noch nicht einmal existieren könnten);[24] (c) eine ganze Reihe empirischer Beobachtungen, von der Physik bis zu Genetik, Entwicklungsphysiologie, Psychologie, Neurologie und vielen anderen.

---

[19] Caramazza (1984, 10) definiert die «transparency assumption» als «a strongly construed belief that the pathological performance observed will provide a basis for discerning which component or module of the system is disrupted.»

[20] In diesem Sinne Curtiss (1988, 97): «A basic tenet of neuropsychology is the ‹transparency› assumption: the assumption that one can extrapolate from the abnormal case to the normal case.»

[21] Etwa bei Fodor (1983), Marr (1976); bei Ellis/Young (1988, 28) *die* Grundannahme der (gegenwärtigen) kognitiven Neuropsychologie.

[22] Eingeführt von Caramazza (1984, 10): «The most fundamental assumption of cognitive neuropsychology is the fractionation assumption–the belief that brain damage can result in the selective impairment of components of cognitive processing.»

[23] Vgl. Simon 1990, 149–165.

[24] Vgl. Vollmer 1995, bes. 116.

Gegen die Annahme sprechen konsequent nichtmodulare Modelle wie neuronale Netze, parallelverarbeitende Rechner usw., die in einigen Bereichen, vor allem der Kognition, erfolgreiche Alternativerklärungen zu modularen Modellen liefern.

Die *Subtraktivitätsannahme* ist ebenfalls weit verbreitet, aber noch problematischer als die vorigen. Sie wird manchmal sogar als Teil der Modularitätsannahme angesehen und hat jedenfalls starke Bezüge zu ihr. Sie besagt, daß nach dem Ausfall oder der Wegnahme eines Teilsystems nur die (direkten) Effekte dieses Ausfalls, nicht aber sekundäre Effekte wie Enthemmung zuvor inaktiver Teilsysteme oder eine allgemeine Reorganisierung des gesamten Systems auftreten. Zuweilen wird sie auch als *Lokalitätsannahme* bezeichnet; danach seien Beschädigungen ausschließlich lokal und hätten keine Fernwirkungen. Dies ist sicher nur in erster Näherung richtig: Teilsysteme, die einander im Normalzustand hemmen, sind in der Biologie keineswegs ungewöhnlich, und die häufig zu beobachtende allmähliche Besserung, etwa der sprachlichen Leistungen bei Aphasikern, legt eine (wenigstens teilweise) Umordnung der sprachlich-kognitiven Strukturen im Verlauf eines (partiellen) Heilungsprozesses nahe.[25] Dennoch wird diese Annahme zum Beispiel in der kognitiven Neuropsychologie regelmäßig zugrundegelegt, und man spricht gar davon, dies sei «theoretische Praxis», wenn auch die Untersuchung von Alternativen interessant und wünschenswert sei.[26]

Fazit

Fehlleistungen können offenbar wertvolle Beiträge zur wissenschaftlichen Forschung liefern. Allerdings wird deutlich, daß sich Erkenntnis aus Fehlleistungen nicht nach einer einheitlichen Methode und noch weniger nach einem simplen Kochrezept erlangen läßt. Die Verfahren sind nicht blind anwendbar und stellen keine Algorithmen dar. Die Fehlleistungs-Methodik umfaßt vielmehr ein Bündel von Methoden mit gemeinsamem Grundmotiv.

In bestimmten Fällen verhelfen Fehlleistungen zu gut abgesichertem Wissen – z. B. in einfachen Modellfällen oder bei der Entscheidung zwischen wenigen konkurrierenden Theorien. In vielen anderen Fällen darf man zwar wertvolle Anregungen und Hinweise erwarten, nicht aber sichere Ergebnisse. Fehlleistungs-Methoden garantieren hier keinen Erfolg, aber doch mehr oder weniger gut begründete Vermutungen. Das ist aber per se kein Manko, denn sicheres Wissen wird ohnehin von der modernen Wissenschaftstheorie mit guten Gründen für unerreichbar gehalten. Solange die einschlägigen Annahmen zutreffen, werden Schlüsse aus Fehlleistungen wesentlich erleichtert, aber es gibt oft kein Mittel, im voraus unabhängig festzustellen, ob all diese Annahmen berechtigt sind.

Den erwähnten Schwächen der Fehlleistungs-Methodik beim Prüfen von Theorien stehen aber auch Stärken gegenüber, insbesondere beim Entdecken: Die Auswertung von Fehlleistungen regt, wie wir gesehen hatten, vor allem zur Forschung an, liefert Ideen und Theorienbausteine, deren Prüfung dann aber nicht mehr alleine anhand von Fehlleistungs-Daten erfolgen muß und auch nicht erfolgen sollte. Auch das Zugrundelegen von Annahmen, die zwar in vielen Fällen, aber nicht immer zutreffen, ist nicht nur Schwäche, sondern auch Stärke, denn die anfängliche Vereinfachung, die das Voraussetzen solcher Annahmen mit sich bringt, hilft bei der kognitiven Bewältigung komplexer und noch wenig erforschter Situationen. Und selbst das Scheitern eines solchen Ansatzes kann immer noch wertvolle Hinweise auf die tatsächlichen Strukturen der untersuchten Systeme geben.

Entsprechend dem deskriptiv-normativen Doppelcharakter der Wissenschaftstheorie hat auch die Untersuchung von Fehlleistungs-Methoden deskriptive und normative Anteile. Sie beschreibt, wie erfolgreiche wissenschaftliche Forschung durchgeführt wird, betrachtet die verwendeten Verfahren und Denkwege kritisch und gibt auf dieser Grundlage zwar keine verbindlichen Handlungsanweisungen, wohl aber mehr oder weniger gut begründete Empfehlungen für künftige Forschungen ab.

Insgesamt stellt sich die Fehlleistungsmethodik damit als eine typische Heuristik dar: Sie zeigt keinen sicheren Weg zur Erkenntnis und garantiert keinen Erfolg, gibt aber begründete und kritisch geprüfte Empfehlungen, Vorschläge, Ratschläge ab. Gelegentlich stellt sie auch Warnschilder auf, und zwar zumeist vor naheliegenden, aber voreiligen und nicht allgemein zu rechtfertigenden Schlüssen. Die Fehlleistungs-Methodik oder -Heuristik ist wichtiger Teil einer größeren Familie wissenschaftlicher Strategien und Heuristiken, die Zerlegung und Lokalisation und, allgemeiner, mechanistische Erklärungen anstreben.

---

[25] Vgl. Kelter 1990.

[26] Vgl. Glymour 1994, 824.

Literatur

Bechtel, William; Richardson, Robert C.: Discovering complexity. Decomposition and localization as strategies in scientific research. Princeton, N. J.: Princeton University Press, 1993.

Bischof, Norbert: Struktur und Bedeutung: eine Einführung in die Systemtheorie. Bern: Huber, 1995.

Brenner, Sydney; William Dove; Ira Herskowitz; René Thomas: «Genes and development: Molecular and logical themes.» Genetics, 126, Nov. 1990, 479–486.

Bub, Jeffrey: «Testing Models of Cognition Through the Analysis of Brain-Damaged Performance.» Brit. J. Phil. Sci., 45, 1994, 837–855.

Caramazza, Alfonso: «The Logic of Neuropsychological Research and the Problem of Patient Classification in Aphasia.» Brain and Language, 21, 1984, 9–20.

Cutler, Anne: «The perfect speech error» In: Hyman, Larry M.; Li, Charles N. (Hg.): Language, speech and mind. Studies in honor of Victoria Fromkin. London; New York: Routledge, 1988, 209–223.

Ellis, Andrew W.; Young, Andrew W.: Human cognitive neuropsychology. Hove: Erlbaum, 1988.

Fodor, Jerry A.: The modularity of mind. Cambridge, Mass.: MIT Press, 1983.

Fodor, Jerry A.; Bever, Thomas G.; Garrett, Merrill F.: The psychology of language: An introduction to psycholinguistics and generative grammar. New York u. a.: McGraw-Hill, 1974.

Fromkin, Victoria A. (Hg.): Speech errors as linguistic evidence. The Hague; Paris: Mouton, 1973.

Glymour, Clark: «On the Methods of Cognitive Neuropsychology.» Brit. J. Phil. Sci., 45, 1994, 815–835.

Gregory, Richard L.: Mind in science: A history of explanations in psychology and physics. London: Weidenfeld and Nicolson, 1981.

Hassenstein, Bernhard: «Modellrechnung zur Datenverarbeitung beim Farbensehen des Menschen.» Kybernetik, 4, 1968, 209–223.

Kelter, Stephanie: Aphasien: hirnorganisch bedingte Sprachstörungen und kognitive Wissenschaft. Stuttgart [u. a.]: Kohlhammer, 1990.

Marr, David: «Early processing of visual information.» Philosophical Transactions of the Royal Society of London, Series B, 275, 1976, 483–524.

Mill, John Stuart: System der deduktiven und induktiven Logik, Bd. 2. Leipzig: Fuer, 1885. (= Ges. Werke, Bd. 3; engl. 1843.)

Shallice, Tim: From Neuropsychology to Mental Structure. Cambridge: Cambridge University Press, 1988.

Simon, Herbert A.: «The architecture of complexity.» Proceedings of the American Philosophical Society, 106, 1962.

Vollmer, Gerhard: «Die Bedingungen der Möglichkeit von Erfahrung.» (1987) Abgedr. in: Auf der Suche nach der Ordnung. Stuttgart: Hirzel, 1995, 102–128.

Von Eckardt Klein, Barbara: «Inferring functional localization from neurological evidence». In: Walker, Edward (Hg.): Explorations in the biology of language. Montgomery, Vermont: Bradford Books, 1978, 27–66.

Sektion 13
Nicht-propositionale Formen des Wissens

Karl Albert

Zum Intuitionsbegriff in der Lebensphilosophie

Das Thema des Intuitionsbegriffs in der Lebensphilosophie ist hier zunächst als ein philosophiehistorisches formuliert. Es hat jedoch ebenso einen systematischen, einen für das Verständnis der Sache der Philosophie grundlegenden Hintergrund. Um diesen Hintergrund deutlich machen zu können, muß ich einige grundsätzliche Bemerkungen vorausschicken.

I

Die Philosophie beginnt historisch und von der Sache her mit der Unterscheidung zweier Erkenntnisarten. So unterscheidet Parmenides den Pfad, den die anderen Menschen gehen, von der Auffahrt des „wissenden Mannes" zu der die Wahrheit über das Sein offenbarenden Göttin. Ebenso stellt Heraklit dem Denken der „Vielen" die auf den Logos hörende Denkweise des Philosophen gegenüber, deren Ausdruck der Satz von der Einheit der Dinge ist. Der Wuppertaler Phänomenologe Klaus Held hat das die „Selbstunterscheidung des beginnenden Denkens vom vorphilosophischen Leben" genannt (Heraklit, Parmenides und der Anfang von Philosophie und Wissenschaft. Berlin 1980). Diese Unterscheidung ist von größter Bedeutung. Wir werden sie jedoch noch in einem schärferen Sinn verwenden. Es handelt sich ja um die Unterscheidung des philosophischen Denkens vom nichtphilosophischen Denken, d.h. vom Alltagsdenken und von dem sich auf dem Alltagsdenken aufbauenden wissenschaftlichen Denken. Das außerphilosophische Denken ist auf die Vielheit der Dinge und die sich im vielheitlichen Bereich abspielenden Vorgänge gerichtet, das philosophische Denken dagegen auf das Eine hinter dem Vielen oder, heideggerisch gesprochen, auf das Sein, wohingegen das nichtphilosophische Denken sich auf das Seiende richtet.

Das alltägliche Denken ist diskursiv, das philosophische Denken aber wird schon in der Antike vielfach mit der Intuition (gr. epibolé) in

Verbindung gebracht (vgl. dazu auch den Artikel von Th.Kobusch im Historischen Wörterbuch der Philosophie). Aus der Geschichte dieses Begriffs greife ich hier nur die durch die „Lebensphilosophie des 19. und des beginnenden 20.Jahrhunderts bestimmte Phase heraus,in welcher bei Nietzsche, Bergson und Berdjaev der Begriff der Intuition eine tragende Rolle spielt. Die Beschäftigung mit diesem Thema ist auch insofern nicht uninteressant, weil in den letzten Jahren sich eine Rückkehr zu bestimmten lebensphilosophischen Motiven anzubahnen scheint.

II

Halten wir uns zunächst an Nietzsche. In der aufklärerischen mittleren Phase seiner Entwicklung kritisiert er in „Menschliches, Allzumenschliches" (1878) die philosophische Berufung auf Intuition als eine Form des überholten Geniekults. Wenn man Künstler, Redner und Philosophen als Genies bewundere und annehme, nur sie hätten Intuitionen, so schreibe man ihnen „eine Art von Wunder-Augenglas" zu (1881: Menschliches, Allzumenschliches, KSA 2,152). Platon und Aristoteles hätten das höchste Glück im Erkennen, in der Tätigkeit des Verstandes erblickt und „nicht etwa in der 'Intuition', wie die deutschen Halb- und Ganztheologen" (1881: Morgenröte, KSA 3,320f.). Ebenso sei auch der moderne Mensch inzwischen so sehr an das logische Denken gewöhnt, daß sich einzelne dünkelhafte Menschen, die etwas Besonderes sein und sich von den anderen abheben wollten, sich für „intuitive Wesen" ausgäben, die mit „innerem Sinn" oder mit „intellektueller Anschauung" begabt seien: „Das treibt nun auch Philosophie" (Morgenröte, 1881, KSA 3,315). In „Jenseits von Gut und Böse" schließlich wendet sich Nietzsche gegen die Annahme „unmittelbarer Gewißheiten" Dem sich bei der Erörterung metaphysischer Themen auf „Intuition" Berufenden antworte ein Philosoph heute nur noch mit einem Lächeln (KSA 5,30).
Anderer Ansicht ist Nietzsche allerdings in früheren Schriften aus der Baseler Zeit. So ist in „Über Wahrheit und Lüge im außermoralischen Sinne" von Zeitaltern die Rede, „in denen der vernünftige Mensch und der intuitive Mensch nebeneinander stehen, der eine in Angst vor der Intuition, der andere mit Hohn über die Abstraktion" (KSA 1,889). Hier scheinen die beiden Menschentypen noch als gleichgewichtig zu gelten. In der Schrift über „Die Philosophie im tragischen Zeitalter der Griechen" überwiegt aber die Wertschätzung der Intuition. Von ihr heißt es: „Heraklit hat als sein königliches Besitztum die höchste Kraft

der intuitiven Vorstellung; während er gegen die andre Vorstellungsart, die in Begriffen und logischen Kombinationen vollzogen wird, also gegen die Vernunft, sich kühl, unempfindlich, ja feindlich zeigt und ein Vergnügen zu empfinden scheint, wenn er ihr mit einer intuitiv gewonnenen Wahrheit widersprechen kann" (KSA 1,823). Noch weiter war Nietzsche im Abschnitt über den Anfang der Philosophie bei seinen Interpretationen zu Thales von Milet gegangen, indem er dessen Satz vom Ursprung aller Dinge aus dem Wasser als einen schon philosophischen Satz deutet, weil darin , „wenngleich nur im Zustande der Verpuppung", der Gedanke der Einheit aller Dinge enthalten sei. Nicht Beobachtungen empirischer Art hätten Thales zu diesem seinen Satz gelangen lassen, denn was zu der „ungeheuren Verallgemeinerung" des Satzes getrieben habe, „war ein metaphysischer Glaubenssatz, der seinen Ursprung in einer mystischen Intuition hat, und dem wir bei allen Philosophien, samt den immer erneuten Versuchen, ihn besser auszudrücken, begegnen: der Satz 'Alles ist Eins'" (KSA 1,813). Die Philosophie ist also nach Nietzsche nicht bloß aus einer Intuition hervorgegangen, sondern sogar aus einer „mystischen Intuition". Deren frühen Ausdruck bei Heraklit (Fragment B 50) hätten dann im Gange der Geschichte des philosophischen Denkens die nachfolgenden Philosophen zu verbessern gesucht, d.h. ihn zu erweitern oder zu vertiefen. Merkwürdigerweise schließt Nietzsche jedoch den Eleaten Parmenides von dieser intuitiven Verwurzelung der Philosophie aus. Die Parmenideische Lehre vom Sein sei allein „der allerreinsten und völlig blutlosen Abstraktion" entsprungen: „Während in jedem Wort Heraklits der Stolz und die Majestät der Wahrheit, aber der in Intuition erfaßten, nicht der an der Strickleiter der Logik erkletterten Wahrheit, sich ausspricht, ... ist ihm in seinem Zeitgenossen Parmenides ein Gegenbild an die Seite gestellt" (KSA 1,835f.). Hier tut Nietzsches Interpretation dem Denken des Parmenides gewiß unrecht, zumal der eleatische Zeitgenosse des Parmenides Xenophanes als "religiöser Mystiker" charakterisiert wird (KSA 1,840f.).

Natürlich ist auch für Nietzsche die mystische Intuition nicht die einzige Grundlage des philosophischen Denkens. Zur Philosophie gehört neben der Intuition die sprachlich-begriffliche Verarbeitung des in der Intuition Erfaßten. Jedoch ist nach Nietzsche „der Ausdruck jeder tiefen philosophischen Intuition durch Dialektik und wissenschaftliches Reflektieren zwar einerseits das einzige Mittel, um das Geschaute mitzuteilen, aber ein kümmerliches Mittel, ja im Grunde eine metaphorische, ganz und gar ungetreue Übertragung in eine verschiedene Sphäre und Sprache" (KSA 1,817).

Der Begriff der mystischen Intuition taucht aber nicht nur in den frühen Baseler Schriften auf, sondern auch im Spätwerk. In einer Aufzeichnung aus der Zeit der Arbeit am „Zarathustra" wird, über die Frühschriften hinaus, nicht nur der Beginn der Philosophie auf intuitives Denken bezogen, sondern auch als Ziel verstanden: „Eigentlicher Zweck alles Philosophierens die intuitio mystica" (KSA 11,232).

III

So weit also Nietzsche. Wenden wir uns jetzt Henri Bergson zu, der nicht nur von vielen als der eigentliche Lebensphilosoph angesehen wird (Rickert, Th.Lessing, D.Sternberger), sondern zugleich als der bekannteste Vertreter einer Intuitionsphilosophie, über den gerade unter diesem Aspekt zahlreiche Stellungnahmen erschienen sind (u.a. von R. Ingarden und Josef König).

In seinem „Essai sur les données immédiates de la conscience" (in deutscher Übersetzung bekannt unter dem Titel „Zeit und Freiheit") unterscheidet Bergson zwischen einer uneigentlichen, am Leitbild des Raumes orientierten Auffassung der Zeit und einer eigentlichen, die Zeit unräumlich, nämlich als „Dauer" (durée) verstehenden Zeitauffassung. Nach Analogie des Raumes wird die Zeit vom Denken des Alltags sowie vom wissenschaftlichen Denken verstanden. Beide Denkweisen gehen diskursiv vor. Das philosophische Denken jedoch bezieht sich auf die Dauer, die nur durch Intuition erfaßt werden kann. Das Alltagsdenken blickt ebenso wie das Denken der Wissenschaften nach außen, wohingegen das auf Intuition gegründete philosophische Denken nach innen blickt. Die philosophische Intuition trennt in dieser Weise die Philosophie von den Wissenschaften. Daher kann es nach Bergson auch nicht die Aufgabe der Philosophie sein, die Ergebnisse der Wissenschaften zusammenzufassen. Sie müßte sich ja dann in den Bereich des wissenschaftlichen Denkens und damit auch des alltäglichen Denkens begeben. Der Unterschied der philosophischen und der wissenschaftlichn Denkweise ergibt sich aus dem Wesen der menschlichen Erfahrung: „Es gäbe keinen Raum für zwei Arten des Erkennens, einer philosophischen und einer wissenschaftlichen, wenn die Erfahrung sich uns nicht in zwei verschiedenen Aspekten darböte, einerseits in Form von Tatsachen, die sich äußerlich aneinanderreihen, die sich ungefähr messen lassen, kurz, die sich im Sinne einer distinkten Mannigfaltigkeit und Räumlichkeit entfalten, und auf der anderen Seite in der Form der gegenseitigen Durchdringung, die eine reine Dauer und sowohl dem Gesetz und dem Messen unzugänglich ist" (Denken und schöpferisches Werden, S.143). Es gibt noch einen weiteren Unterschied zwischen Philosophie und Wissenschaft. Während nämlich der Wissenschaftler danach trachtet, „die Wirklichkeit ... der technischen Einwirkung des Menschen zu unterwerfen" und „die Natur zu überlisten in einer Haltung des Mißtrauens und der Kampfbereitschaft, behandelt sie der Philosoph als Kameradin. Die Richtschnur der Wissenschaft ist diejenige, die Bacon aufgestellt hat: gehorchen, um zu herrschen. Weder gehorcht der Philosoph, noch herrscht er: er sucht zu sympathisieren", nämlich durch die Intuition. Diese ist nichts anderes als „die Sympathie, durch die man sich in das Innere eines Gegenstandes versetzt, um mit dem, was er Einzigartiges und infolgedessen Unaussprechliches hat, zu koinzidieren" (a.a.O., S.145).

Die philosophische Intuition ist nun zwar wesenhaft verschieden vom Denken des Alltags und der Wissenschaften. Dennoch ist es nicht schwer, aus dem Alltagsdenken zum intuitiven Denken der Philosophie zu gelangen: „gerade, weil der gesunde Menschenverstand der Philosophie den Rücken kehrt, genügt eine Rückwendung in dieser Beziehung, uns in die Richtung des philosophischen Denkens zurückzuversetzen" (a.a.O., S.214). Von einer solchen Wendung des Blicks spricht ja auch Platon, doch betont Bergson, daß der Philosoph dadurch nicht aus der Welt, in der wir leben, heraustrete, sondern „daß der Metaphysiker wenigstens mit der einen Hälfte seiner Spekulation desjenige weiter ins Auge zu fassen hat, was jedermann wahrnimmt" (a.a.O.). Der Philosophierende tritt also gar nicht aus der Welt der gewöhnlichen Wahrnehmungen heraus, sondern ändert nur die Blickrichtung seiner Aufmerksamkeit. Dabei erfaßt die philosophische Intuition etwas, was in der allgemeinen Erfahrung immer schon mitenthalten, wenngleich meist übersehen ist. Die Intuition hat aber nicht nur Bedeutung für das Denken des Philosophen, sondern ebenso für sein Leben. Er sieht die Welt mit anderen Augen: „Alles, was in unserer Wahrnehmung unbeweglich und wie vereist war, erwärmt sich und kommt in Bewegung. Alles beseelt sich um uns, und alles belebt sich in uns ... Wir leben mehr" (a.a.O., S.178f.). Durch die Intuition der Dauer steht die Philosophie ganz nah dem gelebten Leben. Was die Kunst nur wenigen Menschen und auch diesen nur für wenige Augenblicke zu schenken vermag, das gewährt die Philosophie dem denkenden Menschen „häufiger, anhaltender und dem Durchschnitt der Menschen zugänglicher" (a.a.O., S.178). Die Wissenschaften können dem Menschen zwar, wie Bergson zugibt, Wohlleben, Genuß und Vergnügen verschaffen, die Philosophie aber sei durch die Intuition der

Dauer imstande, dem Menschen bleibende innere Freude zu verschaffen, die keinerlei äußerer Anlässe bedarf.

IV

Ein dritter Denker der lebensphilosophischen Strömung ist Nikolaj Alexandrovitch Berdjaev (1874-1948). Er wird zwar nicht immer zu den Vertretern der Lebensphilosophie gezählt, da in seinem Denken die verschiedensten Ansätze zusammengekommen sind, doch gehört der Lebensbegriff zu seinen zentralen Gedanken. Der Lebensbegriff verbindet sich in seiner thesenartig vorgetragenen Lehre eng mit dem Begriff der Philosophie:"Vergebens glauben die Philosophen, daß eine völlig autonome Philosophie möglich sei, eine vom religiösen Leben unabhängige Philosophie, frei von jeder Verbindung mit dem 'Leben' ...Eine völlig autonome Philosophie, die sich über das 'Leben' hinaushebt, hat es nie gegeben und wird es auch niemals geben. Die Philosophie ist eine Funktion des Lebens, Selbstbewußtsein und Erleuchtung des Lebens; sie vollbringt ihr Werk im Leben und für das Leben, und war immer von dem abhängig, was sich in der Tiefe des Lebens vollzog" (Die Philosophie des freien Geistes. Tübingen 1930, S.19).

Später zieht Berdjaev allerdings den Existenzbegriff dem Lebensbegriff vor, und zwar deshalb, weil der Begriff des Lebens eine biologische Kategorie sei. Deshalb wendet sich Berdjaev auch gegen den Biologismus in der Philosophie, den er bei Nietzsche und bei Bergson zu finden glaubt (Der Sinn des Schaffens. Tübingen 1927, S.32). Mit der Wendung zur Existenzphilosophie, und damit zu dem als Existenzphilosophen verstandenen Heidegger, übernimmt Berdjaev von diesem auch den Seinsbegriff, außerdem von Bergson den Begriff der Intuition. Dem französischen Philosophen wird dabei allerdings noch vorgeworfen, er habe die Philosophie nicht streng genug von den Wissenschaften unterschieden Immerhin habe Bergson verstanden,"daß die philosophische Erkenntnis auf Intuition beruht, d.h. auf sympathetischem, liebenden Eindringen in das Wesenhafte der Dinge, nicht aber auf wissenschaftlicher Analyse, die uns außerhalb der Dinge, nur an ihrer Oberfläche sein läßt" (Das Ich und die Welt der Objekte. Darmstadt 1952, S.33).

Seinen maßgeblich von Scheler bestimmten Sympathiebegriff verbindet Berdjaev dann mit dem Begriff des Seins: „Quelle der Philosophie ist nicht Aristoteles und nicht Kant, sondern das Sein selber, die Intuition des Seins. Wirklich Philosoph ist nur der, welcher über die Intuition des Seins verfügt, dessen Philosophie aus lebendiger Quelle kommt" (a.a.O., S.47). Als auf Intuition gegründet, hat die Philosophie den besonderen Charakter einer Innenwelterkenntnis: "Die philosophische Erkenntnis steht dem Sein nicht als ein ihm Entgegengesetztes und außerhalb seiner Liegendes entgegen ... Die philosophische Erkenntnis ist im Sein selber beschlossen, denn der Erkennende ist im Sein selber darin" (a.a.O., S.35).

Als „sympathisches", „liebendes" Erkennen hat nun die Intuition zugleich Beziehung zu Strebensakten, nämlich zum Streben nach Vereinigung, d.h. daß das liebende Streben ein erotisches Streben darstellt. Dieser Gedanke geht letztlich auf die Vorstellung vom Wesen der Philosophie bei Platon und Plotin zurück, wobei festzuhalten ist, daß das erotische Streben im Platonismus nicht, wie der landläufige moderne angeblich bei Platon zu findende Philosophiebegriff meint, gerade nicht ein endloses und uferloses, niemals ans Ziel kommendes Suchen und Unterwegssein bezeichnet, sondern ein grundsätzlich, wenngleich nur vorläufig, das Ziel des philosophischen Strebens erreichendes schauendes Erkennen. In dieser Weise stellt sich die Intuition auch bei Berdjaev dar: „Philosophische Erkenntnis ohne Eros ist unmöglich. Das Pathos der Philosophie ist ein erotisches Pathos. Die erotisch eheliche Färbung philosophischer Errungenschaften und Erkenntnisse unterscheidet die Philosophie in radikaler Weise von der Wissenschaft ... Die schöpferischsten Philosophen sind die erotischen Philosophen, wie z.B. Plato" (a.a.O., S.40).

V

Zum Schluß noch einige wenige Bemerkungen über die Kritik am Intuitionsbegriff in der Lebensphilosophie sowie zu seiner Rechtfertigung. Ursprung auch der ernstzunehmenden Kritik (auf die ideologisch bedingte Kritik bei nationalsozialistischen und marxistischen Autoren gehe ich hier nicht weiter ein) ist vor allem, daß bei den im Philosophiebetrieb im Deutschland herrschenden soziologischen einerseits und wissenschaftstheoretischen Tendenzen andererseits man die anfängliche und das Wesen der Philosophie ausmachende Unterscheidung zweier Erkenntnisweisen und damit zweier Blickrichtungen des Denkens nicht mitzuvollziehen bereit oder fähig ist. Man will nicht zugeben, daß das Sein auf andere Weise erfahren wird als das Seiende, das Eine auf andere Weise als das Viele, daß es einen Unterschied gibt zwischen der diskursiven und der intuitiven Weise des Erkennens, zwischen verstandesmäßigem und geistig schauendem Erkennen.

Damit hängt nun ferner zusammen, daß die Kritik am Intuitionsbegriff der Lebensphilosophie fast immer darauf zurückzuführen ist, daß für den Erkenntnisbegriff des Alltagsdenkens grundsätzlich die Außenwelterkenntnis das Vorbild darstellt, so daß man so etwas wie Reflexion, Introspektion, Innenschau für unwissenschaftlich und damit für unbeweisbar und intersubjektiv nicht nachvollziehbar ansieht. Drittens ist den Kritikern des lebensphilosophischen Intuitionsbegriffs entgegenzuhalten, daß es auch bei der Rückwendung der Aufmerksamkeit auf das Bewußtsein evidente, für sich selbst sprechende, sich selbst bezeugende Einsichten gibt, etwa das im Cartesischen „Cogito" sich aussprechende Ichbewußtsein in seiner Verbundenheit mit dem Seinsbewußtsein. Viertens bestätigt sich die Intersubjektivität intuitiver philosophischer Erkenntnis auch dadurch, daß das vom erkennenden Subjekt intuitiv Erfaßte anderen Subjekten mitgeteilt und von diesen verstanden werden kann. Schließlich trägt fünftens und letztens das in der philosophischen Intuition Erfaßte den Charakter des für andere Subjekte ebenfalls Erfaßbaren in sich, was sich phänomenologisch schon daraus ergibt, daß sich die philosophische Intuition als „Intuition des Seins", d.h. als Intuition des allem Seienden gemeinsamen und damit allgemeinen Seins erfahren läßt.

Sind naturwissenschaftliche Modelle Metaphern?

Dr. Daniela Bailer-Jones

Fachbereich 1, Philosophie, Universität-GH Paderborn,
Warburger-Str. 100, Gebäude N, D-33098 Paderborn
e-mail: bailer-jones@t-online.de

XVIII. Deutscher Kongreß für Philosophie, 4.-8. Oktober 1999
Die Zukunft des Wissens, Sektion: Nicht-propositionale Formen des Wissens

Modelle haben einen ungewöhnlichen Status in der Wissenschaftsphilosophie. Während sie lange für eine marginale Erscheinung gehalten wurden (z.B. Duhem 1914, Carnap 1939) und ihnen später dann häufig die Rolle des Stiefkindes in der Diskussion um Theorien zukam, erlebten sie in den sechziger Jahren einen beträchtlichen Aufschwung (u.a. Harré 1960, 1970, Apostel 1961, Suppes 1961, Achinstein 1964, 1968, Hesse 1966) und werden auch im Moment wieder ausführlich diskutiert (Herfel et al. 1995, Philosophia Naturalis 1998/1, Morrison & Morgan 1999). Was macht die Attraktion von Modellen als Formen des Wissens und der Wissenserweiterung aus?

Oft werden Modelle als heuristische Brücke zur Entwicklung neuer Ansätze und zur Behandlung bisher unverstandener Phänomene betrachtet, und oft kommt ihnen der Hauch des Provisorischen und noch Unverbindlichen zu. Außerdem werden sie gerne als Vehikel und Sprungbrett wissenschaftlicher Kreativität aufgefaßt. Genau in diesen Zusammenhang gehört Mary Hesse's (1966) Überlegung, daß es sich bei naturwissenschaftlichen Modellen um Metaphern handle, wobei sie sich bei ihrem Verständnis von Metapher auf Max Black's (1962) Interaction View stützt. Die Intention dieses Ansatzes ist es, eine Sichtweise anzubieten, nach der Wissenserweiterung, Entdeckung und naturwissenschaftliche Beschreibung nicht auf Möglichkeiten der Deduktion reduziert bleiben, sondern der menschlichen Kreativität andere Strategien zur Verfügung stehen, z.B. der heuristisch verstandene, zuerst unverbindliche („ohne Wahrheitsanspruch') Vorschlag metaphorischer Modelle, die nach und nach immer weiter exploriert, bestätigt oder modifiziert werden und auf diese Weise den Erkenntnisgewinn befördern.

Folgende Eigenschaften, die alle zu einem gewissen Grade miteinander zusammenhängen, werden in diesem Zusammenhang Metaphern zugeschrieben:

- Metaphern basieren meist auf Analogien. Wenn jemand als Bücherwurm gilt, nimmt man an, daß sie Bücher *verschlingt*, sich also intensiv mit ihnen beschäftigt und sie als zentralen Bestandteil ihres Lebens auffaßt, ohne damit im wörtlichen Sinne ein Wurm zu sein, der Papier frißt. Ebenso, wird das Gehirn als Computer beschrieben, dann steht dahinter die Hypothese, daß man Mechanismen im Gehirn mit Hilfe der in Computern ablaufenden Prozessen verstehen und analysieren kann, aber nicht, daß Gehirne mit Computern in jeder Hinsicht identisch sind.
- Aus den Disanalogien, daß also ein Gehirn nur in gewisser Hinsicht ein Computer ist und ein Mensch ein Bücherwurm, ergibt sich, daß in Metaphern eine Art ‚wörtliche Falschheit' der Aussage gang und gäbe ist, die aber der Mitteilskraft und dem kreativen Potential der Metapher nicht unbedingt im Wege steht. Nach einem verbreiteten Verständnis von Wahrheit und Falschheit (z.B. Davidson 1984) ist die Aussage „Das Gehirn ist ein Computer" wörtlich falsch. Natürlich kann man auch beim Gehirn von Hardware und Software sprechen, aber das Hardware besteht beim Gehirn sicher nicht aus Halbleitermetallen etc. Solche ‚Falschheit' oder Inkonsistenzen werden bei Metaphern akzeptiert und nicht weiter als Hindernis empfunden, das deren Aussagekraft einschränkt, wie auch immer diese zustandekommt, gerade weil Metaphern als provisorisch und als ‚im Aufbau' verstanden werden.
- Für den Wissenserwerb ist es zentral, daß sich Metaphern, gerade wenn sie Analogien implizieren, in ihrer Beschreibung neuer Phänomene oder Sachverhalte auf schon Bekanntes

und Vertrautes stützen und damit die Lücke zum Unbekannten überbrücken. Wird das Internet als Datenautobahn verstanden, so liefert diese Metapher zumindest einige wichtige Informationen, die zum Verständnis des Internets hilfreich sind, wenn auch andere eindeutig fehlen.

- Für Hesse's Überlegungen bezüglich der Kreativität bei wissenschaftlichen Entdeckungen war es ein zentraler Punkt, daß Metaphern Fragen aufwerfen und zur weiteren Erforschung eines Gegenstandes anleiten, also eine wichtige heuristische Rolle spielen.

Bei metaphorisch verstandenen Modellen handelte es sich also entsprechend um so etwas wie *Denkanleitungen ohne Gewähr, aber mit Potential*, die sich für den Wissenserwerb als äußerst fruchtbar erweisen können. Dabei ist wesentlich, daß solche metaphorischen Modelle streng logische Schlußmechanismen umgehen und eine rein systematische Vorgehensweise vermeiden. Vorübergehende Ungereimtheiten und Inkorrektheiten gelten dabei als akzeptabel, wobei man sich im Gegenzug verspricht, von implizierten Analogien, d.h. von der Übertragung von Bekanntem auf bisher unbekannte Zusammenhänge, zu profitieren.

Anhand der skizzenhaft aufgeführten Eigenschaften von Metaphern wird es nun möglich, die Behauptung, daß es sich bei Modellen um Metaphern handle, anhand von Beispielen empirisch zu überprüfen (s. auch Bailer-Jones 1999, im Erscheinen). Meine Beispiele stammen aus der Astrophysik, einem Forschungsgebiet, das sich deshalb zur Untersuchung von metaphorischen Eigenschaften von Modellen besonders eignet, weil es aufgrund einer geringen Datenbasis äußerst spekulativ ist und sich jegliche inhaltliche Aussage notgedrungen auf vielerlei Hypothesen stützt. Direktes Manipulieren und Experimentieren am Forschungsgegenstand ist ausgeschlossen, es bleibt allein die (passive, nur durch technische Entwicklungen zu verfeinernde) Beobachtung zur Bestätigung von Modellen.

Meine Beispiele stammen aus dem Bereich der ausgedehnten extragalaktischen Radioquellen (AER), deren Erforschung Mitte der Vierzigerjahre damit begann, daß Regionen von hoher Strahlungsintensität auf Radiowellenlänge, z.B. im Gebiet von Cygnus, beobachtet wurden (Hey, Parson und Phillips 1946). Als immer mehr solcher Radioquellen entdeckt wurden, entwickelte sich deren Erforschung zu einem wichtigen Forschungsgebiet der Astronomie. Bei AER handelt es sich um Objekte, die sich durch ihre starke Strahlung auf Radiowellenlänge auszeichnen, außerhalb unserer Galaxie liegen und sehr weit entfernt sind, mit Rotverschiebungen von bis zu 2. Sie sind bisweilen mehrere hundert Bogensekunden groß, was ungefähr $10^5 - 10^6$ Parsec oder dreimal $10^5 - 10^6$ Lichtjahren entspricht. Große Fortschritte im Modellieren von AER wurden in den Sechzigern und Siebzigern erzielt, was jedoch nicht heißt, daß der Prozeß der Modellbildung seither abgeschlossen ist.

Abbildung 1 zeigt eine Konturkarte einer AER. So wie die Höhenlinien auf einer topographischen Karte Höhen und Steigungen von Bergenzügen anzeigen, weisen die Linien auf Radiokarten auf Intensitätsveränderungen der Strahlung einer bestimmten Wellenlänge hin. Wegen ihrer ungeheuren Größe lassen sich Bilder von AER auflösen, und man kann mit Radioteleskopen statt nur einer Punktquelle am Himmel verschiedene Strukturen des Objektes ausmachen. Abbildung 2 zeigt eine Skizze von AER, in der die verschiedenen Bereiche von AER identifiziert sind. In der Mitte des Objektes befindet sich mit hoher Radiostrahlungsintensität der Kern oder ‚core'. Von ihm gehen zwei Lappen oder ‚lobes' in entgegengesetzte Richtung aus. Diese scheinen von zwei ‚jets' gebildet zu werden, die bis zum Rand der ‚lobes' reichen. Diese Jets bestehen aus Teilchenströmen, deren Masse kontinuierlich vom Zentrum nach außen fließt. Dort, wo die Jets der sich ausdehnenden Radioquelle auf das intergalaktische Gas stoßen, befinden sich weitere Zonen hoher Strahlungsintensität, die ‚hotspots'. Da die umliegende Materie den Jets Widerstand leistet, wird das Gas der Jets seitlich und nach hinten Richtung ‚core' weggedrückt, wodurch sich die ‚lobes' bilden. Diese sind Gebiete von geringerer Leuchtkraft, die älteres Material zu enthalten scheinen.

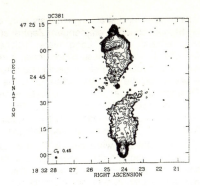

Abbildung 1: Karte von 3C 381 (Leahy and Perley 1991). ‚Declination' und ‚right ascension' geben die Himmelskoorinaten des Objektes an. Die Strahlungsintensität innerhalb des Objektes steigt von 'außen' nach 'innen'.

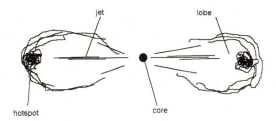

Abbildung 2: Skizze des Modelles von AER.

Aus Platzgründen kann hier nicht auf auf die physikalischen Details und die entsprechenden Beobachtungsdaten eingegangen werden, die für das Modellieren von AER relevant sind. (Für eine ausführlichere Darstellung, siehe Bailer Jones 1997 und 1999b.) Diese sind jedoch nicht unmittelbar notwendig, um einige grundsätzliche Charakteristika der Modellkonstruktion für AER nachzuvollziehen. Wichtig ist noch zu erwähnen, daß die Aufgabe des Modellierens des Gesamtphänomens, das sich über einen Zeitraum von mehreren Jahrzehnten vollzog, in kleinere Teilaufgaben aufgespalten wurde, an denen verschiedene Forscher mit ihrer jeweiligen Expertise und mit vielfältigen verschiedenen theoretischen Ansätzen arbeiten konnten. AER in einem singulären Akt zu erklären und zu modellieren wäre ein völlig aussichtsloses Projekt gewesen. Für AER zeigt sich, daß das Gesamtmodell tatsächlich aus einer Vielzahl von Submodellen besteht, wobei unterschiedliche Submodelle verschiedene theoretische Ansätze verwenden, in verschiedenem Maße empirisch bestätigt sind und sich durchaus mit verschiedenen Bereichen der Radioquelle befassen. Ich werde mich hier nur darauf konzentrieren, in welchem Grade verschiedene Submodelle als metaphorisch zu betrachten sind (vgl. Bailer-Jones 1999a).

Man mag jetzt einwenden, daß eine Einschätzung der metaphorischen Eigenschaften von Modellen auch u.a. ganz grundsätzlich vom Metaphernverständnis abhängt. Das ist ohne Zweifel richtig. Allerdings gibt es auch im Bereich der Linguistik keine allgemein akzeptierte und zufriedenstellende Erklärung, worum es sich bei Metaphern handelt und wie sie funktionieren. Deshalb kann ich mich nur auf die Eigenschaften stützen, die Metaphern gerade im Zusammenhang mit der These, daß es sich bei naturwissenschaftlichen Modellen um Metaphern handle, sinnvollerweise zugeschrieben werden.

(1) Mein erstes Beispiel ist eines, bei dem ein metaphorischer Ansatz zur Modellkonstruktion fehlschlägt, und betrifft den Energieerzeugungs- und Strahlungsprozeß in AER. AER müssen da

sie weit entfernt sind, ausgesprochen energiereich und strahlungsintensiv sein, damit wir auf der Erde überhaupt ein (noch dazu starkes) Signal von ihnen empfangen. Zentral stellt sich also die Frage, welcher physikalische Prozeß überhaupt in der Lage wäre, solche enorm hohen Strahlungsenergien zu produzieren. Nach der Metapherthese bilden meist bereits existierende Lösungen zu vergleichbaren, schon vertrauten Problemen einen geeigneten Ausgangspunkt für die Suche nach einem Modell. Sterne wären solche gut erforschte und uns wohlvertrautete Beispiele himmlischer Lichtquellen. Deshalb wäre der Energieproduktionsmechanismus von Sternen, die Kernfusion, ein erster, offensichtlicher Kandidat für die Energieproduktion in Radioquellen. Wollte man allerdings die Energie zum Betreiben einer Radioquelle wie in Sternen mit Hilfe der Umwandlung von Wasserstoff in Helium bewerkstelligen, bräuchte man schätzungsweise einen „Stern', der 10^9 Mal schwerer wäre als die Sonne. Ein Stern solcher Größe ist jedoch physikalisch nicht mehr stabil, wodurch die Übernahme des bereits vertrauten Modelles für AER scheitert. Die ‚Metapher', daß es sich bei der Energieproduktionsstätte in AER um einen 'Stern' oder ein sternartiges System handeln könnte, scheitert übrigens noch aus einem weiteren Grund: Die Spektra von Sternen und von Radioquellen unterscheiden sich grundlegend (s. Abb. 3).

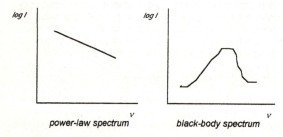

Abbildung 3: Skizzen eines power-law Spektrums, typisch für AER, und eines Schwarzkörper-Spektrums, typisch für Sterne, wobei I die Strahlungsintensität und ν die Strahlungsfrequenz ist.

Den Energieproduktions- und Strahlungsmechanismus von Sternen auf AER anzuwenden, ist vergleichbar mit dem Formulieren einer unsinnigen Metapher, der man nicht ohne weiteres eine sinnvolle Interpretation zuordnen kann, was normalerweise den Zusammenbruch von Kommunikation zur Folge hat. Ein Beispiel für eine solche Metapher wäre "Morgentau ist ein Schornsteinfeger im Mondlicht". Selbst wenn uns Schornsteinfeger und Tau vertraut sind, wird es uns schwerfallen, zwischen beiden eine sinnvolle Verbindung herzustellen, noch dazu in Verbindung mit Mondschein, will man nicht einen ganz abwegigen Kontext konstruieren.

(2) Das in AER vorgefundene Power-Law-Spektrum läßt sich also nicht durch einen Rekurs auf Sterne erklären. Der Synchrotron-Prozeß ist hingegen tatsächlich in der Lage, das beobachtete Spektrum zu produzieren: Geladene Teilchen, z.B. Elektronen, bewegen sich mit relativistischer Geschwindigkeit in einem Magnetfeld, wobei die Lorentzkraft sie auf einer Kreis- oder Spiralbahn hält. Wichtig ist hier, daß ein solches Szenario für AER nicht in Analogie zu bereits im astrophysikalischen Kontext existierenden physikalischen Mechanismen entwickelt wurde. Stattdessen wurde der Prozeß ‚maßgeschneidert' dem in AER beobachteten Spektrum angepaßt (z.B. Shklovskii 1960), weshalb es kaum gerechtfertigt ist, das Synchrotron-Modell als Metapher zu verstehen.

Abbildung 4: Das Auge am unteren Rand symbolisiert den Beobachter. Ein Elektron rotiert um magnetische Feldlinien, von denen mindestens eine Komponente in der Himmelebene liegt. Damit liegt die Kreisbahn des Elektrons in der Ebene senkrecht zu dieser Seite. Nur für einen kurzen Moment bewegt sich daher das Elektron also in die Richtung des Beobachters.

Wenn auch Zyklotronstrahlung, der nicht-relativistische Fall, bekannt war, läßt sich der Synchrotron-Prozeß für AER nicht auf bereits vertrauten Erklärungsansätzen aufbauen, denn bei AER müssen einige zusätzliche Faktoren miteinbezogen werden: die Strahlung wird im relativistischen Synchrotron-Fall wegen Längenkontraktion vorwiegend in die Richtung emittiert, in die sich das Teilchen bewegt, und nicht in alle Richtungen. Damit empfängt der Beobachter nur einen kurzen Puls in dem Moment, in dem sich ein Elektron in seine Richtung bewegt (Abb. 4), was u.a. zu dem beobachteten Power-Law-Spektrum führt. Ein weiterer Faktor der Synchrotronstrahlung in AER ist, daß ein Magnetfeld vorhanden sein muß, von dem eine Komponente in der Himmelebene liegt.

Auf sprachlicher Ebene könnte man den Fall, in dem die Synchrotrontheorie für die ganz spezielle Anwendung in AER entwickelt wurde, damit vergleichen, wenn eine Sprachschöpfung, also nicht eine Metapher, speziell zur Beschreibung eines bestimmten Phänomenes entwickelt und nicht aus einem anderen, eventuell vergleichbaren Bereich entlehnt wird. Man denke z.B. and das Wort ‚Flugzeug' (ein Ding, das fliegt) oder ‚aeroplane' (gr., etwas, das in der Luft herumwandert), das für einen Gegenstand gebildet wurde, der vor seiner Erfindung überhaupt nicht existierte. (Eine metaphorische Alternative wäre z.B. Stahlvogel.)

Damit ist die Entwicklung des Synchrotron-Modells ein Gegenbeispiel für die Behauptung, daß sich naturwissenschaftliche Modelle metaphernartig entwickeln. Inzwischen ist das Synchrotron-Modell recht gut bestätigt und die konkurrierende Modelle erfolgreich aus dem Feld geschlagen, so daß das Modell nicht mehr nur als reine Mutmaßung oder Spekulation abgetan werden kann. Damit ist das Modell in zweierlei Hinsicht nicht metaphorisch: weder in Bezug auf seine Geschichte, da es nicht in Analogie zu einem bereits existierenden Erklärungsansatz entwickelt wurde, noch was das wissentliche Akzeptieren von Falschheit angeht. Die nächsten beiden Submodelle von AER, die ich vorstellen werde, liefern genau solche Beispiele: die Benutzung von Analogien und das wissentliche Akzeptieren von Falschheit. Ich beginne mit letzterem.

(3) Bei einer Metapher wie „Die Enkelin ist unser Sonnenschein" ist klar, daß sie in gewisser Hinsicht falsch ist, denn eine Enkelin hat garantiert nicht die physikalischen Eigenschaften von Sonnenstrahlen, wenngleich sie *analoge* Eigenschaften im Leben ihrer Großeltern besitzen kann. Damit kann die Metapher aussagekräftig und informativ sein, obwohl die eigentliche Aussage in gewisser Hinsicht ‚falsch' ist. Um ein vergleichbares Beispiel aus dem Bereich der AER handelt es sich beim Submodell, das den Zusammenhalt der Jets erklärt. Nach diesem Modell werden die Jets durch den Prozeß des ‚flux freezing' kollimiert. Danach ist ein Magnetfeld um die Jets gewickelt, das sich aufgrund sehr niedriger Plasmadichte mit den Jets fortbewegt und die Jets deshalb auch über lange Distanzen zusammenhalten kann. Dieser Prozeß ist sonst nur theoretisch und aus Laborstudien von Plasmen bekannt. Während es sich bei flux freezing um eine vielversprechende Idee für einen Kollimierungs-Vorgang handelt, muß man feststellen, daß die Idee auch dadurch nicht aus dem Weg geräumt wurde, daß sie bekanntermaßen mit der

Empirie nicht in Einklang zu bringen ist. In der Praxis beobachtet man magnetische Feldlinien *entlang* der Jets und nicht quer zu ihnen, wie es das Modell theoretisch erfordert (P. Scheuer, persönliche Kommunikation). D.h., das Modell wird als Erklärungsversuch aufrechterhalten, obwohl es zu den Beobachtungsdaten in gewisser Hinsicht im Widerspruch steht. Diese Situation scheint deshalb akzeptiert zu werden, da gegenwärtig kein anderes, weniger spekulatives und besseres Modell zur Verfügung steht, das den Zusammenhalt der Jets erklären könnte. Auf jeden Fall bietet das Flux-Freezing-Modell einen Ansatzpunkt, der die weitere Entwicklung eines Modells inspirieren und leiten mag.

(4) Das Aufbauen auf Analogien wird häufig als Markenzeichen von metaphorischen Modellen verstanden. Ein solcher Fall ist das Accretion-Disk-Modell, mit dem die enorm großen Energien erklärt werden, die in AER vorhanden sein müssen, um den Synchrotronprozeß zu betreiben. Die Grundidee für dieses Modell war bereits in mehreren astrophysikalischen Bereichen vorhanden, ehe sie auf die Energieerzeugung in AER angewendet wurde.

Wenn es darum geht, besonders große Mengen von Energie zu erzeugen, bietet sich Gravitationsenergie als Quelle an, sofern es möglich ist, diese Energie in andere Energieformen (Strahlungsenergie) zu konvertieren, z.B. während ein Körper von einem sehr viel massiveren Körper (z.B. Neutronenstern oder Schwarzes Loch) angezogen wird und auf ihn fällt. Läßt man einen Gegenstand auf den Boden fallen, so wird die Gravitationsenergie in Deformationsenergie und Hitze umgewandelt. Passiert das Gleiche jedoch bei einem Schwarzen Loch, das keine feste Oberfläche hat, so fällt der Körper einfach in das Loch, ohne vorher seine Energie abzugeben. Eine Idee einer Accretion Disk stammt aus dem Bereich der Planeten- und Sternformation und taucht bei Binärsternsystemen als Energiegenerierungsprozeß auf. Dabei wird Masse (Gas, Staub) in einer kreisförmigen Bewegung einem Gravitationszentrum (wahrscheinlich einem Schwarzen Loch) zugeführt und akkresziert (Abb. 5). Solange das von der Gravitationskraft einer Masse angezogene Material einen Drehimpuls hat, fällt es nicht direkt auf die Masse, sondern rotiert um sie in einer Art Spirale und kann seine potentielle Energie nach und nach abgeben: Wegen der Viskosität des Gases wird der Drehimpuls immer weiter nach außen weitergegeben und durch Reibung wird ein Großteil der Gravitationsenergie nach und nach frei (bis zu 40%).

Abbildung 5: Skizze einer Accretion Disk.

Während für Binärsternsysteme die Existenz von Accretion Disks durch Beobachtung gut bestätigt ist, ist dies für das analog in AER verwendete Modell nicht der Fall. Trotzdem liegt die Anwendung des Modelles auch für AER nahe, weil damit grundsätzlich riesige Energiemengen generiert werden können, wenn auch dieser analoge Fall nicht identisch ist und in neuen Anwendungen automatisch neue Annahmen zum Tragen kommen. Nimmt man Accretion Disks in AER an, müssen z.B. Magnetfelder dafür sorgen, daß sich das Gas der Accretion Disk überhaupt wie eine Flüssigkeit mit Viskositäts- und Reibungseigenschaften verhält. Strukturell haben die Disks in verschiedenen Bereichen der Astrophysik einiges gemeinsam, während sich die physikalischen Bedingungen in den einzelnen Anwendungsbereichen unterscheiden und jeweils untersucht werden müssen. So bleibt z.B. bei AER die Frage des genauen Funktionierens der Energiekonversion und die Natur der Viskosität noch offen. Zum Vergleich, auch bei einer Metapher wie „Ein Kinderlächeln ist eine Vorahnung himmlischer Freuden" ist nicht klar, was himmlische Freuden genau sind und wie man sie genau verstehen soll, und trotz dieser fehlenden Präzision hat die Metapher Aussagekraft. Bei aller Unvollständigkeit und fehlenden Präzision ist mit Accretion Disks zumindest ein Anfang gemacht im Interpretieren der Energieproduktion von AER. Dabei kann es dann leicht vorkommen, daß Schwächen und Unklarheiten des Modelles heruntergespielt werden. So bleibt die Frage unbehandelt, warum aus der Disk die Jets in entgegengesetzte Richtungen hervortreten. Offen bleibt auch, ob es sich um dünne oder dicke Disks handeln soll. In der Praxis wird oft von dünnen Disks ausgegangen, weil diese sich mathematisch-physikalisch besser beschreiben lassen, während dicke Disks die physikalisch realistischere Vermutung sein dürften. Das Modell in seiner gegenwärtigen Form steht der Untersuchung dieser Teilfrage aber nicht weiter im Wege. Ein wichtiges Kriterium bei der Akzeptanz eines Modells scheint also zu sein, daß es bei allen Schwächen Raum zur Weiterentwicklung, Modifikation und Auflösung der Schwierigkeiten bietet.

Das letzte Beispiel zeigt deutlich, daß metaphernartige Strategien bei naturwissenschaftlichen Modellen zur Wissenserweiterung eingesetzt werden. Solche Modelle stützen sich auf andere, in wichtiger Hinsicht, vergleichbare Fälle, deren Eigenschaften dann für den neuen Bereich adaptiert, untersucht und weiterentwickelt werden müssen. Oft geht es darum, gerade abstrakte Beziehungen von einem Gegenstand auf den anderen zu übertragen, obwohl die Gegenstände äußerlich vielleicht sehr wenig gemeinsam haben. In diesem Entwicklungsvorgang ist es auch durchaus akzeptabel, wenn noch nicht alle Fragen bezüglich des Modelles geklärt sind und eine hinreichende Bestätigung noch aussteht (Fall 4), oder wenn, mangels eines besseren Ansatzes, grundsätzliche Unstimmigkeiten innerhalb des Modells oder mit der Empirie geduldet werden (Fall 3). Eine Vorliebe der nach möglichst vollständigen Modellen strebenden Naturwissenschaftler scheint eher hypothetischen, noch verbesserungswürdigen Modellen zuzuneigen als ganz auf einen Erklärungsansatz zu verzichten. Wichtig ist jedoch anzuerkennen, daß es sich bei metaphernartigen Ansätzen nicht um die einzige Strategie der Wissenserweiterung handelt, daß metaphorische Modelle, gerade aufgrund ihrer spezifischen Eigenschaften, auch fehlleiten können (Fall 1), oder daß eine im Einzelfall erfolgreiche, wissensfördernde Strategie nicht unbedingt metapherntypische Eigenschaften aufweisen muß (Fall 2).

Betrachtet man metaphernartige Modelle auf der kognitiven Ebene, so scheint es darum zu gehen, mit Hilfe von Metaphern die Aufmerksamkeit auf bestimmte, gerade auch abstrakte Strukturen und ‚Denklinien' zu konzentrieren und den Umgang mit diesen Strukturen durch bereits vertraute Denkweisen oder ‚Denkmuster' zu stützen. Die hier vorgestellte Verwendung von Modellen suggeriert einiges an Schlüssen über menschliche Wissenskonstruktion, z.B. bezüglich der Bedeutung von Analogien, die auch in der Kognitionspsychologie eingehend erforscht wird (Gentner 1982, 1983; Gentner & Markman 1997; Holyoak & Thagard 1997). Während es sehr fruchtbar, wenn auch methodisch nicht immer ganz einfach, sein kann, solche kognitionswissenschaftliche Befunde mit den Ergebnissen von wissenschaftsphilosophischen Fallstudien in Verbindung zu bringen, ist es doch kaum möglich, detaillierte Schlüsse über die Art der kognitiven Vorgänge und verwendeten mentalen Repräsentationen zu ziehen, die der naturwissenschaftlichen Modellbenutzung korrespondieren, wie dies zum Teil versucht wurde (Giere 1988). Bei den Modellen, wie wir sie und ihre Entwicklung in wissenschaftsphilosophischen Fallstudien vorfinden, handelt es sich um den äußeren Ausdruck, das Ergebnis, kognitiver Prozesse, und sicher auch um Denk- und Kommunikationshilfen diesbezüglich, wie man über bestimmte empirische Phänomene systematisch nachdenken kann. Allerdings gibt dies keinerlei Aufschluß darüber, aufgrund welcher spezifischen mentalen Prozesse es zu diesen Modellen kommt. Deshalb erweist es sich als besonders schwierig, die Verwendung von naturwissenschaftlichen Modellen mit dem kognitionswissenschaftlichen Konstrukts eines mentalen Modelles (Johnson-Laird 1983, Gentner & Stevens 1983) in Verbindung zu bringen. Also hat auch die Aussage, daß es sich bei naturwissenschaftlichen Modellen um Metaphern handle, kreatives Potential, obwohl diese Aussage nicht uneingeschränkt haltbar ist (siehe Fall 2), da sie sich auf eine Analogie zwischen Modellen und Metaphern stützt. Also handelt es sich auch bei dieser Aussage in gewissem Sinne lediglich um eine Metapher, die Erkenntniszwecken, nämlich dem Erforschen und der Interpretation naturwissenschaftlicher Modelle, dient – um eine *Denkanleitung ohne Gewähr, aber mit Potential*.

Bibliographie:

Achinstein, P. 1964. Models, analogies, and theories, *Philosophy of Science* **31**, pp. 328-350.
Achinstein, P. 1968. *Concepts of Science*, Baltimore/Maryland: John Hopkins Press.
Apostel, L. 1961. Towards the formal study of models in the non-formal sciences, in: Freudenthal, H. (ed.), *The Concept and the Role of the Models in Mathematics and Natural and Social Sciences*, Dordrecht: D. Reidel Publishing Company), pp. 1-37.
Bailer-Jones, D. M. 1997. *Scientific Models: A Cognitive Approach with an Application in Astrophysics*, Ph.D. Thesis, University of Cambridge.
Bailer-Jones, D. M. 1999a (to appear). Scientific Models as Metaphors, in: F. Hallyn (ed.), Conference Proceedings, Conference on Metaphor and Analogy in the History and Philosophy of Science, University of Ghent, 24-25 October 1997, Dordrecht: Kluwer Academic Publishers.
Bailer-Jones, D. M. 1999b (to appear). Strategies Employed in Modelling Extended Extragalactic Radiosources, *Studies in History and Philosophy of Modern Physics*.
Black, M. 1962. *Models and Metaphors*, Ithaca/New York: Cornell University Press.
Carnap, R. 1939. Foundations of logic and mathematics, *International Encyclopedia of Unified Science*, Chicago: Chicago University Press.
Davidson, D. 1984. What metaphors mean, in: *Inquiries into Truth and Interpretation*, Oxford: Clarendon Press, pp. 245-264.
Duhem, P. 1954 [translated from the French 2nd edition 1914]). *The Aim and Structure of Physical Theory*, Princeton, New Jersey: Princeton University Press.
Gentner, D. 1982. Are scientific analogies metaphors?, in: Miall, D. S. (ed.), *Metaphor: Problems and Perspectives*, Brighton: Harvester Press.
Gentner, D. 1983. Structure mapping: A theoretical framework for analogy, *Cognitive Science* **7**, pp. 155-170.
Gentner, D., & Markman, A. B. 1997. Structure mapping in analogy and similarity, *American Psychologist* **52**, pp. 45-56.
Gentner, D., & Stevens, A. L. (eds.) 1983. *Mental Models*, Hillsdale, New Jersey: Lawrence Erlbaum Associates.
Giere, R. 1988. *Explaining Science: A Cognitive Approach*, Chicago: University of Chicago Press.
Harré, R., 1960, Metaphor, model and mechanism, *Proceedings of the Aristotelian Society*, 60:101-122.
Harré, R., 1970, *The Principles of Scientific Thinking*, Macmillian, London.
Herfel, W. E., Krajewski, W., Niiniluoto, I., and Wojcicki, R. (eds.), 1995, *Theories and Models in Scientific Processes*, Poznan Studies in the Philosophy of the Sciences and the Humanities, Rodopi, Amsterdam.
Hesse, M., 1966, *Models and Analogies in Science*, University of Notre Dame Press, Notre Dame/Indiana.
Hey, J. S., Parson, S. J. & Phillips, J. W. 1946. Fluctuations in cosmic radiation at radio frequencies, *Nature* **158**, pp. 234.
Holyoak, K. J., & Thagard, P., 1997, The analogical mind, *American Psychologist* 52:35-44.
Johnson-Laird, P. N. 1983. *Mental Models*, Cambridge: Cambridge University Press.
Leahy, J.P., & Perley, R.A. 1991. VLA images of 23 extragalactic radio sources, *Astronomical Journal* **102**, pp. 537-561.
Morrison, M., and Morgan, M., eds., to appear, *Models as Mediators*, Cambridge University Press, Cambridge.
Shklovskii, I. S. 1960. Radio galaxies, *Astronomicheskii Zhurnal* **37**, pp. 945-960, translated as Soviet Astronomy, AJ, **4**, pp. 885-896.
Suppes, P. 1961. A comparison of the meaning and uses of models in mathematics and the empirical sciences, in: Freudenthal, H. (ed.), *The Concept and the Role of the Model in Mathematics and Natural and Social Sciences*, Dordrecht: D. Reidel Publishing Company, pp. 163-177.

Kai Buchholz und Ingrid Weber (Saarbrücken)

Was ist dichte Beschreibung?

Handlungen sind nicht wie karge Brotscheiben, sondern wie reichhaltig belegte Sandwiches. So läßt sich der Grundgedanke der dichten Beschreibung (thick description) auf den Punkt bringen. Dieser Ansatz, der sich Ideen von Gilbert Ryle verdankt (vgl. Ryle 1990a; 1990b) und später insbesondere von Clifford Geertz in die Methodendiskussion der Humanwissenschaften eingebracht wurde (vgl. Geertz 1973; Shankman 1984), verspricht einen kapitalen Beitrag zur Lösung des „hermeneutischen Problems". Begreift man Hermeneutik nicht nur als eine Lehre vom kunstmäßigen Verstehen, sondern auch von der kunstmäßigen Darlegung des Verständnisses, so läßt sich das Anfertigen dichter Beschreibungen als Mittel auffassen, das Verständnis menschlicher Handlungen angemessen darzulegen. Diesen Anspruch kann man auch so formulieren: Dichte Beschreibungen erlauben es, den Sinn unserer Handlungswirklichkeit sprachlich einzufangen. Sie sollen ein anschauliches Bild von einem „Handlungssandwich" liefern. Ziel der anschließenden Überlegungen ist es, methodische Klarheit darüber zu gewinnen, was alles auf dem Sandwich liegen kann und wie die dichte Beschreibung des Sandwichs angefertigt wird.

1. Nachdenken als Handlung – das Problem von Gilbert Ryle

Ryles Ausgangspunkt ist das Problem, daß es Handlungen gibt, bei denen es von vornherein ausgeschlossen ist, sie durch die Beschreibung der mit ihnen verbundenen Körperbewegungen zu charakterisieren. Das trifft beispielsweise auf Handlungen des Nachdenkens zu: Während sich das, was ein Tennisspieler auf dem Spielfeld tut, an seinen Bewegungen ablesen läßt, kann bei einer Person, die nachdenkt, nicht unbedingt von ihren Bewegungen auf das geschlossen werden, was sie tut. Handlungen des Nachdenkens sind nämlich häufig von der Umgebung abgelöst. Dieselbe teilnahmslose Haltung eines Menschen kann von unterschiedlichen Handlungen begleitet werden, etwa dem Lösen eines Schachproblems, dem Erstellen einer Einkaufsliste, der Wahl des nächsten Ferienortes oder dem Nachgrübeln über existentielle Sorgen. Natürlich *können* diese Handlungen sich auch in körperlichen Aktivitäten wie dem Nachstellen von Konfigurationen auf dem Schachbrett, dem Anfertigen eines Einkaufszettels oder dem Durchblättern von Atlanten verraten – aber sie *müssen nicht*. Derartige Beispiele zeigen eindeutig, daß die „photographische" Wiedergabe von Körperbewegungen nicht, zumindest nicht in allen Fällen, ausreicht, um menschliches Handeln beschreibend auf den Punkt zu bringen.

Was ist zu tun? Für den Fall der Handlungen des Nachdenkens schlägt Ryle vor, den größeren Rahmen, in den diese Handlungen eingebettet sind, in die Beschreibung zu integrieren. Wenn das Erstellen einer Einkaufsliste „im Kopf" dicht beschrieben wird, so gehen in die Beschreibung der Mangel an bestimmten Waren, das spätere Einkaufen und die Verwendung der eingekauften Dinge mit ein.

2. Handlungsketten und Handlungssinn

Daß der Sinn einer Handlung in einer sprachlichen Beschreibung erst dann angemessen getroffen ist, wenn das „Drumherum" der Handlung in die Beschreibung mit aufgenommen wurde, gilt wiederum auch für andere Arten von Handlungen. Ein Zug in einem Spiel (etwa Schach oder Skat) ist erst auf dem Hintergrund des bisherigen Spielverlaufs zu verstehen. Die Auszeichnung einer Handlung als einfaches Auf-einen-Knopf-Drücken ist meist wenig aussagekräftig. Sinnvollerweise wird die Beschreibung durch Angabe des Ereignisses ergänzt, das durch den Knopfdruck ausgelöst wird (oder ausgelöst werden soll): das Belichten eines Films, das Laufen eines Radios, die Explosion eines Sprengkörpers oder das Öffnen einer Fahrstuhltür. Es ist weiterhin offensichtlich, daß die Angabe längerer Handlungsketten für die Darlegung des Sinns einer beschriebenen Einzelhandlung von Bedeutung sein kann. Der Sinn einer Handlung des Autofahrens läßt sich unter Umständen erst durch die Angabe einer Handlungskette wie Autofahren, aus-dem-Auto-steigen, an-der-Haustür-klingeln, den-Blumenstrauß-überreichen usw. aufklären.

Analog dazu, daß auf einem Sandwich verschiedene Zutaten in bunter Mischung vorkommen können (wie Butter, Mayonnaise und Ketchup, Salat, Gurke und Tomatenscheiben, Petersilie, Pfeffer und Radieschen, Thunfisch, Camembert und kalter Braten), sind bei der angemessenen (dichten) Beschreibung von Handlungen meist sehr unterschiedliche Komponenten zu beachten. Bevor wir uns der Frage zuwenden, welche Komponenten das sind, wollen wir auf eine fundamentale Unterscheidung aufmerksam machen, die den Gegenstand der dichten Beschreibung betrifft.

3. Einzelhandlungen und Handlungssorten

Grundlegend für die Beantwortung der Frage, was wir zu tun haben, um die dichte Beschreibung einer Handlung anzufertigen, ist die Unterscheidung zwischen Einzelhandlungen und Handlungssorten. Die Antwort wird nämlich unterschiedlich ausfallen, je nachdem, ob es sich beim Gegenstand der Beschreibung um eine konkrete Handlung (oder Handlungsfolge) oder um eine Handlungssorte handelt.

Wenn wir versuchen, den Sinn einer Einzelhandlung mit Hilfe einer dichten Beschreibung in den Griff zu bekommen, wissen wir oft nicht, wo wir aufzuhören haben. Beliebige Ausschnitte aus dem bisherigen Leben des Handelnden könnten relevant sein und sogar auch zukünftige Episoden (so treten die wahren Triebfedern unseres Handelns oft erst durch spätere Lebensäußerungen deutlich hervor). Welche Partien des Lebens-Teppichs (Wittgenstein), in den die Handlung eingewoben ist, müssen berücksichtigt, welche können vernachlässigt werden? Für Routinehandlungen läßt sich das vielleicht noch am ehesten beantworten (vgl. Schwemmer 1986). Sie scheinen in ihrer momentanen Bedeutung aufzugehen. Auf den ersten Blick würde man das vermutlich von unserem täglichen Zähneputzen und vom zahllosen Türenöffnen, Treppensteigen, Haarekämmen, Naseputzen und Geschirrspülen annehmen. Aber schon hier gibt es Ausnahmen und Besonderheiten. Auch Routinehandlungen kann unsere jeweilige Gestimmtheit eine charakteristische Färbung verleihen. Das Treppensteigen kann beschwingt, leicht und fröhlich oder schwer, dunkel und niedergedrückt sein. Es kann schnell, behende, watschelnd, steif, ungestüm usw. ausgeführt werden. In jedem Fall sind einzelne Handlungen konkrete Ereignisse, die von bestimmten Personen in bestimmten Situationen verwirklicht werden. Sie sind hinsichtlich stilistischer und situativer Parameter festgelegt und greifen unmittelbar in den Lebensverlauf der betroffenen Menschen ein.

Handlungssorten besitzen demgegenüber Ausgestaltungsmöglichkeiten und Ausführungsspielräume. Sie sind bevorzugter Untersuchungsgegenstand vieler Humanwissenschaftler. Den Soziologen, Religionswissenschaftler oder Anthropologen interessieren in der Regel nicht Einzelhandlungen, sondern Handlungsmuster, nicht Einzelschicksale, sondern Lebensweisen und -formen. Ähnliches gilt im übrigen für Richter, Manager, Therapeuten, Künstler und Moralisten. In die dichte Beschreibung zur Darlegung des Sinns von Handlungssorten gehen traditionelle, institutionelle, rituelle oder soziale Rahmenbedingungen ein. Nur durch die Angabe derartiger Faktoren kann der Sinn von Handlungssorten wie heiraten, verklagen, segnen, schenken oder einkaufen erfaßt werden. Auch das Aufzeichnen von Spielregeln (etwa des Schachspielens) sowie die Darlegung von Geräteeigenschaften (etwa beim Fotografieren oder Klavierspielen) und erlernten Fertigkeiten (etwa beim Salto mortale oder Flötespielen) kann für die adäquate Beschreibung von Handlungssorten relevant sein. Berufliches Interesse an diesen Beschreibungsebenen zeigen neben Naturwissenschaftlern (vgl. Janich 1997) insbesondere auch Sportler, Handwerker, Ärzte, Händler und Astronauten.

Aus Platzgründen werden wir uns hier auf die erste Problematik beschränken, die dichte Beschreibung von Einzelhandlungen. Wir versuchen, nacheinander verschiedene „Handlungskomponenten" in den Blick zu bekommen, und verwenden dazu Beispiele aus dem Bereich des Autofahrens.

4. Handlungsfolgen

Eine häufig vorkommende Handlungszutat ist die Handlungsfolge. Beim Autofahren gibt es eine ganze Reihe regelmäßiger Handlungsfolgen. Der Autofahrer betätigt während des Fahrens unterschiedliche Hebel, Knöpfe, Schalter und Kurbeln, die auf mechanischem oder elektronischem Wege Ereignisse wie das Hupen, das Blinken, das Schließen der Fenster und das Reinigen der Windschutzscheibe herbeiführen. Diese Ereignisse haben meist selbst wiederum Folgen: das Hupen warnt den unvorsichtigen Verkehrsteilnehmer oder vertreibt auf der Fahrbahn befindliche Tiere usw. Handlungsfolgen können beabsichtigt sein (z. B. der rechtzeitige Stillstand des Wagens nach dem energischen Tritt auf die Bremse) oder unbeabsichtigt (z. B. das Auffahren auf den Vordermann nach einem zu kräftigen Tritt aufs Gaspedal). Einige mit dem Autofahren verbundene Handlungsfolgen können drastische Einschnitte in das Leben der beteiligten Menschen (Fahrer, Beifahrer, Fußgänger usw.) bedeuten. So etwa Schleudertraumata, schwere Knochenbrüche und andere Unfallschäden; aber auch millionenschwerer Reichtum nach dem Gewinn eines Autorennens, der Erhalt des Führerscheins nach bestandener Fahrprüfung oder das Platzen eines wichtigen Termins durch Steckenbleiben im Stau. Bei der dichten Beschreibung autofahrerischer Einzelhandlungen kann das sprachlich gekonnte Darstellen von Handlungsfolgen entscheidende Beiträge zur treffenden Charakterisierung des Handlungssinns leisten. Formulierungen wie „sie hörte den Kies knirschen unter den Rädern und Steine zurückschlagen gegen die Karosserie", „der Fahrgast lächelte erleichtert, als der Taxifahrer den Wagen vor der Bahnhofshalle zum Stehen brachte", „auf der Autobahn war immer dieses scharfe Geräusch da, vom Wind, von der Geschwindigkeit, das beide schweigen ließ" und „plötzlich gab er Vollgas – los und hinein in die schwarze Meute Aasgeier, mitten hinein und hindurch, so daß es von schwarzen Federn nur so wirbelte" können in diesem Zusammenhang Verwendung finden.

5. Vorgeschichten

Ebenso wie Handlungsfolgen sind auch Vorgeschichten ein wichtiger Bestandteil von Handlungen und beanspruchen dementsprechend in dichten Beschreibungen ihren Platz. Bevor es dazu kommt, daß Menschen in Autos steigen und davonfahren, können sehr unterschiedliche Episoden vorangehen. So zum Beispiel die Entdeckung, daß kurz vor Ladenschluß keine Milch mehr für die geplanten Eierkuchen im Kühlschrank ist, oder eine Reihe von Urlaubsvorbereitungen, um entspannt und gut ausgerüstet mit dem Auto am Ferienort einzutreffen (etwa Kofferpacken, Kauf von Proviant, Informationen für den Nachbarn, der sich um die Pflanzen kümmert). Oder: Jemand hat bei der Polizei angerufen und mitgeteilt, daß bei ihm eingebrochen wurde. Oder: Ein Bankräuber läuft zum Fluchtwagen, weil ein Bankangestellter den Alarm ausgelöst hat. Wie sich Handlungsvorgeschichten aussagekräftig in dichten Beschreibungen niederschlagen können, veranschaulicht der folgende kurze Text: „Wir redeten drauflos und durcheinander; Wörter, Küsse, Regentropfen und Doles Parfüm vermischten sich zwischen unseren Gesichtern. Wir zogen und schoben uns über die Trottoire, rannten über leere Plätze und lachten laut. Bleib stehn, ich kann unsere Schritte hören! rief Dole. Wir blieben stehn und hörten den Rest unseres Lachens zwischen den Hauswänden. Ein paar Straßen weiter überlegten wir, wo der Wagen geparkt war. Ich kann mich nicht mehr genau erinnern, sagte Dole, am Wein kann es nicht liegen, wir haben nicht mehr getrunken als sonst; es liegt nicht am Wein, uns fehlt bloß der hundertprozentige Autoparkblick. Mit Autoparkblicken liefen wir über die Plätze und konnten den Wagen nicht finden. Ich glaube, hinter dem Naturkundemuseum, sagte Dole. Wir suchten das Naturkundemuseum, liefen mehrmals um den Block und stellten fest, daß der Wagen weder vor noch hinter dem Naturkundemuseum geparkt war. Wir entzifferten Nummernschilder von PKWs und fragten uns, welche Nummer der Wagen habe und wo wir ihn normalerweise, vernünftigerweise oder in schwierigem Verkehr geparkt haben könnten. Irgendwie kann ich mir Autos nicht richtig merken, sagte Dole, ich weiß immer noch nicht, wie dein Auto aussieht. Wenn wir den Wagen schließlich gefunden hatten (er stand gewöhnlich vor dem Lokal, in dem wir gegessen hatten), schworen wir uns, das nächste Mal besser aufzupassen. Oder weniger Wein trinken, sagte Dole. Während der Motor warm lief, saßen wir zwischen verregneten Scheiben und überlegten, was wir in der immer noch bevorstehenden Nacht tun würden" (Meckel 1989, 30/31).

6. Ausführungsweisen

Wie bereits in Abschnitt 3. erwähnt, sind Einzelhandlungen durch bestimmte Ausführungsweisen gekennzeichnet. Zur Beschreibung von Ausführungsweisen können „adverbial verbs" (Ryle) verwendet werden. So zum Beispiel die Wörter „vorsichtig", „ungeschickt", „elegant", „gekonnt", „routiniert", „lässig", „erregt", „mechanisch", „hastig" und „mit Schwung" als Ergänzungen des Ausdrucks „Er lenkte den Wagen ... um die Ecke". Auch durch die Verwendung ausdrucksstarker Verben, etwa statt „fahren" „rasen", „tuckern", „röhren", „brausen", „schippern", „schleichen", „kutschieren" und „düsen" und bestimmte Substantive (etwa „Verkehrsrowdy" oder „Sonntagsfahrer") können ähnliche Ergebnisse erzielt werden. Die Charakterisierung der Ausführungsweise von Einzelhandlungen in dichten Beschreibungen erlaubt vielfältige Nunancierungsmöglichkeiten und erfordert dadurch besondere Kunstfertigkeit bei der sprachlichen Umsetzung. Vergleiche etwa das folgende Textbeispiel: „Am gleichen Sonntag fuhr der Minister Otto Klenk durch das grün und gelbe bayrische Alpenvorland den Bergen zu. Der wuchtige Mann fuhr nicht übermäßig rasch. ... Das rotbraune Gesicht und die starken Glieder entspannt, lenkte er, die Pfeife im Mund, in einer für diesen Landstrich ungewohnt lockeren Haltung seinen Wagen. ... Es war das angenehmste Wetter, prachtvoll zu fahren. Er steigerte die Geschwindigkeit, hockte gelassen am Steuer, ließ seine Gedanken kraus und quer gehen, kinderspielzeughaft bunt wie die saubere, starkfarbige Landschaft" (Feuchtwanger 1955, 72-75).

7. Institutionen

Handlungen sind häufig auf institutionelle Umstände bezogen, welche die Vorgeschichte, die Handlungsfolgen und die Ausführungsweise mehr oder weniger stark prägen können. Wenn zum Beispiel jemand kurz vor Ladenschluß entdeckt, daß keine Milch mehr im Kühlschrank ist, so kann das um 17.45 Uhr oder um 19.45 Uhr sein, je nach den üblichen Ladenschlußzeiten. Das Autofahren in Großbritannien gestaltet sich auf Grund der Straßenverkehrsordnung, die Linksverkehr vorschreibt, ganz anders als etwa in Deutschland: Eine Rechts-vor-Links-Regelung gibt es nicht. In einen Kreisverkehr fädelt man sich anders ein, und ein Überholmanöver von Rechts, das auf deutschen Autobahnen verboten ist, entspricht in Großbritannien den Verkehrsregeln. Sogar die Konstruktion der Verkehrsmittel ist von dieser institutionellen Festlegung beeinflußt. Bei englischen Wagenfabrikaten befinden sich Lenkrad und Fahrersitz auf der rechten Seite. Auch institutionell vorgegebene Höchstgeschwindigkeiten und Benzinpreise können vergleichbare Wirkungen haben. Die Entwicklung von besonderen Sicherheitsvorkehrungen wie Airbags und ABS oder der Kraftstoffverbrauch können von ihnen abhängen. Die einzelne Handlung des Autofahrens wird außerdem von den Entscheidungen der jeweiligen Straßenbaubehörden beeinflußt: Auf einem staubigen Feldweg oder einer verwitterten Schnellstraße läßt sich weder entlanggrasen noch entspannt dahingleiten. Weitere institutionelle Rahmenbedingungen sind die Polizeiwagen und Rettungsfahrzeuge, die im Fall von Geschwindigkeitsübertretungen oder Unfällen zum Einsatz kommen. Auch die institutionellen Rahmenbedingungen einer Handlung können durch geschicktes dichtes Beschreiben prägnant auf den Punkt gebracht werden, so wie in der folgenden Passage: „Ich fahre nach Norden, die Strecke, die ich auswendig kenne: zehn Stunden bis Como, wo ich sonst übernachte, aber dieses Mal fahre ich weiter ohne Pause. Sie weiß nicht, daß ich unterwegs bin zu ihr. Ich fahre weiter: bis Airolo, Schweiz, wo es Nacht ist. Vollmond. Eine Fahrt über den Sankt Gotthard müßte jetzt schön sein. Kurz darauf komme ich in dichten Nebel; man muß sich anstrengen, um die Marksteine zu erkennen. Später regnet es. Ob nicht eine Übernachtung im Hospiz vernünftiger wäre, überlege ich, doch ich steige nicht aus. Ich fühle mich gar nicht müde, im Gegenteil. Kurz nach dem Hospiz, als es talwärts geht, fällt der rechte Scheinwerfer aus. Ich stoppe nicht, sondern verlangsame nur die Fahrt. Zwanzig Stundenkilometer, mehr ist einfach nicht möglich, da ich nur noch den linken Scheinwerfer habe und die Marksteine auf der rechten Straßenseite erkennen muß, um zu erraten, wo es weitergeht. Es regnet in Strömen. Ich bin jetzt der einzige Fahrer auf der Strecke, keineswegs erschöpft oder auch nur schläfrig (so meine ich) nach vierzehn Stunden am Steuer allein. Als ich plötzlich einen weißen Markstein nicht zu meiner Rechten sehe, sondern links, weiß ich, daß ich die Straße verfehlt habe, und stoppe scharf. Der Wagen bleibt stehen, etwas vornüber geneigt. Ich steige nicht aus, um nachzusehen, wie der Wagen jetzt über dem Abhang steht; ich schalte auf Rückwärtsgang. Und es geht. Und ich fahre weiter. Sehr langsam. Hin und wieder stoppe ich, um die Scheibe zu wischen. Es bleibt neblig, auch als der Regen nachläßt. In Andermatt ist kein Hotel mehr offen, so scheint es;

Mitternacht vorbei. Also fahre ich weiter, nachdem ich endlich geprüft habe, was an Licht noch da ist: der Scheinwerfer links und die beiden kleinen schwachen Standlichter. Ich kann es nicht aufgeben. Ich habe nichts getrunken (1 Campari in Siena, 3 Espressi in Como, 1 Bier in Airolo) und finde mich wohlauf. Die Gegenfahrer protestieren gegen meinen Scheinwerfer; ich kann ihn aber nicht ausschalten und mich darauf verlassen, daß sie die beiden schwachen Standlichter erkennen. Hoffentlich trifft mich nicht die Polizei" (Frisch 1975, 149-151).

8. Atmosphären

Für die sprachliche Erfassung unserer Handlungswirklichkeit spielt auch die Berücksichtigung von Atmosphären eine wichtige Rolle. Jedes Handeln erfolgt nämlich in Situationszusammenhängen, und jeder Situationszusammenhang besitzt eine eigene Atmosphäre (vgl. Böhme 1995). Die Atmosphäre in einem Auto etwa kann stickig, bedrückend, ausgelassen, kühl oder entspannt sein. Ausgehend von der Beobachtung, daß Atmosphären oft das Resultat bewußt gestalteter Umweltausschnitte sind, die in spezifischer Weise auf unser Empfinden und unsere Stimmung einwirken sollen, verfolgt Gernot Böhme die scharfsinnige Strategie, mit seiner Theorie der Atmosphären bei Berufen anzusetzen, die der Gestaltung von Atmosphären dienen (z. B. Bühnenbildnerin, Landschaftsarchitekt, Beleuchtungsspezialist, Modedesigner, Kosmetikfachmann) (vgl. ebd., 34ff). Diese Überlegung hilft auch, einen Eindruck von den verschiedenen Atmosphären zu gewinnen, die im Innern eines Autos herrschen können. Die Form der Kühlerhaube und die Farbe des Autolacks, die Auswahl der Sitzbezüge und die Oberflächenbeschaffenheit des Armaturenbretts sowie die Innenbeleuchtung und die Verwendung exquisiter Materialien (Wurzelholz und Leder) oder billiger Werkstoffe (Kunstfaser und Preßpappe) sind Gestaltungsmomente, die die Gesamtatmosphäre eines Fahrzeuginterieurs mitbestimmen. Natürlich kommen Faktoren hinzu, die nicht mehr dem Eingriff des Automobilherstellers unterliegen. Dazu gehören die Raumtemperatur, die Wetterlage, die aus dem Radioprogramm ausgewählte Musik und schließlich auch die atmosphärische Ausstrahlung der Personen, die mit dem Auto unterwegs sind (Geruch, Kleidung, Frisur usw.). Ein anschauliches Beispiel für die sprachliche Umsetzung von Atmosphären gibt der folgende Ausschnitt aus einer Novelle: „ ... ich weiß bestimmt, daß ich ein solches Unwetter in meinem Leben kein zweites Mal mitgemacht habe, und schon gar nicht in einem Auto auf freier Landstraße. Das Wasser fiel nicht mehr in Tropfen, es fiel in Schwaden vom Himmel. In kürzester Zeit war die Straße überschwemmt. Der Wagen pflügte sich durchs Wasser, zu beiden Seiten spritzten die Fontänen hoch, sie standen wie Wände aus Wasser, und wie durch schieres Wasser sah man durch die Windschutzscheibe, obwohl der Scheibenwischer hektisch hin und her schlug. Doch es kam noch schlimmer. Denn nach und nach verwandelte sich der Regen in Hagel ... . Im Innern des Wagens herrschte ein solcher Krach, daß wir nicht mehr miteinander reden konnten. Wir saßen wie im Kessel einer großen Pauke, auf die ein Riese seine Trommelwirbel schlägt, und wir sahen uns nur an und frösteleten und schwiegen und hofften, daß unser schützendes Gehäuse nicht zertrümmert würde" (Süskind 1991, 33-35).

9. Der größere Lebenszusammenhang

Wie bereits im Zusammenhang mit dem Bild vom Lebens-Teppich erwähnt, ist bei der Anfertigung dichter Beschreibungen zu bedenken, daß eine Einzelhandlung oder eine einzelne Handlungsepisode unter Umständen erst durch größere Lebensabschnitte oder durch die Gesamtstruktur des Lebens, zu dem sie gehört, ihr besonderes Gepräge erhält. Die Entscheidung, auf dem Weg zu einem wichtigen Termin mit dem Auto umzukehren, kann auf Motive zurückzuführen sein, die tief in der Biographie der betreffenden Person wurzeln, etwa auf grundlegenden Ängsten oder verborgenen Wünschen, und kann weitreichende lebensorientierende Konsequenzen haben, z. B. das Nichtführen einer Ehe oder eine andersgeartete berufliche Zukunft. Gespräche und andere gemeinschaftliche Handlungen, etwa Ausflüge mit dem Auto, entfalten oft erst auf dem Hintergrund geteilter Lebenserfahrungen wie Freundschaften, Abhängigkeitsverhältnisse oder Charakterähnlichkeiten ihren vollen Sinngehalt. Divergente Wissenshorizonte bedingen unterschiedliche Sichtweisen und Handlungspotentiale in bezug auf ähnliche Lebenssituationen; sie beruhen auf Unterschieden in der Lebensführung und abweichenden Erkenntniswegen. Der Autofahrer, der sich beruflich mit Autos beschäftigt (Taxifahrer, Kfz-Mechaniker, Tankwart), wird beispielsweise eine eigene Sicht auf das Autofahren und einen speziellen Handlungsspielraum in Problemsituationen (leerer Tank, Reifenpanne) besitzen. Als Illustration dazu, daß der Hinweis auf größere Lebenszusammenhänge erkenntnisfördernd in dichte Beschreibungen eingehen kann, die folgende kurze Textstelle: „Damit er nicht merkte, wie sie es fürchtete, auf ihn angewiesen zu sein, bemühte sie sich, ihn fühlen zu lassen, daß es ohne ihre Ortskenntnisse und Orientierungskünste nicht ging. Sie blätterte in den Straßenkarten, die alle nicht mehr neu waren und überholt, unterwegs, an einer Tankstelle, kaufte sie noch eine Karte über den Küstenabschnitt, die dann wieder nicht stimmte, aber er wollte es nicht glauben, chauffierte mit der linken Hand und dem linken Auge, um auch in die Karte schauen zu können, und sie durfte sich nicht aufregen, weil er nicht wissen konnte, daß sie besser als jeder Portier, jeder Angestellte in einem Reisebüro und jede Auskunft in Kursbüchern, Straßenkarten und Flugplänen zu lesen verstand, alles, was mit Verbindungen und Anschlüssen zusammenhing, war doch ihr Leben, und als er nun ihre Gereiztheit und ihren Unmut merkte, zog er sie zum Scherz am Ohr, non guardare così brutto. Du, ich brauch meine Ohren, veux-tu me laisser tranquille! Sie verschluckte ein 'chéri', weil das einmal Jean Pierre gehört hatte, sie rieb sich beide Ohren, wo sonst ihre Kopfhörer anlagen, ihre Schaltungen automatisch funktionierten und die Sprachbrüche stattfanden" (Bachmann 1993, 294/295).

10. Dichte Beschreibung und nicht-propositionales Wissen

In den vorangegangenen Abschnitten sind einige Zutaten von Handlungssandwiches vorgestellt und eine Reihe von Vorschlägen für dichte Beschreibungen gemacht worden. Obwohl sie nur skizzenhaft und aus Platzgründen auf relativ einfache Beispiele beschränkt sind, machen sie deutlich, daß viele verschiedene Zutaten auf einem Handlungssandwich liegen und anscheinend einfache Handlungen sehr vielschichtig beschrieben werden können. Charakteristisch für dichte Beschreibungen ist, daß sie nicht angefertigt werden, indem man die einzelnen Teile eines Handlungssandwiches bestimmt, ihnen einen sprachlichen Ausdruck zuweist und dann die einzelnen sprachlichen Bausteine zusammensetzt. Einzelhandlungen bestehen nicht nur in der Weise aus Komponenten, daß diese in serieller Form auftreten, sondern – wie Ryle es ausdrückt – jemand tut viel, ohne viele Dinge nacheinander zu tun (vgl. Ryle 1990b, 481). Eine Beschreibung hat, wenn sie ein anschauliches Bild von einer Handlung geben soll, dieser Besonderheit Rechnung zu tragen. Die Dichte verdankt sich dabei nicht nur der analytischen Präzision etwa im Sinne von *scripts* und Handlungsplänen (vgl. Buchholz 1998, 95-98), sondern einer kompositorischen Kunstfertigkeit, für die nichtpropositionale Anteile wie Nebensinne und Gefühlswerte (vgl. ebd., 54-59) von großer Bedeutung sind. Diese könnte man auch als literarische oder rhetorische Komponenten bezeichnen. Der Witz, die Eleganz, die Tragweite oder die Lächerlichkeit, der individuelle oder der kulturelle Stellenwert, die Folgenschwere oder die Gewichtigkeit, die Gewagtheit oder die Gefährlichkeit und viele andere für das Verständnis des Handlungssinns entscheidende Aspekte können durch eine wissenschaftlich-analytische Darstellungsweise allein nicht eingefangen werden. Eine Beschränkung in diesem Sinne würde nur das Rohmaterial des Handlungssandwiches festhalten und in letzter Konsequenz zu einer einseitigen Betonung von wissenschaftlicher gegenüber ästhetischer Weltauffassung führen (vgl. Gabriel 1997). Dementsprechend verlangt dichtes Beschreiben als kunstmäßige Darlegung des Handlungsverständnisses noch weit mehr als die systematische Anwendung eines Verfahrens (vgl. Weber 1997, 56-60). Geschick, Talent und Erfahrung im Umgang mit sprachlichen Formulierungen auf der Seite der Person, die eine Beschreibung anfertigt, können sich positiv auf die Beschreibungsdichte auswirken, ebenso Intuition, Weitblick, Aufgeschlossenheit, Beobachtungsgabe, Einfühlungsvermögen und Experimentierfreudigkeit. Dies zeigen die literarischen Beispiele besonders klar.

Literatur

Bachmann, Ingeborg (1993): Simultan. In: Dies.: *Werke*. Bd. 2. München, Zürich. 284-317.
Böhme, Gernot (1995): *Atmosphäre*. Frankfurt a. M.
Buchholz, Kai (1998): *Sprachspiel und Semantik*. München.
Feuchtwanger, Lion (1955): *Erfolg*. München, Wien.
Frisch, Max (1975): *Montauk*. Frankfurt a. M.
Gabriel, Gottfried (1997): *Logik und Rhetorik der Erkenntnis*. Zum Verhältnis von wissenschaftlicher und ästhetischer Weltauffassung. Paderborn.
Geertz, Clifford (1973): Thick description: Toward an interpretive theory of culture. In: Ders.: *The Interpretation of Cultures*. New York. 3-30.
Janich, Peter (1997): *Kleine Philosophie der Naturwissenschaften*. München.
Meckel, Christoph (1989): *Licht*. Frankfurt a. M.
Ryle, Gilbert (1990a): Thinking and reflecting. In: Ders.: *Collected Papers*. Bd. 2. Bristol. 465-479. [1966/67]
Ryle, Gilbert (1990b): The thinking of thoughts. What is 'le penseur' doing? In: Ders.: *Collected Papers*. Bd. 2. Bristol. 480-496. [1968]
Schwemmer, Oswald (1986): Die Verständlichkeit unseres Handelns. In: *Perspektiven auf Sprache*. Hg. H.-G. Bosshardt. Berlin, New York. 88-107.
Shankman, Paul (1984): The thick and the thin: On the interpretive theoretical program of Clifford Geertz. In: *Current Anthropology* 25. 261-279.
Süskind, Patrick (1991): *Die Geschichte von Herrn Sommer*. Zürich.
Weber, Ingrid (1997): *Unendliche Weiten*. Die Science-Fiction-Serie 'Star Trek' als Entwurf von Kontakten mit dem Fremden. Frankfurt a. M.

Zum Status kategorialer Erläuterungen

Carsten Klein

Kategoriale Unterscheidungen werden häufig als Fälle von nichtpropositionalen Formen des Wissens angeführt. Denn sie seien, so die Begründung, nicht in Behauptungssätzen ausdrückbar, sondern nur in Form von nicht wahrheitswertfähigen und damit nichtpropositionalen Erläuterungen. Klassische Beispiele für Autoren, bei denen derartige Erläuterungen eine zentrale Rolle spielen, sind Gottlob Frege und Ludwig Wittgenstein. Eine mögliche Verteidigungsstrategie für Vertreter eines propositional orientierten Erkenntnismodells besteht im Versuch einer „Propositionalisierung" derartiger Erläuterungen. Gegenstand dieses Vortrages soll ein Versuch sein, dies für Freges Erläuterungen durchzuführen, wobei die von Rudolf Carnap in der *Logischen Syntax der Sprache* entwickelte Methode der Metasprache und die damit verbundene Unterscheidung zwischen inhaltlicher und formaler Redeweise zur Anwendung kommen soll. Es wird sich zeigen, daß dieses Verfahren zwar gelingt, jedoch eine Änderung des Status dieser Erläuterungen mit sich bringt. Ob man dies zu akzeptieren bereit ist, hängt vom Anspruch ab, den man mit philosophischen Diskursen verbindet.

1. Nichtpropositionale Elemente bei Gottlob Frege

Freges Programm ist auf propositionale Erkenntnis ausgerichtet.[1] Im Vordergrund seiner Untersuchungen stehen wissenschaftliche Sätze, für die entscheidend ist, daß sie nicht nur einen Gedanken (als ihren Sinn) ausdrücken, sondern auch einen Wahrheitswert (als ihre Bedeutung) haben. Erkenntnis kommt für Frege nicht schon dadurch zustande, daß man einen Gedanken faßt, sondern in einem zweiten Schritt ist es erforderlich, diesen Gedanken als wahr anzuerkennen, d.h. ein Urteil zu fällen.[2] Daher fordert Frege eine scharfe Abgrenzung der Begriffe, die Voraussetzung für eine eindeutige Bestimmtheit der Wahrheitswerte von Gedanken ist. Wissenschaftliche Erkenntnis ist also für Frege insofern propositional, als sie prinzipiell immer einem wahrheitswertfunktionalen Zugang offensteht.[3]

Dieser propositionale Anspruch gerät jedoch in Gefahr, wenn die logisch einfachen Elemente betroffen sind. Diese spielen für Frege eine zentrale Rolle, da die Rechtfertigung der Wahrheit von Sätzen bzw. den durch sie ausgedrückten Gedanken eines wissenschaftlichen Systems durch eine beweisende Zurückführung auf die in diesem System grundlegenden Wahrheiten geschieht, welche durch logisch einfache Zeichen ausgedrückt werden. Für diese Grundzeichen selbst ist im System keine weitere Definition möglich. Frege sieht sich daher genötigt, auf eine metaphorisch angereicherte

---

[1] Siehe dazu C. Schildknecht, *Sense and Self*, Habilitationsschrift Konstanz 1999, S. 9-60.

[2] *Nachgelassene Schriften* (hrsg. von H. Hermes, F. Kambartel, F. Kaulbach), Hamburg 1969, S. 286.

Umgangssprache zurückzugreifen, um die Bedeutung der logischen Grundzeichen zu bestimmen. Statt exakten Definitionen kann er an dieser Stelle nur noch Erläuterungen oder Winke geben, die auf das Gemeinte hindeuten sollen und in einer metaphorisch angereicherten Umgangssprache formuliert sind.[4] Die Umgangssprache dient hier also als Metasprache, auf die Frege ausweichen muß, weil die Unterscheidungen zwischen den logisch einfachen Grundelementen in der Objektsprache selbst nicht formulierbar sind. Derartige Unterscheidungen kann man als kategorial bezeichnen.[5]

Das bekannteste Beispiel für eine derartige Unterscheidung ist die zwischen Funktion und Gegenstand, die Frege an verschiedenen Stellen einführt und erklärt. Funktionen sind nach Frege dadurch charakterisiert, daß sie ungesättigt und ergänzungsbedürftig sind, was sich an den Funktionszeichen durch das Auftreten von Leerstellen zeigt. Gegenstände sind dann all das, worauf diese Eigenschaft nicht zutrifft, sie werden durch Eigennamen bezeichnet. Diese metaphorische Erklärung des Unterschiedes zwischen Funktion und Gegenstand soll ausdrücklich nicht als Definition verstanden werden, sondern als Wink, der den Hörer dazu anleiten soll, unter dem Worte das Gemeinte zu verstehen.[6] Die Verwendung bildlicher Ausdrücke wird von Frege als unvermeidlich angesehen, so daß er sich auf das entgegenkommende Verstehen des Lesers angewiesen glaubt.[7]

Man erkennt daran, was die eigentliche Gefahr für Freges Propositionalismus ist. Nicht schon die im Falle expliziter Definitionen immer bestehende Notwendigkeit, für eine Erklärung der logisch einfachen Grundelemente auf eine Metasprache auszuweichen, ist das Problem. Es entsteht erst dadurch, daß die erläuternden Sätze dieser Metasprache die Anforderungen nicht erfüllen, die Frege – mit Blick auf die wissenschaftlichen Sätze der Objektsprache – für Propositionalität formuliert hat. Durch das Auftreten metaphorischer Begriffe der Umgangssprache in diesen Winken wird die Forderung nach scharfer Abgrenzung der Begriffe verletzt und so das gesamte System wissenschaftlicher Erkenntnis kontaminiert. Denn am Ende der exakten wissenschaftsinternen Definitionsketten stehen immer Grundbegriffe, deren Erklärung auf unscharfe Begriffe der Umgangssprache angewiesen ist.[8]

Dies ist jedoch nicht das einzige Problem. Denn die Verwendung der logischen Grundbegriffe führt zu Sätzen, die eine paradoxe Struktur zu haben scheinen. Frege hat diese Schwierigkeit an einem Beispiel

---

[3] Weitere Bestimmungen von ‚propositional' wie der Anspruch auf Begrifflichkeit werden hier nicht untersucht; siehe dazu C. Schildknecht, *Aspekte des Nichtpropositionalen* (= Bonner philosophische Vorträge und Studien, hrsg. von W. Hogrebe, Bd. 4), Bonn 1999, S. 5-13, 24-26.

[4] Siehe z.B. „Über die Grundlagen der Geometrie", S. 301. (Dieser wie auch die weiter unten genannten Aufsätze Freges sind abgedruckt in *Gottlob Frege: Kleine Schriften* (hrsg. von I. Angelelli), Darmstadt 1967. Seitenzahlen beziehen sich stets auf die Originalpaginierung.)

[5] Sie können dadurch charakterisiert werden, daß in der Objektsprache kein Prädikat existiert, das sinnvollerweise von beiden Elementen ausgesagt werden kann. Siehe H. D. Sluga, *Gottlob Frege*, London 1980, S. 143.

[6] So Frege mit Bezug auf Begriffe, die spezielle Typen von Funktionen darstellen, in „Über Begriff und Gegenstand", S. 193.

[7] *Ibid.*, S. 205, sowie „Was ist eine Funktion?", S. 665.

[8] Siehe C. Schildknecht, *Sense and Self*, S. 87.

diskutiert, das als Begriff-*Pferd*-Problem bekannt geworden ist.⁹ Der Satz (1) „Der Begriff *Pferd* ist ein Begriff", der bei oberflächlicher Betrachtung dieselbe Struktur hat wie „Die Stadt Berlin ist eine Stadt" und ebenso wahr sein sollte, erweist sich bei genauerer Betrachtung als falsch. Denn da nach Freges Auffassung das Auftreten eines bestimmten Artikels im Singular ein Kriterium für einen Eigennamen ist, muß der Ausdruck „der Begriff *Pferd*" ein Eigenname sein, der als solcher nur einen Gegenstand bezeichnen kann, keinen Begriff. Daher ist man genötigt, den paradox erscheinenden Satz (2) „Der Begriff *Pferd* ist kein Begriff" als wahr anzuerkennen.¹⁰ Frege hat später die Vorstellung aufgegeben, daß ein Ausdruck wie „der Begriff *Pferd*" einen Gegenstand bezeichnet.¹¹ Das vermeidet zwar die Anerkennung des problematischen Satzes (2) als wahr, macht es aber unmöglich, (1) und (2) überhaupt noch einen Wahrheitswert zuzusprechen. Denn in der Fregeschen Semantik kann ein Satz keinen Wahrheitswert haben, wenn einer seiner Teile keine Bedeutung hat. Welche Sichtweise man sich auch zu eigen macht: in beiden Fällen sind kategoriale Unterscheidungen nicht in wahren oder falschen Behauptungssätzen aussagbar.¹² Das durch solche Unterscheidungen transportierte Wissen scheint damit notwendig nichtpropositional zu sein, es liegt jenseits der Grenze des sinnvoll Aussagbaren.

2. Läßt sich das Unsagbare sagen?

Die genannten Schwierigkeiten treten offenbar dadurch auf, daß die Metasprache der kategorialen Erläuterungen notwendig defizitär im Hinblick auf Propositionalität ist. Ein Ausweg aus den aufgezeigten Schwierigkeiten könnte also darin bestehen, eine Metasprache zu finden, in der die logisch einfachen Grundbegriffe des objektsprachlich formulierten Systems exakt definiert werden können und welche zudem eine syntaktisch wohlgeformte Aussage der kategorialen Unterscheidungen dieses Systems in wahrheitsfähigen Behauptungssätzen gestattet.¹³ Es ist naheliegend, dabei an Rudolf Carnaps Versuch zu denken, das von Wittgenstein im *Tractatus logico-philosophicus* aufgeworfene Problem der Unsagbarkeit von Erläuterungen zu lösen.¹⁴ Carnaps Vorgehen bestand aus einer Übersetzung dieser in inhaltlicher Redeweise formulierten Erläuterungen in die formale Redeweise.

---

[9] Für eine ausführliche Diskussion siehe C. Schildknecht, *Sense and Self*, S. 89-101, *Aspekte des Nichtpropositionalen*, S. 16-24.

[10] „Über Begriff und Gegenstand", S. 170.

[11] Siehe z.B. *Nachgelassene Schriften*, S. 133; cf. H. D. Sluga, op. cit., S. 142f.; G. Gabriel, *Zwischen Logik und Literatur*, Stuttgart 1991, S. 85.

[12] Für eine Weiterentwicklung der zweiten Auffassung siehe G. Gabriel, op. cit., S. 86f. Gabriel deutet die Fregeschen Erläuterungssätze als grammatische Bemerkungen im Sinne Wittgensteins, die nicht wie eigentliche Aussagen analysiert werden dürfen und jedenfalls keinen Wahrheitswert haben, weil sie syntaktisch nicht wohlgeformt sind.

[13] Siehe H. D. Sluga, *Gottlob Frege*, S. 143f.

[14] *Tractatus*, Satz 6.54.

Die so entstehenden Sätze gehören einer syntaktischen Metasprache an und sind selbst wiederum syntaktisch wohlgeformt und sinnvoll.[15]

Dieses Verfahren scheint auch auf Freges kategoriale Erläuterungen mit Aussicht auf Erfolg angewandt werden zu können. Betrachten wir dazu wieder die Unterscheidung zwischen Begriff und Gegenstand. In formaler Redeweise wird diese ersetzt durch die rein syntaktische Unterscheidung zwischen Begriffswort und Name. Ihre Durchführung kommt mit einer Bezugnahme auf die bloße Form der Ausdrücke aus, ohne daß ihre Bedeutung dabei eine Rolle spielte.[16] Während für die Erklärung von ‚Begriff' metaphorische Termini wie „ungesättigt" oder „ergänzungsbedürftig" benötigt werden, kann man ‚Begriffswort' durch das Auftreten einer z.B. durch Klammern „( )" angedeuteten Leerstelle sowie die Bedingung definieren, daß bei Einsetzung eines Namens ein syntaktisch wohlgeformter Behauptungssatz entsteht. Und das für kategoriale Unterscheidungen charakteristische Problem, daß keine Prädikate zur Verfügung stehen, welche sinnvoll auf die zu unterscheidenden Elemente angewandt werden können, ist nun dadurch behoben, daß in der syntaktischen Metasprache eine Unterscheidung zwischen Begriffswort und Name möglich ist; das hier auf beide Elemente anwendbare Prädikat ist „sprachlicher Ausdruck" oder „Zeichen".

Und auch das Begriff-*Pferd*-Problem verschwindet bei einer Übersetzung in die formale Redeweise.[17] Der – als eigentliche Aussage verstanden – falsche Satz (1) „Der Begriff *Pferd* ist ein Begriff" der inhaltlichen Redeweise wird übersetzt in (1') „Das Begriffswort ‚( ) ist ein Pferd' ist ein Begriffswort", und dieser Satz der formalen Redeweise ist wahr. Denn der Ausdruck „das Begriffswort ‚( ) ist ein Pferd' " ist zwar durch das Auftreten des bestimmten Artikels im Singular ein Name. Der Gegenstand, den er bezeichnet, ist aber gerade das Begriffswort „( ) ist ein Pferd", das zwar als sprachlicher Ausdruck ein Gegenstand im Sinne Freges ist, aber seine *syntaktische* Eigenschaft, eine leere Stelle aufzuweisen und damit ein Begriffswort zu sein, durch die Benennung nicht verliert. Der Satz (2') „Das Begriffswort ‚( ) ist ein Pferd' ist kein Begriffswort" ist daher falsch. Die paradoxe Struktur verschwindet durch die Übersetzung, und es besteht kein Grund mehr, die metasprachlichen Sätze als nichtpropositionale Erläuterungen zu deuten.[18] Ein Satz wie (1') würde dem angehören, was Carnap als

---

[15] R. Carnap, *Logische Syntax der Sprache*, Wien 1934, S. 207-242; zum Wittgensteinschen Unsagbarkeitsproblem besonders S. 208-210.

[16] Siehe z.B. R. Carnap, *Logische Syntax*, S. 24.

[17] Dieser Vorschlag zur Behebung des Problems findet sich bereits in M. Dummett, „Frege on Functions: A Reply", in: E. D. Klemke (Hrsg.): *Essays on Frege*, Chicago/London 1968, S. 269.

[18] Frege selbst spricht manchmal die Eigenschaft der Ungesättigtheit auch Funktions*zeichen* bzw. Begriffs*wörtern* zu, was strenggenommen bedeutete, daß man sie als Funktionen bzw. Begriffe und nicht als Gegenstände aufzufassen hätte, womit das Begriff-*Pferd*-Problem auch in der formalen Redeweise aufträte (siehe z.B. „Was ist eine Funktion?", S. 278-280). Aber es ist klar, daß Funktionszeichen nur in einem abgeleiteten Sinne ungesättigt genannt werden können, indem sie als Bezeichnungen für Funktionen aufgefaßt werden. Als sprachliche Ausdrücke – und auf solche beschränkt sich eine syntaktische Betrachtungsweise – sind sie Gegenstände. Klar ausgesprochen wird dies in „Gedankengefüge", S. 39. Der Auffassung von C. Schildknecht, daß diese Lösung scheitere, weil der Satz der formalen Redeweise genauso paradox sei wie der der inhaltlichen Redeweise (*Sense and Self*, S. 96, Anm. 133), können wir uns daher nicht anschließen.

deskriptive Syntax bezeichnet, er wäre analytisch wahr.[19]

Es scheint also, als ob die Übersetzung in die formale Redeweise die Probleme beseitigte, mit denen Frege sich konfrontiert sah. Bei genauerem Hinsehen ist die Situation jedoch komplizierter. Denn wenngleich die Terme der syntaktischen Metasprache scharf bestimmt sind und die Sätze der formalen Redeweise den Anforderungen an Propositionalität genügen, drücken diese Sätze doch nicht das aus, was Frege mit seinen kategorialen Erläuterungen zu sagen wünschte. Wenngleich er an manchen Stellen die kategoriale Unterscheidung zwischen Gegenstand und Begriff ausgehend von sprachlichen Unterscheidungen zwischen Eigennamen und Prädikaten erläutert,[20] so ist doch klar, daß diese nicht sein eigentlicher Untersuchungsgegenstand sind. Frege zielt auf die logischen Unterschiede im Bereiche der Gedanken ab und widmet sich den Eigenschaften sprachlicher Ausdrücke lediglich, weil uns kein anderer Zugang als der sprachliche offensteht, um diesen logischen Unterschieden auf die Spur zu kommen.[21]

Daß die Unvollständigkeit von Begriffswörtern für Frege nicht rein syntaktisch gesehen werden darf, zeigt sich daran, daß sie für ihn eine *notwendige* Eigenschaft der Sprache darstellt, und diese Notwendigkeit ist nur dadurch zu verstehen, daß sie Ausdruck einer logischen Eigenschaft von Gedankenteilen ist, daß also der sprachliche Unterschied hier mit dem sachlichen übereinstimmt.[22] Genau diese „in der Sache" begründete Notwendigkeit geht verloren, wenn man die Unterscheidung zwischen Begriffen und Gegenständen in eine *bloß* syntaktische Unterscheidung zwischen Begriffswörtern und Namen transformiert.[23] Denn die Wahl einer Sprachform und der darin geltenden syntaktischen Regeln ist nach Carnaps konventionalistischem Toleranzprinzip nicht Ausdruck einer Logik der Sache, sondern unterliegt vielmehr der freien Festsetzung und hat nur Adäquatheitsbedingungen in bezug auf das angestrebte Ziel zu erfüllen.[24]

Ob man dies als Mangel betrachtet, hängt letztlich davon ab, welche Aufgaben man der Philosophie zuweist. Frege geht davon aus, daß Ziel aller wissenschaftlichen Betätigung die Auffindung von Wahrheiten ist, und der Logik kommt als Disziplin, die es mit den Gesetzen des Wahrseins zu tun hat, hierbei eine entscheidende Rolle zu. Die Sicherung ihrer Grundsätze, die nicht beweisend erfolgen und daher nicht in der Logik selbst vorgenommen werden kann, ist Aufgabe der Erkenntnistheorie, die Gründe des Fürwahrhaltens für diese Grundsätze angibt.[25] Daher müssen Freges kategoriale begriffliche Bestimmungen darauf abzielen, Eigenschaften der „Sache selbst" aufzuzeigen, d.h. des

---

[19] Für die Unterscheidung zwischen reiner und deskriptiver Syntax siehe R. Carnap, *Logische Syntax*, S. 6f., 68ff.

[20] Siehe z.B. „Über Begriff und Gegenstand", S. 194; „Was ist eine Funktion?", S. 664f.

[21] Insofern ist G. Gabriel zuzustimmen, daß Frege zumindest nicht bloß als Sprachphilosoph verstanden werden darf (*Zwischen Logik und Literatur*, S. 82f.).

[22] „Über Begriff und Gegenstand", S. 195. Siehe auch H. D. Sluga, *Gottlob Frege*, S. 141.

[23] Diese Kritik wurde auch gegen Carnaps Versuch einer Übersetzung der Wittgensteinschen Erläuterungssätze in die formale Redeweise vorgebracht, siehe E. da Rocha Marques, *Wittgenstein und die Möglichkeit eines kategorialen Diskurses*, Konstanz 1995, S. 97ff.

[24] *Logische Syntax*, S. 44f.

[25] *Grundgesetze der Arithmetik I*, Jena 1893, S. XVII. Siehe auch C. Schildknecht, *Sense and Self*, S. 104ff.

Gebietes, mit dem es die von ihm inhaltlich verstandene Logik eigentlich zu tun hat, dem Reich der einzig als Träger von Wahrheit in Frage kommenden Gedanken.[26]

Diese Auffassung könnte nicht weiter entfernt von Carnaps Ansicht sein, jeder könne seine Logik aufbauen wie er wolle, wobei Logik hier rein formal verstanden wird.[27] Für Carnap ist Philosophie dementsprechend auch lediglich als Wissenschaftslogik akzeptabel, als eine in enger Anlehnung an die Einzelwissenschaften vorzunehmende syntaktische Untersuchung von vorliegenden Sprachsystemen oder die Neukonstruktion solcher Systeme mit dem Ziel einer adäquateren Formulierung dieser Wissenschaften.[28] Und an dieser Ausrichtung hat sich auch durch die spätere Aufnahme semantischer Untersuchungen in das Gebiet der Wissenschaftslogik nichts geändert. In einem Gebiet der Wissenschaft kann dann nur *in* den Sätzen dieses Gebietes oder *über* die Sätze dieses Gebietes gesprochen werden, und es bleibt kein Platz mehr für kategoriale Erläuterungen im Fregeschen Sinne. Damit geht jedoch auch der eigentlich erkenntnistheoretische Anspruch Freges auf eine Rechtfertigung der Grundsätze einer Disziplin verloren.

---

[26] „Der Gedanke", S. 61.

[27] *Logische Syntax*, S. 45.

[28] *Logische Syntax*, S. 259f.

Präsentative Symbole

Rolf Lachmann

Die Bedeutung, die symboltheoretische Konzeptionen in unserem Jahrhundert gewonnen haben, beruht darauf, daß sie den Umfang menschlichen Verstehens nicht auf die Sprache oder die wissenschaftliche Erkenntnis begrenzen, sondern bereits in der Symbolisierung ansiedeln. Die symboltheoretischen Konzeptionen etwa Ernst Cassirers oder Alfred North Whiteheads plausibilisieren die Auffassung, daß die geistige Verarbeitung bereits in der Wahrnehmung beginnt, und dann auch etwa in Bildern, in der Musik, in Ritualen oder in Mythen stattfindet. Susanne K. Langer hat diese Perspektive eines vor- und außersprachlichen Verstehens genauer zu analysieren versucht. Wichtig hierfür ist ihre in *Philosophie auf neuem Wege* eingeführte Unterscheidung zwischen der „diskursiven" und der „präsentativen" Symbolisierung. Ihre These ist es, daß der Umfang menschlicher Vernunft umfangreicher ist, als der Bereich der Diskursivität. Auch durch präsentative Symbole werde etwas verstanden und ein Wissen artikuliert.[1] Ich möchte im folgenden nicht den Komplexitäten dieser – von Langer eher essayistisch erörterten – Unterscheidung nachgehen, sondern nur den plausiblen Kerngedanken herausstellen.

1. Das Erkennen von Formen

Wann immer der Mensch seine Verstehensabsicht auf einen bestimmten Gegenstand richtet, besteht die elementare Tätigkeit darin, Formen oder Formbeziehungen des Gegenstands zu identifizieren. Aufgrund dieser Tätigkeit kann der Gegenstand als Exemplar eines allgemeinen Typs oder in seiner individuellen Besonderheit erfaßt werden. Hierin liegt deswegen eine eigenständige Leistung, weil unser Erfahren und Fühlen nicht durchgängig den Charakter einer distinkten Bekanntheit aufweist. In der alltäglichen Wahrnehmung ist dies auch gar nicht erforderlich. Vielfach reichen Andeutungen für die Bewältigung unserer praktischen Angelegenheiten völlig aus. Aber auch dann, wenn wir unsere Aufmerksamkeit ausdrücklich auf etwas Erfahrenes richten, bleibt uns seine Formbestimmtheit oft unklar und problematisch, manchmal auf Dauer verschlossen. Von einem ausdrücklichen Wissen kann man erst dann – aber auch schon dann – sprechen, wenn wir über den Zustand eines undifferenzierten Erfahrens hinausgelangen und einen Zusammenhang in seinen Formbeziehungen erkennen.

---

[1] S.K. Langer, Philosophie auf neuem Wege. Das Symbol im Denken, im Ritus und in der Kunst, Frankfurt a.M. 1984.

Die Fähigkeit, Formen und Formbeziehungen erkennen zu können basiert auf der Physiologie unserer Sinneswahrnehmung. Langer verweist hier auf die Ergebnisse der Gestaltpsychologie. Bereits in der einfachsten Wahrnehmung beginnt ein Prozeß der gestaltbildenden und Formen abstrahierenden Transformation der Sinneseindrücke. „Dieser unbewußte Sinn für Formen aber ist die primitive Wurzel aller Abstraktion, die ihrerseits der Schlüssel zur Rationalität ist."[2]

2. Symbolisch formuliertes Wissen

Der Mensch kann nicht nur Formen erkennen, er verfügt auch über die Fähigkeit, Formentsprechungen erkennen zu können. Beispiele hierfür sind das Erkennen derselben Melodie in verschiedenen Tonlagen, das der Analogie zwischen Linien auf einem Papier und einem Haus, das Verstehen von Metaphern oder von Diagrammen. Ein Diagramm, das den Entwicklungsverlauf einer Epidemie zeigt, hat mit der Epidemie nichts gemeinsam als eine abstrakte Form. Unser Erkennen analoger Formen ist allgegenwärtig und so direkt, daß wir es normalerweise gar nicht bemerken. Langer bezeichnet diese Fähigkeit als „logische Intuition"[3].

Das Erkennen von Formentsprechungen ist nach Langers Auffassung eine zentrale Grundlage der Symbolisierung. Dann, wenn zwei Erscheinungen als verschiedener Ausdruck einer Form aufgefaßt werden, kann die anschaulichere oder einfacher erzeugbare Form zur Repräsentation der anderen benutzt werden.

Diese Fähigkeit spielt in unseren Wissens – und Verstehensbemühungen eine große Rolle, denn unsere Fähigkeit, einen Zusammenhang hinsichtlich seiner Formbeziehungen erkennen zu können ist mit der Fähigkeit, ihm einen artikulierten Ausdruck geben zu können, sehr eng verbunden. Zu einem wirklich distinkten Auffassen der Formbeziehungen eines Gegenstands gelangen wir oft erst, wenn wir ihm einen artikulierten objektiven Ausdruck, und d.h. eine symbolische Fixierung geben können. Dieser Übergang von etwas Erfahrenem zu einer Objektivierung seiner Struktur ist kein Abbildungsvorgang. Zwar ist vieles von uns Erfahrenes nicht völlig amorph. Gleichwohl gewinnt es erst durch seine Symbolisierung eine distinkte Erkennbarkeit, die es vorher und unabhängig davon nicht hat. Ein Symbol hebt Aspekte hervor oder organisiert sie auf eine neue Weise, die unabhängig von diesem Symbol kaum ausdrücklich „gesehen" werden. Die primäre Funktion der Symbolisierung besteht darin, Gefühltes und Erfahrenes zu formulieren, d.h. für das Denken und Vorstellen überhaupt

---

[2] Philosophie auf neuem Wege, S. 96.

[3] Vgl. S.K. Langer, Problems of Art, New York 1957 S. 60-67.

zugänglich zu machen. Ohne Symbole, die ihre Strukturen artikulieren, bleiben sie im Halbschatten des nur vage Empfundenen und nicht deutlich Erkennbaren. Zur Bezeichnung dieser Funktion von Symbolen spricht Langer von der „formulativen Funktion"[4].

3. Sprache und Diskursivität

Das dominierende Prinzip der Artikulation etwas von uns Erfahrenem ist die Sprache. Wir verfügen über einen umfangreichen Bestand an Wörtern und einen Kanon an Regeln ihrer Kombination. Damit erlaubt die Sprache die Bildung komplexer Symbole (Sätze), aufgrund von elementaren Symbolen (Wörter). Bereits die Alltagssprache ist wesentlich diskursiv. Diskursivität meint zunächst das Auseinanderziehen oder Auseinanderlegen einer komplexen Vorstellung in einer symbolischen Struktur aufgrund eines Vokabulars und Regeln ihrer Kombination.[5] Einzelne Wörter können als Äquivalente eines oder einer Verbindung mehrerer anderer Wörter bestimmt und auch übersetzt werden. Ferner können Negationen, Abgrenzungen und Gegensätze formuliert werden. Diese Eigenschaften, aufgrund derer die Diskursivität ein außerordentlich bewegliches und vielseitiges Artikulationsinstrument darstellt, haben allerdings eine Kehrseite. Nach Langers Auffassung – und hierin teilt sie die von Henri Bergson, aber auch von anderen Autoren formulierte Sprachkritik – beinhaltet die sprachlich-diskursive Symbolisierung die Tendenz eines verdinglichenden Denkens. Die sprachliche Auseinanderlegung eines komplexen Ganzen suggeriert die identifizierten Aspekte als eigenständige Entitäten.[6]

In einem engeren Sinne, in dem die Diskursivität als ein Artikulationsideal gelten kann, bedeutet Diskursivität die Formulierung von Propositionen aufgrund eindeutig definierter Bedeutungen.[7] Beispiele für die diskursive Symbolisierung im Sinne eines Artikulationsideals sind die Idealsprachen, so wie sie in den Wissenschaften oder in künstlichen Symbolsystemen (z.B. der Mathematik) entwickelt werden. Hier hat jedes Symbol und jede syntaktische Form eine eindeutige und konstante Bedeutung. Aufgrund der vorgängigen Definition ändert sich die Bedeutung nicht je nach dem konkreten Verwendungszusammenhang. Daher kann das Verstehen etwa eines wissenschaftlichen Textes oder einer mathematischen Deduktion Schritt für Schritt stattfinden.

Der entscheidende Punkt in Langers Argumentation ist, daß es in Form der einzelnen Wörter oder künstlichen Symbole semantische Einheiten gibt, deren Bedeutung willkürlich festgelegt

---

[4] Vgl. Philosophie auf neuem Wege, S. 127.
[5] Vgl. Philosophie auf neuem Wege, S. 88.
[6] S.K. Langer, Mind: An Essay on Human Feeling, Vol. 1, Baltimore 1967. S. 155.
[7] Vgl. Philosophie auf neuem Wege, S. 144.

werden kann. In der Sprache ist es möglich, einzelnen Wörtern eine Bedeutung definitorisch zuzuweisen und diese konstant zu halten. Diese Definitionsmöglichkeit beinhaltet insofern eine gewisse Beliebigkeit, als die sinnliche Realisierung des Wortes (innerhalb bestimmter Grenzen) völlig gleichgültig ist. Daher besteht hier keine interne Verbindung zwischen der sinnlichen Realisierung eines Symbols und seiner Bedeutung.

4. Präsentative Symbole

Es gibt eine andere Artikulationsmöglichkeit, die keine diskursive Form hat, die aber ebenso in dem Sinne eine Artikulation ist, daß sie sich aus symbolischen Elementen zusammensetzt und auch als komplexe Ganzheit etwas symbolisiert. Langer nennt als Beispiele Bilder, Musikstücke, Träume aber auch Diagramme, Fotos oder Landkarten. Bei diesen Gebilden handelt es sich ebenfalls um hochartikulierte Formen. In ihren Artikulationsmöglichkeiten überbieten sie die Sprache sogar um ein Vielfaches. Das allgemeine sie definierende Kennzeichen solcher Artikulationen ist, daß sie dasjenige, was sie bedeuten, in eine anschauliche, d.h. in eine sinnlich wahrnehmbare Form bringen. Das, was sie bedeuten, wird in ihnen direkt gegeben, es wird präsentiert.[8] Langer bezeichnet sie daher als „präsentative Symbole". Ich möchte im folgenden nur einen speziellen Typ der präsentativen Symbolisierung, nämlich denjenigen, der ohne die Verwendung konventioneller Symbole verfährt, erörtern und diesen am Beispiel eines Bildes verdeutlichen.

Ein Bild, etwa das Foto in einem Paß, kann ohne jede Verwendung konventionell definierter Symbole eine Person repräsentieren. In dieser Auffassungsweise erfüllt das Bild eine reifizierende, verdinglichende Funktion. Wenn diese außer Kraft gesetzt wird, kann das Bild aber auch eine andere Bedeutung gewinnen. Bleiben wir bei dem Paßbildbeispiel. Wenn man das Foto aus dem Paß entfernt und in einem Museum anbringt, so bewirkt dieser Vorgang einen grundlegenden Wechsel unserer Auffassungsweise. Das Foto tritt in seiner individuellen Anschaulichkeit und der darin erkennbaren Bedeutung, seiner Expressivität, in den Mittelpunkt der Aufmerksamkeit. Hier wird das Bild in jedem noch so marginalen Aspekt seiner individuellen anschaulichen Realisierung bedeutungsvoll. Insbesondere für diesen Fall gelten folgende Charakteristika:

(1) Es gibt keine konventionell festgelegten Elemente, kein Vokabular, aufgrund deren Verbindung sich die Bedeutung des ganzen Bildes systematisch aufbaut. Das, was ein Formelement, eine Kurve oder eine Farbe in einem Bild bedeutet, bedeutet es nicht auch in anderen Bildern. Dies gilt bereits für die reifizierende Funktion. Ein schwunghafter Bogen,

---

[8] Zu diesem Sinne des direkten Gebens vgl. Philosophie auf neuem Wege, S. 281.

der in dem einen Bild eine Nase bedeutet, bedeutet in einem anderen Bild vielleicht eine Haarlocke oder ein Ohr. Was der Bogen und ebenso jedes andere Formelement konkret bedeutet, hängt von seiner individuellen Situiertheit im Zusammenhang der anderen gegebenen Formelemente ab. Dies gilt in gesteigertem Maße für die expressive Bedeutung. Daher muß man, um die Bedeutung eines solchen Symbols zu verstehen, die gesamte Artikulation überschauen. Erst aus den Konstellationen, d.h. den Relationen der einzelnen Formelemente in ihrem individuellen Gesamtzusammenhang ergibt sich die Bedeutung der Elemente.

(2) Dies besagt zugleich, daß es keine kleinsten symbolischen Elemente gibt. Man kann in einem Kunstwerk zwar Elemente erkennen, die als Einheiten zu der Gesamtbedeutung des Bildes entscheidend beitragen. Aber hierbei handelt es sich nie um eine unterste Analyseebene, denn die Einheiten setzen sich stets wieder aus kleineren Elementen, deren Identität nicht exakt bestimmbar ist, zusammen.

(3) Daher kann es für diese Bilder auch keine Syntax: einzelfallunabhängige Regeln der Verknüpfung bedeutungsdefiniter Elemente geben.

(4) Ebensowenig sind Negationen, Unterscheidungen oder Abgrenzungen möglich. Es ist allenfalls möglich, Kontraste zu bilden.

(5) Das, was das Bild als ganzes bedeutet, ergibt sich hier daher nicht aufgrund der Verbindung von Elementen, die eine eigenständige Bedeutung haben. Dies unterbindet ein diskursives, schrittweises Verstehen der Bedeutung der komplexen Artikulation ebenso wie die Möglichkeiten der Definition oder ihrer Paraphrasierung. Die Bedeutung des Bildes kann nicht durch ein sukzessives Verstehen der Eigenbedeutung der Elemente abgelesen werden. Vielmehr wird der umgekehrte Weg beschritten. Langer schildert den Verstehensvorgang so, daß sich die Betrachtung ausgehend von einem primären Gesamteindruck dann den detaillierten Elementen und Partien zuwendet.

(6) Daher sind diese Symbole nicht übersetzbar. Übersetzbarkeit würde Austauschbarkeit bedeuten, also, daß entweder einzelne Elemente des Bildes gegen andere Elemente oder das ganze Bild gegen ein anderes Bild ausgetauscht werden könnten ohne daß sich ihre artikulierte Bedeutung verändern würde. Dies ist deswegen nicht möglich, weil die Bedeutung mit jeder Veränderung eines noch so marginalen Aspekt variiert. Die Bedeutung ist an die konkrete sinnliche Realisierung gebunden und kann nicht von ihr abgelöst werden. Solche präsentativen Symbole sind daher singuläre Symbole. Sie ermöglichen keinen Aufbau eines Symbolsystems. Das schließt nicht aus, daß sich diese Symbole auf andere Symbole beziehen und möglicherweise auch nur aufgrund der Kenntnis solcher Bezüge verstanden werden

können. Aber dies führt dennoch nicht zu einem Symbolsystem mit den Möglichkeiten der Definition oder der Übersetzung.

Präsentative Symbole sind zwar Artikulationen, machen ihre Bedeutung aber nicht frei verfügbar. Sie vermögen ihre Bedeutung nur zu präsentieren. Eine Bedeutung, die nur präsentiert wird, steht nicht in einen geregelten Zusammenhang mit anderen und beinhaltet keine systematische Analyse. Der Betrachter gewinnt ein Symbol, von dem er sich aber nicht befreien kann, wenn er die ausgedrückte Bedeutung zu verarbeiten sucht. Langer spricht daher hier auch von der „impliziten", nicht explizierten Bedeutung.[9]

Der Angelpunkt Langers Verständnis der diskursiven Symbolisierung ist der Sachverhalt, daß hier Symbole verwendet werden, die, weil sie eine konventionelle Bedeutung haben, eine von der konkreten Artikulation unabhängige Eigenbedeutung haben. Gerade aufgrund dieses Sachverhalts kann es ein Nacheinander bzw. eine Sukzession des Verstehens geben. Dies ist in präsentativen Symbolen anders: Die Bedeutung der hierbei fungierenden Elemente hängt hochgradig von ihrer Plazierung in der gesamten Artikulation ab. Sicher sind die Form- und Farbelemente nicht völlig ohne jede Eigenbedeutung. In dem Falle wären sie austauschbar. Allerdings sind sie in einem unvergleichlich hohen Maße relational konstituiert. Um es pointiert zu sagen, verfahren diskursive Symbole durch die Verwendung nach Regeln kombinierbarer „Bedeutungsatome", während die in präsentativen Symbolen verwendeten Elemente „Bedeutungsorgane" sind, Organe, die ihre Bedeutung und Wirksamkeit in Abhängigkeit von dem ganzen interagierenden „Organismus" gewinnen.

5. Die Leistungsfähigkeit der präsentativen Symbole

Die präsentativen Symbole haben allerdings eine besondere Artikulationskraft. Wenn solche Symbole (aufgrund des Fehlens konventioneller Bedeutungen sowie des Absehens von einer reifizierenden Betrachtung) in ihrer individuellen Anschaulichkeit wahrgenommen werden, tritt die wechselseitige und relationale Konstitution der Elemente in den Mittelpunkt der Aufmerksamkeit. In dieser Auffassung gewinnen Bilder einen dynamischen Charakter. Farben und Formen werden als „Kräfte" wahrgenommen, die sich gegenseitig in ihrer „Identität" bestimmen, bekämpfen oder unterstützen. Deutlich wird dies auch durch die Sprache der Kunstinterpretation, die eine Metaphorik des Organischen oder Atmosphärischen verwendet, wenn etwa vom Aufbau oder Auflösen von Spannungen, dem Anwachsen von Kräften oder von Impulsen, Beschleunigungen, Umschlagpunkten usw. die Rede ist.

---

[9] Vgl. Philosophie auf neuem Wege, S. 260.

Dieser Sachverhalt ist der Schlüssel für die besondere Symbolisierungsfähigkeit der präsentativ-expressiven Symbole und ihre Überlegenheit gegenüber der diskursiven Symbolisierung. Vorausgesetzt, daß Bilder als Symbole, d.h. aufgrund des Erkennens einer Formentsprechung zu anderen Erfahrungen etwas bedeuten, wird deutlich, weswegen Langer gerade in diesen Symbolen besonders geeignete Artikulationsmöglichkeiten für dynamische und lebendige Phänomene sieht. Aufgrund der wechselseitigen Modifikation aller an ihrer Artikulation beteiligten Elemente, weisen diese Symbole formale Eigenschaften auf, die auch etwa für dynamische Prozesse typisch sind. Daher sind diese Symbole besonders zum Ausdruck etwa dynamischer Naturvorgänge (Wellengang des Meeres), sozialer Prozesse, zwischenmenschlicher Dynamiken, Grunderfahrungen des Menschen und die gesamte Sphäre unseres Fühlens und Erlebens. Demgegenüber ist die Sprache aufgrund ihrer verdinglichenden Tendenz zur Beschreibung dynamischer Verläufe weniger geeignet.

Ihre besondere erkenntnistheoretische Bedeutung besteht in ihrer heuristischen Funktion. Aufgrund ihrer Abgrenzung gegen eine praktische und durch konventionelle Bedeutungen gesicherte Lesbarkeit sind sie gerade nicht die Veranschaulichung eines auch anders klar Bekannten und Beschreibbaren. Vielmehr besteht ihre Leistung darin, etwas vage und unscharf Erfahrenes oder Gefühltes einem allerersten formulierenden und anschaulichem Verständnis zuzuführen. Aus diesem Grund erfüllen diese Artikulationen eine erkenntnisgewinnende, heuristische Funktion. Gleichwohl meint Langer, wir gewännen durch diese Symbole ein „genuines Wissen, Verstehen"[10], das zwar noch unsystematisch und undefiniert sei, aber dem Erfahrenen eine anschauliche und artikulierte Fixierung gebe. Präsentative Symbole stellen einen ersten Schritt der genaueren Erfassung von etwas Neuem, noch nicht diskursiv Bekanntem dar. Sie liefern die Voraussetzung für weitere daran erst ansetzende weniger anschauliche, aber dafür systematische diskursive Artikulationen.[11] Dieses Wissen hat keine propositionale Form. Kunstwerke sagen und behaupten nichts. Daß Kunstwerke gleichwohl in einem kognitiven Zusammenhang stehen, kann man an dem Erfassen einer für sie typischen „Wahrheit", „Richtigkeit" oder „Notwendigkeit" erkennen.[12] Allerdings ist diese Wahrheit oder Notwendigkeit nicht aufgrund logischer Folgerungen oder objektiver Kriterien demonstrierbar oder überprüfbar. Diese Wahrheit ist die Kraft einer Artikulation, einem noch nicht deutlich verstandenen Phänomen einen zutreffenden Ausdruck

---

[10] Problems of Art, S. 23.

[11] Genau dies ist das Projekt, das Langer in Mind: An Essay on Human Feeling in Angriff nimmt, wenn sie von der Kunst als einer Heuristik für eine prozeßtheoretische Interpretation des menschlichen Geistes ausgeht.

[12] Vgl. S.K. Langer, Feeling and Form. A Theory of Art Developed from Philosophy in a New Key, New York 1953, S. 45.

zu geben. Langer schreibt daher: „Die ‚Idee' in einem Kunstwerk verstehen, gleicht daher mehr dem Erleben einer neuen Erfahrung als einem logisch-satzmäßigen Verständnis..."[13]

Diese am Beispiel des Kunstverstehens erörterte Form des präsentativen Wissens gilt – allerdings mit charakteristischen Akzentverschiebungen – auch für andere präsentative Symbole, etwa die poetische, rituelle oder mythische Symbolisierung. Auch sie erfüllen die Funktion, uns Bilder, Formeln oder Formulierungen zu geben, in denen etwas Neues, ob es die ungreifbare Qualität eines kulturellen Wandels ist, die uns selbst noch nicht verständliche Gestalt einer entstehenden Lebenseinsicht oder das allmähliche Dämmern einer intellektuellen Erkenntnis, einen ersten artikulierten Anhaltspunkt unserer weiteren Bemühungen um ein klares und systematisches Verständnis gewinnt. Solche ersten, halbmythischen Einsichten sind notwendige Bestandteile unseres „geistigen Metabolismus".

---

[13] Philosophie auf neuem Wege, S. 258.

Dr. Simone Mahrenholz
Blissestraße 46
D - 10713 Berlin

Tel. +49-30-8222630
Fax +49-30-8219328
simmahren@aol.com

Logik - A-Logik - Analogik

Welcher Organisationsform folgt nicht-digitale bzw. nicht-diskursive Symbolisation?

Beitrag zum XVIII. Deutschen Kongreß für Philosophie, Konstanz, 4.-8.-10. 1999
Sektion 13: Nicht-propositionale Formen des Wissens, vorgetragen am 7.10. 1999, 17 Uhr

Einleitung

Das Folgende behandelt drei eng zusammenhängende Fragen. Erstens: Analogische Zeichensysteme (u.a. Bilder, Modelle, Musik, Mimik) sind nicht der Darstellung formal-logischer Relationen fähig. Welcher Organisationsformen zur Darstellung Logik-äquivalenter Verhältnisse bedienen sie sich? Zweitens: Welche alternativen bzw. veränderten Konzepte und Strategien bezüglich Erkenntnis und Wissen sind mit der Verwendung analogischer Symbolisationsformen verbunden? Wie also hängen mentale Operationsformen, verwendete Symbolsysteme, Konzepte von „Wissen" sowie Strategien und Ziele von Erkenntnis zusammen? Und schließlich drittens: wie sind die bestehenden Konzepte einer Symbol- oder Zeichentheorie zu modifizieren, um die relevanten Formen analogischer Kommunikation mit einzuschließen?

Teil A der dreiteiligen Abhandlung behandelt den Unterschied von analogischen und digitalen Symbolsystemen hinsichtlich ihrer Syntax, Semantik, Funktionsweisen und Symbolisationsstrategien. Teil B untersucht daraufhin die Formen der Kompensation, derer sich analogische Symbolsysteme für Logisches bedienen. Hierzu wird auf Charakterisierungen Sigmund Freuds zurückgegriffen, die dieser im Zusammenhang mit dem sogenannten „Primärprozeß" entwickelte. Diese Charakteristika werden am Beispiel von Musik und der ihr eigenen „Vollzugslogik" exemplifiziert. Einer der Gründe für diese Integration von Musik in die Betrachtung ist, daß bei der Untersuchung des Denkens stärker als bislang die *Verknüpfungen*, die *Vollzugslogik* von Zeichen untersucht werden muß, als dies bei den herkömmlichen Untersuchungen der Fall war.[1] (Auch etwa die Filmtheorie operiert nach wie vor v.a. mit der Analyse statischer Bilder.) In Abschnitt B werden mithin die drei Symbolsysteme der Bilder, der Sprache und der Musik unter dem Gesichtspunkt der Darstellung logischer Relationen miteinander vergleichen. Teil C schließlich fragt: Was ist „analoges" Denken - Denken in nicht-digitalen Symbolsystemen - was bedeutet es für das Konzept von Erkennen und für die philosophische Epistemologie generell, und welche Formen einer 'alternativen Rationalität' lassen sich mit diesem charakterisieren?
Dies ist die Kurzform eines umfassenden Arbeitsprojekts. Es ist daher in vielen Details kursorisch, obwohl so weit wie möglich versucht wird, die Argumente und Behauptungen in einen umfassenden Begründungszusammenhang zu stellen.[2]

A) Was sind und wie funktionieren analoge im Unterschied zu digitalen Symbolsystemen?

Man betrachte zunächst die folgende schematische Übersicht. Sie systematisiert jene Unterscheidung, die heute informationstheoretisch u.a. als der Unterschied zwischen analoger und digitaler

---

[1] Stärker als die amerikanische integrieren Formen der französischen Symboltheorie den Prozeß- oder Vollzugscharakter der Zeichenverwendung; vgl. dazu Mahrenholz 1999b.
[2] Einiges des hier Ausgeführten wird für den Bereich Film näher präzisiert in Mahrenholz 1999.

Darstellungsform im Umlauf ist. Es handelt sich aber um eine sehr alte Unterscheidung, die in diversen Ausprägungen seit Existenz der Schrift und der Zahl existiert.

Zeichen- bzw. Symbolsysteme

	„analog"	„digital"
Beispiel	Bild, Modell	Wort, Satz, Zahl
Bezugnahme	durch „Ähnlichkeit", gemeinsam besessene Eigenschaften („Mimesis")	durch Konvention, Festsetzung, Stipulation („Konstruktion")
semantische Eigenschaften	Darstellung von Kontinua (Dichte) jeder Unterschied zählt,	(abhängig vom Symbolsystem)
syntaktische Eigenschaften	Dichte, Ambiguität, Offenheit, Vagheit, relative Fülle	Disjunktivität, Artikuliertheit ($\underline{a}$ b c $\underline{d}$...)
Funktion	Zeigen, Simulieren, Darstellen Ausdrücken „Exemplifikation"	Sagen, Beschreiben „Denotation"
Modell	Probe - für Eigenschaften repräsentiert was es ist nur positive Werte Simulat, Modell	Name repräsentiert was es nicht ist
Inhalt	Prozeß, Relation, Spannung Integration des Widerspruchs, Intensitäten, Eigenschaften Gefühl, Beziehung	Objekt, Sachverhalt, Statik
Erkenntnisziel	Ähnlichkeit, Richtigkeit, Einbettbarkeit, Weite, funktionale Adaequatheit	Wahrheit (von Aussagen), Präzision
Operationsform	simultan, multipel	diskursiv-linear

Mit der Rede von „digital" und „analog" ist hier immer *syntaktisch* digital und analog bzw. „dicht" gemeint. Erstere Zeichen entstammen einem Zeichensystem, dessen Schema nur eine begrenzte Anzahl von Alternativen zur Verfügung stellt. Seine „Sortierung" ist *endlich differenziert*. Es gibt etwa kein Zeichen zwischen 𝒹 und 𝒹. Jeder konkret auftretende Buchstabe („Marke") ist entweder dem einen oder dem anderen Zeichen zuzuordnen: die Sortierung ist außerdem *disjunktiv*. Buchstaben, Worte, Zahlen, Formeln sind in diesem Sinne syntaktisch digital. Im Unterschied dazu ist ein Symbolsystem syntaktisch analog, wenn zwischen zwei Zeichen im Prinzip stets ein drittes angesiedelt werden kann (man denke an den Unterschied von digitalen und analogen Meßgeräten.) Ferner gibt es zusätzlich *relative Fülle*[3]: wenn ein Zeichen in mehreren Hinsichten oder Dimensionen symbolisiert (bei Gemälden etwa außer Farbe und Ort des Symbolkomplexes auf der Leinwand auch Strichdicke, Pinselschwung, Farbauftrag, Hintergrundkontur u.a.). Wie man sieht ist kein Zeichen *an sich* digital oder analog. Vielmehr hängt seine Symbolisationsfunktion vom implizit in jedem Symbolisationsakt mitwirkenden Schema und dessen Geordnetheit ab, die wiederum im je konkreten Symbolisations*kontext* gründet.[4]

Ein digitales Symbolsystem ist nach dieser Sprachverwendung ein notationales Schema. Beispiel: die Sprache. Sie ist syntaktisch digital, aber semantisch analog, d.h., sie ist der Darstellung unendlich feiner Nuancen fähig und folglich kein Notations*system* - das auch semantisch 'digital' ist. Notationsystemen bedienen wir uns nur selten und nur in Spezialinteressen. Es sind meist praktische Zwecke - zu welchen auch logische Operationen zählen. Partituren und Postleitzahlensysteme etwa - Beispiele für Notationssysteme - beziehen sich nicht auf die Welt oder den Klang, sondern dienen als Handlungsanweisung mit der Aufgabe der Präservierung von Identität in Fällen von Wiederholung einer Handlung. Notationen bestimmen, was *als Identität gilt*. Sie stülpen einem dichten Anwendungsbereich ein digitalisierendes Raster über.
Im Unterschied dazu sind analoge Symbolsysteme solche, wo jedes Detail zählt, wo also für die Symbolisationsfunktion keine Nuance irrelevant ist („Dichte") - und dies in mehreren Hinsichten oder Dimensionen („relative Fülle"). Diese Detailliertheit analoger Symbolsysteme hat einen Preis: die fehlende Möglichkeit zur Darstellung logischer Relationen. Dies einerseits, weil die Durchführung logischer Operationen eine *Begrenzung* von Unterschieden erfordert, um Identität und Wiederholbarkeit zu ermöglichen Zudem fehlt ihnen, als Zeigenden, die Möglichkeit zur Darstellung von „nicht". Für „nicht" bedarf es der Einführung *konventioneller* Zeichen - solche die durch Festlegung fungieren und gleichsam in einer negativen Beziehung zum Bezeichneten stehen - die repräsentieren, was sie *nicht* sind. Man kann in Bildern nicht ausdrücken, daß P *keinen* roten Pullover trägt. Man kann in ihnen auch keine Konjunktionen ausdrücken und keine Kontradiktionen etc. (allerdings Kontraste, Konflikte, s.u.) Dies gilt für alle *zeigenden*, gleichsam modellhaft operierenden Symbolisationsformen - derer sich der Mensch auch in wissenschaftlichem Interesse weit häufiger bedient als ihm bewußt ist. Die Frage lautet: wie stellen sich in ihnen a) die genannten logischen Konjunktionen und b) so etwas wie „Wahrheit", Richtigkeit, Folgerichtigkeit dar?

B. *Logik - A-Logik - Analogik: Kompensationsformen für Logisches in analogischen Symbolsystemen*

Einer - wenn nicht *der* - erste, der sich um eine gewisse Systematik in dieser Frage bemühte, war überraschenderweise Sigmund Freud. Er fragte: welche logischen Relationen kann ein nonverbales Symbolisationssystem wie das der Bilder nicht darstellen, und welcher Hilfsmittel bedient es sich zu dessen Kompensation? Freud interessierte diese Frage im Zusammenhang seiner Bemühungen um die Aufhellung der 'Rationalität' des sogenannten Unbewußten. Daher suchte er eine Systematik der Darstellungsmittel von Träumen, als den Darstellungsmitteln des Unbewußten, herauszuarbeiten. Freuds Forschungsinteresse ist partiell den transzendentalen Untersuchungen Kants vergleichbar. Beide interessiert das Zustandekommen dessen, was *als* Rationalität gilt, beide interessiert gleichsam die *Bedingungen der Möglichkeit* des Zustandekommens des von uns herausgebildeten Welt- und Selbstverhältnisses. Wo Kant Kategorientafeln aufstellt samt der Anschauungsformen a priori Raum und Zeit, versucht Freud, etwas über den *Prozeß* jener Denk- und

---

[3] „Relative" Fülle heißt: ein Symbolkomplex kann in mehr oder weniger Hinsichten, Dimensionen, symbolisieren.
[4] Vieles des i.f. Ausgeführten fußt auf der Terminologie Nelson Goodmans (1968; 1978) und entwickelt sie weiter.

Operationsformen auszusagen, die *vor* aller Wahrnehmung und allen Denk-Inhalten liegen. Er widmet sich dynamisch-energetisch gedachten Operationsformen. Freuds Ansatz stellt dabei zwei Symbolsysteme einander gegenüber: ein syntaktisch endlich differenziertes (digitales) - die Sprache - und ein dichtes und volles (analoges) - das Bild. Das „bewußte" Denken in Sprache samt dessen Verknüpfungslogik nennt er den *Sekundärprozeß*, das Denken in Bildern ordnet er dem Un- und Vorbewußten zu und nennt dessen Verlaufslogik den *Primärprozeß*. In seiner „Traumdeutung" und in seinen Untersuchungen zum Unbewußten (Freud, 1900; 1915) stellt er gleichsam eine Liste von Darstellungsverfahren auf, derer sich die Bildersprache von Träumen zur Kompensation ihrer Darstellungshandicaps bedient. Freud stellt also die analogische Symbolisationsform der (bewegten) Bilder jener des Denkens in Sprache gegenüber und vergleicht deren 'Vollzugs-Logik'. Dem entstammen die folgenden Charakteristika.

Charakteristika des „Primärprozesses" (und - so die These - des 'analogischen Denkens') sind **(a)** Das **Fehlen der Negation** und so auch die **Aufhebung des Satzes vom Widerspruch.** Das (bewegte oder statische) Bild - und damit auch der Traum - kann ein Nein, ein Nicht, einen Widerspruch, eine Kontradiktion oder Ausschlußverhältnisse wie *entweder-oder* nicht darstellen. In letzteren Fall werden die Glieder aneinandergereiht oder wie gleichberechtigt nebeneinandergestellt (Freud 1900: 315f). Dasselbe gilt für die Kategorie vom **Widerspruch** - sie taucht in Bildern als Kontrast, als Gegensatz auf. **Gegensätze** wiederum werden mit Vorliebe zu einer Einheit zusammengezogen oder als **Umkehrung, Verwandlung ins Gegenteil** dargestellt (1900: 324f.): zuweilen auch als **zeitliche** Umkehrung. **Logischen** Zusammenhang im Sinne eines Grundes gibt der Primärprozeß wieder als generell **Gleichzeitigkeit** (1900: 312), **Kausalbeziehungen** werden demgegenüber **zeitlich** aufgeschlüsselt: als **nacheinander**. Die eine logische Relation, die von den Mechanismen des Primärprozesses perfekt darstellbar ist, ist die der **Ähnlichkeit** oder **Übereinstimmung**. Für sie hat der Traum entsprechend vielfältige Umsetzungsmöglichkeiten, darunter die **Zusammenziehung zu einer Einheit oder die Identifizierung**: ein Prinzip der Verdichtung. Mit diesem kursorischen Nennen von Beispielen ist aber auch der ebengenannte Punkt des Fehlens der Negation zu präzisieren, beispielsweise für die genannten Kunstformen der Bildenden Kunst oder der Musik. Undarstellbarkeit der Negation heißt nicht Undarstellbarkeit der Negativität. Nicht Undarstellbarkeit des Konflikts, der Nicht-Übereinstimmung, der Konflikt*spannung*, der Verneinung im Sinne von sich-Entziehen etc. Vielmehr: der Mittel der Darstellung von Negativität, Mangel, Abwesenheit sind generell in analogen Darstellungsmitteln viele - Auslassungen, Brüche, Fragmentierung, in der Musik auch Trugschlüsse, Umwege aller Art.

Weitere Kompensationsformen der Darstellung logischer Relationen und damit Charakteristika des Primärprozesses sind **(b) und (c)** die Prinzipien der **Verschiebung und Verdichtung.**[5] Sie sind, auch in Freuds Theorie, Ausdruck eines dynamischen bzw. energetischen[6] Bilds von der Psyche. In der Verdichtung und Verschiebung werden Gehalte (emotionelle oder assoziative Besetzung, also Energie bzw. Bedeutung) umsortiert: die **Verschiebung** tut dies von einer wichtigen, mit intensivem Interesse verbundenen Vorstellung auf eine marginale. In der **Verdichtung**[7] werden entsprechend die Besetzungen mehrerer Symbole auf eines zusammengezogen. Sämtliche Formen von **Variation, Entwicklungen, „Durchführungen"** fallen evidentermaßen hier drunter, Verdichtung wie Verschiebung zählen zu den genuin zusammenhangstiftenden Verfahren *in der Zeit*.[8]

---

[5]   Vgl. zu Verdichtung und Verschiebung Freud 1900: Abschnitt VI A. und B. sowie 1915: 145ff.
[6]   Vgl. Laplanche/Pontalis 1991: 580f. 'Energetische Besetzung' bezeichnet den Reichtum oder die Armut des mit dem Symbol assoziativ verbundenen emotional-kognitiven Gehalts, seine Anschlußfähigkeit, seine umorganisierende Relevanz für das aktuelle Netzwerk der Überzeugungen und Einstellungen.
[7]   Vgl. 1900: 565ff, 287, 295, 308; 1915: 146.
[8]   Vgl. zu dem hier angesprochenen Komplex auch Mahrenholz 1998: Abschnitt V.2. (d)-(f) sowie V.3.

Das nächste von Freuds Charakteristika des Unbewußten bzw. Primärprozesses ist **(d)** die vielzitierte, näher zu bestimmende „**Zeitlosigkeit**" des Unbewußten. Dieser Punkt ist in mehrererlei Hinsicht aufschlußreich. Was heißt Zeitlosigkeit in Bezug auf das Bewußtsein, wo wir doch seit Kant zu wissen meinen, daß Raum und Zeit notwendige Formen der Anschauung sind? Zweitens: Was kann Zeitlosigkeit in bezug auf bewegte Bilder heißen und vor allem in bezug auf Musik? Zunächst: 'Zeitlosigkeit' im Primärprozeß des Unbewußten bedeutet nicht: alle Zeit ist aufgehoben, zur Ewigkeit ausgedehnt oder zur Statik eingefroren. Vielmehr bezeichnet es ein *stark verändertes Verhältnis* zur Zeit. Freud: „Die Vorgänge des Systems Ubw sind zeitlos, d.h. sie sind nicht zeitlich geordnet [bereits einschränkende Präzisierung], sie werden durch die verlaufende Zeit nicht abgeändert [weitere einschränkende Präzisierung], haben überhaupt keine Beziehung zur Zeit. Auch die Zeitbeziehung ist an die Arbeit des Bw-Systems geknüpft" (Freud 1915: 145f.).

„Nicht zeitlich geordnet" heißt hier zweierlei. Es bedeutet einerseits: nicht in die Zeitreihe 'Vergangenheit-Gegenwart-Zukunft' eingeordnet, es wird im Unbewußten *in ihm durch Zeit nichts verändert*, vergessen oder auch nur *als vergangen* abgelegt, es ist gleichsam ständig aktuell, ständig im Präsens. Dies bedeutet eine Ignorierung der Zeitordnung im Sinne der McTaggart'schen perspektivischen A-Reihe (Vergangenheit-Gegenwart-Zukunft).[9] In welcher Form läßt sich diesem Sinn der Aufhebung der Zeit in der A-Reihe für die Epistemologie Gewinn abringen? Gibt es für das Bewußtsein unter besonderen Umständen so etwas wie einen zur Ewigkeit/Zeitlosigkeit ausgedehnten Jetzt-Punkt? Hierzu zweierlei. Nicht erst seit Husserl ist deutlich, daß Gegenwart konstituiert wird. Ein ausdehnungslosen Jetzt-Punkt gibt es nicht, es fließt immer ein Stück Vergangenheit und Erwartung in das Jetzt mit hinein, sodaß unsere Gegenwart eine variable Ausdehung hat. Empirisch, mit Ernst Pöppel, dauert ein Jetzt-Zeitfenster etwa drei Sekunden. In der Musik, so wurde oft gesagt, ist nun dasjenige, was *als* Jetzt erfaßt wird, stark ausdehnbar. Es gibt in ihr weit längere Phasen von Gegenwart. Ferner ist in Bildern häufig eine kleine Geschichte auf einen Jetzt-Moment komprimiert. Der eben aus Freud herauspräparierte Sinn von 'Zeitlosigkeit' wäre hiermit jedoch noch nicht gespiegelt, er wäre dies erst dann, wenn die ganze Kette der Ereignisfolgen in der Zeit *als Gegenwart*, als Präsens prozessiert würde. Dies geschieht in der Tat in besonderen, als „mystisch" zu qualifizierenden Bewußtseinsmomenten - solchen von Musik, Mythos, Extase, Liebe u.a. - die aber ohne weiteren theoretischen Aufwand nicht unter „Erkenntnis"-Zustände zu rechnen sind: Momente des Empfindens von zeitlicher wie räumlicher Ausdehnung als *in einem Moment* präsent.

Der zweite Sinn von Zeitlosigkeit im Primärprozeß bezeichnet die Uninterpretiertheit von Vorgängen hinsichtlich ihrer zeitlichen Einordnung, im Sinne **eines 'früher-als, später-als, gleichzeitig-mit'** (Mc Taggart: *B-Reihe*). Für Darstellungsmittel des Traums bedeutet das grob gesagt die Möglichkeiten der **zeitlichen Umkehrung oder Invertierung** - die oft mit einer kausalen Umkehrung einhergeht (vgl. das ‚Zeit-' und kausalverkehrte Einbauen eines Außenreizes in das Traumgeschehen). Ferner die **Komprimierung:** was *früher-als* oder *später-als* war, wird zu *gleichzeitig-mit*. Dies ist in Bildern wie in Musik zu finden. - Und: es gibt keineswegs nur im primärprozessualen, sondern auch im bewußten Alltags-Denken sowie in der Forschung häufig die **Zeit-in-Raum**-Übersetzung - oder umgekehrt (vgl. Freud 1900: 397).

Die nächsten, letzten beiden Eigenschaften des Primärprozesses sind **e)** seine bereits erwähnte Organisation eher nach dem Modell des **Bildes** als des Wortes und **f)** die **Tendenz zur Projektion nach außen**. Projektion heißt: etwas, das sich aus angebbaren Gründen der Wahrnehmung entzieht, will bemerkt werden. Es existiert etwa in syntaktisch/semantisch flüssiger Form, es sind also energetische, schnell verschiebliche, schnell wechselnde Inhalte, kategorial *vor*

---

[9] Vgl. McTaggart 1927, Vol. II.

jeder fixierenden Bewußtmachung anzusiedeln. - Freud zufolge geschieht so eine Projektion in die „Außenwelt" v.a. durch Verknüpfung mit Wortvorstellungen. „Was außer Gefühlen von innen her bewußt werden will, muß versuchen, sich in äußere Wahrnehmungen umzusetzen." (1915: 289).
Nun ließe sich hypothetisch sagen, daß Musik eine Unternehmung ist, innere Vorstellungen, Prozesse in äußere Wahrnehmungen umzusetzen. Allerdings in solche jenseits der Worte: deren Digitalisierungen ausgleichend. Dies wären solche Inhalte, die wegen ihrer Flüssigkeit und/oder ihrer Kategorialität sich der Darstellbarkeit in anderen Medien entziehen. Das ließe sich zwar auch für andere Künste, wie etwa die Malerei und die Literatur äußern. Musik ist jedoch die einzige Symbolisationsform, die abstrakte Denk-**Formen prozessual** darstellt[10], und offensichtlich auch nicht die Denkformen der Logik-kommensurablen Sprache, sondern die komplementären, unbewußten, energetisch besetzten, schnell wechselnden und gewöhnlich nicht wahrnehmbaren Prozesse. Warum sollte es ein Ziel sein, diese zu symbolisieren, bemerkbar zu machen? Weil sie, so könnte man argumentieren, die unterhalb unseres logischen und sprachlichen Denkens liegen, diesem Denken nicht nur zum Teil vorausliegen, sondern es auch bedingen. Ästhetisch-analogische Symbolisationsformen wären so gesehen auch eine Unternehmung, Bedingungen unseres Denkens wahrnehmbar zu machen (vgl. auch Mahrenholz 1998).

C. Was ist 'analogisches' Denken?

Wie sich zeigte geht mit der Wahl eines syntaktisch „dichten" (oft zugleich „vollen") Symbolschemas eine im Unterschied zu digitalen Symbolschemata grundsätzlich andere Form der Bezugnahme einher. Sie fungiert nach der Logik der *Probe* („Exemplifikation") oder auch der *Analogie* („Mimesis"). Das Wortfeld „analog" ist hier also im doppelten Sinn anwesend: dem *syntaktischen* von „analog" im Gegensatz zu „digital", ferner dem semantischen, genauer, bezugnahme-technischen von „Analogie" im Sinne von „Entsprechung", „Übereinstimmung". Letztere ist bei einer Probe („Exemplifikation") in der Tat gegeben.
Mit einem „Denken" oder Verstehen in analogen Symbolsystemen sind bestimmte Erkenntnisstrategien und Interessen verbunden, die im folgenden in einer grob abkürzenden Darstellung aufgezählt werden. (Bei dem sich anschließenden Überblick sei mitgehört, daß nicht alle genannten Prozeduren umstandslos möglich sind. Für manche von ihnen bedarf es bestimmter Techniken, 'Inspirationen' bzw. kognitiver 'Zustände'.) Es ist, im Unterschied zu dem gewöhnlich-diskursiven, alltäglichen und wissenschaftlichen Denken in Form von Worten folgendes: (genannt sind *Tendenzen*, solche zudem, die untereinander zusammenhängen):

- Simultaneität (statt linear-diskursivem Vorgehen): es werden simultan mehrere Faktoren überblickt („relative Fülle"), verschiedene bis hin zu inkompatible Prozesse.
- damit direkt verbunden: *Plurale* Prozesse bzw. Wahrnehmungen
- es wird ermöglicht, *Inkompatibles innerlich phasenweise so nebeneinanderzustellen, als schlösse es sich nicht aus. Entweder-dies-oder-das* wird zu *sowohl-dies-als-auch-das*. Dies involviert eine höhere Abstraktionsebene: hier die Abstraktion vom Gesetz des Widerspruchs.
- Vagheit, Offenheit, „volle Leere" (Anton Ehrenzweig). Der „frame of reference" ist weit, aber undifferenziert. Dies ist charakteristisch für das ein erstes Betrachten etwa von Bildern: es wird ein weites Feld von Inhalten überblickt, wenn auch zunächst vage und unpräzise.
- Flüssigkeit: Ent- und Re-Semantisierung, Prozessualität. Spätestens hier ist der Organisations- und Problemlösungs-Bereich des sogenannten 'Un- oder Vorbewußten' erreicht. (Dessen Annahme setzt nicht notwendig einen psychoanalytischen Begriff vom Unbewußten

---

[10] (Ungegenständliche) Malerei ist abstrakt, aber nicht prozessual, Literatur ist prozessual, aber nicht abstrakt.

voraus; vielmehr kann das Gehirn sich nicht alle seine Tätigkeiten spiegeln, es ist eine Frage der Ökonomie). - Kreativitätspsychologisch wird der Primärprozess und das damit verbunden Unbewußte dahingehend beschrieben, daß seine Inhalte *flüssiger, beweglicher sind, daß sie mit ungebundener Energie freier verschieblich sind*. Auf dieser unteren Ebene hätten wir es „mit *relativ flüchtigen, schnell wechselnden, vagen und relativ triebnahen Vorstellungsbildern* zu tun, die zu *vielfältigen*, noch recht *undifferenzierten, wenngleich bereits organisierten Problemlösungsversuchen* werden, in denen ein weites Feld von Inhalten übersehen werden kann, wenn auch zunächst vage und undifferenziert. Hier spielen sich auch die sogenannten *multiplen Prozesse* ab, durch die *das Ich Informationen erhält, die es beim zielgerichteten Denken nicht erhalten würde: - nicht bewußt kontrolliert und weitgehend emotional gefärbt*."[11]

- Abstrahieren von Zeit- und Raumordnung: 'Zeit-freies Hören' oder 'Raum-freies Sehen'.
- Bejahung (da Analoges kein Zeichen hat für *nein* - Verneinung geschieht als Ausmustern)

Für alle beschriebenen Formen gilt, daß diese Art des Denkens einen *höheren Abstraktionsgrad* beinhaltet, auf Grund dessen andere Informationen dem Individuum zukommen als in diskursiver Form. Ferner ist es, da noch nicht „heruntergitalisiert", unperspektivischer, offener, weniger auf das gewöhnlich-diskursive *endliche* Operieren hin ausdifferenziert. Hierin gründet auch mit der bejahende Charakter: auf einer relativ unperspektivischen (überpersönlichen) Ebene[12] gibt es kein Nein, sondern nur Sein oder Nichts.[13] (Dieses, ausgehend von der Unmöglichkeit der Verneinung, bietet plötzlich einen neuen Blick auf Parmenides' Insistieren, daß das Nichtseiende *nicht sei*.[14])

Die in Teil B aufgeführten konstruktiven Formen analogischen Symbolisierens lassen sich zusammenfassen als: Verdichung, Verschiebung, Abstraktion von Raum und Zeit, Umgewichtung, Tilgung, Ergänzung (Variation), Entwicklung, Wiederholung, Reihung, Ähnlichkeits- und Kontrastbildung, Projektion. Auffallend an dieser „Liste" ist zweierlei. Erstens: ihre Ähnlichkeit mit den konstruktiven Prozeduren des (Musik-) Komponierens. (Diese gründet eben u.a. in der Flüssigkeit, Dynamik, Energetik musikalischer Zeichen, welche steten Prozessen des Semantisierens und Re-Semantisierens ausgesetzt sind.) Zweitens: sie ähnelt sehr wesentlich jener Liste, die Nelson Goodman als die Prozeduren des „Welterzeugens" beschreibt: Komposition und Dekomposition, Gewichtung bzw. Umgewichtung, Ordnen, Deformieren, Tilgen und Ergänzen - wobei „Welterzeugen" durchaus auch metaphorisch zu verstehen ist: als Prozesse, um von *einer* umfassenden oder Binnen-Theorie zu einer anderen zu gelangen: „Welten"-Erzeugen *aus anderen* „Welten". (Goodman 1978, I., 4.)[15]

Welche Erkenntnisinteressen oder -Situationen sind es, die sich vornehmlich der beschriebenen „analogischen" Denk- bzw. Symbolisationsformen bedienen? Zu ihnen zählt u.a. das Bestreben, einen größeren Bereich in kürzerer Zeit zu übersehen - via Vagheit bzw Undifferenziertheit des Symbolsystems und Simultaneität in dessen 'Verlaufslogik'. Ferner geht es um die Überbrückung von 'Darstellungswiderständen' bzw. die 'Darstellung des Undarstellbaren' - u.a. solche Relationen, Aufforderungen oder Sachverhalte, die Widersprüche enthalten, Paradoxa, Double-Binds, Tabus bzw. Zensur-verdächtige Inhalte. Im Ergebnis führt das zu einer *Logik der Analogik*. Diese kann u.a. darin bestehen, vom Gesetz des Widerspruchs zu abstrahieren, d.h.

---

[11] Vgl. Müller-Braunschweig 1977, S. 828f.
[12] Eine *absolut* unperspektivische Ebene, ein metaphysischer Gottesgesichtspunkt, wird nicht angenommen.
[13] Für das Komponieren gilt entsprechend: „alles was es braucht, saugt es an, was es nicht einschmelzen muß, stößt es ab." Rihm, 1997, S. 94.
[14] Vgl. die überlieferten Fragmente 2 ff. des Vorsokratikers Parmenides.
[15] Der Komponist Gustav Mahler sagt, komponieren heißt für ihn, „mit allen Mitteln eine Welt aufbauen". Zitiert nach: Musik-Konzepte 74, S. 75.

Inkompatibles innerlich phasenweise so aktiv zu halten, als schlösse es sich nicht aus. Beide Charakteristika gehören zusammen: Integration des Widersprechenden beeinhaltet auch einen großen 'frame of reference': komprimiert (verdichtet) symbolisierend Sachverhalte, die mit der klareren Form der Sprache oder eines realistischen ‚Wachbildes' oft nur in aufwendigerer Darstellung und geringerer Prägnanz symbolisiert werden könnten. (Hier zeichnet sich eine notwendige Verbindung von Kreativitätstheorie und Theorie der Metapher ab.)

Es gilt also zu überlegen, inwiefern in die philosophische Forschung stärker als bislang Untersuchungen eingehen müßten über Wissenserwerb und Wissensvermittlung, die in anderen Symbolsystemen als den sprachlichen stattfinden - derer der Mensch sich ebenfalls ununterbrochen bedient, ohne sie bislang hinreichend der philosophischen Behandlung zugänglich zu machen: eine Form von Wissen eher nach Art mentaler Modelle als nach Art von seiner selbst bewußten propositionalen Einstellungen.[16] Erstere Form von Wissen hat als epistemisches Ziel nicht 'Wahrheit', vielmehr Ähnlichkeit, funktionale Adaequatheit, Inkorporierbarkeit (in Bestehendes, Theorien, Modelle). Es hat keine logische Form und keine Grammatik, stattdessen eine relationale Struktur, welche auch darstellend fungiert. Damit können nicht nur strukturelle Objekteigenschaften, sondern auch Prozeßabläufe repräsentiert werden. Der Preis: Im Unterschied zu Wissen ist Worten ist dieses eines, das „erlebnismäßig nicht hintergehbar" ist, ferner ist es nicht übersetzbar - jedoch übertragbar. Stärker als bisher gälte es das Verhältnis von mentaler Operationsform, verwendeten Symbolsystemen, Wissens- bzw. Erfahrungsinhalt, Erkenntnisstrategien und Erkenntniszielen zu untersuchen, mit besonderer Berücksichtigung der Verknüpfungs-„Logik" unter den Zeichen/Symbolen. Zu prüfen ist, ob mit einer alternativen „Logik" analogischer Symbolsysteme auch eine andere Art von 'Rationalität', von 'Vernunft' gegeben ist - möglicherweise eine, auf der unsere bewußte, der Selbst-Spiegelung und Selbst-Kritik ausgesetzte Rationalität aufbaut. Die Analogik als Bedingung der Möglichkeit der Logik - diese Konstruktion, die sich in anderer Terminologie auch in Psychoanalyse, Hirnforschung und semiotischen Untersuchungen findet, gilt es zu untersuchen hinsichtlich ihrer Konsequenzen für die *philosophische* Lehre von den Formen der Erkenntnis.

Literatur:
Dretske, Fred (1981): Knowledge and the Flow of Information, Oxford, 1981
Freud, Sigmund (1900, 1915) = *Studienausgabe in 10 Bänden*, Hg. A. Mitscherlich, Frankfurt a. M. 1975
Goodman, Nelson (1968): Languages of Art, Hackett Publ. Company, Indianapolis
ders. (1978): Ways of Worldmaking, Hackett Publ. Company, Indianapolis
Laplanche, Jean und J.-B. Pontalis (1991): Das Vokabular der Psychoanalyse. Frankfurt a.M.
Mahrenholz, Simone (1998): Musik und Erkenntnis. Eine Studie im Ausgang von der Symboltheorie Nelson Goodmans. Stuttgart - Weimar
Mahrenholz, Simone (1999): Zur Physiognomie von Grenzen. Symbol- und Subjekttheoretische Überlegungen, ausgehend vom Medium Film. In: Ludwig Nagl (Hg.): *Filmästhetik*. Wiener Reihe Bd. 10, Oldenbourg Verlag, Wien München, 61-83
Mahrenholz, Simone (1999b): Jacques Derrida und Nelson Goodman. Zum Verhältnis von (post-)analytischer und (post-)strukturalistischer Zeichentheorie. In: *Rationality, Realism, Revision. Perspectives in Analytical Philosophy*, Hg. Julian Nida-Rümelin, de Gruyter Verlag, Berlin, 254-264 (im Druck)
McGinn (1989): Mental Content, Oxford
McTaggart, J.E. (1927): The Nature of Existence, Vol. II, Cambridge
Metzinger, Thomas (1993): Subjekt und Selbstmodell, Paderborn u.a.
Müller-Braunschweig, Hans (1977): Aspekte einer psychoanalytischen Kreativitätstheorie. In: Psyche 31, 821-843
Rihm, Wolfgang (1997): Composer in Residenz: Wolfgang Rihm. Programmbuch der Internationalen Festwochen Luzern 1997, Hg. Ludwig Häusler, Zürich (Palladion Verlag)

---

[16] Zu den Philosophen, die sich mit den unterschiedlichen Epistemologien, welche mit propositionalen Darstellungsweisen und analogen Modellen verbunden sind, beschäftigt haben, gehören Dretske (1981), McGinn (1989) und Metzinger (1993).

Nicht-begriffliche Intentionalität

In einem vielzitierten Aufsatz versucht Charles Taylor, jenes Phänomen der "Tiefe", das die Tradition dem personalen Selbst zuschreibt, durch Rückgriff auf eine Unterscheidung zwischen vorpropositionalem *Gegebensein* von Erlebnissen und ihren Inhalten einerseits, und deren urteilsmäßiger *Artikulierung* andererseits zu verstehen.[1] Explizite Selbstinterpretation trägt, Taylor zufolge, den vordergründig paradoxen Charakter einer Deskription, die ihr "Objekt" verändert, ja dieses Objekt *als* Gegenstand in gewissem Sinne erst schafft. Das Paradox läßt sich auflösen, so werde ich im folgenden argumentieren, wenn die Relation zwischen unartikuliertem Gegebensein und expliziter Selbstinterpretation zutreffend als ein Verhältnis *nicht-begrifflicher* Inhalte und ihrer Konzeptualisierung zu analysieren ist. Meine These ist aber darüber hinaus, daß die Idee der nicht-begrifflichen Intentionalität uns erlaubt, nicht nur die von Taylor angesprochenen Phänomene, sondern eine Vielzahl anderer zentraler Konstituentien unserer gewöhnlichen, vortheoretischen Welterfahrung angemessen zu beschreiben. Die konzeptuellen Inhalte bewußter Intentionalität, also alles, was *Gegenstand* (phänomenalen) Bewußtseins für uns ist, wird umgeben und ermöglicht von einem Horizont *nicht*-begrifflicher, *un*gegenständlicher Inhalte. Die Argumentation wird Anregungen sowohl aus der jüngsten analytischen Philosophie als auch aus der klassischen Phänomenologie aufgreifen, doch geht es weniger darum, philosophiehistorisch Kontraste oder auch gewisse überraschende Konvergenzen festzustellen, sondern einen Beitrag zur Klärung der Sachproblematik zu leisten.

Zunächst ist zu diesem Behufe natürlich zu fragen: Was ist eigentlich ein *begrifflicher intentionaler Inhalt*? Da wir uns hier auf (phänomenal) bewußte Inhalte beschränken werden und die komplexe Problematik möglicher unbewußter oder sub-personaler Inhalte zu umgehen versuchen werden, fassen wir intentionale Inhalte als Inhalte bewußter intentionaler *Erlebnisse*. Diese vereinfachende Beschränkung – wenn es denn eine solche sein sollte – ließe sich nötigenfalls damit rechtfertigen, daß wir (1) von solchen Inhalten (im Gegensatz zu unbewußten) ziemlich unbestritten Kenntnis haben und ihre Annahme als Ausgangspunkt deshalb relativ unkontrovers sein sollte, und daß (2) sich an ihnen die Unterschiede, um die es hier geht, besonders deutlich herausstellen lassen.

Ein intentionales Erlebnis hat einen *Inhalt* dadurch, daß in ihm *etwas als etwas*, als so-und-so-seiend oder -erscheinend bewußt wird. Das bedeutet, daß im Hinblick auf ein Erlebnis mit intentionalem Inhalt grundsätzlich die Frage immer eine sinnvolle ist, ob das in ihm als so-und-so-seiend Gegebene sich darin auch *richtig* oder *angemessen* oder *adäquat* darbietet. Das Etwas, welches sich in dem Erlebnis darstellt und welches in ihm notwendig unter einem bestimmten Aspekt, einer Gegebenheitsweise, bewußt wird, bezeichnet die klassische Phänomenologie Husserls gewöhnlich als den intentionalen Gegenstand, doch werden wir hier diese Bezeichnung vermeiden – aus Gründen, die sogleich ersichtlich werden sollten. Jenes Etwas, *so wie* es in dem Erlebnis erscheint, werde ich im folgenden die *Präsentation* nennen. Aber mehr ist erforderlich als lediglich eine Präsentation, um einem Erlebnis intentionalen Inhalt zuschreiben zu können. Man kann sich ein Subjekt vorstellen, das von Präsentationen heimgesucht wird, die vom Verhalten und den anderen Erlebnissen des Subjekts völlig isoliert "stattfinden", also in keinem rationalen, motivierenden oder im weitesten Sinn verständlich-"kausalen" Verhältnis zu den letzteren stehen. Es ist sehr zweifelhaft, ob man in einem solchen Fall überhaupt begründetermaßen von intentionalem Inhalt sprechen könnte. Diese Rede scheint vielmehr ein weiteres zu erfordern, nämlich daß die in Frage stehende Präsentation dem Subjekt *de facto* als rationale Basis für Urteile und Handlungen verfügbar ist. Es muß also die reale Möglichkeit bestehen, daß die Präsentation einen Beitrag leistet zu den Gründen, die das Subjekt hat oder real haben kann, auf diese oder jene Weise zu urteilen oder zu handeln. (Das bedeutet noch nicht, daß die Präsentation dann *selbst* als ein Bestandteil in jene Urteile eingeht – diese Unterscheidung ist eine sehr wichtige, wie wir sehen werden.)

Soviel also zur vorläufigen Explikation der Rede vom intentionalen Inhalt von Erlebnissen. Was bedeutet es nun aber, einen solchen Inhalt als einen "begrifflichen" zu bezeichnen? In der philosophischen Tradition findet man häufig eine Neigung, das Begriffliche mit Allgemeinvorstellungen zu identifizieren, also mit Vorstellungen, die in generellen sprachlichen Terminis ausdrückbar sind. So argumentiert beispielsweise Schopenhauer, die Inhalte sinnlicher Wahrnehmung seien unbegrifflich, denn sie seien zu nuanciert, um von Begriffen erfaßt werden zu können: "so sind auch die Begriffe, so fein man sie auch durch nähere Bestimmung spalten möchte, stets unfähig, die feinen Modifikationen des Anschaulichen zu erreichen".[2] Ähnliche Überlegungen scheinen oft auch der aktuellen Diskussion der Problematik nicht-begrifflicher Inhalte in der analytischen Philosophie zugrunde zu liegen. Christopher Peacocke schreibt:

> If you are looking at a range of mountains it may be correct to say that you see some as rounded, some as jagged. But the content of your visual experience in respect of the shapes of the mountains is far more specific than that description indicates ... an experience is not restricted in its range of possible contents to those points or ranges picked out by concepts – *red, square, straight ahead* – possessed by the perceiver.[3]

Peacockes Formulierung deutet darauf hin, daß er in der Tat Begriffe hier als durch allgemeine Termini sprachlich ausdrückbare Vorstellungen auffaßt und auf diese Weise natürlich zu Schopenhauers Schluß gelangt, in der Perzeption sei im allgemeinen, vielleicht sogar prinzipiell, ein inhaltlicher Überschuß über das Begriffsrepertoire des Subjekts gegeben. Doch Peacockes Prämisse ist falsch. Wie John McDowell in seiner Replik auf dieses Argument sinnfällig macht, ist die Identifizierung der begrifflichen Kompetenz mit *sprachlicher* Kompetenz, also mit dem Besitz entsprechender allgemeiner linguistischer Ausdrücke, nicht haltbar.[4]

Um einem Subjekt begründetermaßen den Besitz eines bestimmten Begriffes zuzuschreiben – beispielsweise den Begriff einer ganz bestimmten Farbnuance, für die es einer generellen Bezeichnung ermangelt – genügt es, daß das Subjekt die Fähigkeit hat, auf diese Farbnuance *bezugzunehmen* und sie bei verschiedenen Gelegenheiten, also in verschiedenen Instantiierungen, *wiederzuerkennen*. Diese Fähigkeiten sind unabhängig davon, ob das Subjekt über einen Allgemeinausdruck für die einschlägige Farbnuance verfügt; es mag durchaus sein, daß es nur mittels des deiktischen Ausdrucks "*diese* Farbe da" auf den Gegenstand (d.h. die spezifische Eigenschaft in ihrer jeweiligen Instantiierung) bezugnehmen kann. Das hieße natürlich, daß der "Begriffsbesitz" – also die Erkennungs- und Wiedererkennungskompetenz – nur dann aktualisierbar ist, wenn sein Gegenstand – in meinem Beispiel ein Muster der entsprechenden Farbnuance – entweder in der Wahrnehmung gegenwärtig ist oder in der Bilderinnerung intuitiv vergegenwärtigt werden kann. Denn um dem Ausdruck "*diese* Farbe" eine vollständige Bedeutung zu verleihen, ist es ja nötig, den Referenten des Demonstrativpronomens (seinen Gegenstand) gegenwärtig zu haben. Nur solange die Fähigkeit besteht, die Gegenständlichkeit (hier: die Farbnuance) wiederzuerkennen, läßt sich mit Recht sagen, das Subjekt habe einen *Begriff* von dieser Gegenständlichkeit. Doch ist mit dieser Kompetenz auch eine *hinreichende* Bedingung für den Begriffsbesitz erfüllt. Einen "Begriff zu haben" von einer beliebigen Gegenständlichkeit heißt also, die Fähigkeit zu ihrer Identifizierung und Wiederidentifizierung zu haben. In bezug auf unsere anfangs gestellte

Frage bedeutet das, daß ein intentionales Erlebnis nur dann einen *begrifflichen* Inhalt hat, wenn das Subjekt über die Fähigkeit verfügt, zuverlässig Exemplifizierungen desselben Präsentationstypus in verschiedenen Kontexten als solche zu identifizieren. Diese Fähigkeit ist es, die eine beliebige Präsentation (das in einem intentionalen Erlebnis Gegebene in seiner Gegebenheitsweise) dazu geeignet macht, ein Bestandteil von *Urteilen* und damit von propositionalem Vermeinen zu werden. Und es ist ja dieses Charakteristikum: als Sinnkomponente von Urteilen figurieren zu können, das einen intentionalen Inhalt zum Begriff macht. Ein Urteil wiederum ist ein komplexer, zusammengesetzter Sinngehalt mit den essentiellen Merkmalen, (1) wahr oder falsch sein zu können und (2) als eigenständiges Glied von Schlußketten auftreten zu können.

Man ersieht aus dem soeben Gesagten leicht, daß sich nicht alle Arten von Präsentationen zur Begriffsbildung und damit zu propositionalem Wissen eignen. Wenn mir beispielsweise in einem abstrakten Gemälde eine ganz bestimmte Farbnuance F einen Moment lang auffällt, ich sie aber später nicht mehr wiedererkennen kann, bleibt meine Präsentation lediglich ein momentanes "So-und-so-Scheinen". Wenn ich also gleich danach, mit einem ähnlichen Farbmuster konfrontiert, mir völlig unsicher bin, ob es dieselbe Farbnuance F ist, die ich soeben gesehen habe, dann habe ich eben keinen Begriff von *dieser* Nuance F, sondern bestenfalls von einem breiteren Band auf dem Farbspektrum, denn ich bin nicht in der Lage, unter normalen Bedingungen mit leidlicher Zuverlässigkeit Urteile der Form "x ist F" zu fällen. Das Problem liegt in diesem Fall in einem extrem begrenzten *Erinnerungs*vermögen für einen gewissen, sehr nuancierten (*fine grained*) Inhalt. (Es ist übrigens sehr fraglich, ob Instantanpräsentationen der hier angedeuteten Art, also Vorkommnisse von momentanem So-und-so-Scheinen, auch nur die Minimalbedingungen erfüllen, die oben an Erlebnisse mit genuinem intentionalen Inhalt gestellt wurden; denn sie können wohl nicht als rationale Basis – als "Vernunftmotivationen", in Husserls Terminologie – für Urteile und Handlungen dienen.)

McDowell ist der Meinung, die von ihm vorgeschlagene Definition des Begrifflichen, die auch für bloß demonstrativ artikulierbare Begriffe Raum läßt ("diese Farbe da", "dieser Ton", etc.), impliziere die kantische Schlußfolgerung, *alle* intentionalen Inhalte seien notwendig konzeptueller Art: Anschauungen ohne Begriffe seien blind. Ich werde im folgenden Argumente anführen, die nahelegen, daß auch unter der Annahme von McDowells erweiterter und präzisierter Definition der begrifflichen Sphäre diese Konklusion falsch ist. Als ausgezeichnete Beispiele von nicht-begrifflichen intentionalen Inhalten werden zunächst gewisse Phänomene aus der sinnlichen Wahrnehmung, sodann Erlebnisse selbst in ihrer unreflektierten Gegebenheitsweise kurz beleuchtet werden.

II

Das erste Beispiel kommt aus dem Gebiet des musikalischen Erlebens. Meine Darstellung folgt hier im wesentlichen den Analysen von Mark DeBellis in seinem kürzlich erschienenen Buch *Music and Conceptualization*.[5] Musikalisches Hören ist eindeutig intentional: in ihm stellen sich bestimmte Klangfolgen als so-und-so-seiend dar. Um eine Klangfolge als eine bestimmte Melodie zu identifizieren, ist es notwendig, sie als eine Sequenz von *Intervallen* zu hören. Es mag unter Musikpsychologen umstritten sein, ob die relevanten Intervalle in der "Entfernung" der Tonhöhe eines jeden gehörten Tones von einem *konstanten* Bezugspunkt (der Tonika) bestehen oder ob wir eine Melodie primär als Abfolge von Intervallen zwischen den jeweils *aufeinanderfolgenden* Tönen vorstellen, aber *daß* das Hören von Intervallen der einen oder anderen Art eine zentrale Rolle spielt ist unbestritten. Nur dadurch werden wir in den Stand gesetzt, vertraute Melodien auch unter Transposition, also bei Veränderung der absoluten Tonpositionen, sofort wiederzuerkennen – eine Fertigkeit, die übrigens auch ungeübte Hörer gewöhnlich besitzen. Die vorherrschenden musikpsychologischen Theorien stimmen also darin überein, daß das Erkennen von Melodien oder Melodiefragmenten und die auch unter Hörern ohne jegliche musikalische Ausbildung sehr verbreitete Fähigkeit, Fehler in der Wiedergabe von ihnen bekannten oder auch unbekannten Melodien zu bemerken, nur zufriedenstellend erklärbar ist durch die Hypothese, die Hörer stellten die von ihnen gehörten Klangfolgen als Abfolgen von bestimmten Intervallen vor. Nach dem früher Ausgeführten ist unschwer einzusehen, wie ein Subjekt durchaus in der Lage sein kann, einen bestimmten Akkord *als* Dominantakkord zu hören, ohne über die entsprechenden musiktheoretischen Kenntnisse und Terminologie zu verfügen. Müßte es sprachlich ausdrücken, was es hört, könnte es den intentionalen Gegenstand vielleicht nur demonstrativ als "*diesen* Ton" aus der Klangfolge herausheben.

Dennoch ist DeBellis zuzustimmen, wenn er argumentiert, die Vorstellung von spezifischen Akkorden oder von akustischen Gestalteigenschaften, die ein musikalisch unausgebildeter und ungeübter Hörer habe, sei eine nicht-begriffliche. Ein solcher Hörer registriert zwar durchaus beispielsweise eine Gruppe von simultan angeschlagenen Tönen als einen Dominantakkord, was sich unter anderem dadurch ausdrückt, daß er in der Lage ist zu bemerken, wenn der Akkord innerhalb eines Stückes fehlerhaft angeschlagen wird, und auch darin, daß er ein gewisses Verständnis der harmonischen Implikationen des Akkordes hat: Er "erwartet" z.B. nach der Dominante die Tonika, d.h. er ist *überrascht*, wenn sie nicht folgt. Dennoch hat er keinen Begriff von einem Dominantakkord, denn er ist nicht fähig, den Akkord an verschiedenen Stellen des Musikstückes, geschweige in verschiedenen Stücken der gleichen Tonart, *als denselben* wiederzuerkennen und mit einiger Zuverlässigkeit systematisch von anderen Akkorden zu unterscheiden. Es handelt sich hier aber nicht um einen *Gedächtnis*mangel. Denn jenes hier fehlende Identifizierungsvermögen ist genau das, was Musikstudenten in der Schulung des musikalischen Gehörs erwerben: Wenn die Schulung erfolgreich verläuft, haben sie am Ende eine konzeptuelle Vorstellung davon, wovon der ungeübte Hörer nur eine nicht-begriffliche besitzt. Was aber hier geschult wird ist das Tonunterscheidungsvermögen und nicht, oder jedenfalls nicht primär, das Gedächtnis.

III

Eine radikalere Form nicht-begrifflichen, aber dennoch intentionalen Bewußtseins als die von DeBellis analysierte scheint mir an gewissen Aspekten des Erlebens von Intersubjektivität illustrierbar, auf die auch Schopenhauer in der oben zitierten Passage verweist. Schopenhauer zufolge kann es keine Wissenschaft der Physiognomik geben, da die hierfür relevanten Daten – z.B. die Gesichtsausdrücke – zu nuanciert seien, um in allgemeine Begriffe gefaßt werden zu können. Nach allem, was hier bereits ausgeführt wurde, wäre dieser Einwand, selbst wenn er zutreffen sollte, ohne Bedeutung für die Frage, ob die intentionalen Inhalte, deren Präsenz die Grundlage für unsere alltägliche Praxis der Interpretation von Ausdrucksphänomenen bildet, konzeptueller Art seien oder nicht. Dennoch läßt sich die These, unsere diesbezüglichen Unterscheidungsfähigkeiten seien nicht-begrifflicher Art, mit Hilfe des hier vorgeschlagenen theoretischen Instrumentariums plausibel machen.

Es ist eine bekannte Tatsache der Ausdruckspsychologie, daß sich willentlich erzeugte, also "gestellte" faziale Gefühlsausdrücke von spontanen ("echten") Ausdrücken auf subtile, aber systematische Weise unterscheiden. (Kausal ist dies damit zu erklären, daß die Gesichtsnerven in den beiden Fällen von unterschiedlichen Gehirnregionen aktiviert werden – im ersten Fall vom Hypothalamus, im zweiten vom Motorkortex.) In einem "gestellten"

Lächeln z.B. pflegen bestimmte Gesichtsmuskeln in der Augen- und Wangenregion nicht aktiviert zu werden, die an einem spontanen Lächeln gewöhnlich beteiligt sind.[6] Einschlägige Experimente zeigen außerdem, daß das erstere im statistisch erheblich überwiegenden Fall abrupter beginnt und endet.[7] Generell sind willentlich erzeugte Emotionsausdrücke im Gesicht zudem asymmetrischer als spontane; dabei ist bei ihnen die rechte Gesichtshälfte expressiver als die linke (– was kausal damit zusammenhängt, daß sie im Gegensatz zu spontanen Ausdrucksphänomenen von der linken Gehirnhälfte aus gesteuert werden).[8] Es sind Unterschiede dieser Art, welche von uns registriert werden und die rational motivierende Grundlage darstellen für Urteile wie: "das ist ein falsches Lächeln, er freut sich nicht wirklich", oder: "sie gibt nur vor, zornig zu sein". Wir haben also die Begriffe *vorgespiegelte Freude* oder *simulierter Zorn*, die wir auf bestimmte Ausdrucksphänomene anzuwenden in der Lage sind. Aber im Normalfall werden die oben erwähnten Ausdrucksfeinheiten, welche die intuitive Basis für diese Begriffe bilden, nicht selbst begrifflich vorgestellt. Das heißt, daß wir nicht imstande sind, zu erkennen, *was* es ist, das uns zu diesen Urteilen bewegt (z. B. eben eine bestimmte Asymmetrie des Ausdrucks); deshalb vermögen wir natürlich auch nicht, dieses Charakteristikum in verschiedenen Vorkommnissen, über die wir das gleiche Urteil äußern, zu re-identifizieren. Es ist denkbar, daß es *de facto* immer ein gewisses, gleiches Ausdrucksmerkmal ist, dessen Anwesenheit ein ganz bestimmtes Urteil oder eine ganz bestimmte andere Reaktion unsererseits zur Folge hat, aber wir nicht wissen, daß es gerade *dieses* Merkmal ist, denn wir haben es gar nicht als solches identifiziert, d.h. isoliert und in diesem Sinne "objektiviert". *A fortiori* können wir es nicht bei verschiedenen Anlässen mit einiger Sicherheit wiedererkennen und erfüllen mithin bezüglich seiner nicht die notwendigen Bedingungen konzeptuellen Vorstellens oder gar Wissens.

Man sieht, daß das "Unbegriffliche", das Erfahrungen dieses Typus eignet, von radikalerer Natur ist als in den von DeBellis beschriebenen Phänomenen. Denn dort war das Subjekt möglicherweise durchaus fähig, das Ereignis, das eine bestimmte Reaktion (Überraschung, Mißfallen, etc.) bei ihm auslöste, zu identifizieren: "*dieser* Ton stimmt (irgendwie) nicht", oder: "*diese* Fortsetzung nach *der* Stelle ist unpassend". In den gegenwärtig besprochenen Fällen fehlt selbst diese Kompetenz. Das Subjekt vermeint zwar, daß "irgendetwas" am Ausdruck des anderen es dazu bewegt, ein bestimmtes Urteil zu fällen – "er spiegelt Freude nur vor" usw. –, aber es kann die relevante Ausdruckskomponente eben nicht im Bewußtsein isolieren. Es kann nicht genug betont werden, wie sehr diese spezifische Opazität, die hier auftritt und die stets eine eigentümliche Passivität, eine wie auch immer abgemilderte Verwirrung seitens des Subjektes involviert, unsere alltägliche Welterfahrung beherrscht. Die Dinge haben gleichsam einen inneren Horizont, der, wenn er auch jenseits dessen liegt, was von uns jeweils bewußt erfaßt – ausdrücklich bemerkt, isoliert, objektiviert – wird, doch dasjenige, was so erfaßt wird, in seinem Wie-Sein, seiner Gegebenheitsweise bestimmt. Die Husserlsche Metaphorik vom "Horizont" ist allerdings in diesem Zusammenhang möglicherweise irreführend. Sie könnte nämlich zu der Auffassung verleiten, man habe es gar nicht mit "eigentlichen", aktuellen intentionalen Inhalten zu tun. Aber es wäre sicherlich falsch, hier von "hintergrundmäßig" gegebenen Inhalten oder dergleichen zu sprechen. Wenn ich einen bestimmten Gefühlsausdruck im Gesicht eines anderen bemerke, sind mir dessen Züge nicht inaktuell, nicht als Hintergrund gegeben.

Sind mir aber die in Frage stehenden Charaktere überhaupt als bewußte Inhalte gegeben? Könnte man nicht vielmehr argumentieren, sie seien lediglich auf sub-personaler Ebene, also "unbewußt" registriert und *kausal* für mein Urteil verantwortlich? Man könnte auf diesem Wege zu dem Schluß gelangen, daß in einer solchen Situation lediglich zwei kognitiv relevante Komponenten vorhanden seien: erstens, ein gänzlich unbewußt vermittelter

Informationsgehalt, und zweitens, der von diesem (mit-)*verursachte begriffliche* Inhalt, z.B. "dieser Zorn ist simuliert". Gegen diese Interpretation der Sachlage scheinen mir folgende Einwände in ihrer Summe zwingend. Zunächst ist es von vornherein unplausibel, zu behaupten, daß Charaktere, die prinzipiell einen von uns wahrnehmbaren *phänomenalen Aspekt* haben, – im erwähnten Beispiel die Asymmetrie von Gesichtszügen, die Plötzlichkeit im Auftreten eines Ausdrucks, usw. – in solchen Fällen völlig "unbewußt" aufgenommen würden. Eine erhebliche Beweislast liegt hier sicher auf der Seite derjenigen, die eine solche im doppelten Sinne kontra-intuitive Interpretation vertreten. Zweitens ist die Fähigkeit, diese Charaktere systematisch zu identifizieren, eine *erlernbare* – ähnlich wie Musikstudenten lernen, Tonstufen zu identifizieren, erlernen Ausdruckspsychologen das Identifizieren solcher typischen Merkmale und erwerben durch dieses Training eine begriffliche Vorstellung von ihnen. Dort, wo wir üblicherweise von sub-personal oder unbewußt registrierter Information sprechen, gibt es solche Lernprozesse nicht. Man kann kein thematisches Bewußtsein von Bildern auf der eigenen Netzhaut oder von den eigenen Gehirnprozessen erlernen. Auch das Freudsche Unbewußte soll ja nach Freuds eigener Darstellung in dieser Hinsicht eher unzugänglich sein. Das Gleiche gilt für die unbewußt registrierten Objekte im sogenannten *blindsight*.[9] Drittens scheinen die erörterten Charaktere auch eine entscheidende Bedingung zu erfüllen, die eingangs an bewußte intentionale Inhalte gestellt wurde: nämlich dem Subjekt als rationale Basis für seine Urteile und Handlungen verfügbar zu sein. Anders als bei unbewußt registrierten Reizen oder Botschaften neigt das Subjekt hier eben nicht dazu, ein Wissen von etwas schlicht zu verneinen – "ich habe *nichts* gesehen/gehört/etc." –, sondern tendiert vielmehr dazu, ein "vages" Bewußtsein zu konstatieren: "*irgendetwas* an seinem herzlichen Empfang hat mich stutzig gemacht, aber ich weiß nicht genau, was – jedenfalls werde ich vorsichtig sein". Das, was hier registriert wurde, interagiert also rational mit den diversen "propositionalen Einstellungen" des Subjekts. (Damit ist nicht mehr gemeint, als daß es einige von ihnen motiviert, im Husserlschen Wortsinn.)

IV

Abschließend noch einige Worte zu einer Region nicht-begrifflicher Intentionalität, die noch zentraler und naheliegender ist als die soeben erörterte. Es handelt sich um das gewöhnliche, nicht-reflexive Bewußtsein von unseren eigenen Erlebnissen. Dieser Gedanke ist besonders aus der phänomenologischen Philosophie bekannt, wo man ihm oft in der Formulierung begegnet, das ursprüngliche Selbstbewußtsein sei ein ungegenständliches. Man betrachte die folgenden exemplarischen Aussagen:

  Ich *erinnere mich* an [den Schreck von gestern abend].
  Ich *nehme wahr*, [daß hier Schnee liegt].
  Ich *wünsche* mir, [daß Schnee in den Bergen liegt].

Lassen wir den Sinn des "Ich" hier ebenso wie den jeweiligen nominalen oder propositionalen Erlebnis*inhalt* – durch eckige Klammern gekennzeichnet – beiseite, und wenden uns nur den Ausdrücken zu, die scheinbar auf ein Erlebnis des Ich bezugnehmen: auf ein Erinnern, Wahrnehmen, Wünschen. Die These, die von Phänomenologen wie Husserl, später Scheler, Sartre und anderen vertreten wurde, ist, daß das primäre Bewußtsein von intentionalen Erlebnissen (von Aktqualitäten, in Husserls Sprache) nicht nur *de facto*, sondern notwendig ungegenständlich sei.[10] Die Signifikanz dieser These hängt natürlich wesentlich davon ab, was man unter einem intentionalen Gegenstand zu verstehen hat. Husserls Konzeption des intentional Gegenständlichen kann etwa so paraphrasiert werden: x ist ein intentionaler *Gegenstand*, genau dann wenn (1) x bewußt ist und (2) die prinzipielle Möglichkeit besteht, dasselbe (unveränderte) x *als dasselbe* in einer Mannigfaltigkeit von numerisch und qualitativ verschiedenen intentionalen Erlebnissen bewußt zu haben.[11] Materielle Dinge, Phantome, fiktive Individuen, Propositionen, Sachverhalte, nominale Vorstellungen, reflektierte Erlebnisse – alle diese fallen unter jenes umfassende Verständnis des Gegenständlichen. Re-Identifizierbarkeit als dasselbe ist es, was wesensmäßig zur Idee des Gegenständlichen gehört. Eine Husserlsche Gegenständlichkeit impliziert somit begriffliches Bewußtsein im eingangs umgrenzten Sinn. Umgekehrt ist jedes Objekt begrifflichen Bewußtseins auch ein Husserlscher Gegenstand. Und das wiederum bedeutet, daß jedes propositionale bewußte Wissen ein Wissen von Gegenständen in diesem Sinn ist.

Wenn wir auf unsere Erlebnisse (instantiierte Aktqualitäten) reflektieren, sind sie Gegenstände für uns. Ich kann mich reflektierend an ein bestimmtes Erlebnis *erinnern*, kann *wünschen*, jenes Erlebnis nicht gehabt zu haben, kann mich *imaginierend* auf es beziehen, usw. Das heißt, das reflektierte Erlebnis ist bewußt und kann *selbst* in dieser Form zum Inhalt verschiedener Akte werden, in denen es immer als dasselbe gegeben ist, und damit erfüllt es die Bedingungen für eine Gegenständlichkeit. Aber was ist das Sein von Erlebnissen dann, wenn wir nicht auf sie reflektieren? Es bieten sich hier zunächst drei mögliche Antworten an:
(1) Wir haben kein Bewußtsein von unreflektierten Erlebnissen. Selbstbewußtsein erfordert Reflexion.
(2) Unreflektierte Erlebnisse sind gegenständlich bewußt.
(3) Unreflektierte Erlebnisse sind notwendig ungegenständlich bewußt, d.h. sie sind nicht-begriffliche Inhalte.

(1) Die erste dieser Positionen wird von Hubert Dreyfus in seiner (exegetisch sehr zweifelhaften) Interpretation von Heideggers Analyse des "besorgenden Umgangs" mit "zuhandenem Zeug" entwickelt: "action absorbed in the world does not involve an *experience of acting*, a mental state self-referentially causing a bodily movement".[12] Im Gegensatz dazu insistiert Husserl, die Reflexion habe "das merkwürdig Eigene ... , daß das in ihr wahrnehmungsmäßig Erfaßte sich prinzipiell charakterisiert als etwas, das nicht nur ist und innerhalb des wahrnehmenden Blickes dauert, sondern *schon war, ehe* dieser Blick sich ihm zuwendete".[13] Eben weil ich mir schon vor der Reflexion meines Wollens, Sehens oder Fühlens bewußt bin – dieses Bewußtsein ist natürlich nicht zu verwechseln mit demjenigen vom jeweiligem *Inhalt* des Wollens, Sehens oder Fühlens –, kann ich gewöhnlich ohne zu zögern und mit subjektiver Gewißheit anworten, wenn ich gefragt werde, was ich denn gerade tue, sehe oder fühle. Dreyfus zufolge sind solche Antworten nicht wörtlich zu verstehen: "Heidegger, like Wittgenstein, would no doubt respond that the ability to say what you are doing [or seeing, or feeling; P.P.] only shows a retroactive rationalization of our ongoing activity."[14] Wir befinden uns also immer im Irrtum, wenn wir im alltäglichen Selbstverständnis glauben, unsere Reflexionen entdeckten etwas, das schon vor ihnen war. Eine solche Theorie, die zur Konsequenz hat, daß wir nicht nur *gelegentlich*, sondern *grundsätzlich* mit unseren mentalistisch formulierten *bona fide* Selbstbeschreibungen in die Irre gehen – weil sie nämlich in Wirklichkeit gar keine Selbst*beschreibungen* seien – scheint mir schlicht und offenkundig jeder Plausibilität zu entbehren.

(2) Auch der alternativen Interpretation von Erlebnisqualitäten als Bewußtseinsgegenständen stehen schwerwiegende Einwände im Wege. Es ist, wie wir sahen, ein Wesensmerkmal eines Bewußtseinsgegenstandes, seine Identität durch jeden Wechsel meiner Einstellungen ihm gegenüber durchzuhalten. Der propositionale Gegenstand [daß Gerhard Schröder die Bundestagswahl von 1998 gewinnt] bleibt identisch derselbe für mich, ganz gleich welche Enstellung ich ihm gegenüber einnehme – ob ich mich über diesen Sachverhalt freue oder ob ich ihn bedauere, ob ich ihn (vor der Wahl) wünsche oder imaginiere. Aber

genau das ist mit Erlebnissen, so wie sie präreflexiv erlebt werden, evident unmöglich. Besonders deutlich läßt sich dies an affektiven Erlebnissen illustrieren. Nehmen wir eine aktuell vollzogene, negative affektive Reaktion auf einen bestimmten Sachverhalt, z.B. die, welche in dem folgenden Satz ausgedrückt ist:

Ich verabscheue es, [daß Menschen aus dem Kosovo vertrieben werden].

Die Erlebnisqualität des Verabscheuens kann evident *nicht* dieselbe bleiben, wenn sie *selbst* zum Objekt verschiedener propositionaler Einstellungen höherer Ordnung wird:

Ich imaginiere, {daß ich verabscheue, [daß Menschen aus dem Kosovo vertrieben werden]}.

Es ist logisch unmöglich, aktuell zu verabscheuen, während man lediglich imaginiert zu verabscheuen, ebenso wie es a priori unmöglich ist, daß dasselbe Ding zur gleichen Zeit ganz grün und ganz rot sei. Das bedeutet aber, daß die Erlebnisqualität im aktuellen unreflektierten Erleben nicht gegenständlich gegeben sein kann. Da man aber nach dem oben Gesagten annehmen muß, daß sie *gegeben* ist, kann sie nur ungegenständlich, also nicht-begrifflich oder nicht-propositional gegeben sein. Was überdies für diese – im wesentlichen an Husserl anschließende – Position spricht, ist, daß sie uns erlaubt, die von Charles Taylor betonte eigentümliche Dualität von *Entdeckung* und *Schöpfung* in der Selbstartikulation zu verstehen. Wenn wir versuchen, über uns selbst Klarheit zu gewinnen, nehmen wir durchaus auf eine in sich bereits strukturierte Vorgegebenheit bezug; aber wir beschreiben sie nicht nur, sondern modifizieren sie auch, indem wir sie durch die reflexive Artikulation objektivieren.

Peter Poellner, Department of Philosophy, University of Warwick, England.
E-mail: P.A.Poellner@warwick.ac.uk

Anmerkungen

[1] Charles Taylor: "Responsibility for Self", in: G. Watson (Hrsg.): *Free Will* (Oxford, 1982).
[2] Arthur Schopenhauer: *Die Welt als Wille und Vorstellung*, in: *Arthur Schopenhauers Sämtliche Werke* (Leipzig, 1908), Band 2, S. 67.
[3] Christopher Peacocke: "Scenarios, Concepts and Perception", in: Tim Crane (Hrsg.):*The Contents of Experience* (Cambridge, 1992), S. 111-12.
[4] John McDowell: *Mind and World* (Cambridge/Mass., 1994), S. 56-60.
[5] Mark DeBellis, *Music and Conceptualization* (Cambridge, 1995), S. 57-79.
[6] P. Ekman und W. V. Friesen: "Felt, False and Miserable Smiles", *Journal of Nonverbal Behavior* 6 (1982).
[7] D. B. Bugenthal: "Unmasking the 'Polite Smile': Situational and Personal Determinants of Managed Affect in Adult-Child Interaction", *Personality and Social Psychology Bulletin* 12 (1986), S. 7-16.
[8] P. Ekman, J. C. Hager und W. V. Friesen: "The Symmetry of Emotional and Deliberate Facial Actions", *Psychophysiology* 18 (1981), S. 101-6.
[9] Siehe L. Weiskrantz: *Blindsight: A Case Study and Implications* (Oxford, 1986).
[10] Siehe z. B. E. Husserl: *Zur Phänomenologie des inneren Zeitbewußtseins*, hrsg. von R. Boehm (Den Haag, 1966), besonders S. 74-75, 118-19.
[11] E. Husserl: *Vorlesungen über Bedeutungslehre Sommersemester 1908*, hrsg. von U. Panzer (Dordrecht, 1987), S. 49-53.
[12] H. Dreyfus: *Being-in-the-World: A Commentary on Heidegger's Being and Time* (Cambridge/Mass., 1991), S. 58.
[13] E. Husserl: *Ideen zu einer reinen Phänomenologie und phänomenologischen Philosophie* (Tübingen, 1980⁴), S. 83.
[14] H. Dreyfus: op. cit., S. 57.

PD Dr. Richard Schantz
Freie Universität Berlin
Institut für Philosophie
Habelschwerdter Allee 30
D - 14195 Berlin

Wahrnehmung und Wissen

Der größte Teil unserer Überzeugungen und unseres Wissens beruht auf der sinnlichen Wahrnehmung. Ich mag gerechtfertigt sein zu glauben, daß dort ein Sofa steht, weil ich es sehe, und daß Zucker in meinem Tee ist, weil ich ihn schmecke. Und ganz ähnlich verhält es sich mit den anderen sinnlichen Modalitäten. Es nimmt deshalb nicht wunder, daß der Empirismus lange Zeit die erkenntnistheoretische Diskussion beherrschte und daß sich die Philosophen seit vielen Jahrhunderten bemühen, die eigentümliche Rolle der sinnlichen Erfahrung im Erwerb von Wissen und in der epistemischen Rechtfertigung zu klären. Historisch gesehen lieferte die Sinnesdatentheorie die populärste Analyse der sinnlichen Wahrnehmung und Erfahrung.[1] Ihre zentrale These lautet, daß die direkten Gegenstände des Bewußtseins in der sinnlichen Wahrnehmung niemals äußere, physische Gegenstände, sondern immer nur eine besondere Art nichtphysischer oder mentaler Objekte sind, Objekte, für die charakteristisch ist, daß sie dann und nur dann existieren, wenn sie wahrgenommem werden: Descartes' und Lockes „Vorstellungen", Berkeleys und Humes „Sinneseindrücke", John Stuart Mills und Ernst Machs „Empfindungen" oder Bertrand Russells und G.E. Moores „Sinnesdaten". Diese subjektiven Entitäten werden in jüngerer Zeit, vor allem in kognitionswissenschaftlichen Kontexten, häufig auch „Perzepte" genannt.

Die Sinnesdatentheorie ist vor allem im zwanzigsten Jahrhundert heftig unter Beschuß geraten.[2] Ihre Widersacher weisen insbesondere auf ihre erkenntnistheoretisch verheerenden Konsequenzen hin. Sobald ihre zentrale These, daß die direkten Gegenstände des Bewußtseins in der Wahrnehmung immer Sinnesdaten, nie aber äußere, physische Gegenstände sind, einmal akzeptiert wird, sind im wesentlichen nur noch zwei Theorien der Wahrnehmung und der Außenwelt möglich: der Repräsentationale oder Indirekte Realismus und der Phänomenalismus.

Die Verfechter des Repräsentationalen Realismus, dessen prominentester und einflußreichster Fürsprecher, historisch gesehen, sicherlich John Locke ist, bestreiten gewöhnlich nicht, daß wir äußere, physische Gegenstände wahrnehmen - Gegenstände,

---
[1] Vgl. dazu ausführlich Schantz 1990

deren Existenz und Natur unabhängig davon ist, daß wir sie wahrnehmen. Aber wir nehmen diese Gegenstände nur indirekt oder mittelbar wahr, mittels der direkten oder unmittelbaren Wahrnehmung der phänomenalen Erscheinungen, die sie infolge einer kausalen Interaktion in unserem Bewußtsein hervorrufen. Unser gesamtes Wissen von der objektiven Realität, selbst das, was wir gewöhnlich für direktes Wahrnehmungswissen halten, beruht auf dem noch direkteren Wissen von Sinnesdaten.

Aber wenn wir immer nur Sinnesdaten, nie aber die physischen Gegenstände und Ereignisse in unserer Umgebung direkt wahrnehmen können, dann stellt sich natürlich geradezu zwangsläufig die Frage, wie wir wissen können, welche Eigenschaften physische Gegenstände haben, ja, wie wir sicher sein können, daß sie überhaupt existieren. Die Sinnesdaten fungieren diesem Einwand zufolge als ein Schleier, der unseren perzeptiven und kognitiven Zugang zur Außenwelt blockiert. Die Sinnesdatentheorie reißt eine logische Kluft zwischen inneren Objekten, den Sinnesdaten, und der äußeren, physischen Realität auf, eine Kluft, die weder durch deduktive noch durch induktive Schlüsse jemals überbrückt werden kann. Wir sind gewissermaßen in der Welt unserer Sinnesdaten eingesperrt. Kein triftiges Argument, sondern allenfalls eine Form von Magie vermag uns von der hellen auf die dunkle Seite des Schleiers der Wahrnehmung zu führen. Der erkenntnistheoretische Skeptizismus scheint die unvermeidliche Konsequenz des Repräsentationalen Realismus zu sein.

Der Phänomenalismus, den George Berkeley als erster entfaltet und den John Stuart Mill dann in wesentlichen Punkten weiterentwickelt hat, stellt eine direkte Reaktion auf die erkenntnistheoretischen Schwierigkeiten des Repräsentationalen Realismus dar. Wenn die Wurzel des Skeptizismus in der Unterscheidung zwischen äußeren, physischen Gegenständen und unseren Sinnesdaten liegt, dann brauchen wir, so scheint es, diese Gegenstände nur mit den Sinnesdaten zu identifizieren, um den drohenden Skeptizismus zu untergraben. Der radikale phänomenalistische Vorschlag lautet daher, daß ein physischer Gegenstand nichts anderes als ein Komplex von Sinnesdaten ist. Das Problem der Außenwelt soll mithin durch eine ontologische Reduktion gelöst werden. Das notorische Problem mit diesem Vorschlag ist jedoch, daß es dem Phänomenalismus einfach nicht gelingen will, der gewöhnlichen Auffassung der physischen Welt als kontinuierlich und unabhängig davon existierend, ob sie wahrgenommen wird oder nicht, gerecht zu werden. Dies zeigt sich nicht zuletzt auch darin, daß das ehrgeizige Projekt des moderneren, im Zuge der sprachlichen Wende in der Philosophie aufgekommenen Analytischen Phänomenalismus, Aussagen über physische Gegenstände vollständig durch Aussagen

---

[2] Vgl. dazu und zum Folgenden ibid., 28-89

über Sequenzen von Sinnesdaten zu analysieren oder in solche Aussagen zu übersetzen, fehlgeschlagen ist.

Die gravierenden Schwierigkeiten des Repräsentationalen Realismus und des Phänomenalismus waren für viele Philosophen der Beweggrund, die zentrale These dieser beiden Theorien über Bord zu werfen, die These, daß wir immer nur Sinnesdaten direkt wahrnehmen. Sie entschieden sich im Gegenzug für eine Spielart des Direkten Realismus. Diese Auffassung ist eine Form von Realismus, weil ihr zufolge physische Gegenstände unabhängig davon existieren, daß sie wahrgenommen werden. Und sie ist eine direkte Form des Realismus, weil sie behauptet, daß wir gewöhnlich physische Gegenstände direkt oder unmittelbar wahrnehmen, ohne die epistemische Vermittlung von besonderen mentalen Bindegliedern. Wir brauchen unser Wissen von der Außenwelt nicht durch problematische Schlüsse aus einer rein subjektiven Basis herzuleiten. Aber mit dieser Behauptung kann es der Direkte Realismus nicht bewenden lassen. Er muß zudem eine plausible Form der sinnlichen Erfahrung entwickeln, die in der Lage ist, mit solchen Phänomenen wie Sinnestäuschungen und Halluzinationen zu Rande zu kommen, die nach der Meinung so vieler traditioneller Philosophen nur durch die Einführung von Sinnesdaten angemessen erklärt werden können.

Schauen wir uns zunächst diejenige Version des Direkten Realismus an, die die Verfechter der Glaubenstheorie der sinnlichen Wahrnehmung, allen voran David Armstrong, George Pitcher, aber auch Daniel Dennett[3], befürworten. Diese Autoren sind davon überzeugt, daß eine plausible Theorie der Erfahrung formuliert werden kann, die als ihren zentralen Begriff den Begriff des Glaubens oder der Überzeugung verwendet. Sie zeichnen uns das folgende Bild von der sinnlichen Wahrnehmung: Physische Gegenstände und Ereignisse stimulieren unsere Sinnesorgane und als ein kausales Produkt dieser Prozesse erwerben wir direktes, unmittelbares Wissen von ihrer Existenz und ihren Eigenschaften. Der Erwerb dieses Wissens *ist* die sinnliche Wahrnehmung. Dieses Wissen läßt sich wiederum nach der Standardanalyse des Wissensbegriffs durch wahre, gerechtfertigte Überzeugungen explizieren.

Dieser Standpunkt scheint jedoch der Phänomenologie der Wahrnehmung nicht gerecht zu werden. Die schwierigsten Fälle für eine glaubenstheoretische Analyse phänomenalen Aussehens oder Erscheinens sind diejenigen, in denen die Dinge anders aussehen, als sie sind, in denen der Beobachter jedoch weiß, daß dies so ist. Wenn wir doch wissen, daß das zur Hälfte ins Wasser eingetauchte Ruder in Wirklichkeit gerade ist, dann werden wir weder glauben noch geneigt sein, zu glauben, daß das gekrümmt aussehende Ruder tatsächlich gekrümmt ist. Pitcher versucht, diese Fälle durch den Begriff einer „unterdrückten Neigung zu glauben" zu neutralisieren.[4] Ich glaube nicht, daß Pitcher diese Situationen richtig beschreibt. Wenn das ins Wasser eingetauchte gerade Ruder gekrümmt aussieht, ich aber weiß, daß es in Wirklichkeit gerade ist, habe ich nicht die geringste Neigung zu glauben, daß es gekrümmt ist. Vor allem aber habe ich keine Neigung, die ich allererst unterdrücken oder überwinden müßte. Mein Hintergrundwissen verhindert die Ausbildung einer solchen Neigung.

Vermutlich schwebte Pitcher ein ganz anderer Punkt vor. Denn, was sich in dieser Situation nicht völlig unterdrücken oder überwinden läßt, auch wenn wir noch soviel über die physische Realität wissen, ist die phänomenale Präsenz eines gekrümmt aussehenden Ruders. Sinnliche Prozesse sind nicht im gleichen Maße reversibel wie kognitive Prozesse. Wir können durch kontinuierliches Lernen und Forschen unsere Überzeugungen über die Gegenstände unserer Wahrnehmung verändern. Aber wir können auf diese Weise nicht die phänomenalen Erscheinungen verändern, die die Gegenstände in uns hervorrufen, den qualitativen Gehalt der sinnlichen Erfahrung. Erfahrungen sind modular in dem von Jerry Fodor herausgearbeiteten Sinn: informational abgekapselt, durch unsere Meinungen und Erwartungen kognitiv undurchdringbar.[5] Unsere perzeptiven Mechanismen haben keinen Zugang zu den Hintergrundinformationen, die den Subjekten der Erfahrung zur Verfügung stehen. Die Konsequenz davon ist jedoch, daß die Glaubenstheorie der Wahrnehmung mit ihrer Begrifflichkeit des Glaubens, der Neigung zu glauben und der unterdrückten Neigung zu glauben zum Scheitern verurteilt ist.

Eine ganz andere Position vertritt Donald Davidson. Er befürwortet im wesentlichen einen kohärentistischen Zugang zur epistemischen Rechfertigung und bestreitet demnach hartnäckig, daß das, was sich an unseren Sinnesorganen abspielt, irgend etwas mit Rechtfertigung oder Evidenz zu tun hat. Er attackiert den Dualismus von Begriffsschema und empirischem Inhalt als das „dritte Dogma des Empirismus".[6] Zu dem, was er mit „empirischem Inhalt" meint, gehören Sinnesdaten, Empfindungen und sensorische Stimuli. Davidson behauptet, daß der Empirismus aufgegeben werden muß, weil sein Leitgedanke, daß Wissen und Bedeutung auf einer sinnlichen Evidenzquelle beruhen, nicht aufrechterhalten werden kann.[7] Er glaubt, daß die Versuche, eine epistemische Basis für Rechtfertigung und Wissen außerhalb unserer Überzeugungen zu finden, in anderen Worten, Rechtfertigung letztlich auf das Zeugnis der Sinne zu gründen, alle vergeblich sind.

---

[3] Armstrong 1961; Pitcher 1971; Dennett 1991; vgl. auch Schantz 1990, 117-140
[4] Vgl. Pitcher 1971, 92-94
[5] Vgl. Fodor 1983
[6] Davidson 1984, 183-198
[7] Davidson 1986, 307-319

Die Idee, daß Rechtfertigung etwas anderes als eine Beziehung einzig und allein zwischen Überzeugungen sein könnte, beruht laut Davidson auf einer Verwechslung von Rechtfertigung und Kausalität: Erfahrungen und sensorische Stimulationen spielen eine kausale Rolle; sie sind kausale Vermittler zwischen äußeren Gegenständen und Ereignissen und unseren Meinungen über sie. Aber die Dimension der sinnlichen Erfahrung ist in Davidsons Kohärentismus epistemisch irrelevant. Eine Erfahrung kann nicht als Grund für eine Überzeugung fungieren und hat mithin keinen Einfluß auf die Frage, ob eine Überzeugung gerechtfertigt ist oder nicht. Einer Erfahrung eine epistemische Rolle zuzuschreiben, kann laut Davidson nur heißen, sie als epistemische Vermittler zwischen unseren Überzeugungen und der objektiven Realität aufzufassen. Und er ist fest davon überzeugt, daß eine solche Sichtweise zum Skeptizismus führen muß, weil wir nicht sicher sein können, daß solche Vermittler uns verläßliche Informationen über die Welt verschaffen. Durch die Aufgabe solcher epistemischen Bindeglieder hofft er, den unmittelbaren Kontakt mit den vertrauten Gegenständen wiederherzustellen, die unsere Aussagen und Überzeugungen wahr oder falsch machen.[8]

John McDowell hat jüngst den Einwand erhoben, daß Davidsons kohärentistische Position, da sie nur kausale Beziehungen zwischen unserem Denken und unseren Erfahrungen erlaubt, den Bezug unseres Denkens auf die objektive Realität zu verlieren droht.[9] In Davidsons Bild werden, wie McDowell sich ausdrückt, „rationale Einschränkungen" von der Welt her auf das sich entwickelnde Netz unserer Überzeugungen preisgegeben. Die Tätigkeit des Rechtfertigens empirischer Überzeugungen ist kein selbständiges, in sich geschlossenes Spiel, sondern muß dem Zeugnis der Sinne verantwortlich sein. Wenn wir verstehen wollen, wie der Gebrauch von Begriffen zu gerechtfertigten empirischen Überzeugungen über die äußere Realität führen soll, dann müssen wir laut McDowell rationale Beziehungen zwischen Erfahrungen und Überzeugungen anerkennen, das heißt, wir müssen Raum schaffen für die Idee, daß unsere Erfahrungen in Rechtfertigungsbeziehungen zu unseren Überzeugungen stehen können, daß Erfahrungen als Gründe und nicht nur als Ursachen für Überzeugungen dienen können.

McDowell hegt die Befürchtung, daß Davidsons Standpunkt, da er die epistemische Relevanz der Erfahrung leugnet, einen Rückfall in den Mythos des Gegebenen hervorrufen wird. Dies ist, wie sie McDowell im Anschluß an Wilfrid Sellars beschreibt,[10] die Ansicht, daß der Raum der Gründe und Rechtfertigungen sich in dem Sinn weiter erstreckt als der Raum der Begriffe, daß rohe, nichtbegriffliche Gegebenheiten das Fundament unserer empirischen Überzeugungen bilden sollen. Die zugrundeliegende Idee ist, daß wir durch

---
[8] Davidson 1984, 198
[9] McDowell 1994

Bezugnahme auf ein gegebenes Element die erforderliche rationale Einschränkung von außerhalb des Bereichs unseres Denkens und Urteilens sicherstellen können.

McDowell teilt Davidsons Ansicht, daß der Mythos des Gegebenen unhaltbar ist, weil wir die Beziehungen, aufgrund deren eine Überzeugung gerechtfertigt ist, nur als Beziehungen zwischen begrifflich organisierten Entitäten verstehen können. Sie halten den Versuch, den Raum der Gründe so weit auszudehnen, daß er nichtbegriffliche Entitäten einschließt, für aussichtslos. Wenn Erfahrungen als nichtbegrifflich verstanden werden, dann können sie keine rationale Basis, keine Quelle der Rechtfertigung, für unsere Überzeugungen sein. Soweit stimmt McDowell mit Davidson überein. Aber er kann Davidsons uneingeschränkten Kohärentismus nicht akzeptieren.

Um dem ständigen Schwanken zwischen dem Kohärentismus einerseits und dem Mythos des Gegebenen andererseits zu entkommen, ist McDowell bestrebt, eine neue Konzeption der Erfahrung zu entwickeln, deren wesentlicher Vorzug darin bestehen soll, daß sie als einzige einen rationalen Zusammenhang zwischen Erfahrung und Denken, zwischen Sinnlichkeit und Verstand, einräumen kann. Ihre zentrale Idee ist, daß Erfahrungen passive Zustände sind, Produkte der Rezeptivität, und dennoch schon begrifflichen Inhalt besitzen. Begriffliche Fähigkeiten werden nicht *an* einer nichtbegrifflichen Gegebenheit ausgeübt, sondern schon *in* der Rezeptivität in Anspruch genommen.[11] Es verhält sich nicht so, daß Begriffe erst in Überzeugungen ins Spiel kommen, die auf der Erfahrung beruhen; sie sind schon in den Erfahrungen selbst am Werk. In einer nichttrügerischen Erfahrung werden wir gewahr, daß die Dinge soundso sind. Auf diese Weise hofft McDowell verständlich zu machen, wie Erfahrungen in rationalen, und nicht bloß in kausalen, Beziehungen zu Überzeugungen stehen können. Wie uns die Dinge erscheinen, ist nicht unter unserer Kontrolle, aber es ist an uns, zu entscheiden, ob wir glauben sollen oder nicht, daß die Dinge so sind, wie sie die Erscheinungen repräsentieren. Erfahrungen sind also McDowell zufolge begrifflich und propositional, aber nichtdoxastisch.

Sicherlich ist McDowells Sichtweise, weil sie die epistemische Signifikanz der sinnlichen Erfahrung anerkennt, Davidsons Kohärentismus vorzuziehen. Aber ich glaube, wir müssen noch einen Schritt weitergehen. Ich werde just eine Version der Auffassung verteidigen, die McDowell als einen Mythos brandmarkt, der Auffassung, daß es ein gegebenes Element in der Erfahrung gibt, das unabhängig vom Denken ist und das einen charakteristischen nichtpropositionalen und sogar nichtbegrifflichen Inhalt besitzt. Das Gegebene ist kein Mythos. Und ich werde zeigen, daß dieses gegebene Element tatsächlich geeignet ist, eine wichtige epistemische Rolle zu spielen.

---

[10] Sellars 1963, 127-196
[11] Ibid. 9-13

In meiner Kritik an Glaubenstheorien der Wahrnehmung haben wir gesehen, daß die Erfahrung wesentlich nichtdoxastisch ist.[12] Für unser sinnliches Bewußtsein sind keine Überzeugungen erforderlich. Alles, was für meine Wahrnehmung eines Gegenstandes notwendig ist, ist, daß er mir phänomenal in einer gewissen Weise erscheint. Gewiß, etwas als einen Samovar zu erkennen, oder zu sehen, daß es ein Samovar ist, heißt die Überzeugung zu bilden, daß es ein Samovar ist, und wie alle Überzeugungen erfordert dies die Anwendung von Begriffen. Aber nicht jede Wahrnehmung ist eine Wahrnehmung *als* oder eine Wahrnehmung, *daß*. Es scheint offenkundig zu sein, daß wir einen Samovar sehen können, obwohl wir ihn nicht als solchen erkennen und obwohl wir nicht einmal den Begriff eines Samovars besitzen. Das Sehen eines Samovars besteht aus gewissen visuellen Erfahrungen, gewissen Weisen, in denen der Samovar für uns aussieht, und diese Erfahrungen erfordern keine Konzeptualisierung, kein Verständnis, was für eine Art Gegenstand ein Samovar ist.

Zudem können meiner Sichtweise zufolge nichtbegriffliche subjektive Erfahrungen als rationale Gründe für unsere empirischen Überzeugungen fungieren. Die epistemische Signifikanz der Erfahrung hängt nicht von ihrer Konzeptualisierung ab. Wenn mir unter normalen Bedingungen ein Gegenstand rötlich erscheint, bin ich dann nicht mehr gerechtfertigt zu glauben, daß er rot ist, als daß er blau oder gelb ist? Ich glaube schon. Es ist plausibel zu sagen, daß ich in der Weise, in der der Gegenstand für mich aussieht, einen Grund für die Überzeugung habe, daß er rot ist. Wenn ich sage, daß ein Subjekt S in der Weise, in der ihm ein Gegenstand x erscheint, einen Grund für die Überzeugung hat, daß x F ist, dann will ich damit nicht behaupten, daß S durch einen Prozeß des Schließens oder Ableitens zu seiner Überzeugung gelangt sein muß. Kein bewußter diskursiver Prozeß braucht zwischen dem Umstand, daß x F für S erscheint, und der daraus hervorgehenden Überzeugung, daß x F ist, zu vermitteln. Die resultierende Überzeugung zeichnet sich vielmehr durch ihre psychische Unmittelbarkeit aus.

Für die Rechtfertigung unserer gewöhnlichen Wahrnehmungsüberzeugungen ist es nicht erforderlich, daß wir glauben, daß uns die Dinge soundso erscheinen. Es sind die Erfahrungen selbst, die Weisen, in denen uns die Dinge erscheinen, nicht unsere Überzeugungen über sie, von denen die Rechtfertigung abhängig ist. Wir haben selten Überzeugungen über phänomenale Erscheinungen. Unsere Wahrnehmungsurteile beziehen sich gewöhnlich auf äußere Gegenstände und Ereignisse - nicht, wie gerne gesagt wird, auf Qualia. Die Position, die ich verteidige, ist deshalb eine Form von Direktem Realismus. Wir erwerben durch die Sinne normalerweise direktes Wissen über physische

---

[12] Vgl. auch Dretske, 1969

Gegenstände und Ereignisse. Dieses Wissen ist direkt, weil es nicht auf anderem Wissen oder anderen Überzeugungen beruht.

Bibliographie

Armstrong, D. (1961), Perception and the Physical World. London: Routledge & Kegan Paul
Davidson, D. (1984), Inquiries into Truth and Interpretation. Oxford: Clarendon Press
Davidson, D. (1986), A Coherence Theory of Truth and Knowledge, in: Truth and Interpretation. Perspectives on the Philosophy of Donald Davidson. Hg. von LePore, E. Oxford: Basil Blackwell
Dennett, D. (1991), Consciousness Explained, Little, Brown
Dretske, F. (1969), Seeing and Knowing. London: Routledge & Kegan Paul
Fodor, J. (1983), The Modularity of Mind. Cambridge/MA: MIT Press
McDowell, J. (1994), Mind and World. Cambridge/MA: Harvard University Press
Pitcher, G. (1971), A Theory of Perception. Princeton: Princeton University Press
Schantz, R. (1990), Der sinnliche Gehalt der Wahrnehmung. München: Philosophia
Sellars, W. (1963), Science, Perception and Reality. London: Routledge & Kegan Paul

Was heißt 'nichtpropositional'?

Christiane Schildknecht

Der Begriff des Nichtpropositionalen ist wesentlich durch die Heterogenität seiner Bestimmung geprägt, die er mit anderen begrifflichen Charakterisierungen *via negativa* teilt. Das von ihm erfaßte Spektrum reicht dabei von der Leugnung sprachlicher Repräsentierbarkeit im Sinne des sinnvoll Aussagbaren über eine Kritik an der bivalenten Struktur von Wissen bis hin zu Grenzbestimmungen des Begrifflichen selbst.

Folgende Kandidaten, die die für eine Analyse des Nichtpropositionalen zentralen Bereiche markieren, stehen im einzelnen zur Diskussion:

(1) Praktisches Wissen im Sinne eines Könnens.
(2) Einstellungen zu Propositionen.
(3) Formen natürlichen Erkennens (Intuition, Ahnung).
(4) Erkenntnis im Bereich des Ästhetischen.
(5) Elemente des kategorialen Diskurses, die außerhalb der propositionalen Ebene sprachlicher Repräsentierbarkeit stehen (kategoriale Erläuterungen).
(6) Elemente, die eine begriffliche Strukturierung ermöglichen (Definitionen).
(7) Erkenntnisvermittelnde und aspekterfassende Elemente, die der propositionalen Ebene 'daß p' vorausgehen oder unterhalb dieser Ebene angesiedelt sind (Eigenname, Metapher, Indexikalität).
(8) Der nicht-begriffliche Gehalt von Erfahrung (visuelle Wahrnehmung).
(9) Wissen, das sich auf mentale Zustände bezieht (innere Erfahrung):
    (a) Wissen, *wie* es ist, in einem mentalen Zustand zu sein.
    (b) Sinnliches oder phänomenales Bewußtsein.
    (c) Die erste-Person-Perspektive im Hinblick auf Selbstwissen.

Der Vortrag diskutiert die zentralen Formen von Nichtpropositionalität der Reihe nach im Hinblick auf ihre jeweilige begriffliche Bestimmung. Folgende Kriterien, die den Bereich des Nichtpropositionalen klassifikatorisch strukturieren, stehen dabei im Mittelpunkt:

(a) Der Anspruch auf Wahrheit;

(b) der Anspruch auf Begrifflichkeit;

(c) das Kriterium unmittelbarer Präsenz;

(d) direkter versus intentionaler Bezug;

(e) Wiedererkennbarkeit;

(f) vollständige Erfaßbarkeit und

(g) Art der Individuierung.

Die Analyse der Differenz zwischen Propositionalität und Nichtpropositionalität wird zunächst das Kriterium der Begrifflichkeit als Minimalkriterium für Nichtpropositionalität herausarbeiten. In einem weiteren Schritt wird dann gezeigt, daß folgende, im theoretischen Bereich zu verortende Konzeptionen von Nichtpropositionalität dieses Kriterium preisgeben: (a) Konzeptionen von Erfahrung, die sich auf deren nicht-begrifflichen Gehalt berufen, und (b) Konzeptionen von Wissen, *wie* im Hinblick auf mentale Zustände (innere Erfahrung).

In Abgrenzung von komplementären Ansätzen plädiert der Vortrag schließlich für eine *graduelle* Bestimmung des Verhältnisses von Propositionalität und Nichtpropositionalität: Propositionalität ist nur möglich auf der Basis von Nichtpropositionalität. Diese Diagnose gilt gleichermaßen für erkenntnistheoretische Fragestellungen wie für solche im Rahmen der Philosophie des Geistes.

Beschreibung und Darstellung: Ein Vergleich von sprachlicher und bildlicher Bezugnahme

Worin unterscheidet sich eine Beschreibung von einer bildlichen Darstellung einer Person? Eine häufige, wenn auch wenig zufriedenstellende Antwort lautet: Eine richtige Darstellung der Person muß der Person notwendigerweise ähnlich sein, während gleiches für eine wahre Beschreibung nicht zutreffen muß. Und zudem - diese Antwort hört man seltener - gilt: Beschreibungen können aufgrund ihrer Subjekt-Prädikat-Struktur im Gegensatz zu Bildern wahr sein.

Gegen die erste Antwort spricht - und dies wurde in der bildtheoretischen Debatte der letzten Dekaden ausreichend gezeigt -, daß der Ähnlichkeitsbegriff sich nicht aufschlußreich explizieren läßt. Die zweite Antwort ist trivialerweise wahr, solange man nur den syntaktischen Aspekt von Bildern und Beschreibungen betrachtet. Der simple Grund dafür ist das Fehlen einer Bildsyntax, mit deren Hilfe wir ein Bild in Subjekt und Prädikat zerlegen können. Gleichwohl gibt es auf der semantischen Ebene eine Parallele zwischen Beschreibungen und Darstellungen. Dieses möchte ich in meinem Vortrag näher vorstellen. Dazu werde ich mich Beschreibungen von Darstellungen und Beschreibungen zuwenden. Vorab sei jedoch kurz dargelegt, warum Bilder meiner Auffassung nach keine syntaktisch-komplexen Zeichen sind, die eine Subjekt-Prädikat Struktur besitzen.

1. Kurze Bemerkungen zur Syntax der Bilder

Gegen mein Vorhaben kann zugegebenermaßen folgender fundamentaler Einwand erhoben werden: Die Behauptung, daß Bilder Zeichen sind, ist falsch. Daher ist die Redeweise einer Syntax der Bilder von vornherein unsinnig[1] und es bedarf weder eines weiteren Beweises dafür, daß Bilder keine syntaktisch-komplexen Zeichen sind, noch daß sie keine Subjekt-Prädikat-Struktur besitzen. Dieser Einwand ist m.E. wenig dienlich, solange nicht näher expliziert wird, was unter "Zeichen" zu verstehen ist. Meiner Auffassung zufolge – und sie erscheint mir gleichermaßen schlicht wie plausibel – benennt der Ausdruck "Zeichen" Artefakte, die dazu verwendet werden, für etwas zu stehen. Ich möchte damit nicht leugnen, daß es kein Leichtes ist zu erklären, was genauer unter "Artefakt", "verwenden" und "stehen für" zu verstehen ist. Aber begriffliche Unklarheiten dieser Art sind in diesem Stadium der Überlegungen leider unumgänglich. Hinzukommt, daß die Gegner der *Bilder-sind-Zeichen*-Auffassung, soweit ich dies überblicke, sich auch

---

[1] J. Kulenkampff argumentiert u.a. in diese Richtung (ders. "Sind Bilder Zeichen? – Nein. Aber was dann? – Das ist eine offene Frage." In O.R. Scholz / J. Steinbrenner (Hg.), *Erkenntnis und Exemplifikation*. Dresden 1999.

auf keinen geeigneteren Zeichenbegriff stützen können. Es sei daher für das folgende vorausgesetzt, daß Bilder Zeichen sind.[2]

Selbst jedoch wenn man die Voraussetzung, daß Bilder Zeichen sind, teilt, bleiben gleichwohl folgende Fragen offen: Sind Bilder syntaktisch strukturiert? Was heißt es überhaupt, daß ein Zeichen syntaktisch strukturiert ist? Beginnen wir mit der zweiten Frage: Ein Zeichen ist meiner Auffassung genau dann syntaktisch strukturiert, wenn es aus Atomarzeichen zusammengesetzt ist. Unter Atomarzeichen sind Zeichen zu verstehen, die nicht in kleinere Zeichen desselben Zeichensystems zerlegbar sind. So ist z.B. ein kleines "i" ein Atomarzeichen, das zwar aus einem Strich und einem Punkt besteht, aber weder Strich noch Punkt sind Atomarzeichen. Für Zeichen wie auch Atomarzeichen gilt vielmehr, daß sie nur Zeichen relativ zu einem Zeichenschema sind.[3] Daraus, daß ein Zeichen syntaktisch unzerlegbar ist, folgt jedoch nicht, daß es Teil eines komplexen Zeichen sein kann. So können zwar Verkehrszeichen übereinander, nebeneinander und hintereinander aufgestellt werden, aber trotzdem handelt es sich bei diesen Folgen nicht um komplexe Zeichen. Von komplexen Zeichen kann man nur dann sprechen, wenn es Konkatenationsregeln gibt, die festlegen, wie aus Atomarzeichen komplexe aufgebaut werden. Solche Regeln gibt es soweit mir bekannt für Verkehrszeichen nicht, dagegen aber für Schriftsprachen.

Für Bilder gilt nun, daß wir für sie weder Konkatenationsregeln besitzen, noch eine brauchbare Vorstellung davon besitzen, aus welchen Atomarzeichen sie zusammengesetzt sind.[4] Der Vorschlag, den man an dieser Stelle zuweilen hört, lautet, daß man in den Pixeln digitaler Bildverarbeitungssysteme so etwas wie atomare Bildzeichen sehen kann. Dieser Vorschlag ist jedoch zumindest aus folgenden Gründen abzulehnen:

(1) Die meisten Bilder bestehen nicht aus Pixeln der genannten Art.
(2) Es gibt keine auch nur annähernd allgemein akzeptierte Konkatenationsregeln für Pixel.
(3) Es ist fraglich, ob Pixel überhaupt als Atomarzeichen aufzufassen sind. So besteht auch ein mit Hilfe eines Nadeldruckers klein geschriebenes "i" aus Pixeln, aber daraus folgt nicht, wie gezeigt, daß der I-Punkt ein Atomarzeichen ist.
(4) Für Pixel gibt es keine etablierte Praxis, die festlegt, wann zwei Pixel-Vorkommnisse vom

---

[2] Eine ausführlichere Verteidigung dieser These findet sich in O.R. Scholz, ""Mein teurer Freund, ich rat` Euch drum / Zuerst Collegium Syntacticum" – Das Meisterargument in der Bildtheorie". In K. Sachs-Hombach / K. Rehkämper (Hg.): *Bildgrammatik: Interdisziplinäre Forschung zur Syntax bildhafter Darstellungsform*, Magdeburg 1999.

[3] Man kann sich zwar vorstellen, daß der Strich und der Punkt, aus dem sich das kleine "i" zusammensetzt, Atomarzeichen in irgendeinem anderen Symbolschema sind, aber sie sind keine Atomarzeichen uneres Alphabets.

[4] Vgl. J. Steinbrenner, "Zitatzeit - oder Füßchen der Gänse überall - oder worauf Zitate Bezug nehmen." In K. Sachs-Hombach / K. Rehkämper (Hg.): *Bildgrammatik: Interdisziplinäre Forschung zur Syntax bildhafter Darstellungsform*, Magdeburg 1999.

selben Typ sind. Ist zum Beispiel ein hellgrünes und dunkelgrünes Pixel derselben Größe typgleich?[5]

Das Fehlen der Konkatenationsregeln bei Bildern zeigt sich zudem auch darin, daß unklar ist, was die kleinsten semantischen Elemente ("Lexikoneintragungen") von Bilden sind.[6] Ein Grund dafür ist das Fehlen von Atomarzeichen, aus denen sich komplexere Zeichen aufbauen lassen. Sicherlich kann auch bei Bildern auf bezugnehmende Teile gedeutet werden. Jedoch besitzen wir für Bildteile im Gegensatz zu Zeichenelementen in der Sprache keine scharfen Individuierungsmerkmale. Wo hört der dargestellte Flügel auf? Ist dieser Bildteil vom selben Zeichentyp wie jener? Befriedigende Antworten auf diese und ähnliche Fragen sind nur schwer zu erreichen.

Wendet man sich dagegen der Sprache zu, ist es dort zumeist einfach, die Atomarzeichen und die kleinsten semantischen Ausdrücke zu identifizieren (dazu gehört z.B. auch, daß wir für die Sprache grammatische Regeln besitzen, die festlegen ob ein Ausdruck korrekt gebildet ist etc.). Die genannten Gründe sprechen somit dafür, einen prinzipiellen Unterschied zwischen internen Strukturen von Bildern und sprachlichen Ausdrücken zu ziehen. Ich möchte damit nicht leugnen, daß gegen jedes von mir vorgebrachte Argument Einwände erhoben werden können. Aber die Argumente insgesamt zeigen, daß eine Subjekt-Prädikat-Struktur bei Bildern analog zur Sprache nicht vorzufinden ist.

2. Zur Semantik der Bilder und die Rolle der Exemplifikation

Obwohl also Bilder und sprachliche Ausdrücke syntaktisch nur bedingt verglichen werden können, kann offensichtlich das Denotat von Bild und sprachlichem Ausdruck dasselbe sein. Ein Bild kann gleich einem sprachlichen Ausdruck Bill Clinton denotieren beziehungsweise Bill Clinton das Merkmal zuschreiben, daß er joggt. Dieses von Darstellungen und Beschreibungen geteilte semantische Merkmal zeigt sich besonders deutlich, wenn man Beschreibungen von Darstellungen und Beschreibungen betrachtet, wie z.B. folgende:

(a) Der Satz "Bill Clinton ist ein Jogger" beschreibt Bill Clinton zutreffenderweise als Jogger.

(b) Das Bild stellt Bill Clinton zutreffenderweise als Jogger dar.[7]

---

[5] Vgl. dazu C. Egin : "depiction". In D. Cooper (Hg.): *A Companion to Aesthetics*, Oxford 1992.

[6] Dies trifft zwar auch für Quinesche *Einwortsätze*, wie z.B. "Gavagai", zu. Aber es ist zum einen fraglich, ob solche *Sätze* von einem grammatikalischen Standpunkt aus überhaupt Sätze sind und zum anderen lassen sie sich zumindest in Atomarzeichen zerlegen.

[7] Für die Beschreibung einer Beschreibung ist es nicht wesentlich, daß die beschriebene Beschreibung angeführt werden kann. Statt der Anführung kann auch ein strukturell-deskriptiver Name oder ähnliches verwendet werden. Kurz gesagt: Die Beschreibung einer Beschreibung unterscheidet sich von einer Beschreibung einer

Beide, Beschreibung wie Darstellung, sind - so meine These - deshalb wahr bzw. richtig, weil sie Bill Clinton ein auf ihn zutreffendes Merkmal zuschreiben, nur geschieht diese Zuschreibung offensichtlich auf unterschiedliche Weise: Während bei Sätzen eine Zuschreibung der genannten Art schon auf syntaktischer Ebene erkennbar ist (x ist F), geschieht solch eine Zuschreibung bei Bildern dadurch, daß der Betrachter erkennt, von welchem Typ[8] das Bild ist bzw. welche Merkmale das Bild exemplifiziert.[9]

Mit anderen Worten: Will man einen atomaren Satz verstehen, muß man den Subjekt- und Prädikatausdruck erkennen und wissen, was sie denotieren (Freges "Kompositionalitätsprinzip"). Solch eine getrennte Identifizierung von Subjekt und Prädikat ist bei einer Darstellung offensichtlich aufgrund der fehlenden syntaktischen Struktur unmöglich. Bei Bildern ist es dagegen ausschlaggebend zu erkennen, was für einen Bildtyp sie exemplifizieren. Das Bill-Clinton-als-Jogger-Bild exemplifiziert z.B. sowohl das Merkmal ein Bild-Clinton-Bild wie auch ein Jogger-Bild zu sein. Es stellt als Bild richtig dar, weil es das richtige Objekt, nämlich Clinton, als Jogger darstellt.[10]

Während wir jedoch bei unserer Beschreibung von Beschreibungen auf das Schema $\ulcorner x$ ist $F\urcorner$ zurückgreifen können, ist uns dies bei Beschreibungen von Darstellungen nicht möglich. Der Grund dafür ist, daß wir Beschreibungen im Gegensatz zu Darstellungen anführen können.[11] Aber ungeachtet dieses Unterschieds, können wir bei unseren Beschreibungen von Beschreibungen wie Darstellungen das Schema $\ulcorner$x-als-F$\urcorner$ anwenden. Dies zeigt an, daß in Darstellungen wie auch Beschreibungen einem Objekt ein Merkmal zugeschrieben wird.

Gegen meine These, daß Bilder und Beschreibungen erlauben, Objekten Merkmale zuzuschreiben (oder genauer als-F zeigen), lassen sich sicherlich zahlreiche Einwände erheben. Ich möchte im folgenden auf die wichtigsten eingehen.

Darstellung nicht dadurch, daß die beschriebene Beschreibung angeführt wird, sondern höchstens darin, daß sie angeführt werden kann.

[8] Mit der Redeweise vom Typ möchte ich mich nicht auf eine platonistische Ontologie festlegen, sondern ich bediene mich nur eines ontologisch unschuldigen umgangssprachlichen Ausdrucks.

[9] Mein Begriff der Exemplifikation ist an jenem von N. Goodman angelehnt (vgl. J. Steinbrenner, "Exemplifikation und Bezugnahmefeld". In O.R. Scholz / Steinbrenner (Hg.) s. Anm. 1; u. ders., "Die Ähnlichkeit und die Bilder". In K. Sachs-Hombach / K. Rehkämper (Hg.): *Bild – Bildwahrnehmung - Bildverarbeitung: Interdisziplinäre Beiträge zur Bildwissenschaft*, Wiesbaden 1998. 125-131).

[10] Eine andere Ansicht in diesem Zusammenhang vertritt N. Goodman. Für ihn kann auch ein Bild, auf dem keine Person dargestellt ist, eine Person denotieren (vgl. ders. *Language of Art*, Indianapolis 1974, 26 u. 29). Meiner Auffassung nach können jedoch nur Bilder, die das Merkmal "Personenbild" exemplifizieren, Personen darstellen (metaphorische Bezugnahme und andere Formen der verschobenen Bezugnahme seien an dieser Stelle ausgeklammert).

[11] Die Nicht-Anführbarkeit von Darstellungen ist m.E. der wesentliche Grund dafür, daß Darstellungen im Gegensatz zu Beschreibungen, d.h. Sätzen, nicht wahr sein können.

Einwände:

(1) Einwand der Sprachintuition: Wie der Ausdruck "zu*schreiben*" schon besagt, ges*chrieben* werden Ausdrücke aber keine Bilder.

Der für mich entscheidende Punkt ist: Darstellungen wie Beschreibungen können uns zeigen, verdeutlichen etc., daß ein Gegenstand ein bestimmtes Merkmal besitzt. Sie tun dies dadurch, so meine Redeweise, daß sie einem Gegenstand ein Merkmal *zuschreiben*. Wer sich an dieser Redeweise stört, mag statt dessen von *zuweisen* oder ähnlichem sprechen. Wichtig dabei ist jedoch, sich immer des ⌜x-als-F⌝-Schemas gewahr zu sein.

(2) Einwand der Spezifizität: Wenn jemand behauptet, daß Bill Clinton Präsident der USA ist, schreibt er Clinton genau eine Merkmal zu. Bilder schreiben dagegen einem Objekt notwendigerweise unbestimmt viele Merkmale zu.[12]

Hinter diesem Einwand stehen im besonderen zwei ungerechtfertigte Annahmen darüber, was die wesentlichen Eigenschaften von Bildern sind:

(a) *Informativitätsthese*: "Wahrhafte" Bilder sind im Gegensatz zu Beschreibungen *durchgehend informativ*, d.h. jeder noch so kleine Teil eines Bildes ist Abbildung eines Teils des Sujets. Die dahinter stehende Idee, die meines Wissens das erstemal von H. Hertz[13] formuliert wurde, lautet: Ein Bild kann in noch so kleine Bestandteile aufgelöst werden und jeder Bestandteil ist selbst wieder ein Bild. Offensichtlich widerspricht diese Idee zahlreichen Bildern. Erinnert sei beispielsweise an Bilder Cezannes, in denen weite Partien der Bildfläche pure Leinwand sind und Farbkleckse zu sehen sind, die, alleine für sich betrachtet, überhaupt nichts darstellen.

(b) *Explizitätsthese*: Dieser These zufolge müssen "wahrhafte" Bilder immer alle visuell wahrnehmbaren Eigenschaften ihres Sujets zeigen, die von einem Betrachterstandpunkt aus gesehen werden. Die beliebten Beispiele hierzu sind der gestreifte Tiger und das gesprenkelte Huhn. Anhänger der Explizitätsthese behaupten fälschlicherweise, daß ein gelungenes Bild sämtliche Streifen des Tigers bzw. sämtliche Punkte des Huhns, von einem Standpunkt aus gesehen, darstellen müßte. Die Gegenbeispiele nicht nur in der Kunst sind Legionen. Hinzukommt, daß Bilder sehr wohl Allgemeines, wie zum Beispiel Gattungen, Geschlecht etc. denotieren können. Erinnert sei in diesem Zusammenhang nur an Piktogramme und Bilder in Lexika. So nimmt ein Adlerbild in einem Lexikon nicht auf einen spezifischen Adler Bezug, sondern auf eine Gattung, und das Bild auf der Toilettentür ist nicht Bild eines Mannes, sondern ein Bild von Männern allgemein.

---

[12] D. Lopes nennt den Gedanken, auf dem dieser Einwand beruht, den Mythos der Spezifizität (ders. *Understanding Pictures*, Oxford 1996, § 6.1).

[13] Hertz, H.: *Die Prinzipien der Mechanik*. Leipzig 1894. 112 ff.

Die Thesen (a) und (b) sollen den Spezifizitätseinwand stützen: Der These (a) zu folge stellt jeder noch so kleine Teil eines Bildes ein Merkmal eines Gegenstandes dar und somit zeigt ein Bild unabzählbar viele Merkmale eines Gegenstandes. Die These (b) fordert dagegen, daß Bilder alle, damit aber unbestimmt viele, visuellen Merkmale ihres Sujet von einem Betrachterstandpunkt aus gesehen darstellen müssen. Beide Thesen sind jedoch falsch und können daher den Spezifizitätseinwand nicht begründen.

> (3) Einwand der Negation und Asymmetrie: Ein wesentliches Kennzeichen von Sätzen ist die Asymmetrie zwischen Subjekt und Prädikat, d.h. während Prädikatausdrücke negiert werden können, trifft dies auf Subjektausdrücke nicht zu. In Bildern kann dagegen gar nichts negiert werden. Dies zeigt an, daß in Bildern Gegenständen keine Merkmale zugeschrieben werden können.[14]

Wie oben gesehen, können Bilder gleich Prädikaten Allgemeines denotieren. Da Bilder jedoch syntaktisch unstrukturierte Zeichen sind,[15] können auch keine Teilausdrücke negiert werden. Was gleichwohl zu unserer Praxis im Umgang mit Bildern dazugehört, ist, daß man nachträglich darstellende Teile von Bildern eliminiert. So war es in der Geschichte nicht nur der Sowjetunion üblich, Darstellungen von bestimmten Personen auf Gruppenbildern nachträglich zu eliminieren.[16]

Das bekannteste Beispiel ist die Eliminierung von Trotzki-Darstellungen auf Befehl von Stalin in Leninbildern. Durch die Eliminierung der Darstellung Trotzkis wird offensichtlich die Denotation der Bilder verändert. Während z.B. ein Bild den Redner Lenin in Begleitung von Trotzki darstellt, fehlt letzteres Merkmal im nachträglich manipulierten Bild. Das manipulierte Bild schreibt somit Lenin nicht das Merkmal zu, gemeinsam mit Trotzki, sondern alleine eine Rede vor Einheiten der Roten Armee gehalten zu haben.

Problemlos können wir uns überdies ein weiteres manipuliertes Bild vorstellen, auf dem Lenin auf dem Swerdlow-Platz dargestellt wird, wie er mit einem Pflaster auf dem Mund Einheiten der Roten Armee betrachtet. Dieses Beispiel soll mir nicht zur Behauptung dienen, daß die Beschreibung "Lenin hält keine Rede vor Einheiten der Roten Armee auf dem Swerdlow-Platz" das gleiche Ereignis denotieren muß, wie das von mir erfundene manipulierte Bild, auf dem wir Lenin sehen, wie er mit verpflasterten Mund Einheiten der Roten Armee begafft. Aber ungeachtet dieses möglichen Unterschiedes können wir uns vorstellen, daß das Bild mit dem verpflasterten Lenin dazu dient, jemanden mitzuteilen, daß Lenin auf dem Swerdlow-Platz keine

---

[14] Ob diese Asymmetrie tatsächlich, wie von Strawson in *Individuals* (London 1965) behauptet, notwendigerweise auf die Subjekt-Prädikat Struktur von Sätzen zutrifft, sei dahin gestellt.

[15] Darin, daß Bilder unstrukturiert sind, gleichen sie Atomarzeichen. Im Gegensatz zu jenen gibt es für Bilder jedoch keine Konkatenationsregeln. Daher ist m.E. die Redeweise von bildlichen Atomarzeichen unpassend.

[16] Vgl. zu diesem und ähnlichen Beispielen den Ausstellungskatalog des Hauses der Geschichte *Bilder, die Lügen* (Bonn 1998).

Rede hielt und genau zum gleichen Zweck kann die Beschreibung "Lenin hält keine Rede vor Einheiten der Roten Armee auf dem Swerdlow-Platz" verwendet werden. Aber besitzen deshalb, so läßt sich einwenden, Bild und Beschreibung das gleiche Denotat? Nun, eine Antwort wird davon abhängen, wie wir hier und an anderen Stellen den Begriff der Denotation verwenden. Mein Vorschlag zur Klärung: Das Bild wie auch die Beschreibung denotieren den nicht-redenden Lenin. Damit behaupte ich nicht, daß das Bild und die Beschreibung nur den nicht-redenden Lenin denotieren, sondern sie können gegebenenfalls zudem den Swerdlow-Platz, die Rote Armee, die Sowjetunion, die Welt, das Wahre und vieles mehr denotieren.

Mit all dem möchte ich, wie schon mehrfach betont, nicht leugnen, daß schon alleine aufgrund der syntaktischen Unterschiede sich Bilder und Beschreibungen in semantischen Hinsichten unterscheiden. So besitzen wir für Bilder keine Negationszeichen, noch können wir sie analog zu Sätzen in Prädikat und Subjekt zerlegen, zitieren und so weiter. Vielleicht funktionieren auch die meisten Bilder eher im Sinne von Kennzeichnungen oder Eigennamen, d.h., um mit Frege zu sprechen, ihnen fehlt die behauptende Kraft. Aber alle dies widerlegt nicht meine Behauptung, daß mit Bildern analog zu Sätzen Gegenständen Merkmale zugeschrieben werden können.[17]

Ob diese Merkmalszuschreibung, die durch Bilder geleistet werden kann, in irgendeinem Sinne propositional ist, um auf das Thema dieser Sektion zu kommen, weiß ich nicht. Aber mein Unwissen dieser Frage gegenüber ist ein fundamentales, weil mir allgemein unklar ist, was unter propositionalem Wissen überhaupt zu verstehen ist. Daher ist für mich die Behauptung, daß Sätze im Gegensatz zu Bildern Propositionen ausdrücken, nichtssagend.

Klar und deutlich erscheint mir dagegen, daß Sätze wie auch Bilder Merkmale besitzen, die für ihre Denotation und Verwendung wichtig oder gar notwendig sind. Dazu gehört, wie oben bereits erwähnt, daß ein Bild, das einen bestimmten Mann, wie z.B. Lenin, denotiert, das Merkmal exemplifizieren muß, ein Bild von einem Lebewesen, einem Mann etc. zu sein. Gleiches gilt für Sätze: Ein Satz, der Lenin beschreibt, muß eine Mannbeschreibung sein und so fort. Kurz ausgedrückt: Bilder oder Sätze denotieren nicht deshalb, weil sie einen Sinn besitzen oder eine Proposition ausdrücken, sondern weil sie zu einem bestimmten Typ gehören. So erkennen wir z.B., daß ein Bild einen Mann denotiert, weil wir zuvor feststellen, daß das Bild das Merkmal exemplifiziert, ein Mannbild zu sein. Die Kunst des Bildverstehens besteht also darin, bestimmte visuelle Merkmale an einem Bild zu erkennen, die eine Typisierung des Bildes in einem bestimmten Bildsystem erlaubt. Ganz ähnlich funktionieren in diesem Sinne sprachliche Ausdrücke. Wir müssen z.B. in einer Vokalsprache einer Lautfolge bestimmte akustische Merkmale zuschreiben, damit wir erkennen können, von welchem Typ die Folge ist. Im Anschluß daran können wir feststellen, ob und was die Folge denotiert.

---

[17] Ausnahme dazu sind die beschriebenen Piktogramme, Lexikonbilder und natürlich alle gegenstandslosen Bilder, die gar nichts darstellen.

(4) Einwand gegen die Exemplifikation als Voraussetzung der Darstellung: Ein Bild kann zahlreiche Merkmale exemplifizieren, aber nicht alle sind für seine Denotation von Bedeutung. So kann ein Bild auch das Merkmal exemplifizieren, ein kubistisches Bild zu sein. Daraus folgt aber nicht, daß z.B. ein kubistisches Stilleben mit Äpfeln, den Äpfeln das Merkmal zuschreibt, kubistisch zu sein, so wie ein Lenin-mit-Batschkappe-Bild Lenin das Merkmal zuschreibt, ein Batschkappenträger zu sein.

Die Schwierigkeit vor dem mich dieser Einwand stellt, besteht darin, diejenigen Exemplifikationen eines Bildes zu bestimmen, die Voraussetzung für die Denotation des Bildes sind. Offensichtlich gehören zu diesen exemplifizierten Merkmalen nicht Merkmale wie ein sündhaft teures Bild oder ein kubistisches Bild zu sein. Die in Frage kommenden Merkmale sind vielmehr nur diejenigen, die auch denotative Kraft besitzen. So können wir uns z.B. in einem Lexikon ein Batschkapp-Träger-Bild vorstellen, daß alle Batschkappenträger denotiert. Mit anderen Worten: unter denotativer Kraft verstehe ich das Merkmal von Bildern, aufgrund dessen Bilder analog zu Prädikaten denotieren. So kann ich einer Person eine Nashornfotografie mit der Bitte in die Hand drücken, im Tierpark nachzuzählen, wie viele von dieser Gattung dort zu finden sind. In diesem Fall beschränke ich mich nur auf die denotative Kraft des Fotos. Ich kann jedoch gleichwohl dasselbe Foto als Fahndungsfoto verwenden, anhand dessen Hilfe ich überprüfen will, ob das Nashorn Bill im Zoo steht. In beiden Fällen ist jedoch die denotative Kraft bzw. die Exemplifikation für das Erkennen der Denotation von Nöten. Damit eine Person erkennt, ob das Foto Bill das Nashorn darstellt, muß sie erkennen können, daß es sich um ein Nashornbild handelt. Dafür, daß die Person erkennen kann, daß es sich um ein Nashornbild handelt, muß sie erkennen können, daß es ein Tierdarstellung ist und so fort. Die Einteilung ist nur insofern beliebig, als daß die Kategorisierung von Kultur zu Kultur verschieden sein kann. So läßt sich z.B. eine Kultur denken, in der Nashörner für Fabelwesen gehalten werden. Ein Mitglied dieser Kultur würde somit einen Fehler begehen, wenn er von dem Nashornfoto behauptet, daß es das Merkmal Tierbild exemplifiziert. In dieser Kultur besitzt das Nashornfotografie daher nicht die denotative Kraft, Tiere zu denotieren.

(5) Der Seeungeheuereinwand (oder eine Reminiszens an den See): Aber können wir uns nicht vorstellen, daß uns jemand eine Fotografie von einem äußerst merkwürdigen Gegenstand, Wesen oder was auch immer zeigt und behauptet, dieses Etwas befinde sich im Bodensee. Und können wir uns nicht zudem vorstellen, daß wir am Abend nach einigen Halben Ruppanerbier auf der Rheinbrücke stehen, auf die Konstanzerbucht hinaus schauen und auf einmal diesen Gegentand aus dem Wasser auftauchen sehen. Und können wir danach nicht behaupten, daß wir eine Darstellung des Gegenstandes bereits zuvor auf einer Fotografie gesehen haben? Und wenn dem so ist, zeigt dies nicht, daß wir erkennen können, was Bilder darstellen, ganz unabhängig von möglichen Exemplifikationen des Bildes?

Die Antwort weiß – wie ich hoffe – nicht nur der Wind, sondern spätestens Anfang Oktober 99 all diejenigen, die den Vortrag hören, zu dem dieser Text die Vorlage ist.

Kritik des reinen Repräsentationalismus

Bernhard Thöle (Berlin)

Spätestens seit Ryle kann die Unterscheidung zwischen propositionalem Wissen (knowing that p) und Können (knowing how) als klassisch bezeichnet werden. Obwohl umstritten ist, wie propositionales Wissen genau zu analysieren ist, besteht weitgehend Einigkeit darüber, daß Können nicht auf propositionales Wissen reduzierbar ist. Weniger klar ist, ob mit der Unterscheidung zwischen *knowing that* und *knowing how* alle Verwendungsweisen von "wissen" erfaßt werden können. Im Anschluß an Thomas Nagels einflußreichen Aufsatz "What is it like to be a bat?" wird in der analytischen Philosophie des Geistes die Frage diskutiert, ob es eine eigenständige Form des Wissens gibt, die mit der Formel "Wissen, wie es ist, etwas zu erleben" bezeichnet wird.

Diese Frage steht im Kontext des Programms einer Naturalisierung des Mentalen. Ein notorisches Problem für derartige Naturalisierungsprogramme stellt das qualitative Erleben dar. Wer etwas Rotes wahrnimmt oder einen Juckreiz verspürt, befindet sich in einem Zustand, der einen ihm eigenen *phänomenalen Charakter* besitzt. Der phänomenale Charakter eines Bewußtseinszustandes ist eben dasjenige, was jemand, der weiß, wie es ist, in einem derartigen Zustand zu sein, kennt. Das Problem des Naturalisten besteht nun darin, diesen phänomenalen Charakter und das mit ihm verbundene Wissen, wie es ist, in einem solchen Zustand zu sein, in ein naturalistisches Weltbild zu integrieren.

Vor allem zwei Aspekte des bewußten Erlebens bringen den Naturalisten in Schwierigkeiten: die Subjektivität des Erlebens und Empfindungsqualitäten. Mit dem vieldeutigen Terminus "Subjektivität" soll hier der Umstand bezeichnet werden, daß nur solche Wesen, die Erlebnisse eines bestimmten Typs haben, in der Lage sind, ein angemessenes Wissen von diesen Zuständen zu erlangen. Wer nie Farben wahrgenommen hat, kann bestenfalls eine rudimentäre Kenntnis vom Charakter einer Farbwahrnehmung erlangen - ihm fehlt gerade die Kenntnis dessen, was für eine Farbwahrnehmung charakteristisch ist. Die Subjektivität des Erlebens scheint vor allem deshalb ein Problem für den Naturalisten darzustellen, weil er einem Objektivitätsideal verpflichtet ist. Tatsachen, die nur aus einer bestimmten subjektiven Perspektive erfaßt werden können, müssen ihm daher suspekt erscheinen. So jedenfalls die naturalismuskritische These des bereits erwähnten Thomas Nagel.

Das Problem der Subjektivität ergibt sich aus der spezifischen Zugangsweise zum phänomenalen Charakter bewußten Erlebens. Das Problem der Empfindungsqualitäten hingegen betrifft nicht die Zugangsweise, sondern den Status dessen, *worauf* wir auf solche Weise zugreifen.

Für den Naturalisten besteht die Wirklichkeit letztlich in nichts anderem als einer Ansammlung physikalischer Gegenstände mit physikalischen Eigenschaften. Einem verbreiteten Klischee zufolge bestand eine der zentralen Voraussetzungen der erfolgreichen

Naturalisierung der äußeren Wirklichkeit, die mit der neuzeitlichen wissenschaftlichen Revolution einsetzte, in der Subjektivierung der Empfindungsqualitäten. Indem die Empfindungsqualitäten zu bloßen Wirkungen im Bewußtsein wahrnehmender Wesen erklärt wurden, eröffnete sich die Möglichkeit einer vollständig objektiven, quantifizierbaren Erfassung der sogenannten primären Eigenschaften physikalischer Gegenstände. Mit der Ausdehnung des Naturalisierungsprogramms auf das Bewußtsein mußte daher die begriffliche Verlegenheit eintreten, wie nun mit den Empfindungsqualitäten zu verfahren sei. Nachdem sie von den äußeren Gegenständen in den Geist verlegt worden waren, um die Außenwelt dem wissenschaftlichen Zugriff zugänglich zu machen, entstand die Frage, ob ihnen in einem vollständig naturalistischen Weltbild, in das auch der Geist integriert ist, überhaupt noch ein Platz zugewiesen werden kann.

Der Repräsentationalismus. Ein sich zunehmender Beliebtheit erfreuender Versuch, die Probleme, die der phänomenale Charakter von Bewußtseinszuständen für das Naturalisierungsprogramm aufwirft, zu lösen, ist der Repräsentationalismus. Die Lösungsstrategie des Repräsentationalisten erfolgt in zwei Schritten: In einem ersten Schritt wird versucht, den phänomenalen Charakter bestimmter Bewußtseinszustände vollständig auf deren repräsentationalen Gehalt zu reduzieren. In einem zweiten Schritt wird eine naturalistische Theorie des repräsentationalen Gehalts auf solche Bewußtseinszustände angewandt.

Die verschiedenen Spielarten des Repräsentationalismus unterscheiden sich zum einen hinsichtlich ihres intendierten Anwendungsbereichs. *Radikale* Repräsentationalisten behaupten, daß sich der qualitative Charakter *aller* Bewußtseinszustände auf deren repräsentationalen Gehalt reduzieren lasse. Weniger radikale Spielarten schränken diese Behauptung auf bestimmte Typen von Bewußtseinszuständen ein. Da weitgehende Einigkeit darüber besteht, daß die repräsentationalistische Strategie ihre Vorzüge am deutlichsten im Bereich der äußeren Wahrnehmung entfaltet, werde ich mich in der folgenden Kritik des Repräsentationalismus auf dieses Anwendungsfeld beschränken.

Die erste These des Repräsentationalisten besagt also - angewandt auf den Fall der äußeren Wahrnehmung:

(R) Der phänomenale Charakter äußerer Wahrnehmungen besteht in nichts anderem als ihrem repräsentationalen Gehalt
Oder anders gesagt: wer weiß, welche Eigenschaften äußere Gegenstände in der Wahrnehmung zu haben scheinen, der weiß alles, was es über den phänomenalen Charakter von Wahrnehmungen zu wissen gibt.

Ich will diese Behauptung als *Repräsentationalismusthese* bezeichnen. Hinzu tritt zweitens die hier so genannte *Naturalismusthese*. Sie besagt:

(N) Der Umstand, daß eine Wahrnehmung einen bestimmten repräsentationalen Gehalt besitzt, läßt sich im Rahmen einer naturalistischen Theorie vollständig und angemessen explizieren.

Da die Naturalisierungsindustrie eines der Haupttätigkeitsfelder analytischer Philosophen geworden ist, überrascht es kaum, daß eine ganze Reihe recht unterschiedlicher Vorschläge vorliegen, den repräsentationalen Gehalt von Wahrnehmungen naturalistisch zu explizieren. Ich werde mich im folgenden nur mit einer bestimmten Spielart, die ich als reinen oder externalistischen Repräsentationalismus bezeichnen will, beschäftigen. Was ist damit gemeint?

Der reine Repräsentationalismus. Betrachten wir zu diesem Zwecke eine Rotwahrnehmung. Aus der Repräsentationalismusthese folgt, daß der phänomenale Charakter einer solchen Wahrnehmung in nichts anderem besteht, als darin, daß dieser Wahrnehmungszustand etwas als rot repräsentiert. Aus der Naturalismusthese folgt, daß der Umstand, daß diese Wahrnehmung etwas als rot repräsentiert, naturalistisch analysiert werden soll. Für den Naturalisten wird es naheliegen, die Wahrnehmung mit einem Gehirnzustand zu identifizieren. Und ebenso naheliegend ist für ihn die Idee, den repräsentationalen Gehalt dieser Wahrnehmung darauf zurückzuführen, daß der entsprechende Gehirnzustand in einer bestimmten - naturalistisch akzeptablen - Beziehung zu roten Gegenständen steht. Wer dieser Idee folgt, ist ein externalistischer oder reiner Repräsentationalist. Charakteristisch für solche Versionen des Repräsentationalismus ist die *Externalismusthese*:

(E) Eine Wahrnehmung w repräsentiert etwas als die Eigenschaft F habend, wenn Wahrnehmungen diesen Typs in einer bestimmten, naturalistisch akzeptablen Beziehung zu Gegenständen, die die Eigenschaft F haben, stehen. Diese Beziehung soll im folgenden kurz die *repräsentationskonstituierende Beziehung* genannt werden.

Ein Repräsentationalist, der alle drei Thesen (R), (N) und (E) unterschreibt, soll deshalb als *externalistischer* Repräsentationalist bezeichnet werden, weil aufgrund von (E) der repräsentationale Gehalt einer Wahrnehmung *ausschließlich* durch die Eigenschaften der betreffenden Gegenstände (d.h. der Gegenstände, zu denen die Wahrnehmung bzw. der sie konstituierende Gehirnzustand in der repräsentationskonstituierenden Beziehung steht) festgelegt ist. Der repräsentationale Gehalt hängt allein von dieser Beziehung ab und d.h. er ist weder gebunden an die (nicht-relationalen) Eigenschaften des betreffenden Gehirnzustandes selber, noch an die Beziehungen, in denen dieser Gehirnzustand zu anderen mentalen Zuständen steht.

Eine besonders einfache Version einer solchen externalistischen Theorie ist die z. B. von Michael Tye[1] vertretene kausale Kovarianztheorie. Nach dieser Theorie hat ein Gehirnzustand genau dann den repräsentationalen Gehalt einer Rotwahrnehmung, wenn sich Gehirnzustände dieses Typs *unter optimalen Bedingungen* genau dann einstellen, wenn ein Wahrnehmungssubjekt mit roten Gegenständen konfrontiert ist, und der Umstand, daß es sich um *rote* Gegenstände handelt, kausal für das Auftreten des entsprechenden Gehirnzustandes verantwortlich ist.

Eine andere - etwas kompliziertere - teleologische Theorie des repräsentationalen Gehalts hat Fred Dretske in seinem Buch *Naturalizing the Mind* vorgeschlagen.[2] Seinem Ansatz zufolge besteht der repräsentationale Gehalt einer Wahrnehmung darin, daß der entsprechende Gehirnzustand die *Funktion* besitzt, das Vorliegen der repräsentierten Eigenschaft zu anzuzeigen. Die Einzelheiten dieses Vorschlags müssen uns nicht weiter interessieren. Wichtig ist nur, daß es sich auch hier um eine externalistische Theorie handelt, weil die betreffende Anzeigefunktion nach Dretske darauf beruht, daß Gehirnzustände des entsprechenden Typs in einer bestimmten Phase der Evolution mit Gegenständen, die die repräsentierte Eigenschaft besaßen, in Beziehung standen.

Motive für externalistische Repräsentationstheorien. Was spricht für eine solche Position? Wir haben gesehen, daß der externalistische Repräsentationalismus durch drei zentrale Thesen charakterisiert werden kann. Die Naturalismusthese versteht sich für einen Naturalisten natürlich von selbst. Aber was spricht für die Repräsentationalismusthese und was für die Externalismusthese?

Fragen wir zunächst, was zugunsten der Repräsentationalismusthese gesagt werden kann. Hier sind vor allem zwei Gesichtspunkte ausschlaggebend. Zum einen wird die These einem Naturalisten deshalb besonders attraktiv erscheinen, weil er hoffen kann, mit ihrer Hilfe zwei Fliegen mit einer Klappe zu schlagen. Denn jede naturalistische Theorie des Mentalen muß sich auf zwei zentralen Problemfeldern bewähren: einerseits muß sie eine befriedigende Theorie des phänomenalen Bewußtseins liefern; andererseits muß sie verständlich machen können, wie mentale Zustände sich auf etwas intentional beziehen können. Wie ist etwa zu erklären, daß sich mentale Zustände auf Nicht-Existierendes beziehen können - was z.B. dann der Fall ist, wenn sich jemand vor Dämonen fürchtet? Die Attraktivität der Repräsentationalismusthese besteht aus Sicht des Naturalisten darin, daß sich mit ihr die Aussicht eröffnet, die Probleme, die der phänomenale Charakter aufwirft, einfach auf das Intentionalitätsproblem zu reduzieren. Da zudem die meisten Naturalisten der Ansicht sind, daß zur Lösung des Intentionalitätsproblems bereits vielversprechende naturalistische Ansätze

---

[1] Vgl. Tye: *Ten Problems of Consciousness*. Cambridge Mass. 1995, S.100f. Ich blende hier die weiteren Bedingungen, die nach Tye erfüllt sein müssen, um einen Gehirnzustand überhaupt als eine Wahrnehmung aufzufassen, aus und beschränke mich auf die Bedingungen, durch die der konkrete repräsentationale Gehalt, durch den sich eine Wahrnehmung von anderen Wahrnehmungen unterscheidet, festgelegt ist. Entsprechendes gilt für das, was im folgenden über Dretskes Theorie gesagt wird.
[2] Dretske: *Naturalizing the Mind*. Cambridge Mass. 1995, v.a. Kap. 1, 3 und 5.

vorliegen, verliert für einen Repräsentationalisten das als besonders widerspenstig geltende Problem des phänomenalen Erlebens seine Schrecken.

Zweitens verweisen Vertreter der repräsentationalistischen These gerne auf einen phänomenologischen Sachverhalt: Wenn wir versuchen den phänomenalen Charakter einer Wahrnehmung zu beschreiben, dann erschöpft sich diese Beschreibung üblicherweise in einer Beschreibung der Art, wie uns ein äußerer Gegenstand erscheint. Der phänomenale Charakter einer Rotwahrnehmung scheint in nichts anderem zu bestehen, als darin, daß uns etwas als rot erscheint. Wir beschreiben den phänomenalen Charakter einer Wahrnehmung also, indem wir das beschreiben, was eine solche Wahrnehmung über die äußere Wirklichkeit zu erkennen vorgibt - kurz: der phänomenale Charakter scheint sich auf den repräsentationalen Gehalt der Wahrnehmung reduzieren zu lassen.

Man mag sich darüber streiten - und man streitet auch darüber -, ob sich wirklich *alle* Aspekte des phänomenalen Charakters einer Wahrnehmung auf ihren repräsentationalen Gehalt reduzieren lassen. Aber es scheint mir offenkundig zu sein, daß der überwiegende Teil des phänomenalen Charakters von Wahrnehmungen im repräsentationalen Gehalt der Wahrnehmung aufgeht. Selbst wenn, was hier offenbleiben kann, die repräsentationalistische These bei genauerer Betrachtung abgeschwächt werden müßte, so kann es sich dabei lediglich um eine marginale Abschwächung handeln.

Wie steht es nun aber um die Motive für die Externalismusthese? Ich will drei solche Motive kurz vorstellen.

Das *erste Motiv* ergibt sich, wenn man die repräsentationalistische These mit der Annahme verbindet, daß viele unserer Wahrnehmungen zutreffend sind: Sie stellen dann die äußere Wirklichkeit so vor, wie sie ist. Daraus folgt aber, daß es Gegenstände gibt, die die Eigenschaften, die in der Wahrnehmung repräsentiert werden, wirklich besitzen. Unter dieser Voraussetzung liegt es für den Naturalisten nahe, den Umstand, daß eine Wahrnehmung einen bestimmten repräsentationalen Gehalt besitzt, darauf zurückzuführen, daß Wahrnehmungen des entsprechenden Typs in einer bestimmten Beziehung zu solchen Gegenständen stehen, die ihrem repräsentationalen Gehalt entsprechen - die also diejenigen Eigenschaften wirklich besitzen, die in der Wahrnehmung repräsentiert werden.

Damit aber scheint auch - und damit kommen wir zum *zweiten Motiv* - das oben angesprochene Lokalisierungsproblem der sinnlichen Empfindungsqualitäten eine einfach Lösung zu finden. Die von Thomas Nagel herausgestellte Schwierigkeit, die sinnlichen Qualitäten im Gehirn zu finden, erweist sich dann als ein Scheinproblem, das für Nagel nur deshalb entsteht, weil er am falschen Ort (nämlich dem Gehirn) nach den sinnlichen Qualitäten sucht. Für den Externalisten sind die Eigenschaften, die in der Wahrnehmung vorgestellt werden, eben nicht im Gehirn zu suchen, sondern in der Welt draußen - an den Gegenständen, die in der repräsentationskonstituierenden Beziehung zu jenen Gehirnzuständen stehen. Das bedeutet natürlich nicht, daß es keine Sinnestäuschungen geben kann. Nicht immer, wenn ich eine Rotwahrnehmung habe, muß sich ein roter Gegenstand in meiner Umgebung befinden. Aber meine Wahrnehmung kann nur dann eine Rotwahrnehmung sein, wenn sie in einer bestimmten Beziehung zu roten Gegenständen steht.

Für den Externalisten macht das Bestehen dieser Beziehung es gerade aus, daß es sich um eine Rotwahrnehmung handelt.

Das *dritte und letzte Motiv* für eine externalistische Analyse des repräsentationalen Gehalts ergibt sich, wenn man von der verbreiteten Ansicht ausgeht, daß der repräsentationale Gehalt von *Begriffen* externalistisch zu analysieren ist. Denn wenn man die Richtigkeit des Externalismus für begriffliche Repräsentationen unterstellt, spricht viel dafür, den Externalismus auf den Gehalt von Wahrnehmungen auszudehnen. Wenn unsere Meinungen über den Gehalt unserer Wahrnehmungen diesen angemessen erfassen können sollen, dann ist schwer zu sehen, wie die Begriffe, die konstitutiv in solche Meinungen eingehen, ihren Gehalt grundsätzlich andersartigen Bedingungen verdanken können, als die Wahrnehmungen, deren Gehalt sie beschreiben sollen.

Anders als die Repräsentationalismusthese scheint mir die Externalismusthese aber nicht durch besonders starke Gründe motiviert zu sein. Was das an letzter Stelle genannte Motiv betrifft, so ist klar, daß dies allenfalls dann das gewünschte Ergebnis stützt, wenn man davon ausgeht, daß begrifflicher Gehalt *durchgängig* externalistisch analysiert werden muß. Dies ist aber eine alles andere als selbstverständliche Annahme. Es mag ja sein, daß einiges dafür spricht, insbesondere Begriffe natürlicher Arten externalistisch zu analysieren. Aber gerade für diejenigen Begriffe, die unmittelbar dazu dienen, den repräsentationalen Gehalt unserer Wahrnehmungen zu beschreiben, ist eine solche Annahme weit weniger plausibel.

Die beiden anderen Motive können zusammengenommen werden. Zunächst ist zuzugestehen, daß es eine erfreuliche Sache wäre, wenn unsere Wahrnehmungen uns nur mit solchen Eigenschaften bekannt machten, die sich so auch an den wahrgenommenen Gegenständen finden. Aber den Gründen, die für die Annahme sprechen, daß gerade unsere Empfindungsqualitäten als sekundäre Qualitäten aufgefaßt werden müssen, kann man nicht allein mit Wunschdenken entgegentreten. Zumal wir uns daran erinnern müssen, daß der Externalist zugleich Naturalist sein will. Dies aber zwingt ihn dazu, die Empfindungsqualitäten mit respektablen physikalischen Eigenschaften zu identifizieren (bzw. in ihnen realisiert zu denken)[3] - mit all den Schwierigkeiten, die eine solche Identifikation aufwirft. Damit wird das bekannte Problem der Erklärungslücke hinsichtlich des phänomenalen Bewußtseins nur in die Außenwelt verlagert, aber nicht gelöst. Die Frage, wie bestimmte Remmissionsgrade (oder was immer man sonst an physikalischen Eigenschaften aufbieten will) die Röte eines Gegenstandes konstituieren sollen, ist um nichts leichter zu beantworten als die Frage, wie das Feuern von Neuronen den qualitativen Charakter einem bestimmten Bewußtseinszustandes konstituieren soll.

Die Externalismusthese steht also auf eher schwachen Füßen. Aber ein externalistischer Repräsentationalismus ist nicht nur schwach begründet, er führt auch in Schwierigkeiten. Eine solche Schwierigkeit will ich abschließend präsentieren.

---

[3] Diese Konsequenz wird daher auch sowohl von Dretske wie von Tye gezogen. (Vgl. Dretske a.a.O. pp. 88ff. und Tye a.a.O: pp. 145ff.)

Ein Problem für den externalistischen Repräsentationalismus. Die Schwierigkeit ergibt sich daraus, daß ein externalistischer Repräsentationalist etwas als möglich ausgeben muß, was offensichtlich unmöglich ist : Er muß zugestehen, daß ein bestimmter Typus von Wahrnehmungssubjekten denkbar ist, den ich als "rot-grün-blind" bezeichnen will.

Ein Wesen ist rot-grün-blind, wenn es über Wahrnehmungen verfügt, die zur Menge der roten und grünen Gegenstände in repräsentationskonstituierender Beziehung stehen. Weder Tyes kausale Kovarianztheorie noch Dretskes teleologischer Ansatz schließen die Möglichkeit solcher Wesen aus. Ich will dies kurz an Tyes einfacherer Theorie erläutern. Wieso sollte es nicht möglich sein, daß es Wesen gibt, die über Wahrnehmungen des folgenden Typs verfügen: sie treten unter optimalen Bedingungen genau dann auf, wenn entweder ein roter oder ein grüner Gegenstand auf die Sinnesorgane des betreffenden Wesens einwirkt und der Umstand, daß der Gegenstand entweder rot oder grün ist, kausal für das Auftreten der Wahrnehmung dieses Typs verantwortlich war.

Zwischen Wahrnehmungen des betreffenden Typs und der Eigenschaft (rot-oder-grün-zu-sein) besteht demnach die von Tye favorisierte Repräsentationsbeziehung. Analoges läßt sich für Dretskes kompliziertere Repräsentationsbeziehung nachweisen. Ich kann darüber hinaus nicht erkennen, wie man, ohne ad-hoc-Annahmen ins Spiel zu bringen, diese Möglichkeit ausschließen können sollte.

Trifft dies zu, dann folgt aus der Externalismusthese, daß Wahrnehmungen dieses Typs etwas als rot-oder-grün repräsentieren. Aus der Repräsentationalismusthese folgt dann aber, daß der qualitative Charakter einer solchen Wahrnehmung allein durch den repräsentationalen Gehalt charakterisiert ist. So wie der qualitative Charakter einer gewöhnlichen Rotwahrnehmung darin bestehen soll, daß mir etwas als rot erscheint, so muß analog der qualitative Charakter der Wahrnehmungen unserer rot-grün-blinden Wesen darin bestehen, daß ihm etwas als rot-oder-grün erscheint.

Aber das erscheint absurd. Denn wie soll man sich einen Gegenstand denken, der rot-oder-grün aussieht? Er kann nicht rot aussehen, denn dann würde für ein solches Wesen ein grüner Gegenstand unter optimalen Bedingungen rot aussehen. Aber unter optimalen Bedingungen muß ein Gegenstand so aussehen, wie er ist. Und ein grüner Gegenstand ist nicht rot. Aus analogen Gründen kann er auch nicht in einer anderen uns bekannten Farbe erscheinen. Auch eine uns unbekannte Farbe kann er nicht zu haben scheinen. Denn eine solche Farbe müßte eine von Rot wie von Grün verschiedene Farbe sein. Unter der Voraussetzung, daß kein Gegenstand gleichzeitig vollständig rot und vollständig andersfarbig ist, folgt, daß der Gegenstand auch in keiner uns unbekannten Farbe erscheint. Vielleicht scheint er dann eine Eigenschaft zu haben, die gar keine Farbe ist? Aber muß nicht eine Wahrnehmung, die etwas als rot-oder-grün repräsentiert, es zugleich als farbig repräsentieren? Und wie soll etwas als farbig repräsentiert werden, wenn die repräsentierte Eigenschaft gar keine Farbe ist?

Der reine Repräsentationalist muß also etwas als möglich ausgeben, was sich bei näherer Betrachtung als unmöglich erweist.

Naturalisten sind hartnäckige Gegner. Ich vermute daher, daß der Repräsentationalist zur Verteidigung auf eine aus seiner Sicht bewährte Taktik zurückgreifen wird und behaupten, daß das, was wir soeben für unmöglich erklärt haben, nicht wirklich unmöglich ist. Es mag ja sein, so wird er entgegnen, daß *wir* uns nicht *vorstellen* können, wie etwas Rotes für ein rot-grün blindes Wesen aussieht. Aber wir sollten die Grenzen unseres bekanntlich beschränkten Vorstellungsvermögens nicht mit den Grenzen der Möglichkeit verwechseln. Daß wir nicht in der Lage sind, uns vorzustellen, wie es für ein rot-grün-blindes Wesen ist, einen roten Gegenstand wahrzunehmen, liege einfach daran, daß wir über derartige Wahrnehmungszustände nicht verfügen. Ein Blinder könne sich schließlich auch nicht vorstellen, wie es ist, etwas Rotes wahrzunehmen. Aber wir wissen, daß er einem Irrtum unterläge, wenn er daraus auf die Unmöglichkeit von Rotwahrnehmungen schlösse.

Diese Replik scheint mir wenig überzeugend. Denn offenkundig werden hier zwei Fälle miteinander verglichen, die sich in einer entscheidenden Hinsicht unterscheiden. Der Blinde kann sich deshalb nicht vorstellen, wie rote Gegenstände aussehen, weil er die Eigenschaft, die in Rotwahrnehmungen vorgestellt wird, nicht kennt: Er weiß eben nicht, was Röte ist. Aber der Grund, weshalb wir so sicher sind, daß nichts rot-oder-grün aussehen kann, besteht gerade darin, daß wir nur allzu gut wissen, um welche Eigenschaft es sich hier handelt. Jeder, der die Eigenschaft, "rot-zu-sein", und die Eigenschaft, "grün-zu-sein", kennt, und weiß, was mit "oder" gemeint ist, der kennt auch die Eigenschaft, "rot-oder-grün-zu-sein". Und eben weil wir diese Eigenschaft so gut kennen, wissen wir, daß etwas unmöglich rot-oder-grün aussehen kann.

Aber selbst wenn der Repräsentationalist auf seiner Diagnose beharren sollte, ist er nicht aus dem Schneider. Denn ein reiner Repräsentationalist *muß* die folgende These unterschreiben:

Wer den repräsentationalen Gehalt einer Wahrnehmung kennt, der kennt auch ihren phänomenalen Charakter. Oder anders gesagt: Wer die Eigenschaften kennt, die den repräsentationalen Gehalt einer Wahrnehmung bestimmen, der weiß auch, wie es ist, eine solche Wahrnehmung zu haben. Das ergibt sich aus der Repräsentationalismusthese und wird auch von Dretske ausdrücklich eingeräumt[4].

Jeder normal Farbsichtige weiß, wie etwas Grünes aussieht. Ebenso weiß jeder normal Farbsichtige, wie etwas Rotes aussieht. Aber daraus folgt nicht, daß jeder normal Farbsichtige weiß, wie etwas Rotes für die Rot-Grün-Blinden aussieht. Ich jedenfalls habe nicht die geringste Ahnung. Aber natürlich weiß ich, welche Eigenschaft ein rot-grün blindes Wesen sensorisch repräsentiert. Jeder normal Farbsichtige, der weiß, was "oder" bedeutet, weiß alles, was es über die Eigenschaft "rot-oder-grün-zu-sein" zu wissen gibt. Er müßte also, wenn Dretske recht hätte, wissen, wie es ist, etwas als rot-oder-grün wahrzunehmen. Ich für meinen Teil weiß es nicht und ich hoffe niemandem zu nahe zu treten, wenn ich abschließend die Vermutung äußere, daß auch niemand von Ihnen es weiß.

---

[4]Dretske a.a.O. S.83ff. So heißt es etwa S.94: "A blind person may know what it is like to visually experience movement. If he knows what movement is, that is enough."

**Workshop 14
Nicht-klasssische Formen der Logik**

Kohärenz und Paradox

Volker Halbach
Konstanz

Die Kohärenztheorie der Wahrheit steht bei den meisten Philosophen derzeit nicht hoch im Kurs. In diesem Aufsatz geht es mir auch nicht darum, kohärentistische Wahrheitstheorien wie die von Brand Blanshard [2] aus ihrer wohlverdienten Ruhe zu erwecken; vielmehr werde ich eine exakte von der Kohärenztheorie inspirierte axiomatische Theorie der Wahrheit vorstellen und sie mit fundamentalistischen Ansätzen vergleichen. Insbesondere geht es mir darum, beide Ansätze in Hinblick auf die semantischen Paradoxien zu vergleichen.

Um Mißverständnisse auszuschließen, weise ich daraufhin, daß sich die folgenden Bemerkungen auf die Kohärenztheorie der *Wahrheit* und nicht auf Theorien epistemischer Rechtfertigung und des Wissens beziehen. Zwar gibt es Verbindungen von dem im folgenden entwickelten semantischen Ansatz zur Erkenntnistheorie; doch werde ich diese hier nicht thematisieren.

Viele Lösungen der semantischen Paradoxien sind insofern *semantisch* oder *modelltheoretisch*, als Modelle für interpretierte Sprachen angegeben werden, die ein Wahrheitsprädikat enthalten, das in seiner Extension wieder Sätze mit dem Wahrheitsprädikat enthält. In diese Kategorie semantischer Theorien gehören beispielsweise Kripkes [13] Konstruktion und die Revisionssemantik von Belnap und Gupta [1].

Modelltheoretische Ansätze haben den Nachteil, daß die Modellkonstruktion in einer starken Metatheorie ausgeführt wird, üblicherweise in einer Theorie wie ZFC, die stärker als die Objektsprache ist, für die Modelle angegeben werden. Damit ist von vornherein ausgeschlossen, daß sich die modelltheoretischen Lösungen auf die tatsächlich von uns verwendeten Sprachen oder wenigstens auf eine formalisierte Sprache der gesamten Mathematik anwenden lassen. Deswegen schlage ich vor, axiomatisch vorzugehen. Axiomensysteme lassen sich in sehr schwachen Theorien beschreiben und der Übergang zu einer starken Metatheorie ist zunächst nicht erforderlich.[1]

1 Vorbemerkungen

Um Kohärenz in Zusammenhang mit den Paradoxien zu untersuchen, werde ich mich auf eine *mathematische*, genauer auf eine arithmetische Sprache beschränken, weil ich davon ausgehe, daß Kohärenzkriterien für nichtmathematische Systeme für die Belange dieses Aufsatzes keine Rolle spielen werden. Außerdem läßt sich Kohärenz so in einem beschränkten Kontext studieren, ohne daß man sich mit den problematischen Kohärenzkriterien für empirische Theorien und empirische Wahrheit beschäftigen muß.

Ich arbeite also in der Sprache $\mathcal{L}_A$ der Arithmetik erster Stufe mit endlich vielen Funktionssymbolen. Insbesondere soll diese Sprache Funktionssymbole für Null (nullstellig), die Nachfolgerfunktion, Addition, Multiplikation und bestimmte primitiv rekursive syntaktische Operationen

---

[1] Den Unterschied zwischen semantischen und axiomatischen Wahrheitstheorien habe ich in [9] und [10] genauer diskutiert.

enthalten. Auf diese Symbole kann man auch verzichten, doch erleichtern sie die Notation. Das einzige Prädikat in $\mathcal{L}_A$ ist das Gleichheitszeichen =. Die Erweiterung dieser Sprache um das einstellige Prädikat T bezeichne ich mit $\mathcal{L}_T$.

Die Ziffer (Numeral) für eine Zahl n wird in der üblichen Weise mit der Konstante für Null und dem Zeichen für die Nachfolgerfunktion gebildet und mit $\overline{n}$ bezeichnet.

Die Theorie PA in der Sprache $\mathcal{L}_A$ enthält alle definierenden Gleichungen für alle Funktionssymbole von $\mathcal{L}_A$ (und alle definierenden Gleichungen für Funktionen, die dazu benötigt werden). Außerdem gehören zu PA alle Einsetzungsfälle des Induktionsprinzips. Die Theorie PA_T ist in der erweiterten Sprache $\mathcal{L}_T$ formuliert und besitzt gegenüber PA zusätzlich noch diejenigen Induktionsaxiome, in denen das Wahrheitsprädikat T vorkommt.

Quantifikation über alle Sätze der Sprache $\mathcal{L}_T$, genauer, deren Gödelnummern drücke ich durch Quantoren wie $\forall \phi \in \mathcal{L}_A$ aus; Quantifikation über Formeln mit genau einer freien Variablen durch $\forall \phi(v) \in \mathcal{L}_A$.

Die restliche Notation sollte keiner Erläuterung bedürfen. Details sind in [7] nachzulesen.

2 Kohärenzkriterien

Das Hauptproblem der Kohärenztheorie (und zwar sowohl der Wahrheit als auch der Erkenntnis) besteht darin, daß nur wenige Versuche vorliegen, präzise Kriterien für Kohärenz anzugeben. Im beschränkten Rahmen einer um ein Wahrheitsprädikat erweiterten arithmetischen Theorie werde ich dies hier versuchen.

Der Satz vom Widerspruch

Die meisten Kohärenztheoretiker stimmen darüber überein, daß Konsistenz eine notwendige Bedingung[2] für Kohärenz ist. Nach dem folgenden Kohärenzaxiom ist kein Satz zusammen mit seiner Negation wahr; es ist also nichts anderes als der *Satz vom Widerspruch*. In späteren Axiomen wird gefordert, daß Wahrheit unter klassischer Logik abgeschlossen ist; daher sind alternative Konsistenzaxiome, wie etwa dasjenige, das besagt, daß mindestens ein Satz von $\mathcal{L}_A$ nicht wahr ist, mit dem Axiom (1) äquivalent und müssen nicht mehr separat gefordert werden.

(1) $$\forall \phi \in \mathcal{L}_T \, \neg(T\ulcorner \neg \phi \urcorner \wedge T\ulcorner \phi \urcorner)$$

Modus Ponens

Eine kohärente Satzmenge sollte einen möglichst großen inneren Zusammenhang haben. Ein Zusammenhang, der sich leicht präzise fassen läßt, besteht in der logischen Folgerungsbeziehung. Daher wird axiomatisch gefordert, daß Wahrheit unter Folgerung in der Prädikatenlogik erster Stufe (für Sätze) abgeschlossen ist. Dies kann durch zwei Axiome erreicht werden: durch eines das besagt, daß alle geschlossenen prädikatenlogischen Tautologien, also alle logisch beweisbaren Sätze, wahr sind, und durch ein zweites, das den Abschluß von Wahrheit unter *modus ponens* fordert. Da das erste aus einem späteren stärkeren Axiom folgen wird, soll hier nur der Abschluß unter modus ponens formuliert werden:

(2) $$\forall \phi \in \mathcal{L}_T \forall \psi \in \mathcal{L}_T \left(T\ulcorner \phi \to \psi \urcorner \to (T\ulcorner \phi \urcorner \to T\ulcorner \psi \urcorner) \right)$$

---

[2] Bei der Kohärenztheorie der Erkenntnis erscheint das zweifelhafter. Siehe Halbach und Olsson [11].

(1) und (2) sind offensichtlich eine Beschränkung für mögliche Extensionen des Wahrheitsprädikates. Aber ebenso offensichtlich sind sie allein viel zu schwach, weil aus ihnen nicht einmal folgt, daß irgendein Satz wahr ist.

Die ω-Regel

Eine formale Theorie wie PA ist natürlich nicht unter der ω-Regel abgeschlossen, das heißt, man kann aus $\phi(\bar{0})$, $\phi(\bar{1})$, $\phi(\bar{2})$ usw. nicht auf den Allsatz $\forall x \phi(x)$ schließen. Solche Schlußregeln sind aus guten Gründen in formalen Systemen nicht zugelassen. Praktisch lassen sich solche Regeln auch nicht anwenden, weil niemand erst unendlich viele Prämissen ableiten kann, um dann aus diesen unendlichen vielen Prämissen in einem Schritt eine Folgerung zu erschließen.

Während also bei Beweisbarkeit die ω-Regel zumindest problematisch ist, unterliegt Wahrheit solchen Beschränkungen nicht. Die ω-Regel ist korrekt; daher sollte Wahrheit unter ihr abgeschlossen sein.

(3) $\qquad \forall \phi(v) \in \mathcal{L}_T \ (\forall x \ T^\ulcorner \phi(\dot{x})^\urcorner \rightarrow T^\ulcorner \forall v \phi(v)^\urcorner)$

Dabei zeigt der Punkt über der Variablen an, daß sie „von außen" in der angegebenen Weise gebunden ist.

Dieses Axiom wäre ebenfalls für eine in der Erkenntnistheorie brauchbaren Kohärenzbegriff unbrauchbar.

Der Satz vom ausgeschlossenen Dritten

Eine klassische Strategie, diesen Mangel zu beseitigen, besteht darin, nicht nur zu fordern, daß Wahrheit widerspruchsfrei und deduktiv abgeschlossen, sondern auch möglichst umfassend ist. Während die Forderung nach Vollständigkeit in einem erkenntnistheoretischen Rahmen unangemessen ist — epistemisch gerechtfertigte Theorien sind kaum vollständig —, ist die Forderung nach *Vollständigkeit* im Fall von Wahrheit unter der Bezeichnung durch den Satz vom ausgeschlossenen Dritten vertraut: entweder der Satz selbst oder seine Negation muß wahr sein; tertium non datur. Dieses Prinzip ist ein wichtiger Bestandteil meiner axiomatischen Charakterisierung von Kohärenz.

(4) $\qquad \forall \phi \in \mathcal{L}_T \ (T^\ulcorner \neg \phi^\urcorner \vee T^\ulcorner \phi^\urcorner)$

Semantisch gesehen, muß nach (1) und (4) der Begriffsumfang des Wahrheitsprädikates eine *maximal konsistente* Satzmenge sein. Diese beiden Axiome schließen schon bestimmte fundamentalistische Lösungen der semantischen Paradoxien aus. Nach (1) gibt es keine Sätze die wahr und falsch zugleich sind, wobei unter Falschheit die Wahrheit der Negation verstanden wird; Wahrheitswert-„haufen" („truth value gluts") werden also ausgeschlossen. Auf der anderen Seite muß aber wegen (4) jeder Satz entweder wahr oder falsch sein; Wahrheitswertlücken („truth value gaps") sind also ebenfalls nicht zugelassen.

Die Reflektionsaxiom

Die Menge der wahren Sätze soll deduktiv abgeschlossen sein. Wie bereits gesagt, kann das durch die Forderung erreicht werden, daß die Menge unter modus ponens abgeschlossen ist und alle geschlossenen prädikatenlogischen Tautologien enthält. Die Abgeschlossenheit unter modus ponens wurde bereits in (2) gefordert. Wenn man die bisherigen Axiome (1)-(4) nur um ein Axiom erweitern würde, das besagt, daß alle quantorenlogischen Tautologien wahr sind, dann würden noch Axiome fehlen, die spezifisch für arithmetische Sprachen sind (nur (3 hat bereits Axiome, die für Ziffern spezifisch sind); die bisherigen Axiome machen keinen Unteschied zwischen den verschiedenen Funktionssymbolen. Mit (1)-(4) und um eben genanntem Axiom kann man nicht einmal zeigen, daß $\bar{1} + \bar{1} = \bar{1}$ falsch und $\bar{1} \cdot \bar{1} = \bar{1}$ wahr ist, eben weil + und · durch die Axiome noch nicht unterschieden sind. Dasselbe gilt auch für das Wahrheitsprädikat: die bisherigen Axiome erlauben es noch nicht, zum Beispiel die Wahrheit von $T^{\ulcorner}\bar{0} = \bar{0}^{\urcorner}$ zu beweisen.

Ich schlage daher vor zu fordern, daß nicht nur alle prädikatenlogisch beweisbaren Sätze wahr sind, sondern auch alle in PA_T und (1)-(4) beweisbaren. PA_T ist, wie bereits definiert, PA in der Sprache $\mathcal{L}_T$ formuliert. Der Einfachheit halber bezeichne ich PA_T erweitert um die Axiome (1)-(4) mit CT_1.

Das Standardbeweisbarkeitsprädikat für CT_1 bezeichne ich mit $\mathrm{Bew}_{CT_1}(x)$. Formal hat dann das Reflektionsaxiom[3] folgende Gestalt:

(R$_1$) $\qquad\qquad \forall \phi \in \mathcal{L}_T \left(\mathrm{Bew}_{CT_1}(\ulcorner\phi\urcorner) \to T^{\ulcorner}\phi^{\urcorner} \right)$

Das angegebene Verfahren läßt sich iterieren. Indem man zu CT_1 das Reflektionsaxiom (R) hinzufügt, erhält man eine neue Theorie CT_2, für die man wieder ein analoges Reflektionsprinzip fordern kann. Dieses Verfahren wird nun unendlich fortgesetzt und man erhält für jede Zahl n ein Reflektionsaxiom

(R$_n$) $\qquad\qquad \forall \phi \in \mathcal{L}_T \left(\mathrm{Bew}_{CT_n}(\ulcorner\phi\urcorner) \to T^{\ulcorner}\phi^{\urcorner} \right)$

CT_{n+1} ist dann das um das Reflektionsprinzip (R$_n$) erweiterte System CT_n.

Die Theorie CT ist dann die Vereinigung aller dieser Systeme, die also PA_T, die Axiome (1)-(4) und alle Reflektionsaxiome umfaßt:

$$CT := \bigcup_{n \in \omega} CT_n$$

3 Einige Theoreme von CT

CT steht in engem Zusammenhang mit dem System FS aus Halbach [8], das wiederum äquivalent[4] zu einem System von Friedman and Sheard [6] ist; vermutlich fallen CT und FS sogar zusammen. FS ist durch die folgenden Axiome gegeben (mit $\forall t_1 \in \mathrm{ClTerm}$ quantifiziere ich hier über geschlossene Terme):

1. $\forall t_1 \in \mathrm{ClTerm} \forall t_2 \in \mathrm{ClTerm} \left(T^{\ulcorner}t_1 = t_2^{\urcorner} \leftrightarrow \mathrm{val}(t_1) = \mathrm{val}(t_2) \right)$
2. $\forall \phi \in \mathcal{L}_T \left(T^{\ulcorner}\neg\phi^{\urcorner} \leftrightarrow \neg T^{\ulcorner}\phi^{\urcorner} \right)$
3. $\forall \phi \in \mathcal{L}_T \forall \psi \in \mathcal{L}_T \left(T^{\ulcorner}\phi \to \psi^{\urcorner} \leftrightarrow (T^{\ulcorner}\phi^{\urcorner} \to T^{\ulcorner}\psi^{\urcorner}) \right)$
4. $\forall \phi(v) \in \mathcal{L}_T \left(\forall x\, T^{\ulcorner}\phi(\dot{x})^{\urcorner} \leftrightarrow T^{\ulcorner}\forall v\, \phi(v)^{\urcorner} \right)$

---

[3]Beweistheoretische Reflektionsprinzipien mit einem unbeschränkten Wahrheitsprädikat werden von Kreisel and Lévy [12] *global* genannt.
[4]Siehe Halbach [8, Theorem 3.2].

Dazu kommen die beiden folgenden Regeln:

(NEC) $$\frac{\phi}{T\ulcorner\phi\urcorner}$$

und

(CONEC) $$\frac{T\ulcorner\phi\urcorner}{\phi}$$

Das System FS ohne die letzte Regel CONEC bezeichne ich mit FSC.

Theorem 3.1. FSC *und* CT *sind identische Theorien.*

Bisher ist noch ungeklärt, ob CONEC das System FSR echt erweitert. Ich vermute, daß sie in FSR zulässig ist. Dann wären FS, FSR und CT alle identische Theorien.

Aus den Ergebnissen in Halbach [8] und Theorem 3.1 folgt auch folgendes beweistheoretisches Resultat:

Theorem 3.2. CT *beweist dieselben arithmetische Sätze wie* $RA_{<\omega}$, *d.i, die verzweigte Analysis für alle endlichen Stufen. Beide Theorien sind auch ineinander relativ interpetierbar (allerdings nicht* $\mathcal{L}_A$-*treu).*

Insbesondere ist CT also widerspruchsfrei.

Eine naheliegende Erweiterung von CT scheint in einer Fortsetzung der Reflektionsaxiome (R_n) ins Unendliche im Stil von Feferman [4] zu sein. Doch dies ist widerspruchsfrei nicht möglich.

Theorem 3.3. *Sei* $Bew_{CT}(x)$ *das Standardbeweisbarkeitsprädikat für* CT. *Dann ist* CT *mit dem folgenden Prinzip inkonsistent:*

(5) $$\forall\phi \in \mathcal{L}_T\,(Bew_{CT}(\ulcorner\phi\urcorner) \to T\ulcorner\phi\urcorner)$$

Dies folgt aus der ω-Inkonsistenz[5] von FSC, die aus einem Theorem von McGee [14] folgt.

4 Die Paradoxien

Wie werden die Paradoxien in CT behandelt? Sei λ der Lügnersatz, also der Satz mit

$$CT \vdash \lambda \leftrightarrow \neg T\ulcorner\lambda\urcorner$$

Weder λ noch $\neg\lambda$ sind in CT ableitbar; anderenfalls wäre CT nämlich inkonsistent. Allerdings ist natürlich

(6) $$\lambda \vee \neg\lambda$$

in CT ableitbar, weil CT in klassischer Logik formuliert ist; darüberhinaus kann man aber auch in CT beweisen, daß (6) wahr ist und daß entweder er selbst oder seine Negation wahr ist.

Der Lügnersatz wird also in ganz klassischer Weise behandelt: er ist CT-beweisbar entweder wahr oder falsch. Nur kann man ihn selbst nicht beweisen oder widerlegen.

---

[5]Siehe Halbach [8] und [9].

5 Fundamentalismus und Kompositionalität

Wie werden die Paradoxien in fundamentalistischen Theorien behandelt? Dort gibt es bestimmte Sätze, auf deren Wahrheit oder Falschheit auf die Wahrheit und Falschheit der anderen Sätze zurückgespielt wird. Im klassischen Fall wird die Klasse der basalen Sätze von den atomaren arithmetischen Sätzen gebildet. Wahrheit für zusammengesetzte Sätze kann dann in der üblichen Weise "induktiv" axiomatisiert werden. Besondere Bedeutung kommt dem Wahrheitsprädikat zu. Sätze der Form $T\bar{n}$ werden nicht als atomar behandelt, wenn n die Gödelnummer eines Satzes ϕ ist. $T\bar{n}$ wird dann nämlich als wahr deklariert, wenn ϕ wahr ist. Axiomatisch wird man also das folgende Axiom fordern:

(7) $$\forall \phi \in \mathcal{L}_T \, (T\ulcorner T\ulcorner \phi \urcorner \urcorner \leftrightarrow T\ulcorner \phi \urcorner)$$

Axiome wie (7) sind tatsächlich in fundamentlistischen Systemen wie Fefermans KF[6] enthalten. KF ist eine Axiomatisierung von Kripkes [13] induktiver Semantik.

Wenn die atomaren arithmetischen Sätze wie in KF als basale Sätze verwendet werden und Wahrheit dann "induktiv" inklusive solcher Prinzipien wie (7) axiomatisiert wird, habe ich in [7] vorgeschlagen, die resultierenden Systeme *kompositional* zu nennen, weil sie einen kompositionalen Wahrheitsbegriff axiomatisieren. Kompositionale Wahrheitssysteme bilden in dieser Terminologie also eine Teilklasse der fundamentalistischen.

Kompositionale Ansätze führen zwangsläufig zur Partialität[7]: Einige Sätze werden als wahr ausgewertet, andere als falsch, weil ihre Wahrheit bzw. Falschheit auf Wahrheit und Falschheit der basalen Sätze beruht. Solche Sätze heißen fundiert. Der semantische Status von Sätzen wie dem Lügnersatz kann dagegen nicht auf den von atomaren arithmetischen zurückgeführt werden; solcher Sätze heißen unfundiert und sind also weder wahr noch falsch. Das kann in KF bewiesen werden:

$$\neg T\ulcorner \lambda \urcorner \wedge \neg T\ulcorner \neg \lambda \urcorner$$

ist ein Theorem von KF. KF beweist also, daß Wahrheit partiell ist.

Das steht in Gegensatz zu CT und seinem Vollständigkeitsaxiom (4), dem *tertium non datur*. CT ist bereits mit (7) unverträglich, wie ich in [8] gezeigt habe.

6 Ausblick

Kohärentistisch motivierte Axiomatisierungen von Wahrheit können zu interessanten Systemen führen, die sich von kompositionalen Systemen in vielerlei Hinsicht und insbesondere in Hinsicht auf die Paradoxien stark unterscheiden. Kohärentistische Ansätze können auf klassischer Logik aufgebaut werden, während kompositionale Theorien zu einer partiellen Semantik führen.

Hinweise zu einer genaueren beweistheoretischen Unterscheidung von kompositionalen und nichtkompositionalen Systemen habe ich in [7] gegeben.

---

[6] Siehe Cantini [3], Feferman [5], Halbach [9].
[7] KF selbst ist in klassischer Logik formuliert. Das wird durch einen Trick ermöglicht, den Kripke "closing off" genannt hat: die Sätze, die weder wahr noch falsch sind, werden einfach der Antiextension des Wahrheitsprädikates zugeschlagen. Intern bleibt die Theorie allerdings dadurch immer noch partiell, wie ich gleich zeigen werde.

Literatur

[1] N. Belnap and A. Gupta. *The Revision Theory of Truth.* MIT Press, Cambridge, 1993.

[2] B. Blanshard. *The Nature of Thought*, volume 2. Macmillan, New York, 1941.

[3] A. Cantini. Notes on formal theories of truth. *Zeitschrift für mathematische Logik und Grundlagen der Mathematik*, 35:97–130, 1989.

[4] S. Feferman. Transfinite recursive progressions of axiomatic theories. *Journal of Symbolic Logic*, 27:259–316, 1962.

[5] S. Feferman. Reflecting on incompleteness. *Journal of Symbolic Logic*, 56:1–49, 1991.

[6] H. Friedman and M. Sheard. An axiomatic approach to self-referential truth. *Annals of Pure and Applied Logic*, 33:1–21, 1987.

[7] V. Halbach. Truth and reduction. to appear in *Erkenntnis*.

[8] V. Halbach. A system of complete and consistent truth. *Notre Dame Journal of Formal Logic*, 35:311–327, 1994.

[9] V. Halbach. *Axiomatische Wahrheitstheorien.* Akademie Verlag, Berlin, 1996.

[10] V. Halbach. Disquotationalism fortified. *Journal of Indian Council of Philosophical Research*, 1999. to appear.

[11] V. Halbach and E. Olsson. Does coherence imply consistency? to appear.

[12] G. Kreisel and A. Lévy. Reflection principles and their use for establishing the complexity of axiomatic systems. *Zeitschrift für mathematische Logik und Grundlagen der Mathematik*, 14:97–142, 1968.

[13] S. Kripke. Outline of a theory of truth. *Journal of Philosophy*, 72:690–712, 1975.

[14] V. McGee. How truthlike can a predicate be? *Journal of Philosophical Logic*, 14:399–410, 1985.

Volker Halbach
Universität Konstanz
Fachgruppe Philosophie
Postfach 5560
D-78434 Konstanz
e-mail: `Volker.Halbach@uni-konstanz.de`

Fictions and Contradictions in the Symbolic Universe of Hugh MacColl

Shahid Rahman

1 Introduction
1.1 Aims of the paper

Hugh MacColl (1837-1909) proposed, in several papers, a non-standard way of understanding the ontology underlying what we today call quantified propositions. His ideas, mixed with reflections about the use of arbitrary objects, were not greatly successful and were ruthlessly criticised by Bertrand Russell especially.

The aim of this paper is to show that a thorough reading of MacColl's general understanding of *symbolic existence*, a concept which is strongly connected with his view of *hypotheticals*, elucidates MacColl's proposals on the role of ontology in logics. I will make an abstraction of MacColl's use of arbitrary objects by replacing them with quantifiers and will also make brief comments on the connections he establishes between symbolic existence and the formulation of a weak conditional. This move centres the discussion on the main idea although I concede, it may also bend MacColl's own argumentation style in some way.

1.2 Symbolic reasoning and the problematic modality of hypotheticals

MacColl's formulation of traditional syllogistic is part of a general framework where rules of logic are considered as rules for *hypotheticals*. According to MacColl, Boole's logical equations for hypotheticals should be replaced by a system of equivalent propositions including disjunctions and conditionals, which reflects the natural semantics of traditional hypothetical forms. This natural semantics is best described by saying that a hypothetical form expresses (1) a necessary connection between the two parts of the hypothetical for the conditional and (2) some doubt on the part of the user of a given hypothetical as to the actual truth, in a given instance, of the pair of statements which compose this connection. The formal translation of the necessary connection between the two parts of the hypothetical in conditional form led MacColl to formulate different concepts of weak conditionals. The translation of the problematic modality of hypotheticals was achieved through the distinction between formal and non-formal (or material) truth, which MacColl misses in Boole's use of the symbol '**1**'. Actually, there is some ambiguity in MacColl's use of the word 'hypothetical'. Instead of describing hypotheticals as having subformulae with a problematic modality he speaks, as already mentioned, of suformulae *stated hypothetically*. In general we can say that when MacColl wishes to stress the problematic modality of propositions he calls them *statements* (cf. MacColl [1880], 47). According to MacColl, symbolic or hypothetical reasoning is to reason under two conditions, namely: 1. Only those conditional-propositions are allowed in them the main conditional is weak; 2. Propositional variables are used independently of their actual truth. The second condition, which reflects the problematic modality of traditional hypotheticals, commits itself to a formal use of propositional variables. In other words, to reason symbolically means to reason with hypotheticals. But what does it mean to use propositional variables formally? The dialogical approach to logic offers a consistent way for understanding MacColl's reflections on the problematic modality of hypotheticals: Let an argumentation be given in which someone, the Proponent, states a thesis, and someone else, the Opponent, rejects it. In the course of the argumentation the use of the propositional variables is said to be used formally iff 1. Propositional variables cannot be attacked; 2. The Proponent may use a propositional variable in a move iff the Opponent has already stated the same statement before - that is, instead of committing himself to the empirical defence of a given atomic proposition a, the Proponent chooses the following way of justifying his use of a: "If you (the Opponent) concede that a holds, so do I" (observe that, because of the difference between game and strategy levels in dialogical logic, the winning of a dialog with help of the formal rule does not necessarily yield the validity of the formula envoluted - see 2.2).

Hugh MacColl tried to build a system for quantified propositions which should inherit this general framework (Rahman [1997], II)[1]. MacColl thought that this not only implies creating a system of first-order logic with a weak conditional but also implies the formulation of a system where the use of propositions stating facts about the elements of the corresponding universe of discourse commits only to a symbolic existence of the objects introduced by these propositions. That is, MacColl tried to formulate a logic where even the use of constants assumes a problematic modality:

> "Let e_1, e_2, e_3, etc. (up to any number of individuals mentioned in our argument or investigation) denote our universe of real existences. Let 0_1, 0_2, 0_3, etc., denote our universe of non-existences, that is to say, of unrealities, such as centaurs, nectar, ambrosia, fairies, with self-contradictions, such as round squares, square circles, flat spheres, etc., including, I fear, the non-Euclidean geometry of four dimensions and other hyperspatial geometries. Finally, let S_1, S_2, S_3, etc., denote our Symbolic

---

[1] Rahman, S.: [1997] *Die Logik der zusammenhängenden Behauptungen im frühen Werk von Hugh McColl.* Appears in Boston / Basel / Berlin: Birkhäuser.

Universe, or "Universe of Discourse," composed of all things real or unreal that are named or expressed by words or other symbols in our argument or investigation [...].
When a class A belongs wholly to the class e, or wholly to the class 0; we may call it a pure class. (MacColl [1905a], p. 74-77; see also [1905b], [1905c] and [1906], 76-77)[2].

But how can i) a symbolic use of constants, ii) classifications in such a symbolic universe of discourse and iii) propositions about flat spheres and round squares be introduced in formal logic? Well, all these questions, so the thesis of the paper, can be answered in the context of the dialogical approach to free logic developed recently (Fischmann/Rahman/ Rückert [1998])[3] in a way which is congenial with MacColl's proposal of formulating a first-order logic which reflects the problematic modality of propositional logic. In a nutshell: in an argumentation, it sometimes makes sense to restrict the use and introduction of singular terms in the context of quantification to a formal (or *symbolic*) use of those terms. That is, the Proponent is allowed to use a constant iff this constant has been explicitly conceded by the Opponent. The symbolic use of constants amounts to allowing the use of these constants under the sole restriction that they name an individual: their ontological characterisation besides individuality does not play any role in logics. This paper also offers a second way of reconstructing MacColl's ideas on contradictory objects by means of combining the concept of formal use of constants in free logics and that of the formal use of elementary negations in paraconsistent logics. In the next chapter I show how the dialogical approach to free and paraconsistent logic can capture the ideas behind MacColl's concept of symbolic existence.

2 Symbolic existence and the dialogical approach to free logic
2.1 The dialogical approach to free logic

Dialogical logic, suggested by Paul Lorenzen in 1958 and developed by Kuno Lorenz in several papers from 1961 onwards[4] was introduced as a pragmatical semantics for both classical and intuitionistic logic.

The dialogical approach studies logic as an inherently pragmatic notion with the help of an overtly externalised argumentation formulated as a *dialogue* between two parties taking up the roles of an *Opponent* (**O** in the following) and a *Proponent* (**P**) of the issue at stake, called the principal *thesis* of the dialogue. **P** has to try to defend the thesis against all possible allowed criticism (*attacks*) by **O**, thereby being allowed to use statements that **O** may have made at the outset of the dialogue. The thesis A is logically valid if and only if **P** can succeed in defending A against all possible allowed criticism by the Opponent. In the jargon of game theory: **P** has a *winning strategy* for A.

I will now describe an intuitionistic version of a very basic system called **DFL** (dialogical free logic) introduced in Fischmann/Rahman/ Rückert [1998]. Since the principal aim of the paper is the elucidation of MacColl's concept of symbolic existence, I will not introduce a system which contemplates weak conditionals - such a system can be found in Rahman [1997], [1998], Rahman/Rückert [1998a] and [1998b].[5]

Suppose the elements of first-order language are given with small letters ($a, b, c, ...$) for elementary formulae, capital italic letters for formulae that might be complex ($A, B, C, ...$), capital italic bold letters ($A, B, C, ...$) for predicators and constants τ_i. A dialogue is a sequence of labelled formulae of this first-order language that are stated by either **P** or **O**.[6] The label of a formula describes its role in the dialogue, whether it is an aggressive or a defensive act. An *attack* is labelled with **?n/...**, while **!n/...** tags a defence. (n is the number of the formula the attack or defence reacts to, the dots are sometimes completed with more information. The use of indices of labels will be made clear in the following). In dialogical logic the meaning in use of the logical particles is given by two types of rules which determine their *local* (*particle rules*) and their *global* (*structural rules*) meaning. The particle rules specify for each particle a pair of moves consisting of an attack and (if possible) the corresponding defence. Each such pair is called a *round*. An attack *opens* a round, which in turn is *closed* by a defence if possible. Before presenting a dialogical system **DFL** for free logics, we need the following definition.

---

[2] MacColl, H.: [1905a] Symbolic Reasoning (VI). *Mind*, vol. 14, , 74-81; [1905b] Existential import. *Mind*, vol. 14, 295-6; [1905c] The existential import of propositions. *Mind*, vol. 14, 401-2; [1906] *Symbolic Logic and its Applications*, London/New York/Bombay: Longmans, Green & Co.; [1905a]Symbolic Reasoning (VI). *Mind*, vol. 14, 74-81; [1905b] Existential import. *Mind*, vol. 14, 295-6. [1905c] The existential import of propositions. *Mind*, vol. 14, 401-2; [1906] *Smbolic Logic and its Applications*, London/New York/Bombay: Longmans, Green & Co..
[3] Fischmann, M. / Rahman, S. / Rückert, H. [1998] On Dialogues and Ontology. The Dialogical Approach to Free Logic. *FR 5.1 Philosophie*, Universität des Saarlandes, Memo Nr. 24, October 1998.
[4] Lorenzen, P. / Lorenz, K.: [1978] *Dialogische Logik*. Darmstadt: Wissenschaftliche Buchgesellschaft. Further work has been done by Rahman, S.: 1993] *ber Dialoge, protologische Kategorien und andere Seltenheiten*. Frankfurt a. M. / Berlin / NewYork / Paris / Wien: Peter Lang.
[5] Rahman, S.: [1998] Redundanz und Wahrheitswertbestimmung bei Hugh MacColl. *FR 5.1 Philosophie - Universität des Saarlandes*, Memo Nr. 23, September 1998; Rahman, S. und Rückert H. [1998a] Dialogische Logik und Relevanz, *FR 5.1 Philosophie, Universität des Saarlandes*, Memo Nr. 26, July 1998; [1998b] Die Logik der zusammenhängenden Aussagen: ein dialogischer Ansatz zur konnexen Logik, *FR 5.1 Philosophie, Universität des Saarlandes*, Memo Nr. 28, December 1998.
[6] Sometimes, I use **X** and **Y** to denote **P** and **O** with **X** ≠ **Y**.

- A constant τ is said to be *introduced by* **X** if (1) **X** states a formula $A[\tau/x]$ to defend $\vee_x A$ or (2) **X** attacks a formula $\wedge_x A$ with $?_{n/\tau}$, and τ has not been used in the same way before. Moreover, an atomic formula is said to be introduced by **X** if it is stated by **X** and has not been stated before.

DFL is closely related to Lorenz' standard dialogues for both intuitionistic and classical logic. The particle rules are identical, and the sets of structural rules differ in only one point, namely when determining the way constants are dealt with.

Before presenting the formal definition of **DFL**, we should have a look at a simple propositional dialogue as an example of notational conventions:

Opponent		Proponent	
		$a \wedge b \to a$	(0)
(1)	$?_0 a \wedge b$	$!_1 a$	(4)
		$?_{1/\text{left}}$	(2)
(3)	$!_2 a$		
		P wins	

Formulae are labelled in (chronological) order of appearance. They are not listed in the order of utterance, but in such a way that every defence appears on the same level as the corresponding attack.

PARTICLE RULES		
$\neg, \wedge, \vee, \to; \bigwedge, \bigvee$	ATTACK	DEFENCE
$\neg A$	$?_n A$	$\otimes$ (The symbol '$\otimes$' indicates that no defence, but only counterattack is allowed)
$A \wedge B$	$?_{n/\text{left}}$ -------- $?_{n/\text{right}}$ (The attacker chooses)	$!_m A$ -------- $!_m B$
$A \vee B$	$?_n$	$!_m A$ -------- $!_m B$ (The defender chooses)
$A \to B$	$?_n A$	$!_m B$
$\bigwedge_x A$	$?_{n/\tau}$ (The attacker chooses)	$!_m A[\tau/x]$
$\bigvee_x A$	$?_n$	$!_{m/\vee} A[\tau/x]$ (The defender chooses)

The first row contains the form of the formula in question, the second one possible attacks against this formula, and the last one possible defences against those attacks. (The symbol "$\otimes$" indicates that no defence is possible.). Note that $?n/...$ is a move -more precisely it is an attack - but not a formula. Thus if one partner in the dialogue states a conjunction, the other may initiate the attack by asking either for the left side of the conjunction ("show me that the left side of the conjunction holds", or $?n/\text{left}$ for short) or the right one ("show me that the right side of the conjunction holds", or $?n/\text{right}$). If one partner in the dialogue states a disjunction, the other may initiate the attack by asking to be shown *any* side of the disjunction ($?n$). As already mentioned, the number in the index denotes the formula the attack refers to. The notation of defences is used in analogy to that of attacks. Rules for quantifiers work similarly.

Next, we fix the way formulae are sequenced to form dialogues with a set of structural rules (orig. *Rahmenregeln*).

(DFL0): Formulae are alternately uttered by **P** and **O**. The *initial formula* is uttered by **P**. It does not have a label, but provides the topic of argument. Every formula below the initial formula is either an attack or a defence against an earlier formula of the other player.

(DFL1): Both **P** and **O** may only make moves that change the situation.[7]

---

[7] This rule replaces Lorenz's *Angriffsschranken*, but this point still remains to be made clear on a formal basis.

(DFL2) *(formal rule for atomic formulae)*: **P** may not introduce atomic formulae: any atomic formula must be stated by **O** first.

(DFL3) *(formal rule for constants)*: Only **O** may introduce constants.

(DFL4): *(winning rule)*: **X** wins iff it is **Y**'s turn but he cannot move (either attack or defend).

(DFL$_I$5) *(intuitionistic rule)*: In any move, each player may attack a (complex) formula asserted by his partner or he may defend himself against *the last not already defended* attack. Only the latest open attack may be answered. If it is **X**'s turn at position n and there are two open attacks m, l such that m < l < n, then **X** may not defend against m.

If we need to specify (explicitly) which system is meant, we write **DFL$_I$** or **DFL$_C$** instead of **DFL**. The crucial rule that makes **DFL** behave like a free logic is (DFL3).

To see the difference between standard and free dialogues (those with and those without (DFL3)), consider another example. Without (DFL3), we would obtain the following dialogue proving that if nothing is a vampire, Nosferatu is no vampire:

	Opponent	Proponent	
		$\wedge_x \neg A_x \rightarrow \neg A_\tau$	(0)
(1)	$?_0 \wedge_x \neg A_x$	$!_1 \neg A_\tau$	(2)
(3)	$?_2 A_\tau$	$\otimes$	
(5)	$!_4 \neg A_\tau$	$?_{1/\tau}$	(4)
	$\otimes$	$?_5 A_\tau$	(6)
		The Proponent wins	

If we play the same dialogue again in **DFL**, things look different:

	Opponent	Proponent	
		$\wedge_x \neg A_x \rightarrow \neg$	(0)
(1)	$?_0 \wedge_x \neg A_x$	$!_1 \neg A_\tau$	(2)
(3)	$?_2 A_\tau$	$\otimes$	
	The Opponent wins		

We observe that **P** runs out of arguments. He cannot attack (1) any more, because not a single constant has been introduced so far, and he may not introduce one on its own. Neither can he defend himself against the atomic formula in (3) due to the particle rule for negation.

It is obvious that the (Proponent's) thesis $A_\tau \rightarrow \vee_x A_x$ cannot be won. This shows that the Opponent may state a proposition about a fictive entity without committing himself to it's existence. MacColls reflections on non-existence amount to the failure of this thesis.

As already mentioned, validity is defined in dialogical logic via winning strategies of **P**, i.e. the thesis A is logically valid iff **P** can succeed in defending A against all possible allowed criticism by **O**. In this case, **P** has a *winning strategy* for A. It should be clear that the formal rule which elucidates MacColl's understanding of the problematic modality of hypotheticals, does not necessarily imply that winning a dialog with help of this rule yields the validity of the formula involved: The Proponent may win a dialogue, even formally, because the Opponent did not play the best moves. Validity, on the other hand forces the consideration of all possibilities available. A systematic description of the winning strategies available yields a Tableaux Systems -

2.3 Many quantifiers and sorts of objects in the symbolic universe: The systems DFL^n and DFL$^{<n>}$

Consider the situation expressed by the following proposition:
The novel contains a passage in which Sherlock Holmes dreams that he shot Dr. Watson.

There is an underlying reality that the novel is part of, the outer reality of the story told in the novel and an even further outer reality of the dream of the protagonist. To distinguish between the reality of Conan Doyle writing stories, Holmes' reality and the reality of Holmes' dream, we need three pairs of quantifiers expressing the three sorts of reality (or fiction), for which in a first step we do not need to assume that they introduce a order of levels of fiction or (reality). Actually MacColl, as can be read in the text quoted in 1.2, formulated a system in which different sorts of elements of the symbolic universe are considered. Formally, the introduction of sorts of elements is very simple: Think of the pair of quantifiers of **DFL** as having the upper index 0 and add new pairs of quantifiers with higher indices, as many as we need to express every sort of reality (or fiction) that could possibly appear. We call the dialogical logic thus derived **DFL**^{n}. The new particle rules to be added to **DFL** are:

$\wedge^i, \vee^i$	ATTACK	DEFENCE
$\wedge^i_x A$	$?_{n/\tau}$ (The attacker chooses)	$!_m A[\tau/x]$
$\vee^i_x A$	$?_n$	$!_{m/\tau} A[\tau/x]$ (The defender chooses)

The extended set of quantifiers requires a new notion of introduction.
- A constant τ is said to be *introduced as belonging to the sort* **i** iff it is used to attack a universal quantifier of sort **i** or to defend an existential quantifier of sort **i** and has not been used in the same way before.

I adapt (DFL3) to **DFL**^{n}:
- (DFL^{n}3) *(first extended formal rule for constants)*:

For each sort of quantification the following rule holds: constants may only be introduced by **O**.

These formulations yield a logic containing an arbitrary number of disjunct pairs of quantifiers dealing with different sorts of reality and fiction - this logic contains also the standard (non-free quantifiers) ∃ and ∀ for which neither DFL3 nor DFL^{n}3 hold.

In some contexts, it might be useful to have a logic where these different realities are ordered in a hierarchy. We call the system that establishes this ordering **DFL**$^{<n>}$; it results from modifying (DFL3) again:
- (DFL$^{<n>}$3) *(second extended formal rule for constants)*

P may introduce a constant τ on a level **m** iff **O** has introduced τ on some level **n** with **n** > **m** before.

3 Symbolic universe and inconsistent objects
3.1 Paraconsistency

MacColl's system contains inconsistent objects like round squares, flat spheres and so on. The logic described above can deal with this objects as elements of the symbolic universe. Another way of dealing with this situation is to understand arguments containing propositions about inconsistent objects as arguments in which inconsistent elementary propositions about given elements of the universe of discourse are allowed. That is, instead of allowing the use of constants which name inconsistent objects, you have arguments in which two contradictory elementary propositions are allowed. This requires a logic in which such contradictions do not yield a system where anything goes. Such a logic was the aim of the founders of paraconsistent logic, namely the Polish logician Stanislaw Jaskowski ([1948])[8] and the Brazilian logician Newton C. A. da Costa ([1974]).[9] The work of da Costa takes the assumption that contradictions can appear in a logical system without making this system trivial. Actually this leads to the standard definition of paraconsistent logics: **Paraconsistency**: Let us consider a theory **T** as a triple <**L**, **A**, **G**>, where **L** is a language, **A** is a set of propositions (closed formulae) of **L**, called the axioms of **T**, and **G** is the underlying logic of **T**. We suppose that **L** has a negation symbol, and that, as usual, the theorems of **T** are derived from **A** by the rules of **G** (cf. da Costa et alia [1998], 46). In such a context, **T** is said to be *inconsistent* if it has two theorems A and $\neg A$, where A is a formula of **L**. **T** is called *trivial* if any formula of **L** is a theorem of **T**. **T** is called *paraconsistent* if it can be inconsistent without being trivial. Equivalently **T** is paraconsistent if it is not the case that when A and $\neg A$ hold in **T**, any B (from **L**) also holds in **T**.

Actually there are two main interpretations possible. The one, which I will call the *compelling interpretation*, based on a naive correspondence theory, stresses that paraconsistent theories are ontologically committed to inconsistent objects. The other, which I call the *permissive interpretation*, does not assume this ontological commitment of paraconsistent theories. Rahman and Carnielli ([1998][10]) developed a dialogical approach to paraconsistency which yields several systems called *literal dialogues* (shorter: **L-D**) and takes its permissive non-referential interpretation seriously. I will adapt L-D to the purposes of the present paper.[11]

---

[8] Jaskowski, S.: [1948] Rachunek zdan´ dla systemów dedukcyjnych sprzecznych. *Studia Soc. Scient. Torunensis*, Sec. A 1, n.5, 55-77 (English translation in *Studia Logica* 24, 1969, 143-157.).

[9] Da Costa, N. C. A, [1974] On the theory of inconsistent formal systems. *Notre Dame Journal of Formal Logic*, v. 15, 497-510.

[10] Rahman, S. / Carnielli, W.A.: [1998] The Dialogical Approach to Paraconsistency. FR 5.1 Philosophie, Universität des Saarlandes, Bericht Nr. 8, July 1998 (appears also in: D. Krause: *The work of Newton da Costa*, Río de Janeiro: Universidad - in print).

[11] Da Costa, N. C. A.: [1998] Paraconsistent Logic. In: *Stanislaw Jáskowski Memorial Symposium. Paraconsistent Logic, Logical Philosophy, Mathematics & Informatics at Torún*, 29-35. Da Costa, N. C. A / Bueno, O. / French, S.: [1998] Is there a Zande Logic? *History and Philosophy of Logic*, vol. XIX n. 1, 41-54.

3.2 The dialogical approach to paraconsistent logic

As already mentioned MacColl's symbolic universe contains non-existent objects and (formally) existent ones. Non-existent objects are in my reconstruction those objects which are named by constants that have been *used* - i.e. which occur in a formula stated in a dialog - without being introduced (in the sense of DFL3) before. Now, contradictory objects about objects are in MacColl's view to be included in the subuniverse of non-existent objects, and this is quite in the sense of a permissive interpretation of paraconsistency. Thus, I will provide the system(s) of free-logic DFL with a rule introducing paraconsistency - I call this rule the *negative literal rule* (DFL4) - but with the following caveat:

- The *negative literal rule* applies only for formulae in which constants occur that have not been introduced in the sense of DFL3.
- (DFL4) *(negative literal rule)*: The Proponent is allowed to attack the negation of an atomic (propositional) statement (the so called *negative literal*) if and only if the Opponent has already attacked the <u>same</u> statement before.

This structural rule can be considered analogous with the formal rule for positive literals. The idea behind this rule can be connected with MacColl's concept of symbolic existence in the following way: A contradiction between literals, say, a and $\neg a$, expresses that one proposition ascribes a predicator to a given object and the other proposition denies that a predicator applies to this object. Now, if the Opponent is the one who introduces such a contradiction between literals, this contradiction can be seen as having a pure problematic modality, i.e. as being stated symbolically. This means that the Proponent - who has proposed $(a \wedge \neg a) \rightarrow \neg a$ for example- is also allowed to use the conceded symbolical contradiction $a \wedge \neg a$ (of the Opponent), stating himself for example $\neg a$. Expressed intuitively: "If you (the Opponent) concede that a flat sphere is not flat, so can I (the Proponent)". Now, suppose that the Opponent attacks $\neg a$ with a. This allows the Proponent to attack the corresponding negation (and no other) of the Opponent (i.e., "If you (the Opponent) attack my proposition that a flat sphere is not flat, so can I (the Proponent)"). The extension of literal dialogues for propositional logic to first-order quantifiers is straightforward. To build *Quantified Literal Dialogues*, we have only to extend the structural negative literal rule to elementary statements of first-order logic. The way to do that is to generalise the rule for elementary statements.

This approach to paraconsistency blocks triviality for the literal case only, that is, a thesis of the form $((a \wedge b) \wedge \neg(a \wedge b)) \rightarrow c$ is still valid. One way to see the literal rule is to think of it as distinguishing between the internal or copulative negation from the external or sentential negation.[12] That is, in the standard approaches to logic, the elementary proposition A_n has the internal logical form: $n\varepsilon A$ (where ε stands for the copula: n is A) and the negation of it the form: $n\varepsilon' A$ (n <u>is not</u> A). Now in this standard interpretation the negative copula is equivalent to the expression $\neg A$, where A can also be complex. This equivalence ignores the distinction between the internal (copulative) form and the external or sentential form of elementary propositions. The literal approach to paraconsistency takes this distinction seriously with the result that contradictions which cannot be carried on at the literal level should be freed of paraconsistent restrictions.

4 Conclusions

This article is one of a series based on the seminar "Erweiterungen der Dialogischen Logik" ("extensions to dialogical logic") held in Saarbrücken in the summer of 1998 by Shahid Rahman and Helge Rückert. The same seminar has motivated the publication of *The Dialogical Approach to Paraconsistency* by Rahman and Carnielli [1998], *On Dialogues and Ontology. The Dialogical Approach to Free Logic* by Fischmann, Rahman and Rückert [1998], *Dialogische Modallogik für T, B, S4 und S5* [1998] and *Dialogische Logik und Relevanz* [1998] and *Die Logik der zusammenhängenden Aussagen: ein dialogischer Ansatz zur konnexen Logik* by Rahman and Rückert. One important aim of these articles (and the present paper) is to show how to build a common semantic language for different non-standard logics in such a way that 1. the semantic intuitions behind these logics can be made transparent, 2. combinations between these logics can be easily achieved, 3. a common basis is proposed for discussion of the philosophical consequences of these logics - the philosophical point here is to undertake the task of discussing the semantics of non-classical logics from a pragmatical point of view which commits itself neither to a correspondence theory of truth nor to a possible-world-semantics.

---

[12] The difference between internal and external negation has been worked out for other purposes by A. A. Sinowjew (cf Sinowjew, A. A: [1970] *Komplexe Logik. Grundlagen einer logischen Theorie des Wissens*. Berlin / Braunschweig / Basel: VEB Deutscher Verlag der Wissenschaften / Friedr. Vieweg + Sohn GmbH / Verlag und C. F. Winter'sche Verlagshandlung. Sinowjew, A. A. / Wessel H: [1975] *Logische Sprachregeln. Eine Einführung in die Logik*. München / Salzburg: Wilhelm Fink Verlag.

One of the consequences of the dialogical approach is that two of the above mentioned logics can be seen as extending the formal rule for elementary propositions, namely free and paraconsistent logics. This offers a perspective of these logics which seems to be close to Hugh MacColl's reflections on symbolic existence and demands a new concept of logical form. This new concept of logical form should allow valid and invalid forms to be differentiated without going back to a mere syntactic notion - but this is another interesting story.

The XVIIIth German Congress for Philosophy
University of Konstanz, 4-8 October 1999

Truthmakers, Disjunction and Necessity

Stephen Read
Department of Logic and Metaphysics
University of St Andrews
Fife KY16 8RA
Scotland, U.K.
email: slr@st-and.ac.uk

April 7, 1999

Abstract

The aim is to show that necessity does not supervene on contingency. Classically, such supervenience is immediate: any necessary truth is entailed by every contingent truth, and so is made true by those contingent truthmakers, whatever they are. In relevance logic, however, there is a class of necessary propositions entailed only by other members of that class. Consequently, they can be made true only by their own class of truthmakers.

1 Truthmakers

There is a widespread belief that necessary truths do not need anything to make them true. This contrasts with the case of contingent truths. Contingent truths correspond to some event, state of affairs, fact or whatever, whose obtaining is required for their truth. The basic axiom of the Correspondence Theory is qualified by the exclusion of necessary truths: "whatever is (contingently) true, something makes it true." Indeed, in its most resolute version, for example, in Wittgenstein's *Tractatus*, truthmakers were required only for a class of atomic or elementary truths. The truth of all other propositions flowed from them. With increasing doubt as to the existence of such a class of basic truths (the colour exclusion problem played a leading role), truthmakers were expanded once again to cover truths in general. But the belief remained that necessary truths supervened in some sense on contingent truthmaking. The thought seems to have been that the necessary truths will be true regardless of which contingent truths turn out true. Therefore, while something is needed to decide the truth of the contingent truths, namely, the existence of their truthmakers (facts, states of affairs or whatever), nothing is needed to decide that of the necessities, for they are true regardless.

It is important here to distinguish two different thoughts, the Entailment Analysis from the Entailment Thesis. Let us write $s \models p$ as shorthand for 's makes p true', and $p \Rightarrow q$ for 'p entails q'.

Definition 1.1 *(The Entailment Analysis, EA) True propositions are entailed by the existence of their truthmakers: $s \models p$ iff s exists and that s exists $\Rightarrow p$.*[1]

This explicates or defines truth as consisting in the existence of a truthmaker. The existence of the truthmaker of each true proposition entails that proposition (and so entails that it is true).

Postulate 1.1 *(The Entailment Thesis, ET) Whatever makes a proposition true makes true whatever that proposition entails: if $s \models p$ and $p \Rightarrow q$ then $s \models q$.*

The Entailment Analysis provides support for the Entailment Thesis, though the latter can be retained independently. However, if truthmaking is analysed as in **EA**, then clearly if $p \Rightarrow q$ and s exists $\Rightarrow p$ then s exists $\Rightarrow q$ (entailment is transitive), so if $s \models p$ then $s \models q$.

In themselves, **EA** and **ET** are consistent with the non-existence of truthmakers, so a basic principle of Truthmaking is required, the Truthmaker Axiom:

Postulate 1.2 *(Truthmaker, TA) For all p, if p is true then something makes it true, i.e., $\forall p$, if p is true then $\exists s, s \models p$.*

TA is agnostic on the exact nature of truthmakers. Much ink has been spilt is trying to answer that question. The modern resurgence of interest in the Correspondence Theory of Truth has largely abandoned that quest, trying instead to set out the formal or structural framework for truthmaking, defining truth "from the top down" instead of "bottom-up" from the detailed nature of truthmakers. Accordingly, truthmakers will be whatever satisfy the basic postulates, just as numbers are whatever satisfy Dedekind's or Peano's postulates.

Implicit in what has been said so far is that truthmaking is factive, that is,

Postulate 1.3 *(Factive Condition, FC) If $\exists s, s \models p$ then p is true.* In other words, if something makes p true then it really is true.

Postulate 1.4 *(Expressibility, EX) Every truthmaker makes some proposition true: $\forall s \exists p$ such that $s \models p$.*

EX expresses the thought that any truthmaker can be expressed, that there is some proposition which captures the content of each truthmaker.

---
[1]See, e.g., [5] p. 189 and [2] p. 127.

Along with the rejection of a basic or elementary level of propositions and truthmakers, goes a theory of the interaction of the truthmakers of negative, conjunctive and disjunctive propositions with those of their parts. First, negation (where $\neg p$ stands for the negation of p):

Theorem 1.1
$$s \models \neg p \text{ iff } \neg \exists t, t \models p.$$

To deal with conjunction, we need some way of combining truthmakers. A natural way to do so is to use the fusion operation of mereology, producing the "sum" of two truthmakers, which are then its parts, as are their parts also (see, e.g., [3]):

Postulate 1.5 *(Mereology) A* **mereology** *is a poset (partially ordered set)* $\langle A, \subseteq \rangle$ *closed under an associative, commutative operation,* $+$ *(sum, or fusion), such that:*
$$s \subseteq t \text{ iff } s + t = t. \qquad (+)$$

(We read $s \subseteq t$ as 's is part of t', and $s + t$ as 'the sum of s and t'.)[2]

Theorem 1.2 1. $s + s = s;$

2. $s \subseteq s + t.$

Definition 1.2 *(Truthmaker Fusion,* **TF***) If $s \models p$ and $t \models q$ then $s + t \models p \& q$.*

Theorem 1.3 *(The Conjunction Thesis,* **CT***)*
$$s \models p \& q \text{ iff } s \models p \text{ and } s \models q.$$

Theorem 1.4 *If $s \models p$ and $s \subseteq t$ then $t \models p$.*

2 Disjunction

Some authors have been tempted by a matching thesis, the Disjunction Thesis, corresponding to **CT** (see [9]).

Postulate 2.1 *(The Disjunction Thesis,* **DT***)*
$$s \models p \vee q \text{ iff } s \models p \text{ or } s \models q.$$

One half of this is uncontentious (given **ET**), since $p \Rightarrow p \vee q$ and $q \Rightarrow p \vee q$. However, the converse is problematic. Suppose $s \models p \vee \neg p$ (since $p \vee \neg p$ is true, something makes it true, by **TA**). Then by **DT**, $s \models p$ or $s \models \neg p$. Suppose p is true. Then $\neg \exists s, s \models \neg p$, by Theorem 1.1. So $s \models p$. Thus whatever makes $p \vee \neg p$ true makes p true, if p is true (and similarly, makes

---
[2]Thus a mereology is an upper semi-lattice. A binary operation of fusion suffices for our present purposes.

¬p true if p is false). This in itself is unproblematic. For generally, if p is true, something makes it true, and consequently makes $p \vee q$ true (by **ET**). The problem arises from a particular feature of classical logic, namely, that any logical necessity is entailed by any other proposition:

Theorem 2.1 *(Supervenience of Necessity, **SN**) If p is necessarily true then $s \models p$ for all s.*

SN and **DT** together lead to absurdity. For **SN** tells us that every truthmaker makes every necessary truth true; and **DT** tells us that whatever makes a certain necessary truth true, *viz* $p \vee \neg p$, makes its true component true. Put together, it follows that every truthmaker makes every truth true. There is essentially only one truthmaker.

This is to reduce truthmaking to triviality. Restall [9] calls it "truthmaker monism", **TM**. There is just one truthmaker, the world. But the intuition behind truthmaking, the correspondence intuition, is that to each truth there corresponds some segment of reality, that specific portion required for the truth of that proposition. To find out whether some proposition is true, we do not need to conduct a global search, in the process discovering all truths. Rather, we search that part of reality which would correspond to it if it were true, to find out if its truthmaker exists.

TM results from the combination of **SN** and **DT**. So we could escape from triviality by abandoning only one of **SN** and **DT**. I wish to show, however, that both are mistaken. We can see straight away why **DT** is wrong. Consider the 'part of' relation, $\subseteq$, between truthmakers, in particular as it relates to **TF**. What makes p true is part of what makes $p\&q$ true, and the same for q. That is, in general, if $s \subseteq t$ then t is more specific than s; the bigger the truthmaker, the more it makes true. Ultimately, the great truthmaker, the World, makes everything true true, since it contains as parts, every specific truthmaker. In this sense, **CT** is rather misleading. If it so happens that the same thing makes both p and q true, then it also makes $p\&q$ true. But that is exceptional. The general case is more jejune:

Theorem 2.2

$$s \models p\&q \text{ iff } \exists t, u, s = t + u, t \models p \text{ and } u \models q.$$

DT appears to be modelled on **CT**. But it runs contrary to the increasing specificity of greater truthmakers. If $s \models p \vee q$, then to make p true in particular, something more specific than s is needed. We see this in the jejune—and acceptable—thesis:

Theorem 2.3

$$s \models p \vee q \text{ iff } \exists t, t \models p \text{ or } t \models q.$$

Rejecting **DT** saves us from triviality, **TM**. Nonetheless, **SN** is mistaken, too. For it depends on the classical spread law, that $q \Rightarrow p$ whenever p is necessarily true. There are familiar reasons to reject this principle. I don't intend to go into these here (see, e.g., [8] ch. 2). What I want to explore are the consequences of doing so for the theory of truthmaking.

3 Necessity

Suppose we reject the spread law for entailments. The derivation of **SN** consequently fails. Nonetheless, it might still be true that each necessary truth is made true by some contingent truthmaker, even if not by all. A result of Alberto Coffa's [4], however, shows that some entailments, in relevance logic, are entailed only by entailments. So **ET** will not suffice to provide truthmakers for them by transfer from some contingent truth.

Coffa's result needs careful formulation and statement. Suppose p is necessarily true and q is contingent. Then $p\&q$ is contingent. By **TA**, $\exists s, s \models p\&q$. By **ET**, $s \models p$. Thus any necessary truth is made true by a contingent truthmaker. But this is sophistical. The necessary truth, p, is entailed by the contingent truth, $p\&q$. Yet the latter provides no support for the necessity of p. Suppose $t \models p$ and $u \models q$. Then $t + u \models p\&q$, so $t + u \models p$. The supposed contingent truthmaker, s, of $p\&q$ (and so of p) is itself no more than a fusion of a contingent truthmaker, u, and whatever does make p (necessarily) true. To ignore the contribution of t to $t + u$ is already to suppose that necessary truths do not have their own truthmakers. All the argument shows is that the same truthmaker makes both a contingent truth and a necessary truth true. It does not show that necessary truths do not have, or need, truthmakers distinct from the truthmakers of contingencies.

Similarly, consider $p \vee \neg p$, and suppose, w.l.g., that p is true. Then $\exists s, s \models p$, so by **ET**, $s \models p \vee \neg p$. But though s can explain why $p \vee \neg p$ is true, just as it explains why $p \vee q$ is true for any q, it does not explain why $p \vee \neg p$ has to be true, why $p \vee \neg p$ is necessarily true. We need to distinguish two questions:

- why is a necessary truth true
- why is a necessary truth necessary.

There may be many explanations of the first of these which provide no answer to the second. A proper account of the truthmakers of necessary truths will explain both why they are necessary and why they are true. The supervenience of necessity (**SN**), were it correct, could do that. The necessary truths are not only true (since any truthmaker makes them true) but are necessarily true (because every truthmaker makes them true). We could, in the context of classical logic, define the necessary truths as those made true by every truthmaker.

But **SN** fails, and we are left with the question, what makes necessary truths necessarily true? What Coffa does is to screen out cases like $p\&q \Rightarrow p$, where the necessary truth p is entailed by itself in conjunction with some proposition q whose contingency infects $p\&q$; and cases like $p \Rightarrow p \vee \neg p$, whose consequent, though necessary, is a substitution-instance of a proposition $p \vee q$ in general as contingent as p may be. Defining a class $S(N)$, relative to a class, N, of necessitives[3] of some logic, say, E or $R^\square$,[4] he showed that if $p \Rightarrow q$ in that logic and $q \in S(N)$, then $p \in S(N)$ too. Thus members of $S(N)$, if true, are not only necessarily true, but are entailed only by necessitives. It follows that their truth, let alone their necessity, cannot be inherited from any contingency. They are necessarily true, and as such, demand an explanation of why they are so. Recall the Entailment Analysis, **EA**: if each member $p \in S(N)$ is entailed only by necessities, then 's exists', where s is any truthmaker of p, must itself be necessarily true, since s exists $\Rightarrow p$. Consequently, s cannot make any contingencies true. If 's exists' is necessarily true, and assuming that entailments themselves are necessarily true too, $s \models q$ will also be necessarily true, so that whatever s makes true it will make true of necessity.

Thus the question, what makes necessary truths true, no longer admits the answer that nothing does, that there are no special truthmakers of necessities, since they are entailed by whatever is contingently true, however it turns out. Necessity does not supervene on contingency. The class of necessitives, $S(N)$, requires an account of why they are necessary. What shows them to be true must moreover show them to be necessary.

A first thought is that what is distinctive about necessary truths is that they admit of proof. Proofs are what show that necessary truths are true, and not only true, but necessarily so. If we can prove them, then, apart from any error in our grasp of the proof, they can't fail to hold, and so are necessarily true. Of course, a proof, if valid, is only as good as the premises on which it depends. But the purpose of the theory of those necessary truths—logic, mathematics, perhaps metaphysics, too—is to establish axioms definitive of the subject matter of the theory, whose certainty and self-evidence can then be transmitted to the theorems and establish them as necessarily true.

One might worry about the regressiveness of this procedure. But there are two further objections to the suggestion that proofs are truthmakers for necessities to make it pointless to pursue that worry. First, the fact that higher-order and arithmetic truth are not recursively enumerable shows that proof and truth come apart. The point about proofs is that, though there may be no algorithm for proof search in, say, first-order logic, or even in propositional relevance logic, a proof must be recognisable once found. The proof-predicate must be decidable. Proofs are in principle surveyable. Given this conception of proof, we know from Gdel's incompleteness results that there are truths of arithmetic and of higher-order logic, necessary truths, which have no proof. Hence proofs cannot be what make them true.

Indeed, the second objection explains the mistake here. It is to confuse two different questions:

- what makes a necessary truth true

---

[3] A wff p is a **necessitive** if $p \Leftrightarrow \square q$ for some q.
[4] See, e.g., [1] and [8].

- what shows that a necessary truth is true

and, intersecting these two questions with our earlier distinction:

- what makes a necessary truth necessarily true
- what shows that a necessary truth is necessarily true.

Proofs are a means of demonstrating that something is necessarily true. But they do not themselves make them true or necessary. That is to confuse epistemology with metaphysics.

What makes contingent truths true is how things are, the nature of the actual world. The actual world is the mereological sum of all contingent truthmakers: The insight attributed to Leibniz and developed by Kripke and Lewis [6] among others, was that necessary truth supervened on the class of all possible worlds just as contingent truth supervenes on the actual world. There can be no difference, no change, in the set of contingent truths without a change in the facts, in the sum of all contingent facts which constitute the actual world. Similarly, there can be no alteration, no difference, in the class of necessary truths without some alteration in some world somewhere. (Of course, if they are necessarily true, there can be no change in the class of necessary truths. What we mean is that what that class is, is determined by what happens across the entire spread of possible worlds.)

The metaphysics of contingent truthmakers is a credible theory. There is a world of facts, states of affairs or whatever whose existence makes contingent truths true. Lewis' elaboration of a metaphysics of possible worlds whose existence and reality are supposed to explain the truth of modal propositions was met with an "incredulous stare" ([6] p. 133). And rightly so. It is not credible that what makes it true that I might now turn around and perform a handstand is that some counterpart of me in another possible world actually does perform such a handstand. It's a nice metaphor to speak in these terms, but it is an error to suppose that these other worlds, and their constituents, actually exist. They might have existed—indeed, some of them are us, and we might have turned handstands or whatever. But we didn't. Yet the modal truth-conditions require that for 'I might have turned a handstand' to be true there actually be a world in which I (or my counterpart) turn one. That's a useful fiction, but it is a profligate and incredible metaphysics which interprets it as requiring that that world really exist to act as a truthmaker of the modal proposition.

Similarly, for propositions to be necessary. Modal realism says that what makes a necessary proposition necessarily true is that it is true of all the manifold really existing possible worlds. The metaphor is that if the proposition is necessarily true then however the world had turned out it would have been true of it; the rotten metaphysics is to infer that its necessity is constituted by that manifold uniformity.

What then does make necessary truths true? They cannot supervene on contingency, nor can their necessary truth consist in the existence of proofs or of possible worlds. The answer comes from reflecting further on the character of the propositions in $S(N)$. Let p be an arbitrary true member of $S(N)$. Then p is a truth-functional combination of entailments. So ultimately what makes p true is the truth of its constituent entailments. Our question, therefore, reduces to the question what makes an entailment true; and what makes an entailment (necessarily) true is the fact that its consequent follows validly from its antecedent. What sort of fact is that?

Once again, it's not a proof of its consequent from its antecedent, for the former may follow validly from the latter without there being such a (recursive) proof. Nor is it that the former is true in every model of the latter, though that will undoubtedly be the case. Rather, we must recognise that there are further truthmakers over and above the contingent truthmakers. If an entailment holds, there must be some fact about the premises and conclusion which rules out the possibility that the premises are true and the conclusion false.[5]

References

[1] A. Anderson and N.D. Belnap, *Entailment: the logic and relevance and necessity*, vol. I (Princeton: Princeton U.P., 1975).

[2] J. Bigelow, *The Reality of Numbers* (Oxford: Oxford U.P., 1988).

[3] R. Cartwright, 'Scattered objects', in *Analysis and Metaphysics* ed. K. Lehrer (Dordrecht: Reidel, 1975) pp. 153-71.

[4] J.A. Coffa, 'Fallacies of Modality', in [1] §22.1.2 pp. 244-52.

[5] J.F. Fox, 'Truthmaker', *Australasian Journal of Philosophy* 65 (1987) pp. 188-207.

[6] D.K. Lewis, *On the Plurality of Worlds* (Oxford: Blackwell, 1986).

[7] S. Read, 'Formal and material consequence', *Journal of Philosophical Logic* 23 (1994) pp. 247-65.

[8] S. Read, *Relevant Logic* (Oxford: Blackwell, 1988).

[9] G. Restall, 'Truthmakers, entailment and necessity', *Australasian Journal of Philosophy* 74 (1996) pp. 331-40.

---

[5] See, e.g., [7] §4.

Global vs. Local in Basic Modal Logic

Maarten de Rijke[1] and Holger Sturm[2]

[1] ILLC, University of Amsterdam, Pl. Muidergracht 24,
1018 TV Amsterdam, The Netherlands. E-mail: mdr@wins.uva.nl

[2] Institut für Philosophie, Logik und Wissenschaftstheorie, LMU München,
Ludwigstraße 31, 80598 München, Germany. E-mail: sturm@cis.uni-muenchen.de

Abstract. We discuss results on global definability in basic modal logic, and contrast our model-theoretic results and proof techniques with known results about local definability.

1 Introduction

Modal concepts play an important role in many areas of philosophy. While this statement may seem to be a truism, it is not taken for granted by everybody; analytic philosophers like Frege and Quine have a very sceptical attitude towards modality. Nevertheless, modal concepts can be found in fields as different as ontology, philosophy of mind, ethics, philosophy of science, and, more recently, philosophy of mathematics. There are at least two reasons for the fact that we are not able to dispense with modal concepts. First, they are deeply tied to our practicing as intellectuals and language users. Hence, in explicating pre-theoretic concepts — which is, of course, one of the main concerns of analytic philosophers — we must take modal concepts into account. Second, it is an essential philosophical task to separate the things which only hold contingently from things that are necessarily the case.

The wide-spread use of modal concepts within analytic philosophy is partly related to the impressive development of the *logic* of modality, though only very few profound results from this area have found their way into the realm of philosophy. Of course, the best-known bridge linking the two fields is provided by possible world semantics, as it was foreshadowed in Carnap's work, hidden in the algebraic work by Tarski and Jónsson, and (re-)invented by Kripke, Kanger and Hintikka at the end of the 1950s. Possible world semantics is both an important formal tool on which the model theory of (normal) modal logic is built, and a very suitable basis for intuitive interpretations: many appealing philosophical explanations can be couched in terms of possible world semantics.

Leaving subtleties aside, it is correct to say that possible world semantics is a formal way to restate the Leibnizian idea that the truth of modalized statements in a world essentially depends on the truth of non-modalized statements in other worlds. For instance, a sentence like "It is necessarily the case that water is H_2O" is true (in our actual world) if and only if the non-modalized sentence "Water is H_2O" is true in every possible world, or, more precisely, in every possible world that coincides with the actual world in view of its laws of nature. When we implement the Leibnizian idea in a formal, model-theoretic framework and add a binary relation between worlds, we end up with models of the form $\mathfrak{M} = (W, R, V)$, which are the kind of structures on which the formulas of modal languages[1] are usually interpreted. Here, W is a set of possible worlds, and R is an accessibility relation on W, where Rwv means that v is considered as a possible world or alternative from the perspective of w. The accessibility relation gives an enormous increase in the flexibility of the framework. It enables

---

[1] Throughout this paper we only consider the basic modal language, which is the language we obtain from the boolean propositional language by adding two modal operators, □ and ◊. Nevertheless most of the things that are said in the introduction apply to richer modal languages as well.

us to consider several modalities together, and, moreover, the worlds that are considered as possible alternatives are allowed to change from world to world. As to the third part of the structure, the task of V is to fix the basic facts in each world; formally, it is a function that relates each possible world w to the atomic formulas that are regarded as true in it.

Then, the fundamental semantical relation is 'truth of a formula φ in a pair $(\mathfrak{M}, w)$', where $\mathfrak{M}$ is a model and w is a world chosen from this model. Such a pair is called a *pointed* model [3, 10] or a model-world pair [1]. We use $(\mathfrak{M}, w) \Vdash \varphi$ to say that φ is true in $(\mathfrak{M}, w)$. Based on this relation, further semantical concepts are defined as usual. That a formula φ follows from a set of formulas Γ holds, for instance, if for every pointed model $(\mathfrak{M}, w)$ in which all $\psi \in \Gamma$ are true, we have $(\mathfrak{M}, w) \Vdash \varphi$. Or, in modal terms: it is not possible that Γ is true somewhere without φ being true there as well.

Both the satisfaction relation and the consequence relation reflect a *local* perspective on the modal language and its models. Formulas are evaluated inside models, at some particular world w (the 'actual' world). In contrast, we can take a *global* perspective, under which models, and not pointed models, are regarded as the fundamental semantic units. The global counterparts of the satisfaction and the consequence relation are then defined as follows. A formula φ is said to be *true in a model* $\mathfrak{M}$, abbreviated by $\mathfrak{M} \models \varphi$, if φ is true in every pointed model $(\mathfrak{M}, w)$ based on $\mathfrak{M}$; and φ follows globally from Γ, if for all models $\mathfrak{M}$ with $\mathfrak{M} \models \Gamma$ it holds that $\mathfrak{M} \models \varphi$. As several authors have observed [3, 8, 13], a great number of logical properties, like completeness, canonicity, finite model property, and interpolation, come in two flavors: a local one and a global one. For instance, the notions of local and global consequence do not coincide: $\Box\psi$ follows locally from ψ, but not globally, yet the following general fact holds: a formula φ follows locally from a set Γ iff φ follows globally from the set $\{\Box^n\psi \mid \psi \in \Gamma, n \in \omega\}$. So, in a certain way, the global approach can be simulated within the local setting.[2]

On the other hand, the global perspective is worth exploring for its own sake. Why? First, via a straightforward translation modal formulas φ may be regarded as terms t_φ of an algebraic language, so that φ turns out to be true in a model $\mathfrak{M}$ iff the equality $t_\varphi = 1$ holds in the corresponding algebra $\mathfrak{M}^*$. Hence, from the algebraic point of view the global setting proves the more natural one. Second, sometimes we are interested in certain features of the whole model, independent of the fact whether they are enforceable by pointwise reasoning. And third, global constraints on models play a key role in the closely related area of terminological reasoning.

The latter two points raise an important question: what is the expressive power of the given modal language? Conceptually, one can distinguish at least two different answers to this question: According to the first, which completely ignores semantics, the formulas of the formal language are treated as paraphrases or translations of natural language sentences; briefly, the more sentences can be paraphrased the more expressive the formal language is. The second approach measures the expressive power with respect to the properties of structures definable or describable within the formal language. In a model-theoretic framework such as the one adopted in this paper, the second approach is the appropriate one.

The view of properties that underlies this account is purely extensional; roughly, a property is identified with the class of structures which have this property. Therefore, a property, that is, a class K of structures is said to be *definable* iff there is a set of formulas Γ such that K equals the class of structures in which Γ holds. This raises the following important question: is there a general characterization of the classes of structures that are definable in the above sense? More precisely, what this questions asks for is a characterization of the elementary classes of the logic under investigation. The answer is usually given by stating algebraic

---

[2]By adding some non-standard modal connectives to our language, the other direction holds as well; see [13, Appendix B].

closure conditions that are necessary and sufficient for a class K to be definable. Clearly, in the case of modal logic the characterization problem has two versions: a global and a local one. Our paper contains solutions for both versions. In Section 3 we deal with the local version, whereas Section 4 is reserved for the global setting.

Semantics-based translations form a valuable tool for investigating the meta-properties of a logic more deeply, by relating it to other logics. In the case of basic modal logic there exists a natural translation into first-order logic. Using this translation we may view modal logic as a fragment of first-order logic. Moreover, this fragment has a nice semantical characterization in terms of preservation. A famous result by van Benthem [2] tells us that a first-order formula lies in this fragment if and only if it is preserved under so-called bisimulations (see Section 3). The global counterpart of this result is proved in Section 4. Then, in Section 5 we briefly mention a few definability and preservation results concerning particular classes of models. The paper concludes with some suggestions for future research.

2 Basic Concepts

Fix a countable set $\mathcal{P} := \{p_n \mid n \in \omega\}$ of proposition letters. The set $\mathcal{ML}$ of modal formulas (over $\mathcal{P}$) is then defined as the least set X such that every proposition letter from $\mathcal{P}$ belongs to X, and X is closed under the boolean connectives $\neg$, $\vee$, and $\wedge$ as well as under the modal operators $\square$ and $\diamond$.

A *model* for $\mathcal{ML}$ is a triple $\mathfrak{M} = (W, R, V)$, where W is a non-empty set, R a binary relation on W, and V a valuation function from $\mathcal{P}$ into the power set of W. As usual, the truth of modal formulas is defined recursively with respect to pairs $(\mathfrak{M}, w)$, consisting of a model $\mathfrak{M}$ and a distinguished element $w \in W$. The atomic and the boolean cases of the definition are clear. For the modal operators we put

$(\mathfrak{M}, w) \Vdash \diamond \varphi$ iff   there is a $w' \in W$ with Rww' and $(\mathfrak{M}, w') \Vdash \varphi$,

$(\mathfrak{M}, w) \Vdash \square \varphi$ iff   for all $w' \in W$ with Rww' we have $(\mathfrak{M}, w') \Vdash \varphi$.

If $\mathfrak{M}$ is a model and φ a modal formula, we use $\mathfrak{M} \models \varphi$ to say that for all $w \in W$ it holds that $(\mathfrak{M}, w) \Vdash \varphi$.

A pointed model $(\mathfrak{M}, w)$ may also be regarded as a first-order model suitable for a first-order vocabulary, lets call it τ, consisting of a countable set $\{P_n \mid n \in \omega\}$ of predicate symbols, a binary relation symbol S and an individual constant c.[3] This, together with the fact that the truth clauses for modal formulas are stated in a first-order metalanguage, suggests a mapping ST from $\mathcal{ML}$ into the set of first-order sentences over τ:

$$
\begin{aligned}
ST(p_n) &:= P_n c, \text{ for } n \in \omega, \\
ST(\neg \varphi) &:= \neg ST(\varphi), \\
ST(\varphi \vee \psi) &:= ST(\varphi) \vee ST(\psi), \\
ST(\varphi \wedge \psi) &:= ST(\varphi) \wedge ST(\psi), \\
ST(\diamond \varphi) &:= \exists x (Scx \wedge ST(\varphi)[x/c]), {}^{4,5} \\
ST(\square \varphi) &:= \forall x (Scx \rightarrow ST(\varphi)[x/c]).
\end{aligned}
$$

The following lemma is then proved by an easy induction. In fact, this is the result which allows us to regard modal logic as a fragment of first-order logic.

---

[3] This is possible because, neglecting some harmless notational differences, $(\mathfrak{M}, w)$ may be seen as a convenient way of denoting the first-order model $(W, R, (V(p_n))_{n \in \omega}, w)$.

[4] Here, and in the following clause, the variable x is assumed to be the first variable chosen from a list of variables that do not occur in $ST(\varphi)$.

[5] In general, for a first-order formula α and individual terms t_1 and t_2, $\alpha[t_1/t_2]$ denotes the formula one gets

Lemma 2.1 *For every modal formula φ, every model $\mathfrak{M} = (W, R, V)$ and every $w \in W$:*
$(\mathfrak{M}, w) \Vdash \varphi \Leftrightarrow (\mathfrak{M}, w) \Vdash ST(\varphi)$.

3 Local Definability

At the beginning of this section we introduce a well-known type of equivalence relations between models, so-called bisimulations. What makes them important is the fact that modal formulas cannot distinguish between bisimilar models, that is, if there is a bisimulation between two models $\mathfrak{M}$ and $\mathfrak{N}$ which relates worlds w and v, then w and v satisfy exactly the same modal formulas. This result is stated in Lemma 3.2. Moreover, recent work has shown that bisimulations form an important tool in modal model theory. A central result along this line is Theorem 3.3 below, which provides an algebraic characterization of the elementary classes of pointed models, that is, the classes of models that are definable by (sets of) modal formulas. This result was first stated and proved in [10].

Definition 3.1 Let $\mathfrak{M} = (W, R, V)$ and $\mathfrak{N} = (W', R', V')$ be models. A relation $Z \subseteq W \times W'$ is a *bisimulation* between $\mathfrak{M}$ and $\mathfrak{N}$, if Z satisfies the following conditions:

B1 For every $w \in W$ and $v \in W'$, if Zwv then $(\mathfrak{M}, w) \Vdash p_n \Leftrightarrow (\mathfrak{N}, v) \Vdash p_n$, for every $n \in \omega$.

B2 For every $w, w' \in W$ and $v \in W'$, if Zwv and Rww', then there is some $v' \in W'$ such that $R'vv'$ and $Zw'v'$.

B3 For every $w \in W$ and $v, v' \in W'$, if Zwv and $R'vv'$ then there is some $w' \in W$ such that Rww' and $Zw'v'$.

If Z is a bisimulation such that for every $v \in W'$ there is some $w \in W$ with Zwv, then Z is called a *surjective* bisimulation from $\mathfrak{M}$ to $\mathfrak{N}$.

Lemma 3.2 *Let Z be a bisimulation between $\mathfrak{M}$ and $\mathfrak{N}$ such that Zwv. Then for every modal formula φ, $(\mathfrak{M}, w) \Vdash \varphi$ iff $(\mathfrak{N}, v) \Vdash \varphi$.*

Theorem 3.3 *For a class K of pointed models the following equivalences hold.*

1. K is (locally) definable by a set of modal formulas iff K is closed under bisimulations and ultraproducts, and the complement of K, abbreviated by $\overline{K}$, is closed under ultrapowers.

2. K is (locally) definable by a single modal formula iff both K and $\overline{K}$ are closed under bisimulations and ultraproducts.

From this theorem we easily obtain van Benthem's bisimulation theorem:

Corollary 3.4 *A first-order sentence α (over τ) is equivalent to the translation of a modal formula if and only if α is preserved under bisimulations.*[6]

4 Global Definability

In the previous section we took a *local* perspective on modal logic and its corresponding first-order fragment. Below we adopt what we call a global point of view: modal formulas will be considered on the level of *models*. The main result of this section characterizes the classes of models that are (globally) definable by modal formulas. (For a proof see the full version of this paper.) This time the key notions are ultraproducts and ultrapowers, as before, as well as surjective bisimulations and disjoint unions. The latter is introduced below.

---

by replacing every occurrence of t_2 in α by t_1.
[6]Here we say that a first-order sentence α is preserved under bisimulations if whenever Z is a bisimulation between models $\mathfrak{M}$ and $\mathfrak{N}$ such that Zwv and $(\mathfrak{M}, w) \Vdash \alpha$, then $(\mathfrak{N}, v) \Vdash \alpha$.

Definition 4.1 Let $\{\mathfrak{M}_i \mid i \in I\}$ be a non-empty family of models, where the domains of these models are pairwise disjoint. The *disjoint union* of this family, abbreviated by $\biguplus_{i \in I} \mathfrak{M}_i$, is the following model $\mathfrak{M} = (W, R, V)$:

$W := \bigcup_{i \in I} W_i, R := \bigcup_{i \in I} R_i$, and $V(p_n) := \bigcup_{i \in I} V_i(p_n)$, for $n \in \omega$.

Theorem 4.2 *For a class* K *of models the following equivalences hold.*
  1. K *is (globally) definable by a set of modal formulas iff* K *is closed under surjective bisimulations, disjoint unions and ultraproducts, and* $\overline{K}$ *is closed under ultrapowers.*
  2. K *is (globally) definable by means of a single modal formula iff* K *is closed under surjective bisimulations and disjoint unions, and both* K *and* $\overline{K}$ *are closed under ultraproducts.*

Obviously, by a straightforward adaption of the standard translation from Section 3 we may view $\mathcal{ML}$ as a fragment of first-order logic on the (global) level of models as well: we just have to correlate a modal formula φ with the universal closure of its standard translation, that is, with the formula $\forall x (ST(\varphi)[x/c])$. By making use of Lemma 2.1 it is then easy to see that for every model $\mathfrak{M}$, $\mathfrak{M} \models \varphi$ iff $\mathfrak{M} \Vdash \forall x (ST(\varphi)[x/c])$.

As in the local case, the modal fragment of first-order logic has a semantical characterization in terms of preservation behavior. This time we can prove that a first-order sentence α lies in this fragment iff α is preserved under surjective bisimulations and disjoint unions, where α is said to be *preserved under disjoint unions* if for every non-empty family $\{\mathfrak{M}_i \mid i \in I\}$ of models such that for every $i \in I$, $\mathfrak{M}_i \models \varphi$, we have $\biguplus_{i \in I} \mathfrak{M}_i \models \varphi$.

Corollary 4.3 *For a first-order sentence α over $\tau \setminus \{c\}$ the following are equivalent:*
  1. There is a modal formula φ such that $\models \alpha \leftrightarrow \forall x (ST(\varphi)[x/c])$.
  2. α is preserved under disjoint unions and surjective bisimulations.

Before concluding this section, we want to emphasize that our Theorem 4.2 is not the first global definability result with respect to classes of models. In [7] Hansoul gave an alternative characterization.[7] Using our own terminology and putting aside the topological notions used by Hansoul, his result can be stated as follows: A class K of models is globally definable if and only if K is closed under isomorphisms, generated submodels and disjoint unions, and for each model $\mathfrak{M}$, $\mathfrak{M} \in K$ iff $(\mathfrak{M}^*)_* \in K$. Here, by $\mathfrak{M}^*$ we mean the least modal subalgebra of the complex algebra of $\mathfrak{M}$ that contains all truth-sets of the form $V(\varphi) := \{w \in W \mid (\mathfrak{M}, w) \Vdash \varphi\}$, and by $(\mathfrak{M}^*)_*$ we denote its canonical structure.[8] The full version of the present paper contains a detailed analysis of how the two definability results, Hansoul's and ours, are related to each other.

5 Universal Classes

Applying arguments and tools similar to the ones that were used in the proofs of the previous section, we can also obtain global definability and preservation results for modal formulas satisfying various syntactic constraints. In the following we restrict our attention to universal formulas. By a *universal* formula we mean a modal formula that has been built up from atomic formulas and negated atomic formulas, using $\wedge$, $\vee$ and $\Box$ only.

The main result of this section, Theorem 5.1, provides a precise characterization of the conditions under which classes of models are globally definable by sets of *universal* formulas. From this we easily get a preservation result for universal formulas, stated as Corollary 5.2.

---

[7]In [1] another definability result was proved with respect to infinitary modal languages.
[8]The experienced reader may realize that Hansoul's result shows great similarity to a famous result by Goldblatt [5], which characterizes modally definable classes of generalized frames.

For lack of space we only mention these two results; comments, proofs and further results are reserved for the full paper. For the local counterparts of the above results the reader is referred to [12].

Theorem 5.1 *A class K of models is definable by a set of universal formulas iff K is closed under surjective bisimulations, disjoint unions, submodels and ultraproducts.*

Corollary 5.2 *A modal formula φ is globally preserved under submodels iff there is a universal formula ψ such that φ and ψ hold in exactly the same models.*

We hasten to add that similar results also exist for positive, that is negation-free formulas. In the full paper we characterize the positive classes as the classes of models that are closed under surjective bisimulations, disjoint unions, ultraproducts and weak extensions,[9] and whose complements are closed under ultrapowers. In addition, it contains a preservation result for positive formulas.

6 Concluding Remarks

In this paper we have presented a number of definability and preservation results for (basic) modal logic. Contrary to common practice, we have emphasized the global perspective. Of course, the above results can only be considered as a modest beginning; a lot of work remains to be done. Our future research should concentrate on the following questions:

1. What other local results (and tools) can be adapted to the global setting?

2. In [11] van Benthem's bisimulation theorem was proved with respect to finite models. Is it possible to finitize our Corollary 4.3 in the same way?

3. Can we apply our results and methods to more expressive modal languages, like temporal logic with Since and Until, or PDL?

4. Is there a uniform way of connecting the local and the global setting? Indeed, we have a general result with respect to preservation, but it is not completely satisfying. First, it looks slightly proof-generated and, second, it makes use of the notion of ω-saturated models which restricts its applicability to modal languages that lie inside first-order logic.

5. How is our approach related to the work of other authors? In particular, how is it related to work on the universal modality [4, 6], and to Kracht and Wolter's work on transfer results [8, 9]?

Acknowledgments. Maarten de Rijke was supported by the Spinoza project 'Logic in Action' at ILLC, the University of Amsterdam.

References

[1] J. Barwise and L.S. Moss. Modal correspondence for models. *Journal of Philosophical Logic*, 27:275–294, 1998.

---

[9] A model $\mathfrak{N} = (W', R', V')$ is a *weak extension* of a model $\mathfrak{M} = (W, R, V)$, if $W = W'$, $R = R'$, and $V(p_n) \subseteq V'(p_n)$, for every $n \in \omega$.

[2] J.F.A.K. van Benthem. *Modal Correspondence Theory*. PhD thesis, University of Amsterdam, 1976.

[3] P. Blackburn, M. de Rijke, and Y. Venema. *Modal Logic*, Manuscript, ILLC, University of Amsterdam, 1998. Available at http://www.illc.uva.nl/~mdr/Publications/modal-logic.html.

[4] G. Gargov and V. Goranko. Modal logic with names. *Journal of Philosophical Logic*, 22:607–636, 1993.

[5] R. Goldblatt. Metamathematics of modal logic I. *Reports on Mathematical Logic*, 6:41–78, 1976.

[6] V. Goranko and S. Passy. Using the universal modality. *Journal of Logic and Computation*, 1:5–31, 1992.

[7] G. Hansoul. Modal-axiomatic closure of Kripke models. In: H. Andréka, D. Monk, and I. Németi, editors, *Algebraic Logic*. North-Holland, 257–264, 1991.

[8] M. Kracht. *Tools and Techniques in Modal Logic*. Habilitationsschrift, Berlin 1996.

[9] M. Kracht and F. Wolter. Simulation and transfer results in modal logic – a survey. *Studia Logica*, 59:149–177, 1997.

[10] M. de Rijke. *Extending Modal Logic*. PhD thesis, ILLC, University of Amsterdam, 1993.

[11] E. Rosen. Modal logic over finite structures. *Journal of Logic, Language and Information*, 6:427–439, 1997.

[12] H. Sturm. *Modale Fragmente von $\mathcal{L}_{\omega\omega}$ und $\mathcal{L}_{\omega_1\omega}$*. PhD thesis, CIS, University of Munich, 1997.

[13] Y. Venema. *Many-Dimensional Modal Logic*. PhD thesis, University of Amsterdam, 1991.

Klaus Robering[1]: Ackermanns Implikation für eine typenfreie Logik

1 Ackermanns typenfreie Logik

1.1 Deduktive und kombinatorische Vollständigkeit

In einer mit Ackermann [1] beginnenden Reihe von Aufsätzen hat Wilhelm Ackermann sich um eine Begründung einer typenfreien Logik mit unbeschränktem Komprehensionsaxiom bemüht und mehrere Systeme einer solchen Logik entwickelt; vgl. die im Literaturverzeichnis angegebenen Arbeiten. In diesen Logiken soll für jede Formel A der entsprechende Klassenterm $\{x \mid A\}$[2] gebildet werden können, wobei für diese Terme die beiden folgenden Konversionsprinzipien gelten:

$$t \in \{x \mid A\} \Rightarrow [t/x]A, \qquad \text{(ABS}_1\text{)}$$
$$[t/x]A \Rightarrow t \in \{x \mid A\}. \qquad \text{(ABS}_2\text{)}$$

(Der Pfeil $\Rightarrow$ soll hier als Sequenzzeichen dienen.) Ein System der Mengenlehre, welches diesen Bedingungen genügt, wird von Ackermann [5, S. 3] als „kombinatorisch vollständig" bezeichnet.

Um in seinen kombinatorisch vollständigen Systemen das Auftreten von Antinomien wie der Russellschen zu vermeiden, läßt Ackermann partielle Prädikate zu, die zu wahrheitswertlosen Aussagen führen. Dementsprechend wird in diesen Systemen das *tertium non datur* aufgegeben; vgl. Ackermann [2, S. 33], [4, S. 364]. Diese Revision der klassischen Logik reicht allein allerdings noch nicht aus, um Widersprüche, die sich aus der unbeschränkten Komprehension ergeben, zu vermeiden. Dies zeigt Currys Antinomie. Sei $c = \{x \mid x \in x \to \lambda\}$ die Klasse aller Klassen, für die das Selbstenthaltensein die Absurdität λ impliziert. Mit Hilfe der beiden implikationslogischen Prinzipien (MP) und (DT) zeigt man leicht, daß auch die Absurdität λ beweisbar ist.

$$A, A \to B \Rightarrow B, \qquad \text{(MP)}$$
$$\text{Wenn } M, A \Rightarrow B, \text{ so } M \Rightarrow A \to B. \qquad \text{(DT)}$$

(1) $c \in c \Rightarrow c \in c \to \lambda$ ABS$_1$
(2) $c \in c, c \in c \to \lambda \Rightarrow \lambda$ MP
(3) $c \in c, c \in c \Rightarrow \lambda$ (1), (3), Schnitt
(4) $c \in c \Rightarrow \lambda$ (3), Zusammenziehung
(5) $\Rightarrow c \in c \to \lambda$ DT
(6) $c \in c \to \lambda \Rightarrow c \in c$ ABS$_2$
(7) $\Rightarrow c \in c$ (5), (6), Schnitt
(8) $\Rightarrow \lambda$ (4), (7), Schnitt

Die unbeschränkte Komprehension führt also bereits im Rahmen des implikativen Fragments der positiven Logik zu einem Widerspruch. Um die Herleitung der Curryschen Antinomie bei Aufrechterhaltung von ABS$_1$ und ABS$_2$ zu blockieren stehen Modifikationen der folgenden logischen Prinzipien zur Disposition:

---

[1] TU Berlin, FB Informatik - Formale Modelle, Logik und Programmierung, FR 6-10, Franklinstr. 28, D-10587 Berlin, e-mail: krob@cs.tu-berlin.de.

[2] Ein Klassenterm t soll bei der Bildung von Instanzen zu Allaussagen ohne jede Einschränkung für die allquantifizierte Variable einsetzbar sein, so daß man von $\forall x A$ auf $[t/x]A$ schließen kann. Ebenso soll man von einer Formel A, die einen solchen Term t enthält, ohne jede Einschränkung zu der entsprechenden Existenzbehauptung $\exists x[x/t]A$ übergehen können.

Schnitt, Zusammenziehung[3], Modus Ponens (MP)[4] oder Deduktionstheorem (DT). Ackermann schlägt eine Einschränkung von (DT) vor. Ein Logiksystem, in dem sich die Ableitbarkeit von B aus A nach dem Deduktionstheorem durch eine herleitbare Formel $A \to B$ wiedergeben läßt, nennt er „deduktiv vollständig"; vgl. [5, S. 3]. Die Currysche Antinomie zeigt: „Eine Logik kann nicht zugleich kombinatorisch und deduktiv vollständig sein"; [5, S. 58].

1.2 Eine Erschließungsdeutung der Implikation

Zur Aufgabe des *tertium non datur* tritt also bei Ackermann eine weitere Revision der klassischen Logik, die darauf hinausläuft, daß nur noch eine eingeschränkte Form von (DT) gilt. Diese Revision ist durch eine besondere Deutung der Implikation $\to$ motiviert. Es soll „nämlich $A \to B$ [...] bedeuten, daß bei Zugrundelegung der Formel A die Formel B ableitbar ist", [2, S. 34]. In [7, § 2] gibt Ackermann ein Axiomensystem Σ_2 an, in dem man auf $A \to B$ schließen darf, wenn man B in einem Teilsystem von Σ_2, aus A ableiten kann.

Ackermann geht dabei für seine Erschließungsdeutung der Implikation offensichtlich von folgender Konzeption aus: Als Grundlage hat man ein System $\mathbf{K_0}$ korrekter Schlußregeln, die den Gebrauch von $\to$ gar nicht betreffen. Auf $\mathbf{K_0}$ baut ein weiteres System $\mathbf{K_1}$ auf, in dem Formeln der Form $A \to B$ dadurch gedeutet werden, daß man in $\mathbf{K_0}$ von A auf B schließen kann. $\mathbf{K_1}$ wiederum ist die Basis für ein weiteres System $\mathbf{K_2}$, das die Schlußbeziehungen von $\mathbf{K_1}$ systematisiert usw.

Im zweiten Teil dieser Arbeit werden wir die hier angedeutete Konstruktion aufeinander aufbauender Regelsysteme explizit durchführen[5].

1.3 Die semantischen Stufen

Nach dieser Vorstellung besitzt eine Implikation $A \to B$ gegenüber ihren Bestandteilen A und B einen anderen, nämlich metatheoretischen Charakter besitzt, da sie ja die Existenz eines deduktiven Zusammenhangs zwischen A und B behauptet. Aufgrund dieses metatheoretischen Charakters der Implikation sind einige Formeln der klassischen Logik, in denen die Implikation iteriert wird, nicht mehr akzeptabel. Zu diesen zählen insbesondere Instanzen der Schemata (PB) der Prämissenbelastung und (FK) des Fregeschen Kettenschlusses, von denen beim Beweis des Deduktionstheorems Gebrauch gemacht wird:

$$A \to B \to A, \qquad \text{(PB)}$$
$$A \to B \to C \to A \to B \to A \to C. \qquad \text{(FK)}$$

In Hinblick auf (PB) argumentiert Ackermann [2, S. 34 f] etwa so: „$B \to A$ sagt aus, daß A aus B ableitbar ist; dieser Satz hat also einen ganz anderen Charakter als B und A und kann nicht zu A in die Beziehung der Ableitbarkeit gebracht werden. $B \to A$ kann nur aus einer syntaktischen Aussage über A ableitbar sein, nämlich der Aussage, daß A beweisbar ist".

Die oben angesprochenen Regelsysteme $\mathbf{K_0}$, $\mathbf{K_1}$, ...bringen eine Stufung der Formeln mit sich: Zur Stufe 0 gehören genau die Formeln, die nicht metatheoretisch sind; für sie gelten die Schlußregeln von $\mathbf{K_0}$. Die zwischen den Formeln einer Stufe m bestehenden deduktive Beziehungen werden auf der folgenden Stufe $m + 1$ mit Hilfe der Implikation wiedergegeben. Eine Formel nach dem Schema (PB) oder nach

---

[3] Dieser Möglichkeit folgt etwa Grischin [11]; vgl. auch Došen [8, S. 14-16]. Um eine Einschränkung der Zusammenziehungsregel zu motivieren, könnte man etwa dafür argumentieren, daß die beiden Vorkommnisse der Formel $c \in c$, die in der Zeile (4) der obigen Herleitung zusammengefaßt werden, sich inhaltlich unterscheiden, obwohl sie syntaktisch identisch sind. Die Antinomie würde also auch verschwinden, wenn man diesen impliziten Unterschied syntaktisch manifest machen würde; vgl. etwa von Kutschera [16, S. 193-96].

[4] Geach [10, S. 211] nennt dies „far too high a price to pay for a naive view of classes or of truth" und kritisiert in diesem Zusammenhang das System von Fitch [9], in dem (MP) nicht mehr uneingeschränkt gilt; vgl. auch Ackermann [3, S. 267]. Sowohl Geach als auch Ackermann kritisieren, daß dabei die Gültigkeit einer (MP)-Anwendung für Formeln A und $A \to B$ in einer Herleitung H von der Art und Weise abhängt, wie diese Formeln selbst in H hergeleitet worden sind, „... which seems to me to jeopardize the very notion of a formal proof"; Geach [10, S. 211].

[5] Ähnliche Konstruktionen findet man etwa bei Lorenzen [13] und von Kutschera [16].

dem Schema (FK) verschließt sich aufgrund ihres syntaktischen Baus von vornherein dieser deduktiven Deutung der Implikation, während etwa die Formel

$$(p \to q) \land (q \to r) \dot{\to} p \to q \tag{1}$$

(wobei p, q, r atomar, also Satzbuchstaben sind) ihr zugänglich und plausibel ist. Diese Formel behauptet die Transitivität der deduktiven Beziehung, durch die die Implikation zu interpretieren ist. Ackermann verwirft nun keineswegs die Instanzen von (PB) und (FK) als nicht wohlgeformt, und er akzeptiert durchaus mit einer gültigen Formel wie z. B. (1) auch solche Einsetzungsinstanzen einer Formel, die sich aufgrund ihres syntaktischen Baus seiner deduktiven Interpretation der Implikation entzieht. D. h., daß durch die Substitutionsregel „die Unterscheidung der verschiedenen syntaktischen Stufen zum Teil wieder verwischt" wird; s. [2, S. 37].

Die Stufung ist allerdings kein rein syntaktisches Phänomen, denn sie betrifft ja gerade die inhaltliche Deutung implikativer Formeln. Dementsprechend spricht Ackermann[4, S. 364] auch nicht mehr wie im vorigen Zitat von „syntaktischen", sondern von „semantischen Stufen": „Die Richtigkeit von Implikationen setzt im Prinzip voraus, daß zwischen Vorder- und Hinterglied der Implikation eine gewisse Gleichheit der semantischen Stufen besteht". Im folgenden werden daher auch wir von „semantischen Stufen" reden. Die semantische Stufung zeichnet einige implikative Formeln aufgrund ihrer Form aus. Die ausgezeichneten Formeln nennen wir „ausgeglichen": Eine ausgeglichene Formel ist eine Implikation $A \to B$, bei der A eine Konjunktion $A_1 \land ... A_m$ $(m \geq 1)$ ist, deren Glieder A_i $(1 \leq i \leq m)$ selbst Implikationen sind.

1.4 Der Kalkül A

Die Erschließungsdeutung der Implikation ist offensichtlich dann zirkulär, wenn $A \to B$ eine Formel desselben formalen Systems K ist, durch dessen Ableitbarkeitsrelation $\vdash_K$ gerade $\to$ gedeutet werden soll. Denn zur Definition von $\vdash_K$ muß man ja die für $\to$ gültigen Schlußregeln kennen, die sich andererseits aber aus den Eigenschaften von $\vdash_K$ ergeben sollen. Aufgrund dieser Zirkularität sieht Ackermann [2, S. 34] keine andere Möglichkeit zur Charakterisierung seiner deduktiven Implikation als die „axiomatische Festlegung". Wir werden demgegenüber im zweiten Teil Ackermanns Implikation schrittweise interpretieren. Den von Ackermann angegebenen Hilberttypkalkül[6] für den aussagenlogischen Teil seiner revidierten Logik wollen wir hier mit „**A**" bezeichnen.

A basiert auf der aussagenlogischen Sprache $\mathcal{L}$ mit dem Inventar $S = \{p, q, r, p_1, ...\}$ von Satzbuchstaben. Form ist die Menge der Formeln von $\mathcal{L}$. Diese Menge wird aus $S \cup \{Y\}$ mit Hilfe der Junktoren $\neg, \land, \lor$ und $\to$ in der üblichen Weise gebildet. Die Teilmenge Ausg $\subseteq$ Form ist die Menge der ausgeglichenen Formeln.

Wir geben zunächst den positiven (negationsfreien) Teilkalkül $\mathbf{A}^+$ von Ackermann Logik an. Er ist durch die folgenden Axiomenschemata bestimmt; vgl. Ackermann [2, S. 41]:

A1 $A \to A$
A2 $Y \to A \dot{\to} B \to A \land B$
A3a $A \land B \to A$ A3b $A \land B \to B$
A4a $A \to A \lor B$ A4b $B \to A \lor B$
A5 $A \land (B \lor C) \to B \lor (A \land C)$
A6 $(A \to B) \land (A \to C) \dot{\to} A \to B \land C$
A7 $(A \to C) \land (B \to C) \dot{\to} A \lor B \to C$
A8 $(A \to B) \land (B \to C) \dot{\to} A \to C$
A9 $Y \to A \dot{\to} B \to A$
A10 $Y \to A \lor B \dot{\to} (Y \to A) \lor (Y \to B)$
A11 $Y \to A \dot{\to} A$

Zu diesen Axiomen treten die folgenden Regeln hinzu:

---

[6] Einen Reihenkalkül für seine Logik, d. h. einen Kalkül, in dem Formelreihen statt einzelner Formeln manipuliert werden, gibt Ackermann [4, S. 371] an. In diesem Kalkül dürfen Formelreihen beliebig verdünnt und permutiert werden; Vorkommnisse derselben Formel in einer Reihe dürfen beliebig zusammengefaßt werden.

$\dfrac{A \quad A \to B}{B}$ (MP) und $\dfrac{A}{\Upsilon \to A}$ (Auf).

Sämtliche Instanzen der Schemata A1-A11 sind ausgeglichen; man erkennt aber leicht, daß die Regel (Auf) zu nicht ausgeglichenen Theoremen führt.

Das Verum Υ (bei Ackermann durch den Buchstaben „Γ" wiedergegeben) steht abkürzend für die Formel „===", die die Selbstidentität der Gleichheitsrelation behauptet. Da wir uns mit den Gleichheits- und klassenlogischen Teil der Systeme Ackermanns nicht weiter beschäftigen wollen, sehen wir Υ als Satzkonstante an[7].

Die angegebenen Axiome der positiven Logik sind noch durch Prinzipien für die Negation zu ergänzen. In der besonderen Behandlung der Negation liegt neben der Typfreiheit, der Aufgabe des *tertium non datur* und der deduktiven Auffassung der Implikation eine weitere Besonderheit der Ackermannschen Systeme. Die Negation verhält sich - ebenso wie etwa in der Logik von Fitch [9] und der Logik der Konstruktiven Falschheit von Nelson [14] - klassisch. Es gelten die folgenden Axiomenschemata:

A12 $\quad A \wedge \neg A \to B$
A13a $\quad A \to \neg\neg A$ $\hspace{3cm}$ A13b $\quad \neg\neg A \to A$
A14a $\quad \neg A \vee \neg B \to \neg(A \wedge B)$ $\hspace{1cm}$ A14b $\quad \neg(A \wedge B) \to \neg A \vee \neg B$
A15a $\quad \neg A \wedge \neg B \to \neg(A \vee B)$ $\hspace{1cm}$ A15b $\quad \neg(A \vee B) \to \neg A \wedge \neg B$
A16a $\quad (\Upsilon \to A) \wedge (B \to \neg\Upsilon) \to \neg(A \to B)$

Offensichtlich erstreckt sich in diesem System die Symmetrie zwischen negierten und positiven Formeln nicht auf implikative Formeln $A \to B$. Mit A16a wird nur eine (im Sinne von $\to$) hinreichende Bedingung für die Falschheit einer Implikation angegeben, aber keine notwendige. Diese Asymmetrie hat eine Reihe von unerwünschten Eigentümlichkeiten zur Folge (vgl. Harrop [12]), die Ackermann [4] durch die Hinzunahme des folgenden Axioms beseitigt:

A16b $\quad \neg(A \to B) \to (\Upsilon \to A) \wedge (B \to \neg\Upsilon)$.

Im folgenden werden wir uns nur mit dem positiven Teilkalkül $\mathbf{A}^+$ von $\mathbf{A}$ befassen. Er ist in der Sprache $\mathcal{L}^+$ formuliert ist, der gegenüber $\mathcal{L}$ die Negation $\neg$ fehlt. Form^+ ist die Menge der Formeln dieser Sprache.

2 Das System der semantischen Stufen

2.1 Eine verallgemeinerte Ableitbarkeitsrelation

Wir wollen nun anknüpfend an Ackermanns Hinweise für $\mathbf{A}^+$ eine deduktive Deutung entwickeln. Dazu erklären wir vorab den Begriff der Ableitbarkeit in etwas größerer Allgemeinheit als sonst üblich.

Ein Kalkül K wird durch eine Sprache L, eine (ggf. leere) Menge $\text{Ax}(K)$ von Axiomen und eine (nicht-leere) Menge $\text{Rg}(K)$ von Regeln festgelegt. $\text{Ausd}(L)$ ist die Menge der Formeln von L. Die Axiome sind Formeln von L: $\text{Ax}(K) \subseteq \text{Ausd}(L)$. Eine Regel $R \in \text{Rg}(K)$ ist eine zweistellige Relation auf $\wp_\omega(\text{Ausd}(L))$. Ein Paar $(M, N) \in R$ ist eine Instanz der Regel R; M ist die Prämissen- und N die Konklusionenmenge der Instanz. Regeln mit mehreren Konklusionen sind ausdrücklich zugelassen[8].

Seien $M, N \in \wp_\omega \text{Ausd}(L)$ und K ein in L formulierter Kalkül. Eine Baumherleitung $\mathcal{T}$ in K von M nach N (vgl. Shoesmith/Smiley [15, S. 44]) ist ein mit Formeln aus $\text{Ausd}(L)$ etikettierter Baum, in dem für

---

[7] Die Ableitbarkeit von Υ ergibt sich mit (MP) aus (Instanzen von) A1 und A11. Wenn man (A2) forläßt, erhält man einen (theorem-)äquivalenten Kalkül; vgl. Harrop [12, S. 496].

[8] Wollten wir uns auf Regeln mit jeweils nur einer Konklusion beschränken, so müßten wir, um die Disjunktion erfassen zu können, den Regelbegriff so erweitern, daß auch Herleitungen Regelprämissen sein können. Die Regel der Disjunktions- beseitigung formuliert man ja üblicherweise so, daß C aus $A \vee B$ herleitbar ist, wenn es Herleitungen von C aus A und aus B gibt.

jeden Knoten k einer der drei folgenden Bedingungen erfüllt ist: (1) k ist der letzte Knoten eines Zweiges von $\mathcal{T}$ und trägt ein Etikett aus N. (2) Auf k folgt nur ein einziger Knoten und dessen Etikett stammt aus $M \cup \text{Ax}(K)$. (3) Auf k folgen unmittelbar die n Knoten mit den Etiketten $B_1, ..., B_n$, es gibt in B Knoten über k mit Etiketten $A_1, ..., A_m$, und es gibt eine Regel $R \in \text{Rg}(K)$ mit $(\{A_1, ..., A_m\}, \{B_1, ..., B_n\}) \in R$. Wenn in K eine Herleitung von M nach N existiert, so ist N in K aus M herleitbar: $M \vdash_K N$. Ist die Einermenge $\{A\}$ in K aus der leeren Menge herleitbar, so ist A ein Theorem von K: $\vdash_K A$.

Lemma 2.1: Für die Ableitbarkeitsrelation $\vdash_K$ eines Kalküls K gilt:

(1) $M \vdash_K N$, falls $M \cap N \neq \emptyset$;

(2) mit $M' \supseteq M$, $N' \supseteq N$ und $M \vdash_K N$ gilt auch $M' \vdash_K N'$;

(3) mit $\dot{M} \vdash_K N, A$ und $A, M \vdash_K N$ ist auch $M \vdash_K N$.

2.2 Der Grundkalkül $\mathbf{K_0}$

Ackermann erklärt seine Implikation so, daß eine Formel $A \to B$ eine Ableitbarkeitsbeziehung zwischen A und B angibt. Unklar bleibt dabei, auf welchen Kalkül K diese Ableitbarkeitsbeziehung bezogen ist. Da, wie eine Inspektion der Axiome von $\mathbf{A^+}$ zeigt, die Junktoren Υ, $\wedge$ und $\vee$ unproblematisch sind, liegt es nahe, von dem in $\mathcal{L}^+$ formulierten Kalkül $\mathbf{K_0}$ auszugehen: $\text{Ax}(\mathbf{K_0}) = \{\Upsilon\}$; $\mathbf{K_0}$ verfügt über die folgenden sechs Regeln:

$$(\wedge\text{Ein}) \; \frac{A \quad B}{A \wedge B} \qquad (\wedge\text{Bes}_r) \; \frac{A \wedge B}{A} \qquad (\wedge\text{Bes}_l) \; \frac{A \wedge B}{B}$$

$$(\vee\text{Ein}_r) \; \frac{A}{A \vee B} \qquad (\vee\text{Ein}_l) \; \frac{B}{A \vee B} \qquad (\vee\text{Bes}_r) \; \frac{A \vee B}{A \quad B}$$

Der folgende Baum ist eine $\mathbf{K_0}$-Herleitung von $B \vee (A \wedge C)$ aus $A \wedge (B \vee C)$:

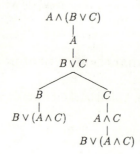

Lemma 2.2: Für den Kalkül $\mathbf{K_0}$ gilt:

(1) Gibt es in $\mathbf{K_0}$ eine Herleitung $\mathcal{T}$ für $A \wedge B$ (Fall 1.1) bzw. $A \vee B$ (Fall 1.2), so gibt es auch

    (1.1) eine Teilherleitung $\mathcal{T}_1$ von $\mathcal{T}$ für A und eine Teilherleitung $\mathcal{T}_2$ von $\mathcal{T}$ für B.

    (1.2) eine Teilherleitung $\mathcal{T}_1$ von $\mathcal{T}$ für A oder eine Teilherleitung $\mathcal{T}_2$ von $\mathcal{T}$ für B.

(2) Ist $\vdash_{\mathbf{K_0}} M$, so gibt es ein $A \in M$ mit $\vdash_{\mathbf{K_0}} A$.

BEW.: (1) Dies zeigt man durch Induktion nach der Anzahl der Verzweigungen in dem Baumbeweis von $A \otimes B$ ($\otimes \in \{\wedge, \vee\}$). Beim Induktionsanfang zeigt man zunächst durch eine zweite Induktion nach der Anzahl der Knoten, daß eine lineare Herleitung mit der Endformel $A \wedge B$ Teilherleitungen sowohl für A als auch für B enthält. Mit diesem Ergebnis kann man wiederum durch Induktion zeigen, daß eine lineare Herleitung von $A \vee B$ eine Teilherleitung für A oder eine solche für B enthält. Beim Induktionsschritt reduziert man die Anzahl der Verzweigungen, indem den man diese unter Ausnutzung des Induktionsanfangs von oben her eliminiert. – (2) Dies beweist man ebenfalls durch Induktion nach der Anzahl der Verzweigungen, wobei man beim Induktionsschritt (1) heranzieht. □

2.3 Der Kalkül K_1

Im Kalkül K_1 interpretieren wir eine Implikation $A \to B$ in dem Sinne, daß im Grundkalkül B aus A herleitbar ist. Es soll also für $A \vdash_{K_0} B$ die Formel $A \to B$ ein Theorem von K_1 sein. Dies legt nahe, zusätzlich zu Υ als Axiome von K_1 alle Formeln $A \to B$ mit $A \vdash_{K_0} B$ zu nehmen. Damit haben wir in K_1 aufgrund der Regeln von K_0 sofort die Instanzen der folgenden Axiomenschemata von A^+: A1, A3a, A3b, A4a und A4b. Wie man aus der für K_0 angegebenen Beispielherleitung ersieht, verfügt man dann auch über alle Instanzen von A5. Mit dieser Bestimmung von $Ax(K_1)$ hat man aber noch nichts über die Regeln festgesetzt, nach der man die als Aussagen über $\vdash_{K_0}$ gedeuteten Implikationen manipulieren darf.

Nun entspricht jedem $R \in Rg(K_0)$ eine Klausel in der induktiven Definition der Relation $\vdash_{K_0}$. Zum Beispiel korrespondiert (∧Ein) der Klausel: Ist $M \vdash_{K_0} N, A$ und $M \vdash_{K_0} N, B$, so gilt auch $M \vdash_{K_0} N, A \wedge B$. Daher sollte jeder Regel aus $Rg(K_0)$ nun auch eine Regel aus $Rg(K_1)$ korrespondieren, nach der eine Implikation zu erschließen ist. Wir gelangen so zu den Regeln $(\to \wedge Ein)$, $(\to \wedge Bes_r)$, $(\to \wedge Bes_l)$, $(\to \vee Ein_r)$, $(\to \vee Ein_l)$ und $(\to \vee Bes)$. Für $(\vee Bes)$ ist zu beachten, daß aus $M \vdash_{K_0} N, A \vee B$ keinesfalls folgt, daß $M \vdash_{K_0} N, A$ oder $M \vdash_{K_0} N, B$[9]. Die spezielle Form der Regel $(\vee Bes)$ mit ihren zwei Konklusionen ergibt sich aus Teil (1.2) von Lemma 2.2.

$$(\to \wedge Ein) \;\; \frac{C \to A \quad C \to B}{C \to A \wedge B} \qquad (\to \wedge Bes_r) \;\; \frac{C \to A \wedge B}{C \to A} \qquad (\to \wedge Bes_l) \;\; \frac{C \to A \wedge B}{C \to B}$$

$$(\to \vee Ein_r) \;\; \frac{C \to A}{C \to A \vee B} \qquad (\to \vee Ein_l) \;\; \frac{C \to B}{C \to A \vee B} \qquad (\to \vee Bes) \;\; \frac{\Upsilon \to A \vee B}{\Upsilon \to A \quad \Upsilon \to B}$$

Die angeführten Regeln wollen wir nun in K_1 zu denen von K_0 hinzunehmen. Dies erinnert aber daran, daß durch die Regeln von K_0 ja noch nicht alle Klauseln der induktiven Definition von $\vdash_{K_0}$ bestimmt sind. Es fehlt die Anfangsklausel, nach der $\vdash_{K_0}$ der reflexive und die Schlußklausel nach der $\vdash_{K_0}$ der transitive Abschluß der durch die Regeln bestimmten zweistelligen Relation $\vdash_{K_0}$ auf $\wp_\omega(Form^+)$ ist. Die Anfangsklausel führt zu Implikationen der Gestalt $A \to A$, die wir schon wegen $A \vdash_{K_0} A$ unter die Axiome von K_1 aufgenommen haben. Die Schlußklausel führt zu der Transitivitätsregel

$$(\text{Schnitt}) \;\; \frac{A \to B \quad B \to C}{A \to C}.$$

Insgesamt haben wir nun[10]:

$Ax(K_1) = Ax(K_0) \cup \{A \to B \mid A \vdash_{K_0} B\}$;
$Rg(K_1) = Rg(K_0) \cup \{(\to \wedge Ein), \to \wedge Bes_r), (\to \wedge Bes_l), (\to \vee Ein_r), (\to \vee Ein_l), (\to \vee Bes)$ Schnitt$\}$.

Lemma 2.3: Für den Kalkül K_1 gilt:

(1) $\Upsilon \to A \vdash_{K_1} B \to A \wedge B$;

---

[9] Zwar gilt ja z. B. trivialerweise $p \vee q \vdash_{K_0} p \vee q$; aber natürlich weder $p \vee q \vdash_{K_0} p$ noch $p \vee q \vdash_{K_0} q$.
[10] Der Kalkül K_1 ist hochgradig redundant. Die Instanzen der Schemata A3a, A3b, A4a, A4b sind z. B. Axiome, lassen sich aber auch leicht mit Hilfe der neuen Regeln herleiten. Die Instanzen von A5 sind aber nur als Axiome verfügbar. Man kann also nicht auf die Zusatzaxiome verzichten.

(2) $(A \to B) \land (A \to C) \vdash_{K_1} (A \to B \land C)$;

(3) $(A \to C) \land (B \to C) \vdash_{K_1} (A \lor B \to C)$;

(4) $\Upsilon \to A \vdash_{K_1} B \to A$;

(5) $\Upsilon \to A \lor B \vdash_{K_1} (\Upsilon \to A) \lor (\Upsilon \to B)$;

(6) $\Upsilon \to A \vdash_{K_1} A$.

2.4 Die Kalküle K_{n+1} und das Grenzsystem K_∞

Das Verfahren, welches vom Grundkalkül K_0 zu K_1 führt, wiederholen wir nun. Dabei brauchen wir aber keine neuen Regeln mehr einzuführen, da bereits die zu K_1 hinzugenommenen Regeln die metatheoretische Festsetzung der Ableitbarkeitsrelation $\vdash$ in kalkülinterne Regeln umsetzen. Wir nehmen nun also nur noch neue Axiome auf, wobei darauf zu achten ist, daß diese auch ausgeglichen sind. Wir setzen also für $n \geq 1$:

$\mathrm{Ax}(K_{n+1}) = \mathrm{Ax}(K_n) \cup \{(A \to B) \in \mathrm{Ausg} \mid A \vdash_{K_n} B\}$,
$\mathrm{Rg}(K_{n+1}) = \mathrm{Rg}(K_n)$.

Das folgende Lemma besagt, daß die deduktive Deutung der Implikation auf jeder Stufe $n+1$ in dem Sinne korrekt ist, daß eine herleitbare Implikation des Kalküls K_{n+1} als Ableitbarkeitsaussage über K_n gedeutet werden kann.

Lemma 2.4: Ist $\vdash_{K_{n+1}} A \to B$, so gilt $A \vdash_{K_n} B$

BEW.: Man zeigt dies durch Induktion nach der Anzahl der Knoten der Herleitung für $A \to B$. Dabei muß man von der Tatsache Gebrauch machen, daß die in Lemma 2.2 für den Grundkalkül K_0 beschriebenen Eigenschaften auch für die auf diesen aufbauenden Kalküle K_m ($m > 0$) gilt. □

Das „Grenzsystem" $\mathrm{Ax}(K_\infty)$ bestimmen wir so:

$\mathrm{Ax}(K_\infty) = \bigcup_{m \geq 0} \mathrm{Ax}(K_m)$;
$\mathrm{Rg}(K_\infty) = \mathrm{Rg}(K_1)$.

Lemma 2.5: Ist $\vdash_{K_\infty} A$, so gibt es ein $m \in \mathbb{N}$ mit $\vdash_{K_m} A$.

BEW.: Dies ergibt sich einfach aus der Kumulativität der Kalkülfolge $(K_m)_m \geq 0$. Ist m die größte Zahl, für die es in einer K_∞-Baumherleitung $\mathcal{T}$ ein Axiom aus $\mathrm{Ax}(K_m)$ gibt, so ist $\mathcal{T}$ auch eine Herleitung in K_m. □

Lemma 2.6:

(1) Die Instanzen aller Axiomenschemata von A^+ gehören für alle $m \geq 2$ zu $\mathrm{Ax}(K_m)$.

(2) Aus $\vdash_{K_\infty} A$ und $\vdash_{K_\infty} A \to B$ ergibt sich $\vdash_{K_\infty} B$.

(3) Mit $\vdash_{K_\infty} A$ ist auch $\vdash_{K_\infty} \Upsilon \to A$.

BEW.: (1) Das ergibt sich für A1, A3a, A3b, A4a, A4b direkt aus den Regeln von K_0 und für A5 aus der oben angegebenen Beispielherleitung. Für die restlichen Schemata erhält man die Behauptung aus Lemma 2.3. - (2) Ist $\vdash_{K_\infty} A$ und $\vdash_{K_\infty} A \to B$, so muß es $m, n \in \mathbb{N}$ mit $\vdash_{K_m} A$ und $A \vdash_{K_n} B$ geben. Beide Ableitbarkeitsbehauptungen gelten dann wegen der Kumulativität der Kalküle auch in $K_{\max(m,n)}$, woraus dann auch $\vdash_{K_{\max(m,n)}} B$ und somit $\vdash_{K_\infty} B$ folgt. - (3) Ist $\vdash_{K_\infty} A$, so $\vdash_{K_m} A$ für ein m. Mit $\vdash_{K_m} A$ ist aber auch $\Upsilon \vdash_{K_m} A$, also $(\Upsilon \to A) \in \mathrm{Ax}(K_{m+1}) \subseteq \mathrm{Ax}(K_\infty)$. □

Satz 2.1: $\mathbf{K}_\infty$ stellt eine korrekte und vollständige Deutung für $\mathbf{A}^+$ dar: Es ist $\vdash_{\mathbf{A}^+} A$ genau dann, wenn $\vdash_{\mathbf{K}_\infty} A$.

BEW.: Das ergibt sich aus Lemma 2.6, bzw. aus der Tatsache, daß, wenn $A \vdash_{\mathbf{K}_m} B$ gilt, es in $\mathbf{A}^+$ eine Herleitung von B aus A gibt, die ohne die Regel (Auf) auskommt. In einem solchen Falle ist nämlich $A \to B$ selbst in $\mathbf{A}^+$ herleitbar. □

Literatur

[1] Wilhelm Ackermann. *Ein System der typenfreien Logik.* Forschungen zur Logik und zur Grundlegung der exakten Wissenschaften. NF. Heft 7. Hirzel, Leipzig, 1941. Wieder (zusammen mit den übrigen Heften der Reihe): Gerstenberg, Hildesheim 1970.

[2] Wilhelm Ackermann. Widerspruchsfreier Aufbau der Logik I. Typenfreies System ohne *tertium non datur*. *The journal of symbolic logic*, 15:33–57, 1950.

[3] Wilhelm Ackermann. Rezension von [9]. *The Journal of Symbolic Logic*, 17:266–268, 1952.

[4] Wilhelm Ackermann. Widerspruchsfreier Aufbau einer typenfreien Logik. (Erweitertes System). *Mathematische Zeitschrift*, 55:364–384, 1952.

[5] Wilhelm Ackermann. Ein typenfreies System der Logik mit ausreichender mathematischer Anwendungsfähigkeit. *Archiv für mathematische Logik und Grundlagenforschung*, 4:3–26, 1958.

[6] Wilhelm Ackermann. Grundgedanken einer typenfreien Logik. In Y. Bar-Hillel, E. I. J. Poznanski, M. O. Rabin, and A. Robinson, editors, *Essays on the Foundations of Mathematics. Dedicated to A. A. Fraenkel on His 70th Anniversary*, pages 143–155. Magnes Press, Jerusalem, 1961.

[7] Wilhelm Ackermann. Der Aufbau einer höheren Logik. *Archiv für mathematische Logik und Grundlagenforschung*, 7:5–22, 1965.

[8] Kosta Došen. A historical introduction to substructural logics. In Kosta Došen and Peter Schroeder-Heister, editors, *Substructural Logics*, pages 1–30. Oxford University Press, Oxford, 1993.

[9] Frederic B. Fitch. *Symbolic Logic. An Introduction*. The Ronald Press, New York, 1952.

[10] Peter Geach. On 'insolubilia'. *Analysis*, 15, 1954-55. Wieder in: Peter Geach. *Logic Matters*, pages 209-211. Blackwell, Oxford, 1972.

[11] Wjatscheslaw Nikolajewitsch Grischin. Eine nichtklassische Logik und ihre Anwendung in der Mengenlehre. In *Untersuchungen zu formalisierten Sprachen und nicht-klassischen Logiken*, pages 135–171. Nauka, Moskau, 1974. (in Russisch).

[12] R. Harrop. An investigation of the propositional calculus used in a particular system of logic. *Proceedings of the Cambridge Philosophical Society*, 50:495–512, 1954.

[13] Paul Lorenzen. *Einführung in die operative Logik und Mathematik*. Springer, Berlin, 1955. 2. Auflage 1969.

[14] David Nelson. Constructible falsity. *The Journal of Symbolic Logic*, 14:16–26, 1949.

[15] D. J. Shoesmith and T. J. Smiley. *Multiple-Conclusion Logic*. Cambridge University Press, Cambridge, 1978.

[16] Franz von Kutschera. *Der Satz vom ausgeschlossenen Dritten. Untersuchungen über die Grundlagen der Logik*. de Gruyter, Berlin, 1985.

Wodurch sich der dialogische Ansatz in der Logik auszeichnet

Helge Rückert

Universität des Saarlandes
FR 5.1 Philosophie
heru0001@stud.uni-sb.de

Der Titel dieses Workshops lautet „Nicht-klassische Formen der Logik". Unter nicht-klassischen Logiken versteht man normalerweise alle Systeme außer der klassischen zweiwertigen Aussagen- und Prädikatenlogik, also z.B. intuitionistische Logik, Modallogiken, Relevanzlogiken u.ä.m. Nicht-klassische Logiken in diesem Sinne sind nicht das Hauptthema meines Vortrages, wenngleich sie für die Argumentation eine wichtige Rolle spielen.

Es geht vielmehr um die unterschiedlichen Ansätze, in denen Logik betrieben werden kann. Dabei ist es das Ziel, den dialogischen Ansatz, der in der internationalen Logik-Forschung eine eher untergeordnete Rolle spielt, zu verteidigen. Die Mehrdeutigkeit von „auszeichnen" im Titel ist bewußt gewählt, denn es soll zum einen dargestellt werden, wodurch sich der dialogische Ansatz auszeichnet im dem Sinne von wodurch er sich von anderen Ansätzen unterscheidet, was für ihn also charakteristisch ist, zum anderen soll dadurch zugleich gezeigt werden, welche Vorteile der dialogische Ansatz liefert, und sich in diesem Sinne auszeichnet.

Unter den Ansätzen in der Logik ist grob vor allem zwischen syntaktischen und semantischen zu unterscheiden. Zu den syntaktischen Ansätzen zählen vor allem das Arbeiten mit Axiomensystemen oder Systemen des natürlichen Schließens, während unter den semantischen Ansätzen der modelltheoretische bzw. referentielle Ansatz die Vormachtstellung hat. Die Dialogische Logik ist in dieser Einteilung auf der semantischen Seite anzusiedeln, und zwar als eine Version spieltheoretischer Ansätze, zu denen auch die wahrscheinlich bekanntere *Game Theoretical Semantics* von Jaakko Hintikka gehört. Ziel dieses Vortrages ist es nicht nachzuweisen, daß der dialogische Ansatz in allen Belangen allen anderen semantischen Ansätzen überlegen ist, und von daher künftig möglichst ausschließlich verwendet werden soll. Vielmehr plädiere ich neben einem Pluralismus bezüglich verschiedener Logik-Systeme, was gleich noch erörtert werden soll, auch für einen Pluralismus bezüglich der verschiedenen Ansätze in der Logik, und d.h. daß es für unterschiedliche Zwecke durchaus angebracht sein kann, unterschiedliche Ansätze zu verwenden. Ziel ist es also, nachzuweisen, daß die Dialogische Logik eine für viele Zwecke fruchtbare Alternative zum gängigen modelltheoretischen Ansatz darstellt, und ihr von daher mehr Aufmerksamkeit geschenkt werden sollte.

Die Dialogische Logik wurde Ende der 50er Jahre von Paul Lorenzen angeregt, und in der Folge von Kuno Lorenz ausgearbeitet.[1] In einem Dialog argumentieren zwei Parteien nach festgelegten Regeln um eine als These gesetzte Formel. Der Verteidiger der These heißt Proponent, sein Gegner Opponent. Jeder Dialog endet nach endlich vielen Schritten mit Gewinn bzw. Verlust für je eine der beiden Argumentationspartner. Gültig sind die Formeln, für die der Proponent eine formale Gewinnstrategie hat, d.h. diejenigen, die bei bestmöglichem Spiel gegen alle möglichen Angriffe erfolgreich verteidigt werden können, ohne daß sich der Proponent auf Primaussagen stützen kann.

In der Folge soll zunächst kurz als Ausgangspunkt der Argumentation ein logischer Pluralismus verteidigt werden, bevor dann einige Vorurteile richtiggestellt werden, die wahrscheinlich mit dafür verantwortlich sind, daß die Dialogische Logik oft entweder kaum

---
[1] Die wichtigsten frühen Arbeiten sind gesammelt in Lorenzen / Lorenz [1978].

gekannt oder als Exotikum angesehen wird. Schließlich sollen einige Besonderheiten und damit Vorteile des dialogischen Ansatzes angerissen werden, die meiner Meinung nach dafür sorgen sollten, daß die Dialogische Logik künftig mehr Beachtung findet. Vielleicht kann ja schon mein Vortrag ein wenig dazu beitragen.

1. Pluralismus in der Logik

Ich möchte hier für einen logischen Pluralismus plädieren, d.h. ich trete dafür ein, daß es unter den verschiedenen bisher entwickelten und noch zu entwickelnden logischen Systemen, sowohl der klassischen Logik als auch den sogenannten nicht-klassischen Logiken, nicht ein System gibt, das die richtige Logik darstellt oder auch nur, daß einige Systeme prinzipiell besser sind als andere. Ich trete also nicht für eine bestimmte Logik wie die intuitionistische oder die Relevanzlogik ein, sondern für das Arbeiten mit einer Vielzahl formaler Umsetzungen von interessanten Ideen. Dabei hängt es dann jeweils vom Anwendungskontext ab, welche Logik am adäquatesten ist. Auch die Frage, zu welchem Zweck man logische Mittel anwenden will, spielt bei der Entscheidung, welche Logik man wählt eine wichtige Rolle. Die verschiedenen Logiken sind also unterschiedliche formale Hilfsmittel für unterschiedliche Zwecke.

Die Aufgabe des Logikers sehe ich damit unter anderem darin, möglichst viele interessante unterschiedliche logische Systeme zu entwickeln, deren Motivationen und Ideen möglichst klar herausgearbeitet und umgesetzt werden. Gerade für diese Zwecke halte ich den dialogischen Ansatz für sehr geeignet, da er die Möglichkeit bietet, interessante Ideen oft recht leicht formal umzusetzen und auch miteinander zu kombinieren.

Allerdings möchte ich hier nicht behaupten, daß der dialogische Ansatz unter den Ansätzen in der Logik der beste ist, auch auf dieser Ebene muß sich die Wahl der Mittel immer nach den Zielen richten. Dennoch glaube ich, daß der dialogische Ansatz ein sehr nützliches Hilfsmittel für das Betreiben von Logik ist, insbesondere beim Entwickeln und Kombinieren von neuen Logiken, und öfters verwendet werden sollte, als es zur Zeit geschieht, um interessante Resultate zu erzielen.

2. Vier Vorurteile über die Dialogische Logik

Die Dialogische Logik ist heutzutage vielerorts kaum bekannt oder wird als Exotikum verkannt. Hier seien vier Vorurteile genannt und kommentiert, die wahrscheinlich dazu beigetragen haben, daß sich der dialogische Ansatz in Deutschland und auch international in einem so mißlichen Zustand befindet:[2]

1. Vorurteil: „Die Dialogische Logik ist eine konstruktive Logik":
Es stimmt zwar, daß die Dialogische Logik im Rahmen des konstruktivistischen Programms der Erlanger Schule entwickelt wurde, und dabei insbesondere zur Verteidigung der intuitionistischen Logik diente. Völlig falsch ist es aber, Dialogische Logik mit intuitionistischer gleichzusetzen. Richtig ist vielmehr, daß es sich bei der Dialogischen Logik

---

[2] Natürlich darf nicht verschwiegen werden, daß auch Fehler, die von dialogischen Logikern sowohl bei der technischen Ausarbeitung als auch bei der Präsentation ihres Ansatzes, gemacht worden sind, negative Auswirkungen hatten. Allerdings können Fehler (oft) korrigiert werden, und dies ist auch in diesen Fällen viefach geschehen.

um einen allgemeinen Ansatz handelt, in dem sowohl intuitionistische als auch klassische Logik, sowie viele andere mehr betrieben werden können, indem man unterschiedliche Dialogregeln verwendet. Ich kann auch nicht sehen, daß unter diesen unterschiedlichen Regeln manche gegenüber anderen besonders ausgezeichnet sind. So ist insbesondere die intuitionistische oder effektive Rahmenregel nicht 'besser' als die klassische, sondern es handelt sich um zwei Möglichkeiten, zwischen denen man je nach Kontext wählen muß.

2. Vorurteil: „In der Dialogischen Logik ist vieles unnötig kompliziert"

Richtig ist, daß im dialogischen Ansatz eine Vielzahl von Differenzierungen (s.u.) zu finden ist, die in anderen Ansätzen nicht vorhanden sind. Diese Differenzierungen verkomplizieren allerdings nicht einfache Verfahren in erheblichem Ausmaß (z.B. ist die Überprüfung einer Formel auf Gültigkeit wie in anderen Ansätzen auch meist eine recht triviale Angelegenheit), sondern bieten begriffliche Möglichkeiten, die eventuell für bestimmte Zwecke nützlich sind. Der Eindruck, daß die Dialogische Logik unnötig kompliziert ist, entsteht wohl hauptsächlich dann, wenn jemand überhaupt nicht damit vertraut ist. Mit etwas Übung sieht man dann aber leicht, daß das Durchführen von Dialogen und auch das Überprüfen auf Gewinnstrategie eine genau so einfache Sache ist, wie z.B. das Anfertigen von Wahrheitstafeln oder Beth-Tableaux. Bei Erstsemestern, die in Saarbrücken den dialogischen und den Standard-Ansatz gleichzeitig gelernt haben, ist sogar festzustellen, daß sie sich zumindest bei der Prädikatenlogik mit Dialogen sogar besser zurechtfinden.

3. Vorurteil: „Der dialogische Ansatz ist auf intuitionistische und klassische Logik beschränkt"

Richtig ist, daß der dialogische Ansatz bis vor kurzem bis auf einige Ausnahmen[3] in anderen Teilgebieten der Logik nicht angewendet worden ist. In letzter Zeit habe ich aber gemeinsam mit Shahid Rahman dialogische freie, parakonsistente, Relevanz- und Modallogiken entwickelt[4] (weitere Arbeiten sind in Vorbereitung). In diesen Arbeiten wurde zum Teil gezeigt, daß Ergebnisse, die man im modelltheoretischen Ansatz erzielt hat, auch dialogisch rekonstruiert werden können (z.B. Modallogik). Interessanter ist aber, daß auch neue logische Systeme entwickelt wurden, in denen Ideen umgesetzt wurden, zu denen es bislang noch gar keine einleuchtende Semantik gab (z.B. bestimmte Systeme der parakonsistenten Logik und der Relevanzlogik). Natürlich ist klar, daß diese wenigen Arbeiten zu nicht-klassischen Logiken im dialogischen Ansatz im Verhältnis zu der entsprechenden Literatur über nicht-klassische Logiken im Standard-Ansatz vernachlässigbar erscheinen. Daraus sollte man aber nicht schließen, daß im dialogischen Ansatz nicht auch eine ähnliche Anzahl von interessanten Resultaten erzielt werden könnte, wenn man genau soviel Zeit, Arbeit und Geld in entsprechende Forschungen stecken würde.

4. Vorurteil: „Die Dialogische Logik ist einer pragmatistischen Philosophie verpflichtet"

Richtig ist, daß der dialogische Ansatz ein pragmatischer, genauer ein spieltheoretischer ist. D.h. daß die Bedeutung sprachlicher Ausdrücke nicht durch Interpretationen oder ähnliches erfaßt wird, sondern durch Regeln wie mit ihnen umzugehen ist. Für die logischen Satzverknüpfer gibt es so z.B. Regeln, wie man entsprechende Aussagen in einer Argumentation, die durch einen Dialog rekonstruiert wird, angreifen und verteidigen kann. Ich bin zwar auch Anhänger einer in diesem Sinne pragmatistischen Philosophie, und denke sogar, daß die Dialogische Logik gerade auch weil sie an pragmatistische Überlegungen anknüpft sehr

---

[3] Siehe z.B. Fuhrmann [1985].
[4] Siehe Fischmann / Rahman / Rückert [1998], Rahman / Carnielli: [1998], Rahman / Rückert [1998] und Rückert / Rahman [1998].

interessant ist. Davon unabhängig bietet sie jedoch auch einfach technische Vorteile, die gleich noch zu besprechen sein werden, und die Logiker durchaus anerkennen können sollten, auch wenn sie von der dahinter stehenden Philosophie nicht überzeugt sind.

3. Vorteile der Dialogischen Logik

Im dialogischen Ansatz finden sich einige Unterscheidungen, die ansonsten, insbesondere bei modelltheoretischen Ansätzen, nicht verfügbar sind. Diese Unterscheidungen bieten damit Möglichkeiten, von denen einige gleich angerissen werden. Dies muß allerdings sehr kurz ausfallen, da in dieser Richtung noch nicht so viel geforscht wurde.

1. Unterscheidung: formale Geltung / generelle Geltung

Logische Geltung (= Gültigkeit) wird im dialogischen Ansatz als das Vorhandensein einer Gewinnstrategie für den Proponenten im formalen Dialogspiel aufgefaßt. Diese Definition von Gültigkeit als formaler Geltung ist konzeptuell verschieden von der üblichen Auffassung von Gültigkeit als genereller Geltung, z.B. „wahr in allen Modellen". Diese Unterscheidung, deren Fruchtbarkeit noch weiterer Erforschung bedarf, erlaubt z.B. eine Erklärung für Asymmetrien wie der zwischen $a \to (b \to a)$ und $b \to (a \to b)$.

2. Unterscheidung: Partienebene / Strategieebene

Die Unterscheidung zwischen der Ebene der Partien, auf der Sinn- bzw. Bedeutungsfragen angesiedelt werden können, und der Ebene der Startegien, auf der Geltungsfragen angesiedelt werden können, ist in dieser Form in anderen Ansätzen in der Logik nicht verfügbar. Normalerweise wird z.B. die Bedeutung der Junktoren schon mit Hilfe von Geltungsbegriffen wie „wahr" und „falsch" eingeführt. In Dialogen ist es möglich, daß Züge gespielt werden, die strategisch gesehen schlecht sind, und daß so sogar ein Spieler gewinnen kann, obwohl der andere eigentlich hätte gewinnen können, eine Gewinnstrategie gehabt hätte. Dieses Zulassen von strategisch schlechten Zügen auf der Partienebene sieht auf den ersten Blick wahrscheinlich unnötig aus. In einem Aufsatz haben Shahid Rahman und ich aber gezeigt, daß gerade dadurch z.B. der Beweis des Adjunktionssatzes für die dialogische intuitionistische Logik sehr einfach wird.[5]

3. Unterscheidung: Partikelregeln / Rahmenregeln

Das differenzierte Regelwerk der Dialogischen Logik unterscheidet zwischen Partikelregeln und Rahmenregeln. Die Partikelregeln geben für alle logischen Partikeln an, wie man mit ihnen gebildete Formeln angreifen und verteidigen kann, die Rahmenregeln hingegen bestimmen den allgemeinen Dialogablauf. Nun ist es sehr interessant, daß man unterschiedliche Logiken dadurch erhält, indem man unter Beibehaltung der immer gleichen Partikelregeln bestimmte Rahmenregeln abändert oder hinzufügt. So unterscheiden sich z.B. die klassische und die intuitionistische Version einer Logik immer nur in einer bestimmten Rahmenregel, und in den Arbeiten zur parakonsistenten und zur freien Logik wurden wiederum andere Rahmenregeln hinzugefügt oder geändert, um die Hauptideen dieser Logiken im dialogischen Ansatz umzusetzen. Dadurch wird es auch sehr einfach, Logiken zu kombinieren, und z.B. eine parakonsistente oder relevante Modallogik zu erhalten.

---

[5] Siehe Rahman / Rückert [1997].

4. Schlußbemerkungen

Ich habe mich bei diesem Vortrag dafür entschieden, den dialogischen Ansatz in der Logik nicht an einem bestimmten Beispiel vorzustellen, sondern ihn eher allgemein zu verteidigen. Aufgrund der gebotenen Kürze konnte so vieles nur angedeutet werden, da auch eine detailliertere Behandlung einzelner Themen zunächst zumindest eine kurze Einführung in die Dialogische Logik erfordert hätte, damit auch diejenigen, die damit noch nicht vertraut sind, hätten folgen können. So muß ich hier den Nachweis schuldig bleiben, daß die behaupteten Vorteile auch bei der konkreten Arbeit tatsächlich vorhanden sind. Sollte Ihnen mein Vortrag also zu vage geblieben sein, so biete ich an, in der Diskussion auf eines der folgenden Beispielen näher einzugehen: parakonsistente Logik, freie Logik, Modallogik, Relevanzlogik oder konnexe Logik. Ich hoffe, ich habe mit meinen Ausführungen zumindest ein wenig ihr Interesse an der Dialogischen Logik gesteigert.[6]

5. Literatur

Fischmann, M. / Rahman, S. / Rückert, H.
[1998] On Dialogues and Ontology. The Dialogical Approach to Free Logic. *FR 5.1 Philosophie, Universität des Saarlandes*, Memo Nr. 24, Oktober 1998 (eingereicht bei *Logique et Analyse*).

Fuhrmann, A.
[1985] Ein relevanzlogischer Dialogkalkül erster Stufe. In: *Conceptus*, Nr. 48, S. 51-65.

Lorenzen, P. / Lorenz, K.
[1978] *Dialogische Logik*, Darmstadt 1978.

Rahman, S. / Carnielli, W.
[1998] The Dialogical Approach to Paraconsistency. *FR 5.1 Philosophie, Universität des Saarlandes*, Bericht Nr. 8, Juli 1998 (erscheint in *Journal of Applied Non-Classical Logic*).

Rahman, S. / Rückert, H.
[1997] Die pragmatischen Sinn- und Geltungskriterien der Dialogischen Logik beim Beweis des Adjunktionssatzes. *FR 5.1 Philosophie, Universität des Saarlandes*, Memo Nr. 14, Oktober 1997 (erscheint in *Philosophia Scientiae*).
[1998] Dialogische Logik und Relevanz. *FR 5.1 Philosophie, Universität des Saarlandes*, Memo Nr. 27, Dezember 1998.

Rückert, H. / Rahman, S.
[1998] Dialogische Modallogik (für T, B, S4 und S5). *FR 5.1 Philosophie, Universität des Saarlandes*, Memo Nr. 25, November 1998 (eingereicht bei *Logique et Analyse*).

---

[6] Ich danke Dr. habil. Shahid Rahman (Saarbrücken / Nancy) für hilfreiche Diskussionen und wertvolle Anregungen.

Käthe Trettin
Merianstraße 30
D-60316 Frankfurt am Main

Tropen, Teile und Komplexe: ein Argument für eine intensionale Mereologie

1. Das Problem, das ich diskutieren möchte, läßt sich in den folgenden drei miteinander zusammenhängenden Fragen formulieren: (i) Was unterscheidet ein *integrales* Ganzes von einem *summativen* oder *distributiven* Ganzen? (ii) Kann die klassische *extensionale Mereologie*, die nur über einen summativen Begriff des Ganzen verfügt, so erweitert werden, daß auch ein integrales Ganzes formulierbar wird? (iii) Was leistet dabei der Begriff des *qualitativen Teils*? Was ich versuchen möchte, ist auszuprobieren, ob und wie die extensionale Mereologie *intensional angereichert* werden kann. Abgesehen davon, daß die logische Motivation bereits ausreichen würde, um einen solchen Versuch zu rechtfertigen, habe ich noch einen anderen Grund. Wenn man nicht nur an formalen Systemen sondern auch an ontologischen Fragen interessiert ist, ergibt sich das Desiderat eines adäquaten logischen Instrumentariums. Da die Mereologie im Prinzip als ein solches Instrumentarium in Frage kommt, ist sie auch aus der Perspektive der Ontologie interessant. Obwohl die Kombination von Logik und Ontologie bei vielen Logikern, aber auch Ontologen ein notorisches Mißtrauen hervorruft, halte ich diese Kombination für sehr fruchtbar, was ich - zumindest im Ansatz - zeigen möchte. Intendiert ist eine Konfrontation mereologischer und ontologischer Begriffe, mit dem Ziel, die Erklärungskraft gegenseitig zu verstärken. Konfrontiert werden vor allem die Begriffe *Teil* und *Trope* einerseits, *Summe* und *Komplex* andererseits.

2. Während die Analyse der *Teil-von*-Relationen vor allem durch die Arbeiten von Stanislaw Lesniewski (1916) sowie Henry Leonard und Nelson Goodman (1940) zur Formulierung starker axiomatischer Systeme der Mereologie geführt hat, ist der Begriff des Ganzen oder "integralen" Ganzen noch nicht hinreichend geklärt. Die "classical extensionalist mereology" (CEM), wie Peter Simons (1987) die von Lesniewski ausgehenden formalen Theorien zusammenfassend bezeichnet, scheint vor allem die Schwäche zu haben, daß CEM zur Explikation des Begriffs "Ganzes" nur das Summen-Axiom beisteuern könne. Es besagt:

> SUM Jede nicht-leere Klasse von existierenden Individuen hat eine (und nur eine) mereologische Summe.

Es impliziert, daß räumlich und zeitlich unverbundene sowie intuitiv disparate Objekte ein "Ganzes" bilden, letztlich ein mereologisches Maximum oder "Universum". Kritiker haben gegen das "summative" oder "distributive" Ganze den Willkür-Einwand geltend gemacht und die fehlende Explikation des Begriffs "integrales Ganzes" herausgestellt, mit der Konsequenz, entweder auf SUM zu verzichten oder abschwächende Modifikationen auszuprobieren.
Obwohl diese Einwände einen wichtigen Punkt treffen, muß man es meiner Ansicht nach weder eliminieren noch abschwächen. *Erstens* richtet dieses Axiom, sozusagen, keinen Schaden an, denn es verhindert ja keineswegs die Definition der Bedingungen von Integration. *Zweitens* ist es ein Prinzip partitiver Strukturen, das theoretisch offen ist, das heißt, es ist anwendbar und spezifizierbar in bezug auf viele Domänen. *Drittens* ist es mit einer ontolo-

gischen Theorie kompatibel, die auf neue Weise die Kategorie "Individuum" und damit zusammenhängend auch den Begriff "Teil" definiert. Die Ontologie, die hier gemeint ist, ist eine Tropen-Theorie. Mit anderen Worten: Die Spannung zwischen summativem Ganzen und integralem Ganzen wird tendenziell aufgehoben, wenn man keine Substanz-Attribut-Ontologie voraussetzt.

Gegen diese Begründungen der Inanspruchnahme des umstrittenen Summen-Axioms könnte es freilich Einwände geben. Wenn dieses Axiom harmlos ist, wie in (i) behauptet, ist es theoretisch wohl auch ziemlich wertlos; wenn es theoretisch offen ist, wie in (ii) geltend gemacht, wird dessen theoretische Fruchtbarkeit auf diverse Anwendungsbereiche verlagert, also die interessante Frage nur auf ein anderes Gleis geschoben; wenn es schließlich, wie in (iii) behauptet, eine Frage der allgemeinen Ontologie ist, wird es in bedenklicher Weise metaphysisch belastet.

Gegen die Einwände der Harmlosigkeit und der Abschiebung läßt sich sagen, daß nur diejenigen diese Einwände geltend machen können, die eine irgendwie fundiertere Theorie des Ganzen vorweisen können. Wie aber würde die aussehen? Wie würden sie die Integrativität in allgemeiner Weise modellieren? Schwerer wiegt der Einwand der angeblich unzulässigen ontologischen Fundierung der starken, das Summen-Axiom inkludierenden Mereologie. Was läßt sich, wenn überhaupt, dagegen vorbringen?

In letzter Zeit haben Philosophen (wie etwa David Lewis, 1991) und Informatikerinnen und Informatiker (wie etwa Carola Eschenbach und Wolfgang Heydrich, 1995) geradezu emphatisch die ontologische Unschuld oder Neutralität von CEM als eine besonders wertvolle Eigenschaft hervorgehoben. Lewis, der dem Summen-Axiom als "Principle of Unrestricted Composition" einen der besten Plätze in seiner mereologischen Fundierung der Mengentheorie einräumt, behauptet etwa: "Mereology is ontologically innocent". Denn, so Lewis, der sich in seinen Beispielen als großer Katzenfreund inszeniert, "given a prior commitment to cats, say, a commitment to cat-fusions is not a *further* commitment. The fusion is nothing over and above the cats that compose it. It *is* just them. They just *are* it" (Lewis 1991, 81). Die Identität dieser Fusionen wird auf die Identität der Komponenten reduziert. Die These der Komposition als Identität "commits us only to things that are identical, so to speak, to what we were committed before" (82). Die ontologische Unschuld oder Neutralität scheint somit nichts weiter zu besagen als "Rückkehr zum Gewohnten". Wer Katzen als Individuen akzeptiert, kann auch die Katzen-Fusion ohne größere Irritation akzeptieren. Aber welchen Begriff des Individuums legt Lewis hier zugrunde? Sein Feld-Wald-und Wiesenbegriff des Individuums ist nichts anderes als ein (recht undeutlicher) Substanzbegriff aristotelischer Provenienz. Warum sollte man aber, selbst wenn man Kreaturen wie Katzen sehr mag und geradezu als Persönlichkeiten akzeptiert daraus schließen, daß es "Katzen-Fusionen" oder maximale Summen von Katzen respektive Katzenteilen gibt?

Was immer man von Lewis' mereologischer Fundierung der Mengentheorie halten mag, eins ist sicher: die ontologische Unschuld ist schon seit langem verloren.

Auch Eschenbach und Heydrich (1995) sind begeistert von der klassischen Mereologie als einer "theory of everything". Zugleich fordern sie präzise Bestimmungen eines integralen Ganzen. Ihre Lösung des Problems ist die "domänenspezifische Anwendung". Sie testen CEM vor allem an temporal und räumlich-topologisch geordneten Objekten, wobei sie jeweils ein neues Axiom einführen. Auch der Versuch von David Lewis, solche abstrakten Objekte wie Klassen mereologisch zu fundieren, wird evaluiert. Das Ergebnis ist durchweg positiv. Die klassische extensionale Mereologie scheint einfach das Beste zu sein, was man in der Analyse der Komplexität anwenden kann. Aus der Sicht der Informatik mag das so sein: hier die Theorie für alles, und dort die Anwendungen, inklusive leichter Veränderungen der

Theorie selbst. Dieser pragmatische Ansatz im Bereich der Komplexität ist m. E. jedoch kein Muster für einen logisch und ontologisch zureichenden Ansatz. Die Zusatz-Axiome (etwa der "Präzedenz") werden nach Bedarf aus irgendeiner Tasche gezogen. Obwohl Eschenbach & Heydrich prima ausgestattete Taschen haben, zehren auch sie von nicht eigens ausgewiesenen ontologischen Bestimmungen.

Lewis und Eschenbach/Heydrich haben sicherlich nicht unerheblich dazu beitragen, die Mereologie als ein starkes formales System zu demonstrieren, aufbauend zum Teil auf den Arbeiten von Peter Simons und Barry Smith, die ihrerseits ein sehr differenziertes Verständnis der Teil-Ganzes-Relationen ausgearbeitet haben. An die vielbeschworene ontologische Unschuld oder Neutralität zu appellieren, erscheint mir allerdings als überflüssiger Reflex einer dogmatischen Metaphysikkritik.

3. Ich verwende den Ausdruck "intensionale Mereologie" so, daß (i) bei der Explikation der Teil-Ganzes-Relationen von Begriffen der Qualität und Modalität Gebrauch gemacht wird, (ii) daß jedoch soviel wie möglich von der Struktur und Stärke der extensionalen Mereologie bewahrt wird. Das Argument für eine Anreicherung mit qualitativen und modalen Begriffen hat folgende Schritte:

(1) Die *Teil-von*-Relation der klassischen extensionalen Mereologie (CEM) setzt komplexe Gebilde voraus, die jedoch in CEM nur summativ, nicht aber integrativ bestimmt werden können.

(2) Der Begriff "Teil" in CEM ist qualitätslos. Er bedeutet nichts anderes als "Komponente" eines Kompositums. Der Begriff des "Kompositums" in CEM ist unterbestimmt, denn eine Kompositionsstruktur ist nicht impliziert oder vorausgesetzt.

(3) Der Begriff des "integralen Ganzen" hingegen impliziert sehr wohl eine Struktur der Komposition.

(4) Der Mangel an holistischer Struktur läßt sich beheben, wenn man den mereologischen Basisbegriff "Teil" durch die ontologische Basiskategorie "Trope" ersetzt und somit die Mereologie intensional anreichert.

4. Eine Trope ist eine unteilbare individuelle Qualität, ein qualitatives Einzelnes. Tropen sind nicht nur die Komponenten, sondern auch die Konstituentien eines möglichen Komplexes. Wenn es Tropen gibt, realisieren sie zugleich reale und possible Tropenkomplexe. Einige dieser Komplexe sind integrale Ganze, wie etwa Organismen, Motore, Sonaten, und nicht zuletzt, Menschen. Ich werde mein modales Modell der Tropen-Ontologie kurz skizzieren und daraufhin zuspitzen, wie sich das Holon eines Komplexes formal darstellen läßt. Dabei spielen die Prinzipien der Kompossibilität und der Vereinigung sowie ein funktionaler Notwendigkeits-Operator eine Rolle.

5. Da die Tropen-Ontologie eine sehr allgemeine Theorie der Komplexbildung ist, präjudiziert sie, darin ähnlich der klassischen extensionalen Mereologie, keine Restriktionen hinsichtlich der unendlichen Mannigfaltigkeit des Seienden. Im Unterschied jedoch zur klassischen Mereologie (CM) bietet die von mir so genannte Tropen-Mereologie (TM) die Möglichkeit, die Konstitution integraler, das heißt, strukturierter Mannigfaltigkeiten auszubuchstabieren. Der Begriff des Ganzen wird nicht einfach diffus vorausgesetzt, sondern analysiert.

Literatur

Eschenbach, Carola und Wolfgang Heydrich (1995). Classical Mereology and Restricted Domains. In: *Parts and Wholes. Integrity and Granularity*, hrsg. von C. Eschenbach & W. Heydrich. Graduiertenkolleg *Kognitionswissenschaft* Hamburg, Report 49, 5-22.

Leonard, Henry S. und Nelson Goodman (1940). The Calculus of Individuals and its Uses. In: *The Journal of Symbolic Logic*, Vol. 5, No. 2, 45-55.

Lesniewski, Stanislaw (1916). *Podstawy ogolnej teoryi mnogosci, I* (Foundations of General Set Theory I), Prace Polskiego Kola Naukowego w Moskwie, Sekeya matematyczno-przyrodnicza, No. 2, Moscow. Englische Übersetzung in:

Lesniewski, Stanislaw (1984). *Collected Works of Stanislaw Lesniewski* (edited by Jan Srzednicki, Stanilaw J. Surma, and Dene I. Barnett). Dordrecht: Reidel.

Lewis, David (1991). *Parts of Classes*. Oxford: Blackwell.

Simons, Peter (1987). *Parts. A Study in Ontology*. Oxford: Clarendon.

Smith, Barry (Ed.) (1982). *Parts and Moments. Studies in Logic and Formal Ontology*. München, Wien: Philosophia.

Trettin, Käthe (im Erscheinen). Tropes and Things. In: *Events, Facts, and Things*, edited by Max Urchs, Jan Faye, Uwe Scheffler. Amsterdam/Atlanta: Rodopi.

**Sektion 15
Wissen und Sprache**

Übergangsholismus. Zur Konvergenz der Sprachphilosophien von Davidson und Derrida

Georg W. Bertram

Die Bedeutung sprachlicher Ausdrücke hängt nicht an einem bestimmten feststehenden Zustand der Sprache. Wer einem Satz bzw. einem Zeichen Bedeutung gibt, rekurriert nicht auf einen sprachliche Ganzheit, zum Beispiel auf eine von mehreren Sprechern geteilte Sprache. Das heißt, ein solcher Interpret verfügt nicht über ein Wissen, von dem her er sprachliche Ausdrücke interpretiert. Vielmehr entfaltet er im interpretierenden Akt selbst das Wissen, das den Ausdrücken Bedeutung verleiht. Bedeutung kommt so immer mit Bezug auf die Veränderung von Sprache zustande. Ihr liegt keine feststehende Sprache, sondern eine sich verändernde Sprache zugrunde. Der folgende Text wird versuchen, diese Thesen als Elemente der Sprachphilosophie von Donald Davidson und Jacques Derrida auszuweisen und wird für sie argumentieren.

Im Hintergrund der Darstellung steht dabei die Frage, wie eine holistische Sprachauffassung beschaffen sein muß. Die Auffassung, daß sprachliche Bedeutungen nur aus einem Ganzen an Sprache erschlossen werden können, ist in dieser Deutlichkeit zuerst von Saussure vertreten worden. Seine strukturale Konzeption der Sprache besagt, daß ein Zeichen nur in der Gesamtheit der Werte einer Sprache Bedeutung bekommt. Saussure etabliert die holistische Interpretation mit der Trennung zwischen synchroner und diachroner Sprachbetrachtung. Die Pointe dieser Trennung liegt in der These, daß Bedeutungen nur unter Rekurs auf einen synchronen Sprachschnitt erklärt werden können, daß diachrone Entwicklungen Bedeutungen verändern, aber sie nicht festlegen.[1] Ich will diese Saussuresche Auffassung knapp als *Zustandsholismus* charakterisieren. Wer einen solchen Zustandsholismus vertritt, erklärt die Bedeutung eines sprachlichen Ausdrucks aus seiner Stellung in einem feststehenden Sprachsystem heraus. Er schreibt dabei dem Sprachinterpreten ein Wissen über dieses System zu. Diese Version des Holismus scheint intuitiv einsichtig zu sein. Wenn der Wert eines Ausdrucks durch das Ganze festgelegt wird, muß es auch einen Zustand des Ganzen geben, auf den sich diese Festlegung bezieht. Dieser Zustand steht dem einzelnen Interpretationsakt gegenüber. Ein Interpret weiß den Zustand und kann so einen Ausdruck verstehen.

Die Rekonstruktion, die der *Zustandsholismus* gibt, kann besonders plausibel machen, wie die Bedeutung eines Ausdrucks zustande kommt. Ihre explikative Leistung stößt aber an ihre Grenzen, wenn die Frage in den Blick kommt, wie denn ein einzelner Interpret den Zustand teilen kann und wie es kommt, daß zwei Interpreten ihn zugleich teilen. Überlegungen dieser Art stehen zentral hinter den Sprachphilosophien von Davidson und Derrida. In diesen Philosophien wird m.E. ein anderes Modell eines Holismus entwickelt, das ich (in Anlehnung an Davidson) knapp als *Durchgangsholismus* kennzeichnen will. Dieses Modell hat zwei Charakteristika, die im folgenden skizziert werden sollen. Erstens rekurriert es nicht auf einen feststehenden Zustand eines Sprachsystems, um die Bedeutung eines Ausdrucks zu erklären. Das zeigt sich zweitens daran, daß dem Interpreten nicht ein Wissen um einen solchen Zustand zugeschrieben wird. Vielmehr entwickelt der Interpret in seiner Interpretation einen Durchgangszustand für die interpretierte Sprache. Dieser Durchgangszustand wird genau in der Interpretation konstituiert. Er liegt dieser also nicht voraus, so daß die Interpretation sich auf ihn beziehen könnte. Die holistische Interpretation rekurriert letztlich auf eine sich verändernde Sprache. Eine Konsequenz der holistischen Situation ist genau, daß sie das sprachliche Wissen in dem Durchgangszustand bildet, daß das Wissen nicht verändert, sondern immer neu konstituiert wird.

---

[1] Vgl. F. de Saussure, *Grundlagen der allgemeinen Sprachwissenschaft*, Berlin 1967, 93ff., 120ff.

Diesen Thesen des *Durchgangsholismus* will ich im folgenden anhand der Theorien von Davidson und Derrida Kontur verleihen.

Zuvor aber eine knappe Bemerkung zu der Verbindung der beiden Philosophen: Die postanalytische Philosophie Davidsons und die dekonstruktive Philosophie Derridas haben nur wenig miteinander gemein. Ihr jeweiliges theoretisches Interesse gilt unterschiedlichen Gegenständen. Davidson entwickelt zum Beispiel systematisch eine Sprachphilosophie, während Derrida sprachphilosophische Überlegungen allein in Kommentaren zu Texten bzw. Theorien von anderen erkennen läßt. Dennoch sind Konvergenzen der beiden Denker bemerkt worden, darunter die Skepsis von Derrida und Davidson hinsichtlich der Besonderheit von Metaphern,[2] hinsichtlich des Begriffs sprachlicher Konventionen[3] und hinsichtlich 'präsenter' Bedeutung.[4] Zudem haben beide Philosophen in unterschiedlichen Zusammenhängen ein Argument dafür entwickelt, daß der Begriff einer fremden, unverständlichen Sprache nicht expliziert werden kann.[5] Diese Konvergenzen liegen, so meine ich, in der holistischen Basis von Davidson und Derrida begründet. Es sind die Konturen des sprachlichen Ganzen, die zu den analogen Schlüssen führen. Allerdings thematisieren die beiden Denker dieses Ganze aus sehr unterschiedlichen Perspektiven heraus. Davidson folgt dem in der analytischen Philosophie seit Frege gängigen Primat des Satzes und interpretiert die holistischen Bindungskräfte aus diesem Grund inferentialistisch. Der bei ihm entwickelte Durchgangsholismus bringt *Inferenzen* zur Geltung. Derridas Beantwortung der Frage nach der Konstitution von Bedeutung setzt hingegen beim Zeichen an. Von der strukturalistischen Tradition her begreift er das Zeichen als ein differentielles Ereignis. Als Bindunsgkräfte in dem von Derrida entwickelten Holismus fungieren insofern *Differenzen*. Die Unterschiede zwischen dem interentiellen und dem differentiellen Holismus werden im folgenden keine angemessene Rücksicht erfahren. Vielmehr werden dieser Unterschiede zum Trotz Punkte herausgegriffen, an denen die Modelle Davidsons und Derridas sich wechselseitig erhellen können.

Inferenzen — Davidson hat seine holistische Position mit zwei Argumenten gestützt. Das erste Argument befaßt sich mit der Alternative, entweder die Bedeutung eines sprachlichen Ausdrucks aus dem Kontext heraus zu erklären oder einen Kontext aus Bedeutungen einzelner Ausdrücke komponiert zu sehen. Das zweite Argument fragt nach der möglichen Rechtfertigung sprachlich artikulierter Überzeugungen. Das Kontextprinzip sprachlicher Bedeutung besagt, daß ein sprachlicher Ausdruck nur im Rahmen eines Satzes Bedeutung erlangt. Für Davidson stellt sich nun die Frage, ob man dieses Prinzip mit dem Kompositionalitätsprinzip, das den einzelnen Ausdrücken Bedeutungen zuschreibt, vereinbaren kann. Er verneint dies und ist von daher vor die weitere Frage gestellt, wie denn dann ein Ausdruck innerhalb eines Satzes zu seiner Bedeutung kommt. Davidsons Antwort lautet schlicht: innerhalb einer Sprache. Das Vermögen des Satzes, den in ihm enthaltenen sprachlichen Einheiten Bedeutung zu verleihen, hängt an seiner Stellung in einer Sprache. Davidson vertritt so die These, »nur im Zusammenhang der Sprache habe ein Satz (und daher ein Wort) Bedeutung« (WI, 47). Das zweite Argument für eine holistische Position besagt, daß als Grund für eine sprachlich artikulierte Überzeugung nur eine andere solche Überzeugung fungieren kann. Nur zwischen Sätzen kommt es zu

---

[2] Vgl. D. Novitz: »Metaphor, Derrida and Davidson«, in: *Journal for Aesth. and Art Crit.* 44 (1985), 101-114.

[3] Vgl. S. Pradhan: »Minimalist Semantics: Davidson and Derrida on Meaning, Use and Convention«, in: *Diacritics* (Frühjahr 1986), 66-77.

[4] Vgl. S.C. Wheeler: »Indeterminacy of French Interpretation: Derrida and Davidson«, in: E. LePore (Hg.), *Truth and Interpretation: Perspectives on the Philosophy of D. Davidson*, Oxford 1986, 477-494.

[5] Vgl. D. Davidson, »Was ist eigentlich ein Begriffsschema«, in: WI, 261-282; J. Derrida, »Babylonische Türme. Wege, Umwege, Abwege«, in: A. Hirsch (Hg.), *Übersetzung und Dekonstruktion*, Frankfurt/M. 1997, 119-165; vgl. auch Verf., *Hermeneutik und Dekonstruktion*, Ms. 1998, 102ff.

Rechtferigung. Greift man über die Sätze hinaus, lassen sich nach Davidson nur Kausalbeziehungen ausmachen. Das hat zur Folge, daß man die Bedeutung eines Satzes nicht dadurch erschließen kann, wie der Satz von empirischen Daten gerechtfertigt wird; er wird von ihnen nicht gerechtfertigt, sondern höchstens verursacht. Die Bedeutung hängt an den begründenden Beziehungen, die er zu anderen Sätzen entfaltet. Ein Interpret muß so »das System als Ganzes, ... die Struktur der wechselseitigen Beziehungen«[6] in den Blick nehmen, will er einen Satz interpretieren.

Ich habe Davidsons Argumente für eine holistische Betrachtung der Sprache nur in aller Kürze erwähnt, da mit ihnen noch nichts hinsichtlich des spezifischen holistischen Modells gesagt ist. Das Modell läßt sich erst rekonstruieren, wenn man die Frage verfolgt, wie ein Interpret sich auf das sprachliche Ganze bezieht. Davidson führt hier den Begriff der »Bedeutungstheorie« ein. Ein Interpret versteht eine Sprache dann, wenn er über eine Bedeutungstheorie für diese Sprache verfügt. Hinter diesem Begriff verbirgt sich eine Anwendung des Wahrheitskalküls, das Tarski für formale Sprachen entwickelt hat, auf natürliche Sprachen. Die Probleme dieser Anwendung und ihres Verständnisses sind vielfältig und auch bereits vielfältig dargestellt werden.[7] Ich werde hier eine gewisse Kenntnis dieser Zusammenhänge voraussetzen. Die Anwendung von Tarskis Theorie erlaubt es, die Bedeutung von Sätzen anzugeben, indem sie über das Prädikat »ist wahr dann und nur dann, wenn« verbunden werden. Vor und nach diesem Prädikat steht ein Satz zum einen in einer Metasprache und zum anderen in einer Objektsprache: s_o ist wahr dann und nur dann, wenn s_m. Metasprache und Objektsprache können dabei der gleichen natürlichen Sprache entstammen, für die die Bedeutung angegeben wird. So kommt es zu der berühmten Angabe der Bedeutung über ein Wahrheitsbikonditional: »'Schnee ist weiß' ist wahr dann und nur dann, wenn Schnee weiß ist«, wobei der Satz der Objektsprache in einer strukturellen Beschreibung eingesetzt wird (vgl. WI, 50ff.).

Das Aufstellen von Wahrheitstheorien läßt sich nun für den Fall beschreiben, in dem die Objektsprache und die Metasprache derselben natürlichen Sprache entstammen – dies ist aber keinesfalls der normale Fall, in dem Sprecher die Bedeutung ihrer Sprache angeben. Der normale Fall besteht vielmehr darin, daß ein Sprecher seine Sprache auf eine andere Sprache bezieht. Dies hat Davidson zuerst an dem ethnologischen Beispiel der »radikalen Interpretation« diskutiert. Das Ergebnis dieses Gedankenexperiments ist aber nicht bloß auf das unverständliche Stimmgebaren von Fremden im Urwald beschränkt. Es trifft vielmehr auf alle Situationen sprachlichen Verstehens zu. Immer formuliert ein Sprecher S für einen anderen Sprecher P Bedeutungstheorien der folgenden Art: ein Ausdruck »x« in der Sprache des Sprechers P ist wahr dann und nur dann, wenn y (ein Satz der Sprache des Sprechers S). Dazu kann es durchaus zu gewissen Abweichungen auch in einer dem Anschein nach gleichen Sprache kommen. So kann es sein, daß ich für meinen Freund Karl die folgende W-Äquivalenz formuliere: »'Ich habe heute einen ganz und gar wunderschönen Tag gehabt' in L_K ist wahr dann und nur dann, wenn Karl einen normalen und nicht weiter ereignisreichen Tag erlebt hat. Diese Rekonstruktion erlaubt es, das wechselseitige Verstehen zweier Sprecher ohne Rückgriff auf eine diesen beiden Sprechern gemeinsame Sprache zu erklären. Sprachliches Verstehen läßt sich so auch für den Fall rekonstruieren, daß alle Sprecher andere Sprachen, das heißt andere Idiolekte, sprechen.

Wie ist aber nun der Status der Sprache zu verstehen, über die ich verfüge, wenn ich eine Bedeutungstheorie für Karls Äußerungen formuliere? Ich kann die Situation so erläutern, daß ich uns beiden unterschiedliche Sprachen zuschreibe, also keine Gemeinsamkeit zwischen uns voraussetze, und dennoch mein Verstehen von Karls Äußerungen darauf zurückführen, daß ich mir seine Sprache

---

[6] D. Davidson, »Eine Kohärenztheorie der Wahrheit und Erkenntnis«, in: P. Bieri (Hg.), *Analytische Philosophie der Erkenntnis*, Frankfurt/M. 1986, 281.

[7] Vgl. z.B. K. Glüer, *Donald Davidson zur Einführung*, Hamburg 1993, 26ff.

angeeignet habe. Ich weiß einfach, was es bedeutet, wenn Karl von einem »ganz und gar wunderschönen Tag« spricht. Ich gehe dann von meiner Sprache aus und behaupte, mir ein äußerst weitreichendes Übersetzungshandbuch für L_K angefertigt zu haben. Mit einer solchen Beschreibung kehrte die Theorie zu dem Begriff einer feststehenden Sprache zurück. Sie nähme diese allerdings nicht als eine von Sprechern geteilte Sprache an, sondern als Sprache, die nur einem Sprecher zur Verfügung steht. Mit dieser Rekonstruktion ist aber ein Fall sprachlichen Verstehens nicht erfaßt: der Fall der Veränderung von Sprache, sei diese nun absichtsvoll oder versehentlich zustande gekommen. Warum kann ich Karl möglicherweise auch dann verstehen, wenn er zum ersten Mal von einem »ganz und gar wunderschönen Tag« spricht? Ich kann ihn, so Davidsons Antwort, deshalb verstehen, da ich meine Bedeutungstheorie für L_K als Übergangstheorie formuliere. Sie bildet nicht Relationen zwischen meiner feststehenden Sprache und der feststehenden Sprache von Karl. Vielmehr bildet sie Relationen zwischen zwei sich verändernden Sprachen. Davidson faßt seine Überlegungen unter anderem folgendermaßen zusammen: »Das, was den Beteiligten gemeinsam sein muß, damit die Kommunikation gelingen kann, ist die Übergangstheorie.«[8] Er versteht die Übergangstheorie dabei in Abgrenzung von einer Ausgangstheorie, die beide Sprecher über die Korrelation ihrer Sprachen haben. Die Übergangstheorie ist selbst ein Moment der Veränderung der Sprachen.

Meine Ausgangstheorie über L_K kennt möglicherweise den Ausdruck »ganz und gar wunderschöner Tag« nicht in der Bedeutung, in der Karl ihn sogleich gebrauchen wird. Sie kennt eine Vielzahl anderer Ausdrücke, für die ich Äquivalenzen der Art formulieren kann: »'p' in L_K ist wahr genau dann und nur dann, wenn s«. Diese anderen Ausdrücke stehen dabei in einem holistischen Zusammenhang – genauso wie die Ausdrücke meiner Sprache in einem holistischen Zusammenhang stehen. So könnte die Ausgangstheorie als ein bestimmter Zustand von Sprachen betrachtet werden, der sogleich durch die Äußerung von Karl eine Veränderung erfahren wird. Davidson aber macht deutlich, daß er dieses Bild für unzutreffend hält. Das besagt die Aussage, die Gemeinsamkeit zwischen zwei Sprechern müsse hinsichtlich der Übergangstheorie bestehen. Das heißt, ich kann die Ausgangstheorie nicht als einen Zustand verstehen, in dem ich für alle bekannten Ausdrücke Wahrheitsbedingungen in W-Sätzen angeben kann. Die Ausgangstheorie erweist sich gleichsam als in der Lage, unbekannte Ausdrücke aufzunehmen. Das holistische Netz, in dem ihre Ausdrücke sich wechselseitig inferentiell stützen, muß offen stehen, jederzeit in der Lage, weitere Ausdrücke aufzunehmen.

Kommt es nun zu Karls Äußerung und zu einer Übergangstheorie von mir und ihm, dann schließt sich das Netz auch nicht. Die Übergangstheorie kann jederzeit selbst wieder als Ausgangstheorie fungieren. Das hat entscheidende Konsequenzen für die Erläuterung der Bedeutung, die Karls Ausdruck zugesprochen wird. Die Bedeutung kann nicht aus der Stellung der Äußerungen im Netz heraus erklärt werden. Denn das Netz ist offen, hat keine feststehende Struktur. Karls Ausdruck verstehe ich also nicht, da ich mit der Übergangstheorie einen Zustand formuliere, der diesen Ausdruck in ein fixiertes Netz einbettet. Ich verstehe ihn vielmehr, weil ich ihn in meiner Interpretation[9] selbst als eine Vernetzung begreife. Wenn das Netz nicht in einem Zustand ist, in dem es den einzelnen Ausdrücken, die es umfaßt, Bedeutung verleihen kann, muß der einzelne Ausdruck von sich aus seine Bedeutung erwirken. Wie kann er dies leisten? Er kann es insofern leisten, indem er sich selbst vernetzt. Er setzt sich also in Beziehung zu anderen Ausdrücken bzw. Sätzen, für die er als Grund gilt oder derbezüglich er als Schluß fungiert. Wenn ich »ganz und gar wunderschöner Tag« verstehe, dann nehme ich den Ausdruck als Teil von Sätzen, die als Grund für andere Sätze verstanden

---

[8] D. Davidson: »Eine hübsche Unordnung von Epitaphen«, in: E. Picardi u. J. Schulte (Hg.), *Die Wahrheit der Interpretation*, Frankfurt/M. 1990, 219.

[9] Vgl. dazu V. Mayer, *Semantischer Holismus*, Berlin 1997, 182.

werden. Das Verstehen liegt in dem Herstellen der Begründungsbeziehungen. Die Übergangstheorie kommt also nicht dadurch zustande, daß das sprachliche Netz kurzzeitig geschlossen wird. Sie besteht dagegen darin, daß einem bestehenden offenen Netz weitere inferentielle Beziehungen hinzugefügt werden. Wer die Bedeutung eines Ausdrucks im Sinne der Übergangstheorie erklärt, erklärt sie als Moment einer sich verändernden Sprache, eines offenen Netzes. Dieses holistische Verständnis bindet die Explikation der Bedeutung nicht an einen synchronen Schnitt. Ich werde es im folgenden mit Blick auf die Zeichentheorie von Jacques Derrida zu schärfen versuchen.

Differenzen — Derrida sieht im Gegensatz zu Davidson die gesamten Probleme der Explikation sprachlichen Geschehens mit dem Begriff des Zeichens gegeben. Er vertritt eine Auffassung, die impliziert, daß mit dem Begriff des Zeichens die zentralen sprachphilosophischen Probleme gestellt sind. Dabei werden Zeichen als interpretierte Zeichen verstanden. Die Interpretation aber impliziert Strukturen, die ein gesamtes System von Zeichen konstituieren. Derridas Betrachtung kann von der folgenden Frage her gelesen werden: Warum gelingt es, Zeichen als Zeichen zu verstehen? Saussure hat auf diese Frage geantwortet, indem er auf eine Spannung im Zeichen verweist, auf die Spannung zwischen Zeichenmaterialität (signifiant) und Zeichenbedeutung (signifié). Nur mittels dieser Spannung kann demnach ein Zeichen bestimmt werden. Derrida betrachtet diesen Entwurf auf seine Implikationen hin. Dabei interessiert er sich für ein Moment in den Überlegungen Saussures: Dieser betrachtet beide Ebenen des Zeichens als Elemente eines Netzes von Differenzen. Also steht zum Beispiel das Lautbild »Platte« in Differenz zu anderen Lautbildern deutscher Wörter. Saussure geht nun davon aus, daß diese Differenzierung nicht ausreicht, um ein Zeichen zu bestimmen. Die Differenzierung ist beliebig und insofern nicht zwingend, um das Zeichen als bestimmtes Zeichen zu fassen: So könnte man eine Überlegung paraphrasieren, die Saussure zu leiten scheint.

Derrida greift nun von Saussure ein Stichwort auf: daß die differenzierten Elemente nicht als positive Einzelglieder aufgefaßt werden dürfen. Die Elemente, zum Beispiel »Platte«, bestehen also nur in den Differenzierungen. Was aber ist die Differenzierung, auf der dann die gesamte Struktur einer Sprache beruht? Derrida weist darauf hin, daß hier eine Instanz vorausgesetzt wird, die sich keinesfalls von selbst versteht. Wie kann man von einer Differenzierung sprechen, wenn es keine bestimmten Elemente gibt, die differenziert sind? In solch einem Fall kann es sich nicht um eine bloße Differenz, eine bloße Unterschiedlichkeit handeln. »Platte« ist nicht einfach unterschieden von »Matte« oder »Katze«, da alle diese Elemente für sich keinen Bestand haben. Das heißt, die Differenzierung und die Elemente müssen zugleich gefaßt werden. Die Differenzierung bestimmt die durch sie differenzierten Elemente, und die Elemente stellen die Differenzierung gleichsam her. Wird das Lautbild »Platte« als solches genommen, dann wird eine Differenzierung gesetzt und das Element, dieses Lautbild, aus dieser Differenzierung heraus interpretiert. Genau diese Gleichursprünglichkeit versucht Derrida mit den Begriffen »Spur« und »différance« zu fassen.

Das Lautbild fungiert nur insofern als solches, als es sich von anderen Lautbildern abgrenzt. Es setzt einen Abstand bzw. einen Zwischenraum zu diesen anderen Lautbildern. Dieser Abstand wirkt sich zugleich als Aufschub, als Verzögerung aus, insofern das erste Lautbild nur auf dem Umweg über die anderen Lautbilder bestimmt wird. So gewinnt die Differenzierung zwischen den Lautbildern sowohl eine räumliche als auch eine zeitliche Dimension. Diese Bewegung hat Derrida mit dem Begriff der »différance« gefaßt.[10] Der Begriff faßt die beschriebene Ambivalenz der Differenzierung: Sie geht den Elementen, auf die sie sich bezieht, gewissermaßen voraus (ist insofern, wie das Partizip Präsenz Aktiv zur Geltung bringt, begründend), und kann doch nur von diesen Elementen her gedacht werden. Sie hat ein originäres Moment und ist zugleich an die Elemente gebunden. Das Element zeigt

---

[10] Diese Überlegungen sind besonders in dem folgenden Text Derridas zusammengefaßt: »Die différance«, in: *Randgänge der Philosophie*, Wien 1988, 29-52.

sich dabei als eine Ansammlung von Spuren der anderen Elemente, von denen es sich differenziert. Alle Elemente, denen gegenüber es den räumlichen und zeitlichen Abstand entfaltet, haben an ihm gleichsam ihre Spur hinterlassen. Es handelt sich um nicht präsente Spuren, die doch aktualisiert werden, wenn das Lautbild in einem System von Lautbildern interpretiert wird. Wer es in dieser Weise interpretiert, so könnte man sagen, erkennt diese Spuren. Von Spur redet Derrida, weil eine Spur immer die Möglichkeit beinhaltet, sogleich verschwinden zu können. Niemals ist eine Spur eine schlichte Präsenz, sondern immer eine Veränderung der Materie, die wieder ausgelöscht werden kann – eine unveränderliche Präsenz kann nicht als Zeichen fungieren.[11] Das Lautbild wird in diesem Sinn als Spur von Spuren anderer Lautbilder, derbezüglich es sich differenziert, verstanden. Die einzelnen Spuren können verschwinden: Immer kann die Differenzierung aufs neue vorgenommen werden. Und das Lautbild selbst kann immer auch nicht mehr als Lautbild betrachtet werden, sondern als bloße Materialität.

Derridas Rekonstruktionen von Zeichen und Bedeutungen implizieren drei Folgerungen. Die erste Folgerung betrifft den Status und die Leistung der Differenzen. Die Differenzen werden nicht als bloße Momente des System betrachtet. Derrida macht geltend, daß die Elemente des Systems erst von den Differenzen her konstituiert werden. Damit heißt aber Differenz zwischen Elementen nicht bloß, daß diese Elemente unterschiedlich sind. Jede Differenz zwischen Zeichen, die in einem Zeichengebrauch zum Tragen kommt, ist eine bestimmte Differenz. Différance spielt sich zwischen bestimmten Lautbildern ab und konstituiert diese bestimmten Lautbilder. Wer ein Lautbild als dieses Lautbild interpretiert, aktualisiert bestimmte Differenzen. Die Bestimmtheit, von der hier die Rede ist, bietet aber eine Erklärung der Bedeutung, die das Zeichen gewinnt. Es bedarf somit keiner zweiten Ebene (Vorstellung bzw. signifié) mehr, um die sprachliche Bedeutung zu rekonstruieren. Die differentielle Tätigkeit, die ein Lautbild in bestimmte Differenzen einbettet, konstituiert dieses Lautbild als ein bedeutendes. Das Lautbild wird so als Zeichen gebraucht. Alle Beschreibungen, die ihm galten, lassen sich auf Zeichen überhaupt übertragen.

Die zweite Folgerung betrifft die Korrelation von sprachlichem System und bedeutungstragendem Element. In einem Zustandsholismus wird die Bedeutung des Elements auf das System zurückgeführt. Um diese Rückführung leisten zu können, bedarf es einer Geschlossenheit des Systems. So ist es zum Beispiel der Saussureschen Konzeption zu entnehmen. Buchstabiert man nun, wie Derrida, das Prinzip der Differenzierung aus, dann wird die Bedeutung nicht durch ein feststehendes System, sondern durch bestimmte vollzogene Differenzierungen erklärt. Der Ort, der ein einzelnes Element im System zu einem bedeutungstragenden Element macht, ist keine Funktion des Systems; er ist die Funktion der Differenzierung, mittels derer das einzelne Element überhaupt als solches herausgegriffen wird. Das aber hat die Konsequenz, daß das System konstitutiv offen steht. Einem einmal aktualisierten System können immer weitere Zeichen angefügt werden. Die Differenzierung, auf der die Konstitution des Elements beruht, ist niemals erschöpft. Ein Zeichen befindet sich, frei paraphrasiert, immer auf dem Weg zu anderen Zeichen. Das System, das durch ein sich differenzierendes Zeichen konstituiert wird, ist damit immer auf seine mögliche Veränderung bezogen. Sofern es auf Differenzierung beruht, wird es, könnte man sagen, immer von der Veränderung her interpretiert. Es ist bereit, jedwelches andere Zeichen aufzunehmen.

Die dritte Folgerung betrifft das Verhältnis von langue und parole. Der Interpret wird in Derridas Rekonstruktion nicht als Partizipant an einer langue bestimmt. Seine Interpretation bedarf nicht des Rekurses auf ein System, das jenseits dieser Interpretation Bestand hat und das z.B. auch anderen Interpreten zur Verfügung steht. Das System, das für die Interpretation in Betracht kommt, reicht nur so weit, wie aktuell Differenzierungen vollzogen werden. Nur so weit wird das einzelne Element

---

[11] Vgl. J. Derrida, *Die Schrift und die Differenz*, Frankfurt/M. 1976, 348f.

konstituiert. Ein sprachliches System ist also immer an eine Zeichenpraxis gebunden. Allein der Gebrauch von Zeichen stellt ein solches System her. Insofern wird die langue nicht von der parole aktualisiert. Es bleiben nur die parole und ihre jeweiligen Zustände der Zeichendifferenzierung. Die Aktivität der Differenzierung widerstreitet nach dem Verständnis Derridas der bloß passiven Partizipation an einer Sprache. Interpreten konstituieren Lautbilder oder Schriftzeichen oder andere Spuren in ihrem Gebrauch als bedeutende Zeichen. Sie bilden qua Differenzierung die jeweiligen Sprachen aus, innerhalb derer sie ein Zeichen interpretieren. Es bedarf aus diesem Grund keiner gemeinsamen Sprache, um die Möglichkeit der Verständigung zwischen Sprecher und Hörer zu gewährleisten. Jeder leistet seine eigenen Differenzierungen und spricht insofern mehr oder weniger momenthafte Idiolekte.

Sprache wissen — Die aus Derridas Zeichenbegriff entwickelten Folgerungen beleuchten zwei Punkte in dem Holismus, den Davidson formuliert. Sie machen erstens deutlich, daß das System, das in einer Übergangstheorie formuliert wird, von der jeweiligen Äußerung aus konstituiert ist. Die inferentiellen Beziehungen, in denen ein Satz steht, sind nicht Momente eines umfassenden Systems, auf das die Interpretation sich bezieht. Die Interpretation der Äußerung stellt selbst ein System her. Wie der Interpret nach Derrida ein Zeichen in bestimmten Differenzierungen erfaßt, so muß auch der Interpret bei Davidson derart verstanden werden, daß er einen Satz in bestimmten Inferenzen aufgreift. Der Satz steht nicht in einem System, sondern stellt gleichsam ein System her. Das System ist selbst ein Moment des interpretativen Akts. Insofern leitet es diesen nicht. Zweitens markieren die Erläuterungen Derridas die Rolle der Beziehungen im holistischen gefaßten Ganzen. Diese Beziehungen, in Davidsons Modell die Inferenzen, sind nicht abhängig vom System. Ein Interpret kommt nicht zu den Inferenzen, indem er sie von einem System her versteht. Vielmehr aktualisiert er den interpretierten Satz in bestimmten Inferenzen, mittels derer er erst ein System konstituiert. Der Holismus, der hiermit formuliert wird, betrifft nicht in erster Linie die Elemente; er betrifft die Beziehungen der Elemente. Die Differenzen oder Inferenzen werden holistisch interpretiert. Erst von dieser Interpretation her kommen in dem System die Elemente in den Blick. Ein *Durchgangsholismus* stützt sich auf die Beziehungen, die das Ganze konstituieren. Von diesen Beziehungen her betrachtet aber zeigt sich das Ganze als ein sich stets veränderndes Ganzes. Die Beziehungen bergen immer das Potential, noch andere Elemente einbinden zu können. Sie stellen ein System her, das auf Veränderung angelegt ist.

Der Interpret, der einen Satz oder ein Zeichen erfolgreich interpretiert, stützt sich bei seiner Interpretation nicht auf ein Wissen, über das er verfügt. Das heißt nicht, daß ein Interpret kein sprachliches Wissen mitbringt. Es wäre absurd, dies zu bestreiten. Es heißt aber, daß die erfolgreiche Interpretation nicht mittels eines herangezogenen Wissens erklärt werden kann. Der Interpret verhält sich nicht rezeptiv gegenüber einem System, das ihm gegeben wäre. Er vollzieht einen spontanen Akt, insofern er im interpretativen Akt Inferenzen bzw. Differenzen stiftet. Das Wissen, das eine erfolgreiche Interpretation beinhaltet, kommt also erst in dem Akt selbst zustande. Der Umgang mit Sätzen und Zeichen muß nach Davidson und Derrida als ein spontanes Vermögen begriffen werden. Die Bedeutung eines Ausdrucks ist ein Moment dieses Umgangs. Dies ist wohl diejenige Konsequenz einer durchgangsholistischen Position, die die gängigen Intuitionen, die man mit einem Holismus verbindet, am deutlichsten verletzt.

Da der Durchgangsholismus dem Interpreten keinen Bezug auf ein ihm gegebenes Wissen zuschreibt, kann er das System, in dem ein Ausdruck interpretiert wird, als offen beschreiben. So kann der Umgang mit allen sprachlichen Absonderheiten erklärt werden. Zugleich wird Verständigung nicht darauf zurückgeführt, daß zwei Sprecher an einer gemeinsamen Sprache partizipieren (und sei dies durch Übersetzungshandbuch). Jeder an einem sprachlichen Geschehen beteiligte Interpret greift Ausdrücke in Differenzen oder Inferenzen auf und stellt damit ein Wissen her, das für ihn spezifisch ist. Es macht keinen Unterschied, ob die Ausdrücke, die dabei aufeinander bezogen werden, bereits bekannt sind, also von anderen bereits geteilt werden, oder ob sie neu auftreten. Jeder Ausdruck ist prinzipiell für jeden Interpreten zugänglich, da er an ein offenes System angeschlossen werden kann. Die Bedeutung, die ein Ausdruck (für einen Sprecher und für einen Hörer) erlangt, wird durch die interpretative Herstellung eines Systems erklärt. Mit diesem System zusammen kommt das Wissen zustande, das in der Interpretation seinen Ausdruck findet. Nur in bezug auf die getätigte Interpretation kann von diesem Wissen gesprochen werden.

Wenn der Interpret kein Wissen heranzieht, folgt daraus aber auch, daß sich sein Wissen nicht verändert. Auch hier gilt wieder, daß sich durch eine erfolgreiche Interpretation von Neologismen und anderen sprachlichen Absonderlichkeit selbstverständlich das Wissen verändert, das ein Sprecher von der Sprache hat. Aber es handelt sich dabei nicht um ein Wissen, das für das Verständnis von Bedeutungen Relevanz besitzt. Das relevante Wissen besteht nur in Verbindung mit dem interpretierten System. So stellt sich aus der Perspektive einer durchgangsholistischen Position nicht die Frage, wie sich das Wissen verändert, wie neue Bedeutungen von alten her erschlossen werden können. Die Pointe dieser Position ist, daß sie zwar die Bedeutung auf die Veränderung von Sprache zurückführt, aber dabei nicht von einer Veränderung des Wissens ausgeht. Das sprachliche Wissen liegt immer in der Interpretation begründet und kommt so mit jeder Interpretation neu zustande. Ein Zustand des Wissens löst einen anderen ab und so fort. Das Wissen ist Resultat der Spontaneität sprachlichen Verstehens.

Die Überlegungen der vergangenen Seiten stützen die folgenden Thesen: Wer spricht, verwendet nicht Bedeutungen, die er kennt. Er gebraucht Zeichen bzw. Sätze. Dieser Gebrauch ist immer interpretierend. Er stellt Momente sich verändernder Sprache her. In jedem Augenblick eines solchen Gebrauchs kommen sprachliche Systeme zustande; immer werden Beziehungen unter Zeichen bzw. Sätzen konstituiert. Der interpretierende Gebrauch läßt sich nicht einschränken. Es gibt keinen Zustand von Sprache, an den je Bedeutungen gebunden wären.

Markus Braig (Berlin)

Bestimmtheit und Gehalt visueller Wahrnehmungen

Visuelle Wahrnehmungen[1] verschaffen uns Informationen über jenen Teil unserer Umgebung, der uns sinnlich unmittelbar zugänglich ist. Weil Wahrnehmungen uns diesen Ausschnitt der Welt präsentieren, sagt man auch, sie seien *repräsentationale Zustände* oder besäßen *repräsentationalen Gehalt*. Sprachlichen Ausdruck findet dieser Gehalt in einem Dass-Satz hinter einem Wahrnehmungsverb: Ich sehe, dass der Stundenzeiger auf zwölf steht; Ich höre, dass die Symphonie vier Sätze hat; Ich spüre, dass die Tischplatte ganz glatt ist.

Eine weitverbreitete Ansicht über Wahrnehmungen besagt nun, dass wir nur das sehen können—dass Wahrnehmungen nur das für uns repräsentieren können—, was wir auch *beschreiben* können. Diese Ansicht kann man folgendermaßen veranschaulichen. Ein kleines Kind und ein Arzt sitzen in einer Arztpraxis vor einem Röntgengerät. Unsere intuitive Überzeugung besagt, dass der Arzt *etwas anderes* sieht als das Kind bzw. dass beide zwar denselben Gegenstand, aber jeweils *anders* sehen. Wie immer man die Situation beschreiben mag, es wird angenommen, dass sich eine kognitive Differenz zwischen dem Arzt, der weiß, was eine Röntgenröhre ist (der über den Begriff RÖNTGENRÖHRE verfügt), und dem Kind, das diesen Begriff nicht besitzt, in den visuellen Wahrnehmungen der beiden niederschlägt. Betrachtet man diese intuitive Überzeugung als eine ernstzunehmende und richtige philosophische These, ergeben sich weitreichende Konsequenzen. Der repräsentationale Status von Wahrnehmungen hängt nach dieser These vom Begriffsrepertoire einer Person ab.

Die wohl bekannteste Variante einer solchen philosophischen These hat John McDowell in „Mind and World" (1994) vorgestellt. Sie lautet folgendermaßen:

We should understand ... experiential intake ... not as a bare getting of an extra-conceptual Given, but as a kind of occurrence or state that already has conceptual content. (McDowell 1994: 9)

Ich will diese These von McDowell die *Begrifflichkeitsthese* nennen: Wahrnehmungen besitzen begrifflichen Gehalt. Sie besagt, dass eine Wahrnehmung nur das für eine Person repräsentieren kann, was diese Person selbst auch beschreiben könnte. Die Gegenthese dazu ist die *Nichtbegrifflichkeitsthese*: der repräsentationale Gehalt von Wahrnehmungen kann auch durch Begriffe bestimmt werden, die einer Person nicht zu Gebote stehen. Anhänger

---

[1] Wenn ich im folgenden nur von Wahrnehmungen spreche, sind visuelle Wahrnehmungen gemeint.

der Begrifflichkeits- (Begriffsfreunde) bzw. der Nichtbegrifflichkeitsthese (Begriffsskeptiker) befinden sich im Streit über Fälle wie den zu Beginn beschriebenen. Während die Begriffsfreunde leugnen würden, dass Arzt und Kind *dasselbe* sehen, halten Begriffsskeptiker das für die einzig plausible Beschreibung der Sachlage.

Diese beiden konkurrierenden Positionen sind zum Teil *erkenntnistheoretisch* motiviert. Hinter der Begrifflichkeits- bzw. der Nichtbegrifflichkeitsthese stehen unterschiedliche Auffassungen über die evidentielle Rolle, die Wahrnehmungen für die epistemische Rechtfertigung von Meinungen[2] spielen können. Unter der Voraussetzung, dass Wahrnehmungen eine solche evidentielle Rolle überhaupt zugestanden wird, neigen Begriffsfreunde wie McDowell zu einer *internalistischen* Konzeption epistemischer Rechtfertigung. Nach einer solchen Auffassung müssen Gründe für Meinungen dem epistemischen Subjekt, das diese Meinungen besitzt, kognitiv zugänglich und angebbar sein. Wenn Wahrnehmungen Gründe für Meinungen sein sollen, so das internalistische Räsonnement, dann müssen alle Wahrnehmungsaspekte, die für die Rechtfertigung einer Meinung relevant sind, für das Subjekt transparent sein, so wie auch Meinungen selbst transparent sind. Eine Möglichkeit, diese geforderte Transparenz zu explizieren, bietet die Begrifflichkeitsthese. Wenn die rechtfertigungsrelevanten Wahrnehmungsaspekte von einem Subjekt selbst beschrieben werden können, wenn es über die hierfür notwendigen Begriffe verfügt, dann sind wir nach internalistischen Maßstäben berechtigt, rationale Beziehungen zwischen Wahrnehmungen und Meinungen anzunehmen. Externalisten sind in ihren Forderungen bescheidener. Unter bestimmten Bedingungen akzeptieren sie schon das bloße Vorliegen einer Wahrnehmung, um eine entsprechende Meinung als gerechtfertigt anzusehen. Es ist dann keine notwendige Bedingung für die Rechtfertigung der Meinung, dass die Wahrnehmung über begrifflichen Gehalt verfügt.

Mein Ziel ist es, den Streit zwischen den beiden Lagern zugunsten der externalistischen Variante zu entscheiden. Dazu möchte ich mich des *Bestimmtheitseinwands* bedienen, der gegen die Begrifflichkeitsthese vorgebracht wurde.

Der auf den Fall der Farben eingeschränkte Bestimmtheitseinwand lautet in einer Formulierung von Gareth Evans folgendermaßen:

Do we really understand the proposal that we have as many colour concepts as there are shades of colour that we can sensibly discriminate? (Evans 1982: 229)

---

[2] Bei Meinungen, die unmittelbar durch Wahrnehmungen epistemisch gerechtfertigt werden können, handelt es sich um *Wahrnehmungsmeinungen*, d.h. Meinungen über die momentan sinnlich präsente Umgebung.

Der Einwand besagt, dass unsere visuellen Wahrnehmungen prinzipiell *reichhaltiger* sind als wir beschreiben können.³ Am besten lässt sich dieser Einwand veranschaulichen, wenn man im Frühjahr oder im Herbst einen Laubwald betrachtet. Unzählige Grünschattierungen im ersten Fall und ein breites Spektrum von Gelb-, Rot- und Brauntönen im zweiten zeigen deutlich, dass man, selbst bei unendlicher Zeit, nicht allen unterschiedenen Farbschattierungen sprachlichen Ausdruck verleihen könnte. Auch bei weniger offensichtlichen Beispielen, vermutlich bei allen Wahrnehmungen haben wir es mit demselben Phänomen zu tun. Wenn dieser Einwand stichhaltig ist, kann der Gehalt von Wahrnehmungen nicht begrifflich sein.

Zur Beseitigung dieses Einwandes hat McDowell einen Vorschlag unterbreitet, der die Bestimmtheit von Wahrnehmungen zwar anerkennt, sie aber nicht als ein prinzipielles Hindernis für deren begrifflichen Gehalt ansieht. Dieser Vorschlag akzeptiert die dem Bestimmtheitseinwand zugrundeliegende Reichhaltigkeit von Wahrnehmungen nur als ein Prima-facie-Phänomen, das dadurch zustandekommt, dass wir zum Zeitpunkt der Wahrnehmung nicht über alle Begriffe verfügen, die zur angemessenen Beschreibung des Wahrnehmungsgehaltes vonnöten wären. Wir können, so die Idee, diese Begriffe aber erwerben. Es handelt sich dabei um demonstrative Begriffe, die aus einer Kombination von generellen Begriffen (GRÜN, ROT) und demonstrativen Ausdrücken bestehen. Die Referenz dieser Ausdrücke wird durch hinweisende Gesten festgelegt. Auf diese Weise soll man alle sensorisch unterschiedenen Nuancen einer sinnlichen Qualität (die Grünschattierungen im Frühling, die Gelb-, Rot- und Brauntöne im Herbst) zwar nicht auf ein Mal, aber doch wenigstens im Prinzip in den begrifflichen Gehalt einer Wahrnehmung integrieren können.

Um die demonstrativen Bezeichnungen tatsächlich als Ausdruck von Begriffen verstehen zu können, müssen sie allerdings eine wichtige Bedingung erfüllen. Sie müssen mit Wiedererkennungsfähigkeiten verknüpft sein, die über den Zeitraum der Wahrnehmung, in der sie erworben werden, hinausreichen. Wer in einem Moment „Das Auto besitzt *diesen* roten Farbton" sagt, muss auch noch einige Zeit danach in der Lage sein, sich an diesen Farbton zu erinnern und zu erkennen, wenn eine andere Instanz desselben Farbtons vorliegt. Diese Forderung ist einleuchtend: Wir würden auch nicht von jemanden sagen, er verfüge über den Begriff des Telefons, wenn er einmal eines sieht und möglicherweise zufällig richtig klassifiziert. Ebensowenig ist es angebracht, jemandem den Begriff DIESE GRÜNSCHATTIERUNG ZU-

---

³ Die Reichhaltigkeit oder Feinkörnigkeit von Wahrnehmungen ist davon zu unterscheiden, dass Wahrnehmungsbeschreibungen/-zuschreibungen immer lediglich eine Auswahl aus einem komplexen visuellen Erlebnis treffen. Ich will dies die *Komplexität* von Wahrnehmungen nennen. Wer sagt, dass er ein rotes Auto sieht, sieht (vermutlich) auch seine Reifen, Scheiben, Rückspiegel usw., auch wenn er das nicht sagt. Wie man eine Wahrnehmung beschreibt und damit ihren repräsentationalen Gehalt festlegt, ist bis zu einem bestimmten Grad willkürlich.

zuschreiben, wenn sie den entsprechenden Farbton zu einem späteren Zeitpunkt nicht mehr von ähnlichen Farbtönen unterscheiden und richtig benennen könnte.

Dieser Vorschlag scheitert jedoch aus *empirischen* und aus *logischen* Gründen. Farbtöne, die wir gerade noch voneinander unterscheiden können, liegen an der *Unterscheidungsschwelle*. Das sensorische Diskriminierungsvermögen des Menschen gerade in bezug auf die Farben ist sehr ausgeprägt. Legt man nun einem Probanden zwei Farbtöne vor, die an der Unterscheidungsschwelle liegen, so kann er diese Farbtöne ex hypothesi zwar auseinanderhalten. Er könnte etwa sagen, dass der eine Farbton etwas dunkler ist als der andere. Er könnte auch Bezeichnungen für diese Farbschattierungen erwerben, etwa „Rot$_1$" und „Rot$_2$". Er könnte diese Farbeigennamen in einer zweiten, etwas späteren Situation aber nicht mehr korrekt verwenden, weil er sich nicht mehr an die zugehörigen Schattierungen erinnern kann.[4] Unser Wahrnehmungsgedächtnis ist zu schwach, um alle wahrgenommenen Differenzen sinnlicher Qualitäten zu speichern. Die von McDowell selbst anerkannte notwendige Bedingung für den Erwerb eines demonstrativen Begriffes für sinnliche Qualitäten, nämlich die über den Erwerbszeitraum hinausreichende Dauer der mit diesem Begriff assoziierten Wiedererkennungsfähigkeit, kann aus empirischen Gründen nicht als erfüllt gelten.

McDowells Argumentation ist auch aus logischen Gründen unzureichend. Die kognitive Funktion eines Begriffes ist es, Informationsfülle zu reduzieren. Der Begriff ROT umfasst viele verschiedene, sensorisch diskriminierbare Rotschattierungen, die zwar in der Wahrnehmungssituation selbst eine Rolle spielen, aber nicht in darauffolgenden Momenten, in denen wir uns an die betrachtete Farbe erinnern und in der einen oder andern Weise über sie nachdenken. In den späteren Erinnerungen und Gedanken (mentalen Zuständen mit begrifflichem Gehalt) sind die konkreten Ausprägungen der Farbe Rot irrelevant. Es wäre eine kognitive Zumutung, andere mentale Zustände mit der Informationsdichte zu belasten, die Wahrnehmungen besitzen. Wenn ich mich daran erinnere, dass gestern ein Sportwagen vor meinem Fenster stand, dann weiß ich nur noch, dass er rot war; um welche konkrete Schattierung es sich gehandelt hat, kann ich nicht mehr wissen.

Aufgrund dieser beiden Überlegungen bin ich der Ansicht, dass man McDowells Konzeption demonstrativer Begriffe verwerfen sollte. Das setzt den Bestimmtheitseinwand gegen die Begrifflichkeitsthese wieder in sein ursprüngliches Recht. Die Folgerung aus diesem Einwand war ja, dass der Gehalt von Wahrnehmungen nicht begrifflich sein kann.

Prima facie handelt es sich bei nichtbegrifflichen Aspekten von Wahrnehmungen, die das feinkörnige Differenzierungsvermögen innerhalb sinnlicher Qualitäten ermöglichen, um *phä-

---

[4] Vgl. Raffman 1996, 350f.

nomenale *Eigenschaften*. Phänomenale Eigenschaften visueller Wahrnehmungen betreffen nicht die objektive Signifikanz dieser Wahrnehmungen, d.h. die Art und Weise, wie die objektive Welt repräsentiert wird, sondern den Zustand des wahrnehmenden Subjektes. Oft drückt man diesen Typ von Eigenschaften dadurch aus, dass man sagt, wie es für jemanden ist oder sich für jemanden anfühlt, dies oder jenes zu sehen.[5] Ich halte es allerdings für keine gute Idee, die Reichhaltigkeit bzw. Bestimmtheit von Wahrnehmungen durch deren phänomenale Eigenschaften zu erklären. Aus Gründen der *phänomenologischen Homogenität* halte ich das für unplausibel. Wenn wir etwas sehen, blicken wir nicht durch einen Teil der Wahrnehmung auf die Welt, während der andere auf unser subjektives Empfindungsleben gerichtet ist. Eine solche Auffassung führt nicht nur zu unfruchtbaren Resultaten, sondern geht auch an der Erkenntnis vorbei, dass die informationale Funktion von Wahrnehmungen homogen ist. Was wir sehen und dadurch auch subjektiv empfinden, sind objektive Eigenschaften und keine intermediären mentalen Größen wie phänomenale Eigenschaften. Ich plädiere vielmehr dafür, auf phänomenale Eigenschaften zu verzichten und stattdessen eine Unterteilung innerhalb der repräsentationalen Eigenschaften von Wahrnehmungen vorzunehmen. Nach diesem Vorschlag wird der erste Typ repräsentationaler Eigenschaften durch Prädikate der Alltagssprache ausgedrückt. Wenn jemand sagt: „Ich sehe, dass ein roter Sportwagen vor dem Fenster steht", so verfügt die dadurch ausgedrückte Wahrnehmung über eine repräsentationale Eigenschaften des ersten Typs, die dem Prädikat Rot entspricht. Die bestimmte Ausprägung dieser Farbe, der oder die Rottöne, die der Wagen aufweist, repräsentieren ebenso wie die mentalen Eigenschaften des ersten Typs objektive Eigenschaften: die Dinge sind nicht nur rot oder grün simpliciter, sondern besitzen immer genau *dieses* Rot oder *jenes* Grün. Es gibt allerdings eine wichtige Unterscheidung zwischen diesen beiden Typen von Eigenschaften. Der erste Typ kann in allen Arten repräsentationaler mentaler Zustände auftauchen. Repräsentationale Eigenschaften des zweiten Typs bleiben hingegen auf Wahrnehmungen beschränkt, weil eine notwendige Bedingung ihres Vorliegens der sensorische Kontakt zu einer ihrer Instanzen darstellt.

Diesen letzten Zusammenhang will ich kurz erläutern. Wenn ich aus dem Fenster schaue, kann ich sehen, dass der Wagen genau *diesen* Rotton aufweist—welches Rot ich meine, verdeutliche ich mit einer hinweisenden Geste auf den Wagen. Wer die entsprechende Situation sehen kann, weiß dann, welches Rot ich meine. Solange ich die Wahrnehmung mache kann ich auch glauben, dass der Wagen diesen Rotton besitzt. Eine solche Meinung will ich *demonstrativ* nennen. Andernfalls kann ich nur glauben, dass der Wagen rot simpliciter ist.

---

[5] Natürlich besitzen nicht nur Wahrnehmungen solche Eigenschaften; ein prominentes Beispiel für die einschlägige Debatte sind Schmerzen.

Die Existenz repräsentationaler Eigenschaften des zweiten Typs belegt die Falschheit der Begrifflichkeitsthese. Daraus ergeben sich Konsequenzen für die epistemische Rechtfertigung von Meinungen. Es ist anzunehmen, dass alle Wahrnehmungen nichtbegriffliche repräsentationale Eigenschaften des zweiten Typs besitzen. Insofern diese Wahrnehmungen zur epistemischen Rechtfertigung von Meinungen beitragen, kann diese Rechtfertigung aufgrund dieses nichtbegrifflichen Momentes nicht internalistisch konzipiert werden. Die Relevanz der nichtbegrifflichen repräsentationalen Komponente für die erkenntnistheoretische Fragestellung wird durch die Existenz demonstrativer Meinungen vor Augen geführt. Ich plädiere daher dafür, die internalistische Konzeption epistemischer Rechtfertigung aufzugeben und durch eine externalistische Variante zu ersetzen.

Literatur

Evans, Gareth (1982): Varieties of Reference, Oxford.

McDowell, John (1994): Mind and World, Cambridge (MA).

Raffman, Diana (1996): Über die Beharrlichkeit der Phänomenologie, in: Th. Metzinger (Hg.), Bewusstsein, Paderborn, 345-65.

Bedeuten und implizites Wissen

Manuel Bremer

I.   Bei der Fragestellung „Warum und wie sind Prozesse des Bedeutens oder Räsonierens bewußt?" möchte man zunächst zweierlei wissen: (a) Was heißt in diesem Zusammenhang „bewußt"? (b) Was sind „Prozesse des Bedeutens und Räsonierens"?

Fangen wir mit (a) an. Zunächst einmal gibt es so etwas wie „ausdrückliches Bewußtsein". Damit ist ein Bewußtsein gemeint, im dem ein inneres Sprechen in einer öffentlichen Sprache vorliegt. Etwa wenn ich denke „Was soll ich denn jetzt mal sagen?". Dieses ausdrückliche Bewußtsein liegt offensichtlich nicht immer vor. Nicht alles, dessen ich mir bewußt bin, wird von mir in ein inneres Reden in der öffentlichen Sprache überführt oder davon begleitet. Die Vorstellung von einem solchen ständigen und gemäß den Bewußtseinsvorgängen vielstimmigen Reden kommt uns schon absurd vor. Wenn ich auf die Tischkante schaue, dann bin ich mir bewußt, daß dort etwas ist, das soundso aussieht, daß es sich um eine Tischkante handelt, und daß *ich* dies sehe. Es liegt also Bewußtsein im nahezu denkbar besten Sinne vor - nur ist es nicht sprachlich artikuliert. Ein solches Bewußtsein sei hier einfach „nicht-artikuliertes Bewußtsein"[1] genannt. Die Dichotomie „artikuliert/nicht-artikuliert" ist natürlich logisch erschöpfend. Doch gibt es nicht innerhalb des Bereiches des nicht-artikulierten Bewußtseins für die hier verfolgte Frage relevante Unterschiede? Vergleichen wir den Fall des Sehens der Tischkante mit meinem Sprechen. Beim Sprechen liegt nicht immer ein begleitendes artikuliertes Bewußtsein „Nun sage ich,..." vor. Wenn ich spreche, bin ich mir bewußt, daß ich spreche, daß ich etwas bestimmtes sage, und daß ich es bin, der dies sagt. Handelt es sich also um dieselben Verhältnisse wie beim Sehen der Tischkante? Hier kommen nun die „Prozesse des Bedeutens und Räsonierens" ins Spiel.

(b) „Prozesse des Räsonierens" sind solche Prozesse, die mit Schlüssen und Regeln befolgendem Handeln zu tun haben. Am typischsten dafür mag das Ziehen von Schlußfolgerungen sein. Das Ergebnis eines Prozesses des Räsonierens läßt sich unter Bezug auf ein Regelwerk als das einzige oder als ein angemessenes Resultat der Ausgangsbedingungen kennzeichnen. Analog lassen sich „Prozesse des Bedeutens" bestimmen. Nehmen wir an, daß Sprechen mit Regeln des Sprechens zu tun hat, so handelt es sich beim oben beschriebenen Bewußtsein von meinem Sprechen um ein Bewußtsein, das einen Prozeß des Bedeutens *betrifft*. Dieses Bewußtsein wurde als nicht-artikuliert gekennzeichnet. Reicht diese Kennzeichnung aber aus? Beim Sehen der Tischkante bin ich mir zwar bewußt, eine Kante zu sehen, doch bin ich mir nicht bewußt, wie ich das mache. Der dazu gehörige Prozeß läuft nämlich schon in der Sehrinde ab. Dieser Prozeß ist *cognitively impenetrable*, d.h. er ist von Seiten der höheren Bewußtseinsfunktionen nicht zugänglich.[2] Für den Fall des Sprechens gilt dasselbe bezüglich einiger Prozesse der motorischen Sprachproduktion in den entsprechenden Modulen. Kann dies aber auch für das Bedeuten gelten? Oft berufen wir uns auch als linguistisch ungeschulte Sprecher auf die semantischen Regeln unserer Sprache, wenn wir *begründen*, warum wir etwas nun einen „Tisch" und nicht eine „Sitzbank" nennen - so vage unsere Auskünfte auch sein mögen. Wir scheinen daher doch bewußt mit diesen Regeln in unserem Sprechen umzugehen. Damit handelt es sich beim Bedeuten um cognitively penetrable phenomena, für die Pylyshyn fordert: „[they] must be explained in terms of a cognitive rule-governed process involving such activity as logical inferences, problem solving, guessing, or associative recall,..."[3]. Entsprechend gilt, daß wir ein bestimmtes Perzept als Tisch *deuten*, auch dieses Moment am Sehen also cognitively penetrable ist. Innerhalb des nicht-artikulierten Bewußtseins gibt es also einen relevanten Unterschied: zumindest einige von den an diesem Bewußtsein beteiligten Prozessen *können* auch nicht bewußt gemacht werden, während wir bezüglich anderer nicht-artikulierten bewußten Erlebnisse oft *post hoc* Rationalisierungen anbieten, die sich auf Regeln für die entsprechende kognitive Funktion berufen. Ich bin mir des Sprechens bewußt, habe kein ausdrückliches Bewußtsein von allen motorischen Prozessen der Sprachproduktion noch von einem Überlegen bezüglich von Ausdrucksanwendungen, doch kann ich auf Befragen die Ausdrucksverwendung mit den semantischen Regeln begründen (oder zumindest kann ich das versuchen) und ein artikuliertes Räsonieren bezüglich der Ausdrucksverwendung vorführen, während ich - zumindest - nicht alle Prozesse der motorischen Sprachproduktion artikuliert vorführen kann.

II. Wenn es ein solches Bewußtsein des Bedeutens geben muß, wie - in welchem Repräsentationsmedium - liegt es dann vor? Regeln des Räsonierens und Bedeutens *sollen* wir befolgen, weil es uns um gültige Schlüsse geht oder darum, durch richtige Ausdrucksanwendungen wahre Aussagen zu machen. Beide Ansprüche (Gültigkeit und Wahrheit) verweisen auf Verfahren der Einlösung dieser Ansprüche[4]. Diese Verfahren verwenden die Regeln des Bedeutens oder des Räsonierens, die sagen, was getan oder gefolgert werden *soll*, insofern Wahrheit das Ziel ist. Die Normativität des Räsonierens läßt sich nicht bestreiten ohne performativen Selbstwiderspruch (nämlich dem bloßen Nebeneinander nicht mehr beurteilungsfähiger oder abwägbarer, einfach bloß behaupteter Alternativen, von denen eine dennoch als den anderen vorzuziehen ausgegeben wird). Auch müssen die Regeln *bewußt* sein.

---

[1] „Artikulation" darf hier nicht mit „Reflexion" verwechselt werden. Reflexion meint, daß ein Bewußtseinsakt sich auf einen anderen bezieht. Dies muß nicht artikuliert sein.
[2] Vgl. Pylyshyn, Zenon. *Computation and Cognition*. Cambridge/MA, 5.Aufl. 1989, S.227.
[3] Pylyshyn, a.a.O., S.227; vgl. S.132f.
[4] Unsere Begriffe der Folgerichtigkeit und der Wahrheit sind trotz ihrer Korrespondenzansprüche nicht völlig von unseren Vermögen der epistemischen Evaluierung zu trennen, da für uns nur Aussagen von Interesse sind, deren Bewährungs- oder Begründungsstatus wir beurteilen können.

Beim *rationalen* Für-wahr-Halten - also dem im folgenden betrachteten idealen Fall, daß wir rational sind - haben wir nicht bloß einen epistemischen Zustand. Um unsere Meinungen den eingehenden Informationen und den daraus gezogenen Schlüssen anzupassen (d.h. kohärent bleiben zu können), müssen wir zum einen ein Bewußtsein von unseren Meinungen haben. Nur so wissen wir, welche Meinungen in Konflikt mit neuen Informationen stehen. Zum anderen muß sich dieses Bewußtsein auf die Regeln des Räsonierens und Bedeutens *erstrecken*, da anhand ihrer sowohl der Konflikt und andere logische Beziehungen zwischen Meinungen festgestellt werden als auch wir auf ihre Verfahren zurückgreifen, um ein kohärentes Meinungssystem wiederherzustellen. Faktisch müssen uns die Inkonsistenzen unseres Meinen nicht klar sein, doch für das rationale Für-wahr-halten ist ein Überprüfen des Meinungserwerbs und seiner inferentiellen Konsequenzen zu fordern. D.h. sofern wir danach streben, Gründe für Meinungen zu haben, also danach streben rationale Meinende zu sein, müssen die Regeln selbst repräsentiert sein, sind also nicht ausschließlich charakterisierbar als unbewußtes Prozessieren von Repräsentationen.[5]

Um ein solches Bewußtsein von anderem nicht-artikuliertem Bewußtsein zu unterscheiden, sei es „implizites Wissen" genannt. Die Einführung von so etwas wie „impliziten Wissen" kommt einem wohl zunächst verdächtig vor. Auf Nachfragen hin artikulieren wir unser implizites Wissen und versuchen zu begründen. Eine allgemeine These wie „[T]he form of linguistic information and the rules that govern it are certainly not conscious;... "[6] muß daher falsch sein. Die Regeln des Räsonierens und Bedeutens müssen bewußt sein im Sinne einer Metarepräsentation meiner Räsonierensprozeduren, so daß diese auf Metarepräsentationen bezogen werden können (z.B. wenn ich mich frage, ob ich die Meinung α oder die Meinung β haben sollte). Ob *diese* Bewußtheit von Regeln des Räsonierens oder Bedeutens einen qualitativen Aspekt hat, ist eine andere Frage.[7]

Unter „implizitem Wissen" werden hier also vor allem Fähigkeiten gefaßt, die obwohl sie nicht simultan ausdrücklich konsultiert werden, als Bestandteil eines Verhaltens dieses als Handeln verständlich (d.h. rational rekonstruierbar) machen. Implizites Wissen läßt sich derart *funktional* charakterisieren. Ausdrückliches Meinen läßt sich durch kognitive Dispositionen kennzeichnen. Einige von ihnen (etwa Kommentare zu den eigenen ausdrücklichen Meinenszuständen) hängen von Überzeugungen bezüglich des Ausdrückens ab, das Erschließen von Konsequenzen einer Meinung aber z.B. nicht. Wir können daher sagen:

---

[5] Entgegen der Auffassung von Martin Davies. „Tacit Knowledge and Subdoxastic States",in: George, A. (Hg.). *Reflections on Chomsky*. Oxford, 1989, S.131-52.
[6] Jackendoff, Ray. „Unconscious Information in Language and Psychodynamics",in: ders. *Languages of the Mind*. Cambridge/MA, S.83-98, S.87 und 91.
[7] Für jemanden, der Bewußtheit mit phänomenalem Bewußtsein oder dem Haben von „qualia" gleichsetzt, ist also möglicherweise nicht entschieden, ob Regeln des Räsonierens bewußt sein müssen.

(D) A meint implizit, daß p, genau dann, wenn A kognitive Dispositionen besitzt, die As kognitiven Dispositionen bei As ausdrücklichem Meinen, daß p, entsprechen, soweit diese nicht metalinguistisch bezüglich „p" sind.[8]

Wenn wir die Anwendungs*überprüfung* von der Regelanwendung trennen, wird verständlich, daß ausdrückliches Regelfolgen nur in den eher seltenen Fällen der expliziten Begründung und der Unsicherheit der Ausdrucksanwendung auftritt. In der Regel wenden wir die Ausdrücke einfach nur an, weil wir aufgrund von *prima facie* Evidenzen (wie einer Perzeption) und Abkürzungsverfahren der überlegenden Ausdrucksverwendung (etwa der Berufung auf andere kompetente Sprecher) auf unsere Sprachfähigkeit vertrauen. Nachdem die Regelformulierung die Instanz zur Kritik des Handelns prinzipiell schaffte, verliert sie aus Gründen der Handlungsentlastung ihren begleitenden ausdrücklichen Gebrauch[9]. Wir können entsprechende Wissensstrukturen sogar in Formalismen (wie einer Logik oder einer Bedeutungstheorie einer Sprache) darstellen. Wer möchte kann statt von „implizitem Wissen" auch von „Kompetenzbewußtsein" reden, wobei Kompetenz im Sinne der Transformationsgrammatik das System jener Regeln ist, die wirksam sein müssen, damit wohlgeformtes und bedeutungsvolles Sprechen in einer bestimmten Sprache möglich sein soll. Implizites Wissen bzw. Kompetenzbewußtsein besitzt daher psychologische Realität. Doch wie ist es repräsentiert?

Bis jetzt ist die allgemeine Theorie des Bedeutens bzw. Räsonierens neutral hinsichtlich des Repräsentationsformates des impliziten Wissens. Eine diesbezügliche Neutralitätsthese - wie sie anfangs in der Transformationsgrammatik vertreten wurde - ist jedoch alles andere als klar. Wir haben hier unterschieden zwischen dem sub-doxastic information processing in den input-Modulen und nicht artikulierten Prozessen des Bedeutens oder Räsonierens. Die folgenden Überlegungen beziehen sich nun auf das Repräsentationsmedium solcher Prozesse des Bedeutens und Räsonierens. Für sub-doxastic states mag es eine andere Theorie des impliziten Wissens geben.

„Wie sind Prozesse des Bedeutens bewußt?" Implizit. So weit, so gut. Aber in welchem Medium der Repräsentation liegt implizites Wissen vor, wenn es nicht *artikuliert* in der öffentlichen Sprache vorliegt? „unartikuliertes Sprechen" hört sich wie eine *contradictio in adjecto* an. „unartikuliert" wurde jedoch hier in einem besonderen Verständnis eingeführt. Zu dessen Komplement zählt das Implizite. Sagen wir also - harmloser - „implizites Sprechen". Daß es sich um die öffentliche Sprache handeln soll, in der wir implizit Bedeuten oder Räsonieren, scheint insofern unplausibel zu sein, als dies hieße, wir sprächen fortlaufend mit uns, ohne dies zu wissen.

---

[8] vgl. Crimmins, Mark. „Tacitness and Virtual Beliefs", *Mind and Language*, 7 (1992), S.240-63. Die einschränkende Bedingung findet sich dort allerdings nicht so.
[9] Zu einer Theorie solcher Verfahren und zum hier verwendeten Modell es Bedeutens als Regelfolgen vgl. Bremer, Manuel. *Epistemische und logische Aspekte des semantischen Regelfolgens*. Aachen, 1993.

Auf der anderen Seite hat das implizite Wissen Eigenschaften, die eher auf ein Repräsentationsmedium wie die öffentliche Sprache denn auf eine eigene *Language of Thought* verweisen. Die folgenden sechs Gründe - von denen ich zumindest einige für recht treffend halte - sprechen dafür, daß das Medium des impliziten Wissen die *öffentliche* Sprache ist:

(I) Implizites Wissen ist auch impli*ziert*es Wissen: Bezogen auf einen anderen kognitiven Zustand ist ein Regelwissen impliziert, insofern als man dieses andere Wissen nicht für *wahr* halten kann, ohne daß man das implizite Wissen für wahr hält. Man kann nicht meinen, daß man mit einer Ausdrucksverwendung das Wahre sagt, ohne daß man auch die Regel, die diese Ausdrucksverwendung als „richtig" festlegt, für richtig hält. Implikation (ebenso wie Präsupposition und Implikatur) ist nun aber eine Relation, die zwischen Ausdrücken einer Sprache (also ein und desselben Repräsentationsmediums) vorliegt.

(II) Implizites Wissen können wir artikulieren. Wäre es nicht einfacher, den Übergang zur Ausdrücklichkeit als Änderung im Bewußtseinsmodus (der Aufmerksamkeit) und nicht als Wechsel des Repräsentationsmediums aufzufassen?

(III) Implizites Wissen kann dispositional charakterisiert werden. Doch lassen sich bezüglich einer beliebigen input/output-Korrelation verschiedene Weisen angeben, in denen diese Korrelation hergestellt werden könnte - analog zu isomorphen Modellen, die allen Aussagen einer Theorie dieselben Wahrheitswerte zuordnen, dies aber unterschiedlich herleiten. Wie ließe sich eine diese Korrelationsfunktionen auszeichnen? Man könnte versuchen, die *kausalen* Faktoren anzugeben, die zur Generierung von z.B. Aussagen wirksam sein müssen. Insofern verschiedene kausale Faktoren mit verschiedenen Generationsprinzipien korreliert wären, ließen sich verschiedene Hypothesen über die Struktur des impliziten Wissens empirisch testen.[10] Angeborene Prinzipien könnten z.B. als Ausgangsgewichtungen von synaptischen Strukturen auftreten[11]. Jedoch: Wir können unser implizites Wissen konsultieren. Und in der Rekonstruktion eines Sprachverhaltens entwerfen wir als Interpreten Hypothesen, welche Regeln zwischen Input und Output vermitteln (so entwirft z.B. der Transformationsgrammatiker Hypothesen zur Vermittlung des Lerninputs beim Sprechenlernen mit der resultierenden Sprechweise). Nun können wir so vorgehen, daß wir unsere Regelformulierungen γ als Formulierungen des impliziten Wissens der Sprechenden auffassen[12]. Der Sprecher mag sein implizites Wissen vage formulieren, doch reicht es aus, daß er mindestens *einer Formulierung* α der Regel zustimmt, die sich in die Hypothese γ des Interpreten überführen läßt. Der Sprecher hat ausdrückliches Regelbewußtsein,

---

[10] vgl. Evans, Gareth. „Semantic Theory and Tacit Knowledge",in: Leich,C./Holzmann, S. (Hg.). *Wittgenstein: To Follow a Rule*. London, 1981; Evans behauptet darüber hinaus, implizites Wissen sei von anderer *Art* als unser gewöhnliches Meinen, und „the state is inferentially insulated from the rest of the subject's thoughts and beliefs" (ebd., S.133) - dies ist konsequent, verstößt aber gegen (I); vgl. auch Martin Davies. „Connectionism. modularity, and tacit knowledge", *British Journal of the Philosophy of Science*, 40 (1989), S.541-55.
[11] vgl. Clark, Andy. „Minimal Rationalism", *Mind*, 102 (1993), S.587-610.

wenn er α artikuliert. Außerdem schlägt sich Erfahrung (insbesondere das instruierte Lernen von Regeln) und evtl. Kontextwissen (etwa das Aussetzen von Konsequenzen im Falle von Konversationsimplikaturen) in der Performanz der entsprechenden Fähigkeiten nieder. Das alles zeigt, daß implizites Wissen cognitive penetrabel ist. Also kann es nicht zur *functional architecture* des Gehirns gehören, die *per definitionem* nicht *cognitive penetrabel* ist.

(Damit wird im übrigen nicht behauptet, mentale Ereignisse wären nicht physikalisch. Es geht darum, worin der semantische Gehalt bestimmter mentaler Ereignisse, die ontologisch betrachtet physikalisch *sind*, repräsentiert ist. Ontologisch betrachtet sind ja auch Sprachäußerungen physikalische Ereignisse. Sprachäußerungen sind physikalisch, d.h. sie sind *realisiert in* Schallwellen, Muskelbewegungen usw., doch das, was in ihnen repräsentiert, ist die öffentliche Sprache. Geäußerte Information ist also physikalisch realisiert und durch Sprache repräsentiert. Analog mag das implizite Wissen in neuronalen Netzen realisiert sein. Damit ist die Frage, *wie es* repräsentiert ist, allerdings noch nicht beantwortet.)

Da wir implizites Wissen per definitionem nicht artikuliert erleben, erschweren sich darüber hinaus alle Versuche der Lokalisation im Gehirn, die auf einer Korrelation zwischen introspektiven Berichten und neuronalen Aktivitätsmustern beruhen.

(IV) Wir können die Bedeutungsregeln einer Sprache angeben in einer homolingualen holistischen Bedeutungstheorie dieser Sprache (also einer Davidsonschen Bedeutungstheorie, die auf der rechten Seite der entsprechenden (T)-Äquivalenzen die zu interpretierende Sprache *verwendet*). Können wir auch insbesondere den Vorwurf eines dadurch entstehenden Regelungsregresses zurückweisen, so ist es am einfachsten anzunehmen, daß die Sprecher über die Regeln auch in diesem Repräsentationsmedium verfügen. Die *Verdoppelung* der Representationsmedien wird dadurch vermieden. Dagegen wird in Woods' *procedural semantics*[13] angenommen, ein inneres Repräsentationssystem verschaffe den öffentlichen Ausrücken Interpretationen. Auch bei den russischen Sprachpsychologen Leontjew und Sokolov geschieht das Bedeuten in einem „inneren Sprechen", das dann in die öffentliche Sprache „übersetzt" wird[14]. Hier stellt sich entweder ein Regelungsregreß oder dieser war auch schon vorher kein wirkliches Problem. Entweder müssen wir hinter so etwas wie der *Language of Thought* eine weitere Sprache zur Interpretation annehmen oder, falls es eine Lösung für *dieses* Problem der *Language of Thought* gibt, könnte diese Lösung auch direkt auf die öffentliche Sprache angewendet werden. Die *Language of Thought*-These mag ein wichtiger Bestandteil einer

---

[12] vgl. Graves, Christina et. al. „Tacit Knowledge", *The Journal of Philosophy*, 70 (1973), S.318-30.
[13] vgl. Woods, William. „Procedural Semantics as a Theory of Meaning",in: Joshi,A./Webber,B./Sag,I. (Hg.). *Elements of Discourse Understanding*. Cambridge u.a., 1981, S.300-334; vgl. auch Fodor, Jerry. *Psychosemantics*. The Problem of Meaning in the Philosophy of Mind. Cambridge/MA, 1987.
[14] vgl. Sokolov, A.N. „Internal Speech and Thought", *International Journal of Psychology*, 6 (1971), S.79-92; Hörman, Hans. *Meinen und Verstehen*. Grundzüge einer psychologischen Semantik. Frankfurt a.M., 1978.

kausalistischen Auffassung mentaler Repräsentation sein. Zur Klärung des impliziten Wissens (im hier verstandenen Sinne) trägt sie aber nicht bei. Die *Language of Thought* wäre ein mögliches Repräsentationsmedium impliziten Wissens, wenn wir davon ausgehen, daß im Falle der Computersimulation eines Verhaltens der simulierte Akteur eben die Prinzipien und Regeln befolgt, die der simulierende Computer verwendet. Entsprechend der Programmsprache ließen sich diese Regeln in der *Language of Thought* spezifizieren.[15] Das Problem der kognitiven Zugänglichkeit bleibt indessen bestehen. Das einzige Argument *für* eine Verdoppelung der Repräsentationsmedien ist die Existenz angeborener Regeln des Sprechens und Räsonierens. Dieses Wissen kann - anfänglich - nicht in der öffentlichen Sprache vorliegen, da es gemeinsames Gut der Sprecher aller verschiedenen öffentlichen Sprachen ist. Damit ist aber weder gesagt, daß, was für dieses Wissen gilt, für jede Form des einzelsprachlich spezifischen impliziten Wissens gilt, noch daß das Repräsentationsmedium dieses Wissens einer *Language of Thought* ähnlicher wäre als einer öffentlichen Sprache.

(V) Schließlich gehört die *Language of Thought* zu einer Sprachtheorie, die von der kommunikativen Funktion und der sozialen Basis der Sprache absehen will[16], und sich selbst als methodisch solipsistisch versteht. Die X'-Syntax, die elementare Logik und einige sehr spezielle semantische Begriffsfelder mögen angeboren sein.[17] Aber die meisten Regeln, die wir implizit wissen, sind Regeln, die in einer öffentlichen Sprache festgelegt wurden, wobei die Institutionalisierung wesentlich eine soziale Angelegenheit ist. Ein anderes Repräsentationsmedium als die öffentliche Sprache - gerade wenn es mit ihr nicht semantisch verbunden ist - wäre zwangsläufig a-sozial, womit die Kompetenz des Regelfolgens in diesem Medium in Frage steht. Regelfolgen definiert aber gerade implizites Wissen.

In semantischen Regeln - z.B. den Bedeutungsregeln von Wahrnehmungsprädikatoren - wird auch ein zweites Repräsentationsformat (das der Vorstellungen und Perzepte) beteiligt sein, doch müssen diese als wesentlich privat eingebettet bleiben in die propositionale Struktur der semantischen Regel als einer Norm. Beispielsweise in der folgenden Art:

(i) „Dies ist ein P" ist wahr im Deutschen ⇔ Das Perzept b des Gegenstandes a, auf den der Sprecher hinweist, ist einem mit „P()" verknüpften Perzept c eines paradigmatischen Exemplars ähnlicher als einem Perzept x eines „$F_i()$".

In (i) ist von einem Perzept die Rede. Doch bleibt das Perzept in einen propositionalen Kontext eingebettet - auch wenn *es selbst* nicht in einem propositionalen Repräsentationsformat vorliegt.

---

[15] vgl. Fodor, Jerry. „The Appeal to Tacit Knowledge in Psychological Explanation", *The Journal of Philosophy*, 65 (1968), S.627-40.
[16] vgl. Chomsky, *Regeln und Repräsentation*, a.a.O., S.231
[17] Die Liste des Angeborenen kann dabei höchst spezifische semantische Module umfassen (vgl. Pinker, Steven. *The Language Instinct*. London, 1995, S.420); zu Argumenten bezüglich des praktischen Räsonierens vgl. Cummins, Denise. „Are Pragmatic Reasoning Schemas Innate? Some Evidence", Vortrag auf der Conference on Epistemology and Evolutionary Psychology, Rutgers University April 1995.

So könnte eine propositionale Parataxe „a sieht dies:()" durch ein Perzept vervollständigt werden. Aber Bedeutungs*regeln* können nicht in Perzepten aufgehen.

(VI) Regelbefolgen ist etwas anderes als das Vorliegen von Regelmäßigkeiten. Die Sterne verhalten sich regelmäßig, aber sie konsultieren nicht die entsprechenden Gesetze. Daß semantische Regeln vorliegen, weist auf einen Regelungsbedarf hin. Semantische Regeln sind Normen. Selbst wenn die Regel*anwendung* nun deterministisch und mechanisch *ist*, so geht es hier um den Umstand, daß dies erst so eingerichtet werden mußte. Es kann nur da geregelt werden, wo vorher Indeterminiertheit möglicher Verhaltensweisen vorlag. Ansonsten wäre das Festsetzen einer Regel überflüssig. Bedeuten und Räsonieren darf also nicht in einem Medium verortet werden, das sich nur nomologisch beschreiben läßt. Selbst wenn sich einige Vorgänge in diesem Medium deckungsgleich zu fehlerfreien Prozessen des Räsonierens verhalten. Dort gäbe es keinen Anlaß, Regeln bewußt zu haben, um sie zu *konsultieren*, um so Verhalten erst festzulegen. Die Festsetzung eines Programmes für einen Computer verhält sich anders als Regeln des Räsonierens, wenn mit der Festsetzung eines Computerprogrammes eine Routine *eingerichtet wird*, die ab Implementation des Programms von nun ab immer dann ablaufen wird, wenn die Ausgangsbedingungen gegeben sind. Bei Sprachregeln hingegen wird eine Norm vorgegeben, so daß *insofern* jemand *beabsichtigt*, eine bestimmte Sprache zu sprechen, vorgegeben wird, wie diese Absicht ausgeführt werden soll, soll sie erfolgreich sein (d.h. die Äußerung verstanden werden). Nur sofern man die Absicht hat, in der bestimmten Sprache zu sprechen, und die Regeln dieser Sprache kennt, legt man sich auf die Absicht fest, diesen Regeln zu folgen. Perfekte Räsonierer sind *erst dann* durch ihre Absichten auf ein Verhalten determiniert.

(An dieser Stelle verweist das Problem des impliziten Wissens auf das noch schwierigere Problem der Vereinbarkeit von normativem Räsonieren und einer nomologischen Beschreibung des Gehirns.)

Schlußsatz: Bezüglich der Ausgangsfrage kommen wir zu einem typisch philosophischen Ergebnis: Wir können begründen, daß sie implizit bewußt sein müssen, wissen aber einfach nicht, wie das funktionieren soll, wenn wir nicht eine Antwort geben wollen, die Empirikern noch merkwürdiger vorkommen muß als Philosophen.

Evelyn Gröbl-Steinbach, Linz

Rekonstruktion der formalen Pragmatik

1. Das Programm der formalen Pragmatik
Jürgen Habermas hat die formale Pragmatik im Zusammenhang mit dem Programm der Grundlegung eines pragmatischen Konzepts der Vernunft (Habermas 1981/I und II, 1985, 344 - 379) entwickelt, um im Rahmen des kommunikationstheoretischen Paradigmas der Philosophie den Logozentrismus der abendländischen Philosophie zu überwinden. Die Spuren dieser einseitigen Logosauszeichnung, einer nur auf Wahrheit und Wahrheitsbedingungen ausgerichteten Analyse, entdeckt Habermas noch in der formalen und intentionalistischen Semantik, die damit ebenso ausschließlich eine Relation von Sprache und objektiver Welt voraussetzt wie die philosophische Tradition, welche die objektivierende Einstellung der Theoria verabsolutiert hatte. Die formale Pragmatik soll die formale Semantik ergänzen bzw. erweitern und somit nicht nur die Darstellungsfunktion der Sprache analysieren, wenn es darum geht, Fragen der Geltung zu untersuchen, sondern auch die Funktion des Vollzugs intersubjektiver Verständigung und die Funktion des Selbstausdrucks. Die formale Pragmatik stellt zu diesem Zweck eine allgemeine Theorie der Geltungsmodi bereit, die den Logozentrismus der abendländischen Philosophie und deren kognitivistische Verkürzung des Vernunftbegriffs überwinden soll. Der semantische Bedeutungsbegriff wird durch den Begriff des illokutionären Verstehens, der Begriff der Wahrheit durch den Begriff der Sprechakt
 Gültigkeit im Hinblick auf die drei Geltungsaspekte Wahrheit, Richtigkeit und Wahrhaftigkeit ersetzt (1981/I, 397ff, 1988, 105ff).
Die formale Pragmatik rekonstruiert zu diesem Zweck die allgemeinen Grundstrukturen des Sprachgebrauchs überhaupt, d. h. jene elementaren Verwendungsmodi der Kommunikation, die unabhängig vom Kontext immer dieselben sind. Diese Rekonstruktion erfolgt am Beispiel jener Funktionen, die eine gelingende Äußerung in allen möglichen Kontexten erfüllt Diese universellen Funktionen sind die der *Darstellung*, der *Herstellung einer intersubjektiven Beziehung* und des *Selbstausdrucks*. Erfüllt werden können diese Funktionen nur, indem die Sätze in Sprechhandlungen *pragmatisch situiert* werden. So wird also etwa der Satz: "Es regnet draußen" illokutionär als Behauptung verwendet, die etwas *darstellt*, der Satz: "Bring mir ein Glas Wasser" wird als Bitte (oder Befehl) verwendet, die eine interpersonale Beziehung zum Hörer *herstellt*, der Satz: "Ich habe Lampenfieber"

wird als Geständnis verwendet, das eine Befindlichkeit des Sprechers *ausdrückt*. Nach Habermas hat jeder elementare Sprechakt eine Doppelstruktur: Er besteht aus einem performativen Satzteil, der den illokutionären Akt dem Kommunkationspartner gegenüber zum Ausdruck bringt ("Ich behaupte hiermit...") und einem davon abhängigen Satzteil propositionalen Gehalts ("...dass es gerade draussen regnet.") Die drei elementaren Funktionen des kommunikativen Vollzuges werden nun von Habermas mit Hilfe einer spezifischen Form der Sprechaktanalyse als illokutionäre Modi des Beanspruchens auf Anerkennung des Sprechaktes durch den Hörer rekonstruiert, die sogenannten Geltungsansprüche. Sie repräsentieren verschiedene Kategorien von Wissen, das in den Vollzugsmodi der Sprechhandlungen symbolisch verkörpert ist. Die Rekonstruktion von drei unterschiedlichen Arten fundamentaler Geltungsansprüche dient Habermas zum Nachweis, dass bereits in den Standardsprechhandlungen zumindest implizite Formen eines konsensfähigen Wissens enthalten sind, das von vornherein nicht nur auf das Feststellen von Tatsachen, sondern ebenso auf die Anerkennung der Sollgeltung von Normen und den authentischen Selbstausdruck zugeschnitten ist. Als rationale Aspekte des menschlichen Sprachverhaltens bilden sie nach Habermas die Strukturelemente einer in der Rede realisierten unverkürzten Vernunft.

2. *Die zentralen Annahmen*

Zentral für die formalpragmatische Rationalitätstheorie ist das Konzept der redespezifisch realisierten Weltbezüge (Habermas 1981/I, 114 ff). Es stellt die Grundlage dar für sein ausdifferenziertes Konzept von Geltung. Im Vollzug des Sprechhandlung bezieht sich der Sprecher performativ auf den Hörer und auf ein gemeinsam unterstelltes Bezugssystem der Rede. Jeder Klasse von Sprechakten wird ein fundamentaler Weltbezug zugeordnet:
- Den konstativen Sprechakten, mit denen ein Sprecher etwas behauptet/feststellt, der Bezug auf die objektive Welt als Gesamtheit der Tatsachen, über die wahre Aussagen möglich sind,
- den regulativen Sprechakten der Bezug auf die soziale Welt der intersubjektiven Beziehungen
- sowie den expressiven Sprechakten der Bezug auf die subjektiven Innenwelt des Sprechers.

Den Begriff der *Welten* führt Habermas zunächst im Anschluß an Frege und Wittgenstein als semantisches Konzept ein (1984, 584), entwickelt dann jedoch ein (formal)pragmatisches Weltkonzept, das den drei fundamentalen Funktionen der Rede gerecht werden soll. Welten werden nun bestimmt als ein in Sprechhandlungen gemeinsam unterstelltes formales Bezugssystem (1981/I, 126), mit dessen Hilfe sprachliche *Kommunikation* referiert. In jedem Kommunikationsvollzug unterstellen S/H ein System von drei gleich ursprünglichen "Welten". Der in dreifacher Hinsicht ausdifferenzierte Weltbezug kommt im Sprechakt so zu Ausdruck, dass S und H im Kommunikationsvollzug drei Präsuppositionen als erfüllt unterstellen: dass das, was gesagt wird, wahr ist, dass die Äusserung richtig vollzogen wird und dass sie wahrhaftig ausgedrückt wird. Eine der drei Unterstellungen ist jeweils durch den Äusserungsmodus thematisch und wird so dem Gesprächspartner gegenüber als Anspruch auf die Anerkennung der Äusserung - und damit ihres spezifischen Weltbezuges - geltend gemacht.

3. Die systematischen Probleme

Mit der Klärung der pragmatischen Redefunktionen sind jedoch keineswegs schon alle Weltbezüge erfaßt, die ein gelungener Sprechaktvollzug erfordert. Sprachliche Kommunikation erfolgt ja als gleichzeitige Bezugnahme des Sprechers auf den Kommunikationspartner (performativ) sowie auf etwas in der Welt (propositional). Der performative Sprecher-Hörer-Bezug ist im illokutionären, der Bezug auf die objektive Welt im lokutionären Bestandteil enthalten. Allerdings ist der Bezug auf die objektive Welt im konstativen Sprechakt nicht direkt realisiert, sondern es ist ein reflexiver Bezug, den der Sprecher als sein Wissen (über etwas in der Welt) mitteilt: etwa:"Ich berichte dir hiermit, dass Hans gerade mit seinem Motorrad wegfährt." Nach Habermas verbindet (Habermas 1973, 212, 218; 1984, 20, 109) der Sprecher mit dieser Äusserung einen Wahrheitsanspruch, d. h. er unterstellt, dass die Aussage, die er macht, unbedingt wahr ist (Habermas 1996, 734). Die Aussage "Hans fährt gerade mit dem Motorrad weg" ist dann wahr, wenn der ausgesagte Sachverhalt besteht. Auf den ersten Blick sieht es damit so aus, als würde das sprachpragmatische Konzept des Wahrheitsanspruchs aus einer Verknüpfung der beiden Aspekte des Sprechaktvollzugs zustandekommen. Der Anspruch bezieht sich darauf, daß der Sprecher illokutionär geltend macht, daß seine Behauung berechtigt ist *und* dass seine Aussage wahr ist. Nun thematisiert ein Sprecher in alltäglichen Kommunikationen nicht *Aussagen* im Hinblick darauf, ob ihnen das Prädikat "wahr" zu recht zugesprochen werden kann, sondern er thematisiert seine Erfahrung. Was ein Sprecher in Alltagskommunikationen mit der Äußerung des betreffenden Satzes unterstellt ist also nicht, daß *seine Aussage wahr* ist, sondern dass die tatsächlichen Gegebenheiten seiner Erfahrung entsprechen.

Die Erfahrung, dass Hans gerade mit dem Motorrad wegfährt, ist nun aber ein direkter pragmatischer Bezug des Sprechers auf die reale Welt als sinnlich erfahrbarer Wirklichkeit, den er als Erfahrungssubjekt vollzogen haben muß, bevor er als Sprecher darüber reden kann und keine erst durch den Modus des

Sprechaktvollzugs hergestellte bzw. herstellbare Beziehung zu einem formalen Rahmen seiner Rede. Mit dem Vollzug eines Sprechaktes kann ein Sprecher allein einen pragmatischen Bezug *zum Hörer* herstellen, einen Bezug, den er in einer verständigungsorientierten Einstellung realisiert, und zwar egal, ob es sich um einen konstativen, regulativen oder expressiven Sprechakt handelt. Den Bezug zur Welt der Gegenstände und Ereignisse stellt er nicht als Sprecher her, sondern als denkendes Erfahrungssubjekt im Umgang mit der wirklichen Welt. Die Funktionen und Bezüge, die ein Sprecher *kommunikativ* herstellen bzw. ausdrücken kann, decken also nicht vollständig die Beziehungen ab, die er überhaupt zur Welt unterhält.

Nun erklärt zwar Habermas selbst neuerdings die alltagsrealistische Redeweise, in der wir von der objektiven Welt sprechen, pragmatistisch (Habermas 1998, 192ff). *Nur* der unproblematische praktische Umgang mit der Welt, der zu den realen Voraussetzungen der Argumentation gehört, garantiert "die Welt" als objektive. In der handlungsbezogenen Erfahrung konfrontiert uns der Widerstand der Welt mit ihrem objektiven Vorhandensein. Nur deshalb, weil Sprecher und Hörer stets gleichzeitig als reale Subjekte im Handlungskontakt mit der gegenständlichen Welt stehen, können sie ihre unterschiedlichen, sprachlich repräsentierten Vermutungen, die sie diskursiv thematisieren, in Vollzüge experimentellen Handelns rückübersetzen und auf dieser unproblematischen Ebene feststellen, ob ihre Überzeugungen funktionieren oder nicht. Der auf diese Weise pragmatistisch eingeführte Realismus vermag jedoch noch kein Kriterium der Objektivität des in den konstativen Sprechakten enthaltenen Wissens zu liefern, das erforderlich ist, wenn eine behauptete Aussage im Diskurs als wahr anerkannt werden soll. Eine Aussage kann ja offensichtlich nicht *aufgrund* eines diskursiv erzielten Konsenses wahr sein (Habermas 1998, 191). Sie kann aber ebensowenig *aufgrund* eines Konsenses als wahr *anerkannt* werden (sogenannter epistemischer Wahrheitsbegriff). Würde das Konzept des Wahrheitsanspruchs ausschliesslich im Rahmen einer Pragmatik des Diskurses entwickelt, dann wäre es nicht möglich, ein Kriterium anzugeben für die Plausibilität und Triftigkeit jener Aussagen, deren unproblematische Behauptbarkeit offensichtlich gegeben sein muss, wenn sie im Diskurs als Gründe für in Frage stehende Aussagen verwendet werden. Auch wenn die Diskurstheorie annimmt, dass der Sprecher auf empirische Evidenzen zurückgreift, wenn er Gründe anführt, um das, was er behauptet, zu rechtfertigen, so können diese im Diskurs ja nur als *behauptete Aussagen über Evidenzen* eine argumentative Funktion erfüllen. Dies ist die unvermeidliche Folge des linguistic turn in der Tradition des späten Wittgenstein, welcher argumentiert, dass es unmöglich ist, einen Zugang zu Tatsachen zu haben, die nicht bereits sprachlich beschriebene Tatsachen sind (Wittgenstein 1984, 463). Sprachlich beschriebene Tatsachen lassen sich nur mit Hilfe von Aussagen, die Argumentierende verwenden, rechtfertigen. Über die Berechtigung der geäusserten Aussagen über empirische Evidenzen ist also im Prinzip wiederum ein Diskurs zu veranstalten ad infinitum. Es gibt für ein Konzept, das Wahrheit als Geltungsanspruch begreift - also als bloss *diskursiv einzulösend* -, kein Kriterium für die Objektivität dessen, was ein Sprecher als sein Wissen beansprucht, nur Kriterien für die Berechtigung von Behauptungen. Denn die Diskurstheorie verfügt ja über keinen anderen als einen pragmatischen Begriff des Wissens. Wissen ist hier der propositionale Gehalt von Sprechakten, die konstativ verwendet werden und für die ein Sprecher einen Geltungsanspruch zu recht erheben darf, weil die Gründe, die er in anderen Behauptungen angeführt hat, von den Argumentationspartnern anerkannt wurden.

Wir benötigen folglich einen Begriff des Wissens, der nicht nur sprechakt- bzw. diskurstheoretisch, sondern zusätzlich pragmatistisch/falsifikationistisch eingeführt wird. Wissen muss sich deduktiv und diskursiv gut begründen lassen und muss empirisch bewährt sein, d. h. die betreffende Aussage muss sich in Anweisungen für Handlungsvollzüge übersetzen lassen, in deren Ausführung tätige Subjekte in die reale Welt eingreifen. Das von Habermas vorgeschlagene vorreflexive "Zurechtkommen mit der Welt" (Habermas 1998, 193) kann jedoch m. E. diese epistemologische Aufgabe nicht erfüllen, weil er performative und kognitive Aspekte des pragmatischen Weltbezugs nicht trennt bzw. gar nicht begrifflich entwickeln kann, da er im Rahmen seiner Theorie nur über Sprecher und Hörer, aber über kein Erfahrungssubjekt verfügt.

4. *Für eine pragmatistische Theorie der Erfahrung*

Ich plädiere aus diesem Grund für einen pragmatistischen Begriff der Erfahrung (etwa: Dewey 1905, 158), um den Diskursbegriff der Wahrheit epistemisch anzureichern. Unter pragmatischem Weltbezug verstehe ich die tätige Bezugnahme eines Erfahrungssubjekts auf a) Kommunikationspartner und b) auf die reale Welt, d. h. auf einen Objektbereich von bewegten, manipulierbaren Körpern. Ich gehe hier nur auf den zweiten Aspekt ein.

Der Begriff des pragmatischen Weltbezuges beschränkt sich nicht auf die unmittelbaren tätigen Eingriffe eines Aktors, also eines Vollzugssubjekts in Willenswiderstände, sondern umfasst auch die mentale Repräsentation dieses tätigen Weltbezugs in der Kognition. Während pragmatische Weltbezüge zweifellos sprachlich ausgedrückt werden können, sind sie dennoch keine genuinen Elemente der Rede, sondern Bewußtseinsinhalte. Der Begriff der Erfahrung kann nicht im Rekurs auf den kommunikativen Vollzug analysiert werden. Der Bezug auf die reale Welt wird von einem mit der Wirklichkeit zurechtkommenden Erfahrungssubjekt vollzogen, nicht von einem Sprecher in actu. Erfahrung ist bei sprach- und handlungsfähigen Subjekten zwar sprachlich organisiert, entspricht aber weder einer semantischen noch einer pragmatischen Sprachfunktion. Wenn aber Erfahrung dem Bewusstsein eines Erfahrungssubjekts zugeordnet werden muß, dann bedarf eine Theorie der Erfahrung einer Theorie der Kognition als intentionaler Zustände, wie sie etwa im Rahmen einer Philosophie des Geistes (Searle 1996) entwickelt wurde.

5. Subjekt und Kognition

Es geht also darum, das Konzept des Zurechtkommens mit der Welt mit einem kognitiven Gehalt zu versehen. Ein Zurechtkommen mit der Welt ist oder enthält eine Erfahrung der objektiven Realität, die dem Erfahrungssubjekt mental präsent ist. Erfahrungen sind der propositionale Gehalt von intentionalen Zuständen (Searle 1996, 153f; 1991a, 63ff), den ein Erfahrungssubjekt im Realitätskontakt sich zurechnet. Während für die Erkenntnistheorie in der Tradition des Mentalismus das erkennende Subjekt ein Selbst oder Ich war, das sich auf sich selbst zurückbeugt und sich introspektiv als ein Ich wahrnimmt, das Vorstellungen von Gegenständen hat, ermöglicht es der intersubjektivistische Ansatz der Formalpragmatik, die Selbstbeziehung des erkennenden, handelnden und sprechenden Subjekts aus der Übernahme der Perpektive einer zweiten Person zu erklären: das "Ich" der ersten Person erfährt sich reflexiv als ein "Du" für Alter; es handelt sich hier um ein intersubjektiv vermitteltes Selbstverhältnis.

Insofern kann nunmehr das Zurechtkommen mit der Welt als Vollzug eines performativ handelnden Subjekts rekonstruiert werden, das Erfahrungen nicht nur macht, sondern sie sich - da es über ein intersubjektiv erzeugtes implizites Sich-Wissen verfügt - auch zurechnet. Erfahrung ist damit eine Hervorbringung nach Regeln technisch-instrumentellen Handelns durch ein performativ mit der Welt agierendes Erfahrungssubjekt, dem der Vollzug seines Weltkontakts mental präsent ist.

Die Formalpragmatik muss pragmatistisch rekonstruiert werden, wenn die Theorie der Geltungsansprüche als reflexiver Weltbezüge epistemische Relevanz erlangen soll. Eine pragmatistische Theorie der Erfahrung kann aber nicht mit den Mitteln einer Sprach- oder Sprechaktanalyse entwickelt werden. Der propositionale Gehalt einer Erfahrung ist keine Funktion von Sätzen oder der Rede, sondern der Kognition. Die Repräsentationsfunktion des Geistes ist im Verlauf der individuellen Entwicklung mit dem Verständnis einer weltdarstellenden Sprache zwar zunehmend verschränkt (Searle 1991b, 94), aber dennoch nicht identisch mit kognitiven Operationen mit Wahrnehmungs- bzw. Erfahrungssätzen. Es ist für die Entfaltung einer Theorie der Erfahrung also unumgänglich, sich der Ergebnisse einer Philosophie des Geistes zu bedienen.

Literatur
Dewey J., (1905): The Postulate of Immediate Empiricism, in: MW3 1977, Carbondale, 158 - 167.
Habermas J., (1973): Wahrheitstheorien , in: H. Fahrenbach (Hg.), Wirklichkeit und Reflexion, Pfullingen.
Habermas J., (1981): Theorie des kommunikativen Handelns, Bd I und II, Frankfurt/M.
Habermas J., (1984): Vorstudien und Ergänzungen zur Theorie des kommunikativen Handelns, Frankfurt/M.
Habermas J., (1985): Der philosophische Diskurs der Moderne, Frankfurt/M.
Habermas J., (1988): Zur Kritik der Bedeutungstheorie, in: ders., Nachmetaphysisches Denken, Frankfurt/M., 105 - 135.
Habermas J., (1996): Rortys pragmatische Wende, in: Deutsche Zeitschrift für Philosophie, Jg. 44, Heft 5, 715 - 741.
Habermas J., (1998): Richtigkeit vs. Wahrheit,in: Deutsche Zeitschrift für Philosophie, Jg.46, Heft 2, 179 - 208.
Searle J., (1991a): Intentionalität. Eine Abhandlung zur Philosophie des Geistes., Frankfurt/M.
Searle J., (1991b): Response: Meaning, Intentionality and Speech Acts, in: E.Lepore/R.Van Gulick (Hg.), John Searle and his Critics, Oxford.
Searle J., (1996): Die Wiederentdeckung des Geistes, Frankfurt/M.
Wittgenstein L., (1984): Vermischte Bemerkungen, in: Über Gewißheit,Werkausgabe Bd. 8. Frankfurt/M.

Thomas Grundmann & Frank Hofmann (Tübingen)
Ist der radikale Empirismus epistemisch selbstwidersprüchlich?

Wenn man sich die herrschenden Strömungen der analytischen Philosophie dieses Jahrhunderts ansieht, dann scheint der alte Streit zwischen Empiristen und Rationalisten klar zugunsten des Empirismus entschieden. In letzter Zeit gibt es in der analytischen Philosophie jedoch eine gewisse Tendenz zu einer Rückkehr zum Rationalismus. Laurence BonJour ist einer der wichtigsten Vorkämpfer dieses neuen Trends.[1] In unserem Vortrag werden wir uns mit seiner äußerst originellen Argumentation gegen den Empirismus kritisch auseinandersetzen. Dafür müssen wir jedoch zunächst die Unterscheidung zwischen Empirismus und Rationalismus begrifflich präzisieren. Beide Positionen geben unterschiedliche Antworten auf die Frage, welches die Quellen der epistemischen Rechtfertigung von Meinungen sind. Der *Rationalismus* behauptet, daß es Meinungen mit synthetischem Gehalt gibt, die apriori, d.h. durch rationale Intuition, gerechtfertigt sind. Der *Empirismus* bestreitet das. Man kann jedoch genauer zwischen einer gemäßigten und einer radikalen Form des Empirismus unterscheiden. Der *gemäßigte Empirismus* leugnet nicht jede Form apriorischer Rechtfertigung, sondern akzeptiert, daß Meinungen mit analytischem Gehalt apriori gerechtfertigt werden können. Der *radikale Empirismus* (RE) bestreitet dagegen jede Form von apriorischer Rechtfertigung. Danach hängt die Rechtfertigung jeder Meinung von Erfahrung ab. Das soll auch für logische, mathematische und die Semantik betreffende Propositionen gelten. Quine hat mit dieser Position besonders nachhaltigen Einfluß auf die Gegenwartsphilosophie gehabt. Für unsere Argumentation wird im folgenden von Bedeutung sein, daß sich im Rahmen des RE noch einmal zwei verschiedene Positionen unterscheiden lassen. Der *reine Empirismus* behauptet, daß die Rechtfertigung jeder Meinung allein von Erfahrung abhängt, d.h. auf Erfahrung superveniert. Der *unreine Empirismus* behauptet dagegen zwar auch, daß jede Rechtfertigung von der Erfahrung abhängt. Doch er bestreitet, daß Rechtfertigung auf Erfahrung superveniert. Er nimmt also an, daß es neben der Erfahrung noch erfahrungsunabhängige Faktoren gibt, die für die Rechtfertigung relevant sind. Wir werden später noch ausführlicher begründen, warum der unreine Empirismus nicht voraussetzt, daß die erfahrungsunabhängigen Faktoren, die für die Rechtfertigung relevant sind, erfahrungsunabhängig (oder apriori) gerechtfertigt werden[2], und deshalb eine stabile empiristische Position darstellt.

Vor dem Hintergrund dieser Unterscheidungen läßt sich BonJours Argumentationsstrategie gegen den Empirismus erläutern. BonJour geht davon aus, daß ein direktes Argument für den Rationalismus oder gegen den Empirismus die Wahrheit des Rationalismus bereits voraussetzen müßte und deshalb unbefriedigend ist (63). Deshalb wählt er eine indirekte Strategie: Danach kann sich eine empiristische Position, die - wie der gemäßigte Empirismus - apriorische

---
[1] Vgl. dazu BonJour 1998. Die Seitenangaben im Text beziehen sich auf dieses Buch.
[2] Anderer Auffassung war Kant. Für ihn ist der unreine Empirismus nicht stabil, weil die erfahrungsunabhängigen Faktoren eine apriorische Rechtfertigung bedürfen.

Rechtfertigung zuläßt, nicht wirklich vom Rationalismus abgrenzen. Deshalb muß ein konsequenter Empirismus zum RE werden. Doch der soll epistemisch selbstwidersprüchlich sein. Und wenn das zuträfe, gäbe es tatsächlich keine Alternative zum Rationalismus.

Wir werden uns in der folgenden Argumentation auf BonJours These konzentrieren, daß der RE epistemisch selbstwidersprüchlich ist. Zunächst soll der Begriff der epistemischen Selbstwidersprüchlichkeit erläutert werden und gezeigt werden, wie BonJour ihn auf den RE anwendet. Danach werden wir in aller Kürze die Grundzüge von Quines erkenntnistheoretischer Position erläutern, da er als paradigmatischer Vertreter des RE das Hauptziel von BonJours Kritik ist. Schließlich werden wir BonJours drei Argumente für die epistemische Selbstwidersprüchlichkeit des RE darstellen und zeigen, daß und warum sie nicht erfolgreich sind.

1. Epistemische Selbstwidersprüchlichkeit

Epistemisch selbstwidersprüchlich wollen wir eine Meinung nennen, wenn ihre Wahrheit impliziert, daß sie nicht gerechtfertigt ist, bzw. ihre Rechtfertigung impliziert, daß sie nicht wahr ist. Es gibt eine Reihe von unstrittigen Beispielen für solche Meinungen, z.B. "Diese Meinung ist nicht gerechtfertigt.", "Es gibt keine Rechtfertigung." oder "Es gibt Dinge, über die keine gerechtfertigten Meinungen möglich sind." Epistemisch selbstwidersprüchliche Meinungen sind von einem epistemologischen Standpunkt aus äußerst unbefriedigend. Als Fallibilisten sind wir zwar bereit zu akzeptieren, daß gerechtfertigte Meinungen falsch sein können. Doch aus der epistemischen Selbstwidersprüchlichkeit folgt, daß eine gerechtfertigte Meinung in der aktualen Welt überhaupt nicht wahr sein kann. Damit wäre aber das Ziel der epistemischen Rechtfertigung, uns zur Wahrheit zu führen, systematisch untergraben. In diesem Fall kann uns nicht einmal ihre Rechtfertigung einen Grund geben, die in Frage stehende Proposition zu akzeptieren.

BonJour möchte nun mit Hilfe der folgenden Argumentation zeigen, daß der RE epistemisch selbstwidersprüchlich ist: Der RE impliziert, daß theoretische Meinungen (also Meinungen, die nicht direkt durch Erfahrung gerechtfertigt sind) generell nicht gerechtfertigt sind. Nun ist der RE selbst eine theoretische Position. Also folgt aus dem RE, daß er selbst nicht gerechtfertigt ist. Das würde ihn zu einer epistemisch selbstwidersprüchlichen Position machen.[3] Die Hauptlast der Argumentation wird natürlich von der Annahme getragen, daß der RE impliziert, daß theoretische Meinungen nicht gerechtfertigt sind. Diese Annahme will BonJour durch die drei Argumente zeigen, die wir gleich genauer untersuchen wollen.

2. Quines erkenntnistheoretische Position

Zuvor ist es jedoch erforderlich, die Position des RE etwas genauer zu erläutern, und zwar insbesondere bezüglich seiner Rechtfertigungstheorie. Wir haben uns BonJour darin angeschlos-

---
[3] Vgl. BonJour 1998, S.63: "no account of the justification of the main radical empiricist thesis that is not in direct conflict with its truth seems to be possible." Siehe auch, ebd., S.82, 96.

sen, Quines Position als paradigmatischen Fall zu behandeln. Es kommt jedoch nicht so sehr darauf an, ob Quine selbst eine epistemisch selbstwidersprüchliche Position vertritt, sondern darauf, ob der RE generell epistemisch selbstwidersprüchlich ist. Deshalb geht es uns in der folgenden Rekonstruktion von Quines Position nicht in erster Linie um interpretatorische Angemessenheit, sondern darum, eine für den RE repräsentative Position herauszuarbeiten. Quine scheint die folgenden drei Prinzipien zu vertreten:

Q1 Welcher theoretische Satz gerechtfertigt oder revidiert wird, ist durch die Erfahrung unterbestimmt. (Unterbestimmtheitsthese)

Q2 Die Rechtfertigung jedes theoretischen Satzes hängt von der Erfahrung und seiner kohärenziellen Einbettung in die Hintergrundstheorie ab. (Holismus der Rechtfertigung)

Q3 Welcher theoretische Satz gerechtfertigt revidiert wird, hängt von der Erfahrung und seiner kohärenziellen Einbettung in die Hintergrundstheorie ab. (Holismus der Revision)

Quines Theorie der empirischen Rechtfertigung geht nicht nur auf die statischen Aspekte der Rechtfertigung ein, sondern behandelt auch die Theoriendynamik unter dem Stichwort "Revision", also die Frage, wie der Übergang von einer Theorie zu einer anderen gerechtfertigt werden kann. Aus den genannten Prinzipien geht hervor, daß Quine zwar radikaler Empirist ist (weil jede Rechtfertigung von der Erfahrung abhängt), daß er aber einen unreinen Empirismus vertritt (weil die Rechtfertigung auch von erfahrungsunabhängigen Faktoren wie der kohärenziellen Einbettung in die Hintergrundstheorie abhängt).[4] Was hier unter der Generalklausel der "kohärenziellen Einbettung in die Hintergrundstheorie" zusammengefaßt wird sind eine Menge von einander ergänzenden Kriterien wie Einfachheit, Umfang, empirische Fruchtbarkeit, Erklärungskraft und Konservatismus.[5]

3. BonJours Argumente für die epistemische Selbstwidersprüchlichkeit des RE

BonJour hat drei Argumente, die jeweils zeigen sollen, daß der RE impliziert, daß theoretische Meinungen nicht gerechtfertigt sind. Wenn das wahr wäre, würde der RE seine eigene Rechtfertigung untergraben. Die Argumente beziehen sich dabei auf unterschiedliche Aspekte der Rechtfertigung. Während das erste und dritte Argument die statische Rechtfertigung im Visier haben, bezieht sich das zweite Argument in erster Linie auf die dynamische Rechtfertigung oder Revision.

Das *erste Argument*, das wir auch als *Argument der unmöglichen Metarechtfertigung* bezeichnen wollen, hat die folgende Form (91):

---

[4] Diese Interpretation entspricht der Sichtweise von BonJour 1998, S.90. Allerdings ist es alles andere als klar, ob Quine diese Position tatsächlich vertritt. Viele Formulierungen in Quine 1961 sprechen dafür, daß er tatsächlich reiner Empirist ist und deshalb alle theoretischen Meinungen für epistemisch ungerechtfertigt und nur pragmatisch-instrumentell gerechtfertigt hält. Deshalb spricht er davon, daß die theoretischen Entitäten "Setzungen" und epistemologische "Mythen" und die Kohärenzkriterien rein psychologisch-pragmatischer Natur sind. Vgl. Quine 1961, S.44-46.

[5] Vgl. dazu insbesondere Quine 1960, Kap.1.

(1) Die Rechtfertigung von theoretischen Meinungen auf der Basis von Erfahrung hängt von kohärenziellen Methoden ab.
(2) Damit diese Methoden epistemisch rechtfertigen können, müssen wir Gründe dafür haben, daß sie wahrheitszuträglich sind.
(3) Diese Gründe können entweder apriori oder empirisch sein.
(4) Der RE lehnt apriorische Gründe ab.
(5) Um die kohärenziellen Methoden empirisch zu begründen, müssen wir sie bereits epistemisch zirkulär in Anspruch nehmen, denn daß kohärenzielle Methoden wahrheitszuträglich sind, ist selbst eine theoretische Meinung.
(6) Epistemisch zirkuläre Rechtfertigungen sind nicht akzeptabel.
Also:
(7) Theoretische Meinungen sind nicht gerechtfertigt.

Nach unserer Auffassung ist das Argument der Metarechtfertigung kein gutes Argument, weil es zwei Prämissen enthält, die der radikale Empirist nicht akzptieren muß: die Prämissen (2) und (6). In (2) wird nicht nur verlangt, daß die Rechtfertigungsmethoden *tatsächlich* wahrheitszuträglich sind, was sich aus dem Begriff der epistemischen Rechtfertigung herleiten läßt, sondern daß wir das auch begründen müssen, damit die Methoden Rechtfertigungskraft bekommen. Eine solche Forderung kann nur dadurch begründet werden, daß alle rechtfertigungsrelevanten Faktoren ihrerseits begründet werden müssen, was nichts anderes ist als eine Version des epistemischen Internalismus. Doch warum sollte der radikale Empirist kein epistemischer Externalist sein können? In diesem Fall würde nicht gelten, daß alle rechtfertigungsrelevanten Faktoren ihrerseits begründet werden müssen. Theoretische Meinungen könnten also auf der Basis von Erfahrung durch kohärenzielle Methoden gerechtfertigt werden, ohne daß die Methoden ihrerseits zuvor (als wahrheitszuträglich) gerechtfertigt werden müßten. Dann wäre eine epistemisch zirkuläre Rechtfertigung (also eine Rechtfertigung, die bei der Rechtfertigung der Prämissen die Wahrheit der Konklusion voraussetzen muß) der kohärenziellen Methoden gar nicht nötig. Aber zugleich könnte der Externalismus erklären, warum eine solche Rechtfertigung zumindest möglich (und (6) deshalb falsch) ist. Während der Internalist nämlich die bei der Rechtfertigung der Methoden bereits in Anspruch genommenen Methoden zunächst rechtfertigen muß, damit sie Rechtfertigungskraft bekommen, und sich deshalb zwangsläufig in einen vitiösen Zirkel verwickelt, wenn die verwendeten Methoden mit den zu rechtfertigenden Methoden identisch sind, kann der Externalist Methoden für die Rechtfertigung von Methoden verwenden, ohne sie vorher begründen zu müssen. Mit anderen Worten: Der radikale Empirist kann BonJours Argument blockieren, wenn er epistemischer Externalist ist.[6] Allerdings ist

---

[6] BonJour hat diese Möglichkeit gesehen, jedoch nicht wirklich durchgespielt, weil er den Externalismus grundsätzlich ablehnt. Vgl. BonJour 1998, S.96. Wir halten BonJours Argumente gegen den Externalismus (die sich vor allem in BonJour 1985 finden) nicht für überzeugend. Wir können diese Auffassung hier jedoch nicht detailliert begründen. - Es ist im übrigen nicht klar, ob Quine selbst diesen externalistische Weg wählt, weil er

nicht jede Form des Externalismus mit dem RE vereinbar. Der empiristische Externalismus muß annehmen, daß jede theoretische Meinung durch Methoden gerechtfertigt wird, die sich auf einen Erfahrungsinput stützen. Wenn die Theorie durch die Erfahrung unterbestimmt ist, dann leisten die Methoden einen eigenständigen, erfahrungsunabhängigen Beitrag zur Rechtfertigung. Dieser Beitrag muß jedoch weder empirisch noch apriori gerechtfertigt sein, wenn der Externalismus gilt. Er wird einfach dadurch geleistet, daß die Methoden konditional wahrheitszuträglich sind. Dann kann jedoch nur der unreine Empirismus richtig sein: Es gibt rechtfertigungsrelevante Faktoren, die erfahrungsunabhängig sind.

Beim *zweiten Argument* BonJours, dem *Argument der beliebigen Revidierbarkeit*, geht es um die Frage der Rechtfertigung von *Revisionen* des Meinungssystems im Falle eines Widerspruchs mit der Erfahrung (92-93). Die Tatsache, daß nach dem RE auch die Standards, denen Meinungen genügen müssen, dem Meinungssystem intern sind, ist laut BonJour entscheidend dafür verantwortlich, daß Revisionen niemals gerechtfertigt sein können:

(1) Es besteht ein Widerspruch zwischen der Erfahrung und dem, was die Theorie impliziert.
(2) Es ist logisch möglich, den Widerspruch durch beliebige (evtl. miteinander inkompatible) Revisionen aufzuheben.
(3) Keine Revision läßt sich auf der Grundlage kohärenzieller Methoden vor einer anderen epistemisch auszeichnen, weil diese selbst Elemente der Theorie sind und damit auch zur Disposition stehen.
(4) Wenn beliebige (inkompatible) Revisionen epistemisch zulässig sind, ist keine Revision gerechtfertigt.

Also:
(5) Keine Revision aufgrund von Erfahrung ist gerechtfertigt.

Wenn dies zuträfe, dann wäre die Rechtfertigung der Meinungsdynamik untergraben. Dabei ist es wichtig zu beachten, daß nach Quine keine Meinung aufgrund intrinsischer Merkmale von der Revision ausgeschlossen ist. Wäre es möglich, einige Standards oder Prinzipien, wie etwa einen Kern an Logik, von der Revision auszunehmen, dann könnte man natürlich die Revision des restlichen Meinungssystems nach diesen fixen Standards bewerten. Eine solche Ausnahme - selbst der Logik - ist aber nach Quine nicht apriori zu rechtfertigen.

Das Argument BonJours hat jedoch eine entscheidende Schwachstelle. Es trifft zwar zu, daß die Meinungen oder Hypothesen über die Methoden die Revision nicht epistemisch einschränken. Dies können sie nicht, da sie selbst dem Meinungssystem intern sind und auch zur Disposition stehen. Aber diese Einschränkung wird von der *Reliabilität der jeweils verwendeten Methoden* geleistet. (Und dies gilt unabhängig davon, ob die verwendeten

---

sich zum epistemischen Externalismus nicht klar äußert. Uns erscheint seine Position aber zumindest kompatibel mit dem Externalismus.

Methoden sich auch ändern oder nicht.) Dies ist die epistemische Einschränkung, die sich nach dem Externalismus ergibt. Meinungen über die richtigen Methoden müssen von den bei der Meinungsgenese verwendeten Methoden unterschieden werden; und die Rechtfertigung wird von der Reliabilität der verwendeten Methoden bestimmt.[7] Die Prämisse (3) von BonJours Argument trifft somit nicht zu, da sie das einschränkende Potential der verwendeten Methoden übersieht.

Man könnte nun meinen, daß nach wie vor noch ein *Entscheidungsproblem* besteht: Für welche Revision soll man sich nun entscheiden? (Dieses Problem ist neu gegenüber der Situation des ersten Arguments.) Die *Psychologie* reduziert dieses Entscheidungsproblem jedoch stark. Bestimmte Methoden stehen höchstwahrscheinlich gar nicht zur Disposition. Wir können basale Methoden wie z.B. die Mechanismen der perzeptuellen Meinungsbildung nicht einfach aufgeben. Eine solche Revision ist eine voluntaristische Fiktion.

Sofern es dann immer noch einen Spielraum geben sollte, besteht eine gewisse psychologische Unterbestimmtheit. Jedoch kann eine Kenntnis der basalen Methoden (und deren Verwendung) zur Beurteilung anderer, noch zur Disposition stehender Methoden eine weitere Reduktion des Entscheidungsspielraums ermöglichen. Aber auch wenn letztlich ein Rest an Entscheidungsspielraum zurückbleiben sollte, tangiert dies nicht die Frage der Rechtfertigung. Denn die Rechtfertigung wird von den *de facto* verwendeten Methoden festgelegt, auch ohne daß dies vom Subjekt in irgendeinem reflektierenden Entscheidungsprozeß erfaßt werden muß. Die Annahme eines Externalismus ermöglicht somit eine Lösung des von BonJour angesprochenen Problems der epistemischen Auszeichnung; und die Psychologie kann im Einklang damit auch das Entscheidungsproblem zumindest weitgehend entschärfen.

In seinem dritten und letzten Argument, dem *Argument vom semantischen Skeptizismus*, versucht BonJour wiederum, wie schon beim ersten, die Unmöglichkeit von Rechtfertigung überhaupt als eine Konsequenz des RE nachzuweisen (93-95). Es betrifft die Frage, ob nach dem RE die *Bedingungen für eine Revisionsbedürftigkeit* aufgrund eines Widerspruchs mit der Erfahrung überhaupt erfüllt werden können:

(1) Es gibt keine Bedeutung.
(2) Wenn es keine Bedeutung gibt, dann gibt es auch keine semantischen Beziehungen zwischen den Sätzen.
(3) Wenn es keine semantischen Beziehungen gibt, dann kann es auch keine Widersprüche geben.

---

[7] Die 'Verwendung' einer Methode soll hier keine intentionale Komponente im Sinne einer Absicht, die betreffende Methode anzuwenden, implizieren. Es geht einfach nur darum, nach welcher Methode die Meinung gebildet wurde.

(4) Wenn es keine Widersprüche zwischen Sätzen in einem System gibt, dann ist kein Satz jemals revisionsbedürftig.

(5) Wenn kein Satz jemals revisionsbedürftig ist, dann können Theorien nie durch die Erfahrung widerlegt werden.

(6) Wenn Theorien nicht durch Erfahrung widerlegt werden können, dann sind sie auch nicht gerechtfertigt.

Also:

(7) Theorien sind nicht gerechtfertigt.

Es mag nun zutreffen, daß Quine bezüglich *Intensionen* Skeptiker ist und aufgrund seines Arguments von der Unbestimmtheit der Übersetzung und Referenz auch Skeptiker in bezug auf *extensionale* semantische Größen. Die Konsequenz dieser radikalen Position wäre ein vollständiger semantischer Skeptizismus (den Quine freilich selbst nicht konsequent durchhält). Auf diesen läßt sich BonJours Argument tatsächlich anwenden.

Der RE ist jedoch nicht zum vollständigen semantischen Skeptizismus gezwungen. Nehmen wir einmal an, daß der RE *Intensionen* als Bedeutungen ablehnen muß, weil sie auf der Grundlage seiner Position epistemisch unzugänglich sind. Dann bleibt immer noch die Möglichkeit einer extensionalen ('referentiellen') Semantik, nach welcher Wörter und Sätze Extensionen besitzen. Eine solche extensionale Semantik (die von Quine ja teilweise auch entwickelt wurde) läßt genug Raum, um Widersprüche zwischen Sätzen zuzulassen.[8]

Der RE sollte also entweder die Prämisse (1) ablehnen, wenn mit 'Bedeutung' jegliche Art von semantischem Wert gemeint ist. Oder, wenn (1) akzeptiert wird, weil mit 'Bedeutung' nur Intensionen gemeint sind, dann sollte er (2) ablehnen. Widersprüche kann es auch ohne intensionale Eigenschaften geben. Wenn auf diese Weise die Möglichkeit von Widersprüchen eröffnet werden kann, ist somit auch für den RE das Entstehen von Revisionsbedürftigkeit aufgrund eines Widerspruchs mit der Erfahrung verständlich zu machen. Nach dem RE ist also, wenn extensionale semantische Eigenschaften zur Verfügung stehen, durchaus einzusehen, wie ein Meinungssystem aufgrund von 'sich widersetzender Erfahrung' ("reculcitrant experience") eine Revision erfordern kann. (Und die Rechtfertigung der vorzunehmenden Revisionen wurde bereits oben im zweiten Argument angesprochen.)

Die Tatsache, daß der RE es nicht erlaubt, *apriori* eine Logik auszuzeichnen, erzeugt in diesem Zusammenhang keine (neue) Schwierigkeit. Es ging zunächst nur um die Frage, ob hinreichende semantische Eigenschaften zur Verfügung stehen, um Widesprüche im Meinungssystem zuzulassen. Die Frage der Rechtfertigung einer Logik wurde schon in den früheren beiden Argumenten mitbehandelt, da logische Sätze einfach zu den dort diskutierten theoretischen Sätzen zählen. Eine Logik, verstanden als eine Menge von bestimmten theoretischen Sätzen, muß nach dem RE natürlich *empirisch* gerechtfertigt werden - wie andere

---

[8] Die These der 'Unerforschbarkeit von Referenz' ("inscrutability of reference") geht bei Quine wohl auf zusätzliche, im engeren Sinne behavioristische Annahmen zurück. Vgl. Quine 1960, Kap. 2.

theoretische Sätze auch. Die Einwände gegen eine solche empirische Rechtfertigung haben wir oben schon zu entkräften versucht. Eine Logik im Sinne des Vorkommens inferentieller Prozesse braucht vom externalistischen Standpunkt aus dagegen gar nicht gerechtfertigt zu werden.[9]

4. Schluß

Der RE ist als solcher nicht epistemisch selbstwidersprüchlich. Um dem Vorwurf der epistemischen Selbstwidersprüchlichkeit zu entgehen, muß er lediglich extensionale semantische Eigenschaften annehmen und den Externalismus akzeptieren. Nichts an der These des RE - 'Es gibt keine apriorische Rechtfertigung' - schließt diese Annahmen aus.

BonJours Argumente haben jedoch trotzdem eine wichtige Einsicht zutage gefördert. BonJour hat nämlich mit seinen Überlegungen recht, wenn diese besagen, daß Rechtfertigung nicht allein auf Erfahrung supervenieren kann. Ein solcher reiner Empirismus - eine Spezialform des RE - wäre nämlich nicht mit dem Externalismus kompatibel, wenn dieser die Rechtfertigung theoretischer Sätze verständlich machen soll. Die Rechtfertigung von (theoretischen) Sätzen hängt nicht nur von der Erfahrung ab, sondern auch noch von *anderen Tatsachen*: der *Reliabilität* der vom Subjekt verwendeten Methoden und Prozesse.

Diese Lehre kann von BonJour allerdings nicht als ein indirektes Argument für den Rationalismus eingesetzt werden. Der Rationalismus behauptet nämlich, daß es Rechtfertigung allein aufgrund von erfahrungsunabhängiger, rationaler Intuition gibt. Rechtfertigung könnte sehr wohl immer erfahrungsabhängig sein, aber nicht auf Erfahrung allein supervenieren.

Dennoch könnte der RE falsch sein, und zwar selbst dann, wenn man nicht an eine Rechtfertigung durch rationale Vernunftintuition glaubt. Es spricht nämlich vieles dafür, daß z.B. introspektive Meinungen durch keine Art von Erfahrung gerechtfertigt sind.

Literatur

BonJour, L. 1985, The Structure of Empirical Knowledge, Camridge/MA.

BonJour, L. 1998, In Defense of Pure Reason, Cambridge.

Quine, W.V.O. 1960, Word and Object, Cambridge/MA.

Quine, W,V.O. 1961, Two Dogmas of Empiricism, in: ders., From a Logical Point of View, 2. Aufl., Cambridge/MA.

---

[9] BonJour scheint die Frage der Rechtfertigung einer Logik mit in das dritte Argument hineinzuflechten, wenn er davon spricht, daß es um die Situation gehe, in der "meaning and *a priori* logic" ausgeschlossen sind (95).

SPRACHE UND ERINNERUNG: Platons Schriftkritik

Johann Kreuzer, Wuppertal

Platons Schriftkritik ist der Ausgangspunkt der folgenden Überlegungen zu "Sprache und Erinnerung". Sie gliedern sich in drei Teile. In Teil 1 geht es um den Grundlagentext der Kritik der Schrift bei <u>Platon</u> - den Mythos von Theuth im "Phaidros". In Teil 2 soll das erkenntnis- bzw. bewußtseinstheoretische Kernargument dieser Schriftkritik in die Sprache unseres Jahrhunderts übersetzt werden. Dies geschieht unter Zuhilfenahme von <u>Wittgensteins</u> Überlegungen zur Frage des Erinnerns. Teil 3 diskutiert die gegenwartsdiagnostischen Implikationen bzw. Konsequenzen des Sinns der Erinnerung. Dabei beziehe ich mich auf das Arbeitsprogramm, das <u>Benjamin und Adorno</u> im Hinblick auf diese Fragestellung brieflich diskutiert haben.

1) Das Rahmenthema des "Phaidros" ist die Frage nach der Redekunst als der Fähigkeit einer "Seelenleitung durch Worte" (einer psychagogía dià lógon, Phdr. 261a). Diese Fähigkeit zeige sich im Wissen, in der Rede "zu reden und zu schweigen zu wissen" (vgl. 276a). Diese Fähigkeit läßt sich durch keine Technik kopieren, da es dabei um die weder technisch noch logisch hintergehbare Beziehung von Sprache und Erinnerung selbst geht. In diesem Zusammenhang wird der Mythos von Theuth referiert (vgl. 274c-275b). Gefragt nach dem Nutzen der von ihm erfundenen Buchstaben antwortet der Techniker Theuth, daß diese ein Hilfsmittel für die Erinnerung (mnéme) sei, da dadurch die Menschen gedächtnisreicher würden. Die Kritik an dieser Technik bzw. Kenntnis (máthema) benutzt die Zweideutigkeit des Wortes "phármakon". Hilfsmittel und zugleich Gift sei die Schrift als ein Verfahren der Speicherung von Gedächtnisgehalten, d.h. möglichen Gegenständen des Erinnerns. Natürlich entlastet der Gedächtnisspeicher der Schrift als Informationsaufzeichnungstechnik die Fähigkeit des Erinnerns. Aber im Vertrauen darauf, daß sich die Fähigkeit des Erinnerns durch eine solche (wie überhaupt eine) Informationsaufzeichnungstechnik

ersetzen lasse, bewirkt diese Erfindung das Gegenteil. Sie werde "der Lernenden Seelen Vergessen einflößen aus Unbesorgtheit um das Erinnern". Daraus folgt als Zusammenfassung, daß die Schrift ein Hilfsmittel nicht für die Fähigkeit des Erinnerns (die mnéme), sondern allein für die Aufbewahrungsleistung (die hypomnésis) des Gedächtnisses ist.

Kein Akt der Aufzeichnung und Archivierung/Thesaurierung von Gedächtnisgehalten kann Erinnern als Fähigkeit und als Vermögen sui generis ersetzen. Gerade die Schrift ist keine Kopie des Erinnerns. Sie bedarf vielmehr der Erinnerung (bzw. Wiedererinnerung). Ohne Erinnern bleibt die Schrift 'stumm': sie verharrt ehrwürdig schweigend (semnōs sīga, 275d). Der schweigende Logos der Schrift bedarf der (Wieder)Erinnerung. Erst dadurch entsteht die sinnvolle Sprache lebender und beseelter Rede (276a). Die Notationssysteme, in denen Erinnern äußerlich fixiert erscheint, 'helfen' insofern, als sie zum Erinnern anregen. Platon konstruiert deshalb keinen Gegensatz zwischen Schrift und Erinnerung: er stellt vielmehr die Ansicht zur Kritik, den Akt des Erinnerns durch Technologien der Gedächtnisspeicherung/Informationsaufzeichnung ersetzen zu wollen. Mit dieser Kritik aber ist Platon kein 'Maschinenstürmer'.[1] Platons Kritik der Schrift ist vielmehr im wörtlichen Sinn dialektischer Natur. Die Schrift als die Form, in der die Übersetzung von Erinnerung in Sprache fixiert wird, ist nicht nur Objekt, sondern auch Subjekt der Kritik. Denn es ist die Schrift, die uns bemerken läßt, daß kein Austausch von Gedächtnisgehalten die Fähigkeit des Erinnerns zu ersetzen vermag. Umgekehrt erschöpft sich diese Fähigkeit nicht in bloßer Inwendigkeit. Die Erinnerung bedarf der Sprache. Deshalb geht Sokrates' Bericht über Theuths Erfindung als Leitmotiv der Satz "Erzähle, was du gehört (d.h. erinnert) zu haben behauptest", Phdr., 274c) voraus. Erst in Formen der Äußerung können wir auf unser Erinnern zurückkommen und sei es im Modus der Defizienz, daß keine Technologie den Akt des Erinnerns ersetzen kann. Daß wir erst in Formen der Äußerung auf die Fähig-

---

[1] Im "Timaios" (Tim. 23a-c) etwa wird die Schrift als notwendiges Mittel kulturellen Gedächtnisses bezeichnet.

keit und die Kraft des Erinnerns zurückzukommen vermögen, ist im übrigen für Platons Theorem der Erinnerung als Wiedererinnerung fundamental. Nicht die Schrift wird deshalb im "Phaidros" kritisiert, sondern die Meinung, die Zusammengehörigkeit von Erinnerung und Sprache durch eine Technik ersetzen zu können.

2) Sprache kopiert Erinnern nicht. Und: Es gibt die Erinnerung allein in der Sprache. Die Vorstellung vom Erinnern als einem "inneren Vorgang", der bloß in die "äußere Form" der Sprache übersetzt werden müßte, greift zu kurz. Das zeigt sich schon an der zeitlichen Semantik dessen, was Erinnern ist. Darauf ist Wittgenstein, an Platon - und insbesondere an Augustinus - anknüpfend, zurückgekommen.

Erinnern meint weder bloß das Hervorholen des aufbewahrten Bildes eines vergangenen Ereignisses noch ist es ein Archiv möglicher Gegenstände des Erinnerns, die 'von draußen nach drinnen' kommen. Das meinen wir mit Gedächtnis. "Wenn wir das Gedächtnis als ein Bild auffassen, dann ist es ein Bild eines physikalischen Ereignisses. Das Bild verblaßt, und ich merke sein Verblassen, wenn ich es mit anderen Zeugnissen des Vergangenen vergleiche."[2] Gedächtnis ist der Fundus sozusagen abgespeicherter Sinnesdaten, die, erkennen wir sie wieder, erinnert werden. Erinnern aber ist damit, daß wir es dem Vergangenen (wie die Erwartung dem Zukünftigen) zuordnen und auf ein fraglos funktionierendes Informationsaufzeichnungssystem reduzieren, nicht erklärt. "Von den Vorgängen, die man »Wiedererkennen« nennt, haben wir leicht ein falsches Bild; als bestünde das Wiedererkennen darin, daß wir zwei Eindrücke miteinander vergleichen. Es ist, als trüge ich ein Bild eines Gegenstandes bei mir und agnostizierte danach seinen Gegenstand als den, welchen das Bild darstellt. Unser Gedächtnis scheint so einen Vergleich zu vermitteln, indem es uns ein Bild des früher Gewesenen aufbewahrt, oder uns erlaubt (wie

---

[2] L. Wittgenstein, Philosophische Bemerkungen, in: Werkausgabe, Frankfurt/M. 1984, Bd. 2, 81.

durch ein Rohr) in die Vergangenheit zu blicken."³ Das Bild vom 'Rohr in die Vergangenheit' ist ein falsches Bild für das Erinnern. "In den meisten Fällen des Wiedererkennens findet kein solcher Vergleich statt".⁴ Wenn wir erinnern, vergleichen wir nicht zwei Eindrücke - gleichsam außerhalb der Zeit -, sondern bemerken ihre zeitliche Verschiedenheit. Wenn wir erinnern, kehrt nicht Geschehenes zurück, vielmehr bemerken wir 'jetzt', daß etwas vergangen ist. Deshalb wird die Einschränkung, daß man etwas 'nur' erinnern kann, der Semantik des Erinnerns nicht gerecht. Im Vergleich womit sprechen wir davon, etwas 'nur' zu erinnern? Im Vergleich zu einer primären Erfahrung? Von einer solchen kann jedoch nur deshalb gesprochen werden, weil sie erinnert ist. Erfahrung ist kein erinnerungsloses Datum und Erinnern keine "sekundäre Art der Erfahrung, im Vergleich zur Erfahrung des Gegenwärtigen. Wir sagen, >daran können wir uns *nur* erinnern<. Als wäre in einem primären Sinn die Erinnerung ein etwas schwaches und unsicheres Bild dessen, was wir ursprünglich in voller Deutlichkeit vor uns hatten."⁵ Erinnern erschöpft sich nicht in der bloßen Kopie einer ursprünglichen Erfahrung - und 'Erfahrung' selbst ist nichts, was ohne Erinnern geschieht. "»Ich kann mich *nur* erinnern.« Als ob es noch einen anderen Weg gäbe und nicht vielmehr die Erinnerung die *einzige* Quelle wäre, aus der wir schöpfen. (...) Die Erlebnisse der Vergangenheit sind ja nicht wie die Gegenstände im Zimmer nebenan: Jetzt sehe ich sie zwar nicht, aber ich kann hinübergehen. Aber kann ich in die Vergangenheit gehen?"⁶ Wir können es nicht. "Einer erinnert sich (...). Weiß er, daß es Erinnern ist, weil es durch Vergangenes hervorgerufen wurde? Und wie weiß er, was Vergangenes ist? Den Begriff des Vergangenen lernt ja der Mensch, indem er sich erinnert."⁷ Erinnern richtet sich nicht auf ihres Zeitkerns ent-

---

³ Philosophische Untersuchungen § 604, ebd., Bd. 1, 461.
⁴ Vgl. PG, ebd. Bd. 4, 167.
⁵ Philosophische Bemerkungen, aaO, 84.
⁶ Wittgenstein und der Wiener Kreis, ebd., Bd. 3, 48.
⁷ Philosophische Untersuchungen (xiii), aaO, 579. - "Aber wenn uns nun das Gedächtnis die Vergangenheit zeigt, wie zeigt es uns, daß es die Vergangenheit ist? Es zeigt uns eben nicht die Vergangenheit. So wenig wie unsere Sinne die Gegenwart (...)". (Zettel, ebd., Bd. 8, 431)

ledigte Erlebnisse ('Souvenirs'). Erinnern bedeutet, daß wir auf Vergangenes im Vorübergehen von Zeit zurückkommen. Es ist ein Bewußtwerden zeitlicher Verschiedenheit.[8] Erinnern ist kein 'innerer Vorgang'. "Was wir leugnen, ist, daß das Bild vom inneren Vorgang uns die richtige Idee von der Verwendung des Wortes »erinnern« gibt."[9] Der Sinn des Erinnerns besteht nicht darin, daß wir 'von draußen' das Bild einer Sache 'nach drinnen' kopieren. Wäre Erinnern ein solcher Kopiervorgang, wäre Platons Kritik an der Schrift überflüssig: die Schrift wäre die Technik, mit der die (inwendig) gespeicherten Informationen (auswendig) wiedergegeben würden. Sprache funktioniert aber offenkundig nicht als bloße Wiedergabe bedeutungsidentischer Informationseinheiten. Sondern: "Das Aussprechen eines Wortes ist gleichsam ein Anschlagen einer Taste auf dem Vorstellungsklavier."[10] Es gibt die Erinnerung nur in der Sprache. Sie ist es, die über "den Solipsismus des gegenwärtigen Augenblicks" hinausgehen läßt.[11]

3) Gerade in einer Konstellation, deren soziokulturelle wie bewußtseinstheoretische Signatur die Gefahr des Verlustes von Erinnerung und Sprache ist, scheint Platons Kritik des Zusammenhangs zwischen Sprache und Erinnerung auf der einen Seite mit Techniken der Informationsaufzeichnung auf der anderen Seite relevant. Nötig scheint eine Kritik jener Form von Rationalität, die mit dem Solipsismus des gegenwärtigen Augenblicks im unendlichen Fluß der Informationen Erfahrung zur kopierbaren Informationseinheit werden läßt, d.h. abschafft. Wie kann die Kritik an einem Fortschritt, der bloß technologischer Natur ist und mit einem Rückschritt der Erfahrungsfähigkeit

---

[8] Entweder ist uns dabei die Chronologie (d.h. die zeitliche Differenz des Erinnerten) oder das Zugleichsein des Erinnerns (von zeitlich Verschiedenem) bedeutsam. "Das Wort »Zeit« bedeutet wieder ganz Verschiedenes: die Zeit meiner Erinnerung, die Zeit der Aussagen eines andern Menschen, die physikalische Zeit. Meine Erinnerungen sind geordnet. <u>Die Art, wie die Erinnerungen geordnet sind, ist die Zeit</u>. Die Zeit ist also unmittelbar mit der Erinnerung gegeben." (Wittgenstein und der Wiener Kreis, aaO, 98.
[9] Philosophische Untersuchungen § 305, aaO, 377.
[10] Philosophische Untersuchungen § 6, aaO, 240.
[11] Vgl. Vorlesungen 1930-1935, übers. v. J. Schulte, Frankfurt/M. 1989, 176.

und "dem Absterben der Sprache" einhergeht, selbst begründet und dargestellt werden?[12] Diese Frage haben Benjamin und Adorno brieflich diskutiert. Dabei zeigt der Briefwechsel deutlicher als die veröffentlichten Schriften, daß das mit dieser Frage verbundene Arbeitsprogramm des "dialektischen Bildes" bzw. des "Denkens in Konstellationen" eine Explikation von Sinn und Begriff der Erinnerung meint. Freilich bricht der Briefwechsel mit der Formulierung des Programms eines Denkens der Erinnerung ab. Seine geschichtsphilosophischen Implikate hat Benjamin in den "Thesen über den Begriff der Geschichte" formuliert. Material zur Kritik der Moderne unter dem Gesichtspunkt der Erinnerung bietet das Passagen-Werk. Adorno ist auf die Entfaltung des Begriffs der Erinnerung nur en passant - etwa im Schlußkapitel seiner Mahler-Monographie - zurückgekommen. Zwar kehrt in der "Dialektik der Aufklärung" unter der Notiz "Prix de progres" ein Zitat aus einem Brief an Benjamin (vgl. u.) wieder: "Verlust der Erinnerung als transzendentale Bedingung der Wissenschaft. Alle Verdinglichung ist ein Vergessen."[13] Doch bringt das nur einen Aspekt der im brieflichen Gespräch avisierten Theorie der Erinnerung zum Ausdruck. Eine solche ist Desiderat. Sie hätte den Bezugsrahmen zu berücksichtigen, den die beiden letzten größeren Briefe formulieren. Erinnern und Vergessen sind keine Gegenbegriffe. Sie gehören zusammen. Erinnern richtet sich auf keine Präsenz intelligibler Gegenstände, die Theorie sozusagen konservierte, sondern enthält - gleichsam als somatische Unruhe, über die kein Begriff hinweghilft - Vergessen in sich. Einzulösen wäre, was Adorno in seiner Reaktion auf Benjamins modellhafte Analyse "Über einige Motive bei Baudelaire" programmatisch formuliert: "Ob ein Mensch Erfahrungen machen kann oder nicht, ist in letzter Instanz davon abhängig, wie er vergißt. Sie spielen auf diese Frage an in der Fußnote, in der Sie feststellen, daß Freud keine explizite Unterscheidung zwischen Erinnerung und Gedächtnis mache (ich lese die Fußnote als Kritik). Wäre es

---

[12] Vgl. T.W.Adorno - W. Benjamin, Briefwechsel 1928-1940, hrsg. v. H. Lonitz, Frankfurt/M. 1994, 94 (Brief Adornos an Benjamin vom 17. Dezember 1934).
[13] M. Horkheimer u. Th. W. Adorno, Dialektik der Aufklärung, Frankfurt a.M. 1969, 244.

aber nicht die Aufgabe, den ganzen Gegensatz von Erfahrung und Erlebnis an eine dialektische Theorie des Vergessens anzuschließen? Man könnte auch sagen: an eine Theorie der Verdinglichung. Denn alle Verdinglichung ist ein Vergessen: Objekte werden dinghaft im Augenblick, wo sie festgehalten sind, wo (...) etwas von ihnen vergessen ist. (...) Ich muß dem kaum hinzufügen, daß es sich dabei für uns nicht darum handeln kann, das Hegelsche Verdikt gegen die Verdinglichung nochmals zu wiederholen, sondern recht eigentlich um eine Kritik der Verdinglichung, d.h. um eine Entfaltung der widersprechenden Momente, die im Vergessen gelegen sind."[14] Durch die Intermittenzen des Vergessens bildet sich Erfahrung, die mit Zeit erfülltes Erinnern bedeutet. Erinnern ist kein Gegenprinzip zu Verdinglichung. Es bedarf der Objektivation. Als Gegensatz von Verdinglichung gedacht, würde Erinnerung zum Leitbegriff eines geschichtsphilosophischen Ästhetizismus. Die Zusammengehörigkeit von Erinnern und Vergessen wird in der Kritik daran, daß an die Stelle von Erfahrung der situative Reiz von Erlebnis und Information tritt, zum Grund der "Unterscheidung von guter und schlechter Verdinglichung".[15] Qua Erinnern eignet dem intentionslosen Sein der (selbst jeweils zu erinnernden) Ideen ein "Zeitkern" (wie Benjamin im "Passagen-Werk" notiert).[16] Weil es Ausdruck des Zeitsinns Erinnerung ist, unterscheidet sich das dialektische Bild vom archaischen Denkformen, d.h. von solchen, die auf zeit- und geschichtsenthobene Ursprünge zurückführen wollen, welche der Erinnerung und Sprache gerade nicht bedürfen.

Der Zusammenhang zwischen Erinnern und Vergessen als der inneren Form von Erfahrung leitet unmittelbar über zum zentralen Punkt einer Theorie des Ästhetischen bzw. ästhetischer Erfahrung. Gerade er hat mit dem Verhältnis Erinnerung und Sprache zu tun. Es gibt die Erinnerung nicht als vorsprachli-

---

[14] Adorno-Benjamin, Briefwechsel, aaO, 417/18.
[15] Ebd., 418.
[16] Vgl. Gesammelte Schriften, Bd. V, Frankfurt/M. 1982, 579. - Zum "intentionslosen Sein der Ideen" als Garant der Gültigkeit von Erkenntnis und dazu, daß die "Idee ein Sprachliches" ist, vgl. Der Ursprung des deutschen Trauerspiels, Erk.kritische Vorrede, Ges. Schriften Bd. I, Frankfurt/M. 1974, 216.

che Informationseinheit, die kopiert werden könnte und sich sozusagen auch ohne Sprache sagen ließe. Es gibt die Erinnerung nur in der Sprache. Diese Kunst der Sprache ist die Sprache der Kunst, die eine "Syntax ohne Worte" zeigt.[17] Sie trachtet danach, "das Stumme zum Sprechen zu bringen".[18] Damit aber ist reformuliert, was das Grundmotiv von Platons Schriftkritik ausmacht: Die (Kunst der) Seelenleitung durch Worte besteht im Vermögen, zu reden und zu schweigen zu wissen. Der Zusammenhang von Sprache und Erinnerung, der sich hier zeigt, läßt sich durch keine Technik kopieren oder ersetzen.

---

[17] "Sprachähnlich wird das Kunstwerk im Werden der Verbindung seiner Elemente, eine Syntax ohne Worte noch in sprachlichen Gebilden. Was diese sagen, ist nicht, was ihre Worte sagen." (T.W. Adorno, Ästhetische Theorie, Frankfurt/M. 1970, 274)

[18] Vgl. ebd., 121.

Ko-Konstruktion und Präsuppositionen : Über diskursive Prozesse in den Wissenschaften

Peter Plöger, Bielefeld

„Wissen und Sprache" sind Gegenstandsbereiche zweier Disziplinen, mit denen ich mich im folgenden näher befassen möchte: Wissenschaftstheorie und Sprachwissenschaft. Es muß wohl nicht erst gezeigt werden, dass sprachliche Vorgänge nicht nur in den Tätigkeiten von Geistes- und Sozialwissenschaftlern eine große Rolle spielen. Diskussionen, Präsentationen, Vorlesungen, Forschungsanträge oder Vorträge (all dies wird im folgenden als Diskurs oder Teil eines Diskurses aufgefaßt) gehören zum alltäglichen Geschäft eines jeden Wissenschaftlers gleich welcher Provenienz. Für eine Metawissenschaft - eine „Wissenschaft von der Wissenschaft" - wäre es mithin von Interesse, mithilfe sprachwissenschaftlicher Forschung diskursive Phänomene wie die oben genannten näher in Augenschein zu nehmen. Einige Grundhypothesen hierzu werde ich im folgenden darlegen.

Die erste Hypothese sei, dass Diskurse durch das verbreitete Sender-Code-Empfänger-Modell nicht hinreichend erklärt werden können. Codes sind zwar von Bedeutung (einige Aspekte auch der Sprache fallen unter diesen Begriff), sie sind jedoch keinesfalls der allein bestimmende Faktor bei der Entstehung dessen „was beim Empfänger ankommt". Bedeutungsinhalte werden eben nicht schlicht durch einen Sender kodiert, mittels eines Mediums übertragen, um schließlich durch den Empfänger wieder dekodiert zu werden. Denn erstens ist der Empfänger (zumeist) wie der Sender oder Sprecher (S1) ebenso ein Sprecher (S2). Zweitens fällt ihm beim „empfangen" eine aktivere Rolle als die Dekodierung einer kodierten Nachricht zu. Er selbst *konstruiert* den Bedeutungsinhalt dessen, was er hört oder liest aufgrund seiner Wahrnehmungen und vor dem Hintergrund seines im laufenden Kontext relevanten Weltwissens (vgl. Brassac 1997, Brassac und Stewart 1996). Vorausgesetzt, das Hintergrundwissen der beiden Sprecher ist niemals exakt deckungsgleich, gibt es also auch niemals eine Garantie dafür, dass der von S2 konstruierte Bedeutungsinhalt den kognitiven Repräsentationen entspricht, die der Äußerung von S1 unterliegen. Wie können S1 und S2 dennoch zu der begründbaren Annahme kommen, sich verstanden zu haben und den Diskurs aufrechterhalten zu können?

Zum einen machen beide Sprecher Annahmen über Weltwissen und Verhalten des jeweils anderen, die auf dem bisherigen Wissen über den Anderen bzw. auf dem prozeduralen Wissen über Diskursabläufe beruhen. Solche Annahmen möchte ich als Präsuppositionen bezeichnen. Präsuppositionen werden mit jeder Äußerung gemacht. Des weiteren erfahren Präsuppositionen im weiteren Verlauf des Diskurses eine Bestätigung mittels der Reaktionen, die S2 auf eine Äußerung seitens S1 erkennen läßt, oder sie bleiben weiter in der Schwebe. Die implizite oder explizite Bestätigung bzw. Nicht-Bestätigung erfolgt ihrerseits über eine Äußerung oder Äußerungssequenz, die wiederum mit Präsuppositionen, dieses mal auf der Seite von S2, verbunden ist. Bedeutungen von Äußerungsteilen (Worten) oder Äußerungsakten stehen somit nicht mit dem Akt der Äußerung fest; S1 kann lediglich annehmen, dass S2 sie zu einem gewissen Grade teilt und seine Annahmen später entweder bestätigt finden oder nicht. Die Bedeutungszuschreibung durch ständigen Wechsel von Äußerung - Bestätigung - Rückbestätigung - usw. ist die „Ko-Konstruktion" der Diskursinhalte (vgl. ibid.).

Im Rahmen wissenschaftlicher Diskurse wird der Ko-Konstruktionsvorgang in erster Linie interessant, wenn es sich um erkenntnisrelevante Inhalte handelt, d.h. wenn die Wahrheit einer Äußerung Bestandteil einer Präsupposition ist (was recht häufig der Fall ist, zumal auch schiere Existenzannahmen wie „Neutrinos sind Teil der Strahlung unserer Sonne" unter diese Kategorie gerechnet werden müssen). Eine solche Faktizitätsannahme kann S2 nur dann bestätigen, wenn er den Bedeutungsinhalt der betreffenden Äußerung als kohärent mit seinem Weltwissen und den bis dato geäußerten Diskursteilen konstruieren kann. Tut er das - und konstruiert S1 seine Reaktion folgerichtig als Bestätigung - werden beide Sprecher künftig von einer „geteilten Wahrheit", mithin einem geteilten Weltwissen ausgehen - obwohl es sich realiter um zwei aus divergenten Konstruktionsprozessen (!) resultierende kognitive Repräsentationen handelt. Der Punkt ist also, dass geteiltes Wissen nicht auf im engen Sinne objektiver, sondern bestenfalls intersubjektiver Wahrheit beruht.

Die Ko-Konstruktion von Diskursen und die Rolle von Annahmen über das Hörerwissen werden von einigen Vertretern der linguistischen Dialoganalyse gegenwärtig untersucht (vgl. ibid.; ferner u.a. Rossini Favretti 1998 und Band 28(3) der Research on Language and Social Interaction, 1995). Noch ein weiterer Bereich sprachwissenschaftlicher Forschung soll uns hier interessieren, namentlich die Argumentations-theorie. Bis hierher wurde die Frage noch nicht berührt, was geschieht, falls S2 eine Präsupposition seitens S1 *nicht* bestätigt. Eine Nicht-Bestätigung kann einesteils auf einem Verstehensproblem beruhen. Ein anderer Fall tritt ein, wenn S2 eine Präsupposition anzweifelt, beispielsweise indem er signalisiert, dass er eine Faktizitätsannahme nicht teilt. S1 hat dann die Möglichkeit, zu versuchen, S2 von der Gültigkeit seiner Annahme zu überzeugen. M.a.W. er versucht etwas individuell Geltendes in etwas kollektiv - für beide Sprecher - Geltendes zu überführen. Der Prozeß, der nun abläuft, ist ein Diskurs, wie er oben skizziert wurde - ein ko-konstruktiver Prozeß also - allerdings ein Diskurs einer speziellen Kategorie, der Kategorie „Argumentationen". Argumentationen sind nämlich gerade die Diskurse, in denen lediglich individuell Geltendes (kollektiv Fragliches) mit Hilfe des kollektiv Geltenden in kollektiv Geltendes überführt wird (Klein 1980: 19). Ein argumentativer Diskurs ist erst dann für S1 erfolgreich, wenn er eine Äußerungssequenz von S2 als Bestätigung seiner ursprünglichen Präsupposition konstruieren kann (was nicht bedeutet, das alle Argumentationen bis zu diesem Punkt tatsächlich durchgeführt werden).

Das Bild, das ich bis hierher gezeichnet habe, gleicht noch sehr dem alltäglicher Dialoge. Welche spezifischen Charakteristika tragen nun aber wissenschaftliche Dialoge? Welche Relevanz hat das Gesagte für eine Metatheorie der Wissenschaften? In der Tat gibt es einige typische Kategorien, die sich in wissenschaftlichen Diskursen offenbaren: Rationalität, Exaktheit, Überprüfbarkeit, Objektivität, Ehrlichkeit, usw. Zum Teil determinieren diese Kategorien die Form von Bestandteilen wissenschaftlicher Diskurse. Von einem naturwissenschaftlichen Artikel z.B. wird erwartet, dass die dargestellten Experimente so und nicht anders vom Autoren durchgeführt wurden, dass die Resultate ungekürzt und ohne „Verschönerungen" offengelegt werden, dass potentielle Leser genug Daten erhalten, um das Experiment wiederholen zu können, etc. S1 (der Autor) muß mithin annehmen, dass S2 (der Leser) die Erfüllung dieser Kategorien voraussetzt. Diese Annahme ist eine der grundlegenden Präsuppositionen beim verfassen des Textes. S2 wiederum konstruiert die Textbedeutung seinerseits vor dem Hintergrund dieser Präsupposition. Die oben genannten Kategorien spielen demnach bei der Ko-Konstruktion wissenschaftlicher Diskurse eine tragende Rolle.

Damit nicht genug sind die charakteristischen Kategorien ihrerseits Ergebnis einer langen Geschichte wissenschaftlicher Diskurse. Wann immer sie in Texten, Dialogen, einzelnen Äußerungen als Begriff oder stillschweigende Präsupposition auftauchen, unterliegen sie dem Prozeß der Ko-Konstruktion, werden als Begriff oder Präsupposition bestätigt oder unter Umständen modifiziert (beispielsweise in überzeugenden Argumentationen). Somit sind unsere Standards der Objektivität, Rationalität, Exaktheit, etc. auch nur das vorläufige Endresultat einer Vielzahl von Diskursen; obwohl relativ stabil, sind auch sie einer allmählichen Veränderung unterworfen.

Wenn aber selbst Standards wie die obigen der Veränderung im diskursiven Prozeß unterworfen sind, so gilt dies in noch stärkerem Maß für punktuelle und systematische Erkenntnisse als den Ergebnissen wissenschaftlicher Forschung. Sie entstammen einer vorläufigen (von uns jedoch meist als endgültig genommenen) Einigung unter Fachleuten, die potentiell jederzeit einem neuen Konsens weichen kann. Die (zumeist stillschweigende) vorläufige Einigung im permanent laufenden Diskurs macht mithin den grundlegenden Prozeß jeder Wissenschaft aus (vgl. Ziman 1968: 8ff).

Der vorangehende Abschnitt deutet bereits den Vorteil einer diskursorientierten Metatheorie der Wissenschaften an. Ihre Vorgehensrichtung ist „bottom-up", von den Mikroprozessen wissenschaftlicher Forschung zu den größeren Strukturen und komplexen Konzepten. Die Hoffnung ist, daß sie sowohl imstande ist, das alltägliche Geschäft der Wissenschaftler in ihren Diskursen zu fassen, als auch eine Grundlage zu einer Analyse der sich aus vielen solcher Mikroprozesse ergebenden Makroprozesse und -konzepte (Theoriebegriff, Objektivität, wissenschaftlicher Fortschritt, Begriffswandel; Warum setzen sich manche Ideen durch, manche nicht?, usw.) zu liefern.

Literatur

- Brassac, Christian 1997: *Processus cognitifs en situation d'interaction - Dela communication à la communiaction*. In: Le mouvement des boucles sensori-motrices aux représentations cognitives et langagières - Actes de la Sixième École d'été de l'Association pour la recherche Cognitve: 229-36.
- Brassac, Christian und John Stewart 1996: *Le sens dans les processus interlocutoires, un observé ou un co-construit?* In: Du collectif au social - Actes des Journées de Rochebrune, Paris: 85-94.
- Klein, Wolfgang 1980: *Argumentation und Argument*. In: LILI, Vol. 38/39: 9-57.
- RESEARCH ON LANGUAGE AND SOCIAL INTERACTION, Vol. 28(3), 1995.
- Rossini Favretti, Rema 1998: *Dialogue in scientific discourse*. In: Čmejrková, Světla et al. (Hrsg.): Dialoganalyse IV - Referate der 6. Arbeitstagung, Tübingen: 211-20.
- Ziman, John M. 1968: Public knowledge: An essay concerning the social dimensions of science. Cambridge.

Dr. Louise Röska-Hardy
J. W. Goethe-Universität, Frankfurt am Main

Selbstwissen und der Begriff der Überzeugung

Es wird allgemein unterstellt, daß wir gewöhnlich wissen, was wir glauben, wünschen und beabsichtigen. Dieses Wissen von den eigenen Überzeugungen, Wünschen und Absichten -- Selbstwissen -- spielt eine wichtige Rolle in unserem Selbstverständnis als handlungsfähige Personen in der natürlichen und der sozialen Welt. Selbstwissen kommt u.a. in der behauptenden Verwendung von Sätzen wie ‚Ich glaube, daß Fermats Vermutung bewiesen wurde' oder ‚Ich beabsichtige, die Stelle anzunehmen' zum Ausdruck. Wenn ich eine Überzeugung, mir selbst zuschreibe, identifiziere ich einen psychologischen Einstellungstyp mit dem Hauptverb ‚glauben' und beschreibe das, wovon die Überzeugung handelt, mittels des syntaktischen Objekts, z.B. mittels einer 'Daß'-Konstruktion. In der Regel wird das Wissen von den eigenen psychologischen Einstellungen, von ihrem Typ und ihrem Inhalt, sprachlich formuliert, z.B. mit Hilfe eines Zuschreibungssatzes. Eine Zuschreibung kann aber auch in Gedanken erfolgen.

Wenn Selbstzuschreibungen *Wissen* ausdrücken sollen, ist es wichtig zu klären, wie sie zustande kommen und welche ihre Voraussetzungen sind. Wie weiß ich, zum Beispiel, daß ich etwas glaube, statt es zu wünschen oder zu hoffen? Muß ich im Besitz des Begriffs der Überzeugung sein, um eine Überzeugung zuschreiben zu können? Man könnte aus epistemischen Gründen geneigt sein, zu behaupten, die Frage nach der psychologischen Einstellung und dem Inhalt stelle sich nicht bei *Selbst*zuschreibungen, denn meine eigenen psychologischen Einstellungen sind transparent und mir unmittelbar gegeben. Doch wenn Selbstzuschreibungen Wissen in einem wahrheitsbewertbaren oder in einem objektiven bzw. intersubjektiven Sinn ausdrücken sollen, muß es eine Unterscheidung zwischen ‚wie es mir erscheint' und ‚wie es tatsächlich ist' hinsichtlich psychologischen Einstellungen geben. Das legt es nahe, zwischen dem Vorliegen einer bestimmten psychologischen Einstellung, z.B. eine Überzeugung, und dem Wissen, daß es sich um eine bestimmte psychologische Einstellung handelt, z.B. um eine Überzeugung statt eines Wunsches, zu unterscheiden. Sich in einem psychologischen Zustand zu befinden und Wissen, in welchem psychologischen Zustand man sich befindet, ist demnach zweierlei, auch wenn diese Lücke sich in der Erste-Person-Perspektive uns nicht aufdrängt.

Bei sprachlich formulierten Selbstzuschreibungen ist zu beachten, daß Zuschreibungssätze und psychologische Einstellungen zwei verschiedene Sachen sind. Der sprachliche Ausdruck meiner Überzeugung, „Ich glaube, daß Fermats Vermutung bewiesen wurde" ist nicht selbst eine Überzeugung, sondern ein Satz einer natürlichen Sprache. Solche Sätze weisen ein Pronomen der ersten Person Singular an der Subjektstelle auf, gefolgt von einem psychologischen Verb, das den Typ der psychologischen Einstellung angibt, und von einem syntaktischen Objekt, z.B. ein Satz, der in die auf das Verb folgende 'Daß'-Konstruktion eingebettet ist, eine Infinitiv-Konstruktion, ein Nomen oder ein Pronomen. Um sich eine psychologische Einstellung mit Hilfe eines Satzes zuzuschreiben, muß man seine Einstellung mit den Ausdrücken einer natürlichen Sprache charakterisieren. Ich muß meine Worte im Hinblick auf die Bedeutung der Lexeme wählen, damit ich eine genuine Zuschreibung einer psychologischen Einstellung vornehme. Hier stellt sich die Frage nach der Rolle von Begriffen in Selbstzuschreibungen, die Selbstwissen ausdrücken sollen, sehr deutlich. Ist der Besitz von psychologischen Begriffen eine notwendige Bedingung für Selbstwissen?

Die zwei einflußreichsten Ansätze zur Erklärung von psychologischen Zuschreibungen, die ‚Theorie'-Theorie und die Simulationstheorie, bieten unterschiedliche Antworten auf diese Frage. Ihre Thesen sollen am Beispiel des Begriffs der Überzeugung erörtert und auf ihre Adäquatheit hin überprüft werden. Als Resultat wird sich herausstellen, daß es notwendig ist, im Besitz des Begriffs der Überzeugung zu sein, um sich Überzeugungen zuzuschreiben.

Nach der ‚Theorie'-Theorie (**TT**) beruhen die Beschreibung und die Zuschreibung mentaler Zustände auf einer impliziten alltagspsychologischen Theorie über die Struktur und das Funktionieren des menschlichen Geistes (D. Lewis 1966, S. Stich 1983, P. Churchland 1988, J. Fodor 1990). Das heißt, wir identifizieren Überzeugungen im Lichte einer Theorie. Wenn wir anderen oder uns selbst psychologische Einstellungen zuschreiben, wenden wir eine implizite, empirische alltagspsychologische Theorie des Geistes an. Die TT konstruiert alltagspsychologische Begriffe wie Überzeugung, Wunsch oder Absicht als theoretische Begriffe, die den theoretischen Begriffen der

Naturwissenschaften ähneln. Psychologische Begriffe werden durch den Korpus von Verallgemeinerungen bzw. Kausalgesetzen, in denen sie vorkommen, implizit definiert. Selbstzuschreibungen wie auch Fremdzuschreibungen von Überzeugungen haben den Status von *Hypothesen* zur Erklärung menschlichen Verhaltens. Sie stellen das Ergebnis eines theoretischen Schlußfolgerungsverfahrens dar. Unsere psychologischen Zuschreibungen sind folglich als theoretische Behauptungen zu konstruieren, die Existenzbehauptungen einschließen.

Nach der TT sind sowohl Fremdzuschreibungen wie auch Selbstzuschreibungen auf die Anwendung einer empirischen, alltagspsychologischen Theorie zurückzuführen. Nach Meinung vielen Vertretern erwerben wir diese Theorie durch Beobachtung und Hypothesenbildung wie andere naturwissenschaftliche Theorien (A. Gopnik 1993). Andere Vertreter der TT betrachten die alltagpsychologische Theorie als angeboren (J. Fodor 1984, A. Leslie 1997).

Die TT läßt sich in verschiedene Richtungen entwickeln. Sie kann in enger Analogie zu Theorien in den Naturwissenschaften konzipiert werden, welche beobachtbares Verhalten durch das Postulieren von nichtbeobachtbaren theoretischen Entitäten und durch das Aufstellen von nomologischen Verallgemeinerungen, in denen diese Entitäten eine kausale Rolle spielen, erklären (D. Lewis 1966, P. Churchland 1988, J. Fodor 1990). Andere Vertreter konstruieren die TT nach dem Modell von impliziten Wissensstrukturen in den Kognitionswissenschaften, z.B. als ein informationsverarbeitender Mechanismus in einem *Theory of Mind*-Modul (A. Leslie 1987, 1997), oder nach dem Modell der theoretischen Sprachwissenschaft, z.B. ein angeborenes Regelsystem wie die Chomskysche Grammatik, die sich entwickelt (Stich/Nichols 1992). Demnach beruhen unsere alltagspsychologischen Zuschreibungen auf einer impliziten Wissensstruktur, die es ermöglicht, psychologische Selbstzuschreibungen und Fremdzuschreibungen vorzunehmen.

Trotz Unterschiede im Detail sind die Vertreter der TT darin einig, daß Fremd- und Selbstzuschreibungen auf der Anwendung theoretischen Wissens und theoretischer Schlußfolgerungsverfahren gründen. Die Beschreibung, Erklärung und Vorhersage menschlichen Verhaltens unterscheidet sich im Prinzip nicht von der Beschreibung, Erklärung und Vorhersage der unbelebten Natur. Auch Selbstzuschreibungen werden als

Fälle von Theorieanwendung konstruiert. Manche Vertreter konstruieren sie analog zur theoriebeladenen Wahrnehmung theoretischer Entitäten in den Naturwissenschaften. Wie ein Physiker aufgrund seines theoretischen Wissens "sehen" kann, eine Substanz in einer Nebelkammer Elektronen emittiert, so „sehen" ich aufgrund der alltagspsychologischer Theorie, daß ich eine Überzeugung habe. Andere Vertreter fassen Selbstzuschreibungen als das Ergebnis subpersonaler kognitiver Schlußverfahren auf (Fodor, Leslie).

Nach der TT ist der Begriff der Überzeugung, verstanden als ein theoretischer Begriff der alltagspsychologischen Theorie, notwendig, um Überzeugungen zuzuschreiben. Es gibt jedoch wichtige Probleme hinsichtlich psychologischer Begriffe in beiden Versionen der TT, wenn es um Selbstzuschreibungen geht. Diese betreffen (1) die Bestimmung der Begriffe mittels Beziehungen zwischen Wahrnehmungseingaben, weiteren psychologischen Zuständen und beobachtbares Verhalten, (2) die Phänomenologie von Selbstzuschreibungen, und (3) die Asymmetrie zwischen der ersten Person und dritten Person Zuschreibungen.

Die Vertreter der Simulationstheorie (**ST**) bestreiten, daß wir psychologische Einstellungen aufgrund von theoretischem Wissen spezifizieren (R. Gordon, A. Goldman). Der ST zufolge basiert die Zuschreibung mentaler Zustände auf *keinerlei* Theorie, sondern auf unserer Fähigkeit, *Simulationen* mentaler Vorgänge durchzuführen. Um Zuschreibungen vorzunehmen, verwenden wir die Ressourcen des *eigenen* kognitiven Systems -- nämlich die (menschliche) Fähigkeit, sich in andere hineinzuversetzen und sie zu simulieren, um Gedanken und Verhalten beschreiben, erklären und voraussagen zu können. Der Standpunkt der ersten Person ist daher für ST grundlegend.

Die prominentesten Versionen der ST sind von Robert Gordon und von Alvin Goldman entwickelt worden. Goldmans ST zufolge nehmen wir uns selbst als *Modell* bei einer mentalen Simulation und übertragen die Ergebnisse auf den anderen (1989). Mit Hilfe des eigenen kognitiven Systems simuliert der Zuschreibende das, was er unter den gegebenen bzw. den vorgestellten Bedingungen empfinden, denken oder tun würde, und überträgt das Ergebnis mittels eines Analogieschlusses auf den anderen. Goldmans ST setzt voraus, daß wir unsere eigenen psychologische Einstellungen kennen; wir wären sonst nicht imstande, anderen Personen Überzeugungen zuzuschreiben. Er behauptet, daß wir unsere eigenen psychologischen Einstellungen aufgrund von Introspektion kennen, und er nimmt an, daß Einstellungen wie Überzeugungen sowie deren Inhalte phänomenal introspektierbare qualitative Eigenschaften haben (1993). Seine Introspektions-ST behauptet nicht, daß psychologische Begriffe keine Rolle in Fremd- und Selbstzuschreibungen spielen, aber sie bietet keine Analyse dieser Begriffe.

Im Unterschied zu Goldman betrachtet Robert Gordon das fantasievolle Hineinversetzen in den anderen ("imaginative Transformation or Identification") als Grundlage der Simulation. Bei fatasievollem Hineinversetzen stelle ich mir vor, daß ich der andere *bin*, während ich ihn simuliere. Nach Gordon gelangen wir zu Fremdzuschreibungen psychologischer Einstellungen aufgrund von Als-Ob-Überlegungen, die wir im Kontext der mentalen Simulation des anderen durchführen (1986). Bei einer Simulation setze ich mein eigenes System praktischen Überlegens in Als-Ob-Modus, indem ich mir vorstelle, ich *wäre* die andere Person. Innerhalb des Als-Ob-Simulationskontextes beziehen sich *meine* Verwendungen von 'ich' auf die andere Person, meine Einstellungen sind diejenigen der andere und die von mir geäußerten Zuschreibungssätze, etwa „Ich glaube, daß p", stellen die Überzeugungen der anderen Person dar. D.h., wir schreiben der anderen Person die Überzeugung, daß *p* zu, indem wir innerhalb des Als-Ob-Simulationskontextes ‚p' behaupten. Als Zuschreibender muß ich laut Gordon nur Kompetenz hinsichtlich der Sätze meiner eigenen Sprache haben, um psychologische Zuschreibungen vorzunehmen. Es ist nicht erforderlich, (1) einen introspektiven Zugang zu den eigenen Einstellungen zu haben, (2) einen Analogieschluß zu ziehen, um Fremdzuschreibungen vorzunehmen oder (3) im Besitz von Begriffen psychologischer Begriffe zu sein (1986, 1995). Bei Selbstzuschreibungen behauptet Gordon, daß wir eine Aufstiegs-Routine (*ascent routine*) verwenden. Wir richten unser Augenmerk auf die Welt, fragen auf der Objektebene, was der Fall ist, und berichten die Antwort (1986, 1993). Zum Beispiel: Glauben Sie, daß Neptun Ringe hat? Laut Gordon fragt man sich: „*Hat* Neptun Ringe?" und gibt die Antwort auf höherer Ebene an, z.B. „Ich glaube, daß Neptun Ringe hat bzw. keine Ringe hat". Bei Selbstzuschreibungen psychologischer Einstellungen spielen psychologische Begriffe und Schlußverfahren keine Rolle laut Gordon. Bei Zuschreibungen im Allgemeinen geht nicht darum, eine Einstellung als eine bestimmte psychologische Einstellung zu klassifizieren.

Gordons Verfahren der Aufstiegs-Routine soll zeigen, wie die Selbstzuschreibung einer Überzeugung möglich ist, ohne den Begriff der Überzeugung zu beanspruchen. Doch es scheint, daß der Besitz des Begriffs der Überzeugung *vorausgesetzt* werden muß, um das Verfahren mit der Frage „Glauben sie,...?" in Gang zu setzen. Wenn der Begriff der Überzeugung keine Rolle im Zuschreiben der Einstellung spielt, läuft Gordons Aufstiegs-Routine einfach auf die bloße Wiederholung der *Wortfolge* ‚Ich glaube, daß p' hinaus. Es handelt sich nicht um die verstehende Verwendung von Wörtern, im Vollzug einer Selbstzuschreibung, d.h. nicht um eine Selbszuschreibung im vollem Sinne. Dies und andere Probleme der Simulations-Ansätze zeigen, daß der Besitz psychologischer Begriffe notwendig ist, um genuine Selbstzuschreibungen psychologischer Einstellungen vornehmen zu können, welche Ausdruck unseres Selbstwissens sein sollen. In diesem Punkt haben die Theorie-Theoretiker also recht, obwohl sie sich über die Art der beanspruchten "Theorie" irren. Ich schließe mit einem Hinweis auf eine adäquatere Auffassung.

Zur Unterscheidung einer referentiellen und differentiellen Bedeutungsauffassung am Beispiel Gottlob Freges und Ferdinand de Saussures

Eva Waniek

1. Anliegen

Eine in der feministischen Theorie viel diskutierte und nach wie vor offene Fragestellung, ob nämlich die unterschiedliche *Bedeutung der Geschlechter* entweder von konventionellen, kommunikativen und damit gesellschaftlichen Aspekten abhängig ist oder auf den naturgegebenen Faktoren des anatomisch unterschiedlich ausgestatteten weiblichen und männlichen Körpers beruht,[1] lenkte einst mein Interesse auf die *grundsätzliche Verhandlung des Bedeutungsphänomens in der Sprachphilosophie*. Denn die offensichtliche Unvereinbarkeit der feministischen Positionen darüber, was die Bedeutung eines Zeichens oder Phänomens ausmachen sollte, scheint mir diskursiv engstens mit den zwei großen sprachphilosophischen und sich diametral gegenüberstehenden Bedeutungsauffassungen verknüpft zu sein, da auch dort die Bedeutung eines Zeichens entweder auf Gegenstände, deren Eigenschaften bzw. auf einen naturgegebenen, außersprachlichen Sachverhalt zurückgeführt wird, oder aber als ein rein sprachimmanentes, kommunikatives, soziales und konventionell konstituiertes Phänomen begriffen wird.

Hier wie dort handelt es sich meiner Meinung nach um ein erkenntnistheoretisch ungelöstes Problem, das ich in seiner unterschwellig wirksamen Ausschließlichkeit sichtbar machen möchte, nicht zuletzt auch, um die Möglichkeiten einer vermittelnden Weiterentwicklung ansprechen zu können. Dazu müßten jedoch vor allem die diskursiven und argumentativen Konstruktionen des Gegensatzes zwischen den beiden Bedeutungsauffassungen erst bewußt gemacht werden; ein Schritt, den ich exemplarisch anhand der bedeutungsrelevanten Überlegungen Gottlob Freges und Ferdinand de Saussures ausführen möchte, um daran anschließend die damit verbundenen epistemologischen Konsequenzen darlegen zu können.

2. Traditionen

Wirft man einen Blick zurück auf die Philosophiegeschichte, so kann man freilich schon bald erkennen, daß diese beiden paradigmatischen und sich gegenseitig ausschließenden Bedeutungsauffassungen historisch weit zurückgehen. So können spätestens mit der im 18. Jhd. losbrechenden Kontroverse über die „Natur der Sprache" zwei sehr unterschiedliche Bedeutungsauffassungen feststellt werden, wobei die Vertreter des einen Lagers die sprachliche Bedeutung in einem repräsentativen und wahrheitskonditionalen Verhältnis zu den Gedanken oder zur Welt der Dinge und ihrer Eigenschaften sehen; eine Auffassung, die sowohl mit dem aufklärerischen Projekt einer *idealen Sprache des Denkens* etwa bei Gottfried Wilhelm Leibniz als auch mit der mittelalterlichen nominalistischen Sprachauffassung eines Johannes Roscellinus von Compiègne und nicht zuletzt mit der Sprach- und Zeichenauffassung bei Aristoteles oder Platon in Verbindung gebracht werden kann. Die andere Bedeutungstradition, bei der die Bedeutung nicht als ein monologisches Produkt, sondern vielmehr als ein dialogisch erzeugtes, kommunikatives und öffentlichkeitsbildendes Phänomen begriffen wird, läßt sich in dezidierter Form erst bei Sprachtheoretikern wie Hamann, Herder oder Humboldt finden. Erst diese Autoren machten ausdrücklich darauf aufmerksam, daß es nicht *eine Sprache* gibt, sondern eine *Vielfalt von Sprachen,* wobei jeder einzelnen Sprache eine ganz eigene sowohl historisch entwickelte als auch kulturell bedingte Weltsicht zu Grunde liege,[2] so daß es eben diese Vielfalt des Sprachlichen und seine niemals vorhanden gewesene universalistische Erscheinungsweise grundlegend in die Reflexion dessen, was Sprache und Denken sei, miteinzubeziehen gelte.[3]

---

[1] Vgl. dazu: Waniek, Eva: Sex / Gender – Bedeutungsrelevante Fragestellungen zur Natur- und Kulturdebatte in der feministischen Theorie. In: *Texte des Instituts für Wissenschaft und Kunst.* Nr. 2. Wien 1999.
[2] Vgl. dazu die Ausführungen Charles Taylors, der sich als einer der wenigen der Problematik und Unterschiedlichkeit der beiden großen Bedeutungstraditionen explizit und ausführlich angenommen hat: Taylor, Charles: Bedeutungstheorien. In: ders.: *Negative Freiheit? Zur Kritik des neuzeitlichen Individualismus.* Suhrkamp, Frankfurt am Main 1995. Vgl. dazu auch die von Jürgen Trabant vorgebrachte kulturspezifische Einordnung der beiden Bedeutungstraditionen: Trabant, Jürgen (Hg.): *Sprache denken. Positionen aktueller Sprachphilosophie.* Fischer, Frankfurt am Main 1995, S. 22 ff.
[3] Vgl. dazu: Humboldt, Wilhelm von: *Über die Verschiedenheit des menschlichen Sprachbaues und ihren Einfluß auf die geistige Entwicklung des Menschengeschlechts.* Hrsg. von Donatella Di Cesare. Schöningh, Paderborn u. a. 1998; bzw.:

Saussure und Frege können ihrerseits als *moderne Vertreter* dieser beiden Bedeutungstraditionen gekennzeichnet werden: wird doch das Sprach- und Bedeutungsverständnis Saussures unumstritten der kommunikativ und sozial ausgerichteten Tradition Humboldts zugerechnet,[4] wohingegen Frege insofern der repräsentativen Tradition zugezählt werden kann, als er um die kommunikative oder öffentlichkeitskonstituierende Funktion der Sprachen zwar wußte, diese jedoch keineswegs als bedeutungsstiftende Komponente in Erwägung zog. Seine zeichentheoretischen Überlegungen sind vielmehr von dem Anliegen geprägt, eine *ideale*, und das heißt: *sach-* bzw. *wahrheitsgemäße* Entsprechung von sprachlicher Ausdrucksweise, Gedanken und Welt zu erreichen; ein Anliegen also, das eindeutig der monologisch repräsentativen und wahrheitskonditionalen Bedeutungstradition verpflichtet ist.

Obwohl Frege und Saussure in diesem Sinne als fortführende Vertreter der beiden großen Bedeutungstraditionen genannt werden können, gilt es, sie nichtsdestoweniger als zwei maßgebliche und einflußreichen *Innovateure* auf dem Gebiet der Sprachphilosophie und Zeichentheorie zu erkennen. Denn gleichermaßen unzufrieden mit der sprachphilosophischen, zeichentheoretischen und logischen Terminologie ihrer Zeit, gelang es ihnen, traditionsbildende Entwicklungen auf dem Gebiet der Semantik und Semiotik zu Beginn des 20. Jahrhunderts zu setzen. Dementsprechend werden beide auch die *„Gründungsväter"* der *modernen Sprachphilosophie* oder *Sprachwissenschaft* genannt,[5] wobei der Logiker Gottlob Frege (1848-1925) auf der einen Seite gerne als der Begründer der *analytischen Sprachphilosophie* und der Sprachwissenschaftler Ferdinand de Saussure (1857-1913) auf der anderen Seite oftmals als Erneuerer der *kontinentalen Sprachschule* sowie als Initiator der *strukturalistischen Semantik* und *poststrukturalistischen Semiotik* gefeiert wird.

Frege wurde in dieser Hinsicht gerade in den letzten zwanzig Jahren große, aber auch kritische Beachtung geschenkt.[6] Fest steht dabei sicherlich, daß es Frege gelang, das Verhältnis von sachgemäßen, logischen und bezeichnungsgemäßen Aspekten zu klären und damit nachhaltigen Einfluß auf die sprachphilosophischen oder metaphysikkritischen Überlegungen eines Ludwig Wittgenstein, Bertrand Russell, Rudolf Carnap und Edmund Husserl zu nehmen.[7] Der Stellenwert Saussures für die moderne Sprachphilosophie hingegen dürfte – mit Ausnahme vielleicht der französischen Tradition – bis heute nur ungenügend wahrgenommen worden sein.[8] Dies ist um so bedauerlicher, als Saussure sich nicht nur im Sinne einer modernen Fortführung der kommunikativen und konventionalistischen Sprachauffassung Humboldts als *der paradigmatische Gegenspieler* zu Freges nominalistischer und wahrheitskonditionaler Bedeutungsauffassung begreifen läßt, sondern auch, weil es ihm mit seiner radikalen Zurückweisung jeglicher außersprachlichen Faktoren für die Bestimmung des Zeichens erstmals gelang, die ausschließlich auf bezeichnungsgemäßen Differenzen beruhende *Struktur der Sprache* – und damit die *Funktionsweise ihres sozial bestimmten Mechanismus* – sichtbar zu machen.

3. Zum Bemühen, die Sprache wissenschaftlich zu begründen
Bei aller Unterschiedlichkeit, sprachliche Bedeutung zu begreifen, verband Frege und Saussure doch auch ein gemeinsames Anliegen, nämlich der Wunsch, die Sprache als positives Phänomen wissenschaftlich begründen zu können. Dieses Anliegen sollte bei beiden Autoren zu ähnlichen

---

Hamann, Johann Gottfried: Rezension zur Kritik der reinen Vernunft. In: ders.: *Vom Magus im Norden und der Verwegenheit des Geistes. Ein Hamann-Brevier.* Deutscher Taschenbuch Verlag, München 1988, S. 201-204; sowie: ders.: Metakritik über den Purismus der Vernunft, a. O., S. 205-212.

[4] Vgl.: Ducrot, Oswald: Der Strukturalismus in der Linguistik. In: Wahl, Francois (Hg.): *Einführung in den Strukturalismus. Mit Beiträgen von O. Ducrot, T. Todorov, D. Sperber, M. Safouan und F. Wahl.* Frankfurt am Main 1981, S. 33 ff.

[5] Bezüglich Frege vgl.: Dummett, Michael: Die Wende zur Sprache. In: ders.: *Ursprünge der analytischen Philosophie.* Übersetzt von Joachim Schulte. Suhrkamp, Frankfurt am Main 1992, S. 11-24; bezüglich Saussure vgl.: Fehr, Johannes: Ansätze. In: Saussure, Ferdinand de: *Linguistik und Semiologie. Notizen aus dem Nachlaß. Texte, Briefe und Dokumente. Gesammelt, übersetzt und eingeleitet von Johannes Fehr.* Suhrkamp, Frankfurt am Main 1997, S. 19 ff.

[6] Vgl. z. B.: Dummett, Michael: *Ursprünge der analytischen Philosophie;* bzw.: Kutschera, Franz von: *Gottlob Frege. Eine Einführung in sein Werk.* Walter de Gruyter, Berlin/New York 1989; Sluga, Hans (Hg.): *The Philosophy of Frege. A Four-Volume Collection of Scholarly Articles on All Aspects of Frege's Philosophy.* Garland Publishing, New York/London 1993.

[7] Vgl. dazu den nachgelassenen Briefwechsel Freges mit den oben genannten Philosophen: Frege, Gottlob: *Wissenschaftlicher Briefwechsel. Band 1.* Hrsg. von Gottfried Gabriel u. a. Meiner, Hamburg 1976.

[8] Zur Nichtberücksichtigung Saussures (als moderner Vertreter der Tradition Humboldts) in der deutschen, aber sicherlich auch anglo-amerikanischen Sprachphilosophie siehe auch: Trabant, Jürgen: *Artikulationen. Historische Anthropologie der Sprache.* Suhrkamp, Frankfurt am Main 1998, S. 74.

diskursiven Ausschlüssen führen, da der Blick auf die allgemeine und objektive Seite der Sprache es notwendig erscheinen ließ, ihre individualen oder prozessualen Aspekte weitgehendst auszublenden.[9]

Bei Frege war dieser Wunsch auf das engste mit dem Versuch verbunden, eine für die wissenschaftliche Erkenntnis *ideale Sprache* zu gewinnen. Er war über die Tatsache, daß in der alltäglichen Sprache das Vorhandensein oder Nichtvorhandensein von sachgemäßer Referenz keineswegs angezeigt wird, äußerst beunruhigt und erkannte darin die Ursache für all jene Täuschungen, die „wahre Erkenntnis" verhindern. So suchte er, geleitet von einem naturwissenschaftlichen Vorbild, die Positivität und den Wahrheitsgehalt der Sprache durch das Aufzeigen von objektivierbaren außersprachlichen Faktoren sowie anhand logischer Kriterien sichtbar zu machen: Dementsprechend führte er die Unterscheidung zwischen den Begriffen *Sinn* und *Bedeutung* ein, um dadurch den sachgemäßen Gehalt eines Wortes (*Bedeutung*) von seinem rein bezeichnungsgemäßen Aspekt (*Sinn*) getrennt beurteilen zu können. Für die Erkenntnis erachtete er nur jene Wörter als wertvoll, bei denen beurteilbar ist, ob ihnen eine sachgemäße Bedeutung zugrunde liegt bzw. ob ihre syntaktischen Verbindungen im logischen Sinne beurteilbar sind. Die Bedeutungsfrage wurde von ihm dementsprechend *referentiell* – das heißt: über einen dreifach unterschiedenen sachgemäßen Bezug zur Welt – beantwortet, wobei die von ihm derart bestimmte *Bedeutung* als *positiver Garant* für eine außersprachlich sachgemäße Wirklichkeit und deren wahrheitsgemäße sprachliche Vermittelbarkeit zu fungieren hatte.   Auch Saussure war anfangs bemüht, die Sprache nach naturwissenschaftlichem Vorbild objektiv zu bestimmen. Davon zeugen seine vielfachen Versuche, die Sprache oder das sprachliche Zeichen mit einem Sonnensystem, einer Pflanze, einer chemischen Verbindung (H_2O), mit einer mathematischen Größe oder System (Algebra) oder auch mit einer Maschine zu vergleichen.[10] Immer wieder sollte er dabei jedoch feststellen, daß sich diese Vergleiche nicht wirklich für den zu erläuternden Gegenstand eignen, da dessen Spezifikum gerade nicht auf eine bestimmte physikalische, chemische oder mathematisch erfaßbare Qualität rückführbar ist.[11] Mit zunehmendem Scheitern gewann Saussure jedoch die Einsicht, daß die Positivität der Sprache zwar nicht auf objektiven Faktoren, dafür aber auf der *allgemeinen Übereinstimmung* ihrer Zeichen bei allen Mitgliedern einer Sprachgemeinschaft beruht, so daß es folglich ihre konventionellen und *sozial bestimmten Eigenschaften* sind, die sie zu einer, wenn auch nicht außersprachlich objektivierbaren, so doch zu einer *allgemein gültigen Tatsache* machen. Dabei konnte er auch verdeutlichen, daß die *soziale* und *öffentlichkeitsbildende* Dimension des Sprachlichen nicht nur über den kommunikativen Austausch des Sprechaktes einzelner hergestellt wird, sondern sich vor allem der *Sprache als einem allgemein verbindlichen Zeichensystem* verdankt, da dieses jedem einzelnen Sprachmitglied auf annähernd gleiche Weise gedächtnisgemäß und sozialisierend eingeschrieben ist. Die Frage nach der *Bedeutung* sprachlicher Zeichen bildete hierbei jenen wichtigen Komplex, bei dem es diese neuen Erkenntnisse zu berücksichtigen und auch definitorisch miteinzubeziehen galt. So bestimmte Saussure die Bedeutung letztendlich als eine Größe, die sowohl auf einem *konventionell geregelten, allgemeinen Zeichenwert* beruht als auch vom einzelnen als *Vorstellung* personell aktualisiert wird.

Womit festgehalten werden kann, daß Frege, unter dem Einfluß eines naturwissenschaftlichen Vorbilds stehend, die Positivität der Sprache als wissenschaftliches Phänomen über das Aufzeigen ihrer *außersprachlichen Bezüge* garantieren wollte, während die zunehmende sozialwissenschaftliche Ausrichtung Saussures in umgekehrter Weise diesen dazu führte, die Sprache als Gegenstand für sich, der auf rein *innersprachlichen* Faktoren beruht, zu erkennen.

4. Referentielle und differentielle Bedeutungsbestimmung

Dieser hier *außersprachlichen* und dort *innersprachlichen* Schwerpunktsetzung entsprechend, sollte die Frage nach dem, was den sprachlichen Zeichen Bedeutung verleiht, von beiden Autoren auch im Detail unterschiedlichst beantwortet werden: Dementsprechend umfaßt der *Fregesche*

---

[9] Der diskursive Ausschluß individualer und prozessualer Aspekte bei Frege und Saussure muß weiters vor dem Hintergrund der zu ihrer Zeit weit verbreiteten psychologischen Sprach- und Zeichenauffassung gesehen werden, der beide dezidiert ablehnend gegenüberstanden.

[10] Vgl. dazu in eben dieser Abfolge: Saussure, Ferdinand de: *Grundfragen der allgemeinen Sprachwissenschaft*. Herausgegeben von Charles Bally und Albert Sechehaye. Unter Mitwirkung von Albert Riedlinger. Übersetzt von Hermann Lommel. 2. Auflage. Mit neuem Register und neuem Nachwort von Peter von Polenz. Walter de Gruyter & Co, Berlin 1967, S. 100, S. 26, S. 122, S. 134, S. 121, S. 146 und S. 153.

[11] Vgl. dazu insbesondere die Stelle, wo Saussure das sprachliche Zeichen mit einer Seifenblase vergleichen will und erschüttert erkennen muß, daß es nicht einmal dem Vergleich mit diesem bereits so fragilen Gebilde standhalten kann, da seine Identität in wirklich nichts einer physikalischen oder mathematischen Einheit gleicht, sondern mehr wie ein „Phantom" auf der bloß „flüchtigen Kombination von zwei oder drei Vorstellungen" beruht; siehe: Saussure, Ferdinand de: *Linguistik und Semiologie*, S. 428 f.

Bedeutungsbegriff drei Bestimmungsmomente, die auf verschiedene sachgemäße Bezüge zurückgeführt werden können. So definierte Frege die Bedeutung auf der *Wortebene* in zweifacher Weise, indem er zwischen der Bezeichnung von *Gegenständen* (*Eigen-* oder *Einzelnamen*) und *Begriffen* (*Begriffswörter*) unterschied. Dabei knüpfte er das Kriterium, nach dem diesen beiden Wortgruppen *Bedeutung* zukommt, an das Urteil, ob entweder ein gegenständlicher oder merkmalsgemäßer, also begrifflicher Bezug vorliegt. Das heißt, daß die Bedeutung eines Wortes bei Frege entweder über einen in der Welt vorhandenen Gegenstand oder über eine allgemeine Eigenschaft, die ihrerseits jedoch stets auf einen konkreten Gegenstand rückführbar sein sollte, bestimmt wurde. Davon ausgehend, definierte er die *Bedeutung* von *Sätzen*, die seinem Verständnis nach dann gegeben ist, wenn die *grammatikalische Verknüpfung* von Gegenstands- und Begriffsbezeichnungen so vorgenommen wurde, daß sie auch in logischer Hinsicht als *wahr* oder *falsch* (*Wahrheitswert*) beurteilt werden kann. Was in anderen Worten heißt, daß Frege die Bedeutung eines Satzes an eine folgerichtige Verknüpfung von Subjekt und Prädikat band, um garantieren zu können, daß der Sachverhalt, den die Satzaussage in Behauptung stellt, – zumindest potentiell – als zutreffend oder nicht zutreffend beurteilt werden kann.[12]

Als wichtig erscheint es mir dabei aufzuzeigen, daß alle diese drei unterschiedlichen Bedeutungsbestimmungen einem gemeinsamen *referentiellen Prinzip* folgen, das im allgemeinen auf den Bezug von *Sprache und Welt* gegründet ist und im besonderen die Relation von *Wort und Gegenstand, Wort und Eigenschaft* sowie *Satz und Gedanke über die Welt* umfaßt.

Im Gegensatz zu diesem referentiell ausgerichteten Entwurf nahm Saussure eine *differentielle Bedeutungsbestimmung* vor, indem er es von Anfang an strikte ablehnte, das sprachliche Zeichen über einen außersprachlichen Bezug zu denken. Er erklärte das Zeichen zu einem Gegenstand für sich, der, von rein innersprachlichen Komponenten bestimmt, kommunikativen Zwecken genügt und vor dem Hintergrund einer Sprachgemeinschaft als soziale Tatsache zu betrachten ist. In diesem konventionellen Sinne bestimmte Saussure die *Bedeutung* des Zeichens über *ähnliche* oder *gegensätzliche Differenzen* zu anderen Zeichen, über die die bedeutungsgemäßen *Werte* eines Zeichens im Sprachsystem festgelegt sind. Insgesamt unterschied er dabei *vier Bedeutungsanteile*, zu denen auf der bezeichneten Seite des Zeichens (Signifikat) der *syntagmatische* und *assoziative* Wert zu zählen sind sowie die *Vorstellung*, die durch die Aktualisierung dieser beiden Werte bei einer sprechenden oder zuhörenden Person ausgelöst wird, und schließlich die bezeichnende Seite des Zeichens (Signifikant), insofern sie hierbei als *Bedeutungsträger* fungiert.[13]

Damit hatte Saussure die Bedeutung aus zwei unterschiedlichen Perspektiven skizziert: als das *Produkt* eines zeichengemäßen Wertverhältnisses auf der systemisch-synchronen Ebene der Sprache und gleichzeitig als die *konzentrative Schwerpunktsetzung* (*Prozeß*) desjenigen, der diese Sprache spricht und sich eben dieses Werteverhältnis vergegenwärtigt.

Erwähnenswert ist dabei auch die Darlegung des von Saussure favorisierten *differentiellen Prinzips*: Er zeigte nämlich zum einen – und anders als Frege – auf, daß die *Bedeutung* eines Zeichens nicht auf einer positiven Entität beruht, sondern daß sie aus *negativ konstituierten Elementen* besteht. Denn nach Saussure erlangen sowohl die einzelnen Zeichenwerte als auch die beiden Zeichenseiten nur Identität, indem sie das sind, was andere Bestandteile des Zeichensystems nicht sind. Zum anderen kennzeichnete Saussure die *Differentialität* jedoch nicht nur als ein *negatives Prinzip*, sondern machte auch ihre *positive Erscheinungsweise* deutlich. Denn die einzelnen Zeichenteile mögen zwar negativ konstituiert sein, doch indem sie nach konventionellen Regeln zu Zeicheneinheiten verbunden werden, besitzen sie in Form des *ganzen Zeichens* soziale Gültigkeit und damit – zumindest in der jeweiligen Sprachgemeinschaft – auch Positivität.

5. Unterschiedliche Sprach- und Zeichenauffassungen

Dieser hier referentiellen und dort differentiellen Bedeutungsargumentation unterliegen freilich auch jeweils andere *Voraussetzungen*, Sprache zu denken: So faßte Frege die Sprache als ein Phänomen

---

[12] Siehe dazu insbesonders: Frege, Gottlob: Über Sinn und Bedeutung. In: ders.: *Funktion, Begriff, Bedeutung. Fünf logische Studien*. Hrsg. von Günther Patzig. Vandenhoeck & Ruprecht, Göttingen 1994; sowie: ders.: Über Begriff und Gegenstand. A. a. O.; sowie: ders.: Ausführungen über Sinn und Bedeutung (1892–1895). In: ders.: *Schriften zur Logik und Sprachphilosophie. Aus dem Nachlaß*. Hrsg. von Gottfried Gabriel. Meiner, Hamburg 1990. Vgl. dazu auch: Waniek, Eva: Gottlob Frege oder die referentielle Bedeutungsbestimmung. In: dies.: *Bedeutung. Sprachphilosophische und zeichentheoretische Variationen über ein Thema bei Gottlob Frege und Ferdinand de Saussure*. (Dissertation). Wien 1998, S. 34-108.

[13] Siehe dazu insbesonders: Saussure, Ferdinand de: *Grundfragen der allgemeinen Sprachwissenschaft*, S. 76-79, S. 135 f., S. 140, S. 155. Vgl. dazu: Ferdinand de Saussure oder die differentielle Bedeutungsbestimmung. In: Waniek, Eva: *Bedeutung*, a. a. O., S. 120-252.

auf, mittels dessen bereits vorgefaßte Gedanken Ausdruck finden können, wodurch die Sprache in einem nachträglichen und abbildenden Verhältnis zur Welt der Dinge, ihrer Eigenschaften und der Gedanken darüber dargestellt wurde. Aus diesem Grund verfügte sie seiner Meinung nach sowohl über eine die Welt repräsentierende als auch zu ihr hinleitende Eigenschaft. Ganz anders nimmt sich im Vergleich dazu das Saussuresche Sprachverständnis aus, das vom Austausch der Zeichen (*Transmission*)[14] zwischen den Sprechenden ausging und deshalb die kommunikative und soziale Seite der Sprache sichtbar machen konnte. Letztere sah Saussure vor allem in der Sprache als einem virtuell zu denkenden *Zeichensystem* begründet, das alle sprachlichen Konventionen der Wortbedeutungen und ihre syntaktischen Kombinationen in einer Sprachgemeinschaft zu einem bestimmten Zeitpunkt umfaßt. Nach dem Verständnis Saussures bildet die Sprache demnach weder präexistierende Gedanken noch Gegenstände ab, sondern schafft vielmehr die notwendigen strukturellen und idiomatischen Voraussetzungen für das Sprechen und Denken des einzelnen Menschen.

Mit dem unterschiedlichen Sprachverständnis geht freilich auch eine sehr *unterschiedliche Zeichenauffassung* einher. Dementsprechend soll es nicht verwundern, daß Frege und Saussure, obwohl sie beide das Zeichen in zwei Teile spalteten, dennoch ganz und gar verschiedene Zeichenmodelle entwickelt haben: Saussure verstand das Zeichen vor allem als eine psychische Größe, dessen Bedeutung und Lautbild vom einzelnen erlernt und als ein Komplex von vier zusammengehörenden und aufeinander verweisenden Vorstellungen im Gedächtnis gespeichert werden, um bei der Aktualisierung wiedererinnert zu werden. Darüber hinaus war es ihm wichtig aufzuzeigen, daß dieses Zeichen vor dem Hintergrund der selben Sprachgemeinschaft und damit auf der Ebene des Sprachsystems aus der konventionellen, und das heißt, sozial geregelten Verbindung der beiden Zeichenseiten (*Signifikant* und *Signifikat*) besteht, die ihrerseits von einer Vielzahl von abwesend assoziativen und anwesend syntagmatischen Werten konstituiert werden. Diese beiden folglich *multifaktoral bestimmten Zeichenseiten* sind nach Saussure als eine *gleichrangige* und nicht etwa hierarchische Ergänzung zu begreifen, deren Verknüpfung zwar *arbiträr* ist, jedoch vom einzelnen Sprechenden willentlich nicht verändert werden kann.

Auf ganz anderem Terrain sollte Freges Zeichenmodell situiert sein: Frege spannte sein Zeichen in den allgemeinen Gegensatz von Sprache und Welt ein, dem sich der einzelne Sprechende nur über subjektive Vorstellungen annähern kann; dem Zeichen selbst wies er hierbei zwei entsprechende Aspekte zu: den Teil, der der Sachgemäßheit der Welt verbunden war und zu ihren Gegenständen oder deren Merkmalen hinleiten sollte, nannte er *Bedeutung*; der andere Teil, der für die bezeichnungsgebende Eigenschaft der Sprache steht, wurde von ihm *Sinn* genannt. Das Verhältnis beider Teile zueinander sollte nach Frege im idealen Fall repräsentativ sein, so daß der Sinn eines Wortes die *Sachgemäßheit* seiner Bedeutung bezeichnungsgemäß vertritt. Da dies nicht immer der Fall ist, unterschied Frege *drei Gruppen* von Zeichen, je nachdem, ob sie einen oder mehrere Sinnaspekte aufweisen und dabei Bedeutung haben oder auch nicht. Wichtig ist dabei, daß das Fregesche *Zeichenmodell* über das jeweilige an- oder abwesende Verhältnis von Sinn- und Bedeutungsaspekt bestimmt wurde und damit – indem der Bedeutungsanteil über den Sinnanteil entscheidend zu dominieren hat – einem *repräsentativen*, *dichotomen* und *hierarchischen Schema* folgt.

6. Gegensätzliche epistemologische Konsequenzen

Indem Frege davon ausging, daß die Sprache als eine nachträgliche Entsprechung zur Welt und zu den Gedanken darüber zu begreifen ist, deren *Sinn-* und *Bedeutungsanteilen* sich der einzelne Mensch subjektiv annähern kann, teilte er das *Denken* in *zwei Bereiche:* den einen Bereich setzte er mit der allgemeinen Gültigkeit und Objektivität der wahren und falschen Gedanken über die Welt und auch mit der Welt selbst gleich, während der andere den interpretierenden Menschen umfaßte. Diesem gelingt es nach Frege, nur dann Erkenntnis zu gewinnen, wenn er die Übereinstimmung von Sprache und Welt in ihren sachgemäßen und logischen Bezügen erkennt, da er nur durch diese Vermittlung zu den wahren Gedanken und zur Welt selbst vorstoßen kann. Dementsprechend war die von Frege entwickelte *referentielle Semiotik* darauf ausgerichtet, Kriterien zu finden, um mit deren Hilfe die sachgemäßen und deshalb bedeutungsvollen Zeichen oder Aussagen von den bloß bezeichnungsgemäßen und damit bedeutungslosen unterscheiden zu können.

Ganz andere erkenntnistheoretische Konsequenzen sind aus dem Sprach- und Bedeutungsverständnis Saussures zu ziehen, da es für ihn keine bedeutungslosen Zeichen in der Sprache gibt. Seiner Meinung nach müssen die sprachlichen Zeichen immer etwas bedeuten, weil ihre ganze Existenz nur darin besteht, als Bestandteile für den kommunikativen Austausch zwischen den

---

[14] Zum Begriff der *Transmission* siehe: Saussure, Ferdinand de: *Linguistik und Semiologie*, a . a. O., S. 326 und S. 405.

Sprachmitgliedern derselben Sprachgemeinschaft verwendet zu werden. Dementsprechend muß jedes allgemein verwendete Sprachzeichen auch Bedeutung haben, völlig unabhängig davon, ob es – etwa als Wort – Personen, Gegenstände, Eigenschaften oder auch nichts dergleichen bezeichnet wie etwa jene physikalisch keineswegs vorhandenen Größen, die uns als Einhörner, Weihnachtsmänner, Hexen oder Feen dennoch bestens bekannt sind. Nach der von Saussure entwickelten *differentiellen Semiotik* ist dies darauf zurückzuführen, daß die Sprache eine soziale Tatsache ist, deren bedeutungskonstituierender Mechanismus auf nichts anderem beruht als auf der Gegenüberstellung von ähnlichen und unähnlichen Zeichen; wobei dasjenige, was als Ähnlichkeit oder als Gegensatz gilt, seinerseits auf das engste mit den sozialen und kulturellen Normen einer Sprachgemeinschaft verbunden ist. Die allgemeine Gültigkeit, die sprachliche Zeichen besitzen, ist gleichzeitig aber immer nur auf jene Sprachgemeinschaft beschränkt, in der sie Verwendung finden. In andern Worten heißt das, daß es bei Saussure keine universell gedachte Sprachgemeinschaft gibt, sondern nur eine Vielfalt unterschiedlicher Sprachen mit den entsprechenden unterschiedlichen Gruppen von Sprachmitgliedern.

Die Möglichkeit, Erkenntnis zu gewinnen, bindet sich bei Saussure somit vor allem an die Fähigkeit des einzelnen, sich die Bedeutung von Zeichen erschließen zu können. Dies setzt – was die einzelne Person anbelangt – einen geglückten Spracherwerb voraus und – auf der allgemeinen Ebene – die Existenz und zeitgemäße Tradierung einer bestimmten Sprache mit all ihren spezifischen idiomatischen Strukturen und syntaktischen Regeln. Das aber heißt, daß das Bewußtsein des einzelnen von derjenigen Sprache, in und mittels der er sozialisiert wurde, geprägt ist und daß sein individuelles Denken sich nur auf Grund der von ihr zu Verfügung gestellten allgemeinen Differenzen konkretisieren kann.

Auf den Punkt gebracht, könnte man sagen, daß Freges *referentielle Semiotik* davon ausgeht, daß die Gedanken sich von der Welt herleiten und ihr Wahrheitsanspruch bereits vor der Sprache liegt, auch wenn sie von dieser dann bezeichnungsgemäß mehr oder weniger zutreffend wiedergegeben werden. Ganz andere Konsequenzen sind hingegen aus Saussures *differentieller Semiotik* zu ziehen, da es seiner Auffassung nach kein Denken vor der Sprache gibt und Erkennen sowie Erkenntnis immerschon den Erwerb von einem sozialen, und das heißt: von einem zwar allgemein anerkannten, aber keinesfalls objektiven Wissen voraussetzt.

Demnach liegt also der Bedeutungsbestimmung Freges aus erkenntnistheoretischer Perspektive ein Verständnis zu Grunde, das die Sprache als eine nachträgliche Entsprechung zur Welt und Objektivität ihrer Gegenstände und Eigenschaften begreift; denn erst auf dieser Hypothese aufbauend, kann Frege der Sprache eine abbildende, repräsentative und auch wahrheitsvermittelnde Qualität zugestehen, die es dem Menschen bewußt und verfügbar zu machen gilt. Dies aber impliziert, daß das sprechende Individuum bei Frege so konzipiert ist, daß es mittels der Sprache – wenn auch als verbesserungsbedürftiges Instrument – zur Wahrheit einer in sich bedeutungsgemäß abgeschlossenen Welt vordringen kann. Ganz andere Konsequenzen sind im Vergleich dazu aus Saussures Sprachverständnis zu ziehen, da dieses von der Sprache als einer sozialen Tatsache ausgeht und ihr somit nicht nur kommunikative und sozialisierende Eigenschaften zuspricht, sondern sie letztendlich auch als Voraussetzung für die Welterschließung des einzelnen begreifen muß. Hier also stellt die Sprache dem einzelnen Individuum – in umgekehrter Weise zu Freges Entwurf – die bedeutungsgemäßen Parameter zu Verfügung, um damit identifikationsanleitend die Welt, die anderen, aber auch uns selbst erkennen und begreifen zu können.

7. Ausblick

Ohne den innovativen und klärenden Beitrag Freges und Saussures für die Sprachphilosophie und -wissenschaft schmälern zu wollen, bleibt bei aller Würdigung dennoch das Problem bestehen, daß beide Autoren die jeweils vom anderen analysierte Eigenschaft der Sprache nur ungenügend berücksichtigt haben: Frege konnte nicht mehr über seinen *Sinn* sagen, als daß er mit ihm die bezeichnungsgebende Eigenschaft der Sprache zur Kenntnis nehme und dabei wisse, daß diese auch etwas mit der Art ihres allgemein anerkannten Gegebenseins zu tun habe. Umgekehrt wußte auch Saussure, daß es zu etwaigen referentiellen Bezügen der sprachlichen Zeichen kommen kann, die er jedoch allzu schnell als ein von Zufällen erwirktes und von der Sprache letztendlich unabhängiges Problem abtat.

Was also über Freges und Saussures Bedeutungsbestimmungen hinaus auch heute noch fehlt, ist ein Sprach- oder Zeichenverständnis, das sowohl den referentiellen als auch differentiellen Bedeutungsaspekten in der Sprache auf eine argumentativ durchgängige Weise gerecht werden könnte.[15] Ein schlechter Kompromiß – das sei hier betont – wäre es, wenn man nunmehr Saussures Zeichenbegriff von *Signifikat* und *Signifikant* an die Stelle des Fregeschen *Sinns* setzten würde und anstelle der fehlenden Saussureschen Referenz die Fregesche *Bedeutung*: denn diese Vermittlung würde unwillkürlich an dem nicht vereinbaren Gegensatz zwischen Freges nomenklatorischem Sprachverständnis und der strikten und grundlegenden Weigerung Saussures, die Sprache als eine Nomenklatur zu begreifen, scheitern.

Will man nichtsdestotrotz dem Bedeutungsproblem in all seinen vielschichtigen Aspekten gerecht werden, so stellt sich – wie ich meine – die Notwendigkeit, die referentiellen Bezüge, die wir mit den Sprachen herzustellen pflegen, nicht im theoretischen Gegensatz zu ihrer differentiell angelegten Struktur zu belassen. Ganz in diesem Sinne ist es zu begrüßen, daß gegenwärtig Anstrengungen unternommen werden, um diesen Gegensatz zu überwinden.[16] Am vielversprechendsten scheint mir dabei der Versuch einer *Differentialisierung der Referenz* zu sein. Denn es spricht einiges dafür,[17] daß das referentielle Wissen erst allmählich und nicht zuletzt mit dem der Sprache eigenen Wissen um die Differenz erworben wird. Was in anderen Worten heißt, daß auch das Erkennen von sachgemäßen Komponenten bei der menschlichen Welterschließung nur durch die immer schon sozial vorgenommene Vermittlung von wertgemäßen Unterschieden möglich wird. Das aber hieße, die *Referenz* letztendlich als einen *speziellen Effekt von Differenz* zu begreifen; ein Unternehmen, bei dem freilich auch der Begriff der „Differentialität" weiterentwickelt werden müßte und nicht nur der Sprache vorbehalten bleiben dürfte, sondern als jene grundlegende Struktur definiert werden müßte, über die die bedeutungsgemäßen Parameter aller Zeichensysteme angelegt sind und über die nicht zuletzt auch die Bedeutsamkeit individueller und vorsprachlicher Wahrnehmungen konstituierbar wäre; ein Unternehmen also, das nicht nur dazu beitragen könne, die jahrhundertealten Gräben zwischen den beiden Bedeutungstraditionen endlich zu überwinden, sondern das auch dafür geeignet wäre, um die erkenntnistheoretisch scheinbar unvereinbaren Positionen in der aktuellen feministischen Theorie komplex zu integrieren.

---

[15] In diesem Zusammenhang gilt es als Alternative sicherlich auch auf das von *Charles S. Peirce* (1839 – 1914) entwickelte *ternäre Zeichenmodell* zu verweisen, das auf den ersten Blick die sich bei Saussure und Frege ausschließenden Aspekte auf eine argumentativ durchgängige Weise zu integrieren scheint. (Vgl. dazu: Peirce, Charles S.: Eine neue Liste der Kategorien. In: ders.: *Semiotische Schriften I*. Suhrkamp, Frankfurt am Main 1986, S. 155 f.) Obwohl es Peirce mit seiner Unterscheidung dreier Zeichenklassen (Index, Ikon, Symbol) ohne Zweifel gelang, konventionelle und außersprachliche Aspekte zu verbinden, muß dennoch festgehalten werden, daß es sich dabei um *kein sprachliches Zeichenmodell* handelt, so daß auch mit seinem Lösungsvorschlag das Verhältnis zwischen Freges referentiellen und Saussures differentiellen Aspekten in der Sprache letztendlich nicht geklärt werden kann.

[16] Zu diesen Bemühungen kann beispielsweise der Ansatz von Renate Dürr und Hans Lenk gezählt werden, die versuchen, menschliches Bewußtsein und die Wahrnehmung von der Welt im Verhältnis von vorsprachlicher Bedeutsamkeit und sprachlicher Bedeutung zu bestimmen. Dabei gehen sie einerseits davon aus, daß Bedeutung und Referenz sich nicht voneinander trennen lassen würden (S. 198), und daß andererseits die gegenständliche Welt uns dennoch nur über Interpretationen erfahrbar wäre. Deshalb schlagen sie vor, die Dinge als „Interpretationsobjekte" und die Begriffe als „Interpretationskonstrukte" (S. 209 f) zu bezeichnen. Meines Erachtens läuft dies auf eine *Referentialisierung der Differenz* hinaus, nicht nur weil sie eine in sich bedeutungsvolle Welt der Objekte voraussetzen, sondern auch weil der Mensch nach Dürr und Lenk diese lange vor der Sprache als referentielle Zeichen deuten kann. Die Sprache wird von ihnen bloß als eine spätere Möglichkeit betrachtet, diesen referentiellen und bedeutungsgebenden Bezug zu den Dingen zusätzlich auch in dem kulturschaffenen System differentiell konstituierter Symbole zu bezeichnen. Dadurch wird hier aber letztendlich die der Sprache eigene, konventionell bestimmte Struktur referentialisiert – was in anderen Worten heißt, daß ihr differentielles Prinzip auf die Vermittlung von Referenz zurückgeführt wird. Vgl.: Dürr, Renate und Lenk, Hans: Referenz und Bedeutung als Interpretationskonstrukte. In: Trabant, Jürgen (Hg.): *Sprache Denken. Positionen aktueller Sprachphilosophie*. Fischer, Frankfurt am Main 1995, S. 191-223.

[17] Siehe dazu die Ausführungen Charles Taylors, wonach erst mit der kommunikativen und öffentlichkeitsbildende Eigenschaft der Sprache und insbesondere durch den invokativen Gebrauch der Namen die notwendigen Voraussetzungen gegeben sind, um ein repräsentatives Verständnis von Zeichen und Welt aufzubauen: Taylor, Charles: Bedeutungstheorien. In: ders.: *Negative Freiheit?*, a. a. O., S. 109 ff.

**Workshop 16
Risiko – Umgang mit
Ungewißheit und Nicht-Wissen**

Risiko und Doping im Hochleistungssport

Dr. Volker Caysa

Doping ist als Versuch zu betrachten, mit den zentralen Unwägbarkeiten des Hochleistunssports fertig zu werden. Denn es geht darum, mit wissenschaftlichen und technischen, z.B. mit pharmakologischen Mitteln, die immer relativ unbeherrschbare eigene Physis, die Zufallsbedingungen sportlicher Leistungen und die Unberechenbarkeiten der Konkurrenz beherrschbar und kontrollierbar zu machen. Doping ist durchaus zutreffend als "Technik der Unsicherheitsabsorption"[1] bezeichnet worden. Das Ideal, daß Trainern, Athleten wie auch den sie begleitenden Wissenschaftlern und Ärzten vorschwebt, ist immer das einer möglichst eineindeutigen Zweck-Mittel-Beziehung zwischen Training, Athlet und Leistung im Wettkampf per Doping. Denn nur wenn "möglichst treffsichere Wenn-Dann-Beziehung(en) zwischen Mitteleinsatz und Zielerreichung"[2] etabliert werden, nur wenn die gewünschten Kausalitäten auch kontrollierbar eintreten, kann die fundamentale Unfähigkeit nicht nur der Sportler, sondern auch der Trainer, Ärzte und Wissenschaftler, eindeutig eine sportive Höchstleistung zu erzeugen, beherrscht werden. Daher muß sowohl der gesamte Trainingsprozeß wie auch das medizinische, wissenschaftlich-technologische und soziale Begleitprogramm darauf ausgerichtet werden, per Wissenschaft die möglichen Unsicherheitsfaktoren immer genauer zu erkennen und sie zu reduzieren, indem man sie entweder ausschaltet oder kontrollierbaren Rahmenbedingungen unterwirft. Insofern Doping aber auf die Gefahr, auf das Wagnis der niemals absolut sicheren Leistungserbringung reagiert, kann es nicht einfach als auf "Innovation ausgerichtete Ersatztechnolgie"[3] bezeichnet werden, sondern muß weitergehend als auf Innovation ausgerichtete Riskotechnologie begriffen werden, mit der die Zufälle des Sieges, die Gefahr der Nichtleistung, das Wagnis des Versagens kontrollierbar gemacht werden sollen, indem sie möglichst vollständig ausgeschaltet werden. Vermittels Doping versucht man also, das Unberechenbare durch Berechnung nach dem Kausalitätskalkül der klassischen Physik beherrschbar zu machen. Es ist somit als eine Art "Leistungsfürsorge" zu betrachten, die darauf zielt, Schaden, d.h. das Nichterbringen einer Leistung zu vermeiden. Tritt solch ein "Schaden" dann doch ein, ist er nach der in der Trainingswissenschaft vorherrschenden scientistischen Denkart behebbar: Denn der Prozeß der Leistungserbringung ist an irgendeiner

---

[1] Vgl. Bette, K.-H./Schimank, U.: Doping im Hochleistungssport. Frankfurt am Main 1995, S.175.

[2] Vgl. ebenda S. 174.

[3] Ebenda S. 174.

Stelle falsch berechnet oder geplant worden, weil man z.B. über nicht ausreichendes analytisch-empirisches Wissen verfügte. Das aber hat die grundlegende (und berechtigte) Illusion vieler angewandter Sportwissenschaften zur Folge, daß letzlich durch wissenschaftlich-technische Anstrengungen die prinzipielle Unsicherheit sportlicher Leistungserbringung fundamental eingeschränkt werden könnte. Diese Illusion kann sich aber auch zu der Ideologie verfestigen, das Risiko sei durch Einsatz von Wissenschaft und Technik nicht nur zu berechnen, sondern könne sogar ganz "weggerechnet" werden. Diese Ideologie war für das systematisch betriebene Doping in der DDR grundlegend. "Schäden", Mißerfolge waren und sind nach ihr nur Folgen von mangelndem empirisch-analytischen Wissen, menschlichem Versagen und falschen Anwendungen von Wissenschaft, die revidiert werden können, wird das analytisch-empirische Wissen vervollkommnet, der Mensch optimiert und werden die falschen Anwendungen korrigiert. Der Glaube an die prinzipielle Berechenbarkeit sportlicher Höchstleistung ist dabei immer grundlegend. Nicht erbrachte Leistungen können an diesem wissenschaftlichen Glauben nicht nur nichts ändern, sondern dienen nur als Problemfeld, auf dem er sich immer wieder zu bestätigen sucht und nach wie vor auch wirklich bestätigt. Der "auf Sicherheit zielende technisch-pharmakologische Durchgriff"[4], der mit dem Doping verbunden ist, ist aber nicht nur notwendig, um die Unwägbarkeiten sportiver Leistungserbringung in den Griff zu bekommen, sondern er ist auch notwendig, um für die Athleten, die Zuschauer, die Veranstalter und die Sponsoren den Hochleistungssport zu einem "normalen Beruf" zumachen, in dem man mit dem Risiko einer zu erbringenden Höchstleistung möglichst genau kalkulieren kann. Nicht nur Trainer und Athleten, sondern die Interessen der Sportfans, Sportförderer und -veranstalter erzeugen das "Bedürfnis nach Unsichheitsabsorption" per Dopingtechnologie, um die notwendigen Höchstleistungen von Menschen mit "fehlbaren Körpern", durch die doch das Geschäft erst funktioniert, möglichst situationsunabhängig wiederholbar und planbar zu machen. Dazu braucht man aber Technologien, die im Idealfall streng-kausale Beziehungen zwischen Mitteleinsatz und Zielerreichung herstellen, um Höchstleistungen zu garantieren und die Faktoren ausschalten, die eine Höchstleistungserbringung gefährden. Die Erforschung dieser Technologien basiert auf der Illusion, mehr theoretisches Wissen bedeutet mehr praktische Gewißheit. Mehr Reflexion soll also den praktischen Erfolg garantieren. Verwissenschaftlichung des Körperumgangs bedeutet daher nicht nur Rationalisierung des Nicht-Wissens, sondern zielt auf eine möglichst eineindeutige Garantie sportiver Erfolge durch wissenschaftliche Reflexion.

Zu diesem Erfolgsrezept gehört aber paradoxerweise notwendig auch der Reflexionverzicht im Hochleistungssport, der auf zweifache Weise erzeugt wird. Zum einen verzichtet man bewußt

---

[4] Ebenda S. 176.

auf kritische Reflexionen über das eigene Tun außerhalb der (natur-)wissenschaftlichen Reflexionsinstanzen, wenn möglich verdrängt man diese oder unterdrückt sie bewußt. (Das ist einer der Gründe, warum es in der DDR im Vergleich zur BRD keine so hoch entwickelte Sportsoziologie und Sportphilosophie gab. Man ging davon aus, daß durch Reflexionsverzicht bis hin zur Unterdrükung der Reflexion über das Risiko, das Risiko besser bewältigt werden könne: "Augen zu und durch!" war auch dort die Losung.)

Zum anderen erzeugt das Doping mit anabolen Steroiden selbst beim Athleten einen Reflexionsverzicht, insofern es psychische Nebenwirkungen (Aggressionen, Depressionen, Sexismus, Koordinationstörungen, aber auch Glücksgefühle, Wohlbefinden bis hin zu Euphorie, Allmachtsphantasien und Größenwahn) erzeugt. Dadurch kann sich der Athlet wirklich nicht mehr reflektierend verhalten, selbst wenn er es wollte.[5] Bspw. sagte der DDR-Hammerwerfer Detlef Gerstenberg[6] des öfteren, wenn ihm schlimme sexuelle Entgleisungen im Trainingslager passiert waren oder auch nur kleine aggressive Ausbrüche beim alltäglichen Kastenfußball, und er sich später dafür schämte, er könne nichts dafür, denn er "stehe unter Strom". Doping - das war für ihn, "als ob Du unter Strom stehst". Das meint aber eben nicht nur die mit dem anabolen Doping verbundenen Muskelverspannungen, die bis zu starken Muskelkrämpfen ("Hartspann") gehen können, sondern das meint die positiven Körperbefindlichkeiten, die mit den psychogenen Nebenwirkungen verbunden sind. Hochleistungssportlern ist eine extrem sensible Körperwahrnehmung eigen, die bis zur Hyperchondrie und zum Aberglauben gehen kann. Dies führt dazu, daß sie das mit dem Anabolikakonsum immer auch verbundene positive Körpererleben, das mit dem körperlichen Wohlbefinden nicht nur verbundene Verdrängen von Schmerz und Erschöpfung, sondern die erlebbare, "wunderbare" Leistungssteigerung wie einen Frühlingsrausch, wie einen Glücksrausch, wie einen Kick, einen Flow wahrnehmen und auch deshalb immer wieder diesen Taumel und Rausch suchen.[7] Das kann natürlich beim Absetzen der Anabolika

---

[5] In diesem affektiven Chaos kann es zum "zwanghaften Ausbruch von Tätlichkeiten, bis zur Raserei, dem 'Steroid-Wahn'" kommen. Deshalb werden in einigen Staaten der USA die mit Anabolikakonsum verbundenen Nebenwirkungen als Schuldminderungsgrund bei Gewalttaten anerkannt. Vgl. Berendonk, B.: Doping. Von der Forschung zum Betrug. Reinbek bei Hamburg 1992, S. 146.

[6] Gerstenberg war Olympia-Finalist 1980 in Moskau und Endkampfteilnehmer der Leichtathletik EM 1982. Er starb Anfang 1993, 35jährig, an Leberschäden in Folge von übermäßigem Anabolika- und Alkoholkonsum. Ähnliche Parallelfälle für die "alte" Bundesrepublik sind die des Hammerwerfers Uwe Beyer sowie des Kugelstoßers Ralf Reichbach, beide in den neunziger Jahren jung verstorben.

[7] Uwe Beyer (Bronzemedaille bei den OS 1964, Europameister 1971, zeitweilig Weltrekordler im Hammerwerfen mit 74,90 m) beschrieb seine Erfahrungen mit Anabolika folgendmaßen: "Ich habe sofort gemerkt, daß ich Anabolika nahm. Die Eßgewohnheiten änderten sich, ich hatte einen riesengroßen Appetit. Plötzlich wog ich über 120 Kilogramm. Mein Normalgewicht liegt bei 107 bis 108. Ich erlebte einen sprunghaften Anstieg der Kraftleistungen. Beim Training wurde ich einfach nicht mehr müde. Immer hätte ich Bäume ausreißen können. Das ist etwas, was ich als sehr angenehm empfunden habe in diesem Taumel." Zitiert nach Berendonk, B.: Doping, a.a.O., S. 277-278.

Entzugserscheinungen[8] zur Folge haben. Daher trat nicht nur das Phänomen auf, daß einige Athleten wegen der negativen, teilweise sehr schmerzhaften Nebenwirkungen von Anabolika diese nicht mehr schluken wollten, sondern daß andere Athleten regelrecht anabolikasüchtig wurden bzw., daß die positiven Wirkungen des Anabolikakonsums die negativen kompensierten. Auch deshalb war für Spitzenathleten nicht nur trotz, sondern gerade wegen bestimmter Nebenwirkungen Doping mit anabolen Steroiden attraktiv, und konnte bis zur Anabolikasucht führen.[9] Doping kann man in diesem Kontext durchaus auch als eine besondere Form der Suche nach dem Kick, dem Flow verstehen, mit dem das Risiko sportiver Höchstleistungen selbst zum rauschhaften Erlebnis für die Athleten und zur gelungenen Inszenierung wird. Nicht nur für Gerstenberg war daher die Lebensmaxime: "Ich dope, also bin ich". Diese Selbsttechnologisierung per Riskotechnologie nahm er nämlich nicht kritisch von außen wahr als Form der beginnenden Körperindustrialisierung, sondern von innen - unter Ausschaltung der Reflexion - als gelungene Selbstverwirklichung. Doping als körperindustrielle Risikotechnologie war daher für ihn kein industrialisierter Dionysoskult, sondern eine Technik des positiven, erfolgreichen, dionysischen Selbsterlebens. Daher nahm er gar nicht wahr, daß diese Risikotechnologie schon nicht mehr als Selbsttechnologie funktionierte, sondern zu einem biopolitischen Instrument wurde, das mit dem Körper des Athleten die Überlegenheit eines politischen Systems zu beweisen sollte. Weil Gerstenberg während der totalen Selbstmechanisierung des Körpers per Doping durch das Erleben des Dopings in einen Reflexions- und Bewußtseinsverlust hineingeriet, wie sie für Flow-Erlebnisse beschrieben werden und wie sie bspw. auch bei Reinhold Messner zu finden sind, wurde aus seinem Erfolgsstreben nicht nur Rekordsucht (die dann letzlich nicht belohnt wurde), sondern aus diesem wurde Dopingsucht. Doch diese Dopingsucht als Risikosucht kommt nicht nur allein durch die Systemlogik des Hochleistungssports zustande, sondern der Athlet selbst wollte die hemmungslose Leistungssteigerung bis hin zum hemmungslosen Doping, weil er das Doping für sich reflexionslos positiv wahrnahm. Die Folge war, daß Gerstenberg sich bis 1984 offenbar nicht mit Hilfe einer extremen Risikotechnologie fremdausgebeutet fühlte, sondern sich selbst selbst hemmungslos ausbeutete und damit positive Erlebnisse verband.[10] Für ihn war Doping dann keine apollinische Risikotechnologie mehr,

---

[8] Uwe Beyer beschrieb schon nach der ersten "Pillenpause" starke Entzugserscheinungen: "Nach drei Tagen war alles weg. Ich wurde lustlos, depressiv, ja es ging hin bis zur Hoffnungslosigkeit und Resignation. Ich litt regelrecht unter Entzugserscheinungen wie ein Drogenabhängiger. Und dabei hatte ich nur geringe Dosen genommen. Andere nehmen bis zu 40 [Milligramm]. Wenn ich allein im Zimmer war, hatte ich das Gefühl, im Gefängnis zu sitzen und nicht ausbrechen zu können." Ebenda S. 278.

[9] Mittlerweile gesteht auch Prof. Keul, Anabolikaberater von Uwe Beyer ein, daß die "Entwöhnung schwierig ist" und "in Abhängigkeit geratene Athleten es nicht immer schaffen, Anabolika abrupt abzusetzen, sondern nur davon loskommen, wenn man ihnen einen Übergang verschafft." Ebenda.

[10] Dieser Reflexionsmangel und die positiven Selbsterlebnisse, die mit erfolgreichem Doping verbunden sind, sind

durch die das Dionysische des Risikos durch das Apollinische beherrscht und kontrolliert wird und dadurch überlebbar bleibt, sondern das Dionysische des Dopings verselbständigte sich in seiner Technologisierung, es wurde hemmungslos bis hin zu dem Fakt, daß es sich gegen das Subjekt, das es anwendete, kehrte und sein Leben forderte.

Erst als die DDR die Olympischen Spiele von Los Angeles boykotierte und Gerstenberg erkennen mußte, daß die ganze Anabolikaroßkur umsonst gewesen war - er konnte nicht wie geplant mindestens Medaillengewinner werden -, zog er sich enttäuscht und verbittert aus dem Hochleistungssport zurück. Aber da war es schon für seine Leber und seine Bauchspeicheldrüse zu spät.

Die Wurfmaschine, von der Gerstenberg träumte, wenn er sich auf Filmschleifen die Bewegungstudien der besten Hammerwerfer der Welt immer und immer wieder ansah, darunter die von Uwe Beyer, der sein Vorbild war, und für die er alles getan hatte, um sie gegenüber seinen Konkurrenten zu optimieren, begann sich selbst zu zerstören. Und auch die Medizin, die ihm ermöglicht hatte, dieses wunderbare Schleudergerät zu bauen, das nun sein Körper war, und die den Hammer auf damals sagenhafte 80,50 Meter katapultierte, konnte ihm nun nicht mehr helfen. Die revolutionäre Körpertechnologie Doping begann den von ihr erzeugten Athleten selbst zu verschlingen. Der per Doping hemmungslos als Wurfmaschine technologisierte Körper wurde nun von der Technologie selbst verschlungen. Der Versuch, per Risikotechnologisierung die Kontrolle über mindestens partiell Nichtkontrollierbares zu erlangen, war außer Kontrolle geraten. Die Sicherheitstechnologie erzeugte ein nicht mehr versicherbares Risiko. Denn Doping als Mittel im Sport, das Risiko per Risikoverschiebung zu bewältigen, hatte nun ein viel größeres Risiko erzeugt. Die Erfindung der sportiven High-Tech-Leistung durch Doping, die das Risiko der Nichtleistung verhindern und die Sicherheit der Leistungserbringung garantieren sollte, hatte nun das Risiko derart gesteigert, daß am Ende überhaupt keine Leistung mehr erbracht werden konnte: Denn der Athlet, der sie erbringen könnte, ist schon tot, bevor er sie erbringen kann. Doping als Versicherungstechnik, als Technik des Sicherseins (der gewünschten Leistungserbringung), macht uns durch die ihm eigene negative Dialektik nicht nur das Risiko-Sein des Hochleistungssports auf tragische Weise bewußt, sondern es zeigt uns auch, daß die Verdrängung der Gefahren durch Technologisierung des Risikos dazu führen kann, daß sich das durch "Risikoabsaugen" entstandene Sich-sicher-sein als Sein-zum-Tode offenbart.

Der Sinn des Höchstleistungssports stellt sich demzufolge durch Doping selbst in Frage. Denn Doping als Mittel, durch das das Risiko der Nichterbringung einer Höchstleistung per Wissen-

---

ein wesentlicher Grund dafür, daß ehemalige Spitzenathleten der DDR bis heute nicht die kritische Diskussion um Doping positiv verstehen können. Ihrer Selbstwahrnehmung des Dopings liegt eine ganz andere Erfahrungsstruktur zugrunde als bei den Dopingkritikern.

schaft und Technik ausgeschlossen werden soll, potenziert dieses Risiko durch Risikoverschiebung, die zur Nicht-Risikowahrnehmung und Risikoverdrängung führen kann. Die angestrebte Risikoreduktion führt dann wie in unserem Fall zu einer nichtwahrnehmbaren Risikosteigerung, die weder gewollt noch beherrschbar ist. Dies geschieht dadurch, daß diese Technologie eben nicht reflexiv gebremst, sondern hemmungs- und maßlos (wie im Fall Gerstenberg) angewandt wird. Die Folge ist, daß die Schutz- und Warnsignale des Körpers und der Psyche - wie Krankheit, Verletzungen, Ermüdungen - überrumpelt, weggeschluckt und weggespritzt werden. Der Körper wird per Dopingtechnologie systematisch überfordert, und er merkt es nicht mehr, weil diese Technologie zugleich auch das körpereigene Warnsysten ausschaltet.

Die rigorose Augenblicksorientierung, die im Hochleistunssport durch die unbedingte Erfolgsorientierung allgegenwärtig ist, führt dazu, daß die Zukunft des Körpers radikal mißachtet wird. Es zählt die erfolgreiche, augenblickliche Körperinszenierung. Das aber hat zur Folge, daß gerade der Versuch, das Risiko der Leistungserbringung mindestens für den entscheidenden Augenblick einzudämmen, langfristig zur Erhöhung des Risikos für Leib und Leben führt, sofern mit der Risikotechnologie Doping nicht reflexiv umgegangen wird, sofern sie nicht nur kontrolliert, sondern sogar zurückgenommen oder abgeschafft wird. Gerade aber im Sinne eines ökologischen Verhältnisses zu der Natur, die wir selber sind, wäre solch eine selbsttechnologisch-ökologische Zurücknahme von extremen, industrialisierten Risikotechnologien notwendig, wie es Reinhold Messner vorschlägt. Denn schon jetzt ist die Dopingtechnologie als Risikotechnologie eine Todestechnologie, die massenhaft und unkontrolliert im Fitneßsport zur Anwendung kommt. Die Orientierung auf die ökologisch-reflexive Anwendung von Risikotechnologien im Sport, die bis zur gewollten Nichtanwendung bestimmter Technologien im Sport führen kann, ist nicht nur für die Zukunft des Hochleistungsports grundlegend. Sondern sie ist auch grundlegend für die Frage, ob die immer mit einem Risiko behafteten Körperinszenierungen im Sport auch in Bezug auf das Verhältnis zum eigenen Körper beherrschbar bleiben können oder ob wir per Körpertechnologisierung (in der sich das heutige Doping nur als ein bescheidener Anfang erweisen könnte) unseren Körper dem realen Tod durch unkontrollierbare Risikosteigerung in der vermeintlichen Risikoverminderung aussetzen. Dann aber könnten wir das nicht mehr realisieren, was wir in der ungehemmten Körpertechnologisierung suchen: Selbstverwirklichung. Denn das Selbst kann sich selbst in seiner ungehemmten Selbsttechnologisierung per Risikotechnik Doping absolut zerstören.

Gerade der Hochleistungssport und das mit ihm verbundene Doping, das sich schon längst im Fitneßbereich illegal ausgebreitet hat, beweisen, wie mit der wachsenden technologischen Komplexität der Erzeugung sportlicher Höchstleistungen neue Unbeherrschbarkeiten des sportiven Risikos durch Risikotechnologien entstehen, die gerade das Risiko mindern sollen. Die Risikobewältigungstechnologie Doping führt uns vor Augen, daß durch die wissenschaftlich-technische Kalkulierbarkeit von sportlicher Höchstleistung ein neue Unkalkulierbarkeit im Höchstleistungsport entsteht, so daß der Höchstleitungssport selbst seine Existenz und Legitmität in Frage stellen kann, indem er das Leben derjenigen, die ihn tragen, zerstört.

In dem Versuch, per Doping eine sportive Höchstleistung eineindeutig beherrschbar zu machen, ist uns mittlerweile die Zuversicht verlorengangen, ob dies möglich ist. Denn es ist zuviel Unberechenbares in dieser Berechnung aufgetreten, so daß letztere selbst fraglich erscheint. Die Alternative dazu kann aber nicht einfach sein, gänzlich den Versuch aufzugeben, auch sportive Risiken wissenschaftlich-technisch zu kalkulieren, sondern es muß das Nichtreflektierte, das Unkalkulierte der bisherigen Körpertechnogisierungen im Höchstleistungssport reflektiert werden. Es muß der Übergang von einer nichtreflexiven, unkritischen zu einer reflexiven, kritischen, selbstgemäßigten Körpertechnologisierung vollzogen werden, um die möglichen Risiken des Sports überhaupt noch beherrschen zu können. In diesem Kontext gilt es dann auch für die Technologisierung der Körper im Sport zu fragen, ob all das, was körperindustriell machbar ist, auch körperökologisch sinnvoll ist, und ob wir nicht selbstbewußt die beginnende Körperindustrialsierung, deren Vorbote das Doping mit anabolen Steroiden, EPO und Wachstumshormonen nur ist, technologisch mäßigen sollten bis hin zu der Konsequenz, uns einige Körpertechnologien per Konvention selbst zu versagen, obwohl sie machbar sind.

Vertrauen durch Nicht-Wissen?

Andreas Kahler

Vorherzusagen, daß künftige Gesellschaften keineswegs Vertrauen im großen Maßstab entbehren können, trotz allem Gewinn an Wissen und Technik, klang vor wenigen Jahrzehnten gewiß unvertrauter als für uns. Ein Soziologe, der jedoch bereits 1968 ganz dezidiert diese Prognose abgab, war Niklas Luhmann. „Die zunehmende Komplexität" sämtlicher Planung sowie Vorausberechnung, so Luhmann damals, erhöht den Bedarf „für Vergewisserungen der Gegenwart, zum Beispiel für Vertrauen." Schließlich biete Planung nie den erhofften „Gewißheitsäquivalent" (Luhmann 1968, 10), statt dessen bleibt uns die Kontingenz treu. Auch wenn Luhmanns spätere „Soziologie des Risikos" etwas resigniert fordert, „mit neuen Formen der sozialen Regulierung von Risikoverhalten [zu] experimentieren" (Luhmann 1991, 134), ist die Frage nach der Konstitution des Vertrauens keinesfalls erledigt. Die folgende Skizze einer Analyse soll herausstellen, wie sich Vertrauen als Disposition eigener Art begrifflich fassen läßt; zum einen in temporaler, zum anderen in epistemischer Hinsicht. Auf die im Titel gestellte Frage möchte ich mit Blick auf die Metapher des *blinden Vertrauens* zu antworten versuchen.

In der heutigen Debatte um die „reflexive Modernisierung" tritt „Vertrauen" in Verbindung mit dem Risikothema in den Vordergrund. Zwar entzieht sich das Schlagwort „reflexive Modernisierung" zum Teil eindeutigen Explikationen, aber der Risikogedanke ist unverkennbar. Kennzeichen reflexiver Moderne ist die „hergestellte Unsicherheit" (Beck 1996, 290), unter welcher die Akteure ihre Lage immer wieder neu definieren müssen. Das im Zuge der Modernisierung erzeugte Wissen bringt den Wandel der Gesellschaft in Abhängigkeit mit Wissens-gestützten Rekonstruktionen ihrer Institutionen, so daß stets zu revidierende Begründung und Entscheidung die soziale Praxis bestimmen. Waren es vor allem Wissensdynamik und Zweckrationalität, welche die „einfache" Moderne antrieben, so bewegt unsere reflexive Moderne - zusätzlich - eher das Bewußtwerden von „Nebenfolgen", welche sich aus der Modernisierung ergeben. In dem Maße, in dem nunmehr die Konsequenzen der Modernisierung zur Grundlage weiterer Veränderungsprozesse werden, institutionellen Handelns oder gesellschaftswissenschaftlicher Theoriebildung, läßt sich von veränderter „Reflexivität" sprechen.

Mit der Formel von der „reflexiven Modernisierung" verbindet sich nun bei Ulrich Beck u.a. eine risikosoziologisch motivierte Reflexion auf das Thema Nicht-Wissen. Beck behauptet - was paradox anmuten mag - eine Priorität des Nicht-Wissens: „*Nicht Wissen, sondern Nicht-Wissen ist das 'Medium' reflexiver Modernisierung.*" (Beck 1996, 298) Beck schlägt daher in seiner Kontroverse mit Giddens eine Revision des Wissensbegriffs vor, um dem mit aller Verwissenschaftlichung und Wissensdynamik einhergehenden Wachstum an *Nicht*-Wissen Rechnung zu tragen. Seine gewitzte Umdeutung des Wortes „reflexiv" im Sinne von „Reflex" ist sich allerdings der Schwierigkeit dieser Absicht bewußt. Zwar kann der zentrale Begriff der „Nebenfolgen" begründen, weshalb eine veränderte Sicht auf Wirkung und Konsequenz des Nichtwissens, oder auch Nicht-Indendierten, angeraten erscheint. Aber „Wissen oder Nicht-Wissen" stellt freilich keinen einfachen Gegensatz dar: „So kann sich die Rede vom 'Zeitalter der Nebenfolgen', ohne mit sich selbst in Widerspruch zu geraten, nicht auf absolutes Nicht-Wissen, sondern nur auf relatives Nicht-Wissen berufen und die Art dieser Relativität" (Beck 1996, 289).

Dieser Relativität entspricht es, daß Becks Akzent auf Nichtwissen viel weniger in Opposition zu Giddens steht, als es jener vorgibt. Der Dissens besteht nur in einer leichten Verschiebung bezüglich des Verhältnisses von Risiko und Vertrauen: So kann Giddens sowohl Becks These zustimmen, wonach die historisch erste Globalgesellschaft auf dem Risikoprinzip beruht, als auch darauf beharren, daß wir es nur relativ mit einer Risiko-Gesellschaft zu tun haben, daß zeitgleich „folgenreiche und wichtige Wandlungen von Vertrauensmechanismen" stattfinden (Giddens 1996, 319). Und vor dem Hintergrund temporaler (a) sowie epistemischer (b) Charakteristika des Vertrauens ergibt es Sinn, die Frage nach Nichtwissen mit der nach Bedingungen des Vertrauens (c) zusammenzubringen.

a) Temporale Hinsicht

Ungeachtet dessen, auf wen oder was sich im einzelnen Vertrauen richtet, charakterisiert seine zeitliche Konstitution zunächst die *Zukunfts*bezogenheit. Eine spezifische Art von Erwartung implizierend, scheidet diese temporale Gerichtetheit aktives Vertrauen deutlich von auf Vertrau*theit* gründender Einstellung (Gewißheit). Diese Differenz macht sich um so spürbarer bemerkbar, je tiefgreifendereVeränderungsprozesse die vormals vertraute Welt erfassen, welche in ihrer Selbstverständlichkeit von der Vergangenheit bestimmt war.

Es scheint indes unmöglich, diese gegenläufigen Ausrichtungen in Form eines Gegensatzpaares zu denken. Auch Vertrauen fassend, richten wir unser Verhalten gewissermaßen in einer gleichzeitigen Bezogenheit aus, zurück und voraus: „Aber Vertrauen ist keine Folgerung aus der Vergangenheit, sondern es überzieht die Informationen, die es aus der Vergangenheit besitzt und riskiert eine Bestimmung der Zukunft" (Luhmann 1968, 18).

Vom Zukunftsbezug her Vertrauen zu betrachten ist eine Hinsicht neben anderen, etwa der, welcher es auf soziale Kohäsion ankommt, oder jener, die auf verschiedene Arten des Vertrauens abzielt, also bereichsspezifische Ausprägungen von Vertrauensverhältnissen, z.B. in Familie, Politik, Wirtschaftsunternehmen, Medizin etc., in den Blick nimmt.

Beide Konzepte, Risiko wie Vertrauen, implizieren die gesellschaftliche Stabilisierung einer Zukunft. Die Erwartungsdisposition des Vertrauens nun ist, nach dem soweit Gesagten, nicht von vornherein stabiler, sondern hat sich im Handlungsvollzug zu bewähren. In Vertrauensverhältnissen entstehen Bindungen an etwas, das erst noch kommt. Hierauf komme ich anhand des „blinden Vertrauens" zurück.

b) Epistemische Hinsicht

Eine Affinität zum „Risiko" zeigt sich daran, daß wir uns vertrauend bezeichnenderweise auf Unsicherheit einlassen, d.h. Risiko eingehen. Womit nicht gesagt ist, im typischen Fall ginge immer dem Vertrauen eine Entscheidung voraus, welche durch Gefährdungsabwägung sowie Kalkulation bestimmt wäre. Zunächst einmal verweist das konstitutive Unsicherheitsmoment vielmehr auf die Vertrauen auszeichnende Differenz zum Wissen. Sofern Vertrauen sich wesentlich auf Unsicherheit, Kontingenz hin vollzieht, lautet die - zugegebenermaßen überzogene - Frage, ob es geradezu *Nicht-Wissen* sei, das Vertrauen ermöglicht.

Hinsichtlich seiner kognitiven Struktur zeichnet den Akt des Vertrauens jedoch aus, daß er *zugleich* Wissen und Nichtwissen impliziert. Georg Simmel charakterisierte den „Zustand" als den einer Mischung von Wissen und Nichtwissen; dem Umfang nach variieren dabei die beiden Anteile, je nach den Umständen. Wer vertraut, setzt auf eine Vor-Annahme über den weiteren Handlungsverlauf. Weder Wissen noch Nichtwissen allein ermöglicht, Vertrauen zu schenken: „Der völlig Wissende braucht nicht zu vertrauen, der völlig Nichtwissende kann vernünftigerweise nicht einmal vertrauen." (Simmel 1922, 263f.) Unterscheiden läßt sich nach Simmel davon allerdings die Art Vertrauen, welche dem Glauben gleicht, sofern bei diesem tatsächlich keine Gründe oder Indizien in Anspruch genommen werden, etwa für die Vertrauenswürdigkeit der anderen Person. Glaube löst sich also mehr oder weniger von der Frage, was in Erfahrung gebracht werden kann.

Generell kennzeichnet der doppelte Bezug auf *Wissen und Nichtwissen* jedes Vertrauen. Schließlich befindet sich nur, wer weder vollständig noch überhaupt nichts weiß, in der Lage, vertrauen zu können beziehungsweise Vertrauen zu brauchen. Und hier liegt auch der Unterschied etwa zu Einstellungen des Hoffens. Der vertrauensspezifische kognitive Gehalt muß im Wie jenes doppelten Bezugs analysiert werden. Vertrauen als Disposition eigener

Art zu beschreiben meint auch, die Selbstbindung darzustellen, welche in der Bestimmung des Doppelbezugs involviert ist.

c) „Blindes Vertrauen"[1]

Es bietet sich an, den strittigen Status des Nichtwissens hier anhand der Metapher vom blinden Vertrauen zu diskutieren, wie sie vor allem Giddens in die Diskussion brachte. „Blindheit" bezeichnet dabei heuristisch die Frage nach der epistemischen Negativität des Vertrauens.

Das von Luhmann pathologisch genannte Vertrauen „ohne Rücksicht auf Partner, Situation und Umstände" (Luhmann 1968, 31) kann freilich nicht gemeint sein; obgleich Giddens mit Recht darauf hinweist, daß Vertrauen sich unterscheidet vom „abgeschwächten induktiven Wissen", denn „dieses ist ein Zutrauen, das auf einer gewissen Herrschaft über die Umstände beruht, unter denen dieses Zutrauen berechtigt ist." Giddens verortet Vertrauen (trust) hingegen in einer lockeren Anbindung an Zutrauen (confidence) und betont, daß alles Vertrauen „in gewissem Sinne blindes Vertrauen" ist (Giddens 1995, 49). Was besagt diese positive Wertung gegenüber Luhmanns Ablehnung von „viel Vertrauen" (vgl. Luhmann 1991, 154)?

Natürlich sagt Giddens nicht, jedes Vertrauen werde ohne Rücksicht auf die Situation verschenkt. Er spricht von einem Element - neben anderen - im Vertrauensakt. Das Element 'blindes Vertrauen' findet sich bei allem Vertrauen, was wohl eine strukturelle Komplexität, jedoch nicht unbedingt einen Widerspruch bedeutet.

Als ein konstitutives Element steht es für die emotionale Öffnung (gegenüber dem „Objekt", der anderen Person) sowie die (kognitive) Antizipationsleistung. Hinzu kommt die Verletzbarkeit dessen, der Vertrauen faßt und schenkt, die vom vertrauensvollen Verhalten nicht zu trennen ist. Der aktiv Handelnde setzt prinzipiell Vertrauen in etwas, was vielleicht nicht geschehen wird. „Blind" vertrauen wir hier letztlich, weil es keine Garantie dafür gibt, was die Zukunft bringen mag.

Soweit diese Beschreibung einleuchtet, erhellt daraus die Relevanz der *Stabilisierungs*frage: *Trotz* Unsicherheit stellt die affektiv-kognitive Beziehung zum „Objekt" eine Bindung dar. Im Vertrauensvollzug stabilisiert sich diese Beziehung kognitiv sowie affektiv; ohne daß wir mit Luhmann trennscharf zwischen Vertrauen aus Gefühlsfixierung und Darstellungs-gestütztem Vertrauen unterscheiden müßten (Luhmann 1968, 80ff.). (Diese Unterscheidung bringt gewiß

---

[1] Auf schöne Weise wörtlich genommen hat den Ausdruck unlängst eine Ausstellung in Berlin: „Blindes Vertrauen. Versteckt am Hackeschen Markt 1941 - 1943. Ausstellung in der ehemaligen Blindenwerkstätte Otto Weidt. 5. März bis 4. April 1999". Otto Weidt, dem Blinden, an den die Ausstellung erinnert, soll als jemandem gedacht werden, so das Begleitheft, der bereit war, „sich dem Unrecht entgegenzustellen ohne Rücksicht auf ... eigenes Risiko" (Inge Deutschkron).

systematische Klarheit, vermag auf Dauer dennoch wenig zu übezeugen. Instruktiv sind hierzu Ergebnisse der Bewältigungs- und Selbstdarstellungsforschung.) Vermutlich lassen sich die Variationen der Selbstbindung in Vertrauensverhältnissen besser begreifen, wenn wir vom Konzept des „aktiven Vertrauens" (Giddens) ausgehen. Deutlich intersubjektiver gedacht, ermöglicht Vertrauen dieser Idee nach vor allem die Konstruktion wechselseitiger Beziehungen aufgrund gegenseitiger Akzeptanz. So bildet sich ein Hintergrund, vor dem wir bestimmte künftige Reaktionen für selbstverständlich nehmen und der bleibende Unsicherheiten trägt. Nicht auf Grundlage von Gewohnheiten, sondern gegenseitiger Akzeptanz wird hier „aktiv" an der Konstruktion der Beziehungen, Netzwerke gearbeitet.
Ähnliches gilt auf der Ebene institutioneller Vertrauensformen. Viele abstrakte Systeme erscheinen etwa zusehends weniger staatlich garantiert und verlangen aktiveres Vertrauen. Den akzeptablen Stil dieses Vertrauens gilt es jedoch erst noch zu finden.

Noch einmal hervorheben möchte ich, warum die Antwort auf die Titelfrage „Vertrauen durch Nicht-Wissen?" Vorsicht fordert. Die Rede vom „blinden Vertrauen" hat ihren guten (heuristischen) Sinn, wie sich erwiesen hat. Gleichwohl ist Skepsis geboten, denn der primäre Rekurs auf Nicht-Wissen zur Erläuterung von Vertrauen wäre ungerechtfertigt.
Ein geschichtliches Beispiel mag das abschließend illustrieren; es handelt sich „schlicht" um eine Definition, allerdings aus einem Stasi-Wörterbuch:

> „Ein Vertrauensverhältnis [ist eine] Qualität zwischenmenschlicher Beziehungen, die auf Grund komplexer, individuell verschiedenartiger psychischer Erscheinungen zu einer einseitigen oder beiderseitigen Bevorzugung und besonderen Anerkennung in bestimmten Lebensbereichen führt. Ein V. entwickelt sich vor allem aus Kenntnissen über den Partner, gefühlsmäßiger Zuwendung zu ihm und einstellungsmäßigem Verlassen auf ihn." Und die Definition fährt übergangslos fort: „In der politisch-operativen Tätigkeit wird in der Regel von V. zwischen operativem Mitarbeiter und IM gesprochen, wobei anzustreben ist, daß der IM dem operativen Mitarbeiter volles Vertrauen entgegenbringt, während der operative Mitarbeiter in seinem Verhältnis zum IM den Sicherheits- und Kontrollaspekt nicht außer acht lassen darf. Zwischen IM und operativ interessierender Person wird in der Regel von vertraulichen Beziehungen gesprochen, die ausdrücken sollen, daß die operativ interessierende Person zum IM volles Vertrauen hat, während der IM ihr gegenüber ein Vertrauen

vortäuscht." (Das Wörterbuch der Staatssicherheit, zitiert nach: Joachim Walther 1997, 23)

Derartige Instrumentalisierung des Vertrauens in der „Lingua securitatis" verdeutlicht drastisch die politische Dimension mißbräuchlicher Vertrauensakte. So gesehen, verbietet möglicher Verrat es, nicht-wissend vertrauen zu wollen; die Zeugnisse konspirativer Überwachung des (nicht nur) literarischen Lebens in der DDR warnen davor, blind zu vertrauen.

Literaturliste:

Ulrich Beck (1996), Wissen oder Nicht-Wissen? Zwei Perspektiven „reflexiver Modernisierung", in: Ulrich Beck/Anthony Giddens/Scott Lash, Reflexive Modernisierung. Eine Kontroverse, Frankfurt/M. 1996

Anthony Giddens (1995), Konsequenzen der Moderne, Frankfurt/M. 1995

Anthony Giddens (1996), Risiko, Vertrauen und Reflexivität, in: Ulrich Beck/Anthony Giddens/Scott Lash, Reflexive Modernisierung. Eine Kontroverse, Frankfurt/M. 1996

Niklas Luhmann (1968), Vertrauen. Ein Mechanismus der Reduktion sozialer Komplexität, Stuttgart 1968

Niklas Luhmann (1991), Soziologie des Risikos, Berlin/New York 1991

Georg Simmel (1922), Soziologie. Untersuchungen über die Formen der Vergesellschaftung, München/Leipzig 1922

Joachim Walther (1997), Sicherungsbereich Literatur. Schriftsteller und Staatssicherheit in der DDR, Berlin 1997

Von Brüchen und Zusammenbrüchen
Husserls Bestimmung der Ungewißheit als konstitutives Moment der Erfahrung

Von Christian Lotz (Marburg)

0. Einleitung

Die Ungewißheit ist innerhalb der modernen, technologischen Welt zu einem erfahrungswissenschaftlichem Faktum geworden. Im praktischen Handeln, in Vorhersagen und in kulturellen Erwartungen haben wir die *theoretisch* auf unser Wissen bezogene Ungewißheit und das daraus folgende *praktisch* bestimmte Risiko längst als wissenschaftlichen Beobachtungsgegenstand und handlungsrelevantes Moment anerkannt. Ungewißheit und Risiko sind zu Grundbegriffen soziologischer, ökonomischer und individualpsychologischer Theorien, speziell der Biographieforschung geworden. Kurz: Ungewißheit ist zu einem Signum der Moderne geworden.

Diesseits dieser wissenschaftlichen Sonderwelten und Betrachtungen der Ungewißheit läßt sich jedoch zeigen, daß wir durch einen Rückgang auf die alle Sonderwelten fundierende Lebenswelt im transzendentalphänomenologischen Sinne Husserls als *die* Welt, „die uns beständig als unsere Erfahrungswelt umgibt"[1], die Herkunft und den Ursprung dieser „Kategorie" im vorprädikativen Erfahren auffinden und phänomenologisch sichtbar machen können. Es soll hier angezeigt werden, daß Ungewißheit als ein, wenn nicht sogar als das entscheidende Moment der Erfahrung und dessen Zeitlichkeit „immer schon" mitspielt. Diese Aufweisung fundiert die psychologische *Objektivierung* der Ungewißheit als „Gefühl der Unsicherheit" und die propositionale *Konstruktion* der Ungewißheit als ein Moment des Wissens. Der Phänomenologie wird damit die Last aufgebürdet, jenseits von Modellen, Konstruktionen und Formalismen Phänomene innerhalb der Dynamik der Erfahrung aufzusuchen und sie *nicht* als Produkte externer Prozesse zu begreifen. „Der Anfang ist die reine und sozusagen noch stumme Erfahrung, die nun erst zur reinen Aussprache ihres eigenen Sinnes zu bringen ist."[2]

Für einen Versuch der Aufweisung der vorprädikativen Ungewißheit scheint es angemessen, die Husserlschen Ausführungen zu Gewißheit und Ungewißheit zu rekonstruieren, wie er sie insbesondere in den *Ideen I*, in den *Analysen zur passiven Synthesis* und in *Erfahrung und Urteil* unter dem Stichwort „Negations-" und „Möglichkeitsbewußtsein" behandelt hat. Die Ungewißheit kann innerhalb folgender Bedeutungskreise aufgezeigt werden: Erstens ergibt sich durch Brüche unserer sonst einstimmigen Erfahrung und ihrer Horizonte eine „Modalisierung" der in der Erfahrung fungierenden „Glaubensgewißheit" und der ihr korrespondierenden „Seinscharaktere". Sein *und* Gewißsein befinden sich in einer ständigen parallelen Dynamik von Ordnung und Unordnung. Zweitens wird die Ungewißheit von Husserl als eine Bewußtseinsweise eingeführt, die durch Hemmung der Erfahrungsverläufe (z.B. Zweifel, Frage, Negation) zustandekommt.[3] Ungewißheit zeigt sich auf der lebensweltlichen Ebene als *Unstimmigkeit*. Dem zuvor spielt aber drittens auch bei einstimmig verlaufender Erfahrung bereits eine andere Form von Ungewißheitsbewußtsein mit, das die Erwartungs- und Erinnerungshorizonte als solche bestimmt. Dieses Ungewißheitsbewußtsein besteht in der *Differenz* von Meinung und Mehrmeinung, von erfahrenem Sinn und erwartetem Gegenstand, was uns zu *Vorveranschaulichungen* unserer Antizipationen zwingt. Dieses Differenzbewußtsein fungiert in der Erfahrung als *ständiges* Moment von Ungewißheit mit.

---

[1] Husserl: *Phänomenologische Psychologie*, 111. Ich verstehe aus funktionalen Zwecken an dieser Stelle unter „Lebenswelt" in erster Linie die von Husserl in den Mittelpunkt gerückte „Wahrnehmungswelt". Ungewißheit wird daher zunächst an dieser fundamentalen Stelle lokalisiert werden. Die anderen Aspekte der Lebenswelt bleiben hier unerörtert. Vgl. zur Kritik an dieser Einschränkung und zum Überblick u.a. Waldenfels: *In den Netzen der Lebenswelt*, 15-33 und Aguirre: *Die Phänomenologie Husserls*, 86-149. Vgl. zur Kritik an Husserls Rückgang auf die Wahrnehmung u.a. Mittelstraß: *Das lebensweltliche Apriori*, 134f.

[2] Husserl: *Cartesianische Meditationen*, 77.

[3] Zur Charakterisierung der verschiedenen Erfahrungsbrüche, Ordnungsverschiebungen, Anormalitäten, Störungen und Katastrophen vgl. Waldenfels: *Die Grenzen der Normalisierung*, 73, 222f., 227ff, 232f. und 245ff.. Implizit kann hier ein Kontext für die Konfrontation der Theorie des Erfahrungsbruches von Martin Heidegger in §16 von *Sein und Zeit* mit derjenigen Husserls erschlossen werden. Nicht ausführen kann ich an dieser Stelle das das Ungewißheitsbewußtsein fundierende praktische Bewußtsein und die leiblich-praktische Intentionalität. Vgl. dazu die Ausführungen von Aguirre: *Zum Verhältnis von modaler und praktischer Möglichkeit*.

Parallel zu diesen drei Bedeutungskontexten ergibt sich die Struktur der folgenden Ausführungen. In Teil I gehe ich auf die phänomenologischen Grundvoraussetzungen der Ungewißheitslehre ein, das heißt auf Husserls Begriff der „Glaubensgewißheit" bzw. den der „Urdoxa". Teil II behandelt die Ungewißheit als partiellen Erfahrungsbruch und Modalität der Glaubensgewißheit: Unstimmigkeiten. Teil III stellt die Ungewißheit in der Form einstimmiger Unstimmigkeit als konstitutives Moment der Erfahrung dar und Teil IV skizziert kurz die Frage einer „absoluten Ungewißheit", das heißt eines gänzlichen Zusammenbruches der Erfahrung.

I. Einstimmigkeiten: Von Gewißheiten

Die PhänomenologInnen interessiert bekanntlich nicht der Existenzcharakter der Welt. Die Frage, ob das Buch vor meinen Augen „wirklich" da ist oder nicht, impliziert eine nicht notwendige Verdoppelung der Welt. Mit der von Husserl initiierten phänomenologischen Reflexion erscheint uns die Welt nicht mehr als eine verdoppelte, sondern nur noch als bewußte. Die Differenz, die nicht nur Repräsentationstheorien, sondern auch die psychologische und die natürlich-theoretische (naturalistische) Einstellung zwischen Innen und Außen, mentalem Bild und Wirklichkeit, Gehirnproduktion und Außenwelt einführen, fällt in lebensweltlicher, das heißt in einer nicht-theoretischen natürlichen Perspektive weg. Die phänomenologische Reflexion *entdoppelt* die Welt, indem sie sie durchgängig zum Phänomen macht. Husserl drückt das folgendermaßen aus: „Die Wirklichkeitsfragen der Welt bleiben außer Spiel, wir nehmen die Welt nur als immanenten Sinn des jeweiligen Bewußtseins."[4] Nur so kann die „Enteignung der menschlichen Erfahrung"[5], wie sie von den wissenschaftlichen Theorien und Modellen vorgenommen wird, unterlaufen werden.

Mit der konsequenten Betrachtung der Welt als Bewußtseinsphänomen, dem kein „zweites" Sein mehr entspricht, rückt die Intentionalität in den Status eines das Erleben selbst auszeichnenden Charakters. Jedes Bewußtseinserlebnis, das phänomenologisch isoliert wird, führt von sich aus ein „Vermeinen" wie auch sein „Vermeintes" mit sich. Das *Wie der vermeinten Sache* (Sinn, noema) kann genauso wie das *Wie des Vermeinens der darin vermeinten Sache* (noesis) betrachtet werden.[6] Mit der Entdoppelung des Weltbewußtseins zeigt sich, daß Existenz nichts ist, das von außen an die Dinge herangetragen werden müßte. Auch in einer Halluzination oder einer Wahrnehmungstäuschung nehme ich im Vollzug der letzteren *etwas* wahr. Auch in einer Einbildung, in der der eingebildete Gegenstand aus naturalistischer Perspektive nicht existiert, wird *etwas* eingebildet. Das, was eingebildet, wahrgenommen oder halluziniert wird, trägt seine „Undurchstreichbarkeit" mit sich. Es ist - in den Worten Husserls - „Gewißheit in Urkraft".[7] *Während eines Wahrnehmungs- oder eines Halluzinationsvollzuges kann das Wahrgenommene oder das Halluzinierte nicht negiert werden.* Wer überhaupt bei Sinnen, das heißt bei Bewußtsein ist, glaubt eo ipso an das Geglaubte und dessen Seinscharakter. Selbst wenn sich die Wahrnehmung des Buches vor meinen Augen im nachhinein als eine Täuschung herausstellen sollte, läßt sich nicht daran zweifeln, daß ich *etwas* Seiendes gesehen habe. Es kann sich zwar nachträglich als „falsch gesehen" herausstellen und „durchgestrichen" werden, aber an dem „etwas", das ich da zu sehen vermeinte, kann ich nicht zweifeln. Es war unbezweifelbar „da". Diese - allen „Stellungnahmen" des Ich vorhergehende - Setzung nennt Husserl „Urdoxa" und den Zusammenhang zwischen diesem „Urglauben" als „Glaubensgewißheit" und dem in diesem Glauben Geglaubt*sein* eine „Urmodalität".[8] Die Urdoxa ist in *jedem* intentionalen Bewußtseinstyp impliziert, auch in vergegenwärtigenden Phantasien, in Erinnerungen, Einfühlungen oder Erwartungen. So beziehen sich die Seinscharaktere wie „wirklich-seiend", „möglich-seiend" oder

---

[4] Husserl: *Analysen zur passiven Synthesis*, 79.
[5] Waldenfels: *Grenzen der Normalisierung*, 206.
[6] In den Worten von Waldenfels: *Antwort auf das Fremde*, 40: „Intentionalität besagt, daß *etwas als etwas* gemeint und *auf etwas hin* verstanden, also in einem bestimmten *Sinn* aufgefaßt oder behandelt wird." Vgl. auch ders: *Grenzen der Normalisierung*, 21: „Als Theorie der Erfahrung befaßt Phänomenologie sich nicht direkt, sondern indirekt mit dem, was sich zeigt, indem sie es so nimmt, *wie* oder *als was* es sich zeigt.". Vgl. auch Husserl: *Cartesianische Meditationen*, 71: „jedes cogito [...] meint irgend etwas und trägt in dieser Weise des Gemeinten in sich selbst sein jeweiliges *cogitatum*, und jedes tut das in seiner Weise.". Vgl. zum Problem der Intentionalität und ihrer Kritik Seebohm: *Intentionalität und passive Synthesis*.
[7] Husserl: *Analysen zur passiven Synthesis*, 30. Vgl. die Ansicht bei Rang: *Kausalität und Motivation*, 141. Bernhard Rang meint, mit dem Festhalten der Gewißheit stünde Husserl noch in der kantischen Tradition. Ebenso ließe sich aber behaupten, daß Husserl gerade durch die zentrale Funktion der Ungewißheit jene verlassen hat.
[8] Vgl. dazu Husserl: *Ideen I*, §103ff.

„vermutlich-seiend" immer auf einen „Urglauben" zurück, in dem die Welt als geglaubt*sein* erscheint.⁹ Existenz fügt dem Intentum nichts hinzu.¹⁰ In einer Phantasie erscheint das Phantasierte als phantasiert-seiend und in einer Wiedererinnerung das Wiedererinnerte als wiedererinnert-seiend.¹¹

Dieser Urglaube ist zwar absolut, das heißt (bewußt) nicht aufhebbar, er ist aber modalisierbar. Die Urmodalität kann sich in unseren Erfahrungen auf vielfältige und dramatische Weise *partiell* ändern. *Erfahrung ist ein ständiger Wechsel der Modalität.*¹² Wir bewegen uns nicht nur in eindeutigen Zusammenhängen und Ordnungen, sondern die Dinge können uneindeutig erscheinen. Etwas ist plötzlich nicht mehr so, wie es war. Etwas ist nicht mehr das, was ich glaubte, das es sei. Etwas ist überhaupt nicht mehr da. Etwas ist anders als sonst. Die Weise des Glaubens und Vermeinens wechselt, das heißt modalisiert sich in solchen Momenten zu Zweifel, Vermuten, Bejahung oder Verneinung und die Gegebenheitsweise modalisiert sich mit zu „zweifelhaft-seiend" oder „wirklich-seiend". Nicht nur die subjektive Seite ändert sich, sondern auch die Seite des Objektes. In einem zweifelnden Bewußtsein ist nicht nur das Bewußtsein in einem zweifelnden Modus, sondern mir erscheint *die Sache* zweifelhaft.¹³ Sie verhält sich nicht „neutral".¹⁴ Selbst mein ständiger Aufmerksamkeitswechsel, etwa irgendwo „genauer" hinsehen oder hinhören, etwas noch einmal hören, auch die kleine Korrektur meiner Fingerbewegungen, wenn ich den falschen Buchstaben auf der Tastatur getroffen habe, oder die Änderung der Lage meines Leibes im Konzert, ist als ein solcher Modalitätswechsel zu begreifen. Ungewißheit und das möglich- oder fraglich-seiend eines Gegenstandes ist ein „Implikat der Erfahrung"¹⁵ und nicht etwas, das wir dem Ding von außen oder reflexiv zu- oder absprechen können. Erwarte ich etwa hinter der Ausgangstüre des Zimmers ein Treppenhaus – ich antizipiere es also gewiß-wirklich-seiend – und trete ich dann in den Gang hinaus, um feststellen zu müssen, das dort kein Treppenhaus ist, so ändert sich nicht nur mein subjektives Befinden, sondern meine erfahrene *Welt*. Der Extremfall K. in Kafkas Erzählung *Das Schloß*, fühlt sich nicht nur psychisch unsicher, sondern er lebt in einer *unsicheren Welt*. Mit „Welt" ist also immer die ganze Korrelation von cogito und cogitatum, von Glaubens- und Seinsweise bzw. Gewißsein und Sein in ihren zeitlichen Horizonten gemeint.

II. Unstimmigkeiten: Von Ungewißheiten

Der Gewißheitsglaube und die Gegebenheitsweise können sich, wie im vorherigen Abschnitt ausgeführt, modalisieren und in Ungewiß*sein* übergehen. Diese modalisierte Gewißheit zeigt sich, wie im Folgenden skizziert wird, zunächst in der Form von *Erfahrungsbrüchen*.

Innerhalb der sich in offenen Sinnhorizonten bewegenden Erfahrung spielen die Ausnahmesituationen, Störungen, Änderungen und Erfahrungsmodifikationen (Zeit, Anschauungstypen, Modalitäten) eine große Rolle, weil sie den Erfahrungsvollzug, der alle Gegenstände als wirklich-seiend in einem Bewußtsein der Glaubensgewißheit hat und sich nicht weiter um sie „sorgt", hemmen, verzögern, aufschieben oder zum Abbruch bringen können. Diese *Brüche der Erfahrung* führen auf einer ersten Stufe zu einer *expliziten Ungewißheit*, weil sich mit ihnen die thematischen Gegenstände in ihrer Strukturiertheit ändern und so den Erfahrungs- bzw. Weltverlauf umleiten, verschieben, in Teilen vernichten oder zum Erliegen bringen können. Aus der Gewißheit einer gegenständlichen Welt und dem einstimmigen Vollzug des

---

⁹ Vgl. Husserl: *Ideen I*, 240: „der Seinscharakter schlechthin (das noematische ‚gewiß' oder ‚wirklich' seiend) fungiert als die Urform aller Seinsmodalitäten. In der Tat haben alle aus ihr entquellenden Seinscharaktere, die spezifisch so zu nennenden Seinsmodalitäten, in ihrem eigenen Sinne Rückbeziehung auf die Urform." Vgl. auch Volonté: *Husserls Phänomenologie der Imagination*, 249.

¹⁰ Vgl. dazu auch Waldenfels: *Die Grenzen der Normalisierung*, 216-222, hier 217: „Wer wahrzunehmen glaubt, glaubt eo ipso an die Wirklichkeit des Wahrgenommenen; sollte der Glaube sich als illusionär erweisen, so hätte man gar nicht wahrgenommen bzw. anderes wahrgenommen als das, was man wahrzunehmen glaubte."

¹¹ Vgl. auch Waldenfels: *Grenzen der Normalisierung*, 219: „Damit ist der Primat der Erkenntnistheorie durchbrochen. Wirklich ist das, *wovon wir ausgehen*, selbst wenn wir es im einzelnen bezweifeln."

¹² Vgl. dazu Aguirre: *Zum Verhältnis von modaler und praktischer Möglichkeit*, 158-166; Rang: *Kausalität und Motivation*, 139-156; Kaiser: *Das Motiv der Hemmung in Husserls Phänomenologie*, 162-204.

¹³ Mit dieser These führt Husserl eine Kritik an der Urteilstheorie seiner Zeit aus. Vgl. Belussi: *Die modaltheoretischen Grundlagen der Husserlschen Phänomenologie*, 14ff.

¹⁴ Husserl: *Ideen I*, 246: „Am erscheinenden Gegenstand als solchem erfassen wir die Negate, Affirmate, das Möglich und Fraglich usw." Husserl fügt hinzu, *ebd.*, 247: „Man muß hier nur wie überall in der Phänomenologie den Mut haben, das im Phänomen wirklich zu Erschauende, statt es umzudeuten, eben hinzunehmen, wie es sich selbst gibt, und es ehrlich zu beschreiben. Alle Theorien haben sich danach zu richten."

¹⁵ Waldenfels: *Grenzen der Normalisierung*, 239.

Wahrnehmungsbewußtsein heraus konstituiert sich die Ungewißheit als eine Form des *partiellen Bruches* der Einheitlichkeit der Welt. Ungewißheit *ist* eine Weise der Welt, das heißt der intentionalen Korrelation von cogito *und* cogitatum - und primär kein Gefühl oder rationalisiertes Wissen. Ungewißsein ist dasjenige, worauf sich Gefühl und Wissen beziehen, wenn wir sie „ungewiß" nennen.

Husserl beschreibt die Wirklichkeit als einen Prozeß der „Bewährung" und „Entwährung". Etwas bestätigt sich, und solange es sich in wechselnden anschaulichen Zusammenhängen bestätigt, *ist* es. „Jede Evidenz *stiftet* für mich eine bleibende Habe. Auf die selbst erschaute Wirklichkeit kann ich *immer wieder* zurückkommen, in Ketten neuer Evidenzen als *Restitutionen* der ersten Evidenz; so z.B. bei der Evidenz immanenter Gegebenheiten etwa in der Form einer Kette anschaulicher Wiedererinnerungen mit der offenen Endlosigkeit, die, als potentiellen Horizont, das *Ich kann immer wieder* schafft."[16] Die Weltwirklichkeit besteht in Synthesen der Einstimmigkeit, das heißt in einer unendlichen für alle möglichen Horizonte geltenden und vermeinten Einheit.[17] Solange sich das Wahrnehmungsbewußtsein ungehemmt vollzieht, erfüllen sich die Leerhorizonte, die über den anschaulich-leibhaftig und gegenwärtig gegebenen Moment der Erfahrung in Form der Erwartung hinausweisen, stetig und kontinuierlich. Wenn ich etwa meinen Kopf drehe, reihen sich kinästhetisch „Urimpressionen" aneinander und werden retentional zurückgeschoben. Der Teil des Raumes, der soeben noch leer bewußt war, erfüllt sich nun im Modus Evidenz.

Nehmen wir aber an, daß dieser ungehemmte Verlauf durch ein „Gegenvorkommnis"[18] gebrochen wird: Ich schlage mit dem Kopf gegen einen Gegenstand, ich werde gestoßen oder jemand hat das Zimmer umgeräumt. Wann immer wir etwas als anders, nicht so wie erwartet oder als neu erfahren, wird die *Vorerwartung* enttäuscht, das heißt negiert. Etwas, das gerade noch als seiend bewußt war, ist jetzt als nichtseiend bewußt. Die Wirklichkeit des Gegenstandes wird außer Kraft gesetzt und einem neuen Seinscharakter zugeführt. Ein solcher Wechsel muß sich nicht auf einen ganzen Gegenstand beziehen, sondern kann sich auch auf Momente oder Eigenschaften des Gegenstandes beziehen. Etwas, das als wirklich-rot-seiend antizipiert war, zeigt sich jetzt von der Rückseite als wirklich-grün-seiend. Ein eingerahmtes Foto zeigt sich bei näherem Herantreten als fotorealistisches Gemälde von Gerhard Richter. Solche Erfahrungsbrüche in Form partieller Ungewißheit konstituieren die Welt - und was sie *ist* - laufend neu.

Husserl führt drei mögliche Erfahrungsbrüche auf: das *Negationsbewußtsein*, das *Zweifelsbewußtsein* und das *Möglichkeitsbewußtsein*. Alle drei Bewußtseinsmodifikationen sind Formen eines „Ungewißwerden[s] des Gegenstandes hinsichtlich seines So-oder-so-seins"[19], das heißt in ihnen erscheinen *Gegenstände* wirklich anders. Bei den beiden erstgenannten Modalitäten kommt es darauf an zu beachten, daß sich die Weise, in der die modalisierten Gegenstände bewußt sind, ändert. Negation und Zweifel treten auf, weil sich etwas zeigt, das im Erfahrungsverlauf unstimmig, untypisch, anders oder neu ist. Negation und Zweifel sind Unstimmigkeiten innerhalb der einstimmigen, das heißt der als gewiß geglaubten Erfahrung. Ein solcher Wechsel geschieht - in der Negation - von der Einstimmigkeit zur Unstimmigkeit zurück zur Einstimmigkeit. Die gebrochene, negierte Erfahrung wandelt sich in ungebrochene, und zwar so, daß das Negationsbewußtsein in die retentionale Sphäre eingezeichnet bleibt. Wenn sich meine Erfahrung vor dem Bild von Richter wieder in ein „gewiß-seiend" abgewandelt hat, so bleibt doch bewußt, daß die Erfahrung des Fotos *damals*, das heißt *vor* der Negation oder *vor* dem Zweifel, originär war. Ich werde immer sagen können: Ich hatte zunächst ein Foto gesehen, obwohl es eigentlich keines war. Dieses Sichtbarbleiben des leibhaftig Wahrgenommenen auch nach Erfahrungsbrüchen nennt Husserl „Durchstreichung".[20] Das Originäre schimmert weiterhin noch unter dem in die Vergangenheit gerückten neuen Seinscharakter hervor: „Es wird uns hier wie überall sichtlich und immer besser noch sichtlich werden, daß sozusagen das Schicksal des Bewußtseins, all das, was es an Wendungen und Wandlungen erfährt, in ihm selbst nach der Wandlung als seine ‚Geschichte' niedergeschlagen bleibt."[21] Jede *Wieder*erinnerung, mag sie auch noch so dunkel oder unsicher sein, setzt eine *originär* erlebte Vergangenheit voraus.[22] Jede Desillusionierung, jede Aufhebung einer Täuschung funktioniert nur als

---

[16] Husserl: *Cartesianische Meditationen*, 95.
[17] Vgl. dazu Husserl: *Cartesianische Meditationen*, §28.
[18] Husserl: *Analysen zur passiven Synthesis*, 25.
[19] Husserl: *Erfahrung und Urteil*, 112.
[20] Vgl. Husserl: *Analysen zur passiven Synthesis*, §7.
[21] Husserl: *Analysen zur passiven Synthesis*, 38.
[22] Vgl. dazu die Problematik, die Husserl unter dem Stichwort „Das Ansich des Bewußtseinsstromes" behandelt, Husserl: *Analysen zur passiven Synthesis*, Vierter Abschnitt.

solche, weil ich weiß, daß ich „damals" *nicht* glaubte, mich zu täuschen, also in einem Gewißheitsbewußtsein lebte. Jede neue und gegenwärtige Erfahrung bleibt - wie an dieser Stelle schon zu sehen ist - auf die bereits vergangene, erinnerte Erfahrung angewiesen.

Das Ungewißheitsbewußtsein in Form der hier aufgezählten Modalisierungen ist als solches also *sich veränderndes* Wirklichkeitsbewußtsein: die Welt wird anders und *war, ist und wird* in lebendiger Erfahrung damit eine andere. Ohne Gewißheits- *und* ohne abgewandeltes Gewißheitsbewußtsein ist eine Welt nicht möglich und nicht einmal wirklich. Die Erfahrung würde immer gleich bleiben und nie Anderes oder Neues bringen. Aber das wäre ihr Ende.

Wir haben bisher aufgezeigt, daß es innerhalb einer Welterfahrung *partielle* Erfahrungsbrüche geben kann, die in ein explizites Ungewißheitsbewußtsein führen. In diesem zeigen sich die Gegenstände als solche mit einem Wirklichkeits- oder Unwirklichkeitscharakter ausgestattet und verändern meine Welterfahrung. Es taucht aber die Frage auf, ob Gewißheitsabwandlungen notwendig nur in Form von expliziten Hemmungen und Erfahrungsbrüchen geschehen müssen, oder ob nicht auch in der ungehemmten Erfahrung Modalisierung und implizites Ungewißheitsbewußtsein, nämlich in der Differenz von Gegenwart und vorweisender Antizipation, mitfungiert. Bei genauerer Betrachtung bestätigt sich diese Annahme. Husserl analysiert diese Form der Ungewißheit als Möglichkeitsbewußtsein. „Wo immer ein Bewußtsein den Modus Gewißheit verloren hat und in Ungewißheit übergegangen ist, ist auch die Rede von Möglichkeit."[23] Dies soll im Folgenden gezeigt werden.

III. Einstimmige Unstimmigkeiten: Von erwarteten Ungewißheiten

Die bisherigen Ausführungen haben ein explizites Ungewißsein als gehemmtes Erfahren sichtbar gemacht. Es ist von einer Form der Gewißheit (Urdoxa) abhängig und daher immer nur partiell. Ich gehe jetzt auf das implizite Ungewißsein als ungehemmtes Erfahren ein, und zwar in Form der *Vorveranschaulichung* und der *Vorerinnerung*.

Husserl führt die in der Erfahrung fungierende Modalität der Möglichkeit, das heißt die implizite Ungewißheit, über die Analyse der *Vorveranschaulichung* ein, in der ich mir über das Wesen dieses impliziten Ungewißseins klar werden kann. Eine lebendige Vorzeichnung (Erwartung) kann ich mir durch eine Vergegenwärtigung zur Klarheit bringen. Ich kann mir etwa vergegenwärtigen, wie das Treppenhaus aussehen könnte, wenn ich aus dem Raum trete.[24] Ich werde in dieser Vorveranschaulichung Anschauungen des erwarteten Gegenstandes haben und kann in einer gewissen Variabilität, einem „Unbestimmtheitsrahmen[,] frei variieren".[25] Dieser Unbestimmtheitsrahmen ist ein Rahmen, eine Vorgegebenheit, die die Bestimmtheit der Vorzeichnung regelt. Ich bin durch ihn in der Variation des Gegenstandes nicht völlig frei, sondern an einen *Typus* oder *Stil* gebunden. Ich kann nur variieren, solange ich nicht den Gegenstand als solchen zerstöre. Husserl nennt die Vorveranschaulichung auch eine „Quasi-Erfüllung der Wahrnehmung".[26] Ich bilde mir ein, daß die erwartete Sache und letztlich der gesamte Erfahrungsverlauf in Form des Weltverlaufes *schon* entschieden und erfüllt sei: In der Vorveranschaulichung ist mir die Variabilität der Möglichkeiten zwar innerhalb eines Rahmens (Typus, Stil) als *gewiß-wirklich-seiend* vorgegeben (ich veranschauliche eben die Treppe und nicht eine Kuh), aber welche Einzelheiten derselben ich vorveranschauliche, ist nicht vorgegeben, sondern nur *ungewiß-möglich-seiend*. Die Treppe, die ich außerhalb des Raumes antizipiere und mir vorveranschauliche, muß eine Farbe haben (gewiß-wirklich-seiend), aber sie kann hellgrau oder dunkelgrau sein (ungewiß-möglich-seiend).

Aber auch im lebendigen, das heißt ohne explizite Vorveranschaulichung sich vollziehenden Erfahren ist eine Form von Ungewißheit vorgezeichnet[27], und zwar als *Überschuß* der erfüllten originären Anschauung. Dieser Überschuß sorgt für eine grundlegende „Instabilität der Erfahrungsordnung

---

[23] Husserl: *Analysen zur passiven Synthesis*, 39. Husserl führt zwei Formen des Möglichkeitsbewußtsein ein: Das *offene* Möglichkeitsbewußtsein des über das Anschauliche hinausweisenden Leerbewußtseins und das *problematische* Möglichkeitsbewußtsein, das eine Folge des Zweifelsbewußtseins ist. In einem offenen Möglichkeitsbewußtsein spricht nichts für die eine oder andere Möglichkeit, keine affiziert mich mehr als die andere, es gibt keine intentionalen Tendenzen: „Die offene Möglichkeit führt prinzipiell keine Neigung mit sich." (Husserl: *Analysen zur passiven Synthesis*, 43). Vgl. zur „reinen Möglichkeit" Mohanty: *Husserl on 'Possibility'* und zur „praktischen Möglichkeit" Aguirre: *Zum Verhältnis von modaler und praktischer Möglichkeit*.
[24] Diesen Modus der Vergegenwärtigung nennt Husserl *Mitgegenwärtigung* (Gegenwartserinnerung, Miterinnerung), weil hier etwas vergegenwärtigt wird, das bezüglich der lebendigen Vergegenwärtigung als gegenwärtig vergegenwärtigt wird.
[25] Husserl: *Analysen zur passiven Synthesis*, 40.
[26] Husserl: *Analysen zur passiven Synthesis*, 41.
[27] Vgl. auch Belussi: *Die modaltheoretischen Grundlagen der Husserlschen Phänomenologie*, 113ff.

überhaupt".²⁸ Jede Antizipation über das anschaulich Bewußte und dessen Horizont hinaus hat den Charakter möglich-seiend in Form einer unbestimmten Bestimmtheit. Das, was noch nicht ist, *ist* noch nicht. „So führt alle äußere Wahrnehmung *in jedem Moment* innerhalb der Gewißheit der allgemeinen Vorzeichnung einen Spielraum von Besonderungen mit sich, für die in ihrer Besonderheit nichts spricht. Wir können auch sagen, für alle offenen Möglichkeiten eines Spielraumes spricht dasselbe, sie sind alle gleich möglich. [...] Gewißheit äußerer Erfahrung ist daher immer eine *Gewißheit sozusagen auf Kündigung*, präsumptiv, obzwar eine solche, die sich im Fortgang der Erfahrung immer wieder bewährt." (Hervorhebung, C.L.)²⁹

Innerhalb der lebendigen Erfahrung eines einstimmig verlaufenden Prozesses geschieht also ähnliches wie in der Vorveranschaulichung. Husserl wählt dafür manchmal den Begriff *Vorerinnerung*.³⁰ Eine einstimmige Erfahrung kann nur zustande kommen, wenn ich in der Erwartung bereits das, was ich als ungewiß erwarte, an etwas binde und mit etwas Gewissem assoziiere. Dieses Gewisse kann nur etwas Vergangenes sein. Die Gewißheit erstreckt sich aber nach Husserl nur darauf, daß überhaupt etwas Typisches oder bereits Bekanntes als gewiß *vorerinnert* wird. Ich projiziere quasi die Vergangenheit oder Bekanntheiten so in die Zukunft, daß ich das Bekannte förmlich *noch einmal* durchlaufe (Wiederholung).³¹ Husserl meint, daß hier das „Quellgebiet der Modalisierung"³² zu suchen sei, *weil Gewißheit und Ungewißheit in der Vorerinnerung aufeinander treffen*. Wenn ich zur Tür gehe, um dahinter zu schauen, wer geklopft hat, ist keine Kuh vorgezeichnet, sondern ein Sinn, der sich in den vergangenen und retinierten Vollzugszusammenhang einordnet, nämlich typischerweise eine Person. Das heißt: *Die Ungewißheit der Zukunft gibt es nur mit der Gewißheit der Vergangenheit*. Wenn ich das Gemälde von Richter betrachte, ist gewiß-vorgezeichnet, daß ich es anfassen *könnte*, aber *was* dann anschaulich und originär eintritt, ist ungewiß-vorgezeichnet.³³ So bezeichnet Husserl die vorerinnernde Erwartung auch als „Vorbild von Seiendem vor dem Wirklichsein".³⁴ Jedes Ereignis, das eintritt, wird so zu einer Bestätigung (Bewährung) oder einer Nicht-Bestätigung (Entwährung).

Ich könnte keine Erfahrung machen und eine einheitliche Welt haben, wenn diese Art von Ungewißheit *vor* der Gewißheit sie nicht mitkonstituieren würde. Die Erfahrung zeigt sich bei näherem Hinsehen als unstimmige Einstimmigkeit. „Die Wahrnehmung bringt ein Neues, das ist ihr Wesen. Freilich mag sie von der Bewußtseinsvergangenheit her eine Vorzeichnung haben, das Neue kommt einem schon Bekannten, schon für mich als vergangen Konstituierten gemäß [...]. Aber evident ist doch, daß erst die Wahrnehmung entscheidet, und daß das Neue aller Erwartung ins Gesicht schlagen kann. Denken Sie nur an vorgezeichnete Empfindungsfolgen, wie Melodien. Das ‚muß', das die Erwartung in sich birgt, ist keine absolute Notwendigkeit des Seins, sondern eine Notwendigkeit eines antizipierten Seins."³⁵

Die Abwandlung von Gewißheit in Ungewißheit in der Erfahrung kommt daher nicht nur durch externe Störungen, Krisen, Katastrophen, usw. zustande, sondern Erfahrung ist eine *permanente Dauerstörung*. Ein Horizont des Kommenden kann sich erstens niemals vollständig so erfüllen, wie er antizipiert wurde. Eine solche Erfahrung wäre zumindest in der sinnlichen Erfahrung eine *totale* Evidenz und das würde für Husserl das Ende aller Erfahrung bedeuten. Unsere Erfahrungsbewährung ist prinzipiell unendlich: „ein Abschluß in Form einer Wahrnehmung, die durch und durch eigentliche Wahrnehmung, ohne Vorgriff, ohne Horizont der Mitmeinung wäre, ist undenkbar."³⁶ Da der Erfahrungsprozeß als ganzer ein Prozeß laufender entwährender Bewährung ist, muß zweitens *immer schon* ein Moment der Erfahrung negiert, das heißt durchgestrichen worden sein. Schon die Grundvoraussetzung der Intentionalitätslehre, daß eine Differenz von vermeinter und erfüllter Bedeutung in der Form eines Bedeutungsüberschusses Erfahrung reguliert, ist eine Durchstreichung. Damit *mehr* als selbstgegeben ist und zukünftig vermeint werden kann, muß ursprünglich etwas *nicht* so wie erwartet eingetreten sein.³⁷

---

²⁸ Kaiser: *Das Motiv der Hemmung in Husserls Phänomenologie*, 139.
²⁹ Husserl: *Erfahrung und Urteil*, 370.
³⁰ Vgl. z.B. Husserl: *Ideen I*, 163.
³¹ Vgl. dazu Husserl: *Analysen zur passiven Synthesis*, 186ff.
³² Husserl: *Analysen zur passiven Synthesis*, 186.
³³ Vgl. auch Belussi: *Die modaltheoretischen Grundlagen der Husserlschen Phänomenologie*, 114ff.
³⁴ Husserl: *Analysen zur passiven Synthesis*, 186.
³⁵ Husserl: *Analysen zur passiven Synthesis*, 211.
³⁶ Husserl: *Erste Philosophie II*, 45. Vgl. dazu Aguirre: *Die Idee und die Grenzenlosigkeit der Erfahrung* und Bernet: *Endlichkeit und Unendlichkeit in Husserls Phänomenologie der Wahrnehmung*.
³⁷ Vgl. den nur angedeuteten Versuch, Husserls Negationstheorie mit dem Hinweis auf spekulative Theorien zu kritisieren, bei Henrich: *Über die Grundlagen von Husserls Kritik an der philosophischen Tradition*, 22-26.

Diese *erfahrene* Differenz wird retiniert und schleicht sich dann gleichsam durch Vorerinnerung in den gegenständlichen Sinn- und Zukunftshorizont ein.

IV. Absolute Ungewißheit und Zusammenbrüche

Es handelte sich in der bisherigen Darstellung um die Form des Ungewißheitsbewußtseins, wie es sich im Mikrokosmos der ungehemmten und gehemmten Erfahrung zeigt. Voraussetzung dafür war die Annahme *partieller* Erfahrungsbrüche. In meinem Erfahren ist etwas nicht da oder es ist anders als sonst, es überrascht mich, etwas ist neu, ich unterliege Täuschungen, ein Ding fehlt, es treten Störungen meiner Wahrnehmungen auf, ich bin verletzt oder irritiert. Es entsteht nun die Frage, ob nicht nur partielle Erfahrungsbrüche eintreten können, sondern ob auch die Welterfahrung als ganze zerbrechen kann. Kann die Welt in ihrer Gesamtheit in eine Unstimmigkeit und Ungewißheit übergehen und damit zusammenbrechen?[38] Kann es einen absoluten Erfahrungsbruch geben, in der die Welt „aus den Fugen gerät", „chaotisch wird" und sich so ordnungslos modifiziert, daß *kein bestimmter Überschuß* mehr gegeben ist.[39]

Solange die Erfahrung als ganze und damit die Welt sich in Einstimmigkeiten einfügt, und solange der Wirklichkeitsglaube an die Fortsetzung dieser Einstimmigkeit gebunden ist, haben wir das Bewußtsein *einer* (unendlichen) Welt und *eines* einheitlichen Erfahrungsstiles. Letztlich laufen alle Horizonte in einem zusammen: „Immerzu sagen wir: ‚die' Welt, und erfahren sie, die eine und selbe, als leibhaft selbsterfaßte, obschon diese Selbsterfassung durch und durch bloße Antizipation ist, die als solche ganz und gar auf bestätigende neue Erfahrung angelegt ist; und obschon diese Antizipation sich im einzelnen bald einstimmig fortlaufend bestätigt, bald im Bruch der Einstimmigkeit in fraglichen, schwankenden oder geradezu nichtigen Schein auflöst."[40] Die Welt ist also in einem passiven Urglauben als eine solche gegeben, die immer *so* weiter geht, wie sie bisher verlaufen ist: Wir können zwar Korrekturen, Trug und Täuschungen usw. annehmen und erfahren, aber wir haben die Außenhorizonte der Dinge immer in einem Weltglauben gegeben, den wir nicht willkürlich abändern können, weil er an die „Urkraft" des Originären gekoppelt ist. Ein absolutes Ungewißheitsbewußtsein kann also nur die *gänzliche Unstimmigkeit* der sich in offenen Horizonten bewegenden Erfahrung bedeuten. In einem solchen Fall wäre keine *Einordnung* des Kommenden durch Erwartung, Vorerwartung und Wiedererinnerung möglich. Die Welt würde in sich „zerfasern", ordnungslos werden. Die Einstimmigkeit wäre verloren und es wäre denkbar, daß es in der Erfahrung an „an sich unausgleichbaren Widerstreiten wimmelt [...], daß ihr Zusammenhang die festen Regelordnungen der Abschattungen, Auffassungen, Erscheinungen einbüßt – daß es keine Welt mehr gibt".[41]

Man könnte gegen diese Möglichkeit einer absoluten Ungewißheit einwenden, daß immerhin Erinnerungen blieben. Doch selbst diese würden durch die *gänzliche Negationserfahrung* rückwirkend *gänzlich* durchgestrichen und in ein Täuschungsbewußtsein übergehen. Das cogito würde – zwangsläufig durch die phänomenologische Sicht der Intentionalität – „mitzerfasert" werden. Die Möglichkeit eines Verlustes des Weltbewußtseins, also der nicht mehr auf eine Normalität bezogenen Anormalität und nicht mehr auf eine Ordnung bezogenen Unordnung, ist zwar *leer vermeinend immer möglich*, aber kann niemals *motiviert* in der lebendigen Erfahrung erlebt werden. Erfahrungsbrüche und Ungewißheiten sind nur *in* einer Ordnung, nicht außerhalb ihrer *wirklich* möglich. Ein „Zusammenbruch der Welt", ein unkalkulierbares Risiko oder eine vollständige Ungewißheit sind zwar logisch denkbar, aber weder phantasierend noch wirklich erfahrbar. Die Zukunft ist offen, *weil* sie in Grenzen immer so ist wie das Bisherige, aber sie ist ständig auch nicht so wie dieses.

Wahrscheinlich rührt daher unser Urvertrauen, daß alles schon nicht so schlimm wird und so weiter geht wie immer.

---

[38] Zu diskutieren wären auch speziellere Fälle: Schlaf, Koma, Bewußtlosigkeit, Betäubung, Rausch oder Leiden. Vgl. dazu u.a. Waldenfels: *Der Spielraum des Verhaltens*, 98-126, Sommer: *Lebenswelt und Zeitbewußtsein*, 119-130.

[39] Husserl diskutiert das Problem in den *Ideen I* (§49) mit der Formel „Weltvernichtung" und in der *Ersten Philosophie II* (33.-35. Vorlesung) unter dem Titel „transzendentaler Schein".

[40] Husserl: *Erste Philosophie II*, 47.

[41] Husserl: *Ideen I*, 103.

V. Zitierte Literatur

Werke Husserls

a) Husserliana – Edmund Husserl. Gesammelte Werke. Den Haag 1950ff.

Band I: *Cartesianische Meditationen und Pariser Vorträge.* (Hrsg. von S. Strasser). 1950
Band III/1: *Ideen zu einer reinen Phänomenologie und phänomenologischen Philosophie. Erstes Buch. Allgemeine Einführung in die reine Phänomenologie.* 1. Halbband. (neu hrsg. von K. Schuhmann). 1973
Band VIII: *Erste Philosophie. Zweiter Teil.* (Hrsg. von R. Boehm). 1959
Band IX: *Phänomenologische Psychologie.* (Hrsg. von W. Biemel). 1962
Band XI: *Analysen zur passiven Synthesis.* (Hrsg. von M. Fleischer): 1966

b) außerhalb der Husserliana erschienen

Erfahrung und Urteil. Untersuchungen zur Genealogie der Logik. (Hrsg. Von L. Landgrebe). Hamburg 1985.

Sonstige Literatur

Aguirre, Antonio F.: *Die Phänomenologie Husserls im Lichte ihrer gegenwärtigen Interpretation und Kritik.* Darmstadt 1982.
Aguirre, Antonio F.: *Zum Verhältnis von modaler und praktischer Möglichkeit.* In: Ernst W. Orth (Hrsg.): Perspektiven und Probleme der Husserlschen Phänomenologie. Beiträge zur neueren Husserl-Forschung (Phänomenologische Forschungen, 24/25). Freiburg 1991, 150-182.
Aguirre, Antonio F.: *Die Idee und die Grenzenlosigkeit der Erfahrung. Kant und Husserl.* In: Beate Niemeyer und Dirk Schütze (Hrsg.): Philosophie der Endlichkeit. Festschrift für Erich Christian Schröder zum 65. Geburtstag. Würzburg 1992, 102-129.
Belussi, Felix: *Die modaltheoretischen Grundlagen der Husserlschen Phänomenologie.* Freiburg 1990.
Bernet, Rudolf: *Endlichkeit und Unendlichkeit in Husserls Phänomenologie der Wahrnehmung.* In: Tijdschrift voor Filosofie (1978), 4, 251-269.
Henrich, Dieter: *Über die Grundlagen von Husserls Kritik an der philosophischen Tradition.* In: Philosophische Rundschau (1958), Jg.6, 1/2, 1-26.
Kaiser, Ulrich: *Das Motiv der Hemmung in Husserls Phänomenologie.* Frankfurt/M. 1997.
Mittelstraß, Jürgen. *Das lebensweltliche Apriori.* In: Gethmann, Carl F. (Hrsg.): Lebenswelt und Wissenschaft. Studien zum verhältnis von Phänomenologie und Wissenschaftstheorie. Bonn 1991, 114-142
Mohanty, J. N.: *Husserl on `Possibility'.* In: Husserl Studies (1984), 1, 13-29.
Rang, Bernhard: *Kausalität und Motivation. Untersuchungen zum Verhältnis von Perspektivität und Objektivität in der Phänomenologie Edmund Husserls.* Den Haag 1972.
Seebohm, Thomas M.: *Intentionalität und passive Synthesis. Gedanken zu einer nichttranszendentalen Konzeption von Intentionalität.* In: H.M. Gerlach und Hans Rainer Sepp (Hrsg.): Husserl in Halle. Spurensuche im Anfang der Phänomenologie. Frankfurt/M. 1994, 63-84.
Sommer, Manfred: *Lebenswelt und Zeitbewußtsein.* Frankfurt/M. 1990.
Volonté, Paolo: *Husserls Phänomenologie der Imagination. Zur Funktion der Phantasie bei der Konstitution von Erkenntnis.* Freiburg 1998.
Waldenfels, Bernhard: *Der Spielraum des Verhaltens.* Frankfurt/M. 1980.
Waldenfels, Bernhard: *In den Netzen der Lebenswelt.* 2.Aufl. Frankfurt/M. 1994
Waldenfels, Bernhard: *Grenzen der Normalisierung. Studien zur Phänomenologie des Fremden 2.* Frankfurt/M. 1998.
Waldenfels, Bernhard: *Antwort auf das Fremde. Grundzüge einer responsiven Phänomenologie.* In: Därmann, Iris u. Waldenfels, Bernhard (Hrsg.): Der Anspruch des Anderen. Perspektiven phänomenologischer Ethik. München 1998, 35-50.

Christian Lotz; Institut für Philosophie; Philipps-Universität Marburg; Wilhelm-Röpke-Str. 6b; 35032 Marburg
priv.: Zur Fasanerie 2; 35043 Marburg; christian.lotz@mailer.uni-marburg.de

ASPHALISMUS.

Grundlagen, Merkmale, Evaluation

von

B. R. Suchla

In einem Fernseh-Werbespot für eine renommierte Versicherungsgesellschaft bemerkt ein junger Mann - ich zitiere: "Wenn etwas passiert, dann möchte ich Sicherheit haben, einfach Schutz". Dieser Satz formuliert eine Grundbefindlichkeit der menschlichen Existenz, das ist das Streben nach Sicherheit durch Schutz. Meine These lautet, daß dieses *Streben nach Sicherheit durch Schutz als Grundbefindlichkeit und Eigentümlichkeit der menschlichen Existenz* zunehmend das Denken und Handeln der abendländischen Gesellschaft und Kultur bestimmt. Indem ich diese bestimmende Denk- und Handlungs-Richtung im folgenden *Asphalismus* nenne - in Ableitung von griechisch τὸ ἀσφαλές, die Sicherheit- , gehe ich der These in drei Schritten nach. Im ersten Schritt frage ich nach den Grundlagen des Asphalismus. Im zweiten Schritt beschreibe ich seine Merkmale. Im dritten Schritt endlich behandele ich seine Evaluation. Ich komme zum ersten Schritt, der Frage nach den Grundlagen des Asphalismus.

I.
Aus dem Rückblick des Menschen in seine Geschichte, aus der Komparation der eigenen Erfahrung mit den Lebenswegen und Erfahrungen anderer und nicht zuletzt aus der modernen biologischen und medizinischen Forschung heraus zeigen sich für den Menschen folgende zwei Erkenntnisse unumstößlich:

Erkenntnis 1. Der Mensch ist *endlich*.

Diese Erkenntnis besagt, daß die Zeit des Menschen "bemessen ist, abläuft, endet: durch Tod", daß *Endlichkeit* demnach *Sterblichkeit* ist, und daß menschliche Endlichkeit *gewußte* Sterblichkeit ist: "das *Sein zum Tode*" (Marquard). Der Mensch ist ein geschichtliches, d.h. unabdingbar endliches Wesen, er weiß um seine Endlichkeit und ist sich ihrer voll bewußt. Außerdem begleitet ihn volles Bewußtsein seines irreversiblen steten Heranschreitens an sein Ende: *Vita aggressus ad finem*!

Erkenntnis 2. Die menschliche Existenz ist nicht nur endlich, sondern auch *fragil*.

Diese Erkenntnis besagt, daß das menschliche Leben schon *vor* Ablauf seiner genetisch bemessenen Zeit durch diverse gewaltsame äußere Einflüsse zu Tode zerbrochen, gebrochen, zerstört werden kann.

Endlichkeit und Fragilität reflektierten schon Philosophen der Antike. Ich erinnere hier etwa an Senecas Essay *De brevitate vitae*, in dem Klagen über die kurze Zeitspanne des Lebens und die rasche Enteilung der Lebensfrist aufgegriffen werden. Für Seneca ist das Leben dann in Sicherheit, *vita iam in tuto est*, wenn der Mensch Philosophie als Lebensform wählt. Im Unterschied zu seinen Vorgängern wie Seneca und erstmalig in seiner langen Geschichte sieht sich aber der Mensch der zweiten Hälfte des 20. Jahrhunderts durch moderne chemische, physikalische und biologische Technologien *befähigt*, seine eigene Existenz als solche einerseits punktuell, anderseits langfristig und drittens für immer sowohl schwer zu beschädigen als auch zu vernichten. Da jedes seiner Erzeugnisse störanfällig ist, trägt er mit dieser Störanfälligkeit zudem und ebenfalls erstmalig nicht nur hohe *unbeabsichtigte* Risiken für seine Existenz, sondern bereits Folgen dieser Tolerierung. So führte die Expansion einer umweltinadäquaten Technologie bereits zur Belastung von Gewässern, Böden, Luft, zum Aussterben natürlicher Arten, zum Kollaps von Ökosystemen, zu Krankheiten von Tier und Mensch. Doch, als wäre das nicht schon genug, kommen ständig neue Risiken hinzu: Im Moment streiten Experten über die Gefahren strahlenkontaminierter und genmanipulierter Lebensmittel. Darüber hinaus zeigen sich die ersten Umweltauswirkungen genveränderter Pflanzen; ich erinnere daran, daß bereits Wildtiere nach Genuß genmanipulierter frostresistenter Pflanzen verendeten, weil, unwissentlich, mit der Manipulation lebensnotwendige Fraßhemmer entfernt wurden.

Trotz dieser Schadens-, Vernichtungs- und Störungsmöglichkeiten und der vielen bereits eingetretenen Schadensfälle findet sich in den westlichen Industrie- und Technologienationen ein breiter individueller, gesellschaftlicher und kultureller Konsens, diese und durch weiterführende Forschungsergebnisse stets neu hinzukommende

Risiken und ihre Folgen zu tragen, so daß es gerechtfertigt ist, von einer *Risiko-Gesellschaft* (Beck) zu sprechen. Parallel zu dieser hohen Risiko-Bereitschaft der Gesellschaft läßt sich jedoch ein Anwachsen des menschlichen Bedürfnisses nach Sicherung und Sicherheit seines endlichen, d.h. zeitlich limitierten Lebens und seiner Lebensgrundlagen beobachten. Damit gelange ich zum zweiten Schritt, den Merkmalen des Asphalismus.

II.
Schon in der Antike galt die Lebenszeit als ein hoher *Wert* und die Sicherung des menschlichen Lebens und Sicherheit seiner Lebensgrundlagen als Gegenstand philosophischer Erörterung. Doch erst die neuzeitliche Ent-Eschatologisierung der Welt veranlaßt den Menschen, das Leben als irreversibel *letzte Gelegenheit* (Gronemeyer) zu betrachten, d.h. als *limitierten* höchsten Wert, den es mit allen Mitteln zu sichern gilt. Reflexion auf die zunehmenden und immer größer werdenden Risiken und die durch sie verursachte Gefährdung dieses limitierten höchsten menschlichen Wertes lassen Versuche seiner Sicherung jedoch sehr fragwürdig erscheinen.

Es läßt sich nun in den westlichen Industrie- und Technologienationen beobachten, daß mit den Risiken auch Absicherungen, Versicherungen und Rückversicherungen individueller Art wachsen. Ablesbar ist dies etwa an der Zunahme von privaten Versicherungen gegen alle erdenkbaren Eventualitäten: gegen Rechtsstreit, Berufs-Unfähigkeit, Unfall, Feuer, Wasser, Diebstahl, Entführung usw. Risikobegleitendes Sicherheitsstreben zeigt sich hier demnach zunächst als ein *individuelles Phänomen*.

Bei der Vermittlung dieses Strebens spielt das mediale Bild, für das ich eingangs ein Beispiel nannte, eine entscheidende Rolle. Denn die Orientierung des Menschen erfolgt in Gestalt von Bildern, die ihm einerseits das Vorfindliche festhalten, die anderseits das Vorfindliche erklären, und die drittens durch das bildhafte Festhalten und Erklären zur Bewältigung des Vorfindlichen beitragen. Mit dem Einbruch des Bildes in das tägliche Leben, der sich jüngst mit dem Medien-Wechsel von den Print-Medien hin zu den sogenannten Bildschirm-Medien endgültig vollzogen hat, sind als Mittel genutzte, immer wiederkehrende Bilder in der Lage, spezifisch vorpersonale Verhaltensweisen des Betrachters nachgeradezu zu konditionieren. Durch den Einbruch der Bildschirm-Medien in beinahe jeden öffentlichen und privaten Lebensbereich erstreckt sich die Konditionierung des Bild-Betrachters mittlerweile auf einen derart großen Teil seiner Lebensäußerungen, daß es richtig erscheint, dieses Phänomen als eine *Neue Kultur der Bilder* (Suchla) zu bezeichnen.

Indem risikobegleitende individuelle Absicherungs- und Sicherheitswünsche primär über die Medien, insbesondere über die Bildschirm-Medien in Politik, Gesellschaft und Kultur hineingetragen werden und sich dort durchsetzen, zeigt sich risikobegleitendes Absicherungs- und Sicherheits-Streben als *politisches, soziales und kulturelles Phänomen*. Ablesbar ist dies etwa im sozialen Bereich an der Quasi-Unantastbarkeit der sogenannten *Pflicht*versicherung, d.h. der Arbeitslosen-Versicherung, Kranken-Versicherung, Renten-Versicherung; im ökologischen Bereich z.B. an gemeinschaftlichen Schutz-Initiativen für die Umwelt, die Tierwelt, die Arten, das Klimas etc.; im kulturellen Bereich etwa an Staatssubventionen von Kulturbetrieben zur Minimierung des Unternehmer-Risikos, oder an langfristigen Verträgen für diverse Kulturträger, denen auf diese Weise das Risiko des Mißerfolgs erspart bleibt; und last but not least im ökonomischen Bereich, wo es laut gegenwärtiger politischer Klage an der Risiko-Bereitschaft unserer deutschen Gesellschaft zum freien Unternehmertum mangelt. Ähnliche Beispiele lassen sich in allen westlichen Industrie- und Technologie-Nationen feststellen, wobei Schweden etwa europaweit die meisten Neugründungen von Unternehmen aufweisen kann, eben weil der Sozialstaat Schweden auch Neugründern soziale Sicherheit gewährt. Der schwedische Ministerpräsident Göran Persson nennt dies *Mut durch Sicherheit*.

Risikobegleitende Absicherung bestimmt demnach die Handlungs- und Verhaltensweisen der abendländischen Gesellschaft und Kultur. Da dieses Phänomen von Sicherheits- und Schutztheorien begleitet ist, scheint es legitim, die zweite Hälfte des 20. Jahrhunderts und die Jahrtausendwende als Phase eines *Asphalismus* zu bezeichnen.

Asphalismus ist jedoch kein *Tutiorismus*, d.h. keine Haltung, die zwischen zwei Möglichkeiten immer die sicherere wählt. Eine *Risiko-Gesellschaft* kann - κατ' ἐξοχήν - nicht tutioristisch sein. Aber sie kann, ja sie muß eine asphalistische Gesellschaft sein. Mit dieser Feststellung, die zu erklären sein wird und auf die ich daher unten zurückkomme, erreiche ich meinen dritten Schritt, die Evaluation des Asphalismus.

III.
In jedem Moment seiner Existenz kommt der Mensch nicht nur *von ... her*, sondern geht er auch *auf ... zu*, blickt er nicht nur auf Vergangenheit *zurück*, sondern auch auf Zukunft *vor* (Heidegger; Gadamer). Gerade der Blick voraus ist für die Handlungs- und Verhaltensweisen einer asphalistischen Gesellschaft und Kultur bestimmend. Denn jede Absicherung und Sicherheit scheint das Wissen um mögliche vorausliegende Gefährdungen vorauszusetzten, d.h.: die πρόγνωσις, die Prognose, das Vorherwissen, die Vorhersage, die schon in der Antike problematisiert und mit der Sentenz *Quidquid agis, prudenter agas, et respice finem* sprichwörtlich wurde.

Vorhersehen ist ein Akt des Vordenkens. Das Vordenken geht von der Einsicht aus, daß jede Wirkung der Natur auf eine Ursache zurückführbar ist, die der Wirkung vorausgeht. Im Vordenken erkennt das Denken ein Seiendes als Ursache und bedenkt ihre mögliche Wirkung. Vorhersehen oder *Vorher-Sehen* ist das Sehen einer Wirkung *vor* deren Eintreten und Sichtbar-Werden, meint somit die Differenz zum Augen-Blick und bezeichnet demnach eigentlich ein Denken vor dem Sehen, also einen bestimmten Erkenntnis-Modus. Vorhersehen gründet somit auf einer temporären Differenz von vorher zu Denkendem und nachherigem möglichen Geschehen des vorher Gedachten, und das heißt auch: von Akt und Potenz. Vordenken und Vorhersehen kommen im Vorurteil, besser: V*o*rher-Urteil zur Vollendung und in der Vorhersage, besser: V*o*rher-Sage, zur Aussage.

Die Prognose als wissenschaftlich begründete Aussage über ein in aussagbarer Zukunft reell oder potentiell eintretendes Ereignis oder einen reell oder potentiell eintretenden Zustand avancierte jüngst in Wissenschaftstheorie und Statistik zu einem der profiliertesten Begriffe, spielt etwa in der Wohlfahrtsökonomie eine entscheidende Rolle und gewinnt in einer technologisch bestimmten Welt mit den - als Folgen der Technologien - möglichen Langzeitgefährdungen für Leben schlechthin zunehmend an Bedeutung. Ist aber in einer Welt chaotischer Systeme - und in einer solchen leben wir nun einmal - Prognose überhaupt möglich? Da die Welt sowohl indeterministisch als auch deterministisch, sowohl chaotisch als auch stabil ist, ist auch eine gewisse Vorhersagbarkeit möglich.

Die asphalistische Gesellschaft und Kultur des Westens beruft sich demgemäß auf einen engen Konnex von Sicherheit der Erkenntnis und Prognose einerseits und Sicherheit der Existenz anderseits. Ablesbar ist dies etwa an der Etablierung prognostischer Theorien wie Spieltheorie oder Entscheidungstheorie.

Doch solange der Mensch lebt, kommt sein Verstehen und Wissen zu keinem Abschluß, gibt es weder unfehlbares Wissen noch unfehlbares Vorherwissen. Denn einerseits entwickelt sich der Mensch - qua *Vita motus perpetuus* (Dilthey) - stetig weiter. Anderseits verharrt aber auch die Mitwelt nicht statisch, sondern schreitet ebenfalls ständig voran. Darüberhinaus ist der Mensch schlichtweg sowohl intellektuell als auch psychisch unfähig, stets das Ganze als Ganzes zu erfassen und auszulegen. Verstehen ist daher "ein intellektueller Prozeß von höchster Anstrengung, der doch nie ganz realisiert werden kann" (Dilthey).

Diese Unfähigkeit zur kompletten Realisierung des Verstehens, d.h. das Unvermögen, das ganze Leben als Ganzes und die gesamte Mit- und Umwelt und Welt in deren Komplexität zu erfassen und zu begreifen, beunruhigt und verunsichert den Menschen. Diese Unruhe und Unsicherheit verstärkt sich durch seine stete Annäherung an sein Ende. Da aber die Frage, wie der Mensch sein Leben, seine Mit- und Umwelt, ja die Welt begreift, mitbestimmend ist für die Frage, wie er in der Welt zurechtkommt, der Mensch demnach auf das Verstehen existentiell verwiesen ist, folgt seiner intellektuellen Unruhe und Unsicherheit eine existentielle Unsicherheit. Um hier auszugleichen, zeichnet die gegenwärtige Politik die Entwicklung zur sogenannten *Bildungsgesellschaft des 21. Jahrhunderts* vor, in der *lebenslanges Lernen* das Rüstzeug für das Bestehen in der komplizierten Welt bieten soll.

Denn wenn es auch weder unfehlbares Wissen noch unfehlbares Vorherwissen und somit weder intellektuelle noch existentielle Sicherheit gibt, so gibt es doch größtmögliche Beseitigung von Ungewißheit und Nicht-Wissen und damit größtmögliche intellektuelle und existentielle Sicherheit. Der Weg in die Bildungsgesellschaft läßt sich somit auch als Weg in die *Größtmöglichkeit* bezeichnen.

Wie aber läßt sich größtmögliche Sicherheit erreichen? Durch größtmöglichen Schutz: Der Mensch ist nicht nur in die Welt geworfen, sondern auch in seiner Geworfenheit auf Schutz verwiesen; ohne pränatalen und postnatalen Schutz etwa kann sich kein menschliches Leben entwickeln; ohne durchhaltenden größtmöglichen Schutz seines Raumes und seiner genetisch bemessenen Zeit kann sich kein Leben zeitlich voll ausschöpfen; Schutz ist unabdingbare Voraussetzung der Ausmessung der menschlichen Existenz. *Schutz erweist sich als menschliches Existential*.

Damit kehre ich zur obigen Bemerkung zurück, daß eine Risiko-Gesellschaft zugleich eine asphalistische Gesellschaft sein müsse. Denn da mit zunehmenden Risiken das Verlangen nach Schutz als existentialem Garant menschlicher Sicherheit wächst, zeigt sich Asphalismus als ein Phänomen der *Balance*. In dieser Funktion der Balance besteht sein Wert.

Wegen der Balance spielt der *homo occidentalis* zunehmend zwei Rollen: Er ist einerseits *homo ludens* (Huizinga); ein Spieler mit hoher Risikobereitschaft, umgeben von einer Gesellschaft aus Spielern mit hoher Bereitschaft zu riskanten Einsätzen auf dem Gebiet riskanter Technologien; er kompensiert anderseits diese riskanten Einsätze durch eine Rolle der Balance zum Risiko, das ist die Rolle des ἀνὴρ ἀσφαλίζων, des *homo tegens*, eines Menschen, der bedacht ist auf Absicherung, Versicherung und Sicherheit im Privaten, Sozialen, Kulturellen und Ökonomischen. Mit dem Hineinwachsen in die Rolle des Spielers, ablesbar etwa am Abflauen der Protestbewegungen gegen die Risiken einiger moderner Technologien, wächst zum Zwecke der Balance die Rolle des Ab- und Rück-Versicherers, ablesbar z.B. am Zuwachs von Versicherungsunternehmen. Beide Rollen prägen immer deutlicher die abendländische Gesellschaft und Kultur, die sich damit als doppelgesichtig und janusköpfig erweist: Dort trägt sie das Antlitz des Risikos - hier das Antlitz größtmöglicher Sicherheit.

Doch um zum eingangs erwähnten Werbespot zurückzukommen: In ihm sind die schlagwortartig verwendeten Termini *Schutz* und *Sicherheit* nicht nur eng konnotiert, sondern auch vor-philosophisch in eins gesetzt. In der Tat bewirkt, wie gesagt, Schutz Sicherheit und bestmöglicher Schutz bestmögliche Sicherheit. In der Logik des zitierten Werbespots bedeutet dies:

1. Es kann immer etwas Unangenehmes passieren.
2. Damit ein unangenehmes Ereignis keine bedrohliche Dimension erhält, braucht man Schutz.
3. Wer Schutz erfährt, besitzt Sicherheit.

Dieser Werbespot und seine Logik sind medialer Ausdruck des zunehmenden sicherheitsorientierten Denkens, Handelns und Verhaltens der abendländischen Gesellschaft und Kultur.

Priv.-Doz. Dr. B.R. Suchla
Zentrum für Philosophie und Grundlagen der Wissenschaft
der Universität Gießen
Akademie der Wissenschaften zu Göttingen

Workshop 17
Wissen und Macht

Internationale Beziehungen und internationale Rechtssetzung

Torsten Decker (Bielefeld)

Einleitung
Die Frage, was ein Jurist davon halten soll, wenn unter dem Namen "Ethik" über Probleme in internationalen Beziehungen diskutiert wird, beantwortet Luhmann, indem er Ethik als Beschreibung der sich anbahnenden weltgesellschaftlichen Rechtskultur expliziert. Diese Rechtskultur ist für Luhmann protojuristischer Natur. Danach ist die Normentstehung das Nebenprodukt der Normverletzung.
Selbst wenn dies eine korrekte Beschreibung des Kerns der Ethik in internationalen Beziehungen ist, so bleibt Luhmann dem Juristen die Antwort auf obige Frage schuldig. Denn wie soll sich das Konzept protogener Rechtsentstehung mit den Grundsätzen der Rechtsstaatlichkeit und Rechtssicherheit vereinbaren lassen?
Luhmanns Erklärung steht im Konflikt mit den in der Jurisprudenz fundamentalen Prinzipien der Gewaltenteilung und des Rückwirkungsverbots. Diese Grundsätze verbieten eine Normsetzung durch den Rechtsverletzer und eine Bestrafung des Normverletzers vor Normsetzung. Luhmanns Konzept protogener Rechtsentstehung scheint folglich für den Juristen unbrauchbar zu sein. Das Konzept protogener Rechtsentstehung läßt sich jedoch durch Modifikation und Ergänzung mit obigen Prinzipien in Einklang bringen. Durch eine Delegation von Legislativkompetenzen an die Gerichte und die damit ermöglichte Konstituierung von Normen im Urteilsspruch ist der Grundsatz der Gewaltenteilung konfliktfrei mit protogener Rechtsentstehung vereinbar. Die notwendige Grenze zulässiger protogener Rechtsentstehung wird durch das Rückwirkungsverbot gezogen. Dieses gebietet ausschließlich im Bereich funktioneller Verrechtlichung protogene Rechtsentstehung. Funktionelle Verrechtlichung ist das rechtsbestimmende Erfassen eines Bereichs, aufgrund dessen eine rechtsbegründende Konkretisierung durch Gerichte - z.B. den International Criminal Court - erfolgen kann. Das besondere an einer funktionellen Verrechtlichung ist, daß sie nicht der Bestimmtheit einer Kodifikation bedarf und sich aus allen Rechtsquellen speisen kann, z.B. auch aus dem Willen der internationalen Gemeinschaft. Erst auf dieser Grundlage wird Luhmanns Konzept für den Juristen verständlich und fruchtbar. Mit der Konstruktion der funktionellen Verrechtlichung und der Legislativkompetenz der Judikative entspricht ein Konzept protogener Rechtsentstehung zwar noch nicht allen rechtsstaatlichen Prinzipien, diese Konstruktion ermöglicht aber im Bereich der internationalen Beziehungen die weitestgehende Annäherung an Rechtsstaatsprinzipien.

Internationale Beziehungen
Luhmann geht in seinem Aufsatz "Ethik in Internationalen Beziehungen"[1] der Frage nach, was ein Jurist davon halten soll, wenn unter dem Namen "Ethik" über Probleme in internationalen Beziehungen diskutiert wird[2]. Die Notwendigkeit einer Antwort auf diese Frage ergibt sich für Luhmann aus der Tatsache, daß nur auf rechtlicher Ebene internationale Konflikte entschieden und gelöst werden können. Ethik ist in internationalen Beziehungen ein Instrument der Konfliktentscheidung, wenn noch kein Rechtsverfahren für eine Konfliktlösung vorhanden ist. Ethik wird damit zu einer sich anbahnenden weltgesellschaftlichen Rechtskultur. Ethik erhält juridische Qualität. Der Jurist ist aufgerufen, die nötige Umsetzung der sich anbahnenden weltgesellschaftlichen Rechtskultur in materielles Recht zu begleiten.

Klassischer Gegenstand der Ethik war der Appell an das Individuum, richtig zu handeln. Dieser Appell hatte keine juridische Qualität, da er nur an das forum internum gerichtet war. Im Gegensatz dazu war der Appell an den Staat, richtig zu handeln, immer juridischer Natur, da er stets das forum externum betraf.
Durch die zunehmende Mediatisierung und Globalisierung sind ethische Appelle als Appelle an das forum internum nicht mehr nur an das Individuum gerichtet, sondern auch an die Weltgemeinschaft. Diese globalen Appelle werden zunehmend zu einem in den Medien ausgetragenen Wertekonflikt. Sie zeichnen sich insbesondere dadurch aus, daß sie das klassische Demokratieprinzip des Mehrheitsentscheids umgehen, indem eine Konfliktpartei den jeweiligen Konflikt allein dadurch für sich entscheiden kann, daß sie sich auf die Seite der Ethik stellt. Die internationale Ethik wandelt sich so zu einer weltgesellschaftlichen Rechtskultur für die sich anbahnende Weltgesellschaft. Dieses Weltrecht

---

[1] Niklas Luhmann, Ethik in Internationalen Beziehungen, in: Eine Welt – Eine Moral?: eine kontroverse Debatte; Hrsg. Wilhelm Lütterfelds und Thomas Mohrs, Darmstadt 1997, S. 156 ff..
[2] Ebd., S. 157.

für die Weltgesellschaft ist protojuristischer Natur. Die Normentstehung ist das Nebenprodukt der Normverletzung, d.i. protogenes Recht. Protogenes Recht entsteht rückwirkend, erkennbar an der Empörung der Weltgemeinschaft. Die Empörung läßt jedoch protogenes Recht nicht entstehen, sondern die Empörung ist nur eine Reaktion auf die Rechtsverletzung. Die Weltgesellschaft verlangt Sanktionen bei Verstößen gegen protogenes Recht. Ethische Appelle an die Weltgesellschaft erhalten juridische Qualität. Sanktionsmöglichkeiten gibt es aber nur bei Verstößen gegen staatliches Recht.

Umsetzung protogenen Rechts
Luhmann beantwortet die Frage nach der Möglichkeit der Umsetzung von protogenem Recht bewußt nicht vollständig. Er gibt lediglich ein Kriterium an, das für die Akzeptanz der Umsetzung notwendig ist. Als Kriterium für die Akzeptanz der Umsetzung protogenen Rechts nennt Luhmann die Integrität des Rechtssystems und die Integrität der Umsetzung protogenen Rechts in materielles. Das bedeutet, daß das Rechtssystem bei der Umsetzung den Rechtsstaatsprinzipien treu bleiben muß.
Die integerste Umsetzung ist die durch die Legislative im jeweils vorgeschriebenen Verfahren. Der Gesetzgeber arbeitet aber weder so schnell noch in dem Sinne umfassend, daß er die protogene Rechtsentwicklung im Ernstfall adäquat berücksichtigen kann. Dem Ernstfall begegnet die Weltgemeinschaft u.a. in Fällen des Völkermords, der Massenvertreibung und des Angriffskriegs. Charakteristisch für diese Fälle ist, daß die Weltgemeinschaft den Tätern und Opfern meist hilflos gegenübersteht. Ausdruck dieser Hilflosigkeit ist das Fehlen eines permanenten Internationalen Strafgerichtshofs. Erst am 17. Juli 1998 wurde das Gründungsstatut des International-Criminal-Courts[3], ICC, verabschiedet. Bis heute gibt es nur sogenannte ad-hoc-Strafgerichtshöfe. Mit Hilfe des ICCs soll der Weltgemeinschaft ein permanentes Instrument gegeben werden, um internationale Völkerrechtsverbrechen gemäß dem Statut des ICCs zu verfolgen. Der ICC ist damit ein Kandidat für die Umsetzung protogenen Rechts.
Zusätzlich fehlen für ein internationales Strafgerichtsverfahren oftmals die Normen, die eine Sanktionierung der Täter möglich machen. Die Strafgerichtshöfe haben es in diesem Fall mit Taten zu tun, denen materiellrechtlich keine Strafnorm entgegensteht.
Gerichte sind wichtige Kandidaten für die Umsetzung protogenen Rechts. Eines der bedeutendsten Beispiele hierfür ist Art. 227 VV (Versailler Vertrag).
Art. 227 VV ist ebenfalls ein Beispiel für das Fehlen materiellrechtlicher Strafnormen bei einem Verfahren eines internationalen Strafgerichts.
Art. 227 II VV sah die Einrichtung eines besonderen Strafgerichtshofs vor, um Wilhelm II. von Hohenzollern den Prozeß zu machen. Er sollte nach Art. 227 I VV wegen schwerer Verletzung des internationalen Sittengesetzes und der Heiligkeit der Verträge angeklagt werden. Im Kern ging es bei dieser Anklage um die erstmalige Feststellung, daß der Beginn eines Krieges ein internationales Verbrechen und mit Sanktionen bedroht ist. Der Beginn und die Erklärung eines Kriegs waren aber bis dato vom Völkerrecht keine mit Sanktionen bedrohte Handlungen.
Die Ereignisse und Folgen des Ersten Weltkriegs waren für die Weltgemeinschaft jedoch so schockierend, daß sie von einer mit Sanktionen bedrohten Handlung seitens Wilhelms II. ausging.
Was man Wilhelm II. vorwerfen konnte, war, daß er einen Krieg geführt hatte. Dies stellte aber völkerrechtlich keinen Straftatbestand dar. Zu diesem Zeitpunkt waren nur einzelne besondere Kriegshandlungen völkerrechtlich verboten. Diese Handlungen wurden in Abkommen über die Art und Weise der Kriegführung beschrieben. Sie gehören zum Kriegsordnungsrecht. Doch wegen Verstoßes gegen die Gesetze und Gebräuche des Krieges, wie Art. 228 VV einen Anklagepunkt formuliert, war Wilhelm II. nach Art. 227 VV nicht angeklagt. Dadurch wird deutlich, daß Wilhelm II. wegen des Krieges selbst und nicht wegen einzelner Kriegshandlungen angeklagt werden sollte. Für die Siegermächte stellte sich das oben geschilderte Problem, daß eine Kriegserklärung und der Kriegsbeginn keine mit Sanktionen bedrohten Taten waren. Daher wählte man für Art. 227 VV die Formulierung "Verletzung des internationalen Sittengesetzes und der Heiligkeit der Verträge".
Nach dem vor dem Ersten Weltkrieg geltenden Völkerrecht war Krieg weder ein Verbrechen, noch ein sonst negativer Begriff. Krieg war Ausdruck staatlicher Souveränität und Machtfülle. Staats- und völkerrechtlich war der Krieg eine Zustandsbeschreibung. Der Krieg ordnete dem Staat gewisse Pflichten und Rechte zu. So war z.B. der Einsatz von Giften eine verbotene Kriegshandlung[4]. Der Beginn des Kriegs war mit Ausnahme der Kriegserklärung an keine juristische oder faktische Bedingung gebunden. An Art. 227 VV zeigt sich, wie das unbedingte Recht auf Krieg durch protogene Rechtsentstehung erlischt. Die Besonderheit ist hier, daß vor der Umsetzung protogenen Rechts in materielles durch die Legislative ein Gericht zur Konkretisierung protogenen Rechts berufen worden war. Zum Prozeß nach Art. 227 VV ist es aufgrund der Nichtausweisung von Wilhelm II. aus den

---
[3] UN Doc. A/CONF.183/9.
[4] Friedrich v. Martens, Völkerrecht, Das Internationale Recht der civilisierten Nationen, Besonderer Teil, Berlin 1886, S.489.

Niederlanden nicht gekommen. Wäre ein Gericht nach Art. 227 VV zusammengetreten, hätte es entscheiden müssen, ob es protogenes Recht, das Erlöschen des unbedingten Rechts auf Krieg, konkretisieren und in ein Urteil umsetzen wollte. Eine Konkretisierung wäre in der Weise erfolgt, daß das Gericht die Tatbestandsmerkmale der "Verletzung des internationalen Sittengesetzes und der Heiligkeit der Verträge" durch den Beginn eines Kriegs erfüllt gesehen hätte. Damit hätte es eine Ächtung des Kriegs in genereller Hinsicht ausgesprochen, so wie es die Staatengemeinschaft durch den Kelloggpakt später tat.
Die Änderung des Kriegsrechts - das unbedingten Recht auf Krieg verneinend - hin zu einem vollkommenen Gewaltverbot nach dem Statut der Vereinten Nationen zeigt zum einen die permanente Veränderung des Kriegsrechts bis zum heutigen Tag, zum anderen die permanent fortschreitende Verrechtlichung der internationalen Beziehungen.

Völkerrechtliche Entwicklung des Kriegsrechts
Die völkerrechtliche Entwicklung des Kriegsrechts zeigt das permanente Fortschreiten dieses Rechtsgebiets und damit auch die zunehmende Verrechtlichung der internationalen Beziehungen. Durch diese Dynamik sind und bleiben die internationalen Beziehungen ein Feld für protogene Rechtsentstehung.

Nach Hugo Grotius hat jedes Staatsoberhaupt das Recht, Krieg zu führen[5]. Dieses Recht steht dem Oberhaupt jedoch nicht für alle Arten des Kriegs zu[6]. Nur auf gerechte Kriege hat das Staatsoberhaupt ein Recht. Ein Recht auf einen nicht gerechten Krieg gibt es nicht. Nach Grotius können Staatsverträge das Recht auf Krieg nicht beschneiden. Krieg kann daher nicht gegen das gewillkürte Völkerrecht verstoßen[7]. Die einzige Einschränkung des Kriegsrechts kann aus dem Naturrecht erwachsen. Ein Krieg, der lediglich gegen das gewillkürte Völkerrecht verstößt, kann somit nicht ungerecht sein, also auch kein Unrecht. Nur nach naturrechtlichen Grundsätzen kann ein Krieg Unrecht sein.

Kant entwickelt im Gegensatz zu Grotius ein anderes Verständnis des Kriegsrechts. Der Krieg wird von Kant in der Schrift "Zum Ewigen Frieden" als "trauriges Notmittel im Naturzustand [...] durch Gewalt sein Recht zu behaupten"[8] charakterisiert.
Krieg ist in Kants Stufensystem der Rechtsordnungen dem Völkerrecht zugewiesen. Das dem Völkerrecht nachfolgende Weltbürgerrecht schließt bei seiner Umsetzung konzeptionell Krieg aus. Das Völkerrecht ist ein Recht des Kriegs und der Kriegsabwehr, das auch über die Rechtfertigung von Krieg entscheidet. Nach dem zweiten Definitivartikel kann aber kein Kriegsrecht aus dem Völkerrecht selbst abgeleitet werden. Ein Recht zum Krieg, das sich aus dem Völkerrecht ableitet, ist für Kant ein leerer Begriff. Bei dem Begriff des "Rechts auf Krieg" kann nichts gedacht werden[9], da sonst Recht als ein einseitig durch Gewalt bestimmter Begriff gedacht werden müßte. Recht erwächst jedoch immer nur aus der Gemeinschaft, aus Gegenseitigkeitsverhältnissen. Folglich kann es kein Recht auf Krieg geben. Ebensowenig kann es eine Norm geben, die Krieg verbietet. Krieg findet als Teil der internationalen Beziehungen immer im rechtsfreien Raum statt.
Darüber hinaus verbietet der unantastbare Grundsatz der staatlichen Souveränität jegliche Kompetenzdelegation oder jeglichen Kompetenzverlust, durch den die internationalen Beziehungen verrechtlicht werden könnten. Folglich kann es auch keinen wirksamen Kriegsverzicht auf der Rechtsebene des Staatsrechts oder des Völkerrechts geben. Krieg wird so zu einer rechtlich nicht normativ erfaßbaren Materie. Zwar ist nach Kant Krieg moralisch betrachtet etwas schlechterdings Unerlaubtes, rechtlich aber nicht erfaßbar.

Der Grundsatz der Unantastbarkeit der staatlichen Souveränität ist zur Leitlinie der Völkerrechtslehre geworden. Die Kantische Auffassung über die nicht mögliche normative Erfassung des Kriegs wurde vom Völkerrecht jedoch nicht aufgenommen. Diesbezüglich ist der Grundsatz von Grotius, daß es ein Recht auf Krieg gibt, übernommen worden.
Das Recht auf einen Krieg war vor dem Ersten Weltkrieg ein positives Recht des souveränen Staats. Aus der staatlichen Souveränität leitete sich das positive Recht zum Krieg ab. Die mit einem Krieg verbundenen Folgen wurden zwar als negativ angesehen, dies hatte aber keinen Einfluß auf das Recht zum Krieg.

---

[5] Hugo Grotius, Drei Bücher vom Recht des Krieges und des Friedens, Paris 1625, Buch I, Kapitel 5, I; Übersetzt von Walter Schätzel, Tübingen 1950.
[6] Ebd., Buch I, Kapitel 2, IV.
[7] Ebd., Buch I, Kapitel 2, IV.
[8] Immanuel Kant, Zum ewigen Frieden, Akademie-Ausgabe VIII, S. 346.
[9] Ebd., S. 356 f..

Martens[10] beschreibt in seinem Völkerrechtslehrbuch von 1886 den Krieg als ein Verhältnis zwischen Staaten[11]. Dieses Verhältnis ist ein ebensolches Verhältnis wie der Frieden. Der Unterschied zwischen Krieg und Frieden ist lediglich der, daß im Kriegszustand bestimmte Rechte und Pflichten für die Combattanten und die Nichtcombattanten bestehen, die sich von den Rechten und Pflichten im Frieden unterscheiden[12]. Die Zuweisung der Rechte und Pflichten im Kriegszustand hat dieselbe Qualität wie die zu Friedenszeiten. Die durch den Krieg bedingte Zuweisung bestimmter Rechte und Pflichten ist jedoch kein Ausdruck der Ächtung des Kriegs oder eine negative Charakterisierung des Kriegszustands. In erster Linie ist der Kriegszustand eine rein technische Zuweisung von Pflichten, die einen geordneten Kriegsverlauf ermöglichen sollen. Die Möglichkeit, Zuordnungssubjekt solcher Rechte und Pflichten zu sein, ist Ausdruck staatlicher Souveränität. Auf diese Möglichkeit hat jeder souveräne Staat einen Anspruch. Krieg hat mithin einen positiven Charakter, da nur der souveräne Staat das Recht dazu hat. Krieg ist Ausdruck staatlicher Souveränität und damit etwas Positives, auch wenn der Krieg mit negativen Folgen verbunden ist.

Die im Krieg zu beachtenden Regeln beschreiben Handlungen, die zwar als rechtswidrig gelten - z.B. darf kein Krieg in ein allgemeines Gemetzel und Ausrotten ausarten[13] -, sie führen jedoch nicht zu einer Ächtung des Kriegs oder zu einer Beschneidung des Rechts auf Krieg.

Ullmann[14] definiert den Krieg in seinem Völkerrechtslehrbuch von 1898 als "die Unternehmung militärischer Gewalttätigkeit von zwei oder mehreren Staaten gegeneinander mit der Gefahr für die völkerrechtliche Selbständigkeit oder doch die Integrität (den Landbesitz) des Staates im Falle des Unterliegens"[15]. Krieg ist - ebenso wie bei Martens - der Ausdruck staatlicher Souveränität. Krieg dient als Mittel zur Lösung politischer Probleme. Jeder Staat hat das Recht, einen Krieg herbeizuführen[16]. Auch der Angriffskrieg ist kein Verbrechen oder unzulässig. Selbst ein rechtswidriger Angriffskrieg ist lediglich ein rechtlich nicht motivierter Krieg, aber kein Unrecht[17]. Krieg ist immer Ausdruck staatlicher Souveränität und kann somit kein Akt des Rechtsbruchs sein. Dies gilt selbst dann, wenn der Krieg nicht aufgrund rechtlicher, sondern aufgrund wirtschaftlicher Überlegungen geführt wird. Diese Überzeugung zeigt, daß - wie schon bei Martens ausgeführt - der Krieg dem Staat lediglich besondere Rechte und Pflichten auferlegt. Eine Pflicht zur Kriegsverhinderung als Pflicht in Friedenszeiten gibt es nicht.

Kriegsrecht ist lediglich Kriegsordnungsrecht. Dieses Kriegsordnungsrecht beschreibt die Regeln für den Krieg. Innerhalb des Kriegsordnungsrechts werden neben praktischen und rechtlichen Komponenten auch moralische Aspekte sichtbar, die einzelne Kriegshandlungen als verwerflich charakterisieren. Der Krieg und sein Beginn unterstehen aber keinem Verbot oder einer Einschränkung.

Krieg ist gemäß dem vor dem Ersten Weltkrieg geltenden Völkerrecht Ausdruck staatlicher Souveränität, und damit weder mit Sanktionen bedroht noch ein Verbrechen.

Um eine Handlung als Kriegshandlung zu charakterisieren, ist ein genaues Kriterium notwendig, daß den Kriegszustand vom Frieden trennt. Dieses Kriterium lieferte der Begriff der Kriegserklärung.

So bestimmt Art. 1 des Abkommens über den Beginn von Feindseligkeiten vom 18.10.1907, daß Feindseligkeiten unter den Vertragsparteien nur nach einer unzweideutigen Benachrichtigung als einer bedingten oder unbedingten Kriegserklärung erfolgen darf.

Ein rechtmäßiger Krieg ist danach nur der formell erklärte. Eine Bedingung für die Benachrichtigung oder für die Kriegserklärung gibt es aber nicht. Die Kriegserklärung ist demnach ein rein formales Kriterium und hat keine Auswirkungen auf das Recht zum Krieg. Art. I des Abkommens über den Beginn von Feindseligkeiten ist ausschließlich Teil des Kriegsordnungsrechts. Die scharfe Trennung zwischen Kriegszustand und Frieden durch die Kriegserklärung hatte mithin mehr Bedeutung für den Neutralitätsstatus der Nichtkombattanten als für die Kombattanten.

Die Ereignisse und Folgen des Ersten Weltkriegs führten zu einer Wandlung des Verständnisses von Kriegsrecht und zur Einführung der juristischen Verurteilung des Kriegs.

---

[10] Friedrich von Martens, Völkerrecht, Das Internationale Recht der civilisierten Nationen, Besonderer Teil, Berlin 1886.
[11] Ebd., S. 483.
[12] Ebd., S. 477 ff..
[13] Ebd., S. 494.
[14] E. Ullmann, Völkerrecht, Tübingen 1898.
[15] Ebd., S. 312.
[16] Ebd., S 313.
[17] Ebd., S. 313.

Die erste Verurteilung des Kriegs mit juristischer Qualität - damit eine über eine rein moralische hinausgehende - erfolgte 1927 durch das Statut des Völkerbunds. Dieses Vertragswerk entstand wesentlich unter dem Eindruck und den Folgen des Ersten Weltkriegs. Es statuiert, daß ein Angriffskrieg niemals ein Mittel internationaler Streitbeilegung sein kann und demnach ein internationales Verbrechen ist.

Eine weitere Konkretisierung dieser Verurteilung erfolgte 1928 durch den Kelloggpakt. Diesen multilateralen Vertrag haben 64 Staaten ratifiziert. Der Inhalt des Vertrags wird schon durch seine amtliche Bezeichnung deutlich: "Vertrag über die Ächtung des Krieges".

In der Präambel und Art. I Kelloggpakt wird der Verzicht auf den Krieg als Instrument nationaler Politik ausgesprochen. Nach Art. II Kelloggpakt wird vereinbart, daß Konflikte und Streitigkeiten zwischen den Vertragsparteien nur noch durch friedliche Mittel gelöst werden sollen. Art. III Kelloggpakt verpflichtet die Parteien, den Vertragsinhalt zu ratifizieren.

Die Ratifikation des Vertragsinhalts bedeutet die Umsetzung des Vertrags in innerstaatliches Recht. Die Ratifikation des Kelloggpakts hat zur Folge, daß der jeweilige Staat sein Recht auf Krieg verliert. Er beschneidet sich damit in seiner Souveränität. Krieg ist nun nicht mehr Ausdruck staatlicher Souveränität, sondern ein internationales Verbrechen. Mit dem Kelloggpakt wurde zwar noch kein Gericht geschaffen, das dieses Verbrechen sanktionieren konnte. An der nunmehr juristischen und völkerrechtlichen Qualifizierung des Kriegs als ein Verbrechen änderte dies jedoch nichts.

Mit dem Kelloggpakt sind aufgrund der teilweisen Kompetenzaufgabe der Vertragsstaaten die internationalen Beziehungen erstmals in der Weise rechtlich erfaßt, daß von einer eigenständigen internationalen Rechtsebene gesprochen werden kann. Staatsoberhäuptern kann nun der Krieg mit Ausnahme des Verteidigungskriegs als Verbrechen vorgeworfen werden, und nicht nur, wie es in Art. 227 VV formuliert ist, als ein Verstoß gegen das Sittengesetz. Der vorläufige Höhepunkt dieser Entwicklung ist die Verabschiedung des ICC-Statuts.

Die Schaffung dieser eigenständigen rechtlichen Sphäre ist in der Völkerrechtslehre auf Kritik gestoßen.

Carl Schmitt hat in seiner Schrift "Die Wendung zum diskriminierenden Kriegsbegriff" die Verrechtlichung der Internationalen Beziehungen als Entrechtlichung der Völkerrechtsordnung bezeichnet[18]. Das Hauptargument seiner These ist, daß durch die Institutionalisierung des Völkerrechts, d.i. die Schaffung einer eigenständigen rechtlichen Sphäre, und die damit verbundene Möglichkeit, einen Krieg und den Kriegsbeginn als Unrecht zu qualifizieren, dem einzelnen Staat gegenüber dieser Institution jede Möglichkeit der Rechtfertigung für einen Krieg genommen ist. Die Rechtfertigungsmöglichkeit eines Kriegs liegt ausschließlich bei einem Kollektivorgan. Die Einzelstaaten haben einen Teil ihrer Souveränität, das Recht auf Krieg, an dieses Organ abgegeben. Eine Kompetenzdelegation dieser Art ist nach Schmitt nicht möglich, da es der Idee des Friedens zuwiderläuft. Wesentlich für den Einwand Schmitts ist seine Auffassung über die Möglichkeit der Verrechtlichung von internationalen Beziehungen. Für ihn gibt es keine von der staatlichen Souveränität unabhängige Möglichkeit, internationale Beziehungen eigenständig zu verrechtlichen, d.i. die Verneinung der Möglichkeit, daß mit der Schaffung des Völkerbunds Einzelstaaten Teile ihrer Souveränität vollständig an eine überstaatliche Organisation delegieren können. Nach Schmitt ist der Völkerbund lediglich ein Instrument einzelner Staaten, um andere Staaten in ihrem Kriegsrecht zu beschneiden und so in einem Koalitionskrieg zu besiegen[19]. Dies macht deutlich, daß für Schmitt das Statut des Völkerbunds und der Kelloggpakt nur die Qualität von Kriegsordnungsrecht haben und keinen Staat in seiner Souveränität wirksam beschneiden können, also auch nicht das Recht auf Krieg. Schmitt lehnt die selbständige Verrechtlichung der internationalen Beziehungen ab.

Er bleibt bei der theoretischen Konzeption Kants, die eine Kompetenzdelegation eines Staats ausschließt, und verbindet dies mit dem Recht auf Krieg, so wie man es bei Grotius findet. Schmitts Kritik am Völkerbund ist folglich von gewichtigen Gründen getragen und kein lediglich politisch motivierter Einwand.

Der Zweite Weltkrieg führte zur generellen Akzeptanz der noch von Schmitt scharf kritisierten Verrechtlichung der internationalen Beziehungen durch die Schaffung der Vereinten Nationen. Auch das Kriegsrecht erfährt dadurch eine wesentliche Weiterentwicklung.

Im Gegensatz zum sog. Haager Recht wird der materielle Kriegsbegriff nach dem Zweiten Weltkrieg im sog. Genfer Recht nicht mehr verwandt. Macht das Haager Abkommen betreffend die Gesetze und Gebräuche des Landkriegs vom 18.10.1907 den Kriegszustand zur eigenen Anwendungsvoraussetzung, so erweitert sich das Anwendungsgebiet des Genfer Rechts durch die Abwendung vom Kriegsbegriff und die Anknüpfung an den Begriff des internationalen bewaffneten

---

[18] Carl Schmitt, Die Wendung zum diskriminierenden Kriegsbegriff, München 1938, S. 47.
[19] Carl Schmitt, Der Begriff des Politischen, Berlin 1963, S. 57.

Konflikts. Der Begriff des internationalen bewaffneten Konflikts umfaßt einen wesentlich größeren Teil der internationalen Beziehungen als der durch die Kriegserklärung eingeengte Kriegsbegriff. Durch das Genfer Recht wird ein wesentlich größerer Bereich der internationalen Beziehungen verrechtlicht als durch das Haager Recht.

Das III. Genfer Abkommen über die Behandlung von Kriegsflüchtlingen vom 12.08.1949 (III. Genfer Abkommen) bestimmt in Art. 2 I seinen Anwendungsbereich. Sein Geltungsbereich erstreckt sich sowohl auf den Fall eines erklärten Kriegs als auch auf alle Fälle eines internationalen bewaffneten Konflikts. Mit dieser Erweiterung des Geltungsbereichs verliert die Kriegserklärung ihre Bedeutung. Eine genaue Unterscheidung zwischen Kriegs- und Friedenszustand ist nicht mehr nötig, da auch der bewaffnete Konflikt rechtlich erfaßt wird. Der internationale bewaffnete Konflikt wird dem Krieg gleichgestellt.

Art. 2. Nr. 4 UNO ersetzt den Begriff "Krieg" durch den der – internationalen - "Gewalt".

Die endgültige Ablösung des Kriegsbegriffs des Haager Rechts durch den Begriff der "bewaffneten Gewalt" und die damit verbundene Erweiterung der eigenständigen Verrechtlichung der internationalen Beziehungen erfolgt durch das ZusProt I vom 12.08.1949, in dem der Kriegsbegriff des Haager Rechts unter den Begriff des bewaffneten Konflikts subsumiert wird, und somit Krieg nur noch ein Spezialfall des bewaffneten Konflikts ist.

Das Kriegsrecht und damit der Umfang der rechtlich erfaßten internationalen Beziehungen sind jedoch nicht auf diesem Stand stehengeblieben.

Im wesentlichen haben drei Resolutionen des Sicherheitsrates zur Weiterentwicklung beigetragen. Es sind die Resolution des Sicherheitsrats SC/Res/794 (Somalia), SC/Res/929 (Rwanda) und SC/Res/940 (Haiti).

Um ein Mandat der Vereinten Nationen für das Ergreifen militärischer Maßnahmen gegen einen anderen Staat zu erhalten, bedarf es nach dem VII. Kapitel UNO der Feststellung des Sicherheitsrats, daß eine Bedrohung oder ein Bruch des Friedens oder eine Angriffshandlung vorliegt, Art. 39 UNO. Hat der Sicherheitsrat eine Feststellung nach Art. 39 UNO getroffen, so kann der Sicherheitsrat nach Art. 41 UNO ein Mandat erteilen, das den Einsatz militärischer Mittel zur Wiederherstellung des Friedens und der Sicherheit legitimiert.

Nach Art. 39 UNO bedürfen militärische Maßnahmen im Rahmen eines Mandats der Vereinten Nationen immer der Beschreibung der zulässigen Mittel durch die Resolution des Sicherheitsrats. Voraussetzung hierfür ist die Feststellung der Bedrohung des Weltfriedens und der internationalen Sicherheit.

Durch die drei oben zitierten Resolutionen zeichnet sich auch für diesen Teil der internationalen Beziehungen eine Weiterentwicklung ab.

In Somalia kommt es am 9. Dezember 1992 aufgrund der Resolution des Sicherheitsrats SC/Res/794[20] zum Eingreifen des autorisierten Invasionsverbands UNITAV (United Task Force), um Maßnahmen auf Grundlage des Kapitels VII. UNO zu ergreifen und so ein sicheres Umfeld für die humanitären Hilfsmaßnahmen zu schaffen. Kern der Resolution SC/Res/794 ist die Ermächtigung der zur Kooperation bereiten Mitgliedsstaaten, alle erforderlichen Mittel einzusetzen, um die humanitäre Katastrophe in Somalia zu beseitigen. Die Feststellung der Friedensbedrohung liegt ihrem Schwerpunkt nach darin, daß die humanitären Hilfsmaßnahmen behindert werden, und daß das pakistanische UNOSOM-Kontingent angegriffen wird.

Eine humanitäre Katastrophe wird somit zur Legitimationsbasis für Maßnahmen nach Kapitel VII. UNO.

Auf Haiti kommt es nach der Resolution SC/Res/940[21] am 19. September 1994 zur Landung der Combined Task Force-180 unter Anwendung aller notwendigen Mittel nach Kapitel VII. UNO, um dem rechtmäßigen Präsidenten eine Rückkehr in sein Amt zu ermöglichen. Auch bei dieser Resolution wird im Kern aufgrund der weiteren Verschlechterung der humanitären Lage ein Mandat für Maßnahmen nach Kapitel VII. UNO erteilt.

Aufgrund der Resolution SC/Res/929[22] begann die Operation "Turquoise", bei der auf Grundlage des Kapitels VII. UNO die beteiligten Truppen alle erforderlichen Mittel einsetzen durften, um die humanitäre Krise und damit das Massaker an der Zivilbevölkerung in Rwanda zu beenden.

Diesen Fällen ist gemeinsam, daß eine Ermächtigung für militärisches Eingreifen in einen Staat aufgrund einer humanitären innerstaatlichen Katastrophe, und nicht wegen eines bewaffneten Konflikts zwischen mehreren Staaten, erteilt wurde.

---

[20] Abgedruckt in: Vereinte Nationen 1993, 65 f..
[21] Abgedruckt in: Vereinte Nationen 1994, 195.
[22] Abgedruckt in: Vereinte Nationen 1994 153 f..

Diese Entwicklung im Kriegsvölkerrecht kann zur Folge haben, daß in Zukunft aufgrund der Feststellung einer humanitären Katastrophe, und nicht mehr nur noch bei einem bewaffneten Konflikt, ein Mandat nach Art. VII UNO durch den Sicherheitsrat erteilt werden kann.

Wenn sich diese Entwicklung im Kriegsvölkerrecht fortsetzt und verfestigt, dann ist damit die Verrechtlichung der internationalen Beziehungen weiter fortgeschritten. Über den Bereich des bewaffneten Konflikts nach Kapitel VII. UNO hinaus ist dann der Bereich reiner humanitärer innerstaatlicher Krisen rechtlich erfaßt, d.i. eine Erweiterung des Geltungsbereichs des Kriegsvölkerrechts[23].

Konkretisierung protogenen Rechts

Die zunehmende Verrechtlichung der internationalen Beziehungen beschränkt das Kriegsrecht der Einzelstaaten bis zum Wegfall des Rechts auf Krieg. Im Fall Wilhelm II. war ein Gericht dazu aufgerufen, eine erstmalige Beschneidung des Kriegsrechts festzustellen und mögliche Sanktionen auszusprechen. Das Gericht sollte protogenes Recht konkretisieren. Durch die Kriegserklärung des Deutschen Reichs an Frankreich[24] vom 3. August 1914 und die Folgen des Ersten Weltkriegs hat Wilhelm II. das Verbot eines Kriegsausbruchs selbst geschaffen.

Der Kaiser hatte nach Art. 63 RV (Reichsverfassung) die Befehlsgewalt über das Heer in Friedens- und in Kriegszeiten. Ihm stand ebenso nach Art. 53 RV die Befehlsgewalt über die Kriegsmarine zu. Alle deutschen Truppen waren nach Art. 64 RV verpflichtet, dem Kaiser unbedingte Folge zu leisten. Der Kaiser vertrat völkerrechtlich nach Art. 11 I RV das Deutsche Reich. Er konnte im Falle eines Angriffs auf das Bundesgebiet selbständig den Krieg gegenüber anderen Nationen im Namen des Deutschen Reichs erklären, Art. 11 II RV. Die Erklärung eines Angriffskriegs bedurfte der Zustimmung des Bundesrats, Art. 11 II RV. Das Zustimmungsrecht des Bundesrats war jedoch rechtsstaatlich nahezu bedeutungslos[25].

Wilhelm II. trägt damit nach der Reichsverfassung für den Ersten Weltkrieg die volle Verantwortung und wäre damit der richtige Adressat für mögliche Sanktionen.

Das Kriegsrecht, das Wilhelm II. nach Art. 11 RV i.V. mit dem vor dem Ersten Weltkrieg geltenden Völkerrecht zustand, erlosch jedoch durch die Rechtsausübung selbst und ließ die in Art. I Kelloggpakt konkretisierte Norm des Kriegsverbots entstehen.

Die Rechtsausübung hatte in diesem Fall das Erlöschen des ausgeübten Rechts zur Folge, d.i. protogene Rechtsentstehung. Zur Konkretisierung dieses protogenen Rechts, so wie es in Art. I Kelloggpakt erfolgte, war ein Gericht nach Art. 227 VV berufen.

Ob jemand wegen Verstoßes gegen protogenes Recht verurteilt werden kann und Sanktionen gegen den Rechtsverletzer ausgesprochen werden können, ist fraglich.

Ein Urteilsspruch und Sanktionen gegen Wilhelm II. stehen im Konflikt mit den Rechtsgrundsätzen nullum crimen sine lege und nulla poena sine lege.

Neben diesen Rechtsgrundsätzen müssen noch weitere Grundsätze kohärent in das System der protogenen Rechtsentstehung eingegliedert werden. Als Beispiel will ich hier nur das Problem der Vorsatzschuld und des Verbotsirrtums nennen. Auf diese einzelnen Punkte werde ich jedoch im folgenden nicht weiter eingehen.

Nach dem Grundsatz nullum crimen sine lege, kein Verbrechen ohne Gesetz, ist eine Tat nur dann mit Strafe bedroht, wenn die Strafbarkeit gesetzlich bestimmt war, bevor die Tat begangen wurde.

Bei einer Verletzungshandlung gegen protogenes Recht kann man zur Bestimmung des Zeitpunkts der gesetzlichen Strafbarkeit an zwei Punkte anknüpfen.

Zum einen ist es möglich, auf den Zeitpunkt der Konkretisierung abzustellen. Im Fall Wilhelm II. wäre dieser Zeitpunkt der mögliche Urteilsspruch. Die Konkretisierung protogenen Rechts durch ein Gericht ist aufgrund der Möglichkeit der Delegation von Legislativkompetenz an Gerichte rechtsstaatlich in Grenzen zulässig. Bei der Konkretisierung durch den Urteilsspruch liegt die Tat aber deutlich vor der Tathandlung. Die Tathandlung erfolgt bei obiger Anknüpfung jedoch zeitlich vor der Bestimmung der Strafbarkeit. Wenn die Bestimmung der Strafbarkeit protogenen Rechts an der Konkretisierung festgemacht wird, ist eine Verurteilung nach dem Grundsatz nullum crimen sine lege somit nicht möglich.

Wird für die Bestimmung der Strafbarkeit auf die Entstehung protogenen Rechts abgestellt, fallen Tathandlung und Normentstehung in einem Zeitpunkt zusammen. Nach dem Wortlaut des

---

[23] Durch die Erweiterung des Geltungsbereichs ist der Begriff des Kriegsvölkerrechts nicht mehr adäquat, da dieser Begriff nun mehr als das Recht des Kriegs umfaßt. Der Einfachheit halber bleibe ich jedoch beim Begriff des Kriegsvölkerrechts.
[24] Die Kriegserklärung an Frankreich ist abgedruckt in: Die deutschen Dokumente zum Kriegsausbruch, Hrsg. Max Monteglas und Walter Schücking, Charlottenburg 1919, Nr. 734 ff..
[25] Ludwig Dambitsch, Die Verfassung des Deutschen Reichs mit Erläuterungen, Berlin 1910, S. 280.

Grundsatzes ist eine Strafbarkeit auch in diesem Fall nicht möglich. Aus rechtsstaatlicher Sicht ist damit eine Strafbarkeit Wilhelm II. nach dem Grundsatz nullum crine sine lege zu verneinen. Dies ist jedoch ein Fehlschluß, da im Bereich der internationalen Beziehungen nicht alle Rechtsstaatsprinzipien in der Weise gelten können, wie sie auf der Ebene des Staatsrechts gelten. Im internationalen Bereich gibt es keine Legislativkraft, die Recht in einem legislativen Verfahren bilden kann. Nur die Einzelstaaten können internationales Einheitsrecht bilden. Für die Geltung dieses Rechts bedarf es jeweils der Umsetzung in innerstaatliches Recht.

Die Legislative eines Staats kann jederzeit Gesetze erlassen. Die Bürger eines Staats müssen sich daher darauf verlassen können, daß eine nicht als Straftat charakterisierte Handlung eine erlaubte ist. Im zwischenstaatlichen Bereich gibt es keine Legislativkraft. Zur Rechtssetzung internationalen Einheitsrechts im oben beschriebenen Verfahren kommt es erst nach langen Verhandlungen. Da es keine internationale Legislative gibt, kann es immer der Fall sein, daß eine Handlung von der Völkergemeinschaft bereits als Verbrechen angesehen wird, obwohl sie die Handlung noch nicht als eine mit Strafe bedrohte Handlung in eine Kodifikation aufgenommen hat. Kein Einzelstaat kann sich folglich in der Sicherheit wiegen, daß jede Handlung, die nicht mit Sanktionen bedroht ist, erlaubt ist. Für den Einzelstaat besteht somit kein mit dem Schutzbedürfnis des Bürgers vergleichbares. Seine Handlungen können gegenüber anderen Staaten protogenes Recht entstehen lassen, bei denen eine Verurteilung einer Verletzungshandlung dem Grundsatz nullum crimen sine lege entspricht, wenn die Strafbarkeit zum Zeitpunkt der Tathandlung vorliegt. Dies ist immer dann zu bejahen, wenn die Handlung zu protogenem Recht führen wird, also eine Verletzung der durch Verletzungshandlung entstandenen Norm vorliegt. Eine Handlung kann nur dann protogenes Recht entstehen lassen, wenn die Verletzungshandlung in einem Bereich erfolgt, der bereits rechtsbestimmend erfaßt ist. Ein Bereich ist rechtsbestimmend erfaßt, wenn in ihm Handlungen nicht mit Sanktionen bedroht sind, da aufgrund fehlender internationaler Legislativkraft keine Strafnorm für diese Handlung besteht, die Handlung aber nicht mehr mit sich abzeichnenden internationalen Rechtsgrundsätzen vereinbar ist. Dies liegt immer dann vor, wenn eine mögliche Konkretisierung eines solchen Grundsatzes wahrscheinlich ist. Diese Möglichkeit ist in Rechtsgebieten mit deutlicher Rechtsentwicklungstendenz immer zu bejahen. Wie oben gezeigt, sind die internationalen Beziehungen ein solches Gebiet. Protogene Rechtsentstehung ist die Antizipation der Rechtsentwicklung (der Legislative) durch einen Rechtsverletzer.

Die aufgrund einer rechtsbestimmenden Erfassung mögliche rechtsbegründende Konkretisierung eines mit Sanktionen bedrohten Verhaltens kann funktionelle Verrechtlichung genannt werden. Im Bereich funktioneller Verrechtlichung braucht die Strafbarkeit einer Handlung erst zu der Zeit, zu der die Handlung erfolgt, bestimmt sein.

Die internationalen Beziehungen sind durch ihre deutliche Rechtsentwicklungstendenz ein funktionell verrechtlicher Bereich.

Da bei einer Verletzungshandlung von protogenem Recht die Strafbarkeit zur Zeit der Tathandlung vorliegt, ist dem Grundsatz nullum crimen sine lege bei der Verletzung von protogenem Recht im Bereich der funktionellen Verrechtlichung Genüge getan.

Aus den dargelegten Gründen ist auch die Sanktionierung von Verletzungshandlungen gegen protogenes Recht im Bereich funktioneller Verrechtlichung dem Grundsatz nulla poena sine lege Genüge getan.

Ob im Falle Wilhelm II. eine Verurteilung und Sanktionierung gerechtfertigt gewesen wäre, hängt folglich davon ab, ob die Handlung Wilhelm II. in einem Bereich funktioneller Verrechtlichung stattfand.

Schlußbetrachtung

Das rechtsbestimmende Erfassen eines Bereichs erfolgt nicht nur durch sich anbahnende völkerrechtliche Verträge, sondern auch durch den weltweiten medialen Diskurs, z.B. durch den Willen der internationalen Gemeinschaft. Der weltweite mediale Diskurs birgt aber nach Luhmann die Gefahr in sich, daß das Demokratieprinzip des Mehrheitsentscheids ausgehebelt wird. Diese Aushebelung hat zur Folge, daß die integere Umsetzung protogenen Rechts in innerstaatliches Recht, sei es durch die Legislative oder durch die Judikative, verhindert wird. Um eine integere Umsetzung protogenen Rechts zu gewährleisten, muß darauf geachtet werden, daß bei der Umsetzung weder das Demokratieprinzip des Mehrheitsentscheids ausgeschaltet noch der Bereich der funktionellen Verrechtlichung überschritten wird.

Prof. Dr. Dr. Eric Hilgendorf
Universität Konstanz
Juristische Fakultät

Die mißbrauchte Menschenwürde

1. In der bundesrepublikanischen Verfassungsordnung spielt der Begriff "Menschenwürde" eine ganz besondere Rolle. Er wurde eingeführt, um einen unverfügbaren Eigenwert jedes menschlichen Individuums zu markieren, der aus dem Für und Wider der unterschiedlichen moralischen und politischen Standpunkte herausgehoben und tabuisiert werden soll. Die verfassungsrechtliche Würdeverbürgung in Art. 1 I GG entstand als Reaktion auf die nationalsozialistische Diktatur und ihre totalitäre Vereinnahmung des Individuums zugunsten der Gemeinschaft ("Du bist nichts, dein Volk ist alles"). Demgegenüber soll Art. 1 I GG (zusammen mit der "Ewigkeitsgarantie" des Art. 79 III GG) einen Kernbereich menschlicher Identität gegenüber jeder Form staatlichen Zugriffs sichern.

Die gegenwärtige bioethische Diskussion ist allerdings weit über diese enge Zielsetzung hinausgegangen. In den aktuellen Auseinandersetzungen um Fragen der Gentechnik, der Keimbahntherapie, der Reproduktionsmedizin und vergleichbare Themen wird der Topos von der Menschenwürde geradezu inflationär verwendet, um die eigene Ansicht gegenüber konkurrierenden Konzeptionen auszuzeichnen. Nicht wenige Autorinnen und Autoren scheinen die Menschenwürde als Passepartout für sämtliche rechtspolitischen Fragen mit Grundlagenbezug anzusehen. Es bedarf kaum einer besonderen Hervorhebung, daß diese oft mit großer Emotionalität verbundene Praxis für das Ansehen des Menschenwürdeprinzips außerordentlich schädlich ist: Die Menschenwürde wird zur "kleinen Münze" herabgestuft, zur Floskel für Sonntagsredner. Schlimmstenfalls könnte die Berufung auf die Menschenwürde in den Geruch der Beliebigkeit und Scharlatanerie geraten.

Die Bedeutung der Menschenwürdegarantie liegt heute nicht mehr nur in der Abwehr totalitärer Gesellschaftsformen. Die Menschenwürde ist einer der letzten nahezu allgemein akzeptierten Werte unserer Gesellschaft. Als Basiswert einer säkularisierten Gesellschaft ist sie unverzichtbar. Die breite Zustimmung, die das Bekenntnis zur Unantastbarkeit der Menschenwürde genießt, beruht allerdings zu einem nicht geringen Teil darauf, daß der

Begriff durchaus unterschiedliche Auslegungen zuläßt. Mit der Bandbreite seiner Interpretationsmöglichkeiten wächst auch das Identifikationspotential des Menschenwürdetopos. Die einheitsstiftende Wirkung verliert sich daher rasch, wenn konkrete Fragestellungen, etwa nach der Zulässigkeit einer Gentherapie oder einer freiwilligen Genomveränderung, anhand der Menschenwürdegarantie beantwortet werden sollen. Damit zeigt sich ein grundlegendes Dilemma: Gibt man dem Begriff einen auch nur einigermaßen präzisen Inhalt, so droht er mit seiner Interpretationsoffenheit auch sein Identifikationspotential und damit seine einheitsstiftende Wirkung zu verlieren. Verzichtet man dagegen auf inhaltliche Festlegungen, so bleibt die einheitsstiftende Wirkung erhalten, allerdings um den Preis, daß der Begriff in der praktischen Anwendung nahezu nutzlos wird. Jedes rechtspolitische Programm kann sich dann auf das je eigene Menschenwürdeverständnis seiner Anhänger berufen.

Bei genauerer Prüfung erweist sich die Tragfähigkeit des Menschenwürdetopos als sehr problematisch. Die in der öffentlichen Diskussion um die Gentechnik am meisten verwendete Inhaltsbestimmung der Menschenwürde, nämlich das Verbot einer "Instrumentalisierung", ist bei näherem Hinsehen nicht stichhaltig und kann selbst nach üblichem Verständnis eindeutige Fälle von Menschenwürdeverletzungen nicht erfassen. Deshalb soll versucht werden, eine modifizierte Begriffsbestimmung zu erarbeiten, in der die Menschenwürde als Kreis grundlegender subjektiver Rechte verstanden wird. Dabei kann an Vorschläge des Juristen *Adalbert Podlech* und des Philosophen *Dieter Birnbacher* angeknüpft werden. Die hier vorgeschlagene Konzeption ist hinreichend präzise, um der Degeneration von "Menschenwürde" zu einem Allerweltsbegriff zu begegnen. Sie knüpft aber an universale menschliche Bedürfnisse an, so daß die einheitsstiftende Funktion der Menschenwürdegarantie gewahrt bleibt.

2. Neue, ungewohnte Technologien wie die Keimbahntherapie werden häufig als Verstoß gegen die Menschenwürde gebrandmarkt. Dabei wird allerdings meist nicht erläutert, wessen Würde eigentlich verletzt sein soll: Die Würde der Zelle, in die eingegriffen wird? Die Würde des (geborenen oder noch ungeborenen) Individuums, zu dem die Zelle gehört? Oder, wenn es sich um eine Manipulation an einer isolierten Zelle handelt, die Würde des Individuums, das aus der Zelle entstehen wird oder zumindest entstehen soll? Die Würde seiner Nachkommen? Oder vielleicht die Würde der Betrachter gentechnischer Eingriffe?

Oder ist es gar die Würde der Menschheit insgesamt, die durch die Keimbahntherapie an der Zelle verletzt wird?

Es erscheint kaum möglich, in dem gentechnischen Eingriff in eine isolierte Zelle einen Angriff auf deren "Menschenwürde" zu sehen. Auch der Eingriff in die Keimbahn eines urteilsfähigen Menschen ist, sofern dieser der Maßnahme zustimmt, kaum als Menschenwürdeverletzung interpretierbar. Es überrascht deshalb nicht, daß der Menschenwürdeverstoß ganz überwiegend bei den von dem Keimbahneingriff betroffenen nachgeborenen Generationen oder der Menschheit insgesamt lokalisiert wird. Dies widerspricht allerdings dem traditionellen Verständnis von Grundrechtsberechtigung, wonach Grundrechte als subjektive, gegen den Staat gerichtete Rechte eines Einzelnen zu verstehen sind. Dagegen finden sich in der philosophischen Literatur durchaus Ansätze für ein kollektives Verständnis der Grundrechtsberechtigung. Die in der neueren Grundrechtsdogmatik weitgehend anerkannte objektiv-rechtliche Funktion der Grundrechte, also die Vorstellung, die Grundrechte würden über die Gewährleistung subjektiver Rechte hinaus ein "objektives Wertesystem" etablieren, erlaubt es, auch in der Grundrechtsdogmatik die Ausweitung der Menschenwürde vom individuellen Menschenrecht zum allgemeinen Menschheitsrecht nachzuvollziehen. De facto tritt die Menschenwürde so an die Stelle des vor allem in den 50er und 60er Jahren vielbeschworenen, heute aber reichlich abgenutzten Topos vom "Menschenbild des Abendlandes".

Eine derartige Ausweitung des Menschenwürdebegriffs ist keineswegs von vornherein unzulässig. Man sollte aber nicht übersehen, daß mit der Extensionsausweitung nahezu zwangsläufig eine Tabuabschwächung verbunden ist. Die starken Emotionen, die sich mit dem Menschenwürdeargument nach wie vor mobilisieren lassen, speisen sich aus der Ablehnung als unerträglich empfundener Individualverletzungen wie der Sklaverei oder der Folter. Dagegen werden Handlungen oder Zustände, die ausschließlich ein bestimmtes Menschenbild verletzen, keineswegs so einstimmig abgelehnt. Hier ist vielmehr weiter Raum für relativierende, differenzierende und abschwächende Argumente; oft werden strikte Abwehrhaltungen durch Gewöhnung nach und nach abgebaut.

3. Das insbesondere mit den Namen *Max Weber* und *Hans Albert* verbundene *Postulat der Wertfreiheit* besagt, daß jeder Wissenschaftler zwischen der Darstellung wissenschaftlicher

Tatsachen und der Äußerung eigener politischer oder moralischer Wertungen deutlich zu unterscheiden habe. Dieses Postulat gilt auch in der Rechtswissenschaft. Auch - und man wird hinzufügen dürfen - gerade Rechtswissenschaftler sollten die intellektuelle Redlichkeit besitzen, private politische Postulate nicht unter dem Deckmantel wissenschaftlicher Objektivität zu präsentieren. Weite und damit enorm ausdeutungsfähige Begriffe wie die Menschenwürde verführen allerdings dazu, die eigenen Wertungen nicht als rechtspolitischen Vorschlag, sondern als objektiv vorgegebenes Verfassungsgebot in die Debatte einzuführen.

Der inflationäre Rekurs auf die Menschenwürde steht nicht nur zu dem Postulat der Wertfreiheit, sondern auch zu dem Prinzip der demokratischen Entscheidungsfindung in Widerspruch. Wer der Ansicht ist, daß über Eingriffe in das Genom und andere gentechnologische Maßnahmen in erster Linie die Betroffenen selbst oder zumindest der demokratisch legitimierte Gesetzgeber zu entscheiden hätten, wird die weitverbreitete Anrufung der Menschenwürde als apodiktisch eingesetztem "Diskussions-Stopper" bedauern müssen. Der Grundgesetzinterpret, der bestimmte medizinische Techniken von vornherein als menschenwürdewidrig und damit unzulässig qualifiziert, usurpiert letztlich rechtsetzende Kompetenzen, was nicht nur mit dem Demokratiegedanken unvereinbar ist, sondern auch gegen den rechtsstaatlichen Grundsatz der Gewaltenteilung verstößt. Gerade in bioethischen Fragen dürfte eine größere Selbstbescheidung der Verfassungsinterpreten angebracht sein. Wie man sieht, hat das Postulat der Wertfreiheit durchaus auch politische Konsequenzen.

4. In merkwürdigem Gegensatz zur inflationären und fast beliebigen Verwendung des Menschenwürdebegriffs steht die oft stereotyp auftauchende Begriffsbestimmung, wonach (in Anlehnung an eine Formulierung *Immanuel Kants*) die Menschenwürde dann betroffen sein soll, wenn ein Mensch nicht als "Zweck", sondern "bloß als Mittel" behandelt wird. Eine ähnliche Terminologie hat auch in die Jurisprudenz Eingang gefunden. In den Worten *Günter Dürigs*: "Die Menschenwürde ist getroffen, wenn der konkrete Mensch zum Objekt, zu einem bloßen Mittel, zur vertretbaren Größe herabgewürdigt wird". Diese "Objektformel" genannte Begriffsbestimmung hat sich, wenngleich mit einigen Abstrichen, in der Rechtsprechung des Bundesverfassungsgerichts durchgesetzt. In der bioethischen Diskussion spricht man häufig von einem "Instrumentalisierungsverbot", eine Terminologie, die durch *Max Horkheimers* "*Kritik der instrumentellen Vernunft*" mitgeprägt sein dürfte.

Um die mit dem Objektbegriff verbundenen Intuitionen zu explizieren, stellt man deshalb vor allem im eher populären Schrifttum auf den Zweck-Mittel-Topos ab und setzt die Menschenwürdeverletzung mit einer "*Instrumentalisierung*" (oder auch "Funktionalisierung") des Gegenübers gleich. Dieses Verständnis kann sich auf das zweite Element der *Dürig´schen* Objektformel stützen: die Herabwürdigung des Anderen zum "bloßen Mittel". Auch diese Deutung ist jedoch schweren Bedenken ausgesetzt:

Ein erstes Argument gegen den Instrumentalisierungstopos ist darin zu sehen, daß das Vorliegen eines Zweck-Mittel-Zusammenhanges nicht von objektiven Gegebenheiten abhängig ist, sondern ausschließlich von der Zielsetzung des Handelnden. Ob eine Person eine andere "bloß als Mittel" gebraucht oder ob die Interaktion mit dem Anderen Selbstzweck ist, hängt von den Zielen des Handelnden ab. Eine Gleichsetzung von "Instrumentalisierung" und Menschenwürdeverstoß führt deshalb zu einer *Subjektivierung des Menschenwürdeschutzes*. Für den Betroffenen ist es jedoch in aller Regel unerheblich, ob sein Gegenüber ihn "bloß als Mittel" verwenden will, sofern er nicht objektiv Schaden leidet. Die böse Gesinnung allein läßt die Menschenwürde unangetastet. Schon aus diesem Grund ist die Rede von der Herabwürdigung des Anderen zum "bloßen Mittel" nicht sonderlich informativ.

Wörtlich genommen ist der Topos von der "Instrumentalisierung", der Verwendung des anderen "bloß als Mittel", aber ohnehin *viel zu eng*, um auch nur die wichtigsten und allgemein konsentierten Fälle einer Verletzung der Menschenwürde zu erfassen: Nehmen wir an, für einen fanatisierten Nationalsozialisten und Antisemiten sei die Folterung und Vernichtung jedes einzelnen Juden ein Endzweck oder "Zweck an sich" - ließe er tatsächlich die Menschenwürde seines Opfers unangetastet, wenn er seine verbrecherischen Wahnvorstellungen in die Praxis umsetzt? Es spricht einiges dafür, daß für viele der führenden Nazis die Vernichtung der europäischen Juden tatsächlich ein Endzweck ihres Tuns war. Sollen wir daraus schließen, daß die rücksichtslose Verfolgung der Juden ihre Menschenwürde nicht verletzte? Dies zu bejahen wäre offensichtlich abwegig; der Holocaust war vielmehr gerade der wesentliche Grund, weshalb man das Bekenntnis zur Menschenwürde an die Spitze des Grundgesetzes gestellt hat.

Ein Verteidiger des gängigen Instrumentalisierungstopos könnte darauf hinweisen, daß in *Kants* Forderung, den anderen "jederzeit zugleich als Zweck, niemals bloß als Mittel" zu gebrauchen, mehr enthalten sei als bloß ein Instrumentalisierungsverbot. Man könnte etwa argumentieren, die Formel verbiete nicht, einen anderen als Mittel zu verwenden; ein Verstoß gegen die Menschenwürde liege nur vor, wenn der andere *ausschließlich* als Mittel für fremde Zwecke verwendet würde. Auch diese Interpretation hilft in unserem Nazibeispiel aber nicht weiter, denn es ist gerade dadurch charakterisiert, daß die Folterung des Opfers kein Mittel darstellt, um irgendwelche Zwecke zu erreichen. *Die Folter ist hier weder teilweise Mittel noch "bloß ein Mittel", sondern überhaupt kein Mittel, vielmehr Endzweck des Täters*.

Man könnte auf die Idee verfallen, die "Instrumentalisierung" des Folteropfers gerade in der Folterung zu erblicken, also das Folteropfer als "Mittel" seiner eigenen Folterung zu bezeichnen. Diese Sichtweise verwechselt aber Handlungsmittel und Handlungsobjekt. Wer mittels eines Hammers einen Nagel in die Wand schlägt, gebraucht den Hammer als Mittel (und zwar "bloß" als ein Mittel), um den Nagel einzuschlagen. Dagegen wäre es sprachwidrig zu sagen, der Nagel werde als Mittel seines eigenen "In-die-Wand-Schlagens" verwendet. Das Folteropfer ist nicht Mittel der Folter, sondern ihr Objekt. Insofern ist die Situation identisch mit einem Heileingriff, bei dem der Patient ebenfalls nicht als "Mittel" (der eigenen Heilung) verwendet wird, sondern als Objekt des Eingriffs anzusehen ist. Der hier relevante Unterschied zwischen der Folter und dem Heileingriff liegt nicht in der Zweck-Mittel-Struktur des Geschehens, sondern in der *faktischen Wirkung* der jeweils zur Zweckerreichung eingesetzten Mittel für den betroffenen Menschen.

Um die Objektformel in der Interpretation als Instrumentalisierungsverbot zu retten, ließe sich das Vorgehen des Folterers so interpretieren, daß die Durchführung der Folter Mittel (und zwar "bloß ein Mittel") zur Realisierung seiner verbrecherischen Intention darstellt, Juden zu foltern und zu vernichten. Diese Ausweichstrategie hat freilich ihren Preis: Da jede Handlung als willensgesteuertes Verhalten in ein Willens- und ein Realisierungselement aufgespalten werden kann, kann man jedes Handlungsresultat als Mittel interpretieren, die dahinterstehende Intention zu verwirklichen. Die Anwendbarkeit der Objektformel wird damit extrem ausgeweitet und nahezu beliebig. Das Überreichen eines Blumenstraußes an eine Freundin ist danach bloß ein Mittel, um den entprechenden Handlungswunsch zu befriedigen - ein Verstoß gegen die Menschenwürde der Blumenempfängerin?

5. Tragfähiger und zur Explikation dessen, was traditionellerweise unter Menschenwürde verstanden wird, geeigneter scheint mir das letzte Element der *Dürig*'schen Formel zu sein, nach dem Menschen nicht zur "vertretbaren Größe" herabgewürdigt werden dürfen. *Kant*, der auch bei dieser Formulierung Pate gestanden hat, führt dazu aus: "Was einen Preis hat, an dessen Stelle kann auch etwas anderes, als Äquivalent, gesetzt werden; was dagegen über allen Preis erhaben ist, mithin kein Äquivalent verstattet, das hat eine Würde".

Der Gesichtspunkt der Nicht-Vertretbarkeit oder Einzigartigkeit allein ist jedoch ebenfalls unzureichend, um alle eindeutigen Fälle von Menschenwürdeverletzungen zu erfassen. Wenn etwa ein totalitärer Machthaber die letzten Anhänger einer Widerstandsgruppe in den Kellerräumen seines Palastes zu Tode foltert, so ist ihm die Identität seiner Opfer gerade nicht gleichgültig. Sie sind nicht durch andere vertretbar, sondern werden "um ihrer selbst willen" zu Tode gebracht. Was hier verletzt wird, ist nicht die Einzigartigkeit der Opfer, sondern ihr **Eigenwert**. Es ist dieser Gesichtspunkt und kein anderer, der mit den Formeln vom "Herabwürdigen zum Objekt", der Verwendung "bloß als Mittel" und der Behandlung als "vertretbare Größe" gemeint ist und mehr schlecht als recht ausgedrückt wird.

Aber was kennzeichnet den "Eigenwert" jedes Menschen? Worin drückt er sich aus? Um diese Fragen zu beantworten und den historisch gewachsenen Gehalt der Rede vom "menschlichen Eigenwert" hinreichend klar zu explizieren, scheint es am zweckmäßigsten, den Begriff durch ein Ensemble von subjektiven Rechten zu erläutern. Im Gegensatz zur "Objektformel" ließe sich insofern von einer "*Ensembletheorie*" der Menschenwürde sprechen.

Folgende Elemente dürften den Kern unserer Vorstellungen von menschlicher Würde ausmachen:

(1) Es verstößt gegen die Menschenwürde, einem Individuum existenznotwendige Güter (z.B. Nahrung, Luft, Raum) vorzuenthalten (*Recht auf das materielle Existenzminimum*).

(2) Es verstößt gegen die Menschenwürde, einem Individuum minimale Freiheitsrechte zu nehmen (*Recht auf autonome Selbstentfaltung*).

(3) Es verstößt gegen die Menschenwürde, einem anderen (durch Tun oder Unterlassen) schweren und lang andauernden Schmerz, sei er physischer oder psychischer Art, aufzuerlegen (*Recht auf Schmerzfreiheit*).

(4) Es verstößt gegen die Menschenwürde, die höchstpersönliche Privatsphäre eines anderen auszuleuchten und diesbezügliche Informationen Dritten zugänglich zu machen (*Recht auf Wahrung der Privatsphäre*).

(5) Es verstößt gegen die Menschenwürde, das Bewußtsein eines anderen durch unwiderstehliche Mittel wie Drogen oder "Gehirnwäsche" dauerhaft und tiefgreifend zu verändern (*Recht auf geistig-seelische Integrität*).

(6) Es verstößt gegen die Menschenwürde, einem Menschen den Status als Rechtssubjekt zu verweigern. Dazu gehört auch die Möglichkeit, seine Rechte vor Gericht geltend zu machen (*Recht auf grundsätzliche Rechtsgleichheit*).

(7) Ein Verstoß gegen die Menschenwürde ist schließlich dann anzunehmen, wenn ein Mensch über die Verletzungsformen (1) bis (6) hinaus in extremer Weise gedemütigt oder seiner Selbstachtung beraubt wird (*Recht auf minimale Achtung*).

Die genannten Fallgruppen erlauben es, eindeutig als menschenwürdewidrig empfundene Akte begrifflich zu erfassen. Sie sind ferner hinreichend präzise, um der Degeneration von "Menschenwürde" zu einem Allerweltsbegriff zu begegnen. Der Versuch, unter dem Deckmantel der Menschenwürde die eigenen (sicherlich sehr achtenswerten) politischen Vorstellungen zu propagieren, wird erschwert. Schließlich scheint mir die hier entwickelte Konzeption an menschliche Grundbedürfnisse anzuknüpfen und damit nicht nur kulturspezifisch tragfähig zu sein.

Eine ausführliche Fassung dieses Textes erscheint in: *B.S. Byrd, J. Hruschka, J.C. Joerden* (Hg.), Jahrbuch für Recht und Ethik, Bd. 7 (1999).

Hans-Martin Schönherr-Mann
Geschwister-Scholl-Institut Ludwig Maximilians Universität München Dipartimento delle Discipline filosofiche
Università degli Studi di Torino

ABSCHIED VON DER POLITIK ALS HERMENEUTISCHER MACHT?

Das Epochenjahr 1989 markiert nicht nur einen historischen Wendepunkt: das Ende des europäischen Bürgerkriegs. Es deutet sich ebenfalls ein Wandel im Verständnis des Politischen an, der nicht ohne Rückwirkung auf die soziale Rolle von Staat und Politik bleiben kann. Mit dem Niedergang der sozialistischen Perspektive in der Politik enden die letzten der großen politischen Fortschrittshoffnungen, die sich seit der Renaissance in Europa entwickelten. Im öffentlichen Bewußtsein erleidet die Politik zugleich einen Ansehensverlust, der mit dem Schlagwort 'Politikverdrossenheit in Verbindung gebracht werden kann. Kaum noch jemand glaubt, daß die Gesellschaft politisch wirklich zu gestalten ist. Immer deutlicher wird, daß die Wirtschaftsentwicklung für die Lebenswelt der Menschen entscheidender ist als die politische Macht. Das ist keine neue Einsicht. Aber bis in die Mitte dieses Jahrhunderts hat man geglaubt, daß man die soziale Hegemonie der Wirtschaft politisch erfolgreich bekämpfen kann.

Weniger durch politische Einflüsse als durch technische Zusammenhänge und Möglichkeiten wird heute das Leben der Menschen geprägt - allerdings auf andere Weise als es sich Marx noch erträumt hatte. Der Fortschritt der Produktivkräfte führt nicht in eine Welt allgemeiner rationaler Beherrschbarkeit von Natur und Gesellschaft. Die Menschen sind auch in hochtechnisierten Gesellschaften weiterhin sowohl als einzelne als auch als Gemeinschaft einem ungewissen Geschick ausgeliefert. Auch sind Welt und Wirklichkeit, Denken und Wahrnehmung gerade im Zeitalter der Informationstechnologien nicht bloß durch mediale Bild- und Tonwelten sowie deren globale Perspektiven geprägt. Vielmehr entfalten sich individualisierte Arbeits- und Lebensformen, in denen die einzelnen das Interesse an der Politik, am Gemeinwohl tendenziell verlieren, nicht zuletzt, weil diese Lebensformen nicht politisch, sondern nur individuell gestaltet werden können.

1. DER NIEDERGANG DES POLITISCHEN

Politik hat aber nicht nur an konkretem Einfluß auf die Lebenswelt am Ende des 20. Jahrhundert verloren. Wenn die Idee der Gemeinwohlorientierung verblaßt, dann gehen damit auch wesentliche Leitvorstellungen nieder, die die Politik einst geprägt haben und mit denen die Politik das Denken der Menschen bestimmen konnte. Nachdem in Folge von Reformation und religiös motivierten Bürgerkriegen die Religion ihre weltbildbestimmende Kraft eingebüßt hatte, übernimmt deren soziale Leitfunktion die Politik. Thomas Hobbes - von der Erfahrung der Religionskriege und deren Ausgängen gezeichnet - überträgt dem *Leviathan* auch die Befugnis, die Religion seiner Bürger zu bestimmen. Wenn er dem einzelnen eine private Gewissensentscheidung überläßt, öffnet er die Perspektive zu individuell motiviertem Terror und weist der hegemonial hermeneutischen Macht der Politik bereits den Weg in ihre Krise.[1] Doch zunächst richtet er alle ursprünglich mit der Religion verknüpften Hoffnungen der Erreichbarkeit von Frieden und Glück auf die Politik, die diese Hoffnungen nun ausgestalten soll - imgrunde eine grandiose Überforderung, wie es sich im Laufe von zwei- bis dreihundert Jahren erweisen sollte - Hoffnungen, mit denen übrigens bereits die Religion überfordert war.

So glaubte beispielsweise Helvetius, daß gute Gesetze die partikularen Interessen mit den allgemeinen in Übereinstimmung bringen, da das Glück der Menschen sowohl in der Absicht

---

[1] Thomas HOBBES, Leviathan, Frankfurt/M. 1984, 279ff; Reinhart KOSELLECK, Kritik und Krise, 2. Aufl. Frankfurt/M. 1976, 60

der Natur als auch das wahre Prinzip der Moral sei.[2] Die Hoffnung, daß das Leben der Menschen politisch gestaltbar ist, erfährt in der Aufklärung ihren ersten Höhepunkt sicherlich bei Rousseau, wenn er vom einzelnen fordert, daß er alle seine Macht in die Hände des Gemeinwillens legen soll, damit ihm dieser dann das dem einzelnen jeweils Angemessene zurückgibt.[3] Unterwerfen sich die Individuen bei Hobbes mit dem Herrschaftsvertrag dem Souverän und erhalten sie dafür den Schutz ihres Lebens und des dafür nötigen Eigentums, so handelt es sich hierbei noch um ein utilitaristisches Kalkül angesichts des individuellen Lebensrisikos. Bei Rousseau dagegen gehen die einzelnen in einem organologisch verfaßten politischen Körper auf, der allein den einzelnen noch Individualität zumißt. Daß der Staat Hoffnungen erfüllen soll – eine imgrunde zutiefst religiöse Angelegenheit, nämlich zukünftiges Gedeihen absichern – das erkennt auch Hegel, der sich daher auf das Gegenwärtige beschränkt, damit aber die Ansprüche an die Politik keineswegs mindert. Der einzelne erhält seine Individualität vom Staat verliehen. Sein Leben wird vom Staat geprägt, auch wenn man philosophisch auf die prognostische Perspektive der Hoffnung verzichten muß.[4] Marx hat dann bekanntermaßen die Hoffnung auf die politische Gestaltbarkeit der Gesellschaft zu ihrem eschatologischen Höhepunkt getrieben.

Doch bereits in der Aufklärung setzen parallel zu den Fortschrittshoffnungen erste Zweifel daran ein. Vor allem Kant begreift die Dialektik der Geschichte nicht wie nach ihm Hegel primär als einen 'Fortschritt im Bewußtsein der Freiheit', sondern als einen Fortschritt der sich nur aus gewaltigen Widerständen heraus gebiert und der letztendlich auch nicht mit allzu großen Hoffnungen verbunden werden darf. Denn „aus so krummem Holze, als woraus der Mensch gemacht ist, kann nichts ganz Gerades gezimmert werden."[5] Die bekannten Worte erlauben eine Vorahnung darauf, daß eine Einheit von Staat, Gesellschaft und Individuum auch historisch eher fraglich erscheint. Etwa zur selben Zeit erkennen die us-amerikanischen Verfassungsväter, daß es besser ist, wenn sich der Staat in religiöse Fragen erst gar nicht einmischt, schließlich entsteht die neue Welt aus einer Vielzahl unterschiedlicher Glaubensrichtungen. Eine Bestimmung durch den Staat würde einen Bürgerkrieg nicht verhindern, sondern überhaupt auslösen.

Aus ähnlich opportunistischen Gründen – nämlich als Verteidigung des us-amerikanischen Kapitalismus gegenüber den totalitären Herausforderungen weltweit angesichts der sozialen Frage – lehnt dann auch der amerikanische Pragmatismus eine hermeneutische Hegemonie der Politik ab, wie sie gerade von Marx und Engels dort gefordert wird, wo beide eine politische Ideologie gar zur Wissenschaft erheben wollen. Gegenüber dem Anspruch einer politisch sozialen Totalität, wie sie von Rousseau, Hegel und Marx und selbst noch im Neomarxismus beispielsweise sartrescher Prägung konzipiert wird, kann William James die Einheit der politischen Wirklichkeit nicht mehr als objektiv gegeben anerkennen. Das ontologische Fundament politischer und ethischer Praxis bricht damit weg. Aus einer fragwürdigen Ontologie läßt sich eben keine Maxime des Handelns mehr ableiten – das Modell von Ethik und Politik, das seit Aristoteles das abendländische Denken beherrscht hat. Keine fundamentalen Wahrheiten, auch keine universellen Prinzipien, so Charles Sancers Pierce, prägen mehr das politische Handeln. So hatte es zwar Aristoteles ursprünglich auch nicht gemeint. Aber in diesem Sinne wurde das Verhältnis von Ethik und Ontologie neuzeitlich bestimmt. Noch Hans Jonas will in

---

[2] Claude Adrien HELVETIUS, Vom Menschen, seinen geistigen Fähigkeiten und seiner Erziehung, Frankfurt/M. 1972, 482
[3] Jean-Jacques ROUSSEAU, Abhandlung über die politische Ökonomie, Politische Schriften Bd. 1, Paderborn 1977, 19f
[4] G.W.F. HEGEL, Grundlinien der Philosophie des Rechts, Werke Bd. 7, Frankfurt/M. 1970, 397
[5] Immanuel KANT, Idee zu einer allgemeinen Geschichte in weltbürgerliche Absicht, Akademie Ausgabe Bd. VIII, Berlin 1968, 23

seinem berühmten Buch *Das Prinzip Verantwortung* dieses zerbrochene Verhältnis im aristotelischen Sinne wiederherstellen. Statt von der Idee des Allgemeinen, dessen letzte Variante noch das ökologische Denken ist, darauf weist John Dewey hin, wird die politische Welt allein von Individuen konstituiert.[6] Wenn aber - wie im liberalen Sinne konzipiert - das Individuum gegenüber der Politik den Primat besitzt, dann verliert der Staat seine hegemoniale hermeneutische Macht, die ihm Hobbes attestiert hatte. Wenn das Denken von den Individuen ausgeht, dann gibt es eben kein einziges Weltbild mehr, das Papst oder Politik definieren: Ein solches Weltbild kann seinen weltbildhaften Charakter noch verschleiern. Doch spätestens seit Nietzsche lebt der moderne Mensch der nordatlantischen Welt in der *Zeit des Weltbildes*, eben gemäß jenes programmatischen Aufsatzes von Martin Heidegger. Mit der Vielfalt konkurrierender Weltbilder geht jedoch die Bedeutung des Weltbildes selbst nieder.

2. Das Auseinandertreten von Politik und Wissenschaft

An einer berühmten Stelle der *Götzendämmerung* stellt Nietzsche fest, daß die wahre Welt zur Fabel geworden ist. Damit umschreibt er auf andere Weise seine Einsicht, daß die Aufklärungsmoral gescheitert ist, daß es eben nicht möglich ist, aus der bloßen Vernunft allgemeingültige ethische Imperative abzuleiten, die Variante, die Kant bleibt, wenn er bereits feststellen muß, daß es keinen für alle Menschen gültigen, empirischen Werterahmen mehr gibt.[7] Erfahrungswelt und praktischer Horizont des Handelns treten auseinander. Aus der Erkenntnis der Welt sind keine Normen des Handelns mehr abzuleiten, bzw. - so wird es Max Weber formulieren - gibt es keinen Übergang von deskriptiven zu normativen Sätzen, was schon Kant wußte, aber noch keine so weitreichenden Konsequenzen daraus zog. Für Nietzsche leidet darunter vor allem auch die wissenschaftliche Erkenntnis der Welt selbst. Wenn Gott tot ist, weil ihn der Mensch selbst umgebracht hat, wie Nietzsche in der *Fröhlichen Wissenschaft* konstatiert, verliert der Mensch nicht nur seine ethischen Orientierungen, sondern auch seinen theoretischen Orientierungsrahmen. Der Mensch muß feststellen, daß er nicht mehr im Zentrum des Universums wohnt, sondern auf einem abseitigen und vor allem trudelnden Himmelskörper, dessen Bewegungen er nur ungefähr auf den Begriff bringen kann.[8] Je genauer er seinen Wohnort im Kosmos ausmessen will, um so weniger kann er mit den Meßergebnissen noch anfangen, um so weniger sagen sie ihm noch etwas lebensweltlich Wichtiges, wie später auch Edmund Husserl in seiner *Krisis*-Schrift bestätigen wird.

An diese Konzeption Nietzsches schließt Max Weber an, obwohl ein unmittelbarer Einfluß von Nietzsche auf Weber nicht eindeutig zu sichern ist. Denn explizite Bezüge im Werk Webers auf Nietzsche sind selten, so daß sich Wilhelm Hennis auf Spurensuche begeben muß, während Wolfgang Schluchter darauf hinweist, daß der Mangel an konkreten Verbindungen zu Spekulationen zwingt. Trotzdem präsentieren sich erstaunliche, sowohl theoretische als auch praktische Parallelen zwischen beiden Vordenkern einer selbstkritisch gewordenen Moderne - darauf hat nicht zuletzt Wolfgang Mommsen hingewiesen.[9]

Max Weber antezipiert die Krise des Politischen am Ende des 20. Jahrhunderts, wenn für ihn das politische Handeln an Rationalität verliert. Rationalisierung in der Politik bedeutet Bürokratisierung des Staates - eine Tendenz, auf die sich der von Lenin begründete Sozialismus gerade stützen wollte, um umfassende soziale Planungen durchzusetzen, an der er aber letztlich gescheitert ist. Für Weber ist die Bürokratisierung gerade nicht in der Lage, den politi-

---

[6] William JAMES, Der Pragmatismus, 2. Aufl. Hamburg 1994, 134; John DEWEY, Die Erneuerung der Philosophie, Hamburg 1989, 231
[7] Friedrich NIETZSCHE, Götzen-Dämmerung, KSA Bd. 6, 2. Aufl. München, Berlin, New York 1988, 80f
[8] Friedrich NIETZSCHE, Die fröhliche Wissenschaft, KSA Bd. 3, 480f
[9] Wilhelm HENNIS, Max Webers Fragestellung, Tübingen 1987, 190; Wolfgang SCHLUCHTER, Religion und Lebensführung Bd. 1, Frankfurt/M. 1988, 191; Wolfgang MOMMSEN, Max Weber, Frankfurt/M. 1974, 254

schen Herausforderungen des Zeitalters angemessen zu begegnen. Statt auf bürokratische Lenkung hofft Weber auf charismatische politische Führer, deren Vorbild der kapitalistische Unternehmer sein soll, und die eine eigene Dynamik des Politischen wieder zu entfalten in der Lage sein sollen. Doch damit treten Wissenschaft und Politik auch auseinander. Das hat bei Weber durchaus ambivalente Züge. Einerseits will er damit Stärke und Aura der Politik retten, um ihre Handlungsfähigkeit wiederherzustellen. Politik soll eine hegemoniale Hermeneutik aus eigener Herrlichkeit heraus entfalten, wenn nur sie Werte vorzugeben vermag - eine in der Tat bodenlose Perspektive, die erkannt hat, daß metaphysische Begründungen nicht mehr einlösen, was sie verheißen. Doch diese Einsicht bleibt vor der charismatischen Interpretation des Politischen bzw. vor der wertesetzenden Kraft des Politischen nicht stehen. Wenn das Charisma keine guten Gründe mehr hat, die es legitimieren, wenn es sich nur auf sich selbst berufen kann, dann verblaßt es nicht nur in kürzester Zeit, wie Weber immer wieder feststellt.[10] Es vermag gerade nicht eine hegemoniale Hermeneutik der Wertsetzung zu entfalten, die allein dem Politischen die Stärke zurückbringt, die es benötigt, um jene Lenkungsinstanz zu sein, die Hobbes ihr zusprach. Der Staat kann nicht mehr das Denken und das Weltbild der Menschen bestimmen, so sehr er sich auch in diesem Jahrhundert anstrengte und dabei auch häufig vor terroristischen Mitteln nicht zurückschreckte.

Max Weber hat diese Schwäche des Politischen erkannt, wenn er Wissenschaft und Politik voneinander trennt. Auf dieser Trennung beruht seine Hoffnung, der Politik wenigstens einen Teil der verlorenen Kraft zurückzugeben, die sie braucht, um den großen Krisen Herr zu werden. Aber in dieser Trennung liegt auch das Scheitern dieser Hoffnung begründet. Die Wissenschaft trennt Weber von jeglicher politischer oder sozialer Ideologie. Das Ethos der Wissenschaft ist nicht mehr ein Ideal der Menschlichkeit, sondern schlichte Sachlichkeit. Wissenschaft erhält damit einen hohen Anspruch an Objektivität, der aber zugleich die Schwäche dieses Anspruch nicht zu verheimlichen vermag. Um in der unübersehbaren Fülle des empirischen Materials ein möglichst hohes Maß an Objektivität zu retten, braucht die Wissenschaft eine idealtypische Begriffsbildung, bei der sie sich gerade darüber im klaren ist, daß ihre Begriffe der Wirklichkeit gegenüber nicht adäquat sind.[11] Die Trennung von Wissenschaft und Politik soll einerseits beide von externen Einflüssen befreien und dazu beitragen, daß beide ihre jeweilige innere Logik entfalten können. Nur dadurch - das ist letztlich Webers Intention - kann die Wissenschaft der Politik auch wiederum zu Diensten sein, eben indem sie der Politik objektives Wissen zur Verfügung stellt. Aber nicht nur darf sich die Politik nun nicht einbilden, daß sie ihre Wert- und Zielsetzungen dadurch mit einem wissenschaftlichen Fundament versehen hätte: es bleibt bei der Unableitbarkeit von normativen Sätzen aus deskriptiven. Vielmehr - das weiß nun die Wissenschaft selbst und dieses Wissen breitet sich auf die Politik aus - besitzen die Informationen, die die Wissenschaft der Politik liefert, nur einen sehr eingeschränkt objektiven Status. Nicht daß es sich im Sinne Nietzsches um ein bloßes Erzählen von Geschichten - von Fabeln - handelte. Aber deren Verwertbarkeit leidet unter dem nicht einlösbaren Anspruch von Präzision, Objektivität bzw. Adäquanz. Der Boden bricht der Politik also gleich doppelt weg und alle Bemühungen, dem vermittels Expertengremien entgegenzuwirken, lassen die Politik nur um so haltloser erscheinen, wirkt sie hilflos, wenn sie Potentaten vom alten Schlage begegnen muß, deren Selbstbewußtsein noch überhaupt nicht angekränkelt ist von der Blässe der eigenen Gedanken, die stattdessen bloß ihrem Machtinstinkt folgen, bis sie untergehen. Dabei gewinnt eine Politik, die ihre Grenzen und ihre Schwächen, ja ihre Bodenlosigkeit - ihre Legitimationsprobleme - erkennt, wahrscheinlich an Realitätssinn und Stärke hinzu. Die wissenschaftlich informierte Politik könnte letztlich erfolgreicher sein als

---

[10] Max WEBER, Wirtschaft und Gesellschaft, Tübingen 1980, 668
[11] Max WEBER, Die 'Objektivität' sozialwissenschaftlicher und sozialpolitischer Erkenntnis, Gesammelte Aufsätze zur Wissenschaftslehre, 4. Aufl. 1973, 190

ihre ideologisch aufgeheizten Gegenspieler. Insofern wird deutlich, daß die Politik heute aus diesen Einsichten noch viel weitergehendere Konsequenzen ziehen muß, als es Max Weber geahnt hat.

3. Perspektiven des technischen Zeitalters

Das um so mehr, weil ihr in den letzten Jahrhunderten ein Gegenspieler erwachsen ist, den Max Weber schon benannt hat, wenn er an einer berühmten Stelle der *Protestantischen Ethik* vom 'stahlharten Gehäuse' spricht.[12] In den Kampf um die hermeneutische Hegemonie mischt sich nach Politik und Ökonomie heute immer stärker die moderne Technik ein. Wenn mit Hobbes die hermeneutische Macht der Religion auf den Staat übertragen wird, so erwachsen ihr gleichzeitig zwei Konkurrenten, die selbst die Voraussetzungen für diese Übertragung schufen: die ökonomische Macht und die modernen Wissenschaften. Doch die Ökonomie bleibt bis heute hermeneutisch schwach. Ihr einziges Erklärungsprinzip - der Tausch - läßt zu vieles offen, reicht in viele Bereiche nur unzulänglich hin. Die moderne Wissenschaft ist hermeutisch leistungsfähiger. Sie erklärt das Weltbild häufig auch in jenen Bereichen, die Domäne der Religion oder der Politik sind. Doch spätestens mit Nietzsches Einsicht, daß die Prinzipien der modernen Wissenschaften, vornehmlich Mathematik und Logik, der Welt gerade nicht adäquat sind, sondern nur Ausdruck des Willens zur Macht, und wenn Weber erkennt, daß wissenschaftliche Objektivität in einem nur sehr eingeschränkt subjektiven Sinn seinen Ansprüchen gerecht zu werden vermag, verliert auch die moderne Wissenschaft an hermeneutischer Kraft.

Imgrunde dürfte man heute nicht mehr vom wissenschaftlich technischen Weltbild sprechen, sondern nur noch vom technischen. Die Technik braucht zwar wie die Politik die Wissenschaften, doch wenn sie so, wie die Politik verstanden werden sollte, eben performativ verstanden wird, dann gewinnt sie ihre Stärke allein durch ihre Leistungsfähigkeit, nicht durch ein begründetes Fundament. Ihre Effizienz hat aber erstens ebenfalls kein objektives Kriterium, prägt vielmehr zweitens ebenfalls das Weltbild in einem instrumentell teleologischen bzw. systemischen Sinn. So ist die moderne Technik - mit der die Disziplin der Technikphilosophie anhebt, genauer seit Ernst Kapps *Grundlinien einer Philosophie der Technik* aus dem Jahre 1877 - zunächst auch als Instrument verstanden worden. Für Arnold Gehlen, der an Kapps Konzeption anknüpft, schließt die Technik eine anthropologische Lücke der menschlichen Entwicklung. Die Technik nämlich verlängert unzulängliche und umweltunangepaßte menschliche Organe derart, daß die menschliche Gattung überlebensfähig.[13] Noch Marx, Adorno und Horkheimer verstehen die Technik primär als Instrument. Jedoch breitet sich mit Marx die Idee einer Verselbständigung der Technik aus, die bei Marx noch progressiv, in der *Dialektik der Aufklärung* jedoch als Wiederkehr der Barbarei verstanden wird. Noch bei Luhmann erscheint die Technik als ein eigenes Subsystem, das seiner eigenen Dynamik folgt und sich von außen kaum steuern läßt.

Die politisch einschlägige Einsicht in der Technikphilosophie stammt indes von Martin Heidegger, hat ihren Vorläufer in Ernst Jüngers *Der Arbeiter* und findet sich auch bei Karl Jaspers. Der instrumentell systemische Charakter der Technik gewinnt seine Macht weniger durch seine materielle Wirksamkeit. Vielmehr prägt dieser instrumentelle Charakter das menschliche Denken: Das Weltbild erhält einen technischen Sinn und wird dadurch performativ.[14] Die Frage nach dem Grund der Welt, die die Religion wie die neuzeitliche Naturwissenschaft beseelt hat, die letztlich bis heute in jeder politischen Metaphysik spukt, wird im

---

[12] Max WEBER, Die protestantische Ethik Bd. 1, Gütersloh 1979, 188
[13] Arnold GEHLEN, Anthropologische Forschung, Reinbek 1961, 94
[14] Hans-Martin SCHÖNHERR-MANN, Leviathans Labyrinth - Politische Philosophie der modernen Technik, München 1994, 285

technischen Denken in die Frage transformiert, wie man etwas herstellen kann. Es kommt nicht mehr darauf an, *warum* etwas funktioniert, es kommt darauf an, *daß* es funktioniert. Das Warum erhält dabei nur noch einen funktionalen Sinn. Bei einem Flugzeugabsturz muß man die technisch menschlichen Zusammenhänge durchschauen, um technisch ethische Lehren daraus ziehen zu können. Aber die Gefahr, auf die Heidegger in seiner Technikphilosophie hingewiesen hat, ist weniger das faktische Produzieren von technischen Gegenständen, als daß vielmehr dadurch die Welt in einem technischen Licht erscheint, bzw. daß das Denken nur noch einen technischen Sinn erhält. Die moderne Technik beherrscht im Gegensatz zur mittelalterlichen das Denken und prägt damit das Weltbild. Sie läßt dabei den Menschen als Herren der Welt erscheinen, was aber letztlich eine Illusion bleibt.[15]

Max Weber spricht in diesem Zusammenhang nicht nur vom 'stahlharten Gehäuse'. Vielmehr droht auch eine 'mechanisierte Versteinerung', in der sich ein geistloses Menschentum einrichtet. Ob Weber und Heidegger mit ihren negativen Visionen der technischen Welt recht behalten, wird sich schwerlich eindeutig beurteilen lassen. Was sich allerdings daran anschließend feststellen läßt, ist, daß der Politik ein harter Konkurrent um die hermeneutische Macht über das Weltbild erwachsen ist, ein härterer noch als Ökonomie und Wissenschaft, da sie erstens heute in fast alle Lebensbereiche eindringt und zweitens weil sich ihre gedanklichen Strukturen lebensweltlich fast überall umsetzen lassen - eine Tendenz, die sich mit der Informatisierung der Gesellschaft erheblich beschleunigt hat. Insofern steht heute die Politik beinahe hilflos der technischen Entwicklung gegenüber, sei es in Form von Globalisierungsprozessen, die die nationalstaatliche Macht aufzulösen drohen, oder sei es in Form von sozialen Individualisierungstendenzen, die die traditionellen politischen Bindungen der Menschen peripher werden lassen. Mit diesen Entwicklungen ist die hermeneutische Macht der Politik an ihr Ende gelangt.

4. AUGENMAß UND POLITISCHE VERANTWORTUNG

Der Nationalstaat war die Antwort auf derartige Herausforderungen im letzten Jahrhundert. Sein Niedergang in der nordatlantischen Welt und seine Beeinträchtigung durch globalisierende Informationstechnologien und Individualisierungsprozesse überall in der Welt drücken den Verlust an hermeneutischer Macht aus, den das Politische erleidet. Moderne demokratische Eliten haben diese Schwäche des Politischen längst erkannt und wehren sich nicht mehr gegen diesen Niedergang. Sie versuchen vielmehr, sich diesen Entwicklungen anzupassen. Denn man muß derartige Prozesse keineswegs wie noch Heidegger oder Adorno und in gewissem Maße vor ihnen bereits Weber nur als 'Verhängnis' erblicken. Schließlich erweisen sich auch die modernen Technologien keineswegs als monolithischer Block, als großer Bruder aus Goerge Orwells *1984*. Weder die modernen Massenmedien noch die Welt des Internet lassen noch ein einziges beherrschendes Weltbild entstehen. Heideggers *Zeit des Weltbildes* gelangt vielmehr an ihr Ende, weil eine Vielzahl von Perspektiven und Verständnissen dessen entsteht, was man als Wirklichkeit bezeichnen kann: Wer fünf Fernsehrogramme gleichzeitig anschaut, kann nicht mehr von einem einzigen beherrscht werden. Gianni Vattimo weist darauf hin, daß mit den modernen Technologien die Welt nicht im Sinne von Hegels Weltgeist immer transparenter und dadurch auch beherrsch- und steuerbar wird. Statt dessen wird sie immer unübersichtlicher. Doch in dieser Überkreuzung vieler Weltsichten und der Verschmutzung monolithischer einheitlicher Weltbilder eröffnen sich gerade erst die Perspektiven der Freiheit.[16]

---

[15] Martin HEIDEGGER, Die Technik und Die Kehre, 4. Aufl. Pfullingen 1978, 28
[16] Gianni VATTIMO, Die transparente Gesellschaft, Wien 1992, 19

Die Freiheit liegt jetzt aber gerade nicht mehr darin, daß sich der einzelne an die Welt anzupassen hat, wie sie wirklich ist, so daß er letztlich eben politisch von einem Zentrum aus gesteuert werden kann. Die Freiheit liegt jetzt vielmehr gerade darin, daß sie keine Anpassungsleistung an eine wahre Wirklichkeit darstellt, sondern vom einzelnen eine Entfaltungsleistung verlangt, was vielen durchaus als übermenschliche Aufgabe erscheinen kann. Denn schließlich ist heute eine Situierungsleistung in einer orientierungslos gewordenen Welt verlangt, also ein Heimischwerden im postmodernen Nomadentum.[17]

Diese Umwertung des Wirklichen erfaßt natürlich auch die Politik. Max Weber sah sich bereits in einer ähnlichen Situation, obgleich er in der Politik wie in der Lebenswelt deren Konsequenzen bekämpfen wollte, wenn er vom Politiker Charisma und von den Zeitgenossen Ernsthaftigkeit verlangt und deren Erlebnishunger als Flucht vor der vermeintlich wahren Wirklichkeit kritisiert. Doch seine politisch ethischen Vorschläge entsprechen genau jener Situation, wie sie sich individuell und politisch als eine postmoderne präsentiert. Die Tugenden des Politikers sind denn nach Weber Augenmaß, Verantwortung und Leidenschaft.[18] Mit der Tugend des Augenmaßes versetzt Weber die Politik in eine unübersichtlich gewordene Welt, in eine wahre Welt, die zur Fabel geworden ist, die von der Politik nicht mehr gelenkt, sondern nur noch moderiert werden kann. Ihre hermeneutische Aufgabe bleibt jetzt die Vermittlung von Konsensen, eine hermeneutische Aufgabe deswegen, weil es sich höchstens um eine semirationale Angelegenheit handelt, beispielsweise eher um die Herstellung von Atmosphären, von Gesprächssituationen, die Beförderung von Verstehen, das Austragen von Konflikten (z.B. bei Energiekonsensgesprächen). Politik kann imgrunde nicht mehr definitiv zwischen Freund und Feind unterscheiden, bzw. diese autoritativ und dezisionistisch bestimmen, sondern nur noch zwischen Konfliktparteien vermitteln. Gerade dazu ist die Tugend des Augenmaßes unumgänglich.

Mit dem Begriff der Verantwortung hat Weber der Ethik im 20. Jahrhundert maßgeblich den Weg gewiesen: man denke hier vor allem an Sartre, Hans Jonas und Lévinas. Der Verantwortungsbegriff ist dabei Ausdruck einer veränderten ethischen Gesamtlage. Von den drei genannten versucht nur Jonas den Verantwortungsbegriff zur Grundlage einer universalisierenden ethischen Konzeption zu machen, will aber auch den einzelnen in die Pflicht nehmen, verantwortlich gegenüber zukünftigen Generationen zu handeln. Mit Weber, Sartre und Lévinas jedoch individualisiert sich der ethische Horizont prinzipiell. Der einzelne Politiker muß nach Weber die Verantwortung für sein Handeln und dessen Folgen übernehmen und darf sich auf keinen Fall bloß auf seine Gesinnung bzw. allgemeine Prinzipien - eine allgemeine Idee der Menschlichkeit - berufen. Die Ethik der Bergpredigt taugt nicht für die praktische Politik. Gerade deshalb braucht die Politik aber wiederum die Wissenschaft. Sie braucht die Information derselben um so dringender, um so unübersichtlicher die Welt für die Politik geworden ist und obgleich diese Informationen immer nur von äußerst beschränkter Gültigkeit und Reichweite in einer fabelhaften Welt sind. Aber gerade deshalb ist ein höchstes Maß an Objektivität von wissenschaftlicher Information vonnöten - gerade ob ihrer eigentlichen Unmöglichkeit: Mit ideologisch gefärbten Daten kann man sich nur in einer metaphysisch gefestigten Welt erfolgreich orientieren; in einer instabilen Wirklichkeit taugen solche Informationen bestenfalls zur psychologischen Beruhigung, also letztlich als Droge.

5. LEIDENSCHAFT UND SACHLICHKEIT

Leidenschaft definiert Weber als Hingabe an die Sache, also auch als Sachlichkeit, als eine Art Dämon. Sachlichkeit und Differenzierung, das sind für Weber die beiden zentralen ethi-

---

[17] Hans-Martin SCHÖNHERR-MANN, Postmoderne Perspektiven des Ethischen, München 1997, 173
[18] Max WEBER, Politik als Beruf, Gesammelte politische Schriften, Tübingen 1971, 533

schen Tugenden des modernen wissenschaftlichen Denkens, das heute primär ein technisches geworden ist. Wissenschaftliche Werte prägen für Weber seine Epoche, deren Denken vornehmlich von Marx und Nietzsche entworfen wurde. Aber diese Sachlichkeit entspricht emotivisch gerade nicht mehr der kantischen Interesselosigkeit, der Abwesenheit von Persönlichem im Verhältnis zur Sache. Der Entfremdungsbegriff im Marxismus wie im Neomarxismus reflektiert dieses Verhältnis negativ - eine durchaus mögliche, aber keinesfalls die einzig mögliche Interpretation. Weber begreift bereits, daß dieses hohe Maß an Sachlichkeit, das die Moderne verlangt, nur durch die Anwesenheit des individuellen Interesses bei der Sache erreicht werden kann. Das protestantische Arbeitsethos hat dieser Entwicklung zweifellos den Weg geebnet. Doch heute hat sich dieses Ethos individuell verkehrt: Ob Arbeit oder Politik - sie müssen vom einzelnen genossen werden können. Nur dann erreichen sie die notwendige Hingabe des einzelnen an die Sache und werden entsprechend effizient.

So weist Webers Formulierung, daß Leidenschaft Hingabe an die Sache bedeute, in die Richtung einer Ethik im technischen Zeitalter, deren grundlegende Strukturen eben Sachlichkeit und Effizienz heißen, die aber zugleich mit dem persönlichen Interesse und dem Bedürfnis des einzelnen verbunden werden müssen, wenn sich diese Tugenden letztlich einstellen sollen. Das ist auch die ökonomische Stärke des liberalen Individualismus. Die technische Welt fordert den Menschen derart aus sich heraus - Martin Heidegger hat das noch als Gefahr begriffen. Die technische Welt ruft ihn fort vom Gespräch der Seele mit sich selbst oder mit Gott. Sie reißt ihn aus der Kontemplation in die Innerweltlichkeit. Das interpretiert Gianni Vattimo aber gemäß des protestantischen Prinzips: Wenn Du Deine Seele nicht verlierst, wirst du sie nicht wiederfinden. Die informatisierte Welt medialer Vielfalt ruft den Menschen in die Außenorientierung. Das kann zweifellos bloße Zerstreuung bedeuten. Es kann aber auch zur Entwicklung des Menschen beitragen. Denn auch das Wiederfinden der Seele in der lärmenden, schmutzigen Welt bleibt eine innerweltliche Aufgabe, deren einstmals religiöser Sinn eben aus dem unübersichtlichen Getriebe (oder Gehäuse, vielleicht Bestand) längst entwichen ist, bzw. heute eben auch eine Umdeutung erfährt: Vattimo interpretiert die christliche Menschwerdung Gottes als Schwächung der starken metaphysischen Strukturen, also als Vorschein der Postmoderne.[19]

In Webers Bestimmung der Leidenschaft als Tugend des Politikers zeigt sich denn auch die emotivische, ästhetische und rhetorische Seite einer Politik, die ihren hegemonialen Anspruch verloren hat, die nicht mehr vom Allgemeinwohl, sondern vom einzelnen ausgeht und für einzelne gemacht wird und nicht für eine undefinierbare Gesellschaft. 'Augenmaß, Verantwortung und Leidenschaft - diese drei Kardinaltugenden des postmodernen Politikers zeigen im Abschied von der Politik als hegemonialer hermeneutischer Macht zugleich, daß die Politik weiterhin eine hermeneutische Macht bleibt und gar nichts anderes sein kann als ein Beitrag zum Verständnis der vielen existierenden Welten des Verstehens. Aber hegemoniale hermeneutische Ansprüche gehen heute eher von Ökonomien und Technologien aus. Auch hier pluralisieren sich die Weltbilder jedoch und münden in die Konstitution vieler verschiedener Welten. Darin liegt einerseits die Chance einer neuen Gesellschaftlichkeit, wenn die Menschen ihr individuelles Schicksal zunehmend in die eigene Hand nehmen müssen, ob sie wollen oder nicht - Ulrich Beck spricht in diesem Zusammenhang von Individualisierung und Risikogesellschaft.[20] Andererseits eröffnen sich aber auch einer bescheidener gewordenen Politik, die sich ihrer übertriebenen Ansprüche entledigen konnte, neue Chancen, wie sie Weber gerade im Hinblick auf ihre wissenschaftliche Informierung gesehen hat.

---

[19] Gianni VATTIMO, Jenseits der Interpretation, Frankfurt/M., New York 1997, 86ff
[20] Ulrich BECK, Risikogesellschaft, Frankfurt/M. 1986, 76

Kant und das Problem der Wissensanwendung
Die subjektive Bedingung der Wirkmächtigkeit von Theorie

Bettina Stangneth, Hamburg

Wer sich im Bemühen, die Begriffe „Wissen" und „Macht" aufzuklären, in der Geschichte der Philosophie nach Hilfe umsieht, ist – das möchte ich wenigstens im folgenden begründen – mit einen Besuch bei Kant gut beraten. Und das nicht etwa deshalb, weil an Kant niemand vorbei käme, der sich über die Bedingung der Möglichkeit von Erkenntnis überhaupt Gedanken macht, sondern vielmehr, weil bei Kant nicht nur das „Wissen" einerseits und die „Macht" andererseits diskutiert werden, denn das leisten, wenigstens für einen der beiden Begriffe, die meisten Philosophen. Kant hat insbesondere die Fragen des Zusammenhanges beider Begriff thematisiert. Er tut dies in seinen Überlegungen zum Verhältnis von Theorie und Praxis, die den Gegenstand derjenigen Untersuchungen bilden, die Kant nach Beendigung seines sog. Kritischen Geschäfts in Angriff nimmt, nämlich zum einen der Schrift *Über den Gemeinspruch: Das mag in der Theorie richtig sein, taugt aber nicht für die Praxis* und zum anderen seiner großen Abhandlung unter dem etwas irreführenden Titel *Religion innerhalb der Grenzen der bloßen Vernunft*. Nun kommen allerdings in diesen Schriften die Worte „Wissen" und „Macht" nicht explizit vor. Daher möchte zuerst eine Zuordnung der Begriffe vornehmen, die es mir erlaubt, Kant für das Thema fruchtbar zu machen. Unter Wissen verstehe ich Theorie, also nur diejenigen Überzeugungen, die begründet sind und sich dadurch allgemein mitteilen lassen. Macht ist offenbar der Praxis zuzuordnen und soll allein unter dem Aspekt betrachtet werden, als sie das Ergebnis menschlicher Praxis, d.i. des bewußten Handelns ist. Wissen ist demnach ebensowenig Macht, wie Theorie Praxis ist, weil Praxis nicht analytisch aus Theorie folgt.

Bewußtes Handeln unterscheidet sich aber nach Kant von dem „bloßen Hantieren" dadurch, das es immer schon an die ihm vorgängige Theorie gebunden ist. „Man nennt", so beginnt

Kant seinen Gemeinspruch-Aufsatz, „einen Inbegriff selbst von praktischen Regeln alsdann Theorie, wenn diese Regeln als Prinzipien in einer gewissen Allgemeinheit gedacht werden, und dabei von einer Menge Bedingungen abstrahiert wird, die doch auf ihre Ausübung notwendig Einfluß haben. Umgekehrt heißt nicht jede Hantierung, sondern nur diejenige Bewirkung eines Zwecks Praxis, welche als Befolgung gewisser im allgemeinen vorgestellten Prinzipien des Verfahrens gedacht wird" (08.275[1]). Praxis ist demnach immer schon das planvolle Vorgehen in einer bestimmten Absicht. Wer plant, rekurriert auf „im allgemeinen vorgestellte Prinzipien des Verfahrens", also auf eine bestimmte Methode, die zu befolgen für das Erreichen des Zwecks unabdingbar ist. Theorie hingegen umfaßt nach Kant als „Inbegriff von Regeln" überhaupt auch praktische Regeln und ist damit wenigstens in ihrer Genesis an die Praxis selbst gebunden. Theorie als Inbegriff von Regeln zu bestimmen, heißt aber auch, Theorie immer schon als mögliches Verfahrensprinzip zu verstehen. Wer also von menschlicher Praxis spricht, ist damit immer schon über einen bloßen Gegensatz von Theorie und Praxis hinaus, weil sich bewußtes Vorgehen nur als Handeln aufgrund von Theorie denken läßt. Mit anderen Worten: Praxis ist immer schon „Befolgung" von Theorie, also die Anwendung von Wissen.

Wenn Macht immer schon Wissensanwendung ist, dann ist derjenige, der das Verhältnis von Wissen und Macht besser verstehen will, auf die Untersuchung der Bedingungen der Möglichkeit dessen, was Kant „Befolgung" nennt, verwiesen. Nicht allein die Macht, sofern sie eine Folge des Wissens ist, stellt ein Problem dar, es ist vielmehr der Frage nachzugehen, was das Wissen selbst allererst mächtig macht. Eine solche Untersuchung muß zunächst den Nachweis führen, daß dem Menschen ein Vermögen zukommt, das „als Mittelglied der Verknüpfung und des Überganges" (ds.) von der Theorie zu Praxis tauglich ist. Dieses Vermögen, Allgemeines und Besonderes aufeinander zu beziehen, ist die Urteilskraft, also jene „Naturgabe", die uns in die Lage setzt, im Einzelfall zu entscheiden, „ob etwas der Fall der Regel sei oder nicht". Aber mit einer solchen *Kritik der Urteilskraft* ist erst ein Aspekt der Wissensanwendung, nämlich der Aufweis ihrer prinzipiellen Möglichkeit, erklärt. In dem Begriff der „Befolgung" steckt nämlich darüber hinaus ein normativer Gehalt. Wissensanwendung enthält immer auch ein Moment der Selbstverpflichtung auf Prinzipien. Die Frage nach dem Zusammenhang von Wissen und Macht fordert mehr als eine erkenntnistheoretische Untersuchung, denn die Urteilskraft allein ist keine hinreichende Bedingung für die

---

[1] Kant wird nach der Akademie-Ausgabe unter Angabe der Band- und Seitenzahl zitiert.

Wirkmächtigkeit von Wissen, weil Wissensanwendung als menschliche Praxis neben objektiven Bedingungen, also dem Vermögen, das uns instand setzt, überhaupt Wissen in Macht umzusetzen, auch auf zumindest einer subjektiven Bedingungen beruht. Kant erläutert dies am ausführlichsten in seiner Schrift *Über das radikale Böse* und zwar an einem besonderen Fall von Wissen, nämlich der moralischen Einsicht.

Die moralische Einsicht unterscheidet sich nach Kant bekanntlich dadurch von dem menschlichen Wissen überhaupt, daß sie eine absolut gewisse Erkenntnis sein soll. Nun ist bekanntlich häufig bestritten worden, daß Kant ein solcher Nachweis gelungen ist. Für unsere Frage nach den Bedingungen der Wissensanwendung jedoch ist die Begründungsleistung des Kantischen Moralentwurfs zweitrangig, denn uns braucht allein zu interessieren, daß Immanuel Kant hier von einem Wissen unter dem Aspekt der Befolgung von Erkenntnis überhaupt spricht. Wenn er ausgerechnet in Hinsicht auf das Sittengesetz die Notwendigkeit einer subjektiven Bedingung behauptet, ist darin aber vor allem ein systematischer Hinweis gelegen, nämlich die Behauptung, daß diese Bedingung nicht etwa als Folge der prinzipiellen Begrenztheit menschlichen Wissens verstanden werden soll, die Kant ausführlich in der *Kritik der reinen Vernunft* dargelegt hat. Gerade weil offenbar auch angesichts einer absolut gewissen Theorie eine subjektive Bedingung notwendig ist, damit diese Theorie wirkmächtig werden kann, haben wir es hier mit einer Überlegung innerhalb der Kantischen Philosophie zu tun, die weder von den moralisch-praktischen noch von den theoretischen Ergebnissen (im engeren Sinne) abhängig ist. Schon der Weg, den Kant in seiner Untersuchung einschlägt, unterscheidet sich deutlich von dem Vorgehen in den Kritiken, denn die Frage nach einer subjektiven Bedingung der Wissensanwendung gehört zu dem, was Kant Anthropologische Charakteristik nennt, also der „Art, das Innere des Menschen aus seinem Äußeren zu erkennen" (07.283). Wir müssen demnach mit der Empirie beginnen, also die konkreten Handlungsvollzüge untersuchen, wenn wir etwas über den Umgang des Menschen mit seinem Wissen erkennen wollen. Da menschliche Praxis im Unterschied zu unbewußtem Handeln aber selbst als Wissensanwendung definiert ist, werden diese Handlungsvollzüge insbesondere dann interessant, wenn es sich um falsches Verhalten handelt. Wenn hier von „falschem Verhalten" die Rede ist, ist damit noch nicht notwendig ein bestimmter Wahrheitsbegriff verbunden. Es reicht vollkommen aus, darunter eine Handeln gegen die Überzeugungen des Handelnden zu verstehen. Und hier kommt der Handlung gegen den Anspruch des Sittengesetzes eine besondere Bedeutung als Erkenntnisgrund zu. Es ist dem Menschen möglich, „mit Bewußtsein gesetzwidrig" (06.20) zu handeln. Er ist sich also einerseits „des moralischen Gesetzes bewußt" und „hat doch die gelegentliche Abweichung von demselben in seine Maxime aufgenommen" (32), kann sich also offenbar von einer Regel ausnehmen, die er gleichzeitig als verbindlich anerkennt. Diese Handlung wider die eigene Überzeugung[2] kann, das folgt aus dem Kantischen Verständnis des Sittengesetzes, ihren Grund nicht in der Überzeugung selbst haben, denn das Sittengesetz läßt sich als unbetrügliches Gesetz zur Prüfung von Handlungsmaximen, also als eine absolut gewisse Erkenntnis begründen. Es ist also gerade nicht ein in sich mangelhaftes Wissen, das hier in der Praxis versagt. Und der Fehler ist auch keineswegs in einem Versagen der Urteilskraft zu suchen, weil die Anwendung der moralischen Regel gerade nicht auf die Berücksichtigung besonderer Bedingungen angewiesen ist. Das Sittengesetz stellt ein Wissen dar, das nach Kant jedem Menschen als vernünftigem Wesen zur Verfügung steht und aufgrund seiner einfachen Struktur keine großen Anforderungen an die Urteilskraft stellt. Dennoch ist der Mensch zu einem Handeln gegen dieses Wissen fähig und keine noch so gegründete Absicherung des Wissens kann dies hinreichend verhindern. Die Ursache für das „mit Bewußtsein gesetzwidrige" Handeln liegt allein in der Haltung des Menschen zu dem Gewußten.

Menschen sind offenbar durch keine noch so gegründete Einsicht notwendig bestimmt, sondern können sich zu ihrem Wissen verhalten, es also, ganz unabhängig von seiner internen Stimmigkeit, „subjektiv betrachten" (06.153). Daß wir dies können, gehört zu unserer Freiheit. Freiheit ist also nicht nur „die Unabhängigkeit der Willkür von der Nötigung durch Antriebe der Sinnlichkeit", wie Kant es in der *Kritik der reinen Vernunft* formuliert (B562). Freiheit ist vielmehr auch die Unabhängigkeit der Willkür von Nötigung durch Einsicht. Aus der Perspektive der Frage nach der menschlichen Praxis zeigt sich eine eigentümliche Verwandtschaft von sinnlichen Antrieben und Wissen. Wir können offenbar zu beiden in Distanz treten, d.h. ohne Rücksicht auf diese oder doch im Gegensatz zu ihnen handeln. Und diese Fähigkeit zur Distanz scheint elementar verknüpft mit der Fähigkeit, alles, was uns begegnet – also auch unsere eigenen Überzeugungen – zu bedenken, im Denken hin und her zu wenden, zu bezweifeln und zu befragen. Die Verwandtschaft von Sinnlichkeit und Einsicht geht jedoch noch einen Schritt weiter, denn unsere Freiheit ist in beiderlei

---

[2] Die Kantische Theorie des *Radikalen Bösen* weist eine interessante Übereinstimmung mit den Überlegungen D.Davidsons Überlegungen zur Willensschäche auf, der diese auch als grundsätzliches Problem des Handelns und nicht genuin moralisches Thema auffaßt. Vgl. *Wie ist Willensschwäche möglich?*, in: ds., *Handlung und Ereignis*, Frankfurt.a.M.²1998.

Hinsicht nicht absolut. So wie Freiheit in Hinsicht auf die sinnlichen Antriebe ein negativer Begriff von Freiheit ist, ist auch unsere Freiheit in Hinsicht auf begründete Erkenntnis negativ zu bestimmen, denn das Wissen als solches ist gerade das Gegenteil von Freiheit. Etwas als begründet zu erkennen, also etwas zu wissen, bedeutet eine gravierende Einschränkung unserer Freiheit, denn mit dem Nachweis der Vernünftigkeit von etwas hört dieses Etwas auf, ein Beliebiges zu sein. Schon mit der Erkenntnis, daß die Addition von Eins und Zwei Drei ergibt, ist diese Einschränkung verbunden. Wissen ist nicht nur etwas, daß wir begründen und darum anderen mitteilen können. Es hat vielmehr als solches eine Wirkung auf den, der weiß. Wir werden offenbar nicht nur durch Sinneseindrücke affiziert, sondern finden mit unserm eigenen Erkenntnisvermögen eine weitere Affektion ganz anderer Art vor, die uns ebenso wie die Sinnlichkeit nicht unbeeindruckt läßt. Überzeugung ist bedeutend mehr als eine Vorstellung, die uns über einen bloßen Spieltrieb hinaus gleichgültig ließe. In der *Kritik der praktischen Vernunft* hat Kant aufzuzeigen versucht, wie stark der Eindruck der Einsicht sein kann. Die Vernunft selbst, so schreibt Kant, „dringt sich uns auf" (06.31). Sie wird durch das Vernunftgesetz selbst ein „Faktum", also etwas, das notwendig auf uns einwirkt und uns insofern unverfügbar bleibt. Wir fühlen uns „durch die Vernunft genötigt" (06.6). Kant selbst spricht von „intellektuellem Zwang (05.32). Vernunft steht also ebensowenig zu unserer Disposition wie sinnliche Eindrücke.

Wissen wirkt ebenso wie sinnliche Reize unwillkürlich auf den Menschen, denn sie bedingen sein Interesse, wenn auch auf ganz verschiedene Weise. Sinnlichkeit und Erkenntnis stehen damit als Namen für zwei Formen der Gesetzlichkeit, die der Mensch als ihn bestimmend erfährt und zwischen denen er aufgrund seiner Freiheit wählen kann. In der Wahl der Kausalität seiner Vernunft wird der Mensch in seinem Handeln frei von der naturkausalen Bestimmtheit. In der Wahl der naturkausalen Gesetzlichkeit hingegen verhindert er den Einfluß der Kausalität der Vernunft. Die Frage jedoch, welche Gewalt im menschlichen Handeln zur Wirkung kommt, hängt nicht in jedem Fall von einer konkreten Entscheidung des Menschen ab. Denn während die Wirkmächtigkeit des Denkens wesentlich von dem Willen des Menschen abhängt, aufgrund seines Wissens zu handeln, wirkt die Sinnlichkeit immer schon, weil sie ihren Ursprung nicht in einer Tätigkeit des Menschen hat. Das, was angesichts des Denkens auf den Menschen wirkt, ist die Form seiner eigenen Aktivität. Wir schaffen uns also den Ursprung des intellektuellen Zwanges selbst. Der Ursprung der sinnlichen Reize hingegen ist gerade dadurch definiert, daß sie für den Menschen ebenso unverfügbar sind wie ihre Wirkung. Wissen ist also nur dann Macht, wenn wir es als Bestimmungsgrund des Willens wählen, wogegen Sinnlichkeit immer wirkt, bis wir der anderen für uns verfügbaren Gesetzlichkeit zur Wirkung verhelfen. Nur ein Wesen, das um die prinzipielle Handlungsrelevanz seines Denkens weiß, kann bewußt handeln. Die Wahl zwischen den zwei verfügbaren Modi der Willensbestimmung wird damit zur Entscheidung für oder wider die Selbstbestimmung. Erst die bewußte Orientierung an der Kausalität der Vernunft macht den menschlichen Willen frei und damit auch menschliche Praxis überhaupt möglich.

Die subjektive Bedingung dafür, daß Wissen praxisrelevant werden kann, besteht also in der Grundeinstellung des Menschen zu seiner Vernunft. In den weiteren Abschnitten seiner Schrift *Die Religion innerhalb der Grenzen der bloßen Vernunft* untersucht Kant die Bedingungen der Möglichkeit des Menschen, eine solche Grundhaltung zu entwickeln. Demnach kann diese Haltung nur durch eine ausdrückliche Entscheidung zur Selbstbestimmung und gegen die Willensbestimmung durch sinnliche Antriebe gegründet werden, also durch einen Akt der Akzeptanz des Vernünftigen als Selbstzweck. Der Mensch muß sich mit anderen Worten als Vernunftwesen definieren und damit seinem Handeln denselben Maßstab zugrunde legen, den er in seinem Fragen nach Begründung immer schon längst anerkennt, und das ist der Maßstab der Vernunft selbst. Es ist dieselbe Widerspruchsfreiheit, die der Mensch als das erkennt, was sein Wissen ebenso wie sein Handeln vernünftig macht. Aber wie jede andere Erkenntnis kann auch dieser grundsätzliche Wille zur Selbstbestimmung uns nicht notwendig bestimmen.

Der Mensch hat ein grundsätzliches Problem im Umgang mit seinem Wissen. Und vielleicht ist diese Fähigkeit sogar eine wesentliche Bedingung für den Fortschritt im Wissenserwerb selbst – besteht doch die Erfindungskraft gerade in der Fähigkeit, im Schuh den Hammer zu erblicken, also zu dem Wissen über Sinn und Zweck des Schuhs in Distanz zu treten und ihn damit für eine ganz andere Verwendung in Aussicht zu nehmen. In Hinsicht auf die moralische Einsicht jedoch, also den Versuch, verantwortlich zu handeln und in der Welt keinen Schaden anzurichten, birgt eben jedes Absehen von dem eigenen Wissen zunächst einmal die Gefahr der Destruktion der vernünftigen Weltorientierung überhaupt. Es ist dieselbe Freiheit, die dem Menschen einerseits überhaupt verantwortliches Handeln ermöglicht, ihn aber auch zur Flucht vor dem eigenen moralischen Anspruch fähig macht. Es ist diese Erkenntnis in die Eigenschaft des Menschen, noch nicht einmal durch die gewisseste aller gegründeten Erkenntnisse notwendig bestimmt zu sein, die Kant dazu bringt, den

Menschen „radikal böse" zu nennen. Ein Lebewesen, daß um seine Verantwortung weiß und dennoch dazu neigt, sich von dem Zwang durch die eigene Einsicht zu befreien, handelt wider besseres Wissen um die eigenen Möglichkeiten. Der Mensch wird aber in seinem Handeln nur dann uneingeschränkt über sein Wissen verfügen können, wenn er sich seiner nicht als einem hier und da nützlichen Mittel bedient, sondern die Form, die das Wissen als solches ausmacht, als oberstes Kriterium seines Denkens und Handelns anerkennt und damit sich selbst als Vernunftwesen begreift. Vernünftige Handlungsorientierung hängt letztlich von der Macht ab, die wir der immer schon vorhandenen Wirksamkeit unserer Vernunft zubilligen.

Kants Theorie des Radikalen Bösen, verstanden als besondere Bestimmung des Menschen zu sich selbst, erschließt das Selbstverhältnis des Menschen als den Grund der Fähigkeit, Erkanntes in Praxis umzusetzen. Wenn wir Macht aufgrund von Wissen fordern, fordern wir damit auch immer schon dieses Selbstverhältnis ein. Derjenige, der die Aufgabe einer Anthropologie in pragmatischer Hinsicht doppeldeutig begreift – nämlich als Wissen von den praktisch-relevanten Vermögen des Menschen ebenso wie umwillen des vernünftigen Handelns in der Welt – ist insbesondere in letzterer Hinsicht auf eine Untersuchung desjenigen Vermögens verwiesen, in dem sich das Selbstverhältnis konstituiert. Wer die Frage nach dem Zusammenhang von Wissen und Macht stellt, wird – darauf hat Kant mit Recht hingewiesen – an dieser Untersuchung der Haltung des Menschen zu seiner Vernunft ebensowenig vorbeikommen wie an einer Kritik der Urteilskraft.

**Sektion 18
Wissenschaftsdynamik**

Elke Brendel
Gedankenexperimente als Motor der Wissenschaftsdynamik

1. Einleitung

Gedankenexperimente werden sowohl in den Naturwissenschaften als auch in der Philosophie als zentrales methodologisches Instrumentarium eingesetzt. Obwohl sie, wie es der Wissenschaftstheoretiker James Robert Brown im Titel seiner Monographie über Gedankenexperimente ausdrückt, in „the laboratory of the mind" ausgeführt werden,[1] sind sie offenbar in der Lage, neue wissenschaftliche Erkenntnisse zu liefern. Es gibt allerdings auch viele kritische Stimmen, die die Legitimität von Gedankenexperimenten als wissenschaftliche Methode zur Erkenntnisgewinnung in Zweifel ziehen. Insbesondere in der Philosophie werden Gedankenexperimente eingesetzt, die teilweise sehr phantasievolle science fiction Szenarien enthalten. Diese Szenarien sind bevölkert von bösen Dämonen, von Hellsehern, von Gehirnen im Tank, von Zwillingserden, von bizarren Gehirntransplantationen und dergleichen mehr. Daniel C. Dennett hat philosophische Gedankenexperimente daher etwas verächtlich als „Intuitionspumpen" bezeichnet,[2] um darauf hinzuweisen, daß man durch „phantasiereiche Reflexionen" gezielt die Intuitionen der Leser in bestimmte Richtungen lenken und manipulieren kann. Er warnt eindringlich vor der Möglichkeit des Mißbrauchs von Gedankenexperimenten aufgrund ihrer großen Suggestivkraft.

In der wissenschaftstheoretischen Debatte über Gedankenexperimente lassen sich meines Erachtens drei zentrale Fragestellungen herauskristallisieren: Die erste Frage betrifft das *Problem der definitorischen Bestimmung von „Gedankenexperiment"*. In der zweiten Frage geht es um das *Problem der Informativität von Gedankenexperimenten*, d.h. um die Frage, ob und wenn ja wodurch Gedankenexperimente neue wissenschaftliche Erkenntnisse liefern können. Die dritte Frage betrifft das *Problem der Legitimität von Gedankenexperimenten als wissenschaftliche Methode*, d.h. hierbei geht es insbesondere um die Frage, welchen Anforderungen Gedankenexperimente genügen müssen, damit sie in legitimer Weise ihr angestrebtes wissenschaftliches Ziel erreichen können. Ich möchte mich im folgenden diesen drei Fragestellungen widmen.

2. Das Problem der definitorischen Bestimmung von „Gedankenexperiment"

Ernst Mach, der den Begriff *Gedankenexperiment* Ende des 19. Jahrhunderts in die wissenschaftstheoretische Diskussion eingeführt hat,[3] verwendet diesen Begriff in einem sehr weiten Sinn. Gedankenexperimente sind für ihn alle Formen der „Gedankenerfahrung". Hierzu zählen für ihn insbesondere planende Vorüberlegungen zu realen physischen Experimenten, aber auch das „Erbauen von Luftschlössern" sowie Dichtung, das Schreiben von Romanen und das Entwerfen von Utopien.[4] Sorensen hingegen, der 1992 die bisher

---
[1] Vgl. Brown (1991a).
[2] Vgl. Dennett (1984), 24.
[3] Vgl. Mach (1897).
[4] Vgl. Mach (1905), 183.

umfangreichste wissenschaftstheoretische Studie über Gedankenexperimente veröffentlicht hat, bestimmt ein Gedankenexperiment als ein Experiment, das sein Ziel auch ohne reale Ausführung erreicht.[5] Diese zunächst sehr allgemein wirkende Definition wird jedoch durch die Präzisierung zweier Definitionsbestandteile erheblich eingeschränkt: Zum einen sind Gedankenexperimente *Experimente*. Sorensen bestimmt Experimente als ein Verfahren zur Beantwortung oder zum Aufwerfen von Fragen über den Zusammenhang zwischen Variablen, indem man eine oder mehrere von ihnen variiert und die Reaktion der anderen Variablen auf diese Änderungen untersucht.[6] Aufgrund dieses Experimentcharakters werden nach Sorensen z.B. Tagträume, Phantasien oder bloße hypothetische Spekulationen (etwa im Sinne von: „Was wäre, wenn ich sechs Richtige im Lotto hätte?") als Gedankenexperimente ausgeschlossen. Zum anderen besteht für Sorensen das alleinige Ziel von Gedankenexperimenten im *Nachweis von Paradoxien*. Gedankenexperimente sind nach Sorensen „Expeditionen in mögliche Welten", deren Mission es ist, eine bestimmte wissenschaftliche Theorie (oder auch bloß eine Hypothese, Definition oder Begriffsanalyse) durch Nachweis eines Widerspruchs *ad absurdum* zu führen.[7]

Will man wissenschaftstheoretischen Fragen etwa zur Legitimität von Gedankenexperimenten als Methode in den Naturwissenschaften und der Philosophie nachgehen, so ist es natürlich wichtig, den schillernden und fast schon zu einem Modewort sich entwickelnden Ausdruck „Gedankenexperiment" in seiner Bedeutung einzuschränken. In diesem Sinne halte ich Sorensens Vorschlag, Phantasiereien und hypothetische Spekulationen aus der *wissenschaftstheoretischen* Definition von „Gedankenexperiment" auszuschließen, für sehr sinnvoll. Die Reduzierung auf Gedankenexperimente als Nachweis von Paradoxien bedeutet jedoch meiner Meinung nach eine zu starke Verkürzung des Begriffs des Gedankenexperiments. Im Aufdecken von Widersprüchen besteht sicherlich eine der wichtigsten Aufgaben von Gedankenexperimenten. Eine weitere wichtige Aufgabe von Gedankenexperimenten kann jedoch auch darin bestehen, durch die Angabe konkreter Anwendungsbeispiele eine wissenschaftliche Position zu *illustrieren*. Gedankenexperimente können in diesem Falle für die Akzeptanz einer bestimmten Auffassung werben oder komplexe und abstrakte Sachverhalte veranschaulichen.

Gedankenexperimente können darüber hinaus im Sinne von Brown auch „konstruktiv" sein, indem sie „unterstützende Belege" für eine Theorie liefern.[8] Ein Beispiel für ein solches konstruktives Gedankenexperiment ist etwa Newtons berühmtes „Eimer-Gedankenexperiment", welches nach Newton einen unterstützenden Beleg für die Annahme der Existenz des absoluten Raums liefert.

Manche Gedankenexperimente werden aber auch dazu eingesetzt, um auf *Grenzfälle bzw. Vagheiten* einer Theorie aufmerksam zu machen. Auf diese Weise können sie zur Präzisie-

---

[5] Vgl. Sorensen (1992), 205.
[6] Vgl. Sorensen (1992), 186.
[7] Vgl. Sorensen (1992), 135.
[8] Vgl. z.B. Brown (1991b), 123f.

rung einer Theorie beitragen. Ein bekanntes philosophisches Gedankenexperiment, welches zeigen will, daß der Begriff der *Identität von Objekten* mit Vagheiten belastet ist, ist das „Schiff des Theseus"-Beispiel: In diesem Gedankenexperiment werden sukzessive die Planken des Schiffs des Theseus durch neue ersetzt, wobei aus den alten Planken wiederum ein Schiff gebaut wird. Die Frage ist nun, welches der beiden neu entstandenen Schiffe das Schiff des Theseus ist, oder, ob das Schiff des Theseus durch diese Umbauaktionen aufgehört hat zu existieren. Die kontroverse Diskussion um dieses Gedankenexperiment zeigt, daß es Grenzbereiche gibt, in denen wir keine stabilen Intuitionen über den Begriff der Identität besitzen.

Aufgrund dieser „Konstruktivität" einiger Gedankenexperimente scheint es mir daher ratsamer, Gedankenexperimente zwar im Sinne von Sorensen als Experimente zu bestimmen, die ihr Ziel auch ohne reale Ausführung erreichen. Im Gegensatz zu Sorensen sollen die Ziele von Gedankenexperimenten jedoch nicht bloß im Aufzeigen von Widersprüchen einer bestimmten wissenschaftlichen Position bestehen, sondern eben auch in der Bestätigung sowie in der Illustration oder dem Aufweis von Vagheiten dieser Position. Diese Ziele sollen im folgenden unter dem Oberbegriff *Aufweis der modalen Konsequenzen* einer wissenschaftlichen Position zusammengefaßt werden.[9]

3. Das Problem der Informativität von Gedankenexperimenten

Nach dieser Begriffsbestimmung von *Gedankenexperiment* drängt sich die folgende Frage auf: Wie kann es sein, daß Gedankenexperimente zum einen *vollständig im Geiste* durchgeführt werden, sie zum anderen jedoch wichtige *empirische Einsichten* in die modalen Konsequenzen von wissenschaftlichen Positionen liefern können? Wie können Gedankenexperimente, obwohl im „Lehnstuhl erdacht", zu empirischen Erkenntnissen führen? Eine konsequente Position bezüglich dieser Frage, wird von Brown vertreten. Für ihn bieten bestimmte Gedankenexperimente die Möglichkeit einer *apriorischen* Naturerkenntnis. Diese Gedankenexperimente nennt Brown *platonisch*. Sie sind dadurch ausgezeichnet, daß sie sowohl destruktiven als auch konstruktiven Charakter haben.[10] Wichtigstes Beispiel für ein solches platonisches Gedankenexperiment ist *Galileis berühmtes Gedankenexperiment der fallenden Körper*, welches das Aristotelische Fallgesetz, wonach schwere Körper (im selben Medium) schneller fallen als leichtere, *ad absurdum* führen will und gleichzeitig Belege für eine neue Theorie, wonach alle Körper (im Vakuum) gleich schnell fallen, liefern soll.

Browns kühne These als Antwort auf die Frage nach der Informativität von Gedankenexperimenten besteht nun im folgenden: Die platonischen Gedankenexperimente bieten die Möglichkeit der *a priorischen* Erfassung von Naturgesetzmäßigkeiten. Der *a priorische* Charakter dieser Gedankenexperimente zeige sich daran, daß kein neues empirisches Datenmaterial involviert ist und daß die aus den Gedankenexperimenten hervorscheinen-

---

[9]Hierbei sollen unter „wissenschaftlicher Position" sowohl bestimmte Hpothesen, ganze Theorien oder Teile von Theorien, sowie Definitionen oder Begriffsanalysen zu verstehen sein.
[10]Vgl. Brown (1991b), 124ff.

de neue Theorie sich nicht durch bloßes logisches Schlußfolgern aus der alten, zum Widerspruch geführten Theorie, ergebe. Die platonischen Gedankenexperimente sind nach Brown nun deshalb informativ, weil sie über empirisch gegebene Daten und logisches Schlußfolgern hinaus als Vehikel zum *a priorischen* Erfassen der Gesetzmäßigkeiten, welche durch die neue Theorie ausgedrückt werden, dienen können. Platonische Gedankenexperimente ermöglichen also nach Brown einen nicht argumentativ einholbaren „Sprung" von der Erkenntnis der Widersprüchlichkeit der alten Theorie zur Erkenntnis der Gültigkeit der neuen Theorie.

Meines Erachtens ist der Brownsche Platonismus jedoch unhaltbar. Es gibt keinen Grund zu der Annahme, daß die aus manchen Gedankenexperimenten folgende Erkenntnis nur dadurch zu erklären ist, daß eine Art des nicht-empirischen und nicht argumentativ-logischen Erfassens von Gesetzmäßigkeiten postuliert werden muß. Gedankenexperimente lassen sich durchaus *vollständig* als *Argumente* rekonstruieren, und sie unterliegen daher denselben Kriterien der Analyse und Kritik wie andere Argumente auch. So läßt sich beispielsweise das von Brown als Prototyp eines platonischen Gedankenexperiments betrachtete Galileische Fallexperiment als ein bestimmtes *reductio ad absurdum* Argument rekonstruieren. Eine erste vorläufige Rekonstruktion könnte etwa folgendermaßen lauten:[11]:

(1) Annahme: Schwere Körper fallen (im selben Medium) schneller als leichtere.
(2) Annahme: Wenn man einen schneller fallenden Körper mit einem langsamer fallenden Körper verbindet, bremst der langsame den schnelleren in seiner Fallgeschwindigkeit ab.
(3) Annahme: Das Gewicht zweier kombinierter Körper addiert sich.
Folgerung aus (3) und (1):
(4) Wenn man eine schwerere Kugel K_1 mit einer leichteren Kugel K_2 verbindet, fällt das kombinierte Objekt schneller als die Kugel K_1.
Folgerung aus (1) und (2):
(5) Wenn man eine schwerere Kugel K_1 mit einer leichteren Kugel K_2 verbindet, fällt das kombinierte Objekt langsamer als die Kugel K_1.

Für das kombinierte Objekt gilt also der Widerspruch, daß es sowohl langsamer als auch schneller fällt als K_1. Wir müssen daher die Annahme (1) aufgeben, woraus sich nach Brown *unmittelbar* die Konsequenz *aufdrängt*, daß alle Körper (im selben Medium) gleich schnell fallen. Das Galileische Gedankenexperiment ermöglicht für ihn ein apriorisches Erfassen dieses neuen Fallgesetzes, welches sich nicht durch ein logisches Argument rational rekonstruieren läßt.

Die Konsequenz, daß alle Körper (im selben Medium) gleich schnell fallen, folgt jedoch keineswegs unmittelbar und ohne weitere Annahmen aus dem aufgezeigten Widerspruch. Sie ist nur dann folgerichtig, wenn man implizit die Annahme unterstellt, daß *von der*

---

[11] Eine detaillierte Rekonstruktion dieses Gedankenexperiments wird in Norton (1996) durchgeführt

Form der fallenden Körper abstrahiert werden kann und die Geschwindigkeit der fallenden Körper somit eine (monoton steigende) Funktion ist, die einzig und allein von den Gewichten der Körper abhängt. Diese Annahme ist natürlich für beliebige Medien empirisch falsch, worauf auch Salviati (die Stimme Galileis im *Discorsi*) hinweist. Ein Goldklumpen, so Salviati, falle in der Luft wesentlich schneller zu Boden, als ein gleich schweres sehr dünnes Blatt Gold, das zu Boden flattert.[12] Die Annahme, daß die Geschwindigkeit nur eine Funktion der Gewichte bezüglich fallender Körper im *Vakuum* ist, war jedoch eine bloße Vermutung Galileis. Aufgrund empirischer Kenntnisse über das unterschiedliche Fallverhalten von Körpern in unterschiedlichen Medien (wie Luft, Wasser und Quecksilber) glaubte Galilei „mit großer Wahrscheinlichkeit" darauf schließen zu können, „daß, wenn man den Widerstand der Luft ganz aufhöbe, alle Körper ganz gleich schnell fallen würden."[13] Experimentell überprüfen konnte man diese Behauptung allerdings erst etwas später, als es möglich wurde ein Vakuum annäherungsweise zu realisieren.

Ebenso wie sich der Widerspruch der Aristotelischen Kinematik in der aufgezeigten Weise als *reductio*-Argument rekonstruieren läßt, erweist sich auch der Übergang von diesem Widerspruch zum neuen Fallgesetz als argumentativ rekonstruierbar. Das Argument, welches diesen Übergang rechtfertigt, beruht, wie wir gesehen haben, auf impliziten Zusatzannahmen (wie z.B., daß es in einem bestimmten Medium (dem Vakuum) möglich ist, von der Form der fallenden Körper zu abstrahieren und daß somit die Geschwindigkeit nur eine Funktion der Gewichte ist), über die sich zu Zeiten Galileis (wie ja auch der *Discorsi* zeigt) durchaus streiten ließ. Von einem unmittelbaren „platonischen Sprung" zum *a priorischen* Erfassen der neuen Fallgesetze kann jedenfalls überhaupt keine Rede sein.

Gedankenexperimente, so möchte ich deshalb im Gegensatz zu Brown behaupten, sind nicht deshalb informativ, weil sie ein *a priorisches* Erfassen von Naturgesetzmäßigkeiten ermöglichen, sondern weil sie oftmals bereits bekanntes empirisches Datenmaterial *in neuer Weise zusammenstellen* oder *unter neuen Perspektiven betrachten* und hieraus neue Erkenntnisse *argumentativ-logisch* erschlossen werden können. So besteht etwa in Galileis Fallexperiment die Neuorganisation u.a. darin, daß nicht bloß einzelne Objekte, sondern *kombinierte* Objekte auf die bestehenden Aristotelischen Fallgesetze angewendet wurden.

4. Das Problem der Legitimität von Gedankenexperimenten

Die Frage nach der Legitimität von Gedankenexperimenten läßt sich meines Erachtens nicht durch die Angabe eines einfachen Kriterienkataloges für alle Gedankenexperimente in gleicher Weise beantworten. Ob Gedankenexperimente erfolgreich ihr angestrebtes Ziel erreichen oder fehlgeschlagen, hängt stark von der Art und dem intendierten Ziel der Gedankenexperimente ab. Im folgenden möchte ich einige für Gedankenexperimente typische Gründe für ihr Fehlschlagen nennen:

---

[12] Vgl. Galilei (1638), 338.
[13] Galilei (1638), 344.

Abweichung vom „normalen Sprachspiel"

Philosophische Gedankenexperimente sind oftmals deshalb nicht in der Lage, begründete Überzeugungen über einen Gegenstand zu produzieren, weil die von ihnen geschaffenen Szenarien so weit von der realen Welt abweichen, daß wir keine stabilen Intuitionen über sie besitzen. Insbesondere Quine und Wittgenstein warnen vor philosophischen Argumenten, in denen Begriffe außerhalb ihres gewöhnlichen Anwendungskontextes – außerhalb ihres „normalen Sprachspiels" – verwendet werden. So schreibt Wittgenstein:

> „Nur in normalen Fällen ist der Gebrauch der Worte uns klar vorgezeichnet; wir wissen, haben keinen Zweifel, was wir in diesem oder jenem Fall zu sagen haben. Je abnormaler der Fall, desto zweifelhafter wird es, was wir nun sagen sollen. Und verhielten sich die Dinge ganz anders, als sie sich tatsächlich verhalten [...], so verlören unsere normalen Sprachspiele damit ihren Witz."[14]

Trotz Wittgensteins Warnungen halte ich jedoch derartige Gedankenexperimente nicht in allen Fällen für bedenklich. Sollen mit Gedankenexperimenten die Grenzbereiche eines Begriffs/einer Theorie aufgezeigt werden, liegt es gerade in der Natur der Sache, daß uns unsere *common sense* Intuitionen bei der eindeutigen Beurteilung der geschilderten Situationen nicht weiterhelfen können. Manchmal erweist es sich sogar als notwendig, daß Situationen, über die wir keine (oder noch keine) eindeutigen *common sense* Intuitonen verfügen, in einer Begriffsanalyse oder Theorie berücksichtigt werden. Oftmals hinken unsere sprachlichen Intuitionen über Begriffe neuesten wissenschaftlichen Herausforderungen hinterher. Angesichts der Möglichkeit des „Klonens" von Lebewesen oder der Möglichkeit durch intensivmedizinische Maßnahmen bestimmte Organfunktionen über den Hirntod hinaus zu erhalten, lassen uns unsere sprachlichen Intuitionen über den Begriff der personalen Identität oder den des Lebens im Stich. Gedankenexperimente können uns hierbei helfen, diejenigen Situationen vor Augen zu führen, die in einer neuen, den wissenschaftlichen Herausforderungen angepaßten, Analyse des Begriff der personalen Identität oder des Lebens Berücksichtigung finden sollen.

Unterbestimmtheit in relevanten Aspekten

Häufig erfüllen Gedankenexperimente deshalb nicht ihren Zweck, weil gerade diejenigen Aspekte, die für das Erreichen des intendierten Ziels relevant sind, unterbestimmt bleiben. Für David Ward berufen sich viele Gedankenexperimentatorinnen auf „black box"-Erklärungen, die es offen lassen, wie die Realisierung eines Gedankenexperimentes eigentlich zu verstehen ist.[15] Auch Kathleen Wilkes betont, daß die Legitimität eines Gedankenexperimentes davon abhängt, ob die *Hintergrundbedingungen*, auf deren Basis das Experiment gedanklich ausgeführt wird, klar expliziert sind.[16]

---

[14] Wittgenstein: *Philosophische Untersuchungen*, §142.
[15] Vgl. Ward (1995).
[16] Vgl. Wilkes (1988), insbes. Kap. 1.3.

Betrachten wir hierzu etwa ein berühmtes Gedankenexperiment von Hilary Putnam, welches eine philosophische Bedeutungstheorie, wonach, das, „was in unseren Köpfen vorgeht", für das bestimmend sei, „was wir meinen und worauf sich unsere Wörter beziehen" widerlegen soll. Putnam fordert seine Leser auf, sich eine „Zwillingserde" vorzustellen, die unserer Erde bis auf ein Detail genau gleicht. Insbesondere gibt es von jedem Erdenbewohner auf der Zwillingserde einen exakt gleichen Doppelgänger. Das einzige, so Putnam, was die Zwillingserde von der Erde unterscheidet, sei die Tatsache, „daß die Flüsse und Seen auf der Zwillingserde mit einer Flüssigkeit gefüllt sind, die oberflächlich dem Wasser gleicht, aber *nicht* H_2O ist." Hieraus folgert nun Putnam, daß sich der Ausdruck „Wasser" „in seinem zwillingsirdischen Gebrauch *nicht* auf Wasser, sondern auf diese andere Flüssigkeit (sagen wir: XYZ) [bezieht]. Zwischen dem Geisteszustand der Sprecher auf der Zwillingserde und dem der irdischen Sprecher [...] gibt es jedoch keinen relevanten Unterschied, der diese Differenz des Bezugs erklären könnte. Der Bezug ist verschieden, weil der *Stoff* verschieden ist. Unabhängig von der Gesamtsituation, ist der Geisteszustand als solcher nicht bestimmend für den Bezug."[17]

In diesem Gedankenexperiment sind einige relevante Hintergrundannahmen nicht expliziert. Es wird nicht erklärt, wie es sein kann, daß ein Unterschied in der chemischen Struktur der beiden Flüssigkeiten sich in keiner Weise auf der makropysikalischen Ebene manifestiert. Wie ist es möglich, daß Wasser und die Flüssigkeit auf der Zwillingserde die gleichen äußeren Eigenschaften besitzen, sich jedoch im chemischen Aufbau unterscheiden? Außerdem bleibt insbesondere unklar, wie es möglich ist, daß unsere Doppelgänger auf der Zwillingserde „Molekül für Molekül" (wie Putnam sich ausdrückt) mit uns identisch sind, wenn doch der Hauptbestandteil ihres Organismus nicht aus H_2O sondern aus XYZ besteht. Die Überzeugungskraft des Putnamschen Gedankenexperimentes leidet erheblich unter diesen Unklarheiten.

Zu hoher Spezifizierungsgrad
Einige Gedankenexperimente laufen Gefahr, eine *petitio* zu begehen, weil sie derart ausgeschmückt werden, daß die eigentlich strittigen Fragen bereits als Voraussetzungen eingehen. Das berühmte Gedankenexperiment des „chinesischen Zimmers" von John Searle ist meines Erachtens dieser Gefahr ausgesetzt. In diesem Gedankenexperiment wird vorausgesetzt, daß die Funktionsweise eines Computers in der Tat analog zur Symbolmanipulation im „chinesischen Zimmer" zu verstehen ist. Dies bedeutet insbesondere, daß vorausgesetzt wird, daß Gehirnvorgänge, die sich auf der Subsystemebene abspielen und mit einem *Verstehen* auf der Systemebene korreliert sind, qualitativ anders sind als die computerinternen Vorgänge bzw. die Vorgänge im chinesischen Zimmer, die ja nach Searles Intuitionspumpe nicht zu einem Verstehen auf der Systemebene führen. Dies ist jedoch gerade die strittige Frage, die durch das Gedankenexperiment eigentlich geklärt werden sollte.

---

[17]Putnam (1981), 42.

Perspektivenverwechslung
Ein weiterer Grund für das Fehlschlagen einiger philosophischer Gedankenexperimente besteht darin, daß im Gedankenexperiment eine Perspektive eingenommen wird, die nicht mit der Perspektive übereinstimmt, die in der philosophischen Position eingenommen wird, deren modale Konsequenzen das Gedankenexperiment aufzeigen will.

Einen illegitimen Wechsel von der System- zur Subsystemebene findet sich etwa in Leibniz' Argument gegen eine mechanistische Auffassung von Perzeptionen.[18] Leibniz wollte mit diesem Gedankenexperiment nachweisen, daß Perzeptionen nicht auf mechanische Weise erklärbar sind, sondern daß sie einfache Substanzen sein müssen. Dies kann man jedoch nicht dadurch zeigen, indem man auf der Subsystemebene vergeblich nach den erst auf der Systemebene sich manifestierenden mentalen Phänomenen sucht.

5. Literatur

Brown, James R. (1991a): *The Laboratory of the Mind*, London/New York: Routledge.

ders. (1991b): „Thought Experiments: A Platonic Account", in: Horowitz/Massey (eds.) (1991), 119-128.

Dennett, Daniel C. (1984): *Elbow Room*, Oxford: Oxford University Press (dt.: (1986): *Ellenbogenfreiheit*, Frankfurt am Main: Hain bei Athenäum).

Galilei, Galileo (1638): *Discorsi e dimostrazioni matematiche intorne a due nuove scienze attenenti alla mecanica & i movimenti locali*, Leyden (zitiert aus: Galileo Galilei: *Schriften, Briefe, Dokumente*, Bd. 1. „ Unterredungen und mathematische Demonstrationen über zwei neue Wissenszweige, die Mechanik und die Fallgesetze betreffend, Erster bis Sechster Tag", München: Beck).

Leibniz, Gottfried W. (1714): *Monadologie*, Hamburg: Meiner.

Mach, Ernst (1897): „Über Gedankenexperimente", in: *Zeitschrift für Physikalischen und Chemischen Unterricht*, Bd. 10, 1-5.

ders. (1905): „Über Gedankenexperimente", in: *Erkenntnis und Irrtum*, Leipzig, Nachdruck: [5]1926, 180-197.

Norton, John D. (1996): „Are Thought Experiments Just What You Thought?", *Canadian Journal of Philosophy* 26, 333-366.

Putnam, Hilary (1981): *Vernunft, Wahrheit und Geschichte*, Frankfurt am Main: Suhrkamp.

Sorensen, Roy A. (1992): *Thought Experiments*, Oxford: Oxford University Press.

Ward, David E. (1995): „Imaginary Scenarios, Black Boxes and Philosophical Method", *Erkenntnis* 43, 181-198.

Wilkes, Kathleen V. (1988): *Real People. Personal Identity Without Thought Experiments*, Oxford: Clarendon.

---

[18]Vgl. Leibniz (1714), §17.

Zur Rolle von Modellen und Metaphern bei der Entwicklung neuer Theorien

Michael Hoffmann

Will man den Prozeß wissenschaftlicher Entwicklungen und Revolutionen erklären, besteht ein Hauptproblem darin, daß kaum zu sehen ist, wie mit den auf einer bestimmten Entwicklungsstufe gegebenen theoretischen Mitteln einer Wissenschaft eine „neue" Theorie formuliert werden kann, die dadurch charakterisierbar ist, daß sie Elemente enthält, die weder deduktiv noch induktiv aus Elementen der vorangehenden Entwicklungsstufe abgeleitet werden können.

Bei Popper und anderen führte die Auseinandersetzung mit diesem Problem bekanntlich dazu, daß die Frage nach der *Entwicklung* wissenschaftlicher Hypothesen aus dem Kanon philosophisch beantwortbarer Fragen schlicht ausgegrenzt und als nur für die „empirische Psychologie" von Interesse behandelt wurde. Dem entspricht die gewöhnlich Hans Reichenbach zugeschriebene Unterscheidung eines „context of discovery" und eines „context of justification".[1] Während der Entdeckungszusammenhang und die Fragen nach sozialen, ideologischen und kulturellen Rahmenbedingungen von Entdeckungen allein für Historiker, Soziologen und Psychologen von Interesse sein sollen, geht es dem Philosophen, wie Ian Hacking diese Position zusammenfaßt, „um Rechtfertigung, Logik, Begründung, Triftigkeit, Methodologie." (Hacking 1996 <1983>, 21) Wichtig war allein, wie der Geltungsanspruch wissenschaftlicher Aussagen beurteilt werden soll, nicht aber, wie diese Aussagen selbst entstehen.

Bereits 1935 hatte dagegen Ludwik Fleck darauf aufmerksam gemacht, daß die Bestimmung dessen, was als eine „wissenschaftliche Tatsache" gilt, immer von bestimmten „Denkstilen" abhängt, die in voneinander unterscheidbaren „Denkkollektiven" gepflegt werden. In seinem Buch *Entstehung und Entwicklung einer wissenschaftlichen Tatsache. Einführung in die Lehre vom Denkstil und Denkkollektiv*, das erst in den letzten Jahrzehnten als ein wichtiger Vorläufer von Thomas S. Kuhns *Die Struktur wissenschaftlicher Revolutionen* bekannt geworden ist, zeigt Fleck, „... wie auch das einfachste Beobachten denkstilbedingt ist, also an eine Denkgemeinschaft gebunden." (Fleck 1980 <1935>, 129; vgl. Fleck 1983, 147 ff.). Diese Überlegung, die inzwischen unter dem Stichwort der Theoriebeladenheit der Beobachtung

---

[1] Genauere historische Bemerkungen und mögliche Interpretationen dieser Unterscheidungen hat Hoyningen-Huene 1987 vorgelegt.

Allgemeingut geworden ist (vgl. z.B. Carrier 1994, 1-19; Schickore 1997), hat offenbar zur Konsequenz, daß der Begründungszusammenhang nicht so ohne weiteres vom Entdeckungszusammenhang zu trennen ist. Denn wenn die Wahrnehmung einer wissenschaftlichen Tatsache immer schon durch jeweils gegebene „Denkstile" oder „Paradigmata" bedingt ist, dann hängt die *Akzeptanz* von Begründungen von den gleichen Kontexten ab, die jeweils auch die Möglichkeit der Entdeckung bestimmen. Kuhn macht dies anhand der „Entdeckung" des Sauerstoffs deutlich, indem er zeigt, daß Lavoisier überhaupt erst auf der Basis eines bestimmten Problembewußtseins in der Lage gewesen ist,

„... in Experimenten wie denen von Priestley ein Gas zu sehen, das Priestley selbst dort zu sehen nicht in der Lage gewesen war. Und umgekehrt muß die Tatsache, daß eine größere Paradigmarevision nötig war, damit man sehen konnte, was Lavoisier sah, der Hauptgrund dafür gewesen sein, warum Priestley es bis ans Ende seines langen Lebens nicht zu sehen vermochte." (Kuhn 1976 <1970>, 69)

Wenn „Realität" als die „Eigenschaft einer Darstellung" oder Theorie verstanden wird, und nicht als etwas, was *unabhängig* von unseren Theorien ist, dann leben wir „auf dem Weg von einer Revolution zur nächsten in jeweils verschiedenen Welten". (Hacking 1996 <1983>, 234; vgl. 33 f., Kuhn 1976 <1970>, 123-146) Die Verfechter verschiedener Theorien sind dann „wie Sprecher verschiedener Muttersprachen." Die Verständigungsmöglichkeiten sind begrenzt und Ansprüche auf objektive Geltung sind prinzipiell bezweifelbar.

Die eher intuitiv und an Beispielen vorgetragenen Überlegungen Kuhns zur „Struktur wissenschaftlicher Revolutionen" sind in der Folge u.a. von Sneed 1979 <1971> bis hin zu Balzer, Moulines und Sneed 1987 im Rahmen der von Stegmüller so genannten „strukturalistischen Auffassung empirischer Theorien" mit den formalen Mitteln der Mengentheorie wesentlich präziser entwickelt worden. Wie zuletzt Moulines 1997 dargelegt hat, ist es mit den Mitteln des Strukturalismus insbesondere möglich, Theorien im Sinne von strukturierten Theorienetzen zu *beschreiben*; was allerdings die *Entwicklung* solcher Theorien angeht, räumt Moulines unterschiedliche Erfolge ein, je nachdem, um welche Art von Entwicklungsprozessen es sich handelt. Er unterscheidet vier „diachronische Typen von Wissenschaft": (I) *Emergenz* bzw. *Kristallisierung* einer Theorie „vor dem Hintergrund eines begrifflichen Umfelds, das ziemlich chaotisch aussieht und wo es auf jeden Fall noch keine andere gut artikulierte, allgemein anerkannte Theorie gibt" (398); (II) *Normalwissenschaftliche Entwicklung* im bekannten Sinne Kuhns; (III) *Verdrängung* von Theorien (*Revolutionen* im Sinne Kuhns) wie der schon angedeutete Übergang von der Phlogistontheorie zu Lavoisiers Chemie; und schließlich (IV) die *(approximative) Einbettung*, wobei „die frühere, strukturell einfachere Theorie in die neue, komplexere eingebettet (wird), sehr oft mittels Einsatz von Annäherungsmethoden." (401)

Wie Moulines zeigt, gelingt eine Dynamisierung des strukturalistischen Theorie-Begriffs im Blick auf diese vier Formen wissenschaftlicher Entwicklung am ehesten für die normalwissenschaftliche Entwicklung; sie funktioniert, wie er sagt, auch noch ziemlich gut für die (approximative) Einbettung, weniger gut für die Verdrängung von Theorien, und Prozesse der Emergenz bzw. Kristallisierung einer Theorie schließlich könnten – „jedenfalls nach dem heutigen Stand der Dinge" (401) – im strukturalistischen Rekonstruktionsprogramm nicht beschrieben werden. Denn hier bleibe ein zentrales Problem in der Frage bestehen, wie „man ein modelltheoretisches Konzept für ‚fließende' Begriffe ausbauen" kann. Hier stoße man „an die Grenzen der Formalisierbarkeit und vielleicht sogar der begrifflichen Erfaßbarkeit von wissenschaftlichen Phänomenen überhaupt." (409)

Genau an diesem Punkt, der Frage nämlich, wie aus einem begrifflich wenig strukturierenten, einem gleichsam prä-theoretischen Stadium wissenschaftlichen Nachdenkens *neue* Begriffe und neue Strukturierungen hervortreten können, möchte ich nun einige weitere Überlegungen anstellen, die um die Rolle von Modellen und Metaphern bei der „Emergenz des Neuen" kreisen. Dabei greife ich vor allem auf das 1995 erschienene Buch *Realism Rescued. How Scientific Progress Is Possible* von Jerrold L. Aronson, Rom Harré und Eileen C. Way zurück.

Wie auch die strukturalistische Wissenschaftstheorie verabschieden sich Aronson, Harré und Way von der Auffassung, Theorien allein als Aussagensysteme zu fassen. Doch sie setzen an die Stelle von Aussagen nicht formale Strukturen, sondern einen Begriff von „Modellen" im Sinne von *Repräsentationen* dessen, was verstanden werden soll (vgl. Lloyd 1998).[2] Die Ausgangsthese ist, daß der größte Teil wissenschaftlicher Diskurse sich nicht auf die natürliche Welt bezieht, sondern auf „Repräsentationen ausgewählter Aspekte dieser Welt. Unsere Vorstellungen dazu, was die Natur ist, sind vermittelt durch unsere Repräsentationen in Modellen" (Aronson, Harré und Way 1995, 4; vgl. 51, 56). Dabei setze sich jede Theorie aus einer Menge paarweise anzuordnender Modelle zusammen: auf der einen Seite aus „*deskriptiven* Modellen", die benützt werden, um Phänomene vereinfacht darzustellen, und auf der anderen Seite aus „*explanatorischen* Modellen", welche die generativen Mechanismen darstellen, die für ein Verständnis der nicht beobachtbaren kausalen Zusammenhänge notwendig sind, welche diese Phänomene hervorbringen (ebd. 51 ff.). Dies wird in folgendem Diagramm veranschaulicht:

---

[2] Mit diesem Modellbegriff stellen sie sich u.a. in die Tradition von Campbell 1957 <1920>, Hesse 1966 und Giere 1988.

Phenomena $=^1$ Descriptive – T – Explanatory $=^2$ Generative
      model   model   mechanism

Das „T" in der Mitte steht hier für einen theoretischen Diskurs, die mit „$=^1$" bezeichnete Relation zwischen Phänomenen und deskriptivem Modell steht dafür, daß diese Relation als Kombination aus Idealisierung und Abstraktion verstanden wird, und die mit „$=^2$" bezeichnete Relation zwischen explanatorischem Modell und generativen Mechanismen bezieht sich auf den „Grad an gewichteter Ähnlichkeit von relevanten Eigenschaften oder Aspekten zwischen dem Modell und dem, was es repräsentiert" (51 f.). Der Begriff der „weighted similarity" soll dabei den traditionellen, propositional gefaßten Wahrheitsbegriff ersetzen (116, 122), indem nicht mehr einzelne Sätze auf „die" Wirklichkeit bezogen werden, sondern die „Wahrscheinlichkeit" (verisimilitude) von Aussagen in bezug auf Typen-Hierarchien beurteilt wird (129 ff.).

Die für unsere Frage nach der Möglichkeit der Emergenz neuer Begriffe oder Theorien zentrale These von Aronson, Harré und Way ist nun, daß wissenschaftliche Entwicklung als Prozeß des „wechselseitigen Aufeinanderabstimmens" zwischen diesen beiden Formen von Modellen beschrieben werden kann:

„The relation between 'T', the theoretical discourse, and the models it describes is 'internal'. That is, there is always a mutual adjustment so that the models fit the descriptions in the theory and the theory is modified so that it will always fit the models, as they are adjusted to maintain their fit with the real-world entities they resemble." (52)

Im Anschluß an Harré 1986 und den dort vertretenen „Konvergenz-Realismus" (vgl. kritisch dazu Hooker 1996) gehen die Autoren davon aus,

„... that it has been a desideratum for a good theory that the descriptive and theoretical models should be capable of unification within the constraints of a common ontology. In the end the development of a science should lead to there being only one model, applied descriptively to simplify phenomena and applied explanatorily to account for them. Looked at in this way, what we have called the descriptive and explanatory model are really functionally distinguished aspects ideally of just the one model." (53)

Die Bemühung um die Vereinigung von deskriptiven und explanatorischen Modellen in „einem, fundamentaleren allgemeinen Modell" (52) wird hier als der eigentliche „Motor" der wissenschaftlichen Entwicklung begriffen.[3] Eine Theorie ist dann plausibel, wenn ihre deskriptiven und explanatorischen Modelle erstens auf die jeweils verfügbaren

---

[3] Vgl. ebd. S. 83, wo die Autoren gerade dem strukturalistischen Ansatz Versagen darin vorwerfen, „to express the dialectic interaction between models and mathematical structures which is the heart of the process of theory development." Den Vorteil ihres „halb-formalen" Ansatzes sehen sie u.a. in Folgendem: „In the practice of science a theory is never a static and isolated device; rather, theories are continuously being revised and extended to fit new phenomena. If a theory is merely a formal or mathematical entity, any such extensions must be arbitrary. It is the structure and possibilities contained in the model that guides and unifies extensions of a scientific theory." (89 f.)

experimentellen Resultate „voll eingestellt" sind, und zweitens auf die jeweils verbreitete „allgemeine Ontologie" (68, 191).

Ich möchte den dahin führenden Prozeß an einem Beispiel deutlich machen, das auch Aronson, Harré und Way verwenden: Die grundlegende Idee, die Robert Boyle schließlich zur Formulierung des nach ihm benannten Gas-Gesetzes führte, war, daß er das Verhalten von Gasen mit dem deskriptiven Modell der „Sprungfeder" interpretierte. Diese Idee stellt eine Abstraktion von Beobachtungen zur Elastizität von Gasen dar, die er aus Experimenten mit Tierblasen gewann. Dieses Modell spielte für die weitere Forschung, und insbesondere für die Suche nach einem entsprechenden Erklärungsmodell, eine entscheidende Rolle: Es schärfte den Blick für die Suche nach impliziten Mustern in den beobachtbaren Phänomenen, es orientierte weitere Beobachtungen in bezug auf Ähnlichkeiten und Differenzen zu anderen Phänomenen, die ansonsten übersehen worden wären, und es steckte vor allem den Rahmen ab, innerhalb dessen nach Erklärungen gesucht wurde. Denn das Sprungfeder-Modell implizierte eine bestimmte Ontologie, eine Typenhierarchie, der gemäß Gase und Spiralen aus Draht „under the same general category, 'spring'" gebracht wurden (61). Auf diese Weise wird das deskriptive Modell zu einem „constraint" für die Suche nach einem adäquaten explanatorischen Modell.

Obgleich Boyle von der Sprungfeder oder der „Schnellkraft" als einem Faktum ausging, verwandte er in seinen zahlreichen Untersuchungen zu „the Spring of the Air" diesen Begriff ziemlich vage. Aber wahrscheinlich lag gerade in dieser Vagheit der Erfolg dieses Denkmodells begründet (vgl. Sargent 1995, 136). Es ermöglichte ihm eine *Erklärung* des Verhaltens von Gasen in zwei ganz unterschiedliche Richtungen: Zum einen führte es in dem nach ihm benannten Gesetz zu einer *quantitativen Bestimmung* des Verhältnisses von Volumen und Druck von Gasen als indirekt proportional, und zum anderen führte es zu einem explanatorischen Modell, nach dem dieses Verhalten auf der Grundlage der Newtonschen Partikel-Mechanik durch die Annahme von „*elastischen Partikeln*" in Gasen begründet wurde. Die damit zusammenhängende Auffassung, daß die Luft durchgehend aus solchen Partikeln zusammengesetzt sei, welche aus ihr einen „dünnen, durchsichtigen, komprimierbaren und dehnbaren Körper" machten, war dann zur Zeit Stephen Hales allgemein akzeptiert (Guerlac 1973, 40).

Dieses an Partikeln orientierte explanatorische Modell machte jedoch einige Schwierigkeiten. Boyle war sich darüber im Klaren, daß für eine Erklärung *dieses* Faktums wiederum mehr Wissen notwendig sei; er formulierte diesbezüglich von neuem einige deskriptive Vorstellungen: Die „springfähigen Teilchen" könnten „wie sehr dünne Späne sein, wie sie

Zimmerleute und Tischler mit ihrem Hobel abnehmen", oder wie gekräuselte Wollhaare" oder „wie sehr dünne Drähte". Jede der genannten Formen könne „Anprall und Rückprall" der Luft veranschaulichen, und er räumte ein, daß

„... man auch auf etliche andere Formen (und vielleicht auf bessere als die erwähnten) für diese springfähigen Teilchen kommen kann, deren Aufbau ich wegen der Vielzahl von Mutmaßungen, die meiner Meinung nach dazu geäußert werden könnten, jetzt nicht besonders erörtern werde." (zit. nach Sargent 1995, 135)

Soweit wird klar, daß das deskriptive Modell der Sprungfeder zugleich ein Forschungsprogramm für ein entsprechendes explanatorisches Modell darstellt, das wiederum mit weiteren deskriptiven Vorstellungen verknüpft wird. Es sollte jedoch noch über 200 Jahre dauern, bis es schließlich Maxwell gelang, eine Synthesis zwischen deskriptivem und erklärendem Modell so zu formulieren, daß wir es auch heute noch als ein kohärentes und allgemeines Modell akzeptieren können. Dieses neue Modell, das es erlaubte, Druck, Volumen und nun auch die Temperatur von Gasen allein mit dem Begriff der Molekular-Bewegung zu beschreiben und zu erklären, übernahm die Rolle, die Boyles Idee der Sprungfeder gespielt hatte. Auf diese Weise konnten die Begriffe des 17. Jahrhunderts ganz neu zu bestimmt werden:

„Pressure *is* rate of change of momentum of the molecular entities at a phase boundary, the volume just *is* the free space available for molecular motion, and the temperature of the gas *is* the mean kinetic energy of the aggregate of molecules. Thus the molecular or corpuscularian model takes over both the explanatory and the abstractive or descriptive function." (Aronson, Harré und Way 1995, 54)

Dieser Versuch einer Erklärung des wissenschaftlichen Fortschritts durch die Dialektik von deskriptiven und explanatorischen Modellen wirft jedoch auch einige Fragen auf: So wäre zu fragen, ob im Einzelfall tatsächlich sauber deskriptive Modelle von explanatorischen zu trennen sind; Stephen Hales glaubte die Boyleschen „elastischen Partikel" der Luft experimentell beweisen zu können, so daß bezüglich dieser Teilchen Deskription und Erklärung offenbar zusammenfielen (vgl. Horgan 1994). Ähnlich ist in bezug auf die genannten Erfolgskriterien für die Vereinigung von deskriptiven und explanatorischen Modellen zu argumentieren: Die Passung dieser Modelle zu den jeweils verfügbaren experimentellen Resultaten sowie zur jeweils akzeptierten „allgemeine Ontologie" (68) ist letztlich eine zirkuläre Bestimmung, denn die Experimente selbst werden ja, wie Fleck und Kuhn gezeigt haben, immer durch die Brille dieser Modelle betrachtet, und die Ontologie wird, wie an Boyles „springfähigen Partikeln" zu sehen ist, durch eben diese Modelle mit konstituiert (vgl. auch Moulines 1994).

Doch diese und andere Schwierigkeiten sollen uns hier zunächst nicht weiter interessieren. Denn davon unberührt bleibt der Gedanke, daß mit deskriptiven Modellen wie der Sprungfeder in kritischen Situationen der wissenschaftlichen Entwicklung offenbar tatsächlich die Möglichkeit gegeben ist, Phänomene von einem neuen Standpunkt aus zu betrachten und damit die Grenzen bestehender Theorien und Paradigmen zu überschreiten. Um diese Möglichkeit näher zu bestimmen, entfalten Aronson, Harré und Way eine *Metapherntheorie*, deren intuitiver Kern auf den von Max Black 1972 <1962> entwickelten „interaktionistischen" Metaphernbegriff zurückgeht, und dessen formale Struktur von Eileen Way 1991 in ihrer sogenannten „Dynamischen Typentheorie" definiert wurde (vgl. auch Way 1995). Die Überlegung ist, daß sich der Inhalt jeder wissenschaftlichen Theorie in einer vernetzten Typenhierarchie darstellen läßt, die je nach Kontext durch ganz verschiedene „Masken" betrachtet wird:

> „The role that context plays in metaphor can be represented as a set of *masks* which change the view of the semantic hierarchy. Whether a statement is literal, metaphorical or figurative depends upon what mask comes into play and which connections in the hierarchy are hidden or exposed by it. Metaphor, then, takes place by establishing new semantic linkages as a result of coarse-grained masking. ... The result of the masking is that the tenor or subject of the metaphor is redescribed in terms of the new hierarchy brought into play by the ontology of the vehicle or modifier. And that, according to our view, is what metaphor is: the redescription of one domain in terms of the generated hierarchy and the associated beliefs from another. Since these hierarchies reflect our view of the world, we are redescribing the subject in terms of a new and different view of the world." (Aronson, Harré und Way 1995, 101 f.)

Die Dynamisierung einer gegebenen Typenhierarchie ergibt sich folgendermaßen: Da das Verstehen einer Metapher nur dann möglich ist, wenn eine „Maske" gefunden wird, welche den Anwendungskontext dieser Metapher (*tenor*) mit dem durch sie herangetragenen System von „assoziierten Implikationen" (*modifier*) verbindet, muß oftmals für beides ein neuer Oberbegriff gefunden werden, was eine entsprechende Modifikation der gegebenen Typenhierarchie bedeutet. Eileen Way 1995 verdeutlicht das an der Metapher „Mein Auto ist durstig", die dann verstehbar ist, wenn man eine Typenhierarchie beweglicher Entitäten, die vorher nur zwischen belebten und unbelebten Entitäten unterschied und damit keine Verbindung zwischen Autos und menschlichen Zuständen zuließ, so verändert, daß man als neuen *supertype* „bewegliche Entitäten, welche Flüssigkeit brauchen", einführt (188-192).

Der Vorteil des typentheoretischen Ansatzes kann darin gesehen werden, daß Begriffe wie der der Ähnlichkeit von Typen und der der „Wahrheit" und „Wahrscheinlichkeit" von Aussagen formal charakterisiert und auch quantifiziert werden können (Aronson, Harré und Way 1995, 115-145); der Nachteil ist allerdings erstens, daß dabei immer schon eine bestimmte Typenhierarchie als gegeben voraus gesetzt wird, und zweitens, daß unklar bleibt, *wie* genau neue Typen „emergieren" oder Typenhierarchien neu „maskiert" und differenziert werden können. Damit aber wären wir nach einer langen Reise wieder bei genau der Frage angekommen, die schon bei Moulines 1997 offen geblieben war.

Trotzdem wird eine Antwort auf unsere Ausgangsfrage zumindest in einer Hinsicht möglich: Offenbar ist das Problem falsch formuliert, wenn vorausgesetzt wird, daß die „neuen" Elemente einer Theorie irgendwie aus Elementen einer vorangehenden Entwicklungsstufe „abgeleitet" werden sollen. Die Funktion von deskriptiven Modellen und Metaphern kann vielmehr gerade darin gesehen werden, daß sie einen Input aus ganz anderen Wissenschaften oder Lebensbereichen erlauben, eine „Über-tragung" im ganz wörtlichen Sinne des griechischen μεταφερειν. Die Bedeutung solcher Übertragungen für die Wissenschaftsentwicklung hat bereits Richard Boyd 1980 beschrieben, indem er drei programmatische Features der von ihm so genannten „theorie-konstitutiven Metaphern" benennt: Mit ihnen wird erstens eine neue Terminologie in wissenschaftliche Diskurse eingeführt, die zu weiterer Theorienkonstruktion geradezu einlädt, zweitens erlauben sie dem Wissenschaftler, sich auch auf nur teilweise verstandene Phänomene zu beziehen und damit Referenz frühzeitig zu fixieren, und drittens sind solche Metaphern zu weiteren Differenzierungen und Disambiguierungen aufgrund neuer Entdeckungen fähig (371).

Wenn man die motivierende Kraft von Metaphern einerseits, und ihren kontinuierlichen Übergang in theoriesprachliche Präzisierungen andererseits an einem neueren Beispiel studieren wollte, böte sich der Begriff der „Selbstorganisation" an: ursprünglich in der Kybernetik, der Chemie und einigen weiteren Disziplinen unabhängig und mit unterschiedlicher Terminologie entwickelt, wurde er bis in die 80-iger Jahre hinein geradezu zu einem „globalen Paradigma" (vgl. Krohn, Küppers und Paslack 1987), um dann in verschiedenen Wissenschaften ganz unterschiedlich präzisiert zu werden, so daß nach einer Phase der Euphorie im Austausch zwischen den Disziplinen nur noch babylonische Sprachverwirrung herrschte (vgl. Küppers und Krohn 1992, 7). Trotz seiner anfänglich mehr oder weniger metaphorischen Bedeutung hat er jedoch für die Theorienentwicklung einzelner Wissenschaften eine große Rolle gespielt.

Literatur

Aronson, Jerrold L., Rom Harré und Eileen C. Way (1995). *Realism Rescued. How Scientific Progress Is Possible*. Chicago and La Salle: Open Court.

Balzer, Wolfgang, C. Ulisses Moulines und Joseph D. Sneed (1987). *An Architectonic for Science. The Structuralist Program*. Dordrecht ...: Reidel.

Black, Max (1972 <1962>). *Models and Metaphors. Studies in Language and Philosophy*. 5. ed. Ithaca, N.Y.: Cornell Univ. Pr.

Boyd, Richard (1980). Metaphor and Theory Change: What is "Metaphor" a Metaphor for? In *Metaphor and Thought*. Hrsg. von A. Ortony. Cambridge et al.: Cambridge Univ. Pr.: 356-408.

Campbell, Norman R. (1957 <1920>). *Foundations of Science. The Philosophy of Theory and Experiment (= Physics. The Elements)*.

Carrier, Martin (1994). *The Completeness of Scientific Theories. On the Derivation of Empirical Indicators within a Theoretical Framework: The Case of Physical Geometry* (The University of Western Ontario series in philosophy of science 53). Dordrecht et al.: Kluwer.

Fleck, Ludwik (1980 <1935>). *Entstehung und Entwicklung einer wissenschaftlichen Tatsache. Einführung in die Lehre vom Denkstil und Denkkollektiv* (Hrsg. von L. Schaefer und T. Schnelle). Frankfurt am Main: Suhrkamp.

Fleck, Ludwik (1983). *Erfahrung und Tatsache. Gesammelte Aufsätze* (Mit einer Einl. hrsg. von L. Schäfer und Th. Schnelle). Frankfurt a.M.: Suhrkamp (stw 404).

Giere, Ronald N. (1988). *Explaining Science*. Chicago et al.: University of Chicago Press.

Guerlac, Henry (1973). Hales, Stephen. In *Dictionary of scientific biography*. Hrsg. von C. C. Gillispie. Vol. VI. New York: Scribner: 35-48.

Hacking, Ian (1996 <1983>). *Einführung in die Philosophie der Naturwissenschaften (Representing and Intervening)*. Stuttgart: Reclam (9442).

Harré, Rom (1986). *Varieties of Realism. A Rationale for the Natural Sciences*. Oxford et al.: Blackwell.

Hesse, Mary Brenda (1966). *Models and Analogies in Science*. Notre Dame, Ind.: Univ. of Notre Dame Pr.

Hooker, C.A. (1996). Review: Anthony A. Derksen (ed.) *The Scientific Realism of Rom Harré*. In *The British Journal for the Philosophy of Science* 47: 647-653.

Horgan, James (1994). Icon and "Bild": A Note on the Analogical Structure of Models -- The Role of Models in Experiment and Theory. In *Brit J Phil Sci* 45(2): 599-604.

Hoyningen-Huene, Paul (1987). Context of Discovery and Context of Justification. In *Studies in History and Philosophy of Science* 18: 501-515.

Krohn, Wolfgang, Günther Küppers und Rainer Paslack (1987). Selbstorganisation - Zur Genese und Entwicklung einer wissenschaftlichen Revolution. In *Der Diskurs des radikalen Konstruktivismus*. Hrsg. von S. J. Schmidt. Frankfurt a.M.: Suhrkamp (stw 984): 441-465.

Kuhn, Thomas S. (1976 <1970>). *Die Struktur wissenschaftlicher Revolutionen (The Structure of Scientific Revolutions, 1. Aufl. 1962)*. Frankfurt a.M.: Suhrkamp.

Küppers, Günter und Wolfgang Krohn (1992). Selbstorganisation. Zum Stand einer Theorie in den Wissenschaften. In *Emergenz: Die Entstehung von Ordnung, Organisation und Bedeutung*. Hrsg. von W. Krohn und G. Küppers. Frankfurt a.M.: Suhrkamp: 7-26.

Lloyd, Elisabeth A. (1998). Models. In *Routledge Encyclopedia of Philosophy*. Hrsg. von E. Craig. 10 vols. Vol. 6. London et al.: Routledge: 443-447.

Moulines, C. Ulises (1994). Wer bestimmt, was es gibt? Zum Verhältnis zwischen Ontologie und Wissenschaftstheorie. In *Zeitschrift für philosophische Forschung* 48: 175-191.

Moulines, C. Ulises (1997). Zur Typologie wissenschaftlicher Entwicklung nach strukturalistischer Deutung. In *Cognitio humana - Dynamik des Wissens und der Werte: Vorträge und Kolloquien / XVII. Deutscher Kongress für Philosophie, Leipzig, 23. - 27. September 1996*. Hrsg. von C. Hubig. Berlin: Akad.-Verl.: 397-410.

Sargent, Rose-Mary (1995). *The Diffident Naturalist. Robert Boyle and the Philosophy of Experiment*. Chicago et al.: Univ. of Chicago Press.

Schickore, Jutta (1997). Theoriebeladenheit der Beobachtung: Neubesichtigung eines alten Problems. In *Philosophia naturalis 34*: 249-264.

Sneed, Joseph D. (1979 <1971>). *The Logical Structure of Mathematical Physics*. 2nd, revised ed. Dordrecht: Reidel.

Way, Eileen Cornell (1991). *Knowledge Representation and Metaphor* (Studies in Cognitive Systems 7). Dordrecht et al.: Kluwer Acad. Publ.

Way, Eileen Cornell (1995). An Artificial Intelligence Approach to Models and Metaphor. In *From a Metaphorical Point of View. A Multidisciplinary Approach to the Cognitive Content of Metaphor*. Hrsg. von Z. Radman. Berlin: de Gruyter: 165-198.

Mikroerklärung und Mikrokausalität

Andreas Hüttemann
Universität Bielefeld
Abteilung Philosophie
Postfach 100131
D-33501 Bielefeld
email: ahuettem@philosophie.uni-bielefeld.de

Das gängige Bild des Verhältnisses von Teil und Ganzem in der Physik (der Mikrofundamentalismus) geht zurecht davon aus, daß das Verhalten von zusammengesetzten Systemen auf der Basis des Verhaltens der Teilsysteme erklärt wird (Mikroerklärung). Daraus wird geschlossen, das Verhalten und die kausalen Vermögen der zusammengesetzten Systeme seien derivativ in bezug auf das Verhalten und die Kausalvermögen der Teilsysteme, letztere seien gewissermaßen die eigentlichen Akteure. Eine genaue Analyse der Mikroerklärungen ergibt aber, so werde ich zeigen, daß diese Schlüsse nicht legitim sind. Vielmehr läßt sich eigenständiges Verhalten und eigenständiges kausales Vermögen allein Systemen als Ganzen, nicht aber den Teilen zuschreiben. Auf der Basis dieses Verständnisses des Verhältnisses von Teilen und Ganzem soll dann gezeigt werden, daß einige Argumente in verschiedenen Bereichen der Philosophie, insbesondere in der Philosophie des Geistes, neu bewertet werden müssen.

Das gängige Bild: Der Mikrofundamentalismus

Die Gegenstände, die uns umgeben, sind typischerweise aus Teilen zusammengesetzt. Stühle, Menschen und Wasserstrudel sind Systeme, die man sich in Teile zerlegt zumindest vorstellen kann. Ein Stuhl läßt sich aus Molekülen zusammengesetzt denken. Menschen bestehen aus Zellen, Menschen bestehen darüber hinaus auch aus Molekülen.

Die Teil-Ganzes-Beziehung ist von wissenschaftstheoretischem Interesse, weil das Verhalten zusammengesetzter Systeme oft im Rückgriff auf das Verhalten der Teilsysteme *erklärt* wird (Mikroerklärung). Das Verhalten eines Metalls macht man sich verständlich, indem man es auf das Verhalten der kristallinen und elektronischen Teilsysteme zurückführt. Auch die Zustände, in denen Menschen sich befinden, werden häufig erklärt, indem auf Eigenschaften von Teilen, seien es Organe, Enzyme oder Gehirnzellen, verwiesen wird.

Es ist naheliegend, aus dem Umstand, daß Erklärungen zusammengesetzter Systeme häufig auf das Verhalten der Bestandteile rekurrieren, den Schluß zu ziehen, daß dies aus dem Grunde möglich ist, weil das Verhalten der Bestandteile das Verhalten des Gesamtsystems *festlegt* oder *determiniert*. „[T]he direction of explanation recapitulates the direction of determination" lautet die Behauptung.[1] Die These, die damit begründet werden soll, - daß das Verhalten des zusammengesetzten Systems durch das Verhalten der Konstituenten festgelegt oder determiniert ist – wird als Mikrodetermination[2] oder mereologische Supervenienz[3] bezeichnet.

---

[1] Klee (1984), 60
[2] Klee (1984), passim
[3] Kim (1997), 278

Wenn diese These zuträfe, hätte man zugleich eine Interpretation dafür geliefert, was es heißen soll, daß eine Ebene „grundlegender" als eine andere ist. Es ist die grundlegendere oder fundamentalere Mikroebene, die das Verhalten der zusammengesetzten Gegenstände auf der Makroebene festlegt. Eine Festlegung in umgekehrter Richtung gibt es aber nicht. Die Einsinnigkeit der Richtung der Erklärung – von Teilen zu Ganzen – begründet somit eine Hierarchie von verschiedenen Ebenen in der Natur.

Ist eine solche Hierarchie erst einmal etabliert, dann ist es weiterhin naheliegend, anzunehmen, daß kausale Beziehungen streng genommen nur auf der fundamentalen Ebene existieren. Beobachtbare Kausalrelationen auf der Makroebene sind derivativ in bezug auf die Kausalrelationen der Mikroebene. Die eigentlichen „Akteure" sind die Teilsysteme, nicht aber das System als Ganzes – das ist die These der Mikrokausalität.

Der Mikrofundamentalismus ist also durch zweierlei charakterisiert. Erstens vertritt der Mikrofundamentalist die These der Mikrodetermination: Das Verhalten der Teile legt das Verhalten der zusammengesetzten Systeme fest. Zweitens vertritt er die These der Mikrokausalität: Kausalbeziehungen sind auf der Mikroebene zu lokalisieren, auf der Ebene der Teilsysteme.

Die philosophische Bedeutung des Themas

Zunächst einmal ist die Untersuchung des Verhältnisses von physikalischen Systemen zu den Teilsystemen, aus denen sie zusammengesetzt sind, von wissenschaftstheoretischem Interesse. Es geht um die Frage, wie Makrobeschreibungen und Mikrobeschreibungen physikalischer Systeme zusammenhängen. Diese Beschreibungen können durchaus auf dieselbe Theorie zurückgreifen, so daß Fragen, die mit der Theorienreduktion zusammenhängen, hier ausgespart werden können.[4]

Darüber hinaus ist die Untersuchung des genannten Verhältnisses auch für die Philosophie des Geistes von einigem Interesse. Denn die These des Mikrofundamentalismus, die sich auf Beobachtungen über das Verhältnis von Teil und Ganzem in der Physik stützt, wird auch in Bereichen, die über die Physik hinausgehen, als implizite Prämisse verwandt. Unter Voraussetzung des Mikrofundamentalismus läßt sich ein Argument für den reduktiven Materialismus (oder Physikalismus) entwickeln. Wenn die mentale Ebene mit der Makroebene in unserem Sinne und die physikalische mit der Mikroebene ineins gesetzt werden dürfen, kann wie folgt argumentiert werden: Mentale Zustände haben nur dann einen eigenständigen Status – der sie einer reduktiven Analyse entzieht – wenn sie eigenständige kausale Wirkungen besitzen. Dies widerspricht aber dem Mikrofundamentalismus, insbesondere der These der Mikrokausalität.[5]

Weiterhin ist das gängige Bild des Verhältnisses von physikalischen Systemen und Teilsystemen auch für das Selbstverständnis von Menschen von Belang – jedenfalls dann, wenn man unterstellen darf, daß die Verhältnisse innerhalb der Physik auch hier zutreffen. Dem Mikrofundamentalismus zufolge gälte dann, daß unser Verhalten von den Teilsystemen, die unseren Körper konstituieren, z. B. von den Molekülen, festgelegt oder gesteuert werden, von Gegenständen also,

---

[4] Zu den Unterschieden zwischen den Problemen der Teil-Ganzes-Beziehung und der Theorienreduktion siehe Scheibe (1999), Kap. 9 (Mikroreduktionen).

[5] Dies ist natürlich nur eine grobe Skizze. Detaillierte Argumente finden sich z. B. in Kim (1992). Kim argumentiert, daß eigenständige kausale Fähigkeiten mentaler Phänomene eine *Abwärtsverursachung* zur Folge hätten. Abwärtsverursachung sei aber nicht damit verträglich, daß der Bereich des Physischen kausal abgeschlossen sei. Ähnlich argumentiert Papineau (1993) Kap. 1. Eine ausführliche Kritik des Arguments von Kim findet man in Stephan (1998).

auf die wir nicht mehr Einfluß zu haben scheinen als auf die Bewegungen der Sterne. Astrologen und Vertreter des Mikrofundamentalismus kommen dann darin überein, so scheint es zumindest, daß unser Verhalten von Faktoren gesteuert ist, die wir nicht manipulieren können.

Mikroerklärung

Für das gängige Bild des Verhältnisses von Teilen zu Ganzem in der Physik wird bei keinem der Autoren, die es in ihren Überlegungen in Anspruch nehmen, explizit argumentiert. Das bedeutet allerdings nicht, daß sich für diese Position nichts in Feld führen ließe. Der Mikrofundamentalismus kann sich auf die Beobachtung stützen, daß das Verhalten zusammengesetzter physikalischer Systeme durch dasjenige der Teilsysteme erklärt wird. Es muß also darum gehen, diesen Sachverhalt zunächst präzise darzustellen und dann zu untersuchen, welche Schlußfolgerungen daraus legitimerweise gezogen werden dürfen.

Was heißt es nun, eine Mikroerklärung für das Verhalten eines Systems zu liefern? Mit dem Ausdruck „Verhalten eines physikalischen Systems", das sei vorab gesagt, beziehe ich mich auf das, was ein Naturgesetz von einem physiksalischen System aussagt. Das ideale Gasgesetz schreibt idealen Gasen ein Verhalten zu, das durch die Gleichung $pV=RT$ charakterisiert werden kann.

Im Falle von Mikroerklärungen geht es nun darum, das Verhalten eines zusammengesetzten Systems durch Rekurs auf das Verhalten der Bestandteile zu erklären. Damit dies gelingt, benötigt man verschiedene Arten von Informationen. Es muß das Verhalten der isoliert gedachten Bestandteile bekannt sein. Falls Wechselwirkungen zwischen den Bestandteilen eines zusammengesetzten Systems auftreten, müssen auch diese bekannt sein. Soll z. B. die spezifische Wärme eines Metalls auf der Grundlage der spezifischen Wärmen des kristallinen Anteils und des elektronischen Anteils berechnet werden, muß bekannt sein, welche spezifische Wärme diese Systeme als isolierte besitzen, dann weiterhin, ob (relevante) Wechselwirkungen auftreten und welche Auswirkungen diese auf die spezifische Wärme des Gesamtsystems haben.

Dieses Wissen allein reicht aber nicht aus. Das ist diejenige Beobachtung, auf der die restliche Argumentation dieses Aufsatzes beruht. Es ist zusätzlich in jedem Fall eine *Zusammensetzungsregel* notwendig, die uns auch im Falle nicht vorhandener Wechselwirkung sagt, wie die Beiträge der verschiedenen Teilsysteme zusammenzurechnen sind. C.D. Broad hat dies schon vor längerem bemerkt. Zwei Arten von Informationen sind (bei Abwesenheit von Wechselwirkungen) notwendig, schreibt er: „(a) We need to know how the parts would behave separately. And (b) we need to know the law or laws according to which the behaviour of the separate parts is compounded when they are acting together in any proportion and arrangement."[6] An anderer Stelle heißt es: „It is clear that in no case could the behaviour of a whole composed of certain constituents be predicted merely from a knowledge of the properties of these constituents taken separately [...]."[7] Die klassische Mechanik und die Quantenmechanik geben unterschiedliche Zusammensetzungsregeln an: die erstere das Cartesische Produkt, die zweite das Tensorprodukt. Entscheidend ist, daß in der Physik Mikroerklärungen ohne diese Zusammensetzungsregeln nicht möglich sind.

---

[6] Broad (1925), S. 61.
[7] Broad (1925), S. 63. Vgl. dazu auch Scheibe (1999), S. 115.

Der Begriff der Mikroerklärung (ME) läßt sich nun wie folgt präzisieren:

(ME) Das Verhalten eines zusammengesetzten Systems läßt sich – zumindest im Prinzip – auf der Basis
(1) des Verhaltens der isolierten Komponenten
(2) allgemeiner Gesetze der Zusammensetzung von Systemen und
(3) allgemeiner Wechselwirkungsgesetze
erklären.

An anderer Stelle haben O. Terzidis und ich argumentiert, daß eine Mikroerklärung zusammengesetzter physikalischer Systeme im allgemeinen möglich ist.[8] Eine Erklärung des Verhaltens zusammengesetzter Systeme allein auf der Basis des Verhaltens der isoliert gedachten Teilsysteme ist hingegen niemals möglich – auch nicht in Abwesenheit von Wechselwirkungen. Es muß in einer solchen Erklärung immer auch auf Gesetze der Zusammensetzung zurückgegriffen werden. Das Verhalten des Ganzen transzendiert daher in jedem Fall dasjenige der Teile. Wenn der Holismus durch die These charakterisiert ist, das Ganze sei mehr als die bloße *Aggregation* seiner isoliert gedachten Teile, dann ist jedes zusammengesetzte physikalische System holistisch.[9] Wenn dagegen der Holismus durch die These gekennzeichnet sein sollte, daß das Ganze mehr als die *Summe* seiner Teile ist, dann gibt es in der Physik keine Beispiele für diese These, jedenfalls dann, wenn man die Zusammensetzungsregeln als Summenbildung auffaßt.[10] Das ist gleichbedeutend damit, daß es in der Physik keine Beispiele für Emergenz im Sinne Broads gibt.

Für unsere Untersuchung ist entscheidend, daß eine Mikroerklärung immer auf Zusammensetzungsregeln zurückgreifen muß. Wie sich im folgenden zeigen wird, wäre der Mikrofundamentalismus nur dann eine plausible These, wenn sich zusammengesetzte Systeme als bloße Aggregate verstehen ließen.

Mikrodetermination

Ich gehe nun von dem folgenden Befund aus: Mikroerklärungen zusammengesetzter Systeme sind im Prinzip immer möglich, sie müssen aber immer auf Zusammensetzungsregeln zurückgreifen. Nun gilt es zu untersuchen, welche Schlußfolgerungen sich aus diesem Befund ziehen lassen.

Eine Mikroerklärung bezieht sich auf das Verhalten der Teilsysteme unter der *kontrafaktischen* Bedingung der Isolation. Wäre die Isolationsbedingung für die Teilsysteme auch dann erfüllt, wenn sie Komponenten eines zusammengesetzten sind, könnte auf die Zusammensetzungsregeln verzichtet werden. Das ist aber nicht der Fall. Das Verhalten der kontrafaktisch isolierten Teilsysteme legt vermittels der Zusammensetzungsregeln das Verhalten des zusammengesetzten Systems fest. Diese Art der kontrafaktischen Determination ist sogar verträglich damit, daß sich die Teilsysteme innerhalb des zusammengesetzten Systems nicht mehr identifizieren lassen, wie dies z. B. bei den Teilsystemen eines Zweielektronensystems der Fall ist.[11] Obwohl sich den Teilsystemen eines Zweielekronensystems keine eindeutigen Zusände zuordnen lassen, gilt, daß sich auf der Grundlage der isoliert gedachten Elektronen und der Zusammensetzungsregel (für Fermionen) der Zustand des Zweielektronensystems eindeutig bestimmen läßt.

---

[8] Dazu siehe Hüttemann, Terzidis, Abschnitt 4 und 5
[9] Zum Problem der Aggregation siehe Wimsatt (1997)
[10] Zum Verhältnis der Begriffe Summe und Holismus siehe Nagel (1961) Kap. 11, 380ff.
[11] Siehe dazu Humphreys (1996) und Hüttemann, Terzidis, Abschnitt 8

Mikroerklärung ist also bestenfalls ein Indiz für *kontrafaktische* Mikrodetermination: Die Möglichkeit der Mikroerklärung zeigt, daß das Verhalten des zusammengesetzten Systems vermittels der Zusammensetzungsregeln durch das Verhalten der isoliert gedachten Teilsysteme festgelegt ist. Die Möglichkeit der Mikroerklärung ist *kein* Hinweis darauf, daß ein *tatsächliches* Verhalten der Teilsysteme (während sie nicht isoliert, sondern Teile eines zusammengesetzten Systems sind), das Verhalten desselben festlegen. Das wäre nur dann der Fall, wenn sich zusammengesetzte Systeme als Aggregate, d.h. also, unter Verzicht auf Zusammensetzungsregeln, erklären ließen. Ein *tatsächliches* Verhalten läßt sich gestützt auf die Mikroerklärungen nur dem System als Ganzem zuschreiben. Aussagen über das Verhalten der Teilsysteme in Mikroerklärungen sind dagegen kontrafaktischen Charakters.[12]

Mikrokausalität

Die These von der Mikrokausalität, wie sie in den Argumenten für den Physikalismus Verwendung findet, besagt, daß beobachtbare Kausalrelationen auf der Makroebene derivativ in bezug auf die Kausalrelationen der Mikroebene sind. Die eigentlichen „Akteure" sind die Teilsysteme, nicht aber das System als Ganzes. Ich stelle in Abrede, daß sich für diese These unter Hinweis auf den Erfolg von Mikroerklärungen argumentieren läßt. Darüber hinaus scheint es mir auch kein anderes Argument für die Mikrokausalität zu geben. Die obige Analyse der Mikroerklärungen zeigt vielmehr, daß in zusammengesetzten Systemen Teilsystemen keine tatsächlichen kausalen Fähigkeiten zugeschrieben werden können.

Um widerlegen zu können, daß der Erfolg der Mikroerklärungen die These von der Mikrokausalität stützt, muß ich auf eine zusätzliche Prämisse zurückgreifen. Diese Prämisse kann ich an dieser Stelle nicht ausreichend begründen, möchte sie aber zumindest durch die folgende Überlegung von N. Campbell plausibel machen. Betrachten wir den Fall, daß von einem Funken als Ursache einer Explosion die Rede ist. Dann wird eine detaillierte Untersuchung dieses Kausalitätsverhältnisses von bestimmten chemischen und physikalischen Prozessen reden, die stattgefunden haben – von dem Verhalten der beteiligten physikalischen (oder chemischen) Systeme.[13] Kausalverhältnisse zwischen Systemen lassen sich durch das Verhalten dieser Sssteme explizieren. Wenn wir von den kausalen Vermögen physikalischer oder anderer System reden, dann meinen wir also das durch Naturgesetze beschriebene Verhalten dieser Systeme in bestimmten Situationen oder unter bestimmten Bedingungen. Die zusätzliche Prämisse, die ich mit dieser Überlegung plausibel machen will, ist also die folgende: Die kausalen Vermögen physikalischer Systeme, d. h. die Fähigkeit bestimmte Wirkungen hervorzurufen, sind letztlich nichts anderes als das durch Naturgesetze beschriebene Verhalten dieser physikalischen Systeme unter bestimmten Bedingungen.

---

[12] Diese Überlegung wird in Ansätzen vertreten in Cartwright (1983), S. 67ff, Humphreys (1996) und Hüttemann (1997), S. 158ff.

[13] Diese Überlegung findet man bei Campbell (1957), S. 66/67

Wenn diese Behauptung als Prämisse akzeptiert wird, dann gälte das, was über die Zuschreibung von Verhalten zu Teilsystemen im allgemeinen gezeigt wurde, a forteriori auch für die kausalen Fähigkeiten der Teilsysteme.

Die These, die ich auf der Basis dieser Überlegungen zur Kausalität verteidigen kann, ist diese: Das kausale Vermögen eines Systems läßt sich verstehen als das Verhalten eines physikalischen Systems unter ganz bestimmten Umständen. Nun läßt sich aber, wie ich zuvor argumentiert habe, Teilsystemen von zusammengesetzten Systemen kein eigenständiges Verhalten zuschreiben, solange sie Teil dieser Systeme sind. (Andernfalls würde man die Rolle der Zusammensetzungsregeln übersehen.) Ein eigenständiges Verhalten läßt sich ihnen nur unter Isolationsbedingungen zuschreiben. Wenn dies so ist, dann läßt sich den Teilsystemen aber auch nur unter Isolationsbedingungen ein kausales Vermögen zuschreiben, nicht aber, solange sie Teil eines zusammengesetzten Systems sind.

Somit ist der These der Mikrokausalität die Stützung durch den Erfolg der Mikroerklärungen entzogen. Was sich dagegen verteidigen ließe, ist die These der *kontrafaktischen* Mikrokausalität. Damit ist gemeint, daß die kausalen Vermögen zusammengesetzter Systeme durch die kausalen Vermögen kontrafaktisch isolierter Teilsysteme determiniert sind.

Konsequenzen

Die Analyse der Mikroerklärung zeigt, daß man zusammengesetzte physikalische Systeme nicht als bloße Aggregationen auffassen kann. Denn in Mikroerklärungen muß nicht nur auf das Verhalten der isoliert gedachten Komponenten sondern zusätzlich auf Zusammensetzungsregeln rekurriert werden. Als Folge ergibt sich, daß den Teilsystemen, sofern sie Komponenten eines zusammengesetzten Systems, d. h. nicht isoliert, sind, kein eigenständiges Verhalten und gleichfalls kein eigenständiges kausales Vermögen zugesprochen werden kann. Damit sind die Thesen der Mikrodetermination und der Mikrokausalität hinfällig, da sich diese auf *tatsächliches* (und nicht auf kontrafaktisches) Verhalten der Teilsysteme und auf *tatsächliche* Kausalverhältnisse beziehen. Der Mikrofundamentalismus als die Aggregation dieser beiden Thesen ist damit gleichfalls widerlegt.

Von einem zusammengesetzten System, so also das Ergebnis, kann man nur als Ganzem behaupten, es zeige ein bestimmtes Verhalten oder es besitze ein bestimmtes kausales Vermögen. Erfolgreiche Mikroerklärungen liefern also keinen Hinweis darauf, daß die eigentlichen „Akteure" in zusammengesetzten physikalischen Systemen die Teilsysteme sind.

Als Folge ergibt sich, daß diejenigen Argumente für den reduktiven Physikalismus oder Materialismus in der Philosophie des Geistes zurückzuweisen sind, die sich auf den Mikrofundamentalismus stützen. Makrozuständen lassen sich sehr wohl eigenständige Kausalvermögen zuschreiben. Zu einer Konkurrenz mit den Kausalvermögen der Teilsysteme, von der erwähnten Argumente (z. B. Kims Argument der Abwärtsverursachung) ausgehen, kommt es deshalb nicht, weil den Teilsystemen nur kontrafaktisch solche Vermögen zugeschrieben werden können.

Mit dieser Arbeit glaube ich der Intuition, die holistischen Ansätzen zugrundeliegt, gerecht zu werden, indem ich zeige, daß Verhalten und Kausalvermögen Systemen als Ganzen zugeschrieben werden muß, ohne aber die Erfolge der Strategie der Mikroerklärung in Abrede zu stellen.

Literatur

Broad, Charles *The Mind and its Place in Nature*, London 1925
Campbell, Norman *Foundations of Science* (früherer Titel: *Physics the Elements*), New York, 1957

Cartwright, Nancy *How the Laws of Physics Lie*, Oxford, 1983

Humphreys, Paul „How Properties Emerge" in *Philosophy of Science* 64 (1997), S. 1-17

Hüttemann, Andreas *Idealisierungen und das Ziel der Physik*, Berlin 1997

Hüttemann, Andreas „Laws and Dispositions" in: *Philosophy of Science* 65 (1998) S.121-135

Hüttemann, Andreas; Terzidis, Orestis „Emergence in Physics", zur Veröffentlichung eingereicht

Kim, Jaegwon „'Downward Causation' in Emergentism and Nonreductive Physicalism" in A. Beckermann, H. Flohr, J. Kim (Hrsg.) *Emergence or Reduction*, Berlin 1992, S. 119-138

Kim, Jaegwon „Supervenience, Emergence, and Realization in the Philosophy of Mind" in: M. Carrier and P. K. Machamer (eds.): *Mindscapes: Philosophy, Science, and the Mind*, Konstanz, Pittsburgh 1997, S.. 271-293

Klee, Robert „Micro-Determinism and Concepts of Emergence" in *Philosophy of Science* 51 (1984) S. 44-63

Nagel, Ernest *The Structure of Science*, London 1961

Papineau, David *Philosophical Naturalism*, Oxford 1993

Scheibe, Erhard *Die Reduktion physikalischer Theorien, Teil II: Grenzfallreduktion und Inkommensurabilität*, Heidelberg 1999

Stephan, Achim *Emergenz. Von der Unvorhersagbarkeit zur Selbstorganisation*, Dresden 1998 oder 1999

Wimsatt, William „Aggregativity: Reductive Heuristics for Finding Emergence" in Supplementband zu *Philosophy of Science* 64 (1997), S. S372-S384

„Old Evidence" und Kontrafaktische Annahmen

Winfried Löffler

1. „Bayesianischer" Probabilismus

Daß manche wissenschaftliche Theorien besser und manche schlechter mit bestimmten Erfahrungsdaten vereinbar erscheinen, gehört zu den Grundintuitionen hinter der wissenschaftlichen Tätigkeit überhaupt. Viele würden noch etwas weitergehen und auch die inhaltsreichere These akzeptieren, daß manche wissenschaftliche Theorien stärker und manche schwächer durch Erfahrungdaten gestützt oder bestätigt werden. Die Frage, ob unsere spontanen Annahmen solcher Stützungsbeziehungen einer einheitlichen Logik folgen (oder ihr zumindest idealerweise folgen sollten), ist seit Jahrhunderten umstritten; sie ist Teil der umfassenderen Frage nach einer möglichen allgemeinen Logik für die vernünftige Meinungsbildung und -revision angesichts von Erfahrungszuwachs. Eine Tradition von Antwortversuchen darauf – sie reicht bis in die Zeiten Pascals und Huygens' zurück – geht von der zentralen Idee aus, daß Meinungen, Überzeugungsgrade u. dgl. in irgendeiner Weise auf Wahrscheinlichkeiten (möglicherweise solche ohne präzise numerische Werte) abbildbar sein müssen, und Meinungsbildung und -revision dementsprechend mittels Anwendungen der Wahrscheinlichkeitsrechnung rekonstruierbar sein sollte. Seit jeher haftet dieser Tradition – nennen wir sie (mit van Fraassen 1988, 153, Jeffrey 1992, 44f u.a.) „Probabilismus" – eine gewisse Zweideutigkeit zwischen Deskriptivität und Normativität an: geht es eher um ein Erklärungsmodell dafür, was in unserem Denken faktisch vorgeht, insbesondere ein Modell dafür, wie unsere Tätigkeit als Erkenntnissubjekte mit unserem praktischen Entscheiden und Bewerten zusammenhängt, oder geht es eher um den Vorschlag einer Logik, der ideal rationale Subjekte folgen sollten, wenn sie über Theorienbestätigung nachdenken? Ist der subjektive und historische Kontext der Meinungsbildung und -revision also ein wesentlicher Teil des Modells oder ist er (im Sinne einer säuberlichen Trennung von Erkenntnis- und Rechtfertigungszusammenhang) möglichst auszublenden? – Als „Bayesianisch" werden probabilistische Ansätze der Bestätigungstheorie (in erster Näherung) dann bezeichnet, wenn sie auf diese Fragen etwa folgende Antwort geben: (1) Bestätigung ist die Zunahme der subjektiven Wahrscheinlichkeit einer Hypothese; (2) Die Bestätigung ist abhängig von der Hypothese, dem zusätzlichen Erfahrungsmaterial und der bisherigen Einschätzung der Hypothesenwahrscheinlichkeit; die jeweils neuen Hypothesenwahrscheinlichkeiten werden dabei als bedingte Wahrscheinlichkeiten relativ zum neuen Erfahrungsmaterial interpretiert (sog. „Bayesianische Konditionalisierung", für deren Struktur es allerdings unterschiedliche Vorschläge gibt); (3) die beteiligten Wahrscheinlichkeiten sind subjektiv, und das Kriterium zur Ausklammerung irrationaler subjektiver Wahrscheinlichkeitszuordnungen ist lediglich das sogenannte Dutch-book-Kriterium. D.h. man darf seinen Meinungen keine solchen Wahrscheinlichkeiten zuordnen, daß man, wenn man darauf zu wetten gezwungen wäre, einem gewitzten Wettgegner die Möglichkeit zu Wett(-kombination-)en eröffnen würde, bei denen man in jedem Fall verliert. Innerhalb dieses Kriteriums sind jedoch verschiedenste Wahrscheinlichkeitszuordnungen möglich. Daher vertreten Bayesianer, daß (4) langfristig, d.h. mit sukzessivem Erfahrungszuwachs, sich die Wahrscheinlichkeitsurteile verschiedener Beobachter einander annähern, so unterschiedlich ihre anfänglichen Wahrscheinlichkeitsbeurteilungen aufgrund unterschiedlicher persönlicher und historischer Kontextbedingungen auch gewesen sein mögen (dies ist das vielapostrophierte „washing out of prior probabilities"); (5) die mathematische Struktur zur Handhabung der Wahrscheinlichkeiten ist der klassische Wahrscheinlichkeitskalkül, insbesondere verschiedene Versionen des darin ableitbaren sogenannten „Bayesschen Theorems".

Innerhalb dieses theoretischen Rahmen wurden in den letzten Jahrzehnten verschiedene Ansätze einer mehr oder minder umfassenden Bayesianischen Theorie der Theorienbestätigung und des wissenschaftlichen Schließens entwickelt, und ebenso einläßlich und breit ist die Kritik an diesen Ansätzen (Howson / Urbach 1993[2]; kritisch-abwägend Earman 1992; neuere Literatur siehe am Schluß). Eine Hauptlinie der vielfältigen Kritik geht in die Richtung, daß der Bayesianische Ansatz nicht nur faktisch-deskriptiv inadäquat sei (weil Versuchspersonen nachweislich z.T. systematisch falsche Wahrscheinlichkeitsbeurteilungen treffen), sondern an und für sich dem Bayesianischen Beurteilungssubjekt unrealistische Fähigkeiten unterstellt (etwa die Zuordnung der subjektiven Wahrscheinlichkeit 1 zu allen logischen Wahrheiten, weil man ansonsten ja dem fiktiven Wettgegner eine Einladung zum Dutch-book gäbe; ähnliches gilt für das Hintergrundwissen mit Wahrscheinlichkeit 1, siehe dazu weiter unten). Diesen Kritikpunkten kann man sich evtl. noch entziehen, wenn man die Bayesianische Theorie als normative Theorie deklariert, deren Brauchbarkeit durch unsere faktische Insuffizienz noch nicht gefährdet sein muß (ähnlich wie kaum jemand die Aussagenlogik als unbrauchbar zurückweist, nur weil niemand von uns alle Tautologien überblickt und fast jeder von uns dauernd simpelsten aussagenlogischen Trugschlüssen auf den Leim geht). Hinsichtlich des sogenannten „old evidence"-Problems scheint dieses Ausweichmanöver aber nicht offenzustehen. Ich werde im folgenden – in möglichst untechnischer Weise – zunächst das Problem zu erläutern versuchen (Kap. 2), danach das Ungenügen dreier prominenterer Sanierungsversuche begründen (Kap. 3) und schließlich (ohne selbst ein Urteil über die Aussichten der Bayesianischen Bestätigungstheorie zu riskieren) auf zwei Aspekte des Problems hinweisen, deren verstärkte Beachtung vielleicht etwas zur Erarbeitung eines begründeten Urteils beitragen könnte (Kap. 4).

2. Probleme der „old evidence"

Das theoretisch vermutlich interessanteste Problem, mit dem der „Bayesianische" Ansatz einer Theorie der Theorienbestätigung fertigwerden muß, und das inzwischen eine ganze Reihe von literarischen Beiträgen provoziert hat, ist das „old evidence problem", das „Problem der 'alten Belege'". Es wurde 1980 von Clark Glymour (1980, Kap. III) aufgeworfen und ist in seinem Kern überraschend kurz formulierbar: Der Bayesianische Ansatz scheint zu ergeben, daß Theorien niemals durch schon vorher bekannte Fakten bestätigbar sein können. Wenn es sich bei den empirischen Belegen e nämlich um schon bekannte Fakten („old evidence") handelt, dann zählen sie im Grunde schon zum Hintergrundwissen, dann ist ihre epistemische Ausgangswahrscheinlichkeit bezüglich des Hintergrundwissens k gleich 1: $P(e/k) = 1$, sie ist aber auch bezüglich des Hintergrundwissens zuzüglich beliebiger zusätzlicher Theorien h gleich 1: $P(e/h \wedge k) = P(e/k) = 1$. Eingesetzt ins Bayessche Theorem ergibt sich, daß $P(h/e \wedge k) = P(h/k)$, d.h. daß h durch die Hinzunahme von solchen Indizien e überhaupt nicht bestätigt würde:

$$P(h/e \wedge k) = \frac{P(h/k) \cdot P(e/h \wedge k)}{P(e/k)} = \frac{P(h/k) \cdot 1}{1} = P(h/k)$$

Eine Theorie würde demnach nicht nur durch jene Fakten nicht bestätigt, zu deren Erklärung diese Theorie formuliert wurde; Theorien würden vielmehr durch all jene Fakten nicht bestätigt, die zur Zeit der Formulierung der Theorie schon dokumentiert und bekannt waren, d.h. zu diesem Zeitpunkt die epistemische Wahrscheinlichkeit 1 hatten. Das Problem ist u.a. deshalb so interessant, weil es die Bayesianische Theorie sowohl in ihrer deskriptiven als auch ihrer normativen Variante trifft. Zum einen ist die faktische Geschichte der Naturwissenschaften nicht mit Bayesianischen Mitteln rekonstruierbar, wenn das Problem unlösbar bleiben sollte und altbekannte Belege niemals Theorien bestätigen könnten: Es hat tatsächlich Fälle gegeben, in denen nicht prognostische Erfolge, sondern gerade schon länger bekannte Fakten als machtvollste Bestätigung einer später formulierten Theorie betrachtet wurden (ein immer wieder zitiertes Beispiel ist die Bestätigung der Allgemeinen Relativitätstheorie durch die Anomalien der Merkurbahn, die durch die Allgemeine Relativitätstheorie endlich (auch quantitativ) befriedigend erklärbar wurden, die aber schon lange vor 1915 von Leverrier, Newcomb u.a. Astronomen studiert und dokumentiert worden waren und daher als bekanntes Faktum gelten konnten (auch Einstein kannte sie)). Zum anderen würde die Bayesianische Bestätigungstheorie dadurch aber auch in ihrer (weniger ambitionierten) normativen Deutung unattraktiv: eine Bestätigungstheorie, die jedwede Bestätigung durch alte Belege von vornherein prinzipiell ausschließt, dürfte den sachlichen Mindestanforderungen an eine solche Theorie nicht genügen – schließlich werden Theorien ja typischerweise unter Zugrundelegung bereits vorhandener Belege, ja sogar häufig aus dem Anlaß widerspenstiger empirischer Befunde entworfen, und eine Theorie, die deren Integration ohne Einbußen bei sonstigen erwünschten Theorieeigenschaften zuwegebringt, genießt einen Vorzug, den die meisten wohl gern als „Bestätigung" bezeichnen würden. Für die folgende Skizze einiger wichtiger Lösungsansätze beschränke ich mich auf die oben skizzierte (fast) einfachste Version des Problems; es sollte aber nicht verschwiegen werden, daß zum einen das Bayessche Theorem selbst in einer Reihe von komplizierteren Versionen formulierbar ist (in denen u.a. die Rolle konkurrierender Theorien deutlicher wird), und daß das „old evidence"-Problem, sofern man einen näheren Blick auf die faktische Wissenschaftsgeschichte wirft, genau genommen in eine Reihe von Teilproblemen zerfällt, je nach zeitlicher Abfolge von Theorieerstellung, Dokumentation und Bekanntwerden des empirischenBelegs sowie danach, ob der Beleg zum ursprünglichen

Explanandumbereich der Theorie gehörte oder nicht (Eells 1990). Auch zu fast jedem der im folgenden grob skizzierten Lösungsvorschläge existiert eine Anzahl kontroverser Beiträge, auf die – nicht zuletzt aufgrund ihrer Technizität – nur verwiesen werden kann; siehe dazu am besten Earman 1992 und Zynda 1995.

3. Einige Lösungsvorschläge

(1) $P(e/k)$ ist in Wirklichkeit nicht gleich 1: Eine naheliegende Lösung ist es, die Voraussetzung anzugreifen, daß *P(e/k)* gleich 1 sei. Tatsächlich sprechen ja gute Gründe dafür, daß ein ideal rationaler Mensch seinen nicht-tautologischen Meinungen niemals die Wahrscheinlichkeit 1 zuordnen würde, insbesondere dort, wo Wahrnehmungsinhalte involviert sind (Skyrms 1989, 312f; Shimony 1970). Und tatsächlich lassen sich genügend Fälle aus der Wissenschaftsgeschichte heranziehen, wo das Vorliegen von *e* verschiedenerseits bezweifelt wurde, wo zwar qualitativ ein und dieselbe Gegebenheit *e*, aber mit quantitativ unterschiedlichen Meßwerten dokumentiert wurde, etc. Allerdings trägt eine solche Lösung – für die auch noch andere Begründungen vorgeschlagen wurden (siehe dazu Earman 1992, 120f) – nicht allzuweit; sie stößt in den Fällen an ihre Grenze, wo *P(e/k)* wenn schon nicht gleich 1 ist, so doch nahe bei 1 liegt, also in Fällen unkontroversieller, kaum bezweifelter empirischer Befunde. Dann ergibt sich, daß es durch diese Belege zwar eine Bestätigung der Theorie gibt, aber in einem unplausibel vernachlässigbaren Ausmaß (Earman 1992, 121), wiederum ein Ergebnis, das für die Bayesianische Bestätigungstheorie sowohl in ihrer deskriptiven als auch ihrer normativen Variante fatal ist.

(2) Die kontrafaktische Lösung – „Vordatierung" der Wahrscheinlichkeitsbeurteilungen: Prima facie attraktiv und naheliegend erscheint die Lösung, man müsse sich, um dem „old evidence"-Problem auszuweichen, einer kontrafaktischen Annahme bedienen – nämlich der Annahme, man habe *e* zum Zeitpunkt der Erstellung der Hypothese *h* noch nicht beobachtet –, und die Wahrscheinlichkeit von $P(h/e \wedge k)$ zwar nach dem Bayesschen Theorem, aber unter Voraussetzung der kontrafaktischen Annahme einschätzen (Howson / Urbach 1993², 404ff; Howson 1991, 548; 1997, 87f; 1997a, 191ff u.a.m.). Entscheidend ist dafür natürlich wiederum die Ausgangswahrscheinlichkeit *P(e/k)*: Die Strategie auch hinter dieser Lösung ist also, *P(e/k)* nicht gleich 1 werden zu lassen. Von der Lösung (1) unterscheidet sie sich dadurch, daß nicht behauptet wird, *P(e/k)* sei zum aktuellen Zeitpunkt nicht gleich 1, sondern nur, es sei früher einmal so gewesen, und man müsse diesen früheren Wert in die Berechnungen einfließen lassen. Zur Beurteilung von *P(e/k)* muß man sich also kontrafaktisch vorstellen – um das obige Beispiel aufzunehmen –, die Abweichungen der Merkurbahn wären erst nach der Aufstellung der Allgemeinen Relativitätstheorie beobachtet oder zumindest allgemein bekannt geworden, sich dann zeitlich zurückversetzt denken und auf dieser Grundlage dann *P(e/k)* einschätzen. Aber wohin eigentlich? Ins Jahr 1915, oder irgendwohin davor (wo wiederum *P(h/k)* einen ganz anderen Wert, vielleicht sogar null gehabt haben mag, und wo man als Mitglied der damaligen Forschergemeinschaft vielleicht eine Reihe inzwischen überholter physikalischer Irrtümer

geteilt hätte)? Überhaupt schwindet bei näherer Betrachtung die prima facie – Plausibilität solcher kontrafaktischer Lösungen. Es genügt nicht, sich z.B. einfach die Zeitpunkte von Beobachtung der Merkurbahnabweichung und Aufstellung der Allgemeinen Relativitätstheorie vertauscht zu denken, oder sich das Meinungssystem einer Person zu einem Zeitpunkt als simple Menge vorzustellen, aus der man in der Art einer einfachen mengentheoretischen Operation den Glauben an e herausschneiden könnte. Glymour (1980, 87–91), Chihara (1987, 553f), van Fraassen (1990, 155f), Zynda (1995, 93) u.a. haben darauf aufmerksam gemacht, daß solche kontrafaktischen Gedankenexperimente bei ernsthafter Durchführung riesige Ausmaße annehmen: die Wissenschaftsgeschichte hätte drastisch anders verlaufen müssen, wäre die Merkurbahnanomalie erst nach der Aufstellung der Allgemeinen Relativitätstheorie beobachtet worden, die damit verbundenen wirtschaftlichen und politischen Verhältnisse wären wohl ganz anders gewesen, Einstein hätte ohne diese Beobachtungen vielleicht gar nie die Allgemeine Relativitätstheorie aufgestellt oder wäre nicht ernst genommen worden, etc. etc. Welchen Wert könnten Rückprojektionen von alternativen Wahrscheinlichkeitsurteilen in solche historisch mögliche Welten noch haben? Insgesamt scheint die kontrafaktische Lösung also an dem Dilemma zu scheitern, daß klar beschreibbare Beispiele alternativer Meinungssysteme für die Problemlösung nichts bringen, und solche, die etwas bringen würden, nicht mehr klar beschreibbar sind.

(3) Konditionalisierung nicht bezüglich e, sondern $h \vdash e$: Im Ansatz bereits auf Glymour 1980, 91ff geht der Vorschlag (Garber 1983, Jeffrey 1983; weiterentwickelt in Eells 1990, Jeffrey 1991 und 1995 sowie Wagner 1997) zurück, den für die Konditionalisierung entscheidenden Erkenntnisgewinn nicht in der Beobachtung und Dokumentation der Belege e anzusetzen, sondern in der Entdeckung, daß aus der Hypothese h die Belege e ableitbar sind. Es mag dann zwar sein, daß $P(e/k)$ gleich 1 ist, nicht aber muß dies auch für $P(h\vdash e / k)$ gelten. Die scientific community hat 1915 also auch noch etwas mehr oder minder Überraschendes gelernt, und zwar daß e aus h ableitbar ist. Unter bestimmten Voraussetzungen kann also $P(h/(h \vdash e) \wedge k)$ dann größer als $P(h/k)$ werden. Eine sofort sichtbare Konsequenz aus diesem Vorschlag ist, daß die ansonsten in Bayesianischen Ansätzen stipulierte logische Allwissenheit des Subjekts aufgegeben werden muß: Wenn der Beleg e aus der Theorie h ableitbar ist, müßte $P(h\vdash e)$ für einen ideal rationalen Beurteiler, der keine Dutch-books gegen sich riskieren will, ja an sich gleich 1 sein. Gibt man – im Sinne der vorgeschlagenen Lösung – dieses Prinzip auf und ermöglich dem Bayesianischen Subjekt auch ein Lernen bezüglich logisch-mathematischen Zusammenhängen, dann führt dies in der Konsequenz zu einer neuen Form der Bayesianischen Bestätigungstheorie – die hinsichtlich einer realistischeren Deutung der Leistungen des beurteilenden Subjekts auch durchaus ihre Vorzüge hat (die Möglichkeit logisch-mathematischen Lernens ist einer der Aspekte des „Bayesianism with a human face", wie er schon im Titel von Jeffrey 1983/1991 angedeutet wird). Der entscheidende Einwand (Earman 1992, 130ff; im wesentlichen ähnlich Zynda 1995) gegen diese Lösung des „old evidence"-Problems scheint allerdings zu sein, daß mit der Konditionalisierung bezüglich $h\vdash e$ eigentlich ein Themenwechsel vorgenommen wurde und –

zumindest was die Bayesianische Bestätigungstheorie als normativ verstandene Theorie anbetrifft – das ursprüngliche Ziel aus dem Blick gerät: Verstanden als normative Theorie sollte die Bayesianische Bestätigungstheorie ja erklären, warum z.B. die Merkurbahnabweichung als astronomisches Faktum (und nicht etwa das Entdeckungsereignis, daß $h \vdash e$ gilt!) eine gute Bestätigung für die Allgemeine Relativitätstheorie darstellt, und diese Bestätigungsrelation soll nicht nicht nur 1915, sondern nach wie vor und für alle Zeiten bestehen. Nun ist es allerdings so, daß Inhalte logisch-mathematischen Lernens mit der Zeit selbst „old news" werden: Inzwischen hören schon manche Gymnasiasten gleichzeitig mit der Einführung in die Allgemeinen Relativitätstheorie, daß aus ihr endlich die Merkurbahnanomalie erklärbar geworden sei. Für Einstein mag es so gewesen sein, daß $P(h \vdash e / k)$ kleiner als 1 war, und die Entdeckung von $h \vdash e$ mag für ihn persönlich eine Bestärkung in seinem Vertrauen auf seine Theorie gewesen sein. Für uns heute ist dagegen $P(h \vdash e / k)$ schon wieder gleich 1, das Problem der „old evidence" besteht für uns also in geänderter Form weiter – nämlich bezüglich der „old news", daß e aus h folgt. Außerdem gibt es ja eine Fülle von Theorien, die gerade zur Erklärung bestimmter Erfahrungsbelege konstruiert werden, und für diese ist $P(h \vdash e / k)$ von allem Anfang an gleich 1 (Howson / Urbach 1993[2], 407ff). Als Antwort auf die Frage, warum bestimmte ältere Daten bestimmte neue Hypothesen gut bestätigen, eignet sich Lösung (3) also allem Anschein nach nicht.

4. Abschließende Bemerkungen

Ich möchte mir über die Aussichten der Bayesianischen Bestätigungstheorie angesichts des Ungenügens dreier prominenterer Lösungsversuche für das „old evidence"-Problem kein Urteil anmaßen. Ziel dieser abschließenden Überlegungen ist es nur, auf zwei Aspekte hinzuweisen, die bisher eher wenig Beachtung gefunden haben, aber vielleicht Ansatzpunkte weiterer Diskussion bieten könnten.

(1) Doch ein Mindestmaß an kontrafaktischen Annahmen? Wie erläutert, dürfte der Verweis auf kontrafaktische Annahmen und Wahrscheinlichkeitsbeurteilungen keine allgemeine Lösung des „old evidence"-Problems darstellen. Dennoch weisen Verfechter dieser Lösung (etwa Howson / Urbach) damit auf einen wichtigen Punkt hin: Die Explikation unseres Sprechens über besser und schlechter bestätigte Theorien mithilfe der Bayesianischen Bestätigungstheorie funktioniert – wenn überhaupt – nur dann, wenn man zumindest von einer gewissen Fähigkeit zur Beurteilung kontrafaktischer subjektiver Wahrscheinlichkeiten unter „Wegdenken" bestimmter, faktisch inzwischen vorhandener Belege ausgeht. Für diese Lösung spricht folgende Überlegung: der „old evidence"-Einwand hätte genau genommen zur Folge, daß keinerlei Daten irgendeine Theorie bestätigen könnten. Sobald man nämlich ein lange gesuchtes Erfahrungsdatum e zweifelsfrei beobachtet, das die Theorie h bestätigen würde, hat die epistemische Wahrscheinlichkeit $P(e/k)$ den Wert 1, ebenso wie $P(e/h \wedge k)$ für beliebige Hypothesen h gleich 1 ist, sodaß das endlich gefundene Datum e die Hypothese h nicht bestätigen kann – ein Ergebnis, das offenkundig unplausibel wäre (in diesem Sinne etwa Howson / Urbach 1993[2], 404). Es muß also in gewissem Maße doch möglich sein, sich kontrafaktisch vor die Situation der Beobachtung von e zurückzudenken und Wahrscheinlichkeitsvergleiche anzustellen. Die interessante

Frage dürfte die sein, wie weit diese Fähigkeit reicht und welche Kriterien es für kontrafaktische Wahrscheinlichkeitsbeurteilungen gibt. Die Frage scheint aber durch den pauschalen Verweis auf die subjektive Natur der beteiligten Wahrscheinlichkeiten (Howson / Urbach ebd.) nicht zufriedenstellend lösbar.

(2) Die Rolle des Hintergrundwissens: Insgesamt wenig hinterfragt scheint in der Debatte um das „old evidence"-Problem das Hintergrundwissen *k*. In vielen Beiträgen wird es in der formalen Fassung gar nicht erwähnt. Dabei gilt für das Hintergrundwissen *k* wohl das, was oben unter 3. (1) zu *e* gesagt wurde: Die Fiktion eines Hintergrundwissens mit $P(k)=1$ erscheint wenig realistisch (es sei denn, man beschränkte sich auf einfachste logische Gesetze und völlig triviale Faktenwahrheiten, die als Hintergrundwissen für die Beurteilung wissenschaftlicher Hypothesen allerdings eher uninteressant sind). Als ganzes, aber auch wenn nur größere Teilregionen betrachtet werden, dürfte das relevante Hintergrundwissen (besser sollte man von „Hintergrundannahmen" sprechen) der meisten realen Personen gleich null sein, weil es nicht widerspruchsfrei ist. Die Probleme, die oben beim kontrafaktischen Lösungsansatz aufgetaucht sind, haben mit diesen Hintergrundannahmen zu tun: je weiter solche kontrafaktischen Annahmen ausgreifen (zeitlich, umfangsmäßig etc.), je weiter man sich etwa historisch zurückversetzt denkt, mit umso mehr Änderungen an sonstigen Annahmen ist zu rechnen. Was als Erfahrungsdatum *e* und als Hypothese *h* fungiert, ist also nicht punktuell zu denken, vor allem aber nicht als überall problemlos und eindeutig trennbar von einem anderen Bereich, den man „Hintergrundwissen" nennt. Typischerweise werden wichtige Experimentaldaten etwa in den Naturwissenschaften nicht nur die ihnen sachlich „nächstliegende" Theorie bestätigen oder schwächen, sondern auch zu gewissen Veränderungen in der Einschätzung der Wahrscheinlichkeiten in anderen Theoriebereichen führen, die man häufig als „Hintergrundwissen" aus den Betrachtungen ausklammert.

5. Literatur

Campbell, R. / Vinci, T. (1983), *Novel Confirmation*, in: Brit.J.Phil.Sci. 34, 315–341.

Chihara, C. S. (1994), *The Howson–Urbach Proofs of Bayesian Principles*, in: E. Eells / B. Skyrms (Hg.), Probability and Conditionals: Belief Revision and Rational Decision. Cambridge: Cambridge University Press, 161–179.

Chihara, C. S. (1987), *Some Problems for Bayesian Confirmation Theory*, in: Brit.J.Phil.Sci. 38, 551–560.

Earman, J. (Hg.) (1983), *Testing Scientific Theories* (Minnesota Studies in the Philosophy of Science, 10). Minneapolis: University of Minnesota Press.

Earman, J. (1992), *Bayes or Bust? A Critical Examination of Bayesian Confirmation Theory.* Cambridge/Mass. – London: MIT Press.

Eells, E. (1990), *Bayesian Problems of Old Evidence*, in: C. W. Savage (Hg.), Scientific Theories (Minnesota Studies in the Philosophy of Science, 14). Minneapolis: University of Minnesota Press, 205–223.

Forster, M. R. (1995), *Bayes and Bust: Simplicity as a Problem for a Probabilist's Approach to Confirmation*, in: Brit.J.Phil.Sci. 46, 399–324.

Garber, D. (1983), Old Evidence and Logical Omniscience in Bayesian Confirmation Theory, in: Earman (Hg.) 1983, 99–131.

Glymour, C. (1980), *Theory and Evidence*. Princeton: Princeton University Press.

Howson, C. (1997), *On Chihara's 'The Howson–Urbach Proofs of Bayesian Principles'*, in: Brit.J.Phil.Sci. 48, 83–90.

Howson, C. (1997a), *Error Probabilities in Error*, in: Philosophy of Science 64 (Proceedings), S1985–S194.

Howson, C. (1991), *The 'Old Evidence' Problem*, in: Brit.J.Phil.Sci. 42, 547–555.

Howson, C. (1990), *Fitting your Theory to the Facts: Probably Not Such a Bad Thing After All*, in: C. W. Savage (Hg.), Scientific Theories (Minnesota Studies in the Philosophy of Science, 14). Minneapolis: University of Minnesota Press, 224–244.

Howson, C. / Urbach, P. (1993^2), *Scientific Reasoning: The Bayesian Approach*. Chicago – LaSalle: Open Court.

Jeffrey, R. (1983/1991), *Bayesianism with a Human Face / Postscript 1991*, in: Jeffrey 1992, 77–107.

Jeffrey, R. (1992), *Probability and the Art of Judgement*. Cambridge u.a.: Cambridge University Press.

Jeffrey, R. (1995), *Probability Reparation: The Problem of New Explanation*, in: Philosophical Studies 77, 97–101.

Nunan, R. (1993), *Heuristic Novelty and the Asymmetry Problem in Bayesian Confirmation Theory*, in: Brit.J.Phil.Sci. 44, 17–36.

Redhead, M. (1997), *Review Essay on: A. Shimony, Search for a Naturalistic World View (1993)*, in: Synthese 110, 335–342.

Shimony, A. (1970), *Scientific Inference*, in: R. G. Colodny (Hg.), The Nature and Function of Scientific Theories. Pittsburgh: University of Pittsburgh Press.

Skyrms, B. (1989), *Einführung in die induktive Logik*. Üs. und bearb. v. G. J. W. Dorn. Frankfurt u.a.: Lang.

Wagner, C. (1997), *Old Evidence and New Explanation*, in: Philosophy of Science 64, 677–691.

Zynda, L. (1995), *Old Evidence and New Theories*, in: Philosophical Studies 77, 67–95.

Der Mensch als Maschine.
Überlegungen zu einer nicht veraltenden These

Dieter Thomä (New York/Rostock)

Immanuel Kant hat behauptet, es komme "nicht auf das an, was die Natur aus dem Menschen, sondern was dieser *aus sich selbst macht*": Der Mensch könne, so meinte er, sein "Vermögen, einen Zustand *von selbst* anzufangen", auf das eigene Leben anwenden, seinen Charakter neu gründen und damit "eine neue Epoche" ausrufen.[1] Kant stellt einen Menschen vor, der sich gegen blinde Gewohnheiten sträubt und mit seinem Leben, mit sich selbst etwas Neues anfängt. Ein totaler *Anfänger* tritt hier auf, der als Quelle von Handlungen unvertretbar, unhintergehbar Verantwortung übernimmt, und dieses kantische Subjekt kehrt wieder in Hannah Arendts waghalsiger Behauptung, jeder Mensch feiere mit seiner Geburt einen "Neubeginn" in Freiheit.[2]

Ist also jeder Mensch auch gleich ein Neuer Mensch? Nimmt man diesen Begriff ernst, so darf nicht nur dasjenige neu oder anfänglich sein, was man gerade tut oder denkt, sondern der Mensch als solcher. Der Neue Mensch ist nicht zu finden, er liegt nicht irgendwo herum und harrt der Entdeckung. Der Neue Mensch muß erfunden, erarbeitet, gemacht werden. Deshalb stammt die radikalste Offerte für den Neuen Menschen vom Fachmann für Produktion: vom *Ingenieur*. Er steht für methodische Exaktheit, garantiert gleichmäßige Qualität, denkt sich die Welt als *tabula rasa* und nimmt den Menschen (also auch sich selbst) als Material. Nicht schon der Ingenieur, sondern erst sein Produkt ist der Neue Mensch - oder er selbst nur dann, wenn er seine Kunst auch auf sich selbst anwendet und den Erfolg seiner Bemühungen, den Neuen Menschen also, am eigenen Leibe spüren kann. Das Produkt des Ingenieurs aber ist: eine Maschine. Und so ist auch sein Neuer Mensch: eine Maschine.

Genau an dieser Stelle kommt wieder die Freiheit ins Spiel, die Kant dem Menschen als 'Anfänger' zugeschrieben hat. Mit seiner Schöpferlaune mag sich der neu anfangende Ingenieur damit brüsten, über jene Freiheit zu verfügen. Doch es spricht kaum für ein angemessenes Verständnis von Freiheit, wenn man sich auf den Beruf des Ingenieurs kapriziert, als machtbewußter Macher über dem Leben steht und dieses zum technischen Prozeß erklärt. Die Freiheit, die sich der Ingenieur nimmt, seine Kreativität, die in der Inbetriebnahme eines Mechanismus gipfelt, vernichtet doch die Freiheit seines Produkts, des maschinengleichen Neuen Menschen. Autonomie und Automatismus sträuben sich gegeneinander.

Rettung naht verblüffenderweise in Gestalt eben des Philosophen, der den autonomen Menschen weit über die Maschine hinausgehoben hat. Einmal nämlich erlaubt Immanuel Kant es sich, für die Ausübung einer Tätigkeit zu schwärmen, von der er "in der Art erfüllt ist, daß er sich gar nicht fühlt".[3] Das Idealbild für dieses Sich-selbst-nicht-mehr-fühlen ist aber nichts anderes als die

Maschine, die sich schon längst, schon immer vergessen hat. Erfüllt von ihrer Selbsttätigkeit läuft sie frei von jeder Unwucht, ohne jede Störung.

Diejenigen, die entsetzt sind über die Vorstellung, der Neue Mensch sei eine Maschine, müssen doch die Verführungskraft reiner Selbsttätigkeit zur Kenntnis nehmen, die schon Kant, der Freund der Freiheit, verspürte und die nichts anderes ist als ein unverdächtiger Vorläufer der Maschine. Mag sie auch künstlich sein, so funktioniert sie doch nur deshalb, weil sie den Naturgesetzen gehorcht - den Gesetzen, denen auch der Mensch unterliegt. Die Maschine steht der Natur - auch der menschlichen Natur - näher, als das Vorurteil es will. Am Ende heißt dies nichts anderes, als daß unversehens das Maschinenmäßige glücksträchtig wird.

Zwei große Begriffe sind also in den Streit um den Neuen Menschen als Maschine verwickelt. Da ist auf der einen Seite die *Freiheit*, die dem 'Anfänger' zukommt, der sich selbstbewußt über die Natur erhebt, die Freiheit, die sich der Ingenieur nimmt, um den Menschen zur Maschine zu machen. Und auf der anderen Seite stößt man auf das *Glück* eines Lebens, bei dem alles von selbst gelingt, reibungslos funktioniert wie bei einer Maschine. Dort steht der Mensch machtvoll über einem Prozeß, den er bestimmt; hier befindet er sich in einem Prozeß, von dem er vereinnahmt wird. Mit der Erfindung des Neuen Menschen eröffnet sich ein Schauplatz, auf dem sich Freiheit und Glück gegeneinander wenden und um Vereinbarung ringen.

Was beim frei über die Natur verfügenden Ingenieurs zu kurz kommt, ist dessen eigene Natur, die seiner Tatkraft doch immer schon vorausgeht - die Natürlichkeit, die in der Deutung des Menschen als Maschine, auf wie auch immer angreifbare Weise, einbezogen wird. Und was beim glücklich funktionierenden Lebens zu kurz kommt, ist die Neigung des Menschen, sich exzentrisch zu sich selbst zu verhalten, also eben die Distanz zum Geschehen einzunehmen, die der Ingenieur kühl ausnutzt. Ganz klar ist es also nicht, daß sich der Ingenieur am Menschen vergreift, wenn er ihn als Maschine auffaßt, wenn er ihn zur Maschine macht. Es ist vielmehr umstritten. Warnende Stimmen protestieren im Namen der Freiheit gegen das maschinelle Leben; sie fordern die Antwort derer heraus, die den glücklichen Menschen nach dem Bild der Maschine formen und doch wie die sicheren Verlierer aussehen, da man in ihnen eine Gefahr für die Freiheit wittert - belehrt durch die Erfahrungen mit dem Totalitarismus und bestärkt durch den Siegeszug des Liberalismus. Doch eine solche glatte, schnelle Entscheidung kann es im Streit um den Neuen Menschen als Maschine nicht geben.

Beispielhaft läßt sich jener Streit am Gegensatz zwischen Jakob Michael Reinhold Lenz und Heinrich von Kleist darstellen. Lenz' fulminante Attacke gegen die Maschine findet sich in seiner Besprechung von Goethes "Götz von Berlichingen": "Was bleibt nun der Mensch noch anders als eine vorzüglich-künstliche kleine Maschine, die in die große Maschine, die wir Welt, Weltbegebenheiten, Weltläufte nennen, besser oder schlimmer hineinpaßt. (...) Aber heißt das gelebt? heißt das seine Existenz gefühlt, seine selbständige Existenz, den Funken von Gott? Ha, er muß in was Besserm stecken, der Reiz des Lebens: denn ein Ball anderer zu sein, ist ein trauriger, niederdrückender Gedanke (...). Das lernen wir daraus, daß diese unsre handelnde Kraft nicht eher ruhe, nicht eher ablasse zu wirken, zu regen, zu toben, als bis sie uns Freiheit um uns her verschafft, Platz zu handeln: (...) Seligkeit! Seligkeit! Göttergefühl das!"

Mit der "handelnden Kraft" bürdet der Mensch sich eine geistige Selbständigkeit auf, die auch etwas Quälendes haben kann; dessen überdrüssig, fühlt er sich angezogen von der Maschine: ihrer Unbeirrtheit, ihrer vollendeten Bewegung. Das Gespräch, das Heinrich von Kleist mit einem "Herrn C." "Über das Marionettentheater" geführt hat, legt Zeugnis ab von dieser Attraktion und ist deshalb die eindrucksvolle Gegenfigur zu Lenz: "Ich sagte, daß (...) er mich doch nimmermehr glauben machen würde, daß in einem mechanischen Gliedermann mehr Anmut enthalten sein könne, als in dem Bau des menschlichen Körpers. Er versetzte, daß es dem Menschen schlechthin unmöglich wäre, den Gliedermann darin auch nur zu erreichen. (...) Wir sehen, daß in dem Maße, als, in der organischen Welt, die Reflexion dunkler und schwächer wird, die Grazie darin immer strahlender und herrschender hervortritt. (...) Sie (erscheint) (...) in demjenigen menschlichen Körperbau am reinsten (...), der entweder gar keins, oder ein unendliches Bewußtsein hat, d.h. in dem Gliedermann, oder in dem Gott."

Es ließe sich eine umfängliche Geschichte des Widerstands schreiben, der sich den Schrecknissen der Maschine entgegenstellt - eine Geschichte, die die Verzweiflung, mit der man ihr erliegt, einschließen würde. So suggestiv diese lange Geschichte ist, so wenig kann sie jedoch die Begeisterung erklären, mit der die Idee des Menschen als Maschine kultiviert worden ist - eine Begeisterung, hinter der sich anderes verbergen muß als militaristisches Hurrahgeschrei oder masochistisches Selbstopfer. Des "Innerlichkeitshokuspokus"[4] überdrüssig, gewinnt der Mensch der Maschine gute Seiten ab, und zu dieser Neigung gehört eine Geschichte, die ebenso eindrucksvoll ist wie ihr maschinenfeindliches Gegenstück. Oskar Schlemmer fordert im Jahr 1926: "Nicht Jammer über Mechanisierung, sondern Freude über Präzision!"[5]

Das funktionierende Leben, das zu den Versprechungen der Maschine gehört, ist verlockend für diejenigen, die die Unübersichtlichkeit ihres Lebens überflüssig oder unerträglich finden. Das Votum für die Maschine gipfelt darin, daß es zu dem Begriff zurückfindet, der ihr als dem Bild funktionierenden Lebens anvertraut worden ist: zum Glück. Zwar zählen manche das Glück zu der langen Reihe wolkiger Begriffe, die vom tatsächlichen Leben nur ablenken. Der frühe Foucault faßte diese Tendenz zusammen. "Das Glück existiert nicht und das Glück des Menschen existiert noch weniger", erklärte er; die Lebensführung wollte er "nicht auf der Ebene des Glücks, sondern auf der des Funktionierens" diskutieren.[6] Doch zahlreiche Maschinenfreunde haben genau den entgegengesetzten Weg eingeschlagen. Sie ließen das Glück nicht fallen, sondern erklärten es zum Gütesiegel funktionierenden Lebens. Charles Fourier wollte Newtons Einsicht, daß das Universum durch wechselseitige Anziehung harmonisch gelenkt werde, auf die

Menschheit übertragen; Harmonie sah er gewährleistet in der von ihm entworfenen "Phalange", in der Menschen zu einem vollkommenen gegenseitigen Ausgleich kommen, ihren Leidenschaften frönen und "das Glück erreichen" sollten.[7]

Wenn das Glück des Menschen nichts anderes ist als das Gütesiegel, das ihm als perfekt funktionierender Maschine aufgeprägt werden kann, dann wird das Spannungsverhältnis zwischen Glück und Freiheit übersichtlich. Da gibt es ein perfekt organisiertes Leben, gegen das dem Menschen die Einwände ausgehen, da er sich dabei so wohl fühlt; als letzter Einwand bleibt nur die Freiheit, die sich brüsk gegen die Mensch-Maschine wendet - und auch gleich gegen den Ingenieur, der doch nur für bessere Mechanik sorgen kann. Das bekannteste Zeugnis für diese übersichtliche Antithese ist Aldous Huxleys utopischer Roman "Schöne neue Welt", in dem der Held am Ende vor die Wahl gestellt wird zwischen einem vollautomatischen Glück und einer Freiheit, die zugleich "das Recht auf Unglück" mitmeint. Dies gibt der Entscheidung gegen die Maschine eine heroische Note. Die Entscheidung für die Freiheit ist demnach auch eine Entscheidung gegen das Glück.[8]

Diejenigen, die der Technik skeptisch gegenüberstehen und zugleich eine gewisse Verachtung für dumpfes Wohlbehagen verspüren, haben aus genau diesem Grund das Glück unter den Verdacht gestellt, zur Erniedrigung des Menschen beizutragen. Diese Skeptiker berufen sich auf das Porträt der "letzten Menschen" aus Nietzsches "Also sprach Zarathustra", die mit dem "Glück", das sie gefunden haben, sogleich verblöden; ihre schönste Pointe können sie Nietzsches "Götzen-Dämmerung" entnehmen: "Der Mensch strebt *nicht* nach Glück; nur der Engländer thut das" (nämlich Utilitaristen wie Bentham).

In dem utopischen Roman, der Huxley beim Abfassen von "Schöne neue Welt" inspiriert hat und der im übrigen seinen westlichen Nachfolger weit überragt, findet sich eine Abweichung von jener Gegenüberstellung zwischen Freiheit und Glück - eine Abweichung, die Zweifel an Huxleys allzu übersichtlichem Schema weckt: Jewgenij Samjatin schildert in seinem Roman "Wir" aus dem Jahr 1920 eine Gesellschaft, die - wie die "Schöne neue Welt" - von technizistischer Bedürfnisbefriedigung und von der Abschaffung der sogenannten "Seele" gekennzeichnet ist. Schon bei Samjatin beschwört ein gewisser "R-13" die Alternative "Glück ohne Freiheit - oder Freiheit ohne Glück". Doch die Hauptfigur, der Ingenieur "D-503", erklärt, noch bevor ihn ernsthafte Zweifel an der Vollkommenheit seiner Gesellschaft beschleichen: "Ich will ganz offen sein: Die absolute, endgültige Lösung des Problems *Glück* haben selbst wir noch nicht gefunden."[9] Darin liegt ein Hinweis darauf, daß das Glück selbst sich gegen die automatisierte Gesellschaft sträubt, die vorgibt, es zu verwirklichen. Es stellt sich heraus, daß der Ingenieur, der den Neuen Menschen und das Neue Glück in Serie produzieren will, zurückstecken muß.

Max Weber nötigt den Ingenieur gar zu größter Bescheidenheit. In seiner Kritik an der Utopie funktionierenden Lebens gibt er Nietzsches Bild von den "letzten Menschen" eine neue Wendung:

"Daß man schließlich in naivem Optimismus die Wissenschaft, das heißt: die auf sie gegründete Technik der Beherrschung des Lebens, als Weg zum *Glück* gefeiert hat - dies darf ich wohl, nach Nietzsches vernichtender Kritik an jenen 'letzten Menschen', die 'das Glück erfunden haben', ganz beiseite lassen. Wer glaubt daran? - außer einigen großen Kindern auf dem Katheder oder in Redaktionsstuben?"[10] Webers Polemik gilt nicht einfach der Abwertung des Glücks um höherer Ziele willen; er wehrt sich vor allem gegen die Vorstellung, das Glück ließe sich in ein technisch herstellbares Lebens- und Gesellschaftsmodell einbinden. Das heißt auch, daß im Glück selbst etwas steckt, das mehr meint als automatisierte Bedürfnisbefriedigung.[11]

Es gibt einen historischen Einschnitt, mit dem sich das Programm des Neuen Menschen als Glücksbringer desavouiert: die Herrschaft des Totalitarismus. Seit deren Ende zieht man es vor, auf die individuelle Freiheit zu setzen, und mißtraut dem Glück, dessen Herstellung totalitäre Systeme wenigstens zeitweise in ihr Programm aufgenommen hatten. Typisch für dieses Mißtrauen ist Hannah Arendts Argument, daß dem Totalitarismus, der sich die Logik der Mensch-Maschine zunutze macht und im Menschen nur noch ein "Reaktionsbündel" sieht, allein "Freiheit" und "Spontaneität" entgegengesetzt werden können.[12] So plausibel diese Scheu vor Glücksversprechungen ist, so zweifelhaft ist die These, die ihr allzuhäufig folgt: daß nämlich die moderne Gesellschaft allein die Freiheit der Individuen sichern müsse, um ihnen dann ihre persönliche Bestimmung des Glücks zu überlassen. Dessen Verwirklichung mag den Individuen dann - in gewissen Grenzen - ermöglicht werden, als Thema von allgemeinem theoretischen Interesse ist das Glück, dieser Logik zufolge, aber erledigt.

Man kann diese These exakt als Folge eines Zerfalls des Paares Ingenieur-Maschine verstehen. Die Individuen treten nun nämlich mit Selbstverwirklichung und Selbsterfindung das Erbe des Schaffens-Pathos an, das der Ingenieur einst verkörpert hat. Zugleich aber trennt sich ihr Projekt von der Idee der Maschine, also davon, über den individuellen Einzelfall hinaus die technische Organisierung des Neuen Menschen zu vollbringen. Der Nachfolger des Ingenieurs ist der Designer; die Nachfolge der Technik wird von *fashion* angetreten.

Diese Individualisierung der Freiheit und des Neubeginns ist trügerisch. Es wäre geradezu fahrlässig, würde man dieser liberalen Lesart folgen und behaupten, den Menschen sei heutzutage die Lebensführung und ihre Art von Neuem Glück freigestellt. Zur modernen Gesellschaft gehört eine Codierung von Individuen, die durchsetzungsfähig und flexibel sein sollen, ihr Leben planen, Hingabe unter Vorbehalt stellen etc. Damit wird unter dem Dach des Liberalismus auf indirekte Art eine Festlegung der menschlichen Lebensführung betrieben, gegen die doch um der Freiheit willen im Kampf gegen die Mensch-Maschine protestiert worden ist. Es wäre also unsinnig, die Idee der Mensch-Maschine als Kuriosum einer früheren Moderne verstauben zu lassen. Statt sich mit dem Zwielicht abzufinden, in das sie heute gehüllt ist, sollte man lieber versuchen, sie in klares Licht rücken. Zu diesem Zweck lohnt es sich auch, auf das alte Paar Ingenieur-Maschine zurückzugehen.

Das Glück des Menschen entzieht sich totaler Verplanung und Technisierung; insofern ist der Anspruch von Fourier und seinen Nachfolgern, als Ingenieure des Neuen Menschen aufzutreten, unhaltbar. Daß das Glück der endgültigen Festlegung entgeht, heißt jedoch nicht, daß sich das Glück vollkommen individualisierte und nunmehr *fashion* statt Technik für die Lebensgestaltung federführend wäre. Auch wenn man mit Max Weber am Unterschied zwischen dem Glück und der technischen Beherrschung des Lebens festhält, bleibt man bei der Frage nach dem 'funktionierenden' menschlichen Leben hängen. Diese Frage verliert sofort ihren despektierlichen Klang, wenn man vom Deutschen ins Englische wechselt und von *human functioning* spricht; diese Wendung entstammt nämlich einem Zusammenhang, wo sie unter dem Schutz der aristotelischen Frage nach dem gelingenden, guten menschlichen Leben steht.[13]

Wenn man in solchen Überlegungen oder auch denen der Bauhaus-Bewegung ein Nachdenken über das Funktionieren des Lebens, also *auch* über das Glück sehen darf, dann heißt dies, daß es den schlechten Ruf abschütteln kann, der ihm anhaftet, seit Aldous Huxley ihm die Freiheit entgegengesetzt hat. Mit dieser Wendung wird nicht umgekehrt die Freiheit infragegestellt; ihr wird nur das Glück wieder an die Seite gestellt, das im übrigen schon deshalb nicht ohne Freiheit auskommt, weil in ihm immer *auch* eine Stellungnahme zu sich selbst, eine Aussage über das eigene Befinden steckt. In dieser Koexistenz von Freiheit und Glück können auch die zwei Hauptfiguren im Spiel des Neuen Menschen, Ingenieur und Maschine, gleichermaßen zu ihrem Recht kommen - ein Recht, das freilich jeweils nur eine Teilberechtigung ist. Neben die Berechtigung zur Umgestaltung des Lebens tritt damit nämlich die Einsicht in eine Ansammlung natürlicher und kultureller Eigenarten, die beim 'Funktionieren' eines Lebens zu berücksichtigen sind. Im übrigen hat auch schon der französische Materialist Paul Thiry d'Holbach die Vielfältigkeit der "Begriffe vom Glück" anerkannt und daraus ein Plädoyer für Toleranz und Freiheit abgeleitet.[14] Ihm zufolge kommt es darauf an, die unhintergehbare Individualität des Menschen zu wahren, ohne doch die Ebene preiszugeben, auf der über nicht-individuelle Verhaltensweisen, also auch über glücksverdächtige Lebensmuster, zu reflektieren ist. Zu den eindrucksvollsten Verfechtern dieser Position im 20. Jahrhundert gehören Sigmund Freud und Robert Musil.

Mit seiner berühmten Bemerkung aus "Das Unbehagen in der Kultur", "die Absicht, daß der Mensch 'glücklich' sei," sei "im Plan der 'Schöpfung' nicht enthalten", scheint sich Freud denjenigen anzuschließen, die das Glück aus der theoretischen Betrachtung ausschließen wollen. Seine Empfehlung, "das Glück" als "ein Problem der individuellen Libidoökonomie" aufzufassen, scheint dann der Individualisierung dieses Phänomens Vorschub zu leisten: "Ein jeder muß selbst versuchen", so sagt Freud, "auf welche besondere Fasson er selig werden kann." Sosehr Freud jedoch der Idiosynkrasie menschlicher Glückssuche gewahr ist, sowenig läßt er sich davon abbringen, darin Muster zu entdecken, die die Menschen miteinander teilen. Was auch immer man inhaltlich von Freuds Definitionen jener Muster halten mag - bedeutend ist sein Versuch, beim Spiel um den Neuen Menschen den Größenwahn vollkommener Individualisierung zu brechen, ohne den Menschen deshalb in die Zwangsjacke des technischen Determinismus zu stecken.[15]

Ein Mitstreiter Freuds bei diesem Unternehmen ist ein Schriftsteller, der mit ihm das Schwanken zwischen einer naturwissenschaftlichen Weltsicht und literarischen Neigungen teilt: Robert Musil. Im Jahr 1922 zieht er aus der Erfahrung des Ersten Weltkriegs die Einsicht in die "Bildsamkeit" des Menschen - ein dezentes Wort für dessen Manipulierbarkeit im Kontext militärischer und technizistischer Systeme. Statt dagegen nun aber auf eine Metaphysik der Freiheit zu setzen, bleibt für Musil die materiale Basis, mit der der Mensch sich solchen Einflüssen aussetzt, der unersetzliche Ausgangspunkt seiner eigenen, entgegengesetzten Überlegungen. Musil: "Man nimmt häufig an, daß ein Hang zu solcher Betrachtungsweise grob mechanistisch, zivilisatorisch unkultiviert und zynisch sei. Ich möchte darauf aufmerksam machen, daß in ihm ein ungeheurer Optimismus steckt. Denn hängen wir mit unsrem Sein nicht an der Spule irgendwelcher Schicksalspopanze, sondern sind bloß mit einer Unzahl kleiner, wirr untereinander verknüpfter Gewichte behangen, so können wir selbst den Ausschlag geben. Und dieses Gefühl ist uns verlorengegangen."[16] Die Gewichte, mit denen die Menschen behangen sind, stehen für die Grenzen der Freiheit, gewissermaßen für das Mechanische, das an ihnen wirkt. Der Spiel- und Freiraum, hier oder dort kleine Verschiebungen anzubringen, nährt die Erwartung, daß die eigenen Gegebenheiten in Bewegung bleiben und jene Gewichte wie bei einem Mobile ins Gleichgewicht rücken können - im Sinne eines gelingenden, 'funktionierenden' Lebens. Diese Beweglichkeit des Menschen ist bescheidener, als sich dies die Ingenieure des Neuen Menschen und die ihnen nachfolgenden Selbst-Designer vorgestellt haben. Immerhin ist es glücksverdächtig, sich mit Neugier und Sorgfalt, "Scheu" und "Achtung" (Schlemmer)[17] dem Wirrsal zuzuwenden, das Mensch heißt. Wer auf diesem Wege beim Wohlergehen anlangt, findet am Ende das, was, nach einer langen Irrfahrt, vom Glück des Neuen Menschen übrig bleibt.

Anmerkungen

[1] I. Kant: Werke (Akademie). Berlin 1968. Bd. VII, S. 292, 294, Bd. III, S. 363 (KrV B 560/A 532). - Weil ich erst sehr spät von meiner Teilnahme an dem Kongreß in Konstanz erfahren habe, handelt es sich hier *nicht* um den Text des dort zu haltenden Vortrag, sondern um einen Text zu einem sehr ähnlichen Thema, der bei anderer Gelegenheit entstanden ist.
[2] H. Arendt: Vita Activa oder Vom tätigen Leben. München/Zürich 1981, S. 164.
[3] I. Kant: Werke, a.a.O., Bd. IX, S. 471 (Über Pädagogik).
[4] R. Haussmann: Bilanz der Feierlichkeit. München 1982, S. 92f.
[5] O. Schlemmer: Idealist der Form. Leipzig 1990, S. 163.
[6] M. Foucault: Von der Subversion des Wissens. Frankfurt/Berlin/Wien 1978, S. 29ff. (Übers. geänd.); ders.: Dits et Écrits. Paris 1994, Bd. 1, S. 618ff.

[7] Ch. Fourier: Aus der Neuen Liebeswelt. Berlin 1977, S.15, 108 u. pass.
[8] A. Huxley: Schöne neue Welt. Frankfurt a.M. 1953. S. 174; zum "Glück" ebd., S. 65, 74f., 156f., 160, 165.
[9] J. Samjatin: Wir. Köln 1984, S. 61, 15f.
[10] M. Weber: Gesammelte Aufsätze zur Wissenschaftslehre. Tübingen 1982 (5.A.), S. 598.
[11] Jemand, bei dem man dies vielleicht am wenigsten erwartet, hält genau in diesem Sinne beharrlich am Begriff des Glücks fest, nämlich Theodor W. Adorno. In seiner Kritik an Huxley wehrt er sich gegen die Gegenüberstellung von Freiheit und Glück; in seiner Kritik an Thorstein Veblen protestiert er gegen dessen "Gelächter übers Bild der Seligkeit" und dessen Fixierung auf effiziente Produktion; vgl. Th. W. Adorno: Gesammelte Schriften, Bd. 10.1. Frankfurt a.M. 1977. S. 116, 93.
[12] H. Arendt: Elemente und Ursprünge totaler Herrschaft. München/Zürich 1986, S. 676f.
[13] Vgl. M. C. Nussbaum: Human Functioning and Social Justice: In Defense of Aristotelian Essentialism. Political Theory 20/2, 1992.
[14] P. Th. d'Holbach: System der Natur. Berlin 1960, S. 231.
[15] In dieser Charakterisierung Freuds, in der sein Interesse am Individuum und seine Erinnerung an die biologische Basis des menschlichen Lebens zusammengehen, folge ich der eindrucksvollen Interpretation von L. Trilling: Kunst, Wille und Notwendigkeit. München/Wien 1990, S. 270ff., 290ff.
[16] R. Musil: Essays und Reden. Kritik. Reinbek 1978. S. 1082.
[17] O. Schlemmer: Idealist der Form, a.a.O., S. 210, 238.

Dr. med. Dr. phil. Kai Vogeley
Klinik für Psychiatrie und Psychotherapie
Rheinische Friedrich-Wilhelms-Universität Bonn
Sigmund-Freud-Str. 25, 53105 Bonn
vogeley@uni-bonn.de

Die zerebrale Implementierung des Selbstkonstrukts

Operationalisierung des Selbstkonstrukts

Bildgebende und elektrophysiologische Verfahren in der Hirnforschung stellen heute differenzierte Meßverfahren hirnorganischer Korrelate psychischer Phänomene bereit, die im einzelnen sowohl räumlich als auch zeitlich hochauflösende Meßapparaturen bereitstellen und so eine detaillierte Kartierung psychischer Phänomene erlauben. Im Vordergrund stehen heute funktionell-bildgebende Verfahren, die umschriebene Hirnaktivierungen, die als zerebrale Parallelphänomene[1] zu bestimmten psychischen Phänomenen ablaufen, beschreibbar machen. Kernstück eines solchen funktionell-bildgebenden Experimentes ist neben der entsprechenden technischen Ausrüstung zur Beschreibung der Hirnzustände insbesondere die adäquate Operationalisierung und der psychischen Phänomene und ihrer Induktion während des Experiments, deren zerebrale Parallelphänomene erfaßt werden sollen.

Zunehmend werden auch neuropsychologisch komplexe Phänomene Gegenstand solcher Untersuchungen, die meist durch klinisch-medizinische Fragestellungen aus den Bereichen Neurologie, Psychiatrie oder Psychologie motiviert sind. Motivationaler Hintergrund einer spezifischen Untersuchung des Selbst-Konstrukts[2] ist die Pathophysiologie der Schizophrenie, bei der sogenannte "Self-Monitoring-Störungen" als Basisstörung angenommen werden.[3] Am Beispiel der Halluzination, die als eine intern generierte Wahrnehmung ohne adäquaten äußeren Stimulus definiert werden kann, wird dies deutlich. Im Gegensatz zur Imagination, die ebenfalls ein intern generiertes Perzept

---

[1] "Parallel" drückt hier methodologisch aus, daß psychische und zerebrale Vorgänge nur parallel nebeneinander aufgezeichnet werden können, ohne daß damit gleichzeitig eine Aussage zu einer etwa kausal oder emergent zu beschreibenden Interaktion impliziert wird. Methodologisch ist dies insbesondere wichtig, da die Registrierung der Hirnzustände (adäquate Apparaturen) und der psychischen Zustände (z.B. Introspektion während der Messung, Bericht darüber nach der Messung) aus technischen Gründen meist zeitlich getrennt voneinander ablaufen müssen. Inhaltlich ist mit dieser methodologisch motivierten Formulierung sowohl die Möglichkeit eines psychophysischen Parallelismus als auch eines Identitätspostulates kompatibel (Vogeley 1995).

[2] Der Begriff "Konstrukt" wird ebenfalls methodologisch benutzt und bezeichnet in einem psychologischen Sinn eine konzeptuelle Vorstellung oder Bündelung von Phänomenen, die im einzelnen nicht direkt meßbar sind, aber durch empirische Indikatoren meßbar gemacht werden. Mit dem Begriff des Selbst-Konstrukts wird hier ausdrücklich auf eine experimentelle Ausrichtung verwiesen. Eine multidisziplinäre Diskussion zu diesem Themenbereich bietet der Sammelband "Selbst und Gehirn" (hrsg. v. Newen und Vogeley, Mentis-Verlag, 1999, im Druck).

[3] Diese Konzeptuierung geht insbesondere auf Frith (1996) zurück. Eine international debattierte Hypothese findet sich unter http://www.phil.vt.edu/assc/esem5.html im Rahmen eines Internet-Seminars der Association for the Scientific Study of Consciousness (ASSC).

ohne äußeren adäquaten Stimulus erzeugt, ist bei der Halluzination die Zeugenschaft dieses Erzeugungsprozesses nicht präsent bzw. die Qualität des "Selbsterzeugt-Habens" nicht verfügbar.[4] Der Verlust dieser Selbsterzeugtheits-Erfahrung erscheint als notwendige Vorbedingung für das Erlebnis einer Halluzination, in der das halluzinierte Perzept als welterzeugt erscheint.[5] Ähnliche psychopathologische Phänomene der Schizophrenie betreffen etwa die Erlebnisse, Gedanken eingeben, lesen oder empfangen zu können, die (aus der Beobachter-Perspektive selbsterzeugten) Gedanken erscheinen dann nicht mehr als die eigenen Gedanken, die Qualität der Selbsterzeugtheit geht zugunsten einer Qualität der Welterzeugtheit verloren. Mit dem Ziel der pathophysiologischen Aufklärung der Schizophrenie als einer Hirnerkrankung ist ein Selbst-Konstrukt zu charakterisieren, das zum einen wesentliche psychische Eigenschaften enthält, die introspektiv verfügbar sind, und das zum anderen Operationalisierungen dieser Teileigenschaften zuläßt.

Selbstkonstrukt und Selbstbewußtsein

Dieses Selbstkonstrukt ist begrifflich abzugrenzen von klassisch-philosophischen Entwürfen. Da es sich um ein Eigenschaftsbündel handelt, deren einzelne Teil-Eigenschaften aus der Eigenbeobachtung hervorgehen, ist damit kein starkes Konzept von Selbstbewußtsein impliziert, weder im Sinne eines cartesischen (ontologischen) Dualismus, der ein Schnittstellenproblem erzeugt, noch im Sinne eines transzendentalen Entwurfes, nach dem das Selbstbewußtsein geradezu zwingend, konstitutiv die (nicht-empirische) Vorbedingung unserer (empirischen) Bewußtseinsinhalte ist.

> „Die objektive Einheit alles (empirischen) Bewußtseins in einem Bewußtsein (der ursprünglichen Apperzeption) ist also die notwendige Bedingung so gar aller möglichen Wahrnehmung."[6]

Bewußtsein wird also das

> „transzendentale Prinzip der Einheit alles Mannigfaltigen unserer Vorstellungen"[7].

Eine empirische Untersuchung dieser transzendental konzipierten Einheit des Bewußtseins, die jedem empirischen Bewußtseinsinhalt vorhergeht, wäre allerdings unmöglich. Zielt man auf die empirische Bearbeitung solcher höherstufigen komplexen Phänomene ab, muß daher in der Theoriebildung (implizit oder explizit) auf jede Variante eines ontologischen Dualismus oder eines transzendentalen Konzeptes im engen Sinn verzichtet werden, um Interaktionen verschiedener Substanzklassen oder Kategoriensprünge zwischen mentalen und physischen Phänomenen zu vermeiden.

> „Mögt Ihr doch zwischen die Affektion eurer Nerven, eures Gehirns u.s.w. und die Vorstellung eines äußern Dings noch so viele Zwischenglieder einschieben, ihr täuscht nur euch selbst; denn der Übergang vom Körper zur Seele kann nach euern

---

[4] Vogeley & Curio 1998

[5] An anderer Stelle diskutiere ich die Imbalance zwischen Selbst-Monitoring einerseits und Welt- oder Realitätsmodellierung andererseits als Möglichkeit eines hinreichenden Kriteriums für die Entstehung von Halluzinationen (Vogeley 1999a, im Druck)

[6] Kant, KrV A123, p.178

[7] Kant, KrV A117, p.174

eigenen Vorstellungen nicht continuirlich, sondern nur durch einen Sprung geschehen, den ihr doch vermeiden zu wollen vorgebt."[8]

In starke Nähe zu einer üblicherweise reduktionistisch verfahrenden Neurowissenschaft bringen sich natürlich fiktionale Entwürfe, in denen das Erlebnis eines Selbstbewußtseins als eine bloße Fiktion, demzufolge das Selbst oder das Ich lediglich eine

„Illusion ohne Illusionisten"[9]

entlarvt wird. Es entsteht daraus eine logische Problematik, dadurch, daß eine seriöse Entscheidungsinstanz, die zwischen Fiktion und Wirklichkeit unterscheiden soll, nicht ihrerseits selbst fiktional sein kann.[10] Es entstehen aus einer starken fiktionalen Positionierung dieser Art auch empirisch innerhalb der Neurowissenschaften wieder Schwierigkeiten, so z.B. das Bindungsproblem oder "binding problem", das die Einheit des Bewußtseins thematisiert. Problematisch ist hier, daß durch eine konsequent modularistisch verfahrende Neurowissenschaft, wozu sie aus methodologischen Gründen gezwungen ist, auch einheits- und kontinuitätsbezogene Merkmale nur außerordentlich schwierig zu modellieren sind und in einen infiniten Regress münden.[11]

In Abgrenzung gegen starke Selbstbewußtseins-Theorien (cartesisch, transzendental) und gegen schwache Selbstbewußtseins-Theorien (fiktional) ist das aus potentiell operationalisierbaren Partialeigenschaften bestehende Selbstkonstrukt phänomenal zu beschreiben. Das Selbstkonstrukt kann durch die konstitutiven Erlebnisqualitäten von Urheberschaftserfahrung, Perspektivitäts- oder Meinigkeitserfahrung sowie Einheits- oder Konsistenzerfahrung gefaßt werden. Der Urheberschaftsaspekt ist sprachlich reflektiert in dem Gebrauch pronominaler Syntax und des Erlebnisses der Meinigkeit, daß ich es bin, der meine Handlungen, Planungen erzeugt auf der Basis meiner eigenen Wahrnehmungen, Erinnerungen und Gedanken. Die Perspektivität bezieht sich auf die Inkorporierung meiner Wahrnehmungen usw. und die Zentrierung um meinen eigenen Körper. Basis der Einheitserfahrung ist die Erzeugung eines langzeitbezogenen kohärenten Ganzen meiner Meinungen und Überzeugungen, die konsistent zu machen sind mit präexistenten autobiographischen Inhalten. Die Einheitserfahrung steht für die Idee, daß wir eine kohärente Person sind:

"the idea of a single person, a single subject of experience and action"[12].

---

[8] Schelling, Einleitung zu: Ideen einer Philosophie der Natur als Einleitung in das Studium dieser Wissenschaft (1797), p.264

[9] Dennett 1994, p.26

[10] Diesen Diskussionspunkt verdanke ich Christian Kupke, Berlin. Die Entscheidungsinstanz nämlich, die diese Frage stellt, ob das Ich eine Illusion sei oder nicht und diese Frage offenbar auch verläßlich beantworten kann (damit also eine epistemische Autorität zugeschrieben bekommt), kann nicht zugleich selbst fiktiver oder illusionärer Natur sein (was ihre epistemische Autorität ja gleichzeitig tilgen würde, womit aber auch wieder die Verläßlichkeit des Fiktionsverdachts in Frage stünde usw.).

[11] Eine Diskussion des Bindungsproblems ist von mir zur AGPD-Tagung 1996 in Leipzig vorgenommen worden (Vogeley 1996).

[12] Nagel 1971

Hirnimplementierung des Selbstkonstrukts

Von hirntheoretischer Seite wurde postuliert, daß diese wesentlichen Eigenschaften in einem Selbstmodell re-integriert werden als ein episodisch aktives komplexes neuronales Netzwerk[13]. Das resultierende Selbstmodell könnte dann als eine kontinuierliche Quelle von intern generierten Signalen verstanden werden, die aktiviert werden, wann immer bewußte Erfahrungen einschließlich der Erfahrungen von Urheberschaft, Perspektivität, Einheit erscheinen. Dieses Modell erzeugt auch ein Körpermodell, das unabhängig von äußeren Reizen zu sein scheint und das das Zentrum unserer Erfahrungsräume darstellt. Dieses Selbstmodell bleibt als solches aber unbewußt. Die mit dem Selbst-Konstrukt assoziierten Teileigenschaften könnten an propriozeptive Information gebunden sein, die unser Körperbild vermitteln. Dieser Anteil eines neuronalen Aktivierungsmusters, das unabhängig von externen Stimuli ist, könnte eine solche Quelle kontinuierlicher Einspeisung des Körperbildes sein. Immer dann, wenn es zu bewußter Wahrnehmung kommt, ist dieses Selbstmodell als eine bestimmte neuronale Konfiguration aktiviert.

Das Selbstmodell Metzingers wird so ein funktionales, episodisch aktiviertes Modul. Da dieses Modul nicht direkt an die einzelnen aktuellen Bewußtseinsinhalte gebunden ist, sondern jeweils bereits vorher aktiviert wurde, ist dieses Selbstmodell selbst als Erfahrungsqualität im Sinne der Selbsterzeugtheit oder -referentialität ständig präsent. Dieses Postulat eines solchen neuronalen Selbstmodells, das früh und vor-bewußt in die Bewußtseinsprozesse eingespielt wird, wird damit abgreifbar in den als Selbstkonstrukt zusammengefaßten Eigenschaften, die wiederum einer empirischen Untersuchung zugänglich sind. Das ist der zentrale, überaus wichtige Ertrag dieser verschiedenen Rekonstruktionsversuche, die hier nur exemplarisch darstellbar sind.

Selbstkonstrukt und Zeitkodierung

Vielen dieser neuronalen Selbstmodell-Entwürfen ist gemeinsam die zentrale Bedeutung von Zeit-Kodierung zur neuronalen Realisierung von Bewußtseinsphänomenen. Das Gehirn "flüchtet in die Zeit"[14]. Dabei geht es (neben der Repräsentation von Zeit) um die Repräsentation mentaler Phänomene durch neurophysiologisch vermittelte Zeitphänomene. Im wesentlichen werden hier Repräsentationen auf zwei Zeitskalen debattiert. Darunter fallen zum einen sogenannte Oszillationsphänomene, die Kodierungsleistungen auf einer niedrigen Zeitskala ausführen, die im Millisekundenbereich liegen ("40 Hertz-Hypothese")[15]. Diese Oszillationsphänomene sind experimentell als Kodierungswerkzeug des Gehirns für Eigenschaftsbindung (feature binding), also für Eigenschaften eines Perzepts innerhalb eines Sinneskanals, nachgewiesen.

Eine wichtige Bedeutung für die verschiedenen Teil-Eigenschaften des Selbstkonstrukts hat die Konzeptuierung, daß Bewußtseinsinhalte in der Zeit geöffnet werden, die in Bereiche der subjektiv erlebbaren Zeitskalen reichen, die in Schätzleistungen und in

---

[13] Metzinger 1993, 1995; Damasio 1994; Melzack et al. 1997

[14] Metzinger spricht in Anlehnung an Wolf Singer von der "Flucht in die zeitliche Dimension" und vom Gehirn als System, das "in die Zeit ausweicht" (1995, S. 611).

[15] Eine aktuelle Diskussion dieses neuronalen Kodierungstyps liefert Andreas Engel in einem 1998 durchgeführten Internet-Seminar, das unter http://www.phil.vt.edu/assc/esem5.html archiviert ist.

Phänomenen der Gleichzeitigkeit, Folge oder Gegenwärtigkeit ausdrückbar sind.[16] Das Erleben von Nicht-mehr-Gleichzeitigkeit und die klare Benennbarkeit von Reihenfolgen ist z.B. modalitätsunabhängig ab einer zeitlichen Distanz von 30 Millisekunden möglich, einem Zeitraum, der spekulativ als Leistung eines Hirnmechanismus entstehen könnte, der auf der Basis von Oszillationsphänomenen etabliert wird, die etwa 30 - 40 Hertz betragen.[17] Im Jetzt-Erlebnis wird dagegen eine zeitliche Integration von verschiedenen Inhalten geleistet, die als gegenwärtig empfunden werden. Die obere Grenze dafür liegt bei etwa zwei bis vier Sekunden, innerhalb derer einzelne Wahrnehmungsereignisse maximal noch als "gegenwärtig" empfunden werden. Nach Überschreiten dieser Zeitgrenze "zwingt" das Gehirn gewissermaßen zum nächstfolgenden Gegenwarts-"Moment".

Diese zeitgebundenen Kodierungsleistungen des Gehirns sind einer neurowissenschaftlichen Untersuchung zugänglich. Wesentlich für die Binnenstrukturierung des Zeiterlebens ist unter anderem das sogenannte Arbeitsgedächtnis, das mit Aktivierungen des präfrontalen Cortex korreliert[18]. Das Arbeitsgedächtnis bereitet aktuelle Wahrnehmungsinhalte und kontextuelle Erinnerungsbestände "on line" in der Gegenwart auf, und diese Funktion ist wesentlich eine zeitabhängige Funktion.[19] Auch das autobiographisches Gedächtnis, das in der Wiedererkennung von komplexem, autobiographisch relevantem narrativen Material geprüft werden kann, ist wesentlich (aber nicht "kortikozentrisch" ausschließlich) an den präfrontalen Cortex gebunden[20]. Daneben ist der präfrontale Cortex insbesondere für die Funktionen der Vorbereitung geplanter Handlungen und der Interferenzkontrolle verantwortlich. Die übergeordnete Funktion ist dabei die der Organisation des Verhaltens in der Zeit, die dadurch zielorientiertes Verhalten hervorbringt. Die wesentliche Funktion liegt also in der Überbrückung solcher zeitlich getrennten Kontingenzen ("mediation of cross-temporal contingencies"), diese Funktion ist prospektiv. Zusammengefaßt sind das eine retrospektiv gerichtete Zeitachse zum Arbeitsgedächtnis, eine prospektiv gerichtete Zeitachse zur Vorbereitung von Handlungsschemata sowie eine Schutzfunktion zur Interferenzkontrolle[21]. Wahrnehmung besteht damit also in einem Verdichtungsprozeß,

---

[16] Die experimentalpsychologische Untersuchung des Zeitempfindens geht wesentlich auf Pöppel (1978, 1989) zurück. Zur Übersicht über normales und pathologisch verändertes Zeiterleben sowie deren Repräsentation im Gehirn Vogeley (1999b, im Druck).

[17] Pöppel (1989)

[18] Vogeley et al. 1999, im Druck

[19] Mit der Zuweisung dieser zeitabhängigen Funktion an den präfrontalen Cortex ist natürlich keine naive Zentrenlehre impliziert. Allerdings läßt sich als eines der wichtigsten Bauprinzipien des Neocortex eine funktionelle Aufteilung zeigen, nach der wiederum eine Re-Integration stattfinden muß. Dafür steht der sogenannte heteromodale Assoziationscortex zur Verfügung, der den dorsolateralen präfrontalen Cortex (Brodmann 9, 10, 46), das Planum temporale des Gyrus temporalis superior (Brodmann 22) und den Lobulus parietalis inferior (Brodmann 39, 40) umfaßt. Es entstehen so intercorticale, dynamische neuronale Netzwerke, die verschiedene cortical verarbeitete Gehalte integrieren (Bressler 1995).

[20] Fink et al. 1996, Vandenberghe et al. 1996

[21] Fuster 1997

der das zwei bis vier Sekunden währende Konstrukt der Gegenwart an Vergangenheitsbezüge und Zukunftsaufgaben anbinden kann.

"Wahrnehmen heißt unbeweglich machen."[22]

Gemäß der vorbeschriebenen Hirnareale, die wesentlich mit der Implementierung von zeitlichen Funktionen im Hirn zu tun haben, sind Störungen im Zwischenhirn, des Thalamus und des präfrontalen Cortex bekannt. Zeitraffer- und Zeitdehnungsphänomene wurden bei Zwischenhirnläsionen beschrieben[23].

Als intrazerebraler Oszillator, der die Zeit des Organismus und auch für den Organismus mißt und insbesondere für die Tag-Nacht-Rhythmik des Organismus verantwortlich ist, ist eine Neuronenpopulation des Nucleus suprachiasmaticus im Bereich des Hypothalamus identifiziert[24]. Diese Zentraluhr ("central clocking") des Nucleus suprachiasmaticus ist notwendig und hinreichend für das zirkadiane Zeitgitter unserer Aktivitäten. Als molekularbiologische autoregulatorische Prozesse, die die zirkadiane Regulation von Genprodukten steuern, sind Mechanismen identifiziert, die unter Lichteinfluß den Zellzyklus auf eine bestimmte Position im Transskriptionsvorgang zurücksetzen, wonach dann über etwa 24 h das weitere Ablesen der zugehörigen DNA gehemmt wird. Damit ist neuronal die Anpassung der subjektiven oder Ich-Zeit an die objektive oder Weltzeit geleistet.

Ausblick

Diese klinisch-medizinisch motivierte Rekonstruktion führt vom Ausgangspunkt einer phänomenalen, oberflächlichen Bündelung von Teil-Eigenschaften des Selbstkonstrukts in Abgrenzung starker (cartesischer, transzendentaler) oder schwacher (fiktionaler) philosophischer Theorien des Selbstbewußtseins, zu einer nicht-hierarchischen Modellierung des Selbstkonstrukts, die eine Korrelation mit neuronalen Parallelprozessen erlaubt. Emprisch lassen sich Evidenzen für eine dynamisch-distributive Netzwerkarchitektur, die verschiedene Hirnstrukturen mit einbezieht, aufzeigen. Integrationsleistungen kann plausiblerweise durch Zeit-Bindungen erfolgen. Diese sind zum einen neurophysiologisch als Oszillationsphänomene auf einer kleinen Zeitskala ("40 Hertz-Hypothese") nachweisbar. Zum anderen ist die Konstituierung von "Zeitfenstern" auf einer hohen Zeitskala nachweisbar, die Leistungen wie Zeitschätzung, Erlebnisse der Folge, Gleichzeitigkeit ("3-Sekunden-Fenster der Gegenwart") bereitstellen. Diese dynamischen, durch Zeitkodierung realisierten Netzwerk-Konfigurationen in einem distributiven, multilokalen Netzwerk bieten neurowissenschaftlich Hypothesen zur nicht-hierarchischen Konzeptuierung von Teil-Eigenschaften des Selbstkonstrukts an.

Eine derartige Rekonstruktion kann zu einer de-amplifizierenden Theoriebildung in der Philosophie des Geistes bzw. der Neurophilosophie beitragen. Das Spannungsfeld, das durch die modularistisch verfahrende, neurowissenschaftliche Untersuchung eines epistemologisch hierarchisierten Selbstbewußtseins entsteht, kann so entlastet werden. Aufgabe einer transdisziplinär angelegten Philosophie ist es, unter Berücksichtigung der

---

[22] Bergson 1896, 132, 206

[23] Häfner 1953, 1954; Spiegel et al. 1956; Shuren et al. 1997

[24] Hastings 1997

epistemologischen Dimension des Selbstbewußtseins eine neurowissenschaftlich plausible, nicht-hierarchische Konzeptuierung des Selbstbewußtseins zu entwickeln. Besondere Bedeutung kommt dabei einer Zeitkonzeption zu, die in Verbindung zu einer Theorie des Selbstbewußtseins treten muß. Dabei ist neben der Zeitkodierung durch Oszillationsphänomene die Reihungs- und Ordnungsfunktion der Zeit relevant.

Literatur

Bergson H: Materie und Gedächtnis (Orig. 1896). Ullstein Materialien, Frankfurt a. Main, 1982

Bressler SL: Large-scale cortical networks and cognition. Brain Research Reviews 20, 288-304, 1995

Damasio AR: Descartes' error. Emotion, reason and the human brain. New York: G.P. Putnam's Son, 1994.

Dennett DC: Philosophie des menschlichen Bewußtseins (Orig. Consciousness Explained, 1991). Hoffmann und Campe, Hamburg, 1994

Fink GR, Markowitsch HJ, Reinkemeier M, Bruckbauer T, Kessler J, Heiss WD: Cerebral representation of one's own past: neual networks involved in autobiographical memory. Journal of Neuroscience 16(13), 4275-4282, 1996

Frith CD: The role of the prefrontal cortex in self-consciousness: the case of auditory hallucinations. Phil Trans R Soc Lond B 351, 1505-1512, 1996

Häfner H: Psychopathologie der cerebral-organisch bedingten Zeitsinnesstörungen. Arch Psychiatr Nervkrankh 190: 530-545, 1953

Häfner H: Über die Zeitdehnungs- und Zeitbeschleunigungsphänomene im Rahmen von Zwischenhirnstörungen. Mschr Psychiat Neurol 127: 336-348, 1954

Hastings MH: Central clocking. Trends in Neuroscience 20: 459-464, 1997

Shuren JE, Jacobs DH, Heilman KM: Diencephalic temporal order amnesia. J Neurol Neurosurg Psychiatry 62, 163-168, 1997

Spiegel EA, Wycis HT, Orchinik C, Freed H: Thalamic chronotaraxis. Am J Psychiatry Aug 1956: 97-105, 1956

Kant I: Kritik der reinen Vernunft. Werkausgabe. 12 Bände. (Hrsg. Weischedel, W.), Suhrkamp Verlag, Frankfurt a.M., 1977

Melzack R, Israel R, Lacroix R, Schultz G: Phantom limbs in people with congenital limb deficiency or amputation in early childhood. Brain 120, 1603-1620, 1997

Metzinger T: Subjekt und Selbstmodell. Schöningh Verlag, Paderborn, 1993

Metzinger T: Ganzheit, Homogenität und Zeitkodierung. In: T. Metzinger (Hrsg.), Bewußtsein. Beiträge aus der Gegenwartsphilosophie, Schöningh Verlag, Paderborn, 1995

Nagel T: Brain bisection and the unity of consciousness. Synthese 22, 396-413, 1971

Newen A, Vogeley K (Hrsg.): Selbst und Gehirn. Menschliches Selbstbewußtsein und seine neurobiologischen Grundlagen. Mentis-Verlag 1999 (im Druck)

Pöppel E: Erlebte Zeit und Zeit überhaupt: Ein Versuch der Integration. In: Die Zeit. Dauer und Augenblick. Veröffentlichen der Carl Friedrich von Siemens Stiftung, hrsg. von H. Gumin und H. Meier, Piper Verlag, München, 1989

Pöppel E: Time Perception. In: Handbook of Sensory Physiology. Vol. VIII: Perception. Springer Verlag, 1978

F.W.J.Schelling: Einleitung zu: Ideen einer Philosophie der Natur als Einleitung in das Studium dieser Wissenschaft (1797). (Hrsg. M. Frank), Frankfurt a. Main, Bd.I, p.264

Vandenberghe R, Price R, Wise R, Josephs O, Frackowiak RSJ: Functional anatomy of a common semnatic system for words and pictures. Nature 383, 254-256, 1996

Vogeley K: Die Einheit des Bewußtseins in der Neuroepistemologie. In: Hubig & Poser (Hrsg.): Cognitio humana. Leipzig, 1996

Vogeley K: Zeit im Hirn. In: Kupke et al. (Hrsg.): Zeit und Zeitlichkeit. Königshausen und Neumann, Würzburg, 1999b (im Druck)

Vogeley K, Curio G: Imagination und Halluzination. In: Sachs-Hombach K, Rehkämper K (Hrsg.): Bild, Bildwahrnehmung, Bildwirklichkeit. Magdeburg 1998

Vogeley K, Kurthen M, Falkai P, Maier W: Essential features of the human self model are implemented in the prefrontal cortex. Consciousness and Cognition 1999 (im Druck)

Vogeley K: Hallucinations emerge from an imbalance of self monitoring and reality modelling. The Monist 1999a (im Druck)

Vogeley K: Repräsentation und Identität. Zur Konvergenz von Hirnforschung und Gehirn-Geist-Philosophie. Berlin, Duncker und Humblot, 1995

Leibniz und Eva?: Leibniz' Naturphilosophie unter wissenschaftstheoretischem Aspekt (Rita Widmaier)

1 Einleitung

Leibniz gehört - was bisher wenig Beachtung gefunden hat - zu den prominentesten Verfechtern, ja philosophischen Begründern der sogenannten Präformations- oder Einschachtelungslehre. Nicht zuletzt deshalb gewann in der Embryologie des 17. Jahrhunderts diese wissenschaftliche Hypothese zunehmend paradigmatische Bedeutung.

In aller Kürze besagt diese Lehre über die Entstehung und Fortpflanzung organischer Lebewesen folgendes: Pflanzen und Tiere ebenso wie Menschen entstehen nicht durch Zeugung, sondern sind in präformierter Gestalt - zusammengefaltet und ineinandergeschachtelt, den bekannten russischen Püppchen ähnlich - bereits in den Eltern vorhanden. Nach dieser Auffassung bedeutet Fortpflanzung stets nur Ausschachtelung und Entfaltung von schon vorher existierendem Leben, sind doch alle zukünftigen Generationen bereits in der gegenwärtigen anwesend: im Samen der Pflanze bzw. dem des Tieres, d.h. entweder im Uterus der Mutter oder in den Spermien des Vaters. Über den letztgenannten Punkt herrschte unter den Anhängern der Präformationslehre allerdings entschiedene Uneinigkeit. Stammte alles Leben aus dem Ei (so vor allem Harvey)? Oder waren die Träger des Lebens nicht vielmehr die von Leeuwenhoek und Hartsoeker entdeckten *animalcula* im Sperma des Vaters?

Leibniz - als ein entschiedener "Animalculist" - sah in der Überzeugung der Gegenseite, der sogenannten Ovisten, eine Kränkung des männlichen Geschlechts. Er empfand Genugtuung darüber, daß "Leeuwenhoek die Ehre des männlichen Geschlechts wiederhergestellt hat und seinerseits das weibliche herabgesetzt, das nach ihm keine andere Funktion besitzt, als die Erde für den Samen hat, indem sie ihm den Ort und die Nahrung gewährt" [*NE* III, 6, 23]. Obwohl Leibniz selbst keine experimentelle Naturforschung betrieben hat, erhielt jedenfalls die heute nur noch wissenschaftshistorisch interessante Präformationslehre ihre philosophische Grundlegung und maßgebliche Ausformung in seinem "Neuen System der Natur". Wie kam es dazu?

In unserem Jahrhundert ist mehrfach vermutet und bis vor kurzem diskutiert worden, daß Leibniz für die Herausbildung seines philosophischen Systems dem chinesischen Denken womöglich wesentliche Anstöße verdanke. Ein Indiz für diesen Einfluß erblickte Joseph Needham in Leibniz' organischer Naturphilosophie - einer nach Needhams Ansicht im Abendlande neu auftretenden Naturauffassung, deren Quellen für Leibniz wahrscheinlich in den von Jesuiten besorgten Übersetzungen neokonfuzianischer Philosophie gelegen hätten.

Inzwischen ist wohl unbestritten, daß von Beeinflussung keine Rede sein und allenfalls von zwar überraschenden, doch nur äußerlichen Ähnlichkeiten gesprochen werden kann. Allerdings ist dieses unter dem vergleichenden Blickwinkel philosophischer Analyse gewonnene Ergebnis immer noch frappierend: Letztlich bedeutet es ja, daß die Vergleichsobjekte, das "Neue System der Natur" von Leibniz und die neokonfuzianische Gestalt chinesischer Naturphilosophie, gerade wesensmäßig nicht verwandt sind, vielmehr vollkommen verschiedene Naturmetaphysiken darstellen.

Diese Wesensverschiedenheit läßt sich in wissenschaftshistorischer Perspektive am besten anhand einer wissenschaftlichen Hypothese verdeutlichen, die Ende des 17. Jahrhundert paradigmatische Bedeutung erlangt hatte: der oben erwähnten Präformations- oder Einschachtelungslehre. Wenn es richtig ist, daß der "Unterschied philosophischer Schulen ihre nicht vergleichbare Art ist, die Welt zu sehen und in ihr Wissenschaft zu betreiben" (Th. Kuhn), träte gerade in dieser Hypothese das Charakteristikum jener gesuchten Wesensverschiedenheit exemplarisch in Erscheinung.

Im folgenden soll zuerst der Entstehungszusammenhang der Präformationslehre skizziert werden; als nächstes wird der Begründungs- und Lösungszusammenhang dargelegt, wie er in Leibniz' Erklärungsmodell und seinem "Neuen System der Natur" zum Ausdruck kommt. Zuletzt soll die Frage beantwortet werden, warum die Entstehung der Präformationslehre in China nicht denkbar ist.

2 Descartes und die Folgen: die tote Natur

Das Kernproblem der kartesischen Zweisubstanzen-Metaphysik hatte sich am Ende des 17. Jahrhunderts in zwei Fragen herauskristallisiert: Erstens, wie funktioniert die Verbindung zwischen Leib und Seele beim Menschen? Zweitens, wie wahr ist eigentlich die Naturauffassung Descartes'?

Die Modernen (Kartesianer) betrachteten die ausgedehnte und bewegliche Substanz als eine gegen Ruhe und Bewegung vollkommen gleichgültig sich verhaltende, träge und passive Masse. So schien es plausibel, in der Bewegung von Körpern, auch jenen der Lebewesen, nur die Wirkung gegenseitiger Berührung zu sehen und nicht weniger einleuchtend, für die Entstehung organischer Körper nur die Mixtur zweier Säfte im Keim (*Semence*) und das Spiel mechanischer Bewegung vorauszusetzen. Konsequent wurden deshalb in der Naturerkenntnis teleologische Prinzipien zugunsten geometrisch-mechanischer Prinzipien ausgeschlossen.

Während die Naturauffassung Descartes' die Beziehung zwischen Gott und seiner Schöpfung, besonders dem Menschen, in der Theorie nicht in Frage stellte, blieb diese Beziehung in der Praxis vollkommen abstrakt. Vor allem das Ansehen der Tiere als bloße seelenlose Maschinen empörte das Empfinden vieler Zeitgenossen. Hingegen überzeugte das mechanistische Weltbild Descartes' (abgesehen von dem Vorteil einer berechenbaren Natur) vornehmlich durch die Tatsache, daß die gottgewollte Stellung des Menschen darin respektiert wurde und die Heilsbotschaft des Neuen Testaments nur diesem galt.

So nimmt es nicht wunder, daß man es am Ende des 17. Jahrhunderts für "eine ausgemachte Sache" hielt, daß all jene gottlos wären, die den Tieren eine Seele zuerkannten, ohne daß sie den hierfür notwendigen Unterschied zwischen der Tierseele und dem Geist des Menschen klar zu definieren wußten. Wie "schade (ist es), daß des Cartesius Meynung so schwer zu behaupten, und so unwahrscheinlich ist", bedauerte infolgedessen Pierre Bayle, schien doch dessen Meinung von der Seelenlosigkeit der Tiere dem 'wahren Glauben sehr vortheilhaft" und für "einige Personen" "der einzige Grund", nicht "davon abzugehen" (Art. *Rorarius*, 1740, IV, S. 78). Der Streit um die Seele der Tiere war ein Dilemma. Einerseits könne man "nicht ohne Abscheu an die Folgen dieser Lehre (Descartes') denken", heißt es weiter, "denn setzet man, die Unsterblichkeit der Seele der Thiere zu vermeiden, voraus, daß die Seele des Menschen mit dem Körper stirbt [so allerdings nicht Descartes selbst, sondern seine konsequent materialistisch denkenden Nachfolger], so stößt man die Lehre von einem zukünftigen Leben um, und untergräbt die Grundfesten der Religion". Wollte man aber andererseits, "um unserer Seele das Vorrecht der Unsterblichkeit zu erhalten, dasselbe auch bis auf der Thiere ihre ausdehnen, in was für Abgründe befindet man sich nicht? was sollen wir denn mit soviel unsterblichen Seelen machen? wird denn für dieselben auch ein Paradies und eine Hölle sein? werden sie aus einem Körper in den anderen gehen? [...] Wie viel Gewürme giebt es nicht", gab Bayle zu bedenken und erinnerte an die neuesten Entdeckungen unter dem Mikroskop, welche " uns derselben zu Tausenden in einem einzigen Tropfen Wasser hat erkennen lassen" (*ebd.* S. 82 b).

Wer dieses Dilemma damals logisch lösen wollte, mußte den "Stier bei den Hörnern fassen": Er mußte die Religion achten, ohne Kartesianer zu sein; den Tieren eine Seele zugestehen, ohne die Besonderheit der menschlichen Seele in Frage zu stellen; er mußte die Verbindung zwischen Seele und Leib erklären, ohne die Prinzipien der Mathematik und Mechanik anzutasten; er mußte endlich sogar zeigen, daß der Ursprung der Seele mit den neuesten Entdeckungen unter dem Mikroskop in Einklang stand.

Leibniz war dieser Mann. Auch Bayle, der in seinem Artikel "Rorarius" das "Neue System der Natur" ausführlich besprach (ebd. S. 89 b - S. 94), war dieser Ansicht (ebd. S. 78).

3 Das "Neue System der Natur"

3.1 Leibniz' Anworten und sein Erklärungsmodell

Daß Leibniz kein Kartesianer war, beweisen die Resultate seines "Neuen Systems der Natur".

1. Das Verständnis der Materie und der physikalischen Bewegung von Körpern erfordere den metaphysischen Begriff der Kraft, heißt es dort. Denn das Wesen der überall in der Natur vorhandenen ursprünglichen Kräfte - d.h. endlicher Realisationen der unendlichen metaphysischen Kraft - enthalte etwas Lebendiges, der Empfindung, der Perzeption und dem Begehren Analoges, und müsse dem Begriff der Seele entsprechend aufgefaßt werden (§ 3 u. § 11).

2. Keine Seele sei ohne Körper geschaffen, beide wären unvergänglich, Geburt und Tod nur Vergrößerungen bzw. Verkleinerungen ein und desselben beseelten Körpers. So gebe es "keine erste Geburt und gänzlich neue Schöpfung und keinen gänzlichen Tod " (ebd. §§ 6-7).

3. Die Verbindung zwischen Seele und Leib sowie über diesen zur Welt sei eine durch Gott von vornherein genau geregelte und harmonische Beziehung. Kraft ihres darstellenden Wesens sei die Seele auch fähig, sich die anderen außer ihr Seienden (Körper) mit Bezug auf die Organe ihres Leibes bildhaft vorzustellen (§ 14).

4. Der Unterschied zwischen den vernünftigen Seelen oder Geistern und den einfachen, in die Materie versenkten Kräften oder Seelen sei immens. Gott regiere und umsorge die erstgenannten wie ein Fürst oder Vater, da sie, begabt mit dem Licht der Erkenntnis, ihm ebenbildlich seien. Über die einfachen Seelen hingegen verfüge er wie ein Ingenieur über seine Maschinen (§§ 5-7).

Diese staunenswerten Resultate werfen vornehmlich zwei Fragen auf: Zum einen, mit welchen Begriffen, Argumenten und Methoden legitimierte Leibniz derart kühne Behauptungen? Wie machte er sie plausibel? Zum anderen, wie wollte er selbst den Vorwürfen entgehen, die er so anhaltend und nachdrücklich gegen Descartes erhoben hatte? Descartes habe aus seiner Naturphilosophie das Prinzip der Zwecke verbannt und mit seiner Behauptung, die Materie könne sukzessive alle möglichen Formen annehmen, dem Atheismus und Materialismus Tür und Tor geöffnet; ja er habe "die hehren Worte von der Existenz Gottes und der Unsterblichkeit der Seele mißbraucht", so Leibniz' Hauptangriffspunkte. Daneben kritisierte er immer wieder die große Praxisferne Descartes': Dieser habe wegen seiner allzu abstrakten Metaphysik und Geometrie nichts zur Theoretisierung der Technik und schon gar nichts zur Entwicklung der praktischen Moral beigetragen.

Bezüglich der Legitimationsfrage seiner Behauptungen bietet Leibniz kein geringeres Erklärungsmodell als die Entfaltung des abendländisch-christlichen Gottesbegriffes mittels einer bis dahin nicht gekannten Theoretisierung und Konkretisierung der göttlichen Vermögen. Erst im Zeitalter von Großrechnern - die ohne Leibniz' binäres Zahlensystem nicht denkbar wären - , der Informationswissenschaften und der Globalisierung durch Datenvernetzung ahnen wir, welche Energien an Macht, Verstand und Willen Gottes der Wirklichkeit nach Leibniz zugrundeliegen [...].

Bezüglich der Frage, wie er den Descartes gegenüber erhobenen Vorwürfen entgehen wollte, ging es Leibniz um nichts weniger als um die theoretische Überwindung des Todes.

3.2 Leibniz und die Mikroskopisten

An der 'Nahtstelle' zwischen Theorie und Praxis erwuchs Leibniz' immenses Interesse an den neuesten Entdeckungen der Naturbeobachtung, fand auch die Begegnung mit dem holländischen Naturforscher Antoni van Leeuwenhoek (1632-1723) statt, den er im November 1676 in Delft aufgesucht hatte.

Tatsächlich sind die Entdeckungen Leeuwenhoeks für die Entwicklung des Leibnizschen Systems bis zuletzt nicht hoch genug einzuschätzen, ergreift doch Leibniz noch im August 1715 die Gelegenheit zu einem Briefwechsel mit dem inzwischen 83jährigen Naturforscher, um diesem mitzuteilen: "...daß ein sehr gelehrter und erfahrener Mann zu Padua, nahmens H. Vallisnieri nicht zulaßen will, daß die thierlein die Mein Herr in dem Saamen der thiere sichtbar macht, die jenigen seyen, durch deren Veränderung und Wachsthum die großen thiere selbst entstehen, sondern es scheinet er meyne daß thier stecke schohn im Ey, und werde durch die empfangniß nur erwecket. Er hat vor ein werck darüber herauszugeben, hat aber auch schohn in seinen gedruckten schrifften etwas davon gedacht. Mir ist meines Herrn meynung zimlich wahrscheinlich vorkommen, und ich habe auch in Meiner Theodicaea solches erwehnet[.] Mochte im übrigen wundschen [...] daß Mein h. H. ein systema Physeon, obschohn nicht in allem sicher dargeben wolte, denn solcher leute wie er selbst sind nicht zu verachten. Und wurde lieb zu vernehmen seyn, was ihm wahrscheinlich vorkomme [...]. - P.S. Ich mochte auch gern M. h. H. gedanken wißen über H. Hartsöker conjectures physiques die zwar nicht zu verachten, aber es ist zweifelsohne viel dabey zu erinnern, und das köndte von M. h. H. am besten geschehen." (LBr. 538 Bl. 1)

Leibniz' Brief zeigt deutlich, daß die Frage nach der Natur und Funktion der kleinen Samentierchen damals noch keinesfalls abschließend beantwortet war und daß seine in der *Théodicée* veröffentlichte Aussage (s.u. S.6) noch der einstimmigen Bestätigung durch die Forschung bedurfte. Welches Gewicht Leibniz dieser Tatsache wirklich beimaß, läßt am Anfang seines Briefes die Bezugnahme auf den italienischen Mediziner und Naturforscher Antonio Valisnieri (1661-1730) erkennen und am Schluß sein Hinweis auf den holländischen Naturforscher Nicolas Hartsoeker (1656-1725). Dieser hatte als einer der ersten die Animalcula im Sperma entdeckt und damit - neben Leeuwenhoek - Leibniz maßgeblich in seiner Naturphilosophie beeinflußt; es liegt deshalb nahe, die anfängliche Position Hartsoekers wenigstens in groben Zügen nachzuzeichnen.

Noch im Jahre 1694 hatte Hartsoeker seine Überzeugung verkündet, daß alle schwimmenden Insekten aus Eiern schlüpfen, die zuvor fliegende Insekten (wie Mücken und Eintagsfliegen) im Wasser abgelegt hätten. Belehrt durch weitere Beobachtungen, war er zu der Ansicht gelangt, daß es sich bei Fliegen, Schmetterlingen sowie einer Unzahl anderer fliegender Insekten nur um eine Art von Vögel handele; daß die letzteren sich allerdings aus einer Art Würmchen (*vers*) entwickeln, die Hartsoeker im Sperma männlicher Tiere entdeckt hatte (*Essay*, S. 227). Hartsoeker glaubte, daß jedes dieser Würmchen einen kleinen männlichen oder weiblichen Vogel seiner Art in sich berge und nach dem Eindringen in das Ei des Weibchens sich dort ernähre und zu sichtbarer Größe entwickle (*ebd.* S. 228). Nicht anders dachte er sich die Zeugung bei Vierfüßlern und Menschen (S. 229, analog auch bei den Pflanzen, S. 232), wobei er - dem damaligen Wissensstand entsprechend - in der Plazenta eine Analogform des Eis erblickte (S. 230).

Daß die biologischen Träger in der Generationenfolge des Lebens nur männliche Lebewesen sein konnten, verdeutlichte Hartsoeker, indem er den „Gedanken von der Fortpflanzung" noch viel weiter trieb und erklärt, "daß jedes dieser männlichen Tiere in sich selbst eine unbegrenzte Menge anderer Tiere, männliche und weibliche derselben Art enthält; aber diese sind unendlich kleiner, und diese männlichen Tiere [enthalten wiederum] noch andere männliche und weibliche Tiere derselben Art , und so fort; so daß dementsprechend die ersten männlichen Tiere [zusammen] mit all jenen derselben Art geschaffen worden wären, die sie gezeugt haben und die sich bis ans Ende der Zeit fortzeugen werden" (S. 230 f.).

Der später erfolgende 'Paradigmenwechsel' Hartsoekers führte zu einer Korrespondenz mit Leibniz, in der Hartsoeker schwerlich die ihm vorgeworfenen inneren Widersprüche seines eigenen Naturbegriffs einsah. Leibniz hingegen war von seiner Hypothese, der prästabilierten Harmonie zwischen Seele und Leib - d.h. der funktionellen Harmonie zweier gleich-ursprünglich geschaffener Substanzen - so fest überzeugt, wie von dem "natürlichen Wunder" der Inkommensurabilität der Seite des Quadrats mit seiner Diagonalen (*A* I, 14 N. 260, S. 434). Zweifellos ist hierfür in der Geschichte seines Denkens das Zusammentreffen zweier Ereignisse von entscheidender Bedeutung: Leibniz' erste Bekanntschaft mit der Präformations- und Einschachtelungslehre fällt ungefähr in dieselbe Zeit wie seine ersten uns faßbaren Ergebnisse zur Infinitesimalrechnung. Folgende Einsicht mag sich Leibniz gleichsam aufgedrängt haben: Was der Infinitesimalkalkül dem Denken bot - ein Instrument im Hinblick auf unendliche Teilbarkeit und 'infinitesimale' Kleinheit, das stellte die Präformations- oder Einschachtelungslehre für die Biologie bereit - nämlich ein Modell für die unendliche Einschachtelung und die 'infinitesimale' Einheit des präformierten Lebens.

Tatsächlich besitzt die Präformationslehre für die Biologie der Leibnizschen Naturmetaphysik eine Schlüsselfunktion bezüglich zentraler Probleme. Wie im folgenden zu zeigen ist, ging Leibniz davon aus, mit Hilfe dieses wissenschaftlichen Paradigmas erstens so fundamentale Begriffe wie den der Materie und den des Organismus definieren zu können, zweitens hiermit einen handgreiflichen Beweis für die Nichtexistenz des Todes, für die Realität der prästabilierten Harmonie sowie für den biologischen Ort der Seele zu besitzen; und drittens hierdurch ebenfalls den entscheidenden Unterschied zwischen dem Geist des Menschen und der Seele des Tieres entdeckt zu haben.

3.3 Die Implikationen der Präformationslehre für das "Neue System der Natur"

I. Was die naturphilosophischen Grundbegriffe betrifft, so ist augenfällig, daß Leibniz stets von den zahlreichen Beobachtungen Leeuwenhoeks vor allen Dingen zwei Entdeckungen thematisierte. Eine davon betrifft Leeuwenhoeks Beobachtung von unzählig vielen, äußerst kleinen Tierchen in einem einzigen Wassertropfen.

Leeuwenhoeks Bericht darüber, was er einige Tage lang bei der Beobachtung frischen Regenwassers unter dem Mikroskop entdeckt hatte, erschien im Jahre 1676: "I did not think, I should then perceive any living creature therein; yet viewing it attentivly, I did with admiration, observe a thousand of them in one drop of water, which were of the smallest sort, that I had seen hitherto" (*Collected Letters*, II, 1941, S. 77). Da sich das Bild in den nächsten Tagen nicht änderte, schüttete Leeuwenhoek das Regenwasser fort, - späterhin überzeugt, daß kein Tier jemals aus Fäulnis oder aus dem Nichts entstanden und nach der Schöpfung jedes seiner Art aus einem artspezifischen Tier hervorgegangen sei.

Die Antwort auf die Frage, warum Leibniz gerade diese Entdeckung derart faszinierte, liegt auf der Hand: Sie lieferte ihm nicht nur mit einem Schlag den Beweis gegen die für tot erklärte Natur Descartes', sie versetzte ihn zugleich auch in die Lage, zwischen unbelebter und belebter Natur, zwischen Materie, bloßer Masse oder künstlicher Maschine einerseits und organischer oder natürlicher Maschine andererseits zu unterscheiden. Materie war von nun an ein Aggregat von Lebewesen, aber nicht selbst ein Lebewesen. Ein solches Aggregat bildete z. B. die Erde, eine Herde von Schafen oder ein Teich voller Fische (*GP* II, S. 75 f.). Leibniz war überzeugt, jedermann sei der Ansicht, daß die Materie Teile habe und folglich eine Vielheit von mehreren Substanzen sei, wie eine Herde von Schafen, was er deutlicher auch wie folgt erklärte: "[...] man kann sehr wohl zwischen dem organischen Körper und den Massen unterscheiden, auch wenn man mit mir anerkennt, daß auch die Massen in sich organische Körper enthalten, ungefähr wie ein Teich Fische enthält, obgleich er selbst nur eine Masse ist und keineswegs ein organischer Körper. Und wie ein Tropfen Blut Teil des tierischen Körpers ist, ohne selbst Tier oder Pflanze zu sein , obgleich er solche enthalten kann" (LBr. 141 Bl. 3).

Die zweite Beobachtung Leeuwenhoeks, die Entdeckung der "Animalcula", scheint für Leibniz eine Art Offenbarung der Natur bedeutet zu haben, legitimierte sie doch vor dem Hintergrund seines Erklärungsmodells die metaphysisch und theoretisch weitestreichenden Schlußfolgerungen.

Er habe im Samen der Hechte eine "unglaubliche Anzahl kleiner Tierchen" gesehen, ebenso in den "Vasa deferentia" von Hähnen und den "Testicles" von Hunden, berichtete Leeuwenhoek (*Phil. Coll.*, 1679, S. 3) - Organe, deren Zweck und Aufgabe er darin erkannte, diese Tierchen zu produzieren und bis zur "Absendung" bei sich zu behalten. Manche wären der Ansicht, daß diese Tierchen aus Fäulnis, nicht durch Zeugung entstünden, andere dagegen, daß in diesen kein wirkliches Leben sei, vielmehr nur eine durch das Feuer im Samen verursachte Bewegung. Leeuwenhoek dagegen hielt die Animalcula für wirkliche Tiere und ließ keinen Zweifel daran, daß diese zahllosen Lebewesen auch "im Samen der Vierfüßler [...] und gewiß auch des Menschen" vorhanden wären" (ebd., S. 4). Wie vormals für Hartsoeker so stand auch für Leeuwenhoek fest, daß es sich bei den Animalcula um Geschöpfe beiderlei Geschlechts handeln müsse und daß aus dem ersten Paar jeder Art im Laufe der Zeit alle anderen Tiere hervorgegangen wären.

Leibniz machte sich den Gedanken der Präformation und Einschachtelung mit allen seiner Überzeugung nach daraus folgenden Konsequenzen zu eigen. Wenn nämlich die Animalcula Zeugnis dafür ablegten, daß seit dem Anfang der Schöpfung die gesamte zukünftige Naturordnung in ihren organischen Körpern (raum-zeitlich) angelegt und gegenwärtig war, da "niemals ein organischer Körper der Natur aus dem Chaos oder aus einem nichtorganischen gebildet wird" (GP III, 562), dann war es nur folgerichtig, in dieser Tatsache auch den Unterschied zwischen belebter und unbelebter Materie, natürlicher und künstlicher Maschine zu erkennen. Aufgrund der Präformation lag dieser Unterschied in der Unzerstörbarkeit und Unvergänglichkeit organischer Körper: "Die Maschinen der Natur (sind) unzerstörbar, da sie bis in ihre kleinsten Teile Maschinen bleiben, in jeder größeren Maschine also eine kleinere, bis ins Unendliche, enthalten ist" (GP VI, S. 543).

Den augenscheinlichen Verfall beim Tod eines Lebewesens dachte sich Leibniz als einen dichotomisch und kontinuierlich fortschreitenden Verkleinerungsprozeß: Indem der organische Körper Hülle um Hülle seiner bloß aggregativen Masse - gleichsam wie übereinander gelegte Gewänder - ablegte, blieb der beseelte Teil nichtsdestoweniger bei jeder Verkleinerung stets derselbe. "Stellen Sie sich ein Tier vor, das sich verhält wie ein Tropfen Öl, und die Seele wie einen Punkt in diesem Tropfen", erläuterte Leibniz einmal diesen unendlichen Vorgang einer infinitesimalen Verkleinerung. "Auch wenn der Tropfen in Teile geteilt wird, da jeder beliebige Teil sich wieder nur in einen kugelähnlichen Tropfen verwandelt, existiert jener Punkt in irgendeinem der neuen Tropfen. Auf dieselbe Weise bleibt das Tier in dem Teil, in dem die Seele bleibt und der zu dieser Seele am besten paßt. Und wie die Natur der Flüssigkeit in einem anderen Fluidum die Rundheit zu gewinnen sucht, so liegt es in der Natur der geschaffenen Materie, nach Ordnung oder Organisation zu streben. Deshalb können weder die Seelen noch die Tiere zerstört werden, auch wenn sie verkleinert und eingewickelt werden, so daß deren Leben für uns nicht sichtbar ist. Es ist unbezweifelbar, daß in Geburt und Tod die Natur gewisse Gesetze befolgt, alle göttlichen Werken sind nämlich der Ordnung teilhaftig" (GP II, S. 306 f.).

II. Leibniz leugnete damit nicht mehr und nicht weniger als den Tod organischer Körper - behauptete die Unvergänglichkeit des Lebens. Implizit - so seine Überzeugung - hatte er jedoch noch weit mehr bewiesen: Wenn keine Seele ohne Körper geschaffen worden ist und der Präexistenz und Fortdauer der Seele somit auch eine Präexistenz und Fortdauer ihres Körpers entspricht, dann hatte Gott selbst die beiden wesensfremden Substanzen in den ersten Keimen aller Dinge zusammengefügt. Leibniz erblickte in der prästabilierten Harmonie zwischen Seele und Leib nicht nur einen neuen, bisher unbekannten Gottesbeweis, er war sich auch sicher, nun endlich die Lösung für zwei alte, als kaum lösbar betrachtete Probleme gefunden zu haben: den Ursprung der Seelen und die Bildung des Foetus.

Die erste, vornehmlich von Theologen und Philosophen diskutierte Frage, wann und wie die Seele eines neugeborenen Menschen entstehe, schien ihm nun durch die Entdeckung der Embryologen endgültig entschieden zu sein. Wenn die Seele seit dem Anfang der Schöpfung im Samen präexistiere und der Samen oder Foetus seine Bildung einer göttlichen Präformation verdanke (*GP* III, S. 35), dann "(werden) die Schwierigkeiten der Philosophie betreffend den Ursprung der Formen und Seelen aufgehoben", erklärte Leibniz, - die Schwierigkeit nämlich, daß "wegen der Immaterialität und Unteilbarkeit der Seele eine Seele aus einer anderen nicht hervorgehen kann" (*GP* VI, S 452 § 83).

So blieb noch die Beantwortung der zweiten Frage, wer von beiden, das männliche oder weibliche Geschlecht, die Grundlage der Umwandlungen für das präformiert-eingeschachtelte Lebewesen biete, - "ob das präformierte Leben im Uterus nach Herrn Vallisnieri, oder, nach Herrn Leeuwenhoek, im Sperma existiert" (*GP* III, S. 565). Was aber den Foetus in dieser Hinsicht ausmachte, so hielt es Leibniz, wie anfangs schon bemerkt, mit dem Standpunkt Leeuwenhoeks, daß nämlich nach den "neuesten Entdeckungen vom Vater allein das, was das Leben beseelt, stamme, von der Mutter dagegen gleichsam das Kleid (in Form des Eis, wie man annimmt) und was zu Wachstum und Vollendung des neuen organischen Körpers notwendig ist geliefert wird" (*GP* VI, § 82, S. 452). In der bereits angedeuteten Stelle seiner *Théodicée* glaubte Leibniz deshalb unter besonderer Berufung auf Leeuwenhoek sicher zu sein, "daß die Seelen, die eines Tages menschliche Seelen sein werden, gleich den Seelen anderer Arten in den Samen und in den Vorfahren bis auf Adam enthalten waren und infolgedessen seit Beginn der Welt immer in einer Art organisiertem Körper existiert haben" (*GP* VI, S. 152). Noch aber war jenes Problem offen, auf das Bayle so beredt all jene hingewiesen hatte, die auch den Tieren eine Seele zusprechen wollten.

III. Auch in dieser Frage, was für ein Unterschied zwischen dem Geist des Menschen und der Seele der Tiere bestehe, verdankte Leibniz der Präformationslehre wesentliche Intuition und Einsicht, nun aber in erster Linie den entomologischen Forschungen Swammerdams, Malphigis und Leeuwenhoeks. Nach Leibniz unterscheidet sich der Geist oder die Seele des Menschen nämlich in dreifacher Weise von der Seele der Tiere.

Zum ersten im Hinblick auf die Seinsweise: Der Geist ist nicht allein, wie alle Seelen, unvergänglich, er ist darüber hinaus auch unsterblich - eine Tatsache, die einen Unterschied im Wesen impliziert.

Zum zweiten bezüglich des Wesensunterschiedes: Der Unsterblichkeit des Geistes entsprechen zwei den Tierseelen mangelnde Vermögen, neben der Fähigkeit des Verstandes, zu folgern und Wissenschaft zu betreiben, insbesondere das Vermögen des Willens, nach moralischen Prinzipien zu urteilen und zu handeln. Das hierdurch begründete Neue des Geistes ist eine höhere Qualität seines Gedächtnisses und seiner Erinnerung: Die menschliche Seele ist selbstbewußt, kann "ich" sagen und verliert die Erinnerung an ihre Person in diesem Leben niemals - eine Tatsache, die einen Unterschied im Verhältnis zu Gott impliziert.

Zum dritten im Hinblick auf das Verhältnis zu Gott: Auf Grund der genannten Unterschiede ist nämlich der Geist von den Umwälzungen der Materie, denen die Tierseelen unterliegen, ausgenommen; er ist würdig, mit Gott in Gemeinschaft zu treten, indem er fähig ist, Lohn und Strafe für ein vergangenes Leben einzusehen.

Im Unterschied zum Geist ist die Seele der Tiere den Umwälzungen der Materie ausgeliefert, ist den Ereignissen von Geburt und Tod ohne Bewußtsein ihrer selbst unterworfen. Nicht Unsterblichkeit wie dem Menschen, sondern Unvergänglichkeit in immer neuen Metamorphosen eignet dem Schicksal der Tiere. Leibniz ist "sehr geneigt zu glauben, daß alle Zeugungen vernunftloser Lebewesen, die keine Neuschöpfung verdienen, nur die Umbildungen eines anderen, bereits lebenden, aber bisweilen nicht wahrnehmbaren Lebewesens sind, nach Art der Veränderungen, die mit einer Seidenraupe oder anderen ähnlichen (Tieren) vor sich gehen" (*GP* II, S. 122).

Tatsächlich hatte jedoch Leibniz vor dem Hintergrund seines Erklärungsmodells die theoretischen und metaphysisch-theologisch möglichen Implikationen der Präformationslehre viel weiter getrieben, als auf der Ebene der Mikroskopie die vorsichtigen, dem mechanistischen Naturbild Descartes' folgenden Physiologen, Anatomen und Embryologen. Vornehmlich die Verneinung des Todes mochte ihm niemand zugestehen, auch

Leeuwenhoek nicht, indem er Leibniz' Aufforderung nicht annahm, ein eigenes System der Natur zu entwickeln (vgl. Leibniz, *GP* II, S. 123).

Noch in einer anderen, bereits erwähnten Hinsicht hatte Leibniz einen Standpunkt eingenommen, der bei Embryologen und Naturphilosophen keineswegs unumstritten galt, das war die Rolle Evas.

Die Präformationslehre schien ihm zu bestätigen, was der Theorie nach schon die ältere Epigenesislehre seit Aristoteles nahegelegt und was in der Metaphysik und Theologie der Heiligen Schrift Ausdruck gefunden hatte. Augustin formuliert: "Wir alle waren in jenem einen (Adam), als wir alle jener eine waren." [1]. Entsprechend gilt, daß seit Adam und Eva alle weiblichen Wesen zusammen mit ihrem präformierten Leib ihre Seele vom Vater empfingen.

Wenn aber alle Töchter Evas Leben und Seele allein vom Vater erhalten hatten, was war dann mit Eva selbst?[2] Bevor Leibniz' letztes Wort in dieser Sache zu hören sein wird, soll zunächst eine andere, nicht weniger spekulative Frage beantwortet werden: Wäre in der chinesischen Naturphilosopie eine solche Bestimmung des Weiblichen denkbar?

4 Die Rolle des "Yin" in der Naturphilosophie Chinas

Im gegenwärtigen Zusammenhang spielen drei seit den Anfängen chinesischer Naturphilosophie wesentliche Begriffe eine entscheidende Rolle: als das Prinzip des Uranfangs der Begriff Tai Ji oder Dao und als die polaren kosmischen Urkräfte die Begriffe Yin und Yang, die von alters her mit dem Weiblichen oder der negativen dunklen Kraft bzw. dem Männlichen oder der positiven hellen Kraft assoziiert werden.

Im Hinblick auf den zentralen Begriff Dao liegt allerdings das fundamentale Deutungsproblem bereits bei Kong Zi (551-479) und Lao Zi (6. Jh. v. Chr.) schon deutlich vor Augen. Der Moralphilosoph Kong Zi, dem naturphilosophische Spekulationen fernlagen, erblickte im *Dao* den moralisch vorbildlichen "Weg der alten Könige", den er mit den Werten der Zhou-Dynastie (1122-255 v. Chr.) gleichsetzte[3]. Lao Zi hingegen legte ältere Werte und Traditionen zugrunde. Dieses Gedankengut aus noch mythischer Vorzeit wird u. a. im 3. und 5. Kommentar zum *Yi Jing* im *Li Ji* und auch in Lao Zis *Dao De Jing* erkennbar, das ursprünglich den Titel "Worte des Huangti und Laotse" getragen haben soll[4].

Zhu-Xi (1130-1200), der größte unter den neokonfuzianischen Philosophen, deren Naturauffassung in die Anfangsgründe chinesischer Naturmetaphysik zurückführt, bezeichnet das Prinzip des Uranfangs, *Dao* oder *Tai Ji*, als *Li* , d. h. "Vernunft", und die polaren Urkräfte *Yin* und *Yang* als *Ji*, d. h. als "Fluidum" (nach Alfred Forke[5]). Seiner Erklärung zufolge existiert der Uranfang nicht ohne *Yin* und *Yang* und umgekehrt, da es heißt: "wenn man sagt, bei den Wandlungen gäbe es ein Urprinzip, so besagt das nur, daß das Urprinzip sich inmitten von *Yin* und *Yang* und nicht außerhalb derselben befindet" (ebd. S. 178). Deshalb ist jedes Ding im Besitz eines solchen ihm eigenen Urprinzips (ebd. S. 179) und zugleich eine Erzeugung aus *Ji*, das als 'Same' der Entstehung aller Dinge zugrundeliegt, als sich Zerstreuendes dagegen deren Tod bewirkt (ebd. S. 173 u. 174 f.).

Die Urzeugung des Menschen und der Tiere denkt sich Zhu Xi, im Unterschied zur dann folgenden sexuellen Fortpflanzung, als die Vereinigung der feinsten Teile von *Yin* und *Yang* sowie der "Fünf Elemente" - einer Hervorbringung des Geistes als feinster Aussonderung des *Ji* (ebd. S. 185).

---

[1] Aurelius Augustinus: *De Civitate Dei*, XIII, cap. XIV: "Omnes enim fuimus in illo uno, quando omnes fuimus ille unus." Vgl. auch weiter unten, *ebd.*: "[...] jam natura erat seminalis ex qua propagaremur."

[2] Nach *Gen.* 1, 26-30, schuf Gott den Menschen als Mann und Frau nach seinem Bilde; Eva empfing also ihre Seele von Gott. Nach *Gen.* 2, 21-23, wurde Eva durch Gott aus der Rippe Adams erschaffen. In diesem Fall muß nach der hier waltenden Logik die Urmutter aller Menschen nicht unbedingt eine Seele besessen haben.

[3] Vgl. *Laotse Tao Te King*. Übers. u. erläutert von Richard Wilhelm, Jena 1915, S. X.

[4] Vgl. Alfred Forke: *Geschichte der alten chinesischen Philosophie*, Hamburg ²1964, S. 243.

[5] Vgl. A. Forke: *Geschichte der neueren chinesischen Philosophie*, Hamburg ²1964, S. 171.

Fragte man Zhu Xi, ob die Welt ohne das Yin denkbar sei, so läge seine Antwort ein für alle Mal in der Erklärung: "*Yin* und *Yang* sind (zwar) Gegensätze, aber im *Yin* ist sowohl *Yin* wie *Yang* enthalten und im *Yang* ebenfalls. Männlich ist *yang* und weiblich *yin*, aber der Mann besitzt *Yin* und die Frau *Yang*. Das Körperfluidum des Mesnschen gehört zum *Yang*, aber es enthält *Yin* und *Yang*. Das Blut gehört zum *Yin*, aber es enthält gleichfalls *Yin* und *Yang*" (ebd. S. 184).

Tatsächlich wäre aber ein spekulativer Vergleich nichts wert, ohne die tiefgründige Naturphilosophie Lao Zis in den Blick zu nehmen. Im gegenwärtigen Rahmen erscheint dann dieser Philosoph unversehens als Verfechter des Weiblichen, - also als Gegenpol von Leibniz? Wäre die Welt Lao Zis ohne eine wesentliche Funktion des männlichen Yang-Prinzips denkbar?

Das *Dao* des Lao Zi "gebiert die Welt wie ein Mutter" (Forke, *Gesch. d. alten chin. Philos.*, S. 262) und umfaßt als moralisches Prinzip die drei taoistischen Kostbarkeiten oder Tugenden: Milde, Sparsamkeit und Bescheidenheit (*Tao Te King*, Kap. 67) - traditionell (so im Westen) vornehmlich weibliche Tugenden.

Wo "Sein und Nichtsein ungetrennt durcheinander (ist), ehe Himmel und Erde entstehen" [...], kann man es "fassen als Mutter der Welt. Ich weiß seinen Namen nicht. Ich bezeichne es als *Dao*", heißt es im *Dao De Jing* (Kap. 25). "Das ist das Ewig-Weibliche. Des Ewig-Weiblichen Ausgangspforte ist die Wurzel von Himmel und Erde. Endlos drängt sich's und ist doch wie beharrend. In seinem Wirken mühelos" (Kap. 6). So ist Rückkehr zur uranfänglichen Klarheit "die Bewegung des Dao" (Kap. 40). "Wer seine Mutter findet, um seine Kindschaft zu erkennen, wer seine Kindschaft erkennt, um seine Mutter zu bewahren: Der kommt beim Aufhören des Ichs in keine Gefahr [...]. Das heißt: das Ewige erben" (Kap. 52).

Dao als uranfängliche Totalität ist demnach nicht das Leere; das "Streben nach dem Ewig-Jenseitigen" führt vielmehr "zum Schauen der Kräfte" (Kap. 1): *Yin* und *Yang*. So erzeugt *Dao* die Einheit, bringt die Einheit die Zweiheit hervor und erzeugt als Dreiheit alle Geschöpfe, und diese "haben im Rücken das Dunkel (Yin) und umfassen das Lichte (Yang), und der unendliche Lebensatem gibt ihnen Einklang" (Kap. 42 u. Kommentar, S. 103).

In der Verehrung der Mutter weiß Lao Zi sich "anders als die Menschen" (Kap. 20). Trotz aller Wertschätzung des Weiblichen, leugnet aber auch Lao Zi zweifellos nicht die essentielle Rolle des Männlichen im Sein der Dinge. Ohne Übertreibung läßt sich deshalb feststellen, daß in der Naturphilosophie Chinas, die nach Needham den organischen Charakter der Leibnizschen Naturphilosophie geprägt haben soll, die Entstehung einer Präformations- und Einschachtelungslehre undenkbar ist.

5 Leibniz' letztes Wort zur Präformationslehre

Leibniz war von der Richtigkeit der Präformationslehre fest überzeugt. Fragte man, was seine Naturmetaphysik dieser wissenschaftlichen Hypothese eigentlich verdankte, so wäre die etwas vorschnelle Antwort: fast alles - außer der ihm eigenen Universalität des Geistes. Tatsächlich zeigt jedoch dieses wissenschaftliche Paradigma nur besonders deutlich, daß es sich bei der Leibnizschen Philosophie, dem "Neuen System der Natur", um ein interdependentes System handelt, für welches - ebenso wie für die Leibnizsche Monade - charakteristisch ist, daß von jedem seiner Teile aus stets das Ganze erschlossen werden kann.

Es wäre deshalb auch verfehlt zu fragen, ob Leibniz - inspiriert von der Präformations- oder Einschachtelungslehre - den Blick dafür verloren hätte, daß die Rolle Evas theoretisch auch eine andere sein konnte? Leibniz wäre nicht Leibniz gewesen, wenn er nicht in einer allerdings wieder gestrichenen Stelle die Möglichkeit zumindestens eingeräumt hätte, "daß all dies nur Vermutungen sind und daß es nicht unmöglich ist, daß die Samentiere ebenso wenig wichtig sind wie diejenigen, die sich zum Beispiel im Pfefferwasser befinden und daß es statt ihrer etwas Beseeltes in den Ovarien gibt, die [dann] die Grundlage der Präformation wären. Aber bis jetzt ist mir die Hypothese der Samentiere am plausibelsten erschienen" (*GP* III, S. 564).

**Sektion 19
Wissenschaftsethik**

Ulrich Charpa, Bochum

Selbsttäuschung und Forschertugend

Bedeutsam sind die Begriffe ‚Selbsttäuschung' und ‚Forschertugend' bzw. ihr Zusammenhang erst in Verbindung mit einer Wissenschaftsphilosophie aktuell nicht entfalteten Typs. Diese wäre ein Seitenstück zu den tugendorientierten Erkenntnistheorien (Goldman, Plantinga, Sosa u.a.). Vorformen finden sich in einigen älteren Wissenschaftsphilosophien, etwa bei Schleiden und Helmholtz.

I stellt die beiden Titelbegriffe vor.

II gibt in knappem Aufriß eine wissenschaftsgeschichtliche Episode, die Forschungen Emil Abderhaldens und seiner Schule zu den sog. Abwehrfermenten, als Beispiel vor.[1]

III erinnert an zwei geläufige wissenschaftsphilosophische Auffassungen, (i) und (ii), und legt dar, wie sich das Exempel in deren Rahmen darstellte.

IV deutet an, inwiefern Vorstellungen von Forschertugenden und –lastern sich möglicherweise mit ‚objektivistischen' Ansätzen des Typs (i) integrieren lassen.

V skizziert, auf welche Weise eine auf Forschertugenden bezogene Wissenschaftsphilosophie den Fall erschließen und bewerten könnte.

I

„Selbstverständlich macht der ärztliche Berufsstand von anderen keine Ausnahme darin, daß seine Angehörigen ihrer überwiegenden Mehrzahl nach gewöhnliche Hohlköpfe sind, bereit, zu sehen, was nicht da ist, und zu leugnen, was auf der Hand liegt", heißt es bei *Felix Krull*. Die Anfänger-Broschüre der amerikanischen *National Academy of Sciences* gibt dem Thema ‚Selbsttäuschung' als einer ‚konstanten Gefahr' im Forschungsproßeß genauso viel Raum wie dem philosophischerseits bevorzugten Problem der Methode.[2]

Im Rahmen der modernen disziplinären Zuordnungen betrachtet, handelt es sich bei einschlägigen Hinweisen in der Regel um rohe Fassung psychologischer Feststellungen. Selbsttäuschung als Forscheraktivität, vor denen die *NAS*-Handreichung warnt, wäre demgemäß eine Sache der Wissenschaftspsychologie, und damit im weiteren zuerst ein Thema empirischer Erschließung. Tatsächlich ist das Problem der Selbsttäuschung wissen-

---

[1] Die Bekanntschaft mit dem Fall Abderhalden verdanke ich Ute Deichmann (Köln). Verwiesen sei auf Deichmann, U. / Müller-Hill, B., „The Fraud of Abderhaldens's Enzyms", *Nature* 393, 14.5.1998, S. 109-111; sowie die Habil.schrift von Deichmann, U., *Chemie – Innenansicht einer Wissenschaft 1933-1945*, Köln 1998, darin S. 562ff. Die Interpretation als Betrugsfall und die damit zusammenhängenden Einschätzungen werden in der Narratio (II) ausgeblendet. Nichtsdestoweniger geht der abschließende eigene Befund in die nämliche Richtung – nur daß die Anfänge als Selbsttäuschung in das moralische Verdikt integriert werden.

[2] *On Being a Scientist*, hg. v. Committee on the Conduct of Science – National Academy of Sciences, Washington D.C.: 1989, S. 4f.

schaftsphilosophisch nur dann von Belang, wenn die kognitiven Zustände von Individuen als wesentliche Momente wissenschaftlicher Verläufe angesehen und philosophische Bezugnahmen auf die Psychologie akzeptiert werden. Entsprechendes gilt für *Forschertugenden*. Gemeint sind hier

- *situationsübergreifende individuelle Haltungen, welche die Erzeugung und Überprüfung bzw. Rechtfertigung wissenschaftlichen Wissens begünstigen.*

Soweit Wissenschaftsphilosophie überhaupt kognitive Zustände thematisiert, wird nicht selten lediglich der *Irrtum* bedacht. Das hat nachvollziehbare Gründe. Nichtsdestoweniger erweist sich gerade im Vergleich mit dem Irrtumsbegriff der eigene Rang von Überlegungen zur Selbsttäuschung: Die Sonderung der Selbsttäuschung vom Irrtum beruht auf der Annahme einer ergreifbaren Alternative im ersten Fall. Im Begriff der Selbsttäuschung steckt die Vorstellung der *Vermeidbarkeit* durch den Sich-Täuschenden. Wie es manchmal geschieht, von ‚vermeidbaren Irrtümern' zu sprechen, verwischt einige damit verknüpfte Unterschiede. So entziehen sich Irrtümer – zumindest in der üblichen Deutung – ethischen Einstufungen; wer von ‚Selbsttäuschung' spricht, tut dies hingegen für gewöhnlich im Umgang mit moralischen Einstufungen. Z.B. lehnen wir es ab, einen Schwerkranken deshalb zu verurteilen, weil er den tückischen Charakter seines Leidens nicht wahrhaben will. Man kann aber leicht sehen, daß Exkulpationen bezogen auf Forschungssituationen *nicht* greifen. Niemand wird einem Laborwissenschaftler, der eine Zellprobe ebendieses Kranken zu überprüfen hat, mit der gleichen Nachsicht begegnen, falls dieser nur feststellt, was – zu wessen Nutz und Frommen auch immer - festgestellt werden soll. Selbsttäuschungen sind forschungsmoralisch beanstandenswerte Handlungen. In der Folge wird von ‚Selbsttäuschung' in dem Sinne gesprochen,[3] daß seitens des Sich-Täuschenden eine *vermeidbare* Fehleinschätzung statthat, zu denken als

- *falsche Interpretation* (a statt b) und/oder
- *begünstigende Auswahl* einer genehmen Instanz *a,* bei gleichzeitigem Ignorieren der nicht-genehmen *b* und/oder
- *irreführende Akzentuierung* (die genehme Instanz *a* wird als wichtiger ausgegeben als die nicht-genehme *b*).

Dabei wird angenommen, daß es für den Sich-Täuschenden hinreichenden Anlaß gäbe, Instanz *b* zu vertreten, einzukalkulieren sowie vorrangig oder in gleichem Maß wie *a* zu akzentuieren. Um ein banales Beispiel anzuführen: Wenn eine Umfrage zutagebrächte, daß 90% der Teilnehmer am AGPD-Kongreß ihre Beiträge unter die anregendsten 10% rechneten, ließe sich vertretbar von Selbsttäuschung sprechen. Im Fall nicht mehr befragbarer wissenschaftlicher Akteure können wir uns auf Eigenarten der Darstellung ihrer

---

[3] Auf die umfängliche Literatur zum Thema kann hier nur exemplarisch hingewiesen werden. Zur Relevanz des Begriffs s. Fairbanks, R., „The Ubiquity of Self-Deception", *Philos. Investigations* 21/1998, S. 1-23; Analysehilfen etwa bei Pears, D., „Self-Deceptive Belief-Formation", *Synthese* 89/1991, S. 393-405; Mele, A., „Real Self-Deception", *Behavioural and Brain Sciences* 20/1997, S. 91-102.

Resultate beziehen, auf den schriftlich dokumentierten Umgang mit nicht-genehmen Instanzen oder mit Kollegen, die auf Widrigkeiten hingewiesen haben u.ä.m. Ob es den Vorgang des Sich-Täuschens ‚im Kopf' eines Forschers ‚wirklich' gegeben hat, ist eine Frage, mit der sich jede beliebige mentalistisch erklärende Behauptung konfrontieren läßt, und ein hier nicht zu erörterndes Grundsatzproblem, zu dem bekanntlich divergierende Positionen eingenommen werden. Dazu passend bleibt auch die Vermeidbarkeit bzw. Unvermeidbarkeit der Selbsttäuschung eine Sache rekonstruktiver Einschätzungen.

Die Feststellung der Vermeidbarkeit schafft eine – im Alltag nicht einleuchtende, in Verbindung mit Forschung indes vertretbare – Gemeinschaftsstiftung von Selbsttäuschung und Täuschung: *Selbsttäuschungen* sind, insoweit die illusorischen Inhalte anderen Forschern mitgeteilt werden, die *Anfangshandlungen* von *Täuschungen* – gehören in den Zusammenhang von Betrugsversuchen. Als methodische Handhabe bei der Einstufung als Selbsttäuschung (und nicht als Irrtum) wird eine *Indikatorenverknüpfung* vorgeschlagen. Zur Identifikation als *vermeidbare Fehleinschätzungen* auf der Basis der verfügbaren historischen Materialien soll genügen, daß

- andere nicht besser ausgestattete oder fachlich versiertere Forscher zu kontradiktorischen Feststellungen gelangt sind
- diese Befunde auf längere Sicht als korrekt anerkannt worden sind
- die Präsentation widrige Sachverhalte ausblendet bzw. untergewichtet.

Im Blick auf die Eigenart des Tugendbegriffs und damit die Unterstellung von *situationsübergreifenden* Eigenschaften wäre auch zu fragen, inwiefern andere Auffassungen[4] eines Forschers einschlägig sein könnten.

Angemerkt sei noch, daß die Meinungen hinsichtlich der Struktur von Selbsttäuschungen recht weit auseinander gehen. Einige Autoren halten die Vorstellung vom Betrüger im Kopf für paradox. Sie schließe ein, daß jemand *p* und *non-p* zum nämlichen Zeitpunkt glaube, und dies nicht möglich sei. Aber diese Unterstellung birgt eine Engführung. Müssen wir annehmen, daß die Fehleinschätzenden *wissen*, daß sie unrecht haben? Wohl kaum, wie das Beispiel der Kongreßteilnehmer lehrt. Belassen wir es dabei, an - vor der Kontrastfolie anerkannter kontradiktorischer Vorstellungen - vermeidbare Fehleinschätzungen, Einseitigkeiten und unplausible Akzentuierungen zu denken, deren Korrektur durch fragwürdige Praktiken von Forschern beeinträchtigt wird, die möglicherweise auch an anderen Stellen ihres wissenschaftlichen Wirkens Fehlhaltungen zeigen.

---

[4] Auf Fragwürdigkeiten der Mitteilungen in Abderhalten, E. / Komm, E., „Über die Anhydridstruktur der Proteine", *Hoppe-Seyler's Zs. f. physiolog. Chemie* 139/1924, S. 181-204 macht Wolf, G., „Emil Abderhalden: His Contribution to the Nutrional Biochemistry of Protein", *Journal of Nutrition* 126/1996, S. 794-99, S. 797, aufmerksam.

II

Der Schweizer Emil Abderhalden (1877-1950) war die Leitfigur der der deutschen physiologischen Chemie zwischen den Kriegen.[5] Er wurde 1908 Professor für Physiologie an der *Tierärztlichen Hochschule* in Berlin, wenige Jahre danach Geheimer Rat und Direktor des *Physiologischen Instituts* der Universität Halle. Abderhalden amtierte außerdem zwanzig Jahre lang als Präsident der *Leopoldina*. Als Herausgeber zeichnete er u.a. verantwortlich für das 9bändige *Handbuch der biochemischen Arbeitsmethoden* und das 107teilige *Handbuch der biologischen Arbeitsmethoden*. Insgesamt lassen sich mehr als 1200 Publikationen nachweisen, darunter übrigens auch solche zur Ethik. Seine eigentliche Forschungsarbeit verbindet sich vorzugsweise mit dem Begriff der Abderhaldenschen Reaktion.

Die Abderhaldensche Reaktion wird in seinen zahlreichen eigenen wie auch diversen abhängigen Veröffentlichungen[6] beschrieben als Bildung spezifischer Proteinasen („Abwehrfermente"), die Eiweißstoffe bzw. –substrate in Peptide und Aminosäuren spalten, wenn sie mit fremden Proteinen in Verbindung kommen. Ein vergleichsweise simpler und zugleich für die medizinische Diagnostik wichtiger Nachweis lasse sich führen, indem die Seren von Schwangeren hinsichtlich der vermuteten Enzyme, die Plazentagewebe spezifisch spalten, mit denen von nicht-schwangeren Frauen verglichen würden. Die aufgrund des Abwehrprozesses entstehenden Peptide seien dialytisch von den umgebenden Stoffen zu trennen und durch eine Biuret- oder eine Ninhydrin-Reaktion zu identifizieren. Im ersten Fall wäre eine besonders intensive Violettfärbung an der Berührungstelle der Flüssigkeiten zu erkennen. Im Fall einer Ninhydrin-Reaktion würden die Peptide durch die Blaufärbung identifiziert. In der 4. Auflage der maßgeblichen Buchdarstellung von 1914 führt Abderhalden mehr als 400 wissenschaftliche Beiträge mit seines Erachtens bestätigenden Resultaten an. Später wird ein entsprechendes Nachweisverfahren für Harnproben beschrieben. Die Abwehrfermente-Konzeption wird auf die Tumor-Bekämpfung, die Diagnostik psychischer Erkrankungen u.a.m. ausgedehnt. Die letzte Auflage der *Abwehrfermente* erschien 1944. 1947 fand unter dem Vorsitz von Adolf Butenandt ein Kolloquium zum Thema statt. Der letzte mir bekannte Forschungshinweis auf die Abderhalden-Reaktion stammt aus dem Jahr 1974[7]. In Nachschlagewerken finden sich noch jüngere Belege[8]

Die – im Unterschied zu den qualitativen Verfahren Abderhaldens und seiner Schule – in Verbindung mit quantitativen Methoden errichtete Gegenposition wurde bereits in eben dem großen Erntejahr der Abwehrfermente-Konzeption durch Leonor Michaelis und einen

---

[5] Zur Allgemeininformation s. Gabathuler, J., *Emil Abderhalden, sein Leben und Werk*, St. Gallen 1991.
[6] Abderhalden, E., *Abwehrfermente (Die Abderhaldensche Reaktion)*, 7. Aufl. Dresden 1944; s. des weiteren vor allem die zu einem beträchtlichen Teil vom Herausgeber Abderhalden selbst verfaßten bzw. mitverfaßten Beiträge in den zahlreichen Bänden der *Fermentforschung*.
[7] Tetzner, E., „Orientierende Versuche mit einem reproduzierbaren Substrat [...] für die modifizierte Abderhaldensche Reaktion (spezifische Tumor-Proteinasen-Reaktion)", *Archiv für Geschwulstforschung* 43/1974, S. 182-185.
[8] *Herder Lexikon der Biologie in acht Bänden*, Bd. 1, Freiburg 1983, S. 6, 20.

Mitarbeiter publik gemacht,⁹ aber in Deutschland nicht beachtet. Die amerikanischen Forscher Donald van Slyke und Florence Hutton meldeten 1915 ebenfalls im Zuge quantifizierender Vorgehensweise energische Zweifel an. Bereits in den 20er Jahren verschwanden die sog. Abwehrfermente aus der internationalen Diskussion, wohingegen Abderhaldens Auffassungen im deutschen Raum anerkannt blieben. In privaten Gesprächen scheinen allerdings auch in Deutschland bereits in den 40er Jahren Betrugsvorwürfe aufgekommen zu sein.

Aber erst nach einem halben Jahrhundert kommt das Abwehrfermente-Projekt in Deutschland zum Erliegen. In einem Marburger Vortrag vom Wintersemester 1985/86 hält Peter Karlson fest, daß „trotz aller Fortschritte in der Biochemie entsprechende Phänomene nicht wieder beobachtet wurden."¹⁰

III

Angesichts der Vielzahl und Verschiedenheit wissenschaftsphilosophischer Positionen mag es recht unbedarft erscheinen, die Kommentierungsmöglichkeiten knapp umreißen zu wollen. Um einen Hintergrundkontrast zu schaffen, der die Eigenart der Bezugnahme auf Forschertugenden verdeutlicht, reicht es allerdings aus, zwei grundsätzliche, konkurrierende Einstellungen in bezug auf Wissenschaft in Erinnerung zu bringen, die in diversen Ansätzen variiert werden:

(i) die Annahme eines *personenneutralen Fortschritts*, die von sonst divergierenden Instrumentalisten, metaphysischen und Wissenschaftlichen Realisten gleichermaßen geteilt wird.

(ii) die Annahme einer *ungerichteten, sozial bestimmten Bewegung,* wie sie von Sozialen Konstruktivisten, Dekonstruktivisten, historischen Relativisten u.a.m. bevorzugt wird.

Im Rahmen von (i) schnurrt die Geschichte der über mehr als ein halbes Jahrhundert einflußreichen Abwehrfermente-These und ihrer Einschätzung auf das Verhältnis zwischen Abderhaldens Behauptungen und ihrer Kritik durch Michaelis/v. Lagermarck und van Slyke/Hutton bzw. die rezente Ablehnung zusammen. Ob Abderhalden und seine Anhänger sich geirrt oder selbst getäuscht haben, ob Betrug im Spiel war, ist letztlich irrelevant. Die Abwehrfermente-Auffassung wird unter die von einer fortgeschrittenen Wissenschaft erledigten Konzeptionen gerechnet, wo sie eine bunte Gesellschaft bereichert. In derselben Schublade finden sich das Ptolemäische Planetensystem, die Phlogiston-Theorie und jede beliebige Behauptung, die nicht in ein aktuelles Lehrbuch paßt. Diese Einebnung der historischen Phänomene bringt es mit sich, daß das eigentlich Irritierende des Falles

---

⁹ Michaelis, L. / Lagermarck, L. v., „Die Abderhalden'sche Schwangerschaftsdiagnose", *Deutsche Medizinische Wochenschrift* 7/1914, S. 316-19.
¹⁰ „Wie und warum entstehen wissenschaftliche Irrtümer?", in: *Irrtümer in der Wissenschaft*, hg. v. D. Czeschlik, Berlin 1987, S. 1-20, S. 14.

unerläutert bleibt. Es handelt sich - anders als etwa im Fall der Phlogiston-Theorie - nicht um eine Episode aus den Anfängen oder gar der Vorgeschichte moderner Laborwissenschaft. Weder bessere technische Möglichkeiten noch neuartige grundsätzliche Betrachtungsweisen spielen dabei eine Rolle. Strittig ist ein einerseits hundertfach anerkannter, anderseits umgehend angezweifelter und schließlich als illusorisch eingestufter *experimenteller Tatbestand*. Und das Erklärungsbedürftige liegt darin, daß ein hervorragend ausgebildeter Spitzenforscher und seine Anhänger in einem günstigen institutionellen Kontext jahrzehntelang etwas zu sehen behaupten, was niemand außer ihnen auszumachen vermag bzw. vermochte.

Genau dies scheint das Beispiel bei oberflächlicher Betrachtung zu einem Kardinalfall für (ii) zu machen. Insofern es nur sozial geschaffene Laborbefunde gebe, beruhe jedwede Ungültigkeitsbehauptung bezüglich Abderhaldens Behauptungen auf der unzulässigen *Dekontextualisierung* der Forschung und der Illusion ‚wahrer' Auffassungen. „There are no deviant scientists; there are only scientists", heißt es am Ende von Ian Sapps Studie über den nach herkömmlichen Maßstäben als Fälschungsexempel interpretierten Fall der sexualphysiologischen Untersuchungen von Franz Moewus.[11] Was die Vertreter der Abwehrfermente-These angeht, könnte man womöglich darauf verfallen, den Verzicht auf Quantifizierungen als eine Art ‚Stilmerkmal' ihres Kontextes anzusehen – wenn Abderhalden tatsächlich durchgehend auf quantitative Bestimmungen verzichtet hätte (wovon freilich keine Rede sein kann[12]). Aber unabhängig davon, welche Konkretisierung gewählt wird, man sieht leicht, daß die These der unaufhebbaren Kontextualität unversehens in Erklärungsnot gerät, wenn man den anderen Teil der Geschichte betrachtet. D.h., wenn nicht mehr nur erläutert werden soll, warum Abderhalden in seinem Wirkungskreis Bestätigung erfuhr, sondern auch gefragt wird, warum die in *unterschiedlichen Kontexten* aufgekommenen Gegenstimmen *übereinstimmen*. Warum gelangen gänzlich verschieden situierte Forscher wie Michaelis und von Lagermarck in einem deutschen Krankenhauslabor, van Slyke vom Rockefeller Institute und Hulton von der University of Pennsylvania, nicht zu reden vom nachprüfenden Biochemiker unserer Tage zu *demselben* (negativen) Ergebnis? Warum zeigten weder die Photometer damals noch zeigen die technisch veränderten Folgemodelle unserer Zeit die behauptete Farbdifferenz an? Warum erledigten sich die sog. Abwehrfermente in so unterschiedlichen fachlichen Verhältnissen wie denen der Schwangerschaftsdiagnostik, der Tumorforschung und der Neurologie zum selben Zeitpunkt? Wir stoßen hier auf den üblichen Preis jedweder wissenschaftsphilosophischen Relativismen, nämlich den, alle Fälle kontextübergreifender *consilience* zu Mysterien zu machen.

---

[11] *Where the Truth Lies – Franz Moewus and the Origins of Molecular Biology*, Cambridge 1990, S. 297.
[12] S. etwa Aberhalden, E., *Synthese der Zellbausteine in Pflanze und Tier*, Berlin 1912.

IV

Eine alternative Interpretation des Exempels läßt sich anbahnen, indem man die übliche Verbindung von (i) mit einer neutralisierenden Formulierung des Prinzips der intersubjektiven Reproduzierbarkeit bzw. Überprüfbarkeit löst, wonach wissenschaftlicher Fortschritt sich nach dem entscheide, was „von jeder beliebigen Person"[13] bestätigt oder verworfen werden könne. Der Vorschlag: Wissensfortschritt wird gerade *nicht* durch die Aufhebung differenzierender persönlicher Merkmale begünstigt, sondern im Gegenteil durch spezifische ‚Tugenden' gefördert, über welche die Forschungsbeteiligten in unterschiedlichem Maße verfügen. Wissenschaftlicher Ertrag verdankt sich demnach nicht „beliebigen Personen", sondern solchen, die sich beispielsweise durch Ehrlichkeit, Sorgfalt, die Fähigkeit zur Selbstkritik u.a.m. auszeichnen.

V

Unter dieser Voraussetzung erschließt sich der sachliche Fall der Abwehrfermente im wesentlichen als personaler, als der eines forschungsethisch angreifbaren prominenten Individuums und seiner Unterstützer. Die unter den Aspekten der Sorgfalt und Ehrlichkeit und Fähigkeit zur Selbstkritik zu beanstandenden Handlungen sind u.a. folgende:

- Die Beschreibungen der experimentellen Vorgehensweisen und der Erfolgskriterien sind *ungenau*. Letztlich geht es um die Feststellungen feiner Farbnuancen durch bloßen Augenschein. Daran ändern auch die vorgeblichen Fortentwicklungen des Verfahrens nichts. Noch in der Darstellung des Harnnachweises von 1935 klagt Abderhalden selbst, es sei „beim eigentlichen Versuch die Farbintensität nur unwesentlich verschieden von derjenigen des Kontrollversuchs", weshalb er eine heikle Verdünnungsprozedur vorschlägt, die statt zur graduellen Verschiedenheit zu einer Differenz von Verfärbung und Nichtverfärbung der Lösung führen soll, welche freilich die Gefahr berge, auch positive Proben farblos zu lassen.[14]
- Die sich zur Fixierung und Präzisierung der Beobachtungen anbietenden Hilfsmittel, wie das Photometer, werden nicht herangezogen.
- Gründe für die Nichtberücksichtigung solcher Hilfsmittel werden in den Schriften nicht genannt.
- Fehlschläge werden nicht dokumentiert, noch weniger erklärt.
- Widrige experimentelle Befunde werden durch vielfältig modifizierte Wiederholung destabilisiert.[15]

---

[13] Agazzi, E. *Das Gute, das Böse und die Wissenschaft: die ethische Dimension der wissenschaftlich-technologischen Unternehmung*, Berlin 1995, S. 38.
[14] Abderhalden, E., „Vereinfachter Nachweis von Abwehrproteinasen im Harn", *Fermentforschung* 14/1935, S. 502-21, S. 506f.
[15] Persönliche Erinnerung eines zeitweiligen Mitarbeiters (Hans Brockmann). Vgl. Deichmann, a.a.O., S. 381.

- Einzelne positive Befunde werden herausgestellt und ohne erfolgreiche Reproduktion für stabil ausgegeben[16].

Bei der Durchsicht der einschlägigen Schriften fällt es schwer, sich dem Eindruck zu entziehen, daß hier ein über Jahrzehnte verfolgtes Projekt wesentlich von dem Gedanken getragen wird, daß nur sein darf, was sein soll. Die Beschreibungen der Einzelheiten der Nachweisverfahren werden immer wieder variiert; den Adepten wird eine kaum mehr übersehbare Vielfalt von Empfehlungen gegeben, die sie in den Stand setzen sollen, bei widrigen Befunden doch noch zum gewünschten Ergebnis zu gelangen. Bedenkt man zudem die Autorität, den Vertrauensvorschuß, wie auch den karrierebestimmenden Einfluß, die einem ‚Mandarin' in Abderhaldens Position zufielen, wird deutlich, unter welchen Bedingungen eine Vielzahl jüngerer Wissenschaftler, von denen die meisten obendrein zugleich als Krankenhausärzte tätig und entsprechend belastet waren, zu sich selbst täuschenden Erforschern der vermeintlichen Abwehrfermente wurde.

Man mag einwenden, der Fall belege *methodische* Defizienzen und nicht etwa den Sinn einer *moralisierenden* Forschungsbetrachtung. In der Tat ließen sich die anstößigen Momente eventuell als Verstöße gegen methodische Regeln interpretieren. Aber erstens helfen sich manche Methodologien in entsprechenden Fällen selbst mit einer redensartlichen Tugendlehre - mit Inhalten etwa des Typs, echte Wissenschaftler seien kritische Geister. Zweitens sind Methodenregeln üblicherweise so gefaßt, daß sie den redlichen, sorgfältigen oder sonstwie ausgezeichneten Wissenschaftler voraussetzen, statt ihn zu postulieren. Drittens verweist gerade Abderhaldens Strategie zuletzt auf einen Mangel an methodischer Einsicht. Immerhin stehen die Verfahrensprobleme des ‚Nachweises' unter dem Aspekt der Reproduzierbarkeit im Zentrum seiner Arbeit, der eines Herausgebers zweier enzyklopädischer Methodenwerke. Die Pointe seiner Versuchsbeschreibungen liegt darin, daß der Ausgang von Überprüfungsprozeduren durch ein unübersichtliches Gemenge von technischen Klauseln, Vagheitseinräumungen und Kompetenzvorbehalten (Formulierungen beispielsweise der Sorte, es bedürfe großer Übung, dieses oder jenes zu bewerkstelligen) weitgehend vorweggenommen wird. Abderhalden verwendet ein Stück Methodologie, das unspezifische Postulat intersubjektiver Überprüfbarkeit, als eine Art Schirm, hinter dem sich Selbst- und Fremdtäuschung abspielen. Es wird eine Forschungssituation geschaffen,[17] in der es nurmehr eine geringfügige Überwindung fordert, um - mit Krull gesagt - „zu sehen, was nicht da ist und zu leugnen, was auf der Hand liegt". Die beharrliche Erzeugung einer solchen Lage über mehrere Jahrzehnte setzt eine stabile persönliche Haltung voraus, ist eine Sache der Tugend bzw. Untugend des Forschers.

---

[16] Deichmann, ebenda.
[17] Die erzeugte Verwirrung läßt sich bis zu den Experimenten von Tetzner, a.a.O., in den 70er Jahren verfolgen, der positive, negative sowie „zweifelhaft positive" Befunden unterscheidet und auf dieser Basis die Existenz der Proteinasen bei Krebspatienten nachzuweisen versucht.

Methodische Probleme der Wissenschafts- und Technikethik
Marcus Düwell

Die Entwicklung und zunehmende Ausdifferenzierung der Wissenschafts- und Technikethik hat zweierlei Hintergründe. Einerseits haben die Wissenschaften und ihre technischen Anwendungsmöglichkeiten in zunehmendem Maße **Einfluß auf die Gestaltung der menschlichen Lebenswelt**. Andererseits sind wir zunehmend mit einer **Pluralität der evaluativen und moralischen Überzeugungen** konfrontiert.

Für den zunehmenden Einfluß der Wissenschaften kann etwa auf das wachsende Spektrum an Kenntnissen über die physiologischen und genetischen Grundlagen unserer körperlichen Verfaßtheit sowie unserer mentalen und kognitiven Möglichkeiten verwiesen werden. Ebenso auf die vertieften Kenntnisse über ökologische Zusammenhänge und die Entwicklungen der Informationstechnologie. Dieser Wissenszuwachs ist nun nicht allein mit wachsenden Kenntnissen über Sachverhalte in der Welt verbunden, sondern mit einem Wissen, das unsere Handlungs- und Entscheidungsmöglichkeiten erheblich erweitert und für unser Selbst- und Weltverhältnis häufig eine Herausforderung darstellt. Sowohl unter individueller als auch unter gesellschaftlicher Perspektive werden Lebens- und Handlungsmöglichkeiten durch wissenschaftliche und technische Entwicklungen in einem Ausmaß präformiert, daß hinsichtlich seiner Entwicklungsdynamik, seiner Reichweite und Eingriffstiefe beträchtlich ist. Mit diesem Zuwachs an Wissen verändert sich in grundlegender Weise auch der gesellschaftliche Ort der Wissenschaften. Eine Disziplin wie die Biologie etwa rückt so in das Zentrum politischer Auseinandersetzungen.

Wenn man Wissenschaftsethik als ethische Reflexion auf Ausrichtungen, Fragestellungen und Folgen von Wissenschaft und Forschung in einem umfassenden Sinne versteht, so ist sie eine bereichsspezifische Ethik, deren Verhältnis zu anderen bereichsspezifischen Ethiken bestimmt werden muß. Das ist nicht einfach und nicht trennscharf möglich. Bei der Aufteilung von Bereichsethiken handelt es sich um Unterscheidungen, die lediglich eine grobe Gliederung des Feldes angewandter Ethik leisten sollen. Wissenschaftsethik ist schwer abgrenzbar von Umwelt- und Technikethik, z.T. auch von Sozial- und Wirtschaftsethik. Gleichwohl kann der Terminus Wissenschaftsethik schwerlich als Oberbegriff für alle Formen angewandter Ethik Verwendung finden. Ich verstehe Wissenschaftsethik in einer vorläufigen Bestimmung als ethische Reflexion auf jene **moralischen Fragen, die in einer zentralen Hinsicht von den Wissenschaften hervorgebracht werden**. Dabei ist keine klare Unterscheidung zur

Technikethik möglich. Sobald man die Folgen der Forschung in die Überlegungen einbezieht, muß man von Technik reden. Technik- und Wissenschaftsethik bilden sogar einen besonders engen Zusammenhang, insofern nur unter Berücksichtigung der technischen Anwendungsdimension die Wissenschaftsethik nicht blind ist für ihre lebenspraktische Relevanz. Umgekehrt würde eine Technikethik, die den wissenschaftlichen Hintergrund der Technik ausblendet, die Techniken als quasi-naturale Größen mythifizieren und ihren Entstehungs- und Herstellungshintergrund ignorieren. Die ethische Auseinandersetzung kreist dabei nicht in erster Linie um das Binnenethos der Wissenschaften, das auf Sorgfaltspflicht bei der Durchführung von Forschungsvorhaben oder methodische Redlichkeit fixiert ist, sondern der gesellschaftliche Außenbezug der Wissenschaften gerät dabei ins Blickfeld der Auseinandersetzung. Wissenschaftsethik ist jedoch nicht allein eine gleichsam ins Vorfeld der technischen Realisierung vorverlagerte Technikbewertung. Die moralisch relevanten Dimensionen der Wissenschaften hängen nicht nur mit den Risiken und Unwägbarkeiten technischer Anwendungen zusammen, sondern häufig ist bereits der Erwerb von Kenntnissen etwa über den Menschen von Relevanz für das menschliche Selbstverständnis. Auch dieser Aspekt ist moralphilosophisch bedeutsam.

Der zweite Grund für die wissenschaftsethische Diskussion ist - wie bereits angedeutet - in der *Pluralität der evaluativen und moralischen Überzeugungen* zu sehen. In der Gesellschaft der fortgeschrittenen Moderne sind moralische Dissense nicht mehr auf intellektuelle Eliten und moralphilosophische Skeptiker beschränkt, sondern sie werden zu einem gesellschaftlich relevanten Faktor. Die Pluralisierung von Lebensstilen und moralischen Überzeugungen erfaßt sowohl lebensweltlich geteilte Moralvorstellungen als auch die Vielfalt ethischer Theoriebildungen.

Für die Wissenschafts- und Technikethik ergibt sich nun die Schwierigkeit, daß sie auf diese doppelte Herausforderung zu reagieren genötigt ist. Sie muß einerseits eine hinreichende Konkretion ihrer Arbeit und ihrer wissenschaftlichen Aussagen haben, um die Entwicklung von Wissenschaft und Technik, deren Auswirkungen und die Grenzen unseres prognostischen Wissens präzise erfassen und reflektieren zu können. Dazu ist eine interdisziplinäre Arbeitsweise erforderlich, die in methodisch reflektierter Form Forschungen und Forschungsergebnisse aus unterschiedlichen Fachdisziplinen einbezieht. Es reicht nicht aus, daß die normative Ethik auf abstrakter Ebene etwa die Forderung nach nachhaltiger Wirtschaftsweise moralisch auszeichnet; es sollte auch in Umrissen oder in exemplarischen Studien reflektiert werden, was dies für einzelne Praxisfelder bedeutet.

Die Wissenschaftsethik muß sich jedoch andererseits ihres normativen Fundaments versichern, um zu einer moralischen Urteilsbildung überhaupt in der Lage zu sein. Diese **Versicherung ihrer normativen Grundlagen** kann die Wissenschaftsethik nicht an die Einzelwissenschaften delegieren, sondern muß sie aus der philosophischen Kompetenz heraus versuchen. Um den Spagat zwischen moralphilosophischer Grundlagenreflexion und Anwendungsbezug kommt keine Wissenschafts- und Technikethik herum und dieser Spagat stellt sie zugleich vor scheinbar unüberwindliche Schwierigkeiten. Eine dieser Schwierigkeiten hängt mit der Pluralität ebenso der moralischen Überzeugungen wie auch der moralphilosophischen Zugangsweisen zusammen. Am Umgang mit dieser Schwierigkeit hängt über weite Strecken die Redlichkeit und Seriosität der Wissenschaftsethik. Wissenschaftsethische Themen sind dabei in der Regel besonders geeignet, uns die Fragilität und die Ungesichertheit unserer moralischen Überzeugungen bewußt zu machen. Bei diesen Themen geht es nämlich meist um Fragestellungen, welche die moralischen Regelungskapazitäten tradierter Moralen überschreitet. Zugleich sind sie stets von überindividueller Bedeutung, so daß eine gesellschaftlich aktzeptierte Regelungsform gefunden werden muß. Die Diskussion um Organtransplantation und Hirntod hat dies deutlich werden lassen. Die Praxis der Organtransplantation erforderte eine rechtlich einwandfreie Regelung. Die Entwicklung der Intensivmedizin hatte eine Aufrechterhaltung von Lebensfunktionen möglich gemacht, obgleich die Hirnfunktionen irreversibel verloren waren. Damit stellt sich die Frage, wie der moralische Status von sog. Hirntoten einzuschätzen ist. Die neuen technischen Möglichkeiten der Medizin haben somit ein Problem generiert, das uns zur Frage nötigt, ob die Schutzverpflichtungen, die mit dem 'Würde'-status verbunden sind, sich auch in vollem Umfang auf Hirntote erstrecken. Ein verbreitetes Mißverständnis liegt dabei in der Annahme, es ginge um die anthropologische Frage, wann der Mensch tot sei. Das normativ-ethische Problem dieser Frage liegt jedoch m.E. darin, wie die Extension des Würdeschutzes zu fassen und wer Träger der Würde ist. Damit wird jedoch die moralphilosophische Grundlage für die Zuschreibung des Würdestatus selbst zum Gegenstand der Diskussion. Auf diese Weise ist das Problem der Moralbegründung im Kern berührt. Die Pluralität moralphilosophischer Konzepte wird so virulent für einen gesellschaftlich, rechtlich und politisch umstrittenen Regelungsgegenstand.

Eine erste Möglichkeit, mit der Pluralität ethischer Ansätze umzugehen, besteht im Versuch, dem Streit der Philosophen auszuweichen. Um sich die begründungstheoretischen Schwierigkeiten des Kantianismus, der Diskursethik, des Utilitarismus und der Vertragstheorien gar nicht erst aufzubürden, werden häufig bestehende Konsense aufgesucht.

Diese Konsense kann man naheliegender Weise zunächst in *Verfassungen* oder weitgehend akzeptierten *völkerrechtlichen Vereinbarungen* suchen. Nun stellt man dabei allerdings fest, daß diese Rechtsdokumente gerade im Hinblick auf die neue Qualität zahlreicher wissenschaftsethischer Themen in der Regel unterbestimmt sind. Das ist der Grund, weshalb sich Juristen in Fragen der Rechtsfortbildung in diesem Bereich erwartungsvoll an die Ethik wenden. Der materiale Gehalt der traditionellen Menschenrechtsdeklarationen hinsichtlich der Biomedizin etwa ist zunächst nicht festgelegt, sobald es um die Vereinbarkeit mit Gendiagnostik und Embryonenforschung geht. Aber selbst wenn eine Interpretationsleistung die normativen Konsequenzen aus diesen Dokumenten überzeugend herausarbeiten könnte, wäre die Geltungsdimension moralischer Forderungen damit noch nicht beantwortet. Wenn das Spezifikum moralischer Forderungen in ihrem uneingeschränkten Forderungscharakter besteht, in der unterstellten Geltung für alle Moralsubjekte, so kann dieser Forderungscharakter die Notwendigkeit rechtlicher Regelungen begründen, nicht jedoch seine Geltung unmittelbar aus ihnen beziehen.

Eine ähnliche Situation ergibt sich, wenn die normative Grundlage der Wissenschaftsethik in einem Rekurs auf *lebensweltlich geteilte Überzeugungen* gesucht wird. Als Bezugspunkte für die Bestimmung faktischer Konsense dienen dann häufig Artikulationen von moralischen Konsensen in semi-rechtlichen Dokumenten, wie Standesdeklarationen, sowie erkennbare Konvergenzen in der Akzeptanz von Lebensidealen und Werten. Die ethische Diskussion bezieht sich dann auf Prinzipien mittlerer Reichweite oder auf eine Rekonstruktion von Regeln oder Prinzipien, die eine faktische Anerkennung genießen. Dabei geht es mir im folgenden nur um Prinzipien mittlerer Reichweite und Konvergenzargumente, insofern sie als Alternative zu einer begründungstheoretisch anspruchsvolleren Ethik aufgefaßt werden. Natürlich kann auch eine ethische Theorie ihre grundlegenden Einsichten in Regeln und Kriterien konkretisieren, deren Geltung auf spezifische Gegenstandsbereiche und Handlungskontexte beschränkt ist. Für einen Rekurs auf ein geteiltes Ethos oder auf weithin akzeptierte Moralkriterien ergeben sich (mindestens) drei zentrale Schwierigkeiten.

Erstens beruht bereits die Formulierungen von Prinzipien mittlerer Reichweite oder die Herausarbeitung geteilter Überzeugungen auf einem Akt der *Interpretation*. Untersucht man gesellschaftlich vorfindliche Überzeugungen empirisch, so stößt man ebenso auf das Tötungsverbot wie auf die weitgehende Aktzeptanz der Steuerhinterziehung in geringem Umfang. In der sizilianischen Gesellschaft stößt man noch auf ganz andere Elemente eines lebendigen Ethos. Um hier spezielle Überzeugungen normativ auszeichnen zu können, bedarf es eines Maßstabs, der seinerseits auszuweisen wäre. Es bedarf sogar bereits eines besonderen

Maßstabs, um überhaupt feststellen zu können, was moralische Überzeugungen von Wertannahmen anderer Art unterscheidet. Auch ein Rekurs auf den Begriff der Moral führt hier nicht sonderlich weit. Ein Beispiel dafür kann ein Moralkonzept sein, daß die 'unparteiliche Interessenberücksichtigung' zum Moralkriterium erhebt. Ein solches Kriterium kann man zwar als Moralkonzept verteidigen, aber es trifft nicht zu, daß jedes Moralkonzept diesem Kriterium genügt. In der Regel führt daher die Explikation eines geteilten Ethos unausgewiesen normative Maßstäbe in die Interpretation ein.

Zweitens sind auch Prinzipien mittlerer Reichweite **material unterbestimmt**. Ihre Anwendung auf konkrete Handlungskontexte und ethische Fragestellungen ist insofern wiederum interpretationsbedürftig. Ein Ausweis von Moralkriterien im Kontext ausgeführter ethischer Theorien zeichnet nun in Grundzügen die möglichen materialen Ausfüllungen vor. Nimmt man hingegen Prinzipien, wie das Autonomieprinzip, als Moment aus unseren Alltagsüberzeugungen und versucht, es als Moralprinzip anzuwenden, so liegt eine solche Sinn- und Anwendungsdetermination nicht vor. Man hat eher ein Schlagwort gefunden, das zur Anwendung auf konkrete Fragestellungen weitgehend beliebig funktionalisierbar ist.

Eine *dritte* grundlegende Schwierigkeit liegt darin, daß das Faktum der Verbreitung einer Überzeugung noch keine *Geltungsgrundlage* für eine moralische Forderung abgibt. Man müßte nicht nur zeigen, daß wir moralische Überzeugungen haben, sondern daß wir von ihrer Geltung zu Recht ausgehen. Angesichts der historischen Erfahrung, daß Unrechtsregime häufig in den verbreiteten Überzeugungen einer Gesellschaft einen gewissen Rückhalt fanden, ist dieser Punkt von besonderer Wichtigkeit.

Aus dem Gesagten folgt weitgehend, daß wir zum Streit zwischen den moralphilosophischen Ansätzen keine Alternative haben. Ein Rekurs auf die Unmittelbarkeit moralischer Überzeugungen führt lediglich dazu, daß der moralische Ausweis von Handlungsweisen und moralischen Forderungen erschlichen wird. Zudem würde der kognitive Gehalt moralischer Überzeugungen auf diese Weise unter der Hand aufgegeben. Man kann zwar auch moralphilosophisch den Nonkognitivismus verteidigen. Dann befindet man sich aber bereits im Streit zwischen den divergierenden ethischen Theorien. Nun ist die Wissenschaftsethik, wie jede angewandte Ethik, jedoch mit der Tatsache konfrontiert, daß eine Lösung des Streits moralphilosophischer Theorien nicht in Sicht ist. Damit will ich nicht behaupten, daß eine Moralbegründung unmöglich ist. Ich meine im Gegenteil, daß sie gelingen kann. Jedoch muß von dem Faktum ausgegangen werden, daß keine der vorliegenden ethischen Ansätze und existierenden Moralen auf allgemeine Zustimmung stößt. Eine Ethik, die sich mit konkreten Fragen von Wissenschaft und Technik beschäftigt, muß diesem Faktum Rechnung tragen.

Eine mögliche Konsequenz wäre die Anerkennung eines **unhintergehbaren Pluralismus moralischer Überzeugungen und ethischer Theorien**. Ein Beispiel dafür ist etwa die europäische Diskussion um die Embryonenforschung. Häufig wird hier die Auffassung vertreten, man müssen zur Kenntnis nehmen, daß der moralische Status von Embryonen in verschiedenen europäischen Moraltraditionen unterschiedlich eingeschätzt werde, und insofern habe die normative Ethik eine Toleranz vor den unterschiedlichen Auffassungen zu fordern. Ich will die Frage hier inhaltlich nicht klären. Jedoch hätte das Toleranzgebot zur Folge, daß implizit die Antwort auf ein strittiges Problem präjudiziert würde. Toleranz kann man nur vor moralisch zumindest grundsätzlich akzeptablen Überzeugungen und Handlungsweisen fordern. Mit dem Toleranzgebot ist implizit anerkannt, daß der Embryo nicht als individueller Träger der Menschenwürde anzusehen ist. Wäre der Embryo von Beginn an Träger der Würde, so läge bei der verbrauchenden Forschung an Embryonen die Zerstörung eines Wesens mit Würdestatus vor. Eine Forderung nach Toleranz vor solchen Handlungen käme einer Aufgabe des Verpflichtungscharakters gleich, der mit dem Würdebegriff verbunden ist. Nun kann man mit Gründen verteidigen, daß der Schutz des Embryos moralisch nur in eingeschränkter Weise zu fordern ist. Aber diese Begründungsleistung muß erbracht werden, bevor ein Toleranzgebot legitimierbar ist.

Aus diesen Überlegungen folgt m.E., daß die Wissenschaftsethik *aus der wissenschaftlichen Binnenperspektive* nur als Streit um die überzeugendste Begründung moralischer Urteile im Horizont ausgewiesener ethischer Theorien möglich ist. Das macht die Aufgabe nicht einfacher, aber ein solches Vorgehen scheint mir weitgehend alternativlos. Dieses Ergebnis ist angesichts der konkreten wissenschaftsethischen Diskussionen keineswegs trivial. Davon zu unterscheiden ist jedoch die *gesellschaftliche Außenperspektive.* In der politischen Auseinandersetzung um den Umgang mit wissenschaftlichen und technischen Handlungsmöglichkeiten wird eine Konvergenz zwischen unterschiedlichen ethischen Argumentationsgängen eine Rolle spielen müssen. Zwar ist auch die Politik und der gesellschaftliche Dikurs auf die Überzeugungskraft von Argumenten angewiesen. Aber im Grenzfall politischer Entscheidungen sind Kompromißbildungen und Mehrheitsenscheidungen unverzichtbare Instrumentarien politischer Handlungsfähigkeit. Die Politik kann nicht darauf warten, daß moralphilosophische Grundlagendispute beigelegt werden, bevor sie in dringlichen und aktuellen Regelungsproblemen zu Entscheidungen kommt. Die Ethik darf diese Kompromißbildung jedoch nicht zu ihrer Sache machen, wenn sie nicht ihre wissenschaftliche Seriosität verspielen will. Die Ethik muß an ihrer Aufgabe des rationalen Ausweises von moralischen Urteilen festhalten und die Reichweite ihres

Erkenntnisanspruchs und ihrer Forschungsergebnisse hängt davon ab, inwiefern ihr dies gelingt. Mit ihrem Argumentationspotential sollte sie sich in gesellschaftliche Auseinandersetzungen einbringen. Insofern ist eine Beteiligung wissenschaftsethischer Experten an Enquete-Kommissionen und politischen Beratungsgremien legitim und geboten. Nur auf diese Weise kann der ethische Diskurs für die politische Diskussion ertragreich werden. Aber ihre Aufgabe beschränkt sich darauf zu zeigen, inwiefern sie von ausweisbaren Moralkriterien zu moralischen Einzelurteilen kommt. Für eine Moderation gesellschaftlicher Auseinandersetzungen und eine Kompromißbildung fehlt ihr die Kompetenz und das Mandat. Die Gesellschaft im allgemeinen und die Politik im besonderen sollte sich eine solche Grenzüberschreitung philosophischer Experten auf ihr ureigenes Terrain nicht gefallen lassen. Die Ethik umgekehrt sollte sich nicht in die Rolle drängen lassen, die Schlichtung antagonistischer gesellschaftlicher Interessen subsidiär für die Politik vorzunehmen.

Abschließend sei angemerkt, daß mit diesem Plädoyer für eine moralphilosophische Fundierung der Wissenschaftsethik kein Einspruch gegen die notwendige **Interdisziplinarität** der Wissenschaftsethik anvisiert ist. Im Gegenteil ist diese interdisziplinäre Vorgehensweise unverzichtbar, wenn die Wissenschaftsethik nicht im unverbindlichen Raum allgemeiner Überlegungen verbleiben will. Jedoch sind ihre moralischen Einzelurteile von ihrer Begründungsstruktur her immer gemischter Natur. Die Geltung der Moralkriterien hängt von der Triftigkeit moralphilosophischer Begründungen ab. Deren Anwendung auf konkrete Handlungskontexte hingegen bedarf immer auch einer gründlichen Beschäftigung mit den Forschungszielen und -methoden der konkreten Forschungsvorhaben, den Folgen der technischen Umsetzung ihrer möglichen Ergebnisse sowie den wissenschaftstheoretischen, naturphilosophischen und anthropologischen Grundlagen ganzer Forschungsausrichtungen. Ethik in den Wissenschaften als interdisziplinäres Forschungskonzept kann auf eine moralphilosophische Reflexion ihrer normativen Grundlagen jedoch nicht verzichten, ohne ihren eigenen Status als wissenschaftliches Unternehmen aufzugeben.

Abduktionen als Grund theoretischer und praktischer Dissense

Niels Gottschalk, Univ. Stuttgart

Ich möchte in diesem Papier ein vereinheitlichendes Konzept zur Analyse ganz verschiedener Arten von Dissensen vorschlagen, die Abduktion. Ein Dissens soll dabei nicht als beliebige Meinungsverschiedenheit verstanden werden. Wirklich interessant wird es doch erst dort, wo abweichende Meinungen mit einigermaßen Aussicht auf Erfolg, d.h. (irgendwie) begründet, vertreten werden. Ein Dissens soll daher nur dann vorliegen, wenn die möglicherweise verschiedenen Meinungen durch jedenfalls verschiedene Gründe gestützt werden. In diesem Bezug auf Gründe ist ein Dissens ein „rational disagreement". Im folgenden wird es nun nicht darum gehen, solche Dissense zu entscheiden, und natürlich auch nicht darum, beliebige Dissense als unentscheidbar hinzustellen. Es soll vielmehr ein Modell entwickelt werden, an dem Dissense als solche rekonstruiert und Punkte der Nichtübereinstimmung genauer ausgemacht werden können.

I.

Die Bezeichnung „Abduktion" stammt von C. S. Peirce, das Konzept ist jedoch schon wesentlich älter. Peirce orientierte sich nämlich am Modell des Syllogismus, das bereits Aristoteles als Rekonstruktion alltagssprachlicher Argumentation in die Philosophie einbrachte. Dieses Modell schließt normalerweise per *Deduktion* aus zwei Prämissen auf eine Konklusion; eine der beiden Prämissen wird dabei gewöhnlich als Regel, die andere als Fallbeschreibung interpretiert. Als Hempel-Oppenheim-Schema wurde es zum Inbegriff wissenschaftlicher Erklärungen (mit der Regel als Gesetz), von S. Toulmin wurde es, in „The Uses of Argument", zum Grundmuster auch von praktischen Schlüssen erhoben (mit der Regel einer Norm). Die Rechtfertigung der Regel, nicht des Falles, wurde dabei gewöhnlich als Hauptproblem angesehen: Per *Induktion* bzw. eines äquivalenten normativen Brückenprinzips mußte die Regel dazu aus einzelnen Fällen erschlossen werden. Betrachtet man jedoch typische Dissense (in theoretischen Fragen etwa die sog. Expertendilemmata, vgl. C. Hubigs Stuttgarter Antrittsvorlesung, in praktischen Fragen die moralischen Kontroversen etwa um die Abtreibung), so scheint die zweite Prämisse, die Fallbeschreibung, jedoch ein nicht geringeres Dissenspotential zu bergen (ist die globale Erwärmung anthropogen; ist der Embryo eine Person?) Schon Toulmin berichtete in dem eingangs erwähnten Werk davon, daß wir, wenn wir argumentieren, uns gewöhnlich nur über die Fallbeschreibung austauschen, da die gemeinsame Anerkennung der Regel außer Frage steht. Auch A. Wellmer schreibt in seinem Buch „Ethik und Dialog", daß sich die meisten Kontroversen auflösen, sobald wir uns auf eine gemeinsame Sicht des Falles geeinigt haben.

Wie rechtfertigen wir nun Abduktionen? Die Idee von Peirce war es, Induktionen und Abduktionen als quasi „umgekehrte" Deduktionen zu verstehen. Der Schluß auf den Fall, allgemeiner gesagt: auf singuläre Prämissen in Erklärungen, das ist die Abduktion. Aus einem (bekannten) Resultat und aus einer (hypothetisch zugrundegelegten) Regel wird auf die Fallbeschreibung geschlossen.

Deduktion	Induktion	Abduktion
[Regel]	[Resultat]	[Resultat]
[Fall]	[Fall]	[Regel]
[Resultat]	[Regel]	[Fall]

Induktion und Abduktion sind „Erweiterungsschlüsse", die gerade nicht schon durch die formale Logik gerechtfertigt sind. Das Verhältnis von Induktion und Abduktion ist eine interessante Frage: Beide gelingen nämlich nicht unabhängig voneinander: Bei unerwarteten Beobachtungen („schwarzen Schwänen") haben wir ja immer zwei Möglichkeiten: Wir modifizieren die Regel (nicht alle Schwäne sind weiß) *oder* wir modifizieren die Fallbeschreibung (der „Schwan" war gar keiner). Durch Fallbeschreibungen wird so auch der Definitionsbereich der Regel fixiert, zu dem dieser Fall gehört. Deshalb ist es auch nicht sinnvoll, das eine unabhängig vom anderen Element rechtfertigen zu wollen. Besonders in der praktischen Philosophie wird aber gerne suggeriert, man könne *zunächst* Normen begründen und *dann erst* richtig anwenden. Bewähren können sie sich schließlich nur *beide zusammen*, in der Vorwärtsrichtung (per Deduktion).

Die richtige methodische Fassung dieser Problematik kommt vielmehr im von N. Goodman und J. Rawls in theoretischer bzw. praktischer Philosophie populär gemachten Begriff des Überlegungsgleichgewichts zum Ausdruck. Dieses besteht jedoch (in unserem Modell zumindest) zwischen Regel und Fall auf der einen und dem Resultat auf der anderen Seite, die alle drei mit den bestehenden Intuitionen zu vermitteln sind, während es für gewöhnlich als zweigliedrige Relation (zwischen theoretischen Rekonstruktionen und Intuitionen) verstanden wird. Ins Gleichgewicht zu bringen ist nicht nur die eine Erklärung, sondern es ist auch der Zusammenhang dieser Erklärung mit anderen Erklärungen zu berücksichtigen. Ein Gleichgewicht stellt sich dabei nie endgültig ein, denn – neben pragmatischen Gründen wie etwa der Zeitökonomie – ist eine gewisse „Vagheit" der Regeln unvermeidlich (da die Regelung ihrer Anwendung in einen unendlichen Regreß führt) und für eine regelmäßige Fortbildung eines erfahrungsoffenen Erklärungsgefüges auch sinnvoll.

Machen wir uns die Tragweite des Abduktionsproblems klar: Hubig, der in seiner Analyse des Expertendilemmas die abduktiven Schlüsse als Grundproblem herausgestellt hat, unterscheidet *Wahrnehmungen*, *Begriffe* und *Kausalitäten* als verschiedene Felder potentiellen Dissenses. Quer dazu hat er drei Typen der Abduktion benannt: Schlüsse auf eine (viable) *Erklärung*, auf die *beste Erklärung* und auf das *beste Erklärungsdesign*. Schließlich können wir uns immer fragen: Stimmt die Fallbeschreibung (oder lagen Sinnestäuschungen, Kategorienfehler oder Meßfehler bzw. Störgrößen vor)? Welche Regel sollte, zusammen mit der passenden Fallbeschreibung, zur (Einzel-)Erklärung herangezogen werden? Welches Erklärungsdesign (d.h. welche Theorie, welches Paradigma, welche Moralkonzeption usw.) ist zu favorisieren? Es lassen sich also mühelos auch weitergehende, nämlich höherstufige Abduktionsproblematiken benennen.

II.

Versuchen wir einmal, das syllogistische Modell in verschiedenen Dissens-Bereichen zugrundezulegen. Dabei will ich auf eine Arbeit von J. Habermas zurückgreifen, der zwei theoretische und zwei praktische Geltungsansprüche unterscheidet, die argumentativ einlösbar seien.

Theoretische Fragen		*Praktische Fragen*	
nomologisch	*intentional (pragmatisch)*	*evaluativ*	*normativ*
(Kausal-)Gesetz	Gewußte Mittel-Zweck-Beziehung	Bewertungsregel	Handlungsnorm
Ursache	Intendierter Zweck	Situation	Situation
Wirkung	Handlung	Wertung	Vorschrift

Hubigs Analyse desjenigen theoretischen Komplexes, der auf nomologische Erklärungen führt, muß dazu geeignet erweitert werden. In pragmatischen Fragen schließt man vom verfolgten Zweck *p* einer Person und dessen Glauben, daß eine Handlung *q* eine hinreichende Bedingung sei für die Erreichung von *p*, darauf daß die Person *q* ausführt. Interessant ist ein Adäquatheitsvorbehalt betreffs des Mittelsatzes: Das dort eingeführte *q* kann nämlich anderen von der Person verfolgten Zwecken widersprechen oder deren Erreichung unmöglich machen, deshalb ist es durch ihre Ziele mitbestimmt. Dieses Problem stellt sich in Parallele zum nomologischen Syllogismus, wo auch nicht ein Fall gleichzeitig unter zwei Regeln fallen darf, die widersprüchliche Resultate zur Folge hätten. Ein neuartiges Abduktionsproblem stellt sich betreffs des Zwecks im intentionalen Syllogismus, der ja nicht als Regel auftritt. Hier lassen sich mühelos die bereits bekannten drei Felder des Abduzierens abstecken: *Identifikation* (etwas als ein Etwas des Willens anzusehen), *Begriff* (die genauere Bestimmung dieses Etwas) und *Motivation* (das bestimmte Etwas als Auslöser einer Handlung). Auch die drei Typen des erklärenden Abduzierens lassen sich wiederfinden – wenn man dazu die Aussagen über Mittel als Regeln betrachtet.

Ob wir einen Vorgang z.B. durch den Verweis auf Kausalketten oder auf Handlungen erklären (etwa als menschliches Versagen oder technischen Defekt), hängt – wie auch die je interne Frage, was man als Motiv oder Ursache ansieht – mit Normalitätsunterstellungen zusammen. Dies kam oben, beim Unterscheidungsproblem zwischen Regel- oder Fallmodifikation, bereits zum Ausdruck. Gelten etwa bestimmte Sicherheitsprüfungen seitens der Hersteller eines Produkts für „normal", unterläßt sie der Anwender. Kommt es zum Unfall, bestimmen diese Normalitätserwartungen die Erklärung des Vorfalls und auch die Schuldzuweisungen (Alternative zwischen Handlungen). Sind etwa Regengüsse eher selten, erklären wir einen durchnäßten Spaziergänger durch den Regen. Sind sie die Regel, wird derselbe Schaden vielleicht durch einen zu Hause gelassenen Regenschirm erklärt (Alternative zwischen Ursachen und Handlungen). Und sind bestimmte Umstände selten der Fall, etwa Überflutungen, erklären wir Wasserschäden durch die Flut. Wo Überflutungen jedoch an der Tagesordnung sind, erklärt man den Schaden durch mangelnde Wasserbeständigkeit (Alternative zwischen Ursachen). Die fallbezogene Wahl zwischen intentionalen und nomologischen Erklärungsdesigns ist somit ebenfalls eine abduktive Frage.

Bis hierher wurde mit dem intentionalen Syllogismus nur die Erklärung von Handlungen betrachtet. Die Beantwortung einer Frage in praktischer Hinsicht bedeutet aber (und in diesem Kontext stellt sich ein Expertendilemma ja allererst), Handlungen nicht nur zu erklären, sondern auch zu empfehlen oder zu fordern. Ein entsprechendes Urteilen läßt sich im Rahmen eines *konsultativen* Syllogismus modellieren, ein durch höherstufige evaluative bzw. normative Syllogismen gestützter pragmatischer Syllogismus im Modus der Empfehlung, nicht der Erklärung. Der evaluative Syllogismus dient der Qualifizierung von Zielen und Mitteln; er schließt unter anerkannten Werten als Regeln auf anzustrebende Handlungsziele (evaluativ-voluntativ) wie auf adäquate Handlungsmittel (evaluativ-pragmatisch). Der normative Syllogismus qualifiziert Handlungen, d.h. die vom konsultativen Syllogismus empfohlenen Handlungen (und Unterlassungen) sind mit gerechtfertigten Normen in Beziehung zu setzen und so auf Erlaubnis oder Verbot zu prüfen. Damit ergeben sich auf Seiten der Norm zwei der drei bekannten abduktiven Felder: Normativ relevante Handlungen sind mit normativen Begriffen zu vergleichen (*Überbrückung*), normative Begriffe sind zu bestimmen (*Interpretation*).

Empfehlungen oder Forderungen werden auch und gerade gegen eine widerstrebende Wirklichkeit aufrechterhalten – sonst könnten sie gar keinen Empfehlungs- oder Forderungscharakter haben. Mögliche Dissense betreffen natürlich auch die Einordnung konsentierter Werte und Normen in ein größeres System derselben (*Abwägung* bzw. *Priorisierung*), diese Problematik tritt an die Stelle der Ursachen bzw. Motive auf dem dritten Problemfeld der Abduktion.

Auch in empfehlender bzw. normativer Hinsicht lassen sich die drei Typen der Abduktion wiederfinden: Angesichts eines konkreten Resultats können erstens die Fallbeschreibung, oder zweitens das Ziel oder die Norm zusammen mit der Fallbeschreibung umstritten sein, oder aber drittens differente Werte- bzw. Normensysteme zum praktischen Urteilen herangezogen werden.

III.

Man könnte diese Einteilung als ziemlich beliebig und als für die Auflösung von Dissensen wenig hilfreich ansehen. Auf die Möglichkeit der Auflösung von Dissensen *innerhalb* ihrer jeweiligen Ebenen kommt es mir hier nicht an. Dazu nur soviel: Es wäre nicht sinnvoll, Dissense über die Wahrheit oder die normative Richtigkeit von Sätzen für in ihrem Bereich *unauflöslich* zu halten, denn dies gefährdete ihren (von Habermas herausgestellten) epidemischen Geltungssinn. Für je unterschiedliche verfolgte Zwecke (Interessen) sowie je verschiedene Identitäten gilt dies nicht, hier dürfen, ja müssen Dissense auf ihrer jeweiligen Ebene unaufgelöst bleiben – es sei denn, man verträte einen umfassenden praktischen Kognitivismus.

Interessanter finde ich die Überlegung, wie wir über Dissense auf den jeweiligen Ebenen disponieren. Ein solches Disponieren, ein Umgehen mit Dissensen, kann und soll die Bemühungen zur Bearbeitung innerhalb der jeweiligen Ebenen nicht ersetzen (hier würden Gesetze unter allgemeinere Gesetze gefaßt, Ziele unter Oberziele gestellt etc.). Auf diese Weise läßt sich nämlich eine Systematik hinter den vier Geltungsansprüchen entdecken: Über verschiedene theoretische Perspektiven disponieren wir pragmatisch, über pragmatische Perspektiven hingegen im Rahmen von Vorstellungen des Guten Lebens (in Habermas' Sprechweise: „ethisch"). Die ethische und die moralische Perspektive sind reflexiv angelegt, daher disponieren sie wesentlich über sich selbst, wobei aber über die ethische Perspektive vielleicht (indirekt) auch unter moralischen Gesichtspunkten disponiert wird. Die höherstufige Konsensbildung ist in theoretischen und moralischen Fragen (bei entsprechenden Handlungszwängen) u.U. pragmatisch erforderlich, in pragmatischen und ethischen Fragen hingegen geltungslogisch zwingend.

Zunächst zu *theoretischen Dissensen* (im Rahmen von nomologischen oder intentionalen Erklärungen): Hier stellt sich die Anschlußfrage nach der vernünftigen Wahl der brauchbarsten Perspektive. Eine höherstufige Analyse kann nämlich verschiedene Perspektiven als für jeweils verschiedene Zwecke besser geeignet erweisen – also gemeinsam geteilte (intersubjektive) Gründe für die Adäquatheit der jeweiligen Perspektive erzeugen: Inzwischen scheinen die Vertreter der Molekularbiologie auf dem Gebiet der Freisetzungen gentechnisch veränderter Organismen die Perspektive der Ökologen (und ihr „synergistisches" Risiko-Modell) als brauchbarer anzusehen als das „additive" Modell, wie E.-L. Winnacker jüngst eingeräumt hat.

Einer pragmatischen Konsensbildung über den Umgang mit Wahrheitsfragen steht damit nichts im Wege. Ein *pragmatischer Dissens*, also ein eventueller Streit über das *Geeignet-Sein* von Perspektiven (allgemeiner: von Mitteln zu Zwecken), kann über eine Relativierung auf je verschiedene ethische Perspektiven des Guten Lebens begründet werden, im Rahmen derer ein je besseres oder schlechteres Sich-Eignen festgestellt werden kann. Welche Mittel und welche Zwecke die richtigen sind, hängt von den jeweils vertretenen Vorstellungen vom Guten Leben ab. Soweit also Auffassungen des Guten Lebens legitimerweise verschieden sein können, also die Auffassungen des einen auch die Auffassungen des anderen sein könnten, ist eine intersubjektive Konsensbildung wiederum möglich. Ethische Urteile können *nicht* auf dieselbe Weise wie theoretische Dissense relativiert werden, da es keinen Sinn macht, die Wahl *authentischer* Identität von Zweckmäßigkeitsüberlegungen abhängen zu lassen. Ethische Dissense können unter Verweis auf verschiedene Identitäten begründet und ihr Spielraum eventuell durch intersubjektiv geteilte moralische Gründe beschränkt werden. Die höherstufige Auflösung von *normativen Dissensen* schließlich versperrt sich von deren Logik her scheinbar noch stärker einer inhaltlich höherstufigen Konsensbildung: Der Geltungsanspruch auf moralische Richtigkeit einer Handlung läßt nicht zu, durch eine höherstufige pragmatische oder ethische Überlegung relativiert zu werden, ohne den deontologischen Sinn zu verlieren, den viele mit der Moral verbinden. Allenfalls könnten wir sagen, über moralische Dissense disponieren wir ethisch im Sinne der Ethik als philosophischer Disziplin, d.h. durch den Rückgang auf moralbegründende Prinzipien und deren Voraussetzungen.

IV.

Unsere Begründungen enthalten substantielle Schlüsse. Das dabei investierte Hintergrundwissen ließ sich bereits an einem recht einfachen Begründungsmodell, dem Syllogismus, deutlich machen. Die Substantialität beschränkt sich dabei keineswegs auf die (logisch) unvollständige Stützung der Regel, sondern es wurde ein breites Spektrum von abduktiven Dissensmöglichkeiten in verschiedenen (wiederum recht einfach modellierten) Geltungsbereichen aufgezeigt.

Sowohl innerhalb dieser Bereiche als auch zwischen ihnen bestehen Zusammenhänge, die sich allenfalls analytisch trennen lassen. Neben den Höherstufigkeiten des Disponierens über diese Bereiche gibt es auch einen inhaltlichen Zusammenhang, als sich der je folgende Bereich nicht ohne Rückgriff auf Elemente aus allen vorigen Bereichen rechtfertigen läßt. Auch Regeln und ihre Anwendung lassen sich nicht voneinander trennen, ja gewöhnlich lassen sich nicht einmal einzelne Erklärungen aus einem größeren Zusammenhang herauslösen. Dennoch gibt es, gerade in der Philosophie (z.B. in der Diskursethik), eine Tendenz, Anwendungs- und Begründungsfragen separat beantworten oder Begründungsüberlegungen für genau eine Norm anzustellen zu wollen, und nicht zu erkennen, daß Argumentationen auf die Modifikation eines Geflechts von Regeln und Fällen mit anderen Regeln und Fällen abzielen.

MIKHAIL KHORKOV

(Institut für Philosophie, Russische Akademie der Wissenschaften, Moskau)

THEORIE DER WISSENSCHAFTSETHIK UND ÖKO-ETHIK

Die ethische Reflexion auf die Normen des für die Erhaltung der natürlichen Lebensgrundlage erforderlichen Verhaltens wird oft als "ökologische Überlebensethik", oder als "ökologische Ethik" oder als "Öko-Ethik" ("eco-ethics") bezeichnet. Die Öko-Ethik kann als die neueste Strömung der "Natur-Ethik", d.h. desjenigen Teiles der Ethik, in der Richtlinien für das Verhalten zur Natur formuliert werden, bezeichnet werden. Je nachdem das geforderte Verhalten zur Natur als eine Pflicht gegenüber Gott, gegenüber der Menschheit oder gegenüber der Natur selbst aufgefaßt wird, kann die jeweilige Naturethik theozentrisch, anthropozentrisch oder biozentrisch sein. Der theozentrischen Naturethik zufolge ist die subhumane Natur dem Menschen von Gott anvertraut und ist der Mensch für sein Verhalten zur Natur gegenüber Gott verantwortlich. Der biozentrischen Naturethik zufolge soll der Mensch sich gegenüber der Natur nicht auf eine herrische, ausbeuterische Weise benehmen, sondern ihr gegenüber Ehrfurcht und Liebe zeigen. Die biozentrische Naturethik verneint nicht, daß die Menschheit auch im eigenen Interesse sich um die Erhaltung der Natur bemühen soll, sie betont aber, daß die Menschheit auch dann eine Verantwortung für die Natur hätte, wenn sie für sie weder als Gegenstand ästhetischen Genusses noch als Lebensgrundlage eine Bedeutung hätte, und zwar deswegen, weil der Natur ein Eigenwert zukomme. Der anthropozentrischen Naturethik zufolge soll der Mensch sich der Natur gegenüber in solcher Weise benehmen, daß er die Interessen anderer Menschen bzw. der Menschheit fördert oder ihnen wenigstens nicht schadet.

Wesentlich für die anthropozentrische Naturethik ist die Meinung, daß die subhumane Natur nur für den Menschen geschaffen sei und keinen Eigenwert habe. "Die Tiere", sagte Hegel, "haben sich zwar im Besitz; ihre Seele ist im Besitz ihres Körpers, aber sie haben kein Recht auf ihr Leben, weil sie es nicht wollen." Es ist oft hervorgehoben worden, daß das moderne dynamische Streben nach wissenschaftlich-technischem Fortschritt eng verbunden ist mit dem Gedanken, daß die subhumane Natur nur für den Menschen existiere, also mit der anthropozentrischen Teleologie. Bereits Francis Bacon betonte 1609 in "De sapientia veterum", daß der Mensch, was die Zweckursachen betreffe ("quatenus ad causas finales"), das Zentrum der Welt sei; wenn der Mensch von der Erde entfernt würde, so wäre alles Übrige ohne Sinn und Zweck.

Die anthropozentrische Teleologie nicht ohne weiteres als ein den wissenschaftlichen Dynamismus fördernder oder rechtfertigender Gedanke betrachtet werden darf. Dies geht schon daraus hervor, daß es innerhalb der anthropozentrischen Teleologie eine fortschrittliche und eine konservative Tradition gibt. Andererseits haben wenigstens zwei dem wissenschaftlichen Fortschrittsstreben positiv gegenüber stehende Denker, nämlich Descartes und Leibniz, die anthropozentrische Teleologie abgelehnt.

In dem Gedanken, daß die subhumane Natur dem Menschen zur freien Verfügung stehe, ist nicht nur die Erlaubnis zu ihrer Ausnutzung, sondern auch zu ihrer Verbesserung nach dem Geschmack des Menschen enthalten. An die Verbesserung der Natur in ästhetischer Hinsicht dachte z.B. Friedrich Nietzsche. Die Menschheit ist daran gewöhnt, die Natur zu betrachten als gefügigen Ton zur Modellierung immer vollkommener Lebensformen. Die Scheidewand zwischen Kunst und Natur ist gefallen. Nicht im Sinne von Rousseau, daß die Kunst sich dem Naturzustande nähern, sondern umgekehrt in dem Sinne, daß die Natur "künstlerisch" werden soll. Der Gedanke, daß es die Aufgabe des Menschen sei, die Natur nach seinem Abbilde oder wenigstens nach seinem Geschmacke zu umgestalten und vervollkommen, ist, wie John

Passmore ausgeführt hat, vielleicht schon bei Poseidonios, jedenfalls etwa im zweiten Jahrhundert in den "Hermetica" ("Asclepius") zu finden. Dieser Gedanke ist bei so unterschiedlichen Denkern wie Thomas von Aquin und Paracelsus zu finden und liegt auch der mathematischen Naturwissenschaft und den geometrischen Gartenanlagen im 17.Jahrhundert zugrunde.

Die Tendenzen, daß "Wissen muß wissenschaftliches Wissen sein" und "Wissenschaft muß exakt sein" (d.h. auf Mathematik als Fundament und Experiment als Verifikation sich begründen soll), führen zu einem Monismus, zu einer generellen Unifikation, die in bezug auf das Wissen behauptet, daß jedes Wissen, das nur auf unmittelbarer Erfahrung basiert und das den Zugang zur Erfahrung nicht durch eine Methode sich vermittelt und gesichert hat, daß ein solches Wissen nicht den Rang eines echten Wissens beanspruchen könne. Die unmittelbaren Erfahrungen der ethischen Handlungen sind dann kein Wissen mehr; sie wollen ja keine Wissenschaft sein. Aber warum soll man durch Ethik, durch Ich-Du-Begegnung nicht wissender werden, als man es gewesen ist? Die unmittelbare ethische Handlungen, die in sich selbst vielleicht nicht so den theoretischen Charakter eines "Wissens" direkt tragen, tragen aber in sich sehr oft eine "Gewißheit", die ihnen eine unwiderlegliche Evidenz zu dem Erfahrenden gibt, eine Gewißheit, die in der Reflexion auf sie dann wirklich unmittelbares Wissen hervorzubringen vermag, so das wir durch sie "wissender" werden. Die Ethik also, indem sie sich auf unser reales Handeln bezieht, das immer mit Erfahrungsmaterial zu tun hat, nicht von Erfahrung absolut getrennt werden kann.

Bei Kant steht dem "Gesetz der Natur" auf der einen Seite noch das "Gesetz der Freiheit" auf der anderen Seite gegenüber; und beide Gesetze sind gleich unveränderlich. Das entspricht der spätantiken grundlegenden Wissenschaftsunterscheidung von "Physik" und "Ethik", deren Differenz dann nur noch durch die formale Gesetzlichkeit der sie überwölbenden "Logik" verbunden ist. Ethik ist bei Kant genauso statisch wie die Physik bei den Griechen. In beiden

Bereichen "stellt", "fixiert" die immer gleiche Gesetzlichkeit das ihr Unterworfene. Die Griechen wie Kant haben die Probleme der Naturwissenschaft und Ökologie in unserem Sinne überhaupt nicht gekannt. Das Problem, daß zwischen der Idee des guten und des richtigen Handelns mit Umwelt und der Möglichkeit ihm überhaupt nachzukommen ein wirklicher Widerspruch herrscht, daß also diese Möglichkeit unter Umständen nicht gegeben sein kann, erscheint in der überlieferten Ethik überhaupt nicht. Dieses Problem ist für uns heute sehr ernstes und naheliegendes Problem. Es ist uns unter den Händen erwachsen, es hat uns nicht nur vor neue Fragen gestellt, sondern es hat den Menschen unserer Tage in eine absolut neue Lage gebracht. Aber die Ethik selbst ist nicht mitgewachsen. Sie verweist noch immer auf die "Klassiker". Von einem "Zurückbleiben" kann hier offenbar nicht in dem Sinne gesprochen werden, daß man Wissenschaft und Ethik mit einander vergleichen könnte, sondern nur in dem Sinne, daß neue Bereiche, Aspekte und Wirkungen des wissenschaftlichen Handelns entstanden sind, die noch nicht zum Gegenstand ethischer Reflexion geworden sind. Der Mensch ist also auf den ungeheuren Aufstieg seiner Wissenschaft ethisch nicht vorbereitet. Diese kulturelle Leere erzeugt den Wunsch und das Bedürfnis nach einer neuen Naturethik.

Das menschliche Verhältnis zur Natur war bis zum Anfang der mathematischen Naturwissenschaft ein Umgang, eine Partnerschaft mit ihr. Die Mathematisierung der Natur bedeutet eine radikale Umstrukturierung des Verhältnisses von Mensch und Natur, die das Spiel der natürlichen Kräfte auf ein System mathematischer Relationen zurückzuführen tendiert. Exaktwissenschaftlich gesehen, hat die Natur keine moralischen Qualitäten. Sie ist in bezug auf das durch sie verursachte Leid völlig rücksichtslos und bedarf somit der Verbesserung durch den Menschen. Wissenschaft verleitet den Menschen sogar zu einem eigentümlichen Hochmut gegenüber sich selbst. Die von Kant als theoretisch bestimmte Sphäre, die ja bei ihm im Grunde in der "Kritik der reinen Vernunft" definiert ist durch die theoretische Physik und durch die Mathematik, also insgesamt durch die mathematischen

Naturwissenschaften, eigentlich gleichbedeutend ist mit Praxis, ganz ähnlich wie empirische Wissenschaft und die Möglichkeit von Naturbeherrschung in dem "Novum Organum" von Francis Bacon bestimmt sind. Alle diese Bedingungen hängen mit der Macht des negativen, einer sich dem bloßen Verstand und seiner Abstraktheit verdankenden Vergegenständlichung, Verdinglichung des Menschen, seines Verhältnisses zur Natur, zu sich selber und zum anderen Menschen zusammen. Der im Begriff der neuzeitlichen Methode beschlossene Wille zur Objektivierung und Kontrolle der Natur, die Beschränkung der Natur auf die Bedingung ihrer exaktmathematischen Bestimmbarkeit, die Gleichsetzung der Erkenntnis mit wissenschaftlischer Erzeugung der Phänomene, die Überformung menschlicher Praxis durch Technologie, und die durch diese Prinzipien bedingte Auflösung aller geschichtlichen Ethosformen und der sie tragenden Sittlichkeit bildete die Herausforderung, der sich die spekulative Vernunft gegenübersah.

Seinen Höhepunkt erlebte die wissenschaftlich-technische Teleologie im 20. Jahrhundert, allerdings kaum noch als ausdrücklich formulierte, um so mehr aber als der Praxis der technischen Naturvergewaltigung unreflektiert zugrunde liegende Theorie. Ein unvermindertes Tempo des wissenschaftlich-technischen Wandels bedroht die natürlichen Grundlagen und die Existenz der menschlichen Gattung. Die industrielle und ökonomische Entwicklung führt zum Verfall sozialer Strukturen und Lebensformen. Die am Prinzip der Selbsterhaltung orientierten Steuerungsimperative der gesellschaftlichen Organisation der Naturbeherrschung drängen in die Richtung einer Liquidation des Subjekts, um dessen Erhaltung es doch gehen soll. Diese Praxis hat zu zahlreichen Protesten und zur Hinterfragung ihrer religiösen und weltanschaulichen Ursprünge geführt.

Daß aber anthropozentrisches Denken nicht notwendig zur Vergewaltigung der Natur führen muß, sondern auch, im eigenen Interesse des Menschen, zur Befürwortung von Naturschutz und zur Öko-Ethik führen kann, heute wichtiger ist. Was Natur ist, läßt sich konkret nur im Verhältnis zur Ethik bestimmen. Weil Natur in ihrem konkreten Vorkommen immer schon als auf den Menschen, sein Handeln und seine Geschichte bezogen erfahren wird, gibt es eine reine Natur nur als Abstraktion. Konkrete Natur aber ist immer auf eine bestimmte Weise mit Moral vermittelt.

Ethische Einstellungen können Objekt ökologischer Forschung sein, speziell ihres psycho-soziologischen Zweigens, wenn man annimmt, daß allgemein verbreitete Wissenschaftstheorien und philosophisch reflektierte Auffassungen vom guten oder richtigen Handeln tatsächlich Einfluß auf das Verhältnis des Menschen zu seiner Umwelt haben. Die Bedeutung, welche Naturwissenschaft bzw. ökologische Wissenschaft für ökologische Ethik hat, ist beschränkt. Wissenschaftliche Ursachenerkenntnisse und Prognosen können zwar ein bestimmtes Verhalten nahelegen. Aber mehr nicht. Vermittelt durch moderne, objektivierende Wissenschaft kann Natur prinzipiell nicht handlungsnormierend sein. Hier gilt Natur als äußere Tatsache, und damit gilt die Trennung von Tatsache und Wert. Zur Überbrückung dieser Kluft bedürfte es also ganz anderer Naturerfahrungen im inneren Zusammenhang von Leib und Seele, Natur und Mensch. Vorrangig ist also jenes subjektiv-intersubjektive Kraftzentrum, das kulturell variable Verhältnis des Menschen zu seiner eigenen Natur, in dem ethisch-moralische Gesichtspunkte und Wertungen immer schon eine Rolle spielen. Es ist der Ursachenbereich der ökologischen Probleme. Ethik kümmert sich primär um diesen Bereich, kümmert sich zumal auch kritisch um ihre eigenen herkömmlichen Ausprägungen, während die Ökologie als Wissenschaft für die Außenbeziehungen zuständig ist, Informationen über unser Verhältnis zur Umwelt oder vielmehr Mitwelt liefert. In der Öko-Ethik jedoch kommen beide Perspektiven zusammen. Es geht dieser Öko-Ethik also nicht um ein philosophisches Abstraktum, sondern, aristotelisch gesprochen, um Wissenschaftsethos als Hexis, als tatsächlich Handeln bestimmende Haltung. Solche Annäherung von Wissenschaftsethos und Wissenschaftsethik ist möglich, weil Ethos als aktive Einstellung immer verbunden ist mit schwachen bis starken Ansätzen zur distanzierenden

Reflexion faktischen Wollens. Darin liegt ja die Chance der Wissenschaftsethik. Sie ist im Verhältnis zur alltäglichen Ethik nur die konsequentere Prüfung dessen, was wir tun, mit potentiell andersnormativen Absichten. Diese werden vordringlich, wenn man mit einer umweltkrisenhaften, auswegbedürftigen Situation, ja mit der Ökokatastrophe konfrontiert ist. Gerade dann bedarf es aber nicht der abstrakten "Normenbegründung" aus "reiner Vernunft", sondern es bedarf einer Ethik, die zunächst einmal Einstellungen erfaßt.

Die ethische Relevanz von Dispositionen

WOLFGANG MALZKORN
Seminar für Logik und Grundlagenforschung an der Universität Bonn
Lennéstr. 39, D-53113 Bonn
malzkorn@uni-bonn.de

Im folgenden berichte ich über ein laufendes Forschungsprojekt, indem ich die in diesem Projekt behandelten Probleme erläutere, den Stand der Bearbeitung schildere und einen Ausblick auf den weiteren Verlauf des Projektes gebe.[1] Meine Absicht ist es, einerseits deutlich zu machen, daß die aus der wissenschaftstheoretischen und ontologischen Diskussion bekannten Dispositionen und Dispositionsbegriffe auch eine Bedeutung für die normative Ethik besitzen, und andererseits ein spezielles ethisches Problem zu beschreiben, zu dessen Behandlung Dispositionen und Dispositionsbegriffe einen wichtigen Beitrag leisten können.

I

Dispositionen bilden eine besondere Klasse von Eigenschaften; was sie gegenüber nicht-dispositionalen Eigenschaften auszeichnet, wird später zu erläutern sein. Eigenschaften moralischer Subjekte überhaupt können - dies dürfte unbestritten sein - ethische Relevanz haben. Einerseits können die Eigenschaften, die einem moralischen Subjekt zu einem Zeitpunkt zukommen, bzw. die Umstände, in denen sich ein moralisches Subjekt zu einem Zeitpunkt befindet, *in subjektiver Hinsicht* ethisch relevant sein.[2] So ist es z.B. - zumindest in einigen ethischen Ansätzen - für die Beurteilung einer Handlung einer Person relevant, ob die fragliche Person zum Zeitpunkt der Handlung im Vollbesitz ihrer geistigen Kräfte war, oder nicht. Ebenso ist es für die Beurteilung einer Handlung relevant, ob die handelnde Person zufolge bestimmter ihr zukommender Eigenschaften überhaupt hätte anders handeln können, als sie gehandelt hat. Andererseits können Eigenschaften von Personen auch *in objektiver Hinsicht* ethisch relevant sein. So können die Eigenschaften, die Personen zukommen, oder die Umstände, in denen sich Personen befinden, relevant sein für das, was den fraglichen Personen zu tun geboten oder erlaubt ist. D.h. Eigen-

---

[1] Ein Teilprojekt des Projektes, über das im folgenden berichtet wird, wird derzeit unter dem Titel "Dispositionsbegriffe und bedingte Normen" von der Deutschen Forschungsgemeinschaft finanziert.

[2] Die Umstände U, in denen sich ein Individuum x (zu einem Zeitpunkt t) befindet, möchte ich im folgenden aus Gründen der Vereinfachung als eine Eigenschaft von x (zu t) auffassen. Dem entsprechend kann man für den Ausdruck "x befindet sich (zu t) in den Umständen U" auch die Prädikatenschreibweise "U(x)" ("U(x,t)") wählen. Ungeachtet dessen enthalten Umstände, in denen sich Individuen befinden, oft extrinsische Eigenschaften der fraglichen Individuen, d.h. Relationen zu anderen Individuen.

schaften von Personen können relevant sein für die *Geltung* und für die *Begründung* von Normen, die für die fraglichen Personen gelten. Man betrachte die Frage: Darf Herr N.N. seinen Pkw auf einem ausgewiesenen Behinderten-Parkplatz parken? Die Antwort lautet: Wenn Herr N.N. (nachweislich) behindert ist, also eine bestimmte *relevante* Eigenschaft besitzt - ja; wenn Herr N.N. diese Eigenschaft nicht besitzt - nein. Eigenschaften, die in der beschriebenen objektiven Hinsicht ethisch relevant sind, will ich im folgenden *normativ relevant* nennen. Die normative Relevanz einer Eigenschaft F bzw. von Umständen U kann sich in der Geltung bedingter Normen der Form

(BN) Einer Person x ist es geboten (verboten, erlaubt), die Handlung H zu vollziehen, *wenn* x die Eigenschaft F hat (sich in den Umständen U befindet),

ausdrücken.

Die Relevanz von bestimmten Eigenschaften für die Geltung von Normen kann m.E. nicht überzeugend bestritten werden. Vielmehr ist es eine Adäquatheitsbedingung an jede ethische Theorie, die verschiedenen oder wechselnden Eigenschaften verschiedener moralischer Subjekte in angemessener Weise berücksichtigen zu können. Dennoch können sich - dies steht außer Frage - in unterschiedlichen ethischen Theorien Unterschiede zwischen der spezifischen Relevanz bestimmter Eigenschaften ergeben. Hieraus folgt unmittelbar, daß Eigenschaften moralischer Subjekte in unterschiedlichen Begründungsverfahren für Normen unterschiedliche Rollen spielen können. Die Relevanz von Eigenschaften moralischer Subjekte für die Begründung von Normen muß daher für jede ethische Theorie gesondert diskutiert werden.

Die normative Relevanz von Eigenschaften ist im allgemeinen wenig erforscht. In besonderem Maße gilt dies für sogenannte dynamische Eigenschaften, d.s. Eigenschaften, die darin bestehen, daß ein Individuum sich in einer bestimmten Entwicklung befindet. Die Eigenschaft eines Kindes, sich in einer körperlichen und geistigen Entwicklung zum erwachsenen Menschen zu befinden, ist ein Beispiel; die Eigenschaft eines älteren Menschen, sich in einem Prozeß des körperlichen oder geistigen Abbaus zu befinden, ein weiteres; die Eigenschaft eines menschlichen Embryos, sich in der Entwicklung zu einer Person zu befinden, ein drittes. Bereitet schon die begriffliche Analyse solcher dynamischer Eigenschaften große Schwierigkeiten, so stellt uns die Frage nach ihrer normativen Relevanz oft vor noch größere Probleme. Daher läßt man sie bisweilen in moralphilosophischen Diskussionen außer Acht und betrachtet an ihrer Stelle statische Ersatzkonzepte. Dies kann allerdings zu inadäquaten Resultaten führen. So scheint es mir z.B. inadäquat, allein auf der Basis der statischen Eigenschaften eines Embryos zu einem Zeitpunkt t dessen Rechte zu t zu ermitteln, wenn dabei außer Acht gelassen wird, wozu sich der Embryo unter Normalbedingungen entwickeln wird.

Vor ein verwandtes Problem wird die normative Ethik durch Dispositionen moralischer Subjekte gestellt; hier fallen neuerdings, wie ich meine, genetische Dispositionen ganz besonders ins Gewicht. Im Zuge des sogenannten *Human Genom Projects* werden bereits in einigen wenigen Jahren alle menschlichen Erbanlagen entschlüsselt sein.[3] Insbesondere werden wir die genetischen Ursachen vieler genetisch bedingter oder beeinflußter Krankheiten genau kennen. Außerdem wird es zunehmend einfachere Tests geben, mittels derer sich feststellen läßt, ob eine Person Träger einer bestimmten genetischen Disposition ist, oder nicht. Ein solcher Fortschritt hat z.B. in bezug auf das genetisch bedingte Mammakarzinom bereits stattgefunden. Seit einiger Zeit weiß man, daß für rund 5 Prozent aller auftretenden Mammakarzinome ein Fehler im *BRCA1*-Gen oder ein Fehler im *BRCA2*-Gen verantwortlich ist. Ist eine Frau Trägerin eines solchen genetischen Defektes und gibt es in ihrer Familie bereits entsprechende Krankheitsfälle (z.B. bei Mutter oder Schwester), so liegt das Risiko der Frau, vor dem 50. Lebensjahr an Brustkrebs zu erkranken, bei 60 Prozent; ihr Risiko, im Laufe ihres Lebens überhaupt einmal an Brustkrebs zu erkranken, liegt sogar bei 85 Prozent. Die entsprechenden genetischen Untersuchungen zur Feststellung eines entsprechenden Defektes werden in der BRD mittlerweile etwa an einem Duzend medizinischer Zentren bei Verdachtsfällen routinemäßig durchgeführt.

Angenommen, eine beidseitige radikale Mastektomie sei eine geeignete Präventionsmaßnahme, darf ein Arzt einer Trägerin eines entsprechenden genetischen Defektes, die (noch) nicht an Brustkrebs erkrankt ist, zu einer solchen (folgenschweren) Maßnahme raten? Und weiter: Muß die Solidargemeinschaft der Krankenversicherten die Kosten dafür übernehmen? - Ich will diese Fragen hier nicht entscheiden, sondern nur darauf aufmerksam machen, daß gemäß unserer - zumindest meiner - moralischen Intuition dieser Fall anders gelagert ist als z.B. der Fall einer Frau, die weder einen der fraglichen Gen-Defekte hat, noch an Brustkrebs erkrankt ist, sondern aus kosmetischen Gründen eine Mastektomie durchführen lassen möchte. Hier lautet, zumindest auf die zweite der beiden oben gestellten Fragen, die Antwort: nein. Unserer moralischen Intuition zufolge hat die genetische Krankheitsdisposition also normative Relevanz. Andererseits ist unsere moralische Intuition bezüglich des oben beschriebenen Falls einer Frau mit einem entsprechenden genetischen Defekt aber ohne akute Erkrankung auch weniger *dezidiert* als die moralische Intuition im Falle einer Frau, die tatsächlich an einem Mammakarzinom erkrankt ist. In diesen unterschiedlichen moralischen Intuitionen sehe ich einen Grund zur Erforschung der *besonderen* normativen Relevanz von dispositionalen Eigenschaften moralischer Subjekte.[4]

---

[3] Vgl. zum folgenden T.Beardsley/I.Hoefer: "Entschlüsseltes Leben"; in: *Spektrum der Wissenschaft Digest: Gene und Genome*, Heidelberg 1997, S. 26-33.
[4] Die sozialen, normativen und psychologischen Konsequenzen der zunehmenden Entschlüsselung des menschlichen Genoms und der verbesserten Diagnoseverfahren für Krankheitsdispositionen werden derzeit auch in der Öffentlichkeit breit diskutiert. Für den hier geschilderten Beispielfall des genetisch bedingten Mammakarzinoms vgl. z.B. den Artikel "Verhängnis der Gewißheit" in DIE ZEIT vom 6. August 1998, S. 25-26. Vgl. außerdem den in Fußnote 3 genannten Artikel von T.Beardsley und I.Hoefer.

II

Dispositionen und Dispositionsbegriffe sind im allgemeinen aus der wissenschaftstheoretischen und ontologischen Diskussion unseres Jahrhunderts bekannt. Beim Thema Dispositionen erinnert man sich sogleich an das gute alte Beispiel der Wasserlöslichkeit, mit dem sich vor allem die logischen Empiristen in der ersten Hälfte unseres Jahrhunderts intensiv beschäftigten. Dispositionen und Dispositionsbegriffe werfen einige grundsätzliche und tiefliegende Probleme auf. Einige dieser Probleme liegen unmittelbar auf der Hand, andere werden erst nach einer intensiveren Beschäftigung mit Dispositionen deutlich.

(1) Was sind Dispositionen und wie unterscheiden sie sich von nicht-dispositionalen Eigenschaften?

Die Wasserlöslichkeit eines Gegenstandes besteht - grob (und nur deshalb richtig) gesagt - darin, daß der Gegenstand sich auflöst, wenn er in Wasser gegeben wird. Die Jähzornigkeit eines Menschen besteht - ebenfalls grob (und nur deshalb richtig) gesagt - darin, daß er plötzlich und in unangemessener Weise in Zorn ausbricht, wenn er auf die geringste Unannehmlichkeit stößt. Dispositionen sind demnach Eigenschaften von Gegenständen, die darin bestehen, daß die Gegenstände, die sie besitzen, in bestimmten Umständen andere, nicht-dispositionale Eigenschaften annehmen. Hieraus hat man geschlossen, daß Zuschreibungen von Dispositionen Konditionalsätze implizieren, in denen das Antezedens die entsprechenden Umstände beschreibt und das Sukzedens die entsprechende Reaktion auf das Eintreten der Umstände. So impliziert z.B. der Satz "x ist wasserlöslich" ein Konditional der Form "wenn x in Wasser gegeben wird, löst x sich auf". Aber gilt dies nicht für alle Eigenschaften? Sind nicht alle Eigenschaften mit bestimmten Test-Reaktions-Konditionalen verknüpft? Solche Überlegungen führen zu der zweiten wichtigen Fragestellung:

(2) Gibt es überhaupt eine sinnvolle Unterscheidung zwischen dispositionalen und nicht-dispositionalen (kategorischen) Eigenschaften?

K. R. Popper und andere haben diese Frage negativ beantwortet; für Popper sind alle Eigenschaften Dispositionen, da jede Zuschreibung einer Eigenschaft ein Test-Reaktions-Konditional impliziert. Eine überzeugende Lösung dieses Problems hat, soweit ich sehe, erst S. Mumford in seiner im vergangenen Jahr erschienenen Monographie über Dispositionen vorgeschlagen: Dispositionszuschreibungen implizieren die entsprechenden Test-Reaktions-Konditionale *analytisch*; Zuschreibungen nicht-dispositionaler Eigenschaften hingegen implizieren Test-Reaktions-Konditionale in keinem Falle analytisch.[5] Es ist ganz offensichtlich, wie sich mittels dieses Kriteriums eine Unterscheidung zwischen Dispositionen und nicht-dispositionalen Eigenschaften durchführen läßt. - Das wohl bekannteste Problem im Zusammenhang mit Dispositionen lautet:

(3) Läßt sich ein allgemeines Definitionsschema für die Klasse der Dispositionsbegriffe angeben? Lassen sich Dispositionsbegriffe überhaupt explizit definieren?

---

[5] Vgl. S. Mumford: *Dispositions*, Oxford University Press 1998, S. 64-92.

Im Zusammenhang mit diesem Problem treten zwei Arten von Schwierigkeiten auf: Zum einen ist es bei vielen Dispositionen schwierig, die entsprechenden Test- und Reaktions-(Manifestations-)Bedingungen genau anzugeben. Dies ist allerdings eine Schwierigkeit, die einzelne Dispositionen betrifft, und nicht eine *genuine* Schwierigkeit von Dispositionen. Zum anderen hat es sich als ausgesprochen diffizil erwiesen, ein Definitionsschema anzugeben, das einerseits berücksichtigt, daß Gegenständen Dispositionen zugesprochen werden können, ohne daß diese manifestiert sind, und das andererseits nicht dazu führt, daß die Dispositionen aufgrund der angegebenen Definition Gegenständen zugesprochen werden können, die die fraglichen Dispositionen gar nicht haben. Dieses Problem ist, soweit ich sehe, noch nicht endgültig gelöst; es hat vielmehr durch C. B. Martins Herausforderung aus dem Jahre 1994 neue Aktualität erlangt.[6]

Ein weiteres Problem betrifft die Verankerung von Dispositionen in nicht-dispositionalen Eigenschaften:

(4) Bedarf jede Disposition, die einem Gegenstand zukommt, einer nicht-dispositionalen Eigenschaft des Gegenstandes, die dafür verantwortlich ist, daß der Gegenstand die Disposition hat, und die "Basis" der Disposition genannt wird? Wie ist das Verhältnis zwischen Basis und Disposition genau zu bestimmen?

Auch bezüglich dieser Fragen ist noch keine endgültige Klärung erreicht. Während E. Prior, R. Pargetter und F. Jackson zu Beginn der achtziger Jahre einen - bislang unwiderlegten - Beweis dafür vorgelegt haben, daß jede Disposition eine Basis haben muß[7], wird in der neueren Literatur darauf hingewiesen, daß es möglicherweise im Bereich der Mikrophysik doch basislose Dispositionen gibt.[8] Was Dispositionen betrifft, die eine Basis haben, so hat D. Armstrong eine Identität von Dispositionen und ihren Basen angenommen[9], während Prior, Pargetter und Jackson in dem erwähnten Aufsatz eine grundsätzliche Verschiedenheit zwischen Basis und Disposition nahelegen. Mumford hingegen nimmt mit guten Gründen eine token-token-Identität an, die mit einer type-type-Verschiedenheit verträglich ist.[10] Allerdings bedarf der Vorschlag Mumfords m.E. einer gründlicheren Einbettung in eine metaphysische Theorie von Eigenschaften überhaupt, als sie von Mumford geleistet wird.

Schließlich bleibt ein Problem zu erwähnen, das mit dem vorhergehenden eng zusammenhängt:

(5) Können Dispositionen von Gegenständen Ursachen sein? Spielen Dispositionen bezüglich ihrer Manifestation eine kausale Rolle?

---

[6] Vgl. C.B. Martin: "Dispositions and Conditionals", *The Philosophical Quarterly* 44 (1994) 1-8, und D. Lewis: "Finkish Dispositions", *The Philosophical Quarterly* 47 (1997) 143-158.

[7] Vgl. E. Prior/R. Pargetter/F. Jackson: "Three Theses About Dispositions", *American Philosophical Quarterly* 19 (1982) 251-257.

[8] Vgl. z.B. S. Mumford, *op. cit.*, S. 167-169, und die dort angegebene Literatur.

[9] Vgl. D. Armstrong: *A Materialist Theory of the Mind*, London 1968, sowie ders.: "Dispositions Are Causes", *Analysis* 30 (1969-1970) 23-26.

[10] Vgl. S. Mumford, *op. cit.*, S. 190-215.

Ebenso wie im Bezug auf das vorhergehende Problem liegen die Positionen hier weit auseinander: Armstrong zufolge sind die Basis-Eigenschaften und infolgedessen auch die seiner Ansicht nach mit diesen identischen Dispositionen selbst bezüglich ihrer Manifestationen kausal wirksam.[11] Prior, Pargetter und Jackson nehmen dagegen (ebenfalls in dem bereits erwähnten Aufsatz) eine grundsätzliche kausale Impotenz von Dispositionen an, da die einzig mögliche kausale Rolle für Dispositionen bereits von den ihrer Ansicht nach von diesen verschiedenen Basis-Eigenschaften eingenommen wird. Auch hier unternimmt Mumford einen Vermittlungsversuch: Das einzelne Dispositions-token (das ja nach Mumford mit dem entsprechenden Basis-token identisch ist), ist kausal wirksam; diese Wirksamkeit ist im Dispositionsbegriff bzw. in dessen Bedeutung, nicht aber im Begriff der Basis-Eigenschaft festgelegt.[12]

Bereits der Wortgebrauch legt es nahe, sogenannte genetische Dispositionen als Dispositionen im soeben erklärten Sinne zu verstehen und das *Human Genom Projekt* als die großangelegte Suche nach den materialen Basis-Eigenschaften jener Dispositionen anzusehen. Doch hier ist Vorsicht geboten: Es ist - dies wurde bereits angedeutet - wesentlich für Dispositionen, daß ihnen ein Paar $\langle T,R \rangle$, bestehend aus einem Test bzw. *Stimulus* T und einer Reaktion bzw. Manifestation R, oder eine ganze Klasse $\{\langle T_1,R_1\rangle,\langle T_2,R_2\rangle,...\}$ solcher Paare entspricht.[13] Im Falle der genetisch bedingten Eigenschaft, ein Bluter zu sein, (Hämophilie) ist diese Bedingung klarerweise erfüllt; der Stimulus besteht darin, daß der Eigenschaftsträger verletzt wird, die Manifestation besteht darin, eine ungewöhnlich große Menge Blut zu verlieren. Wie aber steht es mit der genetischen Disposition, an Brustkrebs zu erkranken? Was hier als Manifestation anzusehen ist, liegt auf der Hand; was jedoch ist als Stimulus anzusehen? Die Tatsache, daß eine entsprechend disponierte Frau, die überhaupt einmal ein Mammakarzinom entwickelt, das Karzinom zu einem bestimmten Zeitpunkt zu entwickeln beginnt, gibt die Möglichkeit, für die Existenz eines entsprechenden Stimulus zu argumentieren. So könnte man anführen, daß die bloße Disposition die Manifestation zu diesem bestimmten Zeitpunkt kausal nicht vollständig determiniert; dazu bedarf es eines entsprechenden Stimulus. Darüber hinaus ist empirisch zu klären, ob der Grund dafür, daß nicht jede entsprechend disponierte Frau ein Mammakarzinom entwickelt, darin besteht, daß nicht jede Frau irgendwann einmal dem entsprechenden Stimulus ausgesetzt wird, oder ob es sich bei der Disposition zum Brustkrebs um eine genuin probabilistische Disposition handelt. Nach diesem Muster läßt sich, soweit ich sehe, bei den meisten genetischen Dispositionen für die Existenz eines Stimulus argumentieren, so daß die meisten genetischen Dispositionen auch im oben erklärten Sinne als Dispositionen angesehen werden können.

---

[11] Vgl. D. Armstrongs "Dispositions Are Causes".
[12] Vgl. S. Mumford, *op. cit.*, S. 192-215.
[13] Im ersteren Falle handelt es sich um sogenannte "single manifested dispositions", im letzteren Falle um "multiply manifested dispositions".

Wie steht es nun aber mit dynamischen Eigenschaften von Individuen? Tragen Dispositionsbegriffe in irgendeiner Weise dazu bei, solche Eigenschaften begrifflich zu analysieren? Annäherungsweise und mit Blick auf bestimmte, später zu erläuternde Absichten, wie ich meine, ja. Der Grundgedanke ist hier der folgende: Entwicklungen können unter bestimmten Umständen, die jeweils im einzelnen (empirisch) zu klären sind, abbrechen, bevor bestimmte Entwicklungsstadien oder der Abschluß der Entwicklung erreicht ist. Nun kann man das Erreichen bestimmter Entwicklungsstufen oder den Abschluß einer Entwicklung als Manifestation deuten und das Nichteintreten intervenierender Umstände als Test bzw. Stimulus. Somit implizieren dynamische Eigenschaften von Individuen bestimmte Dispositionen dieser Individuen. Im vorliegenden Forschungsprojekt sollen beispielhaft einzelne genetische Dispositionen und dynamische Eigenschaften, über die hinreichende empirische Erkenntnisse vorliegen, begrifflich analysiert werden. Die dahinter stehende Absicht wird im folgenden erläutert.

III

Dispositionen und dynamische Eigenschaften sind Eigenschaften, die - wie nicht-dispositionale und statische Eigenschaften auch - Gegenständen *aktual* zukommen, die jedoch - anders als nicht- dispositionale und statische Eigenschaften - eine bestimmte *Potentialität* der Gegenstände, denen sie zukommen, beinhalten.[14] Im ersten Teil meines Vortrages habe ich darauf aufmerksam gemacht, daß diese Potentialität gemäß unserer moralischen Intuition eine besondere normative Relevanz haben kann. Im vorliegenden Projekt soll versucht werden, die besondere normative Relevanz, die sich aus Potentialitäten von Gegenständen ergeben kann, genauer zu untersuchen. Dies kann, wie ich meine, mittels Dispositionsbegriffen geleistet werden, da die in diesen ausgedrückte Potentialität begrifflich analysierbar ist mittels anderer, nicht-dispositionaler Begriffe und einer bestimmten Art von kontrafaktischen Konditionalen.[15]

Ganz analog zur normativen Relevanz von Eigenschaften im allgemeinen drückt sich auch die normative Relevanz von Dispositionen in der Geltung dispositionaler bedingter Normen der Form

(DBN)   Einer Person x ist es geboten (verboten, erlaubt), die Handlung H zu vollziehen, *wenn* x die Disposition D_F (d.h. die Disposition, die Eigenschaft F unter der Bedingung T zu manifestieren) hat,

---

[14] Ich bediene mich hier absichtlich einiger "dunkler", Philosophen oft zur Last gelegter Ausdrucksweisen, um deutlich zu machen, daß ein Bedarf besteht, mittels einer begrifflichen Analyse Licht ins Dunkel zu bringen.

[15] Darauf, wie meiner Ansicht nach eine adäquate Analyse von Dispositionsbegriffen auszusehen hat, kann ich hier nicht eingehen; ich möchte dazu auf meinen Aufsatz "Realism, Functionalism, and the Conditional Analysis of Dispositions" verweisen, welchen ich derzeit zur Publikation vorbereite.

aus. Die besondere normative Relevanz von Dispositionen kann demzufolge untersucht werden, indem man die besonderen Bedingungen der Begründung solcher Normen untersucht. Die Begründung einer solchen Norm ist aber auf zwei unterschiedliche Weisen möglich: (a) als *abhängige* Normenbegründung, (b) als *unabhängige* Normenbegründung. Was darunter zu verstehen ist, soll im folgenden kurz erläutert werden.

(Ad a) Man könnte versuchen, Normen der Form (DBN) über Normen der Form (BN) zu begründen, sofern man voraussetzt, daß eine entsprechende Norm der Form (BN) gilt. D.h. man könnte versuchen, eine Norm der Form (DBN) aus einer Norm der Form (BN) mittels Zusatzprämissen deduktiv zu gewinnen. Daher wird im vorliegenden Projekt versucht, aufgrund rein formaler Eigenschaften geeignete Zusatzprämissen, sogenannte "Brückenprinzipien", zu charakterisieren und mittels methodologischer und inhaltlicher Kriterien zu bewerten. Diese Phase des Projektes ist gerade angelaufen.

(Ad b) Man könnte versuchen, Normen der Form (DBN) unmittelbar über ethische Grundprinzipien (also unabhängig von Normen der Form (BN)) zu begründen. Daher soll im vorliegenden Projekt auch untersucht werden, wie sich Normen der Form (DBN) in verschiedenen konkurrierenden normativ-ethischen Theorien unmittelbar begründen lassen. Aus diesen vergleichenden Untersuchungen erhoffe ich mir nicht nur Erkenntnisse über die besondere normative Relevanz von Dispositionen, sondern auch neue Kriterien zur vergleichenden Beurteilung konkurrierender Ansätze in der normativen Ethik. Denn es könnte sich herausstellen, daß eine normativ-ethische Theorie T unseren moralischen Intuitionen über die Geltung von dispositionalen bedingten Normen besser gerecht zu werden vermag als eine andere normativ-ethische Theorie T′. Langfristig sollen dann auch einige Dispositionen und dynamische Eigenschaften unter Berücksichtigung der zuvor gewonnenen Erkenntnisse unter normativ-ethischen Gesichtspunkten untersucht werden.

Abschließend möchte ich im Zusammenhang mit der normativen Relevanz genetischer Dispositionen auf einen weiteren Punkt aufmerksam machen. Bislang habe ich vor allem den Fall betrachtet, daß eine genetische Disposition in ihren funktionalen Zusammenhängen ganz oder teilweise bekannt ist und daß in der Gensequenzierung (z.B. im Rahmen des *Human Genom Projects*) nach ihrer materialen Basis-Eigenschaft gesucht wird. Aber es könnte ja auch der Fall eintreten, daß wir in der Gensequenzierung auf materiale Basis-Eigenschaften stoßen, deren Funktionen wir nur teilweise oder gar nicht kennen. Ketten von Aminosäuren zu kennen, hilft aber zur Bestimmung der möglichen normativen Relevanz eines Gens nicht weiter. Erst die Kenntnisse der funktionalen Zusammenhänge, d.h. die Kenntnis der Disposition, deren Basis entdeckt wurde, erlaubt es, sich über die normative Relevanz einer Erbanlage Gedanken zu machen. Auch diese Überlegungen zeigen, daß Dispositionen moralischer Subjekte in der Ethik eine besondere Bedeutung zukommt.

Wolfgang Deppert, Jochen Schaefer, Werner Theobald

Ethische Probleme durch unsichere Wissenschaft

1. Einführung

Das große Ansehen der Wissenschaft ist vor allem durch die Verläßlichkeit naturwissenschaftlicher Erklärungen und Prognosen bedingt. Auch die Politik versucht von diesem Ansehen zu profitieren, indem die Begründung politischer Aktionen auf wissenschaftliche Ergebnisse gestützt wird.
Solange wissenschaftliche Erkenntnisse hinsichtlich ihrer Anwendung zuverlässig sind, ist diese Verbindung von wissenschaftlichen Aussagen und politischen Maßnahmen auch wünschenswert. Wenn etwa Meteorologen feststellen, daß sich ein Taifun in einer Entfernung von 600 km auf eine Inselgruppe mit einer Geschwindigkeit von 200 km/h zubewegt, dann haben die Politiker die sofortige Evakuierung der Bevölkerung zu veranlassen. Wenn wissenschaftliche Aussagen eine solche Verläßlichkeit nicht besitzen, dann sind politische Maßnahmen, die sich auf sie stützen, unbegründet, fragwürdig und möglicherweise unverantwortbar.

Wir wollen im Folgenden versuchen aufzuzeigen, inwiefern eine Verbindung von unsicherer Wissenschaft und Politik zu ethischen Problemen führen kann. Es lassen sich hier im wesentlichen vier Problembereiche unterscheiden:
1.Fall: Wissenschaftlern und Politikern ist unbekannt, daß eine solche Unsicherheit existiert.
Unter diesen Bedingungen wird man eine Verantwortlichkeit für politische Fehlentscheidungen aufgrund wissenschaftlicher Erkenntnisse weder den Wissenschaftlern noch den Politikern aufbürden wollen, es sei denn, sie hätten die Möglichkeit gehabt, die Unsicherheit der betreffenden wissenschaftlichen Erkenntnisse vermuten oder gar bemerken zu können. In diesem Fall läßt sich von einer Prüfungspflicht wissenschaftlicher Erkenntnisse sprechen.
2. Fall: Die Unsicherheit ist den Wissenschaftlern, aber nicht den Politikern bekannt.
Hier liegt die Verantwortung für politische Fehlentscheidungen aufgrund unsicherer wissenschaftlicher Erkenntnisse bei den Wissenschaftlern; denn sie hätten die Politiker über die Unsicherheit aufklären müssen. Es läßt sich von einer Informationspflicht der Wissenschaftler bzgl. der Sicherheit ihrer Aussagen sprechen. Wird diese Informationspflicht verletzt, so haben wir es mit dem großen Problemfeld der möglichen Verletzungen im Bereich des Ethos der Wissenschaften zu tun.
3. Fall: Die Unsicherheit wissenschaftlicher Aussagen, die für politische Entscheidungen verwendet werden, ist Wissenschaftlern wie Politikern bekannt.
Oft ist es in der Politik unumgänglich, Entscheidungen zu treffen. Dann wird im Rahmen eines sogenannten "worst case scenario" entschieden. Es werden Katastrophenwarnungen um der Katastrophenvermeidung willen ausgesprochen, auch unter Inkaufnahme des Vorwurfes, eine "wohlmeinende Täuschung" der Öffentlichkeit auf sich zu nehmen.
4. Fall: Wissenschaftler sind sich über die Sicherheit, Unsicherheit oder Falschheit einer wissenschaftlichen Erkenntnis nicht einig.

Dieser Fall liegt vor, wenn in der Wissenschaft selbst wegen schwieriger Untersuchungsbedingungen widersprüchliche Aussagen gemacht werden, aufgrund derer trotzdem entschieden werden .muß. Bei einer solchen Ausgangslage gewinnt die Frage ethische Bedeutung, ob die Öffentlichkeit ein Anrecht darauf hat zu erfahren, daß trotz einer zur Zeit nicht entscheidbaren wissenschaftlichen Kontroverse gehandelt werden muß oder gehandelt worden ist. Mit dieser letzten Möglichkeit wollen wir uns im Folgenden insbesondere beschäftigen. Die 1989/1990 getroffenen unterschiedlichen Voraussagen bezüglich der Ausbreitung von AIDS erscheinen uns als Fallstudie geeignet, um dieses Problem zu diskutieren.

2. Der Ausgangspunkt: Die epidemiologischen Voraussagen zur AIDS-Epidemie

Ausgangspunkte für die Infragestellung der Verläßlichkeit epidemiologischer Prognosen sind für uns
i. die in der Literatur dokumentierten, sehr unterschiedlichen Voraussagen hinsichtlich einer Zunahme der AIDS-Fälle und
ii. die von uns nachgewiesene irreführende Berechnung der Zunahme von AIDS-Fällen anhand der verfügbaren offiziellen Statistiken des CDC (Center for Disease Control, Atlanta USA).

Für Krankheiten, die wie AIDS im Verdacht stehen, eine epidemische Ausbreitung zu erfahren, sind Voraussagen über die Ausbreitungsgeschwindigkeit, über die gefährdeten Personengruppen, über den Krankheitsverlauf und über mögliche Vorsorgemaßnahmen notwendig, um eine verantwortungsvolle öffentliche Gesundheitsfürsorge betreiben zu können. Die Ausbreitungsgeschwindigkeit von AIDS wurde im wesentlichen mit Hilfe von zwei Methoden bestimmt (Lemp et al. 1990, 1497):
a. die aufgetretenen AIDS-Fälle werden mit Hilfe einer Wachstumskurve zusammengefaßt, und diese wird in die Zukunft extrapoliert
b. aufgrund eines angenommenen Infektionsmodus von HIV (Human Immunodeficiency Virus) werden epidemiologische Modelle zu Voraussagezwecken entwickelt.

Lemp et al. stellten bereits 1990 fest, daß die erste Methode sehr unsicher sei, da sie keinen Bezug zum HIV-Übertragungsmechanismus, zum Mechanismus des Krankheitsausbruches und zu den Erhebungsdaten besitze und daß das Entsprechende auch für die zweite Methode gälte, da es über die Infektiosität und die betroffenen Personengruppen keine verläßlichen Informationen gäbe. Diese unsichere Lage hat sich im Laufe der Zeit nicht geändert. So wird etwa im Dezemberheft 1995 des 10. Jahrgangs der Zeitschrift AIDS-Forschung über den Jahresbericht des AIDS-Zentrums des Robert-Koch-Instituts folgende Feststellung getroffen:
". . . die aktuelle Ausbreitungsdynamik vor allem im Hinblick auf den langen Zeitraum von der HIV-Übertragung bis zur klinischen Manifestation des Immundefekts (kann) nicht zufriedenstellend abgeschätzt werden. Für die Planung und Evaluierung von Präventionsstrategien wichtige Erkenntnisse über Häufigkeit und Änderungen von Risikoverhalten sind nur unzureichend vorhanden."

Diese Einschätzung teilen auch Anderson und May (1995). Allgemein gilt: Die Verläßlichkeit wissenschaftlicher Aussagen ist wesentlich durch die Zuverlässigkeit bedingt, mit der relevante Daten erhoben und weiter bearbeitet werden können. Es ist zu vermuten, daß die Schwierigkeiten in der Datenerhebung, der Datenverarbeitung und in der Theorienbildung die Unsicherheit der epidemiologischen Voraussagen bedingen. Dies ist auch die prinzipielle Problematik der wissenschaftlichen Voraussagbarkeit des Verhaltens komplexer Systeme, mit denen es die Epidemiologie oder auch die Meteorologie zu tun haben.

3. Schwierigkeiten bei der Einschätzung der Verläßlichkeit epidemiologischer Aussagen am Beispiel der AIDS-Epidemie

3.1. Zur Datenlage

Die Vereinigten Staaten von Amerika gehören zu den Ländern mit den am besten organisierten epidemiologischen Datenerfassungen. Darum beschränken wir uns in unserer Untersuchung über die Verläßlichkeit epidemiologischer Voraussagen zur Ausbreitung von AIDS auf die USA. Zur Erfassung der AIDS-Fälle bedarf es einer möglichst eindeutigen Definition des Krankheitsbildes von AIDS. Diese Definition wurde das erste Mal 1981/82 gegeben, 1985 erstmalig und später in den Jahren 1987 und 1993 noch einmal geändert. Die angegebenen AIDS-Fälle lassen sich aber nur epidemiologisch miteinander vergleichen und unter eine Theorie bringen, wenn sie durch die gleiche Definition bestimmt sind. Obwohl für die Berechnung des wahrscheinlichen Verlaufs einer Epidemie gerade die Verfügbarkeit der Daten vom Beginn der Epidemie an von entscheidender Bedeutung ist, ist es bis heute sehr schwierig, über das Jahr 1994 hinaus epidemiologisches Datenmaterial über AIDS-Fälle nach der 85er AIDS-Definition (in der epidemiologischen Literatur als „pre-87 AIDS" bezeichnet) zu bekommen. Insbesondere haben die späteren AIDS-Definitionen den methodischen Mangel, daß sie von einer Hypothese (HIV-Hypothese) abhängig gemacht worden sind, über deren Anwendbarkeit aber erst mit Hilfe des epidemiologischen Datenmaterials entschieden werden kann. Für bestimmte wissenschaftstheoretische und methodologische Untersuchungen ist damit insbesondere das Datenmaterial vor allem nach der 93er Definition weitgehend unbrauchbar. Aus Gründen einer wissenschaftstheoretisch vertretbaren Methodik beschränken wir uns hier im wesentlichen auf die Anwendung der ersten AIDS-Definitionen von 1982 und 1985, die oft auch als „Pre87-Definition" bezeichnet wird. Leider ist selbst für diese Definition die Datenlage sehr unbestimmt.

Gail und Brookmeyer (1990, 1538) behaupten, daß die erste Prognose der öffentlichen Gesundheitsfürsorge während der Coolfont Planning Conference 1986 von Macdonald (1986) mit 270.000 kumulativen AIDS-Fällen bis Ende 1991 angegeben wurde. Nach der 85er Definition lagen bis Ende 1991 nach einer Graphikauswertung des vom CDC herausgegebenen MMWR (1995) (Morbidity and Mortality Weekly Report) 154.100 AIDS-Fälle vor, so daß die Voraussage von 270.000 Fällen 80 % über den tatsächlichen Wert hinausschießt und darum als unzutreffend bezeichnet werden muß.

3.2. Gibt es methodische Gründe für die Diskrepanz in den vorgenannten Prognosen?

Zur Behandlung dieser Frage sollen im Folgenden einige der verwendeten methodischen Ansätze und die damit berechneten unterschiedlichen Voraussagen etwas näher beschrieben werden.[1] Vor allem zwei Denkschulen sind dabei zu erkennen. Einmal die von R. Brookmeyer und Mitarbeitern vertretenen Modelle und zum anderen die von D. Bregman verwendeten methodischen Ansätze.

Die Willkür in den epidemiologischen Extrapolationsmethoden greifen Gail und Brookmeyer grundsätzlich an, insbesondere das von Bregman und Langmuir (1990) gewählte Verfahren der Extrapolation durch eine Normalverteilung, durch das eine Gesamterkrankungszahl der AIDS-Epidemie in den USA in der Größenordnung von 200.000 vorausgesagt wird. Gegenüber dieser Prognose behaupten Gail und Brookmeyer, daß sie "will fall seriously short". Sie bevorzugen eine Voraussagemethode, nach der aus der HIV-Infektionskurve mit Hilfe einer Verteilungskurve der Inkubationszeiten die in der Zukunft etwa jährlich auftretenden AIDS-Fälle berechnet werden können. Da die HIV-Infektionskurve im allgemeinen nicht bekannt ist, haben Brookmeyer und Gail (1986) die sogenannte Backcalculation-Methode entwickelt, in der sie eine für die gesamte Epidemie konstante Inkubationsverteilung annehmen und die Kurve der gemeldeten AIDS-Fälle benutzen, um so die HIV-Infektionskurve zu berechnen. Unter Zugrundelegung dieser Infektionskurve können sie nur für kürzere Zeitspannen eine Mindestzahl von neuen AIDS-Fällen vorherbestimmen, da sie die jüngeren Infektionen mit ihrem Verfahren grundsätzlich nicht erfassen können. Diese Berechnungsmethode ist empfindlich abhängig von der gewählten Inkubationszeitverteilungskurve und dem Mittelwert der Inkubationszeit. Darum wählen Gail und Brookmeyer ein ganzes Spektrum von mittleren Inkubationszeiten für ihre Berechnungen aus. In Abhängigkeit von mittleren Inkubationszeiten zwischen 4,3 und 8 Jahren sagen Brookmeyer und Gail (1988) mit dieser Methode bis 1997 mindestens 150.000 bis 300.000 kumulative AIDS-Fälle voraus. Legt man die mittlere Inkubationszeit von Lemp et al. (1990) von ca. 11 Jahren zugrunde, dann liegt der kumulative Mindestwert für das Jahr 1997 bei mehr als 400.000 AIDS-Fällen. Schließlich findet sich bei Brookmeyer (1989) eine Voraussage für das Jahr 1992 von 350.000 AIDS-Fällen, wodurch er die bereits im Jahre 1988 vom US Public Health Service für das Jahr 1992 gemachte Vorhersage von 350.000 AIDS-Fällen genau bestätigt.

Wir haben also eine Vielzahl variierender prognostischer Aussagen. Die Diskrepanz zwischen den Voraussagen von Gail und Brookmeyer und von Bregman und Langmuir wird am deutlichsten in dem qualitativen Sinne, daß Bregman und Langmuir einen Höhepunkt der Epidemie mit nachfolgendem Abklingen voraussagen, während Gail und Brookmeyer einen abklingenden Epidemieverlauf gar nicht ins Auge fassen.

Betrachtet man die reine Datenbasis, die für epidemiologische Voraussagen 1987 zur Verfügung stand, dann kann man aufgrund einer Darstellung von Bregman (1989) (siehe Abb. 1) den Eindruck gewinnen, daß alle Vorhersagemethoden auf einer Extrapolation dieser Daten beruhen, wobei Bregman - ob durch Zufall oder durch die besseren Argumente, sei einstweilen dahingestellt - mit Hilfe der Farrschen Methodik[2] den Kurvenverlauf so extrapolierte, daß er den tatsächlichen Verhältnissen am nächsten kam.

---

[1] Für die hier beschriebene Problematik haben wir umfangreiches statistisches Zahlenmaterial analysiert, was im Rahmen des vorliegenden Beitrags nur zusammenfassend zitiert werden kann. Zum ausführlichen Nachvollzug vgl. W. Deppert, J.J. Dittmer, C. Köhnlein, B. Kralemann, J. Schaefer, W. Theobald: Insecure Science (i. Vorb.).

[2] Nach dem von Farr, Hamer, Brownlee und Fine ausgearbeiteten klassischen epidemiologischen Konzept wird ohne jegliche Kenntnisse über den Übertragungsmechanismus der epidemischen Erkrankung davon ausgegangen, daß eine Epidemie in ihrem Verlauf immer dem einfachen mathematischen Gesetz einer

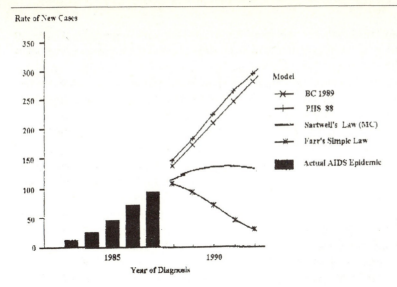

Abb. 1 (nach Bregman (1989)): Die Abbildung zeigt die Zusammenstellung von vier verschiedenen Extrapolationen zur epidemiologischen Vorausbestimmung des Verlaufs der AIDS-Epidemie

Dies wird aus einer vom CDC im Oktober 1995 veröffentlichten Graphik (MMWR Oct. 6, 1995, 43 (1994) No 53, p. 15) besonders deutlich (siehe Abb. 2). Sie weist nach der pre-87er Definition eine bis Ende 1992 kumulierte Anzahl von 185.000 AIDS-Fällen mit deutlich zunehmender Tendenz aus:

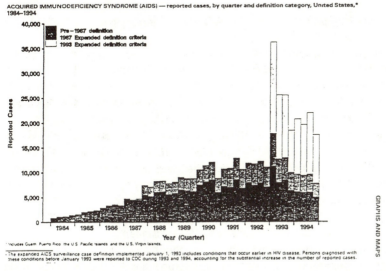

Abb. 2: Darstellung des Verlaufs der AIDS-Epidemie je nach den verschiedenen AIDS-Defintionen

Gaußschen Normalverteilung entspricht. Dieser naturgesetzliche Zusammenhang von anfänglicher Zunahme und späterer Abnahme der Neuerkrankungen wird auch Farrsches Gesetz genannt.

Gemessen an den tatsächlich beobachteten Fällen sind also die Voraussagen vom US Public Health Service aus dem Jahre 1988 und von Brookmeyer (1989) wieder um ca. 80 % zu hoch, obwohl Brookmeyer seine Voraussagen als eine Minimalanzahl von Fällen versteht. Nach seinem theoretischen Ansatz nämlich müßte seine Berechnung von den tatsächlichen Fällen übertroffen werden, da er von einer HIV-Inzidenz-Kurve ausgeht, die nur bis zum Jahre 1985 bestimmt ist. Diese grobe Fehlberechnung ist angesichts der großen Überzeugungskraft der von Gail und Brookmeyer entwickelten Methode der Backcalculation unverständlich. Noch unbegreiflicher aber erscheint die Tatsache, daß die Voraussagen von Bregman und Langmuir (1990), deren Methodik von Gail und Brookmeyer (1990) heftig kritisiert wurde, mit der Angabe von 150.000 bis 200.000 kumulativen AIDS-Fällen bis Ende 1992 dem tatsächlicher Wert sehr nahe kommt.

Wenn die hier getroffenen Feststellungen über den Verlauf der Pre87-AIDS-Epidemie richtig sind, daß sie ihren Höhepunkt um 1991/1992 erfahren hat, dann gibt es bei Inkubationszeiten, die länger als 10 Jahre sind, ein erhebliches Erklärungsproblem für das Auftreten dieses Epidemie-Höhepunktes.

Wir haben bereits darauf hingewiesen, daß die Vorgaben der Datenerfassung von den Theorien unabhängig zu sein haben, die mit Hilfe der Daten auf ihre Richtigkeit hin überprüft werden sollen. Dies ist mit dem vorhandenen Datenmaterial schon seit der AIDS-Definition von 1985 nicht mehr möglich. Ferner haben die Definitionsänderungen von 1987 und 1993 bewirkt, daß die Krankheitsmeldungen nicht mehr nach den alten Definitionen durchgeführt wurden und somit der spezielle Verlauf der durch die ursprünglichen Definitionen bestimmten Epidemien nicht mehr durch Daten erfaßt werden kann. Darum läßt sich eine letzte durch Daten begründete Entscheidung insbesondere über die hier dargestellte Kontroverse zwischen klassischer epidemiologischer Theorie und neueren epidemiologischen Theorienbildungen grundsätzlich nicht mehr herbeiführen.

4. Ethische Problemstellungen einer unsicheren AIDS-Epidemiologie

Die ethische Relevanz unsicherer Wissenschaft besteht in der Frage, wie man mit unsicheren Erkenntnissen umgeht - insbesondere dann, wenn Entscheidungen getroffen werden müssen. Eine besondere Schwierigkeit bei der Beurteilung, ob etwas als unsicher, weniger unsicher oder sicher angesehen werden muß, liegt häufig darin, daß erst bestimmte Beobachtungszeiträume verstrichen sein müssen, um dies entscheiden zu können. Nachdem inzwischen fast 13 Jahre vergangen sind, seitdem die ersten divergierenden Prognosen zur Ausbreitung von AIDS veröffentlicht wurden, können wir feststellen, daß in der Tat eine prinzipielle Unsicherheit und Unentscheidbarkeit in bezug auf die Prognosefähigkeit für den Verlauf der AIDS-Epidemie vorlag. Als Ursache hierfür lassen sich aus unserer Sicht folgende Fehlerquellen (FQ) identifizieren:

FQ1. Häufig wechselnde bzw. inhaltlich erweiterte AIDS-Definitionen.
Eine AIDS-Definition definiert ein Krankheitsbild, verschiedene AIDS-Definitionen benennen darum verschiedene Krankheiten. Die mehrfache Änderung der AIDS-Definitionen hätte sicherstellen müssen, daß die Datenerhebung in bezug auf jede AIDS-Definition gesichert ist. Dies ist nicht geschehen, so daß die Prognosen über den Verlauf der AIDS-Epidemie über keine eindeutige Datenbasis verfügen und dadurch prognostische Unsicherheiten unvermeidbar sind.

FQ2. Fehlen einer wissenschaftstheoretisch abgesicherten Methodik.
Der Entstehungszusammenhang der AIDS-Epidemie ist nicht über eine wissenschaftstheoretisch abgesicherte Methodik, wie sie etwa mit den Kochschen Kriterien gegeben ist, bestimmt worden, so daß bis heute Zweifel an der HIV-AIDS-Hypothese bestehen (Duesberg 1996).

FQ3. Die divergierenden Prognoseverfahren sind wissenschaftstheoretisch nicht ausreichend diskutiert worden.
Die Diskrepanz zwischen der Bregman-Hypothese und der Brookmeyer-Backcalculation-Methode war dem CDC bekannt und sicher auch die weitaus bessere Bestätigung der Bregman-Prognosen. Weder die wissenschaftlichen Unstimmigkeiten zwischen den klassischen Voraussagemethoden (z.B. Bregman) und den modernen Voraussagemethoden (z.B. Brookmeyer) noch die prognostische Überlegenheit der klassischen Methoden ist wissenschaftstheoretisch diskutiert worden. Insbesondere ist das Abklingen der HIV-Infektion, bevor jegliche therapeutische Maßnahmen einsetzten, nicht der Öffentlichkeit bekannt gemacht worden. Im Gegensatz dazu wurden die ursprünglich falschen Voraussagen der Backcalculation-Methode nachträglich durch eine Änderung der AIDS-Definitionen verifiziert. Dies läßt sich wissenschaftstheoretisch nicht rechtfertigen.

Wenn man sich diese von uns genannten Fehlerquellen näher ansieht, drängen sich verschiedene Fragen auf, die wir für wissenschaftsethisch relevant halten:

- Warum hat es eine mehrfache Änderung der AIDS-Definition gegeben und warum wurde der wissenschaftstheoretische Fehler begangen, eine Hypothese in die AIDS-Definition einzubeziehen, die erst mit Hilfe dieser Defintion zu bestätigen oder zu widerlegen gewesen wäre? Warum wurden die verschiedenen AIDS-Definitionen in der Datenerfassung nicht bis heute peinlich genau auseinandergehalten und bis heute die Daten aller AIDS-Definitionen erfaßt?
- Warum ist zur Überprüfung und Absicherung der HIV-AIDS-Hypothese keine wissenschaftsethisch einwandfreie Methodik entwickelt worden, wie es die Kochschen Postulate vorschreiben? Dies ist deshalb zu fragen, weil es gute Gründe dafür gibt, daß die Kochschen Postulate nicht angewendet werden können.
- Warum wurden die Pre87er AIDS-Definitionen nicht weiter zur Prüfung der HIV-AIDS-Hypothese benutzt? Warum wurde dazu insbesondere keine hypothesenfreie, rein phänomenologische AIDS-Definition entwickelt?
- Warum sind die wissenschaftlichen Unstimmigkeiten in den prognostischen Verfahren nicht ausdrücklich bekannt gemacht worden, und warum hat man sich in den CDC-Prognosen nicht an der eindeutig am besten bestätigten Voraussagemethodik von Bregman gehalten?
- Warum ist es in der Öffentlichkeit nicht bekannt gemacht worden, daß die HIV-Inzidenzkurve nach den Bregmanschen Berechnungen bereits ihren Höhepunkt überschritten hatte, bevor AIDS-therapeutische Maßnahmen wie etwa „safer sex" ergriffen wurden? Warum wurden zu dieser erstaunlichen Behauptung keine Detailforschungen angestellt?
- Warum hat das CDC sich in seinen Veröffentlichungen ausschließlich nach den falschen Prognosen der Backcalculation-Methode gerichtet? Ist etwa die 93er AIDS-Definition der Versuch, diese Methodik nachträglich zu rechtfertigen?

Literatur

(MMWR = Morbidity and Mortality Weekly Report, published by CDC.
JAMA = Journal American Medical Association)

Anderson, R.M., May, R.M. (1995): In infectious diseases of humans. Dynamics and control. Oxford University Press.
Bregman, D.J. (1989): The normal epidemic curve. Dissertation submitted in partial fulfillment for the Degree of Doctor of Philosophy in the Dept. of Environmental Health, University of Cincinnati (1989).
Bregman, D. J., Langmuir, A. D. (1990): Farr's law applied to AIDS projections. JAMA 263: 1522-1525.
Brookmeyer, R. (1989): More on the relation between AIDS cases and HIV prevalence. New England Journal of Medicine 321: 1547-48.
Brookmeyer, R., Mitchell H. Gail (1986): Minimum size of the acquired immunodeficiency syndrome (AIDS) epidemic in the United States, Lancet 1986, 2: 1320 - 1322.
Duesberg, Peter H. (Edit.) (1996): AIDS: Virus-or-Drug Induced? Kluwer Academic Publishers.
Gail, Mitchell H., Brookmeyer, R. (1990): Projecting the Incidence of AIDS, JAMA 1990, Vol. 263/11, p. 1538-1539.
Lemp, G. F. et al. (1990): Projections of AIDS Morbidity and Mortality in San Francisco. JAMA, March 16, 1990. Vol. 263, No. 11: 1497-150.
Macdonald, M.I. (1986): Coolfont Report: A PHS plan für prevention and control of AIDS and the AIDS virus, Public Health Rep. 101: 341-348.
Review Epidemiologie: Jahresbericht des AIDS-Zentrums (AIFO), 10. Jahrgang, Dez. 1995, Heft 12: 624.

Anschriften der Verfasser:
Prof. Dr. rer. nat. Wolfgang Deppert, Philosophisches Seminar der Universität Kiel, Olshausenstraße 40, 24098 Kiel
Prof. Dr. med. Jochen Schaefer, International Institute for Theoretical Cardiology, Schilkseer Straße 221, 24159 Kiel
Dr. phil. Werner Theobald, Ökologiezentrum der Universität Kiel, Schauenburger Straße 112, 24118 Kiel (Mitglied der Akademie für Ethik in der Medizin, Göttingen).

Danksagung:
Für wertvolle Anregungen und Diskussionen danken wir Prof. Dr. med. Rainer Dennin, Institut für Virologie der Medizinischen Universität Lübeck; Janke Jörn Dittmer, Cavendish Laboratory, Optoelectronics Group, University of Cambridge; Prof. Dr. med. Rudolf Frentzel-Beyme, Bremer Institut für Präventionsforschung und Sozialmedizin (BIPS), Universität Bremen; Dr. med. Claus Köhnlein, Praxis für Innere Medizin, Kiel; Björn Kralemann, Philosophisches Seminar der Universität Kiel; Prof. Dr. phil. Brigitte Lohff, Lehrstuhl für Medizingeschichte, Ethik und Theoriebildung in der Medizin, Medizinische Hochschule Hannover; Tim Schaefer, Lehrstuhl für Medizingeschichte, Ethik und Theoriebildung in der Medizin, Medizinische Hochschule Hannover; Dr. med. Günther Zick, Klinik für Anästhesiologie und Operative Intensivmedizin der Universität Kiel.

Workshop 20
Philosophie und Ethik in der Schule

Richard Breun (Erfurt): **Nachahmung und Haltung. Zu zwei moralpsychologisch und moralpädagogisch bedeutsamen Begriffen**

Auf der Suche nach einer Quelle moralpädagogischer Einwirkung im Rahmen einer von ihm postulierten empirischen Gegebenheit der moralischen Welt, also auf der Basis der Erfahrung moralischer Wirklichkeit, beobachtet und beschreibt der französische Soziologe Émile Durkheim neben der Tatsache, daß Moral ein in Sitte und Recht ablesbares Regelsystem für das menschliche Verhalten darstellt, besonders beim kleinen Kind noch etwas anderes, was auf eine, wie er meint, „früher [...] unerklärliche Fähigkeit"[1] hinweist: „Die außerordentliche Leichtigkeit, die Bereitwilligkeit, mit der es alles wiedergibt, was sich unter seinen Augen vollzieht. Es macht das Mienenspiel nach, das es auf den Gesichtern der Menschen sieht, die es umgeben. Es weint, wenn sie weinen, es lacht, wenn sie lachen. Es wiederholt die gleichen Wörter, die gleichen Gesten, und wenn die Gesten und Wörter Symbole der Ideen und der Gefühle geworden sind, wiederholt es die Ideen und die Gefühle, die es auf den Gesichtern zu lesen oder durch ihre angewendeten Wörter zu verstehen glaubt."[2] Durkheim sieht hier die moralische Motivation verankert. Er schildert einige Beispiele, die mehr noch als das bloße Nachmachen enthalten, nämlich positive Handlungen des Tröstens und der Zuneigung, prosoziale Handlungen, wie man heute sagt, und zwar ausgeführt von 13 und 14 Monate alten Kindern. Er faßt zusammen: „In all diesen Fällen sieht man deutlich, daß das Kind das Bedürfnis hat, seine Existenz mit der eines anderen zu verbinden, und daß es leidet, wenn dieses Band zerbrochen wird."[3] Durkheims Schluß zur Erklärung dieser Phänomene ist, wie immer in seiner soziologischen Theoriebildung, daß der Mensch die Gesellschaft als Prinzip seiner Lebendigkeit in allen Bereichen nicht verleugnen kann, so daß auch die moralpädagogische Einwirkungsmöglichkeit im Kindesalter hierin begründet sei. An dieser Stelle sei der moralpädagogische Hebel anzusetzen, neben der Erziehung zur Einhaltung und zum Verständnis von gesellschaftlichen Regeln, wie er sie zuvor, unter Einbeziehung bestimmter Strafen, beschreibt. Wie immer man die soziologische Deutung Durkheims beurteilen mag, bleibt eines festzuhalten, wenn Durkheims Junktim einen Anhaltspunkt in der Realität haben soll: moralische Motivation muß etwas mit der Fähigkeit des Menschen zu tun haben, die Ausdrucksbewegung des anderen zu verstehen.
Durkheim setzt allerdings sehr schnell die signifikanten Phänomene des Mitvollzugs, der Nachahmung und der Deutung des mimischen Ausdrucks mit dem Bedürfnis nach sozialem Anschluß gleich und stellt alles unter das Prinzip der Gesellschaft. Es ist aber zu fragen, ob hier nicht Differenzierungen vorgenommen werden müssen, um die - wenn es sie denn gibt - spezifische Relevanz dieser Phänomene für die moralische Motivation heraustreten zu lassen. Bis zu einem gewissen Grad ahmen auch Tiere Bewegungen und Laute nach oder vollziehen sie mit, ohne daß daraus moralpädagogische Konsequenzen folgen könnten. Worin liegen also die Unterschiede in den Nachahmungsmöglichkeiten und -formen? Und worin könnte ihre moralische Relevanz zu suchen sein, wenn denn Durkheim recht hat mit seiner Vermutung eines Zusammenhangs?
Jean Piaget hat detailliert die Entwicklung der Nachahmung beim Kind untersucht und die verschiedenen Formen in sechs aufeinander folgenden Stadien dargestellt[4]. Er hat sie in seine entwicklungspsychologische Theorie, und hier insbesondere in den Zusammenhang zwischen Assimilation und Akkomodation, also in das Zusammenspiel zwischen Organismus und Um-

---

[1] Emile Durkheim: Erziehung, Moral und Gesellschaft. Vorlesung an der Sorbonne 1902/03, Frankfurt/M. 1995, S. 258.
[2] ebd., S. 255f.
[3] ebd., S. 257.
[4] Jean Piaget: Nachahmung, Spiel und Traum; Stuttgart, 5. Aufl. 1993.

welt, eingebunden und damit vornehmlich die konstruktiven und kognitiven Elemente der kindlichen Entwicklung erhellt - Elemente wie das Schema, die Figur und das Symbol, die als repräsentative Übergangsformen zum Begriff gelten können. Dabei geht er auf die mimischen und gestischen Bewegungen sowie auf Gestaltungen des lautlichen Ausdrucks ein. Er zeigt, wie visuelle Bilder zu Vorstellungs- oder geistigen Bildern werden und wie der Spracherwerb funktioniert. Imitation, Symbolspiel und kognitive Vorstellung sind die drei Formen des repräsentativen Denkens, die er nennt. Ihre Funktion ist es, den menschlichen Organismus im Laufe seiner Entwicklung optimal anzupassen, d.h. der Person einen Gleichgewichtszustand zu verschaffen, der sich frei machen kann von dem, was sich ihr unmittelbar aufdrängt, „also das wachzurufen, was über die Bereiche der Wahrnehmung und des Motorischen hinausgeht"[5], wobei die Sprache als Hauptfaktor fungiert. Denn das Individuum wäre ja sonst dem ausgeliefert, was ihm seine Sinne jeweils hier und jetzt anbieten, und in einem bloßen Reiz-Reaktions-Schema befangen. Mit der Sprache vor allem erweitert der Mensch seinen Horizont über das hinaus, was er gerade sieht oder hört. Nun erfolgt aber das erste Agieren der Einheit von Wahrnehmen und Bewegen beim Säugling weder aus dem Sehen oder Hören heraus, sondern aus der oralsinnlichen Tätigkeit des Saugens. Der primäre 'biologische Akt`, wie Viktor von Weizsäcker die Einheit von Wahrnehmen und Bewegen bezeichnet[6], besteht also in einer Verknüpfung von Schmecken, Riechen, Tasten. Dieser Sachverhalt darf nicht übergangen werden, wenn man verstehen will, was der Mensch mitvollzieht und nachahmt, und wie er es deutet. Und es ist zu fragen, ob auch hier etwas repräsentiert und insofern für das Denken relevant wird. Darauf wird näher einzugehen sein.

Das Feld der Imitation ist beim Menschen so weit gefaßt, daß es vom einfachen, auch Tieren möglichen Mitvollzug auf der Basis von Reflexen bis zur aufgeschobenen Nachahmung als Voraussetzung für die 'höchste` Form der Imitation: die geistige Orientierung an einem Vorbild reicht. Das 'Lesen in Gesichtern` und ihre Widerspiegelung sind nun aber Phänomene, die schwerlich aus den genannten repräsentativen Formen erklärt werden können. Nicht diese Formen, sei es ein Schema, ein Symbol oder ein Begriff, werden mitvollzogen und verstanden, sondern das, was die andere Person von *sich* als Person *gibt* (z.B. Fröhlichkeit, Angst, Vertrauen, Unruhe, usw.). Das scheint nicht in die Nachahmungstheorie Piagets zu passen.

Was er nämlich als Nachahmungstätigkeiten unterschiedlichster Art beobachtet und beschreibt, hält sich innerhalb eines Rahmens, den man - nicht zufälligerweise mit Rückbezug auf Kant - als *Schematismus* bezeichnen kann. Schemata sind wiederholbare und damit generalisierbare Muster des Wahrnehmens und Bewegens, die sich auf zweierlei Weise zuordnen lassen: einmal dem Prozeß der Assimilation, sofern sie den eigenen Möglichkeiten der Wahrnehmung und Bewegung entspringen (z.B. das Greifschema dem Greifreflex); zum zweiten aber auch dem Prozeß der Akkomodation, sofern gegebene Modelle aufgenommen und den eigenen Schemata, diese verändernd, zu- und übergeordnet werden. Piagets Theorie der Nachahmung steht auf dem Boden des Schematismus als der Vermittlungsinstanz zwischen 'Subjekt` und 'Objekt`, die den Spielraum für mögliche Entwicklung enthält. Auch die Phänomene des Hörens von Lauten und ihrer Wiedergabe werden in diesen Rahmen gestellt, und diese Einpassung des Lautes in den Schematismus des Sehens ist deshalb möglich, weil die Lautgebung objektiv bestimmten Bewegungen und lokalisierbaren Verhältnissen der Lautwerkzeuge entspricht (wobei aber, was sogleich hinzuzufügen ist, von Tönungen und Nuancierungen abstrahiert wird, die gewisse Stimmungen anzeigen). Schemata sind aber nicht alles. Was Piaget überspringt und wovon er absieht, das ist die reale Bedingung, die jeder Nachahmung beim Menschen - wie auch den beiden Richtungen der Anpassung: Assimilation und Akkomodation -

---

[5] ebd., S. 342.
[6] Viktor von Weizsäcker: Der Gestaltkreis. Theorie der Einheit von Wahrnehmen und Bewegen, Stuttgart, 4. Aufl. 1950.

vorausgeht und besonders auch ihre voll ausgeformten, reflektierten und subtilen Formen ermöglicht. Diese conditio sine qua non liegt darin, daß immer zwei Personen als je *Ganzes*, mit ihren Bezügen zur Welt und zu sich selbst, aufeinandertreffen, und daß insbesondere vom Imitator die nachgeahmte Person als Ganzes erfaßt wird[7], etwa ein Lehrer vom Schüler, wenn dieser ihn mimisch und gestisch imitiert, auch wenn er nur eine einzige Geste herausarbeitet. Dieses Imitieren paßt nicht in die von Piaget beschriebenen Formen des unwillkürlichen oder instrumentalen Mit- oder Nachmachens. Hatte zunächst beim Entstehen der Nachahmung die Akkomodation (durch ein Modell sieht sich das Subjekt zu einer Veränderung seiner Aktionsschemata gezwungen) ein Übergewicht über die Assimilation (das Subjekt verwirklicht die Launen seiner Phantasie und prägt seine eigenen Schemata der Umwelt auf), verstärkt sich nun die letztere so, daß die Möglichkeiten der Nachahmung spielerisch und zweckfrei verwendet werden können. Bei dieser Art von Imitation benutzen Kinder ihren Leib als formbaren Gegenstand; aber nicht nur das: ihr Verhältnis zu ihren leiblichen Darstellungsmöglichkeiten wird ihnen bewußt, die Nachahmung *reflektiert*[8]. Das *Verhältnis zum eigenen Leib* löst sich vom Verhalten selbst ab und wird offenbar: aha, ich kann ihn also als Maske verwenden, und ich kann diese Maske aufsetzen und abnehmen wie eine geschnitzte Maske. Die Lust der Kinder am Grimassenschneiden ist das Ausleben einer Entdeckung: sieh mal, ich kann mit meinem Leib etwas oder jemanden *verkörpern*! Das Nachmachen solcher Art setzt also voraus, daß der Imitator sein Verhältnis zum eigenen Leib zum Gegenstand macht, ohne der darin enthaltenen Differenz zum Opfer zu fallen, und das heißt zugleich: sich als Ganzes präsentiert.

Man muß auf den umfassenderen Begriff des Verkörperns zurückgehen, um den Hintergrund zu erhellen, vor dem Piaget seine empirischen Beobachtungen überhaupt erst machen kann. Verkörperung wird für ein Lebewesen zur Verhaltensgrundlage, dessen Leiblichkeit in zwei Dimensionen auseinanderfällt: Leibsein und Körperhaben. Dadurch tut sich eine Kluft auf, die durch die Leistungen der *Verkörperung* überbrückt (nicht: geschlossen) wird. Diese Distanz ermöglicht es der Person, sich zu sich und ihrem Körper unter Einschluß des Bezugs zur Umgebung in ein Verhältnis zu setzen. Grundlage für die Manifestation dieses Verhältnisses sind die Sinne; unter dem Aspekt der Verkörperung zeigt sich, daß sie nicht bloß physiologische Funktion haben und daß im Sehen und Hören noch mehr liegt als die unmittelbare sinnliche Erfahrung, die zu Interiorisationen mit dem Ziel der Bildung von Begriffen, d.i. abstrakten Schemata, aus sensomotorischen und konkreten Schemata führt.

Betrachtet man das System der menschlichen Sinne genauer und in kritischer Absicht, wie Plessner das in seiner Untersuchung über *Die Einheit der Sinne* getan hat[9], stellt man zunächst einmal fest, daß jedem Sinneskreis eine kulturelle Leistung idealtypisch entspricht, so daß man

---

[7] Diese Feststellung ist nicht selbstverständlich, wird doch in empirisch orientierten Theorien üblicherweise von diesem Ganzen, das als Mensch und Welt für die einzelne Person immer den Hintergrund bildet, auf dem sie ihre Wahrnehmungen macht, abstrahiert und stattdessen das Augenmerk auf isolierte Teile gerichtet, die jedoch durch die Isolation bereits an Verständlichkeit einbüßen. Das führt letztlich dazu, daß ein Rest an Unverständlichem das Gesamtbild in einer Weise stört, daß er am liebsten übergangen oder anderen 'Disziplinen' zugeschoben wird. So war es gängige Münze, in einer einseitig rationalistisch orientierten Moralpädagogik vor den Zwängen des 'Menschlich-Allzumenschlichen' zu kapitulieren und das 'Gefühl' oder die 'Triebe' für mißlungene pädagogische Interventionen haftbar zu machen. Es ist aber einmal die Frage zu stellen, ob Moralität, wie jede menschliche Lebensregung und -funktion, nicht auch etwas mit der körperleiblichen Beschaffenheit des Menschen zu tun haben könnte, anstatt bloß auf einer Reflexions- und Argumentationsebene über aller Lebendigkeit, sie einschränkend oder erhöhend und adelnd, zu schweben. In den Horizont dieser Problematik muß der Hinweis Durkheims auf die Bedeutung des Mienenspiels gestellt werden.
[8] vgl. Piaget, a.a.O., S. 105.
[9] Plessner: Die Einheit der Sinne, GS III, S. 7-315.

von einer *Konkordanz*[10] zwischen Körperleib und Geist, Sinn und Sinngebung sprechen kann. Plessner kennt drei solcher Konkordanzen als *Modi der Verkörperung* mittels der Sinneskreise. Diese bieten mit der Instrumentalisierung des Körpers zugleich die Möglichkeit seiner ´Kultivierung` bzw. ´Vergeistigung` (Plessner): im Handeln, Sprechen, Gestalten bzw. Ausdruck auf der Basis der Vergegenständlichung des jeweiligen Sinnesmaterials.

Der in Piagets Forschungen präferierte *Schematismus des Sehens* erfüllt sich in der Geometrie. Ihm zur Seite ist das Hören zu stellen, dem das musikalische Thema zuzuordnen ist, so daß hier von einem *Thematismus des Hörens* gesprochen werden kann. Wie steht es aber mit dem Oralsinn als dem zentralen Sinn für das Schmecken und Riechen wie auch primär das Tasten? Plessner faßt diese Sinne, wie das allgemein geschieht, zum Kreis der *Zustandssinne* zusammen. Parallel zu den anderen beiden Konkordanzen, dem Schematismus des Gesichts und dem Thematismus des Gehörs weist er ihnen den *Tagmatismus* zu, eine Art von Gliederungsfähigkeit, die letztlich zur Artikulation in Sprache und Schrift führt.

Aus dieser Systematik, die einiges für sich hat, weil sie dazu dient, die Verbindung zwischen Körper (Sinneskreise) und Geist (Sinngebung, kulturelle Leistung) als deren Verschmelzung zu erhellen, ergeben sich zwei schwerwiegende Probleme, deren Diskussion auf die Ausgangsfrage nach dem möglichen Zusammenhang zwischen dem Nachmachen bzw. Deuten des Mienenspiels und dessen moralpädagogischer Relevanz zurückführt. *Erstens* ist es die Frage danach, wie das Selbst bzw. die Person als Ganzes sinnlich dargestellt wird. *Zweitens* ist es das Problem, wie sich das spezifische Material eines Sinnes mit der ihm zugeordneten Darstellungsweise in der jeweiligen körperlichen Haltung verträgt, und zwar im Dienste einer Sinngebung.

Diese *zweite* Frage ist die nach der *Akkordanz*[11] zwischen der jeweiligen Haltung, z.B. beim Hören von Musik, zum entsprechenden Stoff, hier dem akustischen. Das bedeutet „... die Einfügbarkeit der körperlichen Haltung in die Formen der Musik, die Eingepaßtheit der Töne, Klänge und Klangverbindungen in die körperliche Haltung durch die mit Voluminosität und Lagewert angedeutete Förmigkeit des akustischen Stoffs ...", und daraus ergibt sich „... die ästhesiologische Bedingung der Möglichkeit sinnadäquater Gesten zur Musik ..."[12], letztlich das Tanzen. Ähnliches gilt für das Sehen, dem die Handlung akkordiert; so „... enthält das Schema jeder Handlung überhaupt in der Beziehung auf ein Ziel jene direkte Gerichtetheit, welcher die Gerichtetheit im Sehstrahl akkordant ist."[13] Merkwürdigerweise fehlt nun eine solche Akkordanz für den Bereich der Zustandssinne. Für das Material des Tastens, Schmeckens, Riechens ist keine Sinngebung vorgesehen, die in die gleiche Form eingepaßt werden kann wie eben dieser Stoff; allerdings muß nach dem ´Sinn dieser Sinnfreiheit` des Stoffes gefragt werden. Plessner sieht ihn „in der bloßen Vergegenwärtigung des eigenen Körpers, die nötig ist, wenn Körper und Geist in der Einheit der Person, sei es in der Art des Ausdrucks, sei es in der der Handlung zusammenwirken sollen. ...."[14] Die Zustandssinne wirken zusammen, um der

---

[10] *Konkordant* meint ´übereinstimmend` und bedeutet in der Geologie die gleichlaufende Lagerung mehrerer Gesteinsschichten übereinander. Plessners Tafel der Konkordanz findet sich in GS III, S. 220.

[11] *Akkordant* meint ´sich an vorhandene Strukturen anpassend`, z.B. in der Geologie die Anpassung bestimmter Gesteine an die geologische Struktur, die sie umgibt und trägt. Plessner definiert Konkordanz als Übereinstimmung aufgrund der gemeinsamen Ordnung von Sinngebung und (körperlicher) Haltung, Akkordanz als Zusammenstimmung zwischen Stoff und (körperlicher) Haltung. „Konkordanz bezeichnet also Übereinstimmung auf Grund formaler Gemeinsamkeit, Akkordanz Zusammenstimmung auf Grund einer Gleichförmigkeit zwischen Stoff und Form." (GS III, S. 236)

[12] ebd., S. 236.

[13] ebd., S. 262.

[14] Plessner: Die Einheit der Sinne, GS III, S. 273. Er fährt fort: „.... Auf die letzte Bedeutung des Selbsterlebens für die Einheit der Person, die mit ihrem Leib in die Mannigfaltigkeit der Dingwelt gezogen ist, muß man zurückgreifen, um die Notwendigkeit eines Zustandssinnes zu verstehen und zu erkennen, daß er in bloßer Leibvergegenwärtigung seinen Sinn erfüllt."

Person das Erlebnis ihrer Einheit zu vermitteln. Aber gilt das nur für die Person selbst oder auch für die anderen, die ihr gegenüberstehen? Das führt zur *ersten* Frage zurück, wie sich die Person als Ganzes darzustellen vermag, wobei ´Ganzes` hier meint: irreduzible Einheit und insofern *Einfaches* für die Selbstwahrnehmung und für die Wahrnehmung durch andere. Diese schwierige Frage, die einige umstrittene Bereiche der Psychologie (nicht zuletzt der Moralpsychologie), Anthropologie und Philosophie berührt, läßt sich vielleicht doch mit einer Überlegung zu der fraglichen Akkordanz näher beleuchten.

Phänomenologisch offensichtlich ist der Sachverhalt, daß sich das Sehen nicht im Schematischen, das Hören nicht im Thematischen und das zuständliche ´Fühlen` bzw. ´Empfinden` (hier als Oberbegriffe von Schmecken, Riechen, Tasten genommen) nicht im Tagmatischen erschöpfen. Zu den stoffadäquaten Funktionen, Sinngebungsformen und Körperhaltungen treten die darin nicht aufgehenden nichtgegenständlichen und nicht zu vergegenständlichenden Momente des Sehens und Hörens und Erfassens überhaupt: *Blick*, *Stimme* und *Haltung* (nicht ausschließlich körperlich verstanden). Was ist damit gemeint und angezeigt?

Das Sehen umfaßt nicht bloß die Materie des Sehens und des optischen Ausdrucks, das Hören als Vernehmen nicht bloß die Materie der Lautgebung und des akustischen Ausdrucks, das Erfassen überhaupt nicht bloß die Materie der körperlichen Ausdrucksbewegungen. Die ästhesiologische Architektonik von Schematismus, Thematismus und Tagmatismus ist offen gegen den Bereich des nichtgegenständlich Wahrnehmbaren. Plessner selbst weist zusammen mit Buytendijk auf dieses Nichtgegenständliche, das *gegeben* ist, hin und sieht darin das ´Motiv`, den ´Sinn`, das ´Gemeinte` eines Verhaltens zum Ausdruck kommen[15]. Daß es trotz seiner Nichtobjektivierbarkeit wahrgenommen wird, in Blick, Stimme und Haltung, weiß jeder aus eigener Erfahrung. Darin liegen zugleich nichtbegriffliche menschliche Darstellungs- und Repräsentationsmöglichkeiten, weil dieses Nichtobjektivierbare einen Bereich des Verstehens umschließt, der nicht im *begrifflichen* Erkennen aufgeht[16]. Diese Möglichkeit beruht auf einer Akkordanz im Bereich des Geschmackssinns, aus der sich das Mehr jeder sinnlichen Erfahrung, wie es sich in Blick, Stimme, Haltung manifestiert, erklären läßt.

Was die Gerichtetheit für das Sehen *und* für die dazu akkordante Gezieltheit der *Handlung*, was Voluminosität und Lagewert der Töne für das Hören *und* für die dazu akkordante Einfügbarkeit der *Ausdrucksbewegungen* im Tanz, das ist das Ausströmende, Ausbreitende, das Umgreifende und Tragende für das ´Schmecken`, ´Spüren`, ´Wittern` der *Atmosphäre*[17], die die Person (und auch das, was von Personen gestaltet wurde: von der Blumenvase bis zur Architektur) umgibt und ausstrahlt, *und* für die dazu akkordante Haltung der Person selbst als Ganzes. Die atmosphärische Wahrnehmung, ob anregend oder störend, jedenfalls zu etwas motivierend, kann von einem Geruch, einem Geschmack, aber auch von einem Blick, einer Stimme, ebenso von einem Wort oder einer Geste, also von Elementen aller Sinneskreise ausgehen, immer aber von dem, worin sich *die Haltung selbst* dokumentiert, offenbart, zu verbergen sucht oder verrät. Die Akkordanz besteht *primär* jedoch zwischen Geschmacks-, sprich Oralsinn und der Person als Ganzes, weil es der sinnlich fundierte Geschmack ist, der sich entwicklungsbedingt *zunächst* an dem bildet und differenziert, was die Atmosphäre (die Person und was zu ihr gehört) *gibt*. Nicht zufällig erhält der Begriff des ´Geschmacks` eine Bedeutung auch im höheren Sinne: im ästhetischen Geschmack, in der Rede vom guten oder schlechten Geschmack, in

---

[15] F.J.J. Buytendijk/H. Plessner: Die Deutung des mimischen Ausdrucks. Ein Beitrag zur Lehre des Bewußtseins vom anderen Ich, in: Plessner, GS VII, S. 67-129.
[16] Vgl. dazu Georg Simmel: Soziologie der Sinne, in: Gunter Gebauer (Hrsg.): Anthropologie. Leipzig 1998, S. 126-142.
[17] Vgl. ebd., S. 139. Simmel macht das Atmosphärische am Geruchssinn fest. Tellenbach (Anm. 19) stellt allerdings überzeugend dar, daß der Oralsinn das Riechen und Schmecken übergreift und deshalb für ein Verständnis des Atmosphärischen grundzulegen ist.

dem, was die Adjektive ´geschmacklos` und ´geschmackvoll` bedeuten, gerade auch als Urteilsprädikat über das Verhalten eines Menschen *zu* anderen Menschen[18].

Die Akkordanz zwischen Geschmackssinn (Stoff) und persönlicher Haltung (Form) ist überhaupt nur möglich auf dem Boden des *zwischen*menschlichen Geschehens; der ´Stoff` der Atmosphäre ist es, der das ´Zwischen` (Buber) ausfüllt und, aufgrund der ´Gleichförmigkeit zwischen Stoff und Form`, zusammenstimmt mit der Haltung der beteiligten Personen, d.h. zugleich „den mit-menschlichen Umgang *maßgeblich*"[19] bestimmt. Diese These hat *Hubert Tellenbach* in seinem Buch über *Geschmack und Atmosphäre* ausgeführt und mit alltäglichen, literarischen und psychiatrischen Beispielen untermauert. Seine Untersuchung kann gelesen werden als Ergänzung der Plessnerschen Ästhesiologie und Erweiterung ihrer Architektonik der Verschmelzungsformen zwischen Körper und Geist um die Akkordanz im Bereich des Geschmacks. In dieser Erweiterung zeigt sich, daß die *Atmosphäre* einen *Austausch* ermöglicht und erzwingt zwischen den Personen, daß sie ein ´allerfeinstes Spiel` von Ausstrahlung und Resonanz zwischen dem Einen und dem Anderen in Gang setzt und trägt[20]. Das heißt zugleich, daß sich die Akkordanz nicht bloß im atmosphärischen Umfassen und Tragen erfüllt, sondern daß sie auch die Sphäre mimetischer Prozesse auf der Grundlage von ´Gegensinnigkeit` und ´Gegenseitigkeit`[21] beeinflußt, einer Sphäre, der man sich gar nicht entziehen kann, so daß, in Ergänzung der genannten Modi der Verkörperung, geradezu von einem *dualen Modus* gesprochen werden kann[22]. Wenn es aber stimmt, daß schon auf der Ebene der Verkörperung ein *dualer* Modus die menschliche Lebendigkeit entscheidend prägt, also ein Modus, in dem, um ihn auszuführen, jeder auf den anderen als sein Gegenüber *angewiesen* ist[23], dann muß die Fol-

---

[18] Hans-Georg Gadamer (Wahrheit und Methode. Grundzüge einer philosophischen Hermeneutik. Tübingen, 4. Aufl. 1975, S. 34ff.) hält die Nähe zwischen Geschmack und Urteilskraft hinsichtlich möglicher Erkenntnis fest, wenn er sagt, daß „das Phänomen des Geschmacks als ein geistiges Unterscheidungsvermögen zu bestimmen" sei. „Es folgt daraus, daß der Geschmack etwas erkennt - freilich auf eine Weise, die sich nicht von dem konkreten Anblick, an dem er sich vollzieht, ablösen, auf Regeln und Begriffe bringen läßt. ... Geschmack wie Urteilskraft sind Beurteilungen des Einzelnen im Hinblick auf ein Ganzes, ob es mit allem anderen zusammenpaßt, ob es also ´passend` ist." Das trifft auch auf den Bereich der Moral zu: „Jedes Urteil über ein in seiner konkreten Individualität Gemeintes, wie es die uns begegnenden Situationen des Handelns von uns verlangen, ist streng genommen ein Urteil über einen Sonderfall. Das besagt nichts anderes, als daß die Beurteilung des Falles den Maßstab des Allgemeinen, nach dem sie geschieht, nicht einfach anwendet, sondern selbst mitbestimmt, ergänzt und berichtigt. Daraus folgt letzten Endes, daß alle sittlichen Entscheidungen Geschmack verlangen", nicht als deren einziges, aber als „ein unentbehrliches Moment".

[19] Hubert Tellenbach: Geschmack und Atmosphäre. Medien menschlichen Elementarkontaktes. Salzburg, 1968, S. 49 (Hervorheb. v. R.B.). Tellenbach selbst gibt auch den Hinweis auf Bubers ´Zwischen` (S. 55).

[20] Vgl. ebd., S. 55.

[21] Vgl. Plessner/Buytendijk, S. 121. Sie schreiben, daß Gegenseitigkeit und Gegensinnigkeit bereits der menschlichen Wahrnehmung eigen und überhaupt der Grundzug der *Sphäre* des Verhaltens sind. In besonderer Weise manifestiert sich diese Struktur in der Reziprozität des Blicks zwischen Auge und Auge (vgl. Simmel, a.a.O., S. 134; Plessner: Zur Anthropologie der Nachahmung, GS VII, S. 391-398, bes. S. 395). - Zur neueren Diskussion über Mimesis vgl. z.B. Gunter Gebauer, Christoph Wulf: Mimesis. Kultur - Kunst - Gesellschaft, Reinbek, 2. Aufl. 1998; sowie das Heft 3/97 der Zeitschrift für Didaktik der Philosophie und Ethik.

[22] In einer kurzen Betrachtung zu ´Helmuth Plessners Ästhesiologie des Geistes als kritisch-methodologischer Rahmen der Sinnespsychologie` weist Max Herzog (in: Jürgen Friedrich, Bernd Westermann (Hrsg.): Unter offenem Horizont. Anthropologie nach Helmuth Plessner. Frankfurt/M. 1995, S. 152-155) ebenfalls auf das Fehlen der genannten Akkordanz hin und fragt: „Was spricht dagegen, hier in Weiterführung von Plessner durch Tellenbach von dem besonderen ontogenetischen Modus der Mutter-Kind-Beziehung auszugehen und als seine Akkordanz die Zuwendung zu bestimmen, die in späteren Lebensjahren erhalten bleibt? Es ist doch merkwürdig, daß Plessners ästhesiologische Systematik keinen besonderen Modus der Dualität etwa im Sinne Binswangers kennt." Herzog schlägt den „... Einbezug der Akkordanz eines speziellen dualen Modus in die Ästhesiologie (vielleicht als sogenannte ´Liebesgestalt`) ..." (S. 154) vor.

[23] Im Zusammenhang mit dem universalen Phänomen der Religion spricht Plessner von der „Angewiesenheit des Menschen auf ein Gegenüber" (Die Frage nach der Conditio humana, GS VIII, S. 213), mit dem er sich

gerung daraus gezogen werden, daß die mit der menschlichen Lebensform spezifisch verknüpfte Sinngebung, die wir *Moralität* nennen, motivational darauf aufbaut. Denn Moralität ist der Inbegriff jener Beziehungen, die eine wechselseitige, je aufeinander bezogene Abhängigkeit beinhalten und das Individuum über sich hinausführen. „In uns ist eben noch anderes als wir, und wir sind nicht ganz in uns"[24], sagt Durkheim und zeigt damit die „abgegrenzte Sphäre" der Moral an, die ihm eine „Vorstellungswelt sui generis"[25] ist, weil sie eben mehr und anderes enthält als die Welt der äußeren Natur und Technik oder die psychische Innenwelt; sie enthält die Personen als Ganze: als 'Elemente der Mitwelt' (Plessner) - und nicht, wie Durkheim meinte, zunächst, sondern davon abgeleitet der Gesellschaft.

Das Mehr jeder sinnlichen Erfahrung[26] verweist auf das Ganze, das mit ihr erscheint und in den jeweiligen sinnesspezifischen Teilwahrnehmungen nicht aufgeht. Umgekehrt erhalten diese Wahrnehmungen von jenem Mehr, dem Ganzen, ihre je besondere Färbung, Tönung, Nuancierung, und zwar 'materialisiert' in der davon ausgehenden Atmosphäre, die ihrerseits das Selbst- und Weltverhältnis entscheidend mitbestimmt. „In der unerklärlichen Ausstrahlung, die von menschlichen Verhältnissen, Haltungen, Wertschätzungen ausgeht, bilden sich - *vor* allem Denken und Sprechen - gemeinsame Welten."[27]

Daß vor allem Kinder mit den Ausdrucksbewegungen der Erwachsenen 'mitgehen'[28], ihr Mienenspiel nachmachen und gar das Innere des Anderen fühlen, das sich in der Oberfläche der Miene spiegelt, ist ein Beleg für die Realität des personal gebundenen Atmosphärischen in der Mitwelt *und* für ihr Interesse[29] daran. Jetzt wird deutlich, weshalb Durkheim darin einen moralpädagogischen Hebel sehen konnte. In Blick, Stimme, Haltung als den Manifestationen des Atmosphärischen dokumentiert sich, vermittelt über den dualen Modus der Verkörperung, das Ganze der menschlichen Person und wie sie sich zu den anderen stellt. Diese personalen Bezüge müssen nicht unmittelbar moralische Bedeutung haben, aber der *Sinn* von Moralität und ein Verständnis für ihn (d.h. einen Begriff davon zu haben, was Moral überhaupt meint) können überhaupt nur über diese Akkordanz des dualen Modus der Verkörperung gewonnen und einsichtig werden. Die Wahrnehmung der ganzen Person statt der Registrierung bloßer Teilaspekte von ihr hat selbst moralische Relevanz; und die Motivation oder Demotivation zu Moral und moralischer Entwicklung entspringt der zwischenmenschlichen Atmosphäre, deren Modifikationen, Entstehungsbedingungen, Gestaltungsmöglichkeiten mit den dabei ablaufenden mimetischen Prozessen näher untersucht werden müssen.

Wenn Plessner schreibt: „Vom anderen Menschen *braucht* gar nicht mehr als Bilder gegeben zu sein, um ihn sinnvoll, verstehend, ausdrucksvoll zu erfassen"[30] und, so läßt sich hinzufügen,

---

identifiziert, das er imitiert, dem er sich anzugleichen sucht; er parallelisiert diese Identifikation explizit auch mit dem entwicklungsbedingten Identifikationsprozeß, der ontogenetisch zur Personwerdung geleistet werden muß.

[24] Durkheim: Soziologie und Philosophie, Frankfurt/M., 3. Aufl. 1996. Es ist der Andere, von dem „wir unser Selbst immerzu ... zurückgewinnen", schreibt Tellenbach (S. 55).

[25] Durkheim 1995, S. 128.

[26] vgl. Tellenbach, S. 47 u. 54.

[27] ebd., S. 56.

[28] vgl. ebd., S. 53.

[29] Piaget (Der Aufbau der Wirklichkeit beim Kinde, Stuttgart 1975) stellt die „erstaunliche Gelehrigkeit des Kindes gegenüber Vorbildern und Behauptungen anderer" (S. 349) fest und sieht in der Imitation eine „Adaptation des Geistes an die Gruppe" (S. 348), letztlich zu dem Zweck, über die Dezentrierung eine Realitätsvorstellung zu bekommen. Die Motivation dazu, andere Perspektiven einzubeziehen, liegt darin, „um mit jemand anderem zu kommunizieren ... Außer diesem sozialen Bezug ist kein anderer Grund ersichtlich, aus dem die reine Vorstellung auf die Handlung erfolgen sollte." (S. 353) Nach Piaget „bringt die sensomotorische Koordination der Assimilation und Akkomodation das Subjekt dahin, daß es aus sich selbst herausgeht ..." (S. 343). Assimilation und Akkomodation aber beruhen auf der Akkordanz von 'Stoff' und 'Haltung'.

[30] Buytendijk, Plessner, GS VII, S. 122.

nachzumachen oder nachzuahmen, dann ist sogleich zu sagen, daß *diese* Bilder vom *ganzen* Menschen sich nicht zu Vorstellungsbildern wandeln - man kann sich von ihm kein Bild machen -, sie werden nicht als Schema oder Figur verinnerlicht, sondern die *mit ihnen gegebene* Atmosphäre schlägt sich nieder, häufig spürbar im eigenen Zustand, insbesondere im Geschmack und von ihm ausstrahlend.

Plessner sieht denn auch die Garantie der Verstehbarkeit der Ausdrucksäußerungen des Anderen nicht im bloßen Bild, sondern in der *Mitvollziehbarkeit der Haltung*[31]. Sie ist es, die über das Bild (oder das Schema oder die Figur) hinausführt und jene Angleichung ermöglicht, die dem Nachahmenden selbst, wenn sie nicht gerade bewußte Nachfolge ist, oft unerklärlich bleibt, gerade weil sie auch seinen Willen mit einschließt[32]. Die beschriebene Akkordanz muß sich ja zeigen, so wie sich die schematische Akkordanz in der Handlung, die thematische im Tanz zeigt. Die atmosphärische Akkordanz zeigt sich vorrangig in der Haltung und ihrer Mitvollziehbarkeit. Hier liegt der Schlüssel für die aus ethikdidaktischer Sicht zentrale Frage, wie sich Moralität darstellen läßt. Sie läßt sich didaktisch-methodisch nur angehen, wenn man das Atmosphärische ernst nimmt, und zwar in mindestens dreierlei Hinsicht: *erstens* in der Gestaltung des äußeren Rahmens für das ethische Unterrichten; *zweitens* in der Gestaltung des Unterrichtsgegenstandes selbst, z.B.: anschauliche, lebendige Geschichten, einschließlich der erzählerischen Entwicklung der Personen und ihrer Situation, statt bloßer, narrativ dürrer Zuspitzung zu einem Dilemma - das ist nicht bloß eine ästhetische Frage, sondern mit dem Nachweis der Akkordanz des dualen Modus auch eine moralpädagogische; *drittens* im bewußten Umgang mit Haltungen und in deren Thematisierung, insbesondere im dramatischen Spiel.

Ausgehend von einer in die leiblichen Strukturen eingebetteten Moralität kann auch die Frage, wie die kognitiv-moralische Entwicklung angestoßen und gefördert wird, neu gestellt werden.

---

[31] Vgl. Plessner: Die Einheit der Sinne, GS III, S. 288.

[32] Vgl. ebd., S. 288f.: „In unserer Frage nach der *theoretischen Garantie* des verstehenden Kontakts ist aber auf etwas abgezielt, was nicht durch Beobachtung zu entscheiden ist. Sie betrifft die Möglichkeitsgrundlage der Verleiblichung einer Intention und der sinngemäßen Korrespondenz im Auffassen von seiten des anderen Menschen. Die Antwort lautet: jene gesuchte Garantie ist die *mitvollziehbare Haltung*, die wir zwar gegenständlich gebunden wahrnehmen, aber dank der Mitvollziehbarkeit aus dieser oft bildhaften, auf jeden Fall körpergegenständlichen Bindung freimachen und dadurch in Bewegungen umsetzen können. In Bewegungen umgesetzt, bestimmen sie den seelischen Habitus, Gefühlslage, Affektivität, Willensrichtung, Gedankenbildung und erhalten dadurch ihren seelischen Untergrund, ihre spezielle Motiviertheit, ihren bestimmten Sinn." An anderer Stelle schreibt Plessner (Zur Anthropologie des Schauspielers, GS VII, S. 415): für die Erhellung des Problems der Imitation seien „besonders diejenigen nachahmenden Angleichungen an einen bestimmten Lebensstil aufschlußreich, der im Zeichen der Nachfolge eines Vorbilds von einer Gefolgschaft gefordert wird. ... Hier empfängt der Mensch Richtung und Form aus einem Vorbild. Er bildet sich ihm nach. Er wird durch den Anderen er selbst. ... In der Rolle des Abbilds geht er auf, Identifikation, Einswerdung mit ihm wird erstrebt." Besonders Max Scheler hat auf die einzigartige Funktion des Vorbilds für die moralische Bildung und Entwicklung hingewiesen (Der Formalismus in der Ethik und die materiale Wertethik. Neuer Versuch einer Grundlegung des ethischen Personalismus. Bd. 2 der Gesammelten Werke, Bern, 6. Aufl. 1980, S. 558-568). Er formuliert gar: „... der alle Vorbildwirksamkeit fundierende Satz, daß die sittliche Person primär (und vor aller Normwirksamkeit und Erziehung) immer nur wieder von einer Person oder einer Idee solcher in die Bewegung ihrer Umbildung versetzt wird ..." (S. 561). Lawrence Kohlberg hat diese personengebundene Vorbildwirksamkeit eher verneint, sie als funktions- und aufgabengebundene interpretiert und von 'primärer Kompetenzmotivation' gesprochen (Stufe und Sequenz: Sozialisation unter dem Aspekt der kognitiven Entwicklung. In: ders.: Zur kognitiven Entwicklung des Kindes. Drei Aufsätze, Frankfurt/M. 1974; bes. S. 132ff. und 179). Der Beitrag mimetischer Prozesse für das Lehren und Lernen von Moral bzw. Ethik muß näher untersucht werden, um diesen Streit zu entscheiden. Vgl. dazu auch: Gunter Gebauer, Christoph Wulf: Spiel, Ritual, Geste. Mimetisches Handeln in der sozialen Welt, Reinbek 1998; sie weisen darauf hin, „daß die Modelle von Nachahmungen nicht die Personen selbst, sondern ihre Bewegungen sind" (S. 73, Anm. 1) - aber gilt das auch für Vorbilder im ethischen Sinne und für Nachahmungen mit moralisch relevanten Konsequenzen?

Ziele des Lehrens von Argumentationstheorie und Logik[1]

Axel Bühler (Düsseldorf)

In diesem Vortrag will ich Probleme diskutieren, die sich daraus ergeben, daß der einführende Logikunterricht mit Lerninhalten zu tun hat, die aus zwei verschiedenen Problembereichen herrühren.[2] Er beinhaltet nämlich sowohl Themen aus der Logik im engeren Sinne - als Studium der logischen Folgerung und Ableitung - wie auch Themen aus der Argumentationstheorie - als Untersuchung des richtigen oder vernünftigen Argumentierens -. Unterschiede zwischen grundlegenden Fragestellungen beider Disziplinen sollen im folgenden skizziert und Probleme, die sich wegen dieser Unterschiede für den einführenden Unterricht ergeben, sollen diskutiert werden.

Einflußreich ist die Taxonomie von Lernzielen in kognitiven Bereichen, die Bloom und andere (Benjamin S. Bloom (Hrsg.): *Taxonomie von Lernzielen im kognitiven Bereich*, Weinheim und Basel 1972) vorgelegt haben. Diese Autoren unterscheiden zwischen Wissen einerseits und Verstehen, Anwendung, Analyse, Synthese und Bewertung andererseits. Verstehen, Anwendung, Analyse, Synthese und Bewertung werden als intellektuelle Fähigkeiten und Fertigkeiten eingestuft. Im folgenden werde ich auf diese Klassifikation zurückgreifen. Zuzüglich gibt es auch im kognitiven Bereich das Lernziel des Beherrschens von Techniken, das in der Bloomschen Klassifikation nicht berücksichtigt zu sein scheint.

Im einzelnen gehe ich folgendermaßen vor: Zunächst erläutere ich die Unterscheidung zwischen Logik und Argumentationstheorie. Sodann gehe ich auf Lehrziele der Vermittlung von Argumentationstheorie ein, im dritten Teil auf Lehrziele der Vermittlung von Logik als Theorie der logischen Folgerung: Welche Lehrziele sind je mit Logik als Theorie der logischen Folgerung und mit Argumentationstheorie verbunden? Schließlich behandle ich, wie Lehrziele für die Vermittlung beider Disziplinen aufeinander bezogen werden können. - Ich hoffe, daß meine Überlegungen nicht nur für den Logikunterricht im universitären Rahmen, sondern auch für Logikunterricht innerhalb von Philosophiekursen an Schulen einen kleinen Nutzen haben können.

---

[1] Ich danke Lothar Ridder für wichtige Hinweise.

[2] Eine allgemeine Diskussion von Lehrzielen des Logikunterrichts im Gymnasium führt Manuel Bremer: "Logik im Philosophieunterricht: Ein Praxisbericht", unveröff. Manuskript., durch.

1. Argumentationstheorie und Logik als Gegenstand von Logikkursen

Einführende Logikkurse behandeln - wie schon angedeutet - sowohl Themen aus der Logik als Theorie der logischen Folgerung wie auch Themen aus der Argumentationstheorie als Untersuchung richtigen Argumentierens. Solche Kurse sollen etwa die Fähigkeit des Argumentierens im Alltag vermitteln bzw. verbessern - das ist ein Thema der Argumentationstheorie -; und sie sollen das Beherrschen von Ableitungstechniken vermitteln - das ist eine Thematik der Logik als Theorie der logischen Folgerung. Sie sollen auch das Verständnis von Begriffen und von theoretischen Sachverhalten zu erwerben helfen: etwa das Verständnis von Rationalitätskriterien für die Durchführung und Bewertung von Argumentationen - ein Gegenstand der Argumentationstheorie -, oder das Verständnis von Eigenschaften der logischen Folgerung - das ist ein zentraler Gegenstand der Logik. Um sich über die Lehrziele des einführenden Logikunterrichts klar zu werden, ist es somit wichtig, sich zunächst die Unterscheidung zwischen Logik als Theorie der logischen Folgerung und Argumentationstheorie gegenwärtig zu machen. Hierzu betrachten wir einfach zentrale Fragen der beiden Disziplinen.

Zentrale Fragen der *Argumentationstheorie* sind die folgenden: Was ist ein Argument? Welche Formen haben Argumente, die Personen im Alltag vorlegen? Wie kann man mittels Argumenten andere Leute auf besonders wirksame Art überzeugen? Was ist ein gutes Argument, dh. welche Bedingungen sollten 'gute' Argumente erfüllen? Die Kriterien, die von Personen vorgelegte Argumenten erfüllen sollten, um als 'gut' oder 'rational' gelten zu können, sind unter anderem Gegenstand der Argumentationstheorie.

Logik als *Theorie der logischen Folgerung* beschäftigt sich mit Grundlagen der Gültigkeit von Argumenten und ist der Untersuchung der Beziehung der logischen Folgerung gewidmet. Zentrale Fragestellungen sind die folgenden: Was ist logische Folgerung? Wie läßt sich logische Folgerung feststellen? Welche Rolle spielen hierbei verschiedene Methoden der Ableitung bzw. des Beweisens? Lassen sich verschiedene Arten logischer Folgerung unterscheiden (Beispiele: klassische logische Folgerung und intuitionistische logische Folgerung)? Wie lassen sich logische Folgerung und Ableitung aufeinander beziehen? Welchen Grenzen unterliegt die Entscheidbarkeit von Folgerung?

Argumentationstheorie hat Argumentieren, das sich in Raum und Zeit vollzieht, zum Gegenstand. Sie betrifft so eine bestimmte Art des Handelns von Personen, nämlich ihr sprachliches Handeln, soweit es sich durch die Verwendung von Argumenten[3] auszeichnet. Argumentieren ist das Hervorbringen von Sätzen einer Sprache verbunden mit dem Anspruch, also der Überzeugung, die Konklusion folge aus den Prämissen. Logik als Theorie der logischen Folgerung hat dagegen nichts mit den Überzeugungen von Personen zu tun, logische Folgerung liege vor. Die Wünsche von Personen, gültige Argumente vorzutragen, sind in der Theorie logischer Folgerung auch irrelevant. Die Logik hat außerdem keine konkreten Handlungen zum Gegenstand, sondern Sätze aus (formalen) Sprachen und Beziehungen zwischen ihnen (wie die der logischen Folgerung). Sätze sind keine konkreten sprachlichen Äußerungen, sondern vielmehr sprachliche Entitäten, die in verschiedenen sprachlichen Handlungen geäußert werden können und nicht raum-zeitlich individuierbar sind. Im Gegensatz zur Argumentationstheorie befaßt sich die Logik also mit abstrakten Entitäten.

Die hier getroffene Unterscheidung zwischen Logik und Argumentationstheorie beruht auf einem Verständnis von Logik, wie es sich wohl erst seit Ende des letzten Jahrhunderts allmählich durchgesetzt hat. Das Wort "Logik" wurde zuvor nicht nur für die Theorie der logischen Folgerung verwendet (bis dahin weitgehend mit der Syllogistik identisch), sondern auch für die Argumentationstheorie, so wie sie hier bestimmt wurde, und - vor allem - für die Wissenschaftstheorie oder Methodenlehre der Wissenschaften. Dabei war man sich oft über die Unterschiedlichkeit der mit diesen Disziplinen verbundenen Fragestellungen nur wenig im klaren.

2. Lehrziele aus der Argumentationstheorie

Argumentationstheoretische Lehrziele der Vermittlung des Verstehens von Begriffen und theoretischen Sachverhalten betreffen vor allem Kriterien der Unterscheidung verschiedener Arten von Argumenten (etwa deduktive vs. induktive Argumente), Bewertungskriterien für Argumentationen[4] und damit die Vermittlung des Verständnisses von Begriffen wie die der (deduktiven) Gültigkeit eines Arguments oder der argumentativen Zirkularität. Lehrziele der Analyse und

---

[3] Ein (deduktives) Argument ist eine Menge von Satzäußerungen bzw. Satzinschriften; für eine der Satzäußerungen wird beansprucht, daß sie aus den logisch folgt bzw. sich aus den anderen mit Notwendigkeit ergibt.

[4] Unter einer Argumentation verstehe ich eine Menge von Argumenten, die aufeinander aufbauen.

Bewertung sind vor allem folgende: die Fertigkeiten, Argumentationen anderer zu analysieren und zu bewerten; ein Lehrziel der Synthese ist die Entwicklung der Fähigkeit des guten Argumentierens. Eine Fertigkeit, die bei der Bewertung von Argumenten traditionellerweise interessiert, ist die, Fehlschlüsse als solche zu erkennen und verschiedene Arten von Fehlschlüssen voneinander unterscheiden zu können. Mit der Vermittlung dieser Fertigkeit verbunden sind die Vermittlung der Lehre von Fehlschlüssen, die auf Aristoteles (*Sophistische Widerlegungen*) zurückgeht und in Logiklehrbüchern des 19. Jahrhunderts einen großen Raum einnahm, und ihre Umsetzung bei der Einordnung gegebener Argumente in eine Klassifikationskategorie. Eine spezielle Fertigkeit, um die es vor allem in Kursen für Philosophen geht, ist die Analyse und Bewertung von Argumentationen, wobei vor allem Argumentationen aus Texten von Klassikern herangezogen werden.

Das Lehrziel der Unterscheidung von Fehlschlüssen gemäß der traditionellen Fehlschlußlehre scheint mir nicht unproblematisch zu sein. Eine genaue Analyse der Lehre von den Fehlschlüssen zeigt, daß die in ihr vorgeschlagenen Klassifikationskriterien sich nicht in konsistenter Weise bzw. nicht in einander ausschließender Weise formulieren lassen und dadurch keine einsichtige Klassifikation gewährleisten.[5] Dem theoretischen Defizit dieser Lehre steht aber gegenüber, daß die Begriffe, die mit der Lehre verbunden sind (vor allem die *argumenta ad*, etwa Argumente *ad benevolentiam* oder *ad personam*) zu einem Bildungsgemeingut gehören. Hierüber zu verfügen, erleichtert sicherlich das Verständnis vieler Texte, in denen diese Begriffe verwendet werden.

3. Lehrziele aus der Logik als Theorie der logischen Folgerung

Die Vermittlung von Logik für Anfänger ist mit dem Lehrziel des Verstehens von Begriffen und theoretischen Sachverhalten verbunden, deren Kenntnis von philosophischem Interesse ist, so vor allem auch für Wissenschaftstheorie und Erkenntnistheorie. Diese Begriffe oder Sachverhalte werden aber auch von der Warte verschiedener Einzelwissenschaften (vor allem der Mathematik und der allgemeinen Sprachwissenschaften) aus für wichtig angesehen. Zentral sind hier die Begriffe der logischen Folgerung und der Ableitung. Wichtig sind weiter die Begriffe des Beweises, der formalen Sprache, der Grammatik (zunächst in mathematischer Hinsicht), die Unterscheidung zwischen Syntax und Semantik. Im Unterricht von Logik als Theorie der

---

[5] Siehe hierzu C. L. Hamblin, *Fallacies*, London 1970.

logischen Folgerung geht es außerdem um die Vermittlung von Techniken, nämlich vor allem die, Ableitungen in formalen Ableitungssystemen durchführen. Wenn der Logikkurs etwas anspruchsvoller ist, dann sollte auch die Fertigkeit, metatheoretische Beweise durchzuführen, eingeübt werden. In diesem Zusammenhang kann dann auch die Bekanntschaft mit anspruchsvolleren theoretischen Resultaten, vor allem den Vollständigkeits- und Kompaktheitssätzen, gemacht werden.

In der Lehre erweist sich als besonders schwierig die Vermittlung eines adäquaten Verständnisses vom Begriff der logischen Folgerung. Dies dokumentiert sich bereits darin, daß Studenten Schwierigkeiten haben, zwischen der Form und dem Inhalt von Argumenten zu unterscheiden[6], vor allem auch dadurch, daß Studenten sich schwer tun, die Methode der Gegenbeispiele richtig anzuwenden. Selbst die Frage danach, ob ein gültiges Argument eine wahre Konklusion, aber falsche Prämissen haben kann, wird oft noch nach einem ganzen Semester Logikkursteilnahme falsch beantwortet. Andererseits überrascht immer wieder, mit welcher Leichtigkeit Anfänger Fertigkeit im Durchführen von Ableitungen in formalen Kalkülen erwerben. Dabei fällt aber auch auf, daß zumeist das fundierende theoretischen Verständnis fehlt.

4. Beziehung zwischen beiden Gruppen von Lehrzielen

Wie sind Lehrziele der Logik und der Argumentationstheorie aufeinander bezogen? Hierzu folgen vier Überlegungen bzw. Fragen.

(1) Argumentationstheorie und Logik sind zwei sehr verschiedenartige Disziplinen, die allerdings vor allem auf der Ebene eines Einführungskurses kaum voneinander trennbar sind. Die Verschiedenartigkeit der Disziplinen beruht erstens darauf, daß die Disziplinen jeweils mit ganz unterschiedlichen Entitäten zu tun haben. In der Logik geht es um abstrakte Gegenstände - Sätze oder Aussagen - und um Beziehungen zwischen diesen abstrakten Gegenständen. Die Argumentationstheorie dagegen hat es mit konkreten Gegenständen zu tun, Handlungen nämlich, die in Raum und Zeit stattfinden und die in wesentlicher Weise Absichten und Überzeugungen von Menschen involvieren. Zweitens hat die Argumentationstheorie mit Überzeugungen und Wünschen von Personen zu tun (insofern diese für das Argumentieren relevant werden), die Logik dagegen nicht. Beide Disziplinen sind aber auf der Ebene eines Einführungskurses kaum zu

---

[6] Siehe Bremer, S. 9.

trennen. Dies liegt unter anderem daran, daß wir beim Unterricht von Logik und Argumentationstheorie auf zentrale Begriffe aus jeweils der anderen Disziplin zurückzugreifen haben. Wenn Bewertungskriterien für Argumente entwickelt werden sollen, muß die Argumentationstheorie auf den Begriff der deduktiven Gültigkeit zurückgreifen, den die Logik zur Verfügung stellt. Umgekehrt erklären wir, worauf Logik angewendet werden kann, indem wir darauf verweisen, daß die Unterscheidung von deduktiver Gültigkeit und Ungültigkeit für die Bewertung von Argumenten eingesetzt werden kann. Daß in einführenden Logikkursen sowohl Probleme aus der Logik im engen Sinne wie auch aus der Argumentationstheorie behandelt werden, scheint deswegen unvermeidlich zu sein. Bezugnahme auf die Praxis des Argumentierens und auf Probleme der Argumentationstheorie ist unverzichtbar, wenn ich Problemstellungen der Logik als Theorie der logischen Folgerung im Unterricht motivieren will. Und umgekehrt: Bezugnahme auf den Begriff der logischen Gültigkeit scheint unvermeidlich, wenn ich eines der wichtigsten Bewertungskriterien für Güte eines Argumentes erläutern will.

(2) Eine zweite Überlegung betrifft die Beziehung zwischen den speziellen Lehrzielen des Erwerbs von Ableitungstechniken und des Erwerbs der Fähigkeiten, Argumente zu analysieren, zu bewerten und selber hervorzubringen. Es geht um folgende Fragen: Ist die Beherrschung der Technik, Ableitungen in formalen Ableitungssystemen durchzuführen, notwendig für die Fertigkeit, Fehlschlüsse zu erkennen? Ist sie notwendig für die Fähigkeit, Argumentationen in der Philosophie bewerten zu können? Ist sie notwendig für die Fähigkeit, selber gut zu argumentieren? Obzwar viele Personen - auch Verfasser von Einführungsbüchern - diese Fragen wohl bejahen würden, habe ich hier eine skeptische Einstellung. Mir scheint, daß der Abstand zwischen dem abstrakten System, in dem wir formale Ableitungen durchführen, zu natürlichen Sprachen, die wir beim Argumentieren verwenden, sehr groß ist. Deswegen sollten wir nicht davon ausgehen, daß der Transfer von der Ableitungsfertigkeit zu Fertigkeiten im Umgang mit Argumentationen in der natürlichen Sprache selbstverständlich ist. Wie der Transfer tatsächlich vor sich geht, ist eine Frage, die aufgrund besserer empirischer Information beantwortet werden könnte.

(3) Zur Schwierigkeit der Vermittlung eines adäquaten Verständnisses vom Begriff der logischen Folgerung: Beruht sie darauf, daß der bei Erklärungen oft verwendete Begriff des gültigen Arguments in untrennbarer Weise Begriffe aus der Argumentationstheorie und aus der Logik als Theorie der logischen Folgerung in sich faßt?

(4) Wieviel Platz im einzelnen in Einführungskursen nun Problemen aus der Logik im engeren Sinne oder Problemen aus der Argumentationstheorie eingeräumt wird, ist unterschiedlich. Wenn die Probleme aus der Argumentationstheorie das Übergewicht haben, dann ergibt sich ein Kurs

von der Art der (vor allem aus den USA bekannten) Einführungen in die Informale Logik; überwiegen dagegen Probleme aus der Logik im engeren Sinne, dann ist der Kurs eben eine Einführung in die formale oder symbolische Logik. Nun kann man natürlich auch die grundsätzliche Frage stellen: Gibt es prinzipielle Gründe, die nahelegen könnten, in Einführungskursen für Philosophen Probleme aus der Logik oder aber Probleme aus der Argumentationstheorie ins Zentrum zu stellen? Mit dieser Frage, die ich hier nicht beantworten will, möchte ich abschließen und ihre Diskussion Ihnen überlassen.

Wissenschaftsethik in der Schule:
Ein Überblick über die Ergebnisse des Projekts „Schule Ethik Technologie" (SET).

Julia Dietrich

Das Projekt „Schule Ethik Technologie" (SET) war von Mai 1996 bis April 1999 am Zentrum für Ethik in den Wissenschaften der Universität Tübingen angesiedelt und wurde vom Bundesministerium für Bildung, Wissenschaft, Forschung und Technologie gefördert[1]. Unter der Leitung von Prof. Dr. Reiner Wimmer ging es der Frage nach, wie im Rahmen des allgemeinbildenden Auftrags der Schulen das Verstehen und Beurteilen moderner Technologien bzw. die ethische Urteils- und Handlungskompetenz im Umgang mit Wissenschaft und Technik gefördert werden können. Im folgenden soll ein Überblick über die Ergebnisse des Projekts gegeben werden, indem zunächst die Struktur des Projekts und seiner Ergebnisse skizziert (1.) und dann auf zwei Bereiche näher eingegangen wird, nämlich auf die Leitideen zur Behandlung wissenschaftsethischer Themen in der Schule (2.) sowie auf die schulische Lernkultur im Bereich wissenschaftsethischer Themen (3.).

1. Die Struktur des Projekts und seiner Ergebnisse

Das Projekt bestand aus zwei Forschungsbausteinen: Der Forschungsbaustein „Wissenschaftsethik" sollte seitens der Wissenschaftsethik als Bezugswissenschaft einen Beitrag zu einer (fächerübergreifenden) Didaktik der Wissenschaftsethik leisten. Hierzu wurden drei Leitideen für die Behandlung wissenschaftsethischer Themen in der Schule formuliert, auf deren Basis eine qualifizierende Lehrplananalyse der Fächer Biologie, Chemie, Physik, Philosophie, Ethik und Religion für die Bundesländer Baden-Württemberg, Hessen und Rheinland-Pfalz durchgeführt sowie eine Handreichung für Lehrer und Lehrerinnen zum Thema `Biotechnologie und Gentechnik´ erstellt wurde.[2] Die Leitideen lagen außerdem der Durchführung bzw. Auswertung eines schulischen Modellversuchs zugrunde, so daß ihre Praxisrelevanz überprüft werden konnte:

Im Rahmen des Forschungsbausteins „Modellversuch" wurde zusammen mit der an der Pädagogischen Hochschule Heidelberg angesiedelten Arbeitsgruppe „Valuing in Technology" (VIT)[3] im Schuljahr 1997/98 ein schulischer Modellversuch an zehn allgemeinbildenden Schulen (vier Gymnasien, 2 Gesamtschulen, vier Haupt- bzw. Realschulen) des länderübergreifenden Rhein-Neckar-Dreiecks durchgeführt. Anhand der naturwissenschaftsdidaktischen und wissenschaftsethischen Betreuung von Unterrichtsprojekten und LehrerInnenfortbildungen zum Themenbereich 'Biotechnologie und Gentechnik' wurde der Frage nachgegangen, welche entwicklungspsychologischen, institutionellen und didaktischen Bedingungen für die Behandlung wissenschaftsethischer Themen in der Schule gegeben bzw. möglich sind. Der Modellversuch wurde mit sowohl quantitativen (Fragebogen) als auch qualitativen Instrumenten (u.a. Teilnehmende Beobachtung) der empirischen Sozialforschung ausgewertet.

Das Projekt hat Ergebnisse im Hinblick auf verschiedene Teilfragen erbracht: Man kann nach den Konsequenzen für die jeweiligen Fachdidaktiken, für die Lehrplangestaltung, für die Aus-

---

[1] Förderkennzeichen 1451; Förderzeitraum: 1.5.1996 bis 30.4.1999; Mitarbeiter/innen: Julia Dietrich M.A., Frank-Thomas Hellwig M.A.

[2] Zu beidem siehe: Dietrich, Julia; Hellwig, Frank-Thomas (Hg.): Wissenschaftsethik - Leitideen für Schule und Bildung (in Vorbereitung).

[3] Leitung: Prof. Dr. Michael Schallies; Mitarbeiterinnen: Dr. Anneliese Wellensiek, Anja Lembens.

und Fortbildung und für die Unterrichtskonzeption fragen oder die Implikationen für die Entwicklung von Schulkultur mit ihren Teilbereichen der Lern-, Organisations- und Erziehungskultur fokussieren; man kann die Unterschiede zwischen Schularten oder Bundesländern thematisieren, entwicklungspsychologische und geschlechtsspezifische Faktoren herausarbeiten oder auch forschungsmethodologische Überlegungen anstellen. Da es im vorgegebenen Rahmen nicht möglich ist, alle diese Dimensionen umfassend zu behandeln, konzentriert sich die folgende Darstellung auf die Frage, welche Hilfestellung das Projekt in Bezug auf die inhaltliche Konzeption von Unterricht bietet (2.) und welche Erkenntnisse es über die bereits bestehende schulische Lernkultur im Bereich wissenschaftsethischer Fragen erbracht hat (3).

2. Leitideen für die Behandlung wissenschaftsethischer Themen in der Schule[4]

Der Ausgangspunkt der Leitideen war die Überlegung, daß angesichts einer technisierten Lebenswelt die Fähigkeit, Technologien verstehen und beurteilen zu können, keine Spezialkompetenz ist, sondern zum allgemeinbildenden Auftrag der Schulen gehört. An diese Überlegung schloß sich die Frage an, welchen Beitrag hier die Ethik mit ihrer Teildisziplin der Wissenschaftsethik leisten kann: Gibt es Grundannahmen bzw. einen Forschungs- bzw. Sachstand der Wissenschaftsethik, welche diese für derart essentiell hält, daß sie als Zielformulierungen in ihre Didaktik eingehen und im Rahmen des allgemeinbildenden Auftrags der Schule umgesetzt werden sollten? Als Antwort auf diese Frage wurden drei Leitideen formuliert, die auf eine angemessene Entfaltung der Dimensionen „Wissenschaft", „Ethik" und (ihre) „Interdisziplinarität" zielen. Die Leitideen liegen den akademischen Dissensen insofern voraus, weil sie jeweils ganz allgemeine und grundlegende wissenschaftstheoretische bzw. metaethische Unterscheidungen aufgreifen; sie sind unabhängig von bestimmten Problemstellungen und stellen quasi eine Art 'Minimalkomplexität' einer jeden wissenschaftsethischen Problematik dar.

Die Leitideen können u. a. als Hilfestellung für die inhaltliche (nicht: didaktisch-methodische) Unterrichtskonzeption genutzt werden, nämlich um ein inhaltliches Unterrichtskonzept zu entwerfen, es auf inhaltlich 'blinde Flecken' hin zu überprüfen oder um es aus didaktischen Gründen gezielt selektiv zu gestalten. Wie die Leitideen inhaltlich gefüllt sind und welche thematischen Strukturen sie umreißen, soll nun am Beispiel des Themenbereichs 'Gentechnologie bei Pflanzen' näher erläutert werden.[5]

2.1 Erste Leitidee: Schule soll das Verständnis eines nicht-reduzierten Wissenschaftsbegriffs fördern.

Um Wissenschaft als Praxis und damit überhaupt als legitimen Gegenstand ethischer Reflexion betrachten zu können, ist eine wissenschaftstheoretische Auseinandersetzung erforderlich, die Kurt Bayertz als Auseinandersetzung mit dem von ihm so genannten „Neutralitätsargument"[6] rekonstruiert: Das Neutralitätsargument möchte zeigen, daß Wissenschaft moralisch neutral ist und nur bzw. erst ihre Anwendung einer moralischen Bewertung unterliegen kann. Zugunsten dieser These argumentiert es, daß die Ergebnisse von Wissenschaft nur wahr oder

---

[4] Dieser Abschnitt ist eine äußerst stark gekürzte Fassung des Aufsatzes: Dietrich, Julia (1998): Leitideen für die Behandlung wissenschaftsethischer Themen in der Schule am Beispiel 'Gentechnologie bei Pflanzen'. In: Müller, Albrecht/Dietrich. Julia/Hellwig, Frank-Thomas (Hg.): Gentechnologie bei Pflanzen am Beispiel der Tomate. Herausforderungen für den Schulunterricht. Stuttgart. S. 80-103.
Der Materialband ist zu beziehen über: Akademie für Technikfolgenabschätzung in Baden-Württemberg, Pressestelle, Industriestr. 5, 70565 Stuttgart, Tel.: 07071/9063-221, Fax: 07071/9063-299.
[5] Aus Platzgründen können hier keine Unterrichtsbeispiele aus dem Modellversuch genannt werden, was im mündlichen Vortrag möglich ist.
[6] Bayertz, Kurt (1991): Wissenschaft. Technik und Verantwortung. In: Ders. (Hg.) (1991): Praktische Philosophie. Grundorientierungen angewandter Ethik. Reinbek: Rowohlt. S. 173 - 209. Hier: S. 174.

falsch, nicht aber gut oder böse sein könnten. Dieses Argument kann nach Bayertz in seiner Wirksamkeit eingegrenzt werden, wenn expliziert wird, daß unter „Wissenschaft" hier allein ein deskriptives Aussagensystem (d. h. die Resultate eines Forschungsprozesses) verstanden wird, nicht aber der Forschungsprozeß selbst. Demgegenüber arbeitet Bayertz den Charakter der Wissenschaft als Forschungsprozeß (und damit als Handlung), als Produktivkraft und als Rationalitätstypus heraus. Andere Autoren und Autorinnen heben andere Aspekte hervor, doch allen Ansätzen ist gemeinsam, daß sie unter „Wissenschaft" zwar auch das deskriptive Aussagensystem fassen, aber „Wissenschaft" im Sinne von „Wissenschaft betreiben" darüber hinaus auch als eine Form des Handelns begreifen, das als solches selbstverständlich Gegenstand ethischer Reflexion sein kann bzw. dann sogar sein muß. Für eine Didaktik wissenschaftsethischer Fragen ist somit, vor einem Vergleich der verschiedenen Ansätze, quasi negativ festzuhalten, daß aus Sicht der Wissenschaftsethik der Begriff der Wissenschaft nicht auf den Aspekt „Aussagensystem" reduziert werden darf, sondern auch Handlungsaspekte umfassen sollte.[7]

Um den Handlungscharakter von Wissenschaft hervorzuheben, kann z. B. der Prozeß der (individuellen) Forschung mit seinen wissenschaftlichen, psychischen, materiellen und historischen Rahmenbedingungen selbst fokussiert oder die Organisation dieser Handlungsform in Institutionen in den Mittelpunkt gestellt werden.[8] Für den Bereich der „Grünen Gentechnik" bzw. das konkrete Beispiel der FlavrSavr-Tomate wären also natürlich die empirischen Grundlagen der gentechnischen Veränderung der Tomate anzuführen. Darüber hinaus aber könnte der Bereich „Wissenschaft als Forschungsprozeß" deutlich werden, indem man z. B. die Frage aufwirft, wie, von wem und unter welchen (Arbeits-) Bedingungen eigentlich das Gen, das für die Reifungsenzyme zuständig ist, identifiziert wurde. Die Beantwortung dieser Frage würde das Zustandekommen der Forschungsentscheidung, den Forschungsverlauf und die Forschungsstrategie, aber auch die individuelle Situation der am Forschungsprozeß Beteiligten umfassen. Dieses Stück Wissenschaftsgeschichte würde überleiten zur Verdeutlichung des Aspekts „Wissenschaft als Institution": Hier könnten dann rechtliche Fragen wie die nach der Kennzeichnungspflicht und ökonomische Zusammenhänge wie die zwischen Forschung, Pestizidherstellung und Saatgutverkauf zur Sprache kommen, womit zugleich eine Debatte über die wissenschaftsexternen Folgen dieser Entwicklung eingeleitet würde.

2.2 Zweite Leitidee: Schule soll eine bewußte Anwendung ethischer Reflexion fördern.
In Analogie zu einem bewußten Verständnis von Wissenschaft und ihren Kompetenzen gehört zu einer wissenschaftsethischen Debatte ein bewußtes Verstehen von „Ethik" und ihren Kompetenzen. Mit anderen Worten: Es muß unterschieden werden können, welcher Art ethische Probleme im Vergleich zu empirischen Problemen sind und wie sie jeweils gelöst werden können.

Die Wissenschaftsethik geht der Sache nach durchgängig von der in der „Allgemeinen Ethik" üblichen Unterscheidung von „Moral" und „Ethik" aus. Mit „Moral" werden dabei die tatsächlich vorhandenen, handlungsleitenden Normen und Werte bezeichnet, mit „Ethik" der Versuch, diese Normen und Werte bewußt zu formulieren, zu prüfen und argumentativ zu begründen. Mit diesem Reflexionsschritt wird zugleich von der moralischen Ausgangssituation abstrahiert und nach allgemeinen Kriterien zur Beurteilung von Handlungen oder zur Gestaltung von Lebensformen gesucht. Die Pointe dieser Unterscheidung ist deshalb, daß

---

[7] In diesem Sinne wird als Gegenstand der 'Wissenschaftsethik' hier der praktische Sinnzusammenhang des Forschungsprozesses, seiner Resultate sowie seiner technischen Anwendungen verstanden.
[8] Die Auswahl dieser Aspekte orientiert sich an den Ausführungen von: Düwell, Marcus (1998): Ethik in den Wissenschaften als interdisziplinäres Forschungsunternehmen. Unveröff. Vortrag im Rahmen der LehrerInnenfortbildungsreihe „Ethische Probleme der Biotechnologie und der Gentechnik" des SET-Modellversuchs, 15.1.1998.

unter „Ethik" nicht schon eine bestimmte Position oder Wertung zu verstehen ist, sondern eine Reflexion auf die Legitimität von Handlungen oder auf die Angemessenheit von Lebensformen, die prinzipiell ergebnisoffen ist.

Der Unterschied zwischen empirischen und ethischen Fragen läßt sich anhand eines Beispiels aus dem Bereich der „Grünen Gentechnik" verdeutlichen: Die Frage, wie hoch die Wahrscheinlichkeit ist, daß eine gentechnisch veränderte Pflanze auskreuzt, ist eine empirische Frage und kann nur auf der Basis molekularbiologischer und ökologischer Kenntnisse und Verfahren beantwortet werden. Die Beantwortung der Frage aber, welches bzw. ein wie hohes ökologisches Risiko beim Anbau gentechnisch veränderter Pflanzen sich selbst und anderen zumutbar ist, setzt Kriterien für die Zumutbarkeit voraus, die nur in einer ethischen Debatte formulierbar und begründbar sind.

Als Teil der sog. „Angewandten Ethik" muß die Wissenschaft zwar auf fundamentalethische Fragen rekurrieren, aber zugleich den Bezug auf eine reale oder realistische Problematik aufrechterhalten.[9] Als Ziel der Didaktik wissenschaftsethischer Themen kann hier nur gelten, dieses Spannungsfeld zu eröffnen (nicht, diese sog. Methodenprobleme zu lösen) und tatsächlich einmal reale oder realistische Fragestellungen wie die, ob und warum ich eine FlavrSavr-Tomate (kaufen und) essen würde oder nicht, zu behandeln. Der Versuch, diese Frage begründet zu beantworten, wird letztlich auf allgemeine Werte wie Gesundheit oder (ökonomische) Sicherheit zurückführen, deren begründete Abwägung dann als eine eigene fundamentalethische Problematik in den Blick kommt.

Aus den fundamentalethischen Grundlagen, an die Wissenschaftsethik zurückgebunden ist, erwächst eine weitere Unterscheidung, nämlich die von strebensethischen und sollensethischen Fragen, die jeweils noch einmal im Hinblick auf individualethische oder sozialethische Gesichtspunkte unterschieden werden können.[10] Strebensethische Fragen gehen, in Anlehnung an die aristotelische Tradition, von der Frage aus, wie ein Leben gestaltet werden muß, damit es gelingen bzw. glücken kann. Die Frage nach dem Genuß einer FlavrSavr-Tomate erscheint dann als ein individuelles oder auch soziales Problem der Lebensführung, und es wäre zu fragen, welche Gewichtungen von gesundheitlichen, ökologischen, finanziellen und anderen Aspekten dem Ziel eines gelingenden Lebens angemessen und insofern für ein Individuum oder eine Gruppe „lebbar" sind. Sollensethische Fragen gehen, in der Tradition Kants, von der Idee eines unbedingten Sollens aus, in deren Licht die Frage nach dem Kauf oder Genuß einer FlavrSavr-Tomate keine quasi private Entscheidung über eine Lebensform ist, sondern eine Frage des Erlaubt-, Verboten- oder Geboten-Seins darstellt und einer Abwägung der Rechte und Pflichten der von dieser Entscheidung Betroffenen bedarf. Aus diesem Blickwinkel läßt sich z. B. die Frage der Kennzeichnung gentechnisch veränderter Lebensmittel als eine Frage des Konflikts zwischen Rechten und Pflichten der Verbrauchenden, der Industrie und dem Staat als Gesetzgeber rekonstruieren und diskutieren.

Übernimmt auch die Wissenschaftsethik die Strukturierung ihrer Probleme von den Grundlagen der allgemeinen Ethik, so ist doch außerdem die spezifisch wissenschaftsethische Unterscheidung zwischen technik- und probleminduzierter Bewertung hervorzuheben, die der VDI in einer Richtlinie eingeführt hat und die am Beispiel der FlavrSavr-Tomate von Bender, Plat-

---

[9] Siehe dazu: Nida-Rümelin, Julian (1996a): Theoretische und angewandte Ethik: Paradigmen, Begründungen, Bereiche. In: Ders. (Hg.) (1996): Angewandte Ethik. Die Bereichsethiken und ihre theoretische Fundierung. Ein Handbuch. Stuttgart: Kröner. S. 2-85.; Steigleder, Klaus (1989): Probleme angewandter Ethik. In: Concilium, Heft 3, Juni 1989, 25. Jg., S. 242-247.
[10] Diese Kombination der beiden fundamentalen Unterscheidungen von Strebensethik/Sollensethik und Individualethik/Sozialethik als Grundlage einer Problemstrukturierung wurde eingeführt von: Haker, Hille (1998): Genomanalyse und Gentherapie. Unveröff. Vortrag im Rahmen der LehrerInnenfortbildungsreihe „Ethische Probleme der Biotechnologie und der Gentechnik" des SET-Modellversuchs, 11.2.98.

zer und Sinemus ausformuliert und weitergeführt wurde.[11] Die Unterscheidung kann anhand der folgenden zwei Fragen exemplifiziert werden: Welche Chancen und Risiken hat die gentechnische Veränderung von Tomaten? Diese technikinduzierte Frage setzt beim Vorhandensein der Technik als Faktum an und wägt dann zwischen ihren als solche eingestuften Vorteilen (z. B. längere Lagerfähigkeit) und Nachteilen (z. B. Risiko einer Antibiotikaresistenzverbreitung) ab. Die probleminduzierte Technikbewertung fragt nun, zur Lösung welcher und wessen Probleme die Technik beitragen soll und welchen ethischen Stellenwert diese Probleme und damit die für die Problemlösung zu erreichenden Ziele haben. Damit können nun auch Alternativen, die der Lösung desselben Problems bzw. der Erreichung desselben Ziels dienen könnten, in den Blick kommen.

2.3 Dritte Leitidee: Schule soll Interdisziplinarität fördern.
Die Reflexion auf Wissenschaft und auf Ethik hat gezeigt, daß Wissenschaftsethik notwendigerweise ein interdisziplinäres Unternehmen ist, das Geistes-, Sozial- und Naturwissenschaften sowie Normativität und Empirie miteinander verbindet. Hinzu kommt, daß in den meisten Fällen nicht nur eine einzige naturwissenschaftliche Disziplin relevant ist, sondern daß verschiedene und zum Teil recht unterschiedliche Disziplinen beteiligt sind. So sind für den Bereich der „Grünen Gentechnik" sowohl die Molekularbiologie (Grundlagen und Verfahren der Gentechnik) als auch die Ökologie (Wirkung gentechnisch veränderter Pflanzen auf ein Ökosystem) bzw. die Physiologie des Menschen (Wirkung des Verzehrs gentechnisch veränderter Pflanzen auf die Gesundheit) einschlägig, und alle drei treten dann in ein interdisziplinäres Verhältnis zur Ethik.

Interdisziplinarität als Verhältnis zwischen den Kompetenzen verschiedener Personen resultiert in einer hierarchischen Struktur, nämlich einem ExpertInnen-LaiInnen-Verhältnis. Das interdisziplinäre Setting ist dabei dadurch gekennzeichnet, daß jeder zugleich Experte bzw. Expertin (im eigenen Fachgebiet) und Laie bzw. Laiin (im Fachgebiet des bzw. der anderen) ist. Diese Struktur besteht im Bereich der „Grünen Gentechnik" natürlich einerseits zwischen den Angehörigen der vier eben genannten Disziplinen Molekularbiologie, Ökologie, Physiologie und Ethik, aber darüber hinaus auch zwischen allen vier Gruppen auf der einen Seite und den Verbrauchenden auf der anderen Seite, die sich entscheiden müssen, ob sie z. B. eine gentechnisch veränderte Tomate kaufen wollen oder nicht. Im Rahmen fächerübergreifenden Arbeitens stellt diese Konstellation sicherlich eine Herausforderung an das traditionelle (hierarchische) Selbstverständnis von SchülerInnen und LehrerInnen dar. -

Die Leitideen wurden im Rahmen des Projekts als allgemeiner Beitrag zu einer Didaktik der Wissenschaftsethik, als Beitrag zu einer Didaktik des Ethikunterrichts, als Gestaltungsprinzip der Handreichung zum Thema `Biotechnologie und Gentechnik´, als Kategorien der empirischen Sozialforschung (Lehrplananalyse, Auswertung des Modellversuchs) sowie als Gestaltungsprinzipien von Unterrichtsprojekten genutzt.[12] Wenn die Leitideen als Hilfestellung bei der Unterrichtskonzeption eingesetzt werden, ist zu bedenken: Die Leitideen eröffnen einen ausschließlich thematischen Horizont; sie sind keine direkten methodisch-didaktischen Anleitungen. Sie geben nicht vor, wie sie an die konkrete Unterrichtssitutation, Klassenstufe, Schulart etc. angepaßt werden können und welche Auswahl an Methoden zu ihrer Umsetzung geeignet sind; je nach Situation ist es auch nicht zwingend, alle Leitideen zu behandeln. Die

---
[11] Dazu: Verein Deutscher Ingenieure (Hg.)(1991): Technikbewertung - Begriffe und Grundlagen. Erläuterungen und Hinweise zur VDI-Richtlinie 3780. Zu beziehen über: VDI-Hauptgruppe. Postfach 101139, Graf-Recke-Straße 84; 40239 Düsseldorf. Tel. 0211/6214-0. - Die Unterscheidung wurde am Beispiel der Flavr Savr Tomate expliziert durch: Bender, Wolfgang/Platzer, Katrin/Sinemus, Kristina (1995): Zur Urteilsbildung im Bereich Gentechnik. Die Flavr Savr-Tomate. In: Ethica 3/1995. S. 293-303.
[12] Siehe hierzu: Dietrich, Julia/Hellwig, Frank-Thomas (Hg.): Wissenschaftsethik - Leitideen für Schule und Bildung (in Vorbereitung).

Leitideen sind als Zielvorstellungen der Bezugswissenschaft 'Wissenschaftsethik' zu verstehen, die in den Kontext einer übergeordneten, allgemeinen didaktischen Reflexion eingebettet werden müssen.

3. Schulische Lernkultur im Bereich wissenschaftsethischer Themen

Unter 'Lernkultur' werden „die Formen der Lernarrangements und der Lernorganisation, die Gesamtheit des Lernangebots und der Lernmöglichkeiten sowie die Qualität der didaktischen Fundierung und methodischen Differenzierung"[13] verstanden. Die Lernkultur ist neben der Erziehungs- und Organisationskultur eine der Dimensionen der jede Schule individuell prägenden 'Schulkultur', der „Gesamtheit der in schulischen Bildungs- und Erziehungsprozessen vermittelten Inhalte, die sie vermittelnden Lehr- und Erziehungsformen und bereitgestellten Lern- und Erfahrungsmöglichkeiten"[14]. Erkenntnisse zur bestehenden schulischen Lernkultur im Bereich wissenschaftsethischer Themen konnten im Rahmen des Modellversuchs anhand der Begleitung von Unterricht und durch eine Fragebogenaktion gewonnen werden.

Die schulpraktische Arbeit des SET-Teams im Modellversuch umfaßte die inhaltlich-konzeptionelle Betreuung von Seiten der Naturwissenschaftsdidaktik bzw. der Wissenschaftsethik, die Hilfe bei der Informations- und Kontaktorganisation, die Betreuung der Unterrichtskonzeption und des Unterrichts sowie die Durchführung von LehrerInnenfortbildungen. Der didaktische Ansatz, den die Arbeitsgruppe 'Valuing in Technology' hierbei einbrachte, sah vor, die Schule als pädagogische Einheit zu betrachten, das heißt, auf die Entwicklung von Schulkultur zu zielen, Problemstellungen möglichst authentisch zu gestalten sowie die fächerübergreifende Arbeit und den Einbezug externer ExpertInnen und Lernorte zu fördern.[15] Forschungsmethodologisch betrachtet stellte die schulische Betreuung zugleich eine ‚Intervention' dar, die mit den qualitativen Instrumenten der Teilnehmenden Beobachtung[16] und teilweise auch der Videoaufnahme und des Portfolios[17] ausgewertet wurde und die typischen Eigenheiten der verschiedenen Schulkulturen deutlich werden ließ.

Außerdem wurde eine Fragebogenaktion unter an SET beteiligten SchülerInnen, LehrerInnen und externen ExpertInnen durchgeführt. Der Fragebogen enthielt einerseits Fragen zur Schulkultur, zum Technologie- und Ethikverständnis der Befragten und zur Relevanz einzelner Fächer, darunter des Fachs 'Ethik', sowie andererseits Fragen zur Erfassung von Einstellungen und entwicklungspsychologischen Stufungen im Bereich des Technologieverständnisses, die aus dem angelsächsischen 'Views on Science-Technology-Society' (VOSTS) - Fragebogen[18] ausgewählt worden waren. Die Gesamtzahl der ausgewerteten SchülerInnen-Fragebö-

---

[13] Siehe: Holtappels, Heinz Günter (1995): Schulkultur und Innovation - Ansätze, Trends und Perspektiven der Schulentwicklung. In: Ders. (Hg.): Entwicklung von Schulkultur: Ansätze und Wege schulischer Erneuerung. Neuwied u.a.: Luchterhand. S. 6 - 36. Hier: S. 13.

[14] Siehe: Holtappels 1995, S. 11.

[15] Zu den didaktischen Grundlagen des Modellversuchs siehe: Wellensiek, Anneliese (1999): Entwicklung moralischer Urteils- und Handlungsfähigkeit im Bereich neuer Technologien. In: Schallies, Michael/Wachlin, K. D. (Hrsg.): Biotechnologie und Gentechnik. Neue Technologien verstehen und beurteilen. Berlin u. a.: Springer. S. 55-67. Schallies, Michael/Wellensiek, Anneliese (1995): Biotechnologie/Gentechnik. Implikationen für das Bildungswesen. Arbeitsbericht Nr. 46 der Akademie für Technikfolgenabschätzung in Baden-Württemberg, Stuttgart.

[16] Siehe hierzu: Lamnek, Siegfried (1995): Qualitative Sozialforschung. Weinheim: Beltz, Psychologie VerlagsUnion. Bd. 2: Methoden und Techniken - 3., korr. Aufl. - Hier: Kapitel 6: Die teilnehmende Beobachtung, S. 239 - 317.

[17] Ein Portfolio ist „a purposeful and systematiy collection of student work that shows individual effort, progress, and achievement in one or more areas of learning". Siehe: Melograno, Vincent J. (1994): Portfolio Assessment: Documenting Authentic Student Learning. In : JOPERD. October 1994, p. 50 - 61. Portfolios können als Lernerfolgskontrolle oder aber auch als Forschungsinstrument ausgewertet werden.

[18] Siehe hierzu: Aikenhead, Glen S./Ryan, Alan G. (1992): The Development of a New Instrument: „Views on Science-Technology-Society" (VOSTS). In: Science Education 76 (5), S. 477 - 491.

gen betrug N=3081, die der LehrerInnen-Fragebögen N=94 und die der ExpertInnen-Fragebögen N=28.[19]

Hinsichtlich der Lernkultur wurde u.a. gefragt, welche Rolle der Schule bei der Vermittlung von Informationen zu einem aktuellen wissenschaftsethischen Thema wie der Biotechnologie und Gentechnik überhaupt zukommt. Die Beantwortung der Frage, woher die SchülerInnen bzw. LehrerInnen ihre Informationen zu Biotechnologie bzw. Gentechnik haben, weist den Medien eine zentrale Bedeutung zu: Gut die Hälfte der SchülerInnen (55,3 %) nennen u.a. die Medien, nur ein Drittel (34,1 %) u.a. auch die Schule als Quelle ihrer Informationen; Eltern, Bekannte und Freunde spielen keine Rolle. Für die LehrerInnen sind die Medien von noch größerer Bedeutung: Rund vier Fünftel der LehrerInnen (83,0 %) nennen u.a. die Medien, knapp ein Drittel (28,7 %) u.a. die Weiterbildung und nur ein ganz kleiner Teil (6,4 %) auch die Ausbildung als Ursprung ihrer Informationen zu Biotechnologie bzw. Gentechnik.[20]

Es wurde weiterhin untersucht, wie verbreitet fächerübergreifendes Arbeiten (in der Wahrnehmung der SchülerInnen) schon ist. Sie wurden gefragt, in welchen Schulfächern sie jeweils Informationen zu Biotechnologie und Gentechnik bzw. zu ethischen Themen erhalten haben. Ihre Antworten zeichnen ein stark fachzentriertes Bild: Die Hälfte der SchülerInnen (51,8 %) nennen in Bezug auf 'Biotechnolgie und Gentechnik' u.a. die naturwissenschaftliche Fächer, aber nur ein verschwindend geringer Teil auch die Fächer Religion (8,1 %), die Gesellschaftswissenschaften (4,8 %) oder Ethik (4,6 %). Hinsichtlich ethischer Themen ist eine ähnliche Polarität festzustellen: Die klar führende Rolle hat hier das Fach Religion (37,0 %), gefolgt von Ethik (11,3 %). Deutsch (6,5 %), die Gesellschaftswissenschaften (5,3 %) und eben auch die Naturwissenschaften (5,2 %) spielen kaum eine Rolle.[21]

Fragt man die SchülerInnen, in welchen Fächern Informationen zu Biotechnologie und Gentechnik bzw. zu ethischen Themen gegeben werden *sollten*, so scheinen sie die erlebte Realität reproduzieren zu wollen: Fragen der Biotechnologie und Gentechnik werden fast ausschließlich in den Naturwissenschaften verortet (84,6 %); Ethik (10,4 %), Religion (13,6 %), die Gesellschaftswissenschaften (9,4%) oder Deutsch (2,6 %) spielen eine nur untergeordnete Rolle. Umgekehrt sollen ethische Themen nach Meinung der SchülerInnen hauptsächlich in Religion (54,6 %) oder Ethik (26,5 %) verankert werden; immerhin kommen hier die Naturwissenschaften (12,9 %), die Gesellschaftswissenschaften (13,9 %) und das Fach Deutsch (11,7 %) etwas stärker in den Blick.[22]

Ganz im Gegensatz zu den SchülerInnen schwebt den LehrerInnen ein fächerübergreifendes Arbeiten vor: Auf die Frage, in welchem Schulfach Biotechnologie bzw. Gentechnik behandelt werden sollten, nennen zwar auch die meisten LehrerInnen die Naturwissenschaften (92,6 %), aber es werden zu einem großen Anteil auch die Fächer Ethik (62,8 %), Religion (55,3 %), die Gesellschaftswissenschaften (30,9 %) und das Fach Deutsch (24,5 %) genannt. Auf die Frage, in welches Schulfach ethische Fragen gehören, werden am häufigsten die Fächer Religion (55,3%) und Ethik (41,5 %) angegeben, aber auch die Naturwissenschaften (35,1 %), die Gesellschaftswissenschaften (30,9 %) und Deutsch (33,0 %) werden als diesbezüglich

---

[19] Im Rahmen dieses Textes kann leider auf Fragen nach den Unterschieden zwischen den Geschlechtern, Altersstufen, Schularten und Bundesländern nicht eingangen werden. Alle Angaben beziehen sich daher auf die Gesamtauswertung.
[20] Bei dieser und den folgenden Fragen waren jeweils Mehrfachnennungen möglich.
[21] Bei beiden Fragen ist der Anteil der SchülerInnen, die keine Quellen („weiß nicht") nennen konnten oder keine Angaben gemacht haben, recht hoch und beträgt bis zu 31,1% bzw. 17%. Dies ließe sich unter Umständen dadurch erklären, daß - wie anhand anderer Fragen gezeigt werden konnte - insbesondere die jüngeren SchülerInnen oft keine klare Vorstellung darüber haben, worum es sich bei Biotechnologie bzw. insbesondere Ethik eigentlich handelt. Dies beeinflußt vor allem auch die Wahrnehmung der Fächer Religion und Ethik. Siehe aber Anm. 22.
[22] Auffällig ist hier, daß, im Kontrast zu den Fragen nach der erlebten Realität, die SchülerInnen bei diesen Fragen nur selten keine Quelle genannt oder keine Angaben gemacht haben.

wichtige Fächer angesehen. Besondere Aufmerksamkeit verdient hier die Tatsache, daß ein Großteil, nämlich 40,4 % der LehrerInnen der Meinung sind, ethische Fragen sollten (zumindest auch) in *allen* Fächern behandelt werden.

Diese Vorstellung der LehrerInnen steht (natürlich) durchaus in Kontrast zu der in der teilnehmenden Beobachtung erfaßten schulischen Realität: Jedem Lehrer/jeder Lehrerin dürften die organisatorischen Schwierigkeiten bei der Umsetzung fächerübergreifenden Arbeitens bekannt sein, die sich vor allem für die gymnasiale Oberstufe stellen. Die gymnasiale Unter- bzw. Mittelstufe bietet hier weitaus mehr Freiräume, die aber - so der Eindruck aus der teilnehmenden Beobachtung - nicht immer genutzt werden. Neben vielen anderen, themenunspezifischen Gründen schien dabei in Bezug auf wissenschaftsethische Themen dreierlei eine besondere Rolle zu spielen: Als adäquater Rahmen für wissenschaftsethische Themen wurde in den Gymnasien häufig allein die Oberstufe angesehen, so daß Freiräume in der Unter- und Mittelstufe garnicht wahrgenommen wurden.[23] Die fächerübergreifende Behandlung wissenschaftsethischer Themen setzt außerdem die quasi interkulturelle Verständigung zwischen den beiden 'Kulturen' der Natur- und Geisteswissenschaften voraus, für die es in vielen Kollegien, insbesondere denen der Gymnasien und Gesamtschulen, keine bereits eingeübten 'Infrastrukturen' und damit keine bereits tragfähigen Vertrauensverhältnisse gab. Da wog es umso schwerer, daß sich viele (und darunter auch die in allgemeinen Fragen der Ethik versierten) LehrerInnen angesichts wissenschaftsethischer Themen äußerst unsicher fühlten. Eine besondere Schwierigkeit schien hierbei das Verhältnis von Faktenwissen und Meinungsbildung bzw. insbesondere die Eigenständigkeit ethischer Reflexion im Rahmen von Fragen sog. Angewandter Ethik darzustellen (siehe hierzu die Leitidee 'Ethik' in Kap 2.2.). Häufig wurde implizit oder explizit angenommen, mit dem Faktenwissen werde zugleich die Meinungsbildung gefördert, so daß die zur Verfügung stehende Zeit oft zuungunsten der ethischen Debatte verplant wurde. So wurden weitreichende Kenntnisse aus der Biologie erarbeitet, ohne daß man mit der ethischen Debatte im engeren Sinne, z. B. über die Zumutbarkeit von Risiken oder über die Abwägung von Interessen, einen Schritt weiter gekommen wäre. Die größere Geläufigkeit im Vermitteln von Faktenwissen und die empirielastigen Lehrplanstrukturen förderten natürlich diesen Prozeß. Wenn ethisch debattiert wurde, fiel auf, daß sowohl SchülerInnen als auch LehrerInnen unter ethischen Fragen hauptsächlich strebensethische Fragen verstanden und sollensethische Fragestellungen häufig sogar nach dem Motto „Das muß jeder für sich selber wissen." zu strebensethischen uminterpretierten (vgl. Leitidee 'Ethik' in Kap. 2.2.). Hier wäre seitens der Didaktik zu erforschen, wie die hohe Motivation, die für Fragen der eigenen Lebensführung bestand, für den Einbezug und die Aufarbeitung auch sollensethischer Fragen nutzbar gemacht werden kann (ohne die zum Beispiel die Behandlung der in den Lehrplänen der Oberstufe genannten Begründungsansätze überhaupt nicht verständlich und sinnvoll ist.). Insgesamt wurde (wie zu erwarten) deutlich, daß die LehrerInnen einer weitreichenden Unterstützung bei der Behandlung von wissenschaftsethischen Fragen und bei der Etablierung fächerübergreifender Strukturen bedürfen. Hierin ist ein klarer Auftrag an Weiterbildung und Ausbildung zu sehen.

---

[23] Es wäre für viele GymnasiallehrerInnen hilfreich zu sehen, wie kreativ an Haupt- und Realschulen wissenschaftsethische Themen für jüngere SchülerInnen umgesetzt wurden.

Pragmatische Logik und Gesellschaft

Thomas Gil (Berlin)

In den William-James-Lectures, die Bertrand Russell 1940 an der Universität Harvard hielt und unter dem Titel „An Inquiry into Meaning and Truth" noch im selben Jahr erschienen, kritisiert Russell eine Reihe von Theorien, die er als Wahrheitstheorien rekonstruiert, in denen „Wahrheit" durch etwas anderes ersetzt werde: durch „warranted assertibility" im Falle John Deweys, durch „Wahrscheinlichkeit" im Falle Hans Reichenbachs und, schließlich, durch „Kohärenz" im Falle vieler Hegelianer und einiger logischer Positivisten, von denen sich Russell insbesondere distanzieren möchte. Diesen unangemessenen Wahrheitstheorien setzt Russell seine Korrespondenztheorie der Wahrheit entgegen, nach der die Wahrheit der Elementaraussagen von deren Beziehung zu einem Weltzustand oder zu einem Weltereignis und die Wahrheit der anderen (komplexeren) Aussagen von deren Beziehung zu Elementaraussagen abhänge. John Dewey wirft Russell im einzelnen vor, er arbeite mit einem problematischen „holistischen" Situationsbegriff, der letzten Endes die ganze Welt involvieren müßte und der außerdem dazu verführte, „Welt" immer als die Umwelt von bestimmten Menschen zu deuten sowie die Tatsache zu ignorieren, daß die Welt unabhängig von uns existiert.

Daß die von Russell selbst erzeugte Kontrastierung zwischen der Deweyschen und seiner eigenen Position in gewisser Hinsicht künstlich ist, ist Russell selbst bewußt gewesen. In seinem Beitrag zu dem von Paul Arthur Schilpp herausgegebenen Band über die Philosophie John Deweys differenziert Russell selbst seine Kritik und betont die Gemeinsamkeiten, die ihn mit Dewey verbinden. In diesem Beitrag, in dem weiterhin die Differenz von „analytischer" und „synthetischer" (bzw. hegelianisierender und deswegen auch zu verurteilender) Philosophie betont wird, redet Russell von zwei Versionen der Korrespondenztheorie der Wahrheit: eine epistemologische Version, bei der es um ein Entsprechungsverhältnis zwischen Aussage und Erfahrung geht und eine behavioristische Deutung dieses Entsprechungsverhältnisses möglich wäre, und eine logische Variante, bei der es um die Korrespondenz zwischen Aussage und Tatsache geht, unabhängig davon, ob eine solche Korrespondenz wahrgenommen wird oder nicht. Gemäß der zweiten Version wäre jede mögliche Aussage wahr oder falsch, gleichgültig wie es um die Frage ihrer konkreten empirischen Evidenz bestellt ist.

Ich möchte hier die Frage nicht erörtern, ob es vielleicht doch nicht einen Übergang von der epistemologischen Version der Korrespondenztheorie der Wahrheit zu Deweys Konzeption des „Inquiry"-Verhaltens gibt, was einer beträchtlichen Relativierung der Differenz zwischen der Russellschen und der Deweyschen Interpretation des Erkenntnisvorgangs gleichkäme. Ich unterstelle einfach die von Russell behauptete grundsätzliche Differenz zwischen seinem Ansatz und Deweys Position und bemühe mich um eine Klärung des Anliegens Deweys, welches als gesamtes ein anderes als das Anliegen Russells ist. Dies werde ich in einem ersten Teil tun, in dem die Deweysche „Logik" als Theorie des konkreten Forschungshandelns im Alltag und in der Wissenschaft zu erläutern sein wird. In einem zweiten Teil werde ich dann eine Reihe von Konsequenzen sozialer, politischer, pädagogischer und persönlichkeitspsychologischer Art ansprechen, die sich aus der Deweyschen methodologischen Konzeption der Logik ergeben und die Dewey selbst besonders wichtig gewesen sind.

1. Deweys Logik als Methodologie des Problemlösungsverhaltens intelligenter Lebewesen

Russells Kritik an John Dewey ist nicht in der Lage, das Anliegen John Deweys in angemessener Weise zu würdigen. Die „Logik" John Deweys - das Hauptwerk Deweys, auf das sich die Russellsche Kritik in der Hauptsache bezieht - will eine Theorie des Forschungshandelns (des „Inquiry"-Handelns) menschlicher Subjekte sein, die im Alltag und in der Wissenschaft mit Problemen konfrontiert sind, die sie in einer intelligenten Weise lösen können, vorausgesetzt, daß sie ihre möglichen Ressourcen (Informationen, Wissen und Denkoperationen) optimal zum Einsatz bringen. Deweys Absicht ist demnach keineswegs, die Wahrheit einzelner Aussagen nachzuweisen, sondern eine Methodologie des intelligenten Problemlösungsverhaltens im Alltag und in der Wissenschaft zu erarbeiten, bei dem selbstverständlich bestimmte Urteile („judgments") als konkretisierte und kontextualisierte Aussagen („propositions") eine wichtige Rolle spielen. Gerade weil dieses sein Anliegen ist, kritisiert Dewey das, was er selbst die „Spectator Theory of Knowledge" nennt, nach der eine perspektivenlose Sicht von Welt (die von Hilary Putnam problematisierte „God´s Eye

Perspective") theoretisch möglich sei bzw. Wahrheit als eine dem Forschungsprozeß selbst externe Größe bestimmt werde, und faßt den Erkenntnisprozeß konsequent operationalistisch bzw. handlungstheoretisch auf. Die Erkenntnis ist immer Erkenntnis von einzelnen Handlungssubjekten, die sich in einfachen oder aber komplexen Subjekt-Umwelt-Austauschsituationen befinden, die sie zu meistern haben, um zu überleben, aber auch um gut (bzw. besser) zu leben.

In einer solchen Konzeption sind einzelne Aussagen auch wichtig. Allerdings werden sie als Funktionen des gesamten „Inquiry"-Unternehmens gedeutet resp. von diesem her begriffen. Es gibt für Dewey demnach keine letzten Fundamentalelemente der „Inquiry", die die wahre, solide Basis des Forschungshandelns wären und die im Sinne einer logisch-atomistischen Auffassung zu interpretieren wären. Dies ist auch der Grund, warum die Position Deweys eine gewisse Ähnlichkeit mit den atomismusskeptischen Ansätzen Quines und einiger Kohärenztheoretiker wie Carnap und Neurath hat. Allerdings unterscheidet sich grundsätzlich die Position Deweys vom Holismus Quines und den logisch-positivistischen Varianten der Kohärenztheorie. Deweys Weigerung, atomare Aussagesätze absolut zu setzen, rührt von seinem Anliegen her, die Frage nach der Wahrheit oder Falschheit der einzelnen Aussagen im Zusammenhang der jeweiligen Forschungssituation zu erörtern bzw. von diesem Gesamtzusammenhang her zu relativieren. Dewey will keineswegs eine einzelne Dimension des Erkenntnis- und Problemlösungshandelns isolieren und dann in einer abstrakten Weise verabsolutieren, sondern bemüht sich um eine Erfassung der ontologischen, der methodologischen und der psychologischen Dimension des problemorientierten Denkprozesses. Die Beispiele, die Edmund L. Gettier in seinem bekannten Artikel „Is Justified True Belief Knowledge?" anführt, indizieren diese bei Dewey vorhandene hohe Sensibilität für die verschiedenen heterogenen Komponenten einer Erkenntnis- und Wissenssituation, die bei der Klärung des Wissensbegriffes berücksichtigt werden müssen und auf die Dewey in seiner eigenen Theorie ständig hinweist.

Die „Inquiry" definiert Dewey als „the controlled or directed transformation of an indeterminate situation into one that is so determinate in its constituent dinstinctions and relations as to convert the elements of the original situation into a unified whole." (J. Dewey, Logic: The Theory of Inquiry, New York 1938, 104f.) Demnach startet die „Inquiry" in einer unbestimmten, problematischen Situation als eine Reihe von Operationen, durch welche die unbestimmte Situation in eine bestimmte Situation überführt wird, der das Merkmal der

Einheitlichkeit bzw. des Abgerundetseins eignet. In „How we think" unterscheidet Dewey fünf verschiedene Operationen, Denkschritte oder Phasen des Problemlösungshandelns, die eine solche Transformation, d. h. die Lösung des jeweils anstehenden Problems oder der problematischen Situation, konkret bewerkstelligen: 1) die empfundene oder erlebte Problemlage; 2) die präzisierende Lokalisierung des Problems, die zu einer Definition führt; 3) die Phase des hypothetisch-kreativen Findens einer möglichen Lösung; 4) die räsonierende Prüfung der Folgen einer solchen Lösung; 5) eine Phase des weiteren Beobachtens und des experimentellen Vorgehens, welches zu der Annahme oder zu der Ablehnung der gefundenen Lösung führt. (J. Dewey, How we think, New York 1991, 72)

Die einzelnen Denkschritte sind Operationen in einem Denkprozeß, der „existentiell" verankert ist, d. h. der für den konkreten Lebensvollzug der jeweiligen Individuen von großer konkreter Relevanz ist. Diesen „existentiellen" Aspekt bringt Dewey mittels seines Situationsbegriffs zum Ausdruck. Das Forschungshandeln der „Inquiry" ist immer ein situiertes oder kontextualisiertes Handeln. In einer spezifischen problematischen Handlungssituation, die gerade aufgrund ihrer ein ursprüngliches Gleichgewicht störenden Instabilität problematisch ist, sind einzelne Menschen herausgefordert, so zu handeln, daß die problematische Ausgangssituation in eine äquilibrierte Situation der Integration und Stabilität transformiert wird. Dies geschieht nicht in einem neutralen, allgemeinen Raum, sondern in einem von bestimmten biologischen, psychologischen und soziokulturellen Faktoren beeinflußten Raum, d. h. in einer konkreten Handlungs-, Denk- und Entscheidungssituation.

Der Situationsbegriff Deweys verweist auf die Konkretheit der jeweiligen Handlungslage sowie auf deren „Existentialität" resp. lebensbezogene Relevanz für die beteiligten Individuen. Wie für den Situationsbegriff der Situationssemantiker Jon Barwise und John Perry („Situations and Attitudes", Cambridge, Massachusetts 1983) ist auch für Deweys Situationskonzeption der Informationsbegriff relevant. Allerdings ist eine Situation für Dewey etwas mehr als „ein Teil der Welt" („part of the world" - Barwise and Perry). Der Situationsbegriff Deweys erfaßt auch die zu der Situation Gehörenden und die in ihr Entscheidenden und Handelnden. Die Deweysche Situation als der konkrete Kontext des intelligenten Problemlösungsverhaltens erinnert eher an
Ansätze der „ökologischen Psychologie" (J. J. Gibson, The Ecological Approach to Visual Perception, Boston 1979) und ermöglicht Dewey das Problem der direkten Referenz in einer

radikal kontextualistischen, antiatomistischen Weise zu lösen. (T. Burke, Dewey's New Logic. A Reply to Russell, Chicago 66ff. und 83ff.)

Deweys methodologische Konzeption des Logischen als Theorie des „Inquiry"-Verhaltens, so wie dieses in bestimmten biologisch und soziokulturell geprägten konkreten Handlungs- und Entscheidungssituationen im Alltagsleben und in der Wissenschaft praktiziert wird, ist eine „naturalistische", instrumentell-operationalistische Theorie des Forschungshandelns, in der die logischen Formen und die logischen Prinzipien als Regeln, die im Dienste des „Inquiry"-Verhaltens stehen, von der „Inquiry" her konsequent gedacht und gedeutet werden. Nicht die atomistische Wahrheitstheorie einzelner Aussagen ist die Basis einer solchen Konzeption, sondern die analysierende Erfassung des intelligenten Problemlösungsverhaltens in komplexen Handlungssituationen und angesichts diffiziler Problemstellungen (z. B. im Gerichtssaal, wo der Richter ein Urteil zu fällen hat, oder aber angesichts einer schwierigen Aufgabe in der Mathematik oder in der Astronomie). In solchen problematischen Situationen, in denen es darum geht, eine Lösung für die anstehenden Probleme zu finden, gibt es für Dewey optimale und suboptimale Vorgehensweisen und Antworten. Das Verdienst der Deweyschen Theorie der „Inquiry" besteht in der Hauptsache darin, daß Dewey sowohl die Qualität der erreichten Antworten als auch die Qualität der gewählten Wege und Methoden evaluiert. Dewey war in der Tat davon überzeugt, daß in vielen (intelligent zu transformierenden) problematischen Situationen im Alltag und in der Wissenschaft nicht nur die Endresultate zählen, sondern die Art, wie die Individuen vorgegangen sind, sowie die Lernerfahrungen, die diese dabei gemacht haben.

2. Logik, Gesellschaftspraxis und Demokratie

Deweys Theorie des Forschungshandelns bzw. der Untersuchung stellt einen Reformversuch der Logik dar, welcher diese vom intelligenten Problemlösungshandeln im Alltag und in der Wissenschaft konsequent neu konzipiert und de facto dazu führt, daß eine atomistische Wahrheitstheorie einzelner Elementaraussagen ihre alte Relevanz verliert. In der Deweyschen methodologischen Theorie des Forschungshandelns werden nun andere Begriffe wichtiger, z. B. der Begriff der Situation, aber auch der Begriff der „warranted assertibility" (also der wohlbegründeten Behauptbarkeit) von Aussagen, die immer im Gesamtkontext einer Untersuchung stehen und dementsprechend auch zu beurteilen sind. Ernest Nagel deutet die

Deweysche Logik als eine Logik der experimentellen Forschung bzw. als ein Organon für experimentelles Forschen („an organon for the effective conduct of inquiry", in: E. Nagel, Sovereign Reason, Illinois 1954, 141), wobei die Präposition „for" die instrumentalistische bzw. nützlichkeitsorientierte Grundperspektive der Deweyschen Konzeption indiziert.

Deweys Theorie der „Inquiry" ist aber nicht nur eine problemlösungsmethodologische Rekonstruktion der Logik oder des Logischen, sondern auch eine Lern- und Handlungstheorie, die Dewey selbst für die allgemeine Gesellschaftsphilosophie und Demokratietheorie fruchtbar gemacht hat. Gesellschaftliche Probleme können nach Dewey dadurch gelöst werden, daß man das Verfahren der „Inquiry" auf sie anwendet. Mit dem Begriff der „Demokratie" bezieht sich Dewey auf die Qualität der konkreten Praxis des Problemlösens in der jeweiligen gesellschaftlichen Konstellation. Deswegen ist „Demokratie" für Dewey mehr als eine politische Regierungsform. Sie ist in der Hauptsache eine bestimmte Qualität der sozialen Kommunikation: eine Interaktionsform und eine bestimmte Art, Probleme ausfindig zu machen, zu behandeln und zu lösen.

In einem Vortrag mit dem Titel „Democracy and Educational Administration", den Dewey am 22. Februar 1937 vor der „National Education Association" hielt und der in „School and Society" veröffentlicht wurde, formuliert Dewey prägnant die Einsicht, die seinen erziehungswissenschaftlichen, schulpädagogischen und demokratietheoretischen Arbeiten zugrunde liegt: Die „demokratische Form" („the democratic form") ist mehr als eine politische Herrschaftsform bzw. eine Regierungsform; sie ist auch und hauptsächlich ein Lebensstil bzw. eine Lebensform von Individuen und Gruppen. Im englischen Text heißt es: „Democracy is much broader than a special political form, a method of conducting government, of making laws and carrying on governmental administration by means of popular suffrage and elected officers. It is that, of course. But it is something broader and deeper than that... It is a way of life, social and individual. The keynote of democracy as a way of life may be expressed... as the necessity for the participation of every mature human being in formation of the values that regulate the living of men together: which is necessary from the standpoint of both the general social welfare and the full development of human beings as individuals." (Intelligence in the Modern World. John Dewey's Philosophy, hrsg. von J. Ratner, New York 1939, 400) Die demokratische Form als politischer, sozialer und individueller Handlungs- und Lebensstil ist eine egalitäre Form, die auf dem Vertrauen in die Fähigkeiten der Menschen basiert, ihr Leben autonom zu gestalten. Als individueller und als kollektiver Lebensstil ist die demokratische Form die Bedingung der Möglichkeit der politischen Demokratie. Als politische Form ist sie darum bemüht, Lebens- und Handlungsbedingungen zu organisieren, die eine Chancengleichheit für Individuen und Gruppen garantieren und deren unterschiedliche Entwicklungsmöglichkeiten fördern. Die „demokratische Form" ist eine lernoffene Modalität des gesellschaftlichen und des individuellen Lebens, die eine experimentelle, undogmatische Praxis im Umgang mit den verschiedenen anstehenden, zu bewältigenden Problemen ermöglicht. Von der Nützlichkeit der „demokratischen Form" für das individuelle und kollektive intelligente Problemlösungsverhalten überzeugt, interessiert sich Dewey bei jeder Frage, die er behandelt, nicht nur für das, was getan wird, oder für die Ergebnisse des Tuns, sondern auch für die Art, wie es getan wird. Von Dewey ließe sich heute lernen, daß, gleichgültig ob es um die professionelle Technikbewertung, die Unterrichtspraxis oder das politische Entscheiden geht, die Modalitäten des Evaluierens, Lehrens oder Entscheidens genauso wichtig wie die guten und vernünftigen Resultate sind, die wir beim Beurteilen, Lehren und Entscheiden anstreben.

Der sozialphilosophische und individualpsychologische Demokratiebegriff, den Dewey in seinen politik- und erziehungstheoretischen Schriften entwickelt, stellt die konsequente Fortführung im Bereich der praktischen Philosophie seiner Logik-Konzeption dar. Das lernoffene, experimentelle Problemlösungshandeln, welches in der Logik als methodologischer Theorie der „Inquiry" systematisch erforscht wird, erscheint in den expliziten praktisch-philosophischen Arbeiten Deweys als eine spezifische Modalität bzw. Beschaffenheit des politischen Lebens, der Gesellschaftspraxis und des individuellen Charakters vergesellschafteter Individuen: eine spezifische Modalität, die für Dewey optimale Lösungen für die jeweils anstehenden Probleme ermöglicht. Anders formuliert: Das „Inquiry"-Verhalten erweist sich für Dewey in der Politik, in der gesellschaftlichen Kommunikation und im individuellen Lebensvollzug als die optimale Form des Entscheidens, Handelns und Lebens.

Friedrich Kümmel (Tübingen)

"DENKEN LERNEN". ZUM PROBLEM EINER LOGISCHEN GRUNDBILDUNG

Den Begriff des Denkens zu bestimmen, ist weithin der Denkpsychologie und Kognitionsforschung überlassen worden. Um jedoch einen didaktisch hinreichenden Ansatz zu finden, muß die philosophisch-anthropologische Dimension der Frage. „Was heißt denken?" ausdrücklich zurückgewonnen werden. Dabei treten zwei Gesichtspunkte hervor:
1. Denken lernen heißt im Sinne der philosophischen Tradition, eine *formale Grundbildung* erhalten. Im Trivium geht es um 'richtiges Sprechen' (Grammatik), um 'wahre Sätze' (Logik bzw. Dialektik) und um 'stichhaltige Argumente' (Rhetorik), was immer dafür als Regel oder Norm im einzelnen angegeben wird.
2. Denken heißt im Sinne der Aufklärung von vornherein und immer nur *„Selber denken"* (Kant), wobei dieses 'selber' der Sache des Denkens nicht äußerlich ist und vielmehr deren innersten Nerv bezeichnet. Der Geburtsort des Denkens ist der Denker, und auch das Kind muß von vornherein als ein solcher angesprochen werden, wenn „Denken lernen" überhaupt eine Chance bekommen soll.
Ich möchte mich in meinem Beitrag auf den erstgenannten Punkt einer formalen Grundbildung konzentrieren. Der zweite Punkt des Selber-Denkens verbindet sich enger mit den Lebensfragen und könnte zur einseitig verfolgten Tendenz auf Formalisierung ein Gegengewicht bieten. Darauf soll abschließend noch kurz hingewiesen werden.

1. Die Tendenz auf Formalisierung im wissenschaftstheoretischen Diskurs der Moderne

Unter dem Aspekt einer formalen Grundbildung muß zum einen auf den philosophisch wie psychologisch ausgearbeiteten Unterschied von Denken und Lernen reflektiert und zum anderen das Verhältnis von Sprache und Denken in den Blick gefaßt werden.
Zum ersten: Das Problem der Formalisierung verlangt eine Revision des Verhältnisses von Denken und Lernen. Ohne ins einzelne zu gehen ist deutlich, daß eine herkömmliche Lernschule noch keine Denkschule ist und umgekehrt eine wünschbare Denkschule keine Lernschule im alten Sinne mehr sein kann. Wenn aber „Lernen" (als Eigenschaft des Lebens überhaupt) und „praktische Intelligenz" (wie sie auch das Tier besitzt) etwas anderes meint als „Denken", wird dieses nicht hinreichend erfaßt als „Problemlöseverhalten in einer praktisch vorgegebenen Situation". Aufs Ganze gesehen bleibt das Problemlöseverhalten im Bezugsrahmen von „Versuch und Irrtum" (trial and error) befangen und ist auf den rettenden „Einfall" angewiesen, wenngleich in entlasteten Phasen nicht-methodisierbare Denkvorgänge eine Rolle spielen mögen. Das Denken dagegen setzt als ein nicht-praktisches Verhalten mit sich selber ein und ist von vornherein eine „freie Energie" (Georg Misch[1]), die in ihrer Wurzel nicht an biologische oder psychologische Bedürfnisse und Zwecke gebunden ist. Die „Muße" und „Leidenschaft" des Denkens hat von vornherein einen transzendierenden Charakter. Schon die einfachsten „Denkaufgaben" erscheinen vom Lebenspraktischen her gesehen künstlich, lebensfremd, konstruiert für einen ganz bestimmten Zweck. Eine solche Übung be-

---

[1] Georg Misch, Der Weg in die Philosophie. Eine philosophische Fibel (1926), 2., stark erweiterte Auflage im Leo Lehnen Verlag München 1950. Hier wird philosophisches Denken ähnlich wie bei Husserls Epoché unter dem Titel „Der Durchbruch durch die natürliche Einstellung" (S. 32-64) eingeführt.

darf, wie das Spielen eines Musikinstruments, einer eigenen Schule (griech. „Muße") und Tradition.[2]

Die Konsequenz einer Ablösung des Denkens aus allen Lebensbezügen und auch aus den mit dem Gedanken einer abzubildenden Wirklichkeit verbundenen Erkenntnisperspektiven ist deutlich. Ein auf symbolischer Ebene zunehmend formalisiertes „Denken in Strukturen" oder „Modellen" muß sich nicht nur seine Mittel selber schaffen, es erzeugt auch seine eigenen Gegenstände im Sinne „epistemischer Dinge" (Rheinberger[3]) und stellt sich darauf bezogene Fragen, die es so vorher gar nicht gab. Dies beinhaltet in der Konsequenz die Auflösung der Gegenständlichkeit überhaupt und einen Übergang zum reinen Denken. Abgelöst vom äußeren „Gegenstand" und der phänomenologisch freizulegenden „Sache selber" findet das Denken allererst in seine eigene Dimension. Ob allerdings die logisch unterstützte Tendenz auf Formalisierung hinreicht, um den so gefaßten Begriff des Denkens zu bestimmen, bleibt strittig, denn man kann in dieser Weise, wie Heidegger polemisch anmerkt, auch Wissenschaft treiben ohne zu denken.

2. Der Konservativismus im Denken und die Aufgabe seiner Überwindung

Der zweite Ausgangspunkt der Überlegung betrifft das prekäre Verhältnis von Denken und Sprache bzw. Sprechen. Es gibt hier eine Konvergenz und befruchtende Nähe, aber auch eine deutliche Divergenz und wachsende Distanz. Einerseits ist das Denken wesentlich gebunden an den Besitz der Sprache, andererseits jedoch muß es sich von dieser auch wiederum frei machen, um seine eigene Möglichkeit zu finden. Während die Sprache in Lebensformen eingebettet ist und selber eine solche darstellt, liegt das Denken in seiner expliziten Fassung und Selbstdarstellung von Anfang an quer zum unmittelbaren Sprach- und Handlungsraum.

Auch ohne Rückgriff auf die Hypothese „zweier Wurzeln" (Wygotski u. a.) von Denken und Sprechen sind die gravierenden Unterschiede zwischen beidem unübersehbar. Die präreflexive Unmittelbarkeit des Sprechens und seine primäre Orientierung an Bedeutungen bringt es mit sich, daß strukturelle Eigenschaften leicht übersehen werden. Die Sprache ermöglicht kommunikativen Austausch, sie wird zum Ausdruck der Befindlichkeit und dient der Kundgabe von Bedürfnissen; der Beschreibung eines Realitätsausschnittes oder der Darstellung eines Gedankens aber muß sie erst mühsam anbequemt werden. Schon beim Übergang zur Schriftlichkeit stellt sich das Problem einer qualitativ neuen Organisationsstufe. Man kann mühelos alles mögliche sagen, ohne es schreiben zu können oder denken zu müssen. Wo immer aber das Denken seine eigene Bedingung und Form reflektiert, empfindet es den Widerstand und Mangel der Sprache und löst es sich zumindest partiell von ihr ab. Es trifft dem Sprachfluß unangemessene terminologische Festlegungen und schafft sich zur Darstellung seiner logisch-begrifflichen Funktionen und Zusammenhänge eigene Zeichensysteme.

Daß ein Kind durch Teilnahme an der ihm vorgegebenen Umwelt Denken lernt, ist somit keineswegs selbstverständlich und wird vielmehr aus den verschiedensten Gründen in Frage gestellt. Ein Hindernis ist die soziale Normierung und routinemäßige Erledigung und „Entlastung" (Gehlen) der alltäglichen Situationen, deren Bewältigung kein eigenes Denken erfordert und diesem oft geradezu entgegenwirkt. Und wo in der vorverstandenen und mit

---

[2] Vgl. dazu Klaus Giel, Denken-Lernen. In: Der Blaue Reiter. Journal für Philosophie Nr. 6 (2/1997), Omega Verlag Bönnigheimer Straße 34, 70435 Stuttgart.
[3] Vgl. H. J. Rheinberger, Experiment. Differenz. Schrift. Zur Geschichte epistemischer Dinge. Marburg/Lahn 1992. Ein solches „epistemisches Ding" ist bereits der Gedanke „Sein" bei Parmenides.

Routinen bewältigten Situation ein Begreifenwollen nachfaßt, wird der Hintergrund der gedankenlos manipulierbaren Sprach- und Umweltgegebenheiten unversehens so komplex und undurchsichtig, daß ein Nachdenken darüber bald jeden Leitfaden verliert und im Versuch des Begreifenwollens nicht weiterkommt. Die härteste Klammer bilden jedoch die sozialen Beziehungen, die eigenständiges Denken eher unterbinden, als daß sie es anzuregen und zu fördern vermöchten. Dazu gehört die starke Tendenz auf Übereinstimmung in den Wertungen, Meinungen und Verhaltensweisen, die auch dem kindlichen Fragen und Explorieren keine Freiräume zubilligt. Soziale Wertigkeit, Bedeutung und Wichtigkeit bestimmen die Nähe oder Fremdheit einer Sache. Der Grad der Spannung, Angst und Kontrolle gibt dem Denken mehr oder weniger Raum. Angesichts der „gesellschaftlichen Determination der Wirklichkeit" (Berger/Luckmann) sind es nahezu Ausnahmebedingungen, die einen für das Denken förderlichen Umgang und Habitus erzeugen. Dazu gehören Selbständigkeit und Selbstvertrauen, das Fehlen sozialer Angst und die Freiheit von Selbstschutzreaktionen, anders ausgedrückt ein hoher Grad an Ichorganisation als Bedingung der Konzentration.

In der Denkpsychologie ist dieses Gebundensein unter den Stichworten des „closed mind", der „Feldabhängigkeit", „funktionalen Fixiertheit" u. a. mehr verhandelt worden. Die kraft Bekanntheit offenkundig erscheinenden, sozial normierten und leibhaft konditionierten Zusammenhänge binden alles thematisch ein und machen die Wahrnehmung und das Verhalten feldabhängig.[4] Solange die jeweils leitenden Themen das ganze Feld beherrschen, haben andere als die vorinterpretierten Wahrnehmungen und Stellungnahmen fast keine Chance, sich zum Bewußtsein zu bringen. Eine größere Feldunabhängigkeit und d. h. die zeitweilige Abblendung der offensichtlichen Aspekte einer Sache wäre notwendig, um zunächst verdeckte und scheinbar irrelevante Züge aufzufassen, deren Verfolgung unter Umständen ganz neue Zusammenhänge ergibt. Zu einer solchen Freisetzung des Denkens bedarf es einer Lockerung der Beziehungen und eines Aufbrechens der Bewandtniszusammenhänge, innerhalb deren das Kind sich orientiert und bewegt. Die damit verbundene Fähigkeit kennzeichnet das analytische Denken im Unterschied zum kontextgebundenen und feldabhängigen „Denken in Bedeutungen". Analytisch zu denken meint unter dieser Perspektive, den nächstliegenden Bedeutungen zu widerstehen und einen einbettenden Kontext zu überwinden, um etwas unabhängig von dem organisierten Feld, dessen Teil es ist, auffassen zu können.

3. Die didaktische Leitlinie: „Denkentwicklung durch Denkorganisation"

Die psychologischen Befunde sprechen ebenso wie die philosophischen Kontexte für ein didaktisches Konzept der „Denkentwicklung durch Denkorganisation". Ganz allgemein ist Denken (a) als strukturierte und strukturierende Tätigkeit beschrieben worden, bezüglich der Lösung von praktischen Schwierigkeiten (b) als Übergang vom bloßen Probierverhalten zur systematischen Analyse der Situation und hinsichtlich der Ordnung von Sachverhalten (c) als Verfahren zur Analyse und Rekonstruktion mittels Symbolsystemen. Unter allen drei Gesichtspunkten werden einerseits routinemäßig festgelegte Verfahrensweisen verlangt, andererseits aber auch das „Umstrukturieren", d. h. die Aufnahme neuer Perspektiven und das Erschließen produktiver Zusammenhänge. Die Zweiseitigkeit und Ambivalenz der Sachlage ist deutlich. Gerade weil die grundlegenden Organisatoren des Denkens in Wahrnehmungs-

---

[4] Vgl. zum Problem der Feldabhängigkeit die Untersuchungen über Denkstile von Jerome Kagan, Howard A. Moss und Irving E. Sigel am Fels Research Institute: Psychological significance of styles of conceptualization, in: Basic Cognitive Processes in Children, ed. by J. C. Wright & J. Kagan, Monographs of the Society for Research of Child Development, Vol. 28, Nr. 2, 1963.

strukturen und Verhaltensmustern, in räumlichen Vorstellungsweisen und sozialen Ordnungssystemen, vorzüglich aber in der Sprache bereits vorgegeben sind, müssen sie, um das Denken selbst zu fördern, aus diesen Einbettungen auch wiederum herausgelöst werden. Geht man davon aus, daß das in räumliche, soziale und psychische Felder eingebettete Denken einer Tendenz auf Stereotypisierung und Mechanisierung unterliegt[5], so stellt sich als zentrale didaktische Aufgabe die Frage, wie das Denken aus seinen inneren und äußeren Bindungen wiederum befreit und zu sich selbst ermächtigt werden kann. Anders gesagt, stellt sich die Frage nach dem Konservatismus im Denken und der Möglichkeit seiner Überwindung.

Eine Tendenz auf Ablösung aus den Einbettungen in Felder ist bereits im Denken des Kleinkindes vorhanden, das sich - etwa in Form selbsterfundener „Sprachspiele" - von der Welt der Erwachsenen distanziert und an deren Rändern eine eigene Welt aufbaut, die wesentlich durch freie Phantasie- und Denktätigkeit bestimmt ist.[6] Solange nun aber keine wirkliche Ablösung und Verselbständigung erfolgen kann, wird die Rückbeziehung derartiger „Enklaven" auf die soziale determinierte Lebenswirklichkeit zum Problem eigener Art. Auch Phantasietätigkeit und freies Denken können nicht überhaupt als freischwebend gedacht werden und bleiben unterschwellig von vorgegebenen Orientierungsrahmen, bereits erworbenen Möglichkeiten und angesonnenen Sinnperspektiven abhängig.[7]

Im Blick auf die Angewiesenheit des Denkens auf verfügbare Organisatoren stellt sich das Problem der Denkerziehung somit als die Aufgabe dar, den Übergang zu neuen, die verlangte 'openmindedness' allererst herstellenden Denkformen zu unterstützen. Dem steht auch im Denken selber eine eingefleischte Tendenz entgegen, auf die bereits erworbenen Möglichkeiten zurückzugreifen. Neuartige Lösungen einer Aufgabe fallen nicht ohne weiteres ein. Die Situation kann dafür bei aufmerksamer Betrachtung Hilfen bieten, sie enthält aber auch starke Blickbeschränkungen und Barrieren, die verhindern, daß man auf eine neue Lösung kommt. Hinderlich ist die Gebundenheit an ältere Lösungsansätze, mit denen man glaubt, „solche Aufgaben" auch weiterhin lösen zu können. Hinderlich ist aber auch die „funktionale Fixiertheit" der Dinge, ihre Festgelegtheit auf ganz bestimmte Gebrauchsweisen.

---

[5] Vgl. dazu A. S. Luchins and E. H. Luchins, New experimental attempts at preventing mechanization in problem solving, in: P. C. Wason and P. N. Johnson-Laird (Eds.), Thinking and Reasoning. Selected Readings, Penguin Books Ltd., Harmondsworth, Middlesex, England 1968, S. 65 ff.

[6] Beispiele dafür geben die bekannten Bücher von Lewis Caroll, „Alice im Wunderland" und „Alice im Land hinter dem Spiegel". Eine Analyse kindlicher Weltentwürfe am Rande der sozialen Welt unternimmt Martinus J Langeveld in einer Studie über „Die 'geheime Stelle' im Leben des Kindes"; in: Die Schule als Weg des Kindes. Versuch einer Anthropologie der Schule. 3. Aufl. Georg Westermann Verlag Braunschweig 1966, S. 74-100. Vgl. auch seine Untersuchung über „Das Ding in der Welt des Kindes", in: Studien zur Anthropologie des Kindes. 2., erw. Aufl. Max Niemeyer Verlag Tübingen 1964, S. 142-156.

[7] Versuchsreihen von De Soto, London und Handel weisen nach, daß es auch noch für ein ganz abstraktes Schlußfolgern aus vorgegebenen Prämissen darauf ankommt, wie die Prämissen bzw. ihre Terme räumlich angeordnet sind und welche „Figur" sie bilden. So wird die lineare Ordnung von oben nach unten leichter durchschaut als in der Blickrichtung von unten nach oben. Ein Schluß verankert sich leichter in den Außentermen (insbesondere im übergeordneten Term) als in den mittleren Termen. Das lineare Durchlaufen in einer Richtung fällt leichter als das verzweigte Denken in mehreren Richtungen zugleich usw. Den bevorzugten Bahnungen liegen räumlich abgebildete, im Kern sozial orientierte Muster zugrunde, wie sie sich aus den die kindliche Ausgangslage bestimmenden Dimensionen Groß/Klein bzw. Oben/Unten in Verbindung mit entsprechenden gesellschaftlichen Strukturen ergeben. Diese bilden somit auch noch für scheinbar weit davon entfernt liegende Denkleistungen die Bezugspunkte und stellen gleichsam innere Erschlossenheiten dar, die ineins damit auch zu inneren Schranken des Denkens werden. Vgl. C. B. De Soto, M. London & S. Handel, Social reasoning and spatial paralogic (1965), in: Thinking and Reasoning. A. a. O. (vgl. Anm. 5), S. 108 ff.

Die Angewiesenheit des Denkens auf ihm verfügbare Denkmittel bzw. Denkorganisatoren erweist sich somit als tief ambivalent. Denkorganisatoren stellen Entwicklungshelfer und Leistungsformen des Denkens dar, zugleich jedoch werden einmal erworbene, 'erfolgreiche' Organisatoren angesichts neuer Fragestellungen zu Denkhemmungen und können den weiteren Fortschritt geradezu blockieren. Wenn das Denken in der Tat durch Organisatoren, in denen es sich gleichsam verkörpert hat, innerlich gebunden ist, kann es nur durch den Erwerb neuer Organisatoren wiederum aus dieser Bindung befreit und weiterentwickelt werden. Dies geht aber nicht mehr von allein vor sich und bedarf vielmehr einer ausdrücklichen Bemühung und Veranstaltung. Um die weitere Denkentwicklung zu gewährleisten, bedarf es deshalb zunehmend komplexer und flexibel werdender Organisationsformen, wie sie in den vom Denken selbst geschaffenen Zeichensystemen gegeben sind. Verlangt ist mit anderen Worten der Übergang vom Probierverhalten zur logischen Analyse und systematischen Rekonstruktion bzw. Transformation einer Situation, bei der zwar auf den Faktor „Einsicht" nicht verzichtet werden kann, dieser aber doch nicht einfach dem Zufall überlassen wird. Um den Übergang von einem probierenden *trial and error*-Verhalten zur logischen Analyse und systematischen Transformation von Aufgaben zu erleichtern, müssen formal durchschaubare und über einen Symbolismus im Sinne eines „working model"[8] selbst behandelbar werdende Darstellungsformen gleichsam hinzuerfunden werden.[9]

4. Das didaktische Instrumentarium: Denken lernen in „kleinen, künstlichen Welten" und darauf bezogenen Zeichensystemen

Zur Denkförderung bedarf es eigens geschaffener Aufgaben und Situationen, die in der alltäglichen Umwelt des Kindes so gar nicht vorkommen. Dem Denkenlernen haftet von vornherein das künstliche Arrangement der ausdrücklich konstruierten Aufgabe an (was im übrigen ein Kennzeichen von Unterricht überhaupt ist). In diesem Sinne stellen die bekannten, von Dienes nach älteren Vorbildern entwickelten „Logischen Blöcke" eine kleine, künstliche Welt dar, deren einziger Zweck es ist, logische Funktionen abzubilden und im Sinne konkreter und/oder formaler Operationen zu vollziehen. Das Fehlen jeder unmittelbaren Lebensbedeutung macht die kleine, künstliche Welt der logischen Blöcke mit ihrer radikalen Reduktion an Komplexität, Bedeutung und Sinn geeigneter für das Denkenlernen als die vermeintlich wirklichkeitshaltigeren symbolischen Welten, in denen das Kind sich zunächst und zumeist bewegt.

---

[8] Der Begriff „working model" wird von K. J. W. Craik auf das Denken selber angewendet, insofern dieses insgesamt als modellhafte Imitation von realen Prozessen mittels symbolischer Repräsentation und Transformation verstanden werden kann. Vgl. K. J. W. Craik, Hypothesis on the nature of thought (1943), in: Thinking and Reasoning, a. a. O. (vgl. Anm. 5), S. 283 ff.

[9] Zur Verdeutlichung kann ein bekanntes Beispiel dienen: Sollen mit 6 Streichhölzern 4 Dreiecke gebildet werden, so kann man dies durch Legen verschiedener Anordnungen ausprobieren und wird schließlich feststellen, daß keine Anordnung in der Fläche die gestellte Bedingung erfüllt. Der Übergang zu einer dreidimensionalen Anordnung erscheint von diesem handelnden Lösungsansatz her als ein gänzlich unwahrscheinlicher Einfall. Erst eine rationale Analyse der Aufgabenstellung, die auf die mathematischen Eigenschaften des Problems zurückgreift, kann eine solche Lösung wenn nicht erzwingen so doch nahelegen: 4 getrennt nebeneinander liegende Dreiecke benötigen 12 Streichhölzer. Durch gemeinsame Seiten können bis zu 3 Hölzer eingespart werden. Wenn man aber nur 6 Hölzer hat und die restlichen 6 einsparen muß, folgt daraus, daß alle Seiten der 4 Dreiecksflächen gemeinsame Seiten sein müssen. Da es in einer Anordnung in der Fläche aber stets Außenseiten gibt, wird einsichtig, daß die Aufgabe in der Ebene prinzipiell nicht lösbar ist. Vor dieser Überlegung her enthält der Übergang zum Tetraeder vorstellungsmäßig zwar immer noch einen Sprung, aber die Barriere ist nicht mehr so hoch, weil die Lösung gedanklich vorbereitet wurde.

Verallgemeinert man die Aussage dieses Beispiels, so zeigt es eine Tendenz auf Ablösung aus dem konkreten Wahrnehmungs- und Verhaltensbezug und verlangt m. a. W. den Übergang zu einem „Denken in Zeichen". Bereits der Übergang vom Bewegungsraum zum Orientierungsraum läßt sich nicht ohne eine symbolisch repräsentierte Raumvorstellung denken, die, wie die Landkarte zeigt, die 'Sache Raum' zwar nicht ersetzt, aber doch im Sinne einer Simulation vollgültig an ihre Stelle tritt. In noch stärkerem Grade ist die Erschließung der Zeitdimension auf symbolische Repräsentation angewiesen und damit verbunden der Übergang vom Denken in „spatial patterns" zu einem Denken in „sequential patterns".[10] Erst ein in dieser Weise symbolisch gehandhabter Zeit- und Raumschematismus befreit von der Standortgebundenheit und erlaubt es, komplexe Beziehungssysteme aus wechselnden Blickpunkten zu thematisieren, die in ihnen ablaufenden Prozesse über symbolische Repräsentation zu verstehen und im Sinne operativer Schemata zu steuern.

Das Problem einer formalen Grundbildung läßt sich von daher unter dem Aspekt einer Diagrammatik oder „Zeichenlehre des Denkens" beleuchten.[11] Darin wird ein körperunabhängiges Prinzip wirksam, das zur fortschreitenden „Körperausschaltung" (Alsberg[12]) mit allen sich daraus ergebenden Konsequenzen führt. Jerome S. Bruner spricht in diesem Sinne von „external implementation systems", die der Mensch sich als zunehmend körperunabhängig werdende Systeme der Informationsverarbeitung und Umweltbearbeitung schafft und mittels deren er nicht nur seine motorischen, sensorischen und psychischen Fähigkeiten und Kapazitäten erweitert, sondern rückwirkend auch sein geistiges Wachstum exponentiell bedingt. „Im tiefsten Sinne kann der Mensch so beschrieben werden als ein Lebewesen, das sich durch den Gebrauch technologischer Mittel spezialisiert hat"[13] und so allererst seine geistige Dimension gewinnt. Kennzeichnend für die symbolischen bzw. technischen „implementation systems" ist es, daß sie sich fortschreitend in Systeme höherer Ordnung transformieren lassen und vermöge dieser Fähigkeit den eingebundenen körperlichen („enactive") und vorstellungsmäßigen („iconic") Repräsentationsformen überlegen sind.[14]

Formal denken zu lernen verlangt somit, allgemein ausgedrückt, Aufgaben als Beziehungen zwischen Zeichen darstellen zu können und deren Zusammenhang durch formale Transformation auf eine Lösung hin weiterzuentwickeln. Das sich nicht mehr an inhaltlichen Bedeutungen orientierende Denken ist auf eine zu diesem Zweck eigens geschaffene Diagrammatik

---

[10] Einer Anregung von Miller und Chomsky (1958) folgend, untersucht E. I. Shipstone die Möglichkeit, für die Symbolisierung von Denkprozessen anstatt der üblichen „spacial patterns" mit ihren engen Beschränkungen „sequential patterns" zu verwenden, wie sie für Schriftsprachen oder in der Algebra und der modernen Logik gebräuchlich sind. Symbolisierungen dieser Art erlauben es, auch die Transformationsregeln explizit einzuführen und im Sinne von Handlungsvorschriften anzuwenden. Die weitreichenden didaktischen Möglichkeiten dieses Vorschlags sind noch kaum erforscht. Vgl. E. I. Shipstone, Some variables affecting pattern conception (1960), in: Thinking and Reasoning, a. a. O. (vgl. Anm. 5), S. 260 ff.

[11] Denken läßt sich mit Ch. S. Peirce insgesamt als ein „Denken in Zeichen" (thought-sign) beschreiben, und entsprechend rückt die Aufgabe der Denkerziehung unter die Idee einer allgemeinen Diagrammatik (Zeichenlehre) des Denkens.

[12] P. Alsberg, Das Menschheitsrätsel. Versuch einer prinzipiellen Lösung. 2. Aufl. Dresden 1922. Vgl. dazu D. Claessens, Instinkt, Psyche, Geltung. Westdeutscher Verlag Köln und Opladen 1968, S. 81 ff.

[13] Das Zitat ist entnommen aus dem Aufsatz von Jerome S. Bruner, The Course of Cognitive Growth (1964), in: Thinking and Reasoning, a. a. O (vgl. Anm. 5), S. 380 ff.

[14] Der Umgang mit logischen Funktionen und das Mathematisieren rücken von daher in einen engen Zusammenhang. Dies verlangt allerdings, auch im Mathematikunterricht nicht mehr den Erwerb von Routinen (Formeln, Rechenregeln, der 'richtigen' Rechenmethode usw.) in den Vordergrund zu rücken, sondern ihn in weitergehendem Maße zum Denkenlernen zu benützen. Die algebraische Form hat hier Vorteile vor den traditionell bevorzugten geometrischen Darstellungsweisen, deren Anschauungsgebundenheit sich oft als ein Hindernis erweist.

notwendig angewiesen. All das muß zunächst durchaus gegenständlich auf der Ebene der von Piaget so genannten „konkreten" Operationen geschehen. Deutlich ist jedoch, daß die Übersetzung der Aufgaben in eine diagrammatische Darstellungsweise und in Verbindung damit die Herausarbeitung ihrer formalen Struktur unabdingbar ist, wenn man über die ersten Anfangsgründe hinauskommen will. Was am Beispiel der Logischen Blöcke mit Hilfe des strukturierten Materials konkret manipulierbar ist, läßt sich bekanntlich mit den verschiedensten isomorphen Diagrammen (Venn-Diagramme, Baumdiagramme, tabellarische Darstellungen, schaltalgebraische Formeln, aussagenlogische Transformationsregeln u. a. mehr) abbilden und symbolisch behandeln. Auch wenn hier zunächst mit anschaulichen geometrischen Diagrammen (z. B. den Venn-Diagrammen) gearbeitet wird, bringt die sukzessive Lösung von der unmittelbaren Anschauung und Vorstellbarkeit entscheidende Vorteile mit sich. Die im didaktischen „Anschauungsprinzip" liegende Festlegung auf vorstellungsgebundene, bildhafte Darstellungsweisen findet ihre Grenze darin, daß hier schon bei geringer Komplexität Grenzen der Darstellbarkeit auftreten und formale Transformationen, wie sie für ein „Denken in Zeichen" charakteristisch sind, nicht mehr vorgenommen werden können. Von Vorteil ist deshalb eine weitergehende Algebraisierung der symbolischen Mittel des Denkens. Algebraische Darstellungsformen, deren Zeichenstränge (sequential patterns) sich wie Flußdiagramme lesen und weiterentwickeln lassen, haben unbestreitbare Vorteile, weil nur so komplexere Aufgabenstellungen durchschaubar gemacht und bearbeitet werden können. Der höhere Komplexitätsgrad und die leichtere Transformierbarkeit ist um den Preis größerer Unanschaulichkeit erkauft, doch dürfte dies angesichts der unbestreitbaren Vorteile kein Schaden sein - werden dem Kind doch auch in der Buchstabenschrift und in den Notationsformen für Zahlenbeziehungen von vornherein derartige Abstraktionen zugemutet, ohne daß dies als eine Überforderung empfunden würde.

5. Denkerziehung als „logische Grundbildung" und/oder als „Sprachdidaktik"?

Die Aufforderung, „selber zu denken", verbindet sich im Sinne der Aufklärung mit den Lebensfragen und ist geeignet, zur einseitig verfolgten Tendenz auf Formalisierung ein Gegengewicht zu bieten. Die in diesem Sinne abschließend noch einmal aufgenommene Kontrastierung von psychisch, sozial und sprachlich eingebettetem und formal-analytischem Denken hat nicht den Sinn, das hier skizzierte Konzept einer logischen Grundbildung wiederum in Frage zu stellen oder beide Konzeptionen gegeneinander auszuspielen. Vielmehr stellt sich die komplementäre Aufgabe einer an der Lebenswelt und Sprache orientierten Denkerziehung, formale Reduktionen wiederum rückgängig zu machen, um die notwendigen lebensweltlichen Übersetzungsleistungen zu erbringen. Was für diese konstitutiv ist: offene Verweisungen und Sinngebungsmöglichkeiten, fließende Kontexte und unabsehbare Perspektiven, unerwartete Wendungen und glückliche Funde, all dies wird im formalen Denken zumindest für ein nichtphilosophisches Bewußtsein ausgeschlossen zugunsten eindeutig gemachter Sachlagen, wie sie geschlossene Systeme kennzeichnen und Bedingung logischer Funktionalität sind.

Der Vorteil des formalen Bereichs besteht in seiner Analytizität und verbunden damit in seiner Einfachheit, Geschlossenheit und Bedeutungslosigkeit. Ein so verlaufendes Denken ist in sich schlüssig und kontrolliert, die einzelnen Schritte werden explizit vollzogen und lassen den strukturellen Aspekt hervortreten. Definite Lösungsbereiche erlauben die Verwendung indirekter Information und lassen Schlüsse *via negationis* zu. Hohe Symmetrieeigenschaften (nahezu alle Operationen sind reversibel) erleichtern die Transformation und unterstützen wirksam die Strategien des Lösungsverhaltens. Die Kehrseite dieser Abgeschlossenheit ist jedoch, daß ein solches Denken perspektivelos bleibt und geradezu sinnlos erscheinen kann, weil von ihm her für alle darüber hinaus reichenden Fragen keine Antworten mehr zu erwarten sind.[15] Man kann deshalb mit umgekehrter Blickrichtung fragen, ob ein so gehandhabtes Denken nicht ebenfalls in seinen künstlichen Eigenwelten befangen bleibt und wenig zur Bewältigung von Lebenssituationen beiträgt, deren Unabdingbarkeit den Unterricht motiviert und die Relevanz seiner Gegenstände bestimmt. Die für das eingebettete Denken charakteristische Ambivalenz haftet auch dem Unternehmen einer formalen Grundbildung selbst noch an. Wenn mit der Formalisierung die Lebensprobleme aber nicht verschwunden sind und auch nicht zum Verschwinden gebracht werden können, muß für die elementare Denkerziehung die Welt der Bedeutungen und Sinngebungen zurückgewonnen werden. Hier manifestiert die für logische Operationen wenig geeignete Umgangssprache ihre Kraft, indem sie dem Kind den Horizont der Lebensmöglichkeiten eröffnet und die Welt der Phantasie erschließt.

Wenn man grob drei hauptsächliche Lernbereiche unterscheiden kann: (1) den an Wertigkeiten orientierten Bereich sozialen Lernens, (2) den in Bedeutungen zentrierten Bereich des Sprachenlernens und (3) den formalen Bereich logisch-mathematischer Denkformen, und wenn nach wie vor ungeklärt ist, in welchem Maße zwischen diesen Lernbereichen ein Transfer geschieht, bleibt nur die Konsequenz, die verschiedenen Stränge nebeneinander zu verfolgen und die in ihnen je gegebenen Möglichkeiten auszuschöpfen, ohne den einen oder anderen Ansatz zu verabsolutieren. Besondere Beachtung erheischen dabei die Brüche zwischen Lebensformen und Sinnperspektiven einerseits, zwischen formalen Strukturen und Bedeutungsfeldern andererseits, wie sie sich im vielfach gebrochenen Verhältnis von Normativität, Logik und Sprache widerspiegeln.

Um zum Abschluß zu kommen: Die konstitutive Beziehung auf die Dimension der unbeschränkten Möglichkeit gibt dem Sprechenkönnen eine innere Mächtigkeit, die über die systematische Rekonstruktion und formale Transformation von Sachlagen mittels symbolischer Schemata hinausreicht. Zugleich aber zeigt sich die Grenze der Sprache als einer „Lebensform" für die Zwecke des begrifflichen und poetischen Denkens, das in seiner expliziten Fassung zur formalisierenden Darstellung übergeht und von Anfang an quer zum emotional eingebetteten und sprachlich ausgelegten Erfahrungs- und Handlungsraum liegt. Dennoch liegt Fernstes hier nicht weit voneinander. Bereits die frühesten mythologischen Systeme folgen einer formalen Logik, sie sind orientiert an Mitte- und Gegensatzbildungen und unterscheiden qualitativ verschiedene Ebenen bzw. Dimensionen. Die Sprache selbst arbeitet von Anfang an mit nichtsprachlichen Mitteln und gibt dem Denken Anlaß, zu sich selbst zu kommen.

---

[15] Wittgensteins hat bekanntlich diesen Unterschied sehr schroff markiert: „Wir fühlen, daß selbst, wenn alle möglichen wissenschaftlichen Fragen beantwortet sind, unsere Lebensprobleme noch gar nicht berührt sind." (Tractatus logico-philosophicus 6. 52.)

Michael Lönz

Welches Schulbuch für welchen Philosophieunterricht? - Keine Sammelrezension

Wenn uns auch heute in der schulischen Praxis eine Unmenge pädagogischer Hilfsmittel, von der Tafel bis zum interaktiven Computerprogramm, zur Verfügung stehen, so konnten diese *neuen Medien* jedoch das Schulbuch als weiterhin vielgenutztes Bild- und Textmedium (noch) nicht verdrängen. Ja, es scheint sogar so, daß die vom Schulbuch geleistete Art der Vergegenwärtigung des Unterrichtsgegenstandes, zumindest im Philosophieunterricht, in letzter Zeit wieder an Bedeutung gewonnen hat, denn in den vergangenen fünf Jahren erschienen neue und neuartige Bücher für den Philosophieunterricht beider Sekundarstufen, die wohl nicht erarbeitet worden wären, hätten die Verleger keine Zukunft im Schulbuchmarkt mehr gesehen. Mit dieser Entwicklung scheint mir eine zweite einherzugehen, die die Funktionserweiterung, die das Unterrichtsmedium Schulbuch auch im Philosophieunterricht des letzten Vierteljahrhunderts erfahren hat, zu einem guten Teil wieder revidiert. Um diese beiden Strömungen zu verstehen und richtig einordnen zu können, ist ein kurzer Blick auf die Geschichte des Schulbuches und speziell des Schulbuches für den Philosophieunterricht nötig.

1.

Nicht erst die informationstechnische Revolution der letzten beiden Jahrzehnte, die analog zur Vision des papierlosen Büros auch die Vision einer buchlosen Schule möglich machte, begründete in der pädagogischen Diskussion eine grundlegende Kritik am Schulbuch. Die starke Wort- und Textbezogenheit, die den >normalen< Schulunterricht bis in die siebziger Jahre auszeichnete, und die darauf beruhende überragende Stellung des Schulbuchs unter den wenigen, damals zur Verfügung stehenden Unterrichtsmedien war schon im Rahmen des reformpädagogischen Diskurses der Jahrhundertwende, der eine Orientierung schulischen Handelns am Kinde und seiner unmittelbaren Erlebnis- und Gestaltungsfähigkeit forderte, in die Kritik geraten; die reformpädagogische Denunziation der >Buchschule< hatte es aber nicht vermocht, dem Schulbuch seinen Rang streitig zu machen. Die stärker wissenschaftsorientierten Lehrpläne der späten sechziger und frühen siebziger Jahre stärkten sogar noch seine Stellung, weil das Schulbuch als ein wichtiger Vermittler der Systematik sowohl der Bezugswissenschaft des Unterrichtsfaches als auch der Allgemeinen Didaktik - der nun weithin akzeptierten allgemeinen wissenschaftlichen Grundlage unterichtlichen Handelns - angesehen wurde. Zudem sollten die Schulbücher den umfassenden Modernisierungsprozeß der Gesellschaft, der Mitte der sechziger Jahre eingesetzt hatte, und der, weil er auch umfassende Individualisierungs- und Säkularisierungsprozesse umfaßte, mit Stichworten wie Demokratisierung oder Emanzipation nur unzureichend beschrieben ist, begleiten.

Gerade diese Dreifachfunktion, einer fachwissenschaftlichen und didaktischen Systematisierung des Unterrichts zu dienen und zugleich umfassende gesellschaftliche Modernisierungsprozesse aktiv begleiten zu sollen, konnten die meisten der bis dahin benutzten Schulbücher schon von ihrem Aufbau und ihrer Anlage her nicht erfüllen. Im Zentrum der Kritik standen die Lesebücher. War es zunächst die Tatsache, daß in ihnen der Kanon eines zerbrochenen Bildungskonsenses und die Wertewelt einer zu überwindenden Epoche repräsentiert schienen, die zum Gegenstand der erziehungswissenschaftlichen und fachdidaktischen Forschung, aber auch der schulischen Diskussion wurde, so ergänzten bald neue Schulbuchkonzepte, die sich an den neu erarbeiteten didaktischen Konzeptionen für den wissenschaftsorientierten Unterricht orientierten, die ideologiekritische Lektüre.

Auch für den Philosophieunterricht der Oberstufe des Gymnasiums war lange das >klassische< Lesebuch das maßgebende Unterrichtsmedium. So erschien z.B. 1960 die erste Auflage der weit verbreiteten und noch bis zum Anfang der achtziger Jahre mehrfach, bis auf die Einbandgestaltung, unverändert neuaufgelegten, von Hans ZEISE herausgegebenen *Philosophische(n) Lesestücke*. Sie beinhalteten auf 183 Seiten Textauszüge von 20 Autoren: drei antike (PLATON, ARISTOTELES, AUGUSTINUS), zwei mittelalterliche (THOMAS von Aquin und Nicolaus CUSANUS), für die Neuzeit schließlich DESCARTES, LEIBNIZ, KANT, HEGEL, KIERKEGAARD, MARX, NIETZSCHE; damit war auf genau der Hälfte der Seitenzahl die Geschichte der Philosophie bis zur Gegenwart abgehandelt. Für das zwanzigste Jahrhundert stehen Max SCHELER, Josef STALIN, Nicolai HARTMANN, Hans FREYER, Gabriel MARCEL, Martin HEIDEGGER, Jean-Paul SARTRE und Karl JASPERS. Alle Textauszüge werden durch einen meist ein- bis zweiseitigen biographischen Vorspann eingeleitet. Das Buch enthält zudem eine *Systematische Inhaltsübersicht*, die die einzelnen Textauszüge den unterschiedlichen Sachbereichen [*Metaphysik - Erkenntnistheorie, Ontologie, Ethik, Philosophische Anthropologie, Existenzphilosophie (sic!), Geschichts-, Staats-, Sozialphilosophie, Sprachphilosophie, Wertphilosophie (sic!)*] zuordnet. Ich möchte an dieser Stelle die Textauswahl dieses Lesebuch nicht einer ausführlichen Kritik unterziehen, sondern nur auf zwei es charakterisierende Beobachtungen hinweisen. Den weitaus größten Raum (31 Seiten, d.i. ein Sechstel des gesamten Buches) nehmen Texte Nicolai HARTMANNs ein, auf die auch bei der Nennung nahezu aller Sachbereiche verwiesen wird. Interessant ist auch die relativ starke Berücksichtigung Hans FREYERs (6 Seiten Text), dessen Biographie aber aus vielleicht gar nicht so unverständlichen Gründen als einzige nur 3 Zeilen umfaßt (ansonsten sind alle Biographien 1-2 Seiten lang). Bis auf die *Systematische Inhaltsübersicht* enthält der Band keine didaktischen oder methodischen Hinweise, aber auch keine Worterklärungen, Bilder, Aufgabenvorschläge o.ä.. Daß sowohl die Textauswahl als auch die mangelnde weitere didaktische Aufbereitung keinen Einzelfall in der damaligen Schulbuchlandschaft darstellten, zeigt der Vergleich mit anderen zeitgenössischen Lesebüchern, z.B. *Texte der Philosophie*. Der zu diesem Band herausgegebene Lehrerkommentar offenbart zudem, daß die Herausgeber unter einer Lehrerhandreichung eine fachwissenschaftliche Interpretation der Lesebuchtexte für die Hand des Lehrers verstehen. Unterrichtspraktische Aufbereitungen sowie didaktische Begründungen der Textauswahl, Lernziele usw. fehlen auch im Lehrerkommentar.

Spätestens Mitte der siebziger Jahre waren diese Lesebücher nahezu unbrauchbar geworden. Das lag nicht allein daran, daß ihr Inhalt als unzeitgemäß und ihre fehlende didaktische Ausformulierung als eklatanter Mangel betrachtet wurden, sondern auch an der Reform der gymnasialen Oberstufe, die eine Neupositionierung des Philosophieunterrichts mit sich brachte. *Philosophie* war grundsätzlich zu einem ordentlichen Unterrichtsfach der Sekundarstufe II des Gymnasiums avanciert. Als Antwort auf diese neue Situation erschien eine Fülle neuer Schulbücher für den Philosophieunterricht in Reihen mit Titeln wie *Kurs Philosophie*, *Materialien für den Sekundarbereich II - Philosophie* oder *Philosophische Arbeitsbücher*, die sich von den herkömmlichen Lesebüchern grundlegend unterschieden, und die ich im folgenden als Text- oder Materialsammlungen bezeichnen werde. Sie waren thematisch aufgebaut und orientierten sich an den durch die Richtlinien für das Unterrichtsfach *Philosophie* ermöglichten Halbjahreskursthemen. Für je ein Kursthema war gleich ein ganzer Band bestimmt. Da Nordrhein-Westfalen als einziges Flächenland das durch die KMK-Vereinbarung über die Reform der gymnasialen Oberstufe ermöglichte Wahlpflichtfach *Philosophie* flächendeckend einrichtete, orientierten sich die meisten dieser Schulbuchreihen an den Richtlinien dieses größten potentiellen Marktes. Als Beispiel möchte ich kurz den 1983 erschienen Band *Philosophieren anfangen* aus der Reihe *Materialien für den Sekundarbereich II - Philosophie*, herausgegeben von Gisela RAUPACH-STREY und Ute SIEBERT vorstellen. Er ist für den Einführungskurs der Klassenstufe 11/1 gedacht. Auf den ersten sechs Seiten des Buches werden *Bemerkungen zum Konzept des Kurses* gemacht und Hinweise *Zur Benutzung des Heftes* gegeben. Dann folgen auf 89 Seiten *Textmaterial*, bestehend aus philosophischen und nichtphilosophischen, fiktionalen und nicht-fiktionalen Texten, aber auch einzelne Bilder. Dieser Teil umfaßt Texte von 36 Autoren, die z.T. in Gruppen den vier Fragen *Wie fängt es an? Was sollen wir tun? Was dürfen wir hoffen? Was ist der Mensch?* zugeordnet sind. Unter den ausgesuchten Texten fällt keine besondere Schwerpunktbildung nach Autor oder philosophischer Grundeinstellung auf. Dann folgen ein Abschnitt über *Allgemeines zum philosophischen Umgang mit Texten* (5 Seiten) und *Informationen und Arbeitsvorschläge* zu den Einzeltexten des Buches (51 Seiten). Das Buch endet mit Literaturhinweisen und einem Glossar. Aufbau und Anordnung der verschiedenen Arbeitsmaterialien sowie die Zuordnung der entsprechenden Informationen und Arbeitsanweisungen sind nicht zufällig. Sie sollen die Unterrichtsprozesse steuern, oder zumindest einen ganz bestimmten Ablauf empfehlen. Die verschiedenen Textsorten sollen Lehrer und Schüler motivieren, bieten gleichzeitig aber auch Übungsmöglichkeiten, Freiraum für eigenes Weiterarbeiten und Möglichkeiten zur Leistungsüberprüfung. Die darin zum Ausdruck kommende Funktionserweiterung des Schulbuches für den Philosophieunterricht verändert aber auch seinen Charakter. Vom Begleitmedium, das die Lehrertätigkeit ergänzt, wird es zum Leitmedium, das die nun gewollte Art der Lehrer-Schüler-Interaktion vorstrukturiert und steuert. Die sich darin abzeichnende Gefahr zunehmender Fremdbestimmung des Unterrichts können andere Qualitäten des Buches mildern. Die Vielfalt und Anzahl der Materialien (der Band enthält etwa genau so viel Arbeitstext wie die für die gesamte Oberstufe vorgesehenen *Philosophischen Lesestücke*) macht eine Auswahl erforderlich. In diesen Prozeß können die Schüler, die durch die bereitgestellten didaktischen und methodischen Hinweise über Ziele, Methoden und Inhalte des Kurses informiert sind, miteinbezogen werden. Die Texte selbst bezeichnen die Herausgeberinnen als *stumme Gesprächspartner* der Schüler und fordern sie auf, an diese weitere Fragen zu stellen. Das ganze Buch hält in Form und Inhalt den Anspruch der Unabgeschlossenheit aufrecht, sodaß jederzeit Ergänzungen und Erweiterungen möglich sind.

Gerade diese Möglichkeit kann aber auch zum Funktionsverlust des Buches führen. Die Entlastung von unterrichtsvorbereitender Tätigkeit durch das Schulbuch eröffnet dem Lehrer den Freiraum, den er braucht, um der didaktischen Gängelung durch das Schulbuch zumindest zeitweise durch die eigenverantwortliche Bereitstellung von Texten und Aufbereitung von Themen zu entgehen. Im Unterricht finden dann nur noch einzelne Teile des Buches wirklich Verwendung, ein Teil der Unterrichtssequenzen wird aus zusätzlichem Material bestritten. Da unter solchen Voraussetzungen die ausgewiesenen Zielsetzungen des Schulbuches nicht mehr, nur noch unter erschwerten Bedingungen oder unter Aufgabe der eigentlich erwünschten pädagogischen Freiheit bei der Gestaltung der selbsterstellten Unterrichtssequenzen erreicht werden, wird das Schulbuch als Materialsammlung wieder infragegestellt. Als mögliche Alternative erscheint manchen das einiger direkt unterrichtsbezogener Funktionen, z.B. methodischen Vorschlägen zur Gestaltung einzelner Unterrichtsschritte, entkleidete, außerschulischen Sachbüchern ähnliche >entschulte< Schulbuch, das sowohl im Unterricht herangezogen werden kann, aber auch der häuslichen Nachbereitung und unterrichtsunabhängigen Information und/oder Weiterarbeit der Schüler dient.

Vergleicht man die in den verschiedenen Textsammlungen berücksichtigten Autoren und

Themen, so fällt zudem die im Unterschied zu den Lesebüchern der Vergangenheit große Variabilität bei den benutzten Autoren und Texten auf. Legt man *Philosophieren anfangen* z.B. neben den Einführungsband der Reihe *Kurs Philosophie, Einführung*, herausgegeben von Horst BECKER, Winrich DE SCHMIDT und Helmut STÄNDEKE, so findet man einen etwas anderen Aufbau und bei 58 Textauszügen nur 2 Übereinstimmungen. Nahezu alle hier versammelten Materialstücke sind Auszüge aus explizit philosophischen Texten, außer einem Auszug aus einer Erzählung des gelernten Philosophen Robert MUSIL kommen fiktionale Texte nicht und Bilder erst gar nicht vor. Ein noch anderes Konzept vertreten Willi OELMÜLLER und Ruth DÖLLE in den von ihnen herausgegebenen *Philosophischen Arbeitsbüchern*. Den in die Teile *Alteuropäische Zeit, Europäische Neuzeit* und *Ende der europäischen Neuzeit* chronologisch gegliederten, sehr umfangreichen Textauszügen zu einem Thema wie *Geschichte* oder *Kunst und Schönes* werden eine fachwissenschaftliche, systematisch-historische Einleitung und eine Einführung zur Verwendung der jeweiligen Texte im Unterricht, zusammen immer ca. 100 Seiten, vorangestellt. Die jeweils 400-500 Seiten starken Bände sind zudem mit einem umfangreichen biographisch-bibliographischen Anhang versehen. Überschneidungen mit anderen Materialsammlungen sind selten und bedingt durch die durchschnittliche Länge der jeweilig abgedruckten Textpassagen nie vollständig.

Die Vielfalt und Unabgeschlossenheit der Textsammlungen, aber auch ihre Konzentration auf den Unterricht eines Kurshalbjahres, die es möglich macht, in verschiedenen Kurshalbjahren Textsammlungen aus verschiedenen Schulbuchreihen zu verwenden, sind zudem als Zeichen einer doppelten Unsicherheit zu verstehen: einer Unsicherheit über Gestalt, Anspruch und Inhalt des Philosophieunterrichts wie des Unterrichts in der gymnasialen Oberstufe überhaupt. Der in den traditionellen Lesebüchern repräsentierte bildungsbürgerlich geprägte Konsens über Inhalt und Aufgabe des Philosophieunterricht war weniger an den individuellen Interessen der Schüler als an echten oder scheinbaren gesellschaftlichen Notwendigkeiten wie der individuellen Leistung, der sozialen Einordnung oder der Beachtung institutioneller Vorgaben orientiert. Dies wird an der Auswahl der Texte in ZEISEs *Philosophischen Lesestücken* besonders deutlich. Nun sollte alles anders werden, und die Textsammlungen sind vom heutigen Standpunkt auch als Suchbewegungen nach einem neuen Konsens über Gestalt, Anspruch und Inhalt des Philosophieunterrichts zu verstehen. Noch war nicht klar, was eigentlich und warum im nun aufgewerteten Philosophieunterricht gelehrt und gelernt werden sollte, und warum nicht doch lieber etwas anderes. Die neuen Schulbücher für den Philosophieunterricht nahmen für sich in Anspruch, in einem neu zu gestaltenden Philosophieunterricht zugleich Mittel und Mittler sein, verantwortlich sowohl für dessen Inhalts- als auch für dessen -im weiteren Sinne- Erziehungsaspekt. Solange darüber noch kein irgendwie gearteter Konsens erzielt worden war, waren die Unabgeschlossenheit und Vielfalt der Schulbücher zugleich auch Zeichen einer noch nicht vereinheitlichten pädagogischen Praxis. Dieser Zustand kann kaum verwundern, denn die gesamte schulpädagogische Diskussion der siebziger und beginnenden achtziger Jahre war von einer Unsicherheit darüber bestimmt, was, warum und wie in der Schule gelernt werden soll. Verschiedene allgemeindidaktische Konzeptionen stritten um die bestmögliche Gestaltung des schulischen Unterrichts, und auch die philosophiedidaktische Debatte war durch einen Begründungsdiskurs gekennzeichnet. Die hier genannten Schulbuchreihen materialisierten nur diese Auseinandersetzung in unterrichtspraktischer Buchform.

2.

Wenn wir so die Textsammlungen für den Philosophieunterricht als einen Indikator für die Situation des Philosophieunterrichts an den Schulen ansehen, so muß eine grundlegende Veränderung in Inhalt und Form neu angebotener Schulbücher Aufmerksamkeit erregen. Und

In der Tat stimmt es schon auf den ersten Blick verwunderlich, daß seit Mitte der neunziger Jahre wieder neue Lesebücher für den Philosophieunterricht auf den Markt kommen, die sich in Aufmachung und Inhalt von den bislang üblichen Textsammlungen merklich unterscheiden. Es erscheinen z.B. im Jahr 1995 *Zugänge zur Philosophie* als *Grundband für die Oberstufe*, im Jahr 1996 *Vom Denken*, eine *Einführung in die Philosophie*, und schließlich 1998 *Das Wechselspiel von Mythos und Logos. Die Dialektik der griechischen Aufklärung als europäisches Paradigma*: drei Schulbücher, die sich alle bewußt vom Konzept der bisher am Markt vorherrschenden Textsammlungen abheben und als Lesebücher für die gesamte gymnasiale Oberstufe konzipiert sind. Das könnte man als Reaktion der Schulbuchverlage auf die restriktivere Mittelbewirtschaftung durch die im Rahmen der Schulbuchfreiheit für die Schulbuchbeschaffung weitgehend verantwortlichen Bundesländer verstehen. Ein einzelnes Lesebuch, dazu fest gebunden, ist trotz seines höheren Einzelpreises billiger als mehrere Textsammlungen und durch seine robustere Ausstattung übersteht es mehr Ausleihzyklen. Solche Überlegungen mögen auch eine Rolle gespielt haben, ein Blick in die Bücher zeigt aber sofort, daß mehr als nur Äußerliches verändert wurde.

Waren die Textsammlungen im wesentlichen als materialgebundene Ausfüllung des Gestaltungsspielraums gedacht, den die bestehenden Richtlinien ermöglichten, so ist diese enge Anlehnung an administrative Vorgaben nun aufgelockert. Nur *Zugänge zur Philosophie* läßt im Aufbau noch den Bezug auf die Richtlinien des Landes Nordrhein-Westfalen erkennen, während *Vom Denken*, das in Österreich entstanden ist, sich nirgendwo an vorgegebenen Steuerungsinstrumentarien von Unterricht orientiert, sondern 11 immanent philosophisch bedeutsame Fragenkreise abhandelt. *Das Wechselspiel von Mythos und Logos* schließlich begreift sich selbst als paneuropäisches Lehrwerk, was eine Orientierung an den differierenden nationalstaatlichen Vorgaben von der Sache her schon ausschließt, und stellt in 24 thematischen Abschnitten Zeugnisse des antiken griechischen Denkens Texten aus der philosophischen und literarischen Tradition 17 europäischer Länder gegenüber.

Aber auch vom geäußerten oder implizit verdeutlichten Anspruch her unterscheiden sich diese drei Werke entschieden von den bisher erwähnten Textsammlungen. Alle drei Büchern verfolgen je ein *inhaltlich* bestimmtes Konzept. So betonen die Autoren von *Zugänge zur Philosophie*, daß "die philosophischen Grundauffassungen der Herausgeber in den die Anordnung der Originaltexte legitimierenden, argumentativ gehaltenen Übergangspartien greifbar" werden, ja ihnen wird sogar eine eigene didaktische Bedeutung zugeschrieben, da diese explizit geäußerten Positionen zu Widerspruch und Kritik herausfordern sollen. Andererseits werden durch die relativ umfangreichen, flüssig geschriebenen Überleitungstexte der Herausgeber in Zusammenhang mit den die Texte begleitenden Arbeitsaufgaben die Spielräume für andere Akzentuierungen der angesprochenen Themen eingeengt. Im Gegensatz zu den Textsammlungen ist das vorliegende Lesebuch in sich abgeschlossen und setzt der Pluralität der Meinungen engere Grenzen. Wohl ist Widerspruch möglich, Widerspruch aber zur geäußerten These der Herausgeber, die damit das Feld des unterrichtlichen Diskurses weitgehend abgesteckt haben. Das fordert auch den Lehrer heraus, der nach der Wahl des Unterrichtswerkes die einmal bezogene Stellung nicht mehr ohne weiteres verlassen kann, da er, selbst wenn er andere Texte und Materialien heranzieht, sie auf das Argumentationsgerüst des Lesebuches beziehen muß. Gerade in einer offeneren Unterrichtsgestaltung werden die Schüler immer wieder eigenverantwortlich auf das Lesebuch als Informations- und Repetitionsmedium zurückgreifen, und damit dem drei Jahre lang gebrauchten Lehrwerk eine größere Bedeutung zugestehen, als es so mancher Lehrer gerne hätte. Zum heimlichen Lehrplan ist das überdies mit ansprechenden Illustrationen versehene und in der graphischen Gestaltung gelungene Buch damit besser geeignet als eine der vorher angeführten Textsammlungen.

Auch *Vom Denken* bricht mit dem durch Unabgeschlossenheit und Vielfalt gekennzeichneten Konzept der Textsammlungen. Seine Autoren greifen dazu auf eine lange Zeit im Schulbuch verpönte Darstellungsform, den Lehrtext, zurück. Die Hälfte des Buches füllt ein von den Autoren selbstverfaßter und von Arbeitsaufgaben unterbrochener Text zu Fragen und Problemen der Philosophie. Erst die zweite Hälfte des Buches wird dann von - dem Lehrtext zugeordneten - Primärquellen eingenommen, die nach Schwierigkeitsgrad gekennzeichnet sind. Den Primärquellen sind im Gegensatz zum Lehrtext keine Arbeitsaufgaben mehr zugeordnet. Damit wird der Lehrtext, und damit das philosophische Credo der Autoren, eindeutig didaktisch bevorzugt. Er soll erarbeitet werden und als Grundlage der unterrichtlichen Gespräche dienen. Die Primärquellen sind nur noch ad libitum herbeizuziehen.

Die in *Zugänge zur Philosophie* begonnene Entwicklung wird in *Vom Denken* konsequent weiterentwickelt. Die neuen Schulbücher wollen kein letztlich >prinzipien- und gesichtsloses< Warenhaus philosophischer Ideen mehr sein, sie wollen den Schülerinnen und Schülern profiliert entgegentreten. Dies mag auch der Grund dafür zu sein, daß sich diese Bücher in der Form des klassischen Lesebuches präsentieren. Die Phase der Unsicherheit über Gestalt, Inhalt und Anspruch des Philosophieunterrichts und damit auch die Phase der Materialsammlungen scheint vorbei. Im Gegensatz zur Vor-Reform-Zeit gehen die heutigen Lesebücher aber inhaltlich nicht in nahezu jeder Hinsicht konform. Ein Beispiel: *Vom Denken* macht stärkere Anleihen bei der analytischen Philosophie, besitzt ein eigenes Kapitel zur Logik und berücksichtigt auch Ästhetik oder Religionsphilosophie. *Zugänge zur Philosophie* ist durch seine Orientierung an den Richtlinien des Landes Nordrhein-Westfalen thematisch eingeschränkter, füllt aber auch den Rahmen dieser Richtlinien nicht voll aus. Oder: Im Bereich der gegenwärtig unter den philosophischen Disziplinen besonders populären Ethik gesteht *Vom Denken* dem Utilitarismus einen der zeitgenössischen Diskussion angemessenen Platz zu, während er in *Zugänge zur Philosophie* nur unterrepräsentiert vertreten ist und negativ bewertet wird. Trotzdem ist bei den miteinander vergleichbaren Primärquellen der beiden Bände eine weitgehende Autoren- und z.T. auch Textübereinstimmung festzustellen. Das ist meines Erachtens darauf zurückzuführen, daß sich bestimmte Texte in den letzten Jahren und Jahrzehnten als besonders *unterrichtsgeeignet* erwiesen haben, und so methodisch als erste Wahl gelten. Beide Bücher weichen zudem einer direkten Orientierung an der Lebenswelt der Schülerinnen und Schüler aus. Der Anspruch des *tua res agitur*, der im Gefolge der dialogisch-pragmatischen Philosophiedidaktik, die *Philosophie* als das "Wissen und Können geinsamer Selbstbestimmung" (MARTENS) definierte, in den Philosophieunterricht Einzug hielt, hat in diesen Büchern nur noch einen untergeordneten Platz eingeräumt bekommen. Nicht mehr das Schulbuch, sondern nur die konkrete Schul- und Unterrichtssituation kann den Bezug zur Lebenswelt der Schülerinnen und Schüler herstellen. Auch Möglichkeiten zur Leistungsüberprüfung bieten diese Bücher nicht mehr an. Bei einem vergleichbaren didaktisch-methodischen Grundanliegen entfalten also beide neuen Lesebücher zwei inhaltlich durchaus verschieden akzentuierte, für die konkrete Gestalt des Philosophieunterrichts aber strukturell analoge didaktische Konzepte, die durch drei Charakteristika gekennzeichnet werden können:
a) eine ausgewiesene und konsistent durchgehaltene philosophische Grundlinie
b) ein aus der Unterrichtspraxis erwachsener und methodisch-pragmatisch begründeter, weitgehend geteilter Kanon von Primärquellen
c) der bewußte Verzicht des Schulbuches auf bestimmte, ihm in den letzten Jahrzehnten zugewachsene Funktionen, wie z.B. die Herstellung des Bezuges zur lebensweltlichen Befindlichkeit der Adressaten.

Von diesen Konzepten unterscheidet sich das des dritten, von mir oben erwähnten neuen

Lesebuchs für den Philosophieunterricht, *Das Wechselspiel von Mythos & Logos*. Auch dieses Buch verfolgt eine bestimmte Grundlinie, nur nicht die im Titel angezeigte. Von Mythos und Logos ist nur in den ersten zwei Abschnitten die Rede, vielmehr werden in diesem Buch unter 24 Aspekten jeweils ein (einige Male auch mehrere) Texte der antiken griechischen Philosophie mit Texten des neuzeitlichen, meist modernen europäischen Denkens konfrontiert. Die Aspekte selber sind sehr disparat gewählt und auch nicht in einheitlicher Form überschrieben, z.B. *Vernunft als universales Ordnungsprinzip, Poetische Gleichnisse als philosophische Paradigmen, Führt die Natur den Menschen zur Tugend?* oder *Mensch und Drama - Wahrheit und Form*. Der Anspruch, ein *Lesebuch für den Philosophieunterricht in Europa* zu sein, äußert sich neben der Behauptung der Antike als geistigem Ursprung Europas in der Auswahl der Texte des neuzeitlichen und modernen europäischen Denkens nach dem Prinzip der geographischen Streuung der Herkunftsländer der Autoren. So konfrontiert das Buch den Leser nicht nur mit Auszügen aus den Schriften PLATONs, ARISTOTELES', DESCARTES', KANTs oder WITTGENSTEINs, sondern auch mit Texten eher regional bekannter Denker wie Samuel IJSSELING, Miguel de UNAMUNO oder Evangelos PAPANOUTSOS, die neben einer gewissen philosophischen Qualifikation noch über die Gnade der Herkunft aus einem bislang im Buch noch nicht berücksichtigten europäischen Staat verfügen. So sind hier schließlich Autoren aus 16 neuzeitlichen europäischen Staaten zusammengetragen worden. Und obwohl diese Texte einem zentralen Gliederungsprinzip gehorchen, ist in der konkreten Ausgestaltung der einzelnen Abschnitte keine klare Linie zu erkennen. Die jeweiligen Einführungen zu Person und Text sind nach Aufbau, Anspruch und Umfang sehr uneinheitlich, die Arbeitsvorschläge je nach Bearbeiter eines Aspektes umfangreich, kleinschrittig, offen, global, usw.. Zudem unterscheidet sich die Form der jeweiligen Arbeitsanweisungen und ihr Aufbau. Ja, selbst auf eine angemessene Übersetzung der Arbeitsanweisungen von nicht-deutschsprachigen Bearbeitern wurde bei diesem Lesebuch mit europäischem Anspruch nicht durchgängig geachtet; wie käme sonst eine Formulierung wie "12. Projektion eines Filmes, der einen Mythos der Gegenwart darstellt, oder einer Reihe von Werbung, um die Ansichten der Schüler zusammenzulegen" (S. 113), die leider keinen Einzelfall darstellt, zustande. So gleicht das *Lesebuch* eher einer besonders ungeordneten, schlecht bearbeiteten und unabgeschlossenen Materialsammlung, die dem selbst gestellten Anspruch, ein Lesebuch für den Unterricht an Schulen zu sein, nur sehr unvollkommen erfüllen wird, da die Zeit, in der das kreative(?) Chaos die Schule, den Philosophieunterricht und auch das Philosophiebuch kennzeichnete, wohl berechtigterweise der Vergangenheit angehört. Das Buch verspricht, Unterrichtsmedium für einen Philosophieunterricht in europäischer Perspektive zu sein; unabhängig von der Qualität der hier abgedruckten Quellen, deren inhaltliche Wertung ich hier nicht vornehmen möchte (und auch nicht kann), versagt es aber schon in seiner Formalstruktur. Der seinen Unterricht vorbereitende Lehrer wird vielleicht einmal einen weniger bekannten Text zu einer Unterrichtseinheit aus diesem Buch wählen, seinen Unterricht darauf aufbauen kann er nicht.

3.

Wollte man ein kurzes Resumée ziehen, so müßte es wohl wie folgt lauten: Nachdem in den sechziger Jahren der Konsens über Inhalt und Ziel allgemeiner Bildungsprozesse zerbrochen war, geriet auch der Philosophieunterricht in eine Phase der Unsicherheit. Gestützt auch den in der Reform der gymnasialen Oberstufe erreichten neuen Status des Faches wurden neue Wege des Philosophierens in der Schule ausprobiert. Ausdruck dieser Phase der Geschichte des Unterrichtsfaches *Philosophie* sind die bewußt unabgeschlossen und plural angelegten Materialsammlungen. Diese neuen Schulbücher übernahmen auch weitere, bisher dem Lehrer oder dem Bildungskonsens vorbehaltene Funktionen, wie Unterrichtsplanung, Leistungskontrolle usw.. Diese Phase des Philosophieunterrichts ist mit Beginn der neunziger Jahre beendet. In der Praxis haben sich eine Reihe von Texten als pragmatisch begründeter, *neuer Textkanon* herauskristallisiert. Darüber hinaus ist eine stärkere Enheitlichkeit des Philosophieunterrichts gefragt, die ein auch stärker inhaltlich konsistentes, strukturiertes Schulbuch fordert. Der Preis dieser stärkeren Profilierung des einzelnen Buches ist ein teilweiser Funktionsverlust, z.B. für die Unterrichtsplanung. Andererseits gewinnt das Schulbuch eine sachbuchähnliche Funktion für die außerschulische Information der Schüler hinzu.

Liste der erwähnten Schulbücher

Das Wechselspiel von Mythos & Logos. Die Dialektik der griechischen Aufklärung als europäisches Paradigma. Herausgegeben von Luise DREYER. Frankfurt am Main 1998

Diskurs: Geschichte. Hrsg. von Willi OELMÜLLER, Ruth DÖLLE und Rainer PIEPMEIER. Paderborn 1980

Diskurs: Kunst und Schönes. Hrsg. von Willi OELMÜLLER, Ruth DÖLLE-OELMÜLLER und Norbert RATH. Paderborn 1982

Einführung. Hrsg. von Horst BECKER, Winrich De SCHMIDT und Helmut STÄNDEKE. Düsseldorf 1979 (=*Kurs Philosophie 1*)

Philosophieren anfangen. Hrsg. von Gisela RAUPACH-STREY und Ute SIEBERT. Hannover 1983

Philosophische Lesestücke. Hrsg. von Hans ZEISE. Karlsruhe 1960 u.ö.

Texte der Philosophie. Hrsg. von Edgar HUNGER, Richard SCHOTTKY und Lothar ZAHN. München 1961

Texte der Philosophie. Kommentar. Hrsg. von Edgar HUNGER, Richard SCHOTTKY und Lothar ZAHN. München 1961

Vom Denken. Einführung in die Philosophie. Von Konrad LIESSMANN und Gerhard ZENATY. Wien 1996

Zugänge zur Philosophie. Grundband für die Oberstufe. Erarbeitet von Roland W. HENKE, Lothar ASMANN, Reiner BERGMANN, Matthias SCHULZE und Eva-Maria SEWING. Berlin 1995 (zitiert als ZUGÄNGE)

Eine Liste ausgewählte Literatur zur Schulbuchanalyse stellt der Autor auf Anfrage gern zur Verfügung.

Dr. Michael Lönz - Ruhr-Kolleg - Seminarstraße 9-13 - 45138 Essen

Dr. rer.nat. Reinhard Pastille
Priv.-Doz. und StD.
Freie Universität Berlin
(Didaktik der Chemie)
Carl-von-Ossietzky-Oberschule
Berlin-Kreuzberg

Prinzip Leben/Lebensprinzien

**Ein Bericht über fächerverbindende Themenwochen
in den 8. und 11. Klassen
einer Berliner Gesamtschule**

1. Vorbemerkung 1
Zeitgemäßer Unterricht kann nur ein Unterricht sein, der die Schülerinnen und Schüler in die Schlüsselprobleme (Klafki 1995) der modernen Zeit einführt. Einfach gesagt, wir müssen nachvollziehbar erlebar machen, daß die "Welt an ihre Grenzen stößt" (Goodland 1992). Die Grenzen dieser Welt sind die folgenden Problemlagen:

* Unkontrolliertes Wachstum der Weltbevölkerung
* Menschliche Aneignung von Biomasse
* Globale Erwärmung der Erdatmosphäre
* Zerstörung des Ozonschildes
* Bodendegradation
* Verminderung der Biodiversität
* Weltweite Müllerzeugung und -verbreitung

Es genügt natürlich nicht, den Schülerinnen und Schülern lediglich Katastrophenszenarien vorzustellen; Lösungsmöglichkeiten müssen thematisiert, Strategien zur Veränderung des eigenen Verhaltens sollten initiiert werden. Der Grundgedanke der "Sustainability" (Brundtland-Bericht 1987) wie er für ein "zukunftsfähiges Deutschland" (Bund/Misereor 1996) beschrieben wurde, steht dabei im Vordergrund. Dieses bedingt ein bestimmtes unterrichtsmethodisches Vorgehen (Pastille 1995):

* Darstellung der Schlüsselprobleme
* Darstellung der Problemlagen als Kontroversen verschiedener gesellschaftlicher Gruppen
* Verständnisorientierter Diskurs mit handlungsorientierten Schwerpunkten
* Verständnis für eine nachhaltige, zukunftsfähige Entwicklung durch eine verantwortungs-
  ethische Kommunikation

2. Vorbemerkung 2
Eine zentrale Aufgabe des Kollegiums einer Schule ist die Entwicklung eines erkennbaren Schulprofils, das die Ressourcen der eigenen Schule optimal nutzt und bestehende pädagogische und didaktische Bestrebungen bündelt und somit das Unterrichtsangebot erweitert und die Unterrichtsqualität verbessert. Das ist der Grundgedanke der angestrebten Autonomie (besser: Eigenverantwortung) der einzelnen Schulen wie sie z.Zt. in allen Bundesländern diskutiert wird (z.B.: Berliner Senat 1996).

Versucht man die Inhalte der beiden Vorbemerkungen zu verknüpfen, so ist es offensichtlich, daß "moderne Bildung" nur durch einen "kritisch-fächerverbindenden Unterricht" (Rommel, vgl. diesen Tagungsband) zu erreichen ist. Daß dabei natur- und geisteswissenschaftliche Inhalte auf einer soliden Fachunterrichtsbasis vernetzt werden müssen, ist fast schon eine banale Forderung. Ethisch-wertende Anteile sind daher integraler Bestandteil jedes Untererrichts. Auf der wissenschaftstheoretischen Ebene der Hochschulen läuft eine ähnliche Diskussion, die mit den Begriffen "Interdisziplinarität oder Transdisziplinarität" (Mittelstraß 1998) nur angedeutet werden soll.

3. Ausgangspunkt
Seit ca. 1995 arbeitet an unserer Schule eine Gruppe von Kolleginnen und Kollegen der verschiedenen Fachrichtungen an Entwürfen für einen institutionalisierten fächerverbindenden Unterricht. Die hier vorgestellte Themenwoche "Prinzip Leben/Lebensprinzipien" ist ein Ergebnis dieser Arbeitsgruppe

(Willareth 1999; Pastille 1997), das bereits in mehreren 8. und 11. Jahrgangsstufen an der Carl-von-Ossietzky-Oberschule (Berlin-Kreuzberg) durchgeführt wurde. (Eine Jahrgangsstufe an unserer Schule umfaßt immer ca. 230 Schülerinnen und Schüler und ca 25 beteiligte Lehrerinnen und Lehrer.)
Die Thematik ist diesmal nicht von außen, von der Gesellschaft in die Schule getragen worden (vgl. Projekte zu den o.g. Schlüsselproblemen, z.B.: zum Umweltschutz, zur Friedenserziehung, zur Gesundheit u.ä.), sondern entstand aus dem Bedürfnis der Kolleginnen und Kollegen fachverbindende Prinzipien, die aus der Struktur der Einzelfächer (Biologie, Physik, Philolsophie, Deutsch, Politische Weltkunde, Kunst, etc.) resultieren und für den Einzelnen und die Gesellschaft von Bedeutung sind, den Schülerinnen und Schülern näher zu bringen und sie mit ihnen bereits möglichst frühzeitig, der Altersgruppe entsprechend, zu erarbeiten
Im Mittelpunkt dieser Themenwoche stehen Regeln und Ordnungsstrukturen, nach denen sich Leben entwickelt. Es geht sowohl um die materielle Ebene (Entstehung der Materie, Selbstorganisation- und Evolutionsprinzipien), aber auch um Fragen der gesellschaftlichen und individuellen Lebensgestaltung.

4. Grundgedanken

Was ist Leben und nach welchen Prinzipien und Gesetzmäßigkeiten hat sich das Leben entwickelt? Wie will ich mein Leben gestalten, was gibt meinem Leben Sinn? Seit es Menschen gibt, haben sie sich diese Frage gestellt. Die griechischen (Natur)Philosophen Demokrit, Heraklit, Platon und Aristoteles ebenso wie die modernen Naturwissenschaftler Einstein, Schrödinger, Heisenberg, Prigonine und Eigen ("What is Life?"; Wieser 1995). Unzählige Werke aus der Literatur, der Musik, der zeichnerischen und bildnerischen Kunst haben diese Themen zum Inhalt. Religionen, Philosophien, Politik, gesellschaftliche Theorien und Modelle versuchen, auf diese Frage Antworten zu geben und Prinzipien des Zusammenlebens der Menschen, aber auch zwischen Menschen und Natur, abzuleiten.
Das Schema der Abb. 1 zeigt mögliche Themenstellungen, die Alltags- und Lebensweltbezug in allen Fächern von Deutsch, Philosophie, Kunst, Religion bis Physik, Biologie und Chemie unter dem Rahmenthema "Lebensprinzien" bündeln.
Die unterrichtliche Auseinandersetzung mit Texten aus Literatur und Philosophie, die Erörterung geschichtlicher bzw. gesellschaftlicher Übereinkünfte, die Interpretation und Anfertigung von Werken aus der Malerei, des Designs, der Bildhauerei, der Architektur und der Musik zeigen immer auch das Weltverständnis bestimmter Epochen. Die Deutung naturwissenschaftlicher Phänomene mit Erkenntnissen aus der Biologie, der Chemie und der Physik stellen ebenfalls "Weltinterpretationen" dar. Die Frage nach den Prinzipien solcher Weltmodelle (dem Entwicklungsstand der Schülerinnen und Schüler angepaßt) steht im Mittelpunkt dieses Vorhabens. Dabei muß für die Unterrichtenden erkenntnistheoretisch immer präsent sein, daß es weder eine objektive Erkenntnis, noch ein absolutes Wissen gibt. Alle Erfahrungen sind Konstruktionen und Interpretationen. Die eine Folgerung daraus ist Toleranz, auch in Glaubensfragen; die andere Folgerung ist aber, daß der mögliche Subjektivismus nicht in Beliebigkeit und Wertneutralität mündet (nicht jeder darf machen, was er möchte!). Das Berliner Schulgesetz nennt Orientierungspunkte (SG 1997).

Für den naturwissenschaftlichen Unterricht heißt das Durchführung und Interpretation von z.T. schon bekannten Experimenten zu Problemen der Energie und Energieumwandlung sowie zu Fragen nach der Struktur der Materie. Notwendig ist weiterhin die Thematisierung des Widerspruchs, daß entgegen den Sätzen der Thermodynamik die Entwicklung von Leben offensichtlich möglich ist. Auf unterschiedlichen Ebenen soll in anderen Bereichen ebenfalls den Ordnungsprinzipien nachgegangen werden. Dabei werden philosophische Theorien, religiöse Setzungen, gesellschaftliche Konstrukte und Vorstellungen von Künstlern aus Literatur und Musik befragt und gedeutet. Eigene Überlegungen und "Werke" sollen dabei mit einfließen. Neben den Zielen der Unterrichtssequenz (vgl. Abb. 1) soll den Schülerinnen und Schülern einsichtig werden, daß die in den verschiedenen Unterrichtsfächern behandelten Inhalte Möglichkeiten für sie enthalten, ihre Umwelt und z.T. auch sich selbst besser zu erkennen und zu verstehen. Statt toter Fakten stellt Schulwissen damit lebendiges Wissen dar, das nicht lediglich für das nächste Zeugnis relevant ist.

In dem Diskussionsprozess des beteiligen Kollegiums kristallisierten sich fünf Schlüsselfragen bzw. Kernaussagen heraus, die die Komplexität dieser Thematik strukturieren und begreifbar machen sollten:

* 1. Ich will leben - aber wie?
* 2. Was war vor mir?
* 3. Mit der Natur und Anderen zusammenleben.
* 4. Ich bin schöpferisch!
* 5. Inneres Leben/Äußeres Leben.

Da sich hier für Jugendliche schwer nachvollziehbare Bereiche und Deutungsmuster aus den
Naturwissenschaften, den Gesellschaftswissenschaften, der Philosophie und der Religion überlagern, aber
gleichzeitig sichergestellt werden sollte, daß die Schülerinnen und Schüler in die Überlegungsprozesse
integriert werden, war eine recht lange Arbeitsphase notwendig, in der sich die Kolleginnen und Kollegen
der Vorbereitungsgruppe selbst und gemeinsam informierten, um dann einen inhaltlichen Rahmen für diese
Tage zu entwerfen, der den anderen Lehrerinnen und Lehrern vermittelt werden mußte. In 14 Sitzungen,
einem Pädagogischen Tag und einem Experimentier-Nachmittag wurde der inhaltliche Rahmen entworfen
und diskutiert; dabei entstanden zahlreiche und vielfältige Materialien, von denen ein kleiner Teil der o.g.
Dokumentation (Pastille 1997) beigegeben ist. Die 1. Abbildung verdeutlicht die beschriebene
Zielvorstellung, aus der eine Auswahl -dem Alter der Schülerinnen und Schüler entsprechend- getroffen
werden muß. Sie ist als eine Anregung und nicht als eine Begrenzung gedacht. Die 2. Abbildung gibt die
Schlüsselfragen wieder und benennt einzelne Inhalte, die fachlich und zeitlich zugeordnet sind. (NW:
Biologie, Physik, Chemie; De: Deutsch; GK: Gesellschaftskunde, Geschichte, Erdkunde; Ku: Kunst; Phil:
Philosophie; Rel: Religion.) Die 3. Abbildung zeigt inhaltliche und methodische Vorgehensweisen, die
ebenfalls den einzelnen Tagen zugeordnet sind.

In den Jahren 1996-98 haben wir dieses Projekt dreimal in den 8. Jahrgangsstufen und dreimal in den 11.
Jahrgangsstufen durchgeführt; weit über 1000 Schülerinnen und Schüler haben wir damit angesprochen. (Für
1999 liegen die Planungen vor.) Auf der Basis der Abbildungen 2 und 3 entstehen immer, durch die neu
beteiligten Kolleginnen und Kollegen bedingt, andere Vorschläge und Erfahrungen, so daß unsere
Materialsammlung stetig ergänzt wird; diese Themenwoche ist dadurch zu einem Prozess an unserer Schule
geworden, in dem kontinuierlich über die Strukturen der Einzelfächer hinausgehend Unterricht
problembezogen von Fall zu Fall fächerverbindend organisiert wird. Wir versuchen damit, die Lebenswelt
und die Lebenserfahrungen unserer Schüler mit den besonderen Arbeits- und Denkkategorien der
unterschiedlichen Wissenschaften darzustellen..

5. Ein Beispiel

Die in Abbildung 4 wiedergegebene Ablaufsbeschreibung vermittelt einen Eindruck in das
Unterrichtsgeschehen einer einzelnen Gruppe; jede Gruppe, die sich immer aus ca. 30 Schülerinnen und
Schüler sowie 3 bis 4 Lehrerinnen und Lehrer (verschiedener Fachrichtungen) zusammensetzt, arbeitet
nach einen solchen Plan. Die mit * gekennzeichneten Inhalte werden der Materialsammlung für die
nächsten Durchführungen beigefügt; sie sind auch die Punkte, die ich in dem workshop gerne näher
erläutern und diskutieren würde.

W. Klafki: "Schlüsselprobleme als thematische Dimension einer zukunftsbezogenen Allgemeinbildung -
Zwölf Thesen". Die Deutsche Schule, 3. Beiheft 1995, S. 9 ff

R. Goodland: "Die These: Die Welt stößt an Grenzen". R. Goodland, H. Daly u.a. (Hrsg.): "Nach dem
Brundtlandbericht.Umweltverträgliche wirtschaftliche Entwicklung". Bonn 1992, S.15 ff

V. Hauff (Hrsg.): "Unsere gemeinsame Zukunft. Der Brundtland-Bericht der Weltkommission für Umwelt
und Entwicklung." Greven 1987

BUND und Misereor (Hrsg.): "Zukunftsfähiges Deutschland. Ein Beitrag zu einer global nachhaltigen
Entwicklung." Basel 1996

R. Pastille: Ökologische Herausforderungen. Verknüpfung von naturwissenschaftlichem Unterricht und
politischer Bildung." Geschichte Erziehung Politik (GEP) Heft 6, S 401 ff (1996)

Senatsverwaltung für Schule, Jugend und Sport: "Berliner Modell der Schulen in erweiterter
Verantwortung." Berlin 1996

H. Rommel, vgl. dieser Tagungsband

J. Mittelstraß: "Die Häuser des Wissens." Frankfurt 1998, S. 29 ff

R. Willareth: "Prinzip Leben/Lebensprinzipien." ZDPE, Heft 1, S. 77 (1999)

R. Pastille: "Prinzip Leben/Lebensprinzipien. Vorschläge für eine fächerverbindende Themenwoche in den 8. Klassen." Beiträge zur Schulentwicklung. Berliner Institut für Lehrerfort- und -weiterbildung und Schulentwicklung (BIL). Berlin 1997.

W. Wieser: "Was ist Leben? Erwin Schrödinger, die Evolution und die Erfindung der Individualität." Merkur, Heft 3 (1995)

Schulgesetz für Berlin (SchulG) vom 12. März 1997, § 1

Zielvorstellungen:

Ziel der Unterrichtssequenz

1. Einführen des Schülers in Strukturen des vernetzten Denkens
2. Förderung des Diskursfähigkeit des Schülers
3. Training der eigenständigen, selbstorganisierten Arbeit
4. Hilfestellung beim Umbau der Alltagsvorstellungen in ein tragbares Deutungsmuster von Alltagsphänomenen

sprachl., lit., künstler. Bereich

- Bauen eines Lebensbaumes
- Collagen zum Begriff LEBEN
- „Lebensbilder" aus verschiedenen Epochen
- „Musik-Lebensbilder": Vier Jahreszeiten, Schöpfung, Volkslieder, moderne Musik
- „Lebensbilder" aus der Literatur: Faust, Utopia, Zeitmaschine

naturwiss., techn. mathem. Bereich

Energie - sie bestimmt die Hauptstraßen des Lebens

1. Warum brennt eine Kerze?
2. Wie kommt die Energie in die Kerze?
3. Das Blatt als Energieumwandler
4. Der Wald als Fabrik
5. Viele Blätter ergeben keine Sonne
6. Was ist Energie? Mehr Fragen als Antworten
7. Wie kommt der Mensch an die Energie?
8. Wie kommt die Energie in den Menschen?

Strukturen - sie bestimmen die Nebenpfade des Lebens

1. Warum rollt eine Kugel?
2. Die dicken Gummibärchen
3. Die künstliche Niere
4. Lösungsmittel Wasser
5. Sprengstoff Wasser
6. Lebens-Mittel Wasser

Vom Einfachen zum Komplexen - der Widerspruch des Lebens

1. Verrückte Ansichten
2. Der Bienenwaben-Effekt
3. Der Salzwasser-Oszillator
4. Die Früherde als chemisches Labor
5. Der Hypercyclus
6. Der Evolutions-Gedanke (Darwin)
7. Der Chaos-Gedanke (Mandelbrot, Prigonine)

phil., gesellschaftl. Bereich

- Vorsokratiker: „Weltmodelle"
- „Weltmodelle": Aristoteles, Ptolemäus, Kopernikus....
- Staat als Utopie: Platon/Kant, Locke, Hobbes (einfache Texte)
- Religiöse Weltmodelle: Christentum, Islam, Buddhismus...
- Förderalismus: BRD, EU...
- Sozialismus

Abb. 1

Schlüsselfragen:

1. Tag: *Ich will leben - aber wie?*
Der Film 10 Hoch beschreibt den naturwiss. Rahmen, in dem die Schüler ihre individuellen Lebensvorstellungen entwickeln; Stilles Gespräch (De, Soz.); „Leben als Weg, Labyrinth" (Ku); Platon „Höhlengleichnis" (Phil).
2. Tag: *Was war vor mir?*
Entwicklung eines Diagramms vom Urknall bis heute (NW); Diskussion des Gottesbegriffs (Rel); Experimente zu den Prinzipien: Erhaltung von Masse und Energie, Energiemin.-Prinzip, Entropie-Prinzip, GW-Einstellungen, Entwicklung komplexer Systeme, Selektionsprinzip (NW); Konkurrenz, Kooperation, soziales Verhalten (GK).
3. Tag: *Mit der Natur und Anderen zusammenleben*
Kreislauf des Wassers; Gestik/Mimik; „Das Tier Mensch" (Film); Fabrik/Wald - eine Collage (NW, GK, Ku); Schule als Lebensort (GK); utopischer Staat - Platon (Phil).
4. Tag: *Ich als Schöpfer*
Schreibwerkstatt (GK, De, Phil); Gentechn., Beispiel Kartoffel (NW).
5. Tag: *Inneres Leben/Äußeres Leben*
„Ich und mein Schatten/die verborgenen Seiten des Ichs" (Ku); „ich, es, überich" (Freud), Rollenspiel (Phil, Rel, NW); innere und äußere Strukturen (Heraklit, Demokrit), sustainable development (Phil, Nat).

Abb. 2

Inhaltliches und methodisches Vorgehen:

1. Tag:
Stilles Gespräch (8 bis 10 Fragestellungen); Nachspielen des Höhlengleichnisses (Platon); Film Zehn Hoch; Gespräch über die Subjektivität der Weltsicht; Entwurf eines kleinen Textes: Wo würde ich bei der „Reise" (Film Zehn Hoch) aussteigen und warum.
2. Tag:
Zeitreise vom Urknall bis heute - was war vor mir? Diskussion Gottesbegriff; einfache Experimente zu Energie, Entropie und Selbstorganisation; menschliche Alterspyramide; Zeitläufe, die wir Menschen erfassen; Vergleiche mit dem erreichbaren Alter von Tieren und Pflanzen; Rätsel der Sphinx (Ödipus); Alter und Tod.
3. Tag:
Besuch im Wald, Waldlehrpfad, Führung mit Förster, Pflanzenbestimmung, Nahrungsketten; Wald als Erholungsraum; Vergleich Wald-Fabrik; Gruppenbildung: Collagen oder Vogelstimmen aufnehmen oder sinnliche Erfahrungen (Betasten mit verbundenen Augen). Schlechtwetter-Alternative; Skizzen zum Wasserkreislauf (vgl. Buch von Vester) oder Überlegungen zum „Wert eines Vogels" (Vester).
4. Tag:
Knetlandschaft und Deutung; Schreibwerkstatt (Texte, Gedichte); Regeln für menschliches Zusammenleben; Rollenspiel über Konflikte.
5. Tag:
Leben und Sterben, Altern und Tod (Ausschnitte aus einem Geo-Heft); Vorstellungen der verschiedenen Religionen zum Tod; eigene Ängste und Erfahrungen: Ist ewiges Leben erstrebenswert?

Zusammenfassung der Wochenergebnisse:
Verknüpfung der Erkenntnisse durch erstellte Schaubilder, Fotos, Videos, Texte, Gedichte, Collagen (rote Fäden als Verbindungen); Präsentation der Ergebnisse.

Abb. 3

Montag:
Kreisgespräch: Einführung in die Themenstellung der Woche; Aufteilung in eine Jungen- und eine Mädchengruppe.
Stilles Gespräch: In den Gruppen schreiben die Schülerinnen und Schüler, ohne miteinander zu sprechen, Antworten bzw. Meinungen zu fünf vorgegebenen Fragen* auf, die um das Wochenthema kreisen. Die Gruppen tauschen ihre Antworten aus und schreiben nun selbst Kommentare zu den Meinungen ihrer Mitschülerinnen und Mitschüler*. Anschließend erfolgen gemeinsame Diskussion und Auswertung der Fragen. Abschließend erneute Hinführung auf das Wochenthema. (Kreisgespräch mit der ganzen Gruppe)
Film 10^{10*}
Anhand des Films wird eine Reise unternommen: Von den Quarks bis zu der Grenze des Weltalls (alle zusammen).
Wo würde ich bei dieser Reise gerne aussteigen und mich näher umsehen? - Warum?
Die Schülerinnen und Schüler entwerfen zu diesem Thema einen kleinen Text.* Die Diskussion der Texte zeigt viele subjektive Sichtweisen der Welt.

Nachspielen des Platonschen Höhlengleichnisses (anhand von Texten)*
Diskussion der Inhalte: Welt der Ideen, Welt der Erscheinungen.

Dienstag:
Kreisgespräch: Diskussion von Texten zur Entstehung der Welt aus naturwissenschaftlicher und religiöser Sicht.*
Erläuterung und Diskussion der Tabelle 'Der kosmische Kalender'.
Durchführung naturwissenschaftlicher Versuche anhand eines Lernprogramms*
Themen: Energie - wo kommt diese her? / Stoffe und Energie - geht das verloren?

Mittwoch:
Exkursion in die Hasenheide - Thematik: Leben in und mit der Natur
- Ertasten, Fühlen, Schmecken (mit verbundenen Augen) verschiedener Objekte (Basilikum, Rinde, Spielzeug u.ä.) durch alle Schülerinnen und Schüler.
- Arbeitsteilige Gruppenarbeit: Sammeln von Naturprodukten (Rinde, Früchte, Blätter u.ä.), Bestimmen signifikanter Bäume (mit Bestimmungsbüchern), Skizzieren pflanzlicher Grundstrukturen (Blattform, Rindenstruktur u.ä.).

Kreisgespräch: Reflexion über Texte, Wortspiele und Gedichte zum Thema 'Mensch/Natur'.*
Collage: Der Wald wird mit einer Fabrik verglichen.*
Kreisgespräch: Auswertung der Collage unter den Gesichtspunkten Stoff- und Energiekreislauf.

Donnerstag:
Kreisgespräch: Die Rolle des Menschen im Regelkreis der Natur.
Rollenspiele: Ordnungen im sozialen Zusammenleben (auch Regelkreise) am Beispiel Schulmensa, Schule und schulischem Umfeld.*
Kreatives Arbeiten (Ich als Schöpfer): Modellieren einer Knetlandschaft*, Entwurf eines Textes zu den geschaffenen Szenarien.*
Kreisgespräch: Vorstellen der einzelnen Szenarien und Texte; Diskussion weiterer Texte und Wortspiele, die zu der Thematik passen; Bezug zu Prinzipien des Lebens.

Freitag:
Kreisgespräch: Diskussion einer italienischen Darstellung 'Das Lebensalter' am Alterungsprozess eines Menschenpaares.
Gruppenarbeit: Die Fragen aus dem Diskussionsplan 'Woher kommt die Welt?' und 'Wer bist Du?' werden entweder einzeln oder in kleinen Gruppen schriftlich bearbeitet.*

Gespräch: Es werden zwei Schaubilder 'Mit dem Urknall fing es an'* und 'Der allmächtige Vater'* vorgestellt und besprochen.
Kreisgespräch: Diskussion der in dem Kreisgespräch, der Gruppenarbeit und dem Gespräch erarbeiteten Inhalte und Zusammenhänge, wobei der Tod und das persönliche Erleben des Todes in engerer Umgebung und die ihn umgebenden Riten im Mittelpunkt stehen. Gedanken und Fragen nach Ordnungsprinzipien (dementsprechend Prinzipen des Lebens - Thema dieses fächerverbindenden Unterrichtsabschnitts) werden immer wieder aufgegriffen und (zum Teil von den Lehrerinnen) eingebracht.
Den Abschluß bildet das Märchen vom Mandelbrotbaum, das Tod, Leben, Vergehen, Neuentstehen und Wandel unter völlig anderen Gesichtspunkten darstellt.*

Abb. 4

Dr habil. Aldona Pobojewska
Katedra Filozofii
Uniwersytet Łódź
Polen

Workshop in philosophischen Untersuchungen

Im Laufe von über zwanzig Jahren der didaktischen Arbeit im Bereich der Geschichte der Philosophie konnte ich feststellen, daß das Unterrichten nach dem traditionellen Modell, in dem der Hauptakzent auf klarer, eindeutigen Vermittlung des Wissens und exakte Widergabe der Informationen liegt, bei den Studenten (bzw. Schülern) die Gewohnheit entstehen läßt, allein passiv am Seminar teilzunehmen. Ich vertrete die Meinung, daß man sich nicht ausschließlich auf jene Methode verlassen soll, wenn man philosophische Fächer unterrichtet. Ein wichtiger Vorbehalt ist wohl derjenige, daß die Vermittlung einer gewissen Anzahl von philosophischen Standpunkten, d.h. von fertigen Lösungen bestimmter Probleme *ex cathedra*, das wesentliche Merkmal der Disziplin verwischt. Philosophie ist nämlich nicht eine Sammlung von Ideen und Theorien über die Menschen und die Welt, sondern auch **die Kunst, zu denken und einen Dialog führen zu können**.

Im Falle der philosophischen Bildung sollen daher Konzeptionen und Theorien gelehrt werden. Allein eine Übersicht, was berühmte Philosophen einmal gesagt haben, von Heidegger als "Gerede" bezeichnet, reicht nicht aus. Darüber hinaus ist es nötig, die Studenten zum philosophischen Denken und Gespräch zu verleiten.

Die Frage, die ich mir immer wieder stelle, lautet: "Wie soll man Seminare leiten, damit alle Aspekte der Philosophie berücksichtigt werden können?". Seit Jahren stelle ich mich der Aufgabe, dieses Dilemma zu lösen. Im Folgenden will ich auf eine Seminarform eingehen, die ich "Workshop in philosophischen Untersuchungen" genannt habe. Die Lehrveranstaltung verfolgt nicht das Ziel, Gelehrsamkeit zu fördern, sondern allein die Fähigkeit zu gestalten, denken und einen Dialog führen zu können, wobei beide Fertigkeiten allem Anschein zuwider gar nicht automatisch, parallel mit der Aufnahme von Informationen eine Vervollkommnung erfahren. Quellen meiner Idee sind: das Programm "Philosophieren mit Kindern und Jugendlichen" sowie die Workshop-Arbeitsmethode.

Das Programm "Philosophieren mit Kindern und Jugendlichen" wurde in den 70er Jahren von Matthew Lipman, Philosophieprofessor am Montclair State College in den USA erarbeitet. Es wird gewöhnlich als "das neue Paradigma der philosophischen Bildung" sowie als "die neue Pädagogik der Philosophie" bezeichnet. Es ist keinesfalls eine Einführung in die Disziplin; es strebt auch nicht das Ziel an, irgendwelche Inhalte zu vermitteln, sondern sieht es darauf ab, Erkenntnis- und Sozialhaltungen bestimmter Art zu formen. Das Ziel dieser Lehrform ist es:
1. Die Fähigkeit zu gestalten, eigene Stellungnahme zu beziehen und infolge der Gewohnheit, kritisch zu denken, dafür zu argumentieren, wobei jenes kritische Denken: a) auf Kriterien fundiert ist, b) sich selbst berichtigt, c) sich durch Sensibilität für den Kontext kennzeichnet.
2. Erstaunen aufrechtzuerhalten und zu fördern sowie Erkenntnisneugier zu wecken, die das Streben nach Verständnis der Welt motivieren.
3. Kommunizieren in der Gruppe zu lehren.

Das Werkzeug, mit dessen Hilfe die im obengenannten Programm festgesetzten Ziele realisiert werden, ist der Dialog. Man stellt Fragen und sucht nach Antworten, man bemüht sich den Standpunkt des Gesprächspartners zu verstehen, die Stichhaltigkeit seiner Argumentation anzuerkennen bzw. diese in Frage zu stellen; man stellt sich die Aufgabe, eigene Meinung zu formulieren, eigene Ansicht über gegebenes Thema auszudrücken sowie dafür zu argumentieren. Man könnte zwar überlegen, ob es tatsächlich ein "neues Paradigma" des Philosophieunterrichtens sei - das Programm läßt zwangsläufig an die maieutische Methode des Sokrates denken. Mit dieser verglichen beruht die Originalität der Unterrichtstechnik „Philosophieren mit Kindern und Jugendlichen" vor allem darauf, daß hier im Lehrprozeß das traditionelle Verständigungsmodell verworfen wird. Das Kommunizieren vollzieht sich nicht auf der Achse: Meister - Lehrling; sein Zentrum wird die Gruppe, deren Mitglieder einschließlich des Lehrers, bei der Wortmeldung gleichberechtigt sind. Eine unumgängliche technische Maßnahme, in der sich jene Gleichberechtigung manifestiert, die gleichzeitig die Erfüllung der Aufgabe begünstigt, ist das Abschaffen des gesonderten Lehrersitzplatzes. Dieser wird nicht frontal vor der Gruppe aufgestellt - dann müßten die Teilnehmer ihre Gesichter dem Lehrer zuwenden und hintereinander sitzen; sondern bleiben hier alle samt des Lehrers im Kreis sitzen, die Gesichter einander zugewandt.

Eine weitere Manifestation der Gleichberechtigung ist die spezifische Arbeitsregel: nicht der Seminarleiter, sondern die Teilnehmer formulieren die zu diskutierenden Fragen. In der Anfangsphase des Seminars läßt sich die Aufgabe des Lehrers darauf zurückführen, allein den Stoff zu präsentieren, der die Probleme inspirieren soll. In der klassischen Lipmanschen Fassung erfüllt der

Text[1] diese Funktion; ich persönlich bevorzuge entschieden eine Übung; die mit konkreter Lebenserfahrung verbunden ist. Ich bin fest davon überzeugt, je enger diese Übung mit der Alltagserfahrung verbunden ist, desto klarer wird der enge, sehr häufig von Studenten gar nicht wahrgenommene Zusammenhang zwischen Philosophie und der Welt - anders gesagt: Es macht deutlich daß Philosophie eine kritische Betrachtung von Wirklichkeit, Behauptungen und Theorien ist, die vermeinen, sie würden Wissen über die Realität liefern. Eine unumgängliche Voraussetzung, die der präsentierte Stoff erfüllen soll, ist das Aufmerksammachen auf einen philosophisch wesentlichen Aspekt der Welt. In der folgenden Unterrichtsphase bittet der Seminarleiter darum; Fragen und Probleme zu formulieren, die im Kontext des dargestellten Stoffe für Seminarteilnehmer entstehen. Alle Wortmeldungen werden an große, an der Tafel befestigte Papierbögen geschrieben. Diese Dokumentation erfüllt viele verschiedene Funktionen - sie macht es möglich, das Gesagte jederzeit, auch im nächsten Seminar in Erinnerung zurufen; sie erlaubt die Ergebnisse der Untersuchung zu systematisieren und zu resümieren. Für den Diensthabenden ist sie eine Basis für das Abfassen eines Protokolls, denn die Seminarteilnehmer machen keine Notizen.

Die Etappe, in der die Fragen aufgeschrieben werden, endet mit der Entscheidung, welche von den Problemen für die meisten Teilnehmer des Seminars am interessantesten sind (meinen Befürchtungen zuwider erwies sich dies niemals als eine triviale Entscheidung, die der gewichtigen theoretischen Konsequenzen entbehren würde). Das gemeinsam ausgewählte Problem wird zum Objekt des Gesprächs[2]; dieses setzt mit Verweis auf Zweifel und Unklarheiten in Bezug auf das besprochene Problem ein - dann werden Lösungsvorschläge suggeriert und allmählich kommt das Formulieren und die Auseinandersetzung mit Meinungen zustande. Trumpfkarte ist dabei Argumentation, nicht Magie der Autorität bzw. Stellung in der Hierarchie des Bildungssystems. Jeder spricht für sich und in seinem eigenen Namen; dabei ist es nicht üblich, sich auf Namen anerkannter Autoren zu berufen, obwohl kein Verbot besteht, deren Ansichten und Standpunkte zu gegebenem Thema zu benutzen.

Alle Wortmeldungen und Aussagen werden genau aufgeschrieben. Sie sind gerade die Antriebskraft der Überlegungen - sie werden ergänzt, geändert und durch andere ersetzt. Fast alle Wortmeldungen spielen bei den Betrachtungen

---

[1] M. Lipman hat einen Zyklus von didaktischen Romanen für sieben verschiedene Altersstufen ab 6 bis 16 Jahre vorbereitet. Sie sind eine Quelle der im Workshop benutzten Texte.
[2] Häufig wird gerade das Objekt des Gesprächs von dem Verfasser desBerichts als das Thema des Seminars genannt. Der Seminarleiter fängt niemals damit an, das Thema zu annoncieren, weil es dieses einfach nicht gibt. Er selbst weiß nämlich nicht, welche Probleme formuliert und welche von ihnen Objekt der Betrachtungen ausmachen werden.

eine positive Rolle, selbst dann, wenn sie als negativer Bezugspunkt eine Opposition entstehen lassen. Die Aufgabe des Leitenden ist es weder zu belehren, Aussagen zu bewerten noch zu informieren, welches sein eigener Standpunkt in konkreter Frage wäre; seine Rolle besteht darin, die Aktivität der Teilnehmer zu stimulieren und darauf zu achten, daß jede Aussage klar, begründet und auf die bereits von anderen formulierten Meinungen bezogen ist. Der Seminarleiter soll auch die gesammelten Meinungen ordnen, zu deren Präzisierung bzw. Verallgemeinerung anmuntern. Sonst ist es angebracht, daß der Leitende in jeder Unterrichtsphase, selbst zum Schluß, die Polemik offen bleiben läßt - er soll die polemische Dimension geradezu öffnen, indem er auf Schwierigkeiten hinweist, die mit den präsentierten Stellungnahmen verbunden sind. Selbst am Ende des Workshops stellt der Leitende keine "richtige" Lösung der besprochenen Probleme dar. Ein Prinzip gilt hier als äußerst wichtig - es lautet: "Du darfst der Gruppe nicht vorauseilen".

Als ich mit der Workshop-Methode in Berührung kam[3], stellte ich fest, daß ihre Methodik sich mit den Regeln deckt, die für das Programm "Philosophieren mit Kindern und Jugendlichen" gelten. Obwohl ich in den Publikationen zum Letzteren nirgendwo darauf gestoßen bin, daß auf die Workshop-Didaktik Bezug genommen wird, findet hier Anwendung die Methode, die in besonderer Weise Wert darauf legt, die intellektuelle Aktivität der Seminarteilnehmer zu fördern, diese als gleichberechtigt betrachtet, verschiedene Meinungen und Ansichten respektiert sowie das Element der Auswertung von der Seite des Lehrers eliminiert. Der gemeinsamen Unterrichtstechnik liegt Ähnlichkeit von Zielen und Voraussetzungen zugrunde. Sowohl das Lipmansche Programm als auch die Workshop-Methode streben das Ziel an, vor allem bestimmte Fähigkeiten zu gestalten und nicht theoretische Inhalte zu vermitteln. Ihre weitere Gemeinsamkeit ist die Überzeugung, daß die Arbeit in der Gruppe effektiver als die individuelle sein kann; beide setzen sonst eine Unterrichtsform ein, die vom dem Potential der Gruppe Gebrauch zu machen erlaubt. Dieses Potential besteht aus Wissen, Erfahrungen und Fähigkeiten der Gruppenmitglieder, aus potentiellen Möglichkeiten der Gruppe als einer Ganzheit. Diese Möglichkeiten manifestieren sich im gegenseitigen Motivieren und Inspirieren der Teilnehmer sowie darin, daß Situationen entstehen; in denen verschiedene Standpunkte konfrontiert werden können. In beiden Programmen gebrauchen die Leitenden Techniken, die Zielorientierte und spontane Aktivität sowie persönliches Engagement der Teilnehmer freisetzen lassen. Dies soll es zur Folge haben, daß am Lehrprozeß nicht nur Intellekt, sondern auch Emotionen teilhaben. Im Falle des

---

[3] Die Workshop-Lehrmethode wurde auf Grund der humanistischen Pädagogik und Psychologie erarbeitet. Beide Disziplinen wendeten dabei prozessuelle Lern- und Merkmethoden an. Die ersten Versuche, mit Hilfe von dieser Technik zu arbeiten, erfolgten in den 40er Jahren in den USA.

Philosophieunterrichts werden die im Seminar erarbeiteten Probleme präzisiert, entwickelt, im Forum der Gruppe in Frage gestellt; sie werden auch zum "persönlichen Anliegen" jedes Teilnehmers, was ja das Wesen des "authentischen Philosophierens" ist, welches darauf beruht, daß der Mensch selbst Fragen stellt und diese beantwortet. Darüber hinaus nehmen beide Programme als identische weltanschauliche Prämisse an, daß jedes Individuum die Fähigkeit besitzt kreativ zu denken, und daß diese Fähigkeit unter günstigen Bedingungen zum Vorschein kommt.

Die letztgenannte Voraussetzung deckt sich mit dem von den Anhängern der "neuen Pädagogik" angenommenen Verständnis der Philosophie "nicht allein als Wissen, sondern auch als mentale Aktivität". Ähnliche Standpunkte vertraten viele Philosophen, angefangen mit Sokrates über Kant bis hin zu den modernen Denkern. Nach Wittgenstein sei Philosophie keine Theorie, sondern ein Handeln. Trübe, unklare Gedanken soll die Philosophie klären und scharf voneinander trennen.

Für die beiden dargestellten didaktischen Programme ist noch eine Eigenschaft gemeinsam - die Universalität ihrer Anwendung. Die Erfahrungen der Psychologen beweisen, daß die Workshop-Methode zur Arbeit mit jedem geeignet ist, unabhängig von Alter, Bildung, Beruf und dem IQ; Lerner können sowohl Spezialisten als auch Personen sein, denen das Lernen schwer fällt. Ebenfalls taugt die durch das Programm "Philosophieren mit Kindern und Jugendlichen" erarbeitete Unterrichtsmethodik dazu, in verschiedenen Stufen der Bildung angewendet zu sein: im Kindergarten, in der Grund- und Oberschule, im Graduierten- und Postgraduiertenstudium. Die Tauglichkeit für jede Altersgruppe und verschiedene Bildungsstufen der Lerner ist deshalb möglich, weil die Teilnehmer immer über ein für sie interessantes Thema sprechen (das zur Diskussion stehende Problem selbst formulieren) sowie das Problem auf ihrem intellektuellen und Sprachniveau erörtern (das Thema wird durch Seminarteilnehmer, nicht durch den Seminarleiter bearbeitet).

Die obendargestellten Ähnlichkeiten zwischen dem Programm "Philosophieren mit Kindern und Jugendlichen" und der Workshop-Methode sowie die Tatsache, daß die präsentierte Methodik in allen Etappen der philosophischen Bildung anwendbar ist, bewirken, daß die adäquate Bezeichnung für diese Art des Philosophieunterrichts zu sein scheint.

Ich möchte noch einmal betonen, "Workshop in philosophischen Untersuchungen" verfolgt nicht das Ziel, alle traditionellen Unterrichtsformen der Philosophiebildung zu ersetzen. Es ist klar, daß professionelles Philosophieren ohne die Kenntnis der Geschichte der Disziplin nicht möglich ist und, daß ein

Kurs in "Geschichte der Philosophie" ohne Presäntation von Problemen, Philosophen, Theorien und Texten, die für die europäische Geistesgeschichte als repräsentativ gelten, unvorstellbar ist. Allerdings geht es in Philosophie nicht allein darum, zu wissen, wie Probleme von anderen gelöst werden, sondern darum, sich selber Fragen zu stellen und entsprechende Lösungen zu suchen. Die dargestellte Seminarform dient gerade dem Ziel, ein persönliches Herangehen an Philosophie zu fördern und die Fähigkeit des selbständigen Führens philosophischer Reflexion zu gestalten. Diese Methode eignet sich ausgezeichnet für Kurse, die eine erste Begegnung mit Philosophie sein sollen - so kann man die Unsicherheit, ob die Gruppe versteht, was ihr geboten wird, eliminieren. Sie bewährt sich ebenfalls als "Einführung in Philosophie" für Philosophiestudenten. Sie funktioniert auch sehr gut im Seminar zur Geschichte der Philosophie als eine "Unterbrechung", die die besprochene Problematik expliziert.[4].

---

[4] Eines der spezifischen Probleme der Workshop-Methode ist die Schwierigkeit, ihre Ergebnisse objektiv auszuwerten. Erstens fällt es schwer, Veränderungen im Denkprozeß, Aktivität, Engagement, intellektuelle Aufgeschlossenheit u.ä. zu bewerten, und zweitens sind die Ergebnisse nicht immer sofort bemerkbar - sie können erst nach einiger Zeit festgestellt werden.

Bildung und das hilflose Argument.
Zur ethischen und pädagogischen Bedeutung des Argumentationspatts*

Roland Reichenbach

Zur Prävention

Die folgenden Bemerkungen werden dem Titel des Beitrages leider nicht ganz gerecht. Auch enthalten sie einige prekäre Behauptungen und polemisierende Gegenüberstellungen, die nicht über jeden Verdacht erhaben sind.

I.   Dilemma und Argumentationspatt

Moralische Dilemmata sind *Überforderungen* des moralischen Subjekts. Nur solche Situationen verdienen „Dilemma" genannt zu werden, in denen der Zwang zur Entscheidung an die *Unmöglichkeit* gekoppelt ist, den zugrundeliegenden Werten bzw. anerkannten Verpflichtungsaspekten der Situation nachzukommen. Da der Ausgang aus dilemmatischen Situationen immer mit der *Verletzung* eines berechtigten moralischen oder ethischen Anspruches verbunden ist, erscheint es angebracht, Dilemmata als „Tragödien" zu bezeichnen. Tragödien passen allerdings nicht in jenen liberalen Optimismus, der das Tragische und das Sittliche lieber in getrennten Kompartimenten betrachtet[1]. Darüber hinaus ist die „Existenzialisierung"[2] des tragischen Konfliktes nicht nur für die philosophische Ethik als akademischer Disziplin rahmensprengend, sondern auch pädagogisch ein Problem, sofern Pädagogik mehr sein möchte als ein Tradieren von Fragezeichen. Die „Tragiker im Sittlichen" gelten denn schnell als Romantiker, die scheinbar systematisch verkennen, daß es Prinzipien gibt, die ihren Vorrang nicht bloß situativ bzw. kontextuell beweisen müssen, sondern generell behaupten können. Kant verneinte bekanntlich entschieden, daß es „Pflichtenkollisionen" geben könne[3]. Der Verallgemeinerungstest der Handlungs- bzw. Willensmaximen im kategorischen Imperativ liefert am Ende scheinbar immer eine zufriedenstellende Lösung, auch wenn die-

---

*   Vortrag am Kongreß der Deutschen Gesellschaft für Philosophie, Sektion „Ethisches Argumentieren in der Schule". Konstanz, 4.-8.10.99.

[1]   Vgl. Ch. Menke: Tragödie im Sittlichen. Gerechtigkeit und Freiheit nach Hegel. Frankfurt a. M., 1996.

[2]   Im Sinne einer „Verlebensweltlichung"

selbe nötigenfalls mit einem kategorischen Imperativ zweiter Stufe gesucht werden muß, mit welchem der *Vorrang* einer verallgemeinerungsfähigen Maxime gegenüber einer *anderen verallgemeinerungsfähigen* Sichtweise begründet wird. Freilich, wenn sich für jede moralische Kollision auch tatsächlich eine moralisch legitime und eindeutige Lösung finden ließe, gäbe es im Grunde nur Pseudodilemmata, welche mit „richtigem" Denken und validen Argumenten als Scheinprobleme *entlarvt* werden könnten. Eine so starke Zuversichtsvariante, welche empirisch natürlich nicht zu überzeugen vermag und eher einem Glaubensbekenntnis entspricht, wäre wohl zugunsten einer schwächeren Version aufzugeben. Mit einer letzteren würde zwar Gutmann und Thompson zugestimmt, wenn sie schreiben: „Moral disagreement is here to stay"[4]. Gleichzeitig würde darüber hinaus aber postuliert, daß politische und ethische Deliberation zwar nicht helfe, den Konflikt zu lösen, aber doch das Leben mit den negativen Konsequenzen der Entscheidung einsichtiger zu machen. Deliberation - so die optimistische Annahme - stattet das partikuläre Leiden bzw. die einseitige Frustration mit moralischen Sinn aus. Doch auch diese pädagogisch und speziell für demokratische Erziehung bedeutsame Sicht, die einerseits bescheiden genug ist, daß sie sich nicht rigide auf die Kraft des besseren Argumentes fixiert, andererseits freilich immer noch hoffnungslos optimistisch, ja inständig liberal ist, soll hier ohne schlechte Intention demontiert werden.

In dilemmatischen Situationen - ihre Existenz sei einmal unterstellt, was nicht problematisch sein dürfte - versagen die Argumente, genauer: es versagt weniger deren argumentative Güte als vielmehr deren faktisch-konkrete Überzeugungskraft. Vom eigentümlich „zwanglosen Zwang" des besseren Argumentes[5] ist hier nicht mehr viel zu spüren. Dafür kommt das Faktum zu Bewußtsein, daß die Unterscheidung zwischen guten und schlechten Argumenten nicht mit jener zwischen effektiven und ineffektiven Argumenten zusammenfällt[6]. Zu dulden, daß geradezu dumme Argumente eine beeindruckende Überzeugungskraft aufweisen können, während sich komplexere Argumentationen gewissermaßen oft selber das Grab schaufeln, und daß es häufig zu Pattsituationen kommt, in denen sich gleich gute bzw. gleich schlechte Argumente gegenüber stehen, gehört wesentlich zur demokratischen Lebensform.

---

[3] Vgl. I. Kant: Grundlegung zur Metaphysik der Sitten. Stuttgart, 1981 (1785). O. Höffe: Ethik und Politik. Frankfurt a. M., 1979. O. Höffe: Immanuel Kant. München, 1983.
[4] A. Gutmann und D. Thompson: D. Democracy and disagreement. Cambridge, Mass. & London, 1997, S. 361.
[5] Vgl. J. Habermas: Moralbewußtsein und kommunikatives Handeln. Frankfurt a. M., 1983.
[6] Vgl. D. Föllesdal, L. Wallöe & J. Elster: Rationale Argumentation. Berlin & New York, 1986.

Die *pädagogisch* interessierende Frage bleibt jedoch, warum es wichtig oder wünschenswert sein soll, sich in Erziehung und Unterricht argumentativ mit Dilemmata auseinanderzusetzen. Fest steht folgendes: Was immer im Sinne moralischer Erziehung als relevant, ja fundamental und notwendig erachtet wird, aber keinen dilemmatischen Charakter ausweist, vermag keine Argumentation zu stimulieren. Die „Banalität des Guten"[7] nimmt einem im Grunde jede Argumentationslust. Dies ist freilich ein pragmatisches Argument und wir möchten es vielleicht eine Spur edler haben. Wenn nur das moralische Dilemma unser Interesse zu fesseln und unsere Argumentationsmotivation, d. h. Debattierlust zu steigern vermag, etwa weil wir die argumentative Hilflosigkeit, in welche wir uns damit scheinbar geworfen haben, nicht auf uns sitzen lassen wollen, gleichzeitig aber keine rational *bessere* Lösung gefunden werden kann, ist zu fragen, wieso sich eine entsprechende pädagogische Investition rentieren soll. Anders formuliert: Was soll eigentlich gelernt werden, wenn über - eben unlösbare - moralische Dilemmata argumentiert wird? Eine der bekannten und gewiß plausiblen Antworten besteht darin, daß konfrontative Dilemma-Diskussionen die (formalen) Kompetenzen des sozio-moralischen Urteils entwickeln helfen[8]. Diese Antwort, wie empirisch richtig sie auch sein mag, sei nicht weiter fokussiert. Vielmehr sei im folgenden eine *alternative* Antwort entwickelt, die - wenn es denn sein muß - auch als Komplement zur ersteren gedacht werden könnte, obwohl sie keineswegs so positiv und optimistisch anmutet, vielmehr, wie schon angedeutet, eher romantisch und fast schon auf peinliche Weise pathetisch. Sie behauptet nämlich, daß wir durch Erfahrungen der moralischen Überforderung und Hilflosigkeit der Argumentation das nötige „Rüstzeug" erwerben, um ein minimales Ethos der demokratischen Lebensform zu verwirklichen. Man mag eine solche Sichtweise nicht unbegründet des moralischen Skeptizismus oder Relativismus bezichtigen. Doch die Bedeutung eine solchen Einwandes ist nicht herausragend.

---

[7] Ein Begriff, den W. Herzog (1991) in Anlehnung an den großartigen Untertitel von Hannah Arendts *Eichmann in Jerusalem* (1986) vielleicht nicht ganz passend benützt hat, und hier - vielleicht ebenso wenig passend - wieder verwendet wird. (W. Herzog: Die Banalität des Guten. Zur Begründung der moralischen Erziehung. Zeitschrift für Pädagogik, 1991, 37, 41-64. H. Arendt: Eichmann in Jerusalem - Ein Bericht über die Banalität des Bösen. München, 1986; Original 1963).

[8] Vgl. L. Kohlberg: Essays on moral development, Vol. 1: The philosophy of moral development. Moral stages and the idea of justice. New York, 1981. Essays on moral development, Vol. 2: The psychology of moral development. San Francisco, 1984. F. Oser & W. Althof, W.: Moralische Selbstbestimmung. Modelle der Entwicklung und Erziehung im Wertebereich. Stuttgart, 1992.

II. Moralische Überforderung

Gesteigerte Einsicht heißt gesteigertes Mißtrauen[9]. Einsicht in einen Bereich haben, bedeutet, zu wissen, wie unsicher das Wissen in diesem Bereich *auch* ist, was alles schief gehen kann und wo überall unkontrollierbare Gefahren lauern. Es handelt sich um Einsichten in die *fehlende Souveränität* und den *dilettantischen* Charakter vieler - selbst professioneller - Entscheidungen (vgl. Abschnitt 3). Gesteigertes Mißtrauen ergibt sich mit zunehmendem Einblick - v. a. durch diskursive Hinterfragung, d. h. Irritationen der Selbstverständlichkeiten - auch in anerkannte *moralische* Güter bzw. „Hypergüter"[10]. Dies sogar in verschärfter Weise, weil moralische Risiken und Unsicherheiten naturgemäß viel weniger kalkulierbar sind als es analog in Bereichen mit geringerer Identitätsnähe der Fall zu sein scheint. So mag ich beispielsweise wenigstens wissen, daß ein spezifischer Personenwagentyp eines bestimmten Jahrganges, von welchem ich gerade ein Exemplar gekauft habe, „oft" diese oder jene Probleme hat, oder daß die komplizierte Operation, die mein Arzt mir anrät, in nur 50 % der Fälle erfolgreich ist und mit erheblichen nachträglichen Problemen verbunden sein kann u. s. w.. In moralisch-dilemmatischen Fragen bin ich aber unausweichlich mit dem Faktum konfrontiert, daß meine Entscheidung am Ende *dilettantisch* ausfallen wird, ja, die Tragik des Dilettanten ausdrückt (vgl. Abschnitt 3). Das ist deswegen der Fall, weil ich - als betroffene Person - ein Dilemma nur erfahre, wenn sich zwei moralische Güter, die für meine *Selbstinterpretation* konstitutiv sind, in der konkreten Situation in akuter Weise widersprechen. Wie auch immer meine Entscheidung ausfällt, sie wird auch gegen mich selbst gerichtet sein, d. h. gegen das, was ich von mir als Person erwarte bzw. zu sein wünsche. Mit Taylor könnte man von einer Verletzung oder Mißachtung einer „starken Wertung" des Subjekts durch dieses selbst sprechen[11].

Daß sich solche *Grundkonflikte* in der Selbstbeschreibung des modernen Menschen ergeben, insbesondere zwischen den Idealen der Autonomie und der Authentizität - als je spezifischen Ausgestaltungen subjektiver Freiheit - wurde von verschiedenen Autoren plausibel dargelegt[12]. Dennoch ist es überzeugender, auf das schlichte Faktum der *„normativen Überdetermination"*[13] des moder-

---

[9] Deshalb mögen Lehrpersonen eine mitunter besonders unangenehme Schülerpopulation und Ärzte und Ärztinnen in der Patientenrolle eher penibel sein.
[10] Vgl. Ch. Taylor: Quellen des Selbst. Frankfurt a. M., 1996.
[11] Vgl. Taylor a.a.O. Derselbe: Negative Freiheit?. Frankfurt a. M. 1992.
[12] Vgl. Ch. Menke a.a.O. Auch Ch. Taylor: Das Unbehagen an der Moderne. Frankfurt a. M. 1995.
[13] Vgl. W. Vossenkuhl, W.: Über Sollen und Können im Prozeß der Modernisierung. In Ch. Amrein & G. Bless (Hrsg.), Heilpädagogik und ihre Nachbargebiete im wissenschaftlichen Diskurs. Bern, 1997, S. 70-88.

nen Menschen zu verweisen, welches die *moralische Überforderung* geradezu evident erscheinen läßt. Vossenkuhl redet von ihr als der „moralischen Normalsituation": „Beinahe jede moralisch relevante Situation ist in dem Sinn normativ überdeterminiert, daß jede einzelne Person Verpflichtungen zu erfüllen hätte, die er oder sie nicht gleichzeitig erfüllen kann. Das individuelle Handeln ist in vielen Situationen durch zu viele einander konkurrierende Verpflichtungen überbeansprucht"[14]. Jeder Zeit- und Investitionsaufwand in einem Sektor des Lebens (z.B. Beruf) konkurriert mit allen anderen (z.B. Familienleben, politisches Engagement oder Pflege der Sozialkontakte) und aus diesen allen können moralische Imperative bzw. normative Ansprüche entwachsen, die zwar nicht ignoriert werden *sollten*, aber im einzelnen immer wieder verletzt werden *müssen*. „Was immer aufgrund begrenzter Zeit, Aufmerksamkeit oder Kraft an Verpflichtungen unerfüllt bleibt, rächt sich auf Dauer in unterschiedlichen Weisen des Versagens, sei es als familiäres Unglück, als beruflicher Mißerfolg oder als politische und soziale Desintegration"[15]. Entscheidend ist für die moderne Situation, mit anderen Worten, daß das vom Sollen verlangte oder unterstellte Können *prinzipiell* nicht ausreicht. Die moderne Überbestimmung des moralischen Urteilens und des Handelns unterläuft das metaethische Prinzip, wonach Sollen Können einschließt. Dagegen hilft, wie Vossenkuhl behauptet, auch nicht das aristotelische oder tugendethische Prinzip der Klugheit. Die Klugheit ist „gegenüber moralischen Dilemmas ebenso ratlos, wie sie es gegenüber den schicksalhaften Alternativen in antiken Tragödien war"[16], weil es zwischen heterogenen und inkompatiblen Mengen von Verpflichtungen keine Mitte geben kann. Der Glaube an die kluge Entscheidung oder die tugendethische Orientierung am Gemeinwohl ist deshalb gebunden an das *Ignorieren* der normativen Überdeterminiertheit[17].

III. Freiheit und Dilettantismus

Der Mensch im Dilemma erfährt sich als Dilettanten. Es gehört zur Psychologie des Dilettanten, daß er alles will, aber schließlich über keine Souveränität verfügt[18]: er ist die peinliche Figur, ein liebenswürdiger Amateur oder ein oberflächlicher Ignorant. Der Dilettant ist nicht nur bloß in-

---

14   A.a.O., S. 73
15   Ebd.
16   A.a.O., S. 78
17   A.a.O., S. 79
18   Vgl. R. Kassner, R.: Der Dilettantismus. Frankfurt a. M., 1910. C. Saulnier: Le dilettantism. Essai de psychologie, de morale et d'esthétique. Paris, 1940. H. R. Vaget: Dilettantismus und Meisterschaft. Zum Problem des Dilettantismus bei Goethe: Praxis, Theorie, Zeitkritik. München, 1971.

kompetent. Es geht auch um mehr als um das Faktum, daß das Universum der Inkompetenz riesig, der Bereich der Kompetenz vergleichsmäßig winzig ist[19]. Der Dilettant ist vor allem im Bereich der Moral mehr als nur eine von Inkompetenz geprägte Person, weil sein „Selbstbeschreibungsvokabular" ganz den modernen Begriffen der Autonomie und der Authentizität gewidmet ist, deren Kontrafaktizität sich im Dilemma offenbart. Im Dilemma verliert der Term der Autonomie als selbstgesetzgebender Vernunft gleichsam seine Bedeutung; die Autorität des besseren Argumentes entfällt und macht schließlich einer Autorität der „praktischen Entschlossenheit"[20] Platz (welche ihrerseits völlig irrational sein kann). Gleichwohl ist die Entscheidung nicht beliebig und entspricht nicht einer radikalen Wahl sensu Sartre. Die Optionen sind nicht objektiv, sondern subjektiv gegeben, sie sind Ausdruck des Selbst. Das ist aber auch der Grund, warum das Ideal der Authentizität als Kriterium quasi versagt: Das Dilemma ist immer Ausdruck einer *Zerrissenheit* des Selbst. Durch die Herausforderungen der Situation kommen die *konfligierenden Selbstinterpretationen* überhaupt erst zum Vorschein. Das macht sie so bedeutsam für Bildungsprozesse. Moralische Dilemmata sind so gesehen Aktualisierungen bzw. Materialisierungen des Konfliktpotentials im moralischen Selbst. Wenn aber mit Authentizität noch in irgendeiner Weise ein Übereinstimmen mit sich gemeint sein soll, dann zeigen dilemmatische Situationen gerade, daß dieses „Ideal" nicht realisiert ist. Und dem einen oder der anderen zeigen sie auch, daß es *authentische Selbstthematisierungen* nur im Luxus der Illusion oder, was das Gleiche bzw. gleichermaßen unmodern ist, im Frieden der Problemlosigkeit geben kann.

Nun ist der Begriff des Dilettantismus pejorativ abgenützt. Hier soll er aber positiv und als polemischer Kontrapunkt zum souveränen moralischen Subjekt verstanden werden. Unter modernen Bedingungen müssen Menschen so tun, als ob sie autonom wären, wiewohl dieses Ideal in jeder Hinsicht höchst fraglich ist, und sie müssen davon ausgehen, daß sie einen doch relativ stabilen (Identitäts-) „Kern" aufweisen würden, in bezug auf den sie sich - und andere - als authentisch erfahren können. Indem sie sich selbst, aber auch den anderen *Indeterminiertheit* (Autonomie) und *Übereinstimmung* (Authentizität) unterstellen, realisieren sie sich einerseits als verantwortungsbewußte und verantwortungsfähige Individuen, die sich andererseits durchaus auch als relationale

---

[19] Vgl. O. Marquard: Abschied vom Prinzipiellen. Stuttgart, 1981.
[20] Vgl. E. Fink: Erziehungswissenschaft und Lebenslehre. Freiburg i. Br., 1970, S. 186. H. Meyer-Wolters: Selbstbestimmung als Notlösung. Zur Aktualität des anthropologischen und bildungstheoretischen Denkens von Eugen Fink. Vierteljahresschrift für wissenschaftliche Pädagogik, 1997, 73(2), 206-225 (vgl. S. 218).

Selbste - bzw. als mit gemeinsamen Gütern affektiv verbunden - identifizieren können[21]. Im Dilemma erweisen sich diese noblen Selbstbeschreibungen, welche für liberale Demokratien unverzichtbar sind, als Fiktionen. Auf der anderen Seite sind es moralische Dilemmata, die das Selbst - und allenfalls die vermeintlichen Gewißheiten einer Gemeinschaft - derart *irritieren*, daß es sich zur Neuinterpretation *gezwungen* sieht, sich gewissermaßen neu setzen und erfinden muß, d. h. seine *Freiheit praktizieren* muß[22].

Dilemmata sind jedoch nicht nur Transformationsanlässe, sondern auch Gelegenheiten zu moralischen Versteifungen, ja Fixierungen des Selbstverständnisses (Schäfer spricht an einer Stelle passend von „Sklerosen der Selbstverständigungshermeneutik"[23]). So oder so, die Praxis der Freiheit - das kann hier nur angedeutet sein - verdankt sich letztlich dem *prinzipiellen* Dilettantismus des Menschen, welcher in dilemmatischen Situation so erfahrbar werden kann - aber es keineswegs notwendigerweise sein muß -, daß er dem demokratischen Ethos förderlich ist (vgl. Abschnitt 4). Das Max Planck zugeschriebene Bonmot: „Es gibt Dinge, über die man sich einigen kann, und wichtige Dinge", weist in bezug auf die Möglichkeiten von ethischer Argumentation in diese Richtung. Das *dilettierende* Subjekt muß unter demokratischen Bedingungen weniger über Konsenskompetenzen als vielmehr über *Dissensfähigkeiten* verfügen[24]. Demokratische Lebensformen stehen ganz im Zeichen des Dissens[25], d. h. sie hoffen nicht auf Werthorizontverschmelzungen und rechnen vielmehr mit der *Unfähigkeit* ihrer Mitglieder, sich argumentativ konsensuell zu einigen, wiewohl - und das gehört zur Ironie des Demokratischen überhaupt - sie zunächst fordern, auf

---

[21] Vgl. zu diesen Behauptungen G. Böhme: Selbstsein und derselbe sein. Über ethische und sozialtheoretische Voraussetzungen von Identität. In A. Barkhaus, M. Mayer, N. Roughly & D. Thürnau, (Hrsg.), Identität, Leiblichkeit, Normativität. Neue Horizonte anthropologischen Denkens. Frankfurt a M., 1996, S. 322-340. L. Siep: Ethik und Anthropologie. In A. Barkhaus, M. Mayer, N. Roughly & D. Thürnau, (Hrsg.), Identität, Leiblichkeit, Normativität. Neue Horizonte anthropologischen Denkens. Frankfurt a. M., 1996, S. 274-298.

[22] Die Praxis der Freiheit ist im Grunde unfreiwillig - ein Zeichen *fehlender* Souveränität. Vgl. dazu H. Arendt: Zwischen Vergangenheit und Zukunft. Übungen im politischen Denken I. München & Zürich, 1994 (Original: "Between Past and Future", 1968). H. Arendt: Vita Activa oder Vom tätigen Leben. München & Zürich, 1996 (Original: „The Human Condition" 1958).

[23] Vgl. A. Schäfer: Identität im Widerspruch. Annäherungen an eine Anthropologie der Moderne. Weinheim, 1994 (vgl. S. 94).

[24] Vgl. auch das Konzept der „Pluralismustauglichkeit" bei W. Ch. Zimmerli: Erziehung zur Persönlichkeit im Übergang von Toleranz zu Pluralismus. In H. Seibert & H.J. Serve (Hrsg.), Bildung und Erziehung an der Schwelle zum dritten Jahrtausend. Multidisziplinäre Aspekte, Analysen, Positionen, Perspektiven. München, 1994, S. 862-885.

[25] W. Welsch: Topoi der Postmoderne. In H.R. Fischer, A. Retzer, & J. Schweitzer (Hrsg.). Das Ende der großen Entwürfe. Frankfurt a. M., 1992, S. 35-55.

rationale Argumentation bzw. vernünftige Deliberation zu setzen. Die letztgültige *Abstinenz* in Wahrheitsfragen erlaubt demokratischen Lebensformen, *Partizipation* an und *Distanzierung* von gemeinsamen Gütern als *gleichberechtigt* zu betrachten[26]. Diese hervorragende Kulturleistung, welche bekanntlich immer sehr fragil ist, verdankt sich nicht zuletzt der Einsicht in die Hilflosigkeit des Argumentierens dort, wo dieses am nötigsten wäre: im Dilemma. So muß das Dilemma pädagogisch nicht primär interessieren, weil darin *formale* Argumentations- und Urteilskompetenzen gefördert werden, sondern weil die dabei zugleich erfahrene *Hilflosigkeit des Argumentierens* bornierte moralische Selbstgewißheit limitieren hilft. Die Pluralität der Perspektiven, welche nur in „öffentlichen" Arenen als wirklich erfahren wird, wirkt im günstigen Fall antifundamentalistisch und weist die demokratische Lebensform als die bodenlose, dilettantische und deshalb freiheitsliebende und -schonende Lebensweise aus.

IV. Demokratische Erziehung und die Kultur der Inkompetenz

Nicht nur die bildungstheoretische Bedeutung des hilflosen Arguments wird regelmäßig verkannt, sondern auch seine Bedeutung für demokratische Erziehung. Seit Platon wird die Demokratie bekanntlich immer wieder als Staatsform der Inkompetenten kritisiert, welche in Tyrannei umkippen kann[27]. Noch im Europa dieses Jahrhunderts durfte mit einem offensichtlich elitären Habitus vom „Kult der Inkompetenten"[28] gesprochen werden und natürlich war die scheinbare „Gleichgültigkeit der Demokratie gegenüber Wahrheitsfragen" für viele v.a. in der Weimarer Republik unerträglich[29]. Heute ist solche Kritik im Rahmen einer sensiblen „political correctness" zwar nicht mehr en vogue, aber die Inkompetenz bzw. der Dilettantismus der BürgerInnen wird immer wieder auch als Gefahr des Demokratischen herangezogen[30]. Dieser bekannten Sicht soll hier die konträre, aber nicht exklusiv gedachte Ansicht gegenübergestellt sein, wonach sich die demokratische Lebens-

---

[26] Vgl. M. Seel: Ethik und Lebensformen. In M. Brumlik & H. Brunkhorst (Hrsg.), Gemeinschaft und Gerechtigkeit. Frankfurt a. M., 1993, S. 244-259.

[27] Vgl. Platon: Politeia. Hamburg, 1992. G. Sartori: Demokratietheorie. Darmstadt, 1992 (Original 1987). M. G. Schmidt: Demokratietheorien. Opladen, 1995. W. Carr & A. Hartnett: Education and the Struggle for Democracy. The Politics of Educational Ideas. Buckingham & Philadelphia, 1996.

[28] Vgl. E. Faguet: The cult of the incompetent. London, 1911 (aus dem Französischen übersetzt v. B. Barstow).

[29] Vgl. K. Sontheimer: Antidemokratisches Denken in der Weimarer Republik. Die politischen Ideen des deutschen Nationalismus zwischen 1918 und 1933. München, 1962.

[30] Vgl. D. Mathews: Reviewing and Previewing Civics. In W.C. Parker (Hrsg.), Educating the Democratic Mind. Albany, NY, 1996, S. 265-286.

form gerade auch der Inkompetenz und dem Dilettantismus des Menschen *verdankt*. Die ethische Argumentation, d. h. die Debatte über die richtige Entscheidung, die geltende Norm, aber auch das gute Leben ist der „Stoffwechselprozeß" des Demokratischen überhaupt[31] - in Anlehnung an Arendt könnte gesagt werden, der Ort praktizierter Freiheit, an welchem das moralische Selbst „weltlich" wird. Dieser Ort muß, wo er kann, kultiviert werden: die „schwatzhafteste Staatsform"[32] benötigt eine ebenso schwatzhafte Lebenswelt. Die ethische Debatte verdankt sich der Unfähigkeit der Menschen, sich ohne moralischen Widerstreit zu einigen, und gleichzeitig hält sie diese Unfähigkeit in Grenzen, da sie moralische Sensibilität fördert. Benhabib schreibt sinngemäß: „The cultivation of one's moral imagination flourishes in such a culture in which the self-centered perspective of the individual is constantly challenged by the multiplicity and diversity of perspectives that constitute public life"[33]. Diese politische Dimension - in einem weiten Sinne verstanden - ist *an sich* ein Wert. Nur wer den Diskurs *nicht instrumentalisieren* will, und zwar selbst unter den nobelsten demokratischen Fahnen und pädagogischen Idealen nicht, sondern - nebst jeder Problemlösungsintention - auch als *bloß* Politisches bejaht, eben als Praxis der Freiheit[34], kommt zur Einsicht, daß das *Bodenlose* und *Hilflose* des Demokratischen gerade sein *Lebenselixir* ist[35]. Mit dieser Einsicht wird ertragbar, daß es schließlich immer auf „Mehrheit statt Wahrheit" ankommt - und keine Mehrheit mehr Wahrheit beanspruchen kann als die Minderheit. Das Politische steht gerade *nicht* im Dienste der übersituationalen Wahrheit, sondern nur im Dienste der situativen Freiheit des Kollektivs, das Notwendende zu erfinden. Wer aber weder der autoritären Utopie des Philosophenkönigtums noch der realistischer erscheinenden Vision der Expertokratie zustimmen will, weil er oder sie merkt, daß damit dem Politischen keine Chance gegeben würde, der/die muß anerkennen, daß sich die Freiheit in den Vollzügen diskursiver Praxis einem *prinzipiellen Dilettantismus* des Menschen verdankt. Um es überspitzt zu formulieren: Nur Dilettanten können frei sein[36]. Der saloppe Begriff eines „menschlichen Dilettantismus" verweist in seinem ironischen Gebrauch auf ein bestimmtes Verhältnis des Menschen zu seinen Inkompetenzerfahrungen, welche

---

[31] Vgl. dazu T. Meyer: Die Transformation des Politischen. Frankfurt a. M., 1994.
[32] Vgl. Burckhardt, zit. nach Arendt 1996.
[33] S. Benhabib: Situating the Self. Gender, Community and Postmodernism in Contemporary Ethics. New York, 1992 (vgl. S. 141).
[34] Arendt a.a.O., 1994
[35] Vgl. dazu auch O. Gerstenberg: Bürgerrechte und deliberative Demokratie. Elemente einer pluralistischen Verfassungstheorie. Frankfurt a. M., 1997.

die Quelle seines Freiheitsbewußtseins sind. Allwissenheit und Omnipotenz sind ja nicht unmenschlich, sondern auch apolitisch - sie sind die Attribute nicht nur der Götter, sondern auch die Selbstzuschreibungen der Tyrannen, der unpolistischsten Menschen überhaupt[37]. Mit Allwissenheit (aber auch nur *zu gutem* Bescheidwissen) und Allmacht (aber auch nur der *Illusion* eigener *Wirksamkeit*) wird das Ethos des Zweifels, die demokratische Sitte des Abwägens und Erwägens bedroht. Der nicht-indifferente, vorsichtige Zweifel an zeit- und raumübergreifenden Wahrheitsansprüchen zeichnet das demokratische Ethos aus. Demokratische Erziehung ist in diesem Sinne die Einführung in eine Kultur der Inkompetenz.

V.   Schlußbemerkung: Zur Didaktisierung ethischer Argumentation in der Schule

Wenn die ethische Debatte ein bedeutsamer Bestandteil des demokratischen Ethos sein soll und sich Erziehung demzufolge der Einführung in dasselbe widmen sollte, dann müssen deren didaktische Intentionen äußerst bescheiden ausfallen. Dazu gebieten zwei Umstände: (1) Die Gleichberechtigung von Partizipation- und Distanzierungsrechten in demokratischen Lebensformen, die sich in schulischen Argumentationskontexten widerspiegeln sollte und (2) der dilettantische Charakter menschlicher Entscheidungen in moralischen Situationen; diese Nicht-Souveränität, die der Grund der Freiheit ist. Beide Umstände werden im Impetus pädagogischer Weltverbesserung schnell ignoriert. Der didaktische Geist, wie nötig und wichtig er an anderen Orten sein mag, muß seine Technologiegelüste - die er auch dann hat, wenn er sie abstreitet -, in bezug auf die Einführung in die Praxis der Freiheit ad acta legen. Die Möglichkeit der letzteren - und mag sie noch so kontrafaktisch anmuten - ist die Voraussetzung der ethischen Argumentation, auch in ihren kindlichen Anfängen. Das hilflose und kraftlose Argument wird genau deshalb nicht aufgegeben oder als unbrauchbar verworfen, weil es von der Freiheitspraxis zeugt. Es verleiht dem Menschen in seinem Dilettantismus und seiner Nicht-Souveränität seine Würde. Dieselbe entzieht sich dem Versuch der Didaktisierung.

---

[36]   Vgl. R. Reichenbach: Die Ironie der politischen Bildung - Ironie als Ziel der politischen Bildung. Fribourg/CH, in Vorb.
[37]   Vgl. Arendt a.a.O., 1996

„Einheit der Bildung" oder „Bildung in Einheiten"?
Zur integrativen Funktion der Philosophie im fächerüberschreitenden Unterricht

Herbert Rommel

1 Zusammenhang von moderner Welt und modernem „Bildungs"-Begriff

Bildung ist wieder zu einer Zentralkategorie pädagogischen Handelns geworden. Dabei nimmt der „Bildungs"-Begriff heute aber keine unangefochtene Stellung ein. Ganz im Gegenteil ist er heute zeitspezifischen Gefährdungen ausgesetzt, die ihn v. a. in seiner ‚humanen Substanz' treffen können.

In modernen Gesellschaften ist mehr und mehr zu beobachten, wie es zu einem *Verlust der geschichtlichen Überlieferung* kommt. Gesellschaftliche Triebkräfte wie die schier omnipotente Ökonomisierung und Technisierung, aber auch der Prozess der Individualisierung von Lebensstilen haben –zumindest bei der jüngeren Generation- zu einer fortschreitenden historischen Bewusstlosigkeit in Bezug auf die Herkunft eigener Lebenszusammenhänge geführt. Dieser „Gefahr des Abreißens der Geschichte" (JASPERS,113) kann auch die Bildung in der Schule nicht ohne weiteres entkommen. Würde sie diese –für die Entwicklung des menschlichen Selbstverständnisses wichtige Dimension- aber verlieren, brächte sie sich selbst um einen entscheidenden, geistigen Faktor. Jaspers spricht hier eindringlich mahnend von der Möglichkeit der Erinnerung, die Bildung bewusst ergreifen müsse, wenn Menschen sich in ihrem Menschsein nicht selbst vernichten wollten (vgl. ebd.). Bildung kann ihre umfassende Aufgabe nur als eine *geschichtsbewusste Bildung* wahrnehmen.

Es gibt in der modernen Gesellschaft aber noch eine zweite Engführung, die gerade einer Bildung droht, die sich vornehmlich als Allgemeinbildung versteht. Unverkennbar ist die Tendenz, Bildung heute im Sinne der Ziele unserer Wirtschaftsgesellschaft einseitig zu verzwecken. Sie wird in diesem Kontext nicht mehr als allseitige Bildung des Menschen gesehen, sondern nur noch auf die Funktionen reduziert, die für eine berufliche *Ausbildung* wichtig sind. Entscheidend scheint hier nur noch zu sein, dass Bildung „innovationsqualifizierend" (MARKL,311) ist, und so eine conditio sine qua non darstellt, um auf den globalisierten Märkten konkurrenzfähig zu sein. Hinter dieser neueren Gefährdung stehen große Macht- und Interessenpotentiale, die die pädagogischen Verfechter der Allgemeinbildung einen nahezu aussichtslosen Kampf kämpfen lassen.

Neben diesen *Risiken*, die heute Bildung in sich birgt, gibt es aber auch die *Chance*, sie gerade im Kontext moderner Gesellschaften weiterzudenken und auch weiterzuentwickeln. Denn offensichtlich ist, dass Schule nicht an der modernen Welt „vorbeibilden" kann. Freilich sind die heutigen Lebens- und sozialen Handlungsformen nicht einfacher geworden, sondern ihr Zeitzeichen ist ihre Unübersichtlichkeit und ihre Risikoträchtigkeit. Das letztere ergibt sich v. a. aus den negativen Folgewirkungen einer modernen Zivilisation, die auf den miteinander vernetzten Fundamenten von Wissenschaft, Technologie und Ökonomie steht. Die „Risikogesellschaft" (vgl. BECK) hat Probleme mit sich gebracht, die für die Epoche der Moderne typisch sind. Zu nennen sind hier nur die Friedensfrage und die brisanten Probleme einer globalen Gerechtigkeit, die enorme Ambivalenz bio- und medientechnischer Möglichkeiten, ökologische Belange etwa im Bereich der Energieversorgung oder die Schwierigkeit von Jugendlichen, unter diesen Bedingungen eine eigene Identität bzw. Solidaritätsfähigkeit aufzubauen. Diese *„epochaltypischen Schlüsselprobleme"* (KLAFKI,43ff) müssen *Gegenstand von allgemeiner Bildung* werden. Denn es sind unsere Schülerinnen und Schüler, die sich morgen in dieser risikobeladenen und zugleich chancenreichen Welt orientieren und verantwortlich entscheiden müssen. Und darauf sollten wir sie solide vorbereiten. Zeitgemäße Bildung darf heute nicht nur einen Geschichts- oder Gegenwartsbezug haben, sie muss ganz entscheidend auch *zukunftsorientiert* sein.

2 Moderne Bildung durch einen kritisch-fächerüberschreitenden Unterricht
2.1 Kombination von natur- und geisteswissenschaftlichen Fächern

Die genannten zentralen Herausforderungen unserer modernen Welt haben u. a. das Charakteristikum, dass ihr Problemtypus eine vernetzte Grundstruktur aufweist. Die Komplexität vieler Schlüsselprobleme entsteht überhaupt erst aus dem epochaltypischen Strukturgeflecht von (Natur-) Wissenschaft, Technologie und Ökonomie. Jede dieser Komponenten hat hier Einfluß auf die andere und Probleme in dem einen Bereich wirken sich immer auch als Probleme in den anderen Bereichen aus.
Diese Trias ist aber noch nicht hinreichend, um die Vernetzungsstruktur moderner Grundprobleme zu verstehen. Die enorm erweiterte temporäre und globale Macht moderne Technik läßt diese zu einem neuen Gegenstand *ethischer Reflexion* werden. So hat technologisches Handeln durchweg einen Bezug zu ethischen Werten und Normen, der gerade heute nicht mehr verkannt werden darf. Als vierte Vernetzungskomponente bringt so die Ethik die Dimension der Verantwortung in die modernen Problemstrukturen hinein. Dieser Sachverhalt muss bildungstheoretische Konsequenzen haben.
Offensichtlich tun uns die modernen Problemtypen nicht mehr den Gefallen, sich rein fachspezifisch ‚lösen' zu lassen. Wie an unseren Universitäten eine Spezialisierung um jeden Preis *„wirklichkeitsfremd"* (MITTELSTRASS,99) geworden ist, so gehört auch die „Alleinherrschaft" des Fachunterrichts auf der gymnasialen Oberstufe der Vergangenheit an. Eine didaktische Folge aus der Transdisziplinarität epochaltypischer Schlüsselprobleme ist *ein fächerüberschreitender* Unterricht. Hinter diese Forderung kann sinnvollerweise nicht mehr zurückgegangen werden. Der bloß wissenschaftsorientierten Fachkompetenz kommt zwar eine für vernetzendes Denken grundlegende Funktion zu, hat aber an sich keine herausragende Lebensbedeutsamkeit mehr.
Die weitergehende didaktische Frage, was denn nun unter einem „fächerüberschreitenden Unterricht" genauer zu verstehen ist, läßt sich nur wieder mit einem Blick auf die Wirklichkeit beantworten. Da -wie oben gesagt- moderne Problemstrukturen i. d. R. Interdependenzen zwischen naturwissenschaftlichen und ethischen Strukturgliedern aufwiesen, wäre es zu kurz gegriffen, auf der einen Seite nur Fächer wie Physik, Chemie oder Biologie und auf der anderen Fächer wie Deutsch, Gemeinschaftskunde oder Religion miteinander zu kombinieren. „Fächerüberschreitend" muss angesichts unserer multidimensionalen Probleme als „*fächerbereichsüberschreitend*" verstanden werden. D. h., wirklichkeitsnah sind im Kontext einer zeitgemäßen Bildung v. a. *kritische Inbeziehungsetzungen von natur- und geisteswissenschaftlichen Fächern* mit ethischen bzw. hermeneutischen Anteilen. In einer Welt, die in einem Dilemma zwischen notwendigem Fortschritt und seinen zwangsläufigen negativen Nebenfolgen steht, gibt es gerade auch in Bildungsprozessen „die ständige Aufgabe, den wissenschaftlichen und technologischen Verstand wieder mit einer verantwortungsorientierten praktischen Vernunft zu verbinden." (MITTELSTRASS,31) Zwei diametral entgegengesetzten Kulturen von Natur- und Geisteswissenschaften, zwischen denen Charles Percy Snow noch „eine Kluft gegenseitigen Nichtverstehens", „Feindseligkeit und Antipathie" (SNOW,12) festgestellt hat, können wir uns heute nicht mehr leisten. Eine kritische Allgemeinbildung bietet hier die Möglichkeit, den ‚garstig breiten Graben' zwischen den beiden großen Denkkulturen wieder annähernd miteinander zu vermitteln. *Sach-* und *Orientierungswissen* müssen unterrichtlich wieder direkt aufeinander bezogen werden. Dass hierbei der Fachunterricht nicht abgeschafft werden soll, sondern eine tragende Voraussetzung für ein kritisch-integratives Denken spielt, braucht hier nicht weiter ausgeführt zu werden.

2.2 Wissenschaftstheoretische Methodenreflexionen

Fächerüberschreitender Unterricht ist ein sachlich und pädagogisch anspruchsvolles Unternehmen. Nicht selten geschieht es an unseren Gymnasien, dass unterschiedliche Aspekte zu einem Thema in verschiedenen Unterrichtsfächern behandelt werden. Die eigentlich produktive Leistung, die ein fächerüberschreitendes Denken aber erfordert, bleibt ohne Vorbereitungen allein den SchülerInnen überlassen: Sie sind zu oft vor die Schwierigkeit gestellt, den fachlichen Integrationsprozess ohne Hilfestellungen zu leisten; sie sollen dann selbständig Vernetzungskomponenten zusammenfügen und das auch, wenn sie aus so unterschiedlichen Wissensgebieten wie den Natur- und Geisteswissenschaften kommen. Hier liegt m. E. eine Überforderung, die die pädagogische und eben auch die *philosophische Reflexion* herausfordert. Wie ist eigentlich ein fächerüberschreitender Unterricht möglich? Wie kann der eigentlich Kernprozess, nämlich die geistige Komposition und Integration von Teilen zu einem neuen, größeren Ganzen, initiiert und gefördert werden? Das sind Fragen, die zum großen Teil noch offen sind und in einer ‚Didaktik des vernetzenden Unterrichts' erst noch geklärt werden müssten. Unter philosophischer Perspektive könnte einmal die These vertreten werden, dass wissenschaftstheoretische Reflexionen für einen kritisch-fächerüberschreitenden Unterricht förderlich sind. Warum –so könnte man nun fragen- soll so ein Unterricht das Prädikat „kritisch" verdienen? Wissenschaftstheoretisches Denken kann helfen, dem Schüler einen Begriff von dem zu geben, was eine wissenschaftliche Aussage ist, und das v. a. von Aussagetypen in den unterschiedlichen Wissenschaftsbereichen. Denn wer z. B. empirische und normative Aussagen zusammendenken soll, kann dies nur *kritisch* tun, wenn er ihre gemeinsamen, aber auch unterschiedlichen Aspekte kennt. Methodenreflexionen hätten im Vorfeld des vernetzenden Integrationsprozesses dann die Aufgabe, auf die Möglichkeiten und Grenzen von Wissenschaften aufmerksam zu machen. Wo diese unhinterfragt Aussagen über Wirklichkeitsbereiche machen, die ihnen aus methodischen Gründen eigentlich nicht zugänglich sind, kann fächerüberschreitendes Denken nur in einer undifferenzierten Aussagenmixtur münden. Aber auch dann, wenn der Sicherheitsgrad wissenschaftlicher Aussagen falsch begriffen und bewertet wird, kann es bei Schülern zu einem ungerechtfertigten Verständnis von Wissenschaft kommen, nach dem die einen „exakt" sind und die anderen eben „nur diskutieren" können. Wer wissenschaftstheoretische Grundbegriffe kennengelernt hat, hat bessere Chancen zu einem kritisch-integrativem Denken: Wissen aus unterschiedlichen Wissensbereichen könnte dann differenziert, eben „kritisch" zusammengedacht werden, Trennendes wäre in einem Spannungsverhältnis zu belassen. Diese *reflexive Methodenkompetenz* ist m. E. eine wichtige Voraussetzung dafür, bestehende Vorurteile in Bezug auf Natur- und Geisteswissenschaften – sowohl bei Lehrern als auch bei Schülern- abzubauen. Sie stellte im Kontext eines philosophierenden fächerüberschreitenden Unterrichts eine notwendige Denkanstrengung dar.

Freilich sollen Schüler auf der gymnasialen Oberstufe keine Spezialisten in Sachen Wissenschaftstheorie werden. Das würde die Vorgabe einer allgemeinen Bildung sprengen. Aus didaktischer Perspektive stellt sich deswegen die Frage nach der Elementarisierung. Auf welche grundlegenden Formen soll der wissenschaftstheoretische Stoff didaktisch reduziert werden? Die Zielformulierung muss dabei sein, dass diese Auswahl des Elementaren für einen fächerverbindenden Integrationsprozess förderlich sein soll. Die Konzentration könnte sich hier v. a. auf zwei kritische Leitfragen beziehen: (i) Auf *welchen Wirklichkeitsbereich* ist eine Wissenschaft beschränkt bzw. (ii) *welchen Wahrheitsstatus* können Aussagen natur- und geisteswissenschaftlicher Fächer haben?

Für eine Methodenreflexion, die sich auf die Naturwissenschaften bezieht, bietet sich z. B. eine Einführung in das Induktionsproblem an, wie es Karl R. Popper formuliert hat. Unterrichtlich ist hier darauf zu achten, nicht von philosophischen Texten oder Theorien auszugehen, sondern problemorientiert an einem konkreten Beispiel oder Experiment eine philosophische Reflexion vorzunehmen. Dieser Weg versucht, eine Problematik genetisch an ihrem Ursprung zu erheben und ist deswegen für Schüler allemal motivierender als ein rein deduktives Vorgehen. In der Physik, der Biologie oder Chemie könnte eine Versuchsreihe gestartet werden mit dem Ziel, auf induktivem Wege zu einer Gesetzesaussage im Sinne eines All-Satzes zu kommen. Wichtig in

Bezug auf unsere erste wissenschaftstheoretische Leitfrage nach dem Wirklichkeitsbereich einer Wissenschaft wäre hier, den Begriff der „Protokollaussage" mit den Schülern genauer zu thematisieren. Über ihn könnten sie verstehen lernen, dass Naturwissenschaften *empirische* Wissenschaften sind, weil sich ihre Basisaussagen immer nur auf die Wirklichkeit beziehen können, insofern diese für uns sinnlich erfahrbar ist. Die eigentlich wissenschaftstheoretische Reflexion fände dann in Form einer *Problematisierung des Induktionsschlusses* statt. Popper selbst fragt hier kritisch: „Ist es gerechtfertigt, von [wiederholten] Einzelfällen, die wir erfahren haben, auf andere Fälle [Konklusionen], die wir nicht erfahren haben, zu schließen?" (POPPER 1993,4) Oder noch einfacher formuliert: „Kann man mehr wissen, als man weiß?" (POPPER 1979,3) Seine Antwort dürfte auch für Schüler plausibel sein, wenn er sagt, dass uns bekanntlich noch so viele Beobachtungen von weißen Schwänen nicht zu dem Satz berechtigen, dass alle Schwäne weiß seien (vgl. POPPER 1982,3). Diese Kritik an der ‚Logik induktiver Schlüsse' hat Konsequenzen für das Verständnis des Sicherheitsgrades, den naturwissenschaftliche Aussagen erreichen können: Nicht All-Gewißheit im Sinne von Wahrheit ist in diesem Wissensbereich zu erreichen, sondern allenfalls ein hypothetisches Wissen, das durch kritische Prüfungen an der Wirklichkeit falsifiziert werden kann oder sich bewährt. Diese Poppersche Konzeption könnte dann mit den Schülern anhand seines „Deduktionsmodelles" besprochen werden. Entscheidend wäre hier einzusehen, dass die Idee naturwissenschaftlicher Begründung bzw. Wahrheit aufgegeben wird. An ihre Stelle tritt die Position der kritischen Prüfung, nach der naturwissenschaftliche Aussagen nur den *Sicherheitsgrad noch nicht widerlegter Vermutungen* einnehmen können. Es ist hier zu einem Umbruch von Begründungs- zum Falsifikationsdenken gekommen.

Bei geisteswissenschaftlichen Methodenfragen kann exemplarisch auf Hans-Georg Gadamer zurückgegriffen werden. Auch wenn er sein Hauptwerk „Wahrheit und Methode" als eine Ontologie des Verstehens und nicht als eine ‚Methodenlehre mit Regelwerk' konzipierte, so bieten doch seine Aussagen über den hermeneutischen Zirkel einen elementaren Ansatzpunkt, geisteswissenschaftliche Vorgehensweisen zu verstehen. Der Lehrer kann hier etwa an ausgewählten literarischen Beispielen den Schülern zeigen, wie ihr Verständnis einer bestimmten Textstelle permanent dadurch erweitert bzw. vertieft werden kann, dass dieser Textausschnitt in immer weitergehende Verständnishorizonte gestellt und von diesen her interpretiert wird. Aber auch der umgekehrte Weg wird möglich sein: Aus dem annähernden Verstehen vieler Einzeltexte kann auch das Textganze besser verstanden werden. Eine philosophisch-begriffliche Reflexion dieses Verstehensprozesses, der sich immer auf die Relation von Teil und Ganzem bezieht, bietet Gadamer, wenn er schreibt: „So läuft die Bewegung des Verstehens stets vom Ganzen zum Teil und zurück zum Ganzen. Die Aufgabe ist, in konzentrischen Kreisen die Einheit des verstandenen Sinnes zu erweitern. Einstimmung aller Einzelheiten zum Ganzen ist das jeweilige Kriterium für die Richtigkeit des Verstehens. Das Ausbleiben solcher Einstimmung bedeutet Scheitern des Verstehens." (GADAMER,275) Das hermeneutisch geschulte Verstehen versucht also bewusst, zwischen Text und Kontext hin und her zu oszillieren, mit dem Ziel, das eine aus dem anderen besser zu verstehen. Was hier nur bleibt, das ist in einer Art „spiralischer Höherbewegung" zu einem immer weitergehenden Verständnis zu kommen. Freilich kommt dieser Prozess prinzipiell an kein Ende: Es können immer noch weitere Verstehenszusammenhänge gefunden und hinzugenommen werden. Die Wahrheitsfrage muss auch hier aus methodischen Gründen offen bleiben. Möglich ist es nur, sich dem gemeinten Sinn *verstehend* anzunähern, ohne ihn ganz und wissentlich erreichen zu können. Einen grundsätzlichen Unterschied zu den Naturwissenschaften scheint es nur in Bezug auf den Wirklichkeitsbereich zu geben, mit dem sich speziell die Geisteswissenschaften beschäftigen: Zu den unterschiedlichen *Darstellungen menschlichen Geistes* versuchen sie nicht den empirischen, sondern eben den verstehenden Weg zu gehen. (vgl. ROMMEL 1999)

2.3 Ethische Bildung

Wissenschaftstheoretische Reflexionen sollten ihren Beitrag dazu leisten, dass Schüler im fächerübergreifenden Unterricht eine kritische Vernetzung natur- und geisteswissenschaftlichen Wissens vornehmen können. Ein konkreter Testfall für ein solches transdisziplinäres Denken sind v. a. die Schlüsselprobleme aus dem biotechnologischen Bereich. Bei ihnen kann sich in ganz besonderem Maße zeigen, dass fächerübergreifende Bildung immer auch ethische Bildung ist. Denn die Dimension des Ethischen fungiert ja gerade bei Problemen moderner Technik als eine zentrale Vernetzungskomponente, wie wir oben schon ausgeführt haben. Betrieben werden soll aber keine „Krisenpädagogik", die SchülerInnen ein biotechnisches Horrorszenarium vorführt, sondern Ziel muss es sein, im Ausgang von der Art, wie SchülerInnen heute in ihrer Lebenswelt solche Probleme wahrnehmen, instrumentelle und praktische Vernunft aufeinander zu beziehen. Denn „Rationalität im anspruchsvollen Sinne ist stets beides, *Verfügungswissen* und *Orientierungswissen.*" (MITTELSTRASS,123)

Ein Biologe könnte Oberstufenschülern z. B. in die Grundlagen der assistierten Reproduktion beim Menschen (ARP) bzw. in die Präimplantationsdiagnose (PID) einführen. Bei der Beschreibung der ethischen Problemstrukturen, die sich bei diesen Techniken ergeben, kann nun sehr schnell festgestellt werden, dass sich dieses Schlüsselproblem moderner Gesellschaften nicht mehr „glatt", lösen lässt. Vielmehr ergibt sich ein äußerst differenziertes Geflecht an Wert- bzw. Interessenkonflikten zwischen den beteiligen Vernetzungskomponenten. Rechte und Interessen des Paares mit Kinderwunsch, des Embryos, der beteiligten Wissenschaften, aber auch der biotechnischen Industrie, der Krankenkassen, des Staates und u. U. der zukünftigen Generationen können hier *konfligierend gegeneinander* stehen. Aus ethischer Perspektive wird die Sachlage noch dadurch erschwert, dass deontologisch und utilitaristisch begründete Sollens-Forderungen aufeinandertreffen können. Insgesamt zeigt sich diese Konfliktstruktur als fast unlösbares ethisches Problem. „Unlösbar" auch deswegen, weil diese Probleme *Dilemma*-Charakter aufweisen: Viele ethische Handlungsnormen und Interessen erscheinen in solchen Problemtypen als berechtigt. Aber nicht alle können gleichzeitig realisiert werden. Immer verstößt der Handelnde gegen (ethische) Werte.

Der Pädagoge wird hier einerseits aufgefordert sein, wieder eine didaktische Reduktion vorzunehmen. Andererseits bietet sich aber auch die Chance einer ethischen Bildung. Denn Lawrence Kohlberg setzte ja gerade auch in die Diskussion ethischer Dilemmata seine Hoffnung auf eine moralpädagogische Entwicklung. Die Frage ist also, ob nicht die Theorie einer neuen Allgemeinbildung durch Schlüsselprobleme, wie sie Klafki vorgelegt hat, und Kohlbergs Ansatz zur Moralpädagogik zwei einander ergänzende Bildungskonzeptionen sind. Bietet hier nicht der „Dilemma"-Begriff eine Kategorie, die sowohl *realitätsnah* in die moderne Welt als auch *moralpädagogisch* zu einer ethischen Bildung führen kann?

Dilemmata lassen sich nicht eigentlich auflösen. Das liegt an ihrer aporetischen Wesensstruktur. Aus diesem Grunde scheinen auch Ethiken mit einem kategorischen Prinzip, wie sie etwa Kant vertreten hat, nicht erfolgversprechend, hier Handlungs(aus)wege zu finden. Realistischer könnte die Konzeption einer ‚*Ethik der Güterabwägung*' sein. Sie stellt den „Wert"-Begriff in den Mittelpunkt ihres Ansatzes. Werte stehen aber wesenhaft zueinander im Verhältnis einer Hierarchie oder „Rangordnung der Werte" (SCHELER,44.106), die durch „Vorziehen" der höheren und durch „Nachsetzen" (SCHELER,47.107) der niedrigeren Werte gebildet wird. So entstehen *Prioritätsrelationen* von Werten, die in *Präferenzregeln* umformuliert werden können, um ethische Wertkonflikte zu einem „guten Ausgleich" zu führen.

Kohlberg selbst hat es stets abgelehnt, Schülern „von außen" Regeln an die Hand zu geben, um in Dilemma-Situationen einen Abwägungsprozess durchführen zu können. Dennoch scheint es m. E. überlegenswert zu sein, ob in höheren Klassenstufen nicht nur die „freie Diskussion von Dilemmata", sondern auch *methodische Wege, zu begründeten Präferenzentscheidungen zu kommen*, zum Gegenstand moralischer Bildung gemacht werden sollten. Eine 'Ethik der Güterabwägung' könnte dazu den theoretischen Hintergrund abgeben. Eine einseitige Beeinflussung der Lernenden müßte damit nicht zwangsläufig gegeben sein. Methodisch angeleitete Lösungsverfahren und die Autonomie des ethischen Subjekts schließen sich nicht gegenseitig aus. Bei Entscheidungsprozessen in unserem bioethischen Beispiel könnten etwa folgende Vorzugsregeln relevant werden:

a) Die Wahrung der Würde des Menschen und das, was sie sichert, ist im Konfliktfall allen übrigen Werten voranzustellen.
b) „*Das sittliche Gut der freien Eigenverantwortlichkeit, der Freiheit des Gewissens, ist im Konfliktfall sämtlichen übrigen Gütern, die ein Gesetz schützen will, vorzuziehen.*" (KORFF,36)
c) „Allein unter der Voraussetzung der Respektierung der Personenwürde kommt den sich von der Gemeinschaft her ergebenden Ansprüchen gegenüber den Ansprüchen des einzelnen im Konfliktfall der Vorrang zu." (KORFF,79)
d) Utilitaristische Handlungsgrundsätze sind deontologischen Prinzipien nachgeordnet und werden erst berücksichtigt, wenn die Gewährleistung der Grundrechte gesichert ist. (vgl. ZOGLAUER,183)
e) Die Inkaufnahme eines bestimmten Übels, das zur Erreichung eines an sich guten Zieles unabdingbar ist, kann dann gerechtfertigt bzw. toleriert werden, „wenn die als solche nicht um ihrer selbst willen intendierte negative Nebenwirkung in ihren üblen Folgen geringer ist als die üblen Folgen, die aus dem Unterlassen der Handlung und ihrem primär angestrebten Zweck entstehen würden." (KORFF,81)

Auch solche und ähnliche Prioritätsregeln können bei epochaltypische Dilemmata natürlich zu keinen allseitig befriedigenden Handlungsentscheidungen führen. Kompromisse oder die Zurücksetzung rangniederer Werte müssen immer in Kauf genommen werden. Was hier nur möglich ist, das sind *keine Maximallösungen*, sondern allenfalls *ausgleichende Optimierungen zwischen den beteiligten Vernetzungskomponenten*. Die philosophische Begründung dieser Regeln müsste im Rahmen einer ‚Ethik der Güterabwägung' geleistet werden. Pädagogisch stünde die Aufgabe an, solche Vorzugsgesetze den moralpsychologischen Entwicklungsstufen zuzuordnen, wie sie Kohlberg in seinem Strukturschema einer präkonventionellen, einer konventionellen und einer postkonventionellen Moralität entwickelt hat. Dies wäre schon deswegen wichtig, um ethisches Lehren und Lernen mit dem moralpsychologische Entwicklungsniveau abzustimmen, auf dem eine Schülergruppe ungefähr steht. An dieser pädagogischen Schnittstelle müssten praktische Philosophie und entwicklungspsychologisches Denken aufeinander zugehen, um eine effektive ethische Bildung zu ermöglichen.

3 Die synthetische Funktion der Philosophie im Kanon der Fächer: Von der ‚Einheit der Bildung' zur ‚Bildung in Einheiten'

Fächerüberschreitender Unterricht wurde bisher immer auch als ein philosophierendes Lernen verstanden. Stellen wir zum Schluß doch einmal explizit die Frage: Welche Funktion hat die Philosophie im Kontext fächerüberschreitender Bildungsprozesse? Welche Aufgabe ist ihr unter dieser Perspektive zugewiesen? (vgl. ROMMEL 1997)
Zunächst hat die Philosophie m. E. für den vorgeschlagenen kritisch-fächerüberschreitenden Unterricht eine unverzichtbare Funktion: In ihrem theoretischen Teil kann sie ihre wissenschaftstheoretische, in ihrem praktischen Teil ihre ethische Kompetenz einbringen. Als genuin inter- bzw. transdisziplinäres Fach weist die Philosophie einen *inneren Zusammenhang zwischen theoretischer und praktischer Vernunft* auf, wie er sonst keinem anderen Fach mehr eigen ist. Und es ist ja genau dieser innere Zusammenhang, der heute für eine gymnasiale Allgemeinbildung im Kontext der modernen Welt so wichtig wäre. Philosophie hat im fächerüberschreitenden Denken eine *integrative Funktion*. Das müsste hier die Grundthese sein. Wird so argumentiert, stellt sich aber sofort eine Anschlussfrage ein, nämlich: Was ist das erklärte Ziel solcher integrativer oder auch synthetischer Denkprozesse?
Es war Immanuel Kant, der genau in diesem Zusammenhang von der Philosophie viel erwartet hat. Er behauptet in seiner ‚Logik' von ihr, dass sie „sogar die einzige Wissenschaft [ist], die im

eigentlichsten Vertande einen systematischen Zusammenhang hat und allen anderen Wissenschaften systematische Einheit giebt." (KANT,24) Kant hat also die Hoffnung und die Erwartung, dass die philosophische Reflexion mit ihrer systematisierenden Kraft das einzelwissenschaftliche Wissen zu einer großen, geordneten Einheit zusammenknüpfen kann. Nach dieser Vorstellung bleibt das Einzelne hier nicht unverbunden, sondern wird in einem umfassenden und kohärrenten Zusammenhang gestellt. Das Endergebnis eines solchen Verfahrens wäre ein einheitliches Weltbild. Es war dann Johann Gottlieb Fichte, der dieses synthetische Vermögen der Philosophie auch für die Schulbildung reklamierte und forderte, dass *„der gesammte wissenschaftliche Stoff in seiner organischen Einheit* auf der höheren Lehranstalt [durch den philosophischen Geist] aufgefasst und durchdrungen werden" (FICHTE,125/§19) müsse.

Problematisch scheint nun die Zielvorstellung, dass der Philosophie eine geradezu *enzyklopädische Funktion* zukomme, freilich am Ende des 20. Jahrhunderts. Große Brüche und Widersprüche im Wissen der Menschheit, aber auch die beschleunigte Zunahme des Wissensumfanges drängen hier eher zu einer skeptischeren Sichtweise: Nicht nur die Philosophie, niemand kann die große, organische Einheit allen Wissens heute herstellen oder sich sicher sein, sie entdeckt zu haben. Schon Blaise Pascal hatte in seinem erschrockenen Erstaunen vor den kleinen und den „unendlichen Räumen" des Alls einen kritischen Sinn dafür entwickelt, dass der menschlichen Erkenntnis unüberwindliche Grenzen gesetzt sind: „Wie sollte es möglich sein, daß ein Teil [gem. ist der Mensch] das Ganze erkennte? Doch er wird vielleicht danach trachten, wenigstens jene Teile zu erkennen, zu denen er in einem angemessenen Verhältnis steht. Aber die Teile der Welt haben alle eine solche gegenseitige Beziehung oder Verkettung, daß ich es für unmöglich halte, den einen ohne den anderen und ohne das Ganze zu erkennen. [...] um also das eine zu erkennen, muß man auch das andere erkennen." (PASCAL,137f) Als Partikularität in unendlichen Interdependenzen zu Teilen, die insgesamt ein Ganzes bilden, kann der Mensch dieses Ganze nicht begreifen. Menschliches Erkennen hat hier gelernt, gegenüber dem Kosmos die Haltung nicht-wissenden Bescheidenheit einzunehmen.

Deswegen muss unsere erkenntnistheoretische Einstellung aber nicht gleich skeptizistisch ausfallen. Es bleibt die integrative Funktion philosophischen Denkens. Ist die Einheit der wissenschaftlichen Erkenntnis nicht mehr zu erreichen, so kann doch noch *Erkenntnis in Einheiten* stattfinden. Gerade heute wird deutlich, dass die Wissenschaften nicht nur Fortschritte in ihren unendlichen Spezialisierungen machen, sondern Felder neuer und wachsender Erkenntis gerade im interdisziplinären Bereich liegen. Vielleicht kann die alte Forderung nach der systematischen Einheit der Erkenntnis und des Wissens nur noch eine *regulative Idee* sein, und wahrscheinlich war sie in der Geschichte des Denkens tatsächlich noch nie mehr.

Analoges gilt dann aber auch für die schulische Bildung, wenn sie wissenschaftsorientiert sein will. Das Postulat von der ‚Einheit der Bildung' kann nicht mehr aufrecht erhalten werden. Die überflutende Menge und die Unterschiedlichkeit des Wissens, das heute in schulische Bildungsprozesse drängt, ist insgesamt so divergent und für den einzelnen so unübersichtlich, dass eine große organische Einheit ‚nicht gebildet' werden kann. Dennoch gibt es weiterhin die notwendige Denkleistung der Verknüpfung und Integration von Zusammengehörigem. Dabei sind kleinere Bildungseinheiten ihrerseits *nicht einfach vorgegeben*, sondern immer wieder von neuem *aufgegeben*. D. h., dass SchülerInnen angeleitet und unterstützt werden müssen, *für sich produktiv ‚Einheiten des Wissens' zu gestalten*, die sich aus ihren Wahrnehmungen ergeben. Und genau dazu kann Philosophieren wichtig sein. Denn Philosophie ist die Disziplin, die über die fachwissenschaftlichen Grenzen hinaus *weiterfragt*: „Philosophie heißt weiterfragen. Es heißt insbesondere zurückfragen nach den eigenen Voraussetzungen. Das Verhältnis der Philosophie zur sogenannten positiven Wissenschaft läßt sich auf die Formel bringen: Philosophie stellt diejenigen Fragen, die nicht gestellt zu haben die Erfolgsbedingung des wissenschaftlichen Verfahrens war." (V. WEIZSÄCKER,126) Einmal kann die Philosophie also das gelernte Fachwissen in den Kontext einer Fragehaltung stellen, die auf die *fachwissenschaftlich noch offenen Grundlagen dieses Wissens* zurückführt. Philosophisches Denken ist so oft die *Reflexion auf das Vorwissenschaftlich-Prinzipielle*, auf die Natur, die Seele, das Gute, die Freiheit und ähnliches. Bildung kann auf diese *sinnstiftende Tiefendimension* schlichtweg nicht verzichten. Philosophie kann das Wissen in der Schule aber auch daraufhin befragen, wie das Einzelne über sich hinausgreift und sich mit einem

Anderen verbindet und beide so vielleicht eine Einheit bilden können. Solche *Einheiten* sind heute aber nicht mehr als hermetisch geschlossene Systeme aufzufassen. Sie müssen *prinzipiell offen* sein, um sie -aufgrund neuer Erkenntnisse- zu einem späteren Zeitpunkt revidieren zu können. Philosophie könnte hier mit Modellen, Konzepten, Oberbegriffen oder Ordnungsschemata arbeiten, die Wissen fächerverbindend strukturieren und vereinen. Sie müsste den Schülern aber auch kritisch zeigen, dass die Wirklichkeit durch Wissenschaft nicht einholbar ist. Diese Wirklichkeit bleibt für uns immer ein *unendlich offener Horizont*. Verschiedene Wissenseinheiten können miteinander eben auch *unverträglich* sein; es kann sogar *Widersprüche* zwischen ihnen geben. Diese Spannungsverhältnisse müssen aufgedeckt und auch ausgehalten werden. Aber genau darum weiß eine philosophisch vertiefte Bildung und ist deswegen kritisch gegen jede Form von Totalitarismus.

Literatur:

Beck, Ulrich (1997): Risikogesellschaft, Auf dem Weg in eine andere Moderne, 14. Aufl., Frankfurt a. M.: SV [^{1}1986].
Fichte, Johann Gottlieb (1971): Deducirter Plan einer zu Berlin zu errichtenden höheren Lehranstalt, in: *ders.*, Fichtes Werke, hrsg. v. Immanuel Hermann Fichte, Berlin: de Gruyter & Co., Bd. VIII, S. 95-204.
Gadamer, Hans-Georg (1975): Wahrheit und Methode, Grundzüge einer philosophischen Hermeneutik, 4. Aufl., Tübingen: Mohr.
Kant, Immanuel (1968): Logik, Ein Handbuch zu Vorlesungen, in: Kants Werke, Akademie-Textausgabe, Berlin: de Gruyter, Bd. IX, S. 1-150.
Jaspers, Karl (1979): Die geistige Situation der Zeit, 8. Abdr. d. i. Sommer 1932 bearb. 5. Aufl., Berlin/New York: de Gruyter.
Klafki, Wolfgang (1996): Neue Studien zur Bildungstheorie und Didaktik, Zeitgemäße Allgemeinbildung und kritisch-konstruktive Didaktik, 5., unveränd. Aufl., Weinheim/Basel: Beltz [^{1}1985].
Korff, Wilhelm (1979): Kernenergie und Moraltheologie, Der Beitrag der theologischen Ethik zur Frage allgemeiner Kriterien ethischer Entscheidungsprozesse, Frankfurt a. M.: st.
Markl, Hubert (1998): Wissenschaft gegen Zukunftsangst, München: Hanser.
Mittelstraß, Jürgen (1992): Leonardo-Welt, Über Wissenschaft, Forschung und Verantwortung, Frankfurt a. M.: stw.
Pascal, Blaise (1997): Gedanken über die Religion und einige andere Themen, hrsg. v. Jean-Robert Armogathe, a. d. Franz. übers. v. Ulrich Kunzmann, Stuttgart: RUB.
Popper, Karl R. (1979): Die beiden Grundprobleme der Erkenntnistheorie, Aufgr. v. Manuskr. a. d. Jahren 1930-1933, hrsg. v. Troels Eggers Hansen, Tübingen: Mohr/Siebeck (Die Einheit der Gesellschaftswissenschaften, Bd. 18).
Ders. (1982): Logik der Forschung, 7., verb. u. durch sechs Anh. verm. Aufl., Tübingen: Mohr/Siebeck (Die Einheit der Gesellschaftswissenschaften, Bd. 4).
Ders. (1993): Objektive Erkenntnis, Ein evolutionärer Entwurf, Hamburg: Hoffmann und Campe [^{1}1972].
Rommel, Herbert (1997): Aufgaben der Philosophie im fächerübergreifenden Unterricht, in: Zeitschrift für Didaktik der Philosophie und Ethik, 19. Jg., Heft 4, S. 281-287.
Ders. (1999): Fächerverbindender Unterricht und wissenschaftstheoretische Reflexionen, Didaktische Konsequenzen für eine moderne Allgemeinbildung, in: Erziehung und Bildung, 52. Jg. (ersch. im 2. Heft).
Scheler, Max (1980): Der Formalismus in der Ethik und die materiale Wertethik, Neuer Versuch der Grundlegung eines ethischen Personalismus, 6., durchges. Aufl., Bern / München: Francke (Gesammelte Werke, Bd. 2).
Snow, Charles Percy (1969): Die zwei Kulturen, in: Kreuzer, Helmut, Literarische und naturwissenschaftliche Intelligenz, Dialog über die „zwei Kulturen", Unter Mitarbeit v. Wolfgang Klein, Stuttgart: Klett, S. 11-25.
Weizsäcker, Carl Friedrich v. (1981): Gottesfrage und Naturwissenschaften, in: ders., Deutlichkeit, Beiträge zur politischen und religiösen Gegenwartsfragen, München: dtv, S. 117-138.
Zoglauer, Thomas (1998): Normenkonflikte – zur Logik und Rationalität ethischen Argumentierens, Stuttgart-Bad Cannstatt: frommann-holzboog.

"We want to see action!"[1]
On Kierkegaard's ethical instruction[2]

By Begonya Sáez Tajafuerce

"This shadow-existence is the secret of the system, knowing about, *not being"* (Pap.VIII 1 A 554/JP 646)
"Instruction in ethical capability is essentially upbringing" (Pap. VIII 2 B85,10/JP 653)

In 1837, fifty years after the publication of Kant's *Kritik der reinen Vernunft* and after having attended some courses on Kant's Ethics taught by H.L. Martensen[3] at the Theology Faculty of the University of Copenhagen, a very young Søren Kierkegaard writes:

> It seems that, by Kant, Philosophy went bankrupt theoretically speaking so it was a question of whether there was something left to be saved on the practical way.[4]

Subtly chiming Kant's suspicion and diagnosis regarding the limits of theoretical philosophy,[5] Kierkegaard will remain faithful to and consistent with this *practical turn*, as it were, throughout his works, and he will drive it to its ultimate consequences, making it he core of his whole thought. But to set the record straight, let me state that, in the following, I will not be making a comparison between Kant and Kierkegaard, not even of their critical approaches to philosophy as sheer *theorein*, something which they obviously share. Rather, I will attempt to illustrate the ways and means by which Kierkegaard, as opposed to Kant, depicts a *heuristic* proposal which determines and, thus, sharpens the edges of the philosophical task and, specifically, of practical philosophy or ethics.

According to Kierkegaard, if there is something to be saved in philosophy, this is indeed its "practical way". On the one hand, "practical way" might be read here as the task of philosophizing, that is, the task of appropriating philosophical knowledge by rational means, namely, by appropriating at the same time the operating principles of reason. On the other hand, a "practical way" designates a specific philosophical ground, namely ethics, which is neither solely nor mainly epistemologically determined but, on the contrary, practically determined, i.e., determined by means of *action*. In this "way", the task of philosophy is, thus, to *demand*. Indeed, in Kierkegaard's view, this is precisely what the times [from a philosophical perspective] need,

> What the world needs most of all right now is this *You shall*, pronounced with authority. This is the only thing that can give impetus.[6]

In other words, all philosophical undertakings and ethical philosophical undertakings in particular, are therefore legitimate if and only if they aim at philosophizing, and thereby, at action; such undertaking are thus legitimate insofar as they bring action about. To do so, philosophy and/or ethics must serve and be grounded directly upon an existential concern, which, in Johannes Climacus' condensed formulation in the *Concluding Unscientific Postcript*, reads as follows:

> However, in order to avoid confusion, it should immediately be kept in mind that the issue is not about the truth of Christianity but about the individual's relation to Christianity, consequently not about the indifferent individual's systematic eagerness to arrange the truths of Christianity in §§ but rather about the concern of the infinitely interested individual in regard to his own relation to such a doctrine.[7]

Very much aware of, and sensitive to, this 'main confusion' of modern times, Kierkegaard iteratively warns against the cardinal sources, one by one, of all mistreatment of ethical truth, all deeply rooting in the fact that:

> men still treat Christianity as a problem of knowledge, so that Christian knowledge in and for itself has value in the same sense as, for example, mathematics, history, and so on, intellectual disciplines which are not related to what kind of life a man lives, his character.[8]

As Kierkegaard himself maintains,[9] it seems to follow from the above that neither science nor scholarship can provide a legitimate topos for the teaching of the ethical truths or contents wherein these become nothing more than academical chimeras or numerical accountings of human relationships. Kierkegaard's main critical point in this discussion is that both science and scholarship are unable to bridge 'ideality' and 'reality', and thus, allow these ethical truths to escape mere thought and enter into actual existence, simply because science and scholarship are indifferent to "the task" and, hence indifferent towards existence, and/or *action*. In Kierkegaard's own words:

> Nowadays everything is admonition, directed only toward understanding, so that the child understands that one wishes him well, etc. - but it actually has no connection with existence.[10]

Still performing a critique pragmatic move while also indirectly asking about the way in which philosophy, and/or ethics might succeed in fulfilling "the task" of bringing about (ethical) action, Kierkegaard quotes Socrates in order to essentially point out that ethical truths or contents (i.e., "the difference between good and evil", as the ethical rigorist, Judge William, would put it in *Either/Or II*) cannot be taught:[11]

> This Socratic thesis is of outmost importance to Christianity: Virtue cannot be taught; that is, it is not a doctrine, it is a being-able (*Kunnen*), an exercising, an existing, an existential transformation, and therefore it is so slow to learn, not at all as simple and easy as the rote-learning of one more language or one more system.[12]

Hence, what must be conveyed in this realm is not *information* or *knowledge* but an *ability* or *being-able*.[13] At this point, Kierkegaard considers a second type of what he calls "instruction", upon which the bridge between ideality and reality might rest. This methodological point, followed by an *itemized heuristical proposal*, is based on the following insight as found in his journals:

> The difference of all instruction is essentially only this - in what medium is the instruction to be

communicated? Children and young people are instructed in the medium of the ideality of imagination. What is said there is true. And yet this very truth can become a trap in the medium of actuality. It is taught that one ought to love the good. Inasmuch as we all learn this, if we all acted accordingly, the medium of actuality would be just as ideal as the medium of imagination. But this is not the case. Then comes the last instruction. It teaches exactly the same thing as was taught to the young, but in addition it teaches how things go in the medium of actuality - that the good is persecuted.[14]

The interesting turn in this quotation - what is called the "addition" of this second kind of instruction - is that it accentuates the medium of actuality as opposed to the medium of imagination. For this reason, the "last instruction" underlines the traces found in actuality of a fundamental misproportion between the *ought to be* (ideality) and the *is* (reality), the very misproportion where "last instruction" itself originates. Insofar, the "practical" way of Philosophy is principally a *negative* way. Nonetheless, the "last instruction" bears witness to a duty towards the actualization of ethical truths, compelling one furthermore to "act accordingly" all the while stressing the risks of doing so. "Last instruction" focuses not on the *a priori* of action and hence on its ideal conditions and presuppositions, but on its *a posteriori* and thus its ment actual fulfill and 'consequence'. Here, the "practical" way of philosophy is principally a *positive* way.

In this dialectical guise, Kierkegaard succeeds in shedding light upon the specific deficit of the "first" mode of instruction. And this is twofold. On the one hand, Kierkegaard's reflection performs an *evaluative move*, by denouncing that by no means do ideality or imagination overlap reality or actuality; on the contrary, Kierkegaard stresses their infinite distance. On the other hand, Kierkegaard's reflection simultaneously performs a *normative move* by negatively requiring this infinite distance to be reduced; thus, ethical truths should no longer be understood *in abstracto* as an idea(l) nor under the subjunctive verbal tense, as an 'if', but they should be translated into the present tense: they should be actualized. In other (key)words, considered from a Christian perspective, ethics should not be seen as "a doctrine but [as] an existence-communication".[15] I would like to make Kierkegaard's point extensive and advocate for the same qualification of ethics *senso latu*.

Thus, by stressing actuality, i.e., action and existence, legitimate ethical instruction is not only said to affect but also to occur within two levels, namely within *imagination* or ideality on the one hand, which allows a re-presentation of the ethical by intellectual and/or poetic means[16], and, on the other, within *actuality* or reality, which, as we will see, is the existential and main level, hence allowing a practical determination of the ethical, i.e., its coming *true*. And now that we have been presented the double dynamics of Kierkegaardian ethical instruction, let us observe its character.

In order to grasp the nature of Kierkegaard's ethical instruction, as well as its methodological implications, attention will be paid to those remarks in his journals, the propositional content of which might paradigmatically be referred to as follows: "The instruction, the communication, must not be as of a knowledge, but upbringing, practising, *art-instruction*".[17] This remark seems to tacitly answer the indeed

Socratic question of *how* ethics should be taught in order to bring about the ethical or, explicitly, its Kierkegaardian reformulation: *how* is the ethical to be communicated so as to perform an "existence-communication". In this respect, my undertaking begins just where the Kierkegaardian text suggests: that is, with Socrates.

The Socratic philosophical undertaking as conceived of by Kierkegaard is both the methodological and existential archetype to be followed. Kierkegaard's appraisal and, to a certain extent, appropriation of Socratic *maieutics* seems to be indisputable[18], especially given the posthumously published *Lectures on the Dialectics of Ethical and Ethico-religious Communication* from 1847, found among his journals and papers, which are my main textual source for the reading here.

Modern philosophy, objects Kierkegaard, runs in the wrong direction, backwards, "away from London"[19] or, we should rather say, away from Greece. Given this malicious inversion, Kierkegaard strongly recommends that it should "turn around" and be sensitive to the methodological questions which the Socratic undertaking raises. These questions have a specific shape not only in Kierkegaard's conceptual framework but also in his own philosophical project, in his own text, namely: (1) *authority*, (2) *reduplication*, and (3) *seduction*. Moreover, it will be on behalf of these that the ethical and, in my view, ethics itself, will be conceived of as a *challenge*, and as such, for the teacher as well. Let us now examine them.

In general terms, the question of *authority* becomes relevant in Kierkegaard's view because it is the *conditio sine qua non* for ethical instruction, and because it is paradoxically lacking. Thus in this view, authority makes ethical instruction at once possible and impossible, legitimate and illegitimate. To make this apparent *status quo* productive, we shall expand the view upon the notions of *reduplication* and *seduction*, where authority is not established *epistemologically*, that is, it is not determined by knowlegde, but *pragmatically*, by action(s),[20] and *rhetorically*, by discourse. The issue at stake in here concerns the power through which instruction shall be addressed; a power which in the case of 'reduplication' will be ethically accentuated and, in the case of 'seduction', aesthetically.

Authority.
To begin with, given that in his opinion everyone is in possession of the ethical in the sense that everyone knows it, Kierkegaard coherently disregards all kinds of epistemological authority. "In regard to the ethical - he writes in the *lectures*- proficiency cannot make a master-teacher".[21] Furthermore, "in regard to the ethical, one person cannot have authority in relation to the other because, ethically, God is the master-teacher and every man is an apprentice".[22] And it is precisely this lack of *ethical* authority that forces the teacher to "always dare only indirectly, because he must express that he himself is not a master-teacher but an apprentice and (...) because he must express that the receiver himself knows it".[23] One concludes that,

in the very end, the teacher is also one being taught, one being educated[24], and, not least, one also being challenged. This egalitarian and reciprocal starting point or fundamental position depicts the ideal communicative "situation" given in actuality.[25] Once we have agreed on the ideal purpose and the actual conditions of such concrete situation, that is, once we have respectively agreed that the main concern of ethical instruction is to bring action about and that its character is thus mainly challenging, it is even more clear why the lack of epistemological authority, that is, of a kind of authority which finds its source of legitimation in knowledge or in a very particular *besser-Wissen*, as it were, forces a re-comprehension of authority and of the communicative structure which legitimately suits ethical instruction.

Reduplication.

Now, what supplies the teacher with the authority to teach the ethical if not the mere fact of knowing it? In this respect, Kierkegaard suggests elsewhere in his journals that "he who himself expresses what he teaches is a 'teacher'", because "anyone who does not himself existentially express what he teaches, or at least calls attention to this (...) is a Sophist, and all such communication is sophistry".[26] Indeed, the teacher shall present and re-present the doctrine at one and the same time. It is all a matter of "interiorizing the doctrine"[27] and bringing it about or *reduplicating* it.

This can obviously not be the place for a broader discussion of the notion of Kierkegaardian "reduplication". Nevertheless, in order to clarify the use of the notion in the present text, I shall here refer to Climacus' *Philosophical Fragments* and *Postcript* as its source of inspiration, if not of doccumentation. According to Climacus' own use of the terms, one must consider first "redoubling" (*Fordobling*). He refers to this only once in the *Fragments*, and he defines it as "the possibility of a coming into existence within its own coming into existence. Here, in the stricter sense, is the historical, which is the dialectical with respect to time".[28] This first kind of reduplication is thus placed within the realm of possibility, and it might be thought of as a historical reiteration. The second notion of reduplication is to be found in one of Climacus' discussions of the nature of truth, or, rather, the nature of the language and discourse of Christian truth, i.e., the way in which Christian truth is said. Here, Climacus explains that "none of the formulas says more than that truth is, if this is (...) truth is a "redoubling" (*Fordoblelse*), truth is the first [term], but the second [term], the fact that it *is*, is the same as the first one, its being is the abstract form of truth (...) truth is therefore an abstract redoubling (*Fordoblelse*) which is nevertheless canceled at the very same moment."[29] This second kind of reduplication seems to affect the realm of actuality, i.e., the actual state of affairs, and it might be conceived of as a verbal-semantic reiteration, indeed as a tautology. Finally, the third kind of reduplication (*Reduplikation*) seems, for Climacus in the *Postcript*, to imply a generic modification or a "metabasis allo genos" as Kierkegaard with Aristotle would say, that is, a transformation. In this respect, Climacus writes that "the reduplication of the content in the form is the artistry".[30] More explicitly pertinent to our context, he makes clear in a passage devoted to the dialectics of seduction - to which we shall return - that the reduplication of truth in existence implies that the "existing individual" appropriates it and actualizes it.[31] Consisting of an existential reiteration, "reduplication" thus implies at once the acknowledgement of the infinite distance between ideality and actuality, and this is its *negative* moment, as well as the bridging of both, this being its *positive* moment. Given its dialectical structure, "reduplication" itself reduplicates, i.e., it actualizes the very structure of the ethical or "last instruction". In that, according to either one, attention is paid to both ideality and actuality, which means that the infinite distance between them and the need to bridge them are concommitantly re-presented.

Furthermore, in placing this deffinition within the context of specific ethical instruction, Kierkegaard states that "the so-called master-teacher *shall* himself [herself] practice what he teaches"[32] or, at least, (s)he must always "strive to be that which [s]he communicates".[33] In so doing, that is, by accepting the challenge of ethics while addressing its demand to acknowledge the gap between ideality and actuality, and to tend to bridge it; therefore, instead of conceiving of the ethical not simply as a logical or abstract possibility, as a mere ideal or as a doctrine or even as a decalogue, but rather as an ontological and concrete possibility to be actualized, the teacher acquires the proper, in the sense of legitimate ethical authority: namely, the authority of *example*[34]

Ethical instruction and its underlying communicative strategy, as it is presented in the *Lectures of the Ethical and Ethico-Religious Communication*, are consequently conceived of as a specific πραξισ (praxis) or *action*. It is an enterprise where *both* the teacher and the apprentice, by their own agencies, must come to *pragmatical* terms with the ethical they already know in order to become its re-presentatives; both must indeed build the bridge between the idea(l) and the real, both must "exist" in the ethical.[35] We already saw that only when the ethical undergoes the required "actual appropriation",[36] namely, "reduplication", is the "second" ethical instruction not only made possible but legitimated. At this point, Kierkegaard is even more specific, and explains that this is so, because only in this case is the teaching of practical philosophy "pathos-filled", and as such, a "dialectical transition".[37]

In short: this Kierkegaardian "pathos-filled dialectical transition" is first and foremost interesting because of both its ambivalent and agglutinating force, whereby all dualities are requalified. Firstly, methodologically speaking, it is within these specific dialectics that imagination and actuality, thought and existence, idea(l) and reality, are brought together; however, each of these remain apart as such. Secondly, heuristically speaking, we have seen the dialectic relationship between the teacher and the apprentice, fraught to keep both of them balanced in the light of Socratic maieutics. Finally, linguistically speaking, the "pathos-filled dialectical transition" takes place within discourse, that is, within language conceived of in pragmatic terms as action. From this perspective, this implies concretely that the "pathos-filled dialectical transition" presupposes a non-descriptive or non-demonstrative use of language, but, on the very contrary, a *performative* or *emotive* one. If this is right, then the "pathos-filled dialectical transition" is to be approached both from the (philosophy of language) speech-act theory and from (classical) rhetorical theory. In both cases, I insist that it is presupposed that language *is* action.

Seduction.

Thus we see that language performs or that a specific performance is brought about by discoursive means. This we call *seduction*. Kierkegaard agrees with Socrates that the teacher must have the maieutical skills necessary to "make the reader or hearer himself active" in such a way that the communication "does not end in a result but in a sting".[38] Language thus *performs a demand*, it *compels*. Linguistic performance of this *authoritative* kind, provided by a specific *force*, has been studied in the philosophy of language and thematized in the theory of speech-acts as *perlocution*. Let me briefly quote J.L. Austin, who inaugurated this sort of linguistic analysis, in order to make this (his) point clear:

> Saying something will often, or even normally, produce certain consequential effects upon the feelings, thoughts, or actions of the audience, or of the speaker, or of other persons: and it might be done with the design, intention or purpose of producing them; and we may then say (...) that the speaker has performed and act (...) We shall call the performance of an act of this kind the performance of a »perlocutionary« act, and the act performed (...) »perlocution«[39].

It seems to me that this quotation clearly affirms Kierkegaard's view of maieutics and, consequently, of legitimate ethical instruction. However, and despite its linguistic essence, the core of perlocution is its irregularity, that is, its grammatical and, thus, its logical unconventionality (Austin, 121 *et passim*): its unpredictability. Although the operating rules within language, concealed and supported by logics and grammar, constitute its authoritative structure, none of the rules of language can guarantee that perlocution is fulfilled, that is, that the hearer re-acts to and /or re-presents what has been said and/ or re-presented in the expected manner. Hence, no rules can guarantee, in Kierkegaard's second instruction either, that the ethical demand will be fulfilled and that "reduplication" will take place. Neither logic nor grammar seem to be qualified *authorities* for ethical instruction. Indeed, ethical instruction must be "art-instruction".[40]

Over and against linguistic correctness and/or accuracy, which the knowledge of logic and grammar provide to the discourse, Kierkegaard has suggested *passion*, a "pathos-filled" instruction. By means of passion, by grounding in passion, the discourse might rest upon a *compelling* but, at the same time, *non-authoritarian* (conventionally speaking) communicative strategy. The teacher's authority is not based on his/her mastering of logic or grammar, but, on the very contrary, his/her authority is founded on his/her *artistic* ability or τεχνη (techne). Climacus affirms in the *Postcript* that when "appropriation is (...) the main point, communication is a work of art", and therefore, he adds, there is a need of "artistic communication".[41] And Kierkegaard, as mentioned before, corroborates this statement by writing that "the instruction, the communication must be (...) upbringing, practising, art-instruction".[42]

We have now reached the very point where the "practical way" of philosophy acquires an artistic character, becoming an aesthetically configured path. As such, it signifies at once *aesthetic and ethical* action, gaining a new, authoritative, and 'passionate' source, namely *rhetoric*. The ground upon which ethical instruction is now built is called by Johannes the Seducer in *The Seducer's Diary* (and by Kierkegaard in his journals) an *actio(nes) in distans*.[43] Or *seduction*.

Now, conceived of as this specific *actio(nes) in distans* being seduction, ethical instruction consists of obtaining an effect (with)in/from an "object", with which there is no direct contact. The effect is caused by the inexaurable force of the pulling or attracting, but also by the pushing or repelling, body or magnet.

Hence the teacher's authority is now based on his/her stylistically and figuratively grounded bi-polar magnetical force, as it were, to deceive the apprentice, to "trick [him/her] out of" ideality and into actuality by the force of a more or less "intentionally persuasive"[44] means. Beware that, for our purpose, persuasion (*Overtalelse*) is understood in Kierkegaard's own praising terms as found in *A Literary Review* of Thomasine Gyllembourg's *Two Ages*. Here, "persuasion" is seen as a momentum of passion, as the "friendly power" within literary discourse which supersedes 'captivation and entertainment',[45] and which is 'so great if one gives oneself to it' (*SV1* VIII, 18/*KW* XIV, 19)[46]. As opposed to logic and grammar, passion, and thus persuasion, does not elude deceit; indeed, Kierkegaard is aware that ethical instruction, based as it is on "indirect communication first of all involves deception".[47]

Rhetorically speaking, the teacher's authority (and success) depends, first of all, on his/her ability to reach the departing, i.e., original ethical "situation" of the apprentice in actuality, who needs to be singularly considered; secondly, it depends on the teacher's ability to suggest that the apprentice adheres to the arguments given in order for the ethical demand to be fulfilled, partly by means of *exemplifying* such fulfillment, and partly by *persuading* him/her, by appealing the apprentice, by becoming intimate with him/her[48]. Once the end of this first, threefold move of attraction has been reached, once the teacher has presented before the apprentice the deficiencies in the ethical state of things, that is, the gap between ideality and actuality which needs to be bridged, repulsion begins. Certainly, success depends on the teacher's ability to get the apprentice to "begin immediately to do it (...) as well as" she can on his/her own.[49] This is precisely the ability to *train* or *bring* the apprentice *up*,[50] to *move* the apprentice into the ethical, to get the apprentice ethically going, as it were.

Let me briefly summarize my discussion by pointing once more to the dialectical structure upon which according to Kierkegaard genuine ethical instruction rests. The discoursive strategy underlying ethical instruction echoes the dialectical relationship shared by ideality and actuality, as founded on a misproportion, which, in its turn, makes explicit a demand. Ethical instruction, thus, consists of re-presenting this specific demand of restoring the failed relationship between ideality and actuality, stressing actuality as the 'medium' in which this demand is to be fulfilled. One significant obstacle challenges the project as a whole, namely that the required conventional authority to legitimately convey the demand is lacking. The 'practical way' of philosophy reproduces at this point the founding dialectics by splitting and adopting two overlapping paths, namely an ethical and an aesthetic path, these together creating an 'artistic' or passionate path, namely the path of reduplication or existential reiteration, and of seduction of persuasive discourse.

1. *Søren Kierkegaards Papirer*, P.A. Heiberg, V. Kuhr and E. Torsting, eds., vols I-XI, second edition by N.Thulstrup, vols I-XVI, Copenhagen 1968-1978 [1909-1948] (hereafter *Pap.*) X3 A346; 1850 / *Søren Kierkegaard's Journals and Papers*, ed. and trans. by H.V. Hong and E.H. Hong, vols 1-7, Bloomington & London 1967-1978 (herafter *JP*, cited by paragraph number) 4185.
2. This paper has been made possible by a generous post-doctoral grant from the Ministerio de Educación y Cultura (Spain).
3. Hans Lassen Martensen (1808-1884), professor of Theology at the University of Copenhagen, who became P.J. Mynster's successor as Bishop of Sjælland on April 15th, 1854, one year before Søren Kierkegaard's death.
4. *Pap.* II C 23; p. 338-339/*JP* 5277
5. At the end of the chapter devoted to the "Transcendental Method" in the *Critique of Pure Reason*. Kant makes the following interesting remark:

> Man kann also unter allen Vernunftswissenschaften (a priori) nur allein Mathematik, niemals aber Philosophie (es sei denn historisch), sondern, was die Vernunft betrifft, höchsten nur philosophieren lernen (I.Kant, "Transzendentale Methodenlehre", *KrV* B865,866/A837,838)

According to this, if one considers both mathematics and philosophy as "sciences of reason", it is nevertheless clear that only Mathematics might be an object of "rational knowledge" (*rationel Erkenntnis KrV*B864/*A836*); in which case, as Kant puts it, reason knows (from) *principles* and is described as "cognitio ex principiis". In contrast, philosophy is an epistemological candidate for "historical knowledge" (*historisch Erkenntnis KrV* B864/A836), and here, reason knows (from) *facts*, being determined as "cognitio ex datis".

Obviously, the latter represents a deficient use of reason for Kant. Knowing from facts implies that reason is by definition indebted to and limited by "what has been given to it" (*KrV* B864/A836). Therefore, it is an alienated as well as a mimetical use of reason, judged negatively by Kant as "subjektiv, bloss historisch" (*KrV* B864/A836). It is precisely to prevent such an inflated use of reason that Kant finally warns against philosophy being taught and/or learned and being thus reduced to an amount of *data*. A proper use of reason *senso strictu*, on the contrary, would convey philosophy, *not* from an epistemological perspective but from a *practical* one, namely, as the *task of philosophizing*.

6. *Pap.* X 1 A 625/*JP* 4893.
7. *Søren Kierkegaards Samlede Værker*, 1. udgave, A.B. Drachmann, J.L. Heiberg and H.O. Lange, eds., vols 1-15, Copenhagen 1920-1936 (hereafter cited by volume and page number in parentheses besides the quotation: *SV* VII, 7)/ *Kierkegaard's Writings*, vols I-XXV , 1978-1998 (*idem. KW* XII.1, 15).

Astonishingly close to Kant, Kierkegaard rejects all *objective* or "systematical" consideration of the significant "truths" for individual existence, and thus, of very significant *ethical* truths. As opposite to mathematical truths, ethical truths are *subjectively* significant. Otherwise, contends Climacus, that is objectively considered, they turn into either an "approximation-object", into sheer "historical" truths (*SV* VII, 20/*KW* XII.1, 31) or, in an even worse case, by means of "speculation", ethical truths turn into "mystification" (*SV* VII, 43/*KW* XII.1, 57).

8. *Pap.* XI 2 A 191/*JP* 2303.
9. *Pap.* X 2 A 439/*JP* 1059.
10. *Pap* X 4 A 289/*JP* 3693
11. In Kierkegaard'w own words: "The fact of the matter is that there ought not to be teaching; what I have to say may not be taught; by being taught it turns into something entirely different. What I need is a man who does not gesticulate with his arms up in a pulpit or with his fingers upon a podium, but a person who gesticulates with his entire personal existence, with the willingness in every danger to will to express in action precisely what he teaches" (*Pap*. VIII 1A 554/(*JP* 646).
12. *Pap.* X 2 A 606/*JP* 1060.
13. In the posthumous *Lectures on the Dialectics of Ethical and Ethico-Religious Communication*, as will be shown, Kierkegaard classifies communication according to its object, being either *knowledge* (*Viden*) or *ability, capacity* or even *power of action* (*Kunnen*), which will itself eventually be requalified as *obligation* (*Skullen-Kunnen*).
14. *Pap.* VIII 1 A62/*JP* 939.
15. *Pap.* X2 A606/*JP* 1060.
16. This is the case even when one admits that an epistemological determination of the ethical - as opposed to an epistemological determination of the religious - is *prima facie* unnecessary, because it is presupposed, i.e., because "the ethical is the universally human self" and, therefore, to some extent, "ethically man as such knows about the ethical" (*Pap*.VIII 2 B82, 13/(*JP* 650). Unlike the Greek conception of the ethical, the Modern Christian conception, which Kierkegaard shares, does not allow for any sort of elitist intellectualism; this means that, according to Kierkegaard, ethical knowledge does not guarantee that the ethical is *eo ipso* repeatedly present to the individual, nor that she re-presents it. That is, a re-presentation of the ethical is needed insofar as its confrontation does not follow from its epistemological determination.
17. *Pap*.VIII2 B 82,13/*JP* 650. My emphasis.
18. Kierkegaard confesses transparently: "My service in using pseudonyms consists in having discovered, Christianly, the maieutic method" (*Pap.* VIII 2 B82, 13/*JP* 650).
19. *Pap*. X 5 A 113/*JP* 3317.
20. If we were to contextualize this discussion within the categorial framework of Kierkegaard's *Works of Love*, we would here not refer to 'action(s)' (*Handlinger*) but to 'works' (*Gjerninger*).
21. *Pap*.VIII 2 B81/*JP* 649,18.
22. *Pap*.VIII 2 B81/*JP* 649,16.
23. *Pap*.VIII 2 B81/*JP* 649,20.

24. Therefore it is possible for Socratic midwife Kierkegaard to insist in his journals: "I also view my whole literary activity as my own education" (*Pap.* X2 A196; X2 A375; X4 A85; X4 A647/*JP* 6533, 6577, 6737, 6820).
25. *Pap.*VIII2 B 81,28/*JP* 650,28.
26. *Pap.*X 4 A484/*JP* 4321. Precisely in deep connection with these fears and accusations, Kierkegaard had some years before already declared that "the philosophers are worse than the Pharisees" (*Pap.* IV B6/*JP* 3291).
27. *Pap.*VIII 1A 535/*JP* 4544.
28. *SV* IV, 240/*KW* VII. 76.
29. *SV* VII, 158 /*KW* XII.1, 190.Translation slightly modified.
30. *SV* VII, 287 /*KW* XII.1, 333.
31. Cfr. *SV* VII, 158 /*KW* XII.1, 190.
32. *Pap.*VIII 1A 535/*JP* 4544.
33. *Pap.*VIII2 B 81/*JP* 649,27.
34. It seems clear that the authority of *example* cannot merely be considered as the authority obtained through *coherence* or even *consistence* (i.e., between what one says and what one does) because, if this were the case, authority would again be merely epistemologically accentuated and, as such, it would only be, in the best of all cases, a weak or limited authority. On the contrary, 'practice' or 'actualization' gains full validity when *example* reads *paradigma* and, finally, *eikon* (*imago*); that is, when it corresponds to an *exemplary* person or *figure*, signifying his/her specific virtue, re-presenting it. Read in this latter way, *example* turns out to be the rhetorical resource upon which the ethical instruction or discourse must count.
35. *Pap.*VIII2 B 81/*JP* 649,28.
36. *Pap.*VIII2 B 81/*JP* 649,32.
37. *Pap.*VIII2 B 81/*JP* 649,34.
38. *Pap.*VII 1A74/*JP* 4266.
39. Austin, J.L. *How to do things with words*. Harvard University Press: Cambridge, Mass., 1975 [1962] p.101.
40. *Pap.*VIII2 B 82,13/*JP* 650.
41. *KW* XII.1, 79/ *SV* VII, 60. As the matter of fact, *imagination* in the "second" ethical instruction acquires a new and different role inasmuch as there is talk of "the communication of an art" (*JP* 649,28/ *Pap.* VIII2 B81). This consideration would bring us to the point of an ethical re-qualification of imagination, largely thematized in the secondary literature, by, for instance, J.Ferreira, *Transforming Vision. Imagination and Will in Kierkegaardian Faith*, Clarendon Press: Oxofrd, 1991; Richard Kearney, *The Wake of Imagination: Toward a Post-modern Culture*. Minneapolis, 1988; David Gowens, *Kierkegaard: Dialectic of the Imagination*, Peter Lang: NY, 1989.
42. *Pap.* VIII2 B82/*JP* 650,13.
43. Aage Henriksen reminds us in his *Kierkegaards Romaner* (Gyldendal: Copenhagen, 1969, p. 55) that "*actio(nes) in distans*" is a technical expression which refers to the effect of a magnet upon another body to which it does not have direct contact. The force of the magnet affects the body without its propagation through the interconnecting atmosphere. Faraday will reject this explanation of all electric and magnetic phenomena, proposing a counter-model, according to which a common medium for the propagation of all electric induction is presupposed.
44. I dare to quote here the, but only apparently redundant, opening words of Paul de Man's *Blindness and Insight*.
45. Cf. *SV1* VIII, 18/*KW* XIV, 19.
46. On Kierkegaard's conception of 'persuasion' and its implications for literary discourse, Peter Fenves, *'Chatter'. Language and History in Kierkegaard*, Stanford University Press: Stanford, 1993 (pp. 199-204), and my "A Literary Review: A Rhetorical Experiment or *'Watchman, Hallo!'*"in *Kierkegaard Studies. Yearbook 1999*, eds. Niels Jorgen Cappelørn and Jon Stewart. Berlin, New York: Walter de Gruyter, 1999.
47. *Pap.* VIII2 B81/*JP* 649,22.
48. In his Rhetoric Lectures, held at the École Pratique des Hautes Études in 1964-65, Roland Barthes refers to the ("good") Platonic rhetoric, the so called "socratic psychagogy" or the formation of the souls by means of the word, as "la rhétorique erotisée", that is, the intimate dialogue, in fact, "le dialogue d'amour" (177), wherein the teacher and the disciple "*think in common*" ("L'ancienne rhétorique", *in Communications*, 16 (1970): 173-237). In this regard, the Kierkegaardian second ethical instruction would similarly be the frame to "act in common".
49. *Pap.* VIII2 B85/*JP* 653,4.
50. *JP* 650,12/*Pap.* VIII B82.

Thomas Zoglauer

Die Methode des Überlegungsgleichgewichts in der moralischen Urteilsbildung

Moralische Dilemmas wurden von dem amerikanischen Moralpsychologen Lawrence Kohlberg als Mittel zur Entwicklung der moralischen Urteilsfähigkeit von Jugendlichen eingesetzt. Kohlberg konfrontierte Kinder, Jugendliche und Erwachsene mit Konfliktsituationen und fragte sie, wie sie sich in einer solchen Situation verhalten würden und warum eine bestimmte Handlung gut oder schlecht ist. Aus den unterschiedlichen Antworten leitete er sein berühmtes Stufenschema moralischer Urteilsfähigkeit ab, nach dem sich Moralurteile einer von sechs Stufen zuordnen lassen.[1] Ich möchte mich hier jedoch nicht mit diesen sechs Moralstufen befassen, sondern solche Dilemma-Geschichten als didaktisches Mittel zur moralischen Urteilsbildung betrachten. Moralische Dilemmas eignen sich besonders für den Ethikunterricht an Schulen zur Entwicklung der moralischen Kompetenz. Die Diskussion von Normenkonflikten gehört in den USA zur ethischen Pflichtausbildung von Medizinstudenten.[2] Manchmal erregen solche medizinethischen Konflikte auch öffentliches Aufsehen, wie z.B. beim sog. „Erlanger Baby" oder bei spektakulären Fällen ärztlicher Sterbehilfe, und werden von einer breiten Öffentlichkeit kontrovers diskutiert. Auch in der philosophischen Fachliteratur werden solche Fälle, zumeist handelt es sich hierbei allerdings um fiktive Fälle, ausführlich diskutiert. John Martin Fischer und Mark Ravizza haben ein Ethik-Lehrbuch für College-Studenten auf der Grundlage solcher dilemmatischer Fallbeispiele, sog. „moral puzzle cases", konzipiert.[3]

Ein moralisches Dilemma hat die Form:
(i) Es ist geboten, a zu tun,
(ii) Es ist geboten, b zu tun,
(iii) Ich kann aber nicht zugleich a und b tun.[4]
Das handelnde Subjekt steht in der Situation, zwei Gebotsnormen befolgen zu müssen, die Gegensätzliches gebieten, so daß zwangsläufig eine Norm verletzt werden muß. Ähnliche Konflikte treten auch zwischen Erlaubnis- und Verbotsnormen auf, der klassische Fall eines Normenkonflikts ist aber der zwischen einer Gebots- und Verbotsnorm.[5]

Ich möchte eine Methode zur Lösung von Normenkonflikten vorstellen, die in der Literatur als die *Methode des Überlegungsgleichgewichts* (reflective equilibrium) bekannt ist und auf John Rawls zurückgeht. Nach dieser Methode werden Normen nicht auf andere Normen zurückgeführt oder letztbegründet, sondern lediglich auf ihre Kohärenz innerhalb des Normensy-

---

[1] Lawrence Kohlberg: Zur kognitiven Entwicklung des Kindes, Frankfurt a.M.: Suhrkamp 1974; L. Kohlberg: Resolving Moral Conflicts within the Just Community, in: Carol Gibb Harding (ed.): Moral Dilemmas: Philosophical and Psychological Issues in the Development of Moral Reasoning, Chicago: Precedent Publ. 1985, S. 71-97.
[2] Eine Fallsammlung medizinethischer Normenkonflikte findet sich in: Hans-Martin Sass / Peter Badura: Medizinische Fallsammlung für die ethische Bewertung, Zentrum für Medizinische Ethik Bochum, Medizinethische Materialien, Heft 11, 2.Aufl., Bochum 1989.
[3] John Martin Fischer / Mark Ravizza: Ethics: Problems and Principles, Fort Worth: Harcourt Brace 1992
[4] Bernard Williams: Ethical Consistency, in: J. Raz (ed.): Practical Reasoning, Oxford University Press 1978, S. 91-109
[5] Thomas Zoglauer: Normenkonflikte – zur Logik und Rationalität ethischen Argumentierens, Stuttgart – Bad Cannstatt: Frommann-Holzboog 1998, Kap.4

stems überprüft. Steht eine Regel oder ein Prinzip im Widerspruch zu unseren moralischen Überzeugungen, so wird entweder die Regel modifiziert und unseren Überzeugungen angepaßt oder wir halten an den Regeln fest und revidieren stattdessen unsere Urteile. Stehen zwei Normen im Widerspruch, so muß eine Präferenzentscheidung getroffen und einer der beiden Normen der Vorzug gegeben werden. Zwar wird es uns wohl nie gelingen, ein völlig widerspruchs- und konfliktfreies System von Normen aufzustellen, aber das Ziel der Konfliktlösung sollte es sein, eine möglichst weitgehende Kohärenz der Normen untereinander herzustellen. Dementsprechend unterscheidet man zwischen einem lokalen und einem globalen Überlegungsgleichgewicht.[6] Ein lokales Überlegungsgleichgewicht liegt vor, wenn in einer konkreten Situation oder einem lokalen Konflikt Klarheit darüber besteht, wie zu handeln ist, der Normenkonflikt also lokal gelöst ist. Gelingt es, diese Lösungsstrategie auch auf andere, ähnlich gelagerte Fälle zu übertragen und andere Konflikte zu lösen, so wird das Überlegungsgleichgewicht ausgedehnt und aus einem lokalen wird ein globales Gleichgewicht. Wir streben einen Zustand an, in dem unsere moralischen Regeln und Prinzipien im Einklang mit unseren subjektiven Überzeugungen stehen, in dem sich gleichsam Verstand und Gefühl im Gleichgewicht befinden.

Die Methode des Überlegungsgleichgewichts kann auch auf dem Hintergrund von Piagets Äquilibrationsmodell der Erkenntnis gesehen werden: Piaget bezeichnet die Einordnung neuer Erfahrungen in ein vorhandenes begriffliches Schema als *Assimilation*. Wird umgekehrt das Begriffsschema an eine neue Erfahrungssituation angepaßt, spricht Piaget von *Akkomodation*.[7] Ziel dieser Anpassungsprozesse ist die *Äquilibration*, die Herstellung eines kognitiven Gleichgewichts zwischen Wahrnehmungen und Begriffen.

Die Kohärenzmethode weist einige erstaunliche Ähnlichkeiten zur naturwissenschaftlichen Forschungsmethode auf, wie sie von Thomas Kuhn in seinem Buch „Die Struktur wissenschaftlicher Revolutionen" beschrieben wurde. Für Kuhn stellen Anomalien die treibende Kraft im Forschungsprozeß dar. Anomalien sind Widersprüche zwischen Theorie und Erfahrung. Auch hier gibt es die Möglichkeit, entweder die Theorie an die Erfahrung zu akkomodieren oder umgekehrt neue Erfahrungen zu assimilieren, um so die Anomalie zu beseitigen und eine Kohärenz im System unserer Überzeugungen herzustellen. Die Modifikation von Erfahrungswissen kann z.B. darin bestehen, daß man ein experimentelles Meßergebnis revidiert oder das Experiment oder eine Beobachtung im Lichte neuer Erkenntnisse neu interpretiert. Gelingt es nicht, durch Veränderungen in der Peripherie, die widerspenstige Anomalie zu beseitigen, so kann man einzelne Hypothesen oder Gesetze modifizieren oder neue ad-hoc-Hypothesen einführen. Bleibt auch dieser Versuch erfolglos, so ist man gezwungen, die Theorie vollständig aufzugeben und durch eine neue zu ersetzen.[8]

In ethischen Theorien treten Anomalien in Form von Normenkonflikten auf. Auch sie stellen in gewisser Weise Widersprüche innerhalb des Normensystems dar. Um das System wieder ins Gleichgewicht zu bringen und den Widerspruch zu beseitigen, muß man einzelne Elemente des Systems modifizieren. Im naturwissenschaftlichen Forschungsprozeß stellt man Experimente auf, um neue Erkenntnisse zu gewinnen. In der Ethik kann man sich mit Gedankenexperimenten behelfen, indem man fiktive Situationen oder Konflikte erfindet, um daran moralische Normen oder Überzeugungen zu testen. Wie die Methode der Gleichgewichtsbildung funktioniert, soll an einem ausgewählten Fallbeispiel demonstriert werden. Ausgangspunkt ist ein moralisches Dilemma, das ich das *Dilemma der Höhlenforscher* nennen will:

Fünf Höhlenforscher sind in einer Höhle eingeschlossen, nachdem der Eingang durch einen Erdrutsch blockiert wurde. Die alarmierte Rettungsmannschaft kann die Steine und das Geröll, die den Eingang

---

[6] In der englischsprachigen Literatur wird von *narrow* bzw. *wide reflective equilibrium* gesprochen.
[7] Ernst von Glasersfeld: Wissen, Sprache und Wirklichkeit, Braunschweig – Wiesbaden: Vieweg 1992, S. 190-195
[8] Th. Zoglauer: Das Problem der theoretischen Terme, Braunschweig – Wiesbaden: Vieweg 1993, S. 205 ff.

blockieren, nicht wegräumen, da immer wieder Steine nachrutschen. Die Lage der Höhlenforscher wird immer aussichtsloser. 32 Tage lang sind sie nun schon eingeschlossen. Ihr Proviant ist längst aufgezehrt. In der Höhle gibt es weder Pflanzen, noch Tiere, von denen sich die Eingeschlossenen ernähren könnten. Einer von ihnen, Roger Whetmore, schlägt in dieser verzweifelten Lage vor, daß sich einer opfern möge, um das Überleben der anderen zu sichern. Das Opfer würde durch Los bestimmt. Die anderen Höhlenforscher erklären sich mit dieser Prozedur einverstanden. Bevor die Lose gezogen werden, zieht Whetmore seine Zustimmung zurück und erklärt, daß es vielleicht doch besser wäre, noch ein paar Tage auf die Rettung zu warten, bevor sie sich dem unmenschlichen Akt des Kannibalismus unterwerfen. Dennoch ignorieren die anderen die Weigerung Whetmores und ziehen für ihn das Los. Das Los trifft schließlich Whetmore. Er wird von den anderen getötet, um sich von dessen Fleisch zu ernähren. Wenige Tage später werden die vier Überlebenden aus der Höhle befreit. Nachdem die tragischen Umstände des Todes von Roger Whetmore bekannt werden, werden sie des Mordes angeklagt.

Der Fall der Höhlenforscher ist ein fiktiver Fall. Die beschriebenen Ereignisse haben sich nie zugetragen und wurden von dem amerikanischen Rechtsprofessor Lon Fuller lediglich erfunden, um mit seinen Studenten ein juristisches Dilemma zu diskutieren. An diesem Beispiel sollten die Argumentation der Anklagevertreter und Verteidigung bis in die letzten juristischen Winkelzüge durchexerziert und diskutiert werden. Das Beispiel wurde 1949 im Harvard Law Review zum ersten Mal veröffentlicht und später in vielen juristischen Lehrbüchern nachgedruckt und avancierte damit zu einem paradigmatischen Beispiel eines juristischen Normenkonflikts.[9] Die juristischen Aspekte dieses Falls brauchen uns hier nicht zu interessieren. Wir konzentrieren uns auf die moralische Bewertung der Tötung Roger Whetmores und die Frage, ob in extremen Notsituationen das Tötungsverbot außer Kraft gesetzt werden darf und die Tötung Whetmores gerechtfertigt ist.

In dem Beispiel geht es um fünf Menschen in einer lebensbedrohlichen Situation, bei der höchstens vier Menschen überleben können, wenn der andere getötet wird. Für die Eingeschlossenen gibt es folgende Handlungsalternativen: Entweder sie unternehmen gar nichts und hoffen auf baldige Rettung. In diesem Fall sind die Überlebenschancen sehr gering. Die Einschätzung ihrer Lage wird dadurch erschwert, daß sie nicht genau wissen können, wie schnell sie die Helfer von außen befreien können. Wenn sie überleben wollen, sind sie gezwungen, zu Kannibalen zu werden und müssen einen von ihnen töten. Es stehen somit vier Leben gegen eines: Durch die Tötung eines Menschen können vier Menschenleben gerettet werden. Wären alle fünf Höhlenforscher damit einverstanden, das Opfer per Los zu bestimmen, würde sich der Fall wie eine Beihilfe zum Selbstmord darstellen, was für die juristische Bewertung des Falles sicherlich von ausschlaggebender Bedeutung wäre. Jedoch zieht Whetmore seine Zustimmung zu dieser Prozedur zurück.

Es liegt ein typischer Normenkonflikt vor: Das Tötungsverbot steht gegen das Recht auf Überleben. Man könnte versucht sein, die Tötung Whetmores unter Berufung auf das Notwehrrecht zu rechtfertigen: Wenn das eigene Überleben nur dann gewährleistet werden kann, wenn der andere getötet wird, so ist diese Tötung gerechtfertigt. Jedoch setzt das klassische Notwehrrecht einen tätlichen Angriff oder eine Bedrohung und somit eine moralische Schuld des Angreifers voraus, was im vorliegenden Fall nicht gegeben ist: Roger Whetmore greift die anderen Höhlenforscher nicht an, vielmehr befindet er sich in genau derselben Lage wie sie. Die Situation von Whetmore unterscheidet sich nicht von der jedes anderen Eingeschlossenen.

Argumentiert man utilitaristisch, so ist es geboten, Whetmore zu töten, da der Nutzen der Handlung (vier Menschenleben werden gerettet) größer ist als ihr Schaden (ein Mensch kommt ums Leben). Orientiert man sich dagegen am Kantschen Prinzip, niemanden ohne dessen Einverständnis als Mittel zu gebrauchen, selbst wenn der Zweck der Handlung, hier die Rettung von vier Menschenleben, durchaus erstrebenswert ist, so sind die Höhlenforscher zur Untätig-

---

[9] Lon Fuller: The Case of the Speluncean Explorers, The Harvard Law Review 62 (1949) 616-645. Auch in: Hugo Adam Bedau: Making Mortal Choices, New York – Oxford: Oxford University Press 1997, Kap. 2

keit verdammt. Daher lehnt Kant das Tötungsrecht als Notrecht kategorisch ab. Auf den Fall eines überfüllten Rettungsbootes auf hoher See bezogen schreibt er: „Es kann nämlich kein Strafgesetz geben, welches demjenigen den Tod zuerkennete, der im Schiffbruche, mit einem andern in gleicher Lebensgefahr schwebend, diesen von dem Brette, worauf er sich gerettet hat, wegstieße, um sich selbst zu retten." (MS, RL, B 41) Analog dazu wäre es auch den Höhlenforschern untersagt, Whetmore für ihr eigenes Überleben zu opfern.

Würde sich an der Bewertung der Situation etwas ändern, wenn die Rahmenbedingungen anders wären? Gäbe es z.B. Anzeichen dafür, daß die Rettung der Eingeschlossenen unmittelbar bevorsteht, so könnte auf die kannibalistische Verzweiflungstat verzichtet werden. Aber angenommen, eine baldige Rettung ist nicht in Sicht, und weiter angenommen, Whetmore wäre bei dem Erdrutsch durch einen Steinschlag lebensgefährlich verletzt worden und würde ohnehin bald sterben. Würde den anderen die Tötung dann leichter fallen? Oder: Ein Forscher hat aufgrund von Nahrungsmangel bereits das Bewußtsein verloren. Dürften ihn die anderen dann töten? Es ist klar, daß eine verantwortungsvolle Bewertung des Falles jede Einzelheit und Besonderheit der konkreten Situation berücksichtigen muß.

Betrachten wir einen zweiten Fall, der mit dem Dilemma der Höhlenforscher eng verwandt ist und sich wirklich zugetragen hat:

Am 5.Juli 1884 geriet die Besatzung einer Yacht, 1600 Seemeilen vor dem Kap der Guten Hoffnung, in einen schweren Sturm, wodurch das Schiff zu kentern drohte. Die Besatzung, drei erfahrene Matrosen und ein 17jähriger Junge, konnten sich mit knapper Not in ein offenes Rettungsboot retten. Frischwasser befand sich nicht an Bord des Boots, der Proviant war schnell aufgezehrt und es bestand keine Aussicht auf baldige Rettung. Ab und zu konnten die Schiffbrüchigen etwas Regenwasser trinken und einmal gelang es den Männern, einen zufällig vorbeifliegenden Vogel zu fangen und zu essen. Am 22.Tag, nachdem sie schon 9 Tage ohne Nahrung und 7 Tage ohne Wasser auskommen mußten, beschlossen zwei der Männer, Thomas Dudley und Edward Stephens, den Jungen zu töten, um sich von seinem Fleisch zu ernähren. Sie argumentierten, daß sie Frauen und Kinder hätten und dies die einzige Überlebensmöglichkeit für die drei Männer sei. Der Junge war völlig entkräftet und konnte sich nicht wehren. Das vierte Besatzungsmitglied, ein Mann namens Brooks, stimmte dem Tötungsplan nicht zu, kam dem Jungen aber auch nicht zu Hilfe. Schließlich tötete Dudley mit ausdrücklicher Billigung von Stephens den Jungen. Die drei Männer ernährten sich vier Tage lang von dem Fleisch des Jungen. Am nächsten Tag wurden sie von einem vorbeifahrenden Schiff gerettet. Dudley und Stephens wurden des Mordes angeklagt und für schuldig befunden. Auf ihre Tat stand die Todesstrafe. Das Urteil wurde später auf sechs Monate Haft abgemildert.[10]

Die vier Schiffbrüchigen befinden sich in einer ähnlich prekären Notsituation wie die eingeschlossenen Höhlenforscher: Vier Männer auf hoher See, ohne Nahrung und Wasser und ohne Aussicht auf baldige Rettung. Nur die Tötung und der anschließende Verzehr eines der Besatzungsmitglieder könnte das Überleben der anderen drei sichern. Im Unterschied zu dem Fall der Höhlenforscher steht hier das zahlenmäßige Verhältnis 3:1. Drei Leben wurden gerettet, ein Mensch getötet. Dieser zahlenmäßige Unterschied dürfte für die prinzipienethische Bewertung des Falles aber keine Rolle spielen.

Ein zweiter wichtiger Unterschied ist, daß diesmal keine Überlebenslotterie veranstaltet wird. Als Opfer wird das jüngste und schwächste Besatzungsmitglied ausgewählt: der siebzehnjährige Junge. Die Täter, Dudley und Stephens, verteidigten diese Wahl mit dem Argument, daß sie Frauen und Kinder hätten, der zu erwartende Nutzen der Tat und ihre Überlebenschancen größer wären als wenn einer der anderen Männer getötet würde. Dudley und Stephens beriefen sich auf ein Prinzip der Herrenmoral, das da lautet „Rette die Stärksten", da die Schwachen ohnehin nur eine geringe Überlebenschance haben. Solche Selektionsprinzipien

---

[10] Quelle: Law Report, Queen's Bench Division, Vol.14 (1884-1885), London: William Clowes and Sons 1885, pp. 273-288; auch in: John Arthur (ed.): Morality and Moral Controversies, 4th Ed., Prentice Hall 1996, S. 7-10

werden auch bei Rettungsbootproblemen diskutiert, bei denen ein Rettungsboot hoffnungslos überfüllt ist und zu sinken droht, wenn nicht einige Besatzungsmitglieder über Bord geworfen werden.[11] Ein Anhänger der Sklavenmoral würde z.B. die Rettung der Schwächsten fordern, was in der Regel darauf hinausläuft, Frauen und Kinder zuerst zu retten. Ein anderes Prinzip könnte lauten „Last in, first out": Opfere zuerst diejenigen, die als letzte das Boot bestiegen und somit überladen haben.[12] Am rationalsten wäre es, eine solche Auswahl vorzunehmen, die die Überlebenschancen erhöht und durch die soviele Menschenleben wie möglich gerettet werden. Das Makabre an all diesen Selektionsprinzipien besteht darin, daß hier Leben gewertet wird. Kann man sich für keine der Regeln entscheiden, wäre es am gerechtesten, wie bei den Höhlenforschern das Los entscheiden zu lassen.

Ein anderer wichtiger Punkt wurde in dem Prozeß gegen Dudley und Stephens nicht angesprochen: Weshalb wurden nur Dudley und Stephens des Mordes angeklagt, jedoch nicht der dritte Matrose Brooks, der mit dem Tötungsplan zwar nicht einverstanden war, dem Jungen aber trotzdem nicht zu Hilfe kam. Hätte er nicht wenigstens wegen unterlassener Hilfeleistung angeklagt werden müssen? Bezeichnend ist auch, daß Brooks schließlich auch von dem Fleisch des Jungen aß und damit von dem Mord profitierte. Wird dadurch die Tat nicht implizit gutgeheißen? Hätte Brooks, wenn er schon seine Abscheu gegen den Mord zum Ausdruck bringt, sich nicht weigern müssen, von dem Fleisch zu essen und seinen eigenen Tod dafür in Kauf nehmen müssen? Auf den Fall der Höhlenforscher übertragen bedeutet dies: Wenn einer von ihnen mit der Tötungsprozedur nicht einverstanden ist und von der Überlebenslotterie zurücktritt, dürfte er von dem anschließenden Kannibalismus nicht persönlich profitieren.

Damit ist aber der grundsätzliche Konflikt über die Rechtmäßigkeit oder Unrechtmäßigkeit der Tötung noch nicht entschieden. Der Fall der Höhlenforscher erscheint in neuem Licht, wenn wir ihn mit einem anderen (fiktiven) Fall vergleichen, der auf den ersten Blick keine Ähnlichkeit mit der Situation der Höhlenforscher oder der Schiffbrüchigen hat:

David ist ein berühmter Transplantations-Chirurg. Fünf seiner Patienten sind lebensgefährlich erkrankt und benötigen dringend neue Organe, da sie sonst sterben müßten. Einer benötigt ein neues Herz, der zweite eine neue Leber, der dritte und vierte je eine Niere und der fünfte eine neue Lunge. Alle fünf Patienten haben denselben, höchst seltenen Gewebetyp. Es gibt sonst keinen anderen Menschen mit demselben Gewebetyp. David könnte einen der Patienten töten, seine gesunden Organe entnehmen und sie in die Körper der anderen Patienten verpflanzen. Auf diese Weise könnten wenigstens vier Menschenleben gerettet werden.[13]

Wie im Fall der Höhlenforscher können durch die Tötung eines Menschen vier Menschenleben gerettet werden. Auch hier gibt es im wesentlichen drei Handlungsalternativen:

Lösung I: Einer der Patienten meldet sich freiwillig, erklärt sich mit seiner Tötung einverstanden und spendet seine Organe den anderen Patienten. Oder das Opfer wird per Los bestimmt, wobei das grundsätzliche Einverständnis (informed consent) der fünf Patienten vorausgesetzt wird.

Lösung II: Keiner der Patienten ist freiwillig bereit, sich töten zu lassen. David, ein überzeugter Utilitarist, ergreift die Initiative und bestimmt selbst (per Los) ein Opfer und tötet es. In beiden Fällen der freiwilligen und unfreiwilligen Tötung kann das Leben von vier Patienten gerettet werden.

---

[11] Ein solcher Fall wird bei Bedau (1997), Kap. 1, ausführlich behandelt.
[12] Für die Eingeschlossenen von Galtür schien ein anderes, marktwirtschaftliches Selektionsprinzip zu gelten: „Wer am meisten zahlt, wird zuerst ausgeflogen."
[13] Der Fall der Organtransplantation wird (in einer etwas anderen Form) von Judith Jarvis Thomson diskutiert. (J.J. Thomson: Killing, Letting Die, and the Trolley Problem, in: Fischer / Ravizza 1992, S. 70. Siehe auch: Zoglauer 1998, S. 167 ff.)

Lösung III: Niemand wird getötet. Es findet keine Organtransplantation statt. Folge: Fünf Menschen sterben.

In der ursprünglichen Version des Falles, wie er von Thomson beschrieben wird, wählt David eine unbeteiligte sechste Person als Opfer, die völlig gesund ist und zufällig den richtigen Gewebetyp hat. David tötet diesen Menschen ohne ihn vorher zu fragen, entnimmt seine Organe und verpflanzt sie in die Körper der fünf kranken Patienten. In diesem Fall ist die Verwerflichkeit der Tat deutlicher erkennbar: Wir erkennen die Unantastbarkeit menschlichen Lebens an und lassen es nicht zu, daß ein Unschuldiger für ein höheres Gut geopfert wird. Die Option für die 3.Lösung kann durch folgendes Prinzip begründet werden:

Prinzip: Das Gebot des Nicht-Schadens (neminem laedere) hat Vorrang vor dem Gebot der Hilfeleistung.

Oft wird in diesem Zusammenhang auch auf den Unterschied zwischen Töten und Sterbenlassen verwiesen, um die Tötungsoption (Lösung II) zu verwerfen. Jedoch läßt sich zwischen Handeln und Unterlassen, zwischen Töten und Sterbenlassen, nicht immer eine deutliche Grenze ziehen, wie das erste der beiden folgenden Beispiele deutlich macht:

Edward ist der Fahrer eines Straßenbahnwagens, dessen Bremsen auf einer abschüssigen Strecke versagen. Vor dem Wagen befinden sich fünf Menschen auf dem Gleis. Leider sehen diese Passanten die Gefahr nicht und der Wagen ist inzwischen so schnell, daß sie sich nicht mehr rechtzeitig in Sicherheit bringen können. In letzter Sekunde bemerkt Edward, daß vor den Passanten ein Gleis nach rechts abzweigt und er die Straßenbahn auf die rechte Spur lenken kann. Unglücklicherweise befindet sich aber auch auf dieser Spur ein Mensch. Edward entschließt sich, die Straßenbahn nach rechts zu lenken. Dadurch wird zwar ein Mensch getötet, aber fünf Menschen werden gerettet.[14]

In der zweiten Version der Geschichte werden die fünf Personen auf andere Weise gerettet:

George steht auf einer Fußgängerbrücke über den Straßenbahngleisen. Er sieht, wie sich eine führungslose Straßenbahn der Brücke nähert. Hinter der Brücke befinden sich fünf Personen auf dem Gleis. Sie können sich nicht mehr rechtzeitig in Sicherheit bringen, da die Böschung links und rechts der Gleise zu steil ist. George erkennt, daß die einzige Möglichkeit, die Straßenbahn zu stoppen, darin besteht, einen schweren Gegenstand auf das Gleis zu werfen. Der einzige schwere Gegenstand in Reichweite ist ein dicker Mann auf der Fußgängerbrücke. Kurz entschlossen wirft George den dicken Mann über die Brücke und bringt die Straßenbahn dadurch zum Entgleisen. Der dicke Mann wird getötet, aber fünf Menschen werden gerettet.[15]

Intuitiv erscheint uns im 1.Fall die Handlung des Straßenbahnfahrers Edward gerechtfertigt, die Straßenbahn auf das Nebengleis zu lenken, während in der 2.Variante die Tat von George einer absichtlichen Tötung gleichkommt. Philippa Foot verweist auf ein Prinzip der katholischen Moraltheologie, um den moralisch relevanten Unterschied deutlich zu machen:

Doktrin der Doppelwirkung: Man darf eine an sich schlechte Handlung (z.B. die Tötung eines Menschen) nicht als Mittel zur Erreichung einer guten Wirkung (z.B. die Rettung anderer Menschenleben) anwenden. Hingegen mag es in manchen Situationen durchaus erlaubt sein, den unbeabsichtigten Tod eines Menschen in Kauf zu nehmen, wenn dadurch anderes Leben gerettet werden kann.

---

[14] Dieses „Trolley-Problem" wurde zum ersten Mal von Philippa Foot diskutiert und später von Thomson aufgegriffen. Philippa Foot: Das Abtreibungsproblem und die Doktrin der Doppelwirkung, in: Anton Leist (Hrsg.): Um Leben und Tod, Frankfurt a.M.: Suhrkamp 1990, S. 196-211; auch in Fischer / Ravizza (1992), S. 59-67. (Siehe auch: Thomson 1992, S. 70; Zoglauer 1998, S. 170 ff.)
[15] Thomson (1992), S. 71

Ausschlaggebend ist hierbei, ob die Absicht des Handelnden gut oder schlecht ist und ob die Vermeidung von Schaden oder die Hilfeleistung im Vordergrund steht. In der 1.Version wird der Tod des Menschen auf dem Nebengleis lediglich vorausgesehen, aber nicht gewollt oder direkt beabsichtigt. Die Situation des Straßenbahnfahrers Edward ist ähnlich der eines Flugzeugpiloten, der den Absturz seines Flugzeugs nicht mehr verhindern kann, das in das Zentrum einer Großstadt abzustürzen droht. Mit letzter Anstrengung kann der Pilot die Maschine auf einen weniger stark besiedelten Vorort umlenken. Der Tod eines Menschen wird in diesem Fall als entschuldbar betrachtet. Im 2.Fall dagegen wird der dicke Mann instrumentalisiert und als Mittel zum Zweck mißbraucht: George faßt den *Entschluß*, den dicken Mann zu töten. Dieser Tod wird nicht bloß als Nebenwirkung in Kauf genommen, sondern ist ein notwendiger Bestandteil des Planes, um die anderen Menschen zu retten.

Dennoch kann die Doktrin der Doppelwirkung nicht so recht überzeugen. Denn auch George hatte ja nur gute Absichten: er will in erster Linie das Leben der fünf Menschen auf dem Gleis retten und sieht als einzige Möglichkeit, um dieses Ziel zu verwirklichen, den dicken Mann auf das Gleis zu werfen. Eigentlich will er den Mann gar nicht töten, sondern nur die Straßenbahn aufhalten und so die fünf Menschen auf dem Gleis retten. Umgekehrt muß Edward, wenn er das Steuer der Straßenbahn herumreißt, mit dem Tod eines Menschen rechnen. In beiden Fällen können den Akteuren gute Absichten unterstellt werden und in beiden Fällen tritt der Tod des Opfers lediglich als Nebenwirkung einer als gut empfundenen Tat ein.

Ich sehe den entscheidenden Unterschied zwischen dem ersten und dem zweiten Fall in einem anderen Punkt: Im ersten Fall besteht eine kausale, vom Menschen nicht beeinflußbare Verbindung zwischen den fünf Menschen auf dem linken und dem Mann auf dem rechten Gleis: Entweder werden die fünf Menschen auf dem linken Gleis getötet oder der Mann auf dem rechten Gleis. Im zweiten Fall besteht keine notwendige Verbindung zwischen den fünf Personen auf dem Gleis und dem Fußgänger auf der Brücke. Diese Verbindung wird erst durch den spontanen Gedanken des Passanten George hergestellt.

Für die ethische Bewertung der Fälle ist die Frage nach der kausalen Verantwortung entscheidend: Edward kann für den Tod des Mannes auf dem Nebengleis nicht (kausal) verantwortlich gemacht werden, weil das Versagen der Bremsen von ihm ja nicht verursacht wurde, während George durchaus für den Tod des dicken Mannes verantwortlich ist: George löste eine Kausalkette aus, die zu seinem Tod führte. Anders wäre der Fall zu beurteilen, wenn Edward – etwa aus morbider Lust an moralischen Dilemmas – die Bremsen der Straßenbahn manipuliert und damit die Tragödie herbeigeführt hätte. Dann wäre Edward durchaus für den Tod des Mannes auf dem Nebengleis kausal verantwortlich. Aber Edward hat die Situation nicht verschuldet, daher ist seine Entscheidung, die Bahn auf das Nebengleis zu lenken auch nicht zu tadeln. Edwards Tat steht somit keineswegs im Widerspruch zu dem Prinzip „neminem laedere".

Eine kausale Verantwortung für ihre Tat tragen auch die vier Höhlenforscher, die Roger Whetmore erschlugen und die beiden Matrosen Dudley und Stephens, die den Schiffsjungen töteten. Und wenn der Chirurg David ohne Einverständnis seiner Patienten einen von ihnen tötet, macht auch er sich des Mordes schuldig. Die gut gemeinte Absicht, mehr Menschenleben zu retten, kann als Entschuldigung nicht akzeptiert werden. Denn schließlich sollte es nicht das primäre Ziel der Ethik sein, das Glück der Menschen zu vermehren, sondern Unheil von ihnen abzuwenden.

Somit ist es uns doch noch gelungen, alle Fälle in Einklang zu unserer moralischen Überzeugung zu bringen und wir haben ein Überlegungsgleichgewicht erreicht. Zusammenfassend kann die Methode des Überlegungsgleichgewichts durch folgende Schritte beschrieben werden:

1. *Konfliktanalyse*: Ausgangspunkt ist stets ein moralisches Dilemma. Zuerst sollte man sich über seine eigenen moralischen Intuitionen zu dem gegebenen Fall klar werden. Man analysiere die äußeren Umstände des Dilemmas, die Lage der Betroffenen, sowie ihre psychologische

Situation, ihre Hoffnungen, Ängste, Erwartungen und Interessen. Man überlege sich, welche moralischen und/oder juristischen Normen für die Beurteilung des Falles relevant sind und welche ethischen Prinzipien (z.B. deontologische oder utilitaristische Prinzipien) angewendet werden können. Welche Handlungsalternativen stehen den Betroffenen offen? Welche Folgen sind daraus zu erwarten? Gegebenenfalls führe man eine Risikoabschätzung durch. Nach einer sorgfältigen Risikoabwägung treffe man eine Entscheidung.

2. *Die Erzeugung eines lokalen Überlegungsgleichgewichts*: Man überprüfe das im 1.Schritt gewonnene Urteil, indem man die Randbedingungen des Konflikts variiert: Käme man zu derselben Entscheidung, wenn die Situation geringfügig anders wäre? Inwiefern hängt das moralische Urteil von diesen Randbedingungen ab? Ein lokales Überlegungsgleichgewicht sollte gegenüber geringfügigen Veränderungen der Randbedingungen stabil sein. Gegebenenfalls revidiere oder modifiziere man das anfangs gewonnene Urteil.

3. *Die Gewinnung eines globalen Überlegungsgleichgewichts*: Die Lösung eines Normenkonflikts erweist sich erst dann als tragfähig, wenn sie sich auch in anderen Situationen, die dem betrachteten Konflikt ähnlich sind, bewährt. Hierzu betrachte man andere Normenkonflikte (reale oder fiktive Dilemmas), die dem ursprünglichen Dilemma ähnlich sind. Durch die Erweiterung des Problemkreises rücken neue Aspekte, Normen und Prinzipien ins Blickfeld, die im ursprünglichen Fall nur eine untergeordnete Rolle spielten oder gar keine Berücksichtigung fanden. In unserem Fall waren es z.B. das Prinzip des „neminem laedere" und der Aspekt der kausalen Verantwortung, die sich für die Beurteilung des Falles als relevant erwiesen haben. Diese Analogiebetrachtung erweist sich als wichtiger Test zur Überprüfung der Kohärenz unserer moralischen Überzeugungen: Was in einem Fall richtig ist, muß auch in anderen, ähnlichen Fällen richtig sein. Im Laufe des Verfahrens können alte Meinungen und Überzeugungen jederzeit modifiziert oder revidiert werden, wenn dadurch die Kohärenz des Systems vergrößert werden kann. In unserem Fall wurde z.B. die Doktrin der Doppelwirkung verworfen.

Das Ergebnis dieser Kohärenzmethode ist nicht unbedingt eindeutig bestimmt. Verschiedene Konfliktlösungen können gleichermaßen kohärent sein. So kann z.B. ein utilitaristisches Normensystem ebenso kohärent sein wie etwa ein pflichtenethischer Ansatz à la Kant. Es kann auch nicht das Ziel der kohärentistischen Ethik sein, ein universell gültiges System von Normen letztzubegründen. Es genügt, wenn das ethische System in sich konsistent und kohärent ist und somit eine Orientierungshilfe für das praktische Leben liefert. Aber man kann die Unterbestimmtheit des Normensystems dadurch reduzieren, indem man das Überlegungsgleichgewicht so weit wie möglich ausdehnt und nicht nur einzelne Fallbeispiele berücksichtigt, sondern im Idealfall die ganze Lebenswelt, Recht und Moral miteinbezieht.

In den genannten Fallbeispielen könnte man einen unnachgiebigen utilitaristischen Standpunkt vertreten und die Tötung eines unschuldigen Menschen verlangen, wenn dadurch mehr Leben gerettet werden können. Die Konsequenz wäre, daß in einer solchen utilitaristischen Gesellschaft das Leben jedes Menschen jederzeit zur Disposition stünde und man z.B. als potentieller (unfreiwilliger) Organspender auf Abruf bereit steht. Es ist fraglich, ob wir jemals bereit sein werden, in einer solchen Gesellschaft zu leben. Letztlich kollidiert diese Auffassung mit fundamentalen Ansichten über die Unantastbarkeit und Unverfügbarkeit menschlichen Lebens, mit unserer abendländischen Auffassung von Menschenwürde und mit unserer ganz persönlichen Einstellung zum Leben. Daher bezweifle ich, daß der Utilitarismus global kohärent ist.

**Workshop 22
Gender Studies**

Die Intellektuelle und der Diskurs der Moderne

Charlotte Annerl

I

Beeindruckt von den Erfolgen der entstehenden empirischen Naturwissenschaften durch die Entwürfe Galileis und Newtons mehrten sich im 17. und 18. Jahrhundert Ansprüche, diese Methode auch auf die Erforschung der Gesellschaft, auf die Analyse ihrer Antagonismen und den Entwurf von Lösungsmöglichkeiten anzuwenden.

So setzte Hobbes die innovative Bedeutung seiner Staatsphilosophie mit der Naturphilosophie Galileis gleich, träumte David Hume davon, ein "Newton der Moralphilosphie" zu werden und auch Kant legte Wert auf den Nachweis, daß die Formenvielfalt der Vernunft aus dem Werkzeugkasten eben jenes Verstandes entstammt, der in den Naturwissenschaften zum Einsatz kommt.

Als Basiselement der neuen Gesellschaftstheorien wird *der Mensch* als losgelöster Einzelner fixiert, sein Charakter, seine "Gemütszustände" und seine geistigen Fähigkeiten "empirisch" erforscht.

Die dabei entstehende Anthropologie entwirft das Bild einer verhängnisvollen Konfiguration natürlicher Anlagen, derzufolge ein grenzenloses individuelles Glücksstreben mit einem ebenso maßlosen Machtstreben in Konflikt geraten muß und, wie Hobbes feststellt, die Sorge sich als allgemeine Grundbefindlichkeit etabliert. Hoffnung scheint nur die Negation der Selbstbezüglichkeit zu bieten, die Bereitschaft, fremdes Glück, so Hume und Kant, statt eigenes zu verfolgen, das Leiden des *Compagnion de misère* zu mildern, ein Titel, den Schopenhauer gerne als allgemeine Ansprache unter Menschen durchgesetzt hätte.

Während eine Befriedung des eskalierende Kampfes um Mittel und Zwecke der glücksversessenen und gleichwohl unglücklichen Subjekte zunächst durch die Abstimmung der egoistischen, partikularen Handlungen mittels allgemeiner Regeln erhofft wurde, setzte sich bald ein neues, differenzierteres Bild der gegenwärtigen Gesellschaft durch:

Dieses Bild, im folgenden als *sektorielles Modell* bezeichnet, schränkt den Gültigkeitsbereich der obigen Anthropologie ein, indem es einzelne Territorien ausmacht, in denen jene Konflikte gemildert scheinen und denen ein eigener Charakter zugeschrieben wird. Besonderes Interesse erweckt dabei die Frage, ob in diesen Sektoren ein Wissen verborgen sei, das auch die anderen Teilbereiche der Gesellschaft, etwa Ökonomie, Technologie und Politik, in neuem Licht zeigen würde.

Zwei solcher sozialer Sphären dominierten schon früh diese Debatte: Jene des Ästhetischen und jene des Weiblichen.

Die während der Klassik noch intensiv diskutierte Erwartung, daß eine Übertragung ästhetischer Ideale auf die ihre religiösen Traditionen abstreifende bürgerliche Gesellschaft diese verbessern könnte, verlor sich mit dem Ende der Romantik aus den gesellschaftstheoretischen Diskursen.

Die Auseinandersetzung mit dem kritischen Potential von Weiblichkeit besitzt zwar weiterhin Aktualität, ist aber von der Tendenz bedroht, diesen Bereich zu renaturalisieren, also der ersten Anthropologie des ungeselligen (männlichen) Subjekts eine zweite, "schöne" weibliche Anthropologie zur Seite zu stellen.

Weicht man der Versuchung aus, durch Renaturalisierung ein "weibliches Wissen" zu konstituieren, stellt sich die Frage nach anderen Zugängen. Dazu zwei Thesen:

1. Nicht der Blick in ein weibliches Innere, sondern nur die Entschlüsselung des sektoriellen Modells selbst kann zu einer Klärung beitragen. Mit anderen Worten, erst die Entwick-

lung verschiedener Logiken in der Moderne setzte die Konstruktion divergierender anthropologischer Zurechnungen in Gang.

2. Die Bedeutung des sektoriellen Modells und damit auch der modernen Geschlechterkomplementarität ist daher nicht durch eine *synchrone*, also nur die gegenwärtige Gesellschaft berücksichtigende Methode, sondern allein durch einen *diachronen* Theorieansatz zu erfassen.

II.

Die feministische Auseinandersetzung mit Intellektualität als "exemplarischem Ort der Formierung von Geschlechtsidentität"[1] unterstreicht die methodischen Probleme und Gefahren, die sich beim Versuch, über Phänomene der Geschlechterdifferenzen zu reflektieren, ergeben. Deutlich wird die Notwendigkeit, neue, das bestehende Theorienangebot transzendierende Ansätze zu entdecken, artikuliert.

Im Zentrum der Kritik steht die auch hier problematisierte Bereitschaft, Frauen über die Postulierung innerer geistiger Eigenschaften und Fähigkeiten zu klassifizieren. Ablehnung finden daher alle „historischen Konstruktionen von genusspezifischer Kognitionsfähigkeit"[2] und deren Versuche, mit der Berufung auf eine weibliche Eigenart Frauen aus dem Bereich der Theorienproduktion auszugrenzen.

Ähnlich entschieden wird aber auch auf Distanz gegenüber dem vorschnellen Ausweg einer einfachen Identifizierung mit den vorzüglich dem männlichen Geschlecht zuerkannten Wissensformen gegangen.

So warnt Moira Gatens vor einer Kritik an Rousseau, die meint, es genüge, die Zuweisung der Frau an eine eigene Position außerhalb der ökonomischen, politischen und intellektuellen Öffentlichkeit einfach aus dem Theoriengebäude Rousseaus zu entfernen:

> Rousseaus texts may well contain overtly sexist notions, but the simple removal of these does not allow the equitable inclusion of women. His theory of social contract requires the privatisation of sexual relations, reproduction and domestic work, along with the confinement of women to the role of wife/mother in the private sphere. The role he assigns to women is pivotal to his ideal society.[3]

Aufgrund der fehlenden Alternative zu der beanstandeten anthropologischen Lesart gesellschaftlicher Unterschiede lassen sich diese Vorbehalte aber nicht in ein neues Konzept umsetzen. Dieses Dilemma führt dazu, daß die feministische Kritik an herkömmlichen Darstellungen der Geschlechterbeziehung als Ahnung und Anspruch auftritt, deren Einlösbarkeit nicht gesichert ist.

Durch das Unvermögen, die Kluft, so Eva Meier, zwischen einer "Verleugnung von Differenz" und ihrer "Etablierung als etwas, das man wiederfinden sollte"[4] zu überbrücken, verlieren sich nach anfänglichem Interesse viele Fragestellungen und Phänomene wegen der "Gefahr essentialistischer Festschreibungen" oder der „Verdinglichung einer Sphäre authentischer Weiblichkeit" (Butler) wieder aus dem feministischen Themenkanon, der einen immer formalistischeren Charakter annimmt.

Auf die im folgenden skizzierten programmatischen Forderungen, die innerhalb feministischer Arbeiten zirkulieren, werde ich abschließend noch einmal kurz eingehen.

---

[1] Friederike Hassauer: Homo.Academica. Geschlechterkontrakte, Institution und die Verteilung des Wissens. Wien (Passagen): 1994. S.11.
[2] ebd., S.5
[3] Moira Gatens: Feminism and Philosophy, Perspectives on Difference and Equality. Cambridge 1991, S. 90f
[4] Eva Mayer; Autobiographie der Schrift. Basel, Ffm. 1989. S.127.

1. Die These des Übergangs von der Frauenforschung zur Geschlechterforschung

Ein immer wieder geäußerter feministischer Anspruch zielt darauf ab, den eigenen Themenbereich nicht auf die Erforschung weiblicher Lebenszusammenhänge einzugrenzen. Von einer Ausweitung feministischer Fragestellungen auf beide Seiten der binären Geschlechteranordnung wird erwartet, daß sich daraus auch neue Sichtweisen auf "vorgeblich genus-unspezifische 'allgemeine' Bereiche" wie jene der Theoriebildung ergeben.

So steckt Friedericke Hassauer den Gegenstandsbereich ihrer Untersuchung der "Geschlechterkontrakte über die Verteilung des Wissens" folgendermaßen ab:

> Die Einführung der Kategorie 'Genus' bedeutet eine wesentlich umfassendere Neuorientierung der Frage-Interessen als das additive Anfügen der 'Berücksichtigung der Rolle der Frau' zu ansonsten unveränderter Praxis geschlechtsblinder Forschung. (...)
> Die Einführung der Kategorie 'Genus' erzwingt so eine symmetrische Zuschreibung von Genusspezifizierung auf beide Geschlechter - und löst damit die Aporie, daß Frauenforschung strukturell nur wieder Frauen als Geschlechtswesen konstituiert, ohne gleichzeitig den Bereich des Allgemeinen auf seine Dimension des Männlichen hin zu degeneralisieren und zu dezentrieren. Nicht ein idealer Ort der Indifferenz also, ... sondern erst die Markierung beider Seiten ermöglicht ein solches "Denken der Geschlechterdifferenz".[5]

Auch Judith Butler konstatiert, daß die „Untersuchung von Geschlechtsidentität" eine „relationale Analyse"[6] erfordert.

Offen bleibt, wie bei diesem Projekt einer spiegelverkehrten essentialistischen Naturalisierung von Männlichkeit zu entkommen ist. Auf welche Relativierung wäre dann aber die Hoffnung zu setzen, wenn für ein solches Unterfangen nicht jene reduktionistischen Fixierungen wiederholt werden sollen, die für herkömmliche Weiblichkeitsentwürfe charakteristisch sind?

2. Die These eines besonderen kritischen Potentials feministischer Ansätze

Die Erwartung, daß ein Nachspüren der Geschlechterproblematik eine Erschütterung grundlegender philosophischer Voraussetzungen und Begrifflichkeiten nach sich zieht, prägt die Grundstimmung vieler feministischer Arbeiten.

Gerade dieser Anspruch ist es, der auch von außen als besonders provokant wahrgenommen und als Grunddogma feministischer Forschung identifiziert wird.

Als unhaltbar bezeichnet etwa Johannes Weiß in seinem Beitrag zum Thema "Feministische Vernunftkritik" die Behauptung "der Frauenforschung, (...) einen ganz neuen Typus von Wissenschaft entdeckt zu haben und zu praktizieren". Nicht in bezug auf ihre Methode, nur in bezug auf ihren Gegenstandsbereich sei feministische Forschung in der Lage, den Gesellschaftswissenschaften neue intellektuelle Impulse zu verleihen:

> Liegt deren Bedeutung für den Erkenntnisfortschritt der Wissenschaften darin, ganz neue und eigenwillige Standards der wissenschaftlichen Argumenation, Begründung und Kritik gefunden und durchgesetzt zu haben, oder vielmehr darin, daß sie neuartige Fragestellungen, Begrifflichkeiten und Erklärungen hervorgebracht hat?[7]

---

[5] Friederike Hassauer: Homo Academica. S. 12f.
[6] Judith Butler: Das Unbehagen der Geschlechter. Ffm. 1991. S.9.
[7] Johannes Weiß. Epilog: Das Ende von etwas. In: Iona Ostner, Klaus Lichtblau (Hg.): Feministische Vernunftkritik. Ansätze und Traditionen. Ffm./New York 1992. S.240.

Da nur die zweite Alternative bejaht werden könne, sei „das Ende der Frauenforschung im pathetischen und provokativen Sinn absehbar".

Ist dieser Anspruch auf eine eigene innovative Kraft tatsächlich zur Gänze aufzugeben oder kann er in einer Interpretation, die nicht von einer moralischen oder wissenschaftlichen Überlegenheit weiblicher Forschender ausgeht, anerkannt werden?

III.

Die Annahme des Zusammenhangs männlicher und weiblicher Identitätszuschreibungen mit der Gliederung moderner Sozietäten in getrennte kulturelle Sphären erlaubt ein wesentlich erweitertes Blickfeld bei der Suche nach alternativen begrifflichen Konzepten, um die komplizierten gesellschaftlichen Prozesse, die bei der Ausbildung von Geschlechterpolaritäten prägende Kraft hatten, darzustellen. Von Interesse für unser Anliegen sind daher auch Ansätze, die nicht aus der direkten Thematisierung der Geschlechterproblematik selbst, sondern aus der Auseinandersetzumg mit anderen Problemen und Bereichen des sektoriellen Modells entstammen.

Drei derartige Impulse für die hier gesuchte Methode seien im folgenden angeführt und ihre Verwendbarkeit für die Analyse von Geschlechterbeziehungen diskutiert:

1. Hegels genealogische Betrachtung ästhetischer Phänomene

Eine erste Anregung für die Frage, wie eine diachrone Theorie des sektoriellen Modells vorgehen könnte, bietet Hegels Auseinandersetzung mit den Ansprüchen und Grenzen der Kunst innerhalb der modernen Welt.

Dabei stellt Hegel eine Beziehung zwischen dem scheinbar abgegrenzten, autonomen Bereich der Kunst und der ihn umgebenen Gesellschaft her. Hegel gelangt zu dem Ergebnis, daß die Erscheinungsweisen des Ästhetischen nur dann zu verstehen sind, wenn in der geschichtlichen Abfolge verschiedener Arten von Gemeinwesen soweit zurückgegangen wird, bis jene logischen Brüche und Unvereinbarkeiten, die in der Gegenwart zwischen Kunst und Gesellschaft zu konstatieren sind, aufgelöst oder abgemildert scheinen.

Einen solchen "idealen" Zustand einer Nähe von Kunst und Alltag macht Hegel bekanntlich in der frühgriechischen polis fest. Indem in dieser die Partikularität und Atomistik moderner Gesellschaften, ihre dynamische Produktion sich vervielfältigender neuer Mittel und Zwecke noch nicht entfaltet ist, orientiert sich die soziale Praxis am Äußeren der griechischen Lebensweise, dem daher eine gesellschaftskonstituierende Bedeutung zukommt. An diese allgemeinen, sichtbaren Gestaltungen des Alltags knüpft die griechiche Kunst an.

Mit der Entfaltung neuer Arten von Innerlichkeit, der wachsenden Dominanz von Gedanken, Prinzipien und Theorien wird die äußere Gestalt der Handlungen und Dinge jedoch offen und indifferent. Dadurch büßt die Kunst, so Hegel, ihre frühere gesellschaftliche Aussagekraft ein. Sie versucht, ihre Stellung zurückzugewinnen, indem sie den Bereich der Innerlichkeit zu ihrem Thema macht, d.h. romantisch wird.

Hegels These, soweit sie auch für die hier behandelte Fragestellung interessant ist, lautet: Ist jene "alte Welt" nicht mehr sichtbar, kann das Phänomen moderner, und das ist für Hegel gleichbedeutend mit romantischer Kunst, nur durch die Rekonstruktion ihrer Genealogie aus derselben philosophisch verstanden werden.

Ein anderer Befund ergibt sich, wenn Hegels Analyse der Sphäre des Weiblichen betrachtet wird. Es erstaunt, wie fern Hegel der Gedanke ist, die genealogische Methode seiner Untersuchung des Ästhetischen auf die Beziehungen der Geschlechter anzuwenden. Umso mehr, als gerade das vorhergehende achtzehnte Jahrhundert - es sei an Kants *Beobachtungen über das Schöne und Erhabene* erinnert - sich zur Charakterisierung von Weiblichkeit gerne auf ästhetische Metaphern stützte. Hegel selbst merkt etwa zu Schillers Ästhetik an, daß dieser "das Lob der Frauen besonders zu seinem Gegenstand macht, als in deren Charakter er eben die von selbst vorhandene Vereinigung des Geistigen und Natürlichen erkannte und hervorhob."[8] Also eben jene Verbundenheit, die Hegel und Schiller als Merkmal "des Schönen" bestimmten.

Der separierte bürgerliche Raum des Familiären wird jedoch nicht in analoger Weise wie die Sphäre der Kunst mit dem Wandel der ihn umgebenden Gesellschaft in Beziehung gesetzt und sein „romantischer" Charakter übersehen. Stattdessen wird der vergebliche Versuch unternommen, ihn allein aus der Eigenart der in ihm vorhandenen persönlichen Beziehungen, auf die die Frau festgelegt wird, zu erklären.

2. Webers Begriff des idealen Handlungstypus

Max Webers Begriff des Handlungstypus erschließt eine neue Beobachtungsebene für eine geschlechtsspezifische Analyse sozialer Unterschiede und Veränderungen, die eine neuerliche Hypostasierung natürlicher Anlagen und Eigenschaften zu vermeiden wünscht.

Sein Konzept des *Idealtypus* versteht sich dabei als begriffliche Konstruktion, der eine methodische und heuristische Aufgabe zugewiesen ist: Der Bezug auf verschiedene Idealtypen soll nach Max Webers Vorschlag dazu verhelfen, "daß durch Angabe des Maßes der Annäherung einer historischen Erscheinung an einen oder mehrere dieser Begriffe diese eingeordnet werden kann".[9]

Idealtypen lassen sich auf unterschiedlichen Analyseniveaus konstruieren. Von entscheidender Bedeutung ist aber der Schritt Webers, Idealtypen auch auf der Ebene der *Handlung*, der Basiskategorie seiner systematischen theoretischen Bemühungen, nachzuspüren.

Ich beschränke mich hier auf zwei Idealtypen, auf jenen der „traditionalen" und jenen der „zweckrationalen" Handlung.

Webers für eine Theorie des sektoriellen Modells sowie der darin eingeschriebenen Geschlechterbeziehungen aufschlußreiche These besagt, daß geschichtliche Wandlungsprozesse als Rationalisierungsbewegung darstellbar sind. Obwohl im Zuge dieses Vorgangs der Typus der zweckrationalen Handlung dominanter wird, so sind dennoch alle Bereiche der Gesellschaft im Spannungsfeld *beider* Idealtypen zu untersuchen. Gesellschaftliche Phänomene stellen also spezifische "Gemengelagen" dar, deren Merkmale durch "Abstandsmessungen" zu zweckrationalen *und* traditionalen Idealtypen zu erklären sind.

Für eine 'relationale Analyse' binärer Geschlechteranordnungen könnten dann Phänomene der Differenz durch das Aufzeigen ihrer unterschiedlichen Nähe zu zweckrationalen bzw. traditionalen Handlungstypen erklärt werden. In deren Überlagerungsbereich finden, so die an Weber anknüpfende These, geschichtliche Veränderungen einschließlich solcher im Bereich der Geschlechterkategorien statt.

Der Terminus der traditionalen Handlung erfordert jedoch eine Ergänzung. Wie Anthony Giddens zu Bedenken gibt, wurde der Begriff des Traditionalen vor allem in Abhebung zur Moderne gewählt, während tatsächliche archaischere Gesellschaften das Wort Tradition zumeist gar nicht kennen:

> Um zu verstehen, was es bedeutet, in einer posttraditionalen Gesellschaft zu leben, müssen wir uns mit zwei Fragen beschäftigen: was Tradition eigentlich ausmacht und welches die charakteristischen Merkmale einer 'traditionalen Gesellschaft' sind. Beide Begriffe sind zumeist weitgehend ungeprüft gebraucht worden - in der Soziologie, weil sie hier nur als Folie des Hauptthemas Moderne dienten.[10]

---

[8] G.W.F. Hegel: Vorlesungen über die Ästhetik I. Theorie-Werkausgabe Band 13. Ffm.1970. S.91
[9] Max Weber: Wirtschaft und Gesellschaft. Tübingen 1947. S. 10
[10] Anthony Giddens: Leben in einer posttraditionalen Gesellschaft. In: Reflexive Modernisierung. Hg.: Ulrich Beck, Anthony Giddens und Scott Lash. Ffm. 1996. S.122.

Giddens vermerkt weiter: "Die meisten kleineren Kulturen besitzen anscheinend kein Wort für Tradition". Erst im Laufe einer geschichtlichen Entwicklung "wird Tradition als etwas eigenes wahrgenommen und als etwas, das es auch in der Mehrzahl geben kann." [11]

Neue Erkenntnisse soll unser Versuch ergeben, den Weberschen Terminus des "Traditionalen" mit Hegels Ergebnissen seiner genealogischen Untersuchung der Ästhetik zu ergänzen, also den traditionalen Handlungstyp durch die Einbeziehung von Eigenschaften der „gestaltorientierten Handlung" verständlich zu machen.

Ferner ist zu berücksichtigen, daß die Integrationsversuche von Momenten älterer sozialer Formen in die Moderne mit deren gleichzeitiger Herauslösung aus ihrem ursprünglichen Zusammenhang und ihrer Anpassung an die Moderne einhergehen. Erst so entstand zum Beispiel das Phänomen jener scheinbar außerhalb der Gesellschaft stehenden, "privaten" weiblichen Innerlichkeit als eigene emotionale „Gemütsverfassung", wie sie in den eingangs erwähnten Anthropologien des Weiblichen beschrieben wird.

3. Wittgensteins Alltagsanalysen

Im Zusammenhang mit seiner Kritik an der Descartesschen Bewußtseinstheorie, in der das Geistige den bestimmenden Teil jedes Handelns ausmacht, betont Wittgenstein die entscheidende Rolle, die das Sichtbare, Kommunizierbare, Erlernbare der Handlung hat.

Jenes Äußere unseres Tuns, das mit der Umgangssprache in engem Zusammenhang steht, wird als nicht weiter analysierbar, auf Vorgänge im Inneren zurückführbar postuliert.

Es bildet, wie in Wittgensteins Zurückweisung überzogener Erwartungen in die Leistung von Regeln ausgeführt, die Grundlage, den Ausgangspunkt jeder Kultur, die Basis der Erlernung jedes Wissens und der Entwicklung jeder Theorie.

Trotz seiner Kritik an der Moderne hat Wittgenstein allerdings den Modernisierungsprozeß nicht in seine Theorie aufgenommen, sondern geht davon aus, daß alle Handlungen in dieser Weise über ihr Äußeres bestimmt werden können.

Wittgensteins Argumente liefern einen Hinweis darauf, innerhalb welcher enger Grenzen bestimmte Eigenheiten von Weiblichkeit oder Männlichkeit beschrieben werden können, ohne sie deshalb in rationalistischer Interpretation auf eine naturgegebene Innerlichkeit zu reduzieren.

Hier wird die Möglichkeit diskutiert, solche nicht analysierbaren Eigenheiten philosophisch-historisch einzuordnen.

IV

1. Zwei methodische Thesen

Geschlechterdifferenz und Rationalisierungsbewegung

Der Ausweg aus dem methodischen Dilemma, über die wechselnden historischen Gestaltungen des Geschlechterverhältnisses zu sprechen, ohne diese aus einer männlichen oder weiblichen Natur abzuleiten, kann, so meine These, nur durch die Überführung aller synchronen, in einer Zeitebene sich bewegenden Interpretationen derselben in eine diachrone, zeitliche Verschiebungen berücksichtigende Darstellungsweise gelingen.

Unter Bezug auf die Weberschen Handlungstypen läßt sich die Vielfalt von Phänomenen und Zuschreibungen, die zum Bedeutungskreis von 'Weiblichkeit' gehören, auf nicht-naturalistische Weise verständlich zu machen. Aus dieser Sicht zeigen sie sich als Ergebnis von Ungleichzeitigkeiten im Ratioalisierungsprozeß. Diese Ungleichzeitigkeiten sedimentieren sich in der sektoriellen Gliederung moderner Gesellschaften, in deren

---
[11] ebd., S.128

Teilbereichen Merkmale älterer Lebensweisen, aus ihrem früheren Zusammenhang gelöst und romantisch überhöht, konzentriert werden.

Werden vermeintliche weibliche Wesenseigenschaften wie Sanftmut, Dialogbereitschaft oder Hilfsbereitschaft z.B. mit Hegels Charakterisierung antiker Tugenden verglichen, dann wird deren Herkunft deutlich. Es sind Abstraktionen und Entlehnungen einer gesellschaftlichen Praxis, die im weiblichen Alltag noch einen gewissen Raum einnehmen.

In bewußter Absetzung von Ökonomie und Politik, Wissenschaft und Recht entstand so eine abgegrenzte kulturelle Sphäre des Weiblichen, deren Eigenart in einem vorgeblichen „schönen Wesen" der Frau fundiert wurde.

Kritik des Naturalismus

Doch erschöpft die hier vorgeschlagene Methode der Zuordnung von Phänomenen männlicher und weiblicher Lebensführung zu verschiedenen Handlungstypen die Frage nach möglichen Besonderheiten weiblicher Intellektueller? Bleibt hier nicht ein unbeantworteter Rest?

Tatsächlich ist davon auszugehen, daß in allen Abschnitten des geschichtlichen Rationalisierungsprozesses Partikel des Äußeren bestehen bleiben, einschließlich solcher, die über die aufgezeigten logischen Beziehungen hinaus als "männlich" oder "weiblich" wahrgenommen werden. Diese unhintergehbaren, basalen Partikel entziehen sich jedoch sowohl dem Versuch ihrer rationalistischen Reduktion auf *natürliche Eigenschaften* als auch der philosophischen Analyse, die nur *logische bzw. begriffliche Eigenschaften* innerhalb der Modernisierungsbewegung zu erfassen vermag.

Deren Ausgangspunkt und Grundlage, das "Äußere" im Sinne Wittgensteins, das als kulturell gebundene Handlungs- und Redeweise zu verstehen ist, ist zwar im Alltag sichtbar, aber einer weiteren Theoriebildung nicht zugänglich. Seine Voraussetzungen sind nicht eruierbar, die Verbindungen, die es im Laufe der geschichtlichen Entwicklung mit rationalen Momenten eingeht, sind nicht vorweg erfaßbar, seine Veränderungen nicht vorhersagbar.

2. Männlichkeit als Thema der Philosophie

Welche Perspektive eröffnet der Versuch, nicht nur die weibliche, sondern auch die männliche Rolle innerhalb der Modernisierungsbewegung in diachroner Weise zu erforschen? Könnte so, entsprechend der erwähnten Forderung nach einer relationalen Analyse beider Geschlechter, auch „Männlichkeit" zu einem philosophischen Thema werden?

In einer solchen geschichtliche Veränderungen berücksichtigenden Untersuchung ließe sich der Nachweis führen, daß die Anthropologie ein Konstrukt, das zumeist am Typus der zweckrationalen Handlung orientiert ist, ihren Entwürfen und Beschreibungen zugrundelegt. „Der Mann" als tatsächliche Person und als symmetrischer Term neben dem „der Frau" bleibt damit aber ebenso unterbestimmt.

Die Anerkennung von logischen Mischtypen sowohl in der weiblichen als auch innerhalb der männlichen Lebenswirklichkeit trägt dazu bei, daß auf der hier betrachteten Untersuchungsebene Gleichheit und Differenz keinen starren Widerspruch bilden. Beide Geschlechter bewegen sich demnach im Spannungsfeld der gleichen Handlungsarten, wenn auch in einer historisch unterschiedlichen Position.

Umgekehrt erlaubt die vorgeschlagene geschichtliche Methode, auch Züge weiblicher Lebensführung mit Begriffen zu beschreiben, die keine geschlechtlichen Bestimmungen darstellen. Dadurch ist jene Asymmetrie beseitigt, die darin gesehen wird, daß Männlichkeit über objektive Leistungen jenseits geschlechtspsychologischer Merkmale definiert wird, Weiblichkeit aber immer als Äußerung eines natürlichen Charakters galt.

3. Weiblichkeit als Intellektualisierungsimpuls

Der Anspruch auf eine der feministischen Forschung eigene innovative Kraft, die "eine kritische und nicht-integrierte theoretische und politische Position" derselben innerhalb der Landkarte des gesellschaftlichen Wissens begründen könnte, ist allerdings nur sehr eingeschränkt anzuerkennen.

Die Frage nach einem spezifischen kritischen Potentials weiblicher Intellektueller läßt sich nach den angeführten Überlegungen nur umformulieren und als Intellektualisierungsimpuls auffassen, der nicht von einer Personengruppe, sondern vom Phänomen der polarisierten Geschlechteridentitäten selbst ausgeht. Dieser Komplex an Erscheinungen entzieht sich hartnäckig seiner begrifflichen Einordnung in vorgegebene Interpretationsmuster.

Aus der historischen Position der Frau innerhalb dieses geschichtlichen Prozesses ergibt sich ein besonderes Erkenntnisinteresse, den Widersprüchlichkeiten der Geschlechterkategorien jenseits aller anthropologischen Fixierungen nachzugehen.

Sidonia Blättler

"Nation" und "Geschlecht" im Diskurs der Moderne.
Die politischen Schriften Jean-Jacques Rousseaus

Vor dem Hintergrund modernitätstheoretischer Überlegungen sollen am Beispiel von Rousseaus Schriften zentrale Aspekte des modernen Nationendiskurses sowie ihre Verschränkung mit der modernen Konzeptualisierung des Geschlechterverhältnisses aufgearbeitet werden. Dem liegt der Gedanke zugrunde, dass Nation und Geschlecht zentrale Leitbegriffe der Moderne bilden, die persönliche Identität konstituieren, und dass nationale Identität vermittelt durch die Geschlechtsidentität, Geschlechtsidentität vermittelt durch nationale Identität in die persönliche Selbstauslegung eingehen.

Der Versuch, Rousseau als einen Theoretiker des modernen Nationalstaats zu lesen, bedarf einer Erörterung. Viele seiner heutigen Interpreten betonen, dass sich seine Konzeption des Politischen an kleinen vorindustriellen und bäuerlichen Gemeinschaften orientiere und auf den industrialisierten Flächenstaat, auf den sich der Nationendiskurs bezog, sinnvoll nicht angewendet werden könne. Rousseau selbst hat mehrfach betont, dass die Idee einer integrierten politischen Gemeinschaft für die Moderne unwiderruflich verloren sei, da eine starke Konzeption von Bürgerschaft der Emanzipation von Subjektivität und Selbstinteresse widerspreche. Andere Interpreten haben Rousseau demgegenüber als herausragenden Repräsentanten des Kontraktualismus rezipiert, der den sozialen und politischen Zusammenhang auf der Basis freier und gleicher Individuen rekonstruiert. Ich werde die These vertreten, dass Rousseaus politische Theorie gerade aufgrund ihrer widersprüchlichen Orientierung – einerseits am normativen Individualismus des vertragstheoretischen Denkens, anderseits an der Idee einer identitären politischen Gemeinschaft – wegweisend war für die Versuche, den modernen Rechtsstaatsgedanken auf der Grundlage von Freiheit und Gleichheit mit dem Anspruch auf starke soziale und politische Integration zu verbinden, und sie damit eben das zu leisten verspricht, was den Kern des nationalstaatlichen Paradigmas ausmacht.

In einem ersten Schritt werde ich kurz skizzieren, wie Rousseaus Konzeption des Politischen von einem normativen Individualismus ausgeht und bei der Gemeinschaft als einem objektiven Sein endet, das die individuelle Autonomie vollständig annihiliert (I).

In einem zweiten Schritt frage ich nach der Funktion des in Begriffen einer qualitativen Differenz entworfenen Geschlechterverhältnisses sowie nach der Rolle der Frauen (und des "Weiblichen") im Prozess dieser Transformation, die zwar vom Bereich des Politischen ausgeschlossen, über ihre sozialisatorischen Aufgaben aber dem Gemeinwesen (re)integriert werden. Anders als in der bisherigen Forschung vorherrschend, vergleiche ich die Erziehung der Frau nicht mit der Erziehung des Mannes zum autonomen Subjekt, sondern mit seiner Erziehung zum Bürger. Obwohl der Bürger im Staat eine gänzlich andere Stelle einnimmt als die Bürgerin, zeigen sich im Erziehungsprogramm weitgehende Übereinstimmungen (II).

In einem dritten Schritt zeige ich, wie bereits in Rousseaus Konzeptualisierung des Gemeinwesens "die Frau"/"das Weibliche" als Verkörperung einer gemeinschaftlichen Substanz erkennbar wird, die – was für den späteren Nationendiskurs zentral ist – das Recht der Gemeinschaft gegen das Recht des Individuums repräsentiert (III).

I. Normativer Individualismus und Gemeinschaft

In der Einleitung zum *Contrat Social* situiert Rousseau seine Konstruktion des politischen Gemeinwesens expressis verbis im Rahmen einer Theorie des modernen Staates. Die utilitären Gesichtspunkte des bürgerlichen Selbstinteresses sollen in gleicher Weise Berücksichtigung finden wie das für die Begründung des Staates vorausgesetzte allgemeine Interesse der Gerechtigkeit. Ausgangspunkt seiner vertragstheoretischen Rekonstruktion bilden Individuen, die sich im pragmatischen Interesse ihrer Selbsterhaltung zusammenschliessen. Sie institutionalisieren eine durchsetzungsfähige Allgemeinheit, die ihnen Schutz vor Übergriffen auf Person und Eigentum garantiert. Damit zielt die Assoziierung auf eine Ordnung, die mit dem Mittel des durch Zwangsbefugnis gestützten Rechts die individuellen Freiheitssphären gegeneinander festlegt und sichert. So weit stimmt Rousseau mit seinen Vorgängern Thomas Hobbes und John Locke überein. Durch die gesetzliche Regelung gleicher privater Freiheiten ist für ihn die ursprüngliche Freiheit des Individuums jedoch noch nicht hinreichend erfasst. Das unveräusserliche Recht auf Autonomie verlangt überdies nach einer Herrschaftsform, die dem Individuum nicht als eine fremde Gewalt gegenübertritt, sondern als eine Macht, in der es seinen eigenen Willen erkennt. Sie muss daher nach dem Grundsatz der Selbstgesetzgebung verfasst sein, wonach die Bürger Gehorsam nur solchen Gesetzen schulden, die sie selbst erlassen haben. In seiner negativen Bestimmung meint der Begriff der Freiheit hier also Unabhängigkeit von fremder Willensbestimmung sowohl gegenüber den Mitmenschen wie gegenüber dem Staat. Positiv gewendet umfasst er sowohl private als auch politische Autonomie. Wenn Recht und Staat nicht im Widerspruch zum spezifisch Menschlichen des Menschen stehen sollen, müssen sie sich an dieser umfassenden Freiheitskonzeption als dem fundamentalen legitimationstheoretischen Kriterium bewähren.[1] Da Freiheit im Zustand der Vergesellschaftung sich nur realisieren lässt unter der Bedingung der Gleichheit, welche asymmetrische Handlungschancen und damit die Gefahr einer einseitigen Unterwerfung unter einen fremden Willen ausschliesst, verlangt der ursprüngliche Assoziationsvertrag, aus dem ein "Moral- und Kollektivkörper" hervorgehen soll,[2] die "vollständige Überäusserung *[aliénation totale]* eines jeden Mitglieds mit all seinen Rechten an die Gemeinschaft."[3] Als weitere Argumente für die Notwendigkeit einer vorbehaltlosen Entäusserung der Vertragspartner im Konstitutionsakt des Souveräns führt Rousseau einerseits das Argument der Stabilität, anderseits das Fehlen einer schiedsrichterlichen Instanz an, die in Fällen konfligierender Rechtsansprüche zwischen Individuum und Souverän entscheiden könnte.[4]

Neben diesen vertragslogischen Notwendigkeiten einer *aliénation totale*, die vom Einzelnen die vorbehaltlose Entäusserung "seiner Güter, seiner Person, seines Lebens und seiner ganzen Macht" verlangt,[5] erweist sich im Verlauf des Textes jedoch ein anderes Motiv als gewichtiger: das modernitätskritische Motiv der Selbstentfremdung und des Versuchs ihrer Überwindung. Die Forderung nach Übereinstimmung des Menschen mit sich selbst erfüllt weit mehr als eine blosse Funktion des Vertragsschemas. Sie strukturiert, wie in der Rousseauforschung allgemein anerkannt, den Zusammenhang des Rousseauschen Werks überhaupt. Um das Problem der Selbstentfremdung zu lösen, muss die Rekonstruktion der politischen Vergemein-

---

1 Rousseau, Jean-Jacques: Vom Gesellschaftsvertrag oder Prinzipien des Staatsrechts. In: Ders.: Politische Schriften. Hg. und übers. von Ludwig Schmidts. Paderborn u.a. 1995, I/4, S. 67.
2 Vom Gesellschaftsvertrag, I/6, S. 74.
3 Vom Gesellschaftsvertrag, I/6, S. 73.
4 Für eine ausführliche Darstellung dieser vertragslogischen Aspekte vgl. Kersting, Wolfgang: Die politische Philosophie des Gesellschaftsvertrags. Darmstadt 1994, S. 171ff.
5 Rousseau, Jean-Jacques: Emil oder Über die Erziehung. Hg. und übers. von Ludwig Schmidts. Paderborn u.a. 1993, S. 507.

schaftung eine zweifache Integration ermöglichen: Die Identität des Subjekts mit sich selbst und die Identität des Subjekts mit dem Gemeinwesen. Leisten sollen dies Idee und Praxis der Selbstgesetzgebung, deren architektonisches Zentrum der Allgemeinwille, die *volonté générale*, bildet. Die *volonté générale* verbürgt sowohl die Einheit des Individuums mit sich selbst und dem Staat als auch die Übereinstimmung von Normativität und Faktizität des Selbstgesetzgebungsprozesses.

Der einzelne Mensch vernimmt die *volonté générale* durch sein Gewissen. In Gestalt einer letzten inneren Gewissheit beinhaltet es jene (vernünftigen) Normen, die ihren objektiven Ausdruck in der (gerechten) Verfassungsordnung finden. Wo die Menschen tugendhaft, in Übereinstimmung mit ihrem Gewissen, an der Gemeinschaft partizipieren, ist der Souverän als die Gesamtheit der Bürger immer schon das, was er sein soll: die Verwirklichung der *volonté générale*. Doch das Gewissen ist ein höchst prekäres Fundament des politischen Lebens.[6] Als "Stimme der Natur" droht es, wie Rousseau unaufhörlich beklagt, in der künstlichen und verfälschenden Kultur eines lasterhaften Jahrhunderts zu ersticken. Als "Stimme der Vernunft" ist es Gegenstand des Wissens und der Erkenntnis und also für Irrtum anfällig. Selbst wenn man die gute Absicht der Bürger, sich vom allgemeinen Willen lenken zu lassen, voraussetzen könnte, wäre es wenig wahrscheinlich, dass sie fähig wären, ihn auch richtig zu erkennen und adäquat in die Praxis umzusetzen. "Von sich aus", heisst es im *Contrat Social*, "will das Volk immer das Gute, aber von sich aus erkennt es das Volk nicht immer. Der Gemeinwille hat immer recht, aber das Urteil, das ihn führt, ist nicht immer erleuchtet."[7] Um das Auseinandertreten von Normativität und Faktizität, eine Divergenz von *volonté générale* und durch egoistische Leidenschaften oder durch mangelnde Einsicht fehlgeleitetem Einzelwillen (*volonté particulière*) zu verhindern, verfolgt Rousseau eine doppelte Strategie. Zum einen hebt er in seiner Gesetzgebungstheorie die begriffliche Differenz zwischen normativ-idealem und faktischem Rechtswillen auf, so dass dem im prozeduralen Akt von Beratung und Majoritätsvotum gewonnenen faktischen Konsens das Prädikat der Irrtumsfreiheit und der prinzipiellen Normadäquatheit zukommt. Zum andern führt Rousseau an zentraler Stelle die Figur des Gesetzgebers ein. Mit dem Lehrstück vom Gesetzgeber wird der kontraktualistische Begründungszusammenhang verlassen. Seine Funktion ist es, das Bewusstsein und den Willen der einzelnen Subjekte gleichzuschalten und durch Angleichung an den Allgemeinwillen die legitimationstheoretische und politisch-soziologische Rekonstruktion zu verklammern. Indem der Gesetzgeber den Volkswillen artikuliert, ihn in einer Verfassungsordnung materialisiert und in die Herzen der Bürger einzupflanzen sucht, ist er weit mehr als nur der Autor eines Gesetzeswerkes. Er ist der Schöpfer von Nation und Patrioten.

II. Die Nation als männliche Autogenese und die Geschlechterdifferenz

Der Gesetzgeber darf das Prinzip der Volkssouveränität nicht verletzen. Dies betont Rousseau noch einmal ausdrücklich, bevor er dessen Notwendigkeit ankündigt. Er verfügt weder über legislative noch exekutive Kompetenzen, sondern tritt als ein Fremder auf, der in keiner Rechtsbeziehung zum Gemeinwesen steht und mit ihm auch sonst durch keine persönlichen Interessen verbunden ist. Rechtsgültig wird die von ihm vorgeschlagene Verfassung allein durch die freie Zustimmung des Volks. Seine Aufgabe liegt deshalb primär darin, im Volk die notwendigen Voraussetzungen für eine solche Zustimmung zu schaffen. Aus einer, wie es nun auf einmal heisst, "blinden Menge, die oft nicht weiss, was sie will – weil sie selten weiss, was ihr guttut –"[8] soll er eine einmütige, selbstbewusste Nation kreieren und damit jenen durch

---

6   Zum folgenden vgl. Emil, S. 300ff.
7   Vom Gesellschaftsvertrag, II/6, S. 99.
8   Vom Gesellschaftsvertrag, II/6, S. 98.

die *volonté générale* geeinten "Moral- und Kollektivkörper" der vertragstheoretischen Rekonstruktion faktisch verwirklichen. Die Schöpfung der Nation folgt dem Muster der griechischen Poiesis. Wie der Demiurg durch Formung des natürlichen Stoffs dessen Dispositionen realisiert, so wirkt die Vernunft des Gesetzgebers auf das anarchische Chaos einer atomisierten und dumpfen Menge ein, um aus ihr eine transparente und vernünftige Ordnung zu schaffen. Als unmittelbarer Ausdruck seiner Vernunft und seines Willens verkörpert die Nation ein einheitlich strukturiertes und in sich geschlossenes Ganzes: die Utopie der *nation une et indivisible*.

Die Transformation einer amorphen Menge in eine Nation vollzieht sich als ein Denaturierungsprozess, in dessen Verlauf der Einzelne seine ursprüngliche Autonomie an das Gemeinwesen verliert. Die natürliche Selbstliebe geht auf im kollektiven Egoismus, so dass sich das Subjekt als Teil eines Kollektivs erlebt, ohne das es jedes Selbstgefühl verlieren würde. Nur wenn es in vollkommene Abhängigkeit vom Ganzen gerät, ist gewährleistet, dass es sein Sein ausschliesslich in der Nation findet und so jene unmittelbare Übereinstimmung des Subjekts mit sich selbst und mit dem Staat erreicht wird.[9]

Das politisch-rechtlich verfasste Gemeinwesen, die Nation im eigentlichen Sinne, ist, wie Rousseau mehrfach betont, ein durch und durch artifizielles Gebilde. Als ein solches hebt es sich von der Familie als einer natürlichen Vergemeinschaftungsform ab. Weder ist die Familie Ursprung der Nation, noch weist die Nation Ähnlichkeiten mit der Familie auf. Familie und Gemeinwesen folgen vielmehr diametral entgegengesetzten Ordnungsprinzipien. Während die Familie als natürliche Lebensform durch persönliche Abhängigkeitsverhältnisse sowie persönliche Über- und Unterordnung bestimmt wird, wird das künstlich geschaffene Gemeinwesen in den intern miteinander verknüpften Begriffen der Freiheit und Gleichheit konzeptualisiert.[10] Dabei meint Freiheit nun lediglich die Abwesenheit von persönlicher Herrschaft. Sie resultiert aus der gleichmässigen Unterwerfung der Bürger unter die Gesetze der Nation, die den Status einer unverfügbaren objektiven Gegebenheit haben, zu der der Einzelne eine distanziert-sachliche Beziehung unterhält. Anders als Interaktionsbeziehungen, die den Menschen in persönliche Abhängigkeiten verstricken, wie Rousseau sie im *Zweiten Diskurs* beschrieben hat, kann die Unterwerfung unter den Willen der Nation, selbst wenn Gemeinwille und persönlicher Wille auseinandertreten sollten, nicht freiheitshemmend sein.

Die artifizielle Schöpfung der Nation hat den Charakter einer zweiten Geburt. Die Verwandlung der Menschen in Bürger etabliert anstelle des natürlichen Daseins eine moralisch-politische Existenz sowohl des Einzelnen wie des Ganzen. Durch Negation der natürlichen Voraussetzungen wird das Kollektiv zu dem, was es sein soll. Allein schon die dichotomisierende Struktur, die diesem Umarbeitungsprozess zugrundeliegt, lässt vermuten, dass es sich dabei nicht um einen geschlechtsneutralen Vorgang handeln kann. Wo der Gegensatz von Kultur und Natur aufgetan wird und fundamental bestimmend in die Schaffung von Ordnung eingeht, bezieht er sich traditionell auf den Dualismus von Männlichkeit und Weiblichkeit.[11] Zwar spricht der *Contrat Social* diesen Zusammenhang nicht an. Doch der Übergang von der ungeordneten Menge in eine politische Ordnung weist eine aufschlussreiche Analogie zum Übergang des jungen Mannes ins Erwachsenenalter auf, wie er im vierten Buch des *Emil* beschrieben wird.

---

9   Vgl. Vom Gesellschaftsvertrag, II/7, S. 100f.
10 Vgl. Vom Gesellschaftsvertrag, I/1, S. 62; Rousseau, Jean-Jacques: Abhandlung über die Politische Ökonomie. In: Ders.: Politische Schriften, a.a.O., S. 10ff.
11 Vgl. Klinger, Cornelia: "Für den Staat ist das Weib die Nacht." Die Ordnung der Geschlechter und ihr Verhältnis zur Politik. In: Zeitschrift für Frauenforschung. Hg. vom Forschungsinstitut Frau und Gesellschaft und der Senatsverwaltung für Arbeit, Berufliche Bildung und Frauen, Berlin, Förderprogramm Frauenforschung. 17. Jg. Sonderheft 2. 1999, S. 13–41, insb. S. 23ff. und die hier angegebene weiterführende Literatur.

Im Gegensatz zu den Mädchen, die nur ein Mal – von ihren Müttern – geboren werden, werden die Knaben zwei Mal geboren: "einmal, um zu existieren, das zweite Mal, um zu leben; einmal für die Gattung und einmal für das Geschlecht."[12] Durch seine zweite Geburt überwindet der Mann den Prozess der blossen Reproduktion des Lebens. Der Übergang in die Welt der Männer, durch den er, wie Rousseau sagt, erst "zum wirklichen Leben erwacht", bedeutet ein Aufstieg in eine ontologisch andere Sphäre. An die Stelle der natürlichen Verwandtschaft tritt die kulturell vermittelte Genealogie der Männer. Verdankt der Mann der Frau, die ihn geboren hat, auch sein Dasein, wertvoll wird es erst als Neuschöpfung, die, wie im *Emil*, das Werk des Erziehers oder, wie im *Contrat Social*, das Werk des Gesetzgebers darstellt. Beide Figuren repräsentieren eine Ordnung, die nicht durch persönliche Kooperation und Intersubjektivität reguliert wird, sondern durch objektive oder künstlich geschaffene, und das heisst kontrollierbare Gesetze. Zwar sind – ungeachtet der unterschiedlichen Erziehungsziele – sowohl Emil als auch die Bürger des *Contrat Social* erst einmal Objekte einer radikalen Sozialisation, die, wie Rousseau offen einräumt, zu den Mitteln des Betrugs, der Täuschung und der List greifen muss und auf das Postulat der Autonomie wenig Rücksicht nehmen kann. Doch durch Partizipation an der Welt ihrer Demiurgen gehen sie ein in eine höherwertige Ordnung, welche die Spuren ihrer natürlichen Abhängigkeit auslöscht. Die Gottähnlichkeit des Mannes und seiner Kultur findet eine eindrückliche Bestätigung in der Konstruktion des Geschlechterverhältnisses im fünften Buch des *Emil*. Bereits der Aufbau des Werks, das die Frau erst im letzten Kapitel auftreten lässt, kann, wie Sarah Kofman bemerkt hat, als "emblematischer Gestus der Unterordnung der Frau", gelten, "der denjenigen der göttlichen Schöpfung wiederholt, als die erste Frau aus der Rippe des ersten Mannes als dessen Derivat geformt und für ihn geschaffen wurde."[13] Inhaltlich löst der Roman diesen Gestus dadurch ein, dass Emil zum Lehrer seiner Braut wird, die bis zu diesem Zeitpunkt weitgehend in Unwissenheit gehalten wurde. Die häusliche Erziehung Sophies beschränkte sich im wesentlichen darauf, ihre Neigungen und ihren Geist nicht zu verbilden und sie zu einem gefügigen Stoff zu präparieren. So ist sie zum Zeitpunkt der Ankunft Emils "wie ein gut bearbeiteter Boden, der nur auf das Samenkorn wartet, um Früchte zu tragen."[14]

Ein Vergleich zwischen der Erziehung Sophies und derjenigen Emils ergibt eine Reihe von gegensätzlichen Bestimmungen, die in einer geschlechterdifferenten Anthropologie fundiert sind. Sie beschreibt den Mann als ein vollständiges, vernünftiges, autarkes, frei entscheidungsfähiges und geschichtsmächtiges Subjekt, das seine Bestimmung in sich selbst hat; die Frau dagegen als ein empfindsames, auf Mitmenschen bezogenes, abhängiges, geschichtsloses und unvollständiges Subjekt, das sein Sein in anderen findet. Diese dichotome Struktur situiert Rousseaus Erziehungskonzepte ganz im Kontext der bürgerlich-revolutionären Umwälzungen einer individuellen persönlichen, rechtlichen, politischen und ökonomischen Emanzipation, die, wie die frühen feministischen Analysen seit Ende der sechziger Jahre kritisiert haben, ein exklusiv männliches Projekt war.[15]

Vergleicht man hingegen die Erziehung der Frau, wie sie exemplarisch im Sophie-Kapitel vorgeführt wird, mit der Erziehung des männlichen Kindes zum Bürger, dann zeigen sich weitgehende Übereinstimmungen sowohl hinsichtlich des Erziehungsziels wie der Erziehungsmethoden. Sie ergeben sich daraus, dass der Bürger – und darin ist seine Bestimmung strukturell derjenigen der Frau vergleichbar – nicht für sich, sondern für das Gemeinwesen leben soll. In

---

12 Emil, S. 210.
13 Kofman, Sarah: Rousseau und die Frauen. Tübingen 1986, S. 15.
14 Emil, S. 448
15 Für eine kritische Darstellung der frühen feministischen Rousseaurezeption (vor dem Hintergrund eines dekonstruktivistischen Zugangs): Garbe, Christine: Die 'weibliche' List im 'männlichen' Text. Jean-Jacques Rousseau in der feministischen Kritik. Stuttgart/Weimar 1992.

der *Abhandlung über die Politische Ökonomie* findet sich ein Passus, der Rousseaus patriotisches Erziehungsprogramm in nuce enthält: "Wenn man" die zukünftigen Bürger "früh schon lehrt, niemals ihre Person anders zu sehen als in ihren Beziehungen mit dem Staatskörper [...], dann könnten sie dahin gelangen, sich in gewissem Mass mit dem grösseren Ganzen zu identifizieren; sich als Glieder des Staates zu fühlen; ihn mit jener seltenen Wärme zu fühlen, die der isolierte Mensch nur für sich hat; ständig die Seele zu diesem grossen Ziel zu erheben und derart jene gefährliche Veranlagung [sc. zu egoistischen Leidenschaften] in eine erhabene Tugend zu verwandeln."[16] Wenn es gelingt, so das oft wiederholte Fazit Rousseaus, die egoistische Selbstbezüglichkeit der Individuen in einen kollektiven Egoismus zu transformieren, dann wird aus dem Mann ein Held und aus einer atomisierten Menge eine durch chauvinistische Leidenschaften geeinte Nation. Am deutlichsten hat Rousseau sein Erziehungskonzept in den *Betrachtungen über die Regierung Polens* ausgeführt. Einleitend wird betont, dass die Erziehung das Kernstück eines jeden erfolgreichen nation-building sei. Die Erziehung sei es, welche "den Seelen die nationale Kraft geben und ihre Meinungen und ihren Geschmack so leiten" müsse, "dass sie Patrioten aus Neigung, aus Leidenschaft, aus Notwendigkeit werden."[17] Der eingeschränkten Weltwahrnehmung des Patrioten entspricht eine äusserst restringierte Bildung. Die männlichen Kinder sollen nur lernen, was sie an die Nation bindet. Wie die Bildung der Frauen allein an den Bedürfnissen der Männer orientiert ist, so die Bildung der Männer an den Bedürfnissen der Nation. Nationale Geographie, nationale Gesetzgebung und eine zum Heldenepos aufgearbeitete nationale Geschichte sind – ausschliesslich von einheimischen Lehrern vermittelt – ihre einzigen Inhalte.[18] Um die Kinder von eigenen Bedürfnissen, Neigungen und Interessen abzulenken, bietet sich einerseits die körperliche Ertüchtigung in Form von virilen Kampfspielen in der Gruppe an, anderseits die wiederum aus der Mädchenerziehung bekannte Methode, spontane Impulse und Eigeninitiativen zu unterbinden, intensive Betätigungen willkürlich zu unterbrechen, die Kinder permanent in Bewegung zu halten und zu beobachten.[19] Während die Mädchen aus solchem "zur Gewohnheit gewordenen Zwang" die "Folgsamkeit" erwerben, die sie "ihr ganzes Leben lang brauchen, weil sie immer entweder einem Mann oder den Urteilen der Gesellschaft unterworfen sind",[20] sollen die Knaben sich "rechtzeitig an Ordnung, an Gleichheit, an Brüderlichkeit, an Wettbewerb, an das Leben unter den Augen ihrer Mitbürger, an das Streben nach öffentlicher Anerkennung [...] gewöhnen." Eine solche Erziehung der Bürger wird von der Gemeinschaft als Ganzer geleistet. Das eigentliche Medium ihrer Sozialisierung bildet dabei die öffentliche Meinung. Sie repräsentiert die *volonté générale* und etabliert eine repressive Moral, die erbarmungslos alle Formen der Abweichung, alle Formen von Individualität verfolgt und bekämpft.

Im *Emil* findet der Geschlechterdualismus seinen deutlichsten Ausdruck im Verhältnis zur öffentlichen Meinung. Während hier das männliche Subjekt die öffentliche Meinung gründlich zu verachten lernt und sich seine Autonomie in einer radikalen intellektuellen und emotionalen Unabhängigkeit beweist, vermag sich das heteronome weibliche Subjekt allein in ihr zu bestätigen. Wo sich Rousseaus Erziehungsprogramm jedoch nicht elitär an ein einsames Individuum, sondern, wie in der *Abhandlung über die Regierung Polens* oder in der *Abhandlung über die Politische Ökonomie* an eine Masse von Männern richtet, aus denen ein Volk geschmiedet werden soll, entfällt diese Differenz. Männer und Frauen unterstehen gleichermassen öffent-

---

16 Abhandlung über die Politische Ökonomie, S. 34.
17 Rousseau, Jean-Jacques: Betrachtungen über die Regierung Polens und über deren vorgeschlagene Reform. In: Ders.: Sozialphilosophische und Politische Schriften. München 1981, S. 578.
18 Vgl. Betrachtungen über die Regierung Polens, S 578.
19 Vgl. Betrachtungen über die Regierung Polens, S. 580.
20 Emil, S. 401.

licher Kontrolle und öffentlichem Zwang. So gesehen, besteht zwischen den Geschlechtern kein Unterschied mehr.

Wenn das zentrale Kriterium der Geschlechterdifferenz, der Gegensatz von männlicher Autonomie und weiblicher Heteronomie, ausser kraft gesetzt wird, dann kann man sich fragen, was von der unermüdlich behaupteten Dichotomie noch übrig bleibt. Doch auch wenn sich ihre Begründung als brüchig erweisen sollte, muss Rousseau sie weiterhin postulieren, um die Fiktion der männlichen Autopoiesis aufrechtzuerhalten. Nicht umsonst werden die Frauen im *Contrat Social* nicht erwähnt. Diesem Schweigen korrespondiert das Ideal der unsichtbaren Frau. In Rousseaus Werk ist sie präsent im Bild der Spartanerin,[21] die, dem Blick der Öffentlichkeit vollständig entzogen, im Dunkel des Hauses lebt und mit ihrem Verschwinden die Abhängigkeit von den Frauen – menschliche Abhängigkeit überhaupt – vergessen macht.

Umgekehrt jedoch versieht Rousseau die Frauen zuweilen auch mit dem Titel der Bürgerin. Damit wird zwischen Frauen und Politik eine Beziehung hergestellt. Und das ist wenig erstaunlich. Denn Rousseaus Bürger soll mit der *volonté générale* unmittelbar identisch sein. Dieses unmittelbare Einssein mit der Nation macht seine eigentliche Qualität aus. Es befreit ihn vom Zwiespalt zwischen privaten und öffentlichen Interessen, der den modernen Menschen zu zerreissen droht, und ist zugleich Voraussetzung der Einheit des Volks. Eine solche Einheit ist nur durch eine umfassende Politisierung des gesamten Lebens zu haben, die keinen von der Politik unabhängigen Bereich duldet. Von der privat-familiären Sphäre geht deshalb eine permanente Bedrohung für die Einheit von Bürger und Volk aus. Wenn Rousseau, anders als Plato, die Familie nicht abschaffen und an der bürgerlich-liberalen Trennung zwischen privater und öffentlicher Sphäre festhalten will, muss er die traditionell weibliche Lebenssphäre zu einer öffentlichen Funktion machen. Ihre sorgfältige politische Überwachung und Kontrolle erfüllt diese Funktion nur negativ. Positiv erfüllt wird sie erst, wenn Frauen am umfassenden Politisierungsprozess partizipieren und also Bürgerinnen werden. Das Beispiel hierfür bietet jene andere Spartanerin, die nicht um ihre in der Schlacht gefallenen fünf Söhne trauerte, sondern zum Tempel eilte, um den Göttern für den Sieg zu danken.[22]

III. Frauen als Agentinnen der politischen Sozialisation

Selbst im *Contrat Social*, der eine geschlossene männlich-autopoietische Schöpfung darstellen soll, ist die Funktionsstelle leicht zu bezeichnen, an der die Integration der Frauen erfolgen müsste. Das zweite Buch schliesst mit der Bemerkung, dass Verfassung und positive Gesetze allein nicht ausreichen, um die Einheit der vertragsbegründeten Gemeinschaft zu sichern. Weit wichtiger sei eine ganz andere Kategorie von Gesetzen. Sie werde "weder in Erz noch in Marmor, sondern in die Herzen der Bürger eingegraben". Gemeint sind die "Sitten", die "Gebräuche" und vor allem die "öffentliche Meinung".[23] Sie, und nicht die im engeren Sinn politischen Institutionen, leisten jene Habitualisierung der Gemeinwohlorientierung, welche die Nation integriert. Sitten, Gebräuche und öffentliche Meinung setzen jedoch soziale Interaktion und Kommunikation voraus, die im *Contrat Social* keinen Platz haben und selbst in Form politischer Debatten des versammelten Volks möglichst ausgeschaltet werden sollen.[24] Von Rousseau seit dem *Zweiten Diskurs* durch und durch ambivalent beurteilt, verweisen sie in die Sphäre der Frauen, die für zwischenmenschliche Beziehungen und affektive Bindungen zuständig sind. In eben dieser Rolle werden sie in der *Widmung an die Republik Genf* als

---

21 Z.B.. Emil, S. 396.
22 Vgl. Emil, S. 12.
23 Vom Gesellschaftsvertrag, II/12, S. 116.
24 Vgl. z.B. Vom Gesellschaftsvertrag, VI/1 & 2, S. 176f. & 169f.

"Bürgerinnen" und als "jene teure Hälfte der Republik" angesprochen, deren "keusche Gewalt [...] zum Ruhme des Staates und zum öffentlichen Glück" beitragen soll.[25]

Frauen als Mütter, Gattinnen und jungfräuliche Mädchen wirken als machtvolle Agentinnen einer politischen Sozialisation, die vor allem darin besteht, persönliche Leidenschaften in bürgerlichen Stolz und Patriotismus umzuformen. Ich werde mich im folgenden auf eine Darstellung der Rolle der Mütter beschränken. Frauen befördern die Ausbildung der affektiven Beziehungen zum Gemeinwesen, die politische Institutionen nur unzureichend auszubilden vermögen. Selbst wo diese – wie im *Contrat Social* – aus Selbstgesetzgebungsprozessen hervorgehen, bleiben sie den Bürgern äusserlich, fremd und drückend. Eine rückhaltlose Identifikation kann sich nur im Kontext einer bedeutungsvollen nationalen Kultur herstellen, die von frühester Kindheit an emotional verankert wird. Die Emotionalisierung der Beziehung zwischen Bürger und Gemeinwesen verläuft deshalb wesentlich über die Mutter-Kind-Beziehung. "Ein Kind", schreibt Rousseau in den *Betrachtungen über die Regierung Polens*, "muss, sobald es die Augen öffnet, das Vaterland *[la patrie]* sehen und bis zu seinem Tode nichts anderes sehen als das Vaterland. Jeder wahre Republikaner hat die Liebe zum Vaterland [...] mit der Muttermilch eingesogen. Diese Liebe macht sein ganzes Sein aus; er sieht nur das Vaterland, lebt nur dem Vaterland; sobald er allein ist, ist er nichts; sobald er kein Vaterland mehr hat, hört er auf zu sein [...]."[26] So absolut wie die Beziehung des Kindes zur Mutter, die immer schon das Vaterland repräsentiert, soll die Beziehung des Bürgers zur Nation sein, die nun ihrerseits als "gemeinsame Mutter" imaginiert wird und die Stelle der ersten Mutter einnimmt. "Möge das Vaterland den Bürgern die gemeinsame Mutter sein,"[27] heisst es in der *Abhandlung über die Politische Ökonomie*. Rousseaus Bürger sind als Kinder konstruiert, die ihre nationalen Feste und Wettkämpfe unter den Augen einer "gute[n] Mutter" aufführen, die "mit Wohlgefallen" ihre "Kinder spielen" sieht;[28] als Kinder, die "erkennen, dass das wahre Leben nur das Leben ist, das sie von [der zarten Mutter] bekommen, das wahre Glück nur darin besteht, das Leben in ihren Dienst zu stellen."[29]

Um ihrer Aufgabe der politischen Integration gerecht zu werden, müssen die Frauen das absolute Recht der Nation gegenüber individuellen Bedürfnissen und Ansprüchen verkörpern. Eine solche Verantwortung steht jedoch in eklatantem Widerspruch zu ihren privaten Aufgaben der Fürsorge, Zuwendung und Liebe, die dem einzelnen, besonderen Menschen gelten und denen sich hinwiederum die sozialisatorische Wirkmächtigkeit der Frauen allererst verdankt. Damit werden die Frauen mit eben jener spezifisch modernen Ambivalenz belastet, von der Rousseau Volk und Bürger befreit.

Dr. Sidonia Blättler
Freie Universität Berlin
Institut für Philosophie
Habelschwerdter Allee 30
14195 Berlin

---

25 Rousseau, Jean-Jacques: Diskurs über die Ungleichheit/Discours sur l'inégalité. Kritische Ausgabe des integralen Textes mit sämtlichen Fragmenten nach den Originalausgaben und den Handschriften neu ediert, übersetzt und kommentiert von Heinrich Meier. Paderborn u.a. 1993. Hier: Dédicace à la République de Genève/Widmung an die Stadt Genf, S. 37.
26 Betrachtungen über die Regierung Polens, S 578.
27 Abhandlung über die Politische Ökonomie, S. 32.
28 Betrachtungen über die Regierung Polens, S 574.
29 Politische Fragmente. In: Ders.: Politische Schriften, a.a.O., S. 263.

«Unfreiwillige Marginalität».
Überlegungen zum Verhältnis von Wissen, Macht und Geschlecht.

Birgit Christensen

Der Begriff der «unfreiwilligen Marginalität» entstammt Elisabeth Lists Reflexionen zum Verhältnis von feministischer Theorie und Philosophie.[1] Er umreisst sehr treffend, was jede soziologische Analyse belegt, nämlich die auch heute noch alltägliche und von den Frauen nicht gewollte Randständigkeit im Wissenschaftsbetrieb und damit in der Wissensproduktion generell. Obwohl Frauen formal gesehen dieselben Bedingungen vorfinden wie Männer, sind sie als anerkannte – und d.h. als bezahlte und an Universitäten tätige – Wissensproduzentinnen rare Exemplare, wie auch Friederike Hassauer im Zusammenhang mit ihren Ausführungen zum «akademischen Frauensterben» festhält: «Wissenschaft als Beruf, als Vollzeiterwerbsbiographie auf unbefristeten Stellen, ist in Europa Domäne für Männer geblieben.»[2] Zwar hat sich das Spektrum der Massnahmen vergrössert, die dem gegensteuern sollen, doch an der effektiven Situation von Frauen im Bereich der akademischen Philosophie hat sich nur Unwesentliches verändert.

Thema des Kongresses, an dem wir teilnehmen, ist die Zukunft des Wissens. Mein Thema ist – die einleitenden Sätze dürften es bereits angedeutet haben – die Partizipation der Frauen im Wissens- und Wissenschaftsbereich sowie die Frage der Gerechtigkeit bzw. Ungerechtigkeit. In einem ersten Schritt beleuchte ich die Präsenz von Frauen im Wissenschaftsbetrieb (1), in einem zweiten die Marginalisierung von feministischer Theorie (2). Effektiv haben diese beiden Themen nichts miteinander zu tun. Ich betone dies deshalb, weil sie oft – in meinen Augen jedoch fälschlicherweise – verbunden werden. Dass sie auseinandergehalten werden müssen, zeigt sich übrigens auch in den je unterschiedlichen Forderungen, die mit ihnen einhergehen. In einem dritten Abschnitt befasse ich mich mit dem Phänomen der Diskriminierung und versuche eine Erklärung dafür zu liefern, weshalb diese so schwierig zu eliminieren ist (3).

1. Frauen im Wissenschaftsbetrieb

Laut Thomas Nagel gibt es zwei Indikatoren für Diskriminierung (und zwar für die direkte wie die indirekte): Der eine besteht im Fehlen von «Proporz in erstrebenswerten Positionen», der andere in ungleichen Erfolgschancen: «Die Kriterien, die es für die Mitglieder der einen Gruppierung erlauben, eine gute Prognose ihrer zukünftigen Leistungen abzugeben», können sich, «an Mitglieder anderer Gruppierungen angelegt», «als untauglich erweisen.»[3] Beide Indikatoren treffen – wie

---

1 List, Elisabeth: Die Präsenz des Anderen. Theorie und Geschlechterpolitik. Frankfurt a.M.: Suhrkamp 1993.
2 Hassauer, Friederike: Homo. Academica. Geschlechterkontrakte, Institution und die Verteilung des Wissens. Wien: Passagen 1994, 33.
3 Nagel, Thomas: Bevorzugung gegen Benachteiligung? In: Rössler, Beate (Hg.): Quotierung und Gerechtigkeit. Eine moralphilosophische Kontroverse. Frankfurt a.M./New York: Campus 1993, 58–73, hier 59.
   Ein weiteres Indiz der Diskriminierung bringt Nagel auf S. 63: «Wenn Unterschiede in den von einer Gesellschaft honorierten Befähigungen aus welchen Gründen auch immer sichtlich mit anderen Eigenschaften wie Rasse, Religion oder sozialer Herkunft [hinzuzufügen ist: Geschlecht] korreliert sind, dann erweckt ein System li-

soziologische Studien belegen – auf die Gruppe der Frauen an Universitäten zu. Wenn in der Schweiz ihr Anteil bei den Studierenden 45%, auf der Ebene der ProfessorInnen jedoch nur 5,7% beträgt, so sind die Frauen nicht proportional ihrem Anteil in höheren Positionen vertreten, aber auch ihre Erfolgschancen sind offensichtlich eklatant niedriger als jene der Männer.[4] Nach Nagels Indikatoren liegt Diskriminierung vor. Sie widerspricht nicht nur den Gleichbehandlungsgrundsätzen, wie sie in den Verfassungen westlicher Demokratien verankert sind, sondern auch den Menschenrechtsdeklarationen.[5]

Nagel bezeichnet die «systematische Diskriminierung bestimmter Rassen oder eines Geschlechts [als] ausserordentlich ungerecht», da sie «ohne jeden sozialen Nutzen» sei und eine dem Individuum seit der Geburt angehörige «Eigenschaft mit dem Geruch des Minderwertigen» behafte.[6] Für ihn ist dies Grund, Fördermassnahmen (darunter auch Quoten) nicht nur als sozial nützlich (weil evidente Ungleichbehandlung und -verteilung ausgleichend) zu taxieren, sondern – obwohl sie dem formalen Gleichbehandlungsgrundsatz widersprechen – als «nicht wirklich ungerecht» einzuschätzen, da «das System, in dem sie zum Einsatz» kommen, «ungerecht» ist.[7] Ungerecht aber ist das gegenwärtige gesellschaftliche System in seinen Augen deshalb, weil sich die heute gängigen Prinzipien der Belohnung ausschliesslich an meritokratischen Prinzipien orientieren und damit die Prinzipien der Gleichbehandlung verletzen. Indem nämlich «die liberale Idee der Gleichbehandlung verlangt, dass denjenigen die gleichen Möglichkeiten offenstehen, die aufgrund von Talent oder Erziehung gleich gut qualifiziert sind», wird der «Gleichbehandlungsgrundsatz auf Charakteristika» relativiert, «in denen die Menschen äusserst unterschiedlich sind». Dies aber, kritisiert Nagel, «garantiert, dass die soziale Schichtung die natürlichen und die in der Vergangenheit entstandenen Verschiedenheiten widerspiegelt und womöglich noch verstärkt».[8]

Doch die Forderung nach Quoten, die Nagel – notabene vor dem Hintergrund der Erfahrung von gezielten Fördermassnahmen, die in den USA seit Ende der sechziger Jahre betrieben wurden – so klar formuliert, und die Ronald Dworkin aktuell heute wieder verteidigt, hat bislang nur wenig Gehör gefunden.[9] (Die Diskussion um Quoten setze ich hier stillschweigend als bekannt voraus und gehe nur verkürzt auf sie ein.)

Es mag in meiner Darstellung scheinen – gerade auch weil ich zwei anerkannte männliche Philosophen als Quotenbefürworter zitiere –, als wäre die Quotendebatte theoretisch zu ihren Gunsten entschieden. Dem ist natürlich nicht so. Dies hängt wesentlich auch mit dem in aktuellen Gerech-

---

beraler Chancengleichheit den Eindruck, Ungerechtigkeiten gegenüber bestimmten Rassen, Religionsgemeinschaften oder Klassen [sowie gegenüber einem Geschlecht] zu fördern.»

[4] Die Zahlen für Deutschland sind meines Wissens etwas schlechter.

[5] Der entsprechende Artikel (4, Abs. 2) in der Schweizerischen Bundesverfassung lautet: «Mann und Frau sind gleichberechtigt. Das Gesetz sorgt für ihre Gleichstellung, vor allem in Familie, Ausbildung und Arbeit.» Im Entwurf der neuen Bundesverfassung, über die am 18. April 1999 abgestimmt wird, findet sich derselbe Satz unter Art. 8, Abs. 3. Neu ist der vorangestellte Abs. 2, der das Diskriminierungsverbot formuliert: «Niemand darf diskriminiert werden, namentlich nicht wegen der Herkunft, der Rasse, des Geschlechts, des Alters, der Sprache, der sozialen Stellung, der Lebensform, der religiösen, weltanschaulichen oder politischen Überzeugung oder wegen einer körperlichen, geistigen oder psychischen Behinderung.»

[6] Nagel (vgl. Anm. 3) 70.

[7] Nagel (vgl. Anm. 3) 58.

[8] Nagel (vgl. Anm. 3) 64.

[9] Vgl. Auch Dworkins Stellungnahme zur erneuten Debatte: Dworkin, Ronald: Affirming Affirmative Action. In: The New York Review of Book, 22. Oktober 1998, 91–102. Und ders.: Is Affirmative Action Doomed? In: The New York Review of Book, 5. November 1998, 56–60.

tigkeitsdebatten dominierenden formalen Begriff von Gerechtigkeit zusammen, wonach Individuen als Rechtspersonen grundsätzlich gleich sind. Für dieses Denken werden Individuen dann gleich behandelt, wenn sie formal gleiche, gesetzlich garantierte Zugangsmöglichkeiten vorfinden und keine rechtliche Behinderung oder Privilegierung erfahren. Was ein Individuum erreicht oder eben nicht erreicht, entspricht, so wird angenommen, allein seinen Verdiensten oder seinem Versagen. Wenn Nagel im zitierten Aufsatz von Erfolgschancen spricht, nimmt er den empirischen Tatbestand der historisch oder sozial bedingten Ungleichheit mit in den Blick und vertritt den materialen Ansatz. Dieser blendet Differenzen von Individuen nicht aus, indem er sie als Rechtspersonen zu gleichsam künstlich Gleichen macht, und er ist nicht unparteilich, da er eine allgemeine, universalistische Perspektive des rechtlichen Gleichheitsgedankens ablehnt. Überdies betrachtet er die Individuen nicht nur als isolierte, sondern auch als einer Gruppe angehörend: Mit einem solchen Blick zeigt sich deutlich, dass z.B. die Gruppe der über 50jährigen heute im Arbeitsbereich diskriminiert wird oder dass Frauen in allen gesellschaftlich relevanten Bereichen untervertreten sind. Diese Einsicht führt Vertreterinnen und Vertreter der substantiellen Chancengleichheit zur Forderung, nicht nur die Zugangs-, sondern auch die Erfolgschancen von Individuen und Gruppen anzugleichen. Auch mit gezielten Fördermassnahmen. Der materiale Ansatz nimmt insofern bewusst Ungleichbehandlung vor dem Gesetz in Kauf, wenn damit eine faktische Annäherung der Erfolgschancen von Individuen als Angehörigen einer Gruppe bzw. eine tatsächlich grössere Gleichheit erreicht werden kann, weil er diesen Zustand als gerechter versteht.

Eine weitere Beobachtung, die für Quoten spricht, sei hier angefügt. 1971, also vor 28 Jahren, haben die Frauen in der Schweiz die politischen Rechte erhalten. Seither können sie abstimmen, wählen und sind in politische Ämter wählbar. Im Bereich der Politik haben sie – im Vergleich zu europäischen Ländern, die den Frauen die politischen Rechte bedeutend früher zugestanden haben – erstaunlich schnell aufgeholt: Neu finden sich im Bundesrat zwei Frauen fünf Männern gegenüber; auf Bundesebene beträgt der Anteil der Frauen in der Legislative 21.5% im Nationalrat bzw. 17.4% im Ständerat. In den kantonalen Parlamenten sind die Frauen mit durchschnittlich 24%, in den Gemeinden mit durchschnittlich 22% vertreten.[10] Mit diesen Zahlen lassen sich die oben erwähnten aus dem universitären Bereich nicht vergleichen, obwohl die Frauen seit Ende des letzten Jahrhunderts, seit etwas mehr als 100 Jahren, an der Universität Zürich als Studentinnen zugelassen sind. Dieser Umstand ist zumindest bemerkenswert. Erklärbar ist er vielleicht mit der Art und Weise, wie Ämter besetzt werden. Während das Verfahren in der Politik demokratisch ist, reproduziert sich der wissenschaftlich-universitäre Lehrkörper durch Kooptation, d.h. durch Selbstergänzung, die einer breiteren demokratischen Diskussion und Kontrolle entzogen ist.

2. Die Marginalisierung feministischer Forschung

Die Kategorie Geschlecht, die in gewissen Disziplinen eine nicht mehr wegzudenkende Perspektivenöffnung gebracht hat, erscheint im Bereich der Philosophie nach wie vor als vernachlässigbare Untersuchungskategorie.

---

10 Vgl. Späti, Ursula: Frauenpolitik. In: Lexikon für Politik, Recht, Wirtschaft, Gesellschaft. Aarau: Sauerländer/Zürich: sabe 1998, 121–131, hier 129; die Zahlen auf kantonaler Ebene schwanken übrigens zwischen weniger als 10% und mehr als 30%.

Obgleich wiederholt – und durchaus nicht nur von feministischer Seite – angegriffen, verhält sich die Philosophie weitgehend noch immer gemäss Paul Feyerabends polemischer Charakteristik der Wissenschaften, nämlich als «*neutrale Struktur, die positives Wissen enthält, das von Kultur, Ideologie, Vorurteil unabhängig ist*».[11] Diese Art von Wissenschaft, die laut Feyerabend «nur in den traumverseuchten Geistern unserer Philosophen» existiert, ist durch einen Androzentrismus gekennzeichnet, durch eine «unreflektierte, einseitige Orientierung von Perspektiven, Fragestellungen, Methoden und Interpretationen des jeweiligen Wissensgebietes am Selbst- und Weltverständnis des männlichen Geschlechts», wie Cornelia Klinger schreibt.[12]

Ich werde im folgenden nicht fragen, was spezifisch weibliches Wissen und Forschen ausmacht bzw. was die feministische Forschung geleistet hat und leistet. Ich werde vielmehr – gestützt auf die amerikanische Politologin Iris Marion Young – darlegen, dass auch die Marginalisierung feministischer Forschung eine Form von Diskriminierung ist und mithin als Phänomen, in dem eine Ungerechtigkeit vorliegt, gesehen werden kann.

Wie Young gezeigt hat, dürfen sich Konzeptionen der Gerechtigkeit nicht auf die Verteilung von Gütern allein beschränken. Sie müssen vielmehr auch die Entwicklung und Ausübung individueller Fähigkeiten und die institutionellen Bedingungen, die für die kollektive Kommunikation und Kooperation notwendig sind, berücksichtigen.[13] Vor diesem Hintergrund kann die in den meisten Theorien der Gerechtigkeit vernachlässigte Ungerechtigkeit neu definiert werden: Sie ist eine Beschränkung, die in Form von Herrschaft und Unterdrückung auftritt. Ein charakteristisches Moment, unter dem alle unterdrückten Menschen leiden, ist laut Young, «dass die Möglichkeiten, ihre Fähigkeiten zu entwickeln und auszuüben, und ihre Bedürfnisse, Gedanken und Gefühle auszudrücken, eingeschränkt werden».[14] Dies kann sich auf individueller wie auf kollektiver Ebene zeigen, also auch bei Gruppen. Bei letzterer sind oft die strukturellen Behinderungen massgeblich, die «in nichthinterfragten Normen, in Gewohnheiten und Symbolen, in den Annahmen, die den institutionellen Regeln zugrunde liegen, und in den Konsequenzen, die sich aus der kollektiven Befolgung dieser Regeln ergeben».[15]

Young listet in der Folge fünf Formen der sozialen Unterdrückung auf. Die vierte Form ist die im Zusammenhang mit Frau und Wissen(schaft) relevante; Young nennt sie Kulturimperialismus. Angesprochen ist damit eine Hegemonie von Normen und Werten oder allgemeiner Kultur. Das Phänomen ist bekannt: Eine herrschende Gruppe tendiert dazu, ihre Erfahrungen zu universalisieren und als Norm zu setzen. Das davon Abweichende aber begreift sie als das Andere, als Mangel oder Negation.

Wer unter Kulturimperialismus leidet, erfährt laut Young, «wie durch die in einer Gesellschaft herrschenden Werte die besondere Perspektive der eigenen Gruppe unsichtbar gemacht und wie zugleich die eigene Gruppe stereotypisiert und als das Andere gekennzeichnet wird».[16] Zu einem Ste-

---

[11] Feyerabend, Paul: Wider den Methodenzwang. Frankfurt a.M.: Suhrkamp 1991, 387.
[12] Klinger, Cornelia: Feministische Philosophie. In: Pieper, Annemarie (Hg.): Philosophische Disziplinen. Ein Handbuch. Leipzig: Reclam 1998, 115–138, hier 123.
[13] Young, Iris Marion: Fünf Formen der Unterdrückung. In: Nagl-Docekal, Herta/Pauer-Studer, Herlinde (Hg.): Politische Theorie. Differenz und Lebensqualität. Frankfurt a.M.: Suhrkamp 1996. 99–139, hier 99.
[14] Young (vgl. Anm. 13) 100.
[15] Young (vgl. Anm. 13) 102.
[16] Young (vgl. Anm. 13) 127.

reotyp stilisiert zu werden bedeutet häufig, dass die sogenannte Andersartigkeit als wesensmässig in der Natur verankert angesehen wird. Es bedeutet aber auch, sich selbst als von aussen definiert wahrzunehmen. Sich dieser Definition zu entledigen ist insofern nur bedingt möglich, als das so definierte Individuum im Alltag gezwungen ist, «auf Verhaltensweisen anderer zu reagieren, die von diesem Bild beeinflusst werden»; es muss deshalb das Stereotyp, das ihm angehängt wird, internalisieren.[17]

Diese Anpassung durch erzwungene Adaption an herrschende Werte verhindert wirksam die freie Entwicklung und Ausübung individueller Fähigkeiten, Gedanken und Gefühle. Der «philosophische Meisterdiskurs», der mit der Geste umfassender Kompetenz «die Sicht des Anderen» radikal eliminiert, kann in diesem Sinn als Kulturimperialismus, wie ihn Young beschreibt, gedeutet werden.[18] Dass sich die institutionalisierte Philosophie ebenfalls in diesem Sinne «imperialistisch» verhält, zeigt sich u.a. auch daran, dass feministische Theorie – selbst nach zwanzig Jahren noch an den Rand gedrängt – scheinbar der Legitimation durch den Nachweis, dass auch sie Philosophie sei, bedarf.[19]

Wenn – wie Young ausführt – Kulturimperialismus eine Form der Ungerechtigkeit ist, so besteht Gerechtigkeit, zumindest was diesen Punkt angeht, darin, den Individuen Denkfreiheit zuzugestehen, so dass sie ihre Gedanken und Gefühle unbehindert formulieren können. Wird dies verhindert, so haben wir es mit einer Ungerechtigkeit in Form von Unterdrückung oder Diskriminierung zu tun. Genau hier scheint mir das starke und weiterführende Moment von Youngs Ausführungen zu liegen: Sie bringt in die Debatte um Gerechtigkeit und Ungerechtigkeit neu das Recht auf intellektuelle und emotionale Freiheit ein. Problematisch dabei ist allerdings, dass sie dieses Recht an Gruppen bindet. Will sie die Ungerechtigkeit in Form von Unterdrückung nachweisen können, so scheint sie keine andere Möglichkeit zu haben, als auf Gruppen zu verweisen. Doch damit werden intellektuelle und emotionale Fähigkeiten nicht nur mit gewissen Gruppen assoziiert, sondern gleichsam essentialistisch in sie hineingelegt. Ein Umstand, der der Intention – dem Recht auf *individuelle* emotionale und intellektuelle Entwicklung der Fähigkeiten – widerspricht. Das Problem scheint unlösbar, doch es erklärt, weshalb so häufig gewisse Forschungsinhalte mit gewissen Personen(-Gruppen) verbunden werden.

3. Das Problem mit der Diskrimierung

Die bisherigen Ausführungen haben gezeigt, dass die Orte der Wissensproduktion und -vermittlung gleichsam ausserhalb der Sphäre der Gerechtigkeit zu liegen scheinen – vergleichbar dem häuslichen, familiären Bereich, der in der Diskussion der Gerechtigkeit lange Zeit ausgeblendet wurde. Zwar widmen sich die Philosophen mit zuvor in diesem Ausmass kaum dagewesenem Eifer Fragen der Gerechtigkeit, doch in ihrem nächsten Umfeld scheinen sie Ungerechtigkeiten nicht wahrzunehmen. Die Ursache dafür dürfte weniger bei den Philosophen selbst als bei den institutionellen Strukturen liegen, in denen sich Philosophen und Philosophinnen im universitären Bereich bewe-

---

17 Young (vgl. Anm. 13) 128.
18 List (vgl. Anm. 1) 11.
19 Vgl. den letzten Untertitel in Klinger (vgl. Anm. 12) 135: «Ist feministische Philosophie Philosophie?»

gen. Obwohl verschiedentlich auf das Phänomen der Marginalisierung von Frauen sowie von feministischer Forschung hingewiesen wurde, scheint es äusserst schwierig, an der gegenwärtigen Situation etwas zu ändern. Meines Erachtens ist ein wesentlicher Grund dafür das – wie ich es vorläufig nennen möchte – «Problem der Diskriminierung» bzw. die Eigendynamik diskriminierender Systeme.

In den folgenden Ausführungen lasse ich das Problem der direkten Diskriminierung ausser acht. Ich bestreite damit nicht, dass es sie noch gibt. Doch zum einen ist sie gesellschaftlich diskreditiert, zum andern aber ist ihr mit klaren Massnahmen eindeutig zu begegnen. Bedeutend schwieriger ist dagegen die indirekte Diskriminierung, die sich in den Strukturen von Institutionen verbirgt, zu bekämpfen. *Sie* ist im folgenden Thema.

Wird das Phänomen der Diskriminierung beschrieben, rücken in der Regel die Diskriminierten als Opfer in den Vordergrund. Auch Erving Goffman hat in seiner bereits 1963 erschienen Studie zum Stigma den Erfahrungsberichten Stigmatisierter bedeutend mehr Platz eingeräumt als den Schilderungen von Stigmatisierenden.[20] Ich werde für einmal den Blick nicht nur auf die Erfahrungen richten, die diskriminierte Personen machen. Im Kontext mit der indirekten Diskriminierung geht es mir vielmehr darum, jene Mechanismen zu beschreiben, die – je nachdem, welche Rolle Individuen in der Gesellschaft oder in Institutionen einnehmen – oftmals unbewusst das Handeln und Denken prägen.

Menschen, die einer (auch kulturell) dominierenden bzw. herrschenden Gruppe angehören, haben die Möglichkeit, ihre Position und ihr Selbstwertgefühl auf Kosten jener, die diskriminiert werden, zu erhöhen. Ob sie es wollen oder nicht, ob sie sich dessen bewusst sind oder nicht: Für sie teilt sich die Welt auf in sogenannt Normale – eine Gruppe, der sie selbst angehören – und in solche, die nicht normal, also anders und deshalb minderwertig sind. Letztere werden nicht in einem wirklichen Sinn akzeptiert und respektiert. Eine direkte Folge davon ist, dass ihnen die einflussreichen Positionen, die die Gesellschaft zu vergeben hat – jene, die mit Macht und Prestige verbunden sind –, vorenthalten werden. Angehörige der herrschenden Gruppe haben die Macht der Einteilung und können der von ihnen diskreditierten Gruppe die jedem Menschen zustehende Würde, Achtung und den Respekt absprechen, was sich auch in respektlosem Umgang mit konkreten Gedanken und Gefühlen von konkreten Menschen offenbaren kann, wie sich mit Youngs Definition der Ungerechtigkeit gezeigt hat.

Wird eine Diskriminierung von einer Gesellschaft, die Diskriminierung untersagt, stillschweigend geduldet, bedeutet dies, dass sie letztlich nicht als ungerecht wahrgenommen wird. Das aber bedeutet, dass jener Bereich, in dem die Diskriminierung stattfindet, einer gerechtigkeitstheoretischen Leerstelle gleichkommt. Gleichzeitig machen Angehörige der herrschenden Gruppe nur in Ausnahmefällen negative Erfahrungen, wenn sie anderen Menschen fundamentale Persönlichkeitsrechte absprechen. Ihre einteilende, hierarchisierende Sicht der Gesellschaft wird vielmehr bestätigt wie auch ihre Vorstellung der persönlichen Identität. Ausserdem werden sie (zwar nicht ausschliesslich, doch wesentlich auch) dafür von der Gesellschaft belohnt: Solange sie erfolgreich dafür sorgen, dass gewisse Personen aufgrund eines Makels, der ihnen gleichsam wesentlich anhaftet, aus dem Konkurrenz-Karrussel ausgeschieden werden, erhöht sich nämlich ihre Chance auf eine von ihnen

---

[20] Goffman, Erving: Stigma. Über Techniken der Bewältigung beschädigter Identität. Frankfurt a.M.: Suhrkamp 1992.

begehrte Stelle. Doch eine diskriminierende Handlung wird noch auf eine weitere Weise bestätigt: Diskriminierte Personen selbst werden nämlich möglichst versuchen, das sie unterdrückende und einengende Muster nicht zu hinterfragen, da sie dem erniedrigenden Kategorisierungssystem durch Assimilation und damit letztlich durch Negation der Diskriminierung zu entkommen suchen. Diskriminierte, mit einem Stigma Versehene, werden jenen, die ihnen Stigmata aufdrücken – zumindest solange, wie sie sich um Aufnahme in die Gesellschaft bemühen – *nicht* vorhalten, dass sie von ihnen diskriminiert werden. Dies bedeutet, dass «Normale» sich in aller Regel nicht «eingestehen müssen, wie begrenzt ihr Takt und ihre Toleranz sind; und es bedeutet, dass Normale relativ unberührt bleiben können von intimem Kontakt mit den Stigmatisierten, relativ unbedroht in ihrem Identitätsglauben.»[21]

Es bedeutet aber auch, dass diskriminierende Strukturen durch *alle* Beteiligten befestigt wird. Oder anders formuliert: Ein diskriminierendes System reproduziert sich selbst. Durchbrochen kann es wohl nur in den seltensten Fällen durch die daran Beteiligten werden. Die Herrschenden dürften kaum ein wirkliches Interesse an einer Veränderung haben, ist ihre Position doch machtvoll und vorteilhaft. Diskriminierten Personen jedoch mangelt es, wie Nagel beschreibt, an «Eigenschaften wie Selbstachtung, Selbstvertrauen, Handlungsmotivation und Ehrgeiz – die alle dazu beitragen, dass jemand im Konkurrenzkampf erfolgreich ist».[22] Oftmals drehen sie sich als Abhängige und zur Assimilation Gezwungene im von Hassauer beschriebenen Kreis: «Maskierung – Mimikry – Parodie – Subversion: täglicher Affentanz. Keine Normalität», doch «Lächelzwang».[23]

Ist sich eine Institution oder Gesellschaft nicht bewusst, dass sie sich tendenziell immer in einem Prozess der Inklusion und Exklusion befindet, wird sie kaum bereit sein, dem Phänomen der latent drohenden Diskriminierung die angemessene Aufmerksamkeit zu schenken. Sie wird vielmehr dazu tendieren, das Versagen von Individuen oder Gruppen als persönliches zu interpretieren, eher als singuläres Unglück denn als strukturelle Ungerechtigkeit. Eine Gesellschaft, die sich selbst und ihre Institutionen als objektiv und gerecht begreift, definiert Gerechtigkeit, wie Judith Shklar ausgeführt hat, als gesetzeskonformes Verhalten. Damit aber entgeht ihr das breite Spektrum von Ungerechtigkeit, das dennoch Realität ist und sich in subjektiven Ungerechtigkeitserfahrungen ausdrückt. Diese aber werden, sofern sie rechtlich nicht einklagbar sind, als inadäquate Beschreibungen nicht akzeptiert. Im Zusammenhang mit dem Kampf um die Rechte von Frauen formuliert Shklar: «Was aber geschah mit all den Frauen, deren Gefühl, man tue ihnen Gewalt an, die vielen Jahre über ungehört und unbemerkt blieb? Man hielt sie für Exzentrikerinnen, unfähig, die wissenschaftliche Realität oder die anerkannten Regeln zu verstehen. Weil sie isoliert waren, keinen politischen Einfluss und kein Ansehen besassen, zählten ihre Stimmen nicht.»[24]

---

21 Goffman (vgl. Anm. 20) 151.
    Vgl. dazu auch: Baumann, Zygmunt: Moderne und Ambivalenz. Das Ende der Eindeutigkeit. Hamburg: Junius 1992. Und: Blättler, Sidonia/Christensen, Birgit: Die moralphilosophische Diskussion von Quotenregelungen. Kritische Anmerkungen zum Begriff der umgekehrten Diskriminierung. In: Arioli, Kathrin (Hg.): Frauenförderung durch Quoten. Basel/Frankfurt a.M.: Helbing & Lichtenhahn 1997, 9–48.
22 Nagel (vgl. Anm. 3) 60.
23 Hassauer (vgl. Anm. 2) 34f.
24 Shklar, Judith: Über Ungerechtigkeit. Erkundungen zu einem moralischen Gefühl. Aus dem Amerikanischen von Christine Goldmann. Berlin: Rotbuch 1992, 18.

Schluss

Wie kann eine demokratisch gestaltete Gesellschaft, die die Verwirklichung von Gleichheit und Gerechtigkeit anstrebt, dem Phänomen der indirekten Diskriminierung begegnen?

Der Zirkel der Selbstreproduktion innerhalb von diskriminierenden Systemen oder Institutionen, der sich aus der wechselseitigen Abhängigkeit und Rollenzuschreibung von Diskriminierenden und Diskrimnierten ergibt, ist, wie gezeigt wurde, kaum oder nur sehr schwer von innen heraus zu durchbrechen. Ein externes Eingreifen, das auf einem politischen Entscheid beruht, drängt sich deshalb auf. Es ist auch deshalb gerechtfertigt, weil eine demokratische Gesellschaft, die gegen Diskriminierung nicht angeht, ihren Idealen nicht genügt, wenn sie zentrale Bereiche wie z.B. die Arbeitswelt oder die Bildungsinstitutionen – bewusst oder unbewusst – aus der Sphäre der Gerechtigkeit ausblendet. Wenn demokratisch organisierte Staaten, die den Prinzipien der Gleichbehandlung und der Gerechtigkeit folgen, kompatibel sind mit ungerechten Institutionen, so wird die demokratische Gesellschaft radikal in Frage gestellt, ja die Gerechtigkeit als objektives Ideal wird fragwürdig.

Letzterem kann nur begegnet werden, wenn Gerechtigkeit als Ziel verstanden wird. Gerechte Verhältnisse erscheinen dann als in einem fortlaufenden Prozess herstellbar. Dies verlangt die permanente Diskussion, die Zustimmung mindestens der Mehrheit und die Schaffung von Institutionen, die Ungerechtigkeitserfahrungen nicht nur erlauben wahrzunehmen, sondern auch zu beseitigen. In *allen* Sphären der Gesellschaft.

In bezug auf die akademische Philosophie bzw. die Universität allgemein bedeutet dies zunächst, dass sie sich nicht länger als ausserhalb der Sphäre der Gerechtigkeit angesiedelt wahrnehmen sollte, denn dies verlangt von Frauen «beständige Positionierungs-, Sozial- und Verhaltensarbeit in einer Institution mit frauenundurchlässiger Hierarchie».[25] Demokratischere Verhältnisse schliesslich würden wohl nicht nur den Anteil von Frauen erhöhen, sondern sich auch positiv auf die Forschung selbst auswirken, indem sie zu einer inhaltlich und methodisch grösseren Offenheit führten.

---

25 Hassauer (vgl. Anm. 2) 34.

Dr. Waltraud Ernst

Zur sozialen Konstruktion feministischen Wissens

In diesem Vortrag werde ich zeigen, was es bedeutet, daß erstens Wissen im allgemeinen sozial konstruiert ist, zweitens wissenschaftliches Wissen im besonderen und drittens - und das wird der Schwerpunkt meiner Auseinandersetzung sein - was es bedeutet, daß feministisches Wissen sozial konstruiert wird. Entgegen weiverbreiteter Ansichten in feministischer und nicht-feministisch motivierter Epistemologie der letzten Jahre sehe ich in der sozialen Konstruiertheit von Wissen den fundamentalen Ausgangspunkt und zugleich die wesentliche Chance einer feministischen Transformation wissenschaftlichen Wissens und darüber hinaus der Gesellschaft als ganzer.

Ich werde meine Argumentation anhand der neuesten Diskussion der feministischen Standpunkt-Epistemologie in den Zeitschriften Signs: Journal of Women in Culture and Society 1997, Vol. 22, No. 2[1] und Hypatia. A Journal of Feminist Philosophy, Vol. 12, No. 2[2] entwickeln. In dieser Diskussion wird deutlich, daß die feministische Standpunkt-Epistemologie wesentliche Einsichten in die soziale Konstruktion feministischen Wissens bietet, andererseits jedoch bedeutende Faktoren des Erkenntnisprozesses theoretisch nicht fassen kann.

Die wesentlichen Einsichten der feministischen Standpunkt-Epistemologie sehe ich in folgenden vier Punkten: Erstens, wissenschaftliches Wissen entsteht nicht außerhalb sozialer Wirklichkeit als eine Reflexion derselben ohne von derselben berührt zu sein, sondern wissenschaftliches Wissen entsteht als Teil der sozialen Wirklichkeit. Zweitens, die Gesellschaft ist eine hierarchisch strukturierte, das heißt, Personen nehmen Positionierungen innerhalb von vielfältig verwobenen Geschlechterhierarchien ein. Drittens, wissenschaftliches Wissen kann nicht nur dazu beitragen, diese Positionierungen von

---

[1] Hekman, Susan: Truth and Method: Feminist Standpoint Theory Revisted. In: Signs: Journal of Women in Culture and Society 1997, Vol. 22, No. 2: 341-365; Hartsock, Nancy C. M.: Comment on Hekman's "Truth and Method: Feminist Standpoint Theory Revisted": Truth or Justice?. In: Ebd.: 367-374; Collins, Patricia Hill: Comment on Hekmann's "Truth and Method: Feminist Standpoint Theory Revisted": Where's the Power?. In: Ebd.: 375-381; Harding, Sandra: Comment on Hekmann's "Truth and Method: Feminist Standpoint Theory Revisted": Whose Standpoint Needs the Regimes of Truth and Reality?. In: Ebd.: 382-391; Smith, Dorothy E.: Comment on Hekmann's "Truth and Method: Feminist Standpoint Theory Revisted". In: Ebd.: 392-398; Hekman, Susan: Reply to Hartsock, Collins, Harding, and Smith. In: Ebd.: 399-402

[2] Janack, Marianne: Standpoint Epistemology Without the "Standpoint"?: An Examination of Epistemic Privilege and Epistemic Authority. In: Hypatia. A Journal of Feminist Philosophy, Vol. 12, No. 2: 125-139

Personen, und damit die Geschlechterhierarchien, und damit die Gesellschaft in ihren wesentlichen Merkmalen zu bestätigen und zu begründen, sondern diese auch zu transformieren. Viertens, in den transformativen Effekten besteht sowohl der Ausgangspunkt als auch das Ziel der Entwicklung und Etablierung feministischen Wissens.

Wie Janack (1997) treffend analysiert, basiert die feministische Standpunkt-Epistemologie auf einer Auseinandersetzung mit dem epistemischen Privileg und der epistemischen Autorität wissenschaftlichen Wissens im allgemeinen und der Personen bzw. Personengruppen, die dieses Privileg und diese Autorität innehaben im besonderen. In einer globalen Perspektive betrachtet, können diese als die wissenschaftlichen Institutionen Nordamerikas und Europas benannt werden. In einer lokalen Perspektive werden die an diesen epistemisch privilegierten Institutionen dominierenden Personen als dem männlichen Geschlecht, weißer Haùtfarbe, heterosexueller Orientierung, mindestens mittelständischer Herkunft und christlicher Glaubenskultur angehörig identifiziert, das heißt - in einer globalen Perspektive betrachtet - einer zahlenmäßig verschwindend kleinen Personengruppe. In einer zeitlichen Perspektive betrachtet, hat sich am Ende des zwanzigsten Jahrhunderts die dominante Stellung dieser zahlenmäßig verschwindend kleinen Personengruppe als in epistemologischer Perspektive notwendig erwiesem, da gezeigt werden konnte, daß ihre epistemische Autorität nicht in einer - wie behauptet wurde und wird - Transzendenz der eigenen sozialen Positionierung begründet liegt, sondern in der Bestätigung derselben und dem Ausschluß anderer.

Während also über das Ziel und die wesentlichen Einsichten feministischer Standpunkt-Epistemologie weitgehend Einigkeit herrscht, tauchen begründete Zweifel auf, wenn es um die detaillierten Begründungen feministischen Wissens durch die Standpunkt-Epistemologie auf. Diese Zweifel beziehen sich vor allem auf die Anerkennung unterschiedlicher feministischer Standpunkte und ihren Zusammenhang zur unterschiedlichen Positionierung feministischer ForscherInnen in Geschlechterhierarchien, die weder als Dichotomien, noch als eindimensionale Verhältnisse betrachtet werden können.[3] Zweitens beziehen sich die Zweifel auf die Möglichkeit, aus diesen Standpunkten eine Verbindlichkeit feministischen Wissens abzuleiten, die positivistischen und konstruktivistischen Positionen in der Epistemologie widersteht.[4]

Demgegenüber sehe ich die Aufgabe und Chance feministischer Erkenntnistheorie darin, Erkenntnisprozesse als Emanzipationsprozesse aus unterschiedlichen Positionierungen von

---

[3] Vgl. Collins, Patricia Hill: Black Feminist Thought. Boston 1990.
[4] Vgl. Hekman, Susan: Truth and Method: Feminist Standpoint Theory Revisted. A.a.O.; Longino, Helen E.: Feminist Standpoint Theory and the Problems of Knowledge. In: Signs: Journal of Women in Culture and Society 1993, Vol. 19, No. 1: 201-212.

Personen in epistemischen und sozialen Geschlechterhierarchien zu konzeptualisieren. Meine Hauptthese besteht darin, daß Wissen im allgemeinen, wissenschaftliches Wissen im besonderen und das heißt auch feministisches Wissen sozial konstruiert wird, indem ein epistemisches Verhältnis zwischen Subjekt- und Objektposition im Erkenntnisprozess hergestellt wird. Diese These werde ich im Folgenden erörtern.

Wenn Wissen in der Etablierung eines epistemischen Verhältnisses zwischen Subjekt- und Objektposition im Erkenntnisprozess besteht, dann ist es nicht nur notwendig, die epistemische Subjektposition in eine epistemologische Betrachtung des Erkenntnisprozesses einzubeziehen (wie es z.B. Lorraine Code[5], Evelyn Fox Keller[6], Sandra Harding[7] und Donna Haraway[8] ausführlich begründet haben). Und wenn Erkenntnis von Wirklichkeit nicht aus dem sogenannten Erkenntnisobjekt selbst erwächst, sondern dadurch, daß eine Person die Subjektposition im Erkenntnisprozess einnimmt und ein epistemisches Verhältnis zu einem Aspekt von Wirklichkeit entwickelt bzw. konstruiert, dann genügt es auch nicht, die Frage zu entscheiden, ob Forschungsobjekte im Erkenntnisprozess eher zu isolieren oder zu kontextualisieren sind. Es rückt dann vielmehr die Konstruktion des epistemischen Verhältnisses in den Mittelpunkt der Untersuchung. Es ist das epistemische Verhältnis, das zwischen der Subjektposition und der Objektposition im Erkenntnisprozess hergestellt wird, das Aufschluß über das Erkenntnisinteresse gibt. Dieses Erkenntnisinteresse ist durch vielfältige Faktoren, wie ökonomische Bedürfnisse, moralische oder politische Überzeugungen, soziale Anerkennung in spezifischen gesellschaftlichen Kreisen usw. determiniert. Aber dennoch ist es unterdeterminiert in dem Sinne, daß es sich weder in demjenigen des Forschungssubjekts noch in dem der Gesamtheit der Subjekt- und Objektposition erschöpft, sondern sich im Laufe des Forschungsprozesses verändern kann.

Ein Erkenntnisprozess ist in einem solchen Verständnis ein changierender, unabgeschlossener sozialer und epistemischer Erfahrungsprozess, in dem Komponenten Bedeutung gewinnen können, die zuerst nicht beachtet wurden bzw. die erst im Prozess entstanden sind. Obwohl die Wissenschaften den sozialen Ort einnehmen, dem die Aufgabe und Autorität zugeschrieben wird, Erkenntnisprozessen Raum zu geben, finden diese auch in anderen sozialen Bereichen statt, das heißt Erkenntnisprozesse sind nicht ausschließlich wissenschaftlicher Art. Da Erkenntnisprozesse also zwar nicht ausschließlich in den Wissenschaften, jedoch immer in sozialer Wirklichkeit stattfinden, sind sie

---

[5] Code, Lorraine: Taking Subjectivity into Account. In: Alcoff, Linda/Potter, Elizabeth (Hgs.): Feminist Epistemologies. New York/London 1993: 15-48.
[6] Keller, Evelyn Fox: Reflections on Gender and Science. New Haven-London 1985.
[7] Harding, Sandra: Rethinking Standpoint Epistemology: "What is Strong Objectivity"? In: Alcoff, Linda/Potter, Elizabeth (Hgs.): Feminist Epistemologies. New York/London 1993: 49-82.
[8] Haraway, Donna: Modest_Witness@Second_Millenium.FemaleMan©_Meets_OncoMouse™. Feminism and Technoscience. New York/London 1997.

Erfahrungsprozesse, an denen zwar nicht prinzipiell, aber doch meistens mehrere Personen auf unterschiedliche Weise teilnehmen. So wie es kollektive Erkenntnisprozesse gibt, an denen Personen bewußt an einer gemeinsamen Auseinandersetzung teilnehmen, gibt es solche, die Personen scheinbar ohne Beteiligung anderer durchführen. Es sind in beiden Fällen soziale Erkenntnisprozesse.

In dieser Darstellung des Erkenntnisprozesses erscheinen Subjekt- und Objektposition in einem neuen Verständnis: Es kann nicht von einem Subjekt- oder Objekt-sein gesprochen werden, sondern von Personen, die prinzipiell beide Positionen einnehmen können. Andere materielle, soziale und epistemische Entitäten können, obwohl in einer nicht immer vorhersehbaren Weise im Forschungsprozess wirksam - prinzipiell keine epistemische Subjektpositionen einnehmen. Das bedeutet nicht, die in vielfältiger Weise lebendigen materiellen, sozialen und epistemischen Entitäten, die keine Personen sind, auf's Neue als passive beherrschbare Objekte zu konzeptualisieren. Sie sind - im Gegenteil - in einem sozialen Verständnis von Wirklichkeit durchaus aktiv, nie vollständig berechenbar und können sich Erkenntnis- und anderen Erfahrungsprozessen von Personen widersetzen oder entziehen. Sie können jedoch weder in epistemischer, noch in politischer oder moralischer Hinsicht Subjektpositionen in diesen Erkenntnis- und sonstigen Erfahrungsprozessen sozialer Wirklichkeit einnehmen. Das bedeutet, daß es Personen sind, in ihren vielfältigen und veränderbaren Positionierungen und Erfahrungsprozessen, die Verantwortung für die epistemischen, moralischen und politischen Konstruktionen sozialer Wirklichkeit haben.

Inwiefern stellt ein solches Verständnis von Erkenntnisprozessen eine epistemologische Möglichkeit dar, feministisches Wissen zu begründen? Um diese Frage zu beantworten, ist es notwendig, in Betracht zu ziehen, daß feministische Wissenschaften sich in Verbindung mit den feministischen Bewegungen entwickelt haben und damit Teil einer soziopolitischen Bewegung sind, die auf wesentliche gesellschaftliche und politische Veränderungen hinarbeitet. Dieses forschungsleitende Interesse feministischer Wissenschaften an einer epistemischen *und* sozialen Veränderung, genauer gesagt, an Überwindungen struktureller Geschlechterhierarchien und an Emanzipationsprozessen von Personen aus gegebenen Positionierungen in Geschlechterhierarchien, ermöglicht nicht nur ein Verständnis von Verbindlichkeit wissenschaftlichen Wissens als effektive soziale Veränderung. Feministische Erkenntnisinteressen machen ein solches Verständnis geradezu notwendig. Das heißt, die Perspektive, mit der Wirklichkeit wissenschaftlich konstruiert wird, ist epistemologisch gesehen eine radikal andere, je nachdem ob die dominierenden Verhältnisse sozialer Wirklichkeit so bleiben sollen, wie sie sind, oder ob sie andere bzw. anders werden sollen. Das heißt zweitens, feministische Wissenschaften definieren sich weder über ein Forschungssubjekt, noch über ein Forschungsobjekt, sondern über das Erkenntnisinteresse.

Hinsichtlich der epistemologischen Möglichkeit, die das beschriebene Verständnis von Erkenntnisprozessen als changierende, unabgeschlossene soziale und epistemische Erfahrungsprozesse für eine Begründung feministischen Wissens darstellt, läßt sich folgendes festhalten: Feministische Argumentationen in den Wissenschaften sind entstanden, indem Frauen sich zum einen aus einer zugeschriebenen epistemischen Objektposition emanzipiert haben und Subjektpositionen in wissenschaftlichen und anderen sozialen Erkenntnisprozessen eingenommen haben. Zum anderen stellen die so entstandenen feministischen Wissenschaften Wege für die Emanzipation von Personen aus gegebenen Positionierungen in Geschlechterhierarchien dar, bzw. reflektieren und konstruieren sie solche Wege. Feministisches Wissen geht also nicht nur von der Veränderbarkeit von Positionierungen im Erkenntnisprozess und anderen sozialen Erfahrungsprozessen aus, es ist in materieller, sozialer und epistemischer Hinsicht gleichzeitig ihr Effekt. Das heißt, feministische Wissenschaften zeigen, daß Erkenntnisprozesse veränderbare unabgeschlossene soziale und epistemische Erfahrungsprozesse sind, in denen Subjekt- und Objektpositionen von Personen gleichermaßen eingenommen werden können. Dies legt eine ständige Veränderbarkeit wissenschaftlichen Wissens und sozialer Wirklichkeit nahe. Daraus ergibt sich ein Verständnis der Verbindlichkeit feministischen Wissens, das sich in relationalen, multilateralen Wirklichkeitskonstruktionen mit begrenzter sozialer Effektivität ausdrückt.

Für die Fragen von wissenschaftlichem Realismus oder Relativismus bedeutet dies folgendes: Die soziale Konstruktion feministischen Wissens (und jedes anderen Wissens) ist nicht an eine relativistische epistemologische Position gekoppelt. Zumindest ist dies keine notwendige Schlußfolgerung, wenn wir davon ausgehen, daß Wirklichkeit im wissenschaftlichen Erkenntnisprozess vor allem dadurch *wie* sie beschrieben und erklärt wird, konstruiert wird. Damit meine ich nicht, daß materielle, soziale und epistemische Entitäten hergestellt werden, es werden vielmehr Verhältnisse zwischen Entitäten und den Personen hergestellt und definiert; materielle, soziale und epistemische Entitäten existieren nur innerhalb solcher Verhältnisse in sozialer Wirklichkeit. Es geht also darum, *wie* Wirklichkeit konstruiert wird, *wie* sie begründet wird und *wie* sie dargestellt wird. Davon ausgehend ist in einer feministischen Konzeption der Wissenschaften viel weniger die Frage nach einer wahren oder objektiven wissenschaftlichen Beschreibung von Wirklichkeit relevant, sondern eher die Frage nach Manifestationen von Wirklichkeiten, die sich überschneiden mögen oder ausdehnen, Einfluß, Evidenz und Effektivität gewinnen oder verlieren.

Statt objektiver Beschreibungen der Welt steht dann die Artikulation und Rezeption von Wirklichkeitskonstruktionen zur Debatte, die im Namen und aufgrund der gesellschaftlichen Autorität der Wissenschaften und anderen sozialen Prozessen Effektivität erlangen (oder nicht). Dies bedeutet nicht, daß es kein Wissen geben würde, oder keine Wirklichkeit, oder kein Wissen über Wirklichkeiten. Im Gegenteil, wir können kritisch (und selbstkritisch) untersuchen, wie wissenschaftliches Wissen, Wirklichkeit und wissenschaftliches Wissen über Wirklichkeiten in komplexen, multilateralen, sozialen Prozessen konstruiert und effektiv wird. Ich denke, hierin liegt eine zentrale analytische Macht; eine Macht, die feministische Wissenschaften ständig nutzen - und nutzen müssen - um kreativen Raum für neues Wissen, neue Wirklichkeiten und neues feministisches Wissen über neue feministische Wirklichkeiten zu schaffen. Die vielfältigen Effekte der sozialen Konstruktion feministischen Wissens sind in dieser Hinsicht schon sichtbar geworden.

Literatur:

CODE, Lorraine: Taking Subjectivity into Account. In: Alcoff, Linda/Potter, Elizabeth (Hgs.): Feminist Epistemologies. New York/London 1993: 15-48.
COLLINS, Patricia Hill: Black Feminist Thought. Boston 1990.
COLLINS, Patricia Hill: Comment on Hekmann's "Truth and Method: Feminist Standpoint Theory Revisted": Where's the Power?. In: Signs: Journal of Women in Culture and Society 1997, Vol. 22, No. 2: 375-381.
HARAWAY, Donna: Modest_Witness@Second_Millenium.FemaleMan©_Meets_ OncoMouse™. Feminism and Technoscience. New York/London 1997.
HARDING, Sandra: Comment on Hekmann's "Truth and Method: Feminist Standpoint Theory Revisted": Whose Standpoint Needs the Regimes of Truth and Reality?. In: Signs: Journal of Women in Culture and Society 1997, Vol. 22, No. 2: 382-391.
HARDING, Sandra: Rethinking Standpoint Epistemology: "What is Strong Objectivity"? In: Alcoff, Linda/Potter, Elizabeth (Hgs.): Feminist Epistemologies. New York/London 1993: 49-82.
HARTSOCK, Nancy C. M.: Comment on Hekman's "Truth and Method: Feminist Standpoint Theory Revisted": Truth or Justice?. In: Signs: Journal of Women in Culture and Society 1997, Vol. 22, No. 2: 367-374.
HEKMAN, Susan: Reply to Hartsock, Collins, Harding, and Smith. In: Signs: Journal of Women in Culture and Society 1997, Vol. 22, No. 2: 399-402.
HEKMAN, Susan: Truth and Method: Feminist Standpoint Theory Revisted. In: Signs: Journal of Women in Culture and Society 1997, Vol. 22, No. 2: 341-365.
JANACK, Marianne: Standpoint Epistemology Without the "Standpoint"?: An Examination of Epistemic Privilege and Epistemic Authrity. In: Hypatia. A Journal of Feminist Philosophy, Vol. 12, No. 2: 125-139.

KELLER, Evelyn Fox: Reflections on Gender and Science. New Haven-London 1985.
LONGINO, Helen E.: Feminist Standpoint Theory and the Problems of Knowledge. In: Signs: Journal of Women in Culture and Society 1993, Vol. 19, No. 1: 201-212.
SMITH, Dorothy E.: Comment on Hekmann's "Truth and Method: Feminist Standpoint Theory Revisted". In: Signs: Journal of Women in Culture and Society 1997, Vol. 22, No. 2: 392-398.

Das Verschwinden des Körpers.
Genetik als Strategie der Kontingenzbewältigung.
(Kurzfassung der Thesen)

Regine Kollek

Im Verlauf der Moderne hat das Verständnis vom menschlichen Körper, und damit auch das menschliche Selbstverständnis grundlegende Veränderungen erfahren. Die im Prozeß der Zivilisation erfolgte Distanzierung vom Körper und seine Disziplinierung durch kulturelle Praktiken erfährt im Kontext der Moderne, und hier besonders im Zuge der Entwicklung der modernen Biologie und Medizin eine neue Zuspitzung. Eine besondere Rolle fällt dabei der Genetik zu. Sie gehört heute zu den avanviertesten Disziplinen der modernen biomedizinischen Wissenschaften. Im Zuge ihrer Entwicklung erfolgte und erfolgt - so die *erste These* - ein grundlegender Wandel im wissenschaftlichen Verständnis der körperlichen Existenz der Organismen, die letztlich das Verschwinden des Körpers zur Folge hat.

In der Vorstellung der traditionellen Biologie und auch der Physiologie des 19. Jahrhunderts war die physische Erscheinungsform der Organismen ein Korrelat von somatischen Strukturen wie Organen, Zellen sowie Ver- und Entsorgungssystemen, die für ihren Aufbau und ihre Funktion notwendig waren. Kategorial unterschieden sich diese Strukturen nicht von der äußerlichen Körperformen, sie waren lediglich verborgen und weniger komplex. In Reaktion auf die Wiederentdeckung der Vererbungstheorie Gregor Mendels und die Formulierung der Chromosomentheorie der Vererbung begann sich diese Sichtweise um die Jahrhundertwende herum jedoch radikal zu verändern.

Einer der entscheidenden Schritte wurde durch Wilhelm Johannsen mit der Formulierung des Genkonzeptes und der Trennung von Genotyp (die Gesamtheit der Erbanlagen) und Phänotyp (das äußere Erscheinungsbild) getan. Die körperliche Gestalt der Organismen wurde danach zum Ergebnis der Expression von Genen, also der Wirkung grundlegenderer und kategorial vom Körper verschiedener Strukturen. Der Körper, vormals Zeichenträger des Lebendigen, wurde somit zum Derivat, zum abgeleiteten Produkt seiner Gene. Durch die Differenzierung zwischen Struktur und Expression und durch den empirischen Nachweis, daß Gene nicht in der gleichen Weise variieren wie körperliche Merkmale, war Johannson in der Lage, die Autorität vieler zeitgenössischer biologischer Disziplinen zu unterminieren, und die Genetik als fundamentale Disziplin aller biologischen Wissenschaften zu etablieren. Spätestens 1961, als die Aktivität eines

Gens zum ersten Mal außerhalb einer Zelle beobachtet worden war, wurde das Gen zum ausführenden Organ, das nicht nur am Aufbau zellulärer Strukturen beteiligt war, sondern auf Umwelteinflüsse (re-)agieren konnte. Später wurde es zur entscheidenden Triebkraft, und der Körper sein Instrument: Für Richard Dawkins, den Autor des Buches „Das egoistische Gen" sind Körper einfach „phenotypic effects of genes, whether at the level of intracellular biochemistry, broad bodily morphology or extended phenotype, [which] are [in turn] potentially devices by which genes lead lever themselves into the next generation, or barriers to their doing so." Bei Dawkins übernimmt also der Genotyp nicht nur den Platz des Körpers, er erweitert ihn auch: die Gene übernehmen durch ihre Expression auch die Kontrolle über ihre Umgebung.

Gedanklich vorbereitet worden war diese Übertragung der Reaktions- und quasi Handlungsfähigkeit auf das Gen bereits Anfang der 40er Jahre, als die DNS als Träger genetischer Information identifiziert wurde. Unter anderen war auch Erwin Schrödinger von dem Prozeß der Weitergabe genetischer Information von einer Generation auf die nächste fasziniert, und zwar besonders aufgrund der Unabhängigkeit dieses Prozesses von der Sterblichkeit der Individuen. Schrödinger sah in der DNS und den Genen eine Art genealogisches Gedächtnis, das dem Vergehen nicht anheim fällt, sondern als einzige Komponente individuellen Lebens von Generation zu Generation weiter gegeben wird. Von daher war das Chromosom für ihn das Agens, das dem Organismus während seines individuellen Daseins Lebendigkeit, und durch die Mechanismen des genetischen Gedächtnisses nach seinem individuellen Tod Unsterblichkeit verleiht. Für Schrödinger war dann auch das Charakteristikum des Lebens „seine Resistenz gegen Zerfall - nicht seine Fähigkeit zur Reproduktion, Wachstum und Entwicklung". Die Fähigkeit, dem Zerfall zu entkommen, vermutete er in den aperiodischen Kristallen der DNS, dem Ort des genetischen Gedächtnisses. Durch die Anwendung biochemischer, physikalischer und informationstheoretischer Methoden konnte die Vielfalt von Wachstums, Entwicklungs- und Differenzierungsprozessen scheinbar auf einen Code reduziert werden, der in einer zweidimensionalen Molekülkette niedergelegt ist. Die Vorstellung vom Leben wird - so Evelyn Fox Keller - durch diese Begriffe neu geformt. Programm, Information, Code: diese Begriffe stehen seither für die Essenz des Lebens und sie vermitteln den Eindruck, das Leben könne schon auf der molekularen und zellulären Ebene zweigeteilt werden: in einen sterblichen cytoplasmatisch-somatischen Teil, und in einen unsterblichen, quasi geistigen Teil, der durch das Genom und die genetische Information repräsentiert wird, und in denen die Leibhaftigkeit und Endlichkeit des Lebens überwunden zu sein scheinen. Der Vergänglichkeit des Körpers wird die Vision gegenübergestellt, das Leben durch die Kontrolle der Gene und des genetischen Codes in immer wieder gleicher Form endlos perpetuieren zu können.

Diese Aufspaltung der Physis und die Essentialisierung des Genoms sowie die Übertragung von Reaktions- und Handlungsfähigkeit auf die Gene führte - so die *zweite These* - zu einer zunehmenden Bedeutungslosigkeit und Fragilität, und zuletzt zum Verschwinden des Körpers in der Wahrnehmung der Genetik und der sich auf sie beziehenden medizinischen Disziplinen. Die Wahrnehmungsveränderung wurde unter anderem durch die Entdeckung der Röntgenstrahlen und die Erkenntnis befördert, daß sie das Erbgut verändern können. Obwohl die durch solche Strahlung ausgelösten Mutationen nicht sofort wirksam werden müssen, könnte sich jede von ihnen in der Linie der Nachkommenschaft irgendwann einmal als lethal herausstellen. Dieses von Herman Josef Muller entwickelte Konzept des *genetischen Todes*, der unsichtbar bleibt und dennoch eine permanente Bedrohung darstellt, war zusammen mit der uns heute vertrauten Entkopplung zwischen dem körperlich exponierten Individuum und seinen Genen, also zwischen Phänotyp und Genotyp, äußerst folgenreich. Mehr oder weniger gleichzeitig mit den ersten Explosionen russischer Atom- und Wasserstoffbomben führte es zu einer gesteigerten Wahrnehmung der Fragilität des Körpers: in seinem Innern konnten Veränderungen mit weitreichenden Konsequenzen für die Gesundheit zukünftiger Generationen stattfinden. Mit ihren Konzepten hatte die Genetik also eine eigentümliche und neue Verbindung zwischen dem Unsichtbaren, und der Zukunft hergestellt, zwei in der unmittelbaren Wahrnehmung kaum faßbaren, aber die Selbstwahrnehmung dennoch beeinflussenden wirkenden Größen. Sie führten zu einem *profunden Gefühl der Unsicherheit* im eigenen Körper, der dem Wirken der Gene in scheinbar unkontrollierbarer Weise ausgesetzt ist.

Genanalyse und Gendiagnostik verschärfen diese Entwicklung. Festgestellte Strukturauffälligkeiten oder Normabweichungen im individuellen Genom, die statistisch mit dem späteren Auftreten von Krankheiten wie beispielsweise Krebs korrelieren, treten als Risiko in Erscheinung, das zwar nicht wahrgenommen werden kann, aber dennoch im Selbst verkörpert ist. Die Grenze zwischen Krankheit oder Gesundheit wird kontingent; beide Zustände werden nicht mehr durch die Wahrnehmung des körperlichen Zustands festgestellt, sondern durch Gensonden und Sequenzanalysen. Nicht das leidende Subjekt wird zum Ausgangspunkt ärztlichen Handelns, sondern ein sich auf eine verborgene Struktur beziehender Befund. Die möglicherweise in der Zukunft auftretende Krankheit wirft ihren Schatten auf die Gegenwart zurück, der eigene Körper erscheint permanent gefährdet. Zur psychischen Bewältigung dieser Gefährdung muß er in der Wahrnehmung vom Selbst getrennt werden - eine Konsequenz, deren Realität durch empirische Untersuchungen vor allem an Frauen, die beispielsweise im Zusammenhang mit einer Krebsdisposition mit einem solchen verkörperten Risiko konfrontiert werden, gut belegt ist. Das Resultat ist eine ambivalente Beziehung zwischen Körper und Selbst. Das sich zunehmend unter Bezug auf seine Gene definierende Selbst ist dem Körper entfremdet; in den Konzepten der modernen Genetik hat er keinen Ort mehr.

Mit der Transformation des Körpers zum passiven Derivat der Gene trägt die Genetik jedoch nicht nur zur Verunsicherung der menschlichen Existenz, sondern auch - und das ist die *dritte These* - zu ihrer Bewältigung. Ein Mittel dazu sind die durch die Genetik selber geschaffenen Instrumente, wie beispielsweise die Gentherapie. In ihrem Zusammenhang setzt das Handeln nicht mehr an körperlichen Symptomen an, sondern das Ziel ist das Genom selber. Die fehlerhaften Sequenzen sollen identifiziert oder korrigiert, und - falls letzteres nicht möglich ist, - die Träger der als pathologisch identifizierten Sequenzen pränatal eliminiert werden. Weniger invasive Strategien der vorbeugenden Selbstdisziplinierung, z.B. ein Leben nach Maßgabe genetischer Dispositionen, eröffnen die Möglichkeit, durch Umstellung der Lebensweise die Realisierung der genetischen Krankheitsdisposition verhindern zu können, wobei der Erfolg allerdings nicht sichergestellt ist.

Eine kollektive Strategie der Kontingenzbewältigung besteht in der Indienstnahme von Metaphern und Symbolen durch die Genetik und ihre Repräsentation. Beispielsweise verweist der Begriff der *Selbstreplikation*, der für die der DNS zugeschriebene Fähigkeit der Selbstverdopplung steht, auf die Überwindung der Abhängigkeit der Reproduktion von der Einbettung in einen zellulären oder körperlichen Kontext. Angesprochen ist damit die Vision, zu einer Selbst-Herstellung zu gelangen, die von dem Makel der körperlichen Geburt und Endlichkeit befreit ist. Seine Zuspitzung findet dieser Gedanke im Begriff der genetischen Information, in dem die Gebundenheit der Lebensprozesse an die Materie zumindest symbolisch überwunden wird, denn Information ist letztlich im geistigen, und nicht mehr im Materiellen verankert, einer Daseinsform die dem Mythos zufolge dem Weiblichen zugeordnet wird. Die generativen Fähigkeiten des Lebendigen werden danach nicht mehr im Schoß der Frau verortet, sondern in der Doppelhelix und der darin niedergelegten Information, und damit in den Reagenzgläsern molekularbiologischer und genetischer Labors. Waren im prä-genetischen Zeitalter Geburt und Vererbung unkontrollierte und unkontrollierbare Prozesse, die immer die Gefahr von Vererbungsfehlern (sprich Erbkrankheiten) mit sich trugen, verheißt das genetische Zeitalter die kontrollierte, fehlerfreie Geburt aus der Retorte, und damit aus dem Geist, der in der europäischen Tradition als männlich identifiziert wird. Auf der symbolischen Ebene steht die genetische Information deshalb für die maskuline Schöpferkraft, die - Körperlichkeit und Materialität transzendierend - dennoch mit der Fähigkeit zur Selbstreplikation begabt ist.

Der Körper mit seinen Organen und Funktionen wird dabei in nie gekanntem Ausmaß verfügbar. Er erscheint als Projekt, als technisch herzustellendes und aus dem Geist planvoll zu gestaltendes Produkt, das dem menschlichen Willen bedingungslos subordiniert ist, und so zum Träger subjektiv realisierbarer Selbstentwürfe transformiert wird. Der Körper wird zum - vom bewußten Selbst abgespaltenen - Handlungsfeld der Individuen. Im Zeichen der Doppelhelix versinnbildlichen die modernen Techniken die medizinische und gesellschaftliche

Selbstverpflichtung auf einen Fortschritt, dem nicht nur die äußere Natur, sondern auch die physische Basis menschlichen Daseins unterworfen wird. Nur in dieser Abgespaltenheit kann der Körper zum Objekt der Ordnungsbemühungen der naturwissenschaftlichen Medizin werden, deren Logik bis in das Innere des Körpers hinein verlängert wird. In diesem Prozeß wird er analytisch durchdrungen und theoretisch neuformuliert, materiell nachgebessert und neukonstruiert. So zugerichtete Lebewesen werden, wie Donna Haraway es formuliert hat, zu „Cyborgs", zu kybernetischen Organismen, bei denen sich die Grenze zwischen Naturhaftem und technisch Hergestelltem auflöst. Die menschliche Physis wird als künstliche, als hergestellte und herzustellende neu konzipiert.

Da diese Entwicklung kaum rückgängig zu machen sein wird, plädiert Donna Haraway dafür, kreativ an der Auflösung der eindeutigen und einengenden Beschreibungen der (menschlichen) Natur mitzuarbeiten. Die historisch ohnehin kontingenten Grenzziehungen zwischen Natur und Technik, und - so ist zu ergänzen - zwischen Körper und Selbst müssen verflüssigt und neu definiert werden. Obwohl Haraways Perspektive im Grundsatz zuzustimmen ist, öffnet er - radikal zuende gedacht - der totalen Manipulierbarkeit der menschlichen Natur Tür und Tor. Diese Aporie muß überwunden werden, ohne dabei überholte naturwissenschaftlich ontologische Konzepte zu reaktivieren oder gar normativ zu wenden. Das Beharren auf der Differenz zwischen der wissenschaftlichen Beschreibung des Körpers und einer sinnlich-subjektiven Erfahrung des Selbst könnte eine Möglichkeit sein, der Aporie zu entgehen. Im hartnäckigen Bestehen auf dieser Differenz liegt die entscheidende Perspektive des Widerstands des ganzheitlichen Subjekts gegen wissenschaftliche und kulturelle Abspaltungen und Verdrängungen des Körpers.

Maria Osietzki

Das Subjekt im exakten Wissen zwischen Erhaltung und Endlichkeit
Das Beispiel der Thermodynamik

Fragestellung: Zur Frage der Subjektkonstruktion gehörte stets die der Selbsterhaltung, die unter den derzeitigen Bedingungen des exakten Wissens, die extrem destruktive Potentiale bergen, prekär geworden ist. Es stellt sich mithin die Frage, wie eine Rationalität beschaffen sein müßte, die der Erhaltung des „Selbst" den Vorrang vor der Stabilisierung des Subjekts einräumt, dessen Konstruktion ganz entscheidend durch eine männliche Hegemonie bedingt wurde. Wissenschaftlichkeit und Männlichkeit standen in der Vergangenheit in einer Allianz, an die Fragen nach dem Zusammenhang zwischen einer bürgerlich-männlichen Subjektkonstruktion und den Rationalitätsformen der westlichen Welt zu stellen ist. Denn aus der Reflexion über die androzentrischen Implikationen der Forschungsbestände könnten sich Perspektiven für eine „andere" Verortung des Wissens ergeben. Eine solche Suche scheint heute deshalb besonders vordringlich, da die gegenwärtigen Forschungspotentiale etwa der Genmanipulation und der Neurophysiologie möglicherweise künftig in ganz elementarer Weise das „Selbst" und seine Erhaltung betreffen könnten.

Zur historischen Fallstudie: Der Zusammenhang zwischen Wissenschaft und Männlichkeit soll hier am Beispiel der klassischen Thermodynamik erörtert werden, da deren Wissen in besonderer Weise mit der Frage der Subjektkonstruktion und Selbsterhaltung verquickt war. Betroffen waren diese durch die beiden Hauptsätze der Thermodynamik. Denn der erste Hauptsatz enthält ein Erhaltungsprinzip, während der zweite Hauptsatz eine Prognose der Endlichkeit umfaßt. Insofern eignet sich das diesbe-zügliche exakte Wissen, daran Fragen nach dem Verhältnis zwischen gesellschaftlicher Subjektivität und wissenschaftlicher Objektivität zu reflektieren.

Wie auszuführen sein wird, enthielt der erste Hauptsatz der Thermodynamik eine spezifische Antwort auf die Frage nach der wissenschaftlichen Ordnung der Kräfte, die während der formativen Phase der bürgerlichen Gesellschaft seit der Sattelzeit um 1800 umstritten war, weil damals zur Entscheidung anstand, wie das bürgerliche Subjekt zu konfigurieren sei. Die Ordnung der Kräfte in der Natur wurde aus einer Perspektive debattiert, die unmittelbar mit den Kontroversen über „den Menschen" verknüpft war. Umstritten war, ob entlang aufklärerischer Hoffnungen eine größtmögliche Entfaltung der Kräfte des Subjekts gewährt, oder auf seine Regierbarkeit besonderer Wert gelegt werden sollte. Der Philanthrop Peter Villaume etwa fragte, ob die Vollkommenheit des Menschen seiner Brauchbarkeit geopfert werden solle und er schaltete sich mit dieser Überlegung in die Debatten über das Ausmaß der Disziplinierung des bürgerlichen Subjekts ein. Gegen die Gefahr, daß der Mensch im Zuge der voranschreitenden Verstaatlichung und Industrialisierung zu einer „Maschine gedrechselt" werde oder in das „Räderwerk" des Staatsapparts gerate, wurden romantisch-naturphilosophische Stimmen erhoben, mit denen Konzepte der Autonomie und Selbstentfaltung propagiert wurden.

Aus dem Sinnhorizont dieser Kontroversen erhielten die Debatten über die Kräfte der äußeren Natur ihre Bedeutung. Denn in den Auseinandersetzungen über das Maß der Freiheit des Subjekts und die Form seiner Einbindung in die Disziplinarreglements des Staates und der Erwerbswirtschaft wurde der Rahmen gesetzt, der für die Ordnung der Naturkräfte maßgeblich wurde. Folgenreich war dies, da zu den Plädoyers für die Stabilisierung der bürgerlichen Gesellschaft beispielsweise die Perhorreszierung von Kräften gehörte, die sich jeder Kontrolle entzogen. Autonome Kräfte weckten Assoziationen anarchischer Desorganisation. Mit diesem Verdikt einer sozial motivierten Klassifizierung der Kräfte wurden nun aber auch die sich auf die Kräfte der Natur beziehenden romantisch- naturphilosophischen und vitalistischen Vorstellungen belastet, die beispielsweise im Konzept der Lebenskraft eine Eigenständigkeit des Lebendigen postulierten. Die Annahme von Kräften, die selbstregenerativ waren, geriet im Kontext der bürgerlichen Auseinandersetzung über die opportune Erscheinungsform des Subjekts in den Sog der Abwehr des seine Kräfte frei entfaltenden „ganzen Menschen".

Während die vitalistischen Kräfte für unkontrollierbar galten, thematisierte die Mechanik hingegen Erscheinungsformen von Kräften, die sich naturgesetzlich erfassen ließen und zudem noch in ihrer Wirkung prognostizierbar waren. Insofern waren die mechanischen Naturgesetze Paradebeispiele für eine Kontrollierbarkeit der Kräfte, obwohl sie sich nur auf die mechanischen beziehen ließen. Gleichwohl war die Hoffnung verbreitet, daß sich die Potentiale der mechanischen Deutungsweisen auch auf andere Typen von Kräften ausdehnen ließen. Allerdings hatte das Wissen der Mechanik, obwohl es viel Zuspruch erfuhr, einen gravierenden „Schönheitsfehler" – es prognostizierte Verluste an Kräften, die durch die Reibung und die Kollision fester Körper verursacht wurden. Unter den Prämissen der Säkularisierung konnte zur Abwehr dieser Verluste nicht mehr auf ein metaphysisches Prinzip der „vis viva" zurückgegriffen werden, in dem die Hoffnung enthalten war, daß es eine durch Gott verbürgte grundsätzliche Stabilität der Kräfte in der Natur gebe. In einer entzauberten Welt erschien dieser Glaube nicht überzeugend, vor dem Hintergrund der Formation bürgerlicher Gesellschaften aber konnte auch nicht auf vitalistische Kräfte zurückgegriffen werden, obwohl diese in der ersten Hälfte des 19. Jahrhunderts vielfach zur Kompensation der mechanischen Kraftverluste propagiert wurden.

Bekanntermaßen wurde die „Lebenskraft" in den 1830er Jahren definitiv verabschiedet; in den 1840er Jahren wurde von mehreren Forschern der erste Hauptsatz der Thermodynamik formuliert, in dem sich eine mechanische Deutung der Kräfte und eine Erhaltungsvision durchsetzte, die allerdings nicht auf „vitalistische" Potentiale zurückgriff, sondern die Erhaltung auf der Ebene des Arbeitsvermögens sicherstellte. Die Protagonisten des ersten Hauptsatzes betonten, die Erhaltung der Kräfte im Wandel sei begründet, da keine Verluste etwa bei der Reibung aufträten, dabei vielmehr mechanische Arbeit in Wärme verwandelt würde, das Arbeitsvermögen, das später den Namen Energie erhielt, dabei aber erhalten bleibe.

Arbeit war nun ein zentraler Faktor männlicher Identität. Für die Verlustkompensation der Mechanik wurde somit ein Lösungsweg eingeschlagen, der mit einem bestimmten, über Arbeit sich definierenden

Typus bürgerlicher Männlichkeit übereinstimmte. Die davon zu unterscheidende Männlichkeit, zu deren Identität dem romantisch-naturphilosophischen Entwurf nach die selbstreproduktiven Kräfte paßten, wurde damit negiert, während im Zuge dessen eine Weiblichkeit konstruiert wurde, deren Geschlechtscharakter sich durch die Zuständigkeit für das Regenerative auszuzeichnen hatte. Die Konstruktion der thermodynamischen Erhaltung der Energie beruhte insofern auf einer Ausgrenzung einer Männlichkeit, die im Identitätsbestand der bürgerlichen Gesellschaft mit der Symbolik autonomer Kräfte in Verbindung stand. Eingebettet war das Postulat der Energie aber auch in eine Polarisierung der Geschlechtscharaktere, wonach dem Weiblichen die Zuständigkeit für die Reproduktion der Gattung und bürgerlicher Männlichkeit für die Reproduktion der Gesellschaft nach Maßgabe des Prinzips der Arbeit und einer wissenschaftlichen Nutzbarmachung der Naturkräfte zugewiesen wurde. Dies trug dazu bei, daß künftig die Selbsterhaltung an eine spezifische männliche Subjektkonstruktion und eine dazu passende reduktionistische Wissenschaftlichkeit im Umgang mit den Naturkräften gebunden blieb.

Der Anspruch, die Kräfte thermodynamisch deuten, im Wandel die Erhaltung zu postulieren und dabei auf das vitalistische Prinzip der Selbstregeneration verzichten zu können erwies sich allerdings als Falle, da es eine Erscheinungsform der Wärme gab, die vom ersten Hauptsatz nicht erfaßt wurde. Um ihr Rechnung zu tragen, mußte der zweite Hauptsatz formuliert werden, der besagte, daß die freie Energie endlich sei und in der Natur die Unordnung anwachse, weshalb die Wärme zu einem „Kommunisten des Universums" gestempelt wurde. Mit der mechanischen Vorgabe der Ordnung der Kräfte im ersten Hauptsatz der Thermodynamik waren Bedingungen geschaffen worden, vor deren Hintergrund ein Effekt wie die im Maschinenbetrieb relevante Wärmeleitung nur mehr als thermischer Verlust zu interpretieren war. Die Wärme, die noch im 18. Jahrhundert ein Symbol des Lebendigen gewesen war, geriet unter dem Einfluß des thermodynamischen Wissens zu einer Agentie des Wärmetods.

Thesen über eine „andere" Verortung des Wissens: Die historischen Zusammenhänge bei der Begründung der Thermodynamik habe ich ausgebreitet, weil ich daran deutlich machen wollte, daß die Konstruktionsprinzipien eines zentralen Wissensbestandes der westlichen Welt, das ganz entscheidend die Bedingungen der Nutzung nichtregenerativer Ressourcen bestimmte, zutiefst in die Subjektkonstruktion der bürgerlichen Gesellschaft involviert war. Die Fixierung auf das Arbeitsvermögen, das der männlichen Identität entsprach, implizierte ein Erhaltungspostulat, das einerseits Kräfte zu Ressourcen machte und insofern eine spezifische Dimension der Selbsterhaltung betraf; andererseits wurde das Energieprinzip gegen die Konzeptualisierung regenerativer Kräfte mobilisiert, was auch auf einer hohen Abstraktionsebene, auf der das Energieprinzip angesiedelt war, die Erhaltung in der Zukunft sicherzustellen versprach. Auf der theoretischen Ebene entlastete der Energieerhaltungssatz von den Verlusten der konkreten Kräfteverwertung in nichtregenerativ betriebenen Maschinen und er stellte zudem phantasmagorisch in Aussicht, möglicherweise sei einmal eine vollkommene Maschinen zu entwickeln, die seinem Erhaltungspostulat entsprach.

Das Energieprinzip implizierte mithin Merkmale, die meiner Meinung nach für die Rationalitätsformen der westlichen Welt typisch sind. Ich möchte drei Aspekte besonders hervorheben: 1) Es repräsentierte eine spezifische Konstruktion bürgerlicher Männlichkeit im Konzept des Arbeitsvermögens und sicherte ihre Hegemonie. 2) Es ermöglichte eine Ordnung der Kräfte, die im Rahmen ihrer wissenschaftlichen Erfassung nur die zuließ, die sich in Arbeitsvermögen verwandeln und damit als Ressourcen nutzbar machen ließen. 3) Es erlaubte auf einer hohen Abstraktionsebene die Aufrechterhaltung eines Phantasmas der Erhaltung, obgleich in der technischen Nutzbarmachung der Naturkräfte Verluste an Ressourcen und an Kräften unübersehbar waren. Von dieser Bürde der Realität entlastete das Energieprinzip: Denn es stützte eine Hoffnung, sich von den Bindungen des Stofflichen durch eine weitere Arbeit am Wissen befreien und eine vollkommene und damit verlustfreie Nutzung von Naturkräften realisieren zu können. In einem imaginierten Vorausgriff auf die Forschungspotentiale der Zukunft wurden die Verluste der Gegenwart geschönt.

An dieser Konstellation wird deutlich, daß die Subjektkonstruktion in der Formation des Wissens über die thermodynamische Ordnung der Kräfte von einer Perspektive der Selbsterhaltung flankiert wurde, die in zwei Richtungen wies: Kräfte zu aktuell nutzbaren Ressourcen zu machen und ihre Vernutzung im Theoretischen zu entlasten. Insofern stützte das Wissen über Energie nicht nur die Identität des männlichen Subjekts, sondern es trug auch zur Begründung einer Selbsterhaltung bei, die allerdings ihrerseits an die Verortung des männlichen Subjekts gebunden blieb: Auf die Reduktion der Natur auf ihre technisch verwertbaren Kräfte und die theoretische Sicherung ihrer auch in Zukunft sichergestellten Nutzbarkeit. Die so initiierte Selbsterhaltung stand im Dienst der Erhaltung der Hegemonie einer spezifischen männlichen Subjektivität.

Vor diesem Hintergrund stellt sich nun die Frage nach den Bedingungen einer „anderen Verortung" des Wissens. Wie kann ein „besseres Wissen" durch andere Rationalitätsformen geschaffen werden und welche Implikationen hat dies für die Konstruktionsprinzipien des erkennenden Subjekts? Dieses Problem wurde in den letzten zwei Jahrzehnten in der feministischen Wissenschaftsforschung rege debattiert. Erwähnt sei nur Sandra Hardings Ansatz einer „successor science", mit dem sie etwa versuchte, die Potentiale der Aufklärung gegen den Verblendungszusammenhang androzentrischen Wissens zu mobilisieren. Zu denken wäre etwa auch an Donna Haraways Überlegungen über die „Situiertheit des Wissens", womit sie einem Rationalitätstypus Profil zu verleihen bestrebt war, der den Universalisierungsansprüchen der westlichen Wissensbestände eine Absage erteilt. Gemäß den sozialkonstruktivistischen Prämissen dieser Ansätze teilen beide Theoretikerinnen der Vorstellung, daß ein „anderes" Subjekt – Frauen beispielsweise – ein „anderes" Wissen produzieren würden. Allerdings versieht Haraway diese Hoffnung mit einem Fragezeichen und setzt für „Frauen" die „Cyborg".

Aus der Perspektive der „Cyborg" geschaut, trat das thermodynamische Wissen tatsächlich mit einem Universalitätsanspruch auf, die Ordnung der Kräfte allgemein gültig, umfassend und vor allem auch für alle verbindlich zu deuten. Im exakten Wissen durfte es im 19. Jahrhundert keine anderen als die durch die Mechanik, Elektrodynamik und Energielehre repräsentierten Kräfte geben. In diesen Bereichen wurde die Grenze zwischen den Kräften, die als wissenschaftlich legitimiert galten und denen, die von den Repräsentanten der exakten Forschung für illegitim gehalten wurden, bestimmt. Doch wie hätte eine Ordnung der Kräfte ausgesehen, die von der „Cyborg" formuliert worden wäre. Ein solches Gedankenexperiment sei an dieser Stelle erlaubt, da es Perspektiven einer „anderen" Verortung des Wissens eröffnen könnte.

Die Zeit um 1800 eignet sich besonders gut für die Durchführung unseres Gedankenexperiments, weil es zu dieser Zeit eine historische Option für eine Vielfalt der Kraftkonzepte gab, die nicht nur auf eine Phase des Umbruchs von der alten zur neuen Gesellschaftsordnung, sondern auch auf vehemente gesellschaftliche Widersprüche verwies. Da sich die Konstruktion des bürgerlichen Subjekts noch nicht stabilisiert hatte, existierten vielfältige Möglichkeiten seines Entwurfs. Es hätte sich auch die „Cyborg" durchsetzen können. So gab es etwa in den Schriften der Naturphilosophen Ansätze, die Natur nicht zur Ressource zur degradieren, sondern ihr den Status eines Subjekts zuzusprechen, was implizierte, ihr „produktive Kräfte" zuzuerkennen. Auch existierte um 1800 noch das Bewußtsein der Kontingenz aller Wissensansprüche, denn der Glaubenssatz eines „a-perspektivischen" Wissens, der die Objektivitätspostulate der reifen Wissenschaften des 19. Jahrhunderts begleitete, war noch nicht durchgesetzt. Ganz generell war die Grenze zwischen Subjekt und Objekt noch nicht entlang der später gültigen binären Ordnung streng gezogen. Im Gegenteil: die Verkörperung des Wissens, die Donna Haraway im Entwurf der „Cyborg" propagiert, existierte in einer historisch zu konstatierenden Vielfalt. Man denke nur an die Körperexperimente mit Elektrizität etwa in den Salons des späten 18. Jahrhunderts oder an die Experimentalpraxis des romantischen Physikers Johann Wilhelm Ritters, der in den Kräften die Verbindung zwischen Geist und Materie suchte. Auch die Lehren des Begründers der Homöopathie, Christian Friedrich Samuel Hahnemann, legten Zeugnis von einer empiri-schen Verkörperung des Wissens ab, da er seine Erkenntnisse auf dem Wege der praktischen Anwendung sammelte. Darüber hinaus gab es
noch andere Umgangsweisen mit Kräften, die in den Bereich der Transzendenz wiesen, wenn etwa in spritistischen Zirkeln Kontakte zu Geistern

aufgenommen oder andere Paraphänomene untersucht wurden. Insofern gab es vielfältige Versuche, nicht nur der „wirklichen Welt" die Treue zu halten, sondern auch den über sie hinausweisenden Phänomenen Rechnung zu tragen.

Es stellt sich vor dem Hintergrund dieses Gedankenexperiments die Frage, welche Möglichkeiten sich heute, 200 Jahre nachdem diese Optionen durch die Konstruktion des bürgerlichen Subjekts überdeckt worden waren, für eine neue, eine „andere" Verortung des Wissens stellen. Eine solche Frage muß freilich in die gegenwärtige intellektuelle wie technologische Landschaft eingebettet werden, in der, wie Elisabeth List kürzlich herausstellte, die postmodernen Diskurse keineswegs zufällig mit der Philosophie der „Neuen Immaterialien" – so nennt Jean Francois Lyotard die rezenten Informationstechnologien – koinzidieren. Derzeit steht unter dem Einfluß dieser epochalen Veränderungen die Umstrukturierung des Subjekts und freilich auch der Bedingungen seiner Selbsterhaltung an, weshalb es möglicherweise Optionen der Gestaltung geben könnte, die denen vor 200 Jahren vergleichbar sind.

Wie in dem Vortrag näher ausgeführt werden soll, dürfte die „partiale Perspektive", die Donna Haraway für den Umbau des Wissens empfahl, ein gangbarer Weg sein, da hierdurch eine gleichermaßen lokale wie globale Solidarität in Aussicht genommen werden und ins Selbstverständnis des Subjekts Eingang finden könnte. Doch Donna Haraways Konzept möchte ich in Übereinstimmung mit Elisabeth List um die Perspektive der Verortung des Leiblichen im Wissen ergänzen und zwar in einer Weise, die sich zu Haraways Vorstellung einer Verkörperung des Wissens quer stellt. Denn die von ihr avisierte „partiale Perspektive" könnte informationstheoretisch die Möglichkeit einer lokalen wie globalen Solidarität bereithalten, doch möglicherweise um den Preis einer fortschreitenden Entkörperung. Deshalb scheint es unverzichtbar, neben die soziale auch eine naturale Solidarität zu stellen, die gleichermaßen der äußeren wie der inneren Natur des Menschen gilt. Zu erörtern, was dies im Kontext der gegenwärtig gültigen Wissensbestände heißen könnte, soll die zentrale Intention des Vortrags sein.

Ulrike Ramming

Wissende Subjekte versus nicht-personales Wissen

Der Anspruch feministischer Philosophie war von Anfang an allumfassend. „Feministische Philosophie ist nicht als eine neue Teildisziplin zu sehen, die den bereits vorhandenen bloß angegliedert zu werden bräuchte...Feministische Philosophie ist... Philosophieren am Leitfaden des Interesses an der Befreiung der Frau."[1] So wurde er 1990 von Herta Nagl-Docekal formuliert und Kathleen Wallace sowie Marjorie Cantor Miller resümieren 1996 in der Einleitung zu dem, Fragen der feministischen Philosophie gewidmeten, Doppelband der Zeitschrift *Metaphilosophy* : „...feminism has changed the doing of philosophy, as philosophy has informed the political activity and theorizing of feminists. No area of philosophic research is immune to the movement contributed by feminist perspectives, concerns, and methods..."[2] Dieser Anspruch auf Allgemeinheit befindet sich in direktem Widerspruch zu dem erstmals von Sandra Harding formulierten Verdikt gegen Logik, das Andrea Nye am Ende ihrer Untersuchung *Words of Power* wiederholt: „Logicians have been men. As men, they have spoken from a man's experience"[3]. Logik, als einer der „abstrakteren Bereiche des menschlichen Denkens"[4] scheint der Bereich zu sein, in dem ein „männlich" konnotierter Begriff von Wissen am deutlichsten zum Vorschein kommt. Der feministische Anspruch, für alle Bereiche der Philosophie relevant zu sein, äußert sich im Fall der Logik also eher in Form von Abwehr und Ausschluß denn als konstruktive Forschungsperspektive. Diese Haltung halte ich nicht wegen eines abstrakten Gerechtigkeitsgefühls gegenüber dem Gebiet der Logik und ihren Vertretern für problematisch, sondern aus (wissens-) politischen Gründen für nicht akzeptabel:[5]

1. der feministisch begründete Ausschluß der Logik aus dem feministischen Untersuchungsbereich gleicht einer Selbstzensur, die umso erstaunlicher ist, als sie sich der gleichen Argumente bedient wie diejenigen, die jahrhundertelang den Ausschluß von Frauen aus der Logik betrieben haben. Die sog. weiblichen Fähigkeiten scheinen nicht nur für Patriarchen alter Ordnung Grund genug gewesen zu sein, Frauen die Beschäftigung mit Logik zu verbieten; auch Feministinnen rufen die alten weiblichen Tugenden auf, um sich die Berührung mit aus der Logik stammenden Problemen zu verbieten. Wie kommt es zu einem derart unvermuteten Gleichklang in den Urteilen?

2. Philosophinnen erschweren durch diese Haltung die wissenschaftliche Vernetzung mit ihren feministischen Kolleginnen in Mathematik, Informatik oder den Naturwissenschaften, Fächern also, in denen Formalismen Gegenstand des Wissens sind oder angewandt werden. Mechthild Koreuber hat das Dilemma kritischer Frauen in diesen Wissenschaften auf die Formel „Mathematik oder Feminismus. Ein exklusives „oder"?" gebracht und hält

---

[1] Nagl-Docekal (1990), S. 11
[2] Wallace/Miller (1996), S. 8
[3] Nye (1990), S. 177
[4] Harding (1990), S. 273
[5] Käthe Trettin hat die hier aufgeführte feministische Position zur Logik bereits 1992 kritisiert (vgl Trettin (1992)). Vergleichbare Argumente bringt Val Plumwood, die die Ergebnisse von Nyes Analyse aus zwei Gründen in Frage stellt: Nye stelle Logik historisch als monolithischen Block dar; sie lasse ihre historische Untersuchung mit Frege enden und ignoriere dabei „the pluralities of logics which is the most revolutionary feature of modern treatments." (Plumwood (1993), S. 440)

feministischen Theoretikerinnen entgegen: „Diese Haltung ist in zweifacher Weise ignorant. Zunächst auf historischer Ebene: Gerade Mathematikerinnen waren oft die ersten Frauen, die promovierten, habilitierten, einen Lehrstuhl innehatten und damit zur Etablierung des Frauenstudiums beitrugen. Ebenso auf der Ebene der geschlechtlichen Identität: Frauen erleben die Beschäftigung mit Mathematik und Logik, dem Formalisieren ganz allgemein, als lustvoll, sind vom Spiel der Definitionsmöglichkeiten, der Definitionsmacht, fasziniert. Diese Begeisterung wird ihnen nicht zugestanden, sie werden ignoriert. Es wird verkannt, daß die Lust am Formalisieren auch etwas menschliches ist, von dem Frauen durch Männer ausgeschlossen werden."[6] Wie verhält sich die Philosophin, die dem Produkt offenkundig mißlungener weiblicher Sozialisation in Person einer Mathematikerin, Logikerin, Informatikerin gegenübersteht und wie tritt sie in einen fachlichen Austausch mit ihr? Wie ist die Exkommunizierung dieser Kolleginnen aus der feministischen scientific community zu begründen?

Ich lese die bisher entwickelten Ansätze zur feministischen Erkenntnistheorie als Synonyme für den Anspruch von Feministinnen in der Philosophie, auch für den Bereich der theoretischen Philosophie relevante Beiträge zu leisten. Für den aufgezeigten politischen Mißstand wie auch für das programmatische Mißverhältnis zwischen Allgemeinheitspostulat und dem faktischen Ausschluß von Logik und von Problemen, die aus der Logik kommen, aus dem Untersuchungsbereich feministischer Philosophie lassen sich Gründe angeben, die im Selbstverständnis der Feminist Epistemologies selbst liegen. Die entscheidenden Faktoren dieses Selbstverständnisses zählt Lorraine Code in ihrer These auf: „Proposing that the sex of the knower is significant casts doubt both on the autonomy of reason and on the (residual) exemplary status of simple observational knowledge claims."[7] Es geht also darum, daß
1. das Geschlecht (sex) des erkennenden Subjekts epistemisch relevant ist;
2. die Autonomie menschlicher Erkenntnis auf dem Prüfstand steht;
3. szientistische Wissensideale wie strenge Objektivität und die strikte Trennung zwischen Tatsachen und Werten obsolet geworden sind.

Mit dem unter Punkt 1 formulierten Anspruch, das Geschlecht, und mit ihm die historische, lokale, kulturelle und soziale Situiertheit von Personen zu thematisieren, hat die feministische Diskussion den klassischen erkenntnistheoretischen Fragen >was können wir wissen?< und >wie können wir wissen?< eine weitere hinzugefügt: >wer ist es, der/die Wissen beansprucht: who knows?<.[8] Intendiert ist zweierlei: einerseits die Verknüpfung von Wissensfragen mit Fragen der gesellschaftlichen Macht; zweitens eine feministisch motivierte Ablösung von Begriffen des philosophischen Selbst, deren Bandbreite Solipsismusvorwurf, Kritik des psychologischen Individualismus[9], des Cogito Descartes' und des hegelianischen Subjekts umfaßt, die nur dadurch möglich wird, daß diese Begriffe als Synonyme für eine gelungene Ausbildung prototpyisch

---
[6] Koreuber (1994), S. 142
[7] Code (1991), S. 7
[8] Nelson (1990), Nelson (1993), Code (1991)
[9] Louise Antony hat in einer sehr ausführlichen Auseinandersetzung mit der Position von Naomi Scheman die berechtigte Frage gestellt, welche Kriterien dafür sprechen, psychologischen Individualismus als ein substantielles Element der „sustainig ideology of patriarchy" (Antony 1995, S. 159) zu betrachten. Die Frage danach, nach welchen Kriterien Theorieelemente als ideologisch bestimmt werden, halte ich für zentral in der ganzen Diskussion um die >Feminist Epistemologies<.

"männlicher" Ich-Identität interpretiert werden. Nicht umsonst steht die kritische Auseinandersetzung mit dem cartesischen Cogito, oder, in der Formulierung von Elisabeth List, mit "cartesischen Selbstverhältnissen"[10] häufig genug am Anfang der Begründung für die Notwendigkeit explizit feministischer Erkenntnistheorien. Nur: welchen Stellenwert nehmen derartige Konzepte in aktuellen Positionen innerhalb der Erkenntnistheorie oder der Philosophie des Geistes ein? Ich sehe in dieser Konzentration auf die Frage der personalen Identität des >epistemic knower< vor allem eine Strategie der Personalisierung erkenntnis- und wissenstheoretischer Fragen, die es überhaupt erst ermöglicht, die Relevanz feministisch-erkenntnistheoretischer Ansätze, und mit ihr die der Analysekategorie >Geschlecht<, zu legitimieren.

Bei dem von Code unter Punkt 2 aufgeführten Etikett >Kritik der Autonomie von Vernunft < möchte ich zwei Aspekte unterscheiden. Zunächst den, der Code wichtig zu sein scheint, nämlich die feministisch motivierte Kritik an Theorien der Evidenz und der Wahrheit.[11] Allerdings bleibt diese Kritik relativ unspezifisch, sie mobilisiert vielmehr die unter Punkt 1 bereits genannten Kandidaten und läßt sich auf die Formel bringen: dem abstrakten Individuum als Modell des >epistemic knower< entspricht ein abstrakter Begriff des Wissens.
Das Stichwort "abstrakt" liefert den Hinweis für den zweiten Aspekt, den Louise Antony mit der Frage formuliert hat: "Are there specific questions or problems that arise as a result of feminist analysis, awareness, or experience that any adequate epistemology must accomodate?"[12] Anders ausgedrückt: gibt es Spezifika, Besonderheiten, Partikularien, für die eine feministische Sichtweise den Blick schärft und die durch ungerechtfertigte Ansprüche auf Universalität unberücksichtigt bleiben? Beide Aspekte müssen, so meine ich, nicht unbedingt miteinander verknüpft werden, ihre Verbindung unterstützt vielmehr die von mir hinterfragte Personalisierung von wissens- und erkenntnistheoretischen Fragestellungen.

Damit komme ich zu Punkt 3: Einem szientistischen Wissensideal, das strikte Objektivität und Wertneutralität favorisiert, setzen beispielsweise Sandra Harding und Lorraine Code soziale Typen des Wissens entgegen.[13] Ausgehend von der bereits genannten Forderung, die Besonderheiten, oder auch Partikularität, des Wissens von Frauen in der Philosophie zu berücksichtigen schlägt Lorraine Code "knowledge of other people"[14] als ein neues Paradigma vor, das sich gegenüber dem wissenschaftlichen Primat des Regelgeleitetseins durch prinzipielle Offenheit auszeichnet. Lynn Hankinson Nelson favorisiert dagegen Gruppen oder Gemeinschaften als neue bzw. "eigentliche" Subjekte von Erkenntnis, wobei offenbleibt, ob sie mit "community" spezielle scientific communities oder ganz generell sozio-kulturelle Gemeinschaften meint. An ihrem Vorschlag gefällt mir, daß sie, gegenüber den häufig anzutreffenden typisierten subjektiven Erfahrungen von Frauen, die politischen Gruppenerfahrungen von Feministinnen thematisiert.

---

[10] List (1993), S. 60
[11] Code (1991), S. 110 ff; einen Überblick über die verschiedenen, als >Social Epistemologies< bezeichneten Ansätze gibt Webb (1995).
[12] Antony (1993), S. 187
[13] vgl. Harding (1990) und (1993)
[14] Code (1991), S. 37

Allerdings bleiben diese in Nelsons Beschreibung relativ schematisch und, wie Nelson selbst eingesteht, ihr Ansatz besitzt bisher lediglich den Status eines programmatischen Vorschlags.[15] Entscheidender ist, daß auch sie, im Zug der Sozialisierung von Wissens- und Erkenntnisfragen Begriffe wie Wahrheit und Evidenz vor allem sozial und kulturell ableitet und dabei offen läßt, ob es Wahrheitstheorien gibt, die für Feministinnen eher zu akzeptieren wären als andere[16] - vielmehr wird mit der soziokulturellen Bestimmung die Frage selbst als Ganzes zurückgewiesen.

Damit komme ich zur Ausgangsfrage zurück: welche Gründe gibt es, Logik aus dem Kanon feministischer Untersuchungen auszuschließen? Die Antwort scheint einfach zu sein: als ein Regelwerk der unbegrenzten Abstraktion tritt sie, gemäß den Prämissen der Feminist Epistemologies, als Manifestation eines idealtypischen männlichen Bedürfnisses auf, von konkreter Situiertheit und Subjektivität zu abstrahieren; zugleich ist sie damit ungeeignet, die unterstellte Partikularität der Erfahrungen von Frauen bzw. feministischer Erfahrungen, Sichtweisen und Anliegen zu erfassen.

Dagegen möchte ich gegenüber den hier skizzierten Positionen folgenden Vorschlag machen:
1. zwischen Cartesianismus, Hegelianismus etc. als kulturellen Mustern und der theoretischen Funktion eines bspw. cartesischen Arguments zu unterscheiden. Während ersteren ein Einfluß auf die personale und intellektuelle Identitätsbildung zugestanden wird, der in seinen Folgen für Frauen verhängnisvoll sein kann, kann eine Position, die sich cartesischer, hegelianischer oder sonstiger Muster bedient, mit philosophischen und feministischen Argumenten kritisiert und durch andere Argumente ersetzt werden. Diese Unterscheidung läßt die Ablehnung philosophischer Ansätze in toto als überflüssig erscheinen.[17]
2. Logik nicht als Bereich der Abstraktion zu verstehen, sondern als eine „Geistestechnik" (Sybille Krämer), die auf Formalisierung beruht.
3. Die Bedeutung des Adjektivs >feministisch< als Synomyn für „to be informed by or consistent with feminism"[18] zu verstehen und damit die Konzentration auf Fragen nach den >epistemic knowers< zu vermeiden.

Auf der Grundlage dieses Vorschlags wäre dann die Frage zu stellen: kann ein Ansatz feministisch sein, der weder bereit ist, die Prämissen des >sexualized knowers< noch diejenigen der >social epistemologies< zu übernehmen?
Im Rahmen meines Vortrags soll ein Vorschlag als Antwort auf diese Frage formuliert werden.

Literatur:
Alcoff, Linda/Potter, Elizabeth (Hg.)(1993): Feminist Epistemologies, New York/London: Routledge
Antony, Louise (1993): Quine as Feminist: the Radical Import of Naturalized

---

[15] Nelson (1993), S. 127
[16] vgl. dagegen Trettin/Ramming, S. 5
[17] Ich greife damit einen Vorschlag Val Plumwoods auf, die zwischen Dualismen als kulturellen Mustern und Dichotomien im logischen Sinn unterscheidet.
[18] Alcoff/Potter (1993), S. 4

Epistemology, in: A Mind of One's Own. Feminist Essays on Reason and Objectivity, ed. by Linda Alcoff and Charlott Witt, Boulder et a.: Westview Press, S. 185-225

dies. (1995): Is Psychological Individualism a Piece of Ideology? in: Hypatia 10/3, S. 157-174

Code, Lorraine (1991): What Can She Know? Feminist Theory and the Construction of Knowledge, Ithaca/London: Cornell University Press

dies. (1993): Taking Subjectivity into Account, in: Alcoff/Potter, S. 15-48

Gendler, Tamar Szabó (1996): On the Possibility of Feminist Epistemology, in: Metaphilosophy 27/1-2, S. 104-117

Harding, Sandra (1990): Feministische Wissenschaftstheorie, Hamburg: Argument

dies. (1993): Rethinking Standpoint Epistemology: „What Is Strong Objectivity"?, in: Alcoff/Potter, S. 49-82

Koreuber, Mechthild (1994): Mathematik oder Feminismus. Ein exklusives „oder"? in: Erb, Ulrike u.a. (Hg.): Arbeitspapiere zur Tagung „Erfahrung und Abstraktion. Frauensichten auf die Informatik", in: Mitteilung Nr.233 des FB Informatik an der Universität Hamburg, S. 141-146

List, Elisabeth (1993): Die Präsenz des Anderen. Theorie und Geschlechterpolitik, Frankfurt/M.: edition suhrkamp

Nagl-Docekal, Herta (Hg.)(1990): Feministische Philosophie, Wien/München: Oldenbourg Verlag

Nelson; Lynn Hankinson (1990): Who Knows? From Quine to a Feminist Empiricism, Philadelphia: Temple University Press

dies. (1993): Epistemological Communities, in: Alcoff/Potter, S. 161-186

Nye, Andrea (1990): Words of Power. A Feminist Reading of the History of Logic, New York/London: Routledge

Plumwood, Val (1993): The Politics of Reason: Towards A Feminist Logic, in: Ausatralasian Journal of Philosophy, 71/4, S. 436-462

Trettin, Käthe (1991): Die Logik und das Schweigen. Zur antiken und modernen Epistemotechnik, Weinheim: VCH Verlagsgesellschaft

dies. (1992): Formale Logik und Mathematik, in: Against Patriarchal Thinking. A Future Without Discrimination? ed. by Maja Pellikaan-Engel, Amsterdam: VU Press, S. 119-128

dies./Ramming, Ulrike (1998): Roundtable Discussion „Analytic Philosophy and Feminism", 8. Symposium der Internationalen Assoziation von Philosophinnen, Boston/Mass., August 1998, unveröffentl. Manuskript

Wallace, Kathleen/Miller, Marjorie Cantor (1996): Introduction: Philosophy and Feminism, in: Metaphilosophy, 27/1-2, S. 1-9

Webb, Mark Owen (1995): Feminist Epistemology and the Extent of the Social, in: Hypatia 10/3, S. 85-98

Women's standpoint and a social theory of knowledge

Dorothy E. Smith

Envisage what follows as more like a journey than an argument. The theme of this paper originates in a remarkable moment in the women's movement that opened in Western Europe and North America in the late 1960s. The organization of this movement, at least in English-speaking North America, has accorded special authority to the speaking of women's experience. Concepts such as 'being silenced,' 'exclusion,' 'voice,' became central to the movement's critique of the world of established knowledges, politics, and culture. They also became central to its internal organization and its often contentious expansion. Consciousness raising was a foundational organizing device, assembling women *as women* to explore, discover and recognize communities of experience. The institutionalized languages of culture, politics, science, and religion had been developed under male dominance and took for granted the experiences and interests of men. They were not made for women and did not speak of our situations or experience. We had to begin without a language, culture, politics, theory, literature which could speak of the issues and experience around which we assembled. In our dialogue with the massively masculnlinist order we both discovered and confronted, we had to find a resource that was not already appropriated and spoken. Consciousness-raising or related practices that drew on our experience were ways of working together to discover, in the category 'women,' a political community.. Recourse to experience has been the basis of the distinctive political organization of the women's movement, creating the potentiality for women coming from somewhere else to challenge and disturb apparently established positions. Thus it became at once a basis on which women came together for what we discovered we had in common and on which women found difference and questioned nascent hegemonies within the movement itself. Afro-North Americans women, for example, drawing on their own experiences as women and of racism, have challenged the hegemony of white feminists

In Western Europe and North America, and no doubt elsewhere, women have been largely excluded from the making of the intellectual and scientific traditions, the cultural forms, and the political institutions that have dominated.

There is a circle effect. Men attend to and treat as signifcant only what men say. The circle of men whose writing and talk was significant to each other extends backwards in time as far as our records reach. What men were doing was relevant to men, was written by men about men for men. Men listened and listen to what one another said.

This is how a tradition is formed. A way of thinking develops in this discourse through the medium of the written and printed word as well as in speech. It has questions, solutions, themes, styles, standards, ways of looking at the world. These are formed as the circle of those present builds on the work of the past. From these circles women have [until recently] been excluded or admitted only by a special license grated [sometimes] to a woman as an individual and never as a reprsentative of her sex. . . women have [therefore] been deprived of the means ot participate in creating forms of though relevant or adequate to express their own experience or to define and raise social consciousness about their situation and concerns. (Smith 1978:281)

In exploring our experiences, we talked with, wrote to and for, women, beginning with what we shared as women, our sexed bodies. Here was and is the site of women's oppression, whether of by violence, rape, law, or the subtler dominations sedimented historically that attribute to women's voices, physical presence, size and attributes, a fraitly that undermines her authority as subject and agent. The Cartesian subject escapes the body, hence escaping the limitations of the local historical particularities of time, place, and relationship, but women's voices are necessarily spoken from our bodily sites of consciousness. Indeed to raise our voices to the same authority as that accorded the voices of men, was to disrupt and disorganize the claims to universality that had relied on an exclusively male circle of speakers. Recognizing the gender of the universal subject underdoes its universality and restores its sexed body.

Thus when women began with our experiences to explore what we had in common, and indeed how we differed, as women, we necessarily spoke from as 'embodied' subject. I have found it curious that there isn't a handy way of referring to a subject who is in her body other than by the use, in English at least, of terms that construe the subject as being without a body in that space for which Descartes wrote the constitutional rules. A glance at my rather eclectic library picks out a couple of volume stuck with what no seems to me an odd circumlocation, the 'mind' or 'consciousness' are not conceived of as having or being a function of a body, but must be specifically reattached, as in 'The embodied mind' (Varela, Thompson and Rosch 1997) or 'The problem of embodiment: some contributions to a phenomenology of the body' (Zaner 1971).

Returning to the actualities of women's bodily being discovered sites of experience and subjectivity that had not been, and could not be, voiced in the established theoretical and philosophical discourses. True, they could be transformed into the objects of reflection but they could not become the site from which theorizing might begin or inquiry might be developed. And so the women's movement came to endowed the experienced with authority. Here was a place to start from which the forms of exclusion, silence, and absence vested in the institutional order became visible and could be subjected to critical examination. Between women's experiences in its varieties and the established order of culture, politics, and knowledge a great cleavage began to appear. Whole areas of the society that had been marginalized or totally excluded (women's lives as workers in the home, for example) were opened up within political and academic discourses. In academic contexts, women began to challenge the established discourses. Women's experience became a method of testing the texts of various disciplines for what was missing. More fundamentally, it became a motive to search for radical alternatives to the position of the disembodied subject in the traditional discourses of the academy. In my own case, I came to see that the theories, concepts and methodologies of sociology positioning the subject outside the local actualities of the world she lives, constituting a discourse in which women, and indeed people in general, are objectified–if indeed they are present at all.

In building an alternative sociology, I worked from my own experience as a woman, a single parent, caring for two young children, who also worked as an academic. As I became involved in the women's movement , my double life of household/mothering and the university became a discovery of a daily traverse across the line of fault between a woman's life in the particularities of home and children and the impersonal, extra-local relations that the university sustains. Here, in these two work situations, were radically different modes of consciousness. Household work and childcare.is highly attentive to the particularities of the local setting -- the physical layout of the household, taking in the state of the floors, putting clean sheets on the beds, checking the refrigerator to see what's there for supper, calling the kids in from play to get ready for school – it is a consciousness coordinating multiple particular details, cues, and initiatives, involving relationships with particularized others – children, partner, neighbours, and so on. The consciousness that organizes and is organized in the university setting and in relation to academic work is entirely different. It participates in a discourse in which particular others appear only as their printed names in texts, or positioned as members of definite classes of others – colleagues, students, supervisors, administrators and others. Here the subject participates in relations that extend beyond the local and particular, connecting her or him with others known and unknown in an impersonal organization, both of the university and of the extra-local relations of academic discourse. Passing between these two modes is a reorganization of relevances and memory, a reconstitution of self in modes incompatible with one another.

The women's movement endowed the experienced with authority. What would be see if we did not regard these just as two parallel and alternative modes of self and social organization, but if the standpoint of women in the local actualities of our homely lives was made primary as a starting place, and the other was brought under examination from this point d'appui. This done, the peculiarities of the abstracted extra-local organization of the academic was brought into view. For of course there were always particularities of place and person. That was inescapable, but what were the distinctive forms of people's local practices that objectified and abstracted and made it possible for me, for others, to enter into and be active in relations that did not begin and end in the local and particular. Nor was the academic the only form of these relations. Similar extra-locally structured relations entering into and organizing the local and particular were a general institutionalized for and in the kind of society in which I/we lived and live. The extended social relations coordinating people's activities in multiple local sites and at different times come into view from women's standpoint not as discrete and problematically related entities such as the state, corporation, profession and so on but as a general field of relations and organization constituted extra-locally, external to particular persons and places, and organizing, regulating <u>and produced by</u> people's local activities.

The notion of standpoint formulates the positioning of the knower or the inquirer at the outset of inquiry or in the written texts in which are its product. Social scientific inquiry ordinarily begins from a standpoint in a text-mediated discourse or organization; it operates to claim an aspect of the actual for that discourse (or organization); it proceeds from a concept or theory already part of the order of that discourse (Foucault 1981), and regulates the procedures used in inquiry to assemble observations or other sources of information from the actuality on which it is focused. The discursive world that is thus produced is already governed by the discursive order (Smith 1990).

The standpoint of women offers a different <u>point d'appui</u>. It is prior to the Cartersian shift that has forgotten the body. Hence the inquirer is always situated in her bodily site of being, as indeed are all those with whom her work of inquirer is engaged. Activities, feelings, experiences, hook her into extended social relations linking her activities as knower or inquirer (on the way to knowing) with the activities of others in the local settings of their lives. *The standpoint of women leaves the actual.* The knowing subject and the subject of knowing are always located in an everyday/everynight world in particular actual sites and at particular times. A sociology built from this standpoint turns discursively established sociologies on their heads. Rather than seeking to develop a scientific representation of how the social determines people's behaviour, and inversely, to explain people's behaviour in terms of the social, it aims at discovering the social from the standpoint of people as they experience their own everyday/everynight lives and to make visible <u>to</u> and <u>for them</u> just how the social or society works so that things happen to them as they do or their daily activities are organized and shaped as they are by social relations and powers beyond their experience. Hence the problematic of an alternative sociology is first, an actual property of our everyday/everynight lives, namely that they are shaped and determined or organized by relations that coordiante people's activities translocally; and second, that although people's own experiential knowledge of their local worlds is comprehensive and competent, it is bounded by the ordinary limits of the bodily dimensions of our work and other activities.

The emphasis in this sociology is not on the elaboration of theories for the explanation of people's behaviour nor of theories of historical change or of specific social units in which what actual people are doing is subsumed or displaced by formulations of system, structure, process, and the like. This sociology is focused on inquiry, on discovering how the social is put together within and beyond the immediacies of people's everyday/everynight worlds. It is designed, if you like, to look outwards into the relations that deliver both our daily and our historical experience of the world. It does not separate out into people on the one hand, thinking, intending, feeling, suffering, taking pleasure, and so on, and a systemic order or structure conceptualized as independent of particular people, places and times, that has a dynamic of its own conceived to be causally related (somehow or other) to people's behaviour. The traditional opposition between a social science concerned to discover the external socio-historical determinations of human behaviour and a philosophical tradition committed to a transcendental subject capable of intention and thought and governed by reason, does not arise. 'Agency' does not have to be ceremonially restored to individuals by acts of theory as Anthony Giddens is careful to do in his speech before the assemble fellows of Cambridge University in the United Kingdom. People are already feeling, thinking, active, individuals. If we begin where they/we are as bodies inclusive, we do not need to theorize agency. And the social then, whether intimate, or extended, is always being brought into being and exists in and only in people's actual activities <u>as they are coordinated</u> (not, therefore, the activities of individuals, but activities as they are being concerted with those of others).

We might take seriously one English version of a passage from Marx and Engels' *German Ideology* which insists that while people always start and have always started from themselves, social relations that they themselves generate become powers that stand over against them and determine their lives. Such an ontology of what has been conceptualized sociologicallly as 'system' and 'structure' is striking in that it does not sever people as they are in the actualities of their lives and activities from the emergence of social relations or organization which can take on a dynamic that is a contingent effect of multiple individual actions, or, and significantly, on the other hand, may become the kinds of powers of state or large-scale organization that people themselves produce but do not control. What is distinctive, however, about an approach from women's standpoint is that it anchors both ontology and method in such a way that any representation of the social that inquiry may produce can be connected back to people's experience in the actualities of their everyday/everynight lives. Rather than constituting people as its objects of study, it is a sociology for people, aimed at something like a cartography, a mapping of social organization and relations that enables us to locate ourselves, our lives, our experiences in relations otherwise invisible to us.

Problematizing the objectified

Creating a sociology with women's standpoint as its foundation puts in question at the outset the objectifications that universalize and generalize discourse and ruling across local settings and the localized consciousnesses of actual people. As a sociology, it displaces the presuppositions of textuality as they have been established for literary and cultural theory, particularly by Roland Barthes's essay demarcating text as meaning from 'work' as the material book/paper/etc. It reinstates the reader/writer or listener/speaker as actual people situated and active in the everyday/everynight worlds of their own living. Hence it problematizes the move into transcendence, the ego that slots into subject-positions defined and determined discursively, bureaucratically, administratively, managerially, etc. In a sense, beginning from women's standpoint, pulls the regions of mind, discourse, culture, tradition, and so forth, into the same space as housework, ie. In the actualities of the local settings in which the work is done, the particular relationships coordinating and coordinated in that work, and the particular individual whose experiencing is in the work as she does it. Concepts, beliefs, ideology, and other categories of thought or mind are to be grasped as people's actual practices in the local settings of their everyday lives. The traditional theory/practice split is avoided. Insisting on the presence always of people as bodies means that even when we are acting in a mode that forgets bodily existence, in the Cartesian mode so to speak, whether in business, or academic life, or in government, or profession, we are always situated in actual settings in the essential temporality of our existence. The conditions, circumstances and social organization of transcendence must be locally accomplished.

By objectified, I do not mean 'objectivity'. Rather I am identifying a distinctive feature of the social organization of all these forms of ruling, namely that their forms of subjectivity and agency are constituted independently of actual individuals and that acting in these modes is only as actual individuals take on the forms of subjectivity and agency that discourse or large-scale organization establish. Thus Max Weber describing bureaucracy, writes that "the modern organization of the civil service separates the bureau from the private domicile of the official and, in general, segregates official activity from the sphere of private life." [957] Activities "are assigned as official duties." [956] The capacity to act is defined by "official *jurisdictional areas*" which are "ordered by . . .laws or administrative regulations." [956] Michel Foucault explicates the objectification of discourse. He makes a decisive move away from a tradition of intellectual history that returned to the author and his intentions. The concept of discourse introduces an order existing independently of particular speakers or writers and transcending language and speech [Foucault, The Archaeology of Knowledge]. Discourses have their own rules governing discursive practices [AofK 49]. She or he who enters the "society of discourse" [Foucault, order of discourse 63] as speaker or writer enters not as herself or himself, but in an "author-position" defined by its conventions. Like Weber, Foucault marks an historical transition in the exercise of power. In Weber it is a transition from authority vested in persons to authority vested in offices; in Foucault the transition is from the exercise of power upon the individual body to the exercise of power through the diffused and decentred order of discourse (Discipline and Punish]. Yet another form of objectification can be found in the shift from capital identified with the individual owner to capital identified with the corporation enabling ownership to be separated from control and management, and ownership to be distributed among multiple anonymous 'shareholders' and, in public companies, to be bought and sold on a market. These are the modes of objectification with which I am concerned.

From women's standpoint, a fundamental problem for sociology arises, namely that of the ontology of the social. It brings before us the ephemerality of what we want to explore and write into the transitory stasis of discourse. In general, sociology's solution has been to create an object world largely by a grammatical sleight of hand that transforms actions (verbs) into nominalized forms or solves the problem of how the ephemeral can be treated as an 'eternal present' (the Fabian allochronic) through a metaphorical sleight of hand ('structure' with its implicit reference to a building is one such). Sociology, following Emile Dukrheim's constitutional rules (Smith 1998) installs the social as discursive objects before the problem of how pattern, relations, institutions, organization, position, role and so on are locally achieved. Characteristically in the social scientific register a move is made into the eternal present and the nowhere-in-particular of nominalizaiton without calling for an account of how that leap is substructed and of how what is written of comes into being a more than one-time-through in actual people's activities. A statement such as "the objectification of working relations forms the prerequisite for the standardization and formalization of roles and positions and the consequent exchangeability of responsibility that social representation and the delegation of authority imply" (Kallinikos 1996: 124) has theory's capacity to establish an interpretive matrix to collect and fit to its order appropriately selected and appropriately shaped particulars. But in actual settings of people's everyday/everynight working lives, what <u>is</u> the 'objectificaiton of people's working relations?' What <u>are</u> roles and positions? What <u>is</u> 'delegation of authority?' For the most part the classic theorizing and investigation of discourse, large-scale organization or of institutional processes leaves the issue of how these forms are brought into existence in the transitory, particularized and local activities of actual people.

The problem is not the use of nominalizations as such. I want to be able to use such terms as 'coordination,' 'organization,' 'social relations,' 'knowledge,' without flinching. The problem I see is that of nominalized forms that have not been and cannot be justified by showing how the stasis produced by the nominalization, the removal of the epistemic object from the essential ephemerality of the social, is itself produced by people in and out of that ephemerality. This is one way of reformulating Emile Durkheim's exploration of <u>The Elementary Forms of Religious Life</u> in which rituals are seen as reproducing the society as a superordinate entity through the local and transitory replication of ceremonies. Halliday has found in an analysis of the syntax of Isaac Newton's scientific writing a characteristic procedure that first formulates a process in verbal (active) form and then substitutes for the process thus identified, a nominalization that constitutes that process as an 'entity.' A statement such as "the light is refracted" precedes the later reference to 'refraction' as an event or process which can now be treated as active causally in the processes with which he is concerned. Beyond Newton's syntactic innovations, on the other side of the texts he wrote, is his experimental work and his ability, with the technology at his disposal, to recreate, *to observe again*, and recognize as the same, a process he is thereby entitled to nominalize as 'refraction.' How then, following such a procedural model, might we arrive at the temporal stasis that is presupposed in concepts such as 'knowledge,' 'fact,' 'information,' and the like. How is their temporal stasis produced out in the ephemeral of people's everyday/everynight activities? It is the move from verb, I know, knowing, knower, into 'knowledge' as objectified that is to be explored and discovered in how the latter is brought into being in the coordinating of people's local practices.

In the contemporary world, new social relations and organization have arisen that are specifically independent of local settings and particular people. Print is the technology that creates the basis for entirely new forms of social relations. Its properties are relatively simple: the possibility of the precise replication of the 'exact same' configuration of symbols (words, numbers, images, diagrams,etc.) (Eisenstein) in indefinitely multiplicable quantities, and hence of the presence of a fixed symbolic configuration (sets of words, numbers, etc.) for n readers, simultaneously or at different times, in one place or in n places, in the absence of their speaker/writer. The particular subject disappears, is displaced, because the technology of print as it comes into operation on a mass market is absolutely indifferent to the particularized subject. The technological conditions of an entirely abstract subject appear.

Be clear, I am not putting forward a technological determinism. Here the analogy of the difference between hardware and software in the development of computers is apt. On the analogy from computers, we can think of print (and paper) technologies as the hardware for these new forms of relations or organization, but it is the software -- the design of social organization mediated by texts and of textual devices to 'bear' social organization corresponds to software -- that exploits the possibilities created by the hardware. The properties of text-mediated relations and organization are not a simple function of the materiality of the text, i.e. of its capacity to divorce communication from the presence of speaking subjects. Print's capacity to replicate identical texts in indeterminate quantities provides the 'mechanical' basis on which innovative social forms objectifying knowledge (facts, data, information), discourse and organizational forms (bureaucracy, management, etc.) are built. It is this composite of technical and social relational that enables virtual forms of communication and action detached from the 'real subject' and hence from local historical settings of direct and common reference. The subject thus constructed (for which Descartes can be seen as writing the constitution) was/is indifferent to time, place, and the particularities of biography; anyone could enter who could enter; the discursive relations flowing from this were indifferent to differences of rank and person; internal to the discourse, they were relations of equality. A distinctive feature of the new forms of social relations and organization that emerge that each individual subject stands in a relation of equality to others vis à vis the text that coordinates the subjectivity of each one, reading in his own particular setting at the particular time of his reading, <u>translocally</u>. It is that sameness of the 'symbolic' world that each encounters that is constitutively foundational to the objectivity of knowledge.

The objectification of these social relations removes the original ground of a world in common. Knowledges are textual or text-based realities (I might use the notion of virtual realities if it had not been pre-empted). The replication of a standardized set of words and images in multiple sites enables the building of spoken and written worlds-in-common among people who may never encounter one another directly, or who, when they encounter one another directly, are constructing their world-in-common institutionally. These are speech genres, that is, relatively stable forms of style, lexicon, grammar and composition that are characteristics of some "sphere of activity" (Bakhtin 1986: 60). Some of these constitute objects that are themselves grounded entirely in textuality. The stock market, for example, is an exchange of commodities that exist 'on paper' and electronically and are accomplished in a complex of intersecting institutional relations mediated and produced <u>as institutional</u> (i.e. as reproduced as the same from time to time and translocally independently of particular individuals) by texts . People in various parts of the world interact through buying and selling stock. What is behind the stock price of a given company is, of course, an actuality of people at work in various places and in various ways, some perhaps engaged directly in production, others in selling the product, yet others in managing the production process and coordinating it with customers' requirements, yet others keeping track of the costs of doing business, of the value of assets, of the changing rates of interest, of the changing rates of currency exchange, and so on. All kinds of things may be going on in this complex work organization, but unless In the North American university setting, a student's grades and her grade point average are an institutionally constituted objects. Others are discourses that regulate the finding and selection of objects in particular local settings, constructing a translocal world using standardized referencing procedures. Scientific knowledges are not the only kind. The project of inquiry could include also, for example, news in the mass media; financial acountings of corporations or institutions of higher education (McCoy 1999); statistics collected by the International Monetary Fund as a basis for loan decisions (Harper 1998); the maps on the basis of which city planners make development decisions (Turner 1995), and so on.

Particular settings and actions peculiar to a local setting can in this way hitched to the extended social relations of a discourse or large-scale organization, or more generally, to the translocal social relations the constitute powers over against individuals. Exploring the social relations or organization of knowledges is a central focus in the discovery of how the powers that stand over against our lives are brought into being by people at work in actual settings. These objectified forms of text-based reality subdue and displace individual experiences, perspectives, and interests. They are integral to an organization of power (Foucault) of an entirely new character that we have already come to take for granted without realizing it. built into any social scientific project of inquiry.

Bibliography

Austin, John Lanshaw. 1962. How to do Things with Words. London: Oxford University Press.

Bakhtin, Mikhail M. 1986a. Speech Genres and Other Late Essays, translated by Vern W. McGee. Austin: University of Texas Press.

Barthes, Roland. 1979. "From work to text." in Josué V. Harari ed., Textual Strategies: Perspectives in Post-structural Criticism, Ithaca, NY: Cornell University Press, .73-81.

Eisenstein, Elizabeth L. 1979. The Printing Press as an Agent of Change: Communication and Cultural Transformations in Early Modern Europe, Cambridge: Cambridge University Press.

Foucault, Michel. 1972. The Archaeology of Knowledge and the Discourse on Language, New York: Pantheon Books.

Foucault, Michel. 1979. Discipline and Punish: The Birth of the Prison, New York: Vintage Books.

Foucault, Michel. 1980. Power/Knowledge: Selected interviews and other writings, 1972-1977, ew York: Pantheon Books.

Foucault, Michel. 1981. "The order of discourse," Robert Young, ed. Untying the Text: A Poststructuralist Reader, London: Routledge: 51-78.

Giddens, Anthony. 1987. Social Theory and Modern Sociology. Stanford, CA.: Stanford University Press.

Marx, Karl and Frederick Engels. 1973. Feuerbach: Opposition of the materialist and idealist outlooks, London: Lawrence and Wishart.

Marx, Karl and Friedrich Engels. 1976. The German Ideology; Moscow: Progress Publishers.

Smith, Dorothy E. 1987. The Everyday World as Problematic: A feminist sociology, (US) Boston, Northeastern University Press; (Canada) Toronto: University of Toronto Press.

Smith, Dorothy E. 1990a. The conceptual practices of power: A feminist sociology of knowledge, (US) Boston: Northeastern University Press; (Canada) Toronto: University of

Toronto Press.

Smith, Dorothy E. 1998. Writing the Social: Critique, Theory and Investigations, Toronto: University of Toronto Press.

Varela, Francisco J., Evan Thompson, and Eleanor Rosch. 1997. The Embodied Mind: Cognitive Science and Human Expereince, Cambridge, MA: MIT Press.

Zaner, Richard M. 1971. The Problem of Embodiment: Some contributions to a phenomenology of the body, The Hague: Martinus Nijhoff.

Christina Schües

Ein generatives Modell der Vernunft im Anschluß an Hannah Arendt

Feministische Theorie beansprucht unter dem Einfordern der Perspektive der Geschlechterdifferenz, dem Androzentrismus der traditionellen Philosophiegeschichte eine kritische Absage zu erteilen. Mit diesem Anspruch verknüpft sich auch die Frage nach einem Modell der Rationalität, daß der *conditio humana* der Pluralität und Differenz gerecht werden könnte.

In meinem Beitrag möchte ich im Anschluß an Hannah Arendt die Perspektive der Natalität vorstellen und von ihr ausgehend (unter Einbeziehung von Seyla Benhabibs Ansatz) fragen, ob ein generatives Modell der Vernunft ein Verstehen und ein Denken der menschlichen Pluralität und der Vielstimmigkeit von Auffassungen ermöglicht, ohne sie auf eine Einheit zu verengen. Auch wird die These impliziert, daß der Blickwinkel der Geschlechterdifferenz, wie auch der Blickwinkel anderer Differenzen, durch die Perspektive der Natalität notwendig thematisiert werden.

1. Die Perspektive der Natalität

Die Perspektive der Natalität umfaßt zum einen den Blick *auf* die Geburt der Menschen, der auf *den* Ort weist, von dem sich der männliche Blick hat abwenden wollen, um stattdessen angsterfüllt den Tod als Maßstab der menschlichen Existenz zu fixieren. Die Konsequenz der gedanklichen Fixierung auf den Tod ist eine Verdrängung der Geburt, ein symbolischer Muttermord, eine Verabsolutierung DES MENSCHEN und ein obsessives Verlangen nach Dauer, da sich der Mensch *nur* als Sterblicher definiert.[1] Zum anderen geht die Perspektive der Natalität *von* der Geburt und Gebürtlichkeit der Menschen aus und nimmt sie zum Ausgangspunkt und Leitfaden für philosophisches Denken.

Arendt charakterisiert die Geburt als die Bedingung der Möglichkeit des Anfangens, als ein "Anfang des Anfangens"[2], ein Gebürtlich-sein bzw. Anfänglich-sein. Wenn also die Geburt das einmalige Ereignis ist, durch das die Bedingung der Möglichkeit des Anfangens gesetzt ist, so ist Gebürtlichkeit ein Wesensmerkmal eines jeden Geborenen, durch das er initiativ, anfangend sein kann. Ein Mensch ist anfänglich, der sich als bereits angefangen vorfindet.

Adriana Cavarero macht mit Hannah Arendt darauf aufmerksam, daß das ursprüngliche Ereignis der Existenz des Existierenden die Geburt ist. Damit unterläuft sie

---

[1] Vgl. Adriana Cavarero, *Platon zum Trotz*, Berlin 1992, S. 17f.

[2] Hannah Arendt, *Vita activa oder Vom tätigen Leben*, München 1981, S. 166.

die Tradition, die es vorzieht von DEM MENSCHEN im Allgemeinen als der Verabsolutierung des Männlichen zu sprechen. Die Geburt ist das erste *ursprüngliche Erscheinen* eines Wesens in einzigartiger und unwiederholbarer, geschlechtlicher leibhaftiger Wirklichkeit *für* einen anderen Menschen. Dieses Geschehnis ist die Manifestation des Faktums der grundsätzlichen Pluralität der Menschen. Von der Geburt her sind die Menschen verschieden.

Für jemanden erscheinen impliziert, daß, und in dieser Hinsicht hält sich Arendt bedeckt, nicht Niemand vor meiner Geburt zugegen war, sondern gerade jemand *Anderes, die Mutter*, die sich 'in Bezug' auf jemand Neues 'tragend' eingesetzt hat und die "auf dem Schauplatz der Geburt jenen konstitutiven Aspekt des Erscheinens [garantiert], durch den das Ex-istieren in seiner phänomenalen Gegebenheit in erster Linie als Beziehung definiert ist".[3] Das '*ex*', das Aus-der-Mutter, die die *Schwelle* des Ausgangs und Eingangs zur Welt ist, und der Neuankömmling, der als Existenz bezeichnet wird, bestätigt die Notwendigkeit der Ent-bindung und der Bindung - ein *cum*. "Denn am Anfang steht für die Existierenden die Beziehung. Oder besser, die Beziehung ist der Anfang: eine konkrete, endliche Beziehung zu einer anderen Existierenden. Eine zufällige, aber doch zugleich unersetzbare Beziehung. Eine Beziehung, die im Erscheinen selbst geschieht und die Einheit von Existenz und Erscheinung bestätigt".[4]

Von der Perspektive der Natalität her denken heißt also, die fundamentalen Charakteristika der *conditio humana*, die in der schlichten Tatsache des Geboren-seins verankert sind, als Ausgangspunkt des Denkens zu nehmen. Ein Denken von der Geburt her läßt die Menschen in ihren Bedingtheiten, ihrer Endlichkeit und Irreduzibilität erscheinen. Die Bedingtheiten sind die Pluralität und Einmaligkeit, die die Grundvoraussetzung für eine Gleichheit in Verschiedenheit bilden; Endlichkeit bezieht sich auf das Hier und Jetzt meiner körperlichen Existenz; Irreduzibilität bezeichnet das Faktum meines Geschlechts, von dem niemals zu DEM MENSCHEN abstrahiert werden kann, und ein menschliches Beziehungsgefüge, das nicht auf die Vereinzelung des Menschen reduziert werden kann.

Die Tatsache des Geborenseins, die Gebürtlichkeit, ist für Arendt eine ontologische Voraussetzung dafür, daß es politisches Handeln gibt und daß Handeln unter anderem im Sinne von Neuanfangen verstanden werden kann.

---

[3] Adriana Cavarero, "Schauplätze der Einzigartigkeit", in: *Phänomenologie und Geschlechterdifferenz*, hrsg. von S. Stoller, H. Vetter, Wien 1997, S. 211.

[4] Cavarero, "Schauplätze der Einzigartigkeit, a.a.O., S. 212.

"Handeln als Neuanfangen entspricht der Geburt des jemand, es realisiert in jedem Einzelnen die Tatsache des Geborenseins; Sprechen wiederum entspricht der in dieser Geburt vorgegebenen absoluten Verschiedenheit, es realisiert die spezifisch menschliche Pluralität, die darin besteht, daß Wesen von einzigartiger Verschiedenheit sich von Anfang bis Ende immer in einer Umgebung von ihresgleichen befinden".[5]

Handeln ist also Neuanfangen und zwar Neuanfangen mit jemandem in die Welt hinein, die als gemeinsame politische Welt - als Zwischenwelt - erscheint. Sie erscheint, indem Menschen miteinander Beziehungen in der Welt und für die Welt aufnehmen, also handeln und sprechen. Im Sprechen vertritt eine Person ihre Meinung und tritt damit in ihrer Einzigartigkeit "ausdrücklich" - im Unterschied zur ursprünglichen Erscheinung - als jemand in Erscheinung[6] und vertritt ihre Perspektive auf die Welt. Verschiedene Perspektiven auf die Welt und in der Welt kommen nur heraus, wenn die Personen, die in der öffentlichen Welt auftreten, ihre Meinung sagen und mit ihrer Meinung in den politischen Raum eintreten. Die Vielfalt der Meinungen und Geschichten, als die eigentliche 'Produkte' des Handelns und Sprechens, verweben sich wie Spinnweben miteinander und konstituieren so ein gemeinsame Welt. Aber "eine gemeinsame Welt verschwindet, wenn sie nur noch unter einem Aspekt gesehen wird; sie existiert überhaupt nur in der Vielfalt ihrer Perspektiven."[7]

2. Verstehen und Urteilen

Wie läßt sich also die Vielfalt der Perspektiven und das Konzept der Pluralität in der Welt sinnkonstitutiv verstehen? Hannah Arendts Begriff des Verstehens zielt auf Sinn ab, nicht auf die Wahrheit. "Das Ergebnis des Verstehens ist Sinn, den wir im bloßen Lebensprozeß insofern erzeugen, als wir uns mit dem, was wir tun und erleiden, zu versöhnen[8] suchen. Arendt vergleicht das Verstehen, in dem jede einzelne Person sich mit der Welt versöhnen kann, mit dem Verstehen, das mit der Geburt beginnt und mit dem Tod endet. Sie schreibt: "Verstehen... ist die spezifisch menschliche Weise, lebendig zu sein, denn jede einzelne Person muß sich mit jener Welt versöhnen, in die sie als Fremder hineingeboren wurde und wo sie im Maße ihrer klar bestimmbaren Einmaligkeit immer ein

---

[5] Arendt, *Vita activa*, a.a.O., S. 167.

[6] Arendt, *Vita activa*, a.a.O., S. 192.

[7] Arendt, *Vita activa*, a.a.O., S. 57.

[8] Hannah Arendt veröffentlichte 1953 den Aufsatz "Verstehen und Politik", in: *Zwischen Vergangenheit und Zukunft*, München 1994. In diesem Aufsatz setzt sie sich speziell mit dem Versuch auseinander, den Totalitarismus zu verstehen. Der Gedanke der "Versöhnung" bezieht sich darauf, daß wir versuchen, in der Welt wieder zu Hause zu sein. Versöhnung heißt nicht, für Mörder und Gewaltherrscher Verständnis zu haben oder diesen zu verzeihen.

Fremder bleiben wird. Verstehen beginnt mit der Geburt..."⁹ Damit wird deutlich, daß es Arendt weder einfach darum geht, Fremdes in Eigenes zu verwandeln und damit zu vereinnahmen, noch um den Versuch, das Fremde als 'Exotisches' oder 'Heiliges' zu verabsolutieren. Es geht vielmehr um die Frage, wie die Welt gedacht oder verstanden werden kann, ohne die menschliche Differenz, ihre Pluralität und ihre Vielstimmigkeit in einer monozentrischen Perspektive 'einzufrieren'.

Verstehen ist keine vereinheitlichende Bewegung, die auf Wissen oder wissenschaftliche Tatsachen (wenn sie auch miteinander verbunden sind) abzielt[10]. Verstehen geht dem Wissen voraus und folgt ihm nach. Es verleiht ihm Sinn. Verstehen macht sich die Tätigkeit des Denkens zunutze und zielt auf Sinn ab, der sich im *Zwischenraum* - im öffentlichen Raum - zwischen den Menschen konstituiert. Damit wäre Arendts Kategorie des Verstehens und des Denkens sozusagen als die andere Seite zum Handeln zu verorten und damit der *vita contemplativa* zuzuordnen.

Denken hat mit abwesenden Dingen zu tun, es unterbricht den Lauf der Welt und unsere Tätigkeiten; es ist die ständige Suche nach Sinn (nicht notwendig nach Wahrheit) und könnte/sollte ein Lebensbegleiter eines jeden Menschen sein. Denken ist wie ein Wind[11], der Werte, Meinungen, Begriffe hinterfragt und sich in der Sprache offenbart.[12] In dieser Hinterfragung verwirklicht das Denken die politischste Fähigkeit des Menschen: die Urteilskraft. Die Urteilskraft macht sich die Fähigkeit des Denkens zunutze und bringt es in der Sprache in der Erscheinungswelt zur Geltung.[13] Um überhaupt die weltlichen

---

[9] Arendt, *Zwischen Vergangenheit und Zukunft*, a.a.O., S. 110. Da Arendt diese Passage schreibt im Zusammenhang mit dem Versuch, den Totalitarismus zu verstehen, ist es fraglich, ob hier der Begriff der Fremdheit nicht ein völlig anderer ist, als der, der einen nach dem Überleben der NS-Herrschaft umgibt. Die Fremdheit, die mit dem Eintritt auf die Welt, also mit der Geburt, jeden Neuankömmling umgibt, ist eine, die immer noch mit einem Grundvertrauen in die Welt einhergeht. Einer Welt, die zwar unbekannt ist, in die ein Neuankömmling, ein Kind aufwachsend im Zusammenhalt mit Anderen, dennoch Vertrauen haben kann. Diese Form der Fremdheit, die mit Vertrauen verbunden ist, liegt gerade im Zusammenhang des Totalitarismus nicht vor. Die thematischen Komplexität von Verstehen und Vertrauen, die mit der Zerstörung unserer Denkkategorien und Urteilsmaßstäbe und mit einem Versprechen der Natalität verbunden ist, werde ich in diesem Gedankengang nicht ausarbeiten.

[10] Arendts Konzept des Verstehens befindet sich gewissermaßen im Gegensatz zu dem von Kant, Hegel oder Dilthey.

[11] Vgl. die Windmetapher bei Platon im Sinne der Schnelligkeit oder den "Zugwind" in Heidegger's Werk.

[12] Hannah Arendt, *Vom Leben des Geistes, Bd. 1*, München 1989, S. 103.

[13] Arendt, *Vom Leben des Geistes*, a.a.O., 192.

Gemeinschaftlichkeiten und Beziehungsgeflechte beurteilen zu können, muß das Denken das Grundfaktum der Pluralität von Menschen in der Welt anerkennen, die sich in der Vielstimmigkeit von Handlungen und Meinungen offenbart. Die Tätigkeit des Denkens richtet sich auf ein Sinnverstehen und qua Urteilskraft auf ein sinnvolles Handeln in der Welt. Verstehen kehrt immer wieder zu den Urteilen und Vor-urteilen zurück, welche ihm aufgrund der ihm inherenten Unabgeschlossenheit immer vorausliegen und ihm nachfolgen.

Die Aspekte der Urteilskraft findet Arendt in Anlehnung an Kant[14]: 1. Selbstdenken, 2. An Stelle eines jeden anderen denken (erweiterte Denkungsart, reflektierende Urteilskraft, die Kant auf den ästhetischen Bereich beschränkte - fälschlicherweise - wie Arendt findet). 3. Jederzeit mit sich selbst einstimmig denken (konsequente Denkungsart, Arendt nennt sie das Gewissen)

Zusammengenommen schließen diese Kantschen Prinzipien eine universalistisch-egalitäre moralische Verpflichtung ein, "wonach ich jeder Person den moralischen Respekt schulde, ihren Standpunkt zu berücksichtigen".[15] Seyla Benhabib kritisiert Kant bezüglich der erweiterten Denkungsart, da bei ihm das Diktum 'an die Stelle eines jeden anderen denken' bedeutet, ein allgemeines autonomes Vernunftsubjekt zu werden. So werden in einem einsamen Gedankenexperiment die Unterschiede zwischen den Menschen wieder zugunsten eines universalen Vernunftsubjektes eingeebnet. Sie schlägt vor, und in diesem Punkt bin ich mit ihr einverstanden, den Ansatz der erweiterten Denkungsart nicht mit einem allgemeinen Anderen, sondern mit "konkreten Anderen" und ihren Kontexten zu denken. Durch die Einbeziehung konkreter Anderer, die kontextbezogen und situationsbedingt ihre Standpunkte darlegen, wird das abstrakte einsame Gedankenexperiment Kants aufgebrochen und in die Welt verlagert. Das bewirkt eine Vielstimmigkeit des Diskurses über Moral, die der menschlichen Pluralität Rechnung trägt. Die Erzielung eines "vernünftigen Konsenses", so Benhabib, braucht wohlgemerkt nicht einfach Einfühlungsvermögen, sondern moralische Urteilskraft im faktischen Dialog. Ich zitiere Benhabib:

"Wenn menschliches Handeln in erster Linie als Sprache *und* Handeln oder als sprachlich vermittelte Interaktion verstanden werden muß, dann kann die Pluralität der Perspektiven, die dieser *conditio* innewohnt, nur durch ein *dialogisches* Modell der Rationalität eingelöst

---

[14]Obwohl sich Arendt auf Kants *Kritik der Urteilskraft* berief, wußte sie sehr gut, daß sie sich von seiner Position kompromißlos entfernte.

[15]Seyla Benhabib, "Urteilskraft und die moralischen Grundlagen der Politik im Werk Hannah Arendts, S. 541, In: *Zeitschrift für philosophische Forschung,* 41, (Hgs.) H.M. Baumgartner, O. Höffe, Meisenheim 1987.

werden. 'Sich an die Stelle jedes anderen zu versetzen' würde dann heißen, mit allen, die betroffen sind, in einen gemeinsamen praktischen Diskurs einzutreten mit dem Ziel, einen vernünftigen Konsens zu erzielen, der die Zustimmung aller würde erhalten können."[16]

Als Verfechterin einer kommunikativen Ethik subsumiert sie das Besondere nicht einfach unter allgemeine Regeln. In einem *"tranformativen Dialog"*[17] beansprucht sie, in einem Einigungsprozeß das Besondere zu universalisieren und es dennoch in einer Kontextempfänglichkeit und Unabgeschlossenheit zu belassen. Doch ein Problem der Diskursethik ist, daß Einigung qua kommunikativem Diskurs wohl kaum die *individuelle Einsicht* über unser Handeln und Unterlassungen ersetzen kann.[18] Eine Einsicht ist ein Verstehen einer Sache in Verbindung mit einer Einigung, oder wie Arendt sagen würde, mit einer Versöhnung mit dem Selbst. Aber wie kommen wir zu einer individuellen Einsicht?

Benhabib hatte schon im Rahmen ihrer Diskursethik auf ein dialogisches Modell der Rationalität verwiesen. Hierbei ist wichtig zu beachten, daß die Dialogstruktur Ich und Du weder prägend für den öffentlichen Raum ist (was Benhabib aber auch nicht impliziert), noch für ein "Selbstgespräch", daß einem möglicherweise zur Einsicht verhilft.

Bezüglich der drei vorangestellten Aspekte der Urteilskraft, neigt Arendt eher dazu, den universalistisch-egalitären Standpunkt auf das Modell des Selbstgesprächs eines mit sich einstimmigen Gewissens (also auf den 3. Aspekt) zu reduzieren und ein Selbstverlangen nach Widerspruchslosigkeit mit sich selbst stark zu machen. Indem ich *über* etwas nachdenke erfahre ich eine Dualität in mir. Der Mensch existiert wesentlich in dieser Mehrzahl, da die Menschen ihr Denken in eine Dualität des Fragens und Antwortens überführen können. Das Zwei-in-Einem hat schon Sokrates als das Wesen des Denkens entdeckt und es als Zwiegespräch mit der Seele beschrieben. Im Denken *über* etwas (im Gegensatz zur Gedankenlosigkeit) können Menschen mit sich im stummen Verkehr einig werden, um sich dann verantwortlich handelnd und sprechend wieder in die Welt einzuschalten.[19] Doch gerade im Selbstgespräch zeigt sich, daß die Annahme einer Dialogizität das Denken in

---

[16]Benhabib, "Urteilskraft und die moralischen Grundlagen...", op. cit., S. 542.

[17]Seyla Benhabib, "Über Achtung und Versöhnung. Gerechtigkeit und gutes Leben", in: *Deutsche Zeitschrift für Philosophie*, Berlin 45, 1997, S. 986.

[18]Angelika Krebs, Feministische Ethik. Eine Kritik der Diskursrationalität, in: C. Demmerling, G. Gabriel, T. Rentsch (Hgs.), *Vernunft und Lebenspraxis. Philosophische Studien zu den Bedingungen einer rationalen Kultur. Für Friedrich Kambartel*, Frankfurt a.M.: Suhrkamp 1995. Herlinde Pauer-Studer, *Das Andere der Gerechtigkeit. Moraltheorie im Kontext der Geschlechterdifferenz*, Berlin 1996, S. 92

[19]Vgl. Christina Schües, "Das Individuum zwischen Macht und Ohnmacht. Hannah Arendt - eine politische Denkerin". In: *Jüdische Denker im 20. Jahrhundert*, Hamburg 1997, S. 170.

einen inneren Scheindialog zwischen Bekanntem und Unbekannten, Ich und Anderes verwandelt und auf der unbegründeten Verabsolutierung der jeweiligen Pole beruht und damit der Sinnfindung keinen Raum läßt.

3. Generative Vernunft

Von der Perspektive der Geburt her denken hieße, sein vorfindliches, anfängliches Selbst im Denken zu übernehmen (in Anlehnung an den 1. Aspekt) und dieses Selbst immer schon in Beziehung und Vielstimmigkeit mit Anderem zu verbinden. Damit bliebe der Gedanke selbst "auf der Grenze zwischen dem eigenen und dem Fremden", sozusagen halbfremd, "mit fremden Intentionen besetzt, ja überbesetzt".[20] "Vielstimmigkeit besagt, daß Andere *aus mir* sprechen, ohne daß ich - wie in der Wir-Rede - ausdrücklich *für sie* spreche".[21] In anderen Worten, zwischen dem, *was* ich *über* etwas denke schiebt sich ein Zwischenraum, der weder von subjektiven Intentionen noch von transsubjektiven Regelinstanzen eingeholt werden kann,[22] sonder der als das Andere *in* mir - oder außer mir? - erscheint. Das Selbst bleibt auf der *Schwelle* zwischen *wer* denkt und *worüber* gedacht wird. In der Einsicht läßt sich das Selbst auf diesen Zwischenraum zwischen dem *Was* und *Worüber* ein, indem es sich sprechend an die Welt wendet. In dieser sprechenden Wendung zur Welt hin und "dem Drang nach Sprechen" geschieht *Sinn*.[23]

Diese Form der Rationalität könnte mit dem Begriff der generativen Vernunft umschrieben werden: Generativ bedeutet hier, einerseits im Sinne Husserls, ein Entstehungsprozeß, d.h. die Erzeugung von Bedeutungen im Sinne einer Sinngenese, und andererseits eine historische und soziale Entwicklung über Generationen im Sinne einer geistigen Generativität, die mit der natürlichen Generativität im leiblichen Durchdringungsverhältnis steht. "Generativität besagt dann, daß ich nicht nur mit Anderen in die Welt komme und in der Welt bin, sondern auch von Anderen herkomme und in

---

[20] M.M. Bachtin, *Die Ästhetik des Wortes*, hrsg. von. R. Grübel, Frankfurt a.M. 1979, S. 185. Zit. in B. Waldenfels, *Antwortregister*, Frankfurt a.M., S. 435.

[21] Waldenfels, *Antwortregister*, a.a.O., S. 435.

[22] Inspiriert von Waldenfels' Begriff der "responsiven Rationalität", Antwortregister, a.a.O., S. 321f. Allerdings bezieht Waldenfels in diesem Zusammenhang die Transformation der Responsivität auf den Begriff der phänomenologischen Intentionalität, der vom Arendtschen Begriff des Denkens und Urteilens unterschieden ist.

[23] Arendt, *Vom Leben des Geistes*, a.a.O., S. 104. Diesen Satz schreibt Arendt im Zusammenhang mit Aristoteles.

Anderen weiterlebe".[24] Der Begriff der generativen Vernunft verweist auf eine Transsubjektivität, die der Subjektivität nicht beraubt ist, aber auch nicht auf sie festgeschrieben werden kann, und er deutet auf den Gedanken der Übernahme der Perspektive der Natalität, so wie sie in bezug auf das Geboren-sein beschrieben wurde. Das heißt, in dem ich von meinem Geboren-sein her denke, fasse ich mich bereits als eine in einem intersubjektiven und historischen Zusammenhang lebende und denkende Person auf, die sich als Geborene in bezug auf ihre Bedingtheit, Endlichkeit, Irreduzibilität auf eine offene Zukunft hin übernehmen kann. Generative Vernunft zielt auf ein Verstehen von Sinn ab, der auf der *Schwelle* zwischen Eigenem und Fremden, ich und Anderen, Vergangenen und Zukünftigen gefunden und initiiert werden kann.

---

[24] Bernhard Waldenfels, *Im Zwischenreich des Dialogs, Sozialphilosophische Untersuchungen in Anschluss an Edmund Husserl*, Den Haag 1971, S. 346.

Simone de Beauvoirs *Das zweite Geschlecht*: Jenseits von Essentialismus und Konstruktivismus

Sigridur Thorgeirsdottir (Universität Island, Reykjavik)

Der fünfzigste Jahrestag der Erstausgabe des *Zweiten Geschlechts* von Simone de Beauvoir, der in diesem Jahr stattfand, hat wieder die Aufmerksamkeit auf dieses grundlegende und revolutionäre Werk des Feminismus gerichtet. Die verschiedenen Generationen des Feminismus haben in diesem halben Jahrhundert je auf ihre eigene Weise die Theorie von Beauvoir über das andere Geschlecht rezipiert. Im folgenden möchte ich einige kritische Bemerkungen zu einer einseitigen Lektüre von Beauvoirs Werk als einer konstruktivistischen Theorie der Geschlechterdifferenz machen. Judith Butler, die Gallionsfigur des Teils der jüngsten Generation, der oft mit dem sogenannten „postmodernen Feminismus" assoziert wird, hat Beauvoirs Werk als eine konstruktivistische Theorie über Geschlechterdifferenz interpretiert, die auf der Unterscheidung von biologischem Geschlecht („sex") und sozio-kulturellem Geschlecht („gender") beruht.[1] Wie Sara Heinämaa überzeugend gezeigt hat, basiert Butlers Auffassung in *Das Unbehagen der Geschlechter* auf einem Mißverständnis.[2] Das *Zweite Geschlecht* ist keine Theorie von Geschlecht im Sinne der, aus der anglo-amerikanischen Tradition stammenden Unterscheidung von Geschlecht („sex") und Geschlechtsidentität („gender"). Vielmehr sei diese Unterscheidung Beauvoirs Annäherung fremd, da es ihr nicht um eine Theorie von Geschlecht, sondern um eine phänomenologische Deskription der Geschlechterdifferenz gehe. Beauvoir will nicht Fakten und Zustände erklären, sondern durch phänomenologische Beschreibungen die Bedeutungen von Geschlechtererfahrungen enthüllen.[3] Der phänomenologische Zugang kommt vor allem in ihren Deskriptionen körperlicher Zustände zur Geltung. In diesen Beschreibungen tritt zugleich der Unterschied zu Butlers Theorie mit aller Deutlichkeit hervor. Butler zielt auf eine Dekonstruktion des Unterschieds von Geschlecht und Geschlechtsidentität, und sie behauptet,

---

[1] Judith Butler, *Das Unbehagen der Geschlechter*, Frankfurt.M.: Suhrkamp, 1991.
[2] Sara Heinämaa, „What is a Woman? Butler and Beauvoir on the Foundations of the Sexual Difference", in *Hypatia* 12/1, 1997, 20-40. Allerdings revidiert Butler ihre Interpretation von Beauvoir ein Paar Jahre später in *Bodies that matter: On the discursive limits of "sex"*, New Work: Routledge, 1993.
[3] Es ist oft bemerkt worden, daß die Terminologie der Phenomenolgie in der amerikanischen Übersetzung des *Zweiten Geschlechts* von H.M. Parschley weitegehend verloren gegangen ist, und durch psychologische, soziologische und Termine aus der Alltagssprache ersetzt worden ist. Siehe Margaret A. Simons, „The Silencing of Simone de Beauvoir: Guess what's missing from The Second Sex?", in *Women's Studies International Forum* 6/5 1983, 559-664.

daß Beauvoirs Theorie könne mit ihrem eigenen Unterfangen in Einklang gebracht werden.[4] Butler ist häufig reduktionistischer Konstruktivismus vorgeworfen worden, weil sie die Merkmale des Leibes sowie die sozial und geschichtlich bedingten Geschlechtereigenschaften als allein von sozialen und diskursiven Praktiken abhängig auffasse. Vielen Kritikern der Butlerschen Thesen zufolge geht dadurch die Realität leiblicher Erfahrungen verloren.[5] Diese spielt aber in Beauvoirs Werk eine große Rolle.

Gerade in Hinblick auf die phänomenolgische Beschreibung von leiblicher Erfahrung ist Butlers Interpretation von Beauvoir falsch. Obwohl Beauvoir leibliche Erfahrungen ernst nimmt, verfällt ihre Theorie keinesfalls in einen biologistischen Essentialismus. Wie ich im folgenden zeigen will, sind Beauvoirs Analysen von Geschlechterdifferenzen jenseits einer Alternative von Essentialismus und Konstruktivismus zu situieren.

Allerdings sind Beauvoir und Butler beide darauf ausgerichtet, essentialistische Theorien der Geschlechterdifferenzen zu unterminieren. Beauvoir, indem sie den ideologischen Charakter der Mythen des „Ewig-Weiblichen" entlarvt, und Butler indem sie anhaltende essentialistische Tendenzen in feministischen Theorien der Geschlechterdifferenz kritisiert. Die Hauptthese Beauvoirs gegen die Definitionen vom Wesen der Frauen mündet in ihrer Feststellung, man werde nicht als Frau geboren, sondern man werde es.[6] Dieser Satz wird wiederum zum Anlaß, Beauvoirs Werk über das zweite Geschlecht als eine konstruktivistische Theorie der Geschlechterdifferenz zu bezeichnen.[7] Dies trifft zu insofern Beauvoir die sozialen und kulturellen Bedingungen unter denen man zur Frau wird, aufzeigt. Es ist aber zu kurz gegriffen, ihre Theorie auf Sozialkonstruktivismus zu reduzieren.

Beauvoir lehnt kausale Erklärungen der Geschlechterdifferenzen ab. In der Einleitung ihres Werkes stellt sie fest, daß weder die Anatomie der Geschlechter, noch psychoanalytische Deutungen oder Erklärungen des historischen Materialismus ausreichende Gründe für die Unterschiede zwischen den Geschlechtern angeben können.[8] Derartige Erklärungsmuster können weder als Ursache für die Situation der Frauen als das andere Geschlecht noch als wesensbestimmend für Frauen akzeptiert werden.

---

[4] "Wenn ´der Leib eine Situation ist´, wie Beauvoir sagt, so gibt es keinen Rückgriff auf den Körper, der nicht bereits durch kulturelle Bedeutungen interpretiert ist. Daher kann das Geschlecht keine vordiskursive, anatomische Gelegenheit sein. Tatsächlich wird sich zeigen, daß das Geschlecht (sex) definitionsgemäß immer schon Geschlechtsidentität ist." Judith Butler, *Das Unbehagen der Geschlechter*, 26.
[5] Vgl. etwa Barbara Duden, „Die Frau ohne Unterleib", in: *Feministische Studien* 2/1993, 24-33.
[6] Simone de Beauvoir, *The Second Sex*, New York: Vintage Books, 1989, 267.
[7] Konstruktivistische Theorien der Geschlecherdifferenz beruhen auf der Unterscheidung zwischen „sex" und „gender", die wiederum auf der Trennung zwischen Kultur und Natur basiert.
[8] Simone de Beauvoir, *The Second Sex*, 3-37.

Beauvoir eröffnet ihr Werk mit keiner geringeren Frage als „was ist eine Frau?" Sie sagt ferner, daß wenn sie sich selbst definieren will, müsse sie zuerst sagen, daß sie eine Frau sei.[9] Die Tatsache, daß sie so fragt, ist für sie außerordentlich bedeutsam. Ein Mann müsse sich selbst nie als eine Person eines besonderen Geschlechts präsentieren, denn, —so Beauvoir—, der Mann ist gesetzt als das eine und absolute Geschlecht von dem das andere Geschlecht abgeleitet werde. Die Frauen in der Situation des Anderen bestimmt die Grundthese des Werkes, und die ganzen nachfolgenden Analysen der Lebensweisen und -situationen von Frauen in Vergangenheit und Gegenwart sind in dieser These des Andersseins begründet.

Der Hauptgrund für Beauvoirs Ablehnung essentialistischer Bestimmungen von Identitäten ist auf die Grundthese des Existenzialismus zurückzuführen, nach der, die Existenz des Menschen vor seiner Essenz komme. Diesem Leitmotiv aus Jean-Paul Sartres Schrift *Ist der Existenzialismus ein Humanismus?* zufolge schafft der Mensch sein Wesen in seiner Existenz. Davon ausgehend liegt die Vermutung nahe, Beauvoir werde die sozialen und kulturellen Bedingungen der Geschlechtsidentiät der Frauen darlegen. Das tut sie auch. Aber ihre Analyse erschöpft sich nicht darin, weil das bedeuten würde, daß sie alle Geschlechtereigenschaften als soziale und kulturelle Konstruktionen auffassen würde, wie Butler dies behauptet. Butler geht sogar ein Schritt weiter, und besteht darauf, daß die Theorie von Beauvoir sogar als „voluntaristischer Konstruktivismus" zu verstehen sei.[10] Mit dieser Feststellung situiert Butler Beauvoir innerhalb des Rahmens der Sartreschen Philosophie, speziell der existenzphilosophischen Postulate zur Wahl und Entschlossenheit. Die Zuspitzung des Konstruktivismus besteht darin, daß Geschlechterattribute nicht nur als sozial und kulturell bestimmt, sondern auch als Resultat der Wahl und der Entscheidung des Individuums betrachtet werden. Geschlechtsindentiät ist dementsprechend letzlich die Folge der persönlichen Entscheidung des Individuums.

Im folgenden will ich, mit Bezug auf Heinämaas Kritik, die voluntaristische Spielart des Konstruktivismus, die Butler Beauvoir unterstellt, als eine unzutreffende Interpretation zurückweisen. Das gibt mir weiterhin die Gelegenheit, auf Beauvoirs phänomenologischen Ansatz hinzuweisen, der, wie schon gesagt, die Grenzen der konstruktivistischen Geschlechtertheorien sprengt.

Da Beauvoir durch Butlers Interpretation in die Nähe der Sartreschen Subjektphilosophie gerückt wird, ist es notwendig, auf die Differenzen in Sartres und Beauvoirs Konzeptionen des Subjekts hinzuweisen. Obwohl Beauvoir selbst häufig die

---

[9] Simone de Beauvoir, *The Second Sex*, xxi.
[10] Darauf hat Sara Heimämaa in ihrem Aufsatz hingewiesen, „What is a Woman? Butler and Beauvoir on the Foundations of the Sexual Difference", 30. Siehe auch Judith Butler, *Das Unbehagen der Geschlechter*, 26.

Affinität zur Sartres Philosophie versichert hat, haben die Forschungen der letzten Jahre viel dazu beigetragen, Beauvoir als Philosophin mehr Eigenständigkeit Sartre gegenüber zuzusprechen.[11] Butler verharrt daher auf dem alten Stand der Beauvoir-Forschung, wenn ihre These des Voluntarismus auf der Sartreschen, aus der Cartesianischen Philosophie übernommenen Unterscheidung von Seele und Leib aufbaut. Die existenzphilosophische Betonung der Wahl übersteigert außerdem den Cartesianichen Dualismus. Das Individuum kann, der voluntaristischen Interpretation zur Folge, kraft seines freien Willens, seine mentalen sowie Teile seiner körperlichen Prozesse beherrschen. Das veranlaßt Butler zu der Annahme, daß der Leib in Beauvoirs Philosophie, nichts als reine Materialität darstelle, die ihre Bedeutung von einem transzendentalen, immateriellen Bewußtsein, erhält. Diese Interpretation hält aber angesichts von Beauvoirs Phänomenologie des Leibes nicht stand.

Selbst wenn Beauvoir vehement gegen das essentialistische Diktum Sigmund Freuds Einspruch erhebt, Anatomie sei Schicksal, ist sie doch umgekehrt nicht bereit den Leib und die Leiblichkeit in ihrer Bedeutung für die Geschlechteridentiät zu negieren. In der Einleitung zu *Das Zweite Geschlecht* schreibt sie, daß wir Subjekte sind, die sich stets in bestimmten Situationen befinden. Der Leib ist unsere primäre Situation; als Situation ist der Leib unser Medium um die Welt zu begreifen.[12] Mit diesen Feststellungen schließt Beauvoir an Maurice Merleau-Pontys Phänomenolgie des Leibes an, wonach der Mensch als ein Leib in der Welt situiert ist.[13] Nach dem Begründer der Phänomenologie, Edmund Husserl, ist der Mensch je schon in seiner Welt und nur im komplexen Zusammenhang seiner Welt zu verstehen, oder, wie Martin Heidegger es nennt, nur in seinem „in-der-Welt-sein" zu begreifen. Die Phänomenologie ist vor allem eine philosophische Methode, um die menschliche Erfahrung und die Bedeutung, die der Mensch seiner Erfahrung verleiht, zu verstehen. Mit dem phänomenologisch geschulten Blick wird versucht, die Welt, so wie sie dem Subjekt erscheint, zu deuten. In Merleau-Pontys Theorie ist das Subjekt in seiner Erfahrung kein von der Welt abgekoppeltes Bewußtsein; das Subjekt ist ein lebendiger Leib in der Welt zusammen mit anderen Leibern. Nicht nur ist der Leib ein Ort der Bewegung, der Wahrnehmung und der Empfindungen, auch alle mentalen Prozesse haben ihren Ursprung im Leib. Von diesen Prämissen her versucht Beauvoir die Erfahrung von Frauen anhand ihrer Leiblichkeit und der Bedeutungen, die ihr verliehen wird, zu erläutern. Das bedeutet nicht,

---

[11] Als Beispiele der neueren Beauvoir-Forschung sind die Interpretationen von Debra B. Bergoffen, *The Philosophy of Simone de Beauvoir - Gendered Phenomenolgies, Erotic Generosities*, Albany: SUNY Press, 1997, und Karen Vintges, *Philosophy as Passion - The Thinking of Simone de Beauvoir*, Bloomington: Indiana University Press, 1996.
[12] Simone de Beauvoir, *The Second Sex*, 34.
[13] Maurice Merleau-Ponty, *Phénomenologie de la Perception*, Paris: Gallimard, 1945.

daß sie dadurch die Gründe ihrer Geschlechtsidentät in ihrer Leiblichkeit zu verorten versucht. Wie bereits gesagt, lehnt sie solche kausale Erklärungen ab. Sie zitiert in dem Zusammenhang Merleau-Ponty, der behauptet hat, daß der menschlichen Existenz keine ihr innewohnende Fakten zukommen, da Fakten nur durch die Existenz bestätigt werden.[14]

Das Ziel der phänomenologischen Beobachtungen Beauvoirs besteht darin, dem Wert und Gehalt leiblicher Erfahrungen in Hinblick auf die Geschlechterdifferenz auf die Spur zu kommen. Obwohl sie jeglichen biologischen Determinismus ablehnt, —da sie im Sinne der Existenzphilosophie, die Möglichkeiten der Frauen zur Selbstschöpfung betont— meint sie nichtsdestoweniger, daß der Leib im Leben der Frauen ein größere Rolle spiele als im Leben der Männer.

Als unsere Situation ist der Leib ein Faktor der unsere Unternehmungen begrenzt.[15] Für Frauen ist dies, Beauvoirs Ansicht nach, noch weitaus mehr zutreffend als für Männer, weil offenbar wird, wie Bergoffen meint, die „Ambiguität der Leibes" wirksam wird.[16] Der Leib ist sowohl der Ort, an dem das Subjekt „transzendieren" kann, als auch der Ort, an dem das Subjekt in die „Immanenz" verfallen kann. Der Leib der Frauen birgt in sich eine viel größere Gefahr der Immanenz denn das Leben der Frauen steht in einem viel größeren Maß im Dienst der Gattung. Das bedeutet, daß sie noch mehr von eigenem Leib „überwältigt" werden als die Männer. Da ihre Möglichkeiten zur Transzendenz dadurch geringer werden sind sie unfreier.

In ihrer Kritik des „Ewig-Weiblichen" entlarvt Beauvoir die misogynen Ideologien die den traditionellen Einstellungen zum weiblichen Körper und Körperlichkeit zugrundeliegen. Dennoch haften auch ihrer Haltung zur Leiblichkeit von Frauen noch bestimmte für ihre Zeit typische Vorurteile an, wenn sie z.B. meint, daß der Uterus und die Eileiter die Frauen automatisch zur Immanenz verurteile. Ohne ausführlich auf ihre Beschreibungen der Leiblichkeit der Frauen einzugehen, kann behauptet werden, daß sie ein negatives Bild von vielen Aspekten des weiblichen Körpers hat, besonders denjenigen, die mit Schwangerschaft und Geburt zu tun haben. Ohne für ihre Ansichten plädieren zu wollen, muß im Auge behalten werden, daß sie dies in einer Zeit schrieb als Schwangerschaft und Geburt deutlich riskanter für das Leben der Frauen waren als heutzutage. Ausserdem hatten die Frauen damals, wie Vintges bemerkt hat, z.B. bei der Schwangerschaft und der Geburt, viel weniger Mitspracherecht, und waren den medizinischen Instanzen gegenüber viel ohnmächtiger.[17] Die

---

[14] Simone de Beauvoir, *The Sexond Sex*, 7.
[15] Simone de Beauvoir, *The Sexond Sex*, 34.
[16] Debra Bergoffen, *The Philosophy of Simone de Beauvoir*, 147. Die Ambiguität besteht darin, daß obwohl er mein Leib ist, kann er in seiner Existenz für andere, ein anti-Subjekt werden (ein Subjekt, das zum Objekt verkommt), daß mich von mir entfremdet.
[17] Karen Vintges, „The Second Sex and Philosophy", in Margaret A. Simmons (Hg.), *Feminist Interpretations of Simone de Beauvoir*, University Park: Pensilvania State University Press, 1998, 57.

Tatsache, daß Beauvoir die Mutterschaft als eine Falle ansieht, muß weiterhin vor dem Hintergrund gesehen werden, daß Frauen zu jener Zeit in den wenigsten Fällen die Möglichkeit hatten, Mutterschaft und eine berufliche Laufbahn zu vereinbaren. Die Frauen waren unfreier, was ihre Wahlmöglichkeiten in Bezug auf ihren Körper und ihr Leben anging. So gesehen, kritisiert Beauvoir die Werte und Regeln, denen der weibliche Körper untergeordnet ist, und die es den Frauen schwer machen, sich selbst als autonome Subjekte wahrzunehmen, die frei über sich selbst und ihren Körper bestimmen.

Seit Beauvoir *Das Zweite Geschlecht* geschrieben hat, hat sich in der Tat einiges im Leben der Frauen in unseren Gesellschaften in Richtung auf größere Selbstbestimmung verändert. Auch wenn die Leiblichkeit nicht mehr im gleichen Maß als ein begrenzender Faktor erlebt wird, ist und bleibt der Leib, und alles was sich um ihn abspielt, ein viel diskutiertes Thema in der feministischen Wissenschaftskritik.[18] Die Entwicklungen auf dem Gebiet der Reproduktionsmedizin und der Genetik sind dabei, zu einer veränderten Leiblichkeit zu führen. Wie zu Beauvoirs Zeiten geht es auch heute um Fragen der Autonomie und der Macht. Die Fragen spitzen sich heute zu: Wer entscheidet über den Körper? Die Leib-Technologien („Body-engineering") oder die Frauen? Der Leib ist damit auf besondere Weise zu einem Ort der Auseinandersetzung geworden an dem über Geschlecht und Geschlechtsidentät entschieden wird. Konstruktivistische Theorien, wie die von Butler, sind nicht dazu geeignet, sich gegen die Tendenz zur ungehemmten Verwissenschaftlichung der Leiblichkeit zur Wehr zu setzen. Im Gegenteil. Der radikale Konstruktivismus, der den Leib als Produkt diskursiver und sozialer Akte auffaßt, läßt sich nur zu leicht mit den Technologien, die den Körper gemäß den Forderungen der technischen Machbarkeit schaffen wollen, vereinbaren. Angesichts dieser Entwicklungen tut es mehr denn je Not, die leibliche Erfahrung des Geschlechts und der Geschlechterdifferenz ernst zu nehmen. Ohne Zweifel wäre Beauvoir dagegen, die Leib-Technologen über das Schicksal letzlich nicht nur des weiblichen Körpers entscheiden zu lassen. Beauvoir war das Bemühen um die Authenzität von leiblicher Erfahrung von Geschlecht außerordentlich wichtig. Ihre phänomenologischen Betrachtungen der geschlechtlichen Leiberfahrung zeigen die Grenzen der konstruktivistischen Geschlechtertheorien auf, und können zugleich als Sprungbrett zu weiteren Forschungen auf dem Gebiet der Bedeutungen, die wir der leiblichen Erfahrung verleihen, dienen.

---

[18] Siehe Elvira Scheich (Hg.), *Vermittelte Weiblichkeit. Feministische Wissenschafts- und Gesellschaftstheorie*, Hamburg: Hamburger Edition, 1996.

NICHT-DISKURSIVE EPISTEMISCHE FORMEN: DAS BEISPIEL MYSTIK

SASKIA WENDEL, MÜNSTER

„Minne ohne Erkenntnis dünkt die weise Seele Finsternis. Erkenntnis ohne Genuß dünkt sie Höllenpein."[1] So bestimmt die christliche Mystikerin Mechthild von Magdeburg das Zusammenspiel von Liebe und Erkenntnis, das sie wiederum mit dem mystischen Erkennen identifiziert: Erkennen ist hier emotional affiziert: Erkennen heißt minnen und umgekehrt, denn wer liebt, muß das zu liebende kennen, um wirklich „weise Liebe"[2] empfinden zu können, wie umgekehrt aus Wissen Liebe folgen muß. Insofern kann man auch von einem 'minnenden, liebenden Erkennen' sprechen. Dennoch sind hier Minne und Erkenntnis nicht völlig identisch, sie stehen zueinander in einem relationalen Verhältnis von Identität und Differenz, man könnte auch sagen: in einem Verhältnis der Konstellation. Die christlich-theologische Tradition spricht denn auch von den zwei Augen der Seele, Liebe und Erkenntnis.[3] Ziel dieser Erkenntnis ist sowohl die Erkenntnis seiner selbst, denn sie steht am Beginn des mystischen Weges, als auch die Erkenntnis des anderen seiner selbst, insbesondere des absolut anderen, das ist in christlicher Perspektive Gott.

Ich möchte im folgenden am Beispiel eines Ansatzes der Deutschen Mystik des Mittelalters, nämlich der Mystik Mechthilds von Magdeburg[4], kurz skizzieren, welches Verständnis von Erkenntnis in der abendländisch-christlichen Mystik vertreten wird. Ich gehe dabei davon aus, daß der mystische Erkenntnisbegriff als Beispiel einer nicht-diskursiven epistemologischen Form angesehen werden kann. Daraus läßt sich meines Erachtens eine epistemologische Diskussion über die Möglichkeit eines vergleichsweise weiten, nicht allein auf diskursive Erkenntnis begrenzten Erkenntnisverständnisses anschließen.[5] Kurze Überlegungen zur feministisch-philosophischen Relevanz dieser epistemologischen Diskussion sollen die folgenden Betrachtungen abschließen.

---

[1] Mechthild von Magdeburg: Das fließende Licht der Gottheit. Zweite, neubearbeitete Übersetzung mit Einführung und Kommentar von Margot Schmidt. Stuttgart-Bad-Canstatt 1995 (zitiert als: Fließendes Licht). 20.
[2] Ebd. 51.
[3] So z.B. Augustinus: Confessiones VII 10, 16. Vgl. hierzu auch Fließendes Licht 216 und 247ff.
[4] Vgl. zur Bedeutung Mechthilds von Magdeburg neben der Einführung zum „Fließenden Licht der Gottheit" von Margot Schmidt auch: Ursula Peters: Religiöse Erfahrung als literarisches Faktum. Zur Vorgeschichte und Genese frauenmystischer Texte des 13. und 14. Jahrhunderts. Tübingen 1988; Kurt Ruh: Beginenmystik. Hadewijch. Mechthild von Magdeburg. Marguerite Porete. In: Ders.: Kleine Schriften. Band II: Scholastik und Mystik im Spätmittelalter. Berlin-New York 1984. 237-249; ders.: Geschichte der abendländischen Mystik. Zweiter Band: Frauenmystik und Franziskanische Mystik der Frühzeit. München 1993.)
[5] Dabei verstehe ich die Mystik nicht allein als Form der Theologie, sondern auch und vor allem als eine besondere Form der Philosophie. Vgl. zur Mystik als Philosophie etwa Loris Sturlese: Die deutsche Philosophie im Mittelalter. Von Bonifatius bis zu Albert dem Großen. 748-1280. 10ff.

1. Das minnende Erkennen der Mystik: Eine Form intuitiver Erkenntnis

Durch die Bestimmung des mystischen Erkennens als ein Zusammenspiel von Minne und Erkenntnis betont die Mystik die Bedeutung des Gefühls für die Erkenntnis: Die Minne ist es, die die Erkenntnis leitet und der Seele „hohe Erkenntnis und reiche Gedanken"[6] verleiht. Das bedeutet: „Erkennen" ist in der Mystik keineswegs identisch mit einem abstrahierenden und analysierenden, diskursiven 'Urteilswissen' des Verstandes im Sinne etwa des dianoetischen Erkennens bei Aristoteles[7], sondern es ist emotional affiziert[8]. Damit ist das mystische Erkennen als eine Form nicht-diskursiver, intuitiver Erkenntnis zu bestimmen, die über das bloß diskursive Verstandeswissen hinausgeht; dabei ist der intuitive Charakter des mystischen Erkennens gleichbedeutend mit einem unmittelbaren Spüren, Berühren, Erfassen, Gewahrwerden[9], und zwar eines unmittelbaren Gewahrwerdens der Existenz meiner selbst wie auch des anderen meiner selbst, insbesondere des absolut anderen, das die christliche Mystik mit dem trinitarischen Göttlichen identifiziert.

Diese intuitive Einsicht ist keinesfalls der Rationalität entgegenzusetzen: Sie ist nicht 'widervernünftig', irrational.[10] Intuitive Einsicht als nicht-rational zu kennzeichnen hieße ein auf diskursives Wissen reduziertes Vernunftverständnis vertreten, aus dem der gesamte Bereich des Affektiven und der Sinnlichkeit herausfällt. Dabei bleibt unklar, in wessen Dienst ein solches reduziertes Vernunftverständnis stünde: Soll der - als rein instrumentell charakterisierten - Vernunft ein ihr Anderes entgegengesetzt werden, um diese in ihrem Anspruch zu begrenzen? Die Grenze instrumenteller Vernunft kann jedoch nicht außerhalb der Vernunft gesucht werden, denn das Vernunftvermögen ist identisch mit dem Erkenntnisvermögen: etwas 'vernehmen' heißt etwas erkennen, und dementsprechend kann es außerhalb der Vernunft überhaupt keine Erkenntnis geben. Demzufolge ist die Behauptung der Möglichkeit einer nicht-rationalen intuitiven Einsicht selbstwidersprüchlich, weil es keine nicht-rationale Erkenntnis geben kann. Die Grenze instrumentellen Wissens liegt demnach in der Vernunft selbst, und zwar in der intuitiven Form der Erkenntnis, die über das diskursive Wissen hinausgeht und dieses zugleich in seinem Anspruch begrenzt. Damit verkörpert die intuitive Einsicht nicht das „Andere der Vernunft", sondern eine „andere Vernunft", die sich nicht in diskursivem Verstandeswissen erschöpft.

Die Möglichkeit und die Notwendigkeit solch einer intuitiven Einsicht suchen die Mystikerinnen und Mystiker unter dem Motto „Minne und Erkenntnis" darzustellen, wobei Intuition hier mit einem Gefühl gleichgesetzt wird, nämlich der Minne bzw. Liebe. Dadurch erhält die Intuition eine doppelte Ausrichtung: Zum einen handelt es sich um ein unmittelbares, also instantanes Gewahrwerden, Erspüren, das den Gefühlen eignet, zum anderen handelt es sich um ein Ersehnen, ein Begehren von

---

[6] Fließendes Licht. 10.
[7] Vgl. etwa Aristoteles: Metaphysik 1027b 15 -1028a 5. Vgl. ders.: Nikomachische Ethik 1139b 5- 1141a 19. Vgl. hierzu ausführlich Klaus Oehler: Die Lehre vom noetischen und dianoetischen Denken bei Platon und Aristoteles. München 1962.
[8] Vgl. etwa Margot Schmidt: Elemente der Schau bei Mechthild von Magdeburg und Mechthild von Hackeborn. In: Peter Dinzelbacher/Dieter R. Bauer (Hgg.): Frauenmystik im Mittelalter. Ostfildern ²1990. 136f. und 146.
[9] So z.B. Carl Albrecht: Das mystische Erkennen. Bremen 1958. 51ff.
[10] So etwa Karl Albert: Einführung in die philosophische Mystik. Darmstadt 1996. 1.

etwas. Das unmittelbare Erfassen, das sich für die Mystikerinnen und Mystiker im mystischen Erkennen vollzieht, ist ein Erfassen der Evidenz, daß 'ich bin und nicht vielmehr nicht', und der Evidenz, daß 'Gott ist und nicht vielmehr nicht'. Diese Evidenz ereignet sich für die Mystikerin, den Mystiker im „minnen": Ich bin es, die liebt und gleichsam liebend erkennt, daß ich bin. Zugleich erkenne ich, so die mystische Perspektive, in der Liebe mein unhintergehbares Bezogensein auf ein anderes meiner selbst, insbesondere auf ein absolut anderes meiner selbst: das Göttliche. Jenes intuitive Erspüren meiner selbst und des anderen meiner selbst impliziert wiederum das Gefühl einer Sehnsucht, eines Begehrens, und zwar des Begehrens der unio, der mystischen Einung von Seele und Gott in der Minne. Dadurch erhält das minnende Erkennen eine erotische Dimension, die unio gilt als 'heilige Hochzeit', in der zwei einander begegnen und sich vereinigen.[11] In besonderer Weise gelingt es Mechthild von Magdeburg, in enger Anlehnung sowohl an die biblische Hoheliedtradition als auch an die Minnelyrik die Intensität der Erkenntnis und der Einung in der Intensität erotischer Bilder zu beschreiben:

> „Die Braut ward trunken beim Anblick des edlen Antlitzes.
> In der größten Stärke kommt sie sich selbst abhanden.
> Im schönsten Licht ist sie blind in sich selbst.
> In der größten Klarheit ist sie beides, tot und lebendig.
> Je länger sie tot ist, um so seliger lebt sie.
> Je seliger sie lebt, um so mehr erfährt sie.
> Je geringer sie wird, um so mehr fließt ihr zu.
> (...)
> Je tiefer sie (in Gott) wohnt, um so aufnahmefähiger wird sie.
> (Je mehr sie begehrt), um so verlangender wird sie.
> Je tiefer ihre Wunden werden, um so heftiger stürmt sie.
> Je zärtlicher Gott gegen sie ist, um so höher wird sie entrückt.
> Je schöner sie vom Anblick Gottes aufleuchtet, um so näher kommt sie ihm.
> Je mehr sie sich müht, um so sanfter ruht sie.
> (Je mehr sie empfängt), um so mehr erfaßt sie.
> Je stiller sie schweigt, um so lauter ruft sie.
> (Je schwächer sie wird), um so größere Wunder wirkt sie mit seiner Kraft nach ihrer Macht.
> Je mehr seine Lust wächst, um so schöner wird ihre Hochzeit.
> Je enger das Minnebett wird, um so inniger wird die Umarmung.
> Je süßer das Mundküssen, um so inniger das Anschauen.
> Je schmerzlicher sie scheiden, um so reichlicher gewährt er ihr.
> Je mehr sie verzehrt, um so mehr hat sie.
> Je demütiger sie Abschied nimmt, um so eher kommt er wieder.
> Je heißer sie bleibt, um so rascher schlägt sie Funken.
> Je mehr sie brennt, um so schöner leuchtet sie.
> Je mehr sich Gottes Lob verbreitet, um so größer bleibt ihr Verlangen."[12]

Diese Verknüpfung von eros und Erkenntnis ist nicht neu: Schon bei Platon führt der eros die Erkenntnis zur Wahrheit[13], und auch im Neuplatonismus ist der eros der Mittler zwischen den

---

[11] Der Ausdruck „erkennen" diente bekanntlich in der Bibel als Euphemismus für die sexuelle Liebe: Zwei Menschen „erkennen" einander, wenn sie sich lieben (vgl. etwa Gen 4,1: „Adam erkannte Eva, seine Frau; sie wurde schwanger und gebar Kain."). Diese biblische Bedeutung von „erkennen" greift das mystische Erkenntnisverständnis wieder auf.
[12] Fließendes Licht. 20f. Oder an anderer Stelle: „Ich begehre dein, und du begehrst mein. Wo zwei heiße Verlangen zusammenkommen, da ist die Liebe vollkommen." (Ebd. 284).
[13] Vgl. Platon: Symposion. 204a-c, 210a-d und 212b-c.

erkennenden Menschen und der zu erkennenden Wahrheit.[14] Bei Platon jedoch muß der eros die sexuelle Dimension der Liebe hinter sich lassen, um die Wahrheit erkennen zu können, in der Mystik dagegen steht die sexuelle Dimension des eros geradezu im Zentrum.

Wie ist nun aber dieses intuitiv-erotische Erkennen, um das die Mystik kreist, näher zu bestimmen? Welcher epistemologische Status kommt ihm zu? Es wurde bereits herausgestellt, daß die intuitive Einsicht, die das 'minnende Erkennen' ist, nicht-diskursiv, gleichwohl aber rational ist, andernfalls wäre sie keine Einsicht. Diese Einsicht steht nun in einem analogen Verhältnis zur sinnlichen Wahrnehmung: Ich erspüre, gewahre etwas, 'vernehme' etwas - das ist nicht anderes als ein rezeptives Geschehen, und dies innerhalb des Vernunftvermögens, das genau besehen nichts anderes ist als das Vermögen, etwas 'vernehmen' und damit zugleich etwas solcherart vernehmend erkennen zu können.[15] Diese Einsicht ist allerdings mehr als sinnliche Wahrnehmung; sie kann zwar innerhalb dieser Wahrnehmung aufscheinen, etwa im erotischen Vollzug, und dennoch transzendiert sie sie, ist ein 'Mehr' dieser Wahrnehmung, ein 'darüber hinaus', ohne sich allerdings gänzlich von ihr abzustoßen und abzulösen. Damit ist das intuitive Erkennen mehr als ein bloß passives 'Ergriffenwerden' und damit nicht bloße Rezeptivität. Es ist vor allem auch ein Gewahren-*können*, ein Vermögen, und somit zugleich ein Akt der Spontaneität des minnend-erkennenden Ich. Ohne dieses Vermögen, und das heißt auch: ohne ein Ich, das überhaupt erkennen und lieben kann, dem also das Vermögen der Vernunft eignet, gäbe es überhaupt keine Erkenntnis.[16] Die intuitive Einsicht des minnenden Erkennens ist folglich als ein Zusammenspiel von Rezeptivität und Spontaneität zu kennzeichnen und entspricht damit der Kantischen Definition der Erkenntnis.[17] Folglich ist auch die Intuition Erkenntnis im vollgültigen Sinn.

Im Zusammenspiel von Rezeptivität und Spontaneität ist das Erfassen, von dem die Mystik spricht, zugleich ein unmittelbares Erfassen, es ist ein instantanes Gewahren, ein momenthaftes Aufblitzen, ein augenblickhaftes Einleuchten, das, kaum geschehen, schon wieder verblaßt. Mechthild von Magdeburg überträgt diese Erfahrung der momenthaften Unmittelbarkeit auf die Erfahrung der unio mit Gott, formuliert diese wiederum in erotischen Bildern und spricht dabei von der Erfahrung der

---

[14] Vgl. hierzu z.B. Werner Beierwaltes: Proklos. Grundzüge seiner Metaphysik. Frankfurt am Main 1965. 35f., 306-313.
[15] Vgl. zum Verständnis von Vernunft als Vernehmen-können z.B. Martin Heidegger: Was heisst Denken? In: Ders.: Vorträge und Aufsätze. Pfullingen ⁶1990. 123-137; vgl. ebenso Ute Guzzoni: In-die-Nähe-Kommen zum Fernen. Denken und Ferne. In: Dies.: Wege im Denken. Versuche mit und ohne Heidegger. Freiburg-München 1990. 123-162.
[16] Daran lassen sich durchaus Überlegungen zur Relevanz des Subjekts im mystischen Erkenntnisprozeß anschließen, entgegen der häufig geäußerten These, in der Mystik gebe es kein Subjekt, gehe es ihr doch um Selbstvernichtung und Selbstverlust zugunsten der unio mit Gott.
[17] Im Unterschied zu Kant wird hier jedoch Erkenntnis nicht auf Verstandeserkenntnis reduziert. Man könnte dagegen einwenden, daß dies in den 'Dogmatism' der Metaphysik führt, doch auch für Kant gibt es zwei Evidenzen jenseits bloßer Verstandeserkenntnis und doch diesseits metaphysisch-dogmatischen Spekulierens: Das Faktum unbedingten Sollens und die transzendentale Apperzeption, welche als Möglichkeitsbedingung der Verstandeserkenntnis nicht mehr deren Bestandteil ist, aber dennoch mit unerschütterlicher Gewißheit einleuchtet. Damit weitet Kant den Bereich möglicher Erkenntnis über den Bereich der Verstandeserkenntnis aus, ohne allerdings den Bereich möglicher Erfahrung zu verlassen.

„Gottesentfremdung"[18]: Die Seele vereint sich mit Gott und muß doch wieder Abschied nehmen, muß versinken in den „Schmerz des langen Wartens"[19], in Niedergeschlagenheit und Trauer. Die Einung „kann nie lange sein. Denn wo zwei Geliebte verborgen sich sehen, müssen sie oft abschiedslos voneinander gehen."[20]

Die mystische Erkenntnis ist als ein intuitives und instantanes Erfassen und Gewahren eine Form nicht-diskursiver Erkenntnis. Das bedeutet allerdings auch, daß sie eine Form von Erkenntnis jenseits des Denkens ist, der Reflexion: Die Evidenz, die sich im mystischen Erkennen einstellt, vollzieht sich nicht in einem analysierenden und schlußfolgernden Verfahren, sie ist nicht Ergebnis eines Beweises. Sie ist auch nicht Ergebnis begrifflich-identifizierenden und definierenden Denkens, sondern geht sowohl dem Beweis wie auch den Definitionen voraus. Damit kann man dieses Erkennen als eine präreflexives Erkennen bezeichnen, welches die Reflexion überhaupt erst ermöglicht. Das bedeutet keineswegs, daß das mystische Erkennen der Reflexion verschlossen wäre, daß es gänzlich undenkbar, undarstellbar, unsagbar wäre.[21] Das intuitiv und instantan Erspürte und Erfasste kann und muß reflexiv nachvollzogen werden - nur so ist es auch anderen vermittelbar -, geht aber nicht in der Reflexion auf. So gesehen gibt es ein 'Mehr', quasi eine Transzendenz der Reflexion, und diese Transzendenz ist die präreflexiv-intuitive Einsicht, die sich im Zusammenspiel von Minne und Erkenntnis vollzieht. Für die Mystik zielt sie auf eine Transzendenz ab, die mich selbst transzendiert, aber auch die Welt, in der ich bin und die anderen, die mit mir in der Welt sind - ein Thema, das die Grenze der Philosophie sprengt. Philosophisch relevant ist allerdings der epistemologische Status dieser Erkenntnis und die damit einhergehende Möglichkeit eines erweiterten Vernunftverständnisses. Inwiefern ist aber die Möglichkeit intuitiver Erkenntnis und damit die Möglichkeit eines erweiterten Vernunftverständnisses für die Feministische Philosophie von Bedeutung - abgesehen davon, daß es u.a. in der Frauenmystik vertreten wird?

2. Ist Intuition 'weiblich'? - Relevanz für die Feministische Philosophie

Zunächst bietet sich an, die intuitive Erkenntnisform mit einem genuin 'weiblichen' Verständnis von Erkenntnis zu identifizieren und von einem diskursiv-instrumentellen Wissen abzugrenzen, das mit einem 'männlichen' Verständnis von Erkenntnis gleichgesetzt wird. Diese Sexualisierungen erweisen sich jedoch als ebenso platt wie ungenau. Erstens zeigt bereits das Studium mystischer Texte, daß das intuitive Erkenntnisverständnis nicht nur von Frauen vertreten wird, auch Männer kennen das „minnende Erkennen" - und dies durchaus auch in seiner erotischen Dimension -, so z.B. Bernhard von Clairvaux, die Viktoriner oder Heinrich Seuse. Zweitens fußt die These einer spezifisch 'weiblichen' Erkenntnisform auf bedenklichen Prämissen: zum einen auf einer Sexualisierung

---

[18] Fließendes Licht. 277.
[19] Ebd. 168.
[20] Ebd. 34.
[21] Dies implizierte eine Perspektive der Äquivozität der in der intuitiven Einsicht gewonnenen Wahrheit, Äquivozität jedoch macht Erkenntnis in letzter Konsequenz unmöglich, kann ich doch niemals darüber gewiß

diskursiven und nicht-diskursiven Erkennens, das wiederum auf einer unbegründeten Gleichsetzung des Bereiches der Sinnlichkeit und der Erotik mit dem sogenannten 'Weiblichen' basiert, zum anderen auf der metaphysischen Setzung der Existenz eines genuin 'Weiblichen' in der Differenz zu einem genuin 'Männlichen', sei es ein weibliches Erkennen, weibliches Begehren, eine weibliche Identität. Diese Setzung restituiert - ob gewollt oder ungewollt - eine spätestens seit Kant obsolet gewordene substanzontologische Perspektive. Der These, daß es sich bei der mystischen Erkenntnis um eine Form 'weiblicher' Erkenntnis handle, wird man also eine Absage erteilen müssen.

Viel gewichtiger dagegen ist die Möglichkeit, ein auf diskursives Wissen reduziertes Vernunftverständnis zu durchbrechen, ist es doch dieses reduzierte Vernunftverständnis, das in der philosophischen Tradition häufig als Legitimationsfolie wie als Möglichkeitsbedingung dazu diente, sich all das verfügbar zu machen, was als „das Andere" deklariert wurde: die innere und äußere Natur, andere Menschen, Rassen, Kulturen, Religionen, ethnische Minderheiten, Frauen. So gesehen ist diese Reduktion die Möglichkeitsbedingung einer instrumentell funktionalisierten Vernunft. Die Rückgewinnung der Intuition als epistemische Form impliziert dagegen die Möglichkeit, Erkenntnis im Sinne etwa Theodor W. Adornos als mimetische Erkenntnis zu konzipieren, als 'langen und gewaltlosen Blick auf den Gegenstand'[22]. Solch ein Erkenntnisverständnis ist auch für das vernunftkritische Interesse Feministischer Philosophie relevant. Zugleich gilt es allerdings festzuhalten, daß das intuitive Erkenntnis- und Vernunftvermögen allen Menschen eigen ist, nicht nur Frauen, ebenso wie umgekehrt auch Frauen die Fähigkeit diskursiver Erkenntnis besitzen.

Wenn die Intuition auch eine allen Menschen zukommende Fähigkeit ist, die nicht sexualisiert werden kann, so darf man sich aber nicht darüber hinwegtäuschen, daß diese Fähigkeit immer schon Deutungsmustern unterworfen ist. Oder anders formuliert: Sie unterliegt diskursiven Praktiken und Konstruktionsprozessen; „diskursiv" ist in diesem Zusammenhang nicht im Sinne eines dianoetischen Verstandeswissens zu verstehen, sondern im Sinne des Foucaultschen Verständnisses von „Diskurs", d.h. als Zusammenspiel verschiedener Denk-, Lebens- und Körperpraxen, die Machtstrukturen unterworfen sind und ebensolche hervorbringen.[23] Wichtige Möglichkeitsbedingung wie auch zentraler 'Schauplatz' solcher Konstruktionen ist das Reflexionsvermögen, also das Denken. Eine Aufgabe Feministischer Philosophie ist es, solche Konstruktionen sichtbar zu machen. Dabei wird man sich einerseits von der Illusion verabschieden müssen, daß solche Konstruktionen von vornherein zu vermeiden sind: Unser Reflexionsvermögen und unsere Verstandeserkenntnis zwingt uns geradezu

---

sein, daß mein Reflektieren 'trifft' oder nicht. Umgekehrt negiert eine streng univoke Perspektive den Geheimnis- und Rätselcharakter der Wahrheit, deren ich nie ganz habhaft werden kann.

[22] Vgl. Theodor W. Adorno: Anmerkungen zum philosophischen Denken. In: Ders.: Stichworte. Kritische Modelle 2. Frankfurt am Main ⁵1980. 14.

[23] Vgl. hierzu die präzise Definition von Maihofer, die Diskurs als „eine jeweils komplexe Verbindung einer Vielzahl spezifischer Denk-, Gefühls- und Handlungsweisen, Körperpraxen, Wissen(schafts)formen, aber auch staatlicher und gesellschaftlich-kultureller Institutionen sowie Gesellschafts- und Herrschaftsverhältnisse" definiert (Andrea Maihofer: Geschlecht als hegemonialer Diskurs. Ansätze zu einer kritischen Theorie des 'Geschlechts'. In: Theresa Wobbe/Gesa Lindemann (Hgg.): Denkachsen. Zur theoretischen und institutionellen Rede vom Geschlecht. Frankfurt am Main 1994. 256).

zu solchen Konstruktionen - eine Erkenntnis, die schon Kant formuliert hatte. Andererseits wird man sich ebenso davor hüten müssen, die Möglichkeit von Erkenntnis völlig im Konstruktionsprozeß des Diskurses aufgehen zu lassen; das Ergebnis dieser Verabsolutierung und Monopolisierung des Diskurses wäre nichts anderes als ein an Nietzsche erinnernder Perspektivismus und damit eine Bankrotterklärung jeglichen Erkenntnis- und Wahrheitsanspruches. Demgemäß wird man an der Möglichkeit einer vorreflexiven Gewißheit und einer ihr entsprechenden vorreflexiven Erkenntnisform festhalten müssen, die, wenn auch diskursiven Deutungsmustern unterworfen, dennoch nicht im Diskurs aufgeht. Genau diese Möglichkeit eröffnet die intuitive Erkenntnis (nicht nur) mystischer Provenienz.[24]

Sexualisierungen können nun als eine besondere Form von Deutungsversuchen und Konstruktionsprozessen angesehen werden, als eine besondere Art und Weise diskursiver Praktiken. Ihr wichtigstes Feld ist die Deutung der Leiblichkeit, die Konstruktion von Körperbildern und Körperpraxen, die Deutungen beschränken sich allerdings nicht auf dieses Feld: Ausgehend von der Sexualisierung der Leiblichkeit und der Konstruktion vorgegebener differenzierter 'Geschlechts-Körper' erfolgte und erfolgt eine Sexualisierung aller menschlichen Existenzweisen, die Sexualisierung des Erkennens, Erlebens, Handelns. Dabei ist ein Doppeltes zu beachten: Auf der einen Seite diente die Sexualisierung der Auf- bzw. Abwertung bestimmter Existenzweisen, auf der anderen Seite ist sie selbst schon Ergebnis hierarchisierenden Denkens. So wird z.B. das Leibliche und der eros durch die Zuordnung zum Bereich des 'Weiblichen' sexualisiert und ebenso das Denken, der Geist, durch die Identifizierung mit dem 'Männlichen'. Ersteres wird dadurch ab-, letzteres aufgewertet. Umgekehrt gehen dieser Sexualisierung jedoch schon andere Wertungen voraus, nämlich der Primat des Geistes vor der Materie, des Denkens vor dem Leiblich-Sinnlichen, aber auch die Überordnung des 'Männlichen' vor dem 'Weiblichen'. Durch die sexualisierende Verknüpfung werden jedoch sowohl die Hierarchisierungen festgeschrieben als auch bestimmte Vorstellungen von Geschlecht im Sinne von 'Männlichkeit' und 'Weiblichkeit' erst geschaffen: als 'männlich' gilt das (diskursive) Denken, als 'weiblich' die Sinnlichkeit und mit ihr die marginalisierte sinnliche Wahrnehmung. Ebenso werden u.a. durch Sexualisierungen bestimmte Vorstellungen von Leiblichkeit, sinnlicher Wahrnehmung, Denken, ja von Erkenntnis überhaupt konstruiert: hier 'weibliche' Intuition und Wahrnehmung - selbstredend als nicht-rational charakterisiert und damit aus dem Vernunftvermögen ausgeschlossen -, dort 'männlicher' Verstand. Hier zeigt sich nochmals, wie problematisch, wie vereinfachend eine Identifkation der intuitiven Erkenntisform mit einer genuin 'weiblichen' Erkenntnis ist.

---

[24] Sowohl Jacques Lacan als auch Luce Irigaray kennen solch ein 'Außerhalb' des Diskurses; man könnte daher versucht sein, die hier skizzierten Überlegungen mit den Lacanschen oder Irigarayschen Formulierungen zu identifizieren. Lacan und Irigaray fassen das 'Außerhalb' aber strenggenommen als Nichts auf, denn es ist nichts anderes als Effekt des Diskurses, genauer: Effekt eines Ausschlusses und eines Verdrängens, das sich im Diskurs vollzieht. Dann aber ist es in letzter Konsequenz kein nicht-diskursives 'Außerhalb', sondern selbst schon diskursiv erzeugt.

Dennoch ist es unbestreitbar, daß die Sexualisierung der Intuition für Frauen auch von Vorteil gewesen ist: Gerade die Mystik ist ein hervorragendes Beispiel dafür, daß die Trennung von diskursivem Verstandeswissen und intuitiver Erkenntnis und die Sexualisierung dieser Erkenntnisformen Frauen die Möglichkeit gab, sich unter Berufung auf die ihnen zugeschriebenen intuitiven Fähigkeiten öffentlich zu äußern. Und weil die Intuition in der Mystik mit der Erotik verknüpft wird, ist die Mystik, insbesondere die Liebes- bzw. Brautmystik, außerdem auch ein herausragendes Beispiel für die Übernahme und die Weiterführung eines bestimmten Deutungsmusters für den gesamten Bereich der Erotik und der Sexualität, aber auch für das Selbst- wie auch das Gottesverständnis: Die Seele wird als 'weiblich' angesehen, Gott dagegen als 'männlich', was vor allem die zentrale Rolle Christi als Bräutigam der Seele verdeutlicht. Der Preis dieser Möglichkeit von Frauen, sich theologisch und philosophisch zu äußern, ist die Selbstbeschränkung bzw. Selbstreduktion: Frauen sprachen sich intuitive Fähigkeiten zu, um diese als Legitimationsbasis öffentlichen Redens und Schreibens nutzen zu können, mußten sich aber umgekehrt die Fähigkeit diskursiven Wissens absprechen, zudem eine Fähigkeit, die ungleich höher bewertet wurde als die Intuition.[25]

Warum dann aber der hier skizzierte Versuch einer Rückgewinnung nicht-diskursiver epistemischer Formen? Erstens gibt diese Rückgewinnung die Möglichkeit, ein reduziertes Vernunftverständnis zu durchbrechen, welches u.a. dazu mißbraucht wurde, die Verfügungsmacht über all dasjenige zu legitimieren, was als 'anders' angesehen wurde, nicht zuletzt über Frauen. Rückt man darüber hinaus marginalisierte und verdrängte Erkenntnisformen ins Zentrum, dann rücken aufgrund von sexualisierenden Deutungsmustern dieser Erkenntnisformen auch die ebenfalls marginalisierten Frauen ins Zentrum. Zweitens sind am Beispiel verschiedener Traditionen der Philosophiegeschichte Konstruktionsprozesse deutlich zu machen, denen auch der Erkenntnisbegriff unterworfen ist - nicht nur im Mittelalter.

---

[25] Darüber hinaus restituierte und konstruierte die Frauenmystik ein männliches Gottesbild; dies wird überraschenderweise in der Mystikrezeption einiger Ansätze Feministischer Theologie übersehen.

Workshop 23
Nachhaltigkeit des Wissens

Zukunft des Wissens.
Ethische Normen der Wissensauswahl und –weitergabe

Stefan Berndes

1. Einleitung

Wenn die Hinterlassenschaften mancher Projekte die Weitergabe von Wissen verlangen, um verantwortungsvoll mit ihnen und ihren Folgen und Wirkungen umgehen zu können, dann ist die Suche nach ethischen Normen für die Auswahl und Weitergabe von Wissen nicht abwegig. Einig sind sich Wissensökonomen, -soziologen und Wissenschaftsphilosophen darin, daß „Wissen" zunimmt. Wenn endloses Wachstum in einer Welt begrenzter Ressourcen unmöglich ist, und das Präsenthalten von Wissen Ressourcen benötigt, dann ist damit zu rechnen, daß Wissen ausgewählt werden muß. Neben ökonomischen Kriterien der Wissensauswahl und –weitergabe können dann auch ethische Kriterien entwickelt werden.

Ziel dieses Artikels ist es, ethische Normen der Wissensauswahl und –weitergabe zu motivieren und Rechtfertigungen zu skizzieren. Dazu sind zunächst die Schlüsselbegriffe wie: Wissen, Wissensauswahl und –weitergabe und Vergessen von Wissen zu klären. Die Frage nach Kriterien der Wissensauswahl und –weitergabe wird anhand von Fällen angeregt und ein Normenkatalog skizziert. Im Zuge dessen wird eine metaethische Ausgangsposition markiert, das argumentative Vorgehen geklärt und die Argumente angesprochen, die für die Rechtfertigung der Normen ausgewählt worden sind. Nicht zuletzt soll Einwänden entgegengetreten werden, wonach ethische Normen für die Weitergabe und Auswahl von Wissen im Blick auf eine ferne Zukunft nur ein Reflex einer konservativen Grundeinstellung sind, bevor in der Zusammenfassung noch einige Ausblicke auf mögliche Anwendungsfelder und weitere Forschungsfragen folgen.

2. Wissen - Vergessen, Auswahl und Weitergabe

Von Platon stammt die Einsicht, daß Wissen als wahre, gerechtfertigte Meinung definiert werden kann.[1] Aber statt Wahrheit und Sein als koextensiv zu betrachten, beschreibt der Mainstream der Erkenntnistheorie den holistisch/kohärentistischen Charakter von Begründung. Danach sind begründete Meinungen auch wahr, aber es gibt kein sicheres und revisionsresistentes Wissen.[2]

Wissen einzelner Personen sei ihr jeweiliges System aus Überzeugungen, das aus Propositionen unterschiedlicher Gewißheit und Zentralität besteht und aus dem Rechtfertigungen für weitere Aussagen erzeugt werden können.[3] Das Wissen einer Gesellschaft ist dann das System aus Überzeugungen, das in einer Gesellschaft akzeptiert wird.

Wissen enthält Theorien. „Theorien verknüpfen Propositionen miteinander, die zuvor unabhängig voneinander erschienen."[4] Sie ergeben sich vermutlich nicht aus den Beobachtungsdaten allein, und ihre Axiome sind nicht durch Letztbegründungsversuche erfolgreich zu fundieren. Vielmehr scheinen sie durch die Systematisierungsleistung der Theorie insgesamt begründet zu werden.[5]

Das wissenschaftliche Wissen unterscheidet sich in seiner Qualität vom Alltagswissen nicht dadurch, daß es sicherer ist, sondern daß es anderen (auch institutionell gesicherten) Begründungsansprüchen

---

[1] In Platons Theätet 200d – 201c wird diese Definition in Erwägung gezogen.
[2] Eine knappe Darstellung für die Ethik findet sich in Nida-Rümelin (1996) S. 54 – 63.
[3] Vgl. ebd. S. 42.
[4] S. ebd. S. 39.
[5] Vgl. ebd. S. 45.

standhält und daß es methodisch gewonnen wird.[6] Wissenschaftliche Organisationen[7] dienen der Koordination von Lehre und Forschung. Sie stabilisieren das den wissenschaftlichen Institutionen folgende Handeln der Wissenschaftler. Manchmal werden sie geradezu als „Außenseite" der Institutionen bezeichnet.[8]

Wissen wird immer in Form von Information weitergegeben. Es ist im Kontext bestehenden Wissens aufintegrierte, verstandene Information.[9]

Ist Vergessen von Wissen als Handlung[10] möglich? Für den holistisch/kohärentistischen Wissensbegriff ist die Explikation von Vergessen – für das wissenschaftliche Wissen –einfach: Durch Änderung oder Wandel von Theorien fallen gültige Propositionen weg. Durch den Verlust von Texten können in Organisationen Mitteilungen fehlen, die für einen Leser, der mit dem Fach vertraut ist, verstanden werden können.[11] Durch den Verlust von Artefakten für das naturwissenschaftliche und technische Wissen sind einzelne Effekte nicht mehr reproduzierbar, beobachtbar oder meßbar. Die Bedeutung wissenschaftlicher Texte ist dann nicht mehr sichergestellt und Verschiebungen in der Interpretation nicht ausgeschlossen. Weiter kann Vergessen Folge eines Methodenwandels oder gewandelter Interessen sein.

Die Auswahl und Weitergabe von Wissen ist als kollektive Handlung in ununterbrochenen Traditionsketten zu denken. Im Rahmen der Wissenschaften wird diese Aufgabe von den wissenschaftlichen Organisationen übernommen.

Selbstverständlich ist es auch möglich, ausgewählte Wissensbestände semantisch stabil[12] von einer Organisation in eine andere zu übertragen. Da die Mitteilungen, aus denen Wissen zu erschließen ist, selbst nicht unendlich haltbar sind, ist die Weitergabe von Wissen auf das intelligente Kopieren angewiesen.[13]

Die Dekontextualisierung von Wissen ist auch bei institutioneller Kontinuität durch den Wandel von Theorien, Methoden und Interessen möglich. Daher ist, wenn sich solche Veränderungen abzeichnen, auf die Weiterschaltung der Kontexte nach dem Korrespondenzprinzip Wert zu legen. Danach sollen ‚fortschrittlichere' Wissenskontexte die (noch immer relevanten) Kontexte als Spezialfall enthalten.

---

[6] Zur Definition von Wissenschaft vgl. Mittelstraß (1996) S. 717 f. Institutionen bestimmen das Handeln als Muster dieses Handelns in konkreten Situationen für jedermann in einem bestimmten Handlungszusammenhang auch dann – z.B. durch Sanktionen o. innere Bedürfnisse – wenn das Handeln in Einzelfällen diesem Muster nicht folgt; vgl. Schwemmer (1984) S. 250. Wissenschaft als Institution möchte ich in diesem Zusammenhang sinnorientiert verstanden wissen. D.h. die Wissenschaftler werden durch sie motiviert, wenn sie die Institution „Wissenschaft" verstehen, dieser Institution gemäß zu handeln.

[7] Organisationen sind soziale Systeme besonderer Art, die besondere Leistungen erbringen und dazu Handlungsweisen motivieren und koordinieren, die nur aufgrund der Mitgliedschaft in ihnen erwartet werden können; vgl. Luhmann (1984) Sp. 1327.

[8] Vgl. Hubig (1993) S. 105.

[9] Vgl. Kornwachs (1998) S. 8.

[10] Handlung ist ein Verhalten, das man auch hätte unterlassen können; vgl. Kutschera (1999) S. 337. Um Ethik treiben zu können, müssen Handlungs- und Willensfreiheit plausibel gemacht werden können. Bei der Handlungsfreiheit geht es um äußere und innere Zwänge; vgl. ebd. S. 335, und zum Zwang vgl. Aristoteles Nik. Eth. 1109 b 30 – 1110 b 18. Bei der Willensfreiheit geht es darum, die eigenen Präferenzen selbst bestimmen zu können; vgl. Kutschera (1999) S. 335. Deren Möglichkeit liegt darin begründet, daß das normale Sprechen, Denken, Argumentieren von der Annahme von Freiheit geprägt ist; vgl. ebd. S. 342.

[11] Kornwachs differenziert hier zwischen Verlust von Texten aufgrund des Verlusts der Datenträger und dem Verlust von Lese-Schreib-Technologien; vgl. Kornwachs (1999/2) S. 7 ff.

[12] „Semantisch stabil heißt [...], daß [man aus] Wissen, das durch Tradierungsmechanismen weitergegeben und [...] vor Vergessen, Zerstörung und Umdeutung durch Dekontextualisierung ‚bewahrt' werden kann, die intendierte Bedeutung auch in einem neuen zukünftigen Kontext zu erschließen und in handlungsrelevantes Wissen umzusetzen" in der Lage ist; s. Kornwachs (1995) S. 34.

[13] Zur Frage der Haltbarkeiten von Datenträgern, Kopieren etc. vgl. Kornwachs (1999/2).

3. Probleme der Wissensauswahl und -weitergabe

Bislang konnten drei Typen von Fällen ausfindig gemacht werden, bei denen auch nach ethischen Kriterien über die Auswahl und Weitergabe von Wissen entschieden werden sollte:

(1) Es wird bereits vereinzelt mit ethischen Argumenten darüber nachgedacht, inwieweit wir verpflichtet sind, über langlebige Hinterlassenschaften unserer Zivilisation Auskunft zu geben.
(2) Die Argumentationsfigur, wenn wir ein intertemporales Kooperationsprojekt[14] eingerichtet haben, dann haben wir den kommenden Generationen auch den Umgang damit zu erläutern, ist zunächst vollkommen einsichtig und es wird im allgemeinen danach verfahren. Dennoch kann man Hinweise darauf finden, daß bei einigen laufenden intertemporalen Kooperationsprojekten Wissen in Vergessenheit gerät bzw. geraten könnte, das notwendig zu sein scheint, um möglichen Problemen beim Fortführen der Projekte begegnen zu können.
(3) Und nicht zuletzt kommt ein Auswahlproblem von begründungsorientiertem Wissen im Zuge des Wachstums des Wissens auf uns zu.

Zu 1) In den USA wurde seit Beginn der 80er Jahre das Szenario „unbeabsichtigtes menschliches Eindringen in die Endlagerstätten hochradioaktiver Abfälle" diskutiert. Dieses Szenario birgt Risikostudien zufolge das höchste Risiko für die Integrität der Endlager. Frühzeitig wurde darauf hingewiesen, daß wenn Menschen Wissen über die Endlager, deren Inhalt sowie über die davon ausgehenden Gefahren hätten, sie nicht unbeabsichtigt in die Lager eindringen würden. Mit dieser Einsicht hat man ein „Wissensweitergabeproblem" definiert.[15]

Im Zusammenhang mit den Endlagern gibt es auch eine intensive mit ethischen Argumenten geführte Debatte. Es ist m.E. möglich, diese Argumente zu nutzen, um Anforderungen an die sog. Informations- und Dokumentationssysteme (IDS) abzuleiten. Sie erlauben zukünftigen Generationen das Erschließen des für den verantwortungsvollen Umgang mit den Endlagern notwendigen Wissens.[16] Diese ethischen Argumente können so auch in einem ersten Zugriff als Argumente für die Rechtfertigung von Normen der Wissensauswahl und –weitergabe genutzt werden.

Das Verursacher-Prinzip fordert, daß Informationen über die Endlager verbreitet werden, wenn dies die Leistungsfähigkeit des Lagers erhöht und langfristig sichert. Wenn das Niveau von Risiko und Beeinträchtigung, das heute akzeptiert wird, in Zukunft nicht überschritten werden darf, und, wie die Risiko-Studien zeigen, das Risiko unbeabsichtigten menschlichen Eindringens mit zunehmender Unkenntnis zunimmt, dann sind Informations- und Dokumentationssysteme geboten. Die Verpflichtung, zukünftigen Generationen Handlungsoptionen für Handeln in ihrer eigenen Verantwortung zu eröffnen, verstärkt die Forderung nach der Weitergabe des dazu notwendigen Wissens. Die Vorstellung von Verantwortlichkeit verpflichtet weiter zur Kommunikation von Gründen und Hintergründen über den Zeitraum hinweg, in dem Handlungen, Projekte und Trajekte Wirkungen entfalten. So können für den Fall der Endlagerung nuklearer Abfälle die folgenden Normen der Wissensauswahl und –weitergabe *prima facie* als gerechtfertigt gelten:[17]

> **1. Norm (Warnen):** Wissen muß in Form von Warnungen, Bedienungshinweisen und technischen wie organisatorischen Informationen weitergegeben werden, wenn heute eingeschätzt werden kann, daß es voraussehbar notwendig sein wird, um zukünftige Generationen im Umgang mit den technischen und kulturellen Hinterlassenschaften unserer Zeit zu unterweisen.

---

[14] Der Begriff „intertemporale Kooperation" stammt vom Dieter Birnbacher (1988). Birnbacher wies im Rahmen der Entwicklung einer utilitaristischen Zukunftsethik darauf hin, daß generationenübergreifende Projekte nichts Neues, sondern im Gegenteil ein sehr altes Kennzeichen von Zivilisation seien. Sie werden von einer Generation begonnen, die erwartet und vermutlich mittels Erziehung der nachfolgenden Generation alles dazu tut, daß die Projekte auch in der Zukunft in ihrem Sinne fortgesetzt werden.
[15] Vgl. Human Interference Task Force (1984) und OECD/NEA (1995/2) S. 7.
[16] Vgl. Berndes, Kornwachs (1996).
[17] Zur Rechtfertigung der Normen mit den im Feld verwendeten Argumenten vgl. Berndes (1999).

> **2. Norm (Erklären):** Es ist geboten, das intertemporale Kooperationsprojekt zu erklären, d.h. die Gründe und Umstände zu nennen, sowie die Entscheidungsprozesse unter Nennung von Personen und beteiligten Organisationen darzustellen, die zu bestimmten intertemporalen Kooperationsprojekten geführt haben.

Es gibt eine Vielzahl weiterer Fälle, bei denen man in Kenntnis der Diskussion um die Weitergabe von Wissen um die Endlager nuklearen Abfalls ähnlich argumentieren kann. Offensichtlich gilt dies für chemische Abfälle, die häufig in oberflächennahen Deponien „endgelagert" werden.[18] Weiter lohnt es sich, das Projekt „Freisetzung gentechnisch veränderter Organismen" zu untersuchen. Die Gefahren durch diese Organismen werden heute i.a., wenn auch nicht unwidersprochen, als gering eingeschätzt.[19]

Zu 2) Es ist nicht undenkbar, daß wir in Zukunft Infrastrukturen nutzen, bei denen das zu ihrer Herstellung notwendige Wissen verloren gegangen ist. Große Software-Systeme, Informations- und Kommunikationsstrukturen und auch automatisierte Produktionssysteme basieren auf Software. Software bleibt möglicherweise über lange Zeiten im Einsatz. Codes und Teile von Programmen sollen zunehmend wiederverwendet werden.[20] In diesem Zusammenhang sind Forderungen nach der Dokumentation von Software, nach Erläuterungen zu ihrer Funktion, Erklärungen zu ihren intendierten Anwendungen etc. nicht weit hergeholt. Wissen über die Software soll weitergegeben werden, die zunehmend integraler und sicherheitskritischer Bestandteil unserer langfristig zu nutzenden Infrastrukturen wird.[21]

Zu 3) Ein dritter Zugang zu den Fragen von Wissensauswahl und –weitergabe ergibt sich, wenn man auf die Wissens- und Wissenschaftsentwicklung blickt. Die These vom nahezu exponentiellen Wachstum des Wissens ist seit geraumer Zeit in aller Munde.[22] Parallel dazu spricht man zunehmend von sinkender Halbwertszeit des Wissens mit Blick auf das Veralten von Qualifikationen, die sich an technischen Moden, wechselnden Software-Paradigmen etc. ausgerichtet haben. Nicht zuletzt haben es sog. „Orchideen-Fächer" zunehmend schwer, sich im Kampf um Mittel an den Universitäten zu halten.

Wissen braucht, um auch in Zukunft noch präsent zu sein, Menschen, die es sich erschlossen haben. Auch in Anbetracht der Möglichkeit, die Wissensweitergabe durch Kommunikation relevanter Informationen in einem bestimmten Kontext (Institution, Organisation, Artefakte) effizienter als heute gestalten zu können, wird die Weitergabe des heute vorhandenen Wissens auf ökonomische Grenzen stoßen.[23] Dann ist die Frage nach den Kriterien für die positive Auswahl des Wissens und dem Umgang mit dem Rest nicht von der Hand zu weisen. Ethische Aspekte sollten hier nicht unberücksichtigt bleiben.

4. Zur Rechtfertigung von Normen der Wissensauswahl und –weitergabe

Es scheint plausibel zu sein, wenn Julian Nida-Rümelin (1996) meint, ethische Theorien seien ganz normale Theorien. Wissenschaftliche Begründung von deskriptivem wie normativem Wissen hat folglich gleichermaßen holistischen und kohärentistischen Charakter. Dann ist Letztbegründung ausgeschlossen. Denn auch ethisches Wissen beruht weder auf selbstevidenten Vernunftwahrheiten, noch auf kritikresistenten Sätzen, die die Bedingung der Möglichkeit des normativen Diskurses beschreiben. Auch müssen sie keine Verallgemeinerungen „unserer situationsbezogenen singulären

---

[18] Vgl. Habeck-Tropfke (1985) S. 167 f.
[19] Vgl. Perrow (1992) S. 342 ff.
[20] Vgl. Bullinger et.al. (1997) S. 27 ff.
[21] Ein Beispiel ist NORAD, die Kommandozentrale der nordamerikanischen Luftverteidigung; vgl. Perrow (1992) S. 330 ff.
[22] Vgl. hierzu prominent Solla-Price (1974) und Rescher (1982).
[23] Bereits Rescher (1982) argumentiert mit ökonomischen Faktoren für seine Verlangsamungsthese, aus seiner Analyse folgt m.E. plausibel die o.g. Thesen; vgl. hierzu auch Berndes (1999).

moralischen Intuitionen" sein.[24] Somit hat man sich bereits auf einen kognitiven Standpunkt festgelegt.

Moralische Überzeugungen sollen im folgenden objektivistisch interpretiert werden.[25] Die objektivistische Alternative erscheint plausibel, denn nicht zuletzt spricht für den Objektivismus, daß die „moralische Alltagssprache und die Pragmatik moralischer Auseinandersetzungen eine objektivistische Interpretation nahelegen [...]."[26]

Im folgenden werden die Überlegungen auf die kantische Pflichtenethik und den utilitaristischen Ansatz beschränkt.[27] Normen der Wissensauswahl und -weitergabe werden, um sie zu rechtfertigen, in ein Netz vorhandener Normen eingeflochten. Dazu wurden zunächst die moralischen Überzeugungen gesammelt, die sich in dem jeweiligen Diskussionsfeld fanden.[28] Weiter werden die vorgeschlagenen Normen auf ihre „Kompatibilität" mit akzeptierten ethischen Prinzipien und Normen aus verwandten Bereichen geprüft. Auch ist zu testen, inwieweit die durch die Normen gebotenen Handlungsweisen vorgegebene Werte zu optimieren versprechen.[29] Ein zusätzliches Argument für die Geltung der Normen erhält man, wenn sich zeigen läßt, daß sie auch mit „verwandten" Normen aus naheliegenden Bereichen[30] der Ethik kohärent sind.

Für die Rechtfertigung der Normen ist Argumentationsmaterial im oben genannten und beschriebenen Sinne erforderlich. Das Prinzip der Bedingungserhaltung verantwortlichen Handelns wird eingesetzt, um die Normen der Wissensauswahl und -weitergabe auf ihre Vereinbarkeit mit einem modernen ethischen Prinzip zu testen.[31] Sie müssen sich als Implikate des Prinzips der Bedingungserhaltung erweisen lassen.

Die oben beschriebenen Fälle, bei denen Normen der Wissensauswahl und -weitergabe Verwendung finden können, kommen im weiteren Sinne aus dem Bereich der Technikethik. Daher macht es Sinn, hier zur Rechtfertigung der Normen einen Wertekatalog heranzuziehen, der sich in diesem Bereich bewährt hat. Daher wird auf den VDI-Katalog aus der Richtlinie 3780 zurückgegriffen.

In der Diskussion um die Endlager werden vielfach sogenannte Praxisregeln eingesetzt, die sich unter Bezug auf Werte und generalisierte Handlungssituationen rechtfertigen lassen.[32] Andere Verfahren, wie die Kosten-Nutzen-Analyse habe sich in einigen Fällen als untauglich erwiesen.[33] Im Rahmen allgemeiner Überlegungen zu einer handlungsutilitaristischen Zukunftsethik hat Dieter Birnbacher (1988) einen Satz sog. Praxisnormen aufgestellt, der ebenfalls Berücksichtigung fand.

Für die Rechtfertigung der Normen der Wissensauswahl und -weitergabe wurde nicht zuletzt eine Liste von Pflichten zusammengestellt. Dabei wurde ebenfalls auf die Endlager-Debatte zurückgegriffen und es wurden Pflichten aus moderneren Arbeiten zur Pflichten-Ethik ausgewählt.[34]

---

[24] Vgl. Nida-Rümelin (1996) S. 41.
[25] Zur Definition und Kritik von Subjektivismus und Objektivismus vgl. Kutschera (1999) S. 59 ff.
[26] S. Nida-Rümelin (1996) S. 51.
[27] Nida-Rümelin (1996) zählt weitere Typen normativer Ethik auf: Libertarismus, den kontraktualistischen Ansatz, die Tugendethik; vgl. ebd. S. 44.
[28] Vgl. Berndes, Kornwachs (1996).
[29] Je nachdem ob man akt- oder regelutilitaristisch argumentiert, lassen sich Normen allenfalls motivieren oder auch rechtfertigen; vgl. auch Kutschera (1999) S. 200 ff.
[30] „..... für verschiedene Bereiche menschlicher Praxis [sind] unterschiedliche normative Kriterien angemessen [...], die sich [...] nicht auf ein einziges System moralischer Regeln und Prinzipien reduzieren lassen;" s. Nida-Rümelin (1996) S. 63.
[31] Das von Kornwachs (1999) vorgeschlagene Prinzip der Bedingungserhaltung lautet: „Handle so, daß die Bedingungen (der Möglichkeit) des verantwortlichen Handelns für alle Beteiligten erhalten bleiben;" s. Kornwachs (1999) S. 67.
[32] Vgl. Catron (1995) S. 132, Birnbacher (1988) S. 197 ff.
[33] Vgl. Catron (1995) S. 129.
[34] Beispielsweise Gert (1983).

5. Normen der Wissensauswahl und -weitergabe

Weitere Normen sollen im folgenden kurz vorgestellt werden. Sie haben wie die bereits angesprochenen Normen das oben beschriebene Verfahren erfolgreich passiert.[35] Kann man wollen, daß eine gegenwärtige Zukunft bei dem gegenwärtigen Tempo des Wissenszuwachses darauf verpflichtet wird das Wissen unserer Zeit weiterzugeben? Stellt man die Frage, dann beantwortet sie sich fast von selbst. Das läßt sich nicht wollen. Denn das Wissen präsent zu halten, kostet Kraft und Geld und Kreativität, die vielfach woanders besser eingesetzt wären.

Nun könnte man argumentieren, daß zukünftige Generationen immer die Möglichkeit haben werden, das Wichtige vom Unwichtigen zu trennen. Das aber würde die sicher anstrengende Auswahl einer Generation überlassen, die mit geringer Lebenserfahrung über vermutlich nur unsichere Auswahlkriterien verfügt. Das legt nahe den folgenden Normvorschlag nahe:

> **3. Norm:** Jeder (ob Individuum oder Organisation), die Wissen hat und weitergeben will, muß eine Filter- und Vergessensfunktion entwickeln. Die Bedrohung durch ein Überangebot von Information erfordert eine Organisation des Entsorgungsprozesses. Mit andern Worten: Der Aufbau einer "Lösch"-Funktion ist für jedes Wissen verarbeitende System geboten.

Selbstverständlich kann von Seiten der aktuellen Generation von einem Interesse an der Weitergabe des sie betreffenden Wissens gesprochen werden. Die Frage vor dem Hintergrund einer wachsenden Wissensmenge ist, in welcher Weise die Kommunikation dieses Wissens geschehen soll. Zur Bestimmung dessen wird die folgende Norm vorgeschlagen:

> **4. Norm:** Es ist geboten, Wissen durch geeignete Bereitstellung von Information und deren Aufbereitung "anzubieten", wenn dieses Wissen nicht aufgrund der anderen Normen von der nächsten Generation übernommen werden soll. Dies muß aber geschehen, ohne irgend jemand oder die nächsten Generationen zu dessen Übernahme zu verpflichten.

Es wird entsprechend der Normen 3 und 4 eine aktive Auswahl von Wissen und Vergessen gefordert. Hierbei wird eine Haltung des Anbietens, nicht des Aufzwingens erwartet. Dies scheint, soweit das überschaubar ist, nicht ganz selbstverständlich zu sein, da Wissen als emphatischer Begriff mit besonderem Wert verbunden erscheint und mit dem wissenschaftlichen Wissen immer auch Namen, Geschichten und Erfolg von Menschen in ihrer sozialen Rolle verbunden sind. Nicht zuletzt führt die individuelle Hoffnung, daß die eigene, in den "Sinnkontext" einer Institution eingebette Arbeit über die eigene Biographie hinaus in Zukunft fortgeführt werde, eine für die aktuelle Generation treibende Kraft mit sich, die bis hin zu einer wie auch immer säkularisierten Unsterblichkeitsvorstellung reicht.[36]

6. Auseinandersetzung mit Einwänden

Für den Fall der Endlager für radioaktiven Abfall ist die Weitergabe über einen Zeitraum von 10 000 Jahren gefordert worden. Schon die ersten Lösungsvorschläge der Human Interference Task Force (HITF) hatten daher pyramidales Ausmaß: Sowohl semiotische – d.h. auf die Kraft des Zeichens vertrauende Lösungen – als auch auf Institutionen beruhende Ansätze sind pompös.[37] Sebeok schlug beispielsweise die "Atompriesterschaft" mit Verfügungsgewalt über das Atom-Wissen vor, die das Wissen an die Gefährlichkeit des Atommülls zu tradieren hätte.[38]

---

[35] Vgl. Berndes (1999).
[36] Vgl. Kornwachs, Berndes (1998) S. 21 f.
[37] Vgl. Posner (1990).
[38] Vgl. Sebeok (1990).

Selbstverständlich wurden diese Vorschläge kritisiert. Und so blieb es denn auch nicht aus, daß Sebeok vorgeworfen wurde, mit seiner Atompriesterschaft Untergangsvorstellungen der US-Elite zu artikulieren.[39] Eine andere Kritik könnte darin bestehen zu fragen, was unser Wissen so wertvoll macht, ob es denn nicht besser wäre, wenn große Teile des Wissens einfach in Vergessenheit gerieten.

Bilder einer zerstörten Welt nach einem Zusammenbruch unserer vertrauten "westlichen" Zivilisation und Szenarien glücklicher Menschen, die ebenfalls nach einem Kulturbruch in Frieden und Freiheit leben, haben eines gemeinsam: es handelt sich bei ihnen um "Bilder" möglicher Zukünfte. Diese "Bilder der Zukunft" – sind bei der Begründung von langreichweitigen Handlungen von besonderer Bedeutung. Hoffentlich haben diejenigen, die intertemporale Kooperation betreiben, Wissen über die Zukunft, das heißt begründete Meinungen über die Handlungen, Folgen und Wirkungsketten. Dieses Wissen beinhaltet auch begründete Annahmen über zukünftige Menschen, mit denen die intertemporale Kooperation vielleicht fortgesetzt werden soll. Auf diesem Wissen läßt sich eine Methode gründen, die hilft, die Interessen der "zukünftigen Generationen" zu berücksichtigen ohne in Schwierigkeiten der Zukunftsethik zu geraten:[40]

> **Methode zur Lösung der Abgrenzungsproblematik in der Zukunftsethik:** Die Handelnden dürfen nur zu den Zukünften beitragen (besser: dürfen die absehbar langfristigen Projekte beginnen), in denen ihre Handlungen und deren absehbare Folgen keine heute akzeptierten und in Zukunft vorstellbaren Normen verletzen. D.h. daß die Projekte (oder besser Trajekte) so angelegt sein müssen, daß sich die Situation für irgendeine Gruppe von vorgestellten zukünftigen Menschen nicht derart verändert, daß für sie die Bedingungen des verantwortlichen Handelns nicht mehr erfüllt werden können.

Eine Prämisse dieser Methode ist, daß zukünftige Menschen uns in ihren Bedürfnissen, Wünschen, Normen und Werten ähnlich bleiben. Normen und Werte gelten also universell.

Der kommenden Generation ist also kein grundsätzlich anderes Wissen zu wünschen. Denn sich dies zu wünschen, ist in gewisser Weise ähnlich selbstwidersprüchlich, wie die Vorstellung, daß wir eine andere Ethik haben wollten als die, die wir aktuell vertreten. Im Gegenteil, wenn wir intertemporale Kooperation betreiben, haben wir ein Interesse, daß unsere Kooperationspartner uns dereinst verstehen werden. Also man mag sich kulturelle Diskontinuitäten mit einem massiven Wissensverlust vorstellen, aber ein Bestandteil einer für uns maßgeblichen Zukunft ist dies nicht. Daher läßt sich die folgende Norm der Wissensauswahl und –weitergabe motivieren:

> **5. Norm:** Die Weitergabe des kulturellen Kontexts in eine unbestimmt lange Zukunft hinein ist die notwendige, aber nicht hinreichende Bedingung der Möglichkeit dafür, überhaupt sinnvoll über intertemporale Kooperationsprojekte und über den Begriff der "Zukunft für uns" sprechen zu können. (Weitergabe des kulturellen Kontexts)

Die Antwort, ob wir zukünftigen Generationen unser "verhängnisvolles" Wissen vorenthalten sollten, ist damit gegeben. Wir sollten es nicht tun. Unsere Aufgabe besteht darin, auch die Lehren aus den Erfahrungen im Umgang mit dem Wissen zu ziehen und weiterzugeben.

Wissen im Lichte langer Zeiträume auszuwählen und weiterzugeben heißt zuerst, die folgende Generation zu erziehen. Hoffentlich gelingt uns diese Aufgabe. Sie wird uns umso besser gelingen, je ehrlicher wir die Fragen unserer Kinder und Kindeskinder beantworten können, warum wir diese oder jene Technik eingesetzt haben, ob wir denn auch an sie dabei dachten, und ob wir mit den neu gewonnenen Erfahrungen auch verantwortlich umgegangen sind. Unsere Kinder und Kindeskinder werden dann ihrerseits dafür sorgen, das wichtigste unseres Wissens zu übernehmen und mit dem ihrigen zu vereinen.

---

[39] Vgl. Blonsky (1990).
[40] Eine problematische Existenz noch nicht existierender Subjekte, wie sie Birnbacher (1988) Ott (1997) S. 647 zufolge voraussetzt, ist m.E. ebenso unbefriedigend wie der Ersatz zukunftsethischer Erwägungen durch eine „angemessenene" Repräsentation zukünftiger Generationen durch Kinder, wie sie von Ott (1997) S. 645 vorgeschlagen wird.

Sollte einmal – vielleicht nach einer Katastrophe – eine andere Gesellschaft mit anderem Wissen entstehen, die unsere Endlagerstätten unbeabsichtigt und unvorbereitet entdeckt, dann ist es Schicksal.

7. Zusammenfassung und Ausblick auf die Anwendung der Normen

Von einem holistisch/kohärentistischen Wissensbegriff ausgehend wurde argumentiert und dargestellt, wie Vergessen, Auswahl und Weitergeben von Wissen verstanden werden können. Auch das normative Wissen und die Ethik als Wissenschaft wurde diesem Wissensbegriff gemäß gefaßt. Ethisches Argumentieren ist danach das Ordnen und Systematisieren moralischer Überzeugungen.

Hier wurde Ethik als kognitivistisch und objektivistisch verstanden. Dementsprechend wurden Normen der Wissensauswahl und –weitergabe als Vorschlag vorgestellt und Rechtfertigungen für sie skizziert. Hierbei wurde auf die kantische und die utilitaristische Prinzipienethik zurückgegriffen. Die Normen sind als "Prognose" für ein "neues" Gebiet moralischen Nachdenkens zu verstehen. Sie haben sich in der Praxis auch in den vorgestellten Fällen der Wissensauswahl und –weitergabe für lange Zeiträume zu bewähren.

Abschließend wurde gezeigt, wie ethische Normen bei Problemen, die einen langen Zeitraum betreffen, angewendet werden können. Die Methode zur Lösung der Abgrenzungsproblematik der Zukunftsethik verlangt, daß jedermann, der langfristige Handlungen durchführen will, sie auch ethisch bewertet. Dabei soll er auch diejenigen angemessen berücksichtigen, die er in seinen die Handlung begründenden Bildern der Zukunft als existent voraussetzt.

Am Ende steht die Empfehlung von sechs Normen der Wissensauswahl und –weitergabe. Diese Normen müssen noch inhaltlich detailliert werden. Insbesondere sind Kriterien zu entwickeln, die den Präzeptionskriterien der Archivare gleichen.[41]

Selbstverständlich bieten sich Möglichkeiten an, die Normen anzuwenden. So wenn es um die Ausgestaltung der monitored-retrievable Endlager geht, die Wissenschafts- und Dokumentationszentren umfassen. Technikmuseen und Science Centers sind weitere institutionelle Anknüpfungspunkte, wo ausgewähltes wissenschaftliches und technisches Wissen tradiert werden kann. Diese Organisationen könnten Funktionen übernehmen, wie sie Ropohl für seinen Diskursbus beschreibt.[42] Sie könnten weiter als Organisationen zur Steigerung der "technologischen Urteilskraft" etabliert werden.[43]

Die Aufforderungen, auch Wissen zu löschen und Texte zu vernichten, kann einerseits an die Bibliotheken gerichtet verstanden werden, wenn sie, ihre Beschaffungsstrategien, Sammelgebiete etc. der Publikationsflut und den Möglichkeiten der Kommunikationstechnologien anpassen. Andererseits kann die Aufforderung auch an die wissenschaftlichen Gemeinschaften gerichtet sein, die die Möglichkeit haben, durch die Veränderung ihrer Belohnungssysteme die Publikationsflut einzudämmen und das Wissen von "bleibendem" Interesse auszuwählen.

8. Literatur

BERNDES, S.; KORNWACHS, K.: Transferring Knowledge About High-Level Waste Repositories. An Ethical Consideration, in: Proceedings of the 7th Annual International Conference on "High Level Radioactive Waste Management", Las Vegas, Nevada, 29.04. - 03.05.1996, 1996 S. 494 - 498.
BERNDES, S.: Zukunft des Wissens – Vergessen, Löschen und Weitergeben. Ethische Normen der Wissensauswahl und –weitergabe. Entwurf der Dissertationsschrift, Lehrstuhl Technikphilosophie, BTU Cottbus, Juni 1999.

---

[41] Vgl. Lübbe (1992) S. 191 ff.
[42] Vgl. Ropohl (1996) S. 279.
[43] Vgl. Rohbeck (1993).

BIRNBACHER, D.: Verantwortung für zukünftige Generationen. Reclam, Stuttgart 1988.
BLONSKY, M.: Wes Geistes Kind ist die Atomsemiotik? In: Posner (1990).
BULLINGER, H.-J.; WEISBECKER, A.; SUPE, G.; FRINGS, S.: Software-Management komplexer Systeme. In: Bullinger, H.-J. (Hg.): Software-Technologien in der Praxis. Objektorientierung, Wiederverwendung, Componentware, verteilte Software-Architekturen. Fraunhofer, Stuttgart 1997.
CATRON, B.L.: Balancing Risks and Benefits fairly across Generations: Cost/Benefit Considerations. In: OECD/NEA (Hg.): Environmental and ethical aspects of long-lived radioactive nuclear waste disposal. Proceedings of an Int. Workshop, Paris, September 1-2, 1994. OECD, Paris 1995, S. 129 - 141.
GERT, B.: Die moralischen Regeln. Eine neue rationale Begründung der Moral. Suhrkamp, Frankfurt/Main 1983.
HABECK-TROPFKE, H.-H.; HABECK-TROPFKE, L.: Müll- und Abfalltechnik. Werner-Verl., Düsseldorf 1985.
HUBIG, CHR.: Technik- und Wissenschaftsethik. Ein Leitfaden. Springer, Berlin u.a. 1993.
HUMAN INTERFERENCE TASK FORCE: Reducing the Likelihood of Future Human Activities That Could Affect Geologic High-Level Waste Repositories. Technical Report prepared for the Office of Nuclear Waste Isolation, BMI/ONWI-537. Columbus OH 1984.
KORNWACHS, K.: Wissen für die Zukunft. Über die Frage, wie man Wissen für die Zukunft stabilisieren kann. Eine Problemskizze. BTU Cottbus, Fakultät 1, Bericht Nr. PT-01/1995, Cottbus 1995.
KORNWACHS, K.; BERNDES S.: Zukunft unseres Wissens. Ansätze zu einer Ethik intergenerationeller Kommunikationshandlungen. In: Forum der Forschung. Wissenschaftsmagazin der Brandenburgischen Technischen Universität Cottbus 4(1998)6 S. 19 – 25.
KORNWACHS, K.: Von der Information zum Wissen? Alle wissen alles – keiner weiß Bescheid. Beitrag zur 120. Versammlung der Gesellschaft Deutscher Naturforscher und Ärzte „Informationswelt – unsere Welten der Information", Wissenschaftliche Verlagsgesellschaft 1998.
KORNWACHS, K.: Bedingungen verantwortlichen Handelns. In: Timpe, K.P.; Rötting, M. (Hg.): Verantwortung und Führung in Mensch-Maschine-Systemen. 2. Berliner Kolloquium der Daimler-Benz-Stiftung. Pro Universitate, Sinzheim 1999, S. 51 - 79.
KORNWACHS, K.: Haltbarkeit von Information und Tradierung von Wissen. In: Forum der Forschung. Wissenschaftsmagazin der Brandenburgischen Technischen Universität Cottbus 5(1999/2)9.
KUTSCHERA, F.v.: Grundlagen der Ethik. de Gruyter, Berlin, New York 1999, 2. überarb. Aufl.
LÜBBE, H.: Im Zug der Zeit. Verkürzter Aufenthalt in der Gegenwart, Springer, Berlin u.a. 1992.
LUHMANN, N.: Organisation. In: Ritter, J.; Gründer, K. (Hg.): Historisches Wörterbuch der Philosophie. Wissenschaftliche Buchgemeinschaft, Darmstadt 1984, Bd. 6, Sp. 1326 – 1329.
MITTELSTRAß, J.: Wissen. In: Mittelstraß, J. (Hg.): Enzyklopädie Philosophie und Wissenschaftstheorie, Bibliographisches Institut, Mannheim u.a. 1996, Bd 4, S. 717 - 719.
OECD/NEA (Hg.), Environmental and ethical aspects of long-lived radioactive nuclear waste disposal, Proceedings of an Int. Workshop, Paris, September 1 – 2, 1994, OECD, Paris 1995.
OECD/NEA (Hg.): Future Human Actions at Disposal Sites, OECD, Paris 1995/2.
PERROW, C.: Normale Katastrophen. Die unvermeidbaren Risiken der Großtechnik. Campus, Frankfurt/Main, New York 1992, 2. Aufl.
POSNER, R (Hg.): Warnungen an die ferne Zukunft. Atommüll als Kommunikationsproblem, Raben, München 1990.
RESCHER, N.: Wissenschaftlicher Fortschritt. Eine Studie über die Ökonomie der Forschung, Walter de Gruyter, Berlin, New York 1982.
ROHBECK, J.: Technologische Urteilskraft. Zu einer Ethik technischen Handelns, Suhrkamp, Frankfurt/Main 1993.
ROPOHL, G.: Ethik und Technikbewertung, Suhrkamp, Frankfurt/Main 1996.
SCHWEMMER, O.: Institution. In: Mittelstraß, J. (Hg.): Enzyklopädie Philosophie und Wissenschaftstheorie, Bibliographisches Institut, Mannheim u.a. 1984, Bd. 2, S. 249 – 252.
SEBEOK, T.: Die Büchse der Pandora und ihre Sicherung. Ein Relaissystem in der Obhut einer Atompriesterschaft, in: Posner (1990).
SOLLA PRICE, D.J. de: Little Science, Big Science. Von der Studierstube zur Großforschung, Suhrkamp, Frankfurt/Main 1974.

Globalisierung und kulturelle Information

Arnold Groh

1. Kultur, Information und Wandel

Unter den jüngeren kulturtheoretischen Ansätzen treten Aspekte der Informationstheorie und der Zeichentheorie hervor. Assmann (1992) etwa und Giddens (1994) greifen beide auf den Halbwachsschen[1] Ansatz zurück; in Luhmanns[2] „Autopoiesis"-Mechanismen werden fraktale Strukturen deutlich, und bei Posner (1989, 1990) wird nach der Persistenz von Codierungen gefragt. In der Prozeßhaftigkeit von Kultur sind Information und Zeichen miteinander verwoben. Im historischen Rahmen stellt sich uns das, was wir beobachten können, nicht als bloße Fluktuation dar, sondern es haben die Vorgänge aufgrund der Löschung kultureller Information oftmals irreversiblen Charakter.

Kulturwandel, ausgelöst durch Kulturkontakt, findet oftmals in einem Maße statt, das die betroffene Gesellschaft als kulturellen Verband auflöst. Sofern die Betroffenen überleben, ist der Soziozid die Endstation eines nicht mehr steigerbaren Wandels, der schließlich in den Anschluß an eine dominante Kultur mündet. Sicherlich gehört Migration zur Menschheitsgeschichte - Kulturen überlagern sich, beeinflussen einander, verdrängen andere; gleichzeitig kommt es im Kontakt zur Ausdifferenzierung des bisher Vorhandenen, zu neuen Varianten, die sich in Dialektunterschieden, Trachten und Nahrungspräferenzen ausdrücken. Wie aber sehen die Prinzipien aus, nach denen Geben und Nehmen verteilt sind? Wie ist die „Varianzreduktion" des Gesamtsystems zu erklären, die ja durchaus wahrgenommen und gegenwärtig mit dem Schlagwort „Globalisierung" umschrieben wird?

2. Systematisierung

Das semiotische Modell versteht Kulturen als Zeicheninventare. Intra- und interkulturelle Phänomene werden damit im Sinne von Zeichenprozessen beschreibbar. Dies ermöglicht weiter die modellhafte Erfassung von Transfer-, Synthese- und Löschungsvorgängen. Der Zeichenbegriff ist dabei sehr weit gefaßt. Roland Barthes (1985) beispielsweise beschrieb „Die Sprache der Mode"; Umberto Eco (1972) hat sich in seinem kultursemiotischen Ansatz Bereichen wie Werbung, Film und Architektur zugewandt. Kulturen als Zeichen- und damit gleichzeitig Informationspools konstituieren sich also aus Kulturelementen, die sich je nach Fragestellung mit unterschiedlichem Fokus betrachten lassen.

Im semiotischen Funktionsmodell läßt sich der Zuwachs an Dominanz, den eine Kultur gegenüber anderen Kulturen erfährt, mit der Zunahme an Effektivität erklären, die wiederum das Resultat vorausgegangener Syntheseprozesse ist und somit in der Akkumulation erfolgreicher Strategien besteht. Die Dominanz eines Gesellschaftssystems führt dazu, daß andere Kulturgruppen, die mit ihm konfrontiert werden, zunächst als Subsysteme angekoppelt werden, bevor sie ihre Auflösung erfahren.

3. Kulturkontakt

In der Kontaktsituation sind Gesetzmäßigkeiten erkennbar, denen die zwischen verschiedenen Kulturgruppen auftretenden Zeichenprozesse unterliegen. Kulturgrenzen erweisen sich in mehrfacher Hinsicht als semipermeabel. Zum einen sind Mitglieder der dominanten Kultur in der Regel mobiler als Mitglieder der dominierten Kultur; erstere dringen in einem größeren Maße in die Kultur der letzteren ein als umgekehrt. Auch der Transfer von Kulturelementen erfolgt in Abhängigkeit vom Dominanzgefälle; dies gilt besonders für produzierte Waren der dominanten Kultur, die in weitaus

---

[1] Halbwachs, 1925, 1950
[2] Luhmann, 1984

größerem Umfang in die unterlegene Kultur transferiert werden als es umgekehrt der Fall ist. Es ist dabei zwischen automatischen und kontrollierten Prozessen zu unterscheiden.[3] Durch die Hauptfließrichtung - von der dominanten zur dominierten Kultur - sind die automatischen Prozesse konstituiert, während in Gegenrichtung nur einzelne Kulturelemente kontrolliert und selektiv übernommen werden.

4. Struktur

Kultur ist in semiotischer Hinsicht fraktal strukturiert. Bei natürlich gewachsenen Strukturen liegt dabei ein fließender Algorithmenwandel vor. Dies läßt sich am Beispiel Sprache leicht verdeutlichen: Es gibt keine allzu deutlichen Dialektgrenzen, sondern allenfalls Isoglossen bei insgesamt fließenden Übergängen. Allerdings ist der regionale Algorithmenwandel umso größer, je niedriger der Synthesegrad der beteiligten Kulturen ist. Sprachendemie ist deshalb ein Charakteristikum archaischer Gruppen.

Dieser Strukturaspekt ermöglicht die Loslösung von territorial oder ethnisch geprägten Sichtweisen. Denn zum einen lassen sich die Begriffe der Fraktalität und der Dominanz auch auf schichtspezifische Phänomene innerhalb einer Kultur anwenden; zum anderen ist Kulturzugehörigkeit des Individuums nicht an Territorialität oder Ethnizität gebunden. So hat sich in Amerika, Australien etc. europäische Kultur etabliert. Weltweit erfolgt Urbanisierung in Orientierung an den Richtlinien europäischer Kultur. Aus Europa stammende Kulturelemente prägen die Städte der Dritten Welt - Elektrizität, Autos, Geld, Kleidung. In fraktalen Wachstumsprozessen frißt sich mit dem Ausbau der Infrastruktur europäische Lebensweise in die Peripherie hinein.

5. Zeichen der Zugehörigkeit

Die an diesen Prozessen Beteiligten definieren sich über die verwendeten Zeichen. Kulturelemente haben für das Individuum insofern identitätsstiftenden Charakter, als sie Zeichen der Zugehörigkeit sind. Kulturgruppenspezifisch sind Ernährung, Sprache, Behausung, Körpergestaltung u.v.m. Diese Zeichen haben sehr unterschiedliche Bedeutung für den Kulturwandel:
- So können ethnische Merkmale zwar auch Zeichen der Kulturgruppenzugehörigkeit sein; sie können aber nicht von anderen übernommen werden.[4]
- Ob produzierte Waren in einer anderen Kultur, in die sie gelangt sind, destruktiv wirken, hängt von ihrer Verfügbarkeit ab; so dürften technische Geräte oftmals unerreichbar sein.
- Die Art der Behausung läßt sich durchaus durch eine extern induzierte ersetzen; der hierfür erforderliche Zeichentransfer ist jedoch an eine Reihe von Bedingungen geknüpft (Kenntnisse der anderen Architektur; Verfügbarkeit des Materials usw.); auch ist dies ein ortsgebundener kommunikativer Akt.
- Ernährung ist zwar weniger ortsgebunden, aber die mit ihr verbundene Aussage erfolgt nur zu bestimmten Zeiten (und evtl. auch nur vor bestimmten Personen); die materielle Verfügbarkeit spielt hier ebenfalls eine Rolle.
- Sprache ist prinzipiell weder orts- noch zeitgebunden, doch ist die Verfügbarkeit von ihrem Erwerb abhängig; als Zeichen ist sie nur im Moment ihrer Produktion existent.
- Körpergestaltung allerdings stellt eine permanente, direkt mit der Person verbundene und damit zentrale Identitäts-Aussage dar.

---

[3] Dies ist ein Analogon zu der Unterscheidung, die Shiffrin & Schneider (1977) in wahrnehmungspsychologischer Hinsicht vornehmen.

[4] Bleichen der Haut, Frisurgestaltung, Operieren der Lidfalte etc. sind unvollständige Imitationen.

6. Destruktive Effekte des Zeichentransfers

Wie bereits erwähnt, determiniert das Dominanzgefälle die Fließrichtung von Kulturelementen über eine Kulturgrenze hinweg. Diese Elemente stellen für den neuen Kontext keinesfalls bloß eine Bereicherung dar; vielmehr werden vorhandene Kulturelemente durch sie gelöscht. Es kommt im Syntheseprozeß zur Bildung von Äquivalenzklassen, in denen äquivalente Elemente der an der Synthese beteiligten Kulturen ihre Bewertung erfahren. Effektivere Kulturelemente werden beibehalten, während weniger effektive verworfen werden.[5] Da die Effektivitätszuschreibung rein kognitiver Art und situationsabhängig ist, erweisen sich transferierte Kulturelemente im neuen Kontext oftmals als inkompatibel. Neue Ernährungsformen, Waffen, Werkzeuge und Geldverkehr können zur raschen Destabilisierung einer Kultur-Umwelt-Beziehung führen, die sich in vorangegangenen Zeiträumen als homöostatisch etabliert hatte.

7. Kognitive Faktoren

Es ist nicht nur die Motorsäge oder das Gewehr, das eine Kultur destabilisiert. Übersummativ führen die Einzelelemente im Sinne eines Gestalteffektes zur generalisierenden Bewertung der beteiligten kulturellen Kollektive. Die Kultur, die fliegen kann, die mittels eines Gerätes über weite Distanzen mit anderen sprechen kann, die mittels einer Tablette das Fieber senken kann, wird generalisierend höher bewertet. So stellen auch einzelne Zeichen, die wenig direkte Relevanz haben, eine Referenz auf die betreffende Kultur dar - das Kaugummi etwa oder die Sonnenbrille. Jeder Zeichengebrauch ist gegenüber anderen, die diesen Gebrauch wahrnehmen, ein kommunikativer Akt. Kulturbegegnungen lassen sich im 2x2-Design darstellen:

		Individuum	
		dominant	dominiert
Kontext	Dominanzkultur	a	b
	dominierte Kultur	c	d

Innerhalb einer jeden Konstellation gibt es Verhaltensalternativen. So kann ein Indigener in seinem Kontext weiterhin traditionell leben; er kann aber auch extern induzierte Kulturelemente aufgreifen. Ebenso kann ein Mensch aus der Industriekultur mit seinem Umfeld verschmelzen; er könnte sich jedoch auch der Zeichen anderer Kulturen bedienen. Schauen wir uns einige für den Aspekt der Kulturbegegnung relevante Situationen an:

- d) Derjenige, der als erster im Dorf anstelle seines Lendenschurzes eine Turnhose trägt, macht mit diesem Denotat eine Reihe konnotater Aussagen: ICH WENDE MICH DER DOMINANZKULTUR ZU; ICH WENDE MICH VON MEINER KULTUR AB; oder gar: ICH SCHÄME MICH MEINER HERKUNFT.
- b) Befindet er sich im industriekulturellen Kontext, etwa in einer größeren Stadt oder in Europa, und gestaltet er seinen Körper in Befolgung der dortigen Norm, so impliziert dies eine Anerkennung der Kultur, die diese Normen gibt.
- c) Ein Mensch aus der Industriekultur, der in eine traditionelle Kultur eindringt, hat ebenfalls die Verhaltensalternativen der Anpassung und der Nichtanpassung. Die konnotate Aussage der Anpassung ist die der Respekterweisung, der Anerkennung und Akzeptanz der Gastkultur oder, kurz: DAS IST GUT. Hingegen beinhaltet der kommunikative Akt der Nichtanpassung Aussagen der Geringschätzung und Abwertung: ICH PASSE MICH EUCH NICHT AN; MEINE KULTURELEMENTE SIND DIE BESSEREN; EINE ANPASSUNG WÄRE FÜR MICH ERNIEDRIGEND; ICH BEGEBE MICH NICHT AUF EURE STUFE HINAB.

Hier wird die Asymmetrie der Beziehung deutlich: Während die Anpassung des im Dominanzgefälle Unterlegenen als selbstverständlich akzeptiert wird, erfolgt mit der gleichen Selbstverständlichkeit die Nichtanpassung des Überlegenen an den Kontext der Gastkultur. Noch augenfälliger werden die

---

[5] Zu diesen Mechanismen s. Groh (1993 a. b).

Positionen, wenn wir feldtheoretische Überlegungen im Lewinschen[6] Sinne einbeziehen: Der Dominante ist in der unterlegenen Gastkultur gleichsam ein Fremdkörper, der mittels Zeichen demonstriert, daß er Repräsentant der Dominanzkultur ist. Andererseits reißt beim Unterlegenen, der sich in der Dominanzkultur aufhält, die semiotische Verbindung zur Herkunftskultur ab. Besonders frappierend ist dabei, daß im Hinblick auf das Dominanzgefälle zwar der Unterlegene einem sozialen Druck ausgesetzt ist, daß aber der Überlegene seine Nichtanpassung ohne einen solchen Druck praktiziert.

Daß der semiotische Kniefall des Unterlegenen, das Aufgeben eigener Kulturelemente also und die Übernahme der Zeichen der Dominanz, von den Überlegenen nicht nur gebilligt, sondern oftmals sogar begrüßt wird, zeugt von einer Position, die in Kontrast zum pluralistischen Selbstverständnis, zum Anspruch auf Partnerschaftlichkeit und zu Menschenrechtsidealen steht, wie sie parallel zur Praxis des Soziozids von den Industrienationen propagiert werden. WIR SETZEN DIE STANDARDS - AN UNSEREM WESEN SOLL DIE WELT GENESEN. Der Unterschied zu früheren faschistoiden Positionen besteht darin, daß den Betroffenen die physische Fortexistenz erlaubt wird. Der Vorteil liegt auf der Hand, bedeutet dies doch die Verfügung über zusätzliches Arbeits- und Konsumpotential. Laufen die Prozesse so weiter, werden unsere Enkel (sofern wir den Ökozid einmal beiseite lassen) eine von allen kulturellen Abweichungen bereinigte Welt erben, eine Schöne Neue Welt, in der „Kultur" noch eine folkloristische Daseinsberechtigung hat, die der Erbauung und Zerstreuung dient. Daß es so etwas wie nackte Wilde einmal gegeben hat, wird noch verstaubten Büchern und vielleicht indizierten elektronischen Datenträgern zu entnehmen sein. Daß diese Menschen einmal das *Menschsein an sich* repräsentiert haben - dieser Gedanke wird dann geradezu als obszön gelten.

Doch noch ist es nicht soweit. Noch atmen die Kulturen. Ob es die letzten Atemzüge sind oder ob ihr Leben weitergeht, hängt von uns ab, den Dominanten, denen sie ausgeliefert sind.

8. Transfereffekte

Im Kulturkontakt läßt sich der Auslöser für die Löschung kultureller Information verorten. So werden Kulturen destabilisiert, die über lange Zeiträume existiert haben, ohne sich oder ihre Umwelt zu zerstören. Eine Begegnung zwischen Kultur A und Kultur B verläuft umso nachteiliger für Kultur B, je größer das Elaborations- und damit das Dominanzgefälle von A nach B ist. Treffen sich Gruppen, die von den Enden des kulturellen Spektrums stammen, so ist dies für die Unterlegenen die größtmögliche Form des kulturellen Ausgeliefertseins. Das Agierenkönnen ist dabei ebenso asymmetrisch verteilt wie die Verantwortung.

Es ist zu betonen, daß jede Begegnung von Menschen aus unterschiedlichen Kulturen allein schon deshalb ein kommunikativer Akt ist, weil der Mensch als Zeichenträger fungiert. Die Einflußnahme eines Repräsentanten der Dominanzkultur ist dabei vergleichbar den Effekten, die aus den Untersuchungen zum Modellernen bekannt sind (Bandura, 1976, 1979). Ob er es möchte oder nicht, ob es mit seiner Ideologie vereinbar ist oder nicht - der zeichenliefernde Mensch aus der Dominanzkultur hat Vorbildcharakter. Diese Vorbildwirkung kann nun ebenso dazu genutzt werden, einen Beitrag zur Destabilisierung zu leisten, wie sie auch zur *rescue work* genutzt werden kann. Im Sinne des Kulturerhalts sollte die Destabilisierung möglichst reduziert werden, die Begegnung sollte also in kultursemiotischer Hinsicht minimal invasiv erfolgen.

Zwei Dimensionen bestimmen die Invasivität: Zum einen ist es die bereits angeführte Relevanz von Zeichen für die kulturelle Zugehörigkeitsdefinition; zum anderen ist es ihre Position auf der Effektivitätsskala (s.o.). Letzteres impliziert, daß hineingetragene Kulturelemente, die in dieser Skalierung kleiner oder gleich dem Wert äquivalenter Elemente der besuchten Kultur sind, nicht destruktiv wirken können. Höher positionierte Elemente wirken jedoch destabilisierend, da sie tradierte Zeichen durch Zeichen der Dominanzkultur ersetzen.

---

[6] Vgl.: Lewin (1963).

Betrachten wir das typische Beispiel einer Kulturgruppe, die sich gewissermaßen in der „Grauzone" kultureller Destabilisierung befindet: Die Alten leben noch traditionell, die Jüngeren befinden sich jedoch im kulturellen Aversions-Appetenz-Konflikt, so daß die transkulturelle Weitergabe von Konzepten abzureißen droht. Jedes induzierte Kulturelement der Dominanzkultur liefert in dieser Situation einen weiteren Impuls, der sich gegen die tradierte Kultur richtet.

Die Induktion, die aufgrund der modellhaften Vorgabe durch den dominanten Besucher erfolgt, stellt eine feldtheoretische Größe dar, die mit unterschiedlichen Inhalten gefüllt sein kann. Es obliegt der Verantwortung des dominanten Besuchers, destruktive Zeichen <u>nicht</u> hineinzutragen. Nutzt dieser Besucher Zeichen, die auf der Elaborationsskala unterhalb des aktuellen Wertes liegen, althergebrachte Kulturelemente also aus der Zeit vor dem dominanten Einfluß, so ist dies bereits ein Stück *rescue work*, da es dem kulturellen Verlust entgegenwirkt. In der leider üblichen, destruktiven Form der Feldbegegnung beeinflußt die (dominante) Kultur A die (unterlegene) Kultur B. Dies führt dazu, daß ein transferiertes Kulturelement a zur Löschung des vorhandenen, äquivalenten Elements b und zu dessen Ersetzung führt. Dies läßt sich formelhaft so darstellen:

$$A \ggg B$$

$$a > \flat a$$

Dem kann entgegengesetzt werden: Beim Besuch der in aller Regel bereits angegriffenen Kultur B nutzen Dominante aus Kultur A ihre Modellfunktion. Indem sie den Gebrauch des ursprünglichen Elements b der unterlegenen Kultur praktizieren, setzen sie an die Stelle des inkompatiblen Elements a wieder das ursprüngliche Element b.

$$A \ggg B$$

$$a > \flat a \flat$$

Es dürfte deutlich geworden sein, daß ein solches Entgegenwirken umso mehr geboten ist, je bedrohter eine Kultur ist. Je elaborierter hingegen eine Kultur ist, je mehr „kulturelles Selbstbewußtsein" vorhanden ist, desto stabiler ist sie gegen außenbürtige Einflüsse. Mit Blick auf das semiotische Modell ist dies deshalb so, weil auf der Skala der Wert der hineingetragenen, als Alternativen gebotenen Kulturelemente kaum größer sein kann als derjenige der bereits vorhandenen, eigenen Elemente. Bei archaischeren Kulturen hingegen ist die Differenz sehr groß, was ihre besondere Fragilität in der Kulturbegegnung begründet.

Die Bedingungen der Löschungsresistenz vs. Anfälligkeit kultureller Information sind relevant für die alltäglichen Prozesse der Globalisierung. Die Effekte treten unabhängig davon auf, ob es sich bei den Beteiligten um Wissenschaftler, Touristen oder Vertreter von Hilfsorganisationen handelt. Die Hinweise, die das semiotische Modell für minimal invasive Begegnungen und damit für den Erhalt kultureller Information liefert, sind allgemein genug, um an jeweils spezifische Situationen angepaßt zu werden.

9. Innen und Außen

Mit der Klassifizierung von Kulturelementen hinsichtlich der Relevanz für die Zugehörigkeitsdefinition wird ein Problem umgangen, das bislang in dem konflikthaften Dilemma einer vermeintlichen *forced choice* zwischen Isolation vs. integrativer Anbindung bestand. Durch die Benennung der relevanten Zeichen bleibt der intellektuelle Austausch unangetastet, sei er konzeptueller, wissenschaftlicher oder religiöser Art. Dies steht im Einklang mit internationalen Konventionen zur *Freedom of Information*[7] und gibt dem Individuum die Möglichkeit einer bewußten Entscheidung.

Die differenzierte Betrachtung von „innerer" und „äußerer" Kultur ist die Voraussetzung nicht nur für die Modellbildung, sondern auch für die Ableitung von Interventionsstrategien. „Inneres" ist prinzipiell zeichenlos, und hinsichtlich seiner Vermittlung durch Zeichen wird die Beliebigkeit bloß

---

[7] Vgl. *United Nations Conference on Freedom of Information (1948)*.

durch Konventionen eingeschränkt; „Inneres" wird erst durch „Äußeres", durch Zeichen, repräsentiert. Kognitive Inhalte sind also nicht identisch mit definierenden, wahrnehmbaren Symbolen. Differenzierung von „Innerem" und „Äußerem" bedeutet, daß identitätsbildende Zeichen in der kulturellen Interaktion, speziell im Dominanzgefälle, zu beachten sind; gleichzeitig ist die Freiheit des Geistes zu respektieren.

10. Persönlichkeitsfaktoren

Der Löschung kultureller Information in der beschriebenen Art entgegenzuwirken, stößt weniger auf Probleme technischer Art, als vielmehr auf persönliche Probleme der Dominanten. Wie wir bereits gesehen haben, hat unter den kulturrelevanten Zeichengruppen die Körpergestaltung eine zentrale Bedeutung. Allerdings wird mit Blick auf das kulturelle Kontinuum gleichzeitig deutlich, daß Verhüllung ein Gradmesser für den fortschreitenden Wandel vom archaischen zum elaborierten Zustand ist. In *unserer* Kultur ist die Beziehung zum menschlichen Körper inzwischen deutlich gestört. Dies geht so weit, daß sich in psychologischen Untersuchungen entsprechende Wahrnehmungsprobleme nachweisen lassen: Der eigene Körper kann *unbekleidet* nicht mehr so gut wahrgenommen werden wie im bekleideten Zustand.[8] Offensichtlich stellt Nacktheit eine zu große emotionale Belastung dar.

Präzisieren wir dies weiter: Frauen aus der Industriekultur sind in extremer Weise dem Brusttabu[9] verhaftet, so daß es ihnen entsprechend schwer fällt, dieses Verhüllungs-Zeichen nicht zu importieren bzw., sofern bereits importiert, es nicht zu verstärken; *rescue work*, so wichtig sie in dieser identitätsbildenden und für das kollektive Bewußtsein relevanten Sache ist, das Wieder-Einbringen des ursprünglichen Zeichengebrauchs über die Vorbildwirkung, ist durch den Umstand, daß diejenigen, die sie leisten können, selbst unter dem Tabu stehen, in starker Weise erschwert. Aus der geschlechtsspezifischen Analyse des Kulturwandels läßt sich die Wichtigkeit der Rolle der Frau ableiten - *rescue work*, die über die Körpergestaltung erfolgt, wird überhaupt erst durch weibliche Beteiligung effektiv. Denn da sich die männlichen Tabuzonen (vgl. Jourard, 1966) der indigenen nicht wesentlich von denjenigen der Industrie-Kultur unterscheiden, kann in der nonverbalen Kommunikation nicht erkannt werden, daß die „Orientierung an der ursprünglichen Norm" (und damit Respektierung der betreffenden Kultur) *gemeint* ist, sofern sich keine Frau an der Intervention beteiligt.

Doch gerade über den Export von Tabus findet Kulturzerstörung in tiefgreifender Weise statt. Eine besondere Gefahr liegt in der Übertragung und Gegenübertragung: Zunächst wird das Tabu von A nach B übertragen; sobald es nun von B praktiziert wird, nimmt A dies wahr und erhält so eine Verstärkung hinsichtlich der Praktizierung des Tabus. Auf diese Weise werden über den Zeichengebrauch die Kognitionen der Gegenüber in wechselseitiger, sich verstärkender Weise verändert (s. u.: Rolle der Medien).

11. Argumentationen

Die persönlichen Probleme der Dominanten lassen sich im Sinne der kognitiven Dissonanz, wie sie Festinger (1978) dargelegt hat, recht gut beschreiben. Verantwortungsübernahme ist ein Aufwand, der durch die persönlich zu erwartenden Vorteile nicht gerechtfertigt wird. Bei Konfrontation mit der Problematik werden oftmals Strategien zur Dissonanzreduktion angewandt, die mit minimalem Aufwand maximalen Erfolg in Aussicht stellen. Wo nicht ausgewichen werden kann, wird argumentiert. Beispielsweise ist hinsichtlich der Frage nach *rescue work* ein typischer Tenor: WIR GEBEN JA ZU, DAß UNSERE KULTUR ANDERE KULTUREN AUSLÖSCHT. ABER JETZT HALTEN WIR UNS HERAUS, JETZT LASSEN WIR DIE BETROFFENEN MIT DEM SCHERBENHAUFEN ZURÜCK. Beliebt ist auch die Ausrede, es sei schon zuviel zerstört worden, und um weitere Fehler zu vermeiden, wolle man

---

[8] Markee et al. (1990); LaBat & DeLong (1990)
[9] Zur Genese dieses Tabus s. Hobsbawm (1978).

lieber nichts tun. Eine andere Strategie besteht darin, die Dominanzkonstellation zu ignorieren und zu behaupten, man wolle nicht eingreifen, um die Eigenständigkeit der Betroffenen zu respektieren und ihnen die Verantwortung zu überlassen. Weitere der häufig genutzten Argumentationsmöglichkeiten:

- Es wird die bereits vorhandene Zerstörung zur Rechtfertigung des eigenen Beitrags zur Destruktion benutzt: „Es läßt sich sowieso nichts mehr ändern."
- Diffusion der Verantwortung (Bierhoff, 1980): Man rechtfertigt das Fehlverhalten, „weil andere es ja auch so machen".
- Das kulturverträgliche Verhalten wird abgewertet, indem ihm jeglicher Effekt abgesprochen wird („das bringt doch sowieso nichts").
- Die Mechanismen der Einflußnahme werden geleugnet. Wird dann im Diskurs die Leugnung selbst geleugnet, so stellt dies eine schwierige Blockade für eine tatsächliche Lösung dar.
- Die Abwehr der beängstigenden, weil mit Selbstwertverlust assoziierten Idee der Anpassung geschieht über Spott und Auslachen.
- Kulturverträgliches Verhalten in einigen, belanglosen Punkten dient als Alibi, während gleichzeitig destruktives Verhalten in zentralen Punkten praktiziert wird.
- Einige Interventionsmaßnahmen (z.B. Straße anlegen, elektrifizieren) werden als kulturverträglich etikettiert, wenngleich die Bezeichnung keine Berechtigung hat.
- Anpassung wird abgelehnt, weil es „unecht" wäre, weil man seine „Persönlichkeit nicht aufgeben", „nicht heucheln", „keine Rolle spielen" wolle.

Gerade im letzten Fall wird die Dialektik ausgeblendet, da nicht reflektiert wird, daß es nicht möglich ist, keine Rolle zu spielen, und da in aller Regel die Anpassung der Unterlegenen an die Dominanzkultur akzeptiert wird.

In der konkreten Situation passen sich die Unterlegenen oftmals bereits unmittelbar *vor* einem Zusammentreffen in ihrer Selbstdarstellung an die Kultur der Dominanten an. Bei diesen wiederum führt die persönliche Problematik dazu, daß meist - bewußt oder unbewußt - jede Gelegenheit und vielerlei Ausflüchte genutzt werden, um *nicht* vom gewohnten Verhaltensmuster abzuweichen. Es wird also der Einfluß der eigenen Anwesenheit auf die Besuchten ignoriert, und es wird schon gar nicht in Betracht gezogen, sich selbst im Sinne der Gastkultur so zu gestalten, daß dies ein sinnvoller Beitrag für deren Re-Stabilisierung wäre.

Ein besonders fataler Rückkopplungseffekt ergibt sich aus der Anwesenheit von Filmteams, die - *hinter* der Kamera stehend - den Besuchten nicht nur eine semiotische Vorgabe sind, sondern das unter diesem Einfluß entstandene Aussehen wiederum als vermeintlich „authentische" Vorgabe an künftige dominante Besucher wie auch an die Dominierten selbst liefern.

12. Die Rolle der Medien

So wäre denn auch unsere Betrachtung kultureller Information im Globalisierungsprozeß unvollständig, würden wir nicht noch einen Blick auf die Rolle der Medien werfen. Die Medienwelt als zeitgeistbestimmende Instanz erzieht den Bürger in vielfacher Hinsicht. Die Idee, die Menschheit sei mittels Unterhaltung geistig formbar, findet sich bereits bei Schiller (*Die Schaubühne als eine moralische Anstalt betrachtet, 1784*). Die Möglichkeiten solcher Einflußnahme wurden enorm gesteigert, seit der Mensch nicht mehr zur Schaubühne kommen muß. Viele kleine Schaubühnen, die zudem rund um die Uhr spielbereit sind und ein enormes Repertoire haben, sind zu den Menschen gekommen.

Bereits die Entscheidungen darüber, welche Themen überhaupt behandlungswürdig seien, werden für den Medienkonsumenten zur erfahrbaren Meta-Information, aus der er lernt, was in der Welt wichtig zu sein hat und was nicht. Die wenigen noch verbliebenen kulturell autarken Gruppen bleiben entweder unbeachtet oder sie werden als Objekte massenmedialen Konsums mißbraucht. Die Klassifizierung als „Wilde" bedeutet in der Praxis die Aberkennung des Status „Mensch". Die

Vorstellung vom „Bürger" läßt keinen Raum für andere Lebensformen. Je eigenständiger die Kultur, desto entrechteter.[10] Und desto ignorierter von der öffentlichen Meinung, jenem Medienprodukt.

Das von Bandura (1976, 1979) beschriebene Modellernen kommt in den Massenmedien weitaus stärker zum Tragen als in der Face-to-Face-Situation. Die Dominanz der Industriekultur zeigt sich besonders in der Medienmacht, die das Verhalten der Konsumenten vereinheitlicht und damit regionale Kulturunterschiede im Sendegebiet beseitigt. Letzteres kann im Satellitenzeitalter sehr groß sein. Das subtile, aber hocheffektive Diktat der *light media* lautet: DU SOLLST DICH VERHALTEN WIE WIR. ANDERES VERHALTEN IST LÄCHERLICH[11]. GIB DICH LOCKER UND LÄSSIG UND DENKE ÜBER KEIN PROBLEM LÄNGER ALS ZWEIEINHALB MINUTEN NACH (dies ist ungefähr die Länge der Nachrichtenclips von CNN).

13. Informationsverlust

Wir leben unter dem Trugschluß, daß mit der Erweiterung der technischen Möglichkeiten die Menge der täglich auf die Medienkonsumenten einströmenden Information angestiegen sei. Dies ist nur bedingt richtig. Betrachten wir einmal die Gesellschaft als System mit Informationskanälen. Noch vor wenigen Jahrzehnten, vor der Sättigung unserer Kultur mit Fernsehgeräten, war es üblich, daß Familien abends beisammensaßen und sich unterhielten. In der Regel handelte es sich um Großfamilien, die Alten gaben ihre Erfahrungen an die Jungen weiter. Informationstheoretisch betrachtet, war die Zahl der Kanäle, auf denen allabendlich Kommunikation stattfand, identisch mit der Anzahl der beisammensitzenden Familien. Von Kanal zu Kanal wies die fließende Information deutliche individuelle Eigenheiten auf, je nach dem Thema, über das die betreffende Familie gerade redete. Heute jedoch hat sich die Art des Informationsaustausches gewandelt: Zum einen fließt die Information nur noch in eine Richtung, nämlich aus dem Empfangsgerät heraus; zum anderen ist die Zahl der Informationskanäle nicht mehr nach Millionen bemessen, sondern nach der Anzahl der empfangbaren Programme. Und nun sind wir dabei, durch die flächendeckende Bestrahlung des Planeten die Informationsdichte, die Informationsunabhängigkeit, das kulturelle Wissen auch in den als „rückständig" bezeichneten Regionen zu beseitigen: Herbeiführung der EINEN, SCHÖNEN, NEUEN, INFORMIERTEN WELT.

Nun mag argumentiert werden, daß ja durch die Vernetzung der Welt mit Telekommunikationsmitteln mehr und mehr Information in Umlauf käme. Aber auch hier ist dieses „mehr" zu relativieren. 98% aller täglichen Meldungen werden in keiner Form veröffentlicht[12] - weder in Printmedien, noch in Ton oder Bild gesendet. Die Leitungen der Fernschreiber, über die Tag für Tag die vielen Mitteilungen laufen, enden weltweit in einer Handvoll Nachrichtenagenturen - Reuter, AP, dpa und die wenigen anderen -, die als Ventile fungieren und die Medienlandschaft bestimmen. Es ist letztlich irrelevant, ob die als „interessant"[13] eingestuften (erstaunlich deckungsgleichen) 2% der Meldungen dann von Tageszeitungen, Wochenzeitschriften, Radio- oder Fernsehgesellschaften weiterverbreitet werden. Die groben Ziele der Globalisierung sind bereits festgelegt: Was sollen wir wissen? Was gut, was schlecht finden?

Und: WAS IST KULTUR?

---

[10] Man bedenke: Die meisten „Pygmäen" würden nicht einmal einen Paß erhalten.
[11] Das belächelnde Herabschauen auf anderes Verhalten ist ein wirksames soziales Kontrollinstrument. Bei einigen archaischen Kulturgruppen ist das Auslachen die kollektive Sanktion für Fehlverhalten.
[12] Bezifferung lt. Tim Arnold, Chefredakteur der Tageszeitung „Neue Westfälische"
[13] Interessant und dennoch meist irrelevant für das persönliche Leben des Mediennutzers. Weder von entscheidendem Einfluß, noch beeinflußbar.

Literatur

Assmann, Jan: Das kulturelle Gedächtnis. Schrift, Erinnerung und politische Identität in frühen Hochkulturen. München 1992
Bandura, A.: Lernen am Modell. Stuttgart 1976
Bandura, A.: Sozialkognitive Lerntheorie. Stuttgart 1979
Barthes, Roland: Die Sprache der Mode. Frankfurt/M. 1985
Bierhoff, Hans-Werner: Hilfreiches Verhalten: soziale Einflüsse und pädagogische Implikationen. Darmstadt 1980
Eco, Umberto: Einführung in die Semiotik. München 1972
Festinger, Leon: Theorie der kognitiven Dissonanz. Hrsg.: Irle, Martin & Möntmann, Volker. Bern/Stuttgart/Wien 1978 (Orig.: A Theory of Cognitive Dissonance. Stanford, 1957)
Giddens, Anthony: Living in a Post-Traditionals Society. In: Beck, Ulrich; Giddens, Anthony & Lash, Scott (Eds.): Reflexive Modernization. Politics, Tradition and Aesthetics in the Modern Social Order. Cambridge, 1994 (pp. 56-109)
Groh, Arnold (1993a): Ein Ansatz zur mathematischen Modellierung kulturellen Transfers. Grundlagenstudien aus Kybernetik und Geisteswissenschaft / Humankybernetik, 1993, 34, 3, 110-118
Groh, Arnold (1993b): Formal-informationswissenschaftliche Überlegungen zu den Effekten kultureller Dominanz auf die Stabilität von Symbolsystemen. Grundlagenstudien aus Kybernetik und Geisteswissenschaft / Humankybernetik, 1993, 34, 4, 172-182
Halbwachs, Maurice: La mémoire collective. Paris, 1950
Halbwachs, Maurice: Les cadres sociaux de la mémoire. Paris, 1925
Hobsbawm, Eric J.: Sexe, symboles, vetements et socialisme. Actes de la recherche en sciences sociales, 1978, 23, 2-18
Jourard, S. M.: An exploratory study of body accessibility. Brit. J. soc. clin. Psychol., 1966, 5, 221-231
LaBat, Karen L. & DeLong, Marilyn R.: Body cathexis and satisfaction with fit of apparel. Clothing and Textiles Research Journal, 1990, 8(2), 43-48
Lewin, Kurt: Feldtheorie in den Sozialwissenschaften. Ausgewählte theoretische Schriften. (Original: Field Theory in Social Sciences, New York 1951.) Bern 1963
Luhmann, Niklas: Soziale Systeme. Grundriß einer allgemeinen Theorie. Frankfurt/Main 1984
Markee, Nancy L.; Carey, Inez L. & Pedersen, Elaine L.: Body cathexis and clothed body cathexis: Is there a difference? Perceptual and Motor Skills, 1990, 70(3, Pt 2), 1239-1244
Posner, Roland: What is Culture? Toward a semiotic Explication of anthropological Concepts. In: Koch, Walter A. (ed.): The Nature of Culture. Bochum 1989
Posner, Roland (Hrsg.): Warnungen an die ferne Zukunft. Atommüll als Kommunikationsproblem. München 1990
Shiffrin, R.W. & Schneider, W.: Controlled and automatic human information processing: II. Perceptual learning, automatic attending, and a general theory. Psychological Review, 1977, 84, 127-190
United Nations Conference on Freedom of Information. Held at Geneva 23 March - 21 April 1948. Final Act. Lake Success, New York

Was wir über das Wissen wissen - Indikatoren der Wissenswirtschaft
(Kurzfassung des Beitrags)

Hariolf Grupp

Fritz Machlups Buch "Die Produktion und Verteilung von Wissen in den Vereinigten Staaten" von 1962 gehört nicht zu den Standardwerken der Literatur. Es ist vor allem bei den Ökonomen wenig beachtet worden, gilt sogar für manchen als Ärgernis. Warum? Machlup hat in der umfassenden und akribischen Bestandsaufnahme schon zu diesem frühen Zeitpunkt alles zusammengetragen, was man in einer Wissensgesellschaft unter Wissen fassen könnte: Neben Forschung und Entwicklung auch die Kommikationsmedien, Informations- und Rechendienste und den großen Bereich der Erziehung. Darunter fasst er aber beispielsweise auch die Erziehung zu Hause, im Vorschulalter, und schätzt mit Zahlen ab, welcher Anteil an eigenem Einkommen Müttern (sic!) entgeht, wenn sie etwa ihren Kleinkindern das Sprechen lehren. "Training on the job" wird ebenso angesprochen wie die Erziehung in den Kirchen und beim Militär. Bei den Kommunikationsmedien bedenkt er Theater und Kino und bestimmte Typen der Werbung; selbst die Aufzeichnung eines Bildes durch Fotografie ist seiner Meinung nach Wissensspeicherung bzw. Wissenstransport.

Machlup zählt zusammen: Seiner Meinung nach wurden in den Vereinigten Staaten bereits 1958 über 136 Mrd. US $ für die Wissensproduktion aufgewendet, eine Summe, die fast 30 % des Bruttosozialprodukts beträgt.

Ein ähnlich breiter Ansatz ist meines Wissens für die jetzige Zeit und für Deutschland weder erstellt worden noch irgendwo in Sicht. Es bleibt damit momentan keine andere Wahl, als eine Eingrenzung auf den engeren Bereich dessen, was "Wissen schafft", die Wissenschaft. Oft werden Wissenschaft und Technik mit Forschung und Entwicklung (FuE) gleichgesetzt. Der Begriff *Wissenschaft* schließt aber die Hochschullehre ein, während FuE-Tätigkeit zur *Erweiterung* des allgemein verfügbaren Wissens, des "Standes der Wissenschaft" führt, sie steht für die *Produktion von Wissen*.[1] Im Unterschied zur Hochschullehre, also der Pflege des Wissensbestands und seiner Weitergabe, schrieb der oben erwähnte Ökonom Machlup der Produktion von Wissen bereits 1962, als sichtbar wurde, welche Bedeutung Forschungsprozesse auf das Wirtschaftswachstum nehmen können, die Qualität einer ökonomischen Aktivität zu.[2] Die Begriffsbildungen "Wissenschaft" und "Technik" sollte man aber besser als soziale Subsysteme verstehen und von FuE (einer ökonomischen Tätigkeit) abgrenzen. Denn ist es nicht die Wissenschaft, für die ein Industrieforscher mit dem Nobelpreis ausgezeichnet wird? Und ist etwa alles, was eine Hochschule tut, schon deshalb Wissenschaft?[3] *Forschung ist nicht gleich Wissenschaft und experimentelle Entwicklung nicht gleich Technik.*

---

[1] Eine präzise Grenzziehung zwischen der Aufarbeitung des vorhandenen Wissens, z. B. der Analyse bereits vorliegender Forschungsergebnisse, und dem "Betreten geistigen Neulands" ist dem individuellen Wissenschaftler aber oft nicht möglich.

[2] Machlup (1962, S. 9): "Die Produktion von Wissen ist eine ökonomische Aktivität, eine Industrie, wenn Sie wollen, (...) aber die Ökonomen haben es versäumt, die Produktion von Wissen zu analysieren."

[3] So geißelt etwa Mittelstraß (1993, S. 30) die ungenügende Abgrenzungen dessen, was Wissenschaft ist: "Es geht nicht an, dass alles Wissenschaft und Forschung ist, was die Universität in falsch verstandener wissenschafts-systematischer Liberalität dazu erklärt."

So wie wegen der partiellen Überlappungen der Subsysteme Wissenschaft und Technik diese nur idealtypisch deutlich zu trennen sind[4], können auch FuE-Tätigkeiten nur analytisch in die verschiedenen Typen unterteilt werden, in der Praxis nicht immer. Wie aus den jeweiligen Definitionen hervorgeht, lässt sich jedoch oftmals die Arbeit in der reinen Grundlagenforschung dem wissenschaftlichen und die Arbeit in der experimentellen Entwicklung dem technischen Subsystem zuordnen. Orientierte Grundlagenforschung und angewandte Forschung vagabundieren zwischen diesen.

Wissen als öffentliches Gut

Während bei einem privaten Gut oder Individualgut die Verwendung durch eine Wirtschaftseinheit andere Wirtschaftseinheit von der Verwendung ausschließt, gilt das *Ausschlussprinzip* für ein *öffentliches Gut* oder Kollektivgut wie das Wissen nicht. Es kann gleichzeitig von mehreren oder vielen Akteuren verwendet werden, ohne dass seine Menge spürbar abnimmt; d. h., es herrscht *keine Rivalität*. Wenn die öffentlichen Güter erst einmal produziert sind, möchte sie jeder Akteur als positive externe Effekte, also unentgeldlich, verfügbar haben. Sorgt der Staat für die Bereitstellung wie im Falle der Wissenschaft, so werden die innovierenden Unternehmen, da sie über die allgemeine Steuerabschöpfung nur mit einem geringen Kostenanteil betroffen sind, die Bereitstellung einer großen Menge zum Nullpreis wünschen. Sie werden also dazu verleitet, ihre Präferenzen für das Gut "Wissenschaft" übertrieben stark darzustellen und eine größere Menge zu wählen als bei einem von Null verschiedenen Preis. Dies führt tendenziell zu Allokationsineffizienzen von Produktionsfaktoren, in diesem Fall zu einer Überversorgung, und kann damit ein Marktversagen beinhalten.[5]

Da auch die Unternehmen durch ihre FuE gewisse öffentliche Güter privat produzieren und da auch in diesem Fall keine Möglichkeit des Ausschlusses von Nutznießern dieser externen Effekte gegeben ist, besteht aber auch eine Tendenz zur Unterversorgung. Jede Wirtschaftseinheit, die erwartet, dass die anderen diese Güter produzieren, wird keinen rentablen Preis zahlen und selbst ein nicht-ausschließbarer "Trittbrettfahrer" sein wollen.[6] Die privat produzierten externen Effekte würden nicht auftreten, wenn das innovierende Unternehmen seine Aufgabe ausschließlich darin sähe, firmenspezifisches Wissen herauszubilden und spezielle ingenieurtechnische Probleme zu lösen, die nur in seinem jeweiligen konkreten Geschäftszusammenhang auftreten. In Wirklichkeit kann das Unternehmen aber niemals nur solch spezielles Wissen entwickeln, dass es alle Wissenselemente für sich allein behalten könnte. Indem es FuE betreibt, fallen unwillkürlich auch Ergebnisse an, die zur Erweiterung des allgemeinen, externen Wissens beitragen. Wenn aber andere Anbieter kostenfrei Kenntnis über technologisches Wissen erhalten und imitieren können, ist das für sie ein gewinnsteigernder, also positiver externer Effekt.

Die externen Effekte sind nicht uniform auf die verschiedenen Wirtschaftszweige und auf die verschiedenen FuE-Typen verteilt. Die Gewinnmöglichkeiten, die durch wissenschaftlich-technischen Fortschritt bereitgestellt werden, werden also mehr oder weniger schnell und

---

[4] Lenk und Ropohl (1976) sowie Brooks (1994).
[5] Lundvall (1994) beschäftigt sich mit der Frage, ob Wissen ein knappes Gut ist, und findet, dass das Wissen selbst im Überfluss vorhanden, aber die Fähigkeit zu seinem Gebrauch knapp sei.
[6] In Lehrbüchern (z. B. Schumann, 1992, S. 462) wird die sogenannte *Rationalitätenfalle* oder spieltheoretisch das *Gefangenendilemma*, das zur kollektiven Selbstschädigung der Volkswirtschaft führt, am Beispiel der *Allmende*, also einer in Gemeindeeigentum stehenden landwirtschaftlichen Nutzfläche, erläutert. In dem Umfang, in dem private FuE zu öffentlichen Wissensgütern führt, kann man das Innovationsgeschehen als eine moderne Allmende der Industriegesellschaft ansehen.

mehr oder weniger vollständig nachgeahmt. Um dieses "mehr oder weniger" kreist eine umfängliche ökonomische Literatur, die hier nicht wiedergegeben werden kann.[7]

Warum ähnelt die "Produktion" von wissenschaftlichem und technischem Wissen in vielerlei Hinsicht der Produktion öffentlicher Güter? Um ein Beispiel zu geben: Wenn das Wissen in Patentschriften niedergelegt ist, wird der Erfinder durch die Patentgesetze gezwungen, der Öffentlichkeit die Ergebnisse seiner Forschung bekanntzumachen. Andernfalls kann er das Monopolrecht nicht erwerben. In diesem Fall sind andere Wirtschaftssubjekte als die Inhaber vom exakt gleichen Gebrauch des in Patentschriften bekanntgemachten Wissens für gewinnbringende Transaktionen ausgeschlossen, jedenfalls eine Zeitlang. Das in Patenten niedergelegte Wissen ist also kein öffentliches Gut. Durch die Veröffentlichung kann ein Konkurrent aber zu Modifikationen angeregt werden, die den ursprünglichen Erfindern selbst nicht eingefallen sind. Dann liegt ein Fall vor, in dem die Renditen des eigenen technologischen Wissens vom Erzeuger nicht vollständig angeeignet werden können. Die Externalitäten im Innovationsgeschehen beruhen somit auf Wissensflüssen, Verfahrensähnlichkeiten, Synergien und Gemeinsamkeiten: Solche Leistungsbeziehungen werden tatsächlich nicht über Märkte gehandelt und nicht vergütet. Aber auch durch die güterwirtschaftlichen Leistungen innerhalb der Wertschöpfungskette kann ein Teil der eigenen, investitionsgebundenen Know-hows abfließen. Da die Literatur eine einheitliche Behandlung und Kennzeichnung von unentgeldlichen Wissensübertragungen nicht vornimmt, wird vorgezogen, für externe Effekte zwischen Unternehmen und der öffentlichen Forschungsstruktur den Begriff *"Wissenschaftsbindung"* zu verwenden.[8]

Ökonomie der Grundlagenforschung

Erst in allerjüngsten Jahren wächst die Literatur zum *ökonomischen Wert der Grundlagenforschung* an. Eine gängige Annahme besagt dabei, dass die Information, welche aus der Wissenschaft stammt, keine direkten ökonomischen Nutzwirkungen oder Gewinne hervorbringt, aber intermediäre Inputs, die in weitere FuE-Aktivitäten eingehen und somit schließlich zu kommerziellen Effekten führen. Da die meisten Produkte der Wissenschaft ökonomisch nicht gefasst werden können, seien Kosten-Nutzen-Analysen der Grundlagenforschung sehr problematisch zu beurteilen und insbesondere der Unterschied zwischen Produkten und Nebenprodukten schwierig zu messen. Eine weitere Schwierigkeit ist, dass die Begriffe Wissenschaft und Grundlagenforschung nicht identisch sind.

Der im angelsächsischen Sprachraum verbreitete Ausdruck der "Science-Based"-Industrie ist mithin an institutionellen Begriffen festgemacht worden. So findet man in der Literatur Definitionen wie die folgende: "Unter einer 'Science-Based'-Technologie meinen wir eine solche Technologie, bei welcher die Richtung der erfinderischen Anstrengungen zu jedem Zeitpunkt stark durch neueste wissenschaftliche oder andere Entwicklungen beeinflusst ist, die von außerhalb der Industrie stammen, üblicherweise aus der Hochschulforschung."[9] Der institutionelle Denkansatz ist auch vor dem Hintergrund der exzellenten Arbeiten zu verstehen, die den Aufstieg vor allem der chemischen und elektronischen Industrie durch konsequenten Einbezug der neuesten wissenschaftlichen Erkenntnisse im Laufe des 20. Jahrhunderts beschreibt.[10]

---

[7] Siehe bei Grupp (1997).
[8] Dieser Begriff lehnt sich an den im angelsächsischen Raum verbreiteten Begriff "Science Base" an.
[9] Merges und Nelson (1990).
[10] Siehe vor allem Freeman (1982) und für die Vereinigten Staaten Nelson und Wright (1992).

Im deutschen Sprachraum operiert die soziologische Wissenschaftsforschung vorzugsweise mit dem Begriff der "Verwissenschaftlichung", während die deutsche ökonomische Forschung das Phänomen weitgehend ignoriert. Erschwerend kommt hinzu, dass der Begriff "Science" korrekt mit "Naturwissenschaften" zu übersetzen wäre und folglich die eingeführten angelsächsischen Begriffe zu Wortungetümen wie "naturwissenschaftsbasiert" oder "naturwissenschaftsbezogen" führen würden. Der Terminus "Verwissenschaftlichung" beschreibt eigentlich einen zeitlichen Vorgang, nicht aber einen Zustand. Deswegen wurde der Begriff der "Wissenschaftsbindung" geprägt.

"Abschreibung" des Wissens und geographische Effekte

In empirischen Untersuchungen wurde gefunden, dass das Wissen aus FuE, verstanden als *Kapitalstock*, mit einer Rate von ungefähr einem Fünftel abgeschrieben werden muss. Solche Zahlen sind aber sehr umstritten und verkennen, dass Wissen unterschiedlich schnell altert. Wenn wissenschaftliches Wissen tatsächlich so schnell veralten sollte, dann gilt dies sicher nicht für das Wissen über Grundrechenarten usw.

Wissensübertragungen haben weiterhin eine *geographische Dimension*. Für die USA konnte gezeigt werden, dass externe Effekte häufiger innerhalb des Landes als in Bezug auf das Ausland auftreten, und sich meistens sogar innerhalb des gleichen Bundesstaates oder sogar derselben Verwaltungseinheit abspielen. Die meiste Litertur zur Wissensproduktion bleibt aber bezüglich der geographischen Dimension stumm, obwohl doch eigentlich die Ansiedlungspolitik von Technologiezentren und dergleichen empirische Belege für die geographische Dimension verlangt.

Humankapital als faktorgebundenes Wissen

Die bisherigen Überlegungen beziehen sich auf eine Güterklassifikation des Wissens, soweit es faktorungebunden ist. Die Verfügbarkeit über *Humankapital* für das langfristige Wachstum ist in letzter Zeit mehrfach betont worden. Die neue Wachstumstheorie schreibt dem Humankapital steigende Grenzerträge zu. Die Humankapitaltheorie hat in den letzten Jahren eine aufgewertete Stelle in der laufenden wirtschaftspolitischen Debatte erlangt. Ein großer Teil der bildungsökonomischen Literatur befasst sich dabei schon seit Jahren mit der Theorie des Humankapitals. In der Bildungsökonomik geht man meistens davon aus, dass der materielle Wert eines Menschen vor allem durch seine Kapazität, Einkommen zu verdienen, bestimmt wird. Dementsprechend schätzt man den wahrscheinlichen Einkommensstrom über die Lebenszeit. In Wachstums- und Innovationstheorie wird der Begriff Humankapital mit dem Bestand an Fähigkeiten, Fertigkeiten und Kenntnissen definiert. Die Neubildung von Humankapital geschieht aber auch in dieser Begriffsabwandlung, die nicht messbar ist, durch Ausbildung in allen Bildungssektoren, Fort- und Weiterbildung.

Anders als das faktorungebundene Wissen, das bisher diskutiert wurde, stellt Humankapital faktorgebundenes Wissen dar. Sofern das Humankapital immobil ist, ist dieses Wissen ein privates, vollständig ausschließbares, rivalisierendes Gut. "Einer zweiten Person das Addieren zu lehren, ist genauso kostspielig wie das Unterrichten der ersten. (...) Jede Person hat nur eine begrenzte Zahl von Jahren, in denen Fertigkeiten erlernt werden können. Wenn die Person stirbt, sind diese Fähigkeiten verloren, während jedes nichttrivalisierende Gut, das diese Person produziert hat (...), weiterlebt, auch wenn sie dahingegangen ist."[11]

---

[11] Romer (1990, S. S75).

Moderne Modelle der Humankapitaltheorie gehen davon aus, dass dieses Gut zunehmend mobil wird, so dass die Frage zu stellen ist, ob überhaupt noch von einer Immobilität des Humankapitals ausgegangen werden darf. Dass "Head-Hunting" als Instrument praktischer Unternehmensstrategie überhaupt stattfindet, zeigt schon, welchen externen Wert das faktorgebundene Wissen besitzt.

Güterklassifikation des Wissens

Die Diskussion der Güterklassifikation des Wissens inklusive des Humankapitals und die dabei notwendigen Fallunterscheidungen hat Romer zusammengefasst (siehe Tabelle 1). Nach Romer ist die (horizontale) Rivalitätsdimension in der Tabelle physisch zu erklären.[12] Eine Person kann den Faktor Arbeit nur *einem* Unternehmen oder Institut anbieten, damit ist die verfügbare Arbeitsmenge verbraucht. Eine technische Konzeption dagegen verliert durch mehrfache Nutzung nicht an "Menge"; jede Patentschrift oder wissenschaftliche Veröffentlichung kann beliebig oft gelesen werden (keine Rivalität). Die andere Dimension, das Ausschlussprinzip, hat nach Romer dagegen eine physische wie auch eine juristische Qualität. Die Wirtschaftsspionage oder ungenehmigte Nebentätigkeiten können, wenn sie physisch möglich sind, juristisch unterbunden werden, ebenso wie eine Patentverletzung solange geschehen kann, bis sie entdeckt, bewiesen und beim Patentgericht rechtskräftig entschieden ist. Ohne die Institution Recht kann ein an sich ausgeschlossenes Unternehmen z. B. eine patentierte Verfahrensinnovation nutzen.

Tabelle 1: Güterklassifikation des Wissens in Wissenschaft und Technik.

Ausschluss	Faktorgebundenes Wissen (Rivalität)	Faktorungebundenes Wissen (keine Rivalität)
Vollständig	Immobiles Humankapital	Erfahrungs- und geheimgehaltenes Wissen
Teilweise	Mobiles Humankapital	Patentiertes Wissen, technische Konzeptionen (z. B. Blaupausen-Zeichnungen)
Nicht möglich		Veröffentlichtes Wissen, abgelaufene Patente

Tabelle 1 verdeutlicht, dass die Gleichsetzung eines privaten Gutes mit vollständigem Ausschluss *und* Rivalität und eines öffentlichen Guts mit Nichtausschluss *und* Nichtrivalität in Bezug auf das faktorgebundene und das faktorungebundene Wissen nur zwei von fünf Fällen trifft. Für die anderen drei Fälle ist eine differenzierte Güterklassifikation anzuwenden.

---

[12] Romer (1990, S. 73 f.).

Literatur

Brooks, H., The relationship between science and technology, *Research Policy* 23, S. 477 - 486, 1994.
Freeman, C., *The Economics of Industrial Innovation*, London, Pinter Publishers, 2. Auflage, 1982. Romer, P. M., Endogenous Technological Change, *Journal of Political Economy* 98(5), S. S71 - S102, 1990.
Grupp, H., *Messung und Erklärung des Technischen Wandels – Grundzüge einer empirischen Innovationsökonomik*, Berlin, Springer, 1997.
Lenk, H. und G. Ropohl, *Technische Intelligenz im systemtechnologischen Zeitalter*, Düsseldorf, 1976.
Lundvall, B.- A., The Learning Economy - Challanges to Economic Theory and Policy, Beitrag für die EAEPE-Konferenz in Kopenhagen, Universität Aalberg und OECD, Aalberg, 1994.
Machlup, F., The Production and Distribution of Knowledge in the United States, Princeton, N. J., 1962.
Merges, R. P. und R. R. Nelson, Market Structure and Technical Advance: The Role of Patent Scope Decisions, CCC Working Paper No. 90-10, Center for Research in Management, University of California at Berkeley, 1990; auch erschienen als: The Complex Economics of Patent Scope, *Columbia Law Review* 90, S. 839 - 916, 1990.
Mittelstraß, J., Am Krankenbett der Universität, *Wirtschaft & Wissenschaft* 2, S. 27 - 31, 1993.
Nelson, R. R. und G. Wright, The Rise and Fall of American Technological Leadership: The Postwar Era in Historical Perspective, *Journal of Economic Literature* XXX, S. 1931 - 1964, 1992.
Schumann, J., *Grundzüge der mikroökonomischen Theorie*, Berlin, Springer-Verlag, 6. Auflage, 1992.

Das Wissen über Technikfolgen als Faktor der nachhaltigen Entwicklung in der Technik

Andrzej Kiepas

Das Problem der Technikfolgen hat in letzten Jahrzehnten in Bezug auf die Vergrößerung der Rolle von negativen Folgen besondere Bedeutung erreicht. Die Konzeption der Technikbewertung (technology assessment) war ein Schritt in die Richtung, um die negativen Technikfolgen zu beherrschen und zu kontrollieren. Es traten jedoch beim Prozeß der Verwirklichung dieser Konzeption gewisse theoretische und praktische Probleme auf, die im Allgemeinen damit verbunden waren, daß:

a) die Technik nicht ein völlig autonomes und unabhängiges (wertneutrales) System bildet;

b) die Technik nicht nur eine mit den technischen Kriterien meßbare Tatsache ist, sondern sie in bestimmte gesellschaftliche und kulturelle Prozesse eingebettet ist und sie einen Teil von diesen Prozessen bildet; die Technik ist einerseits eine technische Tatsache und andererseits ein Wert und deshalb ist ihre Einschätzung sehr kompliziert;

c) die Prozeduren der Optimalisierung, die man bei der Herstellung von Technik benutzt, ungenügend sind, um die Technik und ihre Folgen vollständig und richtig einzuschätzen; es gibt keine solchen technischen Werte, die man optimieren kann, und die gleichzeitig zur Optimierung der sozialen und humanen Werte führen können.

Die Analyse der mit der Technikentwicklung verbundenen Werten weist darauf hin, daß diese Werte keine völlig hierarchische Struktur bilden, und daß sie keinen Reduktionscharakter haben [1]. Es gibt keinen Wert, auf welchen man die anderen Werte reduzieren kann, der auch die Rolle eines letzten Kriteriums der Entscheidung über die Technik und über ihre Folgen spielen könnte. Es ist unmöglich deshalb ein absolutes Kriterium für die Optimalisierung der technischen Werte zu finden.

Es existieren auch zusätzliche Probleme, die mit der Technikentwicklung und mit ihren Folgen zusammenhängen, und dies sind u.a. die folgenden:

a) Es ergeben sich heute viele Folgen, die nebenseitig sind und nicht völlig intentionalen Charakter haben; diese Folgen sind nicht der Erfolg von den bestimmten intendierten und bewußten Entscheidungen, und sie bestimmen das Niveau vom Risiko der Handlungen. Es gibt viele Ursachen, die zu dieser Situation führen, und eine von diesen ist, daß viele heutige technische Handlungen institutionellen und korporativen Charakter haben. In diesem Fall ist die Rolle der Individuen als Subjekte der Verantwortung bestimmter Entscheidungen und Handlungen begrenzt; die Möglichkeit des Auftretens solcher Folgen erheischt Beachtung und soll(te) ein Objekt der Verantwortung sein, was auch die Schöpfer von Technik betrifft. Das erfordert eine Veränderung im Bereich des Verantwortungsverstehens und die Unterlassung der traditionellen Einsicht der Verantwortung, die sie nur mit der bewußten Verursachung verbunden hat [2];

b) es existieren auch solche Folgen, die man nicht voraussehen kann, und diese Folgen bestimmen das Niveau der Ungewißheit von Handlungen und Entscheidungen;

c) es ergeben sich auch Folgen, die nach dem Mißbrauch durch den Technikanwender auftreten, und diese Folgen liegen teilweise im Bereich des Risikos und teilweise im Bereich der Ungewißheit.

Die Prozesse der Technikentwicklung und die Kontrolle ihrer Folgen muß ein Teil der nachhaltigen Entwicklung sein, wo das Wissen über Technikfolgen die entscheidende Rolle spielt. Es sollten an diesem Prozeß viele Subjekte teilnehmen, und erst recht die Schöpfer der Technik, die Hersteller, Manager, die politischen, wirtschaftlichen und gesellschaftlichen Institutionen und Personen wie auch die Benutzer. Es existieren deshalb unterschiedliche Interessen, die sich an diesem Prozeß kenntlich machen können, und die Technikfolgen werden unterschiedlich und sogar gegensätzlich durch die unterschiedlich bestimmte Subjekte eingeschätzt. Die Kontrolle der Prozesse der Technikentwicklung und ihrer Folgen als ein Teil der nachhaltigen Entwicklung sollte daher ein gesellschaftlicher Prozeß der Technikbewertung sein [3].

Dieser Prozeß ist u.a. mit bestimmten Veränderungen verbunden, nämlich mit folgenden:

a) mit der Gestaltung des Niveaus technischer Kultur durch bestimmte Subjekten. Das Niveau dieser Kultur begrenzt sich heute nicht nur zum technischen Wissen und zu den Fähigkeiten der Technikanwendung, sondern es umfaßt auch das Wissen über Technikfolgen und die Fähigkeiten, sie voraus zu sehen, die Empfindlichkeit und das Niveau der Verantwortung sowie die Fähigkeiten, die Technikentwicklung mit den gesellschaftlichen Prozessen und mit den Lebensweisen von Individuen und sozialen Gruppen zu verbinden;

b) mit der Demokratisierung der technischen Entscheidungen, was mit der Demokratisierung des Zugangs zum richtigen und ehrlichen Wissen über Technikfolgen zusamemnhängt. Die Institutionen der Technikbewertung können hier diese Prozesse unterstützen, und die technische Kultur braucht auch diese Verbindung mit einem bestimmten Niveau der politischen Kultur [4];

c) mit der Notwendigkeit der Gestaltung vom bestimmten Niveau der Mit-verantwortung für Technikfolgen. Es ist deshalb notwendig, die Bedingungen nicht nur für individuelle Verantwortung, sondern auch für korporative Verantwortung im Bereich der Technik zu bestimmen - technische Kultur erfordert auch eine Verbindung mit der sittlichen Kultur.

Der Bereich von Technikfolgen ist ein besonderer Bereich, bei dem das Wissen über diese Folgen auf wesentliche Weise mit bestimmten und sogar auch mit konfliktvollen Wertsystemen verbunden ist. Dieses Wissen ist nicht wertneutral, und das Bewußtsein dieser Tatsache bildet ein Grund für die Entwicklung dieses Wissens. Die Einheit von dem, was eine Tatsache ist, und dem, was ein Wert ist, bildet einen Grund für den Aufbau des Wissens über Technikfolgen, und dieses Wissen wird damit ein Faktor der nachhaltigen Entwicklung in der Technik sein.

Literatur:

[1] VDI, Ausschuß „Grundlagen der Technikbewertung", in: H.Lenk, G.Ropohl (Hrsg.): Technik und Ethik. Stuttgart 1989,, S.297 ff.
[2] W.Ch.Zimmerli: Wandelt sich die Verantwortung mit dem technischen Wandel? , in: H.Lenk, G.Ropohl (Hrsg.): Technik und Ethik, op., cit., S.92ff.
[3] G.Ropohl: Ethik und Technikbewertung. Frankfurt am Main 1996
[4] G.Ropohl: Das Risiko im Prinzip der Verantwortung. Kritik und Replik, in: Ethik und Sozialwissenschaften. 1994, Heft1.

Technisches Handeln, Wissen, Vernunft

Gerhard Luhn

1. Einleitung

Der Titel dieses Beitrags verlangt von sich aus nach Bescheidenheit, und zwar in methodischer und in inhaltlicher Hinsicht. Zunächst werde ich mich darauf konzentrieren, das technische Handeln in solcher Art zu charakterisieren, daß darauf basierend eine Replik auf wissenstheoretische Aspekte dieses Handelns möglich wird. Hier sind Gründe aufzuführen, warum es so ist, daß unsere mikroelektronischen Bauelemente, durchs Mikroskop betrachtet wie Städte aussehen. Warum ist das so, daß das Herzstück eines jedem Computers, dem heutzutage wohl populärsten Deutungskonstrukt unseres Geistes, starke architektonische und funktionale Isomorphien mit unseren Städten aufweisen, ohne daß unsere Konstrukteure dies bewußt geplant hätten? Zur Deutung und Wertung dieses Phänomens werde ich eine Inverse Semantik anbieten, die eine Transformation klassischer, aussagenorientierter (d.h. statischer) Semantiken in eine wissenskontextbezogene, prozeßorientierte (d.h. dynamische) Semantik vorschlägt (Kap.2).

Im folgenden Schritt wird dargelegt, welche Strukturen unseres technischen Handelns und Wissens vor dem Hintergrund eines einzelnen (hoffentlich wichtigen) Aspektes eines Vernunftbegriffs thematisiert und damit einer gezielten Kritik zugeführt werden können. Hier ist die Problematik – dies als These gesetzt – des abnehmenden Zeitbewußtseins zu verdeutlichen (Kap.3). Die Unfähigkeit zu gesicherten Zukunftsprognosen wird vor dem Hintergrund einer informationellen Deutung des Wissens und Handelns als ein bewußtseinstheoretischer Aspekt der Nachhaltigkeit, präziser: Flüchtigkeit eben dieses Wissens entwickelt. Ich werde zeigen, daß diese Tendenzen direkt aus einem gesteigerten Konsumverhalten, abnehmenden Produktlebenszeiten und mental anspruchslosen Verwendungszusammenhängen – frei nach dem Motto: vom Denken in Prozessen zum Denken in Dingen – ableitbar sind. Hier ist der Problemstellung einer mentalen Destabilisierung unseres Selbst zu begegnen.

Neben der damit umrissenen methodischen Einschränkung gilt es aber noch inhaltlicher Bescheidenheit Rechnung zu tragen. Diese resultiert aus der Übertragung der erzielten Erkenntnisse auf unser eigenes Denken und Handeln, letztlich auf unser Menschenbild. Es läßt sich dafür argumentieren, daß es fundamentale nichtsprachliche Felder des Wissens und letztlich unserer kognitiven Organisation gibt: Nicht bloß das berühmte Know-how, sondern auch wissenstheoretisch unreflektierte Verwendungszusammenhänge von Technik. Daraus lassen sich zwei Schlußfolgerungen ableiten:

Nachhaltigkeit und Tragfähigkeit unseres Wissens lebt von der Praxis, weil nur im praktischen, prozeßhaften Können das notwendige Geschick und Know-how (auch für jede theor. Explikation) aufgebaut wird. Dieses Können wird wissenstheoretisch als personale, nicht-öffentliche Theoriebildung expliziert. Rein theoretisches Wissen, das auf keine personalen Können-Modi rekurriert, mag aus einer formal-axiomatischen Sicht zwar wahr (im Sinne von widerspruchsfrei) sein, ist in einer zu explizierenden erkenntnistheoretischen Perspektive jedoch völlig gehaltlos.

Über technische Wissen und Know-how gehaltvoll reden und theoretisieren kann nur, wer selbst solches Know-how besitzt. Auf unsere Situation hier und jetzt übertragen heißt dies: wir müssen ständig die Prozesse im technischen Handeln aktiv mitgestalten, um – aus einer zu besprechenden wahrheitstheoretischen Perspektive – überhaupt Aussagen über die Technik mit Anspruch auf Sinnhaftigkeit und Gehalt tätigen zu können.

Kurz gesagt geht es mir um eine Radikalisierung unseres Menschenbildes mit dem Ziel einer systemtheoretisch begründeten, anthropologischen und erkenntnistheoretischen Emanzipation des technischen Handelns.

2. Kreativität – Know-how – Wissen. Zur anthropologischen Situierung unseres Wissens vor dem Hintergrund einer Inversen Semantik

2.1 Psychologische und philosophische Probleme klassischer Konzepte der Wissensrepräsentation

Wie ist es, eine gute Idee zu haben, ein interessantes Problem zu lösen? Warum lassen sich die Begriffe "Technik" (gr. Techne) und "Kunst" (gr. Poiesis) auf einen identischen sematischen Ursprung zurückführen (techne heißt auch die poiesis der schönen Künste)? – Es ist der Moment der Einsicht, das (ästhetisch erlebte)

"Aha-Erlebnis", das einen solchen mentalen Prozeß steuert und kontrolliert. Die Entdeckung der ringförmigen Benzolstruktur durch den Chemiker Friedrich Kekulé von Stradonitz ist ein bekanntes Beispiel dazu. Im Jahre 1865 saß ein etwas müder Friedrich in einer Pferdekutsche, tagträumend von einer Atomkette. Bisher waren nur lineare Atomketten bekannt und analysiert. Es war eine holprige Fahrt, und plötzlich organisierten sich die Atomketten nach seinem eigenen Bericht zu einem ungewöhnlichen Tanz. In diesem ungerichteten Aktivierungsprozeß "hängte" sich der Schwanz einer solchen Kette an ihren eigenen Kopf und bildete einen Ring. Im Wachzustand erkannte Kekulé sofort, daß die Benzol-Struktur ein hexagonaler Ring von Kohlenstoff-Atomen und keine lineare Kette ist. Dieser Prozeß der Lösungsgenerierung wurde in der Gestaltpsychologie bereits in den 30er und 40er Jahren als Abstraktion, als das Ausfällen des Gemeinsamen ("Abstraction by varying concomitants") konzeptualisiert.[1] Ich werde diesen Abstraktionsprozeß als eine kreative, lösungsgenerierende Restrukturierung und inhaltliche Erweiterung des Problemfeldes mittels Integration distribuierter, bisher nicht in einem kontextualem Zusammenhang stehender Wissenskontexte deuten (Lösungsgenerierung durch "Resonanz"). Wo liegen jetzt aber die Probleme einer ange-messenen theoretischen Erfassung und Explikation kreativen Denkens und Handelns? – Dazu die Zentralthese des kognitionspsychologischen Paradigmas: "Die Annahme, daß Information in Form von Propositionen repräsentiert ist, ist die derzeit gängigste Auffassung zur Repräsentation von Bedeutung im Gedächtnis. Durch Zerlegen der Propositionen wird lediglich die Bedeutung eines Ereignisses repräsentiert, während unwichtige Einzelheiten – also Einzelheiten, an die sich der Mensch normalerweise nicht mehr erinnert – nicht repräsentiert werden."[2]

Der Prozeß des Problemlösens kann als eine Folge von bottom-up/top-down Aktivierungen beschrieben werden. In einer konkret vorliegenden Situation (d.h. Aktivierung eines Propositionenschemas oder Scripts) führt eine bottom-up-Verlagerung der Aktivierungsebene zu dem Phänomen des "Unterdrücken von Details". Von dieser "höheren" Position aus kann dann mittels eines Konkretisierungsschrittes top-down unter der gegeben Problemstellung ein Lösungsschema im vorhandenen Propositionennetz aktiviert werden.

- Psychologische und philosophische Probleme: Der beschriebene Problemlösungsprozeß generiert keine neuen Informationen. Neue Einsichten oder gar neue Ideen können auf diese Weise nicht produziert werden.
- Das Verhältnis von Erfahrung und Wissen ist in diesem Modell ambivalent. Einerseits verbessern sich die Möglichkeiten zur Lösungsfindung mit zunehmendem Wissen. Anderseits werden dann aber die Prozesse der Lösungsidentifikation (bottom-up/top-down) länger und umfänglicher. Die Wahrscheinlichkeit einer spontanen, kreativen Lösungsgenerierung ("Aha-Erlebnis") nimmt nach diesem Modell paradoxerweise ab.
- Dieses Modell liefert keine Erklärungsansätze für die Aktivierung distribuierter, bisher in keinem (propositionalen) Zusammenhang stehender Wissenskontexte; etwa analog zu dem Beispiel von Friedrich Kekulé.
- Es bleibt unklar, wie das kognitive System selbst die "Güte" unterschiedlicher Problemlösungen bewerten soll. Warum sprang Archimedes – Heureka rufend – aus der Badewanne? Was folgt daraus für das Verhältnis von Wissen und Wahrheit? Es ist zu zeigen, daß solche emotionalen Signale oder "Gefühle" nicht bloß Seiteneffekt des Problemlöseprozesses sind, sondern eben diesen kausal steuern, kontrollieren und damit anthropologische Grundlage für die Entwicklung kognitiver und kultureller Wahrheitskonzepte sind.

2.2 Inverse Semantik – Präliminarien zur Nachhaltigkeit unseres Wissens

Warum interessieren wir uns überhaupt für neue Wissenszusammenhänge? Was bedeutet dieses Neue – das wir ja gerade von unseren Wissenschaften fordern – für das kognitive System? Wie ist zu erklären und was bedeutet es, daß unserer eigener, selbsterlebter Wissensfortschritt, das Gewinnen neuer Einsichten und Ideen, diesen Prozeß selbst steuert und kontrolliert?

Ich werde dazu im Folgenden aufzeigen, daß das Konzept einer propositionalen, atomistischen Bedeutungstheorie zugunsten einer Konzeption gestalttheoretischer, holistischer Wissensexplikationen verworfen werden muß (wie das beispielsweise die Gebrüder Dreyfus vorschlagen); und daß

im Kern einer Wissenstheorie eine Deutung des kreativen, rekursiven und reorganisierenden Wissensfortschritts, der Einsichtsgenerierung, des In-Zusammenhang-Setzens bisher disparater Wissenskontexte mit dem Ziel der Generierung zunehmend gehaltvoller Wissensstrukturen stehen muß (wobei Neugestaltung und Restrukturierung

---

[1] Vgl. Duncker, Karl: Zur Psychologie des produktiven Denkens. Berlin Heidelberg New York 31974
[2] Vgl. Anderson, John R.: The architecture of cognition. University Press, Harvard, 1983

immer auch risikobehaftet sind); kurz: der ständigen, nachhaltigen Reorganisation unseres Denkens und Handelns.

Meine anthropologisch-wissenstheoretische These (1) dazu lautet: "Aussagen", die uns interessant und lohnenswert der Verfolgung erscheinen (d.h. synthetische Aussagen im gestalttheoretischen Sinne) sind "Fragen", Fragen des kognitiven Systems an sich selbst mit dem Ziel der eigenen Reorganisation und gestalthaften Umstrukturierung. Als "Frage" bezeichne ich hier eine Situation, in der das kognitive System durch die Aktivierung distribuierter Wissenskontexte im aktuellen Repräsentationszusammenhang neue Strukturen (im intentionalen Sinne von Thesen oder Aussagen) generiert, die eine gewisse Wahrscheinlichkeit für eine rekursive, gestalthafte Reorganisation eben dieses kognitiven Systems aufweisen.

Bisherigen Theorien von "Bedeutung" (Semantiken) – zu nennen sind hier Korrespondenz- und Kohärenzkonzeptionen von Wahrheit – ist eine inverse Konzeption entgegenzuhalten, die nicht die Statiken von Aussagesystemen zum Gegenstand ihrer Explikation macht [Aussagen sind wahr, wenn sie mit der Realität übereinstimmen (Korr.); bzw. wenn sie in ein Aussagensystem einbettbar, eingliederbar etc. sind (Koh.)], sondern die den dynamischen Prozeß der Restrukturierung von Bedeutungsinhalten und -strukturen in Folge von einer Auseinandersetzung mit synthetischen Aussagen zum Gegenstand ihrer Untersuchung macht. Bloß sekundär maßgebend sind die klassischen Wahrheitskategorien, ob Aussagen z.B. in einem axiomatischen Sinne als "wahr" zu kennzeichnen sind (Beweisbarkeit). Von primärer Bedeutung ist der Umstand, inwieweit sich das kognitive System durch die gestalthafte Vernetzung solcher synthetischer Aussagen mit den bisherigen Erfahrungsstrukturen restrukturiert bzw. erweitert. Der Wahrheitsträger wird damit von der statischen Aussage auf den dynamischen kognitiven Restrukturierungsprozeß unter Einbeziehung von "Aussage" und Wissenskontext überführt.

Der Untersuchungsgegenstand einer Inversen Semantik läßt sich deshalb nicht unter die Frage subsumieren, ob eine einzelne Aussage erfolgreich in ein Netzwerk von Wissen eingebettet werden kann, sondern invers dazu, inwieweit das gesamte "Netzwerk des Wissens" in Folge einer solchen neuen Problemlösestruktur (synthetische Aussage) restrukturiert und reorganisiert wird. Das Konzept von "Wahrheit" bezieht sich in diesem Sinne primär nicht auf Eigenschaften atomarer Aussagen, sondern auf den Restrukturierungsprozeß der Bedeutungsinhalte komplexer Wissenssysteme aufgrund gestalthaft neuer Problemlösestrukturen. Ist der Gehalt eines Wissenssystems durch den Prozeß der Restrukturierung höher einzustufen, kann die zum Anlaß vorliegende Aussage (d.h. die initiale Problemlösestruktur) als "wahr" bezeichnet werden. Eine Explikation des "Gehaltes von Wissenssystemen" wird dazu auf den meßbaren Informationsgehalt von Gestalten rekurrieren, der sich in Struktur (Statik) und Prozeß (dynamische Strukturtransformationen) manifestiert. Solche Wissensstrukturen beziehen sich – aus anthropologisch-historischer Perspektive – zunächst auf räumlich-statische und dann (besonders mit der Invention von Agrikultur und komplexen sozialen Prozessen) zunehmend auf dynamisch-prozeßhafte Gestalten. Mentale Modellierungen von Prozessen laufen dabei auf abstrakteren Stufen wie Modellierungen von Gegenständen ab und sind aus der Perspektive einer internen Repräsentation wesentlich anspruchsvoller und systemtheoretisch gehaltvoller. Der Gehalt solcher Repräsentationen entspricht der hier vorgeschlagenen Explikation der Nachhaltigkeit unseres Wissens – was in Kap. 3 weiter ausgeführt wird.

Das menschliche Denken und Handeln wird als ein informationeller Prozeß parallel-distribuierter Netzwerke theoretisiert und am Beispiel konnektionistischer Systeme verdeutlicht. Betrachten wir dazu ein einfaches Beispiel. Gegeben sei ein konnektionistisches System, wobei die Aktivierungsenergie sich bidirektional im Netzwerk ausbreitet. Start und Ziel sind Netzwerkknoten und in unserem Modell mögliche Aktivierungsquellen. Klassische Theorien gehen von der Annahme aus, daß die Problemlöseprozesse selektiv Schemata im semantischen Netz aktivieren. In unserem Modell wird jedoch immer das gesamte Netzwerk in den Aktivierungsprozeß einbezogen, wobei dieses Netzwerk in Abhängigkeit der jeweiligen Aktivierungszentren neue Problemlösungen generieren und damit Information im System erzeugen kann. Dies wird durch das Konzept der Abstrktion möglich: durch die Integration distribuierter Wissenskontexte in den aktuellen Problemlöseprozeß können gestalthaft neue Lösungen entstehen. Solche neuen Lösungen präsentieren sich dem kognitiven System als mental stabile Strukturen. Dem konnektionistischen System ist dies dadurch identifizierbar, daß sich die Aktivierungsenergie bei der Generierung gestalthafter Strukturen signifikant absenkt. Dieser Abfall wiederum wirkt als Signal auf das kognitive System, denn er ist ein Maß für die "Güte" der gefundenen Problemlösung. Das "Aha-Erlebnis" (oder Evidenzgefühl) stellt sich schließlich ein, wenn dieses interne Signal eine verhaltensauslösende Wirkung erreicht: Dann wird die Aktivierungsenergie kausal an die entsprechenen (z. B. motorischen) Zentren geleitet und das konnektionistische System relaxiert in einen energiearmen Zustand. Solche "Gestaltschlüsse" sind im konnektionistischen System demnach als Aktivierungsniveaus darstellbar und werden von uns phänomenal als jenes Gefühl erlebt, das uns etwa sagt: "dies ist eine gute Idee" oder auch "dies ist eine gute Musik".

2.3 Technisches Handeln, distribuierte Wissenskontexte und Kreativität

Warum sollte man sich dieser zunächst einmal eher unübersichtlich erscheinenden Konzeption einer Inversen Semantik zuwenden? Genügt es nicht – selbst unter Betrachtung der in 2.1 skizzierten Problemlage – sich an einer weiteren Verbesserung aussagenorientierter Wahrheits-theorien zu versuchen? Dazu werde ich in Kap. 3 aus einer anthropologischen Perspektive Antezedenzien entwickeln, die einen solchen Schritt heute als eine notwendige Restrukturierung von Wahrheitskonzepten fundamentieren (nicht-öffentliche Theoriebildung). Zweitens wird am Beispiel der Technik, ja geradezu mitten aus dem technischen Handeln heraus die wahrheitstheoretische Perspektive dieser Inversen Semantik freigelegt, die dem (bloßen) Reden über Know-how eine systematische Absage erteilt und dem Kritiker die Verantwortung des Mit-tuns überträgt.

Zunächst jedoch sei der gestalthafte Prozeß der Lösungsgenerierung, mittels dessen ich das Konzept der Kreativität expliziere[3], im technischen Handeln exemplarisch skizziert. Der kreative Prozeß der Restrukturierung der Erfahrung ist durch den Einsatz distribuierter Wissenskontexte geprägt und läuft größtenteils unbewußt ab. Die kulturellen Rahmenbedingungen, die "Lebenswelt" der Menschen haben dabei großen Einfluß auf die Struktur neuer Erfindungen. Auch die Erfindung der Mikroelektronik liefert dazu gute Belege. "Das Studium alter und neuerer Stadtpläne führt uns auf geradezu frappierende Ähnlichkeiten zu unseren Chip-Layouts [...]."[4] So, wie im Städtebau soziale Funktionen sich in der Struktur der Stadt widerspiegeln (z.B. Wohnungs-, Arbeitsplatz-, Versorgungs-, Erholungsstruktur), so wird der Techniker, der in einer solcherartig gestalteten Umwelt groß wird, solche nichtsprachlichen, personalen Denkmuster zumeist unbewußt für die Bewältigung der täglichen Arbeit verwenden. Da diese Denkmuster "gut funktionieren", werden sie selbst nicht zum Problem. Wenn eine kulturelle Stufe eine bestimmte Ausdifferenzierung der Funktionen z.B. im sozialen Leben verwirklicht hat, dann ist dies sich auch in der Struktur technischer Systeme nachzuweisen bzw. vice versa: neue technische Strukturen prädeterminieren bestimmte soziale Kontexte. Sprachlich repräsentierte Problemstellungen rekurrieren im Problemlösungsprozeß immer auf nichtsprachliche, personale Wissensstrukturen. So generieren z.B. Werktätige spontan Problemlösungen, die sie aufgrund ihres Wissensstandes gar nicht begrifflich rationalisieren bzw. ausdrücken können. Ingenieure stellen dann im Nachhinein erst den Gehalt solcher Problemlösungen in ingenieurmäßig-rationalen Begriffsstrukturen dar.[5] Sprache, genauer: der syntaktische Encodiermechanismus vervielfältigt und formalisiert zwar Mächtigkeit und Struktur des Problemlöseprozesses. Dies gilt aber nur für bis dato im kognitiven System bereits strukturierte, das heißt analytische Zusammenhänge. Kreative Prozesse der Restrukturierung und Neuorganisation distribuierter Wissenskontexte aktivieren und integrieren damit per se nichtsprachliche, d.h. bisher gestalthaft unstrukturierte Elemente der Erfahrung, die erst in einem späteren Reflexionsprozeß mittels eines kulturell normierten Sprachzeichensystems formalisiert werden können.

Neue Erfindungen "liegen sie in der Luft", entstehen auf der Basis von kulturell verfügbaren, aber nichtsprachlich-symbolischen kognitiven Strukturen (unser sicher funktionierendes Realitätsmodell) und deshalb werden sie an verschiedenen Orten nahezu gleichzeitig getätigt, wie etwa die Erfindung des Mikroprozessors durch den Amerikaner Gilbert P. Hyatt 1969 und - etwas später - durch die Firma Intel.[6] Denn die im persönlichen Bereich ablaufenden Problemlösungsprozesse gehen von sehr ähnlichen Randbedingungen aus.

3. Technik und Vernunft – Aspekte einer Synthese

3.1 Zur anthropologischen Genese von Wahrheit, Technik und Sprache

Betrachten wir die Anthropologie der Technik, so offeriert sich sofort ein Strukturierungsansatz, der Aufklärung im scheinbaren Nebel verspricht. Kurz gesagt geht es dabei um eine erkenntnis-theoretische Emanzipation unseres Gefühls für die Sache (d.h. Gegenstandskontext und Gegenstandsrepräsentation in Wechselwirkung), resultierend aus der ständigen Integration zunächst indeterminierter kognitiver Systemzustände. Die

---

[3] Vgl. Luhn, Gerhard: Der Implizites Wissen und technisches Handeln am Beispiel der Elektronikproduktion. Bamberg 1999

[4] Rüchardt, Hugo: VLSI-Design-Scenario. in: Sonderdruck aus >>ntz<<, Bd. 37 (1987), Heft 11, S.6 [In einem persönlichen Gespräch mit dem Autor konnte ich mich davon überzeugen, daß die offensichtlichen Ähnlichkeiten zwischen Stadt- und Chip-Layout tatsächlich von den verantwortlichen Ingenieuren nicht bewußt geplant waren.]

[5] Kognitionspsychologische Untersuchungen zu diesem Thema (Implizites Wissen) stecken noch in den Kinderschuhen. Ein Forschungsprojekt läuft gerade unter der Leitung von Dr. Rüdiger von der Weth von der TU Dresden und mir in der Mikroelektronik-Fabrik von Infineon in Dresden.

[6] Bekannt geworden ist dieser Fall wieder in neuerer Zeit, weil Hyatt das Patent erst 1988 erteilt bekommen hat.

entscheidenden Prozesse der Menschwerdung sind gekennzeichnet durch die Integration bisher unverbundener Problemlöse-prozesse, bis hin zu dem, was wir schließlich als "Denken" bezeichnen. Gespiegelt an der Evolution des Gehirns ist das Schlüsselelement zur systemtheoretischen Rekonstruktion dieses Prozes-ses in der gemeinsamen Nutzung neu entstehender Gehirnareale bis dato unverknüpfter Problem-löseprozesse im neurophysiologischen Substrat zu sehen. So bereiten die komplexen Problem-löseprozesse, die aus dem entstehenden reziproken Altruismus resultieren, und der konzentrative Werkzeuggebrauch (gezielte Steinbearbeitung, gezieltes Werfen) das kognitive Feld für vielfach geschachtelte und rekursive Handlungsrepräsentationen vor.[7] Diese Repräsentationen sind dabei – unterstützt durch gedächtnisaktive Funktionen – die mentalen Entsprechungen zum "Probehan-deln im Vorstellungsraum". Das kognitive System generiert in dieser Phase erstmals Problem-lösestrukturen, die eine gewisse Variationsfähigkeit aufweisen. Erstmals wird es möglich, jenseits der angeborenen Mechanismen eine Anzahl unterschiedlicher Problemlösungen dem kognitiven System zur Disposition zu (re)präsentieren. Im neuronalen Substrat – theoretisiert z.B. als konnektionistisches System – wird die "Güte" der jeweiligen Problemlösung dem kognitiven System mittels des jeweiligen integralen Aktivierungspotentials kausal signalisiert.

Damit sind wir am Kern dieser Antezedenzien zur Inversen Semantik: Dieses dem kognitiven System rückwirkend signalisierte Aktivierungspotentiel (im angeborenen Verhalten führt dies noch zu zwanghaft ausgeführten Verhaltensweisen) ist der anthropologische Ursprung unseres Wahrheitsbegriffs. Dieses Gefühl für die Sache führt – weiterentwickelt in sprachlichen Aussagesysteme – zu dem, was in der zweiwertigen Logik als "wahr" oder als "falsch" attribuiert wird. Mir kommt es hier darauf an, die Kontextbezogenheit dieses inneren Signals von Wahrheit herauszustellen. Denn das kognitive System produziert Problemlösungen (im synthetischen Falle) durch das In-Bezug-Setzen von zuvor unverbundenen, distribuierten Wissenskontexten.

Aus Sicht einer anthropologischen Rekonstruktion dieser entscheidenden kognitiven Phasen läßt sich dazu folgendermaßen argumentieren. Es lassen sich (mind. zwei) bedeutende, kladogenetisch sprunghafte Zunahmen des Gehirnvolumens feststellen. Diese neuen Volumina führen von sich aus zu einer Indetermination des kognitiven Systems. Konkret bedeutet dies, daß Aktivierungen, die bisher in Aktionen umgewandelt wurden, nicht mehr relaxieren, d.h. "unerledigt" bleiben. Determination wird wieder erreicht, wenn die Aktivierungsenergie mittels bisher gespeicherter informationeller Strukturen relaxieren kann. Dazu werden im kognitiven System bisher unverbundene Wissenskontexte "ausprobiert" (Bickerton nennt dies "Offline-thinking"). Welchen Mittels soll sich das kognitive System bedienen, um die aktuell

abzuarbeitenden Aktivierungen damit nicht auszubremsen? Aussichtsreichster Kandidat hierfür ist der zunächst "zufällig" die Handlung begleitende Laut, der einfach aus der unbeabsichtigten (Rand)Aktivierung neuer Gehirnareale resultiert, die später einmal die Sprachzentren bilden werden. Diese zusätzlichen Aktivierungen können zunächst nicht relaxieren und aktivieren ihrerseits spontan (in einem statistischen Sinne) weitere Wissenskontexte, die mit den bisherigen Aktivierungsschemata in keinem kausalen Zusammenhang stehen. Eine symbolisch orientierte Lautsprache entsteht demnach als Mittel und Medium der Reorganisation der Erfahrung. Der Kommunikationsaspekt der Sprache wird überschätzt; wichtiger erscheint vielmehr die Rolle der Sprache als Mittel zur mentalen Organisation des (auch technischen) Denkens und Handelns vor dem Hintergrund zunehmender, kognitiv indeterminierter Systemzustände. In diesem Sinne ist der Mensch dann als "offenes" System zu konzeptualisieren (Piaget). Attraktiv an dem hier favorisierten Vorschlag ist, daß damit eine anthropologische, evolutionsbiologische Entstehungsgeschichte der symbolischen Repräsentationsebene gezeichnet und an Relikten des technischen Handelns überprüft werden kann. Aktivierungen, die in die neuen Gehirnareale gehen, und dort zunächst zu "unerledigten" Reflexionen führen

- sind erstens durch ihren direkten Handlungsbezug (d.h. als "Randerscheinungen" motor. oder perzeptueller Aktivierungen) gekennzeichnet, d.h. stehen in einer gewissen Isomorphie-beziehung zu diesen;
- generieren zweitens ihren symbolischen Gehalt dadurch, daß sie wiederum andere, distribuierte Wissenskontexte aktivieren, in einen gemeinsamen Repräsentations-zusammenhang stellen und damit gestalthaft neue Information erzeugen.

Dies kann im anthropologischen Record rekonstruiert und somit die Geschichte des technischen Handelns im Spiegel der kognitiven Evolution entwickelt werden.[8] Die Evolution von Sprache und technischem Handeln ist damit aufs engste miteinander verwoben, wobei die erkenntnistheoretische Bedeutung dieser Verwobenheit

---

[7] Vgl. Calvin, William H.; Bickerton, Derek: Lingua ex machina. Reconciling Darwin and Chomsky with the Human Brain. MIT Press, forthcoming (webbed preprint collection 1998)

[8] Dazu entsteht gerade eine Vorlesung ("Die Menschlichkeit der Technik. Zur Evolution des Verhältnisses von Mensch und Technik." TU Dresden, WS 99/00); Buch und Dokumentarfilm sind in Planung.

Gegenstand der hier umrissenen Inversen Semantik ist: distribuierte, nichtsprachliche Wissenskontexte sind mentale Voraussetzung zur spontanen Generierung neuer Problemlösungen.

Damit können wir folgendes Aufklärungsangebot machen: "Wahrheit" wird im kognitiven System durch das In-Beziehung-Setzen von Wissenskontexten jeweils neu generiert und dem kognitiven System mittels des Aktivierungspotentials der jeweiligen Problemlösestruktur signalisiert. Diese Deutung von Wahrheit läßt sich als nicht-öffentliche, personale Theoriebildung explizieren, die sich erst durch eine weitere Verknüpfung mit einem kulturell normierten Sprachzeichensystem mediatisieren läßt. Erst diese sprachliche Repräsentation schafft dann die Voraussetzungen für interpersonal rekonstruierbare, im sprachlichen Laut "auswickelbare" Aussagen. Der Rekonstruktionsprozeß rekurriert dann wieder vom gehörten Laut und einer "Ein-" bzw. "Auswicklung" des kommunizierten Gedankens mittels der syntaktischen Encodiermaschine auf jene Wissenskontexte, die vom Sprecher zur Erzeugung der Problemlösestruktur aktiviert wurden. Sprache alleine ist bedeutungslos; was Bedeutung schafft, sind jene personalen Wissenskontexte, die auch heute noch im technischen Handeln als "Kunstfertigkeit" bezeichnet werden.

3.2 Abstraktionsstufen der Nachhaltigkeit unseres Wissens

Erste Stufe: Sprache. Die Sprache als eine syntaktische Encodiermaschine zur Generierung einer symbolischen Repräsentationsebene verstärkt dabei die Mächtigkeit dieses kognitiven Systems um multiplikative Faktoren, einer ersten Stufe von Nachhaltigkeit unseres Wissens.[9] Während die anthropologischen Wurzeln des Wahrheitsbegriffs sich in jenem phänomenal erlebbaren "Aha"-Erlebnis wiederfinden, folgt die logische Ebene dieses Begriffs aus einer Abstraktionsleistung, die sich nur vor dem Hintergrund symbolisch-sprachlichen, zeichenorientierten Zusammenlebens erklären läßt. Wenn Wahrheit zunächst nicht mitgeteilte Privatsache ist, dann wächst ihr ihre heute allgemein akzeptierte hervorragende Bedeutung erst dann zu, wenn die Einzelperson die Wahrheitsfindung auf der Basis eines kulturell-zeichensprachlich vermittelten Weltbildes betreibt, das den einzelnen Vertretern der jeweiligen Kultur vertraut ist.

Zweite Stufe: soziales Zusammenleben; offene Gesellschaft; Schrift; Wahrheit. Der Wahrheitsbegriff ist originär eine kulturelle Leistung und ohne diese nicht zu erklären. In ihm spiegelt sich primär die Handlungsstruktur des Geistesprozesses, Weltbilder im sozialen Kontext aufeinander abstimmen zu müssen. In starren sozialen Systemen existiert dieses Problem überhaupt nicht. Deshalb kann der Weg zur Genese unseres Wahrheitsbegriffs erst durch die Schaffung eines offenen Gesellschaftssystems geebnet werden. Damit öffnet sich die Abstraktionsebene der zweiten Nachhaltigkeitsstufe unseres Wissens. Die Grundstruktur des komplexen sozialen Prozesses der Schaffung eines offenen Gesellschaftssystems liegt auch hier darin, daß mit der Generierung sozial offener Interaktionen der Übergang vom dinghaften Denken zu einer prozeßhaften Modellierung von sozialen Strukturen und damit zum Aufbau eines individuellen Selbst übergegangen wird. Mit der Erfindung der Schrift (einst als Buchhaltungssystem zur Organisation von Tausch-, Zähl- und Handelsgeschäften) und der kritischen Diskussion, der Rede beginnt die Menschheit ihren Gang aus der zeitlosen Urzeit in die historische Neuzeit: Ab dann hat die Menschheit sowie jeder einzelne Mensch eine historische Geschichte. Der Mensch als offenes System kann sich in einer offenen Gesellschaft gehaltvoller verwirklichen als in einer geschlossenen.

Dritte, als nächste zu bewältigende Stufe: anthropologische Zusammenschau der Geschichte; Zeit; Person und persönliche Verantwortungsübernahme. Warum ist es aber so, daß wir heute (so der Philosoph Herrmann Lübbe[10]) vor einer "schwarzen Wand der Zukunft" stehen. Warum wissen wir heute teilweise weniger über unsere Zukunft als unsere Vorfahren? Sicherlich leben wir heute in einem ständigen Prozeß der Veränderung. Gerade im technischen Handeln hat der Mensch die gesamte Erde in den letzten 300 Jahren in einem größeren Maße verändert, als alle Veränderungen seiner 3-millionenjährigen Geschichte zusammengenommen. Die Behandlung dieser Fragen führt uns zu einer dritten Abstraktionsstufe von Nachhaltigkeit.

Ein gemeinschaftliches Verständnis von Zeit entsteht erst, wenn im sozialen Handlungssystem interpersonal verfügbare, sprachlich artikulierbare Taktgeber (Gezeiten, Tageszeit etc.) kommunizierbar werden. Der Zeitbegriff geht wahrscheinlich deshalb auf die indogermanische Wurzel da[i] "teilen" zurück. Darin vollzieht sich der Übergang vom Denken in Dingen zum Denken in Prozessen. Rein räumliche Regelkoordinationen bedürfen überhaupt keines Zeitbegriffs, der "Vergangenheit" oder "Zukunft" konzeptualisiert. Die unserem mechanistischen Denken anhaftende Intuition, daß die Zeit, wie die räumlichen Dimensionen, eine frei disponierbare Systemgröße sei, ist ein erklärbarer und gefährlicher Fehlschluß. Denn in diesem mechanistischen Weltbild wird nicht klar, daß die Bestimmung der Zeit als dem chronometrisch gemessenen Ablauf eines

---

[9] Vgl. Luhn, Gerhard: Implizites Wissen... a.a.O. [Kap. 3.1]
[10] vgl. Lübbe, Hermann: Die schwarze Wand der Zukunft. in: Fischer, Ernst P. (Hrsg.): Mannheimer Gespräche. Auf der Suche nach der verlorenen Sicherheit. München 1991

Geschehens den eigentlichen Kern der Sache verpaßt, denn im mechanistischen Weltbild sind diese Geschehnisse reversibel. Aus physikalischer Sicht sind aber nur irreversible Prozesse durch eine zeitliche Gerichtetheit gekennzeichnet (etwa das Wachsen eines Baumes), während Newtons grundlegende Naturgesetze umkehrbar sind und es nach diesen Gesetzen eigentlich keine "vergehende" Zeit gibt. In irreversiblen Prozessen ist die Zeit gewissermaßen selbst ein Teil des Geschehens.[11] Aus Sicht des repräsentierenden Systems verbirgt sich hinter dem Denken in Dingen die Eigenschaft, daß die Repräsentanda von den kontinuierlichen Aktivierungsströmen der sensomotorischen Ebene durch interne Synchronisationsvorgänge zeitlich entkoppelt werden. Damit wird erklärbar, daß ein bewegter Gegenstand trotz geänderter perzeptueller Inputs dennoch durch ein einheitliches mentales Modell, das heißt als Ding intern repräsentierbar wird. Die mentale Modellierung von Prozessen ist demgegenüber bedeutend schwieriger, da dann die zeitkonstante Stabilität des Dinges aufgelöst und durch Konstanz erzeugende Zustandsänderungsgesetze ersetzt wird. Die Synchronisationsvorgänge zur Erzeugung eines mentalen Modells von einem Prozeß laufen auf einer abstrakteren Ebene ab, innerhalb der nicht bloß ein Zustand, sondern mehrere Zustände, die aufgrund ihrer Entstehungsgeschichte miteinander verkoppelt sind, eine Art von innerer Zeitlichkeit generieren. Die mentale Vorstellung eines Dinges ist sozusagen der Grenzfall der Vorstellung eines Prozesses.

3.3 Technik und Zeitbewußtsein. Überlegungen zu einem Aspekt von Vernunft im technischen Handeln

Das eigentlich Bestürzende der modernen Technik liegt in dem sich ständig beschleunigenden technischen Wandel, der auf einer Philosophie des Produktes gründet, der es letztlich nur um ein Denken in Dingen ("Bedarf" <-> "Produkt") geht. In der energetischen Bilanz dieses mentalen Vorgangs zeigt sich dies so, daß das Denken in Dingen aus Sicht des repräsentierenden Systems auf energieärmeren, weniger abstrakten Stufen abläuft.

Dem einstmaligen Denken in Prozessen, das sich an der uns umgebenden organischen Natur herausgebildet hat, weicht mehr und mehr ein Denken in Produkten, die man haben sollte (suggeriert jedenfalls die Werbung) und damit ein Denken in Dingen. Der Verlust unseres Zeitbewußtseins und die Degeneration unseres Selbst in unserem mechanistischen Weltbild scheint vorprogrammiert. So verstellt uns der andauernde Konsum nicht nur den Blick für die Welt, in der wir leben, sondern - auf der Rückseite dieses Konsums - besteht die Gefahr, daß der Mensch die Erde nach und nach in einen einzigen Supermarkt verwandelt. Durch die Technik stellt der Mensch die Natur, wie Heidegger sagt, und macht sie abrufbereit wie in den Regalen eines riesigen Kaufhauses.

Das Wesen der Technik ist nicht die Welt der Maschinen, Fabriken und Atombomben. Das Wesen der Technik ist ihre Präsenz und ihr dinghaftes, "selbst-" zerstörendes Wirken in unserem Kopf! Wir könnten aber zu einer "neuen Technik" gelangen, indem wir unser Konsumverhalten und unsere Lebensweise, ja unsere Lebensweisheit bewußt änderten. Dazu wird es kommen, wenn wir auf unseren eigenen Schultern die Last der Verantwortung für unsere Zukunft und damit für die Zukunft unserer Kinder bewußt fühlen und deren Ursache erkennen!

Wir müssen auf dem Weg zur Erkenntnis unseres eigenen Wesens, der transformativen Struktur unseres Bewußtseins einige Schritte auf das, was man "Lebensweisheit" oder "Lebenskunst" nennen könnte, vorankommen ("Erkenne Dich selbst", "Mache Dich zu dem, der Du bist"). Die überfällige Exegese der technisierten Welt, des "Technotops" (Ropohl) vor dem Hintergrund des aufgezeigten Wahrheitsbegriffs könnte dabei helfen, den Prozeß der inneren Verarmung und Degeneration zu bremsen. Dazu wird es aber unumgänglich sein, die Technik als Wahrheit unserer Kultur anzuerkennen und den Prozeß der Reorganisation unseres Wissens auf die dritte Abstraktionsebene zu heben. Hier muß die Emanzipation des technischen Handelns einsetzen.

Betrachten wir dazu ein praktisches Beispiel:[12] Ohne die Tätigkeit unserer Hände ist unsere Persönlichkeit als operational-perzeptuelle Repräsentationsstruktur unvollständig: ihr fehlt das "motorische Individuum", ohne das der Mensch geistig degeneriert. Der Psychologe Oliver Sacks beschreibt den Fall einer sechzigjährigen Frau, die durch eine zerebrale Kinderlähmung behindert war und deshalb ihr ganzes Leben von der Familie versorgt wurde. Diese Kinderlähmung beeinträchtigt aber nicht die Hände, sie hatte einfach nicht gelernt, damit umzugehen. Diese Frau fristete, wohlbehütet in ihrer Familie, ein ereignisloses Dasein, das gerade wegen seines Wohl-behütet-seins eine erschreckende Parallele zur möglichen Degeneration des menschlichen Geistes in einer vollautomatisierten Welt abgeben könnte. Sacks "überlistet" diese Frau dann dadurch zum Handeln, daß er ihr Essen etwas außerhalb ihrer Reichweite aufstellte. "Es war ihre Geburtsstunde als <<motorisches

---

[11] vgl. Prigogine, Ilya: Die Wiederentdeckung der Zeit. a.a.o. Siehe auch die physikalischen, historischen und bewußtseinstheoretischen Beiträge zum Thema "Zeit" in: Gumin, Heinz; Meier, Heinrich (Hrsg.): a.a.O.

[12] Die Beispiele sind näher beschrieben in: Luhn, Gerhard: Implizites Wissen... a.a.O. [Kap. 6]

Individuum>>." Das motorische Erfahren der Welt macht ihr dann derart Freude, daß sie binnen kurzer Zeit sogar Plastiken verfertigt. Bemerkenswert dabei ist, daß sie mit einfachen Sachen beginnt und schließlich sogar Personen modelliert. Ihre Persönlichkeit machte durch dieses "motorische Individuum" eine späte, aber positive Entwicklung hin zur Voraussetzung der persönlichen Verantwortungsübernahme.

Jetzt ein anthropologisches Beispiel. Aus Homo erectus ist Homo sapiens mit den beiden Unterarten Homo sapiens neanderthalensis (HSN) und Homo sapiens sapiens (HSS) in Afrika entstanden. Diese beiden Linien scheinen sich auch nicht vermischt zu haben, obwohl sie zueinander in Kontakt gestanden haben könnten. Der Neandertaler hat sich auf die eiszeitlichen Lebensverhältnisse in Europa spezialisiert und er stirbt aus, als nach dem Ende der letzten Eiszeit seine Nahrungsquellen versiegen. Die Populationsdichte von Wollhaarnashörnern und Mammuts verringert sich dramatisch, weil Tagestemperaturen über Null Grad Celsius und Regen ihren Körper erbarmungslos abkühlen, da das Haarkleid nur bei Temperaturen unter Null Grad und den eiszeitlich trockenen Lebensverhältnissen schützt. Denn sie besitzen keine Talgdrüsen zum Einfetten der Haare, so daß viele Tiere einer Art "Schockgefrieren" zum Opfer fallen. Den Rest besorgen die noch lebenden Neandertaler, bis beide gemeinsam aussterben. Immerhin haben HSN und HSS für ca. 150.000 Jahre nebeneinander existiert und HSN ist erst vor ca. 20.000 Jahren endgültig von der Erdoberfläche verschwunden. Inzwischen ist in einem weiteren kladogenetischen Schub in einer eingegrenzten, kulturell isolierten Region in Gafzeh in Palästina der moderne Mensch entstanden; dieses Ereignis hat vor ca. 70.000 Jahren stattgefunden. Dann dauert es noch ca. 30.000 Jahre bis HSS Europa besiedelt und - bedingt durch seine nochmals gesteigerte Intelligenz und sein Anpassungsvermögen - von da an die ganze Welt. Der moderne Mensch verläßt dabei den afrikanischen Kontinent unter erheblichem Druck. Nicht Wasserknappheit oder Nahrungsmangel, sondern die die Schlafkrankheit bringende Tsetse-Fliege erzwingt den Auszug von Menschengruppen aus Afrika in überraschend schneller Zeit. Denn in den Zwischeneiszeiten wurden durch veränderte Niederschlagsverhältnisse aus den tsetsefreien Trockensavannen und Grasländern Feuchtsavannen mit Tsetse-Vorkommen. Wahrscheinlich wurde in nur zwei oder drei Menschengenerationen die "paradiesische Savanne" für die menschliche Besiedelung unmöglich.

Das Ergebnis ist, daß HSS, dessen Bestände durch die Schlafkrankheit recht niedrig gehalten werden, sich aufgrund dieser lebensbedrohenden Verhältnisse vor ca. 10.000 Jahren (dem Ende der letzten Eiszeit) auf die Wanderschaft begibt. Während der damaligen Vereisung liegt der Meeresspiegel über 100 Meter tiefer als heute und zahlreiche Flußtäler erstrecken sich in fruchtbare, heute vom Meer bedeckte Niederungen. In der von Euphrat und Tigris gebildeten Flußniederung, dem Zweistromland, finden sich schließlich die ersten Zeichen menschlicher Kultur, weil die aus Afrika auswandernden Menschengruppen nur dort eine ausreichende Ernährungsgrundlage finden. Wildrinder weiden in den samentragenden Gräsern der fruchtbaren Täler, die eingefangen und deren Milch genutzt werden konnten. In den Flußtälern steckt auch der Ursprung des Ackerbaus, wo dem nährstoffreichen Boden mit einfachsten Methoden des Nutzpflanzenbaues Ernten abgewonnen werden konnten. Mit dem Ende der Eiszeit überfluten die abschmelzenden Eismassen jedoch einen Großteil dieser Flußtäler. Dennoch sind die aktiv die Natur verändernden Bauern gegenüber einseitig die Natur bejagenden Jägern im Vorteil. Während Jäger wie der HSN mit der Ausrottung ihrer Jagdbestände aussterben, setzt sich mit den Bauern das symbolisch-prozeßhaft orientierte, "visionäre", langfristig vorausschauende Denken durch. Sie weichen den aufsteigenden Meeresfluten aus und müssem in höher liegendem, unfruchtbarerem Gelände "im Schweiße ihres Angesichts" säen und ernten. Dieses zeitlich vorausschauende Denken und Handeln bewährt sich gegenüber der auf Kurzfristigkeit ausgelegten Kraft der Jäger und schafft - zusammen mit der Sprache - die Voraussetzungen zur Entstehung unseres Selbstbewußtseins. Alleine schon aus ökologischer Sichtweise war der Mensch zu einer optimierten Nutzung der Natur gezwungen, und zwar mit völlig neuen Handlungszielen. Denn um mit dem Rückgang jagdbaren Wildes nicht zu verhungern, wie es auch vielen in Amerika angekommenen HSS-Jägern und späteren Indianern ergangen ist, muß er sich völlig neue Handlungsstrukturen ausdenken.[13] Somit gibt es gute Gründe für die Annahme, daß unsere Vorfahren in eine anthropologische Krise geraten sind, in der die gesamte ego- bzw. dingzentrierte Organisation des Handelns, aufgrund lebensweltlicher Anforderungen massiv umstrukturiert wurde. Schließlich setzen sich diejenigen Vertreter unserer Vorfahren durch, die durch symbolisch-vorausschauendes, Prozesse statt Dinge modellierendes, d.h. "visionäres" oder "weises" Denken ihr Leben und Handeln auf einer solchen mentalen Ebene höherorganisieren, so daß die gefühlten Probleme durch zeitbewußte Problemlösungen kompensiert werden. Jeder echte Fortschritt entsteht aus einem akuten Mangel heraus und verändert das herrschende

---

[13] Die als "Overkill" bekannt gewordenen Massenschlachtungen der ersten in Amerika eingetroffenen Jäger bewirkte eine zeitliche Verflachung des Selbst, die bei dem zunächst herrschenden Produktüberangebot dessen Zerstörung nicht verhinderte. Hier konnte kein problematisierendes Selbstbewußtsein herausgebildet werden. Es gibt Hinweise darauf, daß nachfolgende Generationen umgreifende Reorganisationsprozesse der Erfahrung und des Wissens durchführten, was schließlich bis zum spzifisch naturverstehenden Habitus der Indianer durchdringt.

Wertesystem. Was vordem kritiklos "gut" war (erfolgreiches Jagen), wird im nachhinein nur noch bedingt toleriert. Unsere Kultur entsteht unter diesem Druck aus solcher Lebensweisheit.

Meine anthropologisch-technologische These (2) ist nun, daß wir uns heute in einer – aus mentaler Sicht – vergleichbaren Situation befinden. Wir können das Interesse an der Thematik dieser Tagung ("die Nachhaltigkeit des Wissens") – und dies ist gleichsam eine induktive Bestätigung unserer Ausgangsthese (1) – selbst als empirisches Indiz dafür werten, daß heute eher die Flüchtigkeit unseres Wissens als dessen Nachhaltigkeit zunimmt. Anders herum: These (2) ist durch die Spezifikation anthropologischer Randbedingungen kausal aus (1) ableitbar.

Ich möchte die aktuelle Diskussion um die Atomenergie dazu nur als ein Beispiel aufgreifen. Falls die hier dargestellten Analysen das Thema nur annähernd erfassen, sollten anthropologische Ursachen für den teilweise (jetzt: begründbaren) emotionalen Anstrich dieser Diskussionen freilegbar sein. Wenn die These zutrifft, daß die heutige Konsumgesellschaft zu einer Abnahme unseres Zeitbewußtseins bzw. einem "Verschwinden" unserer Zukunft führt, wird damit kausal die gesellschaftliche Lebensfähigkeit des Individuums desavouiert! Und dagegen - nicht gegen die heutige Atomtechnik an sich - richtet sich jener emotionale, jetzt theoretisch rekonstruierbare Widerstand, genährt aus dem unbewußten, impliziten Wissen um die Kriterien einer erfolgreichen Reorganisation unserer Erfahrung: mithin um Wahrheit!

Konkret heißt dies beispielsweise für die Atomtechnik, daß zur kognitiven Absicherung der technischen Handlungszusammenhänge der Lagerung auch ständig die entsprechenden Herstellungszusammenhänge und das damit verbundene nichtsprachliche, implizite Wissen um das Produkt (d.h. die Lagersubstrate) verfügbar sein müssen. Sonst werden unsere Nachfahren, die schon längst keine AKW's mehr betreiben, in einigen Tausend Jahren diesen Produkten genauso verständnislos (in dem hier ausgearbeiteten Wissensbegriff) gegenüberstehen, wie etwa die Pueblo-Indianer Fässer gefüllt mit Schwarzpulver zu "entdecken" begannen. Mit anderen Worten: es wird entweder a) immer AKW's geben müssen oder b) wir werden sämtliche Lagersubstrate nachhaltig vernichten müssen.

Das Projekt einer Emanzipation des technischen Handelns wird gerade auf die hier aufgezeigten Stärken eben dieses Handlns abstrahierend rekurrieren. Dazu ist als erster Schritt aber Aufklärung und wissenschaftliche Anerkennung im Sinne der hier vorgetragenen Thesen notwendig (was keinen Anspruch auf a priori Legimitation dieser Thesen erhebt). Im gerade beginnenden "Informationszeitalter" – einhergehend mit einer informationellen Deutung menschlichen Denkens und Handelns – wird eben diese Aussage ("der Mensch ist ein informationsverarbeitendes System") als Ausgangspunkt für eine nachhaltige Reorganisation unseres Wissens und Denkens genommen. Mittels des hier erarbeiteten Wahrheitsbegriffs wird dann klar, das es nicht darum geht, ob diese Aussage in einem axiomatischen, analytischen Sinne als "wahr" attribuiert oder gar axiomatisch bewiesen werden kann; vielmehr wird sie per se zu einer Transformation unseres Menschenbildes führen. Denn auf einer abstrakteren, personalen Wissensebene wird diese Aussage wiederum zu der These führen, daß nur jede Person selbst die Bedeutung von "Information" generieren kann. In diesem Sinne läßt sich dann sagen, daß wir uns ständig um Wahrheit bemühen müssen. Die Krise der modernen Technik resultieren demnach aus der Unwissenheit um die Struktur, genauer: die Stärken ("Know-how") und die Schwächen (Verwendungszusammenhänge technischer Produkte, die eine Destabilisierung des Selbst bewirken) technischen Handelns. In dem heutigen scheinbaren Verlust unserer Zukunft – in der agrikulturellen und der technischen Revolution bisher nur materialistisch diskutiert – wiederholt sich dabei nur das anthropologische Phänomen einer nun notwendigen Reorganisation unserer Erfahrung. Hierauf gründet sich die angesprochene Notwendigkeit für eine Neuorientierung unseres Wahrheitsbegriffs. Schließlich kann der Mensch, und hier setzt das Prinzip Verantwortung ein, durch Setzung neuer personaler Ziele, den Reorganisationsprozeß von Wissen und Erfahrung beeinflussen. Daß es uns heute überhaupt gibt, ist eine Folge davon, daß unsere Vorfahren "vernünftig"[14] gehandelt haben: Sie sind nämlich nicht - wie die Neandertaler und viele andere Menschengeschlechter - ausgestorben. So ist der Mensch das gefährdete Wesen, er ist in jeder Hinsicht "unfertig" und sich selbst stets auch Aufgabe. - Könnte das Licht unseres Bewußtseins sich nicht dadurch weiter ausbreiten, daß es uns immer weiter einen Weg aus der "alten" Vergangenheit in die "ferne" Zukunft zeigt, indem durch die immer weiter sich erstreckende Zusammenschau der Ereignisse sich neue Wege in die Zukunft auf immer höheren Erfahrungshorizonten eröffnen? Bedeutet die Entwicklung dieser Erfahrungshorizonte nicht eine Entwicklung unseres Gefühls für die Natur, für das soziale Gefüge und für unsere eigene Existenz? Können wir damit nicht die Weichen stellen für eine neue Kultur unseres Geistes?
- Die Aufgabe heißt, die Zukunft "sehen" zu wollen!

---

[14] Den Aspekt von Vernunft, auf den ich mich insgesamt beziehe, ist die geplante Vorausschau und Organisation des Zukünftigen, wie sich Kant ausdrückte.

4. Literatur

[1] Anderson, John R.: The architecture of cognition. University Press, Harvard, 1983
[2] Benda, Ernst: Von der Ambivalenz des technischen Fortschritts. in: Weizsäcker, Carl Friedrich von: Die Zeit drängt. Das Ende der Geduld. München 1989
[3] Bickerton, Derek: Language and Human Behavior. Seattle 1996
[4] Calvin, William H.; Bickerton, Derek: Lingua ex machina. Reconciling Darwin and Chomsky with the Human Brain. MIT Press, forthcoming (webbed preprint collection 1998)
[5] Dreyfus, Hubert L.; Dreyfus, Stuart E.: Künstliche Intelligenz. Von den Grenzen der Denkmaschine und dem Wert der Intuition. Reinbek bei Hamburg 1987
[6] Duncker, Karl: Zur Psychologie des produktiven Denkens. Berlin Heidelberg New York 3 1974
[7] Ferguson, Eugene S.: Das innere Auge. Von der Kunst des Ingenieurs. Basel Boston Berlin 1993
[8] Gehlen, Arnold: Der Mensch. Seine Natur und seine Stellung in der Welt. Wiesbaden 13 1986
[9] Jackendoff, Ray: Patterns in the mind. Language and Human Nature. New York 1994
[10] Jaynes, Julian: Der Ursprung des Bewußtseins. Reinbek bei Hamburg 1993
[11] Jischa, Michael F.: Herausforderung Zukunft. Technischer Fortschritt und ökologische Perspektiven. Heidelberg Berlin Oxford 1993
[12] Lübbe, Hermann: Die schwarze Wand der Zukunft. in: Fischer, Ernst P. (Hrsg.): Mannheimer Gespräche. Auf der Suche nach der verlorenen Sicherheit. München 1991
[13] Luhn, Gerhard: Implizites Wissen und technisches Handeln am Beispiel der Elektronikproduktion. Bamberg 1999
[14] Luhn, Gerhard; von der Weth, Rüdiger: Abstraction and Experience. Engineering Design in new Contexts of Cognitive and Philosophical Science. in: Hubka, Vladimir (Hrsg.): Proceedings INTER-NATIONAL CONFERENCE ON ENGINEERING DESIGN ICED 99 MUNICH, AUGUST 24-26, 1999
[15] Metzinger, Thomas: Subjekt und Selbstmodell. Die Perspektivität phänomenalen Bewußtseins vor dem Hintergrund einer naturalistischen Theorie mentaler Repräsentation. Paderborn 1993
[16] Neirynck, Jacques: Der göttliche Ingenieur. Die Evolution der Technik. Renningen-Malmsheim 3 1998
[17] Piaget, Jean: Biologie und Erkenntnis. Über die Beziehungen zwischen organischen Regulationen und kognitiven Prozessen. Frankfurt am Main 1983
[18] Pinker, Steven: Der Sprachinstinkt. Wie der Geist die Sprache bildet. München 1997
[19] Polanyi, Michael: Implizites Wissen. Frankfurt am Main 1985
[20] Rüchardt, Hugo: VLSI-Design-Scenario. in: Sonderdruck aus >>ntz<<, Bd. 37 (1987), Heft 11
[21] Sachsse, Hans: Anthropologie der Technik. Ein Beitrag zur Stellung des Menschen in der Welt. Braunschweig 1978
[22] Siegwart, Geo: Vorfragen zur Wahrheit. Ein Traktat über kognitive Sprachen. München 1997

Environmental Realism: An Argument for Planetary Ethics
Giridheri Lal Pandit

As the human-environment interaction, dominated as it is by the world-view of *environmental conguesting*, comes under increasing scrutiny, the prospects of a dynamic approach to the problems of a multi-faceted environmental development on the one hand and to improving and legitimizing our forms of environmental thinking and action on the other hand can be seen as taking a revolutionary *ecological turn*.

It is no more possible to think and act as if man's relationship with the environment was just an *external* subject-to-object relationship founded on an *external* consumer-to commodity utilitarian rationality. Taking its clue form the fact that any programme of improving upon actions, which have impacts on the very environments in which they must be performed, leaves us with a most difficult task to improve those environments themselves, environmental realism raises the following questions with a view to motivating inter-disciplinary studies in the theory of environmental thinking and action integrating the complexities and the diversities of the environmental variables themselves.

What kind of studies can integrate these variables into our dynamic forms of thinking and action where human interactions with the forms of nature are concerned, whether as economists, as biologists, as physicists, as engineers, as social scientists, as policy makers or as ordinary people concerned with the harmony of human and non-human interests? What forms of environmental thinking and action can be regarded as most appropriate from the point of view of a planetary ethics and as most conducive not only to bio-diversity and cultural diversity but to the very viability of the planet Earth as a life-support system? In absence of a properly formulated planetary ethics, do not the dominant forms of environmental thinking and action run the greatest risk of being just the results of our past adaptations to an environmental reality which is now non-existent? Can we not change these forms and restore some harmony of human and non-human interests in our interactions with nature? Can we not import such instructions and education in science and technology which could foster environmentally realistic forms of thinking and action? Cannot science and technology themselves be based on environmental realism so that they themselves could teach us control and management of our environmental thinking and actions by a principle of *environmental nesting*? Taken as the theory of human action as a form of human-being-in-the-world, does not environmental realism itself motivate foundational studies in Planetary ethics and in realistic and adaptive environmental management?

Welches Wissen braucht die Zukunft?
oder
Wie Kunst der Wissenschaft
neue Perspektiven des Wissens öffnen kann

Otto Ulrich

1. Zur Aufgabenstellung als erkenntnistheoretische Herausforderung

Ich halte die Frage danach, welches Wissen die Zukunft braucht, für eine erkenntnistheoretisch zu beantwortende Frage. Damit ist sogleich gesagt, welches Wissen im folgenden nicht gemeint sein kann, um überhaupt eine annähernde Antwort zu bekommen: Es geht nicht um die Suche nach neuem objektiven oder technischen Wissen über Dinge, Theorien, Systeme oder Bewußtsein. Konkret geht es nicht darum zu fragen, welches Wissen geeignet sein könnte, heute bekannte objektive Probleme und ihre in die Zukunft hineinwirkende Konsequenzen zu lösen – wie etwa die Frage nach dem Umgang heute produzierten nuklearen Mülls vielleicht in zehntausend Jahren.

Gesucht ist jenes Wissen, dass den Menschen als einzigen Träger dieses neuen Wissens – und eben nicht etwa Expertensysteme bzw. wissensbasierte Systeme – dazu befähigt, Phänomene des Lebendigen, also die Welt und die ihre Entwicklung bestimmenden Gesetzmäßigkeiten als Organismus wie als Prozeß zu erkennen, was wohl einzig zu einem wirklichkeitsgemäßen Handeln im Umgang mit diesen Grundtatsachen des Lebens führen sollte.

Damit ist Zukunft auf das Werdende, also auf den Prozeß des Wandels gemünzt, um so - und nur so – überhaupt „das Leben wieder zu finden und (erkenntnistheoretisch) zu begünstigen" – wie dies Jacques Le Goff als neues Paradigma für den Strukturalismus fordert. In dem es darum geht Zukunft, also auch schon den nächsten Augenblick, als Wirklichkeit vom Gesichtspunkt des Werdens, die Welt also als ästhetisches Geschehen zu begreifen, grenzt sich diese Perspektive systematisch ab von der vorherrschenden Konzentration auf das bereits Gewordene, also auf ein erstarrtes, mithin rechenbar gewordenes Verständnis von Welt und totem „Leben".

Allein diese „Befreiung" von einer rationalistisch geprägten Art der Wahrnehmung von Wirklichkeit scheint mir der einzig verbleibende Ansatz zur Beantwortung der Ausgangsfrage zu sein, um Zukunft, im hier verstandenen Sinne also werdende Phänomene des Lebendigen, nicht mehr länger erst durch eine terminologische Entseuchungsanlage schicken zu müssen, um dann über tote Worthülsen zu brüten.

Die hier vorzunehmende Überwindung von (vorlaufenden) theoretischen Festlegungen, Konstrukten, Modellen, Hypothesen macht es überhaupt erst möglich anschlußfähig zu werden zur Debatte über „wildes Denken" (Levi-Strauss 1968), „ästhetisches Denken" (Welsch 1990) oder „lebendiges Denken" (Steiner 1985). Wobei es zu akzeptieren gilt, dass es sich bei dieser Art der (denkerischen) Wahrnehmung – zumal in einer mediatisierten Welt – mehr und mehr um eine nur noch fiktional wahrnehmbare Wirklichkeit handelt, die – als „neue Geisteshaltung" (Lyotard 1986:97) – realistischerweise nur durch „ästhetisches Denken" (und der individuell zu entwickelnden Fähigkeit dazu!) überhaupt noch „erfaßt", wohl besser: gedacht werden kann.

Die Stilisierung der Ausgangsfrage zu einer Erkenntnisfrage und die Behauptung, diese sei zwingend nur aus der Perspektive ästhetischen Denkens – mithin der Kunst und ihren inhärenten Chancen überhaupt neuartige Wahrnehmungspotentiale bereitstellen zu können (was besondere Wahrnehmungsfähigkeit verlangt und freisetzt) – bearbeitbar, zwingt dazu, zunächst die die Wissenschaft eigentlich legitimierende abendländische Philosophie und sodann die - zumeist systemtheoretisch unterlegte - Wissenschaft nach ihrer Substanz dahingehend zu befragen, wie weit die Verarbeitung der „Dinge des Lebens" unter dem hier vorherrschenden nomenklatorisch-nominalistischem Pathos überhaupt noch hervorscheinen, um für unsere Frageintention von Interesse sein zu können.

Zu fragen wäre also (erstens) Wie wird – von Philosophie und Wissenschaft - erkannt?, um daran dann (zweitens) nach dem Was? des Erkennens und dann (drittens) nach dem Wer erkennt? zu fragen – womit die klassischen Grundfragen der Erkenntnis einmal mehr gestellt werden.

2. Wie wird erkannt?

Gemeinhin hat Philosophie nichts mit dem Leben, nichts mit lebendigen Prozessen des Werdens zu tun, sie ist in philosophischen Büchern zu suchen. Notwendigerweise stößt man dabei stets auf den urphilosophischen Impetus von Plato und Aristoteles, die als erste Philosophen, nämlich als Stifter der philosophischen Tradition auch als letzte zu gelten hätten, da die ganze folgende Philosophie im Grunde nichts anderes darstellt als jahrtausendelange und penible Reaktion auf das urschöpferische Tun dieser beiden Vordenker.

Das heißt aber nur, wer heute philosophiert, philosophiert aus der Kraft fremden Philosophierens und stellt sich in die philosophische Tradition, die in allen philosophischen Denkvorgängen des Abendlandes als tranzendentales Subjekt sui generis auftritt, um damit den philosophischen Diskurs weg von den „Dingen des Lebens" hin in die bestehende riesige Sackgasse lebensweltfremden Denkens zu lenken. Hier einen Streit mit der Tradition vom Zaune zu brechen, hieße nur sich die gewichtige Tradition auf den Hals zu laden. Die Suche nach Antworten zur Ausgangsfrage zwingt dazu – um überhaupt voran zu kommen – die Friedhofsruhe der Tradition zu respektieren, denn, in dem aus der Tradition herausgedacht wird hat man bereits (und nur) schon Gedachtes als Aufgabe vor sich. Es wird nur nachgedacht; dieses Philosophieren dreht sich um das Vergangene und immer handelt es sich bei der (akademisch etablierten) Philosophie um philosophische Belesenheit im streng zunftmäßigen Sinne.

Weiterhin werden Weltdinge nicht als Weltdinge wahrgenommen und ein „Zurück zu den Sachen selbst!" – wie dies Husserl gefordert hat, um als Mystiker gerufmordet zu werden - ist aus einer Tradition verpflichteten abendländischen Philosophie im Sinne der hier zu beantworteten Frage nicht zu erwarten.

Philosophische Schöpfungen aus der Tradition – wie sie mir grundlegend aus dem heutigen philosophischen Diskurs entgegen scheinen – stehen für ein abgelebtes, aber (noch) nicht abgelegtes Paradigma, jedenfalls ungeeignet, sich in laufende Prozesse des Lebens und des Weltgeschehens erkennend hinein zu begeben, was sich auch – und gerade! – darin zu erkennen gibt, dass die sogenannte „wissenschaftliche" Vielfalt einem (zumeist unreflektiert bleibenden und vorlaufenden) mechanistisch-materialistischem Reduktionismus aufsitzt, der als Positivismus und Empirismus erkenntnistheoretisch alles zur Funktion und zur Oberfläche wie zur Aspekthaftigkeit gerinnen läßt.

3. Was wird erkannt?

Ohne System keine Wissenschaft, ohne Systematik keine Wissenschaftlichkeit. Sofort, mit diesem Betrachtungsansatz, wird die unüberschaubare Vielfalt der Dinge eingeschränkt: Quantitativ, in dem sie gleiche Elemente kategorial in Klassen zusammenfaßt, qualitativ, in dem sie die Eigenarten vieler komplexer Erscheinungen auf bloße Unterschiede in der raum-zeitlichen Anordnung (Struktur) ihrer sonst gleichen Bausteine und Funktionen zurückführt.

Die „Wissenschaftlichkeit" steigt um so höher, je gelungener, d.h. je einfacher, einheitlicher, geschlossener, also je strenger systemtheoretisch, die „Reduktion von Komplexität" gelingt. Durch die Illusion, mit der Vereinfachung von Phänomenen auf mathematisch rechenbare Modelle auch schon die Wirklichkeit des Phänomens selbst verstanden zu haben, wird die Asozialität der Wissenschaft – weil zur puren computergestützten Systemwissenschaft verkommen – in die Gesellschaft getragen.

Dieses dogmatisierte Verständnis von Wissenschaft orientiert sich am Mechanischen, am Erstarrten, also am Toten. Es versucht hypothetisch vorformulierte Regeln am toten Objekt zu verifizieren und zu erklären. Eine so verfahrende Wissenschaft braucht auch keinen Begriff vom Lebendigen, kein Verständnis vom Wesen der Natur. Diese Wissenschaft bleibt unfähig, den die Welt zerreißenden Dualismus zwischen subjektiv/objektiv, zwischen ICH und Welt, zwischen Wesen und Erscheinung zu überwinden, kann weiter nur in Strukturen und analytischen Klassifizierungen „denken" und vermag deshalb auch keinen lebensweltorientierten Zugang zur Mitwelt, zu ökologischen Werdeprozessen wie zu Lebensbedingungen der Welt zu finden.

Eine in diesem Sinne beliebig bleibende Zukunftsorientiertheit bleibt ungeeignet gegenüber der anstehenden Aufgabe, in Verantwortung gegenüber der Nachwelt (Böhret 1991) dem menschlichen Handeln endlich eine Wissensbasis zu geben, die in denkerisch wahrgenommenem Einklang mit Prinzipien eines organischen Verständnisses von Werdeprozesses steht.

4. Wer erkennt?

Weil die Datenbasis dieser Art „wissenschaftlicher" Weltanschauung nicht die werdende, sondern die gewordene Welt ist, muß sie – um objektiv zu sein – reduzieren, abschneiden, um den geschlossenen Zustand des ceteribus paribus zu erreichen, muß alles Lebendige, mathematisch nicht faßbare „abhauen", also präzis werden, um damit aber weiter den zerreißenden dualistischen Graben zwischen erkennendem Subjekt und der Welt zu vertiefen. Leider wird dabei menschliche Erfahrung nicht reicher, sie wird permanent substituiert durch eine der Materie unterlegte, vermutete, vor allem aber systemtheoretisch erklärbare Aktivität. Methodisch ist damit von vornherein ausgeschlossen, dass es ein Zugewinn an menschlicher Erfahrung, an, vom erkennenden Menschen getragenen Wissens gibt, mithin immer weniger Erkenntnis darin, dass Gesellschaft (oder Welt), also Zukunft - gemäß dem Organismus-Begriff und in Abkehrung vom Gegenbegriff des „Mechanismus" – als lebendiges soziales Geschehen, also als sozio-kulturelles Phänomen mit ihren spezifischen auf Entwicklung angelegten Gesetzmäßigkeiten angesehen werden kann – was aber notwendig ist, um zu neuen Bereichen des Wissens vorzustoßen.

In dem weiter und noch extensiviert formelhafte, mechanistische Verkürzungen – neuerdings gesteigert durch den Reduktionismus der binären Logik – als blindmachende Brillen der

Erkenntnis genutzt werden, erhält der erkennende Mensch keine Chance „sein Denken dazu zu verwenden, die den Sinnen durch Beobachtung und Experiment gegebenen Qualitäten der äußeren Wahrnehmungen so zu ordnen, dass das eine Phänomen in seinen Zuständen und Vorgängen als Folge anderer Phänomene verständlich wird" (Buck/Mackensen 1988: 150).

5. Was von Nietzsche zu lernen ist

„Die Wissenschaft unter der Optik des Künstlers zu sehen, die Kunst aber unter der des Lebens" – dieses Nietzsche-Wort spricht an, um was es zu gehen hat: Nietzsche steht in der abendländischen Philosophie und Geistesgeschichte an einem ähnlichen Wendepunkt wie die heutige gesellschaftliche Entwicklung, deren Situation am Ende des 20. Jahrhunderts überraschende Parallelen zu der philosophischen und geistigen Befindlichkeit am Ende des 19. Jahrhunderts aufweist.

Die kultuerelle und geistige Wirklichkeit vor 100 Jahren war durch den Grundtatbestand des Nihilismus gekennzeichnet („Gott ist tot."), das heißt, durch den Zerfall der überkommenen, traditionellen Werte, Zielvorstellungen und Leitlinien. Die Befindlichkeit der Gegenwart ist ebenfalls durch den Zerfall der überkommenen Wertvorstellung und Leitlinien gekennzeichnet, erkennbar daran, dass beispielsweise das weithin akzeptierte gesellschaftliche Leitbild von Wissenschaft, Forschung und Technologie immer weniger oder gar nicht in der Lage ist, Probleme des realen sozialen Alltags – beispielsweise den Verlust des Gemeinsinns – innerhalb ihrer Grenzen zu lösen.

Erst ein neues Verständnis des Politischen, der Sozialwissenschaften, könnte hier einen Ansatz öffnen, soziale Entwicklungen nicht mehr länger nur in Reaktion auf analytische Befunde, im Nachhinein zu reparieren, sondern durch ästhetisches Denken inspiriert, eine soziale Kunst herauszuentwickeln, die das Bewußtsein dafür schärft, nicht zu fragen: „Was ist das Sein?", sondern – und das lernen wir von Nietzsche – diesen Aggregatzustand des Seins als ein Werden zu betrachten. Das Sein nicht als „fest" (geworden), sondern als „plastisch" anzusehen.

Diese Perspektive bedeutet, die Welt als künstlerischen Prozeß und als ästhetisches Geschehen zu begreifen, weil eben die Kunst den gesamten Umwandlungsprozeß, das heißt, das Werden als Grundprinzip, als höchste Gesetzlichkeit des Daseins, sichtbar machen kann. Das obige Zitat zielt also darauf ab, die Wirklichkeit vom Gesichtspunkt des Werdens, die Welt als Phänomen in seinen ästhetischen Qualitäten, also als permanent „sich selbst gebärendes Kunstwerk" verstehen zu können – und dabei dann den Betrachter exakt im Sinne der Herstellung von Objektivität, mit in den Erkenntnisprozeß einzubeziehen.

Und diese bewußte Einbeziehung des menschlichen Betrachters, also seiner nur ihm gegebenen – durch individuelle Kunsterfahrung einzuübende und zu schärfende - Sensibilität sowohl für Sinneswahrnehmungen wie Sinnwahrnehmungen macht die paradigmatisch andere Qualität der Betrachtungsweise eines erweiterten Wissenschaftstypus aus und öffnet neue unausgeschöpfte Reservoirs eines inneren Wissens, welches, geschöpft aus einer künstlerisch-ästhetischen Weltanschauung, geeignet ist, die Zweiheit der Welt – die Wahrnehmung und das Begriffe-suchende Denken darüber – im individuell zu vollziehender Erkenntnisakt zu überwinden.

6. Zukunft braucht „Könnenschaft"

Die ästhetische Weltanschauung betrachtet die Welt nicht als Gewordene, sondern als stetig Werdende. Der Prozeß der Weltentstehung wird nicht ex-post, sondern im Modus der Gleichzeitigkeit, als plastischer Prozeß erkannt und betrachtet – wenn der Betrachter sich durch künstlerisches Üben, also im bewußten Einlassen auf den offenen künstlerischen Prozeß, dazu befähigt hat, sich in die permanente „Lebendigkeit", in den stetigen Prozeßcharakter von werdenden Phänomen hinein empfinden zu können – um nicht weiter nur als äußerer Nicht-Beteiligter darüber zu reflektieren: Dies – eben(!) – führt dazu, nur in zu überwindenden Strukturen und Klassifizierungen wahrnehmen zu können.

Das Verhältnis von Subjekt und Objekt (ICH-Welt-Relation) ist dann nicht mehr durch Trennung, sondern durch Gestaltbarkeit und wechselseitiger Transformation gekennzeichnet. Datenbasis dieser Wirklichkeit ist die werdende Welt, das „Geschehen" als sich-bewegendes Ereignis – und das ist der verbliebene Ansatzpunkt, wo Kunst wieder eine Avantgarde-Funktion bekommt: Der künstlerische Prozeß in seiner nicht-regelgebundenen Offenheit, seiner erlebbar freien und gestaltbaren Dynamik ist ein Experimentierfeld zur (Wieder-)Aneignung von Wahrnehmungsfähigkeit wie Wahrnehmungssprüngen, um so für Umschlagserfahrung und stetig notwendigen Perspektivenwechsel zu sensibilisieren.

Dabei geht es nicht um „die Kunst" und auch nicht um Qualitätskriterien des Kunstmarktes, um Kunst als Konsum. Vielmehr ist die Frage danach, wie eine künstlerische Tätigkeit angelegt ist, um schon im Einlassen auf den künstlerischen Prozeß jene typische Gestaltungsoffenheit als Anforderung zu spüren, die auch die Bewegung und den Fluß etwa von offenen Gesprächen kennzeichnet. Jetzt geht es nämlich nicht mehr um Orientierung an vorgefundenen Strukturen oder an Regeln, an „fertigen" Produkten, jetzt geht es um schöpferische, „situative" Wahrnehmung von freien Möglichkeiten innerhalb prozessual und unplanbar verlaufenden Entwicklungen – sei es der Farben, der Formen, der Bilder des Märchens oder des im Werden befindlichen Romans!

Und damit wird das Reservoir nicht-ausgeschöpften Wissens (dessen Ausschöpfung Zukunftsfähigkeit verspricht) als erst noch durch anzueignende „Könnenschaft" klarer erkennbar: Aus der dargelegten Sicht wird nämlich jegliches menschliche Handeln – noch bevor dieses zur empirisch faßbaren Realität wird – als Ausfluß eines assoziativen Arrangements von Ideen, Wahrnehmungen, Gefühlen, von Theorien, Hypothesen, gedanklichen Folgerungen oder zeitlich situativ bestimmten und gewichteten Faktoren erkennbar.

Dieser Art der Wahrnehmnung von Sozialität und ihrer Phänomene – diese also „zu sehen" als ein sich stetig veränderndes, ästhetisch wie an-ästhetisches Design von fluktuierenden Konfigurationen, von Stimmungen, Meinungen, Gegenmeinungen, Positionen, Festlegungen mit den sich daraus ergebenen anderen Strukturen und Ordnungen, Abhängigkeiten, Anpassungen, Cliquen, den sich permanent zuspitzenden Trends zur Formalisierung, zur Bürokratisierung, Versteinerung, Dogmenbildung und Uniformierung des Differenten – öffnet einen erkennenden Zugang zu – durch ästhetischen Denken zu erschließenden - Wissenspotentialen, führt mithin zu einem paradigmatisch erweitertem Handlungswissen, das „hinter" der vordergründig erkennbaren Empirie, der augenfälligen Alltagspraxis und einer positivistischen Sichtweise des Geschehens ansetzt

Wer – aus dieser Perspektive - einen Zugang zu einem neuen Wirklichkeitsverständnis und einer „anderen" Verstehensweise der Gegenwart gewinnen will, könnte gut beraten sein, sich mehr der Kunst als der Philosophie zuzuwenden:

„Die eigentliche Aufgabe der Gegenwartsverständigung wird von der Kunst weit eher und besser wahrgenommen als von der Philosophie" – so Wolfgang Welsch (ebd.: 103).

7. Fallbeispiel: Was ist Wasser?

Gemäß des „wissenschaftlichen" Weltbildes wird ein Chemiker wohl sagen: Wasser ist ein Stoff mit einem Siedepunkt von 100 grad Celsius, Schmelzpunkt 0 grad Celsius, Brechungsindex = 1,3328034, Molwärme 4,18 J/gk, Zusammensetzung H2O – das war es dann auch schon!

Das „künstlerisch-ästhetische" Weltbild erweitert diesen materialistischen Kern um „prozeßhafte" Qualitäten, die auch – wahrscheinlich sogar unvermeidbar – den Leser la Betroffenen mit in das fließende Geschehen als Menschen einbeziehen, wie dies durch das folgende Gedicht von Johann Wolfgang von Goethe sicherlich „erlebbar" gemacht werden kann.

Gesang der Geister über dem Wasser

Der Menschen Seele
Vom Himmel kommt es,
Zum Himmel steigt es
Und wieder nieder
Zur Erde muß es.
Ewig wechselnd.

Strömt von der hohen,
Steilen Felswand
Der reine Strahl,
Dann stäubt er lieblich
In Wolkenwellen
Zum glatten Fels,
Und leicht empfangen
Wallt er verschleiernd
Leisrauschend
Zur Tiefe nieder.

Ragen Klippen
Dem Sturz entgegen
Schäumt er unmutig
Stufenweise
Zum Abgrund.

Im flachen Bette
Schleicht er das Wiesental hin,
Und in der glatten See

Weiden ihr Antlitz
Alle Gestirne.

Wind ist der Welle
Lieblicher Buhler;
Wind mischt vom Grund aus
Schäumende Wogen.

Seele des Menschen
Wie gleichst du dem Wasser!
Schicksal des Menschen,
Wie gleichst du dem Wind!

Verwendete und weiterführende Literatur:

Böhret, C.: Nachweltschutz. Frankfurt 1991
Buck, P./Mackensen, v. M.: Naturphänome erlebend verstehen. Köln 1988
Heinrichs, H.-J.: Struktur und Geschichte. In. Lettre, 7/99
Husserl, E.: Die Krisis der europäischen Wissenschaften und die Idee der tranzendentalen Philosophie. Hamburg 1982
Le´vi-Strauss. C.: Das wilde Denken. Frankfurt 1968
Lyotard, J. E.: Philosophie und Malerei im Zeitalter ihres Experimentierens. Berlin 1986
Nietzsche, F.: Der Wille zur Macht. Stuttgart 1964
Scharmer, C. O.: Ästhetik als Kategorie strategischer Unternehmensführung. Stuttgart 1991
Steiner, R.: Die Philosophie der Freiheit. Frankfurt 1985
Swassjan, K.: Das Welterkennen als Wiedererkennen eines Menschen. In: Urphänome. Dornach 1995
Ulrich, O.: Die ästhetische Wahrnehmung des Sozialen als Auftrag einer „höheren" Sozialwissenschaft. In: Politik als Kunst. Stuttgart 1992
Welsch, W.: Ästhetisches Denken. Stuttgart 1990

**Workshop 24
Wissen und Symbole**

Reinhard Margreiter
Institut für Philosophie der Humboldt-Universität
10099 Berlin, Unter den Linden 6

ZUR KONVERGENZ VON SYMBOLTHEORIE UND MEDIENTHEORIE

Meine im folgenden näher auszuführende These lautet, daß es sich in der Symbol- und Zeichentheorie einerseits, in der Medientheorie andererseits um zwei bislang weitgehend getrennte Theorieunternehmen handelt, die in ihrem Gegenstand und ihren Forschungsintentionen jedoch erheblich konvergieren, wobei diese Konvergenz sich mit der zunehmenden Klärung des (jeweiligen) Themen- und Methodenbereichs entsprechend verstärkt. Eine Synopsis von Symbol- und Medientheorie trägt zur gegenseitigen Klärung und Elaborierung bei und hilft, jeweilige Blindflekken und Unterbetonungen zu erkennen und zu überwinden. Für die (eher im Kontext der akademischen Philosophie beheimatete) Symboltheorie bedeutet diese Synopsis eine inhaltliche Ergänzung sowie eine Vermittlung hin zu Sachproblemen der gegenwärtigen Kultur und Lebenswelt, während sich für die (bislang eher außerhalb der Fachphilosophie agierende) Medientheorie die Chance bietet, ihr Anliegen systematisch im Rahmen traditioneller erkenntnis-, geist-, kultur- und anthropologisch-philosophischer Fragestellungen zu positionieren, sich von einigen krausen Ideologemen und modischen Phrasen zu befreien und den eigenen methodischen Standard erheblich zu verbessern.

Ich will von beiden Seiten her, aus symbol- und aus medientheoretischer Perspektive, einige Linien dieser behaupteten Konvergenz herausarbeiten. Hauptsächlich aber versuche ich eine Annäherung an den Begriff des Mediums aus der Sicht der Symbolphilosophie Ernst Cassirers, in deren Zentrum die beiden Begriffe der 'symbolischen Form' und der 'symbolischen Prägnanz' stehen, in der aber auch der Begriff des Mediums eine (wenngleich eher marginale) Rolle spielt.

Cassirers systematische Philosophie der symbolischen Formen wird in der kulturtheoretischen, kulturwissenschaftlichen und philosophisch-anthropologischen Diskussion der Gegenwart zunehmend als eine Konzeption gehandelt, der man eine grundsätzliche Orientierungsfunktion sowie Anschlußfunktionen für systematische Fragestellungen, die bei Cassirer selbst (noch) nicht behandelt werden, zuschreibt.[1] Orientierend ist Cassirer z.B. für das in der Postmoderne-Diskussion neu belebte Thema, ob und inwieweit neben der unleugbaren Vielfalt, neben der Heterogenität und dem Eigenwert kultureller Strukturen auch deren systematische Einheit sowie Momente von Hierarchie und Teleologie zu bedenken seien. Freilich finden sich auch bei Cassirer diese Fragen nicht befriedigend gelöst, ja nicht einmal eindeutig und klar beantwortet, doch werden sie immerhin ausdrücklich exponiert und diagnostiziert. Gerade die Rezeptionstatsache, daß Cassirer nach den Beurteilungsmaßstäben klassischer philosophischer Systematik ein allzu 'ungenauer', in den Augen postmoderner Pluralismus-Apologeten und Intellektualismus-Kritiker hingegen ein allzu traditionell-systematischer und kognitivistisch positionierter Denker ist, macht ihn für die gegenwärtige Diskussion — vor allem bei der Thematisierung inter- und intrakultureller Fragen — interessant. Denn er repräsentiert offensichtlich zwischen einem Denken der allzu radikalen Einheit und einem Denken der allzu radikalen Vielheit eine spezifisch mittlere Einstellung und Methode, auf die es in der zu verhandelnden Sache ankommen könnte.

Zum einen ist festzuhalten, daß sich Cassirer keineswegs zur Gänze von den Grundmustern neukantianischen Denkens verabschiedet, zum anderen sind aber seine theoretischen Innovationen — vor allem sein programmatischer Schritt 'vom Begriff zum Symbol', 'von der Erkenntnistheorie zur Kulturphilosophie' — zu würdigen.[2] In seiner Konzeption von Kultur, die er als das Insgesamt der symbolischen Formen (d.s. hauptsächlich Sprache, Mythos, Technik, Kunst, Erkenntnis) definiert, kommt der 'Erkenntnis' (gemeint sind damit das begrifflich-theoretische Wissen bzw. die Wissenschaften) — bei allem Insistieren auf Pluralität des Weltverstehens — eine entscheidende Sonderrolle zu, indem das Prinzip des geschichtlichen Fortschritts primär durch sie repräsentiert und gewährleistet erscheint. Dennoch trägt die Philosophie der symbolischen Formen, vergleicht man sie mit Hegels Phänomenologie des Geistes oder mit den von Cassirers älteren neukantianischen Kollegen (wie Cohen oder Rickert) vorgelegten Systematisierungen der Kultur, in betonter Weise den — von der traditionellen Philosophie mehr oder minder ignorierten — folgenden vier (miteinander verknüpften) Erkenntnissen Rechnung:

(1) daß das *diskursive Denken* weder die einzige noch die letztgültige und alle anderen Denkweisen fundierende Möglichkeit des Weltzugangs darstellt, (2) daß es grundsätzlich *mehrere unterschiedliche und nicht aufeinander reduzierbare Formen des Weltverstehens* bzw. der Erfahrung gibt, (3) daß diese Formen zumindest cum grano salis als *gleichwertig* anzusehen und je eigens zu analysieren sind und (4) daß im Vergleich der symbolischen Formen untereinander stets eine *Plus-Minus-Rechnung* hinsichtlich funktioneller Leistungen anzustellen ist: daß also jede symbolische Form besondere Möglichkeiten und Reichweiten der Orientierung, genauso aber auch Blindflecken und Dysfunktionalitäten aufweist.

Eine wesentliche Aktualität Cassirers dürfte darin bestehen, daß er mit dem Austausch der Leitbegriffe — Symbol statt Begriff, Verstehen statt diskursives Wissen — den einseitigen Kognitivismus des *mainstreams* der philosophischen Tradition verabschiedet, ohne dabei in einen unausgewiesenen Antirationalismus, in lebens- oder existenzphilosophischen Intuitionismus bzw. in die Beliebigkeit eines *anything goes* abzugleiten, und daß er — was sich gegen postmoderne Pluralismuskonzepte ins Feld führen läßt — Vielfalt und Einheit der symbolischen Formen als Korrelation und als Vermittlungsproblem ansieht. Demgemäß korrespondiert dem Prinzip der Vielfalt des Symbolischen das Prinzip einer verbindenden Einheit, d.h. den je eigens strukturierten symbolischen Formen und konkreten Symbolsystemen korrespondiert der Begriff der 'symbolischen Form' als solcher bzw. des 'Symbolischen' als solchen. Doch handelt es sich dabei um eine Abstraktion bzw. um einen Grenzbegriff, dessen konkrete Gestalt nur in konkreten Symbolismen faßbar wird. Gemeinsame Strukturen der ansonsten divergenten symbolischen Formen (ihre 'Qualitäten' wie die Gestaltung von Raum-, Zeit-, Kausalitäts-, Ding- und Ich-Dimension, aber auch Momente wie Prozessualität, Formungsaktivität, Bedeutungsstiftung, Referentialität des Geistes auf Stoffliches) ergeben sich lediglich als Denkfiguren analogischen Vergleichens.

Obwohl Cassirer — neben anderen Symbolphilosophen, wie *A.N. Whitehead* und *S.K. Langer* — zu einem bedeutenden Referenzautor der neueren philosophischen Anthropologie und Kulturtheorie geworden ist, ist doch der mancherorts gegen ihn (wie auch gegen Whitehead und Langer) erhobene Einwand nicht von der Hand zu weisen, daß einer solchen Symbolkonzeption eine unbefragt *idealistische Dimension* zugrunde liege und daß sie einer Art *realistischer oder materialistischer Ergänzung* bedürfe, um das anvisierte Phänomen der Symbolizität zureichend darzustellen. Ich möchte diesem Einwand zustimmen und, wie eingangs erwähnt, eine Lösung dahingehend vorschlagen, daß die geforderte Ergänzung der Symboltheorie — ihre sozusagen realistische und materialistische Ausstattung — durch eine Synopsis mit medientheoretischen (inklusive technikphilosophischen) Elementen zu leisten sei.[3]

Ein möglicher Ausgang der Betrachtung ist der Blick auf die Sprache bzw. auf jene Sprachspiele, in denen die Ausdrücke 'medial' und 'symbolisch' bzw. 'Medium' und 'Symbol' vorkommen. Ihre Bedeutung kann vorerst als ihr 'Gebrauch in der Sprache' (Wittgenstein) bestimmt werden. Dann aber wäre es wohl unrichtig zu behaupten, daß diese Ausdrücke stets und durchgängig als Synonyma verwendet würden. Doch ihre Semantik überschneidet sich in mehrfacher Weise, und die Ausdrücke bewegen sich somit in einem gemeinsamen Problem- und Bedeutungsfeld. Man kann daher überlegen, inwieweit im Begriff des Symbols Bedeutungskomponenten des Begriffs Medium mit enthalten sind und umgekehrt. Nehmen wir Cassirers zentrale Definitionen als Ausgangspunkt und fragen von hier aus nach den 'medialen Komponenten' des Symbolbegriffs. Cassirer definiert symbolische Formen als "jede Energie des Geistes [...], durch welche ein geistiger Bedeutungsgehalt an ein konkretes sinnliches Zeichen geknüpft und diesem Zeichen innerlich zugeeignet wird"[4], wobei er dieses Verknüpfen und Zueignen als 'symbolische Prägnanz' bestimmt: "die Art [...], in der ein Wahrnehmungserlebnis, als 'sinnliches' Erlebnis, zugleich einen bestimmten nicht-anschaulichen 'Sinn' in sich faßt und ihn zur unmittelbaren konkreten Darstellung bringt".[5] Ausgehend von diesen beiden Definitionen führe ich folgende fünf Momente als vermutlich wichtigste Charakteristika des Symbolbegriffs an:

(1) Symbole sind *sinnliche Gegenstände*, sie haben jeweils ein *materiales Substrat* (z.B. Farben oder Töne), das mit einem unserer Sinnesorgane (oder auch mit einer Kombination verschiedener Sinne) rezipierbar ist. (2) Die *Bedeutung* dieser Gegenstände als Symbole liegt nicht in ihnen selbst, sondern im *Verweis auf Anderes*. Symbole sind also Repräsentationen oder Zeichen (von etwas), die es — zum einen als dieses repräsentierte Etwas, darüber hinaus aber auch als dessen Zeichen oder Repräsentation — zu verstehen, auszulegen und zu interpretieren gilt. (3) Symbole stehen in einem Deutungs- (und wohl auch Handlungs-)prozeß, dessen Struktur als Kodieren und Dekodieren von Bedeutung anzugeben ist. Dieser Prozeß ist zugleich eine Erlebnis- und Lebens(welt)- struktur. Bedeutung entsteht (und vergeht) erst in diesem Prozeß und ist somit nicht apriorisch gegeben. (4) Symbolisieren stellt eine *aktive, spontane Konstruktionsleistung* dar, sie ist eine 'Tätigkeit des Geistes' und liefert eine Orientierung, eine Weise des Verstehens, eine Art der Erfahrung, die durch eine bestimmte innere Logik und Ordnung geprägt ist, nach der sie sich aufbaut und die sie gewissermaßen selbst erst herstellt. Symbolisieren impliziert daher so etwas wie (autopoietisch emergierende) *Rationalität*. (5) Die Fähigkeit zu solcher Rationalität, zur Kodierung und Dekodierung von Wahrnehmung, das Vermögen (und die Notwendigkeit) zu Sinnstiftung und Interpretation — eben: die Symbolfähigkeit des Menschen — kann als *Bewußtsein* bzw. als die *subjektive Seite des 'Geistes'* definiert werden, während dessen *objektive* Seite im Symbol als werkhaft materialisiertem Konstrukt zu sehen ist (in dem, was Dilthey die 'objektiven Gebilde der Kultur' nennt). Geist und (sinnliche) Substrate sind also aufeinander angewiesen und nur abstrakt, niemals konkret voneinander zu trennen. Ihr Schnittpunkt, ihr Kreuzungspunkt ist das Symbol.[6]

Als zusätzliches — sechstes — Charakteristikum (das sich nicht aus den obigen Zitaten ableiten, wohl aber durch andere Cassirer-Stellen belegen läßt und das für ein zureichendes Verständnis angeführt werden muß) darf gelten, daß Symbole nicht atomistisch, sondern sozusagen in Gruppenverbänden, in Systemen, fungieren. Sie definieren sich weniger durch ihren Bezug auf einzelne (bewußtseinsunabhängige) Gegenstände und Strukturen als vielmehr gegenseitig in einem theoretischen oder quasi-theoretischen Verweisungszusammenhang. Ihre *semiotische* Struktur (der Bezug zwischen den Signifikanten) ist also bedeutsamer als ihre *semantische* Struktur (der Bezug zwischen Signifikant und Signifikat) — wobei letztere ohnehin von manchen konstruktivistischen Schulen (wie ich meine: zu Unrecht) gänzlich geleugnet wird.

Wenn wir nicht von einzelnen Symbolen, sondern von Symbol*zusammenhängen* bzw. Symbol*systemen* (oder auch allgemeiner: von symbolischen Formen) sprechen, dann ist es offenkundig, daß die genannten Charakteristika fast zur Gänze *auch auf den Begriff des Mediums zutreffen* und daß sich Symbolizität und Medialität des Menschen auf ein und dasselbe Phänomen, nämlich auf eine bestimmte grundlegende anthropologische und kulturelle Struktur, beziehen. Diese Struktur kann mit den drei hauptsächlichen Bedeutungskomponenten des lateinischen Wortes *medium* umschrieben werden: Es kann sich (a) um eine *Mitte* handeln und/oder (b) um ein *Mittel* und/oder (c) um eine *Vermitt-*

lung. Mit 'Mitte' verbinden wir eine räumliche Bestimmung, mit 'Mittel' eine praktische, zweckorientierte und gegenständliche Bestimmung, mit 'Vermittlung' schließlich eine Bestimmung des Zusammenführens, Vergleichens und Versöhnens gegensätzlicher oder zumindest heterogener Größen. Wenn wir z.B. die *Sprache* — ein bevorzugtes Objekt sowohl der Medienphilosophie als auch der Symbolphilosophie — in den Blick nehmen, so treffen alle drei genannten Bestimmungen von 'Medium' auf sie zu. Sie stellt, wenn wir uns Gedächtnis und Kommunikation in räumlichen Parametern vorstellen, gewissermaßen eine topologische Mitte dar zwischen subjektiver und objektiver Welt, zwischen Mensch und Wirklichkeit. Sie ist ein Mittel, sich gegenüber den Dingen, gegenüber der Sozietät und gegenüber sich selbst zu orientieren, ein Mittel, um Grundfunktionen wie Ausdruck, Appell und Information zu vollziehen. Und sie vermittelt in mehrfacher Weise so gegensätzliche und heterogene Größen wie unterschiedliche Individuen, persönliche und kollektive Erfahrungen oder, um die vielleicht grundsätzlichste Ebene von Vermittlung zu nennen, 'Geist' und 'Stoff'.

In diesem Zusammenhang ist zu erwähnen, daß Cassirer in seinen Schriften den Ausdruck 'Medium' fallweise verwendet und damit auf einen Symbolzusammenhang bzw. auf den kantianischen und deutsch-idealistischen Begriff der transzendentalen Vermittlung von Anschauung und Begriff, Sinnlichkeit und Verstand usw. abzielt. Die Vermittlung von 'Sinn und Sinnlichkeit' wird als das wesentliche Moment der symbolischen Prägnanz bezeichnet. Allerdings findet weder eine explizite terminologische Klärung statt, durch die Symbol(system)e und Medien begrifflich einander gleichgestellt oder voneinander abgegrenzt würden, noch wendet sich Cassirer ausdrücklich den kommunikationstechnologischen und spezifisch-materiellen Aspekten der Symbolizität zu. Zwar betont er die unverzichtbare Referenz des Symbols auf ein stofflich-materielles Substrat. Der jeweilige Stoff, die jeweilige Materie steckt immer auch schon zugleich mit ihrer Verwendung die Möglichkeiten und Grenzen der drei Symbolfunktionen Ausdruck, Darstellung und (reine) Bedeutung ab. Es kommt aber diesbezüglich zu keinen eingehenden Analysen. Diese bleiben bei Cassirer der Dimension des 'Geistigen' vorbehalten. Nicht primäre Oralität, Schrift, Buchdruck, Film oder Radio werden in ihren spezifischen symbolischen Leistungen (und Begrenzungen) analysiert, sondern vielmehr Sprache, Mythos/Religion, Kunst, (begrifflich-theoretische) Erkenntnis und — ansatzweise — Technik. Nicht die materielle Gestalt der Medien steht im Vordergrund des Interesses, sondern der 'geistige Gehalt'. Neuere Autoren wie Aleida Assmann und Oswald Schwemmer haben aber dennoch zu Recht auf die Affinität von Symbol- und Medienbegriff bei Cassirer hingewiesen.[7]

Es ist festzuhalten, daß sich aus Cassirers Symbolphilosophie eine — primär an der materiellen Gestalt bzw. am sinnlichen Substrat der Symbolizität interessierte und orientierte — Medientheorie zwar nicht explizit herauslesen läßt, daß beide Versionen aber systematisch durchaus kompatibel sind und eine Medientheorie nahezu organisch an die Philosophie der symbolischen Formen anschließen kann. In den symbolischen Formen Sprache, Kunst und Technik fallen der materiell-sinnliche und der (kommunikations-)technologische Aspekt des Symbolischen von vornherein deutlicher ins Auge, während symbolische Formen wie Mythos und Erkenntnis vordergründig eher als Produkte von 'reinen' Formen der Anschauung und des Denkens mißverstanden werden können. In einem umfassenden sozial- und kulturtheoretischen Kontext löst sich ein solch allfälliges Mißverständnis aber ohnehin schnell und gründlich auf, da mythisch-religiöse Vorstellungen und Praktiken (Mythen und Riten) sowie die damit verbundenen Institutionen genauso strukturell mit ganz bestimmten materiellen Technologien der Kommunikation und des Gedächtnisses verklammert sind, wie das bei abstrakt-theoretischem und empirisch- wissenschaftlichem Denken der Fall ist. So kann z.B. unter schriftlosen Bedingungen von Wissenschaft nicht gesprochen werden, von Philosophie und Theologie nur in einem analogisch-metaphorischen Sinn, und auch die Symbolizität des Rechts erweist sich unter primär-oralen und unter literalen Bedingungen als grundverschieden.[8]

Es ist also festzuhalten, daß die Symbolphilosophie eines Cassirer, Whitehead oder einer S.K. Langer — und dasselbe gilt wohl auch für die Symboltheorie Goodmans und für die an Peirce und Morris anschließende Zeichentheorie — durch die Synopsis mit einer Medientheorie, die beispielsweise an M. McLuhan, E.A. Havelock und J. Goody anschließt, sachlich und systematisch erheblich gewinnen kann, weil so die von der ersten Gruppe von Theoretikern demonstrierte Fixierung auf die 'idealistische' Dimension der symbolisch-medialen Wirklichkeit des Menschen und der Kultur überwunden werden kann. Ein solcher Gewinn ist freilich auch umgekehrt für die Medientheorie zu verbuchen, die ihrerseits dann dem Vorwurf einer Fixierung auf die 'materialistische' Dimension des Symbolisch-Medialen besser begegnen kann. Die seriöse — primär von Altphilologen, Ethnologen, Sprach- und Literaturwissenschaftlern geführte — Diskussion innerhalb der Medientheorie hat in den letzten Jahren gezeigt, daß gewisse Pauschalierungen (v.a. über kulturelle Implikationen der medialen 'Großformen' Schrift und Buchdruck) entweder zurückgenommen oder erheblich differenziert werden müssen. Im Hinblick auf eine Applikation des Theorierahmens auf konkrete kulturwissenschaftlich-empirische Forschung scheint es geboten, Theorieelementen immer nur einen heuristischen Status zuzusprechen und sich möglichst auf begrenzte und übersichtliche Untersuchungsfelder zu konzentrieren.

Von erheblichem theoretischem Gewinn dürfte es freilich sein, bestimmte Autoren parallel zu lesen und z.B. Cassirers Theorem der symbolischen Vermittlung von 'Sinn und Sinnlichkeit' mit jenen nach wie vor aktuellen Untersuchungen in Verbindung zu bringen, die McLuhan über mediale Groß- und Kleinformen des 19. und 20. Jahrhunderts vorgelegt hat[9]: Untersuchungen nicht nur über Radio, Film und Fernsehen, über Straßen und Verkehrswege, sondern auch über Fotografie und Grammophon, Geld und Werbung, Kleidung und Wohnung, Werkzeuge und Waffen, Telefon und Comics. McLuhan arbeitet mit der (von den Technikphilosophen entlehnten) These, sämtliche Artefakte seien Verlängerungen bzw. Substitute unserer Sinnesorgane, und es handle sich dabei sämtlich um (künstliche wie natürliche) Medien. Hier scheint ein fruchtbares

Zusammenspiel von Symbol-, Medien- und Technikphilosophie nicht nur möglich, sondern geradezu geboten.

Anmerkungen:

1 Vgl. Oswald Schwemmer: *Ernst Cassirer: Ein Philosoph der europäischen Moderne.* Akdemie: Berlin 1997, 23 f.

2 Daß Cassirers Symbolphilosophie mehr darstellt als eine der üblichen Varianten des Neukantianismus, wird vor allem bei John M. Krois, Heinz Paetzold und Schwemmer herausgestellt. Vgl. J.M. Krois: *Cassirer: Symbolic Forms and History.* Yale University Press: New Haven/London 1987; H. Paetzold: *Die Realität der symbolischen Formen: Die Kulturphilosophie Ernst Cassirers im Kontext.* Wiss. Buchgesellschaft: Darmstadt 1994; Schwemmer: op.cit.

3 Zur synoptischen Konzeption einer 'symbolisch-medialen' Erfahrungstheorie vgl. Reinhard Margreiter: *Erfahrung und Mystik: Grenzen der Symbolisierung.* Akademie: Berlin 1997, 216 ff.; ders.: "Medienphilosophie als Reformulierung einer 'philosophy of mind.'", in: Winfried Löffler/ Edmund Runggaldier (Hg.): *Vielfalt und Konvergenz der Philosophie.* Braumüller: Wien 1999; ders.: "Realität und Medialität: Bemerkungen zum 'medial turn' in der Philosophie", in: *Medien Journal* 23, Nr. 1/1999.

4 E. Cassirer: *Wesen und Wirkung des Symbolbegriffs.* Wiss. Buchgesellschaft: Darmstadt 1956, 175.

5 E. Cassirer, *Philosophie der symbolischen Formen. Bd. 3: Phänomenologie der Erkenntnis.* 2. Aufl., Wiss. Buchgesellschaft: Darmstadt 1954, 235.

6 Zum Symbolbegriff im Anschluß an Cassirer und A.N. Whitehead vgl. O. Schwemmer: *Die kulturelle Existenz des Menschen.* Akademie: Berlin 1997, Kap. 2, 41 ff.

7 Vgl. A. Assmann: "Schrift und Autorschaft im Spiegel der Mediengeschichte", in: Wolfgang Müller-Funk/ Hans Ulrich Reck (Hg.): *Inszenierte Imagination: Beiträge zu einer historischen Anthropologie der Medien.* Springer: Wien-New York 1996, 13-24; O. Schwemmer: "Glanz und Elend der Medienkultur", in: Wilfried von Bredow (Hg.): *Medien und Gesellschaft: Auf dem Weg zu einem Analphabetismus für gehobene Ansprüche?* Hirzel: Stuttgart 1990, 15-40.

8 Vgl. dazu – neben den klassischen Untersuchungen von Eric A. Havelock, Marshall McLuhan, Harold A. Innis, Walter J. Ong, Aleksandr R. Lurija und Elizabeth I. Eisenstein – v.a. Jack Goody: *The Logic of Writing and the Organization of Society.* Cambridge University Press: Cambridge 1986 (dt. *Die Logik der Schrift und die Organisation von Gesellschaft.* Suhrkamp: Frankfurt a.M. 1990).

9 Vgl. M. McLuhan: *Understanding Media: The Extensions of Man.* McGraw Hill: New York 1964 (dt. *Die magischen Kanäle.* Econ: Düsseldorf 1968. Neudruck: Verlag der Kunst: Dresden 1994).

Helmut Pape
Universität Hannover

Begriffliche Symbolisierung und die Ordnung unserer Überzeugungen
Peirces Pragmatismus als methodisch-praktische Theorie des Erkennens

Peirces Pragmatismus: Eine Theorie der Bedeutung?

1878, als der Pragmatismus noch nicht "Pragmatismus" hieß, fordert Peirce seine Leser dazu auf, die Klarheit ihrer Gedanken durch das Befolgen einer Regel zu erhöhen. Er formuliert, was William James 1898 die "Pragmatische Maxime nennt:

"Es scheint also, daß die Regel, mit der man den dritten Grad der Klarheit des Verstehens *(apprehension)* erreichen kann, folgendermaßen lautet: Überlege, was für Wirkungen, die denkbarerweise praktische Bedeutung besitzen könnten, wir dem Gegenstand unseres Begriffs in unserer Vorstellung zuschreiben. Dann ist unser Begriff dieser Wirkungen das Ganze unseres Begriffs des Gegenstands." (5.402).[1]

Was für eine philosophischer Theorie ist die Pragmatische Maxime? Handelt es sich um 1.) einen Vorschlag zur Erkenntnistheorie, der durch die Angabe von Anwendungsbedingungen eine methodische Regel für das theoretische Denken vorschlägt? Oder 2.) um einen bewußtseinstheoretischen Ansatz, der den praktischen aufgebauten Zusammenhang geistiger Prozesse zum Ausgangspunkt eines Philosophierens macht, das die Beziehung zwischen Denken, Wahrnehmung und Handeln zu einer unhintergehbar intensionalen und normativ bestimmten logischen Beziehung erhebt? Oder 3.) um eine Bedeutungstheorie, die als Teil der Sprachphilosophie den sprachlichen Sinn von Begriffen und Aussagen erklären soll, indem sie zeigt, daß Bedeutung allein in "praktischen Konsequenzen" oder Handlungen besteht?

Schlägt man in den gängigen Lexika nach oder schaut man in ein Buch über

---

[1] Die Ausgaben der Peirceschen Schriften werden im Text auf die folgende Weise abgekürzt zitiert: - In Dezimalnotation, z.B. CP 1.289, wird der erste Band und der 289. Abschnitt der "Collected Papers of Charles Sanders Peirce" zitiert, Bd.I-VI, hrsg. v. Charles Hartshorne und Paul Weiss, Harvard UP, 1931-35; Bd. VII u. VIII, hrsg. v. Arthur W. Burks, Harvard UP, 2.Aufl.: The Belknap Press of Harvard UP, 1958. - Alle mit "MS" eingeleiteten Zahlenangaben beziehen sich auf die Nummerierung der Mikrofilmausgabe des handschriftlichen Nachlasses von C.S. Peirce in Richard S. Robins "Annotated Catalogue of the Papers of Charles S. Peirce", Univ. of Massachusetts Press, 1967. - Peirce W 3: "Writings of Charles S. Peirce - A Chronological Edition", Vol. 3. 1872-78 hrsg. von Christian J.W. Kloesel, Bloomington, 1986 - "Peirce 1986", "Charles S. Peirce, Semiotische Schriften", Bd.1, hrsg. und übersetzt von Christian Kloesel und Helmut Pape, Frankfurt 1986. - "Peirce 1993" "Charles S. Peirce, Semiotische Schriften", Bd. 3, hrsg. und übersetzt von Christian Kloesel und Helmut Pape, Frankfurt 1993.

Pragmatismus oder die Peircesche Philosophie, so erfährt man meistens, Peirce hätte mit dem Pragmatismus eine Theorie der Bedeutung im Sinne von (3.) entworfen. Eine Theorie der Bedeutung sprachlicher Ausdrücke wäre eine Theorie, die behauptet, daß die Bedeutung sprachlicher Zeichen durch eine andere Art von Entitäten gebildet wird. Peirce stellt auch explizit in Abrede, daß der Pragmatismus sagen könnte, was Bedeutung ist: "der Pragmatismus beabsichtigt nicht zu sagen, worin die Bedeutungen aller Zeichen bestehen, sondern legt nur eine Methode dar, wie die Bedeutungen der intellektuellen Begriffe, jene, von denen unser Schließen abhängen könnte, bestimmt werden können." (5.8, 1905) Doch seltsam die Peirce-Exegeten nehmen kaum zur Kenntnis, daß es gar nicht um Bedeutungstheorie geht: In den beiden Hauptschriften des klassischen Pragmatismus *The Fixation of Belief* (FB) und *How to Make Our Ideas Clear* (HIC) ist *nirgendwo* - nicht einmal in Andeutungen - von der Suche nach einer sprachphilosophischen Bedeutungstheorie die Rede. Doch Fragen der Logik, methodologische Regeln und Maximen der Erkenntnistheorie und die Frage, was Gedanken, Vorstellungen und Wahrnehmungen sind, werden durchgehend diskutiert. Überblickt man den Argumentationsgang beider Schriften, so wird schnell klar: Peirce verknüpft (1.) eine logisch-methodologische Kritik traditioneller und Vorschlag zu einer neu konzipierten Erkenntnistheorie mit (2.) einer bewußtseinstheoretischen Analyse der normativ-praktischen Beziehung zwischen Denken, Wahrnehmung und Handeln. Peirce schlägt also eine neue Art von Erkenntnistheorie vor, die er in methodologischen Regeln mit einer normativ verstandenen, schlußlogischen Sicht von Erfahrung verbindet.

In diesem Vortrag werde ich zeigen, daß Peirces Pragmatismus einen Vorschlag zur Ethik der Erkenntnis macht. Peirce weitgehend ignorierte methodisch-praktische Sicht von Erkenntnis und die davon abhängige implizit normative Funktion begrifflicher Symbolisierungen ist die eigentliche Kernthese des Pragmatismus. Ihre Besonderheit, die es vielleicht bisher verhindert hat, den praktischen Charakter des Pragmatismus zu erkennen, liegt darin, daß es Formeigenschaften von Ordnungsbeziehungen sind, deren implizite Normativität die Pragmatische Maxime expliziert.

Die Bedeutung praktischer Wirkungen und die Identität des Gegenstands

Die Antwort auf die Frage des Pragmatismus, wie unsere Gedanken zu klären sind, lautet: "Überlege, was für Wirkungen, die denkbarerweise praktische Bedeutung besitzen könnten, wir dem Gegenstand unseres Begriffs in unserer Vorstellung zuschreiben. Dann ist

unser Begriff dieser Wirkungen das Ganze unseres Begriffs des Gegenstands." Wieso müssen wir Wirkungen kennen, um einen klaren Begriff eines Gegenstands zu haben? Wenn wir das Ziel verfolgen, die Bedeutung eines Begriffs zu klären, um zu einer haltbaren Überzeugung zu gelangen, erreichen wir dies nur, wenn es einen durch diesen Begriff von uns herstellbaren Zusammenhang zwischen Handlungen und Wahrnehmungen erfassen. Der Gegenstand unseres Begriffs ist also alles das, was in Denken, Handlungen und Erfahrung identisch bleiben kann. Die pragmatische Maxime fordert uns auf, jene Identitäten oder kontingenten Selbigkeiten des Gegenstands unseres Begriffs ausfindig zu machen, die praktische Bedeutung haben könnten. Ein Gegenstand unseres Denkens ist also dann geklärt, wenn er mit einem Gegenstand unseres Handelns identifizierbar ist.

Dies ist es, was damit gemeint ist, das einem Gegenstand praktische Wirkungen zukommen. Doch warum können wir keine anderen als praktische Wirkungen - z.B. moralische, ästhetische, religiöse - zur Klärung unseres Denkens einsetzen? Ist dies nicht eine unzulässige empiristische Engführung und Trivialisierung? Das Pragmatische Prinzip liefert keine Bedeutungs*theorie*, sondern ein Verfahren der Klärung durch Bedeutungs*konkretisierung* theoretischer Begriffe. Welche Bedeutung moralischer, ästhetischer oder religiöser Art es auch noch immer geben mag, sie sind hier nicht relevant. Klären kann man theoretische Begriffe nur in Beziehung auf andere Begriffe und die PM behauptet, daß dies nicht eben nicht wieder theoretische Begriffe sein können. Eine geklärte Überzeugung oder Begriff, ist jener, den wir in allen Erfahrungen und Handlungen beibehalten können, da er sich als passend erweist.

Wie aber klärt man einen Begriff oder eine Überzeugung durch die Konkretisierung der Identität seines Gegenstandes unter wechselnden Umständen? Die PM erledigt diese Aufgabe, indem sie vier Anforderungen miteinander verknüpft:

PMA 1. *Das Ziel der Gewinnung stabiler Überzeugungen ist nur dadurch erreichbar, daß für die den symbolischen Begriff eines Gegenstands eine gerichtete Ordnung zwischen Wahrnehmungen, Verhaltensgewohnheiten und Überzeugungen einerseits und praktischen Überzeugungen (die mögliche Handlungen fordern) andererseits hergestellt wird.*
Eine Ordnungsbeziehung zwischen Gedanken, Erfahrungen und Handlungen kann dann Beziehungen der Bedeutungsgleichheit zwischen Begriffen und Überzeugungen umfassen, wenn sie unter einer Hinsicht konsistent verknüpft werden können: *Die PM ist der Vorschlag, daß die einzig verläßliche Hinsicht ein konsistenter Gegenstand möglicher Handlungen ist.*
Voraussetzung für das Erfassen der Selbigkeit eines Gegenstands ist die Einheit der

begrifflichen Symbolisierung: Die Objekte von Überzeugung, Wahrnehmung, Denken, Erwarten usw. werden unter der Maßgabe eines Ziels dann mit den Objekten des Handelns identifizierbar, wenn es einen gemeinsame symbolischen Begriff gibt, der sie vereinheitlicht. Die Gegenstände, an die ich denke und über die ich unterschiedliche Überzeugungen habe (z.B. als "ist rot", "ist flüssig", "ist alkoholhaltig", "hat einen Premier Cru-Bordeaux-Geschmack"), sind dann unter dem gemeinsamen Begriff miteinander identifizierbar, wenn der Begriff sie in einer Folge von Erfahrungen verbindet. Anders gesagt: Diese Ordnung ist dann herstellbar, wenn das Objekt des Begriffs mit einem Objekt identifizierbar sind, daß durch Handlungen zugänglich gemacht wird und alle Eigenschaften aufweise. Um im Beispiel zu bleiben, wird das Objekt in einem Weinladen durch "Dies ist die Flasche Bordeaux, Cheval Blanc 1961, an die ich dachte" identifiziert.

In diesem Beispiel wird unterstellt, daß der Bezug auf das wirkliche Objekte, das vom Denken, Meinen, Theoretisieren unabhängig ist, nur im Handeln zugänglich wird. Dies formuliert die 2. Anforderung:

> PMA 2. *Der Kontakt zur Wirklichkeit, der den Wirklichkeitsbezug unserer Überzeugungen sichert, wird durch das Handeln hergestellt.*

Durch den Bezug auf das Handeln wird ein Wirklichkeitskontakt hergestellt, der unabhängig von dem Zutreffen (oder Nicht-zutreffen) des deskriptiven Gehalts der Überzeugungen ist. In unserem Beispiel können alle meine Überzeugungen über den Rotwein und den von mir imaginierten Weinladen falsch sein. Trotzdem wird die Handlung, die gemäß dieser Überzeugung z.B. mich zu einem bestimmten Weinladen geführt hat, den Kontakt zur Wirklichkeit erfolgreich herstellen. Damit ist aber andererseits durch mein auch keinerlei bestimmte Wirklichkeitshypothese bestätigt. Der Wirklichkeitskontakt ist allein performativ erfüllt, d.h. ein durch das Handeln, bestimmter Wirklichkeitskontakt, der das Ausüben alltäglicher Fähigkeiten, aber an keine spezifischen theoretischen Verpflichtungen gebunden ist. Wegen dieser Neutralität des Handelns - unser Handeln findet unfehlbar in der Wirklichkeit in der Wirklichkeit statt - bilden das Handeln den umfassenden Zusammenhang für Beziehungen zwischen den Gehalten geistiger Prozesse:

> PMA 3. *Durch die pragmatische Methode werden alle Arten von Wahrnehmungs- und Empfindungsqualitäten durch die zielgerichtete Beziehung von Überzeugungen und Handlungen (siehe PMA 1.) in einem Begriffs- und Überzeugungszusammenhang vereinheitlicht.*

In der PM geht es um einen allgemeinen Anspruch: Alle schlußrelevanten, erfahrungsrelevanten theoretischen Begriffe und Überzeugungen können pragmatisch als

Strategien der Vereinheitlichung unserer Erfahrung aufgefaßt werden. Daraus folgt aber, wenn wir PMA 2 hinzunehmen, daß alle bedeutungsvollen theoretischen Begriffe und Überzeugungen, wenn sie pragmatisch aufgeklärt wurden, einen dadurch vollständig bestimmten Gegenstandsbezug besitzen:

>PMA 4. *Der zu konstruierende Zusammenhang von Überzeugung, Wahrnehmung und Handlung kann nur dann, wenn er vollständig hergestellt ist, eine Klärung bewirken. In dieser Vollständigkeit ist er nicht ersetzbar oder reduzierbar.*

Betrachten wir die Überzeugung, die wir formulieren wollen durch

>(1) "In dieser Falsche ist Rotwein".

Als Überzeugung, die einem Gegenstand bestimmte Eigenschaften zuschreibt, bildet einen nicht in kleinere (bedeutungshafte) Teile zerlegbaren übergreifenden normativen Nexus: Sie schreibt vor, daß bestimmte Folgen von Erfahrungen und Handlungen verknüpft sind. So muß, *wenn* ich diese Flasche öffne und umdrehe, *dann* auch Rotwein aus ihr fließen. Zwischen Überzeugungen, Wahrnehmungen und Handlungen liegt die Überzeugung (1) eine Ordnung fest. Sie kann durch meine anderen Überzeugungen, die als Neukonzeptionen auf derselben Strukturebene der Ordnung fungieren und durch möglichen künftige Erfahrung verändert werden. Wenn sie anknüpfbar, also für denselben Gegenstand, eine andere Ordnung formen, ist sie gegenüber Korrekturen stets offen.

Die Ordnungsrelation und ihre Umsetzung durch die Pragmatische Maxime

Was haben wir unter der "Ordnung" in der Folge der Überzeugungen und Begriffe zu verstehen und welche Bedeutung hat sie für den Prozeß der Symbolisierung? Der Begriff der Ordnung, von dem die hier vorgeschlagene Interpretation abhängt, kommt in der Pragmatischen Maxime nicht vor. Doch die obigen vier Thesen beschreiben die Pragmatische Maxime als ein Prinzip, das eine Ordnungsbeziehung für alle relevanten Termini von Erkenntnisprozessen *Überzeugung (Wahrnehmung, Verhaltensgewohnheit) und Handlung* miteinander verknüpft. Durch sie erst ist es dann möglich, die kontingente Identität von Gegenständen als Objekte des Handelns und Denkens zu erfassen. Was ist das für ein Ordnungsbegriff und wie ist es möglich, mit ihm erkenntnistheoretische, bewußtseinsphilosophische und metaphysische Probleme "pragmatisch" zu behandeln? Was hat der Begriff der Ordnung mit dem Programm der beiden Aufsätze FB und HIC zu tun?

Diese drei Fragen lassen sich gut zusammen beantworten: Die Ordnung, die durch die Pragmatische Maxime hergestellt wird, erfüllt die Bedingungen einer relationenlogischen

Ordnungsrelation. Ihre formale Seite wird bereits in Peirces Arbeiten zur Relationenlogik von 1870 als zur Theorie der Selbigkeits- bzw. Identitätsrelationen gehörig beschrieben. In der heutigen formalen Logik bezeichnet man eine solche Ordnungsrelation als Halbordnung: Sie ist transitiv, reflexiv und antisymmetrisch.[2]

Für den philosophischen Begriff der Ordnung eines Überzeugungs- und Begriffszusammenhangs die komplexeste der drei relationalen Eigenschaften: die Transitivität, zentral. Sie ist die relationale Eigenschaft, die den übergreifenden Zusammenhang zwischen Begriffen und zwischen Überzeugungen herstellt und die Verknüpfung aller Termini sichert, die mindestens ein gemeinsames Glied haben. Die Eigenschaft der Anti-Symmetrie sichert die Gerichtetheit, d.h. Unumkehrbarkeit der Relation. Doch diese Eigenschaft ist bei zeitlichen geordneten Erkenntnisprozessen trivialerweise erfüllt. Die Transitivität ist eine relationale Eigenschaft jeder Zeichenbeziehung. Peirce verallgemeinert (z.B. in MS 300, vgl. auch MS 646, in Peirce 1993) das für Termini formulierte aristotelische Prinzip des Nota Notae und definiert Zeichen so, daß Transitivität zu einer Eigenschaft jeder echten Zeichenbeziehung wird. Der aristotelische Satz "Wenn etwas von Etwas als seinem Subjekt ausgesagt wird, so muß alles, was von dem Ausgesagten gilt, auch von dem Subjekt gelten"[3] läßt sich in einem ersten Schritt dadurch verallgemeinern, daß man das Subsumptionsverhältnis des Subjektbegriffs unter den Prädikatbegriff auf alle Zeichen ausdehnt. Wir können die semiotische Verallgemeinerung des Nota Notae (NN) durch die folgende Formulierung wiedergeben:

(NN) Wenn A bezeichnet, was B bezeichnet und B bezeichnet, was C bezeichnet, dann ist C ein Zeichen für A.

Transitivität soll als formale Eigenschaft dienen, die Überzeugungen und Wahrnehmungen mit Handlungen verknüpft und sie auf dasselbe Objekte bezieht. Daher ist es unumgänglich, daß Peirce in der Definition der Zeichenrelation die Struktur einer transitiven, nicht abbrechenden und einseitig offenen Relation gibt: Die *allgemeine* Zeichenbeziehung fordert die transitive Ordnung für das Verhältnis von Objekt, Zeichen und Interpretation, welche die Pragmatische Maxime für die Beziehung zwischen Begriff und Handlung fordert. Alle

---

[2] Eine Relation der Halbordnung ist dann gegeben, wenn eine Relation R in ihrem gesamten Bereich sowohl reflexiv, d.h. $\wedge x\, (xRx)$, antisymmetrisch, d.h. $\wedge x \wedge y\, [(xRy\, \&\, yRx) \Rightarrow (x=y)]$ als auch transitiv, d.h. $\wedge x \wedge y \wedge z\, [(xRy\, \&\, yRz) \Rightarrow (xRz)]$ ist.

[3] Aristoteles, Kategorien, 3. Kapitel, 1b, übersetzt von E. Rolfes, Hamburg 1925, S. 44.

Peirceschen Zeichendefinition schließen deshalb die Relation einer transitiven Ordnung ein. Betrachten wir eine späte Variante einer solchen Definition:

"Ein Zeichen ist irgendein <u>A</u> in einer Relation <u>r</u> zu irgendeinem <u>B</u>, seinem <u>Objekt</u>, wobei diese Relation <u>r</u> darin besteht, daß sie geeignet ist, etwas so zu bestimmen, daß es ein anderes <u>C</u>, den <u>Interpretanten</u> des Zeichens, hervorruft, der in der Relation <u>r</u> oder zumindest in einer analogen Relation zu <u>B</u> steht. Also schließt das Zeichen die Idee einer möglichen endlosen Folge von Interpretationen ein." (1904; Peirce 1986, S. 75)

Diese Definition wollen wir nicht näher diskutieren. Uns interersssiert nur eine ihrer Eigenschaft: Sie besagt nämlich, daß ein zweites Zeichen dann und nur dann der Interpretant eines ersten Zeichens ist, wenn beide Zeichen sich auf dasselbe Objekt beziehen *und* wenn sie dies aufgrund derselben Relation tun, in der sie beide stehen. Genau dies ist es, was die Eigenschaft der Transitivtät fordert. Nämlich, wenn Z die Relation ist und das Objekt x ist, und y und z die beiden Zeichen sind, so gilt: Aus xZy & yZz folgt auch xZz. Mit anderen Worten: Daraus, das y auf das Objekt bezogen ist und z in derselben Relation zu y steht, folgt sofort, daß auch das zweite Zeichen, z, in dieser Relation zum Objekt x steht. Die PM setzt die transitive Zeichenrelation für den Zusammenhang von praktischen und theoretischen Begriff voraus, weil es sonst zu einem Widerspruch käme oder keine praktischen Wirkungen gefolgert werden könnten. Wie schon das Prinzip des Syllogismus zeigt, ist die Transitivität dient eine Formeigenschaft des Folgerungsverhältnisses zwischen Aussagen. Da Transitivität aber auch für Relationen gelten kann, die zwischen Überzeugungen und Handlungen bestehen, deren Konstrukturion die PM fordert, so gilt: Alle Begriffe, Überzeugungen, Wahrnehmungen und Schlußfolgerungen, die korreferentiell sind, können auch transitiv geordnet werden. Daraus folgt, daß die Pragmatischen Maxime angibt, wann die Anwendungsbedingungen transitiver Relation erfüllt sind: Nämlich dann, wenn der Gegenstand eines Begriffs in Überzeugungen, Wahrnehmung, durch eine transitive Relation mit dem Objekten des Handelns verknüpft ist. Die Pragmatische Maxime[4] ist somit ein Prinzip, daß eine spezielle, nämlich auf das Objekt des Handelns gerichtete pragmatische Ordnung zwischen Begriffen und Überzeugungen normativ fordert, daß die folgenden Bedingungen erfüllt sind:

I. Die Begriffe a und b sind korreferentiell, so daß die Aussagen A bzw. B, die entstehen, wenn die aus ihnen gebildeten Propositionen P(a) bzw. P(b) behauptet

---

[4] Ich folge hier dem Vorschlag von Justus Lentsch in "Wirklichkeit und Logische Form", unpublizierte MA-Arbeit, Universität Hannover 1999.

werden, sich auf dasselbe Objekt beziehen.

II. Es gilt "b ist pragmatisch gleichwertig mit a" genau dann, wenn wir bereit sind, immer dann gemäß der Überzeugung A zu handeln, wenn wir auch bereit sind gemäß der Überzeugung B zu handeln.

Wir können somit zwei Begriffe und zwei Überzeugungen in ihrem pragmatischen Gehalt vergleichen. Einen solchen Vergleich wählt Peirce als erstes Anwendungsbeispiel für das "Prinzip" des Pragmatismus. Es geht dabei um die Frage der Transsubstantiation von Wein in Blut im Abendmahl. Die protestantische Auffassung besagt, daß der Wein nur im übertragenen Sinn das Blut Christi sei, während die katholische Auffassung behauptet, daß Wein im Abendmahl das Blut Christi sei, auch wenn er alle wahrnehmbaren Eigenschaften von Wein behalte. Peirce argumentiert nun, daß beide Begriffe von Wein pragmatisch identisch seien. Weil wir nämlich vom Wein nur "einen Begriff haben, der im Rahmen einer Überzeugung auftreten kann, einer Überzeugung entweder 1. daß dieses, jenes oder etwas anderes Wein ist; oder 2. daß Wein bestimmte Eigenschaften besitzt. Derartige Überzeugungen sind nichts anderes als Aufforderungen an uns selbst, daß wir, bei gegebenem Anlaß, hinsichtlich von etwas, von dem wir überzeugt sind, daß dies Wein ist, so handeln wie es den Qualitäten entspricht von denen wir glauben, daß Wein sie besitzt." (W 3: 265-6; 5.402) "Wein" ist ein sinnlich faßbarer Begriff. Unter "Wein" verstehen wir direkt identifizierbare und unterscheidbare Objekte unseres senorischen Handeln, daß bestimmte sinnliche Eigenschaften erspürt. Die Handlung, mit denen wir Wein identifizieren, z.B. wenn ich *diese Flüssigkeit* jetzt als *Wein* trinke, erfolgt stets in der Erwartung, daß sich ein bestimmtes Geschmackserlebnis einstellt. Reagieren wir auf den Probeschluck mit "Das schmeckt ja wie Essig", dann hat es sich von Anfang an nur um Essig gehandelt oder der Wein ist zu Essig geworden. Auf jeden Fall handelt sich es nicht mehr um Wein in unserem Sinne. Der pragmatische Test stellt also eine vollständige, durch die Überzeugung vereinheitlichte Bedeutungsgleichheit für den Begriff der sinnlichen Qualitäten her. Damit ist entschieden, daß der protestantische und der katholische Begriff von "Wein" im Abendmahl pragmatisch nicht unterscheidbar sind.

Workshop 25
Geschichtsphilosophie

Emil Angehrn
Philosophisches Seminar der Universität Basel, Nadelberg 6-8, CH - 4051 Basel

Philosophiegeschichte und Geschichtsphilosophie

1. Die Geschichtsverwiesenheit der Philosophie

Zu den Eigentümlichkeiten der Philosophie gehört ihr starker Bezug zur eigenen Geschichte. Darin liegt zweierlei: Anders als beim Großteil der Wissenschaften gehört es zur typischen Arbeitsweise der Philosophie, Begriffsklärungen und Problemerörterungen im mehr oder weniger intensiven — teils punktuellen, teils komparativ ausgreifenden — Dialog mit früheren Positionen durchzuführen. Zugleich macht Philosophiegeschichte nach verbreitetem Verständnis selber einen Teil des Fachs Philosophie aus, wobei sich die historische Beschäftigung mit der eigenen Disziplin nicht einfach als Fachgeschichte (wie Medizingeschichte oder Ethnologiegeschichte) versteht, die ein Sonderthema bzw. eine äußere, kontingente Ergänzung zur gegenwärtigen wissenschaftlichen Praxis darstellt. Beide Aspekte der Verwiesenheit auf Geschichte, der historische Bezug thematischer Arbeit und die Integration der Philosophiegeschichte in das Fach, sind auffallende Merkmale, die zu Fragen Anlass geben. Zu fragen ist, wodurch die Geschichtslastigkeit der philosophischen Ausbildung sachlich gerechtfertigt sei und ob sich nicht produktive philosophische Forschung vom historischen Bildungsballast zu befreien und direkt den Sachen zuzuwenden habe. Es sind Fragen, die sich oft zur Kritik verschärfen: sowohl als Kritik von außen, als Vorbehalt von Fachwissenschaften gegen die übermäßige Selbstbezogenheit philosophischer Reflexion und Kritik am historisierenden Rückzug aus den drängenden Problemen der Zeit, wie auch als immanente Abkehr der Philosophie von ihrer Selbsthistorisierung, als Versuch der Neubegründung einer rein systematischen — empiristischen, phänomenologischen, sprachanalytischen etc. — Philosophie. Die Entwicklung des Jahrhunderts hat in weiten Teilen zur Etablierung einer solchen — unterschiedlich spezifizierten — ahistorischen Philosophie geführt. Dennoch ist ihre Folge nicht die simple Verabschiedung der historischen Erbschaft gewesen. Geschichte bleibt eine Herausforderung für die Philosophie, deren Status als historisch-systematische Disziplin bleibt kontrovers; zum Teil lässt sich in Strömungen, die sich von historischer Reflexion losgesagt hatten, eine Rückkehr der Geschichte beobachten. Aufs Ganze gesehen, bleibt der Geschichtsbezug ein signifikantes, doch aufklärungsbedürftiges Merkmal der Philosophie.

Für die folgenden Überlegungen wird von einer Philosophie ausgegangen, für welche die Verwiesenheit auf die eigene Geschichte keine beliebige Ergänzung, sondern konstitutiv ist; zu fragen ist, was dieser Bezug beinhaltet, welches sein Status und seine Funktion für die Philosophie sind. Zu den "gewöhnlichen Vorstellungen über die Geschichte der Philosophie" rechnet Hegel die beiden Ansichten, welche Geschichte einerseits als "Vorrat von Meinungen", andererseits als "Erweis der Nichtigkeit" philosophischer Wahrheitsansprüche ins Spiel bringen.[1] Auf Geschichte zurückzugreifen, wird zuweilen in dem Sinn empfohlen, dass Geschichte als eine Art Steinbruch der Ideen zu nutzen sei. Denken beginnt nicht im leeren Raum und vom Nullpunkt aus. Philosophische Analyse kann auf Begriffsexplikationen, Argumentationsstränge, Problemformulierungen und Lösungsvorschläge zurückgreifen, wie sie die Ideengeschichte in reichem Maße hervorgebracht hat; es ist ein Gebot der Klugheit, sich durch Erfahrungen Früherer belehren zu lassen. Auch wenn — oder gerade weil — philosophische Wissenschaft nicht nach dem Modell eines kumulativen Wissenserwerbs fortschreitet, liegt es nahe, sich auf frühere Begriffsarbeit zu stützen, um sich darin über gesicherte Ergebnisse, aber auch über Aussichten, Implikationen und Aporien bestimmter Zugangsweisen, Begriffsunterscheidungen und Fragerichtungen Klarheit zu verschaffen. Zur Berufskompetenz dessen, der sich als Philosoph in den interdisziplinären Diskurs einschaltet, gehört das Verfügen über solche Erfahrungen. Sie im Namen reiner, unbelasteter Begriffsarbeit auszuschlagen, erscheint

---

[1] G. W. F. Hegel, *Vorlesungen über die Geschichte der Philosophie* I, in: *Werke in 20 Bänden*, Frankfurt/M. 1971, Bd. 18, 28-36.

als Zeichen der Naivität. Auf der anderen Seite bedeutet das Ernstnehmen von Geschichte nicht nur eine Abstützung, sondern auch eine Verunsicherung und Selbstrelativierung. Gegenwärtiges Philosophieren fügt sich damit selber in eine Geschichte ein, wird selber zur historischen Figur. In radikalerer Deutung kann daraus die Widerlegung strenger Erkenntnis, bis hin zur Problematisierung des philosophichen Programms selber resultieren; der Historismus ist zu einer der Hauptquellen des Relativismus geworden.

Diese "gewöhnlichen Vorstellungen" sind ersichtlich nicht geeignet, den konstitutiven Geschichtsbezug des Philosophierens adäquat zu beschreiben; sie bleiben diesem zu äußerlich. Dennoch müssen sie nicht verworfen, sondern eher vertieft, in ein grundlegenderes Verständnis der Geschichtlichkeit überführt werden. Hegel tut dies so, dass er jene in ein historisches Entwicklungskonzept aufgehen lässt, demgemäß ein gegenwärtiges Philosophieren das geschichtlich vorgegebene Ideengut nicht als beliebig zu nutzende Ressource außer sich hat, sondern als innere Substanz aneignet; die Einfügung in die Logik des Geschichtsverlaufs bedeutet keine Relativierung, sondern im Gegenteil eine Begründung und Rechtfertigung gegenwärtigen Denkens. Nachhegelsches Denken hat die metaphysisch-teleologischen Prämissen solcher Integration außer Kraft gesetzt. Doch lässt sich auch unabhängig von ihnen die Idee eines wesentlichen und affirmativen Geschichtsbezugs des Denkens formulieren. Philosophie verständigt sich in historischer Reflexion über sich selber. Sie vergewissert sich ihres Projekts, sie sucht Klarheit über ihre Fragen zu gewinnen, begriffliche Festlegungen und theoretische Optionen in ihrer Tragweite zu begreifen, erkenntnisleitende Interessen, aber auch verdeckte Motive des Philosophierens freizulegen. Dazu bietet der Blick auf historische Positionen, an welche das Philosophieren anschließt und mit denen es sich auseinandersetzt, einen privilegierten Zugang. In der Geschichte, die sowohl ihr Anderes wie sie selber ist, gewinnt Philosophie ein Verständnis ihrer selbst und zugleich einen Ort kritischer Selbstreflexion.

Es liegt auf der Hand, dass die näheren Konturen und Ergebnisse solcher historischer Selbstverständigung der Philosophie mit deren Verständnis von Geschichte variieren. Die Verwiesenheit der Philosophie auf ihre Geschichte geht über die philosophische Ideengeschichte hinaus: Sie verweist auf Geschichte als solche und tangiert sowohl die prinzipielle Geschichtlichkeit des Denkens wie den philosophischen Begriff *der* Geschichte, in welche die Ideengeschichte als Teil sich einfügt. Philosophiegeschichte, wo sie mehr als eine Historiographie philosophischer Ideen ist, steht im Wechselspiel mit Geschichtsphilosophie. Die Frage nach dem Geschichtsbezug der Philosophie ist selber eine geschichtsphilosophische Frage. Die Frage, ob und wie Philosophie sich auf ihre Geschichte zu beziehen (oder sich als ahistorische Disziplin zu etablieren) habe, bringt unseren Begriff von Philosophie und unser philosophisches Verständnis von Geschichte zugleich ins Spiel.

Dieses Wechselspiel ist anhand exemplarischer Weisen der Bezugnahme der Philosophie auf ihre Geschichte zu konkretisieren. Es ist ein bedeutsames Faktum, dass wir über das Ganze der Geschichte, von Aristoteles bis zu Derrida auf überaus prägnante Typen der Verflechtung des eigenen Philosophierens mit der Denkgeschichte treffen. Vor ihrem Hintergrund ist die allgemeine Frage nach der Geschichtlichkeit der Philosophie zu reformulieren.

2. Die Besinnung auf den Anfang: Aristoteles

Eine besonders aufschlussreiche Gestalt für unsere Leitfrage stellt bereits Aristoteles' Bezug auf die Vorgeschichte seiner philosophischen Arbeit dar. Die Lehrschriften, namentlich die *Metaphysik* und die *Physik*, enthalten in ihren Eingangsbüchern ausführliche, nach systematischen Gesichtspunkten geordnete Darstellungen der Vorgänger. Exemplarisch aber ist die aristotelische Bezugnahme auf die Vorgeschichte vor allem dadurch, dass sie gleichzeitig die Funktion dieses Bezugs hervortreten lässt. Das Interesse gilt nicht der Historie um ihrer selbst willen. Vielmehr steht die Reflexion auf die Forschungen der Vorgänger ganz im Dienste der Vergewisserung des eigenen Projekts: Dessen Fragerichtungen, Problemexpositionen und tentative Antworten werden im Gespräch mit älteren Vorschlägen entworfen, konkretisiert und zur Diskussion gestellt. Von besonderer Prägnanz ist dieser Rückbezug dort, wo er nicht nur unterschiedliche Antworten auf vorgegebene Fragen vorführt (etwa auf die Frage nach Zahl und Art der Bewegungsursachen in Phys. I), sondern sich darum bemüht, die Frage selber zu erarbeiten, ja, sich über den Sinn des eigenen Vorhabens selber Klarheit zu verschaffen. Das herausragende Beispiel ist der Anfang der *Metaphysik*, deren Eröffnungskapitel unter dem Leitbegriff der "gesuchten Wissenschaft" stehen und den Gegenstand, die Fragerichtung und das Forschungsziel der Ersten Philosophie zu bestimmen suchen. Es ist ein bemerkenswerter Tatbestand, dass das Gründungsdokument der Metaphysik nicht mit der Diskussion metaphysischer Probleme und letzter Fragen, sondern mit der Verständigung über sich selber, mit der Frage, worum es der Philosophie geht, einsetzt. Diese Selbstvergewisserung geschieht in zwei Schritten, indem Aristoteles zum einen den Nachweis antritt, "dass alle als Gegenstand der sogenannten Weisheit die ersten Ursachen und Prinzipien ansehen" (Met. I.1, 981b28-29), und indem er zum anderen die von ihm vorgeschlagene Ursachentypologie dadurch zu plausibilisieren sucht, dass er jene zu Rate zieht, die "vor uns das Seiende erforscht und über die Wahrheit philosophiert haben" (I.3, 983b1-3); ausdrücklich hält der Abschluss des ersten Buches fest, dass der Durchgang durch die Lehren der Vorgänger den eigenen Ansatz bestätigt.

Allerdings bringt Aristoteles in diesem Zusammenhang eine wichtige Unterscheidung an, die auf eine grundlegende Weichenstellung im historischen Denken vorausweist. Die älteren Philosophen, so sein Fazit, haben von den fraglichen Prinzipien der Metaphysik "nur dunkel" gehandelt, sofern "zwar in gewisser Hinsicht von allen schon früher die Rede war, in anderer Hinsicht aber niemals. Denn die Erste Philosophie schien über alle Dinge nur zu stammeln, da sie noch jung war und am Beginn stand" (I.10, 993a12-17). Die historische Vergewisserung der Philosophie geht auf einen Ursprung zurück, der seiner selbst alles andere als sicher ist. Es ist eine Entstehungsphase, in welcher das Denken seine Konturen erst sucht und sich über das, was es meint und wonach es fragt, Klarheit verschaffen muss. Späteres Denken gewinnt die Sicherheit seines Fragens nicht über die Reaktivierung eines in sich transparenten Anfangs, sondern in einem Gespräch, worin das Bestimmen des eigenen Weges mit der Aufhellung und Präzisierung dessen, was uns der andere zu verstehen gibt, einhergeht: Das Sichfinden ist ein Auslegen der Herkunft. Beides ist gleichermaßen von Bedeutung: Wir fangen nicht im Unbestimmten und Leeren an, sondern indem wir eine Denkgeschichte aufnehmen, an ihre Fragen anschließen, ihre Suche weiterführen; wir verorten uns damit in einer Geschichte und verstehen uns von einem Ursprung her, die ihre Bestimmtheit erst im Nachhinein, in ihrer Fortschreibung und nachträglichen Entfaltung erhalten. Die erste Figur der Geschichtsverwiesenheit der Philosophie ist eine originär hermeneutische: Es geht um ein Sichverstehen im Verstehen des Anderen. Die "stammelnde" Vorgeschichte, Symptom des Anfangs, ist weit darüber hinaus Kennzeichen der hermeneutischen Situation: Die Geschichte, im Dialog mit welcher wir uns über uns verständigen wollen, ist kein voll Bestimmtes und restlos Explizites, sondern eines, das selber erst gelesen und gedeutet werden muss, das in der aneignenden Neubeschreibung je neu konstituiert wird. Die Interpretationsbedürftigkeit der Geschichte und das Bedürfnis nach Selbstaufklärung — Selbstinterpretation — der Philosophie entsprechen sich gegenseitig.

Aristoteles' Rückwendung zu den Vorgängern illustriert darin einen Wesenszug geschichtlichen Verstehens. Sie wendet sich zu einem Anfang zurück, der erst im Lichte der Nachgeschichte zum Anfang dieser bestimmten Geschichte wird. Wie sich eine Geschichte — in ihrer Verlaufsrichtung, ihren Phasen, in der Frage, was alles zu ihr gehört — erst ergibt (und nicht intentional-planmäßig hervorgebracht wird), so wird ihr Ausgangspunkt erst im Nachhinein zu ihrem Anfang; A. C. Danto hat den retrospektiven Vorgriff, der nachträglich Früheres mit Bezug auf Späteres beschreibt, als Strukturmerkmal historischer Narration herausgestellt. Die ältesten Gestalten der Denkgeschichte werden in prägnantem Sinn als Anfang gefasst, sofern sie erste Artikulationen einer Suche, eines Fragens sind, das über sich hinausweist, das in seiner Stoßrichtung selber präzisiert werden muss und *als* Frage auf das offene Feld möglicher Antworten weist. Späteres ist angesprochen durch das Frühere, herausgefordert durch die Fragen, die das anfängliche Denken aufwirft. Zugleich ist das Anfängliche offen, nicht festgelegt in der bestimmten Ausrichtung seines Fortgangs: So wird es in der Fortschreibung zum Anfang verfestigt, bleibt es für jedes Weiterschreiben erneut befragbar und in je neuer Weise als Vorgeschichte anzueignen.

3. Der Ausgriff auf das Ganze: Hegel — Husserl

Über diese Herkunftsbesinnung geht jene Selbstverortung in der Geschichte hinaus, die einen Ausgriff auf das Ganze der Geschichte, eine Verweisung zwischen Herkunft und Abschluss enthält. Es ist eine Geschichtsbezogenheit, die ein bestimmtes Verständnis der Geschichte, idealiter eine geschichtsphilosophische Vision impliziert. In systematischer Durchführung begegnet uns diese Konzeption bei Hegel. Bei ihm sind Geschichtsphilosophie wie Philosophiegeschichte integrativer Bestandteil der Geistesphilosophie: Sie explizieren die wesentliche Geschichtlichkeit des Geistes in seiner weltlichen Realisierung einerseits, seiner Selbstvergegenwärtigung andererseits; Geschichtsphilosophie bildet dabei selber das Scharnier zwischen der Theorie des "objektiven" und des "absoluten" Geistes, als jene letzte Stufe in der Selbstexplikation des realen Geistes, die dessen Gestalten als Realisationsformen der Freiheit offenbart. Die Medien des absoluten Geistes (Kunst, Religion, Philosophie) sind Formen der reflexiven Vergegenwärtigung, die zugleich den historischen Wandel und die überhistorische Wahrheit in der Darstellung des Geistes herausstellen. Kunst und Religion werden (in der *Enzyklopädie* wie in den *Vorlesungen*) sowohl nach ihrem logischen Begriff wie in ihrer Geschichte entfaltet; die Philosophie wird (im Schlusskapitel der *Enzyklopädie*, welches zugleich das System als ganzes abschließt) nach ihrer Logik in Absehung von ihrer Geschichte (die gleichsam in die Vorlesungen über die Philosophiegeschichte ausgelagert ist) dargelegt — wobei man den Unterschied aber auch so lesen kann, dass im philosophischen Gedanken Geschichtlichkeit und logische Wahrheit so sehr verschmolzen sind, dass die Geschichte nicht mehr als eigenes Thema aufscheint.

Hegels Konzeption der Geschichtlichkeit des Geistes ist von einer äussersten Spannweite, die auf der einen Seite die radikale Historisierung des Geistes betont und auf der anderen, gerade infolge der Fundamentalisierung des Historischen, Gefahr läuft, Geschichte tendenziell zu unterlaufen. Am ersten Pol hebt Hegel die Besonderheit der Philosophiegeschichte hervor, die darin besteht, dass der Gegenstand, um dessen Geschichte es geht, nicht im voraus feststeht, sondern als geschichtlich entstehender und in der Geschichte sich konkretisierender erst durch deren Verlauf seine Bestimmtheit gewinnt. Es ist dieselbe Eigenart, welche die philosophische Arbeit als solche kennzeichnet, die nicht von einer vorgegebenen Definition der Philosophie ausgeht. Der Begriff der Philosophie bildet für diese "nur scheinbar den Anfang"; "nur die ganze Abhandlung dieser Wissenschaft [ist] der Erweis, ja, kann man sagen, selbst das Finden ihres Begriffes" (a.a.O. 18). Geschichte als Prozess der Manifestation ist in eins damit Prozess der Selbstwerdung und der Selbstfindung; in diesem Prozess, nicht in einer vorausliegenden Substantialität, hat der Geist sein eigentliches Sein. Philosophiegeschichte betrifft nicht bloß den Wandel der Denk- und Darstellungsformen, sondern die Entfaltung des Inhalts selber, um den es der Philosophie geht.

Die Zusammengehörigkeit von Philosophie und Philosophiegeschichte hat bei Hegel wesentlich mit dieser Konvergenz von Substantialität und Prozess, nicht mit einer äußeren Historisierung philosophischer Denkgebäude zu tun. Im Zentrum steht eine Konvergenz von Wesen und Geschichte, die man sowohl als Fundamentalisierung der Geschichte wie als Historisierung der Fundamentalphilosophie deuten kann. Dabei ist es wesentlich, in diesem Zusammenführen nicht nur die Verzeitlichung oder Prozessualisierung der Substanz zu sehen; geschichtliches Werden ist Manifestation und Fürsichwerden, als geschichtlicher wird sich der Geist seiner Wesensbestimmung, seiner Freiheit bewusst. Zur Pointe dieser Reflexivität gehört, dass sie selber geschichtlich entstanden ist. Nicht immer hat sich der Geist geschichtlich verstanden, wie er sich nicht immer *als* Geist entfaltet und expliziert hat. Es ist eben ein Merkmal der Gegenwart — und eine Aufgabe gegenwärtiger Philosophie —, diese zweifache Selbstdurchdringung zu vollbringen. Nach der Erforschung der Gesetzmäßigkeiten der Natur ist es nach Hegel nun "endlich an der Zeit", auch die Welt des geschichtlichen Geistes philosophisch zu begreifen.[2] Dass der Geist sich geschichtlich versteht, ist selber ein Faktum der Geschichte; dass Philosophie sich als geschichtliche und aus ihrer Geschichte — aus den unvollkommenen

---

[2] *Vorlesungen über die Philosophie der Geschichte*, Werke, a.a.O., Bd. 12, S. 28.

Formen der Selbsterkenntnis des Geistes heraus — begreifen kann und begreifen soll, ist selber Zeichen einer Zeit, in der Geschichte reflexiv geworden ist.

Ein solches Konzept impliziert offensichtlich einen emphatischen, voraussetzungsreichen Geschichtsbegriff. Dieser enthält neben der basalen Prozessualität die Gerichtetheit eines Entwicklungsgangs und darüber hinaus eine Finalisierung in dem Sinne, dass sich die Gegenwart am potentiellen Endpunkt der Geschichte, zumindest im Ausblick auf das Ende situiert. Selbstvergewisserung geschieht hier nicht nur als Einfügung in eine Herkunftsgeschichte und Aufnahme einer Erbschaft, sondern im Ausblick auf ein Ende, das in der Gegenwart "an sich" gegeben und erkennbar (und allenfalls in der weltlichen Realität auszuführen) ist. Es macht das Charakteristikum prominenter Geschichtsphilosophien aus, dass sie sich, auf eine Folge von Entwicklungsschritten zurückblickend, in der Endphase des von ihnen interpretierten Verlaufs situieren — an der Schwelle des letzten Zeitalters, vor dem letzten Umschwung, der entscheidenden Revolution; man hat dies auch als Antwort auf das erkenntnistheoretische Dilemma gelesen, dass eine umfassende Geschichtsvision sich nur dann der historischen Selbstrelativierung entziehen kann, wenn sie sich gleichsam an der Grenze ihres Gegenstands, tendenziell außerhalb desselben ansiedelt. Mit dem Ausgriff aufs Ende verbindet sich die Geschlossenheit der Geschichte; für die Auseinandersetzung mit Hegel resultieren daraus die notorischen Fragen nach dem Abschlusscharakter sowohl der von ihm beschriebenen politischen Geschichte wie der durch ihn abgeschlossenen Geschichte der Philosophie. Im ganzen wirft die Behauptung der vollzogenen Reflexion, der nun endlich erreichten Selbstgegenwärtigkeit des Geistes in seiner objektiv-weltlichen Gestaltung wie seiner "absoluten" Selbstexplikation und Selbsterkenntnis die Frage auf, ob das Ernstnehmen, ja die Verabsolutierung der Geschichte sich nicht doch letztlich in ein Unterlaufen des Geschichtlichen, eine Geschichtsnegation verkehrt. Die geschichtsphilosophische Adaptation metaphysisch-naturteleologischer Kategorien ("Entwicklung") mag dafür ein Symptom sein.

Mit Hegel teilt Edmund Husserl die Auffassung, dass Philosophie der Besinnung auf die eigene Geschichte bedürfe, um über ihr eigenes Projekt Klarheit zu gewinnen: Der Weg zu einem "radikalen Selbstverständnis" führt notwendig über die "Rückfrage nach dem, was ursprünglich und je als Philosophie gewollt und durch alle historisch miteinander kommunizierenden Philosophen und Philosophien hindurch fortgewollt war".[3] Wir, die wir "durch und durch nichts anderes als historisch-geistig Gewordene sind", können uns unserer Aufgabe nur versichern "aus einem kritischen Verständnis der Gesamteinheit der Geschichte — *unserer* Geschichte" (72). Ersichtlich ist auch hier sowohl ein substantieller Geschichtsbegriff ins Spiel gebracht wie eine wesentliche Geschichtsverwiesenheit der Philosophie anvisiert. Philosophie bedarf der Besinnung auf ihre Geschichte, um über ihr eigenes Projekt Klarheit zu erlangen und zugleich der Krise der von ihren Wurzeln abgeschnittenen abendländischen Vernunft- und Wissenschaftskultur zu begegnen.

Allerdings umfasst auch Husserls Konzept eine interne Spannung, ein gewisses Schwanken zwischen divergierenden Ansätzen, zwischen einer geschichtsmetaphysischen und einer hermeneutischen Stoßrichtung; gerade darin ist sein Vorschlag im Kontext der hier diskutierten Modelle instruktiv. Auf der einen Seite nimmt Husserl Prämissen einer apriorischen Geschichtskonstruktion als Fundamente der historischen Selbstbesinnung in Anspruch. Vorausgesetzt ist in diesem "Apriori der historischen Welt" (383) zum einen die Kontinuität und Identität des Geschichtlichen: das Nichtabbrechen eines Gesprächs der Generationen, in welchem sich in der ursprünglichen "Deckung" zwischen jetzt Erlebtem und Erinnertem die "Evidenz der Identität" herstellt (370). Das Anschließen an die Denkarbeit früherer Generationen enthält die Gewissheit — und begründet sie zugleich —, mit denselben Fragen und Gegenständen befasst zu sein. Diese Identität wird zur teleologischen Entwicklung vertieft; sie ist von einer Teleologie in der Entfaltung des bestimmten Gedankens, letztlich einer umfas-

---

[3] E. Husserl, *Die Krisis der europäischen Wissenschaften und die transzendentale Phänomenologie*, Den Haag 1962, 16; vgl. zum Thema §§ 6, 7, 9b-g, 15 sowie die Beilagen II, III, XXIV bis XXVIII.

senden Teleologie menschlicher Vernunft getragen, die der Philosophie als Wahrheitssuche ihre Bestimmung gibt. Diese Teleologie greift aus auf das Ganze, auf die Koexistenz der Generationen und "die Totalität der Geschichte und den ihr letztlich Einheit gebenden Gesamtsinn" (386). Sie wird zusammengehalten durch die Extreme des Anfangs und des Endes. Nicht eine im Unbestimmten sich verlierende Herkunft, sondern ein ursprüngliches Gründungsereignis, eine in Urevidenz vollzogene Urstiftung bildet den letzten Bezugspunkt des Rückblicks. An ihn schließt eine Tradierung und Fortschreibung an, die aus der "ursprungsechten" Reaktivierung des Anfangs hervorgeht und deren Fluchtpunkt eine "Endstiftung" bildet, die das ursprünglich Intendierte zu seiner Wahrheit und Erfüllung bringt. (73, 372, 375ff.). Kontinuität, Identität, Teleologie, Totalität, Ursprung und Abschluss stehen für Wesensmerkmale eines Geschichtsbezugs, über den eine geschichtlich sich realisierende Vernunft ihre Identität findet; in paradigmatischer Klarheit stellt Husserl Grundzüge eines substantialistischen Geschichtsdenkens heraus, wie sie im Hauptstrang der nachhegelschen Geschichtstheorie zumeist der Kritik verfallen sind.

Indes finden sie, wie gesagt, in Husserls eigenen Ausführungen ein interessantes Gegengewicht in Andeutungen und Umschreibungen, die auf die Unbestimmtheit, Offenheit, Vielgestaltigkeit historischer Besinnung und Tradierung weisen. Danach ist der Anfang nicht einfach als ursprüngliche, zu reaktivierende Evidenz gegeben, sondern als ein offenes, vages Beginnen, über dessen Gehalt historische Reflexion sich erst klar werden muss: in der Aufhellung ungeklärter Motive, der Korrektur von Sinnentstellungen, der Erschließung verborgener Sinnimplikationen. Geschichte ist fortwährende Sinnbildung und Sinnsedimentierung, in welcher Prozesse des Aufnehmens, Hervorbringens, Verwandelns und Überdeckens von Sinn interferieren. So können Spätere nicht linear fortführen, was in klaren Linien vorgezeichnet ist: Sie schließen in unterschiedlichen Modalitäten an die Arbeit früherer Generationen an, indem sie Kritik üben, Einseitigkeiten und unbeachtete Problemhorizonte aufdecken, Unbestimmtheiten, Unklarheiten und Vieldeutigkeiten enthüllen, präzisere Begriffe und neue Arbeitsprobleme entwerfen (491), schließlich selber "einen neuen Faden in den Teppich der Kultur hineinweben" und damit rückwirkend Vergangenes neu interpretieren, der Geschichte eine neue Richtung geben (503). Damit ist eine andere, nicht weniger gehaltvolle Richtung des Geschichtsdenkens ins Spiel gebracht, die ohne die starken Präsuppositionen der Identität, der Urstiftung und der abschließenden Erfüllung auskommt und stattdessen auf die Kontinuität, das Nichtabbrechen des philosophischen Gesprächs über die Zeiten setzt. Der Dialog mit der eigenen Geschichte dient dem systematischen Philosophieren nicht mehr, wie bei Hegel (oder Schelling), als "Beweis" des eigenen Begriffs, sondern als Medium der Selbstaufklärung und Verständigung.

4. Die hermeneutisch-dekonstruktive Verständigung über Geschichte: Gadamer — Derrida

Philosophische Hermeneutik analysiert den konstitutiven Geschichtsbezug des menschlichen Selbstverständnisses, ohne ein bestimmtes, metaphysisches Geschichtsbild zu unterstellen. Als Kern des Verstehens hat H.-G. Gadamer die Logik von Frage und Antwort herausgearbeitet: Einen Text verstehen heißt die Frage verstehen, auf die der Text eine Antwort ist. Allgemein liegt in der These vom Primat des Fragens, dass Verstehen auf den Problem- und Fragehorizont zurückweist, innerhalb dessen ein Sinngebilde sich kristallisiert; auf Philosophie und Philosophiegeschichte angewendet heißt dies, dass das Verständnis der Philosophie von dem, was sie ist und was sie will, von ihren Fragen her bestimmt ist und dass sie diese Fragen in der Aneignung und Neuformulierung der Fragen früherer Philosophien gewinnt. Dazu ist eine Kontinuität der Geschichte, das Aufeinander-Bezugnehmen und Aneinander-Anschließen des philosophischen Gesprächs vorausgesetzt. Philosophisches Denken lässt sich ansprechen durch die Fragen, die aus der Geschichte an es ergehen; in einem radikalen Sinn begreift es sich von den anfänglichen Fragen her, mit denen philosophische Reflexion eingesetzt hat und die der Tradition aufgegeben bleiben. Ursprüngliches Fragen, aus dem die Philosophie herkommt, provoziert nicht nur neue Antworten, sondern ebenso neue Auslegungen der Frage, drängt zum Weiterfragen. Natürlich verselbständigen sich Fragen in bestimmten Epochen und innerhalb systematischer Diskussionszusammenhänge, erweisen ihre Fruchtbarkeit unabhängig von historischer Rückbindung und Vergewisserung. Doch gehört gerade die verändernde Weiterbildung, Neuakzentuierung und Verschiebung der Fragen zum Charakteristikum philosophischer Arbeit, eine Transformation, deren Kehrseite eine beeindruckende Kontinuität ist, die letztlich im Offenbleiben der meisten großen Fragen gründet: Weil ihre Bearbeitung in keinem Moment abgeschlossen und abgetan und der geschichtliche Fortgang kein linear-kumulatives Weitergehen ist, sondern in wesentlicher Hinsicht ein Interpretationsgeschehen, ein Neubestimmen der Probleme, ist die neue Vermessung eines Forschungsbereichs mit einer Selbstsituierung innerhalb dieses Interpretationsgeschehens, einer Relektüre und Neuauslegung der eigenen Geschichte verknüpft. Für ein Philosophieren, das parallel zur thematischen Arbeit immer auch eine Verständigung über sich selber betreibt, sind die Selbstsituierung in der Geschichte und die verwandelnde Aneignung der Geschichte gleichermaßen unhintergehbar.

In direkterer Frontstellung hat J. Derrida Implikate des traditionellen Geschichts- und Verstehensbegriffs aufgelöst, um ein angemesseneres Bild des historischen Anschließens, ja der wesenhaften Geschichtsbezogenheit zu zeichnen. Schon von der Wortbedeutung her hebt sich die Dekonstruktion vom konservierenden Verstehen ab; gleichzeitig will Derrida im strengen Sinn die Identitätsannahmen der Geschichte unterlaufen und damit, a fortiori, den Ideen des Ursprungs, der Totalität und der Teleologie den Boden entziehen. Wie Geschichte auf keine Urstiftung, kein identifizierbares Erstes zurückzuführen ist, so ist sie nicht auf ein erfüllendes Telos hin auszurichten. Es ist nicht a priori gesichert, dass sich in der verändernden Weiterschreibung die Identität der Fragen und Themen, ja nicht einmal des philosophischen Projekts als solchen durchhält; vielleicht, so meint Derrida, träumt Metaphysik nur von der Identität ihrer selbst, von der Einzigkeit ihres Namens.[4] Gleichwohl verbindet er mit der Auflösung ontologischer Fundamente ein emphatisches Verständnis des Anschließens und Sicheinfügens des Denkens in einen geschichtlichen Zusammenhang. Ein dekonstruierender Umgang mit philosophischen Themen enthält das Zurückgehen hinter etablierte Antworten *und* Fragen, um über die Dekomposition einer Problemkonstellation, über die Aufdeckung verhüllter Aspekte und Bezüge das in einem tradierten Sinngebilde Gemeinte neu zu perspektivieren, Fragen neu zu formulieren, Komplexe neu zu beschreiben. Obwohl die Dekonstruktion pointiert die Brüche und Innovationen hervorhebt, betont sie mit gleichem Gewicht die Rückbindung an das Dekonstruierte: Jeder neue Entwurf enthält alle früheren in sich, indem er "sie überschreitet, sie in sich einschreibt. Jeder Entwurf wird strukturiert, konstruiert, entworfen, um von allen anderen Entwürfen (vergangenen, gegenwärtigen und sogar zukünftigen) Rechenschaft abzulegen und aufzuzeigen, worin sie gründen."[5] So ist die dekonstruierende Neubeschreibung "von Fall zu Fall durch eine Sorge um die Geschichte motiviert", auch wenn sie gleichzeitig dazu führt, metaphysische Geschichtsvorstellungen zu destabilisieren (59). Dekonstruktives Philosophieren ist von seinem Ansatz her auf andere Texte, andere Zeugnisse philosophischer Arbeit, andere Bemühungen um philosophisches Fragen verwiesen und will gleichsam zwischen den Zeilen des Geschriebenen den eigenen Text einschreiben, das Vorgegebene ergänzen, korrigieren und weiterschreiben. Es ist ein Schreiben, das in einem Lesen gründet, ein Weiter-Schreiben, das in einem Zurück-Gehen hinter das explizit Gesagte gründet, ohne dass nach der einen oder anderen Seite ein letzter Bezugspunkt in Sicht käme. Wie der Ursprung immer zurückweist, hinter jedem Text ein anderer zu lesen ist, so kommt das Schreiben an kein Ende, zu keiner Erfüllung, zu keinem restlosen Sagen des eigentlich Gemeinten. Dem Begriff der "Spur", der das Immer-schon-Entschwundensein des Gewesenen indiziert, entspricht am Gegenpol die "différance", die den unablässigen Aufschub der Koinzidenz mit sich selber meint; nur im theologischen Horizont, wie ihn Derrida etwa in der Paraphrase des Übersetzer-Aufsatzes von W. Benjamin ausspannt, ist das unablässige Weiterschreiben mit dem Ausblick auf Erlösung verbunden. Dennoch steht solches dekonstruierendes Anknüpfen im Dienste der Erschließung des Gesagten (und Nicht-Gesagten), der Artikulation des Sinnes, der

---

[4] J. Derrida, "Guter Wille zur Macht (II)", in: Ph. Forget (Hg.), *Text und Interpretation*, München 1984, 62-77 (72).

[5] J. Derrida, *Einige Statements und Binsenweisheiten über Neologismen, New-Ismen, Post-Ismen, Parasitismen und andere kleine Seismen*, Berlin 1997, 9.

unterwegs ist. Die Verwiesenheit auf Geschichte wird durch das Fehlen metaphysisch-teleologischer Fundamente nicht abgeschwächt, sondern im Gegenteil radikalisiert.

5. Die Geschichte und das Außen — das Ungedachte der Philosophie

Philosophie ist nach Hegels berühmtem Diktum ihre Zeit in Gedanken gefasst. Darin ist eine Aufgabe, aber auch eine Grenze und Bedingtheit der Philosophie genannt. Nach beiden Hinsichten aber geht der Bezug über die eigene Zeit hinaus: In ihrer Verwurzelung wie im thematischen Ausgriff ist Philosophie auf Geschichte, letztlich auf ihre Geschichte als ganze bezogen. Sie ist dies nicht in symmetrischer Weise als Rückgriff und Zukunftsentwurf, sondern zunächst als Herkunftsbesinnung: Philosophie versteht sich vom geschichtlichen Projekt des Philosophierens her, dem sie zugehört und dem sie sich einschreibt. Anfang und Ende bleiben dabei ohne die letzte Identifikation, die ein metaphysisches Geschichtsbild unterstellt: Herkunftsbesinnung bedarf nicht der Wiederbelebung einer stiftenden Urevidenz, der Zukunftsausgriff nicht der Antizipation einer letzten Konvergenz oder abschließenden Erfüllung. Zwischen beiden Bezügen besteht ein dialektischer Zusammenhang: Aus der Herkunft heraus eröffnen wir den Horizont künftiger Forschung, und in deren Licht vertiefen wir den Rückgang zu den Gründen und Voraussetzungen.

Im Kern der Geschichtlichkeit des Philosophierens steht das Wechselspiel von Wandel und Kontinuität. Auf der einen Seite enthält ein hermeneutisches Anknüpfen an die Tradition Änderungen, Auflösungen und Neubeschreibungen; auf der anderen Seite stellen sich auch Neuinterpretationen und Umgestaltungen in die Linie einer Kontinuität, die den philosophischen Diskurs in singulärer Weise auszeichnet. Es gehört ohne Frage zu den markantesten Eigentümlichkeiten der Philosophie, dass ihre Begründer nicht einfach ein Wissenschaftsgebiet umrissen, sondern ein Gespräch gestiftet haben, das über die Jahrhunderte hinweg, bei allen Unterbrechungen, nicht abgerissen ist. Neben der als Forschungsbereich etablierten und vielfältig spezialisierten Philosophiegeschichte hat systematisches Philosophieren sich typischerweise in diesem geschichtlichen Horizont bewegt und sich, je nach Themenbereich, zu einzelnen Positionen und Entwicklungssträngen oder zur Geschichte als ganzer in ein Verhältnis gesetzt. Das Anliegen dieser Bezugnahme ist nicht Bewahrung, sondern das lebendige Gespräch, das den argumentativen Disput und die hermeneutische Verständigung gleichermaßen einschließt.

Im Dienste der Selbstaufklärung steht der Geschichtsbezug auch darin, dass er über den expliziten Diskurs der Philosophie hinausweist, ihr Außen ebenso wie das in ihr Verdeckte in den Blick bringt. Historische Besinnung, die die Genese der Denkformen und Theoriegestalten reflektiert, kann die Tiefenschicht aufzeigen, in der bestimmende Motive von Problemformulierungen, begrifflichen Weichenstellungen und konzeptionellen Entwürfen identifizierbar werden; sie kann historische und existentielle Erfahrungen sichtbar machen, die Wegen und Prägungen des Denkens zugrunde liegen. Wo sie aufs Ganze ausgreift, an den Anfang zurückgeht, weist sie auf die Grenze und das Davor, kann sie den Schritt reflektieren, der die genuine Denkform der Philosophie von dem ihr Vorausliegenden abhebt, kann sie Voraussetzungen dieses Schritts, das durch ihn Überwundene, aber auch das durch ihn Ausgeschlossene in den Blick bringen. Teils kehrt das Ausgeschlossene als Verdrängtes der Metaphysik wieder, teils bildet sich durch früheste Weichenstellungen ein Ungedachtes der Philosophie als bleibende Hypothek; in diesem Sinn will Heideggers "Destruktion der Ontologie", Vorgängerin der Dekonstruktion, Fixierungen aufbrechen, die den Hauptstrang abendländischer Philosophie determinieren. Auch nach dieser Seite, in der Dialektik von Außen und Innen, von Philosophie und Nicht-Philosophie, erweist sich die historische Reflexion als unabgeschlossen und unabschließbar. Philosophie, die nicht nur festgelegte Aufgaben bearbeiten, sondern über sich selber Rechenschaft ablegen will, ist unhintergehbar in diese Dialektik verflochten.

Andreas Arndt (Freie Universität Berlin)

NATURGESETZE DER MENSCHLICHEN BILDUNG
ZUM GESCHICHTSPHILOSOPHISCHEN PROGRAMM DER FRÜHROMANTIK BEI F. SCHLEGEL

In seiner Rezension von Condorcets *Esquisse d'un Tableau historique des Progrès de l'Esprit humain*, die 1795 im *Philosophischen Journal einer Gesellschaft Teutscher Gelehrten* erschien, bringt der junge Friedrich Schlegel seine Überzeugung zum Ausdruck, daß „die Geschichte der Menschheit einmal ihren *Newton* finden" werde, der in ihr „Licht, Übereinstimmung, Zusammenhang und Ordnung findet", indem er „dennoch die Tatsachen nicht verfälscht und verstümmelt, sondern rein und vollständig faßt" und auch „die scheinbaren Widersprüche nicht verschweigt"; wenn dies erreicht sei, werde man auch „in der Vorherbestimmung des künftigen Ganges der menschlichen Bildung [...] sicherer und weiter gehen können, als alle bisherigen Philosophen".[1] Schlegels Überzeugung, daß es gelingen werde, die scheinbaren Perturbationen in der geschichtlichen Wirklichkeit auf Gesetze zurückzuführen, die den Gang der menschlichen Bildung berechenbar machen könnten wie Newtons Theorie den Gang der Himmelskörper, gründet sich keineswegs auf die naive Annahme eines einlinigen Fortschritts. „Das eigentliche *Problem* der Geschichte" sei vielmehr „die Ungleichheit der Fortschritte in den verschiedenen Bestandteilen der gesamten menschlichen Bildung", besonders die Divergenz der intellektuellen und moralischen Bildung sowie ihre „Rückfälle und Stillstände", wie sie vor allem im Übergang von der antiken zur modernen Welt sichtbar werden.[2]

Gerade angesichts dieses Problembewußtseins mag es scheinen, als habe Schlegel mit seinem Programm einer an der Himmelsmechanik orientierten Geschichtswissenschaft einmal mehr die Quadratur des Kreises versucht. Skepsis scheint auch angesichts seines übersteigerten Selbstbewußtseins angebracht zu sein, z.B. wenn er 1800 notiert, er sei für die „Historie, was Goethe und Fichte für Poesie und Philosophie",[3] wobei er Historie durchaus als Geschichtsphilosophie, als begriffene Geschichte versteht. Tatsächlich wird man kaum sagen können, daß Schlegel die Aufgabe eines Newton der Geschichte, wenn sie denn überhaupt in seinem Sinne lösbar sein sollte, auch wirklich gelöst habe. Gleichwohl verdient sein Programm durchaus nicht nur historisches Interesse, sofern er - auf den Spuren Herders - menschliche „Bildungen" als *Vermittlung* mit unverfügbaren Naturbedingungen thematisiert und damit einen Weg zwischen der Kantischen Geschichte in weltbürgerlicher Absicht einerseits und der Hegelschen Geistesgeschichte andererseits bezeichnet. Um dies deutlich zu machen, möchte ich zunächst Schlegels Programm im Blick auf die Diskussionslage am Ende des 18.Jahrhunderts und besonders in bezug auf Kant situieren (1), sodann Schlegels Konzept geschichtlicher Bildung kurz vorstellen (2) und schließlich dessen systematische Perspektiven umreißen (3).

1.
Schlegels Orientierung der Wissenschaft der Geschichte an Newton knüpft an einen Topos in der Literatur der 2. Hälfte des 18. Jh. an, dessen Ursprung und Wege freilich keineswegs als

---

[1] Friedrich Schlegel: *Kritische Ausgabe,* hg. v. E. Behler u.a., Paderborn u.a. 1958ff. (im folgenden KFSA), Bd. 7, S. 6f.
[2] Ebd., S. 7.
[3] KFSA, Bd. 16, S. 323 (Nr. 819)

geklärt gelten können. In seinem *Reisejournal* von 1769, das menschliches Leben und menschliche Geschichte im Blick auf deren Naturgebundenheit thematisiert, fragt Herder ganz im Sinne der späteren Schlegelschen Äußerung, „welch ein Newton" dazu gehöre, „den Zustand der künftigen Literatur und Weltgeschichte zu weissagen".[4] Dieser Text wurde jedoch erst posthum (1846) veröffentlicht und ähnlich starke Formulierungen finden sich - soweit ich sehen kann - nicht in den zu Herders Lebzeiten veröffentlichten Texten. Vielfach präsent aber ist in ihnen der Gedanke, den ganzen menschlichen Verstand den Konsequenzen aus der Entdeckung der „einfachen, ewigen und vollkomenen Gesetze der Bildung und Bewegung der Planeten"[5] zu unterwerfen, wie es am Beginn des ersten Teils der *Ideen zur Philosophie der Geschichte der Menschheit* (1784) unter Berufung auf Franz Hemsterhuis heißt. Das bedeute vor allem, überall „vom Ganzen aufs Einzelne, vom Einzelnen aufs Ganze"[6] zu schließen und darin die Gesetze der bildenden Kraft zu erkennen. Für Herder realisiert sich diese Betrachtensweise, indem die Geschichte der Menschheit und ihrer Bildungen als Fortsetzung und Moment der Naturgeschichte des Himmels und der Erde geschrieben wird.

Offenbar in Anknüpfung an Herder und besonders an dessen Theorie der lebendigen Kräfte hat Wilhelm von Humboldt um 1790 eine „Physik" der Weltgeschichte entworfen, welche die Frage nach ihrem Endzweck durch die Frage nach ihren bewegenden Ursachen ersetzt.[7] Nachdem Newton die Gesetze der Revolutionen der Himmelskörper erkannt habe, sei es ein Skandal, daß der Mensch noch immer „ein Fremdling in den Veränderungen ist, die ihn umgeben, auf die er selbst so mächtig wirkt, und deren Rükwirkung er erfährt."[8] Um diese Fremdheit im eigenen Hause, der geschichtlichen Wirklichkeit, aufzuheben, bedürfe es der Kenntnis der „ewige[n] Gesetze", nach denen der Mensch „den natürlichen Fortschritt seiner innern Kräfte" mit der „im Ganzen immer sich selbst gleichen Natur" verbinde.[9] Auch Humboldt - der ja zum Umkreis Friedrich Schlegels in Berlin gehörte - geht es demnach um mehr als eine bloße Analogie zwischen Physik und Geschichte, nämlich um die Entdeckung der Triebkräfte von Geschichte im menschlichen Naturverhältnis, das ihm zufolge durch eine Ökonomie der Kräfte vermittelt wird.

Dieser Linie, die von Schlegel fortgeführt wird, steht Kant nicht erst seit seiner scharfen Kritik der Herderschen *Ideen* entgegen.[10] Zwar bezeichnet Kant bereits in den *Träumen eines Geistersehers* (1766) das sittliche Gefühl der Abhängigkeit des Privatwillens vom Allgemeinwillen in Anlehnung an Newton als Gravitationsgesetz in der moralischen Welt,[11] jedoch ist diese bei Kant als eine rein immaterielle gedacht, die daher auch keiner wirklichen Vermittlung mit der natürlichen fähig und auch nicht bedürftig ist. Verdeckt wird dies zu-

---

[4] *Werke*, hg. v. W. Pross, Bd. 1, Darmstadt 1984, S. 363

[5] *Ideen zur Philosophie der Geschichte der Menschheit,* hg. v. M. Bollacher, Frankfurt/M 1989, S. 21f; zu der Berufung auf Hemsterhuis vgl. ebd., S. 22, wobei Herder wohl an Hemsterhuis' *Lettre sur l'homme et ses rapports* von 1772 denkt (vgl. hierzu M. Bollachers Kommentar ebd. S. 950).

[6] *Ideen*, a.a.O. (Anm. 5), S. 22.

[7] *Über die Gesetze der Entwicklung der menschlichen Kräfte,* in: *Werke*, Bd. 1, hg. v. A. Leitzmann, Berlin 1903, S. 86-97.

[8] Ebd., S. 89.

[9] Ebd., S. 88.

[10] Vgl. Kants Rezensionen (1785) der beiden ersten Teile der *Ideen* in: *Werke*, Akademie-Ausgabe, Bd. 8, S. 45-66.

[11] *Träume eines Geistersehers, erläutert durch Träume der Metaphysik,* in: *Werke*, Akademie-Ausgabe, Bd. 2, S. 335.

nächst dadurch, daß Kant noch 1784 in seiner *Idee zu einer allgemeinen Geschichte in weltbürgerlicher Absicht* die menschlichen Handlungen als nach allgemeinen Naturgesetzen bestimmte Naturbegebenheiten betrachtet,[12] was auch erklärt, weshalb Herder die harsche Kritik seines ehemaligen Lehrers an seinen *Ideen zur Philosophie der Geschichte der Menschheit* unvorbereitet traf, zumal auch Kant - als Folge seines „Leitfadens a priori" - auf einen Newton hoffte, der imstande sei, in dem „widersinnigen Gange menschlicher Dinge" eine „*Naturabsicht*" zu entdecken und nach dieser die Geschichte abzufassen.[13]

Nun zielt aber die Naturabsicht auf die Idee des Menschen als eines vernünftigen, d.h. moralisch-autonomen und insofern auch selbsttätigen und nur eigene Zwecke verfolgenden Wesens. Der „Wille" der Natur ist, „*daß der Mensch alles, was über die mechanische Anordnung seines thierischen Daseins geht, gänzlich aus sich selbst herausbringe*", d.h. seine Vollkommenheit „*frei von Instinct, durch eigene Vernunft*" sich verschaffe.[14] Wie in Lessings *Erziehung des Menschengeschlechts* (1780) die Offenbarung der Vernunft zu Hilfe kommt, um deren Autonomie in moralischer Absicht zu realisieren, d.h. einen Zustand herbeizuführen, in dem die Tugend um ihrer selbst Willen geliebt wird, so kommt bei Kant die Naturabsicht der autonomen Vernunft in weltbürgerlicher Absicht zu Hilfe. Und wie bei Lessing fraglich bleibt, ob die Offenbarung nichts gebe, „worauf die menschliche Vernunft, sich selbst überlassen, nicht auch kommen würde",[15] oder ob die Offenbarung vielmehr etwas gebe, worauf „die menschliche Vernunft von selbst nimmermehr gekommen wäre",[16] so bleibt auch bei Kant fraglich, ob die in praktischer Absicht aufgestellte regulative Idee eines Naturzwecks das Bezweckte, die Autonomie der Vernunft in praktischer Absicht, überhaupt zu befördern vermag, da in beiden Fällen die Autonomie der Vernunft durch das Angewiesensein auf Offenbarung bzw. Naturzwecke gefährdet wäre.

Diese Schwierigkeit tritt in Kants Entwurf *Zum ewigen Frieden* (1795)[17] deutlich hervor: Die Naturabsicht, soweit sie der moralischen Absicht der Menschen zuarbeitet, bedarf des Hinzukommens des moralischen Willens, um einen moralischen Zustand herbeizuführen, wie umgekehrt die moralische Absicht des Hinzukommens der Natur bedarf, um sich zu realisieren. So ist die „Künstlerin Natur", der Kant die Gewährleistung des ewigen Friedens anvertraut, nur die Bedingung der Möglichkeit des angestrebten Zustandes: Die natürliche Teleologie sichert die Angemessenheit der Welt für die Verwirklichung menschlicher Zwecke, sofern diese als praktische Prinzipien in der Vernunft begründet sind, gibt diese Zwecke aber keineswegs vor. Naturzweck und moralischer Wille treten sich letztlich äußerlich gegenüber, ohne aus ihnen selbst heraus miteinander vermittelt zu sein, denn die Vermittlung würde die als selbstzweckhaft gedachte praktische Vernunft in eine instrumentelle Zweck-Mittel-Struktur einbinden und damit deren Autonomie gefährden.[18] Kant umgeht das Problem der

---

12   Vgl. *Werke,* Akademie-Ausgabe, Bd. 8, S. 17.

13   Ebd., S. 18.

14   Ebd., S. 19. - Vgl. Heinz-Dieter Kittsteiner: *Naturabsicht und unsichtbare Hand. Zur Kritik des geschichtsphilosophischen Denkens,* Frankfurt/M u.a. 1980.

15   Lessing: *Die Erziehung des Menschengeschlechts,* in: *Werke,* hg. v. K. Lachmann u. F. Muncker, Bd. 13, Leipzig 1897 (Reprint Berlin u. New York 1979), S. 416, § 4.

16   Ebd., S. 432, § 77.

17   *Werke,* Akademie-Ausgabe, Bd. 8, S. 343-386.

18   Zum Verhältnis Zweck-Mittel bei Kant vgl. Johannes Rohbeck: *Technologische Urteilskraft. Zu einer Ethik technischen Handelns,* Frankfurt/M 1993, S. 80-97.

Vermittlung, indem er letztlich den bloß regulativ angenommenen Naturzweck *als Zweck* unmittelbar mit dem Selbstzweck der Vernunft in praktischer Absicht identifiziert.[19]

Hiergegen wendet sich Friedrich Schlegel 1796 in seinen *Versuch über den Begriff des Republikanismus, veranlaßt durch die Kantische Schrift zum ewigen Frieden.*[20] Wenn, so sein Einwand, der angestrebte Zustand in einer *vernunftgemäßen* Verfassung seine Form finde und nur in dieser *empirischen* Form Realität habe, so sei auch nur auf diesem Feld die Gewähr für eine Universalisierung des Republikanismus und damit für einen ewigen Frieden aufzusuchen: „Die (gedachte) *Zweckmäßigkeit der Natur* [...] ist hier völlig gleichgültig: nur die (wirklichen) *notwendigen Gesetze der Erfahrung* können für einen künftigen Erfolg Gewähr leisten."[21] Die Zweckmäßigkeit der Natur sei nicht Garant, sondern „*Mittel* der Möglichkeit [...] zur wirklichen allmählichen Herbeiführung des ewigen Friedens",[22] so daß nicht die unmittelbar vorausgesetzte Übereinstimmung der Zwecke, sondern die Relation Zweck-Mittel auch in sittlicher Absicht bestimmend wird.

In dem 1797 abgeschlossenen zweiten Abschnitt des *Streits der Fakultäten* hat Kant auf Schlegels Einwand reagiert,[23] indem er die öffentlich geäußerte Denkungsart der Zuschauer der französischen Revolution als „Geschichtszeichen" interpretiert, an welchem sich eine „*Tendenz des menschlichen Geschlechts im Ganzen*" ablesen lasse. Sie ist eine „*Teilnehmung* dem Wunsche nach, die nahe an Enthusiasm grenzt",[24] wobei diese „Teilnehmung am Guten mit *Affekt*" ganz „aufs *Idealische* und zwar rein moralische geht".[25] Kants hochreflektierte Antwort geht freilich an dem Kern des Schlegelschen Einwands vorbei, denn die unmittelbar vorausgesetzte Einheit von Naturzweck und moralischem Willen erscheint hier nur in einer abkünftigen, ereignishaften Gestalt eines Affekts, in dem sinnlich verfaßte Subjektivität und moralisch bestimmte vernünftige Allgemeinheit unmittelbar zusammengehen.

2.

Bezugspunkt der historischen Studien Schlegels ist das Verhältnis von Antike und Moderne, wobei er unter Anerkennung der Verschiedenheit und Entgegensetzung beider Epochen auf deren Synthese zielt.[26] In seinem Aufsatz *Über die Grenzen des Schönen* (1794) rekonstruiert

---

19   Vgl. hierzu und zu Schlegels Auseinandersetzung mit Kants *Zum ewigen Frieden* vom Verf. „Geschichtszeichen". Perspektiven einer Kontroverse zwischen Kant und F. Schlegel, in: Hegel-Jahrbuch 1995, Berlin 1996, S. 152-159.

20   KFSA, Bd. 7, S. 11-25.

21   Ebd., S. 23.

22   Ebd.

23   *Werke,* Akademie-Ausgabe., Bd. 9, S. 351-368; vgl. zu diesem Thema auch die Aufzeichnungen im *Opus postumum,* Conv. XIII (*Werke,* Akademie-Ausgabe, Bd. 22, S. 619-624), die z.T. mit den Ausführungen im *Streit* wörtlich übereinstimmen. Daß Kants Antwort auf Friedrich Schlegel zielt, hat G. Bien (Art. *Geschichtszeichen,* in: *Historisches Wörterbuch der Philosophie,* Bd. 3, Sp. 441-443) plausibel gemacht. - Zu den Konzeptionen vgl. Bernd Bräutigam, *Vergangenheitserfahrung und Zukunftserwartung. Zum Geschichtsverständnis bei Kant, Schiller und Friedrich Schlegel,* in: *Evolution des Geistes: Jena um 1800,* hg. v. F. Strack, Stuttgart 1994, S. 197-212.

24   *Der Streit der Fakultäten,* in: *Werke,* Akademie-Ausgabe, Bd. 9, S. 358.

25   Ebd., S. 359.

26   KFSA, Bd. 2, S. 188f. (*Athenaeum*-Fragment 149). Vgl. hierzu und zum folgenden insgesamt vom Verf.: *Prophet und Engel der Geschichte. Historische Dialektik bei Schlegel und Benjamin,* in: *Wege - Bilder - Spiele.* Festschrift zum 60. Geburtstag von Jürgen Frese, hg. v. M. Bauschulte und H. Landweer, Bielefeld 1999.

er diesen Gegensatz als den von natürlicher (Antike) und künstlicher Bildung (Moderne);[27] erstere sei durch natürliche Einheit und Ganzheit, letztere durch Zerrissenheit oder, positiv ausgedrückt, durch eine unendliche Mannigfaltigkeit von Perspektiven charakterisiert. Tatsächlich aber schließe jede Seite des Gegensatzes die andere mit ein: „Das Vorrecht der *Natur* ist Fülle und Leben; das Vorrecht der *Kunst* ist Einheit".[28] Die natürliche Bildung ist demnach *von Anfang an* Widerstreit von Natur und Kunst und ebenso die künstliche, in der die Möglichkeiten der Natur als Voraussetzung der Bildung freigesetzt werden. So könne auch die Synthese beider Epochen nur im Rückgang auf die Naturbasis und Naturseite der menschlichen Bildung gefunden werden: „Die gefundne Eintracht ist nicht sein [des Menschen] Verdienst, aber seine Tat".[29]

In Schlegels Aufsatz *Vom Wert des Studiums der Griechen und Römer* (1795/96), der zu Lebzeiten ungedruckt blieb, wird dieser Gedanke auch methodisch präzisiert.[30] Das wissenschaftliche Erkennen überhaupt sei die durchgängige Wechselwirkung zweier Gesetzmäßigkeiten: der Selbstgesetzgebung der Vernunft auf der einen Seite und der Gesetzlichkeit der Natur auf der anderen Seite. Es ist diese Wechselwirkung, die auch den Inhalt der Geschichte als Bildungsprozeß ausmacht: „Wenn die Freiheit und die Natur jede für sich Gesetzen unterworfen sind, wenn es eine Freiheit gibt [...], wenn die Vorstellungen des Menschen überhaupt ein zusammenhängendes Ganzes – ein System sind, so muß auch die Wechselwirkung der Freiheit und Natur, die Geschichte notwendigen, unveränderlichen Gesetzen unterworfen sein: gibt es überhaupt eine solche Wechselwirkung, gibt es Geschichte, so muß es auch ein System notwendiger Gesetze a priori für dieselbe geben."[31] Für Schlegel sind hier a priori zwei Modelle denkbar. Dem Autonomieanspruch der Vernunft entspreche „das *System des Kreislaufes*";[32] stelle man jedoch die Wechselwirkung in Rechnung, d.h. – wie Schlegel hier ausdrücklich betont –, daß die Natur nie von der Freiheit „vertilgt" werden könne, so entspreche dem „das *System der unendlichen Fortschreitung.*"[33]

Auch hier kommt es für Schlegel darauf an, beide Seiten zu vereinigen, denn die Vernunft selbst kann sich für ihn nur geschichtlich, d.h. in Wechselwirkung mit der Natur realisieren, das geschichtliche Fortschreiten aber - soll es nicht bloß leere Bewegung in der Zeit sein - bedarf eines Kontinuums, d.h. der Rückkehr des Prozesses, den wir als geschichtlichen ansprechen, in sich selbst. Die vielfach variierte, paradoxale Formel für diese objektiv vermittelte Selbstreflexion von Geschichte lautet bei Schlegel „unendlich zyklische Progressivität". Der damit bezeichnete Prozeß steht im Mittelpunkt der seit 1797 skizzierten „Philosophie der Philologie";[34] diese sei „Theorie der historischen Kritik"[35] und die „ganze Philosophie der

---

27 KFSA, Bd. 1, S. 34-44.
28 Ebd., S. 38.
29 Ebd., S. 44.
30 Ebd., S. 621-642.
31 Ebd., S. 630f.
32 Ebd., S. 631.
33 Ebd.
34 KFSA, Bd. 16, S. 35-81 (*Zur Philologie I und II*); F. Schlegel: *Philosophie der Philologie*, hg. v. J. Körner, in: *Logos* 17 (1928), S. 1-72. - Vgl. Jure Zovko: *Verstehen und Nichtverstehen bei Friedrich Schlegel. Zur Entstehung und Bedeutung seiner hermeneutischen Kritik*, Stuttgart-Bad Cannstatt 1990; Robert S. Leventhal: *The Disciplines of Interpretation. Lessing, Herder, Schlegel and Hermeneutics in Germany 1750-1800*, Berlin und New York 1994; Andreas Arndt: *'Philosophie der Philologie'*, in: *Editio* 11 (1997), S. 1-19.

Historie" müsse aus ihr „postulirt und *deducirt* werden können."³⁶ Das philologische Verfahren wird näher als ein hermeneutisch-kritischer Prozeß vorgestellt, der beim historisch bedingten Einzelnen einsetzt und von ihm aus das geschichtliche Ganze erfaßt;³⁷ er ist daher „wie eine Totalisazion von unten herauf".³⁸

Jedes einzelne „Philologem", wie Schlegel es nennt, ist zwar ein individuelles Ganzes, aber zugleich schließt es eine praktische Unendlichkeit objektiver Bedingungen und damit eine die Individualität transzendierende Allgemeinheit in sich. Die Hermeneutik zielt zunächst darauf, es in seiner Individualität zu erfassen, während die Kritik diese im Blick auf die Allgemeinheit überschreitet. Beide Momente bedingen einander: die Individualität kann nur hervortreten, wenn sie in die Allgemeinheit gestellt wird; die Allgemeinheit läßt sich nur im Ausgang vom Einzelnen entwickeln. Hermeneutik und Kritik seien somit „*absolut* unzertrennlich dem Wesen nach"³⁹ und über „den *Primat der Kritik oder der Hermeneutik*" finde „eine wahre *Antinomie* Statt."⁴⁰ Während die Kritik immer weiter auf das objektiv-Allgemeine des Geistes ausgreift, versenkt sich das Verstehen immer tiefer in die Individualität des Autors und Werkes, um den Autor, nach Schlegels Formel, „erst ganz und besser als er selbst, dann aber auch nur halb und grade so gut wie er selbst verstehn"⁴¹ und dabei auch „die Confusion selbst bis auf die Prinzipien kennen, charakterisieren und selbst konstruieren" zu können.⁴² Hierzu bedarf es wiederum der Kritik, welche die Bedingungen für eine *Nachbildung* des Werkes bereitstellt. So wird die „wahre Kritik" für Schlegel schließlich „ein Autor in der 2t Potenz."⁴³

Die Potenzierung besagt, daß es sich hierbei nicht um ein mimetisches Sich-Anverwandeln handelt, sondern um ein Fortbilden des Überlieferten. Der hermeneutisch-kritische Prozeß ist *poietisch* in einem ausgezeichneten Sinne, und zwar gerade deshalb, weil er einer radikalen Geschichtlichkeit unterliegt, sofern er das Vorgebildete immer nur aus der historischen Distanz zu vergegenwärtigen vermag und es darum in seinem Ursprung auch immer verfehlt. Er vollzieht sich als eine progressive, „antithetische Synthesis" in einer fortgehenden „Kette der ungeheuersten Revoluzionen".⁴⁴ Schlegel stellt diesen Prozeß unter den Begriff der *Bildung,* die als das wahrhafte Seiende, οντως ον, der Historie gilt.⁴⁵ Der Bildungsprozeß beschreibt eine zyklische Bewegung: im Rückgang auf das bereits Gebildete werden dessen innere Potentiale für ein sich daran anschließendes Fortbilden freigesetzt. Diese Figur betrifft nicht nur den kulturellen Überlieferungszusammenhang durch Rede oder Schrift, wie er traditionell Gegenstand der Hermeneutik ist, sondern hat paradigmatische Bedeutung für alle menschlichen „Bildungen". Das menschliche Weltverhältnis ist für Schlegel -

---

35 KFSA, Bd. 16, S. 35 (Nr. 9).
36 Ebd., S. 47. (Nr. 143).
37 „Die Wissenschaft die aus der Philologie entspringt heißt *Historie*" (ebd., S. 67, Nr. 75); „*Der Zweck der Philologie ist die Historie*" (ebd., S. 37, Nr. 27).
38 Ebd., S. 68 (Nr. 84).
39 Ebd., S. 50 (Nr. 178).
40 Ebd., S. 55 (Nr. 236).
41 KFSA, Bd. 2, S. 241 (*Athenaeum*-Fragment 401).
42 KFSA, Bd. 18, S. 63 (Nr. 434).
43 Ebd., S. 106 (Nr. 927).
44 Ebd., S. 82f. (Nr. 637).
45 Zum Bildungsbegriff vgl. KFSA, Bd. 12, S. 33, 38–43, 57f.; Bd. 18, S. 376 (Nr. 673) und 293 (Nr. 1174).

der ontologischen Bedeutung der Bildung, d.h. des geschichtlichen Prozesses entsprechend - ein in diesem Sinne hermeneutisch-kritisches: das unendliche Nach- und Fortbilden an und in einer vorgebildeten, aber nie vollendeten Welt.[46]

In dieser Konsequenz ist das Naturverhältnis in den geschichtlichen Bildungsprozeß selbst eingezeichnet: Bildung bezieht sich elementar auf die natürliche Welt als eine bereits vorgebildete, d.h. diese Welt ist nicht bloß tote Grundlage, gleichgültiges Material künftiger Bildungen, sondern in ihrer eigenen Strukturiertheit Voraussetzung und Moment daran anschließender Bildungsprozesse.[47] Wie die künstliche Bildung der Moderne sich nur scheinbar von der Natur löst, in Wahrheit aber deren Potentiale allererst freisetzt, die in der (mimetischen) Naturhaftigkeit der antiken Bildung noch nicht hervortreten konnten, so steht Bildung überhaupt für Schlegel unter der Bedingung der Wechselwirkung mit Natur, und diese Wechselwirkung ist der Inhalt von Geschichte.

Allerdings zeigt sich diese Wechselwirkung als eine zunehmend durch die Bildung selbst vermittelte: Ausgangspunkt des Nach- und Fortbildens ist nicht mehr unmittelbar die 'natürlich' vorgebildete, sondern die bereits fortgebildete, d.h. 'künstlich' umgeformte Natur, wie sie als Resultat vergangener Bildungsprozesse erscheint. Nach dieser Seite ist geschichtliche Bildung ein fortgesetztes Potenzieren vergangener Bildungen und stellt sich als „unendliche Fortschreitung" gemäß dem einen Prinzip von Geschichte a priori dar. In dem Gedanken der Potenzierung liegt aber auch, daß der Prozeß seinen ursprünglichen Voraussetzungen verhaftet bleibt und sich mit ihnen immer wieder neu zusammenschließt, wie er sich darin zugleich auch mit sich selbst *als Bildungsprozeß* zusammenschließt. Nach dieser Seite ist der Prozeß ebenso ein fortgesetzter Kreislauf, die Rückkehr in sich und erfüllt damit das andere Prinzip a priori von Geschichte. Als Einheit beider ist er *unendlich-zyklische Progressivität*.

3.

Schlegels zentraler Gedanke, daß Geschichte *Wechselwirkung* von „Natur" und „Freiheit" sei, beruht auf der Einsicht, daß Natur nicht nur Voraussetzung, sondern bleibendes, internes Moment jeglicher geschichtlichen Bildung sei und insofern *nicht* „vertilgt" werden könne. Dieser Gedanke bedeutet eine Abkehr von denjenigen Konzeptionen der Geschichte, die - wie Lessing - eine moralische bzw. - wie Kant - eine politisch-rechtliche Vergesellschaftung der Menschheit in den Mittelpunkt geschichtlichen Interesses stellen und zum Maßstab historischen Fortschritts machen. Schlegel setzt die geschichtliche Kontinuität gewissermaßen unterhalb dieser Ebene an, indem er auf die Vermittlung von Natur und Vernunft (bzw., in praktischer Absicht: Freiheit) als elementare Voraussetzung auch der moralischen und politischen Bildungen abhebt, ohne deren angemessene Berücksichtigung - wie seine Kant-Kritik deutlich machen sollte - die Idee eines moralischen bzw. politisch-rechtlichen Fortschritts empirisch keinen Halt habe. Mit seiner Wendung von den Endzwecken zu den Triebkräften der Geschichte, die den elementarsten Zusammenhang einer als geschichtlich anzusprechenden Selbstreflexivität konstituieren, steht Schlegel den Fortschrittstheorien der Aufklärung näher

---

[46] Die Vollendung der Welt wäre der Tod, die Vernichtung der Endlichkeit überhaupt als Auflösung ins Unbestimmte (KFSA 12, S. 36). Von hier aus erschließt sich Schlegels Diktum im Aufsatz *Über die Unverständlichkeit* (1800): „Wahrlich, es würde euch bange werden, wenn die ganze Welt, wie ihr es fodert, einmal im Ernst durchaus verständlich würde." (KFSA, Bd. 2, S. 370).

[47] Vgl. hierzu vom Verf. *„Romantik der Arbeit". Aspekte des frühromantischen Arbeitsbegriffs (Novalis, F. Schlegel, Schleiermacher)*, in: *Das Argument* 1994, S. 883-896.

als den Programmen einer Vernunft- oder Geistesgeschichte, wie sie von Kant und Hegel verfolgt wurden.

Selbstreflexiv ist der von Schlegel konzipierte Bildungsprozeß insofern, als er zyklisch strukturiert ist, wobei diese Reflexion als objektiv vermittelte, als Selbstbeziehung durch Beziehung auf Anderes modelliert ist. Das könnte, jenseits der im engeren Sinne hermeneutischen Dimension von „Bildung", auch eine Rekonstruktion der Entwicklung des menschlichen Naturverhältnisses als 'naturgeschichtlichen' Prozeß ermöglichen, wie sie dann von Marx und Engels als basale Voraussetzung jeglicher Geschichte in der *Deutschen Ideologie* versucht wurde,[48] ein Versuch, dessen Parallelen zum frühromantischen Geschichtsverständnis - trotz des Insistierens auf einer Abkehr von aller bisherigen Philosophie - nicht zu übersehen sind. Daß Schlegel die Eigenlogik dieser Dimension kaum thematisiert und sie letztlich nur in Analogie zu Prozessen geistiger Aneignung und Fortbildung im hermeneutisch-kritischen Prozeß bestimmt, liegt auf der Hand. Gleichwohl wird dadurch der bei ihm vorhandene Gedanke einer unauflösbaren Bindung selbstreflexiver (hermeneutisch-kritischer) historischer Vergewisserungen an eine objektive Reflexivität des menschlichen Naturverhältnisses nicht entwertet.

Diese Bindung erlaubt zwar nicht, was Schlegel und Andere von einem Newton der Geschichte erwartet haben mögen, nämlich die Berechenbarkeit von Geschichte im Ganzen. Jedoch könnte sie es sehr wohl erlauben, geschichtliche Kontinuitäten unterhalb von Sinnzusammenhängen auf der Ebene des objektiv vermittelten menschlichen Naturverhältnisses als Naturgesetze der menschlichen Bildung (im umfassenden *poietischen* Sinne) zu fixieren. Damit wäre Geschichte von ihren notwendigen Naturbedingungen her Gegenstand philosophischer Reflexion, d.h. sie wäre zunächst - nimmt man den Einwand des frühen Schelling ernst, Geschichte sei als Sphäre der Willkür kein philosophischer Gegenstand[49] - überhaupt Gegenstand philosophischer Reflexion. Diese Reflexion aber wäre keine objektivistische, in der uns nur das reine Zusehen in das Walten einer absoluten Notwendigkeit bliebe. Die hermeneutisch-kritische Stellung zur geschichtlichen Wirklichkeit (die Schlegel auch als pragmatisch-dialektische bestimmt[50]) ist wesentlich eine *poietische:* sie blickt sie an als Gegenstand und Mittel weiterer Bildungsprozesse, indem sie das natürlich und durch vergangene Bildungen Vorgebildete im Blick auf objektive Möglichkeiten des Fortbildens bewertet. In Schlegels Worten: „Der Gegenstand der Historie ist das Wirklichwerden alles dessen, was praktisch notwendig ist".[51]

Dieses *poietische* Interesse an den Bedingungen von Geschichte verdient auch gegenüber dem negativen Ästhetizismus eines interesselosen Unbehagens an der geschichtlichen Wirklichkeit erinnert zu werden. Es reflektiert die Gegenwart als Resultat vergangener und Ausgangspunkt künftiger Bildungen in einer unvollendeten und nie zu vollendenden, in ihrem jeweiligen Zustand immer wieder gefährdeten „Welt". Sie so zu bilden, daß sie in einem umfassenden Sinne als eine menschlich gebildete aufgefaßt werden könnte, ist dann eine bleibende Aufgabe, die sich unter veränderten Bedingungen jeweils neu stellt.

---

48 Vgl. Karl Marx u. Friedrich Engels: *Werke,* Bd. 3, Berlin 1958.

49 *Allgemeine Uebersicht der neuesten philosophischen Literatur* (1798), in: *Sämmtliche Werke,* Abt. 1, Bd. 1, S. 470ff.

50 KFSA, Bd. 18, S. 117 (Nr. 1063).

51 KFSA, Bd. 2, S. 178 (*Athenaeum*-Fragment 90).

Geschichtsphilosophie nach der Geschichtsphilosophie.

H. D. Kittsteiner

I.

Gemeint ist mit diesen Thesen nicht die philosophische Befragung der Geschichte nach dem Untergang der klassischen deutschen Geschichtsphilosophie von Kant bis Hegel, also keine Hinwendung zu einer Geschichtsphilosophie von Nietzsche bis Heidegger. Gemeint ist eine Rettung der Einsicht der klassischen Geschichtsphilosophie aus der Wende des 18. zum 19. Jahrhundert. Denn diese vermeintlich untergegangene Geschichtsphilosophie ist nicht mit dem Hinweis auf ihre Teleologie zu kritisieren. Hinter der Teleologie verbirgt sich ein nach wie vor ungelöstes Problem, das der Nicht-Verfügbarkeit der Geschichte. Die Teleologie überlagerte nur die Erfahrung eines Prozesses, der sich jenseits der Intentionen der Menschen bewegte, wenngleich er aus ihrem Handeln resultierte. Kant hat diese Grundkonstellation der Projektion von humanen Zielen auf die Geschichte bei gleichzeitiger Unfähigkeit, sie unmittelbar zu "machen", in teleologisch konstruierten Begriffen wie "Natur" und "Vorsehung" festgehalten: "Denn von ihr, oder vielmehr (weil höchste Weisheit zu Vollendung dieses Zwecks erfordert wird) von der *Vorsehung* allein können wir einen Erfolg erwarten, der aufs Ganze und von da auf die Theile geht, da im Gegentheil die Menschen mit ihren *Entwürfen* nur von den Theilen ausgehen, wohl gar nur bei ihnen stehen bleiben und aufs Ganze als ein solches, welches für sie zu groß ist, zwar ihre Ideen, aber nicht ihren Einfluß erstrecken können; vornehmlich da sie, in ihren Entwürfen einander widerwärtig, sich aus eigenem freien Vorsatz schwerlich dazu vereinigen würden."[1] Das ist die bis heute gültige Ausgangssituation.

II.

Es gibt in der neu wieder erwachten Beschäftigung mit "Geschichtsphilosophie" eine Tendenz, hinter Hegel auf Kant zurückzugehen.[2] Paul Ricœur hat in seinem Werk "Zeit und Erzählung" diese Tendenz so umrissen: Es ist gerade die Trauer um das verschwundene absolute Wissen, das uns zu Kant zurückführt. Man mußte zuerst Hegel gefolgt sein, um

---

[1] Immanuel Kant, Über den Gemeinspruch: Das mag in der Theorie richtig sein, taugt aber nicht für die Praxis, Akademie-Ausgabe, Berlin 1902 ff. Bd. VIII, S. 310.
[2] Herta Nagl-Docekal: Ist Geschichtsphilosophie heute noch möglich?, in: Dies.(Hg.):Der Sinn des Historischen. Geschichtsphilosophische Debatten, Frankfurt/M 1996, S. 7- 63.

diesen Weg zurück gehen zu können. "Denn welcher Leser Hegels, der sich einmal wie wir von der Macht seines Denkens hat verführen lassen, verspürt nicht den Verzicht auf Hegel als eine Wunde, die im Gegensatz zu denen des absoluten Geistes eben nicht verheilt? Diesem Leser, so er nicht einer matten Sehnsucht verfallen will, ist der Mut zur Trauerarbeit zu wünschen."[3] Was ist Trauerarbeit? Trauerarbeit ist ein "intrapsychischer Vorgang, der auf den Verlust eines Beziehungsobjekts folgt und wodurch es dem Subjekt gelingt, sich progressiv von diesem abzulösen". Freud präzisiert diesen Vorgang so: "Jede einzelne der Erinnerungen und Erwartungen, in denen die Libido an das Objekt geknüpft war, wird eingestellt, überbesetzt und an ihr die Lösung der Libido vollzogen."[4] Für unseren Fall bedeutet das nichts anderes, als eine Kritik der einzelnen Kategorien der Geschichtsphilosophie. Sie müssen sich befragen lassen, welche Hoffnungen sie erweckten, welche Enttäuschungen mit ihnen verbunden waren, schließlich, wie man sich "progressiv von ihnen ablöst" - also ein kritisches Verhältnis zu ihnen zu gewinnen.[5] Eine partielle Lektüre des VI. Kapitels des III. Bandes aus "Zeit und Erzählung" soll den Übergang in diese Aufgabenstellung bilden.

III.

Ricœur läßt die "Hegelsche Versuchung" damit beginnen, daß er an die Stelle der vormaligen "Universalgeschichte" die "Weltgeschichte" setzt und seine Zuhörer mit einer philosophischen Zumutung konfrontiert. Nachdem er in pädagogischer Absicht die "Arten der Geschichtsschreibung" durchgegangen ist, geht er zum "Begriff der Philosophie der Weltgeschichte" über: "Der einzige Gedanke, den sie mitbringt, ist aber der einfache Gedanke der *Vernunft*, daß die Vernunft die Welt beherrscht, daß es also auch in der Weltgeschichte vernünftig zugegangen ist."[6] Für den Historiker - so Ricœur - bleibt diese abrupte Einführung der Vernunft bloße Hypothese - für den Philosophen Hegel ist sie die Ausführung des Satzes aus der "Rechtsphilosophie": "Was ist, ist *vernünftig* - und was vernünftig ist, *ist*." In einem Fußnoten-Kommentar zieht Ricœur die Linie zum Theodizeeproblem aus: So kann nur jemand reden, der mit der Behauptung auftritt, die Rolle des Bösen in der Geschichte begriffen zu haben: "Solange das Böse nicht seine Stelle im großen Weltplan gefunden hat,

---

[3] Paul Ricœur, Zeit und Erzählung, München 1991, 3 Bd., Bd. III, S. 332. und S. 411 f.
[4] J. Laplanche/ J.-B. Pontalis, Das Vokabular der Psychoanalyse, Frankfurt/M 1975, 2 Bde. Bd. II, S. 512.- Sigmund Freud: Trauer und Melancholie, in: Gesammelte Werke, Frankfurt/ M 1963 ff. Bd. X, S. 430.
[5] Vgl. dazu: H. D. Kittsteiner, Kants Theorie des Geschichtszeichens. Vorläufer und Nachfahren, in: Ders., (Hg), Geschichtszeichen, Weimar 1999, S. 114.
[6] Ricœur, a.a.O., Bd. III, S. 314 f. - G. W. F. Hegel, Die Vernunft in der Geschichte, Hg. Johannes Hoffmeister, Hamburg 1955, S. 28. - Allerdings antizipiert Hegel in der "reflektierenden Geschichtsschreibung" praktisch das spätere neukantianische Verfahren der "Wertbeziehung" und drückt zumindest das Unbehagen an einer letztlich auf politische/kulturelle Gegenwartsprobleme bezogenen Geschichtsschreibung aus. Vgl. dazu: H. D. Kittsteiner, Listen der Vernunft. Motive geschichtsphilosophischen Denkens, Frankfurt/M 1998, S. 8 ff.

bleibt der Glaube an den *Nous*, an die Vorsehung oder den göttlichen Plan in der Schwebe." Denn in der Tat endet der Abschnitt über den *allgemeinen Begriff* der Weltgeschichte mit einer verzeitlichten Theodizee. "Unsere Betrachtung ist insofern eine Theodizee, eine Rechtfertigung Gottes, welche Leibniz metaphysisch auf seine Weise noch in abstrakten, unbestimmten Kategorien versucht hat: das Übel in der Welt überhaupt, das Böse mit inbegriffen, sollte begriffen, der denkende Geist mit dem Negativen versöhnt werden; und es ist in der Weltgeschichte, daß die ganze Masse des konkreten Übels uns vor die Augen gelegt wird."[7]

IV.

Die denkende Betrachtung der Geschichte soll nicht bei einem abstrakten "Endzweck" verweilen, der *Zweck* soll sich durch seine *Mittel* realisieren. "Und hier stoßen wir denn auch auf die allzu berühmte These von der *List der Vernunft*." Ricœur bettet sie in eine allgemeiner gefaßte "Theorie der Handlung" ein. Das handelnde Subjekt soll und muß zu seinem Recht kommen, indes: "Jeder, der etwas tut, erzielt ungewollte Wirkungen, so daß seine Handlungen seiner Intention entgleiten. Als Regel ist festzuhalten, 'daß in der unmittelbaren Handlung etwas Weiteres liegen kann als in dem Willen und Bewußtsein des Täters.'"[8] Wenn man davon ausgeht, daß dies die Erfahrung der Generation gewesen ist, die Zeitgenossin der Französischen Revolution war, dann hat man einen historischen Fixpunkt gewonnen, von dem her diese Frage zunächst bei Kant und Schelling gestellt worden ist.[9] Geschichte vollzieht sich im eigentlichen Sinne "bewußtlos": die Menschen sind einem historischen Verhältnis unterworfen, "kraft dessen (sie) durch ihr freies Handeln selbst, und doch wider ihren Willen, zur Ursache von etwas werden müssen, was sie nie gewollt (...) haben."[10] Dieses Verhältnis zur Geschichte hat jedoch bis heute nicht aufgehört zu existieren - und insofern wird die Größe des Hegelschen Versprechens erst recht deutlich. Ricœur resümiert es in Hinblick auf die Stufen der *ursprünglichen* und der *reflektierenden* Geschichte: "Für die 'ursprüngliche' oder die 'reflektierende' Geschichte wäre dieses *unbeabsichtigt* freilich das letzte Wort. *Nicht aber für die 'List' der Vernunft, die gerade das Unbeabsichtigte zur Absicht des Weltgeistes werden läßt.*" (11) (Ricœur, ebd., S. 319) Nicht nur im Sinne Sigmund Freuds gäbe es demnach ein "Unbewußtes" - es gibt ein Unbewußtes auch in der Geschichte - und der

---
[7] Hegel, a.a.O., S. 48.
[8] Ricœur, a.a.O., S. 318.
[9] Frank R. Ankersmit: Die postmoderne 'Privatisierung' der Vergangenheit, in: Nagl-Docekal, a.a.O., S. 201.
[10] J. W. Schelling: System des transcendentalen Idealismus, Werke, Hg. M. Schröter, München 1927, Bd. II, S. 594.

Hegelsche Weltgeist klärt uns über seine Zwecke auf. Der Anspruch ist ungeheuerlich. Seine unmittelbare Folge war die Kritik an Hegel.

V.

"Man muß bekennen, daß eine Kritik Hegels unmöglich ist, die mehr zum Ausdruck bringen kann als unsere schiere Ungläubigkeit angesichts des entscheidenden Satzes: 'Der einzige Gedanke, den sie (die Philosophie) mitbringt, ist aber der einfache Gedanke der *Vernunft*, daß die Vernunft die Welt beherrscht, daß es also auch in der Weltgeschichte vernünftig zugegangen ist.' Dies ist das philosophische Credo, das die List der Vernunft bloß apologetisch verstärkt und das der *Stufengang* in die Zeit projiziert." Man konnte Hegel nur verlassen. Ricœur sieht im *Ausgang* aus dem Hegelianismus - ob mit Kierkegaard, Feuerbach oder Marx, mit der deutschen Historikerschule oder mit Nietzsche - die Grundlage des uns heute geläufigen neueren Denkens. Was können wir nicht mehr mitmachen? "Für uns fällt ein für allemal auseinander, was sich für Hegel deckt: Geist an sich, Entwicklung, Unterschied, die zusammen den Begriff des *Stufengangs der Entwicklung* ausmachen." Nach Ricœur hat Hegel in einem günstigen Moment des "Eurozentrismus" geschrieben, in einer Zeit, die für uns hinter den Erfahrungen des 20. Jahrhunderts verschwunden ist: "Der politische Selbstmord Europas während des Ersten Weltkriegs, die ideologische Spaltung im Gefolge der Oktoberrevolution und die neue Randstellung Europas auf der Weltbühne infolge der Abschaffung der Kolonialherrschaft sowie der ungleichen - und wohl auch antagonistischen - Entwicklung, die die Industrienationen dem Rest der Welt entgegensetzt, all das führte zum Tod" - nicht nur des Eurozentrismus, sondern auch der Hegelschen Philosophie. Der *Unterschied* hat gegen den *Stufengang* revoltiert; der Weltgeist zerfällt nach Zweck und Mittel wieder in die *membra disjecta* einer unmöglichen Totalisierung. "Der Ausdruck 'List der Vernunft' macht uns nicht einmal mehr neugierig: er stößt uns eher ab, wie der mißratene Trick eines auftrumpfenden Zauberkünstlers."[11]

VI.

Die "Fabel aller Fabeln" kann nicht geschrieben werden. "Der Ausgang aus dem Hegelianismus bedeutet, daß man darauf verzichtet, die höchste Fabel zu entziffern." Dieser Verzicht - wir können nicht mehr *wie* Hegel, sondern nur noch *nach* Hegel denken - ist allerdings schmerzhaft. Der "Mut zur Trauerarbeit" soll nun von Hegel auf Kant zurücklenken: "Überdies ist eine Rückkehr zu Kant erst nach einem notwendigen Umweg

---

[11] Ricœur, ebd., S. 329 f.

über Hegel möglich. (...) Hegel (...) hat uns die Geduld des Begriffs gelehrt. (...) Und wenn wir auch nicht mehr daran glauben, daß diese großen Vermittlungen in einem absoluten Wissen kulminieren, das in der ewigen Gegenwart der Kontemplation ruht - so ist es doch gerade die Trauer über das absolute Wissen, die uns zur Kantischen *Idee* zurückführt, die nunmehr den Horizont der historischen Vernunft bildet."[12] Sicherlich - eine "Idee", die sich auf das "Ganze" der Geschichte nur "erstreckt" (Vgl. These I.) ist etwas anderes als die Behauptung einer gewußten Vermittlung von Zweck und Mittel; die Erneuerung einer "Theodizee" ist massiver als eine "Teleologie in praktischer Absicht", die letztlich Geschichtsphilosophie nur als Hilfskonstruktion für moralisches Handeln ausweist. Man kann - bei aller Kritik - von der "epistemischen Bescheidenheit" der Kantischen Geschichtsphilosophie sprechen und betonen, daß für ihn teleologische Prinzipien nur regulativ, nicht konstitutiv für die Systematisierung der Erkenntnis sind.[13] Und dennoch: Die Vorformen der "List der Vernunft" in der Unterordnung der "Mittel" unter einen "Zweck" finden sich auch schon im 4. Satz der "Idee zu einer allgemeinen Geschichte in weltbürgerlicher Absicht" - und der Sündenfall der Geschichtsphilosophie, das Ineinanderschieben von Spekulation und Empirie ist hier ebenfalls schon angedeutet: "Man sieht: die Philosophie könne auch ihren *Chiliasmus* haben; aber einen solchen, zu dessen Herbeiführung ihre Idee, obgleich nur sehr von weitem, selbst beförderlich werden kann, der also nichts weniger als schwärmerisch ist. Es kommt nur darauf an, ob die Erfahrung etwas von einem solchen Gange der Naturabsicht entdecke."[14] Es ist dieser Anspruch an die Erfahrung, *etwas vom Gange der Naturabsicht zu entdecken*, der in die späte Theorie des "Geschichtszeichens" hineinführt. Das Geschichtszeichen ist noch keine Vermittlung im Hegelschen Sinne; es überlagert lediglich ein historisches Ereignis - die Französische Revolution - mit einem darüberschwebenden erhabenen *Enthusiasmus* des nicht-involvierten Königsberger Beobachters.

VII.

Doch bevor wir mit aller gebotenen Vorsicht hier anknüpfen, müssen wir uns noch einmal zu Ricœurs Darstellung des Zusammenbruchs des Hegelianismus zuwenden. Die von ihm genannten Denker: Kierkegaard, Feuerbach, Marx und Nietzsche beginnen zwar alle mit der Revolte des Einzelnen gegen die Vorherrschaft des Allgemeinen - noch Nietzsche schreibt streckenweise wie ein zu spät gekommener Junghegelianer. Nur Marx schert aus der Phalanx

---

[12] Ricœur, ebd., S. 332 und S. 412.
[13] Pauline Kleingeld, Zwischen kopernikanischer Wende und großer Erzählung. Die Relevanz von Kants Geschichtsphilosophie, in: Nagl-Docekal, a.a.O., S. 185 und S. 190.

aus und kehrt, bei vergleichbaren Anfängen, später zu einer erneuerten Vorstellung von einem vorherrschenden Allgemeinen zurück. Die Grundlagen sind schon in der "Deutschen Ideologie" gelegt - in der Transformierung der Herrschaft des *Weltgeistes* in die Tyrannei des *Weltmarktes*. Genau an diesem Punkt hat sich Marx aber noch einmal von Hegel einfangen lassen; ausgerechnet im Kapitel über den "Tendenziellen Fall der Profitrate" lenkt er wieder in ein teleologisches Zweck-Mittel-Denken ein.[15] Schlägt man diese (allzu durchsichtige) teleologische Überlagerung bei Marx weg, dann bleibt zunächst die Idee eines nichtteleolgisch vorversicherten Allgemeinen, eines historischen Prozesses, der sich *blind* aber *dynamisch* in die Zukunft entwirft. Insofern stehen selbst diese von Marx hinterlassenen gewaltigen Ruinen mit ihrem strengen Formbegriff - dem der Wertformen - quer zu allen Vorstellung einer "postmodernen" Geschichtsauffassung, der Geschichte zu einer "riesigen formlosen Masse" geworden ist, durch die sich jeder Historiker gleichsam "privat" hindurchgraben kann.[16] Mit anderen Worten: Man wird den Weltmarkt und seine das Einzelne *allegorisierende* Macht nicht dadurch los, daß man sich beleidigt von ihm abwendet. Vor diesem Hintergrund ist nach dem kritischen Umgang mit aller - wie Lukács es einmal genannt hat - "geschichtsphilosophischen Zeichendeuterei" zu fragen.[17]

VIII.

Mit dem Verzicht auf Teleologie bei Marx ist etwas andres gewonnen als mit dem Verzicht auf Teleologie bei Hegel. Hier ist die Idee einer "absoluten Vermittlung von Geschichte und Wahrheit" zuschanden gekommen;[18] bei Marx bleibt hinter der Überlagerung des kapitalistischen Verwertungsprozesses mit einem sozialistischen Ziel eben dieser Prozeß *ohne Wahrheit* übrig. Erledigt ist allerdings dann die Vorstellung, dieses Prozesses jemals Herr werden zu können - ein Herrentraum, den Nietzsche und Heidegger in ihrer Weise noch einmal geträumt haben. Nach 200 Jahren schlechter Erfahrung mit den Versuchen, Geschichte als Ganze vermeintlich *human* zu gestalten, könnte sich die Menschheit allmählich einmal daran gewöhnen, in einer nicht-machbaren Geschichte zu leben, ohne dies als Kränkung des *homo faber* zu empfinden. Was bleibt ist das Bedürfnis, sich in dieser Geschichte zu "orientieren"; dafür sind aber flexiblere Horizonte hinreichend, als es bislang scheinen konnte.

---

[14] Kant, Idee zu einer allgemeinen Geschichte in weltbürgerlicher Absicht, a.a.O., Bd. VIII, S. 27.
[15] H. D. Kittsteiner, Zur Konstruktion der historischen Zeit bei Karl Marx, in: Listen der Vernunft, a.a.O., S.121 ff.
[16] Ankersmit, a.a.O., S. 204.
[17] Georg Lukács, Die Theorie des Romans. Ein geschichtsphilosophischer Versuch über die Formen der großen Epik, München 1994, S. 137.
[18] Ricœur, a.a.O., S. 333.

IX.

Für einen Versuch, Kants Theorie des "Geschichtszeichens" umzudenken, scheint es mir notwendig zu sein, auf die beiden von Reinhart Koselleck entwickelten, bei Paul Ricœur diskutierten Kategorien *Erfahrungsraum* und *Erwartungshorizont* zurückzugehen. In Ricœurs Lektüre kommt dem über Marx eingeführten Problem der Nicht-Machbarkeit der Geschichte ein etwas größeres Gewicht zu als bei Koselleck. Er selbst drückt das so aus: "Das Thema der Beherrschbarkeit der Geschichte beruht also auf dem fundamentalen Verkennen jener andren Seite des Geschichtsdenkens (...), nämlich der Tatsache, daß wir von der Geschichte *affiziert* werden und uns durch die Geschichte, die wir machen, selbst affizieren."[19] Betrachtet man in diesem Rahmen das Sich-Orientieren in der Geschichte weiterhin von der Möglichkeit abhängig, ihre "Zeichen" lesen zu können, und führt man als vermittelnde Kategorie zwischen Erfahrungsraum und Erwartungshorizont den Symbolbegriff Ernst Cassirers ein, dann zeigt sich, daß ein Wahrnehmungserlebnis als sinnliches Erlebnis, immer schon einen Bedeutungsüberschuß mit sich trägt, der das einzelne Wahrnehmungsphänomen auf ein "Sinn-Ganzes" bezieht. Erfahrungsraum und Erwartungshorizont schaffen symbolische Formen der Weltauslegung, die dann selbst wieder als "transzendentale" Vorbedingungen neuer Wahrnehmung gelten können. Wie sich an Cassirers Auseinandersetzung mit Simmel zeigt, hätten wir es dann mit symbolischen Formen oder Zeichen zu tun, die keinen historischen Horizont endgültig abschließen, sondern die dazu geeignet sind, Verfestigungen auch wieder aufzubrechen. Eine unilinear-teleologische Geschichtsauffassung ist im Rahmen dieses Denkens nicht mehr möglich. Die Erwartungshorizonte werden versuchsweise aufgebaut; sie können sich sozusagen selbst kritisieren.

X.

Problematisch bei Cassirer bleibt, daß er zur "unbewußten Produktion" von Geschichte keinen rechten Zugang zu haben scheint. Die am weitesten vorgeschobene Position zur "Dechiffrierung" von Dingwelten, die zugleich kapitalistisch produzierte Warenwelten sind, hat nach wie vor Walter Benjamin geliefert; insofern besteht überhaupt kein Grund, sich von seinem Denken abzuwenden oder es gegen irgendwelche Gerätschaften aus postmodernen *Quincaillerien* einzutauschen. Wenn die Dinge ihre "surrealistische" Miene aufsetzen, besteht ein Moment der Erkennbarkeit. Jetzt ist nicht ein sinnhafter Erwartungs-Horizont die Voraussetzung für eine Rückprojektion auf den Erfahrungsraum der Gegenwart, die Wahrnehmung schließt sich auch nicht zu einer gerundeten 'symbolischen Form' zusammen,

---

[19] Ricœur, ebd., S. 345.

sondern innerhalb eines sinnlosen Ganzen tauchen Konfigurationen auf, die als Ausdruck unbewußter Ängste oder Vorahnungen im Umgang mit dem Nicht-Machbaren gelesen werden können. Der Gebrauchswert in seiner bestimmten Form - das *Design* der Waren - wird vom Wertcharakter gleichsam zensiert; was entsteht, ist ein entstellter Gebrauchswert, der aber in seiner Entstellung zum "Zeichen der Zeit" werden kann. Benjamin benutzte dafür den Begriff "Phantasmagorie". Die Entzifferung der Waren als Phantasmagorien der träumenden - ihre Geschichte unbewußt verrichtenden Menschen, das wäre das Benjaminsche Äquivalent zum Kantischen "Geschichtszeichen."[20]

XI.

Man kann die Genese der klassische deutsche Geschichtsphilosophie als eine Geburt aus der Frage nach dem Geschichtszeichen verstehen; war damit ihr Sündenfall verknüpft, so kann die Rückgängigmachung dieses Sündenfalls wiederum nur bei der Frage nach der Orientierung in der Geschichte ansetzen.

---

[20] Vgl. zu dieser hier verkürzt wiedergegebenen Argumentation: H. D. Kittsteiner, Kants Theorie des Geschichtszeichens, a.a.O., S. 107-114.

Unabgegoltene Motive der Geschichtsphilosophie Kants

Herta Nagl-Docekal (Universität Wien)

Einer verbreiteten Auffassung zufolge ist Geschichtsphilosophie - sofern mit diesem Begriff der Gedanke eines Fortschreitens der Menschheit zum Besseren verbunden wird - ein überholtes Projekt. Hatten die geschichtsphilosophischen Entwürfe der Aufklärung und Hegels Konzeption eines "Fortschritts im Bewußtsein der Freiheit" schon seit den Tagen ihres Entstehens Widerspruch hervorgerufen, so kulminierte die Kritik im zwanzigsten Jahrhundert. Autoren, deren Positionen ansonsten sehr weit auseinander liegen, stimmen an diesem Punkt überein. Bedenken gegen das Vorhaben, "die Geschichte" als einen Entwicklungsprozeß zu deuten, kommen von seiten der neopositivistischen Wissenschaftstheorie und der sprachanalytischen Philosophie ebenso wie von seiten der Kritischen Theorie, der Phänomenologie und der verschiedenen poststrukturalistisch inspirierten Geschichtstheorien. Aus der Vielfalt der Einsprüche stechen vor allem zwei Typen der Argumentation hervor. Zum einen wird moniert, daß eine Darstellung der Vergangenheit unter dem Gesichtspunkt des Fortschritts zwangsläufig Ausblendungen mit sich bringe. Als zentrales Defizit erscheint dabei entweder die Einbuße des Besonderen, Inhomogenen, oder - wie bei Benjamin - die Gefahr, daß die Geschichte aus der Perspektive der Sieger geschrieben werde. Der zweite - oft mit dem ersten verbundene - Argumentationstypus thematisiert die Problematik einer ins Praktische gewendeten Geschichtsphilosophie. In diesem Fall wird erörtert, wie weit die totalitären Systeme, deren Terror das zwanzigste Jahrhundert geprägt hat, ihren theoretischen Hintergrund in Vorstellungen von einer Machbarkeit geschichtlichen Fortschritts hatten. Lyotard bringt diese beiden Stoßrichtungen der Kritik auf den Punkt, wenn er seine Distanznahme von Geschichtsphilosophie damit motiviert, daß diese ebensowohl "große Erzählung" wie auch "Legitimationserzählung" sei[1].

Ein gemeinsamer Zug vieler zeitgenössischer Einwände liegt freilich auch in einer pauschalen Vorgangsweise: Häufig unterbleibt der Versuch, den Gestus der großen Distanznahme durch ins Detail gehende Analysen der angegriffenen Texte zu untermauern. An genau diesem Punkt setzen meine Überlegungen ein. Da ich hier nur exemplarisch vorgehen kann, möchte ich zeigen, daß Kants Geschichtstheorie von den vorgebrachten Einwänden nicht getroffen wird. Um die Pointe gleich vorwegzunehmen: Die Argumentation Kants läuft weder auf eine "große Erzählung" noch auf eine "Legitimationserzählung" hinaus. Doch ist mein Anliegen kein bloß philosophiehistorisches; es soll vor allem deutlich gemacht werden, daß einzelne Elemente der Konzeption Kants auch heute unverzichtbar sind - was nicht zuletzt darin zum Ausdruck kommt, daß manche der zeitgenössischen Ansätze, die sich als Gegenentwürfe zur Geschichtsphilosophie darstellen, näher besehen, auf Überlegungen von genau der Art beruhen, wie Kant sie entwickelt hat.

Die Frage, ob es in der Geschichte der Menschheit einen Fortschritt gibt, hat ihren primären systematischen Ort bei Kant nicht in der Philosophie der Erkenntnis, sondern in der Theorie der praktischen Vernunft. Sie stellt sich im Zuge der Erörterung der Konsequenzen, die aus dem Grundprinzip der Moral - wie es im Lehrstück vom kategorischen Imperativ dargelegt ist - resultieren. Den Ausgangspunkt bildet somit die These von der Selbstgesetzgebung der praktischen Vernunft; im Hinblick darauf untersucht Kant: Was, genau, ist gefordert, wenn es Pflicht ist, so zu handeln, "daß du die Menschheit, sowohl in deiner Person als in der Person eines jeden anderen, jederzeit zugleich als Zweck, niemals bloß als Mittel brauchst"[2]? Ein Gedankengang, der sich Kant zufolge aus diesem praktischen Prinzip ableitet, geht dahin: Wenn alle Menschen als "Personen", die über ihre Zwecke selbst zu entscheiden vermögen, wahrgenommen und behandelt werden sollen, - im Unterschied zu "Sachen", die über diese Kompetenz nicht verfügen und daher instrumentalisiert werden dürfen, - so ist zum mindesten geboten zu respektieren, daß jede/r einzelne eines Handlungsraumes bedarf, d.h. "äußere" Freiheit haben muß. Diese Forderung gibt keineswegs alle Implikationen des kategorischen Imperativs wieder (so enthält der moralische Pflichtbegriff ja nicht nur das Verbot der Benutzung von Menschen als bloßer Mittel, sondern auch das Gebot der Hilfeleistung, das Kant unter dem Titel "Liebespflichten" erläutert.), doch sie bezeichnet einen notwendigen ersten Schritt. Die Tragweite dieser ersten aus dem Sittengesetz zu ziehenden Konsequenz ist indes nicht zu unterschätzen: An diesem Punkt setzen Kants rechtsphilosophische Überlegungen ein. Die Idee des Rechts leitet sich aus dem kategorischen Imperativ insofern ab, als sie auf einen Schutz des Freiheitsraumes aller einzelnen abzielt. Sie beruht auf dem "Begriffe der Freiheit im äußeren Verhälnisse der Menschen zu einander"[3]. Dabei geht es zunächst in der Tat um eine "Idee": Kant setzt sich vorerst nicht mit konkreten, geschichtlich gewordenen Rechtsverhältnissen auseinander, sondern entwickelt einen allgemeinen Begriff des Rechts. Die zentrale Aufgabe des Staates liegt seines Erachtens darin, "die größte Freiheit"[4] zu garantieren. Dies kann freilich nicht durch eine völlige Freigabe individueller Willkür geschehen: Es besteht stets die Gefahr, daß einzelne Individuen oder Gruppen in der Entfaltung ihrer Willkür die Freizügigkeit anderer beschneiden oder sogar gänzlich unmöglich machen - genau deshalb ist ja eine Institutionalisierung von Gerechtigkeit erforderlich. Somit erweisen sich Einschränkungen zur Sanktionierung von Übergriffen als notwendig. An dieser Stelle rückt nun der Begriff "Gleichheit" in den Vordergrund des Denkens Kants. Demnach soll die Freizügigkeit der Einzelnen im Gebrauch ihrer Willkür gleichermaßen eingeschränkt werden, jedoch nur so weit, als es unbedingt notwendig ist, damit sie mit der Freiheit von jedermann zusammen - unter allgemein gültigen Gesetzen - bestehen kann[5].

Zugleich mit der Idee des Rechts rückt auch die Geschichte in das Blickfeld Kants: Wohl ist es für jeden einzelnen Menschen moralische Pflicht, sich für die Einrichtung einer vollkommen gerechten Verfassung einzusetzen, doch kann diese Aufgabe, als ganze betrachtet, nicht von einzelnen und auch nicht von einer einzigen Generation allein umgesetzt werden, sondern nur "in der Gattung"[6]. Die Idee des Rechts hat die Funktion eines kritischen Maßstabs, mit dem jede Generation aufs Neue die bestehenden Verhältnisse konfrontieren muß, um Ungerechtigkeiten aufzudecken und an ihrer Überwindung zu arbeiten. Unter moralphilosophischer Perspektive ergibt sich somit folgender Blick auf die Geschichte:

Der in der Vernunft angelegte praktische Imperativ enthält eine Zielsetzung, und jede Generation hat die Verpflichtung, ihren Beitrag zur allmählichen Annäherung an dieses Ziel zu leisten. Auf diese Weise ist der Fortschritt in der Geschichte moralisch geboten.

Interpreten, die in Kant einen naiven Aufklärer sehen, der die Menschen als reine Vernunftwesen deutet, könnten geneigt sein, dieser Fortschrittskonzeption einen deskriptiven Anspruch zu unterstellen: Demnach wäre Kant der Auffassung, daß die Geschichte der Menschheit in der Tat einen Prozeß der moralisch motivierten Vermehrung von Gerechtigkeit darstellt. Doch eine solche Lesart könnte mit Kants Texten nicht in Einklang gebracht werden. Kant initiiert keine "große Erzählung", derzufolge die Gattung, als Subjekt der Geschichte, kontinuierlich an der Realisierung ihrer moralischen Aufgabe arbeitet. Das zeigt sich, sobald man den vollen Umfang seiner Überlegungen beachtet: Kant entwickelt nicht nur eine Theorie der Vernunft, sondern er ist auch Anthropologe und ein genauer Beobachter der Realitäten zwischenmenschlicher Verhältnisse. Aus diesem Blickwinkel ist für ihn klar, daß der tasächliche Verlauf der Geschichte vorwiegend nicht durch moralische Verhaltensweisen, sondern durch den Antagonismus der Partikularinteressen und deren gewaltförmige Konsequenzen bestimmt ist. Er notiert mit Bezug auf die Menschen der Vergangenheit: "Man kann sich eines gewissen Unwillens nicht erwehren, wenn man ihr Tun und Lassen auf der großen Weltbühne aufgestellt sieht; und, bei hin und wieder anscheinender Weisheit im einzelnen, doch endlich alles im großen aus Torheit, kindischer Eitelkeit, oft auch aus kindischer Bosheit und Zerstörungssucht zusammengewebt findet: wobei man am Ende nicht weiß, was man sich von unserer auf ihre Vorzüge so eingebildeten Gattung für einen Begriff machen soll."[7] Auch für die Zukunft erwartet Kant nicht, daß die Menschen sich völlig vom Sittengesetz werden leiten lassen. Er zieht daher in Zweifel, ob die Aufgabe, "eine vollkommen gerechte bürgerliche Verfassung"[8] einzurichten, jemals zur Gänze erfüllt werden könne. Die Metaphorik, die Kant in diesem Zusamenhang wählt, ist eindeutig: "Aus so krummem Holze, als woraus der Mensch gemacht ist, kann nichts ganz Gerades gezimmert werden."[9]

An diesem Punkt erhebt sich nun diejenige Frage, mit der Kants Überlegungen zur Geschichtsphilosophie im engeren Sinn erst einsetzen: Kann der Fortschritt in Richtung Gerechtigkeit, an dem mitzuwirken moralische Pflicht ist, überhaupt als geschichtlich möglich gedacht werden? Angesichts des Verlaufs der bisherigen Geschichte könnte ja der Eindruck entstehen, daß sich die Menschen in einer aporetischen Situation befinden: daß Gerechtigkeit zwar unbedingt geboten, zugleich aber unrealisierbar ist. Damit stellt sich die Frage nach der Sinnhaftigkeit des - oft risikoreichen - Engagements für ein Aufbrechen ungerechter Strukturen. Im Zeichen dieser Problemstellung erläutert Kant, daß es noch einen anderen Weg zur zunehmenden Institutionalisierung von Gerechtigkeit gibt, nicht nur den der Moralität. Er charakterisiert den Menschen dabei zunächst in anthropologischer Weise durch seine "ungesellige Geselligkeit": durch den Hang, "sich einen Rang unter seinen Mitgenossen zu verschaffen, die er nicht wohl leiden, von denen er aber auch nicht lassen kann"[10]. Jeder verfolgt somit primär seine Partikularinteressen, auch auf Kosten der anderen. Daraus resultiert jedoch ein Antagonismus, der sich schließlich zu einer Eskalation von Gewalt ausweitet, die für alle zur Bedrohung wird. Entscheidend ist nun, daß Kant nicht nur in der praktischen Vernunft eine Grundlage für die Überwindung dieser Misere - in Richtung einer moralisch motivierten wechselseitigen Anerkennung - sieht, sondern auch im pragmatischen Verstand, der das Eigeninteresse in einer längerfristigen Perspektive kalkuliert. Wenn die einzelnen nur beginnen, in nüchterner Art die Kosten-Nutzen-Bilanz der Gewaltspirale zu ziehen, dann erkennen sie, daß es für sie von Vorteil ist, sich in das "Gehege"[11] des Rechts zu begeben beziehungsweise dasselbe zu verbessern. Anlaß zu entsprechenden Vereinbarungen geben übrigens nicht nur die inner-, sondern auch die zwischenstaatlichen Auseinandersetzungen, welche selbst in Friedenszeiten ein Wettrüsten bedingen. Kant entwirft in diesem Zusammenhang die Konzeption eines Völkerbundes[12]. Auch im Hinblick auf die internationale Dimension hat indes seine Pointe Gültigeit, daß es eine alternative, nicht mit der Moralität identische, Grundlage für die Umsetzung von Prinzipien der Gerechtigkeit gibt. Kant formuliert diese Pointe in plakativer Form, wenn er notiert, "das Problem der Staatserrichtung ist, so hart wie es auch klingt, selbst für ein Volk von Teufeln (wenn sie nur Verstand haben) auflösbar."[13]

Wie die einschränkende Wendung "wenn sie nur Verstand haben" bereits indiziert, ist Kant der Auffassung, daß auch die eben skizzierte Möglichkeit einer "pathologisch-abgedrungenen Zusammenstimmung zu einer Gesellschaft"[14] den Fortschritt der Menschheit zum Besseren nicht garantiert. Da die Menschen auch ihrem pragmatischen Verstand nicht immer Folge leisten und ihren Vorteil oft in kurzsichtiger Weise suchen, bietet die Geschichte dennoch das Bild, das Kant, wie die oben zitierte Stelle zeigt, mit einem "gewissen Unwillen" quittiert. Gleichwohl schätzt Kant die Aussichten in diesem Fall günstiger ein, und zwar im Sinne dessen, was man heute Sachzwänge nennen würde: Er geht davon aus, daß der Antagonismus der Partikularinteressen immer wieder zu einem so erhöhten Leidensdruck führt, daß er die Menschen schließlich "zwingt"[15], sich auf gesetzliche Regelungen einzulassen. Im einzelnen Staat wie auf internationaler Ebene treibt dieser Antagonismus die Menschen "nach vielen Verwüstungen, Umkippungen, und selbst durchgängiger innerer Erschöpfung ihrer Kräfte, zu dem, was ihnen die Vernunft auch ohne so viel traurige Erfahrung hätte sagen können"[16]. Freilich ist auch auf der Basis des das wohlverstandene Eigeninteresse kalkulierenden Verstandes nicht zu erwarten, daß die Menschheit je zu einer vollständigen Umsetzung der Idee der Gerechtigkeit imstande sein wird: "Nur die Annäherung zu dieser Idee ist uns von der Natur auferlegt."[17]

Welche Konsequenzen ergeben sich aus alledem für die Darstellung der bisherigen Geschichte? Es versteht sich nunmehr von selbst, daß auch die vom pragmatischen Verstand ausgehenden Überlegungen - so wie zuvor die auf den Begriff der praktischen Vernunft gestützten - nicht in die Konzeption einer "großen Erzählung", die einen kontinuierlichen Entwicklungsprozeß der Menschheit aufzeigen soll, einmünden. Kant formuliert vielmehr ein Projekt, das auf eine mühsame Schürfarbeit hinausläuft: Zu erforschen gilt es demnach, ob sich in der Vergangenheit überhaupt etwas - "etwas weniges"[18] - finden läßt, das auf eine Vermehrung von Gerechtigkeit hindeutet. In diesem Kontext entwickelt Kant seine vieldiskutierte Konzeption des "Geschichtszeichens", wobei er die "Denkungsart der Zuschauer", die in ganz Europa die Ereignisse der Französischen Revolution mit einer Gesinnung der "Teilnehmung dem Wunsche nach" verfolgt haben, als paradigmatisch charakterisiert[19]. So resultiert aus Kants geschichtsphilosophischem Denken ein "Leitfaden" für eine neue Art der Geschichtsschreibung. Während sich die Historiker bis dato, wie Kant moniert, "immer lieber im Lager als dem Kabinett"[20] aufgehalten haben, sollen sie nun untersuchen, "was Völker und Regierungen in weltbürgerlicher Absicht geleistet oder geschadet haben"[21]. — An dieser Stelle erhebt sich die Frage, ob Kants Konzeption einer alternativen Historiographie nicht in wesentlichen Elementen übereinstimmt mit Benjamins Kritik an einer Geschichtsschreibung aus der Perspektive der Sieger sowie mit der von Benjamin erhobenen Forderung, die Erinnerung wachzuhalten an Vorstellungen von Freiheit, die sich in der Vergangenheit nicht durchsetzen konnten. Insgesamt wären die Konsequenzen des kantischen Fortschrittsbegriffs für die heutige Geschichtsschreibung erst noch auszuloten. In diesem Sinne untersuchte etwa Pauline Kleingeld, was ein derartiger Leitfaden für die historische Forschung leisten könnte[22]. Auch könnte es sich als gewinnbringend erweisen, Jörn Rüsens Ausführungen zum Thema "Fortschritt" von Kant her zu lesen: Rüsen plädiert für einen die technologische Engführung überwindenden Fortschrittsbegriff als Analysekategorie der Geschichtswissenschaft: "Die Fortschrittskritik sollte in ein neues Konzept von Fortschritt eingebracht werden". Sein Anliegen geht dahin, daß für die historische Forschung das gegenwärtige Engagement für die Anerkennung der Vielfalt und Unterschiedlichkeit menschlicher Lebenszusammenhänge den leitenden Gesichtspunkt bilden sollte[23]. Ich möchte nicht unerwähnt lassen, daß auf diese Weise auch eine feministisch motivierte Geschichtsschreibung von Kant her fundiert werden kann.

Aus Kants Überlegungen resultiert aber auch keine Konzeption einer "Legitimationserzählung". Der Zusammenhang von Geschichtsphilosophie, Geschichtsschreibung und Praxis, den Kant vor Augen hat, ist vielmehr folgender: Die Geschichtsphilosophie vermag zu zeigen, daß der Fortschritt, zu dem beizutragen moralische Pflicht ist, auch geschichtlich möglich ist. Insbesondere im Blick auf die pragmatische Vorgangsweise, die vom Verstand zu erwarten ist, wird deutlich, daß ein Engagement für die Vermehrung von Gerechtigkeit nicht von vornherein sinnlos ist. Indem Geschichtsphilosophie plausibel machen kann, daß die Menschen sich - obzwar meist erst nach vielen leidvollen Erfahrungen - genötigt sehen, rechtliche Regelungen zu treffen, eröffnet sie eine "tröstende Aussicht in die Zukunft"[24]. Der "Trost", von dem hier die Rede ist, wird freilich nur den Handelnden zuteil: Kant denkt auch mit Bezug auf die Zukunft nicht an eine Art von naturgesetzlichem Geschichtsverlauf. Die künftige Vermehrung von Gerechtigkeit läßt sich vielmehr nur unter der Bedingung prognostizieren, daß "der Wahrsager die Begebenheiten selber macht und veranstaltet, die er zum voraus verkündigt"[25]. (Im Hinblick auf die Kritik Poppers ist hier festzuhalten, daß bei Kant die geschichtsphilosophische Rede über die Zukunft keineswegs den Charakter einer "Prophetie" hat, die sich erkenntnismäßig nicht ausweisen kann, sondern primär den einer Absichtserklärung für das jeweils eigene Handeln; im weiteren stellt sie eine anthropologisch vorgehende Abwägung der Chancen emanzipatorischen Handelns dar.)

Was nun die Geschichtsschreibung anbelangt, die den Fortschrittsgedanken zu ihrem Leitfaden wählt, so hat sie aufklärende Bedeutung. Indem sie der zunehmenden Ausdifferenzierung von Gerechtigkeit – sowohl auf der Ebene der "Denkungsart" der Vergangenheit als auch auf derjenigen der Institutionalisierungsformen – nachgeht, lenkt sie den Blick der Gegenwärtigen auf die zentrale Aufgabenstellung des Handelns im öffentlichen Bereich. Auf diese Weise kann sie selbst dem geschichtlichen Fortschritt "beförderlich"[26] sein. Doch das bedeutet nicht, daß es umgekehrt für die Legitimation von Handlungen ausreichend wäre, auf ihre Übereinstimmung mit dem geschichtlichen Fortschritt zu verweisen. Ein derartiger Legitimationsversuch entspräche dem Prinzip, wonach der Zweck die Mittel heiligt, welches mit der Moralphilosophie Kants unvereinbar ist. Die Begründung von Praxis kann nach Kants Auffassung nur über den kategorischen Imperativ erfolgen, und das bedeutet, daß auch für ein Handeln "in weltbürgerlicher Absicht" jeweils im einzelnen zu prüfen ist, ob seine Vorgangsweise mit dem Sittengesetz übereinstimmt, oder ob Menschen in unzulässiger Weise instrumentalisiert werden. Das praktische Engagement für Freiheit und Gleichheit, für das Kant eintritt, ist somit nicht eine Konsequenz aus der Geschichtsphilosophie, sondern – insofern ein solches Handeln ein Sinnproblem evoziert – deren Voraussetzung. Festzuhalten ist hier übrigens nicht nur, daß Kants Geschichtsphilosophie keine terroristischen Konsequenzen impliziert, sondern auch, daß Kant – ganz im Gegenteil – seinerseits darauf hinweist, daß ein Handeln, das sich allein über seinen Beitrag zum geschichtlichen Fortschritt zu rechtfertigen sucht, "einer terroristischen Vorstellungsart der Menschengeschichte" gleichkommt: "Der fromme Schwärmer träumt schon von der Wiederbringung aller Dinge und einer erneuerten Welt, nachdem diese im Feuer untergegangen ist."[27]

Festzuhalten ist ferner: Kants Denken weicht nicht nur deutlich von jenem "Feindbild" ab, das die zeitgenössische Kritik vor Augen hat, sondern es enthält auch Elemente, die sich nach wie vor als relevant erweisen. Genauer betrachtet, gehen selbst die schärfsten Kritiker des Projekts "Geschichtsphilosophie" in ihren alternativen Entwürfen von Annahmen aus, die denjenigen Kants sehr nahe kommen. Dies kann hier freilich nur noch knapp skizziert werden, wobei Adornos Ausführungen als Beispiel dienen sollen. Vergegenwärtigen wir uns, daß Adorno den Vorwurf erhebt, um der Realisierung des universell Gültigen willen müsse alles Besondere negiert werden, und daß sich dieser Vorwurf nicht allein auf Hegels Weltgeist bezieht – der zu einem "alles unterjochenden Identitätsprinzip wird"[28] –, sondern auch auf die der Geschichtsphilosophie der Aufklärung zugrundeliegende universalistische Moralkonzeption. Wenn nun Adorno der erzwungenen Homogenisierung das Bild einer befreiten Subjektivität entgegenstellt, so erhebt sich die Frage, wie diese "Antezipation" philosophisch auszubuchstabieren ist. Sollen die einzelnen in ihrer Besonderheit zusammen leben können, so wird eine moralphilosophische Grundlegung unverzichtbar sein. Dies deutet sich bei Adorno indirekt an in der Frage, wie es möglich ist, "daß ein Partikulares sich befreit, ohne selbst schon wieder durch die eigene Partikularität anderes einzuengen"[29]. An diesem Punkt erweist sich Adornos Distanznahme von Kant als übereilt. Zu bedenken wäre, daß der kategorische Imperativ aufgrund seines formalen Charakters gerade keine totalitären Implikationen hat, sondern daß er, im Gegenteil, auf eine Beförderung des Besonderen hinausläuft. Das Sittengesetz, wie Kant es sieht, fordert ja nicht, von der jeweils spezifischen Situation der von unseren Handlungen Betroffenen zu abstrahieren. Wenn es Pflicht ist, die einzelnen als selbständig Zwecke Setzende anzuerkennen, so heißt das nichts anderes, als daß sie in ihren individuellen Zielsetzungen ernst zu nehmen sind. Bezieht man hier die von Kant selbst formulierte Erläuterung - in der er den Begriff "Liebespflichten" entwickelt[30] - mit in die Überlegungen ein, so ergibt sich, daß die moralische Pflicht nicht nur gebietet, die einzelnen davor zu bewahren, daß sie einander verletzen, sondern auch, sie so weit wie möglich in ihrer Selbstentfaltung zu unterstützen. - Vielleicht also bedarf es kantischer Voraussetzungen, damit Adornos eindrucksvoller Entwurf einer "Utopie des Besonderen"[31] entfaltet werden kann?

Anmerkungen:

1. Jean-François Lyotard, Das postmoderne Wissen, in: Theatro machinarum, 3/4, 1982, S.59-70.

2. Immanuel Kant, Grundlegung zur Metaphysik der Sitten, in: Ders., Werke in sechs Bänden, hg.v. Wilhelm Weischedel, Darmstadt 1963, Bd. 4, S.61.

3. Immanuel Kant, Über den Gemeinspruch: Das mag in der Theorie richtig sein, taugt aber nicht für die Praxis, in: Ders., Werke, a.a.O., Bd.6, S.144.

4. Immanuel Kant, Idee zu einer allgemeinen Geschichte in weltbürgerlicher Absicht, in: Ders., Werke, a.a.O., Bd.6., S.39.

5. Immanuel Kant, Die Metaphysik der Sitten, in: Ders., Werke, a.a.O., Bd.4, S.336f.

6. Immanuel Kant, Idee zu einer allgemeinen Geschichte in weltbürgerlicher Absicht, a.a.O., S.35.

7. Ebd., Idee zu einer allgemeinen Geschichte in weltbürgerlicher Absicht, a.a.O., S.34.

8. Ebd., S.39.

9. Ebd., S.41.

10. Ebd., S.37f.

11. Ebd., S.40.

12. Ebd., S.41f. Zur neueren Debatte zum Friedensberiff Kants: Otfried Höffe (Hg.), Immanuel Kant. Zum ewigen Frieden, Berlin 1995.

13. Immanuel Kant, Zum ewigen Frieden, in: Werke, a.a.O., Bd.6, S.224.

14. Immanuel Kant, Idee zu einer allgemeinen Geschichte in weltbürgerlicher Absicht, a.a.O., S.38.

15. Ebd., S.31.

16. Ebd., S.42.

17. Ebd., S.41.

18. Immanuel Kant, Der Streit der Fakultäten, in: Ders., Werke, a.a.O., Bd.6, S. 357.

19. Ebd., S.357f. Siehe auch: Jean-François Lyotard, Der Enthusiasmus. Kants Kritik der Geschichte, Wien 1988.

20. Immanuel Kant, Refl. 1400. Vgl. dazu: Manfred Riedel, Einleitung, in: Immanuel Kant, Schriften zur Geschichtsphilosophie, hg.v.Manfred Riedel, Stuttgart 1974, S.18f.

21. Immanuel Kant, Idee zu einer allgemeinen Geschichte in weltbürgerlicher Absicht, a.a.O., S.50.

22. Pauline Kleingeld, Zwischen kopernikanischer Wende und großer Erzählung. Die Relevanz von Kants Geschichtsphilosophie, in: Herta Nagl-Docekal (Hg.), Der Sinn des Historischen. Geschichtsphilosophische Debatten, Frankfurt/Main 1996, S.173-200.

23. Jörn Rüsen, Fortschritt. Geschichtsdidaktische Überlegungen zur Fragwürdigkeit einer historischen Kategorie, in: Geschichte lernen. Geschichtsunterricht heute, 1, 1987, S.10f.

24. Immanuel Kant, Idee zu einer allgemeinen Geschichte in weltbürgerlicher Absicht, a.a.O., S.49.

25. Immanuel Kant, Der Streit der Fakultäten, a.a.O., S.351.

26. Immanuel Kant, Idee zu einer allgemeinen Geschichte in weltbürgerlicher Absicht, a.a.O., S.47.

27. Immanuel Kant, Der Streit der Fakultäten, a.a.O., S.353.

28. Theodor W.Adorno, Negative Dialektik, Frankfurt/Main 1966, S.312.

29. Ebd., S.299.

30. Immanuel Kant, Grundlegung zur Metaphysik der Sitten, a.a.O., S.62.

31. Theodor W.Adorno, Gesammelte Schriften, Frankfurt/Main 1970, Bd.7, S.327.

Johannes Rohbeck

Rehabilitierung der Geschichtsphilosophie

Die Philosophie der Geschichte ist ein Problemkind der Moderne. Seit ihren Anfängen gehört sie zu den umstrittenen Disziplinen der Philosophie. Als säkulare Theorie der Universalgeschichte hat sie sich erst spät um die Mitte des 18. Jahrhunderts etablieren können. Und kaum hatte sie sich gegen theologische Traditionen einerseits und gegen methodische Vorbehalte innerhalb der Aufklärung andererseits durchgesetzt, wurde sie permanent mit Kritiken konfrontiert, die ihr das Existenzrecht absprachen. Als wichtigste Stationen sind zu nennen: die Abkehr von der Fortschrittsidee und der Rückzug auf die historische Methode durch den Historismus; die Säkularisierungsdebatte, in der die Geschichtsphilosophie als säkularisierte Heilsgeschichte gedeutet wurde; und die Kritik an der Geschichtsphilosophie im Rahmen einer »Dialektik der Aufklärung«. Spätestens seitdem die Postmoderne mit der »Großen Erzählung« abgerechnet hat, scheint die Geschichtsphilosophie endgültig obsolet geworden zu sein.

Was ist nun übrig geblieben? Wenn die Geschichtsphilosophie heute überhaupt ein Thema ist, dann in radikal reduzierter Form. Sprach Odo Marquard einst von »Schwundstufen« der Geschichtsphilosophie, läßt Herrmann Lübbe neuerdings nur noch »verbliebene Funktionen« gelten.[1] Entlastung ist also gefordert. Doch angesichts dieser Situation hat es keinen Sinn mehr, darüber zu streiten, ob ein derartiges Nachdenken über Geschichte überhaupt noch Geschichtsphilosophie heißen mag. Wer dabei trotzdem von einer Philosophie der Geschichte redet, kann dies im Grunde nur in Paradoxien tun wie beispielsweise Odo Marquards »Beitrag zur Philosophie der Geschichte des Abschieds von der Philosophie der Geschichte« oder Hans Michael Baumgartners »Philosophie der Geschichte nach dem Ende der Geschichtsphilosophie«.[2] Wie auch immer die Formulierungen lauten, sie demonstrieren, daß die historische Formation Geschichtsphilosophie verabschiedet wird. Zu wenig zum Leben, zu viel zum Sterben: Das Ende der Geschichtsphilosophie stellt sich als ein endlos dauernder Tod dar. Es wäre müßig, diesen fortgesetzten Nekrologen noch einen weiteren hinzufügen zu wollen.

---

1   Odo Marquard, Schwierigkeiten mit der Geschichtsphilosophie, Frankfurt/M. 1973, 23 ff.; Hermann Lübbe, Geschichtsphilosophie. Verbliebene Funktionen, Erlangen u. Jena 1993; dazu gehören die Kritik an der Geschichtsphilosophie alten Stils, insbesondere an deren Teleologie; ferner die Rückbesinnung auf normative Prämissen und auf elementare Orientierungsleistungen; schließlich die Beschränkung auf die Methoden historischer Forschung und Darstellung. - Herta Nagl-Docekal hat jüngst diese »Schwundstufen« im einzelnen rekonstruiert: Ist Geschichtsphilosophie heute noch möglich?, in: dies. (Hg.), Der Sinn des Historischen, Frankfurt/M. 1996, 7 ff.

2   Odo Marquard, Beitrag zur Philosophie der Geschichte des Abschieds von der Philosophie der Geschichte, in: Poetik und Hermeneutik V. Geschichte - Ereignis und Erzählung, hg. v. Reinhart Koselleck u. Wolf-Dieter Stempel, München 1973, 241 ff.; Hans Michael Baumgartner, Philosophie der Geschichte nach dem Ende der Geschichtsphilosophie. Bemerkungen zum gegenwärtigen Stand des geschichtsphilosophischen Denkens, in: Herta Nagl-Docekal (Hg.), a.a.O. 151 ff.

An dieser Stelle setzen meine Überlegungen zu einer *Rehabilitierung der Geschichtsphilosophie* ein. Ich möchte den unzeitgemäßen Versuch wagen, nicht allein Restfunktionen wiederzubeleben, sondern darüber hinaus einige Denkmotive der mehrfach totgesagten Geschichtsphilosophie. Um diesen Theorietyp zu rehabilitieren, gehe ich bis zu den Anfängen der neuzeitlichen Geschichtsphilosophie zurück und knüpfe an die häufig unbekannte oder verkannte Epoche der Aufklärung an; gemeint ist damit das französische, englische und deutsche Geschichtsdenken der zweiten Hälfte des 18. Jahrhunderts.[3] Es geht hier nicht um die Konservierung einer philosophischen Tradition, sondern darum, diesen Theorietyp im Hinblick auf die historische Situation der Gegenwart fort- und umzuschreiben. Wenn vielfach gefordert wurde, die Geschichtsphilosophie theoretisch zu entlasten, ist der historischen Vernunft wieder ein Stück mehr Belastung zuzumuten. Thematisch lasse ich mich dabei von folgenden Grundüberlegungen leiten.

Die Geschichtsphilosophie der Aufklärung hatte als zentralen Inhalt die Entstehung der *Moderne* und den Prozeß der *Modernisierung*. Sie ging von einer fundamentalen Erfahrung aus, die auch den konzeptionellen Rahmen ihrer Theorie bildete: die Erfahrung eines beschleunigten und gerichteten sozialen Wandels, der in seinen Kernbereichen die Vermehrung wissenschaftlicher Erkenntnisse, den Zuwachs technischer Verfügung und wirtschaftlichen Reichtums sowie die Überwindung räumlicher und sozialer Grenzen bedeutete. Dieser *Prozeß der Zivilisation* auf den Gebieten Wissenschaft, Technik und Ökonomie bildete denn auch die Grundlage der Idee des Fortschritts. Mit dieser Idee verbanden sich eine Beurteilung des bisherigen Verlaufs der Geschichte, eine Selbstvergewisserung in der gegenwärtigen Situation und bestimmte Erwartungen an die Zukunft.

Diese Thematik und dieser Problemstand haben ihre Aktualität bis in unsere Gegenwart nicht eingebüßt. Die Bewältigung des technischen Wandels mit seinen gewünschten und unerwünschten Folgen ist immer dringender geworden und heute ins Zentrum des Interesses gerückt. Wie man auch zur Leitidee ›Fortschritt‹ stehen mag, so ist doch die darin enthaltene Frage nach der historischen Dimension der technischen Zivilisation unabweisbar geblieben. Heute gibt es keinen Zweifel darüber, daß dieser Prozeß eine früher nicht einmal geahnte Durchsetzungskraft bewiesen hat. Was die Aufklärer nur beschwören konnten, ist Realität geworden: Im Aufstieg und Niedergang der Nationen, gerade auch in den Katastrophen unseres Jahrhunderts, hat sich der wissenschaftliche, technische und ökonomische Fortschritt nicht nur als resistent erwiesen, sondern weiter beschleunigt. Und während die Aufklärer im Zuge der Kolonialisierung erste Anzeichen eines Welthandels erkannten, ist das Phänomen des Weltmarktes, der internationalen Arbeitsteilung und der weltweiten Kommunikation unter dem Stichwort

---

[3] Ich beziehe mich auf Autoren wie beispielsweise Turgot und Condorcet in Frankreich und Adam Smith, Ferguson oder Millar in England; vgl. Johannes Rohbeck, Die Fortschrittstheorie der Aufklärung, Frankfurt/New York 1987.

Globalisierung heute in aller Munde. Auf diesem Gebiet wurden die in früheren Universalgeschichten formulierten Erwartungen bei weitem übertroffen. Kein anderer Lebensbereich der Menschen hat eine derartige Kontinuität aufzuweisen.

Außer der bloßen Faktizität spricht noch ein diskursives Argument für diese Art Rehabilitierung. Solange die Geschichtsphilosophie existiert, gab es immer schon sehr vielfältige Reaktionen auf den genannten Zivilisationsprozeß. Wenn heute die Idee des Fortschritts in Frage gestellt wird, bezieht sich dieses Mißtrauen keineswegs auf den Kernbereich der wissenschaftlich-technischen und ökonomischen Entwicklung, sondern auf deren Folgen für das Leben der Menschen. Es wird bezweifelt, daß dieser Fortschritt Wohlstand für alle Menschen, soziale Gerechtigkeit, Freiheit und Frieden, mehr Gesundheit und Entfaltungsmöglichkeiten für jeden Einzelnen zu gewährleisten vermag. Wer also die Fortschrittsidee ablehnt, verschweigt im Grunde, daß er gleichzeitig das ›Faktum‹ des wissenschaftlich-technischen und ökonomischen Fortschritts wohl oder übel anerkennt. Noch in der radikalsten Kritik bestätigt er sich gerade. Nicht das Scheitern des Fortschritts wird allenthalben beklagt, sondern dessen Erfolg. Wie vielfältig die Stellungnahmen auch sein mögen, sie beziehen sich implizit oder explizit auf die Referenzgröße des modernen Zivilisationsprozesses. Ob affirmativ, kritisch oder ambivalent – in jedem Fall bildet der zivilisatorische Fortschritt einen Bezugspunkt, auf den alle Perspektiven zulaufen.

Insbesondere die *Kritiker* der Geschichtsphilosophie bleiben den geschichtsphilosophischen Denkmustern verhaftet. So wird man Rousseaus Zivilisationskritik den geschichtsphilosophischen Status nicht verwehren können, obwohl er den wissenschaftlich-technischen Fortschritt als Verfallsprozeß deutet.[4] Ebenso ist die »Dialektik der Aufklärung«, die in den ersten technischen Fortschritten Keime des Untergangs zu erkennen glaubt, als »negative Teleologie« und damit eben als veritable Geschichtsphilosophie anzusehen.[5] Dieses bekannte Argument, das sich bisher auf die Kritische Theorie bezog, läßt sich noch radikalisieren, indem es auf die Philosophie des Posthistoire angewendet wird. Weniger wichtig ist dabei der spekulative Einwand, auch die Rede vom ›Ende der Geschichte‹ mache Aussagen über die Geschichte im ganzen. Vielmehr steht auch dort der wissenschaftlich-technische und ökonomische Prozeß im Mittelpunkt, so daß sich zeigt, wie sehr dieser Fortschritt gerade in solchen Positionen indirekt affirmiert und sogar noch überhöht wird.[6] Anhand dieser Palette von Einstellungen kann

---

4 Rousseau, Schriften zur Kulturkritik. Die zwei Diskurse von 1750 und 1755, übers. u. hg. v. Kurt Weigand, Hamburg 1978, 108, 135 ff.

5 Horkheimer/Adorno, Dialektik der Aufklärung, in: Max Horkheimer, Gesammelte Schriften, Bd. 5, Frankfurt/M. 1987, 254; vgl. Carl-Friedrich Geyer, Aporien des Metaphysik- und Geschichtsbegriffs der kritischen Theorie, Darmstadt 1980, 180.

6 Arnold Gehlen, Über kulturelle Kristallisation, in: ders., Studien zur Anthropologie und Soziologie, Neuwied 1963, 322 f.; ders., Ende der Geschichte? Zur Lage des Menschen im Posthistoire, in: Oskar Schatz (Hg.), Was wird aus dem Menschen? Graz, Wien, Köln 1974, 61 ff.; Günther Anders, Die Antiquiertheit des Menschen, Bd. 2, München 1987, 273, 279; Jean Baudrillard, Der symbolische Tausch und der Tod, München 1982, 18, 25; Paul Virilio, Fluchtgeschwindigkeit, München u. Wien

deutlich werden, wie sich die unterschiedlichen geschichtsphilosophischen Diskurse an der historischen Makroeinheit der *technischen Zivilisation* orientieren.

Vor diesem sowohl empirischen als auch diskursiven Hintergrund stellt sich das Problem, wie es möglich ist, daß der Fortschritt einerseits von sehr unterschiedlichen Standpunkten als Leitlinie der Geschichte wie selbstverständlich anerkannt, daß jedoch andererseits demselben Prozeß spätestens seit dem Posthistoire die Geschichtlichkeit kategorisch abgesprochen wird. Denn mit dem behaupteten ›Ende der Geschichte‹ ist ja nicht gemeint, in Zukunft passiere nichts mehr; vielmehr bedeutet dieses ›Ende‹, der künftige Geschichtsverlauf habe keinen Sinn bzw. erzeuge keinen spezifisch historischen Sinn mehr. Dahinter verbirgt sich die Auffassung, daß die technische Zivilisation nicht nur alte Traditionen verdränge, sondern auch neue lebensweltliche und soziale Erfahrungen verhindere. Deshalb mündet diese Zivilisation in einen angeblichen Erfahrungs-, Realitäts- und Geschichtsverlust, der mit dem Rückgriff auf alte Wertbestände kompensiert werden soll.[7]

Gewiß trifft eine solche Zeitdiagnose einige Phänomene wie die vielfach beobachtbare Rückbesinnung auf partikulare, ethnische und kulturelle Herkünfte. Aber wichtiger und weitreichender ist die in dieser Diagnose implizit gebliebene Schlußfolgerung, daß die technische Zivilisation selbst nicht in der Lage sei, einen eigenen Lebenssinn hervorzubringen. Im Grunde geht es um das für veraltet erklärte Produktionsparadigma, das auf instrumentelles Handeln reduziert wird. Wie bei der häufig beklagten Trennung in ›Zwei Kulturen‹ entsteht eine Kluft zwischen einer an religiösen und nationalen Traditionen orientierten geschichtlichen Kultur einerseits und einer angeblich geschichtslosen und Geschichtsverluste erzeugenden technischen Zivilisation andererseits.[8] Kurz, das Posthistoire gipfelt in der Behauptung, die technische Zivilisation sei ohne Kultur und folglich ohne Geschichte.

Wenn behauptet wird, die technische Zivilisation führe zu Kultur- und Geschichtsverlust, ist im Gegenzug nachzuweisen, daß die modernen Techniken nicht etwa bloß Kultur vernichten, sondern daß sie selbst eigene Kulturen schaffen und verändern. Dazu ist es erforderlich, die Bedeutung technischen Handelns für das Welt- und Selbstbild der Menschen zu erschließen. Sollte ein solcher Nachweis gelingen, wäre es umgekehrt möglich, der technischen Zivilisation eine geschichtsbildende Funktion zuzuschreiben. Weil die Kontinuität des technischen Fortschritts empirisch erwiesen und diskursiv unbestritten ist, läßt sich unter der

---

1996, 57; Vilém Flusser, Nachgeschichte. Eine korrigierte Geschichtsschreibung, hg. v. Stefan Bollmann u. Edith Flusser, Frankfurt/M. 1997, 134.

[7] Am ausführlichsten hierzu, obwohl kein Vertreter des Posthistoire: Hermann Lübbe, Zeit-Verhältnisse. Zur Kulturphilosophie des Fortschritts, Graz 1983, 33, 49 ff.; ders., Der Lebenssinn der Industriegesellschaft. Über die moralische Verfassung der wissenschaftlich-technischen Zivilisation, Berlin, Heidelberg, New York 1990, 45, 68 ff., 72 ff., 82 ff.

[8] Zu den »Zwei Kulturen« siehe das gleichnamige Buch von Edgar Snow, der damit ursprünglich die Trennung von Natur- und Geisteswissenschaften gemeint hat: Snow, Die zwei Kulturen. Literarische und naturwissenschaftliche Intelligenz, Stuttgart 1967, 9 ff.

Voraussetzung, daß dieser Fortschritt normative und reflexive Potenzen birgt, dessen Relevanz für die Geschichte begründen. Da in jüngster Zeit Ansätze zu einer Kulturtheorie der Technik erkennbar sind, bietet sich die Gelegenheit, Ergebnisse der neueren Technikphilosophie für die geschichtsphilosophische Reflexion nutzbar zu machen.

Bereits die Geschichtsphilosophie der Aufklärung enthält in nuce ein Erklärungsmodell, das nicht nur die Dynamik der Technik betrifft, sondern speziell auch Einsichten in die kulturellen Aspekte technischen Handelns gewährt. Im Kontext einer detaillierten Beschreibung von Wissenschaft, Technik und Ökonomie gelangten Historiographen des 18. Jahrhunderts zu dem theoretisch folgenreichen Resultat, daß die jeweils zur Verfügung stehenden gegenständlichen Mittel der Technik mehr und andere Möglichkeiten des Gebrauchs enthalten als die ursprünglich antizipierten Zwecke.[9] In den technischen Mitteln steckt demzufolge jeweils ein kreatives *Überschußpotential*, welches den Horizont der Handlungsmöglichkeiten erweitert. Das gilt für wissenschaftliche Erkenntnisse, technische Entdeckungen wie auch für aufeinander folgende Wirtschaftsstadien. In unserem Kontext ist entscheidend, daß sich mit den erweiterten Handlungsmöglichkeiten auch der Horizont für *neue Zwecke* öffnet.

Diese These läßt sich noch in kulturtheoretischer Hinsicht erweitern. Werkzeuge, Maschinen und Systeme erfüllen nicht allein technische Funktionen, sondern eröffnen neue Horizonte für Raum- und Zeiterfahrungen, für Ziel- und Wertvorstellungen und nicht zuletzt für das Geschichtsverständnis der Menschen. So enthalten gegenständliche Mittel spezifisch *kulturelle Überschüsse*, die während der Planung und Herstellung weder vorhergesehen noch intendiert waren.

Ein solcher Ansatz bietet bis heute vielfältige und erfolgversprechende Anschlußmöglichkeiten. In der gegenwärtigen Technikphilosophie besteht inzwischen Einigkeit darüber, daß technische Mittel keineswegs wertneutral sind, sondern mehr oder weniger begrenzte Gebrauchszwecke einschließlich der damit verbundenen Wertentscheidungen verkörpern; sie haben insofern auch eine normative Dimension.[10] Darüber hinaus läßt sich nun zeigen, daß diese Mittel nicht nur auf historisch vorausgesetzte Zwecke, Ziele und Normen verweisen; vielmehr tragen sie selbst durch die Dynamik von Herstellung und Gebrauch dazu bei, daß sich neue Bedürfnisse und Werte herausbilden. Auf diese Weise ist der Umgang mit ihnen sinnbildend, er liefert einen eigenständigen und wohl auch nicht zu unterschätzenden Beitrag zur allgemeinen Kulturgeschichte. Durch die neuen Verkehrs- und Informationstechniken wird beispielsweise der Wunsch nach Mo-

---

9   Vgl. Rohbeck, a.a.O., 158 ff.; ders., Technologische Urteilskraft, Frankfurt/M. 1993, 51 ff., 219 ff.
10 Kurt Bayertz, Wissenschaft, Technik und Verantwortung. Grundlagen der Wissenschafts- und Technikethik, in: ders. (Hg.), Praktische Philosophie. Grundorientierungen angewandter Ethik, Reinbek 1991, S. 173 ff.; Christoph Hubig, Ethik der Technik. Ein Leitfaden, Heidelberg 1993, 20 f.; Günter Ropohl, Ethik und Technikbewertung, Frankfurt/M. 1996, 89 ff.; Peter Janich, Informationsbegriff und methodisch-kulturalistische Philosophie, in: Ethik und Sozialwissenschaften 9, 1998, 2, 169 ff.

bilität oder weltweiter Kommunikation allererst geweckt. Umgekehrt ist die Zielvorstellung, die äußere Natur als Wert zu bewahren, erst in Folge der technisch produzierten Bedrohung entstanden. Der Zusammenhang von Technik, Kultur und Geschichte läßt sich exemplarisch am Theorem der Ungleichzeitigkeit demonstrieren.

Wenn Zivilisationskritiker heute einen Erfahrungs-, Realitäts- und Geschichtsverlust beklagen, beziehen sie sich nicht selten auf die neuen Kommunikationstechniken.[11] Dieser Technikdeutung zufolge vernichtet die sprunghaft gestiegene Reisegeschwindigkeit und insbesondere die Gleichzeitigkeit der Telekommunikation Raum und Zeit, wodurch das Koordinatensystem der Geschichte in Mitleidenschaft gezogen werde. Hinzu kommen die virtuellen Welten und eine unübersehbare Datenflut, die nicht nur das Bewußtsein gegenwärtiger Realität, sondern vor allem auch das Gedächtnis an Vergangenes beeinträchtigen. Schließlich zerstört nach Auffassung moderner Kulturkritik die Erfahrung der Gleichzeitigkeit des Ungleichzeitigen die aus der Aufklärung stammende Vorstellung eines linearen Fortschritts.[12] Demgegenüber läßt sich demonstrieren, daß gerade diese Erfahrung der Gleichzeitigkeit ungleichzeitiger Kulturen im 18. Jahrhundert einmal die Geschichtsphilosophie ermöglicht hat. Es ist daher nicht einzusehen, wie dieselbe Erfahrung in technisch potenzierter Form heute das historische Denken zerstört sollte.

Mit der Idee der *Universalgeschichte* verbanden die Aufklärer das Programm, die Geschichte aller Menschen an allen Orten und zu allen Zeiten zu erfassen. Daß damit kein bloßes Abstraktum gemeint war, sondern der konkrete Prozeß der Universalisierung, darauf verweisen die Darstellungen von Völkerwanderungen, Eroberungen und Niederlagen, kolonialen Entdeckungen und eines sich in Ansätzen entwickelnden Welthandels. Und daß diese Idee nicht nur die seit den Anfängen der Menschheitsgeschichte beobachtbare Tendenz, räumliche Grenzen zu überschreiten, voraussetzt, zeigt sich in der besonderen historischen Situation der späten Aufklärung. Die Entdeckungsreisen kamen gegen Ende des 18. Jahrhunderts zu einem geographisch bedingten Abschluß.[13] Es war dieser Zusammenhang von Entgrenzung und Begrenzung zugleich, der die Geschichtsphilosophie ermöglicht hat.

Die recht äußerlich anmutenden räumlichen und zeitlichen Erweiterungen führten unter der Voraussetzung der Fortschrittsperspektive zur bahnbrechenden Entdeckung, daß verschiedene Kulturstufen nicht nur an einem Ort zeitlich aufeinanderfolgen, sondern auch gleichzeitig an diversen Orten anzutreffen sind.

---

11   Jean Baudrillard, Das Jahr 2000 findet nicht statt, Berlin 1990, 7 ff.; Virilio, a.a.O., 75; Flusser, a.a.O., 74 ff.

12   Flusser, a.a.O., 194 ff.; Wolf Schäfer, Ungleichzeitigkeit als Ideologie, Frankfurt/M. 1994, 9, 135 f., 150; Bruno Latour, Wir sind nie modern gewesen, Berlin. Versuch einer symmetrischen Anthropologie, 1995, 102 f.

13   Dieser Zusammenhang wird besonders deutlich bei: Guillaume Raynal und Denis Diderot, Die Geschichte beider Indien, ausgewählt und erläutert von Hans-Jürgen Lüsebrink, Nördlingen 1988, 9, 35 ff.

»Auch heute noch,« faßte Turgot diese Einsicht zusammen, »vermittelt uns ein Blick auf die Erde die gesamte Geschichte der menschlichen Gattung, indem uns die Spuren all ihrer Schritte und die Zeugnisse all ihrer Stufen zeigt, von der Barbarei, die bei den amerikanischen Völkern noch fortlebt, bis hin zur Zivilisation der aufgeklärtesten Völker Europas.«[14] Was Turgot hier theoretisch beschrieb, wird später *Gleichzeitigkeit des Ungleichzeitigen* genannt.[15] Doch diese Art Gleichzeitigkeit bezog sich noch auf ungleichzeitige Kulturen an verschiedenen, weit voneinander entfernten Orten der Erde, so daß sie nur mit erheblicher zeitlicher Verzögerung erschlossen werden konnte. Während der Epoche der Aufklärung galten die einzelnen Kulturen noch als homogen, lediglich im interkulturellen Vergleich konnten sie sich als »ungleichzeitig« erweisen.

In der Gegenwart ist die Gleichzeitigkeit des Ungleichzeitigen nicht nur aktuell geblieben, sie wurde vielmehr radikalisiert und ist dadurch reflexiv geworden. Indem es die modernen Übertragungstechniken erlauben, praktisch synchron miteinander zu kommunizieren, ist die Gleichzeitigkeit ungleichzeitiger Kulturen jetzt an einem einzigen und tendenziell an jedem beliebigen Ort erfahrbar.[16] Gleichzeitigkeit und Ungleichzeitigkeit fallen auch im Raum zusammen. Hier könnte man auch von einer *Gleichörtlichkeit des Vielörtlichen* reden. Das Bild der Geschichte wird von einer raum-zeitlich radikalisierten Ungleichzeitigkeit geprägt. Ferner führen die audiovisuell vermittelte Konfrontation, das Zusammenleben in den Metropolen und die Migrationen vor Augen, daß die Kulturen unterschiedlichen historischen Schichten angehören und sich ständig vermischen. Dadurch wird bewußt, daß auch die eigene Kultur immer schon in einer »Melange« besteht und sich aus »ungleichzeitigen« Bestandteilen zusammensetzt.[17] Auf diese Weise ist die Gleichzeitigkeit des Ungleichzeitigen inzwischen zum alltäglichen Geschichtsverständnis geworden. Wie es die »Ideologie der Ungleichzeitigkeit« zu vermeiden gilt, indem alle Kulturen am selben Maßstab des technischen Fortschritts gemessen werden, so gibt es auch eine »Ideologie der Gleichzeitigkeit«, welche die noch bestehenden oder neu geschaffenen Ungleichzeitigkeiten ignoriert. Weil diese häufig Verwerfungen und Rückständigkeiten, d.h. auch Ausschluß und Armut bedeuten, ist am kritischen Impetus des Begriffs der Ungleichzeitigkeit festzuhalten. Weder Gleichzeitigkeit noch Ungleichzeitigkeit löschen die Zeitenfolge und damit das Geschichtsbewußtsein aus. Im Gegenteil, sie setzen die Idee der Kontinuität weiter voraus – ein historisches Kontinuum, das sich am beschleunigten Zivilisationsprozeß orientiert.

14 Anne Robert Jacques Turgot, Über die Fortschritte des menschlichen Geistes, hg. v. Johannes Rohbeck u. Lieselotte Steinbrügge, Frankfurt/M. 1990, 198.
15 Vgl. Reinhart Koselleck, Vergangene Zukunft. Zur Semantik geschichtlicher Zeiten, Frankfurt/M. 1984, 130 ff.
16 Niklas Luhmann, Gleichzeitigkeit und Synchronisation, in: ders.: Soziologische Aufklärung 5, Opladen 1990, 95 ff.; William J. Mitchell, Die Ökonomie der Präsenz, in: Stefan Münker u. Alexander Roesler (Hg.), Mythos Internet, Frankfurt/M. 1997, 15 ff.
17 Roland Robertson, Globalization: Social Theorie and Global Culture, London 1992, 173 f.; Jan Nederveen Pieterse, Der Melange-Effekt, in: Ulrich Beck (Hg.), Perspektiven der Weltgesellschaft, Frankfurt/M. 1998, 94; Ulrich Beck, Was ist Globalisierung? Frankfurt/M. 1997, 85, 90 f.

Versucht man ein verallgemeinerndes Resümee einer so verstandenen Kultur der Technik in geschichtsphilosophischer Perspektive, kann dies als Verhältnis von Kontinuität und Diskontinuität beschrieben werden. Auf der einen Seite *radikalisiert* sich die Moderne, indem die globalen Handlungsräume durch die neuen Verkehrs- und Informationstechniken erweitert, verdichtet und differenziert werden. Insbesondere die vom Verkehrssystem abgekoppelte Telekommunikation führt den Prozeß der Synchronisation bis zur direkt erfahrenen Gleichzeitigkeit fort. Im Gegensatz zur zitierten Zivilisationskritik werden durch diese Techniken nicht Räume, Zeiten und Realitäten vernichtet, sondern innerhalb einer kontinuierlichen Entwicklung verändert. Daher ist weder die Moderne noch die Geschichte ans »Ende« gelangt. Wie das Schema Gleichzeitigkeit des Ungleichzeitigen die Geschichtsphilosophie früher konstituiert hat, so ist heute nicht ausgeschlossen, daß durch die Erfahrung historischer Ungleichzeitigkeiten ein geschärfter Sinn für Geschichte entstehen kann.

Aber zugleich enthalten die neuen Techniken Möglichkeitsbedingungen für ein neues Raum-, Zeit- und Realitätsbewußtsein, das nicht zuletzt auch auf das Bewußtsein von Geschichte übergreift. Genau an dieser Stelle kommt die Diskontinuität der technischen Entwicklung zur Geltung. Was im Laufe der Moderne schon immer praktiziert und gewußt wurde, gerät mittels Telekommunikation und Computertechnik schlagartig in den Blick. Die in »Realzeit« vollzogene Kommunikation verwandelt die Synchronisation in eine zwar technisch vermittelte, aber gerade dadurch unmittelbare Erfahrung. Während im 18. Jahrhundert die Gleichzeitigkeit bloß errechnet, gezeichnet und konstruiert werden mußte, wird diese heute zur erlebbaren Wahrnehmung. Sie ereignet sich im Augenblick. Die Gleichzeitigkeit wird gewissermaßen auf die Anschauung gebracht. Im Zuge der technisch produzierten sinnlichen Gewißheit wird Reflexion nicht ausgelöscht, vielmehr setzt diese Erfahrung neue reflexive Potenzen frei.

Für die Geschichtsphilosophie ist die kulturelle und normative Dimension des technischen Fortschritts deshalb von entscheidender Bedeutung, weil dieser Bereich das unbestrittene historische Kontinuum der Geschichte bildet. Eliminiert man die Technik aus der Geschichtsbetrachtung, erscheint die Historie geradezu zwangsläufig als ein ewiges Auf und Ab der Kulturen. Die Philosophie der Geschichte befindet sich hier in einem Dilemma. Konzentriert sie sich auf die technische Zivilisation, kann sie zwar ein Kontinuum voraussetzen, handelt sich aber den Vorwurf ein, die Geschichte als kulturelles und damit spezifisch geschichtliches Phänomen zu verfehlen. Orientiert sie sich hingegen an Traditionen wie Religion und Politik, geht sie zweifellos von kulturellen Phänomenen aus, muß jedoch die Vorstellung eines kontinuierlichen Geschichtsverlaufs aufgeben. Die Auflösung dieses Dilemmas besteht in einer Synthese von Technik und Kultur, durch die das historische Kontinuum im engeren Sinn zur Geschichte wird.

Herbert Schnädelbach

‚Sinn' der Geschichte?

Die Frage, ob die Geschichte einen Sinn hat und worin der bestehen mag, haben die Nachdenklichen immer wieder gestellt, aber sie muß jeden Historiker in Verlegenheit bringen. Natürlich gibt es Sinn in der Geschichte, aber auch viel Unsinniges, Widersinniges, Wahnsinniges, und selbst wenn es nicht zuträfe, was sich dem Skeptiker aufdrängt, daß nämlich in der Geschichte das Sinnvolle die Ausnahme ist, wird es kaum ein historisch Gebildeter wagen, aus jener Mischung von Sinn und Sinnlosigkeit in der Geschichte einen Sinn der Geschichte herauszusubtrahieren. Dieses Geschäft blieb seit eh und je der Geschichtsphilosophie überlassen, von der sich die moderne Geschichtsschreibung nach Kräften abzugrenzen versuchte, als sie begann, sich als Wissenschaft zu verstehen, aber ganz leicht war dies nicht. Seit dem späten 18. Jahrhundert haben wir uns daran gewöhnt anzunehmen, daß das Geschichtliche sich vom bloß Natürlichen dadurch unterscheidet, daß es hier - über das bloße Beschreiben und kausale Erklären von Vergangenem hinaus - etwas zu verstehen gebe. ‚Verstehen' aber meint dabei nicht nur das, was sich normalerweise einstellt, wenn uns etwas erklärt wird - etwa warum der Mond abnimmt oder wie ein Computer funktioniert - sondern es geht um ‚Sinnverstehen'. Das Geschichtliche ist eben nicht einfach das Vergangene, sondern im Unterschied zum vergangenen bloß Natürlichen das Vergangene, das sinnhaft-verständlich ist. Wenn also das Geschichtliche der Inbegriff des Sinnhaften ist - wie kann es dann überhaupt etwas Geschichtliches geben, was keinen Sinn hat ? Und wenn das Sinnlose, Unsinnige, Widersinnige gar nicht zur Geschichte gehört - muß dann nicht auch die Geschichte als ganze einen Sinn haben? So leicht ist es also auch für Historiker nicht, die Frage nach dem geschichtlichen Sinn loszuwerden; wollten sie ihn gänzlich leugnen, verwandelten sich ihre Gegenstände und Themen unversehens in Gegenstände und Themen der Naturwissenschaften, und was hätte dann der Historismus noch dem Naturalismus entgegensetzen können ?. Tatsächlich hat die neuzeitliche Geschichtsphilosophie die Frage nach dem Sinn der Geschichte zuerst gestellt, bis sie dann als ‚Historik' (Droysen) genötigt wurde, ihr die bescheidenere Frage nach dem Sinn in der Geschichte vorauszuschicken. Dann haben sich die Historiker recht bald bereit gefunden, in ihrem professionellen Geschäft auf den Sinn „der" Geschichte zu verzichten und sich mit begrenzten Sinneinheiten in der Geschichte zufrieden zu geben. Bei den Geschichtsphilosophen dauerte dies etwas länger. Zwar hatte schon Schopenhauer bestritten, daß es der Historie irgend etwas philosophisch Bemerkenswertes zu entnehmen gebe, aber erst die mächtige Wirkung Nietzsches machte allgemein publik, was Karl Popper in dem berühmten Satz zusammenfaßte: „Die Weltgeschichte hat keinen Sinn", und wenn sie einen Sinn hat, dann höchstens als unsere „Sinngebung des Sinnlosen", wie Theodor Lessing behauptete. Unser schreckliches Jahrhundert hat solche „Sinngebungen" gründlich diskreditiert. Die Marxisten waren die letzten, die in unseren Tagen vom Sinn „der" Geschichte nicht lassen wollten, denn nur aus ihm bezogen sie Legitimität für ihre politische Macht; die Gewalt, mit der die Marxisten ihre „Sinngebungen" in ihrem Machtbereich durchzusetzen versuchten, bezeugte somit auch immer ihre panische Angst vor der geschichtlichen Sinnlosigkeit.

Bemerkenswert ist, daß bei der Frage „Sinn der Geschichte ?" die Verfechter ebenso wie die Skeptiker oder Nihilisten sich bis heute meist mit einem ganz intuitiven, unklaren Vorverständnis von „Sinn" zufrieden gaben. Man mag dies darauf zurückführen, daß dieses Wort in der uns vertrauten Bedeutung erst im späten 19. Jahrhundert aufkommt, und zwar in Formeln wie „Sinn und Zweck" oder „Sinn und Wert", und dabei bezogen auf das Leben, und erst später auf die Geschichte. Das Problem, das wir seitdem als Frage nach dem Sinn der Geschichte stellen, ist freilich viel älter als diese Formulierung; wir finden es in klassischer Gestalt bei Kant: *„Da die Menschen in ihren Bestrebungen nicht bloß instinktmäßig wie Tiere, und doch auch nicht, wie vernünftige Weltbürger, nach einem verabredeten Plane, im ganzen verfahren: so scheint auch keine planmäßige Geschichte (wie etwa von den Bienen oder den Bibern) von ihnen möglich zu sein. Man kann sich eines gewissen Unwillens nicht erwehren, wenn man ihr Tun und Lassen auf der großen Weltbühne aufgestellt sieht; und, bei hin und wieder anscheinender Weisheit im einzelnen, doch endlich alles im großen aus Torheit, kindischer Eitelkeit, oft auch aus kindischer Bosheit und Zerstörungssucht zusammengewebt findet: wobei man am Ende nicht weiß, was man sich von unserer auf ihre Vorzüge so eingebildeten Gattung für einen Begriff machen soll."* (Idee zu einer Geschichte..., A 387) Der Ausdruck 'Sinn' kommt einige Zeilen vorher vor, wo Kant davon spricht, daß *„einzelne Menschen und selbst ganze Völker...wenig daran„* denken, *„daß, indem sie, ein jedes nach seinem Sinne und oft einer wider den andern, ihre eigene Absicht verfolgen, sie unbemerkt an der Naturabsicht, die ihnen selbst unbekannt ist, als an einem Leitfaden fortgehen und an derselben Beförderung arbeiten..."*(386). Kant nimmt hier Hegels berühmte „List der Vernunft" vorweg - als Taktik einer listigen Natur, die ihre Absicht mit der Menschheit dadurch verwirklicht, daß sie einzelne Menschen und Völker ihre jeweiligen Absichten nach ihrem eigenen „Sinne" verfolgen läßt. Dabei meint 'Sinn' die Fähigkeit des „Sinnens", d.h. des Beabsichtigens und Planens, und daraus folgt: Die Sinnlosigkeitserfahrung, die wir Kant zufolge angesichts der Geschichte machen, betrifft primär ihre Planlosigkeit, also die Tatsache, daß in ihr niemals genau das geschieht, was „im Sinn" der Handelnden lag, seien es Individuen oder Völker, denn immer wieder durchkreuzen sich ihre individuellen Absichten; in diesem Sinn spricht Kant *vom „widersinnigen Gange menschlicher Dinge"* (387). Die Geschichte ist somit auf den ersten Blick sinnlos im Sinne von *„widersinnig"*, und das meint irrational, denn der Philosoph kann *„bei Menschen und ihrem Spiele im großen gar keine vernünftige eigene Absicht voraussetzen."* (Ebd.). Diese geschichtliche Irrationalität scheint das Selbstverständnis des Menschen als *animal rationale* im Gattungsmaßstab gründlich zu dementieren - zumindest in praktischer Hinsicht - und damit auch die Sinnlosigkeit dieses Selbstverständnisses selbst heraufzubeschwören. Wenn Kant den Sinn in der Geschichte vermißt und sich reflektierend auf die Suche nach diesem Sinn macht, ist immer Handlungssinn gemeint, umschrieben mit den Begriffen 'Plan', 'Absicht', 'Zweck' und 'Ziel'; hier gehört der Begriff „Sinn" in den Umkreis eines teleologisches Vokabulars, mit dem wir auch im Alltag unsere Handlungen uns selbst und anderen verständlich zu machen suchen. Bei Kant wie im gesamten deutschen Idealismus steht darum die Geschichtsphilosophie im Kontext der praktischen Philosophie, und so wird deutlich: Die faktische Irrationalität des Geschichtsverlaufs steht in krassem Kontrast zur Lehre von der praktischen Vernunft als dem realen Fundament menschlicher Freiheit und Würde; soll die nicht selber sinnlos werden, darf angesichts der *„menschlichen Dinge„* im ganzen das *„trostlose Ungefähr„* (388) nicht das letzte Wort der Philosophie bleiben.

Der Geschichte einen Sinn beizulegen und ihn als Handlungssinn auszulegen, das ist keinem Griechen in den Sinn gekommen; es war die jüdische Geschichtsreligion und ihre christliche Fortsetzung, die das Weltgeschehen seit der Weltschöpfung als ein Handeln Gottes mit den Menschen deutete. So lange die jüdisch-christliche Offenbarungsreligion noch geglaubt wurde, gab es da kein

Sinnproblem; die Lehre von der Geschichte als Heilsgeschichte beantwortete alle Fragen nach „Sinn und Zweck", und die Antworten ergaben sich aus dem, was uns die Bibel über das Absichten des göttlichen Handelns sagt. Der Abschied von der Heilsgeschichte änderte aber zunächst nichts an der Deutung des Geschichtssinnes als Handlungssinn, nur daß nunmehr die Menschen selbst als die Autoren ihrer Geschichte auftreten. Die Folgen sind ziemlich desaströs, denn gemessen an der Kapazität und Reichweite menschlichen Handelns erscheint die Geschichte noch viel sinnloser und irrationaler, als wenn Gott noch „im Regiment säße"; Kants Suche nach einer verborgenen „Naturabsicht" im Verlaufe der menschlichen Dinge, die die handelnden Menschen wider ihre eigenen Absichten vollführen, bietet da nur eine schwache Entlastung.- Marx und Engels hingegen haben den Kantischen Skandal der Weltgeschichte dann anders gedeutet: So lange, wie die verborgenen Absichten der Natur nicht unsere eigenen sind und wir noch nicht die Rolle des Hegelschen Weltgeistes übernommen haben, befinden wir uns angeblich immer noch in der Vorgeschichte, denn die eigentlich menschliche, wirklich sinnvolle Geschichte beginnt erst dort, wo wir unsere Geschichte selber machen „*nach einem verabredeten Plan*„ (Kant). Bei den Marxisten wird somit der Handlungsinn der Geschichte total, freilich um den Preis einer utopischen Differenz zwischen Vorgeschichte und Geschichte, wobei das weitere Geschehen nicht weiter sein soll als der revolutionäre Durchgang zu einer Situation, in der „die" Geschichte endlich sinnvoll im Sinne eines völlig autonomen Handlungssinnes der Menschheit geworden ist.

Die Marxisten waren die einzigen, die bis heute am Sinn „der" Geschichte als einem klar angebbaren Handlungssinn festhielten; andere gaben sich mit einem undeutlicheren Richtungssinn „der" Geschichte zufrieden und nannten ihn „Fortschritt". Nietzsche und die Nietzscheaner behaupteten, der Sinn der Geschichte bestehe darin, daß sie immer neuen Sinn generiere - eine weitere Variante des Themas 'Sinn der Geschichte'. Sonst wurde allgemein dieser Sinn zum Sinn in der Geschichte ermäßigt, ohne freilich seine Deutung als Handlungssinn aufzugeben. Droysens Historik der „sittlichen Mächte„ ist hier ebenso zu erwähnen wie daß Treitschke zufolge „Männer„ die Geschichte machen, und dann die Konzentration der deutschen Historiker bis in unsere Tage auf politische Historie; der Grund dafür ist in der Vorstellung zu suchen, daß das eigentlich Geschichtliche aus dem Blick gerate, wenn man es nicht länger deutend auf die Intentionen der geschichtlich Handelnden zurückbeziehen könne. Der langanhaltende Widerstand des deutschen Historismus gegen die Sozial- oder Strukturgeschichte war immer von der Angst motiviert, die Geschichte sei sinnlos, wenn sich in ihr nicht Handlungssinn ausmachen lasse, und diese Angst teilt er mit der sonst verhaßten und gescholtenen idealistischen Geschichtsphilosophie. Das deutsche Geschichtsdenken versuchte stets, dem Naturalismus den Sinn der Geschichte als Handlungssinn entgegenzusetzen.

Eine wichtige Variante des Konzepts 'Sinn in der Geschichte' betrifft nicht nur die Intentionen der geschichtlich Handelnden, sondern die Frage der Signifikanz oder Relevanz des Geschichtlichen für die geschichtlich Handelnden - also den geschichtlichen Sinn als Bedeutsamkeit; aber auch hier wird 'Sinn' als Handlungssinn ausgelegt: Fragen wir nach der Bedeutsamkeit der Französischen Revolution für uns, können wir dies nur mit Bezug auf unser Selbstverständnis als Handelnder und auf unsere Präferenzen beantworten. In der Perspektive der 3. Person gilt ähnliches: Fragen wir nach der Bedeutsamkeit der Französischen Revolution für Bismarck, müssen wir uns auf dessen Selbstverständnis und praktische Präferenzen beziehen; hätte er gar keinen Begriff von diesem Ereignis gehabt oder hätte er es und seine Folgen nicht in Beziehung zu seinen Handlungsplänen zu setzen vermocht, wäre es für sein Handeln vielleicht noch kausal folgenreich, aber sicher nicht bedeutsam gewesen.

Mit dem Sinn der Geschichte hat unsere Tradition des Geschichtsdenkens aber stets auch einen Mitteilungssinn verbunden - so wie wir von 'Sinn und Bedeutung' von Zeichen, Anzeichen, Symbolen, Bildern, Inschriften und Texten reden - und dies bildete eine eigene Tradition, die sich mit der der Orientierung am Handlungssinn freilich vielfältig überkreuzte und verband. Wortgeschichtlich ist dieser 'Sinn' älter als der 'Handlungs-' oder 'Lebenssinn', der erst um 1800 die ältere teleologische Terminologie abzulösen beginnt. Schon unter den Reformatoren war umstritten, ob sich Gott nur im biblischen „Schriftsinn" offenbart oder nicht. Noch meinem Katechismus war zu entnehmen, daß man Gott in der Natur und in seinem Handeln in der Geschichte erkennen könne, - trotz des Prinzips 'sola scriptura'. Wenn aber Natur und Geschichte ebenso wie die Schrift Gott offenbaren, dann sind sie Sinnträger in demselben Sinne wie die Schrift; ihr Sinn ist dann Mitteilungssinn. Dabei war zunächst der Sinn der Natur weniger ein Problem als der Sinn der Geschichte. Kant schreibt: „Denn was hilft's, die Herrlichkeit und Weisheit der Schöpfung im vernunftlosen Naturreiche zu preisen und der Betrachtung zu empfehlen: wenn der Teil des großen Schauplatzes der obersten Weisheit, der von allem diesen den Zweck enthält, - die Geschichte des menschlichen Geschlechts - ein unaufhörlicher Einwurf dagegen bleiben soll, dessen Anblick uns nötigt, unsere Augen von ihm mit Unwillen wegzuwenden, und, indem wir verzweifeln, jemals darin eine vollendete vernünftige Absicht anzutreffen, uns dahin bringt, sie nur in einer andern Welt zu hoffen?" Auch Hegel beschwört den alten Glauben, daß Gott sich in der Natur erkennen lasse, um dann von der Physiko- zur Historio-Theologie überzugehen: Wenn die Himmel die Ehre Gottes erzählen, warum dann nicht die weltgeschichtlichen Ereignisse? „Man schleppt es als eine Tradition mit sich, daß Gottes Weisheit in der Natur zu erkennen sei. So war es eine Zeitlang Mode, die Weisheit Gottes in Tieren und Pflanzen zu bewundern. Man zeigt, daß man Gott kenne, indem man über menschliche Schicksale oder über Produktionen der Natur erstaunt. Wenn zugegeben wird, daß sich die Vorsehung in solchen Gegenständen und Stoffen offenbare, warum nicht in der Weltgeschichte. Sollte dieser Stoff etwa zu groß erscheinen?...Ohnehin ist die Natur ein untergeordneter Schauplatz als die Weltgeschichte. Die Natur ist das Feld, wo die göttliche Idee im Elemente der Begriffslosigkeit ist; im Geistigen ist sie auf ihrem eigentümlichen Boden, und da gerade muß sie erkennbar sein. Bewaffnet mit dem Begriffe der Vernunft, dürfen wir uns nicht vor irgendwelchem Stoffe scheuen." (Die Vernunft in der Geschichte, 42)

Schon Kant hatte deutlich bezeichnet, was den Philosophierenden dazu veranlassen könnte, der Weltgeschichte in der Reflexion einen verborgenen Sinn zu unterstellen: „Eine solche Rechtfertigung der Natur - oder besser der Vorsehung - ist kein unwichtiger Bewegungsgrund, einen besonderen Gesichtspunkt der Weltbetrachtung zu wählen." Es geht um die Theodizee, d.h. die Rechtfertigung Gottes, der Vorsehung oder der Natur angesichts des offenkundigen Bösen und Sinnlosen in der Welt. Eine solche Theodizee kann freilich nur gelingen, wenn wir der Geschichte irgendeinen Sinn entnehmen können, der uns über das wahre Wesen der Natur, der Vorsehung oder Gottes informiert; die Geschichte muß dann selbst ein Medium der Mitteilung von Sinn sein, so wie man zuvor auch Natur als ein lesbares Buch verstanden hatte, das symbolisch auf den Schöpfer und sein Handeln verweist. Eine solche Verknüpfung von Handlungs- und Mitteilungssinn in der Geschichte wird freilich zum Problem, wenn wir uns selbst als die Autoren unserer Geschichte verstehen müssen: Was sollte die Geschichte uns dann noch mitzuteilen haben? Der Handlungssinn der Geschichte wird dadurch selbst kritisch, denn wir können ja nicht mehr auf einen transzendenten Handelnden verweisen, d.h. angesichts der geschichtlichen Sinnlosigkeiten stellt sich das Problem der Anthropodizee, so wie es Kant formulierte: Wie können wir die offenkundigen Sinnlosigkeiten in der Geschichte, für die wir als Menschen selbst allein verantwortlich sind, als Manifestationen der geschichtlichen Wirklichkeit des *animal rationale* deuten ?

Aus diesem Dilemma, das Kant durch den Rekurs auf eine „verborgene Naturabsicht" zu lösen versucht hatte, kehrte Hegel offen zur Geschichtsphilosophie als Theodizee zurück. Der Sinn der Geschichte ist ihm zufolge nicht in der säkularisierten Form einer Anthropodizee in praktischer Absicht zu retten; der drohende *„Atheismus der sittlichen Welt"*, von dem in der Vorrede zur 'Rechtsphilosophie" die Rede ist, ist für Hegel nicht mehr ein moralisches, sondern primär ein metaphysisch-spekulatives Problem. Bei Hegel ist weder Platz für einen „Chiliasmus" der Philosophie, von dem Kant gesprochen hatte - denn das Wirkliche ist vernünftig und das Vernünftige wirklich - noch für Handlungsorientierung, denn die Eule der Minerva beginnt erst in der Dämmerung ihren Flug. Nicht mehr, was sein soll und wozu wir verpflichtet sind, sondern *„wie...das sittliche Universum erkannt werden soll"*, ist das Thema der praktischen Philosophie Hegels, und dann die aus der vernünftigen Erkenntnis sich ergebende *„Versöhnung mit der Wirklichkeit"*. Die geschichtliche Welt wird bei Hegel, nachdem er von ihr die Zukunftsperspektive ebenso wie alle normativen Aufforderungen abgelöst hat, wieder zu einem rein theoretischen Gegenstand, mit dem kein Handlungssinn zu verbinden ist; der Sinn der Geschichte ist hier nur ein kontemplativer Mitteilungssinn. Hegel besteht selbst ausdrücklich darauf, daß Gott sich uns nicht nur im Herzen und in der Natur mitteile, sondern auch in der Sphäre von Staat und Weltgeschichte: Diese Sphäre bestimmt Hegel als objektiven Geist, d.h. als die Objektivität, in der sich für den Erkennenden das Absolute manifestiert; auf diese Weise wird die historische Theodizee zur Theophanie.

Die Geschichtsphilosophie nach Hegel hat diese Variante der Offenbarungsreligion nicht mehr als beweisbaren Gedanken, sondern nur noch im Modus des Glaubens und der Ahnung festgehalten, wie prominente Äußerungen von Ranke, Droysen und anderen belegen; sie werden freilich nach der Jahrhundertmitte immer seltener. Die Hegelsche Auffassung des Sinnes der Geschichte als Mitteilungssinn aber blieb gleichwohl vorherrschend. - Ein sehr verbreiteter Topos des 19. Jahrhunderts besagt, die Historie sei das Medium des Selbstbewußtseins oder der Selbsterkenntnis des Menschen. Der Antihistorist Schopenhauer unterscheidet hier freilich und behauptet, das Selbstbewußtsein, das die Menschen in der Historie gewinnen, verstelle in Wahrheit den Blick auf ihr wahres Wesen, während für Droysen das Umgekehrte gilt: *„Die Geschichte ist der Gattungsbegriff des Menschen"*, und darum ist die Historie der einzig angemessene Ort menschlicher Selbsterkenntnis. Auch hier erscheint die Geschichte als ein symbolisches Medium, in dem wir durch „forschendes Verstehen" etwas erfahren, das mitteilend auf etwas verweist, was in der bloßen geschichtlichen Faktizität nicht aufgeht - nun nicht mehr auf Gott, sondern auf uns selbst und unser wahres Wesen. Da das Verstehen sich bei Droysen nicht mehr nur wie in der traditionellen Hermeneutik auf Zeichen oder Symbole bezieht, sondern auf *„Menschen, menschliche(n) Äußerungen und Gestaltungen"* überhaupt bezieht, und weil deren Verständnis sich gleichwohl in genauer Analogie zum Symbolverstehen vollziehen soll, wird in dieser Geschichtskonzeption das hermeneutische Verstehen und damit der Mitteilungssinn total. Tatsächlich tritt in der historistischen Geschichtsschreibung des 19. Jahrhunderts der Handlungssinn gegenüber dem kontemplativen Mitteilungssinn immer mehr in den Hintergrund, ohne freilich ganz zu verschwinden; zumindest in der Analyse der Bedeutsamkeit von

Geschichtlichem bleibt er bestimmend. Die Totalisierung des Handlungssinnes der Geschichte aber überließen die bürgerlichen Historiker den revolutionären Marxisten und den Nietzscheanern.

Dafür lassen sich mindestens zwei Gründe anführen.- Der Trend zur kontemplativen Historie, in der Handlungssinn nur noch in rein betrachtender Einstellung thematisch werden kann, wurde ohne Zweifel dadurch vorherrschend, daß im Zusammenhang der Erfahrungen mit der politischen und der beginnenden industriellen Revolution der alte Grundsatz *'historia magistra vitae'* seine Plausibilität einzubüßen begann. Schon Hegel sagt: „*Man verweist Regenten, Staatsmänner, Völker vornehmlich an die Belehrung durch die Erfahrung der Geschichte. Was die Erfahrung aber und die Geschichte lehren, ist dies, daß Völker und Regierungen niemals etwas aus der Geschichte gelernt und nach Lehren, die aus derselben zu ziehen gewesen wären, gehandelt haben.*" Hegel begründet dies selbst mit dem Hinweis auf die unwiederholbare Individualität des Geschichtlichen, also auf das Prinzip des modernen Historismus und der konsequenten Historisierung der Geschichte, die seitdem nicht mehr als „Beispielsammlung" (Savigny) für Allgemeines und Immerwährendes aufgefaßt werden kann.- Ein weiterer Grund dafür ist aber, daß verbindliche normative Handlungs-orientierung als Ziel mit dem Ideal geisteswissenschaftlicher Objektivität nicht zu vereinbaren ist, und dort, wo politisierende Historiker sie gleichwohl versuchten, als Usurpation durchschaut werden konnte. Daß es dem gebildeten historischen Bewußtsein nicht ganz leicht fiel, das einzusehen, zeigt die Dramatik des Werturteilsstreites um Max Weber, der im Zusammenhang des „Positivismusstreits in der deutschen Soziologie" (1961 ff.) noch einmal wiederholt werden mußte. Wenn es also in der Geschichte wirklich etwas mit wissenschaftlichen Mitteln zu verstehen gibt, kann dies weder ein objektiver, den Geschichtsverlauf selbst betreffender, noch ein normativer Handlungssinn sein, der uns zu irgendetwas verpflichtete. So hat der Historismus im Zuge seiner Verwissenschaftlichung der Historie selbst den Handlungssinn immer weiter aus der Geschichte ausgetrieben und davon nur etwas subjektiv Verständliches zurückgelassen. Der marxistische und der Nietzschesche Widerstand dagegen ist erst in unseren Tagen erloschen.

Dilthey hat nach dem Idealismus für die Totalisierung des Mitteilungssinnes eine philosophische Begründung zu geben versucht, die bis heute nachwirkt. Wenn die gesamte geschichtliche Welt im Zusammenhang von „Erleben, Ausdruck und Verstehen" gründet, den wir als den alles umfassenden Lebenszusammenhang zu verstehen haben, dann ist die geschichtliche Welt „objektiver Geist", aber nun nicht mehr im Sinne der Hegelschen Epiphanie der absoluten Idee, sondern als Manifestation des Menschengeistes; dessen Erleben verschafft sich Ausdruck in Verständlichem, das dem Verstehenden ursprünglich Erlebtes mitteilt. Damit erscheint aller geschichtliche Sinn primär als Mitteilungssinn im Medium des Ausdrucksverstehens, das dann sekundär auch den subjektiven Handlungssinn der geschichtlich Handelnden erschließt.- In der Dilthey-Schule, bei Heidegger und Gadamer wird das Verstehen von Mitteilungssinn fundamental nicht nur für das Verhältnis des Menschen zur Geschichte, sondern für den menschlichen Weltumgang überhaupt, und damit wird die Hermeneutik universal. Ob die wirklichen Verstehensakte nun im Erleben, Ausdruck und Verstehen als Lebenszusammenhang, im ursprünglichen Seinsverständnis des Daseins oder im wirkungsgeschichtlichen Geschehen fundiert sind, macht im Hinblick auf den Sinn in der Geschichte kaum einen Unterschied mehr. Die Versuche von Heidegger in 'Sein und Zeit' und Gadamers, gegen Diltheys rein kontemplatives Verstehenskonzept den Handlungssinn über das praktisch-relevante „Zu-Sein" des Daseins oder über die

Applikation als Moment des Verstehens in der hermeneutischen Ontologie doch noch zu berücksichtigen, waren wenig folgenreich. Für Heidegger nach der „Kehre" ist die Geschichte Seinsgeschick; Sein aber, das verstanden werden kann, ist Sprache; also ist das verständliche geschichtliche Sein eine Sprache *sui generis*, und der Mitteilungssinn ist total. Bei Gadamer hingegen steht die Applikation vollständig im Banne des hermeneutisch Verstandenen und beansprucht keinen davon unabhängigen Handlungssinn. Wie Karl Löwith gezeigt hat, kann keine Rede davon sein, daß Heidegger und seine Schule den Historismus „überwunden" hätten, wie dort allgemein geglaubt wurde: Der Überstieg von der Geschichte in das Existenzial der „Geschichtlichkeit" bedeutete nur die Totalisierung des Historismus im Zeichen einer Hypertrophie des Mitteilungssinnes.

Sowohl die Totalisierung des Handlungssinnes wie die des Mitteilungssinnes der Geschichte laufen somit in gleicher Weise auf einen totalen Historismus hinaus; die Angst vor der geschichtlichen Sinnlosigkeit artikuliert sich auf beiden Seiten als Widerstand gegen den Naturalismus. Wir sind aber nicht nur geschichtliche, sondern auch natürliche Wesen, und das nötigt uns dazu, Historismus und Naturalismus in unserem philosophischen Selbstbild in vernünftige Grenzen einzuschließen; wir müssen unsere historische Selbstsicht durch eine Kritik des Handlungs- und des Mitteilungssinnes der Geschichte begrenzen und das Übrige dem Natürlichen überlassen.

Zur Kritik des Handlungssinns in der Geschichte ist das meiste schon gesagt: Die *magistra vitae*-Formel ist außer Kraft; die wissenschaftliche Historie muß sich nach dem Ende der Heilsgeschichte in den Ereignissen unseres Jahrhunderts auf den subjektiven Handlungsinn in der Geschichte beschränken, und zwar in der Beobachterperspektive und in strikter Beschränkung auf das Vergangene. Was geschehen wird, ist der Historie verschlossen; zwar können Sozialwissenschaftler bedingte Prognose hinsichtlich dessen stellen, was zu erwarten ist, aber niemand kann eine Geschichte erzählen, ehe sie geschehen ist. Die normative Frage hingegen, was in einer geschichtlichen Situation für uns sinnvoll zu tun ist, muß die Historie an die Politik zurückgeben, denn nur in politischer Perspektive erschließt sich der Handlungssinn des Vergangenen als Bedeutsamkeit für uns: Nur im Lichte dessen, was wir tun sollen oder wollen, können wir erkennen, ob etwas Geschichtliches bedeutsam für uns ist oder nicht.

Bei der Kritik des Mitteilungssinns sind wir zunächst einmal auf den Sinn der sprachlichen und außersprachlichen, aber symbolisch deutbaren Quellen und Dokumente verwiesen, aber daraus folgt nicht die These, der uns nur in diesem Medium des Mitteilungssinnes verständliche Sinn sei selbst bloß Mitteilungssinn. Dies ist ein hermeneutisches Vorurteil, dem Dilthey und die Heidegger-Schule unbegründeten Kredit verschafften. Historiker hingegen wissen: Die geschichtliche Welt selbst ist kein Text; die historischen Quellen unterrichten uns auch und sogar primär über den Handlungssinn, den Handelnde in der Vergangenheit mit dem Geschehen einmal verbunden haben, aber darin erschöpft sich das nicht, was es geschichtlich zu verstehen gibt. Wir verstehen auch die nichtintendierte Veränderung, ja das Scheitern von intendiertem Handlungssinn, ohne ihn deswegen, wie die Hermeneutiker fürchten, dem naturwissenschaftlichem Denken überlassen zu müssen.

Was bleibt vom „Sinn der Geschichte"? „Die" Geschichte ist ein Phantom, denn vom Vergangenen können wir Prinzip unendliche viele Geschichten erzählen. Also geht es um das, was man „Sinn in der Geschichte" oder besser „geschichtlichen Sinn" nennen sollte. Die geschichtliche Welt erschließt sich uns zunächst immer nur im Medium des Mitteilungssinnes von Quellen, den es zu verstehen gilt; wer wollte bestreiten, daß wir dabei auch einiges über uns selbst erfahren - über unsere Identität, unsere Schwächen und Chancen - aber das ist nicht alles. Der geschichtliche Handlungssinn, den uns der Mitteilungssinn der Quellen ebenso zugänglich macht, betrifft immer nur die, die in der Geschichte gehandelt haben und niemals uns selbst unmittelbar als Handelnde - es sei denn, wir bezögen jenen Handlungssinn auf das, was wir tun sollen oder wollen, aber genau das sagt uns die Geschichte nicht.

Dr. Elke Uhl
Abt. für Wissenschaftstheorie und Technikphilosophie
Seidenstr. 36
70174 Stuttgart

Ungleichzeitigkeit als geschichtsphilosophisches Problem

Die Problematik der Geschichtsphilosophie hat Odo Marquardt auf die Pointe gebracht, daß es die Geschichtphilosophie nicht ohne den Abschied von ihr gäbe. Von dieser merkwürdigen Konstellation ist auch die Semantik des Begriffs Ungleichzeitigkeit geprägt.

Zunächst scheint es allerdings so, daß der sehr junge Begriff – das Wort, gebildet durch antonyme Negation des älteren Wortes Gleichzeitigkeit, taucht überhaupt erst zu Beginn des 19. Jahrhunderts auf – radikal rebelliert gegen all jene Vorstellungen, auf denen die Geschichtsphilosophie der Moderne beruht. Ungleichzeitigkeit erhebt Einspruch gegen die Vorstellung eines homogenen Kontinuums der historischen Zeit, sei diese nun spekulativ, historistisch oder hermeneutisch begründet. Das Theorem der Ungleichzeitigkeit stellt die Einheit der Geschichte in Frage, untergräbt die Identität eines dem Geschichtsprozeß implantierten Subjekts und gefährdet Sinnzusammenhänge, indem es auf die Mehrdimensionalität und Pluralität der Zeit setzt. Ja es scheint das letzte Fundament zu erschüttern, das die Rede von der Geschichte legitimiert: die Konstanz temporaler Strukturen, die historische Verlaufsregeln abzuleiten erlaubt. So gehört Ungleichzeitigkeit zur Rhetorik der Postmoderne, die ihren Abschied von der Geschichte feiert. Doch hat dieses Verständnis das Geschichtsbewußtsein der Moderne prägnanter konturiert und erlaubt nun schärfer zu sehen, daß der Gedanke der Ungleichzeitigkeit dem modernen Geschichtsbewußtsein und seiner Aufklärung von Anfang an inhärierte.

In seinen Untersuchungen zur Herausbildung des neuzeitlichen Geschichtsverständnisses hat Reinhart Koselleck gezeigt, wie die Gewinnung des Kollektivsingulars Geschichte mit der Bildung der Geschichtsphilosophie konvergierte und dabei dem Begriff Ungleichzeitigkeit eine markante Stellung eingeräumt. Eine besondere Zeiterfahrung, nämlich die Erfahrung der Gleichzeitigkeit des Ungleichzeitigen sei es, die eine transnaturale, genuin geschichtliche Zeit entdecken ließ. Konfrontiert mit Phänomenen kultureller Verschiedenheit, herausgefordert durch Formen sich beschleunigender soziokultureller Divergenz, und deshalb in Erwartung der Andersartigkeit von Zukunft, seien die Differenzen temporal aufgefangen worden: im modernen Begriff der Geschichte als eines singulären, dynamischen, weltumspannenden Fortschritts- oder Entwicklungsprozesses. Für Koselleck gehört es zu den strukturellen Merkmalen des modernen Geschichtsbewußtseins, daß es die Gleichzeitigkeit von Ungleichzeitigem bzw. die Ungleichzeitigkeit von Gleichzeitigem auf den Begriff gebracht hat.[1] Nun mag auffallend sein, daß Koselleck hier ein hermeneutisches Prinzip in Anspruch nimmt, indiziert durch die zirkuläre Bestimmung von Geschichte und Zeitmodus der Ungleichzeitigkeit. So wie die Erfahrung der Ungleichzeitigkeit konstitutiv für die Herausbildung des neuzeitlichen Bewußtseins von der Geschichte ist, kann Ungleichzeitigkeit nur im Medium einer spezifisch geschichtlichen Zeit bemerkt werden. Ungleichzeitigkeit ist kein Problem einer zeitlichen Koordination von Ereignissequenzen, die sich allein an der Differenz früher/später orientiert, sondern ein Problem der Anwesenheit dessen, was von unterschiedlicher Zeitqualität erscheint. Das

---

[1] Vgl. Reinhart Kosellecks Part des Artikels „Geschichte". In: Geschichtliche Grundbegriffe. Hrsg. Von O. Brunner, W. Conze, R. Koselleck. Bd. 2, S. 647-717 sowie ders.: Vergangene Zukunft. Zur Semantik geschichtlicher Zeiten. Frankfurt a.M. 1979

meint: von unterschiedlicher Herkunft, von unterschiedlicher Entwicklungsphase, aber auch von unterschiedlicher immanenter Perspektive, von unterschiedlicher Zeitstruktur. Dabei ist der Bezugspunkt, von dem her etwas als ungleichzeitig identifiziert werden kann, ein qualitativ ausgezeichnetes Jetzt, eine historische Gegenwart, die zu denken im modernen Bewußtsein von der Geschichte beschlossen liegt. Das Bewußtsein von der neuen, modernen Zeit setzte einen emphatischen Gegenwartsbegriff frei, der den Bruch mit der Vergangenheit beständig wiederholt: Gegenwart versteht sich als permanenter Übergang zum Neuen. Das ermöglichte nicht nur, Zeit als etwas in sich Unterschiedenes und Unterscheidbares aufzufassen, es brachte Zeit unter die Form der Progression. Im Horizont einer offenen Zukunft, von der Gegenwart ausgehend, erschließt sich das, was man historische Zeit nennt, wobei der Blick in die Vergangenheit auf die Bahn einer progressiven Kontinuität gerät. Zeit wird geschichtlich gedacht, Geschichtlichkeit ihrerseits unter der Idee des Fortschritts begriffen. Unter der Voraussetzung, daß Zeit historisiert und Geschichte verzeitlicht ist, tritt das Phänomen der Ungleichzeitigkeit ins Bewußtsein.

Der Begriff Ungleichzeitigkeit verdankt sich der Ausprägung des modernen Geschichtsbewußtsein und wirkt zugleich auf dessen Bildung zurück. Ich möchte die Aufmerksamkeit darauf lenken, daß dieser Begriff philosophische Dignität in dem Maße gewinnt, wie er seinen Voraussetzungen den Boden entzieht.

Die Entdeckung der „neuen Welt", die Wahrnehmung bislang unbekannter Kulturen, Religionen und Gesellschaftsformen hatte eine geschichtsphilosophische Ordnungsleistung ganz besonderer Art provoziert: Die Komplexität der neuzeitlichen Welt wird mittels einer vertikalen, hierarchischen Zeitordnung bewältigt; das Andere, das Fremde, temporal integriert. Zeit koordiniert die verwirrenden Geschehnisse und divergenten Erfahrungsräume. Sie weist diesen ihren Ort an und verbindet sie dabei zu einer dynamischen, entwicklungsgeschichtlich konzipierten Einheit. Indem Zeit als Medium temporaler Integration fungiert, wurde es möglich, Weltgeschichte zu denken.
Unter Rückgriff auf organische Entwicklungs- oder Stadienmodelle des historischen Verlaufs konnte man fremden Kulturen zunächst verschiedene Altersstufen zuschreiben und dabei in der Gewißheit leben, daß deren Entwicklung zwar zeitversetzt, aber von gleicher temporaler Art sei. Die Wahrnehmung des Ungleichzeitigen aber erfolgt deutlicher, als diese Zeitaltermodelle im Konzept eines universalen, in die offene Zukunft gerichteten weltgeschichtlichen Fortschritts aufgingen. Dieser Ablösung korrespondierte die Ausbildung eines herausgehobenen Jetztbewußtsein, die Konstruktion einer weltgeschichtlichen Gegenwart. Das barg die Möglichkeit, plurale Gegebenheiten zu temporalisieren und lieferte zugleich den Maßstab, sie als ungleichzeitig zu identifizieren. Im Begriff einer weltgeschichtlichen Gegenwart stecken die Regeln für die Verwendung der Vorstellung von Gleichzeitigkeit[2], von daher auch die von Ungleichzeitigkeit.
Ein Rückblick auf die Begriffsgeschichte zeigt, wie bedeutsam es war, daß die weltgeschichtliche Gegenwart einen Ort zugeschrieben bekam. Es war Paris. In Paris kann man die „Weltgeschichte mit eigenen Augen" sehen, hatte Heinrich Heine 1832 in einem Brief an Merckel formuliert. Hier ist die Zeit auf ihrer Höhe. Nach Paris zu reisen, erlaubt daher nicht allein zu sehen, daß der Franzosen „Charakter und ihre Lebensweise ... ganz dem Genius der Zeit gemäß" ist, wie Friedrich Schlegel schon in seiner 1803 erschienenen „Reise nach Frankreich" festgestellt hat, sondern sich auch darüber bewußt zu werden, „daß die heterogenen Elemente der alten und gegenwärtigen Zeit ... in unserm deutschen Leben so wunderlich und konfus durcheinander gemischt sind"[3]. Nach Paris zu reisen, bedeutet aus dem Land der Ungleichzeitigkeit in das der Gleichzeitigkeit zu gelangen. Dort, am Ort der geschichtlichen Gegenwart artikulieren sich überdies Erwartungen an die Zukunft, können sich geschichtliche Hoffnungen bilden. Denn dort zu sein erlaubt, „nicht nur den Geist der Gegenwart, sondern auch die Zeichen der Zukunft zu enträtseln", wie Georg Forster in

---

[2] so Niklas Luhmann: Weltzeit und Systemgeschichte. In: Seminar. Geschichte und Theorie. Hrsg. Von H.M. Baumgartner u. J. Rüsen. Frankfurt a.M. 1976, S. 355
[3] Friedrich Schlegel: Reise nach Frankreich. Werke in zwei Bänden. Berlin/Weimar 1980, S. 235

seinen „Parisischen Umrissen" bemerkte.⁴ Beide Aspekte verdeutlichen: Unter der Voraussetzung einer verorteten oder verortbaren Gegenwart erschließen sich dem komparativen Blick Verschiedenheiten und Differenzen in einer temporalen Spannung.

Ohne daß der Terminus zur Verfügung steht, treten zwei wirkungsmächtige Motive auf, die sich später zum Begriff von Ungleichzeitigkeit verdichten: Rückständigkeit, Verspätung und innere Differenzierung, ja Disparatheit. Sie stehen zunächst im Kontext der geschichtsphilosophischen Standortbestimmung Deutschlands. Vom Ort der weltgeschichtlichen Gegenwart ausgehend, wird erstens eine Niveaudifferenz konstituiert und benannt. Nicht auf der Höhe der Zeit zu stehen, zwar in einem chronologisch abstrakten Jetzt anwesend zu sein, aber sich nicht im selben qualitativ ausgezeichneten Jetzt zu befinden, das bedeutet ungleichzeitig zu sein.

Das vorausgesetzte und perpetuierte Konstruktionsprinzip dieses Gedankens, nämlich die geschichtsphilosophische Auszeichnung einer Jetzt-Zeit, die als Maßstab von Ungleichzeitigkeit dienen konnte, rief freilich Widerspruch und Kritik hervor; - eine Kritik, die zur Begriffsgeschichte von Ungleichzeitigkeit als deren immanente Irritation dazugehört. Nicht nur daß die entwicklungsgeschichtliche Unterstellung des optimistischen, fortschrittsgläubigen Geistes der Zeit kritisiert wird, „welche sich recht passend mit dem selbst-fabrizierten, so prätentiösen, wie kakophonischen Worte Jetzt-Zeit bezeichnet, als wäre ihr Jetzt das Jetzt κατ εξοχην, das Jetzt, welches herauszubringen alle anderen Jetzt allein dagewesen."⁵ Man bemerkt auch: Die Auffassung der Jetzt-Zeit als Akkumulationsergebnis des geschichtlichen Fortschritts impliziert die Vorstellung einer einheitlichen, homogenen Zeit. Sieht man dagegen, wie Jean Paul so schön formuliert hat, daß „die Zeit in Zeiten zerspringt, wie der Regenbogen in fallende Tropfen" und stellt man in Rechnung, daß dieselbe Zeit „auf zahllosen Welten der Gegenwart" ihren Geist entwickelt, wird die Rede von dem der Jetzt-Zeit entsprechenden und genau lokalisierten „Zeitgeist" brüchig. Mit Jean Paul ist man irritiert: „Da folgt, daß dieselbe unausmeßbare Jtzo-Zeit Millionen verschiedene Zeit-Geister haben muß: so frag' ich: wo erscheint euch denn der zitierte Zeit-Geist deutlich, in Deutschland, Frankreich oder wo?"⁶

Deutschland erscheint aber nicht nur als Land der Ungleichzeitigkeit, weil es dem Zeitgeist hinterherhinkt, sondern zweitens, weil es heterogene Zeitelemente und -strukturen aufweist. Ein etwas verschobener Akzent unterstützt die argumentative Funktion von Ungleichzeitigkeit im Bewußtsein der geschichtlichen Sonderstellung Deutschlands. Karl Marx, für den die Deutschen „in der Politik gedacht, was die anderen Völker getan haben" interpretiert die Divergenz von Geist und Macht, von Theorie und Praxis als Ungleichzeitigkeit, ohne den Terminus zu verwenden. In seiner Einleitung „Zur Hegelschen Rechtsphilosophie" heißt es: „Deutschland hat die Mittelstufen der politischen Emanzipation nicht gleichzeitig mit den modernen Völkern erklettert. Selbst die Stufen, die es theoretisch überwunden, hat es praktisch noch nicht erreicht."⁷ Unter dem Aspekt des zeitlichen Verschobenseins von - wie sich Marx ironisch ausdrückt - „Traumgeschichte" und Wirklichkeit wird die Divergenz nochmals benannt: „Wir sind philosophische Zeitgenossen der Gegenwart, ohne ihre historischen Zeitgenossen zu sein"⁸. Für den Revolutionstheoretiker ist deshalb der „Kampf gegen die deutsche politische Gegenwart [...] der Kampf gegen die Vergangenheit der modernen Völker"⁹, der allerdings nur dann Erfolg verspricht, wenn er sich an deren antizipierter Zukunft orientiert. Damit hat der Maßstab der Wahrnehmung des Ungleichzeitigen einen weiteren temporalen Schub erhalten. Heterogene Strukturen, die in differenten Beziehungen zu den Zeitdimensionen Gegenwart, Vergangenheit und Zukunft stehen, kommen als ungleichzeitige in den Blick.

---

⁴ Georg Forster: Parisische Umrisse, Werke in zwei Bänden. Hrsg. von G. Steiner. Bd. 1, S. 215
Vgl. hierzu: Ingrid Oesterle: Der *Führungswechsel der Zeithorizonte* in der deutschen Literatur. In: Studien zur Ästhetik und Literaturgeschichte der Kunstperiode. Hrsg. Von D. Grathoff. Frankfurt a.M., Bern, New York 1985, S. 11-75
⁵ Arthur Schopenhauer: Parerga und Paralipomena, Sämtl. Werke. Hrsg. von A. Hübscher. Bd. 6, S. 304
⁶ Jean Paul: Levana oder Erziehungslehre. Hist.-krit. Ausgabe, Abt. I, Bd. 12, S. 115 f
⁷ Karl Marx: Zur Kritik der Hegelschen Rechtsphilosophie. Einleitung, MEW Bd. 1, S. 386
⁸ ebenda, S. 383
⁹ ebenda, S. 381

Auch wenn der zweite Aspekt den Ort weltgeschichtlicher Gegenwart in Bewegung versetzt und zu einem Thema der inneren Differenzierung macht, bleibt die Frage, unter welcher Leitvorstellung derart Ungleichzeitiges erfaßt werden kann. Es bleibt das Problem der Legitimation jener Vergleichsrelation, die dem Begriff Ungleichzeitigkeit inhäriert. Ungleichzeitigkeit bemißt sich auch hier an einem geschichtsphilosophisch gesicherten Kontinuum: am historischen Fortschritt.

Fortschrittsmodelle werden durch unerwartete und unvorstellbare Katastrophen vehement in Frage gestellt. Die Katastrophen der deutschen Geschichte provozierten Erklärungsmuster, in denen der Begriff Ungleichzeitigkeit eine wichtige Funktion einnahm.

So beim jungen Ernst Bloch, der im Kontext der Kriegsschulddebatte die ungleichzeitige Stellung Deutschlands für den Ausbruch des Ersten Weltkrieges verantwortlich macht[10]. Darauf möchte ich etwas ausführlicher eingehen. Wir sehen die ursprünglichen Motive von Ungleichzeitigkeit versammelt: Die Wahrnehmung des Ungleichzeitigen steht ganz im Horizont einer universalhistorischen Fortschrittskonzeption. Doch drängen Blochs Überlegungen zu einer Bedeutungsverschiebung, die eine Differenzierung im Begriff Fortschritt intendiert. Auch wenn diese das Modell nicht grundsätzlich in Frage gestellt hat, sind deren Folgen für die geschichtsphilosophische Problematik von Ungleichzeitigkeit wesentlich.

Ernst Bloch schreibt unter Rückgriff auf Motive in Franz Mehrings „Lessinglegende" und Hugo Balls „Zur Kritik der deutschen Intelligenz" die Geschichte der deutschen Misere. Ihre Wurzeln führt er zurück bis auf die Reformation und den 30jährigen Krieg, besiegelt sieht er sie in der verspäteten, die Macht der Junker und des Militäradels rettenden Nationalstaatsbildung und im Scheitern der bürgerlichen Revolution. Aufgrund dieser Misere habe sich Deutschland in ein ungleichzeitiges Verhältnis zu den westlichen Staaten, zu ihrer Demokratie gebracht. Ungleichzeitigkeit benennt dieses zivilisatorische Gefälle, die „ungeheure Niveaudifferenz zur demokratischen Welt". Während die Zeit, an der sich Ungleichzeitigkeit bemißt, von den liberalen Ideen der französischen Revolution und - wie der frühe Bloch allerdings noch nicht in den Mittelpunkt stellt - den sozialistischen Ideen der russischen Revolution geprägt ist, erscheint ihm Deutschland als ein „lebendiges Museum der Ausbeutungs-, Beherrschaftungs- und Tyranneimethoden aller Zeiten"[11] Diesem negativen Begriff von Ungleichzeitigkeit, gewonnen aus der komparativen Differenzierung auf internationaler Ebene, stellt Bloch die Ungleichzeitigkeit innerhalb der Form kapitalistischer Modernisierung in Deutschland selbst daneben. Diese vollzog sich zwiespältig und paradox, sich selbst bedrohend, weil in die ökonomischen Prozesse ein „Fremdkörper" gelang, der den Modernisierungsprozeß pervertierte: die vormoderne „Beherrschaftungsform junkerlicher Theokratie, eine „preußische Mandschu-Fremdherrschaft", wie Bloch sich ausdrückt. Durchkreuzt von mittelalterlichen und feudalen Restbeständen entfalten sich die ökonomischen Potenzen des Kapitals in sozialen und geistigen Formen, deren unheilvolle Wirkungen den eigenen Entwicklungsbedingungen widersprechen, was nach Blochs Ansicht im Krieg am drastischsten zu tage tritt. Ausgehend von der Kriegsschuldfrage nähert Bloch sich hier dem Gedanken der Eigengesetzlichkeit verschiedener gesellschaftlicher Sphären, wie er in der zeitgenössischen Soziologie unter dem Thema der sozialen Differenzierung diskutiert wurde.

Daß die Idee einer strukturellen Heterogenität der Gesellschaft, auf der die später systematischer ausgeführte Ungleichzeitigkeitstheorie beruht, in der Perspektive der Kriegsschuldfrage auftaucht, ist durchaus symptomatisch für die argumentative Funktion des Theorems der Ungleichzeitigkeit. Ungleichzeitigkeiten erscheinen als Indizien krisenhafter gesellschaftlicher Verwerfungen oder gar als Gründe politischer Katastrophen. Das können sie nur unter zwei miteinander zusammen-

---

[10] Vgl. Elke Uhl: Der undiskutierbare Krieg. Exkurs zur Genese der Blochschen Ungleichzeitigkeitstheorie. In: Hoffnung kann enttäuscht werden. Ernst Bloch in Leipzig. Dokumentiert und kommentiert von V. Caysa u.a., Frankfurt a.M. 1992, S. 221-243
[11] Ernst Bloch: Kampf, nicht Krieg. Politische Schriften 1917-1919, Frankfurt a.M. 1985, S. 468

hängenden Voraussetzungen: unter der Annahme eines universalhistorischen Fortschritts und einer normativ vom Begriff der Totalität geprägten Gesellschaftsvorstellung.

Wie virulent dieser vom deutschen Idealismus geprägte Totalitätsbegriff auch dort noch ist, wo man dessen geschichtsphilosophische Konzeption für überwunden glaubt, zeigen exemplarisch die Überlegungen von Karl Mannheim. Auch bei Mannheim steht der Begriff Ungleichzeitigkeit im Kontext einer Krisen- und Katastrophenerfahrung[12]. In seinem Versuch, die Krisenerscheinungen der modernen Gesellschaft von einem soziologischen Ansatz her zu erfassen, bedient er sich des Begriffs Ungleichzeitigkeit, um die politische Gefahr sozialer Disproportionalität zu verdeutlichen. Diese manifestiere sich in der Koexistenz verschiedener Bewußtseinslagen, Mentalitätsstrukturen und Rationalitätsvorstellungen. Die diagnostische Funktion, mit der hier der Begriff Ungleichzeitigkeit bedacht wird, operiert mit Leitvorstellungen, deren normative Implikationen nicht offen erscheinen mögen. Aber wenn Mannheim für die Planung einer Gesellschaft plädiert, die diese Gefahr der Ungleichzeitigkeit zu bannen vermag, indem sie durch Anwendung der Erkenntnisse der modernen Sozialwissenschaften, durch Sozialtechniken, eine gesellschaftliche Integration gewährleistende „Kultursynthese" bewirkt, treten die normativen Vorgaben der Gleichzeitigkeit ans Licht.[13]

Doch zurück zu Bloch. Die Sicht auf Probleme, die mit der inneren Differenzierung verbunden sind, eröffnen einen anderen Ansatz. Denn der interne Prozeß der Differenzierung ist nicht durch bloße Rückständigkeit gekennzeichnet, wie man im Vergleich auf internationaler Ebene Deutschland noch zusprechen konnte. Über die Figur der leeren Zeit, d.h. der entleerten Gegenwart gewinnt Bloch einen neuen Zugriff. Gefragt wird nach den verhinderten geschichtlichen Möglichkeiten, wodurch das Ungeschehene im bereits Geschehenen zum Problem wird. Es bildet den Nährboden ganz anderer Ungleichzeitigkeit: des historisch Unabgegoltenen, Unerledigten, das sich in kollektiven Gedächtnisformen des Religiösen, Ästhetischen und anderem manifestiert. Mit dieser Bestimmung hat der Begriff Ungleichzeitigkeit seinen Ort gewechselt. Ungleichzeitigkeit erscheint nicht mehr in der Begründungsfunktion von historischem Versagen und Schuld, sondern als Möglichkeit der Wiedergewinnung geschichtlicher Höhe. Diese hat freilich keinen fixen Ort mehr, sondern liegt utopisch im Noch-Nicht. Ungleichzeitigkeit bereitet das dialektisch-hermeneutische Erbschaftsverfahren vor, das mit der systematischen Ausdehnung der Schuldfrage auf die deutsche (Geistes-)Geschichte bricht. Nicht allein Rückständigkeit und Verspätung, sondern das historisch Unabgegoltene interessiert.

Diese Überlegungen, die zwar das Motiv, aber noch nicht den expliziten Terminus beinhalten, hat Bloch später unter ausdrücklicher und zentraler Verwendung des Begriffs in „Erbschaft dieser Zeit" bei der Analyse des deutschen Faschismus, der ihm als „Explosion des Ungleichzeitigen" erschien, soziologisch präzisiert und schließlich in einer „Theorie der Ungleichzeitigkeit", die u.a. die Frage einer „elastischen Zeitstruktur" nach Analogie des Riemannschen Raums diskutiert, systematisiert. Da dies bekannt ist, will ich hier nur jene zwei Aspekte hervorheben, die mir hinsichtlich ihrer geschichtsphilosophischen Schwellenproblematik wichtig erscheinen.

1. Die Aufmerksamkeit für soziokulturelle Differenzen, für deren einen eigenen Raum verlangende Prozeßgehalte, drängt zur Differenzierung bislang üblicher Kontinuitäts- und Fortschrittsvorstellungen. Angesichts der Eigensinnigkeit verschiedener Sphären droht das Einheits- und Totalitätspostulat, unter dem ein kontinuierlicher Geschichtszusammenhang konstituiert wird, brüchig zu werden. In dieser – wie Bloch sich ausdrückt - „Erschwerung der Totalität durch den Begriff der Sphäre"[14] kündigt sich der Gedanken einer mehrdimensionalen, nach Sphären differenzierten Dynamik des geschichtlichen Geschehens an. In ihm liegt die Idee der Pluralität der Zeit, des Miteinanders verschiedener Zeiten beschlossen.

---

[12] Karl Mannheim: Mensch und Gesellschaft im Zeitalter des Umbaus. Leiden 1935, hier Darmstadt 1958, S. 48 ff
[13] Ders. [erw. Fassung]: Man and Society in an Age of Reconstruction. Studies in Modern Social Structure. London/New York 1940
[14] Ernst Bloch: Aktualität und Utopie. Werke Bd. X, S. 619

Wenn etwa Hans Freyer in seiner „Theorie des gegenwärtigen Zeitalters" rückblickend an der Universalgeschichtsschreibung des 18. Jahrhunderts würdigt, daß sie die „Gleichzeitigkeit des Ungleichzeitigen" [15] erkannt habe, dann aber einen anderen Akzent setzend hinzufügt: Auch an „einzelnen Stellen" können viele Zeitalter neben-, über- und untereinander da sein, in jedem Zeitalter gebe es einen „Saum des Unzeitgemäßen"[16], - dann resümiert er die Folgen der hier manifesten Bedeutungsverschiebung im Begriff von Ungleichzeitigkeit. Die Problematik der Legitimation des Epochenschnitts selber, der die Wahrnehmung dieser Ungleichzeitigkeit ermöglicht, ist freilich damit noch nicht ausgesprochen.

2. Die systematische Funktion des Jetzt im Theorem der Ungleichzeitigkeit erhält neue Facetten. Dem Gesichtspunkt der strukturalen Differenzierung, der zur Distanzierung des spekulativ fundierten, aber auch historisch konzipierten Kontinuitätsbegriffs führt, korrespondiert die Idee eines temporal verbreiteten und strukturierten Jetzt. Gegenwart ist nicht Ergebnis einer akkumulierten Vergangenheit; Vergangenheit ist vielmehr in verschiedener Weise und in unterschiedlichem Maße präsent. Hinsichtlich seines von der Zukunft bestimmten Bezugs zur Vergangenheit läßt sich sagen, daß es sowohl überholte wie unerledigte Vergangenheit enthält. Das ist mehr als der Gedanke der Pluralität der Zeit; dieser verknüpft sich vielmehr mit der Problematik der iterativen Modalisierung der Zeit: gegenwärtige Zukunft, zukünftige Gegenwart, Zukunft vergangener Gegenwart etc., all diese Verschiebungen geschichtlicher Zeithorizonte gehören in den Begriff der Ungleichzeitigkeit.

Die beschriebene Gegenwartsdehnung und -differenzierung hängt mit einer veränderten systematischen Plazierung des Jetzt zusammen. Sie ist einerseits hermeneutisch konzipiert – und von daher wird es möglich zu sehen, daß geschichtliche Kontinuität nicht etwas ist, daß sich von selbst herstellt, sondern durch sinnstiftende Leistungen konstituiert wird –, anderseits geschichtsphilosophisch durch die Vorstellung eines „herauszuprozessierenden Humanum"[17] begründet. Denn für Bloch bliebe der Begriff von Jetzt-Zeit sinnlos punktuell, wenn er nicht im Rahmen einer „objektiven Antizipation" verankert wäre. Jetztzeit aktualisiert utopische Gehalte. Dieser Begriff von Ungleichzeitigkeit bringt die Aporie einer Geschichtsphilosophie ans Licht, die historische Kontinuität sprengen und zugleich eine Tradition begründen will.

Die Rekonstruktion der Begriffsgeschichte zeigt: Das Motiv der Ungleichzeitigkeit begegnet in verschiedenen Kontexten, ohne daß Ungleichzeitigkeit schon eine explizite philosophische Terminologisierung erfahren hätte. Dem Motiv zu einem Begriff verholfen zu haben, ist das Verdienst von Wilhelm Pinder. 1926 erschien die erste Auflage seiner Schrift „Das Problem der Generation in der Kunstgeschichte Europas". Es diskutiert das methodologische Problem der am Paradigma der Stilgeschichte orientierten Kunstgeschichtsschreibung - ein weiteres Indiz dafür, in welchem Maße ästhetische und kunsthistorische Fragestellungen die geschichtsphilosophischen Einstellungen beeinflussen. Pinder kritisiert, daß die Stilgeschichte ein Entwicklungsschema unterstellt, das auf einer linearen, eindimensionalen Zeitvorstellung beruht. Ein „Datierungsnetz aus Werken" habe sich „über ein an sich ungeklärtes Geschichtsbild hingesponnen" und dabei die Differenz zwischen stilgeschichtlicher Stufenfolge und chronologischer Datierung systematisch verkannt. Es habe Vorstellungen produziert, „die uns eine Folge eindeutiger, eindimensionaler Gegenwarten vorspiegeln"[18]. Pinder sucht deshalb diese Differenz als Problem der Mehrdimensionalität des geschichtlichen Augenblicks aufzuhellen. Es gerät ihm unter dem Aspekt der gleichzeitigen Anwesenheit mehrerer Generationen mit je eigener Zeit in den Blick. Diese Perspektive erinnert an Diltheys geschichtsmethodologische Überlegungen zur inneren Erlebniszeit und zur Rolle der Zeiteinheit „Generation", die um die Möglichkeit eines qualitativ-immanenten Nacherleben geistiger Bewegungen kreisen. Bei Pinder bildet die Ungleichzeitigkeit des Gleichzeitigen als „Gleichzeitigkeit des Verschieden-

---

[15] Hans Freyer: Theorie des gegenwärtigen Zeitalters. Stuttgart 1955, S. 7
[16] ebenda, S. 9
[17] Ernst Bloch: Tübinger Einleitung in die Philosophie, Werke Bd. 13, S. 146
[18] Wilhelm Pinder: Das Problem der Generation in der Kunstgeschichte Europas. Berlin 1926, hier Köln [4]1949, S. 30

Altrigen", als „gleichzeitige Anwesenheit verschiedenster Altersstufen", die alle an verschiedenen Gegenwarten beteiligt sind, den Ansatzpunkt, Kunstgeschichte nach Generationen zu schreiben. Zentral ist die Einsicht, daß jeder Mensch mit Gleichaltrigen und Verschiedenaltrigen in einer Fülle gleichzeitiger Möglichkeiten lebt. „Für jeden ist die gleiche Zeit eine andere Zeit, nämlich ein *anderes Zeitalter seiner selbst*, das er nur mit Gleichaltrigen teilt. Jeder Zeitpunkt hat für Jeden nicht nur dadurch einen anderen Sinn, daß er selbstverständlich von Jedem in individueller Färbung erlebt wird, sondern – als wirklicher „Zeitpunkt", unterhalb alles Individuellen – schon dadurch, daß das gleiche Jahr für einen Fünfzigjährigen ein anderer Zeitpunkt *seines* Lebens ist, als für einen Zwanzigjährigen ...". Für die Kunstgeschichte wird deshalb gefordert, den Zeitbegriff, „jenen kalten Begriff der objektiven Strecke durch den lebenswarmen der subjektiv verschiedenen Zeiten" differenzierend aufzulösen, um den kunsthistorischen Zeitpunkt dann „synthetisch wieder als das sehen zu können, was er geschichtlich ist: mehr-, nicht eindimensional."[19] Pinders Anliegen, die Struktur geschichtlicher Zeiten über „ihre Struktur aus Generationen und Geburtsintervallen" unter Hinzuziehung der Bedeutung des Lebensalters zu erfassen, mündet in den Begriff der „generativen Entelechien". Er ist dem eigenwilligen Versuch entsprungen, der Reduktion von Kunstgeschichte auf Geistesgeschichte und historischer Psychologie entgegenzutreten ohne ihr den Gegenstand zu nehmen. „Wer sich nicht klar macht, daß z.B. Feuerbach und Puvis eine andere *Generation* sind als Marées und Cézanne, Menzel und Courbet wieder eine andere, Hodler und van Gogh wieder eine andere – der kommt zu der Vorstellung eines Nebeneinanders von Richtungen, schließlich zu der des Chaos, wo doch in Wahrheit ein rhythmisch geordnetes Nacheinander steht."[20]

Während sich die biologische Fundierung der Generationsentelechien desavouiert hat, blieb das Plädoyer für ein in musikalischer Analogie konzipiertes „polyphones Geschichtsdenken", gekoppelt an den Begriff der Ungleichzeitigkeit, wirkungsmächtig. Die ungeklärte Frage nach dem Verhältnis von objektiver Zeit und subjektiven Zeithorizonten ist gewissermaßen der Stachel, der nicht nur die Vorstellung einer einheitlichen, homogenen Geschichtszeit irritierte, sondern auch auf die epistemologische Problematik der Konstitution von Geschichte überhaupt verweist.

Wir hatten gesehen: Eine Verschiebung im Begriff der Ungleichzeitigkeit korrespondiert mit der Ablösung evolutionistischer Theorien, die das Problem der (räumlichen) Verschiedenheit von Kulturen zu einem temporalen Problem der geschichtlichen Entwicklung gemacht haben, durch Differenzierungsleistungen, die schließlich in strukturell-funktionale Ansätze münden. Sie erheben den Anspruch, die geschichtsphilosophischen Konnotationen des Begriffs Ungleichzeitigkeit überwunden zu haben. Das lineare Entwicklungsschema ist aus den Angeln gehoben, die homogene Geschichtszeit diversifiziert.[21] Ungleichzeitigkeit bezeichnet nun ein dynamisches Gefüge von Strukturen, die sich auf Grund ihrer Eigenzeiten, ihr je verschiedenen Veränderungsgeschwindigkeiten, gegeneinander verschoben haben.

Ein Beispiel mag demonstrieren, daß dieser Anspruch seiner Einlösung harrt. Der Gedanken der Ungleichzeitigkeit kann die geschichtsphilosophische Erblast nicht abschütteln.

William F. Ogburn hat sich durch die Wahrnehmung von in ungleichen Zeiträumen vor sich gehenden sozialen Veränderungen zu einer Theorie des „cultural lag" inspirieren lassen und damit auf ein essentielles Motiv des Theorems der Ungleichzeitigkeit zurückgegriffen: Verspätung. „Ein *cultural lag* tritt ein", definiert Ogburn, „wenn von zwei miteinander in Wechselbeziehung stehenden Kulturelementen das eine sich früher oder stärker verändert als das andere und dadurch das

---

[19] ebenda, S. 35
[20] ebenda, S. 92 f
[21] Beispielhaft bei Fernand Braudel. Vgl.: Histoire et sciences sociales. La longue durée. Annales 13 (1958), S. 725-753

zwischen ihnen bisher vorhandene Gleichgewicht stört."[22] Die Elemente werden dabei freilich als vorab in einer Anpassungsrelation stehend aufgefaßt. Um nun Dysfunktionen, anomische Wirkungen oder Verspätungen zu identifizieren, muß daher eine optimale Systemleistung vorausgesetzt werden – bei Ogburn in Kategorien der Anpassung gedacht - , an der gemessen zeitliche Brüche, Diskontinuitäten oder Verspätungen diagnostiziert werden können. Die funktionalistische Sicht verschleiert die normativen sowie temporalen Implikationen des Begriffs Anpassung; sie verschleiert das unterstellte Maß, von dem her Verspätungen überhaupt erkennbar werden.

Das Beispiel exemplifiziert die dem Begriff Ungleichzeitigkeit inhärente Paradoxie. Er muß die Zeitvorstellung, die er zu dementieren sucht, in Anspruch nehmen: eine in gewisser Weise überhistorische Kontinuität der Zeit. Mit dem Begriff der Ungleichzeitigkeit wird versucht, eine Abweichung vom Richtmaß der Zeit zu artikulieren. Dessen Konstruktion steht aber selber unter Legitimationsdruck.

Ich hatte eingangs auf die Pointe von Odo Marquard verwiesen – Geschichtsphilosophie ist nicht ohne den Abschied von ihr. Die Problematik der Ungleichzeitigkeit zeigt: es ist kein Abschied von der Geschichtsphilosophie ohne ihre Heimholung, ohne genuin geschichtsphilosophische Denkfiguren in zeittheoretischer Begrifflichkeit. Ungleichzeitigkeit markiert eine Problematisierungsschwelle hinsichtlich des Zeitdenkens selbst.

---

[22] William F. Ogburn: Cultural Lag as Theory, in: Sociology and Social Research, Vol. 41, Jan./Feb. 1957, S. 167-174, hier: Die Theorie des „Cultural Lag",in: Sozialer Wandel. Zivilisation und Fortschritt als Kategorien der soziologischen Theorie. Hrsg. Von Hans Peter Dreitzel. Neuwied/Berlin 1967, S. 328

**Workshop 26
Kulturtheorie**

Franz-Peter Burkard

"Aus der Perspektive des Eingeborenen".
Probleme der ethnologischen Hermeneutik bei Clifford Geertz

> "Nicht einmal der intelligenteste Eingeborene besitzt eine klare Vorstellung davon, daß das Kula ein großes organisiertes soziales Gebilde ist, und dessen soziologische Funktion und dessen Auswirkungen kennt er noch viel weniger. ... Das Zusammenfügen aller beobachteten Einzelheiten, die Herstellung einer soziologischen Synthese aller verschiedenen, relevanten Symptome ist Aufgabe des Ethnographen." (Malinowski 1979, 116)

In diesem Malinowski-Zitat aus den "Argonauten des westlichen Pazifik" (1922) kommt das bis heute in der Ethnologie und den Sozialwissenschaften aktuelle Problem des Verhältnisses von Innen- und Außenperspektive, von emischer oder etischer Zugangsweise deutlich zum Ausdruck. Malinowski war es auch, der mit Nachdruck gefordert hat, daß das Ziel der Feldforschung darin bestehen müsse

> "... den Standpunkt des Eingeborenen, seinen Bezug zum Leben zu verstehen und sich *seine* Sicht *seiner* Welt vor Augen zu führen." (Malinowski 1979, 49)

Damit sollte zunächst nur deutlich gemacht werden, daß der Ethnograph nicht sein Verständnis kultureller Institutionen (und seine Bewertung) auf die Verhältnisse vor Ort übertragen darf, sondern durch Beobachtung und Befragung sich ein möglichst getreues Bild von der fremden Kultur machen soll, so wie er sie vorfindet. Die Frage, die dabei offen bleibt, ist aber, welchen Stellenwert die "Perspektive des Eingeborenen" auf seine eigene Kultur hat, wenn, wie Malinowski behauptet, die Mitglieder der Kultur selbst keine Vorstellung von den soziologischen Gesamtzusammenhängen haben. Malinowski schlägt eine "synthetische" Darstellungsweise vor, die von der emischen zur etischen Perspektive wechselt und so die Beobachtungsdaten von außen mit den intentionalen Daten der Handelnden in Verbindung bringt.[1] Auf diese Weise meint Malinowski ein möglichst vollständiges und adäquates Verständnis der anderen Kultur erreichen zu können.

Die sich dabei ergebenden hermeneutischen Probleme hat Malinowski in Ansätzen bereits selbst gesehen, in ihren Konsequenzen allerdings nicht weitergehend verfolgt. Dies blieb der seit den 70iger Jahren verstärkt einsetzenden Diskussion vorbehalten, die zum einen mit dem Schlagwort der "Krise der ethnographischen Repräsentation" und zum anderen mit der "Writing Culture Debatte"[2] verbunden ist.

---
[1] Vgl. F. Kramer, in: Malinowski 1979, 561
[2] Vgl. hierzu den von J. Clifford und G. Marcus herausgegebenen, wegweisenden Sammelband "Writing Culture" (Berkeley u.a. 1986)

Die hermeneutische Reflexion in der Ethnologie setzt vor allem an drei problematischen „Schnittstellen" an:
– Der Erhebung der Daten, bei der die beiden Vorgehensweisen der „reinen" Beobachtung und der Befragung von Informanten zu unterscheiden sind,
– dem Übergang von Einzeldaten zu generalisierenden Aussagen (also der Theoriebildung),
– und dem Vorgang der Textualisierung, als dem Schritt von der Feldforschung zum Schreiben einer Ethnographie.

Clifford Geertz als wohl der bekannteste Vertreter der interpretativen Ethnologie hat nicht nur der hermeneutischen Selbstbesinnung des Faches entscheidende Anregungen gegeben, sondern er wurde auch zugleich ihr beliebter Gegenstand, insofern seine eigenen Ethnographien „Opfer" einer kritischen Dekonstruktion wurden, indem sie an den theoretischen Vorgaben gemessen wurden, die er selbst aufgestellt hat.
Geertz bestimmt Kultur als „Bedeutungsgewebe", dessen Erfassung und Darstellung Aufgabe der Ethnologie ist.

> "Ich meine mit Max Weber, daß der Mensch ein Wesen ist, das in selbstgesponnene Bedeutungsgewebe verstrickt ist, wobei ich Kultur als dieses Gewebe ansehe. Ihre Untersuchung ist daher keine experimentelle Wissenschaft, die nach Gesetzen sucht, sondern eine interpretierende, die nach Bedeutungen sucht." (Geertz 1987, 9)

Bedeutungen zeigen sich nur innerhalb von Kontexten. Nichts hat eine Bedeutung an sich, sondern nur aufgrund der Bezüge, in denen es steht. Das solche Bedeutungen herausstellende ethnographische Verfahren nennt Geertz mit einem von Gilbert Ryle übernommenen Begriff „dichte Beschreibung". An einem Beispiel erläutert er den Unterschied zwischen dünner und dichter Beschreibung: Die dünne Beschreibung einer Körperbewegung: "schnell das rechte Augenlid bewegen", läßt uns völlig darüber im Unklaren, ob es sich um ein (unwillkürliches) Zucken, ein informierendes Zwinkern oder etwa eine Parodie handelt, mit der jemand einen anderen nachahmt (Geertz 1987, 10ff.). Was dieser Vorgang bedeutet, ist erst mit Bezug auf den Situationszusammenhang interpretierbar, den Zweck der Handlung und den jeweiligen kulturellen Hintergrund, innerhalb dessen es etwa den gesellschaftlich festgelegten Code „Zwinkern" geben muß.
Das Erkennen von Bedeutungen ist daher nur möglich im aktiven Herstellen von Bezügen oder anders gesagt: Bedeutungen existieren nur innerhalb einer Deutung. Die Interpretation einer Kultur ist in diesem Sinne immer eine Konstruktion, nicht ein einfaches passives Abbilden. Geertz hat folgende Merkmale einer ethnographischen Beschreibung herausgehoben (Geertz 1987, 30):
– Sie ist deutend,
– sie deutet den Ablauf des sozialen Diskurses,
– sie hält diesen Diskurs fest (schreibt ihn nieder).

Die Deutung beruht zum einen auf den eigenen Beobachtungen des Ethnographen, zum anderen auf den Bedeutungszuschreibungen, die die Mitglieder der betreffenden Kultur selbst vornehmen. Wie Malinowski hält Geertz daran fest, daß es die Aufgabe der Ethnologie ist, „die Dinge aus der Perspektive des Eingeborenen zu betrachten" (Geertz 1987, 290):

> „Statt zu versuchen, die Erfahrungen anderer in den Rahmen unserer Vorstellungen einzuordnen ... müssen wir, um zu einem Verstehen zu gelangen, solche Vorstellungen ablegen und die Erfahrungen anderer Leute im Kontext ihrer eigenen Ideen ... betrachten." (Geertz 1987, 294)

Dabei ergibt sich als erstes Problem, wieweit es überhaupt möglich ist, die Bedeutungszuschreibungen anderer (vollständig) zu verstehen. Der Ethnograph bringt seine eigenen Deutungsmuster mit, ohne die er seine Beobachtungen und die Aussagen der Einheimischen gar nicht einordnen könnte. Ereignisse, Handlungen und Vorstellungen bestehen nicht isoliert, sondern sind Bestandteil einer Lebenswelt, innerhalb derer sie bedeutungshaltig sind. Die Frage ist, wie umfassend man diese Lebenswelt für ein adäquates Verständnis teilen muß. Zwar ist Geertz insofern optimistisch, als er davon ausgeht, daß „es nicht nötig ist, alles zu wissen, um etwas zu verstehen" (Geertz 1987, 29), andererseits wenn ich nicht weiß, was ich nicht weiß, dann weiß ich eben auch nicht, ob ich es hätte wissen müssen, um etwas zu verstehen.

Da nichts eine Bedeutung an sich hat und im Prinzip unendlich viele Bezüge hergestellt werden können, läßt sich die Bedeutung, die etwas für jemanden haben kann, nie vollständig erfassen. Das gilt im übrigen natürlich nicht nur für andere Kulturen, sondern für jegliches Verstehen. Der Unterschied ist allerdings, daß sich unter den Mitgliedern einer Kultur aus der Praxis einer gemeinsam geteilten Lebenswelt eine funktionierende Interaktion ergibt, auch ohne daß man im einzelnen alles verstehen müßte.

Der lebensweltlichen Gebundenheit von Bedeutungen entspricht auch, daß Geertz das Verstehen als Übersetzen von Bedeutungsbezügen von einem Kontext in einen anderen begreift, nämlich „...als die Repräsentation der einen Art von Leben in den Kategorien einer anderen" (Geertz 1993, 139). Die Möglichkeit des Übersetzens setzt allerdings voraus, daß die Bedeutungszuschreibungen der einen Kultur im Symbolsystem der anderen adäquat nachbildbar sind. Was für diese Möglichkeit spricht, ist das Vorhandensein gewisser universaler Anthropologica, was dagegen spricht ist, daß die konkrete Aktualisierung dieser menschlichen Gemeinsamkeiten immer im Rahmen einer ganz bestimmten, je unterschiedlichen Kultur und Lebenswelt geschieht und damit in ihrem Bedeutungsgehalt verschieden geprägt ist.

Eine Beschreibung „aus der Perspektive des Einheimischen" kann also nicht eine einfache Wiederholung dessen sein, was die Einheimischen sagen und wie sie ihr Handeln und Leben deuten (schon allein wegen der unterschiedlichen Sprache), sondern muß eine Neukonstruktion sein, mit den Mitteln, die das eigene Bedeutungssystem zur

Verfügung stellt. Der Ethnograph will das, was geschieht, für sich und die Mitglieder seiner Kultur (seine Leser) verstehbar machen.

Beschreibungen sind somit Interpretationen, sie sind nach Geertz „Fiktionen" (im Sinne von Hergestelltem, Gemachtem) und überdies solche zweiter Ordnung, da sie sich wiederum auf Aussagen von Einheimischen stützen, die darin selbst eine jeweilige Interpretation ihrer Kultur liefern. Das heißt,

> "...daß nämlich das, was wir als unsere Daten bezeichnen, in Wirklichkeit unsere Auslegungen davon sind, wie andere Menschen ihr eigenes Tun und das ihrer Mitmenschen auslegen..." (Geertz 1987, 14)

Das zweite Problem ergibt sich im Rahmen universalisierender Aussagen über eine Kultur. Welchen Stellenwert hat die indigene Interpretation der eigenen Kultur im Verhältnis zu derjenigen, zu der der Ethnologe aufgrund seiner „Daten"-Erhebung gelangt? Können die Einheimischen nicht selbst am besten über ihre Kultur Aufschluß geben?

> „In gewissem Sinne weiß das natürlich niemand besser als sie selbst ... Genauer besehen ist diese Binsenweisheit jedoch schlechtweg falsch. Die Leute verwenden ihre erfahrungsnahen Begriffe spontan und ohne sich dessen bewußt zu sein." (Geertz 1987, 292)

Hier vertritt Geertz also offensichtlich den gleichen Standpunkt wie Malinowski. Die Angehörigen einer Kultur können die Regeln ihrer sozialen Institutionen anwenden, ohne ihr Prinzip zu kennen und die soziale Funktion theoretisch beschreiben zu können. Nun ist dies allerdings nicht eigentlich ein Unterschied zwischen Einheimischen und Ethnographen, sondern einer der eingenommenen Perspektive, nämlich der Innen- oder Außensicht, und diese verschiedenen Perspektiven können wir genauso in Bezug auf unsere eigene Kultur einnehmen. Der Ethnograph fungiert lediglich als berufsmäßiger „Etiker". Die Differenz zwischen Innen- und Außenperspektive entsteht aus dem unterschiedlichen System, innerhalb dessen jeweils Bedeutungszuschreibungen vorgenommen werden, dem des Alltags oder dem einer Wissenschaft (der Ethnologie, Soziologie, Psychologie etc.). Die Tätigkeit der Ethnographie besteht daher darin, die alltäglichen Bedeutungszuschreibungen („erfahrungsnahen Begriffe") in das wissenschaftliche System „erfahrungsferner Begriffe" zu bringen. Ihr Ziel ist

> „Vorstellungen zu begreifen, die für ein anderes Volk erfahrungsnah sind, und zwar so gut, daß man sie in eine aufschlußreiche Beziehung zu jenen erfahrungsfernen Vorstellungen setzen kann, die Theoretiker entwickelt haben, um allgemeine Kennzeichen sozialen Lebens zu erfassen..." (Geertz 1987, 292)

Aus diesem Grund sind die Bedeutungszuschreibungen, die die Einheimischen selbst vornehmen, zwar der Gegenstand der Ethnologie, aber nicht ihr Ziel bzw. maßgebend für ihr Ergebnis, weil diese eben nicht Bedeutungszuschreibungen innerhalb eines wissenschaftlichen Systems sind.

Was die Erfassung der erfahrungsnahen Vorstellungen betrifft, so wendet sich Geertz gegen jede Form einer Diltheyschen „Einfühlungshermeneutik". Es geht nicht darum, sich in die anderen hineinzuversetzen („die darauf ohnehin keinen besonderen Wert legen, da sie, wie wir alle, ihre Seele lieber als ihre eigene Angelegenheit betrachten" Geertz 1987, 292), weil Kultur für Geertz nichts ist, was sich in den Köpfen abspielt, sondern öffentlich zu Tage liegt.

> „Kulturelle Handlungen – das Bilden, Auffassen und Verwenden symbolischer Formen – sind soziale Ereignisse wie all die anderen auch; sie sind ebenso öffentlich wie eine Heirat und ebenso beobachtbar wie etwa die Landwirtschaft." (Geertz 1987, 50)

Kultur besteht im öffentlichen Austausch von Bedeutungsträgern und dieser Vorgang ist deshalb vom Ethnologen beobachtbar. Im Anschluß an Paul Ricoeur[3] begreift Geertz Kultur als einen Text, der entziffert werden muß.

> „Ethnographie betreiben gleicht dem Versuch, ein Manuskript zu lesen (im Sinne von „eine Lesart entwickeln"), das fremdartig, verblaßt, unvollständig, voll von Widersprüchen, fragwürdigen Verbesserungen und tendenziösen Kommentaren ist, aber nicht in konventionellen Lautzeichen, sondern in vergänglichen Beispielen geformten Verhaltens geschrieben ist." (Geertz 1987, 15)

Das Entscheidende an der Text-Analogie ist, daß ein Text (im Unterschied zum gesprochenen Wort oder zum flüchtigen Ereignis) sich von den unmittelbaren Intentionen des Autors löst und nun eigenständig existiert. Sein Bedeutungsgehalt ist dann nur noch abhängig von der Menge möglicher Deutungen durch seine Interpreten. Dies erlaubt Geertz, Kultur – als kollektiver Text – „über die Schulter" der Akteure zu lesen (Geertz 1987, 259) und über deren unmittelbar greifbare Intentionen hinaus zu interpretieren. Der Ethnograph entwickelt seine „Lesart" dieses flüchtigen Textes und schreibt sie nieder. Was den vergänglichen Augenblick überdauert, ist nun das im ethnographischen Text festgehaltene Bild dieser Kultur.

Geertz Vorgehensweise soll kurz am Beispiel seiner berühmten Darstellung des Balinesischen Hahnenkampfes veranschaulicht werden. Geertz interpretiert den Hahnenkampf als ein Schauspiel, das den Balinesen einen (zentralen) Aspekt ihrer Kultur vorführt. Wesentlich für das Verständnis ist das System der Wetten, die auf den Ausgang des Kampfes abgeschlossen werden und bei denen es nach Geertz nicht auf den materiellen Gewinn ankommt. Durch die dabei eingegangenen Allianzen werden vielmehr soziale Statusunterschiede zur Darstellung gebracht, der einzelne wirft sein öffentliches Selbst ins Spiel (Geertz 1987, 232). In der Verbindung zu dem blutigen Schauspiel in der Arena wird dem Teilnehmer der von der balinesischen Kultur ansonsten eher unterdrückte emotionale Aspekt dieses Selbst vor Augen geführt. Der balinesische Mann (nur Männer nehmen am Hahnenkampf teil) wird so mit den "dunklen Mächten", der Ambivalenz seiner Existenz konfrontiert.

---

[3] Geertz 1987, 28. Siehe dazu Ricoeur 1978.

> „Im Hahnenkampf verschmelzen Mensch und Tier, Gut und Böse, Ich und Es, die schöpferische Kraft erregter Männlichkeit und die zerstörerische Kraft entfesselter Animalität in einem blutigen Schauspiel von Haß, Grausamkeit, Gewalt und Tod." (Geertz 1987, 213)

Der Hahnenkampf ist ein kollektiver Text, der von "Wut, Stolz, Verlust, Gnade und Glück" spricht, und der darin ausbuchstabiert ist, "daß ein Hühnervieh ohne Sinn und Verstand ein anderes in Fetzen hackt." (Geertz 1987, 254)

Die zahlreiche Kritik an Geertz Interpretation richtet ihren Schwerpunkt gegen seine autoritative Darstellungsform. Nach einer einführenden Episode, die der Herstellung der "Ich war einer von ihnen"-Authentizität dient, verschwindet der Ethnograph fast vollständig aus dem Text, ebenso wie die verschiedenen Balinesen, die als Informanten gedient haben müssen. Von nun an beginnt das Schauspiel Kultur, das Geertz als Regisseur in Szene setzt: wir erfahren nirgends, wie plausibel einzelne Balinesen Geertz' Deutung ihres Hahnenkampfes empfinden, wo es doch eine Geschichte sein soll, die die Balinesen sich selbst erzählen, um etwas über ihre Emotionen zu erfahren. Es tauchen keine verschiedenen Varianten von balinesischen Deutungen auf, die es wohl geben dürfte. Unterschiedliche Stimmen verschwinden in einem homogenen Text, der nur noch einen generalisierten Autor hat: die Balinesen, und einen Interpreten: Geertz. Die hermeneutische Prämisse, Kultur als Text zu betrachten, legitimiert dieses Verfahren: der kulturelle Text hat eine Bedeutungsfülle, die dem Urheber, in diesem Fall den Akteuren des Hahnenkampfes, nicht bewußt zu sein braucht, und die der Interpret „über deren Schultern hinweg" offenlegen kann. Daß dabei die Deutungsmuster des Interpreten (und nicht unbedingt die der Einheimischen) zugrundegelegt werden, wird nicht nur in Kauf genommen, sondern ist letztlich intendiert: Geertz erzählt seine Geschichte nicht den Balinesen, sondern uns, sie soll dem westlichen Leser etwas sagen. Daher werden auch explizite Bezüge zu unseren kulturellen Deutungsmustern hergestellt.

> „So ermöglicht es der endlose, endlos neuinszenierte Hahnenkampf dem Balinesen, eine Dimension seiner Subjektivität zu entdecken - ähnlich wie bei uns die wiederholte Lektüre von *Macbeth*." (Geertz 1987, 256)

Damit wird suggeriert, daß es sich um die gleichen, westlich vertrauten psychologischen Verhaltensmuster handelt, was eben erst einmal die Frage wäre. Um den Ethnozentrismus zu vermeiden, propagieren neue Darstellungsformen in der Ethnographie eine Polyphonie, die verschiedene Sichtweisen zur Geltung bringen soll und der Interpretation des Ethnographen die von Mitgliedern der betreffenden Kultur zur Seite stellt.

Damit wäre auch der Punkt erreicht, an dem der Blick auf den Ethnographen als Autor fällt. Geertz' Satz „Was macht der Ethnograph? Antwort: er schreibt" (1987, 28) rückt ein hermeneutisches Problem in den Mittelpunkt, das bislang eher ausgeblendet wurde.

Das Schreiben einer Ethnographie ist nicht einfach eine Eins-zu-Eins Wiedergabe der Feldforschung, sondern ein eigenständiger, produktiver oder besser: konstruierender Vorgang.

Dieser ist zum einen geprägt von den schreibimmanenten Bedingungen der Erstellung eines glaubwürdigen und kohärenten Textes, zum anderen von denen der Rezeption. Bedenkt man, daß die Feldforschung in hohem Maße von subjektiven Umständen abhängig ist (der Person des Ethnographen, den zufällig stattfindenden Ereignissen, welche Informanten man bekommt und was sie erzählen, wieweit man Zugang zur jeweiligen Kultur erhält), dann ist ein wesentlicher Aspekt beim Verfassen einer Ethnographie die Sicherung der Authentizität dessen, worüber man schreibt, gegenüber denen, die darüber lesen. Etliche stilistische Mittel und Schreibkonventionen dienen denn auch der Bestätigung des „Ich war dort", „Ich war einer von ihnen", „Ich bin der legitime Sprecher dieser Kultur".[4] Hinzu kommt, daß die Feldforschung selbst immer etwas Unabgeschlossenes, Vorläufiges bleibt, während der Text ein abgeschlossenes Ganzes, Endgültiges darstellt. Die Kohärenz der fertigen Ethnographie verschleiert, daß sie lediglich auf vorläufigen Interpretationen beruht und „die Seltsamkeit des Konstruierens von vorgeblich wissenschaftlichen Texten aus Erfahrungen, die im weitesten Sinne biographisch sind" (Geertz 1993, 18).

Es besteht daher ein Bruch zwischen den unterschiedlichen Bedingungen des „Dort-seins" (der Feldforschung) und des „Hier-seins" (des Autor- bzw. Wissenschaftler-Seins), der nicht nur in den verschiedenen Methoden der Interpretation von Beobachtungen vor Ort und dem Schreiben einer Ethnographie liegt, sondern auch in der unterschiedlichen Lebenswelt dort, wo man forscht, und hier, wo man schreibt.

> „Wie weit entfernt von den Hainen der akademischen Welt Anthropologen sich ihre Untersuchungsgegenstände auch suchen mögen ... sie schreiben ihre Berichte eingebettet in die Welt der Lesepulte, Bibliotheken, Wandtafeln und Seminare. Das ist die Welt, die Anthropologen hervorbringt, die ihnen gestattet, die Art von Arbeit zu tun, die sie tun, und in der die Art von Arbeit, die sie tun, einen Ort finden muß, wenn sie Aufmerksamkeit erringen soll." (Geertz 1993, 127)

Wenn Ethnographien keine realistischen Repräsentationen sein können, weil das Beschreiben einer Kultur immer interpretativ ist, dann kann der Erkenntnisfortschritt auch nicht in „realistischeren" Repräsentationen liegen. Liegt eine Interpretation vor, dann kann sie nur durch eine andere Interpretation ersetzt, erweitert oder korrigiert werden. Die Kriterien für eine plausiblere Interpretation sind selbst wiederum Inhalt einer hermeneutischen Selbstvergewisserung einer Wissenschaft und sie sind ihrerseits kultur- und zeitabhängig. Das Ziel liegt für Geertz daher letztlich in der „Erweiterung des Diskursuniversums", in der Fähigkeit des Sprechenkönnens über Möglichkeiten des Menschseins (Geertz 1987, 20). Ein abschließender Konsens läßt sich weder in der

---

[4] Zur Analyse dieser Schreibkonventionen vgl. Clifford 1993 und Marcus/Cushman 1982

Ethnologie noch in anderen auf Interpretationen gründenden Geisteswissenschaften erreichen.

„Ethnologie, zumindest die deutende Ethnologie, ist eine Wissenschaft, deren Fortschritt sich weniger in einem größeren Konsens als in immer ausgefeilteren Debatten zeigt. Was sich entwickelt, ist die Präzision, mit der wir einander ärgern." (Geertz 1987, 42)

Literatur:

Berg, E./Fuchs, M. (Hg.): Kultur, soziale Praxis, Text. Die Krise der ethnographischen Repräsentation. Frankfurt 1993

Burkard, F.-P.: Malinowskis unartige Kinder. Hermeneutische Probleme in der Ethnologie. In: D. Lüddeckens (Hg.): Begegnung von Religionen und Kulturen. Dettelbach 1998. S. 35-58

Clifford, J.: Über ethnographische Autorität. In: Berg/Fuchs (Hg.) 1993. S. 109-157

Clifford, J./Marcus, G. E. (Hg.): Writing Culture. The Poetics and Politics of Ethnography. Berkeley u.a. 1986

Geertz, C.: The Interpretation of Cultures. Selected Essays. New York 1973

Geertz, C.: Local Knowledge. Further Essays in Interpretative Anthropology. New York 1983

Geertz, C.: Dichte Beschreibung. Beiträge zum Verstehen kultureller Systeme. Frankfurt 1987

Geertz, C.: Die künstlichen Wilden. Der Anthropologe als Schriftsteller. Frankfurt 1993

Gottowik, V.: Konstruktionen des Anderen. Clifford Geertz und die Krise der ethnographischen Repräsentation. Berlin 1997

Malinowski, B.: Argonauten des westlichen Pazifik. Frankfurt 1979

Marcus, G./Cushman, D.: Ethnographies as Texts. In: Annual Review of Anthropology 11 (1982). S. 25-69

Ricoeur, P.: Der Text als Modell: hermeneutisches Verstehen. In: Gadamer, H.-G./ Boehm, G. (Hg.): Die Hermeneutik und die Wissenschaften. Frankfurt 1978. S. 83-117

Rudolph, J.: Was ist "dichte Beschreibung"? In: kea. Zeitschrift für Kulturwissenschaften 4 (1992). S. 39-62

Schneider, M.: Culture-as-text in the work of Clifford Geertz. In: Theory and Society 16 (1987). S. 809-839

Wolff, S.: Die Anatomie der dichten Beschreibung. In: J. Matthes (Hg.): Zwischen den Kulturen? Göttingen 1992. S. 339-361

Überlieferungskultur und Methoden der Wahrheitsfindung.
Die Rolle des Dialogs

HD Dr. Eva–Maria Engelen

Es gibt eine Kultur philosophischer Tradition oder Überlieferung, die selbst Bestandteil des Philosophierens ist. Sie beginnt bei Platon und reicht bis Wittgenstein. Die Kultur der philosophischen Tradition hat bei diesen Philosophen Anteil an der Wahrheitsfindung. Ein „Instrument" dieser Kultur der Tradition ist der Dialog, in dessen Verlauf auch Kriterien der Identität herausgearbeitet werden.

Kriterien stehen nicht naturgegeben fest, sondern werden entwickelt oder „entdeckt" und sie spiegeln sich im Sprachgebrauch wider. Sprache wird in einer Kultur "ererbt" und mit ihr die in ihr enthaltenen Identitätskriterien. Aufgabe der Philosophie ist es, derartige Identitätskriterien im Dialog aufzudecken. Insofern reflektiert die Philosophie stets den in der tradierten Sprache vorhandenen Wissensstand, wofür sie ihrerseits ihre (eigenen) Methode der Reflexion tradieren muß, damit das Vermögen, diesen Wissensstand aufzudecken und zu hinterfragen nicht wieder verlorengeht.

Die Kultur der philosophischen Tradition hat mithin auf zwei verschiedenen Ebenen Anteil an der Wissens– oder Wahrheitsfindung und Wahrheitsvermittlung: Zum einen, indem die in der Sprache enthaltenen Identitätskriterien über den Spracherwerb, der selbst ein Mittel der Überlieferung ist, weitergegeben werden; und zum anderen, indem die Methode der Reflexion auf diese Identitätskriterien und deren Geltung vermittelt wird.

Es dürfte kein Zufall sein, daß ein wichtiges Instrument der Methode dieser Reflexion der Dialog ist. Denn er ermöglicht, die von einem Dialogpartner aufgebrachten Kriterien und Behauptungen zu hinterfragen. In einer Kultur, die den Dialog als ein Instrument der Methode der Reflexion Ernst nimmt, wie etwa Platon es tut, lernen und lehren wir unaufhörlich, hören zu, sagen weiter und erklären einander Zusammenhänge.[1] Der Dialog ermöglicht es zudem, Identitätskriterien aufzudecken, derer wir uns nicht bewußt waren, und zugleich auch ihre Geltung zu hinterfragen, d.h. die Wahrheitsfrage zu stellen. Diese Art und Weise, einen

---

[1] St. Cavell, Wittgenstein als Philosoph der Kultur, in: DZPhil. 46 (1998) 1, S. 3–29 hier S. 29. (Engl. Titel: Declining Decline, in: ders., The Cavell Reader, hg. v. St. Mulhall, Cambridge Mass./Oxford 1996, 321–352.) Cavell sagt Ähnliches in Bezug auf Wittgenstein. Wittgensteins Dialoge sind jedoch genau wie Augustins Dialoge eher Selbstgespräche, denn echte Dialoge. Bei beiden Autoren wäre jedoch genau zu klären, um welche Art des Gesprächs es sich handelt, so wird in bezug auf Augustin beispielsweise die durchaus plausible These vertreten, daß es sich bei den „Confessiones" um ein Gespräch mit Gott handelt. Vgl. R. Herzog, Non in sua voce – Augustins Gespräch mit Gott in den „Confessiones", in: Das Gespräch, hg. v. K. Stierle u. R. Warning, München 1984, S. 213–250.

Dialog zu führen, muß als <u>Weise</u> des Philosophierens jedoch ihrerseits überliefert werden, sie ist Teil einer spezifischen Kultur des Philosophierens und ermöglicht die Tradierung des Wissens durch den Dialog und damit auch die Tradierung des Wissens, wie ein solcher Dialog zu führen ist.

Im folgenden soll mittels eines Textbeispieles aus Platons „Symposion" (sowie im weiteren mittels eines Beispiels aus Wittgensteins „Philosophischen Untersuchungen") dargelegt werden, wie sich das soeben Dargelegte im philosophischen Dialog zwischen Sokrates und Diotima zeigt.

„Aber vom Eros hast du zugegeben, daß er aus Mangel an dem Guten und Schönen eben das begehrt, dessen er bedarf. – Ja, das gab ich zu. – Wie konnte nun der ein Gott sein, der keinen Teil an Schönem und Gutem hat? – Auf keine Weise wie es scheint. – Siehst du nun, sagte sie, daß auch du den Eros nicht für einen Gott hälst? – Was mag denn nun der Eros sein? fragte ich; ein Sterblicher? – Keineswegs. – Aber was eigentlich? – Wie vorhin, sagte sie, mitten zwischen dem Sterblichen und Unsterblichen. – Was also, Diotima? – Ein großer Dämon, Sokrates; denn der ganze Bereich des Dämonischen steht auf der Mitte zwischen Gott und Sterblichem.[2]

In dem zitierten Abschnitt werden mehrere Identitätskriterien angeführt; es soll jedoch nur auf eine Identität näher eingegangen werden, nämlich auf diejenige, die mit der Frage verbunden ist, wann ein Wesen ein Gott oder eine Göttin ist und wann nicht. Der Text enthält zu dieser Bestimmung zwei Kriterien: 'Ein x ist ein G', wenn es unsterblich ist und mit Schönem und Guten begabt ist.

Diotima und Sokrates einigen sich im Dialogausschnitt also darauf, daß ein Gott ein Wesen ist, daß (notwendigerweise) unsterblich ist <u>und</u> (notwendigerweise) mit Schönem und Guten begabt ist, denn ein sterbliches Wesen ist kein Gott und ein Wesen, dem Schönheit fehlt und das am Guten nicht teilhat, ist auch kein Gott. Die beiden Bedingungen müssen demnach zusammen erfüllt sein, damit ein 'x ein G ist'. An diesem Beispiel läßt sich auch zeigen, daß es sich um Identitätskriterien und nicht um Existenzkriterien handelt, denn Identitätskriterien haben lediglich Erfüllungsbedingungen. Sind die Bedingungen erfüllt, aufgrund derer, x als G bezeichnet wird, ist noch nichts über die Existenz von x ausgesagt. Es ist durchaus möglich, daß die Bedingungen des Kriteriums erfüllt sind, ohne daß eingeschlossen wäre, daß x existiert. Im vorliegenden Fall heißt das, daß ein x ein Gott oder eine Göttin ist, wenn er oder sie unsterblich sowie zudem mit Schönem und Gutem begabt ist.

---

[2] Symposion 202d–e; hg. u. übers. v. F. Boll, bearb. v. W. Buchwald u. R. Nickel, Düsseldorf/Zürich 1998.

Es heißt aber nicht, daß x in dem Sinne existiert, in dem wir von einem Tisch sagen, daß er existiert.

Die notwendige Erfüllung der Bedingungen (Besitz von Unsterblichkeit und Teilhabe an Gutem und Schönem) für die Zuschreibung der Identität als G (=Gott) verweist auf die Wahrheitsfrage: Wenn es so ist, daß ein x, um ein G zu sein, nicht nur unsterblich ist, sondern auch am Schönen und Guten teilhat, dann kann x <u>kein</u> Gott sein, wenn es zwar unsterblich ist, nicht aber am Schönen und Guten teilhat (wie es bei Eros der Fall ist). Die Notwendigkeit oder der Zwang, wie Platon sich ausdrückt,[3] der sich ergibt, wenn der Prämisse A, die besagt, daß ein G am Schönen und Guten teilhat, zugestimmt wurde, ergibt sich aus der Semantik des Begriffes 'Gott'. D.h. wenn der Prämisse A zugestimmt wurde, kann der Folgerung, daß ein x, das nicht am Schönen und Guten teilhat, kein G ist, nicht nicht zugestimmt werden.

Diese Art der Notwendigkeit ergibt sich aus den Erfüllungsbedingungen der Identitätskriterien, die in der Sprache eingelassen sind und kommt erst durch die Begriffsanalyse, die im dialogischen Gespräch erfolgt, an die Oberfläche der Sprache. Die Erfüllungsbedingungen der Identitätskriterien sind ihrerseits aber nicht notwendig, denn ein Gott ist nicht in allen Kulturkreisen ein Wesen, das zugleich unsterblich ist und am Guten und Schönen teilhat. Zumindest die letztgenannte Erfüllungsbedingung würden wir nicht als solche anerkennen. Die Erfüllungsbedingungen der Identitätskriterien und damit natürlich die Identitätskriterien selbst sind also nicht absolut notwendig. Notwendig sind sie nur, wenn sie in einer Kultur anerkanntermaßen gelten, was bedeutet, daß sie sich im Sprachgebrauch widerspiegeln. Ihrer Geltung läßt sich dann nicht widersprechen, ohne gegen die kulturell tradierten Festsetzungen, die in der Sprache eingelassen sind, zu verstossen.[4]

Die Erfüllungsbedingungen der Identitätskriterien, die in der Sprache eingelassen sind, gelangen mithin erst durch Begriffsanalyse im Verlauf des dialogischen Gesprächs an die Oberfläche der Sprache. Die der Argumentation zugrundeliegende wenn–dann–Struktur („wenn Du den Erfüllungsbedingungen des Identitätskriteriums zustimmst, dann mußt Du auch dem Folgenden zustimmen") wird im Dialog hingegen nicht weiter analysiert.

Der Dialog bringt also nicht nur die Identitätskriterien an die Oberfläche der Sprache (was nichts anderes heißt, als daß sie im Dialog explizit gemacht werden), sondern mit diesen auch Wahrheit, denn einer wahren Aussage läßt sich nicht widersprechen, d.h. daß wir ihr notwendigerweise zustimmen müssen. Die Notwendigkeit, der wir uns zu folgen gezwungen

---

[3] Der Wahrheit läßt sich nicht widersprechen (201c), erwidert Sokrates auf Agathon. Dies heißt letztlich jedoch nichts anderes, als daß der Wahrheit gefolgt werden muß.

sehen, wird im Dialog wirksam; wir können uns ihr nicht entziehen, ohne die Grenzen der Sprache, die durch die Offenlegung der Identiätskriterien markiert werden, zu überschreiten. Diese Grenzen sind, dies gilt es zu wiederholen, keine absoluten Grenzen, die für alle Kulturen in derselben Weise gelten, aber es sind die innerhalb des Geltungsbereichs einer Kultur akzeptierten Grenzen. Die Akzeptanz, von der hier die Rede ist, ist jedoch keine ausdrückliche, da die Grenzen nicht selbst wiederum in einem Dialog zur Disposition stehen, sie zeigen sich vielmehr gerade darin, daß sie nicht hinterfragt werden, sondern von den Gesprächspartnern beachtet werden.

Bei Platon wird das Hinterfragen der Geltung der im Dialog diskutierten Kriterien zumeist mit Wendungen wie den folgenden angedeutet: „Ist es nicht so, daß ...", „... oder nicht" oder „..., nicht wahr?", denen der Dialogpartner dann zustimmt und auch zustimmen muß, weil er keine Einwände mehr vorzubringen hat. Es werden solange mehrere Versuche des Hinterfragens unternommen bis Sokrates bei einem Vorschlag angelangt ist, für den sich keine Einwände mehr finden lassen. Wichtig ist dabei, daß der jeweilige Dialogpartner die Vorschläge des Sokrates nicht einfach „abnickt", sondern durch das vorangegangene Frage-Antwortspiel in das Gespräch gedanklich einbezogen wird und so über die zur Debatte stehende Sachfrage weitergehender nachdenkt als er es ohne Sokrates getan hätte.

Die Begriffe 'wahr' und 'Wahrheit' werden also nicht darauf bezogen, daß die Bedingungen der Identitätskriterien empirisch nachprüfbar erfüllt sind (im Beispiel 'unsterblich sein' und 'teilhaben am Guten und Schönen'), sondern auf den Notwendigkeitscharakter der Argumentation im Dialog: „ „ (...) der Wahrheit kannst du nicht widersprechen, lieber Agathon", habe jener gesagt, „denn Sokrates zu widersprechen, wäre gar nicht schwer." „[5]

Daß der Dialog es ermöglicht, Identitätskriterien aufzudecken, derer wir uns nicht bewußt sind, sie gleichzeitig auf ihre Geltung hin zu hinterfragen und damit die Wahrheitsfrage zu stellen, soll auch im folgenden zweiten Teil anhand einiger Textausschnitte aus den „Philosophischen Untersuchungen" Ludwig Wittgensteins gezeigt werden. In den ausgewählten Beispielen wird zum einen nach der Begriffsbestimmung von 'Zahl' und zum anderen nach der Begriffsbestimmung von 'Satz' gefragt.

---

[4] Dies gilt zugegebenermaßen nicht für Platon, für den für die Zuschreibung von Identität auch die Teilhabe an den jeweiligen Ideen, die selbstverständlich nicht kontingent sind, massgeblich ist.
[5] Symposion 201c.

In den Nummern 68 ff. diskutiert Wittgenstein gemeinsam mit einem imaginären Dialogpartner, der zumeist die herrschende philosophische Position der Zeit vertritt, den Begriff der Zahl.

Nr. 68 „Gut; so ist also der Begriff der Zahl für Dich erklärt als die logische Summe jener einzelnen miteinander verwandten Begriffe: Kardinalzahl, Rationalzahl, reelle Zahl, etc., (...)." Dies muß nicht sein. *Denn* ich kann so dem Begriff 'Zahl' feste Grenzen geben, d.h. das Wort „Zahl" zur Bezeichnung eines fest begrenzten Begriffs gebrauchen, aber ich kann es auch so gebrauchen, daß der Umfang des Begriffs nicht durch eine Grenze abgeschlossen ist. (...) Kannst Du Grenzen angeben? Nein. Du kannst welche *ziehen* : denn es sind noch keine gezogen."[6]

Indem Wittgenstein feststellt,, daß man den Begriff der Zahl so – aber auch anders – bestimmern könnte, weil es keine festgelegten Grenzen des Begriffs gibt, will er darauf hinweisen, daß die Grenzen eines Begriffs nicht in einer einzigen Definition ein für alle Mal gegeben sind. Vielmehr stellen wir im Gebrauch der Sprache fest, ob etwas eine Zahl ist und was nicht.

Wittgenstein weist damit zudem darauf hin, daß die Erfüllungsbedingungen dafür, ob etwas ein x ist oder nicht, nicht a priori feststehen. In diesem Sinne gibt es auch keine ein für alle Mal richtige Bestimmung für die Bedeutung eines Begriffs. Im vorliegenden Zusammenhang ist es von Bedeutung, daß der- oder diejenige, die den Begriff benutzen, nicht für sich alleine feststellen können, ob der Begriff richtig verwendet wurde oder nicht. Feststellbar ist dies vielmehr nur im Gespräch mit anderen, denn ob ein Begriff richtig oder falsch verwendet wurde, zeigt sich im Sprachgebrauch, über den eine Sprachgemeinschaft durch Akzeptanz oder Nicht–Akzeptanz des Sprachgebrauchs entscheidet.

Ein weiteres Beispiel in diesem Zusammenhang findet sich fast einhundert Nummern weiter und bezieht sich auf die Frage, was als 'Satz' gilt:

Nr. 136 „Im Grunde ist die Angabe von „Es verhält sich so und so" als allgemeine Form des Satzes das gleiche, wie die Erklärung: ein Satz sei alles, was wahr oder falsch sein könne. Denn statt „Es verhält sich ..." hätte ich auch sagen können: „Das und das ist wahr". (...) Und zu sagen, ein Satz sei alles, was wahr oder falsch sein könne, kommt darauf hinaus: Einen Satz nennen wir das, worauf wir in *unserer Sprache* den Kalkül der Wahrheitsfunktionen anwenden. (...) Es ist also so, als hätten wir einen Begriff von wahr und falsch, mit dessen Hilfe wir nun bestimmen können, was ein Satz ist und was keiner. Was in den Begriff der Wahrheit *eingreift* (...) das ist ein Satz.
Aber das ist ein schlechtes Bild. (...) So wie der Satz, daß nur ein *Satz* wahr sein könne, nur sagen kann, daß wir „wahr" und „falsch" nur von dem prädizieren, was wir einen Satz nennen. Und was ein Satz ist, ist in einem

---

[6] L. Wittgenstein, Philosophische Untersuchungen, Frankfurt 1975.

Sinne bestimmt durch die Regeln des Satzbaus (...), in einem anderen Sinne durch den Gebrauch des Zeichens im Sprachspiel. Und der Gebrauch der Wörter „wahr" und „falsch" kann auch ein Bestandteil dieses Spiels sein; und dann *gehört* er für uns zum Satz (...)."[7]

Ob also etwas eine Zahl oder ein Satz ist, wird nicht (nur) nach festgelegten Definitionen beurteilt, sondern zeigt sich auch im alltäglichen Gebrauch der Sprache. Das bedeutet nicht, daß es keine Identitätskriterien gibt. Mathematiker und Mathematikerinnen verfügen allerdings über festere Grenzen für den Gebrauch des Wortes Zahl als Nicht–Mathematiker. Aber auch die festen Grenzen der Mathematiker und Mathematikerinnen sind keine absolut feststehenden Grenzen. Welche Identitätskriterien Mathematiker und Mathematikerinnen für den Begriff 'Zahl' verwenden, zeigt, sich im Gespräch unter Mathematikern, welche Identitätskriterien Nicht–Mathematiker verwenden, zeigt sich im Gespräch unter Nicht–Mathematikern.

Die Erfüllungsbedingungen dürfen sich innerhalb eines Kulturkreises jedoch nicht widersprechen, d.h. letztlich muß Einigkeit darüber herrschen, was eine Zahl oder ein Satz ist und was nicht. Worin kann diese Einigkeit, die bei Platon im Dialog herausgearbeitet wird, in dessen Verlauf Identitätskriterien als (notwendig) geltend anerkannt werden, jedoch hinsichtlich einer Position bestehen, in der davon ausgegangen wird, daß mehrere Identitätskriterien nebeneinander gelten?

Die traditionelle Auffassung, gegen die sich Wittgenstein im imaginären Dialog wendet, ist die metaphysische. Nach dieser Auffassung gäbe es eine richtige, wahre Bedeutung für jeden Begriff, sie steht a priori fest. Abweichungen von dieser richtigen Bedeutung würden sich daher als falsch herausstellen und wären nicht einfach andere Gebrauchsweisen. Das wohl bekannteste Beispiel für diese Auffassung findet sich in Saul Kripkes „Naming and Necessity". Kripke versucht zu zeigen, daß die Identität von Wasser notwendig durch H_2O festgelegt ist und zwar auch in Zeiten und Welten, in denen das noch unbekannt ist.[8]

Diese Weise, Wasser zu identifizieren, ist allerdings nur eine Weise unter vielen, ihr sind im Spracherwerb zumeist viele andere vorausgegangen. Ob mit dem Wort 'Wasser' jeweils auf dasselbe Bezug genommen wird, läßt sich nicht durch die Angabe einer Definition klären, da verschiedene Definitionen hätten zugrundegelegt werden können. An den Identitätskriterien, die in die tradierte Sprache eingelassen sind und sich in ihr widerspiegeln,

---

[7] Ebd.
[8] An dieser Stelle kann nicht darauf eingegangen werden, daß die Bedeutung notwendig ist, auch wenn sie a posteriori entdeckt wird und daß Kripke die Begriffe 'a priori' und 'notwendig' trennt. Zudem sei an dieser Stelle lediglich darauf hingewiesen, daß gegen diese Auffassung von vielen Seiten gute Argumente vorgebracht worden sind. Kritik und Literaturhinweise dazu finden sich u.a. in: E.-M. Engelen, Das Feststehende bestimmt das Mögliche. Semantische Untersuchungen zu Möglichkeitsurteilen, Stuttgart 1999, S. 67–81.

haben in der Vergangenheit alle Sprachbenutzer mitgewirkt, darunter waren Wissenschaftler und andere Spezialisten nur unter anderen Sprachbenutzern.

Darüber, ob neue Erfüllungsbedingungen anerkannt werden, besteht unter Umständen zunächst keine Einigkeit. In diesen Fällen muß die Einigung darüber, welche Erfüllungbedinungen von einer Gemeinschaft anerkannt werden, erst erzielt werden. Dem Dialog kommt hier neben der Funktion, in seinem Verlauf die in der Sprache tradierten Identitätskriterien aufzudecken und auf ihre Geltung zu hinterfragen, noch eine weitere Funktion zu: nämlich diejenige, Konsens zu erzielen, wenn neue Erfüllungsbedingungen für eine Identitätszuschreibung vorgebracht werden.

Der in der tradierten Sprache vorhandene Wissensstand wird mithin immer wieder auf seinen Geltungsgehalt hin überprüft. Diese Weise des Hinterfragens wird seit Sokrates mit philosophischer Methode oder Haltung gleichgesetzt. Sie hilft Identitätskriterien, die wir anerkennen, aufzudecken. Diese philosophische Haltung der Reflexion ist als Teil einer spezifischen Kultur des Philosophierens davon abhängig, tradiert zu werden. Als philosophische Tradition ist diese Kultur immer dann bedroht, wenn kein Dialog, kein Gespräch über die Geltung der Identitätskriterien mehr zustandekommt. Bedroht ist damit aber auch eine bestimmte Form der Tradierung des Wissens im Dialog und das Wissen, wie ein solcher Dialog zu führen ist. Der Dialog ist als Form der Tradierung von Wissen seit Jahrtausenden gewählt worden, weil er in der Form des Lehrer–Schüler–Gesprächs beispielsweise Lehren und Lernen in wechselnden Rollenverteilungen ermöglicht, was es von vornherein für alle Beteiligten nahelegt, zu lernen, und auch eigene Standpunkte zu hinterfragen. Die Möglichkeit in einen ständigen Lernprozess im Dialog mit anderen einzutreten, ist also gleichfalls bedroht, wenn Gespräche über die Geltung von Identitätskriterien in philosophischer Form nicht mehr stattfinden. Das Wissen, wie ein solcher Dialog zu führen ist, muß daher auch aus diesem Grund tradiert werden, wenn diese philosophische Kultur fortgesetzt werden soll.

Wann ist der Dialog oder das Gespräch, das mit dieser philosophischen Tradition verbunden ist, jedoch philosophisch zu nennen? Gespräche über die Geltung von Identitätskriterien finden in sogenannten Expertenkreisen fortwährend statt, ohne daß diese Gespräche bereits philosophisch zu nennen wären. Letzteres ist so, weil in diesen Dialogen die Prüfung der Kriterien anderer Gesprächskreise nicht berücksichtigt werden. Ein philosophisches Gespräch setzt voraus, daß nicht bereits eine Vorentscheidung darüber stattgefunden hat, welche Form des Diskurses zu wählen ist. In dem genannten Fall des Expertengesprächs ist allerdings eine Vorentscheidung zu Gunsten des wissenschaftlichen

Diskurses und wissenschaftlicher Argumentation getroffen worden, die jedoch nur eine Stimme im „Chor" der Sprechenden darstellen.

Der Dialog oder das Gespräch, das mit dieser philosophischen Tradition verbunden ist, muß allerdings, um ein philosophisches zu sein, Identitätskriterien auch auf ihre notwendige Geltung hin überprüfen. Worin kann jedoch die notwendige Geltung und damit der Wahrheitsbezug bestehen, wenn die Ansicht vertreten wird, daß es Aufgabe der Philosophie ist, Identitätskriterien im Dialog aufzudecken, die nicht naturgegeben feststehen, sondern über deren Geltung erst Einigkeit zu erzielen ist, und die sich lediglich in einem Sprachgebrauch widerspiegeln, der in einer Kultur "ererbt" wird?

Der Wahrheitsbezug ist, wie bereits in den Ausführungen zu dem Platon–Zitat angedeutet, dadurch gegeben, daß sich der Geltung von Identitätskriterien nicht widersprechen läßt. Denn der Wahrheit läßt sich nicht widersprechen, sie übt eine Art des Zwangs, der Notwendigkeit aus. Die Notwendigkeit der Geltung von Identitätskriterien ist offensichtlich eine, die in der tradierten Sprache enthalten ist, welche ihrerseits jedoch nicht notwendig gilt. Wirksam wird die notwendige Geltung im Dialog oder im Gespräch, in deren Verlauf uns erst bewußt wird, daß wir uns ihr nicht entziehen können, ohne die Grenzen der Sprache zu überschreiten.[9]

Der Anteil der Kultur philosophischer Tradition an der Wahrheitsfindung ist mithin, wie soeben noch einmal dargelegt wurde, sowohl durch die Methode der Reflexion auf diese Identitätskriterien und deren Geltung gegeben, als auch, wie mehrfach ausgeführt, dadurch, daß die in der Sprache enthaltenen Identitätskriterien über den Spracherwerb, der selbst ein Mittel der Überlieferung ist, weitergegeben werden.

---

[9] An dieser Stelle soll aus Platzgründen nicht darauf eingegangen werden, daß die Sprache nicht vollständig unabhängig von der Welt ist, auf die sie sich bezieht und daß die Welt durchaus Einfluß auf die Begriffsbildung nimmt. Hierzu: „Sprache und Naturgeschichte", in: E.-M. Engelen, Das Feststehende bestimmt das Mögliche. Semantische Untersuchungen zu Möglichkeitsurteilen, Stuttgart 1999, S. 259–265.

Josef Früchtl

Demokratische und ästhetische Kultur.
Folgen der Post/Moderne

In einem sind sich die Kritiker und Kritikerinnen des postmodernen Denkens heute nahezu einig: im gesellschaftspolitischen Desaster dieses Denkens. Nachgerade erscheint es wie die Begleitmusik für einen Kapitalismus, der unter dem neuen Etikett der ‚Globalisierung' ganz so um die Erdkugel rast, wie das *Kommunistische Manifest* es treffsicher beschrieben hat. Daß das postmoderne Denken diese affirmative Funktion übernehmen kann, ist nicht überraschend. Wenn es stets darum geht, die Unmöglichkeit, weil Selbstwidersprüchlichkeit unserer Vorstellungen von Gerechtigkeit, Freiheit usw. zu demonstrieren, „wird es schwierig, für oder wider dieses oder jenes Gesetz einzutreten oder einfach festzustellen, daß die Einkommensgrenzen für Sozialhilfe zu hoch sind."[1]

Der dies sagt, ist Richard Rorty. Da er für sich selber das Etikett des „postmodernistischen bürgerlichen Liberalen" kreiert[2], kann man seine Kritik nicht kurzerhand beiseite schieben; denn gewichtiger noch als die Kritik von außen wirkt stets die Selbstkritik. Indem ich nun seine Thesen etwas eingehender rekonstruiere, möchte ich nicht nur ihre überzeugende, sondern auch ihre wenig überzeugende Seite herausstellen. Das heißt einerseits, Rortys Kritik der Erkenntnistheorie in ihrer Konsequenz für die Kulturtheorie zu unterschreiben, andererseits aber die Entsprechung von demokratischer Gesellschaft und ästhetisierter Kultur erneut zu verhandeln.

Entdifferenzierende Kritik der Philosophie

Als Ausgangspunkt dient Rortys Buch *Philosophy and the Mirror of Nature*. Geleitet vom „Spürsinn" des späten Wittgenstein für die „Dekonstruktion obsessiver Bilder" widmet Rorty sich dem Bild vom Bewußtsein als einem Spiegel, der verschiedene, mehr oder weniger akkurate Darstellungen der Wirklichkeit liefert.[3] Die Kritik und das Ende *der* Philosophie meint eine bestimmte *Art* von Philosophie, die Rorty „Erkenntnistheorie" nennt. Damit ist zunächst die „Legitimierung von Wissensansprüchen" gemeint. Sowohl die rationalistischen als auch die empiristischen Bestrebungen der Philosophie versuchen, diese Berechtigung dadurch zu erweisen, daß sie zum einen nach „‚Fundamenten' der Erkenntnis" forschen und dies zum anderen durch die Untersuchung des Erkenntnissubjekts oder des Mentalen tun. In diesem weiten Sinn von Erkenntnistheorie fällt der Philosophie sodann zweitens noch eine weitere Leistung zu. Sie vermag nämlich „jegliche übrige Kultur zu fundieren, da Kultur überhaupt im Ansammeln von Wissensansprüchen besteht." Und indem die Philosophie diese Leistungen schließlich drittens unter Rückgriff auf die Spiegelmetapher zu erbringen sucht, begreift sie sich als eine „allgemeine Theorie der Darstellung", eine Theorie, „welche die Kultur in unterschiedliche Bereiche einteilt: solche, die die Wirklichkeit gut darstellen, solche, die sie weniger gut darstellen, und solche, die sie (wohl darzustellen beanspruchen, jedoch) überhaupt nicht darstellen."[4]

Auf diese drei Aspekte – Philosophie als Erkenntnistheorie im engeren Sinn, als Kulturtheorie und als Theorie der Darstellung – ist von vornherein zu achten, denn Rorty geht in seiner Tendenz zur Entdifferenzierung noch weiter. In seinem Buch *Kontingenz, Ironie und Solidarität* setzt er nämlich die Kultur mit der sogenannten „poetisierten" oder „ästhetisierten Kultur" gleich. „Kultur im ganzen" soll nicht mehr ‚vernünftig' gemacht oder ‚verwissenschaftlicht', sondern ‚poetisiert' werden.[5] Es waren die Dichter der Romantik, die, neben den Revolutionären im Frankreich von 1789, dem Gedanken zum Durchbruch verhalfen, daß Wahrheit etwas ist, was ‚gemacht' oder ‚erfunden', nicht ‚gefunden' oder ‚entdeckt' wird. Diese politisch-ästhetische Tradition hat sich, so Rortys zusätzliche, zeitdiagnostische These, zunehmend verstärkt. „Für die meisten Intellektuellen unserer Zeit richten sich Fragen nach Zwecken," nach „Sinn", „an Kunst oder Politik oder beide, kaum an Religion, Philosophie oder Wissenschaft."[6] Diese politisch-ästhetisch dominierte Kultur ist, im epistemischen (als Ansammlung von Wissensansprüchen) oder, mit Ernst Cassirer zu sprechen, im 'symbolischen' Sinn zu verstehen. „Eine solche Kultur", so Rorty weiter, „würde nicht mehr annehmen, daß jede Form kulturellen Lebens nur so stark ist wie ihre philosophischen Grundlagen." Man würde dann auch die Idee aufgeben müssen, daß der Liberalismus „gerechtfertigt und die nazistischen oder marxistischen Feinde des Liberalismus dadurch widerlegt werden könnten, daß man sie gegen eine Wand aus Argumenten zurückdrängt." Denn eine solche Wand ist nur „eine Art, Dinge zu beschreiben," „nur eine gemalte Kulisse, wieder nur ein Menschenwerk." Eine „ästhetisierte Kultur" wäre demgegenüber eine, „die nicht darauf beharrt, daß wir die echte Wand hinter den gemalten Wänden finden, die echten Prüfsteine der Wahrheit im Gegensatz zu Prüfsteinen, die nur kulturelle Artefakte sind."[7] So undogmatisch und metaphernstark formuliert Rorty sein Plädoyer, daß man kaum bemerkt, wie der Kulturbegriff unter der Hand seine Bedeutung ändert. Denn nun ist von der Kultur auch im *holistischen* Sinn die Rede. Die Formen ‚kulturellen Lebens', die Rorty anspricht, sind Denk- *und* Lebensformen, spezifiziert im Zeichen des Liberalismus oder des Faschismus oder des Marxismus. ‚Kultur' meint hier das Ganze des menschlichen Tuns, für das sich der Ausdruck ‚Lebensform' eingebürgert hat.

Eine letzte Verwischung von Differenzen schließt sich an. Rorty ist nämlich auch der Auffassung, „in der einer demokratischen Gesellschaft am ehesten entsprechenden Hochkultur gebe es kein feststehendes Zentrum." Üblicherweise erheben Religion, Kunst, Philosophie und Wissenschaft den Anspruch auf den Posten im Zentrum der Kultur. Aber die „beste Art von Kultur wäre eine, deren Schwerpunkt ständig wechselte, je nachdem, welche Person oder Personengruppe zuletzt etwas Anregendes, Origenelles und Nützliches geleistet hat. Dies wäre eine Kultur, in der es gar nicht lohnend erschiene, eine Auseinandersetzung über die Frage zu führen, ob eine bestimmte neuartige Errungenschaft als ‚Kunst' oder als ‚Philosophie' zu gelten habe."[8]

Zweifach verwischt Rorty hier eine Differenz. Zum einen zwischen den verschiedenen Kulturformen. Ob etwas als Kunst oder als Philosophie oder als Wissenschaft oder als Religion zu gelten habe, erscheint ihm, dem ästhetisierten Pragmatisten, als gleichgültig. Für ihn zählt nur, ob die Menschen damit ‚arbeiten', Probleme lösen können. *It works, that's enough.* Zum anderen ebnet Rorty aber nolens volens auch die Differenz zwischen demokratischer Gesellschaft und ästhetisierter Kultur ein. Da er die zentrumslose symbolische Kultur in nachlässiger Weise in die Gesamtkultur übergehen läßt, verfließen auch die Unterschiede zwischen demokratischer Gesellschaft und ästhetisierter Kultur. Wahrhaft demokratisch ist demnach eine Gesellschaft, die eines Zentrums oder eines Fundaments als einer allein oder absolut gültigen Sinninstanz nicht bedarf. Und in dem Maße, in dem dieses Prinzip zu einer Lebensform wird, entsteht das, was man eine ‚demokratische Kultur' nennen darf, und sie hörte bei Rorty zugleich auf den Namen einer ästhetischen Kultur.

Wider den Defätismus in Sachen ‚Vernunft'

Mehrfach also verwischt Rorty Differenzen: die Differenz zwischen Philosophie als Erkenntnistheorie im engeren Sinn, als Kulturtheorie und als Theorie der Darstellung bzw. Repräsentation, zwischen der Kultur im symbolischen und im holistischen Sinn, zwischen den Formen der Kultur im symbolischen Sinn und schließlich, wenn auch nicht explizit, zwischen einer demokratischen und einer ästhetischen Kultur. So überzeugend es nun ist, die Philosophie als epistemologisch-fundamentalistische und kulturtheoretisch-ahistorische

Disziplin zu kritisieren, so fraglich ist doch, ob daraus all die genannten Entdifferenzierungen folgen müssen. Es ist, mit anderen, grundsätzlicheren Worten, die Frage, ob die Konsequenz der überzeugenden Kritik an der Philosophie als Erkenntnistheorie darin liegen muß, die Konzeption der Vernunft als Einheit verschiedener Begründungsweisen und womöglich auch die entsprechende Konzeption von Moderne aufzugeben. Gegenüber Rortys einebnender Tendenz werde ich jetzt eine zurückhaltendere Tendenz verteidigen.

Entwirft man ein kleines Tableau der gegenwärtigen philosophischen Positionen in Sachen ‚Vernunft' und gruppiert sie um die Pole von Einheit (der Vernunft) und Vielheit (der Vernunftformen), ergibt sich in etwa folgendes Bild:

- Den Pol der Vielheit hält die These von der Inkommensurabilität oder Heterogenität der Vernunftformen besetzt, wie sie dezidiert von Lyotard vertreten wird. ‚Diskursarten' wie der Dialog, die Rechtsprechung, das Unterrichten etc. und ‚Satz-Regelsysteme' wie das Argumentieren, das Erzählen, das Zeigen etc. sind ‚heterogen', bilden jeweils eine ‚andere Art' bzw. ‚Gattung' und sind daher weder aufeinander reduzierbar noch ineinander übersetzbar.[9]

- Den Pol der Einheit verteidigt in der zeitgenössischen Diskussion Habermas. Es ist dies allerdings eine bestimmte, nämlich zuallererst eine Kantische Konzeption. Denn Kant setzt an Stelle des substantiellen Vernunftbegriffs den Begriff einer in ihre verschiedenen Formen auseinandergetretenen Vernunft, deren Einheit nur noch formalen Charakter hat, denn den verschiedenen Vernunft- oder Diskursformen (Verstand, praktische Vernunft und reflektierende Urteilskraft bei Kant, kognitiver, moralisch-praktischer und ästhetischer Diskurs bei Habermas) ist doch das Argumentieren gemeinsam. Zur Kantischen Vernunftkonzeption tritt allerdings eine Hegelsche und damit normative Komponente hinzu. Die Vernunft bildet eine Einheit auch aufgrund eines ‚Zusammenspiels', das sein Vorbild in einem in Bewegung gesetzten Mobile aus der künstlerischen Werkstatt Alexander Calders hat. Das Ideal der Vernunft und der Kultur (im symbolischen wie holistischen Sinn) liegt im Zusammenspiel ihrer Formen.[10]

- Zwischen den Polen von Einheit und Vielheit schließlich bewegen sich die Vernunftkonzeptionen von Derrida und Rorty, die eine im Zeichen des Dekonstruktivismus, die andere im Zeichen des Pragmatismus. Bei Derrida ist Vernunft ein Name für das ‚Spiel' zwischen Identität und Differenz, für die Herstellung von Übergängen, also von Einheit oder besser von Einheiten und zugleich von neuen Differenzen. Rorty teilt mit Derrida diese Verschleifungsbewegung der Vernunft, treibt sie aber nicht so weit wie dieser. Er folgt ihr nun im Sinne der Abschleifung und Verundeutlichung von Festsetzungen, nicht aber in dem der interpretatorischen Endlosschleife. Als Pragmatist hat er kein Problem damit, den prinzipiell unendlichen Interpretationsprozeß aus pragmatischen Gründen vorübergehend stillzustellen. Über die semantische Identität eines Zeichens, eines Satzes, eines Textes oder eines Diskurses ist nie definitiv, aber doch kontextuell zu urteilen. Die jüngste Variante der verschliffenen Einheitskonzeption firmiert unter dem Etikett der ‚Transversalität'. Wolfgang Welsch hat sie vorgestellt, als Ahnherr aber fungiert der späte Wittgenstein. Dieser nämlich hat der philosophischen Diskussion das Stichwort von der ‚Familienähnlichkeit' vorgegeben. Um die etwa Frage zu beantworten, was ‚Spiel' heiße, ist es demnach aussichtslos, nach dem zu suchen, was allen Arten von Spielen gemeinsam, was ihr Wesen sei. Aussichtsreicher ist es, nach den Ähnlichkeiten und Verwandtschaften Ausschau zu halten. Sie zeigen sich in den Gemeinsamkeiten und Überschneidungen von einer Gruppe zur nächsten. Die transversale Vernunft ist somit eine durch ein Netz von Diskursähnlichkeiten zusammengehaltene Vernunft.[11]

Soweit der Aufriß einer Typologie der gegenwärtigen Vernunftkonzeptionen. Er läßt unschwer bereits meine These erkennen. Lyotards Inkommensurabilitäts- oder Heterogenitätsthese ist demnach am wenigsten überzeugend. Sie kann dem Einwand nicht entfliehen, daß eine absolute Inkommensurabilität zwischen Sprachspielen insofern eine Aporie darstellt, als schon ihre Identifizierung *als* Sprachspiele eine Position jenseits der behaupteten Unübersetzbarkeit voraussetzt.[12] Habermasens (kantisch) formale und (hegelianisch) normative Einheitsthese sieht sich demgegenüber mit dem Einwand der Ahistorizität konfrontiert. Im Unterschied zur traditionellen Transzendentalphilosophie behauptet sie zwar, daß die Strukturen, die das Erkennen und Handeln fundierend bestimmen, Kompetenzen seien, die sich in der Geschichte der Gattung und des Individuums erst herausbilden, dennoch schreibt sie ihnen einen, wenn auch abgeschwächten transzendentalen Status zu. Akzeptabel wäre sie dagegen in dem Maße, in dem sie mit einem erheblich stärkeren historischen Index ausgezeichnet ist. Adorno ist hierfür der naheliegendste Gewährsmann. Was er über Schwierigkeit einer Definition im Falle der Kunst sagt, gilt allgemein: „Kunst hat ihren Begriff in der geschichtlich sich verändernden Konstellation von Momenten; er sperrt sich der Definition."[13] Die Einheit einer Kultursphäre im symbolischen Sinn, eines Diskurses, eines Sprachspiels etc. und die Einheit der Vernunft im ganzen ist demnach ein Resultat der sich historisch verändernden Konstellation von beweglichen und in ihrer Anzahl nicht festgelegten Elementen. Diese *historisch-konstellative* Vernunftkonzeption wahrt die Einheit, ohne sie, wie die kantianisch-formale und hegelianisch-spielerische Vernunftkonzeption, (schwach) transzendental und (residual) metaphysisch zu fundieren, und sie wahrt die Vielheit, ohne sie, wie die ‚familiale', dekonstruktivistische, pragmatistische und ‚transversale' Vernunftkonzeption, in einem Beziehungsgeflecht diffus aufzulösen oder in einem Endlosspiel immer weiter zu vervielfältigen.

Noch einmal: demokratische und ästhetische Kultur

Auf der Folie dieses Vernunfttableaus und speziell der historisch-konstellativen Vernunftkonzeption differenziert sich nun auch das Verhältnis von demokratischer und ästhetischer Kultur bestimmter, als dies bei Rorty der Fall ist. Rorty verwendet den Begriff der ästhetischen Kultur ja ebenfalls in zweifacher Weise. In einem weiten Sinn ist holistisch eine Kultur gemeint, die auf eine philosophische Fundierung verzichten kann. Nimmt man das Prädikat 'ästhetisch' in diesem weiten und begriffsgeschichtlich durchaus legitimen Sinn, so kann man die demokratische in der Tat eine ästhetische Kultur nennen. Unter 'demokratischer Kultur' verstehe ich die Habitualisierung und damit extensive, auf die Alltagspraxis ausgeweitete Anwendung demokratischer Prinzipien, die seit Rousseau grundsätzlich durch die Herrschaft von Freien und Gleichen über sich selbst bestimmt sind, durch eine Autonomie und Pluralismus implizierende Selbstorganisation der Gesellschaft.[14] Ist die Demokratie, die Idee der kommunikativen Selbstorganisation, nun einmal zur Kultur geworden, zur individuell wie kollektiv geprägten Lebensform, lassen sich auch keine substantiellen Gemeinsamkeiten mehr auf Dauer stellen. Keine bestimmte Idee des 'guten Lebens', keine Wertorientierung ist dann vor Kritik sicher, nicht einmal die der Demokratie selber. „In diesem Sinne ist die moderne Demokratie wesentlich transgressiv und ohne festen Boden."[15] In diesem Sinne kann sie daher auch mit Rorty das Prädikat 'ästhetisch' verliehen bekommen: sie ist Menschenwerk, historisches und damit veränderbares Resultat einer Konstellation von Momenten.

Aber erst, wenn man das Prädikat im engeren Sinne nimmt, kommt es zu einer anregenden Verhältnisbestimmung. Die ästhetische Kultur ist dann lediglich ein *spezifisches* Element der demokratischen Kultur, nicht mehr mit ihr identisch. Eine demokratische Kultur lebt von der alltäglichen Realisierung demokratischer Prinzipien, zuoberst der Prinzipien von Autonomie und Pluralismus, und das impliziert: sie lebt von der kommunikativ bewirkten Assoziation der Akteure, denn Freiheit und Gleichheit sind mit Gewalt und äußerem Zwang nicht vereinbar. Die ästhetische Kultur als Element einer demokratischen Kultur zu konzipieren, bedeutet dann zunächst nicht mehr, als daß die holistisch verstandene (demokratische) Kultur die symbolisch verstandene (ästhetische) umfaßt. Die symbolisch-ästhetische Kultur darüber hinaus als *spezifisches* Element einer demokratischen Kultur zu konzipieren, erfordert eine Begründung dafür, daß und, wenn ja, in welchem Maße eine auf kommunikativer Assoziation beruhende Lebensform der ästhetischen Sphäre bedarf, einer Sphäre, die darauf spezialisiert ist, ästhetische Erfahrungen (vor allem an Kunstwerken) zu ermöglichen. Die Begründung lautet folgendermaßen: Eine demokratische Kultur ist als kommunikative Assoziation eine Lebensform, mit der man sich darauf festlegt, sowohl untereinander als auch gegenüber anderen Lebensformen die Einstellung zu pflegen, sich irritieren und damit möglicherweise belehren zu lassen. Sie verpflichtet also zu intra- wie interkultureller Kommunikationsbereitschaft. Da diese Verpflichtung aber jede Vernunftkonzeption mit dem zweifachen Problem konfrontiert, wie man sie legitimieren und zu ihr motivieren könne, wird nicht nur die Suche nach Legitimations-, sondern auch nach Motivationsmöglichkeiten relevant.

Und hier tritt die Kunst und das Medium der ästhetischen Erfahrung auf den Plan. Denn die Bereitschaft, sich mit anderen zu verständigen, sich von ihnen irritieren zu lassen und ihre Überzeugungen und Erfahrungen eventuell zu den eigenen zu machen, hängt, wie ich behaupten möchte, nicht einzig und allein, aber doch auch von der Fähigkeit ab, ästhetische Erfahrungen machen zu können. Zu dem, was eine ästhetische Erfahrung auszeichnet, läßt sich gewiß Verschiedenes anführen, aber eines scheint unstrittig, nämlich daß sie auf Innovation, auf Neues oder, heideggerianisch gesprochen, auf 'Welterschließung' hin *angelegt* ist. Welterschließung oder Welteröffnung ist kein Privileg der ästhetischen Erfahrung; sie ereignet sich auch in der Alltagserzählung, in der politischen, vor allem der radikalen politischen Rede, durch einen wissenschaftlichen Paradigmenwechsel oder in der Philosophie. Ein Privileg kann die ästhetische Erfahrung allerdings insofern beanspruchen, als sie auf dieses innovatorische Erfahrungsmodell *spezialisiert* ist. Sie zielt nicht nur neben anderem, sondern zentral auf Innovation. Und da das Neue per definitionem irritiert, steht es doch für das, was sich in unser gewöhnliches Verständnis (noch) nicht einordnen läßt, ist eine Erfahrungsform und das ihr bevorzugt korrespondierende Objekt namens 'Kunst', die auf das Neue spezialisiert ist, auch spezialisiert auf Irritation.

In diesem relativierten Sinne also ist eine demokratische Kultur auf ästhetische Erfahrung angewiesen. Die ästhetische Erfahrung ist dann gewiß keine hinreichende, wohl aber eine förderliche, vielleicht sogar eine notwendige Bedingung für eine demokratische Kultur. Noch einmal läßt sich hier die Differenz zu Rorty verdeutlichen. Für ihn nämlich erhält die Sphäre des Ästhetischen einen so ausgezeichneten Stellenwert, daß sie die Vorlage für eine ‚formale' oder ‚prozedurale' Bestimmung der demokratischen Kultur und damit der Verständigung bietet. Für die Angehörigen der westlichen, liberal-demokratischen Kultur ist demnach eine andere Form der Verständigung nicht mehr akzeptabel. Aus der Perspektive eines differenzierten Kultur- und Ästhetikbegriffs dagegen ist eine Aufwertung des Ästhetischen, die über die Anerkennung des Demokratisch-Förderlichen und erst recht des Demokratisch-Notwendigen hinausgeht, des Guten zuviel.

---

[1] Richard Rorty, „Laßt uns das Thema wechseln", Interview in: DIE ZEIT Nr. 34 v. 13. Aug. 1998.
[2] Richard Rorty, „Postmodernist bourgeois liberalism", in: ders., *Objecrivism, Relativism, and Truth. Philosophical Papers*, Vol. 1, Cambridge University Press 1991, pp. 197-202.
[3] Richard Rorty, *Der Spiegel der Natur. Eine Kritik der Philosophie*, Frankfurt am Main: Suhrkamp 1981, S. 22.
[4] Rorty, *Der Spiegel der Natur*, a. a. O., S. 13.
[5] Richard Rorty, *Kontingenz, Ironie und Solidarität*, Frankfurt am Main: Suhrkamp 1989, S. 98; vgl. auch S. 117.
[6] Rorty, *Kontingenz, Ironie und Solidarität*, a. a. O., S. 21.
[7] Rorty, *Kontingenz, Ironie und Solidarität*, a. a. O., S. 98f.
[8] Richard Rorty, „Vorwort", in: ders., *Eine Kultur ohne Zentrum, Vier philosophische Essays*, Stuttgart: Reclam 1991, S. 5.
[9] Vgl. Jean-Francois Lyotard, *Der Widerstreit*, München: Fink 1989, S. 9f.
[10] Vgl. Jürgen Habermas, „Die Philosophie als Platzhalter und Interpret", in: ders., *Moralbewußtsein und kommunikatives Handeln*, Frankfurt am Main: Suhrkamp 1983, 10, 24, 26.
[11] Vgl. Wolfgang Welsch, *Vernunft. Die zeitgenössische Vernunftkritik und das Konzept der transversalen Vernunft*, Frankfurt am Main: Suhrkamp 1995, bes. S. 403ff.
[12] Vgl. Welsch, *Vernunft*, a. a. O., S. 348f.
[13] Theodor W. Adorno, *Ästhetische Theorie*, Frankfurt am Main: Suhrkamp 1970, S. 11.
[14] Vgl. Jürgen Habermas, „Drei normative Modelle der Demokratie", in: ders., *Die Einbeziehung des Anderen. Studien zur politischen Theorie*, Frankfurt am Main: Suhrkamp 1996, S. 277-292.
[15] Albrecht Wellmer, „Bedingungen einer demokratischen Kultur. Zur Debatte zwischen 'Liberalen' und 'Kommunitaristen'". in: ders., *Endspiele. Die unversöhnliche Moderne. Essays und Vorträge*. Frankfurt am Main: Suhrkamp 1993, S. 61.

Die Kritik der Kultur und die Möglichkeit der Philosophie: Zu Allan Blooms Kulturtheorie
Till Kinzel, Berlin

(1) Die Kritik der Kultur setzt die Kritik des "Kultur"-Begriffs voraus. Kulturkritik scheint aber ein problematisches Unterfangen, sofern Kultur als positives Konzept der Unkultur oder Kulturlosigkeit entgegengesetzt wird, denn Kultur in diesem Sinne bedeutet z. B. soviel wie die meist positiv konnotierte Kultivierung des Geistes. Kultur tritt zudem nicht allein in der Singularform in Erscheinung, sondern in der Form der unendlichen Vielfalt eines kulturellen Pluralismus, in dem 1001 Kulturen gleichwertig nebeneinanderzustehen scheinen (cf. Nietzsche, Also Sprach Zarathustra I, „Von tausend und Einem Ziele"). Das Tun und Lassen des Menschen, vor allem aber sein Denken, sein geistiges Sein, ist nicht nur unausweichlich kulturgebunden, sondern auch seine „Werte". Kultur ist zu dem bestimmenden Merkmal des Menschen geworden, dem er sich in keiner Weise entziehen kann, wie es scheint. Der Mensch ist zur Kultur verdammt. Wenn dies aber so ist, gewinnt möglicherweise der Aphorismus des Nicolás Gómez Dávila (1992, 49) philosophische Brisanz, der kultivierte Mensch müsse sich weniger gegen die Barbarei seiner Epoche als vielmehr gegen ihre Kultur verteidigen. Dávila spielt hier eine aus der Vergangenheit stammende Vorstellung von Kultiviertheit gegen die zeitgenössische Kultur aus. Allein, soll Kultur in einer spezifischen Form kritisiert werden, stellt sich die Frage, ob dies aus philosophischer Perspektive sinnvollerweise unter Berufung auf andere, frühere, bessere (oder gar zukünftige) Kulturen geschehen kann. Bedarf es nicht vielmehr eines "kultur"-übergreifenden und in eben diesem Maß auch "kultur"-kritischen Maßstabes, anhand dessen es möglich sein müßte, den relativen Wert einer spezifischen Kultur bzw. Form der Kultur zu ermessen?

Philosophie im klassischen Sinne ist, wie das sog. Höhlengleichnis Platons illustriert, nur möglich, wenn als grundlegende Voraussetzung "Kultur"-Kritik möglich ist, wobei in Platons Bild die Höhle mit ihren Schattenbildern und Lauten für die den Menschen jeweils umgebende "Kultur" steht. Bloom geht, soweit ich sehe, mit der Bestimmung der Höhle als „Kultur" über Leo Strauss (1978, 125) hinaus, der die Höhle mit der Polis identifizierte. Nach Bloom muß dabei zunächst offenbleiben, ob die Befreiung aus der "Kultur"-Höhle in der Tat zu einer transkulturellen Erkenntnis führt, deren Grund die klassische Philosophie in einer teleologisch verstandenen Natur fand und die sich z. B. auf gewisse immer gültige Merkmale der menschlichen Natur beziehen. Die Grundlage für die Möglichkeit, sich aus dem durch die Höhle repräsentierten Horizont der „Kultur" zu lösen, und damit für die Möglichkeit der Philosophie liegt nach Blooms Platondeutung darin, daß der Mensch nicht mit dem zufrieden bleiben kann, was ihm durch seine Kultur gegeben ist, wenn er in vollem Umfang Mensch sein will (Bloom, 1987, 38). Für Bloom ist der Mensch in diesem Platonischen Sinne primär weder schlechthin ein Natur- noch ein Kultur-Wesen, sondern ein Wesen, das von Natur darauf ausgerichtet ist, zur völligen Entfaltung seiner Potentiale einem „natürlichen" Maßstab nachkommen zu wollen. Bloom (1987, 190) kritisiert daher die Entwicklung, deren Beginn er grob mit Rousseau anzusetzen scheint, welche dem Menschen die menschliche Natur abspricht, während man stattdessen anzunehmen scheine, der Mensch wachse und wachse in Kultur hinein, so daß der Mensch nicht mehr als Wesen der Natur, sondern der Kultur verstanden wird. Im Vergleich mit dem kulturell Erworbenen ist die Natur des Menschen ohne Bedeutung, so daß die Natur schrittweise aus dem Studium des Menschen verbannt wird: „The primacy of the acquired over the natural in man's humanity is the ground of the idea of culture; and that idea is bound up with the idea of history, understood not as the investigation into man's deeds but as a dimension of reality, of man's being." Die zumindest zweifelhafte Idee der Geschichtlichkeit des Menschen folgt nach Bloom aus dem Verständnis des Menschen im Rahmen des kulturalistischen Paradigmas. Anders als Richard Rorty (in: Stone, 1989, 99), der im Anschluß an John Dewey in der Tat empfahl, sich zwecks Lösung oder vielleicht vielmehr Umgehung des „Höhlenproblems" bei anderen Kulturen umzusehen, betont Bloom die manipulatorischen und letztlich unernsthaften Aspekte dieses *Culture Shopping*, das letztlich nicht in der Lage sei, das philosophische Verlangen des Menschen zu befriedigen. Lehne man die Natur als Maßstab ab und ersetze man Philosophie durch Sozialwissenschaft und Geschichte, gebe man nur einem neuen antiphilosophischen Dogmatismus nach. Dieser Dogmatismus, den Bloom im Anschluß an die einschlägigen Untersuchungen von Leo Strauss (1971) kritisiert, besteht vor allem in der a priori akzeptierten Annahme, alles Denken sei wesentlich kulturgebunden und es gebe keine Natur, die als Maßstab dienen könnte (Bloom, 1987, 38). Auf diesem Verständnis von Kultur als dem im Letzten Maßgebenden ruht denn auch die in aktuellen pädagogischen und politischen Konzepten enthaltene Vorstellung, daß der einzige Weg zur Überwindung der Beschränktheiten unserer Zeit und unseres Ortes darin bestehe, wie Dewey und Rorty mit vielen anderen meinen, andere Kulturen zu studieren. Kulturen jedoch, so Bloom, seien wesentlich durch ihre „Geschlossenheit" gekennzeichnet, die in deutlichem Kontrast zu der zumindest im „Westen" propagierten „Offenheit" für andere Kulturen steht. Ganz im Gegensatz zu dem, was die Offenheit für andere Kulturen angeblich lehre, nämlich daß unterschiedliche Kulturen als gleichwertig geachtet werden sollten, folge aus dem Studium fremder Kulturen, daß diese sämtlich durch „Geschlossenheit" und

Ethnozentrismus geprägt seien und daß man seine eigene Kultur nicht nur anderen vorziehen, sondern auch für die beste halten sollte (Bloom, 1987, 36).

Verwerfe man die Möglichkeit der Existenz eines kulturübergreifenden Maßstabes, den zu entdecken Aufgabe der Philosophie wäre, werde das Studium anderer Kulturen zu einem mehr oder weniger interessanten Zeitvertreib, würdig „trivial tourists in both body and soul" (Bloom, 1993, 520), doch ohne echtes philosophisches Bedürfnis: „Nehmen wir an, es beschäftige sich Einer mit Demokrit, so liegt mir immer die Frage auf den Lippen: warum nicht Heraklit? Oder Philo? Oder Bacon? Oder Descartes und so beliebig weiter. Und dann: warum denn just ein Philosoph? Warum nicht ein Dichter, ein Redner? Und: warum überhaupt ein Grieche, warum nicht ein Engländer, ein Türke?" (Nietzsche, Vom Nutzen und Nachtheil der Historie für das Leben 5; cf. Bloom, 1987, 375) Nur wenn in der Tat der Mensch vorrangig durch Kultur, ob nun geschichtlich verstanden oder nicht, geprägt ist und darin sein Wesen liegt, kann es aus philosophischer Perspektive sinnvoll erscheinen, daß „wir uns mit fremden Zeiten, Sitten, Künsten, Philosophien, Religionen, Erkenntnissen anfüllen und überfüllen", wie Nietzsche sagt (Vom Nutzen und Nachtheil 4). Akzeptiert man hingegen die Platonisch-Sokratische Orientierung an einem natürlichen, mit Hilfe der Vernunft erkennbaren Maßstab, wird deutlich, warum für Bloom (1987, 38) die Philosophie und nicht Geschichte oder Anthropologie die wichtigste Wissenschaft vom Menschen ist.

(2) Allan Bloom geht von diesen Überlegungen aus und gelangt zu einer äußerst kritischen "kultur"-kritischen Kulturtheorie, der es einerseits um Aufklärung des Konfliktpotentials einer bestimmten Kulturauffassung geht, wie sie auch dem "Kulturalismus" Samuel Huntingtons zu eignen scheint; andererseits geht es ihr im Sinne einer philosophischen Politik (Strauss) darum, die Welt sicherer für die Philosophie zu machen (Bloom, 1987, 276): es geht um die Rettung des theoretischen Lebens im Sinne einer Philosophie als Lebensweise, die durch die Dominanz "kulturalistischer" Philosophien nach dem Vorbild Rortys ihres tragenden Grundes zu entbehren scheint. Der Triumph des Kulturbegriffs bei der Beschreibung und Erklärung des Menschen resultiert aus dem Verlust der Natur (die den Geist einschließen müßte) als des tragenden Grundes für die Humanität des Menschen. Mit der Verabschiedung des traditionellen teleologischen Naturbegriffs, der die natürliche Ausrichtung des Menschen auf Tugend und Erkenntnis implizierte, gelangte die kommerzielle oder ökonomische Betrachtungsweise zur Herrschaft. Diese Sicht, der gemäß das Streben nach Wohlbefinden die realistische Alternative zum Streben nach Tugend ist, provozierte wiederum als Korrektiv oder auch als Radikalkritik die „Kultur"-Bewegung, wobei Kultur hier jedoch eine merkwürdig abstrakte und blutleere Angelegenheit sei. Zwar würden, so Bloom, Menschen für ihr Land,

ihre Götter und vielleicht für die Wahrheit sterben, nicht aber für „Kultur", oder vielleicht erst dann, wenn sie von den Intellektuellen davon überzeugt worden sind, den Ideen der Intellektuellen gemäß zu leben. (Bloom 1990, 278)

Die kritischen Analysen von Strauss (1995, 4) und Bloom zum heute gebräuchlichen weiten Kulturbegriff, der es z. B. erlaubt von einer "Kultur der Jugendbanden" oder gar von Kulturen der Insassen von Irrenanstalten zu sprechen, stellen eine ernste Herausforderung für das postmoderne Kulturalismus-Paradigma dar. Gemäß diesem Paradigma kann letztlich **alles** als Kultur verstanden werden, so daß Philosophie in einem präzisen Sinne schließlich unmöglich wird, da es im Grunde nichts Außerkulturelles gibt bzw. im Sinne einer *petitio principii* des postmodernen Diskurses auch nicht geben kann und darf. "Sociologists", so Bloom (1987, 184), „and the disseminators of their views, the journalists of all descriptions, call everything a culture--the drug culture, the rock culture, the street-gang culture, and so on endlessly and without discrimination. Failure of culture is now a culture." Strauss (1995, 4) illustriert diesen Wandel des Kulturbegriffs anschaulich mit folgenden Worten: "If we contrast the present-day usage of 'culture' with the original meaning, it is as if someone would say that the cultivation of a garden may consist of the garden's being littered with empty tin cans and whiskey bottles and used papers of various descriptions thrown around the garden at random." Zwar scheint Kultur trotz dieser Entwicklung noch immer etwas irgendwie positiv Konnotiertes zu sein (siehe etwa die Einrichtung eines „Staatsministers für Kultur"), doch zeigt die Auffächerung des Kulturbegriffs in der Tat, wie trennunscharf das Konzept geworden ist und wie dementsprechend unklar ist, was als Kultur gefördert werden sollte. So ist z. B. heute, um nur eine kleine aktuelle Auswahl zu geben, von folgenden (Multi-?) „Kulturen" die Rede: Stabilitätskultur, Teamkultur, Klagekultur, Bankkultur, Ingenieurkultur, Kultur des Verfalls, Abhängigkeitskultur, Minderheitskultur, Streitkultur, Gleichheitskultur, Bildkultur, Kultur des Einkaufs, Gegenkultur, Geldkultur, Außenpolitische Kultur, Diskurskultur, Baukultur, Subventionskultur, Dienstleistungskultur, Kampfkultur, Stadtkultur, Fernsehkultur, Wissenskultur, Alternativkultur, Sportkultur, Erinnerungskultur, Attrappenkultur, Ego-Kultur, Unternehmerkultur, Delegations- und Kontrollkultur, Eßkultur, Kultur der Belehrung, Schrottkultur, Nachnamenskultur, Gesprächskultur, Kultur des Helfens, Firmenkultur, Online-Kultur, Diskussionskultur, Basiskultur, Erkenntniskultur, Kitschkultur, Aktienkultur, Waffenkultur, Event-Kultur, Zeitschriftenkultur, Mehrheitskultur, Kultur des Konsenses, Theater- und Festkultur, Netzkultur, Kultur der Selbständigkeit, Fan-Kultur und sogar Kultur des Todes (cf. u. a. Süddeutsche Zeitung, 18./19.7.98). Es ist kein Wunder, daß Melvin Lasky angesichts solcher Befunde von der „Trivialisierung und Banalisierung des Kulturbegriffs" gesprochen hat und beklagt, „Kultur" sei zu einem Wort geworden, das nicht mehr als Instrument der Reflexion diene, sondern „Teil des Verhaltens, des Spielens, des Sich-Aufspielens" geworden sei (1999, 163, 169). Allan Blooms „Kultur"-Kritik zielt darauf, in unserem Verhältnis zur „Kultur" die Ebene der Reflexivität wiederzugewinnen.

Der Sinn und die Möglichkeit der Philosophie besteht aber nach Strauss' klassisch orientiertem Philosophieverständnis im Aufstieg aus der Höhle der Meinungen und Konventionen, d. h. der "Kultur", zur Einsicht in bleibende Wahrheiten und zur überkulturellen Weisheit. Aus dieser Platonischen Sicht verbleiben die heute so beliebten *cultural studies* gleichsam in der Höhle, wo sie sich mit den Bewegungen der Schatten an der Höhlenwand bzw. mit der "Beschreibung der Innendekoration der jeweiligen Höhle" (Strauss) beschäftigen, einer Höhle, die, wie Bloom (1987, 74) kulturkitsch (im gewöhnlichen Sinne) bemerkt, inzwischen von MTV übernommen worden sei. Diese Problematik einer philosophisch grundlegenden Kritik des "Kultur"-Begriffs, zu deren Bewußtmachung Strauss und Bloom einen zentralen Beitrag leisteten, weist auf eine Frage, die im Kontext gegenwärtiger Debatten um Definition und Rolle einer normativen Hochkultur von fundamentaler Bedeutung ist: Gibt es einen Aufstieg aus der Höhle, und hat die Höhle einen Ausgang? Die moderne oder postmoderne Kritik an der klassischen, kulturrtranszendierenden Philosophie scheint ein Nachhall der Kritik, die Adeimantus an Sokrates übte: die Philosophen scheinen entweder nutzlos zu sein oder lasterhaft (cf. Bloom, 1990, 285). Insofern sich auch die gegenwärtige Situation im Lichte dieses alten Paradigmas besser verstehen lassen könnte, bildet die klassische Sokratisch-Platonische Philosophie nach wie vor einen sinnvollen Ausgangspunkt für die Reflexion nicht nur auf das Selbstverständnis des Philosophen, sondern vor allem auf das Verhältnis des Philosophen zur ihn umgebenden Gesellschaft, mag man diese nun als Höhle oder Kultur verstehen.

Die Kritik des "Kultur"-Begriffs ist zentral für das philosophische Projekt Blooms. Die Analyse dieses Begriffs im Rahmen seines Wörterbuches unseres gegenwärtigen "kulturellen" Vokabulars wirft entscheidendes Licht auf zahlreiche Facetten seiner Stellungnahmen. Bei näherer Betrachtung zeigt sich wiederum, wie sehr Blooms Position an kritische Analysen bei Leo Strauss anknüpft. Dieser dachte bereits in den 30er Jahren über die Möglichkeit einer Kritik des "Kultur"-Begriffs nach, die dann die Form eines "theologisch-politischen Traktats" annehmen müßte, "der allerdings", so Strauss, "wenn er nicht wieder zur Grundlegung der 'Kultur' führen soll, die genau entgegengesetzte Tendenz wie die theologisch-politischen Traktate des siebzehnten Jahrhunderts, besonders diejenigen von Hobbes und Spinoza, haben muß." Dazu wäre es allerdings notwendig, wie Strauss (1935, 31f.) erkennt, den Horizont der

Kulturphilosophie zu transzendieren, d. h. eben jener Philosophie, die im Horizont des Kulturbegriffs zu denken gelernt hat. Die Möglichkeit zur Überwindung dieses Horizontes, die Strauss durch sein ganzes Werk hindurch verfolgte, wie vorläufig und vorsichtig auch immer, war die Restaurierung oder Wiedergeburt der klassischen politischen Philosophie, des klassischen politischen Rationalismus als derjenigen Philosophie, welche den Begriff der Kultur zwar selbst nicht kannte, wohl aber der Sache nach erkannte, worum es dabei geht: „Kultur" als Welt der Meinungen ist aus der Sicht der Philosophen zwar politisch weder hintergehbar noch überwindbar, doch an sich dem immer Seienden unterlegen und für den Philosophen nur insoweit interessant als auf dieses hin ausgerichtet.

(3) Es ist zwar deutlich genug geworden, daß Blooms Kulturkritik in der Nachfolge Straussens verstanden werden muß, doch ist damit nicht schon gesagt, daß diese Kulturkritik wie bei Strauss selbst in Form eines theologisch-politischen Traktates vorgelegt wird. Es scheint sogar, daß sich an der Frage, die nach Strauss (1978, 241) den esoterischen Kern der Philosophie darstellt, nämlich die Frage: *quid sit deus*, der möglicherweise entscheidende Unterschied von Strauss' Politischer Philosophie zu Blooms philosophischer Kulturkritik herausstellen läßt. Ist bei Strauss die Politische Philosophie notwendigerweise auf jene "all-important question" bezogen, so scheint für Bloom die fundamentale Frage nicht die nach der Natur Gottes, sondern die nach der Natur des Menschen zu sein (1987, 21).

Das Höhlenproblem ist bereits im Frühwerk Straussens klar als das fundamentale Problem der Gegenwartskultur und -philosophie erkannt. Im Platonischen Bild der Höhle, aus der ans Licht zu gelangen der Sinn des Philosophierens ist, ist die ganze Problematik der Kritik der Kultur und der Möglichkeit der Philosophie eingeschlossen. hier ist auch der Punkt, an dem sich Bloom zufolge Platonisch-Sokratisches und Nietzsches Philosophieverständnis radikal unterscheiden. Nach Nietzsche braucht der Mensch Horizonte, und diese Horizonte werden vor allem anderen durch „Kultur" geboten, doch was, wenn man weiß, daß es sich dabei um lediglich poetische Schöpfungen ohne Wahrheitsgehalt oder Bezug zum Guten handelt? Sokrates' politische Philosophie unterscheidet sich gerade in ihrer unterschiedlichen Sicht von der Höhle vom Perspektivismus Nietzsches: „Socrates insists that there is an absolute horizon: he likens cities or cultures to caves, but philosophers can climb out of them into the light of the sun. Nietzsche says there are only caves and no sun." (Bloom, 1993, 520)

Der Mensch befindet sich natürlicherweise in einer Höhle, die Höhle steht mit ihren Schattenbildern, Lauten und Echos für die vom natürlichen oder vorphilosophischen Bewußtsein des Menschen wahrnehmbare Welt, die Welt der Phänomene und Konventionen, die den Menschen umgebende soziale und politische Gemeinschaft, die Polis. Philosophieren bedeutet das Aufsteigen von der Welt der Phänomene und Meinungen (***doxai***) zur Erkenntnis der wahren Wirklichkeit und letztlich der Idee des Guten, die sich jenseits des Seienden befindet. Diese Erkenntnis ist als Vernunfterkenntnis Erkenntnis des Allgemeinen und daher nicht bloß historisch. Nach Strauss hat aber die Dominanz des sog. geschichtlichen Bewußtseins dazu geführt, daß die Möglichkeit der Philosophie bereits im Ansatz geleugnet wurde und sich der Mensch nunmehr in einer zweiten Höhle befindet, die noch unter der ersten, natürlichen Höhle gegraben wurde. Dies führte zu der paradoxen Situation, so Strauss, daß uns vorerst nur historische Untersuchungen zur Überwindung des "historischen Bewußtseins" führen können, indem sie das entschieden nicht-historische Philosophieverständnis der Klassiker rekonstruieren und ernst nehmen.

(4) Bloom konnte in manchem Sinne an die destruierende Arbeit Straussens anknüpfen, denn erst durch Strauss' Kritik des Historizismus und Nihilismus war das Feld für die Erstellung seines kulturkritischen Wörterbuches frei, das wiederum darauf abzielt, mittels einer Analyse der aus der Philosophie, und zwar einer spezifischen Form der Philosophie, stammenden Begriffe das Denken von ihrer gedankenlosen Verwendung zu befreien. Reflexion auf die Sprache, die (popularisierten) philosophischen Begrifflichkeiten, stellt den Kern der Bloomschen Kulturkritik in philosophischer Absicht dar, insofern sie wie die antike Philosophie von den allgemein üblichen ***Logoi*** ausgeht, um von dort zur Freiheit des Philosophierens aufzusteigen. Blooms Sprachanalyse zielt auf die kulturelle Wirksamkeit von Begriffen, denn die Sprache spiegelt eine kulturelle Praxis des Denkens, und „one always ends up by paying a price for the consequences of what one thinks." (Bloom, 1990, 30)

Bloom lehnt es bei genauerer Betrachtung nicht ab, die menschliche Situation auch durch Kultur geprägt zu verstehen. Allein, diese Prägung durch Kultur gilt ihm nicht schon als hinreichende anthropologische Bestimmung, diese ergibt sich erst, wenn die Natur des Menschen als ontologisch primär und teleologisch höherwertig erkannt wird. Durch alle Kulturgeprägtheit des Menschen hindurch verschafft sich die „kulturübergreifende" Dimension der Natur Geltung. Der philosophische und politische Prozeß der Befreiung von der Kultur zur Natur ist keineswegs ein Vorgang der restlosen Ersetzung der Kultur durch Natur, vielmehr soll die unausweichliche Kulturalität auch und vor allem der politischen Lebensweise des Menschen im Lichte eines natürlichen Maßstabs erfaßt und auf diesen hin mittels staatsmännischer Kunst hinbewegt oder, sofern nötig, wie im Falle der Vereinigten Staaten von Amerika, zurückgeführt werden. Diese Orientierung an der Natur bedingt die relative Unterordnung der Kultur im engeren Sinne unter die Prinzipien des Naturrechts. Kultur ist in dem Maße von einem gewissen Adel, wie sie nicht allein auf Herkommen und Tradition beruht und also konventionell ist, sondern soweit sie auch geprägt wird durch den Erkenntnisstand jener neuen politischen Wissenschaft, welche die amerikanischen Gründerväter erarbeiteten, um eine ganz neuartige politische „Kultur" bzw. eine **Politeia** („Regime") zu schaffen, die eben wegen ihrer Gründung auf der Basis der „laws of nature and of nature's God" mehr als eine Kultur unter tausend Kulturen ist: die Naturrechtsrepublik (cf. Zuckert 1996).

Blooms Kulturtheorie und -kritik wird von ihm aufs engste verknüpft mit seiner Kritik des ebenfalls inflationär gebrauchten Wertebegriffs. Die Verwendung dieses Begriffs ist für Bloom Teil des modernen Relativismus, da Werte ihrer Natur nach immer relativ seien. Sie existierten nicht von Natur, sondern sind stets Produkte oder Schöpfungen von „Kulturen", welche über jene Kulturen hinaus keine Geltung besäßen. Werte sind deswegen so problematisch, weil ihr Grund nur in einem Willkürwillen liegt. Aus diesem Verständnis des Wertbegriffs, demzufolge die Rede von Werten die traditionelle Rede von Gut und Böse ersetzt habe, folgen politisch-moralische Konsequenzen, da die Weise, wie wir über das politische Gute sprechen, ein Ausdruck unserer Verfassung ist (cf. Bloom, 1987, 141f.). Bloom bindet seine philosophische Kulturkritik stets an das allgemeine politische Problem, d. h. das Problem einer gerechten und guten Ordnung, zurück, dem sich nicht nur Amerika zu stellen hat. Die Kritik der amerikanischen Gegenwartskultur durch Bloom kann also nicht bloß als Ausdruck politischer Moralistik verstanden werden. Sie ist vielmehr Kulturkritik im Dienste der politischen Philosophie, sie ist eine spezifische Form philosophischer Politik.

Bloom, Allan (1987): The Closing of the American Mind, New York.

Bloom, Allan (1999): „Diversity, Canons, and Cultures", in: Ralph H. Hancock (Hg.): America, the West, and Liberal Education, Lanham: 35-54.

Bloom, Allan (1990): Giants and Dwarfs: Essays 1960-1990, New York.

Bloom, Allan (1993): Love and Friendship, New York.

Dávila, Nicolás Gómez (1992): Aufzeichnungen eines Besiegten, Wien.

Lasky, Melvin J. (1999): „Die Banalisierung des Kulturbegriffs", in: Marko Martin: Orwell, Koestler und all die anderen, Asendorf: 155-196.

Stone, Robert L. (Hg.) (1989): Essays on the Closing of the American Mind, Chicago.

Strauss, Leo (1978): The City and Man, Chicago.

Strauss, Leo (1995): Liberalism Ancient and Modern, Chicago.

Strauss, Leo (1971): Natural Right and History, Chicago.

Strauss, Leo (1935): Philosophie und Gesetz, Berlin.

Zuckert, Michael P. (1998): The Natural Rights Republic, Notre Dame.

Erkenntnisperspektiven, Gesetze, Normen und Vorstellungen in der Ethnologie[1]

Maria-Sibylla Lotter / Heidelberg

Während man die allgemeinen Regeln und Regularitäten des sozialen und kulturellen Lebens, die Ethnologen erforschen, noch bis in die sechziger Jahre als *Gesetze* bezeichnete, scheint die Ethnologie gegenwärtig zunehmend ohne die Stütze theoretischer Grundbegriffe vorzugehen. Der Gesetzesbegriff und die über eine gewisse Zeitdauer mit ihm verkoppelten Begriffe der *Funktion* und *Struktur*, die in der ersten Hälfte dieses Jahrhunderts ähnlich wie der Substanzbegriff im Mittelalter eine gemeinsame Begrifflichkeit für teilweise weit auseinanderliegende methodische Ansätze anboten, haben längst ihre zentrale Bedeutung für die verschiedenen ethnologischen Ansätze eingebüßt, ohne daß gegenwärtig verbreitete Begriffe wie *Repräsentation* oder *Interpretation* eine entsprechende vermittelnde und organisierende Funktion übernehmen könnten. Mit dem Gesetzesbegriff scheint die Ethnologie auch ihr noch die Forschung des frühen zwanzigsten Jahrhundert leitendes Ziel aufgegeben zu haben, *Universalien* der menschlichen Kulturentwicklung entdecken zu können. Eigenartigerweise scheint sie sich gerade durch diesen Verlust ihrer ursprünglichen Aufgabe und ihrer theoretischen Grundbegriffe gegenwärtig dafür zu qualifizieren, zu einer Art Grundlagenwissenschaft der Kulturwissenschaften zu werden: Nicht im Sinne einer theoretischen und methodischen Oberwissenschaft, sondern als allgemeines Reservoir von neuen methodischen Ansätzen und Deutungen zur *Erforschung des Fremden*. Denn mit dem Fremden haben alle Kulturwissenschaften haben irgendwie zu tun. Entsprechend wird die Aufgabe der Ethnographie, wie es in einem kürzlich erschienenen Sammelband zur Relevanz der ethnographischen Methode für die Sozialforschung heißt, heutzutage darin gesehen „to gain access to other minds and other ways of life so as to represent *what it is like to be* a differently situated human being."[2] Nicht der objektive Zustand, sondern die *Subjektivität* der Fremden gilt nunmehr als Gegenstand der Ethnologie. Im folgenden soll anhand von Beispielen die Veränderung der ethnologischen *Erkenntnisperspektive* rekonstruiert werden, die mit diesem Wechsel verbunden ist.

Mit dem Begriff Gesetz hatte sich *erstens* die Hoffnung verbunden, *universale Regularitäten* der Kulturentwicklung festzustellen. Dies setzt *zweitens* eine *distanzierte Erkenntnisperspektive* voraus, die in der Regel mit einem *Aufklärungsprogramm* verkoppelt ist, das so unterschiedliche Denker und Traditionen wie der dialektische Materialismus von Marx und Engels, Durkheims Soziologie, die psychologische Anthropologie in der Tradition Freuds und der französische Strukturalismus teilen: Für sie ist nicht das real, was die Betroffenen selbst sagen und denken, sondern etwas dahinterliegendes, das nur einem vom Common Sense der Akteure *distanzierten Betrachter*, nicht aber dem Handelnden in seinem alltäglichen Selbstverständnis zugänglich ist. Einer solchen Kulturwissenschaft geht es darum, *Selbsttäuschungen* wegzuräumen, die durch die gewöhnliche Handlungsperspektive bedingt sind, um zu den tieferen Ebenen des Denkens und Handelns durchzudringen. *Drittens* wird eine *makroskopisch-holistische* Perspektive eingenommen: es geht nicht um das Handeln und Denken von Individuen, sondern von Gesellschaften oder Kulturen.

Besonders typisch für diese Kombination von universalistischer, distanzierter, aufklärerischer und holistischer Erkenntnisperspektive ist die Soziologie und Religionsethnologie Émile Durkheims, die bis heute in der französischen Ethnologie nachwirkt. Durkheim verwendet den Gesetzesbegriff in seiner Selbstmordstudie zunächst im Sinne äußerer Ursachen des Verhaltens, die den Betroffenen unbekannt sind: Die Konstanz der Selbstmordrate bei verschiedenen Völkern, sozialen und religiösen Gruppen, so Durkheims Erläuterung seiner Ergebnisse, zeige jeweilig eine reale "Kollektivkraft" oder "Kollektivströmung" (*force collective* bzw. *tendance collective*) an, welche die Ein-

---

[1] Dieser Beitrag entstand im Rahmen eines DFG-Forschungsprojekts zu Gesetzesbegriffen in den Wissenschaften im Gerhardt-Hess-Programm, HA 1685/2.
[2] Richard A. Sweder, „True Ethnography", in: *Ethnography and Human Development. Context and Meaning in Social Inquiry*, hg. v. Richard Jessor, Anne Colby, and Richard A. Sweder, Chicago 1996, S.17; Herv. M. S. L..

zelnen "von außen" zum Selbstmord nötige:³ "Les tendances collectives ont une existence qui leur est propre; ce sont des forces aussi réelles que les forces cosmiques, bien qu'elles soient d'une autre nature; elles agissent également sur l'individu du dehors, bien que ce soit par d'autres voies."⁴ Etwas später führt er die statistischen Gesetze des menschlichen Verhaltens allerdings auf *normative Ideen* (représentations) im kollektiven Gewissen der Handelnden zurück.⁵ Sie sind also durchaus mit Normen und Regeln verbunden, wenngleich sie nur in einer *kausalen*, nicht in einer *sinnhaft begründenden* Beziehung zu den menschlichen Handlungen stehen. Durkheim konzipiert die Beziehung zwischen kollektiven Ideen und den Handlungen der Individuen im wesentlichen nach dem Modell, das die Naturphilosophie des siebzehnten und achtzehnten Jahrhunderts für das Verhältnis der letzten physikalischen Wirklichkeiten zu den sinnlich erfahrbaren Dingen verwendet hatte:⁶ Die "primären Qualitäten" der wirklichen Dinge können von den menschlichen Sinnen nicht direkt erfaßt werden, sondern nur insoweit sie geeignet sind, als "sekundäre Qualitäten" die menschlichen Sinne zu affizieren und hierdurch Erscheinungen hervorzurufen, die Regelmäßigkeiten aufweisen, von denen man auf Regelmäßigkeiten in den primären Ursachen zurückschließen kann.⁷ Auf den Bereich menschlichen Handelns übertragen bedeutet dies, daß es sich bei unseren Aktivitäten, einschließlich solcher Handlungen, die wir vermeintlich "frei" aufgrund eigener Zwecksetzungen vollziehen, "in Wirklichkeit" um Wirkungen von Ursachen kollektiver Art handelt, die uns *nicht direkt erkennbar und daher auch nicht beeinflußbar sind*. Die kollektiven Ideen erscheinen also aus der *vom Common Sense distanzierten* Perspektive der Sozialwissenschaft als selbsttätige Ursachen, die *aus sich* - ohne daß man Vorgänge der Interpretation, Vergleichung, Beurteilung seitens der Individuen berücksichtigten müßte - Handlungen als Wirkungen auslösen. Das bedeutet, daß der Common Sense - Glaube des Individuums, selbst zu handeln, *falsch* ist: "Nous sommes alors dupes d'une *illusion* qui nous fait croire que *nous avons élaboré nous-meme* ce qui s'est *imposé à nous du dehors*. Mais, si la complaisance avec laquelle nous nous y laissons aller masque la pousée subie, elle ne la supprime pas."⁸

Nur weil die Ideen nach Durkheim den Betroffenen nicht bekannt sind, können sie wie physikalische Kräfte wirken. Es ist also ein *Mangel an Wissen*, aufgrund dessen die Normen nicht mögliche Orientierungen individueller Zwecksetzungen, sondern äußere Zwangsmechanismen darstellen. Ähnlich dachte auch der Erfinder der „teilnehmenden Beobachtung" als empirischer Methode der Ethnologie, Bronislaw Malinowski, der im Gegensatz zu Durkheim davon ausging, daß die Eingeborenen durchaus nicht generell von ihren Normen beherrscht werden, sondern sie auch für ihre eigenen Zwecke manipulieren. Aber auch nahm an, daß ein großer Teil der Gesetze und Regularitäten, denen die Menschen folgen, gar nicht *ausdrücklich formuliert* und somit den von ihnen Betroffenen gar nicht bekannt ist: „The natives obey the forces and commands of the tribal code, but they do not comprehend them; exactly as they obey their instincts and their impulses, but could not lay down a single law of psychology [...] these things though crystalized and set, are nowhere *formulated*. There is no written or explicitly expressed code of laws [...N]ot even in human mind or memory are these laws to be found definitely formulated."⁹

Wenn den Betroffenen die Gesetze bekannt wären, so könnte man aus dieser Diagnose folgern, dann wären sie auch keine Kausalgesetze mehr, sondern Normen und Regeln des Verhaltens, denen die Individuen durchaus frei wären zu folgen oder zuwider zu handeln. Eine solche Auffas-

---

³ Vgl. Émile Durkheim, *Le Suicide*, Paris 1982, S. 336.

⁴ Émile Durkheim, *Le Suicide*, S. 348.

⁵ Zur Annahme, daß das soziale Leben in einem System von mentalen Vorstellungen besteht, vgl. Durkheims Vorrede zur zweiten Auflage (1901) der *Régles* und seinem Aufsatz "Représentations individuelles et représentations collectives" von 1898 (in ders., *Sociologie et philosophie*, PUF, Paris 1963).

⁶Vgl. hierzu auch Warren Schmaus, *Durkheims Philosophy of Science and the Sociology of Knowledge*, Chicago und London 1994, S. 4.

⁷ Vgl. hierzu John Locke, *An Essay Concerning Human Understanding* (1690), Buch II, Chap. VIII; vgl. auch Peter Alexander, *Ideas, Qualities and Corpuscles. Locke and Boyle on the External World*, Cambridge 1985.

⁸ Émile Durkheim, *Règles de la Méthode Sociologique*, S 7 (Herv. M. - S. L.).

⁹ Bronislaw Malinowski, *Argonauts of the Western Pacific*, S.11.

sung wird von Durkheim in seinen moralphilosophischen Schriften auch ausdrücklich vertreten: In dem Maße nämlich, in dem die Wissenschaft die Natur der Gesellschaft entschleiert und die Individuen sich von der Wissenschaft über die nützlichen Funktionen der gesellschaftlicher Regeln aufklären lassen, werden sie ihnen Durkheim zufolge nicht mehr gezwungenermaßen folgen, sondern spontan. Der äußere Zwang verwandelt sich also durch Aufklärung in die Freiheit des rationalen Individuums, das zu tun, was es - aus wissenschaftlicher Sicht - für gut erkannt hat.[10] Dieses Aufklärungsprogramm stand jedoch bei Durkheim stets in einer gewissen Spannung zu seiner Auffassung über die Bedingungen des gesellschaftlichen Zusammenhalts: seiner von der französischen Gegenaufklärung geprägten Überzeugung, eine Gesellschaft sei ohne einen Restbestand an Vorurteilen nicht möglich und daher könne auch die Religion nicht aussterben.[11]

Das mit dem Gesetzesbegriff verbundene Aufklärungsprogramm, das Durkheim selbst für die eigene Gesellschaft nicht ganz konsequent ausführt, hat freilich bei der Erforschung der sogenannten primitiven Gesellschaften durch britische Ethnologen keine Rolle gespielt. Die Gründe dafür sind vermutlich in der besonderen Situation der Ethnologen als Angehörigen von Kolonialmächten zu suchen. Da die Entwicklung der ethnologischen Feldforschung mit der letzten Phase der Kolonialherrschaft zusammenfiel, die ihnen einerseits Forschungsmöglichkeiten und Berufsperspektiven bot, andererseits jedoch die fremden Lebensweisen zu zerstören drohte, war sie mit zweierlei Einstellungen verbunden. In dem Versuch, die fremde Lebensweise zu erkennen, verband sich die Haltung des *Anwalts*, der sie vor der eigenen Kultur zu *rechtfertigen* hat, damit sie weiterexistieren kann, mit dem Interesse der Kolonialmacht, die Eingeborenen zu *beherrschen*. Während Malinowski sich bemühte, die Tropriander als Menschen-so-wie-du-und-ich darzustellen, die in ihren merkwürdigen Gebräuchen im Grunde keiner anderen Zweckrationalität folgen als der viktorianische Engländer auch, fragte Radcliffe-Brown nach dem praktischen Nutzen der Ethnologie für die Institutionen kolonialer Herrschaft: „What sort of anthropological investigations are of practical value [...] in connection with the administration and education of backward people"?[12] Die Antwort lautete: „To exercise *control* over any group of phenomena we must know the *laws* relating to them."[13] Denn nur dann können „wir" das Resultat „unserer" absichtlichen oder unabsichtlichen Einwirkungen auf die „backward people" „*voraussehen*".[14]

Ohne die Interessen kolonialer Herrschaft und die durch die Machtasymmetrie bedingte Sicht der Eingeborenen als nicht eigentlich freier Personen zu berücksichtigen, wäre es schwer verstehbar, warum gerade von den im Unterschied zu Durkheim empirisch vorgehenden Ethnologen, deren Erfahrung im Feld ja in der Begegnung mit verschiedenen Individuen besteht, die ihre Sicht der Dinge darlegen, und in einer Kultur wie der englischen, die von einem starken ethischen und methodischen Individualismus und anti-Holismus geprägt war, zunächst fast ausschließlich holistische Modelle der Erklärung angewendet wurden. Denn eine Prognose über das wirkliche Verhalten von Menschen ist nur unter folgenden Voraussetzungen aus einem Gesetz möglich: *Erstens* muß ich voraussetzen, daß die Menschen von ihren Gesetzen in ihrem Verhalten *determiniert* werden, und d. h. daß sie sich nicht von ihnen distanzieren können. *Zweitens* muß ich alle relevanten Gesetze kennen, durch die das Verhalten der Menschen in einer bestimmten Situation determiniert werden könnte. Und *drittens* muß ich voraussetzen, daß die verschiedenen Gesetze nicht in Widerspruch treten können, sondern sich wechselseitig stützen und ergänzen. Andernfalls würde ihr Einfluß unberechenbar werden. Ich muß daher eine *Modellannahme* über die Natur menschli-

---

[10] Émile Durkheim, *L'education morale*, Paris (PUF) 1974, S. 98: Nicht die Vernunft des Individuums, sondern die Wissenschaft ist somit Quelle unserer Autonomie : "C'est dans la mesure òu la science se fait que, dans nos rapports avec les choses, nous tendons toujours davantage à ne plus relever que de nous-memes. Nous nous en affranchissons en les comprenant, et il n'est pas d'autre moyen de nous en affranchir. C'est la science qui est la source de notre autonomie."
[11] Vgl. hierzu seinen Artikel "Les études de science sociale", in Revue Philosophique 22 (1886), S. 69.
[12] Radcliffe-Brown, *Method in Social Anthropology*, Chicago and London 1958, S. 39.
[13] Radcliffe-Brown, *Method in Social Anthropology*, S. 41.
[14] Radcliffe-Brown, *Method in Social Anthropology*, S. 41.

cher Gesellschaften als stabilen Ganzheiten von sich wechselseitig erhaltenden Gesetzen voraussetzen.

Hier hat der Begriff *Funktion* bis in die sechziger Jahre eine entscheidende Rolle gespielt. Alle funktionalen Erklärungen beziehen sich auf Verhältnisse und Abhängigkeiten, die nur der Perspektive eines äußeren *Beobachters*, aber nicht dem Bewußtsein der Handelnden selbst zugänglich sind. Diesem Erkenntnisvorsprung, den der Funktionsbegriff dem Sozialwissenschaftler vor seinem Gegenstand einräumt, korreliert die asymmetrische Beziehung der Beherrschung und Beeinflussung zwischen dem Vertreter einer Kolonialmacht und den durch diese zu verwaltenden und zu „erziehenden" Menschen. Malinowski bezog den Funktionsbegriff einerseits auf die *Nützlichkeit* von sozialen Rollen oder Institutionen sowohl für das *Individuum* als auch das *Ganze*, andererseits auf die Nützlichkeit von sozialen Rollen oder Institutionen zur Befriedigung *biologischer* Bedürfnisse. Der Funktionsbegriff diente hier dazu, die Sitten der Eingeborenen vertraut zu machen und zu legitimieren: Indem Malinowski erklärte, welchen individuellen (biologischen) und gesellschaftlichen Zwecken die Gebräuche der „Wilden" dienen, die dem zeitgenössischen Europäer in den Darstellungen der historisch-vergleichenden Ethnologie als Sammlungen von Bizarrem und Irrationalem präsentiert wurden und die, sofern sie mit den Moral- und Rechtsvorstellungen der Kolonialmächte widersprachen, in ihrer Weiterexistenz gefährdet waren, bewies er ihre Vernünftigkeit – im Sinne des angelsächsischen Utilitarismus.

Im Gegensatz zu dem Funktionalismus Malinowkis hat sich schon der empirische „Strukturfunktionalismus" seines Zeitgenossen Radcliffe-Brown *internen* Maßstäben zur Deutung kultureller Bezüge zugewandt, nämlich der Rolle, die kulturelle Muster für das kulturelle Ganze spielen. Für die Erfassung der Strukturen sind weniger die Perspektiven der beteiligten Individuen, als die beobachtbaren Regularitäten ihres Verhaltens relevant: Gesellschaftliche "Strukturen" werden vom Sozialanthropologen durch äußere Beobachtung des Verhaltens zwischen Individuen, Verallgemeinerung von Verhaltensmustern zu "Rollen" und weitere Schritte der Abstraktion und Klassifizierung ermittelt.[15] Auch hier spielt der Funktionsbegriff eine zentrale Rolle: Leitidee bei dieser Beobachtung, Abstraktion und Verallgemeinerung von empirisch gegebenen *Strukturen* durch den Sozialantropologen ist das Gesellschafts*modell* eines Organismus, in dem alle Teile eine Funktion zur Erhaltung des Ganzen erfüllen. Die Bedeutung eines Symbols oder eines Rituals ist erkannt, sobald man ihm eine solche Funktion zuweisen kann; die Regeln und partiellen Begründungen, welche die Beteiligten selbst für ihr Verhalten angeben, sind hierfür hingegen irrelevant, *weil die Akteure die Gründe ihres Verhaltens prinzipiell nicht kennen können.*[16]

Im Strukturfunktionalismus Radcliffe-Browns hat sich Durkheims Distanzierung vom Common Sense und Bewußtsein der Beteiligten eher noch verschärft: Denn auch die Frage nach der Funktion sozialer Vorgänge wird vom Standpunkt des Beobachters aus gestellt,[17] der – im Gegensatz etwa zu Malinowski – ausschließlich nach der Funktion einer Verhaltensweise *für die Gesellschaft* und nicht etwa für die Beteiligten fragt. Hier zeigt sich noch deutlicher als bei Durkheim, welche Aspekte durch die Distanzierung vom Selbstverständnis der Beteiligten und die theoretische Unterstellung von Gesellschaft als eines kohärenten Ganzen ausgeblendet werden: Da die Methode auf Abstraktion und Entzeitlichung des regulären Anteils an den beobachteten Vorgängen gerichtet ist, kann sie die Entstehung, Reproduktion und Veränderung von Sinnbezügen und Rollenstrukturen nicht in die Beobachtung einbeziehen. Die resultierende soziale Ordnung erscheint als formales *Beziehungsgefüge zwischen abstrahierten Elementen*, die beobachteten Aktivitäten als Einzelfälle der abstrahierten Strukturen. Da durch das Modell vorausgesetzt wird, daß soziale Aktivitäten eine notwendige Funktion in Bezug auf die Gesamtgesellschaft ausüben, sind auch soziale Konflikte ausgeschlossen, die weder gelöst, noch reguliert werden können.[18]

---

[15] Vgl. hierzu Radcliffe Brown, *Method in Social Antropology*, Chicago & London 1958.
[16] Vgl. op. cit., S. 68.
[17] Zum Standpunkt des Beobachters im Strukturfunktionalismus vgl. Robert K. Merton, *Social Theory and Social Structure*, New York 1967, S. 24.
[18] Vgl. hierzu Robert K. Merton, *Social Theory and Social Structure*, S. 25.

Während der Strukturfunktionalismus in den letzten dreißig Jahren an Bedeutung verloren hat, hat sich der Glaube, daß man universale Gesetzmäßigkeiten menschlicher Kulturbildung entdecken könne, bis in die noch heute aktive Schule der Kulturökologie durchgehalten, die versucht, kulturelle Entwicklungen aus Umweltbedingungen zu erklären.[19] Julian Haynes Steward, ihr Begründer, leitet die Regeln der Verwandtschaftsbeziehungen (z. B. Patrilinearität) nicht *direkt* aus den Umweltbedingungen ab, sondern aus den *Techniken* der Umweltausbeutung und der für sie erforderlichen Residenzgewohnheiten: Die Umweltbedingungen machen bestimmte Techniken der ökonomischen Nutzung erforderlich, welche wiederum bestimmte Residenzgewohnheiten (in kleinen oder größeren Gruppen) erzeugen. Die rechtlichen *Regeln* und *Normen* sind nun nichts anderes als eine Kodifizierung dieser faktischen Residenzgewohnheiten, die dadurch zustande kommt, daß diese den Beteiligten *bewußt* geworden sind. Mit seiner Erklärung von Kultur als *Anpassung* (adaptation) an eine bestimmte Umwelt geht es Steward ausdrücklich nicht nur darum zu zeigen, daß die Umwelt die kulturellen Möglichkeiten einschränkt, sondern daß sie „eine bestimmte Lebensweise notwendig macht."[20] Der Erklärungsanspruch, mit dem diese Deutung von Abhängigkeiten als *Anpassungen* verbunden war, konnte jedoch am empirischen Material nicht realisiert werden kann; so hat Steward selbst eingeräumt, bei einer den Shoshonen benachbarten Gruppe fundamentale Veränderungen in der Verwandschaftsstruktur festgestellt zu haben, denen keinerlei Veränderungen der Subsistenzbedingungen entsprachen.[21]

Freilich hatte der Gründervater der *verstehenden* Ethnologie, Franz Boas, schon vor der Jahrhundertwende festgestellt, daß nicht einmal die Eskimos ihre Umwelt optimal ausnutzen, sondern viele Nahrungstabus tradieren, die ökologisch gesehen unsinnig sind. Aus seiner hieraus resultierenden Enttäuschung hinsichtlich der Möglichkeit, kulturelle Gesetze zu entdecken, geht letztlich der heute vorherrschende Glaube zurück, in der Ethnologie ginge es nicht um das Erkennen allgemeiner menschlicher Strukturen, sondern um das *Verstehen* des Fremden im Sinne der *individuellen Besonderheit* einer anderen Kultur. Ein solches Verstehen, so Boas, setzt nämlich voraus, daß man die andere Kultur in ihren eigenen Begriffen beschreibt: „In natural sciences we are accumstomed to demand a classification of phenomena expressed in a concise and unambiguous terminology. The same should have the same meaning everywhere. We should like to see the same in anthropology. As long as we do not overstep the limits of one culture we are able to classify its features in a clear and definite terminology. We know what we mean by the terms family, state, government, etc. As soon as we overstep the limits of one culture we do not know in how far these may correspond to equivalent concepts. If we chose to apply our classification to alien cultures we may combine forms that do not belong together. The very rigidity of definition may lead to a misunderstanding of the essential problems involved... *If it is our serious purpose to understand the thoughts of a people the whole analysis of experience must be based on their concepts, not ours.*"[22]

So einflußreich dieses Programm geworden ist, so undurchführbar war es von Anfang an sowohl auf der Subjekt- wie auf der Objekt-Seite. Zum einen ist eine *Entleerung* des Forschers von eigenen Vorbegriffen weder bis zur letzten Konsequenz durchführbar noch wünschenswert, wie sich schon an der Person des Boas-Informanten und Co-Autors George Hunt gezeigt hat, dessen Erfolge bei der Erforschung der sogenannten Kwakiutl wohl wesentlich durch seine Außenseiterposition als Sohn eines angloamerikanischen Vaters und einer hochrangigen Tlingit-Mutter bedingt waren, die es ihm ermöglichte, Besonderheiten der Kwakiutl-Sitten vor dem kontrastiven Hintergrund von zweierlei anderen Kulturen wahrzunehmen.[23] Aber auch auf der Objektseite ist die Rede von „den Gedanken eines Volkes" fragwürdig, weil sie eine Art kollektives Bewußtsein sug-

---

[19] Vgl. Julian H. Steward, *Theory of Culture Change. The Methodology of multilinear Evolution*, Ilinois 1955, S. 36.
[20] Julian H. Steward, op. cit., S. 34.
[21] Ibid.
[22] Franz Boas, „Recent Anthropology", in Science 98, 1943, S. 314.
[23] Zur Rolle von George Hunt vgl. Judith Berman, „„The Culture As It Appears To The Indian Himself": Boas, George Hunt, and the Methods of Ethnography" in: *Volksgeist as Method and Ethic. Essays on Boasian Ethnography and the German Anthropological Tradition*, hg. v. George W. Stocking, Wisconsin 1996, S. 230.

geriert. Auch auf Boas trifft daher ein großer Teil der seit den achziger Jahren zunehmenden methodischen Kritik an totalisierenden und statischen Auffassungen von Normen und ihrer Rolle in sozialen Prozessen zu. Diese Kritik hatte sich ursprünglich vor allem gegen den Parsonschen Strukturfunktionalismus in der Soziologie und den ethnologischen Strukturfunktionalismus gerichtet, gegen Modelle also, die nach der Auffassung der Kritiker die Abstraktionsvorgänge ausblendeten, die der Entdeckung bzw. Konstruktion bestimmter Normen zugrundeliegen, und diese fälschlicherweise mit realen kausal wirksamen Entitäten gleichsetzten. Denn in der Ausblendung von Interessenkonflikten, Macht- und Wahrnehmungsdifferenzen innerhalb der kulturellen Einheiten unterscheiden sich Vertreter von interpretatorischen Vorgehensweisen wie Franz Boas oder Lévi-Strauss kaum von kausal „erklärenden" Methodologen.[24]

Die Vielfalt von normativen Orientierungen und die Mehrdeutigkeit von Aussagen, mit denen Ethnologen im Feld konfrontiert werden,[25] taucht in den klassischen Monographien nicht auf. Aussagen wie „Die Kwakuitl haben das Verwandtschaftssystem *numaym*" oder „Die Winnebago glauben an Dämonen der Sorte xy" beruhen auf folgenden Abstraktionsschritten: *Erstens* werden die Subjekte von Handlungsstrukturen und Glaubensannahmen mit einer bestimmten Gruppe gleichgesetzt, wobei es gewöhnlich der Ethnologe ist, der aufgrund linguistischer o. a. Kriterien die kulturellen und gesellschaftlichen Einheiten festlegt, und nicht die Einheimischen selbst.[26] *Zweitens* wird eine Einheitlichkeit des normativen Bewußtseins innerhalb der untersuchten Kultur selbst unterstellt, das in der erfahrbaren Wirklichkeit zwischen den verschiedenen gesellschaftlichen Gruppen gewöhnlich stark differiert. Wenn der Ethnologe in seiner abschließenden Monographie entsprechend von *den* Nuern, *den* Kwakuitl, etc. spricht, hat er schon die Verschiedenheit der Individuen, der Geschlechter, Altersgruppen, Positionen in der Sozialhierarchie usf. ausgeblendet und sie zu einem allgemeinen Kultursubjekt vereinfacht. Diesem wird sodann eine bestimmte Sitte oder bestimmte Glaubensannahmen zugeordnet. In Wirklichkeit geben jedoch Männer in den meisten Kulturen auf Befragung des Ethnologen andere Erklärungen als Frauen ab, Erwachsene andere als noch-nicht-Initiierte, soziale Außenseiter andere als wohlsituierte Bürger, etc. So berichtet Josef Franz Thiel von einer Ursprungsmythe bei den Bayensi in Zaire, „die je nachdem, ob sie von Männern oder Frauen erzählt wurde, der Frau oder dem Mann die Schuld zuschob."[27] Gewöhnlich findet diese Ausblendung von innerkulturellen und sozialen Differenzen schon auf der Ebene der Datenerhebung statt, da viele Ethnologen mit nur wenigen Informanten, oft sogar nur einem einzigen arbeiten. Dabei unterstellen sie, daß die von den Informanten erhaltenen Daten in einem möglichst weitgehenden Sinne repräsentativ für eine Gesamtgesellschaft oder Gesamtkultur sind. Wie besonders von der Ethnomethodologie und den sogenannten Dekonstruktivisten geltend gemacht wurde, handelt es sich bei solchen Daten jedoch keinesfalls um neutrale Tatsachen, sondern selbst um *Interpretationen* des Ganzen, die, so der Einwand, zwangsläufig immer die Sicht einzelner Individuen oder Gruppen repräsentieren und nicht das sogenannte Ganze selbst. Sie entsprechen vielmehr dem besonderen Autoritäts- und Macht-Status der Informanten im Verhältnis zu anderen gesellschaftlichen Gruppen.

---

[24] Dies gilt auch für die in diesem Kontext nicht berücksichtigte Tradition der historisch-kausalen Erklärung um die Jahrhundertwende, wie sie durch Frazer repräsentiert wird, sowie für seinen Kritiker Wittgenstein; vgl. hierzu Maria-Sibylla Lotter, „Wittgenstein on the Sinister and Dreadful in Alien Practices", in Katalin Neumer, hg., *Das Verstehen des Anderen*, Wittgenstein Studies No 1, 1999.
[25] Vgl. hierzu Maria-Sibylla Lotter, „Fremd im Feld. Der Erfahrungsbegriff in der Ethnologie", in : Michael Hampe/Maria-Sibylla Lotter, hgs., *Der Erfahrungsbegriff in den Wissenschaften* (erscheint voraussichtlich 1999/2000).
[26] Vgl. hierzu Judith Berman´s Analyse von Boas` Verwendung des Begriffs *Kwakiutl* im Kontrast zu den Begriffen und Einteilungskriterien der fraglichen Gruppen selbst, in dies., „„„The Culture As It Appears To The Indian Himself": Boas, George Hunt, and the Methods of Ethnography", S. 215 f., Anm. 1.
[27] Josef Franz Thiel, „Quellen der Ethnologie und ihre Rezeption", in : *Grundfragen der Ethnologie. Beiträge zur gegenwärtigen Theorie Diskussion*, hg. v. Wolfdietrich Schmied-Kowarzik und Justin Stagl, Berlin 1981, S. 83.

So handelt es sich in den klassischen Ethnographien in der Regel um die Auffassungen von *führenden älteren Männern*,[28] häufig auch von männlichen Außenseitern,[29] seltener von Frauen und sehr selten von jungen Personen. Mitunter haben sich hieraus extreme Differenzen in der Einschätzung der Werte und Normen einer Kultur ergeben, wie zwischen der berühmten Studie Margaret Meads *Coming of Age in Samoa* und Derek Freemans Kritik in *Margaret Mead and Samoa* von 1983.[30] Während Mead in ihrer Studie verschiedene allgemeine Behauptungen über das von Schuldgefühlen und sexueller Repression freie Geschlechtsleben der Bewohner Samoas und ihre sexuell unkomplizierte Pubertät aufstellte, wies Freeman fünfzig Jahre später nahezu alle ihre Annahmen über die Samoer zurück, zu deren Tradition seiner Darstellung nach außerordentlich puritanische und repressive Einstellungen gegenüber der Sexualität besonders in der Pubertät gehörten. Die Differenz erklärt sich weitgehend aus der unterschiedlichen Auswahl und Beschränkung auf Informantengruppen: Während nämlich Mead fast gleichaltrige junge Frauen von geringem Sozialstatus über ihre eigenen Einstellungen interviewt hatte, hatte Freeman als erwachsener Mann eine Gruppe von sozial wohlsituierten erwachsenen Männern befragt. Was Personen von geringem Sozialstatus, die sich nicht für die Aufrechterhaltung der Tradition zuständig fühlen, über ihre eigenen Erfahrungen berichten, wird jedoch schwerlich mit dem zusammenfallen, was Personen von hohem Sozialstatus über das angemessene Verhalten einer anderen Altergruppe mitteilen – ganz abgesehen von den unterschiedlichen Einstellungen von Frauen und Männern gegenüber der Sexualität. Die Einseitigkeit solcher Darstellungen ist freilich kaum vermeidbar; eine vollständige Datenerhebung, die alle gesellschaftlichen Gruppen berücksichtigen würde, ist allein schon deshalb kaum möglich, weil es vom Geschlecht, aber auch vom Alter und Sozialstatus des Ethnologen oder der Ethnologin abhängt, zu welchen Gruppen sie überhaupt Kontakt aufnehmen können. Vermeidbar ist allerdings die dogmatische Unterstellung eines kollektiven Bewußtseins; so wurde auch an Boas kritisiert, daß eine bestimmte Mischform der Verwandtschaft, die er bei den Kwakiutl unterstellte, weil er seine bisherigen Verwandtschaftskategorien nicht anwenden konnte, dort gar nicht als allgemeine Norm existiert, sondern die Individuen über einen gewissen Spielraum zwischen verschiedenen Traditionen der Verwandtschaft verfügen, den sie unterschiedlich ausnutzen. Ebenfalls vermeidbar ist der Fehlschluß von der Teilperspektive einer gesellschaftlichen Gruppe auf das Kulturganze, der durch die literarische Form der klassischen Ethno-Monographie nahegelegt wird.

Nicht nur der Gesetzesbegriff, auch die Begriffe *Norm* und *Regel* sind daher gegenwärtig bei der jüngeren Generation von Ethnologen in Verruf geraten, die stattdessen mit einer Synthese von materialistischer Ideologiekritik, Dekonstruktivismus und Individualismus arbeiten. So wird die ethnologische Rede von *Gesetzen, Regeln, Normen, Funktionen, Strukturen* etc. als repräsentativ für die Machtinteressen des Ethnologen bzw. seiner Kultur „dekonstruiert": als Versuche, im Dienste kolonialer bzw. wirtschaftlicher Interessen selbstständige und unberechenbare Individuen als berechenbare und normativ gesteuerte Objekte erscheinen zu lassen, um sie besser beherrschen zu können.[31] Statt von „Normen", die das Bewußtsein, oder „Regeln", die die Praxis leiten, spricht man von „Repräsentationen" oder „Interpretationen", die Gruppen von sich selbst und von anderen haben.[32] An die Stelle von Monographien über einzelne Kulturen und Gesellschaften treten

---

[28] Der Ethnologe Wilhelm E. Mühlmann hatte sogar ausdrücklich gefordert, daß nur Informanten aus einer elitären Minderheit befragt werden sollten. Vgl. die Diskussion dieser Problematik bei Josef Franz Thiel, „Quellen der Ethnologie und ihre Rezeption", in *Grundfragen der Ethnologie*, S. 81.

[29] Zur Rolle von Außenseitern, die selbst eine gewisse Distanz zur eigenen Gesellschaft einnehmen, als Informanten der Ethnologie vgl. Karin Knorr, *Methodik der Völkerkunde*, in „Enzyklopädie der geisteswissenschaftlichen Arbeitsmethoden 9, hg. v. M. Thiel, München 1973, S. 312 ff.

[30] Das Beispiel ist entnommen aus Michelle Moody-Adams, *Fieldwork in Familiar Places*, Cambridge 1997, S. 48 f.

[31] Vgl. Glenn Bowman, „Identifying versus identifying with „the Other". Reflexions on the siting of the subject in anthropological discourse", in: *After Writing Culture. Epistemology and Praxis in Contemporary Anthropology*, hg. v. Allison James, Jenny Hockey u. Andrew Dawson, New York 1997, S. 41.

[32] Vgl. Lisette Josephides, „Representing the anthropologist's predicament", in: *After Writing Culture. Epistemology and Praxis in Contemporary Anthropology*, S. 18.

Portraits von "starken Individuen", die ihre Wertvorstellungen und Selbstbilder selbst bestimmen bzw. untereinander aushandeln : „dynamic portraits in which strong individuals emerge who forcefully attempt to define themselves within certain contexts which they are also defining."[33] Dies wird erreicht, indem die Ethnologin selbst auf die Organisation des Datenmaterials verzichtet und stattdessen zusammenhangslose Bilder und Beobachtungen wiedergibt, die dem Leser einen Eindruck von der Vielfalt der Gesichtspunkte und der ständigen Verhandelbarkeit von Normen und Institutionen vermitteln sollen: „[the portraits ...] reveal situations in which results can never be predicted on the basis of norms or institutions, but are constantly negotiable."[34]

Es ist jedoch nicht einzusehen, weshalb die Annahme normativ flüssiger Situationen, in denen Individuen ihr eigenes Selbstverständnis immer wieder aushandeln, an sich weniger dogmatisch sein sollte als das Modell funktionaler Einheiten, in denen das Verhalten der einzelnen von bestimmten Strukturen oder Regeln geleitet wird. Die methodische Unterstellung, daß Individuen prinzipiell über all ihre normativen Orientierungen verfügen können, erscheint in dieser Allgemeinheit ebenso unplausibel und erfahrungsfern wie der Glaube an Normen als unkontrollierbare Kausalfaktoren. Sie hat darüberhinaus den Nachteil, daß die ethnologische Organisation des Materials – im Unterschied etwa zu klassischen Studien wie denen von Mead und ihrem Kritiker Freeman – nicht mehr als Verallgemeinerung sichtbar, daher auch kaum kontrollierbar ist: Sie immunisiert sich selbst gegen Kritik. An die Stelle der angreifbaren Aussage über einen Gegenstand tritt eine Zusammenstellung des Materials, die sich selbst den Anschein der Zufälligkeit gibt und daher die Interpretation – und die Verantwortung für sie - dem Leser selbst aufbürdet.

Daß dies keinesfalls die notwendige Konsequenz aus der Einsicht in die Problematik unreflektierter Abstraktionen und eines dogmatischen Kollektivismus ist, und daß die Annahme von Normensystemen als Leitidee eine sehr fruchtbare heuristische Funktion zur Erschließung des Deutungs- und Handlungsspielraums von Individuen haben kann, zeigen jedoch m. E. durchaus auch klassische Monographien wie die Studie von Edmund Leach über politische Systeme im Hochland von Burma.[35] Indem Leach die traditionelle Zuordnung der einzelnen Individuen zu jeweils einem einzigen konsistenten Normenzusammenhang aufgibt, gewinnt er eine Matrix, die es sowohl erlaubt, die Begrenzung der Betroffenen durch normative Traditionen wie deren Verhandelbarkeit und Wandel differenziert zu beschreiben. Nach dem für die Beschreibung der Kachin entwickelten Modell gehört jedes Individuum mehreren sozialen Systemen an, nämlich einerseits der feudalen Shan-Ordnung, andererseits der anarchistischen und egalitären Gambuo-Ordnung, auf deren Werte es sich, so Leach, je nach seinem Vorteil zu berufen pflegt : „To the individual itself such systems present themselves as alternatives or inconsistencies in the scheme of values by which he orders his life. The overall process of structural change comes about through the manipulation of these alternatives as a means of social advancement. Every individual of a society, each in his own interest, endeavours to exploit the situation as he perceives it and in so doing, the collectivity of individuals alters the structure of the society itself."[36]

---

[33] Ebd., S. 25.
[34] Ebd.
[35] Edmund R. Leach, *Political Systems of Highland Burma*, London 1954.
[36] Ebd., S. 8.

Prof.Dr.Ludwig NAGL (Universität Wien)

Ansätze zu einer (noch ausstehenden) Philosophie des Films: Benjamin, Cavell, Deleuze

Philosophisch dimensionierte Erkundungen des "Kulturobjekts" Film liegen bisher nur vereinzelt (und bruchstückhaft) vor:
1) Walter Benjamins These vom "Verfall der Aura" im Zeitalter der technischen Reproduzierbarkeit von Kunst bilden - zusammen mit Adornos Einspruch dagegen - für zeitgenössische Reflexionen über die Philosophie des Films oft den Einstiegspunkt. Freilich: Benjamin arbeitet einer Theorie des Films nur zu, ohne sie selbst schon vorzulegen.
2) Stanley Cavell geht hier weiter: sein (post-analytisch inspirierter) Versuch, eine "ontology of film" zu entwickeln, untersucht das ästhetische Objekt "Film" in größerem Detail und terminiert im "reading" ganzer Filme.
3) Gilles Deleuze treibt - in seinen Analysen von "Bewegungsbild" und "Zeitbild" - die Erkundung der Entwicklungsdynamik des Cinematischen über Cavells post-analytische Filmlektüren hinaus: Deleuzes Erwägungen zu "Denken und Kino" gelten - vor dem Hintergrund einer nach-Bergsonschen Zeitkonzeption - vor allem jenen Filmen, in denen das "Aktionsbild" des Erzählkinos durch Temporalitätsstrukturen aufgebrochen wird, die sich der Standardform cinematischer Narrativität nicht mehr einfachhin fügen. Was können diese drei Ansätze zur Etablierung einer (noch ausstehenden) Philosophie des Films beitragen?

Ad 1) Benjamin "Eine Film- und besonders eine Tonfilmaufnahe bietet einen Anblick, wie er vorher nie und nirgends denkbar gewesen ist."[1] Der ästhetische Ort des Kinos ist bei Benjamin dreifach bestimmt: <u>Zunächst</u> durch eine spezifische Form von "Wahrnehmung", die - die modernen Großstadt und ihre "tiefgreifend veränderte Apperzeption" reflektierend - cinematisch, so Benjamin, als "Schock", "Sprengung" und "taktilischer" Stoß auftritt. Der Film dringt (durch Zeitraffer und Zeitlupe) ins Gewebe der Wirklichkeit ein und segmentiert sie; Schnitt und (Re)Montage sind die Konditionen einer neuen Wahrnehmungsform, die - vom Cinematischen ins Literarische transformiert - z.B. auch Döblin und Joyce erkunden. Sie korrespondiert strukturell der beschleunigten Reproduktionsweise moderner Industriegesellschaften: Der Film ist für Benjamin die "Auswicklung aller Anschaungsformen, Tempi und Rhythmen, die in den heutigen Maschinen präformiert liegen, dergestalt, daß alle Probleme der heutigen Kunst ihre endgültige Formulierung nur im Zusammenhang des Films finden."[2] Damit ist <u>das zweite Moment</u> seiner Filmästhetik ausgesprochen: der Film ist nicht nur - wie jede andere Kunst - von der urban akzelerierten Wahrnehmung <u>affiziert</u>: er <u>überbietet</u> und <u>re-fokussiert</u> (der Tendenz nach) alle frühere Kunstform. Benjamin umreißt diese These mit Blick aufs Theater: Die Filmaufnahme "stellt einen Vorgang dar, dem kein einziger Standpunkt mehr zuzuordnen ist, von dem aus die zu dem Spielvorgang als solchem nicht zugehörige Aufnahmeapparatur [...] nicht in das Blickfeld des Beschauers fiele" (KTR, 35) Anders als beim Erlebnisprozeß im Bühne-Zuschauerraum-Kontinuum ist die technische Vermittlung <u>un</u>abstrahierbar geworden: erst sekundär, in Montage und Schnitt, wird im Film die Illusion einer apparatefreien "Natur zweiten Grades" herstellbar. Das Bild des Kameramannes ist "ein vielfach zerstückeltes, dessen Teile sich nach einem neuen Gesetz zusammenfinden." (RZR 37). Im so - nach dem <u>neuen</u> Gesetz

– Zusammengefügten, wird drittens, jener De-auratisierungsprozeß real, dessen Analyse im Zentrum von Benjamins Filmtheorie steht. Adorno wendet gegen dieses Moment der Benjaminschen Theorie - gegen die These vom "Verlust der Aura" - Gewichtiges ein. Die "penetrante Beliebtheit der Reproduktionsarbeit", so schreibt er, verdankt sich einer "Simplifizierung", in der das opponierende Moment im Auratischen ("das fernrückende, gegen die ideologische Oberfläche des Daseins kritische") durch die weiten Maschen einer binären Opposition fällt, die das massenreproduzierte Werk einfachhin der auratischen Kunst kontrastiert. Das Verdikt der Aura schützt, unerträglicherweise, "die Produkte der Massenkultur", ja wertet sie auf gegen die "qualitativ moderne" Kunst.[3] Dieser Einspruch hat Gewicht, nicht weil er die avancierte Kunst verteidigt, sondern weil er indiziert, daß jede authentische Kunst - z.B. das "Zeitbild" (im Sinne Deleuzes') - auch im Zeitalter "technischer Reproduzierbarkeit" an jenem Auratischen partizipiert, das "kritisch fernrückt": und das, obwohl der Film zugleich die Aura der "Einmaligkeit" strukturell devalidiert. Jede Filmästhetik, die die erste und zweite Thesen Benjamins übernimmt, seine Rede vom "Verlust der Aura" vor dem Hintergrund von Adornos Einspruch aber neu überdenkt, wird die Theorie der Filmbilder weiterdifferenzieren müssen.

Ad 2) Cavell Cavells "Ontology of Film"[4] liest sich - gelegentlich - wie ein "running commentary" zu Benjamin: An jedem Punkt seiner Anknüpfung re-situiert Cavell freilich die Benjaminsche Analyse. Wie Benjamin rückt er den Maschinencharakter der Film-Bilder ins Zentrum, doch mit differentem Akzent: "The inescapable fact of mechanism or automatism in the making of these [fotografic] images [satisfies] our obsession with realism." (ROF

20) Diese Obsession, so Cavell, ist alles andere als trivial, sie hat vielmehr "a rigid depth". (ROF 21) Sie ist ins Gefüge eines beschleunigten Wahrnehmungsprozesses eingebettet (und vor diesem Hintergrund, so Cavell, wurde die Kamera dafür gerühmt, die Sinne zu erweitern): Bezieht man sich jedoch, wie Benjamin, auf _dieses_ Moment des Cinematischen _vor allem_, dann dringt man nicht ein ins Zentrum desjenigen Wunsches, dessen Befriedigung die Attraktivität des Kinos konstituiert. Der Film ermöglicht uns, "ungesehen zu sehen". Er entlastet uns vom Handlungsdruck und von der moralischen Entscheidung: genau durch _diese_ Suspension taugt er zum Medium des "moral perfectionism". Kinematographische Bilder sind dem Kamera-Automatismus verdankt; sie präsentieren - anders als das Theater - nirgendwo reale Schauspieler. Auch der Besucher des Kinos ist, umgekehrt, unsichtbar für die "images" der "actors": ihr ontologischer Status ist pekuliär - sie sind, als reproduziert, "human _somethings_ unlike anything else we know". Diese doppelte Absenz ermöglicht ein spezifisch cinematisches Denk-Klima: "I am present not at something happening which I must confirm, but at something that has happened, which I absorb (like a memory)." (ROF 26) Der Film vermag - aufgrund seiner ontologische Pekuliarität - _zum einen_ den tiefen Wunsch zu erfüllen, die _conditio humana_ abzustreifen ("to escape subjectivity and metaphysical isolation", ROF 21): _zum andern_ bleibt, was er zeigt, zumeist - als Narration - den Zeitformen unseres gewohnten Erfahrungsraums verpflichtet: Filme "fesseln" uns durch (komödianische, melodramatische) Geschichten. Die Kamera dringt - mechanisch - ins Gewebe der Wirklichkeit, zerreißt dabei - konstitionell - unsere Band mit dem "Präsenten" und befreit uns so - durch ihren "automatisch" induzier-

ten, "lebensnahen" Realismus - radikaler als alle Kunst zuvor vom Realitäts<u>druck</u>.[5] So verkehrt sich Benjamins Einschätzung: "[The camera] may deserve more praise for confining [the senses than for extending them], leaving room for thought." (ROF 24) Der Kinorealismus korrespondiert, so Cavell, dem "magischen" Wunsch, der (habituellen) Subjekt-Objekt Interrelation und ihrer "privatistischen" Aufgeladenheit zu entrinnen und sie - reflexiv - auf Distanz zu bringen: "To say that we wish to view the world itself is to say that we are wishing for the condition of viewing as such [...] We do not so much <u>look at</u> the world as <u>look out at it</u>, from behind the self." (ROF 102) Der Film kann uns so, durch Distanz, vor ein "Selbst" bringen, das unser habituelles Ich "kritisch fernrückt". Cavell sieht seine Lektüren ganzer Filme und Filmgenres (Hollywood Remarriage Comedies[6]; Melodramen[7]) als philosophische Erkundungen (und Dimensionierungen) jener cinematisch induzierten Denk-<u>möglichkeiten</u>, die uns vor uns selbst bringen, indem sie "our settled self" (komödiantisch oder tragisch) erschüttern. Die Konditionen <u>dieser</u> "education for grown-ups" untersucht Cavell, post-analytisch (d.h. im Widerstand gegen die These, daß Normativität sich aller argumentativen Verbindlichkeit entzieht) mit Blick auf Emersons Konzept des "moral perfectionism": ein Konzept, das Leitmotive der Philosophie von Plato bis Wittgenstein bündelt. Der Film partizipiert (als moralfrei verfaßte "moralische Institution") nicht nur am Ethischen, sondern auch am Auratischen <u>aller</u> Kunst - und tut dies, in der Regel, <u>ohne</u> die spezifische Aura, seis des Theaters, seis der avancierten Moderne, zu übernehmen. Wie aber kann das glücken? "It needs to be explained how [film] can have avoided the fate of modernism [...] how it can have been taken

seriously without having assumed the burden of seriousness."
(ROW 14) Doch - ist dies denn geglückt? Oder hat Cavells Lektüre
populärer Cukor-, Hitchcock- und Ophüls-Filme genau darin ihre
Grenze, daß sie jene ästhetische Erfahrung marginalisiert, die
in Deleuzes Reflexion aufs Film-Bild ins Zentrum rückt: die <u>Ver-
unsicherung</u> des "american style" - jene "Krise des Aktionsbilds", in der vorbereitet wird, was Deleuze "Zeitbild" nennt?
<u>Ad 3) Deleuze</u> "Wir wissen nicht genau, bis wohin ein wirkliches
Bild führen kann."[8] Da sich in der Flut kulturindustriell pro-
duzierter Bilder ("im schlechten Kino", wie Deleuze sagt) "der
Schock mit der figurativen Gewalt des Dargestellten vermischte,
anstatt jene andere Gewalt eines Bewegungs-Bildes zu erreichen,
das seine Vibrationen in einer beweglichen Sequenz entwickelt,
die in uns eindringt" (Z 206), geht es darum, jene <u>anderen</u> ästhetische Räume - die Opto-, Sono- und Noozeichen jenseits des
sensomotorisch-taktilen Kontexts der "Aktionsbilder" - denkend
zu erkunden. Diese <u>Re-situierung</u> der Leitfrage der Filmästhetik
hat, vergleicht man sie mit Cavells Projekt, einen <u>offenkundigen
Nachteil</u>: in Deleuze's Bild-Mikrologie erstirbt <u>jener</u> ethisch-
ästhetische Impuls, der sich in der Lektüre <u>ganzer Filme</u> entfaltet. Auch bei Deleuze bleibt der Zusammenhang von "Denken und
Kino" im Zentrum. Freilich: Deleuze beerbt Benjamin <u>anders</u> als
Cavell. Seine Studien des automatischen, "in sich beweglichen
und sich selbst bewegenden Bilds" (Z 205) gelten (im Blick,
u.a., auf Ozu, Resnais und Godard) vor allem dem Versuch, der
gängigen (sichtlosen) Kino-Visualität ein "cinéma de voyant"
(ein "Kino des Sehenden") entgegenzusetzen: dieses kündigt sich
an in der Struktur jener Film-"bilder", in denen "der sensomotorische Bruch" (die Störung des narrativen Kontinuums) ein "Kino

der Zeit mit einer neuen Montagekonzeption und neuen Montageformen" entstehen läßt. Bergson verwies - zurecht - darauf, daß wir "die Sache oder das Bild nie vollständig wahrnehmen", sondern nur das sehen, was wir wahrzunehmen bereit sind" (Z 35). Gegen diesen Hang - der, so Deleuze, in einer "Zivilisation des Klischees" terminiert, "in der alle Mächte daran interessiert sind, die Bilder vor uns zu verbergen" (Z 36) - richtet sich sein Versuch, jenen Experimenten nachzuspüren, in denen es - ab dem Neoverismo und der Nouvelle Vague - darum geht "das gesamte Bild wiederzufinden" (sei's durch ein Wiedersichtbarmachen der "verlorener Teile", oder durch "Löcher, leere Stellen und weiße Flächen, die das Bild verknappen"). Allemal geht es dabei um den "Blick auf die Welt": einen Blick, der in Tiefenkorrespondenz steht mit Cavells Interpretation des Cinematischen als einer "magischen" Form des "ungesehen (d.h.: handlungssupendiert-unendlichen) Sehens". Anders als bei Cavell setzt dieses "Sehen" bei Deleuze voll freilich ein erst "jenseits des Bewegungsbilds": "Der sensomotorische Bruch" (die "Krise des Aktionsbilds") "macht aus dem Menschen einen Sehenden, der sich von etwas Unerträglichen in der Welt getroffen und der sich etwas Undenkbarem im Denken konfrontiert sieht." (Z 221) Wie bei Benjamin bleibt die "Politik" der Bilder dabei das Thema: anders als bei Benjamin kann Politik aber nirgendwo einem "marxistischen" Idealraum zugeordnet werden. Wie wir in den reflexivwerdenden "Zeit-Bildern" (ungesehen) Sehen: das steht bei Deleuze, im Unterschied zu Cavell - formaliter, aber direkt - in Bezug zu jenem "modernism", der auch alle "Postmoderne" prägt, soweit sie Strategien des "Fernrückens" neu aktualisiert. Kino, als "Zeit-Bild", ist nach-auratisch verfaßt, doch nicht in Benjamins Sinn:

der Automatismus der Bilder bringt uns "vor die Sache als solche", vor die Welt "in ihrem Übermaß an Grausamkeit oder Schönheit" (Z 35). Die Ästhetik dieser (ans Auratische grenzenden) Limiterfahrung partizipiert - wie jene Adornos - an Transzendenz (an demjenigen "God's Eye View", der zugleich, _kognitiv_, als unmöglich dementiert bleibt). Wie sich dieser Gedanke Deleuze' (der das Cinematische als "Vorschein" einer - religiös/postreligiös verfaßten, zugleich aber als usurpiert gewußten - "Göttlichkeit" bestimmt) mit Cavells Theorie, das Kino - spielerisch-moralfrei - als Medium des "moral perfectionism" zu denken, vereinigen läßt: das, u.a., umreißt den Frageraum, in dem sich die (noch ausstehende) _Ästhetik des Films_, will sie Benjamins, Cavells und Deleuzes Denkerfahrungen "durcharbeitend" wiederholen, heute situieren muß.

ANMERKUNGEN
1. Walter Benjamin, _Das Kunstwerk im Zeitalter seiner technischen Reproduzierbarkeit_, Frankfurt 1972 (= KZR), S. 35.

2. Walter Benjamin, Gesammelte Schriften, Bd. V/1, _Das Passagen-Werk_, Frankfurt 1982, S. 498.

3. Th.W. Adorno, _Ästhetische Theorie_, Frankfurt/M. 1970, S. 89f.

4. Stanley Cavell, _The World Viewed. Reflections on the Ontology of Film._ Enlarged Edition, Harvard University Press 1979.[= ROF]

5. Birgit Recki geht in ihrem Beitrag zum Sammelband _Filmästhetik_ (Hg.L.Nagl), Wien/München 1999, "Am Anfang ist das Licht. Elemente einer Ästhetik des Films", dieser Differenz - z.T. auf den Spuren Cavells - nach. Mit der spezifischen Lernsituation des Kinos beschäftigt sich auch Kaja Silvermans Essay "Politische Ekstase" im gleichen Band.

6. Stanley Cavell, _Pursuits of Happiness. The Hollywood Comedy of Remarriage_, Harvard University Press 1981.

7. Siehe Stanley Cavell, "Psychoanalysis and Cinema: The Melodrama of the Unknown Woman", in: _Die Philosophen und Freud_ (Hg.H.Vetter/L.Nagl), Wien/München 1989.

8. Gilles Deleuze, _Das Zeit-Bild. Kino 2_, Frankfurt 1991 (= Z), S. 36.

Ronnie M. Peplow, Hamburg

Das Motiv der Krise in Ernst Cassirers Kulturphilosophie

Ohne eine feste Vorstellung davon,
wozu er leben soll, wird der Mensch
nicht leben wollen und sich eher vernichten,
als auf Erden bleiben, selbst wenn er Brot
in Hülle und Fülle hätte.[1]

Als Begriff der Selbstvergewisserung des Menschen in modernen Gesellschaften birgt „Kultur" zwei einander widerstreitende Diskurse: Im Rückgriff auf die Ästhetik des 18.Jh. bezeichnet „Kultur" die Produktion des schöpferischen Genies, die als die Fähigkeit zur Überschreitung des Alltäglichen angesehen wird. Das künstlerische Genie vermag sich über das Gewöhnliche zu erheben und Neues zu entdecken, weil es in der Lage ist, den göttlichen Schöpfungsprozeß, der aus dem Nichts ein ganzes Universum entstehen läßt, in seinem Werk nachzuvollziehen. Es ist eine kreative Tätigkeit, die *poïesis*, die wenige auserwählte Menschen in die Lage versetzt, „große" Werke herzustellen, die die Kultur als Gesamtheit repräsentieren. Das Individuelle und Besondere wird nach dieser Auffassung zum eigentlichen Träger der Kulturwerte. Die Höhe der kulturellen Entwicklung wird anhand dieser repräsentativen Werke gemessen.

Der zweite Diskurs über die Bedeutung von Kultur hat dagegen etwas anderes im Blick: Die anthropologische Beschreibung von einzelnen Kulturen konzentriert sich auf das Gewöhnliche, die Formen des standardisierten Verhaltens, die über Generationen hinweg den Fortbestand der Traditionen sichern. Der Begriff von Kultur als dauerhaften System, kommt vor allem in bezug auf außereuropäische Kulturen zur Anwendung. Diese haben, aus Sicht der europäischen Anthropologen, kaum nennenswerte individuelle Schöpfungen im Bereich der Kunst hervorgebracht, ihre kulturellen Werke werden als Ausdruck des Kollektivs gewertet.

Die im Kulturbegriff angelegte Ambivalenz von Schöpfung und System wird zu Beginn des 20. Jh. in kulturkritischer Absicht zum Motiv der Krise verdichtet. Die zunehmende Geschwindigkeit der Modernisierungsprozesse und die damit einhergehenden gesellschaftlichen Veränderungen werfen einerseits die Frage nach dem kreativen Potential der Kultur auf, das die neu entstehenden Verhältnisse deuten und Handlungsperspektiven entwickeln kann, andererseits stellt sich die Frage nach den dauerhaften Institutionen der europäischen Kultur, die bei allen Neuerungen die Tradition und damit die Identität der abendländischen Menschheit sichern können.

In diesem geistesgeschichtlichen Kontext vertrete ich die These, daß die Krise der Kultur, die ich hier philosophisch mit der Krise der Moderne gleichsetze, diagnostiziert wird als eine Erstarrung der symbolischen Formen, die als eine *Krise der Selbstrepräsentation der europäischen Kultur* interpretiert werden muß. Anhand zweier Essays von Georg Simmel und Edmund Husserl werde ich die Elemente der Krise der Repräsentation der modernen Kultur aufzeigen und im Anschluß daran mit der Kulturphilosophie Ernst Cassirers ein Denken vorstellen, in dem das Motiv der Krise Teil des Kulturkonzeptes ist. Cassirer beerbt beide Kritiken der Kultur und bietet einen unvollständigen anthropologischen Entwurf als Lösungsvorschlag an.

I.

Bereits 1911 veröffentlicht Georg Simmel seinen Essay „Begriff und Tragödie der Kultur", der als wegweisend

---
1 Fjodor M. Dostojewskij, Die Brüder Karamasow, München dtv 1995, S.343.

für die verschiedensten Arten der Kulturkritik in der ersten Hälfte unseres Jahrhunderts gelten kann. Zwar spricht Simmel nicht von der „Krise", die von ihm so bezeichnete „Tragödie der Kultur" bezeichnet allerdings den krisenhaften Sachverhalt, „daß die gegen ein Wesen gerichteten vernichtenden Kräfte aus den tiefsten Schichten eben dieses Wesens selbst entspringen; daß sich mit seiner Zerstörung ein Schicksal vollzieht, das in ihm selbst angelegt und sozusagen die logische Entwicklung eben der Struktur ist, mit der das Wesen seine eigene Positivität aufgebaut hat."[2] Das Wesen von dem Simmel hier spricht, ist die Kultur, für die er die Metapher des lebendigen Organismus verwendet. Damit zeigt er deutlich an, daß er die gesellschaftlichen Veränderungen der Moderne im Denkhorizont des 18.Jh. interpretiert. Nicht nur die Natur, sondern auch die menschliche Kultur werden danach von eigenständigen Kräften beherrscht, die den Gesetzen des Lebens gehorchen. Die sich anbahnende Krise besteht Simmel zufolge in dem Überhandnehmen der zerstörerischen Kräfte, die die Kultur selbst hervorbringt. Das Ende der Kultur ist gekommen, wenn die „Entwicklung der Subjekte (...) sich in einer Sackgasse oder in einer Entleertheit von innerstem und eigenstem Leben [verläuft]."[3] Diese lebensphilosophische Sichtweise, die beklagt, daß die kulturellen Produkte nicht mehr im harmonischen Einklang mit dem konkreten Leben der kulturellen Subjekte steht, soll uns nicht darüber hinwegtäuschen, daß Simmel der zentralen Dialektik von Kultur auf der Spur ist, sie aber nicht konsequent zuende denkt.[4]

Simmel gelangt zu seiner pessimistischen Position aufgrund des klassischen Modells, nach dem die Kultur Schauplatz einander widerstreitender Kräfte ist. „Kultur entsteht - und das ist das schlechthin Wesentliche für ihr Verständnis -, indem zwei Elemente zusammenkommen, deren keines sie für sich enthält: die subjektive Seele und das objektiv geistige Erzeugnis."[5] Die Kultivierung des individuellen Menschen ist ein Prozeß in dessen Verlauf die geistig-künstlerische Tätigkeit sich an den gegebenen Werken abarbeitet und etwas Neues hervorbringt, das nicht nur für sich zu stehen vermag, sondern zur Entfaltung aller Fähigkeiten des Individuums beiträgt und auf diese Weise die gesamte Persönlichkeit ausbildet. Philosophisch stellt der kultivierte Mensch die harmonische Einheit der Dreiheit des Guten, Wahren und Schönen dar. „Kultur", so definiert Simmel, „ist der Weg von der geschlossenen Einheit durch die entfaltete Vielheit zur entfalteten Einheit."[6] Indem Menschen schöpferisch tätig werden, objektivieren sie ihre subjektive Sichtweise der Dinge durch den Akt der stofflichen Formgebung. Der schöpferische Mensch ist getrieben von dem Verlangen sich auszudrücken, er arbeitet sich an den Objekten ab und wählt ein Material und eine Form, die er zum Werk bildet. Dieses Werk hat objektiven Charakter im Sinne von: es ist ein Teil der Objektwelt. „In dem Glück des Schaffenden an seinem Werk, so groß oder gering dies sei, liegt neben der Entladung der inneren Spannungen, dem Erweise der subjektiven Kraft, der Genugtuung über die erfüllte Forderung wahrscheinlich immer noch eine sozusagen objektive Befriedigung darüber, daß dieses Werk nun dasteht, daß der Kosmos der irgendwie wertvollen Dinge nun um dieses Stück reicher ist."[7] Simmel folgt der Auffassung von Kultur als Schöpfung, seine Darlegungen sind eindeutig aus dem Bereich der Genieästhetik abgeleitet und so überrascht es nicht, wenn er das Genie als Beispiel für die kulturelle Synthese anführt: „Das schöpferische Genie besitzt jene ursprüngliche Einheit des Subjektiven und des Objektiven, die sich erst auseinanderlegen muß, um in dem Kultivierungsprozesse der Individuen in ganz anderer synthetischer Form gewissermaßen wieder zu erstehen."[8]

---

2 Georg Simmel: *Philosophische Kultur*. Neuausgabe Berlin 1998, S.215.
3 Simmel: a.a.O., S.216.
4 Zu Simmel als Lebensphilosoph vgl.: Ferdinand Fellmann: *Lebensphilosophie. Elemente einer Theorie der Selbsterfahrung*. Reinbek b. Hamburg, 1993, S.124ff.
5 Simmel: a.a.O., S.198.
6 Simmel: a.a.O., S.197.
7 Simmel: a.a.O., S.201.

Wie aber kommt es nun zu der Tragödie, wie kommt es zur zerstörerischen Umwandlung der kulturschaffenden Kräfte, wie gerät die kulturelle Synthese aus dem Gleichgewicht?

Das Problem liegt in dem Dualismus von Subjekt und Objekt begründet, denn wenn auch die Synthese beider Seiten notwendig für die kulturelle Produktion und Entwicklung ist, so wird er doch keinesfalls prinzipiell überwunden. Die Objekte folgen ihren eigenen Gesetzen, die der Subjektivität ebenso entzogen sind wie „die physischen Mächte und ihre Gesetze es sind."[9] Sobald also der Produktionsprozeß abgeschlossen, das kulturelle Werk vollendet und damit die subjektive Tätigkeit in Objektivität verwandelt ist, tritt das Werk der Subjektivität als Objekt entgegen und muß einer „Re-subjektivierung"[10] unterzogen werden. Diese ist aber von der ursprünglichen Subjektivität, die zur Erzeugung des Werkes beitrug, unabhängig, denn „die fertige Leistung enthält Akzente, Relationen, Werte, rein ihrem Sachbestande nach und gleichgültig dagegen, ob der Schaffende gewußt hat, daß dies der Erfolg seines Schaffens sein wird."[11] Simmel beschreibt hier den Umschlag von der Entäußerung zur Entfremdung der Objekte. Was Marx den „Fetischcharakter" der Waren nennt, ist nach Simmel „nur ein besonders modifizierter Fall dieses allgemeinen Schicksals unserer Kulturinhalte."[12] Kultur ist eine kommunikative Form, deren Inhalte „von Subjekten geschaffen und für Subjekte bestimmt sind", die aber, und das ist die Paradoxie der Kultur, in der „Zwischenform der Objektivität", die sie, um kommunizierbar zu werden, annehmen müssen, „einer immanenten Entwicklungslogik folgen", welche der Subjektivität entzogen ist und „sich damit ihrem Ursprung wie ihrem Zweck entfremden."[13] Simmel unterscheidet die „kulturelle Logik der Objekte" von der Logik der Naturgesetze, sie ist diesen aber von ihrer Form her verwandt, denn sie erschließt sich nicht der schöpferischen Freiheit der Subjektivität, sondern unterwirft diese vielmehr dem Gesetz der Notwendigkeit. Als Beispiele führt er die industrielle Produktion an, die allein aufgrund der technischen Möglichkeiten Waren herstellt, denen keine Bedürfnisse entsprechen. Auch in den Wissenschaften, in denen „Fetischdienst (...) mit der Methode getrieben"[14] und auf diese Weise tadelloses, aber unnützes Wissen produziert wird, beherrscht der Zwang, der von den Objekten ausgeht, die Menschen. Für Simmel besteht der Widerspruch, der den Menschen von sich selbst entfremdet nicht zwischen Geist und Leben (Klages), sondern zwischen zwei verschiedenen Formen der Geistigkeit, die auf dem Dualismus von Subjektivität und Objektivität beruhen. Das Hauptproblem der Kultur ist aber die „Massenhaftigkeit von Dingen", die den Anspruch erheben, Träger von Kulturinhalten zu sein, die vom Subjekt verarbeitet werden müssen. „Die Formlosigkeit des objektivierten Geistes als Ganzheit gestattet ihm ein Entwicklungstempo, hinter dem das des subjektiven Geistes in einem rapid wachsenden Abstand zurückbleiben muß."[15] So also ist die Krise der Kultur bereits in ihr selbst angelegt: die durch die kulturelle Produktion objektivierten Kulturinhalte folgen einer „von ihrem *Kultur*zweck unabhängigen (...) Logik," so daß die Idee der Kultur, die Kultivierung des individuellen Menschen, nicht erfüllt werden kann.

II.

Die zweite Schrift zur Krise der Kultur, die ich hier kurz vorstellen möchte, ist Edmund Husserls „Die Krisis der europäischen Wissenschaften und die transzendentale Phänomenologie" von 1935/36.

---

8 Simmel: a.a.O., S.205.
9 Simmel: a.a.O., S.209.
10 Simmel: a.a.O., S.213.
11 Simmel: a.a.O.; S.212.
12 Simmel: a.a.O., S.213.
13 Ebd.
14 Simmel: a.a.O., S.214.
15 Simmel: a.a.O., S.218.

Husserl greift die „allgemeinen Klagen über die Krisis unserer Kultur" auf und konzentriert sich auf die Rolle der Wissenschaften, die dem Menschen in seiner „Lebensnot" nichts zu sagen haben.[16] Er kritisiert die positiven Wissenschaften als reine Tatsachen- und Körperwissenschaften, die allein auf die Feststellung dessen, was die Welt ist, nicht auf das, was sie sein kann und sein soll, bezogen sind. Die Fragen nach dem Menschen als Vernunftwesen, nach dem Sinn der Geschichte, der absoluten Vernunft, der Unsterblichkeit der Seele und der Freiheit, also die metaphysischen Fragen der Philosophie, sind es, die Husserl meint, wenn er von Fragen der „Lebensnot" spricht. Sie übersteigen den Bereich der bloßen Tatsachen und insofern der Positivismus ihre „höhere Dignität" leugnet, „enthauptet er sozusagen die Philosophie."[17] Husserl selbst folgt in seinem Philosophiebegriff dem Ideal der Renaissance, die zu Beginn der Neuzeit im Rückgriff auf die Antike die Idee des „europäischen Menschentums"gestiftet hat. Die Philosophie erfüllt danach ihren eigentlichen Sinn als eine *allumfassende Wissenschaft, [einer] Wissenschaft von der Totalität des Seienden,*" die die Lösung aller Fragen in der *„Einheit eines theoretischen Systems"* anstrebt.[18] Nun hat dieses Ideal nicht funktioniert, Husserl stellt fest, daß nach dem ersten Aufschwung der neuen Philosophie sich diese in einer Reihe abwechselnder Systemphilosophien erschöpft hat. Das Ideal einer universalen Philosophie samt dazugehöriger Methode wird sich selbst zum Problem und genau das ist der präzise Inhalt der Rede von der Krise der Kultur. „Demnach bedeutet die Krisis der Philosophie die Krisis der neuzeitlichen Wissenschaften als Glieder der philosophischen Universalität, eine zunächst latente, dann aber immer mehr zutage tretende Krisis des europäischen Menschentums selbst, in der gesamten Sinnhaftigkeit seines kulturellen Lebens, in seiner gesamten „Existenz"."[19] Im Unterschied zu Simmel, der ein Modell von der Funktionsweise der Kultur beschreibt und vor diesem Hintergrund die Krise als eine im System selbst angelegte Störung diagnostiziert, transformiert Husserl die Krise der Kultur zu einer Krise der Philosophie. Für ihn spielen sich „die Geisteskämpfe des europäischen Menschentums [...]als *Kämpfe der Philosophien* ab, [...]deren Lebendigkeit [darin besteht], daß sie um ihren echten und wahren Sinn ringen und damit um den Sinn eines echten Menschentums."[20] Die Gleichsetzung der kulturellen Krise mit der Krise der Philosophie entbindet Husserl von dem Problem eine Kulturtheorie entwickeln zu müssen. Es genügt ihm, die Entwicklung der Geistes- und Wissenschaftsgeschichte der Neuzeit zu kritisieren und das Problem als einen *„existentiellen Widerspruch"* der Philosophie anzusehen, die sich von den Wissenschaften, die sie selbst entwickelt hat, entmachten ließ. Hier aber ist ein ähnliches Motiv wie bei Simmel festzustellen: war es bei jenem die innere Dialektik der Kultur, die ihre eigene Zerstörung hervorbringt, so macht Husserl die fehlerhafte Entwicklung der Philosophie für ihre eigene Krise und damit für die Krise der Kultur verantwortlich. Es ist das Versagen der sinnstiftenden Funktion der Philosophie, die für die europäische Kultur zum Problem wird, weil nach der Entzauberung der Welt durch die Wissenschaften, keine „auf das All des Seienden bezogene Erkenntnis"[21] sich legitimieren kann. Von den Philosophen, den *„Funktionären der Menschheit"*, erhofft sich Husserl eine Lösung, obwohl er sich des zentralen Problems deutlich bewußt ist: denn die Philosophen können einerseits nicht auf die Möglichkeit einer universalen Erkenntnis verzichten, andererseits ist es ja gerade die Einheit der Philosophie, die Einheit von Methode (Wissenschaft) und Metaphysik, die problematisch geworden ist. „Die Welt „philosophisch", ernstlich wissenschaftlich erkennen, das kann nur Sinn und Möglichkeit haben, wenn eine Methode zu erfinden ist, die Welt, die Unendlichkeit ihrer

---

16 Edmund Husserl: *Die Krisis der europäischen Wissenschaften*. Hrsg. von E. Ströker, Hamburg 1982, S.3f.
17 Husserl, a.a.O., S.8.
18 Husserl, a.a.O., S.7.
19 Husserl, a.a.O., S.12.
20 Husserl, a.a.O., S.15.
21 Husserl, a.a.O., S.13.

Kausalitäten, von dem geringen Bestande des jeweils in direkter Erfahrung und nur relativ Festzustellenden aus systematisch, gewissermaßen im voraus, zu *konstruieren* und diese Konstruktion trotz der Unendlichkeit zwingend zu *bewähren*."²² Es ist nun nicht besonders überraschend, wenn Husserl seine eigene Philosophie, die transzendentale Phänomenologie als das philosophische Denken anbietet, das in der Lage sein soll, die genannten Probleme zu lösen. Die Krisisschrift ist also im eigentlichen Sinne keine kulturtheoretische Arbeit, sondern die kulturphilosophische Begründung der reinen Phänomenologie, sie soll die „unausweichliche Notwendigkeit einer transzendentalphänomenologischen Umwendung der Philosophie begründen."²³
Ich will hier nicht untersuchen, ob Husserls Phänomenologie dem von ihm selbst geforderten Anspruch gerecht wird, ich glaube nicht, daß sich diese Frage wirklich beantworten läßt. Mein Interesse gilt hier dem Motiv der Krise und daher will ich nur festhalten, daß Husserl in dem Verlust der universalen Einheit der Philosophie die Krise der europäischen Menschheit begründet sieht.

An dieser Stelle möchte ich kurz meine o.g. Thesen: 1) Krise wird diagnostiziert als Erstarrung der symbolischen Formen und 2) interpretiert als eine Krise der Selbstrepräsentation der europäischen Kultur, veranschaulichen.
Bei Simmel scheitert die Selbstrepräsentation der Subjektivität. Durch ihre Objektivierung werden die Repräsentationen den Subjekten entfremdet. Zwar binden die symbolischen Formen die Energien der Subjektivität, sie stellen ihr diese aber nicht wieder zur Verfügung und sabotieren damit die Entfaltung/Kultivierung des Menschen.
Husserl sieht das Problem vor allem in der Auflösung der Einheit des theoretischen Systems, die für ihn in der Harmonie zwischen Methode und Metaphysik besteht. Die Philosophie nimmt die Aufgabe der Selbstrepräsentation des Menschen nicht mehr wahr, denn sie ist nicht mehr in der Lage dem menschlichen Leben Sinn zu verleihen. Gültige Repräsentationen sind allein methodisch einwandfreie, d.h. wissenschaftliche und diese schließen die „Lebensfragen" des Menschen aus ihrer Systematik aus.

III.

Bei Cassirer finden wir beide Momente der Krise wieder: wie Simmel beschäftigt er sich mit der Funktionsweise der Kultur und entdeckt in ihrer Dialektik ein Problem, für das er allerdings, im Unterschied zu seinem Lehrer, einen Lösungsvorschlag anzubieten hat. Und wie Husserl spricht er von Krisis im Zusammenhang mit dem philosophischen Wissen, das nicht mehr die ihm gestellte Aufgabe erfüllt.
Aber der Reihe nach: In dem 1942 im schwedischen Exil veröffentlichen Band „Zur Logik der Kulturwissenschaften" ist die letzte Studie Simmels „Begriff und Tragödie der Kultur" gewidmet.
Cassirer definiert den Kulturbegriff selbst zunächst rein kantisch: „Nicht die Glückseligkeit, sondern die „Glückswürdigkeit" ist das, was die Kultur dem Menschen verspricht (...). Ihr Ziel ist nicht die Verwirklichung des Glückes auf Erden, sondern (...) die moralische Herrschaft [des Menschen] über sich selbst."²⁴ Die Frage, die sich stellt und die Simmel in seinem Aufsatz präzise formuliert hat, ist, ob die Kultur dieses Ziel überhaupt erreichen kann. Simmel hat die dialektische Struktur des Kulturbewußtseins aufgedeckt und ihr Drama beschrieben. Kultur hat danach etwas „Unbefriedigendes und Tief-Fragwürdiges", weil sich das „Geschaffene als Feind des Schöpfers" erweist.²⁵ Cassirer kritisiert nicht Simmels Diagnose, aber er teilt nicht dessen Pessimismus. Es ist die von Simmel gesprochene Sprache, die ihm die Perspektive auf einen Ausweg aus dem Paradox der Kultur verstellt. Für

---
22 Husserl, a.a.O., S.32.
23 Husserl, a.a.O., S.1.
24 Cassirer: *Zur Logik der Kulturwissenschaften* (LKW). Darmstadt 1961, S.104.
25 Cassirer: LKW, S.109.

Cassirer spricht Simmel die Sprache des Mystikers, der weiß, das sich alles Erkennen immer nur in Symbolen abspielt. Sein Ziel, das Göttliche zu begreifen, wird der Mystiker nie erreichen und daher ist er bemüht, mit ihm zu verschmelzen. Das Symbolische setzte eine ursprüngliche Einheit voraus, die vom Menschen wieder hergestellt werden kann und muß. Diesen Versuch der Wiederherstellung nennt Simmel Kultur und stellt fest, das er fehlschlägt. Cassirer sieht den Fehler von Simmel darin, daß er mit der Mystik, deren Sprache er verwendet, auch das Modell des „Ich als ein an sich Bestimmtes" aufnimmt und so in einem Denken der Substantialität verhaftet bleibt. Simmel kann danach nur das isolierte, unabhängige Ich oder das mit dem Göttlichen verschmolzene denken: Ziel der Kultur ist es, den Dualismus aufzulösen.

Cassirer begreift dagegen das Ich als relational auf ein Du bezogen. Diese Beziehung wird nicht durch die Produkte selbst hergestellt, sondern durch das Nachvollziehen der kulturellen Tätigkeiten. „Ein Subjekt wird dem anderen nicht dadurch kenntlich oder verständlich, daß es in dasselbe übergeht, sondern daß es sich zu ihm in eine aktive Beziehung setzt. (...) das Sich-Mitteilen verlangt eine Gemeinsamkeit in bestimmten Prozessen, nicht in der bloßen Gleichheit von Produkten."[26] Vor diesem Hintergrund der Kommunikation über die Funktionsweise der symbolischen Formen, nicht über deren Substantialität, kann Cassirer einerseits Simmel würdigen als einen Denker, der das Dilemma der Kultur richtig erkannt hat und darüber hinaus einen Weg aus der Sackgasse weisen. „Am Ende des Weges steht nicht das Werk, in dessen beharrender Existenz der schöpferische Prozeß erstarrt, sondern das „Du", das andere Subjekt, das dieses Werk empfängt, um es in sein eigenes Leben einzubeziehen und es damit wieder in das Medium zurückverwandeln, dem es ursprünglich entstammt."[27] Nun hatte Simmel bereits eingesehen, daß die kulturellen Werke „von Subjekten geschaffen und für Subjekte bestimmt sind"[28], aber die Wiederaneignung durch die Subjektivität mißlingt, weil die Entäußerung durch die Logik der Objekte zu einer Entfremdung verschärft wird. Wieso meint Cassirer nun dieses Problem lösen zu können? Ganz einfach: indem er es nicht wirklich löst, sondern den gesamten Kulturprozeß umdeutet. Die symbolischen Formen selbst sind vermittelnde Medien, die weniger Inhalte, als vielmehr Formungsprinzipien weitergeben. Sie transportieren keine manifesten Gehalte von einem klar umrissenden Ich zu anderen, sondern durch die Aneignung der Formen bildet sich erst das Ich in Relation zur Welt und zum Du aus. Im Rückgriff auf die Sprachphilosophie beschreibt Cassirer diesen Vorgang, der für alle symbolischen Formen Gültigkeit hat: Die Sprache ist kein konstantes, abgeschlossenes, physisches Ding. „Sie ist nur im Akt des Sprechens, und dieser vollzieht sich niemals unter genau den gleichen Bedingungen und in genau dergleichen Weise. (...) Der Empfangende nimmt die Gabe nicht gleich einer geprägten Münze. Er kann sie nur aufnehmen, indem er sie *gebraucht*, und in diesem Gebrauch drückt er ihr eine neue Prägung auf."[29] Der Kulturprozeß hört also nicht mit der Mitteilung auf, sondern er setzt sich fort, indem der Empfänger selbst tätig wird und auf diese Weise die Kulturarbeit weiterführt. Dabei ist es unerheblich, ob er die Botschaft „richtig" verstanden hat, also sich die vom Sender intendierten Gehalte vollständig aneignet. Es ist nur notwendig, daß er in einen kreativen Prozeß eintritt, denn die Sprache ist die Tätigkeit des Sprechens, nicht das Werk, das in Grammatik und Wörterbuch fixierbar ist. „Der Schaffensprozeß hat stets zwei verschiedenen Bedingungen zu genügen: er muß auf der einen Seite an ein Bleibendes und Bestehendes anknüpfen, und er muß auf der anderen Seite stets zu einem neuen Einsatz und Ansatz bereit sein, der dies Bestehende wandelt."[30]

---

26 Cassirer: LKW, S.108.
27 Cassirer: LKW, S.110.
28 Simmel: a.a.O., S.213. Vgl.: oben.
29 Cassirer: LKW, S.114.
30 Cassirer: LKW, S.116.

Indem Cassirer also Simmels Einsicht in die Struktur des Kulturbewußtseins aufnimmt und das substantiale Ich durch ein relationales ersetzt, gelingt ihm eine positive Aufnahme der Kulturkritik in seine eigenen funktionale Kulturtheorie. Er leugnet nicht die Probleme, die Simmel sieht, sie nehmen in seiner Philosophie der symbolischen Formen aber nicht den Charakter einer Tragödie oder Krise an. Der Widerstreit zwischen den beiden Kräften der Kultur, die Cassirer Erhaltung und Erneuerung nennt, und den ich zu Beginn meines Vortrages mit der Ambivalenz von System und Schöpfung beschrieben habe, hat durchaus die Form eines „Dramas der Kultur," aber es bleibt immer unentschieden zwischen den beiden. „Die beiden Gegenkräfte wachsen miteinander, statt sich wechselseitig zu zerstören."[31]

Neben dieser Aufnahme des Motivs der Krise in seine Kulturphilosophie spricht Cassirer am Ende seines Lebens aber doch noch von einer Krise, die das Thema seines letzten Werkes „Versuch über den Menschen" ist.

Der „Essay on Man" beginnt mit einem Abschnitt über die Krise des Menschen, die Cassirer die „Krise der menschlichen Selbsterkenntnis" nennt. Allgemein bestünde Einigung darüber, so Cassirer, daß Selbsterkenntnis das höchste Ziel der Philosophie sei.[32] Dorthin hat die antike und mittelalterliche Philosophie verschiedene Wege gewiesen, die alle darauf beruhten, daß der Mensch der Mittelpunkt seiner Welt sei. Diese Kosmologie gerät mit der Neuzeit aus den Fugen. „Man´s claim to being the center of the universe has lost it´s foundation"[33] Diese Dezentrierung des Menschen wird in der Moderne weiter radikalisiert. Die Erforschung der Struktur der menschlichen Seele und der menschlichen Kultur, die zu einer einheitlichen Theorie der menschlichen Natur führen sollte, führt tatsächlich zu mehreren in sich kohärenten und miteinander konkurrierenden universalen Ansätzen: Nietzsches Wille zur Macht, Freuds Entdeckung des Unbewußten als Triebkraft der Kultur und Marx Kritik der politischen Ökonomie entmachten die Vorstellung der Vernunftherrschaft. Sie sind je für sich Theorien, die es erlauben die empirischen Fakten in einem Wirkzusammenhang anzuordnen und auf diese Weise eine Weltdeutung vorzunehmen. Jede hat die Tendenz zur Totalität und verbindet einen Herrschaftsanspruch mit ihrer Ideologisierung. Für Cassirer sind die Perspektiven, die sie einnehmen, nicht falsch, aber der Anspruch einer alleinigen und umfassenden Deutung des Menschen, ist seiner Meinung nach willkürlich. Es gibt für ihn also keine Philosophie mehr, die den Anspruch auf die Selbsterkenntnis des Menschen einlösen kann: „Owing to this development, our modern theory of man lost its intellectual center. We acquired instead a complete anarchy of thought. (...) In former times (...) there remained (...) a general orientation, a frame of reference, to which all individual differences might be referred. Metaphysics, theology, mathematics, and biology successively assumed the guidance for thought on the problem of man and determined the line of investigation. The real crisis of this problem manifested itself when such a central power capable of directing all individual efforts ceased to exist."[34]

Die Krise besteht also in dem Mangel eines allgemeinen Orientierungssystems bzw. eines Referenzrahmens, mit dessen Hilfe die verschiedenen Arten des Wissens über den Menschen systematisiert werden könnten. Diese Auffassung einer Krise des philosophischen Wissens, ist der Krisisbeschreibung von Husserl ähnlich, der den Verlust der Einheit des Wissens beklagt. Wie Husserl, der die Krisis als Herausforderung für eine neue Art von philosophischem Denken begreift, sieht Cassirer die Dezentrierung des Menschen als den Auftakt zu einer Transformation der Philosophie an. Unter Bezug auf Max Scheler, stellt er fest, „daß der Mensch zu keiner Zeit der Geschichte sich so *problematisch* geworden ist wie in der Gegenwart."[35] Zwar verfügt der Mensch über immer mehr

---

31 Cassirer: LKW, S.123.
32 Cassirer: *An Essay on Man*. New Haven 1944, S.1.
33 Cassirer: Essay on Man, a.a.O., S.13.
34 Cassirer: Essay on Man, a.a.O., S.21.
35 Cassirer: Essay on Man, a.a.O., S.22. Vgl.: Max Scheler: *Schriften zur Anthropologie*. Stuttgart 1994, S.128.

Spezialwissen über sich als Gattung, aber, so Schelers Begründung für die philosophische Anthropologie, es gibt keine Disziplin, die auf die „einheitliche Idee vom Menschen" bezogen ist. Auch hier findet sich also die Idee der Einheit wieder, die die verschiedenen Aspekte des menschlichen Seins zu einer Ganzheit verbinden soll. Die philosophischen Anthropologie des frühen 20. Jh. kann also bereits als Reaktion auf eine krisenhafte Situation angesehen werden. Cassirer geht noch einen Schritt weiter: In seinem Nachlaß findet sich der Satz: „Die großen Epochen der Scheidung und Entscheidung, der „Krisis" im eigenlichen Wortsinne - sie führen immer wieder zum Problem der philosophischen Anthropologie."[36]

Diese Verbindung von Krise und Anthropologie läßt zwei Schlüsse zu: Einmal kann die Anthropologie wie Husserls Phänomenologie als ein philosophischer Ansatz verstanden werden, der in der Lage ist, die als Krise beschriebenen Probleme einer Lösung zuzuführen und zwar in Form einer neuen einheitlichen Philosophie. Die andere Möglichkeit wäre ein Denken, daß sich nicht der Illusion hingibt, die Dezentrierung rückgängig machen zu können, sie vielmehr als historisch und theoretisch unhintergehbar akzeptiert und daher die Idee der Einheit nicht mehr in eine Einheit des philosophischen Systems umzusetzen versucht. Cassirers Kulturphilosophie ist so ein Unternehmen. „The philosophy of symbolic forms starts from the presupposition that, if there is any -definition of the nature or „essence" of man, this definition can only be understood as a functional one, not a substantial one. (...) Man´s outstanding characteristic, his distinguishing mark, is not his metaphysical or physical nature - but his work."[37]

Hatte Cassirer das Motiv der Krise als Widerspruch zwischen den Diskursen Schöpfung und System bereits in seine Konzeption von Kulturphilosophie aufgenommen, so macht die anthropologische Wendung deutlich, daß im Funktionsbegriff der „Philosophie der symbolischen Formen" eine Perspektive zum Denken der Krise, als Abschied von der Einheitlichkeit des philosophischen Systems, angelegt ist. Vor dem Hintergrund seiner Kulturphilosophie[38] möchte ich also folgern, daß Cassirer den Grund für eine „Anthropologie nach dem Tode des Menschen" bereitet hat. Denn das Problematisch werden des Menschen bedeutet meiner Ansicht nach nichts anderes als das Scheitern der Selbstrepräsentationen des Menschen. Die anthropologische Einsicht besteht darin, daß schon zu Beginn dieses Unternehmens klar ist: „die *Undefinierbarkeit* [gehört] zum Wesen des Menschen."[39] Die Rede von der Krise des Menschen ist sich bereits bewußt, daß „der Mensch" verschwunden ist, „wie am Meeresufer ein Gesicht im Sand."[40] Die kulturellen Repräsentationen sind eben nicht von Dauer, wenn es um ihre Tauglichkeit als Träger des menschlichen Selbsterkenntnis geht. Eine solche ist nur möglich als ständiger Prozeß, in dem der in den Werken gebunden Gehalt wiederum in der kulturellen Produktion verflüssigt wird. Das heißt auch, es gibt keine kulturellen Werte „an sich", da für eine funktionale Betrachtung der Kultur die Schaffung der Form Vorrang hat, vor dem Transport des Inhaltes.

---

36 Cassirer Nachlaß in der Beinecke Rare Book Library an der Yale University in New Haven, Nr. 94. Zit. n. E.W. Orth: *Von der Erkenntnistheorie zur Kulturphilosophie*. Würzburg 1996, S.316.
37 Cassirer: Essay on Man, a.a.O., S.67/8.
38 Diese habe ich an anderer Stelle ausführlich dargestellt. Vgl.: Peplow: *Ernst Cassirers Kulturphilosophie als Frage nach dem Menschen*. Würzburg 1998.
39 Scheler: a.a.O., S.47.
40 Michel Foucault: *Die Ordnung der Dinge*. Frankfurt/M. 1974, S.462.

Culture as Learnables
Priv. -Doz. Dr. B. Narahari Rao / Saarbrücken

0. Traditions as Heritage Sentiment
This paper is an attempt to think through two sentiments, one philosophical, and another more generally shared by the intelligentsia across the borders of many countries:
(i) There is neither a unique right manner of behaving nor a unique right way of conceiving the world of objects, even though not every manner is right and not every conception of the world, appropriate.
(ii) Many different traditions or 'cultures' existing in the world are a heritage not to be lost (here onwards this will be referred to as 'traditions as heritage sentiment').
The targets of the second sentiment are predominantly the Non-European cultures and more often than not it is a mere expression of courteousness to people of Non-European origin. In contrast, I want to suggest that it involves a genuine issue that demands theoretical attention: there are some specific research tasks flowing from this sentiment.

My suggestion turns on two obvious but nevertheless significant assumptions: (i) any knowledge is worth preserving and we have an obligation to see to it that knowledge once produced is not lost. (This is a ruling assumption of the 'Modern' set up). (ii) Groups with different pasts are likely to have inherited different dispositions to behave, and these different dispositions, since they are the ways and means of mastering the problems of life for the respective groups, can be considered as *knowledge* dispositions. From these assumptions a not yet well realised conclusion can be drawn as to an important research task: (iii) since the consequences to group behaviour arising from their different pasts are often referred to as their 'culture', we may say that we have an obligation to enquire into the *knowledge embodied* in different cultures. For our purpose, the problem of the range of extension of the term 'group' can be left open. Perhaps in any decision to extend the range or narrow it down, a certain level of validity has to be conferred to the broad distinctions prevalent such as the 'Western culture', 'Indian culture', 'Chinese culture' and 'African Culture' etc., which pick out significant traditions, the knowledge dispositions of which may be presumed to differ. As far as the 'Western' or European Tradition is concerned one can presume that there is no further need to conceptualise that inheritance as 'knowledge', both because European tradition has been the source of most of what we take to be knowledge, and further because its contribution and singularity has been the theme of so many scholarly attempts at conceptualisation. Things are different when it comes to Non-European traditions: the task of enquiring into the *knowledge dispositions* embodied in them is still to be begun.

There are two paradigms of investigating culture in the academic disciplines, one traceable to the Sociological studies, and another to the Literary studies. Broadly speaking, in the first case *culture* is used as an 'explanatory' concept and in the second as a 'hermeneutic' concept. In fact, one can identify both these paradigms within the ambit of the discipline of Anthropology in the course of its historical development. The argument of this paper is that both these concepts of culture do not supply the necessary means for the task arising from the *traditions as heritage sentiment*. In their place I want to suggest identifying culture as *teachables* or *learnabls* in contrast to that of identifying it as *Explanan* of behaviour, on the one hand, and beliefs to be made *understandable*, on the other.

2 Cultures: 'When?' versus 'Why?'
First, let me identify the point of contact between the common sense intuitions and the concepts derived from the philosophical tradition to articulate them. Mainly we can find two uses of 'culture' in the common parlance. The first use, which in fact is the one we are concerned with, becomes operative by occasions such as the felt differences between the familiar and the alien ways of going about in the world. In this use, the *differences*, and therefore the assumption that many cultures exist, are constitutive of the very concept of 'culture'. But there is another use where such plurality is not necessarily implied: 'culture' meant to single out the cultivated tastes or manners from that of the not cultivated. This conception has a long intellectual history and the feuilleton use meant to refer the offerings like theatre, music paintings etc., is only one of its conspicuous derivatives.

The German *Geschichtsphilosophie*, to which we owe to a large extent the concepts of 'culture' prevalent in academic disciplines, combines these two uses by bringing in a theory of the historical evolution of human *ethos*. Thus sociological conception of culture as the ways of doing things prevalent in a social group and the idea of culture as singling out the civilised ways from those not civilised gets combined by the assumption that certain groups are more cultivated in the historical scale of human development than others.

But even if we distance ourselves from such hierarchisation of cultures, there is a point of contact between the two uses: It is the propensity to apply standards to judge the ways of doing things. This is as much part of any common sense orientation as that of noticing the differences between familiar and alien ways of doing things. Therefore, a theory of culture that proposes to conceptualise ways of doing things inherited from the past is required to satisfy the following two demands: (i) to provide the conceptual means to make sense of the felt differences between the familiar and the alien ways, and (ii) to make room for the application of standards of right and wrong. The latter demand does not necessarily mean that the standards one is accustomed to should be applicable, but that some standard or the other, probably a standard that itself gets formed in the process of reflection, is applicable. How this second demand can be met without falling into the trap of thinking that *there is*, or *there should be*, one world of *right* customs is a crucial question for cultural theory.

Since this paper is meant as delineating the tasks and not as accomplishing them I will not be addressing the issue of standards. But I want to identify one of the paths that begins with a consideration of standards but leads onto a morass.

We can reasonably ask what other, to us non-familiar, ways of doing is exhibited by a group, and raise a question why they prefer *that* way and not *another* way. This 'why?' is a question regarding the objective followed by them. In its turn, the objective itself can become the target of the question 'why?': why do they have *that* objective and not *another* that is familiar to us? A question about objectives, and rightness or wrongness of them, is a question about the consequences of following a particular mode of action, and how far those consequences are desired and desirable. The discussion about the *desirability* of the consequences is also not a question of formulating a maxim to decide which consequences ought to be considered as desirable and which not. There are various considerations that one puts forward one's preferences, but these in turn depend upon the whole lot of other inherited modes of values and ways of doing things. Entering into a discussion of the desirability when two or more different ethos are involved, is a process of acquainting with another mode of life than the one we are familiar with.[1]

The 'why?' in this context can be rephrased into a 'when?' question: *when*, i.e. under what conditions can we still say that it is *this* particular *sort* of action and not *that*? when is it *this* particular *way* of leading the life and not *that*? Such *when*-questions are part of learning process of identifying an unfamiliar mode of action, or way of life.

But one may easily slip from such questions about actions into questions of the sort, why he or she or a particular group has the *nature* he, or she, or it, has. Whereas the former question is of the sort that helps us to learn another way of doing things than our own, the latter sort is not part of such learning. It is part of seeking explanation to something which is identified as an interesting phenomenon. Assuming that in the original Chinese no straight forward lexical items exist to make a distinction between cheese and butter, we may ask the question *why* this is the case. An explanation such as the following may be offered in answer to such a why-question: unlike in many other areas of the world, in mainland china until recently milk was not part of the staple food; consequently the lexical items concerning milk and milk products are not differentiated to the extent as found in those languages that are spoken in areas where milk is a staple food. For learning Chinese I don't require this explanation, and what I require is what devices to use in what succession in order to distinguish butter and cheese when I find them: for example, *when* is a particular expression a device for distinguishing and *when* for identifying something as similar to something else. Thus in the context of learning an action, the why-question is in fact a *when*-question in contrast to the question '*why?*' asked to seek an explanation to a phenomenon.

While reflecting on knowledge, the confusion between a 'why?', in the sense of a *when*-question, with that of 'why?', in the sense of asking for an explanation, is a real danger. For example, one of the concerns underlying the question of method in the epistemological tradition from Bacon to Descartes and Locke is that of finding the ways and means of increasing human knowledge. But

---

[1] Here I am taking a consequentialist as against the Kantian type of ethical position. But my consequentialist position is not, and need not be, that identifies itself with an utilitarian position. My point is merely that the question of desirability of something cannot be decided by way of deducing the desirable from one or a set of maxims.

this concern was mixed up with other two: (i) the relative merits and demerits of perception and 'reason' as modes of justifying knowledge, (ii) to give an account of the powers of *human understanding* or human reason, which was bound up with the assumption that providing a theory of how to increase knowledge is a task of providing a theory of the nature of human reason conceived as a special faculty or object.

In fact, this latter assumption amounts to conceiving the task of theory of knowledge as a task of explaining the *speciality* of human being. This side-tracks the issue of *how* best we can increase and make different sorts of knowledge available, to an issue of *why* human beings have knowledge that they do. This latter question handles the *question of knowledge* as if it is *a question about a sort of objects*, and it commits the fallacy of identifying a *when*-question, the one regarding a criterion of distinguishing different types of cognitive actions, with the '*why?*' of seeking explanations on something that is identified as a phenomenon.

Translated onto a theory of culture, this confusion would mean confusing the task of identifying the *differences* of culture in order to make different ways of doing things available, with the task of explaining *why human beings have culture*. The philosophy of culture of Cassirer, for example, is part of this tendency of the epistemological tradition. In him, what starts as an effort to delineate the differences between the different modes of thinking ends up as a theory that professes to explain why different cultural forms are exhibited by different human departments of action and different groups of people. The explanation is that human beings in contrast to animals have symbolic forms as the instrument of mediation between sense-experience and action.[2]

Such explanations, even if they are true by themselves, are not relevant for a programme of cultural research that takes *the traditions-as-heritage-sentiment* seriously. The theory that is both relevant and needed is not the one that answers the question, 'why human beings have cultures?' but rather 'what constitutes a cultural difference?'. The felt differences between the familiar and the alien ways of going about in the world in themselves are not sufficient in order to identify the domain of cultural research: logically speaking, anything is different from anything else in innumerable ways; what kind of difference should count as a *cultural* difference and not, say, a biological or social or an individual difference? For an answer looking into a long standing distinction in the philosophical tradition between knowledge and phenomena could prove to be useful.

3   Reasons versus Causes

One of the founding slogans of the analytical philosophy is that to reflect on knowledge is not the same as conducting a psychological enquiry. Frege suggested that not distinguishing the object and concept is the source of psychologism in logic. Ryle as also later Wittgenstein have drawn the fuller implication of this by saying that enquiry into concepts is not the same variety of enquiry as enquiry into objects.[3] In the further course of the history of analytical philosophy, however, the strict distinction between object-questions and conceptual questions are not only watered down, but questioned outright. Instead of going into the influence of these developments on the field of investigation of culture, I will proceed by stating why it is necessary to retain the distinction between conceptual enquiry and object-enquiry, and even to enlarge the scope of that distinction.

Briefly stated, the justification for retaining that distinction is the following. The pairs of concepts such as 'reasons' vs. 'causes', 'understanding' vs. 'explanation', etc. available in the European philosophical tradition mark out an important difference. Suppose I am invited to a party tonight by my Korean friends who have bought the choicest wines for it. I may tell my neighbour that I am going to get drunk tonight. This statement may be understood in two ways: (i) as a prediction of the outcome of my going to the party tonight, (ii) as a declaration of my decision to get drunk tonight. Suppose I am asked for reasons for my saying so, in case my statement is of the first sort, the reasons I give would be saying things such as the following: my previous experience of such circumstances tells me that one ends up drinking a lot of wine, and in addition also takes some blue-label whisky at the end, and one inevitably gets drunk. Though these are also called in the common sense usage as 'giving reasons', they are in fact, in the terminology of the philosophical tradition, 'explaining' the outcome in terms of some 'causes' i.e. in terms of causal conditions operating in a party of the sort I have been invited.

---

[2] See, 'A clue to the nature of man: the symbol', chapter 2 in: Cassirer, E. (1992).
[3] The whole of Rao, N. (1994) is on the nature of the conceptual enquiry as contrasted to the object-enquiry.

In contrast to it, suppose my original statement is a declaration of my decision to get drunk; in that case, the reasons I give to justify my decision are of a different nature than the above. It could run something like the following. The party I have been invited is of my close friends, it is a nice company, choicest wines are going to be offered, and I have been immersed too long in work, today I have a right for complete relaxation. These are 'reasons' I give to justify the decision I make to act in some particular way, and not the 'causes' in terms of which a predicted event can be explained.

The elucidation above is given in terms of the distinction between the reasons for a decision and causes in terms of which something is predicted. But the distinction is much more general. It can equally be between justifying a claim and explaining a phenomenon. The enquiry into the nature of valid and invalid justifications of an action or a claim is not the same as an enquiry into the nature of causes operating in a situation. Thus the pairs of concepts such as reasons versus causes, and understanding versus explaining are meant to mark out the difference between approaching something as concerned with *knowledge* and its variants (such as fallacies, ignorance etc.) as against approaching something as *phenomenon*. One and the same statement can be approached as a knowledge claim or as a phenomenon. In the latter case, for example, one can investigate the statement in terms of the psychological or sociological causes that makes the person to put forward such a claim. But then we are no longer approaching the statement as a knowledge claim; rather we approach it as a phenomenon. To do the former is, for instance, to enquire the exact sense of the statement, its validity, and the nature of grounds that are relevant to decide its validity, and such things.

4 Knowledge versus Phenomena

The next step that I want to take is to suggest that the investigation of cultural difference as conceived in Anthropology is mainly that of approaching it as phenomenon. Instead, our task is to initiate a project of approaching cultures as embodying different *knowledge systems*, inherited and exhibited by different societies.

To specify what constitutes a 'knowledge system', however, the contrasts such as 'reason' vs. 'causes' are inadequate. The model of knowledge within the context of which the distinction between knowledge and phenomenon is made by Frege is that of the *propositional model*: a model where to know is to know that something is the case, or to know that a certain rule has to be applied. If this model is taken as the basis for investigation of the knowledge systems, then it would be conceived as a task of identifying *beliefs* (the stated or implied 'reasons') behind the encountered actions. Investigating 'cultural difference' would thus become a task of documenting the differences in beliefs prevailing amongst different groups that presumably result in their different ways of going about in the world. This approach which can be designated as 'beliefs approach' was fairly wide spread, and still has its adherents in Anthropological Research. So, a detour may be in order to indicate the drawbacks of such an approach for our purpose.

Though objective of the discipline of Anthropology was never explicitly conceived that way, still, one often encounters the assumption that Anthropology delivers the knowledge possessed by those groups which the Anthropologists study. Does it?

We can examine this possibility by focusing on one specific theme. It is often said that the main danger an Anthropologist must guard against is 'ethnocentrism', the problem arising from a projection of one's own ethnie's habits and values onto another. On the face of it, this appears to be a concern to profit from the experience of groups foreign to the researcher (or to his tradition). That is, overcoming ethnocentrism appears as part of a project of overcoming the confinement of one's own habits and methods of going about in the world in order to discover the available alternatives to them. Is that the case? In what connection is 'ethnocentrism' considered as a defect to be overcome in Anthropology?

4.1 *Represented* versus *Representer's* Context

Anthropologists are exhorted to pay attention to '*context*'. But this term is ambiguous: at least it has been used in two different senses: in the sense of a situation describable and in the sense of something presupposed in any successful description. For example, when it is enjoined that behaviours, activities, institutions and texts have to be understood in terms of the *context* in which they are embedded, the directive is meant to say that we should not take these items in isolation but consider them as parts of a larger whole, and look for the role of respective items in that larger whole. But this latter is as much the object of empirical enquiry as the items embedded in it. That is, the 'context' is open to description just as other items of investigation. I will call this *'represented context'* and it can be contrasted with *'representer's context'*.

The latter is something that is the focus in some recent theories where Anthropology is conceived as a genre of writing. The writer has some definite audience in mind and he knows and makes use of the shared conventions and expectations. When one speaks of context in this connection, it is in a sense something already known by the writer and the reader. Enquiry into it is in the form of reflection and elucidation of it rather than in the form of investigating it as an empirical object. If indeed one wants to do the latter, then the writer, the reader, and the practice - of which the writer and reader along with their contexts are parts - become 'objects', within a meta-representation, i.e. the investigated context is no longer the *representer's* but a *represented* context. But this does not eliminate the representer's context. Like all descriptions meta-representations too proceed from some specific purpose and are tied to some specific (meta-) representer's context.

If representation is context bound then knowledge too is so, since it necessarily depends on representation. This is what underlies the issue of 'ethnocentrism' which arises because of the recognition of the following two facts: (i) the phenomena of which Anthropology seeks knowledge - the beliefs and practices - are, partly at least, constituted by the representation of the bearers of those practices and beliefs; (ii) members belonging to different 'societies' or 'cultures' have different background histories and traditions and therefore they do not share the same conventions and expectations; i.e. they do not share the same *representer's contexts*. This gives rise to the question as to the status of knowledge acquired through representing the representation.[4] This question is not something specific to the predicament of Anthropology; one can even claim that the present discussion in Anthropology is just taking over the discussion carried under the rubric of 'hermeneutics' to the question of ethnographic representation.

4.2 Ethnographic Representation and Philosophical Hermeneutics

But there is an important difference. Philosophical hermeneutics arose in the context of classical studies, of well acclaimed texts (and art works or semiotic artefacts) of the past. Its focus was the question of the status of 'humanistic studies': in contrast to sciences of the past that do get antiquated, something from the past masters needs to be presented as of contemporary relevance. Instead of postulating some a-historical content made available in each of the texts of the past, philosophical hermeneutics sought to specify a different kind of cognitive gain than that of receiving the sciences of the past. For this the inevitability of the admixture of *representer's* and *represented* contexts was seen as an opportunity rather than as a problem: it provides for the extension of one's thinking horizon through the 'fusion of horizons', i.e. it extends the scope of the domain of meaningful talk. It was asserted that encounter with the past masters though begins with *our* questions and prejudices (Vor-urteile), yet occasions a transcendence of them by confronting us with unfamiliar lines of thinking.

But unlike in the case of the acclaimed texts (and artworks) of classicists, the Anthropologist does not have anything specific to go by. Texts passed on by the intellectual tradition, along with one or many traditions of understanding them, are made familiar by the very process of one's socialisation. Thus interpretation is an effort at understanding what has already been identified as something communicated, i.e. *as signs*. Such a starting point does not exist in the case of study of aliens. Anthropology began in the wake of the demarcation of modern society from that of 'pre-modern' - the 'primitive', the 'traditional' etc. Seeking, collecting and interpreting the practices and beliefs all over the globe was *in order to* enquire into the 'predecessor' to the thought forms as well as social forms of 'modernity'. The fact that what was found elsewhere belongs to the pre-history of 'modern' (meaning, European) forms was taken for granted. As a result, the interest in them was as *phenomena* and not as *signs*: even when texts and artefacts of aliens were collected the impulse for it came from a curiosity about the phenomena represented by them rather than on something *said* through them.

These are not mere historical legacies which could be given up at will. Unlike the texts of the classicist, what an Anthropologist encounters is an array of unfamiliar behaviour and practices out of which he has to select something as important and collate them into his data. He does not simply discover religion, ritual, or magic, but rather identifies some practices in terms of such categories as 'religion', 'ritual' and 'magic', thereby introducing a way of grouping the practices which may or may not correspond to the groupings and distinctions shared by the group he is

---

[4] See Berg, E./Fuchs, M. (1993) for a documentation of the various issues discussed in recent Anthropology arising out of the problem of representing representation.

studying. It is from *his* background tradition that the researcher brings to his observation such categories, and also some criterion of what is important and what is not.

4.3 Representer's Purpose and the Constitution of Domains: The Pragmatic Turn

One central idea of the 20th century epistemology is that the distinctions we make are literally that: they are *made*, and not the *given* fact of nature. This assertion does not deny that there were stars long before man started worrying about his stars. It only insists on one implication of the logical distinction needed to be made while talking about descriptions, that between the 'object' and 'signs' or 'representations'. To identify something as an 'object' is to imply that it cannot be exhausted by description, which is another way of saying that any 'description', or more generally, 'representation', is necessarily selective. Consequently, the criterion of relevance is an important aspect of our identifying something as a representation of something else. If so, the 'representation' is bound to the context of purpose for which that representation is made. That is, the distinctions we make are tied to the purposes we have. This is not the same doctrine as saying that we can get away with any distinctions we like: Of course, there exists an objective pull, but it makes itself felt only in the fact whether the distinctions we make are serviceable enough for our purposes or not; there is no way of justifying for a set of distinctions the claim of a unique effectiveness and superiority over all other sets, unless of course a Godly purpose is postulated in which all of us partake.

The assumption underlying this pragmatic turn in the conception of knowledge can be rephrased in the idiom of 'concepts' instead of the idiom of 'distinctions': the concepts we use are not *given* but *made*, not individually but through the joint efforts of groups and generations of human beings. Further, to enquire into those concepts is to identify the corresponding action-consequences rather than identifying the supposed beliefs held by the agents.

4.4 'Making Sense of a Situation': Beliefs Inadequate and Unnecessary

One question the beliefs approach is intended to answer is: why some agent acts in a particular way? Postulation of beliefs, it is hoped, would answer this question. Thus, for instance, many Anthropologists use the concept of 'meaning-aspect of an action' (akin to Max Weber's conception of '*Sinnzusammenhänge*' or '*Sinnhaftigkeit der Handlung*') in giving an account of what they are doing. The basic idea is the following: since communities differ in the way they deal with their environment (both social and physical) they must be structuring their environment differently. Such structuring embodied in actions can be termed as 'meaning-aspect' and enquiry into it is a legitimate interest.

However, such structuring necessary for actions are not necessarily explicable as beliefs held by agents. Further, what is considered as appropriate elaboration of 'meaning aspect' of an action depends on, what for, i.e. in what context, and for what purpose, it is offered.

I venture to say that very few people have neatly expressible beliefs (in fact, even less so in the so called 'traditional' societies), and in general, hardly anyone conducts his or her life by looking for directives derivable from this or that belief.[5] At any rate, there is no conceptual need to postulate beliefs in order to account for the human ability to orient in different situations. A precondition of orienting oneself is only that one has to differentiate the environment in some way. Suppose we call this aspect of an action as that of 'making sense of a situation', it is important to note that it is not the same as having a belief and applying it. In fact, beliefs are neither adequate, nor necessary, for that purpose. A belief, even if it exists, need to be interpreted anew in every context if it is to be useful to guide one's actions. This implies that the usefulness of beliefs for a person possessing them depend on his having already some capacity to interpret them and apply them to different contexts. This latter is part of a more general capacity to use words or concepts (or more generally, signs) as instruments of differentiating the environment and thereby orient oneself in the world. Thus a capacity to differentiate the environment i.e. *to make sense of a situation*, is a different, and a logically prior, capacity to that of having beliefs and applying them to master a situation.

A second problem with the beliefs approach can be formulated in parallel to the logical maxim that an object cannot be exhausted by description: an action cannot be exhausted by any set of beliefs that may be given as reasons for it. Just as for the purpose of evaluating descriptions, one has to have some criterion whether a description is relevant or not, similarly, to judge the rightness

---

[5] Such a picture of human conduct is perhaps derived from a wishful idea of an ideal Christian conduct - the conduct derivable from, and justifiable by, recurring to the Biblical or Moral commands.

or wrongness of the belief-system offered as an explication of an action, one need to have some criterion of relevance of the offered beliefs for the concerned actions. This implies that to judge what beliefs account to which set of actions, one needs to recur to the context and purpose of the explication. In other words, constructing a belief-system is itself a context-oriented action. If we assume the contrary, we will land in a hopeless position, because we will have no conceivable procedure available to construct the beliefs: the elementary basis for understanding a divergence of opinion is a (real or imagined) situation of acting together in the context of which a divergence from a familiar way of doing things becomes apparent. To make sense of an opinion one has to form an idea of alternative courses of action ensuing from assenting or dissenting to it. That is, at least as an epistemological procedure, an action has to be taken as prior to belief, and as that in terms of which a belief can be made sense of. In that case, any explication of action in terms of belief begs the question.

5   Learnable versus Manipulable

The beliefs-approach is a legacy of the propositional model and the context-invariant conception of knowledge. In its place the pragmatic turn presumes knowledge to be of the nature of skills and sensitive to contexts. Within this perspective approaching something as knowledge can be demarcated from approaching it as phenomenon by using a distinction between two classes of pragmatic orientations: We can look at the observed patterns of behaviour of a community either as something *manipulable* or as something *learnable*. In the first case the observed something can be confronted in our practical dealings either with an adjustment to it or with a manipulation of it; since both these types of dealings involve manipulation - either of oneself or the objective situation - they can be considered as issuing from the *manipulative stance*. Alternatively we can look at the observed patterns as instances of *ways of doing* things: the presented way of doing can be considered as an efficient or a deficient way and accordingly we can take a learning or a teaching attitude, both of which I want to subsume under the term *'learning stance'*, because both involve looking at the observed as a *learnable* something. Thus, the criterion to distinguish knowledge from phenomenon is to see whether something is the result of conceptualising by taking a *learning* or a *manipulative* stance.

When something is approached as a phenomenon the appropriate question would be one of asking what causes or sustains that particular state of affairs, irrespective whether these states are that of institutions or of beliefs. That is, 'causing', 'sustaining' and 'state of affairs' as used here are conceptualisable in very many different levels and ways: we may speak of physical states and mechanical causation or psychical and social states and functional causation. Saying that traditions are knowledge dispositions, on the other hand, implies that they can be conceptualised in such a way as to make them available for teaching or learning.

Two things need to be said about the use of the 'learnability' above. First, to say something is 'learnable' is also to say that it can be looked at as a possible way of doing things which is further *improvable*. This implies further that as *a way of doing things*, it can be investigated as a domain in its own right with a view of improving and perfecting it. Second, as used here, 'learnable' is a contrast notion to that of 'causal' and correlative to the notion of knowledge. There are, of course, important differences in kind to be thematised amongst learnables: learning *ways of living* or 'attitudes' is a different form of learning than learning an academic discipline, and this again differs from learning of skills such as cycling. But in order to demarcate a stance to something as *knowledge* from a stance to it as *phenomenon* a generic notion of learnability is sufficient.

To summarise, actions are not necessarily consequences of 'reasons' in the sense of beliefs. But they can be looked upon as exhibiting learnable skills. Therefore the term 'knowledge system' we spoke of earlier has to pick out *knowing how* exhibited in actions rather than the beliefs supposedly underlying them. Accordingly, the criterion of picking out 'knowledge' against 'phenomenon' is not that of identifying occasions of providing 'reasons' as against that of providing 'causes'; it is rather that of identifying something as *learnable* as against *manipulable*.

Further, the dispositions to action that are learnable can be termed as *knowledge dispositions*. The two constituents of this term are chosen with the following considerations. (i) The expression 'knowledge' is used in order to emphasise the contrast to behaviour. By 'looking at something in terms of behaviour' are meant the situations where we may consider an expression of a habit as either a result of a fortunate or an unfortunate formation in an individual, but we do not bring upon it the bearing of judgement in terms of a standard of perfection. In contrast, an action which is an expression of a learnt skill or a learnt ethos will be looked upon as either more or less perfect, adequate or still more perfectible in terms of some standard of perfection. (ii) The expression 'disposition' is used to emphasise two contrasts. First, what we are concerned with are conceptualising actions in contrast to the *results* or *resources* used in an action, such as sentences and texts. Second, the action we are concerned with is in the sense of the *type* or *schematic* aspect in contrast to the *token* or *actualisation* aspect - the latter is meant in an inclusive sense to refer to both individual acts and assertions

6   Varieties of Knowledge and *'Configuration of Learning'*

The strict distinction between approaching something as *learnable* and approaching it as *phenomenon* not only does not preclude a recognition that there are different kinds of learnables, but it even enables us to identify and conceptualise those differences. There are different skills and different grades of skills requiring certain other skills as pre-condition of their learning. And learning strategy, used and discovered while learning one kind of skill, can be generalised to learn other skills. In this process of wider and deeper generalisation of the strategies of learning more complex forms of *learning how to learn* emerge.

Broadly, the knowledge dispositions prevailing in community or society can be distinguished into (i) *technical skills*, both useful and artistic ones, (ii) *disciplines* that involve methods, information and standards of evaluation, (iii) *attitudes* within the ambit of which both skills and disciplines are practised.

With regard to the items of this classification, skills and disciplines are well recognised as forms of knowledge. In the case of *attitudes*, however, the situation is different. Many factors are responsible why this is the case. One of them is certainly, that, unlike skills, attitudes can not be easily or perhaps not at all conceptualised into learnable procedures. Nor can they be equated with the information that a person possesses. But *attitudes*, in the sense of possible *types* of stances towards life, do express themselves in many complex ways of dealing with the world, and therefore they do have a claim to be considered as a form of knowledge. In fact, what is often identified as 'world views' are attitudes, even though, in such identifications, already a theoretical approach how they are to be conceptualised is embodied, i.e. it is assumed that attitudes are a system of beliefs. However, to say the least, one has to distinguish 'world view' in the sense of a belief-system from *the attitudes* exhibited in the way one acts and leads one's life. This latter need not be expressed and most of the time are not expressible as beliefs.

Whereas skills and disciplines are comparatively easy to transfer from one culture to another, it is the attitudes, which are neither easily conceptualisable nor easily transferable, that gives a culture its characteristic specificity. It is this that can give substance to the notion of 'cultural difference'.

As part of his or her socialisation, an individual learns not only technical skills but also, along with them, certain ways of learning: one not merely learns but also learns to learn. A way of learning when it is present in an individual or a milieu does influence other ways of learning prevailing along with it. That is, ways of learning necessarily form a configuration and do not remain separate and discrete. Thus one can speak of *a configuration of learning* getting formed in a society over the generations, and it is this that gives a holistic rounding off to the way of going about in the world of a community - that is both conspicuous to a visitor and also has an air high intangibility.

To sum up, the concept of 'configuration of learning' is one of the means we can fruitfully use in order to identify the cultural difference and forging this concept can open up a new kind of investigation of cultures.

Bibliography:

1. Berg, Eberhard /Fuchs, Martin (Hrsg.) 1993 *Kultur, soziale Praxis, Text.* Suhrkamp, Frankfurt.
2. Cassirer, Ernst 1992 *An Essay on Man. An introduction to a philosophy of human culture.* New Haven and London (1944).
3. Rao, Narahari 1994 *A Semiotic Reconstruction of Ryles Critique of Cartesianism.* De Gruyter, Berlin.

Gerhard Schweppenhäuser (Weimar)

Paradoxe Beobachter, eingebildete Zeugen
Überlegungen zu einer Theorie der gegenwärtigen Massenkultur

Es ist noch nicht 10 Jahre her, da erschienen Begriff und Theorie der Kulturindustrie wie totgesagt. Stellvertretend für viele das Urteil des Kommunikationsphilosophen Norbert Bolz: Zu Beginn der 90er Jahre tat er die Kulturindustrie-Kritik, die Horkheimer und Adorno in der *Dialektik der Aufklärung* formuliert hatten, als melancholischen, elitär-bildungsbürgerlichen »Schwanengesang der Gutenberg-Galaxis« ab. Die kritische Theorie der Kulturindustrie sei der klare Verlierer im Theoriewettstreit mit Walter Benjamin. Dessen Apologie der neuen Medien mit ihrem wahrnehmungs- und gesellschaftsumwälzenden Potential habe entscheidende Aspekte von McLuhans Medientheorie vorweggenommen, weshalb Bolz ihn zum anschlußfähigen, modernisierungstauglichen Beschleunigungstheoretiker ausrief.[1] Der Überzeugungskraft dieses Interpretationsangebots werde ich hier nicht nachgehen. Was aber Bolzens Verdikt über die Theorie der Kulturindustrie betrifft, hat sich inzwischen einiges geändert.[2] Der Begriff der Kulturindustrie hat wieder Eingang in das Instrumentarium kritischer Gesellschaftsdiagnose gefunden, und zwar im Kontext des Globalisierungsdiskurses.

Ulrich Beck bezeichnet die »Bilder-Ströme der globalen Kulturindustrie«[3] als wichtige Integrationsfaktoren einer weltweiten Vergesellschaftung nach der Epoche der Systemkonkurrenz. Scott Lash geht davon aus, daß wir bereits »im Zeitalter der globalen Kulturindustrie« leben. Diese unterscheidet er von der »klassischen«, weil die Massenproduktion der Unterhaltungsindustrie heute nicht mehr inhaltsgeleitet und darstellungsorientiert sei, sondern auf Interaktion zwischen Technologie und Benutzer hin ausgerichtet. Frühere Kulturindustrien hätten die Trennung, nicht die Verbindung von Produkt und Benutzer vorausgesetzt, die globalen von heute dagegen die »Logik der Schnittstelle«. In der Integration in den multimedialen Verbund würden Inhalte und die Technologien zugleich verinnerlicht. »Wir sehen uns der Kultur nicht mehr als Publikum, als Leser, Zuschauer oder Zuhörer gegenüber, sondern als Wirkende, als Benutzer«, meint Lash. Die ältere Kritische Theorie sei davon ausgegangen, daß die Kultur der industriellen Produktion nachfolge und ihr immer ähnlicher werde; heute würde sich dies umkehren und die produzierende Industrie immer mehr dem Muster der Kulturindustrie anähneln.[4]

Phänomenal scheint der Begriff der Kulturindustrie also zweifellos an der Zeit. Die Bestandsaufnahmen der Soziologen zeigen seine Wichtigkeit. Ich meine, daß er auch für die Philosophie attraktiv ist. Daher werde ich eine sozialphilosophische Fragestellung verfolgen – in dem Sinne, daß Sozialphilosophie (wie Detlef Horster formuliert hat) die ‚deskriptiv verfahrende Soziologie normativ ergänzt'.[5] Meine These ist, daß man die sozialphilosophische Kulturindustrie-Kritik aus der *Dialektik der Aufklärung* mit Befunden aus gegenwärtigen soziologischen Untersuchungen verbinden kann, um damit den Grund für eine Theorie zu legen, die den Anforderungen an eine gegenwärtige Theorie der Massenkultur genügt. Das möchte ich im folgenden skizzieren, indem ich einige Motive der Kulturindustrie-Kritik von Horkheimer und Adorno einigen Motiven aus der elaboriertesten und scharfsichtigsten neuen Theorie der Massenmedien, Niklas Luhmanns Analyse der „Realität der Massenmedien", gegenüberstelle und versuche, beide Seiten wechselseitig aufeinander zu beziehen.

„Kulturindustrie" umfaßt als Begriff zugleich weniger und mehr als „Massenmedien": Er steht für bestimmte Sektoren der Massenmedien, aber auch für eine Produktionsform, die durch sämtliche Massenmedien hindurchgeht. Der grundlegende Unterschied zwischen beiden Theorien liegt klar zu Tage: Funktionalistische Systemtheorie beschreibt die operative Konstruktion und Selbsterschaffung von Wirklichkeiten, die sich aus dem Wechselverhältnis mit autopoietischen Systemen ergeben. Kritische Theorie arbeitet bei ihrer Rekonstruktion gesellschaftlicher Wirklichkeit mit normativen Begriffen und nimmt ihre Gegenstände unter dem Aspekt ihrer Veränderbarkeit, in Richtung auf ihre Möglichkeiten, in den Blick.[6] Gleichwohl gibt es bei der Untersuchung der modernen Massenkultur eine Reihe von Berührungspunkten und Ansatzpunkten zu möglichen gegenseitigen Korrekturen.

In beiden Theorien geht es um die Erzeugung von Welt. Weltkonstitution erfolgt in der Theorie der *Dialektik der Aufklärung* durch dingliche und begriffliche Arbeit. Kulturindustrie ist hier die Übertragung der Produktions- und Verwertungslogik von Waren auf geistige Gebilde. Nicht der, seit Beginn der bürgerlichen Gesellschaft vorliegende, Warencharakter der Hervorbringungen von freien Künstlern, die sich als Marktsubjekte betätigen müssen, ist für die Kritische Theorie das Novum in der Mitte des 20. Jahrhunderts, sondern die *restlose* Übertragung ökonomischer Kritierien auf kulturelle Produktion und deren offenes Einbekenntnis[7] bzw. die Ersetzung des Gebrauchswerts der Kulturwaren durch ihren Tauschwert. Die fordistische Zerlegung der Produktion in Segmente und ihre durchgängige Stereotypisierung, die im Arbeitsprozeß auch die der Wahrnehmung nach sich zieht, wird zum Muster kultureller Reproduktion schlechthin. „Der Montagecharakter der Kulturindustrie, die synthetische, dirigierte Herstellungsweise ihrer Produkte" (DdA 191) dient, meinen Horkheimer und Adorno, der vollständigen gesellschaftlichen Integration durch Mediation aller alltäglichen und sonntäglichen Lebensbereiche. Die Folge sei die „falsche Identität von Allgemeinem und Besonderem". (DdA 145) Die einzelnen Kultur-Produkte würden ununterscheidbar voneinander, weil sie nicht mehr, wie Kunstwerke, einer je besonderen eigenen Logik gehorchen; und auch Arbeit und Freizeit würden sich immer ähnlicher. Als industrieller, universell medial vermittelter Amüsierbetrieb wird Kulturindustrie zur Verlängerung der Arbeit in die Freizeit. Daraus folgern die Autoren, daß die Funktion der Kulturindustrie die Verdoppelung der bestehenden Welt ist, die Inhalt und Form der industriell hergestellten Kulturprodukte prägt.

Heute scheint es jedoch eher, als wäre Kulturindustrie weniger eine Verdoppelung von Arbeit als ein Ersatz für sie, und zwar als verschiedenartig institutionalisierte Sinnproduktion. Die vielfältigen Wandlungen der Arbeitsgesellschaft haben zwar deren Kern nicht transformiert, nämlich die private Aneignung von kollektiv produziertem Mehrwert, aber sie haben Struktur und Erscheinung der Arbeitsprozesse erheblich verändert und vor allem den Anteil der im gesellschaftlichen Arbeitsprozeß befindlichen Individuen erheblich verringert, jedenfalls in den Gesellschaften, die an der kulturindustriellen Produktion und Rezeption in hohem Maße partizipieren. Die Autoren der *Dialektik der Aufklärung* entwickelten ihre Befunde dagegen anhand von (vollauf oder annähernd totalitären) Gesellschaften, die tendenziell Vollbeschäftigung aufwiesen. Heute ließe sich also formulieren, daß Arbeit Verlängerung der Kulturindustrie geworden ist (ähnlich denkt auch Scott Lash). Die verdoppelnde Reproduktion der empirischen Welt ist immer weniger Aufgabe der Kulturindustrie. Deren Funktion ist heute eher die Erzeugung einer teils virtuellen, teils für die Beteiligten eminent realen Welt. Die medialen Arbeits- und Weltsurrogate dienen vor allem der nachhaltigen Integration aller Individuen in das soziale Ganze durch symbolisch-kommunikative Sinnstiftung. Die Bilder-, Klang- und Sprachwelten der Daily-Soaps, der Musikkulturen oder des Fußballbetriebs sind wirkungsvolle Orientierungangebote, in denen soziale Konflikte, Erotik oder politische Weichenstellungen codiert und erfahrbar werden – von der Lindenstraße über die Love-Parade bis zu Lafontaines Rücktrittsbegründung.

Was aus der Perspektive der Kritischen Theorie trügerisches Welt-Surrogat ist, beschreibt die Systemtheorie als unvermeidliche und legitime Funktion der Massenmedien. Luhmanns Analyse liegt keine repräsentationstheoretische Annahme über das Verhältnis von Massenmedien und Welt zugrunde, sondern eine konstruktivistische. In den Massenmedien werde nicht – sofern so etwas überaupt möglich ist – die objektive Realität (angemessen oder verzerrt) wiedergegeben, sondern eine eigene Realität erzeugt. Kognitive Systeme beziehen sich durch kognitive Operationen auf ihre Umwelt; sie haben keinen kognitionsunabhängigen Zugang zu Realobjekten und können über deren Existenz als solche nichts aussagen. Deshalb könnten sie Realität nur als „Indikator für erfolgreiche Konsistenzprüfungen im System" konzipieren. „Realität wird systemintern durch Sinngebung erarbeitet"[8], indem Inkonsistenzen und Irritationen erzeugt und wieder aufgelöst bzw. integriert werden. Die Massenmedien, meint Luhmann, sind ein einziges autopoietisches Funktionssystem der „modernen Weltgeesellschaft" (RM 175), das durch ständige Irritation und deren Auflösung sowie durch permanente Rekursivität Realität konstruiert. Das System der Massenmedien funktioniere als gesellschaftliches Gedächtnis, weil es durch die Versorgung mit Information einen gemeinsamen Hintergrund bereitstellt, auf dem immer neue Kommunikationen stattfinden können, die sich an Kommunikationen anschließen. Es ist nach Luhmann ein sich selbst reproduzierendes Teilsystem, das unbegrenzt anpassungsfähig an veränderte Bedingungen ist und damit eine unverzichtbare evolutionäre Funktion erfüllt, nachdem der Rückgriff auf traditionelle Sinnvorgaben in der Moderne entfällt, an denen Individuen ihre Kommunikationen ausrichten können. Die Wirklichkeit der Massenmedien sei die permanente Beobachtung der Beobachter, durch die heute Kultur konstituiert werde: Die Wissensvorgaben der Massenmedien ersetze vormoderne privilegierte „Beobachtungsplätze" wie die Weisen, die Priester, den Adel, die urbane Öffentlichkeit. (RM 153) Kultur, meint Luhmann, wird heute begriffen als Umformung von allem und jedem in ein Zeichen für Kultur. Insofern ist Kultur das Alibi der Massenmedien und ihres vielfältigen Angebots. Die Annahme, daß Kultur als Zeichen auch zur Ware geworden sei, weist er freilich zurück. Er verdoppelt den Sachverhalt durch Aufteilung in zwei Funktionskreise: Sofern Kulturkonsum selbstverständlich seinen Preis habe, wirke hier der Operationsbereich Markt weiter, also „ein Teil des Wirtschaftssystems". (RM 155)

Luhmanns Theorie zeichnet es aus, daß sie verzichten kann auf larmoyant-moralisierende Medien-Kulturkritik mit unbeweisbaren Behauptungen über kausale Verbindungen von Massenmedien und gesellschaftlicher Gewalt- oder Gleichgültigkeitszunahme á la Postman. Es gibt auch keine soziologische oder normativ-ästhetische Unterscheidung zwischen den Produkten innerhalb einer Mediensparte. Ferner wird MacLuhans Differenzierung zwischen den Medien der Druckerpresse-Ära und denen der Post-Gutenberg-Galaxie unterlaufen. Die *neuen* Medien, die Bild und Ton verbinden und nach McLuhan Wahrnehmung und Welt so einschneidend verändert hätten, werden bei Luhmann einem einheitlichen Begriff der Massenmedien subsumiert. Gedrucktes, Ausgestrahltes und elektronisch Gespeichertes wird im Hinblick auf seine funktionalen Leistungen nicht gesondert eingeordnet. Die Unterscheidung, die Luhmann einführt und durchhält, ist die inhaltliche der drei Programmsegmente der Massenmedien: Nachrichten/Berichte, Werbung und Unterhaltung.

Das koinzidiert mit dem Befund von Horkheimer und Adorno, daß die Massenkultur heute „alles mit Ähnlichkeit" (DdA 144) schlage, und zwar weniger an ihrer ästhetischen Oberfläche als im Bereich der Funktion. Aber die Autoren gehen in anderer Hinsicht weiter als Luhmann. Dieser nimmt an, daß die historische „Differenzierung vom System der Massenmedien und Kunstsystem" (RM 107, Fußnote) weiterhin in Kraft ist. In der *Dialektik der Aufklärung* dagegen wird argumentiert, daß sich diese Differenz in der damaligen Gegenwart bereits verflüchtigt habe. Es wird nicht behauptet, daß es keine Ausnahmen von der Entdifferenzierung von Massenkultur und Kunstsystem gibt. Wo die Kulturindustrie am wirkungsvollsten operiere, tue sie es vermöge der Identität von Kunst und Massenkultur. Das zeigen die Autoren an der Wiederkehr des Stils. Hatte die avancierte Kunst der Moderne den Stilzwang überwunden, so kehrt er in der Kulturindustrie als Stereotypisierung der Exemplare aller Sparten erstarkt wieder. (DdA 153 f.) Kulturindustrie besitze einen mehr oder weniger einheitlichen Gesamt-Stil, der alle Produktsparten vom Film bis zur Unterhaltungsmusik durchherrscht. Die Sogkraft der Kulturindustrie integriere dann wiederum das Kunstsystem in die Massenkultur. Das könnte für die Zeit zwischen der *Dialektik der Aufklärung* und heute am Beispiel der Pop-Art gezeigt werden. In diesem Licht wären Arthur C. Dantos raffinierte Erklärungen zur Differenz von Kunst- und Alltagsgegenständen noch einmal zu überprüfen,[9] nämlich daraufhin, ob die Zuschreibung der Brillo-Box zum System Kunst vermöge des Sprachspiels der Kunstwelt den Alltagsgegenstand wirklich in die Kunstwelt transponiert, oder ob sie nicht vielmehr die Kunstwelt in die Kulturindustrie heimholt.

Der Bereich der Analysen, wo Kritische Theorie und Systemtheorie am nächsten beieinanderliegen (und vielleicht gerade deshalb ihre Differenz am deutlichsten hervortritt), ist die Werbung. Luhmann konstatiert, daß Werbung heute eine Aufgabe jenseits der ökonomischen Rationalität zu erfüllen hat: Es geht um den Zwang, sichtbar zu bleiben. (RM 93) Horkheimer und Adorno, die die Leitgesellschaften der 40er Jahre durch den Übergang von der liberalen Marktlogik in eine monopolistische und politisch autoritäre Determination gekennzeichnet sahen, situieren die Funktion der Reklame ebenfalls jenseits ökonomischer Rationalität. Sie interpretieren sie als ständig sichtbare Drohung, als symbolischen Imperativ dafür, daß die bestehende Eigentumsordnung und ihre Sozialstruktur bleiben müsse, wie sie ist. „Reklame wird zur Kunst schlechthin, […] Reklame für sich selber, reine Darstellung der gesellschaftlichen Macht." (DdA

191) Die ästhetisierte, unterhaltsame Werbung von heute, meint Heinz Steinert, „macht uns zu Komplizen" der ökonomisch Herrschenden.[10]

Bei allen Differenzen ist beiden Theorien der Hinweis auf die schematisierte Produktionsvorgänge der Massenmedien gemeinsam. Die Organisation der sinnlich wahrgenommenen mannigfaltigen Einzeldaten nach einheitlichen Prinzipien des Verstandes war bei Kant Bedingung der Möglichkeit autonomer Subjektivität. Bei Horkheimer und Adorno ist sie Filterung der Welt durch die Kulturindustrie, also heteronomes Resultat planvoller Normierung durch industrielle Produktion. Bei Luhmann (der Wahrnehmung freilich als Externalisierung einer intern errechneten Umwelt definiert) wird die produktive Funktion von Schemata und Scripten für Gedächtnis- und Lernleistungen betont, wodurch uns die Massenmedien die Voraussetzungen für kognitive und praktische Freiheit böten. (DdA 149 ff; RM 190 ff.)

Ich möchte nun zu dem zentralen Punkt kommen, an dem sich beide Theorien m. E. wechselseitig erhellen können. Die Kritische Theorie der 40er Jahre argumentiert herrschaftstheoretisch. Es sei „die Herrschaft des Systems" bzw. des „Monopols" (DdA 190), die die kalkulierend-zweckrationale Kulturindustrie als wirksames Instrument bediene, um die Massen durch Kultur gefügig zu halten. Auch wenn diese Form der Planung selbst als etwas durch die Irrationalität der Gesellschaft als Ganzer Aufgezwungenes interpretiert wird, (DdA 149, 176) also keine Neuauflage der Priestertrugstheorie ist, hat das Manipulationstheorem, auch die Vorstellung universaler gesellschaftlicher Kontrolle der einzelnen (DdA 177), entscheidenden Stellenwert. Hier besitzt die funktionalistische Beschreibung der Selbsterzeugung und Selbsttätigkeit des gesellschaftlichen Teilsystems Massenmedien für die Gegenwart größere Überzeugungskraft, weil sie ohne die Annahme von „Verfügenden" und „Lenkern" auskommt. Andererseits ist Selbsterzeugung und Selbsttätigkeit aber auch wieder scheinhaft. Insofern sie als evolutionäres Resultat gezeigt wird, erscheint sie auch als das einzig mögliche und nicht als etwas durch Praxis veränderbares. Seit der frühen Verabschiedung der Handlungstheorie gibt es bei Luhmann ja keine Systeme, die durch Zwecke rational handelnder, also Ziele verfolgender, und kämpfender Subjekte gesteuert werden, sondern nur noch Systeme, die durch ihre eigene Systemrationalität gesteuert werden. Mit dem Verschwinden des Subjekts aus der Kybernetik entsteht aber gleichsam ein negatives Spiegelbild der manipulationstheoretischen Konstruktion vollendeter Irrationalität des monopolistischen Systems – nur ohne jeden Anhaltspunkt für eine Theorie gegenwärtiger Herrschaft.

Wo die *Dialektik der Aufklärung* die Subjektseite der Kulturindustrie überbetont, liefert Luhmanns Analyse des Systems der massenmedialen Kommunikation, das sich selbst hervorbringt und operativ schließt, jedoch zunächst einmal eine stimmige Zustandsbeschreibung. Es gibt kein gesellschaftliches Subjekt, auch kein negatives, das die Kulturindustrie steuert bzw. deren Substrat wäre. Das System läuft von alleine. Das Vorhandensein oder Fehlen von Betrugs- und Manipulationsabsichten bei den Beteiligten ist dabei unerheblich. Luhmann beschreibt aber die Abwesenheit des Subjekts als notwendigen Faktor des Systems der Massenmedien. Es kann funktional kein Subjekt geben. Aber kann es deshalb auch die Möglichkeit nicht geben, die ausgesparte Leerstelle gesellschaftlicher Subjektivität als normatives Prinzip aufrechtzuerhalten? Diese Absicht läßt sich mit der *Dialektik der Aufklärung* besser verfolgen. Ihr deskriptiver Nachteil erweist sich als normativer Vorzug.

In einem wesentlichen Punkt kommt bei Luhmann und der *Dialektik der Aufklärung* Vergleichbares heraus, nämlich der Befund, daß die Gesellschaft das System der Massenmedien bzw. die Kulturindustrie braucht, weil sie ohne dies nicht fortbestehen könnte. Der Unterschied ist, daß Luhmann Gesellschaft als soziales System analog zu biologischen Systemen konstruiert, während Horkheimer und Adorno ein negatives handlungstheoretisches Erklärungsmodell zugrundelegen, demzufolge gesellschaftlich potentiell autonome Subjektivität verschwunden sei und die tauschwertförmige Vergesellschaftung der Individuen als sozialer Akteur dominiere. Wenn man beide Modelle für eine Analyse gegenwärtiger Massenkultur nutzen will, müßte man zunächst Luhmanns Beschreibung integrieren. Sie zeigt die selbsterzeugende und -perpetuierende Funktionsweise des Systems der Massenmedien als operativ geschlossenen, ständig rekursiven Kommunikationszusammenhang, der eine nicht konsenspflichtige Realität erzeugt, auf die alle Kommunizierenden sich ständig rückbeziehen können, also als gesellschaftliches Gedächtnis. Das ist für heute erklärungskräftiger als die aus den hochgerechneten Bedingungen der 40er Jahre (mit ihren Tendenzen zu Monopolisierung und staatskapitalistischer Herrschaft) abgeleitete Theorie der Manipulation der Massen in einer „Gesellschaft faschistischer Großrakketts" (DdA 187). Aber wenn man nicht in die Falle des systemtheoretischen Quasinaturalismus gehen will, müßte man die Kontingenz der Selbsterzeugung eines gesellschaftlichen Teilsystems und die historischen Indikatoren seiner Emergenz mit Hilfe der Theorie der Kulturindustrie an eine kritsche Handlungstheorie rückkoppeln. Damit meine ich nicht die Kommunikationstheorie von Habermas, die die immanente Handlungsrationalität unseres auf Verständigung angelegten Interagierens reflexiv zu entbinden und praktisch zur Geltung zu bringen versucht, um der regulativen Idee einer „Entkolonialisierung der Lebenswelt" zuzuarbeiten. Nein, ich meine die mit guten Gründen rationalitätsskeptische Kulturtheorie von Horkheimer und Adorno, die auf die Bindung der Massenmedien und der Kulturindustrie an die warenförmige Produktionsweise verweisen, die Luhmann irrelevant findet. M. a. W.: Nur und solange Medien und Kultur unter Bedingungen der Tauschwertrationalität stehen, pflanzen sie sich als scheinbar autopoietische Systeme fort, aber das muß nicht so sein oder bleiben.

Nach Luhmann ist jede Autopoiesis, auch die Kommunikation als soziales System, ziellos und ohne natürliches Ende (RM 150). Horkheimer und Adorno wissen von keinem realitätsmächtigen gesellschaftlichen Subjekt mehr, an das sie ihre Befunde richten können. Es gebe zwar ein falsches gesellschaftliches Subjekt, nämlich „Machtgruppen", aber weder die Massen noch die ohnmächtigen Einzelnen kämen als normativ richtiges in Frage; daher richten sie ihre kritische Rede als Vermächtnis an einen ‚eingebildeten Zeugen' (DdA 21, 288). Auch sie referieren auf ein vernünftiges Ziel menschlichen Handelns, aber als abwesendes und unverbürgtes. Wie für Walter Benjamin bestand für sie die Katastrophe darin, daß alles so weitergeht. Das Leiden der Menschen, in unzähligen Erfahrungen aufbewahrt, ist der negative normative Bezugspunkt der Kritischen Theorie. Solche Erfahrung weiterhin frei artikulierbar zu halten und damit auszubrechen aus dem rekursiven Kommunikationskontinuum, das soziale Systeme fortlaufend durch Irritation, deren Bearbeitung und Adaption stabilisiert, ist das Motiv ihrer Kulturkritik. Aber das wiederum ist außerhalb des Systems der Massenmedien nicht zu denken. Die systematische Zirkularität eines Verwertungszusammenhangs von Informationen und rekursiven Kommunikationen, die Luhmann darlegt, ist also – aus der Sicht heutiger kritischer Theorie – paradoxerweise sowohl die Ermöglichung als auch die Verhinderung des Widerstands dagegen. Der permanente Selbstbezug massenmedialer Kommunikation wird bei Luhmann indessen zur besonderen Qualität, denn Irritationssteigerung ist Freiheitssteigerung der Kommunikation. (RM 196) Das System der Massenmedien scheint Konsens zu destruieren und durch symbolische Gewalt zu ersetzen, aber in Wahrheit, meint Luhmann, stabilisiert es die Gesellschaft, erhöht ihre Reproduktionsfähigkeit, weil es ständig neue Kommunikationen erzeugt, auf die sich weitere Kommunikationen beziehen können. Die Konsensdestabilisierung wirkt paradoxerweise stabilisierend. (RM 177 ff.)

Bei Luhmann, und das ist das Problem, verdampft aber noch die abgeschwächteste normative Konzeption gesellschaftlicher Übereinkunft über Ziele und Formen kollektiven und individuellen Handelns. Der Orientierungshorizont ist das operativ geschlossene System der Massenmedien. Was anders wäre, müßte von ihm nicht vorfabriziert sein. Doch systemexterne Orientierungshorizonte kann es nicht geben, wenn die ganze Welt, auf die wir uns als Hintergrundwissen beziehen, ja als Produkt des massenmedialen Systems erscheint. Aber dagegen wäre geltend zu machen, daß eine philosophische, kritische Selbstreflexion aus diesem Gehäuse ausbrechen und Horizonte anbieten kann, die nicht die Totalität medialer Kommunikation reproduzieren. Die in der gegenwärtigen Sozialphilosophie von Habermas beanspruchte normativ-kritische Position könnte ohne Selbstwiderspruch geltend gemacht werden – aber paradoxerweise nur von dem Standort aus, den Habermas als den kapitalen Fehler der *Dialektik der Aufklärung* bezeichnet hat: ihren vermeintlichen Selbstwiderspruch, daß sie Rationalitätskritik betreibt, also ihre eigene Geschäftsgrundlage anzweifelt, ohne dabei aus der Rationalität herauszuspringen. Indem die *Dialektik der Aufklärung* die Realität der Kulturindustrie als Produkt einer auf die Systemrationalität des Verwertungszusammenhangs verkürzten Rationalität rekonstruiert, bietet sich ihr auch die Perspektive, diese durch Selbstreflexion zu überschreiten. Das gelingt mit ihr besser als mit Habermas, der gegen Luhmanns wertfreie Darstellung der Selbstkonstruktion eines operativ geschlossenen sozialen Teilsystems moralische Postulate aufstellt.[11] Aber: Ohne Handlungstheorie gelingt die Überschreitung nicht, und darin ist wiederum Habermas zuzustimmen, wenn er an die Vernachlässigung der Handlungstheorie in der *Dialektik der Aufklärung* erinnert.

Der „eingebildete Zeuge" der *Dialektik der Aufklärung* hat starke Ähnlichkeit mit dem Beobachter zweiter Ordnung bei Luhmann. Der tritt anläßlich des Problems des erkenntnistheoretischen Konstruktivismus auf den Plan, das als Kybernetik zweiter Ordnung bezeichnet wird. Kognitive Systeme reichen operativ nie an ihre Umwelt heran, aber sie können sich selbst beobachten. Kognitionen sind immer Konstruktionen eines Beobachters. Nun kann hinzukommen, daß „der beobachtende Beobachter sich selbst als Beobachter beobachtet" (RM 206). Damit kann eine paradoxe Situation entstehen, denn bei bestimmten Arten von Beobachtungen ist das Beobachtersein des Beobachters für ihn selbst nicht thematisierbar und nicht wahrnehmbar; es ist dann sein eigener blinder Fleck. Beispielsweise bleibt in der Ethik, die sich andernfalls als unbedingt gebietende Instanz selber aufhöbe, oder im System der Massenmedien in allen Beobachtungsoperationen der Beobachter für sich selbst unsichtbar. Das erzeugt eine paradoxe Situation, die Luhmann fruchtbar macht, weil sie Offenheit produziert. „Man hat immer die Möglichkeit, nach dem Beobachter zu fragen", aber diese Frage „fordert dazu auf, etwas sichtbar zu machen, was für sich selbst unsichtbar bleiben muß. Sie widerspricht sich selbst. Sie vollzieht einen performativen Selbstwiderspruch und vermeidet es dadurch, dogmatisch zu werden oder Rezepte zu verschreiben." (RM, 213)

Der eingebildete Zeuge ist der Adressat einer paradoxen unsichtbaren Selbstbeobachtung. Die Kybernetik zweiter Ordnung ist insofern auch als nachträgliche Legitimation einer Kritik zu verwenden, der Habermas vorwirft, daß sie sich selbst dementiere, weil sie es wagte, umwälzende Kritik zu formulieren, ohne auf ein umwälzendes Subjekt verweisen zu können und den eigenen Standort mit normativen Letzbegründungen zum Fundament auszuzementieren.[12] Sozialphilosophie kann nicht mehr mit dem starken Begriff „des Subjekts" arbeiten – aber sie muß Raum haben für *die Subjekte* – verstanden als Kritisierende, Interessen Verfolgende, Handelnde innerhalb systemischer Komplexe.

---

1 Norbert Bolz, Schwanengesang der Gutenberg-Galaxis, in: Allegorie und Melancholie, hg. v. Willem van Reijen, Frankfurt a. M. 1992, S. 224-260.
2 Nicht zuletzt bei Bolz selbst, der die Rekonstruktion des wahrnehmungsleitenden »Schematismus« der Kulturindustrie als zutreffende Erklärung des Luhmannschen Befundes ansieht, daß wir heute aufgrund eines technologischen Aprioris nur das von der Welt wissen, was wir durch die Massenmedien von ihr wissen. (Vgl. Bolz' Antwort auf die Umfrage „Faszination und Abstoßung: ein säkulares Buch" der Frankfurter Rundschau, 7. Juni 1997.) Siehe auch: Heinz Steinert, Kulturindustrie, Münster 1998.
3 Ulrich Beck, Was ist Globalisierung?, Frankfurt a. M. 1997.
4 Scott Lash, Wenn alles eins wird. Wir leben im Zeitalter der globalen Kulturindustrie. Darin liegen auch Chancen, in: *Die Zeit*, 5. 3. 1998.
5 Detlef Horster, Sozialphilosophie, in: Philosophische Disziplinen, hg. v. A. Pieper, Leipzig 1998, S. 368.
6 Vgl. Gernot Böhme, Kritische Theorie der Natur, in: Zeitschrift für kritische Theorie 9/1999.
7 Max Horkheimer u. Theodor W. Adorno, Dialektik der Aufklärung, in: Horkheimer, Gesammelte Schriften Bd. 5, Frankfurt a. M. 1987, S. 145 (im folgenden im Text nachgewiesen als DdA mit Seitenzahl).
8 Niklas Luhmann, Die Realität der Massenmedien, Opladen 1996, S. 19 (im folgenden im Text nachgewiesen als RM mit Seitenzahl).
9 Vgl. Arthur C. Danto, Die Verklärung des Gewöhnlichen, Frankfurt a. M. 1984.
10 Steinert, a. a. O., S. 132.
11 Insofern ist Detlef Horster zuzustimmen, der Luhmann und Adorno im Vergleich mit Habermas als die „realistischeren" Theoretiker darstellt; vgl. Horster, Zwei Philosophen, die sich dreißig Jahre lang aneinander rieben, in: Frankfurter Rundschau, 21. 11. 1998.
12 Aber Kritische Theorie verträgt sich nicht mit Luhmanns Auffassung, daß Kybernetik zweiter Ordnung die elementare gesellschaftstheoretische Unterscheidung „kritisch/affirmativ" überwunden hätte. (RM 213) Nein, wäre hier einzuwenden: Wie Luhmann selber sagt, reproduziert sie sie ja gerade, indem sie es verhindert, daß man sich auf die eine oder auf die andere Seite schlägt, weil damit immer die Gegenseite reproduziert wird. Wer für Kritik optiert, verhält sich gegenüber seiner Option affirmativ; wer für Affirmation optiert, unterscheidet sie von Kritik und affirmiert damit Kritik, weil kritisieren unterscheiden bedeutet. Zu Zeiten, die Luhmann und Habermas wahrscheinlich als prä-postmetaphysisch bezeichnen würden, nannte man so etwas eine dialektische Operation. Die *Dialektik der Aufklärung* wirkt weiter als Dialektik der Kritik. Doch das sollte heute, ebenso wie eine Theorie gegenwärtiger Massenkultur, weder als Verfallstheorie noch als Evolutionismus konzipiert werden.

Intellektuelle Anschauung als Wissensproblem
Zu einem erkenntnistheoretischen Problem zwischen dem Abendland und Islam

Prof. Dr. Ernest Wolf-Gazo

Die Auseinandersetzung zwischen dem Westen und dem Islam wird meistens auf politisch-religiöser Ebene geführt. Dieser Beitrag versucht das Problem der intellektuellen Anschauung(Intuition) als erkenntnistheoretisches Problem zwischen der abendländischen Tradition und islamischen Philosophie zu identifizieren. Die epistemologische Problematik der Intuition wurde in der klassischen westlichen Philosophie (Rationalismus vs. Empirismus) nie geklärt. Im Gegensatz zum Abendland wurde die intellektuelle Anschauung(Intuition) Gottes zum Mittelpunkt erkenntnistheoretischen Bemühens in der islamischen Welt. Diese bestimmte Problematik wurde nie in das Zentrum der philosophischen Auseinandersetzung zwischen dem Westen und dem Islam gestellt. Seit Kant wurde diese Problematik als überholt deklariert, wahrend im islamischen Osten die intellektuelle Anschauung Gottes immer im Mittelpunkt des erkenntnistheoretischen Bemühens gestanden hat.

Im heutigen Universitätsbetrieb gibt es eine Arbeitsteilung die einer Annäherung eines westlich-islamischen Dialogs nicht förderlich ist. Sehr oft erscheinen islamische Philosophen in Universitätskataloge als mittelalterliche Denker, die als Kommentatoren, bzw. Averroes, des Aristoteles auftreten, oder als historische Figuren dargestellt werden. Dass diese Aktualität besitzen für heutige Muslime wird kaum beachtet. Denker des islamischen Ostens, wie etwa die Perser Shihabuddin Yahya Suhrawardi (gest. 1191) der die sog. Illumination Schule inspirierte, oder Sadr el-Din Shirazi, genannt Mullah Sadra, sind bis dato unbekannt geblieben. Im May dieses Jahres wurde ein Weltkongreß in Ehren Sadras in Tehran veranstaltet. Tatsache ist, was für den westlichen Universitätsbereich Mittelalter, oder mittelalterliche Philosophie bedeutet und dementsprechend gelehrt und dargestellt wird, ist in der heutigen intellektuellen Situation im Islam, Gegenwart. Dies heißt nicht , daß man nicht weiß das Ibn Sina or Ibn Rushd im sog. Mittelalter gelebt haben, sondern, daß deren philosophisch-theologische Anliegen für intellektuelle Muslime Lebendigkeit und Gegenwart besitzt, daß man sich in europäischen, geschweige US Universitätsseminare, kaum vorstellen kann. Ein Besuch einer Madrasah im heutigen Isfahan, Irans, genügt um dem Besucher klar zu machen welche Aktualität philosophisch-theologische Probleme aus dem sog.

europäischen Mittelalter immer noch besitzen. Probleme wie etwa die intellektuelle Anschauung werden auf die heutigen Probleme der cognitive science bezogen. Dies mag einem überzeugten Kantianer merkwürdig vorkommen, doch wird somit eine möglicher Dialog mit dem Islam versäumt. Denn Kant wird, in der Tat, übersetzt ins Persische und diskutiert. Es geht nicht um die Frage ob Kant recht hatte oder falsch liegt, sonder, um die Frage inwiefern sind kantischen Themen und Fragen relevant für islamische Angelegenheiten. Interessanterweise, sieht man einige interessant Gemeinsamkeiten zwischen Kant und Al-Ghazzali, oder zwischen Leibniz und Mullah Sadra.

Wir haben das Problem der intellektuellen Anschauung bewußt gewählt weil diese Problematik uns direkt mit dem erkenntnistheoretischen Bereich in Berührung bringt mit dem sich gegenwärtige islamische Epistemologien beschäftigen. Dem europäischen Kollegen, besonders dem deutschen Kollegen, sind diese philosophische Probleme nicht fremd, insbesondere wenn er oder sie sich mit dem deutschen Idealismus beschäftigt. Wie wir wissen hat unser Anglo-amerikanische Kollege mehr Schwierigkeiten, wie der Begriff intellektuell Anschauung zeigt. Der Begriff Anschauung wird im Englischen Kant-Text als intuition übersetzt. Doch jeder weiß, das es keinen äquivalenten Begriff im Englischen gibt für Anschauung. Die erkenntnistheoretische Probleme die sich aus dieser Problematik ableitet ist bekannt.

Was nötig ist, sind Brückenbauen, d.h. zwischen dem Westen oder Abendland und dem islamischen Osten, insbesondere. Jeder der mit dem deutschen Idealismus vertraut ist weiß, daß Fichte, Novalis und insbesondere Schelling, sich mit der Frage der intellektuellen Anschauung auseinandergesetzt haben. In Suhrawardi finden wir das gleiche Problem, aber in einem islamischen Kontext: Alles wird erst durch Licht erkannt, der Illumination, daher wird das Wissen von Gott ein unmittelbares, non-diskursives, non-vermittelbares Wissen. Die intellektuelle Anschauung wird zum primären Erkenntnisakt deklariert und als selbstevident behandelt. Man sollte einmal, in dieser Richtung, ein Versuch machen die Linie Fichte, Novalis, Schlegel, Schelling, zu verfolgen um eine Brücke zur Schule der Illumination des Suhrawardi zu schlagen. Intellektuelle Anschauung erscheint hier als Brennpunkt zwischen zwei Kulturen die höchst Leistungen im philosophischen Denker erbracht haben, insbesondere im Bereich der intellektuellen Anschauung.

Wenn Schelling im System des Transcendentalen Idealsimus (1800) sagt, „ Das erste Problem der Philosophie läßt sich also auch so ausdrucken: etwas zu finden, was schlechterdings nicht als Ding gedacht werden kann ... . „, so wird intellektuelle Anschauung für den transcendentalen Idealismus soviel nötig, wie der Raum für die Geometrie. Das Problem, was und was nicht als Ding, Entität, oder Objekt, gedacht oder nicht gedacht werden kann, hat für jeden philosophisch gesinnten Muslim Aktualität. Wir erinnern uns an Kant der von der „inneren Anschauung" spricht, und diese als problematisch halt. Doch weiter wird nicht gesagt. Es ist genau diese „ innere Anschauung" die für islamische Philosophen heute von Interesse ist. Auch wenn Friedrich Schlegel sagt, „ wenn man göttlich denkt und dichtet und lebt, wenn man voll von Gott ist, ... kann man sich sehr gut an Worte von Ibn 'Arabi, Suhrawardi, oder Sadra, erinnern. Dies ist auch die Sprache die wir von Plotin bis Marsilius Ficinus, der Plotin ins Lateinische übersetzte, sowie hermetische Texte, und von Meister Eckehart bis Goethe, kennen. Dies ist auch ein Wissensmodus der dem Islam entgegen kommt, besonders dem islamischen Osten vertraut ist.

Historisch wird unser Problem auch gegenwärtig, da wir wissen, daß die Rezeption des Plotins im Islam viel nachhaltiger gewirkt hat als angenommen. Die sog. „ Theologie des Aristoteles „ war natürlich nicht Aristoteles per se, sondern Auszuge von Bücher IV, V, und VI, der Enneaden des Plotin. Der Islam wußte nicht genau, vielleicht außer Ibn Sina, Ibn Rushd, oder Al-Ghazzali, daß sie nicht denn wahren Aristoteles vor Augen hatten. Kurzum, die islamische Philosophie hat eine Variante von Aristoteles rezipiert, sowie eine Variante von Platon im Gewand des Plotins, angeeignet. Dies ist der Grund warum der ideologische Kampf zwischen Platoniker und Aristoteliker im lateinischen Mittelalter, nie so scharf geführt wurde im islamischen Osten. Denn der Aristoteles der Muslime war schon ein Platon-Plotin gefärbter und verlor somit ein gewisses Säkularisierungspotential, das es im Islam nie gab. Der ironische und der maieutische Platon war dem Islam weniger bekannt und von weniger Interesse als der metaphysische und potential mystische Platon. Daher hatte Plotin leichteres Spiel sich in die Welt des Islam einzuführen. Die Schule von Alexandrien macht das deutlich. Sogar der Aristoteles des Ibn Sina hat eine metaphysische Form angenommen, wahrend der Aristoteles der Topik oder logischen Traktate von geringerem Interesse war. In diesem Sinne eignet sich der deutsche Idealismus sehr um eine Brücke zum islamischen Osten zu schlagen. Es ist bekannt das Plotin einen erheblichen Einfluß auf Novalis und dem Jenaer Romantiker Kreis, sowie Schelling hatte. Wenn man diese Plotin Rezeption im deutschen Idealismus mit der Plotin Rezeption im Islam, besonderen in Persian, vergleicht, sieht man sofort daß ein

Brückenbauten zwischen den beiden Kulturkreise möglich ist. Somit hatten wir einen Anfang gemacht, der über Plotin und dem deutschen Idealismus einerseits, andererseits über Plotin und dem islamischen Osten, führt.

Es ist bekannt das der Siegeszug des deutschen Idealismus durch die positiven Wissenschaften in Mitte des 19. Jahrhunderts zusammenbricht. Dies war nicht nur ein Zusammenbruch eines philosophischen Systems, sonder auch ein kultureller, bzw. der Musik, Poesie, Literatur. Analog hat sich das gleich im islamischen Bereich, des Osmanischen Reiches, ereignet. Die Naturwissenschaften und damit das Militärwesen des Westen (d.h. Franken), und nicht nur die Globalisierung der Wirtschaft, hat der Tradition des Osmanischen Reiches, den Todesstoß versetzt. Al-Afghani hat im späten 19. Jahrhundert dies klar erkannt und versucht den Modernisierungsprozeß für den Islam zu erleichtern. Sein bekannter Dialog mit Ernest Renan, der damals berühmt wurde durch sein Leben Jesu und der Arbeit über den Averroismus, setzte ein Zeichen für diesen Modernisierungsdialog. Der islamische Osten, d.h. Persien und der indische Sub-kontinent, war dem Westen unbekannt. Die Überraschung die die Iranische Revolution von 1979 mit sich gebracht hat, auch für die sog. Experten, braucht nicht erwähnt zu werden. Das Ayatollah Kohmeni als junger scholar sich der Philosophie des Mullah Sadra und der Mystik widmete durfte jedem westlichen Journalisten unbekannt sein. Und nicht nur Journalisten. Mullah Sadra, ein Zeitgenosse Descartes, und die Illumination Schule des Suhrawardi haben Kohmeni's Weltanschauung mitgeprägt. Bei einem Besuch einer Madrasah in Isfahan konnten wir einiges über diese spezifisch philosophische Strömung und ihr Verhältnis zu Kohmeni erläutern: dies brachte unmittelbares Vertrauen unter Studenten und Dozenten indem man sich in interessante Gespräche verwickelte. Die politische Tagesthemen wurden uninteressant. Hier war jemand aus dem Westen der sich bemühte die philosophischen Grundlagen der Shiitischen Weltanschauung zu begreifen. In unserem Gespräch wurde klar daß ein Verständnis der Platon-Plotin Rezeption im Westen wie auch im islamischen Osten kein schlechte Basis für einen eingehenden Dialog wäre. Eine Brücke bauen zwischen dem deutschen Idealismus und der Suhrawardi Schule wäre ein anderer Wege um diesen Dialog vernünftig zu gestalten.

Warum intellektuelle Anschauung ein Wissensproblem zwischen dem Westen und dem islamischen Osten ist, darf jedem der sich ein wenig mit diesem Problem befaßt klar werden. Hier geht es um bestimmte Modi des Erkennens indem das dialektische, diskursive Model, sich mit dem nichtdiskursiven, nichtdialektischen, nicht Subjekt-Objekt-Relations-

Gefüge, kontrastiert. Warum Plotin? Warum die Fragen über Urteil, Trennung (Ur-Trennung), Verbindung und Identität, die von Hölderlin aufgeworfen werden und warum eine Frage, abgewandelt vom sog. „ Altesten Systemprogram" : „ Wie muß eine Welt für ein Wesen das mit intellektuelle Anschauung begabt ist beschaffen sein ? ",. Der Wert solcher Fragen für unser Problem scheint einleuchtend. Die Frage nach einem absoluten freien Wesen ist heute genauso Aktuell wie vor zwei Jahrhunderte, und ein interessantes Projekt nicht nur für den Westen, aber auch für den islamischen Osten. An diesem Projekt kann sich jeder beteiligen. In dem Sinne wird dies ein globales Projekt an dem jeder genesen kann, solange er oder sie sich als Mensch versteht. Wie nötig wir ein solches Projekt haben, erübrigt sich zu erwähnen. Jeder der die täglichen Ereignisse im letzten Jahr unseres Jahrhunderts verfolgt weiß, daß ein Projekt über menschliche Freiheit und Wurde notwendig wird.

Literaturhinweise

Corbin,H., Der Lichtmensch im iranischen Sufismus. Munchen 1989.
Chittick, W., The Sufi Path of Knowledge: Ibn 'Arabi. SUNY PRESS 1989.
Goldziher, I., Vorlesungen uber den Islam. Heidelberg: Winter Verlag 1910.
Horten, Max, Die Philosophie der Erleuchtung nach Suhrawardi. Halle a.S.: Niemeyer 1912.
Horten, Max, „ Die Entwicklungslinie der Philosophie im Kulturbereich des Islam ", in:
Archiv f. Gesch. d. Phil. Bd. XXII, Heft 2, 1909, 166-177.
Nasr, S.H./ Leaman, O., hrsg., History of Islamic Philosophie. 2 Bde. London: Routledge1996.
Halm, Heinz, Die Schia. Darmstadt: Wiss. Buchge. 1988.
Beierwaltes, W., Platonismus und Idealismus. Frankfurt a.M.: Klostermann 1972.
Peters, W.R., Aristotle among the Arabs. New York University Press 1968.
Razavi, Mehdi, Suhrawardi and the School of Illumination. London: Curzon Press 1997.
Ritter, Helmut, Das Meer der Seele: Mensch, Welt und Gott in den Geschichten des Farid ud-din 'Attar. Leiden: Brill 1955.
Gerson, L.P., ed., The Cambridge Companion to Plotinus. Cambridge Univ. Press 1996.
Schimmel, A., West-ostliche Annaherungen: Europa in der Begegnung mit der islamischen Welt. Stuttgart: Kohlhammer 1995.
Nasr, S.H., Science and Civilization in Islam. Harvard University Press 1968.
Hahn, Lewis E., ed., The Philosophy of Seyyed Hossein Nasr. Carbondale, Ill.: Southern Illinois University Press 1999 (im Druck).
Dieterici, F., hrsg. und ubers., Die Philosophie der Araber im IX. und X. Jahrhundert . Buch XII „ Die sog. Theologie des Aristoteles „ (Arabisch-Deutsch). Leipzig: J.C. Hinrichs'sche Buchhandlung 1883.

Workshop 27
Wissensmanagement

Wissensmanagement für nachhaltiges Planen

Prof. Dr. Thomas Christaller

Nach Unfällen wie in Seveso 1976, Bhopal 1984, Gifteinträgen in den Rhein oder dem Gasaustritt kürzlich in Duisburg stellen sich immer wieder dieselben Fragen. Lag es an Bedienungsfehlern, an Umrüstungen der Anlage, an unsachgemäß ausgeführten Bauarbeiten? Lagen die Fehler schon in der Planung der Prozeßleittechnik? Wurden dabei alle Sicherheitsbestimmungen beachtet? Bei der Ursachenforschung geht es neben der Schuldfrage vor allem darum, aus der Erfahrung zu lernen und erkannte Fehler künftig zu vermeiden.

Die Standards und Verfahren zur Qualitätssicherung, Verfahrenssicherheit und Kontrolle sind in den letzten 30 Jahren ständig verbessert und verschärft worden. Unter dem Oberbegriff der nachhaltigen Entwicklung werden sie nunmehr ausgedehnt auf die Schonung natürlicher Ressourcen und eine minimale Belastung der Umwelt. In einer weltweiten Initiative für Verantwortliches Handeln (responsible care) setzt die chemische Industrie die wichtige Erkenntnis um, daß wirkungsvolle Qualitätssicherung umfassend sein muss: alle Beteiligten müssen in ihren persönlichen Arbeitsgebieten kompetent und motiviert mitmachen.

Ein erhebliches Verbesserungspotential durch verantwortliches Handeln liegt in den frühen Planungsphasen neuer chemischer Produktionsverfahren, wo die Konsequenzen besonders weitreichend, aber auch besonders schwer zu durchschauen sind. Ein Beispiel ist die Erstellung des PLT-Konzepts, des Fachkonzeptes für die prozeßleittechnische Planung (PLT-Konzept). Es ist das erste umfangreiche Dokument im Lauf der prozeßleittechnischen Planung zur Ausstattung einer verfahrenstechnischen Anlage mit elektrischen, mess-, regel- und steuerungstechnischen Einrichtungen. Bisher wird die Erstellung des PLT-Konzepts lediglich durch eine Gliederung für das Dokument und ein optionales Beiblatt mit einem Fragenkatalog geleitet. Der Fragenkatalog wird bei der Vollständigkeitsprüfung des PLT-Konzepts herangezogen.

Was ist hier zu tun? Erinnern wir uns an die eingangs erwähnten Unfälle. Im nachhinein hätte man bei den Planungen gern einen "Fahrtenschreiber" dabei gehabt. Anhand seines Protokolls hätte man nachvollziehen können, ob die Planung sachgemäß verlaufen war und ob alle Richtlinien berücksichtigt wurden. Noch besser wäre obendrein ein „Frühwarnsystem" , das während der Planung an entscheidenden Stellen Hinweise auf mögliche Gefahren gibt, zumindest auf relevante Verordnungen oder frühere Erörterungen mit ähnlichem Bezug. Bei einer Umbauplanung mit einem solchen System würde man zum Beispiel rechtzeitig auf längst vergessene Randbedingungen aufmerksam, denen in der alten Anlage Rechnung getragen wurde, aber nicht mehr in der neuen.

Michael Polanyis post-kritische Philosophie und deren Konsequenzen für das Management von Wissen im universitären, betrieblichen und persönlichen Kontext

Dr. Martin J. Eppler

1. Einführung

I have shown that into every act of knowing there enters a passionate contribution of the person knowing what is being known, and that this coefficient is no mere imperfection but a vital component of his knowledge.

MICHAEL POLANYI

Michael Polanyi (1891-1976) gehört zu den einflussreichsten Vordenkern der gegenwärtigen Wissensmanagementdiskussion. Seine 1958 publizierte „Post-kritische Philosophie" enthielt bereits die Grundzüge einer „persönlichen Epistemologie", welche Wissen als eine durch den Wissensträger determinierte Haltung und Tätigkeit begreift, die sich herkömmlicher Kritik von aussen widersetzt. Dieser Ansatz wurde in der jüngeren Diskussion um Wissensmanagement von verschiedenen Autoren unterschiedlicher Disziplinen aufgegriffen und weiterentwickelt (wie etwa Nonaka und Takeuchi[1], Sveiby[2], Willke[3] oder Baecker[4]), wobei das Hauptaugenmerk dieser Rezeptionen meist der Unterscheidung von implizitem (d.h. nicht artikulierte Kenntnisse, welche Polanyi *tacit knowledge* nennt) und explizitem Wissen galt. Polanyis Werk „Personal Knowledge" birgt jedoch weit mehr Potential für das Verständnis von Wissen in der akademischem Ausbildung, in der Organisation von Wissensarbeit und im individuellen Umgang mit dem eigenen Wissen. Auf der Basis von fünf Kernsätzen aus Polanyis Werk können grundlegende Gestaltungssätze für das Management von Wissen formuliert und anhand der Anwendung im universitären, betrieblichen und persönlichen Kontext konkretisiert werden. Der vorliegende Beitrag versucht somit, einige epistemologische Extrempositionen aus Polanyis Denken auf deren Plausibilität zu testen. Er tut dies für einmal nicht durch eine erkenntnistheoretische Argumentation oder den Vergleich mit andersartigen Wissenstheorien, sondern – im Sinne des Pragmatismus – durch die Überprüfung der Mächtigkeit von Polanyis Ideen im Kontext ihrer möglichen Umsetzung.

Die fünf Kernaussagen aus Polanyis philosophischem Hauptwerk[5] „Personal Knowledge", welche hier auf drei Bereiche des Wissensmanagements angewandt werden, sind:

1. Wissen ist personengebunden.[6]
2. Der Wert von Wissen ist sozial kodiert.[7]
3. Wissen ist nur teilweise explizierbar (auf Regeln rückführbar).[8]
4. Wissen bedeutet kategorisieren.[9]
5. Kompetenz ist fachliche Fertigkeit und die Fähigkeit zur Reflexion.[10]

Die Anwendungsgebiete für diese Kernsätze sind, wie erwähnt, der universitäre Ausbildungskontext, die post-industrielle Unternehmung und die Einzelperson. Damit ergibt sich folgende inhaltliche

---

[1] Vgl. Nonaka, Takeuchi (1995)
[2] Vgl. Sveiby (1996)
[3] Vgl. Willke (1998)
[4] Vgl. Baecker (1998)
[5] Zu dieser Einschätzung vgl. Cash (1996)
[6] Vgl. Polanyi (1978), S. vii, S. 17, S. 252
[7] Ebenda, S. 163, S. 375
[8] Ebenda, S. 49-56, S. 252ff.
[9] Ebenda, S. 80, S. 114ff.
[10] Ebenda, S. 103, S. 143, S.267, S. 327

Struktur für diesen Beitrag mit insgesamt fünfzehn konkreten Umsetzungsmöglichkeiten von Polanyis Maximen.

Polanyis Aussagen	Universitäres Wissensmanagement	Betriebliches Wissensmanagement	Persönliches Wissensmanagement
Wissen ist personengebunden.	1. Biographisches Lehren und Lernen als Ergänzung zu thematischem Lernen	2. Wissensträgerkarten anstatt Kodifikation des Wissens selbst	3. Explizierung des eigenen Wissensprofils (Generalist/Spezialist)
Der Wert von Wissen ist sozial kodiert.	4. Verschränkung von Relevanzsystemen durch fakultätsübergreifende Lerntandems	5. Explizierung von Wissensbewertungskriterien	6. Selbstpositionierung innerhalb von Wissensgemeinschaften
Wissen ist nur teilweise eplizierbar (auf Regeln rückführbar).	7. Transfermöglichkeiten multiplizieren. Modellbasiertes Lehren gekoppelt mit dichten Beschreibungen der Realität (Fälle/Ethnographien / „Kamingespräche")	8. Explizierungsmechanismen (wie Visualisierung, Dialogisierung und Dekontextualisierung) mit Transfermöglichkeiten koppeln (sempai-kohai, Patensystem)	9. Heuristiken des eigenen Arbeitens bewusst machen (mentale Modelle skizzieren)
Wissen bedeutet kategorisieren.	10. Kategorisierungskompetenz als Ziel einer konzeptionellen Denkschule	11. Taxonomien des betrieblichen Wissens als Orientierungswissen bereitstellen (Firmenthesaurus)	12. Definition, Bewertung und Revision der eigenen Leitkategorien
Kompetenz ist fachliche Fertigkeit und die Fähigkeit zur Reflexion.	13. Reflexionsmöglichkeiten integrieren (Menschenbild der Disziplin thematisieren); Ausbildung im Bereich Metakognition	14. Erfahrungsveredelung als Bestandteil der Projektarbeit (Mikroartikel, Fallstudien, Projektchroniken verfassen)	15. Persönliche Schlüsselerfahrungen (z.B. Fehler) systematisch interpretieren

Abbildung 1: Die Anwendung der Kernsätze

Diese fünfzehn Anwendungen sollen im folgenden kurz erläutert werden. Dabei soll jeweils einleitend der Kerngedanke von Polanyis Sichtweise zusammengefasst und, wo möglich, mit ähnlichen Aussagen anderer Denker verglichen werden.

2. Umsetzung der Thesen

2.1 Wissen ist personengebunden

> Der allzu schnelle Zuwachs an Kenntnissen, der mit zu wenigem eigenem Zutun erhalten wird, ist nicht sehr fruchtbar. [...] Was man sich selbst erfinden muss, lässt im Verstand die Bahn zurück, die auch bei einer andern Gelegenheit gebraucht werden kann.
>
> GEORG CHRISTOPH LICHTENBERG

Für Polanyi ist Wissen nicht einfach ein gesicherter Glaube[11], sondern vielmehr eine Fertigkeit oder Kunst des einzelnen. Es ist eine persönliche Tätigkeit (knowing), die sich unter anderem aus der Interaktion mit der Umwelt ergibt. Diese Art von Wissen ist zu einem grossen Teil implizit und somit auch a-kritisches Wissen, denn systematische Formen der Kritik können gemäss Polanyi nur auf artikuliertes Wissen angewandt werden. Die Begriffe „kritisch" oder „unkritisch" verlieren demnach jegliche Bedeutung, wenn sie auf implizites Denken angewandt werden: „Tacit acts are judged by other standards and are to be regarded accordingly as a-critical."[12] Diese epistemologische Haltung

---

[11] Dies ist eine klassische Definition von Wissen in Anlehnung an Platon. Vgl. Dance, Sosa (1992), S. 235.
[12] Vgl. Polanyi (1974), S. 264

Polanyis ist vergleichbar mit denjenigen von Augustinus oder auch eines Hans Primas in Bezug auf die nicht anfechtbaren Elemente des persönlichen Wissens.[13] Augustinus ist gemäss Polanyi der erste post-kritische Philosoph, indem er zeigt, dass sich Wissen letztendlich in der Überzeugung des einzelnen begründet.[14] Ähnliche Aussagen lassen sich auch beim späten Wittgenstein finden, wie das folgende Zitat zeigt: „Wenn einer Zweifel in mir immer aufrufen wollte und spräche: da täuscht dich dein Gedächtnis, dort bist du betrogen worden, dort wieder hast du dicht nicht gründlich genug überzeugt, etc., und ich liesse mich nicht erschüttern und bliebe bei meiner Gewissheit, – dann kann das schon darum nicht falsch sein, weil es erst ein Spiel definiert."[15]

Diese Einsichten in das Wesen von Wissen können im **universitären Kontext** dadurch umgesetzt werden, dass nicht nur *disziplinenorientiert* oder thematisch unterrichtet wird, sondern (z.B. nach dem Vorbild des Philosophieunterrichts) auch *personenorientiert*. Konkret kann das bedeuten, dass fakultätenübergreifend ein Kurs über Leonardo da Vinci angeboten wird und dabei dessen Einsichten in Anatomie, Physik, Biologie, Ästhetik und Kunst thematisiert werden und sein historisch-kultureller, wie auch persönlicher Kontext rekonstruiert wird. Eine weitere Möglichkeit dieses *biographischen Lehrens und Lernens* bestünde darin, den Schülern eigene, individuelle Lernpfade zu ermöglichen (durch die Vorgabe eines „Kerncurriculums" und vielen Wahlfächern bzw. Lernprojekten).

Im betrieblichen Kontext kann der Erkenntnis, dass Wissen an Personen gebunden ist, dadurch Rechnung getragen werden, dass nicht versucht wird, das Wissen selbst abzubilden (etwa in Expertensystemen oder Erfahrungsdatenbanken), sondern indem Landkarten der Experten erstellt werden, welche einzig auf die Personen verweisen, welche eine bestimmte Expertise besitzen. Die folgende Abbildung zeigt ein einfaches Beispiel einer derartigen Wissenskarte für eine Multimediaunternehmung (die Wissensgebiete sind der Branche entsprechend z.B. Datenbankwissen, Animations-, Grafik- und Designwissen). Die Farben kennzeichnen dabei jeweils unterschiedliche Standorte der entsprechenden Experten.

---

[13] Augustinus' Leitsatz diesbezüglich lautet „nisi credideritis, non intelligitis (Ohne zu glauben, kannst Du nicht verstehen, *De libero arbitrio*, Buch I, Teil vier). Hans Primas fasst dieses a-kritische Element des persönlichen Wissens in dem Begriff des „a-rationalen" zusammen, also in dem „was Sinn macht, sich aber mit Ratio nicht begründen lässt."

[14] Ebenda, S. 267. Polanyi sieht Wissen deshalb auch als *verantwortungsvollen* Prozess, bei dem man sich nicht auf externe Kriterien, wie etwa Validität, beruft, sondern etwas anstrebt, was Polanyi „deliberate holding of unproven beliefs" nennt (ebenda, S. 268).

[15] Wittgenstein (1969), S. 65. Trotz dieser Aussage ist Wittgensteins Auffassung von Wissen doch recht verschieden von derjenigen Polanyis, so z.B. in Bezug auf die Funktion von Zweifel (den Polanyi ausführlich kritisiert). So stellt Wittgenstein die folgende Frage: „Kann man sagen: „Wo kein Zweifel, da auch kein Wissen?" (vgl. Wittgenstein (1969) S.18). Auch führt Wittgenstein an anderer Stelle an, dass für ihn die Gewissheit subjektiv sei, nicht aber das Wissen (ebenda., S. 33). Weitere philosophische Denker, welche Wissen stark an die Person des Wissenden binden sind etwa Protagoras, Sören Kierkegaard („Wahrheit ist Subjektivität"), oder Karl Jaspers („Alles Erkennen ist *Auslegung*").

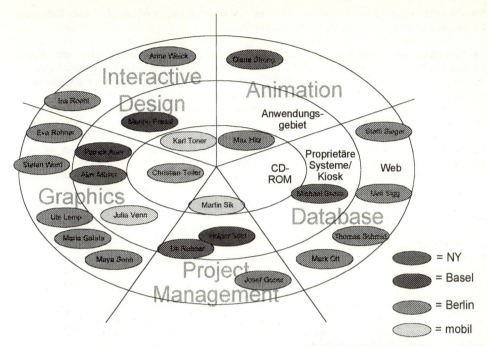

Abbildung 2: Die Wissensträgerkarte einer Multimediafirma mit drei Standorten

Im **persönlichen Arbeitsumfeld** kann die erste Maxime Polanyis operationalisiert werden, indem das eigene Wissensprofil systematisch expliziert wird. Das bedeutet vor allem ein klareres Verständnis darüber zu erlangen, wo eigene *Expertengebiete* (d.h. lange Erfahrung, intensive Dokumentation, enge Fokussierung und starkes Kontaktnetzwerk) und wo *Generalistenbereiche* (genereller Überblick, weite Dokumentation) liegen. Es bedeutet auch zu analysieren, wo die *Halbwertszeit* des eigenen Wissens kurz bzw. lang ist, und welche persönlichen Kenntnisse eher punktuellen Wert haben (z.B. nur innerhalb einer bestimmten Organisation), bzw. welche generell (z.B. branchenweit) eingesetzt werden können.

2.2 Der Wert von Wissen ist sozial kodiert

Sprache vergegenständlicht gemeinsame Erfahrungen und macht sie allen zugänglich, die einer Sprachgemeinschaft angehören. Sie wird so zugleich Fundament und Instrument eines kollektiven Wissensbestandes.

PETER L. BERGER UND THOMAS LUCKMANN

Der zweite Gedanke aus Polanyis Werk „Personal Knowledge", der hier exemplarisch zur Anwendung kommt, beschäftigt sich mit der unterschiedlichen Wertschätzung, welcher Wissen in unterschiedlichen Gemeinschaften zu Teil wird. Polanyi geht dabei davon aus, dass Wissen in bestimmten Kontexten (z.B. bei Gruppen mit verschiedene Werthaltungen, Praktiken oder Problembereichen) Wert erhält. In Schützscher Diktion könnte man den Begriff von unterschiedlichen „Relevanzsystemen" verwenden, welche verschiedene „Wissensgemeinschaften" (oder communities of practice) besitzen.

Im **universitären Kontext** kann diese soziale Bewertung von Wissen den Studenten bewusst gemacht werden, indem gewisse Lerninhalte mit Studenten anderer Fakultäten erarbeitet werden müssen. Für die Ausbildung im Bereich Wissensmanagement bietet sich diese Vorgehensweise an. Sie wird beispielsweise von der Doktoranden- und Habilitandengruppe Wissensmanagement angewandt, in der

Betriebswirte, Ökonomen, Ingenieure, Soziologen, Informatiker, Psychologen und Pädagogen zusammen an gemeinsamen Themenstellungen arbeiten.[16]

Im **Unternehmenskontext** kann die Einsicht der sozial abhängigen Wertschätzung von Wissen insofern berücksichtigt werden, als die Kriterien zur Bewertung von Wissen in bestimmten Kontexten explizit genannt (und so vergleichbar gemacht) werden. Für den Industriekontext hat das Fraunhofer Institut für Arbeit und Organisation in Stuttgart beispielsweise einige Kriterien für qualitativ hochwertiges Industrie-Wissen definiert (wie etwa adäquate Problemlösung, Transferierbarkeit, Stabilität, etc.).[17] Auch im Kontext des **persönlichen Wissensmanagements** muss der gruppenabhängige Wert von Wissen berücksichtigt werden, zum Beispiel wenn es darum geht, Expertenmeinungen richtig einzuschätzen und Grundannahmen bzw. Werthaltungen hinter gewissen Expertisen zu erkennen. Letztlich geht es im persönlichen Kontext auch um den Zugang zu unterschiedlichen Experten, um Unterschiede besser erkennen zu können und die eigene Positionierung in einer „Wissensgemeinschaft" besser vornehmen zu können.

2.3 Wissen ist nur teilweise explizierbar (auf Regeln rückführbar)

Ich werde das menschliche Erkennen ausgehend von der Tatsache betrachten, daß wir mehr wissen, als wir zu sagen wissen.

MICHAEL POLANYI

Nach Polanyis Ansicht wissen wir sehr viel mehr als wir sagen können. In seiner Auffassung ist ein grosser Teil unseres Wissen implizit, und somit nur schwer artikulierbar oder formalisierbar und deshalb auch nur schwer an andere weiterzugeben. Polanyi diskutiert jedoch zwei konkrete Möglichkeiten, wie implizites Wissen transferiert bzw. expliziert werden kann. Wissen, welches nicht explizierbar ist, kann durch gemeinsames Arbeiten (oder durch Tradition, wie Polanyi es nennt) von einer Person zur nächsten gelangen. Im **Unternehmenskontext** wird dieses System *sempai-kohai* oder Patensystem genannt. Dabei arbeitet jeweils ein erfahrener Mitarbeiter mit einem Anfänger über längere Zeit intensiv zusammen, um so dieses implizite, schwer fassbare Wissen dem Novizen zugänglich zu machen. Zur Explizierung impliziten Wissens schlägt Polanyi vor in drei Schritten vorzugehen. Erstens muss ein System der *Denotation* gefunden werden, d.h. es müssen Symbole gefunden werden, welche eine erste Repräsentation des Wissens ermöglichen. Dann müssen diese Symbole solange vom Wissensträger *reorganisiert* werden, bis dieser (und auch andere) gewisse Muster erkennen können. Diese Muster müssen anschliessend *interpretiert* und kommentiert werden.[18] Diese Methode kann auch im **persönlichen Kontext** verwendet werden, um sich gewisse Heuristiken des eigenen Arbeitens bewusst zu machen. Konkret können die drei Schritte der Denotation, Reorganisation und Interpretation durch Visualisierungstechniken (wie etwa Konzeptkarten, Ursache-Wirkungs- oder Netzwerkdiagramme) und Artikulationstechniken (wie etwa Fallbeschreibungen oder Mikro-Artikel[19]) herbeigeführt werden. Auch im Kontext der **universitären Ausbildung** müssen gezielt Möglichkeiten zum Transfer impliziten Wissens geschaffen werden. Dies kann durch semi-formelle Kontakte mit Professoren geschehen (etwa durch sogenannte Kamingespräche, wo das Verständnis im Gespräch entstehen kann), durch Peer-Teaching (also durch gegenseitiges Lernen von Kollegen), oder durch Lern- oder Projekttandems zwischen höher- und niedersemestrigen Studierenden. Die Explizierung von impliziten Wissen kann ausserdem durch die modellbasierte Analyse von Fallstudien oder Ethnographien trainiert werden. Dabei müssen Studenten die Beschreibung eines Sachverhaltes in ein vorgegebenes Modell einordnen oder diese Beschreibung durch Interviews selbst erarbeiten und dann modellieren. So kann erfahrbar gemacht werden, dass sich gewisse Aspekte der Realität einer widerspruchsfreien Formalisierung widersetzen.

---

[16] Vgl.: Internetseite der Arbeitsgruppe Wissensmanagement unter: www.cck.uni-kl.de/wmk
[17] Vgl. Forschungsgemeinschaft Qualitätssicherung (1997), S. 25
[18] Vgl. Polanyi (1974), S.74
[19] Vgl. Willke (1998)

2.4 Wissen bedeutet kategorisieren

Sapientis est ordinare.
         THOMAS VON AQUIN

Für Polanyi ist der kognitive Prozess der Bildung und Umformulierung von Kategorien einer der zentralen Mechanismen der Wissensentwicklung. Kategorien sind für ihn die Bausteine eines jeden Wissens, in dem sie das wesentliche vom unwesentlichen trennen und den Geist auf gewisse isolierbare Phänomene fokussieren. KARL SVEIBY, ein profunder Kenner von Polanyis Denken, fasst diese Einsicht im folgenden Paragraphen prägnant zusammen:

„Inspired by Gestalt Psychology, Polanyi regards the process of knowing as fragmentary clues, sensomotoric or from memory, which are integrated under *categories*. We make sense of reality by categorizing it. The patterns of categories contain theories, methods, feelings, values and skills which can be used in a fashion that tradition judges as valid." [20]

In ähnlicher Weise wie Polanyi sehen auch einige andere Denker und Forscher, v.a. aus den Disziplinen Erkenntnistheorie/Künstliche Intelligenz (z.B. Flores und Winograd), Linguistik (z.B. Jakobson oder Lakoff), Psychologie (z.B. Piatelli-Palmarini) und Soziologie (z.B. Schütz), die zentrale Funktionalität der Kategorienbildung für das menschliche Wissen. Dass Kategorien unser Denken und Handeln stark beeinflussen, hat insbesondere der Linguist George Lakoff eindrücklich gezeigt, indem er nachweisen konnte, dass die Kategorienbildung unser gesamtes Denken und Problemlösen leitet.[21] Wir strukturieren Probleme durch die linguistischen Akte, die sie erst entstehen lassen. In der kognitiven Psychologie wird dieses Phänomen oft als *Framing*[22] bezeichnet. Lakoff hat gezeigt, dass wir vor allem nach Zielen, Wahrnehmungen, Funktionen und Bewegungen kategorisieren.[23] In ähnlicher Weise hat der Informationswissenschaftler Richard Saul Wurman vier gängige Formen der Kategorisierung isoliert (nach Chronologie, Grösse oder Wichtigkeit, alphabetisch, oder generell thematisch[24]).

Im **universitären Kontext** können die für eine Disziplin gebräuchlichsten Kategorien explizit gemacht und deren Logik erklärt werden. Für den Bereich Betriebswirtschaft, beispielsweise, hat Minto sechs dominante schriftliche Kategorien gefunden, namentlich Direktiven, Anträge, Funktionserklärungen, Vorschläge, und Statusberichte.[25] Winograd und Flores haben analog dazu sechs häufige mündliche Kategorien gefunden und diese als Gesprächsbausteine bezeichnet. Diese (jeweils als Paare gegliederten) Bausteine sind Bitte/Versprechen, Offerte/Einwilligung, und Bericht/Zur Kenntnisnahme.[26] In dieser Weise könnten auch für andere Gebiete die Leitunterscheidungen und deren Logik herausgearbeitet werden und damit die Kategorisierungskompetenz als konzeptionelle Denkschule gefördert werden. Dabei könnte auch das **persönliche Wissensmanagement** profitieren, indem der oder die einzelne sich der eigenen Leitkategorien systematisch bewusst wird und über deren Trennschärfe und Flexibilität nachdenkt. Im Kontext der **Unternehmensführung** können explizite Kategorisierungen gerade in elektronischen Kontexten (z.B. auf einem betrieblichen Intranet) eine wichtige Orientierungsfunktion übernehmen, indem sie die Fülle an Informationen in übersichtliche Einheiten strukturieren und so den Zugang zu Wissen vereinfachen und einen Information Overload verhindern.

2.5 Kompetenz ist fachliche Fertigkeit und die Fähigkeit zur Reflexion

Die Fähigkeit, sein eigenes konzeptionelles Raster kontinuierlich zu verbessern und mit Leben zu erfüllen, indem neue Erfahrungen assimiliert werden, ist das Merkmal einer intelligenten Persönlichkeit.
                             MICHAEL POLANYI

---

[20] Vgl. Sveiby (1997), S. 380.
[21] Vgl. Lakoff (1986)
[22] Vgl. Piatelli-Palmarini (1997)
[23] Vgl. Lakoff (1986), S. 292
[24] Vgl. Wurman (1990)
[25] Vgl. Minto (1995)
[26] Vgl. Winograd und Flores (1986)

Für Polanyi zeichnen sich kompetente Experten vor allem dadurch aus, dass sie von ihrem Wissensgebiet eine Art mentale Karte entwerfen, welche sie kontinuierlich revidieren bzw. erweitern können.[27] Diese kognitiven Karten ergeben sich in Analogie zu geographischen Karten durch das *Abschreiten* eines Territoriums und dem periodischen *Innehalten* zum Zweck der Standortbestimmung. Diese Landkartenmetapher der Wissensrepräsentation findet heute in vielen Ansätzen der kognitiven Psychologie Verwendung[28]. Sie verdeutlicht Polanyis Auffassung, dass zur Beherrschung eines Gebietes nicht nur die enge praktische Auseinandersetzung mit einem Themenkomplex wichtig ist, sondern auch ein periodisches Innehalten, mit dem Ziel, Distanz zur Thematik zu gewinnen. Im **universitären Ausbildungskontext** bedeutet dies, dass systematische Reflexionsmöglichkeiten über den Stoff in den Lehrplan integriert werden, beispielsweise durch die Thematisierung des der Theorie zugrundeliegenden Menschenbildes[29] oder durch die generelle Herausarbeitung der impliziten Annahmen, welche einem Modell zugrunde liegen. Kompetenz im Sinne von Reflexionsvermögen kann zudem durch Ausbildungsangebote im Bereich Metakognition gefördert werden. Konkret bedeutet dies eine systematische Auseinandersetzung mit dem eigenen Denk- bzw. Lernstil (etwa durch Tests wie die Honey-Mumford Lernstilprüfung), sowie die Thematisierung von kognitiven Fehlleistungen (sogenannte kognitive Tunnel, welche uns zu falschen Schlussfolgerungen führen).[30] Die Auseinandersetzung mit derartigen generellen Fehlleistungen kann auch für das **persönliche Wissensmanagement** wertvoll sein. Dort muss es jedoch um eine spezifisch persönliche Fehleranalyse ergänzt werden. Diese besteht daraus, sich am Ende einer Aufgabe oder beim Auftreten eines Fehlers einige kritische Fragen zu stellen, wie beispielsweise:

- Was würde ich in Zukunft bei einem ähnlichen Problem anders machen?
- Was würde ich wieder gleich machen weil es sich bewährt hat?
- Welche meiner Eigenschaften hat zu dem Fehler geführt?
- Was für Massnahmen sollte ich aus diesen Erkenntnissen sofort ableiten (wie z.B. Weiterbildungsmassnahmen, Früherkennungsmassnahmen, Kontrollschlaufen, etc.)?

Diese vier Reflexionsfragen können in praktisch identischer Weise für den **Unternehmenskontext** verwendet werden, dort beispielsweise am Ende eines Projektes zur Ableitung von sogenannten lessons learned (d.h. explizit festgehaltene und der Gesamtunternehmung zur Verfügung gestellte, auf andere Bereiche übertragbare Erfahrungen im Umgang mit Problemen, Werkzeugen, Aufgabenstellungen, Partnern, u.a.). Im Unternehmenskontext müssen jedoch Strukturen und Abläufe bereitgestellt werden, damit derartige Reflexionsmechanismen auch effektiv ablaufen und nicht aufgrund des Zeitdrucks des Tagesgeschäftes vernachlässigt werden. Mögliche Formen sind dabei die explizite Rollendefinition eines Debriefers im Projektteam, welcher die Verantwortung für die Erfassung von lessons learned trägt, oder die Institutionalisierung einer Abschlusssitzung, in welcher die grössten Fehler und die besten Ideen des Projektes zur Sprache gebracht und dokumentiert werden (beispielsweise in Form eines Kurzartikels oder einer leicht generalisierten Fallstudie). Im Unternehmenskontext müssen ebenfalls Möglichkeiten geschaffen werden, wie die Resultate dieser „Reflexionsarbeit" anderen Mitarbeitern zugänglich gemacht werden können. Ein mögliches Forum hierzu sind Wissens-Messen, in welchen die Projektteams ihre Arbeit auf Postern vorstellen und Fragen vorbeigehender Mitarbeiter beantworten. Eine weitere Möglichkeit zur Erfahrungsveredelung in Organisationen besteht aus der Einsetzung eines Review-Boards, welches Projekterfahrungen verschiedener Gruppen bündelt, strukturiert und der Belegschaft aufbereitet (z.B. in Form von Checklisten) zur Verfügung stellt.

---

[27] Vgl. Polanyi (1978), S. 143
[28] Vgl. hierzu beispielsweise Kellog (1997).
[29] Im Studium der Volkswirtschaftslehre wird dies unter dem Begriff „homo oeconomicus" oft getan. Dabei werden die Grundannahmen des Menschenbildes der volkswirtschaftlichen Modelle hinterfragt und auf ihre Plausibilität überprüft. Auch in der psychologischen Methodenlehre werden die verschiedenen Menschenbilder unterschiedlicher Schulen einander in einer reflektierenden Weise gegenübergestellt (z.B. das behaviouristische Menschenbild versus das humanistische Menschenbild).
[30] Beispiele für derartige kognitive Tunnel sind Übergeneralisierung, dichotomes Denken („schwarz-weiss Denken") oder quasi-magisches Denken (welches Verbindungen postuliert, wo keine sind) vgl. Piatelli-Palmarini (1997).

3. Konklusion

Das aufklärerische Ideal eines moralisch neutralen, streng objektiven, restlos transparenten Wissens wird angesichts jener Struktur, die dem Wissen stets einen Teil von sich selbst „entzieht", nicht nur von der realen Praxis der Forschergemeinschaft dementiert, sondern birgt auch ein totalitäres Potential.

MICHAEL POLANYI

Wie beispielhaft gezeigt werden konnte, eignen sich die zum Teil radikalen Thesen Michael Polanyis, um neue Formen des Wissensmanagements im Kontext der universitären Ausbildung, der Unternehmenspraxis, und der persönlichen Arbeitsweise aufzuzeigen. Die fünf ausgewählten Thesen Polanyis vermögen zwar nur einen partiellen Einblick in seine post-kritische Philosophie zu geben, sie zeigen jedoch relativ klar, wie stark sich seine Sichtweise von der traditionellen Erkenntnistheorie unterscheidet, welche Wissen als kohärent argumentierten, gesicherten (oder zumindest an der Realität scheiterbaren) Glauben versteht.

Literaturverzeichnis

Baecker (1998): Dirk Baecker, Zum Problem des Wissens in Organisationen, in: Organisationsentwicklung 3/98, S.4-21.

Cash (1996): John M. Cash, GUIDE TO THE PAPERS OF MICHAEL POLANYI, Chicago: THE UNIVERSITY OF CHICAGO LIBRARY, Department of Special Collections, 1996.

Dance, Sosa (1992): Jonathan Dancy and Ernest Sosa (Hrsg.), A Companion to Epistemology, Oxford: Blackwell Publishers, 1992.

Forschungsgemeinschaft Qualitätssicherung (1997): Forschungsgemeinschaft Qualitätssicherung (Hrsg.), Systematischer Know-how-Transfer in verteilten Produktionsstrukturen, Frankfurt a. M.: Beuth-Verlag, 1997.

Kellog (1997): Ronald T. Kellog, Cognitive Psychology, London: Sage, 1997.

Lakoff (1986): George Lakoff, Women, Fire, and Dangerous Things, What Categories Reveal about the Mind, Chicago: The University of Chicago Press, 1986.

Minto (1995): Barbara Minto, The Pyramid Principle, London: Pitman Publishing, 1995.

Nonaka und Takeuchi (1995): Ikujiro Nonaka and Hirotaka Takeuchi, The Knowledge Creating Company, How Japanese Companies Create the Dynamics of Innovation, Oxford: Oxford University Press, 1995.

Piatelli-Palmarini (1997): Massimo Piatelli-Palmarini, Die Illusion zu wissen, Reinbeck: Rowohlt, 1997.

Polanyi (1974): Michael Polanyi, Personal Knowledge, Towards a Post-Critical Philosophy, Chicago: The University of Chicago Press, 1974 (Erstausgabe: 1958)

Sveiby (1996): Karl-Erik Sveiby, Transfer of Knowledge and the Information Processing Professions, in: European Management Journal, Vol. 14, No. 4, 1996, S. 379-388.

Willke (1998): Helmuth Willke, Systemisches Wissensmanagement, Stuttgart: UTB, 1998.

Winograd und Flores (1986): Terry Winograd und Fernando Flores, Understanding Computers and Cognition, Norwood: Ablex Publishing Corporation, 1986.

Wittgenstein (1969): Ludwig Wittgenstein, Über Gewissheit / On Certainty. New York: Harper & Row, 1969.

Wurman (1990): Richard Saul Wurman, Information Anxiety, What to do when information doesn't tell you what you need to know, New York: Bantam Books, 1990.

Kompetenzverluste in der Informationsgesellschaft?

Christoph Hubig (Stuttgart)

Die Möglichkeit eines Managements von Wissen, also des rationalen Einsatzes von Wissen für z.B. ökonomische Zwecke, steht und fällt mit der Fähigkeit, die Datenflut, die Überfülle an Informationen sowie das zunehmend breiter werdende Spektrum an Wissensangeboten zu bewältigen. Vordergründig erscheint also in erster Linie die Notwendigkeit, Selektionen vorzunehmen: etwa angesichts exponentiell wachsender Datenmengen bei dem jetzt anstehenden notwendigen Überspielen auf neue Datenträger (die Lebensdauer von Datenträgern beträgt ca. 30 Jahre) die Datenmengen zu validieren, oder bei Informationen zwischen relevanten oder irrelevanten Informationen zu unterscheiden, oder Wissensangebote in "zuverlässiges" Wissen und "Wissensmüll" zu separieren. Im Blick auf die "Kommunikationsrevolution", die durch die neuen Informationstechnologien ausgelöst wurde, werden "Kompetenzverluste" befürchtet, Verluste an Fähigkeit, unter Kriterien und Maßstäben die notwendigen Selektionen rational durchzuführen. Der Verlust solcher Kriterien scheint eindrucksvoll in dem fast schon komischen Fall der Saturn V-Technologie exemplifiziert: Als man unter dem Eindruck der Challenger-Katastrophe in Erwägung zog, zum Saturn V-System zurückzukehren, wurde festgestellt, daß die Datensätze der Konstruktion nicht mehr vorhanden waren, weil man davon ausgegangen war, diese nicht mehr zu benötigen. Man hätte im Houstoner Raumfahrtmuseum das Exponat neu vermessen müssen.

"Kompetenzverluste" werden diskutiert als Verluste an Fähigkeiten, die verloren gehen, scheinbar überflüssig werden, nicht weiter gepflegt werden oder verkümmern, weil ihnen die alten Felder ihrer Wirksamkeit entzogen und dann aber - zu spät - die entstandenen Defizite ersichtlich werden. Mit Kompetenzen oder Fähigkeiten verhält es sich ja anders als mit direkten Leistungen, die erbracht wurden: Deren Wert bleibt solange erhalten, wie die Resultate der Leistungen bestehen und für gut befunden werden. Fähigkeiten hingegen gehen verloren, wenn sie nicht beständig trainiert, optimiert, angepaßt, vertieft werden: das banalste Beispiel ist der Verlust körperlicher Fitneß, wenn allzu sehr technische Leistungen in Anspruch genommen werden, um Bequemlichkeit, Schnelligkeit oder Sicherheit zu gewährleisten (effizienter Transport), oder wenn mittels technischer Leistungen Effekte gezeitigt werden sollen, die die Fähigkeiten überfordern wie in bestimmten Bereichen des Leistungssports, der seine Heroen mit ruinierten Körpern zurückläßt.

Was den Begriff der Kompetenz betrifft, finden wir eine sehr weit ausdifferenzierte philosophische Diskussion, die hier nicht weiter dargestellt werden kann. Für unsere Zwecke reicht es aus, zwei Bedingungsebenen für die Aktualisierung einer Kompetenz bzw. einer Fähigkeit zu registrieren: eine notwendig vorauszusetzende Struktureigenschaft sowie ein notwendig vorauszusetzendes Gefüge von Auslösebedingungen für eine mögliche Aktualisierung einer solchen Struktur. (Banales Beispiel: im Blick auf die Kompetenz "Mobilität": In den letzten Jahren kursierten zwei Werbesprüche "Mars macht mobil" sowie "BMW macht mobil". Im ersten Fall handelt es sich offensichtlich um die Bereitstellung von Ausgangsbedingungen (Zuckerzufuhr), die ohne eine entsprechende Struktur (gesunder Organismus) nicht zur Aktualisierung von Mobilität führen; im letzteren Fall wird eine Struktur (leistungsfähige Maschine) angepriesen, die ohne spezifische Ausgangsbedingungen (nächtliche trockene Autobahn) kaum mobiler macht als andere Vehikel. Beim Sprechen über Kompetenzen wird oftmals der Doppelcharakter der notwendigen Voraussetzungen zu Gunsten der einen oder anderen übersehen.

Bezüglich der Kommunikationsrevolution werden Verluste an Kontrollkompetenz, was die Gestaltung des Übergangs von Information zu Wissen betrifft; beklagt, ferner Verluste an Kritikkompetenz, weil durch vorgegebene Verengungen bessere Optionen aus dem Blickfeld geraten; beklagt werden Verluste an kreativer Kompetenz, weil bestehende

Kommunikationsalgorithmen, vorgegebene Suchpfade etc. einen "Wissenskonservativismus" befördern (was der Anthropologe Arnold Gehlen bereits 1953 - VDI-Z.Bd. 96, Nr. 5 - in einem berühmten Vortrag vor dem VDI prognostiziert hat), beklagt wird schließlich der Verlust an Kompetenz, persönliche und individuelle Identität herauszubilden und fortzuschreiben im Zuge der Mensch-Rechner-Kommunikation oder der Mensch-Rechner-Mensch-Kommunikation. Solcherlei würde nun in der Tat die Möglichkeit eines Managements von Wissen erheblich einschränken, wenn nicht diese Verluste aufgefangen werden können. Es hängt also alles an den Kompensationen. Entsprechende Kompensationsversuche nun stehen vor einem Abwägungsproblem: Wie läßt sich der jeweiligen Schere zwischen Effizienz (Aufwand-Ertrag) und Effektivität (mögliches Input-Output-Spektrum) begegnen - hochoptimierten Problemlösungen auf der einen Seite, die sich der Vernachlässigung mancher Problemfelder verdanken, welche dann als Nebenaspekte mit Nebenfolgen erscheinen, und der Notwendigkeit auf der anderen Seite, gegenüber wechselnden situativen Anforderungen möglichst viele Handlungsoptionen offen zu halten - eben die Problemlösungsfähigkeit im breiten Spektrum jenseits hochspezialisierter und hochoptimierter Interventionsstrategien zu bewahren.

Allerdings begleiten diese Monita das Nachdenken über Kommunikation seit altersher. Ihr berühmtestes Vorbild finden sie in den Erwägungen des Sokrates zur Erfindung der Schrift, einer der wichtigsten Kulturtechniken. Die Leistungen dieser Innovation sind unbezweifelbar: Darstellung durch Zeichen ist die Voraussetzung für abstraktes Denken und Rechnen, das sich von elementaren Zeigehandlungen löst, für Kommunikation über Zeiten und Räume hinweg, für die Modellierung allgemeiner Zusammenhänge, für Selbstvergewisserung und Kritik (die ja Distanz voraussetzt, welche dadurch entsteht, daß das, was man getan hat, in den Zeichen aufbewahrt und solchermaßen vergegenständlicht zum neuen Sujet des Nachdenkens wird). Die Verluste sind ebenso klar: Verluste an Anschaulichkeit und lebensweltlicher, unmittelbar-spontaner Einbindung, Verlust an Einblick in die ursprünglichen Probleme, aus denen die jeweilige direkte mündliche Kommunikation entstand, Verlust des Bezuges zu anerkannten Autor-Autoritäten bzw. erfahrungsgemäß unsicheren Quellen als ursprünglichen Kommunikationspartnern, Verluste an Authentizität der früher jeweils situativ geprägten Vermittlung auf denjenigen Kommunikationskanälen und in denjenigen Kontexten (Gestik, Tonfall, Atmosphäre etc.), über die ebenfalls Information läuft. Bei Sokrates findet sich nun bereits ein Vorschlag zur Kompensation der Verluste, und interessanterweise stützt er sich dabei auf einen bildhaften Vergleich, der diejenige Technik ins Spiel bringt, der wir den Begriff ‚Kultur' verdanken: cultura, den Ackerbau. Die Kompensation müsse darin liegen, daß die Schrift Inhalte nicht bloß darstelle wie Pflanzen in einem Ziergarten, sondern die Darstellung jeweils in Nutzungszusammenhänge einbringe, wie Pflanzen in einem Nutzgarten oder beim Ackerbau: schriftliche Informationen sollten Samen und Keime sein, die nach den Pflanzen, die aus ihnen entspringen, zu beurteilen wären, nicht bloße Darstellungen nach eigenen Kriterien wie logischer oder ästhetischer Vollkommenheit o.ä. Kurz: es käme also darauf an, ursprüngliche Kommunikationszusammenhänge und Nutzungsabsichten beizubehalten und die Schrift lediglich als Mittel der Effektivierung einzusetzen.

Technikpessimisten wie der Soziologe Hans Freyer oder sein Schüler Arnold Gehlen würden allerdings hier den Vorwurf erheben, Sokrates greife zu kurz und sein Vorschlag (somit auch die Möglichkeit einer Aktualisierung auf unser Problem) bleibe naiv. Übersehen würde nämlich, daß die technische Form der Darstellung bereits unser Denken in bestimmte Raster bringt (Günter Anders nennt sie Matrizen), die wir dann zur Beschreibung unserer Lebenswelt einsetzen. Eine solchermaßen erfaßte Lebenswelt verlöre damit den Charakter als Kritikinstanz mißlingender technischer Kommunikation, also den Charakter einer ursprünglichen Instanz, von der aus der Nutzen der jeweiligen Technik beurteilbar wäre. Technische Kategorien würden vielmehr "dominant" wie Freyer sagt, und er verweist auf Formulierungen wie "Schalten und Walten", "Kontakt aufnehmen", "Funktionieren" (oder, heutzutage, "Schnittstelle"), technisch geprägte Redeweisen, unter denen wir lebensweltliche Zusammenhänge modellieren. Erst recht würde dies relevant, so Gehlen in dem erwähnten Vortrag, wenn institutionalisierte technische "Handlungskreise" unmittelbar zur Beurteilung (Diagnose) und Gestaltung (Steuerung) unserer Lebenswelt einschlägig würden (von den Sensoren über die Datenübertragung bis zu den

Expertensystemen), im Extremfall ökonomischen oder gar politischen Automaten (wie sie Günter Anders "Die Antiquiertheit des Menschen" kritisierte und wie sie gegenwärtig in abenteuerlicher Weise von KI-Experten und Sozialwissenschaftlern gefordert wird). Von solchen Darstellungssystemen würden wir dann in irreversibler Weise abhängig, weil eine Kritik oder Ablehnung des Darstellungsmodus den Verlust von Steuerungsleistungen mit sich brächte, von denen wir angesichts der Komplexität unserer Lebensverhältnisse längst abhingen und von denen wir uns nicht mehr emanzipieren könnten (vom Accident-Management großtechnischer Anlagen bis zu Versicherungssystemen).

Ein solcher Technikpessimismus erscheint aber nun angesichts der Euphorie, mit der der Übergang in die Informations- oder gar Wissens-Gesellschaft gefeiert wird, eher hinterwäldlerisch. Daß wir im Übergang von der Arbeits- zur Informationsgesellschaft eine Kulturschwelle überschritten hätten, scheint inzwischen allerorten akzeptiert. Solcherlei prägt Stellungnahmen der EU (Bangemann-Bericht 1994 "Europa und die globale Informationsgesellschft") ebenso wie den Bericht des Rates für Forschung, Technologie und Innovation der Bundesregierung zum Thema "Informationsgesellschaft", welche auf dem Cyberspace-Manifest (dt.: FAZ 26.8.95), der "Magna Charta des Informationszeitalters" basieren.

Vier Aspekte scheinen hier bedeutsam:

Das neue "universell abrufbare" Wissen, wie es in diesen Publikationen als Gegenstand globaler Kommunikation gefeiert wird, soll – explizit! – alles umfassen, was speicherbar ist: "Signale, Daten, Information, Regeln und Werte sowie Bilder". Kurzschlüssig gedacht erscheint deshalb bloß als zentrales Problem dasjenige der "Informationsüberflutung". Kurzschlüssig wird dann gefordert, daß Selektionsstrategien und Selektionshilfen zu erstellen wären, die "Datenmüll" von potentiell relevanten Daten, wichtiger von unwichtiger Information und wahre Information von falscher Information (resp. Wissen) zu trennen hätten. Übersehen wird dabei ein zentraler Punkt: all das, was gespeichert ist, und mittels dessen oder über das kommuniziert wird, ist bereits wissensgeprägt und wissensabhängig - es handelt sich also nicht um neutrale Kandidaten, denen gegenüber Individuen in einer neuen Freiheit im Zuge einer freien, möglicherweise kritischen Kommunikation, entscheiden, ob sie sie als Wissen anerkennen oder nutzen wollen. Wissen ist nicht die Endstation oder das Resultat derartiger Kommunikation.

Betrachten wir die Kette Signale-Daten-Information-Wissen. Signale unserer Umwelt existieren nicht per se, sondern nur insoweit, als wir technisch in der Lage sind, sie aufzunehmen. Bereits bei der organischen Aufnahme von Signalen wissen wir, wie stark physische Spezialisierung, Training, psychische Verfaßtheit etc. die Signalaufnahme prägen. Erst recht betrifft dies die technisch ermöglichte Signalaufnahme über Sensoren, hinter denen ganze Gebirge (oder Abgründe) von Theorien und Entscheidungen (z.B. über Nachweisbarkeitsbedingungen) stehen. In der bloßen Darstellung (s. Sokrates) erscheinen die Signale als losgelöste Befunde, losgelöst vom Kontext und den Voraussetzungen ihres Entstehens (so beim oftmals praktizierten, aber unzulässigen Übergang von "nicht nachgewiesen, daß" zu "nachgewiesen, daß nicht"). Aus Signalen werden Daten wiederum erst auf der Basis physischer und psychischer Übertragungs- und Speicherkapazität, einem insgesamt technisch geprägten Transfer, dessen Grenzen und Fehler bisweilen zu zweifelhaften Resultaten führen kann. Diese Transfer- und Speichermöglichkeiten sind ihrerseits wissensgeprägt und wissensabhängig. Erst recht gilt dies für den Übergang von Daten zu Informationen. Auf der Basis von Codes, die den Zeichenvorrat, die Bedeutungs- und die Verknüpfungsregeln festlegen, werden die Informationen modelliert (einschließlich der Festlegung von Signifikanzschwellen). Und erst als interpretierte werden sie zu Wissen, von falschen Informationen getrennt und bewertet im Blick auf unterstellte Absender- und Adressatenprofile. So kann - ein Extremfall - dasjenige, was dem einen als transferiertes Abbild einer Situation erscheint, für den anderen ein Kryptogramm sein, das erst zu Wissen wird, wenn die Abweichungen zu einem vereinbarten Originalbild erfaßt sind. Beide erhalten die gleiche Information, auf deren Basis sich unterschiedliches Wissen konstituiert. Bei der Kommunikation in der Informationsgesellschaft ist es nun für einzelne Kommunikationspartner in der Regel nicht möglich, die Übergänge "Signale-Daten-Information-Wissen" zu überprüfen und zu rekonstruieren. Gerade jenes Wissen, das als Hintergrundwissen jene Übergänge bewerkstelligt, ist entweder gewollt privates oder gar patentgesichertes Gut, oder es ist selbst nicht

kommunizierbar wegen der Überfülle dessen, was dann vermittelt werden müßte. Es tritt ein Kompetenzverlust für die Kommunikationspartner ein, insbesondere, was die Überprüfung der Kontexte und des Zustandekommens von Information und Wissen betrifft. Solcherlei ist durchaus kompensierbar - hierzu später. Aber gerade die viel zitierten Pannen und Kuriositäten illustrieren das Grundproblem. Ob die exakte Information "Stillstand der Räder" für das Landesystem des Airbus in Warschau die adäquate Übersetzung der Sensordaten war, war durch den Code bestimmt. Unterscheidet dieser nicht zwischen Stillstand aufgrund Bremsen bei gegebener Reibung oder Stillstand aufgrund fehlender Reibung infolge Vereisung, wie geschehen, so wird ein verhängnisvolles Wissen aktiviert, dessen Folge bekannt ist. Denn jede Information ist so gut wie die Alternativenzahl (der Kontext, den der Code vorsieht), von der sie sich abhebt. Diese Kontexte, als Gesamtheit der vorgesehenen (und vom Programmierer antizipierten) Alternativen, sind aber oftmals nicht Gegenstand der Information. Sie zu kennen, wäre Voraussetzung einer kritischen Würdigung des Status der Information (also für eine Selektion). Im Rahmen natürlicher Kommunikation wird über wechselseitige Korrektur solcher Vereinseitigung vorgebeugt. Bei technischer Kommunikation kann das Wissen um die Nichtkorrigierbarkeit informatischer Vereinseitigung zu Irritationen und Mißtrauen führen, welches kuriose Folgen hat. So war festzustellen, daß Beschäftigte im Rahmen von CIM-Fertigungsprozessen bei VW und AUDI (aber auch in der Verfahrenstechnik bei BASF und wohl auch anderswo) sich nicht auf die Bildschirminformationen verlassen zu können glaubten (auf dem Hintergrund des Fertigungsdrucks und ihrer eigenen neuen Verantwortungslast für die Produktionsqualität). Die Folge war, daß innerhalb der Werke mit hohem (streßerzeugenden) Aufwand informelle Kanäle natürlicher Kommunikation aufgebaut und gepflegt wurden, geheime Material- und Ersatzteillager angelegt wurden usw. - Zeichen dafür, daß die Informatisierung der Produktion die Beteiligten zu unbeholfenen Kompensationen zwang, welche den Verlust an Kontrollkompetenz über die Wissensproduktion ausgleichen sollte. Auch das war und ist, wie wir sehen werden, kompensierbar.
Schwieriger gestaltet sich die Kompensation, wenn Kompetenzverluste unbemerkt bleiben und im verborgenen manifest werden. Wie Forschungsprojekte an der TU Berlin (Hubig) und München (Erlenspiel) ergaben, lassen sich Kompetenzverluste als Einbußen von Kreativität bei denjenigen feststellen, die mit wissensbasierten CAD konstruierten und unter der Hand die Expertensysteme als vollständig kompetente Kommunikationspartner begriffen, die über das in den Denkschriften zitierte "abrufbare Wissen" verfügten. Zwar traten in der Tat Effizienzerhöhungen im Bereich der Variantenkonstruktion ein. Hingegen führte die Angewiesenheit auf die naturgemäß beschränkten Lösungsspektren und die vorgegebenen Suchpfade bei Neukonstruktionen regelrecht zu einer Suchraumverengung. Was nun innerhalb überschaubarer, z.B. unternehmensinterner, Problemfelder zu Kompetenzverlusten führt, wirkt sich gravierender, da schwieriger kompensierbar, in globaleren Zusammenhängen aus:
Die Probleme globaler Informatisierung (resp. der Verarbeitung von Informationen aus globaleren externen Kontexten) lassen sich trefflich mit den Termini markieren, die der Biologe Jakob von Uexküll für die Individium-Umwelt-Beziehung geprägt hat. Die sog. Wirkwelt umfaßt die Gesamtheit der Folgen der jeweiligen Interventionen, die Merkwelt die Gesamtheit der wissbaren Rückmeldungen über die Folgen dieser Interventionen. Wenn im nicht-menschlichen Bereich das Wirkwelt-Merkwelt-Verhältnis gestört ist, führt dies unweigerlich zur Elimination, wie sie elementar bei den Arten ablesbar ist, deren Merkwelt nicht das Feedback ihres räuberischen Tuns (der Zerstörung der Nahrungsbasis) enthält. Der homo technicus zeitigt nun wesentlich weiter greifende Wirkungen (sowohl räumlich als auch zeitlich), als er merkweltmäßig hiervon die Feedbacks registrieren könnte. Es entsteht eine Asymmetrie Wirkwelt-Merkwelt: Die Merkwelt greift zu kurz. Solcherlei kompensiert er durch seine Informationstechnologien: Er verlängert, verstärkt, ersetzt seine Organe, ja vermag schließlich zeitlich und räumlich ferne Situationen über Simulationen oder Szenarien zu erschließen. Gerade diese sind jedoch in hohem Maße bereits vorab wissensgeprägt, wo sie doch erst ein Wissen liefern sollen: Sie hängen ab von erschlossenen und geschätzten und extrapolierten Datenmengen sowie den jeweils gesetzten Parametern. Es entstehen Konkurrenzen verschiedener Merkwelten, und der Informierte (was uns bereits beim Nachrichtenkonsum irritiert) ist gezwungen, mit solcherlei Merkwelt-Konkurrenzen

umzugehen. Wohlgemerkt: Nicht die Informationsüberflutung, sondern konkurrierende Wissensansprüche produzieren hier Unsicherheit, die von der Planungsunsicherheit im wirtschaftlichen Handeln bis zur Risiko-Hysterie reichen kann, in die sich manche steigern, weil der Szenarienbildung theoretisch keine Grenzen gesetzt sind. Diese Situation spiegelt sich in den Expertendilemmata, die nicht theoretisch auflösbar sind (wie bisweilen unterstellt wird, ausgenommen natürlich ein Experte sagte vorsätzlich oder fahrlässig die Unwahrheit). Dennoch zwingen sie uns zu einem praktischen Umgang, der gerechtfertigt werden muß. Die Kosten der Vielfalt liegen also nicht bloß in der Amortisation der jeweiligen Wissensangebote, die durch die jeweils zugrundeliegenden "Matrizen" (G. Anders) bestimmt sind. Sie stellen vielmehr eine Unsicherheitshypothek dar, da wir, endlich wie wir sind, zum Entscheiden gezwungen sind. Solcherlei erfordert spezielle Strategien der Entscheidungsfindung angesichts unsicherer Optionen. Eine Verschärfung der Merkwelt-Problematik erfahren wir z.Zt. in demjenigen Bereich des Wirtschaftens, der sich auf virtuelle Güter als Gegenstand des Handels, z.B. Derivate, erstreckt, Güter, deren Status ontologisch und somit wissensmäßig ungeklärt ist, und die entsprechend nicht in den Bilanzen auftauchen. Wie sollen wir mit solchen virtuellen Welten umgehen, in denen dennoch reales Handeln stattfindet?

Unter einem weiteren Aspekt technisch gestützter Kommunikation ist ein Kompetenzverlust zu erkennen, der uns in das Feld sozialphilosophischer Überlegungen führt, zugleich aber direkte praktische Konsequenzen für die Unternehmenskommunikation mit sich bringt. Natürliche Kommunikation vermittelt nicht bloß Informationen über Sachverhalte verbunden mit dem Anspruch, daß diese Informationen als Wissen anerkannt werden sollen. Vielmehr beruht sie auf bestimmten Selbst- und Partnerbildern der Adressaten, also Vorstellungen darüber, wie die entsprechenden Informationen aufgenommen werden (sollen), weshalb diese ja gerade in der und der Form übermittelt werden. Scheitert die Übermittlung oder zeitigt sie andere als die erwarteten Effekte, werden das Selbst- und Partnerbild korrigiert. Ja, die Selbstbilder (die jeweilige Ich-Identität) entstehen erst durch die Reaktion der Kommunikationspartner, die, positiv oder negativ aufgenommen, zu einer Verstärkung oder Veränderung des vorausgesetzten Primärbildes führt. Wer in der Kommunikation scheitert, wird (produktiv) verunsichert. In einer Informationsgesellschaft mit ihren Cyberspace-Lagerhäusern müssen nun feste Partnerbilder vorausgesetzt werden, sog. Nutzerprofile, die im Zuge des zunehmenden Selbstlernens der Systeme zwar variabel sein können, aber nicht selbst zu einem zweiten dynamischen, nicht abschließbaren Gegenstand der Kommunikation werden. Kommunikationspannen oder Fehlleistungen von Expertensystemen zeigen regelmäßig, daß die Mensch-Rechner-Mensch-Kommunikation auf falschen Adressatenbildern beruht, daß die Nutzererwartungen somit falsch modelliert wurden. Was heißt aber falsch? Während in der natürlichen Kommunikation parallel zur Informationsübermittlung ständig ein Abgleich über die Richtigkeit der Adressatenprofile stattfindet, müssen diese beim technischen Kommunizieren über Rechner schematisch in Form von Kriterienkatalogen implementiert sein.

Gravierender werden allerdings die Folgen, wenn nicht mißliche Kommunikationspannen entstehen, sondern hinter einer glatten Kommunikation verborgen bleibt, daß eben unter bestimmten Adressetenschemata kommuniziert wird. Wenn Kinder - wie zu beobachten ist - ihren Computer als Kommunikationspartner akzeptieren, oder wenn Studierende ihr Selbstlernsystem als kompetenten Lehrer betrachten, dann verlischt die Eigenkompetenz zur Identitätsbildung. Denn diese ist ja gerade auf das Wechselspiel des Austauschs von Erwartungen mit einem sich ändernden Gegenüber angewiesen, weil nur über dessen, von dem Nutzer ausgelösten Veränderungen, ein Bewußtsein darüber entstehen kann, wie der Nutzer sich selbst ändern könte, also darüber, was er überhaupt kann, also über seine Identität. Wenn wir uns eine prominente Definition anschauen, mit der KI-Experten ein solches Adressatenbild modellieren, wird eben diese Problematik deutlich: das Adressatenbild sei "diejenige Sammlung von Nutzereigenschaften als Stereotyp", die einen "Korpus" ausmachen, "der alle Informationen umfaßt, die typischerweise wahr sind für diejenigen Nutzer, die das Stereotyp realisieren" (E. Ritsch, Stereotypes and User Modelling, in: A. Krupsa/W. Walster (Hrsg.), User Models in Dialog Systems, Berlin/Heidelberg/New York 1989, dort weitere Literatur zum Thema). Leicht ist deren

Zirkularität zu erkennen. Diese aber gibt gerade Auskunft über den Zirkel, aus dem sich die Kommunikationspartner im Cyberspace wohl nicht befreien können.

Schließlich sei noch eine letzte Dimension des Kompetenzverlustes erwähnt: Die von Nicholas Negroponte, dem Guru der Informationsgesellschaft entwickelte Vision ist diejenige, daß wir uns schließlich einmal nicht mehr weiter mit Mensch-Maschine-Schnittstellen herumzuplagen hätten, sondern in einer Welt lebten, die wir nach unseren Wünschen vernetzt haben und in der die Gegenstände untereinander so "kommunizieren", wie es für uns sinnvoll ist. Die Welt ist dann "gestaltetes, ausgefaltetes Gehirn", eine Welt, in der wir nicht mehr Informationen suchen, selektieren und bewerten müssen, sondern in der die Informationen zu uns kommen, weil erkennbar ist, was für uns relevant ist. Ein Beispiel im kleinen: Entsprechend unseren Gängen durch die Wohnung werden Musik und Licht gesteuert, entsprechend unseren Gewohnheiten, vielleicht noch sensordiagnostiziert und expertensystemgesteuert bereitet sich das Essen zu. Diejenigen Bildungsangebote erreichen uns, die unseren Fähigkeiten und Neigungen entsprechen usw. Hinter der Karikatur solcher Visionen verbirgt sich allerdings das ernste Leitbild, daß wir informationell die Welt letztlich so zu modellieren vermögen, daß sie wenigstens in Teilbereichen auf uns zugeschnitten ist und uns nicht mehr den irritierenden Widerstand leistet, wie er sich in der erwähnten Konkurrenz der Merkwelten ausdrückte. Ob wir über interaktives Fernsehen den Filmverlauf selbst bestimmen und das lernfähige System schließlich unsere Vorlieben kennt, oder ob uns auf unsere Interessen maßgeschneiderte Produkte oder Dienstleistungen per Teleshopping angeboten und dann orderbar sind, oder ob wir solcherlei per Teleworking herstellen - die "dritte Welle der Ökonomie" soll dieses möglich machen. Und selbstverständlich gehört das Telelearning insofern hierzu, als die individuelle Festlegung des Lernrhythmus maschinell eher zu erledigen ist also von einem realen Präsenzprofessor, der mit 300 unterschiedlichen Lernrhythmuserwartungen umgehen muß. Allerdings geht hier dasjenige verlorgen, was bei der Auseinandersetzung mit einer widerständigen Umwelt zur Herausbildung der entsprechenden spezifischen Kompetenzen führt: Auf neue Herausforderungen zu reagieren auf der Basis eines learning for diversity and choice. Wer in einer auf ihn zugeschnitten Welt lebt, hat nicht sein individuelles Freiheitspotential letztgültig entfaltet, sondern sich auf eine Struktur hin entworfen, die seiner momentanen Verfaßtheit adäquat sein (bzw. gewesen) mag; er ist jedoch von seinem einmal ausgefalteten Gehirn (wie es Negroponte nennt) selber abhängig geworden.

Wie also kompensieren? Knappe Ressourcen zwingen uns, die Rationalisierungseffekte und den Effizienzgewinn technischer Kommunikation im Zuge des Wissensmanagements selbstverständlich zu nutzen. Die vorgeschlagenen Kompensationsstrategien, die letztlich dazu dienen, unsere Selektionskompetenz zu erhalten bzw. wieder herzustellen, sind nun ihrerseits nicht unproblematisch. Soweit ich sehe, sind es im wesentlichen sechs Ansätze:

Kompensation durch Zuflucht zu einer neuen Ursprünglichkeit: Der Appell, durch unmittelbare Naturerfahrung, Erfahrung unmittelbarer Kommunikation oder Sensibilisierung durch Kunst die ursprünglichen Kompetenzen wieder zu erwecken oder fortzuführen, übersieht, daß diejenige Natur, die uns in solchen Kontexten begegnet (bis hin zum Abenteuer-Urlaub für Manager) bereits kulturell überformt und funktional auf die entsprechenden Kulturen bezogen ist. Leicht wird hier eine falsche Authentizität suggeriert, eine bloß simulierte Authentizität, wie sie bereits Günter Anders in der Gestalt des Moderators entdeckt hat, der als aufdringlich duzender Freund in unserer Privatsphäre mit seiner Person dafür zu bürgen scheint, daß über das Fernsehen eine reale Kommunikation stattfindet. Daß manche Kompensationsversuche im Kontext der Avangarde-Kunst, die durchaus auch im Rahmen entsprechenden Manager-Trainings hin und wieder zum Zuge kommt, "puerile Züge" trägt, hat bereits Arnold Gehlen bemerkt. Weiterhin werden andere Risiken, insbesondere solche einer reaktionären Regression ersichtlich: Zunehmend ist zu beobachten, daß Authentizität und unmittelbarer Kontakt, die Herausbildung persönlicher privater Beziehungen und neuer Traditionen der Autoritätsanerkennung Rückzugsinsels schaffen soll (vergleichbar den Salons und Gelehrtenzirkeln im 19. Jh.), innerhalb derer auf der Basis persönlicher Empfehlungen und eines quasi privaten Austausches von Einschätzungen die Informationsflut bewältigt werden soll - und dies gerade im Wissenschaftsbereich. Die klassische Wissenschaftstradition stellte immerhin unpersönliche, standardisierte, aber von jedem beanspruchbare Filter dar; die neuen persönlichkeitsorientierten Zirkel sind hingegen schwer von außen zugänglich, und die Internet-Dörfer bieten eine neue trügerische Geborgenheit, welche eher durch Ignoranz als durch Reflexion abgesichert wird. Ähnliches läßt sich für die Gestaltung globaler Wirtschaftsbeziehungen erkennen, bei denen bestimmte Formen des Mißmanagements, die von außen geradezu unerklärlich scheinen, in jener trügerischen Privatheit von Beziehungen wurzeln, die eine neue Authentizität garantieren soll.

Eine ernster zu nehmenden Kompensationsstrategie läßt sich mit dem Stichwort "Parallelkommunikation" umreißen. Nicht ist dabei dasjenige gemeint, was uns bei der CIM-Fertigung bereits begegnet ist. Vielmehr ist hier die Forderung formuliert, daß durch Offenheiten möglichst vieler Informationskanäle möglichst gegenläufiger Natur eine Verengung des Informationsspektrums zu bekämpfen wäre, also nicht ein Medium als Ersatz eines anderen begriffen wird. Studien und Projekte "vor Ort", Gesprächszirkel parallel zur Bildschirm-kommunikation, persönliche Kontakte in Realzeit und in realer Atmosphäre könnten hier gegensteuern. Das hat Konsequenzen sowohl für die Ausbildung (im Ausland), für das Proto-Typing (insbes. von Software), für das Marketing im direkten Dialog mit den Verbrauchern, für die Gestaltung von Sozialbeziehungen gerade gegenüber Kindern und Alten. Gemeint ist, daß Anstrengungen unternommen werden, von den Nutzermodellierungen wegzukommen und die realen Initiatoren in realen Kommunikationsbeziehungen mit realen Nutzern zusammenzubringen. Solcherlei zahlt sich auch ökonomisch aus. Ethisch ist diese Forderung darin begründet, daß Anerkennungsprozesse, die unser Menschsein konstituieren, nicht gegenüber Modellen oder von Stellvertretermodellen (z.B. des homo oeconomicus) zu erbringen sind. Wenn die ökonomische Planung an die Grenzen der Entscheidungstheorien stößt und bei der Behandlung von Entscheidungsdilemmata die Abhängigkeit von Frames und Darstellungsweisen realisiert, berührt sie dieses Problemfeld.

Damit einhergehend sind im Zuge einer weiteren Kompensationsstrategie neue Organisationsformen erforderlich. Es wirkt in seiner Simplizität schon frappierend, wenn die erwähnten Kommunikationsdefizite beim CIM durch die einfache Maßnahme, Glaswände einzubauen, deutliche Verbesserungen brachte. Es geht nicht einfach hier um Transparenz im wörtlichen Sinne bezügl. des Informationstransfers - diese Transparenz war ja bereits da -, sondern es geht um Transparenz, was die Informationskontexte betrifft. Die Gestaltung von Kontexten wird zum zentralen Problem dieses Typs der Kompensation von Kompetenzverlusten. Dies wird auch ersichtlich im Blick auf die Versuche, zum Ausgleich des Verlustes von Sozialbeziehungen im Folge einer Virutalisierung von Unternehmen die Idee zu realisieren, Teleports dahingehend einzurichten, daß die Beschäftigten in einer neuen, quasi betrieblichen Organisationsform, wenn auch weltweit für unterschiedliche Unternehmen, zusammenarbeiten. Hierzu laufen Versuche, und hier ist die Tendenz zu erkennen, eben nicht alte Formen zu reaktivieren, sondern einen neuen Typ von Sozialbeziehungen zu ermöglichen, um gerade nicht Sozialität überhaupt in diesem Bereich zu verabschieden. Auf dieser Entwicklungslinie liegt auch die Tendenz, Bürgerläden für eine direkte bürgernahe Verwaltung einzurichten, die Bürger also nicht bloß "ans Netz" zu locken in der Hoffnung, daß damit bereits das gläserne Rathaus realisiert sei, sondern eine direkte Kommunikation systematisch zu organisieren. Es geht also darum, bildlich ausgedrückt, im Cyberspace neue reale Räume zu schaffen, die auf natürlicher Kommunikation basieren.

Auch zur Kompensation der erwähnten Kreativitätseinbußen wird solcherlei vorgenommen. Die alten Brainstorming-Zirkel sind längst zu einer neuen Kultur entwickelt, auf der auf allen Ebenen das ungestützte, tentative Denken befördert wird - von den sog. Quatschzirkeln, die in der Arbeitszeit institutionalisiert sind bis hin zur Etablierung von Querdenker-Foren oder Spinner-Abteilungen, vom Kreativitätstraining im Kinderladen bis zum Managerkurs. All diesem ist gemeinsam, daß wesentlich mit Metaphern und Analogien gearbeitet wird, also gerade solchen Vorstellungen, die bis heute (und auch in Zukunft wohl schwerlich) aus strukturellen Gründen nicht algorithmisierbar sind - letztlich also Bildern ganz anderer Art als denjenigen, die als Matrizen der Cyberspace-Lagerhäuser oder der Medien bereits gehalten werden.

Für die Ausbildung angesichts des Erfordernisses eines lebenslangen Lernens auch in Unternehmen bedeutet dies, daß das projektbezogene, exemplarische, transdisziplinäre Lernen zunehmend Bedeutung gewinnt. Und zwar deshalb, weil die Wissensvermittlung nur noch Mittel zu einem anderen Zweck, nämlich der Kompetenzvermittlung, dient. Wissenserwerbskompetenz, Orientierungskompetenz und Sozialkompetenz werden zu wichtigeren Berufsqualifikationen als ein Know how (Fachkompetenz) in Form eines Wissens, das in den zunehmend intelligenter werdenden Speichern relativ gut aufgehoben und abrufbar ist. Inwiefern Selbstlernsysteme, die beim Sprachenerwerb durchaus ihre Leistungen erbringen mögen, zum repräsentativen Ausbildungstyp einer virtuellen Hochschule werden können, dürfte damit klar sein.

Auch das gespeicherte Wissen bedarf eines Umbaus, der kompensierende Effekte zeitigen kann. Denn die erwähnten Restriktionen verdanken sich einer hierarchischen Wissensorganisation, deren Suchpfad-Prinzipien durch eine noch so ausdifferenzierte Pflege der Retrieval-Systeme nicht grundlegend geändert werden können. Die neuen Anstrengungen, über sog. fallbasiertes Schließen die Problemlösungsangebote adäquater zu machen, stehen vor dem schwierigen Problem, wie Ähnlichkeits- und Analogiebeziehungen zu modellieren sind. Allerdings sind hier Fortschritte zu beobachten. Auch ein weiteres neues Leitwort, nämlich "Kontext-Sensitivität" signalisiert, daß die Probleme erkannt sind und neue Problemlösungsstrategien für erforderlich gehalten werden. Kühne Visionen zielen gar darauf ab, im Blick auf die - in erster Linie ökonomisch problematische - Notwendigkeit, unsere Datenmengen auf neue Träger zu überspielen, intelligente Kopierprozesse einzurichten, die kontextsensitiv überspielen und dadurch sowohl die Fehlerquote mindern als auch Selektionen vornehmen im Blick auf solche Daten, die überhaupt nicht in erkennbare Kontexte eingebettet sind.

Für Merkwelt-Konkurrenzen, die theoretisch nicht aufzulösen sind - wie sie uns etwa in Form derjenigen Expertendilemmata begegnen, die auf konträren Simulationen basieren - bleibt als Kompensationsstrategie nur die Institutionalisierung praktischen Abwägens, beispielsweise in Form von Diskursen. Wenn solcherlei Expertendilemmata wissenschaftsintern nicht auflösbar sind, müssen die hypothetischen Risiken, um die es hier ja geht, auf eine Anerkennungsbasis bezogen werden, in der die Betroffenen ihre Problemlage modellieren. Ein derartiges Risikomanagement verlangt praktisches Entscheiden, für das die Wissenschaft nicht legitimiert ist, da keine allgemeinen Kalkulationsbasen für solche hypothetischen Risiken gegeben sind. Die neu organisierten Verfahren zur öffentlichen Meinungsbildung im Rahmen von Planungszellen, Bürgerforen etc. können freilich demokratische Entscheidungen nicht ersetzen; sie können aber unsere Abhängigkeit von den zweifelhaften Resultaten einer technisch vermittelten Kommunikation abbauen.

Es bleibt also festzuhalten, daß die auf den ersten Blick bedrückenden Kompetenzverluste, die eine sinnvolle Informations- und Wissensselektion zu verstellen scheinen, durch bestimmte Kompensationsstrategien, nämlich diejenigen der Parallelkommunikation, der Transparentmachung der Kontexte. der Realisierung von Kreativitätsforenermöglichung, exemplarischem Lernen zum Kompetenzerwerb, neuer Speicherarchitektur im Blick auf fallbasiertes Schließen und schließlich der Einrichtung öffentlicher Foren des Abwägens und der Meinungsbildung, die Verluste ausgleichen können. Dies gibt Anlaß zu einer realistischen Zuversicht, die den Technikpessimismus angesichts der Kommunikationsrevolution relativieren kann, und die zugleich nicht naiv den Verheißungen der Magna Charta des Informationszeitalters folgt.

Wissensmanagement und „swarm intelligence"
Wissenschaftstheoretische, semiotische und kognitionsphilosophische Analysen und Perspektiven

PD Dr. Angelika Karger - Universität Stuttgart

Wissensmanagement wird i.a. als die notwendige Antwort auf immer komplexere und schnellere Wissensakquisition, -entwicklung und -weitergabe unserer sogenannten Informationsgesellschaften verstanden. Es soll helfen, die „Informationsflut" zu beherrschen, damit diese nicht uns beherrsche. Neue Dienste des „Wissensmanagements" in Wissenschaft, Ausbildung, Politik und Wirtschaft entstehen, nachdem die „Globalisierung von Information" im Sinne ihrer technischen Einrichtungen Faktum geworden sind.

Diese Globalisierung wird von Experten als Chance zur Verdichtung wichtiger Daten für Kommunikations- Abstimmungsprozesse gesehen, da die grundlegenden Verhaltensweisen des Menschen - Kooperation und Konkurrieren um Ressourcen i. w. S., auch um Wissensressourcen - neue Rahmenbedingungen erfahren. Der Knowledge-Manager Praml optimistisch: „*Wissen erschöpft sich nicht, wenn es genutzt wird - ganz im Gegensatz zu allen anderen Ressourcen.*"[1]

Radermacher hofft, Menschen in Bezug zur Ameisen - „swarm intelligence" setzend, daß wir Zeugen eines Prozesses sind, „*im dem das neue Gesamtsystem Menschheit als intelligente, sich seiner selber immer mehr bewußte Lebensform (die in ihrer kognitiven Potenz bereits so weit oberhalb des einzelnen Menschen angesiedelt ist wie der Ameisenstaat oberhalb der einzelnen Ameise...), immer mehr in der Lage ist, Strukturen herauszubilden, die langfristig eine effizientere Wissensnutzung ermöglichen werden und damit die eigene Überlebensfähigkeit erhöhen.*"[2]

Gleichwohl sind die meisten Experten, die auf Förderung des *freundlichen* kooperativen Miteinanders der Menschen hoffen, sich durchaus auch der Verschärfung des wirtschaftlichen und wissenschaftlichen Wettbewerbes bewußt, die durch die neuen vielfältigen Informationsvernetzungen[3] entstanden sind. Kooperation setzt nicht immer als langfristiges Ziel Stabilität oder Erneuerung *aller* Teilsysteme.

In der KI - Forschung [4] werden seit langem „Intelligente Systeme", zu denen „swarm intelligence" jeglicher Art gehört, i.a. als Ergebnis evolutionärer Selbstorganisationsprozesse der Materie begriffen, und deshalb ist für die meisten KI-Forscher Denken als intelligible Leistung (Bewußtsein) selbstverständlich auch in anderen Medien als dem (respektive menschlichem) Gehirn möglich, kontrastierend z.B. zu Auffassungen wie die des Philosophen John Searles[5], der Bewußtsein an das Hirn gebunden sieht und es in der KI - falls überhaupt - erst realisiert sieht, wenn es gelingt, das menschliche Gehirn physiologisch nachzubauen.

Aber schon Peirce, der Begründer des amerikanischen Pragmatismus, argumentiert aus einer evolutionsphilosophisch-semiotischen geprägten Sicht gegen Wissenschaftler, die mentale

---

[1] Klaus Praml zitiert in: Angelika Fritsche, „Ressource Geist", „Die Zeit" Nr. 13, Hamburg 25. März 1999, S. 3
[2] Franz Josef Radermacher, Kommunikation als Basis intelligenter Systemleistungen, FAW-TR-91031, Forschungsinstitut für anwendungsorientierte Wissensverarbeitung an der Universität Ulm. Dezember 1991, S. 10
[3] Franz Josef Radermacher, KI - Option für modernes Management, Wissensverarbeitung und Gesellschaft, Bd. I, Ulmer Forum 89, Universitätsverlag Ulm 1991, S. 29f.
[4] KI = Künstliche Intelligenz; auch AI = Artificial Intelligence
[5] John Searle, Die Wiederentdeckung des Geistes, (Original: The Rediscovery of the Mind, MIT 1992), deutsch: München 1993; Frankfurt am Main 1996

Fähigkeiten ausschließlich im Gehirn lokalisieren und prägte provokativ die Metapher von seinem Tintenfaß: es sei ebenso geistreich wie er, denn wenn man es ihm stibitze, könne er keine Abhandlung mehr schreiben.[6]

Heute ringen sowohl KI-Forscher als auch Vertreter der Evolutionären Erkenntnistheorie u. a. um die Vermittlung der Vorstellung, daß intelligible Leistungen nicht nur an sprachliche Ausdrucksmittel physiologischer Systeme gebunden sind, sondern daß auf allen Ebenen Systeme selbstorganisierter Materie bedeutungstragende Modelle der sie umgebenden Welt sein können: und zwar auf den Ebenen chemisch-geometrischer Strukturen genauso wie auf den Ebenen genetischer oder neuronaler Codierung und letztlich auch auf der von symbolischen Beschreibungen.

Kommunikationsprozesse i. w. S. zwischen Systemen und der sie umgebenden Welt (sei es auch lediglich ihr materieller Austausch, Stoffwechsel) sind die Grundlage von Verhaltensmöglichkeiten, von denen wahrscheinlich nach aus dem Tauschhandel entwickelten Interpretationen die prinzipiellen Formen a. Konkurrenz und b. Kooperation sind.

Die Leitidee der KI-Forschung: a. selbstorganisatorische Materie hat die Potenz, b. viele Ebenen intelligibler Systeme, zu entwickeln und verknüpft sich nun mit der Leitidee der „swarm intelligence", welche die Idee nahelegt, die Menschheit einmal als eine solche zu betrachten.

An dieser Stelle will ich mich nicht mit allen allgemeinen Einwänden aus Philosophie und Erkenntnistheorie auseinandersetzen, die gegen die Idee evolutiver Selbstorganisation vorgebracht wurden. Vielmehr möchte ich dafür plädieren, sich intensiv auf diese Leitideen auch auf philosophischer Seite einzulassen und zunächst zu prüfen, inwieweit abbaubare Widerstände gegen diese Ideen noch unter dem Einfluß historisch ableitbarer Einstellungen begründet sind:

Im wesentlichen hat man z.B. erst in der 2. Hälfte unseres Jahrhunderts ernsthaft begonnen, andere Zeichensysteme als die der lingualen Sprache des Menschen als Kommunikationsmittel sowohl beim Menschen als auch bei anderen Lebewesen zu untersuchen.[7] Nach dem Zugeständnis und der Einsicht ihres Vorhandenseins wurde aber weiterhin deren Leistungsfähigkeit unterschätzt, indem man sie hierarchisch weiter unten als die linguale symbolische Sprache des Menschen ansiedelte und a priori davon ausging, daß diese das am „höchsten" entwickelte Ausdrucks- und Kommunikationssystem sei, insofern als wir nur in ihr theoriefähig und somit wissenschaftsfähig seien.

Aus der Sicht einer Semiotik[8], welche versucht, die „Signal-, Daten-, Informations-, und Zeichensprachen" aller Kommunikationssysteme zu untersuchen und die zu dem Ergebnis kam, daß alle lingualen Sprachelemente zwar Zeichen sind, Zeichen aber nicht notwendigerweise sprachlich sein müssen, kommt man jedoch eher zu der Einschätzung, daß wir sehr wohl auch nicht-symbolische Zeichentypen und Zeichensysteme kennen, welche in ihrer Leistungsfähigkeit eine ebenso adäquate Beachtung wie unsere symbolisch entwickelten Wissenschaften verdienen, wenn sie auch zugegeben qualitativ und funktional völlig verschieden sein mögen.[9] Ich plädiere dafür, daß die Erforschung biologischer und nicht-biologischer Kommunikationssysteme noch intensiviert werden. Fraglich ist allerdings, ob

---

[6] Angelika Karger, Untersuchungen zur Bewusstseinskonzeption bei Ch. S. Peirce, Diss. Stuttgart 1982, S. 96
[7] Vgl.: Marguerite Böttner, Zeichensysteme der Tiere, Ein Versuch angewandter Semiotik, Diss. Stuttgart 1980; Adolf Portmann, Zoologie und das neue Bild des Menschen, Hamburg 1956; Jacob von Uexküll, Streifzüge durch die Umwelten von Tieren und Menschen, Hamburg 1956;
[8] Elisabeth Walther, Einführung in die allgemeine Zeichenlehre, Stuttgart 1979, 2. und erweiterte Aufl.
[9] Angelika Karger, Zeichen und Evolution, Theoretische Grundlagen und Anwendungen semio-morphogenetischer Prozesse; Köln 1986

wir mit Hubig erst dann von globaler Kommunikationsrevolution sinnvoll sprechen können, wenn die tragenden Konzepte von „Wissen" und „Kommunikation" geklärt sind[10]

Was die Wertschätzung funktional gewachsener Leistungen selbstorganisierter Kommunikationssysteme wie z.B. die subatomarer Strukturen, des genetischen Codes, des Zusammenspiels von Genpools, von hormonalen und neuronalen Systemen, von Immunsystemen in Organismen, von Gruppen-, Staaten- und anderen „swarm"- Bildungen von Mehrzellern etc. problematisiert ist, daß all diese Leistungen als „blinde", sprich „nicht kontrollierte", „ nicht geplante", „teleologisch nicht zielgerichte" Ergebnisse im Rahmen evolutionstheoretischer Modellierungen und Prinzipien zu verstehen sind. Es scheint manchem Denker zu widerstreben oder gar uneinsehbar, noch so komplex ausgereifte Kommunikationsstrukturen als „intelligibel" zu würdigen, wenn sie denn mit der Evolutionstheorie als lediglich „statistische Ergebnisse" und somit als teleonome[11] im Gegensatz zu teleologischen Erfolgen, Leistungen, zu bestimmen sind. Selbstverständlich spreche ich hier von biologistischer Selbstorganisation, die immer als prozessuales und nicht als institutionelles Phänomen zu verstehen ist.[12] Neben den klassischen narzißtischen Kränkungen durch Kopernikus, Darwin und Freud, ist es augenscheinlich eine weitere, - „blinde Intelligenz" der Evolution auch auf der Ebene biosozialer Prozesse zu finden. Die Blindheit biologischer Prozesse suchte uns schon Dawkins durch seine Metapher vom „blinden Uhrmacher"[13] nahezubringen. Darüber hinaus wird bei der Untersuchung der „swarm intelligence" die Rolle des einzelnen Individuums erneut relativiert, nachdem ihm in unserer Kultur in den letzten Jahrhunderten eine immer größere Bedeutung zuerkannt wird. Der Druck zur Beschäftigung mit kollektivem Handeln erwächst allerdings auch von anderer Seite: so stellen Lenk und Maring fest, daß, nachdem in der abendländischen Tradition sich Typen ethischer Begründungen und universalmoralischer Regeln nahezu ausschließlich auf das Handeln und Leben von Individuen beziehen, heute neue ethische Probleme angesichts des starken Ausmaßes kollektiven Handelns (Großprojekte etc.) sichtbar werden.[14]

Noch schwerer akzeptabel scheinen evolutionsbiologische Modellierungen als Vorbilder für technisches und soziales Handeln und Organisieren zu sein.

Ich möchte hier sofort trennen: was das rein technische Handeln (im Sinne der Herstellung und Optimierung von technischem Gerät, technischen Mitteln) im Unterschied zum sozialen Organisieren betrifft, so ist hier durch die Erfolge der Bionik, welche Mitte der 60er Jahre ihre ersten Ergebnisse zeitigte und später auch durch entsprechende Erfolge in der KI - Forschung die Skepsis gegenüber dem Einsatz evolutionärer "blinder" Prinzipien sogar einer gewissen Euphorie gewichen.[15]

Feststellbar aber ist, daß innerhalb des diskutierten Kontextes die erkenntnistheoretischen Fragen des Überganges von nicht-sich-ihrer-selbst bewußter zu sich-ihrer-selbst-bewußter Materie, die Fragen der Willensfreiheit in Zusammenhang mit der

---

[10] Christoph Hubig, Technologische Kultur, Leipziger Schriften zur Philosophie 3, Leipzig 1997, S. 168

[11] Schon 1958 hat der Engländer Pittburgh den Begriff „Teleonomie" eingeführt zur Bereinigung der Biologie von teleologischer Metaphysik. Vgl. hierzu auch: Rupert Riedl, Biologie der Erkenntnis, Berlin/Hamburg 1981, S. 168 f; sowie Eve-Marie Engels, Erkenntnis als Anpassung, Frankfurt a. Main 1989,S. 266f. und Hrg. Eve-Marie Engels, Die Rezeption der Evolutionstheorien im 19. Jahrhundert, Frankfurt a.M. 1995, darin Thomas Junker, Zur Rezeption der Darwinschen Theorien bei deutschen Botanikern, S. 164 f.

[12] zur Geschichte und Standortbestimmung der Selbstorganisation siehe: Gilbert J. B. Probst, Selbst-Organisation, Berlin/Hamburg 1987, insbesondere S. 16 - 25

[13] Richard Dawkins, Der blinde Uhrmacher, Ein Plädoyer für den Darwinismus, München 1987

[14] Hans Lenk/Matthias Maring „Wirtschaftsethik - ein Widerspruch in sich selbst? S. 6 f, in Hrg. Hans Lenk u.a., Ethik in der Wirtschaft, Chancen verantwortlichen Handelns, Stuttgart/Berlin/Köln 1996

[15] Angelika Karger, Semiotik - Vermittlung zwischen Evolutionärer Erkenntnistheorie und Radikalem Konstruktivismus, Semiosis 61/62, Baden-Baden 1991, 61f.

Determinismus/Indeterminismus-Debatte[16] und die des Übergangs einer teleonomen Leistung zu einer Leistung der Intentionalität[17] sowie die des Übergangs von biologischer zu kultureller Evolution als problematisch fortgeschrieben werden. Es sollte inzwischen darum gehen, wie biologische und kulturelle Evolution zusammenwirken.[18]

Eine Vereinigung der Fragestellung technischer und sozialer Simulationen findet sich natürlich in der sich seit einigen Jahren etablierenden Disziplin „Künstliches Leben" (KL) (engl. „Artificial Life") .Der Gedanke existiert schon in der griechischen Mythologie und führt über den Homunkulus von Paracelsus oder von Rabbi Loew zu den Spielmaschinen im 17. Jh. und zu den theoretischen Grundlagen bei La Mettrie, Blaise Pascal, Thomas Hobbes, Gottfried Wilhem Leibniz u.a. bis zur Entwicklung heute. Seit 1987 organisiert Chris Langton Konferenzen in Los Alamos zum Thema. Interessant für uns sind insbesondere die Arbeiten von James McLurkin und Rodney A. Brooks, die Robotnik-Ameisenkolonien nach dem biologischem Vorbild am MIT AL-Lab entwickelten[19]. Die nur 3 cm langen Roboter sind mit 17 Sensoren, 2 Emittern, 3 Leuchtdioden, einem Prozessor und 8 Kbyte EEPROM ausgestattet (2 Fühler „warnen" vor Berührungen, es gibt „Nahrungssensoren", „Gleichgewichtssensoren" etc. Kurz: Weil hier jede „Ameise" Signale einer anderen empfängt, kann sie diese in ihrem „Ameisen-Sein" von anderen Objekten der Umgebung unterscheiden, was wir natürlich anhand der Verhaltensweisen konstatieren - genau wie bei der Beobachtung der Natur.

Das Selbstverständnis des Menschen, der sich aufgefordert sieht, als Individuum oder delegierter verantwortlicher Entscheidungsträger, organisatorische Entscheidungen zu fällen, und der zugleich sich selbst und die Sozietät, in die er eingebunden ist, einer unkontrollierbaren selbstorganisatorischen Dynamik unterworfen erfährt, ist seit jeher spannungsreich. Dennoch versucht man mitunter schon, selbstorganisatorische Prozesse z.B. im Wissenschaftsbetrieb in Gang zu bringen, in der Hoffnung, durch Schaffung geeigneter Rahmenbedingungen einen Innovationsschub zu forcieren. Es entstehen paradoxe Formulierungen von der „Organisation von Selbstorganisation".[20]

Solche bescheidenen Versuche, Erkenntnisse über selbstorganisatorische Prinzipien, die wir aus der Naturwissenschaft gewonnen haben, auf soziale Prozesse anzuwenden, dürfen aber nicht mit den Erfolgen und der relativen Problemlosigkeit der direkten Anwendung selbstorganisatorischer Prinzipien in der Bionik verglichen werden. Man versucht deshalb auf metatheoretischer Ebene, die typischen Metaphern z.B. von Fremd-, Selbstorganisation und kooperativem Problemlösen zu differenzieren.[21] Die Komplexität der Entscheidungen zur „Konstruktion" (Herstellung, Organisation) eines sozialen Gebildes unter Zuhilfenahme evolutiver Prinzipien ist nämlich ungleich größer und sensibler als die zur Konstruktion bzw. Herstellung technischer Werkzeuge, über die wir in der Regel mehr Verfügungsgewalt und -berechtigung haben, sie nach ihrem Entstehen problemlos z.B. durch Verwerfung oder Ersetzung einer neuen Entwicklung opfern zu können, als wir dies verantwortungsvoll mit hergestellten sozialen Konstruktionen dürfen, deren Systemelemente schließlich Menschen sind.

---

[16] Angelika Karger, Wissenschaftstheoretische Fragen des Determinismus und Indeterminismus, Eigenverlag Stuttgart 1986 (erhältlich über die Autorin)
[17] Beachte hierzu z.B. die Hinweise von Daniel C. Dennett, Darwins gefährliches Erbe, Die Evolution und der Sinn des Lebens, Hamburg 1997, S. 281f; Das 783 Seiten umfassende Werk von Dennett gibt einen sorgfältigen Überblick zur Rezeptionsgeschichte der Evolutionstheorie
[18] Angelika Karger, Zeichen und Evolution, a.a.O. S. 133 ff
[19] Steven Levy, KL - Künstliches Leben aus dem Computer, München 1993;
[20] Rolf Reiner, Bausteine für ein effizientes Wissenschaftsmanagement, Wissenschaftsmangement 3, Mai/Juni 1996, S. 112 ff - Rolf Reiner war Geschäftsführer des SFB 230 der Universitäten Stuttgart und Tübingen
[21] Hans Strohner. Kognitive Systeme, Opladen 1995, S. 210 ff

Nach wohlfundierten Hypothesen unterliegt nun also menschlichen und anderen Sozietäten „swarm intelligence". Der Begriff stammt aus der Verhaltensforschung, die z.B. im Zusammenhang mit Insektenstaaten diese als „Superorganismen" modelliert und z.T. deren evolutiv entstandenen kooperativen Arbeitsweisen in den Metaphern und der Sprache für Funktionsweisen eines Organismus beschreibt. [22] Der Reiz von Superorganismen liegt darin, daß sie uns deutlich vor Augen führen, daß komplexe Sozietäten wie ein Bienenstaat Leistungen erbringen, die aussehen, als ob ein kontrollierter Plan hinter ihnen stecke, von dem aber die einzelnen Individuen der Sozietät keinerlei Repräsentation haben können.

Mainzer: *„Stellen wir uns ...Populationen doch einmal als eine Art Superorganismen vor. In den Termitenstaaten...haben die einzelnen Insekten keine Repräsentation von dem gesamten Bau und den gemeinschaftlichen Aktionen; alles, was so aussieht, als stecke dahinter ein intelligenter Plan, wird allein durch chemische Kommunikation gesteuert und erreicht. Erinnert dies nicht...an die Komplexität der weltweit computergesteuerten Kommunikationssysteme mit ISDN-Anschlüssen, Datenbanken und Internet? Und an...feindliche...Computerviren? Kein einzelner Ingenieur hat eine im Detail exakt festgelegte Repräsentation dieses Systems - viele Tausende Ingenieure arbeiten parallel und unabhängig, ohne voneinander zu wissen... "*[23]

M. E. muß es klar sein, daß zur **Erklärung** von „swarm intelligence", zur Erklärung des Funktionierens einer Sozietät ohne Plan (ohne steuernden „Kopf", ohne „Kapitän") es keiner weiteren zugrundeliegenden Prinzipien als die der Evolutionstheorie bedarf (ich setze diese als bekannt voraus: Prinzip der großen Zahl, der Mutation, der kumulativen Selektion, des Selektionsdrucks, der Rekombination usw.). Die emergenten Sozietäten sind gleichermaßen auf der Grundlage der Evolutionstheorie zu begreifen wie die Entstehung genetischer Informationspools, die Entwicklung teleonomer Leistungen emergenter und synergetischer biokybernetischer Steuerprozesse in Organismen oder die Entwicklung neuronaler Netze usw. Wie gesagt hat das wissenschaftliche Entschlüsseln der beteiligten Zeichensysteme erst begonnen, sei es der empirisch beobachtbaren und funktional interpretierbaren „Tänze" z.B. von Bienen oder anderen Insekten, die „Zeichensprache" von Hormonsignalen, welche zur „Steuerung" kooperativer Verhaltensweisen beitragen, solche also die nicht nur für die Ausprägung der Individuen einer Art relevant sind, sondern auch für das „Zusammenwirken" der staatenbildenden Individuen einer Art. Man spricht auch von „Sozialhormonen" (so werden z.B. die Hemmstoffe bezeichnet, welche die „Bienenkönigin" abgibt, die selbst als „Ovar" „ihres Superorganismus" oder in älterer Metaphorik „ihres Staates" bezeichnet wird).

Von evolutionstheoretischem Interesse und für uns lehrreich ist auch, daß die Individuen einer Art oft genetisch nicht auf eine einzige soziale Funktion festgelegt sind, sondern verschiedene soziale Funktionen organisch aktivieren können. So gibt es z.B. Fische, die je nach Ressourcenbestand ihrer Art, d.h. nach Bedarf und Kontextabhängigkeit ihr Geschlecht ändern. Wir kennen noch nicht alle Signal- und Zeichenprozesse, die solcherart unglaubliche Variationsbreite von Verhaltensoptionen via unterschiedlicher semiotischer Medien ermöglichen. Selbstverständlich unterstütze ich, daß wir diese Forschung intensiv betreiben sollten. Täglich lernen wir aus dieser Forschung neue erstaunliche Phänomene kennen und sehen, daß selbst sogenannte „primitive" Organismen wie Viren sogar global vernetzte Kommunikationswege „gefunden" haben und "Überlebensstrategien" entwickeln können, die anderem komplexem Leben wie uns selbst sehr gefährlich werden können.

Mein Plädoyer für weitere biologische und semiotische Deskription - empirisch und theoretisch - zur Klärung der bei verschiedenen Arten von „Swarm intelligence" wirksamen Prozesse ist zum einen darin begründet, daß vermutlich die Präparation allgemein wirksamer

---

[22] Dierck Franck, Verhaltensbiologie, 3. völlig neu bearbeitete Auflage, Stuttgart/New York 1997
[23] Klaus Mainzer, in: Forum: Kopf oder Computer, Diskussion mit Klaus Mainzer, Ernst Pöppel, Helge Ritter, Spektrum der Wissenschaft, Oktober 1997, S. 48

Prinzipien solcher Kommunikationsprozesse uns helfen können, die von uns selbst organisierten und initiierten Kommunikationsformen in ihrer Wirksamkeit besser antizipieren zu können[24], so weit dies bei prinzipiell offenen Systemen wie diesen möglich ist. Da die evolutiven Prinzipien bereits bekannt sind, können sie dann auch immer besser bei der Simulation von Entscheidungsszenarien in sozialen Gebilden eingesetzt werden.

Schloß ich mich bisher der These, daß die kulturelle Evolution gegenüber der biologischen höhere Freiheitsgrade zur Modellierung einer größeren Vielfalt überformender kultureller Welten durch die Entwicklung des Symbols errungen hat, so möchte ich nun die provokative Vermutung zur Diskussion stellen: die „biologische Vielfalt" von Sozietätsmöglichkeiten, die wir studieren können, gerät zwar in der Regel in die biologische Sackgasse der Irreversibilität, scheint dafür aber einen bunteren Strauß von Möglichkeiten zu bieten als die soziokulturellen Standards zur Bildung und Erhaltung von Sozietäten, welche der Mensch aktiviert, und die dafür aber im Prinzip reversibel sind. Letztlich hieße das, daß wir durch Reversibilitätsmöglichkeiten, die in der Sphäre des Biologischen nicht bestehen und das Vorbild der Natur ein ungeheures kreatives Potential entfalten könnten, allerdings nur unter der Voraussetzung der Einsichtnahme in den Konservatismus unserer kulturellen Vorstellungen, die wir gegebenenfalls überwinden müßten.

Deshalb muß vor den „zwei Gesichtern" der hierzu beitragenden Soziobiologie gewarnt werden: *„Die Soziobiologie hat zwei Gesichter. Das eine betrachtet das Sozialverhalten nichtmenschlicher Tiere. (* Anmerkung der Autorin: inzwischen nicht nur von Tieren und Menschen, sondern auch von Pflanzen, Bakterien, Viren etc.) ..Äußerungen macht man nur vorsichtig. Das andere Gesicht ist fast hinter einem Megaphon versteckt, und daraus ertönen aufgeregte Bekanntmachungen über die menschliche Natur." Paul Kitcher, 1985*[25]

Es ist bekannt, daß uns fast täglich, über die Medien popularisierte „Deutungen" aus der Soziobiologie erreichen, die ebenso prekär und gefährlich sind wie sozialdarwinistische und rassistische Interpretationen der Evolutionstheorie. So wurde etwa behauptet, daß Löwenmännchen bei der Übernahme ihres weiblichen Rudels, „genetisch determiniert" seien, die Nachkommen ihres Vorgängers zu töten, da sie so um ihres „egoistischen Genes" willen Genkonkurrenten zum einen ausschalten würden und zum anderen durch die dann wieder begattungsbereiten Weibchen ihre Genbotschaft schneller verbreiten könnten. Dies ist in zweifacher Hinsicht als Deutung nicht akzeptabel. Einmal nach der Argumentation der Evolutionstheorie selbst : es gibt kein zielgerichtetes „Um zu"; d.h. man kann den Vorteil der Gene durch die Tötungshandlung der Männchen evolutionstheoretisch korrekt lediglich als **Ergebnis** dieser Handlung beschreiben. Zum anderen haben wir heute aus der empirischen Forschung korrigierende Hinweise darauf, daß es sich bei diesem Beispiel nicht um ein genetisch fest determiniertes Verhaltensprogramm handelt, sondern um eine zufällige Beobachtung, da diese zunächst an zufällig besonders aggressiven Löwenmännchen erfolgten. Löwen mit einer weniger aggressiven genetischen Disposition töten die Nachkommen übernommener Rudel keineswegs.

Solche Beispiele, die unübersehbar den Charakter haben, eher bekannte Verhaltensweisen aus der Kultur des Menschen mit Nachdruck „erklären zu wollen", bzw. - man kann sich des Eindrucks nicht erwehren - geradezu „rechtfertigen zu sollen", ließen sich beliebig lang fortsetzen.[26]

Bei der Interpretation der genetischen und kulturellen Triebfedern der Evolution von Sozialverhalten i.w.S. sollten wir also besondere Vorsicht walten lassen und stets prüfen, inwieweit wir aus unserer „bevorzugten Weltsicht" präjudizieren.

---

[24] Angelika Karger, Zeichenwirkung als philosophische Aufgabe, Festschrift für Elisabeth Walther-Bense zum 75. Geburtstag, signum um signum, Semiosis 85-90, Baden-Baden 1997, S. 345-355
[25] Paul Kichter 1985, zitiert in Daniel C. Dennett, Darwins gefährliches Erbe a.a.O., S. 677
[26] Hansjörg Hemminger, Soziobiologie des Menschen - Wissenschaft oder Ideologie?, Spektrum der Wissenschaft, Digest: Kooperation und Konkurrenz, Heidelberg 1998, S. 42 ff.

Anderseits sollten wir versuchen, die Komplexität selbstorganisatorischer sowie organisierter Kommunikationsprozesse transdisziplinär begrifflich zu reduzieren. Dies geschieht durch Anwendung verschiedener theoretischer Modellierungen und Interpretationen auf die empirischen Befunde der Soziobiologie, so z.B. auch seitens der Synergetik von Haken und Haken-Krell, die mit den Grundbegriffen: Instabilität, Fluktuationen, Ordner, Versklavung, Emergenz neuer Qualitäten und Symmetriebrüchen arbeiten und entsprechend soziobiologische Phänomene deuten[27], oder seitens der Spiel- und Entscheidungstheorie, welche Teile der Evolutionstheorie interpretieren. *„Der Spiel- und Evolutionstheorie ist die grundlegende Erkenntnis gemeinsam, daß die „rationalen Prinzipien - was das auch heißen mag", welche die konkurrierenden Handlungen „leiten", ihre Wirkung sogar auf unbewußte, nicht denkende Halbhandelnden wie Viren, Bäume und Insekten ausüben können, weil der Einsatz und die Gewinnmöglichkeiten des Wettbewerbs darüber bestimmen, welcher Spielverlauf beim Gewinnen oder Verlieren nicht hilft, unabhängig davon, wie geistlos er übernommen wurde."* [28] Hierzu fand die Arbeit Axelrods über „Die Evolution der Kooperation"[29] besondere Beachtung. Ausgehend vom idealtypischen Modell des bekannten Gefangenendilemmas versucht er zu zeigen, daß Kooperation sich „in the long run" auch in einer Welt von Egoisten durchsetzen wird. Hofstadter kommentiert Axelrods „TIT FOR TAT - Modell": zum Gelingen des Spiels sei einzig die „kognitive Fähigkeit" der Spiel- bzw. Kommunikationspartner vorausgesetzt, ihre früheren Partner wiederzuerkennen und sich an ihr letztes Verhalten zu erinnern. Dazu bedürfe es nur eines minimalen Gedächtnisses, primitiv wie der Kniesehnenreflex, und keiner „reflexiven Vernunft." Das Studium der spieltheoretisch so erfassbaren Evolution von Kooperation setze keine „Freundschaft" voraus, um Partner zur Kooperation zu bewegen, und je besser wir diese Prozesse verstünden, desto besser könnten wir vielleicht unsere Einsichten nutzen, um die Evolution der Kooperation noch zu beschleunigen, was angesichts drohender globaler politischer Katastrophen dringend erforderlich wäre.[30] Zu befürchten ist aber, daß immer wieder die zu beobachtende generelle Bereitschaft zur Eskalation und Destruktion bei Konflikten stets ihre zu hohe Zahl von Opfern fordern wird, auch wenn sich eine Eskalation angeblich nur dann auszahlt, wenn der andere nachgibt.[31]

Delahaye und Mathieu haben spieltheoretisch auch versucht zu zeigen, daß die Iteration des Gefangenendilemmas zu einer unerwartet großen Vielfalt von Phänomenen führt, wenn man neue Varianten einführt. Hieraus entwickelten sie 12 permutierte modellhafte Beispielstrategien: **1**. ich kooperiere stets **2**. Ich betrüge stets **3**. Ich betrüge abhängig vom Zufall, im Durchschnitt jedes 2. Mal **4**. Ich kooperiere beim 1. Mal und tue dann das, was der andere bei letzten Mal getan hat **5**. Ich kooperiere, bis der andere zum erstenmal betrügt, von da an betrüge ich stets ...usw.

Man darf nicht vergessen, daß es sich auch hier um idealtypische Modellierungen handelt. Die Frage, ob eine von diesen Strategien die optimale in dem Sinne sei, daß sie gegen jede andere das bestmögliche Ergebnis erzielt, wird verneint. Jede der Strategien ist stark gegen eine andere und schwach gegen eine dritte.[32]

Wenn die Soziobiologie generell von den Antagonismen: „Egoismus und Altruismus" (auch Form des „reziproken Altruismus" (egoistischer Altruismus (ich gebe, damit du gibst)), und

---

[27] Hermann Haken/Maria Haken-Krell, Entstehung von biologischer Information und Ordnung, Darmstadt 1989, Kap. 16 Sozialverhalten und Biokommunikation, S. 189 ff
[28] Daniel C. Denett, a.a.O. S. 350
[29] Robert Axelrod, Die Evolution der Kooperation, Oldenbourg 1997
[30] Douglas R. Hofstadter, Tit For Tat, Spektrum der Wissenschaft, Digest: Kooperation und Kon-kurrenz, a.a.O., S. 60 ff
[31] Pierre Basieux, Abenteuer Mathematik, Brücken zwischen Wirklichkeit und Fiktion, Hamburg 1999, S. 346 ff
[32] Jean-Paul Delahye/Phillippe Mathieu, Altruismus mit Kündigungsmöglichkeiten, Spektrum der Wissenschaft, Digest: Kooperation und Konkurrenz, a.a. O. S. 82 ff

von „Kooperation und Wettbewerb" zur Rekonstruktion der biologischen Grundlagen des Sozialverhaltens ausgeht, sind diese m.E. ebenso in der Analyse des Kräftespiels evolutionärer Entwicklungen bereits schon den Prozessen hypothetisch unterlegte „interpretierte Kräfte" mit gewisser Zielrichtung, ebenso wie Sigmund Freud von zwei zielgerichteten Grundtrieben im Gegensatzpaar: „Eros - Destruktions- oder Todestrieb" ausging. So auch Wuketits.[33]

Nochmals: im strikten evolutionstheoretischem Sinne finden wir in der Natur nur „Ergebnisse" aufgrund des Zusammenspiels von Kräften; *wir* deuten sie als konstruktiv oder destruktiv. Wir können aber nicht behaupten, daß dieses oder jenes Ergebnis z.B. im Sinne der Entwicklung von „Überlebensmaschinen" von der Natur „gewollt" sei oder gar strategisch entwickelt.

Gleichwohl befinden wir uns aber in der Lage, in das Spiel der Kräfte „zielgerichtet" eingreifen zu können. Aus den vorgefundenen Ergebnissen können wir lernen, aber wir werden kein Modell in der Natur vorfinden, das uns zeigt, was wir anstreben **sollen**. Wir werden nicht der Verantwortung enthoben zu entscheiden, was wir selber im Rahmen unserer Möglichkeiten **wollen** und wie wir mit antagonistischen Bestrebungen gegen unser Wollen umzugehen gedenken.

Evolutive Modelle der „swarm intelligence" können uns nicht direkt helfen zu überleben, denn *„in der Evolution steht nirgendwo geschrieben, daß homo sapiens überleben muß, er könnte...auch aussterben...Die Möglichkeit aber, die Entwicklung selbst zu steuern, ist einzigartig, sie ist nur dem Menschen eigen..."*[34]

---

[33] Franz M. Wuketits, Evolution, Erkenntnis, Ethik, Folgerungen aus der modernen Biologie, Darmstadt 1984, S. 126
[34] Franz M. Wuketits, Gene, Kultur und Moral, Soziobiologie - Pro und Contra, Darmstadt 1990 S. 150

Dienen und Wissen

Klaus Kornwachs

Abstract
Im Zusammenhang mit dem ungeklärten Begriff der Wissensgesellschaft spricht man häufig von Diensten (Mehrwertdienste, Informationsdienste, Dienstleistungen etc.), die in der Lage sein sollten, die richtige Information zum richtigen Zeitpunkt zum entsprechenden Problem am richtigen Ort zu Verfügung zu stellen, auf daß aus ihnen das erforderliche Wissen gewonnen werden kann. Der Beitrag reflektiert den Begriff des Dienstes und des Dienens im Zusammenhang mit Beschaffung von Information und Erzeugung und Umgang mit Wissen und geht diesem doch auffälligen Sprachgebrauch nach.

1. Motivation

Auf einem Workshop für Wissensmanagement, der im Rahmen eines Philosophiekongresses abgehalten wird, mag es vielleicht befremden, das Begriffspaar Wissen und Dienen einer Analyse unterziehen zu wollen. Die Motivation hierfür liegt in einem Sprachgebrauch, der das Wort Gesellschaft mit vorgeschalteten Begriffen versieht, wie Dienstleistungsgesellschaft, Informationsgesellschaft, Wissensgesellschaft[1]. Der Ursprung dieser Sprachpraxis liegt zumeist im Versuch einer soziologischen Deskription; die so eingeführten deskriptiven Schlüsselwörter mutieren aber zusehends zu wirtschaftlichen, politischen oder auch innerbetrieblichen Kampfbegriffen, die bestimmte technische, wirtschaftspolitische, soziale und auch technisch-organisatorische Veränderungen bestehender Strukturen legitimieren oder mit Emphase füllen sollen.

Von besonderem Interesse scheint mir hier die Verwendung des Begriffes Dienstleistung in Verbindung mit dem Wissensbegriff zu sein. Deshalb soll die folgende Untersuchung dreigeteilt sein: Zuerst soll der Begriff des Dienens, der in der Dienstleistungsgesellschaft offensichtlich eine Rolle spielt, oder besser immer noch eine Rolle spielt, herausgearbeitet werden, dann folgen einige mehr respektlos analytische Bemerkungen zur sog. Wissensgesellschaft, und drittens wird versucht, einige Überlegungen zum Umgang mit Wissen im Hinblick auf eine Haltung, die man als "dienend" bezeichnen könnte, zu entwickeln.

2. Dienen

Von G.W. Hegel ist bekannt, daß er monierte in Deutschland wachse ein knechtischer Sinn. Seine Abhandlung über „Herrschaft und Knechtschaft" in seiner Phänomenologie des Geistes gilt zurecht immer noch als Klassiker, den man bei der Analyse von Herrschaftsverhältnissen als Ausgangsposition notwendigerweise benötigt[2]. Die jeweiligen Akte, die dieses Verhältnis

---
[1] In der Soziologie vgl. beispielsweise Stehr (1994) oder Beck (1986).
[2] Vgl. Hegel (18??/19??) S. 109-116 (113/115-128/130). Von den durch Hegel durchdeklinierten Verhältnismöglichkeiten zwischen dem Objekt der Begierde, dem Herrn und seinem Knecht ist wohl diejenige interessant, die eine Anwendung auf das Wissen als Objekt der Begierde erlaubt - der Knecht beschafft das

konstituieren, sind auf der Seite des Herren die Ausübung der Herrschaft, die aber den Willen des Knechtes, Knecht zu sein und dieser Herrschaft zu willfahren, voraussetzen. So haben Befehle, Anweisungen, Kommandos, wie auch immer, einen Adressaten, der sich zu diesen Akten verhalten muß, sei es in vollziehender oder in ablehnender Weise. Rebellion zieht Sanktionen nach sich, die Verweigerung des Arbeitens bzw. des Dienens, zieht eine Bestrafung oder die Auflösung des Herr-Knecht-Verhältnisses (heute eines Arbeitsverhältnisses) nach sich. Die Existenz eines Machtverhältnisses hängt jedoch von der Möglichkeit der Herrschaftsausübung ab, und diese ist sehr eng an die oben beschriebene Sanktionsmöglichkeit gekoppelt.

Ein weiteres konstitutives Merkmal für ein solches Herrschafts-Knechtsverhältnis ist die Entlohnungssituation. Selbst der Herr eines Sklaven muß für die Ernährung seiner „Knechte" sorgen, die vom Angestellten, Arbeiter oder Bediensteten zu erwartende Arbeitsleistung setzt die Erhaltung seiner Arbeitskraft voraus. Wir lassen den perversen Fall beiseite, bei dem eine Arbeitskraft maximal ausgebeutet und damit zu schnell erschöpft wird, so daß der Tod des „Knechtes" entweder bewußt in Kauf genommen oder willentlich angestrebt wird (Fronarbeit, Sklavenarbeit oder Zwangsarbeit in Konzentrationslagern oder Gefangenenlagern in totalitären Situationen).

Wegen der emphatischen und moralischen Aufladung des Begriffs „Dienen" ist es sicher sinnvoll, erforderlich, Dienen und Erbringen von Arbeitsleistung zu trennen. Der mittelalterliche Begriff der Arbeit ist immer mit Mühsal, Fron, Last und Abhängigkeitsverhältnissen verknüpft gewesen[3], die Handlung der Arbeit ist vom Vorgang dieser Arbeit selbst trennbar. Daraufhin hat schon Aristoteles in der Nikomachischen Ethik bei seiner Unterscheidung zwischen der hervorbringenden Haltung (poiesis) und der tätigen Haltung (eupraxia) hingewiesen[4]. Nun sollten die Begriffe aber nicht zu stark vermengt werden - denn die Arbeit ist - zumindest in der heutigen Diskussion - auch als selbständige Arbeit denkbar, die nicht direkt in ein Herrschaftsverhältnis, das dem Verhältnis von Herren und Knecht entsprechen würde, eingebunden ist. Auch in der Unterscheidung von Arbeit und Spiel wird immer wieder darauf hingewiesen, daß die Grenzen fließend seien,[5] daß Arbeit aber doch immer durch eine Ziel-Mittel-Relation bestimmt ist, die ein Moment der Notwendigkeit, wenn auch nicht ausschließlich enthält. Arbeit ist verbunden mit einer vorhergehenden planerischen Tätigkeit,[6] die von fremder Seite oder von eigener Seite (bei Dispositionsfreiheit) durchgeführt werden kann. Arbeit ist eingebettet in die sozialen und kommunikativen Bezüge der Organisation der Arbeitsteiligkeit, die auch immer ökonomisch, technisch-organisatorisch und wirtschaftspolitisch determiniert sind. Die Situiertheit jeglichen Arbeitsaktes ist bereits von Marx treffend analysiert worden[7] und an dieser Erkenntnis ist auch im Zeitalter der computervermittelten Telearbeit nicht sonderlich viel zu korrigieren.

Die Auflösung von Arbeitsverhältnissen, die sich in individuellen Herr-Knecht-Verhältnissen bewegten, über die Arbeit in großen Arbeitsorganisationen wie Betrieben, Fabriken, bis hin zu Konzernen oder supranationalen Behörden, scheint nun der Geschichte der Arbeit, die ja auch immer eine Geschichte der Solidarisierung der Arbeitenden, nicht erst seit dem 19. Jahrhundert gewesen ist, ein neues Kapitel hinzuzufügen, da die herkömmlichen

---

Objekt oder erzeugt es durch seine Tätigkeit, aber im Gebrauch durch den Herrn bleibt es an den Knecht gebunden, Wissen benötigt das Wisen darüber, wo es herkommt und wie es entstand.

[3] Vgl. Materialien zu einer Geschichte der Arbeit in: Brocker (1992), S. 405ff., insbes. S 418 f.
[4] Aristoteles: Nikomanische Ethik 1140a-f.
[5] Vgl. Erlach 1999, S. 75, (Kap. 2.1).
[6] Vgl. Marx' Ausführungen über den Arbeitsprozess und Verwertungsprozeß (Marx 1977, S. 193 (1867))
[7] Vgl. Kap. 13 in Bd. 1 des Kapitals (Marx 1977, S. 391ff).

Arbeitsverhältnisse sich abermals in Eigenarbeit, Scheinselbständigkeit, Telearbeit, informale Arbeit und andere Formen auflösen. Alle Faktoren, die zur Bildung der Manufakturen und Fabriken im 18. und 19. Jh. geführt haben, fallen bis auf den Materialtransport weg, da sie durch Informations- und Kommunikationsströme substituierbar geworden sind. Damit fallen auch alte Organisationsformen der Arbeit weg und damit die darauf aufsetzende Organisationsformen der Solidarisierung derer, die in diesen bestimmten Arbeitsverhältnissen lebten.

In diesem Zusammenhang ist es nun auffällig, daß mit der Auflösung dieser Strukturen schon vergleichsweise frühzeitig der Begriff der Dienstleistung entstand[8]. Eine ursprünglich betriebswirtschaftliche Trennung der Begriffe Produktion und Dienstleistung stand am Anfang: Das produktive Gewerbe oder die produktiven Bereiche eines Betriebes stellen Produkte dar, die eine Funktion innerhalb eines Artefaktes haben, die Schraube im Auto, das Auto als Transportmittel im Verkehr etc. Das Herstellen von Produkten verlangt aber bestimmte Organisationsformen, die erarbeitet, installiert und durchgesetzt werden müssen. Diese damit verbundene Tätigkeit ordnete man ursprünglich dem sogenannten nichtproduktiven Bereichen zu, später dann Dienstleistungsbereiche genannt, und dieser Begriff ist dann auch für die gesamte Volkswirtschaft übernommen worden, um Branchen danach zu klassifizieren, ob sie Produkte herstellen, oder Dienstleistungen erbringen (Friseur, Reparaturwerkstätten, Makler, Rechtsanwälte, etc.).

Dienstleistung wurde in diesem Kontext von vornherein mit dem Arbeitsbegriff verknüpft: Der Preis für eine erbrachte Dienstleistung richtet sich nicht ausschließlich nach Angebot und Nachfrage, sondern auch nach der für ihre Erbringung notwendige Arbeitszeit in Abhängigkeit von der Qualifikation dessen, der diese Leistung erbringt.[9] Daß Behörden Dienstleistungen erbringen, ist ein vergleichsweise neuer Gedanke, der mit der Deregulierung und Privatisierung des öffentlichen Bereichs der achtziger Jahre auch als Kampfbegriff in einem nebenläufigen Prozeß entwickelt wurde.

Nun stecken in dem Begriff der Dienstleistung eine Reihe von Voraussetzungen. Der Begriff Dienst wird in sehr vielen Sprachen früher wie heute in zwei Bedeutungen verwendet:[10] einmal in einem institutionellen Sinne, nämlich wenn von einer Einrichtung gesprochen wird, die bestimmte Dienstleistungen organisiert (Schreibdienst, Fahrdienst, Depeschendienst).

Ein Dienst kann aber auch, gerade im zwischenmenschlichen Bereich, als das Ergebnis einer Handlung angesehen werden, die eine Hilfe- oder Unterstützungsleistung impliziert und, eine gewisse moralische Betonung des Begriffes vorausgesetzt, eine bestimmte zwischenmenschliche Beziehung voraussetzt, die durch Verständnis, Hilfebereitschaft, Zuwendung und dgl. gekennzeichnet werden kann (Liebes- oder Freundschaftsdienst, Pflegedienst etc.).

Der Begriff Dienst, im Zusammenhang mit Leistung, abstrahiert von dieser zwischenmenschlichen Beziehung, er bezeichnet eher das Ergebnis von Handlungen, die zwischen Personen oder auch Institutionen zum Zwecke gegenseitiger Hilfestellungen,

---

[8] Vgl. Rifkin (1996), S. 108 f.
[9] Daß der Begriff des "Kundendienstes" eine Leistung meinte, die kostenlos erbracht werden sollte (Kundenservice, heute meist hot line geheißen), widerspricht dem nicht - der Preis des Produktes, dessen Funktionsfähigkeit durch Kundendienst aufrechterhalten oder restauriert werden muß, schließt in der Regel die Kosten eines solchen Dienstes mit ein.
[10] Vgl. z.B. Pfeiffer (1993), Bd. 1, Stichwort Dienen, Dienst, S. 294 f.

Funktionserhaltung, Instandhaltung etc. durchgeführt werden. Zuwendung, Hilfsbereitschaft oder dergleichen werden ersetzt durch Vergütungs- und Honorierungsverhältnisse.

Im weiteren Verlauf der Begriffsentwicklung wird der Dienst im Zusammenhang mit der Dienstleistungsgesellschaft gesehen. Der Kunde, der diese Dienstleistung kauft, und der in marktlicher Sichtweise den Souverän des Geschehens darstellt, wird erneut zum Herrn in einer Art Herr- und Knechtverhältnis. Die Pflicht zur lächelnden Erbringung einer Dienstleistung, zur Respektierung der Kundenwünsche als oberstes, nicht hinterfragbares Gebot des Handelns, korrespondiert mit der Wahlfreiheit des Kunden, sich die Dienstleistungserbringer an einem Anbietermarkt aussuchen zu können. Damit werden die dazu gehörenden Arbeitsverhältnisse aus den Produktionsformen und Produktivkräften und deren klassisch faktorieller Bestimmung herausgenommen und einem marktlichen Geschehen unterworfen. Dies gilt ebenso für den Begriff des Dienens, der in einem so gefaßten Begriff von Dienst entmoralisiert und seines emphatischen Gehaltes entkleidet wird.

Nun ist die Bereitschaft zu dienen (noch im ursprünglichen Sinne des Wortes) angesichts der überwältigenden historischen Erfahrung der Möglichkeit von Ausbeutung, zumindest in westlichen Ländern, nicht mehr stark ausgeprägt. Es würde also niemand auf die Idee kommen, die Freundlichkeit einer Verkäuferin bei der Erbringung ihrer Dienstleistung eine weitere Bedeutung zuzuschreiben, als die, für den Kunden ein angenehmes, oberflächliches Ambiente zu schaffen, um ihn weiter an einen bestimmten Anbieter zu binden. Das Lächeln ist instrumentalisiert, die Zuwendung ist Mittel, nicht Zweck.

Der nicht entlohnte Freundschaftsdienst hat noch eher mit der ursprünglichen Bedeutung von Dienen zu tun - die über eine Arbeitsleistung vermittelte Pflege einer Beziehung zwischen Menschen, die durch Treue, Zuwendung, Hilfsbereitschaft, Sympathie, Nächstenliebe etc. gekennzeichnet werden kann. Zu solchen Verhältnissen gehört auch, seinen Partner, Freund oder mit Zuneigung bedachten Vorgesetzten nicht im Ungewissen zu lassen. Die Weitergabe von Information, sei sie vertraulicher, geheimer, verräterischer, sachlicher oder anderer Natur, gehörte schon immer zu den Diensten, die bei Hofe, im Management, oder sonstwo erbracht wurden, und der Ausdruck „Geheimdienst" (secret service) verweist in diese Richtung. Die Begriffe Dienen wie auch Dienst (in der doppelten Bedeutung, siehe oben) beinhalten aber gemeinsam das Moment der Dauer, mit dem sie zu einer Stabilität der Beziehung zwischen Herr und Dienen beitragen. Dies kann einer Arbeitsbeziehung überdauern, bzw. geht eben über Arbeit begrifflich hinaus. Dienen und Arbeiten scheinen also nicht koextensiv zu sein und vielleicht ist auch dies gemeint, wenn die Soziologie in ihren Deskriptionsversuchen die Arbeitsgesellschaft von der Dienstleistungsgesellschaft unterscheidet.

Das Beschaffen von Wissen und das Verschaffen von Informationen, vielleicht auch das Entsorgen von Wissen und Beseitigen von Informationen kann sicher als ein Dienst bezeichnet werden, dessen Nützlichkeit und Schädlichkeit breit diskutiert wird - in der Politik, in der Literatur, in der Wissenschaft. Auch Wissenschaft ist als Dienstleistung für die Gesellschaft bezeichnet worden und - soziologisch grob gesprochen - kann man dies auch für die Entwicklung der Methoden des Wissensmanagements ansehen, was ja der Gegenstand dieses Workshops ist.

Wir können an dieser Stelle die noch unpräzise Frage stellen: ist der Umgang mit Wissen ein Dienst? Wem dient Wissen? Wo wird Wissen dienlich?

Aus dieser Fragestellung, hört man schon heraus, daß im Begriff des Dienens auch die Bedeutung der Nützlichkeit innewohnt (dienlich sein) aber auch eine Nützlichkeit, die auf

Dauer angelegt ist: *pacta sunt servanda*. Bleibt noch die unterschiedliche Bedeutung von Dienen und Bedienen zu klären - man kann Maschinen, Könige und das Publikum bedienen und man kann ihnen dienen. Der Unterschied liegt darin, daß Bedienen eine Erfüllen eines schon bestehenden Funktionsschemas bedeutet, denn die Handlungen, die zur In-Gang-Setzung einer Maschinerie und deren Betrieb führen, sind in der Regel festgelegt. Auch das Bedienen bei Hofe oder beim Management hat einen gewissen Ritualcharakter, d.h. eine bestimmte starre Geregeltheit, die auf eine geringere Anzahl von Handlungsmöglichkeiten schließen läßt. Dienen hingegen scheint nicht ritualisiert zu sein, es paßt sich den vielfältigen Aufgabenstellungen an und erzeugt gegebenenfalls neue.

3. Wissen

Wir haben oben die Dienstleistung der Beschaffung von Informationen und Verschaffen von Wissen (und deren inverse Operationen) als eine besondere Form von Dienstleistung kennengelernt, die, als Dienstleistung, nicht nur über die Arbeit in seiner bisherigen begrifflichen Bestimmung hinausgeht, sondern vermutlich auch das Dienstleistungsverhältnis von seinem Ursprung „Herr und Knecht" völlig loslöst. D.h. der Zusammenhang von Dienen und Wissen wird das Verständnis zukünftiger Arbeits- und Lebensverhältnisse von entscheidender Bedeutung.

Auch Wissen stellt einen emphatischen Begriff dar, spätestens seit Platon - von: "Es ist gut, zu wissen" bis hin zu Bacons Diktum, Wissenschaft sei Macht,[11] erstreckt sich diese Aufladung des Begriffes. Es kann hier nicht der Ort sein, eine Begriffsgeschichte des Wissens zu skizzieren, wichtig ist lediglich, daß die Entwicklung des Wissensbegriffs nicht unabhängig von der Entwicklung des Wahrheitsbegriffs gedacht werden kann. Ob man beispielsweise der Korrespondenztheorie der Wahrheit anhängt oder der Kohärenztheorie, bestimmt wesentlich, ob man Wissen als eine wahre Meinung über Tatsachen definieren möchte oder Wissen eher als verstandene Information interpretiert wird, die im Kontext von schon vorher vorhandenem Wissen integriert wird. Da der Autor letzterem zuneigt, sei Wissen hier in deutlicher Abgrenzung zu Zeichen, Daten und Information konzipiert

In dieser Sichtweise ist Wissensmanagement in erster Linie Informationsmanagement, Information ist, was verstanden wird. Wissen kann man in diesem Sinne nicht managen, man kann nur Randbedingungen dafür angeben, daß es aus verstandener Information beim Träger des Wissens, dem selbstbewußten Subjekt, kohärent entsteht: Wir erwerben Wissen durch Informationsaustausch, indem wir es erzeugen. Jeder dieser Erzeugungsakte setzt ein gewisses Vertrauen in die Zuverlässigkeit (Richtigkeit, Adäquatheit) des Wissens voraus, das (beim Sender) die Information zu Kommunikationszwecken "hergestellt" hat: Oralität, Schriftlichkeit, digitale Medialität haben jeweils andere Vertrauensrituale und -voraussetzungen. Die eine auf die andere übertragen zu wollen, ist Grund für manche Verwirrung in der "Wissensgesellschaft", die technisch gesehen eine Informationsgesellschaft ist, da ihre steuernden Faktoren zunehmend durch Bewirtschaftung von Information und ihrer technischen Vermittlung bestimmt sind.

Die Klassifizierung und Deskription von Wissen durch juristische, formale oder ethische Kategorien entspricht den verschiedenen Interessen an der Verfügbarkeit und Vermarktbarkeit von Wissen. Die rechtliche und ethische Relevanz von Wissen, bei deren bewußter Verfügbarkeit ("Besitz") eine Handlung geboten oder verboten erscheint, macht diesen Besitz

---

[11] Entgegen einer landläufigen Zitierweise sagt F. Bacon nicht "Wissen ist Macht", sondern: *"Ipso scientas potestas est"* (1597). Vgl. Bacon (1864), S. 79.

zu einer Notwendigkeit und damit zu einem Bedarf, der alsbald zu einem Bedürfnis wird, sofern äußere Handlungen, sprich Kommunikationsakte und deren Vermittlung, zu einer Befriedigung führen können. Die Möglichkeit, in Wissensbeständen, sei dies bei Experten oder in Form von Dokumenten als gespeicherte Information, deren Verstehensbedingung geläufig sind, formale Strukturen zu finden und sie zur Deskription von Wissen zu verwenden, hat zur Versuchung geführt, Expertensysteme zu konfigurieren, denen man eine Wissensbasis beigibt, die einen Thesaurus von Sätzen über die Welt oder über ein bestimmten Fachgebiet enthalten und darauf formal operieren können. Das Programm der KI wie der Expertensysteme dürfte am seinem eigenen Anspruch gemessen wohl als gescheitert angesehen werden, hat sich doch alltägliches Wissen als eben nicht vollständig in orale, schriftliche oder medial deponierbare Information verwandelbares Wissen erwiesen.

Der Versuch, Wissensdienste allein auf maschinaler Grundlage aufzubauen, geht so vermutlich dem gleichen Scheitern entgegen. Natürlich besteht der Trend danach, durch Automation der Dienstleitung, den Vollzug der gewünschten operativen Handlung so nahe wie möglich an den Dienstleistungsnehmer heranzuschieben (Fahrkarten-, Banken-, Buchungsautomaten etc.). Dies setzt eine gewisse Modellierung des Nutzers voraus, über deren soziale wie psychologische Realitätsferne in früherer wie heutiger Tecnologie mit Recht gespottet werden darf. Gleichwohl zeigt sei einen tiefliegenderen Trend, der nach der Mechanisierung, Automatisierung und Informatisierung unserer gesellschaftlichen, ökonomischen und sozialen Handlungsmuster zu einer Sichtweise des Nutzen, d.h. des Dienlichen *sub species machinae* führen könnte: Nicht nur die Maschine ist nützlich, der Nutzen selbst wird zur Maschine, der Dienst wird zum Verkauf von Funktionen, die nützlich und zuweilen notwendig sind.

Die Substitutionsfolge, die die Schritte der Entwicklung Mechanisierung, Automatisierung und Informatisierung - vielleicht später Biologisierung und Psychologisierung - nahelegen, erfaßt auch die Substitution der Dienstleistung durch Informations- und Erlebnis- und Problemlösungsangebote: Wir bilden nicht aus, wir verkaufen Chancen und Kompetenz, wir führen nicht Krieg, sondern bieten friedenstiftende Organisations- und Technologiestrukturen, wir lindern nicht den Schmerz des alltäglichen Daseins, sondern wir heilen durch die wissensbaseirte Veränderung einer inneren Haltung gegenüber der Welt.

Dieser Substitutionscharakter führt den Dienstleistungsbegriff - erst als okonomischer Kampfbegriff gescholten - auf diese Weise geschmeidig an die begrifflichen Bereiche von Wissen, Sinn und Motivation heran - bis hin zum Reflexionsangebot moderner Managment-Seminare.

4. Umgang mit Wissen

Der Begriff der Wissensgesellschaft bleibt weiterhin ungeklärt. Man spricht häufig von Diensten, die in der Lage sein sollen, die richtige Information zum richtigen Zeitpunkt zum entsprechenden Problem am richtigen Ort zur Verfügung zu stellen, auf daß aus ihnen das erforderliche Wissen gewonnen werden kann. Reflektiert man den Begriff des Dienstes und des Dienens im Zusammenhang mit Beschaffung von Information und Erzeugung und Umgang mit Wissen, so wie wir es oben getan haben, dann fällt auf, daß Information für Wissen dienlich ist, die Informationsbeschaffung also ein Dienst am Wissen darstellt. Dies kann zunächst ohne emphatische Konnotation gesehen werden, und entspricht dann einer Funktionalbeschreibung einer Informationstheorie, die den Wissensbegriff zu integrieren vermag. Man verbleibt aber dann auf der Ebene der Systemanalyse.

Will man philosophisch einen Schritt weitergehen, so muß man in der Tat die Normgeladenheit der Begriffe Wissen und Dienen mit berücksichtigen. Die Überschrift „Umgang mit Wissen" signalisiert, daß bereits in der Thematisierung eine Forderung steckt, nämlich mit Wissen in dienlicher Weise umzugehen. Dies würde eine Ethik von Handlungen erfordern, in denen Wissen eine entscheidende Rolle spielt. Der Warencharakter von Information ist schon früh hinreichend diskutiert worden,[12] aber alles, was dienlich ist, kann Warencharakter annehmen. Bei der Information setzt dies ihre Wirksamkeit voraus, d.h. daß sie zu Wissen werden kann. Dieses Wissen ist aber nur dann brauchbar, wenn es handlungsleitend ist, selbst für das Probehandeln in der Vorstellung mag dies gelten.

"Dienen" als nützliche Tätigkeit für jemanden anderen auszuüben setzt eine Motivation voraus - diese kann ökonomischer oder gar ethischer Natur sein - die Übergänge sind fließend. Der Wille zum Nützlichen, zur Arbeit, zum Handeln aus Einsicht und Notwendigkeit ist normativ bestimmt, nicht deskriptiv, d.h. das Nützliche und damit das Dienliche liegt im Ergebnis der Tätigkeit oder deren Folgen. Dienen durch Wissen kann dann nur heißen, das Wissen zu erzeugen, das dienlich ist, indem man die Informationen beschafft oder durch eigenes Wissen erzeugt, die verstanden werden kann. Der Begriff der Mitteilens drängt sich hier auf. Die Frage nach der Organisation und der Gerechtigkeit solcher Verteilungen liegt dann nahe. Wissensmanagement ist denn auch oft als Verteilungsmanagement verstanden worden.

So kann die Frage gestellt werden, ob ein solches Wissensmanagement im Sinne eines Informationsmanagement eine Dienstleistung darstellt, welcher Begriff von Dienst und Dienen hier ursprünglich eine Rolle spielt und ob eine begriffliche Rekonstruktion dieser Bedeutung Hinweise darauf geben könnte, wie Wissensmanagement als Dienstleistung zu gestalten sei.

Literatur

Bacon, F.: Meditationes Sacrae (1597). In: Spedding, J.v. (ed.): The Work of Francis Bacon. Vol 14, New York 1864, p. 79

Beck, U.: Die Risikogesellschaft - Auf dem Weg in eine andere Moderne. Edition Suhrkamp, Frankfurt a.M. 1986

Brocker, M.: Arbeit und Eigenstum - der Paradigmenwechsel in der neuzeitlichen Eigentumstheorie. Wiss. Buchgesellschaft, Darmstadt, S.1992

Erlach, K.: Das Technotop - die technologische Konstruktion der Wirklichkeit. Masch. Diss. Fakultät für Philosophie, Universität Stuttgart 1998

Hegel, G.W.: Phänomenologie des Geistes. Hrsg. von W. Bonsiepen, R. Heede. meiner, Hamburg 19??

Hund, W.D.: Ware Nachricht und Informationsfetisch. Zur Theorie der gesellschaftlichen Kommunikation. Luchterhand Darmstadt, Neuwied 1976

Martin, H.-P., Schuman, H.: Die Globalisierungsfalle - der Angriff auf Demokratie und wohlstand. Rowohlt, Reinbeck 1998

Marx, K.: Das Kapital I. In MWE, Bd. 23, Dietz, Berlin 1977

---

[12] Vgl. Hund (1976).

Pfeiffer, W.: Etymologisches Wörterbuch des Deutschen, Bd. I (A-L), Akademie Verlag Berlin 1993

Radermacher, F.-J.: Zur Thematik des begrifflichen Wissens - Einordnungsfragen in übergeordnete Kontexte. In: Wille, Zickwolff (1994)

Rifkin, J.: Das Ende der Arbeit und ihre Zukunft. Campus, Frankfurt a.M. 1996

Stehr, N.: Arbeit, Eigentum, Wissen. Suhrkamp, Frankfurt a.M. 1994

Wille, R., Zickwolff, M. (Hrsg.): Begriffliche Wissensverarbeitung. Grundlagen und Aufgaben. BI, Mannheim 1994

Computernetze und Wissensmanagement
Grundlagen und Perspektiven der Wissensgesellschaft

Professor Dr. Klaus Mainzer
Lehrstuhl für Philosophie und Wissenschaftstheorie
Institut für Interdisziplinäre Informatik
Universität Augsburg
D-86152 Augsburg

Abstract: Computergestützte Informations- und Kommunikationsnetze sind die treibenden Kräfte einer Entwicklung zur Wissensgesellschaft. Sie erzeugen virtuelle Netzwelten, in denen wir unser Wissen speichern, Innovationen planen, Geschäfte tätigen, Kunst und Unterhaltung suchen. Wie verändern sich dadurch Forschung und Lehre in Technik, Natur-, Wirtschafts-, Sozial- und Kulturwissenschaften? Kann das Wissensmanagement in Computernetzen aus Evolutionsstrategien lernen? Wissensmanagement in komplexen Netzen bedarf der Hilfe autonomer, mobiler und intelligenter Softwareagenten. Ethisches Ziel des Wissensmanagement in virtuellen Netzwelten bleibt eine humane Dienstleistung für die Wissensgesellschaft.

1. Grundlagen der Wissensverarbeitung in virtuellen Netzen

Die uralten Fragen der *Philosophie* seit Platons Zeiten „*Was ist Wissen, wie gehen wir damit um und wie wenden wir es an?*" zielen auf das Zentrum der Wissensgesellschaft. Wie zeichnet sich Wissen gegenüber Information, Nachrichten und Daten aus? Das *menschliche Gehirn* codiert und decodiert nicht nur *Zeichen* und *Daten* bei der Nachrichtenübertragung ("*Syntax*"), sondern bezieht sie auch auf Kontexte des Senders und Empfängers und verleiht ihnen dadurch *Informationswert*. Vernetzen und gewichten wir Informationen, um damit Probleme lösen und Handlungen planen zu können, sprechen wir von *Wissen*. So lassen sich aus einem *Zeichenvorrat* wie z.B. den Ziffern „1", „8", „1" nach syntaktischen Regeln *Daten* wie z.B. die Zahl 1,81 erzeugen, die im Kontext des Devisenkurses zu einer *Information* wie z.B. $1 = DM 1,81 für einen Reisenden wird. Vernetzen wir diese Information mit den Gesetzen des Devisenmarkts, so erhalten wir ökonomisches *Wissen*, um z.B. bei einem Geschäftsabschluß in USA erfolgreich handeln zu können.

Die *Maschinensprache eines Computers* mit ihren binären Codes für Daten und Maschinenbefehle ist der Technik des Computers mit seinen binären Schalterzuständen angepaßt. Auch im Zentralnervensystem wird Nachrichtenübertragung binär in Aktionspotentialen codiert. Mit *maschineller Wissensverarbeitung (Knowledge Processing)* wird eine *"menschennahe" symbolische Darstellungsform von Wissen* bezeichnet, die Symbole und Strukturen der Logik und natürlichen Sprachen benutzt (*KI-Sprachen*). Sie wird durch Transformationsprogramme (*Compiler, Interpreter*) in "maschinennahe" numerisch-algorithmische Sprachen übersetzt, die durch Maschinenbefehle die Datenverarbeitung des Computers steuern.

Seit der Einführung von Computern Anfang der 50er Jahre wurde ein weitverzweigter Stammbaum von Programmiersprachen von maschinennahen Sprachen bis zur Wissensverarbeitung entwickelt. Eine "menschennahe" Programmiersprache, die in Projekten der KI (*Künstlichen Intelligenz*)- Forschung Verwendung findet, ist z.B. PROLOG (*"Programming in Logic"*). Sie ist der Prädikatenlogik nachgebildet. In der KI-Sprache LISP (*"List Processing Language"*) werden Listen von Symbolen zur Darstellung von Datenstrukturen und Datenverarbeitungsregeln (*"Algorithmen"*) verwendet. Eine verwandte Wissensrepräsentation sind Rahmen (*"Frames"*) bzw. Schemata, nach denen Wissen über Objekte in Tabellen mit Eigenschaften und Werten dargestellt werden. Zur Ereignisbeschreibung werden sogenannte *"Skripte"* verwendet, mit denen typische Szenarien menschlichen Verhaltens festgehalten werden können.

Ein *wissensbasiertes Expertensystem* ist ein *KI-Programm*, das Problemlösungen durch einen *menschlichen Experten* (z.B. Arzt, Wissenschaftler) begrenzt *simuliert*. Seine *Wissensbasis* enthält neben Fakten (*"Lehrbuchwissen"*) auch *Erfahrungsregeln* und *Hintergrundwissen* des Experten. Sie müssen von einem Wissensingenieur in die Wissensrepräsentation des Expertensystems übersetzt werden (*"Wissenserwerbskomponente"*). Die Problemlösungskomponente (*"Inferenzsystem"*) erzeugt eine Problemlösungsstrategie aufgrund der Wissensbasis. Die *Erklärungskomponente* begründet dem Benutzer die vorgeschlagenen Lösungsschritte. Die *Dialogkomponente* ist die Kommunikationsschnittstelle zwischen System und Benutzer und muß daher *benutzerfreundlich* (z.B. Dialog in natürlicher Sprache) sein. Ein Expertensystem ist jedoch immer begrenzt, da das Hintergrundwissen eines menschlichen Experten (z.B. die Erfahrungen eines Arztes aus seiner persönlichen Berufspraxis) nur begrenzt repräsentierbar ist und nicht selbständig durch neue Erfahrungen ergänzt wird.

Daher werden technische Systeme von *neuronalen Netzen* entwickelt, die sich am Aufbau und der Informationsverarbeitung von Gehirnen orientieren. Wie ein Gehirn sind sie ein *komplexes System von autonomen Teilen* (technischen Neuronen), deren lokale Wechselwirkungen kollektive Aktivitätsmuster erzeugen. Ihre Dynamik wird nicht wie bei einem Computer durch ein Programm zentral in einem oder mehreren Prozessoren gesteuert, sondern organisiert sich selber. Wie Gehirne sind neuronale Netze *lernfähig*, *flexibel*, *fehlertolerant* und haben eine *parallele* Signalverarbeitung. Ein neuronales Netz lernt nämlich an Beispielen, indem es die Gewichte seiner Synapsen lokal verändert und an die Beispiele schrittweise anpaßt. Dieser Vorgang heißt *synaptische Plastizität*.

Nach dieser *Lernphase* hat das neuronale System aus den Beispielen Regeln erkannt, die es in neuen Situationen wiederverwenden kann. Die *Regeln* sind also nicht als Computerbefehle in einem Programm vorgegeben und in einer Prozessoreinheit gespeichert, sondern *im Netzwerk der Synapsen* verteilt. Im Unterschied zur neuronalen Wetware eines Gehirns muß ein technisches neuronales Netz bis heute weitgehend auf einem herkömmlichen Computer simuliert werden. Die Stärken neuronaler Netze liegen in der Mustererkennung von Datenstrukturen, die bei Adaptions-, Lern-, Steuerungs- und Vorhersagealgorithmen eine Rolle spielen.

Die moderne Wissensgesellschaft scheint sich zunehmend wie ein globales Gehirn zu entwickeln, dessen Akteure über Computernetze wie Nervenzellen über Nervennetze kommunizieren. Die *Computernetze der Wissensgesellschaft* erzeugen eine Dynamik, die an biologische Gehirne erinnert. Mit Blick auf die biologische Evolution sprechen einige bereits von einem neuen Superorganismus, in dem technische Artefakte über Computernetze mit Menschen und ihren Gehirnen zusammenwachsen. Grundlage ist eine *Netzkommunikation*, die im OSI (Open System Interconnection)-*Schichtungsmodell* auf verschiedenen Stufen von der am Nutzer orientierten Anwendung bis zur technischen Bitübertragung stattfindet. Nachrichten werden also wieder von einem Sender codiert, im Binärcode über ein Netz geschickt und von einem Empfänger über mehrere Stufen decodiert. Grundlage ist ein *Client/Server-Modell* mit protokollarisch festgelegtem *Kommunikationsmanagement* für jede Schicht.

Die Leistungen von Computernetzen von der Daten- und Informationsverarbeitung bis zu Kommunikation, Visualisierung und virtueller Realität wären nicht möglich ohne neue Entwicklungen moderner Softwaretechnik. Gemeint ist die Tendenz vom maschinennahen zum objektorientierten Programmieren, von prozeduralen Sprachen wie C zu *objektorientierten Sprachen* wie C^{++} und Java. Java erlaubt Programme für alle möglichen Computer und Betriebssysteme, die im Internet zu einer virtuellen Java-Maschine zusammengeschlossen sind. Damit ist Java auf dem besten Weg zu einer *universellen Netzsprache unserer Informations- und Wissensverarbeitung* im World Wide Web. Nach der '*Künstlichen Intelligenz*' (KI) eines Computers wird in der Informatik über die '*Verteilte Künstliche Intelligenz*' (VKI) von Computernetzen gesprochen. Kommunikation in Computernetzen erfordert ein *VKI-basiertes Kommunikationsmanagement*.

2. Virtuelle Netzwelten verändern die Wissenschaften !

Die virtuellen Netzwelten, so ist meine These, verändern die Wissenschaften und führen zu neuem fachübergreifenden Querschnittswissen. In der Naturwissenschaft erzeugen sie eine *virtuelle Natur*, um die Beobachtung der Natur durch Visualisierung und Simulation möglicher Szenarien zu erweitern. Traditionelle Forschungsformen der Naturwissenschaften wie Experimente und mathematische Gleichungen werden durch Computerexperimente und Computermodelle ergänzt. Computerexperimente werden sogar in der reinen *Mathematik* bei der Problem-, Beweis- und Lösungsfindung eingesetzt. Komplexe geometrische Strukturen werden durch computergestützte Visualisierung anschaulich und in Computernetzen interaktiv erfahrbar. Voraussetzung sind objektorientierte Netzsprachen wie Java und VRML (*'Virtual Reality Modelling Language'*), um virtuelle mathematische Objekte in einem virtuellen Labor weltweit anbieten zu können.

In der *Physik* gibt es Computermodelle *kosmischer Szenarien* – vom virtuellen Galaxiencrash bis zu virtuellen schwarzen Löchern. Die *Quantenwelt* wird in Computermodellen nicht nur bildhaft erfahrbar, sondern ermöglicht auch *Quantencomputer per Quanteninformation* mit Steigerung der Rechenleistungen. Parallelrechner und Supercomputer erlauben bereits Computersimulationen *komplexer Strömungsdynamik* und *Materialstrukturen*. In Computernetzen arbeiten Wissenschaftler an verschiedenen Orten an gemeinsamen virtuellen Modellen. Abstrakte Datenstrukturen, die vorher nur analytisch durch nichtlineare Differentialgleichungen oder in numerischen Approximationen zugänglich waren, werden in Computermodellen unmittelbar sichtbar und inspirieren die Kreativität der Forscher. Von besonderer Aktualität sind Computermodelle der *globalen Klimaentwicklung*, die Informationsauswertungen in weltweiten Computernetzen voraussetzen.

In der *Chemie* können komplexe Molekülstrukturen durch CAMD (Computer Aided Molecular Design)-Verfahren anschaulich visualisiert und im Computernetz als Bausteine der Forschung zur Verfügung gestellt werden. In *Biochemie* und *Molekularbiologie* treten komplexe Systeme und Datenmassen auf, die zunehmend nur noch mit den computergestützten Methoden der *Bioinformatik* bewältigt werden können. Dabei geht es nicht nur um Visualisierungen im Computernetz. Bereits John von Neumann bewies in den 50er Jahren, daß *zelluläre Automaten* unter bestimmten Voraussetzungen in der Lage sind, einzelne *Lebenskriterien* wie z.B. die Selbstreproduktion zu realisieren. Mit zellulären Automaten und genetischen Algorithmen lassen sich tatsächlich wesentliche Aspekte der Evolution erfassen.

In der '*virtuellen Medizin*' eröffnen interaktive 3D-Grafiken des menschlichen Organismus neue Möglichkeiten der medizinischen Ausbildung, aber auch der Diagnose und Therapieplanung. Der '*virtuelle Patient*' bleibt natürlich eine visuelle Projektion im medizinischen Informationsraum und ersetzt nicht den kranken Menschen. In der *Telemedizin* wird der virtuelle Patient im Internet verfügbar. In der *Technik* gehören virtuelle Modelle längst zur Entwicklungsplanung – vom Flugzeug und Automodell bis zu neuen Materialien und Medikamenten. Im Computernetz können *virtuelle Prototypen* von weltweit kooperierenden Forschungsteams realisiert werden.

Im Zeitalter der Globalisierung ist das Thema der ‚*virtuellen Gesellschaft*' in aller Munde. Mit ihren technischen Informations- und Kommunikationsnetzen entwickelt die menschliche Gesellschaft neue Formen kollektiven Wissens und virtueller Erlebniswelten. In der traditionellen Industriegesellschaft bestimmten Rohstoffe, Fabriken, Waren und Märkte den Wirtschaftsprozeß. In einem Unternehmen mußte die *physische Wertschöpfungskette* von der Innovation über Produktionsabläufe und Marketing bis zum Verkauf und Kunden effektiv gestaltet werden. Mit Hilfe leistungsstarker Computer- und Informationssysteme lassen sich die komplexen Organisations-, Beschaffungs- und Verteilungsprobleme nicht nur besser überschauen, sondern die Informationsverarbeitung dieses Wissens erzeugt auch einen zusätzlichen Wert. Beispiele sind Auto- und Flugzeugunternehmen, die ihre Produktionsentwicklung an virtuellen Prototypen in Computernetzen mit weltweit verstreuten Konstrukteuren und Marketingexperten betreiben.

Softwarehäuser, Direct Marketeers, Finanzdienstleister und Versicherer kommunizieren mit ihren Kunden im Netz und schaffen mit ihren Datenbanken immer neue Produkte und Leistungen. In der *Wissensgesellschaft* sind die physischen

Wertschöpfungsketten zusätzlich mit *virtuellen Wertschöpfungsketten* vernetzt. Knowhow und Beratung werden als *Wissensprodukte im Netz* angeboten. Im *Electronic Commerce* werden Anbahnung, Aushandlung und Abwicklung von Geschäftstransaktionen virtuell realisiert. Im Wirtschaftsleben der Wissensgesellschaft werden Teleworking, Telebanking und Teleshopping alltäglich sein.

Computer- und Informationstechnologien werden nach der gesprochenen und gedruckten Sprache zur neuen *Kulturtechnik der Wissensgesellschaft*. Die klassische Kulturtechnik des Buches prägte die traditionelle Rolle vom ‚aktiven' (schreibenden) Autor und ‚passiven' (rezeptiven) Leser. Es entstand der Buchgelehrte, dessen Sätze Zeile für Zeile (*'linear'*) auf Seiten abgedruckt und nacheinander (*'sequentiell'*) in einem Buch gebunden werden. Arbeit am Text ist aber tatsächlich *nichtlinear* und *nichtsequentiell*, d.h., Namen und Begriffe werden in anderen Büchern nachgeschlagen, die wiederum auf andere Texte verweisen und mit Bildern, Quellenangaben, Interpretationen und vielen anderen Kontexten verbunden werden. Ein computergestützter *Hypertext* trägt dieser Arbeitsweise Rechnung. Er löst einen Text in ein Netzwerk von Knoten auf, die Informationen durch statische und dynamische Medien darstellen und illustrieren. Der Leser navigiert selbst nach seinem Wissen und seinen Interessen durch den Hypertext und kann ihn aktiv erweitern und verändern. Die *Gutenberg-Galaxis* mit ihren klassischen Bibliotheken scheint sich im World Wide Web aufzulösen. *Objektorientierte Programmiersprachen* wie *Java* liefern dazu die Rahmenbedingungen.

Damit verändern sich auch *Arbeitsmethoden in den Geisteswissenschaften*. Bereits im Personal Computer (PC) läßt sich Wissen über Sprache, Literatur und Geschichte als computergestützter Hypertext multimedial erschließen. Der Sprach-, Literatur- oder Kulturwissenschaftler navigiert nach seinen Forschungsinteressen durch einen weltweiten Informationsraum, dessen Daten-, Ton- und Videodokumente durch Hyperlinks verbunden sind. *Multimedia-Datenbanksysteme* und *virtuelle Bibliotheken* erlauben im Netz navigierenden Zugriff auf gespeichertes Bildmaterial und bildinhaltliche Recherchen.

3. Wissensmanagement in virtuellen Netzwelten

Die Daten- und Informationsflut in diesen Netzwelten kann allerdings von einem einzelnen Nutzer nicht mehr bewältigt werden. Konventionelle *Suchmaschinen* reichen nicht aus, um aus den Daten- und Informationsmassen das *Wissen* herauszufiltern, das für Problemlösungen und Handlungsentscheidungen notwendig ist. Zur Unterstützung werden mehr oder weniger anpassungs- und lernfähige Softwareprogramme (*'Agenten'*) eingesetzt, die selbständig (*'autonom'*) sich Wünschen und Zielen des menschlichen Nutzers z.B. bei der Auswahl von Netzinformationen anpassen. Da diese virtuellen Agenten mit simulierten Eigenschaften lebender Systeme ausgestattet werden, verbindet sich an dieser Stelle die Forschungsrichtung der '*Verteilten Künstlichen Intelligenz*' mit '*Künstlichem Leben*'. Analog zur *virtuellen Evolution* einer Automatenpopulation könnte eine *Population von Softwareagenten* ihre Fitnessgrade verbessern oder selektiert werden, je nachdem wie erfolgreich sie die gestellten Aufgaben löst oder sich einer ständig verändernden Netzumwelt anpassen kann.

Virtuelle Agenten können *stationär* am Arbeitsplatz des menschlichen Nutzers wie persönliche Assistenten wirken und selbständig z.B. die E-Mail nach den gelernten Nutzerwünschen auswählen. Sie können aber auch als *mobile Agenten* ins World Wide Web geschickt werden, um an verschiedenen Orten selbständig z.B. Informationsrecherchen vorzunehmen. Ein praktischer Vorteil mobiler Agenten ist die Minimierung von Online-Zeit und damit von Kosten. Als '*geklonte*' *Softwarewesen* können sie zudem in beliebiger Vielzahl an verschiedenen Orten gleichzeitig arbeiten.

In einem offenen *elektronischen Dienstleistungsmarkt* können auch stationäre mit mobilen Agenten verbunden werden. Der Anbieter einer Dienstleistung (z.B. Datenbank) stellt einen stationären Agenten quasi wie einen elektronischen Bibliothekar zur Verfügung, der auf die Wünsche des geschickten mobilen Agenten eingeht. Der mobile Agent könnte z.B. bei erfolgloser Suche nach einer bestimmten Information vor Ort selbständig entscheiden, eine damit zusammenhängende Information zu suchen, auf die ihn vielleicht der Anbieteragent aufmerksam gemacht hat. Die Reaktionen und Kommunikationen der Agenten erfolgen häufig in der *Programmiersprache Java*. Mit wachsender Komplexität der Computer- und Kommunikationssysteme werden *virtuelle Agenten* für das *Wissensmanagement* ebenso unverzichtbar sein wie mikrobiologische Organismen für die Lebensfähigkeit des menschlichen Körpers. Bei ungelösten Sicherheitsproblemen könnten sie sich leider auch als gefährliche Computerviren verselbständigen.

Je nach Aufgabenstellung sind virtuelle Agenten unterschiedlich *spezialisiert*. Neben den persönlichen elektronischen Assistenten, die sich autonom den veränderten Wünschen der Nutzer anpassen, wird es Netzagenten geben, die in den heterogenen Multimedia-Systemen des Netzes (Datenbanken, Textsysteme, Grafiksysteme etc.) Informationen sammeln. *Wissensagenten* werden sie filtern und integrieren, andere weiterleiten und speichern. *Sicherheitsagenten* im Sinne eines *virtuellen Immunsystems* werden System und Information schützen. Prinzipiell könnten virtuelle Agenten mit einer Skala von mehr oder weniger starken Fähigkeiten ausgestattet werden. In der bisher realisierten *schwachen Agententechnologie* entscheiden stationäre oder mobile Softwareprogramme autonom über vorgegebene Ziele, reagieren auf veränderte Netzsituationen und tauschen Informationen aus. Ein wirtschaftliches Beispiel sind *Investoragenten*, die aufgrund von Entscheidungsregeln über gute oder schlechte Börsennachrichten den An- und Verkauf von Wertpapieren zur Zusammensetzung eines günstigen Portfolio vorschlagen. Diese Agententechnologie läßt sich als Erweiterung *aktiver Datenbanken* verstehen, die bereits autonom mit regelbasierten Programmen durch die Anwendung von Geschäftsregeln (z.B. Benutzungsrechte) über laufende Informationserweiterung oder Informationssicherung entscheiden können.

Diese Leistungen von Multiagentensystemen wären wiederum nicht möglich ohne neue Entwicklungen moderner Softwaretechnik. Agenten und ihre Module werden in *objektorientierten Programmiersprachen* als *Softwareklassen* mit *Attributen* und *Me-*

thoden entworfen. Solche Klassen bilden die Baupläne, um konkrete Agenten für spezifische Aufgaben als Softwareobjekte im Netz zu erzeugen. Bemerkenswert ist die Sprache, mit der Agenten untereinander kommunizieren. Sie beruht nämlich auf der *Sprechakttheorie*, die in der *analytischen Sprachphilosophie* bereits in den 50er und 60er Jahren durch J. L. Austin, J. R. Searle u.a. eingeführt wurde. Danach sind Sprachäußerungen als Handlungen zu verstehen, mit denen insbesondere Absichten (Intentionen) verfolgt werden. In unserer Terminologie (vgl. Abschnitt 1) geht es also nicht nur um Informationsübertragung, sondern Wissensvermittlung, um handeln und Probleme lösen zu können. Die Agentensprache KQML (*Knowledge Query and Manipulation Language*) baut auf dieser sprachphilosophischen Einsicht auf. KQML-Dialoge zwischen Agenten ermöglichen z.B. einen *agentenbasierten Electronic Commerce*, um Geschäfte im World Wide Web durch Agentenservice anbahnen, beraten und ausführen zu können. Virtuelle Agenten treten z.B. als Wissensbroker auf, um passend spezialisierte Agenten für Problemlösungen an Requester zu vermitteln. Die Rede ist bereits von einer Agentensoziologie (*'Sozionik'*), in der *Kooperations- und Konfliktsituationen* virtueller Multiagentensysteme *spieltheoretisch* untersucht werden.

In einer *starken Agententechnologie* sind virtuelle Agenten *lernfähig* und *flexibel*, verfolgen eigene *Ziele*, verfügen über eine Motivationsstruktur und registrieren ihre Identität. Lernfähigkeit und Flexibilität läßt sich bereits durch *Hybridsysteme* realisieren, die z.B. die Architektur und Lernalgorithmen von neuronalen Netzen mit den flexiblen und unscharfen Klassifikationsregeln von Fuzzy-Systemen verbinden. Aufgrund von Beispielen erlernt dieser *neuronale Fuzzy-Agent* ein Benutzerprofil mit mehr oder weniger unscharfen Präferenzen. Die Entwicklung dieser lernfähigen und flexiblen Hybridagenten ist also durch Gehirnforschung, Neuroinformatik und Psychologie inspiriert. Beim *'Affective Computing'* werden verstärkende und lähmende Stimuli für erfolgreiche und weniger erfolgreiche Wissensvermittlung eingebaut.

Softwareagenten, die mit solchen neuronalen Netzen ausgestattet sind, schlagen Problemlösungsstrategien ein, die an Menschen erinnern. Wenn ein Suchraum für Lösungen zu groß und unstrukturiert ist, verläßt man sich lieber auf ein 'gutes Gefühl' (*Intuition*), das mit ähnlichen Entscheidungen in der Erinnerung (Speicher) verbunden wurde. Tatsächlich vertrauen menschliche Experten mehr auf die Intuition als auf regelbasiertes Wissen. *Softwareagenten mit emotionaler Intelligenz* würden erfolgreicher durch das World Wide Web navigieren.

Zur Jahrtausendwende ist klar: *Bio- und Humanwissenschaften werden mit der Informations- und Kommunikationstechnik zusammenwachsen*. Technische Informations- und Wissensverarbeitung wird sich an der Evolution des Menschen orientieren, um das Interface von Mensch und virtuellen Dienstleistungssystemen zu optimieren. Das *Leben in virtuellen Netzwelten* will aber gelernt sein. In der digitalen Globalisierung könnten sich virtuelle Netzwelten herausbilden, deren Eigendynamik trotz Einsatz von virtuellen Wissensagenten nicht mehr beherrschbar ist. Wissensmanagement in Computernetzen erfordert nicht nur *technische Kompetenz*. Wir Menschen müssen nach wie vor *strategisch die Ziele* vorgeben, auf die sich unsere Informations-, Wissens- und Kommunikationsnetze hin entwickeln sollen. In Zukunft unangefochten gefragt bleiben daher klassische Fähigkeit der *sozialen, sprachlichen und kommunikativen Kompetenz*, die vom Computer nur teilweise übernommen werden können. Diese klassischen Kompetenzen verbunden mit technischem Know-how in Multimedia, Informations- und Kommunikationsnetzen eröffnen zudem neue Berufsmöglichkeiten. Die Erziehung zum verantwortungsbewußten Umgang mit den Computer- und Informationstechnologien ist die *ethische und rechtliche Herausforderung* einer interdisziplinär orientierten Informatik und Philosophie. Sie zielt darauf ab, *Computernetze als humane Dienstleistung in der Wissensgesellschaft* einzusetzen. Sollte uns diese Verbindung von Wissen, Recht und Ethik gelingen, wären wir am Ende nicht nur Wissende, sondern (im Sinne Platons) Weise. Die *Transformation von Daten zu Information, Wissen und Weisheit* ist eine fachübergreifende Herausforderung der Philosophie in virtuellen Netzwelten.

Literaturhinweise:

- K. Mainzer, *Thinking in Complexity. The Complex Dynamics of Matter, Mind, and Mankind*, Springer: 3. erweiterte Aufl. 1997 (japan. Übersetzung 1997)
- K. Mainzer, *Computer - Neue Flügel des Geistes?* DeGruyter: 2. Aufl. 1995
- K. Mainzer, *Gehirn, Computer, Komplexität*, Springer: 1997
- K. Mainzer, *Computernetze und virtuelle Realität. Leben in der Wissensgesellschaft*, Springer: 1999
- K. Mainzer (Hrsg.), *Komplexität und Nichtlineare Dynamik in Natur und Gesellschaft*, Springer: 1999

Workshop 28
Theoretisches und ästhetisches Wissen

Kunst als verbotenes Wissen
Anmerkungen zu einer Denkfigur Friedrich Nietzsches[1]

Konrad Paul Liessmann

In den *Nachgelassenen Fragmenten* Friedrich Nietzsches findet sich eine rätselhafte Skizze zu einem Werktitel, gedacht vielleicht als Alternative zu *Der Wille zur Macht*: "Der Spiegel. Philosophie des verbotenen Wissens."[2] Das Motiv des verbotenen Wissens durchzieht in mannigfacher Gestalt das Œuvre Nietzsches, es reicht letztlich von der Selbststilisierung zum *Unzeitgemäßen* aus den frühen Jahren bis zu den späten Beteuerungen, daß das Entscheidende, das bislang Zurück- und Geheimgehaltene, immer erst noch geschrieben werden muß. Das Verbotene motiviert sich dabei gleichermaßen aus einer Differenz zum Normierten und Üblichen als auch - das Bild des Spiegels verweist darauf - aus einer inneren Ambivalenz: Das reflexive Ich weiß, daß es weiß, und weiß gleichzeitig, daß es das, was es weiß, nicht wissen darf und dies nicht nur, weil es externen normativen Ansprüchen widerspräche, sondern weil es die Grundlage dieses Wissen womöglich selbst liquidierte. Das verbotene Wissen aber, das nicht gewußt werden darf, ist - so unsere These - das Apriori der Moral. Wird dieses einmal gewußt, fällt jene in sich zusammen. *Erscheinen* kann es deshalb nur als Ästhetisches im Wortsinn: als außermoralischer Sinn. Wie kaum ein anderer Denker war Nietzsche diesem Sachverhalt auf der Spur. Er selbst näherte sich diesem Problem aber nicht in einer logifizierten Weise, die die Formen und Ebenen des Denkens unterscheiden will, sondern in einem Umkreisen des Verbotenen selbst, das, so wollte es zumindest Nietzsche in seiner Selbstdeutung, als geheimer Subtext sein Werk durchziehen sollte, verschwiegen angedeutet in den veröffentlichten Schriften, deutlicher vielleicht im ohnehin Zurückgehaltenen.

Der erste Text, den Nietzsche selbst zu einem Dokument dieses Verbots erklärte, zählt mittlerweile - und diesem Sachverhalt wohnt doch eine gewisse Paradoxie inne - zu seinen bekanntesten und folgenreichsten Schriften: *Über Wahrheit und Lüge im aussermoralischen*

---

[1] Der Vortrag basiert auf Überlegungen, die erstmals in dem Aufsatz "Der außermoralische Sinn. Nietzsches Philosophie des verbotenen Wissens" in: Konrad Paul Liessmann/Hellmuth Vetter (Hg.): Philosophia practica universalis. Festgabe für Johann Mader zum 70. Geburtstag. Wien: Peter Lang, 1996, S. 185-198 dargelegt wurden. Eine umfassende Auseinandersetzung mit dieser Fragestellung wird dann das Buch "Philosophie des verbotenen Wissens", das im Herbst 2000 im Zsolnay-Verlag erscheinen wird, enthalten.
[2] Nachgelassene Fragmente, KSA 12, 36

Sinne. In der Konstruktion seiner geistigen Biographie kommt Nietzsche immer wieder darauf zu sprechen, welche Bedeutung dieser Text und seine Geheimhaltung für ihn hatten, so in *Menschliches, Allzumenschliches*: "Als ich sodann, in der dritten Unzeitgemässen Betrachtung, meine Ehrfurcht vor meinem ersten und einzigen Erzieher, vor dem grossen Arthur Schopenhauer zum Ausdruck brachte [...] war ich für meine eigne Person schon mitten in der moralistischen Skepsis und Auflösung drin, das heisst ebenso sehr in der Kritik als der Vertiefung alles bisherigen Pessimismus —, und glaubte bereits 'an gar nichts mehr', wie das Volk sagt, auch an Schopenhauer nicht: eben in jener Zeit entstand ein geheim gehaltenes Schriftstück 'über Wahrheit und Lüge im aussermoralischen Sinne'."[3] Damit evoziert Nietzsche eine doppelte Struktur seines Wissens: das öffentliche und das, mit dem er über dieses immer schon hinaus ist, bis hin zu jenem Punkt, an dem die Offenbarung dieser Doppelung geschehen kann - was aber offenläßt, ob nicht auch dieser Offenbarung ein weiteres geheimes Wissen, ein weiteres Transzendieren des öffentlich Bekannten korrespondieren könnte. Die Struktur des doppelten Wissens ist prinzipiell offen, die Punkt, an dem sich das Gewußte und das Gesagte wirklich treffen, liegt in der Unendlichkeit. Was immer erscheint, ist überholt. Unter hermeneutischer Perspektive kann dies aber nicht bedeuten, daß jeder Text Nietzsches durch einen hypostasierten Subtext kontrastiert werden kann. Es gehört auch zu den Tücken einer Philosophie des verbotenen Wissens, daß das Verbotene als Verbotenes sich bemerkbar machen muß. Wir lesen deshalb auch die nicht veröffentlichen Texte Nietzsches, vor allem die *Nachgelassenen Fragmente*, nicht nur als Entwürfe, Konzepte, Varianten zu geschriebenen und noch zu schreibenden Werken, sondern auch als Dokumente jenes verbotenen Wissens, zu dessen Struktur es notwendig gehörte, daß es keine direkte Form der Publikation für es geben konnte.

Nietzsche läßt keinen Zweifel daran, daß es sein spezifisches Verhältnis zu den Fragen der Moral ist, das sein Wissen schon in frühen Jahren zu einem verbotenen machte: "So wie ich über moralische Dinge denke, bin ich zu langem Stillschweigen verurtheilt gewesen. Meine Schriften enthalten diesen und jenen Wink; ich selber stand kühner dazu; schon in meinem 25. Jahre verfaßte ich für mich ein pro memoria 'über Wahrheit und Lüge im außermoralischen Sinne'. [...] Jetzt, wo ich einen freieren Überblick über diese Zeit habe, und Vieles mir erlaube, was ich früher für unerlaubt gehalten hätte, sehe ich keine Gründe mehr, hinter dem Berge zu halten. 'Daß die >Wahrheit< in diesen Dingen schädlich ist', um mich der Sprache der moralischen Hypokriten zu bedienen, und daß sie Viele zu Grunde richten kann,

---

[3] Menschliches, Allzumenschliches II, KSA 2, 370

gebe ich zu: aber 'schädlich sein' und 'zu Grunde richten' gehört so gut zu den Aufgaben des Philosophen wie 'nützlich sein' und 'aufbauen'."[4] Nietzsches Selbstbeschreibung benennt also nicht nur die doppelte Struktur des Wissens, die ganz auf die Ebene der Selbstverständigung verweist, sondern bietet auch eine Erklärung dafür an: Das Wissen ist schädlich. Damit ist vorerst allerdings nur ein Problem noch einmal benannt, das den Diskurs der Aufklärung seit jeher begleitet: die Frage nach dem Zusammenhang von Erkenntnis und Destruktivität. Daß es ein Wissen davon geben kann, daß das Wissen selbst in Lebenszusammenhänge mitunter zerstörend eingreift, motivierte nicht zuletzt die politisch reaktionären Ressentiments gegen die zersetzenden Formen der Vernunft. An diesem Vorbehalt war immer soviel wahr, daß in der Tat der Preis für rückhaltlose Aufklärung und Selbstaufklärung des Menschen der Verlust all jener Gewißheiten gewesen war, die protovernünftig die Praktiken des gesellschaftlichen Lebens regulierten, wozu in hohem Maße religiöse oder traditionale Moralen gehörten. Daß das destruktive Geschäft des Philosophen lebensweltlich prekär zu werden droht, wenn er seiner Liquidation der herrschenden Moralen keine Alternativen folgen lassen kann und so unter der Hand der kritische Geist nur allzu oft zum schlechten Substitut und Surrogat ehemaliger religiöser oder moralischer Verbindlichkeiten werden muß, wußte Nietzsche. Seine eigene Positivität blieb so stets auch halbherzig: *Zarathustra*, wenn nicht ohnehin in jeder Hinsicht inkongruent, dementiert sich selbst durch den *Vierten und letzten Theil*, und der *Wille zur Macht* blieb vielleicht auch aus diesen Gründen ungeschrieben. Doch abgesehen davon: Nietzsches verborgen gehaltenes Wissen um das Zerstörerische seines Denkens ist von Grund auf anders konfiguriert als die konservative Rationalitätskritik, setzt tiefer an und macht vor dem Subjekt des Denkens selbst nicht halt.

Eine Notiz Nietzsches aus dem Jahre 1880, gemünzt wohl auf *Menschliches, Allzumenschliches*, lautet: "Vielen Erkenntnissen wissen die Menschen nichts Kräftigendes abzugewinnen, es sind verbotene Speisen z.B. mein Buch."[5] Eine solche Formulierung verrät viel von einer Dimension des Verbotenen, die bei einer erkenntniskritischen Reflexion gerne verloren geht: der Lust. Verbotene Speisen sind allemal die, von denen man gerne naschen möchte, sei es auch um den Preis einer Vergiftung. Nietzsches Metaphorik deutet diesen Aspekt des verbotenen Wissens deutlich an: es lockt, es macht lüstern, aber es ist Gift, schwächt denjenigen, der davon kostet, macht nicht stärker. Auch wenn Nietzsches Formulierung nahelegt, daß es in der Souveränität der Menschen liegen könnte, dem Gift auch Stärkung abzugewinnen - liegt es vielleicht an der Dosis? -, führt dieser Gedanke in die

---

[4] Nachgelassene Fragmente, KSA 11, 248f.

Möglichkeit einer verbotenen Erkenntnislust, die sich nicht mehr nur an den Erfordernissen einer äußeren lebensweltlichen Opportunität orientiert, sondern das erkennende Subjekt im Innersten tangiert: es gibt etwas zu wissen, aber dieses Wissen ist giftig. Lebenspraktisch klug sein heißt dann, dieses Wissen auszuschlagen; ihm nachzugeben bedeutet, seine geistige Gesundheit riskieren. Vom Pathos dieses Risikos zehrt Nietzsches Philosophie bis heute.

Das Pathos des Risikos gründet aber auch bei Nietzsche nicht in einer puren Lust am Verbotenen. Denn außer Zweifel steht, daß es dieses schädliche Wissen ist, das die entscheidenden Einsichten bereit hält. Es ist so immer auch ein Resultat von Freiheit und Mut. Jeder Erkenntnis hätte die Frage vorauszugehen: *Will* ich wirklich wissen? Die Produktion des verbotenen Wissens *über* die Moral wird selbst zu einem eigentümlichen ethischen Akt. Ginge es dabei nur darum, daß der vorurteilslose Denker gegen die Konventionen seiner Zeit andenkt, wäre dies nicht sonderlich aufregend und bewegte sich im Bannkreis des aufklärerischen *sapere aude*. Das Vexierspiel mit gewußtem und geheimgehaltenem Wissen und die damit verbundene Selbststilisierung hat bei Nietzsche allerdings eine andere Dimension. Es richtet sich letztlich auch gegen das Wissen und den Denker. Das Risiko des verbotenen Wissens eingehen, heißt, auch vor sich selbst und von sich selbst rückhaltlos zu denken. Bis heute unterscheidet diese Konsequenz Nietzsche von allen konventionellen Formen der Moralkritik, die mit einem Vernunftparadigma arbeiten, das wie ein Netz wirkt, in das sich der Kritiker aus schwindelnder Höhe immer wieder fallen lassen kann. Nietzsche pflegte ohne Netz zu arbeiten, wie sein Seiltänzer aus dem *Zarathustra*.

Die Bedeutsamkeit, die Nietzsches frühes Fragment *Über Wahrheit und Lüge im aussermoralischen Sinne* in dem Kontext des verbotenen Wissens hat, kommt so nicht von ungefähr - ist in diesem Text doch jenes Problem explizit angedeutet, das auch bis auf weiteres zum Zentralbestand des verbotenen Wissens gerechnet werden muß, und das sowohl den Reiz als auch das Zerstörerische dieses Wissens markiert: der *außermoralische Sinn*. Die doppelte Bedeutung, die wir dieser Formulierung verleihen, ist Absicht. Wie sich noch zeigen soll, korrespondiert Nietzsches Frage nach einer Betrachtung des Erkenntnisproblems in einem außermoralischen Sinn durchaus mit seiner Präjudizierung eines außermoralischen Sinnes. Der außermoralische Sinn markiert nicht nur die schlechthinnige *Bedeutung* des Außermoralischen für die Moral selbst, sondern verlangt einen nahezu *sinnlichen* Ort, in dem diese Bedeutung verankert werden kann. Die Frage nach diesem Ort, nach der Möglichkeit

---

[5] Nachgelassene Fragmente, KSA 9, 378

des Außermoralischen, bedeutet so auch den Eintritt in die Verbotszone des Wissens. In diesem Zusammenhang interessiert auch weniger die längst akzeptierte erkenntnis- und sprachkritische Bedeutung des frühen Nietzsche-Textes, sondern die damit verbundene Frage nach der Relevanz und Möglichkeit des Außermoralischen selbst - Zentralproblem Nietzsches und Ausweis seiner philosophischen Dignität: "Die Fähigkeit eines guten vorurtheilsfreien außermoralischen Sehens und Urtheilens ist auszeichnend selten."[6]

Sicherlich: auf einer ersten Ebene ist auch der schlichte Versuch, moralfrei - moderner formuliert: wertfrei - die Frage nach der Tragfähigkeit philosophisch-ethischer Begriffsbildung zu durchleuchten, konventionell im Sinne eines Selbstreflexivwerdens des Wissens. Die interessante Aporie, in die Nietzsche mit *Über Wahrheit und Lüge im aussermoralischen Sinne* stürzte, besagte aber, daß jene Täuschung, die eine Sprache der Wahrheit möglich erscheinen läßt, eine innermoralische Leistung darstellt, während eine außermoralische Betrachtung eine Unmöglichkeit derselben ergeben müßte: Wodurch die Moral zum Konstituens von Wahrheit wird, das Außermoralische aber zum Konstituens der Wahrheit über diese Wahrheit, die eine Täuschung ist. Die außermoralische Perspektive legt erst die moralischen Wurzeln unserer Wissensformen frei. Sie kann selbst aber nicht der Logik der diskursiven und gerade deshalb täuschenden Sprache gehorchen. Die entscheidende Einsicht aber ist, daß diese Täuschung - durchaus in einem außermoralischen Sinn gedacht - notwendig ist: Nicht für die Erkenntnis, wohl aber für das Leben. In der Vorrede zu *Menschliches, Allzumenschliches* bekannte Nietzsche: "Genug, ich lebe noch; und das Leben ist nun einmal nicht von der Moral ausgedacht: es will Täuschung, es lebt von der Täuschung... aber nicht wahr? da beginne ich bereits wieder und thue was ich immer gethan habe, ich alter Immoralist und Vogelsteller — und rede unmoralisch, aussermoralisch, 'jenseits von Gut und Böse'"?[7] Der Zusammenhang zwischen dem Leben, das Täuschung will, und einem Ort jenseits von Gut und Böse, von dem aus diese Einsicht formuliert werden kann, wird ihn nicht mehr loslassen.

Den Ort des Außermoralischen zu bestimmen, war ein Programm gewesen, das Nietzsches Werk nahezu von Anfang an durchzogen hatte. Immer wieder war ihm dabei das Ästhetische als der privilegierte Ort des Außermoralischen in den Sinn gekommen. Schon in der *Geburt der Tragödie aus dem Geiste der Musik* hatte er mit dem folgenreichen Versuch, das Dasein

---

[6] Nachgelassene Fragmente, KSA 11, 189
[7] Menschliches, Allzumenschliches I, KSA 2, 14f.

einzig und allein *ästhetisch* zu rechtfertigen,[8] das Außermoralische in doppelter Weise *versinnlicht*: indem der Sinn des Daseins selbst der sinnlichen Wahrnehmbarkeit und Konstruktion der Welt überantwortet war. Der Sinn steckte damit tatsächlich in den Sinnen, die selbst jenseits der Wahrheit und der Moral zu denken waren. Noch in den letzten Jahren vor dem Zusammenbruch war Nietzsche immer wieder zu diesem Programm einer radikalen Trennung der Kunst von den Ansprüchen der Moral und der Wahrheit und einer Substitution der traditionellen Metaphysik durch eine der Artisten zurückgekehrt. In einem Fragment aus dem Jahre 1888 hat Nietzsche dies in aller Deutlichkeit ausgesprochen: "An einem Philosophen ist es eine Nichtswürdigkeit zu sagen: das Gute und das Schöne sind eins: fügt er gar noch hinzu 'auch das Wahre', so soll man ihn prügeln. Die Wahrheit ist häßlich: *wir haben die Kunst*, damit wir nicht an der Wahrheit zugrunde gehen".[9] Und in einer anderen, ähnlich gelagerten späten Reflexion über die *Geburt der Tragödie* heißt es: "Der Wille zum Schein, zur Illusion, zur Täuschung, zum Werden und Wechseln ist tiefer, 'metaphysischer' als der Wille zur Wahrheit, zur Wirklichkeit, zum Sein: die Lust ist ursprünglicher als der Schmerz."[10] Damit, so könnte man sagen, wird die einstens im außermoralischen Sinn betrachtete Lüge nun, ästhetisch gewendet, selbst zum außermoralischen Sinn, der Wille zur Täuschung als Ausdruck des Willens zum Leben zur letzten und eigentlichen Triebfeder des Daseins und seiner Formationen, die Kunst zum Ausdruck und Modell einer Kraft, die betrügt, um jene Lust zu befriedigen, die allem vorrangig ist.

Diese Positionierung des Ästhetischen und der Künste an jenem Ort, der von den Verpflichtungen der Moral so weit entfernt ist wie von den Ansprüchen der Wahrheit hat ja bis heute wenig an Attraktivität eingebüßt. Das Ästhetische als das Außermoralische zu deuten, das auf nichts verpflichtet werden kann, weil alles, was ist, bei ihm erst geschaffen werden muß, gehört so mit zu den auch von Nietzsche grundgelegten Versuchen der Moderne, wenn nicht die Moral durch die Kunst zu ersetzen, so doch diese von jener freizuhalten. Das Verhältnis von Kunst und Wahrheit, von gebotenem und verbotenem Wissen wird dadurch aber selbst zum Oszillieren gebracht. Dort, wo der diskursive Gestus der Spache sich täuscht, weil er meint, die Wahrheit zu treffen, trifft die Kunst die Wahrheit, weil sie sich zur Täuschung bekennt. In letzter Radikalität korreliert Kunst nicht mit den Figuren des etablierten Wissens, sondern unterläuft diese. Gleichzeitig täuscht sie als illusionäre Veranstaltung selbst über die Möglichkeiten des Wissens hinweg, indem sie den destruktiven

---

[8] Die Geburt der Tragödie, KSA 1, 47
[9] Nachgelassene Fragmente, KSA 13, 500
[10] Nachgelassene Fragmente, KSA 13, 226

Potentialen radikaler Aufklärung die Kraft des Lebens entgegensetzt, die nicht wissen darf, um sich nicht zu gefährden. Gegenüber den Versprechungen eines optimistischen und rationalen Wissensdiskurses verhält sich Kunst aufklärend, indem sie das Andere der Vernunft zum Erscheinen bringt; gegenüber den melancholischen Diskursen einer selbstreflexiven Vernunft, die sich allen Konsequenzen der Kontingenz stellen will, erscheint sie aber als Stimulus des Lebens und damit, erkenntnislogisch gesprochen, selbst als Ideologie, die das Weiterdenken verbietet.

So sehr Kunst gegenüber den normativen Wissensbegriffen als verbotenes, weil ein dieses Wissen unterminierendes Wissen erscheinen muß, so sehr ist sie selbst verbietendes Wissen gegenüber jenem radikalen Denken, das verboten werden muß, weil es sich nichts verbieten lassen will. Wenn sich in der Kunst der Wille zum Leben ausspricht, verträgt diese keine Aufklärung über sich selbst – denn nur als unaufgeklärter, als Wille zum Schein kann dieser sich realisieren. Nicht das Geheimnis des Lebens unterliegt deshalb dem alles entscheidenden Verbot, sondern das Geheimnis der Kunst. Eine Ästhetik, die sich die Kunst als Reflexionsobjekt nicht nehmen lassen will, tendiert deshalb wohl auch dazu, die Kunst vom Außermoralischen wieder zu entkoppeln – sei es, um weiter über Kunst reden zu können, sei es, weil die Kunst nicht hält, was sich Nietzsche im Geheimsten von ihr versprach. Ihre Illusionen, auch das wäre möglich, sind letztlich doch zu schwach, um irgendjemanden damit am Leben zu erhalten; vielleicht sind sie sogar, wie Wagners Opern, Gift für dieses – was sie allerdings erst recht wieder Verbotsansprüchen unterwerfen würde. Nietzsches in der Kritik an Wagner gewonnene Differenzierung zwischen dem Schauspieler, der dem Schein zuliebe die Kunst verrät, und dem echten Künstler, der der Wahrheit zuliebe dem Schein treu bleibt, zeugt von diesem Verdacht.[11] Auch die Wahrheit über Kunst, daß diese eine starke Lüge sei, war vielleicht ein Lüge: die Kunst war womöglich nur eine schwache Lüge gewesen, aber deshalb für den gefährlich, der sie für stark hielt – und dies träfe alle Adepten einer modernen Kunstreligion, bis hin zu Adorno und darüber hinaus. Wie auch immer: in der Kunst die entscheidende Überbietung eines selbst lügenhaften Wahrheits- und Moralanspruches zu sehen, war vielleicht voreilig gewesen – und Nietzsche hat es gespürt. Hellsichtig hatte er einmal notiert: "Versuche einer außermoralischen Weltbetrachtung früher zu leicht von mir versucht - eine aesthetische (die Verehrung des Genies -)."[12]

---

[11] Der Fall Wagner, KSA 6, 37ff

Dieter Mersch:

Die Macht der Bildlichkeit. Zur Revision des Aura-Begriffs.

Gewöhnlich wird die *Bedeutung* von Kunstwerken hervorgehoben: Druchweg untersteht die Ästhetik dem Postulat der Rückführung des Ästhetischen auf Hermeneutik. Selbst da, wo die *ästhetische Erfahrung* in den Vordergrund gerückt wird, folgt sie noch dessen Diktat. Was Bilder, Musikstücke oder Texte hingegen *auszulösen* vermögen, die *Macht des Ästhetischen*, kommt selten in den Blick. Die Frage führt auf das Rätsel der Wirkung von *Aisthesis* und von *Aisthesis* als Wirkung. Sie sei vor allem am Paradigma von Bilden und Objekten diskutiert.

Zunächst scheint die spezifische Kraft der Bildlichkeit in ihrer Suggestibilität zu liegen, womit vor allem die Kunst des Barock gespielt hat. Seit je hat die Magie des Bildes wie die Skulptur ebenso Bewunderung wie Angst und Scheu ausgelöst: sie laden nicht nur ein, um betrachtet zu werden; sie drängen sich auf, nötigen in die Sicht, schmeicheln sich ein. Doch ist solche Magie keineswegs an die Vollkommenheit der Imitation gebunden. An der Kunst des Mimetischen eingeübt, geht sie gleichwohl nicht in ihr auf, wie die Ästhetik der Avantgarde erhellt, die, jenseits von Figuration, das gleiche Faszinosum erzeugt, ja allererst deutlich macht, daß deren Mysterien vom Realismus zu trennen sind. Bilder und Objekte, wie sie der Surrealismus und Dadaismus schuf, beruhen dabei insbesondere auf der sinnlichen Erzeugung von Paradoxa: Die *Objects of My Affection* von Man Ray bespielsweise, an denen er in verschiedenen Phasen seines Lebens gearbeitet hat, z.B. *Cadeau* (1921-1974), ein mit Polsternägeln verfremdetes Bügeleisen, bilden anschauliche Rätsel: unmögliche Gegenstände, die buchstäblich zu träumen scheinen. Sie funktionieren als Metaphern in der eigentlichen Bedeutung von *meta-phora*: Übertragungen, die die verwendeten Gegenstände ihres Kontextes berauben, sie wörtlich nehmen oder mit Konträrem verknüpfen und gerade dadurch den Blick verzaubern.

Sowenig jedoch die Wirkung vollendeter Mimesis sich auf die Strategien der Illusion beschränken läßt, sowenig geht auch die Wirkung solcher Rätselobjekte im Metaphorischen und der Auflösung der beteiligten Symbole auf. Sicherlich konterkarieren in Man Rays *Cadeau* die aufgeklebten Posternägel die Funktion des Bügeleisens: Beide gehören gewissermaßen zum selben Genre: der Welt des Haushalts, der Pflege und Verarbeitung von Stoffen, ihrer Glättung, sei es durch Bügeln oder Glattziehen auf Sesseln und anderen Plostermöbeln; doch es benutzen zu wollen, hieße, die Kleidung beim Bügeln zu zerreißen. Die Assoziation schafft, wie die Verschiebungen und Verdichtungen im Traum, eine *contradictio in adjecto*; doch macht nicht diese das Schlagende des Objekts aus, vielmehr bricht es aus der Differenz der Elemente erst hervor, *zeigt sich* auf der Ebene ihrer Konnexion, die das Werkzeug insgesamt in einen spitzen Gegenstand verwandelt, eine Waffe, ein Ungeheuer. Die Wahl anderer Materialien würde die Wirkung des Objekts zerstören, ebenso ihre artifizielle Stilisierung; die Verarbeitung aufgelesener, in jedem Haushalt vorfindbarer Gegenstände gehört dazu, desgleichen die Form der Präsentation, das Aufspreizen der Stacheln nach Außen, wie zur Drohgebärde, die den Betrachter gleichfalls zu faszinieren wie zu erschrecken trachtet.

Das Beispiel erhellt, daß sich die Eindringlichkeit des Objekts über die vordergründige Reihung der Symbole nicht erschließt. Geschuldet jener "anderen Ordnung" (Claire Goll) des Unbewußten, verweist es viel eher auf die "widersinnige Logik" des Traumes, der eigenen Gesetzen gehorcht. Doch hat Lacan diese bekanntlich mit den Strukturen einer "Sprache" verglichen,[1] allerdings keiner, die etwas *sagte*, sondern die sich in der Verkettung libidinöser Signifikanten allererst *zeigt*, indem sie sich dem Subjekt unablässig unterschiebt. Dann kommt es weniger auf das Symbolische und dessen Bedeutungen an, das noch Sigmund Freud einer "Hermeneutik des Unbewußten" zuführen wollte, sondern weit eher auf die Produktivität einer Dezentrierung, durch die Lacan die chronische Unaufhebbarkeit der Ansprüche des "Es" zu betonen suchte. Nicht länger dem Subjekt und seinen Wollen unterstellt, ergeht dessen Begehren vom Anderen her: *nicht ich* verlange nach etwas, sondern das Andere verlangt nach mir. Das läßt sich gleichermaßen auf ästhetische Objekte übertragen: Ihre Magie oder spezifische "Erotik" besteht darin, daß etwas *zeigt sich* und nach einer *Antwort* ersucht. Was sich derart zeigt, hat die Struktur eines Rätsels. Daher avancierte für Man Ray gleichwie für Magritte, Tinguely oder Max Ernst das Paradox zum bevorzugten Stilmittel ihrer Arbeit. Denn das Paradox gibt den Blick frei auf etwas, das *anders* ist als alles, was sich *sagen* läßt, das das Andere des Symbolischen selbst ist: ein *Zeigen*. Weder kann so das Ästhetische aus der Abbildlichkeit alleine noch aus der Repräsentation einer Idee verstanden werden: Es erscheint als Enigma, das sich nicht als solches kommentiert, sondern *offenbart*.

Nach Wittgenstein ist ein Rätsel etwas, "was keine Lösung kennt".[2] Als Ausdruck des Unausdrückbaren weist es - im Wortsinne von *para doxa* - in ein "Jenseits des Sagbaren", denn ein "Rätsel lösen ist soviel wie den Grund seiner Unlösbarkeit angeben".[3] Als das Andere des Sagens wäre es auf der Ebene des Symbolischen überhaupt unlesbar: Adorno hat darin die "Rätselgestalt" von Kunst schlechthin ausgemacht, nicht nur der surrealistischen. Denn die Werke überlebten selbst noch ihre erschöpfendsten Lektüren: "Durch ihre Form werden sie sprachähnlich, scheinen in jedem ihrer Momente nur eines und dieses zu bekunden, und es entwischt."[4] Zur Sprache werden sie kraft ihrer Gestaltung, und doch gehen sie nicht in dieser auf: "Alle Kunstwerke und Kunst insgesamt, sind Rätsel": "Daß Kunstwerke etwas sagen und mit dem gleichen Atem-

---

[1] Jacques Lacan, Subversion des Subjekts und Dialektik des Begehrens im Freudschen Unbewußten, in: Schriften II, Olten 1975
[2] Ludwig Wittgenstein, Vorlesungen über die Philosophie der Psychologie 1946/47, Frankfurt 1991, S. 554
[3] Theodor W. Adorno, Ästhetische Theorie, Frankfurt/M 1970, S. 185
[4] ebenda, S. 182

zug es verbergen, meint den Rätselcharakter unterm Aspekt der Sprache."[5] Zurückzuweisen wäre dann das Dogma des Hermeneutischen, das die ästhetische Rezeption bis heute dominiert: "Kunstwerke sind nicht von der Ästhetik als hermeneutische Objekte zu begreifen; zu begreifen wäre (...) ihre Unbegreiflichkeit."[6] Folgerecht erweist sich Verstehen als "problematische Kategorie": "Wer Kunstwerke durch Immanenz des Bewußtseins in ihnen versteht, versteht sie auch gerade nicht, und je mehr Verständnis anwächst, desto mehr auch das Gefühl seiner Unzulänglichkeit, blind in dem Bann der Kunst, dem ihr eigener Wahrheitsgehalt entgegen ist. (...) Schließt ein Werk ganz sich auf, so wird seine Fragegestalt erreicht und erzwingt Reflexion; dann rückt es fern, um am Ende den, der der Sache versichert sich fühlt, ein zweites Mal mit dem Was ist das zu überfallen. Als konstitutiv aber ist der Rätselcharakter dort zu erkennen, wo er fehlt: Kunstwerke, die der Betrachtung und dem Gedanken ohne Rest aufgehen, sind keine."[7]

Kein Bild oder Werk fügt sich so restlos dem Paradigma der Sprache, auch wenn dieses, als Mittel der Artikulation, nirgends von ihnen abzuziehen wäre; "etwas" transzendiert ihr "Bedeuten", das nicht selbst wieder ein "Bedeuten" ist oder sich als solches auszusprechen vermöchte: Das Rätsel gleicht einem Fragezeichen, das sich beständig wieder einklammert: "Die letzte Antwort diskursiven Denkens bleibt das Tabu über der Antwort."[8] Gleichwohl klebt es noch an jener Sprachlichkeit, die es ebenso dementiert wie bestätigt: Was darum an Kunst gleichermaßen undarstellbar wie unausdeutbar ist, muß sich, wie Adorno mehrfach herausstellt, durch diese hindurch "vermitteln". Das bedeutet aber, daß das, was ihr Sprachliches überschießt, sich letztlich an ihrer Gestaltung, durch die sie Sprache wird, selber festmacht: "Durch Organisation werden die Werke mehr als sie sind."[9] Der Passus erinnert an Wittgensteins Theorie der "Sprachform" im *Tractatus*, die im Sprechen stets mitspricht, ohne selbst aussprechbar zu sein, und von der gesagt wird, sie "*zeige*" sich lediglich.[10] Sowenig wie diese vermag sich auch das Rätsel des Kunstwerks auszusprechen: *Es* zeigt sich, und zwar vermöge der Präsenz seiner kompositorischen Gestalt, seiner "ästhetischen Form". Präsenz aber meint zugleich ein Materielles, weniger im Sinne kruder Stofflichkeit, als der spezifischen Weise des In-Erscheinung-tretens, in der sich Wirkung allererst kund gibt. Dazu gehört ebenso die Farbe wie die Wahl der Materialien, Hängung, Medium, Werkzeug, Wiedergabequalität, Rahmung, Formate, Grundierung, Ausstellungsort usw. Deshalb sagt Adorno, daß das "Geistige" überall "in dem ihm Entgegengesetzten, in der Stofflichkeit (zündet)",[11] wie er überhaupt, gegen die Aristotelische Metaphysik, die Materialität gegen den Vorrang der Form zu retten ver-

---

[5] ebenda
[6] ebenda, S. 179
[7] ebenda, S. 184
[8] ebenda, S. 193
[9] ebenda, S. 189
[10] Wittgenstein, Tractatus logico-philosophicus, Frankfurt/M 1989, 4.12 - 4.1212
[11] Adorno, Ästhetische Theorie, a.a.O., S. 180

suchte.[12] Entscheidend bleibt, daß Kunst sich dadurch ausdrückt, daß sie sich sinnlich verkörpern muß, so daß von ihr das Materielle, durch die sich ihre Signifikanz allererst ausstellt, nirgends abzuziehen ist. Doch kommt dieser ihr jeweils eigenes Erscheinen zu: Der Materialität haftet eine spezifische *Ekstasis* an. Sie bezeugt die Unwiderstehlichkeit des *Sichzeigens*, wie sie von der "realen Gegenwart" der Werke selber ausgeht.

Bilder enthüllen sich so kraft einer ihnen innewohnenden Ekstatik des Erscheinens, nicht über den Umweg der Sprache, der Textur der Zeichen. Angeschaut blicken sie zurück, geben sich darin preis. Es gibt kein Zugang zur Bildlichkeit ohne solchen Blickwechsel. Ihre Wirkung besteht entsprechend in der Weise, sich in die Sicht zu bringen = dadurch, wie sie zurücktreten, den Betrachter betören oder zu attackieren verstehen. Zwar ist das, was entgegenkommt, immer das Symbolische; aber das Entgegenkommende selber liegt nicht *im* Symbolischen, sondern geht über es hinaus im Sinne seines chronischen Unerfülltseins. Der Zugang geschieht immer durch die Zeichen, die Sprache oder das Symbolische, und doch *begegnen* Bilder vor allem, stellen sich uns gegenüber, bilden einen Widerstand, der uns in die Nähe zieht. *Was* sich derart ereignet, ist gleichwohl nicht *im* Bild vorfindlich; eklatant erst in Distanz, wie Adorno sagt, bildet es keine *Stelle* dessen, was sich zeigt: Weder Element noch Attribut entgleitet es im Augenblick seines Erscheinens.[13] Das Geheimnisvolle des Bildes gleicht darin einer Doppelbelichtung: Sichtbarmachung eines Unsichtbaren und zugleich unsichtbar in dem, was sichtbar hervortritt: "Jedes Kunstwerk ist ein Vexierbild, nur derart, daß es beim Vexierbild bleibt, bei der prästabilisierten Niederlage ihres Betrachtens. (...) Spezifisch ähnelt sie jenem darin, daß das von ihnen Versteckte, wie der Poesche Brief, erscheint und durchs Erscheinen sich versteckt."[14]

Das Verlangen nach Betrachtung, das die eigentliche *Aisthesis* nennt, entspringt von dort her: Ekstatisches Moment der Bildlichkeit, das ebenso für Roland Barthes sein Entscheidendes ausmachte und das er in seinen späten Studien über die Photographie als *punctum* bezeichnet hat: "Anziehung", die "besticht", und die vom Abgebildeten her nicht zu verstehen ist, läuft es dem konventionellen Code des *studiums* zuwider.[15] Es beinhaltet das "Zufällige", das plötzlich und unerwartet überkommt und das das semantische Feld des *studiums*, das Gewebe seiner eingespielten Bedeutungen "durchbricht": "Diesmal bin nicht ich es, der es aufsucht (...), sondern das Element selbst schießt wie ein Pfeil aus seinem Zusammenhang hervor, um mich zu durchbohren".[16] Die Opposition von *punctum* und *studium* macht so an der Photographie manifest, was sich im Bereich der Symbole als Paradoxon enthüllte und auf der Ebene des Rätsels als sein Unlösbares. Einerseits referiert das Photo auf etwas: die Momentaufnahme eines Gegenstandes, ein Portrait, eine pittoreske

---

[12] vgl. ders., Metaphysik. Begriff und Probleme, Frankfurt/M 1998, vor allem 7. Vorlesung ff., S. 68ff.
[13] vgl. ders., S. 189
[14] ebenda, S. 184f.
[15] Roland Barthes, Die helle Kammer, Frankfurt/m 1989, S. 35ff. passim
[16] ebenda, S. 35

Landschaft oder anekdotische Szene: Objekte des *studiums*, die etwas zu erzählen trachten; andererseits geht seine Bildlichkeit über die Signifikanz der Zeichen, die es enthält, hinaus: Evokation des *punctums*, das nicht entziffert werden kann, sondern affiziert. *Dieses* betrifft den Zweck der Darstellung, den Anlaß, das Motiv; *jenes trifft* den Betrachter. Erneut kommt darin die *Unterscheidung zwischen Sagen und Zeigen*, zwischen Intentionalität und Nichtintentionalem zum Tragen: Das *studium* beabsichtet ein Schauen; es meldet Gründe an, sucht zu objektivieren; dagegen hält sich das *punctum* in seiner *Unwillkürlichkeit*: Es fußt auf keinem Motiv, das seine Wirkung auslöste; es genügt festzustellen, daß ein Bild berührt. Dennoch hat Barthes versucht, dem *punctum* einen Ort im Bildlichen zu verleihen: mal wird es auf eine Nebensächlichkeit bezogen, etwas, was den Blick ablenkt oder verzögern läßt, ein unpassendes "Detail"; mal auf eine unscharfe Dichte oder einen schwer zu entziffernden Zufall.[17] Die Lokalisierungen erscheinen mißverständlich: der Ausdruck "Detail" supponiert seine Identifikation, als ob sich das *punctum* bezeichnen ließe oder einen deiktischen Hinweis gestattete. Festgestellt, benannt oder kommentiert büßt es gerade seine Wirkung ein; in dem Maße, wie Barthes glaubt, das Bestechende ausgemacht zu haben, wird er es im selben Augenblick wieder verlieren. Darum wirken seine Beispiele unplausibel: Die Anstrengung im Begriff führt in die Irre: die "Mühe der Beschreibung", bekennt Barthes selbst, wird "stets den springenden Punkt der Wirkung, das *punctum*, verfehlen".[18]

Immer wieder umkreist er so das Terrain eines Unbeschreiblichen: Das Bestechende an der Lektüre der *Hellen Kammer* ist, daß die Entdeckung der "Erotik" des Bildes im Bildlichen permanent verdeckt bleibt: unzulängliche Versuche einer Annäherung an das, was unbestimmt bleibt und keiner Bestimmung bedarf. Das ist schließlich die Quintessenz der semiologischen Bemühungen Barthes: "Das *studium* ist letztlich immer codiert, das *punctum* ist es nicht. (...) Was ich benennen kann, vermag mich nicht eigentlich zu bestechen. (...) Die Wirkung ist da, doch läßt sie sich nicht orten, sie findet weder ihr Zeichen noch ihren Namen; sie ist durchdringend und landet dennoch in einer unbestimmten Zone meines Ich (...)."[19] Sie weist so über den Bereich des Sagbaren hinaus: Das *punctum* fixiert den Punkt, an dem das Bild *unlesbar* wird. "Ich muß mich also diesem Gesetz beugen: ich kann die Photographie nicht durchdringen. Ich mag nur meinen Blick über ihre stille Oberfläche gleiten zu lassen. (...) Wenn die Photographie sich nicht ergründen läßt, dann deshalb, weil ihre Evidenz so mächtig ist."[20]

Die Macht des Bildes entspringt so gerade ihrer Nicht-Identifizierbarkeit. Erneut bricht damit eine Paradoxie auf: Barthes weist darauf hin, daß sich das *punctum* nur dann offenbart, wenn man das Bild *nicht* anschaut: Widersprüchliche Evidenz einer Anschauung jenseits des Blicks: "(N)ichts sagen, die

---

[17] ebenda, S. 35ff., S. 51f.
[18] ebenda, S. 62
[19] ebenda, S. 60, 62 passim
[20] ebenda, S. 115, 117 passim

Augen schließen, das Detail von allein ins affektive Bewußtsein aufsteigen lassen".[21] Das Nichtsichtbare, das die Betrachtung in Unruhe versetzt, manifestiert es sich als das *Andere des studiums*: Anwesenheit eines blinden Feldes im Bild, das sich gleichwohl als der eigentliche Anziehungspunkt jener *Aisthesis* erweist, die im Schauen nicht nur ihr Objekt zu betrachten verlangt, sondern sich gleichzeitig vom Angeschauten selbst anblicken läßt. Die Wirkung eines Bildes erfüllt sich dann weder in dem, was es unmittelbar sichtbar zu machen scheint: Sie ergeht aus der *Ekstatik* seiner *Präsenz*. Aus dem Paradox dessen, was allein symbolisch *gesagt* werden kann, springt das *Zeigen* als dessen andere Dimension hervor und rückt das Bild in ein nicht zu lösendes Rätsel; aber die Paradoxien des Zeigens, die ihr Geheimnis einzig dem blicklosen Blick enthüllen, jenem Schauen, das nicht fixiert, sondern *sich angehen* läßt, weisen ihrem Effekt einen ortlosen Platz zu: nirgends Stelle im Bild, vielmehr Geschehen, das keine Ursache hat und von keinem Grund her geschieht, sondern *sich gibt*. Was sich derart gibt, meint kein "Etwas", dem irgend eine Bestimmung zukäme, sondern das Geben einer Sicht, welche eine Wahrnehmungsweise voraussetzt, die gleichsam durch die lesbaren Gegebenheiten des Bildes hindurchschaut, um das *Ereignenlassen seines Sichzeigens* allererst zuzulassen.

Dann stellt sich ein, was im Gewand der Ästhetik auf unterschiedliche Weise als das "Scheinen" (Hegel) der Kunstwerke beschrieben wurde, und das, mehr oder minder vage oder akzentuiert, Adorno als ihr "Magisches"[22] und Walter Benjamin als ihre "Aura"[23] apostrophiert haben. An ihnen wird die spezifische *Differenz zwischen Wirkung und Zeichen* kenntlich: Dieses repräsentiert ein Abwesendes und stellt es aus der Ferne in die Nähe, während jene gerade umgekehrt die Nähe in die Ferne rückt. Genau das aber verweist auf Benjamins berühmter Charakterisierung des Unterschieds von "Spur" und "Aura": "Die Spur ist Erscheinung einer Nähe, so fern das sein mag, was sie hinterließ. Die Aura ist Erscheinung einer Ferne, so nah das sein mag, was sie hervorruft. In der Spur werden wir der Sache habhaft; in der Aura bemächtigt sie sich unser."[24] So kann die Wirkung des Bildes schließlich als Funktion seiner *Aura* beschrieben werden. Weder der Form noch dem Symbolischen zuzuschlagen, gehört sie zur ästhetischen Bestimmung der Werke in ihrer Autonomie - nach Adorno sogar zum "Konstituens der Kunst" selbst: "Was hier Aura heißt, ist der künstlerischen Erfahrung vertraut unter dem Namen der Atmosphäre des Kunstwerkes als dessen, wodurch der Zusammenhang seiner Mo-

---

[21] ebenda, S. 65
[22] vgl. Adorno, Ästhetische Theorie, a.a.O., S. 408ff.
[23] vgl. Walter Benjamin, Das Kunstwerk im Zeitalter seiner technischen Reproduzierbarkeit, in: Gesammelte Schriften I.2, Frankfurt/M 1974, S. 471-508 sowie ders., Charles Baudelaire. Ein Lyriker im Zeitalter des Hochkapitalismus, in: ebenda, S. 509-690; vor allem S. 644ff.
[24] Benjamin, Das Passagenwerk, in: Gesammelte Schriften, V.1, Frankfurt/M 1982, S. 560. Ausdrücklich wird die Opposition von Spur und Aura als Schlüssel zum Verständnis des Aura-Begriffs reklamiert; vgl. insbesondere den Brief Benjamins an Adorno vom 9.12.38, in: ders., Gesammelte Schriften I.3, a.a.O., S. 1102: "Der Begriff der Spur findet seine philosophische Determination in Opposition zum Begriff der Aura."

mente über diese hinausweist, und jedes einzelne Moment über sich hinausweisen läßt."[25] Aura meint mithin das, "was an Kunstwerken deren bloßes Dasein transzendiert".[26]

Dem religiösen Kultus entlehnt, der die Kunstwerke einstmals entstammten, hatte sie indessen Benjamin in seinem Kunstwerk-Aufsatz als reine Singularität eingeführt, die erneut ans Paradox gemahnt: "Es empfiehlt sich, den (...) für geschichtliche Gegenstände vorgeschlagenen Begriff der Aura an dem Begriff einer Aura von natürlichen Gegenständen zu illustrieren. Diese letzteren definieren wir als einmalige Erscheinung einer Ferne, so nah sie sein mag."[27] Genannt wird damit die prinzipielle Unzugänglichkeit der Präsenz, die in dem Maße Abstand gebietet, wie sie den Blick nicht losläßt. Sowenig wir ihre Wirkung abzutun wissen, sowenig vermögen wir sie umgekehrt - wie das *punctum* bei Barthes - heraufzubeschwören. Macht, die ihren fesselnden Bann über den Betrachter verhängt, der sich ihr aussetzt, gleicht sie dem Gesang der Sirenen: Sich-Entziehendes, dessen sich nicht zu entschlagen ist, darin der Schönheit verwandt, von der Jean Cocteau gesagt hat, sie wirke selbst auf die, welche sie nicht gewahren.[28]

Ein Abschnitt aus der Studie über Charles Baudelaire, einer der letzten Schriften Benjamins, legt darüber hinaus die Verbindung zwischen Aura und *punctum* nahe: Ebenso wie Barthes betont, daß sich das *punctum* blitzartig einstellt, indem es seine "expansive", "oft metonymische Kraft" dadurch entfaltet, daß es sich an eine Kette von unbewußten Assoziationen anschließt,[29] zieht Benjamin denselben Vergleich: "Wenn man die Vorstellungen, die, in der mémoire involontaire beheimatet, sich um einen Gegenstand der Anschauung gruppieren, dessen Aura nennt, so entspricht die Aura am Gegenstand einer Anschauung eben der Erfahrung, die sich an einem Gegenstand des Gebrauchs als Übung absetzt."[30] Dabei nennt die *mémoire involontaire* Prousts jenes unwillkürliche Eingedenken, das durch eine Stimmung, eine beiläufige Bemerkung oder ein zufälliges Bild ausgelöst wird: Benjamin hat sie, übrigens genauso wie Barthes, mit der Kategorie des Unbewußten bei Freud verknüpft, wobei es insbesondere auf den Unterschied zwischen Bewußtsein und Gedächtnis ankommt. Dann aber haftet dem Auratischen keinerlei Bewußtheit an: Es ist das Gegenteil von Signifikanz: Es ergeht, ohne "als etwas" identifizierbar zu sein oder im wörtlichen Sinne wieder-holt werden zu können.[31]

Solche Erfahrung *widerfährt*; Benjamin hat sie deshalb vor allem dem Paradigma des Blicks entlehnt, der beantwortet werden muß: "Ableitung der Aura als Projektion einer gesellschaftlichen Erfahrung unter Menschen in die

---

[25] Adorno, Ästhetische Theorie, a.a.O., S. 408
[26] ebenda, S. 460
[27] Benjamin, Das Kunstwerk im Zeitalter seiner technischen Reproduzierbarkeit, a.a.O., S. 475, 479, 480
[28] vgl. Jean Cocteau, Kinder der Nacht, Werkausgabe in 12 Bden, Bd.3, Frankfurt/M 1988, S. 19.
[29] vgl. Barthes, Die helle Kammer, a.a.O., S. 53f.
[30] Benjamin, Charles Baudelaire. Ein Lyriker im Zeitalter des Hochkapitalismus, a.a.O., S. 644
[31] vgl. dazu auch meinen Aufsatz Ereignis und Aura. Zur Dialektik von ästhetischem Augenblick und kulturellem Gedächtnis. In: Musik und Ästhetik, Heft 3 (1997) (1. Jg.), S. 20-37

Natur: der Blick wird erwidert."[32] An anderer Stelle heißt es schärfer: "Dem Blick aber wohnt die Erwartung inne, von dem erwidert zu werden, dem er sich schenkt. Wo diese Erwartung erwidert wird (...), da fällt ihm die Erfahrung der Aura in ihrer Fülle zu. >Die Wahrnehmbarkeit<, so urteilt Novalis, ist >eine Aufmerksamkeit.< Die Wahrnehmbarkeit, von welcher er derart spricht, ist keine andere als die der Aura. Die Erfahrung der Aura beruht also auf der Übertragung einer in der menschlichen Gesellschaft geläufigen Reaktionsform auf das Verhältnis des Unbelebten oder der Natur zum Menschen. Der Angesehene oder angesehen sich Glaubende schlägt den Blick auf. Die Aura einer Erscheinung erfahren, heißt, sie mit dem Vermögen belehnen, den Blick aufzuschlagen."[33] Auf diese Weise ans *Aisthetische* angeschlossen, kann die Aura auf keine Weise rezeptionsästhetisch oder phänomenologisch ausgelegt werden; nicht das Sehen, das etwas sieht, spielt darin eine Rolle, sondern die Widerfahrnis des "*Anblicks*",[34] die Benjamin aus der wesentlichen Struktur des *Antwortens* begreift.

Damit erhellt sich der ganze Kreis der Begriffe: Das Auratische entspringt dem *Ereignis* der *Ekstasis*. Dessen Gewahrung bedingt, daß wir den Blick nicht abwenden können. Die Aura beschreibt so die spezifisch *aisthetische Erfahrung* des Angeblicktwerdens durch die Dinge in ihrer Gegenwart, das uns zugleich in deren Sicht zwingt. Sie wahrt an ihnen das besondere des Er-Scheinens. Es wäre zugleich die Weise, wie Seiendes dem Menschen zusteht, die Aura mithin Erfahrung dessen, wie das Zustehende sich dem Blick öffnet und sich im aufmerksam wahrgenommenen *Sichzeigen* dem Menschen vermenschlicht - folglich Erfahrung, die sich nicht selbst erfährt: Erfahrung *ohne als was*, weil sie aller Erfahrbarkeit noch vorhergeht. Darum hat auch Adorno in einem Brief an Benjamin den Aura-Begriff als "Spur des vergessenen Menschlichen am Ding" charakterisiert - eine Formulierung, der zwar Benjamin in seinem Antwortschreiben nachdrücklich folgte, deren "humanistische" Implikationen er allerdings nicht zu teilen vermochte: "Es muß (...) ein Menschliches an den Dingen sein, das *nicht* durch die Arbeit gestiftet wird."[35] Es wäre die Weise des Erscheinens selbst: Erscheinen des Erscheinens, von der allererst die Wirkung oder Macht des Ästhetischen ausgeht.

---

[32] Benjamin, Charles Baudelaire, a.a.O., S. 670
[33] ebenda, S. 646, 647
[34] Das Wort "Anblick" schließt die Wechselwirkung von Schauen und Angeschautwerden ein. Benjamin verweist dazu auf Paul Valéry: "Die Dinge, die ich sehe, sehen mich ebensowohl wie ich sie sehe." vgl. Analecta, S. 193, 194; zitiert nach Benjamin, Charles Baudelaire, a.a.O., S. 647
[35] vgl. Brief Adornos an Benjamin vom 29.2.40, in: Walter Benjamin, Gesammelte Schriften I.3, a.a.O., S. 1132, sowie die Antwort Benjamins an Adorno vom 7.5.40, ebenda, S. 1134

Eberhard Ortland

Dichte und Fülle

Baumgartens uneingelöstes Projekt der ästhetischen Erkenntnis
in der symboltheoretischen Perspektive Nelson Goodmans

Beitrag zum XVIII. Deutschen Kongreß für Philosophie, Konstanz, 4.-8. 10. 1999
Sektion 27: *Theoretisches und ästhetisches Wissen*

Abstract

Baumgarten entwarf die Ästhetik als eine „scientia cognitionis sensitivae", die nach Formen und Gehalten von Erkenntnis jenseits des propositional artikulierten Verstandes-Wissens fragt. Entscheidend ist die Positivierung der „verworrenen Erkenntnis". In dieser sieht er einen Reichtum, der durch die begriffliche Abstraktion verloren zu gehen drohe. Mit Hilfe von Nelson Goodmans symboltheoretischem Instrumentarium läßt sich Baumgartens Konzeption von spezifisch ästhetischem im Unterschied zu theoretischem Wissen reformulieren. „Dichte" und „Fülle", „Exemplifikation" sowie „multiple und komplexe Bezugnahme" sind charakteristisch für ein Wissen, das wesentlich auf das Individuelle gerichtet ist. Die Künste interessieren eine ‚kognitivistische' Ästhetik als Weisen der Darstellung, in denen es möglich wird, Wahrnehmungen des Einzelnen zu kommunizieren.

Einleitung

Aus „orthodox" kantianischer Sicht läßt sich die Frage nach „ästhetischem Wissen" in seinem Verhältnis zum theoretischen überhaupt nicht stellen, da das reine Geschmacksurteil bekanntlich keinerlei Wissen hervorbringt noch erfordert.[1] Wer nach „ästhetischem Wissen" fragt, geht in die Richtung, die – mit mannigfaltigen Schwierigkeiten behaftet – Baumgarten mit seinem Projekt einer „Wissenschaft der sinnlichen Erkenntnis"[2] einschlug und von der Kant sich abgewandt hat. Ich bin nicht ganz sicher, ob die Disjunktion vollständig ist, ob es also zu der Alternative „Kant" oder „Baumgarten" kein *tertium* geben kann. Ich meine allerdings, daß es an dieser Stelle auch gar nicht nötig ist, zu entscheiden, ob eventuell noch weitere, von Baumgarten unabhängige Optionen für einen sinnvollen Begriff von ästhetischem Wissen denkbar sind.[3] Zunächst einmal läßt diese Alternative eine bemerkenswerte Konjunktion hervortreten:

Nelson Goodmans Theorie über die Weisen, wie wir im Umgang mit verschiedenerlei Kunstwerken – spezifisch anders als z.B. in der Verwendung von „notationalen" Symbolsystemen – Sinn verstehen können,[4] geht wie Baumgartens Projekt einer *gnoseologia inferior*[5] aus von der Frage nach Formen und Gehalten der Erkenntnis jenseits des diskursiven Wissens.[6] Weder eine Theorie der Schönheit noch eine Begründung des guten Geschmacks noch die Suche nach Kriterien für die Unterscheidung zwischen Kunstwerken und sonstigen Dingen bzw. zwischen einer „ästhetischen Einstellung" und theoretisch oder praktisch interessierten Formen der Zuwendung zu den Gegebenheiten der Erfahrung steht im Zentrum der von dieser *erkenntnistheoretischen* Problemstellung ausgehenden Konzeption von Ästhetik. – Für diese Einschätzung Goodmans kann ich an dieser Stelle ebensowenig argumentieren,[7] wie der gegebene Rahmen eine Diskussion der Aufgaben und Leistungen philosophischer Ästhetik gestattet. Sie kann deshalb für uns nicht mehr als eine im Interesse an den daraus sich ergebenden heuristischen Möglichkeiten versuchsweise anzunehmende Voraussetzung sein. Im Zentrum unseres Interesses steht die Frage nach *ästhetischer Erkenntnis* und *ästhetischem Wissen* sowie nach dem Verhältnis zwischen diesem ästhetischen Wissen und einem *theoretischen* Wissen, über das wir uns noch eher im klaren zu sein glauben. Hierzu möchte ich folgende These zur Diskussion stellen:

Im Ausgang von der angedeuteten erkenntnistheoretischen Konzeption von Ästhetik wird es möglich, die produktive Intuition von Baumgartens ‚psychologischer' Unterscheidung verschieden verfaßter „Erkenntnisvermögen" mit Hilfe der Goodmanschen Symboltheorie aus den Trümmern der dogmatischen Schulmetaphysik zu bergen, unter denen sie verschüttet wurde. Der Sinn von Baumgartens Konzept des „ästhetischen Reichtums"[8] läßt sich wiedergewinnen, wenn man mit Goodmans symboltheoretischem Instrumentarium die nötigen Unterscheidungen zwischen Syntax und Semantik sowie zwischen „Dichte" und „relativer Fülle" einträgt und auch die Verhältnisse „multipler und komplexer Bezugnahme" deutlicher analysiert, als es Baumgarten im *clair obscur* von Psychologie und Semiotik möglich war.[9]

I

„Ästhetisch" ist nach Baumgarten all diejenige Erkenntnis, die nicht „deutlich", nicht in eindeutigen begrifflichen Beziehungen verfaßt ist. Baumgartens *Aesthetik* steht und fällt mit der Positivierung der *cognitio confusa*. Die Vorgabe dazu lieferte Leibniz,[10] der die cartesische Opposition von Verstand (*cognitio clara & distincta*) und Unverstand (*cognitio obscura et confusa*)[11] durch ein Stufenmodell ersetzt hatte, in dem von der „dunklen" über die „verworrene" zur „klaren" Erkenntnis und deren höheren Graden, der „deutlichen", „adäquaten" und „intuitiven" Erkenntnis fortzuschreiten ist.[12] Die mit der rationalistischen Tradition als „verworren" eingeschätzten Vorstellungen von sinnlichen Qualitäten, die uns die Wahrnehmung liefert, entbehren nicht der „Klarheit". Sie enthalten durchaus Information, gestatten uns, die vorgestellte Sache ggf. wiederzuerkennen, wenn sie auch nicht „deutlich" in dem Sinn sind, daß wir fähig wären, die für die Identifikation der erkannten Sache maßgeblichen Merkmale positiv anzugeben.

An dieser verworrenen Mannigfaltigkeit wollte Baumgarten die „Fülle" der Vorstellungen ausdrücklich als Vorzug gegen der Armut an Bestimmungen verstanden wissen, die in einen distinkten Begriff nur eingehen können. Die bei Leibniz ausschließlich negativ, durch das Fehlen der aktiven Kontrolle über die relevanten Merkmale definierte *confusio* wird von Baumgarten mit einem umfangslogischen Argument aufgewertet zur „extensiv klareren" Vorstellung: „Wenn in Vorstellung A mehr vorgestellt wird als in B, C, D, usw., dennoch alle verworren sind, so wird A *extensiv klarer* als die übrigen sein."[13] Der Vorzug des größeren Umfangs kommt alsbald nicht mehr nur im Vergleich zu weniger umfangreichen *sinnlichen* Vorstellungen zum Tragen, sondern wird gegen die ‚Verarmung' gewendet, die der begrifflichen Abstraktion notwendig inhäriere. Jede Bestimmung hebt etwas Bestimmtes hervor, indem sie anderes ausschließt; *omnis determinatio est negatio*. Dadurch wird aber der deutlich bestimmte Begriff ‚ärmer' an Inhalt als der im Undeutlichen Belassene. Wenn einmal anerkannt ist, daß verworrene Vorstellungen ebensogut als ‚klare' Vorstellungen zählen wie die deutlichen, dann liegt es nahe, den Reichtum des größeren Begriffsumfangs, der einfach durch das Unterlassen von Spezifikationen unterstellt wird, als Vorteil zu buchen.[14] Baumgarten äußert sich überzeugt,

> „daß nur mit einem großen und bedeutenden Verlust an materialer Vollkommenheit all das hat erkauft werden müssen, was in der Erkenntnis und in der logischen Wahrheit an besonderer formaler Vollkommenheit enthalten ist. Denn was bedeutet Abstraktion, wenn nicht einen Verlust? Man kann, um einen Vergleich heranzuziehen, aus einem Marmorblock von unregelmäßiger Gestalt nur dann eine Marmorkugel herausarbeiten, wenn man einen Verlust an materialer Substanz in Kauf nimmt, der zum mindesten dem Mehrwert der regelmäßig runden Gestalt entspricht."[15]

Das geizige Bestreben, möglichst alles Material, dessen man habhaft werden konnte, zu behalten, das sich hier ausspricht, verrät ein grundlegendes Problem der repräsentationistischen Erkenntnistheorie. Baumgarten versteht Begriffe nicht als Regeln der Beziehung zwischen Phänomenen, sondern als mehr oder weniger intensive *Repräsentationen* eines größeren oder kleineren Teilbereichs des Seienden. Die Vorstellungen sind für ihn Stellvertreter,[16] Quasi-Entitäten, auf die (in unkontrolliert metonymischer Bewegung) die Qualitäten und die Mannigfaltigkeit des Repräsentierten überzugehen scheinen. Die einzelnen Vorstellungen werden jeweils als Teil einer idealen Gesamt-Vorstellung (*perceptio totalis*) angesehen (vgl. M § 514), der Inbegriff der Wirklichkeit als die Summe aller wahren Vorstellungen konzipiert (vgl. M § 515). Die objektive metaphysische Wahrheit ist freilich den Menschen mit ihrer begrenzten Erkenntnis-/Repräsentationskraft prinzipiell unzugänglich, sie kann nur dem Allwissenden zugeschrieben werden. Das ‚transzendentale' Wissen von ihr fungiert jedoch als Grenzwert, um die Grade der „subjektiven" Wahrheiten zu ermessen.[17] Im Rahmen dieser Vorstellung von einer sukzessiven Annäherung an die größtmögliche Wahrheit durch Akkumulation von möglichst vielen, möglichst reichhaltigen, möglichst „starken" Teilwahrheiten ist auch Baumgartens Konzept einer „*veritas aestheticologica*"(vgl. Ä §§ 427; 440-443) zu sehen: Die Zusammenführung der logisch-diskursiven, deutlichen und der ästhetisch-intuitiven, verworrenen Erkenntnisse soll die maximale Summe von Wissen über die Wirklichkeit ergeben. Zur Annäherung an die größte uns erreichbare Wahrheit sollen ästhetische und wissenschaftlich-theoretische Erkenntnis sich wechselseitig ergänzen.

Nun ist Baumgarten allerdings überzeugt: „Je allgemeiner die ästhetikologische Wahrheit ist, desto weniger metaphysische Wahrheit enthält ihr Gegenstand" (Ä § 440). Die „Vorstellung der höchsten denkbaren metaphysischen Wahrheit" kann keine andere sein als „die ästhetikologische Wahrheit des Individuellen oder des Einzelnen" (Ä § 441). Diese Lehre Baumgartens steht in einer unübersehbaren Spannung zu seinem Bestreben nach kumulativer ‚Totalrepräsentation' durch ‚weite' Begriffe. Sie gründet in der metaphysischen Konzeption des Einzelnen: Das Singulare (*individuum*) ist *omni modo determinatum* .[18] Die Vorstellung einer weiter bestimmten Sache ist reicher als die einer weniger eingehend bestimmten. Demnach ist die Fülle, die als „extensive Klarheit" der *cognitio confusa* gesucht wird, eher in der unausschöpflichen Tiefe des in immer neuen Aspekten sich als so oder so bestimmt erweisenden Individuellen zu finden als in der Weite des durch Armut an Unterscheidungen Vieles umfassenden Allgemeinbegriffs.[19]

Neben dem Wunsch nach einer Verbreiterung und Vertiefung des Zugangs zur Welt im Sinn einer Vervollständigung und Intensivierung unserer Repräsentation auch von den Aspekten, von denen wir keine deutlichen Begriffe haben, spielen kommunikativ-darstellungspragmatische Aufgaben eine Schlüsselrolle in Baumgartens Projekt. In einer instrumentalphilosophischen Erkenntnislehre soll mit der psychologischen Theorie der ‚unteren' Erkenntnisvermögen handfestpragmatisch die Kunst des „schönen" (d.h. nicht nur stimmigen, sondern auch einnehmenden) Denkens verbunden werden. Kunsttheorie soll die Ästhetik deshalb sein, weil sie als *ars pulchre cogitandi* [20] die Formen der Darstellung der sinnlichen Erkenntnis in allen „schönen Künsten und Wissenschaften" erschließen und, wo immer möglich, auch technisch ‚verbessern' soll. Kunstwerke kommen dieser Ästhetik nicht als „ästhetische Gegenstände" in den Blick, sondern allenfalls als Entäußerungsformen des „ästhetischen Denkens" und vergegenständlichte Repräsentationen von verworren vorgestellten Sachverhalten.

—

Nicht primär eine andere Auffassung vom Verhältnis zwischen ästhetischen und theoretischen Urteilen, sondern vor allem die deutlichere Unterscheidung zwischen Sinnlichkeit und Verstand und die damit sich ergebende Einsicht in das Verhältnis zwischen Begriff und Anschauung wurde der Grund für Kants Abkehr von Baumgarten. In seiner *Dissertatio De mundi sensibilis atque intelligibilis forma et principiis* von 1770[21] hat Kant die Assoziation von Sinnlichkeit und Verworrenheit, die starre Verbindung von Verstand und Deutlichkeit auf der anderen Seite zurückgewiesen und sich gegen die Konfusion des graduellen, bloß logischen Unterschiedes von Deutlichkeit und Verworrenheit mit dem transzendentalen zwischen Verstand und Sinnlichkeit gewandt.[22] Gleichwohl läßt sich in dem Begriff der „ästhetischen Idee" als einer „Vorstellung der Einbildungskraft, die viel zu denken veranlaßt, ohne daß ihr doch irgendein bestimmter Gedanke, d.i. Begriff, adäquat sein kann, die folglich keine Sprache völlig erreicht und verständlich machen kann"[23] erkennen, daß Kant das, was Baumgarten als Fülle der ästhetischen Vorstellungen zu fassen suchte, keineswegs einfach für erledigt hielt.[24] Nur bietet Kant eben keinen Vorschlag für eine irgend handhabbare Rekonstruktion dieser Fülle; sie ist ihm ein reines Jenseits des Sagbaren und bloß formaler Anlaß einer transzendental-philosophischen Überlegung.

II

Die produktive Intuition in Baumgartens ‚vermögenspsychologischer' Unterscheidung zwischen *cognitio sensitiva* und *intellectualis* läßt sich – so hatte ich angekündigt – aus den Ruinen der Schulmetaphysik mit Hilfe der Goodmanschen Symboltheorie bergen. Ich möchte die These dahingehend konkretisieren, daß Goodmans Begriff des „Symbolsystems" als Neubeschreibung dessen taugt, was bei Baumgarten als „Seelenvermögen" angesprochen wurde. Mit maximaler Lakonie definieren Goodman und Elgin: „Ein *System* ist ein auf eine Sphäre angewandtes Schema."[25] Das kann man von den oberen und unteren Erkenntnis- und Begehrungsvermögen *grosso modo* auch sagen: Sie sind Weisen, bestimmte Erfahrungs- oder Verhaltens-Dimensionen dadurch zu ordnen, daß bestimmte Alternativen (z.B. „Lust"/„Unlust" für das Begehrungsvermögen [vgl. M. § 655], „laut"/„leise" für den Gehörsinn) eröffnet werden. Anders als Seelenvermögen – wie sie im achtzehnten Jahrhundert konzipiert wurden – sind Symbolsysteme allerdings Artefakte,[26] Produkt gesellschaftlich-geschichtlicher Praxis. Sie lassen sich erlernen (vgl. a.a.O., 34f) und – wenn auch nicht ohne weiteres, so doch per ausdrücklicher oder stillschweigender Konvention – modifizieren (vgl. a.a.O., 24ff).
Dieser zugegebenermaßen noch sehr allgemeine Ansatz bietet den Rahmen, in dem es möglich wird, Baumgartens Rede von „sinnlicher Erkenntnis" als *cognitio confusa* zu spezifizieren durch

die Anwendung einiger der Begriffe, die Goodman in seinem *Entwurf einer Symboltheorie* zur Charakterisierung bestimmter Typen von Symbolsystemen eingeführt hat. Ich halte mich an die „Symptome des Ästhetischen".[27] Ich kann mich kurz fassen, da Goodmans Theorie den meisten geläufig sein dürfte.[28] Entscheidend ist Goodmans Unterscheidung zwischen „Dichte" (*density*) und „Fülle" (*repleteness*) (vgl. LA 229f/ dt. 212f). Doch zuvor ist die Unterscheidung zwischen zwei Hinsichten zu beachten, in denen Symbolsysteme als „dicht" aufgefaßt werden können:

(1) „Syntaktische Dichte" liegt immer dann vor, wenn in einem bestimmten Symbolsystem zwischen zwei Charakteren immer noch ein weiterer ausgemacht werden kann. Das trifft z.B. für unser System der Dezimalzahlen zu, nicht aber für unser System der Buchstaben und auch nicht für Sprache (vgl. LA 135ff/ dt. 133ff). Baumgarten widmet der syntaktischen Dichte keine besondere Aufmerksamkeit; zum einen, weil er auf sprachlich-rhetorische Symbolisierungsweisen fixiert ist, zum anderen, weil er sie, wie wir gleich sehen werden, konfundiert mit dem, was präziser als (relative) syntaktische „Fülle" angesehen werden muß. Man kann sich ihre Relevanz in verschiedenen Weisen der Repräsentation des nicht disjunkt Erfaßten – in Baumgartens Sprache: in der *cognitio sensitiva* – unschwer klarmachen.

(2) Von „semantischer Dichte" ist immer dann zu sprechen, wenn Symbole dazu verwendet werden können, Sachverhalte unendlich fein voneinander abzuheben. Dies kann für die Ausdrücke der natürlichen Sprache zutreffen, auch wenn sie nicht syntaktisch dicht ist (vgl. LA 152ff/ dt. 154ff). Diesen Punkt hat Baumgarten im Auge, wenn er die sinnliche Erkenntnis dem Ideal des maximalen Reichtum an Bestimmtheit unterstellt und ihre Überlegenheit gegenüber dem Apparat wissenschaftlicher Klassifikationsbegriffe hervorhebt.

(3) „Relative syntaktische Fülle" ist die Eigenschaft bestimmter Symbolsysteme, „daß relativ viele Aspekte eines Symbols signifikant" sein können.[29] „Fülle" ist der graduellen Steigerung oder „Abschwächung" fähig. Die Aspekte, auf die es ankommen kann zur Bezeichnung von interessanten Zügen eines Sachverhalts, sind nicht von vornherein ausgemacht. Man muß sich darauf gefaßt machen, daß „relativ viele" eine Rolle spielen können.[30] ,Absolute' Fülle wäre nicht so sehr ein mystischer Grenzbegriff ,totaler' Bedeutsamkeit, als vielmehr indifferent; wenn *alles* etwas zu bedeuten hat, kann nichts Bestimmtes mehr markiert werden. „Fülle", wie Goodman sie beschreibt, ist wesentlich ein Potentialbegriff.[31] Dem wird Baumgarten nicht gerecht, wenn er die Fülle als „Reichtum" der verworrenen Repräsentation des Vielfältigen unmittelbar zuschreiben will.

(3 a) Goodmans Symboltheorie sieht die Anwendung des Begriffs der „Fülle" in *semantischer* Hinsicht nicht vor. Dies wäre am ehesten, was Baumgarten „Prägnanz" nennt (vgl. M § 517).

> „Dergleichen Begriffe, die gleichsam trächtig sind, verursachen *das Körnichte in unsern Gedanken*. So ofte man dieselbe[n] überdenkt, entdeckt man was neues in ihnen, welches man vorher nicht wahrgenommen, und man mus gleichsam in der Geschwindigkeit, einen weitläuftigen Commentarium über sie machen. Indem sie uns vieles mit einemmale vorstellen, so geben sie uns eine weitere Aussicht."[32]

Welche erkenntniskritischen Vorbehalte man auch immer gegen den behaupteten Weitblick des Unterscheidungsarmen anmelden wird: die Qualität der „Körnigkeit", die bestimmte Symbole geeignet erscheinen läßt, Vielerlei - und zwar, wie sich ggf. jeweils zeigen lassen wird, in höchst angemessener und aufschlußreicher Weise – zu symbolisieren, ist kaum zu reduzieren auf die relative syntaktische Fülle und auf die unausschöpfliche Interpretierbarkeit des syntaktisch

Dichten. Die „vielsagenden" Vorstellungen gelten als „lebhaft" und tragen die poetische „Emphase". Am ehesten berücksichtigt wird diese Dimension der *cognitio confusa* in Goodmans Überlegungen zum Problem der Metapher.

(4) Neben den drei Charakterisierungen von Symbolsystemen, die nach Goodman u.a. dazu geeignet sein sollen, einen anfänglichen Kunst-Verdacht zu untermauern, spielt die *exemplification* (vgl. LA 52f/ 253f/ dt. 60; 233f) eine gewisse Sonderrolle. Es ist z.B. nicht ganz klar, ob es Sinn macht, ein *System* „exemplifikational" zu nennen oder ob man bloß auf die exemplifikationale Funktion eines gegebenen *Symbols* aufmerksam machen kann – so aufschlußreich es fraglos ist, sich mit Goodmans Theorie die Struktur von exemplifikationalen Symbolverwendungen im allgemeinen zu vergegenwärtigen. Die besondere Rolle der Exemplifikation betrifft die Funktion der ästhetischen Erkenntnis als Wissen vom Individuellen. Diese Besonderheit der Funktion von Exempla hat Baumgarten durchaus im Blick.[33]

(5) In dem Aufsatz „When is Art?" (1977) fügte Goodman den ursprünglich vier „Symptomen" aus *Languages of Art* ein fünftes hinzu: „Multiple und komplexe Bezugnahme". Diese besteht darin, daß „ein Symbol mehrere zusammenhängende und aufeinander einwirkende Bezugnahmefunktionen erfüllt, einige direkte und einige durch andere Symbole vermittelte" (WW, 89). Diese Art von Konfusion, Allusion, Reiteration, Selbstrelativierung, -kommentierung, -dementierung, Ironie usf. spielt in nachromantischer Kunst eine denkbar große Rolle. Es scheint ein erhebliches Manko von Baumgartens in der leibnizschen Tradition lediglich negativ, durch das Fehlen bestimmter Distinktionen, definiertem Begriff von ‚Verworrenheit' zu sein, daß er für dieses komplexe Spiel mit Ebenen und Hinsichten der Bezugnahme keine hinreichenden Beschreibungsmöglichkeiten bietet.

„Dichte" und „Fülle" sowie die aufschlußreichen Wendungen und irritierenden Interferenzen, die sich in „Bezugnahmeketten"[34] ergeben können, sind charakteristisch für *ästhetisches Wissen*: ein Wissen, das wesentlich auf Besonderheiten gerichtet ist, wie sie sich der Wahrnehmung unter verschiedensten Aspekten darbieten mögen. Nicht nur in den ‚schönen' (von äußerlichen Zweckrücksichten entlasteten) Künsten finden wir vielfältige Versuche, derartiges Wissen auf dem Weg der (buchstäblichen oder auch metaphorischen) Exemplifikation zu kommunizieren.[35] Wenn wir Goodman glauben dürfen, betreffen die ‚technischen' Fragen der (im weiteren Sinne) ästhetischen Kommunikation grundlegende Aspekte der Welterschließung, ja der *Welterzeugung*. Anders als Baumgarten werden wir das ästhetische Wissen kaum für etwas halten, das zu dem diskursiven als äußerliches Komplement hinzuzutreten hätte. Eine Theorie der ästhetischen Kommunikation müßte vielmehr eingebettet sein in eine Untersuchung der Verhältnisse und Verknüpfungen zwischen den verschiedenen Systemen, deren wir uns bedienen in unserer komplexen symbolverwendenden Praxis. Erst auf der Basis einer solchen Theorie wäre zu entscheiden, inwiefern ein ‚kognitivistisches' Programm[36] geeignet sein mag, die verschiedenen Fragen zu integrieren (d.h. auch: nötigenfalls zu revidieren), mit denen die Ästhetiker sich herumgeschlagen haben – die Fragen des Geschmacks und der wahrnehmungsstrukturierenden Präferenzordnungen, die produktiven, wahrnehmungserschließenden Leistungen der Interpretation oder die Formen zur Veranschaulichung des Unanschaulichen. Unter anderem unser Interesse an der Autonomie des Ästhetischen hat dem Interesse an einer solchen Integration bisher entgegengestanden; auch das ist markiert mit der Alternative „Kant" oder „Baumgarten".

[1] Vgl. Immanuel KANT, *Kritik der Urteilskraft*, hg. v. G. Lehmann, Stuttgart 1981, Pagin. d. 2. Ausg. 1793, inbes. § 1, S. 3f, u. § 8, S. 23f, sowie S. XLIIIf in d. *Einleitung* u. schon S. VIII in d. *Vorrede*. Vgl. dazu Eva SCHAPER, 'Epistemological Claims and Judgements of Taste', in: dies., *Studies in Kant's Aesthetics*, Edinburgh 1979.

[2] So Baumgartens Definiton in § 1 der *Aesthetica* (1750/58), Reprint 2 Bde. in 1 Bd., Hildesheim 1961:„scientia cognitionis sensitivae" (im folgenden, wenn nicht anders angegeben, zit. n. dieser Ausg. unter der Sigle **Ä**).

[3] Konzeptionen ästhetischen Wissens, die nicht *prima facie* auf die hier mit dem Namen „Baumgarten" markierte Alternative zu der Kantischen Lehre von der Eigenart des ästhetischen Urteils als eines nicht-epistemischen zurückzuführen wären, könnten z.B. in der Tradition der idealistischen Kunstphilosophie, der frühromantischen Ästhetik oder in Nietzsches ästhetisch-rhetorischer Reinterpretation des Wissens ausgemacht werden. – Welche Möglichkeiten, von „Wahrheit der Kunst" zu sprechen (und somit zu einem Begriff ästhetischen *Wissens* zu gelangen) bleiben, wenn man diese Versionen emphatischer „Wahrheitsästhetik" für gescheitert hält, erörtert Martin SEEL, „Kunst, Wahrheit, Welterschließung", in: F. Koppe (Hg.), *Perspektiven der Kunstphilosophie*, Frankfurt/M. 1991, 36-80.

[4] Vgl. Nelson GOODMAN, *Languages of Art. An Approach to a Theory of Symbols*, (1968), Indianapolis [7]1992 (im folg. zit. als **LA**); dt. Übers. v. B. Philippi: *Sprachen der Kunst. Entwurf einer Symboltheorie*, Frankfurt/M. 1995.

[5] Vgl. die Darstellungen von Ernst CASSIRER, *Die Philosophie der Aufklärung*, Tübingen 1932, 455ff; Hans Rudolf SCHWEIZER, *Ästhetik als Philosophie der sinnlichen Erkenntniss*, Basel/Stuttgart 1973; Ursula FRANKE, *Kunst als Erkenntnis. Die Rolle der Sinnlichkeit in der Ästheitk des A. G. Baumgarten*, Wiesbaden 1972, u. Horst-Michael SCHMIDT, *Sinnlichkeit und Verstand. Zur philosophischen und poetologischen Begründung von Erfahrung und Urteil in der deutschen Aufklärung*, München 1982.

[6] Vgl. Nelson GOODMAN u. Catherine Z. ELGIN, *Revisionen. Philosophie und andere Wissenschaften und Künste*. Übers. v. B. Philippi, Frankfurt/M. 1993, S. 16: „Epistemologie, wie wir sie verstehen, umfaßt Verstehen oder Kognition in all ihren Formen – einschließlich Wahrnehmung, Abbildung, Emotion und auch Beschreibung."

[7] Eine Beziehung zwischen Goodmans Theorie und Baumgartens Projekt bemerkt schon Gottfried GABRIEL, Rez. v. Goodmans „Weisen der Welterzeugung", *Philos. Rundschau* 33 (1986), 54; vgl. a. seine Rez. d. Neuübers. v. „Sprachen der Kunst", *Philos. Lit.-Anz.* 50 (1997), S. 50ff. Annemarie GETHMANN-SIEFERT, *Einführung in die Ästhetik*, München 1995, würdigt Goodman, mit „Sprachen der Kunst" sei „endgültig die seit dem Beginn der neuzeitlichen Ästhetik angestrebte Emanzipation der sinnlich-anschaulichen Erkenntnis gelungen" (122).

[8] S. Ä § 22; vgl. Sect. VIII – XIV (§§ 115 – 176): *Ubertas aesthetica*. S a. Baumgarten *Metaphysica* (1739), Reprint d. 7. Aufl. (1779) Hildesheim1963, § 515: „Gradus cognitionis, quo plura cognoscit, est eius UBERTAS (copia, extensio, divitiae, vastitas), quo pauciora, ANGUSTIA, quo maiora, est DIGNITAS (nobilitas, magnitudo, gravitas, maiestas), quo minora, VILITAS (exilitas, levitas). Quo veriora, quo maiori ordine coniungit cognitio, hoc verior, hinc maior est; [...]." (Zit. aus der *Metaphysica* im folgenden unter der Sigle **M**.)

[9] Es wäre überzogen, zu behaupten, Baumgartens Theorie der ästhetischen Erkenntnis lasse sich *nur* mit Hilfe von Goodmans symboltheoretischem Instrumentarium rekonstruieren. Zu bedeutenden Einsichten gelangt, an Susanne Langer orientiert, Mary J. GREGOR, „Baumgarten's *Aesthetica*", *Review of Metaphysics* 37 (1983), 357-385. Nicht von ungefähr scheitert dagegen der Versuch, Baumgartens Begriff der ästhetischen Wahrheit aus einer ("post")-Gadamerischen Perspektive zu erschliessen, von Nicholas DAVEY, „Baumgarten's Aesthetics: A Post-Gadamerian Reflection", *British Journal of Aethetics* 29 (1989), 101-115, – so interessant er sich anläßt als Korrektur der anti-‚ästhetischen' Selbstdarstellung der Gadamerschen Hermeneutik – an der Vorstellung von "Wahrheit" als Heimkunft aus der Entzweiung des Verstandes in eine intuitiv-fraglose Einheit.

[10] Vgl. *Mediationes de cognitione, veritate et ideis* (1684) in: G.W.F. LEIBNIZ, *Kl. Schriften zur Metaphysik*, hg. v. H.H. Holz, Darmstadt 1965, 32-47.

[11] Vgl. z.B. René DESCARTES, *Meditationes de prima philosophia* (1641), Lat./dt. Ausg. v. Gerhart Schmidt, Stuttgart 1986, S. 116-120 (= AT VII, 43ff).

[12] Die Bedeutung dieses Zusammenhangs für Baumgartens Ästhetik ist des öfteren dargestellt worden; s. u.a. Cassirer (1932), 458f; Franke (1972), 42-46; Heinz PAETZOLD, *Ästhetik des deutschen Idealismus*, Wiesbaden 1983, 13ff; Hartmut SCHEIBLE, *Wahrheit und Subjekt. Die Ästhetik im bürgerlichen Zeitalter*, Bern 1984, 79; Friedhelm SOLMS, *Disciplina aesthetica. Z. Frühgeschichte d. ästhetischen Theorie bei Baumgarten u. Herder*, Stuttgart 1990, 34; sowie Hans Detlef FEGER, „Logik ohne Dornen. Zum Zusammenhang von wissenschaftlicher Methode u. sinnlicher Erkenntnis im 17. u. 18. Jahrhundert", in: *Daphnis* 22 (1993), 197-264, bes. 242 ff u. 255.

[13] *Meditationes de nonnullis ad poema pertinentibus* (1735), § XVI, (zit. nach d. Übers. v. Paetzold, A.G. Baumgarten, *Philosophische Betrachtungen über einige Bedingungen des Gedichtes*; Hamburg 1983); s. a. M § 531. Vgl. ferner Albert RIEMANN, *Die Ästhetik A. G. Baumgartens unter bes. Berücks. der Meditationes [...]*, Halle 1928, S. 21f.

[14] Die ungebrochene Attraktivität dieses Versprechens von „Fülle" zeigt sich u.a. bei Brigitte SCHEER, *Einführung in die philos. Ästhetik*, Darmstadt 1997, bes. S. 3ff, 65ff; bei Schweizer (1973), 24f; u. bei Solms (1990), 40f.

[15] Ä § 560; zit. nach d. Übers. in: Schweizer(1973), 243; vgl. a. die Interpretation a.a.O., 35, 52 u. 66f.

[16] Vgl. M § 506: „Cogitationes sunt repraesentationes. Ergo anima mea est vis repraesentativa"

[17] Vgl. die Erörterung der ästhetischen Wahrheit, Ä § 423f; s.a. das Schema zu § 424 in der Kollegnachschrift, in: Bernhard POPPE, *A.G. Baumgarten. Seine Bedeutung u. Stellung in d. Leibniz-Wolffischen Philosophie u. seine Beziehungen zu Kant. Nebst Veröffentlichung einer bisher unbekannten Handschrift der Ästhetik Baumgartens*, Borna-Leipzig 1907, 215. Zur Interpretation vgl. Benedetto CROCE, „Rileggendo l'Aesthetica del Baumgarten", in: *La Critica* 31 (1933), 2-19, hier: 11ff; Franke (1972), 100f; Solms (1990), 65-77, u. Schmidt (1982), 184ff.

[18] Vgl. Christian WOLFF, *Philosophia prima sive Ontologia* (1729), Frankfurt/ Leipzig 1736; Reprint Hildesheim 1964, § 227; entspr. Baumgarten, M § 148 u. schon *Meditationes*, § 19.

[19] Vgl., Alfred BAEUMLER, *Das Irrationalitätsproblem in d. Ästhetik und Logik des 18. Jahrhunderts bis z. Kritik der Urteilskraft*, Halle 1923, bes. 207-231; Schweizer (1973), 43 ff; ders., Einführung, in: A.G. Baumgarten, *Theoretische Ästhetik*, Hamburg ²1988, S. XIV; Paetzold, Einleitung, in: Baumgarten, *Meditationes*, a.a.O., XXf; Schmidt (1982), 226-232.

[20] Vgl. Ä § 1. - Den ausdrücklich erhobenen Anspruch auf eine allgemeine Kunstlehre (vgl. die Kollegnachschrift, in: Poppe [1907], § 1, S. 69) hat Baumgarten nicht eingelöst; die artistisch-poietischen Probleme, die er im Blick hat, beschränken sich auf die Poetik im engeren Sinn und die Rhetorik. Nach dem (ebenfalls nicht eingelösten) Plan in Georg Friedrich MEIERs *Anfangsgründen aller schönen Wissenschaften*, 3 Bde., Halle 1748-50, § 7, sollte die *praktische Ästhetik*, also der zweite Hauptteil „einen kurtzen Entwurf aller schönen Künste und Wissenschaften" enthalten.

[21] In: I. KANT, *Schriften z. Metaphysik u. Logik* 1, Werkausgabe Bd. V, hg. v. W. Weischedel, Frankfurt/M. ⁵1987, s. bes. §§ 3-12, S. 28-44. Vgl. dazu Bäumler (1923), 308-318. H.R. Schweizer (1973) hat den Versuch unternommen, Baumgarten aus der Kantischen Kritik auszunehmen (vgl. bes. S. 354, Anm. 53); die Grenze, die Kant von Baumgarten trennt, betont dagegen Schmidt (1982), 181.

[22] Vgl. in der *Kritik der reinen Vernunft*, hg. v. R. Schmidt, Hamburg ³1952, die „allg. Anm. zur transzendentalen Ästhetik", § 8, B 59-62. Siehe a. Kants *Logik* (Jäsche), in: Werkausgabe Bd. VI, hg. v. W. Weischedel, Frankfurt/M. ⁵1987, S. 436f u. 457-464.

[23] KdU B 192f.

[24] Vgl. Hans-Georg JUCHEM, *Die Entwicklung des Begriffs des Schönen bei Kant unter bes. Berücksichtigung des Begriffs der verworrenen Erkenntnis*, Bonn 1970.

[25] *Revisionen*, a.a.O. (s.o., Anm. 6), S. 20.

[26] Vgl. *Revisionen*, 24.

[27] LA 252-255/ dt. S. 232-235; vgl. a. N. GOODMAN, *Weisen der Welterzeugung*, dt. v. M. Looser, Frankfurt/M. 1984 (**WW**), 88-91.

[28] Vgl. z.B. Günther ABEL, "Logic, Art and Understanding in the Philosophy of Nelson Goodman", *Inquiry* 34 (1991) 311-321; Franz KOPPE, „Kunst als entäußerte Weise, die Welt zu sehen", in: ders. (Hg.), *Perspektiven der Kunstphilosophie*, a.a.O., 81-103 u. 322-343 (Disk.).

[29] WW dt. 88; s.a. LA 229f/ dt. 212f; N. GOODMAN, *Vom Denken und anderen Dingen*; übers. v. B. Philippi, Frankfurt/M. 1987, 90 u. 196; sowie *Revisionen*, 164.

[30] Hier ist offenbar ‚Augenmaß' gefordert, denn wenn man mit der Offenheit der Menge der in Betracht kommenden Aspekte Ernst macht, droht der Begriff der Fülle die Möglichkeit der Determination des Symbolsystems zu sprengen.

[31] Das scheint Arthur C. DANTO zu verkennen, der (in *Die Verklärung des Gewöhnlichen*, dt. v. M. Looser, Frankfurt/M. 1991, S. 217) ‚Fülle' tendentiell auf ‚Dichte' reduziert und sie als Eigenschaft an einer gegebenen Zeichnung sucht, statt zu beachten, daß das Potential ‚relativer syntaktischer Fülle' ihr je nach dem Symbolsystem, unter dem man sie interpretiert (betrachtet) zukommen kann oder eben nicht.

[32] G.F. Meier, *Anfangsgründe*, a.a.O., Bd. I, S. 270, § 126; der entspr. Abschnitt über die Lebhaftigkeit der sinnlichen Erkenntnis, mit dem das 1. Hauptstück der *Aethetica*, die Heuristik, schließen sollte, blieb unausgeführt.

[33] Vgl. u.a. *Meditationes*, § 21f: „Ein Beispiel ist die Vorstellung von etwas stärker Bestimmtem, die zur Erklärung einer Vorstellung von weniger Bestimmtem gebraucht wird" [...] „Verworren vorgestellte Beispiele sind extensiv klarere Vorstellungen als diejenigen, denen sie zur Erklärung beigegeben werden, daher poetischer, und unter den Beispielen sind wiederum die Einzelbeispiele die besten"; s.a. Ä § 526; dazu Bäumler (1923), 220f.

[34] Vgl. Goodman, *Vom Denken*, a.a.O., 64 u. bes. 95ff.

[35] Vgl. Niklas LUHMANN, *Die Kunst der Gesellschaft*, Frankfurt/M. 1995, bes. 29f, 41f u. 227f.

[36] Vgl. Jakob STEINBRENNER, *Kognitivismus in der Ästhetik*, Würzburg 1996.

Eberhard Ortland, Brusendorfer Str. 11, 12055 Berlin

ZUKUNFTSWISSEN - PROGNOSE UND FIKTION

Constanze Peres

Fiktionale Ausdrücke oder Aussagen unterscheiden sich nicht wesentlich von nicht-fiktionalen Ausdrücken und Aussagen. In dieser Ansicht stimme ich einigen neueren Auseinandersetzungen mit dem Problem der Fiktionalität zu. Darüber hinausgehend aber soll gezeigt werden, daß und worin Gemeinsamkeiten von fiktionalen und nicht-fiktionalen Ausdrücken und Aussagen in ontosemantischer Hinsicht vorliegen. Ich unternehme den Versuch, die Bezugnahme fiktionaler Ausdrücke bzw. Aussagen nicht nur als metaphorische, sondern als wörtliche oder buchstäbliche Bezugnahme in einem ganz bestimmten Sinne zu erweisen. Dabei stellt sich heraus, daß bestimmte Fiktionen prinzipiell keinen anderen ontosemantischen Status haben wie Prognosen. Zugleich richten sich die vorliegenden Überlegungen damit gegen die spätestens seit Frege verbreitete Ansicht, fiktionale Aussagen seien lediglich Quasi-Behauptungssätze und in keinem Fall Behauptungssätze, d.h. Sätze, die einen Wirklichkeitsbezug behaupten und damit einen Wahrheitswert für sich beanspruchen können.[1]

Es gibt eine Fülle von Fiktions- und Fiktionalitätstypen, die auch immer wieder in der Forschungsliteratur unter verschiedenen Rücksichten klassifiziert wurden.[2] Ich möchte mich im folgenden auf einen Typ von Fiktionen beschränken, der in fiktionalen Repräsentationen auftreten kann und zwar auf die sog. Fabelwesen oder „Chimären", wie sie bis in 19. Jahrhundert hinein genannt wurden. Mit diesen wiederum möchte ich mich am Beispiel von Pegasus auseinandersetzen. Die Auswahl des Beispiels hat philosophisch Tradition, ist aber im wesentlichen persönlich: Pegasus und seine Geschichte(n) sind mit vertrauter und sympathischer als die etwa von Batman oder Donald Duck.[3]

1. Der Ausgangspunkt

Wenn es um die semantische Frage geht, ob und in welcher Weise so etwas wie „Pegasus" Bezug auf Wirklichkeit nimmt oder nehmen kann, so impliziert das eine ontologische Frage: welchen ontologischen Status haben fiktive Gegenstände wie Pegasus. Und wenn ich behaupte, daß solche Fiktionen einen Zukunftswissen vorwegnehmenden Charakter haben können, der Prognosen ähnelt, dann stellt sich die ontosemantische Frage so: Kann eine poetische Symbolisierung wie Pegasus so auf Wirklichkeit Bezug nehmen, daß sie zukünftig Wirkliches antizipiert? Ontologisch gewendet: Kann in Zukunft ein fiktives Wesen wie Pegasus sein? Epistemologisch ausgedrückt: Ist es denkbar, daß in Zukunft einmal so etwas wie ein geflügeltes Pferd „Pegasus" existieren wird? Die Formulierungen „ist

---

[1] Vgl. in jüngster Zeit z.B. Winko, Ulrich (1997), Visuelle und verbale Fiktionen. In: Bilder in der Philosophie & in anderen Künsten & Wissenschaften, hg. v. Jakob Steinbrenner u. Ulrich Winko, Paderborn-München-Wien-Zürich, S. 151-176, bes. S. 157 f. Der Titel des Sammelbandes spielt natürlich auf den Untertitel des zuletzt von Nelson Goodman (und Catherine Z. Elgin) erschienen Buches an; in den meisten seiner philosophischen Schriften thematisiert er das Problem der Fiktionalität; vgl. Revisionen. Philosophie und andere Künste und Wissenschaften, Frankfurt a.M. 1993. Die neueste gründliche Auseinandersetzung damit stammt von Donatus Thürnau; vgl. ibid. (1994), Gedichtete Versionen der Welt. Nelson Goodmans Semantik fiktionaler Literatur, Paderborn-München-Wien-Zürich.

[2] Vgl. z.B. Künne, W. (1983), Abstrakte Gegenstände, Semantik und Ontologie, F.a.M 1983 , S. 295 ff.; aber auch schon Vaihinger, H. (1911), Die Philosophie des Als-Ob. System der theoretischen, praktische und religiösen Fiktionen der Menschheit aufgrund eines idealistischen Positivismus, Leipzig, S. 17 f.

[3] Im folgenden charakterisiert „fiktiv" dem allgemeinen Sprachgebrauch folgend Gegenstände oder Konstellationen als solche, die in der sog. Wirklichkeit nicht existieren. Solche Gegenstände oder Konstellationen kann man auch als „Fiktionen" bezeichnen. „Fiktional" charakterisiert sprachliche Ausdrücke, Terme oder Aussagen als solche, die *von* fiktiven Gegenständen oder Konstellationen sprechen oder sich darauf beziehen. „Fiktionalität" bezeichnet den Sachverhalt, daß sprachliche Ausdrücke, Termen oder Aussagen fiktional sind oder fungieren. Mit den Ausdrücken „syntaktisch" bzw. Syntaktik", „Semantisch" bzw. Semantik" und „pragmatisch" bzw. „Pragmatik" beziehe ich mich auf die geläufige und ziemlich klare Unterscheidung von Ch. W. Morris. „Ontosemantisch" heißt sehr grob, daß mit der sprachlichen Bezugnahme zugleich auf Entitäten Bezug genommen wird, oder plakativer, daß mit jeder Symbolisierung (im Sinne Goodmans) ontische (Sach)Verhalte konstituiert werden (über Goodman hinaus). Unter „Prognose" verstehe ich gemäß dem üblichen allgemeinen Wortgebrauch eine Aussage oder einen zusammenhängenden Aussagenkomplex, in dem mehr oder weniger eng umrissen bestimmte zukünftige Ereignisse und/oder Gesetzmäßigkeiten vorausgesagt werden.

denkbar" und „kann sein" verweisen auf einen Begriff, der in epistemologischer und ontologischer Variante zentral für die Beantwortung der gestellten Fragen ist, den Begriff der Möglichkeit.
Wie wichtig der Begriff der Möglichkeit ist, zeigt sich darin, daß Fiktionalitätstheorien in der gegenwärtigen Philosophie im Rahmen der Semantik möglicher Welten z.B. S. Kripkes und D. Lewis' großes Gewicht bekommen haben[4]. Für die folgenden Überlegungen möchte ich mich (neben der grundsätzlichen semantischen Anlehnung an Nelson Goodman) an einem Autor orientieren, auf den sich auch alle Mögliche-Welten-Semantiker mehr oder weniger explizit beziehen (müssen), da er der Erfinder des neuzeitlichen Gedankens möglicher Welten ist, auf Gottfried Wilhelm Leibniz.[5]

2. Nur-möglich und wirklich-möglich

Die oben gestellten Fragen sind also auf unserem Klärungsweg zunächst umzuformulieren: Ist Pegasus möglich? Wenn ja, in welchem Sinne ist Pegasus möglich? In einem ersten Sinne lautet die Frage genauer: Ist Pegasus *nur-möglich*? Epistemologisch würde das bedeuten, daß Pegasus nur-denkbar bzw. -vorstellbar wäre in einem Erkenntniskontext, der mit unserer Wirklichkeit, „wie sie der Fall ist"[6], nicht kompatibel ist. Ein fliegendes Pferd ist nur in einem Kontext vorstellbar, der so konstruiert ist, daß das selbsttätige Fliegen eines so schweren Tieres kein Problem darstellt. Ontologisch würde das bedeuten: Ist Pegasus nur möglich in einer *anderen* als der wirklich bestehenden Welt, d.h. als „heterokosmische Erscheinung" (wie es schon der Leibnizianer Baumgarten formuliert)? In einem zweiten Sinne lautet die Möglichkeitsfrage: Ist Pegasus *wirklich-möglich*? D.h. epistemologisch: Ist Pegasus in *unserer* Welt als dem uns vertrauten Denkzusammenhang denkbar? Und ontologisch: Ist Pegasus möglich in dieser Welt als in dem Zusammenhang von Entitäten, den wir als Entitäten mitkonstituieren? Wenn Pegasus aber in dieser Wirklichkeit möglich wäre, dann müßten wir ihn wohl, der Beschränktheit unserer Erkenntnis Rechnung tragend, in der Zukunft vermuten. Zwar können wir nicht mit Gewißheit behaupten, daß niemals ein geflügeltes Pferd existiert hat, aber bisher ist kein Fall eines geflügelten Pferdes *bekannt*. Da bis dato also, so weit bekannt, kein geflügeltes Pferd existiert, kann zwar gesagt werden, daß es noch nicht ist, nicht aber, daß es nicht einmal sein wird.
In der Unterscheidung von nur-möglich und wirklich-möglich klang bereits eine weitere terminologische Differenzierung an, die sich wiederum als Frage an Pegasus herantragen läßt: Ist eine fiktive Gestalt wie Pegasus ontologisch *in sich möglich*? Und wenn ja, ist Pegasus als Ganzes *mit anderen zusammen möglich*? Diese Unterscheidung von possibel und compossibel oder von, wie ich sagen möchte, interner und externer Möglichkeit wird von Leibniz als außerordentlich wichtig betont[7]. Bevor ich zu dieser Unterscheidung übergehe, ist noch eine Klärung zur Verwendungsweise des Ausdrucks „Pegasus" nötig.

3. Was heißt es von „Pegasus" zu sprechen?

Bisher wurde stillschweigend die Kenntnis darüber vorausgesetzt, was unter „Pegasus" zu verstehen ist. Aufschlußreich dafür ist, daß Formulierungen auftauchten wie „so etwas wie Pegasus". Zunächst einmal ist Pegasos, oder latinisiert, Pegasus als eine mythische Gestalt überliefert. Erstmals taucht sie in der Theogonie des Hesiod auf. Als Nachkomme von Poseidon und Medusa entspringt Pegasus Medusas Rumpf, nachdem Perseus ihr den Kopf abgeschlagen hat. Er fliegt „in den Kreis der

---

[4] Vgl. Kripke, S. (1981), Name und Notwendigkeit, F.a.M.; Lewis, D. (1986), On the Plurality of Worlds, Oxford
[5] Obwohl ich in einigen grundsätzlichen Punkten von ihr abweiche, halte ich Leibniz' Gesamtkonzeption und in deren Rahmen seine Philosophie der möglichen Welten für metaphysisch konsequent, oder genauer, für die Konzeption, die den *metaphysischen Implikationen* einer Theorie der möglichen Welten gerecht wird; vgl. auch Puntel L.B. (1990), Grundlagen einer Theorie der Wahrheit, Berlin, S. 265: "Die Diskussion über mögliche Welten, so wie sie in der Gegenwart geführt wird, scheint durch eine tiefsitzende Zwiespältigkeit gekennzeichnet zu sein. Auf der einen Seite werden Probleme aufgeworfen und behandelt und Konzeptionen vertreten, die charakteristisch sind für das, was man in einem traditionellen Sinn die kühnste Metaphysik nennen könnte ... Auf der anderen Seite scheinen die meisten beteiligten Philosophen sich selbst eine Art nicht ganz durchschaubare Selbstbeschränkung aufzuerlegen. Meistens geht man bis zu einem gewissen Punkt und fragt dann entweder nicht weiter oder man begnügt sich mit Behauptungen, denen der Status wohlbegründeter Aussagen kaum zuerkannt werden kann ... Die Frage nach den (möglichen) Welten wurde von Leibniz unter radikaler Beachtung solcher [metaphysischer, C.P.] Fragen gestellt und behandelt."
[6] Wittgenstein, Ludwig, TLP, F.a.M. 1963, 1.
[7] Vgl. z.B. G.W. Leibniz, GP III, S. 573; vgl. auch Chr. Wolff, Dt. Met., § 12

unsterblichen Götter", um Zeus dort Blitz und Donner zu verschaffen. Auf Erden bezwingt er zusammen mit Bellerophontes die Chimaira. Nach Pindar wirft Pegasos den Bellerophontes ab, als er versucht, auf Pegasos' Rücken Eingang in die himmlische Götterwelt zu finden; hier wird Pegasos explizit als „Flügelroß" genannt. Des weiteren wird mit „Pegasus" das Sternbild eines geflügelten Pferdes bezeichnet wie auch das geflügelte Dichterroß, das dem Musenberg Helikon mit einem Hufschlag die Quelle der Poesie entspringen ließ. Ferner herrscht in der Mythologieforschung Unklarheit darüber, ob es sich um ein Ozean- und Unterwasserroß oder um ein himmlisches Blitz- und Donnerroß handelt. Wenn zudem noch, wie kürzlich auf der Plakatwerbung einer Zweiradfirma zu sehen, „Pegasus" in Wort und Bild als anpreisende Charakterisierung eines Fahrrades fungierte, wird klar, daß Pegasus keinesfalls als Bezeichnung nur *einer* Entität aufzufassen ist - wobei hier zunächst weder die wörtliche oder metaphorische Verwendung noch der Status der Entität, worauf Pegasus referiert (z.B. als tatsächliches Lebewesen oder als sog. Gedankending) zur Debatte stehen.[8] Kurz, Pegasus kommt in verschiedenen Geschichten mit verschiedenen Bezugnahmen vor. Als gemeinsamer und den meisten geläufiger Bezugspunkt der Referenz bleibt: ein geflügeltes Pferd.

Somit fragt sich, ob „Pegasus", wie in der Regel für Fiktionen fraglos vorausgesetzt, als *singulärer* Term zu verstehen ist oder nicht vielmehr als *genereller* Term. Folgt man der klassischen Unterscheidung John Stuart Mills, so ist ein „singular name ... a name which is only capable of being truly affirmed ... of one thing", wohingegen ein genereller Term bezeichnet wird als „a name which is capable of being truly affirmed ... of each of an indefinite number of things".[9] Dann aber weist alles daraufhin, daß Pegasus oder ein geflügeltes Pferd einen gewissen Allgemeinheitsgrad für sich beanspruchen kann. Es ist weder als Eigenname noch als Russell-Quinesche Kennzeichnung „das [bestimmte, C.P.] Ding, das pegasiert" zu behandeln, sondern *als genereller Term*.[10] In „das Ding, das pegasiert" würde analog das Prädikat „pegasieren" auf mehrere „Dinge" anwendbar sein („die Dinge, die pegasieren") und demzufolge nicht als singuläre, sondern als generelle Kennzeichnung gelten. Dann aber stellt sich das Problem der Bezugnahme in einem anderen Licht. „Pegasus" nimmt Bezug auf eine 'unbegrenzte Zahl' von geflügelten Pferden. Man könnte dies als semantische Entsprechung zur aristotelischen Beschreibung des Dichters ansehen, wonach dieser eben nicht wie der Historiker singuläre Ereignisse, sondern wie der Philosoph eher das Allgemeine thematisiert.[11] *Wie* diese Bezugnahme von Pegasus als genereller Term zu denken ist, kann hier nicht näher erläutert werden. Ich denke jedoch, Nelson Goodmans fünftes Symptom des Ästhetischen, die multiple und komplexe Bezugnahme, welche denotative und exemplifikatorische Bezugnahmen verkettet, bietet hier einen erfolgversprechenden Ansatzpunkt.[12]

Wenn also „Pegasus" auf viele geflügelte Pferde Bezug nimmt, bleibt die ontologische Frage, ob mindestens eines dieser geflügelten Pferde (oder ob so etwas wie ein geflügeltes Pferd) existieren kann, ob seine Existenz möglich ist und wenn ja, in welcher Weise. D.h. es geht erstens darum, die Möglichkeit dieser Entität aufzuzeigen und weitergehend zweitens ihren ontologischen Status genauer zu umreißen.

4. Die interne Möglichkeit von Pegasus

Um die interne Möglichkeit von so etwas wie Pegasus zu erweisen, muß nach Leibniz seine interne Widerspruchsfreiheit unter Beweis gestellt werden. Dies geschieht auf der sprachlich-logischen Ebene: es ist zu zeigen, daß der Begriff von Pegasus bzw. ein geflügeltes Pferd keinen Widerspruch in

---

[8] Zur mythologischen Provenienz und Vorkommnis von Pegasus vgl.: Hesiod, Theogonie, 276 ff., 325; Pindar, Isthmische Oden VII, 44 ff.; vgl. zur Überlieferung im allgemeinen: Der kleine Pauly. Lexikon der Antike in 5 Bden., Stuttg. 1979, Bd. IV, Sp. 582/583

[9] Mill, J.S. (1843), A System of Logic, London, I. § 3; in IV. § 4 führt er als Beispiele für singuläre Terme, die als Subjekt in singulären Sätzen auftreten, erstens Eigennamen und zweitens Kennzeichnungen an. Natürlich hat sich seit Mills „klassischer" Festlegung eine differenzierte Entwicklung der Philosophie der singulären Terme vollzogen, aber für die im vorliegenden Rahmen angestellten vorläufigen Überlegungen reicht diese klare Unterscheidung; vgl. zum Problem Wolf, Ursula, Hg. (1993), Eigennamen. Dokumentation einer Kontroverse, Frankfurt a.M. und spezieller Newen, Albert (1996), Kontext, Referenz und Bedeutung. Eine Bedeutungstheorie singulärer Terme, Paderborn-München-Wien-Zürich.

[10] Vgl. Quines Aufgreifen der Russellschen Eliminierung von Eigennamen durch singulären Kennzeichnungen, Quine, W.V.O. (1979), Was es gibt, in: Von einem logischen Standpunkt, Frankfurt a.M.-Berlin-Wien, S. 9-26, bes. S. 13f. 15 f.

[11] Vgl. Aristoteles, Poetik 1451 a 36f.

[12] Vgl. Goodman, Nelson (1987), Vom Denken und anderen Dingen, Frankfurt a.M. (abgek. DD), bes. S. 177, 95 ff., 106 f.; vgl. auch Thürnau (1996), S. 108 ff, bes. 112 f.

sich enthält. Dafür wird auf die analytische Urteilstheorie zurückgegriffen. Um die Möglichkeit der Wortzusammenfügung „geflügeltes Pferd" zu erweisen, muß die Widerspruchsfreiheit der konstituierenden Begriffselemente „Pferd" und „geflügelt" in ihrer Relation herausgefunden werden. Sofern der zusammengesetzte Begriff eine Beziehung (nämlich die Beziehung der Zusammensetzung) impliziert, kann er auch in die Form einer Beziehung gebracht werden. Die Urteils- bzw. Satzform drückt die Beziehung aus, wonach ein Prädikat wie „geflügelt" einem Satzsubjekt wie „Pferd" zukommt. Wenn es ihm zukommt, dann inhäriert es ihm und dann ist es *sein* Prädikat.[13]

Es ist nur die Frage, in was für einen Satz der zusammengesetzte Ausdruck „geflügeltes Pferd" zu bringen ist. Der Satz „Das Pferd ist geflügelt" ist irreführend, denn er kann in zweifacher Hinsicht mißverstanden werden. Entweder als „Das eine/bestimmte Pferd ist geflügelt" und damit hätten wir wieder einen singulären Term an der Subjektstelle („Für ein und nur ein x gilt: x ist ein Pferd und x ist geflügelt"). Oder aber der Satz kann als „Das Pferd schlechthin ist geflügelt" gelesen werden. Ein solcher Satz wäre äquivalent mit der Allaussage „Alle Pferde sind geflügelt" („Für alle x gilt: x ist eine Pferd und x ist geflügelt") und die ist schlichtweg unsinnig. Nach den oben angestellten Überlegungen läßt sich der zusammengesetzte Ausdruck „geflügeltes Pferd" sinnvoll als partikulärer Satz formulieren: „Einige Pferde sind geflügelt" oder „Mindestens ein Pferd ist geflügelt" (Für einige/mindestens ein x gilt: x ist ein Pferd und x ist geflügelt). Wenn nun „ist geflügelt" dem Satzsubjekt „Mindestens ein Pferd" innewohnt, ist „Mindestens ein Pferd ist geflügelt" ein Satz, dessen (analytische) Wahrheit durch das Enthaltensein des Prädikates im Subjekt gewährleistet ist.[14]

Ob das Prädikat „geflügelt" dem Satzsubjekt „mindestens ein Pferd" innewohnt, kann ex negativo durch Anwendung des Prinzips des Widerspruchs herausgestellt werden. Sollte „geflügelt" mit „Pferd" incompatibel sein, bzw. genauer, sollte „geflügelt" irgendein Begriffselement in sich enthalten, das dem Begriff „Nicht-Pferd" zugehört, dann kann es nicht dem Satzsubjekt „Pferd" zukommen. Denn es ist logisch unmöglich, daß „Pferd" irgendeine Implikation von „Nicht-Pferd" unter sich befaßt. Und da zumindest gesagt werden kann, daß das Prädikat „geflügelt" nichts in sich enthält, das *notwendig* auf „Nicht-Pferd" reduzibel wäre, steht es nicht im Widerspruch dazu. Es ist *nicht unmöglich*, daß „geflügelt" dem Satzsubjekt „Pferd" zukommt oder positiv ausgedrückt: es ist möglich, daß „geflügelt" seinen Grund im Satzsubjekt „Pferd" hat. Eine ontologische Aussage wie „Mindestens ein Pferd ist geflügelt" ist für sich oder „absolut genommen möglich ..., da sie ja keinen Widerspruch in sich schließt"[15]. Damit aber wäre nach Leibniz bereits eine schwache Version von Wirklichkeitsbezug dadurch gegeben, daß in seiner (perfektibilistischen) metaphysischen Konzeption jedes Mögliche nach seiner Verwirklichung (Vervollkommnung) strebt.[16]

5. Die externe Möglichkeit von Pegasus in einer möglichen Welt

Nachdem der Ausdruck „geflügeltes Pferd" über die Umwandlung in einen Satz und die entsprechende Satzanalyse als intern möglich aufgewiesen wurde, schließt sich zunächst die ontologische Frage an, ob so etwas wie ein geflügeltes Pferd als Ganzes genommen zusammen mit anderen Entitäten möglich ist oder eben so mit ihnen zusammen bestehen kann, daß sie gemeinsam den widerspruchsfreien Zusammenhang einer möglichen Welt ergeben. Auf der semantischen Ebene stellt sich die Frage, ob der Satz, „Mindestens ein Pferd ist geflügelt" gemeinsam mit anderen Sätzen einen konsistenten zusammenhängenden Komplex von Sätzen ergibt. Das ist zweifellos kein Problem, wenn man sich die Theogonie Hesiods oder die Isthmischen Oden Pindars als die literarischen Kontexte vor Augen führt, innerhalb deren sich so ein geflügeltes Pferd passend in die jeweilige poetische Gesamtheit einfügt. Bis hierher hat aber hauptsächlich eine Problemverschiebung stattgefunden. Die Frage bleibt, ob *ein* Pegasus oder so etwas wie Pegasus oder etwas „Pegasierendes" oder sogar eine höherstufige Pegasus-Welt mit *unserer* Welt, i.e. Wirklichkeit compossibel ist.

---

[13] Leibniz, G.W. (1982), Generales Inquisitiones de analysi notionum et veritatem, lat.- dt., hg., übers., u. komm v. F. Schupp, Hamburg (abgek. Gen. Inq.), S. 101; vgl. Wolff, Ges. Werke, 1. Abt., Bd. 1 („Deutsche Logik"), Hildesheim/ New York 1978, (abgek. Dt. Log.), 3. Cap., § 2, S. 156: „Derowegen wenn wir urtheilen, verknüpfen wir zwey Begriffe mit einander, oder trennen sie von einander, nemlich den Begrif des Dinges, von welchem wir urtheilen, und den Begriff dessen, was ihm zukommen, oder nicht zukommen soll".

[14] Vgl. Leibniz, G.W. (1686), Discours des Métaphysique (abgek. DM) § 8, in: GP IV, S. 433

[15] Leibniz an Bourguet, Dez. 1714, GP III S. 572 f.

[16] Vgl. ders., GP VII, S. 303

6. Einschub: „Wirklichkeit"

Das übliche Verständnis von fiktionalen Aussagen spricht dagegen. Sie sind gerade dadurch definiert, daß sie sich zwar auf Designate, nicht aber auf Denotate zu beziehen;[17] oder mit Frege, daß fiktionale Sätze zwar Sinn, aber keine Bedeutung haben; oder etwa mit Russell, daß sie bezeichnende Funktion, aber leere Referenzklassen haben.[18] Danach existieren fiktive Gegenstände und Gestalten in einer Art Gedankenwelt, nicht aber in der Wirklichkeit. Was aber ist unter dieser Wirklichkeit überhaupt zu verstehen, in der entsprechende Entitäten nicht vorkommen? Offenbar werden in solchen Fällen stillschweigend einige ontologische Voraussetzungen gemacht, die entweder getrennt oder zusammen Einfluß auf die Diskussion nehmen. Danach ist „diese Wirklichkeit" etwas irgendwie einheitliches. Sie ist entweder alles, was gegenwärtig tatsächlich und ggf. unabhängig von jeglicher kognitiven Erfassung der Fall ist - wobei offen bleibt, was oder welche Zeitspanne mit „gegenwärtig" gemeint ist. Oder aber alle vergangenen und gegenwärtigen Zustände werden in den Wirklichkeitsbegriff einbezogen. Auch hierbei ist der Ausdruck „gegenwärtig" vage: Wie lange dauert das „gegenwärtig", auf wen ist „gegenwärtig" und seine Dauer bezogen und ist es dann ausschließlich relativ[19]? Dann nämlich ist Wirklichkeit aus epistemologischer Perspektive gleichbedeutend mit allem, was bis dato aus Sicht des betreffenden Philosophen als tatsächlich existierend bekannt ist. Nun könnte man Zeitlichkeit und Räumlichkeit einfach ausklammern. Aber wie soll man diese irgendwie instantane „Wirklichkeit" dann verstehen? Wie auch immer ein Begriff von Wirklichkeit konzipiert wird und sei es gemäß einer Minimalforderung als ein reiner Konsensbegriff: Räumlichkeit und Zeitlichkeit konstituieren einen solchen Begriff unabdingbar mit, selbst wenn wir sie (z.B. mit Leibniz) ausschließlich als cognitv-relationale Begriffe gelten lassen. Dann aber muß man angesichts der oben genannten Schwierigkeit der Abgrenzung von „was gegenwärtig oder bis dato tatsächlich der Fall ist" Wirklichkeit als Gesamtheit aller irgendwo existierenden Entitäten mit ihrer gesamten vergangenen *und zukünftigen* Geschichte auffassen. Konstituiert wird diese Wirklichkeit nach meiner Auffassung von unabzählbar vielen Wirklichkeiten von Entitäten. Diese Entitäten lassen sich nicht auf wie auch immer gearteten Trägersubstanzen (kleinste Teilchen o.ä.) als Grundentitäten zurückführen, sondern auf elementare Relationen oder „primäre Verhalte", die zu höherstufigen Konstellationen wie Individuen, Handlungen, Ereignisse u.ä. konfigurieren.[20]

7. Die externe Möglichkeit von Pegasus in der wirklichen Welt

Der wirklichkeitsbezogene Charakter einer Fiktion zeigt sich nach dem eben gesagten also darin, daß eine Konfiguration von Verhalten wie ein geflügeltes Pferd „in irgendeinem Winkel des Universums sich abgespielt hat, sich gegenwärtig abspielt oder noch abspielen wird". [21] Epistemologisch ausgedrückt, müßte man dann sagen können, daß eine Fiktion wie ein geflügeltes Pferd in der Vernetzung dieses Universums nicht nur als Fiktion, sondern als *wirkliche* Entität *denkbar* ist. Der komplexen und dynamischen Verflechtung aller Entitäten, welches unser Universum ausmacht, entspricht auf der semantisch-wahrheitstheoretischen Ebene die universale Kohärenz aller wahren Sätze. Innerhalb der Kohärenz kann die Wahrheit einzelner Aussagen über wirkliche Sachverhalte nur über ihre Situierung innerhalb dieser Kohärenz herausgefunden werden. Wenn man dieses Universum als eines beschreibt, das alle seine vergangenen und zukünftigen Zustände umfaßt, wenn man es also als wirkliche Kohärenz aller seiner vergangenen und zukünftigen Konstellationen von Entitäten

---

[17] Morris (1972) Grundlagen der Zeichentheorie, München, S. 22
[18] Vgl. Freges Odysseusbeispiel; Frege, G. (1892), Sinn und Bedeutung, in Z. f. Phil. u. phil. Kritik, NF 100, S. 32 ff.; vgl. zur Fiktionalität bei Frege und ihren Bezügen zur Theorie der Sprechakte das einschlägige Buch von Gabriel, (1975), Fiktion und Wahrheit. Eine semantische Theorie der Literatur, Stuttgart; vgl. Russell, B. (1905), On Denoting, Mind 14, S. 479-493
[19] Vgl. Mc Taggarts Feststellung, die zeitliche A-Reihe „vergangen-gegenwärtig-zukünftig" müsse grundsätzlich als auf ein Gegenwarts-Ich bezogen gedacht werden; vgl. John Mc Taggart Ellis Mc Taggart, Die Irrealität der Zeit, in: Klassiker der modernen Zeitphilosophie, hg. v. W.Ch. Zimmerli u. M. Sandbothe, Darmstadt 1993, S. 67-86, bes. S. 68-74
[20] Vgl. hierzu L.B. Puntels Darlegung der ontologischen Grundentitäten als „primäre Verhalte", die in höherstufigen Konfigurationen die uns bekannten Entitäten wie Individuen, Handlungen, Ereignisse u.ä. konstituieren. Von ihm stammt auch die sprachliche Neubildung „Verhalt" als treffende Bezeichnung für trägersubstanzlose Elementaritäten; vgl. ders. (1990) Vgl. L.B. Puntel, Grundlagen einer Theorie der Wahrheit. Berlin/ New York 1990, S. 11, 320 ff. 290 ff. Bezeichnenderweise hat der erste Philosoph, der trägersubstanzlose Elementaritäten zur Grundlage seiner Ontologie macht, ihnen mit dem Ausdruck „Monaden" ebenfalls einen künstlichen Namen gegeben, vgl. ders., Monadologie, in: GP VI, S. 607, § 1 ff.
[21] Leibniz an Bourguet, a.a.O.

auffaßt, dann müßten Aussagen über zukünftige Sachverhalte, die wir in unserem begrenzten Erkenntnishorizont als Aussagen über zukünftig-mögliche Sachverhalte formulieren, ebenfalls auf diese Weise zu prüfen sein.

Nach Leibniz kann im Falle der notwendigen Wahrheit eines Satzes die Analyse das Urteil bis auf identische Urteile reduzieren und derart die Wahrheit des Satzes als notwendig beweisen. Im Falle der kontingenten Wahrheiten, also der Aussagen über unsere Wirklichkeit, ist die Analyse nur bis zu einem gewissen Grad durchzuführen; der Beweis der Wahrheit bleibt asymptotisch und besteht darin, zu zeigen, daß sich die Aussage „durch fortgesetzte Analyse den identischen Aussagen zwar ständig nähert, jedoch niemals zu diesen gelangt."[22]

8. Die asymptotisch-kohärentiale Wahrheit prognostischer und fiktionaler Aussagen

Im Falle zum Beispiel einer meteorologischen **Prognose**, also der Aussage über eine zukünftige bestimmte Wettersituation werden alle *verfügbaren* und für die raumzeitliche Lokalisierung der Wettersituation *relevanten* Erkenntnisse vor einem Zeitpunkt t für nach t fortgesetzt. Wenn z.B. bestimmte Wind, Temperatur und Luftdruckkonstellationen bis zum Zeitpunkt t immer zu einer bestimmten Wettersituation führten, kann diese Folgerung in Erwartung ähnlicher Fälle auch über t hinaus fortgesetzt werden. Eine bestimmte künftige Wettersituation wird mit mehr oder weniger großer Wahrscheinlichkeit vorausgesagt. Entscheidend ist aber die Einschränkung der Datenaussagen auf zwei interdependente Zeitpunkttypen. Es werden nur die Datenaussagen herangezogen, die erstens zum *Forschungszeitpunkt* (t_f) *verfügbar* und zweitens für den *Lokalisierungszeitpunkt* in der Wirklichkeit (t_{lw}) *relevant* sind. Mit Sicherheit sind nicht *alle* vergangenen Daten in Aussagen verfügbar, die diese individuelle Wettersituation determinieren und deshalb ist darüber nur eine asymptotische Aussage zu machen. Denn selbst wenn jemand gemäß seiner Theorie annimmt, daß der (vielzitierte) Schmetterlingsflügelschlag in Peking am 7. September 1999 um 16.22 Ortszeit zur Wettersituation am 8. Oktober 1999 um 9.00 Ortszeit in Konstanz beiträgt und selbst wenn dieser Schmetterlingsflügelschlag uns als gesondertes Datum *verfügbar* ist, weil er zufällig gefilmt wurde, so kann dennoch die komplexe und stringente Verbindung zwischen dem mitverursachenden und dem bewirkten Datum nicht hergestellt werden.[23] Die Relevanz der Datenaussagen (sofern sie nicht rein instrumentell aufgefaßt wird) bestimmt also den Begriff der Verfügbarkeit derart, daß als verfügbar nur die Daten(aussagen) anzunehmen sind, deren Verknüpfung mit dem vorauszusagenden Ereignis erwiesen werden kann. Die durch die Forschungsmöglichkeiten (z.B. entsprechende Computer- und Weltraumtechnologien sowie ihre mathematische Auswertbarkeit) zu einem bestimmten Zeitpunkt vorgegebene Kapazität dieser kohärenten Daten(aussagen) wiederum determiniert ihre Relevanz für die zu prognostizierende Wettersituation. Indem man aber im Forschungsprozeß immer mehr Daten in Aussagen verfügbar macht und dies zeigen kann, hat man damit die zumindest asymptotische Wahrheit der Wettervorhersage unter Beweis gestellt.

Die eben geschilderten Fragen stellen sich im philosophischen Problemfeld der Induktion. Goodmans Weiterentwicklung der Humesche Induktionslösung in Fact, Fiction and Forecasts (1954) wurde richtungsweisend. Seine Pointe besteht in der Forderung, die in einem sprachlichen Kontext besser *verankerten* Prädikate den schlechter verankerten zur Bildung von Voraussagen (oder allgemeiner: Fortsetzungen) vorzuziehen: Die Legitimation von Fortsetzungen richtet sich nicht nur nach den sich wiederholenden und geprüften Eigenschaften des Beobachteten, sondern auch nach der semantischen *Verankerung* der Prädikate für diese Eigenschaften, also wie die Erwartung ähnlicher Fälle „organisiert ist". Für unser Beispiel der Wettervorhersage braucht man dafür nicht so weit zu gehen wie Goodman, der zur Veranschaulichung künstliche Farbprädikate wie etwa „grot" und „brün" statt der üblichen „rot" und „grün" einführt.[24] Es reicht, sich an das schlichte Beispiel des kürzlich beigelegten Medienstreites über die meteorologische Benennungspraxis von Wetterhochs und -tiefs zu

---

[22] Leibniz, Gen. Inq., S. 101, vgl. S. 98 ff.
[23] Vgl. Gleick, James (1990), Chaos - Ordnung des Unversums. Vorstoß in Grenzbereiche der modernen Physik, München, S. 19, 20-53 u. passim; als Metapher für den Grundgedanken der Chaostheorie stammt der „Schmetterlingsflügelschlag in ..." von dem Mathematiker Edward Lorenz; vgl. ders. (1979), Predictability: Does the Flap of a Butterfly's Wings in Brazil Set Off a Tornado in Texas?, Ansprache vor dem Jahreskongreß der American Association for the Advancement of Science, Washington 29. 12. 1979.
[24] Vgl. Goodman, Nelson. (1988), Tatsache, Fiktion, Voraussage [Fact, Fiction, and Forecast, 1955, abgekürzt FFF], F.a.M., bes. S. 97 ff, 109, 122 ff., 137

erinnern: gewohnheitsmäßig verankert war die sprachliche Benennung von Hochs mit männlichen und Tiefs mit weiblichen Namen. Bis die neue Sprachpraxis, den guten und den schlechten Wetterlagen aus Gründen der Geschlechtergerechtigkeit abwechselnd männliche und weibliche Namen zu geben, gewohnheitsmäßig verankert ist, wird noch einige Konfusion das Verstehen und die Effizienz der Wetterprognosen beeinträchtigen.

Übertragen auf den Fall der **Fiktion von Pegasus**, nunmehr verstanden als eine Aussage über die wirklich-mögliche Zukunft eines geflügelten Pferdes werden alle verfügbaren und relevanten Aussagen über Pferde und Geflügeltheit und ihre Kombination bis zu einem Zeitpunkt t für nach t fortgesetzt. Bisher liegen Erfahrungen von tatsächlich geflügelten Pferden, die eine Erwartung ähnlicher Fälle für die Zukunft versprächen, nicht vor. Pferde und Geflügeltheit, obwohl sich die Begriffe nicht notwendig ausschließen (s.o.), passen im Kontext unserer derzeitigen Wirklichkeitserfahrung nicht zusammen.

Aber es liegen unserer Erfahrung von Wirklichkeit *ähnliche Fälle von unpassenden Kombinationen vor, die später passend(er) wurden*. Schnell faulende Gemüse wie beispielsweise Tomaten hätte man in früheren Zeiten aufgrund von Erfahrungswerten nicht als haltbare Gemüse bezeichnet. „Tomate" (bzw. die in ihr implizierte Eigenschaft des Schnellfaulens) und „Haltbarkeit" hätten nicht zusammen gepaßt. Heute kann schnell faulendem Gemüse wie Tomaten gentechnisch die Eigenschaft größerer Haltbarkeit hinzugefügt werden: Warum also sollten nicht *prinzipiell* auf einem ähnlichen Weg einem Pferd die Flügel, die es zu einem Pegasus machen oder auch das eine Horn, das es zu einem Einhorn macht, hinzugefügt werden? Über Analogieschlüsse zu ähnlichen Konstellationen und ihrer Entwicklungs*wirklichkeit* gelangt man also zu verfügbaren und Aussagen, die eine prinzipielle Fortsetzung ähnlicher Kombinationen in die Zukunft erlauben. Es ist in der Erwartung ähnlicher gentechnischer Fälle einfach *nicht auszuschließen*, daß einmal ein Pegasus oder auch ein Einhorn existieren werden. Indem man immer mehr relevante Daten aus der Genforschung in Aussagen verfügbar macht, mit denen die prognostische Aussage, daß Lebewesen wie geflügelte Pferde in Zukunft existieren können, verknüpft wird und indem man dies zeigen kann, hat man ihre zumindest asymptotische Wahrheit bewiesen. Es hat somit eine hohe empirische Plausibilität zu sagen: Es ist möglich, daß Pegasus künftig existieren wird. Da „das bloß Mögliche - sofern es überhaupt zulässig ist - innerhalb des Wirklichen liegt, könnten wir auch hier sagen, daß die sogenannten möglichen Welten der Fiktion innerhalb von wirklichen Welten liegen. Die Fiktion operiert in wirklichen Welten sehr ähnlich wie die Nicht-Fiktion".[25]

Und was die „*Verankerung*" anbetrifft: Ein Prädikat wie „geflügeltes Pferd" ist, wenn es buchstäblich verwendet wird, im Kontext naturwissenschaftlich-empirischer Aussagen über Wirklichkeit semantisch ebenso schlecht verankert wie Goodmans „grot". Gemeinsam ist beiden Prädikaten, daß sie im Deutschen nicht völlig neue Prädikate sind wie etwa „pzüxy". „Grot" läßt nicht nur den Rückgriff auf das uns bekannte Alphabet erkennen wie „pzüxy", sondern in dem von Goodman geschaffenen (bzw. von H. Vetter übersetzten) Kontext den Bezug auf die gewohnheitsmäßig etablierten Farbprädikate „grün" und „rot". „Geflügeltes Pferd" enthält zwei je für sich hinreichend vertraute Elemente. „Grot" und „Geflügeltes Pferd" sind beide kombinative Konstruktionen von vordem bekannten Elementen zu einer in ihrem jeweiligen Kontext *neuen* Kombination. Wir verfügen zudem über ein Wissen, auf welche ontischen Konstellationen sich „geflügelt" und „Pferd" beziehen. Bereits mit der Herkunft der Kombinationselemente aus der uns bekannten und verfügbaren Wirklichkeit ist ein Wirklichkeitsbezug gegeben, der ihre zukünftig-mögliche Kombination zu einer Entität nicht ausschließt.

Naturwissenschaftlich-empirische Aussagen über die Wirklichkeit wie Prognosen und Fiktionen unterscheiden sich in den oben aufgeführten Punkten prinzipiell wenig voneinander. In beiden Fällen erfordert ihr definitiver Wahrheitsbeweis die Situierung der Aussagen im universalen Satzzusammenhang. Dies wiederum setzt ein universales Wissen aller Sätze und ihres Zusammenhanges voraus. Ein unendlicher Verstand könnte diese Situierung als kohärentialen Wahrheitsbeweis leisten, indem er dem Satzsubjekt der Prognose (oder der fiktionalen Aussage) *alle* seine Prädikate in Sätzen als zugehörig zuschreibt. Für unsere Erkenntnis aber bleibt die, wie Leibniz

---

[25] Goodman, Nelson (1990), Weisen der Welterzeugung, Frankfurt a.M., (abgek. WWE) S.129/130

es ausdrückt, „Sicherheit der kontingenten Wahrheiten" immer nur „asymptotisch"[26]. Natürlich ist einzuräumen, daß es graduelle Unterschiede der Zutreffenswahrscheinlichkeit und Fortsetzbarkeit im allgemeinen und speziell z.B. im Hinblick auf temporale Festlegungen zwischen Prognosen und fiktionalen Aussagen gibt. Und für einen solchen Vergleich wäre die Anwendung der von Nelson Goodman in Tatsache, Fiktion, Voraussage erarbeiteten Kriterien eine adäquate Basis. Aber dafür wäre eine eigene Untersuchung nötig. Worauf es mir hier ankommt, ist, auf ganz anderem Wege Goodmans Auffassung zu stützen und in ontologischer Wendung weiterzudenken, „daß Aussagen über Mögliches die Grenzen der wirklichen Welt nicht zu überschreiten brauchen ... Alle möglichen Welten liegen innerhalb der wirklichen Welt"[27].

9. Der konstruktive Charakter sogenannter Fiktionen

Dennoch gibt es etwas, was die Prädikate „grot" und „geflügeltes Pferd" unterscheidet. Der Verankerungsgrundsatz scheidet neue Kombinationen, die *noch* nicht semantisch verankert sind, nicht aus, wenn sie „nützlich" sind.[28] Ich denke, im Gegensatz zu bewußt willkürlichen Neologismen wie „grot" sind Fiktionen wie z.B. geflügelte Pferde äußerst nützlich im Kontext wissenschaftlicher Innovationen. Vielleicht wären die Menschen ohne Prometheus und Pygmalion nie auf die kühne Idee gekommen, die Genforschung so weit zu treiben, daß lebendige Wesen hergestellt werden können. Wer weiß, vielleicht gäbe es dann kein geklontes Schaf namens Dolly? Gerade die gegenüber kurzfristigen Wetterprognosen von den Ausgangsbedingungen her erheblich unterbestimmtere Voraussagbarkeit der möglichen künftigen Existenz von Fiktionen wie etwa „geflügeltes Pferd" gereicht ihnen hier zum Vorteil. Die Pointe wissenschaftlicher Innovationen ist, daß sie nicht begrifflich zureichend voraussagbar sind; wären sie es, dann würden sie gemacht und nicht vorausgesagt. Umgekehrt könnte man sagen: Je weniger *bestimmt* etwas buchstäblich-begrifflich voraussagbar sie ist, desto größer kann seine Innovationskraft sein. Wie aber steht dieses innovative „Etwas" zur Verfügung, wenn es sich nicht zureichend begrifflich erfassen läßt bzw. umso innovativer sein soll, desto weniger es sich begrifflich fassen läßt? Es tut sich eine unheilvolle Alternative auf: *Entweder* die Vorhersage wissenschaftlicher Entwicklungen verharrt im relativ sicheren explikativen Bereich des Herkömmlichen, und dann wird sie kaum innovative Hypothesen formulieren. *Oder* aber Forscher wenden sich dem Gegensatz wissenschaftlicher Methodik und Tugend zu, der nicht-explikativen 'bizarren Narrheit'.[29] Ein Ausweg könnte darin bestehen, wissenschaftlich nicht hinreichende Artikulationsweisen wie z.B. narrativ-fiktionale eben nicht als Narrheit zu verwerfen, sondern versuchsweise als Formulierungen von Künftig-Möglichem der Forschungsentwicklung ernstzunehmen. Wenn diese Forschungsentwicklung aber zur Schöpfung entsprechender Wesen führte, dann bestünde der Wirklichkeitsbezug sogenannter Fiktionen nicht nur im prognostischen Verweis auf in der Zukunft Mögliches, sondern hätte daran sogar konstruktiven Anteil.[30]

---

[26] Leibniz, Gen. Inq., a.a.O.
[27] Goodman, N. (1988), FFF, S. 78, vgl. zur Fortsetzbarkeit ibid., S. 137 ff.
[28] ibid. S. 125
[29] Vgl. Rescher, Nicholas (1985), Die Grenzen der Wissenschaft, dt. v. K.Puntel, Einf. v. L.B. Puntel, Stuttgart, S. 184: „Die Wissenschaftsprognostik ist durch eine dominierende Vorliebe für das Gewöhnliche blockiert, weil das wirklich Neue oftmals so bizarr erscheint"; vgl. zum gesamten Problem bes. die Kapitel VI und VII
[30] Vgl. Goodman, z.B. WWE, a.a.O. 102 ff; vgl. auch Abel, Günter (1995), Interpretationswelten. Gegenwartsphilosophie jenseits von Essentialismus und Relativismus, Frankfurt a.M., S. 165

Euklid vs. Leonardo? – Sehen vs. Darstellen?

Klaus Rehkämper
GMD AiS
53754 St. Augustin
klaus.rehkaemper@gmd.de
rehkaemper@psychologie.uni-oldenburg.de

1999 ist ein Jubiläumsjahr. Vor genau 75 Jahren hat der Kunsthistoriker Erwin Panofsky seinen einflußreichen Vortrag *Die Perspektive als 'symbolische' Form* gehalten, und damit vollends die Diskussion um die Frage entfacht, ob die Verwendung linearperspektiver Gesetze beim realistischen, bildhaften Darstellen nur auf einer Konvention beruht, oder ob sie unumgänglich ist. Eine Frage, die bislang keine abschließende Antwort erhalten hat, deren Beantwortung jedoch gerade heute – in einer Zeit da Wissen und Information immer mehr durch Bilder transportiert wird – immer dringlicher wird.

Panofsky führt mehrere Argumente für seine These der Konventionalität der Perspektive an. An dieser Stelle möchte ich mich jedoch auf ein Argument beschränken.[1] In ihm versucht Panofsky zu zeigen, daß die Geometrie, die der Beschreibung des natürlichen Sehens zugrundeliegt – *perspectiva naturalis* –, fundamental von den linearperspektivischen Geometrie – *perspectiva artificialis* – abweicht, und daher die beiden Systeme nicht ineinander überführbar seien. Ausgangspunkt dieses Arguments ist die zumeist unbestrittene Tatsache, daß die Netzhaut als Teil einer Kugeloberfläche anzusehen ist, während linearperspektivische Darstellungen eine ebene Projektionsfläche voraussetzen. Eine Kugeloberfläche ist jedoch nicht auf eine Ebene abbildbar. Sehgrößen werden aber über Sehwinkel bestimmt, und nicht über Streckenlängen, wie dies in der Linearperspektive geschieht. Daher sind die beiden Systeme unvereinbar.

Ausgehend von Euklid behauptet Panofsky, daß die *perspectiva naturalis* "in diametralem Gegensatz zu der der modernen Konstruktion zugrundeliegenden Lehrmeinung" steht (Panofsky 1927 1974: 104). Die "moderne Konstruktion" bedeutet in diesem Fall die linearperspektivische Konstruktion. Euklids viertes Axiom besagt, "daß die Objekte, die unter einem größeren Winkel gesehen werden, größer erscheinen, die unter einem kleineren kleiner und die Objekte, die unter gleich großen Winkeln gesehen werden, gleich groß" (Euklid *Optica*). Der Sehwinkel bestimmt die scheinbare Größe oder Erscheinung eines Gegenstandes. In seinem achten Theorem beweist Euklid weiterhin: "Die gleichen parallelen Größen, die ungleich weit vom Auge entfernt sind, werden nicht proportional zu den Entfernungen gesehen." Diese Ansicht ist, Panofskys Meinung zufolge, z.B. nicht mit Leonardos Beobachtung vereinbar, daß die Erscheinung eines Gegenstandes proportional mit seiner Entfernung abnimmt (z.B. R 99, R 100). Im einfachsten Fall gilt nach Leonardo: "Der zweite Gegenstand, der vom ersten ebenso weit entfernt ist wie der erste vom Auge, wird um die Hälfte kleiner erscheinen als der erste, obwohl

---

[1] An anderer Stelle habe ich mit den weiteren Argumenten Panofskys auseinandergesetzt (Rehkämper 1995, 1997).

sie gleich groß sind (R 100 Tgb. 770). Allgemein gilt, daß ein Gegenstand der n Meter vom Auge entfernt ist, auf einer Projektionsebene, die ein Meter vom Auge entfernt ist, nur noch 1/n mal so groß dargestellt wird. Hier zeigt sich eine Proportionalität zwischen Entfernung und Darstellung, die der Euklidischen Ansicht, wie sie im achten Theorem formuliert ist, zu widersprechen scheint. Panofsky schließt daraus, daß die Geometrie der Linearperspektive und die Geometrie der Euklidisch begründeten *perspectiva naturalis* unvereinbar seien. Dies ist jedoch nicht der Fall.[2] Auch die Anweisungen Dürers, wie man die auf einer Hauswand anzubringende Schrift nach oben hin vergrößern muß, damit der Sehwinkel erhalten bleibt – und die Schrift immer gleich groß erscheint (Abb. 1) –, die Panofsky erwähnt und als Beispiel für die Bevorzugung des Euklidischen vor dem linearperspektivischen System in einer Konfliktsituation anführt (1927 1974: Fn. 15, 135), kann, wie ich zeigen werde, den geforderten Beweis nicht erbringen.

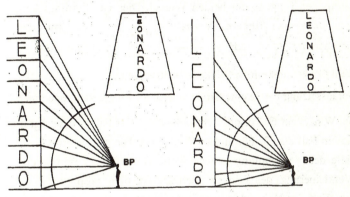

Abb. 1: Lineare Verzerrung bei gleichen Sehwinkeln (nach Parramón/Calbó 191)

In meinen Ausführungen werde ich ebenso wie Euklid und Panofsky davon ausgehen, daß die Größe des Winkels, unter dem ein Gegenstand gesehen wird, das Maß für die Größe der Erscheinung ist. Werden zwei Gegenstände unter dem selben Winkel gesehen, erscheinen sie gleich groß. Wird einer der beiden Gegenstände unter einem größeren (kleineren) gesehen, ist seine Erscheinug größer (kleiner), unabhängig davon wie das Verhältnis der tatsächlichen Größen der Gegenstände zueinander ist.

Zuerst möchte ich Dürers Anweisung behandeln. Ich werde ohne Einschränkung der Allgemeinheit davon ausgehen, daß der Abstand vom Projektionszentrum zur Ebene – der Hauswand –, auf der etwas abgebildet werden soll, gleich 1 ist. Die Höhe a, unter dem ein Gegenstand G, z.B eine Schrift, auf dem unteren Ende der Hauswand gesehen wird, läßt sich daher aus der Formel $\tan\alpha = \frac{a}{b}$ errechnen, wobei α der Winkel ist, unter dem G erscheint. In diesem Fall mit b=1 ergibt sich also $\tan\alpha = a$.[3] Soll ein zweiter Gegenstand G' über G so angebracht werden, daß er gleich groß erscheint, muß auch er unter dem selben Winkel α gesehen werden. Die

---

2   Ich werde in meiner Argumentation einen etwas anderen Weg als Brownson (1981) wählen.
3   Abb. 1 dient zur Illustration. Meine Berechnungen beziehen sich auf ein rechtwinkliges (Seh-) Dreieck wie es z.B. in Abb. 3 eingezeichnet ist.

Gesamthöhe a' von G plus G' erscheint also unter einem Winkel von α + α = 2α; die neue Höhe ist daher tan 2α = a'. In welchem Verhältnis steht nun die neue Höhe a' zur alten Höhe a? Oder allgemeiner gefragt, um welchen Faktor n verändert sich die Höhe, wenn sich der ursprüngliche Winkel α, unter dem ein Gegenstand G erscheint, um den Faktor m verändert?[4]

Es gilt: $\tan m * \alpha = n * a \iff n = \frac{\tan m * \alpha}{\tan \alpha}$ (b = 1; m*α < 90°; n, m ε IR⁺). Das Verhältnis der Veränderung der Größe ist also gleich dem Verhältnis der Tangens der beiden Winkel. Dies ist allerdings kein konstantes oder lineares Verhältnis, wie ein Blick auf den Funktionsverlauf von z.B. $y = \frac{\tan 2 * \alpha}{\tan \alpha}$ deutlich macht (Abb. 2).

Wird G z.B unter einem Winkel α = 30° gesehen[5], hat er (unter der Voraussetzung b = 1) eine Größe von $\tan 30° = \frac{1}{3}\sqrt{3}$; verdoppelt man den Winkel auf 60°, ergibt sich $\tan 60° = \sqrt{3}$. Der Faktor n beträgt in diesem Fall also 3. Für andere Winkel ergeben sich allerdings im Falle der Verdopplung andere Werte für n. Die Vergrößerung (Verkleinerung) des Winkels überträgt sich nicht proportional auf den Wert der Höhe, denn proportional würde bedeuten, daß der

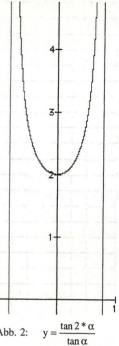

Abb. 2: $y = \frac{\tan 2 * \alpha}{\tan \alpha}$

Faktor n einen konstanten Wert aus dem Bereich der reellen Zahlen annimmt. Dies ist aber nicht der Fall. Insbesondere zieht eine Verdopplung des Winkels im allgemeinen keine Verdopplung der Höhe nach sich. Euklid hat also Recht. Dennoch stehen Winkel und Höhe in einem klar definierten Verhältnis zueinander.

Wie sieht es nun in dem von Leonardo geschilderten Fall aus, in dem sich zwei (oder mehrere) Gegenstände gleicher Größe ungleich weit vom Augenpunkt befinden (Abb. 3)? Euklid behauptete: "Die gleichen parallelen Größen, die ungleich weit vom Auge entfernt sind, werden nicht proportional zu den Entfernungen gesehen." D.h. der Winkel unter dem G und G' (wobei G und G' die gleiche Höhe a haben) verändert sich nicht proportional zur wachsenden Entfernung. Auch hier gilt wieder:

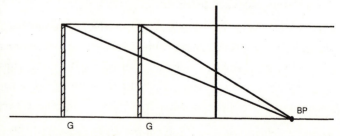

Abb. 3: Der Sehwinkel und die Darstellung gleicher Größen in verschiedenen Entfernungen

---

[4] Im obigen Beispiel gilt m = 2.
[5] Zur Erinnerung: 180° = π ≈ 3,1415

$\tan \alpha = \frac{a}{b}$. Die Frage ist nun, um welchen Faktor m sich der Sehwinkel α verändert, wenn die Entfernung b um den Faktor n wächst. Also: $\tan m * \alpha = \frac{a}{n*b}$. Hieraus folgt, daß der Winkel α', unter dem G' gesehen wird, wenn er n-mal soweit wie zuvor entfernt steht, gleich $m * \alpha = \arctan \frac{1}{n} \tan \alpha$ ist. Auch hier sieht man deutlich, daß Euklid Recht hat. Die Faktoren m und n sind nicht proportional zueinander, d.h. es gibt keine Konstante k, mittels derer man n in m überführen könnte. Dies macht z.B. der Verlauf der Funktion $y = \arctan \frac{1}{2} \tan \alpha$ mit n = 2 deutlich (Abb. 4) Die Steigung dieser Funktion ist nicht linear. Dies zeigt, daß es keinen konstanten Faktor für die Veränderung des Winkels gibt, der in Abhängigkeit zur konstanten Veränderung der Entfernung steht. Angenommen ein Gegenstand wird z.B unter dem Winkel $\alpha = 45°$ gesehen. Verdoppelt man nun die Entfernung (n=2), dann ergibt sich ein Winkel α' von $\arctan \frac{1}{2} \tan 45° = 26,57°$.

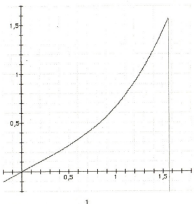

Abb. 4: $y = \arctan \frac{1}{2} \tan \alpha$

Betrachten wir nun noch einmal Leonardos Behauptung, daß sich die Größe der Erscheinung eines Gegenstandes proportional zur Entfernung verändert. Hierzu muß die Größe der Erscheinung des entfernteren Gegenstandes relativ zur Größe der Erscheinung des ersten Gegenstandes betrachtet werden. Die Voraussetzung war, daß die in Frage kommenden Gegenstände alle dieselbe Höhe a besitzen. Nur die Entfernungen ändern sich, und damit die Sehwinkel. Der jeweilige neue Sehwinkel α' ergab sich nun als $m * \alpha = \arctan \frac{1}{n} \tan \alpha$. Berechnet man nun die Höhe a' eines Gegenstandes, der unter diesem Winkel in der Entfernung b gesehen wird, in der sich der erste Gegenstand befindet, ergibt sich $a' = \tan \alpha' \iff a' = \tan(\arctan \frac{1}{n} \tan \alpha) \iff a' = \frac{1}{n} \tan \alpha$. Dieser Gegenstand hat also den n-ten Teil der Höhe des ursprünglichen Gegenstandes. Also hat auch Leonardo Recht. Die Größe der Erscheinung eines n-fach entfernten Gegenstandes ist proportional mit dem Faktor $\frac{1}{n}$ zur ursprünglichen Größe. Zwei Gegenstände der Größe a, die sich in den Entfernungen b = 2 und b = 3 befinden, werden daher in einem linearperspektivischen Bild, das sich bei b = 1 befindet, mit den Größen $\frac{a}{2}$ bzw. $\frac{a}{3}$ dargestellt (Abb. 3). Die jeweiligen Sehwinkel ändern sich allerdings nicht um einen konstanten Faktor. D.h. erscheint ein Gegenstand nur halb so groß, bedeutet das nicht, daß er nun unter einem halb so großen Winkel gesehen wird. Dies haben allerdings weder Euklid noch Leonardo behauptet.

Literatur

Brownson, C. D.: Euclids Optics and its Compatibility with Linear Perspective. *Archive for History of Exact Science* Vol. 24, No. 3, 1981, 165 - 194

Euklid: *Optica*. In: Euklid: *Opera omnia*. hrsg. von J. L. Heiberg; H. Menge, Bd. 7, Leipzig 1895

Leonardo da Vinci: *The Notebooks of Leonardo da Vinci*. hrsg. von J. P. Richter London 1883, New York 1970 (Pb.) (Zitiert als "R".)

Leonardo da Vinci: *Tagebücher und Aufzeichnungen*. Hrsg. Von Th. Lücke Berlin 1940 (Zitiert als "Tgb.".)

Panofsky, E. (1927): Die Perspektive als "symbolische Form". In: *Vorträge der Bibliothek Warburg 1924/25*. Leipzig, Berlin (Auch in: Panofsky, E.: *Aufsätze zu Grundfragen der Kunstwissenschaft*. herausgegeben von Oberer, H.; Verheyen, E., Berlin zweite erweiterte und verbesserte Auflage 1974[2])

Parramón, J. M.; Calbó, M: *Das grosse Buch vom Zeichnen und Malen in der Perspektive*. Stuttgart 1991

Rehkämper, K.: 'Perspektive ist des Malers beste Kunst' – Einige Bemerkungen zur Theorie der Perspektive kritisch betrachtet. *LOGOS – Zeitschrift für systematische Philosophie*, N.F. Bd. 2 (2) 1995, 122-146

Rehkämper, K.: Ist die Perspektive eine Konvention? In: Meggle, G; Nida-Rümelin, J. (Hrsg.): αναλυομεν *Analyomen 2 – Proceedings the 2nd conference "Perspectives in Analytical Philosophy"* Vol. 3 Berlin 1997

Bilder als wahrnehmungsnahe Zeichen

Klaus Sachs-Hombach

Inhalt

1. Einleitung
2. Bilder als Zeichen
3. Bild und Wahrnehmung
4. Formen des 'Bildhandelns'

1. Einleitung

In kaum zu überschätzender Weise halten Bilder in Alltag wie Wissenschaft Einzug. Gemessen an der Bedeutung, die ihnen mittlerweile zugeschrieben wird, erstaunt die bisher ausgebliebene Institutionalisierung einer allgemeinen Bildwissenschaft. Zwar gibt es in den unterschiedlichsten Disziplinen teilweise gut ausgearbeitete Theorien, um spezielle Aspekte der Bildthematik zu erfassen. Auch gelangt die Bildthematik zunehmend ins wissenschaftliche Problembewußtsein.[1] Aber im Unterschied zu der schon seit langem etablierten Sprachwissenschaft oder der erst jüngst entstandenen Kognitionswissenschaft fehlt zum einen nach wie vor der intensivere Austausch zwischen den Teil-Disziplinen, zum anderen ist es bisher noch kaum gelungen, eine allgemeine Bildtheorie zu entwerfen, die einen transdisziplinären Rahmen für die Bemühungen der einzelnen Disziplinen zur Verfügung stellen könnte.

Dies hat vielfältige Gründe. Neben der großen Bedeutungsvielfalt des Ausdrucks „Bild" und der damit einher gehenden Schwierigkeit, eine Wissenschaft als wichtigste Bezugswissenschaft auszuzeichnen, besteht ein wesentliches Hindernis – das die Bildwissenschaft allerdings mit vielen anderen Wissenschaften teilt – darin, daß eine Klärung des Bildbegriffs durch die unterschiedlichen Paradigmen erschwert wird, die zuweilen zu Unrecht mit einzelnen Denktraditionen identifiziert und schroff einander gegenübergestellt werden. Es haben sich in der philosophischen Bilddiskussion insbesondere zwei Stränge herausgebildet: Bilder werden entweder mit Blick auf die Semiotik primär als spezielle Zeichen verstanden oder aber mit Blick auf psychologische Theorien sehr eng an spezielle Wahrnehmungsphänomene gebunden.[2] Bei den zeichentheoretischen Ansätzen dominiert teilweise das Bemühen um eine Übertragung der sprachwissenschaftlichen Termini, teilweise stehen Fragen einer kognitivistischen Ästhetik im

---

[1] So wird bereits seit einiger Zeit vom „imagic turn" (FELLMANN 1991, 26), vom „pictorial turn" (MITCHELL 1992, 89) oder vom „iconic turn" (BOEHM 1995, 13) gesprochen. Vgl. als Überblick zur gegenwärtigen Forschungslage SACHS-HOMBACH & REHKÄMPER 1998 und 1999.

[2] Zur Diskussion dieser unterschiedlichen Ansätze vgl. Lopes 1996.

Vordergrund.³ Die perzeptuellen Theorien koppeln die Bildtheorie dagegen an psychologische Diskussionen und betonen anhand entsprechender Bildeffekte auch die semantischen Besonderheiten des Bildhaften.⁴

Da sich beide Standpunkte nach meiner Auffassung vereinbaren lassen, sollte das Bemühen um ein übergreifendes Modell über eine Explikation des Bildbegriffs erfolgen, die Aspekte beider Theorietraditionen verbindet, indem sie zwar von einem semiotischen Ansatz ausgeht, diesen aber durch psychologische und psychologisch relevante Untersuchungen ergänzt. Bilder verstehe ich einem solchen Ansatz gemäß als wahrnehmungsnahe Zeichen, die in einem System geordnet und bestimmten kommunikativen Absichten unterstellt sind, deren Verwendung zur Übermittlung einer wie auch immer gearteten Botschaft aber von Wahrnehmungskompetenzen profitiert, die im Kern nicht eigens gelernt zu werden brauchen. Genau hierin sehe ich die Stärken und auch die Schwächen der Bildverwendung.

Im folgenden möchte ich diesen Vorschlag erläutern, indem ich auf das Verhältnis einerseits von Bild und Zeichen (2.), andererseits von Bild und Wahrnehmung eingehe (3.). Abschließend werde ich einige Formen der Bildkommunikation ansprechen (4.).

2. Bilder als Zeichen

Ein Begriff läßt sich nach traditioneller Vorstellung bestimmen, indem der Oberbegriff und die spezifische Differenz angegeben wird. Insofern der Zeichenbegriff hierbei der Oberbegriff ist, vertrete ich einen semiotischen Bildbegriff. Deshalb trifft alles, was wir über Zeichen allgemein sagen, auch auf Bilder zu, insbesondere daß sie interne Strukturen besitzen (Syntax), daß sie auf etwas verweisen oder auf etwas Bezug nehmen (Semantik) und daß sie in größeren Handlungskontexten eingebettet sind (Pragmatik). Um zu verstehen, was ein Bild ist, brauchen wir folglich zunächst ein angemessenes Verständnis des Zeichenbegriffs auf den genannten Ebenen und sodann eine plausible Beschreibung der spezifischen Differenz, die bildhafte Zeichen von anderen Zeichen unterscheidet. Ich werde zunächst auf den Zeichenbegriff eingehen und genauer erläutern, was es heißt, daß Bilder Zeichen sind.

Unter einem Zeichen verstehe ich eine Klasse von materiellen Objekten, die innerhalb einer Mitteilungs- oder Ausdruckshandlung bedeutungsäquivalent zur Übermittlung einer Botschaft

---

[3] JEAN-GUY MEUNIER ließe sich als Vertreter der ersten Richtung ansehen (vgl. MEUNIER 1997), NELSON GOODMAN sicherlich als Vertreter für die zweite (vgl. GOODMAN 1976).
[4] Ein wichtiger Vertreter der perzeptuellen Theorien ist ERNST GOMBRICH (vgl. GOMBRICH 1984). Vgl. als Überblick weiterer verschiedener Ansätze aus diesem Bereich BOEHM 1994. Zum phänomenologischen Bildbegriff siehe auch WIESING 1997.

verwendet werden. Das jeweilige Objekt (oder der Zeichenträger) steht dabei für einen Gegenstand im weitesten Sinne, also für einen materiellen oder kognitiven, abstrakten oder konkreten, realen oder fiktiven Sachverhalt (bzw. für ein entsprechendes Ereignis).

Drei Aspekte scheinen an dieser Erläuterung wesentlich zu sein: die Verwendungsabhängigkeit von Zeichen, ihre kommunikative Funktion und ihr repräsentationaler Charakter. Als verwendungsabhängig sollte ein Zeichen gelten, weil sich keine intrinsische Eigenschaft angeben läßt, die einen Gegenstand zum Zeichen macht. Kein Gegenstand ist von sich aus ein Zeichen, vielmehr wird er erst zum Zeichen, wenn wir ihn in einer besonderen Weise verwenden. Zwar bearbeiten oder erstellen wir mitunter Gegenstände zu dem ausdrücklichen Zweck, etwas zu bezeichnen (z. B. Namensschilder), es ließe sich aber genauso gut fast jeder beliebige Gegenstände nehmen und als Zeichen interpretieren. Diese Verwendungsabhängigkeit eines Zeichens, die ich als grundlegend erachte, hat zur Folge, daß auch die Bedeutung eines Zeichens immer nur relativ zu einem entsprechenden Zeichensystem und einem entsprechenden Handlungsrahmen bestimmt werden kann.

Eine, wenn nicht *die* wesentliche Verwendung von Zeichen besteht darin, mit ihnen zu kommunizieren. Der Begriff des Zeichens sollte daher durch den Begriff der Kommunikation erläutert bzw. ergänzt werden. Ein Gegenstand ist also ein Zeichen, sofern er innerhalb eines kommunikativen Aktes zur Übermittlung einer Botschaft verwendet wird. Kommunikation ist hierbei ein spezieller Handlungstyp, insbesondere ein spezieller Typ einer intentionalen Handlung. Er setzt eine Absicht des Handelnden voraus. Entsprechend ist zu erwarten, daß auch die 'Bedeutung' eines Zeichens im Sinne seines kommunikativen Gehaltes nicht unabhängig von diesen Absichten ist. Ein Zeichen verstehen wir dann, wenn wir die Gründe einsehen können, die eine kommunikative Handlung veranlaßt haben (vgl. hierzu Meggle 1990).

Soweit wir die Absicht gelingender Kommunikation unterstellen, sollte die semantische Ebene besonders hervorgehoben werden, auf der es um die Bedeutung der Zeichen geht, also um das, wofür ein Zeichen steht oder was es repräsentiert. Wenn wir ein Zeichen als Zeichen verstehen wollen, wollen wir letztlich seine 'Botschaft' erfassen. Insofern ist die semantische Dimension die für uns wesentliche. Dies schließt aber keineswegs aus, daß wir, um eine Botschaft erfolgreich übermitteln oder verstehen zu können, zum einen die syntaktischen Regeln des Zeichenaufbaus und der Zeichenkombination kennen müssen und zum anderen die pragmatischen Aspekte zu berücksichtigen haben, die den Rahmen zum Zeichenverständnis liefern und auch die jeweilige Bedeutung mitbestimmen. Der Grund für die Schwierigkeit, die Bedeutung eines Kommunikationsaktes konkret zu bestimmen, liegt darin, daß er sehr unterschiedliche Aspekte (nach Karl Bühler etwa Darstellung, Ausdruck und Appell) enthält und zudem nicht unbedingt miteinander kompatible Botschaften transportiert.[5]

Alles bisher Gesagte trifft auch für Bilder zu. Auch die Verwendung von Bildern ist als ein kommunikativer Akt aufzufassen, als Versuch, einem Adressaten eine bestimmte Botschaft zu übermitteln. Nicht anders als bei der verbalen Kommunikation lassen sich daher bei der Bildkommunikation etwa die verschiedenen Aspekte der Darstellung, des Ausdrucks und des Appells unterscheiden. Zudem sind bei der Übermittlung einer Bedeutung durch ein bildliches Zeichen eine Vielzahl von Regeln zu beachten, die sich wie bei den sprachlichen Zeichen auf allen drei semiotischen Beschreibungsebenen angeben lassen. Es gibt also syntaktische Regeln, die den Aufbau einzelner Bildzeichen oder ganzer Bildfolgen strukturieren, semantische Regeln, die das Verhältnis von Darstellung und Dargestelltem bestimmen, und schließlich pragmatische Regeln, welche die typischen Funktionen der Bilder und des Bildhandelns in den relevanten Handlungskontexten erfassen.

Die Annahme, daß Bilder Zeichen sind, ist oft kritisiert worden, weil der Zeichenbegriff sich am sogenannten Werkzeugmodell orientiere. Nach diesem von Platon entwickelten instrumentalistischen Modell ist ein Zeichen als 'Organon' aufzufassen, das der Wiedergabe und der Weitergabe von Sinn dient. Damit werde aber nur ein Teil der Funktionen beschrieben, die ein Bild übernehmen könne. Insbesondere erfasse dies Modell nicht den Fall, daß mit einem Bild gar keine Gegenstände abgebildet werden, sondern ausschließlich syntaktische Aspekte des formalen Aufbaus thematisch sind.[6] Soweit dies nicht einfach ein Streit um Worte ist, wird man diesem Einwand einen unzulässig engen Sinn des Ausdrucks „Sinn" vorwerfen können. Die semantische Beziehung selbst sprachlicher Zeichen erschöpft sich keineswegs in einer vorgefaßten Inhaltlichkeit, wie die unterschiedlichen Formen der Sprechakte bereits andeuten. Zudem würde ein solcher Vorwurf höchstens realistische Bedeutungstheorien treffen, die von einer klaren Zuordnung eines Zeichens zu einer Entität ausgehen, während pragmatische Bedeutungstheorien im Unterschied hierzu die jeweilige Verwendung als primär betrachten und damit auch die Bedeutung eines Bildes nicht aus einer feststehenden Beziehung zwischen einem Zeichenträger und dem Bezeichneten ableiten.

---

nicht um inhaltliche, sondern um formale Aspekte des Bildes bzw. um die Kombination beider Aspekte geht.

3. Bild und Wahrnehmung

Bilder sind also Zeichen, das unterscheidet sie von vielen anderen Gegenständen. Welches sind aber die spezifischen Unterschiede, die sie nicht von anderen Gegenständen, sondern von anderen Zeichen unterscheiden? Was zeichnet *bildhafte* Zeichen aus? Unter den vielen Besonderheiten fällt zunächst auf, daß wir mit Bildern innerhalb ihrer begrenzten Bildfläche eine ganz eigene Welt mit unendlichen Ausdrucksmöglichkeiten konstituieren können, die mitunter ein so hohes Illusionspotential besitzen, das die Grenze zwischen Darstellung und Dargestelltem unsicher werden kann. Bemerkenswert ist außerdem, daß wir mit Bildern komplexe Informationen vermitteln und verständlich machen können, so daß sie sich im besonderen Maße zur Orientierung eignen. Dem steht als weitere Auffälligkeit schließlich in eigentümlicher Weise gegenüber, daß Bilder ohne sprachliche Erklärungen oder einen entsprechenden Kontext oft vieldeutig bleiben.[7] Diese semantischen Charakteristika lassen sich durch die Annahme erklären – so die These –, daß Bilder wahrnehmungsnahe Zeichen sind. Wir verwenden Gegenstände als Bilder, wenn wir den Wahrnehmungseindruck, den sie hervorrufen, durch den Bezug auf Wahrnehmungseindrücke interpretieren, die wir zuweilen, aber nicht notwendig, der Betrachtung genau derjenigen Gegenstände verdanken, die dargestellt sind.

Die spezifische Differenz, die Bilder vor allem von sprachlichen Zeichen unterscheidet, liegt demnach darin, daß ihre Verwendung in besonderer Weise auf Wahrnehmungskompetenzen aufbaut. Dies läßt sich auf den verschiedenen semiotischen Ebenen erläutern. Hinsichtlich der syntaktischen Ebene, die Goodman vor allem mit den Begriffen der syntaktischen Dichte und der syntaktischen Fülle charakterisiert hat,[8] läßt sich feststellen, daß wir zu elementaren Bildeinheiten immer nur relativ zu wahrnehmungspsychologischen Gesetzlichkeiten kommen.[9] Solche hat traditionell die Gestaltpsychologie beschrieben, sie lassen sich aber sicherlich auch im Rahmen alternativer Wahrnehmungstheorien erfassen (etwa in der von J. Gibson).[10] Auf der semantischen Ebene läßt sich auf die traditionelle, seit Goodman allerdings sehr umstrittene, Ähnlichkeitstheorie hinweisen.[11] Bei bildlichen Zeichen können dieser Position zufolge in der

---

[7] Die hohe semantische Fülle, die den Eindruck eines intuitiv verfügbaren Informationsgehaltes erzeugt, ist in der Bildkommunikation, ließe sich sagen, mit einer mangelnden semantischen Bestimmtheit verbunden. Deshalb bedürfen Bilder, um angemessen verstanden werden zu können, oft differenzierter Rahmenvorgaben. Hier scheint ein komplementärer Zusammenhang zu bestehen: Das hohe Maß an semantischer Fülle ist nur auf Kosten der semantischen Bestimmtheit zu haben.
[8] Vgl. hierzu die Erläuterungen von Scholz 1991, 96 ff und 157 ff.
[9] Vgl. die ausführliche Würdigung dieses Sachverhaltes bei Saint-Martin 1990. Siehe auch Sachs-Hombach 1999a.
[10] Vgl. hierzu die ausführliche Diskussion von Sonesson 1994. – Siehe auch Edeline 1998 für eine interessante Analyse des speziellen Phänomens der Umrißlinie.
[11] Vgl. Sachs-Hombach 1999b.

Regel dieselben Prädikate zur Beschreibung relevanter Eigenschaften des Bildträgers und des abgebildeten Gegenstandes verwendet werden. Auf der pragmatischen Ebene schließlich lassen sich besondere Funktionszusammenhänge für den Bildgebrauch annehmen. Bilder sind primär Zeichen zur Veranschaulichung von Sachverhalten, aber wir besitzen zum einen verschiedene Möglichkeiten der Veranschaulichung, zum anderen lassen sich Veranschaulichungen in unterschiedlichen Kontexten einsetzen.[12]

Im Unterschied auf jeden Fall zu sprachlichen Zeichen verlangt ein Verständnis bildhafter Darstellungen daher – so die These –, daß wir sie im Horizont unserer Wahrnehmungen interpretieren. Dieser Bezug zu besonderen Wahrnehmungsmechanismen bedeutet nicht, daß wir einen Gegenstand bereits kennen müssen, um ein entsprechendes Bild verstehen zu können, obschon das der elementare Fall ist, an dem wir uns oft orientieren. Er hat aber zur Folge, daß die sinnvolle Verwendung von bildhaften Zeichen wahrnehmungspsychologisch zu bestimmenden Einschränkungen unterliegt.

4. Formen des 'Bildhandelns'

Was ergibt sich aus dem Gesagten für die Frage nach einer pikturalen Bedeutungstheorie? Bilder als Zeichen aufzufassen legt zunächst die Kontextabhängigkeit von Bildern nahe. Bilder können wir in vielfältiger Weise verwenden, und die Bedeutung eines Bildes hängt entscheidend von dem Handlungszusammenhangs ab, in dem es einer kommunikativen Absicht unterstellt ist. Das Foto eines Tieres etwa besitzt eine andere Bedeutung, wenn es in einem Bildwörterbuch zur Illustration erscheint oder als Urlaubsfoto gezeigt wird. Im Wörterbuch bezeichnet es eine Klasse von Tieren, als Urlaubsfoto in der Regel ein ganz bestimmtes Tier. Ein und dasselbe Bild erhält also relativ zu dem jeweiligen Handlungszusammenhang eine unterschiedliche kommunikative Bedeutung. Hierauf hat insbesondere Wittgenstein hingewiesen. In einer Anmerkung zu § 22 der *Philosophischen Untersuchungen* verweist er auf ein Bild, das einen Boxer darstellt und dazu gebraucht werden kann, „um jemanden mitzuteilen, wie er stehen soll, sich halten soll; oder, wie er sich nicht halten soll; oder wie ein bestimmter Mann dort gestanden hat; oder etc."[13] Diese Gebrauchsabhängigkeit der Bilder schließt ihre Wahrnehmungsnähe nicht aus. Die Verwendung eines Bildes in einem bestimmten kommunikativen Kontext setzt vielmehr voraus, daß bereits ein Bild mit einem bestimmten deskriptiven Inhalt

---

[12] Insofern ein und dasselbe Bild zudem gleichzeitig verschiedene Funktionen der Bezugnahme (nämlich Denotation und Exemplifikation) übernehmen kann, sind Bilder gemischte Symbole, die sich nach Gerhardus als „sensuelles Probierfeld für Signifikationsfunktionen" (Gerhardus 1997, 126) eignen.
[13] Vgl. die ausführliche Analyse dieser Thematik bei Muckenhaupt 1986.

vorliegt. Es muß daher in der Bildkommunikation zwischen der Bedeutung im Sinne einer Bezugnahme und der Bedeutung im Sinne des kommunikativen Gehaltes unterschieden werden.

Zur Gebrauchsabhängigkeit des Bildes gehört auch, daß wir Bilder (im Sinne der Symboltheorie Goodmans) zur Denotation oder zur Exemplifikation verwenden können. Für eine denotierende Bildhandlung ist das Zeigen eines Paßbilds ein gutes Beispiel. Hier bezeichnet ein Bild analog zu einem Namen einen ganz bestimmten Gegenstand.[14] Bei der Exemplifikation verwenden wir dagegen ein Bild zur Veranschaulichung einer Eigenschaft. Die Exemplifikation kann auch metaphorisch eingesetzt werden. Ein graues Bild mag etwa Traurigkeit metaphorisch exemplifizieren, wenn wir umgekehrt geneigt sind, diese Farbe metaphorisch mit dem Ausdruck „traurig" zu denotieren.[15] In diesem Sinne reden wir von 'lebendigen', 'kalten' oder 'warmen' Farben. In der modernen Malerei läßt sich in besonderer Weise eine Dominanz der exemplifikativen Bildfunktion feststellen und im Sinne einer Veranschaulichung von Darstellungsformen auffassen.

Die Bedeutung eines Bildes (das, wofür es steht) erschöpft sich also weder in seinem deskriptiven Inhalt noch muß sie im Bezug auf einen konkreten Gegenstand liegen. Sie enthält aber notwendig den Aspekt der Veranschaulichung und kann daher in der Regel auch nicht ohne eine entsprechende Wahrnehmungskompetenz ermittelt werden. Daß wir mit Bildern zudem die denotative und die exemplifikative Funktion verbinden können, ermöglicht eine pikturale Metaebene, die insbesondere in der Kunst genutzt wird. Indem die Darstellung eines Sachverhaltes nämlich anhand der exemplifikativen Funktion zugleich als Muster einer bestimmten Darstellungsform dient, können Möglichkeiten und Grenzen der bildhaften Gestaltungsmittel in anschaulicher Weise thematisch werden. Und insofern angenommen wird, daß die Interpretation von Bildern mit entsprechenden Wahrnehmungskompetenzen verbunden ist, beinhaltet der Bezug auf Darstellungsformen immer auch einen Bezug auf Wahrnehmungsformen. Von dieser Annahme her läßt sich der besondere appellative Aspekt eines gelungenen Werkes des bildenden Kunst verständlich machen. Die Veranschaulichung gesellschaftlich elementarer, aber oft unzureichend reflektierter Darstellungsweisen kann in der Regel als Aufforderung gelten, sich mit konventionellen Wahrnehmungsformen auseinanderzusetzen. Beispielhaft ließe sich das an

---

[14] Dieser Fall ist allerdings in vielerlei Hinsicht sehr speziell. Selbst in primär denotierenden Zusammenhängen verwenden wir Bilder oft nicht analog zu Namen, sondern analog zu Sätzen und zu Texten. Bilder 'erzählen' dann in dem Sinne eine Geschichte, das wir aus ihnen mehr oder weniger mühelos z. B. die Vorgeschichte einer dargestellten Situation erschließen.

[15] Die metaphorische Exemplifikation entfaltet ihre semantische Qualität erst durch ein entsprechendes kulturelles Umfeld. Eine angemessene Bildinterpretation muß deshalb auch das sozial- und kulturgeschichtliche Umfeld in Betracht ziehen, die Darstellung einer Rose etwa kann nicht unabhängig von den zahlreichen gesellschaftlichen Gepflogenheiten erfolgen.

fotorealistischen Bildern zeigen, deren Ziel keineswegs in der möglichst getreuen Darstellung der Gegenstände liegt, sondern in der Darstellung der fotografischen Sicht. Zumindest ein gelungenes fotorealistischen Bild exemplifiziert den Blick durch die Kamera und fordert damit auf zu einer Reflexion über die Grenzen und Möglichkeiten, die Welt durch dieses Mediums zu sehen und darzustellen.

5. Literatur

Boehm, Gottfried (1995): Die Wiederkehr der Bilder, in: Boehm, Gottfried (Hg.): Was ist ein Bild?, 2. Aufl., München: Fink, 11-38.

Edeline, Francis (1998): Die Rhetorik des Umrisses: Wie man Grenzen schafft, und wie man sie überschreitet, in: Blanke, Börries (Hg.): Bildsemiotik, Zeitschrift für Semiotik 20 (3-4), 269-283.

Fellmann, Ferdinand (1991): Symbolischer Pragmatismus, Reinbek bei Hamburg: Rowohlt.

Gerhardus, Dietfried (1997): Das Bild: ein Mischsymbol. Überlegungen mit Blick auf Goodmans Bildtheorie, in: Philosophia Scientiae 2 (1), 119-130.

Gombrich, Ernst H. (1984): Bild und Auge. Neue Studien zur Psychologie der bildlichen Darstellung, Stuttgart: Klett-Cotta.

Goodman, Nelson (1976): Languages of Art. An Approach to a Theory of Symbols, Indianapolis: Hackett, [1]1968 (deutsch: Sprachen der Kunst. Entwurf einer Symboltheorie, Frankfurt a. M.: Suhrkamp 1995, stw 1304, 1997)

Lopes, Dominic (1996): Understanding Pictures, Oxford: Clarendon Press.

Meggle, Georg (1990): Intention, Kommunikation und Bedeutung. Eine Skizze, in: Intentionalität und Verstehen, hg. vom Forum für Philosophie Bad Homburg, Frankfurt/Main: Suhrkamp, 88-108.

Meunier, Jean-Guy (1997): The Categorical Structure of Iconic Languages, URL: http://pluton.lanci.uqam.ca/membres/meunier/iconlang/iconlang.htm.

Mitchell, William J. T. (1992): The Pictorial Turn, in: Art Forum, March, 89-95.

Muckenhaupt, Manfred (1986): Text und Bild: Grundfragen der Beschreibung von Text-Bild-Kommunikationen aus sprachwissenschaftlicher Sicht, Tübingen: Narr.

Sachs-Hombach, Klaus & Rehkämper, Klaus (1998) (Hg.): Bild – Bildwahrnehmung – Bildverarbeitung. Interdisziplinäre Beiträge zur Bildwissenschaft, Wiesbaden: Deutscher Universitätsverlag.

Sachs-Hombach, Klaus & Rehkämper, Klaus (1999) (Hg.): Bildgrammatik. Interdisziplinäre Forschungen zur Syntax bildhafter Darstellungsformen (Reihe Bildwissenschaft, Bd. 1), Magdeburg: Scriptum Verlag.

Sachs-Hombach, Klaus (1999a): Gibt es ein Bildalphabet?, in: Sachs-Hombach & Rehkämper 1999, 57-66.

Sachs-Hombach, Klaus (1999b): Über Sinn und Reichweite der Ähnlichkeitstheorie, in: Scholz, Oliver und Steinbrenner, Jakob (Hg.): Exemplifikation und Erkenntnis. Überlegungen zu Nelson Goodmans Kunst- und Symboltheorie, Dresden: Dresden University Press: im Druck.

Saint-Martin, Fernande (1990): Semiotics of Visual Language, Bloomington und Indianapolis: Indiana University Press (original: Sémiologie du Langage Visuel, Presses de l'Université du Québec 1987).

Scholz, Oliver R. (1991): Bild, Darstellung, Zeichen. Philosophische Theorien bildhafter Darstellung, Freiburg/München: Alber.

Sonesson, Göran (1994): Pictorial Semiotics, Gestalt Theory, and the Ecology of Perception, in: Semiotica 99 (3-4), 319-401.

Waldenfels, Bernhard (1995): Ordnungen des Sichtbaren. Zum Gedenken an Max Imdahl, in: Boehm 1995, 233-252.

Wiesing, Lambert (1997): Die Sichtbarkeit des Bildes. Geschichte und Perspektiven der formalen Ästhetik, Reinbek bei Hamburg: Rowohlt (re 597).

Wittgenstein, Ludwig (1984): Werkausgabe, Bd. 1: Philosophische Untersuchungen, Frankfurt a. M.: Suhrkamp.

Personenregister

Personenregister

Albert, K. 525
Angehrn, E. 1133
Annerl, Ch. 987
Arndt, A. 1141

Baier, H. 227
Bailer-Jones, D. M. 533
Banse, G. 255
Bartels, A. 477
Baumann, P. 1
Berndes, S. 1067
Bertram, G. W. 655
Betzler, M. 303
Beyer, Chr. 9
Blättler, S. 995
Braig, M. 663
Bremer, M. 669
Brendel, E. 785
Breun, R. 889
Buchholz, K. 541
Bühler, A. 897
Burger, P. 21
Burkard, F.-P. 1191

Caysa, V. 719
Charpa, U. 843
Christaller, Th. 1271
Christensen, B. 1003

Decker, Th. 751
Deppert, W. 879
Dietrich, J. 904
Düwell, M. 851

Engel, G. 231
Engelen, E.-M. 1199
Eppler, M. J. 1272
Ernst, W. 1011
Esser, F. 29

Falter, R. 263
Fatke, K. 485
Früchtl, J. 1207

Gadenne, V. 89
Gil, Th. 912
Gimmler, A. 493
Göller, Th. 179
Gottschalk, N. 858
Gräfrath, B. 385
Gröbl-Steinbach, E. 677

Groh, A. 1076
Grube, G. 37
Grundmann, Th. 684
Grunwald, A. 270
Grupp, H. 1085

Haas, G. 45
Halbach, V. 427, 607
Hampe, M. 447
Hartmann, S. 500
Hedrich, R. 51
Hilgendorf, E. 759
Hoffmann, M. 793
Hofmann, F. 684
Homann, K. 353
Hubig, Chr. 1280
Hulesch, Q. 23
Hüttemann, A. 802

Iorio, M. 139

Kahler, A. 726
Kamp, H. 435
Karger, A. 1288
Kettner, M. 361
Khorkov, M. 864
Kiepas, A. 278, 1091
Kinzel, T. 1215
Kittsteiner, H. D. 1149
Klein, C. 549
Köhl, H. 320
Kohlmann, U. 311
Kollek, R. 1018
Kornwachs, K. 1296
Kreuzer, J. 692
Kümmel, F. 919
Kyora, S. 362

Lachmann, R. 555
Lenk, H. 239
Liessmann, K. P. 1315
List, E. 187
Löffler, W. 809
Lönz, M. 927
Lotter, M.-S. 1223
Lotz, Chr. 732
Luckner, A. 328
Lütge, Chr. 454
Luhn, G. 1094
Lyre, H. 59

Mahrenholz, S. 563
Mainzer, K. 1304
Malzkorn, W. 871
Manstetten, R. 456
Margreiter, R. 1115
Meier-Seethaler, C. 147
Mersch, D. 1322
Mertens, K. 285
Misselhorn, C. 67

Nagl, L. 1231
Nagl-Docekal, H. 1157
Newen, A. 153

Özmen, E. 393
Ortland, E. 1330
Osietzky, M. 1023

Pandit, G. L. 1104
Pape, H. 1123
Pastille, R. 935
Peplow, R. M. 1239
Peres, C. 1338
Piller, Chr. 61
Plöger, P. 700
Pobojewska, A. 942
Poellner, P. 571
Potepa, M. 193
Priddat, B. 370
Psarros, N. 507
Puster, E. 293
Puster, R. W. 96

Rahman, S. 614
Ramming, U. 1031
Rao, B. N. 1247
Read, S. 621
Rehkemper, K. 1346
Reichenbach, R. 948
Rijke, M. de 629
Robering, K. 636
Römpp, G. 201
Röska-Hardy, L. 704
Rohbeck, J. 1165
Rommel, H. 958
Roughley, N. 336
Rückert, H. 644

Sachs-Hombach, K. 1351
Sáez Tajafuerce, B. 966
Sandbothe, M. 76
Schaefer, J. 879
Schantz, R. 579
Schiemann, G. 104

Schildknecht, Chr. 587
Schmitz, M. 112
Schnädelbach, H. 1173
Schönherr-Mann, H.-M. 767
Scholz, O. R. 169
Schües, Chr. 1043
Schweitzer, B. 516
Schweppenhäuser, G. 1255
Sichler, R. 375
Smith, D. E. 1036
Soll, I. 247
Spohn, W. 437
Stangneth, B. 775
Steinbrenner, J. 589
Steinfath, H. 344
Steinmann, M. 209
Stephan, A. 120
Sturm, H. 629
Suchan, B. 128
Suchla, B. R. 740
Szaif, J. 399

Teichert, D. 407
Theobald, W. 879
Thies, Chr. 408
Thöle, B. 597
Thomä, D. 817
Thorgeirsdottir, S. 1051
Trettin, K. 649

Uhl, E. 1181
Ulrich, O. 1105

Vogeley, K. 825

Wagner-Döbler, R. 464
Waniek, E. 710
Weber, I. 541
Weber, J. 466
Weitze, M.-D. 84
Welsen, P. 217
Wendel, S. 1057
Widmaier, R. 833
Wolf-Gazo, E. 1263

Zoglauer, Th. 416, 977

Philosophie

Helmut Bachmaier, Ernst Peter Fischer (Hg.)
Glanz und Elend der zwei Kulturen
Über die Verträglichkeit der Natur- und
Geisteswissenschaften
264 Seiten, br., ISBN 3-87940-381-3

Helmut Bachmaier, Ernst Peter Fischer (Hg.)
Der Streit der Fakultäten
Oder die Idee von der Universität
128 Seiten, br., ISBN 3-87940-498-4

Andreas Elepfandt
Denkmaschinen?
Interdisziplinäre Perspektiven zum Thema
Gehirn und Geist
240 Seiten, br., ISBN 3-87940-457-7

Thomas Gil
Gestalten des Utopischen
Zur Sozialpragmatik kollektiver Vorstellungen
220 Seiten, br., ISBN 3-87940-576-X

Max Jammer
Einstein und die Religion
Mit einem Vorwort von Jürgen Audretsch und
einem Brief von Carl Friedrich von Weizsäcker
128 Seiten, br., ISBN 3-87940-484-4

Konstanzer Universitätsreden

Nr. 150
Jürgen Mittelstraß
**Fortschritt und Eliten. Analysen zur Rationalität
der Industriegesellschaft**
70 Seiten, br., ISBN 3-87940-242-6

Nr. 173
Jürgen Mittelstraß
Die Wahrheit des Irrtums
Über das schwierige Verhältnis der Geisteswissenschaften zu Wahrheit und über ihren
eigentümlichen Umgang mit dem Irrtum
40 Seiten, br., ISBN 3-87940-372-4

Nr. 197
Jürgen Mittelstraß
Das Undenkbare denken
Über den Umgang mit dem Undenkbaren
und Unvorstellbaren in der Wissenschaft
32 Seiten, br., ISBN 3-87940-641-3

Nr. 199
Wolfgang Spohn
Die Philosophie und die Wissenschaften
32 Seiten, br., ISBN 3-87940-646-4

*Pittsburgh-Konstanz-Series
in the Philosophie and History of Science*

Band 1
John Earman, Allen I. Janis, Gerald J. Massey,
Nicholas Rescher (Eds.)
**Philosophical Problems of the Internal
and External Worlds**
Essays concerning the Philosophy
of Adolf Grünbaum
628 Seiten, Ln., ISBN 3-87940-401-1

Band 2
Wesley Salmon, Gereon Wolters (Eds.)
**Logic, Language, and the Structure
of Scientific Theories**
366 Seiten, Ln., ISBN 3-87940-477-1

Band 3
James G. Lennox, Gereon Wolters (Eds.)
**Concepts, Theories, and Rationality
in the Biological Sciences**
408 Seiten, Ln., ISBN 3-87940-525-5

Band 4
Henry Krips, J.E. McGuiere, Trevor Melia (Eds.)
Science, Reason and Rhetoric
322 Seiten, Ln., ISBN 3-87940-533-6

Band 5
Martin Carrier, Peter K. Machamer (Eds.)
Mindscapes: Philosophy, Science, and the Mind
372 Seiten, Ln., ISBN 3-87940-583-2

Band 6
John Earman, John D. Norton (Eds.)
The Cosmos of Science
Essays of Exploration
582 Seiten, Ln., ISBN 3-87940-603-0

Die hier vorgestellten Bände sind in
Ihrer Buchhandlung erhältlich.
Gern senden wir Ihnen unsere Fachprospekte und /
oder unser aktuelles »Gesamtverzeichnis« zu:

UVK Universitätsverlag Konstanz GmbH
Postfach 10 20 51 · D-78420 Konstanz
Tel.: 07531 / 90 53-0 · Fax: 90 53-98
Internet: http://www.uvk.de

Sozialwissenschaften

Ronald Hitzler / Jo Reichertz / Norbert Schröer (Hg.)
Hermeneutische Wissenssoziologie
Standpunkte zur Theorie der Interpretation
ISBN 3-87940-671-5

Die hermeneutische Wissenssoziologie hat sich in den letzten Jahren als Teil einer hermeneutisch die Daten analysierenden und zugleich strukturanalytisch modellbildenden nicht-standardisierten Sozialforschung etabliert. Fundiert ist sie in der von Alfred Schütz und Thomas Luckmann konzipierten Sozialphänomenologie und in der Sozialwissenschaftlichen Hermeneutik, wie sie von Hans-Georg Soeffner vertreten wird.
Wissenssoziologisch ist diese Perspektive, weil sie diesseits von Konstruktivismus und Realismus die Frage untersucht, wie Handlungssubjekte – hineingestellt und sozialisiert in historisch und sozial entwickelte Routinen und Deutungen des jeweiligen Handlungsfeldes – diese einerseits vorfinden und sich aneignen (müssen), andererseits diese immer wieder neu ausdeuten und damit auch erfinden (müssen).
Hermeneutisch ist diese Perspektive, da ein Verhalten von Individuen erst dann als verstanden gilt, wenn der Forscher nachzuzeichnen in der Lage ist, zu welchen Problemen und inwieweit das konkret beobachtete Handeln eine ‚sinnvolle Antwort' darstellt.
Im Mittelpunkt der vorliegenden Sammlung stehen die theoretischen Prämissen einer Hermeneutischen Wissenssoziologie. Ausgehend von wichtigen historischen ‚Bezugstexten' des Forschungsansatzes (Luckmann, Soeffner), werden grundlagentheoretische wie methodologische Fragen diskutiert. Dabei geht es zum einen um die Begründung und Ausdifferenzierung einer sinnverstehenden empirischen Forschung, zum zweiten um die Abgrenzung zu anderen Ansätzen soziologischer Theoriebildung (Bourdieu, Giddens, Luhmann) und zum dritten um die Weiterführung der Debatte um die Validität nicht-standardisierter Sozialforschung.

Georg Simmel
Schulpädagogik
Vorlesungen, gehalten an der Universität Straßburg (1915/16)
Neu herausgegeben, eingeleitet und mit Anmerkungen versehen von Klaus Rodax
ISBN 3-87940-539-5

Im Mittelpunkt der Straßburger Vorlesungen zur »Schulpädagogik« des Philosophen und Pädagogen Georg Simmel (1858-1918) steht das Einwirkenwollen auf grundlegende pädagogische Einstellungen und Verhaltensweisen in Erziehung und Unterricht. Er behandelt im einzelnen die drei großen Themenkomplexe des grundsätzlichen Verhältnisses zwischen Erziehung und Unterricht, die allgemeinen Gegenstände der Unterrichtslehre und ihre Anwendung auf einzelne, bedeutsame Unterrichtsfächer. Seine stets durch anregende Beispiele vorgetragenen Überlegungen sind Ausdruck einer differenzierten Sichtweise, die immer sowohl die Erwartungen und Handlungen der Lehrer als auch die der Schüler in den Blick nimmt und scharfsinnig analysiert.

Alfred Bellebaum / Heribert Niederschlag (Hg.)
Was Du nicht willst, daß man Dir tu' ...
Die Goldene Regel – ein Weg zu Glück?
ISBN 3-87940-689-8

Die Goldene Regel ist uralt und weltweit verbreitet. Als ethisch-moralische Maxime umfaßt sie gleichermaßen Eigeninteressen und überindividuelle Moral, als ethischer Minimalkonsens könnte sie alle Kulturen verbinden. Im Kommunitarismus-Konzept hat sie eine neue Aktualität gewonnen. Was auf den ersten Blick unmittelbar einsichtig erscheinen mag – nämlich: *Was Du nicht willst, daß man Dir tu', das füg' auch keinem andern zu* –, ist im alltäglichen Leben oft schwierig, manchmal sogar unmöglich umzusetzen. Es gibt beachtenswerte Grenzen des Altruismus; in persönlichen Beziehungen geht es selten prinzipiell gleichberechtigt zu; selbst mitmenschlich Gesinnte aus ärztlichen oder pflegerischen Berufen haben es mit organisationsbedingten Grenzen zu tun, gruppenspezifische Interessen werden oft rücksichtslos durchgesetzt, und im Rahmen internationaler Beziehungen sind kulturspezifisch unterschiedliche Wahrnehmungen der Welt unübersehbar. Die Autoren dieses Bandes untersuchen, in welchem Maße die Goldene Regel trotzdem handlungs- und verhaltensleitende Kraft gewinnen könnte.

Die hier vorgestellten Bände sind in Ihrer Buchhandlung erhältlich.
Gern senden wir Ihnen unsere Fachprospekte und / oder unser aktuelles »Gesamtverzeichnis« zu:

UVK Universitätsverlag Konstanz GmbH
Postfach 10 20 51 · D-78420 Konstanz
Tel.: 07531 / 90 53-0 · Fax: 90 53-99
Internet: http://www.uvk.de

édition discours

Klassische und zeitgenössische Texte der französischsprachigen Humanwissenschaften
Herausgegeben von Franz Schultheis und Louis Pinto

Band 1
Edmond Goblot
Klasse und Differenz
Soziologische Studien zur modernen
französischen Bourgeoisie
ISBN 3-87940-460-7

Band 2
Jean-Claude Kaufmann
Schmutzige Wäsche
Zur ehelichen Konstruktion von Alltag
ISBN 3-87940-459-3

Band 3
François de Singly
Die Familie der Moderne
Eine soziologische Einführung
ISBN 3-87940-480-1

Band 4
Louis Pinto/Franz Schultheis (Hg.)
Streifzüge durch das literarische Feld
Texte von Pierre Bourdieu,
Christophe Charle, Mouloud
Mammeri, Jean-Michel Péru,
Michael Pollak, Anne-Marie Thiesse
ISBN 3-87940-493-3

Band 5
Emile Durkheim
über Deutschland
Texte aus den Jahren 1887 bis 1915
ISBN 3-87940-496-8

Band 6
Michael Pollak
Wien 1900
Eine verletzte Identität
ISBN 3-87940-534-4

Band 7
*Marie-Therèse Meulders-Klein/
Irène Théry (Hg.)*
Fortsetzungsfamilien
Neue familiale Lebensformen
in pluridisziplinärer Betrachtung
ISBN-3-87940-535-2

Band 9
Pierre Bourdieu et al.
Das Elend der Welt
Zeugnisse und Diagnosen alltäglichen
Leidens an der Gesellschaft
ISBN 3-87940-568-9

Band 10
Jean-Claude Kaufmann
Frauenkörper – Männerblicke
ISBN 3-87940-556-5

Band 12
Pierre Bourdieu
Vom Gebrauch der Wissenschaft
Für eine klinische Soziologie des
wissenschaftlichen Feldes
ISBN 3-87940-620-0

Band 23
Pierre Bourdieu
Gegenfeuer
Wortmeldungen im Dienste des Widerstands gegen die neoliberale Invasion
ISBN 3-87940-635-9

Die hier vorgestellten Bände sind in
Ihrer Buchhandlung erhältlich.
Gern senden wir Ihnen unsere
Fachprospekte und / oder unser aktuelles
»Gesamtverzeichnis« zu:
UVK Universitätsverlag Konstanz GmbH
Postfach 10 20 51 · D-78420 Konstanz
Tel.: 07531 / 90 53-0 · Fax: 90 53-98
Internet: http://www.uvk.de

Passagen & Transzendenzen

Studien zur materialen Religions- und Kultursoziologie
Herausgegeben von Michael N. Ebertz

Band 1
Hubert Knoblauch, Volkhard Krech, Monika Wohlrab-Sahr (Hg.)
Religiöse Konversion
Systematische und fallorientierte Studien in soziologischer Perspektive
ISBN 3-87940-559-X

Band 2
Hans-Jürgen Hohm (Hg.)
Straße und Straßenkultur
Interdisziplinäre Beobachtungen eines öffentlichen Sozialraumes in der fortgeschrittenen Moderne
ISBN 3-87940-557-3

Band 3
Erich Nestler
Pneuma
Außeralltägliche religiöse Erlebnisse und ihre biographischen Kontexte
ISBN 3-87940-596-4

Band 4
Gerhard Schmied
»Lieber Gott, gütigste Frau...«
Eine empirische Untersuchung von Fürbittbüchern
ISBN 3-87940-600-6

Band 5
Winfried Gebhardt, Arnold Zingerle
Pilgerfahrt ins Ich
Die Bayreuther Richard Wagner-Festspiele und ihr Publikum.
Eine kultursoziologische Studie
ISBN 3-87940-628-6

Band 6
Ansgar Jödicke
Konfigurationen religiöser Symbolsysteme bei Chemikern
Eine semiotische Morphologie
ISBN 3-87940-629-4

Band 8
Hubert Knoblauch, Hans-Georg Soeffner (Hg.)
Todesnähe
Interdisziplinäre Zugänge zu einem außergewöhnlichen Phänomen
ISBN 3-87940-656-1

Band 9
Friedrich Fürstenberg
Die Zukunft der Sozialreligion
ISBN 3-87940-691-X

Die hier vorgestellten Bände sind in Ihrer Buchhandlung erhältlich.
Gern senden wir Ihnen unsere Fachprospekte und /oder unser aktuelles »Gesamtverzeichnis« zu:

UVK Universitätsverlag Konstanz GmbH
Postfach 10 20 51 · D-78420 Konstanz
Tel.: 07531 / 90 53-0 · Fax: 90 53-98
Internet: http://www.uvk.de

Medien - Gesellschaft - Kommunikation

Irene Neverla
Fernseh-Zeit
Zuschauer zwischen Zeitkalkül und
Zeitvertreib
Eine Untersuchung zur Fernsehnutzung
1992, 288 Seiten, frz. Broschur
ISBN 3-89669-166-X

Ulrich Saxer/Martina Märki-Koepp
Medien-Gefühlskultur
Zielgruppenspezifische Gefühlsdramaturgie
als journalistische Produktionsroutine
1992, 288 Seiten, frz. Broschur
ISBN 3-89669-168-6

Heinz Bonfadelli
Die Wissenskluft-Perspektive
Massenmedien und gesellschaftliche
Information
1994, 464 Seiten, frz. Broschur
ISBN 3-89669-170-8

Christoph Neuberger
Journalismus als Problembearbeitung
Objektivität und Relevanz in der
öffentlichen Kommunikation
1996, 432 Seiten, frz. Broschur
ISBN 3-89669-172-4

Stefan Wehmeier
Fernsehen im Wandel
Differenzierung und Ökonomisierung
eines Mediums
1998, 440 Seiten, frz. Broschur
ISBN 3-89669-238-0

*Bitte fordern Sie unser
Gesamtverzeichnis an:*

Rüdiger Funiok (Hg.)
Grundfragen der Kommunikationsethik
1996, 144 Seiten, br.
ISBN 3-89669-177-5

Hans Karl Rupp/Wolfgang Hecker (Hg.)
Auf dem Weg zur Telekratie?
Perspektiven der Mediengesellschaft
1997, 272 Seiten, br.
ISBN 3-89669-213-5

René Pfammatter (Hg.)
Multi Media Mania
Reflexionen zu Aspekten Neuer Medien
1998, 350 Seiten, br.
ISBN 3-89669-224-0

Joachim Paech
Andreas Schreitmüller
Albrecht Ziemer (Hg.)
Strukturwandel medialer Programme
Vom Fernsehen zu Multimedia
1999, 200 Seiten, br.
ISBN 3-89669-253-4

Gerhart von Graevenitz
Renate Köcher
Bernd Rüthers (Hg.)
Vierte Gewalt?
Medien und Medienkontrolle
1999, 200 Seiten, br.
ISBN 3-89669-256-9

UVK Medien Verlagsgesellschaft mbH
Schützenstr. 24 · D-78462 Konstanz
Tel: (07531) 9053-0 · Fax: (07531) 9053-99
www.uvk.de